Conheça o
Saraiva Conecta

Uma plataforma que apoia o leitor em sua jornada de estudos e de atualização.

Estude *online* com conteúdos complementares ao livro e que ampliam a sua compreensão dos temas abordados nesta obra.

Tudo isso com a **qualidade Saraiva Educação** que você já conhece!

Veja como acessar

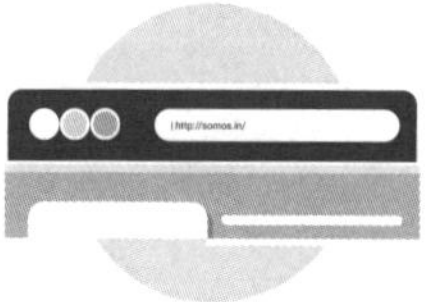

No seu computador
Acesse o *link*

https://somos.in/CTD14

No seu celular ou tablet
Abra a câmera do seu celular ou aplicativo específico e aponte para o *QR Code* disponível no livro.

Faça seu cadastro

1. Clique em **"Novo por aqui? Criar conta".**

2. Preencha as informações – insira um *e-mail* que você costuma usar, ok?

3. Crie sua senha e clique no botão **"CRIAR CONTA".**

Pronto!
Agora é só aproveitar o conteúdo desta obra!*

Qualquer dúvida, entre em contato pelo *e-mail* **suportedigital@saraivaconecta.com.br**

Confira o material do professor
Luciano Martinez
para você:

https://somos.in/CTD14

* Sempre que quiser, acesse todos os conteúdos exclusivos pelo *link* ou pelo *QR Code* indicados.
O seu acesso tem validade de 24 meses.

Para Letícia, Luísa, Lara e Júlia.

DADOS INTERNACIONAIS DE CATALOGAÇÃO NA PUBLICAÇÃO (CIP)
VAGNER RODOLFO DA SILVA – CRB-8/9410

M385c
Martinez, Luciano
Curso de Direito do Trabalho: Relações Individuais, Sindicais e Coletivas do Trabalho / Luciano Martinez. – 14. ed. – São Paulo: SaraivaJur, 2023.
1.336 p.

ISBN: 978-65-5362-593-8 (impresso)

1. Direito. 2. Direito do Trabalho. I. Título.

CDD 344.01
CDU 349.2

2022-3642

Índices para catálogo sistemático:

1. Direito do Trabalho   344.01
2. Direito do Trabalho   349.2

| CÓD. OBRA | 713528 | CL. | 608015 | CAE | 819277 |

Dúvidas? Acesse www.saraivaeducacao.com.br

Data de fechamento da edição: 14-12-2022

Nenhuma parte desta publicação poderá ser reproduzida por qualquer meio ou forma sem a prévia autorização da Saraiva Educação. A violação dos direitos autorais é crime estabelecido na Lei n. 9.610/98 e punido pelo art. 184 do Código Penal.

Av. Paulista, 901, Edifício CYK, 4º andar
Bela Vista – São Paulo – SP – CEP 01310-100

SAC sac.sets@saraivaeducacao.com.br

Diretoria executiva	Flávia Alves Bravin
Diretoria editorial	Ana Paula Santos Matos
Gerência de produção e projetos	Fernando Penteado
Gerência editorial	Thaís Cassoli Reato Cézar
Novos projetos	Aline Darcy Flôr de Souza Dalila Costa de Oliveira
Edição	Jeferson Costa da Silva (coord.) Daniel Pavani Naveira
Design e produção	Daniele Debora de Souza (coord.) Laudemir Marinho dos Santos Camilla Felix Cianelli Chaves Claudirene de Moura Santos Silva Deborah Mattos Laís Soriano Tiago Dela Rosa
Planejamento e projetos	Cintia Aparecida dos Santos Daniela Maria Chaves Carvalho Emily Larissa Ferreira da Silva Kelli Priscila Pinto
Diagramação	Adriana Aguiar
Revisão	Ligia Alves
Capa	Mônica Landi Colobone
Produção gráfica	Marli Rampim
Impressão e acabamento	Sergio Luiz Pereira Lopes Edições Loyola

LUCIANO MARTINEZ

CURSO DE DIREITO DO TRABALHO

RELAÇÕES INDIVIDUAIS, SINDICAIS E COLETIVAS DO TRABALHO

14ª edição
2023

DEPOIMENTOS SOBRE A OBRA

"O *Curso de Direito do Trabalho* de Luciano Martinez – o '*Curso de Ouro*' – é uma primorosa referência acadêmica que, além de fazer parte da tradição dos melhores estudos laborais, conduz os seus leitores a uma viagem rumo à excelência."

Antônio Carlos Aguiar, Advogado, Acadêmico e Professor

"Não vou economizar: o singular *Curso de Direito do Trabalho* de Luciano Martinez é a minha obra preferida do gênero, razão pela qual eu o tenho indicado, com segurança e entusiasmo, aos meus alunos da UERJ e da UNIRIO. Completo, sensível às controvérsias e bastante didático, o Curso sempre está por perto no meu cotidiano de advocacia e docência. Além de recomendar a obra, faço questão de registrar minha grande admiração e respeito pela densa e relevante produção acadêmica do genial autor."

Carolina Tupinambá, Advogada, Acadêmica e Professora

"O *Curso de Direito do Trabalho* de Luciano Martinez é por mim indicado aos alunos na PUC-SP e na ESA/SP. Com uma abordagem didática, profunda e contemporânea, ele não é apenas uma leitura obrigatória, mas uma obra de consulta e de amparo para as atividades acadêmicas e profissionais diárias."

Leonel Maschietto, Advogado e Professor

"O *Curso de Direito do Trabalho* de Luciano Martinez é a obra que melhor enfrenta questões, teses e temas do dia a dia, normalmente não encontráveis em outros Cursos. Nele são abordados os assuntos do que chamo de 'mundo real do Direito do Trabalho', sempre com a ponderação e o equilíbrio necessários às interpretações deste tão polarizado ramo jurídico. A obra, por isso, está sempre presente, não apenas na biblioteca do escritório, mas nas minhas indicações aos alunos e aos colegas de advocacia."

Rafael Lara Martins, Presidente da OABGO e Professor

"Luciano Martinez, na melhor tradição dos juristas baianos, que tanto têm contribuído para a construção, difusão e promoção do Direito, brinda-nos com novas e sempre atualizadas edições do seu consagrado *Curso de Direito do Trabalho*. A obra é um referencial que concilia clareza e profundidade sem perder de vista as origens do Direito do Trabalho como disciplina sensível a toda sociedade brasileira. A leitura não é simplesmente obrigatória; é prazerosa e agradável."

Luiz Philippe Vieira de Mello Filho

"O *Curso de Direito do Trabalho* de Luciano Martinez traduz profundidade investigativa e reflexão. Com a didática que lhe é peculiar, as bases teóricas e as soluções práticas são oferecidas com eficiência e precisão num programa completo que serve, indistintamente, aos iniciantes e aos doutos da área trabalhista. Mais que uma leitura, um verdadeiro instrumento de trabalho."

Thereza Nahas

"A obra de Luciano Martinez é absolutamente fantástica. O seu vasto conhecimento e a sua elevada sensibilidade com o mundo laboral permitiram-lhe produzir o melhor curso de direito do trabalho da atualidade."

Danilo Gaspar

"Como coordenador da área trabalhista do Damásio Educacional, indico o excelente *Curso de Direito do Trabalho*, do professor Luciano Martinez, seja em cursos preparatórios ou na pós-graduação. Trata-se de obra com didática e profundidade peculiares, abarcando legislação, doutrinas tradicional e moderna e jurisprudência atualizada. Com rigor científico diferenciado, é uma das melhores obras de Direito do Trabalho da atualidade."

Leone Pereira

"O *Curso de Direito do Trabalho* afirma o reconhecimento do professor Luciano Martinez como consagrado jurista brasileiro. Lido por tantos que operam na área, o *Curso de Direito do Trabalho* vem sendo constantemente atualizado e constitui obra de fôlego. Recomendo-o como leitura obrigatória pela profundidade teórica e abrangência temática."

Maria Cristina Peduzzi

"Luciano Martinez é um profissional completo. O fato de ser magistrado, professor, pesquisador e escritor lhe permite colher informações que retroalimentam a sua atividade jurídica. O *Curso de Direito do Trabalho* de que é autor bem demonstra tratar-se de pessoa diferenciada que, de forma didática, como todo bom professor, enfrenta os temas trabalhistas dando-lhes os contornos acadêmicos e profissionais, aliado à profundidade de conhecimentos indispensáveis a uma obra de relevo."

Alexandre de Souza Agra Belmonte

"O *Curso de Direito do Trabalho*, do professor Luciano Martinez, grande sucesso acadêmico e profissional, é completo. Dele tenho me servido como advogado e como professor, utilizando-o, inclusive, como bibliografia básica de Direito do Trabalho na Escola de Direito da Pontifícia Universidade Católica do Rio Grande do Sul (PUCRS). O texto, atualizado a cada edição, é indicado aos alunos de graduação e de pós-graduação, bem como aos profissionais da área, porque aborda sistematicamente o Direito do Trabalho nas relações individuais, sindicais e coletivas do trabalho. Tenho o prazer e a satisfação de indicá-lo a tantos quantos queiram estudar o Direito do Trabalho."

Gilberto Stürmer

DEPOIMENTOS SOBRE A OBRA

"Primorosa organização metodológica e abrangente análise atualizada de temas trabalhistas e previdenciários. Essas características refletem a essência do *Curso de Direito do Trabalho*, de Luciano Martinez. Com sólida formação nos direitos sociais e textos de precisão cirúrgica, o autor oferece à comunidade jurídica o fruto de uma larga experiência na magistratura e no magistério jurídico. Não se trata de uma obra 'de estante', mas de livro 'de mesa de trabalho', feito para ser fonte de permanente consulta e orientação."

Cláudio Mascarenhas Brandão

"Na condição de professor da Faculdade de Direito da Universidade de Coimbra, não tenho dúvidas em recomendar vivamente a alunos portugueses ou brasileiros a leitura do *Curso de Direito do Trabalho*, de Luciano Martinez, haja vista o rigor discursivo, a clareza expositiva e a profundidade analítica. É obra que constitui, seguramente, um dos mais valiosos Cursos hoje existentes no Brasil, em tempos de crise e de reforma trabalhista."

João Leal Amado

"O *Curso de Direito do Trabalho*, de Luciano Martinez, consegue num só tempo ser didático e profundo, atual e atemporal, opinativo e descritivo. A qualidade do texto nos permite indicá-lo e recomendá-lo enfaticamente para todos os que pretendem iniciar seus estudos no direito do trabalho, prestar concursos públicos ou mesmo se aperfeiçoar em pós-graduação. É, sem dúvida, a melhor obra de direito do trabalho da atualidade."

Ricardo Pereira de Freitas Guimarães

"O *Curso de Direito do Trabalho*, de Luciano Martinez, representa o que há de melhor em pesquisa e reflexão sistemática do direito do trabalho. Seu texto é vertido em linguagem acessível, por vezes poética, sem perder em profundidade e crítica. Há nele perfeita sincronia entre conteúdo e forma, técnica e estética. Um verdadeiro primor de empreitada intelectual, que se revela fonte indispensável de consulta/estudo para todo e qualquer estudante e profissional da área."

Ney Maranhão

"Didático. Profundo. Atualizadíssimo. Prático. O *Curso de Direito do Trabalho*, do professor e magistrado trabalhista Luciano Martinez, possui esses e tantos outros atributos. Didático, pois consegue concatenar de forma organizada temas de difícil compreensão, tocando em pontos geralmente não enfrentados por outras obras; profundo, em razão da seriedade e densidade na pesquisa dos temas abordados; atualizadíssimo, pois traz sempre os últimos acontecimentos de relevância para a área; prático, porque sua experiência como juiz de primeiro grau permite que seu livro enfrente sempre assuntos do dia a dia forense. Eu recomendo para todos os meus alunos e colegas profissionais."

Raphael Miziara

"Luciano Martinez apresenta ao público a obra de uma vida! A sua experiência como magistrado do trabalho, o seu didatismo e carisma como professor, a sua seriedade como pesquisador, certamente, são ingredientes mais do que suficientes para o sucesso merecido e esperado de seu *Curso de Direito do Trabalho*, seja entre os estudantes de graduação, profissionais do direito e, sem dúvida, entre os ilustres 'guerreiros concurseiros' do Brasil."

Pedro Lenza

"O *Curso de Direito do Trabalho* de Luciano Martinez apresenta muitos méritos. Além da clareza e da abrangência do texto, do equilíbrio das conclusões enunciadas, da ampla gama de informações que é oferecida, está perfeitamente em dia com a legislação e a jurisprudência. Dele tenho me servido com frequência, tanto no exercício do magistério como na advocacia, com grande proveito. Não hesito nem por um instante em recomendá-lo — como aliás tenho feito na Faculdade de Direito da USP — a quem quiser estudar o direito do trabalho."

Estêvão Mallet

"O *Curso de Direito do Trabalho* do professor, pesquisador e magistrado Luciano Martinez é de leitura obrigatória e indispensável para todos os que lidam com este ramo especializado da árvore jurídica, porque alia didatismo, atualidade e profundidade com que o autor aborda os conteúdos da disciplina, além de estar em rigorosa conformidade com os programas dos cursos de graduação, pós-graduação e dos concursos públicos que exigem o conhecimento pleno do Direito do Trabalho."

Carlos Henrique Bezerra Leite

"Este livro é, sem sombra de qualquer dúvida, uma das mais completas obras de direito material do trabalho do Brasil, porque consegue, como poucos, atender amplamente às necessidades de preparação de candidatos em concursos e em processos seletivos da área trabalhista, dada a abrangência do seu conteúdo, sem deixar de ser adequado, pela profundidade, a funcionar como manual fundamental de cursos de graduação e pós-graduação no ramo laboral, bem como, pela atualidade e praticidade, a ser livro básico de consulta de todos os operadores do direito do trabalho."

Rodolfo Pamplona Filho

"O autor, em lugar de apenas reportar fatos, institutos e figuras do direito material do trabalho, investiga desde o conteúdo e a dimensão exata da função a que se prestaram, originariamente, até as adaptações e mutações que se impuseram para manterem-se alinhados com o extremo dinamismo da relação de trabalho. Ademais, a inteligência criativa, consistente na habilidade do jurista para desvelar nuanças novas em figuras velhas, é um atributo sempre presente no texto. Não menos notável é o zelo com a clareza expositiva, atributo básico de qualquer manifestação escrita ou oral da inteligência dialética. O *Curso de Direito do Trabalho*, de Luciano Martinez, portanto, não é mais um volume para preencher estantes, e sim um valioso tomo para frequentar as mesas de pesquisa profissional e as bancas do estudo universitário do moderno Direito do Trabalho."

José Augusto Rodrigues Pinto

APRESENTAÇÃO DA 14ª EDIÇÃO

Em sua 14ª edição, o "Curso de Ouro", designação que carinhosamente os nossos leitores ofereceram à obra, festeja as suas bodas de marfim e, dentro da simbologia que emerge dessa tradição, comemora o reconhecimento e o respeito angariados.

Nesses quatorze anos, a obra foi referenciada em inúmeros textos acadêmicos (livros, cursos, monografias, dissertações e teses de doutorado) e em incontáveis decisões judiciárias no TST e em todos os TRTs do país. Enquanto programa de estudos, o *Curso* se destacou como um dos mais admirados manuais de direito do trabalho e isso foi constatado por meio dos vários depoimentos de qualidade apresentados pelos sempre exigentes leitores. Basta visitar as colunas de opinião contidas nos principais *marketplaces* da *Web* para notar que o cuidado e a dedicação oferecidos ao texto valeram a pena e foram realmente reconhecidos. Qualificativos como "diferenciado", "aprofundado", "completo", "didático", "elucidativo", "objetivo", "preciso", "fluido", "leve", "atualizado", "logicamente organizado", entre outros, sempre constituíram as nossas metas e formaram o nosso propósito, a nossa missão de oferecer, de forma eficiente, uma visão completa e atualizada de todo o direito do trabalho no âmbito das relações individuais e coletivas para públicos diversos com o mesmo nível de compreensão.

Nessa linha de conduta, e com o permanente objetivo de atualização, muitas novas normas legais estão referidas nesta 14ª edição, com destaque para a **Lei n. 14.297, de 5 de janeiro de 2022**, sobre medidas de proteção asseguradas ao entregador que presta serviço por intermédio de empresa de aplicativo de entrega; o **Decreto n. 10.932, de 10 de janeiro de 2022**, que integrou a Convenção Interamericana contra o Racismo, a Discriminação Racial e Formas Correlatas de Intolerância no ordenamento jurídico brasileiro; a **Lei n. 14.311, de 9 de março de 2022**, que relativizou os rigores da Lei n. 14.151/2021, em relação ao afastamento do trabalho presencial das gestantes durante a pandemia da Covid-19; a **Instrução Normativa PRES/INSS n. 128, de 28 de março de 2022**, que disciplina as regras, procedimentos e rotinas necessárias à efetiva aplicação das normas de direito previdenciário; a **Portaria GM/MS n. 913, de 22 de abril de 2022**, que declarou encerrada a referida Emergência em Saúde Pública de Importância Nacional (ESPIN) em decorrência da Infecção Humana pelo novo Coronavírus (2019-nCov); o **Decreto n. 11.061, de 4 de maio de 2022**, que dispôs sobre o direito à profissionalização de adolescentes e jovens por meio de programas de aprendizagem profissional; a **Lei n. 14.370, de 15 de junho de 2022**, que instituiu o "Programa Nacional de Prestação de Serviço Civil Voluntário"; a **Lei n. 14.423, de 22 de julho de 2022**, que substituiu as expressões "idoso" e "idosos" pelas expressões "pessoa idosa" e "pessoas idosas", respectivamente; a **Lei n. 14.431, de 3 de agosto de 2022**, que ampliou a margem de crédito consignado aos empregados regidos pela Consolidação das Leis do Trabalho; a **Lei n. 14.434, de 4 de agosto de 2022**, que instituiu o piso salarial nacional do enfermeiro, do técnico de enfermagem, do auxiliar de enfermagem e da parteira; a **Lei n. 14.437, de 15 de agosto de 2022**, que criou um microssistema normativo que permanentemente passou a disciplinar as situações calamitosas; a **Lei n. 14.438, de**

24 de agosto de 2022, que alterou as datas para o recolhimento das contribuições previdenciárias e FGTS dos seus empregados domésticos e que criou regras para a punição de quem não realizar as anotações na CTPS; a **Lei n. 14.442, de 2 de setembro de 2022**, que dispõe sobre o pagamento de auxílio-alimentação e sobre regras modificativas do regime de teletrabalho; a **Lei n. 14.457, de 21 de setembro de 2022**, que tratou da temática da parentalidade nas relações de emprego e instituiu o Programa Emprega + Mulheres; a **Resolução CODEFAT n. 957, de 21 de setembro de 2022**, que dispõe sobre normas relativas à concessão, processamento e pagamento do benefício do Programa do Seguro-Desemprego; o **Decreto n. 11.205, de 26 de setembro de 2022**, que instituiu o Programa de Estímulo à Conformidade Normativa Trabalhista – Governo Mais Legal – Trabalhista no âmbito do Ministério do Trabalho e Previdência;

Igualmente, foram considerados os novos posicionamentos dos tribunais, em especial do STF, em matéria trabalhista, notadamente aqueles que dizem respeito à vedação da atualização automática dos salários profissionais fixados em múltiplos do salário mínimo (**ADPFs 53, 149 e 171**); à inconstitucionalidade da Súmula 450 do TST (**ADPF 501**); à confirmação pelo Plenário da contagem da licença e salário-maternidade a partir da alta hospitalar (**ADPF 6.327**); à fixação da tese de prevalência do negociado coletivamente sobre o legislado (**Tema 1.046 da repercussão geral, ARE 1121633**); à fixação da tese de que a educação básica é direito fundamental (**Tema 548 da repercussão geral, RE 1008166**); à fixação da tese de que é defeso o pagamento de remuneração em valor inferior ao salário mínimo ao servidor público, ainda que labore em jornada reduzida de trabalho (**Tema 900 da repercussão geral, RE 964659**); à fixação da tese de que a intervenção sindical prévia é exigência procedimental imprescindível para dispensa em massa de trabalhadores (**Tema 638 da repercussão geral, RE 999435**), à fixação da tese de que é inconstitucional o condicionamento da desfiliação de associado à quitação de débito referente a benefício obtido por intermédio da associação ou ao pagamento de multa (**Tema 922 da repercussão geral, RE 820823**), entre outros tantos, inclusive, no âmbito da mesma atualização jurisprudencial, muitas decisões egressas do STJ, TST, TRTs e TNU.

No plano previdenciário, a obra foi mais uma vez revisada e atualizada de acordo com as mais recentes jurisprudências produzidas em relação à Emenda Constitucional n. 103, de 2019, e à Instrução Normativa PRES/INSS n. 128, de 28 de março de 2022.

Muitos temas novos passaram a ser analisados ou aprofundados nesta 14ª edição, entre os quais se destacam um tratamento mais detalhado para o *teletrabalho*, o *contrato de aprendizagem*, as *dispensas em massa*, a *prevalência do negociado coletivamente sobre o legislado*, a *representatividade sindical e os correspondentes critérios da "agregação" e da "especificidade"*; uma sistematização clara das novas particularidades sobre o direito do trabalho de emergência inseridas no *microssistema da Lei n. 14.437, de 15 de agosto de 2022*; e uma apreciação crítica sobre temas sensíveis em destaque como o *limbo trabalhista-previdenciário*, a *readaptação profissional*, a *parentalidade*, a *paternidade monoparental* e a situação jurídica das *mães não gestantes*.

Feitas essas considerações, cabe-nos agradecer a todos os que ofereceram motivação e entusiasmo para a continuidade deste importante projeto de Curso de Direito do Trabalho. Um registro de gratidão especial aos que apoiaram a consolidação da obra, e em especial aos alunos, aos advogados de todo o país, aos professores do Trabalho Notável, Fabiano Coelho, Antonio Umberto, Carolina Tupinambá e Rafael Lara, e aos fiéis seguidores em redes sociais. Sobre as redes de relacionamento social, deixamos uma anotação de distinção dirigida aos amigos fraternos Danilo Gaspar e Rodolfo Pamplona Filho pela cotidiana difusão conjunta de conhecimentos que, **todo santo dia**, no Instagram e no Facebook, inter-relacionam o direito do trabalho aos direitos civil, previdenciário, desportivo e processual, inclusive com incursões na etimologia e dicas de literatura, arte, cinema e televisão.

Um registro especial é destinado, é claro, ao querido editor Daniel Pavani, que tão bem cuida deste projeto editorial.

Aos amigos e amigas dos mais diversos lugares deste imenso país, dedico mais uma vez esta nova edição.

Ao final, porque ao fim se encontra o que de mais significativo há, não poderia deixar de renovar, agora e sempre, os melhores tributos de carinho para as minhas eternas musas, Leti, Lulu, Lala, Juju, e para a mais linda e amável esposa do mundo, Juliana Nóvoa, a minha Ju.

O Autor

SUMÁRIO

Depoimentos sobre a obra VII

Apresentação da 14ª edição XI

PRIMEIRA PARTE: RELAÇÕES INDIVIDUAIS DO TRABALHO

1. **INTRODUÇÃO AO DIREITO DO TRABALHO**
    1.1 O trabalho e a formação histórica do direito do trabalho 3
        1.1.1 A agregação social e o direito do trabalho.................................. 3
        1.1.2 O valor social do trabalho 4
        1.1.3 Fermentos da Revolução Industrial e da Revolução Operária 5
    1.2 Direito do trabalho... 7
        1.2.1 Denominações.. 9
        1.2.2 Definição 11
        1.2.3 Características 11
            1.2.3.1 Intervencionismo 12
            1.2.3.2 Protecionismo... 12
            1.2.3.3 Reformismo social 12
            1.2.3.4 Coletivismo 12
            1.2.3.5 Expansionismo 12
            1.2.3.6 Cosmopolitismo.. 13
            1.2.3.7 Pluralismo de fontes.. 13
        1.2.4 Divisão.. 14
        1.2.5 Natureza 15
        1.2.6 Funções 16
        1.2.7 Autonomia 17
        1.2.8 Relações do direito do trabalho com outras disciplinas............... 17
            1.2.8.1 Relação com o direito constitucional 17
            1.2.8.2 Relação com o direito administrativo........................... 18
            1.2.8.3 Relação com o direito civil 18
            1.2.8.4 Relação com o direito comercial 18
            1.2.8.5 Relação com o direito penal 19
            1.2.8.6 Relação com o direito tributário.................................... 19
            1.2.8.7 Relação com o direito previdenciário 19
            1.2.8.8 Relação com outras disciplinas não jurídicas 20

	1.2.9	Fontes	22
		1.2.9.1 Definição	22
		1.2.9.2 Classificação	22
		1.2.9.2.1 Fontes materiais e fontes formais	23
		1.2.9.2.2 Fontes heterônomas e fontes autônomas	23
		1.2.9.3 Hierarquia	35
		1.2.9.4 Conflitos entre fontes e soluções aplicáveis	36
		1.2.9.5 O Conselho Nacional do Trabalho e a sua função propositiva de novas fontes justrabalhistas	38
1.3	Interpretação do direito do trabalho		40
	1.3.1	Origem interpretativa: autêntica, administrativa, doutrinária e jurisprudencial	40
	1.3.2	Modelos interpretativos: clássico, tópico-problemático, hermenêutico-concretizador e normativo-estruturante	41
	1.3.3	Eficácia: declarativa, progressiva, restritiva, extensiva e analógica	42
1.4	Integração das normas trabalhistas		44
	1.4.1	Métodos de integração	45
	1.4.2	Instrumentos de integração	46
		1.4.2.1 Jurisprudência	46
		1.4.2.2 Analogia	48
		1.4.2.3 Equidade	49
		1.4.2.4 Princípios gerais do direito	49
		1.4.2.5 Usos e costumes	50
		1.4.2.6 Direito comparado	50
1.5	Aplicação do direito do trabalho		51
	1.5.1	Aplicação pessoal	51
	1.5.2	Aplicação espacial	52
		1.5.2.1 O campo de incidência da norma trabalhista dentro do ordenamento jurídico nacional	52
		1.5.2.2 A regência das relações jurídicas que envolvem prestação laboral em território estrangeiro	53
		1.5.2.2.1 Relações jurídicas totalmente realizadas dentro do Brasil por brasileiros ou estrangeiros contratados no Brasil	53
		1.5.2.2.2 Relações jurídicas parcialmente realizadas dentro do Brasil por brasileiros ou estrangeiros contratados no Brasil. A situação da transferência para o exterior	54
		1.5.2.2.3 Relações jurídicas totalmente realizadas no exterior por brasileiros contratados no Brasil	56
		1.5.2.2.4 Relações jurídicas realizadas a bordo de navios ou aeronaves. A Lei do Pavilhão e o princípio do centro da gravidade	57
	1.5.3	Aplicação temporal	58
		1.5.3.1 A intertemporalidade da lei trabalhista que produz retrocesso social: uma análise da reforma trabalhista produzida pela Lei n. 13.467, de 2017	60

		1.5.3.2	A Medida Provisória n. 808/2017 e a perda da sua eficácia	61

1.5.3.2   A Medida Provisória n. 808/2017 e a perda da sua eficácia 61

1.5.3.3   A retroatividade da norma legal trabalhista benfazeja   63

1.5.3.4   O direito adquirido e a sua aplicação temporal no direito do trabalho 64

1.5.4 Antinomia jurídica 65

     1.5.4.1   Critérios solucionadores das antinomias 66

     1.5.4.2   Aplicação dos critérios solucionadores das antinomias de segundo grau 66

1.6 Direito internacional do trabalho 66

   1.6.1 Organização Internacional do Trabalho 67

     1.6.1.1   Estrutura 67

     1.6.1.2   Atividade produtiva de normas internacionais do trabalho 67

     1.6.1.3   Procedimentos de submissão e de posterior ratificação ou denúncia das normas internacionais do trabalho . 68

1.7 Dignidade humana, autonomia e redução à condição análoga à de escravo: uma análise descritiva e inter-relacionada dos trabalhos escravo, forçado, indecente e degradante 69

1.8 A crise como fonte material do Direito 72

   1.8.1 O direito do trabalho de emergência 72

   1.8.2 A jurisprudência da crise 74

1.9 O *compliance* trabalhista 75

2. PRINCÍPIOS DO DIREITO DO TRABALHO

2.1 Distinções entre princípio e regra 79

2.2 Princípios em espécie 80

   2.2.1 Princípio da proteção 80

     2.2.1.1   Regra da aplicação da fonte jurídica mais favorável ... 81

       2.2.1.1.1   Conceito e extensão da regra 82

       2.2.1.1.2   A constitucionalização da regra da aplicação da fonte mais favorável 82

       2.2.1.1.3   A prevalência da autonomia individual privada nas primeiras normas que trataram da crise da pandemia do coronavírus 85

     2.2.1.2   Regra da manutenção da condição mais benéfica 85

     2.2.1.3   Regra da avaliação *in dubio pro operario* 86

   2.2.2 Princípio da indisponibilidade de direitos 87

     2.2.2.1   Renúncia e transação no direito do trabalho 88

     2.2.2.2   Os conflitos de interesses e as fórmulas de solução 91

       2.2.2.2.1   Conflito, impasse e solução 91

       2.2.2.2.2   Soluções por via autônoma 91

       2.2.2.2.3   Soluções por via paraeterônoma 91

         a) Conciliação 92

           a1) Comissão de conciliação prévia 92

                    a2) Tentativas judiciais..................................... 93
                    b) Mediação.. 94
            2.2.2.2.4 Soluções por via heterônoma................................ 94
                    a) Arbitragem 94
                    b) Jurisdição.. 96
    2.2.3 Princípio da continuidade da relação de emprego 97
    2.2.4 Princípio da primazia da realidade 99
    2.2.5 Princípio da razoabilidade 99
    2.2.6 Princípio da boa-fé e da confiança 100

3. **ATIVIDADE E TRABALHO**
    3.1 Distinções entre atividade e trabalho.. 103
    3.2 Contratos de atividade em sentido estrito 116
        3.2.1 Contrato de estágio 116
            3.2.1.1 Definição 116
            3.2.1.2 Espécies 117
            3.2.1.3 Requisitos 117
            3.2.1.4 Sujeitos... 119
            3.2.1.5 Direitos 123
                3.2.1.5.1 Jornada de atividade 124
                3.2.1.5.2 Retribuição pela atividade de estágio 124
                3.2.1.5.3 Isonomia de tratamento.................................. 125
                3.2.1.5.4 Tempo de duração do estágio 126
                3.2.1.5.5 Proteção previdenciária apenas facultativa 126
                3.2.1.5.6 Seguro contra acidentes pessoais 127
                3.2.1.5.7 Aplicação integral da legislação relacionada à saúde e à segurança no trabalho 127
                3.2.1.5.8 Recesso da atividade de estágio............................. 128
                3.2.1.5.9 Anotação na CTPS?... 128
            3.2.1.6 O abuso do direito de concessão da oportunidade de estágio.. 129
            3.2.1.7 O estágio no serviço público e algumas das suas particularidades... 129
            3.2.1.8 O estágio e a aposentadoria por incapacidade permanente: possível cumulação?... 131
            3.2.1.9 O estágio e o seguro-desemprego: o estágio remunerado pode ser entendido como renda para impedir o recebimento do seguro-desemprego?......................... 132
            3.2.1.10 A competência jurisdicional para decidir as questões em torno do contrato de estágio...................................... 132
        3.2.2 Contrato de prestação de serviço voluntário............................... 133
            3.2.2.1 Definição 133
            3.2.2.2 Termo de adesão.. 134
            3.2.2.3 Contraprestação 134

		3.2.2.4 Programa Nacional de Prestação de Serviço Civil Voluntário..	134
	3.2.3	Os médicos-residentes e sua situação *sui generis*...............	135
3.3	Contratos de trabalho em sentido amplo...		136
	3.3.1	Contrato de trabalho autônomo	136
	3.3.2	Contrato de trabalho eventual	139
	3.3.3	Contrato de trabalho avulso..	139
3.4	Distinções entre trabalho e emprego...		141

4. RELAÇÃO DE EMPREGO E CONTRATO DE EMPREGO

4.1	Relação de emprego e contrato de emprego..		143
4.2	Relação de emprego e seus elementos caracterizadores		144
	4.2.1	Pessoalidade	144
	4.2.2	Onerosidade	144
	4.2.3	Não assunção dos riscos da atividade patronal....................	145
	4.2.4	Duração não eventual ou contínua.......................................	145
	4.2.5	Subordinação	147
		4.2.5.1 Subordinação clássica e parassubordinação	149
		4.2.5.2 Subordinação direta e subordinação indireta.........	152
	4.2.6	Cumulação necessária de todos os elementos......................	153
4.3	Pluralidade e acumulação de empregos nas esferas privada e estatal....		154
4.4	Contrato de emprego		155
	4.4.1	Denominação	155
	4.4.2	Definição	155
	4.4.3	Caracterização	156
	4.4.4	Classificação	156
	4.4.5	Morfologia e elementos do negócio jurídico de emprego	157
		4.4.5.1 Elementos essenciais, naturais e acidentais.............	157
		4.4.5.2 A tricotomia existência-validade-eficácia................	157
		4.4.5.2.1 Plano da existência................................	158
		4.4.5.2.2 Plano da validade	158
		a) Declaração da vontade...............................	158
		b) Agente emissor da vontade dotado de capacidade..	159
		c) Objeto lícito, possível, determinado ou determinável	161
		d) Forma prescrita ou não defesa em lei	165
		4.4.5.2.3 Plano da eficácia.....................................	167
	4.4.6	Defeitos e invalidade do contrato de emprego.....................	168
		4.4.6.1 Defeitos	168
		4.4.6.1.1 Vícios de consentimento	168
		a) Erro	169
		b) Dolo	169
		c) Coação	169

d) Lesão	170
e) Estado de perigo	170
4.4.6.1.2 Vícios sociais	170
a) Simulação	170
b) Fraude contra credores	171
4.4.6.2 Invalidação	171
4.4.6.2.1 Nulidade e anulabilidade: particularidades no âmbito do direito do trabalho	171
4.4.6.2.2 Situações de anulabilidade e efeitos da declaração	172
4.4.6.2.3 Situações de nulidade e efeitos da declaração	172
4.4.7 Modalidades contratuais de emprego	173
4.4.7.1 Quanto ao ajuste	173
4.4.7.1.1 Contrato de emprego tácito	173
4.4.7.1.2 Contrato de emprego expresso	174
4.4.7.2 Quanto ao tempo de duração	174
4.4.7.2.1 Contrato de emprego por tempo indeterminado	174
4.4.7.2.2 Contrato de emprego por tempo determinado	174
4.4.7.3 Quanto ao modo de execução dos serviços	174
4.4.7.3.1 Contrato de emprego singular	175
4.4.7.3.2 Contrato de emprego por equipe	175
4.4.8 Distinção entre contrato de emprego e alguns contratos afins	176
4.4.8.1 Contrato de estágio	176
4.4.8.2 Contrato de prestação de serviço voluntário	176
4.4.8.3 Contrato de prestação de serviço previsto no Código Civil	176
4.4.8.3.1 Quanto à retributividade	177
4.4.8.3.2 Quanto ao tempo máximo de duração do ajuste	177
4.4.8.3.3 Quanto ao mecanismo de concessão de aviso prévio	178
4.4.8.3.4 Quanto às fórmulas de indenização por dissolução de contrato por tempo determinado	179
4.4.8.4 Contrato de empreitada	179
4.4.8.5 Contrato de comissão	180
4.4.8.6 Contrato de agência	180
4.4.8.7 Contrato de distribuição	181
4.4.8.8 Contrato de corretagem	181
4.4.8.9 Contrato de sociedade	181
4.4.8.9.1 Parcerias	182
4.4.8.9.2 Cooperativa de trabalho	184
a) Espécies de cooperativa de trabalho	185
b) Direitos mínimos dos sócios das cooperativas de trabalho	186
c) Funcionamento das cooperativas de trabalho	187
4.4.8.10 Contrato de transporte rodoviário de cargas	188

4.5	As fases da formação do vínculo contratual de emprego e suas consequências jurídicas	188
	4.5.1 Negociação preliminar e contrato preliminar: algumas notas distintivas	189
	4.5.2 O *iter* de formação da vontade definitiva de contratar: a oferta e a aceitação	191

5. EMPREGADO

5.1	Definição	193
5.2	Classificação	193
	5.2.1 Quanto ao setor de atuação	193
	5.2.1.1 Servidores estatais	194
	5.2.1.1.1 Servidores públicos efetivos	194
	5.2.1.1.2 Servidores públicos temporários	194
	a) Servidores públicos temporários investidos por conta de excepcional interesse público	195
	b) Servidores públicos temporários exercentes de cargo em comissão	195
	5.2.1.1.3 Empregados públicos	197
	5.2.1.1.4 Empregados estatais *sui generis*: empregados contratados pelos "serviços sociais autônomos", pelos Conselhos/Ordens de fiscalização do exercício profissional e pelos consórcios públicos	198
	5.2.1.2 Empregados privados	201
	5.2.2 Quanto à atividade desenvolvida pelo empregador	201
	5.2.2.1 Empregados rurais ou rurícolas	202
	5.2.2.2 Empregados urbanos	203
	5.2.2.3 Empregados domésticos	203
	5.2.2.3.1 Características	204
	a) Prestação de serviços de forma contínua, por mais de dois dias por semana	204
	b) Prestação de serviço para pessoa ou família	205
	c) Âmbito residencial de pessoa ou família	206
	d) Atividade sem fins lucrativos	207
	5.2.2.3.2 Classificação	208
	a) Empregados efetivamente domésticos	208
	b) Empregados em condomínios residenciais	208
	5.2.2.3.3 Responsabilidade civil das agências especializadas na indicação de domésticos	209
	5.2.2.3.4 Direitos trabalhistas e previdenciários devidos aos domésticos	209
	a) Relação de emprego protegida contra despedida arbitrária ou sem justa causa/Estabilidade da gestante doméstica (art. 7º, I)	212
	b) Fundo de Garantia do Tempo de Serviço (art. 7º, II)	213

c) Seguro-desemprego, em caso de desemprego involuntário (art. 7º, III) 214
d) Salário mínimo (art. 7º, IV) 215
e) Piso salarial proporcional à extensão e à complexidade do trabalho (art. 7º, V) 216
f) Irredutibilidade salarial (art. 7º, VI) 216
g) Garantia de salário, nunca inferior ao mínimo, para os que percebem remuneração variável (art. 7º, VII) 216
h) Décimo terceiro salário, com base na remuneração integral (art. 7º, VIII) 217
i) Remuneração do trabalho noturno superior à do diurno (art. 7º, IX) 217
j) Proteção do salário na forma da lei, constituindo crime sua retenção dolosa (art. 7º, X) 217
k) Salário-família pago em razão do dependente do trabalhador de baixa renda nos termos da lei (art. 7º, XII) 218
l) Duração do trabalho normal não superior a oito horas diárias e quarenta e quatro semanais, facultada a compensação de horários e a redução da jornada, mediante acordo ou convenção coletiva de trabalho/Remuneração do serviço extraordinário superior, no mínimo, em cinquenta por cento à do normal (art. 7º, XIII e XVI) 218
m) Repouso semanal remunerado, preferencialmente aos domingos/Remuneração dobrada pelo trabalho prestado em dias destinados ao descanso 224
n) Gozo de férias anuais remuneradas com, pelo menos, um terço a mais do que o salário normal 225
o) Licença à gestante, sem prejuízo do emprego e do salário, com a duração de cento e vinte dias/ Licença-paternidade, nos termos fixados em lei.. 226
p) Aviso prévio proporcional ao tempo de serviço, sendo no mínimo de trinta dias, nos termos da lei 228
q) Redução dos riscos inerentes ao trabalho, por meio de normas de saúde, higiene e segurança. 229
r) Aposentadoria 229
s) Assistência gratuita aos filhos e dependentes desde o nascimento até 5 (cinco) anos de idade em creches e pré-escolas................................... 230
t) Reconhecimento das convenções e acordos coletivos de trabalho 231
u) Seguro contra acidentes de trabalho, a cargo do empregador, sem excluir a indenização a que este está obrigado, quando incorrer em dolo ou culpa 231
v) Proibição de diferença de salários, de exercício de funções e de critério de admissão por motivo de sexo, idade, cor ou estado civil/Proibição de

qualquer discriminação no tocante a salário e critérios de admissão do trabalhador portador de deficiência 232

w) Proibição de trabalho noturno, perigoso ou insalubre a menores de dezoito e de qualquer trabalho a menores de dezesseis anos, salvo na condição de aprendiz, a partir de quatorze anos 232

x) Multas e os valores fixados para as infrações previstas na CLT 233

y) Salário-enfermidade 234

5.2.2.3.5 Direitos trabalhistas e previdenciários ordinariamente não reconhecidos pela lei e pela jurisprudência aos domésticos 235

a) Participação nos lucros, ou resultados/Participação na gestão da empresa 235

b) Cadastramento no PIS para fins de recebimento do abono anual 235

c) Acréscimo da licença-maternidade em decorrência da adesão patronal ao Programa Empresa Cidadã 236

d) Homologação da rescisão 236

e) Adicionais de insalubridade, periculosidade e penosidade 237

f) Penhorabilidade, em seu favor, dos bens de família do empregador doméstico: um ponto final com a Lei Complementar n. 150/2015 237

5.2.3 Quanto à vinculação ao emprego 237
    5.2.3.1 Empregados efetivos 237
    5.2.3.2 Empregados interinos 238

5.2.4 Quanto ao local de prestação dos serviços 238
    5.2.4.1 Empregados em sede do empregador....................... 238
    5.2.4.2 Empregados em domicílio.. 239
        5.2.4.2.1 Teletrabalhador 239

a) O conceito normativo de teletrabalho e a impossibilidade de confundi-lo com o "trabalho externo" 240

b) Figuras contratuais assemelhadas 241

c) Forma de contratar 242

d) Sujeitos destinatários... 243

e) Prestação de horas suplementares 243

f) Responsabilidade patronal pela sanidade ocupacional dos teletrabalhadores 244

g) Norma coletiva aplicável ao teletrabalhador...... 244

h) Alternativa de não recebimento da prestação laboral na sede patronal.. 245

		i) Responsabilidade pela aquisição, manutenção e fornecimento dos equipamentos tecnológicos e de infraestrutura necessária e adequada à prestação do teletrabalho..................	246
		j) Intensidade na prestação dos serviços e tempo à disposição do empregador...................	247
		k) Alteração unilateral e direito do trabalho de emergência..................	248
		l) Prioridades...................	248
	5.2.4.2.2	Mãe social ou mãe crecheira...................	248
5.2.5	Quanto à posição na estrutura hierárquica do empregador........		249
	5.2.5.1	Empregados ordinários...................	249
	5.2.5.2	Altos empregados...................	250
	5.2.5.2.1	As dimensões da confiança...................	252
		a) Confiança genérica...................	252
		b) Confiança específica/estrita...................	252
		c) Confiança excepcional...................	253
	5.2.5.2.2	Empregado-sócio...................	253
	5.2.5.2.3	Empregado-diretor...................	254
5.2.6	Quanto ao desenvolvimento...................		254
	5.2.6.1	Empregados com formação e cognição completas......	254
	5.2.6.2	Empregados com formação e cognição incompletas ou em desenvolvimento...................	254
	5.2.6.2.1	Índios...................	254
		a) Índios isolados...................	254
		b) Índios em processo de integração...................	255
		c) Índios integrados...................	255
	5.2.6.2.2	Menores...................	255
5.2.7	Quanto à nacionalidade...................		256
	5.2.7.1	Empregados nacionais...................	256
	5.2.7.2	Empregados estrangeiros...................	256

6. EMPREGADOR

6.1	Definição...................	259
6.2	Características...................	261
	6.2.1 A despersonalização...................	261
	6.2.2 A assunção dos riscos da atividade desenvolvida...................	262
6.3	Poder diretivo patronal...................	264
	6.3.1 Espécies decorrentes do poder diretivo...................	265
	6.3.1.1 Poder de organização...................	265
	6.3.1.2 Poder de fiscalização...................	266
	6.3.1.3 Poder disciplinar...................	268
	6.3.2 Critérios de aplicação do poder disciplinar...................	271
	6.3.3 Danos morais produzidos pelo exercício abusivo do poder diretivo patronal...................	272

6.4	Sucessão empresarial	277
	6.4.1 Serviços notariais e de registros oficializados e não oficializados	279
	6.4.2 Sucessão de empregadores na Lei n. 11.101/2005.....................	281
	6.4.3 Sucessão de sócios e responsabilidade do retirante....................	281
	6.4.3.1 A pessoa jurídica e(m) crise de identidade: a concepção de "pessoa"	282
	6.4.3.2 A evolução da consideração da personalidade jurídica..	282
	6.4.3.3 O questionamento e a crise da consideração: o abuso da pessoa jurídica e a sua desconsideração................	284
	6.4.3.4 Novas crises, novos remédios e a sempre presente necessidade de garantir o devido processo legal............	286
	6.4.3.5 A responsabilidade do sócio retirante	287
6.5	Concentração empresarial e responsabilidade civil-trabalhista	288
6.6	Grupos econômicos e agrupamentos assemelhados	289
	6.6.1 Grupo econômico trabalhista	289
	6.6.1.1 Pressupostos constitutivos..	289
	6.6.1.2 Responsabilização dos integrantes do grupo econômico trabalhista..	292
	6.6.1.2.1 O grupo econômico é um empregador único ou as empresas dele integrantes são independentes da empresa-contratante?...	292
	6.6.1.2.2 A responsabilidade solidária dos integrantes do grupo econômico é unicamente ativa ou também passiva?...	294
	6.6.1.2.3 Deve-se buscar o cumprimento da obrigação junto à empresa-contratante ou essa exigência pode ser dirigida, indiferentemente, a qualquer dos integrantes do grupo econômico?	295
	6.6.2 Agrupamentos assemelhados ao grupo econômico trabalhista...	296
	6.6.2.1 A responsabilidade civil-trabalhista nos contratos de consórcio de empregadores	296
	6.6.2.2 Terceirização	297
	6.6.2.2.1 Definição	298
	a) Da visão clássica à concepção da legislação brasileira pós-Lei n. 13.467, de 2017	298
	b) Para além da terceirização: a "quarteirização" e a "terceirização em cadeia"	300
	6.6.2.2.2 Atividade-fim e atividade-meio	301
	6.6.2.2.3 Modelos..	301
	a) Modelo tradicional de subcontratação...............	301
	a1) Terceirização para contratação de trabalhadores..	301
	a2) Terceirização para contratação de serviços ...	304
	a.2.1) Contrato de prestação de serviços "especificados"..	308
	a.2.2) Contrato de subempreitada	309

			a.2.3) Contrato com cooperativas de trabalho..	312
			b) Modelo sistemista ou de fornecimento global ...	314
		6.6.2.2.4	O inadimplemento das obrigações trabalhistas por parte da empresa prestadora dos serviços e a assunção da responsabilidade...	314
		6.6.2.2.5	Sujeitos responsáveis: entidades privadas e entes públicos	315
		6.6.2.2.6	Natureza da responsabilidade: solidária ou subsidiária?..	317
		6.6.2.2.7	A (in)comunicabilidade de condutas e de responsabilidades	319
		6.6.2.2.8	Até que ponto vale a pena terceirizar?.................	320

7. IDENTIFICAÇÃO PROFISSIONAL

7.1	Considerações introdutórias	323
7.2	Documentos de registro histórico-laboral..	323
7.3	Carteira de Trabalho e Previdência Social...	324
	7.3.1 Obrigatoriedade..	324
	7.3.2 Emissão e entrega	325
	7.3.3 Anotações..	325
	7.3.4 Falta de anotação e consequências..	328
	7.3.4.1 Reclamação administrativa	328
	7.3.4.2 Ação judicial...	329
	7.3.4.3 Crime de falsidade material...	329
	7.3.5 Valor probatório	330
	7.3.6 Anotações de atividades em sentido estrito na CTPS	331
7.4	Livros de registro de empregados	332

8. TEMPO DE DURAÇÃO DOS CONTRATOS DE EMPREGO

8.1	Contratação por tempo indeterminado	333
	8.1.1 Contrato para a prestação de trabalho não intermitente	333
	8.1.2 Contrato para a prestação de trabalho intermitente	334
8.2	Contratação por tempo determinado...	341
	8.2.1 Espécies	341
	8.2.1.1 Contratação por tempo determinado por via direta....	342
	8.2.1.1.1 Contratação de serviço especializado ou transitório	342
	8.2.1.1.2 Contratação para atividade empresarial transitória	343
	8.2.1.1.3 Contratação por experiência	343
	8.2.1.1.4 Contratação para aprendizagem	345
	a) A natureza jurídica do contrato de aprendizagem e a sua distinção do contrato de estágio............	347
	b) Requisitos de validade do contrato de aprendizagem	348

b.1) Quanto ao agente	349
b.2) Quanto ao objeto contratual	349
b.3) Quanto à forma	350
c) A obrigatoriedade de contratação de aprendizes	350
d) Direitos mínimos dos aprendizes	352
d.1) Quanto à duração do vínculo	352
d.2) Quanto à duração do trabalho	353
d.3) Quanto à remuneração mínima	353
d.4) Alíquota do FGTS e a sua discutível constitucionalidade	353
d.5) Férias, vale-transporte, disposições constantes de normas coletivas e benefícios do teletrabalho	353
e) Convolação do contrato: os aprendizes podem ser tornados contratados por tempo indeterminado?	354
f) Cessação do contrato de aprendizagem	355
f.1) Fórmulas de cessação do contrato	356
f.2) Inexistência de resilição por iniciativa patronal	356
g) Como ocorre a aprendizagem no setor público?	357
h) A violação das normas de aprendizagem como um ilícito civil transindividual	357
8.2.1.1.5 Contratação em interinidade	358
8.2.1.1.6 Contratação para evento específico: safra e obra certa	358
a) Contratação por obra certa (Lei n. 2.959/56)	358
b) Contratação por safra (Lei n. 5.889/73)	359
8.2.1.1.7 Contratação de atleta profissional	361
8.2.1.1.8 Contratação para acréscimo de empregados mediante negociação coletiva (Lei n. 9.601/98)	361
8.2.1.1.9 Contrato de Trabalho Verde e Amarelo	363
a) Beneficiários	363
b) Sistemática de contratação	364
c) Dimensão salarial	365
d) Manutenção dos direitos dos empregados	366
e) Prazo de contratação	366
f) Pagamentos antecipados ao empregado	367
g) Alíquota do FGTS	368
h) Jornada de trabalho	369
i) Benefícios econômicos e de capacitação instituídos pelo Contrato de Trabalho Verde e Amarelo	369
j) Cessação do contrato e seguro-desemprego	370
k) Prioridade em ações de qualificação profissional	370
l) Quitação de obrigações para reduzir litígios	371
m) Seguro por exposição a perigo previsto em lei	371
n) A intertemporalidade na contratação pela modalidade de Contrato de Trabalho Verde e Amarelo	372

	8.2.1.2	Contratação por tempo determinado por via indireta: trabalho temporário (Leis n. 6.019/74 e 13.429/2017)	372
	8.2.1.2.1	Definição	374
	8.2.1.2.2	Sujeitos	375
	8.2.1.2.3	Forma	379
	8.2.1.2.4	Tempo	379
	8.2.1.2.5	Distinções entre a contratação de trabalhador temporário e a contratação de serviços terceirizados	380
8.2.2	Duração máxima e prorrogação dos contratos por tempo determinado		381
8.2.3	Transformação de contratos por tempo determinado em contratos por tempo indeterminado		382
	8.2.3.1	A contratação fora das hipóteses previstas em lei	382
	8.2.3.2	Estipulação por prazo maior do que o limite legal	383
	8.2.3.3	Continuidade executiva	383
	8.2.3.4	Prorrogação contratual fora das hipóteses previstas em lei	383
	8.2.3.5	Presunção legal de fraude	383

9. SEGURANÇA E SAÚDE NO TRABALHO

9.1	Considerações introdutórias		385
9.2	Órgãos de segurança e saúde do trabalhador nas empresas		386
	9.2.1	Serviços Especializados em Engenharia de Segurança e em Medicina do Trabalho	386
	9.2.2	Comissão Interna de Prevenção de Acidentes e de Assédio	387
		9.2.2.1 Objetivo	387
		9.2.2.2 Constituição, processo eleitoral e organização	387
		9.2.2.3 Atribuições e funcionamento	389
9.3	Equipamentos de proteção individual		390
9.4	Exames e atestados médicos		391
	9.4.1	Exames médicos	391
	9.4.2	Atestados médicos	393
		9.4.2.1 Quem pode expedir atestados de afastamento do trabalho?	393
		9.4.2.2 O empregador pode recusar um atestado médico?	394
		9.4.2.2.1 O empregador pode recusar um atestado médico por violação da ordem de preferência estabelecida no § 2º do art. 6º da Lei n. 605/49?	394
		9.4.2.2.2 O empregador pode recusar um atestado médico apresentado fora do prazo estabelecido? Há algum prazo legal para a apresentação do atestado médico?	397
		9.4.2.3 Admite-se atestado médico sem a indicação da Classificação Internacional de Doenças (CID)?	397
		9.4.2.4 O médico precisa ser especialista para emitir atestado médico com CID de uma determinada especialidade?	

		E para atuar em perícias judiciárias ou administrativas, a especialidade médica é exigível?	399
	9.4.2.5	Há algum impedimento ético para o atendimento médico a um parente? É válido o atestado médico resultante desse ato praticado em favor de um empregado? E como perito ou auditor de um parente, o médico pode atuar?	401
	9.4.2.6	O médico do trabalho da empresa pode discordar dos termos de atestado emitido por outro médico da escolha do empregado?	402
	9.4.2.7	Pode um médico-empregado atestar para si mesmo as suas próprias condições de saúde?	402
	9.4.2.8	O atestado de mero comparecimento à consulta é suficiente para justificar a falta ao trabalho?	403
	9.4.2.9	E a declaração de acompanhamento de terceiro, ele pode justificar a falta ao trabalho?	403
	9.4.2.10	Há um limite para o número de dias de afastamento do trabalho nos atestados médicos?	404
	9.4.2.11	Um empregado pode considerar-se apto para o trabalho e por conta própria retornar ao serviço durante a vigência de um atestado médico?	405
	9.4.2.12	Que ocorrerá quando o médico do trabalho da empresa, quando realiza o exame de retorno, diverge da conclusão do perito médico do INSS que ofereceu a alta previdenciária?	406
	9.4.2.13	Que ocorre quando o médico perito da Justiça do Trabalho diverge do posicionamento do perito médico do INSS? Qual posicionamento prevalece?	407
	9.4.2.14	O que o empregador deve fazer caso desconfie de que o atestado médico que lhe foi apresentado é materialmente falso?	408
	9.4.2.15	O que o empregador deve fazer caso constate, por informação prestada pelo Conselho Regional de Medicina, que o atestado médico que lhe foi apresentado é, realmente, materialmente falso?	408
	9.4.2.16	E se a investigação envolver a prática, pelo médico, de outorga de atestado ideologicamente falso? O que deve fazer o empregador?	409
	9.4.2.17	Que se deve fazer caso o empregador não aceite o atestado médico e, contrariando aquilo que dele se esperava, opere o desconto do dia em que o empregado esteve doente?	409
	9.4.2.18	Os atestados médicos apresentados pelo empregado podem ser anotados na sua CTPS?	409
	9.4.2.19	O médico pode expedir atestado que denuncia o fingimento do empregado?	410
9.5	Atividades insalubres e atividades perigosas		411
	9.5.1 Atividades ou operações insalubres		411
		9.5.1.1 Atenuação e eliminação da insalubridade	414

	9.5.1.2	Adicional e base de cálculo	418
	9.5.1.3	Sistema de integração e de reflexão	419
9.5.2	Atividades ou operações perigosas		419
	9.5.2.1	Causas geradoras	420
	9.5.2.1.1	Inflamáveis	420
	9.5.2.1.2	Explosivos	421
	9.5.2.1.3	Energia elétrica	422
	9.5.2.1.4	Roubos ou outras espécies de violência física nas atividades profissionais de segurança pessoal ou patrimonial	424
	9.5.2.1.5	Trabalho em motocicleta	426
	9.5.2.1.6	Radioatividade/radiação ionizante	426
	9.5.2.1.7	Atividade de bombeiro civil	427
	9.5.2.2	Características da exposição	427
	9.5.2.3	Adicional e base de cálculo	429
	9.5.2.4	Sistema de integração e de reflexão	429
	9.5.2.5	Cumulatividade dos adicionais de insalubridade e periculosidade	430
9.6	Atividades penosas e a falta de referencial legislativo		432

10. DURAÇÃO DO TRABALHO E PERÍODOS DE DESCANSO

10.1	Considerações introdutórias		437
10.1.1	Distinções terminológicas e institutos correlatos		437
	10.1.1.1	Duração do trabalho, jornada de trabalho e horário de trabalho	438
	10.1.1.2	Horas de serviço efetivo real e horas de serviço efetivo ficto: uma análise sobre as horas *in itinere*	440
	10.1.1.2.1	Horas de itinerário não computáveis na jornada: o antes e o depois da Lei n. 13.467, de 13 de julho de 2017	442
	10.1.1.2.2	Horas de itinerário computáveis na jornada: estudo residual para eventos ocorridos até a data de vigência da Lei n. 13.467, de 13 de julho de 2017	444
	10.1.1.3	Horas de serviço efetivo real e horas de expectativa de convocação	449
	10.1.1.3.1	Prontidão	449
	10.1.1.3.2	Sobreaviso	450
	10.1.1.3.3	Quadro sinótico distintivo da prontidão e do sobreaviso	452
	10.1.1.4	Horas de serviço efetivo real e horas de espera	453
10.1.2	Trabalho de duração normal		454
	10.1.2.1	Conceito	454
	10.1.2.2	Duração	454
	10.1.2.3	Distribuição ordinária do horário de trabalho normal	455
	10.1.2.4	Definição do salário por hora normal trabalhada	455

10.1.2.5 Critério de apuração de horas extraordinárias............	457
10.1.3 Trabalho de duração especial...	458
10.1.3.1 Conceito	458
10.1.3.2 Duração..	458
10.1.3.2.1 Regime de tempo parcial	458
10.1.3.2.2 Turno ininterrupto de revezamento	462
10.1.3.2.3 Relações especiais de emprego........................	466
a) Bancários	466
b) Empregados nos serviços de telefonia e de telegrafia	468
c) Músicos profissionais....................................	469
d) Operadores cinematográficos........................	469
e) Marítimos..	469
f) Mineiros..	471
g) Jornalistas profissionais................................	471
h) Professores..	472
i) Médicos e cirurgiões-dentistas......................	475
j) Engenheiros e arquitetos	475
k) Advogados	476
l) Motoristas profissionais................................	477
10.1.4 Prorrogação de horas de trabalho..	481
10.1.4.1 Caracterização	481
10.1.4.2 Remuneração adicional......................................	482
10.1.4.3 Necessidade imperiosa e exigibilidade de prestação de horas extraordinárias..	483
10.1.4.4 Variações mínimas no registro de ponto e inexigibilidade de pagamento como sobrejornada....................	484
10.1.4.5 Situações de proibição de prorrogação de horas de trabalho	485
10.1.4.6 Exclusão do regime de percepção de horas extraordinárias e recepção constitucional................................	486
10.1.4.6.1 Exercício de atividade externa incompatível com a fixação de horário de trabalho (art. 62, I, da CLT), exercício de cargos de gestão (art. 62, II) e exercício de emprego em regime de teletrabalho em serviço por produção ou tarefa (art. 62, III, da CLT)........	486
10.1.4.6.2 Prestação de serviço de natureza intermitente ou de pouca intensidade (ferroviários de estações do interior e mãe social)	489
10.1.4.6.3 Exclusão constitucional até a publicação da EC n. 72/2013 (empregados domésticos)	490
10.1.4.7 Pré-contratação de horas extraordinárias	491
10.1.4.8 Integração e reflexão das horas extraordinárias..........	492
10.1.4.9 Supressão de horas extraordinárias	492
10.1.5 Compensação de horas de trabalho...	493
10.1.5.1 Caracterização	493

	10.1.5.2 Fonte criativa da compensação de horários	497
	10.1.5.3 Situações de proibição de compensação de horas de trabalho	498
	10.1.5.4 Comparações entre os sistemas de prorrogação de horas de trabalho e de compensação de horários	499
10.1.6	Banco de horas	501
	10.1.6.1 Banco de horas positivo	501
	10.1.6.2 Banco de horas negativo	502
10.1.7	Medidas de flexibilização com vistas a promover a conciliação entre o trabalho e a parentalidade..	503
10.2 Turno de prestação do trabalho		503
10.2.1	Trabalho diurno e noturno	504
10.2.2	Trabalho noturno urbano e trabalho noturno rural	504
	10.2.2.1 Trabalho noturno prestado no meio urbano	504
	10.2.2.1.1 Extensão	504
	10.2.2.1.2 Redução ficta do horário noturno	504
	10.2.2.1.3 Adicional	505
	10.2.2.2 Trabalho noturno prestado no meio rural	505
	10.2.2.2.1 Extensão	506
	10.2.2.2.2 Adicional	506
	10.2.2.3 Intervalo intrajornada no turno noturno	506
10.2.3	Turno misto	506
10.2.4	Adicional noturno e turnos de revezamento............................	508
10.2.5	Horas extraordinárias noturnas..	508
10.3 Períodos de descanso do trabalho...		509
10.3.1	Organização dos intervalos para descanso...............................	509
	10.3.1.1 Intervalos intrajornada	509
	10.3.1.1.1 Intervalos para repouso e/ou alimentação	509
	a) Sistemática para os trabalhadores urbanos	509
	b) Sistemática para os trabalhadores rurais	511
	c) Quadro comparativo das sistemáticas de intervalo para urbanos e rurais	511
	d) Supressão do intervalo intrajornada para repouso ou alimentação	512
	e) O intervalo intrajornada interrompido pelo empregador	514
	f) O intervalo intrajornada em instante diverso do "meio" da jornada	514
	10.3.1.1.2 Intervalos outorgados para proteção contra doenças ocupacionais...................................	514
	10.3.1.1.3 Intervalo anterior à prestação de sobrejornada	516
	10.3.1.2 Intervalos interjornadas..	516
	10.3.1.3 Intervalos intersemanais	517

10.3.1.3.1 Da universalidade do direito ao repouso semanal remunerado e da eletividade do dia destinado ao descanso	517
10.3.1.3.2 Da confusão entre a exigibilidade de prestação de trabalho em domingos e da possibilidade de abertura do comércio nestes dias	518
10.3.1.3.3 Da periodicidade e da regularidade dos intervalos intersemanais	519
10.3.1.3.4 Da identificação da retribuição pelo repouso semanal como parcela integrada ou destacada do salário-base: sistema de integração e de reflexão..	521
10.3.1.4 Feriados	525
10.3.1.4.1 Feriados fruídos nas datas de suas ocorrências....	525
10.3.1.4.2 Feriados fruídos fora das datas de suas ocorrências e feriados antecipados por meio das primeiras normas que disciplinaram a pandemia do coronavírus	527
10.3.1.4.3 Feriados fruídos fora das datas de suas ocorrências por força de instrumento coletivo negociado	528
10.3.1.5 Remuneração do trabalho em dias destinados a descanso	528
10.3.1.6 Intervalos anuais	529

11. FÉRIAS

11.1 Considerações introdutórias	531
11.2 Regência legal e aplicabilidade da Convenção n. 132 da OIT	532
11.3 Espécies	533
11.3.1 Férias individuais	534
11.3.1.1 Definição e distinções	534
11.3.1.2 Mecanismos de aquisição e de concessão	534
11.3.1.3 Extensão das férias individuais	535
11.3.1.3.1 Empregados regidos pela CLT	535
a) Sob o regime de tempo integral e sob o regime de tempo parcial a partir da vigência da Lei n. 13.467, de 13 de julho de 2017	535
b) Sob o regime de tempo parcial até a vigência da Lei n. 13.467, de 13 de julho de 2017	536
11.3.1.3.2 Empregados regidos por outros diplomas legais...	537
11.3.1.4 Conceito e extensão das faltas ao serviço	537
11.3.1.5 Perda do direito às férias individuais	539
11.3.1.6 Época de concessão	541
11.3.1.7 Formalidades de participação das férias	542
11.3.1.8 Extrapolação do prazo de concessão. Violação e pena: os conceitos de "dobro" e "dobra"	542
11.3.1.9 Fracionamento de férias individuais	544
11.3.1.10 Prestação de serviços a outro empregador	545

11.3.1.11 Remuneração de férias	545
11.3.1.12 Abono pecuniário	546
11.3.1.12.1 Forma e prazo de postulação	547
11.3.1.12.2 Natureza da parcela	548
11.3.1.12.3 Aplicabilidade ao regime de tempo parcial	548
11.3.1.12.4 Diferenças entre o abono pecuniário e o acréscimo constitucional de um terço sobre as férias	549
11.3.1.13 Oportunidade de pagamento das férias e do abono pecuniário	549
11.3.1.14 Prescrição sobre as férias	550
11.3.2 Férias coletivas	550
11.3.2.1 Definição	550
11.3.2.2 Mecanismos de aquisição e de concessão e formalidades de participação	550
11.3.2.3 Extensão das férias coletivas	551
11.3.2.4 Fracionamento de férias coletivas	551
11.3.2.5 Aplicabilidade a empregados com menos de um ano de serviço	551
11.3.2.6 Abono pecuniário e férias coletivas	552
11.3.3 Comparações entre as férias individuais e as férias coletivas	553
11.4 O regime jurídico das férias nas primeiras normas que trataram da pandemia do coronavírus e no microssistema instituidor do direito do trabalho de emergência (Lei n. 14.437/2022)	554
11.4.1 O regime jurídico das férias nas primeiras normas que trataram da pandemia do coronavírus	554
11.4.1.1 Medidas incidentes sobre as férias individuais	554
11.4.1.2 Medidas incidentes sobre as férias coletivas	559
11.4.2 O regime jurídico das férias no microssistema instituidor do direito do trabalho de emergência (Lei n. 14.437/2022)	559
11.5 A antecipação de férias individuais na Lei n. 14.457/2022	560

12. RETRIBUIÇÃO DO TRABALHO

12.1 Considerações introdutórias	561
12.2 Parcelas oriundas do contrato de emprego	562
12.2.1 Parcelas empregatícias de natureza remuneratória	563
12.2.1.1 Salário-base	564
12.2.1.1.1 Definição	564
12.2.1.1.2 Modalidades de aferição	564
a) Unidade de tempo	564
b) Unidade de produção	564
b1) Conceito de comissionista puro e de comissionista impuro (ou misto)	565
b2) Garantia do padrão salarial mínimo	566

     b3) Cláusula *stare del credere* 567
    c) Unidade de tarefa... 568
  12.2.1.1.3 Pisos salariais 568
    a) Salário mínimo legal geral 569
      a1) A dimensão ética do salário mínimo 570
      a2) A utilização do salário mínimo como indexador   571
      a3) A verificação do respeito à dimensão salarial mínima 573
      a4) A dimensão proporcional do salário mínimo   574
    b) Salário mínimo legal [federal] específico ou salário profissional 575
    c) Salário mínimo legal [estadual] específico ou piso salarial proporcional à extensão e à complexidade do trabalho... 576
    d) Salário mínimo contratual coletivo ou piso salarial 577
    e) Salário mínimo contratual individual ou salário contratual.. 578
  12.2.1.1.4 Teto salarial... 578
  12.2.1.1.5 Formas de pagamento 580
    a) Salário *in especie* ou salário em efetivo 580
    b) Salário *in natura* ou salário em utilidades 580
      b1) Definição de utilidades salariais................... 580
      b2) Percentual máximo do salário em utilidades.. 582
      b3) Bens insuscetíveis de servir como utilidades salariais 584
      b4) Utilidades não salariais 584
      b5) *Fringe benefits* 587
 12.2.1.2 Complementos salariais 588
  12.2.1.2.1 Complementos salariais próprios........................ 589
    a) Adicionais 589
      a1) Adicional de insalubridade 589
      a2) Adicional de periculosidade......................... 590
      a3) Adicional de horas extraordinárias............... 591
      a4) Adicional de horas noturnas 593
      a5) Adicional de transferência........................... 594
    b) Gratificações... 595
      b1) Gratificação pelo exercício de função de confiança 596
      b2) Gratificação de balanço................................ 597
    c) Prêmios anteriores à Lei n. 13.467, de 13 de julho de 2017 597
    d) Comissões e percentagens.................................. 599
    e) Quebra de caixa 599
    f) Luvas.. 600

	12.2.1.2.2 Complementos salariais impróprios	600
	a) Abono salarial anterior à Lei n. 13.467, de 13 de julho de 2017	601
	b) Adicional por tempo de serviço	601
	c) Gratificações de função incorporadas	602
	d) Gratificação natalina ou décimo terceiro salário	602
12.2.1.3	Suplementos salariais	604
	12.2.1.3.1 Gorjetas	606
	a) A regência da Lei n. 13.419, de 2017, e a sua breve existência	606
	b) A revogação do conjunto normativo contido do § 4º ao § 11 do art. 457 da CLT pela Lei n. 13.467, de 2017	609
	c) A MP n. 808, de 2017 e a sua vigência de 14-11-2017 a 23-4-2018	611
	d) A restauração da integralidade do texto contido na Lei n. 13.467, de 2017	613
	e) O texto da Medida Provisória n. 905, de 2019 ..	613
	f) Uma nova restauração da integralidade do texto contido na Lei n. 13.467, de 2017	615
	12.2.1.3.2 Gueltas	615
	12.2.1.3.3 Direito de Arena antes da Lei n. 12.395/2011	616
	12.2.1.3.4 Bicho externo	619
12.2.2 Parcelas empregatícias de natureza não remuneratória		620
12.2.2.1	Indenizações	620
12.2.2.2	Penalidades	623
	12.2.2.2.1 Multa prevista no art. 467 da CLT	623
	12.2.2.2.2 Multa prevista no § 8º do art. 477 da CLT	624
	12.2.2.2.3 Multa decorrente do descumprimento de normas coletivas	624
12.2.2.3	Ressarcimentos	624
	12.2.2.3.1 Ajuda de custo	624
	12.2.2.3.2 Verba de representação	625
	12.2.2.3.3 Verba de quilometragem	625
	12.2.2.3.4 Diárias para viagem	625
12.2.2.4	Parcelas não salariais por força de lei	626
	12.2.2.4.1 Salário-família	626
	12.2.2.4.2 Participação nos lucros ou resultados	627
	12.2.2.4.3 Abono pecuniário de férias	629
	12.2.2.4.4 Parcela in natura recebida de acordo com o Programa de Alimentação do Trabalhador (PAT)	630
	12.2.2.4.5 Abono do Programa de Integração Social (PIS) ...	631
	12.2.2.4.6 Ajuda compensatória mensal	631
	12.2.2.4.7 Parcela recebida a título de vale-transporte	633
	12.2.2.4.8 Reembolso-creche	636

12.2.2.4.9 Reembolso-babá	636
12.2.2.4.10 Prêmios posteriores à Lei n. 13.467, de 13 de julho de 2017	636
12.2.2.4.11 Abonos posteriores à Lei n. 13.467, de 13 de julho de 2017	637
12.2.3 Parcelas de natureza não empregatícia, mas conexas ao contrato de emprego	638
12.2.3.1 *Stock option*	638
12.2.3.2 Direito de Arena depois da Lei n. 12.395/2011	639
12.2.3.3 Direito de uso de imagem	641
12.3 Especificidades do pagamento das parcelas oriundas do trabalho	642
12.3.1 Periodicidade de pagamento de parcelas salariais	642
12.3.2 Pagamento de parcelas salariais em moeda estrangeira	643
12.3.3 Formalidades de pagamento das parcelas salariais	644
12.3.3.1 Meios de pagamento dos salários	644
12.3.3.2 Prova do pagamento dos salários	644
12.3.3.3 Tempo e local do pagamento	645
12.3.3.4 Não complessividade no pagamento	645
12.3.3.5 Pagamento de parcelas salariais para empregado menor.	646
12.4 Fórmulas de proteção do salário	646
12.4.1 Proteção contra abusos do empregador	646
12.4.1.1 Irredutibilidade salarial	647
12.4.1.2 Intangibilidade salarial	650
12.4.1.2.1 Danos provocados pelos empregados: situações de culpa e de dolo	651
12.4.1.2.2 A prática do *truck-system*	652
12.4.2 Proteção contra os credores do empregado	652
12.4.3 Proteção contra os credores do empregador	655
12.5 Isonomia salarial	655
12.5.1 Equivalência salarial	656
12.5.2 Determinação supletiva do salário	658
12.5.3 Equiparação salarial	658
12.5.3.1 Requisitos	659
12.5.3.2 Salário por substituição	666
12.5.4 Enquadramento salarial	667
12.5.4.1 Espécies	667
12.5.4.2 Reenquadramento por desvio funcional de servidor público celetista ou de empregado público. Impossibilidade	669
12.5.4.3 Desvio funcional sem quadro de carreira. Possibilidade	669

13. ALTERAÇÃO DO CONTRATO DE EMPREGO

13.1 Considerações introdutórias	671
13.2 Espécies	672

13.2.1 Alterações contratuais obrigatórias... 672
13.2.2 Alterações contratuais voluntárias 673
    13.2.2.1 Bilaterais 673
    13.2.2.2 Unilaterais.. 674
        13.2.2.2.1 Alteração unilateral como vantagem isenta de contrapartida... 674
        13.2.2.2.2 Alteração unilateral promovida por anuência presumida.. 674
        13.2.2.2.3 Alteração unilateral promovida pelo direito patronal diretivo (*ius variandi*)................................ 675
        13.2.2.2.4 Alteração unilateral por força de lei..................... 676
13.3 Direito de resistência do operário (*ius resistentiae*) 680
13.4 Alterações contratuais em espécie.. 680
    13.4.1 Alteração de função.. 680
        13.4.1.1 Acúmulo funcional 681
        13.4.1.2 Promoção 683
        13.4.1.3 Rebaixamento 683
        13.4.1.4 Reversão 684
        13.4.1.5 Readaptação.. 685
        13.4.1.6 Desvio funcional... 686
    13.4.2 Alteração da carga horária.. 686
        13.4.2.1 Redução da jornada com redução do salário 687
        13.4.2.2 Redução da jornada sem redução do salário 687
        13.4.2.3 Aumento ordinário da jornada: horas extraordinárias habituais 687
        13.4.2.4 Aumento extraordinário da jornada: horas extraordinárias eventuais... 687
        13.4.2.5 Supressão de horas extraordinárias 688
        13.4.2.6 Modificação do quadro de horários: horário de início/término das atividades e dias em que o serviço acontece 689
        13.4.2.7 Compensação de horários... 689
        13.4.2.8 Aumento na dimensão do intervalo intrajornada 690
        13.4.2.9 Diminuição ou supressão da dimensão do intervalo intrajornada.. 690
    13.4.3 Alteração de turno de trabalho.. 691
        13.4.3.1 Modificação do turno diurno para o turno noturno.... 692
        13.4.3.2 Modificação do turno noturno para o turno diurno.... 692
        13.4.3.3 Modificação de turno fixo para turno de revezamento.. 693
        13.4.3.4 Modificação de turno de revezamento para turno fixo.. 693
    13.4.4 Alteração de salário 693
        13.4.4.1 Alteração da dimensão salarial 694
        13.4.4.2 Alteração da composição salarial 695
        13.4.4.3 Alteração da periodicidade do pagamento dos salários.. 697
        13.4.4.4 Alteração da data de pagamento dos salários 697
        13.4.4.5 Alteração do modo de pagamento dos salários........... 697

13.4.4.6 Alteração da natureza jurídica da parcela atribuída 698
13.4.5 Alteração de tomador de serviços 699
    13.4.5.1 Mudança de tomador de um mesmo grupo econômico 699
    13.4.5.2 Mudança de tomador por exigência do contrato de terceirização 699
13.4.6 Alteração do lugar de trabalho 700
    13.4.6.1 Transferência, realocação e remoção 700
    13.4.6.2 Presunção de anuência e pagamento de adicional de transferência 701
13.5 Prescrição aplicável às situações de alteração contratual 701

14. SUSPENSÃO E INTERRUPÇÃO CONTRATUAIS

14.1 Considerações introdutórias 703
14.2 Definição e distinção 704
14.3 Efeitos jurídicos 704
14.4 Suspensão dos contratos por tempo determinado 704
14.5 Situações de suspensão contratual com previsão no texto legal 706
    14.5.1 Encargo público não constituído como interrupção contratual 706
    14.5.2 Afastamento do empregado por motivo de segurança nacional (depois de transcorridos noventa dias) 707
    14.5.3 Mandato sindical 707
    14.5.4 Greve 708
    14.5.5 Suspensão disciplinar e suspensão para responder inquérito.... 708
    14.5.6 Afastamento motivado por incapacidade temporária ou incapacidade permanente, depois de transcorrido o período de espera .. 709
        14.5.6.1 Limbo previdenciário 709
            14.5.6.1.1 O limbo por falta de cumprimento de carência.... 710
            14.5.6.1.2 O limbo por alta previdenciária e inadmissão em exame de retorno 711
        14.5.6.2 Precariedade da aposentadoria por incapacidade permanente 713
        14.5.6.3 Aposentadoria por incapacidade permanente e a cessação do contrato de emprego 715
        14.5.6.4 Pode-se cumular proventos de aposentadoria por incapacidade com salários de atividade? 716
    14.5.7 Períodos de "suspensão preventiva para responder a inquérito administrativo" ou de "prisão preventiva quando o empregado for impronunciado ou absolvido" 717
    14.5.8 Participação em curso ou programa de qualificação profissional 719
    14.5.9 Preservação da integridade física e psicológica da mulher em situação de violência doméstica e familiar 720
    14.5.10 Suspensão contratual prevista na Lei n. 14.020/2020 720
    14.5.11 Suspensão contratual prevista na Lei n. 14.437/2022 722
14.6 Situações de interrupção contratual com previsão no texto legal 723
    14.6.1 Repousos semanais remunerados e feriados 723

14.6.2 Férias 724
14.6.3 Ausências legais 724
    14.6.3.1 Situações previstas no art. 473 da CLT 724
    14.6.3.2 Situações previstas no art. 320 da CLT 727
    14.6.3.3 Situações de dispensa do horário de trabalho pelo tempo necessário para a realização de consultas médicas e exames complementares 727
    14.6.3.4 Situação correspondente às ausências no período do aviso prévio trabalhado 728
    14.6.3.5 Situação prevista no art. 98 da Lei n. 9.504/97 728
    14.6.3.6 Situações previstas na Lei n. 13.979/2020 728
    14.6.3.7 Situações previstas na Lei n. 14.128/2021 731
14.6.4 Faltas abonadas 731
14.6.5 Incapacidade laboral no período correspondente ao pagamento de salário-enfermidade 732
14.6.6 Licenças remuneradas 733
    14.6.6.1 Licença-paternidade 733
    14.6.6.2 Extensão da licença-maternidade, nos moldes do Programa Empresa Cidadã, sem assunção de salário-maternidade pela previdência social 733
    14.6.6.3 Licença para disputa eleitoral 734
    14.6.6.4 Licença para atuação em comissão de conciliação prévia 734
    14.6.6.5 Licença para atuação em conselho curador do FGTS .. 734
14.6.7 Paralisações promovidas pelo empregador 734
14.6.8 Suspensão disciplinar anulada 735
14.6.9 Afastamento do empregado por motivo de segurança nacional (até noventa dias) 735
14.7 Situações *sui generis* com previsão no texto legal: suspensões contratuais impuras, imperfeitas ou impróprias 735
  14.7.1 Serviço militar obrigatório 736
  14.7.2 Licença-maternidade com assunção de salário-maternidade pela previdência social 737
  14.7.3 Afastamento motivado por incapacidade temporária ou permanente acidentária 741
    14.7.3.1 Efeitos contratuais mantidos por força de lei em favor dos trabalhadores que sofrem acidente do trabalho... 742
        14.7.3.1.1 Cômputo do período de afastamento por acidente do trabalho para fins de indenização e estabilidade 742
        14.7.3.1.2 Manutenção dos depósitos do FGTS para os trabalhadores em licença acidentária 742
            a) A extensão da expressão "licença por acidente do trabalho" 744
            b) A indefinição da situação do aposentado por incapacidade permanente e a indeterminação da data de seu possível retorno às atividades laborais.... 745

        c) A possibilidade de levantamento do FGTS por conta da aposentadoria por incapacidade permanente... 746

        d) O argumento *a maiori, ad minus*........................ 747

        e) A natureza jurídica dos recolhimentos do FGTS durante a "licença por acidente do trabalho" 747

        f) A base de cálculo dos recolhimentos do FGTS durante o período da "licença por acidente do trabalho"... 748

        g) A inevidência de efeitos jurídicos produzida por um jubilamento compulsório sobre a "licença por acidente do trabalho"....................................... 748

        14.7.3.1.3 Desconsideração do período de afastamento por acidente do trabalho para a contagem de férias até o limite de seis meses...................................... 749

    14.7.3.2 Efeitos contratuais mantidos por entendimento jurisprudencial em favor dos trabalhadores que sofrem acidente do trabalho.. 749

        14.7.3.2.1 Manutenção de planos de saúde 749

        14.7.3.2.2 Manutenção da posse de imóvel ocupado em função do trabalho.. 751

14.8 Suspensão e interrupção contratuais pelo exercício da autonomia privada 751

    14.8.1 Suspensão contratual pelo exercício da autonomia privada individual para a satisfação de assunto de interesse pessoal 752

    14.8.2 Suspensão contratual pelo exercício da autonomia privada individual para que empregado eleito ocupe o cargo de diretor (Súmula 269 do TST) 752

    14.8.3 Suspensão contratual pelo exercício da autonomia privada coletiva em decorrência de *lay off*... 752

15. CESSAÇÃO DO CONTRATO DE EMPREGO

15.1 Considerações introdutórias 755

15.2 Cessação pela via normal 756

    15.2.1 Extinção pelo alcance do termo final 756

        15.2.1.1 Termo final de contratos por tempo determinado....... 756

        15.2.1.2 Termo final de contratos por tempo indeterminado.... 756

            15.2.1.2.1 A suposta extinção do contrato de emprego por força de aposentadoria espontânea.................... 756

            15.2.1.2.2 A suposta extinção do contrato de emprego do trabalhador aposentado especial que permanece no ambiente nocivo ou a ele retorna.................. 759

            15.2.1.2.3 A suposta extinção do contrato de emprego por conta de aposentadoria compulsória por idade avançada (art. 51 da Lei n. 8.213/91)................. 762

15.2.1.2.4 A juridicamente possível extinção do contrato de emprego do servidor público celetista e do empregado público, ambos por idade avançada . 763

15.2.1.2.5 A suposta extinção do contrato de emprego por força de mudança do regime celetista para o estatutário 769

15.2.1.2.6 A suposta extinção do contrato de emprego dos aposentados por incapacidade permanente com idade igual ou superior a 60 anos por conta da inexigibilidade do exame médico pericial 769

15.2.2 Extinção pela obtenção dos propósitos contratuais 771

15.3 Cessação pela via excepcional 772

15.3.1 Dissolução por resilição 772

15.3.1.1 Resilição unilateral 772

15.3.1.1.1 Resilição unilateral em contratos por tempo indeterminado 772

15.3.1.1.1.1 Definição de aviso prévio 773

15.3.1.1.1.2 Proporcionalidade do aviso prévio 774

a) A inconstitucionalidade do patamar temporal máximo 776

b) A problemática da aplicabilidade do aviso prévio proporcional em favor do empregador... 777

c) A discussão quanto à exigibilidade da proporcionalidade em relação aos avisos prévios em curso na data de publicação da lei e àqueles já concedidos, mas ainda passíveis de discussão dentro do prazo prescricional 777

d) O debate em torno da transformação em ano das frações de meses ou em mês das frações em dias para fins de enquadramento do empregado em faixas mais favoráveis de aviso prévio proporcional... 778

e) A discussão quanto à extensão do aviso prévio proporcional aos empregados domésticos 778

f) A dúvida quanto à possibilidade de exigência de cumprimento de aviso prévio trabalhado por período maior do que trinta dias............. 778

g) As controvérsias em torno da aplicabilidade integral da regra contida no art. 488 da CLT 779

h) A problemática da aplicação da Lei n. 12.506/2011 nas situações em que ocorram suspensões contratuais dentro do tempo de contrato para um mesmo empregador 779

i) O questionamento quanto à integração do aviso prévio proporcional no tempo de serviço do empregado para fins de contagem do prazo prescricional.. 780

j) A dúvida quanto à condição de pedido implícito 781

15.3.1.1.1.3 Espécies de aviso prévio..................... 781

15.3.1.1.1.4 Irrenunciabilidade do aviso prévio 782
15.3.1.1.1.5 Reconsideração do aviso prévio 783
15.3.1.1.1.6 Justa causa no decurso do prazo de aviso prévio 783
15.3.1.1.1.7 A prova do aviso prévio 784
15.3.1.1.1.8 Aviso prévio e institutos incompatíveis 784
15.3.1.1.1.9 Limites à resilição patronal 784
    a) Limites impostos pela suspensão contratual 785
    b) Limites impostos pela estabilidade 786
15.3.1.1.1.10 Despedida obstativa 787
15.3.1.1.1.11 Extinção da empresa e resilição 787
15.3.1.1.1.12 Acidente de trabalho dentro do transcurso do aviso prévio. 789
15.3.1.1.2 Resilição unilateral em contratos por tempo determinado 792
    15.3.1.1.2.1 Dissolução antecipada de iniciativa do empregador e créditos decorrentes 792
    15.3.1.1.2.2 Dissolução antecipada de iniciativa do empregado e créditos decorrentes 793
    15.3.1.1.2.3 Cláusula assecuratória do direito recíproco de resilição e créditos decorrentes 794
15.3.1.2 Resilição bilateral 795
    15.3.1.2.1 Resilição bilateral em contratos por tempo indeterminado 797
    15.3.1.2.2 Resilição bilateral em contratos por tempo determinado 798
15.3.1.3 A despedida motivada e a despedida imotivada 798
    15.3.1.3.1 Dispensa motivada 799
        a) Despedida sem justa causa 799
        b) Despedida com justa causa 799
        c) Despedida com causa discriminatória 799
    15.3.1.3.2 Dispensa imotivada 802
15.3.1.4 A Convenção n. 158 da OIT 803
15.3.1.5 A motivação para a dispensa de empregados públicos 806
15.3.1.6 A despedida singular e a despedida coletiva ou dispensa em massa 807
15.3.2 Dissolução por resolução 809
    15.3.2.1 Advento de condições resolutivas voluntárias 810
        15.3.2.1.1 Deveres e obrigações recíprocos dos contratantes.. 810
            a) Dever de colaboração 811
            b) Dever de diligência 812
            c) Dever de respeito 812
            d) Dever de lealdade 812
            e) Dever de fidelidade 813
        15.3.2.1.2 Pressupostos exigíveis nas situações de resolução contratual 813

a) Previsão legal 813
b) Proporcionalidade entre a falta e a punição 814
c) Ineditismo, *non bis in idem* ou não punição dupla .. 815
d) Relevância ponderada das condutas praticadas fora do local de trabalho 815
e) Atualidade da falta ou da imediatidade punitiva . 815
f) Observância do devido processo legal privado na apuração da falta.. 815

15.3.2.1.3 Culpa do empregado 816
    a) Ato de improbidade 817
    b) Incontinência de conduta 817
    c) Mau procedimento.. 818
    d) Negociação habitual... 818
        d1) Negociação habitual como ato de concorrência ao empregador 818
        d2) Negociação habitual como ato prejudicial ao serviço 820
    e) Condenação criminal 820
    f) Desídia 821
    g) Embriaguez habitual ou em serviço.................... 821
    h) Violação de segredo da empresa......................... 822
    i) Indisciplina e insubordinação 823
        i1) Medidas de segurança 823
        i2) Serviço ferroviário.. 824
        i3) Recusa ao trabalho por motivos religiosos 824
    j) Abandono de emprego 825
    k) Ofensas físicas e morais 827
    l) Prática constante de jogos de azar 827
    m) Perda da habilitação ou dos requisitos estabelecidos em lei para o exercício da profissão, em decorrência de conduta dolosa do empregado... 828
    n) Atos atentatórios à segurança nacional 828
    o) Inadimplemento contumaz 829

15.3.2.1.4 Culpa do empregador.. 830
    a) Serviço inexigível 830
        a1) Serviços superiores às forças do empregado. 831
        a2) Serviços defesos por lei................................. 831
        a3) Serviços contrários aos bons costumes......... 832
        a4) Serviços alheios ao contrato 832
    b) Rigor excessivo 832
    c) Perigo manifesto 832
    d) Inadimplemento contratual................................. 833
        d1) Redução do trabalho 833
        d2) Mora salarial.. 833
        d3) Oferecimento de meio ambiente laboral materialmente ou psiquicamente degradado 835

e) Ofensas físicas e morais... 835
f) Assédio moral 836
15.3.2.1.5 Culpa recíproca de empregado e empregador...... 839
15.3.2.2 Advento de condições resolutivas involuntárias......... 841
15.3.2.2.1 Morte e créditos decorrentes............................. 841
15.3.2.2.2 Força maior e créditos decorrentes.................... 843
15.3.2.2.3 Fato do príncipe e créditos decorrentes............... 845
15.3.3 Dissolução por rescisão... 848
15.4 Pagamento das parcelas decorrentes da cessação do contrato.............. 851
15.4.1 Base de cálculo 851
15.4.2 Termo de rescisão do contrato de trabalho............................ 852
15.4.3 Homologação e assistência.. 853
15.4.4 Quitação e eficácia liberatória... 854
15.4.5 Prazo de pagamento e penas pelo atraso............................. 855
15.4.5.1 Prazos para pagamento das parcelas decorrentes da cessação do vínculo.. 855
a) Até a data de vigência da Lei n. 13.467/2017, o prazo previsto no § 6º do art. 477 da CLT considerava duas variáveis... 856
b) A partir da vigência da Lei n. 13.467/2017, o prazo previsto no § 6º do art. 477 da CLT foi unificado... 856
15.4.5.2 Penas pelos atrasos 856
15.4.5.2.1 Multa administrativa.............................. 856
15.4.5.2.2 Multa moratória..................................... 857
15.4.6 Aplicação do art. 467 da CLT... 860
15.4.7 Termo de quitação anual de obrigações trabalhistas................ 861
15.5 Seguro-desemprego.. 862
15.5.1 Finalidades... 863
15.5.2 Requisitos 863
15.5.3 Número de parcelas.. 866
15.5.4 Valor 867
15.5.5 Condicionamento do recebimento à comprovação de matrícula e frequência em curso de formação inicial e continuada ou de qualificação profissional... 868
15.5.6 Suspensão e cancelamento.. 868
15.5.7 Pessoalidade e intransferibilidade.................................... 869
15.5.8 Extensão aos empregados domésticos................................ 869
15.5.9 O seguro-desemprego como salário de contribuição?.............. 870
15.6 Manutenção de plano de saúde do ex-empregado (Lei n. 9.656/98) 871

16. FÓRMULAS DE GARANTIA DE EMPREGO E DO TEMPO DE SERVIÇO

16.1 Garantias de emprego... 875
16.1.1 Etapas históricas de construção da garantia de emprego no Brasil 875
16.1.1.1 Primeiro momento: de 1943 até 1966........................ 875

16.1.1.2 Segundo momento: de 1966 a 1988............................ 876
16.1.1.3 Terceiro momento: a partir de 1988 877
16.1.2 Espécies de garantia de emprego 879
    16.1.2.1 Garantia de emprego em sentido estrito...................... 879
        16.1.2.1.1 Indenização de antiguidade prevista no art. 478 da CLT 880
        16.1.2.1.2 Indenização de 40% sobre o FGTS...................... 880
        16.1.2.1.3 Indenização prevista no art. 479 da CLT 881
        16.1.2.1.4 Indenização prevista no art. 31 da Lei n. 8.880/94. 882
        16.1.2.1.5 Indenização prevista no § 3º do art. 322 da CLT .. 882
        16.1.2.1.6 Indenização prevista no § 5º do art. 476-A da CLT 883
        16.1.2.1.7 Indenização prevista no art. 10 da Lei n. 14.020, de 2020 883
        16.1.2.1.8 Antecipação de vencimento de dívida................... 885
    16.1.2.2 Estabilidade no emprego... 886
        16.1.2.2.1 Estabilidade legal definitiva................................. 886
            a) Estabilidade decenal... 887
                a1) Aspectos conceituais.. 887
                a2) Despedida obstativa à estabilidade 887
                a3) Procedimento da despedida com justa causa de empregado estável 888
                a4) Efeitos da despedida de empregado estável: readmissão e reintegração 889
                a5) Estabilidade em funções de confiança 890
            b) Estabilidade dos servidores públicos celetistas... 891
        16.1.2.2.2 Estabilidade legal provisória................................. 892
            a) Dirigente sindical 894
            b) Cipeiro 897
            c) Gestante... 898
            d) Guardião para fins de adoção/Adotante 902
            e) Egresso de auxílio por incapacidade temporária acidentária 903
            f) Diretor de cooperativa de empregados 908
            g) Membro trabalhador do Conselho Nacional de Previdência Social 909
            h) Representante dos empregados em comissões de conciliação prévia 909
            i) Representante dos empregados no conselho curador do FGTS 909
            j) Período pré-eleitoral 909
            k) Trabalhador reabilitado e deficiente habilitado.. 910
            l) Aprendiz 912
            m) Empregados que tiverem sua jornada de trabalho temporariamente reduzida enquanto viger a adesão ao Programa Seguro-Emprego — PSE 912
            n) Membro da comissão de representantes dos empregados.. 913

o) Membro da comissão de empregados para acompanhamento e fiscalização da regularidade da cobrança e distribuição da gorjeta 913
p) Empregado discriminado 914
q) Mulher em situação de violência doméstica e familiar 916
r) Pessoa com deficiência durante o estado de calamidade pública decorrente da pandemia da Covid-19 916
    16.1.2.2.3 Estabilidade contratual definitiva 920
    16.1.2.2.4 Estabilidade contratual provisória 921
    16.1.2.2.5 Renúncia à estabilidade e homologação 921
    16.1.2.2.6 Institutos quase sempre incompatíveis com a estabilidade 922
        a) Contratos por tempo determinado 922
        b) Aviso prévio 923
16.2 Garantias do tempo de serviço 924
    16.2.1 Definição 924
    16.2.2 O Fundo de Garantia do Tempo de Serviço — FGTS 924
        16.2.2.1 Definição 924
        16.2.2.2 Criação de normas e de diretrizes 926
        16.2.2.3 Gestão da aplicação 927
        16.2.2.4 Agente operador 927
        16.2.2.5 Centralização de depósitos 927
        16.2.2.6 Base de cálculo e alíquota 927
        16.2.2.7 Penalidades por mora 929
        16.2.2.8 Atualização monetária e capitalização de juros 929
        16.2.2.9 Situações permissivas de movimentação 929
        16.2.2.10 Indenização compensatória por resilição por iniciativa patronal 932
        16.2.2.11 Indenização compensatória em situações de resolução por culpa recíproca e de resolução contratual por força maior 932
        16.2.2.12 Destino dos depósitos promovidos em favor dos empregados demissionários e dos despedidos com justa causa 933
        16.2.2.13 Cobrança de depósitos não realizados no FGTS 933
        16.2.2.14 Expurgos inflacionários (Lei Complementar n. 110/2001) 934
        16.2.2.15 Não cabimento de medida liminar ou de tutela antecipada para saque ou movimentação da conta vinculada do trabalhador no FGTS 937
        16.2.2.16 O saque-aniversário 937
            a) Saque imediato 938
            b) Adesão ao saque-aniversário 939

    c) O valor do saque-aniversário 939
    d) Os saques e a dimensão da indenização de 40% sobre o FGTS 940
  16.2.2.17 Ônus de provar a regularidade do recolhimento do FGTS 940
  16.2.2.18 Pagamento do FGTS diretamente ao trabalhador. 940
  16.2.2.19 Suspensão de exigibilidade dos recolhimentos em estado de calamidade pública 942

17. PROTEÇÃO AO TRABALHO FEMININO, INFANTOJUVENIL, DAS PESSOAS COM DEFICIÊNCIA E DAS PESSOAS TRANSGÊNERO

17.1 O trabalho da mulher e as suas peculiaridades 945
 17.1.1 Âmbito de proteção pré-contratual 946
 17.1.2 Âmbito de proteção contratual 947
  17.1.2.1 Métodos e locais de trabalho 947
  17.1.2.2 Períodos diferenciados de descanso 948
   17.1.2.2.1 O intervalo intrajornada previsto no art. 384 da CLT 948
   17.1.2.2.2 A licença-menstrual 950
  17.1.2.3 Limite de uso da força muscular 950
  17.1.2.4 Vedação às revistas íntimas 950
  17.1.2.5 Amparo à maternidade biológica e à situação de amamentação 951
   17.1.2.5.1 Período gestacional 952
    a) Estabilidade 952
    b) Consultas médicas 954
    c) Transferência de função 954
    d) Rompimento contratual 956
    e) Afastamento do trabalho presencial durante a pandemia da Covid-19 (Leis n. 14.151/2021 e 14.311/2022) 957
   17.1.2.5.2 Período pós-gestacional 960
    a) Licença-maternidade e salário-maternidade 960
     a1) Fatos geradores e dimensão temporal 962
      a1.1) Parto 962
      a1.2) Abortamento não criminoso 963
      a1.3) Adoção ou guarda para fins de adoção 963
      a1.4) Gravidez de risco 969
     a2) Cálculo e valor 970
     a3) O salário-maternidade como salário de contribuição. A decisão do STF nos autos do Recurso Extraordinário (RE) 576.967, com repercussão geral reconhecida (Tema 72) 973
     a4) Responsabilidade pelo pagamento 974
     a5) Programa Empresa Cidadã 974

a6) O segurado ou segurada podem trabalhar durante a licença-maternidade e o período de recebimento do salário-maternidade?	976
b) Amamentação	977
b1) Guarda dos filhos	978
b2) Descansos especiais	978
c) Puerpério e direitos decorrentes	978
17.1.2.6 Amparo à maternidade afetiva e à situação de amamentação	979
17.1.2.7 Amparo à parentalidade	980
17.1.2.7.1 Paternidade monoparental	981
17.1.2.7.2 Mãe não gestante	982
17.1.2.8 Apoio ao retorno ao trabalho após o término da licença-maternidade	982
17.1.2.9 Selo Emprega + Mulher	983
17.2 O trabalho infantojuvenil e as suas peculiaridades	983
17.2.1 Definição e classificação da contratação para trabalho infantojuvenil	984
17.2.1.1 Menores exercentes de atividade em sentido estrito	985
17.2.1.2 Menores exercentes de trabalho	986
17.2.1.2.1 Contratos nulos por absoluta incapacidade etária	986
17.2.1.2.2 Contratos anuláveis por relativa incapacidade etária	987
17.2.1.2.3 Contratos de emprego de natureza especial (aprendizagem)	987
17.2.1.2.4 Contratos de emprego de natureza ordinária	988
17.2.2 Especificidades contratuais	988
17.2.2.1 Quanto à formalização da contratação	988
17.2.2.2 Quanto ao local de trabalho	989
17.2.2.3 Quanto ao horário de trabalho	989
17.2.2.4 Quanto à dimensão da jornada	990
17.2.2.5 Quanto ao uso da força muscular	990
17.2.2.6 Quanto à quitação dos salários	990
17.2.2.7 Quanto à formalização da terminação do contrato	990
17.2.2.8 Quanto à prescrição incidente	991
17.3 O trabalho das pessoas com deficiência e as suas peculiaridades	991
17.3.1 A proteção constitucional às pessoas com deficiência	992
17.3.2 A Convenção sobre os Direitos das Pessoas com Deficiência e seu Protocolo Facultativo	993
17.3.3 A Lei Brasileira de Inclusão da Pessoa com Deficiência	994
17.3.4 A reserva de vagas para as pessoas com deficiência e a inclusão no mercado de trabalho	995
17.3.5 A reserva de vagas da Lei n. 8.213/91 produz alguma forma de estabilidade?	997

17.3.6 A estabilidade no emprego durante a pandemia do coronavírus (Lei n. 14.020/2020) 997
17.3.7 A proteção no âmbito dos contratos de estágio 998
17.3.8 A manifestação protetiva no plano dos contratos de aprendizagem 998
17.3.9 O trabalhador readaptado por motivo de deficiência 999
17.3.10 Negociação coletiva e a vedação ao retrocesso de direitos das pessoas com deficiência. 999
17.3.11 A prioridade processual (Lei n. 12.008/2009). 999
17.3.12 Os direitos previdenciários das pessoas com deficiência 999
17.4 O trabalho das pessoas transgênero e as suas peculiaridades 999
    17.4.1 A diversidade de sexo, gênero e sexualidade e as consequências desses encontros no ambiente laboral 1002
    17.4.2 A cultura do respeito e a adaptação razoável 1002
    17.4.3 O trabalho das pessoas transgênero e o direito do trabalho 1003
        17.4.3.1 O desafio da superação das entrevistas de emprego.... 1004
        17.4.3.2 A inexistência de uma política pública de reserva de vagas... 1004
        17.4.3.3 O direito ao uso do nome social no trabalho: da ficha de registro ao crachá funcional 1004
        17.4.3.4 O *dress code* e o respeito à transgeneridade 1006
        17.4.3.5 O uso de sanitários e vestiários dentro do ambiente de trabalho 1007
        17.4.3.6 O limite da força muscular e a sua aplicação à pessoa transgênero. A fruição do intervalo previsto no art. 384 da CLT até a vigência da Lei n. 13.467, de 2017 1007
    17.4.4 A aposentadoria, os critérios diferenciados de idade e de tempo de contribuição e a sua aplicação à pessoa transgênero. 1009

18. A PRESCRIÇÃO E A DECADÊNCIA NO DIREITO DO TRABALHO
18.1 O tempo e os seus efeitos sobre a pacificação social 1012
18.2 A prescrição e a decadência: definição e distinção............................ 1013
18.3 A prescrição no direito do trabalho 1017
    18.3.1 Espécies de prescrição... 1020
        18.3.1.1 Quanto à natureza dos efeitos..................................... 1020
            18.3.1.1.1 Prescrição aquisitiva.................................. 1020
            18.3.1.1.2 Prescrição liberatória................................. 1020
        18.3.1.2 Quanto à extensão dos efeitos..................................... 1021
            18.3.1.2.1 Prescrição parcial 1021
            18.3.1.2.2 Prescrição total 1022
            18.3.1.2.3 Prescrição extintiva.................................. 1025
    18.3.2 O marco inicial da contagem da prescrição 1026
    18.3.3 Causas impeditivas da prescrição 1031
    18.3.4 Causas interruptivas da prescrição 1035

18.3.5 Situações específicas 1041
    18.3.5.1 A prescrição aplicável aos rurícolas 1041
    18.3.5.2 A prescrição aplicável aos avulsos 1043
    18.3.5.3 A prescrição aplicável aos domésticos 1043
    18.3.5.4 A prescrição intercorrente trabalhista 1045
    18.3.5.5 Pretensões trabalhistas insuscetíveis de prescrição ou de decadência 1046
18.4 A decadência no direito do trabalho 1048
  18.4.1 Espécies de decadência 1049
    18.4.1.1 Quanto à fonte criadora 1049
      18.4.1.1.1 Decadência legal 1049
      18.4.1.1.2 Decadência contratual 1049
    18.4.1.2 Quanto ao tempo de vigência 1050
      18.4.1.2.1 Decadência definitiva 1050
      18.4.1.2.2 Decadência temporária 1051
  18.4.2 Causas impeditivas da decadência 1051

SEGUNDA PARTE: RELAÇÕES SINDICAIS E COLETIVAS DO TRABALHO

19. INTRODUÇÃO AO DIREITO SINDICAL E COLETIVO DO TRABALHO

19.1 Aspectos históricos do direito sindical e coletivo do trabalho 1055
19.2 Denominação 1060
19.3 Definição 1061
19.4 Conteúdo 1061
19.5 Funções 1062
19.6 Princípios do direito sindical e coletivo do trabalho 1062
  19.6.1 O princípio da liberdade sindical 1062
    19.6.1.1 Definição 1064
    19.6.1.2 Dimensões da liberdade sindical 1065
    19.6.1.3 O conteúdo da Convenção n. 87 da OIT 1066
    19.6.1.4 Condutas antissindicais 1066
  19.6.2 Princípios decorrentes da atividade sindical 1069
    19.6.2.1 Princípios aplicáveis às entidades sindicais 1069
      19.6.2.1.1 Princípio da pureza ou da proibição de formação de sindicatos mistos 1069
      19.6.2.1.2 Princípio da democracia sindical interna 1070
      19.6.2.1.3 Princípio da interveniência sindical obrigatória.. 1070
      19.6.2.1.4 Princípio da equivalência contratual dos sujeitos coletivos 1072
      19.6.2.1.5 Princípio da boa-fé objetiva e da confiança 1072
      19.6.2.1.6 Princípio da inescusabilidade negocial 1073
    19.6.2.2 Princípios aplicáveis aos instrumentos coletivos negociados 1073

19.6.2.2.1 Princípio da criatividade normativa	1074
19.6.2.2.2 Princípio da intervenção mínima na autonomia da vontade coletiva	1075
19.6.2.2.3 Princípio da presunção de legitimação dos atos negociais da entidade sindical operária	1075
19.6.2.2.4 Princípio da adequação setorial negociada	1076
19.7 Interesses presentes nas relações coletivas	1081
19.7.1 Interesses individuais homogêneos	1082
19.7.2 Interesses coletivos	1084
19.7.3 Interesses difusos	1084

20. ORGANIZAÇÃO SINDICAL

20.1 Noções gerais	1087
20.1.1 A ideia de categoria	1087
20.1.2 Fatos geradores do associativismo natural	1089
20.1.3 Categoria econômica	1091
20.1.4 Categoria profissional	1091
20.1.5 Categoria profissional diferenciada	1092
20.1.6 Membros da categoria e sócios do sindicato	1093
20.1.7 Enquadramento sindical: o desenho da organização sindical brasileira — da ingerência absoluta do Estado à relativa liberdade sindical..	1096
20.1.7.1 Do limite à liberdade de fundar a entidade sindical....	1097
20.1.7.1.1 Da gênese sindical originária: quando não há entidade sindical constituída na base territorial..	1097
20.1.7.1.2 Da gênese sindical derivada: quando há pretensão de dissociação em face de entidade sindical já constituída na base territorial	1099
20.1.7.1.3 Representatividade sindical e os critérios da "agregação" e da "especificidade".............................	1101
20.1.7.2 Do limite à liberdade de escolher a entidade sindical .	1102
20.2 Modelos sindicais	1103
20.2.1 Modelo de unicidade sindical	1103
20.2.2 Modelo de pluralidade sindical	1104
20.3 Organismos sindicais e parassindicais	1104
20.3.1 Associação profissional	1105
20.3.2 Associação sindical de grau inferior: sindicatos	1106
20.3.2.1 Definição e natureza jurídica	1106
20.3.2.2 Denominação	1107
20.3.2.3 Estrutura	1108
20.3.2.3.1 Órgão de deliberação	1108
20.3.2.3.2 Órgão de direção ou representação	1110
a) Administração do sindicato	1110
b) Atuação e garantias dos dirigentes sindicais	1112

b1)	Licenciamento para a realização da atividade sindical e recebimento de honorários equivalentes à remuneração profissional............	1112
b2)	Inamovibilidade temporária.......................	1113
b3)	Estabilidade temporária	1113
	b3.1) Comunicação	1115
	b3.2) Número de diretores e abuso de direito	1115
	b3.3) Membros do conselho fiscal...............	1117
	b3.4) Delegados sindicais	1118
	b3.5) Necessidade de inquérito para apuração de falta grave.............................	1119

20.3.2.4 Funções e prerrogativas.. 1119
    20.3.2.4.1 Função representativa 1120
        a) Representação processual 1120
        b) Substituição processual.................................... 1122
    20.3.2.4.2 Função negocial... 1123
    20.3.2.4.3 Função assistencial 1123
        a) Emissão e entrega de CTPS 1123
        b) Assistência judiciária 1124
        c) Assistência nas cessações contratuais................ 1124
    20.3.2.4.4 Função política 1124
20.3.3 Associações sindicais de grau superior............................ 1125
    20.3.3.1 Federações 1126
    20.3.3.2 Confederações.. 1126
20.3.4 Centrais sindicais 1127
20.3.5 Comissão de representantes dos empregados.................... 1128

20.4 Suporte financeiro das entidades sindicais... 1130
    20.4.1 Contribuição sindical.. 1131
        20.4.1.1 Sistemática de exigência e de recolhimento 1133
        20.4.1.2 Repartição... 1134
        20.4.1.3 Aplicação 1135
    20.4.2 Contribuição confederativa 1135
    20.4.3 Contribuição assistencial 1137
    20.4.4 Contribuição associativa ou mensalidade sindical............ 1138
    20.4.5 Quadro sinótico do suporte financeiro das entidades sindicais . 1138

21. FÓRMULA AUTÔNOMA DE SOLUÇÃO DOS CONFLITOS COLETIVOS: A NEGOCIAÇÃO COLETIVA

21.1 Conflitos coletivos de trabalho e mecanismos de solução 1141
    21.1.1 Espécies 1141
    21.1.2 Mecanismos de solução 1141
21.2 A contratação coletiva: breve histórico.. 1143
21.3 Definição de negociação coletiva 1143
21.4 Funções.. 1144

21.5 Níveis de negociação ... 1144
21.6 Fases do comportamento sindical elementar ... 1145
21.7 Instrumentos coletivos negociados ... 1145
    21.7.1 Espécies ... 1146
    21.7.2 Natureza jurídica ... 1147
    21.7.3 Características ... 1148
    21.7.4 *Quorum* para celebração ... 1149
    21.7.5 Conteúdo ... 1150
    21.7.6 Depósito, registro e arquivo ... 1150
    21.7.7 Prazo de vigência ... 1152
    21.7.8 Processo de prorrogação, revisão, denúncia ou revogação total ou parcial ... 1153
    21.7.9 Prevalência do interesse público sobre o interesse coletivo ... 1154
    21.7.10 O descumprimento das cláusulas constantes das normas coletivas ... 1154
    21.7.11 Incorporação das cláusulas normativas ao contrato de emprego . 1155
21.8 Negociação coletiva de trabalho para servidores públicos ... 1159
21.9 Negociação coletiva de trabalho para domésticos ... 1160
21.10 Os limites para o exercício da autonomia coletiva sindical ... 1162
    21.10.1 O dever de não intercessão e a sua mitigação pelo dever de proteção e de promoção ... 1165
    21.10.2 A proteção do direito fundamental à liberdade sindical em face de suas restrições: os confins da intervenção na autonomia coletiva sindical ... 1169
    21.10.3 As fronteiras da negociação coletiva: uma análise à luz dos arts. 611-A e 611-B da CLT ... 1170
        21.10.3.1 Somente pode abranger matérias trabalhistas ... 1170
        21.10.3.2 Somente pode dizer respeito a direitos transindividuais ... 1170
        21.10.3.3 Não pode infringir os direitos fundamentais assegurados ao trabalhador na qualidade de cidadão ... 1171
        21.10.3.4 Não pode violar os direitos trabalhistas absolutamente indisponíveis ... 1171
        21.10.3.5 Não pode macular os direitos alheios, inclusive os direitos tributários do Estado ... 1172

22. FÓRMULAS PARAETERÔNOMAS E HETERÔNOMAS DE SOLUÇÃO DOS CONFLITOS COLETIVOS

22.1 Fórmulas paraeterônomas ... 1175
    22.1.1 Conciliação e mediação ... 1177
        22.1.1.1 Procedimento no Ministério do Trabalho e Previdência 1177
        22.1.1.2 Mediação e o conceito de negociação prévia suficiente 1178
22.2 Fórmulas heterônomas ... 1178
    22.2.1 Arbitragem ... 1179
        22.2.1.1 Definição ... 1179

	22.2.1.2 Características	1179
	22.2.1.3 Disciplina legal	1180
22.2.2	Jurisdição	1181
	22.2.2.1 Definição	1181
	22.2.2.2 Características	1181
	22.2.2.3 A jurisdição no conflito coletivo trabalhista	1182
	22.2.2.4 Classificação dos dissídios coletivos	1183
	22.2.2.5 Disciplina legal do exercício da jurisdição nos dissídios coletivos	1184
	22.2.2.6 Instauração da ação coletiva que produz a sentença normativa	1185
	22.2.2.7 Procedimento da ação coletiva que produz a sentença normativa	1186
	22.2.2.8 Extensão da sentença normativa	1187
	22.2.2.9 Cumprimento da sentença normativa	1188

23. PARALISAÇÃO COLETIVA DO TRABALHO

23.1	Greve	1191
	23.1.1 Referenciais históricos mundiais	1191
	23.1.2 Referenciais históricos brasileiros	1192
	23.1.3 Definição	1193
	23.1.4 Disciplina legal	1194
	23.1.5 Características	1194
	23.1.5.1 Coletivismo	1195
	23.1.5.2 Trabalhismo	1195
	23.1.5.3 Concertação	1195
	23.1.5.4 Pacifismo	1196
	23.1.5.5 Provisoriedade	1197
	23.1.5.6 Preanunciação	1197
	23.1.5.7 Expansionismo	1198
	23.1.6 Sujeitos	1198
	23.1.7 Notificação da paralisação coletiva	1200
	23.1.8 Direitos garantidos aos grevistas e aos não grevistas	1200
	23.1.9 Efeitos decorrentes da greve	1201
	23.1.9.1 Suspensão do contrato de emprego	1201
	23.1.9.2 Vedação às despedidas sem justa causa	1201
	23.1.9.3 Proibição de contratação de trabalhadores substitutos	1203
	23.1.10 Greve em serviços essenciais	1203
	23.1.11 Greve no serviço público civil	1206
	23.1.12 Uso e abuso do direito de greve	1208
	23.1.13 Tipos de greve	1211
23.2	Locaute	1213

23.2.1 Características		1214
23.2.2 Sujeitos		1214
23.2.3 Efeitos decorrentes		1214

Referências **1215**

Índice remissivo **1229**

PRIMEIRA PARTE
RELAÇÕES INDIVIDUAIS DO TRABALHO

1
INTRODUÇÃO AO DIREITO DO TRABALHO

https://somos.in/CTD14

1.1 O TRABALHO E A FORMAÇÃO HISTÓRICA DO DIREITO DO TRABALHO

O raciocínio formador dos grupos sociais impõe uma troca: vai a liberdade civil em sentido lato, o descompromisso, a solidão e a desproteção; vem a liberdade convencional em sentido estrito, o compromisso de classe, a solidariedade e a proteção dos iguais. Esse mecanismo indica bem mais do que uma simples troca: indica uma passagem histórica do individualismo ao coletivismo.

Neste cenário de mudança, em que o interesse individual cedeu espaço ao coletivo, o trabalho sempre foi visto como importante fator de agregação social[1]. Tal afirmativa, consoante Segadas Vianna, tem apoio em estudo realizado pelo professor francês René Maunier — *Ensaios sobre os agrupamentos sociais* —, segundo o qual os integrantes de determinado agrupamento social se unem por alguns dos seguintes fatores: **parentesco, localidade ou atividade**[2]. A história confirma essa assertiva e indica que os indivíduos se agrupam em função do trabalho porque, baseados nele, visam à consecução da sua própria sobrevivência. Nesse aspecto, é valiosa a ponderação de Oliveira Vianna:

> [...] *a solidariedade humana é, historicamente, um produto do medo, resulta da necessidade de defesa contra os inimigos comuns, feras ou homens. Daí vem que, em qualquer sociedade humana, desde que a pressão de um grande perigo social deixe progressivamente de se fazer sentir, as formas objetivas da solidariedade se reduzem, pouco a pouco, e cada vez mais, às expressões rudimentares. Paralelamente as formas subjetivas decaem e se vão tornando em simples sentimento de grupo inicial cada vez mais restrito, tendendo a circunscrever-se ao pequeno ambiente dos sentimentos intrafamiliares*[3].

1.1.1 A agregação social e o direito do trabalho

O indivíduo, motivado pelas relatadas necessidades instintivas, sempre optou pela agregação social, inicialmente mediante a constituição de grupos familiares. A família, porém, não apenas aglutinou os indivíduos, mas também fez emergir para eles as noções de poder repre-

---

[1] Em física, o trabalho é a medida da energia transferida pela aplicação de uma força ao longo de um deslocamento. Trabalho, então, é dispêndio energético, sendo relevante aqui o gasto energético humano. Quando a energia é transferida para promover as condições reais de existência do homem, o trabalho passa a ter um sentido econômico, produzindo, por consequência, efeitos jurídicos apreciáveis. O modo como o homem se organizou para desenvolver esse trabalho variou ao longo do tempo, passando a ter diversos conteúdos específicos capazes de estabelecer modos de produção igualmente diferenciados. A verdade é que o humano, no curso de sua história, sempre encontrou no trabalho um fator de agregação com outros humanos.

[2] SÜSSEKIND, Arnaldo; MARANHÃO, Délio; VIANNA, Segadas. *Instituições de direito do trabalho*. 12. ed. São Paulo: LTr, 1991, p. 959.

[3] OLIVEIRA VIANNA, Francisco José de. *Populações meridionais do Brasil*. Belo Horizonte: Itatiaia, 1987.

sentativo e, por consequência, a ideia de intermediação no exercício da atividade produtiva. Em outras palavras: os integrantes da entidade familiar, conquanto procurassem exercer suas atividades em função do parentesco que os unia, passaram a trabalhar de acordo com as diretrizes fixadas por um líder — o *pater familias*.

Esse delicado processo de análise da estrutura organizacional do grupo familiar desvendou os dois possíveis valores que se poderiam, no futuro, atribuir ao trabalho: o valor autotutelar e o valor econômico. Veja-se, a propósito, a consciente reflexão do Professor J. A. Rodrigues Pinto:

> *A célula familiar, sem dúvida alguma um fator de multiplicação do grupo, descortinou aos olhos humanos dois importantes aspectos que a ideia de organização coletiva absorveu prontamente: o do poder ou domínio que a liderança daria a quem a assumisse e o da riqueza que, além de assegurá-la, cresceria à sua sombra.*
>
> *Desde quando a concepção de simples instrumento de satisfação da necessidade de sobreviver deu lugar à sensação da fonte produtora de riqueza, cuja distribuição entre os indivíduos do grupo ocorreria segundo os critérios do poder do chefe, a ideia do trabalho assumiu outro sentido: ele passou a ser visto, prioritariamente, como um valor econômico.*
>
> *A ambição conjugada da riqueza e do poder, que até hoje influencia a prática do trabalho, tornou-se causa decisiva para que os choques entre os grupos sociais rudimentares, resolvidos, de início, pela simples eliminação física dos vencidos, passassem a resolver-se pela sua submissão aos vencedores, proporcionando-lhes a volúpia do bem-estar que emana do poder e da abastança*[4].

Os poderes decorrentes da liderança familiar, então, revelaram que relações profissionais poderiam funcionar sob o mesmo esquema — era possível a intermediação do trabalho de uns em favor de outros. Desse modo surgia a clara divisão conceitual do trabalho em dois grandes grupos: **trabalho por conta própria**, de forte valor autotutelar, e **trabalho por conta alheia**, de visível valor econômico.

1.1.2 O valor social do trabalho

Se o trabalho por conta própria, realizado para fins de sobrevivência, já possuía em si a ideia de pena, o trabalho por conta alheia impôs um sentimento bem mais negativo. É que as ideias mais remotas em torno do assunto sempre relacionaram o trabalho ao sofrimento e à dor. São recentes as concepções do trabalho como atributo de dignidade. Nesse sentido, a Professora Aldacy Rachid Coutinho realizou incursão etimológica por meio da qual é possível perceber a originária concepção da expressão "trabalho":

> *Nas mais variadas línguas, a expressão trabalho trouxe acorrentado o significado da dor. De um lado, o português trabalho, o francês **travail** e o espanhol **trabajo**, remontam à sua origem latina no vocábulo **trepalium** ou **tripalium**, um instrumento de tortura composto de três paus ferrados ou, ainda, um aparelho que servia para prender grandes animais domésticos enquanto eram ferrados. Por denotação, do seu emprego na forma verbal — **tripaliare** —, passa a representar qualquer ato que represente dor e sofrimento. [...]. De outro lado, a expressão italiana **lavoro** e a inglesa **labour** derivam de labor, que em latim significava dor, sofrimento, esforço, fadiga, atividade penosa. Seu correspondente grego era **ponos**, que deu origem à palavra pena*[5].

---

[4] PINTO, José Augusto Rodrigues. O trabalho como valor. *Revista LTr*, São Paulo, v. 12, n. 64, p. 1489, 2000.
[5] COUTINHO, Aldacy Rachid. Trabalho e pena. *Revista da Faculdade de Direito da UFPR*, Curitiba, v. 32, p. 7, 1999.

Anota a mencionada professora paranaense que a própria história bíblica da criação do homem retrata, no Gênesis, o sentimento aviltante do trabalho. Na primeira sentença de que se tem notícia, Adão foi punido pelo descumprimento das leis divinais até então estabelecidas. A terra, então, foi tornada maldita por força de sua desobediência, e lhe foi imposta a obtenção de seu sustento à força do próprio trabalho, sendo imensamente simbólica a seguinte passagem: "Do suor do teu rosto comerás o teu pão, até que tornes à terra, porque dela foste tomado; porquanto és pó, e ao pó tornarás..."[6]. Esse trecho bíblico revela maximamente o trabalho como pena[7].

A ressignificação da palavra "trabalho", como atributo de dignidade e de valor, decorreu de um novo sentido que lhe foi outorgado por aqueles que, sendo submissos (escravos e servos), encontravam nele a chave para a liberdade e por aqueles que, sendo livres, atribuíam a ele o valor de lazer e de aperfeiçoamento do espírito. Nessa ordem de coisas, o trabalho humano evoluiu "do sombrio ermo moral da escravidão para a aspereza relativa da servidão (à pessoa ou à gleba), que imperou na Idade Média, e desta para o remanso do humanismo renascentista e do iluminismo da Idade Moderna, até chegar ao contrato de trabalho concebido no ventre da Revolução Industrial"[8].

1.1.3 Fermentos da Revolução Industrial e da Revolução Operária

Revolução Industrial? Mas o que existiria de revolucionário nesse fato histórico? Essa palavra — revolução —, apesar do significado normalmente político, foi criada na Renascença, em referência ao lento, regular e cíclico movimento das estrelas, como que a indicar que as mudanças políticas não se poderiam apartar de "leis" universais e implícitas. O movimento estelar de idas e retornos sinalizava no sentido de que a revolução haveria de ser aplicada como instrumento mediante o qual se restabelecesse o justo e ordenado estado natural das coisas, eventualmente perturbado pelos excessos, pelos abusos e pelo desgoverno das autoridades políticas.

O sentido da expressão, entretanto, transformou-se para alcançar não apenas o restabelecimento de um estado natural, mas também a conquista de valores que os novos tempos sempre trazem. Era, então, perfeitamente concebido o sentido da referida expressão nos movimentos sociais e políticos ocorridos nos Estados Unidos (1770-1783) e na França (1789-1799), por força dos quais se evidenciava a intenção de conquistar novos instrumentos de liberdade. Nesses termos se manifestavam os revolucionários franceses:

> [...] da mera restauração de uma ordem perturbada pelas autoridades, se passa à fé na possibilidade da criação de uma ordem nova; da busca da liberdade nas velhas instituições, se passa à criação de novos instrumentos de liberdade; enfim, é a razão que se ergue contra a tradição ao legislar uma constituição que assegurasse não só a liberdade, mas trouxesse também a felicidade ao povo[9].

A ora analisada expressão passou, assim, a indicar a existência de um evento não apenas capaz de restabelecer um estado justo e ordenado, mas fundamentalmente apto a atribuir algo novo e útil à sociedade sobre a qual recaísse. Assim também foi concebida a chamada "revolução industrial"[10], por conta das alterações substanciais operadas sobre os meios de

---

6 Bíblia Sagrada. Gênesis 3:19.
7 Como contraponto, *vide* Ney Maranhão, "Dignidade humana e assédio moral. A delicada questão da saúde mental do trabalhador", *Jus Navigandi*, n. 3039, disponível em: <http://jus.com.br/revista/texto/20307>. Acesso em: 27 out. 2011.
8 PINTO, José Augusto Rodrigues. O trabalho como valor. *Revista LTr*, São Paulo, v. 12, n. 64, p. 1490.
9 PASQUINO, Gianfranco. Conflito. In: *Dicionário de política*. 11. ed. Brasília: UnB, 1998, v. 1, p. 1123.
10 Segundo Orlando Gomes e Elson Gottschalk, com apoio em Mariano Pierro, a expressão "revolução industrial" é atribuída a Arnold Toynbee — v. GOMES, Orlando; GOTTSCHALK, Elson. *Curso de direito do trabalho*. 16. ed. Rio de Janeiro: Forense, 2002, p. 500.

produção e especialmente sobre os trabalhadores. Estes, até então dispersos, e baseados na cooperação individual, passaram a se concentrar em grandes fábricas, ocasionando profundas transformações sociais e econômicas.

A *conscientização coletiva*, despertada pelo instinto de autoproteção, gerou profundas modificações em plano secundário. Emergia dos processos revolucionários políticos, sociais e econômicos da época *outra revolução*, desta vez promovida pelo proletariado[11] contra a burguesia e que se ligava, intimamente, a uma ideologia socialista, de fundo comunista, cujo maior expoente foi Karl Marx. Para ele, o movimento histórico que transformou os servos e artífices em operários assalariados se apresentou *explicitamente* como suposta libertação da servidão e da coerção corporativa, embora, *implicitamente* (por colaboração nociva dos historiógrafos burgueses), fosse, na verdade, um processo por meio do qual os recém-libertos apenas se tornaram **vendedores de si mesmos**[12] depois de terem sido espoliados de todos os seus meios de produção e de todas as garantias para sua existência, antes oferecidas pelas antigas instituições feudais.

Não se sabe, a propósito, se a ideologia produziu o movimento operário ou se o movimento operário produziu a ideologia, mas é certo que a partir da conjugação desses fatores o mundo do trabalho nunca mais foi o mesmo.

Outros elementos impulsionaram o fortalecimento do trabalho como o primeiro direito social a adquirir respeitabilidade num contexto que, até então, era dominado por interesses individuais. Perceba-se que o anticomunismo foi um poderoso motivo para a intervenção católica no sindicalismo, inspirado na formação de sindicatos cristãos, embora muitas vezes antagônicos. As máximas intervenções feitas nesse sentido podem ser anotadas nas Encíclicas *Rerum Novarum* (1891) e *Mater et Magistra* (1963).

A Carta Encíclica *Rerum Novarum*, do Sumo Pontífice Leão XIII, tratou especialmente da condição de trabalho do proletariado, justificando a intervenção com base no argumento de que a Igreja desejava a solução dos litígios havidos entre capital e trabalho segundo as exigências da verdade e da justiça. Referida Carta tratou, então, de temas que diziam respeito ao socialismo, ao exemplo dado pela Igreja, aos deveres do Estado e às atividades desenvolvidas pelas associações de empregados e de empregadores. Com fulcro nesses fundamentos e baseada nos escritos do Apóstolo São Paulo (1 Cor. 13, 4-7), concluiu que a solução definitiva estaria na caridade, "o mais seguro antídoto contra o orgulho e o egoísmo do mundo"[13].

---

11 Segundo Paolo Ceri, o proletariado pode ser definido como "um vasto grupo social constituído pelo subconjunto dos trabalhadores dependentes que, ocupados em diversos ramos de atividade no âmbito do processo de produção capitalista, recebem um salário, em troca do trabalho prestado, de quem detém a propriedade dos meios de produção e o controle da sua prestação de trabalho". Registre-se ainda, com base no mesmo autor, que "originariamente chamavam-se proletários (*proletarii*) aqueles que, na antiga Roma, pertenciam à última classe — a sexta — da sociedade, cuja condição específica de indigência e exclusão os isentava dos dois deveres principais da cidadania: o pagamento de impostos e o serviço militar" — *vide* CERI, Paolo. Proletariado. In: *Dicionário de política*. 11. ed. Brasília: UnB, 1998, v. 2, p. 1015-1018. Segundo a concepção marxista, o proletariado pode-se definir como o total dos trabalhadores assalariados e produtivos que, não detendo a propriedade dos meios de produção com que operam, estão sujeitos, no processo de laboração, ao controle do capitalista, por quem, como figura do capital, são expropriados da mais-valia por eles produzida, vindo assim a assegurar a valorização do capital e sua reprodução, como força-trabalho submetida ao capital.

12 Quando a Organização Internacional do Trabalho declara que "o trabalho não é mercadoria", não tem a pretensão de negá-lo como bem negociável, mas sim a intenção de deixar clara sua dissociação das leis de mercado. A regulação normativa estatal e convencional atribui ao trabalho uma natureza jurídica de bem social, protegido da competitividade por limites retributivos civilizatórios mínimos. Trata-se de um bem social, porque o trabalho produz resultados econômicos não apenas para quem trabalha, mas para toda a sociedade de que o trabalhador faz parte.

13 VATICANO. *Carta Encíclica Rerum Novarum del Sumo Pontífice León XIII sobre la Situación de los Obreros*. Disponível em: <www.vatican.va>.

Como se viu, Leão XIII, para escândalo dos pensantes da época, defendia a tese revolucionária do direito dos operários de se associar para a defesa de suas reivindicações; defendia, contra o pensamento liberal, a tese do dever do Estado de interferir no campo social e econômico, para a proteção dos que não possuíam meios de defesa, e denunciava também (aí de modo conveniente) o "grave perigo" representado pelo socialismo, que, segundo a concepção daquele momento, abalaria valores fundamentais da sociedade e da cultura. O Papa, na verdade, percebeu a seriedade da situação, que inclusive ameaçava projetar para dentro da Igreja as tensões entre capitalismo e socialismo que já distendiam as estruturas da sociedade civil.

Divididos entre liberais e sociais, os católicos viram seu Pontífice, por meio do referido documento, procurar a definição de uma linha média, equidistante dos extremos que se afrontavam. O texto foi importante para garantir a sobrevivência da Igreja Católica num mundo novo, pleno de novos desafios e de novos conflitos. O trabalho, finalmente, enfrentava o capital[14] e o compelia a produzir fórmulas de contemporização para a legitimação de seus propósitos.

1.2 DIREITO DO TRABALHO

A contemporização mencionada no final do tópico anterior decorreu de troca instintiva. Como os segmentos opressivos da sociedade precisavam de legitimação para atuar, principalmente no âmbito da política e da economia, sem serem importunados, resolveram acomodar eventuais levantes populares oferecendo vantagens a que normalmente as classes menos favorecidas não teriam acesso. Assim, por engenho jurídico, foram cunhados os chamados **direitos sociais**, que, para sua efetivação, invocavam a intervenção direta do Estado. Diz-se isso porque os direitos sociais, ao contrário dos direitos individuais, não existiam por si mesmos; eles clamaram pela ação distributiva (e política) estatal para que pudessem acontecer[15]. Não se lhe aplica uma atuação comutativa de justiça. A construção dos direitos sociais demandava coisa diversa de uma simples operação de aferição do título de propriedade e de outorga de um bem físico a um sujeito singularmente considerado. Os direitos sociais reclamavam uma fração das vantagens que normalmente são bloqueadas em favor dos titulares dos meios de produção.

O direito do trabalho foi o primeiro dos direitos sociais a emergir e, sem dúvida, por conta de sua força expansiva, o estimulante da construção de tantos outros direitos sociais, entre os quais aqueles que dizem respeito à educação, à saúde, à alimentação, à moradia, ao

---

14 Conforme bem ressaltou Alceu Amoroso Lima, "o trabalho é um valor do espírito. O capital, um valor da matéria. E só os que não fazem distinção entre espírito e matéria, ou os que colocam a matéria acima do espírito, é que podem negar a subordinação do capital ao trabalho" (*O trabalho no mundo moderno*. Rio de Janeiro: Agir, 1959, p. 9).

15 Os direitos individuais, meramente entendidos como prestações de natureza negativa, consistiam e consistem em abstenções do Estado e dos particulares em relação à fruição da liberdade em suas diversas manifestações e de outros direitos relativos ao indivíduo. Os direitos sociais, em outro plano, constituem prestações de natureza positivas por meio das quais o Estado (em nome da sociedade) é compelido a intermediar e a regular o acesso a bens que normalmente seriam bloqueados aos cidadãos menos favorecidos, com vistas a corrigir situações de eventual desigualdade social. Os *direitos individuais visam à concretização da* justiça comutativa, assim entendida aquela que, por um ato de mera comutação, dá a cada um o que é seu segundo o título de sua propriedade e o limite de sua responsabilidade; enquanto os *direitos sociais objetivam a concretização da* justiça distributiva, assim compreendida aquela que, por ato de distribuição política, divide recursos comuns e que, para tanto, impõe fundamentação qualificada para tratar de modo desigual os desiguais.

lazer, à segurança, à previdência social, à proteção à maternidade e à infância e à assistência aos desamparados.

O processo construtivo do direito do trabalho e, por consequência, dos demais direitos sociais decorreu do conflito de classes. Sua edificação e crescimento, por outro lado, provieram de uma pletora de acontecimentos historicamente favoráveis. Sem dúvida, no tocante à história constitutiva do direito do trabalho, pode-se dizer que *é incrível o poder que as coisas parecem ter quando elas precisam acontecer*[16]. O ramo jurídico ora em análise parece efetivamente ter emergido pela força do inevitável, do inexorável. Ele tinha de acontecer, por isso aconteceu: múltiplos fatores alinharam-se e contribuíram para a elevação dos direitos sociais, especialmente para a construção de um sistema jurídico capaz de proteger os trabalhadores dos abusos perpetrados por seus patrões. Se o direto do trabalho, como regulação normativa de origem estatal ou convencional, não tivesse acontecido, certamente a história que envolvia conflitos entre capital e trabalho seria diferente.

Durante o transcurso do século XIX, justamente no período em que apareceram as primeiras normas protetivas laborais[17], confluíram, quase que simultaneamente, fatos históricos de relevante importância para o fortalecimento do movimento operário: os sindicatos representativos de classe iniciaram procedimento de organização, as ideias baseadas nas lutas de classe começaram a se difundir a partir de um modelo ideológico orientado por Karl Marx e a até mesmo a Igreja Católica, que tradicionalmente não se envolvia em contendas sociais, publicou, como reação ao socialismo iminente, a Encíclica *Rerum Novarum*, em 1891, para conclamar a harmonia entre o capital e o trabalho em virtude da evidência dos novos tempos.

Diante do conteúdo acima exposto, é possível elaborar um cronograma histórico do direito do trabalho em quatro fases:

A **1ª fase**, entendida como de **FORMAÇÃO**[18], estende-se do início do século XIX, com a publicação das primeiras normas trabalhistas, em 1802, até o instante de efervescência, coincidente com a publicação do Manifesto Comunista, em 1848.

A **2ª fase**, compreendida como de **EFERVESCÊNCIA**, estende-se da publicação do Manifesto Comunista, em 1848, até a edição da Encíclica *Rerum Novarum*, em 1891. Nessa fase o desenvolvimento do espírito sindical muito cooperou para que os trabalhadores se colocassem em posição de pleito quanto às vantagens decorrentes da prestação de seus serviços, notadamente no que dizia respeito ao direito de coligação, à limitação de jornada, à contraprestação mínima e às inspeções de oficina. No contexto de muitas greves, foram criadas novas organizações operárias.

---

16 "É incrível o poder que as coisas parecem ter quando elas precisam acontecer" — com essa frase o compositor baiano Caetano Veloso fez referência à força do inevitável, que levou sua irmã, Maria Bethânia, ao estrelato, em virtude de uma substituição de Nara Leão na execução da canção "Carcará", no show Opinião, no Rio de Janeiro, em 1965. A frase foi proferida como prefácio de "Carcará" num *show* que os mencionados irmãos fizeram no ano de 1978 e que gerou o disco "Maria Bethânia e Caetano Veloso".

17 Para Arnaldo Süssekind, "a primeira lei trabalhista de que se tem notícia, na fase contemporânea da história, versou sobre a higiene do local de trabalho e dos dormitórios nos estabelecimentos que empregavam aprendizes. De iniciativa de PEEL, ela foi aprovada em 1802 pelo Parlamento britânico". Trata-se do *Moral and Health Act*, que teve o propósito de diminuir a exploração dos trabalhadores menores, vedando o trabalho noturno e reduzindo a jornada diurna (*Direito constitucional do trabalho*. 3. ed. Rio de Janeiro: Renovar, 2004, p. 255).

18 Não será despiciendo lembrar que um dos fatos históricos mais relevantes na construção do direito do trabalho diz respeito à constituição do trabalhador como homem livre. Na verdade, podendo o trabalhador dispor de si mesmo, poderá ele vender sua força laboral lamentavelmente de acordo com o livre jogo das forças de mercado.

A **3ª fase**, intitulada **CONSOLIDAÇÃO**, estende-se da edição da Encíclica *Rerum Novarum*, em 1891, até a celebração do tratado de Versailles, em 1919.

A **4ª fase**, denominada **APERFEIÇOAMENTO**, teve início com a celebração do tratado de Versailles e chegou ao máximo com o *boom* do constitucionalismo social.

As agitações e a palavra dos doutrinadores faziam compreender, mesmo aos que por interesses pessoais se deviam opor às pretensões dos trabalhadores, que estes tinham direito à vida e que ao Estado cabia velar por eles. Reconhecia-se, conforme acentuou Segadas Vianna, "que o dever da prestação do salário não se podia resumir ao pagamento de algumas moedas que apenas permitissem não morrer rapidamente de fome; que o trabalho excessivo depauperava a saúde do operário e que isto impediria a existência de um povo fisicamente forte; compreendia-se que a velhice, a invalidez e a família do trabalhador deviam ser amparadas, porque ele poderia melhor empregar sua capacidade produtora, tendo a certeza de que, à hora amarga da decrepitude, do infortúnio ou da morte, velava por ele e pelos seus o Estado, através de uma legislação protetora"[19].

Segundo o precitado doutrinador, a guerra teve importância fundamental no sentido de demonstrar a igualdade entre as partes componentes dos grupos sociais. A primeira Grande Guerra Mundial (1914-1918) levou às trincheiras milhões de trabalhadores e, pondo-os lado a lado com soldados vindos de outras camadas sociais, fê-los compreender que, para lutar e morrer, os homens eram todos iguais, e que deveriam, portanto, ser iguais para o direito de viver.

Os direitos sociais ingressaram, então, na tônica do discurso político pós-guerra, integrando a plataforma mínima de múltiplos ordenamentos jurídicos.

1.2.1 Denominações

"Que há num nome? Aquilo que chamamos 'rosa' com qualquer outro nome seria igualmente doce...". Com base nesse trecho de *Romeu e Julieta*, de William Shakespeare, é possível perceber que o nome oferecido a um objeto tem a função de determiná-lo em relação a tantos outros, sem, entretanto, ter o poder de modificar sua essência. E assim aconteceu com o direito do trabalho.

Inicialmente o objeto que hoje é tratado sob o título de "direito do trabalho" era um apêndice das disciplinas Economia e Política Social. A intervenção do Estado nas relações de trabalho, entretanto, justificou, a partir século XIX, a criação de um conjunto de normas legais de caráter protecionista denominadas simplesmente *legislação industrial ou operária*[20]. Isso incentivou a correlação entre o conteúdo normativo dessas leis e o correspondente estudo de sua extensão e aplicabilidade. Destaque-se, porém, que, embora possuíssem força e sentido singulares, essas *legislações* não poderiam ser consideradas por si mesmas como sistema orgânico.

A crescente quantidade de normas legais que tratavam das relações entre empregado e empregador passou a justificar um estudo especial. Começaram a emergir, a partir desses estudos, conceitos gerais específicos (emprego, empregado, empregador, jornada, salário, convenção coletiva de trabalho, sentença normativa etc.), diferentes daqueles constantes de outras disciplinas jurídicas. Os métodos de interpretação dos textos legais passaram a utilizar um referencial próprio, baseado em princípios extremamente peculiares. A partir dessas evidências começaram a cair em desuso expressões que conceituavam a disciplina em exame

---

[19] SÜSSEKIND, Arnaldo; MARANHÃO, Délio; VIANNA, Segadas. *Instituições de direito do trabalho*. 12. ed. São Paulo: LTr, v. 1, p. 41-43, 1991.
[20] SÜSSEKIND, Arnaldo et al. *Instituições de direito do trabalho*. 12. ed. São Paulo: LTr, 1991, p. 102.

como mera legislação. A denominação "direito" passou a ocupar espaço, mas não existia um qualificativo único.

Os nomes "direito industrial" e "direito operário" foram os primeiros a ruir. Apesar de relacionados aos nomes das legislações de onde provinha sua força criativa, eram limitados quanto ao objeto, porque sugeriam uma falsa restrição de aplicabilidade unicamente aos trabalhadores da área industrial, ou ainda a ideia de promoção de direitos do operário em detrimento de suas obrigações. Registre-se, porém, que o nome "direito operário" chegou a ganhar reconhecimento por menção na Constituição de 1937. No art. 16, XVI, do referido texto constitucional se afirmava que competia privativamente à União o poder de legislar sobre "o direito civil, o direito comercial, o direito aéreo, o **direito operário**, o direito penal e o direito processual" (destaque não constante do original).

A expressão "direito corporativo", que pressupunha o enquadramento das forças produtoras em corporações, também não teve aceitação universal, porque relacionava o ramo jurídico a uma peculiar forma de organização do Estado.

As controvérsias de denominação tiveram certa relevância apenas no que diz respeito aos nomes "direito do trabalho" e "direito social". Esta última denominação refere-se a um objeto mais amplo do que aquele inserto unicamente nas relações de trabalho, atingindo também o universo das fórmulas de proteção ao trabalhador quando, por alguma contingência social, fosse obrigado a afastar-se de suas atividades.

Ao falar da denominação "direito social", não se pode deixar de referenciar seu mais fervoroso defensor, Cesarino Júnior. Para o referido mestre paulista, "a ideia que a expressão 'Direito Social' nos evoca é a de um complexo de normas tendentes à proteção dos economicamente mais débeis"[21], ou dos *hipossuficientes*, como ele preferia chamar aqueles que somente possuíam a sua força de trabalho.

Apesar de todo o esforço dos defensores da denominação "direito social", e de sua adoção pelo legislador constitucional de 1988 (*vide* arts. 6º e 7º, *caput*), a expressão "direito do trabalho" é, sem dúvida, aquela que mais se difundiu, consagrada pelo legislador e aceita pela quase totalidade dos doutrinadores laboralistas. Perceba-se que os textos constitucionais, a partir de 1946, passaram a adotar a denominação "direito do trabalho"[22], acompanhando o nome utilizado pela Organização Internacional do Trabalho e por outros tantos textos constitucionais. As universidades brasileiras, seguindo o disposto na Lei n. 2.724, de 9-2-1956[23], mantiveram a denominação consagrada para a cadeira de seus cursos superiores. Registre-se, por fim, que na doutrina hispânica, produtora de muita influência sobre as letras jurídicas brasileiras, a denominação preferida é "direito laboral".

---

21 CESARINO JÚNIOR, A. F.; CARDONE, Marly A. *Direito social*. 2. ed. São Paulo: LTr, 1993, v. 1, p. 27.
22 A Constituição de 1988 refere-se a "Direito Social" nos arts. 6º e 7º, *caput*, mas menciona "Direito do Trabalho" no art. 22, I, *in fine*.
23 Veja-se, no texto integral, a Lei n. 2.724, de 9 de fevereiro de 1956:
Incorpora a cadeira de Direito Industrial, nas Faculdades de Direito do país, à de Direito Comercial, e dá outras providências.
O PRESIDENTE DA REPÚBLICA, faço saber que o CONGRESSO NACIONAL decreta e eu sanciono a seguinte Lei:
Art. 1º É incorporada a cadeira de Direito Industrial, nas Faculdades de Direito do país, à de Direito Comercial.
Art. 2º É denominada Direito do trabalho a atual disciplina Legislação do Trabalho.
Art. 3º Revogam-se as disposições em contrário.
Rio de Janeiro, 9 de fevereiro de 1956; 135º da Independência e 68º da República.
JUSCELINO KUBITSCHEK
Clóvis Salgado

1.2.2 Definição

Antes de analisar a definição de direito do trabalho é importante distinguir duas palavras que normalmente são utilizadas sem nenhuma cientificidade: definição e conceito.

O conceito é uma apreensão bruta dos elementos essenciais de determinado objeto, coincidindo, por isso, com a ideia de noção, de traços constitutivos básicos. A definição, por outro lado, é uma apreensão refinada, delineada, produzida a partir do supracitado conceito e de outros caracteres essenciais do objeto analisado. Neste *Curso*, portanto, a palavra *conceito* será utilizada sempre que a intenção seja a de oferecer uma noção básica acerca de um tema; a palavra *definição*, por outro lado, será empregada quando o propósito seja delinear os contornos do objeto pesquisado.

Superados esses argumentos introdutórios, é possível construir a definição de direito do trabalho a partir de duas perspectivas, *a subjetiva ou pessoal*, que leva em conta os sujeitos integrantes da relação jurídica, e *a objetiva ou material*, que diz respeito às controvérsias, às matérias tratadas por esse ramo do direito.

Nessa ordem de ideias, e segundo uma construção conservadora, o direito do trabalho pode ser definido como o *conjunto de princípios e regras que regulam a prestação do trabalho subordinado, e excepcionalmente do trabalho autônomo, no âmbito das relações laborais individuais ou coletivas, bem como as consequências jurídicas delas emergentes.*

Perceba-se que há normalmente uma relação entre o direito do trabalho e a competência da Justiça do Trabalho. Esta, aliás, durante décadas, dirimiu unicamente conflitos entre sujeitos regidos pela CLT ou por restritas leis extravagantes. Esse modelo, que atribuía competência à Justiça do Trabalho apenas para "conciliar e julgar os dissídios individuais e coletivos entre trabalhadores e *empregadores*, [...], e, na forma da lei, outras controvérsias decorrentes da relação de trabalho" (destaque não constante do texto original do art. 114 da Constituição), foi expandido pela Emenda Constitucional n. 45/2004, para atribuir ao Judiciário Trabalhista, dentre outras especificadas, a competência para processar e julgar "as ações oriundas da relação de trabalho".

Surgiram, então, questionamentos importantes:

O conteúdo do direito do trabalho foi dilatado ou o Judiciário, que normalmente tratava de questões laborais em sentido estrito, passou a ter competência para dirimir conflitos trabalhistas em sentido lato? A Justiça do Trabalho passará a dirimir conflitos à luz do direito do trabalho e do direito civil ou será necessária uma redefinição da disciplina que ora se aprecia?

Tudo sinaliza no sentido de que o direito do trabalho, paulatinamente, mediante atuação jurisprudencial e doutrinária, sofrerá uma redefinição com vistas a abarcar, na esfera de seu novo e ampliado conteúdo, não somente *a prestação do trabalho subordinado, mas também do trabalho autônomo, no âmbito das relações laborais individuais ou coletivas*. Desse conteúdo serão integrantes também *as consequências jurídicas emergentes das citadas relações*, inclusive no tocante aos grupos intermediários que representem os trabalhadores. Duas questões, entretanto, não terão imediata solução: **Primeira:** a principiologia e as regras protetivas do direito do trabalho se estenderão em favor de todos os sujeitos contemplados pela jurisdição da Justiça do Trabalho? **Segunda:** haverá um núcleo contratual essencial protegido pelo direito do trabalho e outro por ele não protegido?

Esses questionamentos compõem o desafio que definirá o novo direito do trabalho.

1.2.3 Características

Característica é atributo distintivo que permite identificar um objeto dentre outros a ele assemelhados. É, em outras palavras, impressão ou particularidade capaz de individuar, de especificar aquilo que é analisado. Quando se mencionam as características do direito do trabalho, há de tratar-se, evidentemente, dos traços fisionômicos capazes de distinguir esse ramo do direito de outros tantos existentes.

Nessa atuação distintiva, destacam-se as seguintes características:

1.2.3.1 Intervencionismo

É intervencionista na medida em que controla o poder econômico para evitar que a força do capital se sobreponha à do trabalho. Para compensar as evidentes desigualdades no plano material entre trabalhadores e empregadores, a legislação laboral, notadamente em sede constitucional, atua com dirigismo, estabelecendo blocos de direitos mínimos, irrenunciáveis para os trabalhadores, por isso insuscetíveis de qualquer negociação patronal.

1.2.3.2 Protecionismo

O protecionismo é uma atitude preservadora do equilíbrio contratual, diante da evidência de ser o trabalho humano produtivo um valor social a ser protegido e de ser o trabalhador um sujeito ordinariamente vulnerado nas relações de emprego. Trata-se, portanto, de conduta *tuitiva*, que garante: i) a aplicação de normas mais favoráveis aos trabalhadores quando existentes duas ou mais de vigência simultânea; ii) a manutenção de condições contratuais mais benéficas; iii) e a interpretação favorável ao trabalhador, quando presente dúvida.

1.2.3.3 Reformismo social

O reformismo social é característica que desvenda a função contemporizadora do direito do trabalho como ramo que constantemente intermedeia os conflituosos interesses operários e patronais. Sua atuação, normalmente tendente a oferecer melhores condições de trabalho, pode, em momentos de crise, ser transmudada para criar soluções alternativas capazes de manter os postos de serviço.

1.2.3.4 Coletivismo

O posicionamento do interesse coletivo sobre qualquer interesse de natureza individual (*vide* art. 8º da CLT, *in fine*) funciona como fundamento do mencionado reformismo social. É de notar que o texto constitucional privilegia a negociação coletiva, atribuindo-lhe a condição de requisito para a operação de alterações contratuais *in pejus* nos mais importantes conteúdos do contrato de emprego: a prestação e a contraprestação (*vide* art. 7º, VI, XIII e XIV, da Carta). Essa atitude visa, na verdade, à construção de uma sociedade solidária (*vide* art. 3º, I, da Constituição), vale dizer, de uma sociedade em que o coletivismo predomine sobre o individualismo, mesmo porque, conforme bem lembrado por Hannah Arendt, "quem habita esse planeta não é o Homem, mas os homens". Enfim, conforme a referida filósofa e pensadora política alemã, "a pluralidade é a lei da terra"[24].

1.2.3.5 Expansionismo

O expansionismo, enquanto característica, é uma inclinação, uma propensão *in fieri*[25], vale dizer, uma disposição ampliativa de um direito que, sem dúvidas, assume a posição do mais humano entre os direitos humanos. E se é assim, como direito humano que é, deve assumir a progressividade como característica que lhe seja essencial. Para o direito do trabalho, a lógica do não retrocesso é tão relevante que a Constituição Federal de 1988 inseriu no *caput* do seu art. 7º — justamente aquele que prevê a plataforma mínima dos

---

24 ARENDT, Hannah. *A condição humana*. 10. ed. Rio de Janeiro: Forense Universitária, 2003.
25 A expressão latina *in fieri*, traduzida literalmente, significa "porvir". O termo é usado para indicar tudo que ainda não está completo, mas em fase construtiva.

direitos laborais — um comando de não retrocessão social[26], a afirmar que aquele conjunto de direitos mínimos não excluía a criação de outros quaisquer, provenientes de fontes autônomas ou heterônomas, que visassem "à melhoria da condição social" da classe trabalhadora. Assim, a expansão é uma das mais caras ideias do direito do trabalho. Ele, portanto, se caracteriza pela busca incessante de melhores condições sociais e pela manutenção de tudo aquilo que se conquistou.

1.2.3.6 Cosmopolitismo

O direito do trabalho tem a característica de extrapolar as fronteiras geográficas da legislação pátria para buscar inspiração em ordenamentos jurídicos estrangeiros e orientação nas convenções (convênios), protocolos e recomendações da Organização Internacional do Trabalho (OIT), instrumentos definidores de lineamentos e pautas mínimas de relacionamento social.

O cosmopolitismo do direito do trabalho no Brasil tem por fundamento especial o anacronismo da CLT. Como esse principal diploma regulador das relações jurídicas no país é extremamente antigo e, em alguns pontos, até mesmo ultrapassado, o intérprete precisa extrair soluções jurídicas legitimadas dos tratados ou convenções internacionais de que o Brasil é signatário. Esse comportamento de interpretação interativa com outros sistemas jurídicos é a mais adequada solução diante da desatualização da referida CLT. Não há como fazer da CLT um verdadeiro *leito de Procusto*[27], tornando-a medida única para a solução dos novos problemas que sequer eram cogitados quando as normas de 1943 foram consolidadas. É indispensável, por isso, buscar novas soluções em interpretações bem sistematizadas, baseadas na própria Constituição Federal de 1988 e, como antedito, em ordenamentos jurídicos estrangeiros e, em especial, nas convenções (convênios), protocolos e recomendações da Organização Internacional do Trabalho (OIT).

1.2.3.7 Pluralismo de fontes

Nenhum outro ramo do direito é tão caracterizado pelo pluralismo de fontes legislativas quanto o direito do trabalho. Observe-se que um mesmo empregado pode estar regido simultaneamente pela lei, pelo contrato individual de emprego, pelo regulamento interno de

---

26 "Efeito *cliquet*" é uma expressão muito utilizada no estudo dos direitos humanos, e no direito do trabalho, que significa "efeito progressivo", "efeito ascensor". O vocábulo *cliquet* é de origem francesa e significa literalmente "catraca"... Essa tradução deve, obviamente, ingressar em um contexto específico. É mais do que relevante, por isso, lembrar que essa "catraca", citada aqui de maneira metafórica, é um equipamento utilizado no alpinismo com finalidade "antirretorno" (*cliquet anti-retour*).

Esse *cliquet anti-retour*, portanto, bloqueia o retrocesso da corda, e somente permite que o alpinista ascenda, suba, eleve-se. Ele jamais pode descer ou cair, salvo se for quebrada a catraca e o retentor.

Figurativamente, o efeito *cliquet* quer dizer exatamente isso. Um efeito próprio daquilo que não permite retrocessão. A doutrina constitucional passou, então, a referir a existência de um princípio *non cliquet* ou de um princípio do não retrocesso social, encontrável no *caput* do art. 7º do texto constitucional.

É bom registrar que o princípio de não retrocesso social não é absoluto. Embora não desejado, o retrocesso pode acontecer diante da existência de um interesse estatal qualificado. Caberá ao Estado, assim, demonstrar que considerou as medidas alternativas, mas que, mesmo assim, houve razões de peso a justificar a indesejada regressividade.

27 Procusto é um personagem da mitologia grega. Era um bandido cruel que tinha uma cama de ferro colocada à disposição dos viajantes solitários que aceitavam o seu abrigo. À noite, enquanto dormiam, ele aproveitava para amordaçar e amarrar suas vítimas. Se a pessoa fosse mais alta e seus pés, mãos ou cabeça não coubessem exatamente nas dimensões da cama, Procusto os cortava. Do contrário, se a pessoa fosse menor, ele a esticava até que se ajustasse à medida do seu leito.

trabalho elaborado pela empresa, por uma convenção coletiva de trabalho e, ainda, se for o caso, por um acordo coletivo de trabalho. O emaranhado de fontes se orienta e se organiza segundo o princípio da aplicação da norma mais favorável, observado, quando for o caso, o método do conglobamento por institutos (detalhes que serão oferecidos mais adiante), de modo que no ápice da pirâmide hierárquica normativa esteja sempre a regra geradora de melhorias nas condições sociais de trabalho.

1.2.4 Divisão

A divisão é um recurso sistemático que favorece o estudo e o conhecimento dos objetos investigados. Por meio desse procedimento analítico são inventariados, descritos e discriminados itens aparentemente semelhantes com o intuito de facilitar sua compreensão didática. O direito do trabalho pode, então, ser dividido estruturalmente em duas partes principais: direito material do trabalho e direito processual do trabalho.

O **direito material do trabalho** é parte que cuida da regulação das relações individuais e coletivas do trabalho. Nesse âmbito estão disciplinados os sujeitos das mencionadas relações individuais e coletivas, a sistemática de ajustes contratuais decorrentes e seu correspondente conteúdo jurídico. Daqui emerge uma subdivisão: i) direito individual do trabalho; ii) direito sindical e coletivo do trabalho; iii) direito administrativo do trabalho.

Anote-se que no campo do chamado **direito individual do trabalho** são estudadas regras e princípios que orientam a contratação de sujeitos singularmente considerados. Neste espaço são apreciados os mecanismos de formação e de garantia dos contratos de emprego, a disciplina da prestação e da contraprestação do trabalho, as consequências das alterações, das suspensões e das interrupções contratuais e os reflexos produzidos pelas situações de cessação dos vínculos.

Na esfera do **direito sindical e coletivo do trabalho** são estudadas regras e princípios que organizam a atuação das entidades que representam os trabalhadores e seu aparelhamento estrutural. São estudados os conflitos produzidos e intermediados pelas entidades sindicais e as consequentes fórmulas que permitem a superação das arestas: negociação direta, conciliação, mediação, arbitragem e jurisdição. É setor também de estudo e de análise do conteúdo dos instrumentos produzidos em nome da superação dos conflitos coletivos — acordos coletivos, convenções coletivas, laudos arbitrais e sentenças normativas — e da dimensão da paralisação coletiva do trabalho como fórmula de autotutela.

O **direito administrativo do trabalho**, por sua vez, consoante o autorizado dizer do Professor José Augusto Rodrigues Pinto, regula "a atividade fiscalizadora e sancionadora da Administração Pública, zelando pelo cumprimento do conteúdo de interesse social"[28], visivelmente emergente tanto nas relações individuais quanto nas relações coletivas de trabalho. Perceba-se que cabe à Administração do Estado, mediante regras de direito administrativo do trabalho, a tutela dos inegociáveis interesses laborais mínimos (identificação profissional, duração do trabalho, períodos de descanso, meio ambiente do trabalho, segurança do trabalho, medicina do trabalho, entre outros) e, se for o caso, a imposição de penas aos infratores, desde a multa até a interdição e o fechamento de estabelecimento por descumprimento de preceitos normativos.

É evidente que, a depender da perspectiva a partir da qual se realiza o estudo do direito do trabalho, é possível produzir enfoques temáticos específicos. São visíveis, então, estudos que levam em conta a apreciação do direito laboral sob o enfoque constitucional, gerando

---

28 PINTO, José Augusto Rodrigues. *Tratado de direito material do trabalho*. São Paulo: LTr, 2007, p. 61.

assim o chamado direito constitucional do trabalho. Se o enfoque for penal, ter-se-á o direito penal do trabalho, e assim sucessivamente.

O **direito processual do trabalho**, também conhecido como direito judiciário do trabalho, cuida de peculiaridades processuais aplicadas à jurisdição especializada no trato de questões laborais. Apesar de ser uma projeção decorrente da efetividade do direito material, o processo do trabalho ganhou autonomia didática. Foi merecedor de estudos particularizados (cursos, artigos, monografias, dissertações, teses etc.) e até mesmo da criação de disciplina específica nas instituições de ensino superior. Seu destaque é justificável a partir do instante em que se verifica a existência de uma estrutura jurisdicional composta em atenção à solução dos conflitos individuais ou coletivos do trabalho: a Justiça do Trabalho. Em sua esfera são tratadas questões relacionadas à estruturação e à competência dos órgãos do Judiciário Trabalhista, aspectos atinentes às peculiaridades da atuação de suas unidades jurisdicionais e de seus atos processuais cognitivos e executivos.

Cabe também no direito processual do trabalho uma divisão, que leva em conta justamente a natureza dos conflitos a ele submetidos. Ora, se existem conflitos individuais e conflitos coletivos, razoável é a subdivisão que considera um tratamento diferenciado ao **processo individual do trabalho**, que cuida de ações aforadas por sujeitos conflitantes singularmente considerados, e outro ao **processo coletivo do trabalho**, que trata de ações ajuizadas por entidades representativas de interesses transindividuais, entre as quais se destacam as entidades sindicais e o Ministério Público do Trabalho.

1.2.5 Natureza

A natureza, sob o ponto de vista jurídico, indica a essência ou substância de um específico objeto. Para determiná-la é necessária a operação de um prévio procedimento de classificação, levando em conta o universo de outros objetos comparados. A esse mecanismo de definição, por classificação, da natureza jurídica de um objeto dá-se o nome de taxonomia jurídica[29].

A apuração da natureza jurídica do direito do trabalho revela-se, entretanto, complicada. Afirma-se isso por conta da visibilidade de caracteres que posicionariam o ora analisado ramo do direito tanto no campo público quanto na esfera privada[30].

---

29 Desde os romanos formou-se uma clássica divisão do direito em público e privado. A função da taxonomia seria, então, identificar em qual desses dois grandes grupos estaria inserido um analisado ramo jurídico. Há que destacar, entretanto, que a tradicional divisão é criticada e objetada, com razão, pela teoria monista de Hans Kelsen. Segundo seu posicionamento, as classificações devem considerar o imanente (o que reside na essência do todo) e não o transcendente (o que ultrapassa uma ordem de realidades determinadas). Assim se manifestou Kelsen, sob o fundamento de que no direito toda e qualquer norma se destina ao interesse público, motivo por que não se poderia falar em um direito público e outro privado. Apesar de a teoria unitarista ser convincente, a dicotomia criada desde o direito romano ainda é aplicável, notadamente por conta do caráter instrutivo, didático.

30 As teorias criadas para delimitar os critérios de classificação dos ramos do direito questionam quem são os destinatários e qual a extensão dos interesses protegidos e das relações jurídicas daí decorrentes.

A *teoria do destinatário* observa o objetivo das normas jurídicas, concluindo que será categorizado como direito público aquele ramo que tem por finalidade o Estado e como direito privado aquele que almeja o particular. Para *a teoria dos interesses protegidos*, o direito público trataria da existência e da organização dos entes públicos e das normas que protegem seus interesses, enquanto o direito privado cuidaria das normas regentes de interesses privados. As *teorias da natureza dos sujeitos e das relações jurídicas consequentes*, por sua vez, consideram os vínculos existentes entre os sujeitos de direito e a amplitude de atuação destes. De acordo com essas teorias, que se revelam as mais próximas do que se poderia chamar de "adequado", se o Estado estivesse atuando num plano de superioridade, mediante seu *ius imperii*, o direito analisado seria público; se as partes contratantes, ainda que uma delas fosse o Estado, estivessem em plano de igualdade, o direito seria privado.

Observe-se, inicialmente, que o direito do trabalho é produto histórico da intervenção pública, promotora de limites à exploração das forças laborais. Natural, portanto, que nele exista considerável impositividade, característica própria do direito público, campo no qual o Estado intervém nas relações contratuais mediante seu *ius imperii*. Evidencia-se isso, por exemplo, na adoção de conteúdos mínimos para os contratos de emprego e na fiscalização do cumprimento das normas de identificação profissional, de segurança do trabalho e de medicina do trabalho.

Apesar da referida impositividade, não há negar que as estruturas básicas dos contratos celebrados entre as pessoas sujeitas ao direito do trabalho estão inseridas num plano próprio das esferas privadas. Basta observar que a teoria geral do ato jurídico e as disciplinas relativas às obrigações são, de modo geral, aplicáveis às relações de trabalho. Essa evidência faz com que a maioria dos doutrinadores laboralistas posicione esse ramo no campo do direito privado, sendo destacável, porém, o entendimento daqueles a quem parece possível o estabelecimento de uma variável calcada no chamado Direito Social. Conquanto essa nomenclatura sofra a crítica de que todo direito é, em princípio, social, afigura-se extremamente razoável a aceitação deste terceiro gênero[31], principalmente porque o nome "Direito Social" foi consagrado pelo texto fundamental (*vide* art. 6º) como um continente no qual estão inseridos, entre outros, o direito do trabalho e o Direito da Seguridade Social.

1.2.6 Funções

A função é a razão de ser e de existir de coisas, pessoas ou instituições. Se se questiona acerca da função do coração, por exemplo, pode-se dizer que é bombear o sangue. Ele, enfim, existe para isso. Se se perguntar sobre a função do espelho, invariavelmente se dirá que é refletir imagens, justamente porque ele existe para cumprir essa finalidade. Se, por fim, a pergunta se dirigir ao direito, dir-se-á que sua função é, **como um instrumento de regulação**, permitir a realização de fins sociais que não poderiam ser alcançados senão mediante seu controle social. Ele, afinal, existe para isso[32].

Os fins sociais, porém, variam na medida em que mudam o tempo, a cultura e a sociedade, mas, de modo geral, coincidem com a ideia de promoção do bem comum. A função do direito, portanto, é ser um meio para alcançar fins e não propriamente um fim em si mesmo.

Partindo dessas concepções básicas, e remetendo a discussão especificamente para o campo do direito do trabalho, pode-se dizer que esse ramo do direito tem a **função essencial de regular a autonomia da vontade de modo a estabelecer padrões mínimos e a promover a melhoria da condição social da classe trabalhadora**[33]. Extraem-se desta função ampla duas funções estritas: a tutelar e a civilizatória.

---

31 O *ius civile* romano repelia a ideia do terceiro gênero com o brocardo *tertium genus non datur*.

32 Sobre a relação entre função e virtude, veja-se WOLFF, secundado por PLATÃO, segundo o qual "**a virtude de uma coisa [...] é aquele estado ou condição que lhe permite desempenhar bem a sua própria função**. A virtude da faca é o gume, a do cavalo de corrida, a agilidade de suas patas. Do mesmo modo, as virtudes cardeais da sabedoria, coragem, temperança e justiça são as excelências da alma que permitem ao homem desempenhar o papel que dele se espera, isto é, viver" (WOLFF, Robert Paul. Além da tolerância. In: MARCUSE, Herbert (org.). *A crítica da tolerância pura*. Rio de Janeiro: Zahar Editores, 1970, p. 11, destaques não constantes do original).

33 Não se deve confundir — embora seja frequente essa situação — a função do direito do trabalho com a função da Justiça do Trabalho. Esta, como qualquer órgão do Judiciário, baseia sua atuação no princípio da igualdade formal entre as partes, oferecendo-lhes idênticas oportunidades para postular e para resistir. Como o juiz do trabalho aplica o direito do trabalho para a solução dos conflitos que lhe são trazidos à apreciação, forma-se a equivocada ideia de que o magistrado laboral posicionou-se em favor do trabalhador, quando, na verdade, ele apenas cumpriu o mandamento constitucional de pôr fim às lides segundo os princípios e regras criados pela sociedade. Se esses princípios e regras são protecionistas, é natural que a decisão realize o protecionismo desejado pela sociedade.

A **função tutelar** está presente no dirigismo estratégico, **que protege um bloco de direitos mínimos** (irrenunciáveis para os trabalhadores e insuscetíveis de negociação) e que **estimula a igualdade material entre os sujeitos das relações de trabalho**. Por reflexão e diante da atuação repressiva dos abusos praticados contra os operários, o direito do trabalho acaba por manifestar uma **função civilizatória** no processo de organização dos permanentes conflitos existentes entre o capital e o trabalho.

1.2.7 Autonomia

A palavra "autonomia" oferece múltiplas acepções, normalmente vinculadas à autodeterminação e à capacidade de seu titular traçar normas de conduta sem estranhas imposições restritivas. No campo jurídico, a autonomia é a qualidade alcançada por determinado ramo por ter princípios, regras, teorias e condutas metodológicas próprias.

A primeira evidência da autonomia de um ramo jurídico é a de natureza **legislativa**. Nesse particular, o direito do trabalho cumpre plenamente o requisito, uma vez que possui um conjunto de regras específicas, consolidadas e esparsas, capazes de dirimir a grande maioria dos conflitos que lhe são pertinentes.

O direito do trabalho também demonstra autonomia nos planos científico e doutrinário. Afirma-se isso com base em clássica obra de Alfredo Rocco[34], segundo a qual a caracterização da autonomia de uma ciência demanda que ela:

a) seja bastante **vasta**, a ponto de merecer um estudo de conjunto, adequado e particular;

b) contenha **doutrinas homogêneas** dominadas por conceitos gerais comuns e distintos dos conceitos gerais que informam outras disciplinas;

c) possua **método próprio**, empregando processos especiais para o conhecimento das verdades que constituem objeto de suas investigações.

Observe-se, seguindo os requisitos ditados pelo notável comercialista italiano, que o direito do trabalho conquistou a plena autonomia a partir da análise do conteúdo do agrupamento de normas que começou a surgir a partir da primeira metade do século XX. A publicação da Consolidação das Leis do Trabalho em 1943 estimulou consideravelmente os estudos, sendo evidenciada uma imediata dedicação dos acadêmicos à pesquisa dos princípios e dos institutos desse ramo jurídico emergente. Doutrinas passaram a ser publicadas e cátedras específicas de direito do trabalho começaram a compor o quadro de disciplinas jurídicas obrigatórias, básicas, nos currículos das faculdades do País.

1.2.8 Relações do direito do trabalho com outras disciplinas

A despeito da incontestável autonomia, o direito do trabalho não pode ser apreciado como uma disciplina jurídica isolada ou absolutamente desvinculada de outras tantas existentes. A interdependência é uma regra no mundo científico. Observem-se, por conta disso, as relações estabelecidas entre o direito do trabalho e outras disciplinas, jurídicas e não jurídicas.

1.2.8.1 Relação com o direito constitucional

A Constituição é o alicerce do ordenamento jurídico, sendo, por isso, evidente a existência de laços entre qualquer ramo do direito e o direito constitucional. No que diz respeito especialmente ao direito laboral, é de registrar que a Carta de 1988 reconheceu o valor social do trabalho como fundamento da República (art. 1º, IV), oferecendo, por essa razão, uma especial

---

34 *Princípios de direito comercial*. Trad. Ricardo Rodrigues Gama. Campinas: LZN Editora, 2003.

proteção aos direitos sociais (art. 6º), notadamente a um conjunto de direitos mínimos conferidos a trabalhadores urbanos, rurais (art. 7º, I a XXXIV) e domésticos (parágrafo único do art. 7º). Não é possível, portanto, estudar o direito do trabalho sem previamente conhecer os princípios, as limitações e os pressupostos constantes do mencionado texto estrutural[35].

1.2.8.2 Relação com o direito administrativo

O direito administrativo é o ramo do direito público incumbido de regular a ação dos entes políticos para a consecução de seus fins. Como o Estado abandonou a concepção minimalista própria do modelo liberal e passou a intervir na economia como regulador de condutas, iniciou-se visivelmente um ponto de interseção entre o direito aqui mencionado e o direito do trabalho.

O Estado assumiu a qualidade de árbitro das liberdades individual e coletiva de contratar e, em nome do interesse público, passou a inspecionar a regularidade da prestação do trabalho[36], a estabelecer políticas públicas de emprego e renda, a velar pela unicidade sindical (mediante o Cadastro Nacional de Entidades Sindicais), a atuar como mediador em conflitos coletivos, a arquivar/dar publicidade aos instrumentos coletivos negociados (acordos coletivos e convenções coletivas de trabalho), dentre outras múltiplas tarefas.

Conhecer o direito administrativo e seus institutos fundamentais é absolutamente relevante para bem compreender as situações em que se cruza a atuação estatal com o interesse particular. É relevante acrescentar que toda a sistemática de contratação de empregados públicos e de servidores públicos é tema central nas discussões laborais, bem como as consequências jurídicas decorrentes da dissolução dos vínculos entre os trabalhadores contratados e a Administração do Estado.

1.2.8.3 Relação com o direito civil

O direito civil é a base fundamental do direito do trabalho. Enfim, aplica-se aos contratos individuais e coletivos de trabalho o integral conteúdo da parte geral da legislação civil, com mínimas adaptações decorrentes das vicissitudes do ramo laboral. Institutos como personalidade, capacidade, domicílio, bem, fato jurídico, negócio jurídico, defeito, invalidade, licitude, ilicitude, prescrição, decadência, obrigação, responsabilidade, contrato, transação, posse, propriedade, tutela, curatela e sucessão estão presentes no cotidiano das relações trabalhistas.

Não há, efetivamente, como dar continuidade ao estudo do direito do trabalho sem pressupor o conhecimento de grande parte da estrutura do direito civil.

1.2.8.4 Relação com o direito comercial

Os atos de comércio são caracterizados pela intermediação habitual de bens ou de serviços com o objetivo de alcançar lucro. Para tanto, os comerciantes, constituídos como empresários individuais ou como sociedades empresárias, normalmente precisam contratar empregados e trabalhadores autônomos. É justamente nesse instante que se dá o primeiro contato entre o direito do trabalho e o direito comercial. O conhecimento do chamado "direito de empresa" (*vide* o Livro II do Código Civil) é indispensável à compreensão do conceito e da extensão de empregador, segundo a disciplina da CLT. Basta lembrar que, nos moldes do art.

---

35 Sobre os direitos sociais trabalhistas, recomenda-se, pela sua amplitude, detalhamento e profundidade, a obra *Comentários à Constituição de 1988 em matéria de direitos sociais trabalhistas*, coordenada por Luciano Martinez e João de Lima Teixeira Filho, publicada pela LTr, em 2019.
36 Combate ao trabalho escravo, combate ao trabalho infantil e operações de fiscalização do meio ambiente do trabalho e do cumprimento das normas de segurança e saúde laboral.

2º consolidado, *"considera-se empregador a empresa, individual ou coletiva,* que, assumindo os riscos da atividade econômica, admite, assalaria e dirige a prestação pessoal de serviço".

Outros institutos estabelecem correlação entre o direito comercial e o direito do trabalho; entre eles podem ser citados a *desconsideração da personalidade jurídica* (art. 50 do Código Civil), o *estabelecimento* (art. 1.142), a *preposição* (arts. 1.169 a 1.178), a *escrituração contábil* (arts. 1.179 a 1.195), a *propriedade industrial* (Lei n. 9.279, de 14-5-1996), a *falência e recuperação de empresas* (Lei n. 11.101, de 9-2-2005).

1.2.8.5 Relação com o direito penal

Existem diversas condutas trabalhistas que são tipificadas como crime. É tão extensa a lista de delitos relacionados ao trabalho que alguns doutrinadores mencionam a existência de uma variável entre os ramos penal e trabalhista intitulada "direito penal do trabalho"[37]. Estariam no âmbito deste estudo, entre outros, os crimes contra a organização do trabalho (arts. 197 a 207 do Código Penal), as condutas criminosas relativas à anotação da Carteira de Trabalho e Previdência Social (art. 297), a redução de trabalhador a condição análoga à de escravo (art. 149), os ilícitos penais praticados, no curso da greve (art. 15 da Lei n. 7.783/89), em detrimento de direitos e garantias fundamentais de outrem (art. 6º, § 1º), da liberdade alheia (art. 6º, § 3º, 1ª parte, *in fine*) ou da propriedade do empregador ou de terceiros (art. 6º, § 3º, 2ª parte) ou, ainda, as contravenções penais contra a organização do trabalho (arts. 47 a 49 do Decreto-lei n. 3.688/41 — LCP, art. 19, § 2º, da Lei n. 8.213/91).

Não fosse apenas isso, os comportamentos criminosos influem nos contratos de emprego, sendo causa geradora de suspensão (*vide* art. 131, V, da CLT) e de cessação contratual (art. 482, *d*, da CLT).

1.2.8.6 Relação com o direito tributário

O rendimento decorrente do trabalho é base de incidência de alguns importantes tributos, entre os quais se destacam o imposto de renda e as contribuições sociais (contribuição previdenciária e contribuição sindical, apenas para exemplificar). Surge daí um relevante ponto de interseção entre as disciplinas tributária e trabalhista. Não há como falar no pagamento de parcelas de natureza remuneratória sem a prévia retenção dos montantes devidos ao fisco, sendo tal atividade arrecadatória de incumbência patronal. Atente-se também para o fato de que a definição do que seja zona urbana e zona rural como um dos requisitos de diferenciação dos trabalhadores urbanos e rurícolas provém do direito tributário. Note-se que o § 1º do art. 32 do Código Tributário Nacional (CTN) presta auxílio na definição de zona urbana e, consequentemente, nas distinções entre o que sejam propriedade rural e prédio rústico (*vide* o art. 2º da Lei n. 5.889/73).

A legislação tributária deixa clara, ainda, a posição superprivilegiada do crédito trabalhista e acidentário, quando no art. 186 do CTN estabelece que *"o crédito tributário prefere a qualquer outro, seja qual for sua natureza ou o tempo de sua constituição, **ressalvados os créditos decorrentes da legislação do trabalho ou do acidente de trabalho**"*, ainda que observados os limites do inciso II do mencionado artigo.

1.2.8.7 Relação com o direito previdenciário

O direito previdenciário é o ramo do direito público que se ocupa da regência do seguro social, assim entendido o sistema custeado por toda a sociedade, de forma direta e indireta,

---

[37] FELICIANO, Guilherme Guimarães. Aspectos penais da atividade jurisdicional do juiz do trabalho. *Síntese Trabalhista* n. 159, set. 2002, p. 23 ou SANTOS, Altamiro J. dos. *Direito penal do trabalho*. São Paulo: LTr, 1997.

para assegurar a seus beneficiários (segurados e dependentes, quando for o caso) meios indispensáveis de manutenção diante de situações de risco social motivadas por incapacidade, idade avançada, desgaste do tempo de trabalho (tempo de contribuição), desemprego involuntário, encargos familiares, reclusão ou morte (*vide* art. 201, I a V, da Constituição de 1988).

O direito previdenciário é, portanto, a face correlata e complementar do direito do trabalho, que atua nas situações em que o trabalhador (segurado obrigatório), por conta de alguma das mencionadas situações de risco social, encontra-se impossibilitado de garantir o sustento próprio ou familiar. O direito previdenciário atua diante do não trabalho e, consequentemente, em face da ausência do salário. Isso normalmente é visível quando o trabalhador sofre um acidente ou é acometido por uma doença, tornando-se incapaz para exercer seu labor cotidiano. Nessas situações os benefícios previdenciários por incapacidade — auxílio por incapacidade temporária ou aposentadoria por incapacidade permanente[38] — o arrimam durante o período em que seu contrato de emprego ficará suspenso. O mesmo ocorrerá com quem se afasta do serviço em decorrência de parto, abortamento ou de procedimentos de adoção e que recebe o chamado salário-maternidade.

Não se pode esquecer que o seguro-desemprego é também um benefício previdenciário (veja-se o art. 201, III, da Constituição). Embora custeado pelo Fundo de Amparo ao Trabalhador (veja-se o art. 10 da Lei n. 7.998, de 11-1-1990), o seguro-desemprego visa arrimar o trabalhador em situação de risco social previsto no texto constitucional, sendo alcançável, em regra, em decorrência de contributividade.

1.2.8.8 Relação com outras disciplinas não jurídicas

Ciências como a filosofia, a história, a psicologia, a antropologia, a sociologia, a medicina, a engenharia e a administração são algumas das muitas que interagem com o direito, notadamente com o direito do trabalho.

A **filosofia** mantém uma interação natural com o direito do trabalho, haja vista o fato de a atividade humana ter sido sempre um elemento de profunda reflexão. Enfim, o trabalho é um elemento definidor do ser humano em sua dimensão ontológica justamente porque produz as condições reais de sua existência.

A **história** também é frequentemente invocada como disciplina interagente. Basta observar que o modo como o homem se organizou para desenvolver o trabalho variou ao longo do tempo, passando a ter diversos conteúdos específicos, capazes de estabelecer modos de produção igualmente diferenciados. O trabalho, como conceito histórico, é invocado como dado explicativo para um grande número de acontecimentos, propiciando a análise de processos e de eventos ocorridos no passado e a elaboração de perspectivas para o futuro.

A **psicologia**, como ciência que estuda os processos mentais (sentimentos, pensamentos, razão) e o comportamento humano, é normalmente evocada a oferecer soluções no âmbito laboral. Há, inclusive, uma ramificação específica, intitulada psicologia do trabalho, que se incumbe de estudar os eventos decorrentes dos liames de trabalho e suas consequências

---

[38] Considerando ser este o primeiro momento em que se trata na obra sobre os benefícios por incapacidade, é importante anotar que o "auxílio-doença" e a "aposentadoria por invalidez" tiveram as suas nomenclaturas atualizadas pela Emenda Constitucional n. 103, de 2019. A referida Emenda modificou a redação do art. 201, I, do texto constitucional, fazendo com que desaparecessem as referências a "doença" e a "invalidez" como riscos sociais. Em lugar desses referidos riscos passou a existir menção, respectivamente, a "incapacidade temporária" e a "incapacidade permanente para o trabalho". Diante disso, o Decreto n. 10.410, de 2020, que atualizou o Regulamento da Previdência Social, consolidou no art. 25, I, "a" e "e", as novas nomenclaturas. Os benefícios por incapacidade, então, passaram a ser chamados de "auxílio por incapacidade temporária" e "aposentadoria por incapacidade permanente".

dentro e fora do serviço. Note-se que o trabalho permanece exercendo considerável influência sobre a formação das identidades individuais. Afinal, é nele que o indivíduo afirma suas competências e realiza seus projetos de vida e sonhos. São recorrentes na seara da psicologia do trabalho temas que envolvem seleção, integração, interação e motivação de pessoas, controle de assédios (moral e sexual) e saúde mental do trabalhador.

A **antropologia**, por sua vez, estuda essencialmente o homem e a humanidade em todas as suas dimensões, notadamente as de natureza cultural, filosófica e biológica. Entre as indagações antropológicas do trabalho mais relevantes estão aquelas que questionam o motivo em virtude do qual o homem precisa trabalhar para estar integrado a seu meio. Enfim, o homem aceita o trabalho para conquistar o ócio? O homem, para continuar existindo, precisa mesmo estar o tempo todo produzindo sua própria existência mediante o trabalho? O trabalho dignifica o homem? Estas e outras discussões envolvem o universo da antropologia e determinam, em muitos momentos, vínculos importantes com o direito do trabalho.

A **sociologia**, em perspectiva mais ampla do que a oferecida pela antropologia, estuda a sociedade humana em função do meio e dos processos que interligam os indivíduos em instituições, associações, grupos, classes e categorias. É relevantíssimo o estudo da sociologia para o direito do trabalho por conta das análises que envolvem o problema da centralidade do trabalho. Entre muitos outros temas, estão sempre presentes nas discussões sociológicas do trabalho e jurídico-laborais aqueles que dizem respeito aos modos de produção, às formas de organização do trabalho, ao uso de novas tecnologias que suprimem a força laboral, às formas de representação dos trabalhadores, à flexibilização das normas trabalhistas, ao subemprego e ao desemprego.

A **medicina** é uma das áreas do conhecimento humano que se ocupam da prevenção, do diagnóstico e do tratamento de traumas ou moléstias que podem atingir indivíduos ou coletividades com o objetivo de oferecer-lhes o bem-estar. Dentre as múltiplas especialidades desta área identifica-se a **medicina ocupacional ou medicina do trabalho**, ramo que se dedica à promoção e à preservação da saúde do trabalhador. Há nas normas laborais espaços dedicados à medicina do trabalho, sendo exemplos o Capítulo V da CLT, que trata de "Da Segurança e da Medicina do Trabalho", e a Portaria MTb n. 3.214, de 8-6-1978, *DOU*, 6-7-1978, que aprova as Normas Regulamentadoras (NR) relativas à Segurança e à Medicina do Trabalho, dentre outras normas que tratam do assunto.

A **engenharia**, ciência caracterizada pela capacidade de produzir novas utilidades a partir de ideias bem planejadas, também interage com o direito do trabalho. Tal qual ocorre com a medicina, há na engenharia uma especialidade identificada como engenharia de segurança do trabalho, assim entendido o ramo que, mediante conhecimentos científicos e técnicos associados à experiência prática, elabora métodos de segurança para a execução das atividades laborais, protegendo, assim, o patrimônio material e imaterial de trabalhadores e empregadores. O espaço legislativo oferecido à medicina do trabalho é compartilhado com a engenharia de segurança laboral. Anote-se caber *unicamente* a médicos do trabalho e a engenheiros do trabalho, devidamente registrados no Ministério do Trabalho e Previdência[39],

---

39 Considerando ser esta a primeira vez em que se trata neste texto sobre o referido Ministério, é importante registrar que ocorreram importantes mudanças na sua nomenclatura. Observe-se:

Ministério do Trabalho, Indústria e Comércio, em 26 de novembro de 1930;

Ministério do Trabalho e Previdência Social, em 22 de julho de 1960;

Ministério do Trabalho, em 1º de maio de 1974;

Ministério do Trabalho e da Previdência Social, em 11 de janeiro de 1990;

Ministério do Trabalho e da Administração Federal, em 13 de maio de 1992;

Ministério do Trabalho e Emprego, em 1º de janeiro de 1999;

a função de caracterizar e classificar as situações de insalubridade e periculosidade, nos moldes do *caput* do art. 195 da CLT[40].

Por fim, a **administração** é ciência que se ocupa da disciplina dos elementos de produção com o objetivo de ordená-los a ponto de garantir economia, produtividade, crescimento e, se for o caso, lucro. No âmbito das relações de trabalho, é célebre a aplicação das ideias cunhadas por Frederick Taylor em sua obra *Princípios de administração científica*, que, entre outros aspectos, produziu o conceito de "organização racional do trabalho"[41], mediante o *estudo* dos tempos e dos movimentos necessários à execução de cada operação para a prevenção da fadiga e o aumento da produtividade, a *especialização* do operário e o *desenho* de cargos e tarefas, tal qual aquele existente em planos de classificação de cargos e salários.

1.2.9 Fontes

Na acepção *comum*, fonte é o local de onde algo promana; é nascente, mina, manancial. No sentido *jurídico*, a palavra "fonte" sugere meio de criação e fórmula de exteriorização do direito; lugar de onde brotam as normas de conduta ou, em última essência, a gênese da normatividade.

Conforme bem acentuado pelo Professor Miguel Reale, para que se possa falar em fonte no sentido jurídico, vale dizer, em "fonte de direito", é imprescindível a verificação de uma estrutura de *poder* capaz de especificar o conteúdo devido. Assim, na doutrina do mencionado mestre paulista[42], quatro seriam as estruturas originárias desse poder: o processo legislativo, a jurisdição, os usos e costumes e a autonomia da vontade.

1.2.9.1 Definição

As fontes, no sentido jurídico, são definidas como as estruturas de poder de onde emergem as normas — princípios e regras — que disciplinam os efeitos decorrentes dos fatos e atos jurídicos.

1.2.9.2 Classificação

A partir das estruturas originárias do direito — *o processo legislativo, a jurisdição, os usos e costumes e a autonomia da vontade* — formaram-se diversas classificações sobre as fontes do direito, sendo relevantes para este estudo aquelas que confrontam as modalidades **material/formal** e **autônoma/heterônoma**. Verifiquem-se:

Ministério do Trabalho e Previdência Social, em 2 de outubro de 2015;

Ministério do Trabalho, em 12 de maio de 2016, por força da Medida Provisória n. 726, de 2016, convertida na Lei n. 13.341, de 29 de setembro de 2016.

O referido órgão ministerial, apesar de toda a sua tradição, **foi extinto** pela Medida Provisória n. 870, do governo Jair Bolsonaro, em 1º de janeiro de 2019 (ora convertida na Lei n. 13.844, de 2019), tendo as suas atribuições sido absorvidas de forma difusa pelos Ministérios da Economia, da Cidadania e da Justiça e Segurança Pública, especialmente pelo primeiro. O ato de extinção do Ministério do Trabalho produziu uma série de manifestações sociais e de insurreições políticas e jurídicas, entre as quais o aforamento das Arguições de Descumprimento de Preceito Fundamental (ADPF) 561 e 562 e da Ação Direta de Inconstitucionalidade (ADI) 6.057.

A recriação do Ministério do Trabalho ocorreu também durante o governo Jair Bolsonaro, por meio da Medida Provisória n. 1.058, de 27 de julho de 2021, recebendo o nome de "Ministério do Trabalho e Previdência", sendo posteriormente convertida na Lei n. 14.261, de 16 de dezembro de 2021.

40   Art. 195. A caracterização e a classificação da insalubridade e da periculosidade, segundo as normas do Ministério do Trabalho, far-se-ão através de perícia a cargo de Médico do Trabalho ou Engenheiro do Trabalho, registrados no Ministério do Trabalho.

41   Harrington Emerson popularizou a Administração Científica e desenvolveu os primeiros trabalhos sobre seleção e treinamento de empregados, enquanto Henry Ford efetivamente os aplicou em seu empreendimento, idealizando a "linha de montagem", a "produção em série" e o "produto padronizado".

42   *Lições preliminares de direito*. 27. ed. 8. tir. São Paulo: Saraiva, 2009, p. 140.

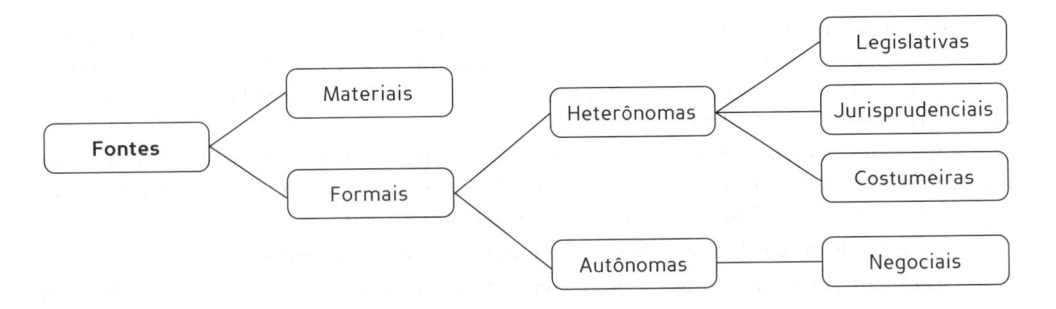

```
Fontes ─┬─ Materiais
        └─ Formais ─┬─ Heterônomas ─┬─ Legislativas
                    │                ├─ Jurisprudenciais
                    │                └─ Costumeiras
                    └─ Autônomas ──── Negociais
```

1.2.9.2.1 Fontes materiais e fontes formais

Entendem-se como **fontes materiais** os acontecimentos históricos, assim considerados os relevantes fatos sociais, econômicos ou políticos que despertaram o processo de criação da norma jurídica. Celso Lafer, ao mencionar o processo criativo da Declaração Universal dos Direitos Humanos, foi preciso na definição de fontes materiais, identificando-as como "um conjunto de fenômenos de ordem social, econômica ou científica ou então de natureza ideológica — como o engajamento moral, religioso e político — que leva à criação ou modificação de normas na ordem jurídica"[43].

Esses episódios constituem, na verdade, a gênese criativa das próprias "fontes de direito", estando eles comumente associados aos muitos instantes de crise vividos pela sociedade (*vide* tópico 1.8). Nesse contexto, pode-se afirmar, a título exemplificativo, que a Declaração de Independência do Brasil (1822) foi fonte material para a publicação da Constituição de 1824. De igual modo, a Proclamação da República brasileira (1889) foi fonte produtora da Carta Constitucional de 1891.

As **fontes formais**, por outro lado, constituem a exteriorização do direito, sendo veiculadas com o nome que lhe dá o seu centro produtivo. Assim, quando criadas mediante processo legislativo, as fontes formais são chamadas de "leis" ou "regulamentos"; quando decorrentes da jurisdição recebem o nome de "sentenças"; quando exprimidas pelo poder social anônimo do povo são entendidas como "usos e costumes"; quando, por fim, engendradas pelo poder negocial são identificadas como "contratos". As fontes formais são, então, classificadas em autônomas e heterônomas, segundo seu centro produtivo, conforme a seguir expendido.

1.2.9.2.2 Fontes heterônomas e fontes autônomas

As **fontes heterônomas** (*hetero*, do grego *héteros*, "outro", "diferente", e *nomo*, do também grego *nómos*, "regra", "lei") são aquelas produzidas por sujeitos diversos dos parceiros sociais, integrantes de uma *estrutura produzida pelo Estado* ou egressa da *reiterada exigência social*, ou seja, do poder decisório anônimo do povo.

No âmbito das *estruturas estatais,* as fontes heterônomas são representadas pelo texto constitucional, emendas constitucionais, leis complementares, leis ordinárias, leis delegadas, medidas provisórias, regulamentos, enunciados de súmulas vinculantes e sentenças normativas. Na seara das *exigências sociais,* elas são representadas pelos usos e costumes. Vejam-se:

• **Lei constitucional.** É a norma fundante, constituinte do sistema jurídico que condiciona todas as demais dela decorrentes. Como bem exposto por Norberto Bobbio, a lei constituinte ou "norma fundamental é um pressuposto do ordenamento: ela, num sistema normativo, exerce a mesma função que os postulados num sistema científico. Os postulados são aquelas proposições primitivas das quais se deduzem outras, mas que, por sua vez, não são deduzíveis.

---

[43] Declaração Universal dos Direitos Humanos (1948). In: MAGNOLI, Demétrio (org.). *A história da paz*. São Paulo: Contexto, 2008, p. 297-329.

Os postulados são colocados por convenção ou por uma pretensa evidência destes; exatamente a mesma coisa se pode dizer da norma fundamental: ela é uma convenção, ou, se quisermos, uma proposição evidente que é posta no vértice do sistema para que a ela se possam reconduzir todas as demais normas"[44].

• **Emendas constitucionais.** São as normas revisoras da norma fundante editadas segundo um processo legislativo previsto na própria norma constitucional. As regras disciplinadoras das emendas ao texto constitucional estão contidas em seu art. 60.

A Constituição brasileira poderá ser emendada mediante proposta:

I — de 1/3, no mínimo, dos membros da Câmara dos Deputados ou do Senado Federal;

II — do Presidente da República;

III — de mais da metade das Assembleias Legislativas das unidades da Federação, manifestando-se, cada uma delas, pela maioria relativa de seus membros.

A proposta de emenda à Constituição será discutida e votada em cada Casa do Congresso Nacional, em dois turnos, considerando-se aprovada se obtiver, em ambos, 3/5 dos votos dos respectivos membros. Uma vez aprovada, a emenda será promulgada pelas Mesas da Câmara dos Deputados e do Senado Federal, com o respectivo número de ordem.

É importante anotar que o próprio texto constitucional estabelece duas espécies de limitações ao poder revisional:

a) limitações temporais: a Constituição não poderá ser emendada na vigência de intervenção federal, de estado de defesa ou de estado de sítio (*vide* § 1º do art. 60);

b) limitações materiais: não será objeto de deliberação a proposta de emenda tendente a abolir: I — a forma federativa de Estado; II — o voto direto, secreto, universal e periódico; III — a separação dos Poderes; IV — os direitos e garantias individuais[45] (§ 4º do art. 60).

Anote-se, ainda, que a matéria constante de proposta de emenda rejeitada ou havida por prejudicada não pode ser objeto de nova proposta na mesma **sessão legislativa**[46].

Outro detalhe a ser observado diz respeito à redação do § 3º do art. 5º da Constituição da República. O referido dispositivo prevê que "os tratados e convenções internacionais sobre direitos humanos que forem aprovados, em cada Casa do Congresso Nacional, em dois turnos, por 3/5 dos votos dos respectivos membros, serão equivalentes às emendas constitucionais"[47]. Assim, por exemplo, todas as convenções da OIT cuja matéria envolve *direitos humanos laborais* ingressarão no sistema jurídico brasileiro como emenda constitucional caso venham a ser aprovadas na forma acima expendida. As convenções da OIT anteriormente ratificadas sem a observância da forma e do *quorum* supracitados continuam vigendo no ordenamento jurídico brasileiro, mas com *status* de supralegalidade, posicionados, portanto, abaixo da Constituição, mas acima dos demais textos legislativos infraconstitucionais. O Supremo Tribunal Federal, aliás, pacificou esse entendimento no HC 87.585/TO e no RE 466.343/SP.

A **Convenção Internacional sobre os Direitos das Pessoas com Deficiência**, conhecida como Convenção de Nova York, de 30 de março de 2007, **foi o primeiro tratado internacional aprovado pelo rito legislativo previsto no art. 5º, § 3º, da Constituição**

---

44 *Teoria do ordenamento jurídico*. 7. ed. Brasília: UnB, 1996, p. 62-63.

45 Por aplicação do princípio da razoabilidade há que entender que a regra contida no mencionado § 4º, IV, do art. 60, da Constituição envolve não simplesmente os *direitos e garantias individuais*, mas também os direitos sociais do trabalho, porque fundamentais e exercidos, em rigor, individualmente. Se o texto constitucional protegeu expressamente os direitos e garantias individuais, há que entender estar protegendo, também, o feixe desses mesmos direitos e garantias individuais, que, em última análise, constituem os direitos coletivos e, também, os sociais.

46 Nos termos do art. 57 do texto constitucional, a sessão legislativa ordinária estende-se "de 2 de fevereiro a 17 de julho e de 1º de agosto a 22 de dezembro".

47 Parágrafo acrescentado pela Emenda Constitucional n. 45, de 8-12-2004.

de 1988. Aprovado pelo Congresso Nacional por meio do Decreto Legislativo n. 186/2008, ele foi Promulgado pelo Presidente da República mediante o Decreto n. 6.949/2009. Por conta disso, e pela primeira vez desde a entrada em vigor da Emenda Constitucional n. 45/2004, o direito constitucional brasileiro passou a contar com a possibilidade de **controle de convencionalidade das leis** de forma concentrada pelo STF[48].

O **segundo** tratado aprovado pelo referido rito contido no **art. 5º, § 3º, da Constituição de 1988**, foi o **Tratado de Marraqueche**, de 27 de junho de 2013, firmado com o objetivo de facilitar o acesso a obras publicadas às pessoas cegas, com deficiência visual ou com outras dificuldades para ter acesso ao texto impresso. Aprovado pelo Congresso Nacional por meio do Decreto Legislativo n. 261/2015, o referido tratado foi promulgado pelo Presidente da República por meio do Decreto n. 9.522/2018.

A **Convenção Interamericana contra o Racismo, a Discriminação Racial e Formas Correlatas de Intolerância**, firmada na Guatemala em 5 de junho de 2013, foi o **terceiro** tratado internacional submetido ao rito legislativo previsto no art. 5º, § 3º, da Constituição de 1988. Aprovado pelo Congresso Nacional por meio do Decreto Legislativo n. 1, de 18 de fevereiro de 2021, o referido tratado foi promulgado pelo Presidente da República por meio do Decreto n. 10.932, de 10 de janeiro de 2022.

• **Leis complementares.** Compreendem-se como leis complementares as normas que regulamentam, mediante aprovação de maioria absoluta, matérias expressamente selecionadas pelo legislador constitucional. Enfatize-se que não há superioridade hierárquica da lei complementar em relação a qualquer outra lei constante do quadro normativo; ela apenas se diferencia das demais por conta de seu *conteúdo* (matérias relevantes) e do *quorum* diferenciado. Como bem disse Pedro Lenza[49], as mencionadas espécies — lei complementar e lei ordinária — se distinguem unicamente por critérios de competência constitucional, e não de hierarquia normativa.

Anote-se que, no campo trabalhista, foram reservadas às leis complementares matérias que dizem respeito à proteção contra despedida arbitrária ou sem justa causa (art. 7º, I), à autorização para os Estados legislarem em assunto trabalhista (parágrafo único do art. 22) e à criação de regiões metropolitanas, elemento normalmente aplicável em tema de equiparação salarial antes do advento da reforma trabalhista e da modificação do texto do art. 461 da CLT, especificamente no conceito de mesma localidade (§ 3º do art. 25 da CF-88)[50].

• **Leis ordinárias.** As leis ordinárias são as normas que regulamentam as matérias não reservadas à lei complementar. No mais, ambos os tipos legislativos — complementar e or-

---

48 Nesse sentido, MAZZUOLI, Valerio de Oliveira. O controle jurisdicional da convencionalidade das leis. São Paulo: Revista dos Tribunais, 2009. Anote-se também, com base no mesmo doutrinador, que **ter *status* de norma constitucional** é diferente de **equivaler a uma Emenda**. A diferença básica é que os tratados equivalentes às emendas constitucionais podem ser, para além de paradigma do controle difuso, também objeto da fiscalização abstrata da convencionalidade das leis. Desde então, qualquer lei que desrespeitar a Convenção Internacional sobre os Direitos das Pessoas com Deficiência ou seu Protocolo Facultativo pode sofrer (pelos legitimados do art. 103 da Constituição) uma das ações do controle concentrado de constitucionalidade (ADI, ADPF) no Supremo Tribunal Federal.

49 LENZA, Pedro. *Direito constitucional esquematizado*. 15. ed. São Paulo: Saraiva, 2011, p. 534.

50 É bom anotar que o assunto é tratado também no Estatuto da Metrópole — Lei n. 13.089, de 12 de janeiro de 2015, especialmente no seu art. 4º, segundo o qual "a instituição de região metropolitana ou de aglomeração urbana que envolva Municípios pertencentes a mais de um Estado será formalizada **mediante a aprovação de leis complementares pelas assembleias legislativas de cada um dos Estados envolvidos**" (destaque não constante do original).

O parágrafo único do referido art. 4º esclarece que "até a aprovação das leis complementares [...] por todos os Estados envolvidos, a região metropolitana ou a aglomeração urbana terá validade apenas para os Municípios dos Estados que já houverem aprovado a respectiva lei".

dinário — são idênticos. Perceba-se que a *iniciativa* das leis complementares e ordinárias cabe, igualmente, a qualquer membro ou Comissão da Câmara dos Deputados, do Senado Federal ou do Congresso Nacional, ao Presidente da República, ao Supremo Tribunal Federal, aos Tribunais Superiores, ao Procurador-Geral da República e aos cidadãos, na forma e nos casos previstos na Constituição.

O texto constitucional identifica, entretanto, sujeitos detentores de iniciativa exclusiva para determinados projetos de lei, sendo relevante destacar, nos termos do § 1º, II, do art. 61 da Carta, que cabe ao Presidente da República, entre outras, o oferecimento de propostas que disponham sobre: a) criação de cargos, funções ou empregos públicos na administração direta e autárquica ou aumento de sua remuneração; b) organização administrativa e judiciária, matéria tributária e orçamentária, serviços públicos e pessoal da administração dos Territórios; c) servidores públicos da União e Territórios, seu regime jurídico, provimento de cargos, estabilidade e aposentadoria.

Anote-se, também, na forma do § 2º do art. 61 do texto constitucional, que a iniciativa popular pode ser exercida pela apresentação à Câmara dos Deputados de projeto de lei subscrito por, no mínimo, **1%** do eleitorado nacional, distribuído pelo menos por **5 Estados**, com não menos de **0,3%** dos eleitores de cada um deles.

• *Leis delegadas.* As leis delegadas são aquelas elaboradas pelo Presidente da República mediante delegação do Congresso Nacional. Essa delegação, entretanto, não é absoluta. Ela comporta limitações contidas no texto constitucional. Nesse particular, o § 1º do art. 68 do texto fundamental dispõe no sentido de que não podem ser objeto de delegação:

— atos de competência exclusiva do Congresso Nacional (*vide* art. 49 da Constituição de 1988);

— atos de competência privativa da Câmara dos Deputados (*vide* art. 51 da Constituição de 1988) ou do Senado Federal (*vide* art. 52);

— matéria reservada a lei complementar;

— legislação sobre organização do Poder Judiciário e do Ministério Público, a carreira e a garantia de seus membros; nacionalidade, cidadania, direitos individuais, políticos e eleitorais e planos plurianuais, diretrizes orçamentárias e orçamentos.

Anote-se que a delegação ao Presidente da República terá a forma de *resolução do Congresso Nacional*, ato formalmente idôneo para consubstanciar o ato de outorga parlamentar de funções normativas ao Poder Executivo, que especificará seu conteúdo e os termos de seu exercício.

Registre-se, por fim, que a resolução pode determinar a apreciação do projeto pelo Congresso Nacional. Se isso acontecer, este a examinará em votação única, vedada qualquer emenda.

Apenas duas leis delegadas foram promulgadas depois da Constituição de 1988. São elas a *Lei delegada n. 12, de 7-8-1992*, que dispunha sobre a instituição de gratificação de atividade militar para os servidores militares federais das Forças Armadas (hoje expressamente revogada pelo art. 41 da Medida Provisória n. 2.215-10, de 31-8-2001. Essa MP vige conforme o art. 2º da Emenda Constitucional n. 32, de 11-9-2001, *DOU*, 12-9-2001), e a *Lei delegada n. 13, de 27-8-1992*, que institui gratificações de atividade para os servidores civis do Poder Executivo.

• *Medidas provisórias.* As medidas provisórias constituem uma espécie normativa editada pelo Presidente da República em caso de **relevância** e **urgência**. Apesar de não passarem por um processo legislativo regular, as medidas provisórias, que precisam ser submetidas imediatamente ao Congresso Nacional, *têm força de lei* durante o prazo de **60 dias**, *prorrogável uma vez por igual período*, nos termos dos §§ 3º e 7º do art. 62 do texto constitucional.

Registre-se que as medidas provisórias, antes da edição da Emenda Constitucional n. 32/2001, eram editadas sem qualquer limitação de matéria e, quando conveniente, reiteradas múltiplas vezes dentro de seu antigo prazo de eficácia (era de 30 dias), mantidos evidentemente os efeitos próprios de lei desde a primeira edição[51]. Ocorreu, sem dúvida, situação de abuso na adoção de medidas provisórias e na reedição dos textos que não eram apreciados pelo Congresso Nacional.

A Emenda Constitucional n. 32/2001 teve, então, a missão de disciplinar o uso do instrumento normativo ora analisado, respeitados, entretanto, os atos que já tivessem sido praticados sob a égide do texto originário da Carta Constitucional. O art. 2º da citada emenda disciplinou os efeitos das muitas medidas provisórias até então existentes nos seguintes moldes:

> Art. 2º As medidas provisórias editadas em data anterior à da publicação desta emenda continuam em vigor até que medida provisória ulterior as revogue explicitamente ou até deliberação definitiva do Congresso Nacional.

Assim, as medidas provisórias anteriores à EC n. 32/2001 continuaram vigendo até que outra medida provisória operasse a revogação explícita ou até que o Congresso Nacional resolvesse sobre ela deliberar definitivamente. Isso aconteceu, e ainda acontece, com algumas medidas provisórias aplicáveis no âmbito trabalhista, entre as quais são destacadas a MP n. 2.164-41, de 24-8-2001 (que alterou a CLT para dispor sobre o trabalho a tempo parcial, a suspensão do contrato de trabalho e o programa de qualificação profissional), e a MP n. 2.180-35, de 24-8-2001 (que estabeleceu vantagens processuais em favor da Administração Pública), ambas ainda vigentes.

Depois da EC n. 32/2001, passou a ser vedada a edição de medidas provisórias sobre matéria: I — relativa a: a) nacionalidade, cidadania, direitos políticos, partidos políticos e direito eleitoral; b) direito penal, processual penal e processual civil; c) organização do Poder Judiciário e do Ministério Público, a carreira e a garantia de seus membros; d) planos plurianuais, diretrizes orçamentárias, orçamento e créditos adicionais e suplementares, ressalvado o previsto no art. 167, § 3º, do texto constitucional; II — que vise à detenção ou ao sequestro de bens, de poupança popular ou qualquer outro ativo financeiro; III — reservada a lei complementar; IV — já disciplinada em projeto de lei aprovado pelo Congresso Nacional e pendente de sanção ou veto do Presidente da República.

Anote-se, ainda, que, nos moldes do § 10 do art. 62 do texto constitucional, "é vedada a reedição, na mesma sessão legislativa, de medida provisória que tenha sido rejeitada ou que tenha perdido sua eficácia por decurso de prazo". Isso significa que, uma vez rejeitada a medida provisória ou operada sua caducidade, ela somente poderá ser reeditada em sessão legislativa seguinte, o que equivale a dizer, *no ano legislativo subsequente*.

Exemplo de medida provisória de âmbito trabalhista que perdeu sua eficácia por decurso de prazo é encontrável na *MP n. 808/2017*. Sua importância se dá pelo fato de ela ter operado provisoriamente algumas mudanças na Lei n. 13.467/2017, sendo, por isso, muitas vezes referida no texto deste *Curso*. Igualmente, diz-se o mesmo das MPs n. 905/2019 e 927/2020.

Nunca será demasiada a lembrança de que **uma medida provisória pode ser revogada**, no todo ou em parte, haja vista a autorização expressa nesse sentido contida no art. 2º da EC n. 32/2001. Note-se:

---

[51] **Súmula 651 do STF.** A medida provisória não apreciada pelo Congresso Nacional podia, até a EC 32/2001, ser reeditada dentro do seu prazo de eficácia de trinta dias, mantidos os efeitos de lei desde a primeira edição. *DJU*, 9-10-2003, rep. *DJU*, 10-10-2003, rep. *DJU*, 13-10-2003.

Foi dado efeito de súmula vinculante ao referido enunciado. Cabe referir agora a **Súmula Vinculante 54 do STF**. Veja-se: "A medida provisória não apreciada pelo Congresso Nacional podia, até a Emenda Constitucional 32/2001, ser reeditada dentro do seu prazo de eficácia de trinta dias, mantidos os efeitos de lei desde a primeira edição".

*Art. 2º As medidas provisórias editadas em data anterior à da publicação desta emenda continuam em vigor **até que medida provisória ulterior as revogue explicitamente** ou até deliberação definitiva do Congresso Nacional.*

Exemplos de revogação de medidas provisórias são encontrados na esfera jurídico trabalhista, sendo relevante citar, inicialmente, a Medida Provisória n. 928, de 23 de março de 2020, que materializou o desejo[52] do Presidente da República de revogar o art. 18 da Medida Provisória n. 927, de 22 de março de 2020, e também a Medida Provisória n. 955, de 20 de abril de 2020, que, apenas um dia antes de perder a sua eficácia por decurso de prazo, "revogou a Medida Provisória n. 905, de 11 de novembro de 2019". Saliente-se que até mesmo a medida provisória revogadora tem vigência por tempo determinado e que seus efeitos de revogação somente valem se confirmados pelo Congresso Nacional[53].

Por fim, mas não menos importante, é deixar anotado que **as medidas provisórias podem também ser devolvidas** pelo Presidente do Congresso Nacional, haja vista seu dever institucional, contido no art. 48, XI, do Regimento Interno do Senado Federal, de *impugnar as proposições contrárias à Constituição, às leis ou ao Regimento*. Trata-se de situação rara, normalmente evidenciada diante de situações extremamente esdrúxulas. Exemplo disso foi encontrável no Ato Declaratório do Presidente da Mesa do Congresso Nacional n. 66/2020, que devolveu a Medida Provisória n. 979/2020, que atribuía poder ao ministro da Educação para nomear reitores de instituições federais de ensino durante a pandemia sem consulta às comunidades acadêmicas.

• ***Decreto legislativo.*** Os decretos legislativos são atos destinados a regular as matérias de competência exclusiva do Congresso Nacional que tenham efeitos externos a ele. Seu objeto consta do art. 49 do texto constitucional[54] e do § 3º de seu art.

---

[52] O próprio Presidente da República, Jair Bolsonaro, aliás, algumas horas depois da publicação da MP n. 927/2020 — justamente aquela que continha o referido art. 18 —, enviou mensagem aberta por meio de sua conta no Twitter para informar que teria determinado a revogação do art. 18 da MP n. 927, que permitia a suspensão do contrato de trabalho por até quatro meses sem salário.

[53] No caso da Medida Provisória n. 905/2019, o governo, estrategicamente, revogou-a por meio da Medida Provisória n. 955/2020. O objetivo do Poder Executivo era o de evitar os efeitos previstos no § 10 do art. 62 do texto constitucional. O Congresso Nacional, por sua vez, deixou transcorrer o prazo de vigência da MP n. 955/2020 (ver Ato Declaratório do Presidente da Mesa do Congresso Nacional n. 113, de 2020), tornando sem efeito a revogação. Por consequência, a MP n. 905/2020 voltou a viger pelo tempo que faltava para igualmente caducificar, também por transcurso do prazo de vigência (Ato Declaratório do Presidente da Mesa do Congresso Nacional n. 127, de 2020).

[54] Art. 49. É da competência exclusiva do Congresso Nacional: I — resolver definitivamente sobre tratados, acordos ou atos internacionais que acarretem encargos ou compromissos gravosos ao patrimônio nacional; II — autorizar o Presidente da República a declarar guerra, a celebrar a paz, a permitir que forças estrangeiras transitem pelo território nacional ou nele permaneçam temporariamente, ressalvados os casos previstos em lei complementar; III — autorizar o Presidente e o Vice-Presidente da República a se ausentarem do País, quando a ausência exceder a quinze dias; IV — aprovar o estado de defesa e a intervenção federal, autorizar o estado de sítio, ou suspender qualquer dessas medidas; V — sustar os atos normativos do Poder Executivo que exorbitem do poder regulamentar ou dos limites de delegação legislativa; VI — mudar temporariamente sua sede; VII — fixar idêntico subsídio para os Deputados Federais e os Senadores, observado o que dispõem os arts. 37, XI, 39, § 4º, 150, II, 153, III, e 153, § 2º, I; VIII — fixar os subsídios do Presidente e do Vice-Presidente da República e dos Ministros de Estado, observado o que dispõem os arts. 37, XI, 39, § 4º, 150, II, 153, III, e 153, § 2º, I; IX — julgar anualmente as contas prestadas pelo Presidente da República e apreciar os relatórios sobre a execução dos planos de governo; X — fiscalizar e controlar, diretamente, ou por qualquer de suas Casas, os atos do Poder Executivo, incluídos os da administração indireta; XI — zelar pela preservação de sua competência legislativa em face da atribuição normativa dos outros Poderes; XII — apreciar os atos de concessão e renovação de concessão de emissoras de rádio e televisão; XIII — escolher dois terços dos membros do Tribunal de Contas da União; XIV — aprovar iniciativas do Poder Executivo referentes a atividades nucleares; XV — autorizar referendo e convocar plebiscito; XVI — autorizar, em terras indígenas, a exploração e o aproveitamento de recursos hídricos, e a pesquisa e lavra de riquezas minerais; XVII — aprovar, previamente, a alienação ou concessão de terras públicas com área superior a dois mil e quinhentos hectares.

62[55]. Como reflexões trabalhistas, podem ser citados, a título exemplificativo, o **Decreto Legislativo n. 178/99**, que aprovou o texto da Convenção n. 182 e da Recomendação n. 190 da Organização Internacional do Trabalho, sobre a proibição das piores formas de trabalho infantil e ação imediata para sua eliminação, o **Decreto Legislativo n. 68/92**, que aprovou o texto da Convenção n. 158 da OIT, sobre o término da relação de trabalho por iniciativa do empregador, posteriormente denunciada ao mencionado organismo internacional pelo governo brasileiro, e o **Decreto Legislativo n. 6/2020**, que reconheceu, para os fins do art. 65 da Lei Complementar n. 101, de 4 de maio de 2000, a ocorrência do estado de calamidade pública, com efeitos até 31 de dezembro de 2020, nos termos da solicitação do Presidente da República encaminhada por meio da Mensagem n. 93, de 18 de março de 2020, haja vista a pandemia da Covid-19.

• *Decretos*. Os decretos são atos administrativos da competência exclusiva do chefe do Executivo, destinados a prover situações gerais ou individuais, abstratamente previstas, de modo expresso ou implícito, na lei. Apresentam-se em três espécies: decretos singulares, decretos regulamentares e decretos autônomos, registrando-se, desde já, que a este último não se aplica o conceito clássico de decreto.

Decretos singulares ou concretos. Os decretos singulares ou concretos são atos administrativos expedidos pelo chefe do Executivo com o objetivo de atender a situações específicas, por exemplo, nomeações, aposentadorias, desapropriações, cessões de uso, entre outras.

Decretos regulamentares. Os decretos regulamentares são atos de caráter normativo produzidos pelo chefe do Executivo com o único objetivo de explicar a lei, delineando seus contornos. Tais atos não podem ir além dos lindes interpretativos do texto legal, sendo-lhes vedada a criação, a extinção, a expansão ou a restrição de direitos. É comum, portanto, que o chefe do Executivo ofereça delimitações ao texto da lei, o que comumente acontece no âmbito trabalhista.

Anote-se, ainda, que, no âmbito do gênero decreto regulamentar, podem ser encontrados diversos outros textos explicativos da lei, expedidos por autoridades de escalão inferior, sendo enfatizáveis, pela importância para este *Curso*, as instruções normativas e as portarias.

Nesse ponto, é relevante registrar que, diante de uma pletora de textos explicativos da lei, o governo federal, mediante o Decreto n. 10.854, de 10 de novembro de 2021, instituiu aquilo que ele mesmo designou de **"marco regulatório trabalhista infralegal"**. Por ele, foram revogados os atos infraconstitucionais desatualizados e, segundo se afirmou, redigidos novos textos de acordo com o sistema normativo vigente. Tudo, enfim, foi compilado em coletâneas mediante os seguintes blocos temáticos:

I — legislação trabalhista, relações de trabalho e políticas públicas de trabalho;

II — segurança e saúde no trabalho;

III — inspeção do trabalho;

IV — procedimentos de multas e recursos de processos administrativos trabalhistas;

V — convenções e recomendações da Organização Internacional do Trabalho — OIT;

VI — profissões regulamentadas; e

VII — normas administrativas.

---

55 § 3º As medidas provisórias, ressalvado o disposto nos §§ 11 e 12, perderão eficácia, desde a edição, se não forem convertidas em lei no prazo de sessenta dias, prorrogável, nos termos do § 7º, uma vez por igual período, devendo o Congresso Nacional disciplinar, **por decreto legislativo**, as relações jurídicas delas decorrentes (destaques não constantes do original).

Anote-se que, para além dessas temáticas, o Ministério do Trabalho e Previdência poderá incluir outros temas para a organização de normas infralegais relacionados à sua área de atuação.

Assim, na linha da formação de coletâneas, além do citado Decreto n. 10.854, de 10 de novembro de 2021, integram também esse "marco regulatório trabalhista infralegal", entre outros, os seguintes atos administrativos:

• Portaria/MTP n. 547/ 2021, que disciplina a forma de atuação da inspeção do trabalho e dá outras providências.

• Portaria/MTP n. 548/2021, que consolida disposições sobre assuntos de organização administrativa relativos a unidades vinculadas ao Ministério do Trabalho e Previdência.

• Portaria/MTP n. 667/2021, que regulamenta o processo administrativo de auto de infração e de notificação de débito do FGTS e da contribuição social.

• Portaria/MTP n. 671/2021, que regulamenta disposições relativas à legislação trabalhista, à inspeção do trabalho, às políticas públicas e às relações de trabalho.

• Portaria/MTP n. 672/2021, que disciplina os procedimentos, programas e condições de segurança e saúde no trabalho e dá outras providências.

Decretos autônomos. Fruto da EC n. 32/2001, os decretos autônomos são atos de caráter normativo produzidos pelo chefe do Executivo com efeitos análogos aos de uma lei ordinária, limitados, entretanto, e nos termos do art. 84, VI, da Constituição[56], às hipóteses de organização e funcionamento da administração federal (quando não implicar aumento de despesa nem criação ou extinção de órgãos públicos) e de extinção de funções ou cargos públicos, quando vagos.

Nos termos do art. 16 da Lei Complementar n. 95, de 26 de fevereiro de 1998, os decretos também podem ser expedidos para consolidar conteúdo normativo. Nesse caso, cita-se o exemplo oferecido pelo Decreto n. 10.088, de 5 de novembro de 2019, que consolidou atos normativos editados pelo Poder Executivo Federal que dispõem sobre a promulgação de convenções e recomendações da Organização Internacional do Trabalho — OIT ratificadas pela República Federativa do Brasil.

• ***Enunciados de súmulas vinculantes.*** Os enunciados de súmulas vinculantes são extratos de posicionamento jurisprudencial reiterado do Supremo Tribunal Federal sobre matéria constitucional, editados de ofício ou por provocação[57], que, *a partir de sua publicação na imprensa oficial*[58],

---

56 Art. 84. Compete privativamente ao Presidente da República: [...] VI — dispor, mediante decreto, sobre: a) organização e funcionamento da administração federal, quando não implicar aumento de despesa nem criação ou extinção de órgãos públicos; b) extinção de funções ou cargos públicos, quando vagos; (Redação dada ao inciso pela Emenda Constitucional n. 32, de 11-9-2001).

57 São legitimados a propor a edição, a revisão ou o cancelamento de enunciado de súmula vinculante: I — o Presidente da República; II — a Mesa do Senado Federal; III — a Mesa da Câmara dos Deputados; IV — o Procurador-Geral da República; V — o Conselho Federal da Ordem dos Advogados do Brasil; VI — o Defensor Público-Geral da União; VII — partido político com representação no Congresso Nacional; VIII — confederação sindical ou entidade de classe de âmbito nacional; IX — a Mesa de Assembleia Legislativa ou da Câmara Legislativa do Distrito Federal; X — o Governador de Estado ou do Distrito Federal; XI — os Tribunais Superiores, os Tribunais de Justiça de Estados ou do Distrito Federal e Territórios, os Tribunais Regionais Federais, os Tribunais Regionais do Trabalho, os Tribunais Regionais Eleitorais e os Tribunais Militares. Registre-se que o Município somente poderá propor a edição, a revisão ou o cancelamento de enunciado de súmula vinculante em caráter incidental, no curso de processo em que seja parte.

58 Conforme o § 4º do art. 2º da Lei n. 11.417/2006, no prazo de dez dias após a sessão em que editar, rever ou cancelar enunciado de súmula com efeito vinculante, o Supremo Tribunal Federal fará publicar, em seção especial do *Diário da Justiça* e do *Diário Oficial da União*, o enunciado respectivo.

vinculam, *como se leis fossem*, os demais órgãos do Poder Judiciário e a Administração Pública direta e indireta, nas esferas federal, estadual e municipal. O efeito vinculante, entretanto, somente acontecerá se a decisão for tomada por 2/3 dos membros do Supremo Tribunal Federal, em sessão plenária. A revisão e o cancelamento dependem do mesmo *quorum* e das mesmas formalidades.

Os enunciados de súmulas terão por objeto a validade, a interpretação e a eficácia de normas determinadas, acerca das quais haja, entre órgãos judiciários ou entre estes e a administração pública, controvérsia atual que acarrete grave insegurança jurídica e relevante multiplicação de processos sobre idêntica questão.

A *eficácia* dos enunciados de súmulas será ***imediata***, mas o Supremo Tribunal Federal, por decisão de 2/3 de seus membros, poderá restringir os efeitos vinculantes ou decidir pelo remetimento da eficácia para outro momento, por razões de segurança jurídica ou de excepcional interesse público. Os enunciados de súmula vinculante estão previstos no art. 103-A da Constituição Federal[59] e têm regulamentação promovida pela Lei n. 11.417, de 19-12-2006 (*DOU*, 20-12-2006).

• ***Sentenças normativas.*** A sentença normativa é o ato decisório-normativo que, diante da frustração da negociação coletiva ou da arbitragem coletiva, põe fim às divergências em torno das melhorias das condições de trabalho e de produção. As divergências são trazidas a juízo por conta do desentendimento havido entre os sujeitos da negociação coletiva frustrada — *sindicatos das categorias profissionais e as empresas, grupos de empresa ou sindicatos das categorias econômicas* — no âmbito dos chamados **dissídios coletivos**.

Os dissídios coletivos nada mais são do que ações coletivas (celebradas entre sujeitos que representam outros tantos sujeitos) que têm o objetivo específico de remeter para o Judiciário a apreciação de um conjunto de reivindicações sindicais não atendidas. Por mais estranho que possa parecer, o Judiciário Trabalhista, no sistema jurídico brasileiro, tem, quando invocado por algum dos interessados, o poder de decidir (e de escolher), em nome dos conflitantes, o que é melhor para cada um deles, respeitadas apenas as disposições mínimas legais de proteção ao trabalho e as cláusulas convencionadas anteriormente, criadas pelos próprios litigantes. A esse poder jurisdicional de natureza especial deu-se o nome de **poder normativo**. A *sentença normativa* é, portanto, o instrumento que veicula o *poder normativo*, vale dizer, o poder legiferante outorgado excepcionalmente ao Judiciário Trabalhista para criar, em favor de grupos profissionais específicos, normas regentes dos contratos de emprego, respeitadas as disposições mínimas legais de proteção ao trabalho e as cláusulas contratuais convencionadas anteriormente.

---

59 Art. 103-A. O Supremo Tribunal Federal poderá, de ofício ou por provocação, mediante decisão de dois terços dos seus membros, após reiteradas decisões sobre matéria constitucional, aprovar súmula que, a partir de sua publicação na imprensa oficial, terá efeito vinculante em relação aos demais órgãos do Poder Judiciário e à administração pública direta e indireta, nas esferas federal, estadual e municipal, bem como proceder à sua revisão ou cancelamento, na forma estabelecida em lei.

§ 1º A súmula terá por objetivo a validade, a interpretação e a eficácia de normas determinadas, acerca das quais haja controvérsia atual entre órgãos judiciários ou entre esses e a administração pública que acarrete grave insegurança jurídica e relevante multiplicação de processos sobre questão idêntica.

§ 2º Sem prejuízo do que vier a ser estabelecido em lei, a aprovação, revisão ou cancelamento de súmula poderá ser provocada por aqueles que podem propor a ação direta de inconstitucionalidade.

§ 3º Do ato administrativo ou decisão judicial que contrariar a súmula aplicável ou que indevidamente a aplicar, caberá reclamação ao Supremo Tribunal Federal que, julgando-a procedente, anulará o ato administrativo ou cassará a decisão judicial reclamada, e determinará que outra seja proferida com ou sem a aplicação da súmula, conforme o caso (artigo acrescentado pela Emenda Constitucional n. 45/2004).

A fonte ora analisada *é formalmente uma sentença*, porque egressa do Poder Judiciário no exercício da atividade jurisdicional de solução dos conflitos de interesses, mas **materialmente é uma lei**, porque obriga, como se uma norma legal fosse, *qualquer um dos sujeitos da negociação coletiva frustrada*.

• **Usos e costumes.** Os usos e costumes são normas de caráter geral resultantes da aplicação continuada de determinado comportamento aceito e exigível socialmente. São compostos por dois elementos essenciais que devem estar sempre presentes, sob pena de não serem reconhecidos como tais: o *corpus* (uso), que corresponde à prática social reiterada e constante, e o *animus*, que diz respeito à convicção da obrigatoriedade. Os costumes podem ser classificados de acordo com sua receptividade no ordenamento jurídico, comportando a tipificação *secundum legem* (de acordo com o disposto em lei), *praeter legem* (além da lei, com o objetivo de integrá-la) e *contra legem* (contra o disposto em lei)[60].

No direito do trabalho há exemplo clássico de costume *praeter legem* no art. 5º da Lei n. 5.889/73 (Estatuto do Trabalhador Rural)[61], quando se afirma que, em qualquer trabalho contínuo de duração superior a 6 horas, será obrigatória a concessão de um intervalo para repouso ou alimentação, de acordo com os usos e costumes da região.

É também exemplo tipicamente trabalhista de costume *praeter legem* juridicamente exigível a fruição de descanso na terça-feira de Carnaval nos locais onde ocorre efetiva folia momesca. Embora esse dia não conste do rol de feriados nacionais, e conquanto não haja, em grande parte das situações, lei municipal a instituí-lo como feriado local, é fato público e notório que a folga nesse dia é prática observada em todo o país, se ocorrida a festividade no local[62]. Assim, em regra, decidem os tribunais, sendo disso ilustração a decisão tomada

---

60   Apesar de o cheque ser um título de crédito à vista, é muito comum, por costume *contra legem*, a sua pós-datação. O STJ já firmou entendimento nesse sentido quando do julgamento do REsp 884.346/SC, quando afirmou que "a avença da pós-datação extracartular, embora não tenha eficácia, traz consequências jurídicas apenas para os contraentes".

Um exemplo tipicamente trabalhista de um costume *contra legem* é aquele que leva empregados e empregadores a realizar acertos de pagamento diretamente ao trabalhador de FGTS não depositado, inclusive em acordos judiciais. Perceba-se que os textos dos dispositivos constantes do *caput* do art. 18, do parágrafo único do art. 26 e do *caput* do art. 26-A, todos da Lei n. 8.036/90, são uníssonos no sentido de que o FGTS não depositado deve ser recolhido em conta vinculada, e não pago diretamente ao trabalhador, mas o costume aqui em análise, a despeito dos riscos de sanção administrativa, tem sido triunfante.

61   Art. 5º Em qualquer trabalho contínuo, de duração superior a seis horas, será obrigatória a concessão de um intervalo para repouso ou alimentação, observados os usos e costumes da região, não se computando este intervalo na duração do trabalho. Entre duas jornadas de trabalho haverá um período mínimo de onze horas consecutivas para descanso.

62   A ressalva, "se ocorrida a festividade no local", é justificável por conta **do cancelamento das festividades de Carnaval no Brasil, em 2021, por conta da pandemia do coronavírus**. Muitos questionaram à época: o cancelamento da folia mudaria algo no que essencialmente sempre significou o Carnaval?

Para bem entender isso, foi importante observar duas particularidades:

A PRIMEIRA, a de que o Carnaval ocorre exatamente antes da Quaresma, que corresponde aos 40 dias de purificação que vão da Quarta-Feira de Cinzas ao Domingo de Ramos. A festa é, portanto, uma catarse que antecede o recolhimento. Com isso, se deseja dizer que o cancelamento ou o adiamento do Carnaval não fez desaparecer a tradição do período anterior à Quaresma, mas fez desaparecer a razão de conceder folga ao empregado para ele se integrar à festividade.

A SEGUNDA particularidade foi a de que o Carnaval não é, em regra, um feriado civil, pois não está previsto como tal em nenhuma lei federal dirigida aos trabalhadores regidos pela CLT, tampouco é data magna de algum estado fixada em lei estadual. Ele também, embora tenha relação com um instituto religioso, não é, em regra, um feriado religioso declarado em lei municipal.

pelo Tribunal Regional do Trabalho da 18ª Região (GO) nos autos do processo RO-0000094-38.2013.5.18.0010.

As **fontes autônomas** (*auto*, do grego *autós*, "por si próprio", "de si mesmo", e *nomo*, do também grego *nómos*, "regra", "lei"), diversamente das heterônomas, decorrem do exercício da autonomia privada, assim entendida a faculdade reconhecida a sujeitos distintos do Estado de ditar, para sua autorregulação, normas com eficácia jurídica[63]. Essas fontes são produzidas pelos próprios parceiros sociais que, ao final do processo de construção, serão os destinatários do regramento.

A autonomia revela um procedimento segundo o qual o criador da norma se identifica com o respectivo destinatário. A mesma pessoa que idealiza a regra a ela se submete, numa clara fuga da heteronomia. O particular, enfim, escapa da norma estatal para criar seu próprio regimento.

Entre as fontes autônomas do direito do trabalho estão o contrato individual de emprego, o regulamento interno de trabalho, a convenção coletiva de trabalho e o acordo coletivo de trabalho. Vejam-se:

• *Contrato individual de emprego.* O contrato individual de emprego é o negócio jurídico pelo qual uma pessoa física (o empregado) obriga-se, de modo pessoal e intransferível, mediante o pagamento de uma contraprestação (remuneração), a prestar trabalho não eventual em proveito de outra pessoa, física ou jurídica (empregador), que assume os riscos da atividade desenvolvida e que subordina juridicamente o prestador. Trata-se da mais importante fonte da autonomia individual privada na área laboral.

• *Regulamento interno de trabalho.* O regulamento interno de trabalho (RIT) é o ato jurídico patronal, de natureza obrigacional[64], geralmente unilateral[65], que disciplina o modo como serão desenvolvidas as relações estabelecidas entre empregador e empregado.

Por conta da indisponibilidade dos direitos trabalhistas, o regulamento interno não pode conter qualquer disposição capaz de desvirtuar, impedir ou fraudar direitos laborais, sob pena de nulidade da cláusula infringente. Há que concluir, então, que o regulamento interno somente pode modular aquilo que não foi definido, limitado concretamente pela lei, servindo, em regra, para conceder direitos supletivos, não previstos no texto legal, ou para dar garantias não contempladas em fontes heterônomas. Uma vez concedido o direito supletivo, tal vantagem se incrusta no contrato de emprego do trabalhador, não podendo ser dele retirada.

Nesse sentido é firme a jurisprudência do TST, que chegou a editar a Súmula 51, I, no sentido de que "as cláusulas regulamentares, que revoguem ou alterem vantagens deferidas anteriormente, só atingirão os trabalhadores admitidos após a revogação ou alteração do regulamento". Digno de registro é, também, o conteúdo da Súmula 77 do TST, segundo a

---

A terça-feira de Carnaval produz, afinal, o direito subjetivo à folga para os empregados?

Há muita divergência, mas tudo sinaliza no sentido de ser um costume juridicamente exigível. A autoridade anônima do "costume" — uma das mais importantes fontes de direito **no local onde se desenvolve a folia momesca** — produz o direito subjetivo do empregado de exigir a folga em terças-feiras de Carnaval. Há, entretanto, é bom que se anote, quem entenda não haver direito subjetivo à folga, mas possível liberação realizada por mero ato de liberalidade patronal.

63 BETTI, Emilio. Autonomia privata. In: *Novissimo digesto italiano*. Torino: Unione Tipografica — Editrice Torinese, 1979, t.1, p. 1559-1560.

64 Os regulamentos internos de trabalho não são normas jurídicas, mas sim, em regra, meras cláusulas contratuais. Somente serão normas jurídicas se edificados por meio de acordos coletivos de trabalho, mediante a indispensável participação das entidades sindicais operárias.

65 Teoricamente o regulamento interno de trabalho ***pode ser bilateral***, na medida em que venha a ser construído de modo dialético por algum mecanismo democrático, ouvidos os trabalhadores por meio de comissões ou de suas entidades sindicais. Nessa circunstância, ele será induvidosamente uma fonte autônoma.

qual "nula é a punição de empregado se não precedida de inquérito ou sindicância internos a que se obrigou a empresa por norma regulamentar".

Como instrumentos autônomos e, em regra, destacados dos regulamentos empresariais, podem existir na vida laboral, também, os **"códigos de ética e de conduta"**, sobre os quais se desenvolverá o sistema de conformidade e integridade (*compliance*). Esses códigos, aliás, assumirão o caráter de fonte autônoma de direito na medida em que sejam discutidos e elaborados com a ampla participação de administradores, empregados e demais representantes de partes interessadas. Tais instrumentos, como bem disseram Fabrício Lima e Iuri Pinheiro[66], elevam o nível de confiança interno e externo na organização e, por consequência, melhoram a reputação e a imagem dos empreendimentos.

A singela diferença entre o "código de ética" e o "código de conduta" parece basear-se, no dizer de Marina Daineze[67], na forma como a organização expressa as suas expectativas e compromissos em relação a cada público com quem se relaciona: "um **código de ética** empresarial seria um reflexo do conjunto de valores centrais da organização, que orienta e dá diretrizes de *como os indivíduos 'deveriam' agir*. Em contraste, um *código de conduta* empresarial seria uma lista de prescrições, às quais geralmente estão relacionadas penalidades para a violação, que dizem *como os indivíduos 'devem' agir"*.

Entre a expectativa do "deveria" e a realidade do "deve", os códigos aqui referidos acabam por se amalgamar em um só instrumento mais amplo, geralmente um **"programa de integridade"**, assim considerado, nos termos do Decreto n. 8.420, de 18 de março de 2015, o complexo de mecanismos e procedimentos internos de **integridade**, **auditoria** e **incentivo à denúncia de irregularidades** com o objetivo de detectar e sanar desvios, fraudes ou atos ilícitos praticados.

• *Convenção coletiva de trabalho.* A convenção coletiva de trabalho é um instrumento coletivo negociado, de caráter normativo, por meio do qual *duas ou mais entidades sindicais*, representativas de categorias econômicas e profissionais, estipulam condições de trabalho aplicáveis às relações individuais de trabalho no âmbito das respectivas representações. A convenção coletiva de trabalho e o acordo coletivo do trabalho — que será apreciado no tópico seguinte — são as mais importantes fontes da autonomia *coletiva* privada na área laboral.

• *Acordo coletivo de trabalho.* O acordo coletivo de trabalho é também um instrumento coletivo negociado, de caráter normativo, firmado, porém, por entidades sindicais representativas de categorias profissionais com uma ou mais empresas da correspondente categoria econômica, para estipular igualmente condições de trabalho aplicáveis às relações individuais de trabalho no âmbito da empresa ou das empresas acordantes. A principal diferença entre o *acordo coletivo de trabalho* e a *convenção coletiva de trabalho* é visível a partir da análise de seus sujeitos: a convenção coletiva é celebrada entre *duas entidades sindicais*, uma representativa dos empregados, outra representativa dos empregadores; o acordo coletivo é resultado de um ajuste entre *uma entidade sindical*, necessariamente operária, e *uma empresa ou grupo de empresas*. No acordo coletivo de trabalho, portanto, o polo patronal não está representado por entidade sindical. Mais um detalhe importante a considerar em relação ao acordo coletivo de trabalho é que — por uma razão lastreada em especificidade, o art. 620 da CLT pós-Lei n. 13.467/2017 — "as condições estabelecidas em acordo coletivo de trabalho sempre prevalecerão sobre as estipuladas em convenção coletiva de trabalho".

---

66 SILVA, Fabrício Lima; PINHEIRO, Iuri. *Manual do "compliance" trabalhista: teoria e prática*. Salvador: JusPodivm, 2020, p. 86.
67 DAINEZE, Marina. *Códigos de Ética Empresarial e as relações da organização com seus públicos*. Universidade de São Paulo. Prêmio Ethos-Valor. Categoria Graduação. 2003. v. 3. Disponível em: <http://www.uniethos.org.br>.

1.2.9.3 Hierarquia

O sistema jurídico é um conjunto de elementos normativos logicamente interconectados e hierarquicamente escalonados a partir de eixo comum. Por esse sistema, as normas mais prestigiadas, posicionadas num plano superior, são condicionantes, e as normas menos prestigiadas, dispostas em posição inferior, são condicionadas.

O referencial inicial do sistema jurídico é sua lei fundamental, assim intitulada por conta de sua qualidade de pressuposto e de norma suprema[68].

Abaixo da norma fundamental, e em obediência a ela, estão:

a) num mesmo plano, emendas à Constituição e tratados internacionais em matéria de direitos humanos que tenham passado pelo rito legislativo previsto no art. 5º, § 3º, da Constituição de 1988;

b) num patamar de supralegalidade, os tratados internacionais em matéria de direitos humanos que não tenham passado pelo rito legislativo previsto no art. 5º, § 3º, da Constituição de 1988;

c) no mesmo plano legal, estão tratados internacionais em matéria diversa dos direitos humanos independentemente de terem passado pelo rito legislativo previsto no art. 5º, § 3º, da Constituição de 1988, assim como *leis complementares à Constituição, leis ordinárias, leis delegadas e medidas provisórias*;

d) em obediência às referidas leis, estão os *decretos regulamentares*;

e) respeitados os limites impostos pelas mencionadas fontes heterônomas, compõem esse plexo sistemático, entre outros, os *instrumentos coletivos negociados (acordo coletivo de trabalho e convenção coletiva de trabalho)* e os *contratos individuais de emprego*.

Anote-se que esse conjunto hierárquico, como é fácil intuir, tem disposições mais genéricas no topo e mais específicas na base.

No plano das relações de trabalho, entretanto, não se pode falar numa hierarquia normativa rígida, pois no topo da pirâmide hierárquica estará a fonte mais favorável ao trabalhador.

Esse é, aliás, o desejo do próprio legislador constitucional, que, no *caput* de seu art. 7º, deixa claro que os direitos ali concedidos não excluem outros que porventura venham a ser outorgados aos trabalhadores para a melhoria de sua condição social.

---

[68] Sobre essa questão posicionou-se em **Teoria do ordenamento jurídico**, com a habitual excelência, Norberto Bobbio, sendo relevante destacar seu entendimento: "[...] alguém pode perguntar: 'E a norma fundamental, sobre o que é que se funda?' Grande parte da hostilidade à admissão da norma fundamental deriva da objeção formulada em tal pergunta. Temos dito várias vezes que a norma fundamental é um pressuposto do ordenamento: ela, num sistema normativo, exerce a mesma função que os postulados num sistema científico. Os postulados são aquelas proposições primitivas das quais se deduzem outras, mas que, por sua vez, não são dedutíveis. Os postulados são colocados por convenção ou por uma pretensa evidência destes; o mesmo se pode dizer da norma fundamental: ela é uma convenção, ou, se quisermos, uma proposição evidente que é posta no vértice do sistema para que a ela se possam reconduzir todas as demais normas. À pergunta 'sobre o que ela se funda' deve-se responder que ela não tem fundamento, porque, se tivesse, não seria mais a norma fundamental, mas haveria outra norma superior, da qual ela dependeria. Ficaria sempre aberto o problema do fundamento da nova norma, e esse problema não poderia ser resolvido senão remontando também a outra norma, ou aceitando a nova norma como postulado. Todo sistema tem um início. Perguntar o que estaria atrás desse início é problema estéril. A única resposta que se pode dar a quem quiser saber qual seria o fundamento do fundamento é que para sabê-lo seria preciso sair do sistema. Assim, no que diz respeito ao fundamento da norma fundamental, pode-se dizer que ele se constitui num problema não mais jurídico, cuja solução deve ser procurada fora do sistema jurídico, ou seja, daquele sistema que para ser fundado traz a norma fundamental como postulado. Com o problema do fundamento da norma fundamental saímos da teoria do Direito positivo e entramos na secular discussão em torno do fundamento, ou melhor, da justificação, em sentido absoluto, do poder" (BOBBIO, Norberto. *Teoria do ordenamento jurídico*. 7. ed. Brasília: UnB, 1996, p. 62-63).

Há situações em que a própria fonte estatal determina qual seria a prevalente, por ser a mais favorável, tal qual a visível, ilustrativamente, no **art. 620 da CLT**, consoante a qual **"as condições estabelecidas em acordo coletivo de trabalho sempre prevalecerão sobre as estipuladas em convenção coletiva de trabalho"**.

Note-se que, no exemplo sob análise, como se antedisse, o próprio legislador, com lastro em especificidade, e por entender que o empregador e o sindicato da categoria profissional têm uma visão mais concreta dos problemas locais, deu prevalência ao disposto em acordo coletivo sobre a convenção coletiva.

De uma forma mais ampla, a lei também identifica situações em que as fontes produzidas pela autonomia coletiva serão prevalecentes, sendo isso visível no art. 611-A da CLT, mas sob o filtro da tese firmada pelo STF no Tema 1.046 da repercussão geral, conforme se detalhou no tópico 21.10.3.4 desta obra.

Há outras situações, porém, em que a determinação daquilo que seja *"melhoria"* **não está claramente disposta em lei. Em casos tais, essa discussão entra no âmbito da subjetividade.** Assim, diante do fato de ser a "melhoria" um conceito jurídico indeterminado, somente o aplicador da fonte poderá determinar aquela que seja mais favorável, caso surja, é óbvio, um conflito de interesses, no particular. Para saber, entre as fontes com vigência simultânea, qual seria a mais favorável ao trabalhador, o aplicador deve orientar-se segundo os métodos da acumulação/atomista ou do conglobamento/incindibilidade. Veja-se a lógica de forma esquematizada:

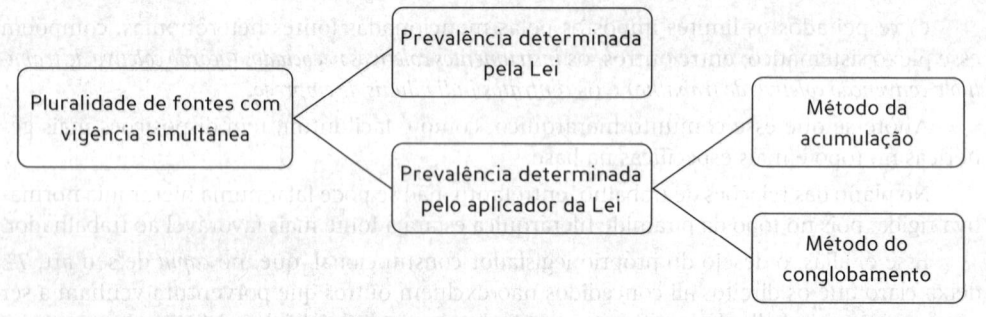

```
                              ┌─ Prevalência determinada
                              │       pela Lei
Pluralidade de fontes com ────┤                              ┌─ Método da
  vigência simultânea         │                              │   acumulação
                              │                              │
                              └─ Prevalência determinada ────┤
                                  pelo aplicador da Lei      │
                                                             └─ Método do
                                                                 conglobamento
```

Isso será analisado em detalhes no próximo tópico.

1.2.9.4 Conflitos entre fontes e soluções aplicáveis

Partindo do pressuposto de que a fonte mais favorável ao trabalhador está no topo da pirâmide hierárquica, e levando em conta a indeterminação do conceito de melhoria, foram criados métodos para a identificação do que efetivamente seria uma fonte mais favorável.

É importante observar que isso ocorre quando, dentro de determinado sistema jurídico, mais de uma fonte tem vigência simultânea e possível exigibilidade. Isso acontece, aliás, predominantemente no direito do trabalho, em virtude de ser o *pluralismo de fontes* uma das suas características.

Para saber, entre as várias fontes com vigência simultânea, qual seria a mais favorável ao trabalhador, o aplicador deve orientar-se segundo um dos seguintes métodos de determinação: acumulação/atomista ou conglobamento/incindibilidade.

Pelo **método da acumulação ou atomista**, o aplicador da norma pinça de cada uma das fontes em confronto os itens mais favoráveis ao trabalhador, reunindo-os todos para a aplicação ao caso concreto. Com esse ato ele despedaça, atomiza o conjunto para construir outro novo, com os ingredientes de ambos.

Pelo **método do conglobamento [puro] ou da incindibilidade**, ao cotejar as fontes, o aplicador da norma deve verificar qual delas, *em conjunto*, é a mais benéfica ao trabalhador, e preferi-la, excluindo totalmente a aplicação de outras, consideradas menos favoráveis em bloco. Esse método tem a vantagem de respeitar a organicidade da fonte jurídica, bem como as cláusulas compensatórias internas.

Com o propósito de contemporizar os métodos da acumulação e do conglobamento [puro][69] surgiu uma variável intitulada **"conglobamento por institutos", "conglobamento mitigado" ou "conglobamento orgânico"**. Por essa variável do conglobamento, o aplicador, em vez de verificar, na sua inteireza, qual o conjunto normativo mais favorável ao trabalhador, seleciona, dentro do conjunto, institutos que podem ser apreciados separadamente.

É importante registrar que se entende por "instituto" o *bloco de vantagens jurídicas que contém elementos internos pertinentes entre si*, por exemplo, a jornada e o intervalo; o salário e as utilidades não salariais; a estabilidade e as parcelas decorrentes da cessação do vínculo. Assim, o aplicador pode apreciar separadamente blocos institucionais diferentes, verificando qual deles é o mais favorável ao trabalhador.

Para que se ofereça um pouco de prática à teoria, observe-se o exemplo de um advogado-bancário. Esse trabalhador, apesar de ser advogado e de exercer a profissão, labora em favor de um banco. Muitas dúvidas surgem a partir do instante em que se constata que podem viger simultaneamente, regendo o contrato do advogado-bancário a Lei n. 8.906/94 e os arts. 224 a 226 da CLT[70].

Pode-se, então, questionar, com base em exemplo fundado no sistema normativo não atrelado à Medida Provisória n. 905, de 2019 (que teve seu prazo de vigência encerrado): se esse advogado-bancário, que trabalha com dedicação exclusiva para o banco, reclamar o pagamento de horas extraordinárias a partir da 6ª hora diária (art. 224 da CLT, c/c a Súmula 102, V, do TST[71]) e de gratificação não inferior a 1/3 do salário do cargo efetivo por exercício de alguma função de direção, gerência, fiscalização, chefia ou equivalentes e de adicional noturno a partir das 20 horas (§ 3º do art. 20[72] da Lei n. 8.906/94), qual será a resposta oferecida pelo intérprete do sistema?

Não há uma resposta certa para essa questão, considerada a pluralidade de soluções que a jurisprudência tem oferecido para o tema, ora se posicionando pelo método da acumulação, ora pelo conglobamento, ora pelo conglobamento por institutos. **Tudo depende da perspectiva do intérprete**, sem que se lhe possa atribuir a nota de acerto ou de erro diante da sua opção interpretativa.

Se o intérprete conceder todas as vantagens, pinçando o que de melhor existe em cada sistema, estará atuando segundo o *método da acumulação*; se oferecer as vantagens unicamente existentes em um dos sistemas — Estatuto dos Advogados ou CLT —, estará manifesta a sua opção pelo *método do conglobamento puro*; se, por fim, ele entender que a "retribuição pelo trabalho noturno e suplementar" integra um mesmo instituto e que o "complemento salarial

---

69   O adjetivo "puro" serve para distinguir o conglobamento do "conglobamento por institutos".

70   Outro exemplo didático que permite analisar os métodos de determinação da fonte mais favorável pode ser encontrado diante de situações em que um mesmo empregado trabalha continuamente, sem predominância temporal, em duas áreas territoriais representadas por dois diferentes sindicatos da mesma categoria profissional (sindicato dos trabalhadores da construção civil da cidade A e da cidade B), cada um deles com um instrumento coletivo negociado firmado com um mesmo sindicato da categoria econômica. Nessa situação, em rigor, ele terá duas normas coletivas ao seu dispor para fins de aplicação.

71   Súmula 102. [...] V — O advogado empregado de banco, pelo simples exercício da advocacia, não exerce cargo de confiança, não se enquadrando, portanto, na hipótese do § 2º do art. 224 da CLT.

72   § 3º As horas trabalhadas no período das vinte horas de um dia até as cinco horas do dia seguinte são remuneradas como noturnas, acrescidas do adicional de vinte e cinco por cento.

intitulado gratificação" integra instituto diverso, o intérprete poderá, inserindo-se no *método do conglobamento por institutos*, oferecer uma entre as seguintes soluções:

a) oferecer horas extraordinárias a partir da 6ª hora diária e horas noturnas a partir das 22h (base CLT) + gratificação não inferior a 1/3 (um terço) do salário do cargo efetivo por exercício de alguma função de direção, gerência, fiscalização, chefia ou equivalentes; ou

b) oferecer horas extraordinárias a partir da 8ª hora diária e horas noturnas a partir das 20h (base Estatuto dos Advogados) + gratificação não inferior a 1/3 (um terço) do salário do cargo efetivo por exercício de alguma função de direção, gerência, fiscalização, chefia ou equivalentes.

É certo, entretanto, que não há posicionamentos jurisprudenciais cristalizados sobre o tema, apenas soluções pontuais que sugerem, em determinados instantes, a opção por este ou aquele método de determinação da norma mais favorável.

Perceba-se, entretanto, que o TST optou claramente pelo conglobamento puro quando construiu a sua Súmula 51, II. A leitura desse texto deixa claro que, diante da coexistência de dois regulamentos internos com vigência simultânea, a opção do empregado por um deles implica renúncia em relação ao conteúdo do outro. Veja-se:

Súmula 51 do TST. Norma regulamentar. Vantagens e opção pelo novo regulamento. Art. 468 da CLT. [...]

II — havendo a coexistência de dois regulamentos da empresa, a opção do empregado por um deles tem efeito jurídico de renúncia às regras do sistema do outro.

Apesar do teor dessa súmula, o TST não generalizou a opção pelo conglobamento puro, havendo manifestações claras de preferência pelo conglobamento por institutos.

O legislador, por outro lado, nos termos das Leis n. 7.064/82 (art. 3º, II) e n. 11.962/2009, manifestando adesão ao "conglobamento por institutos", deixou claro que, em situações de transferência de trabalhadores por mais de 90 dias para o exterior, haverá de aplicar-se a esse trabalhador a disposição que lhe seja mais benéfica **"no conjunto de normas e em relação a cada matéria"**, vale dizer, a fonte normativa interna ou estrangeira que, por incindibilidade mitigada, se revele mais vantajosa.

Para que tudo fique claro, oferece-se uma situação real à análise. As construtoras brasileiras, por sua expertise e qualidade no trato com obras de infraestrutura, passaram a ser contratadas dos governos de outros países, a exemplo, de Angola. Muitas vezes os operários são brasileiros, contratados no território nacional e transferidos, na forma da Lei n. 7.064/82, para realizar suas atividades em solo estrangeiro.

Pois bem. Diante da regra internacional segundo a qual se aplica a lei do lugar da execução dos serviços, os brasileiros que estivessem trabalhando em Angola seriam regidos pelas normas desse país. Ocorre que a citada Lei n. 7.064/82 admite que se aplique a disposição, em vez da norma do local da execução dos serviços, aquela que seja entendida como benéfica "no conjunto de normas e em relação a cada matéria". Assim, como as normas brasileiras são mais benéficas numa visão conglobada por institutos, aplicam-se, em regra, estas em lugar daquelas existentes em Angola.

1.2.9.5 O Conselho Nacional do Trabalho e a sua função propositiva de novas fontes justrabalhistas

A origem remota do ora intitulado Conselho Nacional do Trabalho é encontrável no Decreto n. 3.550, de 16 de outubro de 1918, que criou o Departamento Nacional do Trabalho, órgão administrativo incumbido, entre outras tarefas, de preparar e dar execução regulamentar às medidas referentes ao trabalho em geral e de superintender a colonização nacional e estrangeira. A despeito das suas nobres missões institucionais, o referido organismo manteve-se, na prática, inoperante por resistências do patronato da época.

O órgão voltou à cena a partir de 1923, embora sob uma nova denominação. O Decreto n. 16.027, de 30 de abril de 1923, passou a intitulá-lo de Conselho Nacional do Trabalho, mantida, porém, a função consultiva dos poderes públicos em assuntos referentes à organização do trabalho e, a partir de então, também da previdência social. A atuação do referido Conselho na elaboração e na discussão das leis trabalhistas da época era algo inquestionável. A sua presença era sensível nas diversas discussões que visavam contemporizar os interesses de empregados e de concedentes de oportunidade de trabalho. Tratava-se, portanto, de um organismo essencial ao próprio controle social e aos propósitos do emergente Estado Corporativista e aos seus propósitos de eliminação da luta de classes em prol de um modelo de colaboração entre elas.

O Decreto-Lei n. 1.237, de 2 de maio de 1939, ofereceu missão ainda mais especial ao Conselho Nacional do Trabalho. O art. 17 do mencionado diploma legal foi bem claro no sentido de que o referido órgão, a despeito de inserido na esfera administrativa, assumia a posição de "tribunal superior da Justiça do Trabalho". Veja-se:

> *Art. 17. O Conselho Nacional do Trabalho, com sede na Capital da República e jurisdição em todo o território nacional, é o tribunal superior da Justiça do Trabalho.*
>
> *Parágrafo único. A nova organização e as atribuições do Conselho Nacional do Trabalho serão objeto de lei especial, de que farão parte integrante os preceitos deste Decreto-Lei, naquilo que lhe não contravierem.*

Daquele momento em diante, o organismo consolidava dentro do Ministério do Trabalho a sua posição de protagonismo na condução de assuntos juslaborais e seu desaparecimento decorreu, em verdade, de sua transformação no Tribunal Superior do Trabalho em 1946. O Decreto-Lei n. 9.797, de 9 de setembro de 1946, foi bem claro nesse sentido ao dispor, no seu art. 2º, acerca da comutação entre Conselho Nacional do Trabalho e Tribunal Superior do Trabalho. Note-se:

> *Art. 2º Onde se lê, na Consolidação das Leis do Trabalho, "Conselho Regional" e "Conselho Nacional", leia-se "Tribunal Regional" e "Tribunal Superior".*

As tarefas antes desenvolvidas pelo Conselho Nacional do Trabalho no âmbito administrativo foram assumidas pelo Ministério do Trabalho através de seus muitos departamentos internos, embora, por vezes, o CNT ou instituições assemelhadas vivessem momentos de aparição e desaparecimento nos diversos governos brasileiros.

Entre idas e vindas, entre criações e extinções, entre impulsos e desalentos, surgiu mais uma vez o Conselho Nacional do Trabalho mediante o Decreto n. 9.944, de 30 de julho de 2019, como órgão colegiado de natureza consultiva, integrante da estrutura organizacional do Ministério do Trabalho e Previdência[73], composto de forma tripartite, observada a paridade entre representantes dos trabalhadores e dos empregadores, com a seguinte competência:

I — propor políticas e ações para modernizar as relações de trabalho;

II — estimular a negociação coletiva e o diálogo social como mecanismos de solução de conflitos;

---

[73] A Medida Provisória n. 1.058, de 27 de julho de 2021, posteriormente convertida na Lei n. 14.261, de 16 de dezembro de 2021, modificou o texto do art. 48-B da Lei n. 13.844, de 18 de junho de 2019, e repassou a atribuição ao recriado Ministério do Trabalho e Previdência.

III — promover o entendimento entre trabalhadores e empregadores e buscar soluções em temas estratégicos relativos às relações de trabalho;

IV — propor diretrizes para a elaboração dos planos, dos programas e das normas sobre políticas públicas em matéria trabalhista, com base em informações conjunturais e prospectivas das situações política, econômica e social do País;

V — propor estudos e analisar instrumentos legislativos e normas complementares que visem a aperfeiçoar as condições e as relações de trabalho; e

VI — pronunciar-se sobre outros assuntos que lhe sejam submetidos, na sua área de competência.

O Conselho Nacional do Trabalho será composto por dezoito representantes, sendo seis do Poder Executivo federal, seis dos empregadores, e outros seis dos trabalhadores. Os membros do órgão aqui em análise serão designados pelo Ministro do Trabalho e da Previdência.

O Conselho Nacional de Trabalho terá sua organização e seu funcionamento estabelecidos em regimento interno, elaborado pelo Ministério do Trabalho e Previdência e aprovado pela maioria de seus membros no prazo de sessenta dias, contado da data da reunião de sua instalação, e será homologado e publicado por seu Presidente. O quórum de reunião é de maioria dos seus membros e o quórum de aprovação é de maioria simples.

As reuniões do Conselho, em caráter ordinário, ocorrerão trimestralmente e, em caráter extraordinário, sempre que convocado por seu Presidente ou pela maioria de seus membros. A partir dele poderão ser instituídas até quatro comissões temáticas, com a finalidade de monitorar, avaliar e propor políticas específicas relacionadas às relações de trabalho.

A participação no Conselho Nacional do Trabalho, na Comissão Tripartite Paritária Permanente, nas respectivas comissões temáticas e grupos de trabalho será considerada prestação de serviço público relevante, não remunerada.

1.3 INTERPRETAÇÃO DO DIREITO DO TRABALHO

A hermenêutica é um ramo da filosofia que cuida da compreensão humana e da interpretação de textos escritos. A palavra "hermenêutica" tem sua origem na mitologia grega, especificamente na figura de Hermes, mensageiro dos deuses, por conta de sua atuação interpretativa das mensagens trocadas entre as divindades e os seres humanos.

1.3.1 Origem interpretativa: autêntica, administrativa, doutrinária e jurisprudencial

O intérprete jurídico, seja o destinatário ou o aplicador da fonte, tentará descobrir o significado das palavras que compõem o comando diretivo. Por vezes essa atividade interpretativa é facilitada por esclarecimentos prestados originariamente pelo criador da fonte em exame. Isso ocorre quando os criadores da referida fonte (autônoma ou heterônoma) revelam o caminho interpretativo que deve ser seguido.

A essa situação dá-se o nome de **interpretação autêntica**. Exemplo desse tipo de interpretação ocorre no art. 469 da CLT, no qual o legislador antecipa-se à dúvida do destinatário ou do aplicador da norma, para deixar claro que não será entendida como ato de transferência a alteração do contrato de emprego que não acarretar necessariamente a mudança de domicílio do empregado.

Há, ainda, situações em que o próprio legislador afirma que a norma será explicada mediante ato administrativo, caso em que a interpretação continuará a ser autêntica, porém numa fonte de mais baixa hierarquia. Dá-se a essa modalidade o nome de **interpretação**

administrativa, que normalmente ocorre por meio de decretos regulamentares, portarias, instruções normativas, circulares, pareceres, entre outros documentos da mesma natureza.

Quando a interpretação não é autêntica ou quando, apesar de autêntica, permanecem dúvidas no tocante ao sentido da fonte, abre-se espaço para dois outros tipos de interpretação, ambos derivados: a **interpretação doutrinária** e a **interpretação jurisprudencial**.

Ambas as soluções interpretativas contribuem, mediante reflexões de qualidade, para a revelação do sentido das fontes jurídicas. Como a interpretação e a aplicação do direito são operações amalgamadas, não há dúvida de que, por vezes, além de aclarar o sentido da fonte jurídica, há solução integrativa do direito, como se verá mais adiante.

Anote-se aqui que a interpretação do direito, por sua força criativa, deve ser realizada com razoabilidade e respeito aos princípios da confiança e da segurança jurídica. Nesse sentido, é importante considerar o conteúdo do **Decreto n. 9.830, de 10 de junho de 2019**, que regulamentou o disposto nos arts. 20 ao 30 da Lei de Introdução às Normas do Direito Brasileiro.

1.3.2 Modelos interpretativos: clássico, tópico-problemático, hermenêutico-concretizador e normativo-estruturante

Cabe referir a partir de agora os modelos interpretativos, que normalmente estão relacionados ao modo de compreender o texto constitucional, mas que aqui serão apresentados inclusive no âmbito do direito do trabalho, porque a Constituição de 1988 notabilizou-se pelo acentuado cuidado com a sedimentação de uma plataforma civilizatória mínima em favor dos trabalhadores.

Nesse ponto, pode-se afirmar que a interpretação do direito ou a hermenêutica jurídica divide-se basicamente em cinco modelos.

O primeiro dos modelos, o mais tradicional entre os aqui analisados, é identificado como **modelo hermenêutico clássico**. Por meio dessa fórmula interpretativa, cujo maior expoente foi Savigny, o intérprete considera um conjunto de atuações avaliativas de natureza gramatical, lógico-sistemática, histórica, sociológica e teleológica para melhor aplicar o direito.

Nesse modelo, a interpretação **gramatical**, a mais básica e superficial de todas as condutas avaliativas, visa à dimensão filológica ou literal da regra em exame. É sem dúvida a primeira dentre todas as fórmulas de interpretação, não devendo, porém, ser promovida isoladamente. Normalmente a interpretação gramatical se alia a uma apreciação de natureza **lógico-sistemática**. Essa variável interpretativa pressupõe a compreensão do direito como um sistema (como conjunto ordenado) que transcende a análise de lei específica. Nesse contexto, é válida a observação feita por Eros Roberto Grau no sentido de que "não se interpreta o direito em tiras, aos pedaços. A interpretação de qualquer texto de direito impõe ao intérprete, sempre, em qualquer circunstância, o caminhar pelo percurso que se projeta a partir dele — do texto — até a Constituição"[74].

Os antecedentes históricos recentes e remotos também são auxiliares na arte de decifrar o direito, manifestando-se por meio da variável interpretativa de caráter **histórico**. A esta são somadas também as interpretações de cunho **sociológico** e **teleológico**[75], por força das quais se buscam, respectivamente, a correlação do direito com os fatos sociais e a conexão deste com seus fins precípuos.

---

[74] GRAU, Eros Roberto. *Ensaio e discurso sobre a interpretação/aplicação do direito*. 4. ed. São Paulo: Malheiros, 2006, p. 44.
[75] Do grego *téleios*, final acrescido do também grego *logos*, estudo.

O segundo padrão de interpretação do direito, que tem por expoente Theodor Viehweg, recebe o nome de **modelo tópico-problemático**. Por força desse modelo, a interpretação parte de um problema, de uma questão (ou *topoi*) que, aparentemente, permite mais de uma resposta, **para o sistema**, e não da norma para o problema. Gilmar Mendes sintetiza a caraterização desse padrão, sustentando que "o método da tópica toma a Constituição como um **conjunto aberto de regras e princípios**, dos quais o aplicador deve escolher aquele que seja **mais adequado para a promoção de uma solução justa ao caso concreto** que analisa"[76].

O terceiro padrão interpretativo, sustentado por Konrad Hesse, é denominado **modelo hermenêutico-concretizador**. Ele parte da constatação de que a leitura de qualquer texto normativo se inicia pela pré-compreensão do intérprete, que, a partir daí o compara com a realidade existente fazendo surgir novas formulações e compreensões em um verdadeiro vai e vem interpretativo, formando aquilo que se convencionou intitular de "círculo hermenêutico".

O quarto padrão de interpretação, intitulado **normativo-estruturante**, exponenciado por Friedrich Müller, sustenta que o processo interpretativo consiste em concretizar a lei em cada caso específico. É muito comum dizer-se, mediante uma metáfora, que o texto normativo aqui é não mais do que a **ponta do *iceberg***. Abaixo dessa "ponta" há um maciço imenso formado por elementos extratextuais, que representam a realidade fática.

O quinto padrão interpretativo, conhecido como método *científico-espiritual*, encontra em Rudolf Smend o seu maior nome. Essa metodologia parte do pressuposto de ser a norma fundamental um fenômeno cultural, construindo uma lógica segundo a qual o propósito maior da norma (face científica) é tornar vivos os valores (face espiritual) da sociedade que a constituiu.

1.3.3 Eficácia: declarativa, progressiva, restritiva, extensiva e analógica

Para finalizar, é relevante tratar dos efeitos da interpretação jurídica.

Pode-se falar, inicialmente, em uma **interpretação declarativa ou especificadora**, segundo a qual o intérprete nada mais fará do que reconhecer que "a letra da lei está em harmonia com a *mens legis* ou o espírito da lei"[77]. Em casos tais, caberá ao intérprete não mais do que constatar a coincidência. Essa modalidade de interpretação terá lugar quando a lei quis exatamente o que disse.

Haverá interpretação declarativa toda vez que a própria lei a determinar, especialmente quando indica um rol fechado (*numerus clausus*) de situações por ela abarcadas, tal qual o ocorrente no art. 10 da Lei de Greve (Lei n. 7.793/89), que não admite outros serviços ou atividades essenciais além daqueles ali previstos.

A **interpretação progressiva**, por sua vez, é aquela que se faz mediante a adaptação do texto legal às transformações sociais, ao progresso científico e à evolução da moral social. Ela é também denominada de interpretação evolutiva.

Como uma ilustração, anota-se ser absolutamente natural interpretar o texto contido, por exemplo, no § 2º do art. 244 da CLT para admitir a situação de sobreaviso daqueles que, mesmo não estando em casa, se mantêm comunicáveis com o empregador diante dos avan-

---

[76] MENDES, Gilmar Ferreira. *Curso de Direito Constitucional*. 7. ed. São Paulo: Saraiva, 2012.
[77] FERRAZ JR., Tercio Sampaio. *Introdução ao estudo do direito*: técnica, decisão e dominação. 3. ed. São Paulo: Atlas, 2001, p. 290.

ços tecnológicos trazidos pela telefonia celular. Assim, onde se lê que se considera em sobreaviso o empregado que "permanecer em sua própria casa, aguardando a qualquer momento o chamado para o serviço", deve-se entender que se considera em sobreaviso o empregado que permanecer comunicável com o empregador e em local de fácil acesso, aguardando a qualquer momento o chamado para o serviço.

Haverá **interpretação restritiva**, por outro lado, toda vez que o intérprete, para além de ser específico, atua conscientemente numa tentativa de estreitar, de restringir o objeto da compreensão. Essa técnica visa à limitação do campo de incidência do texto. Essa modalidade de interpretação terá lugar quando a lei quis menos do que disse.

Nesse particular, cabe referir o disposto no **art. 114 do Código Civil**, segundo o qual deve haver **interpretação restritiva de "negócios jurídicos benéficos"**. Essa, como bem destacou Estêvão Mallet, "é, talvez, a regra que mais frequentemente se vê utilizada em matéria trabalhista, nos mais variados contextos. A jurisprudência trabalhista a tem aplicado, de modo constante e bastante largo, especialmente quando em causa interpretação de convenção ou acordo coletivo de trabalho. Mas há também decisões envolvendo regulamento de empresa, planos de previdência complementar e de assistência médica, programa de participação nos lucros ou, ainda, pronunciamentos formulados em termos mais gerais, para qualquer obrigação não prevista em lei"[78].

Igualmente, e também com base em disposições civis (art. 843 do Código Civil), cabe o registro de que, na mesma medida, **"a transação interpreta-se restritivamente"**.

Por outro lado, como verdadeira antípoda da interpretação restritiva, há a **interpretação extensiva ou ampliativa**, que é aplicada quando a situação concreta requer a **ampliação do alcance das palavras da lei**. O significado da norma é ampliado, passando a englobar mais objetos do que seu sentido literal. Essa modalidade de interpretação terá lugar quando a lei quis mais do que disse.

Perceba-se que a interpretação extensiva não cria uma regra nova, mas apenas amplia o alcance da norma posta. Foi justamente a interpretação utilizada pelo STF para garantir a estabilidade prevista no art. 10, II, *a*, do ADCT, aos cipeiros suplentes. Nos termos do RE 213.473-2 SP, o STF decidiu que, "ao se referir à estabilidade provisória do empregado eleito para cargo de direção de comissões internas de prevenção de acidente, desde o registro de sua candidatura até um ano após o final de seu mandato, **embora sem fazer referência textual ao suplente, não teve o efeito de excluir dele a referida garantia**, porquanto o suplente poderá exercer, em substituição, a titularidade do cargo de direção na defesa dos interesses dos trabalhadores".

Ao lado da interpretação extensiva, há **interpretação analógica**, que ocorre quando a própria norma apresenta uma cláusula genérica e, por meio dela, sugere que o intérprete dê o mesmo tratamento dos casos especificados aos casos que ela não especifica, desde que submetidos à mesma razão de direito.

Exemplo disso é visível no uso da **cláusula genérica "entre outros"**, muito encontrada nos textos normativos trabalhistas.

Veja-se, por exemplo, o *caput* do art. 611-A da CLT. Consta ali uma explícita permissão de interpretação analógica em favor dos aplicadores da norma ao dispor que "a convenção coletiva e o acordo coletivo de trabalho têm prevalência sobre a lei quando, **entre outros**, dispuserem sobre [...]". Perceba-se que, além das alíneas ali referidas, outros ajustes inseridos em instrumentos coletivos negociados podem, por interpretação analógica, ser considerados

---

[78] MALLET. Estêvão. A legislação trabalhista e a interpretação do contrato de trabalho — parâmetros aplicáveis. *Revista Magister de Direito do Trabalho*. Porto Alegre: Magister, ano VIII, n. 48, maio/jun. 2012.

prevalentes sobre a lei, desde que respeitado o limite contido no art. 611-B da CLT e, evidentemente, a tese firmada pelo STF no Tema 1.046 da repercussão geral (detalhes no tópico 21.10.3.4 desta obra).

A mesma situação é encontrável no art. 1º da Lei n. 9.029, de 1995, que, depois da modificação imposta pela Lei n. 13.146, de 2015 (Estatuto da Pessoa com Deficiência), passou a prever como "proibida a adoção de qualquer prática discriminatória e limitativa para efeito de acesso à relação de trabalho, ou de sua manutenção, por motivo de sexo, origem, raça, cor, estado civil, situação familiar, deficiência, reabilitação profissional, idade, **entre outros**, ressalvadas, nesse caso, as hipóteses de proteção à criança e ao adolescente previstas no inciso XXXIII do art. 7º da Constituição Federal". Perceba-se que a cláusula genérica "entre outros" permite ao julgador dar o mesmo tratamento dos casos especificados aos casos que a norma não especifica. Desse modo, a alteração normativa abriu portas para incluir entre as práticas discriminatórias aquelas praticadas contra os ativistas sindicais, contra os demandantes em ações trabalhistas aforadas contra o seu empregador e também, ilustrativamente, contra quem se dispusesse a atuar como testemunha em ação contra o seu próprio empregador.

O § 2º do art. 843 da CLT revela um terceiro exemplo de cláusula genérica. Diz-se ali "outro motivo poderoso". Dessa forma, "se por doença ou qualquer **outro motivo** poderoso, devidamente comprovado, não for possível ao empregado comparecer pessoalmente, poderá fazer-se representar por outro empregado que pertença à mesma profissão, ou pelo seu sindicato".

Qual poderia ser esse "outro motivo poderoso"? Cabe ao intérprete da norma preencher esse conceito jurídico indeterminado.

Cabe atentar para o fato de que a interpretação analógica nada tem a ver com aplicação analógica ou com analogia, pois esse instituto é, em verdade, uma forma de integrar espaços normativos à norma. A norma é feita para a situação A, mas, por analogia, ela é aplicada para a situação B, que não tem previsão na lei. Normalmente, a analogia é um recurso integrativo. No direto do trabalho, como se verá no item 1.4.2.2, é encontrável na situação tratada na OJ-SDI1-355, segundo a qual "o desrespeito ao intervalo mínimo interjornadas previsto no art. 66 da CLT acarreta, por analogia, os mesmos efeitos previstos no § 4º do art. 71 da CLT e na Súmula 110 do TST".

1.4 INTEGRAÇÃO DAS NORMAS TRABALHISTAS

Para falar em integração é indispensável tratar da ideia de completude ou de incompletude do ordenamento jurídico. Entende-se por completude o estado segundo o qual o direito, como um sistema ordenado, terá sempre uma solução real para satisfazer cada controvérsia. A incompletude revela exatamente o contrário, ou seja, *a existência de uma situação para a qual se exigirá a adoção de uma solução integrativa*.

Assim, partindo da ideia de que não se admite a existência de lacunas reais no direito, este produz um *processo legitimado a colmatar eventual vazio em busca de uma solução satisfatória*. Dá-se a esse mecanismo o nome de **integração do Direito**.

A integração atua no campo das lacunas reais, e não das lacunas ideológicas, assim entendidos os vazios que derivam não da consideração do ordenamento jurídico como ele é, mas da comparação entre o sistema existente e aquele que idealmente deveria existir. "As lacunas ideológicas são lacunas de *iure condendo* (de direito a ser estabelecido), as lacunas reais são de *iure condito* (do direito já estabelecido)"[79].

---

[79] BOBBIO, Norberto. *Teoria do ordenamento jurídico*. 7. ed. Brasília: UnB, 1996.

Assim, para falar em completude ou incompletude de alguma coisa, é imprescindível não considerar a coisa em si mesma (como ela deveria ser), mas compará-la com alguma outra coisa efetivamente existente (por exemplo, a parte de um todo com o todo).

1.4.1 Métodos de integração

Destacam-se na doutrina dois métodos de integração: a heterointegração e a autointegração. Entende-se por *heterointegração* o método de colmatação por meio do qual as lacunas de um ordenamento são integradas a partir de normas ou de preceitos residentes **fora** do sistema de fontes. Isso ocorre quando se busca socorro no *direito comparado*, nos *usos e costumes*, nos *princípios gerais do direito* ou, ainda, na *equidade*.

A *autointegração*, por outro lado, é a sistemática de integração que preenche as lacunas a partir de elementos existentes **dentro** da própria fonte. Essa situação é verificada quando se busca auxílio na *jurisprudência* praticada ou quando se decide mediante *analogia*.

Perceba-se que a CLT, em seu art. 8º, *caput*, informa que tanto as autoridades administrativas quanto as judiciárias poderão, *na falta de disposições legais ou contratuais* capazes de oferecer uma solução real para satisfazer uma específica controvérsia, decidir consoante exijam as circunstâncias, com apoio em métodos de *autointegração* (*jurisprudência* ou *analogia*) ou de *heterointegração* (*equidade, princípios gerais do direito, usos e costumes ou direito comparado*). O referido dispositivo não impõe que o julgador observe a sequência dos métodos de integração ali contidos, mas deixa clara, pela posposição, a preferência pela autointegração em detrimento da heterointegração, ressaltando que, em qualquer caso, "nenhum interesse de classe ou particular prevaleça sobre o interesse público". Leia-se o texto:

> Art. 8º As autoridades administrativas e a Justiça do Trabalho, na falta de disposições legais ou contratuais, decidirão, conforme o caso, pela jurisprudência, por analogia, por equidade e outros princípios e normas gerais de direito, principalmente do direito do trabalho e, ainda, de acordo com os usos e costumes, o direito comparado, mas sempre de maneira que nenhum interesse de classe ou particular prevaleça sobre o interesse público.

Outro aspecto a observar em relação ao método trabalhista de integração está contido no § 1º do art. 8º da CLT. Como se pode notar, o direito comum será fonte subsidiária do direito do trabalho. Nesse ponto cabe ressaltar que a reforma trabalhista produzida mediante a Lei n. 13.467, de 13 de julho de 2017, **eliminou do texto normativo o filtro da compatibilidade da solução integrativa proposta**. A despeito dessa retirada, parece razoável concluir que a simples evidência da omissão não autorizará, por si só, uma postura integrativa qualquer, pois continuará a ser imprescindível a adoção de uma solução que esteja de acordo com a filosofia e com a principiologia do direito laboral.

Pode-se interpretar a retirada da menção à "compatibilidade" com algo que, de tão óbvio, não precisaria ser expressamente referido. Afrontaria, portanto, a lógica da vulnerabilidade do trabalhador a importação de preceitos que pressupõem a igualdade entre os contratantes, a exemplo do disposto no art. 940 do Código Civil, consoante o qual "aquele que demandar por dívida já paga, no todo ou em parte, sem ressalvar as quantias recebidas ou pedir mais do que for devido, ficará obrigado a pagar ao devedor, no primeiro caso, o dobro do que houver cobrado e, no segundo, o equivalente do que dele exigir, salvo se houver prescrição". Ora, se há, realmente, uma dessemelhança de posições entre operários e patrões, não seria razoável que juízes e tribunais trabalhistas apenassem aquele que detém parco acesso à documentação do contrato de emprego e que, por essa razão, poderia estar eventualmente, desde que livre de má fé, a pedir parcela já paga ou a postular mais do que efetivamente se poderia entender como devido.

1.4.2 Instrumentos de integração

Para que se possa falar em integração do direito é necessário tratar dos instrumentos por meio dos quais se alcança esse objetivo. Tais instrumentos serão aqui apresentados na ordem proposta no tópico anterior. Inicialmente serão apreciados os métodos de *autointegração* — *jurisprudência* e *analogia* — para, em seguida, ser contemplados os métodos de *heterointegração* — *equidade, princípios gerais do direito, usos e costumes ou direito comparado.*

1.4.2.1 Jurisprudência[80]

Para Mauro Cappelletti, "os principais criadores do direito [...] podem ser, e frequentemente são, os juízes, pois representam a voz final da autoridade. Toda vez que interpretam um contrato, uma relação real [...] ou as garantias do processo e da liberdade, emitem necessariamente no ordenamento jurídico partículas dum sistema de filosofia social; com essas interpretações, de fundamental importância, emprestam direção a toda atividade de criação do direito"[81]. Por meio desse procedimento criativo, os juízes, depois de ponderar sobre questões concretas, emitem entendimentos sobre o conteúdo da lei e criam conclusões abstratas, aplicáveis a outros conflitos de interesse, aptas a preencher lacunas normativas.

Não é raro, portanto, que, mediante a aplicação da jurisprudência, os tribunais não somente atuem como criadores do direito, mas também como integradores de eventuais vazios normativos. Assim agem, ora restringindo, ora ampliando o alcance da norma jurídica. Não faltam exemplos demonstrativos da aplicação da jurisprudência como instrumento de integração do direito. Veja-se, a título ilustrativo, a situação que diz respeito ao conceito de "abandono de emprego" (*vide* art. 482, *i*, da CLT).

Essa norma não esclarece relevantes detalhes, entre os quais aquele que diz respeito ao lapso de tempo necessário à caracterização do referido abandono. Qual seria esse prazo? A jurisprudência, então, **de modo integrativo**, firmou-se no sentido de que o abandono de emprego estaria presumido se o trabalhador não retornasse ao serviço **no prazo de trinta dias** nem apresentasse justificativas para tanto (veja-se a Súmula 32 do TST).

Mais uma situação significativa está contida na Súmula 146 do TST. A Lei n. 605/49 prevê em seu art. 9º (revogado durante o período de vigência da Medida Provisória n. 905, de 2019) que, ocorrendo trabalho "**nos dias feriados civis e religiosos**, a remuneração será paga em dobro, salvo se o empregador determinar outro dia de folga" (grifado). Note-se que a referida regra não contemplava os domingos, mas apenas os dias feriados. A jurisprudência do TST, então, de modo integrativo, passou a considerar coberto pelo mesmo dispositivo o trabalho também prestado em domingos. Para tanto editou a supracitada Súmula 146, nos seguintes moldes: "O trabalho prestado **em domingos e feriados**, não compensado, deve ser pago em dobro, sem prejuízo da remuneração relativa ao repouso semanal" (destaques não constantes no original).

Essa solução de colmatação foi produzida mediante a utilização de outro instrumento de autointegração: a analogia, cujo estudo será a seguir realizado. Anote-se, apenas a título de esclarecimento, que somente no ano de 2019, mediante a Medida Provisória n. 905, de 2019, um texto normativo que teve o seu prazo de vigência encerrado, veio expressamente tratar o assunto, com a mudança do texto do art. 70 da CLT, que, expressa e temporariamente, passou a prever o seguinte:

Art. 70. O trabalho aos domingos e aos feriados será remunerado em dobro, exceto se o empregador determinar outro dia de folga compensatória.

---

[80] Do latim *iuris prudentia*, vale dizer, da prudência aplicada para a solução de conflitos jurídicos.
[81] *Juízes legisladores?*. Porto Alegre: Sergio Antonio Fabris Editor, 1993.

Parágrafo único. *A folga compensatória para o trabalho aos domingos corresponderá ao repouso semanal remunerado.* (NR) (texto teve o seu prazo de vigência encerrado, conforme Ato Declaratório do Presidente da Mesa do Congresso Nacional n. 127, de 2020).

Antes de falar da "analogia", entretanto, deixa-se registrado o alerta quanto à tentativa de a reforma trabalhista calar a voz e interferir na independência dos juízes e tribunais no exercício de sua atividade essencial de dizer o direito. Afirma-se isso porque o § 2º do art. 8º da CLT, com redação determinada pela Lei n. 13.467, de 13 de julho de 2017, chegou aos píncaros de dispor que *"súmulas e outros enunciados de jurisprudência editados pelo Tribunal Superior do Trabalho e pelos Tribunais Regionais do Trabalho* **não poderão restringir direitos legalmente previstos nem criar obrigações que não estejam previstas em lei"* (destaques não constantes do original).

Essa disposição normativa afronta a garantia constitucional de independência da magistratura e retira dos juízes e tribunais a atribuição que lhes dá sentido dentro do Estado Democrático de Direito. Afinal, tendo em conta a competência própria para o controle da constitucionalidade das leis, juízes e tribunais **podem e devem** aplicar os preceitos legislativos conforme a Constituição ou, em determinadas situações, apenas a própria Constituição para afastar a incidência de normas que com ela colidam. Cabe-lhes, nas sábias palavras de Vieira de Andrade[82], a reavaliação do juízo do legislador e, na hipótese de conclusão quanto à não recepção ou à inconstitucionalidade da lei ordinária, o "poder de desaplicação" dessa norma. Nesse caso, na lição do referido mestre português, os juízes devem decidir "como se essa lei não existisse, aplicando diretamente, em vez dela, os preceitos constitucionais, devidamente interpretados e concretizados". A vinculação dos tribunais aos preceitos sobre direitos fundamentais, a propósito, traduz-se mesmo na expectativa de que eles efetivamente **interpretem, integrem e apliquem** os referidos direitos de modo a conferir-lhes a máxima eficácia possível dentro de um sistema jurídico.

Como, então, querer calar a magistratura e desautorizar *a priori* as suas interpretações mediante uma mera legislação infraconstitucional? Bastará que juízes e tribunais declarem a sua inconstitucionalidade para que ela se reduza a pó e seja levada pelo vento do esquecimento.

Idêntica crítica há de ser realizada no tocante ao disposto no § 3º do art. 8º da CLT pós reforma da Lei n. 13.467, de 13 de julho de 2017. Consta ali que *"no exame de convenção coletiva ou acordo coletivo de trabalho,* **a Justiça do Trabalho analisará exclusivamente a conformidade dos elementos essenciais do negócio jurídico***, respeitado o disposto no art. 104 da Lei n. 10.406, de 10 de janeiro de 2002 (Código Civil), e balizará sua atuação pelo princípio da intervenção mínima na autonomia da vontade coletiva"* (destaques não constantes do original). Esse dispositivo subestima a missão institucional dos magistrados e arvora-se a fronteira de atuação jurisdicional. Como se pode impor que a Justiça do Trabalho analise "exclusivamente" a conformidade dos elementos essenciais do negócio jurídico? Obviamente o magistrado tem a liberdade de ir além na defesa dos postulados constitucionais, ainda que se valha do argumento de, para tal análise, caber-lhe dizer se há ou não licitude no objeto do contrato.

Como admitir, por exemplo, a validade de um instrumento coletivo negociado que, por exemplo, limite o acesso ao próprio Judiciário? Como aceitar uma convenção ou acordo coletivo que, no transcursar da negociação coletiva, desprestigie o direito fundamental à proteção à maternidade?

---

82 VIEIRA DE ANDRADE, José Carlos. *Os direitos fundamentais na Constituição Portuguesa de 1976*. 4. ed. Coimbra: Almedina, 2009, p. 199.

Pode-se até falar no respeito ao *"princípio da intervenção mínima na autonomia da vontade coletiva"*, pois, de fato, o magistrado não deve impedir o lícito desejar dos contratantes coletivos, mas, em nome disso, não pode, sob esse pretexto, fechar os olhos para violações aos direitos fundamentais ou ainda aos direitos de terceiros.

1.4.2.2 Analogia[83]

Segundo Miguel Reale, "a analogia atende ao princípio de que o Direito é um sistema de fins". Justifica sua assertiva sustentando que, "se o sistema do Direito é um todo que obedece a certas finalidades fundamentais, é de se pressupor que, havendo identidade de razão jurídica, haja identidade de disposição nos casos análogos, segundo um antigo e sempre novo ensinamento: *ubi eadem ratio, ibi eadem iuris dispositio* (onde há a mesma razão deve haver a mesma disposição de direito)"[84].

Diante do quanto acima expendido, pode-se afirmar, com base nas lições do celebrado mestre, que a *analogia é um processo comparativo, por meio do qual se pode estender a um caso não previsto aquilo que o legislador previu para outro semelhante, em igualdade de razões*. Por analogia, então, mediante um cauteloso processo axiológico ou teleológico, estende-se a resposta de um caso particular previsto a um caso semelhante *por obediência à ordem ou à razão lógica substancial do sistema jurídico*.

Importante anotar que a analogia aqui estudada é a **analogia legis**, que visa efetivamente colmatar eventuais lacunas legislativas do ordenamento jurídico. Registra-se isso para que não se estabeleça confusão com a **analogia iuris**, procedimento pelo qual se supre a deficiência legal mediante o recurso aos *princípios gerais de direito*.

Para dar concreção às palavras aqui lançadas, exemplificam-se algumas situações em que o aplicador do direito laboral atuou segundo a analogia:

A primeira situação é aquela visível na redação da Súmula 229 do TST, segundo a qual, "por aplicação analógica do art. 244, § 2º, da CLT, as horas de sobreaviso dos eletricitários são remuneradas à base de 1/3 sobre a totalidade das parcelas de natureza salarial". Note-se que, no caso específico, o TST estendeu por analogia a regra do art. 244, § 2º, da CLT apenas aos eletricitários, mas esse processo analógico é realizado pela jurisprudência em favor de múltiplos profissionais que se encontrem diante das mesmas razões jurídicas.

A segunda situação-exemplo é a mencionada na Súmula 346 do TST, segundo a qual "os digitadores, por aplicação analógica do art. 72 da CLT, equiparam-se aos trabalhadores nos serviços de mecanografia (datilografia, escrituração ou cálculo), razão pela qual têm direito a intervalos de descanso de 10 (dez) minutos a cada 90 (noventa) de trabalho consecutivo".

A Orientação Jurisprudencial 355 da SDI-1 do TST oferece a terceira situação exemplificativa do uso da **analogia legis**, ao declarar que "o desrespeito ao intervalo mínimo interjornadas previsto no art. 66 da CLT acarreta, por analogia, os mesmos efeitos previstos no § 4º do art. 71 da CLT e na Súmula n. 110 do TST".

Para finalizar, anote-se que, diante do cancelamento da OJ 273 da SDI-1 do TST (inserida em 27-9-2002 e cancelada em maio de 2011), a jurisprudência sinalizou quanto à possibilidade de aplicação analógica da jornada dos telefonistas aos operadores de televendas, sem qualquer restrição. Rememore-se que, segundo a referida OJ, ora cancelada, a jornada reduzida de que trata o art. 227 da CLT não era entendida como aplicável, por analogia, ao operador de televendas, salvo se este exercesse suas atividades exclusivamente como telefonista em mesa de transmissão.

---

83 Do grego *anàlogos*, formado a partir de *ana-*, igual, e *-logos*, cômputo, relação.
84 *Lições preliminares de direito*. 27. ed. 8. tir. São Paulo: Saraiva, 2009, p. 296.

Existem muitas outras situações em que a analogia é aplicada como procedimento de integração, sendo certo que uma análise jurisprudencial permitirá a evidência dessa atuação aplicativa da norma.

1.4.2.3 Equidade[85]

A equidade é o referencial de justiça que norteia o magistrado no julgamento dos casos concretos, ou, ainda, o instrumento de aplicação ideal da norma ao caso concreto. Julgar mediante equidade significa dosar, por ato de humanidade, mas dentro dos lindes normativos[86], os efeitos de uma decisão. Esse especial modo de decidir tem efeito evidentemente integrativo quando a norma não se demonstra capaz de especificar uma solução para cada uma das múltiplas situações jurídicas possíveis. Exemplos cotidianos dessa operação são visíveis quando o magistrado:

1) exerce o poder normativo para decidir o conflito coletivo e, nesse âmbito, estabelece normas e condições de trabalho aplicáveis a determinada comunidade de trabalhadores, respeitadas as disposições mínimas legais de proteção ao trabalho, bem como as convencionadas; **2)** fixa uma indenização por dano moral[87]; **3)** delimita as situações de culpabilidade de empregado e empregador para definir quem foi o responsável pela terminação do vínculo (arts. 482, 483 e 484 da CLT); **4)** demarca a dimensão da culpa da vítima de acidente do trabalho (arts. 944 e 945 do CC); **5)** julga as matérias fáticas de um processo submetido ao rito sumário[88] e **6)** converte em indenização a reintegração de empregado estável, nos termos do art. 496 da CLT[89], ainda que inexistente pedido nesse sentido (*vide* Súmula 396, II, do TST[90]).

Perceba-se, então, que *a equidade será um procedimento integrativo na medida em que oferece uma solução especificada onde a lei não conseguiu especificar.*

1.4.2.4 Princípios gerais do direito

Os princípios gerais do direito são comandos normativos genéricos que condicionam e orientam a compreensão de todo o ordenamento jurídico, inclusive para fins de criação de

---

85   Teve origem no latim *aequitate*, e, que significa igualdade e equivalência, aplicadas segundo uma justiça natural. Dentre os bons estudos acerca desse tema são recomendáveis GIGLIO, Wagner D. A equidade e o direito do trabalho brasileiro. *Revista LTr*, São Paulo: LTr, 39/867-874; SILVA, Floriano Corrêa Vaz da. A equidade e o direito do trabalho. *Revista LTr*, São Paulo: LTr, 38/913-922; OLIVA, José Roberto Dantas. O magistrado em face da equidade como instrumento válido de interpretação e integração normativa. *Revista Juris Síntese*, n. 37, set./out. 2002; PAMPLONA FILHO, Rodolfo. A equidade no direito do trabalho. *Jus Navigandi*, Teresina, ano 5, n. 51, out. 2001. Disponível em: <http://jus2.uol.com.br/doutrina/texto.asp?id=2026>. Acesso em: 22 maio 2009.
86   Nos termos do parágrafo único do art. 140 do CPC/2015, "o juiz só decidirá por equidade nos casos previstos em lei".
87   Como a lei não tem meios de medir o sofrimento em suas diversas manifestações, ela atribui ao juiz a missão de poder fazer a dosimetria da indenização cabível.
88   O § 1º do art. 852-I da CLT dispõe que "o juízo adotará em cada caso **a decisão que reputar mais justa e equânime**, atendendo aos fins sociais da lei e às exigências do bem comum" (destaques não constantes do original).
89   Art. 496. Quando a reintegração do empregado estável for desaconselhável, dado o grau de incompatibilidade resultante do dissídio, especialmente quando for o empregador pessoa física, o tribunal do trabalho poderá converter aquela obrigação em indenização devida nos termos do artigo seguinte.
Art. 497. Extinguindo-se a empresa, sem a ocorrência de motivo de força maior, ao empregado estável despedido é garantida a indenização por rescisão do contrato por prazo indeterminado, paga em dobro.
90   **Súmula 396 do TST.** [...] II — Não há nulidade por julgamento *extra petita* da decisão que deferir salário quando o pedido for de reintegração, dados os termos do art. 496 da CLT (ex-OJ n. 106 — inserida em 1º-10-1997).

novas normas e para aplicação/integração daquelas existentes. Eles são considerados, como o próprio nome sugere, no início de qualquer ponderação, sendo, portanto, ponto de partida para as primeiras conclusões.

A utilidade integrativa desse instrumento é perceptível diante das situações em que o comando normativo, por sua generalidade, não se ocupou de considerar as vicissitudes de determinadas condutas humanas. Assim, diante de uma lacuna normativa, pode o aplicador ter de invocar um princípio geral do direito para encontrar uma solução não apresentada de modo expresso no texto legal. Note-se que princípio geral do direito não se confunde com jurisprudência, sendo ele autônomo em relação a esta. Nesse sentido é clara a lição de Eros Roberto Grau, segundo o qual "os princípios gerais de direito não constituem criação jurisprudencial; e não preexistem externamente ao ordenamento. A autoridade judicial, ao tomá-los de modo decisivo para definição de determinada solução normativa, simplesmente comprova a sua existência no bojo do ordenamento jurídico, do direito que aplica, declarando-os"[91].

Veja-se um exemplo: se um empregado solicitou a remoção de um estabelecimento patronal para outro situado em cidade diversa, não poderá, a despeito da inexistência de regra expressa nos arts. 469 e 470 da CLT, pedir que o empregador assuma os custos do adicional de transferência ou de acréscimo de despesas de transporte. Isso acontece porque o empregado tomou a iniciativa de mudar a sede do seu local de prestação de serviços. Assim, a despeito da omissão da norma, o trabalhador estaria agindo num *venire contra factum proprio* e, consequentemente, violando o princípio geral do direito que impõe o cumprimento daquilo que foi pactuado — *pacta sunt servanda*.

Outro exemplo de aplicação integrativa do direito a partir de princípios gerais é aquele que envolve a máxima segundo a qual "não se pode apenar mais de uma vez com base no mesmo ato". Apesar de não escrita como regra jurídica, essa máxima tem orientado as decisões no âmbito das caracterizações das despedidas com justa causa. Assim, apesar de não existir na lei qualquer impedimento de aplicação de duas ou mais penas com base no mesmo ato, esse entendimento é absolutamente pacífico.

1.4.2.5 Usos e costumes

Os usos e costumes são, conforme tratados no tópico dedicado às fontes do direito, normas de caráter geral resultantes da aplicação continuada de determinado comportamento aceito e exigível socialmente. Consoante mencionado, há um exemplo clássico de costume *praeter legem* (além da lei, com finalidade integrativa) no direito do trabalho. No art. 5º da Lei n. 5.889/73 (Estatuto do Trabalhador Rural), afirma-se que, em qualquer trabalho contínuo, de duração superior a seis horas, será obrigatória a concessão de um intervalo para repouso ou alimentação, *de acordo com os usos e costumes da região*.

1.4.2.6 Direito comparado

Como se sabe, uma das características do direito do trabalho é o *cosmopolitismo*, ou seja, a peculiaridade de extrapolar os lindes da legislação pátria para buscar inspiração em ordenamentos jurídicos estrangeiros. É certo, portanto, que, diante das omissões legislativas da norma trabalhista, é teoricamente possível a invocação de soluções integrativas a partir de documentos legislativos insertos em outros sistemas jurídicos. Tal invocação exige, obvia-

---

[91] GRAU, Eros Roberto. *Ensaio e discurso sobre a interpretação/aplicação do direito*. 4. ed. São Paulo: Malheiros, 2006, p. 48.

mente, certa identidade entre os sistemas "lacunoso" e "integrador". Por isso, a opção pelo uso do "direito comparado" como fórmula de integração deve vir acompanhada de uma série de justificativas para a escolha de um determinado ordenamento em detrimento de outros tantos existentes pelo mundo. Não se pode buscar aleatoriamente um sistema jurídico integrador, mas sim buscar cuidadosamente um ordenamento que normalmente inspiraria o legislador brasileiro. Apresentada essa motivação, as autoridades administrativas e judiciárias poderão decidir, na falta de disposições legais ou contratuais específicas, segundo o direito comparado invocado. Um exemplo diz respeito às limitações que se poderiam apresentar às despedidas coletivas, mas que o ordenamento jurídico brasileiro não disciplinou. No acórdão do recurso ordinário de dissídio coletivo RODC — 309/2009-000-15-00, relatado pelo Min. Maurício Godinho Delgado e publicado no *DEJT* em 4-9-2009, há uma pletora de invocações ao direito comparado.

1.5 APLICAÇÃO DO DIREITO DO TRABALHO

Para Miguel Reale, "a chamada 'aplicação da lei **no tempo e no espaço**' refere-se [...] à eficácia do Direito segundo o âmbito ou extensão de sua incidência, ou então em função dos momentos temporais ligados à sua vigência" (destaques não constantes do original)[92].

Entretanto, não é unicamente nos âmbitos **espacial** e **temporal** que são realizados os estudos relacionados à aplicação do direito. Pode-se falar, ainda, em aplicação **pessoal** do direito do trabalho, na medida em que se investigue a quem se destinam as leis.

Vejam-se os mencionados âmbitos de aplicação separadamente.

1.5.1 Aplicação pessoal

A quem se aplicam as normas de direito do trabalho?

Com esse questionamento pode ser iniciada a discussão que visa ao esclarecimento dos sujeitos destinatários das normas trabalhistas. Essa pergunta é respondida a partir da definição que se pode oferecer ao próprio direito do trabalho. Assim, se essa disciplina jurídica é entendida como o *conjunto de princípios e regras que regulam, em regra, a **prestação do trabalho subordinado***, é evidente que as normas trabalhistas a eles se destinam. Entretanto, partindo do que seja consensual, pode-se afirmar que as normas de direito do trabalho **não se aplicam**:

a) **aos exercentes de atividade em sentido estrito**, assim entendidos aqueles que *não trabalham*, mas apenas atuam para atingir objetivos diversos do sustento próprio e familiar, por exemplo, os estagiários (que visam à formação prática na linha de seu conhecimento teórico), os prestadores de serviços voluntários (que visam à prática de altruísmo) e as donas de casa (que visam à organização de sua estrutura familiar);

b) **aos servidores públicos**, assim entendidos aqueles trabalhadores que **estabelecem um vínculo institucional** (não contratual) com a Administração Pública, suas autarquias e fundações (servidores públicos efetivos) ou **aos trabalhadores que com estes fundam liames de caráter jurídico-administrativo** (servidores públicos temporários, inclusive contratados pelo regime especial de direito administrativo)[93];

---

[92] *Lições preliminares de direito*. 27. ed. 8. tir. São Paulo: Saraiva, 2009, p. 299.
[93] Veja-se, nesse sentido, a liminar concedida pelo Min. Nelson Jobim, nos autos da Ação Direta de Inconstitucionalidade (ADIn 3395) movida pela AJUFE — Associação Nacional de Juízes Federais. Por meio dela se manteve com a jurisdição comum a competência material para a apreciação e julgamento de lides

c) **aos exercentes de atividades de direção e assessoramento nos órgãos, institutos e fundações dos partidos, assim definidas em normas internas de organização partidária**, conforme expressa previsão feita pela Lei n. 13.877, de 2019, que dispôs sobre regras aplicadas às eleições. Nesse ponto, é relevante salientar que o dispositivo normativo não deixou claras as razões em virtude das quais aqueles que atuam em atividade de direção e assessoramento de partidos não estariam regidos pela CLT, mas isso claramente se previu. Pelo que se pode apreender das circunstâncias e do comando normativo, aqueles que atuam no âmbito aqui em discussão são exercentes de atividade em sentido estrito, tal qual aqueles que estão referidos na letra "a" acima referida, porque, em rigor, visam objetivos diferentes do sustento pessoal ou familiar;

d) aos que realizam trabalho autônomo;

e) aos que realizam serviço eventual;

f) aos que trabalham de forma coordenada, por exemplo, os sócios em favor do empreendimento comum.

Por outro lado, pode-se afirmar que as normas de direito do trabalho **aplicam-se**:

a) **aos trabalhadores subordinados** caracterizados como **empregados**, **urbanos** (regidos pela CLT), **rurais** (regidos pela Lei n. 5.889/73) e **domésticos** (regidos pela Lei Complementar n. 150/2015);

b) **aos trabalhadores temporários**, regidos pela Lei n. 6.019/74;

c) **aos trabalhadores avulsos**, conforme regra constante do art. 7º, XXXIV, da Constituição.

No plano da extensão operada pela Emenda n. 45/2004, e levando em conta a circunstância de que o direito em análise é direito **do trabalho**, e não direito do emprego (ou o direito de um grupo de trabalhadores subordinados), percebe-se que as normas da disciplina aqui estudada aplicam-se, em determinadas medidas, também aos trabalhadores autônomos e aos subordinados eventuais.

1.5.2 Aplicação espacial

Em que territórios são aplicadas as normas de direito do trabalho?

Essa pergunta permite a divisão do objeto de estudo da aplicação espacial em dois grandes blocos: o primeiro analisará a questão sob a perspectiva do campo de incidência da norma trabalhista dentro do ordenamento jurídico nacional; e o segundo levará em consideração a regência das relações jurídicas que envolvem prestação laboral em território estrangeiro. Vejam-se em detalhes.

1.5.2.1 O campo de incidência da norma trabalhista dentro do ordenamento jurídico nacional

Reitera-se, então, o questionamento: *em que território são aplicadas as normas de direito do trabalho?*

---

que envolvam vínculos institucionais ou de caráter jurídico-administrativo. *In verbis*: "suspendo, *ad referendum*, toda e qualquer interpretação dada ao inciso I do art. 114 da CF, na redação dada pela EC 45/2004, que inclua, na competência da Justiça do Trabalho, a [...] apreciação [...] de causas que [...] sejam instauradas entre o Poder Público e seus servidores, a ele vinculados por típica relação de ordem estatutária ou de caráter jurídico-administrativo".

Em princípio, a resposta seria a de que toda lei tem seu campo de aplicação espacial limitado às fronteiras do ente político que a editou. Assim sendo, como compete privativamente à União legislar sobre direito do trabalho (art. 22, I, do texto constitucional), o campo de aplicação das normas laborais corresponderá ao de todo o território nacional.

Pode-se, entretanto, questionar: *há exceção à regra constitucional de aplicabilidade nacional das normas de direito do trabalho? Podem os Estados legislar sobre questões específicas das matérias laborais?* A resposta é afirmativa. Isso acontece por conta de uma especial ressalva constante do parágrafo único do art. 22 da Constituição da República. Observe-se que, nos moldes do citado dispositivo, lei complementar federal poderá autorizar os Estados excepcionalmente a legislar sobre questões específicas das matérias relacionadas nos incisos do precitado art. 22. Veja-se:

> Art. 22. *Compete privativamente à União legislar sobre:*
> I — *direito civil, comercial, penal, processual, eleitoral, agrário, marítimo, aeronáutico, espacial e* **do trabalho**; [...]
> *Parágrafo único. Lei complementar poderá autorizar os Estados a legislar sobre questões específicas das matérias relacionadas neste artigo.*

Observe-se que a situação apresentada como excepcional pelo mencionado parágrafo único **possui precedente no campo laboral**. Veja-se, nesse particular, o texto da Lei Complementar n. 103, de 14-7-2000, e perceba-se que o mencionado texto legislativo autoriza os Estados e o Distrito Federal, **mediante lei de iniciativa do Poder Executivo**, a instituir piso salarial proporcional à extensão e à complexidade do trabalho.

1.5.2.2 A regência das relações jurídicas que envolvem prestação laboral em território estrangeiro

Para além da perspectiva que diz respeito ao mero campo de incidência da norma trabalhista, há uma série de indagações possíveis em torno da norma jurídica aplicável às relações trabalhistas realizadas no todo ou em parte no território estrangeiro.

Tal variável questiona *a regência das relações jurídicas totalmente realizadas dentro do Brasil por brasileiros ou estrangeiros contratados no país, total ou parcialmente realizadas fora do Brasil por brasileiros ou estrangeiros contratados no país, total ou parcialmente realizadas no exterior por brasileiros ou estrangeiros contratados no país e ainda as relações total ou parcialmente desenvolvidas no Brasil por brasileiros ou estrangeiros contratados no exterior.* Enfim, **a relação jurídica trabalhista é regida pelas leis vigentes no país da contratação ou no da prestação dos serviços?**

1.5.2.2.1 *Relações jurídicas totalmente realizadas dentro do Brasil por brasileiros ou estrangeiros contratados no Brasil*

A relação jurídica trabalhista totalmente realizadas dentro do Brasil por brasileiros e estrangeiros contratados no país *é regida pelas leis vigentes em que país?*

A resposta a esse questionamento é obtida a partir da leitura do art. 198 da Convenção de Direito Internacional Privado de Havana de 1928 (Código Bustamante[94]), que sinaliza

---

[94] O nome "Código Bustamante" é uma homenagem ao jurista cubano Sánchez Bustamante, que elaborou seu projeto. Tal diploma legal foi integrado ao ordenamento jurídico brasileiro por meio do **Decreto n. 18.871, de 13 de agosto de 1929**, subscrito pelo então Presidente Washington Luís.

A Resolução do Congresso Nacional que aprovou a Convenção de Direito Internacional Privado, adotada pela Sexta Conferência Internacional Americana, reunida em Havana, foi assinada em 20 de fevereiro de 1928 e sancionada pelo Decreto n. 5.647, de 8 de janeiro de 1929.

estar a proteção social do trabalhador, *em princípio*, regida pela lei territorial, ou seja, pela *lei do local de prestação dos serviços (lex loci executionis)*.

Nesses termos, se um empregado, independentemente de sua nacionalidade, é contratado para trabalhar na Itália, deve-se aplicar a ele a legislação italiana. Do mesmo modo, se um empregado é contratado no Brasil, independentemente de sua nacionalidade, há de aplicar-se a legislação brasileira.

A mesma lógica se aplica aos **empregados contratados por Missões Diplomáticas, Repartições Consulares e Organismos Internacionais sediados no Brasil, ou a agentes diplomáticos e funcionários consulares estrangeiros?**

A resposta é afirmativa. Segundo a Coordenação-Geral de Privilégios e Imunidades do Itamaraty (http://www.cgpi.itamaraty.gov.br/pt-br/relacoes_trabalhistas.xml), a praxe internacional consolidou no sentido de que, nas relações de trabalho estabelecidas localmente, se aplicam as normas do país em que o trabalhador se encontra. Essa posição é encontrável, entre outros documentos sobre o assunto, na Convenção Europeia sobre Imunidades dos Estados, de 1972, no Foreign Sovereign Immunity Act, dos Estados Unidos da América, de 1976, e no State Immunity Act, do Reino Unido, de 1978.

Ademais, as Convenções de Viena sobre Relações Diplomáticas e sobre Relações Consulares prescrevem, no § 3º do art. 33 e no § 3º do art. 48, respectivamente, que, para os empregados contratados localmente, devem ser cumpridas as obrigações impostas aos empregadores pelas **disposições de previdência social do Estado receptor**, e que as mesmas Convenções destacam a obrigação de que, sem prejuízo de seus privilégios e imunidades, todas as pessoas que gozem dessas prerrogativas **deverão respeitar as leis e os regulamentos do Estado acreditado** (§ 1º do art. 41 e § 1º do art. 55, respectivamente).

1.5.2.2.2 Relações jurídicas parcialmente realizadas dentro do Brasil por brasileiros ou estrangeiros contratados no Brasil. A situação da transferência para o exterior

Nos termos do art. 2º da Lei n. 7.064/82, que dispõe sobre a situação de trabalhadores contratados ou transferidos para prestar serviços no exterior, considera-se transferido:

I – o empregado removido para o exterior, cujo contrato estava sendo executado no território brasileiro;

II – o empregado cedido à empresa sediada no estrangeiro, para trabalhar no exterior, desde que mantido o vínculo trabalhista com o empregador brasileiro;

III – o empregado contratado por empresa sediada no Brasil para trabalhar a seu serviço no exterior.

Entende-se, portanto, como "transferência", para os fins da referida Lei n. 7.064/82, a alteração contratual que produza a remoção para o exterior de empregado contratado no território brasileiro, bem assim do empregado contratado no país que venha a ser cedido à empresa sediada no estrangeiro para trabalhar no exterior e do empregado contratado por empresa estrangeira sediada no Brasil para trabalhar a seu serviço no exterior. Em todas as suas variáveis, é indispensável que o trabalhador tenha sido originariamente contratado no Brasil.

Nesses termos, se um trabalhador, independentemente de sua nacionalidade, seja contratado no Brasil e posteriormente transferido *por mais de 90 dias* para o exterior, haverá de aplicar-se a ele, nos termos das Leis n. 7.064/82 e 11.962/2009[95], a disposição que lhe seja mais be-

---

[95] Esta lei alterou a redação do art. 1º da Lei n. 7.064, de 6 de dezembro de 1982, estendendo as regras desse diploma legal a todas as empresas que venham a contratar ou transferir trabalhadores para prestar serviço no exterior.

néfica "no conjunto de normas e em relação a cada matéria", vale dizer, a fonte normativa interna ou estrangeira que, por conglobamento mitigado, se revele mais vantajosa.

Cabe observar que o TST reconhecia, por meio de sua Súmula 207, o citado princípio da *lex loci executionis*. Esse reconhecimento, entretanto, estava ali cristalizado sem as exceções contidas nas Leis n. 7.064/82 e 11.962/2009. Por isso, com o propósito de não comprometer as referidas exceções ao princípio geral, a Corte Superior Trabalhista entendeu por bem, em abril de 2012, cancelar a citada súmula[96], mas, com esse ato, não externou, como se pode imaginar, entendimento de que não se aplicaria mais o dispositivo constante do art. 198 do Código Bustamante. Bem pelo contrário, o TST entendeu não mais ser necessária a manutenção de uma súmula para externar aquilo que claramente está previsto na Convenção de Direito Internacional Privado.

É importante anotar o tratamento diferenciado que se oferece aos **técnicos estrangeiros domiciliados ou residentes no exterior, para execução, no Brasil, de serviços especializados, em caráter provisório, com estipulação de salários em moeda estrangeira**. Eles estão regulados pelo Decreto-Lei n. 691, de 18 de julho de 1969, que prevê a *inaplicação de diversas disposições da legislação trabalhista*. Observe-se o texto normativo:

> *Art. 1º Os contratos de técnicos estrangeiros domiciliados ou residentes no exterior, para execução, no Brasil, de serviços especializados, em caráter provisório, com estipulação de salários em moeda estrangeira, serão, obrigatoriamente, celebrados por prazo determinado e prorrogáveis sempre a termo certo,* **ficando excluídos da aplicação do disposto nos artigos n. 451, 452, 453, no Capítulo VII do Título IV da Consolidação das Leis do Trabalho e na Lei n. 5.107, de 13 de setembro de 1966 [Lei do FGTS], com as alterações do Decreto-lei n. 20, de 14 de setembro de 1966, e legislação subsequente.**
>
> *Parágrafo único. A rescisão dos contratos de que trata este artigo reger-se-á pelas normas estabelecidas nos arts. 479, 480, e seu § 1º, e 481 da Consolidação das Leis do Trabalho.*
>
> *Art. 2º Aos técnicos estrangeiros contratados nos termos deste Decreto-lei serão assegurados,* **além das vantagens previstas no contrato, apenas as garantias relativas a salário mínimo, repouso semanal remunerado, férias anuais, duração, higiene e segurança do trabalho, seguro contra acidente do trabalho e previdência social deferidas ao trabalhador que perceba salário exclusivamente em moeda nacional.**
>
> *Parágrafo único. É vedada a estipulação contratual de participação nos lucros da empresa.*
>
> *Art. 3º A taxa de conversão da moeda estrangeira será, para todos os efeitos, a da data do vencimento da obrigação.*

Perceba-se que, nos termos da Lei em análise, aos técnicos estrangeiros domiciliados ou residentes no exterior, para execução, no Brasil, de serviços especializados, em caráter provisório, com estipulação de salários em moeda estrangeira, não se aplicam o disposto nos arts. 451, 452 e 453, no Capítulo VII do Título IV da Consolidação das Leis do Trabalho e na Lei do FGTS.

Quando esses técnicos estrangeiros forem contratados para receber salário em moeda nacional, serão assegurados, além das vantagens previstas no instrumento contratual,

---

96 **Súmula 207 do TST** "CONFLITOS DE LEIS TRABALHISTAS NO ESPAÇO. PRINCÍPIO DA *LEX LOCI EXECUTIONIS*. A relação jurídica trabalhista é regida pelas leis vigentes no país da prestação de serviço e não por aquelas do local da contratação" (criada pela Res. n. 13/85, *DJ*, 11-7-1985 e ora **cancelada** pela Res. n. 181/2012, *DEJT* divulgado em 19, 20 e 23-4-2012).

apenas as garantias relativas a salário mínimo, repouso semanal remunerado, férias anuais, duração, higiene e segurança do trabalho, seguro contra acidente do trabalho e previdência social. É-lhes vedada, ademais, a estipulação contratual de participação nos lucros da empresa.

Essas restrições, porém, não parecem estar conforme a Constituição, pois, ao menos durante a execução do serviço especializado, o estrangeiro estará licitamente residindo no Brasil, aplicando-lhe, por isso, o disposto no *caput* do art. 5º do texto fundamental. Note-se, ademais, que o art. 7º da Carta da República não exclui nenhum trabalhador da sua aplicabilidade, motivo pelo qual é de difícil assimilação a tese de aplicabilidade do Decreto-lei n. 691, de 18 de julho de 1969.

1.5.2.2.3 Relações jurídicas totalmente realizadas no exterior por brasileiros contratados no Brasil

Nos termos da Lei n. 11.440, de 29 de dezembro de 2006, denominado de Regime Jurídico dos Servidores do Serviço Exterior Brasileiro, "o Serviço Exterior Brasileiro, essencial à execução da política exterior da República Federativa do Brasil, constitui-se do **corpo de servidores, ocupantes de cargos de provimento efetivo**, capacitados profissionalmente como agentes do Ministério das Relações Exteriores, no País e no exterior, organizados em carreiras definidas e hierarquizadas, ressalvadas as nomeações para cargos em comissão e para funções de chefia, incluídas as atribuições correspondentes, nos termos de ato do Poder Executivo".

Aplica-se aos integrantes do Serviço Exterior Brasileiro o disposto nesta Lei, na Lei n. 8.829, de 22 de dezembro de 1993, e na legislação relativa aos servidores públicos civis da União.

E o brasileiro contratado no exterior para prestar serviço a missão diplomática, antes da Constituição Federal de 1988, obteve estabilidade e passou a submeter-se à Lei n. 8.112/90 (Estatuto dos Servidores Públicos Civis da União)?

A resposta revelou-se positiva. Nesse particular, é importante observar que o Plenário do Supremo Tribunal Federal (STF) rejeitou o trâmite (não conheceu) do Recurso Extraordinário (RE) 652.229, que discutia a possibilidade de brasileiro contratado no exterior para prestar serviço a missão diplomática, antes da Constituição Federal de 1988, obter estabilidade e se submeter à Lei n. 8.112/90 (Estatuto dos Servidores Públicos Civis da União). Em julgamento concluído na sessão virtual de 14/12, a maioria dos ministros entendeu que, por não se tratar de matéria constitucional, o recurso não poderia ser analisado sob o prisma da repercussão geral.

Com a decisão, **ficou mantido entendimento do Superior Tribunal de Justiça (STJ)** que determinou o enquadramento de uma auxiliar do Ministério das Relações Exteriores (MRE), contratada em 1977, para prestar serviços à comissão diplomática brasileira no exterior, na Lei n. 8.112/90, garantindo-lhe, portanto, a estabilidade especial prevista no art. 19 do Ato das Disposições Constitucionais Transitórias (ADCT).

Pelo dispositivo, os servidores públicos civis da União, dos Estados, do Distrito Federal e dos Municípios, em exercício, na data da promulgação da Constituição, há pelo menos cinco anos continuados, são considerados estáveis, com exceção dos ocupantes de cargos, funções e empregos de confiança, em comissão ou de livre exoneração. É importante anotar que, no recurso extraordinário, a União argumentara que a decisão do STJ teria violado a parte do art. 19 do ADCT que vedava a estabilidade aos ocupantes de cargos que a lei declarasse de livre exoneração, sustentando que, na época, a legislação previa a contratação de auxiliares pelo MRE a título precário e demissível.

1.5.2.2.4 Relações jurídicas realizadas a bordo de navios ou aeronaves. A Lei do Pavilhão e o princípio do centro da gravidade

Cabe aqui referenciar uma importante exceção à regra da *lex loci executionis*: aquela aplicável a trabalhadores em navios e aeronaves.

Como bem destacaram Zanotelli e Moschen, o trabalho dos marítimos — *inicialmente vale uma referência a eles* — sempre foi, em regra, marcado pela disciplina e pelo respeito ao Comandante, chefe superior, responsável pela segurança da embarcação, da carga, dos tripulantes e das demais pessoas a bordo do navio: "as relações de hierarquia, as regras de convivência a bordo, bem como os direitos da tripulação foram durante séculos regulamentados tão-somente por meio de regras costumeiras, fruto da própria vivência no mar"[97].

Os ordenamentos jurídicos trabalhistas tinham como limite de aplicação os confins dos territórios nacionais, não estando o alto mar ao alcance de nenhuma norma senão aquela criada por quem comandava o destino das embarcações.

Isso teve fim. A Convenção de Direito Internacional Privado, adotada pela Sexta Conferência Internacional Americana, reunida em Havana e assinada em 20 de fevereiro de 1928, passou a prever, nos **arts. 279 e 281**, que se sujeitam à chamada **Lei do Pavilhão, ou Lei da Bandeira**, os poderes e obrigações do capitão e a responsabilidade dos proprietários e armadores por seus atos, bem assim as obrigações dos oficiais e dos marítimos de um modo geral.

Como disseram as referidas Zanotelli e Moschen, "a bandeira hasteada pelo navio deixou de ser tida como uma mera declaração de lealdade política ou símbolo de proteção estatal e passou a carregar consigo a jurisdição da nação que representa"[98]. Nesse particular, o art. 94 da **Convenção das Nações Unidas sobre o Direito do Mar, de 1982**, é bem claro no sentido de que, entre os deveres do Estado de bandeira, está o de exercer, de modo efetivo, a sua jurisdição e o controle em questões administrativas, técnicas e sociais sobre navios que arvorem a sua bandeira.

No que diz respeito às relações de trabalho, cabem ser tomadas, para os navios, e também para as aeronaves, as medidas necessárias para garantir a segurança no mar e no ar, no que se refere à composição, às condições de trabalho e à formação das tripulações, tendo em conta os instrumentos internacionais aplicáveis.

Ressalte-se: os navios — e também as aeronaves — possuem a nacionalidade do Estado cujas bandeira estejam autorizadas a arvorar. Deve existir um vínculo substancial entre o Estado e o navio ou aeronave.

A **Lei do Pavilhão**, entretanto, apesar de ter-se constituído em avanço na determinação de responsabilidades, sofreu relativizações, tal qual circunstancialmente se vê nas hipóteses de confronto ou de concorrência de leis no espaço. Em casos tais, como bem analisou Savigny na sua teoria da "sede do fato", caberá determinar qual seria a "sede" ou o "centro de gravidade" da problemática para que seja possível a identificação do ordenamento jurídico mais apto a ser reconhecido como o solucionador.

Emerge, assim, o chamado **princípio do most significant relationship**, *consoante o qual as regras de Direito Internacional Privado cederão espaço à legislação que tenha uma ligação mais forte ou um relacionamento mais significativo com o problema jurídico que precisa de uma fonte normativa para regê-lo.*

---

[97] ZANOTELLI, Ana Gabriela Camatta; MOSCHEN, Valesca Raizer Borges. A efetivação dos direitos dos trabalhadores marítimos no contexto dos navios de bandeira de conveniência. *Revista Jurídica da Presidência*, Brasília, p. 91-118, 2016.
[98] ZANOTELLI, Ana Gabriela Camatta; MOSCHEN, Valesca Raizer Borges. *Op. cit.*, p. 91-118.

Em artigo intitulado "Lei do Pavilhão e princípio do centro da gravidade"[99], Fabiano Coelho de Souza oferece exemplo a partir de ilustração segundo a qual um navio estrangeiro presente em águas brasileiras com a finalidade de desenvolver atividades comerciais (de turismo, por exemplo) contrata trabalhadores brasileiros. Nesse caso, o autor posiciona-se no sentido de que não seria razoável excluir o critério da territorialidade apenas pelo fato de a embarcação estar registrada em outro país, quando o trabalhador tivesse sido admitido no Brasil, e aqui tivesse prestado serviços, ainda que posteriormente viesse a desenvolver atividades em águas internacionais. Para ele, com muita razoabilidade, *"a regra do pavilhão foi consagrada como forma justamente de beneficiar o trabalhador, não podendo ser, assim, invocada para frustrar as proteções legais mínimas que conferem dignidade ao trabalho".*

Diante desse conjunto de regras e de posicionamentos, cabe a conclusão no sentido de que o direito do trabalho brasileiro, e todo o sistema que ele recepcionou, pode ser invocado e aplicado para reger contratações realizadas no território nacional, independentemente de, posteriormente, deslocar-se para navegação em mares e céus de outros países[100].

1.5.3 Aplicação temporal

A partir de quando e até quando se aplicam as normas de direito do trabalho? As leis revogadas podem ser aplicadas em relação a alguma situação jurídica?

Esses questionamentos visam desvendar o instante a partir do qual ocorrerá a realização da incidência da norma abstrata sobre o caso concreto e acaba por exigir o posicionamento do direito do trabalho em relação à **revogação** e à **irretroatividade das normas legais** e à problemática do **direito adquirido**.

Anote-se, então, quanto ao instituto da revogação, que o direito do trabalho submete-se à regra geral, prevista na Lei de Introdução às Normas do Direito Brasileiro (Decreto-Lei n. 4.657, de 4-9-1942)[101], no sentido de que a norma jurídica com vigência indeterminada vigorará até que outra *de mesma hierarquia e abrangência* a modifique ou revogue. A lei posterior, portanto, revogará a anterior em três situações básicas:

- quando expressamente a lei substituinte o declarar;
- quando a lei posterior for incompatível com a lei anterior; ou
- quando a lei posterior regular inteiramente a matéria de que tratava a lei anterior.

---

99 SOUZA, Fabiano Coelho de. Lei do Pavilhão e princípio do centro da gravidade. Disponível em: http://www.magistradotrabalhista.com.br/2015/11/lei-do-pavilhao-e-principio-do-centro.html. Acesso em: 1º abr. 2018.

100 Sobre esse tema, a 5ª Turma do TST adotou o entendimento de que a Justiça brasileira é competente para julgar os conflitos trabalhistas nos casos em que as obrigações relacionadas ao contrato de trabalho são constituídas no Brasil, ainda que a prestação de serviços ocorra em navios cuja navegação abarque águas brasileiras e estrangeiras, pois o conteúdo obrigacional do pacto jurídico celebrado apenas poderia ser fixado a partir da legislação nacional, mais benéfica em relação à Convenção das Nações Unidas sobre Direito do Mar, por expressa imposição dos arts. 5º, § 2º, da Constituição, 9º da LINDB e 3º, II, da Lei n. 7.064/82 e 19, item 8, da Constituição da Organização Internacional do Trabalho (OIT). Precedentes de Turmas do TST. (Ag-AIRR-1504-72.2015.5.09.0088, 5ª Turma, Rel. Min. Breno Medeiros, *DEJT*, 30-4-2021).

101 "Lei de Introdução às Normas do Direito Brasileiro" é o nome que atualmente aparece na ementa do Decreto-Lei n. 4.657, de 4-9-1942, em substituição à antiga denominação, "Lei de Introdução ao Código Civil". A alteração, produzida pela Lei n. 12.376, de 30-12-2010, teve o expresso objetivo de ampliar o campo de atuação do citado Decreto-Lei e de tornar induvidosa a sua exigibilidade em todos os ramos do ordenamento jurídico brasileiro.

Anote-se que a Lei Fundamental não revoga qualquer norma constante do ordenamento jurídico. Na verdade, todas as normas existentes no instante de promulgação do texto constitucional *são ou não recepcionadas por ele, estão ou não em conformidade com ele*. Isso ocorre porque a norma constitucional é condicionante, jamais condicionada. Se, depois de promulgado o texto constitucional, uma norma qualquer colide com ele, diz-se que essa norma é inconstitucional.

Acrescente-se que, de modo geral, entre normas de mesma hierarquia e abrangência, a lei revogada não se restaura caso a lei revogadora venha a perder a vigência. Trata-se de regra de *não repristinação*, que, entretanto, comporta exceções. Uma situação na qual se admite que a lei substituinte seja restaurada está relacionada às medidas provisórias, embora se prefira falar apenas em efeito repristinatório, e não propriamente em repristinação. De acordo com o constitucionalista Pinto Ferreira, "a rejeição da medida provisória pelo Parlamento ou Congresso não somente provoca a exclusão de tal espécie normativa do sistema positivo, como ainda **restabelece a eficácia da legislação pertinente anterior à sua edição**" (destaques não constantes do original)[102].

Esse efeito, entretanto, não poderá ser praticado sobre as medidas provisórias se elas majorarem o padrão de direitos trabalhistas mínimos. Imagine-se, por exemplo, que, por medida provisória, o Presidente da República majore o salário mínimo[103] para R$ 3.000,00. Imagine-se, ainda, que esse salário mínimo seja praticado pelos empregadores de todo o País durante um mês e que, posteriormente, o Congresso Nacional entenda que o padrão é exagerado e que ele deveria ser fixado na dimensão correspondente a R$ 2.000,00.

Pergunta-se, ainda: o Congresso Nacional poderia editar lei autorizando a retrocessão social? O legislador ordinário poderia promover a redução salarial em afronta à garantia da irredutibilidade salarial (art. 7º, VI, da Constituição)?

As respostas, *in tese*, parecem ser negativas, uma vez que a retribuição mínima, fixada por lei (ainda que por medida provisória), é inaviltável, salvo mediante lesão ao desenvolvimento social, um dos valores supremos do Estado Democrático de Direito. Diante disso, e decerto com o objetivo de evitar efeitos dessa natureza sobre os salários, a Lei n. 12.382, de 25 de fevereiro de 2011, especialmente do disposto no seu art. 3º, passou a permitir reajustes e aumentos feitos pelo Poder Executivo mediante "decreto"[104].

---

102 *Comentários à Constituição Federal*: arts. 54 a 91. São Paulo: Saraiva, 1992, v. 3, p. 290-294.

103 Sobre o instrumento normativo que fixa o valor do salário mínimo, registre-se a existência da Lei n. 12.382, de 25 de fevereiro de 2011, especialmente do disposto no seu art. 3º, que permite reajustes e aumentos feitos pelo Poder Executivo mediante "decreto". Note-se que, por conta dessa disposição, três partidos políticos (PPS, PSDB e DEM) ajuizaram a Ação Direta de Inconstitucionalidade (ADI) 4.568, com o objetivo de discutir a possibilidade jurídica, ante a disposição constitucional inserta no inciso IV do art. 7º, de o Poder Executivo estar realmente autorizado a reajustar e a aumentar o salário mínimo por meio de decreto. O Plenário do Supremo Tribunal Federal, em novembro de 2011, julgou improcedente a ADI e, por consequência, reconheceu, por maioria de votos, a discutida constitucionalidade. Na esteira da declaração de constitucionalidade, cabe observar o teor do art. 2º da Lei n. 13.152/2015, segundo o qual "os reajustes e os aumentos fixados na forma do art. 1º serão estabelecidos pelo Poder Executivo, por meio de decreto". Nada impede, entretanto, que esse aumento seja procedido também por medida provisória, observada a lógica segundo a qual quem pode pelo menos (decreto) pode pelo mais (medida provisória submetida a posterior apreciação do Congresso Nacional).

104 Note-se que, por conta dessa disposição, três partidos políticos (PPS, PSDB e DEM) ajuizaram a Ação Direta de Inconstitucionalidade (ADI) 4.568, com o objetivo de discutir a possibilidade jurídica, ante a disposição constitucional inserta no inciso IV do art. 7º, de o Poder Executivo estar realmente autorizado a reajustar e a aumentar o salário mínimo por meio de decreto. O Plenário do Supremo Tribunal Federal, em novembro de 2011, julgou improcedente a ADI e, por consequência, reconheceu, por maioria de votos, a discutida constitucionalidade.

1.5.3.1 A intertemporalidade da lei trabalhista que produz retrocesso social: uma análise da reforma trabalhista produzida pela Lei n. 13.467, de 2017

Apesar de teoricamente ser uma violação ao princípio do não retrocesso social, e a despeito de, *in tese*, uma norma legal supressora de direitos estar fulminada pela inconstitucionalidade material, como se disciplinará a intertemporalidade de uma lei que, ao invés de produzir progressividade social, retira direitos do patrimônio jurídico dos trabalhadores?

Essa é uma pergunta delicadíssima. A resposta pressupõe o posicionamento do intérprete quanto aos efeitos dos direitos trabalhistas previstos em lei sobre o contrato de emprego. Parece acertada, porém, a tese segundo a qual os direitos previstos em lei incorporam-se às cláusulas contratuais de emprego e, a partir de então, passam a constituir um patrimônio jurídico, um verdadeiro direito adquirido. Essa incorporação, aliás, é automática, independente do desejar do trabalhador ou do empregador. Como bem disse José Cairo Júnior, "se nada for ajustado expressamente entre empregado e empregador quando da formação do vínculo empregatício, ainda assim este último terá a obrigação de, por exemplo, remunerar o trabalho com quantia não inferior ao salário mínimo, conceder o gozo de férias anuais remuneradas, efetivar os depósitos do FGTS na conta vinculada do empregado, remunerar a jornada extraordinária de trabalho com valor não inferior a 50% da hora normal etc."[105].

Ora, se houve a integração das normas legais ao conteúdo do contrato de emprego, não há falar-se em sua retirada pela simples revogação da lei que fora incorporada, notadamente quando a situação for supressiva de vantagens. O TST, aliás, teve oportunidade de manifestar-se sobre essa situação e posicionou-se exatamente segundo a tese aqui expendida. Veja-se, então, o entendimento adotado na sua **Súmula 191**, pós-edição da Lei n. 12.740/2012.

Recorde-se que a Lei n. 12.740/2012 revogou integralmente a Lei n. 7.369/1985, inclusive e especialmente na parte em que previa a base de cálculo do adicional de periculosidade para os eletricitários. O referido complemento salarial era pago sobre a integralidade da remuneração e passou a ser calculado apenas sobre o salário-base. Diante disso, fixou-se o entendimento de que "o adicional de periculosidade do empregado eletricitário, contratado sob a égide da Lei n. 7.369/1985, deve ser calculado sobre a totalidade das parcelas de natureza salarial" e de que "a alteração da base de cálculo do adicional de periculosidade do eletricitário, promovida pela Lei n. 12.740/2012, atinge somente contrato de trabalho firmado a partir de sua vigência, de modo que, nesse caso, o cálculo será realizado exclusivamente sobre o salário básico".

Essa intertemporalidade prescrita pelo TST parece estar de acordo com o princípio constitucional da irredutibilidade salarial, pois somente por meio dessa exegese seria possível contemporizar as mudanças e o respeito ao igualmente constitucional princípio de devoção ao direito adquirido. Em outras palavras, o empregado tem por adquirido um conjunto de direitos trabalhistas que somente pode merecer progressão, jamais retrocessão. Se por alguma razão ponderosa houver um declínio da vida social do trabalhador, as conquistas incorporadas ao seu patrimônio jurídico estarão preservadas. O novo direito com eventual *downgrade* social, *caso passe pelo filtro da inconstitucionalidade material por violação ao princípio do não retrocesso social*, somente será exigível de novos empregados, ou seja, de empregados que apenas mantiveram seus contratos com base na nova e menos favorável lei. Não há falar-se aqui em tratamento diferenciado ou em violação do princípio da igualdade, porque a vantagem pre-

---

[105] CAIRO JÚNIOR, José. *Curso de Direito do Trabalho*. 13. ed. Salvador: Podivm, 2016, p. 82-83.

servada em favor dos antigos empregados há de ser entendida como uma vantagem pessoal e, por isso, intransferível.

Esse assunto ganha relevo diante da reforma trabalhista de 2017, produzida pela Lei n. 13.467, de 13 de julho de 2017[106], pois alguns descensos foram infelizmente constatados. Tome-se como exemplo a supressão das horas *in itinere*. Esse ato normativo, *caso passe pelo filtro da inconstitucionalidade material por violação ao princípio do não retrocesso social*, não poderá produzir a simples e mera retirada do direito de recebimento das horas de itinerário daquele que, antes da vigência da lei da reforma trabalhista, as recebia. A solução proposta é, portanto, a da incorporação e do respeito ao direito adquirido daqueles que já recebiam as horas *in itinere* que somente deixarão de sê-las devidas se os pressupostos existentes para o seu pagamento deixarem de existir como, por exemplo, a outorga de transporte público regular no local em que está estabelecida a sede do empregador.

Raciocínio semelhante — fundado na incorporação dos direitos trabalhistas ao contrato de emprego — pode ser desenvolvido no que diz respeito à revogação do art. 384 da CLT que garantia intervalo de 15 minutos em favor das mulheres antes do início da prestação de qualquer hora extraordinária.

Note-se que a tese da incorporação das cláusulas legais mais favoráveis nos contratos de emprego **não tem aplicabilidade diante de modificações legislativas da natureza jurídica da parcela**, uma vez que envolve interesse tributário estatal. Assim, a transformação em verba remuneratória do que antes era parcela indenizatória ou vice-versa não pode, ao que tudo indica, ser obstaculizada pela teoria da incorporação dos direitos trabalhistas ao contrato de emprego.

Nessa ordem de ideias, *não há falar-se, por exemplo, em manutenção da natureza remuneratória das horas de intervalo intrajornada suprimidas*. A Lei n. 13.467, de 13 de julho de 2017, ao tratá-las expressamente como verba indenizatória, o faz indistintamente em relação aos antigos e aos novos contratos, **embora se deva considerar em todo caso a norma vigente no momento da ocorrência do fato gerador, vale dizer, na data da prestação do serviço**, tal qual analogicamente sugere o texto constante do § 2º do art. 43 da Lei n. 8.212/91[107]. Assim, mesmo depois de iniciada a vigência da Lei n. 13.467/2017, um pagamento correspondente ao mês de maio ou junho de 2017 sob o rótulo de intervalo intrajornada suprimido deve ser feito observada a natureza remuneratória da verba; supressões ocorridas depois da vigência da referida lei, porém, hão de ser consideradas como geradoras de parcelas indenizatórias, tal como preceitua a norma aqui em exame.

1.5.3.2 A Medida Provisória n. 808/2017 e a perda da sua eficácia

Segundo o texto da exposição de motivos da MP n. 808/2017, o Projeto de Lei n. 6.787, de 2016, proposto pelo Presidente da República, Michel Temer, tramitou no Congresso Nacional e foi aprovado pelo Plenário da Câmara dos Deputados em 26 de abril de 2017, contando com expressiva votação de 296 Deputados pela aprovação.

---

106 A Lei n. 13.467, de 13-7-2017, *DOU* de 14-7-2017, tem entre seus dispositivos um artigo que trata sobre a sua vigência. Veja-se:

Art. 6º Esta Lei entra em vigor **após** decorridos cento e vinte dias de sua publicação oficial.

Pois bem. Considerado o dia 14-7-2017 como data de publicação e de início de contagem dos 120 dias, o término dessa contagem se dará em 10-11-2017. Logo, as alterações previstas na Lei n. 13.467-2017 entram em vigor a partir do dia 11-11-2017, vale dizer, no 121º dia da publicação.

107 Art. 43. [...] § 2º Considera-se ocorrido o fato gerador das contribuições sociais na data da prestação do serviço (Incluído pela Lei n. 11.941, de 2009).

A proposta seguiu para apreciação pelo Senado Federal por meio do PLC n. 38, de 2017, que também contou com expressiva votação pela aprovação de 50 dos Senadores. O texto, sancionado em 13 de julho de 2017, foi incorporado ao ordenamento jurídico brasileiro como Lei n. 13.467, de 2017.

Durante todo o trajeto de construção da Lei n. 13.467/2017, falava-se na edição de medida provisória para aparar arestas que não foram desbastadas nas Casas legislativas. Muito se falou sobre o conteúdo dos textos das medidas provisórias, e sobre eventuais mudanças que seriam realizadas. Passados quatro dias do início da vigência da Lei (11-11-2017), eis que surge, em 14-11-2017, sob o número 808/2017, a Medida Provisória tão prometida, falada e contestada até mesmo dentro do Parlamento brasileiro.

O texto da referida Medida Provisória tinha a pretensão de oferecer mínimos ajustes para alguns pontos polêmicos da reforma trabalhista, seja para diminuir o exagero das suas tintas, seja para blindar a própria Lei n. 13.467/2017. As modificações produzidas pela MP visaram essencialmente a sistemática de prestação do trabalho em regime 12 x 36, o detalhamento em torno do dano extrapatrimonial, a metódica do pagamento do adicional de insalubridade para gestantes e lactantes, o detalhamento dos contratos de trabalho autônomo e de trabalho intermitente, o minudenciamento do sistema remuneratório e de gorjetas, o esclarecimento em relação à função da comissão de representantes dos empregados, o delineamento de alguns aspectos da prevalência do negociado coletivamente sobre o legislado, a implantação de uma nova política de recolhimento das contribuições previdenciárias e, essencialmente, a tentativa de fazer com que a integralidade do disposto na Lei n. 13.467/2017 passasse a ser aplicável aos contratos em curso.

A despeito dos ajustes realizados pela MP n. 808/2017, a norma não vicejou. A falta de acordo nas duas Casas Legislativas para aprovação motivou a perda da sua eficácia em 23 de abril de 2018 pelo decurso do tempo.

Questionou-se, então: o que acontece quando uma medida provisória perde a sua eficácia?

A resposta é dada pelo § 3º do art. 62 da Constituição da República, segundo o qual as medidas provisórias perderão eficácia, desde a edição, se não forem convertidas em lei no prazo de 60 (sessenta) dias, prorrogável uma vez por igual período, devendo o Congresso Nacional disciplinar, por decreto legislativo, as relações jurídicas delas decorrentes. O § 11 do mesmo art. 62 do texto constitucional prevê que, não editado — *como efetivamente não o foi* — o decreto legislativo disciplinador de efeitos até 60 (sessenta) dias após a rejeição ou perda de eficácia de medida provisória, as relações jurídicas constituídas e decorrentes de atos praticados durante sua vigência conservar-se-ão por ela regidas.

E foi o que aconteceu. Por não ter sido produzido o decreto legislativo disciplinador dos efeitos da perda da eficácia da MP n. 808/2017, as relações constituídas durante a sua vigência continuaram a ser por ela regidas. Exatamente por isso é importante deixar anotado e detalhado o conteúdo da MP n. 808/2017, que não deixou apenas de existir, mas, em rigor, integrou os contratos de emprego durante o período em que vigeu.

Outro ponto a considerar nesse intrincado conjunto normativo é que o então Ministério do Trabalho, numa tentativa de atenuar a perda da vigência da MP n. 808/2017 e a ausência de decreto legislativo disciplinador, expediu a Portaria n. 349, de 23 de maio de 2018, publicada no *DOU* de 24-5-2018, com a reiteração de alguns trechos da referida medida provisória nas matérias que dizem respeito ao trabalhador autônomo, ao contrato de trabalho intermitente, às gorjetas e à comissão de representantes dos empregados. Em lugar de conferir segurança, trouxe, porém, mais incerteza, especialmente por ter em algumas situações extrapolado o mero comando regulamentar de que dispõe o Poder Executivo. Essa citada portaria foi revogada e o seu texto foi atualizado pela Portaria/MTP n. 671, de 8 de novembro de 2021, dentro das coletâneas no marco regulatório trabalhista infraconstitucional.

1.5.3.3 A retroatividade da norma legal trabalhista benfazeja

Quando se trata de aplicação temporal, não há como prescindir também da análise da **irretroatividade da norma legal**, assim entendida a regra que assegura a impossibilidade de a norma jurídica produzir efeitos em data anterior àquela em que foi publicada[108]. Do mesmo modo que ocorre em relação ao direito penal, a irretroatividade é regra apenas quando não seja benfazeja ao trabalhador. Visando à melhoria da condição social do trabalho, há decisão que sinaliza no sentido da retroatividade trabalhista benigna. Veja-se o caso da Orientação Jurisprudencial 362 da SDI-1 do TST:

> **Orientação Jurisprudencial 362 da SDI-1 do TST.** *CONTRATO NULO. EFEITOS. FGTS. MEDIDA PROVISÓRIA 2.164-41, DE 24.08.2001, E ART. 19-A DA LEI N. 8.036, DE 11.05.1990. IRRETROATIVIDADE.* **Não afronta o princípio da irretroatividade da lei** *a aplicação do art. 19-A da Lei n. 8.036, de 11.05.1990, aos contratos declarados nulos celebrados antes da vigência da Medida Provisória n. 2.164-41, de 24.08.2001 (*destaques não constantes do original*).*

A interpretação judicial supraexpendida ofereceu, inegavelmente, uma vantagem para o trabalhador que estivesse na situação prevista no art. 19-A da Lei n. 8.036/90[109], sendo esta uma das muitas situações que podem acontecer na órbita da benignidade da retroatividade legal. **Se a situação envolvesse uma desvantagem, a jurisprudência não admitiria a retroatividade.** Veja-se a situação que diz respeito à aplicação do Decreto-Lei n. 2.322/87, no tocante à fórmula de cálculo de juros, conforme a Súmula 307 do TST:

---

108 É bom anotar que o princípio da irretroatividade é aplicado unicamente sobre normas jurídicas, **e não sobre o modo de interpretar essas normas jurídicas**. Deixe-se claro que súmulas e orientações jurisprudenciais são aplicáveis de imediato e que elas podem alcançar situações até mesmo anteriores à data de sua publicação. Tal ocorre porque os enunciados de jurisprudência dos tribunais representam não mais do que a consolidação de uma interpretação. Por não serem lei, não se sujeitam ao princípio da anterioridade. Esse, aliás, foi o posicionamento tomado pela 3ª Turma do TRT mineiro ao julgar o recurso ordinário de uma mineradora que não se conformava em ter de pagar ao empregado uma hora extra diária em razão da não concessão do intervalo intrajornada, nos moldes da OJ 380 da SDI-1, hoje Súmula 437, IV, do TST. A mineradora sustentava que a referida orientação jurisprudencial teria sido editada após o término do contrato de trabalho e que, por essa razão, não poderia ser aplicado o entendimento ali contido ao caso sob exame. A tese patronal foi, portanto, rejeitada (Processo 0002933-72.2011.5.03.0091 ED).

109 Art. 19-A. É devido o depósito do FGTS na conta vinculada do trabalhador cujo contrato de trabalho seja declarado nulo nas hipóteses previstas no art. 37, § 2º, da Constituição Federal, quando mantido o direito ao salário.

Parágrafo único. O saldo existente em conta vinculada, oriundo de contrato declarado nulo até 28 de julho de 2001, nas condições do *caput*, que não tenha sido levantado até essa data, será liberado ao trabalhador a partir do mês de agosto de 2002 (artigo acrescentado pela Medida Provisória n. 2.164-41, de 24-8-2001, em vigor conforme o art. 2º da EC n. 32/2001).

Anote-se que, em 26 de março de 2015, o Plenário do Supremo Tribunal Federal (STF), por maioria, julgou improcedente a Ação Direta de Inconstitucionalidade (ADI) 3127 e reafirmou o entendimento de que trabalhadores que tiveram o contrato de trabalho com a administração pública declarado nulo em decorrência do descumprimento da regra constitucional do concurso público têm direito aos depósitos do Fundo de Garantia do Tempo de Serviço (FGTS). O relator da ação, o ministro Teori Zavascki, afirmou que o dispositivo legal questionado, artigo 19-A da Lei n. 8.036/1990, não contraria qualquer preceito constitucional. Ele assinalou que o dispositivo legal não afronta o princípio do concurso público — previsto no artigo 37, parágrafo 2º, da Constituição Federal —, pois não torna válidas as contratações indevidas, mas apenas permite o saque dos valores recolhidos ao FGTS pelo trabalhador que efetivamente prestou o serviço devido. Registre-se, por fim, que a questão já havia sido enfrentada pelo STF no julgamento do Recurso Extraordinário (RE) 596478, com repercussão geral. Na ocasião, julgou-se legítimo o caráter compensatório da norma questionada.

*Súmula 307, TST. JUROS. **IRRETROATIVIDADE** DO DECRETO-LEI N. 2.322, DE 26.02.1987. A fórmula de cálculo de juros prevista no Decreto-Lei n. 2.322, de 26.02.1987, somente é aplicável a partir de 27.02.1987. Quanto ao período anterior, deve-se observar a legislação então vigente (Res. 5/1992, DJ, 5-11-1992).*

1.5.3.4 O direito adquirido e a sua aplicação temporal no direito do trabalho

O **direito adquirido** é mais um instituto relacionado à aplicação temporal do direito do trabalho. Entende-se como direito adquirido aquele para o exercício do qual não pende qualquer requisito de constituição, estando, por isso, definitivamente incorporado ao patrimônio jurídico de seu titular. Este estará, em princípio, protegido contra eventuais mudanças legislativas que regulem o ato pelo qual fez surgir seu direito.

Há, aliás, uma regra genérica, no particular, contida no art. 912 da CLT, segundo a qual os dispositivos de caráter imperativo terão aplicação imediata às relações iniciadas, *mas não consumadas* antes da vigência da lei instituidora. Assim, **o direito à aplicação da lei anterior somente é invocável diante de situações plenamente consumadas.** A título de exemplo, pode-se invocar o conteúdo da Orientação Jurisprudencial 271 da SDI-1 do TST[110], consoante a qual o "prazo prescricional da pretensão do rurícola, cujo contrato de emprego já se extinguira ao sobrevir a Emenda Constitucional n. 28, de 26.05.2000, tenha sido ou não ajuizada a ação trabalhista, prossegue regido pela lei vigente ao tempo da extinção do contrato de emprego".

A invocação do direito adquirido é também muito comum nas situações em que o vínculo de emprego termina com justa causa e o empregado, embora já tivesse constituído direito a férias integrais, ainda não as tenha fruído. Nesse caso, não há motivo jurídico que afaste o direito de seu respectivo titular, ainda que a terminação do ajuste tenha sido motivada pelo próprio trabalhador. O mesmo raciocínio é aplicável ao saldo de salário. Se houve o exercício da atividade laboral, não há causa resolutiva que exclua o direito já constituído.

Vejam-se algumas outras situações que dizem respeito ao instituto do direito adquirido.

Inicialmente, observe-se que a Súmula 248 do TST deixa clara a inexistência de direito adquirido do trabalhador ao **recebimento do adicional de insalubridade**. Isso acontece porque, uma vez modificada a situação do meio ambiente de trabalho, no sentido de desaparecer a condição insalubre, desaparece, consequentemente, o direito ao recebimento do adicional respectivo. Observe-se:

Súmula 248. TST. ADICIONAL DE INSALUBRIDADE. DIREITO ADQUIRIDO. A reclassificação ou a descaracterização da insalubridade, por ato da autoridade competente, repercute na satisfação do respectivo adicional, sem ofensa a direito adquirido ou ao princípio da irredutibilidade salarial (Res. 17/1985, DJ, 13-1-1986).

Outra situação para a qual normalmente se invoca o direito adquirido é aquela que diz respeito à **mudança de percentuais dos adicionais de horas extraordinárias**, pagos por meio das normas coletivas. Muitos empregados alegam que têm o direito adquirido de receber as horas extraordinárias sempre no percentual mais elevado, mesmo que a norma coletiva substituinte tenha operado uma diminuição de percentual. Trata-se de um engano,

---

110 **Orientação Jurisprudencial 271 da SDI-1 do TST**. Rurícola. Prescrição. Contrato de Emprego Extinto. Emenda Constitucional n. 28/2000. Inaplicabilidade. Inserida em 27.09.2002 (alterada). O prazo prescricional da pretensão do rurícola, cujo contrato de emprego já se extinguira ao sobrevir a Emenda Constitucional n. 28, de 26.05.2000, tenha sido ou não ajuizada a ação trabalhista, prossegue regido pela lei vigente ao tempo da extinção do contrato de emprego (*DJU*, 22-11-2005).

haja vista a cessação da progressividade oferecida por meio de normas coletivas posteriores não configura violação ao art. 468 da CLT (que somente protege o disposto no contrato individual de emprego), não havendo falar-se, portanto, em direito adquirido. Note-se, enfim, que a modificação do conjunto de vantagens oferecidas por uma norma coletiva não necessariamente implicará retrocesso social, visto que o conceito de melhoria pode envolver a perda de uma vantagem para que se possa justificar o ganho de outra vantagem. Não fosse apenas isso, a Lei n. 13.467, de 2017, modificou o § 3º do art. 614 da CLT para expressamente dispor no sentido de que é vedada a ultra-atividade das normas coletivas.

Mais uma questão que desperta interesse e dúvida no tocante ao direito adquirido é a seguinte:

A não realização de descontos por parte do empregador, quando expressamente previstos em lei ou em instrumento coletivo negociado, produziria, em favor do empregado, o direito adquirido de não mais sofrer os descontos nos percentuais e sobre as bases de cálculo normativamente previstas?

Essa situação é comumente encontrável, por exemplo, na relação de emprego doméstico: há patrões que simplesmente não descontam os 6% sobre o salário-base conforme previsto na Lei do Vale-Transporte (art. 4º da Lei n. 7.418, de 1985). Quem assim age, ou seja, quem não desconta os 6% sobre o salário-base poderá mais adiante passar a realizar o desconto? Ou se pode falar na existência de um direito adquirido pelo empregado de não ser mais descontado? Há aplicabilidade aí da disposição contida no art. 468 da CLT?

Embora a questão comporte uma considerável discussão, a não realização, por parte do empregador, de descontos legalmente admitidos não produz, em favor do empregado, o direito adquirido de ele não mais sofrer esses mesmos descontos nos percentuais e sobre as bases de cálculo normativamente previstas. A eventual ou mesmo a habitual não realização de descontos não é vantagem que se possa dizer integrada ao contrato de emprego. Assim, a ativação ou a reativação da exigibilidade contida no disposto no art. 462, *caput*, da CLT não pode ser obstaculizada por um suposto direito adquirido de não mais serem sofridos os descontos previstos em lei.

Relembre-se aqui que não há a figura do *dessuetudo* no direito brasileiro, ou seja, não é possível que uma ação reiterada de inobservância de um determinado comando normativo revogue a sua exigibilidade. Assim, caso permaneçam as causas do desconto, há de haver o desconto. Entretanto, descontos não realizados nos momentos oportunos não podem ser exigidos em instantes posteriores à quitação recíproca.

1.5.4 Antinomia jurídica

A antinomia é o evento jurídico que se constata diante da presença de duas normas conflitantes dentro de um mesmo ordenamento jurídico, porém igualmente críveis e válidas, sem que se possa dizer, *salvo mediante o uso de metodologia solucionadora do conflito*, qual merecerá **aplicação** em determinado caso concreto.

Perceba-se que o evento ora analisado acontece dentro dos domínios da "aplicação do direito". Suas soluções são cotidianamente exigíveis para que se possa dar **unidade e coerência** ao ordenamento jurídico, caracterizado pela multiplicidade de fontes das quais afluem regras de conduta, todas elas ordenadas segundo uma construção escalonada.

O conjunto normativo precisa ser, portanto, uma totalidade normativa ordenada, segundo mecanismos lógico-racionais capazes de eliminar eventuais antinomias, sejam elas **aparentes**, aquelas para as quais há, *a priori*, um critério de solução, sejam elas **reais**, aquelas para as quais não há um critério claro de solução, mas, sim, uma conduta salvadora, egressa da engenhosidade do intérprete.

1.5.4.1 Critérios solucionadores das antinomias

Para a solução das antinomias, segundo a clássica obra *Teoria do ordenamento jurídico*, de Norberto Bobbio, são aplicados basicamente três critérios, **o cronológico, o hierárquico e o da especialidade**.

O **critério cronológico** é aquele com base no qual, entre duas normas incompatíveis, prevalecerá a norma com data posterior.

O **critério hierárquico** é aquele pelo qual, entre duas normas incompatíveis, prevalecerá a hierarquicamente superior.

O **critério da especialidade**, por fim, é aquele pelo qual, diante de duas normas incompatíveis, uma geral e uma especial, prevalecerá a segunda, por conta da sua especificidade.

Nunca será demasiada a lembrança de que, embora dispostos segundo uma ordem de constatação, *o critério hierárquico* é o mais forte, haja vista a referida construção escalonada do ordenamento jurídico, que, em linhas gerais, dá prevalência ao texto constitucional sobre a lei infraconstitucional, assim como preponderância da lei sobre os decretos.

Em seguida, em posição intermediária, aparece o *critério da especialidade*, uma vez que as disposições criadas para reger sujeitos e situações específicas tendem a ter primazia sobre aquelas de caráter geral. Ao fim, o *critério cronológico* revela-se como o mais fraco, que sucumbe diante da aplicação dos demais.

A problemática é avolumada diante da necessidade de utilização de mais de um critério para a solução de antinomia, motivo pelo qual se convencionou intitular como **antinomia de 1º grau** aquela cujo conflito é resolvido pela utilização de apenas um dos critérios anteriormente expostos. Ocorrerá uma **antinomia de 2º grau** quando o choque de normas colocar em discussão mais de um dos referidos critérios para a solução do conflito.

Seja lá como for, há situações mais delicadas, como bem lembra Bobbio, em que nenhum dos três critérios pode resolver o problema da antinomia entre duas normas que são, a um mesmo tempo, contemporâneas, do mesmo nível hierárquico e igualmente gerais. A fim de resolver este problema, o referido doutrinador italiano, conquanto não admita explicitamente a existência de um quarto critério, sugere a utilização da "forma da norma jurídica" para permitir uma gradação de prevalência, primeiro as imperativas, depois as proibitivas e, por fim, as permissivas.

1.5.4.2 Aplicação dos critérios solucionadores das antinomias de segundo grau

No que diz respeito à eventual ocorrência de conflito entre os próprios critérios, há uma sistemática usualmente adotada, de acordo com a qual:

- no conflito entre os critérios hierárquico e cronológico, prevalecerá o primeiro;
- no conflito entre o critério de especialidade e o cronológico, prevalecerá o primeiro;
- no conflito entre o critério hierárquico e o da especialidade, não haverá resposta *a priori*, devendo o intérprete avaliar a situação conforme as circunstâncias, embora, de uma forma geral, a norma constitucional deva prevalecer sobre qualquer outra, ainda que as suas disposições sejam gerais.

1.6 DIREITO INTERNACIONAL DO TRABALHO

O direito internacional do trabalho é ramo do direito internacional que, mediante a atuação de organismos especializados em matéria laboral, fixa padrões mínimos de respeito ao trabalhador em sua dimensão humana com o propósito de difundi-los e de torná-los universalmente aceitos e praticados. O órgão que expressa mais claramente os propósitos do direito internacional do trabalho é a OIT — Organização Internacional do Trabalho, cujos elementos de análise serão oferecidos nos tópicos a seguir expendidos.

1.6.1 Organização Internacional do Trabalho

A Organização Internacional do Trabalho é um órgão das Nações Unidas que procura fomentar a Justiça Social e os direitos humanos e laborais mundialmente reconhecidos. Foi criada em 1919, mediante o Tratado de Versalhes, que deu origem à Sociedade das Nações. No ano de 1946 converteu-se no primeiro organismo especializado das Nações Unidas.

1.6.1.1 Estrutura

A OIT é dirigida por um **Conselho de Administração** que se reúne três vezes ao ano na cidade de Genebra, na Suíça. Esse órgão executivo tem por atribuições básicas a elaboração e o controle de execução das políticas e programas da OIT, sendo também o responsável pela eleição do Diretor-Geral e pela elaboração de uma proposta de programa e orçamento bienal.

As atribuições deliberativas da OIT cabem à **Conferência Internacional do Trabalho**, que, na realidade, funciona como um fórum internacional que se reúne anualmente (em junho, em Genebra) para:

a) discutir temas diversos do trabalho;

b) adotar e revisar normas internacionais do trabalho;

c) aprovar as políticas gerais, os programas de trabalho e o orçamento da OIT, financiado por seus Estados-Membros.

O **Secretariado** (Escritório Central) é mais um dos órgãos fundamentais da OIT. Tem função operadora e, por isso, concentra atividades de administração, de pesquisa, de produção de estudos/publicações e de controle das reuniões.

A estrutura da OIT inclui, ainda, escritórios regionais e de área, equipes técnicas multidisciplinares de apoio a esses escritórios e correspondentes nacionais que sustentam, de forma parcialmente descentralizada, a execução e a administração dos programas, projetos e atividades de cooperação técnica e de reuniões regionais, sub-regionais e nacionais.

1.6.1.2 Atividade produtiva de normas internacionais do trabalho

A Declaração da Filadélfia, adotada pela Conferência Internacional do Trabalho de 1944 e incorporada à Constituição da OIT em 1946, prevê que as liberdades de expressão e de associação são essenciais para implantar a **justiça social** e a **paz**, universal e duradoura, em todo o mundo. Para favorecer o alcance desses propósitos, a OIT se ocupa da produção de normas internacionais do trabalho com o objetivo de torná-las mundialmente aceitas e executadas. Nessas normas internacionais, identificadas predominantemente como **convênios (convenções)**, **protocolos** e **recomendações**, estão definidos lineamentos e pautas mínimas de relacionamento social para regular o mundo do trabalho.

O convênio (ou convenção) internacional do trabalho é, na realidade, um tratado internacional que, como qualquer outro documento dessa natureza, exige ratificação para fins de exigibilidade. Por meio deles são fixados referenciais, princípios e comportamentos mínimos que devem ser observados pela legislação interna dos Estados-Membros subscritores, na medida em que estes submetam o convênio à convalidação interna, no prazo máximo de um ano após a ratificação (*vide* art. 19, inciso 5, da Constituição da OIT). A recepção dos convênios da OIT gera uma dupla obrigação para os Estados subscritores:

a) cumprir e aplicar as disposições neles insertas;

b) aceitar os mecanismos de supervisão e de controle internacional, segundo procedimentos adotados pela própria OIT.

O **protocolo** é aplicado para a revisão parcial de um convênio.

A **recomendação** é um elemento que (sem ser objeto de ratificação pelos Estados-Membros) somente complementa o convênio, revelando diretrizes para a política nacional. Tem, também, função orientadora da prática laboral nos países.

As normas internacionais são geralmente produzidas a partir da evidência de um problema transcendente e impactante envolvendo os interlocutores sociais no âmbito das relações de trabalho. Diante disso, o Conselho de Administração inscreve o problema na ordem do dia da Conferência Internacional do Trabalho, e a partir daí se inicia a atividade do Escritório Internacional do Trabalho. Esse órgão de apoio prepara um estudo comparado das leis e das práticas referentes à matéria em análise nos Estados-Membros e confecciona um questionário para fins de encaminhamento aos países integrantes da OIT. É iniciado, então, a partir desse momento, um democrático e longo diálogo social para a constituição dos mencionados conteúdos normativos.

1.6.1.3 Procedimentos de submissão e de posterior ratificação ou denúncia das normas internacionais do trabalho

Finda a conferência que aprova uma norma internacional do trabalho, inicia-se um processo intitulado "submissão", assim entendido aquele por meio do qual se dá conhecimento das deliberações às autoridades nacionais competentes de cada um dos Estados-Membros **a fim de que se pronunciem sobre a conveniência ou não de ratificar a norma aprovada**. Tal processo tem início mediante um comunicado do Escritório Internacional do Trabalho e deve acontecer dentro dos **12 (doze) meses** seguintes ao encerramento da conferência que aprovou a norma.

Ao **ratificar** os convênios, os Estados-Membros comprometem-se formalmente a efetivar as disposições de fato e de direito contidas na norma (*vide* o inciso *d* do capítulo 5, art. 19 da Constituição da OIT). Tal ratificação não pode ser feita com reservas, vale dizer, um governo não está autorizado a selecionar, segundo lhe pareçam melhores, alguns artigos de determinado convênio para aplicar em detrimento de outros. Isso somente pode acontecer quando esteja o governo expressamente autorizado pelo convênio. Afirma-se isso porque em vários convênios há possibilidade de apresentação de reserva a algumas específicas disposições. Nesse caso, o Estado deverá operar uma declaração de ressalva anexa à ratificação.

Cada convênio, entretanto, contém um dispositivo que estabelece as condições em virtude das quais os Estados que o tenham ratificado poderão denunciá-lo posteriormente. **Denunciar** significa declarar que não mais se deseja ver-se obrigado a cumprir as disposições de um específico convênio.

Registre-se que há, também, mecanismos por meio dos quais são propostas revisões dos convênios ou recomendações. O procedimento que encaminha tal decisão prevê que o Conselho de Administração solicite ao Escritório que prepare e apresente um projeto informativo sobre a legislação e/ou as práticas relativas às disposições do convênio nos diferentes países. Esse projeto é transmitido aos governos para que sejam formuladas observações e, depois de observados alguns prazos, submetido à Conferência.

Anote-se, por fim, que o Decreto n. 10.088, de 5 de novembro de 2019, consolidou atos normativos editados pelo Poder Executivo Federal que dispõem sobre a promulgação de convenções e recomendações da Organização Internacional do Trabalho — OIT ratificadas pela República Federativa do Brasil. Por meio dele, as referidas convenções e recomendações da OIT estão reproduzidas integralmente em ordem cronológica de promulgação.

1.7 DIGNIDADE HUMANA, AUTONOMIA E REDUÇÃO À CONDIÇÃO ANÁLOGA À DE ESCRAVO: UMA ANÁLISE DESCRITIVA E INTER-RELACIONADA DOS TRABALHOS ESCRAVO, FORÇADO, INDECENTE E DEGRADANTE

Desde os primeiros momentos de formação do Estado liberal, o trabalho livre aflorou como a principal razão para a efetiva caracterização da dignidade humana. Afinal, se a "autonomia" é a expressão e o fundamento da "dignidade", não se poderia entender digno aquele que não tivesse a plena liberdade de decidir se deseja ou não oferecer a sua força laboral.

O afloramento dessa liberdade de escolha (dessa autonomia, em outras palavras) fez com que os trabalhadores se tornassem sujeitos de direito, aptos, portanto, a comercializar a sua força laboral. Isso, entretanto, custou-lhes preço elevado, pois, diante da sua fragilidade econômica, não teriam, senão pela intercessão do Estado, condições de negociar em situação de igualdade a prestação dos seus serviços.

Surgiram, por conta disso, depois de muitas pressões dos segmentos representativos da categoria operária, as normas tutelares trabalhistas com o objetivo claro de proteger os trabalhadores de suas próprias fraquezas. Revelaram-se mais claramente, assim, as relações entre "dignidade" e "autonomia", permitindo concluir que **a dignidade pressupõe um mínimo de autonomia**, e que, justamente por isso, nenhum dos sujeitos de uma relação negocial pode ter anulada totalmente a sua própria autonomia, ainda que ele expressamente aceite isso.

É nesse contexto de dignidade e autonomia que emerge a temática do "trabalho escravo" no Brasil.

Mas, enfim, ainda existe escravidão no Brasil?

Para bem responder a esse questionamento é fundamental dizer que o conceito de **"trabalho escravo"** engloba as distintas figuras do **trabalho "forçado", "indecente" e "degradante"**[111] e que, em rigor, "escravo" é um qualificativo dado ao trabalho, e não ao trabalhador. Afirma-se isso porque qualquer trabalhador, na condição de pessoa humana, tem a possibilidade jurídica de invocar direitos, o que, obviamente, não ocorreria se ele fosse um escravo. Exatamente por isso, o art. 149 do Código Penal criminalizou a conduta sob a forma verbal "reduzir alguém à condição análoga à de escravo", isto é, fazer alguém assemelhado a um escravo por um conjunto de indignas exigências. Veja-se o dispositivo na sua integralidade e atente-se para o fato de que apenas em 2003, por força da Lei n. 10.803, de 11 de dezembro de 2003, o legislador procurou dar contornos mais precisos ao tipo penal que, até então, se resumia à primeira e genérica frase contida no *caput* do artigo a seguir reproduzido:

Art. 149. Reduzir alguém a condição análoga à de escravo, quer submetendo-o a trabalhos forçados ou a jornada exaustiva, quer sujeitando-o a condições degradantes de trabalho, quer restringindo, por qualquer meio, sua locomoção em razão de dívida contraída com o empregador ou preposto:

Pena — reclusão, de dois a oito anos, e multa, além da pena correspondente à violência.

---

[111] Segundo José Claudio Monteiro de Brito Filho em sua obra *Trabalho escravo: caracterização jurídica*, os trabalhos "forçado", "indecente" e "degradante" **são típicos modos de execução** do "trabalho escravo" (BRITO FILHO, José Claudio Monteiro de. *Trabalho escravo: caracterização jurídica*. 2. ed. São Paulo: LTr, 2017, p. 80 e s.).

§ 1º Nas mesmas penas incorre quem:

I — cerceia o uso de qualquer meio de transporte por parte do trabalhador, com o fim de retê-lo no local de trabalho;

II — mantém vigilância ostensiva no local de trabalho ou se apodera de documentos ou objetos pessoais do trabalhador, com o fim de retê-lo no local de trabalho.

§ 2º A pena é aumentada de metade, se o crime é cometido:

I — contra criança ou adolescente;

II — por motivo de preconceito de raça, cor, etnia, religião ou origem. (NR) (Redação dada ao artigo pela Lei n. 10.803, de 11-12-2003, DOU, 12-12-2003)

Respondendo, então, à indagação, pode-se dizer que a escravidão no Brasil não é mais visível no seu sentido histórico, mas, sim, em uma perspectiva contemporânea. A **escravidão da atualidade**, que existe e que incomoda, é fruto da fragilidade de alguns trabalhadores (normalmente rurais, domésticos ou estrangeiros irregularmente ingressos) que, em busca da satisfação de suas necessidades essenciais, são levados a extrapolar, mesmo contra as suas vontades, os limites de suas próprias dignidades.

É exatamente o rompimento desses limites que permite a formação do conceito de "**trabalho escravo**", especialmente quando o trabalhador é submetido a:

a) **trabalho forçado**, assim entendido, nos termos da Convenção sobre o Trabalho Forçado, de 1930 (OIT), aquele exigido de uma pessoa sob a ameaça de sanção e para o qual não se tenha oferecido espontaneamente, tirante aquele exigido em virtude de leis do serviço militar; que faça parte das obrigações cívicas comuns aos cidadãos; exigido de uma pessoa em decorrência de condenação judiciária e executado sob fiscalização e o controle de uma autoridade pública; exigido em situações de emergência ou em circunstâncias que ponham em risco a vida ou o bem-estar de toda ou parte da população ou, ainda, relativo a pequenos serviços comunitários.

No conceito de trabalho forçado estão inseridos diversos comportamentos instrumentais, sendo a retenção do operário no local de trabalho um dos mais evidenciados, seja pelo cerceio do uso de qualquer meio de transporte por parte do trabalhador, seja pela manutenção de vigilância ostensiva no local de trabalho, seja pelo apoderamento de documentos ou objetos pessoais do trabalhador;

b) **trabalho indecente**, assim compreendido aquele realizado em jornadas exaustivas, o inadequadamente remunerado ou, em última análise, o fora do padrão mínimo de tutela ao trabalho digno;

c) **trabalho degradante**, assim entendido aquele que, diante da ausência de garantias mínimas de saúde e segurança no ambiente de trabalho, produz desgaste físico (motivado pelo contato permanente e sem a devida proteção individual com agentes físicos, químicos ou biológicos hostis à saúde ou à incolumidade física) ou degeneração moral (fundada na realização de atividades penosas ou aviltantes);

Mas o que acontece com quem reduz trabalhadores à condição análoga à de escravo?

Como se viu, aquele que cultiva o trabalho escravo está sujeito à legislação penal, que prevê, no mencionado art. 149 do Código Penal, reclusão, de dois a oito anos, e multa, além da aplicação da pena correspondente à violência perpetrada. Essa tutela, entretanto, não tem sido considerada suficiente para inibir o referido comportamento odioso.

Por ser tênue demais a pena em relação ao agravo e por existirem diversas alternativas jurídicas de abrandamento das sanções criminais, a resposta mais enfática contra o trabalho escravo tem mesmo vindo da Justiça do Trabalho. Os seus magistrados, quando provocados a reconhecer a ocorrência do trabalho escravo e as consequentes lesões, têm aplicado dissuasórias indenizações por danos morais transindividuais.

Por ser o trabalho escravo um tema que produz verdadeira repulsa social e por conta da consciência de que a sua eliminação constitui condição básica para o Estado Democrático de Direito, foi lançado desde 2003 pelo governo federal o Plano Nacional para a Erradicação do Trabalho Escravo, que apresentou medidas a serem cumpridas pelos diversos órgãos dos Poderes Executivo, Legislativo e Judiciário, Ministério Público e entidades da sociedade civil brasileira.

O Poder Legislativo federal também marchou a passos largos na cruzada contra o trabalho escravo. As Mesas da Câmara dos Deputados e do Senado Federal promulgaram, em 5 de junho de 2014, a Emenda Constitucional n. 81 e, com ela, tornaram juridicamente possível o confisco de propriedades em que trabalho escravo seja encontrado para destiná-las à reforma agrária e aos programas de habitação popular, sem qualquer indenização ao proprietário e sem prejuízo de outras sanções previstas em lei. Veja-se a nova redação dada ao art. 243 do texto constitucional:

> **Art. 243.** *As propriedades rurais e urbanas de qualquer região do País onde forem localizadas culturas ilegais de plantas psicotrópicas* **ou a exploração de trabalho escravo na forma da lei** *serão expropriadas e destinadas à reforma agrária e a programas de habitação popular, sem qualquer indenização ao proprietário e sem prejuízo de outras sanções previstas em lei, observado, no que couber, o disposto no art. 5º.*
>
> **Parágrafo único.** *Todo e qualquer bem de valor econômico apreendido em decorrência do tráfico ilícito de entorpecentes e drogas afins e da exploração de trabalho escravo será confiscado e reverterá a fundo especial com destinação específica, na forma da lei.*

Anote-se, ainda, ser possível, entre as medidas dissuasórias antiescravidão contemporânea, a inscrição do violador na chamada **"lista suja do trabalho escravo"**, um Cadastro de Empregadores que tenham submetido trabalhadores a condição análoga à de escravo, cuja criação, pela Portaria Interministerial n. 4/2016, dos extintos Ministérios do Trabalho e Previdência Social e das Mulheres, da Igualdade Racial, da Juventude e dos Direitos Humanos foi, aliás, julgada constitucional pelo Supremo Tribunal Federal na sessão virtual ocorrida em 14 de setembro de 2020.

A decisão do STF, por maioria de votos, foi proferida na Arguição de Descumprimento de Preceito Fundamental (ADPF) n. 509, ajuizada pela Associação Brasileira de Incorporadoras Imobiliárias (ABRAINC), que sustentava que a referida Portaria teria ferido o princípio da reserva legal, sob o argumento de que a criação de um cadastro de caráter sancionatório e restritivo de direitos somente poderia ter ocorrido por meio de lei.

A Corte Suprema, seguindo o voto do relator, Min. Marco Aurélio, considerou que o princípio da reserva legal foi devidamente observado, pois o cadastro dá efetividade à Lei de Acesso à Informação (Lei n. 12.527/2011), que tem por princípio a chamada "transparência ativa", segundo a qual os órgãos e entidades têm o dever de promover a divulgação de informações de interesse público, independentemente de solicitação. Destacou-se ali, ainda, que o cadastro não representa qualquer sanção, mas, em lugar disso, um ato de publicidade das decisões definitivas em processos administrativos referentes a ações fiscais em que for constatada relação abusiva de emprego, similar à de escravidão, e, no transcurso do qual foram observadas as garantias do contraditório e da ampla defesa.

Notou-se também — e jamais poderia ser diferente — uma expressa referência na Lei n. 14.043, de 2020, no sentido de que não estão sujeitas ao financiamento do Programa Emergencial de Suporte a Empregos as verbas trabalhistas de natureza exclusivamente indenizatória ou que tenham como fato gerador o trabalho escravo ou infantil.

A sociedade brasileira tem deixado patente, portanto, que, apesar de o tema trabalho escravo ser reiterativo, a dignidade humana é a sua mais importante diretriz.

1.8 A CRISE COMO FONTE MATERIAL DO DIREITO

A palavra "crise" provém do latim *crísis* e do grego *krísis*, que trazem em si as ideias de rompimento e superação. Uma crise, portanto, aponta para uma situação de desequilíbrio e de sensível instabilidade que, independentemente da vontade dos envolvidos, produzirá importantes efeitos.

Quem se envolve em uma crise vê tornada emergente a busca por uma solução, entre os quais se destacam o nem sempre possível retorno ao estado de normalidade, a criação de um novo caminho e a abertura de janelas de oportunidade. Justamente por isso é salientada a composição do ideograma chinês *weiji*, representativo da palavra "crise", como o resultado da junção de dois outros logicamente encadeados, um negativo, indicativo da situação "perigo" (*wei-*), que pode levar tudo a perder, e outro positivo, revelador das oportunidades (-*ji*) que naturalmente são criadas quando se vive a instabilidade.

Há de perceber-se, aliás, que a crise pode desfavorecer algumas pessoas e acudir outras. A sabedoria popular, aliás, indica isso muito claramente com a máxima segundo a qual "enquanto alguns choram, outros vendem lenços"...

Diante desse cenário, e entendendo a crise como um evento infortunoso que exige medidas emergentes para sua superação, é natural concluir que elas são, sim, importantes fontes materiais para a criação de um novo direito e para as interpretações feitas sobre o direito que a antecedeu[112].

As crises, portanto, como acontecimentos históricos, despertam, como é razoável intuir, o processo de criação da norma jurídica, a exemplo do ocorrido nas edificações do aqui chamado "direito do trabalho de emergência", que será analisado no tópico 1.8.1.

Igualmente, os juízes, que representam a voz final da autoridade normativa, quando realizam suas interpretações, criam o direito. Por meio de um procedimento criativo, os juízes, depois de ponderar sobre questões concretas, emitem entendimentos sobre o conteúdo da lei e criam conclusões abstratas, aplicáveis a outros conflitos de interesse, aptas a preencher lacunas normativas. Emerge daí a chamada "jurisprudência da crise", que será objeto de estudo no tópico 1.8.2.

1.8.1 O direito do trabalho de emergência

A crise sanitária trazida pela Covid-19 disparou uma série de discussões em torno da necessidade de criação de um regimento normativo temporário que pudesse tratar a relação de emprego de forma diferenciada em atenção às particularidades da emergência enfrentada[113].

---

[112] O desemprego é um evidente fato gerador de crise, e tanto mais será se decorrer de naturais transformações estruturais efetivadas no sistema produtivo. Exatamente por isso, a automação, a tecnologia da informação e a inteligência artificial passaram a ser vetores dessa crise, exigindo gestões imediatas. Exatamente por isso, o Procurador-Geral da República, Augusto Aras, ajuizou Ação Direta de Inconstitucionalidade por Omissão (ADO 73) no Supremo Tribunal Federal (STF), e o fez por evidenciar uma injustificável mora do Congresso Nacional em regulamentar o direito fundamental à proteção em face da automação, previsto no art. 7º, XXVII, da Constituição da República.

[113] As discussões contidas neste tópico foram extraídas de obra de nossa autoria, a primeira publicada no Brasil acerca da problemática do "trabalho nos tempos do coronavírus" (MARTINEZ, Luciano; POSSÍDIO, Cyntia. *O trabalho nos tempos do coronavírus*. São Paulo: Saraiva, 2020).

Nos primeiros momentos de fechamento das empresas como uma das mais importantes medidas de contenção da pandemia, as regras da CLT passaram a ser deliberadamente afrouxadas pelos próprios parceiros trabalhistas, sob o fundamento de que, diante da crise e do estado de necessidade, tudo é permitido. Soluções criativas foram pensadas e executadas dentro do que previa a lei trabalhista.

Conquanto contornado todo o excesso de formalidade em afronta ao disposto em lei, a exemplo do que se viu na relativização dos prazos para concessão de férias coletivas, na criação de bancos de horas negativas, na alteração unilateral do trabalho presencial para o telepresencial e até na redução da jornada com a proporcional redução salarial, existia uma clara e evidente situação de insegurança jurídica. Os sujeitos das relações de trabalho precisavam de uma posição normativa estatal, até mesmo para evitar a heterogeneidade de soluções.

Qualquer medida de ajuste haveria, entretanto, de pressupor, além da participação das partes envolvidas nas relações trabalhistas, a atuação do Estado, a quem sempre competiu o dever de salvaguarda da ordem e bem-estar de toda a coletividade. Além do mais, o esperado ato normativo estatal daria legitimação às soluções de gestão da crise e, especialmente, à indispensável segurança de que todos precisavam. E foi justamente nesse instante de grande comoção pública que o governo federal se viu constrito a criar um pacote de medidas tendentes a acalmar os ânimos de quem estava desorientado e de legitimar as medidas tomadas por conta própria.

Surgiu, desse modo, em um momento de tensão e de dúvida, aquilo que ora se convenciona chamar de "direito do trabalho de emergência", ou seja, **um conjunto normativo trabalhista engenhado com a finalidade especial de disciplinar temporária e pontualmente um momento delicado durante o qual são enfrentadas dificuldades sistêmicas de natureza econômica e social**, por exemplo, o que ocorreu durante o estado de calamidade[114] decorrente do coronavírus em 2020.

Os mais importantes diplomas normativos de gestão da crise trabalhista decorrente da Covid-19 foram, sem dúvida, as Medidas Provisórias n. 927, de 22 de março de 2020, e n. 936, de 1º de abril de 2020, que, respectivamente, criaram alternativas trabalhistas para enfrentamento do estado de calamidade pública e instituíram o Programa Emergencial de Manutenção do Emprego e da Renda. Esses textos normativos, é bom anotar, foram reeditados na segunda onda da Covid-19 nas também historicamente relevantes Medidas Provisórias n. 1.045 e 1.046, ambas de 27 de abril de 2021.

As Medidas Provisórias n. 927/2020 e 1.046/2021, incumbidas da gestão da crise trabalhista decorrente da Covid-19, não foram convertidas em lei. A intensidade das discussões relacionadas ao tema no Parlamento brasileiro fez com que os referidos textos fossem levados ao limite temporal máximo e à consequente perda do prazo de suas vigências. A Medida Provisória n. 936/2020 foi convertida na Lei n. 14.020/2020, mas a sua existência estava atrelada ao enfrentamento do estado de calamidade pública decorrente do corona-

---

114 A palavra "calamidade", que os dicionaristas identificam como um grande infortúnio ou infelicidade, como uma tragédia, uma catástrofe, era, em verdade, primitivamente um termo da agricultura. O CÁLAMO é o caniço, a cana ou talo do trigo. Por vezes, diante de forte granizo, ocorria de esse cálamo cair nos campos... Os talos do trigo quebravam por conta dos vendavais, e esse evento era, para o lavrador, uma "calamidade", assim vista a destruição do campo de cereais. A palavra "calamidade", antes restrita à cultura do trigo, estendeu-se para outros cultivos. Ela, enfim, chegou ao linguajar da cidade e passou a ser utilizada no sentido de uma infelicidade desmedida. A partir desse momento, como bem disse o filólogo, historiador e acadêmico da ABL João Ribeiro, "ninguém mais se lembraria dos cálamos que foram as primeiras vítimas da intempérie".

vírus. A Medida Provisória n. 1.045/2021, por sua vez, foi rejeitada pelo Senado em 1º de setembro de 2021.

Diante da indispensabilidade de uma norma que dispusesse sobre a adoção, por empregados e empregadores, de medidas trabalhistas alternativas e sobre o Programa Emergencial de Manutenção do Emprego e da Renda, para enfrentamento das consequências sociais e econômicas de **qualquer outro estado de calamidade pública** em âmbito nacional ou em âmbito estadual, distrital ou municipal, o Poder Executivo publicou a Medida Provisória n. 1.109, de 25 de março de 2022. O objetivo era justamente o de criar um microssistema normativo que permanentemente disciplinasse as situações calamitosas e, assim, preservasse o emprego e a renda; garantisse a continuidade das atividades laborais, empresariais e das organizações da sociedade civil sem fins lucrativos; e reduzisse o impacto social decorrente das consequências de estado de calamidade pública em âmbito nacional ou em âmbito estadual, distrital ou municipal reconhecido pelo Poder Executivo federal.

A Medida Provisória n. 1.109, de 2022, foi, enfim, convertida na Lei n. 14.437, de 15 de agosto de 2022, que ofereceu, em caráter permanente, um conjunto de medidas emergenciais aplicáveis exclusivamente nas áreas específicas dos entes federativos atingidos por estado de calamidade pública.

Respeitadas as pertinências temáticas, o aqui chamado "direito do trabalho de emergência" será tratado em cada um dos tópicos do *Curso* nas áreas em que, por pertinência temática, ele há de ser analisado. Nessas mesmas áreas serão estudadas as "jurisprudências da crise" sobre as quais se falará, sob o ponto de vista conceitual, no próximo tópico.

1.8.2 A jurisprudência da crise

As crises motivam não apenas novas legislações, mas também formas diferentes — e muitas vezes lenientes — de interpretar o conjunto normativo.

Em um texto coerente e muito claro, intitulado "jurisprudência de crise e pensamento do possível: caminhos constitucionais"[115], Gilmar Mendes reconheceu que a atuação do Supremo Tribunal Federal, dentro de um contexto de crise, inequivocamente demandaria — como efetivamente demandou — uma abertura hermenêutica da jurisdição constitucional à compreensão e conformação da realidade econômica e social experimentada.

Para justificar seu ponto de vista, ele invocou a célebre expressão cunhada por Konrad Hesse — **"Not kennt kein Gebot"** — segundo a qual **"necessidade não conhece princípio"**, lembrando, aliás, a defesa enfática do referido doutrinador no sentido de que o texto constitucional deve sempre contemplar uma disciplina adequada às situações em que se evidenciam estados de necessidade ou de emergência.

No referido texto, Gilmar Mendes chamou a atenção para algumas experiências constatadas no Direito Comparado, embora reconhecesse que nenhuma delas seria equiparável à magnitude global da crise do coronavírus, salientando que em todas elas estariam ilustradas as tensões havidas entre o constitucionalismo e a necessária proteção de Direitos Sociais em regimes de excepcionalidade financeira.

---

[115] MENDES, Gilmar. Jurisprudência de crise e pensamento do possível: caminhos constitucionais. *Revista Consultor Jurídico*, 11-4-2020. Disponível em: <https://www.conjur.com.br/2020-abr-11/observatorio-constitucional-jurisprudencia-crise-pensamento-possivel-caminhos-solucoes-constitucionais#sdfootnote2sym>. Acesso em: 21 ago. 2020.

Destacou-se ali, entre outras experiências internacionais de crise, aquela vivenciada pelos portugueses e que levou a Corte Constitucional lusitana, em meados de 2011, em casos relacionados às políticas de austeridade, a cunhar a expressão que ora se utiliza — "jurisprudência da crise" — para permitir a busca por alternativas a uma leitura fria e seca da lei, distante de uma realidade que, muitas vezes, nem sequer poderia ser imaginada pelo legislador ou pelo constituinte.

A "jurisprudência da crise" está lastreada, portanto, em um "pensamento jurídico do possível" (Zagrebelsky) ou em uma "teoria constitucional das alternativas" (Häberle), que permita uma indispensável maleabilidade das interpretações a partir de valores mais elevados do que aqueles que criaram eventuais regras procedimentais ou privilégios para determinados cidadãos ou instituições, que não teriam sido estatuídos para situações extraordinárias, causadas pela força dos acontecimentos e pela necessidade circunstancial.

No referido artigo, Gilmar Mendes deixou transparecer, no entrelinhas, que o STF, órgão jurisdicional por ele integrado no momento de redação do texto, teria agido na linha de uma "jurisprudência da crise" quando, entre outras questões, posicionou-se contra a literalidade do texto constitucional na **Ação Declaratória de Inconstitucionalidade n. 6.363-DF** para permitir a redução de salários/jornada dos trabalhadores da iniciativa privada mediante acordos individuais, e não por meio de negociações coletivas, conforme expressamente previstas no art. 7º, VI, da Constituição da República.

Na literalidade das suas palavras, "a Constituição não pode ser vista como um obstáculo à implementação de medidas essenciais, que podem proteger vidas e diminuir o impacto da pandemia na nossa economia". E continuou: "Antes disso, é preciso enxergá-la como um caminho necessário a tais políticas públicas, buscando-se alternativas que contemplem os valores constitucionais, dentre os quais se destacam a função do Estado de proteger a vida e a saúde pública".

A "jurisprudência da crise" é, assim, uma alternativa hermenêutica extremamente delicada, porque permite a relativização de tudo, reduzindo a cinzas a tese segundo a qual os direitos fundamentais seriam trunfos contra a maioria. Cabe, portanto, uma adoção extremamente cautelosa, pois, no afã de ser oferecida solução para as crises econômicas, financeiras ou sanitárias do Estado, se pode estar a aniquilar o princípio da confiança que orienta os cidadãos em sociedade.

1.9 O *COMPLIANCE* TRABALHISTA

Em uma sociedade corroída pela competitividade e pelo declínio de valores como o compromisso, a confiança e a lealdade, o mundo corporativo viu emergir, em meio ao caos ético, uma benfazeja reação da virtude guiada por uma **governança corporativa**. Esse especial processo de governar ajudou a "construir um ambiente de credibilidade, transparência e responsabilidade necessárias para fomentar o investimento a longo prazo, a estabilidade financeira e a integridade dos negócios, apoiando um crescimento mais sólido e inclusivo"[116].

---

116 SILVA, Fabrício Lima; PINHEIRO, Iuri. *Manual do "compliance" trabalhista: teoria e prática*. Salvador: JusPodivm, 2020, p. 35.

Para que se realize essa governança corporativa, as instituições devem estar, segundo o Instituto Brasileiro de Governança Corporativa (IBGC)[117], orientadas pelos princípios da transparência, da equidade, da prestação de contas e da responsabilidade corporativa.

A **transparência** há de ser entendida como a prática virtuosa por meio da qual são disponibilizadas para as partes interessadas as informações que sejam de seu interesse, mediante a divulgação clara, tempestiva e acessível de informações sobre sua estratégia, políticas, atividades realizadas e resultados obtidos, sendo certo que possibilitar um nível elevado de transparência das informações sobre a organização contribui positivamente para a reputação da própria organização e dos administradores. A **equidade**, por sua vez, está lastreada no tratamento justo e isonômico de todos os sócios e demais partes interessadas, levando em consideração seus direitos, deveres, necessidades, interesses e expectativas.

A **prestação de contas** parte do pressuposto de que os agentes de governança devem prestar contas de sua atuação de modo claro, conciso, compreensível e tempestivo, assumindo integralmente as consequências de seus atos e omissões e atuando com diligência e responsabilidade no âmbito dos seus papéis. Já a **responsabilidade corporativa** orienta-se pela lógica de que os agentes de governança devem zelar pela viabilidade econômico-financeira das organizações e reduzir as externalidades negativas de negócios e operações.

Os agentes de governança terão, enfim, a responsabilidade de assegurar que toda a organização esteja em conformidade com seus princípios e valores, refletidos em políticas, procedimentos e normas internas, e com as leis e os dispositivos regulatórios a que esteja submetida.

A efetividade de todo esse processo constitui justamente aquilo que se chama de sistema de conformidade (*compliance*) da organização.

Diante disso, e mais uma vez com apoio em Fabrício Lima e Iuri Pinheiro, na obra há pouco referenciada, "o *compliance* pode ser definido como o princípio de governança corporativa que tem por objetivo promover a cultura organizacional de ética, transparência e eficiência de gestão, para que todas as ações dos integrantes da empresa estejam em conformidade com a legislação, controles internos e externos, valores e princípios, além das demais regulamentações do seu seguimento".

Trata-se, portanto, de um mecanismo que se destina a elevar e a melhorar o clima organizacional mediante a associação de medidas que incentivem a observância às normas de proteção ao trabalho; reduzam os custos de conformidade para os empregadores; estimulem a conduta empresarial responsável e o trabalho decente; aumentem a competitividade; disponibilizem informação de modo isonômico; e modernizem as ferramentas para atuação da Inspeção do Trabalho.

Nesse contexto, cabe referir o Decreto n. 11.205, de 26 de setembro de 2022, que instituiu o Programa de Estímulo à Conformidade Normativa Trabalhista — Governo Mais Legal — Trabalhista no âmbito do Ministério do Trabalho e Previdência, que será implementado por meio, entre outras medidas de acesso gratuito, da disponibilização de serviços personalizados e preditivos de indícios de irregularidades e de riscos trabalhistas com utilização de tecnologias emergentes; do acesso eletrônico a registros trabalhistas individualizados; da disponibilização de sistema para elaboração de autodiagnóstico da conformidade trabalhista pelo empregador; e da consulta facilitada à legislação trabalhista.

---

117 IBGC — Instituto Brasileiro de Governança Corporativa, 2020. Página institucional. Disponível em: <http://www.ibgc.org.br/>.

Seja lá como for, cabe evitar o chamado *bluewashing*[118], assim designada a responsabilidade social maquiada, nada empenhada. Algo pífio, como alguns programas que não são mais do que nome, mera fachada. Os programas de conformidade são eventos reveladores de maturidade corporativa. Se elaborados ou cumpridos sem o necessário comprometimento, podem produzir um efeito bem pior do que o da sua inexistência.

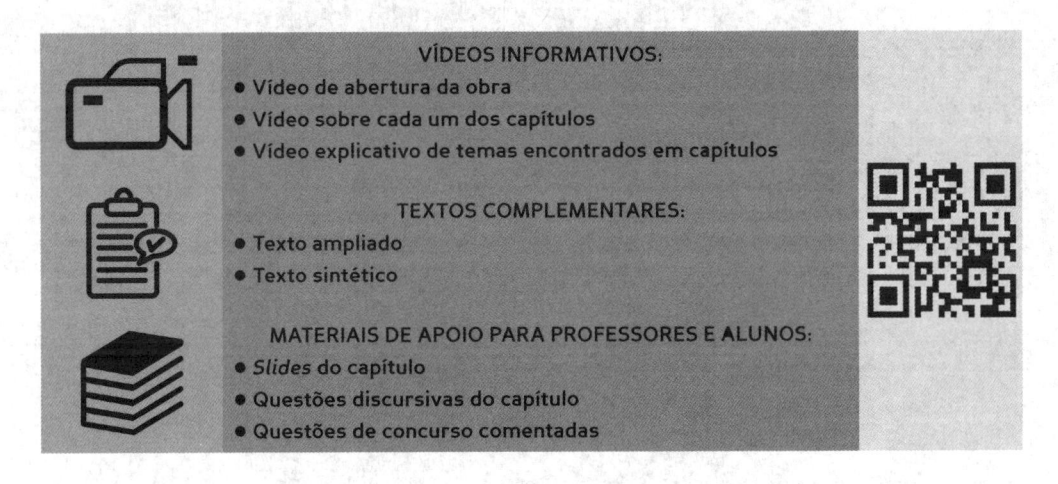

> **VÍDEOS INFORMATIVOS:**
> - Vídeo de abertura da obra
> - Vídeo sobre cada um dos capítulos
> - Vídeo explicativo de temas encontrados em capítulos
>
> **TEXTOS COMPLEMENTARES:**
> - Texto ampliado
> - Texto sintético
>
> **MATERIAIS DE APOIO PARA PROFESSORES E ALUNOS:**
> - *Slides* do capítulo
> - Questões discursivas do capítulo
> - Questões de concurso comentadas

---

[118] É muito comum a associação de políticas ambientais com a cor verde (*green*, em inglês). Quem, afinal, nunca ouviu falar no Greenpeace? Quem nunca facilmente relacionou o nome dessa organização com confrontos criativos para expor problemas ambientais e desenvolver soluções para um futuro verde e pacífico? Pois bem. Ao lado de atuações ecológicas marcantes e significativas, como as do Greenpeace, houve quem quisesse (apenas) parecer ecologicamente correto. Surgiu aí o termo *greenwashing*, como indicativo de uma atuação ambiental meramente "de fachada", sem compromissos sérios. Na esteira do *greewashing*, surgiu a reboque o aqui analisado *bluewashing*. Neste ponto é relevante lembrar que a cor azul (*blue*, em inglês) é relacionada com o social, com o corporativo. Assim, *bluewashing* designa, como antedito, a responsabilidade social de fachada. Fala-se também, por fim, em *pinkwashing*, quando se praticam promoções de liberdade sexual e de gênero com a exclusiva pretensão de alavancagem de organizações que se dizem "gay-friendly" só para ganhar a aprovação da correspondente comunidade.

2

PRINCÍPIOS DO DIREITO DO TRABALHO

https://somos.in/CTD14

2.1 DISTINÇÕES ENTRE PRINCÍPIO E REGRA

Antes de oferecer distinções, cabe destacar que os princípios e as regras são espécies do gênero "norma jurídica". Ambos, portanto, desde que positivados (explícita ou implicitamente), têm força normativa. Os princípios prescrevem diretrizes, produzindo verdadeiros *mandados de otimização* que, em última análise, visam à potencialização da própria justiça. Por serem dotados de estrutura valorativa, os princípios reclamam uma conduta racional e criativa do intérprete para sua aplicação. Celso Antônio Bandeira de Mello, por isso, com a maestria que lhe é habitual, o define como "mandamento nuclear de um sistema, verdadeiro alicerce dele, disposição fundamental que se irradia sobre diferentes normas compondo-lhe o espírito e servindo de critério para a sua exata compreensão e inteligência, exatamente porque define a lógica e a racionalidade do sistema normativo conferindo-lhe a tônica que lhe dá sentido harmônico"[1].

As regras, por sua vez, descrevem em sua estrutura lógica uma hipótese fática e uma consequência jurídica, seguindo um modelo do "tudo ou nada" (***all or nothing***, segundo a linguagem de Ronald Dworkin), vale dizer, ou se aplicam ou não se aplicam a um caso concreto. De modo geral, *as regras são relatos objetivos, descritivos de específicos e bem delimitados comportamentos, sendo aplicáveis, por essa razão, a determinado número de situações, ainda que análogas.* Ocorrendo a hipótese, a regra deverá incidir pelo mecanismo da subsunção, o que permite afirmar que num conflito entre duas regras somente uma será válida e, por consequência, somente uma prevalecerá.

Um sistema jurídico não pode ser constituído apenas de regras ou apenas de princípios. Afirma-se isso porque as regras limitam, em nome da estabilidade social e da segurança jurídica, determinados conceitos fechados que não podem ser violados. Os princípios, por sua vez, servem para oferecer uma compreensão e uma interpretação mais ampla do direito. O ideal, portanto, é a interação entre normas-regra e normas-princípios, abrindo-se oportunidade para a concreção oferecida pela decisão em cada caso singularmente considerado.

Observe-se que o **conflito entre princípios** é normalmente solvido por uma ***técnica de ponderação*** de valores e interesses, mediante a qual são considerados os bens jurídicos em litígio, oferecendo-lhes um tratamento de prevalência em casos específicos. Perceba-se que a solução ponderada não implica a conclusão de superioridade de um princípio em relação a outro com ele cotejado, mas apenas uma situação de destaque temporário de um em relação a outro.

Os **conflitos entre regras** obedecem basicamente à teoria das antinomias jurídicas, mediante a qual são preferidas aquelas de maior hierarquia em detrimento das de menor

---

1 *Curso de direito administrativo.* 13. ed. São Paulo: Malheiros, 2001, p. 771-772.

hierarquia (critério hierárquico)², as mais novas em lugar das mais antigas (critério cronológico) e/ou as mais específicas em relação às mais genéricas (critério da especialidade).

2.2 PRINCÍPIOS EM ESPÉCIE

Cada sistema normativo é caracterizado por um conjunto próprio de regras e de princípios. No direito do trabalho, até mesmo em função de sua construção histórica, os princípios ocupam espaço central, informando uma lógica protecionista. Partindo dessa ideia, e de que a principiologia do direito laboral protege o trabalhador contra suas próprias fraquezas, serão analisados os seguintes princípios:

- o princípio da proteção, em suas três formas de aplicação:
  — a regra da aplicação da fonte jurídica mais favorável;
  — a regra da manutenção da condição mais benéfica;
  — a regra da avaliação *in dubio pro operario*;
- princípio da indisponibilidade de direitos;
- princípio da continuidade da relação de emprego;
- princípio da primazia da realidade;
- princípio da razoabilidade;
- princípio da boa-fé e da confiança.

2.2.1 Princípio da proteção

Há relações jurídicas em que os sujeitos estão em postura de igualdade substancial e, consequentemente, em posição de equivalência contratual. Diante dessas relações, a atuação estatal esperada é exatamente a de não privilegiar um contratante em detrimento de outro. Esse figurino contratual, entretanto, não pode ser conservado quando evidente a dessemelhança de forças ou de oportunidades entre os sujeitos das relações contratuais.

Em tais hipóteses, cabe ao Estado criar mecanismos de proteção aos vulneráveis, sob pena de compactuar com a exploração do mais forte sobre o mais fraco³. Como bem detectou o professor Luiz de Pinho Pedreira, "o motivo dessa proteção é a inferioridade do contratante amparado em face do outro, cuja superioridade lhe permite, ou a um organismo que o represente, impor unilateralmente as cláusulas do contrato, que o primeiro não tem a possibilidade de discutir, cabendo-lhe aceitá-las ou recusá-las em bloco"⁴.

As limitações ao exercício da autonomia privada constituíram as medidas pioneiras na busca do equilíbrio contratual entre os desiguais. Soluções como esta, aliás, tornaram-se evidentes a partir do século XIX, e assim se procedeu por força das lutas de classes, porque na relação de trabalho, essencial ao desenvolvimento da sociedade capitalista, não se identificava no polo operário o mínimo vestígio de qualquer liberdade contratual⁵. Atente-se para o fato de que, no campo laboral, a relação jurídica destinatária do princípio da proteção é unicamente a relação individual de trabalho (máxime a relação individual de emprego), não

---

2 Anote-se que, no âmbito laboral, as normas de menor hierarquia podem preferir àquelas de maior hierarquia por força da regra da aplicação da fonte mais favorável.
3 O próprio Estado reconhece-se como mais forte na Declaração de Direitos de Liberdade Econômica (Lei n. 13.874, de 20 de setembro de 2019), na medida em que, no art. 2º, IV, do referido diploma legal, enuncia, entre os seus princípios regentes, "o reconhecimento da vulnerabilidade do particular perante o Estado".
4 *Principiologia de direito do trabalho*. Salvador: Gráfica Contraste, 1996, p. 19.
5 Nesse sentido ver PRATA, Ana. *A tutela constitucional da autonomia privada*. Coimbra: Almedina, 1982.

se estendendo à relação coletiva de trabalho. Esta, como se detalhará em alguns pontos deste estudo, é composta de partes que se encontram em situação de igualdade. Basta lembrar que, nos termos do art. 8º, VI, do texto constitucional, *é indispensável a participação das entidades sindicais representativas dos trabalhadores nos negócios jurídicos coletivos do trabalho*. A presença da entidade sindical equilibra a balança, fazendo desaparecer a vulnerabilidade de quem está sozinho perante a força econômica patronal. Confirma essa assertiva o fato de ser possível, mediante negociação coletiva, a minoração de condições contratuais coletivas antes ajustadas (*vide* art. 7º, VI, XIII e XIV, do texto constitucional).

O princípio da proteção surge, então, para contrabalançar relações materialmente desequilibradas. Esse propósito é alcançado mediante opções e atitudes interpretativas do aplicador da fonte jurídica em conformidade com as variáveis a seguir analisadas.

Antes de realizar a análise detalhada das variáveis do princípio da proteção, cabe anotar a polêmica e extremamente criticada exceção produzida pelo legislador da reforma trabalhista de 2017. A Lei n. 13.467/2017 criou a figura do **empregado hipersuficiente**, *aquele que, nos contratos individuais de emprego tem remuneração superior a* **duas vezes o** *limite máximo estabelecido para os benefícios do Regime Geral de Previdência Social* (no ano de 2020, apenas para ter-se uma ideia de dimensão, esse valor é R$ 12.202,12, vale dizer, o resultado de duas vezes o teto previdenciário do RGPS: R$ 6.101,06 x 2), e o considerou suscetível à arbitragem. Para esse trabalhador o engajamento à arbitragem será possível por sua própria iniciativa ou mediante a sua concordância expressa, sem que se possa alegar que o direito do trabalho é, por si só, indisponível para ele.

É importante ressaltar a evidente mudança radical na perspectiva que se pode ter sobre a proteção destinada ao empregado pelo simples fato de possuir uma retribuição elevada, se comparada com o padrão ordinário dos trabalhadores que recebem um salário mínimo ou algo mais que isso. Não necessariamente quem recebe um pouco mais frui de mais autonomia. Por vezes o contrário é até mais fortemente evidenciado, pois a garantia do padrão salarial destacado faz com que empregados cônscios das dificuldades de manutenção dos seus postos tornem-se ainda mais submetidos às exigências patronais. O assunto, portanto, mereceria uma análise mais cuidadosa com o intuito de ser evitada a generalização que a lei, infelizmente, ofereceu.

Note-se, por fim, que o art. 444 da CLT ganhou um parágrafo único para também referir o hipersuficiente e para ali determinar que a livre estipulação produzirá, em relação a ele, uma prevalência do negociado individualmente sobre o legislado, tal qual aquela admitida genericamente no art. 611-A da CLT. Ali, no art. 444 consolidado, além do referencial da retribuição salarial mensal igual ou superior a duas vezes o limite máximo dos benefícios do Regime Geral de Previdência Social, há também a exigência de que esse trabalhador seja "portador de diploma de nível superior". A exigência minorada para fins de arbitragem faz crer que, para inserção nessa espécie de solução de conflito, bastará a presença do requisito da elevada retribuição, e nada mais que isso.

2.2.1.1 Regra da aplicação da fonte jurídica mais favorável

Antes de analisar o conceito e a extensão desta forma de aplicação do princípio da proteção, é importante destacar que ela normalmente é tratada pela doutrina sob o atécnico nome jurídico "regra da aplicação da **norma** mais favorável". Afirma-se isso porque a ora analisada regra não incide apenas sobre fontes ***normativas***[6] (como a lei, o contrato coletivo,

---

6 Não se esqueça, conforme bem assentou Guilherme Guimarães Feliciano, no seu *Curso crítico de direito do trabalho*, que a norma jurídica "é o componente nuclear da *ordem jurídica*, cujas características principais — que se comunicam com as próprias normas — são a imprescindibilidade, a coercibilidade e a generalidade". Com arrimo na doutrina de José de Oliveira Ascensão, o referido autor arremata no sentido de que a norma jurídica é a manifestação legítima, inteligível, cogente e abstrata **da vontade do Estado ou da sociedade** (como

a sentença normativa), mas também sobre fontes *estritamente contratuais*, inclusive sobre aquelas decorrentes do exercício da autonomia individual privada (como o contrato individual de emprego e o regulamento interno de trabalho). Desse modo, em lugar da tradicional menção à expressão "norma mais favorável", preferiu-se usar neste estudo "fonte mais favorável", pela amplitude e pelo acerto.

2.2.1.1.1 Conceito e extensão da regra

A regra da aplicação da fonte mais favorável baseia-se no mandamento nuclear protetivo segundo o qual, diante de uma **pluralidade de fontes com vigência simultânea**, há de se preferir aquela que seja mais favorável ao trabalhador. Assim, usando um exemplo de extrema singeleza, se um empregado está submetido simultaneamente a um regimento interno de trabalho que autoriza o pagamento de horas extraordinárias na base de 100% e a um acordo coletivo de trabalho que determina que a jornada suplementar seja acrescida de 80%, há de preferir-se, evidentemente, a fonte mais favorável.

Apesar da aparente facilidade, há uma dúvida que atormenta os juslaboralistas: dentre as várias fontes com vigência simultânea, qual seria a mais favorável ao trabalhador?

Para obter essa resposta, consoante mencionado no primeiro capítulo desta obra, o aplicador do direito deve orientar-se em conformidade com um dos seguintes métodos de determinação da fonte mais favorável: a **acumulação/atomista**, o **conglobamento/incindibilidade** ou o **conglobamento por institutos**. Vejam-se:

Pelo **método da acumulação ou atomista**, o aplicador da norma pinça de cada uma das fontes em confronto os itens mais favoráveis ao trabalhador, reunindo-os todos para a aplicação ao caso concreto. Com esse ato ele despedaça, atomiza o conjunto para construir outro novo, com os ingredientes de ambos.

Pelo **método do conglobamento [puro] ou da incindibilidade**, ao cotejar as fontes, o aplicador da norma deve verificar qual delas, *em conjunto*, é a mais benéfica ao trabalhador, e preferi-la, excluindo totalmente a aplicação de outras, consideradas menos favoráveis em bloco. Esse método tem a vantagem de respeitar a organicidade da fonte jurídica, bem como as cláusulas compensatórias internas.

Com o propósito de contemporizar os métodos da acumulação e do conglobamento [puro], surgiu uma variável intitulada **"conglobamento por institutos", "conglobamento mitigado" ou "conglobamento orgânico"**. Por essa variável do conglobamento, o aplicador, em vez de verificar, na sua inteireza, qual o conjunto normativo mais favorável ao trabalhador, seleciona, dentro do conjunto, institutos que podem ser apreciados separadamente. É importante registrar que se entende por instituto o *bloco de vantagens jurídicas que contém elementos internos pertinentes entre si*, por exemplo, a jornada e o intervalo; o salário e as utilidades não salariais; a estabilidade e as parcelas decorrentes da cessação do vínculo. Assim, o aplicador pode apreciar separadamente blocos institucionais diferentes, verificando qual deles é o mais favorável ao trabalhador.

2.2.1.1.2 A constitucionalização da regra da aplicação da fonte mais favorável

O constituinte de 1988, antevendo o aumento das pressões do capital sobre o trabalho nas décadas seguintes, tratou de inserir no texto constitucional uma série de direitos sociais e trabalhistas mínimos, com o objetivo claro de colocá-los além do alcance do poder constituinte derivado, do poder legislativo infraconstitucional e, obviamente, do poder negocial

---

expressão que comanda conduta, ou que constitui ou declara estado ou situação jurídica), a que acedem os atributos da previsão, estatuição, generalidade e abstração.

conferidos às partes. A única ressalva apresentada no texto diz respeito às propostas que visassem à **melhoria** da condição social dos trabalhadores, sendo certo que estas, pela concepção oferecida pela própria Constituição, estariam sempre no topo da pirâmide do ordenamento jurídico[7].

Foi constitucionalizado, assim, o princípio da proteção, num evidente reconhecimento da desigualdade fática havida entre os sujeitos da relação jurídica de trabalho. A técnica de proteção, *in casu*, foi aquela intitulada por Pinho Pedreira como de "intervenção do Estado nas relações de trabalho", materializada por meio da promulgação de norma imperativa e de conteúdo mínimo. Sobre as referidas normas de conteúdo mínimo sustentou o mencionado professor baiano, com apoio na doutrina de Manuel Alonso Olea:

> "[...] *o Direito do trabalho é um conjunto de garantias mínimas para o trabalhador, que pode ser ultrapassado em seu benefício. MANUEL ALONSO OLEA formulou, a respeito, um princípio que denominou de 'princípio de norma mínima'. Com solar clareza o mestre espanhol explica a inderrogabilidade unilateral ou, na linguagem jurídica da sua pátria, o que são as normas de direito necessário relativo: 'Cada tipo de norma trabalhista imperativa opera, segundo seu posto formal, como condicionante mínimo do conteúdo das que se seguem em hierarquia, isto é, ao estatuir cada norma sobre as condições de trabalho deve-se ter em conta que as estabelecidas nas de posto superior são inderrogáveis em prejuízo do trabalhador. Embora o mandamento que o princípio implica seja dirigido aos poderes normativos, dele deriva que sejam nulas, ou não devam ser aplicadas pelos tribunais quaisquer normas que impliquem redução dos mínimos estabelecidos por outra de nível superior em favor do trabalhador, aos quais não pode este renunciar'*"[8].

A inderrogabilidade anunciada no trecho acima destacado toma relevância se for considerado o fato de o citado conteúdo mínimo ter sede constitucionalmente protegida. Mas o que justifica o referido privilégio dos direitos sociais e trabalhistas, se não há referência expressa quanto a eles no § 4º do art. 60 do texto constitucional?

A resposta é simples: a ideia de que eles estão, sim, no âmbito dos direitos e das garantias individuais. Para chegar a esse entendimento existem duas poderosas motivações.

A **primeira motivação** baseia-se no fato de que os valores sociais do trabalho constituem **um dos fundamentos** do Estado brasileiro (*vide* art. 1º, IV, da CF/88), e, por essa peculiar circunstância, não se poderia imaginar um alicerce desprotegido. Todos sabem que, sendo atingida a base (fundamento ou alicerce), desmorona tudo o que sobre ela foi edificado. Por aplicação do princípio da razoabilidade, portanto, há de entender-se que a regra contida no mencionado § 4º, IV, do art. 60 da Constituição de 1988 envolve não simplesmente os *direitos e garantias individuais* previstos no art. 5º, mas sim todos os *direitos e garantias fundamentais* (veja-se o nome do Título II do texto constitucional), entre os quais se incluem os direitos sociais do trabalho. Num sistema jurídico onde os valores sociais pairam sobre os valores individuais (leia-se o preâmbulo da Constituição de 1988), é inacreditável que a proteção contida no mencionado § 4º, IV, do art. 60 da Constituição se restrinja aos direitos e garantias meramente individuais.

A **segunda motivação** provém de uma argumentação *a fortiori*: se o texto constitucional protegeu expressamente os direitos e garantias individuais, há de entender-se estar protegendo, também, o *feixe* desses mesmos direitos e garantias individuais, que, em última análise, constituem os direitos coletivos e, também, os sociais. Nesse sentido, aliás, manifesta-se o respeitado constitucionalista Paulo Bonavides:

---

7   "[...] o rol de garantias do art. 7º da Constituição não exaure a proteção aos direitos sociais" (ADIn 639, Rel. Min. Joaquim Barbosa, *DJ*, 21-10-2005).
8   *Principiologia de direito do trabalho*. Salvador: Gráfica Contraste, 1996, p. 30.

"[...] os direitos sociais recebem em nosso direito constitucional positivo uma garantia tão elevada e reforçada que lhes faz legítima a inserção no mesmo âmbito conceitual da expressão direitos e garantias individuais do art. 60. Fruem, por conseguinte, uma intangibilidade que os coloca inteiramente além do alcance do poder constituinte ordinário, ou seja, aquele poder constituinte derivado, limitado e de segundo grau, contido no interior do próprio ordenamento jurídico. Tanto a lei ordinária como a emenda à Constituição que afetarem, abolirem ou suprimirem a essência protetora dos direitos sociais, jacente na índole, espírito e natureza de nosso ordenamento maior, padecem irremissivelmente da eiva de inconstitucionalidade, e como inconstitucionais devem ser declaradas por juízes e tribunais, que só assim farão, qual lhes incumbe, a guarda bem-sucedida e eficaz da Constituição"[9].

No mesmo âmbito posiciona-se, com segurança, o Professor Manoel Jorge e Silva Neto:

"Não há o menor cabimento em negar a condição de preceito intocável à cláusula social sob a pífia reflexão de não se tratar de direito e garantia individual, mas 'meramente' fundamental, o que autorizaria o agente legiferante em função revisora ou de emenda a suprimir, direta ou indiretamente, mediata ou imediatamente, a norma constitucional trabalhista"[10].

Na mesma ordem de ideias, com a capacidade analítica que sempre lhe foi peculiar, segue Josaphat Marinho, asseverando:

"Se a Constituição situa o trabalho, no art. 6º, entre os direitos sociais, não os exclui do complexo dos direitos individuais insuscetíveis de abolição, como previsto no § 4º do art. 60. Os direitos sociais, efetivamente, são projeção ou especialização dos direitos individuais"[11].

Apesar desses posicionamentos doutrinários, a Constituição sofreu, no capítulo dos direitos sociais, emendas *in pejus* sobre o *salário-família* (EC 20, de 15-12-1998), sobre a *dimensão do prazo prescricional dos trabalhadores rurais* (EC 28[12], de 25-5-2000), sobre a *idade máxima da criança para fins de assistência gratuita em creches e pré-escolas* (EC 53, de 19-12-2006) e sobre a limitação da *dimensão do salário-maternidade para quem recebe altos salários* (adição do art. 248 no texto constitucional por meio da EC 20, de 15-12-1998), não existindo ainda qualquer manifestação do STF acerca da constitucionalidade ou inconstitucionalidade do citado processo de reforma operado (para confirmar ou negar a tese exposta). As demais emendas incidentes sobre o art. 6º (que acresceu a moradia como um dos direitos sociais) e sobre o inciso XXXIII do art. 7º (que aumentou a idade mínima para o trabalho do menor) não são objeto de questionamento porque foram realizadas *in melius*.

A despeito dessas ponderações, um fato é inquestionável: a Constituição criou, sim, um sistema protetivo de direitos sociais e trabalhistas mínimos; autorizou, porém, em contraponto, fosse operada a flexibilização do referido sistema, mediante negociação coletiva, sobre assuntos que dissessem respeito a salários e a jornada (os dois mais importantes conteúdos do contrato de emprego). Aderiu o constituinte de 1988 a um modelo de "liberalismo cole-

---

9 *Curso de direito constitucional*. 9. ed. São Paulo: Malheiros, 2000, p. 594-595.
10 *Curso de direito constitucional do trabalho*. São Paulo: Malheiros, 1998, p. 180-181.
11 Retrocesso legislativo. Jornal *A Tarde*, Salvador, 2 dez. 2001. Opinião.
12 **Orientação Jurisprudencial 417 da SDI-1 do TST** — Prescrição. Rurícola. EC n. 28/2000. Contrato de trabalho em curso (divulgada no *DeJT* 14-2-2012). Não há prescrição total ou parcial da pretensão do trabalhador rural que reclama direitos relativos a contrato de trabalho que se encontrava em curso à época da promulgação da EC n. 28/2000, desde que ajuizada a demanda no prazo de cinco anos de sua publicação, observada a prescrição bienal.

tivo" parcial, baseado na faculdade de derrogação de normas de ordem pública social expressamente referidas, mesmo *in pejus*, por gestão da autonomia coletiva[13].

2.2.1.1.3 A prevalência da autonomia individual privada nas primeiras normas que trataram da crise da pandemia do coronavírus

A despeito da constitucionalização da regra da aplicação da fonte mais favorável, não se pode deixar de registrar que, em um singular momento de crise, a legislação admitiu a prevalência da autonomia individual privada. A referência aqui é feita ao disposto no art. 2º da Medida Provisória n. 927, de 2020, ora não mais vigente.

Verificou-se, naquele instante de tensão, um estímulo expresso à solução por via autônoma individual com vista à superação da crise. Houve, em rigor — mas apenas durante o estado de calamidade pública —, a adoção da explícita tese de prevalência pontual do negociado individualmente sobre os demais instrumentos normativos, legais ou negociais. Veja-se:

> *Art. 2º Durante o estado de calamidade pública a que se refere o art. 1º, o empregado e o empregador poderão celebrar acordo individual escrito, a fim de garantir a permanência do vínculo empregatício, que terá preponderância sobre os demais instrumentos normativos, legais e negociais, respeitados os limites estabelecidos na Constituição.*

Perceba-se a clareza do texto do art. 2º acima transcrito ao dispor que "o empregado e o empregador poderão, durante o estado de calamidade pública, celebrar acordo individual escrito", dando a ele "preponderância sobre os demais instrumentos normativos, legais e negociais", desde que, evidentemente, fossem "respeitados os limites estabelecidos na Constituição".

É sempre relevante lembrar que essa norma tão "fora do padrão" teve a constitucionalidade reconhecida pelo STF. Perceba-se que, em decisão liminar, depois confirmada em Plenário, havida em face de Medida Cautelar na Ação Direta de Inconstitucionalidade n. 6.342/DF, requerida pelo Partido Democrático Trabalhista tão logo foi publicada a MP n. 927/2020, o Relator, Min. Marco Aurélio, posicionou-se no sentido de que descaberia assentar no campo da generalidade a pecha de inconstitucionalidade, por não propiciar, como consta do trecho final do artigo, a colocação em segundo plano de garantia constitucional. Viu-se, portanto, um claro exemplo de produção de "jurisprudência da crise".

2.2.1.2 Regra da manutenção da condição mais benéfica

A regra da manutenção da condição mais benéfica ou da *inalterabilidade contratual in pejus* baseia-se no mandamento nuclear protetivo segundo o qual, diante de **fontes autônomas com vigência sucessiva**, há de se manter a condição anterior, se mais benéfica.

Assim, a título de exemplo, imagine-se que, por ocasião da admissão de um empregado, existisse um regulamento empresarial interno que oferecesse, entre outras vantagens, férias de sessenta dias por ano. A extinção ou a modificação desse regulamento não seria suficiente para que desaparecesse o direito às férias em dimensão privilegiada.

O regulamento poderia até ser extinto ou modificado, mas essa extinção ou modificação somente valeria para empregados contratados depois do ato modificativo do regulamento. Nesse sentido, é positivo observar o teor da Súmula 51, I, do TST, no sentido de que "as cláusulas regulamentares, que revoguem ou alterem vantagens deferidas anteriormente, só atingirão os trabalhadores admitidos após a revogação ou alteração do regulamento".

---

[13] PINHO PEDREIRA, Luiz de. Op. cit., p. 37.

O art. 468 da CLT consubstancia a regra da manutenção da condição mais benéfica, na medida em que assevera que **"nos contratos individuais de trabalho** só é lícita a alteração das respectivas condições por mútuo consentimento, e, ainda assim, **desde que não resultem, direta ou indiretamente, prejuízos ao empregado**, sob pena de nulidade da cláusula infringente desta garantia" (destaques não constantes do original). Perceba-se que o fundamento é justamente o direito adquirido *diante dos negócios jurídicos estabelecidos* **em relações individuais de emprego**. Isso mesmo: *o princípio da manutenção da condição mais favorável somente se manifesta diante dos negócios jurídicos estabelecidos* **em relações individuais de emprego**; jamais, como mencionado, em negócios jurídicos estabelecidos em relações coletivas de trabalho. Estas são regidas por uma lógica diferente. Aliás, como os empregados estão necessariamente representados por sua entidade sindical nas relações coletivas de trabalho (*vide* art. 8º, VI, da Constituição de 1988), elas não são apreciadas sob a lógica do princípio da proteção. Os sujeitos da relação coletiva de trabalho estão em plano de igualdade, sendo possível, por isso, que as entidades sindicais profissionais negociem aparentemente *in pejus*. Diz-se "aparentemente *in pejus*" porque as negociações realizadas mediante atuação da entidade sindical obreira gozam de presunção geradora de melhoria. Basta observar que, por vezes, a extinção de um complemento salarial (por exemplo, um adicional por tempo de serviço) pode ter justificado um aumento salarial real ou até mesmo impedido um ato de despedimento coletivo. Assim, não há espaço para a invocação da regra da manutenção da condição mais benéfica nos contratos coletivos simplesmente porque a relação jurídica correspondente não é orientada pelo princípio da proteção.

E no âmbito das fontes heterônomas? Prevalece ali a lógica da manutenção da condição mais benéfica?

A pergunta não encontra resposta expressa na lei. Sabe-se, entretanto, que há um consenso em torno da ideia de progressão social. Por isso as normas legais substituintes devem, em regra, aumentar as vantagens contidas nas normas legais substituídas.

2.2.1.3 Regra da avaliação *in dubio pro operario*

A regra da avaliação interpretativa *in dubio pro operario* baseia-se no mandamento nuclear protetivo segundo o qual, **diante de uma única disposição, suscetível de interpretações diversas e ensejadora de dúvidas**, há que aplicar aquela que seja mais favorável ao trabalhador. Essa avaliação pró-vulnerável não é exclusiva do direito do trabalho. O próprio Código Civil, em relação aos contratos de adesão, disciplinou o tema da interpretação em seu art. 423, ao dispor nos seguintes termos:

> *Art. 423. Quando houver no contrato de adesão cláusulas ambíguas ou contraditórias, dever-se-á adotar a interpretação mais favorável ao aderente.*

Essa interpretação mais favorável ao aderente tem importante justificativa adicional, aplicável aos contratos de emprego. Enfim, se não foi o aderente o responsável pela construção do instrumento contratual, não será ele o apenado diante das ambiguidades ou das contradições emergentes. Nesse sentido, e por similitude, podem ser oferecidos dois exemplos reais aplicáveis às relações de trabalho:

O primeiro exemplo consta de decisão de primeira instância do Processo n. 00209.2006.133.05.00.9 RS, que tramitou perante a 3ª Vara do Trabalho de Camaçari — Bahia. O empregador produziu *termo de rescisão do contrato de trabalho* (TRCT) com duas datas indicativas de recebimento das parcelas decorrentes da terminação do contrato de emprego, uma favorável ao empregador e outra que beneficiava o empregado. Como permaneceu a dúvida, diante da inexistência de qualquer prova esclarecedora, foi aplicada a regra do *in dubio pro operario*. A lógica é bem fácil de ser entendida: se o empregado não foi o responsável pela confecção do TRCT, não poderia ser prejudicado por uma contradição que ele não deu causa.

O segundo exemplo consta de decisão de primeira instância do Processo n. 00229.2003.641.05.00.2 RT, que tramitou perante a Vara do Trabalho de Guanambi — Bahia. O empregador produziu contrato de emprego com grave contradição na cláusula indicativa da jornada de trabalho. Constava do referido contrato que o empregado deveria trabalhar numa jornada de "06 (oito) horas". Perceba-se que a indicação numérica revela que o acerto foi na base de seis horas de trabalho por dia, e a indicação escrita por extenso revela que o ajuste foi firmado na base de oito horas de trabalho por dia. O empregado disse que, a despeito de ter sido contratado para trabalhar durante seis horas por dia, era obrigado a laborar oito horas diárias. O empregador alegou erro material na confecção do contrato, sustentando que o empregado foi efetivamente contratado para prestar jornada de oito horas. Enfim, quem teria razão? A sentença de primeira instância resolveu a controvérsia de acordo com a regra *in dubio pro operario* porque, sendo ordinariamente do empregador os meios de produção do instrumento contratual, a ele caberia, consequentemente, o ônus decorrente daquilo que tenha sido mal ajustado[14].

Atente-se para o fato de que a regra ora em análise aplica-se predominantemente à *interpretação dos negócios jurídicos*, embora seja razoável a sua incidência sobre a interpretação de textos legais. Atente-se também para o fato de que essa regra somente tem razão de ser *diante das situações de dúvida*. Não existindo dúvida, não se poderá aplicar a ora analisada regra. Há mais: a *in dubio pro operario* não foi criada para ser aplicada na interpretação da prova produzida no processo do trabalho. Sustenta-se isso porque a prova deve ser avaliada segundo o *princípio da persuasão racional* e de acordo com a *distribuição do ônus probatório*. Rigorosamente, aliás, não há prova dividida; pode haver, sim, prova mal avaliada.

2.2.2 Princípio da indisponibilidade de direitos

O princípio da indisponibilidade dos direitos ou da irrenunciabilidade de direitos baseia-se no mandamento nuclear protetivo segundo o qual não é dado ao empregado dispor (renunciar ou transacionar) de direito trabalhista, sendo, por conta disso, nulo qualquer ato jurídico praticado contra essa disposição[15]. Tal proteção, que, em última análise, visa proteger o trabalhador das suas próprias fraquezas[16], está materializada em uma série de dispositivos da CLT, entre os quais se destaca o seu art. 9º. Essa atuação legal impede que o vulnerável[17], sob a miragem do que lhe seria supostamente vantajoso, disponha dos direitos mínimos que à custa de muitas lutas históricas lhe foram assegurados nos termos da lei.

---

14 Mais um exemplo de aplicação da regra *in dubio pro operario*: imagine-se situação na qual o empregador cria, por regulamento interno, uma indenização compensatória adicional a ser paga por ocasião do desligamento do empregado, levando em conta o tempo de serviço prestado, mas não identifica a base de cálculo. Esta, evidentemente, diante da dúvida emergente no momento de interpretação do negócio, levará o intérprete a entender que os cálculos devem ser realizados com esteio na remuneração (*vide* art. 477 da CLT), e não no salário-base ou no salário mínimo.

15 Partindo da ideia da indisponibilidade dos direitos laborais e de sua inexorável incorporação ao conteúdo do contrato de emprego, José Cairo Júnior (*Curso de direito do trabalho: direito individual e direito coletivo do trabalho*. 4. ed. Salvador: Editora Podivm, 2009, p. 104-105) sugere a formulação de um novo princípio, por ele intitulado "princípio da substituição automática das cláusulas nulas". Segundo sua concepção, o reconhecimento de uma nulidade contratual não implicará vazio obrigacional, porque ocorrerá uma substituição automática da cláusula convencional por uma equivalente prevista no ordenamento jurídico.

16 Retirando do âmbito de sua deliberação os direitos mínimos, que lhe são garantidos por norma cogente.

17 Na linha que visa à proteção dos vulneráveis, o Código Civil de 2002 também tratou de modo assemelhado as cláusulas que, nos contratos de adesão, estipulassem renúncia antecipada do aderente a direito resultante do negócio. Veja-se: *Art. 424. Nos contratos de adesão, são nulas as cláusulas que estipulem a renúncia antecipada do aderente ao direito resultante da natureza do negócio.*

É importante registrar que o texto da CLT, antes da revisão final empreendida pela Comissão que a constituiu, possuía disposição expressa acerca da irrenunciabilidade de direitos pelos trabalhadores, mas, conforme relato contido na Exposição de Motivos (tópico 53), essa disposição foi suprimida porque os responsáveis pela Consolidação das Leis do Trabalho entenderam ser a irrenunciabilidade uma elementar conclusão do princípio de ordem pública, mediante o qual são nulos os atos praticados no intuito de excluir a eficácia da legislação do trabalho[18].

Cabe aqui um registro importantíssimo, embora negligenciado ou até mesmo esquecido: *o princípio da indisponibilidade dos direitos trabalhistas tem uma atuação essencialmente **intra**contratual, sendo, em rigor, muitas vezes até mesmo inexigível nas dimensões **inter**contratuais.*

Tal ocorre porque, a despeito de o direito do trabalho ser intervencionista dentro dos limites de um determinado contrato e em face de um considerado empregador, ele esmaece, ou desaparece, quando a questão é posta em face de mais de um contrato de emprego. Assim, por exemplo, apesar de saber-se do limite ordinário de oito horas de trabalho por dia de serviço dentro de um determinado contrato, não há linde normativo a considerar se o empregado decidir ter um segundo emprego, logo depois de findo o seu primeiro expediente laboral.

Ao contrário do que ocorre com os trabalhadores menores, em favor dos quais há norma que expressamente prevê a totalização das horas trabalhadas em mais de um contrato (*vide* art. 414 da CLT[19]), vigora entre os trabalhadores em geral, especialmente na iniciativa privada, a regra da liberdade individual de firmar outros contratos em contemporaneidade. Rememore-se que o art. 138 da CLT permite que o empregado preste serviços em suas férias a outro empregador, se estiver obrigado a fazê-lo em virtude de contrato de trabalho regularmente mantido com aquele.

A razão predominante da proteção **intra**contratual é, sem dúvida, fundada na liberdade individual, mas encontra arrimo também no dogma segundo o qual a lei protege não mais do que o mínimo essencial, e de que esse mínimo pode ser alcançado dentro de um único contrato ao qual se dirigem todas as proteções e intervenções que podem ser produzidas sobre a autonomia individual privada.

2.2.2.1 Renúncia e transação no direito do trabalho

A renúncia e a transação são atos jurídicos de despojamento. Embora se assemelhem pela disponibilidade, são institutos bem diferentes e com efeitos jurídicos totalmente diversos. A *renúncia* é um ato unilateral por meio do qual o renunciante abdica de um direito certo e de titularidade induvidosa; a *transação*, por outro lado, é um ato bilateral por meio do qual os litigantes, diante da dúvida quanto à titularidade ou quanto à extensão de um direito, resolvem, por concessões recíprocas, pôr fim ao litígio ou, ao menos, preveni-lo.

Tanto a renúncia quanto a transação são atos jurídicos que, em rigor, não produzem efeitos no âmbito da autonomia individual privada dos empregados por força de indisponibilidade legal. É a lei que considera nulos de pleno direito os atos praticados com o objetivo de desvirtuar, impedir ou fraudar a aplicação dos preceitos trabalhistas. A proteção ora em exame, constante do art. 9º da CLT, extrapola os lindes da lei para transformar-se em postulado, aplicável em favor de qualquer empregado, e não apenas em favor dos urbanos.

---

18 MARCONDES FILHO, Alexandre. Exposição de Motivos da Consolidação das Leis do Trabalho. In: *CLT-LTr 2009*. 36. ed. São Paulo: LTr, 2009, p. 33.
19 Art. 414. Quando o menor de 18 (dezoito) anos for empregado em mais de um estabelecimento, as horas de trabalho em cada um serão totalizadas.

É inimaginável, portanto, que qualquer empregado (urbano, rural ou doméstico), no âmbito contratual, renuncie a direitos trabalhistas, tal qual o direito ao recebimento do salário mínimo, à fruição de férias ou à percepção do décimo terceiro salário. O empregador que ingenuamente acreditar nesse ato de disponibilidade sofrerá prejuízos, uma vez que o empregado, desprezando a declaração de renúncia, poderá pleitear, com sucesso, o direito supostamente renunciado.

Teoricamente, entretanto, a lei pode autorizar que, em casos excepcionais, o empregado pratique ato de renúncia do seu direito para abarcar vantagem equivalente. Nesse âmbito há apenas precedentes jurisprudenciais. Na Súmula 51, II, do TST está previsto que, "havendo a coexistência de dois regulamentos da empresa, a opção do empregado por um deles tem efeito jurídico de renúncia às regras do sistema do outro". Do mesmo modo, nos moldes da Súmula 243 do TST, "a opção do funcionário público pelo regime trabalhista implica a renúncia dos direitos inerentes ao regime estatutário". O mais comum, contudo, é que a lei admita, em lugar de renúncia, transação de direitos trabalhistas. Exemplo disso pode ser constatado no art. 14 da Lei n. 8.036/90. Por força desse dispositivo o empregado poderá, querendo, trocar o regime de garantia de emprego (indenização por antiguidade ou estabilidade decenal) pelo regime da garantia do tempo de serviço (FGTS), desde que, para tanto, o empregador aceite o negócio[20] e substitua o montante da "indenização por antiguidade" por soma que corresponda a pelo menos 60% do citado montante. Sendo bilateral o ato, não há dúvidas de que se trata de uma transação, e não de um ato de renúncia.

Perceba-se, por fim, a existência de uma diferença bem clara entre renunciar ou transacionar *direitos* e renunciar ou transacionar *créditos correspondentes aos direitos*. Chama-se a atenção para essa distinção porque os créditos trabalhistas, notadamente quando finda a relação de emprego, não têm a mesma proteção jurídica conferida aos direitos trabalhistas. Isso é facilmente constatável a partir da evidência de que a própria lei admite a possibilidade de o Juiz do Trabalho tentar a conciliação entre os litigantes (*vide* art. 831 da CLT), independentemente de a demanda envolver acionantes desempregados ou ainda vinculados ao contrato de emprego. Apesar de a palavra "conciliação" ser entendida aqui como um ato de aproximação dos litigantes[21], não há como deixar de reconhecer que, por meio desse ato, os contendores transacionam e, mediante concessões recíprocas, extinguem a obrigação.

Seja como for — e por expressa autorização do citado art. 831 da CLT — a transação realizada perante o magistrado afasta o risco de o trabalhador sucumbir diante das suas próprias fraquezas. A atuação responsável do Juiz do Trabalho, afinal, legitima o ajuste e evita que o ato de conciliar confunda-se com o de capitular. Essa assertiva responde a uma indagação muito frequente entre aqueles que veem certa incoerência entre a sustentação do princípio da indisponibilidade dos *direitos* trabalhistas nas relações jurídicas materiais (plano extrajudicial) e a sua inaplicação na esfera dos *créditos* trabalhistas, nas relações jurídicas processuais (plano judicial).

E a transação extrajudicial de direitos individuais dos trabalhadores no âmbito de um instrumento coletivo negociado?

---

20 Trata-se de um negócio. Aliás, a concordância do empregador é indispensável ao aperfeiçoamento do negócio jurídico, conforme se vê na **Orientação Jurisprudencial Transitória 39 da SDI-1 do TST**: "A concordância do empregador é indispensável para que o empregado possa optar retroativamente pelo sistema do Fundo de Garantia por Tempo de Serviço".

21 Há uma confusão frequente entre o sentido das palavras "conciliação" e "transação". A "conciliação", na verdade, é modalidade de solução de conflitos por via paraeterônoma, mediante a qual um terceiro, usando técnicas de persuasão superficial, tenta aproximar os contendores. A transação é o ato jurídico possivelmente decorrente das iniciativas conciliatórias. Assim, a "conciliação" pode (ou não) produzir um ato de "transação".

A **Orientação Jurisprudencial 270 da SDI-1 do TST** identifica que "a transação extrajudicial que importa rescisão do contrato de trabalho ante a adesão do empregado a plano de demissão voluntária implica quitação exclusivamente das parcelas e valores constantes do recibo", **salvo se quitação ampla e irrestrita de todas as parcelas decorrentes do contrato de emprego tiver sido dada em item constante de instrumento coletivo negociado e de demais instrumentos assinados pelo empregado**. Essa foi a conclusão a que chegaram, por unanimidade, na Plenária de 30 de abril de 2015, os ministros do STF, no julgamento do **Recurso Extraordinário (RE) 590415**, que teve repercussão geral reconhecida.

Ao darem provimento ao mencionado Recurso Extraordinário, os ministros fixaram a tese de que **"a transação extrajudicial que importa rescisão do contrato de trabalho em razão de adesão voluntária do empregado a plano de dispensa incentivada enseja quitação ampla e irrestrita de todas as parcelas objeto do contrato de emprego, caso essa condição tenha constado expressamente do acordo coletivo que aprovou o plano, bem como dos demais instrumentos celebrados com o empregado" (Tese 152)**.

Em seu voto, o relator do caso, Ministro Luís Roberto Barroso, defendeu o seu ponto de vista ao afirmar que apenas no âmbito das relações individuais do trabalho o trabalhador fica à mercê de proteção estatal até contra sua própria necessidade ou ganância, haja vista a sua vulnerabilidade em face do empregador. Sustentou, porém, que essa assimetria não se coloca com a mesma intensidade nas negociações coletivas de trabalho, porque ali pesos e forças tendem a se igualar[22].

Agora sob o ponto de vista crítico, foi aqui salientado desde edição anterior que a decisão do STF, conquanto mereça respeito, traz em si o risco de estimular, mediante aplicações analógicas, a construção de cláusulas contratuais coletivas de quitação geral, capazes de afetar o patrimônio pessoal dos empregados. Cabe refletir se não haveria mesmo nenhum limite ao exercício da autonomia coletiva sindical em tais situações. Afinal, um instrumento coletivo negociado poderia realmente dar quitação ampla e irrestrita de **todas** as parcelas decorrentes do contrato de emprego, em ofensa ao direito de propriedade dos trabalhadores?

O legislador da reforma trabalhista de 2017 entendeu que sim. Exatamente por conta disso tornou lei o precitado entendimento relacionado ao "Plano de Demissão Voluntária ou Incentivada". A Lei n. 13.467/2017 criou o art. 477-B na CLT para tratar do assunto, e assim o fez:

> **Art. 477-B.** *Plano de Demissão Voluntária ou Incentivada, para dispensa individual, plúrima ou coletiva, previsto em convenção coletiva ou acordo coletivo de trabalho,* **enseja quitação plena e irrevogável dos direitos decorrentes da relação empregatícia**, *salvo disposição em contrário estipulada entre as partes* (destaques não constantes do original).

---

22 O voto condutor do acórdão, da lavra do Ministro Roberto Barroso (RE 590.415 (Rel. Min. ROBERTO BARROSO, *DJe* de 29-5-2015), foi proferido com base nas seguintes razões: (a) "a Constituição reconheceu as convenções e os acordos coletivos como instrumentos legítimos de prevenção e de autocomposição de conflitos trabalhistas; tornou explícita a possibilidade de utilização desses instrumentos, inclusive para a redução de direitos trabalhistas; atribuiu ao sindicato a representação da categoria; impôs a participação dos sindicatos nas negociações coletivas; e assegurou, em alguma medida, a liberdade sindical (...)"; (b) "a Constituição de 1988 (...) prestigiou a autonomia coletiva da vontade como mecanismo pelo qual o trabalhador contribuirá para a formulação das normas que regerão a sua própria vida, inclusive no trabalho (art. 7º, XXVI, CF)"; (c) "no âmbito do direito coletivo, não se verifica (...) a mesma assimetria de poder presente nas relações individuais de trabalho. Por consequência, a autonomia coletiva da vontade não se encontra sujeita aos mesmos limites que a autonomia individual"; (d) "(...) não deve ser vista com bons olhos a sistemática invalidação dos acordos coletivos de trabalho com base em uma lógica de limitação da autonomia da vontade exclusivamente aplicável às relações individuais de trabalho".

A extensão e o alcance da norma são os mais amplos possíveis, pois aplicável, indistintamente, no âmbito das dispensas individuais, plúrimas ou coletivas. Bastará, portanto, que o empregador ajuste, mediante negociação coletiva, um plano de desligamento incentivado para fruir da máxima proteção dada por uma **quitação plena e irrevogável dos direitos decorrentes da relação empregatícia**, salvo, evidentemente, se os próprios sujeitos coletivos ajustarem inexistente tal quitação em tal dimensão.

2.2.2.2 Os conflitos de interesses e as fórmulas de solução

O conflito resulta de uma luta consciente e pessoal por meio da qual cada um dos litigantes (indivíduos ou grupos) busca a satisfação do seu interesse em detrimento do interesse do adversário. Os conflitos fazem parte da vida, e a vida muda e evolui em decorrência deles. O progresso e o alcance de condições cada vez mais isonômicas entre os contendores são resultantes das contemporizações produzidas por esses episódios, itens demonstrativos do lado positivo das pelejas.

2.2.2.2.1 Conflito, impasse e solução

O *conflito*[23] decorre de um conjunto de ações e reações entre os litigantes. O indivíduo ou grupo que se entende prejudicado manifesta uma pretensão — um direito de que se afirma titular — esperando o imediato reconhecimento do seu antagonista. Se o adversário apresenta alguma oposição ao reconhecimento da pretensão, dispara-se o processo de atrito e dá-se início ao *impasse*. A partir desse instante os contendores naturalmente se desgastam, mas as colisões, apesar de lesivas, favorecem a quebra das arestas. O embate produz a aproximação e estimula a discussão. Com o diálogo é conhecida a motivação de cada um dos opositores e até mesmo identificada a razoabilidade do ponto de vista de cada um deles. Inicia-se, então, um período de arrefecimento de ânimos e as partes litigantes partem para um momento de superação visando à *solução*. É justamente nesse instante que surgem as primeiras propostas contemporizadoras.

2.2.2.2.2 Soluções por via autônoma

A palavra *negócio* provém de uma combinação de partículas egressas do latim, *nec-*, que revela uma negação, e *òtium*, indicativo de ócio, folga, desocupação. Um negócio é, portanto e em rigor, uma negação à desocupação, uma atitude, um fazer constante e operativo. A *negociação*, então, seria uma ação, um procedimento por meio do qual dois ou mais sujeitos de interesses em conflito ou seus representantes, mediante uma série de contemporizações, cedem naquilo que lhes seja possível ou conveniente para o alcance dos resultados pretendidos (ou para a consecução de parte desses resultados), substituindo a ação arbitral de terceiro ou a jurisdição estatal. Quando essa atividade é desenvolvida no plano das relações individuais, diz-se existente uma *negociação individual*; quando tal exercício é empreendido no âmbito das relações coletivas de trabalho, diz-se praticado o ato de *negociação coletiva*.

2.2.2.2.3 Soluções por via paraeterônoma

Quando o diálogo cessa e cada um dos litigantes insiste em afirmar-se titular de uma vantagem invocada, pode um terceiro, espontaneamente ou a convite das partes, estimular a composição. Esse terceiro, porém, não decide o conflito em lugar dos contendores, mas

---

[23] Do latim *conflictus*: conjunção de *con-*, prefixo que sugere um ato participativo (em união), e *flictus*, fricção, colisão, combate.

apenas promove uma catalisação, uma aceleração da concórdia. Nessas circunstâncias revela-se, **por via paraeterônoma**[24], mediante a atuação de um conciliador ou de um mediador, o segundo grupo de modalidades extintoras dos conflitos: **a conciliação ou a mediação**. Perceba-se que o caminho da conciliação ou da mediação conduz a uma **negociação indireta**. Enfim, apesar do estímulo produzido por um terceiro — conciliador ou mediador —, são as próprias partes que resolvem as suas diferenças.

a) Conciliação

A conciliação é uma fórmula paraeterônoma de solução dos conflitos por meio da qual um terceiro tenta aproximar os litigantes mediante argumentos de *persuasão superficial*. Fala-se em "persuasão superficial" porque o conciliador atua *in abstrato*, sem discutir o mérito do litígio, pois o que interessa para ele é a obtenção de solução para o litígio. Por meio dos seus atos, os conciliadores *não emitem opinião sobre o conteúdo da contenda*, mas apenas tentam levar os litigantes ao consenso por via negocial[25].

O § 2º do art. 165 do CPC/2015 passou a oferecer mais elementos ao processo de definição do conciliador, ao afirmar que ele "atuará preferencialmente nos casos em que não houver vínculo anterior entre as partes". Ele poderá, diante disso, "sugerir soluções para o litígio", sendo vedada, porém, a utilização de qualquer tipo de constrangimento ou intimidação para que as partes conciliem.

Os magistrados, por conta da sua condição de potenciais julgadores, não podem emitir opinião sobre a situação conflituosa, nem podem "abrir o jogo" quanto ao possível futuro resultado de uma prestação jurisdicional. Por isso, ao magistrado é dado unicamente o papel de conciliador (vejam-se, por exemplo, os arts. 125, IV, do CPC/1973, 359 do CPC/2015 e 846 da CLT), e nunca o de mediador. Esta tarefa é dada unicamente aos auxiliares da Justiça (*vide* art. 149 do CPC/2015).

a1) Comissão de conciliação prévia

A *solução pacífica das controvérsias* é um compromisso constitucional (*vide* preâmbulo do texto constitucional). Por conta disso, o sistema normativo passou a procurar fórmulas de legitimação de órgãos extraestatais para o ofício de aproximar os litigantes. A Lei n. 9.958, de 12 de janeiro de 2000, em uma dessas iniciativas, permitiu que empresas e sindicatos instituíssem comissões com o propósito de **tentar** a conciliação, antes de os litigantes acessarem a jurisdição.

A tentativa de conciliação, apesar do teor do *caput* do art. 625-D da CLT[26], não poderia ser entendida como um pressuposto processual de acesso. Afirma-se isso porque tal enten-

---

24 Destaque-se que, embora topologicamente a mediação (e a conciliação) seja espécie de heterocomposição, uma vez que existe um terceiro intermediando o ajuste, são as próprias partes que a ele (ajuste) chegam. Por isso essas vias são chamadas de paraeterônomas.

25 Era notável a indefinição conceitual entre conciliação e mediação. O art. 165 do CPC/2015, entretanto, trouxe luzes para o tema e, por conta de uma redação mais clara, deixou evidente que estavam com razão aqueles que, como Ada Pellegrini Grinover, diziam que "conciliação e mediação distinguem-se porque, na primeira, o conciliador, após ouvir os contendores, sugere a solução consensual do litígio, enquanto na segunda o mediador trabalha mais o conflito, fazendo com que os interessados descubram as suas causas, removam-nas e cheguem assim, por si só, à solução da controvérsia" (GRINOVER, Ada Pellegrini. Mudanças estruturais no processo civil brasileiro. *Juris Síntese*, n. 71, maio/jun. 2008). Para maior detalhamento, sugere-se a leitura do capítulo que trata das "fórmulas paraeterônomas e heterônomas de solução dos conflitos coletivos", na parte dedicada ao direito sindical e coletivo do trabalho.

26 Art. 625-D. Qualquer demanda de natureza trabalhista será submetida à Comissão de Conciliação Prévia se, na localidade da prestação de serviços, houver sido instituída a Comissão no âmbito da empresa ou do sindicato da categoria.

dimento colidiria com o direito fundamental lançado no inciso XXXV, do art. 5º da Constituição de 1988, segundo o qual *a lei não pode excluir da apreciação do Poder Judiciário lesão ou ameaça a direito*.

Note-se que, diante da redação do mencionado dispositivo constitucional, os pressupostos processuais de acesso deixam de existir, salvo se previstos na própria Constituição, como é o caso *da tentativa de negociação coletiva para ajuizamento do dissídio coletivo*, constante do § 2º do art. 114, e *do esgotamento das instâncias da justiça desportiva nas ações relativas à disciplina e às competições desportivas*, inserta no § 1º do art. 217. Esse, aliás, é o entendimento do STF, manifestado nas decisões que concederam, parcialmente, as medidas liminares nas ADIs 2139, 2160 e 2237. Anote-se que, diante desses entendimentos, colhidos por maioria de votos, as ações trabalhistas poderão ser aforadas diretamente no Poder Judiciário, sem a necessidade de comprovar a tentativa de conciliação feita perante as comissões de conciliação prévia, se existentes[27].

a2) Tentativas judiciais

A importância da busca de *soluções pacíficas para os litígios* justifica que os magistrados assumam a condição de conciliadores para tentar aproximar os contendores em qualquer instante processual. Para tanto, e no autorizado dizer do § 1º do art. 764 da CLT, "os juízes e Tribunais do Trabalho empregarão sempre os seus bons ofícios e persuasão no sentido de uma solução conciliatória dos conflitos". Esse propósito fez com que a Lei n. 8.952/94 acrescentasse o inciso IV ao texto do art. 125 do CPC/1973. Por conta dessa alteração aditiva passou a competir ao juiz "tentar, a qualquer tempo, conciliar as partes". Na mesma ideia manteve-se o legislador do CPC/2015, que, no seu art. 359, previu que "instalada a audiência, o juiz tentará conciliar as partes, independentemente do emprego anterior de outros métodos de solução consensual de conflitos, como a mediação e a arbitragem".

Na esfera trabalhista, a atuação do magistrado como conciliador é o primeiro ato praticado[28], à luz do art. 846 da CLT[29]. Observe-se que o mencionado dispositivo sofreu modificação imposta pela Lei n. 9.022/95 justamente para antepor a tentativa de aproximação dos litigantes à apresentação da resposta do réu. Não fosse o bastante, ao juiz trabalhista cabe repetir a atuação de conciliador antes de concluir os autos para julgamento, conforme o *caput* do art. 850 da CLT[30].

---

[27] O Plenário do STF, em 1º-8-2018, confirmou os termos das medidas cautelares e julgou parcialmente procedentes os pedidos formulados nas três referidas ações diretas de inconstitucionalidade para dar interpretação conforme a Constituição ao art. 625-D, §§ 1º a 4º (1), da Consolidação das Leis do Trabalho (CLT), para reconhecer que a Comissão de Conciliação Prévia constitui meio legítimo, mas não obrigatório, de solução de conflitos, resguardado o acesso à Justiça para os que venham a ajuizar demandas diretamente no órgão judiciário competente.

[28] A tentativa de aproximação dos litigantes é ato inaugural em qualquer processo e assim já o era sob a perspectiva das Ordenações Filipinas, segundo as quais, em seu Livro III, Título XX, e consoante ortografia da época, *"no começo da demanda dirá o Juiz à ambas as partes, que antes que façam despezas, e se sigam entre elles os odios e dissensões, se devem concordar e não gastar suas fazendas por seguirem suas vontades, porque o vencimento da causa sempre he duvidoso"*.

[29] Art. 846 da CLT. Aberta a audiência, o Juiz ou presidente proporá a conciliação.

[30] Art. 850 da CLT. Terminada a instrução, poderão as partes aduzir razões finais, em prazo não excedente de dez minutos para cada uma. Em seguida, o juiz ou presidente renovará a proposta de conciliação, e não se realizando esta, será proferida a decisão.

b) Mediação

Considera-se mediação a atividade técnica exercida por terceiro imparcial sem poder decisório, que, escolhido ou aceito pelas partes, as auxilia e as estimula a identificar ou desenvolver soluções consensuais para a controvérsia.

Os mediadores emitem influente opinião sobre o conteúdo da contenda, *informam sobre os riscos da demanda e aconselham ativamente que os litigantes cheguem ao consenso por via negocial para evitar prejuízos jurisdicionais. Ao magistrado,* **por conta das referidas qualidades***, não é dado o papel de mediador,* **porque, se assim agisse, poderia acidentalmente** *antecipar algumas soluções meritórias.*

2.2.2.2.4 Soluções por via heterônoma

Superadas as tentativas de ajuste por força de negociação direta ou indireta, podem os opositores preferir a atuação de um terceiro, não mais para aproximá-los, mas para decidir a contenda em lugar deles. Desvenda-se, assim, **por via heterônoma,** mediante atuação de um árbitro ou de um juiz/tribunal, o terceiro bloco de fórmulas solucionadoras dos conflitos que incluem **a arbitragem e a jurisdição.**

As partes contrapostas, não conseguindo ajustar autonomamente suas divergências, entregam, então, a um terceiro o encargo da resolução do conflito.

a) Arbitragem

A arbitragem é uma fórmula heterônoma de solução dos conflitos por meio da qual um terceiro, escolhido por ambos os litigantes, presta uma solução para a disputa. A submissão à arbitragem pode acontecer antes de o conflito surgir ou na constância dele. Se ajustada antes do surgimento do conflito, diz-se ativado por uma cláusula compromissória, vale dizer, por uma convenção mediante a qual as partes comprometem-se a submeter à arbitragem os litígios eventualmente emergentes. Se a querela estiver acontecendo, as partes podem valer-se do compromisso arbitral, que pode ser *judicial* (celebrado por termo, nos autos, perante o juízo ou tribunal onde tem curso a demanda) ou *extrajudicial* (celebrado por escrito particular, assinado por duas testemunhas, ou por instrumento público).

De qualquer sorte, o laudo arbitral não pode produzir efeitos próprios de coisa julgada **nas relações individuais de emprego** simplesmente porque tal fórmula de solução de conflitos é inadmissível nesse âmbito, salvo na situação excepcional prevista no art. 507-A da CLT, que será posteriormente analisada. Isso ocorre porque estas relações são caracterizadas pela situação de desigualdade material entre as partes. Por isso, ciente de que o empregado, desacompanhado de sua entidade sindical, submete-se a qualquer negócio para conseguir e manter o seu emprego, é que o legislador (*vide* Lei n. 9.307/96) declarou inaplicável a arbitragem na órbita dos chamados "direitos indisponíveis", entre os quais se encontra, obviamente, o direito mínimo contido nas relações individuais de emprego[31].

Ora, se os direitos aplicáveis a essas relações são mesmo de ordem pública, imperativos e cogentes, é mais do que evidente que os conflitos deles emergentes não podem ser solucionados por um terceiro escolhido pelas partes integrantes da relação. A possibilidade de vício de consentimento é tão elevada que o legislador preferiu, conforme expendido, sim-

---

[31] Perceba-se que, nos moldes da lei, a arbitragem somente aparece quando o bem jurídico a ela submetido é avalizado pela entidade sindical operária, sendo exemplo a participação dos lucros ou resultados, conforme se pode ver no texto do art. 4º da Lei n. 10.101/2000.

plesmente vedar essa via de solução heterônoma, oferecendo aos litigantes apenas o acesso ao Judiciário como via heterônoma. Nesse sentido, aliás, posiciona-se a imensa maioria dos juízes e tribunais[32]. Anote-se que alguns órgãos jurisdicionais admitem a arbitragem em relações individuais de emprego, desde que extinto o vínculo, haja vista a ampla liberdade de que dispõem os contendores neste momento[33].

---

32 ARBITRAGEM — DIREITOS INDIVIDUAIS DO TRABALHO — RENÚNCIA — A solução dos conflitos através de arbitragem, nesta Justiça Especializada, limita-se às demandas coletivas (CF, art. 114, § 1º). Logo, não abrange os direitos individuais trabalhistas que são tutelados por normas de ordem pública, imperativas e cogentes; portanto, inderrogáveis e irrenunciáveis. Nenhum efeito pode advir da renúncia exarada no termo de arbitragem, por atingir direito indisponível. O acordo celebrado em tais condições não traduz ato jurídico perfeito e, tampouco, acarreta em coisa julgada no âmbito trabalhista (TRT 2ª R., **RO 01669-2005-025-02-00 (20070007173)**, 11ª T., Rel. Juíza Maria Aparecida Duenhas, *DOESP*, 13-2-2007).
RECURSO DE REVISTA. ARBITRAGEM. INAPLICABILIDADE AO DIREITO INDIVIDUAL DO TRABALHO. 1. Não há dúvidas, diante da expressa dicção constitucional (CF, art. 114, §§ 1º e 2º), de que a arbitragem é aplicável na esfera do Direito Coletivo do Trabalho. O instituto encontra, nesse universo, a atuação das partes em conflito valorizada pelo agregamento sindical. 2. Na esfera do Direito Individual do Trabalho, contudo, outro será o ambiente: aqui, os partícipes da relação de emprego, empregados e empregadores, em regra, não dispõem de igual poder para a manifestação da própria vontade, exsurgindo a hipossuficiência do trabalhador (bastante destacada quando se divisam em conjunção a globalização e tempo de crise). 3. Esta constatação medra já nos esboços do que viria a ser o Direito do Trabalho e deu gestação aos princípios que orientam o ramo jurídico. O soerguer de desigualdade favorável ao trabalhador compõe a essência dos princípios protetivo e da irrenunciabilidade, aqui se inserindo a indisponibilidade que gravará a maioria dos direitos — inscritos, quase sempre, em normas de ordem pública — que amparam a classe trabalhadora. 4. A Lei n. 9.307/96 garante a arbitragem como veículo para se dirimir — litígios relativos a direitos patrimoniais disponíveis (art. 1º). A essência do instituto está adstrita à composição que envolva direitos patrimoniais disponíveis, já aí se inserindo óbice ao seu manejo no Direito Individual do Trabalho (cabendo rememorar-se que a Constituição Federal a ele reservou apenas o espaço do Direito Coletivo do Trabalho). 5. A desigualdade que se insere na etiologia das relações de trabalho subordinado, reguladas pela CLT, condena até mesmo a possibilidade de livre eleição da arbitragem (e, depois, de árbitro), como forma de composição dos litígios trabalhistas, em confronto com o acesso ao Judiciário Trabalhista, garantido pelo art. 5º, XXXV, do Texto Maior. 6. A vocação protetiva que dá suporte às normas trabalhistas e ao processo que as instrumentaliza, a imanente indisponibilidade desses direitos e a garantia constitucional de acesso a ramo judiciário especializado erigem sólido antepara à utilização da arbitragem no Direito Individual do Trabalho. Recurso de revista conhecido e provido. **Processo: RR — 795/2006-028-05-00.8** Data de Julgamento: 25/03/2009, Relator Ministro: Alberto Luiz Bresciani de Fontan Pereira, 3ª Turma, Data de Divulgação: *DEJT* 29/05/2009.
33 RECURSO DE REVISTA — DISSÍDIO INDIVIDUAL — SENTENÇA ARBITRAL — EFEITOS — EXTINÇÃO DO PROCESSO SEM RESOLUÇÃO DO MÉRITO — ART. 267, VII, DO CPC. I — É certo que o art. 1º da Lei n. 9.307/96 estabelece ser a arbitragem meio adequado para dirimir litígios relativos a direitos patrimoniais disponíveis. Sucede que a irrenunciabilidade dos direitos trabalhistas não é absoluta. Possui relevo no ato da contratação do trabalhador e durante vigência do pacto laboral, momentos em que o empregado ostenta nítida posição de desvantagem, valendo salientar que o são normalmente os direitos relacionados à higiene, segurança e medicina do trabalho, não o sendo, em regra, os demais, por conta da sua expressão meramente patrimonial. Após a extinção do contrato de trabalho, a vulnerabilidade e hipossuficiência justificadora da proteção que a lei em princípio outorga ao trabalhador na vigência do contrato, implica, doravante, a sua disponibilidade, na medida em que a dependência e subordinação que singularizam a relação empregatícia deixam de existir. II — O artigo 114, § 1º, da Constituição não proíbe o Juízo de arbitragem fora do âmbito dos dissídios coletivos. Apenas incentiva a aplicação do instituto nesta modalidade de litígio, o que não significa que sua utilização seja infensa à composição das contendas individuais. III — Para que seja consentida no âmbito das relações trabalhistas, a opção pela via arbitral deve ocorrer em clima de absoluta e ampla liberdade, ou seja, após a extinção do contrato de trabalho e à míngua de vício de consentimento. IV — Caso em que a opção pelo Juízo arbitral ocorreu de forma espontânea e após a dissolução do vínculo, à míngua

Observe-se, então, que as declarações promovidas por um trabalhador no sentido de que não existem outros créditos senão aqueles contidos no laudo arbitral não têm efeito jurídico de transação judicial. **Os atos praticados pelos órgãos arbitrais em face de conflitos individuais trabalhistas configuram, no máximo, ato jurídico de efeito liberatório restrito,** nos mesmos moldes dos atos homologatórios praticados perante a autoridade administrativa do Ministério do Trabalho, não possuindo o alcance da quitação extintiva com eficácia liberatória plena.

Ressalve-se aqui a exceção mencionada linhas atrás. A reforma trabalhista de 2017, mediante a Lei n. 13.467/2017, criou, como já se disse, a figura do **empregado hipersuficiente**, *aquele que, nos contratos individuais de emprego tem remuneração superior a* **duas vezes** *o* **limite máximo estabelecido para os benefícios do Regime Geral de Previdência Social** (no ano de 2020, apenas para ter-se uma ideia de dimensão, esse valor é R$ 12.202,12, vale dizer, o resultado de duas vezes o teto previdenciário do RGPS: R$ 6.101,06 x 2), e o considerou suscetível à arbitragem. O engajamento desse trabalhador à arbitragem será possível por sua própria iniciativa ou mediante a sua concordância expressa, sem que se possa alegar em favor dele que o direito do trabalho é, por si só, indisponível. Veja-se o dispositivo:

Art. 507-A. Nos contratos individuais de trabalho cuja remuneração seja superior a duas vezes o limite máximo estabelecido para os benefícios do Regime Geral de Previdência Social, poderá ser pactuada cláusula compromissória de arbitragem, desde que por iniciativa do empregado ou mediante a sua concordância expressa, nos termos previstos na Lei n. 9.307, de 23 de setembro de 1996.

Diga-se mais: o art. 444 da CLT ganhou um parágrafo único para também referir o empregado hipersuficiente e para ali determinar que a livre estipulação produzirá em relação a ele uma prevalência do negociado individualmente sobre o legislado, tal qual aquela admitida genericamente no art. 611-A da CLT. Ali, no art. 444 consolidado, além do referencial da retribuição salarial mensal igual ou superior a duas vezes o limite máximo dos benefícios do Regime Geral de Previdência Social, há também a exigência de que esse trabalhador seja "portador de diploma de nível superior". A exigência minorada para fins de arbitragem fez crer que, para inserção nessa espécie de solução de conflito, bastaria a presença do requisito da elevada retribuição, e nada mais que isso. Decerto essa solução foi adotada para permitir que os jogadores de futebol, muitos com elevados salários, mas quase nunca graduados em nível superior, pudessem também estar submetidos à arbitragem.

b) Jurisdição

A jurisdição é uma fórmula heterônoma de solução dos conflitos por meio da qual o Estado-juiz, no exclusivo exercício do seu poder-dever de dizer o direito quando invocado a tanto, soluciona uma disputa, atendendo à iniciativa de um dos litigantes. Ao contrário do que ocorre com a arbitragem, em que os próprios litigantes escolhem quem decidirá o conflito, a jurisdição é caracterizada pelo princípio do juiz natural. Em outras palavras: apesar de a atuação estatal ter sido ativada por um dos contendores, ambos deverão conformar-se, salvo situações de suspeição ou de impedimento devidamente comprovadas, com o magistrado naturalmente investido para instruir e julgar o conflito.

---

de vício de consentimento ou irregularidade quanto à observância do rito da Lei n. 9.307/96. Irradiação dos efeitos da sentença arbitral. Extinção do processo sem resolução do mérito (artigo 267, VII, do CPC), em relação aos pleitos contemplados na sentença arbitral. **Processo: RR — 1799/2004-024-05-00.6**. Data de Julgamento: 3-6-2009, Relator Ministro: Antônio José de Barros Levenhagen, 4ª Turma. Data de Divulgação: *DEJT* 19-6-2009.

Sobre o tema cabe dizer que, apesar de a citada Emenda Constitucional n. 45/2004 ter modificado a redação do § 2º do art. 114 da Constituição de 1988 para fazer constar o *"comum acordo"* dos contendores como pressuposto para o ajuizamento do dissídio coletivo de natureza econômica, **essa expressão não tem realmente a intenção de oferecer obstáculo à apreciação pelo Poder Judiciário de lesão ou de ameaça a direito**, mas de criar um filtro de fortalecimento do diálogo social e de consequente menor intervenção do Judiciário, que, quando solicitado, atuaria não mais do que como um **árbitro público**.

Nesse sentido, aliás, também se posiciona Antônio Álvares da Silva, segundo o qual, isoladamente, nenhum sindicato poderá mais propor dissídio coletivo para obrigar a sua contraparte a se submeter a uma sentença normativa[34]. Citando votos da magistrada Marta Helfeld, salienta que o constituinte deixou extreme de dúvidas que o Estado somente interferiria no conflito coletivo de trabalho se as partes de *comum acordo* assim o desejassem ou em caso de greve em atividade essencial com possibilidade de lesão do interesse público, por iniciativa do Ministério Público do Trabalho. Para o citado mestre mineiro, o legislador da Emenda Constitucional n. 45/2004, "influenciado pelos novos tempos e reconhecendo a necessidade da mudança para resguardo e favorecimento da liberdade sindical, mudou de posição para melhor e acrescentou a cláusula do comum acordo". Diz, por fim, que, "se uma nova lei não menciona palavras ou condições da anterior, ou acrescenta à nova [lei] palavras e condições antes inexistentes, é porque quis mudar e transformar".

Cabe lembrar aqui, por fim, que a Advocacia-Geral da União, ao prestar informações nos autos da Ação Direta de Inconstitucionalidade 3.392, deixou claro que ao mencionar "comum acordo" o § 2º do art. 114 da Constituição quis significar aquela situação em que ambas as partes enxergam a intervenção judicial como *"a única forma restante de resolver o conflito"*.

O Supremo Tribunal Federal pôs fim à discussão em junho de 2020. O Plenário da referida corte constitucional, na linha do que aqui foi sustentado, julgou constitucional o dispositivo que exige a anuência mútua das partes para o ajuizamento de dissídio coletivo trabalhista e atribui legitimidade ao Ministério Público do Trabalho (MPT) para ajuizar o dissídio em caso de greve em atividades essenciais. A decisão, por maioria, se deu no julgamento da Ação Direta de Inconstitucionalidade (ADI) n. 3.423.

O relator, Min. Gilmar Mendes, cujo voto foi triunfante, lembrou que a melhor forma de composição na resolução de conflitos coletivos deve privilegiar a normatização autônoma, evitando a imposição do poder estatal, assinalando que, "no contexto brasileiro, isso significa enfraquecer o poder normativo que era dado à Justiça do Trabalho e expandir os meios alternativos de pacificação, como a mediação e a arbitragem, mesmo que estatal".

2.2.3 Princípio da continuidade da relação de emprego

O princípio da continuidade pode ser entendido como aquele que visa "atribuir à relação de emprego a mais ampla duração possível, sob todos os aspectos"[35], gerando, por isso, presunções sempre favoráveis aos trabalhadores. Nesse sentido, se um contrato por tempo determinado é violado em algum dos seus requisitos previstos em lei, há, por bem da continuidade, uma *conversão do ajuste por tempo determinado em um contrato por tempo indeterminado*.

---

34 SILVA, Antônio Álvares da. *Dissídio coletivo mediante acordo*. Belo Horizonte: RTM, p. 29-31.
35 PLÁ RODRIGUEZ, Américo. *Princípio de direito do trabalho*. 3. ed. São Paulo: LTr, 2004, p. 244.

A continuidade sugere também a ausência de intenção do empregado em pôr fim ao contrato que o arrima. Por isso, presume-se, sempre, que a **terminação de um vínculo** deu-se **por iniciativa patronal** e sem causa justa em lugar de por iniciativa operária ou com justa causa.

Também em virtude da continuidade, vale dizer, da repetibilidade da prestação do serviço ou do simples reconhecimento da existência desse, presume-se a **ocorrência de uma relação de emprego**, cabendo ao tomador dos serviços o ônus demonstrativo da formulação de um contrato de trabalho em sentido lato.

Essas presunções, autorizadas pela ideia de continuidade do vínculo de emprego, deram causa à edição de súmula do TST indicativa dessa conduta interpretativa de fatos entendidos ordinários. Perceba-se, em última análise, que a ideia da continuidade está calcada em máxima difundida pelo doutrinador italiano Nicola Framarino dei Malatesta, segundo o qual *os fatos ordinários são presumidos em detrimento dos fatos extraordinários que precisam ser provados*[36]. Veja-se o entendimento cristalizado pelo TST:

> *Súmula 212 do TST. DESPEDIMENTO. ÔNUS DA PROVA. O ônus de provar o término do contrato de trabalho, quando negados a prestação de serviço e o despedimento, é do empregador, pois o princípio da continuidade da relação de emprego constitui presunção favorável ao empregado (Res. 14/1985, DJ, 19-9-1985).*

A súmula tem redação truncada, uma vez que a assertiva inicial, que versa sobre "o ônus de provar o término do contrato de trabalho", não tem por elemento condicional a negação da prestação de serviço, tampouco tem necessária relação com a negativa de despedimento. Perceba-se que o texto da súmula trata de situação em que são *"negados a prestação de serviço e o despedimento"*. Na verdade, a redação da súmula acima transcrita seria suficientemente clara se ela apenas asseverasse: "o ônus de provar o término do contrato de trabalho, quando negado o despedimento, é do empregador, pois o princípio da continuidade da relação de emprego constitui presunção favorável ao empregado".

Se houvesse negativa total da prestação dos serviços, caberia ao empregado o ônus do fato constitutivo de sua pretensão. Somente depois de demonstrada a existência do liame contratual seria restabelecida a sistemática de presunções favoráveis ao trabalhador. Exemplificando: *Manoel ajuíza ação trabalhista contra Joaquim afirmando que este foi o seu empregador. Joaquim, ao contestar, nega qualquer prestação de serviços por parte de Manoel. Note-se que nessa situação, caberá a Manoel o ônus de provar que existiu o vínculo. Perceba-se que Joaquim não atrairá o ônus da prova porque não terá admitido o fato constitutivo do autor em sua contestação.*

A presunção favorável da existência de contrato de emprego, por outro lado, existirá quando o tomador reconhecer a prestação dos serviços, mas negar a existência de contrato de emprego. Veja-se exemplo: *João ajuíza ação contra Pedro afirmando que este foi o seu empregador. Pedro, ao contestar, reconhece o fato constitutivo de João (não nega que este lhe tenha prestado serviços), mas apresenta um fato obstativo ao afirmar que, em lugar de um contrato de emprego, foi ajustado um contrato de prestação de trabalho autônomo. Nesta situação existirá uma presunção no sentido de que João era empregado de Pedro, cabendo a este o ônus de provar o fato obstativo, ou seja, que houve trabalho autônomo, e não emprego.*

---

36 MALATESTA, Nicola Framarino dei. *A lógica das provas em matéria criminal*. Trad. Paolo Capitanio. 2. ed. Campinas: Bookseller, 2001.

2.2.4 Princípio da primazia da realidade

O princípio da **primazia da realidade** baseia-se no mandamento nuclear protetivo segundo o qual a realidade dos fatos prevalece sobre meras cláusulas contratuais ou registros documentais, ainda que em sentido contrário. De nada, portanto, adianta mascarar a verdade, uma vez que se dará prevalência ao que efetivamente existiu.

Esse princípio aplica-se tanto *a favor* quanto *contra* o empregado. Justifica-se essa atitude porque o princípio ora em análise dá primazia à realidade, e não à versão apresentada pelo trabalhador em detrimento daquela oferecida pelo empregador.

É verdade que o empregado, como sujeito juridicamente mais fragilizado, é a vítima preferencial dos documentos que revelam coisa diversa daquilo que efetivamente existiu[37]. Há maus empregadores que, na tentativa de desvirtuar, impedir ou fraudar a aplicação dos direitos trabalhistas, engenham contratos de natureza assemelhada (como representação comercial, estágio ou cooperativa) e constroem falsas provas, inclusive de pagamento. Quando a realidade mascarada é efetivamente visualizada, tornam-se nulos de pleno direito, por força do art. 9º da CLT, todos os atos violadores da legislação laboral.

2.2.5 Princípio da razoabilidade

Razoabilidade é a qualidade daquilo que esteja conforme a razão, entendida como a faculdade de que dispõe o ser humano de avaliar, julgar e ponderar ideias universais, concebidas na medida em que seja possível conhecer o real por oposição ao que é aparente.

É justamente a razoabilidade, princípio lógico antecedente de todos os referenciais para solução de conflitos entre a vontade e a declaração, que define o alcance e a amplitude de alguns conceitos jurídicos indeterminados, entre os quais a iminência, a irresistibilidade e a inescusabilidade.

O princípio da razoabilidade, embora não seja especificamente trabalhista, é aplicado amiúde nas relações de trabalho. Delas brotam comportamentos que precisam ser aferidos segundo um padrão médio de bom-senso. Pode-se, então dizer, entre outras, que ferem o princípio da razoabilidade as seguintes condutas e alegações: a) um empregado afirmar que trabalhava vinte e quatro horas por dia, sem intervalo; b) um empregado braçal afirmar que recebia salário maior do que o do gerente da empresa; c) um empregador apresentar cartões de ponto que demonstram horários de entrada e saída uniformes e sustentar que eles foram anotados exatamente nos minutos ali apostos; d) um empregado alegar que se obrigou a serviço incompatível com a sua condição pessoal, por exemplo, um paraplégico alegar que se obrigou a exercer a função de carregador ou o cego que alega ser motorista; e) um em-

---

[37] Uma situação muito comum diz respeito à atuação de empregadores que costumam identificar como "liberalidades" verdadeiras "gratificações ajustadas", no intuito de não se tornarem obrigados a repeti-las periodicamente. Para isso, e com base no princípio da primazia da realidade, foi confeccionada a **Súmula 152 do TST**, que possui a seguinte redação: "GRATIFICAÇÃO. AJUSTE TÁCITO. O fato de constar do recibo de pagamento de gratificação o caráter de liberalidade não basta, por si só, para excluir a existência de ajuste tácito" (Ex-prejulgado n. 25).

pregador afirmar que um empregado, que ganha salário ínfimo e que mora distante do local de trabalho, declarou não precisar do vale-transporte[38 e 39].

2.2.6 Princípio da boa-fé e da confiança

A boa-fé tem o seu conceito egresso da consciência ética da sociedade. Manifestada por meio de comportamentos reveladores de uma **crença positiva** e de uma **situação de ignorância ou de ausência de intenção malévola**, a boa-fé é medida pela prática cotidiana da vida e é remetida, nas lides jurídicas, à apreciação do juiz como partícipe e intérprete do sentimento social.

Operando sobre o plano dos princípios e sobre a própria lei, a boa-fé é exigida, como dever acessório, na formação dos contatos e protegida durante o transcurso dos ajustes já formados. Por força dela cada um dos sujeitos de uma relação jurídica deve oferecer informação, ampla e irrestrita, sobre os detalhes do negócio a ser praticado ou do ato jurídico que está em desenvolvimento. Alguns desses detalhes podem ser extremamente relevantes a ponto de influenciar a celebração do ajuste ou a continuidade executiva do negócio. Os parceiros contratuais, segundo o princípio da boa-fé, devem atuar com confidencialidade, com respeito, com lealdade e com mútua cooperação.

Não é demasiada a lembrança de que a boa-fé estrutura e apoia o consectário princípio da confiança, assim entendido o mandado orientador que se funda na proteção da legítima expectativa de não ser surpreendido, e ao final prejudicado, com uma atitude contrária à que normalmente se esperaria de quem incutiu confiança sob o fundamento da estabilidade das circunstâncias envolventes. Nesse ponto, é importante recordar que a palavra "confiança" provém do latim *confidentia*, de *confidere*, que significa "acreditar plenamente, com firmeza", formada pelas partículas con-, um intensificativo, acrescido de *-fidere*, "acreditar, crer", que deriva de *fides*, "fé".

A título de exemplo é apresentada a situação de um trabalhador que, já tendo alcançado os requisitos necessários à aposentadoria voluntária, sucumbe a uma **proposta patronal de afastamento incentivado** apenas porque foi informado por seu empregador que, findo o prazo para a adesão ao mencionado programa, outro igual, com tantas vantagens, não mais seria oferecido em um futuro próximo. Naturalmente, esse trabalhador, aliciado pelas vantagens e golpeado pela estratégia de convencimento do empregador, praticaria, sim, o ato sugerido, crente no fato de que a circunstância poderia ser entendida como uma oportunidade.

---

38 Quanto a essa questão, é importante fazer registro de decisão da 12ª Turma do Tribunal Regional do Trabalho da 2ª Região (TRT-SP), publicada em 11-4-2008, sob o n. Ac. 20080270101. Processo n. TRT-SP 00708.2006.384.02.00-1. Segundo a referida decisão: "É direito do empregado que mora distante do local de trabalho o benefício do vale-transporte. Mero documento assinado pelo reclamante (analfabeto funcional), renunciando a necessidade do referido benefício não é crível...". Em seu voto, o Desembargador Davi Furtado Meirelles destacou: "Necessário se faz adotar como regra interpretativa de direito, o princípio da razoabilidade, não se cogitando que o reclamante, residindo distante do local onde prestava serviço, declarasse, no ato de admissão, não necessidade de vale-transporte". Observou, ainda: "Além do mais, gastando duas conduções diárias, trabalhando de segunda a sábado, o reclamante teria comprometido fatia considerável de seu ganho, já modesto, tendo como consequência significativa redução salarial, o que não se pode convalidar".

39 Por conta de decisões reiteradas nos moldes mencionados na nota de rodapé anterior, o TST publicou a Súmula 460 e pacificou o assunto. Veja-se: "Súmula 460 do TST. Vale-transporte. Ônus da prova. É do empregador o ônus de comprovar que o empregado não satisfaz os requisitos indispensáveis para a concessão do vale-transporte ou não pretenda fazer uso do benefício".

Esse trabalhador ver-se-ia violentado na sua boa-fé se, poucos meses depois de sua adesão, tomasse conhecimento de que seu empregador não apenas renovou o programa de afastamento incentivado como também ofereceu, além das vantagens constantes do plano anterior ao qual se vinculou, outros benefícios mais relevantes e atrativos. Nesse caso, o obreiro, invocando a violação ao princípio da boa-fé objetiva, poderia postular, com razão, o pagamento das diferenças existentes entre o primeiro e o segundo planos de desligamento incentivado[40].

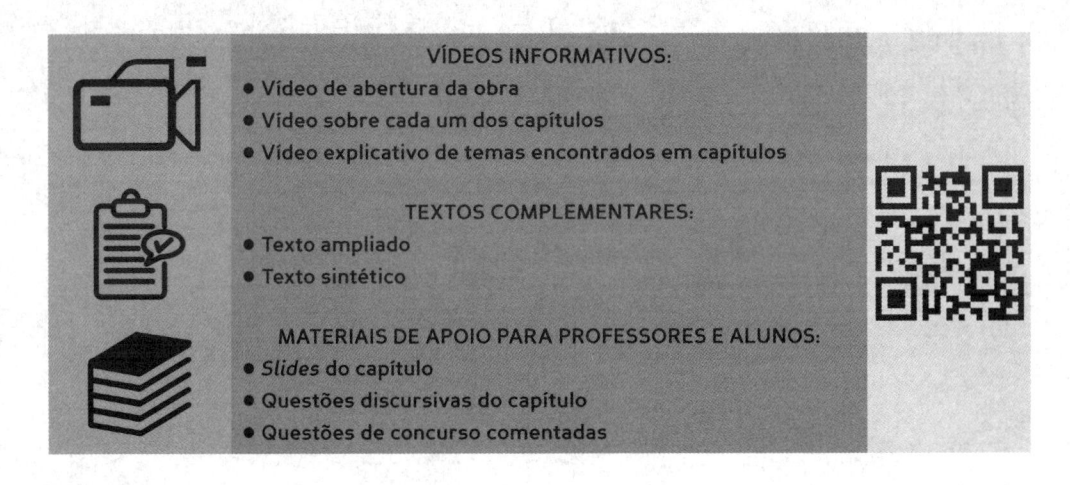

VÍDEOS INFORMATIVOS:
- Vídeo de abertura da obra
- Vídeo sobre cada um dos capítulos
- Vídeo explicativo de temas encontrados em capítulos

TEXTOS COMPLEMENTARES:
- Texto ampliado
- Texto sintético

MATERIAIS DE APOIO PARA PROFESSORES E ALUNOS:
- *Slides* do capítulo
- Questões discursivas do capítulo
- Questões de concurso comentadas

---

40 Nesse sentido: CONTRATO DE TRABALHO. PRINCÍPIO DA BOA-FÉ OBJETIVA. INCIDÊNCIA. VIOLAÇÃO À CLÁUSULA QUE ASSEGURAVA A NÃO EDIÇÃO DE PLANO DE DEMISSÃO VOLUNTÁRIA NO FUTURO. A cláusula geral de boa-fé objetiva, prevista no art. 113, do Código Civil, representa regra de valoração da conduta das partes como honesta, correta e leal e induz expectativa legítima nos contratantes, especialmente hipossuficientes. A afirmação do empregador no sentido de que, no futuro, não editará plano de demissão voluntária com condições mais vantajosas induz expectativa legítima nos empregados nesse sentido e, por isso, a ele aderiram. Se, quatro meses após, essa expectativa se rompe com novo plano, mais vantajoso, a atitude do empregador representa violação a esse dever geral de conduta e torna o empregado credor das diferenças decorrentes do novo regramento (TRT 5ª R., RO 0022200-63.2005.5.05.0033, Rel. Des. Cláudio Brandão, 2ª T., *DJ*, 15-8-2006).

3
ATIVIDADE E TRABALHO

https://somos.in/CTD14

3.1 DISTINÇÕES ENTRE ATIVIDADE E TRABALHO

Sendo certa a máxima segundo a qual coisas diferentes devem receber nomes diferentes, é de fundamental importância jurídica a distinção entre "contratos de trabalho" e "contratos de atividade em sentido estrito". Apesar disso, a doutrina e a jurisprudência têm desdenhado tal dessemelhança e têm tratado sob o mesmo nome jurídico os institutos ora analisados. A diferença entre "trabalho" e "atividade em sentido estrito" não é meramente acadêmica nem cerebrina, porque traz consigo importantes reflexos práticos no âmbito trabalhista e previdenciário, conforme se poderá perceber.

A atividade[1] é entendida como um gênero que comporta duas espécies: o trabalho e a atividade em sentido estrito. O que distingue as referidas espécies substancialmente é a **meta**. Enquanto o **"trabalho"**, indispensavelmente remunerado (ou a remunerar), tem por escopo o sustento próprio e, se for o caso, familiar do trabalhador, a forma identificada como **"atividade em sentido estrito"**, prestada, em regra, sem qualquer onerosidade ou mediante uma contraprestação meramente simbólica, tem objetivos diferentes, que podem estar relacionados com o intento de aperfeiçoamento ou associados a ações meramente solidárias.

Não se trata aqui de "trabalho" sob o ponto de vista da física, vale dizer, não se investiga aqui o "trabalho" como uma medida da energia transferida pela aplicação de uma força ao longo de um deslocamento. No sentido da física, obviamente, será "trabalho" qualquer gasto energético, independentemente das vicissitudes da força que produziu o deslocamento. Trata-se aqui, em realidade, de "trabalho" no seu sentido técnico-jurídico.

Pois bem. O vocábulo "trabalho", num sentido evidentemente técnico-jurídico, estará continuamente associado à ideia de contraprestação pecuniária porque é entendido como um valor social que dignifica e que dá honradez à pessoa humana. Isso acontece porque, conforme antecipado, a remuneração dele decorrente visa ao sustento do trabalhador e, se for o caso, de sua família. Sem a contraprestação pecuniária o trabalho não alcançaria o seu objetivo social. Desse modo, pode-se concluir que, havendo necessidade de sustento próprio e/ou familiar, existirá trabalho e que, existindo trabalho, terá de ser atribuída uma contraprestação por força dele.

Há quem indague se deixaria de ser "trabalho" a atividade desenvolvida por uma determinada pessoa que, embora merecesse a contraprestação, manifestasse o desejo de não ser remunerado.

Tal poderia acontecer, ilustrativamente, com o pai de um aluno de uma escola privada que, por gratidão ou por reconhecimento à qualidade de ensino oferecida a ele e/ou aos seus filhos, resolve ministrar aulas sem exigir nenhuma retribuição. Nesse ponto é importante anotar que a escola privada, no exemplo aqui posto, não é instituição sem fins lucrativos

---

1 Anote-se também a diferença entre ato e atividade. Ato é a unidade de ação, enquanto atividade é um conjunto de atos coordenados que visam a um determinado e específico fim.

destinatária de serviço voluntário (sobre o qual se falará mais adiante), mas, sim, uma instituição que desenvolve atividade econômica com o objetivo de lucrar.

Ora, não é porque alguém se dispõe a não receber seus salários que jamais poderá postular esse pagamento no futuro. O "trabalho" não deixa de ser "trabalho" pelo simples fato de não ser exigida a sua indissociável contraprestação. Ao contrário: por ser "trabalho", o prestador do serviço, dentro do prazo prescricional, poderá exigir, sem licença nem perdão, aquilo que não lhe foi atribuído a título de remuneração. Mesmo que o desejar inicial desse pai de aluno fosse o de oferecer sua força laboral sem nenhuma contraprestação, ele poderia, por ter prestado "trabalho", voltar atrás e pedir a remuneração que inicialmente sequer pretendia, fulcrado no basilar princípio da indisponibilidade dos direitos trabalhistas.

Nas *atividades em sentido estrito* os objetivos não são coincidentes com os do *trabalho*.

Os contratos de atividade em sentido estrito miram metas diferenciadas, que não necessariamente são satisfeitas por contraprestação pecuniária. Vejam-se os exemplos dos *contratos de estágio* e de *prestação de serviço voluntário*, os quais, em vez do sustento próprio e/ou familiar, visam, respectivamente, "ao aprendizado de competências próprias da atividade profissional e à contextualização curricular" (§ 2º do art. 1º da Lei n. 11.788/2008) e à satisfação pessoal decorrente da prática do altruísmo nos campos "cívicos, culturais, educacionais, científicos, recreativos ou de assistência à pessoa" (art. 1º da Lei n. 9.608/98, com nova redação dada pela Lei n. 13.297/2016).

O **estagiário** não é um "trabalhador" no sentido jurídico da palavra. Ele, em verdade, está sendo preparado para o "trabalho", mas, enquanto esse momento não chega, é simplesmente "exercente de atividade em sentido estrito", pois não desenvolve mais do que um "ato educativo escolar supervisionado", nos termos do claríssimo art. 1º da Lei n. 11.788/2008[2]. Por não ser juridicamente um trabalhador, o estagiário não tem jornada de trabalho, mas sim "jornada de atividade" (*vide* o art. 10 da mencionada Lei n. 11.788/2008); não tem férias, mas sim "recesso" (*vide* o art. 13); não é segurado obrigatório, mas apenas, se assim quiser, "segurado facultativo" perante a Previdência Social (§ 2º do art. 12).

A respeito dos chamados "atos educativos", é importante anotar que o estágio é apenas um deles... Outros tantos "atos educativos" são praticados dentro e fora da escola e não comportam, igualmente, categorização como "trabalho". Afinal, as atividades desenvolvidas numa "gincana" podem ser identificadas como "trabalho"? E as pesquisas desenvolvidas em uma determinada faculdade, elas ingressam no figurino do "trabalho"?

As respostas são invariavelmente negativas. Todos hão de afirmar: quem participa de "gincana" ou de "pesquisa" não é juridicamente "trabalhador", mas apenas "exercente de atividade em sentido estrito".

---

2 Anote-se a existência de decisão do STJ que, no Conflito de Competência 131.195 — MG, julgado em 26-2-2014, **reconheceu que o contrato de estágio não se confunde com o de trabalho**, e que, por isso, caberia ao Judiciário Comum processá-lo e julgá-lo. Veja-se a ementa do importante acórdão:
CONFLITO NEGATIVO DE COMPETÊNCIA. JUSTIÇA DO TRABALHO. JUSTIÇA COMUM. AÇÃO DE INDENIZAÇÃO POR DANOS MATERIAIS E MORAIS. INCIDENTE OCORRIDO DURANTE EXERCÍCIO DE ESTÁGIO CURRICULAR OBRIGATÓRIO. INEXISTÊNCIA DE RELAÇÃO DE TRABALHO. CONTRATO DE PRESTAÇÃO DE SERVIÇOS. ÍNDOLE EMINENTEMENTE CIVIL. COMPETÊNCIA DA JUSTIÇA COMUM. 1. Cuida a hipótese de ação de indenização, promovida por estagiário contra instituição de ensino e de instituição hospitalar autorizada a ministrar estágio obrigatório curricular, na qual é alegada a ocorrência de danos materiais e morais derivados de incidente que expôs estudante ao perigo de contágio por vírus, obrigando-a a submeter-se a tratamento preventivo. 2. Não configurada, na hipótese, a existência de vínculo laboral, mas de relação civil de prestação de serviços de disponibilização de vaga de estágio obrigatório acadêmico, exigido por instituição de ensino superior para colação de grau, competindo à Justiça Comum processar e julgar a ação de indenização. 3. Conflito conhecido para declarar competente a Justiça Comum Estadual (STJ, Rel. Min. Raul Araújo, j. 26-2-2014, S2 — 2ª Seção).

Do mesmo modo acontece com o prestador de **serviço voluntário**. Ele não é juridicamente um trabalhador, sendo verdadeira atecnia falar-se em "trabalho voluntário". Sendo "trabalho", não poderia ser outorgado sem contraprestação. Nesse particular, é importante assinalar que em nenhum momento o legislador utilizou a palavra "trabalho" na Lei n. 9.608/98, mas unicamente "serviço".

Note-se aqui, porque importante, que o prestador de serviço voluntário destina o seu fazer para determinados tomadores, justamente aqueles para quem o ato de voluntarismo não produzirá a expropriação da força laboral para a construção do seu lucro.

A prestação do serviço voluntário destina-se, conforme se verá em detalhes em outro tópico, às entidades públicas de qualquer natureza e às instituições sem fins lucrativos e, ainda assim, para aquelas que, nos termos da Lei n. 9.608/98, tenham objetivos cívicos, culturais, educacionais, científicos, recreativos ou de assistência à pessoa. Quis o legislador, no particular, eliminar as discussões subjetivas que existiam antes de 1998 e que faziam o Judiciário decidir se havia ou não "trabalho" a partir do íntimo desejar de quem se dispunha a realizar o serviço voluntário.

Eram comuns, antes da existência da baliza trazida pela Lei n. 9.608/98, que empresas lucrativas, como bancos, por exemplo, absurdamente afirmassem que determinados indivíduos atuaram em seu favor sem pretender remuneração, unicamente porque quiseram ser voluntários e aceitaram nada receber. Absurdas discussões residiam no plano da verificação da vontade desse prestador, e nem sempre se revelavam claramente. A Lei n. 9.608/98 pôs fim aos abusos de quem alegava que qualquer pessoa poderia prestar serviços voluntários e gratuitos para qualquer outra pessoa. Restringiu-se, então, o espectro dos destinatários desse serviço voluntário, tornando certo que nenhum empreendimento que visasse ao lucro poderia se valer desse voluntarismo. Criou-se, para conter o abuso, um sistema de presunções legais:

a) a de que **"não seria trabalho"** o serviço voluntário prestado em favor de entidades públicas ou de instituições privadas sem fins lucrativos que tivessem objetivos cívicos, culturais, educacionais, científicos, recreativos ou de assistência à pessoa, desde que evidenciada a existência de meta diversa do sustento pessoal e/ou familiar. Essa presunção comporta prova em sentido contrário, ou seja, sob o manto da existência de um serviço voluntário pode haver um trabalho;

b) a de que **seria "trabalho"** o serviço voluntário oferecido para qualquer outro tomador. Essa presunção, entretanto, não comportaria prova em sentido contrário, pois não se aceita juridicamente a existência de serviço voluntário em benefício de quem tenha dirigido o seu fazer para tomadores diferentes daqueles ressalvados na multicitada Lei n. 9.608/98.

Outro notável exemplo de exercício de atividade em sentido estrito é verificado no **ministério da fé** professada por padres, pastores, rabinos, missionários, pais de santo ou quaisquer outros religiosos na celebração de cultos ou nas assistências espirituais. Apesar do dispêndio energético das suas ações de propagação do credo, eles, em regra, não podem ser juridicamente entendidos como "trabalhadores", mas sim como "exercentes de atividade em sentido estrito". Os valores eventualmente atribuídos para esses religiosos por conta de seu mister não são sequer entendidos como remuneração, circunstância que não passou despercebida para a norma previdenciária contida no § 13 do art. 22 da Lei n. 8.212/91[3]. Os ministros de confissão religiosa não são "trabalhadores", mas sim "exercentes de atividade em

---

3 Lei n. 8.212, art. 22 [...]

§ 13. Não se considera como remuneração direta ou indireta, para os efeitos desta Lei, os valores despendidos pelas entidades religiosas e instituições de ensino vocacional com ministro de confissão religiosa, membros de instituto de vida consagrada, de congregação ou de ordem religiosa em face do seu mister religioso ou para sua subsistência desde que fornecidos em condições que independam da natureza e da quantidade do trabalho executado (Parágrafo acrescentado pela Lei n. 10.170, de 29-12-2000, DOU, 30-12-2000).

sentido estrito" porque os seus serviços não visam (e nem poderiam visar) ao seu sustento próprio. A meta de suas atividades é essencialmente a difusão da fé.

Obviamente, há casos em que, rigorosamente falando, não há difusão da fé, mas, sim, exploração econômica por meio da fé. Nessas situações, justamente por desaparecem as metas que dão sustentação a "atividade em sentido estrito", manifesta-se claramente a existência de "trabalho" juntamente com a evidência da verdadeira face da Igreja-Empresa.

No mesmo plano dos ministros de confissão religiosa estão também os **colportores**, indivíduos que, por proselitismo, no intuito de levar o seu credo aos lares, vendem livros religiosos de porta em porta. Eles, aliás, como bem disse Alice Monteiro de Barros, "recebem instrução geral da Igreja para orarem nos lares e sempre que possível realizarem estudos bíblicos, pois o objetivo final deste trabalho de colportagem é a pregação do evangelho, é divulgar a doutrina cristã-adventista, onde a pregação de seus pastores não tem alcance". Para a mencionada jurista mineira, "o colportor, ao realizar vendas, não o faz com fins lucrativos, mas como membro da Igreja e membro professo, que fez juramento e proferiu votos manifestados"[4]. Comporta-se, evidentemente, prova demonstrativa da exploração econômica do proselitismo e do desvirtuamento que conduz a evidência da existência de "trabalho".

Nesse ponto é relevante chamar a atenção do leitor para o fato de que a existência de alguma retribuição pela realização da atividade em sentido estrito não necessariamente a desnatura. Tal ocorrerá se eventual numerário não vier a servir, em rigor, como suporte financeiro próprio ou familiar. Perceba-se que o estágio não obrigatório (aquele de caráter não curricular) é necessariamente remunerado, mas essa remuneração não tem nenhuma vinculação com pisos salariais, ou seja, pode ser inferior ao salário mínimo, justamente porque esse aporte numerário visa mais ao oferecimento de arrimo aos estudos, à compra de livros, ao pagamento de inscrições em cursos e congressos do que ao sustento do próprio estagiário ou de seus familiares.

Quando o estágio deixa de ser veículo de aprendizagem prática em determinada linha teórica e passa a ser apenas um meio de sustentação do estudante, quando ele se divorcia dos seus propósitos, manifesta-se em verdade a figura do "trabalho". Com isso não se quer dizer que o pagamento de bolsa de estágio em valor vultoso encubra necessariamente um mascarado vínculo de trabalho, mas, apenas, que isso, de fato, produzirá uma presunção indicativa da existência desse trabalho.

Atividade	Atividade (sentido estrito)	Estágio
		Serviço voluntário
	Trabalho	Trabalho autônomo
		Trabalho subordinado → Emprego

A utilidade das distinções entre "trabalho" e "atividade em sentido estrito" não termina por aí. Vejam-se, a título exemplificativo, as vedações contidas no art. 7º, XXXIII, do texto constitucional[5]. Elas dizem respeito ao trabalho, e não às atividades em sentido estrito. Se essa

---

[4] BARROS, Alice Monteiro de. Relação de emprego: trabalho voluntário e trabalho religioso. *Síntese Trabalhista* n. 130, abr. 2000, p. 10.
[5] Art. 7º São direitos dos trabalhadores urbanos e rurais, além de outros que visem à melhoria de sua condição social: [...] XXXIII — proibição de trabalho noturno, perigoso ou insalubre a menores de dezoito e de qualquer trabalho a menores de dezesseis anos, salvo na condição de aprendiz, a partir de quatorze anos (Redação dada ao inciso pela Emenda Constitucional n. 20/98).

limitação estivesse relacionada indistintamente a ambos os institutos, chegaríamos à conclusão de que não existiria qualquer possibilidade de atuação de **atores, cantores, modelos e atletas mirins**. Todas as atividades realizadas em torno desses sujeitos seriam ilícitas, e o sistema jurídico apenas toleraria uma ilegalidade.

Nesse ponto é importante lembrar que o art. 8º da Convenção 138 da OIT (aprovada pelo Congresso Nacional pelo Decreto Legislativo n. 179, de 14 de dezembro de 1999, e promulgada pelo Decreto Presidencial n. 4.134, de 15 de fevereiro de 2002) prevê que "a autoridade competente, após consulta às organizações de empregadores e de trabalhadores concernentes, se as houver, poderá, mediante licenças concedidas em casos individuais, **permitir exceções para a proibição de emprego ou trabalho provida no artigo 2º desta Convenção, para finalidades como a participação em representações artísticas**" (destaque negritado não constante do original).

Esse dispositivo — é bom dizer — é muitas vezes invocado para justificar o trabalho infantil em representações artísticas, sem que se considere, entretanto, a posição hierárquica da mencionada fonte no ordenamento jurídico brasileiro.

Pois bem. Tendo a Convenção 138 da OIT *status* meramente supralegal (*vide* posicionamento do STF no HC 87.585/TO e no RE 466.343/SP), não se pode imaginar a possibilidade de as suas disposições contrariarem aquelas constantes do texto constitucional.

Há, como é fácil intuir, **supremacia da Constituição da República sobre todos os tratados internacionais**. Como bem asseverou o STF, "o exercício do *treaty-making power*, pelo Estado brasileiro, está sujeito à observância das limitações jurídicas emergentes do texto constitucional. Os tratados celebrados pelo Brasil estão subordinados à autoridade normativa da Constituição da República. **Nenhum valor jurídico terá o tratado internacional, que, incorporado ao sistema de direito positivo interno, transgredir, formal ou materialmente, o texto da Carta Política**" (MI 772 AgR, Rel. Min. Celso de Mello, j. 24-10-2007, *DJE*, 20-3-2009).

Se a Carta de 1988 proíbe "qualquer trabalho a menores de dezesseis anos, salvo na condição de aprendiz, a partir de quatorze anos" (*vide* art. 7º, XXXIII), não poderia norma de hierarquia inferior admitir eventual exceção. Por outro lado, não parece acertado sustentar que essa exceção corresponderia a uma melhoria para a criança — com o objetivo de, talvez, atrair a aplicação do *caput* do art. 7º da Constituição, que é receptivo a qualquer norma mais benéfica, ainda que constante de instrumento normativo de hierarquia inferior — porque em tal situação ela estaria compelida a cumprir determinadas obrigações contratuais que poderiam ser incompatíveis com a sua condição de pessoa ainda em desenvolvimento.

Avançando na questão e admitindo-se a tese segundo a qual os atores, cantores, modelos e atletas mirins realizam "atividades em sentido estrito" e não trabalho chegar-se-ia à conclusão de que suas atuações não visam (ou não deveriam visar) ao seu sustento próprio ou familiar. As atuações desses sujeitos normalmente têm o objetivo claro — pelo menos o visível — de formar, de incentivar e de aprimorar as qualidades artísticas dentro dos limites do desenvolvimento físico, psíquico, moral e social do infante/adolescente[6].

---

6 No capítulo em que se tratará da proteção jurídica ao trabalho infantojuvenil há trecho que analisa esta questão, sendo trasladado nesta nota de rodapé por motivos de praticidade. Veja-se:

"Para aceitar-se a atividade (palavra aplicada em sentido lato) deles é indispensável aceitar também que os desfiles, que a representação cênica ou que a apresentação musical não constituem um trabalho com a sua indissociável vocação de garantir sustento próprio e familiar, mas, sim, uma atividade com o objetivo de formar, de incentivar e de aprimorar as qualidades artísticas dentro dos limites do seu desenvolvimento físico, psíquico, moral e social. Neste caso não há que se falar em salário, mas, apenas, em bolsa-auxílio ou em retribuição pelo uso da imagem, ambos em dimensões proporcionais às circunstâncias.

Diante dessas assertivas, muitos — com razão — questionarão: *e se não houver o objetivo de formar, de incentivar e de aprimorar qualidades artísticas?*

A resposta é muito simples: não haverá atividade em sentido estrito, mas, sim, autêntico "trabalho", palavra que entre crianças deve ser admitida como sinônimo de "exploração". Assim, como já se disse em outro tópico desta obra, "a atuação dos modelos, atores, cantores ou desportistas mirins passará a ser entendida como trabalho, atraindo a competência da Justiça Laboral se eles estiverem, efetivamente, trabalhando, ou seja, realizando a ocupação como algo indispensável a sua própria subsistência ou à de seus pais ou tutores".

Somente nessas situações se falará em relação de trabalho e, evidentemente, se atrairá a competência da Justiça do Trabalho. Nas demais situações, por se tratar de atividade em sentido estrito, a competência para autorizar a presença de menores em ambientes que podem contribuir para o seu desenvolvimento é do Juiz da Infância e da Juventude, e não do Juiz do Trabalho. Cabe informar que foi exatamente nessa linha que seguiu o STF na Ação Direta de Inconstitucionalidade (ADI) 5326, ajuizada pela Associação Brasileira de Emissoras de Rádio e Televisão (ABERT)[7].

A atividade deve servir ao menor, e não o menor servir à atividade, sob pena de descaracterização dos desígnios ora expendidos. O infante/adolescente pode, entretanto, servir à atividade e, consequentemente, ao interesse público na medida em que sua participação chama a atenção, nas representações teatrais, televisivas, cinematográficas, atividades fotográficas ou de qualquer outro meio visual, para problemas sociais graves. Enfim, é do interesse público a discussão, notadamente por meio das citadas representações artísticas, de assuntos que envolvam negligência, discriminação, exploração, crueldade e opressão de menores, violência infantojuvenil e, até mesmo, a educação doméstica dada pelos pais aos filhos.

Como os menores de dezesseis anos (salvo na condição de aprendiz, a partir de quatorze anos) não podem trabalhar, caberá ao Juiz da Infância e da Juventude analisar situações correlatas a estas atividades em sentido estrito e autorizar, se for o caso, a sua execução. Perceba-se que, em rigor, esta autorização não cabe ao Juiz do Trabalho porque, nos termos do art. 114, I, do texto fundamental, a ele cabe processar e julgar apenas 'as ações oriundas da relação de trabalho'. A situação ora analisada está inserida no conceito de relação de trabalho. Acrescente-se, entretanto, que a atuação dos modelos, atores, cantores ou desportistas mirins passará a ser entendida como trabalho, atraindo a competência da Justiça Laboral se eles estiverem, efetivamente, trabalhando, ou seja, realizando a ocupação como algo indispensável a sua própria subsistência ou à de seus pais ou tutores".

7   O Plenário do STF, em conclusão de julgamento e por maioria, concedeu medida cautelar em ação direta de inconstitucionalidade para suspender, até o exame definitivo do processo, a eficácia da expressão "inclusive artístico", constante do inciso II da Recomendação Conjunta n. 1/2014 das Corregedorias dos Tribunais de Justiça e do Trabalho, e dos Ministérios Públicos estadual e do Trabalho, todos do Estado de São Paulo, e do art. 1º, II, da Recomendação Conjunta 1/2014 dos Ministérios Públicos estadual e do Trabalho, e das Corregedorias do Tribunal de Justiça e do Trabalho, todos do Estado de Mato Grosso, bem como para afastar a atribuição, definida no Ato do Gabinete da Presidência (GP) n. 19/2013 do Tribunal Regional do Trabalho (TRT) da 2ª Região e no Provimento GP/CR n. 7/2014 do referido TRT, quanto à apreciação de pedidos de alvará visando à participação de crianças e adolescentes em representações artísticas e a criação do Juizado Especial na Justiça do Trabalho, ficando suspensos, por consequência, estes últimos preceitos. Assentou, nesse primeiro exame, ser da Justiça Comum a competência para analisar tais pedidos.

O colegiado entendeu que as normas padecem dos vícios de inconstitucionalidade formal e material. No que diz respeito à inconstitucionalidade formal, asseverou cuidar-se de normas a versar distribuição de competência jurisdicional e criação de juízo auxiliar da infância e da juventude no âmbito da Justiça do Trabalho, que não foram veiculados mediante lei ordinária. Do disposto nos arts. 22, I (1), 113 (2) e 114, IX (3), da Constituição Federal (CF), depreende-se estarem tais medidas sujeitas, inequivocamente, ao princípio da legalidade estrita. Quanto à inconstitucionalidade material, considerou que o legislador ordinário, ao concretizar o comando do art. 227 (2) da CF, estabeleceu o Estatuto da Criança e do Adolescente (ECA), previu a chamada "Justiça da Infância e da Juventude" e fixou a competência do Juiz da Infância e da Juventude como autoridade judiciária responsável pelos processos de tutela integral dos menores, o qual, apesar da especialização, pertence à justiça comum. Trata-se de competência fixada em razão da matéria, de caráter absoluto, e

Enquanto o ato puder ser entendido como uma atividade em sentido estrito, a causa e o controle estarão sob os cuidados dos magistrados das Varas da Infância e da Juventude, pois como não haverá "trabalho", nem sempre se poderá falar em situação de "exploração".

Apenas para ilustrar essa tese, imagine-se a situação de uma mãe que, ao circular num shopping com seu lindo bebê de seis meses, é questionada por um *headhunter* sobre o seu interesse em vê-lo participar de sessão de fotos para uma conhecida revista que trata sobre pais e filhos. Imagine-se que a citada mãe aceita o convite e que leva o bebê ao estúdio fotográfico para atuar como modelo em campanhas publicitárias.

Pergunta-se: qual o *status* jurídico desse bebê em relação à atividade por ele desenvolvida? Ele é um trabalhador? Caberia à Justiça do Trabalho autorizar as sessões de foto?

Não, é claro. O controle dessa contratação não estará sob os cuidados do magistrado do trabalho, mas, sim, do juiz da Infância e da Juventude, pois a este incumbe cuidar da regularidade das atividades em sentido estrito que envolvam esses indivíduos em desenvolvimento. Ademais, o que se receberá em decorrência da exposição do bebê às lentes das câmeras fotográficas não será, obviamente, salário, mas retribuição pelo uso da imagem do bebê cuja gestão encontra-se, em princípio, sob os cuidados de sua mãe.

No âmbito previdenciário as diferenças entre "trabalho" e "atividade em sentido estrito" são essenciais para distinguir segurados obrigatórios e segurados facultativos. Diz-se isso porque aqueles que trabalham, ou seja, aqueles que exercem atividade remunerada com o propósito de garantir o sustento próprio ou familiar são, independentemente de sua vontade, automaticamente filiados aos regimes previdenciários na condição de ***segurados obrigatórios***. O adjetivo "obrigatório" não deixa dúvidas quanto à ausência de alternativa ao trabalhador; ele é imperativamente inserido no regime previdenciário, porque todo trabalhador precisa ter a proteção social intermediada pelo Estado.

Por outro lado, aqueles que, embora tendo idade para o trabalho[8], não realizam qualquer atividade remunerada capaz de lhes garantir o sustento próprio ou familiar, seja porque não

---

em proveito da especial tutela requerida pelo grupo de destinatários: crianças e adolescentes. Entre as atribuições definidas ao Juiz da Infância e da Juventude, destaca-se a de autorizar a participação de menores em eventos artísticos, cuja possibilidade não foi excluída no ECA. Ao contrário, essa participação é observada como importante aspecto do desenvolvimento dos menores, apenas condicionada, nos termos do art. 149, II (5), do ECA, à autorização judicial a ser implementada pelo Juízo da Infância e da Juventude, mediante a expedição de alvará específico. Os parâmetros a serem observados quando da autorização, na forma do § 1º do referido dispositivo, evidenciam a inequívoca natureza cível da cognição desempenhada pelo magistrado, **ausente relação de trabalho a ser julgada**. A análise se faz acerca das condições da representação artística. O juiz deve investigar se essas condições atendem à exigência de proteção do melhor interesse do menor, contida no art. 227 da CF. O Juízo da Infância e da Juventude é a autoridade que reúne os predicados e as capacidades institucionais necessárias para a realização de exame de tamanha relevância e responsabilidade. Dessa forma, o art. 114, I (6) e IX, da CF, na redação dada pela Emenda Constitucional (EC) n. 45/2004, que estabelece **a competência da Justiça do Trabalho, não alcança os casos de pedido de autorização para participação de crianças e adolescentes em eventos artísticos, ante a ausência de conflito atinente a relação de trabalho** (ADI 5.326/DF, rel. Min. Marco Aurélio, julgamento em 27-9-2018).

8 Anote-se que somente podem ser segurados facultativos os sujeitos que, embora não estejam trabalhando, têm a idade mínima para o trabalho. Veja-se, nesse sentido, o art. 11 do Decreto n. 3.048/99:

Art. 11. É segurado facultativo **o maior de dezesseis anos de idade** que se filiar ao Regime Geral de Previdência Social, mediante contribuição, na forma do artigo 199, **desde que não esteja exercendo atividade remunerada que o enquadre como segurado obrigatório da previdência social** (destaques não constantes do original).

Anote-se, ainda, que a referência é feita ao Decreto n. 3.048/99 (Regulamento das Leis n. 8.212/91 e 8.213/91) porque o Plano de Benefícios (Lei n. 8.213/91) tem redação anacrônica, anterior à emenda constitucional que alterou o limite etário para a admissão de menores no campo de trabalho.

querem realizá-la, seja porque não podem desenvolvê-la, são categorizados como *segurados facultativos*. O adjetivo "facultativo" também não deixa espaço para dúvidas: é segurado facultativo quem, não pelo trabalho, pela simples manifestação de vontade, entendeu por bem aderir ao regime geral da previdência social para ter proteção do seguro social.

É justamente no âmbito previdenciário que surge um dos mais importantes efeitos práticos decorrentes da distinção entre "trabalho" e "atividade em sentido estrito", visível quando um **aposentado por incapacidade permanente** se questiona quanto à **amplitude de sua incapacidade laborativa**. Enfim, um aposentado por incapacidade permanente está juridicamente impedido de realizar toda espécie de "atividade" (em sentido *lato*)?

Para responder a essa pergunta, é indispensável a leitura do art. 43 do Decreto n. 3.048, de 1999 (escrito conforme a Lei n. 8.213, de 1991, e atualizado pelo Decreto n. 10.410, de 2020), que identifica as limitações impostas ao aposentado por incapacidade permanente. Perceba-se, no mencionado texto normativo, que o referido aposentado somente é considerado incapaz e insuscetível de reabilitação para o exercício de **"atividade que lhe garanta a subsistência"**, e não para qualquer outra atividade em sentido estrito. Veja-se o dispositivo:

> *Art. 43. A aposentadoria por incapacidade permanente, uma vez cumprido o período de carência exigido, quando for o caso, será devida ao segurado que, em gozo ou não de auxílio por incapacidade temporária, for considerado incapaz para o trabalho e insuscetível de reabilitação para o exercício de* **atividade que lhe garanta a subsistência**, *que lhe será paga enquanto permanecer nessa condição* (destaques não constantes do original).

Parece claro, portanto, que o aposentado por incapacidade permanente somente estará privado de realizar "atividade que lhe garanta a subsistência" ou, em outras palavras, "trabalho" em sentido técnico-jurídico. Daí três conclusões são retiradas:

Primeira: mesmo os segurados facultativos (que não trabalham ou que apenas realizam atividades em sentido estrito, por exemplo, estagiários, prestadores de serviços voluntários, donas de casa etc.) somente fruirão de aposentadoria por incapacidade permanente se a perícia médica concluir que eles estão totalmente incapazes para o exercício de qualquer eventual e futuro trabalho. Sua incapacidade permanente é, portanto, multiprofissional, e impedirá a assunção de qualquer atividade que lhes "garanta a subsistência".

Segunda: o aposentado por incapacidade permanente poderá realizar, sem qualquer risco de ver cancelado o seu benefício, "atividades em sentido estrito". Assim, um estudante que esteja aposentado por incapacidade permanente poderá, sem qualquer obstáculo, realizar um estágio. De igual modo, uma dona de casa aposentada por incapacidade permanente poderá continuar a realizar os serviços do lar. Nenhum poderá, entretanto, assumir uma atividade que lhes garanta a subsistência, vale dizer, nenhum poderá ser investido em relação jurídica de trabalho, sob pena de ver cancelado o benefício com efeito retroativo à data de início do trabalho.

Terceira: o aposentado por incapacidade permanente somente estará impedido de realizar, além de "trabalho", também "atividade em sentido estrito" quando esta, por sua potência ou robustez, implique uma demonstração inequívoca de capacidade laborativa. Um bom exemplo disso vem do próprio estágio. Em rigor, esse aposentado poderá estagiar para aprender competências próprias da atividade profissional, mas, nesse processo educativo, não poderá ser levado a desenvolver esforços físicos ou psíquicos incompatíveis com as limitações que produziram a incapacidade permanente. Assim, um aposentado por incapacidade permanente por problemas na coluna vertebral não poderia realizar estágio em circunstâncias em que seja obrigado a carregar peças pesadas ou a realizar esforços físicos incompatíveis com sua condição. Isso não faria o estágio deixar de ser estágio, mas demonstraria que o inválido, ao contrário do que se afirmara, estaria, sim, capacitado para atividades que lhe garantissem a subsistência. O assunto deve ser analisado nos limites de cada caso concreto.

Há mais a analisar.

A determinação do *status* jurídico das "donas de casa" também favorece o estudo distintivo entre "trabalho" e "atividade em sentido estrito". Afinal, a "dona de casa" é juridicamente uma trabalhadora? Ela, sob o ponto de vista das categorias jurídicas, realiza "trabalho" no seu cotidiano?

A resposta é negativa para ambas as perguntas, pois a "dona de casa", mesmo para aqueles que não admitem a distinção entre as categorias aqui postas, invariavelmente ingressará no grupo dos "exercentes de atividade em sentido estrito", e jamais no bloco daqueles que prestam "trabalho".

Por quê? Porque as "donas de casa", a despeito de realizarem os mesmos serviços de uma empregada doméstica, não podem a elas ser equiparadas quando o assunto envolve a relação jurídica sobre a qual se assenta a sua faina.

A "dona de casa", apesar de despender energia laboral tanto quanto uma empregada doméstica, tem meta diferente desta. Ao despender a sua energia, ela visa à satisfação familiar, à construção de uma comunidade pessoal, ao contrário da empregada doméstica que visa ao sustento pessoal.

Em essência é inadmissível que a dona de casa objetive com o seu fazer o meio de sua subsistência, pois isso é incompatível com a concepção de formação de uma estrutura familiar na qual todos os integrantes atuam em favor de todos em evidentes laços de coordenação. Não por outro motivo existem decisões judiciárias que deixam clara a impossibilidade jurídica de formação de vínculo de emprego entre pessoas da mesma unidade familiar básica (pais e filhos) dentro da unidade residencial.

Outra situação merecedora de reflexão é a que questiona o *status* jurídico de um dos coproprietários de um bem imóvel quando assume a função de síndico. Afinal, ele seria um trabalhador? Ele poderia invocar direitos trabalhistas em face da Justiça do Trabalho?

A resposta parece ser negativa. O síndico de uma universalidade patrimonial privada será sempre "exercente de atividade em sentido estrito", independentemente de ser ou não destinatário da vantagem de não pagar a taxa condominial. Tal se afirma porque ser eleito representante do Condomínio é verdadeiro múnus de qualquer coproprietário, que, diga-se de passagem, não passa a ter a qualidade de prestador de serviço em favor da comunidade condominial apenas porque beneficiário de isenção da taxa condominial.

Nesse particular, cabe oferecer interpretação conforme a tese da "atividade em sentido estrito" em relação ao conteúdo do art. 11, V, *f*, da Lei n. 8.213/91, que considera como contribuinte individual (logo, como trabalhador) *"o síndico ou administrador eleito para exercer atividade de direção condominial, desde que recebam remuneração"*.

Tudo indica que o referido dispositivo não trata do síndico-coproprietário, o qual, diante da perspectiva aqui apresentada, jamais pode estar inserido numa relação de trabalho, mas, sim, do síndico-profissional, aquele que, não sendo condômino, é contratado como administrador do Condomínio (art. 1.347 do Código Civil). Para este — para o síndico-profissional —, não se poderá deixar de oferecer retribuição porque ele é autenticamente um trabalhador. Para o síndico-coproprietário, entretanto, é irrelevante a atribuição de vantagem financeira. Com ela ou sem ela o condômino-gestor não passará a ser juridicamente um trabalhador.

No âmbito público, a ideia de múnus é ainda mais forte. Quem o exerce não pode juridicamente dizer-se inserido numa relação de trabalho, tampouco afirmar-se destinatário de direitos reservados a trabalhador. Note-se o caso que diz respeito aos "praças das forças armadas". Eles, nos termos da Súmula Vinculante 6 do STF, não foram entendidos como titulares de um dos mais importantes direitos constitucionais atribuídos aos trabalhadores, qual seja, o direito à percepção do salário mínimo. Mas, por que isso aconteceu?

O Supremo Tribunal Federal, nos autos do Recurso Extraordinário n. 570177, entendeu que os praças do serviço militar obrigatório estariam, em realidade, no exercício de um múnus público, "um dever do cidadão no tocante à defesa de sua pátria, ao qual todos os brasileiros estão sujeitos". O relator do referido RE 570177, Min. Ricardo Lewandowski, vai além e diz que "o cidadão-soldado submete-se a treinamento militar, por um tempo determinado, recebendo do Estado as condições necessárias para bem cumprir essa obrigação constitucional". Em outras palavras, para o STF quem realiza o serviço militar obrigatório não presta trabalho, mas, sim, atividade em sentido estrito, verdadeiro treinamento em serviço. Destaque-se que, em determinado momento da discussão em torno do referido recurso extraordinário, o Ministro Marco Aurélio comparou a situação dos recrutas em serviço militar inicial à dos estagiários, revelando-se claro que, mesmo implicitamente, o STF admite a tese da existência dessa categoria que aqui se intitula de "atividade em sentido estrito".

Outra não pode ser a interpretação dada às atividades desenvolvidas por mesários eleitorais, jurados e comissários de menores. Quanto a esses últimos, cabe mencionar o voto do conselheiro do CNJ, Marcelo Neves, relator da consulta CONS 200910000036569 feita pela Procuradora do MPT da Bahia, Janine Milbratz Fiorot.

Segundo Neves, a contratação de voluntários para o exercício das atividades de comissário de menor de Juizados da Infância e Juventude resulta em maiores benefícios tanto para a sociedade quanto para os cofres públicos, desde que seja rigorosamente fiscalizada pelo órgão competente. De acordo com o referido relator, quem se dispõe a dedicar parcela de seu tempo ocioso à prestação de um serviço não remunerado, tende a demonstrar maior apego à causa pública.

Há mais, bem mais exemplos de atividades que não se confundem com o "trabalho". Que se pode dizer, por exemplo, das atividades criminosas? Elas podem ser qualificadas juridicamente como "trabalho"?

Claro que não! Um matador, por exemplo, não vive uma relação de trabalho com o mandante do homicídio. Há aí não mais do que uma atividade ilícita, o que reforça — até não mais poder — a certeza de que é necessário rever a nomenclatura "trabalho ilícito" e trocá-la para "atividade ilícita". Afinal, quem pratica comportamentos criminosos não está juridicamente inserido numa cena de trabalho. Entre as várias situações-exemplo oferecidas no processo distintivo entre "trabalho" e "atividade em sentido estrito", há mais uma que merece cuidado especial. É aquela que diz respeito às **atividades desenvolvidas nas unidades prisionais**. Há muita dúvida em torno desse assunto pelo simples uso equivocado do vocábulo "trabalho".

Para bem entender essa situação, é importante conseguir distinguir as duas *posições jurídicas* em que o apenado pode estar incurso:

A **primeira** é a *posição de exercente de atividade em sentido estrito*. Referem-se aqui (i) às execuções de tarefas no cotidiano das unidades penais, (ii) às situações em que o encarcerado realmente estiver envolvido em atos educativos ou (iii) para aqueles que não foram presos, às atividades determinadas por sentença criminal na forma de prestação de serviços à comunidade como pena alternativa à restrição de liberdade. Nesses casos, não haverá propriamente "trabalho", mas a execução de "atividade em sentido estrito" que, por suas particularidades, não tem por objetivo o sustento pessoal ou familiar do preso;

A **segunda** é a *posição de trabalhador*. Referem-se aqui às situações em que o apenado é contratado, com base na ampla autonomia negocial, para realizar atividade produtiva com valor de troca. Como bem lembrou Aldacy Rachid Coutinho, "não há de se confundir a restrição da liberdade imposta em decorrência de uma pena de detenção ou reclusão, com a perda da capacidade civil ou, ainda, capacidade específica para o trabalho, eis que ao '[...] condenado e ao internado serão assegurados todos os direitos não atingidos pela sentença ou pela Lei' (art. 3º da Lei n. 7.210/84)"[9]. Ademais, consoante bem colocado pela mencionada professora paranaense, "mantendo a autonomia privada, os presos detêm o poder de disciplinar os seus próprios interesses, inclusive o de trabalhar ou não durante o período de encarceramento".

É relevante, nesse ponto, lembrar que, nos termos do art. 5º, XLVII, c, da Carta de 1988, são inadmissíveis penas de trabalhos forçados aos condenados e que esta disposição constitucional tornou não recepcionada a regra constante do art. 31 da Lei n. 7.210, de 11 de julho de 1984, conhecida como de Lei Execução Penal (LEP), segundo a qual o condenado à pena privativa de liberdade estaria **"obrigado ao trabalho"** na medida de suas aptidões e capacidade. Afinal, obrigar alguém a trabalhar é impor um elemento adicional de "trabalho forçado" à sua pena. Em verdade, o apenado terá o direito de trabalhar (art. 41, II) e de, consequentemente, conquistar a remição parcial do tempo de execução da pena (arts. 126 a 130 da LEP), mas não terá a obrigação de assim atuar independentemente de sua vontade.

É importante ter em mente que o legislador infraconstitucional não restringiu os direitos fundamentais do preso além do que fosse considerado como indispensável ao cumprimento da sua pena. Isso, aliás, é esclarecido no art. 3º da LEP e no art. 38 do Código Penal. Em ambos os dispositivos, deixa-se claro que o preso, ao contrário do que ocorria nos primeiros momentos da organização do sistema prisional pelo Estado burguês, conserva todos os direitos não atingidos pela perda da liberdade. Isso significa que há, sim, restrições. Não se nega isso! Elas, enfim, existem em qualquer sistema jurídico do mundo e decorrem do especial *status* de quem está submetido a regras especiais de segurança, mas elas não impõem, necessariamente, em qualquer caso, a supressão da capacidade contratual dos presos para o trabalho.

Assim, um contrato de trabalho entre um preso e um empresário, ainda que demande necessária intermediação do Estado, não pode ser considerado ato juridicamente impossível, mas apenas negócio que, por suas particularidades, envolve cuidados especiais para a sua consecução.

É bom chamar a atenção para o fato de que a referida norma processual penal **não realiza distinção** entre o que seja "atividade em sentido estrito" ou "trabalho". Por abordar ambas as situações usando igualmente a palavra "trabalho" (sem dar ela o sentido e a extensão que deveria ter)[10], a LEP causa confusões de conteúdo e de tratamento. Essas confusões começam na seção de "disposições gerais", segundo a qual todas as tarefas desenvolvidas em virtude da sanção penal teriam o mesmo tratamento, vale dizer: i) finalidade educativa e produtiva (art. 28, *caput*); ii) não submetimento à Consolidação das Leis do Trabalho (§ 2º, do art. 28); iii) não imposição de pagamento do salário mínimo integral (art. 29, *caput*) e iv) parcial indisponibilidade das retribuições daí decorrentes (§ 1º, *a* a *d*, do art. 29).

O problema está justamente nessa indistinção.

Há casos em que o presidiário teria efetivamente o *status* de trabalhador, merecendo, como tal, toda a proteção que o sistema constitucional oferece a quem realiza atividade com valor de troca ou, em outras palavras, para quem oferece o seu "trabalho". A Carta constitucional, afinal, não diferencia trabalhador preso de trabalhador solto. Para ela há apenas

---

[9] COUTINHO, Aldacy Rachid. Trabalho e pena. Revista da Faculdade de Direito da UFPR, Curitiba, v. 32, 1999.

[10] Note-se que ela se refere indistintamente a "trabalho", seja na seção de "disposições gerais" (arts. 28 a 30), seja nas seções de "trabalho interno" (aquele realizado dentro da unidade penal e tratado entre os arts. 31 e 35) ou "externo" (aquele realizado fora da unidade prisional e abordado entre os arts. 36 e 37).

cidadãos categorizados como "trabalhadores", aos quais é assegurada uma série de direitos mínimos nos termos da lei.

Interpretar de modo diferente significaria *contrariar* a ideia de que o "trabalho" e seus valores sociais são fundamento da República brasileira (arts. 4º, IV, 170, *caput*, e 186, III) ou, ainda, *infringir* o pressuposto de ser o "trabalho" o primado de toda a ordem social interna (art. 193). Nesse sentido, tem toda razão Jorge Luiz Souto Maior, ao lembrar que a sistemática produzida pela LEP "permitiu que se vislumbrasse no trabalho do preso uma simples alternativa de mão de obra barata, para atender a interesses tanto do próprio Estado (que, nesse aspecto, age como se estivesse defendendo um interesse da sociedade) e da iniciativa privada, para um desenvolvimento das relações capitalistas com menor custo"[11].

O dispositivo da Lei de Execução Penal — LEP (Lei n. 7.210/84, art. 29, *caput*) que fixa, como remuneração para o trabalho do preso, o valor-base de três quartos (3/4) do salário mínimo foi questionado no Supremo Tribunal Federal (STF) em Arguição de Descumprimento de Preceito Fundamental (ADPF) 336, ajuizada pela Procuradoria-Geral da República. O então Procurador-Geral que subscreveu a peça, Rodrigo Janot, partindo dos mesmos pressupostos apresentados neste *Curso*, afirmou que o estabelecimento de contrapartida monetária pelo trabalho realizado por preso em valor inferior ao salário mínimo viola os princípios constitucionais da isonomia e da dignidade da pessoa humana, além do disposto no art. 7º, IV, que garante a todos os trabalhadores urbanos e rurais o direito ao salário mínimo.

A indagação apresentada pelo Procurador-Geral coincide com a apresentada neste capítulo. Afinal, qual a diferença entre o trabalho realizado por pessoa livre daquele realizado por presidiário? Os valores decorrentes do princípio da isonomia — como sempre se sustentou neste *Curso* — não autorizam a existência de norma que imponha tratamento desigual sem que a situação corrobore a necessidade da diferenciação. A força de trabalho do preso não diverge, em razão do encarceramento, daquela realizada por pessoa livre, consistindo a remuneração inferior não somente ofensa ao princípio da isonomia, como injustificável e inconstitucional penalidade que extrapola as funções e objetivos da pena.

O STF, entretanto, por maioria, na sessão virtual de 26 de fevereiro de 2021, julgou improcedente a referida Arguição de Descumprimento de Preceito Fundamental (ADPF) 336, nos termos do voto do seu Relator, Min. Luiz Fux, vencidos os Ministros Edson Fachin, Gilmar Mendes, Cármen Lúcia e Rosa Weber.

Para o Ministro Relator, Luiz Fux, "o trabalho do preso segue lógica econômica distinta da mão de obra em geral, podendo até mesmo ser subsidiado pelo Erário, conferindo rendimento ao preso quando uma pessoa livre, mantidas as demais condições, estaria desempregada, por ausência de interessados na sua contratação". Segundo a sua perspectiva, "cai por terra, dessa maneira, o argumento de que não há base para a diferenciação entre o trabalho do preso e o dos empregados", pois "as diversas nuances, limitações e objetivos entre os dois tipos de labor tornam legítima a diferenciação realizada pela lei, que promove, em vez de violar, o mandamento de isonomia contido no art. 5º, *caput*, da Constituição, no seu aspecto material". E concluiu, asseverando que "o trabalho do preso tem natureza e regime jurídico distintos da relação de emprego regida pela Consolidação das Leis do Trabalho, motivo pelo qual não experimenta a incidência do disposto no art. 7º da Constituição, inclusive no que diz respeito ao salário mínimo".

Antes mesmo da decisão do STF nos autos da ADPF 336, o TST já manifestava o entendimento de que **os presos realizam sempre, interna ou externamente, "atividade em sentido estrito"**.

---

11 SOUTO MAIOR, Jorge Luiz. *Curso de direito do trabalho*: a relação de emprego. São Paulo: LTr, 2008, p. 65.

Há acórdãos do referido tribunal que identificam o serviço do condenado como um "dever social", fruto "de relação institucional entre o condenado e o Estado", e não como um trabalho assalariado[12].

Para a Alta Corte Trabalhista, os condenados realizam "atos próprios do cumprimento da pena"[13] sempre com o objetivo de "ressocializar e reabilitar o apenado", e não com o propósito de garantir a sua própria sobrevivência ou o sustento familiar[14].

O STJ, com base na mesma interpretação, também entende ser o Judiciário trabalhista incompetente para apreciar os efeitos decorrentes dos serviços despendidos pelos encarcerados[15].

---

[12] Nesse sentido, veja-se a seguinte ementa de aresto: "Recurso de revista. Trabalho prestado em estabelecimento prisional. Dever do preso. Inexistência do elemento volitivo. Artigo 114, incisos I e IX, da Constituição Federal. Inaplicabilidade. Competência da Justiça Comum Estadual. O egrégio Tribunal Regional do Trabalho, mantendo a r. sentença, confirmou a competência da Justiça do Trabalho para apreciar demanda vinculada ao trabalho realizado por detento em estabelecimento prisional do Estado de Pernambuco. Ocorre que a Lei n. 7.210/1984 (Lei de Execução Penal), em seu artigo 28, prevê que o trabalho do condenado, como dever social e condição de dignidade humana, terá finalidade educativa e produtiva, e estabelece, em seu § 2º, que o trabalho do preso não está sujeito ao regime da CLT. Logo, o labor em tais condições decorre do conjunto de deveres que integram a pena, carecendo da voluntariedade de que são revestidas as relações dirimidas pela Justiça do Trabalho. Trata-se de relação institucional entre o condenado e o Estado, sujeita às regras da Lei de Execução Penal. Essa condição não sofreu alteração com o advento da Emenda Constitucional n. 45/2004, que ao acrescer os incisos I, VI e IX ao artigo 114, não atribuiu à Justiça do Trabalho competência para processar e julgar ações penais nem os efeitos decorrentes da execução da pena. In casu, a competência é da Justiça Estadual Comum. Recurso de revista conhecido e provido" (Processo: RR — 101500-39.2007.5.06.0013, j. 8-9-2010, Rel. Min. Horácio Raymundo de Senna Pires, 3ª T., DEJT, 17-9-2010).

[13] "Incompetência da Justiça do Trabalho. Trabalho realizado por presidiário em estabelecimento prisional. Lei de Execução Penal. O trabalho do presidiário realizado no estabelecimento prisional se insere dentre aqueles atos próprios do cumprimento da pena, consoante disciplinado nas normas que regem as execuções penais. Portanto, trata-se de questão estranha à competência da Justiça do Trabalho. Recurso de Revista de que se conhece e a que se dá provimento" (Processo: RR — 23600-40.2008.5.06.0014, j. 4-8-2010, Rel. Min. João Batista Brito Pereira, 5ª T., DEJT, 13-8-2010).

[14] "Recurso de revista. Incompetência da Justiça do Trabalho. Labor prestado por presidiário perante o estabelecimento prisional. 1. Consoante disposto no art. 114, I, da CF, a Justiça do Trabalho é competente para processar e julgar as ações oriundas da relação de trabalho, abrangidos os entes de direito público externo e da administração pública direta e indireta da União, dos Estados, do Distrito Federal e dos Municípios. 2. No caso, o Regional manteve a sentença que considerou esta Justiça Especializada competente para julgar demandas que tenham como objeto o trabalho prestado por apenado recolhido em estabelecimento prisional do Estado Reclamado. 3. Todavia, o labor realizado pelo preso decorre do expressamente estabelecido na Lei de Execução Penal e não está regido pelas regras da CLT. Essa prestação de trabalho tem por objetivo ressocializar e reabilitar o apenado, tendo sido realizada dentro da relação existente entre o preso e o Estado que é regida pelo Direito Penal e não pelo Direito do Trabalho. Resta evidente, portanto, a incompetência da Justiça do Trabalho para julgar o presente feito. Recurso de revista provido" (Processo: RR — 148240-67.2007.5.06.0009, j. 5-5-2010, Rel. Juíza Convocada Maria Doralice Novaes, 7ª T., DEJT, 7-5-2010).

[15] Nesse sentido, veja-se a seguinte ementa de aresto: "Conflito negativo de competência. Juízos das Varas de Execução Penal e Trabalhista. Remuneração por trabalho prestado na condição de condenado perante estabelecimento prisional. Emenda Constitucional 45/2004. Lei 7.210/1984. Competência da vara de execução penal. 1. Compete ao Juízo da Vara de Execução Penal pronunciar-se acerca de situação em que se estabeleça conflito entre o Estado e o apenado, como no caso de cobrança de remuneração relativa ao trabalho prestado pelo condenado perante estabelecimento prisional. 2. Aplicação do art. 28, § 2º, da Lei 7.210/1984. 3. A Emenda Constitucional 45/2004, ao alterar a competência da Justiça Obreira, não incluiu as relações decorrentes do trabalho do preso à apreciação do Juízo Trabalhista, por se tratar de relação institucional entre o condenado e o Estado, a qual é regida por direito público, qual seja, pela LEP. 4. Conflito conhecido para declarar-se competente o Juízo de Direito da Terceira Vara Criminal de Dourados — MS, o suscitante" (CComp 92.871, MS 2007/0308723-7, Rel. Min. Jorge Mussi, j. 13-8-2008, publicação em 19-9-2008).

A justificativa para a referida atuação jurisprudencial parece residir na inclinação quanto à interpretação conforme as legislações infraconstitucionais, em lugar da preferível interpretação conforme a Constituição. Quanto a isso, José Carlos Barbosa Moreira já chamava a atenção da sociedade jurídica em artigo intitulado "O Poder Judiciário e a efetividade da nova Constituição", publicado nos albores da Carta Magna de 1988.

O mestre fluminense, como num vaticínio sobre o que aconteceria, identificou o método interpretativo que passaria a ser utilizado: "põe-se ênfase nas semelhanças, corre-se um véu sobre as diferenças e conclui-se que, à luz daquelas, e a despeito destas, a disciplina da matéria, afinal de contas, mudou pouco, se é que na verdade mudou. É um tipo de interpretação a que não ficaria mal chamar retrospectiva: o olhar do intérprete dirige-se antes ao passado que ao presente, e a imagem que ele capta é menos a representação da realidade que uma sombra fantasmagórica"[16].

Essa peculiar forma de interpretar o direito, apesar de censurável, encontra explicação no fato de a legislação infraconstitucional — a LEP, no caso específico — oferecer respostas expressas e focadas sobre diversas questões que a Constituição aborda muitas vezes de modo abstrato e (necessariamente) panorâmico. Isso até explica a fórmula interpretativa supra mencionada, mas não a justifica.

Vê-se, assim, e cada vez mais, que a diferença entre "trabalho" e "atividade em sentido estrito" não é apenas uma filigrana jurídica. A sua importância é fundamental para explicar determinadas restrições de direito e até mesmo para justificar o alcance da competência de órgãos jurisdicionais.

3.2 CONTRATOS DE ATIVIDADE EM SENTIDO ESTRITO

Conforme mencionado em tópico anterior, os contratos de atividade em sentido estrito apontam para metas diferenciadas, que não necessariamente são satisfeitas por contraprestação pecuniária. Os exemplos mais destacados dos chamados "contratos de atividade em sentido estrito" estão contidos no estágio e no serviço voluntário, os quais, em vez do sustento próprio e familiar, objetivam, respectivamente, a construção de experiência prática na linha de formação do estudante[17] e a satisfação pessoal por meio de altruísmo em campos "cívicos, culturais, educacionais, científicos, recreativos ou de assistência à pessoa".

Nas próximas linhas serão analisados especificamente os citados contratos de estágio e de prestação de serviço voluntário, levando em conta cada um dos mais importantes detalhes de caracterização.

3.2.1 Contrato de estágio

3.2.1.1 Definição

O **estágio**[18] pressupõe a prática de funções específicas como exercício preliminar para o regular desempenho delas. Nesse sentido, o *contrato de estágio é entendido como um ajuste que*

---

16 BARBOSA MOREIRA, José Carlos. "O Poder Judiciário e a efetividade da nova Constituição", *Revista Forense* n. 304, out./dez. 1988, p. 152.
17 Veja-se o teor do § 2º do art. 1º da Lei n. 11.788/2008: "o estágio visa ao aprendizado de competências próprias da atividade profissional e à contextualização curricular, objetivando o desenvolvimento do educando para a vida cidadã e para o trabalho".
18 A palavra "estágio" provém do francês antigo *estage*, modernamente identificado como *étage*, cujas traduções para o português podem significar "andar", "nível", "plataforma" ou "classe". Superar um estágio, portanto, significa subir um andar, avançar um nível dentro de uma estrutura qualquer.

oportuniza o tirocínio de estudantes em situações reais de vida e que os prepara para o futuro profissional. A Lei n. 11.788/2008 o conceitua como **"ato educativo escolar supervisionado, desenvolvido no ambiente de trabalho, que visa à preparação para o trabalho produtivo de educandos que estejam frequentando o ensino regular em instituições de educação superior, de educação profissional, de ensino médio, da educação especial e dos anos finais do ensino fundamental, na modalidade profissional da educação de jovens e adultos"**. Anote-se que o estágio deve fazer parte do projeto pedagógico de qualquer curso, integrando o itinerário formativo do educando.

A trajetória do conhecimento prático está indispensavelmente vinculada ao cumprimento do estágio porque ele proporciona o aprendizado de competências próprias da atividade profissional, a contextualização curricular e o desenvolvimento do educando para a vida cidadã e para o trabalho.

3.2.1.2 Espécies

O estágio poderá ser *obrigatório* ou *não obrigatório*, conforme determinação das diretrizes curriculares da etapa, modalidade e área de ensino e do projeto pedagógico do curso. Será *obrigatório* o estágio quando definido como tal no projeto do curso, cuja carga horária seja requisito para aprovação e obtenção de diploma. Trata-se do antigo **estágio curricular ou estágio supervisionado** mencionado na revogada Lei n. 6.494/77, que propiciava a complementação do ensino e da aprendizagem e que era planejado, executado, acompanhado e avaliado em conformidade com os currículos, programas e calendários escolares.

Será *não obrigatório* o estágio desenvolvido como *atividade opcional*, acrescida à carga horária regular e obrigatória. Trata-se do antigo **estágio extracurricular**, assim identificado na revogada Lei n. 6.494/77, concedido, *independentemente do aspecto profissionalizante direto e específico*, sob a forma de atividades de extensão, mediante a participação do estudante em empreendimentos ou projetos de interesse social. Perceba-se, a partir da leitura do *caput* do art. 3º da Lei n. 11.788/2008, que o **termo de compromisso** é indispensável tanto para os estágios obrigatórios quanto para os não obrigatórios.

Anote-se, por fim, que, nos termos do § 3º do art. 2º da Lei n. 11.788/2008, **as atividades de extensão, de monitorias e de iniciação científica na educação superior**, desenvolvidas pelo estudante, ***somente poderão ser equiparadas* ao estágio** em caso de previsão no projeto pedagógico do curso.

3.2.1.3 Requisitos

Para afirmar existente a atividade de estágio é necessário que concorram alguns requisitos indispensáveis. A inobservância de algum dos requisitos a seguir expendidos, por expressa disposição contida no § 2º do art. 3º da Lei n. 11.788/2008, implicará a nulidade do negócio jurídico de estágio, convolando-o em emprego. Vejam-se os requisitos:

I — **matrícula e frequência regular do educando em curso de educação superior (na graduação ou na pós-graduação)**, de **educação profissional**, de **ensino médio**, de **educação especial** e nos **anos finais do ensino fundamental** (anos finais do "ginásio"), na modalidade profissional da educação de jovens e adultos e atestados pela instituição de ensino;

II — **acompanhamento efetivo** pelo professor orientador da instituição de ensino e por supervisor da parte concedente, haja vista o fato de ser o estágio um **ato educativo escolar supervisionado**. Não é possível, portanto, imaginar um estágio no qual o estudante esteja desacompanhado ou assuma responsabilidades incompatíveis com a natureza desse ato educativo. A prova da existência do acompanhamento efetivo é feita pelos vistos nos relatórios de atividades e por menção de aprovação final;

III — **celebração de termo de compromisso** entre o educando, a parte concedente do estágio e a instituição de ensino. O referido termo deverá ser progressivamente aditado à medida que o educando seja avaliado nos moldes do plano de atividades contido no parágrafo único do art. 7º da Lei do Estágio. Note-se, porque relevante, que, na forma do art. 16, o termo de compromisso deverá ser firmado pelo estagiário (ou por seu representante ou assistente legal) e pelos representantes legais da parte concedente e da instituição de ensino, sendo vedada a atuação dos agentes de integração como representantes de qualquer das partes. A celebração do termo de compromisso, nos moldes da nova lei de estágio, parece ter adquirido *status* de formalidade essencial ao negócio jurídico aqui analisado. Afirma-se isso porque o disposto no § 2º do art. 3º da Lei em exame[19] retira a validade de contratos de estágio que não tenham sido celebrados mediante o referido instrumento. Assim, se não há o termo de compromisso, não há contrato de estágio. O contrário, entretanto, não pode ser afirmado, ou seja, o simples fato de existir o termo de compromisso não torna o contrato de estágio válido, porque outros requisitos previstos no mencionado § 2º do art. 3º precisam estar cumulativamente presentes;

IV — **compatibilidade entre as atividades desenvolvidas no estágio e aquelas previstas no termo de compromisso**. O requisito da compatibilidade visa evitar o abuso da desconexão entre a formação teórica e prática. Há registros jurisprudenciais de estudantes de *marketing* que foram designados a atuar como atendentes de *call center* (veja-se situação-exemplo nos autos do Processo RR 2211-2002-015-05-00-9), em típica transformação de atividade em sentido estrito em verdadeiro trabalho. O resultado, invariavelmente, é a convolação do que aparentemente parecia estágio em vínculo de emprego.

Reitere-se que o *descumprimento* de qualquer dos requisitos ora mencionados ou de qualquer obrigação contida no termo de compromisso *caracteriza vínculo de emprego do educando com a parte concedente do estágio* para todos os fins das legislações trabalhista e previdenciária. Nesse caso — como, aliás, em todas as demais situações de manutenção de estagiários em desconformidade com o disposto em lei — não apenas se caracteriza vínculo de emprego, como também severa restrição de direito. Nos termos dos §§ 1º e 2º do art. 15 da Lei n. 11.788/2008, a instituição privada ou pública que reincidir na irregularidade **ficará impedida de receber estagiários por 2 (dois) anos**, contados da data da decisão definitiva do processo administrativo correspondente, sendo importante dizer que essa penalidade limita-se à filial ou agência em que foi cometida a irregularidade, e não a toda a empresa ou órgão concedente.

O efeito formativo do vínculo de emprego, entretanto, não acontecerá se a concedente da oportunidade de estágio for um ente político, uma entidade pública ou uma empresa estatal. Nesse âmbito merece destaque a Orientação Jurisprudencial 366 da SDI-1 do TST, segundo a qual, "ainda que desvirtuada a finalidade do contrato de estágio celebrado na vigência da Constituição Federal de 1988, é inviável o reconhecimento do vínculo empregatício com ente da Administração Pública direta ou indireta, por força do art. 37, II, da CF/1988, bem como o deferimento de indenização pecuniária, exceto em relação às parcelas previstas na Súmula n. 363 do TST, se requeridas".

---

19 Art. 3º. [...]
§ 2º O descumprimento de qualquer dos incisos deste artigo ou de qualquer obrigação contida no termo de compromisso caracteriza vínculo de emprego do educando com a parte concedente do estágio para todos os fins da legislação trabalhista e previdenciária.

Por fim, é importante anotar que **a lei de estágio não estabelece idade mínima para o estudante celebrar o ajuste**. Basta ao estagiário, portanto, provar a matrícula e a frequência regular em um dos cursos mencionados no art. 3º, I, da Lei n. 11.788/2008 e, evidentemente, ter a assistência ou a representação de seus pais ou tutores. Não sendo o contrato de estágio um negócio jurídico de "trabalho" (mas, apenas, de "atividade em sentido estrito", conforme mencionado no item 3.1 deste capítulo), não se pode exigir do estudante o advento da idade mínima prevista no art. 7º, XXXIII, da Constituição da República, salvo se o projeto pedagógico do curso, que tem a autoridade de definir o itinerário formativo do educando, assim determinar.

3.2.1.4 Sujeitos

Feitos esses esclarecimentos, é importante distinguir quem seriam os **sujeitos do contrato de estágio**. São eles o estagiário, a instituição de ensino, a concedente da oportunidade de estágio e o agente de integração. Vejam-se:

I — **Estagiário** é o aluno, brasileiro ou estrangeiro legalmente residente no País[20], regularmente matriculado em curso vinculado ao ensino público ou particular que, comprovadamente, esteja frequentando cursos de:

a) educação superior (exemplos: curso de graduação em Direito ou curso de pós-graduação em Administração de Negócios — MBA);

b) ensino médio (exemplo: cursos de formação geral);

c) educação profissional de nível médio (exemplo: curso técnico em Contabilidade);

d) ensino profissional de nível superior (exemplo: cursos sequenciais para profissionais da área tecnológica da computação);

e) escolas de educação especial (exemplo: escolas especiais da APAE);

f) ensino fundamental, *desde que nos anos finais*, na modalidade profissional de educação de jovens e adultos.

A Medida Provisória n. 2.164-41, de 24-8-2001 (em vigor por força do quanto inserto no art. 2º da EC n. 32/2001), acresceu à Lei n. 6.494/77, entre aqueles que poderiam funcionar como estagiários, *os alunos dos cursos de ensino médio* (de formação meramente geral). A inserção foi mantida na Lei n. 11.788/2008 (art. 1º), que, além disso, acrescentou, entre os estagiários, aqueles que estivessem nos "anos finais do ensino fundamental". Isso criou uma situação de dificuldade de aferição quanto à conexão entre a formação teórica e prática, porque os estudantes de cursos não profissionalizantes não têm especificamente uma "linha de formação", circunstância que favorece a utilização indevida da mão de obra estagiária como sucedâneo de um verdadeiro vínculo de emprego.

II — **Instituições de ensino** são as entidades de ensino público ou particular onde os alunos que se candidatam ao estágio estão regularmente matriculados. Elas são, portanto, nos limites da lei, "instituições de educação superior, de educação profissional, de ensino médio, da educação especial e dos anos finais do ensino fundamental, na modalidade profissional da educação de jovens e adultos".

Nesse ponto, é relevante salientar que o intérprete não pode restringir o alcance da disposição normativa, mas admiti-la em todas as suas variáveis. Exatamente por isso, **não se pode desconsiderar que no conceito de "educação superior" está também aquela em nível de pós-graduação**.

---

20 Conforme o art. 4º da Lei n. 11.788/2008, "a realização de estágios [...] aplica-se aos estudantes estrangeiros regularmente matriculados em cursos superiores no País, autorizados ou reconhecidos, observado o prazo do visto temporário de estudante, na forma da legislação aplicável".

O art. 21 da Lei de Diretrizes e Bases da Educação (Lei n. 9.394/96) deixa bem clara a composição da chamada "educação escolar" e, entre os níveis apontados, revela a existência de um grande bloco que recebe o nome de "educação superior". Veja-se:

Art. 21. A educação escolar compõe-se de:

I — educação básica, formada pela educação infantil, ensino fundamental e ensino médio;

II — educação superior.

O art. 44 da referida Lei n. 9.394/96 informa a abrangência do conceito de "educação superior" quando assim dispõe:

Art. 44. A educação superior abrangerá os seguintes cursos e programas:

I — cursos sequenciais por campo de saber, de diferentes níveis de abrangência, abertos a candidatos que atendam aos requisitos estabelecidos pelas instituições de ensino, desde que tenham concluído o ensino médio ou equivalente; (Redação dada pela Lei n. 11.632, de 2007)

II — de graduação, abertos a candidatos que tenham concluído o ensino médio ou equivalente e tenham sido classificados em processo seletivo;

III — de pós-graduação, compreendendo programas de mestrado e doutorado, cursos de especialização, aperfeiçoamento e outros, abertos a candidatos diplomados em cursos de graduação e que atendam às exigências das instituições de ensino;

IV — de extensão, abertos a candidatos que atendam aos requisitos estabelecidos em cada caso pelas instituições de ensino.

Exatamente por isso, embora não seja tão referida nos manuais de direito do trabalho, há plena possibilidade jurídica de formação de contrato de estágio com alunos de programas de pós-graduação, sendo nisso que se funda grande parte dos *programas de trainee*. O estágio para pós-graduandos é, aliás, normalmente constatável nas áreas de Marketing, Direito e Administração.

Diante da relevância do tema, é importante anotar que o CNJ, mediante a Resolução n. 439, de 7 de janeiro de 2022, autorizou que os tribunais instituíssem os chamados "programas de residência jurídica". Segundo o referido ato normativo, "a Residência Jurídica constitui modalidade de ensino destinado a bacharéis em Direito que estejam cursando especialização, mestrado, doutorado, pós-doutorado ou, ainda, que tenham concluído o curso de graduação há no máximo 5 (cinco) anos". Trata-se de t**reinamento em serviço**, abrangendo ensino, pesquisa e extensão, bem como o auxílio prático aos magistrados e servidores do Poder Judiciário no desempenho de suas atribuições institucionais. Os Programas de Residência poderão ter jornada de estágio máxima de 30 horas semanais e duração de até 36 meses, não gerando vínculo de qualquer natureza com a Administração Pública.

Os residentes não poderão exercer a advocacia durante a vigência do Programa de Residência Jurídica e deverão receber, ao longo do período de participação, uma bolsa-auxílio mensal, cujo valor deverá ser definido por meio do ato normativo local. Cumpridos os requisitos de frequência e obtida a aprovação em procedimento de avaliação, nos termos do ato normativo local, o residente fará jus ao certificado de conclusão de Programa de Residência.

Entre as obrigações dessas instituições em relação aos estágios de seus educandos podem ser destacadas as seguintes:

a) **celebrar termo de compromisso** com o educando ou com seu representante ou assistente legal, quando ele for absoluta ou relativamente incapaz, e com a parte concedente, indicando as condições de adequação do estágio à proposta pedagógica do curso, à etapa e modalidade da formação escolar do estudante e ao horário e calendário escolar. Note-se que, querendo, a instituição de ensino poderá celebrar com entes públicos e privados **convênio de concessão de estágio**, nos quais se explicitem o processo educativo compreendido nas atividades programadas para seus educandos. A celebração de convênio de concessão de estágio entre a instituição de ensino e a parte concedente não dispensa a celebração do termo de compromisso;

b) **avaliar as instalações da parte concedente do estágio** e sua adequação à formação cultural e profissional do educando;

c) **indicar professor orientador**, da área a ser desenvolvida no estágio, como responsável pelo acompanhamento e avaliação das atividades do estagiário;

d) **exigir** do educando a **apresentação periódica**, em prazo não superior a seis meses, **de relatório das atividades**;

e) **zelar pelo cumprimento do termo de compromisso**, reorientando o estagiário para outro local em caso de descumprimento de suas normas;

f) **elaborar normas complementares e instrumentos de avaliação dos estágios** de seus educandos;

g) **comunicar** à parte concedente do estágio, no início do período letivo, **as datas de realização de avaliações escolares ou acadêmicas**.

III — **Concedentes da oportunidade de estágio** são as pessoas jurídicas de direito privado (associações, sociedades, fundações, organizações religiosas, partidos políticos e empresas individuais de responsabilidade limitada, conforme art. 44 do Código Civil) e os órgãos da administração pública direta, autárquica e fundacional de qualquer dos Poderes da União, dos Estados, do Distrito Federal e dos Municípios, bem como profissionais liberais de nível superior devidamente registrados em seus respectivos conselhos de fiscalização profissional, que aceitam, como estagiários, os alunos regularmente matriculados em cursos vinculados ao ensino público e particular.

É importante destacar que o estágio somente poderá verificar-se em unidades que tenham condições de proporcionar *experiência prática na linha de formação do estagiário*, ainda que essa unidade coincida com o local onde o estagiário é empregado. Nesse caso, é extremamente aconselhável, para evitar presunções de fraude, que o estágio aconteça em horário e área distintos do expediente normal do empregado.

Observe-se que o art. 9º da Lei n. 11.788/2008 retificou um defeito existente no art. 1º da revogada Lei n. 6.494/77 — os profissionais liberais passaram a ser mencionados como concedentes da oportunidade de estágio, sendo digna de nota a autorização em favor unicamente daqueles de nível superior, desde que devidamente registrados em seus respectivos conselhos de fiscalização profissional. Isso significa, pela literalidade da norma, que um profissional liberal de nível médio — um técnico em contabilidade, por exemplo — não poderá ser concedente de oportunidade de estágio. Igualmente ocorrerá com um profissional liberal de nível superior que não esteja registrado em seu conselho de fiscalização profissional.

A Lei do Estágio, por outro lado, não autoriza que pessoas físicas (entre as quais podem ser citados os empregadores domésticos, os condôminos e os empresários individuais pessoas físicas) **sejam concedentes de oportunidade de estágio**, ressalvadas apenas aquelas que tenham sido constituídas como "empresa individual de responsabilidade limitada" (EIRELI), nos termos da Lei n. 12.441, de 11 de julho de 2011. Isso acontece porque o referido diploma legal acresceu a EIRELI no rol das entidades que podem ser consideradas como pessoas jurídicas, nos termos do art. 44, VI, do Código Civil.

Não basta, entretanto, ser potencialmente concedente de oportunidade de estágio. Este assume uma série de obrigações que manterão no rumo devido a "atividade em sentido estrito". Uma vez oferecidas oportunidades de estágio, as concedentes deverão reservar em favor das pessoas com deficiência o percentual de dez por cento das vagas oferecidas (*vide* § 5º do art. 17). Assim, diante desse quadro, as precitadas pessoas podem oferecer estágio, observadas as obrigações de:

a) **celebrar termo de compromisso** com a instituição de ensino e o educando, zelando por seu cumprimento.

Nesse ponto é relevante registrar a possibilidade jurídica da chamada **cláusula de exclusividade contratual de estágio**. Tal ocorrerá desde que exista motivação razoável para a sua inserção, quando o concedente da oportunidade de estágio, isoladamente ou em associação com a instituição de ensino, por conta de exigências de desempenho do educando, entender que a sua vinculação a mais de um contrato de estágio fragilizará ou, em última análise, inviabilizará o objetivo de dar-lhe a melhor formação prática[21].

A validade do uso da cláusula de exclusividade em contratos de estágio, entretanto, a despeito de normalmente aceita pelos tribunais, somente poderá ser aferida — como sói ocorrer — em cada caso concreto;

b) **ofertar instalações que tenham condições de proporcionar ao educando atividades de aprendizagem** social, profissional e cultural;

c) **indicar funcionário** de seu quadro de pessoal, com formação ou experiência profissional na área de conhecimento desenvolvida no curso do estagiário, **para orientar e supervisionar até dez estagiários simultaneamente**;

---

21 Sobre o tema, veja-se a pertinente decisão:
DIREITO CONSTITUCIONAL E ADMINISTRATIVO. ENSINO SUPERIOR. ESTÁGIO. ARTIGO 10 DA LEI N. 11.788/08. LIMITE DIÁRIO E SEMANAL. VALIDADE. Caso em que pugnada a viabilidade da realização de estágio em duas instituições de ensino, vedada por ultrapassar o limite imposto pela Lei n. 11.788/08 (artigo 10). O estágio profissionalizante foi criado pela Lei n. 6.494, de 07 de dezembro de 1977, tendo como finalidade "proporcionar experiência prática na linha de formação", como ainda hoje o é. A respeito da jornada de atividade em estágio, a lei determinava apenas que houvesse compatibilização com o horário escolar. Contudo, a Lei n. 11.788/2008, revogando a anterior, delimitou a jornada de atividade, estabelecendo limite máximo diário e mensal de seis e trinta horas, no caso de curso superior. A limitação, segundo o impetrante, é aplicável a cada contrato de estágio, o que tornaria ilegal a recusa da Universidade na renovação pretendida. No entanto, tal interpretação não é a que resulta da finalidade ínsita ao texto legal. Não é razoável presumir a cumulação de estágios a critério apenas do estudante, diante da preocupação do legislador em fixar limite de horas diárias e semanais. Uma única cumulação permitiria uma jornada diária de até 12 horas de estágio para estudantes de curso superior, muito além do previsto para jornada ordinária de empregados efetivados, a demonstrar que não foi este o propósito da nova legislação. A limitação é aplicável individualmente ao estagiário, e não a cada contrato de estágio. Não há que se cogitar de violação ao ato jurídico perfeito e a direito adquirido, pois o princípio da segurança jurídica vincula-se a cada contrato de estágio e ao período da respectiva vigência, não salvaguardando a expectativa de continuidade indefinida dos termos originários, sobretudo em se tratando de legislação destinada a proteger a saúde, além do desempenho escolar do estagiário. Dito de outro modo: a Lei n. 11.788/08 somente alcança contratos ajustados a partir de sua vigência (26.09.08), pois, quanto aos anteriormente firmados, prosseguem regulados pela lei revogada até o advento do seu termo, porém, em caso de renovação devem ajustar-se às novas determinações legais (artigo 18). Se outras Universidades interpretam diferentemente a lei, de modo a contrariar a sua própria finalidade, evidente que tal situação não autoriza que se invoque isonomia para consagrar a burla generalizada. A autoridade impetrada, ao indeferir o pedido de renovação de contrato de estágio, excedente à jornada máxima admitida por dia e semana, não fez mais do que apenas cumprir a própria legislação, sem violação a qualquer direito. Note-se que, mesmo sob a legislação anterior em que inexistente limite de jornada expressa, a própria jurisprudência já indicava a necessidade de adequação da carga horária, para impedir prejuízo ao próprio aproveitamento e rendimento escolar do estudante. Apelação desprovida (TRF-3 — AMS: 5360 SP 2009.61.00.005360-4, Rel. Des. Federal Carlos Muta, j. 12-11-2009, 3ª T.).

d) **contratar em favor do estagiário seguro contra acidentes pessoais**, cuja apólice seja compatível com valores de mercado, conforme fique estabelecido no termo de compromisso. Note-se que, no caso de estágio obrigatório, a responsabilidade pela contratação do seguro poderá, alternativamente, ser assumida pela instituição de ensino;

e) por ocasião do desligamento do estagiário, **entregar termo de realização do estágio** com indicação resumida das atividades desenvolvidas, dos períodos e da avaliação de desempenho;

f) **manter** à disposição da fiscalização os **documentos que comprovem a relação de estágio**;

g) **enviar** à instituição de ensino, com periodicidade mínima de seis meses, **relatório de atividades**, com vista obrigatória ao estagiário.

IV — **Agentes de integração** são entidades públicas ou privadas que intermedeiam relações entre o sistema de ensino e os setores de produção, serviços, comunidades e governo, mediante condições acordadas em instrumento jurídico adequado. Note-se que a intermediação deve ser gratuita, sendo vedada a cobrança de qualquer valor dos estudantes, a título de remuneração pelos serviços realizados (veja-se o § 2º do art. 5º da nova Lei do Estágio).

Os agentes de integração foram previstos originariamente no art. 7º do Decreto n. 87.497/82, texto que regulamentava a revogada Lei n. 6.494/77. Atualmente estão expressamente previstos no art. 5º da Lei n. 11.788/2008[22]. Perceba-se que esses sujeitos atuam como auxiliares no processo de aperfeiçoamento do instituto do estágio, cabendo-lhes cadastrar os estudantes, identificar oportunidades de estágio, ajustar suas condições de realização do estágio e fazer o acompanhamento administrativo.

No exercício das atividades ora relacionadas, **os agentes de integração serão responsabilizados civilmente** se indicarem estagiários para a realização de *atividades não compatíveis com a programação curricular estabelecida para cada curso*, assim como *estagiários matriculados em cursos ou instituições para as quais não haja previsão de estágio curricular*. Caso a má intermediação do agente de integração gere a formação de vínculo de emprego, é razoável afirmar que lhe será atribuída responsabilidade solidária quanto ao pagamento dos créditos trabalhistas que haverão de ser assumidos pela concedente da oportunidade de estágio, tudo na forma do parágrafo único do art. 942 do Código Civil[23].

3.2.1.5 Direitos

Apresentados os sujeitos da relação de estágio, é importante repisar que *o estagiário não é, no sentido jurídico, um trabalhador*, apenas um estudante que foi a campo para conviver com situações reais de vida, capazes de prepará-lo para o exercício regular de sua futura profissão ou ofício. Não sendo o estagiário um trabalhador, a ele não são devidas vantagens próprias de uma relação de trabalho, notadamente o salário. Veja-se cada uma das situações mais frequentemente invocadas:

---

22 Art. 5º As instituições de ensino e as partes cedentes de estágio podem, a seu critério, recorrer a serviços de agentes de integração públicos e privados, mediante condições acordadas em instrumento jurídico apropriado, devendo ser observada, no caso de contratação com recursos públicos, a legislação que estabelece as normas gerais de licitação.

23 Art. 942. Os bens do responsável pela ofensa ou violação do direito de outrem ficam sujeitos à reparação do dano causado; e, se a ofensa tiver mais de um autor, todos responderão solidariamente pela reparação. Parágrafo único. São solidariamente responsáveis com os autores os coautores e as pessoas designadas no art. 932.

3.2.1.5.1 Jornada de atividade

O estagiário, por não ser um trabalhador, não está incluído no âmbito de limitação de duração do serviço, nos moldes do art. 7º, XIII, da Constituição. Há, porém, no art. 10, *caput*, da Lei do Estágio, previsão no sentido de que a "jornada de atividade" (note-se que não se menciona *jornada de trabalho*) deverá, apenas, "ser compatível com as atividades escolares". Na lei que anteriormente disciplinava a matéria, a razoabilidade era a medida da extensão da jornada de estágio, embora existissem delimitações de natureza administrativa. A lei substituinte, ora vigente, estabeleceu limites, merecedores, portanto, de registro:

*I — **quatro horas diárias e vinte horas semanais**, no caso de estudantes de educação especial e dos anos finais do ensino fundamental, na modalidade profissional de educação de jovens e adultos;*

*II — **seis horas diárias e trinta horas semanais**, no caso de estudantes do ensino superior, da educação profissional de nível médio e do ensino médio regular.*

Atente-se também para o fato de que o estágio relativo a cursos que **alternam teoria e prática**, nos períodos em que não estão programadas aulas presenciais, poderá ter **carga semanal de até quarenta horas**, desde que isso esteja previsto no projeto pedagógico do curso e da instituição de ensino.

Se a instituição de ensino adotar verificações de aprendizagem periódicas ou finais, **nos períodos de avaliação** — o que, aliás, sói acontecer —, **a carga horária do estágio será reduzida *pelo menos* à metade**, segundo estipulado no termo de compromisso, para garantir o bom desempenho do estudante. Se não houver qualquer previsão nesse sentido, deve-se aplicar o padrão mínimo previsto em lei, vale dizer, a jornada deve ser reduzida à metade.

3.2.1.5.2 Retribuição pela atividade de estágio

É sempre importante reiterar que o estagiário não é juridicamente um trabalhador, mas apenas um exercente de atividade em sentido estrito. Sendo assim, não lhe cabe o recebimento de salário ou equivalente. O estagiário, na verdade, à luz do art. 12 da Lei n. 11.788/2008, *poderá* receber bolsa ou outra forma de contraprestação que venha a ser acordada. Diz-se "poderá" porque *nas hipóteses de estágio obrigatório é meramente facultativa a concessão de bolsa ou equivalente*.

Os estágios não obrigatórios, por outro lado, **são necessariamente onerosos**, sendo nesses casos compulsória a concessão da bolsa-estágio e do auxílio-transporte.

Perceba-se que a lei não fixa um padrão mínimo retributivo para a bolsa-estágio. Esta terá a dimensão que a concedente do estágio entender razoável, sendo relevante repisar que o estágio não é emprego. Não estando o estagiário protegido pelas regras contidas no art. 7º da Constituição da República, não se lhe pode garantir o salário mínimo. Seria uma contradição fazê-lo. Se o estágio visa "ao aprendizado de competências próprias da atividade profissional e à contextualização curricular", é óbvio que o educando não precisa preocupar-se com a dimensão de eventual retribuição pecuniária. Ademais, a experiência prática demonstra que a maior parte das situações em que há desvio de finalidade de estágio ocorre justamente diante de concedentes que oferecem bolsas vultosas. Nesses moldes, sendo o estagiário uma pessoa em formação para o futuro trabalho (e não propriamente um trabalhador), não lhe é devido necessariamente o salário mínimo previsto no art. 7º, IV, da Constituição da República[24].

Note-se que a eventual concessão de benefícios relacionados ao transporte (vale-transporte), à alimentação (concessão de tíquetes-refeição pelo sistema do PAT) ou à saúde (outorga de planos de saúde), entre outros, não caracterizará (ou não será elemento suficiente a caracterizar) a formação de vínculo de emprego.

3.2.1.5.3 Isonomia de tratamento

Apesar de o estagiário não ser juridicamente um trabalhador, ele frui de uma proteção genérica atribuída no âmbito de qualquer negócio jurídico: o direito de não ser discriminado. Enfim, constitui um dos objetivos fundamentais da República Federativa do Brasil, nos termos do art. 3º, IV, a promoção do bem de todos, sem preconceitos ou discriminações de qualquer natureza.

Ademais, a igualdade é um dos direitos fundamentais mais prestigiados pelo legislador constitucional (veja-se o *caput* do art. 5º)[25] e que justifica a impossibilidade de tratamento diferenciado entre estagiários da mesma natureza. Assim, não há como falar em outorga de bolsas em dimensões pecuniárias distintas em favor de quem realiza as mesmas atividades em favor da mesma concedente, tampouco em atribuição preferencial de oportunidade de estágio em favor de um grupo étnico, de uma específica faixa etária ou de um determinado gênero em detrimento de outro, sem que existam razões ponderosas e suficientemente fundamentadas para tal discrímen. Obviamente, e no mesmo plano de análise, não se pode admitir como juridicamente válida a restrição de oportunidade de estágio a estudantes de determinadas instituições de ensino em detrimento de outros, sem que — repita-se — existam relevantes razões jurídicas para a discriminação.

Nada impede, porém, que estagiários sejam destinatários de bolsas com valor diferenciado na medida em que estejam mais próximos da conclusão do curso ou que, no caso específico dos estudantes de Direito, tenham obtido a inscrição e a carteira funcional de estagiário junto à OAB.

E as vagas de estágio direcionadas exclusivamente para determinados sujeitos em detrimento de outros? Isso é juridicamente admissível?

---

24 As retribuições pelo exercício de atividades em sentido estrito (estágio, serviço voluntário, serviço militar) não estão vinculadas à outorga do salário mínimo, simplesmente porque nessas hipóteses não se visa o sustento próprio (e, se for o caso, familiar) do exercente da atividade, mas sim outros propósitos.

Seguindo esse raciocínio, o Plenário do STF decidiu, em 30-4-2008, que seria constitucional o pagamento de valor inferior ao salário mínimo para os jovens que prestam serviço militar obrigatório. A decisão foi tomada no julgamento do Recurso Extraordinário (RE) n. 570177, interposto por um recruta contra a União, sob o fundamento de que o pagamento de valor inferior ao mínimo violava o disposto nos arts. 1º, incisos III e IV; 5º, *caput*; e 7º, incisos IV e VII, da Constituição da República. Os ministros acompanharam o voto do relator, Ricardo Lewandowski, que considerou que "praças que prestam serviço militar inicial obrigatório não tinham, como não têm, o direito a remuneração, pelo menos equivalente, ao salário mínimo em vigor, afigurando-se juridicamente inviável classificá-los, por extensão, como trabalhadores na acepção que o inciso IV do artigo 7º da Carta Magna empresta ao conceito". Produziu-se, então, a sexta súmula vinculante do STF, nos seguintes moldes: "STF, Súmula Vinculante n. 6: Não viola a Constituição da República o estabelecimento de remuneração inferior ao salário mínimo para os praças prestadores de serviço militar inicial. Esta decisão do Plenário, em que foi reconhecida a ocorrência de repercussão geral, aplicou-se também aos REs 551453; 551608; 558279; 557717; 557606; 556233; 556235; 555897; 551713; 551778; 557542, que tratavam de matéria idêntica".

25 Para saber mais sobre igualdade e não discriminação no âmbito juslaboral, consulte-se a excelente obra de Estêvão Mallet intitulada *Igualdade e discriminação em direito do trabalho*, publicada sob o selo LTr, em 2013.

3.2.1.5.4 Tempo de duração do estágio

Nos moldes da legislação anteriormente vigente, o contrato de estágio não estava limitado quanto à duração. Isso justificava o entendimento segundo o qual o ora analisado ajuste de atividade se estenderia durante todo o tempo em que permanecesse o vínculo com a instituição de ensino. A norma substituinte regulou a matéria, deixando claro, no seu art. 11, que a duração do estágio, na mesma parte concedente, **não poderá exceder dois anos, salvo quando se tratar de estagiário com deficiência**.

É evidente que os contratos que já estavam em curso antes da publicação da Lei n. 11.788/2008 mantiveram-se submetidos às disposições contidas na norma revogada, salvo se, firmados por tempo determinado, tivessem instante de prorrogação[26] depois da data de vigência da nova lei. Assim, aqueles que iniciaram o ajuste de estágio sob a égide da Lei n. 6.494/77 tiveram como termo final a data de desvinculação do estagiário da instituição de ensino, e não o limite de dois anos empreendido no texto da novel disposição.

É importante registrar que, a despeito de o contrato de estágio ter não mais do que dois anos de duração (salvo, como se disse, em relação aos **deficientes**[27], para os quais não há prazo predeterminado), podem ocorrer situações de dissolução antecipada, por iniciativa ou culpa do próprio educando ou do concedente da oportunidade de estágio.

Nesses casos, não há falar-se no pagamento de parcelas resilitórias trabalhistas diante da inexistência de vínculo de emprego, mas é possível — a depender dos ajustes contratuais — invocar-se o pagamento de indenizações criadas com base na autonomia individual privada.

É bom anotar que, sendo a Administração pública ou empresa estatal a concedente da oportunidade de estágio, não há exagero em afirmar que a ruptura antecipada do contrato por sua iniciativa deve ser realizada em obediência ao disposto nos arts. 2º e 50, I, da Lei n. 9.784/99, na medida em que a resilição estatal, sem dúvidas, afetará direitos do estagiário. Surge aí o dever de motivar o ato resilitório.

3.2.1.5.5 Proteção previdenciária apenas facultativa

Nos moldes da legislação previdenciária, o verdadeiro estagiário não se inclui no rol dos segurados obrigatórios do Regime Geral da Previdência Social. Isso ocorre porque ele simplesmente não cumpre o pressuposto básico para essa inserção, ou seja, a prestação de trabalho. A legislação previdenciária somente considera o estagiário segurado obrigatório quando reconhece que a relação entre ele e a concedente foi fraudada[28].

Apesar de a bolsa de estágio não ser, em regra, considerada base de incidência da contribuição previdenciária, isso não acontece com a legislação do imposto de renda. Note que

---

26 Veja-se o texto do art. 18 da Lei n. 11.788/2008: Art. 18. A prorrogação dos estágios contratados antes do início da vigência desta Lei apenas poderá ocorrer se ajustada às suas disposições.

27 Nos termos do art. 2º da Lei n. 13.146, de 6 de julho de 2015, "considera-se pessoa com deficiência aquela que tem impedimento de longo prazo de natureza física, mental, intelectual ou sensorial, o qual, em interação com uma ou mais barreiras, pode obstruir sua participação plena e efetiva na sociedade em igualdade de condições com as demais pessoas".

28 Note-se, no Regulamento da Previdência Social (RPS), Decreto n. 3.048/99: Art. 9º São segurados obrigatórios da previdência social as seguintes pessoas físicas: I — como empregado: [...] h) o bolsista e o estagiário que prestam serviços a empresa, **em desacordo com a Lei n. 11.788, de 25 de setembro de 2008** (redação dada à alínea pelo Decreto n. 6.722, de 30-12-2008).

Mais adiante, no art. 11, VII, o mesmo Regulamento da Previdência Social deixa claro que, de acordo com a precitada lei, o estagiário poderá ser, no máximo, segurado facultativo (aquele que, embora tendo idade para o labor, não trabalha, mas quer voluntariamente inserir-se no sistema de previdência social). Há, aliás, previsão expressa nesse sentido no art. 12 da Lei n. 11.788/2008.

a bolsa de estágio não está entre os rendimentos isentos ou não tributáveis previstos no Decreto n. 9.580, de 22 de novembro de 2018. Assim, se o valor da contraprestação de estágio estiver acima dos limites tributáveis, haverá, sim, a incidência de imposto de renda.

3.2.1.5.6 Seguro contra acidentes pessoais

Diante da falta de proteção social, a Lei do Estágio, no seu art. 9º, IV, previu que o estagiário deverá, em qualquer hipótese (estágios obrigatórios ou não obrigatórios), estar segurado contra acidentes pessoais.

O seguro contra acidentes pessoais, de natureza privada, está sob a incumbência da concedente da oportunidade de estágio (*vide* o art. 9º, IV) **ou** da instituição de ensino, apenas nos casos de estágio obrigatório (*vide* o parágrafo único do art. 9º). A falta dessa vantagem vulnera o estagiário, que, diante de eventual acidente, poderá responsabilizar por ato omisso os citados obrigados. O valor das apólices de seguro deverá basear-se em valores de mercado, sendo elas consideradas nulas quando apresentarem valores meramente simbólicos.

A despeito do seguro contra acidentes pessoais, aplica-se ao estagiário, na forma do art. 14 da Lei do Estágio, a legislação relacionada à saúde e segurança no trabalho, sendo sua aplicação/observância de responsabilidade da parte concedente do estágio.

3.2.1.5.7 Aplicação integral da legislação relacionada à saúde e à segurança no trabalho

O estágio, apesar de não ser juridicamente um "trabalho", é, nos termos do art. 1º da Lei n. 11.788/2008, "desenvolvido no ambiente de trabalho". Nele atuam tanto o educando quanto o supervisor, ambos igualmente submetidos às mesmas circunstâncias meio ambientais. Exatamente por isso não há falar-se em proteção exclusiva para o trabalhador em detrimento do estagiário. A proteção, enfim, é dada a todos aqueles que, por alguma razão fática ou jurídica, transitam no meio ambiente de trabalho, independentemente de serem qualificados como empregados, autônomos, estagiários, fornecedores, sócios ou meros visitantes eventuais. Todos merecerão a mesmíssima proteção prevista na legislação relacionada à saúde e à segurança no trabalho. Seria surreal, aliás, a cena de distribuição de equipamentos de proteção individual apenas aos empregados, e não aos estagiários, pelo simples fato de estes serem meros educandos. Isso violaria a dignidade humana, e não apenas uma regra protetiva de trabalhador, pois, como antedito, não somente trabalhadores circulam no meio ambiente laboral.

Não por outro motivo, o art. 14 da Lei de Estágio prevê que os educandos merecem essa proteção. Veja-se:

> *Art. 14. Aplica-se ao estagiário a legislação relacionada à saúde e segurança no trabalho, sendo sua implementação de responsabilidade da parte concedente do estágio.*

Aplicam-se aos estagiários, portanto, todas as disposições normativas em matéria de saúde e de segurança no trabalho, especialmente aquelas constantes das Convenções da OIT ratificadas pelo Brasil e das Normas Regulamentadoras — NR's — editadas pelo Ministério do Trabalho (ora Ministério do Trabalho e Previdência).

Em termos práticos, convém asseverar que os estagiários têm, por exemplo, diante do que se afirmou, os direitos de receber os necessários equipamentos de proteção individual — EPI's (NR-6) e de ver respeitadas as disposições referentes à ergonomia (NR 17) e à proteção em ambientes insalubres e em operações perigosas (NR's 15 e 16).

3.2.1.5.8 Recesso da atividade de estágio

Tecnicamente não se pode falar em férias para o estagiário. Enfim, não sendo ele um trabalhador no sentido técnico da palavra, não se lhe pode atribuir direito próprio de trabalhador. O parágrafo do art. 5º da antiga Lei do Estágio sustentava que, nos períodos de férias escolares, a jornada de estágio seria estabelecida de comum acordo entre o estagiário e a parte concedente, sempre com a interveniência da instituição de ensino. Os ajustes interpessoais entre o estagiário e a concedente do estágio poderiam, assim, se quisessem os contratantes, estabelecer uma alteração (modificativa, supressiva ou aditiva) no número de horas de estágio no período de recesso ou, se fosse o caso, um período de autorizado afastamento.

A Lei n. 11.788/2008, entretanto, pôs fim a essa indefinição e tratou especificamente da matéria. Veja-se:

> Art. 13. É assegurado ao estagiário, sempre que o estágio tenha duração igual ou superior a 1 (um) ano, período de recesso de 30 (trinta) dias, a ser gozado preferencialmente durante suas férias escolares.
> § 1º O recesso de que trata este artigo deverá ser remunerado quando o estagiário receber bolsa ou outra forma de contraprestação.
> § 2º Os dias de recesso previstos neste artigo serão concedidos de maneira proporcional, nos casos de o estágio ter duração inferior a 1 (um) ano.

Perceba-se que somente se garante ao estagiário o recesso, **sem qualquer bonificação pecuniária adicional**. Em outras palavras: ao estagiário não foi estendido o direito de recebimento do acréscimo de pelo menos um terço sobre as férias, confirmando-se, assim, que o instituto não é o de férias, mas de mera paralisação temporária das atividades.

Mas e se o contrato terminar sem que o concedente tenha atribuído o recesso integral ou proporcional ao tempo de estágio?

Não há dúvidas de que haverá direito do estagiário em ver-se indenizado pela não concessão do recesso previsto no art. 13 da Lei n. 11.788/2008, notadamente quando adquirido o direito e não fruído. Embora a própria Lei de Estágio não preveja a conversão da obrigação de fazer (conceder recesso) em obrigação de pagar (indenizar), a solução decorre da mera aplicação do art. 186 do Código Civil.

3.2.1.5.9 Anotação na CTPS?

Não raramente, os estagiários questionam se teriam ou não **direito à anotação** dos seus contratos de estágio em suas Carteiras de Trabalho e Previdência Social. A resposta é evidentemente negativa, se se considerar que, nos termos do art. 13 da CLT, o referido documento é obrigatório apenas para o exercício de emprego ou de trabalho autônomo.

Apesar de não existir propriamente um direito subjetivo invocável pelos estagiários para exigirem registros nesse sentido[29], é evidentemente salutar que os concedentes de oportunidade de estágio procedam tal apontamento **no campo de anotações gerais**. Isso ajudará o estagiário, na condição de futuro trabalhador, a fazer prova da experiência prática adquirida na sua linha de formação teórica.

Há, entretanto, concedentes de oportunidade de estágio que receiam fazer essas anotações nas CTPS's de estagiários que ainda não alcançaram a maioridade, haja vista o disposto

---

[29] O Ofício Circular n. 02/CIRP/SPES/MTE, de 8-1-1999, dispensa a anotação de estágio na CTPS.

no art. 435 da CLT, segundo o qual fica sujeita à multa e à assunção dos custos necessários à emissão de nova via a empresa que fizer na Carteira de Trabalho e Previdência Social do menor anotação não prevista em lei.

3.2.1.6 O abuso do direito de concessão da oportunidade de estágio

O abuso do direito de contratar estagiários tornou-se tema recorrente. Muitas concedentes de oportunidade de estágio, diante da evidência dos baixos custos para a contratação desse educando, extrapolaram os limites de sua responsabilidade social e, de forma conveniente, substituíram a autêntica força laboral pela atuação do estagiário. A jurisprudência revela múltiplos casos de abusos, nos quais os estagiários simplesmente substituíam o pessoal regular e permanente. O legislador da nova Lei do Estágio preocupou-se com essa realidade e criou alguns dispositivos para tentar coibir a anunciada abusividade.

A maior contribuição contra os abusos perpetrados contra o estagiário está inserida no art. 17 da lei ora em exame. Consta do referido dispositivo que o número máximo de estagiários em relação ao *quadro de pessoal* das entidades concedentes de estágio deverá atender a uma proporcionalidade. Veja-se:

I — de 1 a 5 empregados: 1 estagiário;

II — de 6 a 10 empregados: até 2 estagiários;

III — de 11 a 25 empregados: até 5 estagiários;

IV — acima de 25 empregados: até 20% de estagiários.

Considera-se quadro de pessoal o conjunto de trabalhadores empregados existentes no *estabelecimento* do estágio. Assim, a verificação deve ser promovida por unidade de produção, e não a partir do conjunto de unidades produtivas. Em outras palavras: se a parte concedente contar com várias filiais ou estabelecimentos, os quantitativos serão aplicados a cada um deles, individualmente. Quando o cálculo do percentual resultar em fração, poderá ser arredondado para o número inteiro imediatamente superior, propiciando a contratação de mais um estagiário.

Um ponto importante diz respeito às concedentes excluídas da regra da proporcionalidade. Conforme o disposto no § 4º do art. 17 da Lei n. 11.788/2008, não se aplicam as restrições acima expendidas aos estágios de nível superior e aos de nível médio profissional. Assim, um *escritório de advocacia* poderá contratar inúmeros estagiários de Direito, desde que, na forma do art. 9º, III, indique alguém de seu quadro de pessoal, com formação ou experiência profissional na área de conhecimento desenvolvida no curso do estagiário, para orientar e supervisionar até no máximo dez estagiários simultaneamente. Afirma-se o mesmo em relação às *empresas de auditoria*, que poderão contratar diversos estagiários de Economia ou de Administração (nível superior) ou ainda técnicos em Contabilidade (nível médio profissional), desde que observem a proporção entre profissional/orientador e estagiário.

Outra medida de proteção contra os abusos teve por destinatário o agente de integração. Note-se que, nos termos do § 3º do art. 5º da Lei n. 11.788/2008, "os agentes de integração serão responsabilizados civilmente se indicarem estagiários para a realização de atividades não compatíveis com a programação curricular estabelecida para cada curso, assim como estagiários matriculados em cursos ou instituições para as quais não há previsão de estágio curricular".

3.2.1.7 O estágio no serviço público e algumas das suas particularidades

Como se viu nos tópicos introdutórios deste subcapítulo, o estágio pode realizar-se tanto em favor de pessoas jurídicas de direito privado e profissionais liberais de nível superior quanto em benefício de órgãos da Administração Pública direta, autárquica e fundacional de qualquer dos Poderes da União, dos Estados, do Distrito Federal e dos Municípios. É natural concluir, portanto, que, quando ajustado em face desses órgãos da Administração Pública, os contratantes do negócio jurídico de estágio respeitam a principiologia que é própria a esta esfera. Nesse sentido, impõe-se que os estagiários e o negócio jurídico que os envolve observem os princípios da legalidade, da impessoalidade, da moralidade, da publicidade e da eficiência nas situações em que sejam exigíveis.

Assim, entre outras particularidades dignas de nota, está a que impõe a democratização de acesso dos estudantes às oportunidades de estágio mediante processo seletivo público, isonômico e impessoal, apto a produzir a escolha dos concorrentes pelos seus próprios méritos. É merecedora de referência, assim, a Orientação n. 22 da Ata da CONAP (Coordenadoria Nacional de Combate às Irregularidades Trabalhistas na Administração Pública) do Ministério Público do Trabalho. Veja-se:

> **Orientação 22.** *Estágio. Necessidade de concurso público. É possível à Administração Pública contratar estagiários, desde que a contratação se dê através de processo seletivo, e seja observada a legislação específica (Ata da Reunião Nacional de 22.3.2006).*

Percebe-se, portanto, que, apesar de o estágio ser não mais que um ato educativo escolar supervisionado, o acesso de um candidato à vaga de estagiário sempre se dará em detrimento de outro, o que impõe não apenas a seleção, mas também o oferecimento de motivação ***explícita, clara e congruente***, que suficientemente justifique o procedimento de escolha (nesse sentido consulte-se o art. 50 da Lei n. 9.784, de 29 de janeiro de 1999).

Por paralelismo às situações de acesso, defende-se aqui que a ruptura antecipada do contrato de estágio deve ser igualmente motivada, mediante a apresentação de fundamentos que justifiquem a atuação e a opção estatal.

Outra questão relevante em matéria de estágio no âmbito do serviço público diz respeito ao seu *status*, vale dizer, à sua posição dentro da estrutura administrativa do Estado.

Não há dúvidas de que o estagiário não exerce cargo nem emprego público. Isso é óbvio. Existem, porém, consideráveis indagações sobre a possibilidade de ele ser enquadrado como exercente de função pública. Tal ocorre porque o estagiário, de certa forma, e de acordo com a teoria da aparência, revela-se em algumas situações como um elemento ativo da Administração Pública, sem, entretanto, efetivamente sê-lo.

Para bem entender a situação, cabe lembrar que a função pública é um conjunto de tarefas ou atribuições criadas por lei e impostas a um determinado indivíduo e que o estágio nada mais é do que "ato educativo escolar supervisionado". Em rigor, portanto, **o estagiário não tem atribuições próprias** que lhe tenham sido afetadas por lei. Ele é não mais do que um expectador que intenta conhecer os caminhos que o levarão a obter formação prática em sua linha teórica. Exatamente por isso o estagiário possui um supervisor que por todos os seus atos responsabiliza-se diretamente, tanto sob o ponto de vista administrativo quanto civil-trabalhista.

Assim, não por outra razão, alguém que exerce cargo público, emprego público ou função pública poderá, cumulativamente, fazer estágio, ainda que oneroso, no serviço público. O estágio não está, portanto, entre as situações impeditivas de cumulação remunerada previstas no art. 37, XVI e XVII, da Constituição da República, seja porque o estágio no serviço público não é o mesmo que exercício de função pública, seja porque o numerário a ele atribuído não pode ser identificado como remuneração, mas como mera bolsa de incentivo aos estudos.

3.2.1.8 O estágio e a aposentadoria por incapacidade permanente: possível cumulação?

Reitera-se aqui e sempre: o estágio não é "trabalho".

Por não ser trabalho, é perfeitamente possível, sob o ponto jurídico, falar na realização de estágio durante o período em que o segurado frui da aposentadoria por incapacidade permanente. Lembre-se aqui, especialmente para justificar a assertiva anterior, da redação do art. 43 do Decreto n. 3.048, de 1999 (escrito conforme a Lei n. 8.213, de 1991, e atualizado pelo Decreto n. 10.410, de 2020). Perceba-se que o referido aposentado somente é considerado incapaz e insuscetível de reabilitação para o exercício de **"atividade que lhe garanta a subsistência"**, e não para qualquer outra atividade em sentido estrito. Veja-se o dispositivo:

> *Art. 43. A aposentadoria por incapacidade permanente, uma vez cumprido o período de carência exigido, quando for o caso, será devida ao segurado que, em gozo ou não de auxílio por incapacidade temporária, for considerado incapaz para o trabalho e insuscetível de reabilitação para o exercício de **atividade que lhe garanta a subsistência**, que lhe será paga enquanto permanecer nessa condição (destaques não constantes do original).*

Parece claro, portanto, que o aposentado por incapacidade permanente somente estará privado de realizar "atividade que lhe garanta a subsistência" ou, em outras palavras, "trabalho" em sentido técnico-jurídico. Daí três conclusões são retiradas:

Primeira: mesmo os segurados facultativos (que não trabalham ou que apenas realizam atividades em sentido estrito, por exemplo, estagiários, prestadores de serviços voluntários, donas de casa etc.) somente fruirão de aposentadoria por incapacidade permanente se a perícia médica concluir que eles estão totalmente incapazes para o exercício de qualquer eventual e futuro trabalho. Sua incapacidade permanente é, portanto, multiprofissional, e impedirá a assunção de qualquer atividade que lhes "garanta a subsistência".

Segunda: o aposentado por incapacidade permanente poderá realizar, sem qualquer risco de ver cancelado o seu benefício, "atividades em sentido estrito". Assim, um estudante que esteja aposentado por incapacidade permanente poderá, sem qualquer obstáculo, realizar um estágio. De igual modo, uma dona de casa aposentada por incapacidade permanente poderá continuar a realizar os serviços do lar. Nenhum deles poderá, entretanto, assumir uma atividade que lhes garanta a subsistência, vale dizer, nenhum deles poderá ser investido em relação jurídica de trabalho, sob pena de ver cancelado o benefício com efeito retroativo à data de início do trabalho.

Terceira: o aposentado por incapacidade permanente somente estará impedido de realizar, além de "trabalho", também "atividade em sentido estrito" quando esta, por sua potência ou robustez, implique uma demonstração inequívoca de capacidade laborativa. Um bom exemplo disso vem do próprio estágio. Em rigor, esse aposentado poderá estagiar para aprender competências próprias da atividade profissional, mas, nesse processo educativo, não poderá ser levado a desenvolver esforços físicos ou psíquicos incompatíveis com as limitações que produziram a incapacidade permanente. Assim, um aposentado por incapacidade permanente por problemas na coluna vertebral não poderia realizar estágio em circunstâncias em que seja obrigado a carregar peças pesadas ou a realizar esforços físicos incompatíveis com sua condição. Isso não faria o estágio deixar de ser estágio, mas demonstraria que o inválido, ao contrário do que se afirmara, estaria, sim, capacitado para atividades que lhe garantissem a subsistência. O assunto deve ser analisado nos limites de cada caso concreto.

3.2.1.9 O estágio e o seguro-desemprego: o estágio remunerado pode ser entendido como renda para impedir o recebimento do seguro-desemprego?

Pelo fato de o estágio ser uma atividade em sentido estrito, e não um trabalho, nada obsta que alguém o realize, ainda que na sua forma onerosa, e, cumulativamente, também frua do seguro-desemprego. Ressalve-se, entretanto, que o **valor da bolsa de estágio**, caso seja extraordinariamente elevado (aspecto a ser analisado em cada caso concreto em face das necessidades de dispêndios financeiros próprios do estágio), **pode produzir o entendimento de que o estagiário passou a ter "renda própria suficiente à sua manutenção e de sua família"**, caso em que o recebimento do benefício ora analisado encontraria óbice no art. 3º, V, da Lei n. 7.998, de 11 de janeiro de 1990.

Essa seria uma situação absolutamente fora do comum, que normalmente produziria a evidência do desvirtuamento, porque as bolsas de estágio, em geral, não se destinam a ser renda, mas, apenas, a ser um mero apoio financeiro à oportunidade de formação prática em determinada linha teórica. A bolsa de estágio, por natureza, deve não mais do que arrimar as necessidades materiais surgidas durante o estágio como, por exemplo, a aquisição de livros, o pagamento de mensalidades dos cursos e seminários indispensáveis ao complemento da formação, o transporte e a alimentação do estudante.

3.2.1.10 A competência jurisdicional para decidir as questões em torno do contrato de estágio

Como já se disse muitas vezes, o contrato de estágio não está inserido em uma relação de natureza trabalhista, mas, sim, educativa. O estágio é, nos moldes da lei que o regula, **"ato educativo escolar supervisionado"** e, apesar de desenvolvido no ambiente de trabalho, não é propriamente "trabalho", mas apenas uma preparação para ele.

Exatamente por essa evidência, a relação jurídica de estágio não está submetida à jurisdição trabalhista, **salvo nos casos em que ocorrer desvirtuamento**. A legislação é clara nesse sentido. Veja-se o disposto na primeira parte do art. 3º da Lei n. 11.788/2008:

> Art. 3º O estágio, tanto na hipótese do § 1º do art. 2º desta Lei quanto na prevista no § 2º do mesmo dispositivo, **não cria vínculo empregatício de qualquer natureza**.

Lembre-se que somente a distorção do estágio o transformará em emprego e, com isso, proporcionará a atração da competência da Justiça do Trabalho (*vide* art. 114, I, da Constituição da República)[30]. Aliás, o primeiro pedido de quem postula a descaracterização do

---

[30] Há caso muito referenciado na jurisprudência que diz respeito a ação trabalhista ajuizada pela mãe de um estagiário morto em trágico acidente ocorrido na empresa concedente do estágio. Embora a notícia divulgada não identifique isso, é óbvio que houve desvirtuamento do estágio. Basta notar que, segundo se divulgou, "o estagiário de 28 anos de idade prestava serviço na função de classificador de grãos" quando "recebeu determinação de seu superior hierárquico para pegar um equipamento de ferro no interior de uma moega". Para seu desespero, foi sugado para o interior da máquina, tendo os seus membros inferiores triturados, vindo, em seguida, a falecer asfixiado pelos grãos". Ora, estagiário não realiza funções operacionais, tampouco tem superiores hierárquicos.

É de notar-se, ainda, que a incompetência da Justiça do Trabalho, declarada pelo TRT12, não se baseou na ausência de desvirtuamento do estágio, mas na circunstância de o pedido envolver direito personalíssimo da mãe, alheio ao direito do falecido. A 7ª Turma do TST deu provimento ao recurso de revista da mãe do trabalhador falecido e declarou a competência da Justiça do Trabalho para apreciar o pedido de indenização, determinando o retorno do processo ao TRT de origem para prosseguir no julgamento dos recursos ordinários das partes (Processo 23200-08.2006.5.12.0021).

estágio é justamente o de certificação da existência de um vínculo de emprego, observado o disposto no § 2º do art. 3º da lei em exame.

Ora, se a competência é determinada em virtude do conjunto "causa de pedir e pedido", é óbvio que a discussão sobre a existência ou não de fraude ao estágio ficará sob a jurisdição trabalhista.

Por outro lado, eventual pretensão baseada em autêntica relação de estágio estará sob o manto da jurisdição comum, aí incluídas as situações de danos materiais e morais sofridos na relação jurídica de estágio[31]. Cabe salientar, por fim, que a imensa propensão da Justiça do Trabalho em assumir competências fronteiriças não pode ser indicativo de que a ela cabe o julgamento de demandas em torno de um autêntico estágio.

3.2.2 Contrato de prestação de serviço voluntário

3.2.2.1 Definição

Entende-se por serviço voluntário[32], conforme disposto na **Lei n. 9.608/98**, "a atividade não remunerada, prestada por pessoa física à entidade pública de qualquer natureza, ou à instituição privada de fins não lucrativos, que tenha objetivos cívicos, culturais, educacionais, científicos, recreativos ou de assistência à pessoa".

Observe-se que os destinatários do serviço voluntário estão definidos em lei, não podendo ser outros senão aqueles ali arrolados. *Assim, apenas as entidades públicas de qualquer natureza (administração direta, autárquica ou fundacional) e as instituições privadas sem fins lucrativos podem ser beneficiárias da atividade aqui conceituada.* É importante destacar, quanto às instituições privadas, que não basta a ausência de fins lucrativos, sendo imprescindível cumular

---

31 CONFLITO NEGATIVO DE COMPETÊNCIA. JUSTIÇA COMUM E JUSTIÇA DO TRABALHO. AÇÃO DE COBRANÇA. ESTÁGIO ESTUDANTIL. DEMANDA PROPOSTA COM BASE NO DIREITO COMUM, SEM INVOCAÇÃO DE VÍNCULO TRABALHISTA. COMPETÊNCIA DA JUSTIÇA COMUM. 1. A competência entre a Justiça Estadual e a Justiça do Trabalho é determinada por lei com base na natureza da relação jurídica litigiosa. Sua fixação, em cada caso, deve levar em conta a causa de pedir e o pedido efetivamente deduzidos na petição inicial. 2. Na hipótese, o autor propôs ação de cobrança com base no direito comum, sem invocar vínculo trabalhista. 3. Conflito conhecido para declarar a competência do Juízo de Direito da 6ª Vara Cível de Nova Iguaçu/RJ (STJ, CComp 40.437/RJ 2003/0178521-6, rel. Min. Teori Albino Zavascki, j. em 13-4-2004). No Conflito de Competência 131.195-MG, julgado em 26-2-2014, o STJ, mais uma vez, **reconheceu que o contrato de estágio não se confunde com o de trabalho**, e que, por isso, caberia ao Judiciário Comum processá-lo e julgá-lo. Veja-se a ementa de mais um importante acórdão:
CONFLITO NEGATIVO DE COMPETÊNCIA. JUSTIÇA DO TRABALHO. JUSTIÇA COMUM. AÇÃO DE INDENIZAÇÃO POR DANOS MATERIAIS E MORAIS. INCIDENTE OCORRIDO DURANTE EXERCÍCIO DE ESTÁGIO CURRICULAR OBRIGATÓRIO. INEXISTÊNCIA DE RELAÇÃO DE TRABALHO. CONTRATO DE PRESTAÇÃO DE SERVIÇOS. ÍNDOLE EMINENTEMENTE CIVIL. COMPETÊNCIA DA JUSTIÇA COMUM. 1. Cuida a hipótese de ação de indenização, promovida por estagiário contra instituição de ensino e de instituição hospitalar autorizada a ministrar estágio obrigatório curricular, na qual é alegada a ocorrência de danos materiais e morais derivados de incidente que expôs estudante ao perigo de contágio por vírus, obrigando-a a submeter-se a tratamento preventivo. 2. Não configurada, na hipótese, a existência de vínculo laboral, mas de relação civil de prestação de serviços de disponibilização de vaga de estágio obrigatório acadêmico, exigido por instituição de ensino superior para colação de grau, competindo à Justiça Comum processar e julgar a ação de indenização. 3. Conflito conhecido para declarar competente a Justiça Comum Estadual (STJ, rel. Min. Raul Araújo, j. 26-2-2014, 2ª Seção).
32 **Serviço** voluntário, e não "trabalho voluntário", como, equivocadamente, alguns insistem em chamar.

esse requisito com a existência de objetivos cívicos, culturais, educacionais, científicos, recreativos ou de assistência à pessoa.

3.2.2.2 Termo de adesão

O serviço voluntário será exercido mediante a celebração de um termo de adesão entre a entidade, pública ou privada, e o prestador do serviço voluntário, dele devendo constar o objeto e as condições de seu exercício. Esse instrumento visa dirimir quaisquer dúvidas sobre o ajuste promovido e o correspondente objeto, mesmo porque a atividade ora analisada, caracterizada como ato de altruísmo, não gera vínculo empregatício, nem obrigação de natureza trabalhista, previdenciária ou afim.

A mera inexistência do termo pode gerar dificuldades probatórias, mas não transformará, por ausência de previsão expressa nesse sentido, um contrato de serviço voluntário em contrato de emprego. Entendimento diverso é, entretanto, apresentado por Alice Monteiro de Barros[33] e por Eduardo Gabriel Saad[34], para quem o ato de adesão é requisito substancial à configuração do contrato em análise.

3.2.2.3 Contraprestação

Não há remuneração no serviço voluntário simplesmente porque ele não é entendido como uma forma de trabalho. Trata-se, conforme antes expendido, de atividade em sentido estrito para a qual não se atribui salário ou qualquer outra forma de remuneração.

Admite-se, porém, que o servidor voluntário receba, a título de auxílio, sem conteúdo remuneratório, apenas como estímulo (tal qual ocorre com a bolsa do estágio), determinada quantia em dinheiro.

3.2.2.4 Programa Nacional de Prestação de Serviço Civil Voluntário

Sem que a Lei n. 9.608/98 tivesse sido modificada, foi instituído pela Lei n. 14.370, de 15 de junho de 2022, o assim denominado "Programa Nacional de Prestação de Serviço Civil Voluntário", com o objetivo de auxiliar na inclusão produtiva de pessoas em situação de vulnerabilidade e de reduzir os impactos sociais e no mercado de trabalho causados pela emergência de saúde pública de importância internacional relacionada ao coronavírus, responsável pela Covid-19.

Esse Programa, com duração de 24 (vinte e quatro) meses, foi estabelecido com o objetivo de incentivar os Municípios e o Distrito Federal a ofertar **atividades de interesse público**, sem vínculo empregatício ou profissional de qualquer natureza, para jovens com idade entre 18 (dezoito) e 29 (vinte e nove) anos; pessoas com idade superior a 50 (cinquenta) anos sem vínculo formal de emprego há mais de 24 (vinte e quatro) meses; e pessoas com deficiência, nos termos do art. 2º da Lei n. 13.146, de 6 de julho de 2015 (Estatuto da Pessoa com Deficiência), com carga horária máxima de 22 (vinte e duas) horas semanais, limitada a 8 (oito) horas diárias, e com acesso a cursos de formação inicial e continuada ou de qualificação profissional, com carga horária mínima de 12 (doze) horas para cada 30 (trinta) dias de permanência no Programa.

---

33 BARROS, Alice Monteiro de. Relação de emprego: trabalho voluntário e trabalho religioso, *Síntese Trabalhista* n. 130, abr. 2000, p. 10.
34 SAAD, Eduardo Gabriel. Temas trabalhistas. Do serviço voluntário. Nova lei — *Suplemento Trabalhista LTr* 42/98, p. 174.

Terão prioridade para aderir ao referido Programa os trabalhadores que forem beneficiários dos programas de transferência de renda de que trata a Lei n. 14.284, de 29 de dezembro de 2021, ou de outros que venham a substituí-los; ou, ainda, os que pertencerem a família de baixa renda inscrita no Cadastro Único para Programas Sociais do Governo Federal (CadÚnico), de que trata o art. 6º-F da Lei n. 8.742, de 7 de dezembro de 1993.

Serão consideradas **atividades de interesse público** aquelas identificadas pelo Município ou pelo Distrito Federal com a finalidade de cumprir os objetivos do Programa Nacional de Prestação de Serviço Civil Voluntário, desde que a conveniência e a oportunidade da sua escolha sejam fundamentadas pelo gestor municipal ou distrital.

O Poder Executivo do Município ou do Distrito Federal disporá, entre outras questões, sobre o valor do auxílio pecuniário de natureza indenizatória ao beneficiário, a título de bolsa, pelo desempenho das atividades, observado o valor do salário mínimo-hora; a forma de pagamento de vale-transporte, previsto na Lei n. 7.418, de 16 de dezembro de 1985, ou o oferecimento de outra forma de transporte gratuito; e acerca da contratação de seguro contra acidentes pessoais em favor dos beneficiários. A norma aqui em exame assegura ao beneficiário, sempre que a participação no Programa Nacional de Prestação de Serviço Civil Voluntário tenha duração igual ou superior a 1 (um) ano, um período de recesso de 30 (trinta) dias, a ser gozado preferencialmente durante as férias escolares, durante o qual a bolsa será mantida.

Não poderão participar do Programa Nacional de Prestação de Serviço Civil Voluntário aqueles que receberem benefício de natureza previdenciária do Regime Geral de Previdência Social ou dos regimes próprios de previdência social, exceto pensão por morte ou auxílio-acidente.

Os beneficiários, porém, não poderão executar atividades insalubres; perigosas; ou que configurem substituição de servidores ou de empregados públicos do ente federativo na execução de atividades privativas de profissões regulamentadas; ou de competência de cargos ou empregos públicos pertencentes ao ente federativo ou a pessoa jurídica a ele vinculada.

O desligamento do Programa Nacional de Prestação de Serviço Civil Voluntário ocorrerá nas seguintes hipóteses:

I — admissão em emprego, na forma prevista no art. 3º da Consolidação das Leis do Trabalho, aprovada pelo Decreto-lei n. 5.452, de 1º de maio de 1943;

II — posse em cargo público;

III — frequência inferior à mínima estabelecida em curso de formação inicial e continuada ou de qualificação profissional; ou

IV — aproveitamento insuficiente.

A despeito dos propósitos aqui referidos, diversas entidades se manifestaram contrárias ao conteúdo da Lei, entre as quais o Ministério Público do Trabalho (MPT) e a Associação Nacional dos Magistrados da Justiça do Trabalho (ANAMATRA). O Fórum Institucional de Defesa do Direito do Trabalho e da Previdência Social (FIDS) manifestou-se contrário à medida e ressaltou que o programa fere a exigência do concurso público, objeto do inciso II do art. 37 da Constituição da República.

3.2.3 Os médicos-residentes e sua situação *sui generis*

A Residência Médica, modalidade de ensino de pós-graduação destinada a médicos sob a forma de cursos de especialização, foi instituída no Brasil pelo Decreto n. 80.281, de 5 de setembro de 1977. Segundo a referida norma instituidora, a Residência Médica deveria ser caracterizada como um "treinamento em serviço, em regime de dedicação exclusiva, funcionando em Instituições de saúde, universitárias ou não, sob a orientação de profissionais médicos de elevada qualificação ética e profissional" (art. 1º). Surgia aí uma situação *sui generis*, que se mantém até os presentes dias. Diz-se isso porque o médico-residente vive numa situação-limite entre ser educando e trabalhador.

Note-se que as normas legais que regulamentaram essa atividade mantiveram o instituto imerso numa *zona grise*, sendo prova disso o texto da Lei n. 6.932, de 7 de julho de 1981, que em alguns aspectos considera o médico-residente um educando e em outros um verdadeiro trabalhador. Segundo o referido diploma legal, apesar de o residente estar inscrito num programa de pós-graduação, é filiado à previdência social como contribuinte individual (como segurado trabalhador autônomo), é destinatário das licenças-maternidade e paternidade e não raramente participa de movimentos grevistas.

O médico-residente é, assim, trabalhador para determinadas matérias, mas não o é para outras, sendo exemplo disso a excessiva carga horária do **"regime especial de treinamento em serviço"** fixado por lei em nada menos do que 60 (sessenta) horas semanais, sem direito de percepção de horas extraordinárias.

3.3 CONTRATOS DE TRABALHO EM SENTIDO AMPLO

Sendo o trabalho qualquer atividade humana que visa ao sustento próprio do trabalhador e, se for o caso, o de sua família, há de concluir-se que o seu universo é, realmente, extremamente amplo. Afinal, sob o rótulo "trabalho" se encontram atividades prestadas "por conta própria" (inclusive para autossubsistência) ou "por conta alheia" (com sentido econômico); de modo "autônomo" ou "subordinado"; de forma "eventual" ou "não eventual". Enfim, do mesmo tronco comum surgem diversas ramificações com suas particularidades, não obstante todas elas tenham o idêntico propósito de garantir a sobrevivência humana. Vejam-se algumas dessas formas contratuais de trabalho de maneira pormenorizada:

3.3.1 Contrato de trabalho autônomo

De etimologia evidente (*auto*, do vocábulo grego *autós*, "por si próprio", "de si mesmo" e *nomia*, do também grego *nómos*, "regra", "lei"), a autonomia, nessa acepção, indica um estado segundo o qual o próprio trabalhador estabelece as regras para o oferecimento de seu serviço.

O trabalhador dotado de autonomia idealiza a regra de prestação do serviço, e a ela submete o tomador na medida das necessidades deste. O trabalhador autônomo pode, inclusive, alterar as fórmulas de concretização dos objetivos pessoais sem dever satisfações a quem quer que seja.

O ***trabalho autônomo***, em última análise, é caracterizado pelo fato de o trabalhador (o prestador dos serviços) ser o responsável pela definição do *tempo* e do *modo* de execução daquilo que lhe foi contratado. Se o trabalhador autônomo tem sua atividade reconhecida por lei e atua como empresário de si mesmo, diz-se existente a figura do trabalhador autônomo "profissional liberal".[35]

---

[35] Anote-se, apenas a título de esclarecimento (já que o objeto deste *Curso* não é o direito processual do trabalho), que a Justiça do Trabalho tem competência para dirimir os conflitos que envolvam os trabalhadores autônomos, haja vista o teor do art. 114 do texto constitucional, especialmente no seu inciso I. Há, é verdade, controvérsia não pacificada em torno da competência do Judiciário trabalhista quando o autônomo é um empresário individual e, nessa qualidade, estabeleça relações de consumo com o tomador dos seus serviços. A despeito disso, independentemente da situação em que se encontre, se o trabalhador autônomo ajuizou

Nesse ponto cabe registrar uma novidade trazida pela reforma trabalhista de 2017. A Lei n. 13.467, de 13 de julho de 2017, trouxe em seu bojo o novo art. 442-B para a CLT com o objetivo de tornar possível a contratação de uma espécie singular de trabalhador autônomo: o **autônomo exclusivo e não eventual**. Veja-se:

> Art. 442-B. *A contratação do autônomo, cumpridas por este todas as formalidades legais, com ou sem exclusividade, de forma contínua ou não, afasta a qualidade de empregado prevista no art. 3º desta Consolidação.*

Esse texto normativo foi objeto de muitas críticas da doutrina, inclusive do autor desta obra. Dizia-se aqui, em edição anterior, que, se as formalidades legais a que se refere o art. 442-B da CLT estivessem relacionadas apenas à construção de um instrumental composto de peças contratuais, aumentaria exponencialmente o número de ações trabalhistas para se discutir a tênue diferença entre o empregado regido pela CLT e o "autônomo exclusivo e não eventual" que se colocou à disposição de um único tomador de serviços por pura necessidade, ainda que submetido às exigências da pejotização.

Exatamente pelo tom e pela procedência dessas críticas, o governo Temer resolveu editar a MP n. 808/2017 para ajustar o texto normativo, embora não imaginasse à época que essa medida provisória perderia a eficácia pelo mero decurso do tempo. Do *caput* do art. 442-B da CLT foi retirada a expressão "com ou sem exclusividade" e, por conta desse ato de supressão, foram criados os §§ 1º e 2º para dizer que "é vedada a celebração de cláusula de exclusividade" no ajuste contratual ora em exame, assim como para deixar claro que "não caracteriza a qualidade de empregado prevista no art. 3º o fato de o autônomo prestar serviços a apenas um tomador de serviços".

Ao art. 442-B da CLT foram adicionados outros parágrafos pela medida provisória acima referida, alguns em evidente redundância (como, por exemplo, os §§ 1º e 7º), para reforçar a ideia de que os autônomos podem ser integrados em negócios jurídicos caracterizados pela liberdade de atuação em serviços de qualquer natureza, em favor de qualquer tomador, inclusive para outros autônomos, independentemente de exercerem ou não a mesma atividade econômica.

Na linha da redundância e da obviedade, o § 4º do artigo ora em exame dispôs no sentido de que ficava "garantida ao autônomo a possibilidade de recusa de realizar atividade demandada pelo contratante", respeitada, caso existente, cláusula de penalidade.

Perguntava-se, então, à época: a qual autônomo não fica garantida a possibilidade de recusa de realizar a atividade demandada pelo contratante?

As obviedades ululantes chegaram aos píncaros quando o texto normativo dispôs, no § 6º, que, "presente a subordinação jurídica, será reconhecido o vínculo empregatício". Desde que estejam presentes outros elementos, há quem duvide disso?

---

ação trabalhista para pretender o recebimento de créditos inadimplidos, estará invariavelmente sujeito à incidência da contribuição previdenciária. A **Orientação Jurisprudencial 398 da SDI-1 do TST** deixa isso bem claro: CONTRIBUIÇÃO PREVIDENCIÁRIA. ACORDO HOMOLOGADO EM JUÍZO SEM RECONHECIMENTO DE VÍNCULO DE EMPREGO. CONTRIBUINTE INDIVIDUAL. RECOLHIMENTO DA ALÍQUOTA DE 20% A CARGO DO TOMADOR E 11% A CARGO DO PRESTADOR DE SERVIÇOS. (*DEJT* divulgado em 2-8-2010). Nos acordos homologados em juízo em que não haja o reconhecimento de vínculo empregatício, é devido o recolhimento da contribuição previdenciária, mediante a alíquota de 20% a cargo do tomador de serviços e de 11% por parte do prestador de serviços, na qualidade de contribuinte individual, sobre o valor total do acordo, respeitado o teto de contribuição. Inteligência do § 4º do art. 30 e do inciso III do art. 22, todos da Lei n. 8.212, de 24-7-1991.

O § 5º, também no caminho da reiteração, dispôs que "categorias profissionais reguladas por leis específicas relacionadas a atividades compatíveis com o contrato autônomo", desde que cumpridos os requisitos do *caput* do art. 442-B da CLT, não possuirão a qualidade de empregado prevista o art. 3º. Mas isso é algum ponto de objeto de discussão?

A MP n. 808/2018 passou, portanto, a preocupar-se muito mais em revitalizar o conceito de autonomia e a colocá-la em contraste com a subordinação do que em criar uma nova figura contratual.

Apesar desses esforços, **a medida provisória aqui em análise não vicejou**.

A falta de acordo nas duas Casas Legislativas para a aprovação motivou a perda da sua eficácia em 23 de abril de 2018 pelo decurso do tempo. Por não ter sido produzido o decreto legislativo disciplinador dos efeitos da perda da eficácia da MP n. 808/2017, as relações constituídas durante a sua vigência continuaram a ser por ela regidas.

É importante anotar que, para preencher o espaço normativo deixado pela perda da vigência da MP n. 808/2017, o Ministério do Trabalho (ora Ministério do Trabalho e Previdência) publicou a **Portaria n. 349, de 23 de maio de 2018**[36], repetindo quase que literalmente o seu texto. Em rigor, apenas o dispositivo que vedava a celebração de cláusula de exclusividade no contrato não foi repetido, demonstrando, assim, que nada de especial se edificou.

Pois bem. Independentemente do que se fale nas **tentativas de contrastar autonomia e subordinação**, fato é que esta passou a estar muitas vezes escondida na fachada da autonomia. O eufemismo a encobriu mediante palavras e expressões maquiadas. Em lugar de "ordem", passaram a falar em "orientação"; em vez de "satisfações ao empregador", começaram a referir a "expedições de relatório"; em lugar de "cumprimento de horário de trabalho", preferiram referenciar a "pontualidade profissional". Falsos autônomos — quando isso é o caso — mantêm-se claramente subordinados, mas, para garantir a continuidade dos seus serviços, afirmam-se plenamente independentes.

Na tentativa de oferecer um norte nas distinções entre o trabalho autônomo e o trabalho subordinado, cabe referenciar a cartografia dos indícios de autonomia, de subordinação e de dependência apresentada em artigo escrito por José Eduardo de Resende Chaves Júnior, Murilo Carvalho Sampaio Oliveira e Raimundo Dias de Oliveira Neto[37]. Com uma reflexão crítica e a partir de diversos sinais no cotidiano do trabalhador, ofereceram uma ilustração de grande utilidade prática, que, em rigor, funciona como um ponto de partida para averiguações mais cuidadosas em torno da natureza jurídica do ajuste celebrado entre prestador e tomador de serviços. Veja-se:

---

[36] Essa portaria foi revogada e o seu texto foi atualizado pela Portaria/MTP n. 671, de 8 de novembro de 2021, dentro das coletâneas no marco regulatório trabalhista infraconstitucional.

[37] CHAVES JÚNIOR, José Eduardo de Resende; OLIVEIRA, Murilo Carvalho Sampaio; OLIVEIRA NETO, Raimundo Dias de. Plataformas digitais e vínculo empregatício? A cartografia dos indícios de autonomia, subordinação e dependência. *JOTA — Direito Trabalhista*, edição de 26-8-2020. Disponível em: <https://www.jota.info/opiniao-e-analise/artigos/plataformas-digitais-e-vinculo-empregaticio-26082020>.

Indícios, conforme os critérios jurídicos, de Autonomia e Dependência

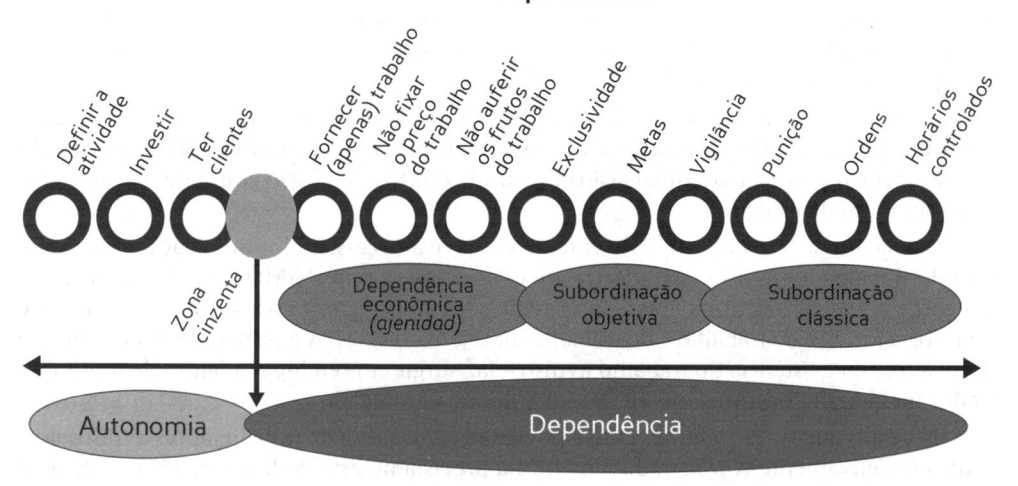

Diagrama: escala horizontal de Autonomia a Dependência, com círculos representando os seguintes indícios (da esquerda para a direita):

- Definir a atividade
- Investir
- Ter clientes
- *(Zona cinzenta)*
- Fornecer (apenas) trabalho
- Não fixar o preço do trabalho
- Não auferir os frutos do trabalho
- Exclusividade
- Metas
- Vigilância
- Punição
- Ordens
- Horários controlados

Agrupamentos:
- **Dependência econômica (*ajenidad*)**: Fornecer trabalho, Não fixar preço, Não auferir frutos
- **Subordinação objetiva**: Exclusividade, Metas
- **Subordinação clássica**: Vigilância, Punição, Ordens, Horários controlados

A intenção da ilustração, segundo seus autores, foi a de tornar fácil a visualização dos aspectos fáticos que representam **sinais da presença do poder patronal** e, consequentemente, de organização, direção e apropriação dos resultados econômicos decorrentes da atividade desenvolvida pelos trabalhadores.

3.3.2 Contrato de trabalho eventual

Entende-se por *trabalhador eventual* — autônomo ou subordinado — aquele cuja prestação do serviço é episódica, não sabendo seu tomador (e nem mesmo o próprio trabalhador eventual) quando a atividade se repetirá. No trabalho eventual os contratantes não estabelecem qualquer projeto para o futuro. Eles nada sabem e não discutem quanto à continuidade da prestação, que, em regra, é pontual e instantânea.

A imprevisibilidade da repetição é o traço característico desse ajuste, que, por sua singularidade, poderá não mais se reiterar.

3.3.3 Contrato de trabalho avulso

O "trabalhador avulso" é ainda confundido com aquele que não teve formalizado o seu vínculo de emprego e que, por isso mesmo, foi contratado sem a anotação na CTPS. Essa acepção provém do conteúdo vocabular, uma vez que "avulso" é tudo o que é solto, tudo o que é desligado do corpo ou da coleção de que poderia fazer parte. Sendo assim, o "não fichado", desconectado de um grupo de empregados regularmente inseridos no âmbito da empresa, é também popularmente intitulado "avulso".

Anote-se, porém, que, no começo do século XX, aqueles que hoje são tecnicamente identificados como "trabalhadores avulsos" caracterizavam-se justamente pelo fato de não estarem vinculados a nenhum empreendimento específico. Suas atividades, originariamente desenvolvidas nos portos marítimos, os faziam "descolados" dos diversos navios que aportavam para a carga e a descarga. Esses operários do cais do porto viviam na expectativa das moedas recebidas nos instantes em que atuavam, temporariamente, nas estadias das embarcações. O conflito pelo espaço laboral era inevitável, o que motivava o controle dos mais antigos trabalhadores para o acesso de algum novato. Diante das disputas estabelecidas, as entidades sindicais assumiram a responsabilidade de organizar a prestação dos serviços, fazendo surgir como categoria os trabalhadores avulsos. Como até mesmo as entidades sindicais ressentiam-se quanto às obrigações de intermediar os contatos entre trabalhadores avulsos e tomadores de serviço, foram criados, exclusivamente para os serviços portuários, os órgãos gestores de mão de obra.

Entende-se, portanto, por *avulso* aquele trabalhador que, associado ou não a entidade sindical[38], presta serviço de natureza urbana ou rural[39] a diversas empresas, sem vínculo empregatício, mas com a intermediação obrigatória do OGMO (órgão gestor de mão de obra) *ou* do sindicato da categoria.

A ideia que se tem desse tipo de vínculo envolve a necessária intermediação da mão de obra do trabalhador avulso (singularmente considerado) pelo OGMO ou pelo sindicato da categoria. A ausência de uma dessas intermediações descaracteriza o instituto e faz com que a natureza jurídica do trabalho e do trabalhador sejam diversas. A ausência de intermediação afasta a tese da existência do trabalho avulso e faz surgir em seu lugar a figura de um trabalhador meramente eventual ou, até mesmo, de um empregado.

Há de atentar-se, entretanto, para a possibilidade jurídica de trabalhadores avulsos portuários (coletivamente considerados) na forma prevista no art. 29 da Lei n. 12.815, de 5 de junho de 2013, formarem cooperativa com a finalidade de se estabelecerem como operadores portuários.

Perceba-se, então, a existência de dois tipos diferentes de avulsos:

a) O **trabalhador avulso portuário**, regido pela Lei n. 12.815, de 5 de junho de 2013; e

b) O **trabalhador avulso não portuário**, regido pela Lei n. 12.023, de 27 de agosto de 2009, que se caracteriza pela intermediação obrigatória do sindicato profissional nos termos de instrumento coletivo negociado (acordo coletivo de trabalho ou convenção coletiva de trabalho). Exemplo dessa espécie de avulso é visível entre os denominados "chapas", trabalhadores que, mediante a intermediação do sindicato, colocam-se à disposição de caminhoneiros e demais transportadores para realizar atividades de carga e descarga de mercadorias.

Anote-se que as entidades sindicais têm a dura missão de organizar a prestação do trabalho oferecido pelo universo dos trabalhadores avulsos, sem distinção entre associados ou não associados, e de gerir a outorga de todas as parcelas correspondentes a essa retribuição. Veja-se, nesse sentido, o conteúdo do art. 5º da mencionada Lei n. 12.023, de 27 de agosto de 2009, segundo o qual são deveres do sindicato intermediador:

I — divulgar amplamente as escalas de trabalho dos avulsos, com a observância do rodízio entre os trabalhadores;

II — proporcionar equilíbrio na distribuição das equipes e funções, visando à remuneração *em igualdade de condições de trabalho para todos* e a efetiva participação dos trabalhadores não sindicalizados;

---

38 Pouco importa para o conceito de avulso que ele seja sindicalizado ou não. Independentemente do ato de associação formal, a entidade sindical (no que diz respeito aos trabalhadores avulsos não portuários) tem a função institucional de intermediar as relações entre o trabalhador avulso e a multiplicidade de tomadores interessados em seu serviço. Veja-se, nesse sentido, o texto do § 2º do art. 5º da Lei n. 12.023/2009, segundo o qual "a identidade de cadastro para a escalação não será a carteira do sindicato e **não assumirá nenhuma outra forma que possa dar ensejo à distinção entre trabalhadores sindicalizados** e não sindicalizados para efeito de acesso ao trabalho" (grifos não constantes do original).

39 Apenas para expulsar dúvidas, o trabalho avulso pode ser prestado tanto no meio urbano quanto em atividade rural (atividade agroeconômica, assim entendida aquela relacionada à pecuária e à lavoura e às incipientes formas de industrialização, desde que mantenham a qualidade de matéria-prima dos insumos).

III — repassar aos respectivos beneficiários, no prazo máximo de setenta e duas horas úteis, contadas a partir de seu arrecadamento, os valores devidos e pagos pelos tomadores do serviço, relativos à remuneração do trabalhador avulso, *sob pena de responsabilidade pessoal e solidária dos dirigentes sindicais*;

IV — exibir para os tomadores da mão de obra avulsa e para as fiscalizações competentes os documentos que comprovem o efetivo pagamento das remunerações devidas aos trabalhadores avulsos;

V — zelar pela observância das normas de segurança, higiene e saúde no trabalho;

VI — firmar acordo ou convenção coletiva de trabalho para normatização das condições de trabalho.

As empresas tomadoras do trabalho avulso respondem solidariamente pela efetiva remuneração do trabalho contratado e são responsáveis pelo recolhimento dos encargos fiscais e sociais, bem como das contribuições ou de outras importâncias devidas à Seguridade Social, no limite do uso que fizerem do trabalho avulso intermediado pelo sindicato. Elas (as tomadoras) são também responsáveis pelo fornecimento dos equipamentos de proteção individual e, em concurso com as entidades sindicais, por zelar pelo cumprimento das normas de segurança no trabalho.

Acrescente-se que os trabalhadores avulsos, independentemente da qualificação "portuários" ou "não portuários", conquistaram, por conta do texto inserido no inciso XXXIV do art. 7º da Constituição, o direito de ter exatamente os mesmos direitos trabalhistas e previdenciários oferecidos para um trabalhador com vínculo de emprego permanente.

3.4 DISTINÇÕES ENTRE TRABALHO E EMPREGO

Com base nos dados constantes dos tópicos anteriores, é perfeitamente visível a distinção entre trabalho e emprego. O trabalho é um gênero que, entre as suas múltiplas espécies, contém o emprego. Por isso é possível afirmar que o emprego será sempre uma forma de trabalho, embora nem todo trabalho seja considerado emprego.

$$\text{Trabalho} \begin{cases} \text{Trabalho autônomo} \\ \text{Trabalho subordinado} \begin{cases} \text{Emprego} \end{cases} \end{cases}$$

Os institutos aqui analisados dizem respeito a atos inter-humanos. É indispensável, por isso, falar em "relação" e em seus efeitos jurídicos emergentes. Assim, quando dois ou mais sujeitos de direito interagem, produz-se o fato social aqui analisado, sendo ele "jurídico" na medida em que é disciplinado pelo direito. Se o fato gerador dessa relação é o trabalho, afirma-se existente uma "relação de trabalho", assim como existirá uma "relação de emprego" se o suporte fático desse vínculo for o emprego.

Diz-se existente um liame jurídico de trabalho quando os sujeitos nele envolvidos assumem posições contrapostas para que um deles ofereça sua força laboral e o outro retribua esse dispêndio de energia com uma contraprestação de natureza pecuniária. Haverá relação de emprego quando, além dos caracteres que naturalmente identificam o vínculo acima expendido — prestação do trabalho + contraprestação pelo trabalho —, estiver presente um conjunto de outros elementos. Isso será o objeto de análise do próximo capítulo.

VÍDEOS INFORMATIVOS:
- Vídeo de abertura da obra
- Vídeo sobre cada um dos capítulos
- Vídeo explicativo de temas encontrados em capítulos

TEXTOS COMPLEMENTARES:
- Texto ampliado
- Texto sintético

MATERIAIS DE APOIO PARA PROFESSORES E ALUNOS:
- *Slides* do capítulo
- Questões discursivas do capítulo
- Questões de concurso comentadas

4 RELAÇÃO DE EMPREGO E CONTRATO DE EMPREGO

4.1 RELAÇÃO DE EMPREGO E CONTRATO DE EMPREGO

A coexistência social estabelece, inevitavelmente, a criação de vínculos entre os sujeitos conviventes. Esses vínculos visam à satisfação de necessidades diversas, não necessariamente jurídicas. Quando, entretanto, uma específica relação social está inserida numa estrutura normativa, diz-se existente uma **relação jurídica**.

A relação jurídica, conforme a autorizada doutrina do Professor Miguel Reale, é composta de quatro elementos fundamentais[1]:

Um *sujeito ativo*, que é o titular ou o beneficiário principal da relação. Anote-se que o adjetivo "principal" é aqui utilizado com a consciência de que as relações jurídicas são, em regra, sinalagmáticas. Ser o titular ou beneficiário principal depende muitas vezes da perspectiva do sujeito. Veja-se o exemplo da relação jurídica de emprego. Quem é seu titular ou beneficiário principal? O empregador afirmar-se-á titular ou beneficiário da prestação do serviço ajustado e o empregado, do pagamento dos salários e demais verbas correspondentes.

Um *sujeito passivo*, assim considerado por ser o devedor da prestação principal.

Um *vínculo de atributividade*, gerador dos títulos legitimadores da posição dos sujeitos. É o elemento que tem a capacidade de ligar uma pessoa a outra, muitas vezes de maneira recíproca ou complementar, mas sempre de forma objetiva. No caso da relação de emprego o vínculo de atributividade será *necessariamente* um contrato de emprego, tácito ou expresso, e, sendo expresso, exteriorizado na forma verbal ou escrita. Diz-se "necessariamente" porque não há como desvincular "relação de emprego" e "contrato de emprego". Iniciada a prestação do trabalho, disparada estará, inevitavelmente, a contratação.

Um *objeto*, que é o elemento em razão do qual a relação se constitui e sobre o qual recaem as obrigações dos sujeitos ativo e passivo. No caso da relação de emprego, o objeto será a **prestação** de trabalho pessoal, intransferível, subordinado e não eventual.

Vê-se, então, que o contrato é o vínculo de atributividade da relação jurídica, gerador, por isso, dos títulos legitimadores da posição dos sujeitos. Por essa razão, ao falar em "relação de emprego", atinge-se, fatalmente, o "contrato de emprego". Em outras palavras, "a 'relação de emprego' constitui o ato jurídico suficiente para provocar a objetivação das medidas tutelares que se contém no direito do trabalho em vigor"[2].

---

[1] REALE, Miguel. *Lições preliminares de direito*. 27. ed. 8. tir. São Paulo: Saraiva, 2009, p. 217-222.
[2] MARCONDES FILHO, Alexandre. Exposição de Motivos da Consolidação das Leis do Trabalho. In: *CLT-LTr 2009*. 36. ed. São Paulo: LTr, 2009, p. 33.

4.2 RELAÇÃO DE EMPREGO E SEUS ELEMENTOS CARACTERIZADORES

A relação de emprego é caracterizada pela necessária cumulação de alguns elementos. São, portanto, configuradores dessa especial relação a conjunção dos seguintes elementos:

Pessoalidade
Onerosidade
Não Assunção (pelo prestador) dos Riscos da Atividade do Tomador de Serviços
Duração Contínua ou não Eventual
Subordinação

Utilizando um método mnemônico, as letras iniciais de cada um dos elementos configuradores da relação de emprego revelam o nome de um conhecido creme facial (creme POND'S). Assim, torna-se mais fácil a assimilação dos dados aqui apresentados.

4.2.1 Pessoalidade

A contratação de um empregado leva em consideração todas as suas qualidades e aptidões pessoais. Por conta dessas características é que o empregador espera ver o empregado, e não outra pessoa por ele designada, realizando o serviço contratado. No conceito de "pessoalidade" existe, portanto, a ideia de *intransferibilidade*, ou seja, de que somente *uma específica pessoa física*, e nenhuma outra em seu lugar, pode prestar o serviço ajustado. Assim, toda vez que se verificar que, contratualmente, um trabalhador pode ser substituído por outro no exercício de suas atividades, não estará ali presente um contrato de emprego, mas sim ajuste contratual diverso.

4.2.2 Onerosidade

Reiterando o quanto antes sustentado, todo contrato de *trabalho* é oneroso. Afirma-se isso porque para todo trabalho haverá sempre uma retribuição, ao contrário do que acontece com alguns negócios jurídicos de "atividade em sentido estrito".

Exemplo dessas específicas atividades são os contratos de estágio (*vide* Lei n. 11.788/2008) e os de prestação de serviços voluntários (Lei n. 9.608/98). Note-se que as legislações que regem tais contratos de atividade em sentido estrito jamais utilizam o vocábulo "trabalho" para referir-se ao exercício das suas tarefas. Na lei de estágio o legislador refere-se a "atividade" e na norma de prestação de serviços voluntários há menção à palavra "serviço".

Acresça-se que o "trabalho" tem por meta a subsistência humana, enquanto as demais "atividades em sentido estrito" têm outros objetivos, sendo de destacar aqui a busca da experiência profissional no estágio e a manifestação de altruísmo na prestação de serviços voluntários.

O simples fato de não existir contraprestação durante o tempo em que houve "trabalho" não autoriza a conclusão de que estará descaracterizada a ocorrência de relação de emprego. Perceba-se que, havendo um contrato de atividade em sentido amplo, há que presumir existente o trabalho. Caberá ao tomador fazer prova de que, especificamente, a atividade na qual se inclui seu prestador é estágio ou prestação de serviço voluntário. Nesse sentido manifestou-se Maurício Godinho Delgado, na qualidade de magistrado, em processo por ele relatado à época em que foi Desembargador do TRT mineiro (RO 14464/97, publicado no *DJMG* em 24-3-1998). Veja-se:

"A onerosidade, em geral, manifesta-se no plano objetivo, através de pagamentos materiais feitos ao prestador de serviços. Já no plano subjetivo, a onerosidade manifesta-se pela intenção contraprestativa, intenção econômica conferida pelas partes — em especial pelo prestador de serviços — ao fato da prestação de trabalho. Existirá o elemento fático-jurídico da onerosidade no vínculo firmado entre as partes caso a prestação de serviços tenha sido pactuada, pelo trabalhador, com o intuito contraprestativo trabalhista, com o intuito essencial de auferir um ganho econômico pelo trabalho ofertado. A pesquisa da intenção das partes — notadamente do prestador de serviços — em situações fronteiriças, em que não há aparente efetivo pagamento ao obreiro, desponta como elemento analítico fundamental para se decidir sobre a natureza do vínculo formado entre as partes".

Perceba-se, assim, que a conclusão quanto à existência de ajuste para o oferecimento de contraprestação que vise ao sustento próprio ou, se for o caso, familiar do trabalhador depende de uma reflexão analítica.

4.2.3 Não assunção dos riscos da atividade patronal

O empregado não assume os riscos da atividade desenvolvida pelo empregador, estando alheio a qualquer dificuldade financeira ou econômica deste ou do seu empreendimento.

Essa característica recebe o nome de *alteridade* (*alter* é palavra latina que significa "outro", "alheio"), porque, sendo o emprego um "trabalho prestado por conta alheia", não está o empregado adstrito à expectativa de o empregador alcançar uma margem mínima de lucratividade para que seu salário seja pago. Note-se que *os frutos do trabalho realizado por conta alheia pertencem exclusivamente ao tomador*, cabendo a este apenas o dever de remunerar o prestador na dimensão pré-ajustada. A assunção desses riscos, aliás, faz parte do conceito de empregador (e não do de empregado). Veja-se, nesse sentido, o *caput* do art. 2º da CLT:

> Art. 2º Considera-se empregador a empresa, individual ou coletiva, que, **assumindo os riscos da atividade econômica**, admite, assalaria e dirige a prestação pessoal de serviço.

4.2.4 Duração não eventual ou contínua

Empregado, conforme a CLT, é toda pessoa física que presta serviços de *natureza não eventual* a empregador, sob a dependência deste e mediante salário (art. 3º da CLT).

Vê-se, assim, que, independentemente da pessoalidade ou da subordinação, aquele que presta serviços em caráter eventual não é empregado. É, na realidade, por oposição à definição legal, um trabalhador eventual.

Há que perquirir, entretanto, o que significa ser "eventual". Qualquer dicionarista dirá que eventual é aquilo que "pode ocorrer ou não", ou, ainda, que é um "acontecimento ocasional", vale dizer, que se materializa por acaso.

Constata-se, pois, que a eventualidade baseia-se numa ideia de *imprevisibilidade de repetição*. Assim, se alguém contrata um lavador de carros quando estaciona nas proximidades da praia e, depois de completado o serviço, não há qualquer previsão acerca de sua repetição, pode-se dizer que esse trabalhador revelou-se como um eventual.

Atente-se, porém, para o fato de que a realização dos serviços em alguns dias (predeterminados) da semana não indica a existência de eventualidade. Assevera-se isso porque, nessa situação, tanto o tomador quanto o prestador de serviços sabem que a atividade laboral se repetirá, revelando-se, portanto, como não eventual[3]. Um bom exemplo é o caso dos professores de religião de algumas escolas. Conquanto tenham de administrar uma ou duas aulas semanais, são tão professores quanto os demais que se ocupam da docência em caráter integral.

Então se pode afirmar que é empregada uma trabalhadora doméstica que realiza atividades duas vezes por semana numa específica residência?

Essa situação é complicada e, por isso, requer uma explicação bem detalhada.

O caso é que a primeira norma disciplinadora do trabalho dos domésticos (Lei n. 5.859/72, ora revogada), ao conceituá-los, não qualificou o serviço prestado como de "natureza não eventual", mas sim de "natureza contínua". Veja-se:

> Art. 1º Ao empregado doméstico, assim considerado **aquele que presta serviços de natureza contínua** e de finalidade não lucrativa a pessoa ou a família, no âmbito residencial destas, aplica-se o disposto nesta Lei. (destaques não constantes do original)

Diante da diversidade de palavras lançadas em textos que igualmente tratam de relações de emprego, criaram-se, então, à época, duas correntes interpretativas no âmbito jurisprudencial: a *primeira* sustentava que *contínuo* seria sinônimo de *não eventual* e que o legislador não tinha nenhuma intenção especial ao preferir uma em detrimento da outra; a *segunda*, e a mais proeminente, pugnava pelo contrário, afirmando que a lei não utiliza vocábulos ociosos e que o emprego da palavra "contínua" na Lei dos Domésticos, de 1972, em oposição a "não eventual", da CLT, de 1943, visava à descaracterização da qualidade de empregado doméstico a todo aquele que, prestando serviços de finalidade não lucrativa a pessoa ou a família, no âmbito residencial destas, não trabalhasse com continuidade.

Dois gráficos paralelos ilustram bem o que seria o "contínuo" e o "descontínuo":

"Contínuo" corresponderia à linha do tempo não fracionada, não interrompida:

_____

Descontínuo, por outro lado, corresponderia à linha do tempo fracionada, interrompida:

_ _

Assim, em conformidade com a segunda corrente — a dominante —, toda vez que a linha do tempo fosse fracionada desapareceria a continuidade, desautorizando, por consequência, a caracterização do vínculo de empregado doméstico. Isso significava, de início, apenas no âmbito interpretativo, que não seriam empregados domésticos aqueles que trabalhassem em alguns dias da semana, e em outros não. Essa segunda corrente, apesar de majoritária, trazia consigo uma bárbara iniquidade, pois criava um tratamento jurídico diferenciado entre trabalhadores domésticos e não domésticos, de modo que apenas estes — os não domésticos — poderiam sustentar a existência de um contrato de emprego diante de uma ou duas ocorrências de prestação de serviço dentro de uma semana.

Pois bem. A segunda corrente, apesar de fundada no referido tratamento diferenciado e menos favorável aos domésticos, saiu triunfante também no âmbito normativo. Tal ocorreu

---

[3] A Previdência Social vê o trabalhador não eventual como aquele que presta serviço relacionado direta ou indiretamente com as atividades normais da empresa. *Vide* o § 4º do art. 9º do Decreto n. 3.048/99: "Entende-se por serviço prestado em caráter não eventual aquele relacionado direta ou indiretamente com as atividades normais da empresa". Contrariamente, o trabalhador eventual seria aquele que presta serviço não relacionado com as atividades normais da empresa.

porque a Lei Complementar n. 150/2015 — o diploma regente dos domésticos no pós EC n. 72/2013 — tornou normativa a diferenciação entre "empregado doméstico" e "trabalhador doméstico sem vínculo de emprego" a partir de um critério que, em rigor, não deveria ter força para determinar a natureza jurídica do trabalho prestado, ou seja, **pelo número de dias de prestação de serviços dentro de uma semana**.

Assim, de acordo com a norma ora vigente, considera-se "empregado doméstico" aquele que "presta serviços de forma contínua, subordinada, onerosa e pessoal e de finalidade não lucrativa à pessoa ou à família, no âmbito residencial destas, **por mais de 2 (dois) dias por semana**" (destaques não constantes do original).

Desse modo, as prestações de serviços domésticos que se realizem até duas vezes por semana — *ainda que desenvolvidos com pessoalidade, onerosidade, alteridade, regularidade, previsibilidade do dia de repetição, subordinação e dependência econômica do trabalhador* — não mais serão entendidas como passíveis de inserção no modelo de contrato de emprego, caso, evidentemente, exista discussão quanto à natureza do vínculo estabelecido entre os contratantes.

Nada impedirá, entretanto, que, os convenentes, caso desejem, formalizem contrato de emprego doméstico mesmo em situação de prestação de serviços por duas ou menos vezes por semana, pois o que se criou foi apenas um critério para sanar dúvidas diante do embate entre litigantes. Se ninguém controverter a existência do contrato de emprego doméstico, assim será entendido o negócio jurídico celebrado entre o trabalhador e a pessoa ou família, no âmbito residencial destas, sem fins lucrativos.

É bom anotar, porém, que a lei — com o objetivo de sanar conflitos no ambiente doméstico — não apenas criou um obstáculo objetivo para a formação de contratos de emprego dentro desses limites, mas também — caminhando contra uma tendência de universalização e de equalização de tratamento entre empregados "domésticos" e "não domésticos" — construiu mais uma separatriz entre tipos, violando, consequentemente, o discurso da igualdade. Afinal, por que motivo não se fala na mesma regra dos dois dias por semana para descaracterizar vínculos de emprego dos não domésticos? A resposta é simples: porque permanece remanescente a discriminação entre os referidos tipos.

Para saber mais sobre o tema, recomenda-se a consulta ao tópico "prestação de serviços de forma contínua por mais de dois dias por semana", entre as características atribuídas aos empregados domésticos, no Capítulo 5 desta obra.

Para finalizar o tópico, deixa-se anotada a importante distinção entre eventualidade e intermitência apresentadas por Pamplona e Fernandez. Segundo suas perspectivas, das quais não há como discordar, pois em sintonia com tudo o que aqui se disse, o intermitente apenas se aproxima do eventual, mas com ele não se confunde. Para os referidos doutrinadores baianos, "eventual é o esporádico, o meramente episódico, o excepcional. E o mais importante para a adequada compreensão do tema: estamos diante do eventual quando não há expectativa de repetição. O trabalho eventual difere do intermitente porque neste há, sim, expectativa de repetição dos serviços"[4].

4.2.5 Subordinação

A etimologia da palavra "subordinação" revela suas características fundamentais. Subordinar (**sub** + **ordinare**) significa ordenar, comandar, dirigir a partir de um ponto superior àquele onde se encontra outro sujeito. A subordinação é, então, evidenciada na medida em que o tomador dos serviços (e não o prestador, como acontece no trabalho autônomo) determina o tempo e o modo de execução daquilo que foi contratado. Entende-se como

---

[4] PAMPLONA FILHO, Rodolfo; FERNANDEZ, Leandro. *Trabalho intermitente*. Curitiba: Juruá, 2020, p. 62.

determinação de tempo toda interferência do tomador dos serviços no que diz respeito ao instante de início e de término da atividade contratada, inclusive em relação aos momentos de fruição dos intervalos para descanso acaso existentes. Compreende-se, por outro lado, como **determinação de modo** toda intercessão do tomador na maneira de ser operacionalizada a atividade contratada, resultando uma intromissão consentida pelo prestador nos meios por força dos quais serão alcançados os fins (os resultados da atividade contratada).

Perceba-se, também, que a determinação do tempo e do modo de execução dos serviços contratados coloca o tomador (normalmente) na condição de pós-pagador. Com isso se pretende dizer que os contratos caracterizados pela subordinação, entre os quais se destaca o de emprego, são ordinariamente pós-pagos. Em termos ordinários, vale dizer: primeiro o tomador **recebe** o serviço e somente depois **paga** a correspondente contraprestação ao trabalhador subordinado. A pós-retributividade, que é regra nos contratos de emprego, pode não ser evidenciada no contrato de prestação de trabalho autônomo, conforme disposto na parte final do art. 597 do Código Civil[5].

Diante do quanto aqui afirmado, pode-se concluir que a subordinação, no plano jurídico, é uma situação que limita a ampla autonomia individual do prestador dos serviços e que remanesce em caráter potencial ainda que comandos e diretivas não sejam eventualmente praticadas explicitamente[6]. Essa situação se funda na intensidade de ordens, na obediência (e sujeição) ao comando do tomador dos serviços e na situação de respeito à hierarquia[7]. Alerte-se, entretanto, que não se pode confundir subordinação com submissão a horário ou a controles diretos do cumprimento de ordens, como, aliás, sói acontecer. Nesse sentido há acórdão da lavra do Desembargador Júlio Bernardo do Carmo, do TRT da 3ª Região (MG), que merece transcrição, haja vista a afinidade com o pensamento aqui expendido:

"É preciso afeiçoar a subordinação jurídica, com atenuação da rigidez, em casos envolvendo atividades de natureza eminentemente intelectual, para chegar a uma adaptação mais consentânea com as particularidades de cada hipótese, isoladamente considerada na discussão quanto à existência de vinculação empregatícia: 'A subordinação não significa sujeição ou submissão pessoal. Este conceito corresponde a etapa histórica já ultrapassada e faz lembrar lutas políticas que remontam à condição do trabalhador como objeto de *locatio*, portanto equiparado a coisa (*res*). O trabalhador, como pessoa, não pode ser confundido com a atividade, este sim, objeto de relação jurídica' (ROMITA, Arion Sayão). O que é preciso, nessa ótica, definir, é que a subordinação é capaz de se fazer presente pela simples possibilidade de poder existir — ainda que não intervenha muitas das vezes o empregador diante da natureza do mister, a exemplo das atividades braçais ou, o reverso, altamente intelectuais, ou ainda que não dependam de metas e diretrizes específicas próprias que imponham, às empresas, por seus prepostos, uma atuação mais direta na forma de execução do trabalho. Ou seja, não se pode confundir subordinação, singelamente, apenas com submissão a horário ou controle direto do cumprimento de ordens, ingerências que mesmo quando tênues — ou praticamente imperceptíveis —, não vão, apenas por isso, afastar o reconhecimento da presença dos pressupostos expressos no artigo 3º consolidado" (TRT 3ª R., 4ª Turma, 00698-2007-107-03-00-4 RO, Rel. Des. Júlio Bernardo do Carmo, *DEJT*, 24-8-2009).

---

5   Art. 597. A retribuição pagar-se-á depois de prestado o serviço, se, por convenção, ou costume, não houver de ser adiantada, ou paga em prestações.
6   Nesse sentido, consulte-se a excelente obra *Subordinação potencial: encontrando o verdadeiro sentido da subordinação jurídica*, de Danilo Gonçalves Gaspar, publicada pela casa editorial LTr no ano de 2016.
7   A palavra "hierarquia" não traz consigo, no âmbito contratual de emprego, a mesma intensidade aplicável, por exemplo, na religião ou no militarismo. Basta lembrar a etimologia da palavra hierarquia: *hieros*, palavra grega que quer dizer "sagrado", e *arché*, também do grego, que quer dizer "comando".

A subordinação, como elemento integrante do conceito de relação de emprego, é, enfim, uma de suas mais importantes linhas de expressão. Sobre o tema "subordinação" existem algumas variáveis que merecem considerações especiais. Observem-se:

4.2.5.1 Subordinação clássica e parassubordinação

A subordinação jurídica é um conceito inerente à **relação de emprego típica,** egressa do **modelo taylorista**[8]. Ela decorre de um modelo organizacional que posicionou o trabalhador como engrenagem do sistema produtivo, segundo uma direção científica do trabalho[9]. O modelo serviu de base para a chamada segunda revolução industrial, caracterizada pela precisão das ferramentas, pela uniformidade do ritmo e pela padronização dos produtos. Esse modelo, batizado como **fordismo**, em homenagem ao ícone industrial da época, Henry Ford, não requeria conhecimento científico para os trabalhos nas indústrias, mas apenas uma cadência constante no trabalho executado. Essa cadência era observada por força do exercício contínuo do poder diretivo do empregador, mediante uma constante subordinação jurídica, brilhantemente demonstrada no filme *Tempos modernos*, de Charles Chaplin.

O padrão fordista de organização do trabalho, entretanto, entrou em declínio por conta da emergência de um novo modelo capitalista, caracterizado pela **acumulação flexível**[10]. Essa concepção se apoiou na flexibilidade dos processos de trabalho, dos produtos e padrões de consumo. Caracterizou-se, conforme bem destacado pela Professora Marília Salles Falci Medeiros[11], "pelo surgimento de setores de produção inteiramente novos, novas maneiras de fornecimento de serviços financeiros, novos mercados e, sobretudo, taxas altamente intensificadas de inovação comercial e tecnológica e organizacional". Implantaram-se a reengenharia de setores industriais e fórmulas de gestão baseadas na qualidade total e na terceirização. Surgiu um novo modelo de produção, intitulado **toyotismo,** pensado por Taiichi Ohno[12] (por isso também conhecido como sistema *ohnista*), que implementou novas técnicas

---

8 Segundo o Professor Ruy Braga, em artigo intitulado *Trabalho e fluxo informacional: nossa herança (info) taylorista*, publicado no *site* www.ocomuneiro.com, entende-se por **taylorização** "o esforço orientado no sentido da subordinação do trabalho aos princípios e técnicas definidas por Frederick Winslow Taylor no final do século XIX. O ponto de partida do sistema consiste em 'quebrar o freio operário', isto é, superar as práticas associadas pelas gerências à 'indolência' do trabalhador. Seu principal instrumento consiste na análise científica do trabalho, estruturada pelo estudo dos tempos e movimentos e pela consequente definição do tempo-padrão, tendo por objetivo a fixação "científica" dos ritmos produtivos pela simplificação do trabalho. Os principais desdobramentos históricos do processo de taylorização do trabalho consistem na intensificação dos ritmos, somada ao aumento do controle sobre o trabalho pela gerência e pela eliminação da iniciativa do trabalhador. O conhecimento prático é expropriado e concentrado na gerência e os ritmos são redefinidos pela direção científica do trabalho". Baseado em Linhart, o citado Professor Ruy Braga concluiu: "O sistema Taylor tem como função essencial dar à direção capitalista do processo de trabalho os meios de se apropriar de todos os conhecimentos práticos, até então, monopolizados, de fato, pelos operários".

9 TAYLOR, Frederick. *Princípios de administração científica*. São Paulo: Atlas, [1890] 1995.

10 HARVEY, David. *Condição pós-moderna*. São Paulo: Edições Loyola, 1989.

11 MEDEIROS, Marília Salles Falci. Os excluídos do trabalho: abordagens sobre o desemprego nas sociedades contemporâneas. *Revista da Faculdade de Direito da UFF*, v. 5, 2001, p. 207.

12 Taiichi Ohno (29-2-1912 — 28-5-1990) é considerado o maior responsável pela criação do sistema toyota de produção. Nascido em Dairen, na China, formou-se em Engenharia Mecânica na Escola Técnica de Nagoya e entrou para a Toyota Spinning and Wearing em 1932 (a atividade têxtil era o principal ramo da família Toyota). Em 1943, foi transferido para a Toyota Motor Company; em 1954 tornou-se diretor; em 1964, diretor gerente; em 1970, diretor gerente sênior; e vice-presidente executivo em 1975. Conforme DALLA COSTA, Ricardo. Modelos produtivos industriais com ênfase no fordismo e toyotismo: o caso das montadoras paranaenses. *Revista Eletrônica da FEATI — Faculdade de Educação, Administração e Tecnologia de Ibaiti*, disponível em: <http://www.feati.com.br/revista/> e, ainda, <http://pt.wikipedia.org/wiki/Taiichi_ohno>.

de administração, principalmente a supressão da burocracia corporativa desnecessária (*downsizing*), o salário individualizado por produtividade, a manutenção de um fluxo contínuo de produtos com vistas à eliminação de estoques (*kan-ban*) e a produção em tempo real (*just-in-time*). A subordinação jurídica, antes tão claramente comandada pelo empregador, começou a esmaecer.

Os capitalistas priorizaram a redução de custos, a produtividade, a competitividade, a flexibilização, a neutralização dos conflitos, e isso fez o mundo laboral mudar profundamente.

Uma das consequências mais visíveis desse processo foi evidenciada na **redefinição do perfil do trabalhador**, que foi chamado a assumir riscos antes exclusivamente tomados pelos capitalistas. No lugar da subordinação jurídica típica passou a existir uma situação de parassubordinação, na qual, embora presente, o poder diretivo do empregador foi mitigado.

A parassubordinação é, então, visualizada em relações pessoais de colaboração continuada e coordenada, em que a direção dos serviços está presente de modo difuso e pontual[13].

Igualmente no plano de uma possível parassubordinação, estão inseridas as discussões que envolvem o chamado *crowdwork*, aquele trabalho coordenado digital prestado para uma multidão (*crowd*) de clientes indeterminados mediante plataformas digitais.

Esse tipo de trabalho, conforme bem esclareceu André Zipperer, é identificado quando conjuntivamente se vê "uma relação triangular *on-line* (virtual) entre a empresa da plataforma, o trabalhador da multidão e os requerentes-clientes da plataforma; a conexão direta entre o requerente comprador do serviço e o trabalhador de forma *on-line* via plataforma como sistema de conexão entre eles; a prestação de trabalho humano e individual; e a descontinuidade das relações promovidas pela plataforma"[14].

Diante desses elementos, o *crowdworker* acaba por ser um trabalhador, detentor dos seus meios de produção, que, com pessoalidade, oferece, abertamente, mas na medida de suas próprias disponibilidades, os seus serviços individuais para diferentes requerentes, mediante um preço fixado segundo as regras de mercado, através da intermediação eletrônica, que somente se realiza por conta da *expertise* tecnológica de uma empresa que criou uma plataforma digital para intermediar as ofertas de trabalho e as demandas pontuais (curtas e limitadas) de clientes que se cadastram como interessados. Emergiu, assim, o que ora se convenciona chamar de *gig economy*[15].

---

13   Quando o tema é parassubordinação, não se pode deixar de considerar a ponderação apresentada por Murilo Carvalho Sampaio Oliveira em sua obra *(Re)pensando o princípio da proteção na contemporaneidade*, publicada pela LTr em 2009, p. 92-93. Para o referido doutrinador, o trabalhador parassubordinado, se dependente econômico do seu tomador de serviços, deve ser enquadrado como um autêntico empregado.

14   ZIPPERER, André. *A intermediação de trabalho via plataformas digitais*. São Paulo: LTr, 2019, p. 242.

15   A palavra *gig*, no sentido que ora nos interessa, teve a sua origem nos EUA no começo do século XX. Ela trouxe consigo a ideia de "girar", de não ter um ponto fixo, de ser livre para atuar em diversos espaços na medida em que surgissem oportunidades. Nesse contexto, *gig* foi originalmente utilizado para referir-se aos músicos de clubes de *jazz* — integrantes da *gigbands* — que eram pagas *on demand* por apresentação à medida que eram solicitadas.

Isso mesmo, a palavra *gig* — de girar, de não ter ponto fixo — foi utilizada pela primeira vez em relação aos músicos do *jazz* americano... A partir daí, o termo *gig economy* foi cunhado e, nesse contexto, tornou-se popular no período da Grande Depressão (1929-1939), justamente como indicativo das transformações no sistema econômico que fizeram com que, na condição de *freelancers*, os trabalhadores assumissem quaisquer serviços que temporariamente aparecessem. Criou-se, assim, o conceito de *gig workers*.

Atualmente, a expressão voltou ao cenário para referir os trabalhadores que, por necessidade, aceitam realizar serviços demandáveis por uma multidão (*crowd*) de clientes indeterminados mediante plataformas digitais. O uso desses recursos eletrônicos fez com que um nome antigo fosse usado num novo cenário. Fala-se agora

Embora permaneça a indefinição quanto à natureza jurídica do vínculo decorrente da plataformização do trabalho, a pressão social e a vulnerabilidade salientadas nos tempos de coronavírus impulsionaram a publicação da Lei n. 14.297, de 5 de janeiro de 2022, sobre medidas de proteção asseguradas ao entregador que presta serviço por intermédio de empresa de aplicativo de entrega durante a vigência, no território nacional, da emergência de saúde pública decorrente do coronavírus, responsável pela Covid-19.

Anote-se, desde logo, que esse diploma normativo vigeu durante pouco tempo em relação à maior parte das matérias nele tratadas. Diz-se isso porque a Portaria GM/MS n. 913, de 22 de abril de 2022, expedida pelo Ministro da Saúde e com vigência iniciada 30 dias depois da data de publicação, declarou encerrada a referida Emergência em Saúde Pública de Importância Nacional (ESPIN) em decorrência da Infecção Humana pelo novo Coronavírus (2019-nCov), de que tratava a Portaria GM/MS n. 188, de 3 de fevereiro de 2020.

Observe-se que a referida Lei deixou bem claro no seu art. 10 que os benefícios e as conceituações nela previstos não serviriam de base para caracterização da natureza jurídica da relação entre os entregadores e as empresas de aplicativos de entrega. O cumprimento da referida norma, por si só, não aproximará, portanto, o entregador de uma pretensa relação de emprego, se isso vier a ser discutido em juízo.

Mas quais seriam essas medidas protetivas temporárias?

Por conta da Lei ora em exame, a empresa de aplicativo de entrega ficou obrigada a:

a) contratar **seguro contra acidentes**, sem franquia, em benefício do entregador nela cadastrado, exclusivamente para acidentes ocorridos durante o período de retirada e entrega de produtos e serviços, devendo cobrir, obrigatoriamente, acidentes pessoais, invalidez permanente ou temporária e morte. Na hipótese de o entregador ter prestado serviços para mais de uma empresa de aplicativo de entrega, a indenização, no caso de acidente, haveria de ser paga pelo seguro contratado pela empresa para a qual o entregador prestava o serviço no momento do acidente;

b) assegurar ao entregador afastado em razão de infecção pelo coronavírus uma **assistência financeira pelo período de 15 (quinze) dias, o qual poderia ser prorrogado por mais 2 (dois) períodos de 15 (quinze) dias**, mediante apresentação de comprovante de resultado positivo obtido por meio de exame RT-PCR — ou de laudo médico que ateste essa condição. Essa assistência financeira foi calculada de acordo com a média dos 3 (três) últimos pagamentos mensais recebidos pelo entregador.

Tratou-se, como se percebe, de medidas protetivas assumidas exclusivamente pela iniciativa privada, **não havendo assunção de responsabilidade securitária social, no particular**.

A empresa de aplicativo de entrega deveria, ademais, fornecer ao entregador todas as informações sobre os riscos do coronavírus e sobre os cuidados necessários para se prevenir do contágio e evitar a disseminação dessa doença. Coube também à referida empresa a disponibilização de máscaras e álcool em gel ou de outro material higienizante para fins de proteção pessoal durante as entregas. O cumprimento disso poderia, porém, ser feito, alternativamente, por meio de repasse ou reembolso das despesas efetuadas pelo entregador.

A empresa fornecedora do produto ou do serviço também esteve envolvida no âmbito protetivo. Segundo a ora analisada Lei n. 14.297, de 2022, ela deveria permitir

---

de *gig workers* para designar os trabalhadores por demanda que se colocam à disposição de infraestruturas digitais alimentadas por dados e organizadas por algoritmos. Formou-se, assim, novo conceito, construído a partir de uma antiga ideia.

que o entregador utilizasse as instalações sanitárias de seu estabelecimento, além de ser garantido ao entregador o acesso à água potável.

Outras particularidades foram consideradas no texto normativo, mas **sem ter, segundo uma interpretação lastreada em razoabilidade, caráter transitório nem uma relação necessária com a Covid-19**.

Vê-se no art. 8º da aqui analisada Lei previsão no sentido de que do contrato ou do termo de registro celebrado entre a empresa de aplicativo de entrega e o entregador **deverão constar expressamente as hipóteses de bloqueio, de suspensão ou de exclusão da conta do entregador da plataforma eletrônica**.

A aplicação da sanção mais grave — a pena de exclusão — haverá de ser impositivamente precedida de comunicação prévia, com antecedência mínima de 3 (três) dias úteis, e **será acompanhada das razões que a motivaram**, que deverão ser devidamente fundamentadas, preservadas a segurança e a privacidade do usuário da plataforma eletrônica.

Embora não expressamente referida a necessidade do devido processo legal privado em situações menos graves, parece adequado — em homenagem à similitude das situações — que a empresa de aplicativo também apresente claramente os motivos que a levaram a aplicar as sanções de bloqueio ou de suspensão ao entregador.

O prazo de 3 (três) dias úteis, entretanto, não se aplicará aos casos de ameaça à segurança e à integridade: (i) da plataforma eletrônica, (ii) dos fornecedores e (iii) dos consumidores, em razão de suspeita de prática de infração penal prevista na legislação vigente. Nesses casos, a pena de exclusão poderá ser realizada sem a comunicação prévia, com antecedência mínima de 3 (três) dias úteis, mas isso não isentará a empresa de aplicativo de entrega da obrigação de motivar o evento.

O descumprimento dessa Lei pela empresa de aplicativo de entrega ou pela empresa que utiliza serviços de entrega implicará, nos termos definidos em regulamento, a aplicação de advertência; e o pagamento de multa administrativa no valor de R$ 5.000,00 (cinco mil reais) por infração cometida, em caso de reincidência.

Note-se que primeiro virá uma advertência e depois disso, em caso de reincidência, virá uma multa administrativa, aplicada pelo Ministério do Trabalho e Previdência, no valor de R$ 5.000,00 (cinco mil reais) por infração cometida.

Não se pode deixar de considerar, de todo modo, as possíveis pretensões que o entregador possa vir a manifestar perante o Judiciário, especialmente as de pagamento de indenizações por danos materiais e morais decorrentes das violações à norma aqui examinada. Tudo isso há de ser discutido e apurado perante o Judiciário trabalhista, que, nos termos do art. 114, I, da Constituição da República, tem competência material para a apreciação e o julgamento de ações oriundas da relação de trabalho em sentido lato.

Note-se que o art. 2º, II, da Lei aqui em exame considera entregador o "trabalhador" que presta serviço de retirada e entrega de produtos e serviços contratados por meio da plataforma eletrônica de aplicativo de entrega. Se a norma refere a presença de **"trabalhador"**, a competência será, sem dúvida, da Justiça do Trabalho.

4.2.5.2 Subordinação direta e subordinação indireta

Nas situações de terceirização, a empresa prestadora coloca trabalhadores à disposição da empresa-cliente outorgando a esta apenas parte do seu poder diretivo. Quando isso acontece, a empresa prestadora fraciona a subordinação jurídica que lhe é inerente e concede à tomadora o **poder de dar ordens de comando** e **de fiscalizar/exigir que a tarefa seja feita a contento** (**subordinação indireta**), preservando consigo o intransferível **poder de apenar** o trabalhador diante do descumprimento das ordens de comando diretivo (**su-**

bordinação direta). Uma exposição gráfica ajudará na compreensão da **segmentação do poder diretivo**, cujos detalhes construtivos podem ser vistos no Capítulo 6, item 6.3.1, desta obra:

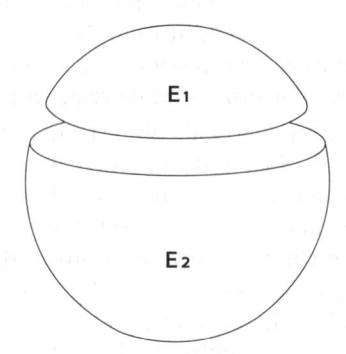

E₁ (ELEMENTO 1) = SUBORDINAÇÃO DIRETA (fatia do poder diretivo que trata do poder disciplinar)
E₂ (ELEMENTO 2) = SUBORDINAÇÃO INDIRETA (fragmento do poder diretivo que cuida do poder regulamentar e também do poder fiscalizador)

Isso justifica a possibilidade (e a plausibilidade) de uma empresa-cliente determinar como será realizado o serviço contratado, exigindo dos empregados da empresa-prestadora todo o empenho e dedicação nesse sentido. Isso é óbvio, e até esperado.

Seria um despautério imaginar um cenário em que a empresa-cliente tivesse que entrar em contato com a empresa-prestadora para pedir que algum dos seus prepostos emitisse ordens de serviços para os trabalhadores terceirizados ou para fiscalizar se a tarefa delegada foi ou não feita a contento. Exigir isso soaria tão burocrático quanto desarrazoado. Por isso é que se defende aqui ser absolutamente natural a outorga pela empresa-prestadora à empresa-cliente do fragmento do poder diretivo que cuida do poder regulamentar e também do poder fiscalizador. Esse exercício não seria mais do que a manifestação de uma subordinação indireta.

Se, entretanto, o empregado terceirizado descumprir as ordens que lhe foram dirigidas, caberá à empresa-cliente não mais do que comunicar o fato a quem efetivamente pode aplicar a pena, ou seja, à empresa-prestadora, por ser esta a verdadeira empregadora. Esse ato, sim, manifesta clara subordinação direta da empresa-prestadora sobre os seus empregados[16].

4.2.6 Cumulação necessária de todos os elementos

Não basta que estejam presentes alguns elementos caracterizadores do contrato de emprego; é indispensável que todos eles coexistam, sob pena de ser caracterizado um tipo contratual totalmente diverso do emprego. Apenas a título exemplificativo: a ausência do elemento onerosidade afasta a caracterização do contrato de emprego, fazendo surgir em seu lugar um negócio jurídico totalmente diferente. Se não há onerosidade, o contrato em análise pode ser de estágio ou de serviço voluntário — de emprego, com certeza, não será.

A situação da cumulação necessária de elementos pode ser comparada com a de uma fórmula química. *Presentes todos os elementos componentes necessários, a produção de determinada*

---

16 Para saber mais sobre posições diversas acerca do tema, consideradas múltiplas variáveis, recomenda-se a leitura do item 6.1.7 do *Manual prático da terceirização*, de Raphael Miziara e Iuri Pinheiro, publicado pela JusPodivm, em 2019.

substância será mera decorrência da mistura. Exemplo: combinadas duas moléculas de hidrogênio (H2) a uma de oxigênio (O), o resultado final será necessariamente a formação de água (H2O). Faltando, porém, um dos itens da fórmula, ou a ela sendo aplicado novo elemento, o resultado será a produção de uma substância totalmente diversa, caso, por exemplo, do peróxido de hidrogênio (H2O2), do ácido sulfúrico (H2SO4) ou do ácido carbônico (H2CO3). Os mesmos efeitos, observadas as devidas proporções, acontecem com a inserção ou a retirada de importantes elementos caracterizadores de relações jurídicas.

Outro aspecto importante a ser observado diz respeito ao fato de que, coexistentes todos os elementos caracterizadores do vínculo de emprego, pouco relevante será a constatação de situação familiar ou societária entre os contratantes. Nesse sentido, desde que presentes todos os elementos acima expendidos, nenhum obstáculo existirá para a formação de contrato de emprego entre **pais e filhos**, **cônjuges**, **companheiros**[17 e 18] ou entre **sócio e sociedade**. Anote-se apenas que, no tocante a esta última relação, a sociedade não será, por impedimento lógico, empregadora de sócio que, por sua destacada participação na composição financeira do empreendimento, tenha condição de interferir na gestão do negócio. Nesse caso não haverá relação de emprego, porque a mencionada interferência na gestão do negócio faz desaparecer a subordinação jurídica, essencial à caracterização do contrato aqui em exame.

4.3 PLURALIDADE E ACUMULAÇÃO DE EMPREGOS NAS ESFERAS PRIVADA E ESTATAL

A exclusividade é uma situação contratual de caráter excepcional, pois, em regra, os trabalhadores podem, sem limites impostos por lei, acumular empregos na esfera privada. Nada obsta, então, a que um professor ministre aulas, mediante diversos contratos de emprego, para várias escolas, desde que, evidentemente, sejam compatíveis os horários de prestação dos serviços.

A acumulação de empregos, porém, não pode acontecer ilimitadamente na esfera pública, porque componente ético estatal impõe a distribuição potencial dos postos de trabalho para todos os cidadãos, ressalvadas situações absolutamente singulares previstas na lei constitucional, no seu **art. 37, XVI**. Desse modo, é vedada a acumulação remunerada de cargos públicos, exceto, quando houver compatibilidade de horários, a de:

a) dois cargos de professor;

b) um cargo de professor com outro, técnico ou científico;

c) dois cargos ou empregos privativos de profissionais de saúde, com profissões regulamentadas.

---

17 Nos autos do processo **01281-2007-109-03-00-1** houve discussão jurídica sobre os efeitos de uma relação jurídica familiar sobre a relação de emprego. A 10ª Turma do TRT mineiro manifestou entendimento no sentido de que a manutenção de vínculo afetivo não afasta, por si só, a formação de um contrato de emprego. O caso disse respeito a um médico cirurgião e uma enfermeira instrumentadora cirúrgica que, além de viverem em união estável, trabalhavam juntos.

18 Ver Precedente Administrativo da Secretaria de Inspeção do Trabalho: Precedente Administrativo n. 69 (Aprovado pelo Ato Declaratório DEFIT n. 9, de 25-5-2005, *DOU* 27-5-2005). EMPREGADO SEM REGISTRO. PARENTESCO COM O PROPRIETÁRIO DA EMPRESA. Parentesco entre empregador e empregado não é fato impeditivo da caracterização da relação laboral, cuja configuração se dá pela presença dos elementos contidos na lei.

Ver também o Precedente Administrativo n. 85 (Aprovado pelo Ato Declaratório SIT n. 10, de 3-8-2009, *DOU* 4-8-2009). PARENTESCO. RELAÇÃO DE EMPREGO. POSSIBILIDADE. A caracterização da relação de emprego pode ser estabelecida entre familiares, não sendo o parentesco fator impeditivo da configuração do vínculo empregatício.

Observe-se que, nos termos do art. 37, XVII, do texto fundamental, *a proibição de acumular estende-se também a empregos públicos e funções públicas* e abrange autarquias, fundações, empresas públicas, sociedades de economia mista, suas subsidiárias, e sociedades controladas, direta ou indiretamente, pelo Poder Público.

4.4 CONTRATO DE EMPREGO

Das relações inter-humanas pode emergir um esquema de contratualidade por meio do qual os sujeitos convencionam como serão as prestações exigíveis. Se os sujeitos contrapostos estabelecem que um deles oferecerá, mediante condução subordinada, sua força laboral, com pessoalidade e não eventualidade, em troca de uma contraprestação pecuniária assumida por outro, existirá um negócio jurídico intitulado "contrato de emprego".

Esse especial negócio jurídico será, então, analisado em suas diversas variáveis, que envolvem denominação, definição, caracterização e classificação, passando pelos aspectos que dizem respeito à morfologia, aos elementos integrantes e aos defeitos, alcançando, por fim, as modalidades e os traços distintivos no cotejo com outras fórmulas contratuais.

4.4.1 Denominação

O contrato de emprego é uma espécie do gênero contrato de trabalho, que, por sua vez, está inserido no conceito amplíssimo de contrato de atividade *lato sensu*. Por conta dessa sucessão de conteúdos e continentes é que o ajuste ora analisado torna-se receptivo a uma pluralidade de denominações.

A Consolidação das Leis do Trabalho utiliza unicamente a expressão "contrato de trabalho" para designar o que, na verdade, seria um contrato de emprego. Essa opção produziu (e ainda produz) algumas confusões conceituais. A mais evidente reside no art. 442 do texto consolidado. Veja-se:

> *Art. 442. Contrato individual de trabalho é o acordo tácito ou expresso, correspondente à relação de emprego.*

A definição acima expendida produz a ideia de que o "contrato individual de trabalho" seria o acordo **sempre** correspondente a uma "relação de emprego". Isso, evidentemente, não é uma verdade. O contrato de trabalho é correspondente, indiferentemente, a uma relação de emprego ou a uma relação de trabalho em sentido lato. A expressão "contrato de trabalho" pode dizer respeito tanto a trabalhadores subordinados não eventuais (empregados) quanto a trabalhadores autônomos ou a trabalhadores subordinados eventuais.

Apesar das vantagens da delimitação da espécie contratual, deve-se reconhecer que a imensa maioria dos textos legais tem preferido utilizar a expressão genérica "contrato de trabalho", mesmo quando se referem à relação de emprego. Embora não se possa imputar erro na opção pela expressão genérica, recomenda-se sempre a indicação da espécie contratual analisada. E, se a espécie analisada corresponder à relação jurídica de emprego, ela deve receber o nome que especialmente lhe diz respeito.

4.4.2 Definição

Contrato de emprego é o negócio jurídico pelo qual uma pessoa física (o empregado) obriga-se, de modo pessoal e intransferível, mediante o pagamento de uma contraprestação (remuneração), a prestar trabalho não eventual em proveito de outra pessoa, física ou jurídica (empregador), que assume os riscos da atividade desenvolvida e que subordina juridicamente o prestador.

Essa definição agrupa todos os elementos caracterizadores da relação de emprego com o objetivo especial de garantir a singularidade conceitual. Atua-se desse modo para evitar confusões diante de outras formas contratuais, que serão comparadas em subitem a seguir disposto.

4.4.3 Caracterização

Caracteriza-se o contrato de emprego a partir de sua execução, quando se desvelam os atributos qualificadores desse negócio jurídico. Em rigor, o tratamento dos dados caracterizadores da relação de emprego acaba por evidenciar, por destacar os traços particulares do contrato de emprego. Uma coisa imbrica-se na outra de modo muito claro. Conclui-se, portanto, que os caracteres do contrato de emprego são exatamente os mesmos da relação de emprego: pessoalidade (contrato *intuitu personae*), onerosidade, alteridade, não eventualidade/continuidade da prestação e subordinação.

4.4.4 Classificação

O contrato de emprego, por suas características e singularidades, pode ser classificado, dentro da teoria civil dos contratos, nos seguintes moldes:

a) É **típico ou nominado** porque é consolidado em lei, expressamente previsto em norma disciplinadora própria, que a pormenoriza.

b) É **comutativo**, porque produz direitos e **obrigações equivalentes** para ambos os contratantes. Nos contratos comutativos, conforme bem asseverado por Orlando Gomes, "a relação entre vantagem e sacrifício é subjetivamente equivalente, havendo certeza quanto às obrigações"[19].

c) É **sinalagmático**[20] porque dotado de direitos, deveres e **obrigações** *contrárias, opostas e equilibradas,* de modo que a obrigação de um dos sujeitos seja fundamento jurídico da existência de outro direito, dever ou obrigação. Nesse sentido, não havendo trabalho, não há como existir contraprestação; não havendo contraprestação, não há como continuar a ser prestado o trabalho.

d) É **oneroso** porque pressupõe dispêndios de ambos os sujeitos contratantes.

e) É **personalíssimo**, porque celebrado *intuitu personae*, vale dizer, considerando as características pessoais e atributos intrínsecos do prestador dos serviços.

f) É, **em regra, não solene**, pois não vinculado a formas sacramentais, bastando a mera execução dos serviços, dentro das características próprias ao contrato de emprego, para que se entenda validamente constituído o ajuste. Há, como exceção, contratações que impõem formalidades especiais, normalmente ligadas à construção de instrumentos escritos, entre as quais podem ser citadas a contratação do aprendiz (art. 428 da CLT), a contratação de trabalhador temporário (art. 11 da Lei n. 6.019/74), a contratação coletiva (acordo coletivo ou convenção coletiva, nos termos do art. 611 da CLT) e a contratação de atleta profissional (art. 28 da Lei n. 9.615/98).

g) É **de trato sucessivo** porque suas prestações são oferecidas e exigidas de forma contínua, renovando-se esse fluxo a cada instante, a cada momento em que se vivencia o ajuste. O contrato de emprego, consoante o dizer de Plá Rodriguez, "não se esgota mediante a realização instantânea de certo ato, mas perdura no tempo. A relação empregatícia não é efêmera, mas pressupõe uma vinculação que se prolonga"[21].

---

19 GOMES, Orlando. *Contratos*. Rio de Janeiro: Forense.
20 Sinalagma é uma relação que possui prestações opostas e equilibradas.
21 PLÁ RODRIGUEZ, Américo. *Princípio de direito do trabalho*. 3. ed. São Paulo: LTr, 2004, p. 239.

h) É **principal** porque existe em função de si mesmo, não dependendo de outros ajustes para ser praticado. O contrato de emprego, por outro lado, é veículo de múltiplas formas contratuais entendidas, no contexto, como secundárias e dependentes, sendo exemplos os contratos de mandato (para exercício de poderes de gestão e mando) e de depósito (para o exercício de atividades com o instrumental do empregador).

4.4.5 Morfologia e elementos do negócio jurídico de emprego

A morfologia ocupa-se com o estudo da forma, da configuração, da aparência externa da matéria. Assim, ao falar em morfologia do contrato de emprego há de imaginar-se a análise de sua estrutura externa e de seu processo de construção a partir de suas partes componentes, ou seja, de seus elementos constitutivos.

Os elementos constitutivos do contrato de emprego são divididos em três espécies: elementos essenciais, elementos naturais e elementos acidentais.

4.4.5.1 Elementos essenciais, naturais e acidentais

Segundo o professor Carlos Roberto Gonçalves, "a classificação tradicional dos elementos do negócio jurídico, que vem do direito romano, divide-os em *essentialia negotii*, *naturalia negotii* e *accidentalia negotii*". A simplicidade didática da modalidade classificatória justifica, ao ver do mencionado civilista, o seu presente uso[22].

Os **elementos essenciais** são os que necessariamente fazem parte da estrutura dos negócios jurídicos, sendo, por isso, indispensáveis à sua existência. Podem ser gerais ou particulares. Os gerais estão presentes em todo e qualquer negócio jurídico, como a declaração de vontade, por exemplo. Os particulares são peculiares a certas espécies negociais por serem concernentes à sua forma[23], como, por exemplo, a existência de um instrumento contratual escrito nos ajustes interempresariais de trabalho temporário (art. 11 da Lei n. 6.019/74).

Os **elementos naturais** são os efeitos que decorrem da própria natureza do negócio, sem que seja necessária a expressa menção no instrumento negocial. Eles não exigem especial referência porque, como o próprio nome sugere, decorrem naturalmente do ato praticado. Assim, independentemente da manifestação volitiva de empregador ou de empregado, o elemento natural é uma consequência que emerge do contrato de emprego, como, por exemplo, a intangibilidade salarial. Quer-se com isso dizer que, uma vez celebrado o contrato de emprego, é decorrência natural dele que o salário esteja protegido contra abusos patronais.

Os **elementos acidentais** consistem em estipulações ou cláusulas acessórias, que os próprios contratantes podem ou não adicionar ao ajuste para modificar a sua eficácia. São, em última análise, autolimitações da vontade. Constitui exemplo de elemento adicional a condição de cumprimento de metas para o recebimento de um prêmio.

4.4.5.2 A tricotomia existência-validade-eficácia

A tricotomia existência-validade-eficácia do negócio jurídico foi posta em relevo, no Brasil, por Pontes de Miranda no seu *Tratado de Direito Privado*. Apesar de não ser adotada

---

[22] GONÇALVES, Carlos Roberto. *Direito civil brasileiro*. 6. ed. São Paulo: Saraiva, 2008.
[23] Ver DINIZ, Maria Helena. *Curso de direito civil brasileiro: teoria geral do direito civil*. 25. ed. São Paulo: Saraiva, 2008, p. 439.

pelo sistema jurídico de direito positivo, tal sistemática tem sido amiúde referida pela doutrina e jurisprudência porque decorre de uma lógica do pensar os fatos e os atos jurídicos. Pois bem. Essa tricotomia baseia-se em planos superpostos estruturados no âmbito da existência, da validade e da eficácia jurídicas.

4.4.5.2.1 Plano da existência

O plano da existência revela o suporte fático dos atos jurídicos e constitui o antecedente lógico das coisas que acontecem no mundo. Assim, para que um ato exista no universo jurídico-real é indispensável que o seu agente seja sujeito de direito (**pessoa** física ou jurídica) e que, por ser pessoa, *declare vontade* que recaia sobre um objeto qualquer. O importante nesse plano é a *mera aparência*. Como disse Marcos Bernardes de Mello[24], "tudo, aqui, fica circunscrito a se saber se o suporte fático suficiente se compôs, dando ensejo à incidência".

4.4.5.2.2 Plano da validade

Para que se possa ingressar no plano analítico da validade é indispensável pressupor que o suporte fático suficiente, mencionado no tópico anterior, se compôs. A partir desse momento, passam a ser aferidos requisitos que possibilitam ao negócio jurídico a produção de efeitos. Se esses requisitos estiverem presentes, diz-se que o negócio jurídico é válido; caso contrário, reputa-se inválido, sendo, por isso, nulo ou anulável.

Além do indispensável consentimento (vontade livre, esclarecida e ponderada), os *requisitos gerais* de validade do negócio jurídico estão elencados no art. 104 do Código Civil, nos seguintes termos:

Art. 104. A validade do negócio jurídico requer:

I — agente capaz;

II — objeto lícito, possível, determinado ou determinável;

III — forma prescrita ou não defesa em lei.

Veja-se cada um desses requisitos gerais de validade individualmente considerado:

a) Declaração da vontade

O Direito opera predominantemente no campo da **vontade exteriorizada**, sendo irrelevante o conflito interno de valores que fez triunfar apenas uma das muitas opções avaliadas pelo indivíduo. Uma vez exteriorizada, a vontade é a mais poderosa força criadora do universo jurídico. Para Vicente Ráo, "é a vontade que, através de fatos disciplinados pela norma, determina a atividade jurídica das pessoas e, em particular, o nascimento, a aquisição, o exercício, a modificação ou a extinção dos direitos e correspondentes obrigações, acompanhando todos os momentos e todas as vicissitudes destas e daqueles"[25].

Quando, entretanto, o desvio no processo que faz triunfar uma escolha em detrimento de outra decorre de interferência externa substancial e suficientemente influente, capaz de modificar a inclinação ou tendência que naturalmente se manifestaria, ingressa-se no âmbito da deformação. Nesse caso, perderá a sua validade o eventual negócio jurídico firmado com base em declaração de vontade viciada quanto à obtenção do consentimento ou divor-

---

24 MELLO, Marcos Bernardes de. *Teoria do fato jurídico: plano da existência*. 10. ed. São Paulo: Saraiva, 2000, p. 83.
25 RÁO, Vicente. *Ato Jurídico*. 3. ed. São Paulo: Revista dos Tribunais, 1994, p. 21.

ciada dos mais elementares deveres de convivência social. No primeiro caso, ter-se-á um vício de consentimento; no segundo, um vício social.

A análise dos defeitos e da invalidade do contrato de emprego será cuidadosamente feita em tópico seguinte, depois de exaurido o estudo sobre os requisitos gerais de validade do negócio jurídico.

b) Agente emissor da vontade dotado de capacidade

O agente será capaz quando a lei lhe atribuir plena aptidão para o exercício de direitos e para a assunção de obrigações jurídicas. Esse tema, no plano do direito do trabalho, é regido pelo art. 7º, XXXIII, da Constituição da República, segundo o qual é vedado "qualquer trabalho a menores de 16 anos, salvo na condição de aprendiz, a partir de 14 anos". Esse dispositivo, associado à redação do *caput* do art. 402 e do art. 403 da CLT[26], permite a sistematização da capacidade dos agentes em relação aos contratos de emprego. Assim, a **capacidade plena** do agente (empregado ou empregador) acontecerá a partir dos 18 anos, ou, antes disso, se ele for emancipado na forma da legislação civil (art. 5º do Código Civil[27])[28].

A **capacidade relativa** será evidenciada apenas em favor dos empregados, se eles tiverem idade entre 16 e 18 anos. O contrato especial de aprendizagem, entretanto, cria a única exceção em que o trabalho pode validamente ser prestado antes dos 16 anos e, consequentemente, empreende uma fórmula de **capacidade relativa especial**.

A ordem jurídica, portanto, admite que os aprendizes, assim considerados aqueles que são contratados nos moldes do art. 428 da CLT, trabalhem validamente a partir dos 14 anos, salvo os **aprendizes deficientes**[29] cuja capacidade somente se determina a partir dos 18 anos[30].

---

26 Art. 402. Considera-se menor para os efeitos desta Consolidação o trabalhador de quatorze até dezoito anos (redação dada ao *caput* pela Lei n. 10.097, de 19-12-2000).
Art. 403. É proibido qualquer trabalho a menores de dezesseis anos de idade, salvo na condição de aprendiz, a partir dos quatorze anos (redação dada ao *caput* pela Lei n. 10.097/2000).
27 Art. 5º A menoridade cessa aos dezoito anos completos, quando a pessoa fica habilitada à prática de todos os atos da vida civil. Parágrafo único. Cessará, para os menores, a incapacidade: I — pela concessão dos pais, ou de um deles na falta do outro, mediante instrumento público, independentemente de homologação judicial, ou por sentença do juiz, ouvido o tutor, se o menor tiver dezesseis anos completos; II — pelo casamento; III — pelo exercício de emprego público efetivo; IV — pela colação de grau em curso de ensino superior; V — pelo estabelecimento civil ou comercial, ou pela existência de relação de emprego, desde que, em função deles, o menor com dezesseis anos completos tenha economia própria.
28 Saliente-se que a emancipação civil não produz imputabilidade penal. Tal evidência cria elemento que dificulta a admissão da figura do empregador para os menores de 18 anos. Apesar de aptos ao exercício de atos da vida civil, mercantil e trabalhista, eles não podem ser responsabilizados por delitos que muitas vezes são praticados por empregadores como, por exemplo, a apropriação indébita previdenciária e a falsidade material por não anotação da CTPS.
29 Nos termos do art. 2º da Lei n. 13.146, de 6 de julho de 2015, "considera-se pessoa com deficiência aquela que tem impedimento de longo prazo de natureza física, mental, intelectual ou sensorial, o qual, em interação com uma ou mais barreiras, pode obstruir sua participação plena e efetiva na sociedade em igualdade de condições com as demais pessoas".
30 Veja-se, na CLT, o § 8º do art. 428, com redação dada pela Lei n. 13.146/2015, conhecida como Lei Brasileira de Inclusão da Pessoa com Deficiência ou Estatuto da Pessoa com Deficiência:
Art. 428. [...]
§ 8º Para o aprendiz com deficiência com 18 (dezoito) anos ou mais, a validade do contrato de aprendizagem pressupõe anotação na CTPS e matrícula e frequência em programa de aprendizagem desenvolvido sob orientação de entidade qualificada em formação técnico-profissional metódica. (NR)

Anote-se que os menores de 18 anos, inclusive os aprendizes, dependem da assistência de seus pais e tutores no instante da contratação. Desse modo é possível formar o seguinte quadro relacionado à capacidade dos agentes nos contratos de emprego:

	Capacidade plena	Capacidade relativa	Capacidade especial
Empregador	A partir dos 18 anos ou emancipado	Não se aplica	Não se aplica
Empregado	A partir dos 18 anos ou emancipado	A partir dos 16 até os 18 anos, mediante assistência dos pais ou tutores	A partir dos 14 anos, se aprendiz, exceto aprendizes deficientes, cuja capacidade se inicia aos 18 anos

A capacidade do agente, no entanto, não depende unicamente de limite etário. Ela pode estar relacionada ao desenvolvimento mental dos trabalhadores. Assim, na forma da legislação civil, não apenas aqueles que têm entre 16 e 18 anos são relativamente capazes (o aprendiz é uma exceção jurídico-trabalhista). Nesse rol se incluem também, nos termos do art. 4º do Código Civil, com a nova redação dada pela Lei n. 13.146/2015, os ébrios habituais, os viciados em tóxicos, aqueles que, por causa transitória ou permanente, não puderem exprimir sua vontade e os pródigos. A capacidade jurídico-trabalhista desses sujeitos, desde que extrapolado o limite etário mínimo exigido pela lei, dependerá de sua habilitação para o trabalho pretendido e da assistência de seus pais ou tutores.

Observe-se que deixaram de ser considerados como incapazes, nos termos da legislação civil, os que, por deficiência mental, tenham o discernimento reduzido e também os excepcionais, sem desenvolvimento mental completo. Nessa linha do reconhecimento da capacidade, recorde-se a justa imposição do sistema jurídico brasileiro quanto à contratação de pessoas com deficiência, inclusive mental[31], a fim de dar-lhes oportunidade de inclusão social[32].

---

31 Veja-se previsão, nesse sentido, no art. 4º, IV, do Decreto n. 3.298/99, que dispõe sobre a Política Nacional para a Integração da Pessoa Portadora de Deficiência.

32 Art. 93. A empresa com cem ou mais empregados está obrigada a preencher de dois por cento a cinco por cento dos seus cargos com beneficiários reabilitados ou pessoas portadoras de deficiência, **habilitadas**, na seguinte proporção:

I — até 200 empregados   2%

II — de 201 a 500   3%

III — de 501 a 1.000   4%

IV — de 1.001 em diante   5%

§ 1º A dispensa de pessoa com deficiência ou de beneficiário reabilitado da Previdência Social ao final de contrato por prazo determinado de mais de 90 (noventa) dias e a dispensa imotivada em contrato por prazo indeterminado somente poderão ocorrer após a contratação de outro trabalhador com deficiência ou beneficiário reabilitado da Previdência Social.

§ 2º Ao Ministério do Trabalho e Emprego incumbe estabelecer a sistemática de fiscalização, bem como gerar dados e estatísticas sobre o total de empregados e as vagas preenchidas por pessoas com deficiência e por beneficiários reabilitados da Previdência Social, fornecendo-os, quando solicitados, aos sindicatos, às entidades representativas dos empregados ou aos cidadãos interessados.

§ 3º Para a reserva de cargos será considerada somente a contratação direta de pessoa com deficiência, excluído o aprendiz com deficiência de que trata a Consolidação das Leis do Trabalho (CLT), aprovada pelo Decreto-Lei n. 5.452, de 1º de maio de 1943.

Os indígenas, conforme anunciado no parágrafo único do art. 4º do Código Civil, têm sua capacidade jurídica regulada por legislação especial, vale dizer, pela Lei n. 6.001/73 — Estatuto do Índio. Consta do mencionado texto legislativo (*vide* art. 4º, I, II e III), registro no sentido de que os índios, quanto à capacidade jurídica para os atos da vida civil, podem ser divididos em três grupos:

a) **Isolados**, quando vivem em grupos desconhecidos ou de que se possuem poucos e vagos informes por meio de contatos eventuais com elementos da comunhão nacional. Esses índios, na forma do art. 15 da Lei n. 6.001/73[33], são **absolutamente incapazes**, sendo nulo de pleno direito o contrato de trabalho com eles celebrado.

b) **Em vias de integração**, quando, em contato intermitente ou permanente com grupos estranhos, conservam menor ou maior parte das condições de sua vida nativa, mas aceitam algumas práticas e modos de existência comuns aos demais setores da comunhão nacional, da qual vão necessitando cada vez mais para o próprio sustento. Esses índios, na forma do *caput* do art. 16 da ora analisada lei[34], são **relativamente capazes,** sendo anuláveis os contratos de trabalho com eles celebrados, caso não validados pela assistência dos órgãos de proteção ao índio.

c) **Integrados**, quando incorporados à comunhão nacional e reconhecidos no pleno exercício dos direitos civis, ainda que conservem usos, costumes e tradições característicos da sua cultura. Esses índios, na forma dos arts. 8º a 11 do Estatuto do Índio[35], são **plenamente capazes,** sendo totalmente válidos os contratos de trabalho com eles celebrados, independentemente de qualquer assistência.

c) Objeto lícito, possível, determinado ou determinável

A ilicitude caracteriza-se pela relação de contrariedade entre a conduta do agente e o ordenamento jurídico. Para Miguel Reale, em preciosas palavras, "é possível dizer que ilici-

---

33 Art. 15. Será nulo o contrato de trabalho ou de locação de serviços realizado com os índios de que trata o art. 4º, I.

34 Art. 16. Os contratos de trabalho ou de locação de serviços realizados com indígenas em processo de integração ou habitantes de parques ou colônias agrícolas dependerão de prévia aprovação do órgão de proteção ao índio, obedecendo, quando necessário, a normas próprias.

35 Art. 8º São nulos os atos praticados entre o índio não integrado e qualquer pessoa estranha à comunidade indígena quando não tenha havido assistência do órgão tutelar competente. Parágrafo único. Não se aplica a regra deste artigo no caso em que o índio revele consciência e conhecimento do ato praticado, desde que não lhe seja prejudicial, e da extensão dos seus efeitos.

Art. 9º Qualquer índio poderá requerer ao Juiz competente a sua liberação do regime tutelar previsto nesta Lei, investindo-se na plenitude da capacidade civil, desde que preencha os requisitos seguintes: I — idade mínima de 21 anos; II — conhecimento da língua portuguesa; III — habilitação para o exercício de atividade útil, na comunhão nacional; IV — razoável compreensão dos usos e costumes da comunhão nacional.

Parágrafo único. O Juiz decidirá após instrução sumária, ouvidos o órgão de assistência ao índio e o Ministério Público, transcrita a sentença concessiva no registro civil.

Art. 10. Satisfeitos os requisitos do artigo anterior e a pedido escrito do interessado, o órgão de assistência poderá reconhecer ao índio, mediante declaração formal, a condição de integrado, cessando toda restrição à capacidade, desde que, homologado judicialmente o ato, seja inscrito no registro civil.

Art. 11. Mediante decreto do Presidente da República, poderá ser declarada a emancipação da comunidade indígena e de seus membros, quanto ao regime tutelar estabelecido em lei, desde que requerida pela maioria dos membros do grupo e comprovada, em inquérito realizado pelo órgão federal competente, a sua plena integração na comunhão nacional. Parágrafo único. Para os efeitos do disposto neste artigo, exigir-se-á o preenchimento, pelos requerentes, dos requisitos estabelecidos no art. 9º.

tude é a materialização, a realização do ilícito através do indivíduo, de maneira que este, ao agir ou mesmo se omitir perante algum fato, tratou de entrar no universo do ilícito, do que contraria o bem-estar social e a previsão legal"[36].

Diante do quanto acima expendido, *o objeto será lícito* quando a *prestação* — componente da obrigação contida nos contratos de emprego — estiver de acordo com o ordenamento jurídico. Nesse sentido, toda vez que as partes ajustam o objeto do contrato precisam estar cientes de que há condutas — ou prestações — que são vedadas por lei em nome da boa convivência social. Assim, será obviamente nulo o contrato de emprego de um matador ou de um serviçal do narcotráfico. Sendo ilícita a conduta, ela sequer deveria ser nominada como "trabalho". Diz-se isso porque é difícil relacionar as palavras "trabalho" e "ilícito", uma vez que o trabalho, como ação plena de dignidade, jamais deveria afrontar a ordem social. Assim, se a atividade humana foi qualificada como "ilícita", ela se distancia, por si só, do conceito de "trabalho". Propõe-se, por isso, falar em "atividade ilícita", em vez de "trabalho ilícito".

Há situações, entretanto, em que a prestação é lícita, embora realizada num ambiente de práticas ilícitas. Exemplo pode ser extraído dos mensageiros que atuam nas fortalezas do "jogo do bicho" ou nos quartéis dos comandos criminosos. Pergunta-se: o serviço de entrega de mensagens é lícito? A resposta é, evidentemente, positiva, mas a consciência da inserção do trabalhador na atividade ilícita será absolutamente relevante para determinar a solução dada à natureza do objeto. Se esse mensageiro sabia estar envolvido num ambiente de ilegalidade, contribuiu, à sua maneira, para a atividade criminosa. O Código Penal, em seu art. 29, é claro: quem, de qualquer modo, concorre para o crime incide nas penas a este cominadas na medida de sua culpabilidade[37].

Anote-se, por fim, no âmbito da discussão, que o TST cristalizou jurisprudência no sentido de que o apontador do "jogo do bicho" presta serviço ilícito. Nesse sentido, veja-se a Orientação Jurisprudencial n. 199 da SDI-1 do TST[38]. Para a Alta Corte trabalhista, apesar de o ato de anotação (de escrituração) ser materialmente um ato lícito, a consciência do trabalhador de sua inserção numa atividade ilícita contamina a prestação de forma a torná-la igualmente ilícita.

O objeto será possível quando material e juridicamente viável. A ***impossibilidade material*** diz respeito a obstáculos físicos que nenhum humano superaria, sendo exemplo disso a prestação de trabalho rural no solo lunar. A exemplificação é evidentemente absurda porque o objeto materialmente impossível somente assim pode ser concebido. A ***impossibilidade jurídica***, por outro lado, diz respeito a obstáculos meramente normativos que, apesar de poderem ser materialmente superados, não encontrariam guarida no direito positivo, gerando, por conseguinte, penas pecuniárias e a assunção de responsabilidades para o empregador infrator. Diz-se, assim, que **um objeto juridicamente impossível é um objeto proibido**,

---

36 REALE, Miguel. *Lições preliminares de direito*. 27. ed. 8. tir. São Paulo: Saraiva, 2009.
37 Veja-se, quanto à consciência da ilicitude do objeto contratual, a seguinte ementa de aresto:
CONTRATO — OBJETO ILÍCITO — VÍNCULO DE EMPREGO — Restando demonstrado nos autos que **o obreiro prestou serviços em atividade ilícita contribuindo diretamente para a extração irregular de árvores em mata nativa e tendo conhecimento da ilegalidade desta atividade**, mantém-se a sentença na qual não se reconheceu a existência de vínculo empregatício entre as partes porque ilícito o objeto do contrato (art. 166, II, do Código Civil). TRT 14ª R., RO 00111.2008.161.14.00-3, Rel. Shikou Sadahiro, *DE*, 10-12-2008. Destaques não constantes do original.
38 **Orientação Jurisprudencial 199 da SDI-1 do TST**. JOGO DO BICHO. CONTRATO DE TRABALHO. NULIDADE. OBJETO ILÍCITO. É nulo o contrato de trabalho celebrado para o desempenho de atividade inerente à prática do jogo do bicho, ante a ilicitude de seu objeto, o que subtrai o requisito de validade para a formação do ato jurídico.

sendo disso exemplo, no campo do direito do trabalho, o labor noturno para menores de 18 anos, a realização de atividades destes em lugares insalubres ou a prestação de serviços para qualquer trabalhador além dos limites de jornada constantes da lei. O tema será apreciado de modo detalhado no próximo tópico, quando for reiterada a distinção entre "trabalho ilícito" (melhor seria dizer "atividade ilícita") e "trabalho proibido".

Das distinções entre trabalho ilícito e trabalho proibido

Com base nos elementos acima expendidos é possível estabelecer as distinções entre trabalho ilícito ("atividade ilícita") e trabalho proibido (trabalho ilegal). Nesses moldes, entende-se por **trabalho ilícito** (melhor seria dizer "atividade ilícita") aquele cuja prestação (execução)[39] não é fundada no direito, sendo, por isso, agressiva à ordem social. Assim, se uma pessoa se dispõe a facilitar o tráfico de entorpecentes, a matar pessoas por encomenda, a intermediar a prostituição ou a aviar o jogo do bicho, estará a realizar uma atividade cujo **objeto é ilícito**. Sendo ilícito o objeto (a prestação), não haverá qualquer efeito jurídico-trabalhista emergente do ato praticado porque, na perspectiva real, essa atividade não pode ser entendida como trabalho.

Note-se, com o objetivo de ressaltar uma das atividades aqui mencionadas, que a ilicitude existe no ato de intermediação da prostituição, e não no ato de prostituir-se. Diz-se isso para que fique bem claro que nada impede que o (a) submetido(a) à prostituição por um rufião (proxeneta ou cáften) possa demandar contra este um pleito de caraterização de vínculo de emprego[40]. Isso não é algo comumente visto, mas nada impede a pretensão, que, a depender dos elementos caracterizadores, pode resultar na formação de um contrato de emprego.

Esse ponto é colocado em destaque por conta da sua singularidade, pois a prostituição não é uma atividade ilícita; a ilicitude é unicamente de quem intermedeia a prostituição de modo a fazer um trabalho autônomo (como regra) transformar-se em trabalho subordinado (como exceção). Não se pode desconsiderar a existência de um autêntico vínculo de emprego sob o fundamento de que o empregador não poderia empregar pessoas nessa atividade[41].

O **trabalho proibido, também chamado trabalho irregular ou ilegal**, por outro lado, é assim caracterizado quando o seu **objeto, vale dizer, sua prestação, é apenas juridicamente impossível**[42]. Na proibição, a prestação, entendida efetivamente como

---

39 O objeto de uma atividade, qualquer que seja, é a prestação. Por isso, no âmbito dos trabalhos ilícito e proibido afere-se o conteúdo do ato executivo, vale dizer, o conteúdo da prestação.

40 Nesse sentido veja-se:

MUÇOUÇAH, Renato de Almeida Oliveira. *Trabalhadores do sexo e seu exercício profissional: delimitações entre as esferas penal e trabalhista*. São Paulo: LTr, 2015; LACERDA, Rosangela Rodrigues Dias de. *Reconhecimento do vínculo empregatício para o trabalho da prostituta*. 2015. Tese (Doutorado em Direito do Trabalho) — Faculdade de Direito, Universidade de São Paulo, São Paulo, 2015. Disponível em: <https://www.teses.usp.br/teses/disponiveis/2/2138/tde-31082017-105056/publico/Tese_Rosangela_Lacerda.pdf>. Acesso em: 7 out. 2022.

41 A atividade de "profissional do sexo" está reconhecida por meio da Portaria MTE n. 397, de 9 de outubro de 2002. Há, nesse particular, classificação na CBO – 5198 – 05. A moralidade e a persistência da tipificação do rufianismo e crimes assemelhados (ver arts. 228 a 230 do Código Penal) têm sido, sim, consideradas óbices para o reconhecimento do vínculo de emprego, mas há situações em que o Judiciário demonstra atuação em sentido diverso. O TRT da 15ª Região, a título de ilustração, reconheceu, nos autos do processo 0006700-15.2009.5.15.0137, como de emprego a relação estabelecida entre uma profissional do sexo e uma casa noturna. A tolerância social e estatal com a existência e o funcionamento de boates e casas de prostituição foi um fator levado em consideração no caso concreto.

42 Nos autos do Recurso Ordinário n. 02261.2003.062.02.00-0 há ementa que oferece clara distinção entre o trabalho ilícito e o trabalho proibido. Veja-se: "POLICIAL MILITAR. RECONHECIMENTO DE VÍNCULO EMPREGATÍCIO. TRABALHO ILÍCITO E PROIBIDO. DISTINÇÃO. EFEITOS. Trabalho ilícito é aquele não permitido porque seu objeto consiste na prestação de atividades criminosas e/ou contravencionais. Trabalho proibido é aquele cuja vedação deriva de circunstâncias especiais vinculadas à pessoa do trabalhador, mas seu

trabalho, apenas contraria alguma razão especial inserta na lei. Essa razão especial liga-se às qualidades do prestador ou às circunstâncias do ambiente onde o serviço é prestado. Sendo proibido o trabalho, a infração ao dispositivo de vedação gerará apenas sanções disciplinares, de cunho administrativo, contra prestador e tomador infratores, mas nenhum efeito jurídico sobre os créditos contratuais será notado. O contrato valerá plenamente, a despeito das vedações que se oponham e da possibilidade de o empregado pedir a caracterização da "despedida indireta". Na órbita do chamado trabalho proibido podem ser usados como exemplos o precitado **serviço noturno, em condições perigosas ou em ambiente insalubre prestado por menores de 18 anos** (*vide* art. 7º, XXXIII, do texto constitucional)[43] o trabalho prestado por **estrangeiros em situação irregular no país**[44], o trabalho da empregada **gestante ou lactante**, enquanto durar a gestação, em atividades, operações ou locais insalubres em grau máximo ou, ainda, os serviços mencionados no Decreto n. 6.481/2008, que arrola as **piores formas de trabalho infantil**. Outro exemplo muitas vezes mencionado na doutrina e na jurisprudência diz respeito ao serviço prestado por **policiais militares**. Estes são normalmente proibidos de realizar, por força dos estatutos de suas Corporações, qualquer trabalho de natureza privada. A vedação é até compreensível diante do resguardo das energias do policial para o serviço público e para a segurança da sociedade. Não há, entretanto, qualquer disposição normativa expressa que declare ilícita a atividade prestada por policiais quando realizada fora dos quartéis. A transgressão por eles perpetrada ao aceitar a formação de contratos de emprego com particulares para prestar serviço de vigilância implica apenas infração de ordem disciplinar, punível meramente pela Corporação. Não há falar em efeitos que alcancem uma relação jurídica distinta e independente. Pensando nesses aspectos foi produzida a Súmula 386 do TST. Observe-se:

> *Súmula 386 do TST. POLICIAL MILITAR. RECONHECIMENTO DE VÍNCULO EMPREGATÍCIO COM EMPRESA PRIVADA. Preenchidos os requisitos do art. 3º da CLT, é legítimo o reconhecimento de relação de emprego entre policial militar e empresa privada, independentemente do eventual cabimento de penalidade disciplinar prevista no Estatuto do Policial Militar.*

Ademais, se na relação jurídica estiverem presentes os requisitos caracterizadores do contrato de emprego, o beneficiário do serviço não poderia se locupletar com fundamento na sua própria torpeza. Não é razoável que o empregador, por meio de um *venire contra factum proprio*, oponha a ora analisada vedação para eximir-se do cumprimento de obrigações trabalhistas que ele mesmo violou.

---

objeto não se reveste de ilicitude. No primeiro caso não se cogita em vinculação empregatícia, pois o respectivo negócio jurídico é destituído de validade, conforme dispõe o artigo 104, II, do Código Civil. No segundo caso, entretanto, nada impede a configuração do contrato de emprego, se na relação jurídica estão presentes seus requisitos caracterizadores, pois por força do estipulado no artigo 105, do Código Civil, o beneficiário da mão de obra não pode se locupletar com sua própria torpeza, opondo a vedação legal a fim de se eximir do cumprimento de obrigações trabalhistas. O policial militar, proibido do exercício de outras atividades pela Lei Orgânica Estadual aplicável, se insere nesta segunda hipótese. Assim, não há óbice ao reconhecimento de vínculo empregatício na hipótese, devendo ser resolvida na esfera própria a questão envolvendo o trabalhador e sua Corporação".

43   Art. 7º São direitos dos trabalhadores urbanos e rurais, além de outros que visem à melhoria de sua condição social: [...] XXXIII — proibição de trabalho noturno, perigoso ou insalubre a menores de dezoito e de qualquer trabalho a menores de dezesseis anos, salvo na condição de aprendiz, a partir de quatorze anos (redação dada ao inciso pela Emenda Constitucional n. 20/98).

44   Não há qualquer nulidade no contrato de trabalho celebrado com o estrangeiro em situação irregular no país. Trata-se apenas de trabalho proibido (e não de atividade ilícita) que, uma vez infringido, desafia a aplicação de penalidades administrativas contra o próprio estrangeiro (a deportação, por exemplo) e contra quem o contratou (multas administrativas, por exemplo).

O objeto será determinado quando houver certeza sobre a prestação a realizar-se. As partes contratantes devem, então, descrever o objeto do contrato de emprego, sob pena de, não o fazendo, entender-se que o empregado "se obrigou a todo e qualquer serviço compatível com a sua condição pessoal" (veja-se o parágrafo único do art. 456 da CLT). Isso fará com que o objeto seja, então, **determinável** *no curso do contrato* e que o ajuste seja, nesse particular, tácito, segundo a mencionada condição pessoal do trabalhador envolvido na atividade. A contratação "para nada fazer" envolve a antes mencionada impossibilidade jurídica, já que um dos deveres contratuais do empregador é o de *dar trabalho*.

A contratação "para nada fazer" pode, por isso, implicar a caracterização de assédio moral, uma vez que conduta dessa natureza subtrai do empregado sua dignidade de pessoa útil e produtiva. Anote-se, por fim, que a determinação prévia do objeto do contrato torna claras as discussões em torno dos desvios funcionais e serve para identificar eventual "serviço alheio ao contrato" (*vide* art. 483, *a*, parte final, da CLT).

d) Forma prescrita ou não defesa em lei

A forma é o aspecto físico que, quando exigido por lei, deve revestir o negócio jurídico para que a declaração de vontade tenha validade. Assim, quando a lei impuser uma forma especial para o negócio jurídico, esta deverá ser observada, sob pena de nulidade (veja-se, nesse sentido, o art. 166, IV, do Código Civil)[45]. Esse tema normalmente se insere no âmbito da **exigência de instrumento necessariamente escrito**. O mesmo efeito será sentido quando for preterida alguma solenidade que a lei considere essencial para sua validade (veja-se o art. 166, V, do Código Civil). Tal aspecto insere-se na **exigência do cumprimento de requisito de demonstração de aptidão prévia à contratação**. Vejam-se as duas variáveis:

• **Exigência de instrumento necessariamente escrito**. A forma do contrato de emprego é, *em regra*, livre. A declaração de vontade dos contratantes em uma relação laboral pode, por isso, ser manifestada independentemente de qualquer apreensão com o aspecto exterior do ajuste. Há, entretanto, algumas contratações trabalhistas que exigem forma específica, sem a observância da qual se desnaturam. Note-se, por exemplo, que o contrato de aprendizagem é necessariamente escrito (art. 428 da CLT)[46], o mesmo ocorrendo com o contrato de trabalho temporário (*caput* do art. 11 da Lei n. 6.019/74)[47], o contrato do atleta profissional de futebol (*caput* do art. 3º da Lei n. 6.354/76 ora revogado pela Lei n. 12.395/2011)[48], o contrato dos atletas profissionais das demais modalidades desportivas (*caput* do art. 28 da Lei n. 9.615/98)[49]

---

[45] Art. 166. É nulo o negócio jurídico quando: [...] IV — não revestir a forma prescrita em lei; V — for preterida alguma solenidade que a lei considere essencial para a sua validade.

[46] Art. 428. Contrato de aprendizagem é o contrato de trabalho especial, ajustado por escrito e por prazo determinado, em que o empregador se compromete a assegurar ao maior de quatorze e menor de vinte e quatro anos inscrito em programa de aprendizagem formação técnico-profissional metódica, compatível com o seu desenvolvimento físico, moral e psicológico, e o aprendiz, a executar com zelo e diligência as tarefas necessárias a essa formação (redação dada ao *caput* pela Lei n. 11.180, de 23-9-2005, conversão da Medida Provisória n. 251, de 14-6-2005).

[47] Art. 11. O contrato de trabalho celebrado entre empresa de trabalho temporário e cada um dos assalariados colocados à disposição de uma empresa tomadora ou cliente será obrigatoriamente escrito e dele deverão constar, expressamente, os direitos conferidos aos trabalhadores por esta lei.

[48] Art. 3º O contrato de trabalho do atleta, celebrado por escrito, deverá conter: [...].

[49] Art. 28. A atividade do atleta profissional é caracterizada por remuneração pactuada em contrato especial de trabalho desportivo, firmado com entidade de prática desportiva, no qual deverá constar, obrigatoriamente: [...].

e o contrato dos artistas e técnicos em espetáculos de diversão (*caput* do art. 9º e art. 10 da Lei n. 6.533/78)[50].

Se essas contratações não forem formuladas por escrito não se perfarão os efeitos constantes de suas normas constituintes. Nesses casos, o contrato especial abrirá espaço para uma contratação comum, e algumas consequências poderão daí advir. Imagine-se que um menor de 14 anos tenha firmado contrato de aprendizagem meramente verbal. Essa contratação, em rigor, não existiu em sua modalidade especial, mas sim em sua dimensão ordinária, produzindo efeitos de uma contratação comum.

Como não se admite, por impossibilidade jurídica, a contratação de menores de 16 anos, a solução será declarar a nulidade do contrato e apurar perdas e danos. Outro exemplo diz respeito à contratação de trabalho temporário sem instrumento escrito. O efeito da inobservância da forma escrita corresponderá à convolação do contrato de tipo especial em um contrato de tipo comum. Antecipando o que será objeto de apreciação no capítulo em que se tratará da cessação do vínculo por nulidade, o vício de forma provocará, na situação aqui analisada, a transformação da natureza contratual — de especial para ordinária —, fazendo desaparecer todas as vantagens que o modo extraordinário de contratação oferecia.

Corrobora essa tese o pensamento do Professor Ísis de Almeida, segundo o qual "a cláusula nula ou anulada que afetar substancialmente a natureza excepcional do contrato torna este inexistente, sendo logo substituído pelo contrato de trabalho tradicional, que se forma tacitamente, e de prazo indeterminado, pois essa é a modalidade regra prevalente para todos os casos em que não há estipulação expressa, ou quando esta se tornou nula. Como consequência, ocorrendo essa transformação, a relação de emprego transfere-se diretamente para a empresa tomadora ou cliente, pois foi a ela que a prestação laboral efetiva favoreceu"[51].

• **Exigência do cumprimento de requisito de demonstração de aptidão prévia à contratação**. Tal situação encontra exemplo marcante no § 2º do art. 37 da Constituição. O mencionado dispositivo prevê nulidade do ato de investidura em cargo ou emprego público se preterida solenidade que a lei fundamental considera essencial para sua validade. Perceba-se que a Constituição da República considera essencial, para fins de investidura na seara estatal (entes políticos — União, Estados federados, Distrito Federal e Municípios — suas autarquias e fundações, empresas públicas e sociedades de economia mista), um prévio procedimento concursal entre os candidatos ao cargo ou emprego público. Consoante o inciso II do precitado art. 37 da norma constitucional, a investidura em cargo ou emprego público depende de aprovação prévia em concurso público de provas ou de provas e títulos,

---

50 Art. 9º O exercício das profissões de que trata esta lei exige contrato de trabalho padronizado, nos termos de instruções a serem expedidas pelo Ministério do Trabalho.[...] Art. 10. O contrato de trabalho conterá, obrigatoriamente: I — qualificação das partes contratantes; II — prazo de vigência; III — natureza da função profissional, com definição das obrigações respectivas; IV — título do programa, espetáculo ou produção, ainda que provisório, com indicação do personagem nos casos de contrato por tempo determinado; V — locais onde atuará o contratado, inclusive os opcionais; VI — jornada de trabalho, com especificação do horário e intervalo de repouso; VII — remuneração e sua forma de pagamento; VIII — disposição sobre eventual inclusão do nome do contratante no crédito de apresentação, cartazes, impressos e programas; IX — dia de folga semanal; X — ajuste sobre viagens e deslocamentos; XI — período de realização de trabalhos complementares, inclusive dublagem, quando posteriores à execução do trabalho de interpretação objeto do contrato; XII — número da Carteira de Trabalho e Previdência Social. Parágrafo único. Nos contratos de trabalho por tempo indeterminado deverá constar, ainda, cláusula relativa ao pagamento de adicional, devido em caso de deslocamento para prestação de serviço fora da cidade, ajustada no contrato de trabalho.
51 ALMEIDA, Ísis. O regime de trabalho temporário. In: *Curso de Direito do Trabalho*. Estudos em Memória de Célio Goyatá, v. 1, São Paulo: LTr, 1994, p. 336.

de acordo com a natureza e a complexidade do cargo ou emprego. A medida visou à democratização de acesso aos postos públicos, antes ocupados por critérios meramente políticos. A nulidade contratual por ausência de prévio concurso público retira do negócio jurídico firmado seus efeitos jurídicos. Apesar disso, a administração de algumas consequências é fato inevitável. Isso acontece porque, conquanto cônscios da situação de vantagem em relação à coletividade[52], muitos trabalhadores, motivados por promessas de administradores públicos inescrupulosos, permanecem trabalhando por longos anos em situação irregular. Apesar de nulo o ajuste contratual, não se pode negar o direito de retribuição pelo trabalho prestado. Assim, a jurisprudência dominante, por meio da Súmula 363 do TST, firmou entendimento no sentido de que a contratação sem prévia aprovação em concurso público **somente confere direito ao pagamento da contraprestação pactuada** em relação ao número de horas trabalhadas, respeitado o valor da hora do salário mínimo, e dos valores referentes aos depósitos do FGTS (veja-se também, especialmente quanto ao FGTS, o teor do art. 19-A da Lei n. 8.036/90)[53].

4.4.5.2.3 Plano da eficácia

O plano da eficácia é meramente acidental. Ele somente será relevante se os sujeitos do ato negocial criaram autolimitações à autonomia da vontade. Nesse plano são produzidas cláusulas meramente acessórias, que, entretanto, quando inseridas no ato negocial existente e válido, têm o condão de delimitar, retardar ou condicionar seu pleno efeito jurídico. Três são os elementos acidentais do negócio jurídico encontrados no plano da eficácia: o termo, a condição e o encargo ou modo.

O *termo* é uma cláusula que subordina o efeito do negócio jurídico a *evento futuro e certo*. Diz-se, então, existente um contrato a termo quando as partes convencionam que ele terminará em data predeterminada. Assim, por exemplo, constituem ajustes cuja vigência depende de termo prefixado os contratos de experiência (§ 2º, *c*, do art. 443 e parágrafo único do art. 445 da CLT) e os contratos de trabalho temporário (*vide* art. 10 da Lei n. 6.019/74).

A *condição* é uma cláusula que, derivando exclusivamente da vontade das partes, subordina o efeito do negócio jurídico a *evento futuro e incerto*. Exemplo claro de aplicabilidade da condição no direito do trabalho é visível no § 2º do art. 475 da CLT[54], segundo o qual

---

52 Não há dúvida de que o trabalhador contratado sem concurso público sabe que está em alguma situação de vantagem. A experiência pessoal demonstra que os trabalhadores inseridos em tal conjuntura, quando indagados acerca da origem de seu acesso, foram uníssonos em afirmar que isso ocorreu por motivos políticos. Alguns trabalhadores, apesar de não conhecerem o texto constitucional, possuíam a sensação de que tiraram alguma vantagem e, por isso, referiram-se a si mesmos como trabalhadores que "entraram pela janela" do serviço público.

53 Anote-se que, em 26 de março de 2015, o Plenário do Supremo Tribunal Federal (STF), por maioria, julgou improcedente a Ação Direta de Inconstitucionalidade (ADI) 3127 e reafirmou o entendimento de que trabalhadores que tiveram o contrato de trabalho com a administração pública declarado nulo em decorrência do descumprimento da regra constitucional do concurso público têm direito aos depósitos do Fundo de Garantia do Tempo de Serviço (FGTS). O relator da ação, o ministro Teori Zavascki, afirmou que o dispositivo legal questionado, art. 19-A da Lei n. 8.036/90, não contraria qualquer preceito constitucional. Ele assinalou que o dispositivo legal não afronta o princípio do concurso público — previsto no art. 37, § 2º, da Constituição Federal — pois não torna válidas as contratações indevidas, mas apenas permite o saque dos valores recolhidos ao FGTS pelo trabalhador que efetivamente prestou o serviço devido. Registre-se, por fim, que a questão já havia sido enfrentada pelo STF no julgamento do Recurso Extraordinário (RE) 596478, com repercussão geral. Na ocasião, julgou-se legítimo o caráter compensatório da norma questionada.

54 Art. 475. [...] § 2º Se o empregador houver admitido substituto para o aposentado, poderá rescindir, com este, o respectivo contrato de trabalho sem indenização, desde que tenha havido ciência inequívoca da interinidade ao ser celebrado o contrato.

o empregador pode contratar por tempo determinado, *certus an et incertus quando,* um empregado, substituto de outro colaborador que está com o contrato de emprego suspenso por conta da percepção de benefício por incapacidade. Como é impossível definir exatamente qual seria o limite temporal do referido ajuste, a lei autoriza que contratante e contratado estabeleçam uma *condição resolutiva* que fará cessar automaticamente o vínculo quando o trabalhador afastado retornar a suas atividades[55]. No mesmo âmbito podem ser citadas as contratações que se resolvem na medida em que o empregado execute algum serviço especificado (contratação por obra certa prevista na Lei n. 2.959/56) ou realize certo acontecimento suscetível de previsão aproximada (contratação por safra, prevista na Lei n. 5.889/73 e no art. 19 do Decreto n. 73.626/74).

Outro exemplo muito aplicado no campo do direito do trabalho diz respeito à outorga de alguns complementos salariais criados por força da autonomia privada. Recorde-se que muitos empregadores costumam criar prêmios condicionados a um período de observação. Imagine-se, por exemplo, que um empregador crie um prêmio de assiduidade em favor de qualquer empregado que não falte injustificadamente ao serviço. Depois do primeiro ano de observação, o empregado que cumprir a *condição suspensiva* fará jus ao benefício. Aquele que não cumprir a condição não receberá a vantagem ora analisada[56].

O *encargo* é uma determinação acessória que impõe um ônus lícito e possível em detrimento da concessão de uma vantagem. Trata-se de um elemento acidental somente visível em negócios jurídicos celebrados a título gratuito, por exemplo, nos contratos de doação ou de comodato ou, ainda, em atos jurídicos de disponibilidade como, ilustrativamente, nas disposições testamentárias.

Os contratos de emprego, consoante mencionado, são ajustes realizados a título oneroso, o que os torna imunes à determinação de encargos. Ademais, sendo sinalagmáticos os contratos de emprego, não há espaço para a imposição de ônus adicionais além daqueles que já integram o ajuste. Isso quebraria a lógica da contraposição equilibrada.

4.4.6 Defeitos e invalidade do contrato de emprego

O negócio jurídico estará eivado de *defeitos* quando a declaração de vontade não puder ser livremente expendida. Em tais circunstâncias poderão ser evidenciados tanto *vícios de consentimento* quanto *vícios sociais.*

4.4.6.1 Defeitos

4.4.6.1.1 Vícios de consentimento

Os *vícios de consentimento* são distorções da realidade que provocam uma manifestação de vontade não correspondente ao verdadeiro querer do manifestante. Entre tais vícios estão o erro, o dolo, a coação, a lesão e o estado de perigo.

---

55 Anote-se que, falecendo o substituído, o interino será efetivado.
56 Anote-se que, por vezes, é o próprio empregador quem não empreende as condições que ele mesmo criou para tanto, como, por exemplo, deliberação de diretoria ou apuração de desempenho. Assim, para resolver esses óbices propositais, praticados em nome de condição meramente potestativa, há o art. 129 do Código Civil. Por força desse dispositivo, "reputa-se verificada, quanto aos efeitos jurídicos, a condição cujo implemento for maliciosamente obstado pela parte a quem desfavorecer, considerando-se, ao contrário, não verificada a condição maliciosamente levada a efeito por aquele a quem aproveita o seu implemento".

a) Erro

O *erro* é uma noção deformada (do objeto ou da pessoa) que leva um manifestante, por confiança, a emitir vontade diversa daquela que normalmente emitiria se tivesse o exato conhecimento da realidade. Exemplo clássico de erro no campo do direito do trabalho será evidenciado quando um empregador, num processo seletivo, atender indicação do recrutador para contratar o cozinheiro José da Silva por sua notável qualidade técnica, mas, por erro substancial, efetivar o ajuste com outro trabalhador de mesmo nome (um homônimo).

O erro praticado pelo empregador no processo de seleção, porém, não o dispensaria da obrigação de manter o contratado por erro. Uma vez prestado o serviço pelo José da Silva "errado", ele teria sido tanto empregado quanto qualquer outro contratado pela empresa, merecendo o mesmo tratamento dispensado aos demais contratados. Se ele vier a ser desligado, terá de receber todas as parcelas decorrentes da terminação do contrato. Não se aplica aqui, no âmbito trabalhista, a lógica segundo a qual o vício de consentimento teria, por si só, a força de produzir nulidade *ex tunc*.

b) Dolo

O *dolo* é uma noção deformada (do objeto ou da pessoa) provocada por ação astuciosa de uma das partes do negócio jurídico ou por um terceiro com o objetivo de produzir benefício próprio ou alheio ainda que à custa do prejuízo do manifestante.

Enzo Roppo esclarece que o instituto aqui em análise "pode consistir numa mentira acompanhada de uma 'encenação' mais ou menos complexa, idônea a conferir-lhe credibilidade; pode também identificar-se com o silêncio ou a reticência: mais precisamente, com o silenciar, ou com o deixar na ambiguidade, fatos que — em consideração das circunstâncias e das relações existentes entre as partes — deveriam ter sido, pelo princípio de boa-fé pré-contratual [...], comunicados à outra parte, ou então esclarecidos"[57].

Age com dolo, portanto, o empregador que, sob o argumento do oferecimento de "aviso prévio do empregador para o empregado" oferece para o trabalhador, astutamente, um "aviso prévio do empregado para o empregador", levando-o, pela crença da regularidade documental, a manifestar um "pedido de demissão", quando se imaginava estar apenas a dar a ciência sobre a comunicação de dispensa por iniciativa do empregador.

c) Coação

A *coação* é um vício de consentimento caracterizado por ato de violência capaz de levar a vítima a realizar um negócio jurídico que, sob condições normais, não efetuaria. São dignos de nota dois exemplos oferecidos pelo Professor Sílvio Rodrigues. Para o notável civilista, baseado em julgado de tribunal belga, atuariam mediante coação os integrantes de uma orquestra que, no momento de realização da apresentação para um respeitável público, condicionassem a execução das músicas ao pagamento de retribuições mais elevadas do que aquelas ajustadas originariamente com o promotor do evento.

O segundo exemplo do mencionado doutrinador diz respeito a empregado que, flagrado em atitude de desfalque de numerário da empresa, é coagido, para não ser denunciado à polícia, a pedir demissão e a assinar uma declaração de reconhecimento de dívida correspondente ao montante subtraído[58].

---

[57] ROPPO, Enzo. *O contrato*. Coimbra: Almedina, 1988, p. 240.
[58] RODRIGUES, Sílvio. *Dos vícios do consentimento*. São Paulo: Saraiva, 1979, p. 280-281.

d) Lesão

A **lesão** é um vício de consentimento a que se submete uma pessoa sob premente necessidade ou por inexperiência, fazendo com que ela se obrigue a prestação manifestamente desproporcional ao valor da prestação oposta (veja-se o art. 157 do Código Civil).

O instituto da lesão é claramente evidenciado no direito do trabalho por meio do chamado *truck system*, sistema baseado na indução do trabalhador ao uso de armazéns mantidos pelos próprios empregadores que, em regra, praticam preços superfaturados, inviabilizando consequentemente o pagamento da dívida[59].

e) Estado de perigo

O **estado de perigo** é também vício de consentimento caracterizado pela circunstância de alguém, premido pela necessidade de salvar a si mesmo ou a pessoa de sua família de grave dano conhecido pela outra parte, assumir com esta obrigação excessivamente onerosa, independentemente do emprego de violência psicológica ou ameaça do beneficiário. No estado de perigo o manifestante não age por ato de coator, mas sim em virtude das circunstâncias impostas pela abusividade.

Essa situação pode ser bem entendida mediante um exemplo abstrato no âmbito do direito do trabalho. Imagine-se que a única clínica médica de uma cidade do interior, antes de efetivamente aberta ao público para atividades cirúrgicas, realiza a seleção dos médicos que ali atuarão. Exatamente quando um dos candidatos a médico-cirurgião está sendo entrevistado, chega à clínica, baleado, o filho do empregador. Naquele momento de grave dano, o empregador, desesperado, assina o contrato de emprego do candidato a médico e lhe oferece um salário elevadíssimo, incompatível com a realidade da clínica ou da região, para que este salve a vida do seu querido familiar[60].

4.4.6.1.2 Vícios sociais

Os **vícios sociais** são eivas que fazem com que a vontade, embora correspondente ao desejar interno do manifestante, viole elementares deveres de convivência social, notadamente a boa-fé, para enganar terceiros. Os vícios sociais, então, objetivam a formação de uma ilusória situação para produzir benefícios aos manifestantes e/ou prejuízos a terceiros. Entre esses vícios estão a simulação e a fraude contra credores.

a) Simulação

A **simulação** é um vício que produz uma proposital e bilateral discrepância entre o querer interno dos manifestantes e a vontade por eles declarada com o objetivo de produzir

---

59 Nesse sentido, deve-se consultar GAGLIANO, Pablo Stolze e PAMPLONA FILHO, Rodolfo. *Novo curso de direito civil:* Parte Geral. 10. ed. São Paulo: Saraiva, 2008, p. 360-361.
60 No plano da realidade, houve acolhimento dessa tese em Vara do Trabalho do TRT da 21ª Região, que, analisando as circunstâncias pessoais do reclamante, anulou pedido de demissão feito durante a pandemia sob o fundamento de tal vício de consentimento (Processo n. 0000364-32.2020.5.21.0043). Tratou-se de um pleito de bancário, que alegou que seu pedido de desligamento teria sido motivado por grave crise depressiva, causada pelo estresse do trabalho e pela descoberta, em sua sogra, de um câncer em estado de metástase. Para o juiz, que acolheu a tese, o bancário estava em um momento de grande pressão, decorrente da doença da sogra e da necessidade de se "adaptar à nova e perigosa realidade trazida pela Covid-19, em especial para aquelas pessoas que trabalham com atendimento físico ao público". A decisão admitia recurso e foi aqui referida por tratar-se de evento pouco referenciado na literatura trabalhista.

um negócio jurídico fingido, mas aparentemente válido. A intenção do simulacro é iludir terceiros para produzir benefícios em favor dos manifestantes da vontade viciada, ainda que à custa do prejuízo alheio.

No âmbito juslaboralista há uma pletora de exemplos de simulação, entre os quais se destaca o ajuste proposital firmado entre empregado e empregador no sentido de anotar na CTPS um valor de salário inferior àquele efetivamente ajustado com o objetivo de pagar tributo (imposto de renda e contribuição previdenciária) em dimensão inferior àquele efetivamente devido (**salário "por fora"**). Nesse caso a simulação torna-se evidente, na medida em que tanto empregado quanto empregador provocaram em terceiros (notadamente no Fisco) uma falsa crença em uma situação não verdadeira.

O mesmo acontece quando empregado e empregador, de comum acordo, criam uma aparência de prestação de serviços via pessoa jurídica (**pejotização**) especialmente empreendida com o objetivo de diminuir a incidência de tributação. Outro exemplo estará presente quando uma empresa e suposto empregado desta firmam acordo perante a Justiça do Trabalho (no curso de uma **lide simulada**) a fim de reconhecer vínculo de emprego inexistente e de pagar indenização de valores estratosféricos. A simulação poderá prejudicar a Previdência Social, que se verá obrigada, desde que existente início de prova material do vínculo, a reconhecer tempo de contribuição inexistente. Anote-se que o início de prova material (vestígio de prova material, na verdade) também pode ser maldosamente forjado pelos simuladores. Não fosse apenas isso, o pagamento de indenização estratosférica poderá estar prejudicando — por um ilusório esgotamento de recursos da empresa — um grande número de verdadeiros empregados, produzindo, por cumulação, mais uma espécie de vício, a fraude contra credores.

b) Fraude contra credores

A *fraude contra credores* é o manejo ou maquinação oculta, por meio do qual o devedor insolvente, por autêntico ato de alienação de seus bens, prejudica ou tenta prejudicar credor preexistente mediante um premeditado esvaziamento patrimonial. Na seara laboral existem muitas fraudes contra credores como, por exemplo, as situações de empresários que transferem seu patrimônio para não saldar os créditos privilegiados de seus empregados.

4.4.6.2 Invalidação

Constatados os precitados defeitos, haverá possível invalidação[61] do negócio jurídico. A invalidação poderá produzir a nulidade ou a anulabilidade do ajuste firmado.

4.4.6.2.1 Nulidade e anulabilidade: particularidades no âmbito do direito do trabalho

Haverá **nulidade** quando a sanção normativamente imposta retirar, *sem possibilidade de confirmação*, todos os efeitos do negócio jurídico praticado ou parte deles (vejam-se os arts. 166 a 170 do Código Civil). Contrariamente, haverá **anulabilidade** quando a sanção normativamente infligida condicionar a validade do ato jurídico maculado à prática de atos de confirmação que contenham a substância do negócio celebrado e a vontade expressa de mantê-lo (vejam-se os arts. 171 a 184 do Código Civil).

---

61 Invalidade é um gênero que abarca as espécies nulidade e anulabilidade, na forma dos arts. 166 e 171 do Código Civil.

Em qualquer das hipóteses — de nulidade ou de anulabilidade — é importante atentar, no âmbito dos contratos de emprego, para a ponderação magistral feita por Evaristo de Moraes Filho:

"Por ser de trato sucessivo, tanto a nulidade quanto a anulabilidade somente se fazem sentir no contrato de trabalho *ex nunc*, como acontece com a simples resolução, do momento do seu pronunciamento para o futuro, sendo válidos os atos praticados no passado. Quer baseado no enriquecimento ilícito, com empobrecimento alheio, quer baseado na existência da relação de trabalho independente do contrato, o fato é que os efeitos da nulidade não são *ex tunc*, desde o início do contrato. Falha aqui o cânone usual *quod nullum est, nullum effectum producit*, porque é de todo impossível fazer as prestações e as contraprestações voltarem ao *status quo ante* da sua execução"[62].

4.4.6.2.2 Situações de anulabilidade e efeitos da declaração

Segundo a legislação civil, afora outras hipóteses presentes em leis específicas, é anulável o negócio jurídico promovido por **agente relativamente capaz** ou por conta de vício resultante de **erro, dolo, coação, estado de perigo, lesão ou fraude contra credores** (veja-se o art. 171 do Código Civil).

Assim, se um contrato é firmado com menor de 17 anos, sem assistência, o negócio jurídico correspondente é meramente anulável, podendo ser sanado mediante autorização posterior de pais ou tutores. Note-se que, uma vez iniciado e findo o contrato de emprego, não há falar na necessidade de tomada da anuência dos referidos assistentes (art. 176 do Código Civil). Afirma-se isso porque a execução voluntária do negócio anulável importará a extinção de todas as ações, ou exceções, de que dispria o devedor. Em relação aos vícios resultantes de erro, dolo, coação, estado de perigo, lesão ou fraude contra credores, o negócio anulável pode ser confirmado pelas partes, ressalvados, entretanto, os direitos de terceiros.

Mais um detalhe a observar diz respeito ao fato de que somente as partes interessadas no negócio jurídico poderão invocar a anulabilidade dele, sendo vedada, no particular, a declaração de ofício (*vide* o art. 177 do Código Civil). Anulado o negócio jurídico, restituir-se-ão as partes ao estado em que antes dele se achavam, e, não sendo possível restituí-las, serão indenizadas com o equivalente.

4.4.6.2.3 Situações de nulidade e efeitos da declaração

O art. 166 do Código Civil dispõe ser nulo o negócio jurídico quando:

I — celebrado por pessoa absolutamente incapaz;

II — for ilícito, impossível ou indeterminável o seu objeto;

III — o motivo determinante, comum a ambas as partes, for ilícito;

IV — não revestir a forma prescrita em lei;

V — for preterida alguma solenidade que a lei considere essencial para a sua validade;

VI — tiver por objetivo fraudar lei imperativa;

VII — a lei taxativamente o declarar nulo, ou proibir-lhe a prática, sem cominar sanção.

No rol acima expendido inclui-se o **negócio jurídico simulado**[63], ressalvadas apenas as cláusulas que, extraídas dele, forem válidas na substância e na forma. Perceba-se que, de

---

62 MORAES FILHO, Evaristo de. *Introdução ao direito do trabalho*. 4. ed. São Paulo: LTr, 1986, p. 274.
63 Art. 167. [...] § 1º Haverá simulação nos negócios jurídicos quando: I — aparentarem conferir ou transmitir direitos a pessoas diversas daquelas às quais realmente se conferem, ou transmitem; II — contiverem

acordo com o disposto no precitado art. 166, VI, do Código Civil, são nulos os negócios jurídicos que tiverem por objetivo fraudar lei imperativa. Sendo a legislação trabalhista de caráter ostensivamente imperativo, haja vista a limitação civilizatória à autonomia privada (individual ou coletiva), não há dúvidas de que será nulo qualquer ato praticado com o objetivo de desvirtuar, impedir ou fraudar norma de natureza laboral. Esse, aliás, é o texto contido no art. 9º da CLT[64]. Embora não fossem necessárias reiterações sobre o assunto "nulidade", a própria Consolidação das Leis do Trabalho repetiu os efeitos decorrentes da violação aos direitos mínimos constantes da lei em múltiplos dispositivos, entre os quais podem ser citados os seus arts. 117, 468, 608, 619 e 627.

Em regra, a nulidade jurídico-trabalhista possui efeitos tendentes a **restabelecer a situação existente antes da prática do ato nulo**, o que acontece, por exemplo, com a alteração contratual nula prevista no art. 468 da CLT. Há circunstâncias, porém, em que a nulidade do ato dá ensejo à **emersão da forma contratual ordinária**, como as contratações que exigem a observância da forma escrita. O contrato de aprendizagem, por exemplo, quando formulado sem a observância da forma escrita, fará surgir em seu lugar uma contratação de emprego de tipo comum.

Por fim, há situações extremas em que a nulidade **tornará sem nenhum efeito o ajuste**, como as situações em que o objeto do contrato é uma atividade ilícita, em que foi preterida alguma solenidade que a lei considerava essencial para sua validade ou ainda em que um dos sujeitos do contrato for absolutamente incapaz de manifestar sua vontade. Anote-se que a jurisprudência, nos casos relacionados aos ajustes formados com os sujeitos absolutamente incapazes, notadamente com os menores, tem, excepcionalmente, admitido a produção de efeitos, sob o fundamento da proteção integral à criança e ao adolescente. O argumento jurídico é aquele segundo o qual não se pode utilizar a norma protetiva da criança e do adolescente contra a criança ou contra o adolescente.

4.4.7 Modalidades contratuais de emprego

A análise das modalidades importa a verificação de cada aspecto ou particularidade que envolve o objeto apreciado. Assim, ao tratar-se das modalidades contratuais de emprego serão analisadas as variáveis em função do ajuste, do tempo de duração do vínculo e do modo de execução dos serviços. Observem-se:

4.4.7.1 Quanto ao ajuste

Quanto ao ajuste, os contratos de emprego podem ser tácitos ou expressos (de forma verbal ou escrita).

4.4.7.1.1 Contrato de emprego tácito

O **ajuste contratual será tácito** quando não traduzido por palavras, mas sim por intenções. Nada é preciso dizer para sua efetivação. Seus desígnios são implícitos ou subentendidos. Imagine-se, a título de exemplo, a situação de um veranista que, ao chegar à sua casa de praia, percebe que seu vizinho limpou o quintal e regou as plantas. O veranista, satisfeito, arbitra, por conta própria, um valor de contraprestação e a oferece ao disposto vizinho.

---

declaração, confissão, condição ou cláusula não verdadeira; III — os instrumentos particulares forem antedatados, ou pós-datados.

64 Art. 9º Serão nulos de pleno direito os atos praticados com o objetivo de desvirtuar, impedir ou fraudar a aplicação dos preceitos contidos na presente Consolidação.

Esses comportamentos de prestação e de contraprestação repetem-se durante meses e anos sem que nenhum deles precise trocar uma palavra sequer. Tudo é subentendido, sugerido por ações e reações. Tudo é, enfim, ajustado de modo tácito, silencioso. Note-se que, nos moldes do art. 111 do Código Civil, "o silêncio importa anuência, quando as circunstâncias ou os usos o autorizarem, e não for necessária a declaração de vontade expressa".

4.4.7.1.2 Contrato de emprego expresso

O *ajuste contratual será expresso* quando celebrado de maneira manifesta, explícita, por escrito ou de modo verbal. A via expressa torna inequívoca a manifestação de pensamento dos contratantes, uma vez que canaliza, com clareza, a intenção e o gesto de contratar. Ajuste expresso e ajuste formal, entretanto, não se equivalem. O acordo formal está ligado à ideia de solenidade exigível para fins de validade no plano jurídico; o acordo expresso restringe-se, como dito, à ideia de indubitável exteriorização, independentemente de ser cumprida determinada formalidade. Assim, um contrato pode ser expresso sem ser formal. Um contrato de estágio, por exemplo, pode ter sido constituído expressamente, por via verbal, sem a emissão do indispensável, e formal, termo de compromisso de estágio. Isto retirará a validade do contrato de estágio, embora as partes tenham expressamente declarado a intenção de constituí-lo. Nesse sentido é relevante citar o art. 107 do Código Civil, segundo o qual "a validade da declaração de vontade não dependerá de forma especial, senão quando a lei expressamente a exigir".

4.4.7.2 Quanto ao tempo de duração

Quanto ao tempo de duração, os contratos de emprego podem ser celebrados por tempo indeterminado ou por tempo determinado.

4.4.7.2.1 Contrato de emprego por tempo indeterminado

Os **contratos de emprego por tempo indeterminado** constituem a regra das modalidades contratuais quanto ao tempo de duração. Anote-se que a indeterminação não sugere, nem de longe, a ideia de perpetuação. Os contratos por tempo indeterminado apenas não têm termo certo, mas podem findar a qualquer instante por iniciativa de um dos sujeitos envolvidos, desde que prestado o aviso prévio nos termos da lei e indenizados os prejuízos decorrentes da resilição unilateral.

4.4.7.2.2 Contrato de emprego por tempo determinado

Os **contratos de emprego por tempo determinado**, por outro lado, são aqueles ajustes cuja vigência depende de *termo prefixado*, da *execução de serviços especificados* ou, ainda, da *realização de certos acontecimentos* suscetíveis de previsão aproximada. Em suma: os ajustes por tempo determinado são assim intitulados porque produziram efeitos até o advento de um termo final ou até o momento em que sejam atingidos os propósitos neles inseridos. O termo final ou termo prefixado será obtido quando alcançado o derradeiro dia do ajuste (exemplo: contratação de experiência); os propósitos contratuais serão alcançados quando concluído um serviço especificado (exemplo: contrato de obra certa) ou quando concretizado um acontecimento suscetível de previsão apenas aproximada (exemplo: contrato de safra).

4.4.7.3 Quanto ao modo de execução dos serviços

Quanto ao modo de execução dos serviços, os contratos de emprego podem ser singulares ou por equipe.

4.4.7.3.1 Contrato de emprego singular

Os **contratos de emprego singulares** são aqueles cuja execução depende do exercício de atividades de apenas um sujeito. Este, numa atuação individual, será o único exigido no tocante à prestação do serviço e o único para quem se destinará o pagamento dos salários ajustados. Exemplos dessa contratação são encontrados amiúde no cotidiano, uma vez que representam a imensa maioria dos ajustes de emprego. Encontramos contratos de emprego singulares por toda parte: balconistas, recepcionistas, secretárias, caixas, motoristas de ônibus, vendedores etc.

4.4.7.3.2 Contrato de emprego por equipe

Os **contratos de emprego por equipe**, por outro lado, são aqueles cuja execução depende do exercício de atividades de um **feixe de indivíduos**. A atuação singular de cada um dos integrantes da equipe é complementar em relação à dos demais, de modo que não seria possível falar em resultado comum senão mediante a **concentração de esforços de todos juntos**, cada um realizando uma função específica.

Atente-se, porém, para o fato de que, apesar de o resultado depender da **atuação conjunta da equipe**, é juridicamente possível apenar qualquer um dos membros individualmente, inclusive por falta grave, sem que os demais sejam atingidos pela medida. A dispensa de um dos integrantes da equipe somente repercutirá na vinculação dos demais se a saída daquele inviabilizar o alcance dos resultados da própria equipe.

O exemplo mais perfeito apresentado pela doutrina é, sem dúvida, aquele que diz respeito à contratação de uma **orquestra**. Nessa situação, o contratante não deseja ouvir unicamente violinos, oboés ou pianos. O tomador dos serviços deseja que os **sons se envolvam de modo complementar**, o que somente ocorrerá se forem enfeixados vários músicos, mediante uma contratação comum que os interligue. A representação da equipe será promovida por um dos integrantes, que terá a função de coordenar os entendimentos e de delimitar atribuições.

A contratação por equipe somente é mencionada, enquanto instituto jurídico, no texto do Estatuto do Índio (§ 1º do art. 16 da Lei n. 6.001/73)[65], mas a referência ali inserida não indica uma autêntica formação de "equipe", cuja melhor concepção sinalizaria resultados alcançados unicamente pelo grupo, e não por sujeitos singularmente considerados. O texto do mencionado Estatuto do Índio parece pretender, apenas, que a contratação dos indígenas em processo de integração seja promovida em bloco, de modo plúrimo, com o objetivo de facilitar a orientação do órgão competente e de favorecer a continuidade da vida comunitária. Não há elementos que sinalizem no sentido de que ali existe uma legítima "contratação por equipe".

Os "contratos por equipe" não se confundem, por outro lado, com os "contratos coletivos". Estes, nos moldes do art. 8º, VI, da Constituição da República, são instrumentos con-

---

[65] Art. 16. Os contratos de trabalho ou de locação de serviços realizados com indígenas em processo de integração ou habitantes de parques ou colônias agrícolas dependerão de prévia aprovação do órgão de proteção ao índio, obedecendo, quando necessário, a normas próprias. § 1º Será estimulada a realização de **contratos por equipe**, ou a domicílio, sob a orientação do órgão competente, de modo a favorecer a continuidade da via comunitária (grifos não constantes do original). § 2º Em qualquer caso de prestação de serviços por indígenas não integrados, o órgão de proteção ao índio exercerá permanente fiscalização das condições de trabalho, denunciando os abusos e providenciando a aplicação das sanções cabíveis. § 3º O órgão de assistência ao indígena propiciará o acesso, aos seus quadros, de índios integrados, estimulando a sua especialização indigenista.

tratuais caracterizados pela obrigatória participação das entidades sindicais operárias. Os contratos coletivos, ademais, têm o objetivo de empreender melhoria no campo das relações individuais de trabalho de todos os membros da categoria. O contrato por equipe tem propósitos mais limitados. Por meio dele, conforme acima expendido, deseja-se apenas um resultado que somente poderia ser produzido pela concertação de trabalhadores.

4.4.8 Distinção entre contrato de emprego e alguns contratos afins

O contrato de emprego possui elementos comuns a outros ajustes de atividade. Isso produz frequentes confusões entre figuras contratuais com identidades próprias. Surgem, por isso, múltiplas controvérsias em torno do conteúdo de contratos afins, muitas das quais no curso de ações trabalhistas. Desse modo, com o objetivo de aclarar as distinções entre contrato de emprego e outros ajustes afins é que serão apreciadas as seguintes modalidades negociais. Vejam-se:

4.4.8.1 Contrato de estágio

O contrato de estágio distingue-se do contrato de emprego por conta de uma circunstância muito especial: **o estágio não é trabalho**, mas sim atividade em sentido estrito. Perceba-se que os mencionados contratos têm metas bem diferentes: o emprego (como qualquer forma de trabalho) visa ao sustento pessoal e, se for o caso, familiar do indivíduo, enquanto o estágio objetiva fundamentalmente a construção de experiência prática na linha de formação do estudante. Não fosse esse primordial traço distintivo, algumas formas contratuais de estágio — notadamente aquelas em que há retributividade (concessão de bolsa-auxílio) — passariam como verdadeiros vínculos de emprego.

No estágio pode, então, existir, cumulativamente, pessoalidade (as características pessoais do estagiário são relevantes para a conclusão do ajuste), onerosidade (concessão de bolsa-auxílio), alteridade (realização dos serviços por conta do concedente da oportunidade de estágio), não eventualidade (previsibilidade de repetição das jornadas de estágio) e, até mesmo, subordinação (imposição de tempo e de modo de realização da atividade pelo concedente). A confusão entre os institutos termina definitivamente quando se verifica a meta de cada um deles, consoante aqui expendido, e quando se conclui que o estagiário objetiva, na verdade, à formação prática, e não a seu sustento pessoal ou familiar.

4.4.8.2 Contrato de prestação de serviço voluntário

O contrato de prestação de serviço voluntário difere do contrato de emprego pelo mesmo fundamento que o diferencia do contrato de estágio. Aqui, mais uma vez, se vê uma atividade em sentido estrito, no qual o escopo final, a meta, é a satisfação pessoal por meio de altruísmo em campos "cívicos, culturais, educacionais, científicos, recreativos ou de assistência à pessoa".

Do mesmo modo que o estagiário, o prestador de serviço voluntário pode ser contemplado com um auxílio financeiro, sem natureza salarial, sem que esse montante, essencialmente, seja o estímulo de sua atuação. A diferenciação mais relevante, entretanto, é aquela que põe o emprego no plano das relações de trabalho e o serviço voluntário na órbita das atividades em sentido estrito.

4.4.8.3 Contrato de prestação de serviço previsto no Código Civil

Sob a denominação genérica "prestação de serviço", o Código Civil, a partir do art. 593 até o art. 609, cuida de toda espécie de serviço ou trabalho lícito, material ou imaterial, **que**

não esteja sujeita à legislação trabalhista ou a alguma legislação especial. Essa ressalva grifada constitui a principal diferença em relação ao texto do Código Civil de 1916, que tratava do assunto sob o nome jurídico de "locação de serviços". De acordo com a nova sistemática emergente a partir de 2002, incluem-se na regência dessa forma de contratação os serviços oferecidos pelos trabalhadores autônomos em geral e por aqueles que, embora subordinados, realizaram seu trabalho de modo eventual. As disposições civis são úteis na regulação de aspectos sobre os quais os contratantes não firmaram cláusula contratual mais favorável, sendo relevante mencionar as seguintes disciplinas:

4.4.8.3.1 Quanto à retributividade

A retribuição do contrato de "prestação de serviços" deve ter por baliza a autonomia privada dos contratantes, limitada, entretanto, pelo padrão mínimo previsto no texto constitucional. Afirma-se isso porque a norma constitucional inserida no art. 7º, IV, do texto fundamental deve ser, quanto ao referido padrão mínimo de retributividade, indistintamente aplicada em benefícios de trabalhadores autônomos ou subordinados, da esfera privada estatal ou paraestatal.

Não existindo estipulação acerca da dimensão da retribuição ou não havendo prova quanto ao que foi ajustado, deve-se aplicar aos "prestadores de serviço" o disposto no art. 596 do Código Civil, vale dizer, deve-se determinar supletivamente a retribuição por meio de arbitramento, considerando-se nesse método de colmatação o costume do lugar, o tempo de serviço e sua qualidade. Anote-se, por fim, que a retribuição dos "prestadores de serviços" deve ser ordinariamente realizada depois de prestado o serviço, salvo se, por convenção ou costume, não houver de ser adiantado o pagamento ou paga a retribuição em prestações.

4.4.8.3.2 Quanto ao tempo máximo de duração do ajuste

Nos moldes do art. 598 do Código Civil, o contrato de "prestação de serviço" **não poderá ser convencionado por mais de quatro anos**[66], ainda que destinado à execução de certa e determinada obra. Decorrido o tempo ali mencionado, dar-se-ia por findo o contrato, ainda que não concluída a obra. Esse mecanismo, criado em 1916 pelo legislador civil brasileiro, está incrustado da influência romana segundo a qual os contratos de locação de serviço não poderiam ser perpétuos — *nemo potest locari opus in perpetuum*. Américo Plá Rodriguez, quanto a esse tema, esclarece que "durante certo tempo se acreditou ver nesta circunstância o perigo de que reapareceriam sorrateiramente certas formas de escravidão ou, pelo menos, de servidão. Por isso, o Código Civil napoleônico inclui uma disposição que foi reproduzida por quase todos os códigos inspirados neste modelo de tanta influência no mundo latino. [...]. Objetivou-se proibir a contratação por toda a vida"[67]. Foi assim que ingressou no sistema civil brasileiro essa espécie de disposição normativa. Há nela um evidente exagero, principalmente porque a história mostrou que o perigo verdadeiro era exatamente o inverso: a contratação por tempo determinado não produzia a segurança de que os

---

66 Esse dispositivo é uma cópia do art. 1.220 do Código Civil de 1916, fonte inspiradora da redação constante do art. 445 da CLT. Note-se que, em sua redação originária, o mencionado dispositivo possuía a seguinte redação: "Art. 445. O prazo de vigência de contrato de trabalho, quando estipulado ou se dependente da execução de determinado trabalho ou realização de certo acontecimento, não poderá ser superior a quatro anos". **Atualmente, entretanto, o referido dispositivo passou a ter a seguinte redação**: "Art. 445. O contrato de trabalho por prazo determinado não poderá ser estipulado por mais de dois anos, observada a regra do art. 451" (redação dada ao *caput* pelo Decreto-Lei n. 229, de 28-2-1967).

67 *Princípios de direito do trabalho*. 3. ed. São Paulo: LTr, 2004, p. 239.

trabalhadores precisavam. Enfim, quando eles olhavam para o futuro apenas viam o fim do caminho representado pela barreira do prazo contratual.

A CLT corrigiu o equívoco de imaginar que o contrato por tempo indeterminado era algo nocivo. A regra passou a ser a da contratação por tempo indeterminado, ingressando no campo da exceção a contratação por tempo determinado. Nesses moldes, segundo as normas contidas na consolidação laboral, toda vez que a exceção fosse desnaturada, o contrato por tempo determinado seria convolado em ajuste por tempo indeterminado, mais vantajoso para o trabalhador, haja vista a expectativa de continuidade do vínculo e de manutenção de sua própria sobrevivência.

O Código Civil de 1916 foi substituído por um novo diploma legal, mas o instituto da "locação de serviços" continuou a ser regido pelas mesmas regras. Foram pequenas as mudanças substanciais, sendo merecedora de nota apenas a modificação existente no nome do instituto, que passou a ser chamado de "prestação de serviços". Manteve-se a regra do tempo determinado, agora sem o menor sentido. Criou-se também, por meio dela, uma contradição. De um lado a lei civil anacronicamente sustenta, no art. 598, que "a prestação de serviço não se poderá convencionar por mais de quatro anos", e mais adiante, no art. 599, assevera que pode não haver prazo estipulado, situação em que se aplicaria o instituto do aviso prévio, conforme a seguir expendido.

A lógica do razoável, aplicada numa interpretação histórica, sistemática e teleológica, revela, então, que a melhor leitura que se poderia fazer do mencionado dispositivo *seria* a seguinte: a prestação de serviço, **se ajustada por tempo determinado**, não se poderá convencionar por mais de quatro anos. Perceba-se que a redação seguiria os moldes adotados pelo legislador da CLT no seu art. 445, e, além disso, corresponderia ao direito aplicado na vida real.

4.4.8.3.3 Quanto ao mecanismo de concessão de aviso prévio

Diante da inexistência de prazo ou nas situações em que este não possa ser inferido pela natureza do contrato ou pelo costume, **qualquer das partes**, por livre-arbítrio, **mediante prévio aviso**, poderá resolver o ajuste. Segundo consta dos incisos do parágrafo único do art. 599 do Código Civil, esse aviso deverá ser outorgado: I — com antecedência de **oito dias**, se o salário se houver fixado por tempo de um mês, ou mais; II — com antecipação de **quatro dias**, se o salário se tiver ajustado por semana, ou quinzena; III — **de véspera**, quando se tenha contratado por menos de sete dias.

Esse dispositivo, que possuía correspondente no art. 1.221 do Código Civil de 1916, parece colidir com a redação constante do art. 7º, XXI, da Constituição, porque a norma constitucional em momento algum restringe o comando nela contido unicamente em favor dos empregados. Pelo contrário, o aviso prévio estabelecido na norma fundamental é um direito de **todos** os trabalhadores (autônomos ou subordinados) urbanos e rurais, e não apenas dos empregados. Acrescente-se que a lei fundamental não dirige a regulamentação do instituto a uma lei aplicada apenas aos empregados, mas, pelo contrário, é receptiva a outras legislações trabalhistas em sentido amplo. Assim, ao reconhecer o direito ora analisado com indistinção, o constituinte deixou claro que nenhum contrato de trabalho (de emprego ou de "prestação de serviços") firmado por tempo indeterminado poderia acabar sem prévio aviso de pelo menos trinta dias.

É bom anotar que a obrigatoriedade legal de concessão de aviso prévio maior do que trinta dias, proporcional ao tempo de serviço na mesma empresa, é, nos termos da Lei n. 12.506, de 11 de outubro de 2011 (*DOU* de 13-10-2011), restrita aos "empregados". Diz-se isso porque o referido diploma legal trata especificamente do aviso prévio previsto na CLT[68], ficando fora do seu âmbito os "trabalhadores em sentido lato", entre os quais os "prestadores de serviço" previstos entre os arts. 593 e 609 do Código Civil.

4.4.8.3.4 Quanto às fórmulas de indenização por dissolução de contrato por tempo determinado

Com redação semelhante àquela contida nos arts. 479 e 480 da CLT[69], os dispositivos insertos nos arts. 602, 603 e 607 do Código Civil de 2002 deixam claro:

a) O prestador de serviço contratado por tempo determinado ou por obra determinada não poderá ausentar-se ou desligar-se sem justa causa antes de completado o tempo ou concluída a obra. Se o prestador se desligar sem justa causa terá direito à retribuição vencida, mas responderá por perdas e danos.

b) Se o prestador de serviço for despedido sem justa causa, a parte tomadora será obrigada a pagar-lhe por inteiro a retribuição vencida, e por metade a que lhe tocaria de então ao termo legal do contrato.

c) O contrato de prestação de serviço acabará com a morte de qualquer das partes. Terminará, ainda, pelo escoamento do prazo, pela conclusão da obra, pela resilição do contrato mediante aviso prévio, por inadimplemento de qualquer das partes ou pela impossibilidade da continuação do contrato, motivada por força maior.

4.4.8.4 Contrato de empreitada

O Pretório romano estabeleceu uma essencial diferença entre dois tipos de trabalho, que, na realidade, era aplicada para distinguir as atuais acepções de empreitada e de emprego. Afirmava-se à época que o contrato intitulado *locatio operis faciendi* tinha por objetivo o **resultado** de uma ação específica, mediante a qual uma pessoa se comprometia a executar, segundo sua especialidade, uma obra para outra pessoa, que pagava o preço da atividade e assumia, em regra, os riscos da execução. Essa figura revelou-se antecedente da empreitada.

Por outro lado, existia a *locatio conductio operarum*, por meio da qual uma pessoa prestava serviço para outra visando remuneração fixada em função do **tempo** colocado **à disposição** desta, e não do **resultado** do serviço. Aqui se vê o antecedente do emprego.

A distinção foi aqui expendida com o objetivo de deixar clara a principal característica da empreitada: **o resultado**, ou seja, uma obra especificamente considerada, realizada por quem tem (ou afirma ter) conhecimentos especializados para sua execução.

Nessa ordem de ideias, *o contrato de empreitada pode ser conceituado como o negócio jurídico por meio do qual um dos sujeitos, o empreiteiro, oferece seu* **conhecimento técnico especializado** *e sua força laboral para a* **execução de um serviço especificado**, *previamente* **delimitado no tocan-**

---

68 Veja-se a redação do art. 1º da Lei n. 12.506, de 11 de outubro de 2011 (*DOU* de 13-10-2011):

"Art. 1º O aviso prévio, de que trata o *Capítulo VI do Título IV da Consolidação das Leis do Trabalho — CLT*, aprovada pelo Decreto-Lei n. 5.452, de 1º de maio de 1943, será concedido na proporção de 30 (trinta) dias aos empregados que contem até 1 (um) ano de serviço na mesma empresa.

Parágrafo único. Ao aviso prévio previsto neste artigo serão acrescidos 3 (três) dias por ano de serviço prestado na mesma empresa, até o máximo de 60 (sessenta) dias, perfazendo um total de até 90 (noventa) dias"(destaques não constantes do original).

69 Na verdade o legislador celetista seguiu a redação constante de diversos artigos que, no Código Civil de 1916, diziam respeito à "locação de serviços".

te à extensão, *a outro sujeito, o dono da obra, que se incumbirá de realizar,* **em decorrência do resultado alcançado**, *o* **pagamento do preço certo** *estabelecido dentro do prazo e das condições previamente ajustadas.*

4.4.8.5 Contrato de comissão

O contrato de comissão é aquele por meio do qual um dos sujeitos, o **comissário**, em seu próprio nome, aliena bens de outro sujeito, o **comitente**, segundo ordens e instruções deste, que também assume os custos do negócio. É, em outras palavras, um mandato sem representação. O ajuste é feito de modo tal que o comissário fica diretamente obrigado para com as pessoas com quem contrata, sem que estas tenham ação contra o comitente, nem este contra elas. Isso evidentemente não acontecerá se o comissário ceder seus direitos a qualquer das partes.

Vê-se, então, que o comissário realiza suas atividades sob o binômio "autonomia" e "responsabilidade". É autônomo na medida em que tem liberdade para criar estratégias de alienação dos bens do comitente, salvo se este expressamente o limitar; é responsável porque deve prestar contas de todas as suas ações, cabendo-lhe o dever de cuidado e de diligência não só para evitar qualquer prejuízo ao comitente, mas também para lhe proporcionar o lucro que razoavelmente se podia esperar do negócio.

Há, evidentemente, possibilidade de o empregado assumir o papel de comissário, situação em que o empregador-comitente ficará diretamente obrigado para com as pessoas com quem o comissário-empregado contratar.

4.4.8.6 Contrato de agência

O contrato de agência, nos moldes contidos nos arts. 710 a 721 do Código Civil, é aquele por meio do qual uma pessoa assume, em **caráter não eventual** e **sem vínculos de dependência**, a obrigação de promover, **à conta de outra**, mediante retribuição, a realização de certos negócios, em zona determinada. As despesas com a agência correm, porém, a cargo do agente ou distribuidor.

Observe-se que, a despeito da ausência de vínculos de dependência, o agente, no desempenho que lhe foi cometido, deve agir com toda a diligência possível, atendo-se às instruções recebidas do proponente. O atendimento dessas instruções não é, entretanto, fator caracterizador de subordinação jurídica, mas peculiaridade própria dessa figura contratual. Acrescente-se, ainda, que a remuneração ajustada será devida ao agente mesmo quando o negócio deixar de ser realizado por fato imputável ao proponente.

Vê-se, então, que o contrato de agência assemelha-se ao contrato de emprego nos pontos que dizem respeito à pessoalidade, à onerosidade, à não eventualidade e à alteridade, mas dele se distingue por força da ausência de vínculos de dependência, pela assunção dos custos da prestação do trabalho e por aspectos que concernem à terminação do vínculo. Note-se que um contrato de emprego celebrado por tempo determinado demanda aviso prévio mínimo de trinta dias (extensível até noventa dias, a depender do tempo de serviço para a mesma empresa, nos termos da Lei n. 12.506/2011), enquanto o contrato de agência terá prévio aviso ordinário de noventa dias, desde que transcorrido prazo compatível com a natureza e o vulto do investimento exigido do agente. Veja-se a redação do art. 720 do Código Civil:

> *Art. 720. Se o contrato for por tempo indeterminado, qualquer das partes poderá resolvê-lo, mediante aviso prévio de* **90 dias***, desde que transcorrido prazo compatível com a natureza e o vulto do investimento exigido do agente.*

Atente-se para o fato de que, nos moldes do parágrafo único do supracitado artigo, *no caso de divergência entre as partes, o juiz* atuará mediante equidade, *decidindo segundo a razoabilidade do prazo e do valor devido.*

4.4.8.7 Contrato de distribuição

O contrato de distribuição é exatamente o contrato de agência qualificado pelo fato de o agente ter à sua disposição a coisa a ser negociada. Nesses moldes, o agente passará a ser distribuidor pelo simples fato de ter consigo, em depósito, o objeto que será negociado. Veja-se, nesse sentido, o art. 710 do Código Civil:

> Art. 710. *Pelo contrato de agência, uma pessoa assume, em caráter não eventual e sem vínculos de dependência, a obrigação de promover, à conta de outra, mediante retribuição, a realização de certos negócios, em zona determinada,* **caracterizando-se a distribuição quando o agente tiver à sua disposição a coisa a ser negociada**.

Assim, promovida a ressalva acima mencionada, aplicam-se ao distribuidor exatamente as mesmas regras e ressalvas apresentadas em relação ao contrato de agência, inclusive no que diz respeito aos pontos de similitude e de distinção do contrato de emprego.

4.4.8.8 Contrato de corretagem

O contrato de corretagem, na forma do art. 722 do Código Civil, é aquele por meio do qual uma pessoa, **não ligada a outra em virtude de mandato, de prestação de serviços ou por qualquer relação de dependência**, obriga-se a obter para a segunda um ou mais negócios, conforme as instruções recebidas.

Perceba-se que o principal traço característico do contrato de corretagem é a ausência de vínculo jurídico gerador de dependência entre o cliente e o corretor. Este tem *absoluta autonomia* para determinar o tempo e o modo de execução dos serviços, somente estando obrigado a executar os atos de mediação com a diligência e prudência que o negócio vier a requerer. Isso, evidentemente, produz obrigação acessória para o corretor no sentido de naturalmente prestar ao cliente todas as informações sobre o andamento dos negócios e todos os esclarecimentos que estiverem a seu alcance, notadamente acerca da segurança ou risco do negócio, das alterações de valores e do mais que possa influir nos resultados da incumbência. Essas obrigações acessórias naturais decorrem do exercício da boa-fé objetiva, presente em qualquer contrato de mediação.

Anote-se que a Medida Provisória n. 905, de 2019, **durante o período em que vigeu**, revogou integralmente a Lei n. 4.594, de 29 de dezembro de 1964, tornando possível, assim, a livre contratação dos corretores para essa área como trabalhadores autônomos ou empregados. Entretanto, em decorrência do fato de a MP n. 905, de 2019, ter perdido a sua vigência (Ato Declaratório do Presidente da Mesa do Congresso Nacional n. 127, de 2020), foi restabelecida a disciplina normativa anterior.

4.4.8.9 Contrato de sociedade

O contrato de sociedade é o ajuste por meio do qual duas ou mais pessoas reciprocamente se obrigam a contribuir para o exercício de uma atividade e a partilhar entre si os resultados daí decorrentes. O elemento que une essas pessoas em sociedade é a afinidade — a *affectio societatis* —, e o vínculo entre elas empreendido produz relações jurídicas internas de coordenação, nunca de subordinação. Por meio da conceituação acima expendida chega-se à conclusão de que a principal diferença entre o contrato de sociedade e o contrato de emprego está presente em seus objetivos. No contrato de sociedade as pessoas agregam-se *por afinidade* e visam propósitos comuns, partilhando o sucesso ou o insucesso da atividade que resolveram empreender; no contrato de emprego as pessoas agregam-se *por conveniência* e visam propósitos não coincidentes, uma vez que o empregador visa ao lucro, enquanto o trabalhador busca o seu sustento pessoal ou familiar.

Ademais, as relações de emprego são caracterizadas pela subordinação jurídica de um dos sujeitos — o patrão — sobre o outro — o operário. Isso, evidentemente, não ocorre nos contratos de sociedade, nos quais todos os integrantes têm idênticos poderes, que os tornam capazes de influir igualmente na atividade social.

No âmbito desta análise, merecem destaque as **parcerias** e as **cooperativas de trabalho**, que, por isso, serão analisadas em apartado.

4.4.8.9.1 Parcerias

As parcerias são arranjos por meio dos quais duas ou mais pessoas estabelecem um acordo de cooperação com o objetivo de atingir interesses comuns. Pelo seu caráter omnicompreensivo, as parceiras podem ser privadas ou públicas, individuais ou coletivas, mercantis ou industriais, urbanas ou rurais.

Independentemente de suas características, as parcerias têm por pressuposto essencial a plena autonomia dos parceiros, os quais podem, querendo, se valer de terceiros para o alcance dos seus propósitos. Não é visível na parceria, ademais, a dependência econômica de um parceiro em relação ao outro, e isso acontece porque o desejar de um deles não pode ser fundamento suficiente para a crença de que apenas a um deles incumbe a missão de produzir a sobrevivência do outro. Não há, portanto, privação da liberdade econômica de nenhum dos parceiros, porque todos são livres para manter ou pôr fim à parceria. Não há, portanto, alienação de nenhum dos sujeitos que prestam seus trabalhos em um modelo autêntico de parceria.

Nos limites dessa temática surge a necessidade de tratar da Lei n. 13.352, de 27 de outubro de 2016, que, alterando a Lei n. 12.592, de 18 de janeiro 2012, previu no seu artigo 1º-A a possibilidade jurídica de os **salões de beleza** celebrarem contratos de parceria, **por escrito**, com os profissionais que desempenham as atividades de **Cabeleireiro, Barbeiro, Esteticista, Manicure, Pedicure, Depilador e Maquiador**, denominados **salão-parceiro** e **profissional-parceiro**, respectivamente, para todos os efeitos jurídicos.

O salão-parceiro, desde que autênticas as parcerias, será o responsável pela centralização dos pagamentos e recebimentos decorrentes das atividades de prestação de serviços de beleza realizadas pelo profissional-parceiro. Ao referido salão-parceiro caberá também a retenção de sua cota-parte percentual, fixada no contrato de parceria, bem como dos valores de recolhimento de tributos e contribuições sociais e previdenciárias devidos pelo profissional-parceiro incidentes sobre a cota-parte que a este couber na parceria.

É bom destacar que **a cota-parte retida pelo salão-parceiro** ocorrerá a título de atividade de aluguel de bens móveis e de utensílios para o desempenho das atividades de serviços de beleza e/ou a título de serviços de gestão, de apoio administrativo, de escritório, de cobrança e de recebimentos de valores transitórios recebidos de clientes das atividades de serviços de beleza, e **a cota-parte destinada ao profissional-parceiro** ocorrerá a título de atividades de prestação de serviços de beleza.

Anote-se, ainda, que, nos termos da citada Lei, a cota-parte destinada ao profissional-parceiro não será considerada para o cômputo da receita bruta do salão-parceiro ainda que adotado sistema de emissão de nota fiscal unificada ao consumidor. O profissional-parceiro, ademais, não poderá assumir as responsabilidades e obrigações decorrentes da administração da pessoa jurídica do salão-parceiro, de ordem contábil, fiscal, trabalhista e previdenciária incidentes, ou quaisquer outras relativas ao funcionamento do negócio.

No plano da identificação técnica, os profissionais-parceiros poderão ser qualificados, perante as autoridades fazendárias, como pequenos empresários, microempresários ou microempreendedores individuais.

Registre-se que o contrato de parceria haverá de ser firmado entre as partes, **mediante ato escrito, "homologado pelo sindicato da categoria profissional e laboral"** e, na ausência destes, pelo órgão local competente do Ministério do Trabalho (ora Ministério do Trabalho e Previdência), **perante duas testemunhas**. O profissional-parceiro, mesmo que inscrito como pessoa jurídica, **será assistido pelo seu sindicato de categoria profissional** e, na ausência deste, pelo órgão local competente do então Ministério do Trabalho.

Entre as cláusulas obrigatórias dos contratos de parceria aqui em análise destacam-se as que estabelecem:

I — percentual das retenções pelo salão-parceiro dos valores recebidos por serviço prestado pelo profissional-parceiro;

II — obrigação, por parte do salão-parceiro, de retenção e de recolhimento dos tributos e contribuições sociais e previdenciárias devidos pelo profissional-parceiro em decorrência da atividade deste na parceria;

III — condições e periodicidade do pagamento do profissional-parceiro, por tipo de serviço oferecido;

IV — direitos do profissional-parceiro quanto ao uso de bens materiais necessários ao desempenho das atividades profissionais, bem como sobre o acesso e circulação nas dependências do estabelecimento;

V — possibilidade de rescisão unilateral do contrato, no caso de não subsistir interesse na sua continuidade, mediante aviso prévio de, no mínimo, trinta dias;

VI — responsabilidade de ambas as partes com a manutenção e higiene de materiais e equipamentos, das condições de funcionamento do negócio e do bom atendimento dos clientes;

VII — obrigação, por parte do profissional-parceiro, de manutenção da regularidade de sua inscrição perante as autoridades fazendárias.

Diante de todo o exposto, o § 11 do art. 1º-A da Lei n. 12.592, de 18 de janeiro 2012 prevê, então, que "o profissional-parceiro não terá relação de emprego ou de sociedade com o salão-parceiro enquanto perdurar a relação de parceria tratada nesta Lei". É bom destacar que nenhuma lesão de direito poderá ser excluída da apreciação do Judiciário, motivo pelo qual a existência de fraude na constituição e desenvolvimento de suposta parceria abrirá, sim, espaço para a discussão judiciária da natureza jurídica do liame estabelecido entre o salão e o profissional. Como já se disse, o princípio da primazia da realidade baseia-se no mandamento nuclear protetivo segundo o qual a realidade dos fatos prevalece sobre meras cláusulas contratuais ou registros documentais, ainda que em sentido contrário. De nada, portanto, adianta mascarar a verdade, uma vez que se dará prevalência ao que efetivamente existiu.

Deixe-se claro, entretanto, que, nos termos do art. 1º-C da Lei ora em exame, restará configurado o vínculo empregatício entre a pessoa jurídica do salão-parceiro e o profissional-parceiro quando, entre outras situações que sugiram a constituição de fraude:

I — não existir contrato de parceria formalizado na forma descrita na Lei aqui estudada; e

II — o profissional-parceiro desempenhar funções diferentes das descritas no contrato de parceria.

Seja como for — como parceiro ou como empregado — ao salão-parceiro caberá a preservação e a manutenção das adequadas condições de trabalho do profissional que esteja nos limites do seu espaço físico, especialmente quanto aos seus equipamentos e instalações, possibilitando condições adequadas ao cumprimento das normas de segurança e saúde.

É importante anotar, enfim, que o STF reconheceu, no Plenário de 28-10-2021, a constitucionalidade da Lei do Salão Parceiro (Lei n. 13.352/2016) no julgamento da Ação Direta de Inconstitucionalidade (ADI) 5.625. Foi fixada a seguinte tese de julgamento:

"1) É constitucional a celebração de contrato civil de parceria entre salões de beleza e profissionais do setor, nos termos da Lei n. 13.352, de 27 de outubro de 2016; 2) É nulo o contrato civil de parceria referido, quando utilizado para dissimular relação de emprego de fato existente, a ser reconhecida sempre que se fizerem presentes seus elementos caracterizadores".

O STF, como se pode observar a partir da leitura do texto da tese, preservou a lógica da primazia da realidade, deixando claro, como antedito, que a existência de fraude na constituição e desenvolvimento de suposta parceria abrirá, sim, espaço para a discussão judiciária da natureza jurídica do liame estabelecido entre o salão e o profissional na Justiça do Trabalho.

4.4.8.9.2 *Cooperativa de trabalho*

As cooperativas de trabalho são *sociedades de trabalhadores autônomos de uma mesma região geográfica*[70] *que, por afinidade profissional e em número mínimo de sete*[71]*, aglutinam-se espontaneamente*[72] *com o objetivo de oferecer em bloco — mediante autogestão e de modo mais competitivo — seus serviços laborais com vistas à obtenção de melhor qualificação, renda, situação socioeconômica e condições gerais de trabalho.*

A regência legal das cooperativas de trabalho é dada pela **Lei n. 12.690, de 19 de julho de 2012**[73 e 74], e, no que com ela não colidir, pelas Leis n. 5.764, de 16 de dezembro de 1971, e 10.406, de 10 de janeiro de 2002 (Código Civil), cabendo ao Ministério do Trabalho (ora

---

[70] Lembre-se que, nos moldes do art. 4º, XI, da Lei n. 5.764/71, as sociedades cooperativas distinguem-se das demais pelo fato de **a área de admissão dos cooperados estar limitada pela possibilidade de reunião, controle, operações e prestação de serviços**. Nessa ordem de ideias, não é razoável a instituição de cooperativa em uma área territorial para prestação de serviços em área extremamente distante da sede. Isso prejudicaria a participação dos cooperados das assembleias e, pior que isso, abriria portas para a fraude. O § 3º do art. 10 da Lei n. 12.690/2012 reitera o pressuposto da admissão de sócios na limitada às possibilidades de reunião. Veja-se: "A admissão de sócios na cooperativa estará limitada consoante as possibilidades de reunião, abrangência das operações, controle e prestação de serviços e congruente com o objeto estatuído".

[71] O art. 6º da Lei n. 12.690/2012 é claríssimo em relação ao requisito numérico: "Art. 6º A Cooperativa de Trabalho poderá ser constituída com número mínimo de 7 (sete) sócios".

[72] A **adesão voluntária** é um pressuposto primordial do cooperativismo (veja-se o art. 4º, I, da Lei n. 5.764/71 e também art. 3º, I, da Lei n.12.690/2012). Os cooperados não são recrutados ou indicados por quem quer que seja; eles espontaneamente procuram a cooperativa e a ela aderem, caso concordem com os seus propósitos contratuais.

[73] O art. 2º da Lei n. 12.690/2012 oferece uma definição para a cooperativa de trabalho. Veja-se:

Art. 2º Considera-se Cooperativa de Trabalho a sociedade constituída por trabalhadores para o exercício de suas atividades laborativas ou profissionais com proveito comum, autonomia e autogestão para obterem melhor qualificação, renda, situação socioeconômica e condições gerais de trabalho.

§ 1º A autonomia de que trata o caput *deste artigo deve ser exercida de forma coletiva e coordenada, mediante a fixação, em Assembleia Geral, das regras de funcionamento da cooperativa e da forma de execução dos trabalhos, nos termos desta Lei.*

§ 2º Considera-se autogestão o processo democrático no qual a Assembleia Geral define as diretrizes para o funcionamento e as operações da cooperativa, e os sócios decidem sobre a forma de execução dos trabalhos, nos termos da lei.

[74] Estão excluídas do âmbito da Lei n. 12.690, de 19 de julho de 2012:

I — as cooperativas de assistência à saúde na forma da legislação de saúde suplementar;

II — as cooperativas que atuam no setor de transporte regulamentado pelo poder público e que detenham, por si ou por seus sócios, a qualquer título, os meios de trabalho;

III — as cooperativas de profissionais liberais cujos sócios exerçam as atividades em seus próprios estabelecimentos; e

IV — as cooperativas de médicos cujos honorários sejam pagos por procedimento.

Ministério do Trabalho e Previdência), no âmbito de sua competência, a fiscalização do cumprimento das referidas normas.

Por serem essencialmente iguais entre si, os cooperados se distinguem de outras espécies de associado em decorrência do direito a **voto de igual peso** e **à percepção de remuneração proporcional ao valor das operações efetuadas** (*vide* art. 1.094, VI e VII, do Código Civil[75]). Anote-se que a relação estabelecida entre os cooperados é de **coordenação**, não havendo margem para qualquer ato de subordinação jurídica interna. Mesmo nas relações estabelecidas com os tomadores de serviços prevalecerá a **autonomia** do cooperado, que, inclusive, ditará a dimensão da contraprestação, conforme tabela aprovada pela Assembleia Geral da cooperativa. A autonomia dos cooperados, constante do § 1º do art. 2º da Lei n. 12.690/2012, "deve ser exercida de forma **coletiva e coordenada**, mediante a fixação, em Assembleia Geral, das regras de funcionamento da cooperativa e da forma de execução dos trabalhos"[76].

Averbe-se, ainda, que nas cooperativas, diferentemente do que acontece com os empregados nos contratos de emprego, os cooperados mantêm consigo seus instrumentos de trabalho e não estão submetidos ao poder diretivo do contratante. Cooperados, por isso, em regra, não se submetem à fiscalização de supervisor, cabo de turma ou apontador, tampouco, em rigor, podem se ver obrigados a usar os uniformes outorgados pelo tomador[77].

Por fim, é inolvidável que a constituição ou a utilização de cooperativa de trabalho para fraudar deliberadamente a legislação trabalhista ou previdenciária acarretará aos responsáveis as sanções penais, cíveis e administrativas cabíveis, sem prejuízo da ação judicial visando à dissolução da própria cooperativa.

a) Espécies de cooperativa de trabalho

A cooperativa de trabalho pode ser **de produção**, quando constituída por sócios que contribuem com trabalho para a produção em comum de bens e a cooperativa detém, a qualquer título, os meios de produção; ou **de serviço**, quando constituída por sócios para a prestação de serviços especializados a terceiros, sem a presença dos pressupostos da relação de emprego.

É importante salientar que o conceito de "serviço especializado" permanece sem definição legal. A Lei n. 12.690/2012 até que tentou identificá-lo ao afirmar que assim seria aquele previsto em estatuto social e executado por profissional que demonstrasse aptidão,

---

[75] Art. 1.094. São características da sociedade cooperativa: I — variabilidade, ou dispensa do capital social; II — concurso de sócios em número mínimo necessário a compor a administração da sociedade, sem limitação de número máximo; III — limitação do valor da soma de quotas do capital social que cada sócio poderá tomar; IV — intransferibilidade das quotas do capital a terceiros estranhos à sociedade, ainda que por herança; V — *quorum*, para a assembleia geral funcionar e deliberar, fundado no número de sócios presentes à reunião, e não no capital social representado; **VI — direito de cada sócio a um só voto nas deliberações, tenha ou não capital a sociedade, e qualquer que seja o valor de sua participação; VII — distribuição dos resultados, proporcionalmente ao valor das operações efetuadas pelo sócio com a sociedade, podendo ser atribuído juro fixo ao capital realizado;** VIII — indivisibilidade do fundo de reserva entre os sócios, ainda que em caso de dissolução da sociedade (destaques não constantes do original).

[76] Segundo o art. 3º da Lei n. 12.690/2012, a cooperativa de trabalho rege-se pelos seguintes princípios e valores: I — adesão voluntária e livre; II — gestão democrática; III — participação econômica dos membros; IV — autonomia e independência; V — educação, formação e informação; VI — intercooperação; VII — interesse pela comunidade; VIII — preservação dos direitos sociais, do valor social do trabalho e da livre iniciativa; IX — não precarização do trabalho; X — respeito às decisões de assembleia, observado o disposto nesta Lei; XI — participação na gestão em todos os níveis de decisão de acordo com o previsto em lei e no Estatuto Social.

[77] Para maiores detalhes, ver CARELLI, Rodrigo de Lacerda. *Cooperativas de mão de obra*: manual contra a fraude. São Paulo: LTr, 2002.

habilidade e técnica na sua realização. O dispositivo que tratava sobre o assunto — parágrafo único do art. 4º — foi, entretanto, vetado sob o fundamento de que, tal como redigido, por imprecisão, poderia causar insegurança quanto à sua abrangência e aplicação.

Cabe anotar, ainda, que nas cooperativas de serviço, quando prestadas as atividades fora do estabelecimento da cooperativa, deverão ser submetidas a uma **coordenação** com **mandato nunca superior a 1 (um) ano** ou ao prazo estipulado para a realização dessas atividades, eleita em reunião específica pelos sócios que se disponham a realizá-las, em que serão expostos os requisitos para sua consecução, os valores contratados e a retribuição pecuniária de cada sócio partícipe. Caso não se cumpra essa previsão, e nos moldes do § 2º do art. 17 da lei em estudo, **presumir-se-á intermediação de mão de obra subordinada** a relação contratual estabelecida entre a empresa contratante e as cooperativas de trabalho.

b) Direitos mínimos dos sócios das cooperativas de trabalho

Segundo o art. 7º da multicitada Lei n. 12.690/2012, a cooperativa de trabalho deve garantir aos sócios os seguintes direitos mínimos, além de outros que a Assembleia Geral venha a instituir:

I — retiradas **não inferiores ao piso da categoria profissional e, na ausência deste, não inferiores ao salário mínimo**, calculadas de forma proporcional às horas trabalhadas ou às atividades desenvolvidas. É bom anotar que a adoção ou não de diferentes faixas de retirada dos sócios e, se for o caso, a diferença entre as de maior e as de menor valor caberá exclusivamente à cooperativa de trabalho deliberar na sua Assembleia Geral Ordinária (vide, nesse particular, o art. 14 da lei ora em exame);

II — duração do trabalho normal não superior a 8 (oito) horas diárias e 44 (quarenta e quatro) horas semanais, exceto quando a atividade, por sua natureza, demandar a prestação de trabalho por meio de plantões ou escalas, facultada a compensação de horários;

III — repouso semanal remunerado, preferencialmente aos domingos, exceto quando as operações entre o sócio e a cooperativa sejam eventuais, salvo decisão assemblear em contrário;

IV — repouso anual remunerado, exceto quando as operações entre o sócio e a cooperativa sejam eventuais, salvo decisão assemblear em contrário;

V — retirada para o trabalho noturno superior à do diurno;

VI — adicional sobre a retirada para as atividades insalubres ou perigosas;

VII — seguro de acidente de trabalho;

VIII — observância das normas de saúde e segurança do trabalho previstas na legislação em vigor e em atos normativos expedidos pelas autoridades competentes (ver art. 8º da lei em apreço). Nesse particular, é importante averbar que, nos termos do art. 9º do ora examinado diploma legal, o **contratante** da cooperativa de serviço **responde solidariamente** pelo cumprimento das normas de saúde e segurança do trabalho quando os serviços forem prestados no seu estabelecimento ou em local por ele determinado.

É relevante anotar que, nos termos do art. 18 da Lei n. 12.690/2012, a constituição ou utilização de cooperativa de trabalho para fraudar deliberadamente a legislação trabalhista, previdenciária e o disposto na ora citada norma acarretará aos responsáveis as sanções penais, cíveis e administrativas cabíveis, sem prejuízo da ação judicial visando à dissolução da cooperativa. Nesse caso ficará inelegível para qualquer cargo em cooperativa de trabalho, pelo período de até 5 (cinco) anos, contado a partir da sentença transitada em julgado, o sócio, dirigente ou o administrador condenado pela prática das referidas fraudes.

c) Funcionamento das cooperativas de trabalho

A cooperativa de trabalho poderá adotar por objeto social qualquer gênero de serviço, operação ou atividade, desde que previsto no seu Estatuto Social (*vide* art. 10 da Lei n. 12.690/2012). Uma vez instituída, será obrigatório o uso da expressão "cooperativa de trabalho" na sua denominação social.

A admissão de sócios na cooperativa de trabalho estará limitada às possibilidades de reunião, à abrangência das operações, ao controle e à prestação de serviços e deverá ser congruente com o objeto estatuído (*vide* § 3º do art. 10 da Lei n. 12.690/2012). Isso significa que a legislação não admite como válidas as filiações de sócios que — por atuarem em locais distantes da sede deliberativa da cooperativa — se vejam impossibilitados de participar das reuniões. Igualmente, a Lei das Cooperativas de Trabalho exige que os associados prestem serviços congruentes com o objeto constante do Estatuto Social.

A importância da participação dos sócios nas reuniões foi colocada em destaque pela Lei n. 12.690/2012, a ponto de seu art. 11 deixar bem claro que as assembleias devem realizar-se em número mínimo anual — inclusive e especialmente para tratar de gestão da cooperativa, disciplina, direitos e deveres dos sócios, planejamento e resultado econômico dos projetos e contratos firmados e organização do trabalho — e que o Estatuto Social ou Regimento Interno deverão estabelecer incentivos à participação efetiva dos sócios com previsão de eventuais sanções em caso de ausências injustificadas. Perceba-se:

> *Art. 11. Além da realização da* **Assembleia Geral Ordinária e Extraordinária** *para deliberar nos termos dos e sobre os assuntos previstos na Lei n. 5.764, de 16 de dezembro de 1971, e no Estatuto Social, a Cooperativa de Trabalho deverá realizar anualmente, no mínimo, mais uma* **Assembleia Geral Especial** *[a realizar-se no segundo semestre do ano] para deliberar, entre outros assuntos especificados no edital de convocação, sobre gestão da cooperativa, disciplina, direitos e deveres dos sócios, planejamento e resultado econômico dos projetos e contratos firmados e organização do trabalho (destaques e inserção não constantes do original)*
>
> *[...]*
>
> *§ 2º As Cooperativas de Trabalho deverão estabelecer, em Estatuto Social ou Regimento Interno, incentivos à participação efetiva dos sócios na Assembleia Geral e eventuais sanções em caso de ausências injustificadas.*

A **notificação** dos sócios para participação das assembleias **será pessoal** e ocorrerá com antecedência mínima de 10 (dez) dias de sua realização. Na impossibilidade dessa notificação pessoal, dar-se-á a comunicação por **via postal** ou, sucessivamente em caso de insucesso desta, mediante **edital** afixado na sede e em outros locais previstos nos estatutos e publicado em jornal de grande circulação na região da sede da cooperativa ou na região onde ela exerça suas atividades, respeitada, em todos os casos, a antecedência mínima de 10 (dez) dias entre a data da notificação e a data da realização da Assembleia.

É importante anotar, ainda, que o *quorum mínimo* de instalação das Assembleias Gerais será de 2/3 (dois terços) do número de sócios, em **primeira convocação**; metade mais 1 (um) dos sócios, em **segunda convocação**; ou, sucessivamente, 50 (cinquenta) sócios ou, no mínimo, 20% (vinte por cento) do total de sócios, prevalecendo o menor número, em **terceira convocação**, exigida a presença de, no mínimo, 4 (quatro) sócios para as cooperativas que possuam até 19 (dezenove) sócios matriculados.

As decisões das Assembleias serão consideradas válidas quando contarem com a aprovação da maioria absoluta dos sócios presentes. Comprovada, entretanto, fraude ou vício nas decisões das referidas Assembleias, serão elas tornadas nulas de pleno direito, aplicando-se, conforme o caso, a legislação civil e penal.

4.4.8.10 Contrato de transporte rodoviário de cargas

A espécie contratual é regida pela Lei n. 11.442, de 5 de janeiro de 2007, segundo a qual o transporte rodoviário de cargas é de natureza comercial, exercida por pessoa física ou jurídica em regime de livre concorrência, e depende de prévia inscrição do interessado em sua exploração no Registro Nacional de Transportadores Rodoviários de Cargas — RNTR-C da Agência Nacional de Transportes Terrestres — ANTT, nas seguintes categorias:

I — Transportador Autônomo de Cargas — TAC, pessoa física que tenha no transporte rodoviário de cargas a sua atividade profissional.

II — Empresa de Transporte Rodoviário de Cargas — ETC, pessoa jurídica constituída por qualquer forma prevista em lei que tenha no transporte rodoviário de cargas a sua atividade principal.

O Transportador Autônomo de Carga não se confunde com o motorista-empregado. O TAC é proprietário ou arrendatário de veículo de carga, registra-se voluntariamente como tal, assume os riscos de sua atividade profissional e é destinatário de determinada remuneração. O motorista-empregado, a seu turno, dirige o veículo do empregador, não tem registro como TAC, não assume o risco da sua atividade e, por isso, percebe remuneração inferior.

A Lei, por isso, autoriza que os TACs sejam contratados tanto por empresa que deseje transportar os bens que produz quanto pelas próprias Empresas de Transporte Rodoviário de Cargas (ETCs). O mercado de transporte de cargas convive, assim, com as três figuras: (i) a Empresa de Transporte de Cargas (ETC); (ii) o Transportador Autônomo de Carga (TAC); e (iii) o motorista-empregado.

Nos autos da ADC 48, o Min. Luís Roberto Barroso foi claro no sentido de que "a decisão sobre a forma de estruturar e contratar o transporte de cargas está inserida na estratégia empresarial da ETC. A ETC pode entender, por exemplo, que seu diferencial está na gestão do serviço de transporte, e não na sua execução direta propriamente". Por isso, segundo o referido relator, o proprietário de carga, que opte por gerenciar a distribuição dos seus produtos, pode valer-se de motoristas empregados para distribuí-los. Pode executar parte do transporte e terceirizar parte. Pode concluir que é mais eficiente terceirizar integralmente a atividade de transporte. Trata-se, igualmente, de estratégia empresarial do proprietário da carga".

Toda essa estruturação não impede, é claro, que a Justiça do Trabalho avalie se o ato negocial foi ou não um emprego. Apesar de a decisão tomada na ADC 48 ter, genericamente, afirmado que "o TAC-agregado, nos termos do art. 4º, § 1º, da Lei n. 11.442/2007, dirige o próprio serviço e pode prestá-lo diretamente ou por meio de preposto seu, por expressa determinação legal" e que o "TAC-independente presta serviços em caráter eventual", tudo isso pode, na realidade, não ocorrer.

Apesar de a Constituição não impor, *a priori*, a proteção de toda e qualquer prestação remunerada de serviços mediante a configuração de relação de emprego, não impede a busca da verdade. Por isso, somente quando "preenchidos os requisitos dispostos na Lei n. 11.442/2007, estará configurada a relação comercial de natureza civil e afastada a configuração de vínculo trabalhista".

4.5 AS FASES DA FORMAÇÃO DO VÍNCULO CONTRATUAL DE EMPREGO E SUAS CONSEQUÊNCIAS JURÍDICAS

Embora possa aparentemente parecer uma inversão na ordem cronológica das coisas, preferiu-se aqui tratar-se das fases da formação do vínculo contratual de emprego e de suas consequências depois de analisadas, com detalhes, as situações correspondentes à "contratação de emprego". Mas por que se optou por isso? Porque neste instante dos estudos é possível visualizar e distinguir com clareza as fases de formação e do efetivo início da contratação de emprego, o que, conforme se observou, coincide com o instante a partir do qual se inicia a prestação *de trabalho pessoal, intransferível, subordinado e não eventual.*

4.5.1 Negociação preliminar e contrato preliminar: algumas notas distintivas

Antes da efetivação de uma contratação, podem ocorrer diversas **negociações preliminares** por meio das quais os sujeitos, no autorizado dizer de Maria Helena Diniz, "tão somente trocam impressões, formulam hipóteses, indagam sobre a mútua situação econômico-financeira, mas nada realizam"[78].

Isso muito comumente ocorre quando um empregado, avaliando as propostas feitas por mais de um empregador, conversa com cada um deles para saber como se desenvolvem as múltiplas condições de trabalho normalmente oferecidas aos trabalhadores já em exercício. Essas negociações preliminares não são mais do que conversações prévias, debates, ponderações, especulações, sondagens e estudos sobre os desejos de cada um dos participantes com vistas à formação de um futuro ajuste, sem que existam, até esse momento, vinculações jurídicas entre os participantes.

Essa fase tem por objeto, em verdade, a mera preparação das linhas mestras do consentimento das partes que ainda conversam. Por tal motivo, "não se poderá imputar responsabilidade civil àquele que houver interrompido essas negociações, pois, se não há proposta concreta, se nada existe de positivo, o contrato ainda não entrou em seu processo formativo, nem se iniciou. Já que as partes têm por escopo a realização de um ato negocial que satisfaça seus mútuos interesses, se uma delas verificar que isso não será possível, por lhe ser inconveniente, assiste-lhe o direito de recuar, dando por findas as negociações, recusando-se a entabular o acordo definitivo"[79].

Durante o transcurso das negociações preliminares, os sujeitos envolvidos podem até reduzir a termo alguns pontos constitutivos do conteúdo do contrato. No âmbito dessa ***pontuação***[80], entretanto, apesar de faltar obrigatoriedade aos entendimentos preliminares, "pode surgir, excepcionalmente, a responsabilidade civil para os que deles participam, não no campo da culpa contratual, mas no da aquiliana"[81]. Assim, na hipótese de um dos participantes criar no outro a real expectativa de celebração do negócio, e, com isso, produzir para ele sacrifícios financeiros ou pessoais, poderá ser gerada a obrigação de ressarcir danos.

Ainda que não se constitua o contrato, a fase de negociação preliminar pode produzir ***expectativas concretas*** em decorrência da lealdade e da confiança que um contratante normalmente deposita no outro. Haverá aí, consequentemente, a possibilidade de falar-se, como antedito, em **responsabilização extracontratual** fundada nos arts. 186 e 927 do Código Civil. Desse modo, se um dos participantes, por uma ação culposa e violadora da boa-fé objetiva, for conduzido a crer na formação do contrato, poderá postular reparação contra aquele que injustificadamente se retirou das negociações[82].

---

78 DINIZ, Maria Helena. *Curso de direito civil brasileiro: teoria das obrigações contratuais e extracontratuais.* 24. ed. São Paulo: Saraiva, 2008, p. 42.

79 DINIZ, Maria Helena. Op. cit., p. 43.

80 A palavra "puntuação" foi produzida a partir da matriz doutrinária italiana *puntuazione,* que diz respeito ao detalhamento escrito dos pontos (*punti*) essenciais sobre os quais se edificará um contrato.

81 DINIZ, Maria Helena. Op. cit., p. 43.

82 No processo seletivo o candidato ao emprego torna-se propenso à formação de expectativas ou às situações de violação ao seu patrimônio imaterial. Não raramente são evidenciadas postulações de indenização por

Nos instantes de negociação preliminar, podem ser feitas entrevistas com o candidato ao emprego com o objetivo de melhor conhecê-lo e de, igualmente, ele também melhor conhecer a organização que pretende contratá-lo. Nesse momento também, com base na referida responsabilização extracontratual, os pretensos negociantes, até mesmo para proteger os dados reciprocamente colhidos, precisam agir com respeito à privacidade, à autodeterminação informativa e à liberdade de expressão, de informação, de comunicação e de opinião. Nesse instante cabe redobrar a atenção e adotar procedimentos capazes de fazer prova de que se preservou a inviolabilidade da intimidade, da honra e da imagem dos envolvidos.

Durante a negociação preliminar não se deveria colher dados pessoais sensíveis do entrevistado, assim entendidos, nos termos do art. 5º, II, da Lei n. 13.709/2018, aqueles que digam respeito a origem racial ou étnica, convicção religiosa, opinião política, filiação a sindicato ou a organização de caráter religioso, filosófico ou político, tampouco referente à saúde ou à vida sexual, dado genético ou biométrico.

Se a coleta de dados dessa natureza for imprescindível à contratação — o que pode ocorrer por tratar-se o empregador de uma instituição de tendência, por exemplo — o tratamento, sob as penas e sob as responsabilidades previstas na referida Lei n. 13.709/2018, somente se dará mediante o **fornecimento de consentimento por escrito do titular**, em cláusula destacada, ou por outro meio que demonstre a manifestação de sua vontade[83].

Não se pode confundir, entretanto, a negociação preliminar com o contrato preliminar disciplinado nos arts. 462 a 466 do Código Civil. A mencionada figura contratual caracteriza-se pela existência de um verdadeiro *ajuste preparatório* que tem por objetivo delimitar as fronteiras do contrato definitivo que se pretende efetivar. Por meio dele é gerada uma nítida obrigação de formalização do contrato final[84].

---

danos materiais e/ou morais decorrentes de alguns excessos que podem ser praticados pelos recrutadores. Em regra, esses danos decorrem do abuso do direito dado aos recrutadores de aferir a aptidão profissional dos aspirantes ao emprego. Por conta desses comportamentos são invadidos espaços da intimidade e da vida privada do candidato, apesar de não terem qualquer relevância para a constatação de suas qualidades como futuro empregado.

83 A exigência de apresentação de certidão de antecedentes criminais pelos candidatos ao emprego gera dano moral? Para o TST, no tema repetitivo 1, em alguns casos, sim. A tese firmada em 20-4-2017 foi a seguinte:

I) não é legítima e caracteriza lesão moral a exigência de Certidão de Antecedentes Criminais de candidato a emprego quando traduzir tratamento discriminatório ou não se justificar em razão de previsão de lei, da natureza do ofício ou do grau especial de fidúcia exigido. Vencidos parcialmente os Exmos. Ministros João Oreste Dalazen, Emmanoel Pereira e Guilherme Augusto Caputo Bastos;

II) a exigência de Certidão de Antecedentes Criminais de candidato a emprego é legítima e não caracteriza lesão moral quando amparada em expressa previsão legal ou justificar-se em razão da natureza do ofício ou do grau especial de fidúcia exigido, a exemplo de empregados domésticos, cuidadores de menores, idosos ou deficientes (em creches, asilos ou intuições afins), motoristas rodoviários de carga, empregados que laboram no setor da agroindústria no manejo de ferramentas de trabalho perfurocortantes, bancários e afins, trabalhadores que atuam com substâncias tóxicas, entorpecentes e armas, trabalhadores que atuam com informações sigilosas. Vencidos parcialmente os Exmos. Ministros Augusto César de Carvalho, relator, Aloysio Corrêa da Veiga, Walmir Oliveira da Costa e Cláudio Mascarenhas Brandão, que não exemplificavam;

III) a exigência de Certidão de Antecedentes Criminais, quando ausente alguma das justificativas de que trata o item II, supra, caracteriza dano moral *in re ipsa*, passível de indenização, independentemente de o candidato ao emprego ter ou não sido admitido. Vencidos, parcialmente, os Exmos. Ministros João Oreste Dalazen, Emmanoel Pereira e Guilherme Augusto Caputo Bastos e, totalmente, os Exmos. Ministros Aloysio Corrêa da Veiga, Renato de Lacerda Paiva e Ives Gandra Martins Filho.

84 Sobre o tema cabe a indicação da cuidadosa obra *Do pré-contrato de trabalho*, de Guilherme Guimarães Feliciano, publicada pela LTr, em 2010.

Como bem disse José Affonso Dallegrave Neto, o contrato preliminar ou pré-contrato "é um ato jurídico perfeito e acabado que tem por objeto a promessa de celebração de um contrato futuro e, portanto, com efeito vinculante às partes"[85]. Trata-se, ainda com base no magistério do mestre paranaense, de um ajuste muito frequentemente utilizado nas relações contratuais de atletas profissionais e nas situações em que determinados trabalhadores qualificados (professores, farmacêuticos, médicos etc.) aceitam empenhar seus nomes junto a instituições que buscam autorização de funcionamento mediante expressa promessa de contratação posterior.

Observe-se, por fim, que, a despeito das nítidas diferenças entre negociação preliminar e contrato preliminar, a intensidade e a seriedade das tratativas pode, especialmente no âmbito trabalhista, produzir um verdadeiro pré-contrato[86]. Isso ocorre quando, sob o pretexto de conversações prévias e especulações, os participantes formulam ofertas incompatíveis com a situação jurídica de simples sondagem[87 e 88].

4.5.2 O *iter* de formação da vontade definitiva de contratar: a oferta e a aceitação

Depois da etapa preliminar, em que se estudam apenas probabilidades, há fase a partir da qual se manifesta a vontade definitiva de contratar. A **proposta** (oferta ou policitação) é

---

[85] DALLEGRAVE NETO, José Affonso. *Responsabilidade civil no direito do trabalho*. 4. ed. São Paulo: LTr, 2010, p. 145.

[86] Os aspirantes ao emprego, depois de terem superado o processo seletivo, encaminhado os documentos necessários à abertura da conta-salário e recebido as guias para exames médicos, sentem-se tão convictos de que a relação efetivamente se iniciará que, muitas vezes, pela ausência de informações claras sobre sua situação, se desligam de vínculos anteriores. Em casos como este há um evidente prejuízo (material e por vezes moral) que não pode ser desconsiderado. Revela-se aí, no plano da razoabilidade, uma situação equivalente a um pré-contrato. Veja-se jurisprudência nesse sentido:
PRÉ-CONTRATO DE TRABALHO — FRUSTRAÇÃO DA EXPECTATIVA DE CONTRATAÇÃO — INDENIZAÇÃO POR DANO MORAL — As negociações preliminares que excedem a fase de seleção do candidato a emprego geram para o trabalhador a esperança, senão a certeza, da contratação, caracterizando a formação de um pré-contrato de trabalho, que envolve obrigações recíprocas, bem como o respeito aos princípios da lealdade e da boa-fé (art. 422 do Código Civil). Assim, se o empregador exige a abertura de conta-salário e a realização dos exames admissionais, às suas expensas (art. 168 da CLT), e, em seguida, injustificadamente, frustra a esperança fundada do trabalhador em ser admitido, está caracterizado o abuso de direito capaz de ensejar o deferimento da indenização por danos morais (TRT 3ª R., RO 01472-2007-109-03-00-3, 2ª T., Rel. Des. Sebastião Geraldo de Oliveira, *DJe*, 30-4-2008).

[87] Do mesmo modo que "a seriedade da proposta deve ser analisada com bastante cuidado para que ela não seja confundida com uma simples oferta de negociações preliminares" (GAGLIANO e PAMPLONA. *Novo curso de direito civil: contratos*. 4. ed. São Paulo: Saraiva, 2008, p. 86), o contrário também deve acontecer, ou seja, deve haver cuidado para que uma simples oferta de negociações preliminares não assuma a feição de uma verdadeira proposta integrante do *iter* efetivamente contratual.

[88] No âmbito das relações privadas, é reiterada a jurisprudência quanto ao reconhecimento da competência da Justiça do Trabalho para dirimir conflitos dessa natureza, haja vista o fato de as negociações preliminares constituírem espectro de um efetivo e futuro contrato de trabalho. Na esfera pública, porém, o entendimento é diverso. Nesse ponto é relevante lembrar que, por maioria de votos, **o Plenário do Supremo Tribunal Federal (STF) decidiu que é da Justiça Comum (federal ou estadual) a competência para processar e julgar as demandas ajuizadas por candidatos e empregados públicos na fase pré-contratual, relativas a critérios para a seleção e a admissão de pessoal nos quadros de empresas públicas**. A matéria foi discutida no Recurso Extraordinário (RE) 960.429, com repercussão geral reconhecida. A tese de repercussão geral firmada foi a seguinte: "Compete à Justiça Comum processar e julgar controvérsias relacionadas à fase pré-contratual de seleção e de admissão de pessoal e eventual nulidade de certame em face da administração pública direta e indireta, nas hipóteses em que adotado o regime celetista de contratação de pessoal".

o elemento inicial da formação do contrato, sendo ato por meio do qual um dos participantes, por declaração unilateral, receptícia, séria e vinculativa, solicita a manifestação de vontade do outro com o claro objetivo de efetivar o ajuste. Em casos tais, basta o consentimento da parte a quem se dirige a proposta para que se conclua o acordo.

É importante anotar que as propostas não precisam ser necessariamente dirigidas a um sujeito determinado para valer como tais. A oferta ao público, vale dizer, a oferta dirigida a sujeitos determináveis que se apresentem como aceitantes dotados de condições para efetivar o ato negocial ofertado, gera as mesmas consequências vinculativas, observada, é claro, a ressalva quanto à possibilidade de escolha por parte do ofertante. Assim, quando uma empresa dá ciência a todos a quem interessar possa — por jornal, circular ou outro meio de divulgação —, que oferece emprego a quem englobe um conjunto de qualidades especificadas em instrumento informativo, ela está levando ao conhecimento da coletividade sua manifesta intenção de selecionar e de, no momento adequado, contratar quem venha a se adequar ao perfil desejado.

É importante ter atenção no momento de publicização das propostas aos candidatos a emprego, uma vez que os elementos delas integrantes são vinculativos, não podendo o proponente divergir deles posteriormente.

Nessa ordem de ideias, a oferta pública de um piso salarial diferenciado, de condições especiais de trabalho (férias de 60 dias, máximo de 40 horas de trabalho semanal), de complementos salariais adicionais (adicional por tempo de serviço, gratificações juninas, prêmios por produtividade), de atrativas utilidades não salariais (outorga de plano de saúde, de tíquete-refeição, de *notebook*, de celular, de veículo etc.), transforma-se em componentes adesivos, não podendo o proponente, em respeito à **probidade**, à **confiança** e à **boa-fé objetiva** (*vide* art. 442 do Código Civil), no instante da efetiva contratação, oferecer elementos menos vantajosos.

Um exemplo concreto pode ser extraído do RR 1654/2004-001-18-00.0. No caso mencionado, um empregado recebeu diferença salarial correspondente ao valor divulgado em anúncio no jornal, mas não observado no instante da efetiva contratação por uma grande rede de supermercados. Segundo o relator do recurso de revista, Ministro Aloysio Corrêa da Veiga, "se a empresa anunciou no jornal um determinado valor, como proposta de salário, não pode alterá-lo quando da contratação do empregado, pois a ela se obrigou".

O fechamento do ciclo consensual ocorre com a **aceitação**, verdadeiro complemento da oferta. Quando o aceitante adere conclusivamente a sua vontade à do contratante diz-se, então, perfeito o ato contratual.

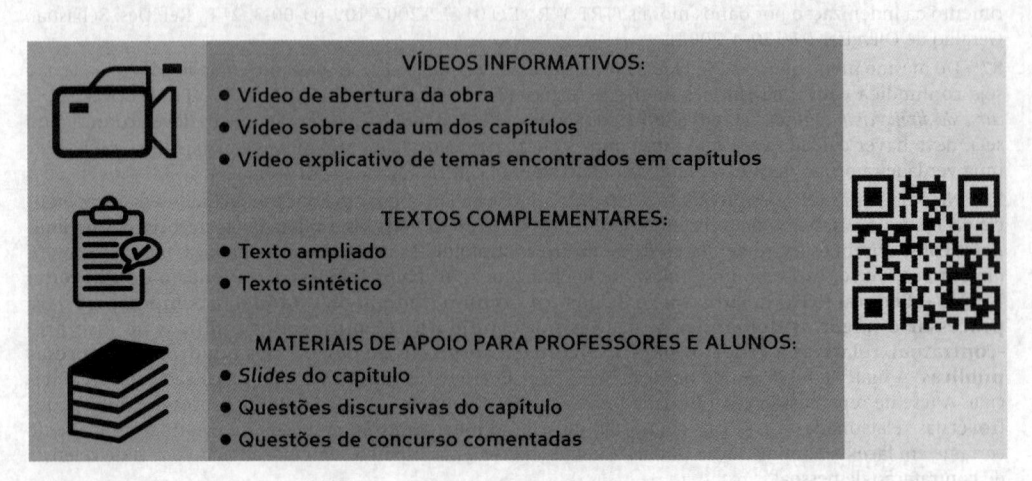

VÍDEOS INFORMATIVOS:
- Vídeo de abertura da obra
- Vídeo sobre cada um dos capítulos
- Vídeo explicativo de temas encontrados em capítulos

TEXTOS COMPLEMENTARES:
- Texto ampliado
- Texto sintético

MATERIAIS DE APOIO PARA PROFESSORES E ALUNOS:
- *Slides* do capítulo
- Questões discursivas do capítulo
- Questões de concurso comentadas

5 EMPREGADO

https://somos.in/CTD14

5.1 DEFINIÇÃO

No contexto do contrato de emprego, o empregado aparece como sujeito prestador do trabalho, vale dizer, aquele que pessoalmente, sem auxílio de terceiros, despende, em caráter não eventual e sob direção alheia, sua energia laboral em troca de salário; aquele que, por não exercer atividade por conta própria, não assume riscos da atividade na qual está incurso. Assim, diante desse conjunto de caracteres — pessoalidade, não eventualidade, não assunção dos riscos, subordinação e onerosidade —, "considera-se empregado toda pessoa física que prestar serviços de natureza não eventual a empregador, sob a dependência deste e mediante salário" (art. 3º da CLT).

5.2 CLASSIFICAÇÃO

A despeito dos traços comuns constantes do tópico anterior, é possível classificar os empregados de acordo com uma série de referenciais específicos, levando em conta *seu setor de atuação*, a *atividade desenvolvida por seus empregadores, seu nível de vinculação ao emprego, o local de prestação de seus serviços, seu posicionamento na estrutura hierárquica criada pelo empregador, seu grau de desenvolvimento cognitivo* e, finalmente, *a sua nacionalidade*. Vejam-se, então, as espécies de empregado com todos os detalhamentos necessários ao entendimento do tema:

5.2.1 Quanto ao setor de atuação

A primeira classificação aqui oferecida considera a esfera de atuação dos trabalhadores, que pode ser estatal ou privada. Nesses âmbitos estão contidos os servidores estatais (servidores públicos efetivos, **servidores públicos temporários**, empregados públicos e empregados contratados pelos chamados "serviços sociais autônomos" e pelos conselhos/ordens de fiscalização do exercício profissional) e *os empregados privados*, todos eles com características tão distintas que os fazem merecedores de um estudo particularizado.

Observe-se inicialmente a seguinte tabela, e, em seguida, vejam-se os detalhamentos correspondentes a cada um dos tipos identificados:

CLASSIFICAÇÃO DOS EMPREGADOS QUANTO AO SETOR DE ATUAÇÃO			
Setores destinatários de trabalhadores			
	Setor público		Setor privado
Prestadores dos serviços	Servidores públicos	Empregados públicos	Empregados privados
Tomador dos serviços	Administração Pública direta, autárquica ou fundacional	Sociedades de economia mista e empresas públicas	Empresas privadas e empregadores por equiparação (art. 2ª da CLT)

Regime jurídico	Estatutários: investidos por meio de estatuto próprio	Celetistas: investidos pelo regime da CLT	Contratados pelo regime da CLT	Contratados pelo regime da CLT ou por estatutos especiais[1]
Sujeição às normas atinentes à Administração Pública (arts. 37 a 43 da CF)	Sim	Sim	Sim	Não
Regime previdenciário	Filiados, **em regra**, ao Regime Próprio de Previdência Social (RPPS)	Filiados ao Regime Geral de Previdência Social (RGPS)	Filiados ao Regime Geral de Previdência Social (RGPS)	Filiados ao Regime Geral de Previdência Social (RGPS)
Exemplos	Servidores públicos do TRT	Servidores públicos municipais que não possuem estatuto próprio	Empregados do Banco do Brasil ou da Caixa Econômica Federal	Empregados de instituição privada

5.2.1.1 Servidores estatais

Sob a denominação genérica de **servidores estatais**, estão contidos os *servidores públicos efetivos*, os *servidores públicos temporários* e os *empregados públicos*.

5.2.1.1.1 Servidores públicos efetivos

Os **servidores públicos efetivos** estão ligados por **vínculo institucional e permanente** à Administração direta, autárquica ou fundacional, carecendo, desde a publicação da Carta de 1988, de prévia aprovação em concurso público para a assunção aos cargos criados por lei e consequente titularização. Submetem-se necessariamente ao regime estatutário[2], de índole não contratual, e **são os destinatários exclusivos das funções de confiança** (art. 37, V, da Carta).

5.2.1.1.2 Servidores públicos temporários

Os **servidores públicos temporários**, por outro lado, são aqueles investidos para o exercício de atividades provisórias, seja por conta de excepcional interesse público (art. 37, IX, da Constituição)[3], seja por força de vinculação de confiança do agente político que o

---

1 A Lei Complementar n. 150/2015, que regula as relações de emprego doméstico, e a Lei n. 5.889/73, que dispõe sobre o trabalho rural, são exemplos de estatutos especiais.
2 **Súmula 243 do TST**. OPÇÃO PELO REGIME TRABALHISTA. SUPRESSÃO DAS VANTAGENS ESTATUTÁRIAS. Exceto na hipótese de previsão contratual ou legal expressa, a opção do funcionário público pelo regime trabalhista implica a renúncia dos direitos inerentes ao regime estatutário (Res. 15/1985, *DJ*, 9-12-1985).
3 Contratados sob o Regime Especial de Direito Administrativo, popularmente conhecidos pela abreviatura REDA. Anote-se que o TST entendia ser da Justiça do Trabalho a competência material para dirimir dissídio individual entre trabalhador e ente público se houvesse controvérsia acerca do vínculo de emprego. Argumentava, com razão, que a simples presença de lei que disciplinasse a contratação por tempo determinado para atender a necessidade temporária de excepcional interesse público não seria o bastante para deslocar a competência

indicou para exercício de cargo em comissão com atribuições de direção, chefia e assessoramento (art. 37, V, da Constituição). Estão ligados à Administração por um vínculo institucional, porém provisório. Vejam-se alguns detalhes das duas espécies ora mencionadas:

a) Servidores públicos temporários investidos por conta de excepcional interesse público

Conhecidos como contratados sob o REDA (Regime Especial de Direito Administrativo), esses trabalhadores **não titularizam cargo**, mas apenas função, em caráter precário. Estão tratados, no âmbito federal, pela **Lei n. 8.745, de 9 de dezembro de 1993**, mas cada um dos entes políticos (Estados Federados, Distrito Federal e Municípios) deve regular suas exigências para esse tipo de contratação em normas de suas específicas competências.

Tais trabalhadores **não se submetem a concurso público**, sendo contratados por meio de processo seletivo simplificado, sujeito a ampla divulgação, salvo nos casos de calamidade pública ou de emergência ambiental (*vide* o art. 3º da citada Lei n. 8.745/93). Estão ligados **por vínculo temporário** à Administração estatal, podendo servir exclusivamente à Administração direta, autárquica ou fundacional.

b) Servidores públicos temporários exercentes de cargo em comissão

Os servidores públicos temporários *exercentes de cargo em comissão* titularizam *cargo de provimento em comissão* (para específica incumbência), declarados em lei de **livre nomeação e exoneração** (art. 37, II, parte final, do texto fundamental), com funções necessariamente ligadas à direção, à chefia ou ao assessoramento. Observe-se, com base no magistério de Hely Lopes Meirelles, que "a instituição de tais cargos é **permanente** [...], mas seu **desempenho é sempre precário**, pois quem os exerce não adquire direito à continuidade na função, mesmo porque a exerce por confiança do superior hierárquico; daí a livre nomeação e exoneração"[4].

Por exercerem cargos precários, também não se submetem às exigências de prévio concurso público. Estão ligados por vínculo temporário[5] à Administração estatal, podendo servir unicamente à Administração direta, autárquica ou fundacional.

---

da Justiça do Trabalho *se se alegasse desvirtuamento em tal contratação*, mediante a prestação de serviços à Administração para atendimento de necessidade permanente, e não para acudir situação transitória e emergencial. Esse entendimento estava contido na Orientação Jurisprudencial 205 da SDI-1 do TST, cancelada no dia 23 de abril de 2009 pelo Pleno do Tribunal Superior do Trabalho. O cancelamento aconteceu porque o STF, em diversos julgados, vinha se manifestando em sentido contrário à Orientação Jurisprudencial 205 da SDI-1. Para o STF compete à Justiça Comum processar e julgar os feitos em que se discutam as relações entre servidores, ainda que temporários, e a Administração, haja vista a impossibilidade de, no sistema jurídico-administrativo brasileiro pós-ADIn 2.135-4, comportar-se contratações pelo regime da CLT. Esse posicionamento, repetido em diversas manifestações do STF, respeita o conteúdo da ADIn 3.395-MC (DF), *DJ* de 10-11-2006, sendo importante anotar que a ADIn 2.135-4 suspendeu a eficácia do *caput* do art. 39 da Constituição Federal, conforme a redação conferida pela Emenda Constitucional n. 19/98, de modo a restabelecer a redação originária e, por consequência, o regime jurídico único. Como não se trata de tema pacífico entre os ministros do STF, é possível a ocorrência de mudanças de posicionamento.

4 MEIRELLES, Hely Lopes. *Direito administrativo brasileiro*. 25. ed. São Paulo: Malheiros, 2000.

5 Enquanto permanecer a confiança do agente político que promoveu a investidura do mencionado servidor público temporário para uma específica comissão de direção, de chefia ou de assessoramento.

Note-se que, por força do § 2º, *b*, art. 1º da Lei n. 9.962/2000, os exercentes de cargos públicos de provimento em comissão não podem estar submetidos ao regime celetista[6 e 7]. Isso significa que a regência dos exercentes desses cargos em comissão será unicamente estatutária, ressalvada a vinculação previdenciária que necessariamente se faz ao RGPS (Regime Geral da Previdência Social).

Conclui-se, por outro lado, que os exercentes de cargo em comissão, por estarem cônscios de sua precariedade, não podem invocar em seu favor a permanência no exercício das atividades por conta de situação de estabilidade. A despeito disso, cabe-lhes invocar, em casos tais, o pagamento de indenização substitutiva ao período em que lhes seria garantida a manutenção do vínculo[8].

---

6 Há um educativo trecho de acórdão sob a relatoria do Min. Cláudio Mascarenhas Brandão que deixa isso muito claro. Veja-se:

"A Constituição da República não faz alusão à figura do 'emprego em comissão', que seria uma situação *sui generis* do dito 'cargo em comissão', pois, apesar de destinados à função de direção, chefia e assessoramento, de livre nomeação e exoneração, estariam os seus ocupantes sujeitos às normas trabalhistas" (AIRR — 1863-95.2011.5.10.0003, Rel. Min. Cláudio Mascarenhas Brandão, j. 21-10-2015, 7ª Turma, *DEJT*, 29-10-2015).

7 Apesar de os exercentes de cargos públicos de provimento em comissão não poderem, em regra, estar submetidos ao regime celetista, a jurisprudência relata muitas situações que teimam em aparecer nesse sentido. Há, entretanto, consenso no sentido de que, mesmo com contrato regido pela CLT, o ocupante de cargo em comissão no serviço público não tem direito a aviso prévio e à indenização de 40% sobre o FGTS. Veja-se, nesses moldes, a decisão proferida no RR 707/2003-079-15-40.8. A 8ª Turma do Tribunal Superior do Trabalho deu provimento a recurso do Município de Araraquara e o absolveu da condenação ao pagamento dessas verbas. Após um ano de exercício na Câmara Municipal de Araraquara (SP), como "auxiliar legislativo substituto", cargo comissionado e de livre exoneração, o trabalhador foi dispensado. Por imaginar ter direito a diversas verbas trabalhistas, ele moveu ação de caráter condenatório contra o Município de Araraquara. O juiz da 2ª Vara do Trabalho de Araraquara concluiu injusta sua dispensa e deferiu seus pedidos. Ao recorrer ao TRT da 15ª Região (Campinas/SP), o município alegou que o servidor, por ter ocupado cargo em comissão, era passível de demissão *ad nutum* (condição unilateral de revogação ou anulação de ato), e que a exoneração não se confundia com a dispensa imotivada dos empregados públicos comuns. O Regional entendeu que a relação havida entre as partes foi, sem dúvida, regida pela CLT, diante das anotações em sua carteira de trabalho, dos depósitos do FGTS, da concessão de férias durante a vinculação e da quitação de verbas rescisórias por meio do termo de rescisão de contrato de trabalho (TRCT). Acrescentou, ainda, que o fato de o auxiliar legislativo poder ser dispensado a qualquer tempo não lhe retiraria o direito às verbas que pleiteou. Para o Regional, a alegação do Município de que o contrato seria por tempo determinado não se sustentava. Manteve, por essas razões, a sentença de primeiro grau. O Município recorreu então ao TST. O ministro Márcio Eurico, relator do processo, votou no sentido da reforma do acórdão regional, excluindo da condenação o pagamento do aviso prévio e reflexos, FGTS e indenização de 40%. Ele observou que o TST tem adotado o entendimento de que o ocupante de cargo comissionado, mesmo em contrato regido pela CLT, não faz jus às referidas verbas.

8 Nesse sentido: CONSTITUCIONAL. ADMINISTRATIVO. RECURSO ORDINÁRIO EM MANDADO DE SEGURANÇA. SERVIDORA PÚBLICA. DISPENSA DE FUNÇÃO COMISSIONADA NO GOZO DE LICENÇA-MATERNIDADE. ESTABILIDADE PROVISÓRIA. PROTEÇÃO À MATERNIDADE. OFENSA. RECURSO PROVIDO. 1. A estabilidade provisória, também denominada período de garantia de emprego, prevista no art. 10, inc. II, letra "b", do ADCT, visa assegurar à trabalhadora a permanência no seu emprego durante o lapso de tempo correspondente ao início da gestação até os primeiros meses de vida da criança, com o objetivo de impedir o exercício do direito do empregador de rescindir unilateralmente e de forma imotivada o vínculo laboral. 2. O Supremo Tribunal Federal tem aplicado a garantia constitucional à estabilidade provisória da gestante não apenas às celetistas, mas também às militares e servidoras públicas civis. 3. Na hipótese, muito embora não se afaste o caráter precário do exercício de função comissionada, não há dúvida de que a ora recorrente, servidora pública estadual, foi dispensada porque se encontrava no gozo de licença-maternidade. Nesse cenário, tem-se que a dispensa deu-se com ofensa ao princípio de proteção à maternidade. Inteligência dos arts. 6º e 7º, inc. XVIII, da Constituição Federal e 10, inc. II, letra "b", do ADCT. 4. Recurso ordinário provido (STJ 22361/RJ. Recurso Ordinário em Mandado de Segurança 2006/0157480-2, Min. Arnaldo Esteves Lima, 5ª T. julgamento em 8-11-2007, *DJ*, de 7-2-2008, p. 1).

5.2.1.1.3 Empregados públicos

Os **empregados públicos**: do mesmo modo que os servidores públicos efetivos, estão ligados a seus contratantes por **conexão permanente**. Essa vinculação, entretanto, tem natureza obrigacional e é promovida tanto com a Administração direta quanto com empresas estatais (empresas públicas ou sociedades de economia mista). Também se submetem à prévia aprovação em concurso público para assunção dos postos criados por lei (Administração direta, autárquica ou fundacional) ou por regulamento empresarial (empresas estatais), embora submetidos exclusivamente ao regime celetista.

Registre-se, para fins de distinção, que os empregados públicos contratados pela Administração pública direta, autárquica ou fundacional pelo regime da CLT recebem o nome de **servidores públicos celetistas**[9]. Já aqueles contratados por empresas estatais são denominados simplesmente **empregados públicos**.

Os servidores públicos celetistas estão regidos pela Lei n. 9.962, de 22 de fevereiro de 2000[10 e 11], que indica situações com base nas quais é possível a rescisão unilateral pela Administração Pública. A despeito disso, o TST, secundando posição já assumida pelo STF[12], publicou a Súmula 390, I, sustentando que "o servidor público celetista da administração direta, autárquica ou fundacional é beneficiário da estabilidade prevista no art. 41 da CF/1988".

Anote-se, quanto a todos os servidores estatais — *servidores públicos efetivos, servidores públicos temporários* **e** *empregados públicos (inclusive os servidores públicos celetistas)*, que eles, indistintamente, submetem-se ao teto remuneratório previsto no art. 37, XI, da Constituição[13], estando, portanto, sujeitos aos limites de acumulação constantes do art. 39,

---

9 Súmula 382 do TST. MUDANÇA DE REGIME CELETISTA PARA ESTATUTÁRIO. EXTINÇÃO DO CONTRATO. PRESCRIÇÃO BIENAL. A transferência do regime jurídico de celetista para estatutário implica extinção do contrato de trabalho, fluindo o prazo da prescrição bienal a partir da mudança de regime.

10 Por força dessa lei, o pessoal admitido para emprego público na Administração federal direta, autárquica e fundacional terá sua relação de trabalho regida pela Consolidação das Leis do Trabalho, aprovada pelo Decreto-lei n. 5.452, de 1º de maio de 1943, e legislação trabalhista correlata.

11 A alteração do *caput* do art. 39 da Constituição da República, promovida pela Emenda Constitucional n. 19/98, teve a eficácia suspensa pelo STF, a partir de agosto de 2007, em decorrência da ADIn 2.135/DF — 2007. Isso aconteceu porque a Câmara dos Deputados não observou, quanto ao mencionado dispositivo, a exigência de aprovação em dois turnos (*vide* o art. 60, § 2º, do texto fundamental). Assim, no julgamento da mencionada ADIn, o STF deferiu medida cautelar suspendendo a eficácia do art. 39, *caput*, da Carta, com a redação da Emenda n. 19, e restabeleceu a redação originária. A decisão, contudo, teve efeitos *ex nunc*, situação que sugere a validade de toda a legislação editada durante a vigência do art. 39, *caput*, com a redação da Emenda Constitucional n. 19/98. Nesses termos, parece que, a partir dessa decisão e até que seja resolvido o mérito da causa, a Lei n. 9.962/2000 continuará regendo as contratações de empregados públicos, desde que essas contratações tenham ocorrido entre a publicação da Emenda Constitucional n. 19/98 e a ADIn 2.135/DF — 2007. A situação indica que, uma vez restaurada a regra do regime jurídico único, não serão admissíveis contratações da União sob o regime contratual da Lei n. 9.962/2000 a partir da data de publicação da ADIn 2.135/DF — 2007, ou seja, a partir de 2 de agosto de 2007.

12 Em voto relatado pelo Min. Marco Aurélio Mello, nos autos do RE 187229/PA, o STF decidiu no sentido de que "a estabilidade prevista no artigo 41 da Constituição Federal independe da natureza do regime jurídico adotado". Para o STF, "servidores concursados e submetidos ao regime jurídico trabalhista têm jus à estabilidade, pouco importando a opção pelo sistema do Fundo de Garantia do Tempo de Serviço" (julgamento em 15-12-1998; publicação em 14-5-1999).

13 O Supremo Tribunal Federal decidiu que **o teto remuneratório do serviço público deve ser aplicado sobre o valor bruto da remuneração, sem os descontos do Imposto de Renda (IR) e contribuição previdenciária**. A decisão foi tomada na sessão de 15 de abril de 2015, no julgamento do Recurso Extraordinário (RE) 675978, com repercussão geral reconhecida, no qual um agente fiscal de rendas de São Paulo

XVI, do texto fundamental. Veja-se sobre esse assunto o teor da *Orientação Jurisprudencial 339 da SDI-1 do TST*:

> *Orientação Jurisprudencial 339 da SDI-1 do TST. Teto Remuneratório. Empresa Pública e Sociedade de Economia Mista. Art. 37, XI, da CF/1988 (Anterior à Emenda Constitucional n. 19/1998). DJU 04.05.04 (nova redação). As empresas públicas e as sociedades de economia mista estão submetidas à observância do teto remuneratório previsto no inciso XI do art. 37 da CF/1988, sendo aplicável, inclusive, ao período anterior à alteração introduzida pela Emenda Constitucional n. 19/1998.*

É bom registrar a ressalva constante do § 9º do art. 37 do texto constitucional, embora ela não tenha sido considerada pela referida OJ 339 da SDI-1 do TST. Vê-se ali, claramente, que o teto remuneratório somente se aplica às empresas públicas e às sociedades de economia mista, e suas subsidiárias, **que receberem recursos da União, dos Estados, do Distrito Federal ou dos Municípios para pagamento de despesas de pessoal ou de custeio em geral**. Caso essas entidades não recebam recursos dos cofres públicos para tanto, poderão, sim, extrapolar os limites do ora analisado teto.

Por fim, registre-se que os *servidores públicos temporários, os servidores públicos celetistas e os empregados públicos* são obrigatoriamente filiados ao Regime Geral de Previdência Social, na forma do § 13 do art. 40 do texto constitucional. Veja-se:

> *Art. 40. [...]*
> *§ 13. Ao servidor ocupante, exclusivamente, de cargo em comissão declarado em lei de livre nomeação e exoneração bem como de outro cargo temporário ou de emprego público, aplica-se o regime geral de previdência social.*

Essa observação é importante para fazer notar que os mencionados trabalhadores, a despeito de seu regime jurídico-laboral, estão submetidos ao regime administrado pelo INSS — Instituto Nacional do Seguro Social.

5.2.1.1.4 *Empregados estatais sui generis: empregados contratados pelos "serviços sociais autônomos", pelos Conselhos/Ordens de fiscalização do exercício profissional e pelos consórcios públicos*

Os empregados contratados pelos serviços sociais autônomos, pelos Conselhos/Ordens de fiscalização do exercício profissional e pelos consórcios públicos merecem estudo particularizado, pois os seus empregadores, na condição de verdadeiros *entes de cooperação*, posicionam-se ao lado do Estado, sob seu amparo, com o objetivo de prestar-lhe serviços de interesse social ou de utilidade pública.

Os serviços sociais autônomos (Senac, Sesc, Senai, Sesi, Senar, Sescoop, Sebrae etc.) — integrantes do conhecido Sistema "S" — são entidades privadas que se concentram nas áreas de assistência social, formação profissional, educação para o trabalho e promoção de ações fomentadoras do setor econômico ao qual se vinculam. Exatamente por isso, e apesar de não integrarem a administração pública direta ou indireta, são subvencionados por contribuições parafiscais, de natureza compulsória, exigidas na forma do art. 240 da Constituição da República.

---

alegava que a remuneração a ser levada em conta para o cálculo do teto deveria ser a líquida — já descontados os tributos —, e não a bruta. O recurso foi desprovido pelo Plenário por unanimidade. Com o julgamento do recurso, de relatoria da ministra Cármen Lúcia, foi fixada tese para fins da repercussão geral: "Subtraído o montante que exceder o teto e subteto previsto no artigo 37, inciso XI, da Constituição Federal, tem-se o valor que vale como base para o Imposto de Renda e para a contribuição previdenciária".

Na mesma situação encontram-se os *Conselhos/Ordens de fiscalização do exercício profissional*, entendidos como entidades autárquicas (*vide* ADI 1.717/DF) cuja missão principal relaciona-se com a limitação, em proveito da sociedade, da liberdade do exercício de profissão, mediante o controle prévio das condições previstas em lei[14 e 15].

A despeito da expectativa de observância por parte dessas entidades — tanto dos serviços sociais autônomos quanto dos conselhos/ordens de fiscalização do exercício profissional — dos princípios administrativos insculpidos no *caput* do art. 37 da Constituição de 1988 (legalidade, impessoalidade, moralidade, publicidade e eficiência), nem sempre elas atuam em conformidade com as referidas diretrizes constitucionais em face de temas trabalhistas, especialmente porque existem razoáveis divergências jurisprudenciais que lhes oferecem tratamentos diferenciados. Vejam-se:

— *Quanto à obrigatoriedade de realização de concurso público para admissão do seu pessoal:*

Segundo a Súmula 277/2012 do TCU (Sessão 30-5-2012, acórdão AC-1337-20/12-P), "por força do inciso II do art. 37 da Constituição Federal, a admissão de pessoal nos conselhos

---

14 Como bem disse VALENTINO, Cyrlston Martins (Conselhos e Ordens de fiscalização do exercício profissional: perfil jurídico a partir da jurisprudência do STF. *Jus Navigandi*, Teresina, ano 17, n. 3334, 17 ago. 2012): "os Conselhos e Ordens, ao receberem as incumbências de verificação do preenchimento das condições exigidas por lei, de acompanhamento do regular exercício profissional sob os prismas técnicos e éticos e, principalmente, de imposição de sanções no caso de descumprimento da vontade estatal, desempenham importante e único papel de intervir (inclusive suspender e cassar) no âmbito de proteção de direitos de particulares em proveito do interesse público".

15 O entendimento no sentido de que os conselhos de fiscalização de profissão são entidades autárquicas tem produzido consequências até mesmo em relação à natureza do regime de trabalho que lhes diz respeito. Veja-se ementa de decisão do STJ:
DIREITO ADMINISTRATIVO. CONSELHOS DE FISCALIZAÇÃO PROFISSIONAL. NATUREZA JURÍDICA. AUTARQUIAS CORPORATIVAS. REGIME DE CONTRATAÇÃO DE SEUS EMPREGADOS. INCIDÊNCIA DA LEI N. 8.112/90. 1. A atividade de fiscalização do exercício profissional é estatal, nos termos dos arts. 5º, XIII, 21, XXIV, e 22, XIV, da Constituição Federal, motivo pelo qual as entidades que exercem esse controle têm função tipicamente pública e, por isso, possuem natureza jurídica de autarquia, sujeitando-se ao regime jurídico de direito público. Precedentes do STJ e do STF. 2. Até a promulgação da Constituição Federal de 1988, era possível, nos termos do Decreto-Lei n. 968/69, a contratação de servidores, pelos conselhos de fiscalização profissional, tanto pelo regime estatutário quanto pelo celetista, situação alterada pelo art. 39, *caput*, em sua redação original. 3. O § 1º do art. 253 da Lei n. 8.112/90 regulamentou o disposto na Constituição, fazendo com que os funcionários celetistas das autarquias federais passassem a servidores estatutários, afastando a possibilidade de contratação em regime privado. 4. Com a Lei n. 9.649/98, o legislador buscou afastar a sujeição das autarquias corporativas ao regime jurídico de direito público. Entretanto, o Supremo Tribunal Federal, na ADI 1.717/DF, julgou inconstitucional o dispositivo que tratava da matéria. O exame do § 3º do art. 58 ficou prejudicado, na medida em que a superveniente Emenda Constitucional n. 19/98 extinguiu a obrigatoriedade do Regime Jurídico Único. 5. Posteriormente, no julgamento da medida liminar na ADI 2.135/DF, foi suspensa a vigência do *caput* do art. 39 da Constituição Federal, com a redação atribuída pela Emenda Constitucional n. 19/98. Dessa forma, após todas as mudanças sofridas, subsiste, para a administração pública direta, autárquica e fundacional, a obrigatoriedade de adoção do regime jurídico único, ressalvadas as situações consolidadas na vigência da legislação editada nos termos da emenda declarada suspensa. 6. As autarquias corporativas devem adotar o regime jurídico único, ressalvadas as situações consolidadas na vigência da legislação editada nos termos da Emenda Constitucional n. 19/97. 7. Esse entendimento não se aplica à OAB, pois no julgamento da ADI 3.026/DF, ao examinar a constitucionalidade do art. 79, § 1º, da Lei n. 8.906/94, o Excelso Pretório afastou a natureza autárquica dessa entidade, para afirmar que seus contratos de trabalho são regidos pela CLT. 8. Recurso especial provido para conceder a segurança e determinar que os impetrados, com exceção da OAB, tomem as providências cabíveis para a implantação do regime jurídico único no âmbito dos conselhos de fiscalização profissional, incidindo no caso a ressalva contida no julgamento da ADI 2.135 MC/DF (507.536/DF, 2003/0037798-3, Rel. Min. JORGE MUSSI, j. 18-11-2010, 5ª T., *DJe*, 6-12-2010).

de fiscalização profissional, desde a publicação no *Diário de Justiça* de 18/5/2001 do acórdão proferido pelo STF no mandado de segurança 21.797-9, deve ser precedida de concurso público, ainda que realizado de forma simplificada, desde que haja observância dos princípios constitucionais pertinentes". O STF, a propósito, tem reafirmado esse entendimento por meio de múltiplas decisões, a exemplo do RE 700.098/DF, Rel. Min. Cármen Lúcia; do RE 611.947-AgR/PB, Rel. Min. Ricardo Lewandowski; e do RE 539.224/CE, Rel. Min. Luiz Fux. Os Conselhos/Ordens de fiscalização profissional estão, portanto, obrigados a contratar mediante concurso público.

Tal exigência, entretanto, não se impõe à Ordem dos Advogados do Brasil, apesar de ser também uma entidade de fiscalização profissional. Isso acontece por força da decisão tomada na ADI 3.026/DF (Rel. Min. Eros Grau, j. 7-6-2006, Tribunal Pleno, *DJ* 29-9-2006). Nos autos da referida ADI entendeu-se que à OAB, por ser entidade prestadora de serviço público independente, categoria ímpar no elenco das personalidades jurídicas existentes do Direito brasileiro, não caberia a exigência de concurso público para admissão dos contratados sob o regime trabalhista. O STF entendeu que a OAB teria autonomia legislativa para, por atos administrativos próprios, criar empregos, fixar remunerações e disciplinar a forma de acesso a esses empregos, que, se assim desejasse, poderia ser similar à utilizada para aceder aos cargos e empregos públicos. Logo, o concurso, conquanto desejável, não é uma imposição constitucional para a Ordem dos Advogados do Brasil.

Raciocínio diferente tem sido aplicável em relação às entidades do sistema "S". Embora elas ostentem a condição de organismos paraestatais por desempenharem atividades de interesse público, não integram a administração pública direta ou indireta, ainda que sejam subvencionadas mediante a intermediação do Estado. Esse, aliás, foi o entendimento manifestado pelo TST, de maneira unânime, nos autos do RR-91900-66.2008.5.04.0028. O tema, entretanto, merece atenção porque o Plenário do STF reconheceu a existência de repercussão geral no Recurso Extraordinário com Agravo (ARE) 661.383, por meio do qual o Ministério Público do Trabalho pretende que o Sest (Serviço Social do Transporte) contrate seus empregados via processos seletivos conforme a Constituição da República.

— *Quanto à adstrição ao teto remuneratório previsto no art. 37, XI, da Constituição Federal:*

Não há consenso no TCU no sentido de as entidades do Sistema "S", apesar de beneficiárias de contribuições parafiscais de natureza tributária, sob subvenção do Estado, estarem ou não sujeitas à observância do teto remuneratório do serviço público. No passado o TCU impunha a sujeição dos dirigentes das entidades do "Sistema "S" ao teto constitucional do art. 37, XI, como se pode observar nos seguintes arestos: Acórdão 248/1996-TCU/Primeira Câmara, na Ata 24/1996 (*DOU* de 19-7-1996), Decisão 642/1998-TCU/Plenário, na Ata 39/1998 (*DOU* de 2-10-1998) e Acórdão 134/2000-TCU/Plenário, na Ata 27/2000 (*DOU* de 28-7-2000). Depois das alterações constitucionais trazidas pelas EC's n. 19/98 e 41/2003, o TCU mudou o seu entendimento e passou a reconhecer que as entidades do Sistema "S" não estariam mais sujeitas aos limites de remuneração estabelecidos no art. 37, XI, da Constituição Federal, sob o fundamento de que os serviços sociais autônomos não integrariam o rol de entidades enumeradas no mencionado dispositivo legal e que, nessa condição, deveriam ter como balizadores dos salários os valores praticados pelo mercado. Veja-se, desse modo, o voto contido no Acórdão 874/2011, Plenário do TCU.

Em relação aos conselhos de fiscalização de profissão, tirante a OAB (pelas razões já expendidas), o posicionamento do STF relativo a sua natureza jurídica autárquica (*vide* ADI 1.717/DF) tem impulsionado o entendimento jurisprudencial da submissão dos contratados por estas entidades ao teto remuneratório do serviço público.

— *Quanto à proibição de acumulação de cargos, empregos e funções:*

A vedação à acumulação remunerada de cargos, empregos e funções tem o mesmo tratamento que se oferece à problemática da adstrição ao teto remuneratório, vale dizer, os empregados do Sistema "S" não têm sido obrigados a observar a vedação constitucional à acumulação remunerada de cargos, empregos e funções pelos mesmos fundamentos aplicáveis à temática do teto remuneratório. No que diz respeito aos conselhos de fiscalização profissional, a sua qualificação autárquica — assim reconhecida pelo STJ e pelo STF — obriga os trabalhadores lotados nessas entidades a observar a vedação ora em exame.

— *Quanto à obrigatoriedade de realização de licitações para contratações:*

Consoante o Tribunal de Contas da União (TCU), Plenário, Decisão 907/97, "por não estarem incluídos na lista de entidades enumeradas no parágrafo único do art. 1º da Lei n. 8.666/93, os serviços sociais autônomos não estão sujeitos à observância dos estritos procedimentos na referida lei, e sim aos seus regulamentos próprios devidamente publicados". Não se pode dizer o mesmo dos conselhos de fiscalização profissional, salvo OAB, pelas razões contidas na multicitada ADI 1.717/DF e nos entendimentos do STJ.

No que diz respeito aos **empregados dos consórcios públicos**, cabe anotar que a Lei n. 13.822, de 3 de maio de 2019, fez inserir no § 2º do art. 6º da Lei n. 11.107/2005 previsão no sentido de que, a despeito da natureza pública ou privada de seus contratantes e a despeito do submetimento destes às normas de direito público no que concerne à realização de licitação, à celebração de contratos, à prestação de conta e à admissão de pessoal, a contratação é regida pela Consolidação das Leis do Trabalho.

5.2.1.2 Empregados privados

São chamados empregados privados os trabalhadores contratados no âmbito do setor privado. São regidos pela CLT ou por estatutos especiais (Lei Complementar n. 150/2015, domésticos, ou Lei n. 5.889/73, rurícolas). Os empregados privados, ao contrário do que acontece com os empregados públicos, não estão vinculados a nenhum teto remuneratório, tampouco a limite de acumulação de contratos. Estão inseridos, sob o ponto de vista previdenciário, no Regime Geral de Previdência Social (RGPS) e constituem, sem dúvida, o maior contingente de trabalhadores brasileiros.

5.2.2 Quanto à atividade desenvolvida pelo empregador

A atividade do empregador define a qualidade jurídica que se pode atribuir ao empregado. Se o empregador realizar atividade econômica (ou atividade equiparada à econômica), seus empregados serão **urbanos** ou **rurais**; contrariamente, se o empregador não realizar atividades econômicas nem a estas equiparadas, seus empregados serão qualificados como **domésticos**.

O processo distintivo entre empregados urbanos e rurais é muito simples. Se o empregador explora atividade agroeconômica, seu empregado estará automaticamente qualificado como rurícola. Por exclusão, todos os demais empregados, cujos empregadores realizem outras atividades econômicas que não as agropecuárias ou agroindustriais incipientes, inclusive aqueles que prestam serviços para empregadores equiparados a empresário, serão entendidos como urbanos. Nesse particular, é importante registrar que, nos termos do § 1º do art. 2º da CLT, equiparam-se ao empresário individual ou à sociedade empresária os profissionais liberais, as instituições de beneficência, as associações recreativas ou outras instituições sem fins lucrativos. Note-se:

§ 1º Equiparam-se ao empregador, para os efeitos exclusivos da relação de emprego, os profissionais liberais, as instituições de beneficência, as associações recreativas ou outras instituições sem fins lucrativos, que admitirem trabalhadores como empregados.

Serão urbanos, portanto, os empregados contratados pelos acima referidos profissionais liberais, instituições ou associações, ainda que em espaço territorial rural.

Por fim, são considerados empregados domésticos os trabalhadores contratados por empregadores que não realizam nenhuma atividade econômica e que não são considerados empresários por equiparação. Os domésticos realizam suas atividades em favor de pessoa ou família e não produzem nenhum lucro (em sentido econômico) em favor dos seus contratantes.

A seguir são oferecidos alguns detalhamentos adicionais relacionados aos empregados rurais, urbanos e domésticos.

5.2.2.1 Empregados rurais ou rurícolas[16]

Considera-se empregado rural, nos termos do **art. 2º da Lei n. 5.889/73**, toda pessoa física que, em **propriedade rural** ou **prédio rústico**, **presta serviços** de natureza não eventual **a empregador rural**, sob a dependência deste e mediante salário.

O conceito de empregado rural está invariavelmente ligado ao de empregador rural[17]. Isso significa que é necessária a investigação acerca da atividade patronal para que se possa certificar se o trabalhador é ou não um rurícola. Nesse sentido, sabendo-se que o empregador rural é aquele que explora "atividade agroeconômica" (art. 3º da Lei n. 5.889/73), assim entendida a produção ou a circulação de produtos agrários egressos da lavoura, da pecuária ou do extrativismo vegetal[18], será empregado rural quem trabalhe nas **propriedades rurais**[19] ou nos **prédios rústicos**[20] de onde provenham estes bens. Acresça-se que, nos termos do § 1º do art. 3º do supracitado estatuto dos rurícolas, inclui-se no conceito de "atividade agroeconômica" também a incipiente exploração industrial.

Acrescente-se que, segundo a **Orientação Jurisprudencial 38 da SDI-1 do TST**[21], é também entendido como empregado rural aquele que trabalha para **empresa de reflorestamento**.

---

16   O Estatuto do Trabalhador Rural (Lei n. 4.214/63) foi o primeiro diploma a estender a legislação trabalhista aos rurícolas. A aplicação da CLT era determinada naquilo que não contrariasse o citado estatuto.
17   Veja-se, nesse sentido, a **Súmula 196 do STF**: "Ainda que exerça atividade rural, o empregado de empresa industrial ou comercial é classificado de acordo com a categoria do empregador".
18   Nos termos do art. 7º, b, da CLT, rurais são "aqueles que, exercendo funções *diretamente ligadas à agricultura e à pecuária*, não sejam empregados em atividades que, pelos métodos de execução dos respectivos trabalhos ou pela finalidade de suas operações, se classifiquem como industriais ou comerciais".
19   A propriedade rural é aquela localizada fora da zona urbana do Município.
20   O prédio rústico é o bem imóvel que, embora situado na zona urbana, sedia a exploração de atividade agroeconômica. Anote-se, ainda, que, nos termos do § 1º do art. 32 do Código Tributário Nacional, "entende-se como zona urbana a definida em lei municipal, observado o requisito mínimo da existência de melhoramentos indicados em pelo menos dois dos incisos seguintes, construídos ou mantidos pelo Poder Público":
I — meio-fio ou calçamento, com canalização de águas pluviais;
II — abastecimento de água;
III — sistema de esgotos sanitários;
IV — rede de iluminação pública, com ou sem posteamento para distribuição domiciliar;
V — escola primária ou posto de saúde a uma distância máxima de 3 (três) quilômetros do imóvel considerado.
21   **Orientação Jurisprudencial 38 da SDI-1 do TST**: Empregado que Exerce Atividade Rural. Empresa de Reflorestamento. Prescrição própria do Rurícola (Lei n. 5.889, DE 8.6.1973, ART. 10, e Decreto n. 73.626, DE 12.2.1974, ART. 2º, § 4º). O empregado que trabalha em empresa de reflorestamento, cuja atividade está

A incipiente exploração industrial é entendida, por força do § 4º do art. 2º do Decreto n. 73.626, de 12 de fevereiro de 1974 (Regulamento do Estatuto dos Trabalhadores Rurais), como a atividade que compreende o **primeiro tratamento dos produtos agrários "in natura"**, sem transformá-los em sua natureza, e sem retirar deles a característica de matéria-prima, tais como:

I — o beneficiamento (exemplo, descascamento do arroz), a primeira modificação (exemplo, secagem do cacau) e o preparo dos produtos agropecuários e hortigranjeiros (exemplo, lavagem das frutas ou desossamento do gado abatido) e das matérias-primas de origem animal (exemplo, extração da banha) ou vegetal (extração da garapa da cana) para posterior venda ou industrialização;

II — o aproveitamento dos subprodutos oriundos das operações de preparo e modificação dos produtos *in natura* (exemplo, extração do couro no processo de desossamento do gado abatido).

Registre-se que, conforme o § 5º do art. 2º do Decreto n. 73.626, de 12 de fevereiro de 1974, não será considerada indústria rural a que, operando a primeira transformação do produto agrário, altere sua natureza, retirando-lhe a condição de matéria-prima.

Aos empregados rurais são aplicados os dispositivos constantes da Lei n. 5.889/73 e do seu Regulamento, Decreto n. 73.626/74. Apenas em caráter supletivo, em relação a direitos constitucionalmente assegurados ou contratualmente outorgados, mas não regulados pela mencionada lei, é aplicada a CLT. Anote-se, por fim, que a aplicação subsidiária da CLT e de outros diplomas laborais genéricos é prescrita expressamente pelo art. 1º da mencionada Lei n. 5.889/73[22].

5.2.2.2 Empregados urbanos

São empregados urbanos todos aqueles contratados por empregadores que realizam atividades econômicas urbanas ou por empregadores qualificados como empresários por equiparação, na forma prevista no § 1º do art. 2º da CLT. A estes se aplicam os dispositivos constantes da CLT.

5.2.2.3 Empregados domésticos

Empregado doméstico, nos termos do art. 1º da Lei Complementar n. 150/2015, é "aquele que presta serviços de forma contínua, subordinada, onerosa e pessoal e de finalidade não lucrativa à pessoa ou à família, no âmbito residencial destas, por mais de 2 (dois) dias por semana". Ainda conceitual, e nos moldes do parágrafo único do precitado dispositivo legal, destaca-se ser "vedada a contratação de menor de 18 (dezoito) anos para desempenho de trabalho doméstico, de acordo com a Convenção n. 182, de 1999, da Organização Internacional do Trabalho (OIT) e com o Decreto n. 6.481, de 12 de junho de 2008"[23].

---

diretamente ligada ao manuseio da terra e de matéria-prima, é rurícola e não industriário, nos termos do Decreto n. 73.626, de 12.2.1974, art. 2º, § 4º, pouco importando que o fruto de seu trabalho seja destinado à indústria. Assim, aplica-se a prescrição própria dos rurícolas aos direitos desses empregados.

22 Art. 1º As relações de trabalho rural serão reguladas por esta lei e, no que com ela não colidirem, pelas normas da Consolidação das Leis do Trabalho, aprovada pelo Decreto-Lei n. 5.452, de 1º de maio de 1943. Parágrafo único. Observadas as peculiaridades do trabalho rural, a ele também se aplicam as Leis n. 605, de 5 de janeiro de 1949; 4.090, de 13 de julho de 1962; 4.725, de 13 de julho de 1965, com as alterações da Lei n. 4.903, de 16 de dezembro de 1965, e os Decretos-leis n. 15, de 29 de julho de 1966; 17, de 22 de agosto de 1966, e 368, de 19 de dezembro de 1968.

23 O emprego doméstico é um tipo de negócio que somente haverá de ser estabelecido com trabalhador que tenha idade igual ou superior a dezoito anos. Tal ocorre por conta do Decreto n. 6.481/2008, que regulamentou os arts. 3º, alínea *d*, e 4º da Convenção n. 182 da Organização Internacional do Trabalho (OIT),

5.2.2.3.1 Características

Entre os elementos caracterizadores da relação de emprego doméstico estão (a) a prestação de serviço de natureza contínua, por mais de dois dias por semana; (b) a prestação de serviço para pessoa ou família; (c) a realização do serviço na residência de pessoa ou família ou no âmbito residencial desta; e (d) a participação em atividade sem fins lucrativos. Veja-se:

a) Prestação de serviços de forma contínua, por mais de dois dias por semana

Diante da diversidade de palavras lançadas em textos que igualmente tratam de relações de emprego (art. 3º da CLT *versus* art. 1º da Lei n. 5.859/72, este ora revogado, e substituído pela Lei Complementar n. 150/2015), criaram-se duas correntes interpretativas jurisprudenciais: a **primeira** corrente, mais reflexiva, considerava que a palavra "contínua" deveria ser apreciada em seu contexto histórico, notadamente porque, na época em que foi publicada a Lei dos Domésticos, estes não possuíam o direito ao repouso semanal remunerado tampouco à fruição de feriados, o que, de certo modo, justificava a "continuidade" como característica de todo serviço realizado em favor das famílias; a **segunda** afirmava que a lei não se valia de vocábulos ociosos e que o emprego da palavra "contínua" na Lei dos Domésticos, de 1972, em oposição à palavra "não eventual" da CLT, de 1943, teria visado à descaracterização da qualidade de "empregado doméstico" para todo aquele que, prestando serviços de finalidade não lucrativa a pessoa ou a família, no âmbito residencial destas, não trabalhasse com continuidade ou, em outras palavras, sem a garantia de continuidade da relação.

Pois bem. Antes de tomar qualquer posição sobre o tema, deve o leitor lembrar que os domésticos somente passaram a ter direito ao repouso semanal remunerado a partir da promulgação do texto constitucional de 1988 e às folgas em feriados a partir da publicação da Lei n. 11.324/2006. Antes disso, eles, conforme dispunha a ora revogada Lei n. 5.859/72, prestavam um serviço realmente "contínuo", ininterrupto, sem direito a nenhum intervalo intersemanal. Este, na verdade, foi o motivo em virtude do qual se inseriu no texto da Lei de 1972 a ideia de continuidade, e não a de não eventualidade.

Não havia, de fato, e em rigor, um posicionamento uniforme da jurisprudência quanto a essa questão, o que tornava absolutamente imprevisíveis os julgamentos em torno da matéria, afetando a segurança e a estabilidade jurídicas.

Em um dos seus brilhantes votos, a saudosa magistrada e professora mineira Alice Monteiro de Barros, reconhecendo a lacuna legislativa no tocante ao conceito e à extensão do "serviço contínuo", sugeriu a adoção de referenciais oferecidos pela legislação estrangeira. Observe-se:

DIARISTA — RELAÇÃO DE EMPREGO — A chamada "diarista" (faxineira, lavadeira, passadeira etc.), que trabalha nas residências, de forma descontínua, não é destinatária do art. 1º da lei 5.859/72, que disciplina o trabalho doméstico. Referido dispositivo legal considera doméstico "quem presta serviços de natureza contínua e de finalidade não lucrativa à pessoa ou à família, no âmbito residencial destas...". É necessário que o trabalho executado seja seguido, não sofra interrupção. Logo, um dos pressupostos do conceito de empregado doméstico é a continuidade, inconfundível com a não eventualidade exigida como elemento da relação jurídica advinda do contrato de emprego firmado entre empregado e empregador, regidos pela CLT. Constata-se, também da legislação estrangeira, uma tendência a exigir-se a continuidade como pressuposto do conceito de em-

---

aprovada pelo Decreto Legislativo n. 178, de 14 de dezembro de 1999, e promulgada pelo Decreto n. 3.597, de 12 de setembro de 2000. Identificou-se ali, mediante lista, as piores formas de trabalho infantil e, entre elas, previu, no seu item 76, serviços domésticos. Registre-se, entretanto, que o trabalho doméstico por menores de dezoito anos não constitui um serviço cujo objeto seja ilícito, mas apenas juridicamente impossível. Em palavras mais claras: não se trata de situação que envolva "trabalho ilícito", mas, apenas, "trabalho proibido".

pregado doméstico. Na Itália, os empregados domésticos têm sua situação regulamentada por Lei Especial (n. 339, de 1958), mas desde que prestem serviço continuado pelo menos durante quatro horas diárias, aplicando-se o Código Civil aos que trabalham em jornada inferior. A legislação do Panamá (Lei n. 44, de agosto de 1995), por sua vez, disciplina o trabalho doméstico no título dos contratos especiais e exige que o serviço seja prestado de "forma habitual e contínua", à semelhança da legislação da República Dominicana (art. 258 do código do trabalho). A lei do contrato de trabalho da Argentina não diverge dessa orientação, quando considera doméstico quem trabalha "dentro da vida doméstica" de alguém, mais de quatro dias na semana, por mais de quatro horas diárias e por um período não inferior a um mês (Decreto-Lei n. 326/1956, regulamentado pelo Decreto n. 7.979/1956, in Octávio Bueno Magano, **Manual de direito do trabalho***, v. II, 4. ed., 1993, p. 113). Verifica-se, portanto, que também a legislação estrangeira examinada excluiu do conceito de doméstico os serviços realizados no âmbito residencial, com frequência intermitente. O que se deve, então, considerar como serviço contínuo para se caracterizar o vínculo doméstico? A legislação brasileira é omissa, devendo ser aplicado, supletivamente, o direito comparado, como autoriza o art. 8º da CLT. A legislação da Argentina, país, como o Brasil, integrante do MERCOSUL, oferece um exemplo razoável do que seja contínuo para fins de trabalho doméstico, isto é, a atividade realizada por mais de quatro dias na semana, por mais de quatro horas, por um período não inferior a um mês. À falta de previsão legal no Brasil do que seja serviço contínuo, o critério acima tem respaldo no art. 8º da CLT e favorece a harmonia da interpretação atinente ao conceito em exame entre as legislações de dois países integrantes do MERCOSUL, como recomenda o processo de integração. A adoção desse critério evita, ainda, interpretações subjetivas e, consequentemente, contraditórias a respeito da temática (TRT 3ª R., RO 01773-2003-008-03-00-9, 2ª T., rel. Juíza Alice Monteiro de Barros, DJMG, 15-10-2004, p. 8).*

O legislador, então, sensibilizado com a necessidade de criação de um critério que evitasse as interpretações subjetivas e contraditórias a que fez menção a ementa acima transcrita, positivou, enfim, mediante a Lei Complementar n. 150/2015, a baliza dos "mais de dois dias" de prestação de serviços por semana. Assim, a partir da vigência da precitada norma, se o serviço doméstico for prestado uma ou duas vezes dentro de uma semana não haverá falar-se em "emprego doméstico", mas, apenas em "trabalho doméstico não contínuo", logo, por consequência, desprovido das proteções jurídicas oferecidas aos reconhecidos como empregados.

Como se disse, a partir de 2015 as prestações de serviços domésticos que se realizem até duas vezes por semana — ainda que desenvolvidos com pessoalidade, onerosidade, alteridade, regularidade, previsibilidade do dia de repetição, subordinação e dependência econômica do trabalhador — não serão entendidas como inseridas no modelo de um contrato de emprego. A lei, portanto, não apenas criou um obstáculo objetivo para a formação de certos contratos de emprego, como também — caminhando contra uma tendência de universalização e de equalização de direitos entre empregados domésticos e não domésticos — construiu mais uma separatriz entre os referidos tipos, violando, consequentemente, o discurso da igualdade.

b) Prestação de serviço para pessoa ou família

Somente pessoas físicas ou agrupamento familiar de pessoas físicas, unidas por laços de parentesco ou de afinidade, podem contratar empregados domésticos. Se a contratação do trabalhador for operada por empresa ou por entidade a ela assemelhada, o vínculo empreendido não será doméstico, mas sim urbano ou rural. Veja-se jurisprudência nesse sentido:

EMPREGADO DOMÉSTICO — CONTRATADO POR PESSOA JURÍDICA — Impossibilidade. Aplicação do Princípio da Condição Mais Benéfica. O empregado contratado por pessoa jurídica, para trabalhar no âmbito residencial de pessoa física, tem o contrato regido pelas disposições da

CLT, em face da aplicação do Princípio da Condição Mais Benéfica. Além disso, não é possível que pessoas jurídicas contratem empregados domésticos (TRT, 2ª Região, 10ª T., RO n. 02496200306002000-SP. Ac. n. 20070079514, rel. Juiz José Ruffolo, j. 13-2-2007).

Outro aspecto a ser observado a partir da característica "prestação de serviço para pessoa ou família" diz respeito à impossibilidade de sucessão de empregadores. Se um casal viaja para o exterior e "repassa" sua empregada doméstica para outro casal amigo, não se poderá falar em sucessão de empregadores, uma vez que esse instituto pressupõe o exercício de uma atividade econômica entre sucessor e sucedido.

Numa família a responsabilidade é compartida porque os integrantes do núcleo familiar, desde que juridicamente capazes, são devedores solidários entre si. Não importa contra qual dos integrantes da estrutura familiar a ação foi ajuizada, pois todos eles, ao mesmo tempo, são credores da prestação laboral do empregado doméstico e, consequentemente, devedores da correspondente contraprestação.

A responsabilidade compartilhada, entretanto, pode cessar na medida em que um dos integrantes do núcleo familiar (atendido pelo doméstico) dele se afaste. **Isso acontece normalmente com casais que se separam**. Aquele que deixa a unidade servida pelo doméstico terá responsabilidade patrimonial até o instante da sua retirada. A partir daí, a pessoa remanescente ou os integrantes que continuaram na família, e que desfrutam do serviço doméstico, assumirão a titularidade patronal e, logicamente, a condição de devedores exclusivos.

Nesse ponto, cabe a aplicação analógica do disposto no art. 10-A da CLT em favor do familiar que se retirou da unidade. Esse "familiar retirante" responderá pelas obrigações familiares, em caráter solidário, relativas ao período em que figurou como integrante do grupo, somente em ações ajuizadas até dois anos depois da sua saída da casa. Assim, se a saída da casa, em decorrência, por exemplo, do divórcio, ocorreu em janeiro de 2017, o "familiar retirante" somente responderá até o limite de janeiro de 2019, ou seja, até dois anos da sua efetiva saída da residência. Por conta do fato de o destinatário do serviço doméstico ser pessoa ou família, a representação processual patronal é feita em juízo por qualquer integrante do núcleo familiar. Nesse sentido, a Súmula 377 do TST[24] é bem clara, embora superada, em parte, no tocante ao empregador não doméstico, pelo § 3º do art. 843 da CLT, pós-reforma trabalhista de 2017.

c) Âmbito residencial de pessoa ou família

Normalmente aquele que realiza habitualmente serviços na residência de pessoa ou família é efetivamente um trabalhador doméstico. Se a atividade dele reverte em favor de um núcleo familiar, sem gerar lucratividade para os destinatários, haverá, quase sempre, um trabalho doméstico. Afirma-se "quase sempre" porque existem prestadores de serviços em domicílio legalmente integrantes de categoria profissional diferenciada.

Nesse caso, não parece razoável atribuir a esses profissionais (normalmente autônomos) o *status* de domésticos pelo simples fato de realizarem seu trabalho em ambiente residencial. Vejam-se os exemplos dos **personal trainers** (regulados pela Lei n. 9.696, de 1º-9-1998), dos **fisioterapeutas e terapeutas ocupacionais** (Decreto-Lei n. 938, de 13-10-1969, e Lei n.

---

24 **Súmula 377 do TST.** PREPOSTO. EXIGÊNCIA DA CONDIÇÃO DE EMPREGADO (CONVERSÃO DA ORIENTAÇÃO JURISPRUDENCIAL N. 99 DA SDI-1). Exceto quanto à reclamação de empregado doméstico, ou contra micro ou pequeno empresário, o preposto deve ser necessariamente empregado do reclamado. Inteligência do art. 843, § 1º, da CLT (ex-OJ n. 99 — inserida em 30-5-1997).

6.316, de 17-12-1975), dos **massagistas** (Lei n. 3.968, de 5-10-1961) ou mesmo dos **profissionais de enfermagem** (Lei n. 7.498, de 25-6-1986). Eles podem atuar em residências sem que isso lhes retire os direitos estampados nos respectivos estatutos profissionais.

Nada impede, todavia, que um integrante de categoria profissional regulamentada por lei aceite a proposta de ser empregado doméstico para realizar, entre outras atividades típicas do ambiente residencial, o serviço de acompanhante de pessoa idosa[25] ou enferma. Nesses moldes, sempre militará presunção de inexistência de serviços domésticos, cabendo a prova àquele que invocar a ocorrência desse especial ajuste contratual.

No que diz respeito à **área territorial de atuação**, é importante acrescentar que o trabalho doméstico não se restringe ao interior da residência de pessoa ou de família. Tal atividade pode ser evidenciada, conforme indica a lei, naquilo que se chama de "âmbito residencial". Mas que seria isso? Entende-se como "âmbito residencial" a esfera, o campo por onde se estendem as atividades familiares, sem que elas necessariamente estejam restritas ao interior das casas residenciais. Assim, o trabalho prestado pelo motorista particular, que leva e traz os integrantes do núcleo familiar da casa para o trabalho/escola e vice-versa, é considerado doméstico. Do mesmo modo, considera-se materialmente doméstico o serviço prestado pelo jardineiro de área externa ao imóvel familiar, o piscineiro, o marinheiro do iate de passeio ou, piloto de aeronave[26 e 27] ou, ainda, o guarda-costas estritamente familiar.

Desse modo, não deixa de ser doméstico o trabalhador que, nos finais de semana ou em ocasiões especiais, acompanha pessoa ou família para outra casa (de veraneio, de campo, de praia), deixando de realizar os serviços da residência principal para fazê-los numa residência de lazer.

d) Atividade sem fins lucrativos

No que diz respeito à característica "atividade sem fins lucrativos", pretendeu o legislador deixar claro que o trabalho prestado pelo doméstico não produz consequências ou resultados econômicos[28], uma vez que se restringe ao atendimento dos interesses pessoais do tomador ou de sua família.

---

25 Por se tratar da primeira referência à pessoa idosa, é importante anotar que, nos termos da Lei n. 14.423, de 22 de julho de 2022, foi prevista a substituição das expressões "idoso" e "idosos" por "pessoa idosa" e "pessoas idosas", respectivamente.

26 Cabe anotar que, nos limites do PARECER CJ/MPAS n. 006/78, de 13-2-1978, Processo MPAS n. 000.064/78, que teve por interessado e consulente o Sindicato Nacional dos Aeronautas e por consultor jurídico o Professor Inocêncio Mártires Coelho, "um piloto ou comandante de aeronave, que nesta condição não mantenha mais a [posição] de empregado, nos termos da Consolidação das Leis do Trabalho, poderá, caso volte a exercer sua profissão, sem a vinculação anterior, ser classificado, para efeito previdenciário, como trabalhador autônomo, se exercer, habitualmente e por conta própria, atividade profissional remunerada, ou, como empregado doméstico, se prestar serviços de natureza contínua e de finalidade não lucrativa à pessoa ou à família, no âmbito residencial destas". Disponível em: <http://www.sindifisp.org.br/servicos/filiacao/pdf/435.pdf>.

Não há, assim, em rigor, nenhum obstáculo nem demérito para que um piloto de aeronave seja categorizado como empregado doméstico se ele, de fato, prestar, com valor de uso, serviços sem finalidade lucrativa para pessoa ou família.

27 Veja também: MARTINEZ, Luciano. Conceito de aeronauta: extensão e limites. In: Márcio Mendes Granconato; Thereza Christina Nahas (Org.). *Contratos de trabalho no setor de transporte*. São Paulo: LTr, 2014, v. 1, p. 15-28.

28 Veja-se o conceito de empregado doméstico, conforme previsão lançada na alínea *a* do art. 7º da CLT: "empregados domésticos, assim considerados, de um modo geral, os que prestam **serviços de natureza não econômica** à pessoa ou à família no âmbito residencial destas".

Se o empregado doméstico é solicitado para auxiliar seu empregador em atividade econômica que vise à produção ou à circulação de bens ou de serviços, o ajuste sofrerá grave alteração. Nesse caso, a partir do instante em que se encetou o desvirtuamento, **será iniciado um novo ajuste de emprego** (efeito *ex nunc*), desta vez de natureza urbana ou rural, a depender da atividade econômica desenvolvida. Assim, se uma dona de casa começa a fornecer marmitas e conta com o auxílio de sua empregada doméstica na execução desse serviço, essa doméstica passa a ser uma empregada urbana, regida pela CLT, a partir do momento em que sua patroa transforma-se em empresária individual. Do mesmo modo, se o proprietário de um sítio de lazer decide plantar e vender frutos e conta com a ajuda de seu caseiro para tanto, esse trabalhador doméstico passa a ser entendido como empregado rural, regido pela Lei n. 5.889/73, a partir do momento em que seu patrão transforma-se em produtor rural pessoa física.

Atente-se para o fato de a situação ser geradora de um novo vínculo. O contrato de emprego doméstico deixa de existir e em seu lugar surge um novo ajuste, desta vez de emprego urbano ou rural. A contagem do prazo prescricional para a postulação de vantagens relacionadas ao vínculo de emprego doméstico começa a fluir a partir do supracitado desvirtuamento contratual.

Registre-se que há quem entenda que o desvirtuamento gera efeitos *ex tunc*, vale dizer, retroação à data de início do contrato de emprego originalmente doméstico para transformá-lo integralmente em contrato de emprego urbano ou rural. Não se releva, entretanto, razoável esse posicionamento, porque seria violador do princípio da primazia da realidade, na medida em que, durante determinado tempo contratual, o trabalhador envolvido na situação acima exposta era efetivamente um doméstico.

Não bastasse isso, não seria razoável admitir que, por exemplo, um vínculo efetivamente doméstico durante cinco anos pudesse se transformar em sua integralidade em contrato urbano ou rural em virtude de desvirtuamento que o atingiu nos últimos meses de serviço. Por fim, como reforço a esse entendimento, sustenta-se que, havendo a desintegração do contrato, cada uma das partes desintegradas deverá estar regida pelas normas correspondentes. Nesses moldes, na medida em que passou a existir objetivo econômico em ajuste de natureza doméstica, o negócio originário simplesmente deixou de ser praticado, iniciando-se em seu lugar um novo ajuste, ainda que tácito.

Não se deve confundir a problemática dos efeitos decorrentes do desvirtuamento contratual com aquela que diz respeito à possibilidade de celebração de "contratos em separado", porque é possível a contratação concomitante de um mesmo empregado para a realização de serviços domésticos e para a operação de alguma atividade econômica, desde que em horários compatíveis.

5.2.2.3.2 Classificação

a) Empregados efetivamente domésticos

São entendidos como efetivamente domésticos os empregados que estão disciplinados pela Lei Complementar n. 150/2015.

b) Empregados em condomínios residenciais

Embora domésticos na essência, os empregados porteiros, zeladores, faxineiros e serventes de prédios de apartamentos residenciais são excluídos da categoria regida pela Lei Complementar n. 150/2015. Isso ocorre por força do disposto na Lei n. 2.757/56, desde que os mencionados obreiros estejam a serviço da administração do edifício, e não de cada condômino em particular. Assim, por comando legal, esses trabalhadores estão regidos pela CLT.

Anote-se que, evidentemente, as disposições contidas na Lei n. 2.757/56 aplicam-se a qualquer modalidade de condomínio residencial, e não apenas aos prédios de apartamentos residenciais, conforme literalmente previsto na citada lei. Em qualquer hipótese, entretanto, os condôminos responderão, proporcionalmente, pelas obrigações previstas nas leis trabalhistas, inclusive as de natureza judicial e extrajudicial. São considerados representantes dos empregadores nas reclamações ou dissídios movimentados na Justiça do Trabalho os síndicos eleitos entre os condôminos.

5.2.2.3.3 Responsabilidade civil das agências especializadas na indicação de domésticos

Nos termos da Lei n. 7.195/84, as agências especializadas na indicação de empregados domésticos são civilmente responsáveis pelos atos ilícitos cometidos por estes no desempenho de suas atividades.

No ato da contratação, a agência firmará compromisso com o empregador, obrigando-se a reparar qualquer dano que venha a ser praticado pelo empregado contratado, no período de um ano. Depois de transcorrido esse período, o nível de confiança estabelecido entre empregado e empregador doméstico justifica a isenção da responsabilidade das mencionadas agências especializadas.

5.2.2.3.4 Direitos trabalhistas e previdenciários devidos aos domésticos

Os empregados domésticos têm direito a tudo o que está previsto no parágrafo único do art. 7º da Constituição e ao que, embora não constante do referido dispositivo constitucional, lhe tenha sido estendido por lei ou por contrato. Deseja-se com essa assertiva deixar claro que, por força do princípio da aplicação da norma mais favorável, outras fontes de direito, heterônomas ou autônomas, podem ser criativas de vantagens adicionais àquelas constantes do mencionado parágrafo único do art. 7º do texto fundamental.

Ponto significativo nessa discussão diz respeito à publicação, em maio de 2011, da Convenção 189 e da Recomendação 201, ambas da OIT, que visam dar ao labor aqui analisado o *status* de trabalho decente[29]. A incorporação dessa norma internacional ao sistema jurídico interno era aguardada com muita ansiedade por toda a sociedade, e materializou-se em 31 de janeiro de 2018[30].

---

[29] No dia 16 de maio de 2011, a Organização Internacional do Trabalho (OIT), em sua 100ª (logo, histórica) reunião, resolveu, enfim, publicar Convenção e Recomendação para conclamar os seus Estados-membros (inclusive o Brasil) a reconhecer a contribuição significativa dos trabalhadores domésticos para a economia mundial. Eles, afinal, ao exercerem as tarefas do lar, entre as quais se incluem as de cuidar de crianças e pessoas idosas, permitem que outros tantos possam se dedicar a atividades econômicas. Esse acontecimento legislativo internacional chamou a atenção de toda a sociedade jurídica para o injustificável tratamento diferenciado oferecido aos trabalhadores domésticos. Como uma verdadeira reminiscência da escravidão, o trabalho realizado nas residências de todo o mundo se melindra não apenas pela falta de reconhecimento, mas, em muitos casos, pela ausência de um tratamento minimamente decente.

[30] Os primeiros passos no plano internacional já foram dados por Uruguai e Filipinas, os dois primeiros países subscritores da Convenção 189 da OIT, dando partida ao processo de vigência do instrumento: o Uruguai registrou a sua ratificação em 14 de junho de 2012 e as Filipinas, em 5 de setembro de 2012. Nesse ponto, cabe lembrar que, nos moldes do art. 21, item 2, da referida Convenção, ela entra em vigor no plano internacional 12 (doze) meses depois da data em que a segunda ratificação se registrou. A partir de então, as normas ali contidas passam a viger em cada um dos países subscritores 12 (doze) meses depois da data de registro de sua ratificação. Como as Filipinas foram o segundo país a ratificar a Convenção n. 189 da OIT — fato ocorrido em 5 de setembro de 2012 — deu-se início à exigibilidade normativa internacional do instrumento ora em análise, que se incorporará no ordenamento jurídico filipino a partir de 5 de setembro de 2013

Uma possível situação de isonomia de tratamento com os demais trabalhadores é esperada, mas os efeitos decorrentes disso ainda serão objeto de real dimensionamento. Os pessimistas anunciavam desemprego massivo ao fundamentar que a maior oferta de direitos abalaria a lógica da desigualdade social que ora justifica a possibilidade de o salário atribuído ao patrão ser suficiente para o seu próprio sustento e também para pagar o salário do doméstico; os otimistas falavam em simples mudança de paradigma, o que o transcursar do tempo parece ter efetivamente demonstrado. É fato, entretanto, que a OIT chamou a atenção de toda a sociedade jurídica para o injustificável tratamento diferenciado (para pior) oferecido aos trabalhadores domésticos.

Tão expressivo foi o efeito social das discussões travadas na OIT, que o Parlamento brasileiro resolveu, em lugar de ratificar as referidas Convenção n. 189 e Recomendação n. 201, dar andamento a uma proposta de emenda constitucional (PEC) que visava ao incremento de direitos trabalhistas aos domésticos.

Para bem entender o desenvolvimento dos fatos relacionados ao tema, é importante rememorar que em 2010 o deputado Carlos Bezerra (PMDB-MT) apresentou a PEC n. 478, cujo texto previa a revogação total do parágrafo único do art. 7º da Constituição Federal do Brasil. Seu objetivo era o de estabelecer a mais ampla igualdade de direitos trabalhistas entre os empregados domésticos e os demais trabalhadores urbanos e rurais. Em dezembro de 2012, porém, já sob o influxo das mencionadas normas internacionais da OIT, mas com significativo retrocesso se comparada com a versão inicial, a PEC n. 478/2010 foi modificada no seu conteúdo, e recebeu novo número, desta vez 66/2012.

A nova proposta, ao contrário da originária, manteve o parágrafo único no corpo do art. 7º, embora acrescentando, de modo significativo, novos direitos trabalhistas até então ali não existentes. As casas parlamentares, então, aprovaram o novo texto normativo, que, afinal, foi promulgado em 2 de abril de 2013 sob o rótulo de Emenda Constitucional n. 72.

O parágrafo único do art. 7º da Constituição da República passou a ter a seguinte redação:

Parágrafo único. São assegurados à categoria dos trabalhadores domésticos os direitos previstos nos incisos IV, VI, VII, VIII, X, XIII, XV, XVI, XVII, XVIII, XIX, XXI, XXII, XXIV, XXVI, XXX, XXXI e XXXIII e, atendidas as condições estabelecidas em lei e observada a simplificação do cumprimento das obrigações tributárias, principais e acessórias, decorrentes da relação de trabalho e suas peculiaridades, os previstos nos incisos I, II, III, IX, XII, XXV e XXVIII, bem como a sua integração à previdência social.

Reaviva-se aqui a lembrança dos incisos contidos no atual parágrafo único do art. 7º da Constituição. Vejam-se:

I — relação de emprego protegida contra despedida arbitrária ou sem justa causa, nos termos de lei complementar, que preverá indenização compensatória, dentre outros direitos;

---

e em qualquer outro ordenamento interno dos países-membros da OIT 12 (doze) meses depois da sua correspondente ratificação, na medida em que elas venham a ocorrer.

Depois de passados alguns anos, o governo brasileiro, enfim, depositou, em **31 de janeiro de 2018**, no Escritório da Organização Internacional do Trabalho (OIT), o instrumento formal de ratificação da Convenção n. 189, que versa sobre o trabalho digno para as trabalhadoras e os trabalhadores do serviço doméstico. Dessa forma, o Brasil passou a ser, naquele instante, o 25º Estado Membro da OIT e o 14º Estado Membro da região das Américas a ratificar a referida Convenção. O efeito prático da ratificação ora em análise é, em rigor, o do sério e manifesto compromisso internacional do Brasil com uma série de direitos constantes da referida Convenção. Isso não apenas mudará as normas postas no país, mas também o modo de ver-se o mundo laboral.

II — seguro-desemprego, em caso de desemprego involuntário;

III — fundo de garantia do tempo de serviço;

IV — salário mínimo, fixado em lei, nacionalmente unificado, capaz de atender a suas necessidades vitais básicas e às de sua família com moradia, alimentação, educação, saúde, lazer, vestuário, higiene, transporte e previdência social, com reajustes periódicos que lhe preservem o poder aquisitivo, sendo vedada sua vinculação para qualquer fim;

VI — irredutibilidade do salário, salvo o disposto em convenção ou acordo coletivo;

VII — garantia de salário, nunca inferior ao mínimo, para os que percebem remuneração variável;

VIII — décimo terceiro salário com base na remuneração integral ou no valor da aposentadoria;

IX — remuneração do trabalho noturno superior à do diurno;

X — proteção do salário na forma da lei, constituindo crime sua retenção dolosa;

XII — salário-família pago em razão do dependente do trabalhador de baixa renda nos termos da lei;

XIII — duração do trabalho normal não superior a oito horas diárias e quarenta e quatro semanais, facultada a compensação de horários e a redução da jornada, mediante acordo ou convenção coletiva de trabalho;

XV — repouso semanal remunerado, preferencialmente aos domingos;

XVI — remuneração do serviço extraordinário superior, no mínimo, em cinquenta por cento à do normal;

XVII — gozo de férias anuais remuneradas com, pelo menos, um terço a mais do que o salário normal;

XVIII — licença à gestante, sem prejuízo do emprego e do salário, com a duração de cento e vinte dias;

XIX — licença-paternidade, nos termos fixados em lei;

XXI — aviso prévio proporcional ao tempo de serviço, sendo no mínimo de trinta dias, nos termos da lei;

XXII — redução dos riscos inerentes ao trabalho, por meio de normas de saúde, higiene e segurança;

XXIV — aposentadoria;

XXV — assistência gratuita aos filhos e dependentes desde o nascimento até 5 (cinco) anos de idade em creches e pré-escolas;

XXVI — reconhecimento das convenções e acordos coletivos de trabalho;

XXVIII — seguro contra acidentes de trabalho, a cargo do empregador, sem excluir a indenização a que este está obrigado, quando incorrer em dolo ou culpa;

XXX — proibição de diferença de salários, de exercício de funções e de critério de admissão por motivo de sexo, idade, cor ou estado civil;

XXXI — proibição de qualquer discriminação no tocante a salário e critérios de admissão do trabalhador portador de deficiência;

XXXIII — proibição de trabalho noturno, perigoso ou insalubre a menores de dezoito e de qualquer trabalho a menores de dezesseis anos, salvo na condição de aprendiz, a partir de quatorze anos.

Atente-se para o fato de que parte dos referidos direitos — aqueles contidos nos incisos **I, II, III, IX, XII, XXV e XXVIII** — estão sujeitos ao atendimento das "condições estabelecidas em lei", ora identificada como Lei Complementar 150/2015, e às medidas de "simplificação do cumprimento das obrigações tributárias, principais e acessórias, decorrentes da relação de trabalho e suas peculiaridades".

Não se pode deixar de considerar que, apesar da elevada densidade eficacial dos direitos fundamentais, o constituinte derivado entendeu necessário, em virtude das especificidades dos serviços domésticos — *tomados normalmente por pessoas físicas, igualmente trabalhadoras* — detalhamento infraconstitucional ou estabelecimento de procedimentos simplificados para o cumprimento das obrigações de cunho tributário.

Não é admissível que patrões domésticos e empregadores empresários sejam tratados da mesma forma, sob as mesmas exigências, haja vista a inexistência, em regra, de arrimos de assistência contábil e jurídica em favor dos primeiros.

As múltiplas exigências dirigidas aos patrões domésticos somente favorecerão o descumprimento generalizado da lei e a ineficácia social dos preceitos constitucionais na vida comunitária. É imprescindível, por isso, a intervenção estatal para impor o seu signo promocional. Não basta, enfim, a enunciação de direitos que supostamente devam ser cumpridos por pessoas físicas ou famílias que contratam domésticos, mas, para além disso, é indispensável o estabelecimento de facilidades para que os empregados domésticos tenham efetivo tratamento uniforme e equivalente àquele dado aos empregados das empresas ou das instituições a elas equiparadas.

Pois bem. As mudanças acima mencionadas, embora não tenham criado a desejada isonomia total entre urbanos, rurais e domésticos, trouxeram um conjunto de novas vantagens jurídicas em favor de todos os trabalhadores do lar. O novo texto permite asseverar que os domésticos são atualmente destinatários dos seguintes direitos, analisados individualmente:

a) Relação de emprego protegida contra despedida arbitrária ou sem justa causa/Estabilidade da gestante doméstica (art. 7º, I)

Ao acrescentar no rol dos direitos dos domésticos aquele previsto no inciso I do art. 7º do texto constitucional, o constituinte derivado trouxe a discussão quanto à densidade eficacial do direito fundamental à proteção contra despedida arbitrária ou sem justa causa para dentro dos lares brasileiros, assim como a imensa problemática da necessária motivação para qualquer ato de desligamento por iniciativa patronal.

Revigorou-se, por outro lado, e sem dúvidas, a evidência quanto à plena aplicabilidade do art. 10 do ADCT aos trabalhadores domésticos, não mais havendo falar-se na inexigibilidade do pagamento de indenização de 40% sobre o FGTS. Se no passado pairavam dúvidas quanto ao cabimento do referido acréscimo pecuniário, atualmente não mais existem razões para tanto. Os domésticos têm, sim, direito ao recebimento dessa indenização, pois prevista no inciso I do ADCT, que tem ligação umbilical com o próprio art. 7º, I, da Carta.

Isso, aliás, se tornou indubitável a partir da publicação da Lei Complementar n. 150/2015, segundo a qual o acréscimo de 40% haverá de ser pago antecipadamente, a cada depósito mensal, pelo empregador.

O legislador engenhou uma fórmula por meio da qual o empregador doméstico, além do recolhimento de 8% a título de FGTS, se verá obrigado a depositar também, antecipadamente, o montante correspondente a 40% sobre cada mensalidade, ou seja, 3,2% (3,2 representa 40% de 8). O legislador complementar, em realidade, nada mais fez do que antecipar o momento de pagamento da indenização de 40% sobre o FGTS, embora de modo fracionado, com o intuito de tornar menos oneroso o processo de ruptura do vínculo de emprego para os empregadores do lar.

O *caput* do art. 22 da Lei Complementar n. 150/2015 é claríssimo:

*Art. 22. O empregador doméstico depositará a importância de 3,2% (três inteiros e dois décimos por cento) sobre a remuneração devida, no mês anterior, a cada empregado, **destinada ao paga-***

mento da indenização compensatória da perda do emprego, sem justa causa ou por culpa do empregador, não se aplicando ao empregado doméstico o disposto nos §§ 1º a 3º do art. 18 da Lei n. 8.036, de 11 de maio de 1990. (grifo nosso)

Se a ruptura do vínculo não se der por causa patronal, o montante antecipadamente depositado a título de indenização compensatória voltará para o empregador. Havendo culpa recíproca, o montante será dividido entre os contratantes. Veja-se isso nos parágrafos 1º e 2º do supracitado art. 22 da LC n. 150/2015:

> § 1º *Nas hipóteses de dispensa por justa causa ou a pedido, de término do contrato de trabalho por prazo determinado, de aposentadoria e de falecimento do empregado doméstico, os valores previstos no* caput *serão movimentados pelo empregador.*
>
> § 2º *Na hipótese de culpa recíproca, metade dos valores previstos no* caput *será movimentada pelo empregado, enquanto a outra metade será movimentada pelo empregador.*

É bom anotar que as frações formativas da indenização de 40% sobre o FGTS (os referidos 3,2% pagos a cada mês) permanecerão depositadas na conta vinculada do empregado doméstico em variação distinta daquela em que se encontrarem os depósitos principais de FGTS (8%), e somente poderão ser movimentados por ocasião da rescisão contratual.

Ainda na linha dos efeitos decorrentes da aplicabilidade do inciso I do art. 7º da Constituição em favor dos domésticos, cabe anotar que a estabilidade por estado de gravidez (art. 10, II, *b*, do ADCT) apenas passou a ser estendida em favor das empregadas domésticas por força da Lei n. 11.324, de 19 de julho de 2006, entendida como fonte mais favorável nos termos do *caput* do art. 7º da Carta. Antes disso, por uma gélida interpretação sistemática do mesmo art. 7º, I (que gerou a redação do citado art. 10 do ADCT), e do seu parágrafo único, não era possível falar em estabilidade da gestante para as domésticas.

A Lei Complementar n. 150/2015 reafirmou esse direito ao prever no parágrafo único do seu art. 25 que "*a confirmação do estado de gravidez durante o curso do contrato de trabalho, ainda que durante o prazo do aviso prévio trabalhado ou indenizado, garante à empregada gestante a estabilidade provisória prevista na alínea* b *do inciso II do art. 10 do Ato das Disposições Constitucionais Transitórias*".

Anote-se, por fim, que a Lei Complementar n. 146, de 25 de junho de 2014, com vigência a partir da data de sua publicação, estendeu a estabilidade provisória ora em exame, no caso de falecimento da genitora, a quem detiver a guarda de seu filho, até o limite de cinco meses após o parto. Nesse contexto é relevante anotar que, se essa guarda não for judicial, ela será a que normalmente se evidenciaria dentro da estrutura familiar, ou seja, na falta da mãe, o pai assumirá naturalmente a guarda dos seus filhos. Na ausência de ambos (de mãe e de pai), a guarda a que se refere o mencionado dispositivo haverá de ser necessariamente outorgada pelo juiz a outro integrante do grupo familiar ou a quem tenha condições de assumir essa importante função.

b) Fundo de Garantia do Tempo de Serviço (art. 7º, II)

Os domésticos, por força da Lei n. 10.208, de 23-3-2001, passaram a ter acesso ao regime do FGTS. Tal vantagem, entretanto, à época, somente lhes era facultada mediante requerimento do empregador. Uma vez manifestada a opção do empregador doméstico pela inserção do seu empregado no sistema do FGTS, não mais lhe era possível retroagir.

Com o advento da EC n. 72/2013, o FGTS passou a ser direito de todo doméstico, independentemente da vontade do empregador. Apesar disso, e lamentavelmente, o novo texto do parágrafo único do art. 7º da Constituição vinculou a sua efetividade ao atendimento de condições estabelecidas em lei e à observação de uma sistemática simplificada para o cumprimento das obrigações tributárias, principais e acessórias.

Exatamente assim se manteve o texto da Lei Complementar n. 150/2015, que, em seu art. 21, nada mais fez do que reafirmar o direito dos domésticos e a condicionar a sua efetivação à regulamentação. Veja-se:

> Art. 21. É devida a inclusão do empregado doméstico no Fundo de Garantia do Tempo de Serviço (FGTS), na forma do regulamento a ser editado pelo Conselho Curador e pelo agente operador do FGTS, no âmbito de suas competências, conforme disposto nos arts. 5º e 7º da Lei n. 8.036, de 11 de maio de 1990, inclusive no que tange aos aspectos técnicos de depósitos, saques, devolução de valores e emissão de extratos, entre outros determinados na forma da lei.
>
> Parágrafo único. O empregador doméstico somente passará a ter obrigação de promover a inscrição e de efetuar os recolhimentos referentes a seu empregado após a entrada em vigor do regulamento referido no caput.

A regulamentação da sistemática de depósitos no FGTS e, consequentemente, de acesso ao seguro-desemprego para os domésticos foi produzida por meio da Resolução do Conselho Curador do FGTS 780/2015, da Circular CAIXA 694/2015 e da Portaria Interministerial 822/2015, documentos normativos aqui referidos apenas pela sua importância histórica. Diante desse conjunto normativo, pode-se afirmar que o marco inicial da universalização da exigência do FGTS em favor dos domésticos foi a competência correspondente a outubro/2015.

Registre-se que, até a data de publicação da Lei n. 14.438, de 24 de agosto de 2022, o empregador doméstico estava obrigado a pagar os salários e a recolher contribuições previdenciárias e FGTS dos seus empregados domésticos até o sétimo dia do mês seguinte ao da competência. Isso era encontrável no art. 35 da Lei Complementar n. 150/2015.

A partir da data de publicação da Lei n. 14.438/2022, o prazo foi modificado no que diz respeito aos tributos e encargos. Os salários continuam a poder ser pagos **até o 7º (sétimo) dia** do mês seguinte ao da competência. As contribuições previdenciárias e o FGTS, entretanto, podem ser recolhidos **até o 20º (vigésimo) dia** do mês seguinte ao da competência.

c) Seguro-desemprego, em caso de desemprego involuntário (art. 7º, III)

O seguro-desemprego era um direito outorgado apenas aos domésticos que tivessem sido incluídos no regime do FGTS **por ato de seus empregadores** (também foi uma decorrência da Lei n. 10.208, de 23-3-2001). Para eles, desde que dispensados sem justa causa, era garantida a vantagem em exame, conforme prevista na Lei n. 7.998, de 11-1-1990. Com o advento da EC 72/2013 e com o acesso universalizado ao FGTS, independentemente da vontade patronal, todos os domésticos passaram, entretanto, a ser destinatários do seguro-desemprego.

Cabe anotar que, ao contrário do que se esperava diante da promessa de isonomia no plano constitucional, o tratamento legal dado aos domésticos manteve-se, nos lindes da LC n. 150/2015, inexplicavelmente, menos vantajoso, se comparado com aquele atribuído aos demais empregados, urbanos e rurais. Vejam-se:

1) o seguro-desemprego dos empregados domésticos restringe-se ao **valor máximo de um salário mínimo**, enquanto para os demais empregados a cota, a depender do salário, pode ter a dimensão bem mais elevada;

2) os domésticos somente recebem três cotas de seguro-desemprego, invariavelmente; os demais empregados recebem até cinco;

3) os empregados urbanos e rurais, por fim, podem requerer o seguro-desemprego do 7º ao 120º dia contado da data da dispensa (Resolução n. 467/2005 do CODEFAT, com arrimo no inciso V do art. 19 da Lei n. 7.998, de 11 de janeiro de 1990); os empregados domésticos, sem que exista uma justificativa plausível para mais esse tratamento diferenciado e menos favorável, somente poderão fazê-lo do 7º ao 90º dia a partir da data da dispensa (art. 29 da Lei Complementar n. 150/2015). **O prazo decadencial legal oferecido aos domésticos, no particular, é, portanto, injustificadamente menor**.

Para saber mais sobre o seguro-desemprego, inclusive em favor dos domésticos, consulte-se o tópico "seguro-desemprego" no capítulo que trata da "cessação do contrato de emprego".

d) Salário mínimo (art. 7º, IV)

Garante-se aos domésticos, assim como a qualquer outro trabalhador brasileiro, o direito ao recebimento de uma retribuição num padrão mínimo fixado em lei, nacionalmente unificado, capaz de atender a suas necessidades vitais básicas e às de sua família.

Observe-se, entretanto, que a retribuição mínima deve ser aferida na **dimensão proporcional ao número de horas ou de dias trabalhados**. Perceba-se que as leis que fixam a dimensão do salário mínimo indicam, necessariamente, o valor horário, diário e mensal da retribuição básica. A lei, seguramente, não comporta registros inúteis. Por isso, o registro à forma proporcional de pagamento é elemento indicativo de que é possível, sim, ao menos na esfera privada, pagar retribuição menor do que o salário mínimo[31 e 32], desde que observada a proporcionalidade entre o montante pago e a duração do trabalho.

No caso dos domésticos, depois da publicação da EC n. 72/2013, a **proporcionalidade** passou a ser passível de apuração tanto em virtude do número de dias trabalhados quanto em relação ao número de horas prestadas durante uma jornada. Observe-se que, mesmo antes de viger a referida Emenda, na falta de outro referencial, era comum a utilização da duração do trabalho normal (e, por isso, *standard*) de oito horas por jornada e de quarenta e quatro horas por semana para fixar proporcionalidade de pagamento. Quer-se dizer com isso que, mesmo quando os domésticos não eram contemplados com o regime de horas suplementares, o limite ora expendido já valia como baliza.

Anote-se, por fim, que, independentemente da dimensão salarial dos domésticos, o seu empregador doméstico está obrigado a pagar os salários **até o 7º-(sétimo) dia do mês se-**

---

[31] Em sentido contrário posicionou-se Mauro Cesar Martins de Souza, in Salário mínimo: desvinculação da jornada, *Síntese Trabalhista*, n. 133, jul./2000, p. 5. Segundo o posicionamento do referido autor, "não há permissivo constitucional para que o salário mínimo seja calculado e pago de forma proporcional à jornada desenvolvida pelo trabalhador. O salário mínimo independe da jornada laborada. O salário não pode ser inferior ao mínimo, sem qualquer ligação com a jornada, pois o constituinte assim não o quis".

[32] A SDI-1 do TST publicou a Orientação Jurisprudencial 358, segundo a qual:

SALÁRIO MÍNIMO E PISO SALARIAL PROPORCIONAL À JORNADA REDUZIDA. EMPREGADO. SERVIDOR PÚBLICO (redação alterada na sessão do Tribunal Pleno realizada em 16-2-2016) — Res. 202/2016, *DEJT* divulgado em 19, 22 e 23-2-2016.

I — Havendo contratação para cumprimento de jornada reduzida, inferior à previsão constitucional de oito horas diárias ou quarenta e quatro semanais, é lícito o pagamento do piso salarial ou do salário mínimo proporcional ao tempo trabalhado.

II — Na Administração Pública direta, autárquica e fundacional não é válida remuneração de empregado público inferior ao salário mínimo, ainda que cumpra jornada de trabalho reduzida. Precedentes do Supremo Tribunal Federal.

guinte ao da competência (art. 35 da Lei Complementar n. 150/2015), levemente diferente do que ocorre com os celetistas, cujo padrão é até o 5º (quinto) dia útil do mês subsequente ao vencido

e) Piso salarial proporcional à extensão e à complexidade do trabalho (art. 7º, V)

Nos termos do art. 7º, V, da Constituição da República e da Lei Complementar n. 103/2000 (*vide* § 2º do art. 1º), o piso salarial proporcional à extensão e à complexidade do trabalho (previsto em legislação estadual) poderá ser estendido aos empregados domésticos. É interessante observar que, a despeito disso, a EC n. 72/2013 não inseriu o inciso V do art. 7º entre aqueles a que veiculavam direitos em favor dos domésticos. Essa evidência reforçou a discussão quanto à inconstitucionalidade da referida Lei Complementar n. 103/2000 em situações nas quais foram favorecidos sujeitos — entre os quais os domésticos — cujo trabalho nada tem de singular quanto à extensão ou à complexidade.

Para saber mais sobre o assunto, recomenda-se a leitura do tópico "Salário mínimo legal [estadual] específico ou piso salarial proporcional à extensão e à complexidade do trabalho", no capítulo em que se trata da retribuição do trabalho.

f) Irredutibilidade salarial (art. 7º, VI)

Até a publicação da EC n. 72/2013, os domésticos tinham direito à irredutibilidade salarial em caráter absoluto. Eles eram imunes à redução mediante negociação coletiva, simplesmente porque não estavam sujeitos a essa fórmula autônoma de solução dos conflitos coletivos. Como aos domésticos passou a ser estendido o direito previsto no inciso XXVI, vale dizer, de ver reconhecidos os acordos e as convenções coletivas como fonte de direito, não há mais dúvida quanto à possibilidade de redução salarial coletiva negociada. É relevante anotar, entretanto, que esta constatação é meramente teórica, haja vista a sua dificuldade de materialização no plano real.

Diz-se isso porque um empregador doméstico individual muito dificilmente demandaria o sindicato da categoria profissional dos trabalhadores do lar para propor redução salarial coletiva de seus contratados. Seria uma situação, conquanto não impossível, extremamente inusitada. Como o empregador doméstico toma o trabalho de quem lhe serve no lar com "valor de uso", ou ele terá ou não terá condições de manter o contrato ou os contratos dos seus empregados. A negociação coletiva para redução de salários seria, então, totalmente sem sentido, embora, evidentemente, possível no plano teórico.

De todo modo, cabe a ressalva de que a proteção contra a irredutibilidade de salários, salvo negociação coletiva, encontrou uma exceção à regra na MP n. 936, de 2020, que foi convertida na Lei n. 14.020, de 2020. Esses atos normativos receberam a chancela do STF mediante a ADI 6.363-DF, para que fossem, em virtude da crise produzida pela pandemia do coronavírus, legitimados os atos de redução proporcional da jornada e do salário mediante acordos meramente individuais. Há reiteração disso na Lei n. 14.437, de 2022. Detalhes sobre o assunto serão encontrados no Capítulo 12, no tópico em que se analisa a irredutibilidade de salários como uma fórmula de proteção ao trabalhador.

g) Garantia de salário, nunca inferior ao mínimo, para os que percebem remuneração variável (art. 7º, VII)

A EC n. 72/2013 trouxe para o universo jurídico dos empregados domésticos a "garantia de salário, nunca inferior ao mínimo, para os que percebem remuneração variável". Embora não lhes sejam comuns os ajustes que levam em conta remunerações variáveis, os domésticos podem, sim, ser contratados por peça ou tarefa, de modo a ganharem mais se produzirem mais (exemplo: contratação com remuneração variável por peça de roupa lavada ou passada). Nesse caso, será sempre garantido ao doméstico que trabalha em tempo integral o direito de recebimento do salário mínimo, independentemente do número de peças lavadas ou passadas, vedado qualquer desconto em mês subsequente a título de compensação.

h) Décimo terceiro salário, com base na remuneração integral (art. 7º, VIII)

O décimo terceiro salário é, desde a promulgação do texto constitucional de 1988, direito dos empregados domésticos. A sistemática do instituto é exatamente aquela prevista nas Leis n. 4.090/62 e 4.749/65, cabendo aos trabalhadores do lar, no que diz respeito à vantagem ora em análise, o mesmo tratamento jurídico oferecido aos urbanos e aos rurais.

i) Remuneração do trabalho noturno superior à do diurno (art. 7º, IX)

A EC n. 72/2013 também atribuiu à categoria dos domésticos o direito de receber remuneração do trabalho noturno superior à do diurno. Entretanto, apesar do reconhecimento e da elevada densidade eficacial desse direito (ao menos a partir dos critérios utilizados em favor dos urbanos), o parágrafo único do art. 7º previu que ele estaria submetido ao atendimento das condições estabelecidas em lei.

A Lei Complementar n. 150/2015 tratou, enfim, do assunto, prevendo, como se esperava, tratamento idêntico àquele oferecido aos urbanos. Perceba-se:

> Art. 14. Considera-se noturno, para os efeitos desta Lei, o trabalho executado entre as 22 horas de um dia e as 5 horas do dia seguinte.
>
> § 1º A hora de trabalho noturno terá duração de 52 (cinquenta e dois) minutos e 30 (trinta) segundos.
>
> § 2º A remuneração do trabalho noturno deve ter acréscimo de, no mínimo, 20% (vinte por cento) sobre o valor da hora diurna.
>
> § 3º Em caso de contratação, pelo empregador, de empregado exclusivamente para desempenhar trabalho noturno, o acréscimo será calculado sobre o salário anotado na Carteira de Trabalho e Previdência Social.
>
> § 4º Nos horários mistos, assim entendidos os que abrangem períodos diurnos e noturnos, aplica-se às horas de trabalho noturno o disposto neste artigo e seus parágrafos.

A partir de então, os domésticos passaram a ter direito ao recebimento do adicional noturno sempre que seu serviço se realizar entre as 22hs de um dia e as 05hs do dia seguinte.

j) Proteção do salário na forma da lei, constituindo crime sua retenção dolosa (art. 7º, X)

A proteção do salário, apesar de ter sido formalmente estendida aos domésticos a partir da publicação da EC n. 72/2013, não lhes era, em rigor, negada. Cabe lembrar que o Brasil é signatário da Convenção n. 95 da OIT[33] e que, nos termos do referido instrumento inter-

---

33 A **Convenção n. 95 da OIT** foi aprovada no território brasileiro pelo Decreto Legislativo n. 24, de 29-5-1956, ratificada em 25-4-1957 e promulgada pelo Decreto n. 41.721, de 25-6-1957. Sua vigência nacional, porém, deu-se a partir de 25-4-1958.

nacional, todas as pessoas às quais é pago um salário são indistintamente destinatárias das suas disposições.

k) Salário-família pago em razão do dependente do trabalhador de baixa renda nos termos da lei (art. 7º, XII)

A Emenda Constitucional n. 72/2013 garantiu aos domésticos o direito ao recebimento de salário-família, embora, em seus momentos iniciais, sujeito, nos termos do parágrafo único do art. 7º da Constituição, às "condições estabelecidas em lei" e às medidas de "simplificação do cumprimento das obrigações tributárias, principais e acessórias, decorrentes da relação de trabalho e suas peculiaridades".

A concretização desse direito demorou. Cabe lembrar de uma tentativa frustrada de extensão da ora analisada vantagem aos domésticos. Recorde-se que a Lei n. 11.324, de 19-7-2006, previa, em seu art. 3º, que o *caput* do art. 65 da Lei n. 8.213, de 24-7-1991, passaria a contar com referência aos empregados do lar. O mencionado artigo, porém, foi vetado pelo então Presidente da República, sob o seguinte fundamento:

> A alteração [...] contraria frontalmente o § 5º do art. 195 da Constituição, que determina expressamente que "nenhum benefício ou serviço da seguridade social poderá ser criado, majorado ou estendido sem a correspondente fonte de custeio total".

A vantagem, enfim, foi efetivamente criada por Emenda Constitucional, mas convive com o mesmo problema de fonte prévia de custeio. Entretanto, se não há suporte financeiro específico para o salário-família em favor dos domésticos, também não se pode dizer existente em favor dos demais trabalhadores de baixa renda. Não há especificamente um tributo que cubra essa vantagem, a qual é genericamente arrimada pelas contribuições previdenciárias, também pagas pelos parceiros "empregados e empregadores domésticos", embora em menores dimensões se comparadas com as pagas por "empresas e empregados contratados por estas". Lembre-se aqui que as empresas contribuem, em regra, com 20% sobre o valor total da folha de pagamento, enquanto os empregadores domésticos contribuem com 8% sobre o salário de contribuição dos seus empregados até o limite do teto previdenciário.

A Lei Complementar n. 150/2015 regulamentou o direito previsto na EC n. 72/2013 e atribui o mesmo procedimento de pagamento tanto às empresas quanto aos empregadores domésticos: ambos pagam mensalmente, junto com o salário, as cotas do salário-família em favor dos trabalhadores de baixa renda, e efetivam a compensação quando do recolhimento das contribuições previdenciárias.

l) Duração do trabalho normal não superior a oito horas diárias e quarenta e quatro semanais, facultada a compensação de horários e a redução da jornada, mediante acordo ou convenção coletiva de trabalho/ Remuneração do serviço extraordinário superior, no mínimo, em cinquenta por cento à do normal (art. 7º, XIII e XVI)

Trata-se, sem dúvidas, do mais polêmico dos direitos atribuídos aos trabalhadores do lar. E não se diz isso apenas porque o serviço doméstico se revela, em algumas situações, intermitente, mas, especialmente, por conta das imensas dificuldades probatórias que os patrões têm em certificar o exato horário de realização das atividades dos seus contratados. Entretanto, apesar de todas as inseguranças produzidas, não se pode duvidar nem por um minuto de que o conceito de trabalho doméstico decente passa, sim, pela garantia de uma jornada de trabalho não exaustiva.

Numa tentativa de oferecer respostas para as diversas situações que dizem respeito ao direito à "duração do trabalho normal não superior a oito horas diárias e quarenta e quatro semanais", oferecem-se aqui algumas balizas que se demonstram importantes:

1ª) Regime de compensação de horários e institutos correlatos

Além do direito à duração do trabalho normal não superior a oito horas diárias e quarenta e quatro semanais, os domésticos passaram a ter um especial sistema de "compensação de horários". A regulamentação desse sistema, entretanto, não se deu necessariamente por meio de acordo ou convenção coletiva de trabalho. A norma regulamentadora, como se verá, ignorou o texto constitucional, especialmente o disposto nos incisos XIII e XXVI do seu art. 7º, e, sem nenhuma menção à negociação coletiva, permitiu regimes compensatórios fora do figurino normalmente visto.

A Lei Complementar n. 150/2015 previu que, de fato, "poderá ser dispensado o acréscimo de salário e instituído regime de compensação de horas", mesmo que isso seja feito mediante um **mero acordo individual escrito** entre empregador e empregado[34]. Não se vedou nenhum arranjo específico de compensação, o que leva a crer, pelo menos de início, que qualquer sistema será admitido desde que não extrapole o limite de quarenta e quatro horas semanais.

A sistemática de compensação de horários aplicada aos domésticos tem, entretanto, algumas regras específicas. É que, nos termos do § 5º do art. 2º da Lei Complementar n. 150/2015, as primeiras 40 (quarenta) horas mensais excedentes ao horário normal de trabalho deverão ser pagas como horas extraordinárias, salvo se compensadas com "redução do horário normal de trabalho" ou mediante concessão de "dia útil não trabalhado" (folga) dentro do próprio mês. É o que se vê nos incisos I e II do referido § 5º do art. 2º da Lei Complementar n. 150/2015:

> *I — será devido o pagamento, como horas extraordinárias, na forma do § 1º, das primeiras 40 (quarenta) horas mensais excedentes ao horário normal de trabalho;*
>
> *II — das 40 (quarenta) horas referidas no inciso I, poderão ser deduzidas, sem o correspondente pagamento, as horas não trabalhadas, em função de redução do horário normal de trabalho ou de dia útil não trabalhado, durante o mês;*

Tudo o que exceder as 40 (quarenta) primeiras horas mensais poderá ser compensado no período máximo de 1 (um) ano, mediante um sugerido banco de horas, conforme a regra contida no inciso III do § 5º do art. 2º da Lei Complementar n. 150/2015. Veja-se:

> *III — o saldo de horas que excederem as 40 (quarenta) primeiras horas mensais de que trata o inciso I, com a dedução prevista no inciso II, quando for o caso, será compensado no período máximo de 1 (um) ano.*

Destaque-se que, conforme previsão contida no § 6º do art. 2º da Lei Complementar n. 150/2015, "na hipótese de rescisão do contrato de trabalho sem que tenha havido a compensação integral da jornada extraordinária, na forma do § 5º, o empregado fará jus ao pa-

---

34 Nada se disse sobre negociação coletiva, embora se saiba que é perfeitamente possível a formação de acordos coletivos entre um empregador doméstico e um empregado do lar, bastando para tanto que a entidade sindical operária simplesmente subscreva o instrumento contratual negociado. Apesar de a Lei Complementar ter permitido a estipulação de acordo de compensação de horários mediante ajuste individual, não o vedou, obviamente (pois não teria superioridade normativa para tanto), por negociação coletiva.

gamento das horas extras não compensadas, calculadas sobre o valor da remuneração na data de rescisão".

Ainda no âmbito da compensação de horários, cabe fazer menção especial à possibilidade de formulação do regime de 12 horas de trabalho por 36 horas de folga, conforme se vê no *caput* do art. 10 da ora analisada norma complementar:

> Art. 10. É facultado às partes, mediante acordo escrito entre essas, estabelecer horário de trabalho de 12 (doze) horas seguidas por 36 (trinta e seis) horas ininterruptas de descanso, observados ou indenizados os intervalos para repouso e alimentação.

Diferentemente de outros esquemas de compensação de horários, neste o legislador admitiu expressamente que os intervalos para repouso e alimentação poderiam ser "observados ou indenizados". Isso significa que, a depender do ajuste entre as partes, as doze horas de prestação de serviços podem ser efetivamente "seguidas", cabendo ao empregador o pagamento da hora não fruída de repouso e alimentação.

Há também expressa previsão no sentido de que, diante do sistema de 12 x 36, "a remuneração mensal pactuada [...] abrange os pagamentos devidos pelo descanso semanal remunerado e pelo descanso em feriados, e serão considerados compensados os feriados e as prorrogações de trabalho noturno, quando houver". Isso, aliás, não foge à interpretação que nesta obra já se sustentava há tempos no Capítulo 10, no qual se trata detalhadamente sobre tópicos relacionados à "duração do trabalho".

Em qualquer um dos regimes de compensação de horas, é importante lembrar que se aplica aos domésticos o teor da **Orientação Jurisprudencial 410 da SDI-1 do TST**, segundo a qual "viola o art. 7º, XV, da CF a concessão de repouso semanal remunerado após o sétimo dia consecutivo de trabalho, importando no seu pagamento em dobro". Nesses termos, diante da inevidência de norma legal que disponha em sentido contrário, há de ser observada a sequência de, no máximo, seis dias seguidos de trabalho por um dia de folga (6 x 1).

É juridicamente possível, por outro lado, e para além do que consta da Lei Complementar n. 150/2015, entender-se que um empregado doméstico esteja em regime de prontidão durante o período em que, a despeito de manter-se no local de trabalho, **não se encontra em horário de serviço**, podendo, entretanto, para ele ser chamado. Nesses casos, se vier a ser aceita a aplicação analógica do art. 244 da CLT, o doméstico, além de seu salário mensal, poderá receber 2/3 do salário-hora para cada hora que permaneça em prontidão até o limite de 12 horas por plantão.

Há, por outro lado, a possibilidade de alguns grupos de domésticos — os cuidadores de pessoas idosas e as babás, por exemplo — serem considerados como trabalhadores em horário intermitente, tal qual ocorre com as mães sociais (Lei n. 7.644, de 18-12-1987). Isso parece ser possível diante do conteúdo do § 7º do art. 2º da Lei Complementar n. 150/2015, segundo o qual "o tempo de repouso, **as horas não trabalhadas**, os feriados e os domingos livres" em que o empregado que mora no local de trabalho nele permaneça não serão computados como horário de trabalho. Veja-se o dispositivo:

> § 7º Os intervalos previstos nesta Lei, o tempo de repouso, **as horas não trabalhadas**, os feriados e os domingos livres em que o empregado que mora no local de trabalho nele permaneça não serão computados como horário de trabalho (destaques não constantes do original).

Nesse caso, se os magistrados aceitarem a tese — ainda não consolidada —, um novo arranjo para a realização de serviços em sistemas de compensação de horários poderá vir a ser construído. Tudo, entretanto, gira, ainda, em termos de conjecturas.

2ª) Sistema de concessão de intervalos intrajornada

A Lei Complementar n. 150/2015, no seu art. 13, contrariando o que já era consensual na jurisprudência, prevê a possibilidade de, mediante prévio acordo escrito entre empregador e empregado, haver redução para 30 (trinta) minutos. Veja-se:

Art. 13. É obrigatória a concessão de intervalo para repouso ou alimentação pelo período de, no mínimo, 1 (uma) hora e, no máximo, 2 (duas) horas, admitindo-se, mediante prévio acordo escrito entre empregador e empregado, sua redução a 30 (trinta) minutos.

A referida norma admite, ainda, que, no caso de empregado que resida no local de trabalho, o período de intervalo possa vir a ser desmembrado em 2 (dois) períodos, desde que cada um deles tenha, no mínimo, 1 (uma) hora, até o limite de 4 (quatro) horas ao dia. Nesse caso, será obrigatória a anotação no registro diário de horário, vedada sua prenotação. Observe-se:

Art. 13 [...]

§ 1º Caso o empregado resida no local de trabalho, o período de intervalo poderá ser desmembrado em 2 (dois) períodos, desde que cada um deles tenha, no mínimo, 1 (uma) hora, até o limite de 4 (quatro) horas ao dia.

§ 2º Em caso de modificação do intervalo, na forma do § 1º, é obrigatória a sua anotação no registro diário de horário, vedada sua prenotação.

Vê-se, então, que o sistema normativo dos domésticos admite duas formulações de intervalo, uma (1) para empregados que não residem no local de trabalho e outra (2) para aqueles que ali residem.

Para o primeiro grupo, integrado pelos empregados que não residem no local de trabalho, regidos pelo *caput* do art. 13 da Lei Complementar n. 150/2015, o intervalo será, como antedito, de, no mínimo, 1 (uma) hora e, no máximo, 2 (duas) horas, admitindo-se, mediante prévio acordo escrito entre empregador e empregado, sua redução a 30 (trinta) minutos.

Admite-se para esses, por ausência de norma impeditiva e por aplicação subsidiária da CLT autorizada pelo art. 19 da Lei Complementar n. 150/2015, a pré-assinalação do intervalo intrajornada.

Para o segundo grupo, ou seja, para os que residem no local de trabalho, regidos pelos parágrafos 1º e 2º do art. 13 da Lei Complementar n. 150/2015, o intervalo poderá ser desmembrado em 2 (dois) períodos, desde que cada um deles tenha, no mínimo, 1 (uma) hora, até o limite de 4 (quatro) horas ao dia.

Observe-se que, nesse caso, não se admitirá nenhuma fração de intervalo de trinta minutos, unicamente aplicável aos que não residem no local de trabalho. Entre os empregados domésticos residentes será possível praticar, por exemplo, duas horas de intervalo para o almoço mais duas horas de intervalo para o jantar ou ainda três horas de intervalo para o almoço mais uma hora de intervalo para o jantar ou vice-versa.

Perceba-se que, nos termos do § 2º do citado art. 13 da Lei Complementar n. 150/2015, "em caso de modificação do intervalo, na forma do § 1º, é obrigatória a sua anotação no registro diário de horário, vedada sua prenotação". Diante dessa regra — **e unicamente para os empregados domésticos que residem no local de trabalho** — se o empregador resolver desmembrar o intervalo intrajornada em 2 (dois) períodos, poderá fazê-lo, desde que cada um desses intervalos desmembrados tenha entre uma hora e quatro horas de extensão. Nesse caso, **e apenas nesse caso, é vedada a prenotação**, ou seja, a pré-assinalação do intervalo intrajornada.

3ª) Trabalho doméstico em viagens

O art. 11 da Lei Complementar n. 150/2015 tratou das viagens que o doméstico faz para acompanhar o seu empregador, impondo, como não poderia deixar de ser, a celebração de acordo escrito para tanto. Em tais situações, apenas as horas efetivamente trabalhadas serão consideradas para composição da jornada, admitindo-se a compensação daquelas entendidas como suplementares.

A novidade trazida pela legislação em destaque foi a criação de um adicional, semelhante àquele aplicado nas situações em que os empregados são transferidos, pagável, porém, durante todo o tempo em que o doméstico permanecer em viagem a serviço. Diz a referida norma:

> *Art. 11 [...]*
>
> *§ 2º A remuneração-hora do serviço em viagem será, no mínimo, 25% (vinte e cinco por cento) superior ao valor do salário-hora normal.*

Assim, se o empregado doméstico recebe salário-hora de R$ 8,00 para desempenhar as suas funções na residência do empregador, ganhará R$10,00 (R$ 8,00 + 25%) por cara hora trabalhada "em viagem". Esse adicional pago sobre as horas do serviço em viagem, entretanto, poderá ser, mediante acordo, convertido em acréscimo no banco de horas, a ser utilizado a critério do empregado.

Apesar de louvável a preocupação do legislador em disciplinar esta matéria, há manifesta omissão quanto ao exato conceito de "serviço em viagem". Diante disso, parece acertado dizer que ocorrerá "serviço em viagem" sempre que o empregador — pessoa ou família — se deslocar para lugar diverso daquele em que normalmente se dá a prestação dos serviços, independentemente de haver pernoite do empregado doméstico.

Deseja-se, diante disso, excluir do conceito de "serviço em viagem" aquele realizado em segunda residência familiar, desde que, evidentemente, exista previsão contratual nesse sentido ou, pelas circunstâncias, isso se possa presumir. Assim, a título ilustrativo, imagine-se uma família residente em Salvador — BA que tem uma casa de praia na Ilha de Itaparica — BA para a qual se dirige habitualmente nos finais de semana. Ora, nesse caso não há entender-se que o doméstico estaria em "serviço em viagem", pois se obrigou a realizar as suas atividades indistintamente em qualquer das unidades residenciais familiares.

Diferentemente, imagine-se a situação de uma empregadora doméstica que convoca a sua empregada do lar para uma viagem rápida. O local de prestação dos serviços é a cidade do Rio de Janeiro, mas empregadora e empregada viajam de avião, às 8h, para São Paulo, onde realizam compras de artigos de festa para a comemoração do aniversário do filho da patroa. O retorno ocorre no voo das 19h, e ambas estão de volta ao Rio às 20h. Pergunta-se: há "serviço em viagem" aqui? Claro que sim. O valor do salário-hora da empregada doméstica há de ser acrescido do "adicional de viagem", de 25%, durante as horas efetivamente trabalhadas.

4ª) Prova da duração do trabalho

Como controlar o horário de trabalho dos domésticos? Em princípio — até mesmo por conta de uma previsão constitucional de simplificação de procedimentos e do fato de não existir número expressivo de domésticos dentro de uma mesma residência — não se imaginava que os patrões pudessem ser constritos a utilizar controles de jornada (folha de ponto ou cartão de ponto). Afinal, quem controlaria a realização dessas anotações diante da situação de o empregador não estar em casa no momento da chegada e/ou da saída do trabalhador doméstico?

A despeito dessa desconcertante indagação, a Lei Complementar n. 150/2015 previu o seguinte:

> Art. 12. É obrigatório o registro do horário de trabalho do empregado doméstico por qualquer meio manual, mecânico ou eletrônico, desde que idôneo.

Imaginou-se proteger o trabalhador do lar com a imposição de um mecanismo de registro do horário de trabalho atribuível ao empregador, mas o legislador não se deu conta de que, assim agindo, estaria a violar frontalmente o princípio da igualdade de tratamento com os empregadores urbanos e rurais, que somente são obrigados a ter registro de horário nas situações em que existam mais de 20 (vinte) empregados em seus estabelecimentos (*vide* § 2º do art. 74 da CLT, redação dada pela Lei n. 13.874/2019).

O critério da idoneidade imporá atenção quanto à adoção dos conhecidos registros "britânicos", cujas anotações sejam realizadas sem as variações dos instantes de entrada e saída, produzindo, assim, o descrédito e a inversão do ônus probatório, nos moldes previstos na Súmula 338, III, do TST, segundo a qual "os cartões de ponto que demonstram horários de entrada e saída uniformes são inválidos como meio de prova, invertendo-se o ônus da prova, relativo às horas extras, que passa a ser do empregador, prevalecendo a jornada da inicial se dele não se desincumbir".

Nesse ponto, é relevante deixar salientado que os intervalos intrajornada dos empregados domésticos, como antedito, podem ser, sim, pré-assinalados. A única exceção, que produziu vedação da prenotação, contida no § 2º do art. 13 da Lei Complementar n. 150/2015, está relacionada aos empregados domésticos que residem no local de trabalho e, além disso, em relação a empregados cujos empregadores resolveram desmembrar o referido intervalo em 2 (dois) períodos.

Seja lá como for, diante do texto de lei, o ônus de provar a jornada de trabalho do empregado doméstico, de início, é do seu empregador, pois a lei lhe impôs a produção de prova específica. Nesses moldes, se um empregado doméstico afirmar, por exemplo, ter trabalhado das 07h às 20h, com uma hora de intervalo, de segunda a sábado, e o empregador não apresentar os correspondentes controles de ponto nem produzir prova substituinte, terá de suportar a versão do trabalhador como um fato verdadeiro.

Talvez, por conta dessas dificuldades aqui relatadas, seja viável a admissão do uso dos registros por exceção, previstos no § 4º do art. 74 da CLT, nas relações de emprego doméstico.

Pode-se, então, questionar: mas esse sistema de **registro de ponto por exceção à jornada regular de trabalho** pode realmente ser aplicado subsidiariamente aos empregados domésticos?

A resposta parece ser positiva, embora existam opiniões divergentes muito bem fundamentadas. Se a lógica que criou essa forma de registro por exceção provém do ideal de simplificação das relações de trabalho, e se a "simplificação" é realmente um pressuposto constitucional que orienta a relação entre patrões e empregados do lar (veja-se o parágrafo único do art. 7º da Constituição Federal), é, sim, razoável, entender que o disposto no § 4º do art. 74 da CLT é aplicável também aos domésticos. Lembre-se que é no próprio Estatuto dos Trabalhadores Domésticos (LC n. 150/2015) que se prevê, expressamente, no *caput* do seu art. 19, a aplicabilidade subsidiária da CLT. Veja-se:

> Art. 19. Observadas as peculiaridades do trabalho doméstico, a ele também se aplicam as Leis n. 605, de 5 de janeiro de 1949, n. 4.090, de 13 de julho de 1962, n. 4.749, de 12 de agosto de 1965, e n. 7.418, de 16 de dezembro de 1985, **e, subsidiariamente, a Consolidação das Leis do Trabalho (CLT), aprovada pelo Decreto-Lei n. 5.452, de 1º de maio de 1943.**

Dessa forma, se é mesmo verdade que deve haver a mesma disposição onde há a mesma razão, não se pode deixar de aplicar ao empregado doméstico o registro por exceção, notadamente porque abrandaria o já mencionado rigor do disposto no art. 12 da referida LC n. 150/2015, segundo o qual "é obrigatório o registro do horário de trabalho do empregado doméstico por qualquer meio manual, mecânico ou eletrônico, desde que idôneo".

Em sentido oposto, entendendo não ser aplicável aos domésticos a sistemática de **registro de ponto por exceção à jornada regular de trabalho**, está a autorizada e bem fundamentada posição de André Dorster[35], para quem, nas regras de resolução de antinomias postas pela doutrina e pela LINDB, "em caso de colisão normativa prepondera em primeiro lugar o critério da especialidade, de molde que, mesmo se trate de norma mais recente, a lei n. 13.874/2019 versou sobre regras gerais da relação de emprego (celetistas) não derrogando os preceitos específicos da Lei Complementar n. 150/2015". Dorster, por outro lado, chama a atenção para o fato de que a questão polêmica poderia ser resolvida mediante interpretação teleológica, pois, para ele, "a Lei Complementar n. 150/2015, quando prevê a obrigatoriedade de controle de horários idôneo, o fez pensando nas dificuldades probatórias que se revelam numa relação de trabalho em que não há testemunhas, há muita informalidade e parcos meios de prova". Por outro lado, sustentou, em arremate, que a Lei n. 13.874/2019 "veio trazer desburocratização para o empreendedorismo [...], sendo certo que as relações de emprego domésticas, por sua natureza, não possuem qualquer viés econômico".

O assunto, como se pode perceber, é extremamente polêmico, existindo bons fundamentos para ambas as posições. A jurisprudência, entretanto, refinará a discussão e fortalecerá uma das teses aqui apresentadas.

m) Repouso semanal remunerado, preferencialmente aos domingos/ Remuneração dobrada pelo trabalho prestado em dias destinados ao descanso

Os domésticos não eram destinatários de repouso semanal remunerado até a publicação do texto constitucional de 1988. A Lei Fundamental trouxe-lhes, então, o direito de fruir de descanso semanal (a cada seis dias de trabalho, um é de folga), preferencialmente aos domingos.

A Lei n. 11.324/2006 autorizou a aplicabilidade da Lei n. 605/49 aos domésticos, não existindo, a partir desse instante, diferenças entre os trabalhadores urbanos/rurais e os domésticos nem em matéria de repousos intersemanais, nem no âmbito das folgas em feriados. O art. 9º da mencionada Lei n. 11.324, que começou a viger em 20 de julho de 2006, revogou a alínea *a* do art. 5º da Lei n. 605/49, retirando, por conseguinte, a restrição para a sua aplicabilidade, antes existente de modo expresso.

Por força dessa circunstância, os domésticos passaram a ser destinatários de **remuneração dobrada** nos casos de prestação de trabalho em feriados civis ou religiosos, salvo se o empregador determinar outro dia de folga. No particular, é importante lembrar que se aplica aos domésticos o teor da **Orientação Jurisprudencial 410 da SDI-1 do TST**, segundo a qual "viola o art. 7º, XV, da CF a concessão de repouso semanal remunerado após o sétimo dia consecutivo de trabalho, importando no seu pagamento em dobro". Eventuais sistemas de compensação de horários, diante da inevidência de norma legal que disponha em sentido contrário, hão de observar a sequência de, no máximo, seis dias seguidos de trabalho por um dia de folga (6 x 1).

A Lei Complementar n. 150/2015 tratou do tema no § 8º do art. 2º, ao prever que "o trabalho não compensado prestado em domingos e feriados deve ser pago em dobro, sem prejuízo da remuneração relativa ao repouso semanal".

---

[35] DORSTER, André. *Controles de horários e a Lei da Liberdade Econômica*. São Paulo: JOTA, 2019.

n) Gozo de férias anuais remuneradas com, pelo menos, um terço a mais do que o salário normal

Os domésticos passaram a ter direito às férias a partir da revogada Lei n. 5.859/72, observado o padrão vigente à época de 20 (vinte) dias úteis por ano de trabalho para tanto.

O Decreto n. 71.885/73, ora não mais vigente, que interpretava a Lei dos Domésticos de 1972, deixou claro, em seu art. 2º, que, diante da ausência de outro dispositivo regulamentar, a CLT seria aplicada subsidiariamente no que dissesse respeito às férias.

Veja-se:

Art. 2º Excetuando o Capítulo referente a férias, não se aplicam aos empregados domésticos as demais disposições da Consolidação das Leis do Trabalho.

Diante disso, já se concluía à época que aos domésticos seriam aplicáveis todos os institutos correlatos às férias individuais e previstos na CLT, como, por exemplo, o fracionamento de férias, a proporcionalidade entre as faltas e o número de dias de férias, a proporcionalidade de férias por ruptura do vínculo de emprego, a aplicabilidade da pena prevista no art. 137 da CLT, a concessão de abono pecuniário, os prazos para pagamento das férias etc.

Anote-se, ainda, que, desde a edição da Lei n. 11.324/2006, os domésticos passaram a ter direito a férias anuais remuneradas de 30 (trinta) dias, após cada período de doze meses de trabalho, prestado à mesma pessoa ou família. O acréscimo de 1/3 sobre as férias, entretanto, já tinha sido garantido, indistintamente, para empregados urbanos, rurais e domésticos desde a publicação do texto constitucional de 1988. A Lei Complementar n. 150/2015, então, consolidou esse posicionamento, com base na seguinte redação:

Art. 17. O empregado doméstico terá direito a férias anuais remuneradas de 30 (trinta) dias, salvo o disposto no § 3º do art. 3º, com acréscimo de, pelo menos, um terço do salário normal, após cada período de 12 (doze) meses de trabalho prestado à mesma pessoa ou família.

§ 1º Na cessação do contrato de trabalho, o empregado, desde que não tenha sido demitido por justa causa, terá direito à remuneração relativa ao período incompleto de férias, na proporção de um doze avos por mês de serviço ou fração superior a 14 (quatorze) dias.

É bom anotar que a ressalva constante do acima transcrito art. 17 diz respeito às contratações realizadas na modalidade do regime de tempo parcial, para a qual o período de férias tinha antes da vigência da Lei n. 13.467, de 13 de julho de 2017, dimensão máxima de 18 (dezoito) e mínima de 8 (oito) dias.

Há, entretanto, detalhamentos trazidos pela Lei Complementar n. 150/2015 que, até então, não eram disciplinados expressamente. Entre eles, dispõe o § 2º do art. 17 que "o período de férias poderá, a critério do empregador, ser fracionado em até 2 (dois) períodos, sendo 1 (um) deles de, no mínimo, 14 (quatorze) dias corridos". Esse modelo difere do aplicado aos celetistas, segundo o qual é possível, desde que haja concordância do empregado, fracionamento em "até três períodos, sendo que um deles não poderá ser inferior a quatorze dias corridos e os demais não poderão ser inferiores a cinco dias corridos, cada um".

Também merece destaque a regulamentação expressa da conversão de um terço das férias dos domésticos em abono pecuniário. Isso está previsto nos parágrafos 3º e 4º do citado art. 17. A novidade está no prazo decadencial para o seu requerimento. Ao contrário do que ocorre com os celetistas, que têm até 15 dias antes do término do período aquisitivo de suas férias para requererem a ora analisada conversão, o abono de férias dos domésticos "deverá ser requerido até 30 (trinta) dias antes do término do período aquisitivo".

Diante dos pontos em destaque, vê-se que as diferenças criadas não passam de singelezas que não deveriam ter sido construídas para não estimular ainda mais a produção de tratamentos jurídicos diferenciados em face dos domésticos.

Entre as normas que encontram justificativa nas peculiaridades do trabalho doméstico, merece destaque aquela constante do § 5º do ora analisado art. 17, pois, de fato, se tornou importante falar da licitude da permanência do doméstico que reside no local de trabalho durante o período de suas férias. Obviamente, essa permanência não se fará acompanhar da correspondente prestação de serviços, cabendo ao empregado doméstico o ônus de demonstrar que, a despeito de estar em gozo de férias, continuou realizando os seus serviços.

o) Licença à gestante, sem prejuízo do emprego e do salário, com a duração de cento e vinte dias/Licença-paternidade, nos termos fixados em lei

Ao contrário do que acontece com as seguradas empregadas, as domésticas, em qualquer situação, recebem o salário-maternidade diretamente da autarquia previdenciária, observado, porém, o valor correspondente ao teto do salário de contribuição.

Assim — e apenas para exemplificar —, se uma babá do filho de alguma celebridade ganha salário mensal na base de R$ 15.000,00, somente fruirá de salário-maternidade, assumido pelo INSS, até o montante correspondente ao teto previdenciário, já deduzida a sua cota-parte correspondente à contribuição previdenciária (*vide* § 2º do art. 214 do Decreto n. 3.048/99). Alguém, então, poderá perguntar: quem, afinal, pagará a diferença entre o teto previdenciário e o salário mensal praticado em favor da empregada?

A resposta é simples: o empregador. Diz-se isso porque a garantia constante do art. 7º, XVIII, da Constituição de 1988, no sentido de que as empregadas, inclusive as domésticas, teriam direito à licença-gestante, **sem prejuízo** do emprego e **do salário**, com a duração de cento e vinte dias, é um direito trabalhista, e não previdenciário.

O dispositivo mencionado — e ora analisado — trata de licença-maternidade. Afinal, "licença" sem prejuízo do salário é fórmula de interrupção contratual. Não há menção no art. 7º, XVIII, da Carta de 1988, ao salário-maternidade, mas apenas à licença-maternidade e quem assume os custos decorrentes desta é o empregador[36].

As domésticas têm direito, também, à licença-maternidade e ao salário-maternidade em virtude de adoção ou de guarda para fins de adoção, na forma e na dimensão prevista no art. 71-A da Lei n. 8.213/91 ou no art. 392-A da CLT.

Importante dizer que, nos moldes do § 3º do art. 18 da Lei 13.301/2016, a licença-maternidade de urbanas, rurícolas ou domésticas será de **180 (cento e oitenta dias)** no caso das mães de crianças acometidas por sequelas neurológicas decorrentes de doenças transmitidas pelo *Aedes aegypti*, assegurado, nesse período, o recebimento de salário-maternidade previsto no art. 71 da Lei n. 8.213, de 24 de julho de 1991, em igual dimensão.

Anote-se, por outro lado, que as domésticas não terão direito à prorrogação da licença-maternidade nos termos da Lei n. 11.770, de 9-9-2008, uma vez que tal norma dirige-se exclusivamente às empregadas que trabalham para **pessoas jurídicas submetidas ao regime de lucro real** (observe-se que a referida norma é aplicada no âmbito do chamado Programa **Empresa** Cidadã, em que a **empresa** custeia o tempo de prorrogação).

Por outro lado, e por fim, cabe anotar que o empregado doméstico é também destinatário da licença-paternidade de **cinco dias**. Note-se que esse benefício não é previdenciário, mas unicamente trabalhista, ou seja, assumido à custa do empregador. Aqui também **não há falar-se no direito à prorrogação da licença-paternidade por mais 15 dias**, nos

---

36 Sobre a assunção das diferenças por parte do empregador e sobre a transformação do trabalho da mulher em produto mais caro do que o trabalho do homem, inclusive sobre a reflexa discriminação, consulte-se, nesta obra, o capítulo que trata do trabalho feminino.

termos do art. 1º, II, da Lei n. 11.770, de 9-9-2008, atualizada pela Lei n. 13.257/2016, uma vez que, como antedito, tal norma dirige-se exclusivamente aos empregados que trabalham para **pessoas jurídicas submetidas ao regime de lucro real**, e não para pessoas físicas ou famílias.

Perceba-se inexistente, ademais, um "salário-paternidade", nos mesmos moldes que o salário-maternidade, **salvo nas situações em que o homem seja adotante**. Isso mesmo! Podemos realmente falar em salário-**maternidade** para homens.

A Lei n. 12.873, de 24-10-2013 (com vigência noventa dias após a data de sua publicação) quebrou tabus e incluiu no art. 392-C da CLT e no art. 71-B da Lei n. 8.213/91 previsão no sentido de que o empregado/segurado poderá fruir licença-maternidade e receber salário--maternidade[37] quando adotar ou obtiver guarda judicial para fins de adoção. Vejam-se os dispositivos:

CLT

Art. 392-A. À empregada que adotar ou obtiver guarda judicial para fins de adoção de criança será concedida licença-maternidade nos termos do art. 392.

[...]

Art. 392-C. Aplica-se, no que couber, o disposto nos arts. 392-A e 392-B ao empregado que adotar ou obtiver guarda judicial para fins de adoção.

Lei n. 8.213/91

Art. 71-B. Ao segurado ou segurada da Previdência Social que adotar ou obtiver guarda judicial para fins de adoção de criança é devido salário-maternidade pelo período de 120 (cento e vinte) dias.

É importante anotar que, nos limites das legislações colocadas em destaque, o casal que adotar ou obtiver guarda judicial para fins de adoção poderá escolher (caso ambos sejam igualmente segurados e empregados) quem receberá o salário-maternidade e, se for o caso, fruirá da licença-maternidade. Perceba-se que a lei não deu, nesse particular, exclusividade às mulheres. Caberá ao casal adotante — se for o caso — escolher o mais apto a afastar-se do trabalho para dedicar-se à criança. Obviamente, até por uma interpretação teleológica da norma, não há falar-se em fruição do direito aqui em análise por ambos os adotantes ao mesmo tempo em face de uma mesma criança.

Por outro lado, independentemente de adoção ou guarda para fins de adoção, o homem também poderá ser destinatário das vantagens ora em discussão nas situações de falecimento de sua cônjuge ou companheira. Vejam-se as disposições:

CLT

Art. 392-B. Em caso de morte da genitora, é assegurado ao cônjuge ou companheiro empregado o gozo de licença por todo o período da licença-maternidade ou pelo tempo restante a que teria direito a mãe, exceto no caso de falecimento do filho ou de seu abandono.

---

37 Talvez fosse mais adequado, depois da quebra do tabu, falar-se definitivamente, e para ambos os gêneros, em licença-parentalidade e salário-parentalidade, e não em licença-maternidade ou salário-maternidade. O primeiro passo para isso foi dado pela Lei n. 14.457, de 21 de setembro de 2022, a primeira norma que expressamente trata da proteção trabalhista em virtude da parentalidade e ainda fixa o seu conceito: *parentalidade é o vínculo socioafetivo maternal, paternal ou qualquer outro que resulte na assunção legal do papel de realizar as atividades parentais, de forma compartilhada entre os responsáveis pelo cuidado e pela educação das crianças e dos adolescentes, nos termos do parágrafo único do art. 22 da Lei n. 8.069, de 13 de julho de 1990 (Estatuto da Criança e do Adolescente).*

Lei n. 8.213/91

*Art. 71-B. No caso de falecimento da segurada ou segurado que fizer jus ao recebimento do salário-maternidade, o benefício será pago, por todo o período ou pelo tempo restante a que teria direito, ao cônjuge ou companheiro sobrevivente **que tenha a qualidade de segurado**, exceto no caso do falecimento do filho ou de seu abandono, observadas as normas aplicáveis ao salário-maternidade.*

Perceba-se, porém, que a licença-maternidade e o salário-maternidade, nos termos dos referidos arts. 392-B da CLT e 71-B da Lei n. 8.213/91, somente serão atribuídos ao cônjuge ou companheiro que tenham, no momento da invocação da vantagem, respectivamente, as qualidades de empregado e de segurado. Assim, obviamente, a licença-maternidade somente será transferida para o cônjuge ou companheiro sobrevivente se ele for empregado (urbano, rural ou doméstico) no momento do infausto acontecimento. Da mesma forma, o salário-maternidade somente será trasladado para o supérstite se, por ocasião do requerimento, tiver mantida a qualidade de segurado. Isso significa que, em algumas situações, o cônjuge ou companheiro sobrevivente, caso **desempregado ou despojado da qualidade de segurado**, não terá, respectivamente, licença-maternidade ou salário-maternidade.

Quando ele tiver direito à licença-maternidade, porque empregado, terá direito ao salário-maternidade; mas haverá casos em que, apesar de desempregado e **ainda no período de graça** (*vide* art. 15 da Lei n. 8.213/91 e art. 13 do Decreto n. 3.048/99), não terá licença-maternidade, mas fruirá de salário-maternidade.

Atente-se, por fim, que não há falar-se em fruição de salário-maternidade sem afastamento das suas atividades cotidianas para dedicar-se aos cuidados que a criança requer. O art. 71-C é bem claro no sentido de que "a percepção do salário-maternidade, inclusive o previsto no art. 71-B, está condicionada ao afastamento do segurado do trabalho ou da atividade desempenhada, sob pena de suspensão do benefício".

p) *Aviso prévio proporcional ao tempo de serviço, sendo no mínimo de trinta dias, nos termos da lei*

O aviso prévio é também um direito estendido aos domésticos. A sistemática do instituto é exatamente aquela prevista entre os arts. 487 e 491 da CLT. O aviso prévio proporcional ao tempo de serviço, igualmente, é direito constitucionalmente assegurado também aos domésticos, nos termos do art. 7º, XXI, combinado com o seu parágrafo único.

Para que não pairassem dúvidas sobre essa paridade de direitos, a LC n. 150/2015 foi clara e minudente no particular ao aviso prévio dado aos domésticos. Observem-se os textos contidos nos seus arts. 23 e 24:

Art. 23. Não havendo prazo estipulado no contrato, a parte que, sem justo motivo, quiser rescindi-lo deverá avisar a outra de sua intenção.

§ 1º O aviso prévio será concedido na proporção de 30 (trinta) dias ao empregado que conte com até 1 (um) ano de serviço para o mesmo empregador.

§ 2º Ao aviso prévio previsto neste artigo, devido ao empregado, serão acrescidos 3 (três) dias por ano de serviço prestado para o mesmo empregador, até o máximo de 60 (sessenta) dias, perfazendo um total de até 90 (noventa) dias.

§ 3º A falta de aviso prévio por parte do empregador dá ao empregado o direito aos salários correspondentes ao prazo do aviso, garantida sempre a integração desse período ao seu tempo de serviço.

§ 4º A falta de aviso prévio por parte do empregado dá ao empregador o direito de descontar os salários correspondentes ao prazo respectivo.

§ 5º O valor das horas extraordinárias habituais integra o aviso prévio indenizado.

Art. 24. O horário normal de trabalho do empregado durante o aviso prévio, quando a rescisão tiver sido promovida pelo empregador, será reduzido de 2 (duas) horas diárias, sem prejuízo do salário integral.

Parágrafo único. É facultado ao empregado trabalhar sem a redução das 2 (duas) horas diárias previstas no caput *deste artigo, caso em que poderá faltar ao serviço, sem prejuízo do salário integral, por 7 (sete) dias corridos, na hipótese dos §§ 1º e 2º do art. 23.*

A sistemática do instituto, portanto, é exatamente a mesma para qualquer trabalhador (urbano, rural ou doméstico), inclusive no tocante à proporcionalidade prevista na Lei n. 12.506, de 11-10-2011.

q) Redução dos riscos inerentes ao trabalho, por meio de normas de saúde, higiene e segurança

A EC n. 72/2013, conquanto não previsse diretamente o direito de o doméstico receber acréscimos salariais por trabalho prestado em ambiente insalubre ou realizado sob condições perigosas ou penosas (art. 7º, XXII, da Constituição), estendeu-lhes o direito fundamental à redução dos riscos inerentes ao trabalho.

O gesto do legislador constitucional derivado, apesar de antinômico em alguma medida, demonstra que, independentemente de se poder falar num direito de recebimento de adicionais salariais para compensar os riscos da perda da saúde, toda a sociedade — capitaneada pelo Estado — deve estar atenta às estratégias de prevenção com vistas a garantir um meio ambiente laboral seguro e saudável também dentro dos lares brasileiros.

Não é porque o trabalho se realiza no âmbito de uma residência que o Estado estará autorizado a abandonar o seu dever de proteção. Tampouco pode haver dúvida de que a eficácia irradiante dos direitos fundamentais impõe ao empregador doméstico a importante missão de reduzir, ao mínimo possível, os supracitados riscos. Justamente por isso, a Lei n. 13.699, de 2018, fez incrustar no Estatuto da Cidade (Lei n. 10.257, de 10 de julho de 2001) previsão expressa no sentido de que a política urbana deve garantir "condições condignas de acessibilidade, utilização e conforto **nas dependências internas das edificações urbanas, inclusive nas destinadas à moradia e ao serviço dos trabalhadores domésticos**, observados requisitos mínimos de dimensionamento, ventilação, iluminação, ergonomia, privacidade e qualidade dos materiais empregados" (destaque não constante do original). Para além de tudo isso, todas as normas de saúde, higiene e segurança do trabalho hão de ser aplicadas no âmbito das relações domésticas, observadas, é claro, como em qualquer caso, as adaptações que as situações exigirem. Não há, assim, por que se negar aos domésticos, por exemplo, o direito de realizarem exames admissionais, periódicos ou demissionais, tampouco há razão jurídica relevante para garantir-se apenas aos empregados de empresa o uso dos equipamentos de proteção individual (EPI's). Tudo o que vise à redução dos riscos inerentes ao trabalho é plenamente exigível no ambiente das relações domésticas.

r) Aposentadoria

O empregado doméstico, segundo as regras contidas na EC 103, de 2019, **aposenta-se voluntariamente**, depois de cumprida a carência exigível (180 contribuições, a partir de julho de 1991), desde que complete 65 (sessenta e cinco) anos de idade, se homem, e 62 (sessenta e dois) anos de idade, se mulher, observado o tempo mínimo de contribuição.

Muito se discute, por outro lado, sobre a possibilidade de os domésticos serem beneficiários da aposentadoria por tempo de contribuição especial ou, como normalmente chamada, **aposentadoria especial**.

A dúvida quanto à possibilidade de concessão desta vantagem previdenciária reside no fato de o Decreto n. 3.048/99, em seu art. 64 — *que não é texto legislativo, mas apenas interpretação do texto legal feita pelo Poder Executivo* —, ter disciplinado que a aposentadoria especial, uma vez cumprida a carência exigida, somente seria devida ao segurado empregado, ao trabalhador avulso e ao contribuinte individual cooperado que tivessem trabalhado sob condições especiais prejudiciais às suas saúdes ou integridades físicas. Ocorre, porém, que o decreto extrapolou os limites da mera regulamentação para limitar o que a lei não limitou. Note-se que, nos termos do art. 57 da Lei n. 8.213/91, não há nenhuma restrição à natureza do segurado. Em rigor, qualquer um dos segurados, indistintamente, tem potencialmente o direito de aposentar-se por tempo de contribuição especial, desde que cumpra o pressuposto único de ter "trabalhado sujeito a condições especiais que prejudiquem a saúde ou a integridade física". Assim, ao menos *in tese*, os domésticos têm o direito subjetivo de invocar a aposentação por tempo de contribuição especial. O difícil será, em verdade, provar que houve submetimento às chamadas condições especiais.

A **aposentadoria por incapacidade permanente** também é concedida aos domésticos, desde que cumprida a carência de 12 (doze) contribuições, salvo as isenções previstas no art. 26, II, da Lei n. 8.213/91.

É relevante anotar — no que diz respeito à aposentadoria por incapacidade permanente — que a EC n. 72/2013 produziu um importante efeito sobre a caracterização do acidente do trabalho no âmbito das relações de emprego doméstico. É que o referido diploma legal estendeu em favor dos domésticos o direito ao "seguro contra acidentes de trabalho, a cargo do empregador", embora com a ressalva de que deverão ser atendidas condições estabelecidas em lei e observada a simplificação do cumprimento de obrigações tributárias.

Essa alteração constitucional e a sua correspondente reflexão sobre a legislação infraconstitucional produziram relevantes mudanças de paradigma, de modo a ser possível falar em acidente do trabalho sofrido também pelos domésticos, e, consequentemente, no direito de eles fruírem de aposentadoria por incapacidade permanente acidentária (B-92). Ao contrário do que antes ocorria, depois de regulamentado o direito ora referido, passou a ser possível falar tanto na possibilidade de o doméstico fruir da aposentadoria por incapacidade permanente previdenciária (B-32) quanto na de ele ser destinatário da aposentadoria por incapacidade permanente acidentária (B-92).

s) *Assistência gratuita aos filhos e dependentes desde o nascimento até 5 (cinco) anos de idade em creches e pré-escolas*

O direito fundamental ora em análise passou a ser devido também aos domésticos, os quais, igualmente, passaram a depender de regulamentação legislativa para fruir de suas vantagens[38]. Enfim, sem norma que discipline o direito aqui estudado, não se sabe exatamente quem concederá a assistência (ainda que se imagine ser o empregador o responsável), nem em que medida isso acontecerá. Afinal, a assistência se dará diretamente, no próprio

---

38 Importante anotar que o STF, por maioria, apreciando o Tema 548 da repercussão geral, *Leading Case* RE 1008166, negou provimento ao recurso extraordinário. Na sequência, por unanimidade, foi fixada a seguinte tese: "1. A educação básica em todas as suas fases — educação infantil, ensino fundamental e ensino médio — constitui direito fundamental de todas as crianças e jovens, assegurado por normas constitucionais de eficácia plena e aplicabilidade direta e imediata. 2. A educação infantil compreende creche (de zero a 3 anos) e a pré-escola (de 4 a 5 anos). Sua oferta pelo Poder Público pode ser exigida individualmente, como no caso examinado neste processo. 3. O Poder Público tem o dever jurídico de dar efetividade integral às normas constitucionais sobre acesso à educação básica". Presidência da Ministra Rosa Weber. Plenário, 22-9-2022.

ambiente de trabalho, ou indiretamente, mediante convênio com creches ou pré-escolas, ou, ainda, por auxílio-creche?

Cabe refletir sobre a maneira por meio da qual o empregador doméstico — que, em regra, não tem mais que um ou dois contratados — assumirá a assistência aos filhos e dependentes dos seus empregados domésticos, notadamente quando esses mesmos empregados tenham, paradoxalmente, a função de cuidar dos filhos dos seus patrões.

Anote-se que há projeto que tramita no Congresso Nacional (PLS n. 298/2003) com o objetivo de regulamentar este direito, segundo o qual a discutida assistência seria devida pelos empregadores que possuam mais de 70 (setenta) empregados, independentemente da sua atividade. Como, então, compatibilizar essas proposições ao trabalho doméstico?

t) Reconhecimento das convenções e acordos coletivos de trabalho

Os domésticos passaram, finalmente, a ver reconhecidos os instrumentos coletivos negociados eventualmente produzidos. Era difícil justificar as razões em virtude das quais o sindicato de empregados domésticos não poderia ter por válidos acordos ou convenções coletivas que estabelecessem condições mais vantajosas do que a lei, conquanto, em muitos casos, a grande dificuldade fosse mesmo a de encontrar o oponente nas relações coletivas. Diz-se isso porque os empregadores domésticos de uma determinada cidade ou região não podem ser constritos a criar uma entidade sindical. Não a criando, as possibilidades jurídicas de negociação coletiva se reduzirão aos acordos coletivos, firmados pontualmente com um ou outro empregador para, por exemplo, legitimar ajustes de compensação de horários ou alteração de contratos de trabalho por tempo integral para ajustes por tempo parcial.

É importante anotar que, a despeito das dificuldades de formação dos sindicatos patronais, há registro de uma histórica primeira convenção coletiva de trabalho entre empregados e empregadores domésticos produzida no Estado de São Paulo. O mencionado instrumento, subscrito em 26 de junho de 2013, envolveu o Sindicato das Empregadas e Trabalhadores Domésticos da Grande São Paulo — SINDOMÉSTICA, e o Sindicato dos Empregadores Domésticos do Estado de São Paulo — SEDESP, este último fundado em 1989.

O reconhecimento das convenções e acordos coletivos traz vantagens e desvantagens para os domésticos, que, por um lado, poderão se beneficiar de padrões contratuais mais elevados, mas, por outro, terão, a partir de agora, por meio de seus sindicatos, de enfrentar discussões para negociar reduções de pisos salariais até o limite do salário mínimo e de firmar os mais diferentes ajustes de compensação de horários.

Registre-se, entretanto, que, a despeito de mencionado reconhecimento das convenções coletivas e acordos coletivos, a Lei Complementar n. 150/2015 não faz menção à aplicação destes instrumentos coletivos negociados para flexibilizar a duração do trabalho, mas, apenas, a acordos individuais entre empregado e empregador. Há, em certa medida, pelo desdém às exigências constitucionais e pelo desprezo à negociação coletiva, traços de antissindicalidade na construção da norma regulamentadora ora em destaque.

u) Seguro contra acidentes de trabalho, a cargo do empregador, sem excluir a indenização a que este está obrigado, quando incorrer em dolo ou culpa

Os empregados domésticos passaram a ter direito ao "seguro contra acidentes do trabalho, a cargo do empregador" e, por consequência, às decorrentes proteções no âmbito da Previdência Social que lhes garantirão, entre outros direitos, o auxílio por incapacidade temporária acidentária (B-91), o auxílio-acidente e a aposentadoria especial, quando, obviamente, presentes os pressupostos exigíveis.

Essa alteração constitucional e a sua inevitável reflexão sobre a legislação infraconstitucional produziram, sem dúvidas, relevantes mudanças de paradigma, de modo a ser possível falar-se até mesmo em acidente de trabalho sofrido pelos domésticos, o que até então era tipo inexistente em face da redação antes disposta no art. 19 da Lei n. 8.213/91.

É importante observar, por outro lado, que, independentemente de um acontecimento ser ou não caracterizado à luz das normas previdenciárias como acidente do trabalho, haverá sempre a possibilidade de ser apurada a responsabilidade civil-trabalhista do tomador dos serviços diante do evento.

Deixa-se evidente, assim, a existência de duas esferas de possível responsabilização em face dos acidentes do trabalho: a de **responsabilização securitária social** (em regra, objetiva), que é imposta à entidade previdenciária em prol dos segurados que, por força de lei, venham a ser enquadrados como passíveis de acidentes de trabalho, e a de **responsabilidade civil-trabalhista** (em regra, subjetiva), que é imposta aos tomadores de serviços em benefício dos trabalhadores que tenham sofrido danos materiais ou morais decorrentes de acidente de qualquer natureza ou causa.

A responsabilidade securitária social pode ser discutida judicialmente contra os órgãos da previdência social perante a Justiça Comum, nas Varas de Acidentes do Trabalho; a responsabilidade civil-trabalhista pode ser questionada contra os tomadores de serviços perante a Justiça do Trabalho, nas Varas do Trabalho.

v) Proibição de diferença de salários, de exercício de funções e de critério de admissão por motivo de sexo, idade, cor ou estado civil/Proibição de qualquer discriminação no tocante a salário e critérios de admissão do trabalhador portador de deficiência

Independentemente da EC n. 72/2013, os empregados domésticos — na condição de cidadãos — sempre tiveram a proteção genérica contra qualquer forma de discriminação, haja vista o direito fundamental previsto nos arts. 3º, IV, e 5º, I, da Constituição da República[39]. A previsão no sentido de ser proibida "a diferença de salários, de exercício de funções e de critério de admissão por motivo de sexo, idade, cor ou estado civil" manifesta-se como não mais do que uma reiteração do repúdio constitucional ao desproposital tratamento jurídico diferenciado.

Da mesma forma se diz em relação à proibição de "qualquer discriminação no tocante a salário e critérios de admissão do trabalhador portador de deficiência". Não há, enfim, por que discriminar quanto aos critérios de admissão quando a limitação ou restrição funcional do trabalhador portador de deficiência não o impeça de prestar serviço com o mesmo valor. De igual modo, não há por que discriminá-lo quanto ao salário, depois de admitido no processo seletivo e de aceito para o exercício da função.

w) Proibição de trabalho noturno, perigoso ou insalubre a menores de dezoito e de qualquer trabalho a menores de dezesseis anos, salvo na condição de aprendiz, a partir de quatorze anos

O constituinte derivado sanou o histórico equívoco. Fez incluir no rol dos direitos dos domésticos o que nunca poderia deixar de ser considerado como tal. Afinal, quem poderia sustentar, mesmo antes da promulgação da EC n. 72/2013, que, pela simples ausência de

---

[39] Para saber mais sobre igualdade e não discriminação no âmbito juslaboral, consulte-se a excelente obra de Estêvão Mallet, intitulada *Igualdade e discriminação em direito do trabalho*, publicada sob o selo LTr, em 2013.

inserção do inciso XXXIII no parágrafo único do art. 7º da Constituição, seria permitido o trabalho noturno, perigoso ou insalubre a empregados domésticos menores de dezoito anos ou de qualquer trabalho aos menores de dezesseis anos?

x) Multas e os valores fixados para as infrações previstas na CLT

A Lei n. 12.964, de 8 de abril de 2014, que passou a viger 120 dias depois de sua publicação, previa, em seu art. 1º — **sem fazer nenhuma referência à natureza da multa aplicável, ou seja, se administrativa ou judiciária** —, que a Lei n. 5.859/72, ora revogada, estaria acrescida de um art. 6º-E, nos seguintes termos:

> Art. 6º-E. As multas e os valores fixados para as infrações previstas na Consolidação das Leis do Trabalho — CLT, aprovada pelo Decreto-Lei n. 5.452, de 1º de maio de 1943, aplicam-se, no que couber, às infrações ao disposto nesta Lei.

Em outras palavras, o legislador infraconstitucional, seguindo a tendência de unidade de direitos entre trabalhadores urbanos, rurais e domésticos, passou a admitir a aplicabilidade em favor destes de toda e qualquer multa prevista na CLT, tanto das impostas pelo Ministério do Trabalho (ora Ministério do Trabalho e Previdência) quanto das ordenadas pela Justiça do Trabalho. É importante anotar essa particularidade, porque ela se revelou despercebida pela Presidente da República no momento em que vetou[40] o § 4º, segundo o qual o valor das multas a serem aplicadas pelas Varas do Trabalho [e somente dessas multas] seria revertido em benefício do trabalhador prejudicado, como, aliás, sói acontecer com as multas previstas nos arts. 467 e 477 da CLT. Esse veto, entretanto, não mudou em absolutamente nada a força executiva e transformadora do *caput* do art. 1º.

Quis o legislador ampliar o espectro de direitos em favor dos empregados domésticos e pôr fim à interpretação, muitas vezes aplicada, no sentido de que o empregador doméstico não poderia ser apenado, porque, sob o pálio de regra constitucional (art. 5º, XXXIX, da CF), não haveria falar-se em pena (multa) sem prévia cominação legal.

Essa interpretação, que vigeu por muitos anos para excluir dos domésticos o direito de recebimento das precitadas multas previstas nos arts. 467 e 477 da CLT, perdeu consistência. A Lei n. 12.964/2014 passava a prever, sim, expressamente, que todas as multas contidas na CLT seriam aplicáveis também em favor dos trabalhadores do lar.

As multas administrativas — aquelas impostas pelo Ministério do Trabalho (ora Ministério do Trabalho e Previdência) na sua atividade de fiscalização — também se entendiam

---

[40] Em suas razões de veto, disse a Presidente da República:
"Da leitura do dispositivo não fica claro se a intenção é de se criar competência para a Justiça do Trabalho aplicar multas administrativas previstas na legislação trabalhista ou se a pretensão é a criação de outra multa, diversa daquela, a ser aplicada pelo judiciário trabalhista. De qualquer forma, na primeira hipótese, o dispositivo incorreria em inconstitucionalidade por contrariedade ao disposto no art. 114 da Constituição, além de violar o princípio da separação dos poderes. Na segunda hipótese haveria violação do princípio *non bis in idem*, uma vez que de uma mesma conduta poderiam decorrer duas penalidades, uma de natureza administrativa, outra judicial".
A falta de organização didática e de sistematização dos parágrafos levou a erro a Presidente da República em suas razões de veto, embora, de algum modo, ela tenha percebido a existência de multas administrativas e judiciárias no texto. O equívoco é mais grave quando não se sabe que uma mesma conduta pode, sim, ser objeto de sanção administrativa, civil e criminal, sem incorrer em *bis in idem*, como é o caso das penas aplicáveis a quem não anota a CTPS. Tal comportamento pode produzir, cumulativamente, multa administrativa, multa judiciária por descumprimento de obrigação de fazer e caracterização de crime na forma prevista no art. 297 do Código Penal brasileiro.

aplicáveis, de acordo com a nova ordem legal. Sustentava-se, porém, que, por coincidirem no caso sob análise o local de trabalho dos empregados domésticos e o domicílio do empregador (um asilo inviolável nos termos da Constituição), somente se admitiria fiscalização indireta, vale dizer, aquela realizada por meio de sistema de notificações para apresentação de documentos nas unidades descentralizadas do então Ministério do Trabalho.

A Lei Complementar n. 150/2015, que passou a dispor sobre o contrato de emprego dos domésticos em lugar da vetusta Lei n. 5.859/72, trouxe consigo, entretanto, um problema jurídico para a pacífica conclusão de que as multas previstas nos arts. 467 e 477 da CLT teriam passado a ser aplicáveis também à categoria dos trabalhadores do lar. Tal ocorreu porque a citada Lei Complementar n. 150/2015 revogou integralmente a norma de 1972 (vide art. 46 da nova norma) sem fazer nenhuma menção expressa à manutenção das disposições contidas na Lei n. 12.964, de 8 de abril de 2014, que, em sua essência, apenas trasladou suas palavras para o dispositivo identificado como "art. 6º-A" da própria Lei n. 5.859/72.

Pergunta-se, então: diante desse cenário, ainda se pode falar na aplicabilidade do contido na Lei n. 12.964, de 8 de abril de 2014?

A resposta parece ser positiva, pois, apesar de a Lei n. 12.964, de 8 de abril de 2014, ter optado pela inserção de suas disposições no corpo normativo de outro diploma legal, manteve-se no ordenamento jurídico como um sistema autônomo que pretendeu dispor sobre a multa por infração à legislação do trabalho doméstico. Interpretação diversa produziria um grave retrocesso social, destoando do discurso de igualdade contido na nova normativa.

Não fosse apenas isso, a própria Lei Complementar n. 150/2015 tratou de prever, em seu art. 19, que, observadas as peculiaridades do trabalho doméstico, a ele também seria subsidiariamente aplicável a CLT. Ora, se assim é, e se as multas aqui em discussão são perfeitamente exigíveis no universo das relações de emprego, não há duvidar-se da sua total aplicabilidade. Conclui-se, portanto, que as sanções previstas nos arts. 477 e 467 da CLT são, sim, oponíveis contra os empregadores do lar.

y) Salário-enfermidade

Esse é um tema extremamente delicado. Em edições anteriores o assunto foi aqui tratado sem o filtro da cultura da igualdade entre domésticos e não domésticos, amplamente propugnada pela Convenção n. 189 da OIT, que foi integrada ao ordenamento jurídico interno, quando ratificada no Brasil, em 31-1-2018, passando a viger desde 31-1-2019. Essa abordagem é essencial à compreensão da solução aqui oferecida, motivo pelo qual este texto foi reescrito.

Na Convenção n. 189 da OIT, ora integrada ao ordenamento jurídico brasileiro com status supralegal, há um dispositivo — o art. 14.1 — que se aplica perfeitamente à temática do salário-enfermidade. Veja-se:

Art. 14. 1. Todo Membro deverá adotar as medidas apropriadas, com a devida atenção às características específicas do trabalho doméstico e atuando em conformidade com a legislação e a prática nacionais, para **assegurar que os trabalhadores domésticos se beneficiem de condições não menos favoráveis que aquelas aplicadas aos trabalhadores em geral, com relação à proteção da seguridade social**, *inclusive no que diz respeito à maternidade.*

Ora, diante desse discurso de igualdade, inclusive sustentado pela Emenda Constitucional n. 72/2013, é difícil assimilar a tese segundo a qual os domésticos estariam afastados do direito ao salário-enfermidade previsto nos §§ 3º e 4º do art. 60 da Lei n. 8.213, de 1991, cabendo-lhes, em condições discriminatórias, apenas o recebimento dos quinze primeiros dias de incapacidade quando esta superasse o limite de quinze dias, e ainda assim diretamente da previdência social, na forma disposta no caput do precitado art. 60.

E se a incapacidade não superar os quinze primeiros dias? O doméstico ingressaria numa situação de limbo trabalhista-previdenciário? Ele não teria o abono das faltas por motivo de doença nem o pagamento do dia não trabalhado?

De fato, o sistema normativo mantém essa lacuna, não sendo possível admitir que o empregado doméstico, diferentemente do empregado não doméstico, tenha de assumir por conta própria as faltas ao trabalho por doenças que não superarem o limite de quinze dias.

Assim, para evitar a quebra do postulado de igualdade entre domésticos e não domésticos, parece adequado valer-se da lógica contida na Lei n. 605/49, aplicável aos trabalhadores do lar desde o advento da Lei n. 11.324/2016, segundo a qual é "motivo justificado" para a manutenção da remuneração do repouso semanal remunerado a constatação de "doença do empregado, devidamente comprovada" (vide art. 6º, § 1º, "f").

Haverá quem argumente que a Lei n. 605/49 somente garante a remuneração do RSR, e não mais do que isso, diante das situações de falta ao serviço. Parece, porém, que, ao ser garantida a remuneração do RSR, exsurge um fundamento válido para garantir-se, de igual modo, a remuneração pela falta em decorrência de doença. Seria, afinal, uma contradição desmedida garantir aos domésticos "**o acessório**" decorrente de uma falta produzida por doença devidamente comprovada — ou seja, garantir o pagamento do RSR — mas não lhes atribuir "**o principal**", vale dizer, o pagamento do salário correspondente à ausência justificada por motivo de doença.

Como seria possível garantir o acessório, mas não o principal?

Por lógica, se se paga a remuneração do RSR, porque se considera justificada a falta motivada por "doença do empregado, devidamente comprovada", essa falta, obviamente, será também justificada e, consequentemente, abonada.

Sustenta-se, por isso, que a restrição imposta ao recebimento do salário-enfermidade pelos domésticos foi derrogada pelo art. 14.1 da Convenção n. 189 da OIT e, por incompatibilidade lógica, pela Lei n. 11.324/2016, que reconheceu a aplicabilidade integral da Lei n. 605/49 (Lei do RSR) aos domésticos.

Evidentemente, situações não explicitadas nos termos da lei ordinária dependerão de posicionamento do Judiciário, mas a doutrina deixa registrada a sua visão crítica sobre o assunto.

5.2.2.3.5 Direitos trabalhistas e previdenciários ordinariamente não reconhecidos pela lei e pela jurisprudência aos domésticos

Por outro lado, não são ordinariamente reconhecidos em favor dos domésticos os seguintes direitos e vantagens:

a) Participação nos lucros, ou resultados/Participação na gestão da empresa

As participações nos lucros ou resultados (PLR) e na gestão da empresa (PGE) foram empreendidas, acompanhando a dinâmica da acumulação flexível, como instrumento de integração entre o capital e o trabalho e como incentivo à produtividade. Como os domésticos, por essência, não desenvolvem atividades lucrativas, não se pode falar em extensão dessas vantagens a eles.

b) Cadastramento no PIS para fins de recebimento do abono anual

O abono anual do PIS não é direito estendido aos empregados domésticos.

O art. 1º da Lei Complementar n. 7/70 é bem claro no sentido de que o PIS — Programa de Integração Social é destinado a promover a integração do empregado **na vida e no desenvolvimento das empresas**. Perceba-se que a norma instituidora do referido programa não visava aos domésticos, mas apenas àqueles trabalhadores que tivessem sido contratados por empresas ou por entidades equiparadas às empresas, nos termos da legislação trabalhista (*vide* o § 1º do referido art. 1º da LC n. 7/70, combinado com o art. 2º da CLT).

É importante anotar que os modelos de CTPS expedidos a partir da edição da Portaria n. 1, de 28 de janeiro de 1997, do então Ministério do Trabalho, independentemente de cadastramento feito pelo trabalhador, já traziam em si o número de inscrição no PIS[41]. Assim, qualquer que fosse o futuro vínculo contratual do portador do referido histórico laboral, ele já teria disponível o número de identificação no mencionado Programa.

Cabe, assim, ser cuidadoso na colocação relativa à restrição desse direito aos domésticos. Eles, em verdade, **podem até ter cadastramento no PIS**, decorrente da emissão da CTPS a partir de 1997 ou de uma inscrição anterior por força de contrato de emprego com empregador empresa, mas não terão, **em função do vínculo de emprego doméstico**, direito ao recebimento do abono anual relativo ao Programa aqui analisado.

c) Acréscimo da licença-maternidade em decorrência da adesão patronal ao Programa Empresa Cidadã

Não se trata de direito extensível aos domésticos, porque a legislação instituidora da vantagem foi clara em oferecê-la apenas em favor de quem tenha sido contratado por empresas. Nada impede, entretanto, que, independentemente da inserção no Programa Empresa Cidadã, o empregador doméstico estenda a licença-maternidade em mais 60 dias para acompanhar a sugestão da Sociedade Brasileira de Pediatria no sentido de fazer com que a licença-maternidade tenha a mesma extensão temporal do período de amamentação[42].

d) Homologação da rescisão

Até o advento da Lei n. 13.467/2017, as regras que impunham formalidades de assistência e de homologação para a efetivação da cessação dos contratos de emprego não se aplicavam às relações de emprego doméstico. A referida norma, em verdade, acabou com as referidas formalidades para todos os trabalhadores regidos pela CLT.

Cabe anotar que a Instrução Normativa SRT n. 15, de 14-7-2010, que estabelecia procedimentos para assistência e homologação na rescisão de contrato de trabalho, já deixava bem claro no seu art. 5º que "não é devida a assistência na rescisão de contrato de trabalho em que são partes [...] empregador doméstico, ainda que optante do Fundo de Garantia do Tempo de Serviço — FGTS".

---

41 Diz que os modelos de CTPS desde 1997 traziam (e não trarão mais) em si o número de inscrição no PIS, porque a Lei n. 13.874/2019 previu que, em mudança produzida no *caput* do art. 16 da CLT, "a CTPS terá como **identificação única** do empregado o número de inscrição no Cadastro de Pessoas Físicas (CPF)".

42 Rememore-se que a Lei n. 11.770/2008 é fruto de uma campanha idealizada pela Sociedade Brasileira de Pediatria (SBP), a partir de julho de 2005, com apoio da senadora Patrícia Saboya (CE), que encampou a ideia baseada no *slogan* "Licença-maternidade: seis meses é melhor!", e apresentou o anteprojeto, afinal votado e aprovado pelo Congresso Nacional em setembro de 2008. O fundamento para os seis meses é científico, baseado em estudos feitos pela Organização Mundial de Saúde, para a qual as crianças devem receber aleitamento materno exclusivo até, no mínimo, os seis meses de idade (WORLD HEALTH ORGANIZATION — *The optimal duration of exclusive breastfeeding* — Report of an Expert Consultation — Geneva, Switzerland, March 2001).

e) Adicionais de insalubridade, periculosidade e penosidade

Os domésticos não foram destinatários do direito social constante do inciso XXIII do art. 7º do texto constitucional brasileiro. Perceba-se que o mencionado inciso — que garante o direito de adicional de remuneração para as atividades penosas, insalubres ou perigosas, na forma da lei — não consta do parágrafo único do referido art. 7º da Constituição. A despeito disso, garante-se às trabalhadoras do lar o direito fundamental à redução dos riscos inerentes ao trabalho. Verifica-se, portanto, situação em que se nega, por omissão, apenas a monetização do risco, mas não a proteção contra ele.

Não há dúvidas, porém, sobre a extensão em favor das domésticas do direito previsto no art. 394-A da CLT, segundo o qual "sem prejuízo de sua remuneração, nesta incluído o valor do adicional de insalubridade, a empregada deverá ser afastada de [...] atividades consideradas insalubres em grau máximo, enquanto durar a gestação"[43]. Afirma-se isso porque, independentemente de falar-se no direito à monetização do risco (recebimento de adicional de insalubridade), não se pode admitir que, acaso existente a condição desfavorável, o trabalhador doméstico — em especial a trabalhadora doméstica gestante — seja mantido nela.

Maiores detalhes sobre a aplicabilidade do art. 394-A da CLT podem ser lidos no item 9.5.1.1, parte final.

f) Penhorabilidade, em seu favor, dos bens de família do empregador doméstico: um ponto final com a Lei Complementar n. 150/2015

A Lei Complementar n. 150/2015 pôs um ponto final num direito extremamente controvertido. O seu art. 46 revogou o inciso I do art. 3º da Lei n. 8.009, de 29 de março de 1990, e com ele eliminou do sistema jurídico o direito que o empregado doméstico tinha de levar o bem de família à penhora[44]. A ressalva existente na referida norma permitia a constrição desse bem se o processo tivesse sido movido em razão dos créditos de trabalhadores da própria residência e das respectivas contribuições previdenciárias.

5.2.3 Quanto à vinculação ao emprego

A classificação baseada na vinculação ao emprego considera o *status* de conexão do trabalhador ao empreendimento, que, a depender das necessidades do tomador dos serviços e dos limites impostos pela lei, poderá fazê-los efetivos ou interinos. Assim, se um empregado está conectado ao empreendimento com ânimo contínuo, ocupando posto ou atividade permanente, ele recebe o nome de efetivo; se, ao contrário, está conectado ao empreendimento com ânimo precário, ocupando temporariamente um posto, ele receberá o nome de interino. Veja-se:

5.2.3.1 Empregados efetivos

São aqueles que, normalmente contratados por tempo indeterminado, **fazem parte do quadro permanente da empresa**. Esses empregados ocupam postos essenciais à existência e ao desenvolvimento do empreendimento, motivo por que é inimaginável a sua ausência.

---

43 Consulte-se a ADI 5938-DF.
44 Considera-se bem de família, nos termos da Lei n. 8.009/90, art. 1º, "o imóvel residencial próprio do casal, ou da entidade familiar", inclusive "as plantações, as benfeitorias de qualquer natureza e todos os equipamentos, inclusive os de uso profissional, ou móveis que guarnecem a casa, desde que quitados".

Como exemplos podem ser citados os professores de uma escola, os frentistas de um posto de combustíveis (*vide* também a Lei n. 9.956/2000[45]), os motoristas de uma empresa de transporte rodoviário ou, ainda, os pilotos de uma companhia aérea. A indispensabilidade desses trabalhadores os faz efetivos. Anote-se, por fim, que um empregado submetido a teste não perde a qualidade de efetivo, porque o contrato de experiência é um período de prova durante o qual os contratantes poderão se conhecer a fim de avaliar se será ou não vantajosa a continuidade do vínculo. Assim, durante a contratação de experiência um empregado continuará sendo efetivo, apesar de sua contratação ser promovida por tempo determinado.

5.2.3.2 Empregados interinos

São aqueles que, normalmente contratados por tempo determinado, *não fazem parte do quadro permanente de pessoal da empresa*, mas por ela são chamados a exercer atividades como substitutos temporários.

São deles exemplos os **interinos contratados nos moldes do § 2º do art. 475 da CLT**[46] ou, ainda, os **trabalhadores temporários**, assim considerados, nos moldes do art. 2º da Lei n. 6.019/74, aqueles contratados para *cobrir necessidade de substituição transitória de pessoal permanente* ou à *demanda complementar de serviços, vale dizer,* aquela que tenha origem em fatores imprevisíveis ou, quando decorrente de fatores previsíveis, tenha natureza intermitente, periódica ou sazonal. Saliente-se quanto aos trabalhadores temporários que, nos limites do § 1º do art. 2º da Lei n. 6.019/74, com nova redação dada pela Lei n. 13.429/2017, é proibida a sua contratação para a substituição de grevista, exceto nos casos previstos em lei que deverá regulamentar a matéria, mas que não excederá, salvo mediante grave inconstitucionalidade, os casos em que se constatar o abuso de direito de greve.

5.2.4 Quanto ao local de prestação dos serviços

A classificação baseada no local de prestação dos serviços divide os empregados em dois grupos. O **primeiro grupo** é integrado pelos trabalhadores contratados para atuar na sede da empresa ou em lugar por ela determinado (por exemplo, sede de alguma empresa cliente); o **segundo grupo** é composto pelos empregados contratados para trabalhar em seu próprio domicílio ou em qualquer outro lugar onde eles próprios desejem realizar suas atividades. Os integrantes do segundo grupo, apesar da liberdade de realizar suas atividades em suas próprias residências ou lugar por eles escolhido, não perdem a qualidade de empregado, estando igualmente protegidos pela legislação trabalhista, desde que presentes os elementos indicativos da existência de um contrato de emprego. Vejam-se alguns detalhamentos:

5.2.4.1 Empregados em sede do empregador

A introdução desta seção antecipou que, no tocante ao local de prestação dos serviços, os empregados podem ser contratados para atuar na sede da empresa ou em lugar por ela determinado. Nesse grupo está inserida a maior parte dos trabalhadores que, cumprindo determinações patronais, deslocam-se para a sede de seus empregadores ou para lugar por eles determinado. Nas concentrações econômicas, onde empresas diferentes convergem esforços com o intuito de promover o crescimento de seus negócios e o

---

[45] Essa lei proíbe o funcionamento de bombas de autosserviço nos postos de abastecimento de combustíveis, tornando essencial a ocupação dos frentistas.
[46] CLT, art. 475. [...] § 2º Se o empregador houver admitido substituto para o aposentado, poderá rescindir, com este, o respectivo contrato de trabalho sem indenização, desde que tenha havido ciência inequívoca da interinidade ao ser celebrado o contrato.

fortalecimento de sua posição no mercado, há espaço considerável para essa situação. Note-se que não raramente o fenômeno da terceirização justifica que empresas prestadoras de serviços enviem seus empregados para laborar em outras empresas, tomadoras de serviços ou clientes.

5.2.4.2 Empregados em domicílio

Entende-se por "empregado em domicílio" aquele que realiza as atividades laborais em sua própria residência ou em qualquer outro lugar, segundo lhe aprouver, sem, entretanto, deixar de estar submetido, pessoalmente, ao regulamento, à direção, à fiscalização e às sanções patronais. Nesse sentido, **o *caput* do art. 6º da CLT, com nova redação dada pela Lei n. 12.551/2011 (*DOU* de 16-12-2011), deixa clara a irrelevância do local de prestação dos serviços para fins de caracterização do conceito de empregado**. Perceba-se:

> *Art. 6º Não se distingue entre o trabalho realizado no estabelecimento do empregador, o executado no domicílio do empregado e o realizado a distância, desde que estejam caracterizados os pressupostos da relação de emprego.*

Identificada, portanto, a relação de emprego, todos os direitos laborais são estendidos a quem atua em domicílio, notadamente o direito de ver respeitados os padrões salariais mínimos, conforme determina o texto constitucional de 1988 (art. 7º, IV) e, mesmo antes dele, o art. 83 da CLT[47].

Perceba-se, por outro lado, e na forma disposta no parágrafo único do art. 6º da CLT, que *"os meios telemáticos e informatizados de comando, controle e supervisão se equiparam, para fins de subordinação jurídica, aos meios pessoais e direitos de comando, controle e supervisão do trabalho alheio"*. Assim, para determinar a existência da subordinação jurídica e até mesmo de eventual sobrejornada, é irrelevante a presença física de um fiscal patronal quando equipamentos controláveis a distância (câmeras de vigilância, sensores de presença, dispositivos de acompanhamento via GPS, entre outros) são capazes de oferecer monitoramento detalhado do comportamento e do desempenho do empregado durante a execução dos serviços.

5.2.4.2.1 *Teletrabalhador*

O teletrabalho[48] é muito mais do que uma modalidade de trabalho em domicílio.

O teletrabalho é um conceito de organização laboral por meio da qual o prestador dos serviços encontra-se fisicamente ausente da sede do empregador, mas virtualmente presente, por meios telemáticos, na construção dos objetivos contratuais do empreendimento.

Verificam-se nesse conceito de prestação laboral algumas características, muito bem esclarecidas por Luiz de Pinho Pedreira[49]:

> *a) trabalho executado a distância, fora do lugar onde o resultado do labor é esperado;*
> *b) o empregador não pode fisicamente fiscalizar a execução da prestação de serviços;*

---

[47] CLT, art. 83. É devido o salário mínimo ao trabalhador em domicílio, considerado este como o executado na habitação do empregado ou em oficina de família, por conta de empregador que o remunere.

[48] "Tele-" é um antepositivo de origem grega que significa "longe", "ao longe", "a distância". Assim, numa análise etimológica estrita, o teletrabalho seria o designativo de labor realizado à distância, independentemente da natureza dos meios — informáticos ou não — de comando e fiscalização.

[49] PEDREIRA, Pinho. O teletrabalho. *LTr.*, São Paulo: LTr, v. 64, n. 5, 2000, p. 583-597.

c) a fiscalização do trabalho se faz por meio do aparelho informático e/ou dos aparelhos de telecomunicações[50].

Sobre o teletrabalho, a obra *A terceira onda*, 1980, de Alvin Toffler, é de especial importância. O referido autor, antes mesmo de popularizado o impacto tecnológico dos anos 90 e da imensa difusão nos tempos do coronavírus (2020 e 2021), já sustentava que o trabalho seria deslocado, pouco a pouco e cada vez mais, dos escritórios para os domicílios, originando empreendimentos nas bases familiares. Os fatores que impulsionam esse deslocamento são de diversas naturezas, incluindo-se aí as dificuldades de traslado no trânsito urbano das grandes cidades e o alto custo com a manutenção de uma sede pelo empregador.

Esse fenômeno, aliás, é extremamente perceptível, na medida em que muitos trabalhadores — notadamente os intelectuais — são contratados para, em suas próprias residências (*home-based telework*), ou no lugar onde desejem estar (*mobile telework*), atualizar o conteúdo de *homepages*, prestar consultorias técnicas, consertar remotamente sistemas eletrônicos, oferecer produtos e serviços (*telemarketing*), pesquisar tendências, aferir graus de satisfação e até mesmo participar de negociações de venda e compra.

O teletrabalho traz consigo também alguns problemas relevantes. Por conta da natureza das vias que conectam o teletrabalhador ao cliente do empregador, este pode deslocar sua unidade de prestação dos serviços para um local onde as leis trabalhistas sejam menos exigentes ou para um ponto do território global onde o custo da hora de trabalho seja infinitamente mais barato.

Algumas empresas europeias, por exemplo, visando à diminuição de custos, preferem instalar seus *call-centers* na Índia, na Argélia ou em Marrocos, para que ali, em inglês, francês ou em espanhol, seus clientes sejam atendidos sem que se deem conta de que estão falando com empregados lotados em outro país. Ocorre aquilo que o professor espanhol Sanguineti Raymond chama de *"importación virtual" del trabajo al precio del Estado menos protector*[51], estimulando o fenômeno do *dumping social*. Afora isso, o teletrabalho, como qualquer modalidade de serviço em domicílio, é um **fenômeno de isolamento do obreiro**. Por não encontrar outros trabalhadores submetidos às mesmas condições laborais, ele tende a evitar o associativismo. Por consequência, há um natural enfraquecimento da luta de classes e da atuação sindical.

a) O conceito normativo de teletrabalho e a impossibilidade de confundi-lo com o "trabalho externo"

A Lei n. 13.467, de 13 de julho de 2017, levando em conta tudo o que aqui foi expendido, passou a disciplinar o teletrabalho no Título II, "das normas gerais de tutela do trabalho", no capítulo II-A, especialmente construído para cuidar da matéria em exame.

O art. 75-B da CLT, o primeiro a oferecer uma conceituação normativa para teletrabalho, considerava (não considera mais) o instituto como "prestação de serviços preponderantemente fora das dependências do empregador, com a utilização de tecnologias de informação e de comunicação que, por sua natureza, não se constituam como trabalho externo".

---

[50] PINO ESTRADA, em artigo intitulado "Os mundos virtuais e o teletrabalho nos tribunais brasileiros", publicado na *Revista de Direito Trabalhista* da Consulex, Brasília, maio 2010, p. 13, já trazia à lembrança a peculiaridade de o teletrabalho poder ser realizado também mediante o uso de antigas ferramentas de comunicação a distância. Essa menção permite concluir que as ordens de serviço sempre puderam ser emitidas e recebidas por qualquer canal informativo a distância, nesse âmbito incluídos, por exemplo, mensagens produzidas por sinais de fumaça ou de luz.

[51] SANGUINETI RAYMOND, Wilfredo. *Teletrabajo y globalización*. Madrid: MTAS, 2003.

A Medida Provisória n. 1.108, de 2022, posteriormente convertida na Lei n. 14.442, de 2022, modificou esse conceito, tornando-o menos restrito. Entre as alterações mais sensíveis vê-se a irrelevância dada à preponderância da prestação laboral fora das dependências do empregador, embora, de qualquer maneira, tenha sido salientada a importância de não se confundir o "teletrabalho" com o "trabalho externo". Veja-se:

> Art. 75-B. Considera-se teletrabalho ou trabalho remoto a prestação de serviços fora das dependências do empregador, **de maneira preponderante ou não**, com a utilização de tecnologias de informação e de comunicação, que, por sua natureza, **não configure trabalho externo** (destaques não constantes do original).

Mas por que são inconfundíveis o "teletrabalho" e o "trabalho externo"?

Isso ocorre porque o teletrabalho é um **trabalho interno virtual e *sui generis***. O teletrabalhador estará *fisicamente ausente da sede do empregador, mas virtualmente nela inserido*. **Não haverá aí um trabalho externo**, pois, para todos os efeitos jurídicos, o teletrabalhador estará dentro da própria empresa, atuando internamente por meio de ferramentas telemáticas.

No que diz respeito à questão da preponderância da presença física do empregado, cabe salientar que o teletrabalho não se desnaturará pela eventual ou habitual necessidade de ele comparecer à sede da empresa para a realização de atividades específicas que exijam a sua presença física. Assim, nos termos do § 1º do art. 75-B da CLT, "o comparecimento, **ainda que de modo habitual**, às dependências do empregador para a realização de atividades específicas que exijam a presença do empregado no estabelecimento **não descaracteriza** o regime de teletrabalho ou trabalho remoto".

O critério da preponderância das atividades do teletrabalhador fora das dependências do empregador para caracterizar o teletrabalho ou trabalho remoto, portanto, **simplesmente desapareceu**.

b) Figuras contratuais assemelhadas

A Medida Provisória n. 1.108, de 2022, posteriormente convertida na Lei n. 14.442, de 2022, inter-relacionou "teletrabalho" e "trabalho remoto", atribuindo a esses institutos o mesmo conceito, conforme se viu no item anterior.

Mas, efetivamente, "teletrabalho" e "trabalho remoto" são a mesma coisa?

Etimologicamente, sim. Como se antedisse, "tele" é um sufixo que significa "a distância". Ora, se assim é, não se pode ter dúvidas quanto à equivalência semântica entre os termos "trabalho a distância" e "trabalho remoto", pois "remoto" é o exato sinônimo de "a distância". Qual, então, teria sido a razão de o legislador inserir no texto normativo um sinônimo? Isso não contraria a regra hermenêutica segundo a qual a lei não possui palavras ou expressões inúteis?

De fato, o legislador não precisaria valer-se de um sinônimo no texto de lei, mas a intenção parece ter sido a de reforçar que não há diferença de tratamento baseada na preponderância da presença física do empregado na sede da empresa para a realização de atividades específicas. O comparecimento dele, ainda que de modo habitual, às dependências do empregador não descaracteriza o regime de teletrabalho ou trabalho remoto. Assim, se havia no passado alguma distinção entre esses dois termos, baseada em preponderância de comparecimento presencial, ela não mais se justifica. Ela não mais existe.

Ainda sobre a inter-relação de "teletrabalho" e "trabalho remoto", não se pode desconsiderar que a segunda expressão (o trabalho remoto) é mais ampla e que ela pode, inclusive, envolver o serviço realizado fora da sede patronal **sem** a utilização de tecnologias de informação e de comunicação. Perceba-se, nesse sentido, o conceito encontrável na obra produzida pela OIT intitulada "Covid-19: guidance for labour statistics data collection". Ali, ao referir-se a "trabalho remoto", apresentou-se uma conceituação nos seguintes moldes: **trabalho remoto é aquele total ou parcialmente realizado em um local alternativo diferente do local padrão**[52]. Então, se assim é, o "trabalho remoto" engloba o teletrabalho, não sendo de modo nenhum um instituto paralelo. Dizer — como disse a lei — de um trabalho remoto prestado *"com a utilização de tecnologias de informação e de comunicação"* é reduzir a discussão ao teletrabalho. A legislação, então, misturou termos. A única forma de dar coerência à lei é dizer que os termos colocados lado a lado são sinônimos.

Superada essa discussão entre "teletrabalho" e "trabalho remoto", é necessário analisar as referências às figuras contratuais assemelhadas. O § 4º do art. 75-B da CLT, introduzido pela Medida Provisória n. 1.108, de 2022, posteriormente convertida na Lei n. 14.442, de 2022, prevê que "o regime de teletrabalho ou trabalho remoto não se confunde nem se equipara à ocupação de operador de *telemarketing* ou de teleatendimento". Esse texto normativo não está, porém, conforme a redação antes existente sobre o assunto nas Medidas Provisórias n. 927, de 2020, e 1.046, de 2021. Perceba-se que nessas normas, ora não mais vigentes, encontrava-se um texto com maior inteligibilidade, pois ali se dizia que não se aplicariam aos trabalhadores em regime de teletrabalho as regulamentações sobre trabalho em teleatendimento e *telemarketing*, dispostas na Seção II do Capítulo I do Título III da Consolidação das Leis do Trabalho, ou seja, um teletrabalhador não poderia invocar em seu favor os tratamentos diferenciados existentes em favor dos empregados de teleatendimento e telemarketing, entre os quais a jornada reduzida e os intervalos diferenciados.

Retornando ao texto ora vigente, surge um questionamento: e se o trabalho de *telemarketing* ou de teleatendimento for realizado fora das dependências do empregador, de maneira preponderante ou não, com a utilização de tecnologias de informação e de comunicação?

Haveria ou não um teleatendimento mediante teletrabalho?

A resposta é a de que haveria, sim, o teleatendimento mediante teletrabalho. Nada, ao que parece, impede que um teleatendente preste o seu serviço fora das dependências da empresa com a utilização de tecnologias de informação e de comunicação. Tudo indica, por isso, uma imprecisão na redação presente na Lei n. 14.442, de 2022, que deveria dizer uma coisa, mas afirmou outra.

c) Forma de contratar

No que diz respeito à contratualidade, para evitar dúvidas sobre o ajuste constituir ou não um teletrabalho, o legislador preferiu formalizar a exigência de sua caracterização. Ele disse, então, no art. 75-C da CLT, que "a prestação de serviços na modalidade de teletrabalho **deverá constar expressamente do instrumento de contrato individual de trabalho**".

Dizer que a prestação na modalidade ora em exame deve constar *expressamente* do "instrumento" de contrato individual de trabalho equivale a afirmar que o ajuste será necessariamente por escrito. Perceba-se que a palavra "instrumento" foi ali inserida pela Medida Provi-

---

[52] Nesse sentido, veja-se OLIVEIRA NETO, Célio Pereira. *Trabalho em ambiente virtual: causas, efeitos e conformação*. 2.ª ed. rev., atual. e ampl. São Paulo: LTr, 2022. p. 258-259.

sória n. 1.108, de 2022, posteriormente convertida na Lei n. 14.442, de 2022, numa alusão à existência de um documento que materializa um acordo.

Não fosse apenas isso, antes mesmo da Lei n. 14.442, de 2022, os §§ 1º e 2º do citado art. 75-C da CLT já ofereciam luzes que permitiam conclusão no sentido de que se desejou evitar não apenas a forma tácita (antônima da forma expressa), mas também a forma verbal. Note-se que o § 1º do art. 75-C já mencionava a possibilidade de alteração contratual entre regime presencial e de teletrabalho, **desde que houvesse mútuo acordo entre as partes, registrado em "aditivo contratual"**.

A expressão "aditivo contratual" parecia sugerir uma formalidade mais acentuada, mais voltada para a forma expressa escrita do que para a também expressa forma verbal, o que se confirmou. Veja-se:

> *§ 1º Poderá ser realizada a alteração entre regime presencial e de teletrabalho desde que haja mútuo acordo entre as partes,* **registrado em aditivo contratual**.
>
> *§ 2º Poderá ser realizada a alteração do regime de teletrabalho para o presencial por determinação do empregador, garantido prazo de transição mínimo de quinze dias, com* **correspondente registro em aditivo contratual** *(destaques não constantes do original).*

A ideia da forma escrita já era reforçada a partir da leitura do art. 75-D da CLT que com todas as letras a ela se refere. Diz-se ali que as disposições relativas à responsabilidade pela aquisição, manutenção ou fornecimento dos equipamentos tecnológicos e da infraestrutura necessária e adequada à prestação do trabalho remoto, bem como ao reembolso de despesas arcadas pelo empregado, serão previstas em **contrato escrito**. Essas utilidades, é bom assinalar, não integram a remuneração do empregado para nenhum fim, pois, evidentemente, constituem instrumental de serviço.

d) Sujeitos destinatários

Em princípio, todo e qualquer empregado pode prestar os seus serviços mediante teletrabalho, salvo, evidentemente, quando a própria natureza do serviço isso impeça. Nesses termos, é claro que — apenas a título de ilustração — um motorista de ônibus não poderá prestar teletrabalho, porque a tecnologia até agora existente não lhe permite conduzir o veículo a distância.

Outros tantos trabalhadores, entretanto, especialmente aqueles cujo serviço é meramente burocrático, podem estar, sim, inseridos nessa especial sistemática, é permitida, aliás, desde que tecnicamente viável, aos aprendizes e aos estagiários (*vide* § 6º do art. 75-B da CLT).

e) Prestação de horas suplementares

Conforme o disposto no § 2º do art. 75-B da CLT, ali incluído pela Lei n. 14.442, de 2022, "o empregado submetido ao regime de teletrabalho ou trabalho remoto poderá prestar serviços por jornada ou por produção ou tarefa". O legislador quis dizer, assim, que o teletrabalho pode ser prestado mediante remuneração estipulada por dois diferentes sistemas: por unidade de tempo ou por unidade de produção ou tarefa[53].

---

[53] Sobre os conceitos de remuneração por unidade de tempo e de produção ou tarefa, consulte-se o item 12.2.1.1.2 deste *Curso*.

Essa distinção foi base para uma diferenciação de tratamento oferecida aos teletrabalhadores, pois, diversamente do que se sustentava desde a inserção do inciso III no art. 62 da CLT pela Lei n. 13.467, de 2017, apenas ao teletrabalhador que teve a sua remuneração estipulada por unidade de produção ou tarefa não se aplicará o disposto no Capítulo II do Título II da CLT.

Essa foi a modificação produzida pelo § 3º do art. 75-B da CLT, ali incluído pela Lei n. 14.442, de 2022.

A despeito dessa alteração normativa, permanece sem justificativa plausível a permanência do disposto no art. 62, III, do CPC. Afinal de contas, mesmo que o teletrabalhador seja remunerado por unidade de tempo, ele, por isso só, não deveria estar privado do direito ao recebimento de horas suplementares, notadamente porque há evidente possibilidade de manutenção de um controle do tempo de realização do serviço. Essa posição contraria a lógica aplicável a outros trabalhadores igualmente remunerados por unidade de produção ou tarefa.

Lembre-se que há um posicionamento jurisprudencial dominante, inserido, aliás, na Súmula 340 do TST, segundo a qual "o empregado sujeito a controle de horário, remunerado à base de comissões, tem direito ao adicional de, no mínimo, 50% (cinquenta por cento) pelo trabalho em horas extras, calculado sobre o valor-hora das comissões recebidas no mês, considerando-se como divisor o número de horas efetivamente trabalhadas". Por que haveria de ser diferente para os teletrabalhadores?

f) Responsabilidade patronal pela sanidade ocupacional dos teletrabalhadores

Apesar de, em regra, haver um distanciamento entre empregador e teletrabalhador, a responsabilidade patronal pela sanidade ocupacional permanece exigível. O art. 75-E da CLT é categórico ao anotar que "o empregador deverá instruir os empregados, **de maneira expressa e ostensiva**, quanto às precauções a tomar a fim de evitar doenças e acidentes de trabalho". A locução "**de maneira expressa e ostensiva**" sugere a elaboração de um portfólio de instruções com orientações claras sobre a execução do trabalho e sobre os riscos que naturalmente dele podem decorrer. O parágrafo único do referido art. 75-E, aliás, é firme ao prever a existência desse texto, sendo certo que "o empregado deverá assinar termo de responsabilidade comprometendo-se a seguir as instruções fornecidas pelo empregador".

g) Norma coletiva aplicável ao teletrabalhador

E a norma coletiva aplicável ao teletrabalhador, qual seria?

Considerando ser o teletrabalho um trabalho interno virtual e *sui generis*, não há a menor dúvida de que a norma coletiva aplicável ao teletrabalhador é aquela aplicável no âmbito territorial da sede do empregador. Diz-se isso porque, como se antedisse, o prestador dos serviços encontra-se **fisicamente ausente da sede do empregador, mas virtualmente nela presente, por meios telemáticos**. Assim, se um determinado hospital situado em São Paulo contratou médicos pareceristas para assinarem os seus laudos, é evidente que esses médicos, independentemente de onde estejam, serão remunerados pelos pisos salariais exigíveis na cidade de São Paulo e terão toda a sistemática de vantagens e de restrições ditadas pelos instrumentos coletivos negociados paulistanos. Seria um contrassenso imaginar que o referido hospital teria de adaptar-se a cada uma das tantas normas coletivas existentes nos locais em que os teletrabalhadores pudessem estar.

A mesma lógica rege toda a sistemática trabalhista que diz respeito aos calendários de prestação dos trabalhos, pois o teletrabalhador observará os feriados existentes na sede patronal, e não nos locais nos quais estão localizados os equipamentos por meio dos quais o serviço é eletronicamente enviado.

A Lei n. 14.442, de 2022, entretanto, inseriu um § 7º no art. 75-B da CLT para resolver definitivamente essa questão. Assim, a própria lei dispôs no sentido de que "aos empregados em regime de teletrabalho aplicam-se as disposições previstas na legislação local e nas convenções e nos acordos coletivos de trabalho relativas à base territorial do estabelecimento de lotação do empregado".

h) Alternativa de não recebimento da prestação laboral na sede patronal

Questão que normalmente se viu diante da problemática instalada pela pandemia do coronavírus disse respeito às alternativas de não recebimento de prestação laboral na sede patronal. Os empregadores encontraram na crise, em verdade, um momento mais do que oportuno para alavancar o teletrabalho e para conhecer sua eventual eficiência. Essas alternativas, entretanto, somente foram possíveis para determinados tipos de serviço, normalmente de caráter burocrático ou criativo.

Não houve, de fato, grande problema para a continuidade executiva dos serviços, através de vias telemáticas, daqueles que trabalhavam com contabilidade, assessoramento jurídico, consultorias de modo geral, *marketing* digital, teleaulas, tradução, revisão de textos, gerenciamento remoto, serviço de atendimento ao consumidor, atualização de *sites*, conserto de *softwares* e outras atividades do gênero.

Igualmente, foi possível vislumbrar o trabalho em domicílio para quem se dispusesse a levar para sua própria casa os maquinários necessários à preparação de alimentos para consumo não imediato ou para o desenvolvimento de serviços de confecção de peças de vestuário ou de conserto de artigos de qualquer natureza.

Mas o que um empregador precisou fazer para, em tempos de coronavírus, transformar o regime de trabalho presencial em regime de teletrabalho ou de trabalho em domicílio?

Ao contrário daquilo que se vê no art. 75-C da CLT, no qual há clara disposição indicativa de que "a prestação de serviços na modalidade de teletrabalho deverá constar expressamente do contrato individual de trabalho, que especificará as atividades que serão realizadas pelo empregado", viu-se a Medida Provisória n. 927, de 2020, ora não mais vigente, com dispositivo extremamente liberal, permitindo que o empregador produzisse durante o estado de calamidade pública, se quisesse produzir, uma verdadeira **alteração contratual unilateral**, desprezada a regra contida no art. 468 da CLT.

Exatamente o mesmo entendimento foi reiterado no art. 3º da Lei n. 14.437, de 15 de agosto de 2022, que criou um microssistema normativo que permanentemente passou a disciplinar as situações calamitosas.

A informação da decisão do empregador de realizar a alteração unilateral nessas situações é o suficiente, devendo isso ser objeto de notificação com antecedência de, no mínimo, 48 (quarenta e oito) horas, por escrito ou por meio eletrônico. Destaque-se que, ao dizer "meio eletrônico", o legislador legitimou a informação mediante simples mensagem dirigida ao *e-mail* do empregado ou mesmo um rápido texto encaminhado via WhatsApp, Messenger ou Direct. O importante apenas era fazer a prova da recepção do aviso, nada mais que isso.

A mesmíssima conduta pode ser tomada em face dos aprendizes e até mesmo dos estagiários.

Em qualquer caso, porém, é importante deixar bem claro que, em situações calamitosas, a alteração unilateral do regime de trabalho presencial para o teletrabalho, o trabalho remoto ou outro tipo de trabalho a distância **não é** um direito subjetivo de empregado, aprendiz ou estagiário. Esse é um direito unicamente dado ao empregador.

Vejam-se os textos do *caput* do art. 4º, do seu completivo § 2º, e o conteúdo do art. 5º do referido ato normativo (MP 927/2020), ora não mais vigente:

> *Art. 4º Durante o estado de calamidade pública a que se refere o art. 1º, o empregador poderá, a seu critério, alterar o regime de trabalho presencial para o teletrabalho, o trabalho remoto ou outro tipo de trabalho a distância e determinar o retorno ao regime de trabalho presencial, independentemente da existência de acordos individuais ou coletivos, dispensado o registro prévio da alteração no contrato individual de trabalho.*
>
> *[...]*
>
> *§ 2º A alteração de que trata o* caput *será notificada ao empregado com antecedência de, no mínimo, quarenta e oito horas, por escrito ou por meio eletrônico.*
>
> *[...]*
>
> *Art. 5º Fica permitida a adoção do regime de teletrabalho, trabalho remoto ou trabalho a distância para estagiários e aprendizes, nos termos do disposto neste Capítulo (grifos nossos).*

Mais uma vez, reitera-se: exatamente o mesmo está contido nos arts. 3º a 5º da Lei n. 14.437, de 15 de agosto de 2022, que criou um microssistema normativo que permanentemente passou a disciplinar as situações calamitosas.

Revelou-se muito claro que o empregador poderia, a seu critério, alterar o regime de trabalho presencial para o teletrabalho, para o trabalho remoto ou para outro tipo de trabalho a distância e, depois disso, determinar o retorno ao regime de trabalho presencial.

i) Responsabilidade pela aquisição, manutenção e fornecimento dos equipamentos tecnológicos e de infraestrutura necessária e adequada à prestação do teletrabalho

E a responsabilidade pela aquisição, pela manutenção ou pelo fornecimento dos equipamentos tecnológicos e da infraestrutura necessária e adequada à prestação do teletrabalho, trabalho remoto ou trabalho a distância, de quem seria?

Para além disso, e o reembolso de despesas arcadas pelo empregado, quem assumiria?

A Medida Provisória n. 927, de 22 de março de 2020, ora não mais vigente, tratou também disso. O § 3º do art. 4º da norma em exame deixou claro que as temáticas da responsabilidade pela aquisição, pela manutenção ou pelo fornecimento dos equipamentos tecnológicos e da infraestrutura necessária e adequada à prestação do teletrabalho, trabalho remoto ou trabalho a distância e ao reembolso de despesas arcadas pelo empregado deveriam estar previstas em contrato escrito, firmado previamente ou, caso não existisse esse contrato, em um texto formal que viesse a ser elaborado no prazo de trinta dias, contado da data da mudança do regime de trabalho.

Essas utilidades, é bom assinalar, não integraram a remuneração do empregado para qualquer fim, pois, evidentemente, constituíram instrumental de serviço.

Diante da situação surpreendente, foi bem frequente a constatação da desestrutura do empregado. Por conta disso, o § 4º do art. 4º da MP n. 927/2020, ora não mais vigente, deixou claro que, na hipótese de o empregado não possuir os equipamentos tecnológicos e a infraestrutura necessária e adequada à prestação do teletrabalho, do trabalho remoto ou do trabalho a distância:

1º) o empregador poderia fornecer os equipamentos em regime de comodato e pagar por serviços de infraestrutura; ou

2º) na impossibilidade do oferecimento do regime de comodato, o período da jornada normal de trabalho seria computado como tempo de trabalho à disposição do empregador, ou seja, se o empregador não tivesse equipamentos para permitir que o empregado realizasse o serviço remotamente, esse trabalhador ficaria em disponibilidade remunerada, aguardando uma solução para o problema da falta de equipamento.

Mas e com a perda da vigência da Medida Provisória n. 927, de 2020, como o assunto foi regulado?

A questão já era tratada pelo art. 75-D da CLT e ali continuou a ter regência, embora sem todas as respostas necessárias à situação de desestrutura do empregado.

Segundo o art. 75-D da CLT, "as disposições relativas à responsabilidade pela aquisição, manutenção ou fornecimento dos equipamentos tecnológicos e da infraestrutura necessária e adequada à prestação do trabalho remoto, bem como ao reembolso de despesas arcadas pelo empregado, serão previstas em contrato escrito".

A desestruturação do empregador passou a estar regida na Lei n. 14.437, de 15 de agosto de 2022, o microssistema normativo que permanentemente passou a disciplinar as situações calamitosas. Assim, aproveitada a experiência trazida pela crise da Covid-19, a "lei do direito do trabalho de emergência" repetiu a mesma solução, agora encontrável nos §§ 3º e 4º do seu art. 3º.

Muito além das fronteiras do teletrabalho, do trabalho remoto ou de outro tipo de trabalho a distância, é importante deixar anotado aqui, no final deste tópico, que esse momento de crise produziu um estímulo sensível no âmbito da automatização e da robótica, pois tudo o que pudesse funcionar sem a presença humana frutificou, por exemplo, caixas de atendimento eletrônico, *concierge* virtual, cancelas que permitem a entrada e a saída de veículos mediante a aposição de *tags* com *chips* eletrônicos, portarias eletrônicas com sistema de acesso por via biométrica, aulas ministradas por avatares, e entre outras formas diferenciadas pelo uso de tecnologia da informação.

j) Intensidade na prestação dos serviços e tempo à disposição do empregador

Na mesma linha, cabe anotar que o mundo, depois da crise decorrente da pandemia do coronavírus, mudou sob o ponto de vista da necessidade de prática de atos presenciais. Muitos empregadores se deram conta de que a produtividade e a qualidade dos serviços aumentaram quando não foi exigida a presença física no local de trabalho, sem contar, é claro, com as economias que foram geradas no que diz respeito aos espaços antes ocupados para reunir pessoas que perfeitamente poderiam trabalhar em suas próprias casas.

O lado nefasto do teletrabalho foi constatado com intensidade na prestação dos serviços, com a perda do limite entre o trabalho e o não trabalho e com a violação do direito à desconexão. A Medida Provisória n. 1.046, de 2021, ora não mais vigente, chegou aos píncaros de prever, no § 5º do seu art. 3º, que "o tempo de uso de equipamentos tecnológicos e de infraestrutura necessária, assim como de *softwares*, de ferramentas digitais ou de aplicações de internet utilizados para o teletrabalho fora da jornada de trabalho normal do empregado, não constitui tempo à disposição, regime de prontidão ou de sobreaviso, exceto se houver previsão em acordo individual ou em acordo ou convenção coletiva de trabalho. Com isso, os exemplos-mor de teletrabalhadores — os professores —, que normalmente são remunerados por unidade de tempo horária, tiveram de assimilar, sem nenhuma retribuição, o dispêndio do tempo de ajustes dos equipamentos necessários à transmissão das suas aulas, assim como, depois dela, do tempo para a realização das nominações dos arquivos e dos *uploads*.

k) Alteração unilateral e direito do trabalho de emergência

Na linha do que se disse no tópico 1.8.1 deste *Curso*, a indispensabilidade de uma norma que dispusesse sobre a adoção, por empregados e empregadores, de medidas trabalhistas alternativas e sobre o Programa Emergencial de Manutenção do Emprego e da Renda, para enfrentamento das consequências sociais e econômicas de qualquer outro estado de calamidade pública em âmbito nacional ou em âmbito estadual, distrital ou municipal, fez surgir a Medida Provisória n. 1.109, de 25 de março de 2022, e, depois de sua conversão, a Lei n. 14.437, de 15 de agosto de 2022.

Criou-se, assim, um microssistema normativo que permanentemente passou a disciplinar as situações calamitosas para preservar o emprego e a renda; garantir a continuidade das atividades laborais, empresariais e das organizações da sociedade civil sem fins lucrativos; e reduzir o impacto social decorrente das consequências de estado de calamidade pública em âmbito nacional ou em âmbito estadual, distrital ou municipal reconhecido pelo Poder Executivo federal.

Entre as medidas previstas nesse diploma do direito do trabalho de emergência, está, no seu art. 3º, aquela que **admite que o empregador, a seu critério**, durante o prazo previsto no ato do Ministério do Trabalho e Previdência de enfrentamento das consequências de estado de calamidade pública em âmbito nacional ou em âmbito estadual, distrital ou municipal, **altere o regime de trabalho presencial para teletrabalho ou trabalho remoto, além de determinar o retorno ao regime de trabalho presencial**, independentemente da existência de acordos individuais ou coletivos, dispensado o registro prévio da alteração no contrato individual de trabalho. Essa alteração deverá ser notificada ao empregado com antecedência de, no mínimo, 48 (quarenta e oito) horas, por escrito ou por meio eletrônico.

l) Prioridades

A Lei n. 14.442, de 2022, introduziu o art. 75-F na CLT com o objetivo de dispor que "os empregadores deverão dar **prioridade** aos empregados com deficiência e aos empregados com filhos ou criança sob guarda judicial *até 4 (quatro) anos de idade* na alocação em vagas para atividades que possam ser efetuadas por meio do teletrabalho ou trabalho remoto".

Esse assunto voltou à pauta normativa e, no mesmo ano de 2022, o art. 7º da Lei n. 14.457, de 21 de setembro de 2022, aumentou a proteção social e previu que, na alocação de vagas para as atividades que possam ser efetuadas por meio de teletrabalho, trabalho remoto ou trabalho a distância, os empregadores deverão conferir **prioridade** às empregadas e aos empregados com filho, enteado ou criança sob guarda judicial com **até 6 (seis) anos de idade**; e às empregadas e aos empregados com filho, enteado ou pessoa sob guarda judicial **com deficiência, sem limite de idade**.

Note-se que a prioridade aumentou para empregadas e empregados com filho, enteado ou criança sob guarda judicial.

Perceba-se que os textos normativos não estabelecem faculdade ou alternativa. Assim, alocadas vagas para as atividades que possam ser efetuadas de forma telepresencial, os sujeitos aqui destacados devem ser colocados na dianteira de outros que manifestem interesse.

5.2.4.2.2 Mãe social ou mãe crecheira

As chamadas "mães sociais", "mães crecheiras" ou "mães substitutas" são, conforme a Classificação Brasileira de Ocupações, trabalhadoras contratadas especificamente para cuidar de bebês, crianças, jovens, adultos ou pessoas idosas, a partir de objetivos estabelecidos por instituições especializadas ou responsáveis diretos, e para zelar pelo seu bem-estar, saúde, alimentação, higiene pessoal, educação, cultura, recreação e lazer. Elas têm seu regime jurídico estabelecido em conformidade com o disposto na Lei n. 7.644/87 e vivem uma interessante peculiaridade: **trabalham em um domicílio fictamente criado por lei**. O lugar de trabalho das mães sociais coincide com o lugar onde elas moram, sendo essa a justificativa que as faz inseridas nesse bloco de classificação.

De acordo com a norma que criou a ora analisada ocupação, as instituições sem finalidade lucrativa ou de utilidade pública de assistência ao menor abandonado em funcionamento pelo sistema de casas-lares (um exemplo são as aldeias SOS) estão autorizadas a utilizar os serviços de mães sociais com o especial objetivo de propiciar às crianças e aos adolescentes as condições familiares ideais a seu desenvolvimento e reintegração social.

As atividades das mães sociais assemelham-se muito àquelas desenvolvidas por uma mãe natural, razão por que o legislador deixou clara sua inserção no ambiente familiar, outorgando-lhe, inclusive, as atribuições de: a) orientar e assistir os menores colocados sob seus cuidados; b) administrar o lar e organizar as respectivas tarefas; c) dedicar-se, com exclusividade, aos menores e à casa-lar.

Para o alcance dessas tarefas, a lei foi explícita ao registrar que a mãe social, a despeito da sua condição de empregada, haveria de "residir, juntamente com os menores que lhe forem confiados, na casa-lar que lhe for destinada". Pois bem. Diante desse conjunto de informações, surge uma pergunta: a mãe social, ante suas características, teria direito à percepção de créditos trabalhistas decorrentes de sobrejornada?

A resposta é negativa. As mães sociais não têm direito à percepção de horas extraordinárias ou de adicional noturno, simplesmente porque é impossível aferir os instantes de efetivo trabalho em favor da instituição que utiliza os seus serviços. Note-se que a lei foi, no particular, expressa ao indicar que "o trabalho desenvolvido pela mãe social é de caráter intermitente, realizando-se pelo tempo necessário ao desempenho de suas tarefas" (art. 6º da Lei n. 7.644/87).

O legislador, aliás, deixou adrede de fazer referência a essa vantagem no art. 5º da analisada lei, porque reconheceu a absoluta impossibilidade de aferir trabalho extraordinário ou noturno por parte das mães sociais. Por conta dessa peculiaridade, é possível afirmar que a Constituição da República, publicada em 5 de outubro de 1988, recepcionou o dispositivo ora em exame, a despeito da ilusória colisão com o art. 7º, XIII, da lei fundamental[54].

5.2.5 Quanto à posição na estrutura hierárquica do empregador

5.2.5.1 Empregados ordinários

Empregados ordinários são aqueles que, dentro da estrutura hierárquica funcional da empresa, não têm qualquer ascendência sobre seus companheiros, notadamente porque não dispõem de poderes gerenciais, tampouco possuem dimensão salarial de destaque.

---

54 Nesse sentido se manifestou o TST. Observe-se: "Foram recepcionadas pela Carta Magna as restrições de direitos trabalhistas em relação à atividade da Mãe Social, regulamentada pela Lei n. 7.644/87, em face da peculiaridade da relação de trabalho ali prevista. Revista provida" (TST, RR 514833, 5ª T., Rel. Min. Rider Nogueira de Brito, *DJU*, 5-4-2002).

No mesmo sentido posicionou-se, na qualidade de relator, o Professor Sebastião Geraldo de Oliveira: "A Constituição da República de 1988 não revogou expressa ou tacitamente a Lei n. 7.644/87, que dispõe quanto ao trabalho das chamadas mães sociais, às quais não se assegura o direito às horas extras" (TRT 3ª R., RO 6154/98, 2ª T., Rel. Juiz Sebastião Geraldo de Oliveira, *DJMG*, 29-1-1999, p. 16).

5.2.5.2 Altos empregados

Altos empregados, ao contrário dos ordinários, são aqueles que realizam atribuições elevadas e que dispõem de amplos poderes gerenciais, sendo, por isso, confundidos com o próprio empregador. Acresça-se que, nos termos da Lei n. 8.966, de 27 de dezembro de 1994, a qualidade de alto empregado somente será aplicável aos trabalhadores que não apenas exerçam altas atribuições, mas que, também, se distingam pela percepção de gratificação funcional em dimensão necessariamente superior a 40% do salário do cargo efetivo.

Esclareça-se que há trabalhadores que evoluem tanto na estrutura hierárquica do empregador que chegam a romper os limites da subordinação jurídica. Nesse momento tais trabalhadores deixam de estar submetidos ao poder diretivo de quem os contratou, inaugurando, a partir de então, uma relação jurídica de outra natureza. Eles deixam de ser empregados e passam a ser trabalhadores autônomos. Tal entendimento é sugerido pela Súmula 269 do TST[55].

Assim, se um empregado é guindado a ocupar posto de direção, sua condição de subordinado é afetada, uma vez que, por lógica, não poderá ser ao mesmo tempo dirigente e dirigido. Nesse caso, suspende-se o contrato de emprego, surgindo em seu lugar, ainda que temporariamente, um ajuste autônomo. Esse trabalhador autônomo, dirigente por escolha do conselho de administração da empresa, não se beneficia, obviamente, das normas de proteção do trabalhador subordinado (CLT). Isso acontece, é bom repetir, porque ele simplesmente deixou de ser empregado, ainda que por determinado tempo[56]. Se o contrato não for suspenso, presume-se que o trabalhador, a despeito da sua elevada posição hierárquica, permaneceu como empregado e como destinatário de todos os direitos previstos na CLT e em demais normas esparsas pertinentes.

Anote-se, ainda, porque esse ponto é relevante diante da temática dos "altos empregados", que a Lei n. 13.467/2017 criou a figura do **empregado [supostamente] hipersuficiente**, *aquele que, nos contratos individuais de emprego, tem remuneração superior a* **duas vezes o limite máximo estabelecido para os benefícios do Regime Geral de Previdência Social** (no ano de 2020, apenas para ter-se uma ideia de dimensão, esse valor é R$ 12.202,12, vale dizer, o resultado de duas vezes o teto previdenciário do RGPS: R$ 6.101,06 x 2), e o considerou suscetível à arbitragem. Para esse trabalhador, o engajamento à arbitragem será possível por sua própria iniciativa ou mediante a sua concordância expressa, sem que se possa alegar que o direito do trabalho é, por si só, indisponível para ele.

É importante ressaltar a evidente mudança radical na perspectiva que se pode ter sobre a proteção destinada ao empregado pelo simples fato de possuir uma retribuição elevada, se comparada com o padrão ordinário dos trabalhadores que recebem um salário mínimo ou algo mais que isso. Não necessariamente quem recebe um pouco mais frui de mais autonomia. Por vezes o contrário é até mais fortemente evidenciado, pois a garantia do padrão salarial destacado faz com que empregados cônscios das dificuldades de manutenção dos seus postos tornem-se ainda mais submetidos às exigências patronais. O assunto,

---

55 **Súmula 269 do TST.** DIRETOR ELEITO. CÔMPUTO DO PERÍODO COMO TEMPO DE SERVIÇO. O empregado eleito para ocupar cargo de diretor tem o respectivo contrato de trabalho suspenso, não se computando o tempo de serviço deste período, salvo se permanecer a subordinação jurídica inerente à relação de emprego.

56 Exemplo disso ocorreu, entre outros casos reais, com a ex-Presidente da Petrobras, Graça Foster. Ela foi empregada da companhia, na qual ingressou como engenheira de perfuração. Passados os anos, por ter ganhado a confiança do Conselho de Administração, foi, depois de outros cargos igualmente executivos, elevada à condição de CEO da empresa entre 2012 e 2015 (disponível em: <https://www.bbc.com/portuguese/noticias/2015/02/150203_bio_graca_foster_jc>).

portanto, mereceria uma análise mais cuidadosa com o intuito de ser evitada a generalização que a lei, infelizmente, ofereceu[57].

Note-se, igualmente, que o art. 444 da CLT ganhou um parágrafo único para também referir o hipersuficiente e para ali determinar que a livre estipulação produzirá, em relação a ele, uma prevalência do negociado individualmente sobre o legislado, tal qual aquela admitida genericamente no art. 611-A da CLT. Ali, no art. 444 consolidado, além do referencial da retribuição salarial mensal igual ou superior a duas vezes o limite máximo dos benefícios do Regime Geral de Previdência Social, há também a exigência de que esse trabalhador seja "portador de diploma de nível superior". A exigência minorada para fins de arbitragem faz crer que, para inserção nessa espécie de solução de conflito, bastará a presença do requisito da elevada retribuição, e nada mais que isso.

A condição de alto gestor tem também efeitos importantes sob o âmbito das relações coletivas de trabalho. Diz-se isso porque nunca se poderá esquecer que a entidade sindical estará legitimada a **negar a pretensão de associação aos trabalhadores que se enquadrem na condição de alto gestor**, assim entendidos os sujeitos que evoluem tanto na estrutura hierárquica do empregador que chegam a romper os limites da subordinação jurídica e, consequentemente, deixam de estar submetidos ao poder diretivo de quem os contratou, inaugurando, a partir da ruptura dos lindes do contrato de emprego, uma relação jurídica de outra natureza.

Esse dirigente por escolha do conselho de administração da empresa ou órgão que a este corresponda não poderá associar-se, para fins sindicais, aos operários que a ele estão subordinados. Seus interesses serão, em rigor, colidentes, e essa diferença se manifestará nos momentos de maior tensão ou conflito com o empregador.

Por conseguinte, se o empregado, por opção patronal, transformou-se verdadeiramente em "dirigente", assim entendido aquele que conduz os destinos da empresa (por exemplo, o Diretor Presidente de uma Companhia), não se poderá admitir sua adesão ao sindicato obreiro, mesmo porque tal admissão poderia produzir, em algum grau, a ingerência patronal nos destinos sindicais, o que é absolutamente indesejável em um ambiente de liberdade sindical. Negativas de filiação que envolvam esse sujeito dirigente não constituirão, por óbvio, uma conduta de natureza antissindical.

Há de tomar-se cuidado, contudo, com o dimensionamento do conceito de "dirigente" para que nele somente estejam inseridos aqueles que efetivamente representem os interesses dos empregadores. Esse, aliás, é o pensamento do CLS, manifestado especialmente nos verbetes 251 e 252 da sua r. d. p. (OIT, 2006, p. 55)[58]. Chama-se a atenção, aqui, para o fato de que uma interpretação extensiva do conceito de "dirigente" pode levar um astuto empregador a conceder promoções artificiais com o objetivo de fazer parecer existente obstáculo à

---

57 Há excelente elucidação da sistemática acerca dos empregados hipersuficientes na obra do professor Diego Budel, intitulada *Reforma trabalhista: a construção e desconstrução das peculiaridades do direito do trabalho*, publicada pela PLUS/Simplíssimo, Porto Alegre, em 2019.

58 Vejam-se:

"**251**. Una interpretación demasiado amplia de la noción de 'trabajador de confianza', a efectos de prohibirles su derecho de sindicación, puede restringir gravemente los derechos sindicales e incluso, en pequeñas empresas, impedir la creación de sindicatos, lo cual es contrario al principio de la libertad sindical (véanse Recopilación de 1996, párrafo 233; 307º informe, caso núm. 1878, párrafo 453 y 324º informe, caso números 1880, párrafo 859).

252. Las disposiciones legales que permiten que los empleadores debiliten las organizaciones de trabajadores a través de promociones artificiales de los trabajadores constituyen una violación de los principios de la libertad sindical (véanse Recopilación de 1996, párrafo 234; 307º informe, caso núm. 1878, párrafo 453 y 329º informe, casos números 2177 y 2183, párrafo 638)".

filiação de trabalhadores que, apesar de formalmente nominados como "superiores" ou "de direção", estejam despojados de qualquer poder diretivo. Essa, sim, seria uma conduta antissindical patronal que deveria ser duramente reprimida[59].

5.2.5.2.1 As dimensões da confiança

Conforme bem acentuou Alice Monteiro de Barros[60], a legislação trabalhista brasileira fornece uma ideia de confiança, progressivamente crescente, que se distingue em graus:

a) Confiança genérica

Trata-se de uma espécie presente em todos os contratos de emprego, sem nenhuma relação com o cargo assumido. Essa inespecífica confiança decorre do fato de o empregador necessariamente oferecer a seus empregados, independentemente da gradação destes, acesso a informações confidenciais básicas e indispensáveis à consecução dos serviços. Um *office-boy*, por exemplo, apesar de estar distante do conceito de exercente de cargo de confiança, toma conhecimento de múltiplas transações promovidas pelo patrão, inclusive das correspondentes cifras e dos destinatários de pagamentos. Pode-se dizer o mesmo do motorista, responsável pelo transporte do empregador e frequente espectador dos diálogos por este travados com outros transportados ou, ainda, das conversas mantidas por telefone celular. De forma muito mais intensa, inclui-se no conceito da confiança genérica o empregado doméstico, que se infiltra, como nenhum outro, na vida privada de seu empregador.

b) Confiança específica/estrita

É espécie de confiança a que alude o art. 499 da CLT e que diz respeito a cargos de diretoria, gerência ou outros de confiança imediata do empregador, entre as quais se incluem os bancários, na forma do § 2º do art. 224 da CLT[61]. Os destinatários dessa confiança são

---

59 Sobre as condutas antissindicais nas situações descritas, consulte-se MARTINEZ, Luciano. *Condutas antissindicais*. São Paulo; Saraiva, 2013.
60 BARROS, Alice Monteiro de. Cargo de confiança — empregado ocupante do cargo: consequências práticas de sua qualificação jurídica. *Revista Síntese Trabalhista* 167, maio 2003, p. 5.
61 **Súmula 102, II, do TST.** O bancário que exerce a função a que se refere o § 2º do art. 224 da CLT e recebe gratificação não inferior a um terço de seu salário já tem remuneradas as duas horas extraordinárias excedentes de seis.
Súmula 102, III, do TST. Ao bancário exercente de cargo de confiança previsto no artigo 224, § 2º, da CLT são devidas as 7ª e 8ª horas, como extras, no período em que se verificar o pagamento a menor da gratificação de 1/3.
Súmula 102, IV, do TST. O bancário sujeito à regra do art. 224, § 2º, da CLT cumpre jornada de trabalho de 8 (oito) horas, sendo extraordinárias as trabalhadas além da oitava.
Súmula 102, V, do TST. O advogado empregado de banco, pelo simples exercício da advocacia, não exerce cargo de confiança, não se enquadrando, portanto, na hipótese do § 2º do art. 224 da CLT.
Súmula 102, VI, do TST. O caixa bancário, ainda que caixa executivo, não exerce cargo de confiança. Se perceber gratificação igual ou superior a um terço do salário do posto efetivo, essa remunera apenas a maior responsabilidade do cargo e não as duas horas extraordinárias além da sexta.
Súmula 102, VII, do TST. O bancário exercente de função de confiança, que percebe a gratificação não inferior ao terço legal, ainda que norma coletiva contemple percentual superior, não tem direito às sétima e oitava horas como extras, mas tão somente às diferenças de gratificação de função, se postuladas.
Súmula 109 do TST. O bancário não enquadrado no § 2º do art. 224 da CLT, que receba gratificação de função, não pode ter o salário relativo a horas extraordinárias compensado com o valor daquela vantagem.
É importante anotar, no que diz respeito à referida Súmula 109 do TST, que, numa interpretação particularmente dirigida à Caixa Econômica Federal e contida na OJ Transitória 70 da SDI-1, o próprio TST desdisse o seu entendimento cristalizado nos seguintes termos:

dotados de restritos poderes de mando e de limitada autorização para admitir, dispensar ou punir os empregados. Seus atos normalmente precisam ser convalidados por uma autoridade que lhe é superior. Não têm, em regra, capacidade jurídica de representar a empresa em suas relações com terceiros.

c) Confiança excepcional

Trata-se de espécie em que se incluem os gerentes, chefes de departamento e/ou filial (art. 62, II, da CLT) dotados de amplos poderes de mando[62], de autorização para admitir, dispensar ou punir os empregados e de capacidade jurídica de representar a empresa em suas relações com terceiros. O TST, a propósito, produz distinção entre as confianças de graus estrito e excepcional na Súmula 287. Por meio dela, e na intenção de distinguir as matérias contidas nos arts. 62 e 224 da CLT, estabelece o seguinte:

> **Súmula 287 do TST.** *JORNADA DE TRABALHO. GERENTE BANCÁRIO. A jornada de trabalho do empregado de banco gerente de agência é regida pelo art. 224, § 2º, da CLT. Quanto ao gerente-geral de agência bancária, presume-se o exercício de encargo de gestão, aplicando-se-lhe o art. 62 da CLT.*

Aqui está a figura do "gerentão" a que se refere Vólia Bomfim, justamente aquele empregado caracterizado "como um alter ego do empregador", por se confundir com o próprio empregador, diante da amplitude de seus poderes. A referida doutrinadora lembra, aliás, que "um único ato destes empregados poderá colocar em **risco** não só a atividade do empregador, mas a sua própria existência"[63].

5.2.5.2.2 Empregado-sócio

É perfeitamente possível que um sócio cotista seja contratado como empregado da empresa por ele constituída. Isso é admissível juridicamente desde que ele tenha a condição de **mero cotista,** não influindo, por sua participação acionária ou por sua situação no sistema de gestão, no poder diretivo de outros sócios, exercentes da condição de administradores[64].

OJ Transitória 70 da SDI-1. CAIXA ECONÔMICA FEDERAL. BANCÁRIO. PLANO DE CARGOS EM COMISSÃO. OPÇÃO PELA JORNADA DE OITO HORAS. INEFICÁCIA. EXERCÍCIO DE FUNÇÕES MERAMENTE TÉCNICAS. NÃO CARACTERIZAÇÃO DE EXERCÍCIO DE FUNÇÃO DE CONFIANÇA. Ausente a fidúcia especial a que alude o art. 224, § 2º, da CLT, é ineficaz a adesão do empregado à jornada de oito horas constante do Plano de Cargos em Comissão da Caixa Econômica Federal, o que importa no retorno à jornada de seis horas, sendo devidas como extras a sétima e a oitava horas laboradas. **A diferença de gratificação de função recebida em face da adesão ineficaz poderá ser compensada com as horas extraordinárias prestadas** (*DJe* TST 27-5-2010, rep. *DJe* TST 28-5-2010 e *DJe* TST 31-5-2010).

62 Inclusive no que diz respeito à alteração de normas vigentes na empresa, especialmente daquelas que envolvem a forma de produzir e de trabalhar.

63 CASSAR, Vólia Bomfim. *Direito do trabalho.* 17. ed. Rio de Janeiro: Forense; São Paulo: Método, 2020, p. 311.

64 Observe-se decisão nesse sentido: RELAÇÃO DE EMPREGO — EMPREGADO SÓCIO-COTISTA — Em qualquer tipo de sociedade, o sócio pode ser empregado, posto que a sociedade tenha personalidade jurídica própria. Entretanto, para que isso ocorra é necessário que o sócio não possua cota-parte que lhe assegure posição de destaque na sociedade nem tenha participação intensa na gestão. Em resumo, sob as limitações acima expostas, é possível a coexistência do contrato de trabalho com a qualidade de acionista ou sócio-cotista. *In casu*, verifica-se que o reclamante possui apenas 2% das cotas da sociedade e estão caracterizados todos os elementos da relação empregatícia (TRT 22ª R., RO 00300-2004-102-22-00-1, Rel. Juiz Francisco Meton Marques de Lima, *DJU*, 19-12-2005, p. 19).

5.2.5.2.3 Empregado-diretor

Um alto empregado pode ser alçado à condição de diretor da empresa. Nessa situação, se a qualidade de diretor for capaz de retirar a subordinação jurídica em relação ao empregador, o contrato de emprego ficará suspenso até que finde o período de exercício da direção do empreendimento. Há, conforme antecipado em tópico anterior, súmula do TST nesse sentido:

Súmula 269 do TST. *DIRETOR ELEITO. CÔMPUTO DO PERÍODO COMO TEMPO DE SERVIÇO. O empregado eleito para ocupar cargo de diretor tem o respectivo contrato de trabalho suspenso, não se computando o tempo de serviço desse período, salvo se permanecer a subordinação jurídica inerente à relação de emprego.*

5.2.6 Quanto ao desenvolvimento

5.2.6.1 Empregados com formação e cognição completas

Afirma-se juridicamente capaz o empregado que tem idade superior a dezoito anos ou que, tendo mais de dezesseis anos de idade, emancipou-se. Observe-se que tal perspectiva leva em consideração apenas a **faixa etária** do trabalhador, ou seja, a dimensão, em termos de formação natural, para o exercício pessoal dos atos da vida civil. Há, por outro lado, também, o referencial ligado à **cognição**, vale dizer, ao necessário discernimento para a prática dos mencionados atos da vida civil, atributo de que o trabalhador pode estar despojado por enfermidade/deficiência mental ou por qualquer causa que impeça a expressão da vontade.

5.2.6.2 Empregados com formação e cognição incompletas ou em desenvolvimento

Os empregados com formação e cognição incompletas ou em desenvolvimento são, *a contrario sensu*, aqueles que, por razões etárias ou psíquicas, não possuem ampla capacidade para o exercício pessoal dos atos da vida civil.

5.2.6.2.1 Índios

Nos termos do art. 3º da Lei n. 6.001/73, índio ou silvícola "é todo indivíduo de origem e ascendência pré-colombiana que se identifica e é identificado como pertencente a um grupo étnico cujas características culturais o distinguem da sociedade nacional". A esses sujeitos são garantidos, entre outros direitos, o de não discriminação no campo laboral. Perceba-se que, nos moldes do art. 14 do mencionado estatuto, "não haverá discriminação entre trabalhadores indígenas e os demais trabalhadores, aplicando-se-lhes todos os direitos e garantias das leis trabalhistas e de previdência social".

Os índios são classificados em três espécies distintas: **índios isolados**, **índios em vias de integração** e **índios integrados**. As diferenças oferecidas a cada uma dessas espécies consideram o nível de inserção que elas possuem com os elementos da comunhão nacional. Veja-se:

a) Índios isolados

Entende-se por índio **isolado** o indivíduo que vive em grupos desconhecidos ou de que se possuem poucos e vagos informes mediante contatos eventuais com elementos da comunhão nacional. Essas qualidades justificam a força dispositiva do art. 15 da Lei n. 6.001/73, segundo o qual **será nulo** o contrato de trabalho ou de locação de serviços realizado com tais silvícolas.

b) Índios em processo de integração

Compreende-se **em vias de integração** o índio que, em contato intermitente ou permanente com grupos estranhos, conserva menor ou maior parte das condições de sua vida nativa, mas aceita algumas práticas e alguns modos de existência comuns aos demais setores da comunhão nacional, da qual vai necessitando cada vez mais para o próprio sustento. Registre-se que, nos moldes do art. 16 da Lei n. 6.001/73, os contratos de trabalho ou de locação de serviços realizados com indígenas em processo de integração ou habitantes de parques ou colônias agrícolas **dependerão de prévia aprovação do órgão de proteção ao índio** — FUNAI —, obedecendo, quando necessário, a normas próprias.

c) Índios integrados

Reputa-se **integrado** o índio incorporado à comunhão nacional e reconhecido no pleno exercício dos direitos civis, ainda que conserve usos, costumes e tradições característicos da sua cultura. Esses indivíduos não sofrem nenhuma limitação à autonomia contratual, podendo livremente celebrar negócios jurídicos.

5.2.6.2.2 Menores

A expressão "menor" é criticada pelo sentido de minimização da importância do sujeito assim considerado, sendo utilizada pelo constituinte apenas para identificar **limites**, o que é evidenciado nos arts. 7º, XXXIII, 228 e 229 da Carta Magna. Vejam-se:

*Art. 7º São direitos dos trabalhadores urbanos e rurais, além de outros que visem à melhoria de sua condição social: [...] XXXIII — proibição de trabalho noturno, perigoso ou insalubre a **menores** de dezoito e de qualquer trabalho a **menores** de dezesseis anos, salvo na condição de aprendiz, a partir de quatorze anos; (Redação dada ao inciso pela Emenda Constitucional n. 20/98, DOU, 16-12-1998).*

*Art. 228. São penalmente inimputáveis os **menores** de dezoito anos, sujeitos às normas de legislação especial.*

*Art. 229. Os pais têm o dever de assistir, criar e educar os filhos **menores**, e os filhos maiores têm o dever de ajudar e amparar os pais na velhice, carência ou enfermidade.*

Apesar de inapropriada como um substantivo, a palavra "menor" tem sido aplicada para qualificar exercentes de atividades em sentido estrito e trabalhadores, abrangendo *como gênero* os chamados "menores exercentes de atividade" e os "menores empregados", incluídos neste último bloco quatro outras espécies:

(i) Aqueles que não podem validamente firmar contrato de emprego (menores de 16 anos, salvo aprendizes a partir dos 14 anos);

(ii) Aqueles relativamente capazes de contratar (menores entre 16 e 18 anos) e que, por isso, dependem de assistência de seus pais ou tutores para validamente firmar contrato de emprego;

(iii) Aqueles contratados como aprendizes (no período em que têm idade entre 14 e 18 anos); e, para concluir,

(iv) Aqueles trabalhadores que, embora incapazes de contratar, são, ao arrepio da lei, investidos em atividade laboral que lhe garante o sustento próprio ou, se for o caso, familiar.

O efeito jurídico da contratação de cada um desses infantes ou adolescentes produzirá diferentes consequências, consoante mencionadas nos tópicos inseridos nos capítulos que tratam sobre "relação de emprego e contrato de emprego" (especificamente no instante em que se trata da invalidade dos negócios jurídicos) e sobre "proteção ao trabalho feminino e infantojuvenil".

5.2.7 Quanto à nacionalidade

5.2.7.1 Empregados nacionais

Consideram-se "nacionais" os empregados brasileiros, natos ou naturalizados, que, por conta da sua reconhecida cidadania, não sofrem nenhum tipo de restrição para fins de formação dos contratos de emprego. As únicas restrições opostas aos brasileiros naturalizados são visíveis no âmbito de situações estratégicas expressamente previstas no texto constitucional, tirante as quais nenhuma outra diferença é admissível (§ 2º do art. 12). Segundo o legislador constitucional, é reservado para o brasileiro nato: i) qualquer cargo na linha sucessória do Presidente da República (art. 12, § 3º, I a IV); ii) cargo de posição estratégica como em carreira diplomática, no oficialato das Forças Armadas ou no Ministério de Estado da Defesa (art. 12, § 3º, V a VII) e iii) assento no Conselho da República (art. 89, VIII).

5.2.7.2 Empregados estrangeiros

Consideram-se "estrangeiros" os empregados nascidos no exterior que não foram naturalizados brasileiros. Entre eles cabe ainda a distinção quanto aos estrangeiros residentes no País e aos não residentes no País.

Em favor dos estrangeiros residentes no Brasil, são estendidos, por força do disposto no art. 5º, *caput*, do texto constitucional de 1988, todos os direitos fundamentais ali elencados. Os estrangeiros não residentes no País, ou seja, aqueles que estão em situação precária quanto à sua permanência, ficam fora dessa proteção constitucional. Fruem, apesar disso, de direitos inerentes à sua condição humana como, por exemplo, atendimento médico de emergência e acesso ao Poder Judiciário.

Ao falar-se em empregados estrangeiros, especialmente naqueles que regularmente residem no País, surge invariavelmente a discussão sobre os temas "proporcionalidade de empregados brasileiros" e "nacionalização do trabalho" tratados entre os dispositivos constantes dos arts. 352 e 358 da CLT. Afinal, esses dispositivos foram recepcionados pelo texto constitucional de 1988?

A resposta parece ser negativa na medida em que:

i) O art. 5º, *caput*, estabelece que brasileiros e estrangeiros residentes no país são iguais perante a lei[65]. Destaque-se, nesse contexto, que o inciso XIII do referido art. 5º não restringe o exercício de nenhum trabalho, ofício ou profissão por conta da nacionalidade, mas, apenas, por força de qualificações profissionais que a lei infraconstitucional estabeleça. Como ser brasileiro não é uma "qualificação profissional", entende-se inexistente qualquer limitação dirigida aos estrangeiros residentes no País, no particular.

ii) Houve, como bem acentuado por Marcelo Moura[66], uma mudança de paradigma quanto ao tratamento dado ao estrangeiro pela Constituição de 1988. Ao contrário do que faziam os textos constitucionais de 1946 (art. 157, XI), de 1967 (art. 158. XII) e a EC n. 1/69 (art. 165, II), a Carta ora vigente não cuidou de referir nenhuma proporcionalidade entre brasileiros e estrangeiros, ressalvando unicamente, conforme mencionado, a exigência de "qualificação profissional".

---

[65] Constituição de 1988. Art. 5º Todos são iguais perante a lei, sem distinção de qualquer natureza, garantindo-se aos brasileiros e aos estrangeiros residentes no País a inviolabilidade do direito à vida, à liberdade, à igualdade, à segurança e à propriedade (...).

[66] MOURA, Marcelo. *Consolidação das Leis do Trabalho para concursos*. Salvador: JusPodivm, 2011, p. 394.

Anote-se, por fim, que a contratação do trabalhador estrangeiro em situação irregular no País não deve ser entendida como geradora de nulidade. Consoante mencionado no tópico em que foi estudada a tricotomia existência-validade-eficácia, mais especificamente no tópico em que foram analisados os *requisitos gerais* de validade do negócio jurídico, o trabalho do estrangeiro em situação irregular ingressa no tipo "trabalho proibido", e não "trabalho ilícito" (atividade ilícita). Conforme se disse antes, o trabalho proibido ou ilegal é assim caracterizado quando o seu objeto, vale dizer, sua prestação, é apenas juridicamente impossível. Na proibição, a prestação, entendida efetivamente como trabalho, apenas contraria alguma razão especial inserta na lei. Essa razão especial liga-se às qualidades do prestador (no caso específico à regularidade de ingresso e de permanência no País) ou às circunstâncias do ambiente onde o serviço é prestado.

Sendo proibido o trabalho, a infração ao dispositivo de vedação gerará apenas sanções disciplinares, de cunho administrativo, contra prestador e tomador infratores, mas nenhum efeito jurídico sobre os créditos contratuais será notado. O estrangeiro em situação irregular não somente terá o direito de ajuizar ação contra a empresa que tomou irregularmente o seu trabalho como o de receber todos os créditos decorrentes do vínculo. Esse entendimento é, aliás, pacífico no TST[67].

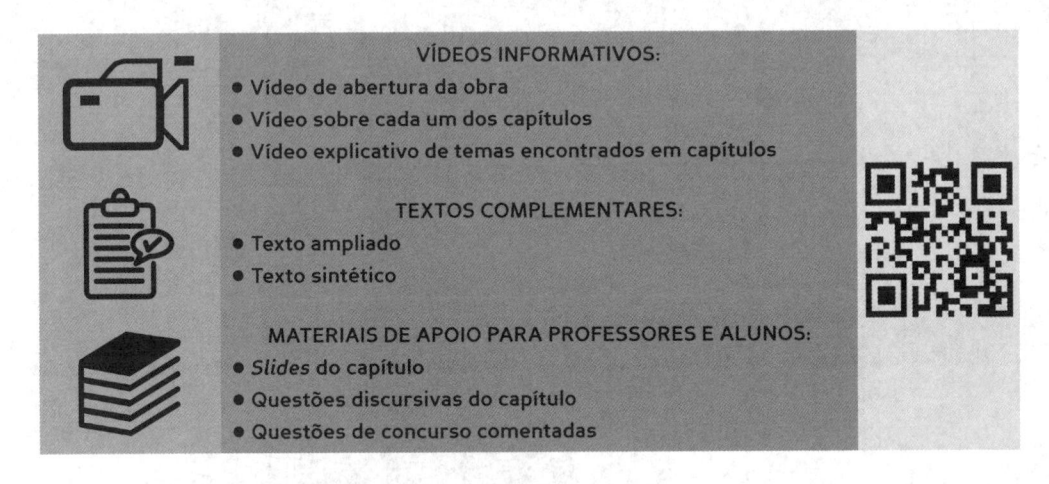

VÍDEOS INFORMATIVOS:
- Vídeo de abertura da obra
- Vídeo sobre cada um dos capítulos
- Vídeo explicativo de temas encontrados em capítulos

TEXTOS COMPLEMENTARES:
- Texto ampliado
- Texto sintético

MATERIAIS DE APOIO PARA PROFESSORES E ALUNOS:
- *Slides* do capítulo
- Questões discursivas do capítulo
- Questões de concurso comentadas

---

[67] Por todas, veja-se a seguinte ementa de acordão: RECURSO DE REVISTA — CARÊNCIA DE AÇÃO VÍNCULO EMPREGATÍCIO — ESTRANGEIRO EM SITUAÇÃO IRREGULAR — A Constituição Federal adota como fundamentos da República o valor social do trabalho e a dignidade da pessoa humana (art. 1º, III e IV), os quais demandam, para a sua concretização, a observância do direito fundamental à igualdade (art. 5º, *caput*). Tal direito, por sua vez, deve ser estendido a todos os brasileiros e estrangeiros residentes no País, sem distinção de qualquer natureza, salvo as limitações expressas na própria Carta Magna. A garantia de inviolabilidade do referido direito independe, portanto, da situação migratória do estrangeiro. Dessarte, à luz dos princípios da igualdade e da dignidade da pessoa humana, e em respeito ao valor social do trabalho, a autora faz jus aos direitos sociais previstos no art. 7º da Constituição da República, que encontram no direito ao trabalho sua fonte de existência, e, por consequência, ao reconhecimento do vínculo de emprego. Recurso de revista conhecido e desprovido (TST — RR 498/2003-005-04-00.1, Rel. Min. Luiz Philippe Vieira de Mello Filho, *DJe*, 12-11-2010, p. 367).

6
EMPREGADOR

https://somos.in/CTD14

6.1 DEFINIÇÃO

No contexto do contrato de emprego, o empregador aparece como sujeito concedente da oportunidade de trabalho. Ele pode materializar a forma de pessoa física, de pessoa jurídica (entes políticos, associações, sociedades, fundações, organizações religiosas, partidos políticos) ou até de ente despersonalizado, excepcionalmente autorizado a contratar (condomínios, massa falida, espólio, família etc.). Em qualquer circunstância, porém, o empregador assumirá os riscos da atividade desenvolvida e orientará o modo de execução das tarefas de que será destinatário. Como contrapartida pela execução dessas tarefas, o empregador oferecerá uma retribuição pecuniária intitulada salário, aqui identificado em sentido amplo.

Os caracteres acima expostos autorizam uma definição da figura do empregador nos seguintes moldes: *é a pessoa física, jurídica ou ente despersonalizado (este excepcionalmente autorizado a contratar) concedente da oportunidade de trabalho, que, assumindo os riscos da atividade (econômica ou não econômica) desenvolvida, admite, assalaria e dirige a prestação pessoal de serviços de outro sujeito, o empregado.*

Nesse particular, a CLT oferece uma definição passível de crítica porque vincula a figura do empregador à da empresa, assim entendida a unidade econômica organizada, individualmente (por um empresário individual[1]) ou coletivamente (por uma sociedade empresária),

---

[1] Anote-se que o **empresário individual** é um negociante que, por não ter parceiro comercial ou por não desejar tê-lo, realiza sozinho os atos de comércio. Ele responde com seus bens pessoais pelas dívidas de seu empreendimento, assumindo responsabilidade ilimitada quanto a elas, salvo se, nos termos da Lei n. 12.441, de 11 de julho de 2011, tiver se constituído como uma empresa individual de responsabilidade limitada (conhecida pela abreviatura EIRELI).

Esse tipo empresarial é constituído por uma única pessoa, titular da totalidade do capital social, devidamente integralizado, que não será inferior a 100 (cem) vezes o maior salário mínimo vigente no país. Pois bem. Por abstração jurídica, a EIRELI ingressa na categoria das pessoas jurídicas (*vide* art. 44, VI, do Código Civil) e passa a ter, como o próprio nome da espécie sugere, responsabilidade limitada ao patrimônio social da empresa.

Anote-se, porque relevante, que o parágrafo que disciplinava expressamente o regime da responsabilidade das EIRELIs foi vetado pela Presidente da República. O § 4º do art. 980-A do Código Civil tinha a seguinte redação: "§ 4º Somente o patrimônio social da empresa responderá pelas dívidas da empresa individual de responsabilidade limitada, não se confundindo em qualquer situação com o patrimônio da pessoa natural que a constitui, conforme descrito em sua declaração anual de bens entregue ao órgão competente".

Na mensagem de veto, a Chefe do Executivo federal disse que o referido dispositivo trazia na expressão "em qualquer situação" a possibilidade de geração de divergências quanto à aplicação das hipóteses gerais de desconsideração da personalidade jurídica previstas no art. 50 do Código Civil. Por outro lado, pareceu à Presidente — e com razão — que o veto do mencionado parágrafo não inviabilizaria a responsabilidade limitada, haja vista o fato de o § 6º mencionar que às EIRELIs se aplicariam as mesmas regras incidentes sobre as sociedades limitadas, inclusive quanto à separação do patrimônio.

para a produção ou a circulação de bens ou de serviços (*vide* art. 966 do Código Civil). Essa particularidade, porém, deve ser analisada à luz da ideologia da época da edificação das primeiras normas trabalhistas brasileiras, que atribuíam ao empregador a qualidade de instituição[2], com todas as características que lhe são próprias, inclusive a de existir independentemente da vinculação a qualquer pessoa física ou jurídica, a de ter poderes (ao revés de meros direitos) a de ter um caráter de continuidade e a de ter missões relevantes dentro do contexto social[3]. Por esse motivo, o art. 2º da mencionada Consolidação conceitua o empregador nos seguintes moldes:

> Art. 2º **Considera-se empregador a empresa, individual** ou **coletiva**, que, assumindo os riscos da atividade econômica, admite, assalaria e dirige a prestação pessoal de serviço (destaques não constantes do original).

Diante da equivalência estabelecida entre "empregador" e "empresa", o empregado estaria teoricamente mais protegido contra os abusos do seu contratante, uma vez que o liame seria firmado com o empreendimento e não com o empreendedor. O legislador, entretanto, cônscio da existência de muitos outros contratantes que não poderiam ingressar nesse figurino empresarial, resolveu incluir no texto do art. 2º da CLT parágrafo indicativo da existência de "outros empregadores", assim entendidos apenas "por equiparação". Note-se:

> § 1º *Equiparam-se ao empregador, para os efeitos exclusivos da relação de emprego, os profissionais liberais, as instituições de beneficência, as associações recreativas ou outras instituições sem fins lucrativos, que admitirem trabalhadores como empregados.*

Assim, além das entidades empresariais, que visam à produção ou à circulação de bens ou de serviços, são também entendidos como empregadores e, consequentemente, equiparados às empresas:

• Os **profissionais liberais**, assim entendidos aqueles que, independentemente dos instrumentos de que dispõem os seus tomadores, exercem profissão regulamentada (advogado, médico, psicólogo, dentista, fisioterapeuta, corretor, engenheiro, arquiteto etc.), por conta própria, atuando como verdadeiros empresários de si mesmos. Os profissionais liberais, titulares dos seus meios de produção, são trabalhadores autônomos. Para o alcance de seus propósitos, podem valer-se do auxílio de terceiros, normalmente seus empregados.

• As **instituições de beneficência**, assim compreendidas as estruturas materiais e humanas que, sem qualquer finalidade lucrativa, servem à realização de ações de interesse

---

Registre-se, por fim, que, apesar das elevadas motivações jurídicas que podem ter justificado a criação dessa figura empresarial, ela poderá se constituir em mais um instrumento de fraude contra o regime de emprego. Muitos trabalhadores, genuinamente qualificados como empregados, poderão ser aliciados a ingressar nesse tipo para, uma vez "pejotizados", satisfazer aos propósitos de tomadores de serviços que desejem, em verdade, se desonerar do pagamento de tributos previdenciários e de verbas tipicamente trabalhistas (férias, décimo terceiro salário, FGTS, horas extraordinárias etc.). Será necessária atenção redobrada da Auditoria Fiscal do Trabalho, do Ministério Público do Trabalho e do Judiciário trabalhista. A EIRELI pode protagonizar mais um episódio de um vicioso ciclo no qual a legislação atua contra a fraude e a fraude atua contra a legislação (ou, em alguns casos — como esse —, por meio da legislação).

2 O termo "instituição" aponta para existência de "combinações estruturais visando realizar tarefas sociais específicas. Universidades, por exemplo, são instituições destinadas a transmitir conhecimentos de nível superior e a formar profissionais". In BERMAN, Harold J., *Direito e revolução: a formação da tradição jurídica ocidental*. São Leopoldo: Editora Unisinos, 2006, p. 16.

3 Lembre-se que a palavra "patrão" provém de *pater*, vocábulo latino que significa pai, protetor. Foi justamente com base nessa concepção paternal/protetiva que se construiu o conceito do empregador, para quem, entre outras circunstâncias, foi atribuída a responsabilidade pela saúde e pela higidez ocupacional do seu colaborador.

social ou coletivo, entre as quais se incluem as santas casas, as obras sociais e os hospitais filantrópicos.

• As **associações recreativas**, isto é, agrupamentos permanentes de pessoas com o objetivo especial de garantir o lazer, o divertimento e o entretenimento, por exemplo, clubes, recreios, associações desportivas e associações carnavalescas.

• Outras **instituições sem fins lucrativos**, assim entendidas quaisquer estruturas, beneficentes ou não, desde que sem finalidade de gerar lucro para seus administradores ou colaboradores[4]. Nesse plano estão incluídas as associações de classe, os agrupamentos cívicos, culturais, educacionais, científicos, recreativos ou de assistência à pessoa.

A vinculação dos conceitos de empregador e de empresa não foi repetida na Lei n. 5.889/73 — Estatuto do Trabalho Rural. Vê-se ali, no art. 3º da mencionada lei, uma definição de empregador dissociada do institucionalismo próprio da CLT. Perceba-se:

*Art. 3º Considera-se empregador rural, para os efeitos desta lei, **a pessoa física ou jurídica**, proprietário ou não, que explore atividade agroeconômica, em caráter permanente ou temporário, diretamente ou através de prepostos e com auxílio de empregados.*

A despeito disso, o texto da lei rurícola manteve uma relação entre ser empregador e desenvolver atividade econômica. Perceba-se essa vinculação a partir da referência ao fato de o empregador rural ser aquele *que explora atividade agro**econômica***. Por consequência, a norma ora em análise manteve a sistemática de menção aos "empregadores por equiparação", nos termos do seu art. 4º[5].

6.2 CARACTERÍSTICAS

Dois são os caracteres que identificam o empregador: a **despersonalização** e a **assunção dos riscos** da atividade desenvolvida. Vejam-se:

6.2.1 A despersonalização

É uma característica segundo a qual a existência do empreendimento não está condicionada à de nenhum dos seus empreendedores, pessoas físicas. Diz-se existente uma situação de despersonalização porque o sistema legal preza a instituição — "empresa" — em detrimento das pessoas físicas que a instituíram. Com base nesse caractere arrimam-se os textos dos arts. 10 e 448 da CLT, *in verbis*:

Art. 10. Qualquer alteração na estrutura jurídica da empresa não afetará os direitos adquiridos por seus empregados.

Art. 448. A mudança na propriedade ou na estrutura jurídica da empresa não afetará os contratos de trabalho dos respectivos empregados.

---

[4] Ver Precedente Administrativo da Secretaria de Inspeção do Trabalho: PRECEDENTE ADMINISTRATIVO N. 15 (Aprovado pelo Ato Declaratório DEFIT n. 2, de 19-1-2001, DOU 24-1-2001 e consolidado pelo Ato Declaratório DEFIT n. 4, de 21-2-2002, DOU 22-2-2002). SALÁRIO. EMPREGADOR E EQUIPARADOS. ENTIDADES SEM FINS LUCRATIVOS. PRAZO LEGAL. Equiparam-se ao empregador, para os efeitos da relação de emprego, as pessoas e entidades referidas no § 1º do art. 2º da CLT. A partir do momento em que a instituição sem fins lucrativos contrata empregados, assume todas as obrigações dessa relação jurídica, não podendo repassar a seus empregados o risco de sua atividade. Os salários, portanto, devem ser pagos no prazo legal, sob pena de imposição de sanção administrativa.

[5] Art. 4º Equipara-se ao empregador rural a pessoa física ou jurídica que, habitualmente, em caráter profissional e por conta de terceiros, execute serviços de natureza agrária, mediante utilização do trabalho de outrem.

Observe-se que, com base em qualquer dos citados dispositivos, as transformações operadas não afetam a existência do empreendimento, tampouco os direitos de seus contratados. Nesse sentido há clara *despersonalização empresarial*, sendo minimamente relevantes para o contrato de emprego as **alterações estruturais** (mudança de sócios, conversão de sociedade por cotas de responsabilidade limitada em sociedade anônima, transformação de uma empresa individual em uma sociedade empresária etc.) ou as **mudanças na propriedade** (alienação, cessão, fusão, cisão, incorporação etc.). Essas modificações podem ser praticadas em atendimento às conveniências de mercado, sem que em nada afetem os contratos de emprego em curso ou os direitos adquiridos pelos empregados. Somente a extinção da empresa produzirá o efeito da cessação do vínculo e da apuração dos haveres; a transformação não tem esse condão.

Anote-se que a "despersonalização" não se confunde com a "desconsideração da personalidade jurídica da empresa", embora muitas vezes as mencionadas expressões sejam utilizadas para o mesmo fim. Como já se observou, a *despersonalização* consiste na desvinculação entre a empresa e as pessoas que a constituíram ou que a administraram. Estas podem sair do empreendimento ou até desaparecer, mas a empresa, por conta da mencionada despersonalização, continuará a existir e a seguir seus propósitos. Há empresas centenárias que, apesar dos muitos anos de existência sob gestões diferentes, continuam sólidas, independentemente das pessoas que por elas passaram. A *desconsideração da personalidade jurídica*, por outro lado, é um remédio jurídico por meio do qual se desestima a personalidade jurídica do empreendimento para, negando sua existência autônoma como sujeito de direito, apreender o efetivo responsável pelo ato de violação, seu sócio ou diretor. Isso significa que qualquer desvio de finalidade perpetrado pelas pessoas naturais que materializam as ações das pessoas jurídicas pode implicar a transferência de responsabilidade para os referidos agentes, pessoas naturais. Valem, para finalizar este tópico, as palavras do Professor Lamartine Corrêa:

"Os problemas ditos de 'desconsideração' envolvem frequentemente um problema de imputação. O que importa basicamente é a verificação da resposta adequada à seguinte pergunta: no caso em exame, foi realmente a pessoa jurídica que agiu ou foi ela mero instrumento nas mãos de outras pessoas, físicas ou jurídicas? [...] Se é, em verdade, uma outra pessoa que está a agir, utilizando a pessoa jurídica como escudo, e se é essa utilização da pessoa jurídica, fora de sua função, que está tornando possível o resultado contrário à lei, ao contrato, ou às coordenadas axiológicas fundamentais da ordem jurídica (bons costumes, ordem pública), é necessário fazer com que a imputação se faça com predomínio da realidade sobre a aparência"[6].

6.2.2 A assunção dos riscos da atividade desenvolvida

O risco é um quantificador dos fatores capazes de impedir a realização de um objetivo com segurança. Ele está presente em absolutamente todos os atos e atividades da vida, sendo variável apenas sua dimensão[7].

---

6 OLIVEIRA, José Lamartine Corrêa de. *A dupla crise da pessoa jurídica*. São Paulo: Saraiva, 1979.
7 A palavra "risco" decorre do latim medieval *riscus*, que nada mais era do que um risco ou fenda encontrável nos cascos das embarcações resultantes das colisões contra as rochas e que permitia uma avaliação da probabilidade de naufrágio. Quando o risco era grande, as probabilidades de afundamento de embarcação eram consideráveis, recomendando, portanto, a volta ao estaleiro. O risco é, portanto, um índice, lastreado na experiência, elaborado a partir da combinação da probabilidade e das consequências da ocorrência de um determinado acontecimento perigoso ou ainda da severidade dos danos já causados. Fala-se, por isso, em risco de ocorrer um dano motivado pela situação perigosa.

Nas atividades econômicas o risco é um fator intrínseco de respeitável amplitude e deve ser sempre considerado por quem nelas se aventura. Arriscar é, sem dúvida, uma ação que pode produzir vantagens ou prejuízos. Nesses termos, se o empregado não é destinatário dos proveitos advindos de uma bem-sucedida aposta empresarial, também não poderá sê-lo das desventuras daí decorrentes. Por essa razão o art. 2º da CLT tratou de atribuir ao empregador o caractere ora estudado, deixando claro que ele tem o comando do empreendimento e que, justamente por isso, *assume* "os riscos da atividade econômica, admite, assalaria e dirige a prestação pessoal de serviços".

A assunção patronal dos riscos da atividade econômica, entretanto, não tem demonstrado sua plenitude. Notam-se sinais claros de relativização desse caractere, porque o empregador tem efetivamente dividido o risco do empreendimento com o empregado, e em algumas oportunidades essa divisão de risco é promovida, como se verá adiante, com base na própria lei.

Como bem destacou David Harvey, a partir do declínio do fordismo, "o capital corporativo teve de ajustar as velas em certos aspectos para seguir com mais suavidade a trilha da lucratividade segura; e o trabalho organizado teve de assumir novos papéis e funções relativos ao desempenho nos mercados de trabalho e nos processos de produção"[8]. Assim, operou-se, no dizer do mencionado geógrafo britânico, um processo de interpenetração de valores capitalistas nas atividades laborais, fruto de uma circunstância de momento. "Diante da forte volatilidade do mercado, do aumento da competição e do estreitamento das margens de lucro, os patrões tiraram proveito do enfraquecimento do poder sindical e da grande quantidade de mão de obra excedente (desempregados ou subempregados) para impor regimes e contratos de trabalho mais flexíveis"[9]. O risco e a insegurança dele decorrente, que até então eram exclusividade patronais, passaram a ser, em certa medida, divididos com os empregados. Estes passaram a ser destinatários de retribuições que somente existiriam na medida em que o empregador obtivesse lucro. Nessa esfera surgiram as "participações nos lucros e resultados", as "gratificações de balanço" e verbas congêneres, numa tentativa de garantir o acesso do empregado a montante remuneratório superior ao mínimo legal apenas quando o empregador lucrasse. Imagine se não existissem as barreiras da retribuição mínima...

Independentemente de quem seja o culpado pelas crises existentes, sua administração foi incumbida a trabalhadores e capitalistas. Nesse sentido, e tendo em vista a racionalização entre o desenvolvimento nacional e a busca do pleno emprego, o legislador constituinte, como que vaticinando a aflição do trabalhador num sistema capitalista neoliberal, erigiu ao plano da lei fundamental uma série de direitos sociais e trabalhistas com o evidente objetivo de protegê-los. Ofereceu, entretanto, fórmula de flexibilizá-los em relação aos mais relevantes conteúdos do contrato de emprego, vale dizer, no que diz respeito às dimensões da prestação (art. 7º, XIII e XIV) e da contraprestação (art. 7º, VI), **mediante negociação coletiva**, respeitados, é claro, os referenciais mínimos contidos na própria Constituição. Assim, diante das situações de riscos mal administrados e que implicassem dificuldades financeiras para os empregadores, os empregados, mediante a intermediação das entidades sindicais, passaram a ser chamados para também a elas se submeter. As associações sindicais passaram, então, a ser chamadas para escolher, dentre os males, o menor. As opções sinalizavam para escolhas evidentes, uma vez que seria obviamente "um mal menor" ter, por exemplo, salários diminuídos em detrimento de despedidas em massa.

---

8 HARVEY, David. *Condição pós-moderna*: uma pesquisa sobre as origens da mudança cultural. Trad. Adail Ubirajara Sobral e Maria Stela Gonçalves. 16. ed. São Paulo: Loyola, 2007, p. 125.
9 HARVEY, David. Op. cit., p. 143.

6.3 PODER DIRETIVO PATRONAL

A palavra "poder" tem inúmeras acepções, designando em seu sentido mais amplo a capacidade ou a possibilidade de agir e de produzir efeitos[10]. Se analisada em sentido especificamente jurídico, a palavra passa a ser identificada como expressão de domínio, como capacidade de legitimamente submeter alguém a algo.

Não é demasiado lembrar que a capacidade de submeter residia, numa fase pré-estatal, na força ou no prestígio de indivíduos singularmente considerados. A partir do instante em que o Estado se organizou, o "poder" se objetivou e passou a ser concebido como algo separado da pessoa que o exerce. O "poder" foi, então, institucionalizado e o seu exercício passou a ser limitado dentro de uma esfera civilizatória, impeditiva de abusos e de excessos. Criou-se, assim, um institucionalismo moderado, a que se refere José Martins Catharino[11].

Nessa órbita passou a girar também o "poder diretivo patronal"[12], como prerrogativa dada ao empregador para exigir determinados comportamentos lícitos dos seus empregados com vistas ao alcance de propósitos preestabelecidos.

O poder diretivo foi institucionalizado de modo que somente em virtude do vínculo de emprego surge o fundamento do domínio e a razão de ser da subordinação jurídica. Nesse sentido, é importante o registro do pensamento de Luiz José de Mesquita, segundo o qual o poder diretivo "encontra fundamento no interesse social da empresa, que exige uma perfeita organização profissional do trabalho, fornecido por seus subordinados a fim de se atingir um bem comum de ordem econômico-social"[13].

Esse "poder" é da empresa (ou dos equiparados a esta), e não de quem eventualmente comanda a empresa. É importante lembrar também que a existência do empreendimento não está condicionada à de nenhum de seus empreendedores, pessoas físicas. O sistema legal preza a instituição ("empresa" ou quem a ela se equipara), destinatária exclusiva do ora analisado "poder diretivo".

Na atualidade, o poder diretivo tem se aperfeiçoado como verdadeira autoridade autônoma naquilo que se pode identificar como "poder diretivo algorítmico".

Sim, os algoritmos[14] como chefes.

Os algoritmos conseguem estabelecer padrões e, dentro de um determinado limite, criar alternativas que permitam compensar o resultado final quando, durante o trajeto da execução

---

10 STOPPINO, Mário. Poder. In: *Dicionário de política*. 11. ed. Brasília: UnB, 1998, v. 2, p. 933-943.
11 CATHARINO, José Martins. *Compêndio de direito do trabalho*. São Paulo: LTr, 1975.
12 Maurício Godinho Delgado, com base em fundamentos razoáveis, sustenta que o conjunto de prerrogativas asseguradas pela ordem jurídica e concentradas na figura do empregador receberia o nome de "poder empregatício" (ver DELGADO, Mauricio Godinho. *Curso de direito do trabalho*. 4. ed. São Paulo: LTr, 2005, p. 629). Daí, segundo seu magistério, emergiriam como variáveis as prerrogativas de direção, organização, fiscalização e sanção. Parece, entretanto, que a expressão "poder diretivo patronal" tem dimensão equivalente ao da expressão "poder empregatício" com a vantagem de ser mais frequentemente aplicada. Ademais, o vocábulo "dirigir" aglutina em si, necessariamente, as ações de organização, de fiscalização e de sanção.
13 MESQUITA, Luiz José de. *Direito disciplinar do trabalho*. São Paulo: LTr, 1991.
14 Na atualidade, muito se fala sobre o fato de a tecnologia da informação e as suas programações algorítmicas estarem a produzir uma verdadeira revolução digital. A palavra "algoritmo" é, aliás, em seu sentido etimológico, a corporificação, na linguagem matemática, do padrão que se deve impor sobre coisas e pessoas para que os eventos se desenvolvam exatamente como planejados. Se alguém contraria um algoritmo, não passa despercebido. Nesse sentido, os algoritmos exprimem a relevância dos números associada a um compasso lógico, preciso, mecânico, eficiente e correto, que permite não apenas executar programações procedimentais exatamente como previstas mas, para além disso, identificar claramente quem, quando, como, onde e por que houve a quebra do referido compasso.

tenha ocorrido algo fora do *script*. Eles — os algoritmos —, que tanto foram utilizados para reger coisas, encontraram terreno fértil para também dirigir pessoas, especialmente no âmbito das relações de trabalho nas quais naturalmente existem comandos, expectativas e sanções.

Vive-se uma era em que a autoridade anônima dos algoritmos já comanda, e tanto mais comandará, os trabalhadores e os prestadores de serviços, dando-lhes orientações, traçando-lhes metas, estabelecendo as prioridades e, até mesmo, aplicando-lhes punições. Seriam, então, os algoritmos capazes de regulamentar, dirigir, fiscalizar e punir os diferentes tipos de trabalhadores?

Não há dúvidas que potencial para isso existe. Os algoritmos, afinal, arvoram-se a ser os novos detentores do poder diretivo. Cabe à sociedade trabalhista, portanto, perceber e entender como os algoritmos funcionam, como podem ser utilizados e, principalmente, como podem — e é o que se deseja — ser controlados, pois não deve haver neste mundo nenhum poder sem o correspondente e necessário controle[15].

Acrescente-se, por derradeiro, que a contraface do "poder diretivo" é o "direito de resistência". A contraposição, entretanto, não se manifesta no sentido de que ambos possam atuar ao mesmo tempo, um anulando o outro, mas no propósito de que o uso irregular do primeiro faz nascer o segundo. Maiores detalhes sobre "direito de resistência" podem ser encontrados no tópico 13.3.

6.3.1 Espécies decorrentes do poder diretivo

O poder diretivo ou poder de comando é uma prerrogativa dada ao empregador para exigir determinados comportamentos lícitos de seus empregados com vistas ao alcance de propósitos preestabelecidos. Para atingir esses desígnios e para organizar a atuação de seus subordinados, o empregador pode valer-se de orientações de natureza técnica e de caráter geral. Essa conduta administrativa, normalmente associada à hierarquia e à disciplina, conduz a uma situação segundo a qual o empreendedor tem as faculdades de organizar o seu sistema produtivo, de fiscalizar (controlar) o cumprimento daquilo que foi ordenado e, se for o caso, de punir os transgressores de suas ordens de comando. Nesses moldes, o poder diretivo subdivide-se em poder de organização, poder de fiscalização e poder disciplinar, conforme a seguir detalhado.

6.3.1.1 Poder de organização

O poder de organização ou poder regulamentar é uma variável do poder diretivo que permite ao empregador, dentro dos limites da lei, a expedição de comandos que orientam o modo como os serviços devem ser realizados. Esses comandos podem ser positivos ou negativos, gerais ou específicos, diretos ou delegados, verbais ou escritos. Quando reduzidos a termo, os atos patronais podem ser materializados em ordens de serviço, circulares, avisos, portarias, memorandos, instruções ou comunicados.

Há empregadores que preferem criar um sistema de comandos organizacionais sob o nome jurídico "Regulamento Interno de Trabalho", cujo teor igualmente obriga as comunidades operárias e patronais, constituindo verdadeiro limite contratual imposto aos empregadores[16].

---

[15] Maiores detalhes podem ser encontrados em MARTINEZ, Luciano; STUDART, Ana Paula Didier. Poder diretivo algorítmico: a nova autoridade anônima e implacável. 2020. Disponível em: <https://www.linkedin.com/pulse/poder-diretivo-algor%C3%ADtmico-nova-autoridade-an%C3%B4nima-e-luciano-martinez/>.

[16] Veja-se a Súmula 77 do TST, segundo a qual "nula é a punição de empregado se não precedida de inquérito ou sindicância internos a que se obrigou a empresa por norma regulamentar".

O "Regulamento Interno de Trabalho" (RIT) tem múltiplos objetivos, porém entre os mais relevantes estão aqueles que visam à definição clara e precisa dos procedimentos de rotina e à delimitação de direitos suplementares àqueles contidos em lei, inclusive no tocante aos requisitos de aquisição. É por meio dos regulamentos internos de trabalho que o empregador regula a postura operária diante dos clientes, o vestuário que deve ser utilizado (*dress code*), os espaços físicos que podem ser ocupados dentro do *layout* de serviço etc. No que diz respeito ao vestuário, cabe observar o conteúdo do art. 456-A da CLT. Veja-se:

> CLT, Art. 456-A. *Cabe ao empregador definir o padrão de vestimenta no meio ambiente laboral, sendo lícita a inclusão no uniforme de logomarcas da própria empresa ou de empresas parceiras e de outros itens de identificação relacionados à atividade desempenhada.*
>
> *Parágrafo único. A higienização do uniforme é de responsabilidade do trabalhador, salvo nas hipóteses em que forem necessários procedimentos ou produtos diferentes dos utilizados para a higienização das vestimentas de uso comum.*

Vê-se, portanto, que é unicamente do empregador o direito de estabelecer o padrão de vestimenta desde que, evidentemente, não seja aviltante ou desmoralizadora, sendo admitida juridicamente a inserção de logomarcas publicitárias do próprio empregador e de empresas parceiras sem que esse fato, por si só, possa vir a ser entendido como violador de algum dos direitos da personalidade do operário.

Nesse sentido, cabe deixar anotado o posicionamento adotado pelo **Enunciado 21** da 2ª Jornada de Direito Material e Processual do Trabalho, ocorrida entre 9 e 10 de outubro em Brasília/DF, sob a coordenação da Associação Nacional dos Magistrados da Justiça do Trabalho — ANAMATRA. Veja-se:

> *21 — PADRÕES DE VESTIMENTA E DE LOGOMARCAS IMPOSTAS PELO EMPREGADOR: LIMITE. ART. 456-A DA CLT. PADRÕES IMPOSITIVOS DE VESTIMENTAS E LOGOMARCAS. LIMITES A DIREITOS FUNDAMENTAIS. A prerrogativa do empregador de definir padrão de vestimenta, bem como outras formas de identificação e propaganda, encontra limites nos direitos fundamentais dos trabalhadores. Assim, a definição de uniformes, logomarcas e outros itens de identificação deve preservar direitos individuais, tais como os relacionados a privacidade, honra e pudor pessoal, e não se exclui a aplicação do artigo 20 do Código Civil.*

6.3.1.2 Poder de fiscalização

O poder de fiscalização também é uma variável do poder diretivo que permite ao empregador, dentro dos limites da lei, por atuação pessoal, de prepostos ou de aparatos mecânicos/eletrônicos, controlar a execução dos serviços de seus empregados, bem como a maneira como estes foram prestados. É natural que o empregador, detentor da prerrogativa diretiva, ele mesmo ou seus encarregados (gerentes, chefes, supervisores, coordenadores, apontadores etc.) avalie a regularidade da prestação dos serviços dos contratados. No âmbito dessa regularidade estão aferições que dizem respeito ao cumprimento do horário de trabalho e do sistema de produção. O empregador, assim, pode (e em algumas situações deve) se valer de controles de ponto[17], de controle de acesso à portaria da empresa e de sistemas

---

[17] Art. 74. O horário de trabalho será anotado em registro de empregados. (Redação dada pela Lei n. 13.874/2019) § 1º (Revogado). (Redação dada pela Lei n. 13.874, de 2019) § 2º Para os estabelecimentos com mais de 20 (vinte) trabalhadores será obrigatória a anotação da hora de entrada e de saída, em registro ma-

de prestação de contas para fins de pagamento de diárias e de verbas de representação. Ele poderá até mesmo adotar sistemas alternativos de controle da jornada de trabalho, desde que, nos limites da Portaria MTP n. 671, de 8 de novembro de 2021, autorizado por Convenção ou Acordo Coletivo de Trabalho[18].

No âmbito do poder de fiscalização ou de controle surgem, entretanto, importantes problemáticas decorrentes das colisões entre direitos fundamentais. É que os empregadores nem sempre reconhecem a utilização de sistemas de fiscalização eletrônica como controle da atuação laboral. Muitas são as situações em que eles sustentam que a fiscalização do trabalho não é o objetivo final de determinadas ações, mas sim a proteção ao patrimônio pessoal da empresa e dos colaboradores/clientes/fornecedores desta.

A despeito disso e de todas as controvérsias que envolvem o uso de algumas tecnologias de vigilância e de monitoramento[19], há empregados que se dizem violados em sua intimidade ou vida privada. A solução nesses casos é alcançada mediante a avaliação do direito fundamental, que, concretamente, merece maior proteção.

A maior proteção é oferecida àquele direito que, dentro de uma escala comparativa de valores, ao menos num instante específico, revelou-se preponderante por força de *fonte autônoma ou heterônoma permissiva* e por conta de *real necessidade*. Assim, por exemplo, um empregador, compelido por norma estatal de prevenção de crimes por meio virtual (cita-se, ilustrativamente, a pedofilia), estará autorizado a monitorar, *desde que mediante prévia e pública informação de adoção desse procedimento*, o trânsito de mensagens dos correios eletrônicos de seus empregados. Observe-se que, no caso sob exame, o direito à segurança, por força de lei, revela preponderância; a intimidade perde o destaque a partir do instante em que há prévia notificação do monitoramento e das sérias razões que o justificam.

Registre-se que a Convenção Europeia dos Direitos do Homem já previa, desde 1950, o respeito à intimidade e à vida privada, ressalvando, entretanto, que a interferência nesse âmbito seria permitida diante de situações em que a ingerência *estivesse prevista em lei* e constituísse medida que, numa sociedade democrática, fosse necessária à preservação da segurança, do bem-estar econômico, da ordem, da saúde, da moral ou dos direitos e liberdades alheias[20].

---

nual, mecânico ou eletrônico, conforme instruções expedidas pela Secretaria Especial de Previdência e Trabalho do Ministério da Economia, permitida a pré-assinalação do período de repouso. (Redação dada pela Lei n. 13.874/2019) § 3º Se o trabalho for executado fora do estabelecimento, o horário dos empregados constará do registro manual, mecânico ou eletrônico em seu poder, sem prejuízo do que dispõe o *caput* deste artigo. (Redação dada pela Lei n. 13.874/2019) § 4º Fica permitida a utilização de registro de ponto por exceção à jornada regular de trabalho, mediante acordo individual escrito, convenção coletiva ou acordo coletivo de trabalho. (Incluído pela Lei n. 13.874/2019).

18   O uso dessa faculdade implica a presunção de cumprimento integral pelo empregado da jornada de trabalho contratual, convencionada ou acordada vigente no estabelecimento. Para tanto deverá ser disponibilizada ao empregado, até o momento do pagamento da remuneração referente ao período em que está sendo aferida a frequência, a informação sobre qualquer ocorrência que ocasione alteração de sua remuneração em virtude da adoção de sistema alternativo. É bom deixar anotado que, nos limites do art. 74 da referida Portaria, os sistemas eletrônicos não devem admitir restrições à marcação do ponto; marcação automática do ponto; exigência de autorização prévia para marcação de sobrejornada e a alteração ou eliminação dos dados registrados pelo empregado.

19   Sobre o tema vigilância eletrônica, consulte-se a obra *A monitoração audiovisual e eletrônica no ambiente de trabalho e seu valor probante* (LTr, 2008), de Lélia Guimarães Carvalho Ribeiro.

20   Veja-se o texto, *in verbis*: Art. 8º — 1. Toda pessoa tem direito ao respeito de sua vida privada e familiar, de seu domicílio e de sua correspondência. 2. Não pode haver interferência de uma autoridade pública no exercício desse direito, a menos que esta ingerência seja prevista por lei e constitua uma medida que, em uma

Não basta, porém, que a medida esteja prevista em fonte heterônoma ou autônoma e que, cumulativamente, seja necessária e tornada pública. Tal medida há de observar uma noção de comparação entre as variáveis de meio e de fim, sendo, também, *adequada* e *proporcional*. Compreende-se como *adequada* a medida em perfeita conformidade com o objetivo proposto e como *proporcional* aquela que se revele estritamente limitada à prática de atos indispensáveis ao alcance dos fins almejados. Ilustrativamente, pode-se afirmar que é inadequada e desproporcional a vigilância eletrônica instalada, por exemplo, em vestiários, banheiros, refeitórios ou salas de descanso[21].

Ainda no campo da fiscalização, as revistas constituem tema recorrente. Entendem-se por "revista" os atos por meio dos quais os empregadores ou seus prepostos, na entrada ou na saída do local de trabalho, examinam o conteúdo de bolsas, mochilas ou sacolas dos empregados para ter a certeza de que estes não levam consigo objetos que não lhes pertencem. Tal comportamento é absolutamente aviltante à dignidade do trabalhador, sendo, por isso, considerado abusivo. Para evitar que o trabalhador sofra o constrangimento de ver-se obrigado a abrir sua bolsa, é recomendável que o empregador posicione fora de sua área de produção os vestiários e armários onde os empregados possam guardar seus pertences e, assim, livremente entrar e sair do espaço produtivo.

Apenas para dar completude à análise, anote-se que em nenhuma circunstância é admissível que o empregador realize a chamada "revista íntima", aquele procedimento de inspeção no próprio corpo do empregado, sobre suas vestes. Não há no ordenamento jurídico qualquer fonte heterônoma que autorize o empregador a submeter seus empregados a um ato que, em última análise, constitui busca e apreensão pessoal. Esse procedimento, aliás, somente encontra referência nas normas processuais penais (*v.* art. 240 do Código de Processo Penal), diante das situações em que exista fundada suspeita de que a pessoa buscada esteja na posse de arma proibida, objetos ou papéis que constituam corpo de delito, ou quando a medida for determinada no curso de busca domiciliar. Acrescente-se que há vedação expressa a esse comportamento no inciso VI do art. 373-A da CLT[22], aplicado por analogia, obviamente, também aos empregados do sexo masculino. A Lei n. 13.271, de 15 de abril de 2016, reforçou o posicionamento ao dispor expressamente que "as empresas privadas, os órgãos e entidades da administração pública, direta e indireta, ficam proibidos de adotar qualquer prática de revista íntima de suas funcionárias e de clientes do sexo feminino".

6.3.1.3 Poder disciplinar

O poder disciplinar é a terceira variável do poder diretivo que permite ao empregador, de modo pessoal e intransferível[23], dentro dos limites da lei, apenar o empregado transgres-

---

sociedade democrática, é necessária à segurança nacional, à segurança pública, ao bem-estar econômico do país, à defesa da ordem e à preservação de infrações penais, à proteção da saúde ou da moral, ou à proteção dos direitos e das liberdades alheias.

21 A 1ª Turma do Tribunal Superior do Trabalho confirmou, por unanimidade, condenação por danos morais imposta pela Justiça do Trabalho mineira a uma empresa de comércio, indústria, serviços e transportes. O pagamento da indenização decorreu da violação à intimidade de um ex-empregado devido à instalação de câmera de vídeo em sanitário do estabelecimento (AIRR 1660/2003-044-03-40.1).

22 Art. 373-A. Ressalvadas as disposições legais destinadas a corrigir as distorções que afetam o acesso da mulher ao mercado de trabalho e certas especificidades estabelecidas nos acordos trabalhistas, é vedado: [...] VI — proceder o empregador ou preposto a revistas íntimas nas empregadas ou funcionárias.

23 Nas situações de terceirização, a empresa prestadora coloca trabalhadores à disposição da empresa cliente outorgando a esta apenas parte do seu poder diretivo. Quando isso acontece, a empresa prestadora fraciona a subordinação jurídica que lhe é inerente e concede à tomadora o poder de dar ordens de comando e de

sor de suas ordens e de seus comandos (ou das ordens e comandos emitidos por terceiros legitimados pelo empregador). Não se pode esquecer que o poder disciplinar, como *ultima ratio* do poder diretivo, é igualmente institucionalizado. A sanção aplicada ao empregado é a resultante da infração a condutas **relacionadas ao contrato de emprego**.

Não é pacífica a posição doutrinária acerca dos fundamentos do poder disciplinar. Há quem, por exemplo, Antônio Lamarca, defenda a inviabilidade de um poder efetivamente disciplinar no contexto da relação de emprego, sob o argumento de que o poder de punir constituiria prerrogativa estatal[24]. No extremo oposto há Luiz José de Mesquita[25], que sustenta a existência de uma variável do direito do trabalho que se poderia intitular direito disciplinar do trabalho. Sua tese reside na teoria institucionalista, segundo a qual a empresa seria uma ideia-ação, apartada da vontade subjetiva de alguém singularmente considerado. O empregado estaria, então, submetido a uma situação fundamentalmente estatutária hierarquizada, merecedor de estudo autônomo. Com uma visão intermediária destaca-se Octávio Bueno Magano[26], para quem é válida a existência do poder disciplinar, o qual, entretanto, não tem amplitude capaz de conferir autonomia para o fenômeno.

Consoante bem assinalado por Godinho Delgado, "o Direito do Trabalho procura caracterizar as infrações (faltas) hábeis a produzir a incidência de penalidades (sanções) no contexto empregatício"[27], não se submetendo essa caracterização, entretanto, a um critério uniforme, haja vista algumas infrações constituam tipos abertos extraídos de comportamentos culposos genéricos (o "mau procedimento" contido no art. 482, *b*, da CLT, por exemplo), que, por sua gravidade e consequências, podem tornar imediata e praticamente impossível a subsistência da relação de emprego. No âmbito das sanções, entretanto, não há espaço para conceitos abertos[28], mas sim para tipos específicos, previstos em fontes de direito de natureza heterônoma ou autônoma.

Entre as modalidades punitivas estão, *em ordem de gravidade*, a **advertência** (verbal ou escrita), a **suspensão disciplinar** e a **dissolução contratual por justo motivo**.

Note-se que a pena de **advertência**, a despeito de não ter previsão genérica expressa na lei[29], ao menos decorre do costume, uma fonte jurídica indiscutível. Não fosse apenas isso, a advertência, a despeito de formalmente ser uma pena, materialmente não é mais do que um chamamento à atenção do empregado para um comportamento não prudente. É uma reprimenda muitas vezes salutar, visto que tem o escopo natural de corrigir desvios e de evitar a aplicação de sanções mais graves. A advertência, em última análise, é um alerta para evitar uma sanção com efeitos materialmente mais gravosos.

---

exigir que a tarefa seja feita a contento (subordinação indireta), *preservando consigo o intransferível poder de apenar o trabalhador diante do descumprimento das ordens de comando diretivo* (subordinação direta). Isso justifica a possibilidade (e a plausibilidade) de uma empresa cliente determinar como será promovido o serviço contratado, exigindo dos empregados da empresa prestadora todo o empenho e dedicação nesse sentido. Se o empregado terceirizado descumprir as ordens que lhe foram dirigidas, caberá à tomadora apenas comunicar o fato a quem pode aplicar a pena, ou seja, à empresa prestadora.

24 LAMARCA, Antônio. *Manual das justas causas*. São Paulo: RT, 1983, p. 150-151.
25 MESQUITA, Luiz José de. *Direito disciplinar do trabalho*. São Paulo: LTr, 1991.
26 MAGANO, Octávio Bueno. *Manual de direito do trabalho*. São Paulo: LTr, 1992, v. 2, p. 209.
27 DELGADO, Mauricio Godinho. *Curso de direito do trabalho*. 4. ed. São Paulo: LTr, 2005, p. 663.
28 Apenas a título exemplificativo, imagine-se um absurdo comando segundo o qual ao empregador estaria admitida a aplicação de uma "sanção que se mostre mais adequada ao caso".
29 Havia previsão específica da pena de advertência no art. 38, I, da Lei n. 8.630/93 (Lei do Regime Jurídico da Exploração dos Portos), ora revogada pela Lei n. 12.815, de 5 de junho de 2013.

A **suspensão disciplinar** é uma pena tipicamente trabalhista que atinge o obreiro no plano pecuniário: ele é privado da oportunidade de trabalho e, consequentemente, da remuneração que o trabalho lhe proporcionaria. Há previsão legal da pena de suspensão disciplinar no art. 474 da CLT[30], mas a regra ali inserta apenas indica o limite a partir do qual a sanção passará a ser abusiva. Isso, entretanto, não implica o entendimento de que a pena não existirá diante da ausência de previsão contratual. Ela subsistirá, e o dimensionamento será ordenado pelo empregador nos limites da razoabilidade do comportamento praticado pelo empregado, cabendo ao Judiciário Trabalhista o controle da legalidade do ato praticado, e, **apenas em circunstâncias indicativas de abuso de direito**, o da dosimetria da pena.

Perceba-se que, em rigor, o Judiciário não deve adequar uma penalidade ao nível que considerar justo, haja vista o respeito ao direito de o empregador dosar a pena aplicável em caso de transgressão de seu contratado[31]. Entretanto, como todo direito é potencialmente suscetível de abuso[32], a Justiça pode, obviamente, redimensionar a penalidade quando identificar que o patrão atuou de modo desproporcional[33].

É bom deixar claro que a intervenção do Judiciário na dosimetria da pena aplicada pelo empregador não é recomendável. Isso deve ser realizado **unicamente em situações extremas**, preservando-se, na medida do que seja possível, a autoridade patronal. A atuação do Judiciário não está, porém, submetida a nenhuma régua. Não há dispositivo legal que especificamente discipline essa atuação judicial, simplesmente porque proporcionalidade e razoabilidade são princípios, e não regras. Viceja aqui, portanto, o **princípio da mínima intervenção do Poder Judiciário sobre a autoridade disciplinar patronal**. Nesses limites, embora o Juiz do Trabalho possa intervir, ele, em regra, não deve fazê-lo.

Voltando à classificação das sanções aplicadas pelo empregador no exercício do seu poder disciplinar, percebe-se que a pena extrema seria a de dissolução contratual por justa causa operária. Conquanto se afirme que tal ação implicaria mera situação de cessação do vínculo, e não uma circunstância caracterizada como sanção, não se pode negar que a privação de alguns efeitos — liberação do FGTS e habilitação ao seguro-desemprego, por exemplo — constitui clara punição ao empregado transgressor.

---

30 Art. 474 da CLT. A suspensão do empregado por mais de trinta dias consecutivos importa na rescisão injusta do contrato de trabalho.

31 Esse é o entendimento do Professor José Augusto Rodrigues Pinto, para quem a atuação da Justiça do Trabalho estaria limitada pela impossibilidade de alterar a dosagem da pena para diminuir sua intensidade. Para o notável mestre baiano, o Judiciário não pode adequar a penalidade ao nível considerado justo, mas apenas anular aquela que não tenha substrato em um fato efetivamente ocorrido. PINTO, José Augusto Rodrigues. *Tratado de direito material do trabalho*. São Paulo: LTr, 2007, p. 312-313.

32 O abuso de direito é uma situação lícita quanto ao conteúdo, mas ilícita quanto à extensão. Então, imagine-se a situação de um empregador que, baseado num modelo de tolerância zero, suspende todos os seus empregados pelo prazo de vinte dias praticamente todos os meses da relação de emprego. Haverá aí, sem dúvida, abuso do direito de organização empresarial interna, que deve ser corrigido pelo Judiciário, se este foi provocado a regular tal situação.

33 Exemplo disso é a decisão tomada pelo TST nos autos do processo AIRR-1437-54.2010.5.03.0087. A Primeira Turma do Tribunal Superior do Trabalho negou provimento a agravo da Plascar Indústria de Componentes Plásticos Ltda. contra decisão que desconstituiu a justa causa aplicada a um trabalhador após nove faltas seguidas. A Turma considerou a punição desproporcional e fora dos limites previstos no art. 482, *e*, da CLT, pois não houve gradação na aplicação da pena, como advertência e suspensão. O ministro Hugo Carlos Scheuermann, relator do agravo da Plascar, disse que, embora não exista na lei previsão de obrigatoriedade da gradação das penas, não se pode desconsiderar a autolimitação do poder disciplinar do empregador. "A dispensa por justa causa após ostensiva reiteração das faltas, sem que antes tenha havido a suspensão como penalidade para aquela conduta, constitui, de fato, punição desarrazoada e desproporcional", concluiu o relator.

Cabe registrar a imensa discutibilidade da aplicação de mais uma modalidade de pena disciplinar muito usual no meio futebolístico: a **multa salarial para os atletas profissionais**. Antes expressamente autorizada pelo § 1º do art. 15 da Lei n. 6.354/76 e pelo art. 28, *caput*, da Lei n. 9.615/98, ora revogados pela Lei n. 12.395/2011, a multa em análise é, em rigor, uma violação ao disposto no art. 7º, VI, da Constituição da República, pois impõe, em última análise, redução direta do salário. Entretanto, essa mesma multa passa a ser lícita se expressamente prevista em instrumento coletivo negociado. Note-se que, a despeito do aparente conflito entre os incisos VI e XXVI do art. 7º do texto constitucional, há o triunfo da negociação coletiva, pois, se essa permite a redução salarial, não haveria de ser obstáculo para admitir a mesma redução, mas por meio de multa pecuniária de caráter disciplinar[34].

6.3.2 Critérios de aplicação do poder disciplinar

Palavras bem colocadas por Mauricio Godinho Delgado[35] sinalizam no sentido de que o modelo legal celetista estaria bem defasado e obsoleto em face da relevância que a Constituição de 1988 deu ao direito sindical e coletivo e aos direitos individuais da pessoa humana, não tendo ainda doutrina ou jurisprudência apontado na direção da superação efetiva do figurino autoritário. Isso efetivamente parece ser uma realidade, porque uma das mais importantes indagações é a que diz respeito à respeitabilidade, no plano das relações de trabalho, do devido processo legal privado.

Conquanto muito não se discuta sobre o assunto aqui abordado, é importante refletir sobre procedimentos prévios à efetiva aplicação das sanções trabalhistas. Lembre-se que para um sócio ser excluído de uma associação ou para um aluno ser expulso de uma escola é indispensável a observação de um procedimento prévio, no curso do qual lhes seja garantido o pleno direito de defesa. O mesmo deveria acontecer em uma relação de emprego, vale dizer, a aposição de penas disciplinares aos empregados somente deveria ser reconhecida em procedimento — oral ou escrito — que lhes assegurasse a observância de um devido processo legal no âmbito privado.

Mas que devido processo legal no âmbito privado seria esse?

O instituto coincidiria com um procedimento, inserido num instrumento regulamentar patronal, que previsse não somente as condutas geradoras das penas, mas também as correspondentes dimensões, atribuindo ao empregado, igualmente, o direito de, como qualquer acusado[36], ser ouvido sobre o assunto e apresentar provas capazes de convencer o empregador da inexistência do fato que motivaria a sanção. Não existindo o instrumento regulamentar patronal, haveria de admitir-se ao empregado, no mínimo, o direito de apresentar as suas razões contra as acusações que lhe foram dirigidas mediante contraditório fundado em oralidade.

---

34 Nesse sentido é o posicionamento de Rafael Teixeira Ramos, para quem "se for negociada uma norma coletiva com previsão de sanção pecuniária disciplinar, voltaria a ser constitucional e legal a aplicação da multa, desde que alinhavada com o princípio da proporcionalidade/razoabilidade". Confira-se em RAMOS, Rafael Teixeira. Multa salarial no Contrato Especial de Trabalho Desportivo (CETD). *Lei em Campo*. 2020. Disponível em: <https://leiemcampo.com.br/multa-salarial-no-contrato-especial-de-trabalho-desportivo-cetd/>. Acesso em: 6 dez. 2021.
35 DELGADO, Mauricio Godinho. *Curso de direito do trabalho*. 4. ed. São Paulo: LTr, 2005, p. 670.
36 Ver o art. 5º, LV, da Constituição, segundo o qual "aos litigantes, em processo judicial ou administrativo, e **aos acusados em geral** são assegurados o contraditório e ampla defesa, com os meios e recursos a ela inerentes" (destaques não constantes do original).

Esse entendimento decorre da eficácia horizontal dos direitos fundamentais no âmbito das relações privadas[37]. Basta observar, com base no histórico acórdão do STF (RE 201819/RJ), que "as violações a direitos fundamentais não ocorrem somente no âmbito das relações entre o cidadão e o Estado, mas igualmente nas relações travadas entre pessoas físicas e jurídicas de direito privado. Assim, os direitos fundamentais assegurados pela Constituição vinculam diretamente não apenas os poderes públicos, estando direcionados também à proteção dos particulares em face dos poderes privados". Nesses moldes, "a autonomia privada, que encontra claras limitações de ordem jurídica, não pode ser exercida em detrimento ou com desrespeito aos direitos e garantias de terceiros, especialmente aqueles positivados em sede constitucional, pois a autonomia da vontade não confere aos particulares, no domínio de sua incidência e atuação, o poder de transgredir ou de ignorar as restrições postas e definidas pela própria Constituição, cuja eficácia e força normativa também se impõem, aos particulares, no âmbito de suas relações privadas, em tema de liberdades fundamentais".

6.3.3 Danos morais produzidos pelo exercício abusivo do poder diretivo patronal

Os danos materiais ou físicos são visíveis e mensuráveis supondo, no dizer de Hans Fischer, "ofensa ou diminuição de certos valores econômicos"[38]. Assim, tendo em vista o seu conteúdo, tais danos podem ser categorizados como emergentes, justificativos de reparação do que realmente se perdeu, ou impedientes, motivadores de compensação do que razoavelmente se deixou de ganhar. Há nesta seara um dano que atinge o patrimônio material, tangível, físico.

Os danos imateriais ou morais, por outro lado, não são visíveis a partir de uma operação contábil de perdas e ganhos. Não há como tatear as ofensas à sensibilidade, à afetividade. É certo, sim, que, uma vez constatadas tais transgressões, elas conduzem à presunção de dolorosas percepções anímicas como, por exemplo, a perda, o desprestígio, o desalento, a amargura ou a indignidade. Há neste plano um dano que atinge o patrimônio imaterial, intangível ou sensível.

Anote-se aqui a impropriedade da classificação segundo a qual o dano material seria patrimonial e o dano imaterial, extrapatrimonial. Quem parte desta perspectiva está estreitando o conceito de patrimônio, tomando-o apenas na sua dimensão contábil, nos estritos termos constantes da escrituração empresarial. Sustenta-se isso porque o dano imaterial é, em verdade, um dano ao patrimônio intangível do sujeito lesado[39]. Apesar de inserido no plano meramente sensível e, por isso, intangível, o objeto violado é um patrimônio, etimologicamente identificado como tudo aquilo que é adquirido em ação (-mónium significa ação) intergeracional, de pai (patri- provém de pater, raiz da palavra pai) para filho. Aliás, o texto constitucional reconhece a existência de patrimônio imaterial no seu art. 216, seguindo a linha conceitual da UNESCO (United Nations Educational, Scientific and Cultural Organization) que o entende como a intangível expressão de vida recebida de ancestrais e repassada para descendentes[40].

---

37 Sobre o assunto recomenda-se SARMENTO, Daniel. *Direitos fundamentais e relações privadas*. Rio de Janeiro: Lumen Juris, 2004. Na esfera trabalhista, a indicação é VALE, Silvia Isabelle Ribeiro Teixeira. *Proteção efetiva contra a despedida arbitrária no Brasil*. São Paulo: LTr, 2015.
38 FISCHER, Hans. *A reparação dos danos no direito civil*. Tradução de Férrer de Almeida. São Paulo, 1938, p. 20.
39 No mesmo sentido ver SILVA, Wilson Melo. *O dano moral e sua reparação*. Rio de Janeiro: Forense, 3. ed., 1983 e CARVALHO RAMOS, André de. A ação civil pública e o dano moral coletivo. *Revista de Direito do Consumidor*, São Paulo, SP, v. 25, p. 80-98, 1998.
40 O art. 216 do texto constitucional foi regulamentado pelo Decreto 3.551, de 4 de agosto de 2000, que expressamente trata do Programa Nacional do Patrimônio Imaterial.

Registre-se, ainda, que estas esferas — material e imaterial — apesar da possível origem comum — são autônomas e cumuláveis, sendo frequente a evidência de lesões materiais que, por extensão ou desenvolvimento, alcançam o plano imaterial e vice-versa. Para firmar este entendimento o STJ publicou a Súmula 37, segundo a qual "são cumuláveis as indenizações por dano material e dano moral oriundos do mesmo fato" (*DJU* 17-3-1992, rep. *DJU* 19-3-1992).

Pois bem. Essa introdução serve para iniciar as discussões em torno do conteúdo do Título II-A da CLT que trata do "dano extrapatrimonial", encontrável a partir do art. 223-A do referido diploma legal. Vê-se, então, bem no começo dessa análise o primeiro motivo para crítica. O legislador deveria fazer menção à expressão "dano ao patrimônio imaterial", por ser mais técnica e adequada, ou mesmo a "dano moral" por sua popularidade e difusão, mas preferiu tratar a matéria sob o rótulo da extrapatrimonialidade.

Já no art. 223-A da CLT deixou-se bem claro que se aplicariam à reparação de danos de natureza extrapatrimonial decorrentes da relação de trabalho **apenas** os dispositivos do Título II-A. A intenção manifesta da reforma trabalhista de cunho patronal ao usar o advérbio de exclusão "apenas" foi o de afastar a incidência de qualquer outra fonte normativa para as decisões em torno da matéria.

Deixou-se claro ali, designadamente no art. 223-B da CLT, que "causa dano de natureza extrapatrimonial a ação ou omissão que ofenda a esfera moral ou existencial da pessoa física ou jurídica, as quais são as titulares exclusivas do direito à reparação". Reconheceu-se, portanto, que as esferas morais e existenciais seriam fato gerador dos danos imateriais e que tanto os trabalhadores quanto os empregadores (pessoas físicas ou jurídicas) poderiam ser deles vítima.

Acredita-se que, numa **mera enumeração**[41], a Lei n. 13.467/2017 citou, no art. 223-C da CLT, a honra, a imagem, a intimidade, a liberdade de ação, a autoestima, a sexualidade, a saúde, o lazer e a integridade física como bens juridicamente tutelados **inerentes à pessoa física** e, também de maneira não exaustiva, no art. 223-D do mesmo diploma legal, a imagem, a marca, o nome, o segredo empresarial e o sigilo da correspondência como bens juridicamente tutelados **inerentes à pessoa jurídica**. Tanto é verdadeira a tese da **não exaustividade do rol**, que a MP n. 808/2017[42], dando-se conta de algumas omissões, acresceu a ele alguns direitos da personalidade e deu redação diferente a outros. O *caput* do art. 223-C acrescentou em si as antes ausentes menções à **etnia**, à idade e à **nacionalidade**, havendo substituição da palavra "**sexualidade**" por "**gênero**" e "**orientação sexual**" e da expressão "**pessoa física**" por "**pessoa natural**".

A substituição da palavra "sexualidade" por "gênero" e "orientação sexual", trazida pela referida MP n. 808/2017, deu-se com vista a ampliar o espectro de possibilidades que envolvem tanto a sexualidade quanto a ausência dela.

---

41 Nesse sentido, ou seja, **pela não exaustividade do rol**, vale anotar o posicionamento adotado pelo Enunciado 19 da 2ª Jornada de Direito Material e Processual do Trabalho, ocorrida entre 9 e 10 de outubro de 2017 em Brasília/DF, sob a coordenação da Associação Nacional dos Magistrados da Justiça do Trabalho — ANA-MATRA. Veja-se:

19 — DANOS EXTRAPATRIMONIAIS: LIMITES. É de natureza exemplificativa a enumeração dos direitos personalíssimos dos trabalhadores constante do novo artigo 223-C da CLT, considerando a plenitude da tutela jurídica à dignidade da pessoa humana, como assegurada pela Constituição Federal (artigos 1º, III; 3º, IV, 5º, *caput*, e § 2º).

42 A despeito dos ajustes realizados pela MP n. 808/2017, a norma não vicejou. A falta de acordo nas duas Casas Legislativas para aprovação **motivou a perda da sua eficácia em 23 de abril de 2018 pelo decurso do tempo**. Por não ter sido produzido o decreto legislativo disciplinador dos efeitos da perda da eficácia da MP n. 808/2017, as relações constituídas durante a sua vigência continuaram a ser por ela regidas.

Ao dizer "gênero", a problemática ingressava no campo da identidade, e saía do campo da sexualidade. Diz-se isso porque o "gênero" não tem relação com a "sexualidade", mas apenas a enxergar-se e sentir-se como homem ou mulher. A "orientação sexual", por sua vez, tem relação com o modo por meio do qual o homem ou a mulher exercem sua sexualidade com pessoas do mesmo gênero ou do gênero oposto. A mudança, portanto, expandiu o âmbito de proteção ora analisada.

A troca da expressão "pessoa física" por "pessoa natural", também produzida pela mencionada medida provisória, ocorreu para unificar a leitura dos diplomas civis que se valem da expressão "pessoa natural", em lugar de "pessoa física", atualmente mais voltada para a legislação tributária com o objetivo de designar o contribuinte. Apesar dessas evoluções, **a perda da eficácia da MP n. 808/2017 restaurou a redação originariamente existente na Lei n. 13.467/2017**, deixando, entretanto, um legado de interpretação. Com a manifesta indicação de que todos os que tenham colaborado para a ofensa ao bem jurídico tutelado, na proporção da ação ou da omissão, seriam responsáveis pelo dano extrapatrimonial, o legislador deixou bem claro que reparação deste poderia ser pedida cumulativamente com a indenização por danos materiais decorrentes do mesmo ato lesivo, tal qual pacificado pela jurisprudência do STJ na já citada Súmula 37, desde 1992.

Os dispositivos trazidos pela legislação reformadora das relações de trabalho não trouxeram nenhuma novidade na medida em que dispuseram sobre atos que os magistrados, na prática, já realizavam. Os juízes, de fato, independentemente das lembranças contidas nos parágrafos 1º e 2º do art. 223-F da CLT, ao proferirem as suas decisões em pedidos cumulados na forma aqui analisada, discriminam sempre os valores das indenizações a título de danos patrimoniais e das reparações por danos de natureza extrapatrimonial. A composição das perdas e danos, assim compreendidos os lucros cessantes e os danos emergentes, também, pelo que demonstra a prática forense trabalhista, não interfere na avaliação dos danos extrapatrimoniais.

A Lei n. 13.467/2017, entretanto, inovou — e muito — a partir do instante em que orientou a conduta dos magistrados, impondo-lhes considerar uma série de variáveis para o arbitramento da indenização por dano moral, e, mais do que isso, extrapolou os lindes da razoabilidade, ao criar uma sistemática de valores máximos a que cada violado poderia ter direito considerados múltiplos do seu último salário contratual. Essa sistemática, que envolvia "salário contratual", entretanto, sofreu mudança mediante a MP n. 808/2017, sobre a qual se falará mais adiante, inclusive sobre a perda da sua eficácia. Observem-se inicialmente os referenciais para o arbitramento:

CLT, Art. 223-G. Ao apreciar o pedido, o juízo considerará:

I — a natureza do bem jurídico tutelado;

II — a intensidade do sofrimento ou da humilhação;

III — a possibilidade de superação física ou psicológica;

IV — os reflexos pessoais e sociais da ação ou da omissão;

V — a extensão e a duração dos efeitos da ofensa;

VI — as condições em que ocorreu a ofensa ou o prejuízo moral;

VII — o grau de dolo ou culpa;

VIII — a ocorrência de retratação espontânea;

IX — o esforço efetivo para minimizar a ofensa;

X — o perdão, tácito ou expresso;

XI — a situação social e econômica das partes envolvidas;

XII — o grau de publicidade da ofensa.

Não se olvide que esses referenciais, embora úteis para a determinação do arbitramento, não são os únicos existentes, tampouco precisam ser necessariamente considerados todos eles de forma conjuntiva. Apesar da dicção do verbo "considerar" — *o juízo considerará* — não se vê margem para um dirigismo da atuação judiciária, tampouco uma patrulha da atividade decisória. Cabe, portanto, ao magistrado — livre e independente — receber a série de referenciais como sugestões não exaustivas para que ele possa proferir uma decisão fundamentada e, especialmente, justa.

O grande problema da Lei n. 13.467/2017 reside, porém, na tentativa de tarifar a dimensão da violação ao patrimônio imaterial, que, como qualquer outro dano, se deveria, em verdade, medir por sua extensão (*vide* o art. 944 do Código Civil). Ademais, a tarifação imposta pela lei tinha por baliza e, como regra geral, o "último salário contratual do ofendido", o que fazia com que um mesmo bem jurídico ofendido viesse a merecer indenizações em dimensões extremamente diferentes. A MP n. 808/2017 realizou durante o tempo de sua vigência ajustes nesse particular, como se verá, mas é importante deixar uma ilustração para se ter a ideia da nocividade do uso do "último salário contratual do ofendido" como referencial e limite de cálculo. Note-se:

Imagine-se, a título de exemplo, que dois empregados de uma mesma empresa — o gerente executivo e o auxiliar de serviços gerais — foram publicamente acusados de terem conjuntamente praticado atos de improbidade. Imagine também que se constatou, depois de longo e extenuante processo, que ambos eram absolutamente inocentes e que tudo não passou de uma acusação leviana de colegas desafetos. O magistrado, partindo do pressuposto de que "todos os homens nascem livres e iguais em dignidade e direitos" (DUDH, art. I), outorgaria a cada um deles a mesma indenização por dano à sua imagem e honra, pois não poderia supor que um deles teria mais dignidade do que o outro.

Pois bem. Segundo os parâmetros originais contidos na Lei n. 13.467/2017, se julgasse procedente o pedido, o juízo deveria fixar a reparação a ser paga, a cada um dos ofendidos, em um dos seguintes parâmetros, **vedada a acumulação**:

I — ofensa de natureza leve, **até três vezes** o último salário contratual do ofendido;

II — ofensa de natureza média, **até cinco vezes** o último salário contratual do ofendido;

III — ofensa de natureza grave, **até vinte vezes** o último salário contratual do ofendido;

IV — ofensa de natureza gravíssima, **até cinquenta vezes** o último salário contratual do ofendido.

Diante da sistemática original aqui em exame, e com base no exemplo oferecido como ilustração, o gerente executivo, independentemente da classificação em que se inserisse a ofensa, ganharia muito mais do que o auxiliar de serviços gerais, pois os seus salários — como sói acontecer — são extremamente dessemelhantes.

Anote-se, a título completivo, segundo o texto original da Lei n. 13.467/2017, que:

a) Se o ofendido for uma pessoa jurídica, a indenização é fixada com observância dos mesmos parâmetros, mas em relação ao salário contratual do ofensor;

b) Na reincidência entre partes idênticas, o juízo pode elevar ao dobro o valor da indenização.

Essa realidade, porém, foi modificada, em parte e durante alguns meses (de 14-11-2017 até 23-4-2018), pela MP n. 808/2017, que ora perdeu a sua eficácia por decurso do prazo, renovando a força normativa das redações originais contidas na Lei n. 13.467/2017.

Perceba-se, de início, que o art. 223-G da CLT sofreu modificação na redação do seu § 1º, e alterou, de logo, a palavra "indenização" por "reparação". Nos termos da MP ora analisada, **e agora não mais vigente**, o texto passou a dispor que o juízo fixaria **a reparação** [em lugar de a "indenização"] **a ser paga**, a cada um dos ofendidos. Nesse ponto, a mudança, lamentavelmente não mantida, observou a melhor técnica, pois a palavra "indenização" sugere retroação ao *status quo ante*, materialmente impossível nas situações que envolvem danos morais.

Ademais, na tentativa de atenuar as supracitadas críticas, produzidas por todos os segmentos da doutrina, fundadas em um tratamento dessemelhante, inadequado e desproporcional para os diferentes ofendidos, a referida Medida Provisória n. 808/2017 (**não mais vigente**) substituiu o referencial para a quantificação das reparações. **Em lugar do "último salário contratual do ofendido", valeu-se — como fez em relação a outros tantos dispositivos — do "limite máximo dos benefícios do Regime Geral de Previdência Social"**, ora em R$ 6.101,06, em favor de pessoas naturais. A perda da eficácia da MP n. 808/2017 fez com que tudo voltasse a ter a redação original inserida na Lei n. 13.467/2017.

O § 2º do art. 223-G da CLT foi, entretanto, mantido em conformidade com a redação dada pela Lei n. 13.467/2017. Note-se que **o referencial para o cálculo da reparação mudou durante o período da vigência da MP n. 808/2017 para os ofendidos-pessoas-naturais, mas não para os ofendidos-pessoas-jurídicas**. Estes últimos, se violados, terão a indenização fixada com observância dos mesmos parâmetros estabelecidos no § 1º deste artigo, mas em relação ao salário contratual do ofensor.

Observe-se, ainda, que o § 3º do art. 223-G da CLT teve a redação alterada durante o período de vigência da multicitada medida provisória. Onde constava a "reincidência entre partes idênticas", falava-se em "reincidência de quaisquer das partes", mantendo-se a sanção segundo a qual "o juízo poderá elevar ao dobro o valor da indenização". Essa elevação, porém, era pena que somente poderia ser invocada **até o prazo de dois anos**, contado do trânsito em julgado da decisão condenatória. Depois disso, não mais haveria falar-se em sanção por reincidência. Essa foi disposição trazida pelo § 4º do art. 223-G, que, tal qual outros dispositivos da MP n. 808/2017, foi tragado pela perda de vigência. O desaparecimento do ora referido limite temporal fez com que a reincidência se manifeste a qualquer tempo.

Por fim, anota-se que o § 5º, uma integral novidade, que previa que os parâmetros estabelecidos no § 1º não se aplicariam "aos danos extrapatrimoniais decorrentes de morte", foi também extirpado do texto normativo O referido § 5º, que não mais existe no texto legal, previa que os familiares do falecido por causas ocupacionais poderiam pretender reparações por danos morais decorrentes da perda do seu ente querido sem estarem limitados pelas balizas de uma dosimetria fixada em norma legal. A despeito da retirada do texto normativo da redação do art. 223-G da CLT, a ideia permaneceu disponível aos intérpretes, especialmente aos magistrados do trabalho, haja vista a possibilidade de chegar-se à mesma conclusão, independentemente da existência de um texto integrado no conjunto normativo.

A exposição de motivos da MP n. 808/2017, **ora sem vigência por perda de eficácia**, no tocante às mudanças aqui analisadas, assim se manifestava:

> *"No que se refere ao dano extrapatrimonial, a fixação de limites para as indenizações por danos morais com base em critérios objetivos tem por objetivo evitar que haja decisões judiciais díspares para situações semelhantes, ao mesmo tempo em que busca estabelecer uma gradação de valores a partir da classificação da ofensa por sua gravidade. Para tanto, são realizadas alterações nos §§ 1º e 3º, além de inclusões dos §§ 4º e 5º ao art. 223-G do Decreto-Lei n. 5.452, de 1943, apresentando dosimetria para a fixação da reparação a ser paga aos ofendidos em casos de dano moral ou existencial, estabelecendo o limite máximo dos benefícios do Regime Geral de Previdência Social — RGPS como parâmetro de reparação. São apresentados limites máximos a depender do grau de gravidade da ofensa variando de ofensa de natureza leve a gravíssima. Os cenários apresentados visam possibilitar que o juízo arbitre a reparação que melhor se adeque ao caso concreto, além de reservar a possibilidade de o Juízo dobrar o valor da indenização nos casos em que haja reincidência de qualquer das partes.*

Por fim, o texto estipula que a reincidência ocorrerá se idêntica ofensa ocorrer em até 2 (dois) anos do trânsito em julgado da condenação. Ficam afastados os limites propostos no caso de extrapatrimoniais decorrentes de morte".

Observe-se, por outro lado e para além da questão relacionada à base de cálculo, que a parametrização criada pela Lei n. 13.467/2017 trouxe um complicador adicional, que é justamente o da ausência de referenciais para entender-se o que seriam as ofensas de natureza leve, média, grave e gravíssima. Se a simples menção do magistrado seria suficiente para tanto, de nada adiantou retirar dele a escolha da base de cálculo.

Diante da ausência desse referencial, os juízes, apesar de constritos pelo teto de múltiplos do **limite máximo dos benefícios do Regime Geral de Previdência Social**, poderão se valer do expediente de considerar gravíssima a natureza de uma ofensa que, sob o olhar de outros, poderia ter sido categorizada, por exemplo, como média ou grave. O sentimento do magistrado, enfim, o levará a realizar o ato de gradualismo. Esse simples ato de classificação do grau de ofensividade terá o condão de elevar, por si só, a dimensão indenizatória. A formulação para a dosimetria, portanto, revelou-se incoerente.

A tarifação do dano moral, por fim, e qualquer que seja a sua base de cálculo, parece ser violadora das disposições constitucionais, pois claramente o art. 5º, X, do texto fundamental prevê que seriam invioláveis a intimidade, a vida privada, a honra e a imagem das pessoas, assegurando-se-lhes o **direito à indenização** pelo dano material ou moral **decorrente de sua violação**. Se a indenização decorre da violação e se esta é a medida daquela, não há falar-se em tabelas fechadas ou em parâmetros circunscritos.

6.4 SUCESSÃO EMPRESARIAL

É absolutamente natural que pessoas, coisas ou fatos se sucedam com o objetivo de manter o eterno ciclo da vida. A sucessão, aliás, integra as ideias de continuidade e de conservação. Esse fenômeno, que atinge famílias e reinos, também alcança o universo empresarial. É muito comum que negócio iniciado por um empreendedor seja assumido por outro e que este, mais uma vez, o repasse. Essa opção, entretanto, não turba os liames contratuais estabelecidos com os empregados, que em regra não precisam se preocupar com o que possa estar acontecendo por trás das portas de uma diretoria. Recorde-se, conforme expendido, que as transformações empresariais não afetam os direitos dos operários contratados.

Há clara *despersonalização empresarial*, sendo minimamente relevantes para o contrato de emprego as **alterações estruturais** ou as ***mudanças na propriedade***. As modificações podem ser praticadas em atendimento às conveniências de mercado, sem que em nada afetem os contratos de emprego em curso ou os direitos adquiridos pelos empregados (vejam-se os arts. 10 e 448 da CLT). Somente a *extinção* da empresa produzirá o efeito da cessação do vínculo e da apuração dos haveres; a *transformação* não tem esse condão. Esta, a propósito, pressupõe que a *empresa* se mantenha *viva*, ainda que sob controle diverso daquele que a criou. Mas, enfim, o que é que consuma a sucessão empresarial?

A melhor doutrina indica que "a sucessão de empresa se consuma, comumente, pela **transferência de propriedade do estabelecimento**. Basta que uma unidade de produção — que é integrada por instalações, máquinas, matéria-prima e também pelo pessoal, isto é, pelo conjunto de trabalhadores — seja transferida para pessoa física ou jurídica diversa da original, para que ocorra a sucessão de empregadores"[43]. Mas esse seria o único requisito exigível para a caracterização do fenômeno ora analisado?

---

43 GIGLIO, Wagner. Considerações sumárias sobre a sucessão trabalhista e a despersonalização do empregador, *Juris Síntese 63*, jan./fev. 2007.

A resposta parece positiva, uma vez que outras evidências, conquanto reforcem a tese da sucessão empresarial, não são capazes de servir *isoladamente* de referencial para tal caracterização. Observe-se a situação da *continuidade do ramo do negócio*. A despeito de alguns doutrinadores[44] indicarem tal evidência como indicativa de sucessão empresarial, ela nem sempre autoriza tal conclusão. Perceba-se que em determinados espaços físicos não há como celebrar outra atividade econômica senão aquela realizada ali originariamente. Imagine-se, por exemplo, a situação de uma empresa de transporte aéreo que funcionava no hangar de determinado aeroporto e que, ao ser extinta, deixou espaço aberto para, obviamente, outra empresa de transporte aéreo. Nenhuma outra atividade senão aquela correspondente ao ramo aeronáutico poderia ser realizada num hangar. Não se poderia desejar, é claro, que, para evitar alegações de sucessão empresarial, se fundasse ali uma papelaria, uma sorveteria ou uma panificadora.

Outro aspecto normalmente apresentado como relevante para a caracterização da sucessão empresarial *é a continuidade dos vínculos de qualquer natureza (cíveis, mercantis, financeiros, de trabalho etc.) com a unidade econômica sucessora*. É mais uma evidência que reforça a tese da sucessão empresarial, não sendo capaz de servir, entretanto, de referencial isolado para tanto. Diz-se isso porque uma empresa que se submeta a processo de sucessão pode, na tentativa de descaracterizar o traspasse econômico, finalizar todos os vínculos antes firmados com a sucedida justamente com o propósito de gerar a ilusória ideia de criação de um novo empreendimento. Esse argumento adicional foi importante para a caracterização da sucessão empresarial entre instituições financeiras num momento histórico em que alguns bancos brasileiros compraram as carteiras de clientes e de créditos de outros bancos que ingressaram num processo de liquidação extrajudicial. Nessa ocasião ficou definido que as obrigações trabalhistas, inclusive as contraídas na época em que os empregados trabalhavam para o banco sucedido, seriam de responsabilidade do banco sucessor, assim considerado por conta das transferências de ativos, de agências, de direitos e de deveres contratuais[45 e 46].

Diante desses elementos, há de se concluir que o requisito-maior para a caracterização da sucessão empresarial é mesmo o traspasse da unidade econômico-jurídica, podendo-se falar na aderência de outros requisitos capazes de reforçar a evidência do fenômeno ora analisado.

Seja lá como for, fato é que, nos termos da legislação trabalhista reformada pela Lei n. 13.467, de 13 de julho de 2017, e mais especificamente de acordo com o conteúdo do art. 448-A da CLT, uma vez caracterizada a sucessão empresarial ou de empregadores prevista nos arts. 10 e 448 desta Consolidação, **as obrigações trabalhistas, inclusive as contraídas à época em que os empregados trabalhavam para a empresa sucedida, são de responsabilidade do sucessor.** A empresa sucedida responderá solidariamente com a sucessora, entretanto, **quando ficar comprovada fraude na transferência.**

A fraude deve ser entendida como toda e qualquer maquinação ardilosa, enganosa e de má-fé, que tenha o intuito de lesar ou ludibriar outrem, tendo o magistrado, **se provocado**,

---

44 Nesse sentido posiciona-se, por exemplo, Alice Monteiro de Barros. In: BARROS, Alice Monteiro de. O trabalho em estabelecimentos bancários, *Síntese Trabalhista* n. 169, jul. 2003, p. 5.
45 **Orientação Jurisprudencial 261 da SDI-1 do TST**. Bancos. Sucessão trabalhista. As obrigações trabalhistas, inclusive as contraídas à época em que os empregados trabalhavam para o banco sucedido, são de responsabilidade do sucessor, uma vez que a este foram transferidos os ativos, as agências, os direitos e deveres contratuais, caracterizando típica sucessão trabalhista (27-9-2002).
46 Veja-se também a Orientação Jurisprudencial 408 da SDI-1 do TST:
Orientação Jurisprudencial 408 da SDI-1 do TST. JUROS DE MORA. EMPRESA EM LIQUIDAÇÃO EXTRAJUDICIAL. SUCESSÃO TRABALHISTA. É devida a incidência de juros de mora em relação aos débitos trabalhistas de empresa em liquidação extrajudicial sucedida nos moldes dos arts. 10 e 448 da CLT. O sucessor responde pela obrigação do sucedido, não se beneficiando de qualquer privilégio a este destinado.

o dever de declará-la e de impedir os objetivos fraudulentos, notadamente dentro do processo. Lembra-se aqui que, nos moldes do art. 142 do CPC/2015, "convencendo-se, pelas circunstâncias, de que autor e réu se serviram do processo para praticar ato simulado ou conseguir fim vedado por lei, o juiz proferirá decisão que impeça os objetivos das partes, aplicando, de ofício, as penalidades da litigância de má-fé". Note-se o trecho da legislação reformada:

> Art. 448-A. Caracterizada a sucessão empresarial ou de empregadores prevista nos arts. 10 e 448 desta Consolidação, as obrigações trabalhistas, inclusive as contraídas à época em que os empregados trabalhavam para a empresa sucedida, são de responsabilidade do sucessor.
>
> Parágrafo único. A empresa sucedida responderá solidariamente com a sucessora quando ficar comprovada fraude na transferência.

Anote-se, por outro lado, que a transferência da unidade econômico-jurídica produz efeitos extremamente limitados entre os entes políticos. Nesse sentido posiciona-se a **Orientação Jurisprudencial 92 da SDI-1 do TST**[47], segundo a qual, em caso de criação de novo município, por desmembramento, cada uma das novas entidades responsabiliza-se pelos direitos trabalhistas do empregado no período em que figurarem como real empregador.

Há ainda que se tratar de uma situação extremamente singular. Ela diz respeito às **aquisições de uma ou de algumas empresas integrantes de grupos econômicos.** Quando tal ocorre a empresa adquirente somente assume a responsabilidade pelo patrimônio jurídico da empresa adquirida, sem se envolver com as situações jurídicas das demais empresas integrantes do grupo econômico originário e decomposto. Isso é óbvio.

A despeito da clareza dessa assertiva, não raramente são evidenciadas pretensões contra o mencionado adquirente no sentido de fazê-lo responsável pelas dívidas de empresas não adquiridas, integrante do grupo econômico originário. Nesse sentido, para sanar dúvidas quanto à extensão das responsabilidades, o TST publicou a Orientação Jurisprudencial 411 da SDI-1, nos seguintes termos:

> **Orientação Jurisprudencial 411 da SDI-1 do TST.** SUCESSÃO TRABALHISTA. AQUISIÇÃO DE EMPRESA PERTENCENTE A GRUPO ECONÔMICO. RESPONSABILIDADE SOLIDÁRIA DO SUCESSOR POR DÉBITOS TRABALHISTAS DE EMPRESA NÃO ADQUIRIDA. INEXISTÊNCIA. O sucessor não responde solidariamente por débitos trabalhistas de empresa não adquirida, integrante do mesmo grupo econômico da empresa sucedida, quando, à época, a empresa devedora direta era solvente ou idônea economicamente, ressalvada a hipótese de má-fé ou fraude na sucessão.

Assim, os efeitos de uma sucessão operada entre a empresa "A" (adquirente) e "B" (adquirida) não autorizam que se responsabilize a adquirente "A" pelas obrigações trabalhistas da empresa "C", pelo simples fato de esta última integrar o grupo econômico de "B" na época da sucessão.

6.4.1 Serviços notariais e de registros oficializados e não oficializados

O serviço notarial e de registro pode ser **oficializado ou judicial**, quando assumido pelo próprio Poder Público (*vide* art. 32 do ADCT), e **não oficializado ou extrajudicial**,

---

[47] **Orientação Jurisprudencial 92 da SDI-1 do TST.** Desmembramento de Municípios. Responsabilidade Trabalhista. Em caso de criação de novo município, por desmembramento, cada uma das novas entidades responsabiliza-se pelos direitos trabalhistas do empregado no período em que figurarem como real empregador. Inserida em 30-5-1997.

quando exercido em caráter privado, por delegação do Poder Público, ***dependendo o ingresso nessa atribuição de concurso de provas e títulos*** (vide art. 236 da Constituição da República)[48].

Quando o serviço notarial e de registro for **não oficializado** ou **extrajudicial,** sua natureza jurídica se resumirá, conforme bem explanado por Wellington Luiz Viana Junior, na "concessão *sui generis* do serviço notarial e de registro ao delegado, pessoa física, mediante concurso". Para o referido articulista, é por meio da concessão do exercício do serviço notarial que "é atribuída, ao delegado, a responsabilidade pela montagem de toda a estrutura administrativa necessária para a prestação dos serviços, sendo-lhe facultada, a seu exclusivo critério, a contratação de escreventes e auxiliares (conforme art. 21 da Lei n. 8.935/94)"[49 e 50].

A grande problemática dos serviços notariais e de registro não oficializados diz respeito à sucessão, porque os atuais responsáveis pelas unidades vagas permanecem respondendo por elas em caráter precário e interino até que novos delegados, aprovados no concurso público de provas e títulos, as assumam (veja-se também a Resolução CNJ n. 80, de 9-6-2009). A pergunta que muito se faz é a seguinte: *esse novo delegado (ingresso por concurso público) será sucessor para fins trabalhistas do antigo delegado?*

A resposta parece negativa, uma vez que o delegado aprovado em concurso público não recebe a unidade de forma derivada, mas sim por ato estatal, de forma originária. Esse é um forte argumento para a negativa de sucessão. A responsabilidade, então, permaneceria com o delegado anterior, e o afastamento deste implicaria a dissolução dos contratos dos empregados até então vinculados à serventia. Um novo contrato de emprego com o delegado investido pós-concurso seria, então, iniciado.

E como ficaria a situação do trabalhador contratado pelo antigo delegado se este não tiver condições de assumir os débitos trabalhistas? Conforme bem sustentado por Viana Júnior, deve ser admitida a transferência de responsabilidade para o Estado-concedente, titular do serviço e responsável final por sua execução, desobrigando-se o novo delegado que recebeu a delegação de modo originário. "O próprio regime imposto pela Constituição Federal [...] leva à conclusão de que deve ser atribuída a responsabilidade indireta ao Estado, na medida em que o seu art. 236 prevê a fiscalização da execução da delegação pelo Poder Judiciário. Dessa forma, o Estado não pode pretender a transferência de responsabilidade ao novo particular delegado, se negligenciou seu dever de fiscalização"[51].

---

48 Ver Precedente Administrativo da Secretaria de Inspeção do Trabalho: PRECEDENTE ADMINISTRATIVO n. 39 (Aprovado pelo Ato Declaratório DEFIT n. 4, de 21-2-2002, DOU 22-2-2002). EMPREGADOS EM TABELIONATOS. NATUREZA JURÍDICA DO VÍNCULO. É de natureza celetista o vínculo dos empregados em tabelionatos contratados após a edição da Lei n. 8.935, de 18 de novembro de 1994, bem como o dos servidores admitidos antes da Constituição Federal de 1988 em regime estatutário ou especial que tenham feito opção expressa pelo regime.
49 VIANA JUNIOR, Wellington Luiz. Sucessão trabalhista e a delegação de serviços notariais e de registro públicos. *Revista do Tribunal Regional do Trabalho da 3ª Região*, Belo Horizonte, jul./dez. 2004, p. 69-78.
50 No mesmo sentido, veja-se decisão do TST, da lavra do Min. Rider de Brito, para quem "o art. 236 da Constituição da República de 1988, autoaplicável, estabelece que os serviços notariais e de registro são exercidos em caráter privado, por delegação do Poder Público. O Estado não é o empregador. O titular da serventia extrajudicial, no exercício de delegação estatal, contrata, assalaria e dirige a prestação laboral, equiparando-se ao empregador comum, ainda mais porque aufere lucros decorrentes da delegação. O trabalhador não percebe a remuneração dos cofres públicos, mas do titular da serventia, único responsável pelos consectários trabalhistas". Decisão: 25-6-2002, Proc. RR 474069/98, Quinta Turma.
51 VIANA JUNIOR, Wellington Luiz. Op. cit.

6.4.2 Sucessão de empregadores na Lei n. 11.101/2005

A Lei n. 11.101/2005, que regula a recuperação judicial, a extrajudicial e a falência do empresário e da sociedade empresária, criou regra de exclusão de ônus e de responsabilidades aplicáveis no campo da sucessão empresarial trabalhista. Nas condições descritas nos arts. 60[52] e 141[53] da mencionada lei, **o objeto da alienação estará livre de qualquer ônus e não haverá sucessão do arrematante nas obrigações do devedor**. Esses dois efeitos, entretanto, não serão visíveis quando o arrematante for:

a) **sócio** da sociedade recuperanda ou falida, ou sociedade controlada pela recuperanda ou falida;

b) **parente**, em linha reta ou colateral até o quarto grau, consanguíneo ou afim, do recuperando ou falido ou de sócio da sociedade recuperanda ou falida; ou

c) identificado como **agente do recuperando ou do falido** com o objetivo de fraudar a sucessão.

É importante assinalar que, apesar de ter sido acusada de violadora do princípio do não retrocesso social, a Lei n. 11.101/2005 foi, ao contrário disso, reconhecida pelo STF, no julgamento da ADI 3934, como preservadora de empregos diante das situações de adversidade econômica e financeira. Para o Ministro Gilmar Mendes, a lei ora em análise fez uma "engenharia institucional, buscando viabilizar créditos para eventualmente satisfazer o ativo e os eventuais passivos" da empresa em recuperação judicial. No mesmo sentido posicionou-se o Ministro Lewandowski, para quem a Lei n. 11.101 não apenas resultou de amplo debate com setores sociais diretamente afetados por ela como surgiu da necessidade de preservar o sistema produtivo nacional, inserido em uma ordem econômica mundial.

Independentemente dos propósitos econômicos da norma, houve um evidente retrocesso no plano da proteção dos direitos sociais. A lógica da "manutenção da condição mais benéfica" e da "continuidade da relação de emprego" passou a contar, a partir de então, com importantes exceções. Como destacou Eduardo Câmara, "a aquisição de empresa falida ou parte dela importa agora apenas em aquisição de ativos, sem respeito e proteção ao passivo trabalhista"[54].

6.4.3 Sucessão de sócios e responsabilidade do retirante

Um tema que especialmente interessa àqueles que militam na jurisdição trabalhista, e que em certa medida complementa a discussão em torno da sucessão de empresarial, é o que

---

52 Art. 60. Se o plano de recuperação judicial aprovado envolver alienação judicial de filiais ou de unidades produtivas isoladas do devedor, o juiz ordenará a sua realização, observado o disposto no art. 142 desta Lei. Parágrafo único. O objeto da alienação estará livre de qualquer ônus e não haverá sucessão do arrematante nas obrigações do devedor, inclusive as de natureza tributária, observado o disposto no § 1º do art. 141 desta Lei.

53 Art. 141. Na alienação conjunta ou separada de ativos, inclusive da empresa ou de suas filiais, promovida sob qualquer das modalidades de que trata este artigo: I — todos os credores, observada a ordem de preferência definida no art. 83 desta Lei, sub-rogam-se no produto da realização do ativo; II — o objeto da alienação estará livre de qualquer ônus e não haverá sucessão do arrematante nas obrigações do devedor, inclusive as de natureza tributária, as derivadas da legislação do trabalho e as decorrentes de acidentes de trabalho. § 1º O disposto no inciso II do *caput* deste artigo não se aplica quando o arrematante for: I — sócio da sociedade falida, ou sociedade controlada pelo falido; II — parente, em linha reta ou colateral até o quarto grau, consanguíneo ou afim, do falido ou de sócio da sociedade falida; ou III — identificado como agente do falido com o objetivo de fraudar a sucessão. § 2º Empregados do devedor contratados pelo arrematante serão admitidos mediante novos contratos de trabalho e o arrematante não responde por obrigações decorrentes do contrato anterior.

54 CÂMARA, Eduardo. *Alterações e reflexos trabalhistas da lei de recuperação e falência*. São Paulo: LTr, 2006, p. 50.

diz respeito à substituição de um sócio por outro. Diz-se isso porque, durante anos, a inexistência de normas claras sobre a execução dirigida contra sócios e ex-sócios foi arena para muitas polêmicas e insatisfações. Não foram raros os relatos de ex-sócios que, embora tivessem se afastado da sociedade bem antes de aforada a ação trabalhista, acabaram por assumir dívidas que vociferavam não mais serem suas.

Os debates em torno da responsabilidade dos sócios pelas dívidas da sociedade passaram, então, a ter espaço central e a demandar maiores reflexões. Exatamente por isso serão estudados nos próximos tópicos as problemáticas da crise de identidade das pessoas jurídicas e as possíveis soluções jurídicas tomadas mediante o procedimento de desconsideração da personalidade jurídica. Observem-se:

6.4.3.1 A pessoa jurídica e(m) crise de identidade: a concepção de "pessoa"

O pensamento jurídico não se satisfaz apenas com o conhecimento de que certa ação ou omissão humana forma o conteúdo de um dever ou direito. Deve existir algo que "tem" o dever ou o direito. O conceito de pessoa, seja ela física (natural) ou jurídica, existe apenas na medida em que "tem" deveres e direitos; separada deles, a pessoa não possui existência. Ora, se assim é, pode-se afirmar que, sob o ponto de vista conceitual, as pessoas jurídicas não mais são do que a personificação de uma ordem que regula a conduta de vários indivíduos; as pessoas físicas, por outro lado, constituem a personificação de um complexo de normas regulando a conduta de um mesmo indivíduo.

As pessoas jurídicas, porém, ao contrário das pessoas físicas (naturais), não agem por si sós. O exercício da sua vontade está condicionado à operação de indivíduos. Assim, lembrando fundamentos em Kelsen,

> [...] um indivíduo atua como órgão de uma corporação se a sua conduta corresponde, de certo modo, à ordem especial que constitui a corporação. Vários indivíduos formam um grupo, uma associação, apenas quando estão organizados, se cada indivíduo possui uma função específica em relação aos outros. Eles estão organizados quando a sua conduta mútua é regulada por uma ordem, por um sistema de normas. É esta ordem — ou, o que redunda no mesmo, esta organização — que constitui a associação, que faz com que os vários indivíduos formem uma associação. [...] Os indivíduos "pertencem" a uma associação ou formam uma associação apenas na medida em que a sua conduta é regulada pela ordem "da" associação [...]. Um ato executado por um indivíduo na sua capacidade de órgão da comunidade é distinguido de outros atos desse indivíduo que não são interpretados como atos da comunidade apenas pelo fato de que o primeiro ato corresponde, num sentido específico, à ordem. A qualidade de órgão de um indivíduo repousa inteiramente na sua relação com a ordem[55].

Não há dúvidas, portanto, que é o sistema normativo quem concebe a organização e lhe dá poderes de agir mediante determinados indivíduos. É a norma posta pelo Estado que cria as personalidades físicas e jurídicas e lhes dá extensão e medida. É "pessoa", portanto, quem a lei diz que é "pessoa", sendo isso suficiente para que se possa pressupor a sua capacidade de consentir.

6.4.3.2 A evolução da consideração da personalidade jurídica

Não é dos juristas romanos o costume de indicar como "pessoa" — expressão reservada para o humano — ou como "pessoa jurídica", o ente abstrato, considerado como sujeito capaz de direitos e obrigações, distinto dos membros que o compõem. Somente na linguagem

---

55 KELSEN, Hans. *Teoria Geral do Direito e do Estado*. São Paulo: Martins Fontes, 1992, p. 102.

extrajurídica a denominação "pessoa" veio relacionada às corporações públicas[56], terminologia esta que permaneceu, porém, sem grande desenvolvimento. As principais manifestações de admissão da existência de entes diversos das pessoas naturais que os compunham vieram na órbita do direito público romano, mediante a necessidade de instituição de algumas abstrações coletivas, a exemplo do *municipium, colonie, curia* e *collegium*, por força da *lex data*, que criou o respectivo estatuto.

As distinções quanto à existência de dois entes diversos (ente conteúdo e ente continente) seguiram-se diante das incertezas acerca do modo ou da possibilidade de exprimirem, na administração do patrimônio, uma vontade comum ou uma vontade que a esta se substituía.

Surgiram diversos questionamentos relacionados às situações jurídicas que revelavam as *universitas* como entes coletivos capazes de direitos e obrigações. A primeira indagação surgiu no campo da responsabilidade dessas universalidades. Questionava-se se elas poderiam ser demandadas por ação dolosa. Ulpiano posicionava-se em relação aos municípios no sentido de que ***l'actio doli*** penal era passível de expressão apenas contra os administradores, mas não contra as referidas entidades administradas. Estas poderiam ser chamadas em juízo apenas em ação reipersecutória ***in id quod ad eos pervenit***, pelo enriquecimento devido ao dolo dos administradores do patrimônio comum, isso por uma pretensa impossibilidade de os municípios operarem dolosamente (1. 15, § 1º, D, ***quod cuiuscumque universitatis***, 4, 3).

Uma posição doutrinária analógica surgiu em face do tema "propriedade". Negava-se que os municípios pudessem adquirir propriedade, sob o fundamento de que não seriam capazes de consentir — ***quia universi consentire non possunt***. Em outras palavras, a "universalidade", ao menos em certas proporções, não poderia ter o *animus possidendi*, mas apenas as pessoas que singularmente as compunham.

Na Idade Média italiana iniciou-se o processo de formação de associação de grupos denominados *compagnia, societas* ou *commenda*, por meio dos quais sujeitos privados aglutinavam-se em busca de um objetivo comum. Tais formas associativas, em suas origens, admitiam uma ampla comunicação de responsabilidade entre os credores do grupo e cada um dos sócios[57]. Essas formas associativas italianas se difundiram por toda a Europa, adquirindo tal aceitação que as legislações dos diversos países adaptaram-se para recebê-las. A utilização dessas fórmulas de aglutinação social gerou desenvolvimento e aperfeiçoamento, circunstâncias que impuseram a sua permanência como novo instituto. A transmissibilidade dos haveres sociais e a continuação da sociedade com os herdeiros do sócio falecido foram, assim, esboçando o conceito de uma nova pessoa, diversa daquelas componentes do grupo.

A ideia de continente e conteúdo demonstrava claramente que havia, sim, um ente abstrato capaz de direitos e obrigações. Os negócios realizados firmavam-se com as associações mercantis, e não com os mercadores que as integravam. Começaram, assim, a ser desenhadas as **primeiras linhas do conceito de pessoa jurídica como ente com existência e responsabilidade distintas daqueles que a compunham**, iniciando-se o entendimento de que não seria possível, exceto por expressa disposição normativa permissiva, a comunicação de responsabilidades assumidas pela sociedade e pelos seus membros constituintes ou vice-versa.

Os canonistas transferiram do campo teológico para o campo jurídico o material semântico que facilitou a formulação da ideia de uma personalidade abstrata distinta da mera soma ou totalidade dos componentes. A elaboração canonista teve o seu ápice com o trabalho

---

56 AZARA, Antonio; EULA, Ernesto (Org.). *Novíssimo Digesto Italiano*: Persona Giuridica a cura di GIAMBATTISTA IMPALLOMENI. Torino: Unione Tipografica — Editrice Torinese, 1979.
57 LE GOFF, Jacques. *Mercaderes y Banqueros de la Edad Media*. Eudeba. 3. ed., 1966, p. 24.

elaborado por Sinibaldo dei Fieschi, algum tempo depois consagrado como Papa Innocenzo IV. O referido canonista, com espírito inovador, apesar do respeito às tradições romanísticas, estabeleceu uma classificação entre os entes coletivos conhecidos, reconhecendo neles a capacidade de direitos e obrigações em nome próprio, sendo este o primeiro referencial seguro de reconhecimento no âmbito da doutrina que pugnava pela existência do que hoje chamamos de pessoa jurídica.

Os ensinamentos dos canonistas influenciaram também os civilistas. O caráter de *fictio iuris*, de *persona repraesentata sive intellectualis*, de *corpus mysticim* restou esculpido na definição de Baldo, segundo o qual *"universitas est imago quaedam quae magis intellectu quaam sensu percipitur"*. Destaque-se também Bartolo que sistematizou a ideia de que a coletividade existe em função do seu ato constitutivo. A doutrina dos séculos XVI, XVII e XVIII, em rigor, não trouxe notáveis elaborações teóricas, mas, nesse período, diante da teorização existente, surgiram diversos dispositivos normativos, seja no âmbito canônico, seja no âmbito civil. Falava-se de "corpo moral" no art. 2º do Código Civil italiano de 1865[58], enquanto nas leis especiais italianas eram encontradas ora a denominação de corpo/ ente moral, ora de ente coletivo, de ente jurídico ou mesmo de pessoa jurídica.

Na legislação e na doutrina francesa prevaleceu a expressão pessoa civil ou pessoa moral. O termo pessoa jurídica foi usado no Código Civil germânico e preferido, quase unanimemente pelos juristas alemães, em decorrência da prestigiada doutrina de Savigny[59].

Nesse ponto, acompanhando a lógica de que a pessoa jurídica deve ser entendida como uma entidade com existência e responsabilidade distintas daqueles que a compõem, veio à luz o texto contido no art. 49-A do Código Civil Brasileiro, incluído pela Lei n. 13.874/2019, chamada Declaração de Direitos de Liberdade Econômica:

> *Art. 49-A. A pessoa jurídica não se confunde com os seus sócios, associados, instituidores ou administradores. (Incluído pela Lei n. 13.874/2019)*
>
> *Parágrafo único. A autonomia patrimonial das pessoas jurídicas é um instrumento lícito de alocação e segregação de riscos, estabelecido pela lei com a finalidade de estimular empreendimentos, para a geração de empregos, tributo, renda e inovação em benefício de todos. (Incluído pela Lei n. 13.874/2019)*

Foi, como se vê, confirmada a ideia de que "a pessoa jurídica não se confunde com os seus sócios, associados, instituidores ou administradores". Apesar de, em rigor, a pessoa jurídica ser uma ficção, cabe vê-la efetivamente como uma criatura dissociada dos seus criadores. Nesse contexto, a autonomia é uma característica que salienta essa dissociação, notadamente a autonomia patrimonial na qualidade de "instrumento lícito de alocação e segregação de riscos".

6.4.3.3 O questionamento e a crise da consideração: o abuso da pessoa jurídica e a sua desconsideração

Tão logo adquiriu o *status* de ente capaz de direitos e obrigações, a pessoa jurídica iniciou um período de crise, motivado por abusos perpetrados em seu nome. A solução para os questionamentos acerca da consideração, havido fundamentalmente no campo jurispruden-

---

[58] 2. *"I comuni, le provincie, gli istituti pubblici civili od ecclesiastici, ed in generale tutti i corpi morali legalmente riconosciuti, sono considerati come persone, e godono dei diritti civili secondo le leggi e gli usi osservati come diritto pubblico"* (in http://www.notaio-busani.it/download/docs/CC1865_100.pdf).

[59] Pontes de Miranda, com base na doutrina de Gierke e Freistaedt, afirmou que a expressão pessoa jurídica foi utilizada pela primeira vez por Heise, em 1807, tendo sido generalizada a sua adoção pela aplicação feita por Savigny.

cial, motivou soluções casuísticas, adotadas normalmente com o objetivo de punir aqueles que se aproveitavam da personalidade jurídica. Iniciaram-se, então, ações tendentes a, quando necessário, superar a forma externa da entidade jurídica, para, penetrando nela, alcançar as pessoas e bens que debaixo de seu véu estivessem escondidas.

A teoria da desconsideração da personalidade jurídica, denominada no direito hispânico como *allanamiento o redhibición de la personalidad jurídica*, conseguiu situar-se definitivamente na teoria jurídica geral. Trata-se de um remédio jurídico mediante o qual resulta possível prescindir da forma de sociedade com que se ache revestido um grupo de pessoas e bens, negando a sua existência autônoma como sujeito de direito frente a uma situação jurídica particular.

Em nenhum país a doutrina nasceu como ideia unitária de algum jurista. Os tribunais, em realidade, começaram a dar solução a problemas concretos, sem grandes preocupações dogmáticas, a exemplo dos casos Bank of United States *vs.* Deveaux, em 1809; Salomon *vs.* Salomon & Co., em 1897; ou ainda o caso Mary Raynaud, da Corte de Cassação Francesa em 1908. A grande quantidade de casos que foram surgindo na jurisprudência motivou a criação de algumas obras na área, entre as quais a clássica, e fundamental para o presente estudo, *Piercing the veil of corporate entity*, de Maurice Wormser[60], que deu origem à expressão "perfurar o véu protetor dos infratores".

A obra de Rolf Serick[61], professor da Universidade de Heidelberg — *Aparência e realidade das sociedades mercantis. O abuso do direito por meio da pessoa jurídica* (1955) — entretanto, parece ser a que mais influenciou o direito brasileiro na área de desconsideração da personalidade jurídica. O professor Serick agrupou as manifestações mais frequentes de abuso da pessoa jurídica em três categorias gerais: fraude à lei, fraude ou violação ao contrato e dano fraudulento causado a terceiro. O referido autor, entretanto, não limitou o seu intento a uma mera exposição e classificação das formas mais frequentes do referido abuso, mas, para além disso, procurou uma elaboração dos postulados fundamentais que possibilitassem ingressar na essência da problemática, tendo em vista principalmente as construções do direito anglo-americano.

Resumem-se, segundo Juan M. Dobson[62], os postulados de Serick em uma regra fundamental e outras três complementares, que se enunciam da seguinte maneira: existirá abuso da personalidade jurídica quando, por meio de uma pessoa jurídica, efetiva-se (i) a burla a uma disposição legal, (ii) a burla a uma obrigação contratual ou (iii) o prejuízo de terceiro. Somente nesses três casos, aliás, pode-se alegar que foi violada a boa-fé.

Trata-se, como se pode perceber, de um **problema de imputação**, devendo-se analisar quem, efetivamente, praticou o ato hostilizado, se a sociedade, no limite da lei e do seu estatuto, ou se o sócio, contrariando os referenciais da existência do corpo místico.

Valem, para dar substância a este tópico, as palavras de Lamartine Côrrea para quem "os problemas ditos de 'desconsideração' envolvem frequentemente um problema de imputação". O que importa basicamente — disse o referido professor — "é a verificação da resposta adequada à seguinte pergunta: no caso em exame, foi realmente a pessoa jurídica que agiu ou foi ela mero instrumento nas mãos de outras pessoas, físicas ou jurídicas?" E conclui:

> *É exatamente porque nossa conclusão quanto à essência da pessoa jurídica se dirige a uma postura de realismo moderado, repudiamos os normativismos, os ficcionismos, os nominalismos, que*

---

60 WORMSER, Maurice. *Piercing the veil of corporate entity*. Columbia Law Review, 1912.

61 SERICK, Rolf. *Apariencia y realidad de las sociedades mercantiles. El abuso del derecho por medio de la persona jurídica*. Tradução de José Puig Brutau. Barcelona: Ariel, 1958.

62 DOBSON, Juan M. *El Abuso de la Personalidad Jurídica (en el derecho privado)*. 2. ed. Buenos Aires: Ediciones Depalma, 1991. p. 20.

essa pergunta tem sentido. Se é, em verdade, uma outra pessoa que está a agir, utilizando a pessoa jurídica como escudo, e se é essa utilização da pessoa jurídica, fora de sua função, que está tornando possível o resultado contrário à lei, ao contrato, ou às coordenadas axiológicas fundamentais da ordem jurídica (bons costumes, ordem pública), é necessário fazer com que a imputação se faça com predomínio da realidade sobre a aparência[63].

A mais frequente questão, nos tempos modernos, é, portanto, aquela lançada por Lamartine Corrêa: **foi realmente a pessoa jurídica que agiu ou ela foi mero instrumento nas mãos de outras pessoas, físicas ou jurídicas?** Diante da evidência de que realmente foi pessoa diversa que, utilizando a pessoa jurídica como escudo, **cabe fazer predominar a realidade sobre a aparência**; cabe, portanto, responsabilizar quem efetivamente praticou o ato nocivo.

Nessa linha de ideias, o art. 50 do Código Civil estabeleceu-se como referencial normativo para a solução desses problemas de imputação. A redação dada a ele pela Lei n. 13.874/2019, nominada de Declaração de Direitos de Liberdade Econômica, oferece o caminho a trilhar para que se permita o predomínio da realidade sobre a aparência:

> *Art. 50. Em caso de abuso da personalidade jurídica, caracterizado pelo desvio de finalidade ou pela confusão patrimonial, pode o juiz, a requerimento da parte, ou do Ministério Público quando lhe couber intervir no processo, desconsiderá-la para que os efeitos de certas e determinadas relações de obrigações sejam estendidos aos bens particulares de administradores ou de sócios da pessoa jurídica beneficiados direta ou indiretamente pelo abuso.*
>
> *§ 1º Para os fins do disposto neste artigo, desvio de finalidade é a utilização da pessoa jurídica com o propósito de lesar credores e para a prática de atos ilícitos de qualquer natureza.*
>
> *§ 2º Entende-se por confusão patrimonial a ausência de separação de fato entre os patrimônios, caracterizada por:*
>
> *I — cumprimento repetitivo pela sociedade de obrigações do sócio ou do administrador ou vice-versa;*
>
> *II — transferência de ativos ou de passivos sem efetivas contraprestações, exceto os de valor proporcionalmente insignificante; e*
>
> *III — outros atos de descumprimento da autonomia patrimonial.*
>
> *§ 3º O disposto no caput e nos §§ 1º e 2º deste artigo também se aplica à extensão das obrigações de sócios ou de administradores à pessoa jurídica.*
>
> *§ 4º A mera existência de grupo econômico sem a presença dos requisitos de que trata o caput deste artigo não autoriza a desconsideração da personalidade da pessoa jurídica.*
>
> *§ 5º Não constitui desvio de finalidade a mera expansão ou a alteração da finalidade original da atividade econômica específica da pessoa jurídica.*

Note-se que o dispositivo constante do art. 50 do Código Civil autorizou a desconsideração da personalidade diante de "desvio de finalidade" ou de "confusão patrimonial", cabendo ao magistrado caracterizar o abuso da personalidade jurídica estritamente em um desses comportamentos.

6.4.3.4 Novas crises, novos remédios e a sempre presente necessidade de garantir o devido processo legal

A existência da pessoa jurídica está condicionada à conveniência daqueles que a "presentam". Sua vontade é conduzida pelas mentes de pessoas físicas que tanto podem ser

---

63 OLIVEIRA, José Lamartine Corrêa de. *A dupla crise da pessoa jurídica*. São Paulo: Saraiva, 1979.

absolutamente correspondentes ao desejo estatutário quanto dele pode maldosamente se desviar. Nesse instante, reconhecendo-se a responsabilidade dos integrantes do grupo societário, é possível perceber que a pessoa jurídica não vive em função de si própria, mas das ações praticadas por seus integrantes. Sem dúvidas, trata-se de uma circunstância produtiva de uma verdadeira crise de identidade. Afinal, quem, verdadeiramente, é a pessoa jurídica?

Qualquer desvio de finalidade das pessoas naturais que materializam suas ações implica a cessação de sua existência e, por conseguinte, a transferência de suas responsabilidades para quem as manejou.

Os tempos modernos revelam, assim, que entes abstratos não devem ser criados para proteger os seus integrantes ou mesmo pessoas que, não inseridas na composição do empreendimento, externamente as comandam. O resgate da identidade da pessoa jurídica há de se reforçar não somente na tese quanto à sua existência, mas, indispensavelmente, no sentimento de que ela é responsável nos estritos limites do seu estatuto.

Nessa linha de raciocínio, o Código de Processo Civil de 2015, entre os seus artigos 133 e 137, e posteriormente a CLT em seu art. 855-A passaram a admitir expressamente a desconsideração da personalidade jurídica como um incidente de intervenção de terceiros. Teve fim, portanto, a discussão quanto à (des)necessidade de ajuizamento de ação autônoma contra sócio ou sociedade quando estes não tivessem sido demandados na petição inicial. Ofereceu-se no referido diploma processual civil uma solução incidental nos autos do mesmo processo, em qualquer unidade judiciária, em qualquer processo, procedimento, rito ou fase processual, para que pudessem ser constritos os bens dos sócios da sociedade inadimplente ou, numa desconsideração às avessas[64], os bens da sociedade de que participasse o sócio devedor. A instauração do incidente, para a segurança dos litigantes e de terceiros, ademais, passou a ser, por exigência constante do § 1º do art. 134 do CPC/2015, imediatamente comunicada ao distribuidor para as anotações devidas.

Como bem anotado na Exposição de Motivos do CPC/2015 (nota de rodapé 10), "o Novo CPC prevê expressamente que, **antecedida de contraditório e produção de provas**, haja decisão sobre a desconsideração da pessoa jurídica, com o redirecionamento da ação, na dimensão de sua patrimonialidade, e também sobre a consideração dita inversa, nos casos em que se abusa da sociedade, para usá-la indevidamente com o fito de camuflar o patrimônio pessoal do sócio". A lógica final é, portanto, a de que se deve, sim, responsabilizar o sócio infrator, mas que assim aja o Judiciário com respeito ao devido processo legal.

6.4.3.5 A responsabilidade do sócio retirante

Na linha da admissão da responsabilidade dos sócios, designadamente dos sócios retirantes, a reforma trabalhista produzida mediante a Lei n. 13.467, de 13 de julho de 2017, inseriu na CLT o art. 10-A com o objetivo de estatuir que o sócio retirante responderá, sim, em caráter subsidiário, pelas obrigações trabalhistas da sociedade, mas apenas daquelas **relativas ao período em que figurou como sócio**, somente em ações aforadas **até dois anos** depois de averbada a modificação do contrato, observada, ainda, uma ordem de preferência:

---

[64] "Considerando-se que a finalidade da *disregard doctrine* é combater a utilização indevida do ente societário por seus sócios, o que pode ocorrer também nos casos em que o sócio controlador esvazia o seu patrimônio pessoal e o integraliza na pessoa jurídica, conclui-se, de uma interpretação teleológica do art. 50 do CC/02, ser possível a **desconsideração inversa da personalidade jurídica**, de modo a atingir bens da sociedade em razão de dívidas contraídas pelo sócio controlador, conquanto preenchidos os requisitos previstos na norma" (3ª Turma do STJ, no REsp 948.117-MS, julgado em 22-6-2010, rel. Ministra Nancy Andrighi).

I — a empresa devedora;

II — os sócios atuais; e

III — os sócios retirantes.

Nesses termos foi coibida a insegurança de grande parte dos ex-sócios de serem, em algum momento e por algum argumento, responsabilizados judicialmente por dívidas contraídas pela sociedade de que fizeram parte antes de iniciada a relação de emprego discutida em determinada execução trabalhista. A partir da vigência da modificação legislativa ora em análise, somente será possível responsabilizar o sócio retirante pelas obrigações trabalhistas da sociedade **relativas ao período em que ele figurou como sócio**, salvo, evidentemente, quando ficar comprovada fraude na alteração societária decorrente da modificação do contrato. Em tal hipótese, aliás, o sócio retirante, por conta de sua conduta ilícita, responderá solidariamente com os demais envolvidos na ilicitude, sejam eles a empresa devedora, os sócios atuais ou os demais sócios retirantes. Veja-se o texto normativo:

Art. 10-A. O sócio retirante responde subsidiariamente pelas obrigações trabalhistas da sociedade relativas ao período em que figurou como sócio, somente em ações ajuizadas até dois anos depois de averbada a modificação do contrato, observada a seguinte ordem de preferência:

I — a empresa devedora;

II — os sócios atuais; e

III — os sócios retirantes.

Parágrafo único. O sócio retirante responderá solidariamente com os demais quando ficar comprovada fraude na alteração societária decorrente da modificação do contrato.

A fraude na alteração societária é, evidentemente, um ilícito que pode produzir muitos outros efeitos colaterais entre os quais até mesmo o questionamento/discussão da qualidade de sócio daqueles que, normalmente sendo apenas empregados do empreendimento, assinaram inocentemente, mediante ardis ou coação econômica, documentos que os levaram à adesão ao quadro societário.

6.5 CONCENTRAÇÃO EMPRESARIAL E RESPONSABILIDADE CIVIL--TRABALHISTA

Entende-se por concentração econômica o ato de livre iniciativa por meio do qual duas ou mais empresas, mantendo suas personalidades jurídicas, convergem esforços com o intuito de promover o crescimento de seus negócios e o fortalecimento de sua posição no mercado. Tal concentração proporciona também, em regra e por via oblíqua, a diminuição de custos, a diversificação produtiva, a distribuição eficiente, a racionalização tributária e a resiliência para o enfrentamento das crises.

O agrupamento de empresas transformou-se em tema de imenso interesse acadêmico porque produtor de efeitos que extrapolam os lindes econômicos para produzir repercussões jurídicas e políticas, porque, do mesmo modo que a agregação empresarial pode alavancar o progresso, ela pode prejudicar o sistema de liberdade econômica ou de livre concorrência e provocar "a criação de barreiras à entrada de novos operadores econômicos"[65]. Discute-se muito, portanto, acerca da existência de limites ao exercício dessa autonomia privada.

Diante do fenômeno do agrupamento de empresas, surgiu a preocupação de as normas laborais definirem a quem caberia a responsabilidade quanto ao pagamento das verbas tra-

---

65 ANDRADE, Maria Cecília. *Controle de concentrações de empresas*. São Paulo: Singular, 2002, p. 36.

balhistas. Enfim, diversas são as possibilidades de coligação, e múltiplos são os efeitos decorrentes de atos de integração ou de mera cooperação. Nesse estudo, entretanto, a perspectiva da responsabilização dirá respeito unicamente aos direitos trabalhistas, sendo evidente que o alcance da responsabilização pode ser diferenciado no tocante às relações mercantis ou tributárias.

Para tanto será analisada, sob a ótica trabalhista, a responsabilidade civil dos integrantes do *grupo econômico*, bem como aquela que pode ser atribuída aos *agrupamentos assemelhados* que, sem influência dominante, são constituídos com o propósito de simples colaboração, não alcançando a qualidade de conglomerado ou grupo.

6.6 GRUPOS ECONÔMICOS E AGRUPAMENTOS ASSEMELHADOS

O empregado não interfere na realização dos negócios mercantis de seu empregador. Ele, em regra, está alheio a qualquer concerto econômico, esperando apenas a retribuição pelos serviços prestados. Por essa razão, o sistema legal, estabelecendo limitações à autonomia privada, restringiu os efeitos jurídicos dos ajustes interempresariais para evitar que determinados beneficiários, por ajuste contratual, deixassem de ser responsabilizados. Por força dessa proteção, a norma laboral garantiu o envolvimento de todos os integrantes do grupo econômico no adimplemento dos débitos trabalhistas, haja vista serem eles entendidos, em bloco, como contratante único.

Esse entendimento, que será exposto em tópicos seguintes, não se aplica a toda situação de agregação empresarial. Há, evidentemente, casos em que é constatada simples colaboração temporária em âmbitos específicos, sem que um integrante do agrupamento interfira no universo jurídico de outro. A avaliação da situação concreta, então, autorizará ou não a aplicação da regra contida no § 2º do art. 2º da CLT. A ponderação é importantíssima porque, como afirmado por Edilton Meireles, uma das empresas integrantes do grupo econômico *pode ou não* exercer o domínio sobre as demais. O citado doutrinador preferiu fazer menção apenas à "possibilidade de o domínio ser exercido", em vez de referir-se a seu efetivo exercício, porque o simples fato de uma empresa se recusar a exercer o direito de controle não acarretaria a inexistência do ora analisado conglomerado[66].

6.6.1 Grupo econômico trabalhista

Nos termos do § 2º do art. 2º da CLT, "sempre que uma ou mais empresas, tendo, embora, cada uma delas, personalidade jurídica própria, estiverem sob a direção, controle ou administração de outra, ou ainda quando, mesmo guardando cada uma sua autonomia, integrem grupo econômico, **serão responsáveis solidariamente pelas obrigações decorrentes da relação de emprego**" (destaques não constantes do original).

Diante dessa redação, percebe-se que, para fins trabalhistas, a coligação de duas ou mais empresas beneficiárias de um mesmo contrato de emprego produz para todas elas uma situação de responsabilidade solidária. Extraem-se daí, portanto, três pressupostos essenciais, sem os quais não se poderá afirmar existente o "grupo econômico trabalhista".

6.6.1.1 Pressupostos constitutivos

Segundo perspectiva baseada na literalidade da expressão, pressuposto é circunstância ou fato antecedente necessário de outro, sem o qual não pode ser concebida sua existência

---

[66] MEIRELES, Edilton. *Grupo econômico trabalhista*. São Paulo: LTr, 2002, p. 80.

ou viabilidade. Em outras palavras, pressuposto é aquilo que previamente se supõe existir para que se possa falar juridicamente em algo. Nesses moldes, para falar em grupo econômico trabalhista é indispensável supor a existência das seguintes peças:

• **Formação de um grupo, ou seja, de uma aglutinação de pessoas com personalidades diversas.** O primeiro pressuposto de formação do grupo econômico diz respeito à "concentração econômica" no plano fático, independentemente de qualquer formalização jurídica. Perceba-se que o ato de agregação próprio do grupo econômico preserva a personalidade jurídica de cada um dos integrantes. Não há fusão empresarial. Nesta, duas ou mais empresas são dissolvidas, e, em lugar do que originariamente existia, surge um novo empreendimento com características próprias e singulares. Na concentração econômica aqui analisada as empresas apenas se unem para, mantidas suas particularidades, alcançarem objetivos comuns.

• **Exploração de atividade econômica.** A regra contida no § 2º do art. 2º da CLT envolve apenas grupos que realizam atividades econômicas, assim entendidas aquelas que, de modo organizado, produzem ou fazem circular bens ou serviços, independentemente do intuito lucrativo. Assim, podem integrar o "grupo econômico trabalhista" não somente os empresários individuais e as sociedades empresárias, privadas ou estatais, mas também os "empregadores por equiparação" previstos no § 1º do art. 2º da CLT, porque não seria isonômico dar proteção aos empregados contratados por empresas que se incluíssem no figurino do *caput* do art. 2º, mas não oferecê-la aos admitidos por entidades que, nos termos da lei, foram equiparadas a empresa. Ou a equiparação é válida para todos os fins ou não é equiparação. Ademais, o texto do supracitado § 2º não exclui de seu campo de aplicabilidade os chamados "empregadores por equiparação". Anote-se, finalmente, que o grupo econômico pode ser composto de empresas que realizam atividades diversas, o que, aliás, sói acontecer.

• **Potencial relação de subordinação ou de coordenação entre os integrantes do grupo econômico.** A influência dominante de uma empresa — entendida como líder — sobre outra ou outras empresas sempre foi apresentada como pressuposto essencial para a aplicabilidade da norma contida no § 2º do art. 2º da CLT. Esse entendimento baseava-se no argumento de que o grupo econômico trabalhista somente se formava de modo hierarquizado. A publicação da Lei n. 5.889/73 e a declaração constitucional de igualdade entre trabalhadores urbanos e rurais (*caput* do art. 7º), entretanto, foram as primeiras evidências demonstrativas da ruína dessa ideia. Recorde-se que o *estatuto dos rurícolas* trouxe nova redação para o grupo econômico, admitindo que não apenas a hierarquização caracterizaria o instituto, mas também situações em que cada componente preservasse sua autonomia. Veja-se:

> *Lei n. 5.889/73, art. 2º [...] § 2º Sempre que uma ou mais empresas, embora tendo cada uma delas personalidade jurídica própria, estiverem sob direção, controle ou administração de outra,* **ou ainda quando, mesmo guardando cada uma sua autonomia**, *integrem grupo econômico ou financeiro rural, serão responsáveis solidariamente nas obrigações decorrentes da relação de emprego (grifos não constantes do original).*

Essa ideia, aliás, foi incorporada ao texto da CLT, que, depois da reforma empreendida na era Temer, passou a prever a responsabilidade solidária das empresas integrantes de um grupo econômico, tanto nas situações em que elas estivessem sob a direção, controle ou administração de outra, quanto nas hipóteses em que guardassem cada uma sua autonomia[67].

---

67 No que diz respeito aos novos arranjos de agrupamentos econômicos, recomenda-se a leitura do instigante *Teoria da empresa para o direito do trabalho brasileiro*, de Eduardo Pragmácio Filho, publicado pela LTr em 2008.

Diante disso, há de concluir que não é indispensável a existência de uma relação de domínio para a caracterização do grupo econômico trabalhista. Como bem sustentara o Professor Amauri Mascaro Nascimento, "basta uma relação de coordenação entre as diversas empresas sem que exista uma em posição predominante"[68]. Se o objetivo do instituto foi ampliar a segurança quanto ao adimplemento dos créditos laborais, não se poderia dar interpretação diferente à situação. Aos magistrados, aliás, sempre se fez recordar que, na atividade de aplicação da lei, devem ser atendidos os fins sociais a que ela se dirige (*vide* art. 5º da Lei de Introdução às Normas do Direito Brasileiro — Decreto-Lei n. 4.657, de 4-9-1942), não sendo visível no instituto sob análise fim social diverso do revigoramento da garantia da solvabilidade dos créditos trabalhistas.

Anote-se, por derradeiro, que a CLT reformada pela Lei n. 13.467, de 13 de julho de 2017, trouxe no seu bojo um parágrafo a mais para o art. 2º com o objetivo de deixar bem claro que "não caracteriza grupo econômico a **mera identidade de sócios**, sendo necessárias, para a configuração do grupo, a demonstração do interesse integrado, a efetiva comunhão de interesses e a atuação conjunta das empresas dele integrantes" (grifos não constantes do original). A inserção desta disposição teve a sua importância para deixar bem claro que **um grupo econômico é bem mais do que empresas distintas que têm os mesmos sócios**. Essa identidade societária é não mais do que elemento indiciário para que se iniciem as investigações em torno do tema.

Nesse sentido, vale anotar o posicionamento adotado pelo Enunciado 5 da 2ª Jornada de Direito Material e Processual do Trabalho, ocorrida entre 9 e 10 de outubro de 2017 em Brasília/DF, sob a coordenação da Associação Nacional dos Magistrados da Justiça do Trabalho — ANAMATRA. Veja-se:

> *GRUPO ECONÔMICO TRABALHISTA. DISTRIBUIÇÃO RACIONAL DO ÔNUS DA PROVA. I. A Lei 13.467/2017 reconheceu expressamente a figura do grupo econômico trabalhista por coordenação (art. 2º, § 2º) e estabeleceu requisitos subjetivos (interesse integrado e comum) e objetivos (atuação conjunta) para a caracterização do grupo, a serem verificados no caso concreto pelo juízo (art. 2º, § 3º); II — Nas hipóteses restritas de aplicação do parágrafo 3º do artigo 2º da CLT, a mera identidade de sócios entre as empresas integrantes, embora não baste à caracterização do grupo econômico, constitui indício que autoriza a inversão ou redistribuição do ônus da prova, nos termos do art. 818, § 1º, da CLT, com redação dada pela Lei 13.467/2017. Incumbe então ao empregador o ônus de comprovar a ausência de interesses integrados, da comunhão de interesses e/ou da atuação conjunta das empresas. aplicação dos princípios da aptidão para a prova e da paridade de armas em concreto (isonomia processual).*

Um grupo econômico trabalhista demanda para a sua concreta evidência, então, a **demonstração do interesse integrado**, vale dizer, a inclinação das empresas agrupadas com vista à satisfação agregada de suas necessidades; **a efetiva comunhão de interesses**, assim compreendida a irrefragável aliança interempresarial; **e a sua atuação conjunta**, que pode ser evidenciada mediante a concretização prática de um plano de ação do grupo.

Cabe assinalar, porém, que é extremamente difícil a produção de prova processual desses pressupostos, especialmente porque não basta a constatação de uma ação isolada ou momentânea das empresas agrupadas. Exatamente por isso a mais convincente das provas de existência de um grupo econômico é a autoproclamação empresarial: empresas se declaram integrantes de um grupo econômico para que, com isso, demonstrem sua fortaleza para os pretensos clientes. Não raramente, portanto, as petições iniciais das ações trabalhistas que pugnam pela caracterização desse singular agrupamento trazem aos autos impressões colhi-

---

[68] NASCIMENTO, Amauri Mascaro. *Iniciação ao direito do trabalho*. 30. ed. São Paulo: LTr, 2004.

das de *sites* da internet ou cópias de páginas de revistas ou jornais nos quais as empresas coligadas se autodeclararam integrantes de um mesmo grupo econômico.

6.6.1.2 Responsabilização dos integrantes do grupo econômico trabalhista

O estudo do grupo econômico trabalhista não termina na análise dos pressupostos de sua caracterização. Ele avança sobre o tema que envolve a responsabilização de seus integrantes. Enfim, uma vez constatada a existência do grupo econômico, *"serão, para os efeitos da relação de emprego, solidariamente responsáveis a empresa principal e cada uma das subordinadas"*. Alguns questionamentos, então, emergem da parte final do § 2º do art. 2º da CLT: *O grupo econômico é um empregador único ou as empresas dele integrantes são distintas? A responsabilidade solidária dos integrantes do grupo econômico é unicamente ativa ou também passiva? A responsabilidade dos mencionados integrantes é solidária ou subsidiária?*

Vejam-se as possíveis soluções oferecidas a cada uma dessas controvérsias:

6.6.1.2.1 O grupo econômico é um empregador único ou as empresas dele integrantes são independentes da empresa-contratante?

Para responder a essa questão é indispensável o conhecimento do histórico formativo da norma em exame. Saiba-se que o dispositivo em análise foi extraído da Lei n. 435, de 17 de maio de 1937. Essa norma, composta de apenas dois artigos, foi identificada, mediante ementa, como aquela que "considera empregadora única a empresa principal de grupos industriais". No texto do seu art. 1º, a mencionada norma possuía redação bem assemelhada àquela ora aplicável: "Sempre que uma ou mais empresas, tendo, embora, cada uma delas, personalidade jurídica própria, estiverem sob a direção, controle ou administração de outra, constituindo grupo industrial ou comercial, para efeitos da legislação trabalhista serão solidariamente responsáveis a empresa principal e cada uma das subordinadas". Essa norma originária, porém, possuía um parágrafo único, segundo o qual a solidariedade não se daria entre as empresas subordinadas, nem diretamente, nem por intermédio da empresa principal, "a não ser para o fim único de se considerarem todas elas como um mesmo empregador". A redação do referido parágrafo é bem confusa, mas o legislador quis dizer, na verdade, que a solidariedade somente seria considerada para fins trabalhistas, mediante a caracterização da figura do empregador único.

Por conta da redação evidentemente truncada, os juristas responsáveis pela edificação da CLT apenas aproveitaram o texto do *caput* da Lei n. 435/37, desprezando seu parágrafo único. Surgiu, então, um importante questionamento: a CLT teria revogado o parágrafo único do art. 1º da Lei n. 435/37? A resposta parece negativa. Chega-se a essa conclusão a partir da inevidência de dispositivo, constante da CLT ou da sua Lei de Introdução, revogando as disposições anteriores em sentido contrário. Atuou-se como se a CLT quisesse preservar textos legislativos trabalhistas que não tivessem sido nela inseridos e que, apesar disso, oferecessem alguma proteção social. Ainda que a conclusão apontasse no sentido da revogação, a intenção do legislador não foi efetivamente essa. O espírito da lei era protetivo, alinhado aos propósitos dos direitos sociais emergentes na época. Chega-se facilmente a essa constatação a partir da leitura da exposição de motivos da Consolidação das Leis do Trabalho. Vê-se ali, no tópico 53, declaração no sentido de que a redação dos artigos introdutórios "inseriu a definição de empregador, que integra o conceito definitivo de relação de emprego, acompanhando-a da noção legal de empregadora única dada pela Lei 435, de 17/5/1937"[69].

---

69 MARCONDES FILHO, Alexandre. Exposição de Motivos da Consolidação das Leis do Trabalho. In: *CLT-LTr 2009*. 36. ed. São Paulo: LTr, 2009, p. 33.

Parece acertado, então, o posicionamento de quem sustenta que *o grupo econômico é um empregador único*[70], haja vista não apenas o histórico legal acima expendido, mas também a própria noção de empregador. Perceba-se que a CLT, em seu art. 2º, define a figura do empregador como a empresa. Note-se: "**Considera-se empregador a empresa**, individual ou coletiva, que, assumindo os riscos da atividade econômica, admite, assalaria e dirige a prestação pessoal de serviços" (grifos não constantes do original). Se assim é, e se existe vinculação entre empregador e empresa (empregador = empresa), é razoável concluir que, no mesmo plano, coincidem as figuras do empregador e do grupo de empresas (empregador = grupo de empresas). Nesse particular, é citado, mais uma vez, Edilton Meireles, autor de um dos mais importantes estudos sobre Grupo Econômico:

"Pode-se afirmar, então, que, quando duas ou mais empresas se unem (se agrupam), buscando, por intermédio da direção única (basta a mera potencialidade), unir esforços em prol de interesses comuns, elas constituem uma empresa. Empresa-conjunto é formada pela soma das empresas-individuais que integram o agrupamento, voltadas para execução de atividades em prol do interesse do grupo, e não dos interesses isolados ou individuais de cada uma das empresas integrantes do agrupamento"[71].

No mesmo sentido posiciona-se José Martins Catharino ao afirmar que "empresa-mor e suas subsidiárias, agrupadas, são legalmente uma só: universalidade mais complexa composta de outras universalidades integradas, interiorizadas e assim mantidas por força da unidade de 'direção, controle ou administração'. Pode-se até fazer uma parêmia: empresa verdadeira e única composta de empresas-partes, filiais, em duplo e figurado sentido"[72].

Note-se, assim, que, admitida a tese ora exposta, as empresas integrantes de um mesmo grupo econômico são legalmente entendidas, para fins de aplicação da legislação trabalhista, como uma só. Por conta disso, todos os integrantes do grupo econômico estarão ligados por uma mesma unidade de débito e, consequentemente, de responsabilidade. Todas as empresas, tanto a central quanto aquelas a ela agrupadas, vinculam-se juntas às obrigações advindas do contrato de emprego. São todas, em sua unidade, devedoras e credoras; todas são garantes da mesma dívida. São, em última análise, solidariamente devedoras e, por conseguinte, solidariamente responsáveis.

A coerência desse posicionamento parece ter sido a razão que motivou o cancelamento da Súmula 205 do TST. Veja-se o seu texto:

Súmula 205 do TST. *GRUPO ECONÔMICO. EXECUÇÃO. SOLIDARIEDADE* — **CANCELADA**. *O responsável solidário, integrante do grupo econômico, que não participou da relação processual como reclamado e que, portanto, não consta no título executivo judicial como devedor, não pode ser sujeito passivo na execução (Res. 11/1985, DJ, 11-7-1985). Ver Resolução TST n. 121, de 28-10-2003, DJU, 19-11-2003, que cancelou o Enunciado n. 205.*

---

[70] De acordo com a tese da existência de empregador único estão, entre outros, os professores Octávio Bueno Magano (*Os grupos de empresas no direito do trabalho*. São Paulo: LTr, 1974, p. 239), Délio Maranhão e Luis Inácio B. de Carvalho (*Direito do trabalho*. 16. ed., Rio de Janeiro: FGV, 1992, p. 76), José Martins Catharino (*Compêndio de direito do trabalho*, São Paulo: LTr, 1975, p. 169), Arnaldo Süssekind (Grupo empregador. *Revista do TST*, São Paulo, v. 63, 1994, p. 12-14), Evaristo de Moraes Filho (*Pareceres de direito do trabalho: fusão de empresas, com constituição de um conglomerado unitário*, v. 4, São Paulo: LTr, 1986, p. 113), Mozart Victor Russomano (*Comentários à CLT*. 13. ed. Rio de Janeiro: Forense, v. 1, p. 67) e Edilton Meireles (Grupo econômico trabalhista. São Paulo: LTr, 2002, p. 186).

[71] MEIRELES, Edilton. Op. cit., p. 80.

[72] CATHARINO, José Martins. *Compêndio de direito do trabalho*. São Paulo: LTr, 1975, p. 169.

Perceba-se que, diante da tese do grupo econômico como empregador único, nada obstaria a que uma ação iniciada contra a empresa-contratante prosseguisse na fase executiva contra as demais empresas integrantes do grupo econômico. A súmula acima transcrita posicionava-se contra essa possibilidade quando sustentava que "o responsável solidário" (a empresa que, apesar de integrante do grupo econômico, não contratou o empregado) que não tivesse participado da relação processual como acionado não seria, posteriormente, sujeito passivo na execução. Com o cancelamento da Súmula 205, o TST, embora não tenha firmado posicionamento em sentido contrário, deixou claro que recepcionou a tese do grupo econômico como empregador único e que, *in tese*, admitiria investidas executivas contra as outras empresas integrantes do grupo econômico que não tenham sido demandadas na cognição do feito[73].

6.6.1.2.2 A responsabilidade solidária dos integrantes do grupo econômico é unicamente ativa ou também passiva?

Aqui a solidariedade é bifrontal (passiva e ativa, tomada, evidentemente, a perspectiva do empregado). Será passiva[74] porque todas as empresas integrantes do grupo econômico respondem juntas, na qualidade de empregador único, pelas obrigações assumidas perante seus empregados. Será também ativa[75] porque o grupo econômico potencialmente pode exigir do empregado o cumprimento da prestação dos serviços em favor de qualquer de seus integrantes, desde que, é claro, exista ajuste contratual nesse sentido.

Anote-se que a solidariedade ativa, por conta da regra contida no *caput* do art. 468 da CLT[76], somente será evidenciada se desde o instante da admissão empregador (grupo econômico) e empregado ajustarem que os serviços serão prestados para todas as empresas integrantes do agrupamento. Afora isso, a alteração contratual somente será admitida se houver mútuo consentimento entre empregador e empregado e desde que tal mudança não resulte, direta ou indiretamente, prejuízos a este. Anote-se que o TST reconhece a solidariedade ativa por meio da Súmula 129. Veja-se:

---

[73] Essa lógica argumentativa foi abalada por decisão tomada pelo ministro Gilmar Mendes em despacho publicado no dia 14-9-2021, nos autos do processo STF RE 1.160.361-SP. Segundo o referido Ministro, a partir do advento do Código de Processo Civil de 2015, mereceria revisitação orientação jurisprudencial que se posiciona pela admissão da viabilidade de execução em face de executado que não integrou a relação processual na fase de conhecimento, apenas pelo fato de integrar o mesmo grupo econômico para fins laborais. Ele citou o disposto no § 5º do art. 513 do CPC, segundo o qual "o cumprimento da sentença não poderá ser promovido em face do fiador, do coobrigado ou do corresponsável que não tiver participado da fase de conhecimento" e sustentou que, se a pretensão é de afastar a incidência deste dispositivo, caberia ao Tribunal atuar de acordo com o disposto na Súmula Vinculante 10 do STF, segundo a qual "viola a cláusula de reserva de plenário (CF, art. 97) a decisão de órgão fracionário de tribunal que, embora não declare expressamente a inconstitucionalidade de lei ou ato normativo do Poder Público, afasta sua incidência, no todo ou em parte".

[74] Haverá solidariedade passiva, conforme o disposto no art. 275 do Código Civil, quando o credor tem direito a exigir e receber de um ou de alguns dos devedores, parcial ou totalmente, a dívida comum. Se o pagamento tiver sido parcial, todos os demais devedores continuam obrigados solidariamente pelo resto. Anote-se, entretanto, que, ao contrário do que acontece nas relações civis, o credor trabalhista, por conta do princípio da indisponibilidade dos direitos trabalhistas, não pode, na forma do art. 282 do Código Civil, renunciar à solidariedade em favor de um, de alguns ou de todos os devedores.

[75] Haverá solidariedade ativa, conforme disposto no art. 267 do Código Civil, quando cada um dos credores solidários tiver o direito de exigir do devedor o cumprimento da prestação por inteiro.

[76] Art. 468. Nos contratos individuais de trabalho só é lícita a alteração das respectivas condições por mútuo consentimento, e, ainda assim, desde que não resultem, direta ou indiretamente, prejuízos ao empregado, sob pena de nulidade da cláusula infringente desta garantia.

Súmula 129 do TST. *CONTRATO DE TRABALHO. GRUPO ECONÔMICO. A prestação de serviços a mais de uma empresa do mesmo grupo econômico, durante a mesma jornada de trabalho, não caracteriza a coexistência de mais de um contrato de trabalho, salvo ajuste em contrário (RA 26/1982, DJ, 4-5-1982).*

Ora, se a *prestação de serviços a mais de uma empresa do mesmo grupo econômico, durante a mesma jornada de trabalho, não caracteriza a coexistência de mais de um contrato*, há sinal claro de reconhecimento de solidariedade ativa, em que todas ou algumas empresas integrantes do mesmo grupo econômico fruem do trabalho prestado por um mesmo empregado. Essa situação é muito comum em relação a trabalhadores que realizam suas atividades em setores unificados, por exemplo, de pessoal, de treinamento e de logística.

Em sentido semelhante encontra-se a Súmula 93 do TST:

Súmula 93 do TST. *BANCÁRIO. Integra a remuneração do bancário a vantagem pecuniária por ele auferida na colocação ou na venda de papéis ou valores mobiliários de empresas pertencentes ao mesmo grupo econômico, se exercida essa atividade no horário e no local de trabalho e com o consentimento, tácito ou expresso, do banco empregador (RA 121/1979, DJ, 27-11-1979).*

Note-se que o teor desse enunciado de súmula reforça a tese da solidariedade ativa evidenciada quando um bancário vende *papéis ou valores mobiliários de empresas pertencentes ao mesmo grupo econômico* de sua contratante. Na verdade, o bancário está trabalhando, *em seu próprio horário e local de trabalho*, em típica atuação em favor do conglomerado. Nada impede que, por conta desse serviço prestado a outras empresas integrantes do grupo econômico, diversas de seu aparente empregador-singular, ele receba *vantagem pecuniária*. Não há o que objetar na conduta. Enfim, o bancário está prestando serviços para seu real empregador-grupo.

Há mais o que questionar. E a principal dúvida decorrente seria aquela relacionada à existência de responsabilidade solidária ou subsidiária entre os integrantes do grupo. Finalmente, **a responsabilidade dos mencionados integrantes é solidária ou subsidiária?**

6.6.1.2.3 Deve-se buscar o cumprimento da obrigação junto à empresa--contratante ou essa exigência pode ser dirigida, indiferentemente, a qualquer dos integrantes do grupo econômico?

A resposta oferecida à questão depende da evidência de outra à qual está ligada. Se houver aceitação da tese do grupo econômico como empregador único, haverá, consequentemente, a aceitação de que todas as empresas integrantes, indistintamente, são codevedoras e corresponsáveis; do contrário, a negativa à tese do grupo econômico como empregador único implicará o entendimento de que o empregado deverá buscar a satisfação de seu crédito junto à empresa contratante, que seria a exclusiva devedora. Nesse caso, as demais empresas integrantes do grupo seriam apenas responsáveis e contra elas somente seriam dirigidas pretensões executivas diante do inadimplemento da empresa-contratante.

Os Professores Orlando Gomes e Antunes Varela[77] firmaram posicionamento no sentido de que os integrantes do grupo econômico trabalhista seriam meros responsáveis subsidiários diante do eventual inadimplemento do efetivo contratante. Para eles, "o credor, na solidariedade trabalhista, não tem a liberdade de escolher qualquer dos responsáveis para exigir dele o cumprimento de qualquer das obrigações oriundas da relação de emprego". Os referidos mestres arrematam o assunto ao dizer que, como a situação envolve uma pluralidade de res-

---

[77] GOMES, Orlando; VARELA, Antunes. *Direito econômico, os grupos de sociedade e a relação de trabalho*. São Paulo: Saraiva, 1977.

ponsáveis, e não uma pluralidade de devedores, não estaria o credor (o empregado) autorizado a dirigir-se contra qualquer das outras empresas do grupo, mas somente contra aquela a cujo quadro pertencesse e que recebesse sua prestação de trabalho, admitindo-se, quando muito, a escolha, estando extinta a relação de emprego.

O entendimento dos notáveis mestres, *data venia*, colide com a vontade da lei. Não necessariamente a relação jurídica material precisa envolver todos os sujeitos entendidos como devedores. Por vezes, como ocorre na situação contida no § 2º *do art. 2º da CLT*, é a lei que abarca fictamente sujeitos ausentes no plano físico para considerá-los codevedores.

6.6.2 Agrupamentos assemelhados ao grupo econômico trabalhista

Há situações em que duas ou mais empresas associam-se temporariamente para o alcance de objetivos específicos sem que qualquer dos integrantes do agrupamento interfira no universo jurídico do outro. Nesses casos não haverá, obviamente, a formação de um grupo econômico trabalhista, tampouco serão aplicáveis os efeitos previstos no § 2º *do art. 2º da CLT*.

É difícil, entretanto, a missão distintiva, uma vez que os conglomerados *raramente* revelam suas pretensões aglutinativas e, quando o fazem, não as exteriorizam de maneira sincera. São comuns os disfarces e as camuflagens. Por conta disso serão analisadas duas formações frequentemente encontradas nos foros trabalhistas e que, por confundirem-se com o grupo econômico, despertam muitas reflexões no campo da responsabilidade. São elas: o consórcio de empresas e a terceirização. Vejam-se:

6.6.2.1 A responsabilidade civil-trabalhista nos contratos de consórcio de empregadores

O consórcio de empresas está previsto nos arts. 278 e 279 da Lei n. 6.404/76[78]. Trata-se de uma forma associativa, não geradora de nova personalidade jurídica, que, independentemente da existência de um controle central, obriga os consorciados nas condições previstas no contrato, respondendo cada um deles por suas obrigações, sem presunção de solidariedade.

Os consórcios assemelham-se imensamente ao grupo econômico, notadamente quando se admite que o grupo seja entendido como empregador único, porque o consórcio assume tal qualidade na medida em que os consorciados são, em conjunto, os contratantes. Há aí,

---

[78] Art. 278. As companhias e quaisquer outras sociedades, sob o mesmo controle ou não, podem constituir consórcio para executar determinado empreendimento, observado o disposto neste Capítulo. § 1º O consórcio não tem personalidade jurídica e as consorciadas somente se obrigam nas condições previstas no respectivo contrato, respondendo cada uma por suas obrigações, sem presunção de solidariedade. § 2º A falência de uma consorciada não se estende às demais, subsistindo o consórcio com as outras contratantes; os créditos que porventura tiver a falida serão apurados e pagos na forma prevista no contrato de consórcio.

Art. 279. O consórcio será constituído mediante contrato aprovado pelo órgão da sociedade competente para autorizar a alienação de bens do ativo não circulante, do qual constarão (Lei n. 11.941, de 27-5-2009): I — a designação do consórcio, se houver; II — o empreendimento que constitua o objeto do consórcio; III — a duração, endereço e foro; IV — a definição das obrigações e responsabilidade de cada sociedade consorciada, e das prestações específicas; V — normas sobre recebimento de receitas e partilha de resultados; VI — normas sobre administração do consórcio, contabilização, representação das sociedades consorciadas e taxa de administração, se houver; VII — forma de deliberação sobre assuntos de interesse comum, com o número de votos que cabe a cada consorciado; VIII — contribuição de cada consorciado para as despesas comuns, se houver. Parágrafo único. O contrato de consórcio e suas alterações serão arquivados no registro do comércio do lugar da sua sede, devendo a certidão do arquivamento ser publicada.

do mesmo modo que no grupo econômico, uma união de débitos, podendo o empregado, indistintamente, demandar contra qualquer dos consorciados. Note-se que a parte final do § 1º do art. 278 da Lei n. 6.404/76 restringe-se à esfera mercantil, não turbando, consequentemente, a garantia que se oferece aos trabalhadores.

Anote-se que o sistema jurídico trabalhista não possuía qualquer regra expressa sobre a matéria relativa aos consórcios. Somente a partir da edição da Lei n. 10.256, de 9-7-2001 (*DOU* 10-7-2001), foi acrescentado o art. 25-A à Lei n. 8.212/91 (diploma de natureza previdenciário-fiscal), com o objetivo de criar o "consórcio simplificado de produtores rurais". Por força desse dispositivo, foi equiparado à figura do "empregador rural pessoa física" o mencionado consórcio, formado pela união de produtores rurais pessoas físicas. Segundo tal sistemática, esses produtores rurais pessoas físicas outorgam poderes a um representante escolhido dentre eles para contratar, gerir e despedir trabalhadores para a prestação de serviços ao consórcio, mediante documento registrado em cartório de títulos e documentos. Segundo o § 3º do referido art. 25-A, os produtores rurais integrantes do consórcio rural seriam responsáveis solidários em relação às obrigações previdenciárias.

Esse modelo, por plena analogia, tem sido aplicado nos consórcios de empregadores urbanos, mas a solução geradora da responsabilização solidária provém do próprio Código Civil[79].

6.6.2.2 Terceirização

O declínio do modelo ***taylorista/fordista*** de organização do trabalho foi motivado por uma concepção flexibilizadora dos processos produtivos. Surgiu um novo padrão organizacional, intitulado **toyotismo**. A *produção em massa* foi abandonada, emergindo, em nome da redução de custos, a ideia da *produção vinculada à demanda*. Os trabalhadores dedicados à atividade-fim — objeto social do empreendimento — passaram a ser estimulados por mecanismos de competição: suas retribuições seriam mais elevadas na medida em que alcançassem ou superassem metas preestabelecidas. Aqueles operários que não se adaptavam ao novo *ritmo* eram dispensados e, mediante novas contratações, realocados em outras empresas para realizarem atividades-meio, ou seja, atividades secundárias ou instrumentais da atividade-fim.

Iniciou-se, assim, verdadeira reengenharia da estrutura empresarial: ***empresas periféricas*** passaram a contratar trabalhadores sem qualificação ou pouco qualificados para operações de curto tempo (trabalho temporário) ou para a realização de serviços instrumentais; ***empresas centrais*** concentraram seus esforços na contratação de trabalhadores qualificados para a operação e fiscalização do processo produtivo final. Essas empresas periféricas associaram-se às empresas centrais e, mediante um processo que se convencionou chamar de ***terceirização***, assumiram o papel de provê-las no que diz respeito aos serviços meramente instrumentais.

Assim, as relações entre empresas periféricas e centrais estabeleceram-se sem que nenhuma regulação especial lhes tivesse sido direcionada, mas chamaram a atenção, em certas particularidades, para uma possível exploração dos trabalhadores envolvidos ou ainda para uma possível fuga de responsabilidade. Pois bem. Depois de anos regulada apenas por Súmula do TST, a terceirização como um todo passou a ser tratada pela **Lei n. 13.429, de 31 de março de 2017, com vigência imediata à publicação**, cujo projeto — o PL n. 4.302, de 1998 (número 3/2001 no Senado Federal) — apresentado pelo Poder Executivo no governo do ex-presidente Fernando Henrique Cardoso foi retirado de pauta por iniciativa do seu sucessor, Luís Inácio Lula da Silva, mediante a Mensagem n. 389, em 19 de agosto de 2003,

---

79 O TST decidiu pela analogia de tratamento entre o consórcio rural e o urbano nos autos do processo de número RR-552/2008-002-24-40.0.

sendo este um dos muitos fundamentos em virtude do qual será certamente questionada a sua constitucionalidade.

A despeito dessa particularidade, que importará em arguições de toda natureza, fato é que a citada Lei n. 13.429, de 31 de março de 2017, **transformou o então diploma normativo (Lei n. 6.019/74) que cuidava exclusivamente da "terceirização de trabalhadores mediante o contrato de trabalho temporário" num microssistema que passou a tratar conjuntivamente tanto da citada "terceirização de trabalhadores" (ou intermediação de mão de obra, como alguns preferem) quanto da "terceirização de serviços" através de empresa prestadora de serviços a terceiros**.

O artigo 1º da Lei n. 6.019/74, que previa ser instituído ali "o regime de trabalho temporário", passou a estatuir que tanto "as relações de trabalho na empresa de trabalho temporário", quanto "na empresa de prestação de serviços e nas respectivas tomadoras de serviço e contratante" estariam regidas pela mencionada Lei.

6.6.2.2.1 *Definição*

Diante do histórico contido no tópico introdutório, pode-se afirmar que a *terceirização ou* **outsourcing** *é uma técnica de organização do processo produtivo por meio da qual uma empresa, visando concentrar esforços na consecução do seu objeto social (em sua atividade-fim),* ***contrata outra empresa****, entendida como periférica, para lhe dar suporte em serviços que lhe pareçam meramente instrumentais, tais como limpeza, segurança, transporte e alimentação, normalmente identificados como atividades-meio.*

a) Da visão clássica à concepção da legislação brasileira pós-Lei n. 13.467, de 2017

Essa, evidentemente, é uma **definição fora dos contornos da atual legislação brasileira**. Diz-se isso porque se realiza atualmente uma **"terceirização de conveniência"** sem que o empresariado necessariamente precise concentrar esforços na consecução do seu objeto social. A legislação simplesmente admite que uma empresa contrate outra para a prestação de um determinado serviço, ainda que esse serviço coincida com a sua atividade-fim. Houve, portanto, uma desnaturação, uma desfiguração, uma adulteração, uma descaracterização daquilo que era da natureza da terceirização.

Atualmente, portanto, a definição de terceirização no ordenamento jurídico brasileiro é a seguinte: *técnica de organização do processo produtivo por meio da qual* **uma empresa, entendida como tomadora ou cliente**, *por conveniência ou oportunidade,* **contrata outra empresa, compreendida como prestadora**, *para prestar-lhe qualquer serviço em uma das suas atividades, inclusive no âmbito de sua atividade principal.*

Superou-se, então, a discussão intensa acerca da possibilidade jurídica de terceirização em atividades-fim, sendo o ápice dessa conclusão a publicação das Leis n. 13.429, de 31 de março de 2017, e 13.467, de 13 de julho de 2017, que admitem claramente a intermediação também no âmbito do objeto social das empresas clientes, conforme a sua própria conveniência. Essa mudança normativa imporá a revisão da Súmula 331 do TST, notadamente por conta do julgamento, pelo STF, da Arguição de Descumprimento de Preceito Fundamental (ADPF) 324.

O *iter* para essa conclusão final teve início com a Lei n. 13.429, de 2017, ao dispor, em seu art. 4º-A, que a "empresa prestadora de serviços a terceiros é a pessoa jurídica de direito privado destinada a prestar à contratante serviços **determinados** e **específicos**" (redação revogada, destaque não contido no original). O referido legislador, na oportunidade, permitiu múltiplas interpretações, inclusive, para alguns, a de que tudo continuaria como antes.

Ao que parecia naquele momento, porém — e até mesmo por conta da ideologia do governo que apoiou a edição da citada Lei n. 13.429/2017 — era, realmente, que a terceirização de serviços caminhava em passos largos para a admissibilidade em todas as atividades da empresa e em todas as espécies de empreendimentos, extrapolando as restritas hipóteses de admissibilidade antes previstas apenas no art. 25 da Lei n. 8.987/95[80] ou no art. 94, II, da Lei n. 9.472/97[81].

Pois bem. A caminhada, como se viu, teve passos largos e rápidos. O **citado art. 4º-A da Lei 6.019/74 foi mais uma vez modificado,** e agora deixou bem evidente a possibilidade de terceirização em qualquer atividade. Note-se:

> *Art. 4º-A Considera-se prestação de serviços a terceiros a transferência feita pela contratante da execução de* **quaisquer de suas atividades, inclusive sua atividade principal***, à pessoa jurídica de direito privado prestadora de serviços que possua capacidade econômica compatível com a sua execução (destaques não constantes do original)*

Tornou-se, portanto, evidente que a "empresa prestadora de serviços a terceiros" é a pessoa jurídica de direito privado prestadora de serviços recebidos por transferência da contratante para a execução de **quaisquer de suas atividades, inclusive da sua atividade principal**.

Para evitar um *boom* de *pejotizações*, mediante as quais os empregados deixassem suas relações de emprego e passassem a prestar serviços para as suas antigas empregadoras, a Lei n. 13.467, de 2017, previu, num novo artigo inserido na Lei n. 6.019/74 — o novel art. 5º-A — que "não pode figurar como contratada, nos termos do art. 4º-A desta Lei, a pessoa jurídica **cujos titulares ou sócios tenham, nos últimos dezoito meses, prestado serviços à contratante na qualidade de empregado ou trabalhador sem vínculo empregatício**, exceto se os referidos titulares ou sócios forem aposentados" (destaques não constantes do original).

---

80 A Lei n. 8.987, de 13 de fevereiro de 1995, dispõe sobre o regime de concessão e permissão da prestação de serviços públicos previsto no art. 175 da Constituição Federal, e dá outras providências.

[...]

Art. 25. Incumbe à concessionária a execução do serviço concedido, cabendo-lhe responder por todos os prejuízos causados ao poder concedente, aos usuários ou a terceiros, sem que a fiscalização exercida pelo órgão competente exclua ou atenue essa responsabilidade.

§ 1º **Sem prejuízo da responsabilidade a que se refere este artigo, a concessionária poderá contratar com terceiros o desenvolvimento de atividades inerentes, acessórias ou complementares ao serviço concedido, bem como a implementação de projetos associados** (destaques não constantes do original).

§ 2º Os contratos celebrados entre a concessionária e os terceiros a que se refere o parágrafo anterior reger-se-ão pelo direito privado, não se estabelecendo qualquer relação jurídica entre os terceiros e o poder concedente.

§ 3º A execução das atividades contratadas com terceiros pressupõe o cumprimento das normas regulamentares da modalidade do serviço concedido.

81 A Lei n. 9.472, de 16 de julho de 1997, dispõe sobre a organização dos serviços de telecomunicações, a criação e funcionamento de um órgão regulador e outros aspectos institucionais, nos termos da Emenda Constitucional n. 8, de 1995.

[...]

Art. 94. No cumprimento de seus deveres, a concessionária poderá, observadas as condições e limites estabelecidos pela Agência:

I — empregar, na execução dos serviços, equipamentos e infraestrutura que não lhe pertençam;

II — **contratar com terceiros o desenvolvimento de atividades inerentes, acessórias ou complementares ao serviço, bem como a implementação de projetos associados.**

§ 1º Em qualquer caso, a concessionária continuará sempre responsável perante a Agência e os usuários.

§ 2º Serão regidas pelo direito comum as relações da concessionária com os terceiros, que não terão direitos frente à Agência, observado o disposto no art. 117 desta Lei.

Para que não se diga que a proibição se dirige unicamente contra as empresas contratadas, e para evitar-se a pejotização e demais fraudes por via transversa, o novo art. 5º-D, também introduzido na Lei n. 6.019/74 pela Lei n. 13.467, de 2017, previu que "o empregado que for demitido não poderá prestar serviços para esta mesma empresa na qualidade de empregado de empresa prestadora de serviços antes do decurso de prazo de dezoito meses, contados a partir da demissão do empregado".

b) Para além da terceirização: a "quarteirização" e a "terceirização em cadeia"

Para além da terceirização, anote-se ter sido também frequente a opção empresarial pela **quarteirização**, um *fenômeno da organização do processo produtivo caracterizado pela contratação de uma empresa de serviços para gerenciar as parcerias*. Trata-se de uma variável do tema "descentralização produtiva", qualificada pela existência de uma empresa que, por delegação da tomadora ou cliente, atua, por intermediação, na logística das relações com as prestadoras de serviços. A muitas vezes referida Lei n. 13.429, de 2017, legitimou expressamente a quarteirização ao inserir na Lei n. 6.019, de 1974, o § 1º do art. 4º-A nos seguintes termos:

> Lei n. 6.019/74. Art. 4º-A. *Considera-se prestação de serviços a terceiros a transferência feita pela contratante da execução de quaisquer de suas atividades, inclusive sua atividade principal, à pessoa jurídica de direito privado prestadora de serviços que possua capacidade econômica compatível (incluído pela Lei n. 13.467, de 2017) com a sua execução.*
>
> § 1º *A empresa prestadora de serviços contrata, remunera e dirige o trabalho realizado por seus trabalhadores,* **ou subcontrata outras empresas para realização desses serviços** *(incluído pela Lei n. 13.429, de 2017 — grifos não constantes do original).*

Note-se a menção clara à possibilidade de a empresa prestadora de **serviços subcontratar outras empresas para realizar os serviços contratados.**

Para exemplificar a situação que envolve a quarteirização, imagine-se uma usina siderúrgica que, em vez de formar múltiplos contratos de limpeza, segurança, transporte e alimentação, prefere contratar uma única empresa para administrar os diversos vínculos negociais com as prestadoras de serviços.

Nesse caso a empresa gestora dos diversos contratos se posicionará entre a cliente (tomadora final) e as diversas empresas terceirizadas, filtrando todo o processo de seleção, contratação, direção e controle dos empregados terceirizados de cada uma das empresas periféricas.

Diante desse quadro, a empresa intermediária (a operadora da quarteirização) será também, juntamente com a empresa cliente (tomadora final), responsável subsidiária diante de eventual inadimplemento de uma das empresas gerenciadas. Tal ocorrerá porque a quarteirização é, em última análise, *uma terceirização da gestão da terceirização*.

Baseado, então, no exemplo posto, a empresa cliente terá culpa *in eligendo* por ter optado pela intermediação de uma gestora, e esta será igualmente culpada, *in eligendo* e *in vigilando*, por ter mal selecionado e por ter mal controlado cada uma das empresas prestadoras dos serviços de limpeza, segurança, transporte e alimentação.

Não se confundam, porém, a **"quarteirização"** e a **"terceirização em cadeia"**. Nesta, uma empresa prestadora de serviços a terceiros que foi contratada para oferecer, por exemplo, o serviço de limpeza (empresa A) subcontrata outra empresa do mesmo setor de limpeza (empresa B) para fazer exatamente aquilo que era sua atribuição originária. O problema da terceirização em cadeia é que ela pode não ter fim: a empresa A subcontrata a empresa B, que, por sua vez, subcontrata a empresa C e esta a D, e a assim sucessivamente, até que a responsabilidade da empresa que deu início à cadeia se esmaeça e se torne difícil a sua responsabilização patrimonial.

Apesar de a "terceirização em cadeia" ser imensamente nociva, o referido dispositivo constante do § 1º do art. 4º-A abre portas inclusive para ela, pois **não dá limites para a originária empresa prestadora de serviços subcontratar outras tantas empresas para a realização dos serviços a ela confiados**. Nessas situações caberá à empresa cliente, se for o caso, vedar contratualmente a subcontratação ou, pelo menos, admiti-la somente mediante a sua expressa anuência. A empresa cliente deve ter essa atenção, porque eventual caracterização de ilícito trabalhista implicará a formação de vínculo diretamente com ela.

6.6.2.2.2 Atividade-fim e atividade-meio

A distinção entre atividades-fim e meio — **que a cada dia se torna mais desnecessária** — surgiu no âmbito jurisprudencial com o objetivo inicial de distinguir a meta final do empreendimento das diversas atividades que apenas contribuíssem com a consecução do objeto social. Dessa forma, firmou-se o entendimento de que a *atividade-fim* haveria de ser entendida como a tarefa intimamente relacionada ao objetivo social da empresa, normalmente identificado em seus estatutos constitutivos. Assim, poder-se-ia afirmar que a atividade-fim de uma escola seria a prestação de ensino e de planejamento didático da educação. Seguindo o mesmo raciocínio, a atividade-fim de um banco seria a intermediação de capitais por meio de diversas operações financeiras, a de um hospital seria o oferecimento de cuidados à saúde dos pacientes e a de uma siderúrgica seria a metalurgia do ferro e do aço.

A *atividade-meio*, por sua vez, seria compreendida como aquela que se presta meramente a instrumentalizar, a facilitar o alcance dos propósitos contratuais sem interferir neles. Nesse âmbito se encontrariam, consoante mencionado, as atividades de limpeza, conservação, vigilância, telefonia, suporte em informática, fornecimento de transporte, fornecimento de alimentação, assistência contábil, assistência jurídica, entre outras que auxiliassem a dinâmica do empreendimento, mas que não estivessem diretamente relacionadas ao objetivo central da empresa.

6.6.2.2.3 Modelos

A terceirização comporta basicamente **dois modelos: o tradicional e o sistemista (ou de fornecimento global)**. Vejam-se.

a) Modelo tradicional de subcontratação

Chama-se tradicional o modelo ora em exame, porque fundado na cristalizada concepção segundo a qual a terceirização deve ter um terceiro intermediador, posicionado entre quem toma e quem presta o serviço. Em face dele, afirmam-se existentes dois submodelos — o da **terceirização para a contratação de trabalhadores** e o da **terceirização para a contratação de serviços**.

a1) Terceirização para contratação de trabalhadores

O sistema jurídico trabalhista brasileiro sempre repeliu veementemente qualquer *marchandage*[82] laboral interempresarial (intermediação de mão de obra), ou seja, a possibilidade

---

[82] *Marchandage* é uma palavra francesa que quer dizer "negociação". *Marchand* é o "negociante". Veja-se texto do professor Nelson Mannrich sobre o assunto: "chamamos de marchandage onde não há atividade econômica, apenas exploração do homem pelo próprio homem, cujo intuito resume-se na fraudulenta intermediação de mão de obra. Na terceirização, ao contrário do marchandage, não se contratam pessoas, mas

de uma empresa contratar com outra empresa para que esta lhe forneça a força laboral de qualquer trabalhador singularmente considerado. "A contratação de trabalhadores por empresa interposta é ilegal", disparava o item I da Súmula 331 do TST, manifestando um entendimento jurisprudencial que se firmou durante anos sobre o assunto. Afirmava que a lei somente criara uma única exceção.

Dizia-se possível, *excepcionalmente*, a contratação de trabalhadores por empresa interposta nas estritas situações previstas na Lei n. 6.019/74. Esse diploma legal instituiu o regime de trabalho temporário, assim entendido aquele prestado por pessoa física a uma empresa para atender à necessidade de substituição transitória de pessoal permanente ou à demanda complementar de serviços.

Em outras palavras, a lei tornou flexível o postulado segundo o qual não seria possível a contratação de trabalhadores por interposta empresa, desde que a tomadora ou cliente esteja diante de uma das mencionadas situações, sob pena de nulidade do ajuste.

A contratação do trabalhador temporário é excepcional na medida em que ele é selecionado pela empresa tomadora ou cliente como se seu efetivo empregado fosse. Há clara *pessoalidade* na sua contratação, aspecto não ocorrente na terceirização de serviços.

Observe-se, ainda, que *o trabalhador temporário presta serviço quase sempre coincidente com a atividade-fim da empresa cliente*, uma vez que é contratado justamente para substituir transitoriamente o *pessoal permanente* (exemplo: contratação de trabalhador temporário para substituir caldeireiros de siderúrgica que viajaram para realizar treinamento no exterior) **ou** para reforçar temporariamente o número de empregados efetivos em decorrência de demanda complementar de serviços, seja **oriunda de fatores imprevisíveis** (na qual estaria contido o antigo "acréscimo extraordinário de serviços") seja **decorrente de fatores previsíveis**, porém de natureza intermitente, periódica ou sazonal (exemplo: contratação de trabalhador temporário para funcionar como vendedor em lojas de roupas nos períodos festivos ou ainda de novos manobristas para reforçar o quadro de uma empresa de *parking valet* durante um período em que surjam muitos eventos ou convenções).

Por força dessa excepcionalidade é que a permanência do trabalhador temporário na empresa cliente, nos moldes da Lei n. 13.429, de 2017, foi limitada a *180 (cento e oitenta) dias, consecutivos ou não.* O contrato poderá, entretanto, ser prorrogado por até 90 (noventa) dias, consecutivos ou não, além do prazo de 180 (cento e oitenta) dias, quando *comprovada* a manutenção das condições que o ensejaram.

As necessárias distinções entre "terceirização de trabalhadores" e " terceirização de serviços" permitem afirmar que a decisão contida na ADPF 324 não igualou as duas espécies, tampouco permitiu que um trabalhador fosse contratado mediante o referido *marchandage*. A referida ADPF, pelo que parece, somente visou e tratou da "terceirização de serviços", mesmo porque a petição inicial da referida ação declaratória de descumprimento de preceito fundamental opôs-se expressamente às "decisões judiciais proferidas no âmbito da Justiça do Trabalho", das quais resultava "restrição, limitação e impedimento à **liberdade de contratação de serviços** por empresas vinculadas ao seu quadro associativo" (destaques não constantes do original).

---

serviços, assumindo-se riscos, obrigações e responsabilidades próprios de empresário. O marchandagem ocorre quando alguém, denominado *marchandeur*, assume determinada obra ou empreitada e incumbe a outros sua execução. Portanto, o marchandagem corresponde à modalidade de exploração de mão de obra por interposta pessoa, que se apresenta como empregador e se apropria da diferença entre o preço cobrado e o salário pago aos trabalhadores. Este tipo de relação que provoca danos a empregados subcontratados deve ser combatido"(MANNRICH, Nelson. Regulamentar terceirização fortalece relações de trabalho. *Revista Consultor Jurídico*, 20 de outubro de 2013, disponível em: <http://www.conjur.com.br/2013-out-20/nelson-mannrich--regulamentar-terceirizacao-fortalece-relacoes-trabalho>).

Anote-se, por oportuno, que a expressão **"terceirização de trabalhador"** não se afigura atécnica nem contraria a ideia de ser uma **intermediação de mão de obra**. Afirma-se isso, pois o ato de "terceirizar" nada mais representa do que o de intermediar uma contratação que, sem o concurso de um terceiro, se realizaria de forma direta entre o tomador e o prestador de serviços.

Voltando à temática da "terceirização de trabalhador", é certo que a infração à regra importará efeitos danosos para a empresa cliente. Se uma empresa tomadora ou cliente contratar **alguém** mediante empresa interposta, salvo na forma da lei, na condição de trabalhador temporário, o vínculo de emprego será formado diretamente com a tomadora. É, aliás, recomendável que o trabalhador, diante dessa situação, além de pedir a formação do contrato de emprego com a empresa tomadora, inclua no polo passivo da demanda também a empresa prestadora de serviços e requeira sejam elas **condenadas solidariamente** nos termos do art. 942 do Código Civil[83].

O efeito da formação do vínculo diretamente com a empresa cliente ou tomadora não se aplica, porém, em face dos entes *da Administração Pública direta, indireta ou fundacional*. Isso acontece porque, em decorrência do comando inserido no art. 37, II, da Constituição da República, a investidura em cargo ou emprego público depende de aprovação prévia em concurso público de provas ou de provas e títulos, de acordo com a natureza e a complexidade do cargo ou emprego. Essa previsão, aliás, consta expressamente, do item II da Súmula 331 do TST, item esse que não foi em nada atacado pelo julgamento, pelo STF, da ADPF 324. Perceba-se:

> *II — A contratação irregular de trabalhador, mediante empresa interposta, não gera vínculo de emprego com os órgãos da administração Pública direta, indireta ou fundacional (art. 37, II, da CF/88).*

Nesse sentido existe, também, a Orientação Jurisprudencial 321 da SDI-1 do TST.

Confira-se:

> ***Orientação Jurisprudencial 321 da SDI-1 do TST***. *Vínculo empregatício com a Administração Pública. Período Anterior à CF/1988. DJU 11-8-2003 (nova redação). Salvo os casos de trabalho temporário e de serviço de vigilância, previstos nas Leis n. 6.019, de 3-1-1974, e 7.102, de 20-6-1983, é ilegal a contratação de trabalhadores por empresa interposta, formando-se o vínculo empregatício diretamente com o tomador dos serviços,* **inclusive ente público***, em relação ao período anterior à vigência da CF/88.*

Se a contratação do trabalhador mediante interposta empresa, fora da hipótese permitida por lei, tiver ocorrido antes da promulgação do texto constitucional de 1988, o vínculo de emprego será formado com o tomador de serviços, ainda que ele seja um ente estatal.

Observe-se que essa Orientação Jurisprudencial inclui, sem razão, a situação que envolve a contratação dos vigilantes, em clara confusão conceitual entre a terceirização de trabalhadores e a terceirização de serviços. Note-se que *na contratação de vigilantes não há pessoalidade*. A empresa contratante quer o serviço de vigilância prestado por qualquer trabalhador, indistintamente, e não por um específico e singularmente considerado vigilante.

Maiores detalhes sobre a terceirização para a contratação de trabalhadores (ou intermediação de mão de obra mediante contrato de trabalho temporário) podem ser encontrados no tópico 8.2.1.2 desta obra.

---

[83] Art. 942. Os bens do responsável pela ofensa ou violação do direito de outrem ficam sujeitos à reparação do dano causado; e, se a ofensa tiver mais de um autor, todos responderão solidariamente pela reparação. Parágrafo único. São solidariamente responsáveis com os autores os coautores e as pessoas designadas no art. 932.

a2) Terceirização para contratação de serviços

Ao lado da terceirização para a contratação de trabalhadores, há a *terceirização para a contratação de serviços*, que até a publicação da Lei n. 13.429, de 2017, não possuía previsão legal para a modalidade que envolvia as antes denominadas "empresas prestadoras de serviços especializados". Havia apenas texto normativo que tratava da contratação de serviços igualmente especializados por meio de subempreiteiras (art. 455 da CLT) e de cooperativas de trabalho (Lei n. 12.690, de 19 de julho de 2012).

O problema normativo estava, então, na mencionada contratação de empresas prestadoras de serviços especializados, e não em outras espécies que poderiam ser consideradas.

Conforme mencionado nos tópicos introdutórios, a vida empresarial tornou comum situação em que *uma empresa, visando concentrar esforços em sua atividade-fim*, **contratasse outra empresa**, *entendida como periférica, para lhe dar suporte em serviços meramente instrumentais, como, por exemplo, limpeza, segurança, transporte e alimentação*.

Durante anos a jurisprudência tolerou a *terceirização de serviços especializados* porque entendeu que não seria razoável exigir que uma empresa se desviasse de seus objetivos principais para contratar e administrar pessoal que realizasse atividades meramente instrumentais. Por essa razoabilidade, o TST tornou-se receptivo a esse agrupamento empresarial, não disciplinado por lei, e passou a admitir que **não formaria vínculo de emprego** com o tomador a contratação de serviços de vigilância (previstos na Lei n. 7.102, de 20-6-1983), de conservação e limpeza, bem como **a de outros serviços especializados ligados à atividade-meio do tomador**.

Inicialmente o ato de tolerância jurisprudencial do TST foi materializado por meio da Súmula 256[84]. A referida súmula admitia que as empresas apenas poderiam contratar serviços especializados de vigilância, previsto na Lei n. 7.102, de 20-6-1983, mediante terceirização. Os demais serviços especializados, correspondentes às demais atividades-meio, precisariam ser acordados diretamente com os trabalhadores.

O texto da Súmula 256, entretanto, foi revisto pela Resolução TST 23/93, publicada no *DJ* de 21-12-1993. Nova súmula foi, então, editada — a de número 331 —, passando a admitir, com maior complacência, outros serviços especializados ligados à atividade-meio do tomador, além dos serviços de vigilância e de conservação e limpeza. Veja-se com a finalidade de historiar, mas tome-se o cuidado de atentar para o fato de que esse item, *como será mais adiante anotado*, foi questionado no STF pela **ADPF 324**, e, em julgamento final ocorrido em 30 de agosto de 2018, foi reconhecida a inconstitucionalidade da interpretação adotada:

> III — *Não forma vínculo de emprego com o tomador a contratação de serviços de vigilância (Lei n. 7.102, de 20-6-1983) e de conservação e limpeza, bem como a de serviços especializados ligados à atividade-meio do tomador, desde que inexistentes a pessoalidade e a subordinação direta;*

As ressalvas apresentadas apontavam no sentido de que não poderia existir, no trato com o trabalhador terceirizado (contratado em verdade pela empresa prestadora de serviços a terceiros), qualquer pessoalidade ou subordinação direta, sob pena de formação de vínculo. Como **a contratação visava à prestação do serviço, e não um singular trabalhador**, não poderia haver relação pessoal entre este e o tomador dos serviços. Ademais, não existindo pessoalidade entre trabalhador terceirizado e o tomador dos seus serviços, este não poderia valer-se de subordinação direta, vale dizer, **do poder de apenar o trabalhador diante do descumprimento**

---

84 **Súmula 256 do TST.** CONTRATO DE PRESTAÇÃO DE SERVIÇOS. LEGALIDADE — **CANCELADA**. Salvo os casos de trabalho temporário e de serviço de vigilância, previstos nas Leis n. 6.019, de 3-1-1974, e 7.102, de 20-6-1983, é ilegal a contratação de trabalhadores por empresa interposta, formando-se o vínculo empregatício diretamente com o tomador dos serviços (Res. 4/86, *DJ*, 30-9-1986).

das ordens de comando diretivo, mas apenas de subordinação indireta, assim entendido o poder de dar ordens de comando e de exigir que a tarefa seja feita a contento.

A multicitada Lei n. 13.429, de 2017, porém, conquanto de forma não muito clara, trouxe à discussão a possibilidade de a terceirização de serviços atender até mesmo as chamadas atividades-fim. Isso era apenas o começo, pois mais adiante viria a Lei n. 13.467, de 2017, como se notará a seguir.

Pois bem. Ao criar o art. 4º-A no bojo da Lei n. 6.019/74, substituiu-se a tradicional referência jurisprudencial à expressão **"serviços especializados"** (fornecido, como o próprio nome sugere, por empresas especializadas em atividades que a contratante não domina) por **"serviços determinados e específicos"**, que, em seguida, veio a ser eliminada pela Lei n. 13.467, de 2017. A exigência, portanto, era de que a empresa prestadora de serviços a terceiros fornecesse não mais serviços "especializados", mas, sim, serviços meramente "específicos", ou seja, bem identificados, delineados, claramente "determinados". Veja-se:

*Lei n. 6.019/74. Art. 4º-A. Empresa prestadora de serviços a terceiros é a pessoa jurídica de direito privado destinada a prestar à contratante **serviços determinados e específicos** (redação ora revogada pela Lei n. 13.467, de 2017).*

§ 1º A empresa prestadora de serviços contrata, remunera e dirige o trabalho realizado por seus trabalhadores, ou subcontrata outras empresas para realização desses serviços.

*§ 2º Não se configura vínculo empregatício entre os trabalhadores, ou sócios das empresas prestadoras de serviços, **qualquer que seja o seu ramo**, e a empresa contratante.*

A menção ao fato de que não se configuraria vínculo de emprego entre os trabalhadores e a empresa contratante, **qualquer que fosse o ramo da empresa prestadora de serviços**, era bem sintomática. Se não importava o ramo da empresa prestadora de serviços, ele poderá até mesmo coincidir com o ramo (palavra cujo sentido parece coincidir com o de "atividade") da contratante.

A Lei n. 13.467, de 2017, esclareceu tudo.

Ela — como antecipado — modificou a redação do *caput* do art. 4º-A para tornar induvidosa a terceirização sobre qualquer atividade. Perceba-se:

Art. 4º-A Considera-se prestação de serviços a terceiros a transferência feita pela contratante da execução de quaisquer de suas atividades, inclusive sua atividade principal, à pessoa jurídica de direito privado prestadora de serviços que possua capacidade econômica compatível com a sua execução.

Não há, portanto, mais o que indagar: admite-se a execução de qualquer atividade mediante terceirização, inclusive a atividade principal da própria contratante.

Pois bem. Fato é que as empresas de prestação de serviços a terceiros estão agora legitimadas a atuar por força de lei, desde que cumpram os seguintes requisitos para o seu funcionamento:

Lei n. 6.019/74. Art. 4º-B. São requisitos para o funcionamento da empresa de prestação de serviços a terceiros:

I — prova de inscrição no Cadastro Nacional da Pessoa Jurídica (CNPJ);

II — registro na Junta Comercial;

III — capital social compatível com o número de empregados, observando-se os seguintes parâmetros:

a) empresas com até dez empregados — capital mínimo de R$ 10.000,00 (dez mil reais);

b) empresas com mais de dez e até vinte empregados — capital mínimo de R$ 25.000,00 (vinte e cinco mil reais);

c) empresas com mais de vinte e até cinquenta empregados — capital mínimo de R$ 45.000,00 (quarenta e cinco mil reais);

d) empresas com mais de cinquenta e até cem empregados — capital mínimo de R$ 100.000,00 (cem mil reais); e

e) empresas com mais de cem empregados — capital mínimo de R$ 250.000,00 (duzentos e cinquenta mil reais).

Anote-se que a Lei n. 13.467, de 2017 preocupou-se com a salvaguarda dos direitos dos terceirizados, antes desdenhada pela Lei n. 13.429, de 2017. Criou-se para tanto, então, o art. 4º-C no corpo da Lei n. 6.019, de 1974, com o objetivo de assegurar aos empregados da "empresa prestadora", **quando e enquanto os serviços**, que podem ser de qualquer uma das atividades da contratante, **forem executados nas dependências da tomadora**, as mesmas condições. Note-se:

Art. 4º-C São asseguradas aos empregados da empresa prestadora de serviços a que se refere o art. 4º-A desta Lei, *quando e enquanto os serviços*, que podem ser de qualquer uma das atividades da contratante, *forem executados nas dependências da tomadora*, as mesmas condições:

I — relativas a:

a) alimentação garantida aos empregados da contratante, quando oferecida em refeitórios;

b) direito de utilizar os serviços de transporte;

c) atendimento médico ou ambulatorial existente nas dependências da contratante ou local por ela designado;

d) treinamento adequado, fornecido pela contratada, quando a atividade o exigir.

II — sanitárias, de medidas de proteção à saúde e de segurança no trabalho e de instalações adequadas à prestação do serviço.

O artigo ora transcrito apresenta dois parágrafos que trazem regras adicionais que merecem comentários. O § 1º do precitado art. 4º-C da Lei n. 6.019, de 1974, prevê que "contratante e contratada poderão estabelecer, **se assim entenderem**, que os empregados da contratada farão jus a **salário equivalente** ao pago aos empregados da contratante, além de outros direitos" não previstos no itens I e II, supra. Esse dispositivo, porém, colide com o disposto no art. 12, *a*, da própria Lei n. 6.019/74, segundo o qual "ficam assegurados ao trabalhador temporário [...]: a) remuneração equivalente à percebida pelos empregados de mesma categoria da empresa tomadora ou cliente calculados à base horária, garantida, em qualquer hipótese, a percepção do salário mínimo".

Houve, portanto, evidente revogação tácita do mencionado art. 12, *a*, da Lei n. 6.019/74. **A partir da vigência da Lei n. 13.467, de 2017, portanto, a equivalência salarial somente se dará se a contratante e a contratada assim entenderem e se assim se ajustarem.** É evidente que a negativa de salário equivalente dificilmente passará pelo crivo da verificação da constitucionalidade, pois, nos termos do texto fundamental, refogem aos objetivos da República quaisquer formas de discriminação.

Anote-se, também, que, na forma prevista no § 2º do art. 4º-C da multirreferida Lei n. 6.019, de 1974, "nos contratos que impliquem mobilização de empregados da contratada em número igual ou superior a 20% (vinte por cento) dos empregados da contratante, esta poderá disponibilizar aos empregados da contratada os serviços de alimentação e atendimento ambulatorial em outros locais apropriados e com igual padrão de atendimento, com vistas a manter o pleno funcionamento dos serviços existentes". Essa disposição, porém, em lugar de produzir um tratamento de igualdade, demonstra manifesta *intenção segregatória*. Por que, afinal, disponibilizar aos empregados da contratada os serviços referidos *"em outros locais"*? Ainda que esses locais sejam realmente *"apropriados e com igual padrão de atendimento"*, qual seria a razão que justificaria separar "terceirizados" de "não terceirizados"? Seria esta uma forma de evitar que os "terceirizados" contaminassem os "não terceirizados" com suas queixas e insurreições?

Anote-se em linhas finais, com base em algo sobre o qual já se falou brevemente em passagem anterior, que o Supremo Tribunal Federal, ao julgar a Arguição de Descumprimento de Preceito Fundamental (ADPF) 324 e o Recurso Extraordinário (RE) 958.252, com repercussão geral reconhecida, decidiu, em 30 de agosto de 2018, ser lícita a terceirização em todas as etapas do processo produtivo, seja meio ou fim. Sete ministros votaram a favor da terceirização irrestrita (Luís Roberto Barroso, Luiz Fux, Alexandre de Moraes, Dias Toffoli, Gilmar Mendes, Celso de Mello e Cármen Lúcia) e quatro contra (Edson Fachin, Rosa Weber, Ricardo Lewandowski e Marco Aurélio).

A tese de repercussão geral aprovada no RE (Tese 725) foi lavrada no sentido de dizer-se "lícita a terceirização ou qualquer outra forma de divisão do trabalho entre pessoas jurídicas distintas, independentemente do objeto social das empresas envolvidas, **mantida a responsabilidade subsidiária da empresa contratante**" (o destaque não consta do original e visa chamar a atenção para o fato de que o julgamento do STF nada mudou em matéria de responsabilidade subsidiária da empresa contratante).

Com o acolhimento da Arguição de Descumprimento de Preceito Fundamental (ADPF) 324, foi reconhecida, com eficácia *erga omnes* e efeito vinculante, a inconstitucionalidade da interpretação adotada em reiteradas decisões da Justiça do Trabalho, especialmente as fundadas na Súmula 331 do TST, que vedavam a prática da terceirização, ficando bem claro, porém, que o julgamento não afetará os processos em relação aos quais tenha havido coisa julgada. Na prática, as decisões tomadas pelo STF, nos autos da ADPF 324 e do RE 958.252, regularam a situação dos milhares de ações anteriores à Lei da reforma trabalhista que questionavam o entendimento do Tribunal Superior do Trabalho, pois desde a vigência da Lei n. 13.467/2017 não há qualquer dúvida sobre a possibilidade de terceirizar irrestritamente. Houve, portanto, o fenômeno processual intitulado *overruling*, vale dizer, a superação do entendimento jurisprudencial consolidado pelo TST em virtude da atuação interpretativa do Supremo Tribunal Federal.

O STF, aliás, nos autos da ADC 48 e da ADI 3.961, voltou a reafirmar, no Plenário de 14-4-2020, a tese de que é legítima a terceirização das atividades-fim de uma empresa, haja vista o fato de a Constituição não lhe impor uma única forma de estruturar sua produção. A ementa do Acórdão oferece uma visão clara sobre os posicionamentos da Alta Corte constitucional. Veja-se:

Ementa: DIREITO DO TRABALHO. AÇÃO DECLARATÓRIA DA CONSTITUCIONALIDADE E AÇÃO DIRETA DE INCONSTITUCIONALIDADE. TRANSPORTE RODOVIÁRIO DE CARGAS. LEI 11.442/2007, QUE PREVIU A TERCEIRIZAÇÃO DA ATIVIDADE-FIM. VÍNCULO MERAMENTE COMERCIAL. NÃO CONFIGURAÇÃO DE RELAÇÃO DE EMPREGO.

1. A Lei n. 11.442/2007 (i) regulamentou a contratação de transportadores autônomos de carga por proprietários de carga e por empresas transportadoras de carga; (ii) autorizou a terceirização da atividade-fim pelas empresas transportadoras; e (iii) afastou a configuração de vínculo de emprego nessa hipótese.

2. É legítima a terceirização das atividades-fim de uma empresa. Como já foi decidido pelo Supremo Tribunal Federal, a Constituição não impõe uma única forma de estruturar a produção. Ao contrário, o princípio constitucional da livre iniciativa garante aos agentes econômicos liberdade para eleger suas estratégias empresariais dentro do marco vigente (CF/1988, art. 170). A proteção constitucional ao trabalho não impõe que toda e qualquer prestação remunerada de serviços configure relação de emprego (CF/1988, art. 7º). Precedente: ADPF 524, Rel. Min. Luís Roberto Barroso.

3. Não há inconstitucionalidade no prazo prescricional de 1 (um) ano, a contar da ciência do dano, para a propositura de ação de reparação de danos, prevista no art. 18 da Lei 11.442/2007, à luz do art. 7º, XXIX, CF, uma vez que não se trata de relação de trabalho, mas de relação comercial.

4. Procedência da ação declaratória da constitucionalidade e improcedência da ação direta de inconstitucionalidade. Tese: "1 — A Lei 11.442/2007 é constitucional, uma vez que a Constituição não veda a terceirização, de atividade-meio ou fim. 2 — O prazo prescricional estabelecido no art. 18 da Lei 11.442/2007 é válido porque não se trata de créditos resultantes de relação de trabalho, mas de relação comercial, não incidindo na hipótese o art. 7º, XXIX, CF. 3 — Uma vez preenchidos os requisitos dispostos na Lei n. 11.442/2007, estará configurada a relação comercial de natureza civil e afastada a configuração de vínculo trabalhista" (Plenário de 14/0-4-2020. Ação Declaratória de Constitucionalidade n. 48-DF. Rel. Min. Roberto Barroso).

Passando a mais uma sistematização, chama-se a atenção para o fato de que **a terceirização para a contratação de serviços está bem além das situações de contratação de prestação de serviços especializados, podendo ser evidenciada em pelo menos três situações contratuais** a seguir analisadas:

a.2.1) Contrato de prestação de serviços "especificados"

Dava-se o nome de contrato de prestação de **"serviços especializados"** ao ajuste interempresarial por meio do qual uma empresa, identificada como cliente ou tomadora, visando concentrar esforços em sua atividade-fim, contratava outra empresa, intitulada prestadora de serviços, para lhe dar suporte em serviços meramente instrumentais, como limpeza, segurança, transporte, alimentação ou quaisquer outros que tivesse por característica ser "especializado", ou seja, ser algo fora do domínio do contratante, mas amplamente conhecido pela empresa terceirizada. Exemplo: uma empresa de vigilância é especializada em prestar serviços de guarda patrimonial. Ela tem *expertise* nisso. Por essa razão, um hospital, que não se dedica a treinar empregados para dar segurança, contratará, com razão, uma empresa especializada no serviço de vigilância.

Pois bem. Serviço específico (ou especificado) é aquele previamente delimitado quanto à sua extensão, pouco importando se é "especializado" ou não; pouco importando se a empresa cliente tem a mesma *expertise* ou não. O relevante agora é apenas que o trabalhador terceirizado não realize atividades distintas daquelas que foram objeto do contrato. Essa é a lógica do serviço determinado e específico ou, como aqui se denomina, do "serviço especificado". Veja-se o teor do § 1º do art. 5º-A, da Lei n. 6.019/74:

> Lei 6.019/74. Art. 5º -A. [...]
>
> § 1º É vedada à contratante a utilização dos trabalhadores em atividades distintas daquelas que foram objeto do contrato com a empresa prestadora de serviços.

Exemplo: um banco, que tem *expertise* no manejo com o mercado de capitais, pode, em face da nova lógica estabelecida pela Lei n. 13.429, de 2017, contratar uma empresa que lhe ofereça o serviço especificado de alimentação dos caixas eletrônicos e de registro de suas operações, mas não poder utilizar os trabalhadores em atividades distintas daquelas que foram objeto do contrato.

É bom lembrar que o contrato de prestação de serviços "especializados" era a espécie que mais se confundia com o gênero "terceirização de serviços", porque, em essência, a contratação por via triangular visava exatamente à atribuição de serviços especializados em favor de quem, por não ter o *know-how*, deles precisava.

Agora, cabe adaptar o discurso, como antedito, para falar-se em empresas prestadoras de "serviços especificados", sejam lá quais forem esses serviços, cabendo à jurisprudência ou a novas normas legais a identificação dos eventuais confins desse objeto, que foi ampliado ao extremo.

Por enquanto, o que se tem é o disposto no § 1º do art. 5º-A e no inciso II do art. 5º-B da Lei n. 6.019/74 que se posiciona exatamente conforme aqui se mencionou. Perceba-se:

> Art. 5º-A Contratante é a pessoa física ou jurídica que celebra contrato com empresa de prestação de serviços relacionados a quaisquer de suas atividades, inclusive sua atividade principal.
>
> **§ 1º É vedada à contratante a utilização dos trabalhadores em atividades distintas daquelas que foram objeto do contrato com a empresa prestadora de serviços.**
>
> § 2º Os serviços contratados poderão ser executados nas instalações físicas da empresa contratante ou em outro local, de comum acordo entre as partes.
>
> § 3º É responsabilidade da contratante garantir as condições de segurança, higiene e salubridade dos trabalhadores, quando o trabalho for realizado em suas dependências ou local previamente convencionado em contrato.
>
> § 4º A contratante poderá estender ao trabalhador da empresa de prestação de serviços o mesmo atendimento médico, ambulatorial e de refeição destinado aos seus empregados, existente nas dependências da contratante, ou local por ela designado.
>
> § 5º A empresa contratante é subsidiariamente responsável pelas obrigações trabalhistas referentes ao período em que ocorrer a prestação de serviços, e o recolhimento das contribuições previdenciárias observará o disposto no art. 31 da Lei n. 8.212, de 24 de julho de 1991.
>
> Art. 5º-B. O contrato de prestação de serviços conterá:
>
> I — qualificação das partes;
>
> **II — especificação do serviço a ser prestado;**
>
> III — prazo para realização do serviço, quando for o caso;
>
> IV — valor.

Substituiu-se, portanto, o conceito de empresa prestadora de "serviço especializado" por empresa prestadora de "serviços relacionados a quaisquer atividades, inclusive sua atividade principal".

a.2.2) Contrato de subempreitada

Embora muitos não se deem conta, a subempreitada é também uma modalidade de terceirização para a contratação de serviços especializados. Conforme se disse no capítulo em que se tratou do contrato de emprego e dos ajustes a ele afins, o contrato de empreitada é o negócio jurídico por meio do qual um dos sujeitos, **o empreiteiro**, oferece seu conhecimento técnico **especializado** e sua força laboral para a execução de um serviço especificado, previamente delimitado no tocante à extensão, a outro sujeito, **o dono da obra**, que se incumbirá de realizar, em decorrência do resultado alcançado, o pagamento do preço certo estabelecido dentro do prazo e das condições previamente ajustadas.

Há situações, entretanto, em que o empreiteiro não tem a totalidade dos conhecimentos técnicos especializados indispensáveis para o atendimento das pretensões do dono da obra.

Apenas para exemplificar, imagine-se que uma empresa construtora não detenha conhecimento técnico na área de telefonia. Nesses casos, poderá a construtora confiar a parte da execução do serviço de telefonia para outra empresa. Haverá, assim, o estabelecimento de uma **sub**empreitada, vale dizer, de uma empreitada secundária contratada pelo empreiteiro principal. Nesses moldes, usando as palavras de Octávio Bueno Magano, pode-se afirmar que a subempreitada "constitui modalidade da empreitada, que se particulariza por corresponder à parte separada de trabalho, confiado em conjunto a um empreiteiro principal"[85].

É importante perceber que a subempreitada apenas deveria se justificar se o empreiteiro principal efetivamente não possuísse a totalidade dos conhecimentos técnicos **especializados** indispensáveis para o atendimento das pretensões do dono da obra. Se ele os tivesse, a subempreitada seria falsa e, consequentemente, nulo estaria o ajuste aparente.

Nesses termos, produzida uma falsa subempreitada, ocorria, sob a égide do entendimento que vigeu antes da Lei n. 13.467/2017, a fusão da titularidade patronal e respondiam, nos moldes do art. 942 do Código Civil, como se fossem um só empregador o empreiteiro principal e o falso subempreiteiro. Diferentemente, se a subempreitada fosse lícita, a responsabilidade do empreiteiro em relação aos créditos inadimplidos pelo subempreiteiro era meramente subsidiária, ou seja, oferecida em caráter auxiliar. Anote-se que o pós Lei n. 13.467/2017 tornou irrelevante o critério que envolvia a atividade econômica do empreiteiro e do subempreiteiro para dizer da licitude da subempreitada. Atualmente, desde a vigência do referido diploma legal, é juridicamente admitida a contratação por empreiteiros de subempreiteiros que realizem exatamente a mesma atividade-fim.

Para bem entender a situação de responsabilidade subsidiária do empreiteiro principal diante das dívidas trabalhistas contraídas pelo subempreiteiro, imagine-se a seguinte situação:

"A", dono da obra, contrata "B", empreiteiro, para a construção de uma casa residencial. "B" atribui para "C", subempreiteiro especializado na instalação de sistemas de segurança eletrônica, todo o serviço de telefonia e informática. Os empregados contratados por "C", entretanto, não recebem seus salários e verbas resilitórias. Cônscios de que "C" tem o *débito*, os empregados sabem que lhes é garantida por lei a possibilidade jurídica de também demandar, em caráter subsidiário, contra o empreiteiro "B", por *responsabilidade* baseada em culpa *in eligendo* e *in vigilando*. Veja-se o teor do art. 455 da CLT:

> *Art. 455. Nos contratos de subempreitada responderá o subempreiteiro pelas obrigações derivadas do contrato de trabalho que celebrar, cabendo, todavia, aos empregados, o direito de reclamação contra o empreiteiro principal pelo inadimplemento daquelas obrigações por parte do primeiro.*
>
> *Parágrafo único. Ao empreiteiro principal fica ressalvada, nos termos da lei civil, ação regressiva contra o subempreiteiro e a retenção de importâncias a este devidas, para a garantia das obrigações previstas neste artigo.*

Perceba-se que, ao mencionar que cabe aos empregados "o direito de reclamação contra o empreiteiro principal", o legislador quis pura e simplesmente garantir a possibilidade de formação de litisconsórcio facultativo simples entre o subempreiteiro (titular do débito e da responsabilidade originária) e o empreiteiro principal (titular da responsabilidade derivada). Anote-se que ao empreiteiro principal ficou ressalvado o direito de ação regressiva contra o subempreiteiro e a possibilidade de retenção de importâncias a este devidas para a garantia da dívida.

A discussão mais relevante, entretanto, sempre esteve no âmbito da responsabilidade do dono da obra, porque parte expressiva da doutrina e da jurisprudência cristalizada entende que o dono da obra é irresponsável na medida em que não se envolve na atividade que está sendo desenvolvida pelo empreiteiro ou subempreiteiro.

---

[85] MAGANO, Octávio Bueno. *Manual de direito do trabalho*. São Paulo: LTr, 1988, v. 2, p. 86.

Por conta disso, foi editada a Orientação Jurisprudencial 191 da SDI-1 do TST[86], segundo a qual, "diante da inexistência de previsão legal específica, o contrato de empreitada de construção civil entre o dono da obra e o empreiteiro não enseja responsabilidade solidária ou subsidiária nas obrigações trabalhistas contraídas pelo empreiteiro, salvo sendo o dono da obra uma empresa construtora ou incorporadora".

Tal orientação, entretanto, marcha contra a tendência legislativa e jurisprudencial em outras áreas do direito, entre as quais se destaca a área previdenciária. Note-se, nesse sentido, a redação dos arts. 30, VI, e 220 da Lei n. 8.212/91[87], segundo os quais o dono da obra, independentemente de sua natureza, tem responsabilidade solidária pelo adimplemento dos créditos previdenciários em relação ao construtor e ao subempreiteiro.

Perceba-se que a precitada orientação jurisprudencial apenas responsabiliza os "donos de obra" que sejam construtores ou incorporadores[88], haja vista o envolvimento destes na atividade-fim. Os demais donos de obra ficariam imunes à responsabilidade. Contra esse entendimento merece destaque a tese do magistrado baiano Guilherme Guimarães Ludwig, apresentada perante a 1ª Jornada de Direito Material e Processual na Justiça do Trabalho (promovida pelo TST e pela ANAMATRA), cuja ementa foi assim construída:

DONO DA OBRA. RESPONSABILIDADE. Considerando que a responsabilidade do dono da obra não decorre simplesmente da lei em sentido estrito (CC, arts. 186 e 927), mas da própria ordem constitucional no sentido de se valorizar o trabalho (CF, art. 170), já que é fundamento da Constituição a valorização do trabalho (CF, art. 1º, IV), não se lhe faculta beneficiar-se da força humana despendida sem assumir responsabilidade nas relações jurídicas de que participa. Dessa forma, o contrato de empreitada entre o dono da obra e o empreiteiro enseja responsabilidade subsidiária nas obrigações trabalhistas contraídas pelo empreiteiro, salvo apenas na hipótese de utilização da prestação de serviços como instrumento de produção de mero valor de uso, na construção ou reforma residenciais[89].

Segundo a tese relacionada à ementa ora expendida, a exclusão de responsabilidade do dono da obra caberia apenas "nas restritas situações em que este tenha se valido esporadicamente ou por curto período da prestação de serviços, por empreitada, como instrumento de produção de mero valor de uso, na construção ou reforma residenciais".

---

[86] **Orientação Jurisprudencial 191 da SDI-1 do TST**. Contrato de empreitada. Dono da obra de construção civil. Responsabilidade. Diante da inexistência de previsão legal específica, o contrato de empreitada entre o dono da obra e o empreiteiro não enseja responsabilidade solidária ou subsidiária nas obrigações trabalhistas contraídas pelo empreiteiro, salvo sendo o dono da obra uma empresa construtora ou incorporadora (inserida em 8-11-2000 e revisada em maio de 2011).

[87] Art. 30. A arrecadação e o recolhimento das contribuições ou de outras importâncias devidas à Seguridade Social obedecem às seguintes normas: [...] VI — o proprietário, o incorporador definido na Lei n. 4.591, de 16 de dezembro de 1964, o dono da obra ou condômino da unidade imobiliária, qualquer que seja a forma de contratação da construção, reforma ou acréscimo, são solidários com o construtor, e estes com a subempreiteira pelo cumprimento das obrigações para com a Seguridade Social, ressalvado o seu direito regressivo contra o executor ou contratante da obra e admitida a retenção de importância a este devida para garantia do cumprimento dessas obrigações, não se aplicando, em qualquer hipótese, o benefício de ordem (redação dada ao inciso pela Lei n. 9.528, de 10-12-1997). [...]

[88] Nos termos do art. 29 da Lei n. 4.591/64, "**considera-se incorporador** a pessoa física ou jurídica, comerciante ou não, que, embora não efetuando a construção, compromisse ou efetive a venda de frações ideais de terreno objetivando a vinculação de tais frações a unidades autônomas, (VETADO) em edificações a serem construídas ou em construção sob regime condominial, ou que meramente aceita propostas para efetivação de tais transações, coordenando e levando a termo a incorporação e responsabilizando-se, conforme o caso, pela entrega, a certo prazo, preço e determinadas condições, das obras concluídas".

[89] LUDWIG, Guilherme Guimarães. *Dono da obra. Responsabilidade*. Disponível em: http://www.anamatra.org.br/jornada/propostas/com1_proposta12.pdf. Capturado em: 9-10-2009.

Diante de tudo o que se disse, e em sintonia com a jurisprudência cristalizada pelo TST, pode-se concluir que o dono da obra, que não seja empresário da construção civil (construtor ou incorporador), estará livre da responsabilidade solidária ou subsidiária que se lhe deseja impor, seja ele pessoa física ou jurídica, pequena, média ou grande empresa. Nesse particular, cabe observar a tese firmada pelo TST em incidente de recursos repetitivos.

No Tema Repetitivo n. 6, a Alta Corte trabalhista firmou tese ao responder à seguinte indagação:

> *O conceito de "dono da obra", previsto na OJ n. 191 da SBDI-1/TST, para efeitos de exclusão de responsabilidade solidária ou subsidiária trabalhista, restringe-se a pessoa física ou micro e pequenas empresas, na forma da lei, que não exerçam atividade econômica vinculada ao objeto contratado?*

O entendimento do TST sobre o referido questionamento foi o seguinte:

I) A exclusão de responsabilidade solidária ou subsidiária por obrigação trabalhista a que se refere a Orientação Jurisprudencial n. 191 da SDI-1 do TST não se restringe à pessoa física ou micro e pequenas empresas, compreende igualmente empresas de médio e grande porte e entes públicos (decidido por unanimidade);

II) A excepcional responsabilidade por obrigações trabalhistas prevista na parte final da Orientação Jurisprudencial n. 191, por aplicação analógica do art. 455 da CLT, alcança os casos em que o dono da obra de construção civil é construtor ou incorporador e, portanto, desenvolve a mesma atividade econômica do empreiteiro (decidido por unanimidade);

III) Não é compatível com a diretriz sufragada na Orientação Jurisprudencial n. 191 da SDI-1 do TST jurisprudência de Tribunal Regional do Trabalho que amplia a responsabilidade trabalhista do dono da obra, excepcionando apenas "a pessoa física ou micro e pequenas empresas, na forma da lei, que não exerçam atividade econômica vinculada ao objeto contratado" (decidido por unanimidade);

IV) Exceto ente público da Administração Direta e Indireta, se houver inadimplemento das obrigações trabalhistas contraídas por empreiteiro que contratar, sem idoneidade econômico-financeira, o dono da obra responderá subsidiariamente por tais obrigações, em face de aplicação analógica do art. 455 da CLT e culpa *in eligendo* (decidido por maioria, vencido o Exmo. Ministro Márcio Eurico Vitral Amaro);

V) O entendimento contido na tese jurídica n. 4 aplica-se exclusivamente aos contratos de empreitada celebrados após 11 de maio de 2017, data do presente julgamento — ED-IRR — 190-53.2015.5.03.0090 — 9-8-2018.

O Tema Repetitivo n. 6, ora analisado, foi relatado pelo Min. João Oreste Dalazen, SBDI-1 Plena (45236), RR (1008) 190-53.2015.5.03.0090, julgado em 11-5-2017, publicado em 19-10-2018.

a.2.3) Contrato com cooperativas de trabalho

Conquanto não visível normalmente como tal, o contrato com cooperativas de trabalho é mais uma modalidade de terceirização com vista a obtenção de serviços especializados.

As cooperativas de trabalho são sociedades de trabalhadores autônomos de uma mesma região geográfica[90] que, por afinidade profissional, se aglutinam espontaneamente[91] com o objetivo de oferecer em bloco e de modo mais competitivo seus serviços laborais. Os cooperados

---

90 Lembre-se que, nos moldes do art. 4º, XI, da Lei n. 5.764/71, as sociedades cooperativas distinguem-se das demais pelo fato de **a área de admissão dos cooperados estar limitada pela possibilidade de reunião, controle, operações e prestação de serviços**. Nesta ordem de ideias, não é razoável a instituição de

são essencialmente iguais entre si, sendo este o atributo que substancialmente os distingue de outras espécies de associado. Eles têm direito a voto de igual peso e à percepção de remuneração proporcional ao valor das operações efetuadas (*vide* art. 1.094, VI e VII, do Código Civil[92]).

A relação estabelecida entre os cooperados (ainda que exercentes de cargos de diretoria) entre si e entre estes e a cooperativa é de coordenação, não havendo margem para qualquer ato de subordinação jurídica interna. Mesmo nas relações estabelecidas com os tomadores de serviços prevalecerá a autonomia do cooperado, que ditará inclusive a dimensão da contraprestação, conforme tabela aprovada pela cooperativa. Por fim, ao contrário do que acontece com os empregados, o autêntico cooperado mantém consigo os instrumentos de trabalho, não estando, ademais, submetido ao poder diretivo do contratante. Por isso, os cooperados, *em regra*, não se submetem à fiscalização de supervisor, cabo de turma ou apontador, tampouco utilizam uniformes outorgados pelo tomador[93].

Como a lei declarou expressamente não existir vínculo de emprego entre a sociedade cooperativa e seus associados, nem entre estes e os tomadores de serviços[94], inaugurou-se uma variável da terceirização por meio da qual uma empresa cliente poderia contratar uma cooperativa para que esta lhe fornecesse **serviços especializados**[95]. Esta seria uma aplicação legítima do cooperativismo do trabalho inserido numa realidade de terceirização de serviços, ainda que a vinculação com a clientela seja contínua[96].

---

cooperativa em uma área territorial para prestação de serviços em área extremamente distante da sede. Isso prejudicaria a participação dos cooperados das assembleias e, pior que isso, abriria portas para a fraude.

91 A **adesão voluntária** é um pressuposto primordial do cooperativismo (veja-se o art. 4º, I, da Lei n. 5.764/71). Os cooperados não são recrutados ou indicados por quem quer que seja; eles espontaneamente procuram a cooperativa e a ela aderem, caso concordem com os seus propósitos contratuais.

92 Art. 1.094. São características da sociedade cooperativa: I — variabilidade, ou dispensa do capital social; II — concurso de sócios em número mínimo necessário a compor a administração da sociedade, sem limitação de número máximo; III — limitação do valor da soma de quotas do capital social que cada sócio poderá tomar; IV — intransferibilidade das quotas do capital a terceiros estranhos à sociedade, ainda que por herança; V — *quorum*, para a assembleia geral funcionar e deliberar, fundado no número de sócios presentes à reunião, e não no capital social representado; **VI — direito de cada sócio a um só voto nas deliberações, tenha ou não capital a sociedade, e qualquer que seja o valor de sua participação; VII — distribuição dos resultados, proporcionalmente ao valor das operações efetuadas pelo sócio com a sociedade, podendo ser atribuído juro fixo ao capital realizado**; VIII — indivisibilidade do fundo de reserva entre os sócios, ainda que em caso de dissolução da sociedade (destaques não constantes do original).

93 Para maiores detalhes ver CARELLI, Rodrigo de Lacerda. *Cooperativas de mão de obra*: manual contra a fraude. São Paulo: LTr, 2002.

94 Ver **Lei n. 5.764/71**, art. 90: Art. 90. Qualquer que seja o tipo de cooperativa, não existe vínculo empregatício entre ela e seus associados.

Ver **CLT**, art. 442. Contrato individual de trabalho é o acordo, tácito ou expresso, correspondente à relação de emprego. Parágrafo único. Qualquer que seja o ramo de atividade da sociedade cooperativa, não existe vínculo empregatício entre ela e seus associados, nem entre estes e os tomadores de serviços daquela (Parágrafo acrescentado pela Lei n. 8.949, de 9-12-1994).

95 As cooperativas multiprofissionais são, a princípio, suspeitas de servir de instrumento de fraude. Afirma-se isso porque não é crível que uma cooperativa reúna uma multiplicidade de trabalhadores autônomos prestadores de diferentes funções e que exista coesão entre eles a ponto de justificar o entendimento interclasse nas assembleias.

96 Segundo Valentin Carrion, "para admitir-se a autêntica cooperativa de trabalho, dois requisitos serão sempre indispensáveis: a absoluta democracia, no peso das opiniões e votos ao tomarem-se as decisões que afetem o grupo, de um lado, e a vinculação com a clientela, que haverá de ser eventual e variada, de outro". In: CARRION, Valentin. Cooperativas de trabalho — autenticidade e falsidade. *Revista LTr*, v. 63, n. 2, 1999, p. 168.

Perceba-se que o saudoso mestre entendia que a vinculação da cooperativa com a clientela deveria ser eventual e variada. Esse pressuposto, entretanto, não deve ser analisado com rigor, uma vez que, a depender da atividade da cooperativa de trabalhadores, poucos serão os tomadores disponíveis em determinada região. Imagine-se,

b) Modelo sistemista ou de fornecimento global

O ramo automobilístico foi o primeiro a sinalizar a existência de um modelo de terceirização conhecido como sistemista[97] ou de fornecimento global, de cadeia de suprimentos. Por força desse modelo os fornecedores globais (ou sistemistas) e a montadora são reunidos num mesmo espaço físico com os objetivos de reduzir custos com transporte/estocagem e diminuir o tempo de armamento do veículo.

Segundo o modelo aqui analisado, os fornecedores são estabelecidos no mesmo prédio da montadora e participam de diferentes etapas do processo de fabricação. Para pertencer a esses arranjos, as empresas sistemistas devem preencher, na perspectiva de Sandro Garcia, os requisitos da saúde financeira, da competência para parcerias, da integração eletrônica, dos padrões internacionais de qualidade, de custos e de quantidades e da flexibilidade de fornecimento e mão de obra qualificada. Para o mencionado pesquisador, "as relações estabelecidas entre montadora e fornecedores de primeira linha (quase todas corporações globais) seriam baseadas em uma nova repartição de investimentos, custos, responsabilidades e, especialmente, riscos, distanciando-se das relações de exterioridade que marcam as terceirizações"[98].

O modelo sistemista revela, então, em rigor, a clássica formação de um grupo industrial, embora as ações aforadas contra as montadoras coloquem os sistemista na condição de empresas terceirizadas.

Enfim, a concentração econômica existe em função de um objetivo comum, celebrado por tempo determinado, mediante a regência (a influência dominante) de uma empresa central, a montadora. Diante de casos tais, a solução é estabelecida consoante a concepção do grupo econômico, sendo, porém, questionável a responsabilidade que se possa estabelecer entre um e outro sistemista. Não há, entretanto, dúvidas de que existe responsabilidade solidária, baseada no argumento de formação do empregador único, ao menos entre o sistemista e a empresa montadora.

6.6.2.2.4 O inadimplemento das obrigações trabalhistas por parte da empresa prestadora dos serviços e a assunção da responsabilidade

A responsabilidade, conforme se sabe, é situação jurídica decorrente de uma relação originária não cumprida. A **dívida ou débito** é elemento de natureza personalíssima, consistente no dever de prestar aquilo que se comprometeu a adimplir. O devedor, para cumprir a dívida, submete seu patrimônio pessoal, assumindo, assim, a consequente **responsabilidade ou sujeição patrimonial**. Registre-se que, em regra, o devedor assume, por meio de seu patrimônio, a responsabilidade pelo adimplemento da própria dívida. Caracteriza-se, aí, a **responsabilidade originária**.

Há casos, porém, em que pessoas assumem a responsabilidade por débitos de terceiros, hipótese em que se caracteriza a **responsabilidade derivada**, ou seja, a sujeição patrimonial

---

por exemplo, uma cooperativa de motoristas caminhoneiros instalados numa cidade onde exista apenas uma grande indústria. É razoável imaginar que essa grande indústria será a principal e a mais frequente tomadora dos serviços da mencionada cooperativa.

97 O nome "sistemista" provém das áreas da eletrônica e da informática e serve para identificar o analista de sistemas, profissional que se ocupa do projeto, da manutenção e da atualização de sistemas técnicos. Na indústria automobilística o sistemista é identificado como um fornecedor que presta serviço qualificado na linha de montagem do veículo.

98 GARCIA, Sandro Ruduit. Novos polos automobilísticos e o desafio do desenvolvimento regional. *Anais do VII Encontro de Economia da Região Sul — ANPEC Sul*, 7, 2004, Maringá: UEM, UFPR, UFSC, UFRGS, PUCRS, 2004, p. 70-90.

para saldar dívidas produzidas por pessoas diversas do responsável. É o caso do fiador, que, mesmo sem ter produzido a dívida, assume a responsabilidade de saldá-la.

A *responsabilidade derivada* somente existe em decorrência de específicos fatos geradores: a lei, o contrato ou a decisão judicial. Somente por meio dessas fontes pode-se afirmar existir a responsabilidade por débito de terceiro. É justamente essa responsabilidade derivada, decorrente de débito de terceiro, a aplicável aos destinatários da terceirização, seja da terceirização de trabalhadores (contratação de trabalhador temporário, nos moldes da Lei n. 6.019/74), seja da terceirização de serviços (contratação de serviços, nos moldes da Lei n. 13.467/2017). O fundamento criativo dessa responsabilidade é a culpa *in eligendo* — baseada na eleição de uma terceira empresa para execução que incumbiria ao tomador — e *in vigilando* — fundamentada no dever de vigilância da regularidade da prestação do serviço atribuído para terceiros. A fonte é a decisão judicial.

Anote-se que, uma vez reconhecida uma relação jurídica-base, vale dizer, a existência do contrato de prestação de serviços especializados entre a empresa tomadora e a empresa prestadora de serviços, restará sempre presumido que os empregados contratados por esta foram alocados nas instalações da contratante (da cliente). Afirma-se isso para objetar uma tese processual muito frequente. É que as empresas tomadoras dos serviços, para livrar-se da responsabilidade de assumir os créditos inadimplidos pelas empresas prestadoras de serviços especializados, costumam alegar que, a despeito da existência do ajuste contratual entre elas e as prestadoras, o trabalhador-demandante não foi um dos tantos que executaram os serviços em suas instalações.

Em casos tais deve prevalecer o raciocínio segundo o qual o trabalhador-demandante livrou-se do ônus correspondente ao fato constitutivo de sua pretensão quando conseguiu provar que existiu a terceirização e que as empresas tomadora e prestadora (esta, a sua contratante) firmaram ajuste para a prestação de um serviço especializado. A partir daí, será da empresa tomadora o ônus de provar a ocorrência de fato obstativo da pretensão do demandante, vale dizer, de provar que entre os diversos trabalhadores que lhe serviram não estaria um específico, ou seja, aquele que ajuizou a ação para cobrar-lhe responsabilidade.

Note-se que cabe à empresa tomadora dos serviços identificar quais teriam sido os trabalhadores encaminhados pela empresa prestadora de serviços para seu espaço físico. O prévio conhecimento dos nomes (e de outros tantos dados) dos empregados terceirizados é algo que se presume. Aliás, fere o princípio da razoabilidade imaginar que um tomador de serviços seria capaz de recepcionar em sua sede qualquer trabalhador não identificado e de permanecer com ele, como colaborador, sem saber exatamente de quem se trata. É do tomador dos serviços, portanto, o ônus de identificar quais foram, especificamente, cada um dos trabalhadores terceirizados colocados a sua disposição, e é também dele a carga probatória de revelar o período que cada um dos citados trabalhadores terceirizados lhe serviu. A ausência de produção dessa prova faz brotar, sim, a confissão ficta.

6.6.2.2.5 Sujeitos responsáveis: entidades privadas e entes públicos

O inadimplemento das obrigações trabalhistas por parte do empregador implica, como se mencionou, a responsabilidade civil-trabalhista do tomador dos serviços, independentemente de ser ele uma entidade privada ou pública, desde que este tenha participado da relação processual e conste também do título executivo judicial. Anote-se aqui que o julgamento da Arguição de Descumprimento de Preceito Fundamental (ADPF) 324 e do Recurso Extraordinário (RE) 958.252 nada mudou quanto à responsabilidade subsidiária da empresa contratante.

Sobre a responsabilidade dos entes políticos e das empresas estatais é relevante mencionar que o TST modificou a redação de sua Súmula 331 para adequar-se à decisão contida na ADC n. 16/DF, que reconheceu a constitucionalidade do art. 71, § 1º, da Lei n. 8.666, de

1993[99]. Por força da referida decisão, tomada de forma majoritária pelo STF em 24 de novembro de 2010, os magistrados do trabalho não mais deverão declarar a responsabilidade subsidiária dos entes estatais por conta do mero inadimplemento das empresas que lhes tenham prestado serviços especializados. Para tanto será indispensável a demonstração de que os mencionados órgãos atuaram com culpa *in vigilando*, vale dizer, que, **por conduta culposa, falharam no controle e fiscalização da execução do contrato**.

Por conta dessa mudança nos rumos interpretativos, o TST, em revisão jurisprudencial ocorrida entre os dias 16 e 20 de maio de 2011, modificou a redação do item IV da Súmula 331 e a ela acresceu outros dois itens, os de número V e VI, sendo o de número V exclusivamente dedicado à questão que diz respeito à responsabilização dos entes integrantes da administração pública direta e indireta.

Na nova redação do item IV, o TST sacou do texto anterior (produzido pela Resolução TST n. 96, de 11-9-2000) o trecho "inclusive quanto aos órgãos da administração direta, das autarquias, das fundações públicas, das empresas públicas e das sociedades de economia mista", tornando-o exclusivamente destinado às entidades privadas, como, aliás, era na sua redação originária (criada mediante a Resolução TST n. 23, de 21-12-1993). Veja-se:

> *IV — O inadimplemento das obrigações trabalhistas, por parte do empregador, implica a responsabilidade subsidiária do tomador dos serviços quanto àquelas obrigações, desde que haja participado da relação processual e conste também do título executivo judicial.*

O item V destacou em sua redação os principais elementos da decisão contida na ADC n. 16/DF, especialmente a circunstância segundo a qual a responsabilidade subsidiária dos entes estatais não decorre de mero inadimplemento da empresa prestadora dos serviços, mas da "conduta culposa" da entidade tomadora no que diz respeito ao cumprimento das obrigações da Lei n. 8.666/93, especialmente das obrigações de controle e fiscalização.

Observe-se:

> *V — Os entes integrantes da administração pública direta e indireta respondem subsidiariamente, nas mesmas condições do item IV, caso evidenciada a sua conduta culposa no cumprimento das obrigações da Lei n. 8.666/93, especialmente na fiscalização do cumprimento das obrigações contratuais e legais da prestadora de serviço como empregadora. A aludida responsabilidade não decorre de mero inadimplemento das obrigações trabalhistas assumidas pela empresa regularmente contratada.*

Note-se que o Plenário do Supremo Tribunal Federal corroborou esse entendimento ao concluir em 30 de março de 2017 o julgamento do Recurso Extraordinário (RE) 760931, com repercussão geral reconhecida, que discutia a responsabilidade subsidiária da administração pública por encargos trabalhistas gerados pelo inadimplemento de empresa terceirizada. Com o voto do ministro Alexandre de Moraes, o recurso da União foi parcialmente provido, confirmando-se a tese, adotada na Ação de Declaração de Constitucionalidade (ADC) 16, que veda a responsabilização automática da administração pública, cabendo sua condenação apenas se houver prova inequívoca de sua conduta omissiva ou comissiva na fiscalização dos contratos. A prova de que a fiscalização foi realizada e devidamente cumprida cabe à Administração Pública, pois não se pode exigir dos terceirizados o ônus de demonstrar o descumprimento de um dever legal da beneficiada direta pela força de trabalho.

---

99 No mesmo sentido, veja-se a redação do § 1º do art. 77 da Lei n. 13.303, de 30 de junho de 2016:

Art. 77. O contratado é responsável pelos encargos trabalhistas, fiscais e comerciais resultantes da execução do contrato.

1º A inadimplência do contratado quanto aos encargos trabalhistas, fiscais e comerciais não transfere à empresa pública ou à sociedade de economia mista a responsabilidade por seu pagamento, nem poderá onerar o objeto do contrato ou restringir a regularização e o uso das obras e edificações, inclusive perante o Registro de Imóveis.

De outro lado, a revisão da Súmula 331 pelo TST acrescentou à sua redação o item VI, dando por terminada uma grande discussão jurisprudencial relacionada à extensão da responsabilidade subsidiária. Não eram poucos os que defendiam que a tomadora não assumiria, por exemplo, o pagamento da multa prevista no art. 477 da CLT ou, ainda, a pena prevista no art. 467 da CLT, porque, na condição de penalidades pós-contratuais, estariam dissociadas daquilo que efetivamente seria considerado como verbas contratuais. O TST deixou claro, então, que a responsabilidade subsidiária abrange "todas as verbas decorrentes da condenação", e não verbas decorrentes da contratação. Note-se:

> VI — A responsabilidade subsidiária do tomador de serviços abrange todas as verbas decorrentes da condenação referentes ao período da prestação laboral.

Haverá, entretanto, certa margem de discussão quanto à generalização das "verbas decorrentes da condenação", uma vez que, como se pode observar no tópico *infra* "a (in)comunicabilidade de condutas e de responsabilidades", há relevantes exceções à regra.

Anotem-se aqui, por fim, algumas considerações sobre a Lei n. 14.133/2021, sobre a responsabilização da administração pública em face de suas terceirizações.

As mudanças ali evidenciadas são mais visíveis na blindagem da própria Administração do que na assunção das suas responsabilidades pelas dívidas trabalhistas. O dispositivo que substituiu o art. 71 da Lei n. 8.666/93, absorveu as discussões jurisprudenciais e, por isso, é expresso ao considerar a "responsabilidade subsidiária" da Administração pelos encargos trabalhistas, se comprovada falha na fiscalização do cumprimento das obrigações do contratado (*vide* art. 121 da Lei n. 14.133/2021).

O que chama à atenção no referido dispositivo (art. 121) é o fato de a norma considerar que a Administração será responsável "EXCLUSIVAMENTE nas contratações de serviços contínuos com regime de dedicação exclusiva de mão de obra", assim considerados aqueles cujo modelo de execução contratual exija, entre outros requisitos, que: a) os empregados do contratado fiquem à disposição nas dependências do contratante para a prestação dos serviços; b) o contratado não compartilhe os recursos humanos e materiais disponíveis de uma contratação para execução simultânea de outros contratos; c) o contratado possibilite a fiscalização pelo contratante quanto à distribuição, controle e supervisão dos recursos humanos alocados aos seus contratos.

Haverá, certamente, muita discussão sobre a constitucionalidade do destacado advérbio "exclusivamente", utilizado para restringir a responsabilidade da Administração, haja vista o teor do § 6º do art. 37 do texto constitucional.

Seja como for, a blindagem dos contratos aumentou, e muito. Para assegurar o cumprimento de obrigações trabalhistas pelo contratado, a Administração poderá exigir caução, fiança bancária ou contratação de seguro-garantia; condicionar o pagamento à comprovação de quitação das obrigações trabalhistas vencidas; efetuar o depósito de valores em conta vinculada; entre outras medidas.

6.6.2.2.6 *Natureza da responsabilidade: solidária ou subsidiária?*

No campo da responsabilidade por débito de terceiro (ou responsabilidade derivada) podem-se afirmar existentes as espécies *solidária e subsidiária*. A primeira espécie — **responsabilidade solidária** — caracteriza-se pela concorrência de duas ou mais pessoas na situação de garantes de uma mesma dívida, sendo uma dessas pessoas necessariamente o próprio devedor originário. Nesse caso não é relevante investigar contra quem se dirigirá a pretensão de ver cumprida a prestação, uma vez que o responsável derivado é solidário ao devedor originário. Exemplo máximo é encontrado nas situações em que duas ou mais empresas formam um grupo econômico (*vide* o § 2º do art. 2º da CLT). Em casos tais são, como diz a lei, solidariamente responsáveis a empresa principal e cada uma das subordinadas, independentemente de quem formou o débito originário.

O segundo tipo — *responsabilidade subsidiária* — é caracterizado não pela *concorrência*, mas pela *sucessão* de duas ou mais pessoas na situação de garantes de uma mesma dívida. Se o devedor originário não tiver patrimônio para saldar a dívida, e somente nesse caso, é que se atacará o patrimônio do responsável derivado em caráter subsidiário, ou, simplesmente, responsável subsidiário. Ressalte-se que é pressuposto essencial a demonstração da inexistência de patrimônio do devedor originário para autorizar a investidura sobre os bens do responsável subsidiário, o que não ocorre com o responsável solidário.

Exemplo típico de responsabilidade subsidiária é aquele a que se refere a Súmula 331, IV, do TST. É de notar que a responsabilidade subsidiária é uma construção doutrinária e jurisprudencial. Esse tipo não possui previsão expressa na lei, mas apenas oblíqua, conforme o art. 1.091 do Código Civil. Registre-se de logo que responsabilidade subsidiária não é a mesma coisa que a responsabilidade solidária com benefício de ordem de excussão (situação do fiador, por exemplo), porque nesta o devedor originário e o responsável derivado podem ser demandados de modo autônomo, até mesmo em processos diferentes.

Na autêntica responsabilidade subsidiária é imprescindível que devedor originário e responsável subsidiário sejam demandados em conjunto. Registre-se que com isso não se quer dizer que o credor precisa formar um litisconsórcio necessário entre devedor originário e responsável subsidiário. Ele pode demandar unicamente o devedor originário, mas, nesse caso, desobrigará o responsável subsidiário.

A responsabilidade subsidiária pressupõe, assim, uma ordem, uma sequência. Essa ordem é empreendida em decorrência de elementos de natureza subjetiva (culpa ou dolo).

Normalmente, o responsável subsidiário assume essa qualidade, por força do disposto na legislação civil, porque, por ação ou omissão, prejudicou terceiro (no caso, o credor). Ordinariamente essa culpa, consoante mencionado, é *in eligendo* ou *in vigilando*, como ocorre com as empresas tomadoras de serviços em relação às dívidas das prestadoras. Revela-se, então, mais do que natural permitir a quem é apontado como responsável subsidiário o direito de, em litisconsórcio passivo com a empresa prestadora, melhorar, no que for possível, a resposta desta (*vide* o art. 320, I, do CPC/1973 e o art. 345, I, do CPC/2015) ou até, em relação obviamente aos mesmos interesses, recorrer (*vide* o *caput* do art. 509 do CPC/1973 e o art. 1.005 do CPC/2015).

Note-se que o caso em análise não pode ser comparado com a situação dos sócios, porque os sócios administradores "presentam" a sociedade, sendo, em última análise, o órgão dela própria. Quando uma dívida é contraída em nome da sociedade, quem a materializa é o sócio administrador. Os entes abstratos não são dotados de essência humana para negociar e assinar os contratos, razão por que quem age em nome deles são pessoas naturais constantes do estatuto. Observe-se que, nesse caso, é possível desconsiderar (desestimar) a personalidade jurídica para atingir aquele que sob seu manto se protege mesmo em processo autônomo ou, depois, na fase de execução de um processo judicial. É óbvio que nessas circunstâncias o sócio goza do privilégio de exigir que seja excutida inicialmente a sociedade e somente depois ele próprio, mas isso não é propriamente situação de responsabilidade derivada subsidiária, embora por vezes com ela se confunda. É situação, consoante expendido, de responsabilidade solidária com benefício de ordem de excussão.

No caso das relações existentes entre empresas prestadoras e tomadoras a história é diferente, porque estas precisam conhecer os termos da ação que se dirige contra suas contratadas. Não se pode ajuizar ação contra a empresa prestadora, extrair dela a condenação e depois, em outro processo, requerer a responsabilidade subsidiária da empresa ou ente tomador. Caso fosse admitida essa hipótese, estariam sendo estimuladas situações, colocadas apenas a título de argumentação, em que o devedor originário, por descuido ou má-fé, deixasse enormes dívidas para o responsável subsidiário sem que este, muitas vezes detentor de cópia de recibos de pagamento, pudesse atenuar a dimensão do montante exigido. Acrescente-se que este é o entendimento constante da supracitada Súmula 331, IV, do TST, na qual se vê claramente que os tomadores seriam responsabilizados subsidiariamente desde que tivessem participado da relação processual e constassem também do título executivo judicial.

Há mais: se o trabalhador preferiu ajuizar ação unicamente contra sua empregadora, empresa prestadora de serviço especializado ou empresa de trabalho temporário, e com ela firmou uma transação, abdicou plenamente da possibilidade de exigir da empresa tomadora dos serviços ou empresa cliente a responsabilidade quanto ao objeto da transação. O ajuste extintivo de obrigação, nos termos do art. 844 do Código Civil, não aproveita nem prejudica senão aos que nele intervieram. Ademais, de acordo com o § 1º do citado artigo, se a transação foi concluída entre o credor e o devedor originário estará desobrigado o eventual responsável derivado.

6.6.2.2.7 A (in)comunicabilidade de condutas e de responsabilidades

A despeito de a empresa prestadora figurar como efetiva contratante do empregado terceirizado, a tomadora ou cliente é também responsável pelos fatos ou atos ilícitos contra ele praticados. É possível, portanto, afirmar existente a comunicabilidade de condutas entre a prestadora e a tomadora no que diz respeito ao cumprimento de obrigações legais e contratuais de natureza trabalhista[100] e no tocante à incolumidade do meio ambiente laboral. Se a empresa prestadora inadimplir alguma parcela de natureza trabalhista em desfavor do empregado terceirizado ou lhe impuser a realização de atividade em meio ambiente inóspito, a empresa cliente também será responsabilizada, inclusive por danos imateriais.

Entretanto, há **condutas isoladas** praticadas ou pela empresa prestadora ou pela empresa cliente contra o empregado terceirizado que são absolutamente incomunicáveis. Essas condutas, que não permitem a extensão da responsabilização além da pessoa do lesante, têm por pressuposto indispensável a prática de ato que seja do exclusivo conhecimento do praticante do ato violador. Nessa situação inclui-se, por exemplo, a empresa prestadora de serviços que contrata empregados com a promessa de pagamento de salário "por fora" e, por conta de ajuste de prestação de serviços especializados, coloca-os à disposição de uma inocente empresa cliente. Findo o vínculo com a empresa prestadora, não seria lícito que os terceirizados buscassem da empresa cliente mais do que parcelas rescisórias baseadas no salário constante da CTPS, salvo se eles levassem ao conhecimento da tomadora a irregularidade praticada e esta, ainda assim, consentisse com a continuidade da realização dos serviços[101].

---

[100] MULTAS DOS ARTIGOS 467 E 477, § 8ª, DA CONSOLIDAÇÃO DAS LEIS DO TRABALHO. RESPONSABILIDADE SUBSIDIÁRIA. A condenação subsidiária do tomador dos serviços abrange todas as parcelas devidas pelo devedor principal, incluindo-se as verbas rescisórias. Referida condenação decorre da culpa *in eligendo* e *in vigilando* (Súmula n. 331, IV, do TST) e implica a assunção de responsabilidade pela totalidade dos créditos devidos ao reclamante, não havendo razão para se cogitar na limitação da responsabilidade quanto às verbas rescisórias" (TST, E-ED-RR-808/2006-011-05-00.7, SBDI-1, Rel. Min. Lelio Bentes Corrêa, *DJe*, 10-6-2009, p. 119-120).

[101] Situação envolvendo caso real semelhante aconteceu nos autos do processo 00729.2006.133.05.00.1 RT. Na referida ação a empresa tomadora dos serviços (segunda demandada) foi responsabilizada em caráter subsidiário pelos créditos inadimplidos pela empresa prestadora (primeira ré) com base, entretanto, na dimensão salarial certificada nas carteiras de trabalho dos litigantes. Veja-se trecho da sentença: "a segunda ré é responsável subsidiária diante das obrigações inadimplidas pela primeira acionada. **Destaque-se, entretanto, que a responsabilidade da segunda acionada restringe-se ao montante calculado com base na dimensão salarial, atualizada, registrada na CTPS dos demandantes** (*vide* fls. 11/12, 19 e 25/26) **e, ainda assim, dentro do período de vigência do contrato de fls. 91/97** (cujas datas de início e término não foram impugnadas pelos autores). Assim me manifesto porque a segunda ré, na qualidade de tomadora dos serviços, somente poderia assumir a responsabilidade por ajustes expressos, devidamente lançados na CTPS, uma vez que somente estes estavam sob o seu controle visual. **Tudo o que exceder, em termos de**

Outra situação que envolve conduta incomunicável diz respeito ao pedido de indenização por assédio moral ou sexual ocorrido dentro da empresa prestadora de serviços, num instante de visita do empregado terceirizado, sem que a empresa tomadora ou cliente tenha qualquer conhecimento do evento ou controle da ocorrência do fato. Nessa situação, igualmente, não há como estender a responsabilização pelo pagamento de possível indenização por dano moral à empresa cliente porque ela não influiu nem contribuiu para o episódio.

6.6.2.2.8 Até que ponto vale a pena terceirizar?

Desde a vigência da Lei n. 13.467/2017 não há nenhuma dúvida: a terceirização é plenamente possível, independentemente de o serviço da empresa contratada corresponder a uma atividade-meio ou a uma atividade-fim. O acolhimento da pretensão contida na Arguição de Descumprimento de Preceito Fundamental (ADPF) 324 reiterou ainda mais esse entendimento. Mas uma questão permanece no ar: **até que ponto vale mesmo a pena terceirizar?**

A terceirização desconecta o empregado da empresa que toma os seus serviços e o afasta de quem desenvolve a mesma profissão. Diante de tantas experiências ocupacionais diferentes, escapará ao empregado terceirizado o sentimento de pertinência em relação a uma determinada profissão. Um terceirizado pode, assim, diante das flutuantes necessidades do mercado, exercer num curto espaço de tempo tarefas que não têm a menor identidade uma com a outra. As Carteiras de Trabalho dos terceirizados são a melhor prova de que eles, sem pouso, saltitam entre construtoras, restaurantes, bancos, condomínios, magazines, supermercados e outros tantos estabelecimentos, como se estivessem a demonstrar, até não mais poder, que a sua instabilidade profissional produz insolidarismo e enfraquecimento sindical com evidente violação da progressividade social.

Não fosse apenas isso, a terceirização, na condição de técnica de organização do processo produtivo, não visa nada mais do que à irrefletida redução de custos mediante o sacrifício dos direitos sociais. Para bem compreender essa lógica não se faz necessária nenhuma operação matemática especial. Ora, se a contratação direta de um empregado custa, por exemplo, 1000 unidades monetárias, não há como fazê-lo continuar a receber as mesmas 1000 unidades quando se colocar entre ele e a empresa tomadora um intermediário que, obviamente, precisará lucrar com a intermediação. Seria razoável supor que a empresa tomadora, por uma benevolência inimaginável na coerência capitalista, continuaria a pagar as mesmas 1000 unidades monetárias ao empregado terceirizado e, além disso, o custo da empresa intermediária? Claro que não! Afinal, se há um intermediário, haverá alguém que ganha e alguém que perde com a intermediação. E normalmente quem intermedia extrai a sua lucratividade de quem está na ponta mais vulnerável da relação, que, no caso ora em análise, é o trabalhador terceirizado. Esse trabalhador, que antes recebia 1000 unidades monetárias quando contratado pela empresa produtora de bens e serviços, passará a receber 750 ou menos para propiciar o lucro da intermediação que, em média, gira em torno de 25% sobre o total da operação intermediada. Não por outro motivo, pesquisas, como aquela realizada pelo Departamento Intersindical de Estatística e Estudos Socioeconômicos (Dieese) durante as discussões em torno da PL 4330/2004, indicam que os terceirizados recebem entre 25% e 30% menos dos que os empregados com vínculo direto. Esse decréscimo da vida social é algo que a Constituição da República repele com lastro no princípio do não retrocesso social constante da parte final do *caput* do seu art. 7º.

A terceirização impõe, ademais, a diminuição de custos no âmbito da saúde dos empregados intermediados e, especialmente, da segurança nas operações nas quais eles estão en-

---

dimensão do salário-base, o valor constante da CTPS é da responsabilidade exclusiva do primeiro acionado" (destaques não constantes do original).

volvidos. Não por outro motivo se evidencia que os terceirizados são os empregados que mais se acidentam no trabalho ou sofrem de doenças ocupacionais. Isso acontece porque, ao contrário do que equivocadamente se alega, terceirizados não são (e nunca foram) mais especializados do que os empregados contratados diretamente pela empresa que se concentra em uma determinada atividade-fim.

Como passaram a ser juridicamente admitidas empresas terceirizadas especializadas justamente no segmento dos empreendimentos que as contratam, emergirá algo difícil de justificar: uma empresa tomadora sem empregados ou com alguns poucos em atividades de comando que ela, por tratamento diferenciado, quisesse proteger, e, num mundo paralelo, outra empresa — a prestadora — cheia de especialistas que — por alguma razão inimaginável — estarão vinculados a uma entidade que nada produz, mas apenas oferece mão de obra para que outra empresa produza...

Não fosse apenas isso, quem opta pela terceirização normalmente perde o controle da situação. O que parece ser vantajoso num primeiro momento se revela um problema de grandes proporções, pois os valores que o empresário final tanto objetiva (a produtividade, a perfeição técnica e a competitividade) acabam comprometidos pela presença de empregados violados, que, *em regra* (não se pode generalizar, mas, em regra, é assim), não recebem pontualmente os seus salários, que não veem o FGTS ser recolhido e que não são destinatários de vales-transportes. A insatisfação, então, se torna contagiante e o nome da empresa tomadora dos serviços em pouco tempo estará tão enodoado quanto o da empresa terceirizada com a qual ele quis se envolver na melhor linha do "diga-me com quem andas que eu te direi quem és". Refere-se aqui, com o objetivo de acentuar as conclusões quanto aos problemas que a terceirização pode produzir à imagem das empresas tomadoras, que, segundo dados do DETRAE — Departamento de Erradicação do Trabalho Escravo do Ministério do Trabalho (ora Ministério do Trabalho e Previdência), 90% dos trabalhadores resgatados nos dez maiores flagrantes de trabalho escravo contemporâneo envolviam empregados terceirizados. Isso reforça a conclusão de que opções ineficientes amplificam a ineficiência das operações.

É sempre bom lembrar que a contemporização entre os valores sociais do trabalho e da livre iniciativa deu-se na medida em que se permitiu, no plano jurisprudencial, a terceirização em atividade-meio, assim entendida aquela que se presta meramente a instrumentalizar, a facilitar o alcance dos propósitos contratuais sem neles interferir. Nesse âmbito encontram-se as já referenciadas atividades de limpeza, de conservação, de vigilância, de telefonia, de suporte em informática, de fornecimento de transporte, de fornecimento de alimentação, de assistência contábil, de assistência jurídica, entre outras que auxiliam na dinâmica do empreendimento, mas que não estão diretamente relacionadas ao objetivo central da empresa. Não seria razoável, evidentemente, que um banco se ocupasse em orientar serviços de limpeza, tampouco que uma siderúrgica se envolvesse com os trabalhadores que fazem os alimentos nos seus refeitórios. A terceirização nessas situações revelava-se como uma exceção ponderada, o que não ocorrerá, se verá no futuro, com a pretendida terceirização de atividades-fim.

Em lugar de toda essa discussão, em verdade, deveriam os legisladores se ocupar da criação de normas que protegessem os direitos e interesses dos terceirizados em atividades-meio em lugar de, sem sentido, pugnarem pela legitimação da terceirização da atividade-fim, como se fez mediante a Lei n. 13.467, de 2017. Não há dúvidas, afinal, de que, sendo a atividade-fim entendida como a tarefa intimamente relacionada ao objetivo social da empresa, normalmente identificado em seus estatutos constitutivos, outra não poderia ser a expectativa de nossas comunidades senão a de que os empregados que atuam nessa área fossem contratados diretamente, sem a malsinada intermediação. A terceirização, afinal, não é uma imposição; é uma opção.

VÍDEOS INFORMATIVOS:
- Vídeo de abertura da obra
- Vídeo sobre cada um dos capítulos
- Vídeo explicativo de temas encontrados em capítulos

TEXTOS COMPLEMENTARES:
- Texto ampliado
- Texto sintético

MATERIAIS DE APOIO PARA PROFESSORES E ALUNOS:
- *Slides* do capítulo
- Questões discursivas do capítulo
- Questões de concurso comentadas

7
IDENTIFICAÇÃO PROFISSIONAL

7.1 CONSIDERAÇÕES INTRODUTÓRIAS

Na Exposição de Motivos da CLT, o então Ministro do Trabalho Alexandre Marcondes Filho ressaltou que as disposições normativas acerca da identificação profissional tiveram propósito mais amplo do que o de apenas produzir um instrumento de prova do negócio jurídico de trabalho. Na verdade, a identificação profissional, nos moldes como foi edificada, visava produzir, antes mesmo de existente qualquer contrato de trabalho, um demonstrativo de qualificação profissional, "constituindo mesmo a primeira manifestação de tutela do Estado ao trabalhador, antes formalmente 'desqualificado' sob o ponto de vista profissional e a seguir [...] habilitado à ocupação de um emprego ou ao exercício de uma profissão". Para arrematar a questão, o autor da exposição de motivos da CLT deixou claro que não haveria "como subordinar essa criação típica do Direito Social ao papel acessório de prova do contrato de trabalho, quando [...] a sua emissão antecede livremente o ajuste do emprego"[1].

Entende-se por identificação profissional, portanto, a atividade de assentamento de dados prévios à prestação do trabalho, relacionados à qualificação profissional do executante, e relativos ao emprego ou ao exercício por conta própria de qualquer atividade profissional remunerada. Essas anotações são realizadas na Carteira de Trabalho e Previdência Social (CTPS) e, no caso dos empregados, também, em Livros de Registro que ficam na posse dos empregadores.

7.2 DOCUMENTOS DE REGISTRO HISTÓRICO-LABORAL

Os documentos de registro histórico-laboral não apenas visam à identificação do trabalhador e das particularidades relacionadas ao serviço por ele prestado, mas também servem de instrumento de prova dos acontecimentos relacionados ao trabalho.

Serão analisadas nos subitens constantes deste capítulo as peculiaridades relacionadas exclusivamente à **Carteira de Trabalho e de Previdência Social** e ao **Livro de Registro de Empregados**, conquanto existam outros documentos igualmente reveladores de históricos específicos do contrato mantido entre empregado e empregador, entre os quais podem ser citados o Programa de Prevenção de Riscos Ambientais — PPRA, o Programa de Gerenciamento de Riscos — PGR, o Programa de Condições e Meio Ambiente de Trabalho na Indústria da Construção — PCMAT, o Programa de Controle Médico de Saúde Ocupacional — PCMSO, o Laudo Técnico de Condições Ambientais do Trabalho — LTCAT, o Perfil Profissiográfico Previdenciário — PPP e até mesmo a Comunicação de Acidente do Trabalho — CAT.

Cabe anotar no final deste tópico sobre uma importante inovação trazida pela Medida Provisória n. 905/2019, permissiva, durante o tempo em que vigeu, do **armazenamento em meio eletrônico** de quaisquer documentos relativos a deveres e obrigações trabalhistas.

---

[1] MARCONDES FILHO, Alexandre. Exposição de Motivos da Consolidação das Leis do Trabalho. In: *CLT-LTr 2009*. 36. ed. São Paulo: LTr, 2009, p. 32.

A referida medida provisória, cujo prazo de vigência foi encerrado, criou o art. 12-A na CLT para dispor que "fica autorizado o armazenamento, em meio eletrônico, óptico ou equivalente, de quaisquer documentos relativos a deveres e obrigações trabalhistas, incluídos aqueles relativos a normas regulamentadoras de saúde e segurança no trabalho, compostos por dados ou por imagens, nos termos do disposto na Lei n. 12.682, de 9 de julho de 2012". Dessa forma, os empregadores se viram, ainda que temporariamente, livres da guarda de inúmeros papéis, cuja conservação e estocagem é sempre difícil e custosa. A perda da vigência da MP n. 905/2019 restaurou a ordem jurídica anteriormente vigente.

7.3 CARTEIRA DE TRABALHO E PREVIDÊNCIA SOCIAL

A Carteira de Trabalho e Previdência Social é um documento histórico-laboral, confeccionado conforme modelos do Ministério da Economia, **obrigatória para o exercício de qualquer emprego**, inclusive de natureza rural, ainda que em caráter temporário, e **para o exercício por conta própria de atividade profissional remunerada**.

O icônico **formato "caderneta"** dado à Carteira de Trabalho e Previdência Social ficou ultrapassado diante das possibilidades do registro dos histórico-laborais e previdenciários em plataformas eletrônicas. Sabe-se, aliás, que um dos problemas mais frequentes entre os trabalhadores era justamente o de manutenção dessa caderneta em condições capazes de demonstrar os registros ali feitos. Não eram raras as evidências de folhas consumidas pelo tempo, diaceradas por traças ou esmaecidas pela umidade. Algumas folhas soltas eram perdidas, quando não o próprio documento inteiro, e o trabalhador assumia o imenso prejuízo de não ter como demonstrar o seu tempo de serviço, a sua experiência profissional e, em dimensão até pior, o seu tempo de contribuição para fins de aposentação.

A Lei n. 13.874, de 20 de setembro de 2019, **embora sem tornar inválidas as CTPS físicas** existentes por ocasião de sua publicação, instituiu, enfim, com a mudança do art. 14 da CLT, **a CTPS em meio eletrônico**, um avanço que realmente demorou muito para ser apresentado à sociedade, mas que já teve a sua regulamentação feita pelas Portarias n. 1.065, de 23 de setembro de 2019 e n. 1.195, de 30 de outubro de 2019, ambas do Ministério da Economia, da então existente Secretaria Especial de Previdência e Trabalho. Manteve-se, porém, no plano da excepcionalidade, a emissão de CTPS em meio físico.

7.3.1 Obrigatoriedade

O *caput* do art. 13 da CLT é extremamente claro quanto à obrigatoriedade de identificação profissional e de anotação do histórico laboral: "A Carteira de Trabalho e Previdência Social é obrigatória para o exercício de qualquer emprego, inclusive de natureza rural, ainda que em caráter temporário, e para o exercício por conta própria de atividade profissional remunerada".

Perceba-se que não apenas os empregados deverão possuir tal instrumento para fins de identificação, mas também trabalhadores autônomos e empresários, urbanos ou rurais.

Seria possível, então, a admissão de trabalhadores que não possuam CTPS?

Até a vigência da Lei n. 13.874/2019, isso somente era possível em caráter excepcional, porque, nos moldes dos ora revogados §§ 3º e 4º do art. 13 da CLT, somente nas localidades onde não se emitia a Carteira de Trabalho e Previdência Social se poderia admitir, **até trinta dias**, o exercício de emprego ou atividade remunerada por quem não a possuía, ficando a empresa obrigada a permitir o comparecimento do empregado ao posto de emissão mais próximo. Nesse caso, o contratante fornecia ao contratado, no ato da admissão, documento do qual constava a data da admissão, a natureza do trabalho, o salário e a forma de seu pagamento e, se o empregado ainda não possuísse a carteira na data em que fosse dispensado, fornecia também atestado de que constava o histórico da relação empregatícia.

Todas as formalidades previstas nos referidos §§ 3º e 4º do art. 13 da CLT foram, então, revogadas pela mencionada Lei n. 13.874/2019 (conhecida como Declaração de Direitos de Liberdade Econômica), porque as disposições ali contidas revelavam-se absolutamente anacrônicas diante de uma realidade em que as próprias Carteiras de Trabalho e de Previdência Social passaram a ser, como antedito, **preferencialmente emitidas em meio eletrônico**. Não se poderia falar, portanto, nos tempos modernos, em uma localidade onde não se emita a Carteira de Trabalho e Previdência Social.

Acrescente-se, por fim, que a falta de anotação da CTPS, em meio físico ou eletrônico, importa grave violação contratual praticada pelo empregador, o que justifica a resolução do vínculo, ou seja, a caracterização da "despedida indireta", nos moldes do art. 483, *d*, da CLT.

7.3.2 Emissão e entrega

A Carteira de Trabalho e Previdência Social que por décadas foi expedida pelas Superintendências Regionais do Trabalho e Emprego ou, mediante convênio, pelos órgãos federais, estaduais e municipais da Administração direta ou indireta, passou a ser emitida, a partir da vigência da Lei n. 13.874/2019, pelo Ministério da Economia, preferencialmente em meio eletrônico.

Excepcionalmente, porém, a CTPS poderá ser emitida em meio físico, desde que: I — nas unidades descentralizadas do Ministério da Economia que forem habilitadas para a emissão; II — mediante convênio, por órgãos federais, estaduais e municipais da administração direta ou indireta; III — mediante convênio com serviços notariais e de registro, sem custos para a administração, garantidas as condições de segurança das informações.

Os procedimentos para emissão da CTPS ao interessado serão estabelecidos pelo Ministério da Economia em regulamento próprio, privilegiada a emissão em formato eletrônico. O documento aqui em análise terá como identificação única do empregado o número de inscrição no Cadastro de Pessoas Físicas (CPF).

Cabe anotar que a Lei n. 13.874/2019 revogou disposição antes existente no art. 17 da CLT, segundo a qual, na impossibilidade de apresentação, pelo interessado, de documento idôneo que o qualificasse, a Carteira de Trabalho e Previdência Social lhe era fornecida com base em declarações verbais confirmadas por **duas testemunhas**, lavrando-se, na primeira folha de anotações gerais da carteira, termo assinado pelas mesmas testemunhas. Esse procedimento de extrema informalidade e lastreado por prova testemunhal contrastava com a situação ora vigente em que as pessoas são identificadas por registros biométricos e em que o número de inscrição no Cadastro de Pessoas Físicas — CPF é suficiente e substitutivo de outros tantos antes existentes, a teor do Decreto n. 9.723, de 11 de março de 2019.

7.3.3 Anotações

O empregador, que antes tinha o prazo de 48 horas para proceder às anotações na CTPS dos seus contratados, terá, a partir da vigência da Lei n. 13.874/2019, **o prazo de 5 (cinco) dias úteis** para registrar a data de admissão, a remuneração e as condições especiais, se houver[2], facultada a adoção de sistema manual, mecânico ou eletrônico, conforme instruções a serem expedidas pelo Ministério da Economia.

---

2 O *caput* do art. 29 da CLT prevê o seguinte:

Art. 29. O empregador terá o prazo de 5 (cinco) dias úteis para anotar na CTPS, em relação aos trabalhadores que admitir, a data de admissão, a remuneração e **as condições especiais**, se houver, facultada a adoção de sistema manual, mecânico ou eletrônico, conforme instruções a serem expedidas pelo Ministério da Economia. (Redação dada pela Lei n. 13.874/2019)

As anotações concernentes à remuneração devem especificar o salário, qualquer que seja sua forma de pagamento (seja ele em efetivo ou em utilidades), bem como, se for o caso, a estimativa das gorjetas que venham a lhe ser destinadas.

Anote-se que, nos termos do art. 13 da Lei n. 14.438, de 2022, foram criados os arts. 29-A e 29-B no corpo da CLT justamente para punir quem vier a violar a regra de realização das anotações na CTPS. Nesse sentido, cabe atentar para as seguintes sanções:

Art. 29-A. O empregador que infringir o disposto no caput e no § 1º do art. 29 desta Consolidação ficará sujeito a multa no valor de R$ 3.000,00 (três mil reais) por empregado prejudicado, acrescido de igual valor em cada reincidência.

§ 1º No caso de microempresa ou de empresa de pequeno porte, o valor final da multa aplicada será de R$ 800,00 (oitocentos reais) por empregado prejudicado.

§ 2º A infração de que trata o caput deste artigo constitui exceção ao critério da dupla visita.

Art. 29-B. Na hipótese de não serem realizadas as anotações a que se refere o § 2º do art. 29 desta Consolidação, o empregador ficará sujeito a multa no valor de R$ 600,00 (seiscentos reais) por empregado prejudicado.

As anotações na Carteira de Trabalho e Previdência Social, então, serão feitas, conforme o § 2º do art. 29 da CLT:

a) na data-base;

b) a qualquer tempo, por solicitação do trabalhador;

c) no caso de rescisão contratual; ou

d) em situação de necessidade de comprovação perante a Previdência Social.

No que diz respeito a alínea *d*, surge um questionamento importante: **os atestados médicos apresentados pelo empregado podem ser anotados na sua CTPS?**

A resposta é negativa. Os atestados médicos apresentados pelo empregado, sejam decorrentes de evento ocupacional ou não ocupacional, não podem ser anotados na sua CTPS.

Para bem fundamentar essa resposta, cabe chamar a atenção, inicialmente, para a revogação do art. 30 da CLT, que se deu expressamente por força da Lei n. 13.874, de 2019, Lei da Liberdade Econômica. Diante disso, formalizou-se o entendimento segundo o qual os eventos de natureza ocupacional — acidentes do trabalho — não podem e não devem ser anotados na carteira do acidentado, nem mesmo pelo Instituto Nacional do Seguro Social. Tal revogação ocorreu diante da sensibilidade normativa que constatou o elevado risco de o empregado ver-se desacreditado em futuros vínculos de emprego.

Como antecipado, a resposta também se mostra negativa em relação aos atestados médicos relacionados a eventos não ocupacionais. Nesse ponto é relevante a lembrança de que, nos moldes do § 4º do art. 29 da CLT (ali acrescentado pela Lei n. 10.270, de 29-8-2001), *"é vedado ao empregador efetuar [quaisquer] anotações desabonadoras à conduta do empregado em sua Carteira de Trabalho e Previdência Social"*.

A Lei n. 10.270, de 2001, portanto, por incompatibilidade, derrogou o contido no § 2º, *d*, do art. 29 da CLT, segundo o qual as anotações de eventuais atestados médicos na Cartei-

---

Assim, toda e qualquer **condição especial** deve ser expressamente lançada na CTPS, sob pena de entender-se como existente a forma ordinária de contratação. Nesse sentido, se um empregador alega ter firmado um contrato de experiência ou, ainda, um contrato por tempo parcial (condições especiais) e não produz prova demonstrativa disso, formar-se-á a presunção *iuris tantum* de existência de um ajuste de emprego ordinário (com duração indeterminada e por jornada integral). Perceba-se que o efeito ora anunciado não é *ipso facto*, já que o empregador pode demonstrar, notadamente mediante confissão judicial do próprio trabalhador, que efetivamente realizou a contratação a título de experiência ou em tempo parcial.

ra de Trabalho e Previdência Social haveriam de ser feitas em face da "necessidade de comprovação perante a Previdência Social".

A invocação da razoabilidade deixa mais do que evidente que a aposição de atestados médicos na CTPS de um trabalhador é, sim, em rigor, desabonadora de sua conduta. Cabe lembrar que "desabonar" é "fazer passar como não merecedor de estima, de consideração ou de crédito"; é "depreciar", é "desacreditar". Afinal, qual seria o futuro empregador que admitiria um trabalhador que muitas vezes adoecesse?

Não fosse apenas isso, os operários, sabedores de que sua CTPS seria maculada com anotações que os diferenciariam de outros concorrentes em um processo seletivo em face de futuros empregos, tenderiam a evitar a apresentação dos atestados médicos, ainda que fosse legítima tal conduta. Em face do risco de ver sua CTPS enodoada, prefeririam sofrer o desconto correspondente à falta ou simplesmente trabalhar, mesmo doentes, o que, a médio ou longo prazo, poderia produzir complicações em seu estado geral de saúde.

E se, apesar de vedado por lei, esse comportamento for praticado?

Nesse caso o infrator será, conforme disposto no art. 52 da CLT, apenado com **multa administrativa** aplicável às situações de extravio ou de inutilização do documento. Essa multa, evidentemente, não excluirá a **responsabilidade civil do empregador**, porque as "anotações desabonadoras"[3] trazem inevitavelmente consigo, como antedito, violações ao

---

3 A jurisprudência interpreta em sentido amplo a adjetivação "desabonadora", entendendo como tal não somente o registro de eventual falta grave, mas **qualquer anotação que macule a imagem ou a honra do trabalhador nas futuras relações laborais**. Vejam-se alguns trechos de arestos com exemplos vivos:

a) **Alusão direta à ação trabalhista proposta:**

"É fato público e notório a intolerância das empresas em relação àqueles empregados que já ajuizaram reclamatória trabalhista, dificultando-lhe o acesso a novo emprego. Ainda que não se trate da denominada lista negra, a anotação aposta na CTPS do reclamante é suficiente para o colocar às margens do mercado de trabalho, porquanto noticia o ajuizamento de ação trabalhista em face do ex-empregador, revelando-se ato ilícito hábil a ensejar o pagamento da indenização por dano moral. Recurso de revista conhecido e provido" (TST, RR 279/2003-669-09-40.8-12ª R., Rel. Min. Carlos Alberto Reis de Paula, *DJU*, 11-5-2007).

"Ainda que a referência à reclamação ajuizada pelo trabalhador não seja considerada como anotação desabonadora à sua conduta, em face da literal exegese do citado preceito da CLT, não há como se ignorar a realidade do que ordinariamente sucede (art. 335 do CPC) em hipóteses como a dos autos, em que o empregado é preterido e sofre discriminação ao intentar o reingresso no mercado de trabalho" (TRT 3ª Região, RO 00851-2008-059-03-00-5, Rel. Denise Alves Horta).

b) **Alusão indireta à ação trabalhista proposta/simples anotação dos termos do acordo judicial:**

A 3ª Turma do TRT da 15ª Região/Campinas, nos autos do processo tombado sob o número 00130-2007-136-15-00-3 RO, condenou empresa ao pagamento de indenização por danos morais, no valor de R$ 8 mil, em virtude de anotação considerada reprovável na Carteira de Trabalho e Previdência Social (CTPS) do reclamante. No documento, **passaram a constar os termos de acordo judicial homologado em ação trabalhista**. Segundo o relator do acórdão, Desembargador Edmundo Fraga Lopes, a mencionada anotação tem o condão de produzir dificuldades de acesso do trabalhador a um novo emprego. Veja-se: "Inegável a dificuldade que anotação da espécie causa quando o trabalhador se coloca em busca de um novo emprego, sendo presumível o abalo psicológico da vítima, que sabe, de antemão, que aqueles dizeres insertos em sua CTPS, ainda que dotados de evidente sutileza, funcionam como fato desabonador quanto à sua conduta de buscar auxílio nesta Especializada, prejudicando sua imagem junto ao mercado de trabalho".

c) **Retenção da CTPS:**

"Restando evidenciado que a ex-empregadora reteve consigo a CTPS da reclamante, por quase quatro meses, numa situação de clara afronta ao conteúdo do art. 29 da Consolidação das Leis do Trabalho, com isto impedindo-a de procurar novo emprego formal, certamente esse procedimento é causador de dano moral indenizável, diante da autoria caracterizada e do nexo causal ligando tais eventos. Indenização fixada em valores que permitam aferir tanto o caráter pedagógico quanto a reparação do patrimônio lesado da ex-empregada" (TRT 14ª R., RO 00586.2006.001.14.00-6, Rel. Juíza Maria do Socorro Costa Miranda, *DOJT*, 10-11-2006).

patrimônio material ou imaterial dos empregados, fazendo emergir pretensões de indenizações por danos materiais e morais.

Anote-se, por fim, que a Lei n. 13.874, de 2019, trouxe novos parágrafos para o art. 29 da CLT. Por meio deles deixou claro que "a comunicação pelo trabalhador do **número de inscrição no CPF ao empregador** equivale à apresentação da CTPS em meio digital, dispensado o empregador da emissão de recibo" e que "**os registros eletrônicos gerados pelo empregador nos sistemas informatizados da CTPS em meio digital equivalem às anotações**". Por outro lado, na linha desta era digital em que as anotações não precisam ser lançadas em cadernetas, mas sim em sistemas eletrônicos, "o trabalhador deverá ter acesso às informações da sua CTPS no prazo de até 48 (quarenta e oito) horas a partir de sua anotação".

7.3.4 Falta de anotação e consequências

7.3.4.1 Reclamação administrativa

A falta de cumprimento pelo empregador da obrigação de anotar a CTPS acarretará a lavratura do auto de infração, pelo Auditor Fiscal do Trabalho, que deverá, de ofício, comunicar a falta de anotação ao órgão competente, para o fim de instaurar o processo de anotação.

Recusando-se o empregador a fazer as anotações a que se refere o art. 29 da CLT ou a devolver a Carteira de Trabalho e Previdência Social recebida, poderá o empregado comparecer, pessoalmente ou por intermédio de seu sindicato, perante a Superintendência Regional ou órgão autorizado, para apresentar **reclamação administrativa**. Nesse caso, lavrado o termo de reclamação, determinar-se-á a realização de diligência para a apuração do caso.

Não comparecendo o reclamado, lavrar-se-á termo de ausência, sendo considerado revel e confesso sobre os termos da reclamação feita, devendo as anotações ser efetuadas por despacho da autoridade que tenha processado a reclamação.

Comparecendo o empregador e recusando-se a fazer as anotações reclamadas, será lavrado termo de comparecimento, que deverá conter, entre outras indicações, o lugar, o dia e hora de sua lavratura, o nome e a residência do empregador, assegurando-lhe o prazo de **quarenta e oito horas**, a contar do termo, para apresentar defesa. Findo o prazo para a defesa, subirá o processo à autoridade administrativa de primeira instância, para se ordenarem diligências, que completem a instrução do feito, ou para julgamento, se o caso estiver suficientemente esclarecido.

Verificando-se que as alegações feitas pelo reclamado versam sobre a não existência de relação de emprego ou sendo impossível verificar essa condição pelos meios administrativos, será o processo encaminhado à Justiça do Trabalho, ficando, nesse caso, sobrestado o julgamento do auto de infração que houver sido lavrado.

Na hipótese de ser reconhecida a existência da relação de emprego, o Juiz do Trabalho comunicará a autoridade competente para que proceda ao lançamento das anotações e adote as providências necessárias para a aplicação da multa cabível, conforme previsto no § 3º do art. 29 da CLT.

A falta de cumprimento pelo empregador acarretará a lavratura do auto de infração pelo Auditor Fiscal do Trabalho, o qual deverá, de ofício, lançar as anotações no sistema eletrônico competente, na forma a ser regulamentada pela Secretaria Especial de Previdência e Trabalho do Ministério da Economia (ora Ministério do Trabalho e Previdência).

É importante anotar que a Medida Provisória n. 905, de 2019, enquanto vigeu, criou uma importante norma estabelecedora de presunção em favor dos trabalhadores flagrados em serviço sem a CTPS devidamente anotada. Dispunha o art. 47-B da CLT que, sendo identificada pelo Auditor Fiscal do Trabalho a existência de empregado não registrado, se presumia configurada a relação de emprego pelo prazo mínimo de três meses em relação à data de constatação da irregularidade, exceto quando houvesse elementos suficientes para determinar a data de início das atividades.

7.3.4.2 Ação judicial

Semelhante procedimento, embora disciplinado por regras processuais específicas, será observado no caso de **processo trabalhista de qualquer natureza**, quando for verificada a falta de anotações na Carteira de Trabalho e Previdência Social, devendo o juiz, nessa hipótese, mandar proceder, desde logo, àquelas sobre as quais não houver controvérsia.

No tocante às anotações feitas pela Secretaria da Vara do Trabalho, é relevante registrar que elas têm o potencial de criar constrangimento perante outros empregadores, tendendo, inclusive, a dificultar o acesso a novo emprego. Por isso, os magistrados devem criar fórmulas persuasórias da realização de anotação pelo próprio empregador.

Em sua atuação espontânea, o empregador não deverá registrar que as anotações por ele realizadas decorrem de determinação judicial, pois tal atuação é maculadora do registro e pode ensejar nova ação, que vise à reparação do prejuízo de ter o histórico laboral com registro que turbe o ingresso em novos postos de trabalho.

Esses problemas relatados nos parágrafos anteriores são próprios da CTPS física. A versão eletrônica do ora analisado documento histórico-laboral, conforme instituída pela Lei n. 13.874, de 20 de setembro de 2019, atenuará os constrangimentos decorrentes de anotações realizadas pelo Estado em substituição à natural anotação que deveria ter sido feita pelos empregadores. Como se antedisse, o Juiz do Trabalho comunicará à autoridade competente (Ministério do Trabalho e Previdência) para que ela proceda ao lançamento das anotações eletrônicas. Deixe-se anotado, porém, que, na forma prevista no § 3º do art. 39 da CLT, o Ministério do Trabalho e Previdência — se entender oportuno ou conveniente — **poderá** desenvolver sistema eletrônico por meio do qual a própria Justiça do Trabalho faça o lançamento das anotações na CTPS eletrônica.

Por fim, no tocante à temática da falta de anotação na CTPS, cabe referência à redação para o art. 47 da CLT antes da MP n. 905, de 2019, e depois dela.

Antes da MP n. 905, de 2019, o *caput* do art. 47 previa que o empregador que mantivesse empregado não registrado nos termos do art. 41 da CLT ficaria sujeito a multa no valor de R$ 3.000,00 (três mil reais) por empregado não registrado, acrescido de igual valor em cada reincidência, e de R$ 800,00 (oitocentos reais) por empregado não registrado, quando se tratasse de microempresa ou empresa de pequeno porte.

A partir da MP n. 905, de 2019, isso foi modificado, porque se criou **dura sanção pecuniária** contra quem se omitisse no dever de registro do contrato de emprego na CTPS. Segundo o citado dispositivo normativo, **independentemente da dupla visita**, empregador que mantivesse empregado não registrado nos termos do art. 41 ficava sujeito à aplicação da multa prevista no inciso II do *caput* do art. 634-A, acrescida de igual valor em cada reincidência.

Como a Medida Provisória n. 905, de 2019, perdeu sua vigência, restaurou-se a disciplina anteriormente praticada.

7.3.4.3 Crime de falsidade material

A partir do advento da **Lei n. 9.983, de 14-7-2000**, passou a ser criminalizado o ato omissivo de anotação da CTPS, sendo ele atribuído aos sócios administradores do empreendimento. Veja-se a redação do dispositivo:

Art. 297 do Código Penal. Falsificar, no todo ou em parte, documento público, ou alterar documento público verdadeiro: Pena — reclusão, de 2 (dois) a 6 (seis) anos, e multa.

§ 1º Se o agente é funcionário público, e comete o crime prevalecendo-se do cargo, aumenta-se a pena de sexta parte.

§ 2º Para os efeitos penais, equiparam-se a documento público o emanado de entidade paraestatal, o título ao portador ou transmissível por endosso, as ações de sociedade comercial, os livros mercantis e o testamento particular.

*§ 3º **Nas mesmas penas incorre quem insere ou faz inserir:** (Parágrafo acrescentado pela Lei n. 9.983, de 14-7-2000)*

I — na folha de pagamento ou em documento de informações que seja destinado a fazer prova perante a previdência social, pessoa que não possua a qualidade de segurado obrigatório; (Inciso acrescentado pela Lei n. 9.983, de 14-7-2000)

*II — **na Carteira de Trabalho e Previdência Social do empregado ou em documento que deva produzir efeito perante a previdência social, declaração falsa ou diversa da que deveria ter sido escrita**; (Inciso acrescentado pela Lei n. 9.983, de 14-7-2000)*

III — em documento contábil ou em qualquer outro documento relacionado com as obrigações da empresa perante a previdência social, declaração falsa ou diversa da que deveria ter constado. (Inciso acrescentado pela Lei n. 9.983, de 14-7-2000)

*§ 4º **Nas mesmas penas incorre quem omite, nos documentos mencionados no § 3º, nome do segurado e seus dados pessoais, a remuneração, a vigência do contrato de trabalho ou de prestação de serviços**. (Parágrafo acrescentado pela Lei n. 9.983, de 14-7-2000)*

Assim, o mero comportamento de não registrar (omitir o contrato de emprego) ou de anotar parcialmente a CTPS do trabalhador é suficiente para tipificar o crime de falsificação previsto no dispositivo acima transcrito. Essas ações — de natureza omissiva ou comissiva — motivam também, por si próprias, a pretensão de indenização por danos de natureza moral. Enfim, o simples fato de um empregado não ter a CTPS devidamente anotada constitui fundamento para o deferimento de indenização por dano moral, caracterizado pelo constrangimento e pela angústia de saber-se desprotegido sob o ponto de vista previdenciário e de entender-se em dificuldades probatórias, enfrentadas em eventuais processos administrativos ou judiciais, por conta de um capricho patronal inadmissível.

7.3.5 Valor probatório

As Carteiras de Trabalho e Previdência Social, desde que regularmente emitidas e anotadas e até a data de vigência da Lei n. 13.874/2019, foram (não são mais) consideradas como prova nos atos em que se exigissem carteiras de identidade. Esse qualificativo de documento de identidade foi retirado pelo precitado diploma normativo.

A CTPS, portanto, não é mais, por força da modificação operada no art. 40 da CLT, substituinte da carteira de identidade. Vejam-se, em comparação, as redações anterior e ora vigente:

*Redação anterior: Art. 40. As Carteiras de Trabalho e Previdência Social regularmente emitidas e anotadas **servirão de prova nos atos em que sejam exigidas carteiras de identidade** e especialmente: (Redação dada pelo Decreto-lei n. 229, de 28-2-1967)*

Redação vigente: Art. 40. A CTPS regularmente emitida e anotada servirá de prova: (Redação dada pela Lei n. 13.874/2019)

Se regularmente emitida e anotada, porém, a CTPS servirá de prova judiciária nos dissídios da Justiça do Trabalho entre o empregador e empregado por motivo de salário, férias ou tempo de serviço, e também para o cálculo de indenização por acidente do trabalho ou seus equiparados.

As anotações feitas na CTPS geram **presunção** *juris tantum* (relativa) de veracidade, vale dizer, são entendidas como meio de prova **até que exista outra prova concludente em sentido contrário**.

Veja-se, a propósito, o teor do art. 456 da CLT:

*Art. 456. A prova do contrato individual do trabalho será feita pelas anotações constantes da carteira profissional ou por instrumento escrito e **suprida por todos os meios permitidos em direito** (destaques não constantes do original).*

Nesse sentido foram editadas as Súmulas 225 do STF e 12 do TST:

Súmula 225 do STF. *Não é absoluto o valor probatório das anotações da carteira profissional.*

Súmula 12 do TST. *As anotações apostas pelo empregador na carteira profissional do empregado não geram presunção juris et de jure, mas apenas juris tantum (RA 28/1969, DOGB 21-8-1969).*

Observe-se que, descumprindo a norma inserta no art. 29 da CLT, o empregador não só deixa de pré-constituir prova em seu favor, mas também atrai para si o ônus probatório dos fatos por ele sustentados e não anotados. Desse ônus poderá, evidentemente, desincumbir-se, conforme acima expendido, por força de todos os meios permitidos em direito.

7.3.6 Anotações de atividades em sentido estrito na CTPS

Não raramente, exercentes de atividade em sentido estrito, entre os quais mais frequentemente os estagiários e os prestadores de serviços voluntários, questionam se teriam ou não direito à anotação dos seus contratos em suas Carteiras de Trabalho e Previdência Social. A resposta é evidentemente negativa, se se considerar que, nos termos do art. 13 da CLT, o referido documento é obrigatório apenas para o exercício de "emprego" ou de "trabalho autônomo".

Apesar de não existir propriamente um direito subjetivo invocável por estes exercentes de atividade em sentido estrito para exigirem registros nesse sentido[4], é evidentemente salutar que os concedentes de oportunidade de estágio e os tomadores dos serviços voluntários procedam tal apontamento **no campo de anotações gerais**. Isso muito ajudará o estagiário, na condição de futuro trabalhador, bem assim o prestador de serviços voluntários a fazer prova da experiência prática adquirida.

Há, entretanto, concedentes de oportunidade de estágio que receiam fazer essas anotações nas CTPS's de estagiários que ainda não alcançaram a maioridade, haja vista o disposto no art. 435 da CLT, segundo o qual fica sujeita à multa e à assunção dos custos necessários à emissão de nova via a empresa que fizer na Carteira de Trabalho e Previdência Social do menor anotação não prevista em lei.

Observada a cautela referida no parágrafo anterior, não se vê risco acentuado nas anotações feitas pelos tomadores de atividades em sentido estrito no campo reservado às "anotações gerais", pois, além de retratarem a realidade do ocorrido, propiciarão prova fácil em favor daqueles que, em algum momento da vida, precisem demonstrar experiência em determinadas áreas, mesmo que nelas não tenham sido inseridos como verdadeiros trabalhadores.

---

4 O Ofício Circular n. 02/CIRP/SPES/MTE, de 8-1-1999, dispensa a anotação de estágio na CTPS.

7.4 LIVROS DE REGISTRO DE EMPREGADOS

Os livros de registro de empregados são documentos onde constam os elementos correspondentes ao histórico laboral dos trabalhadores contratados. Constituem, na verdade, o equivalente da CTPS para os empregadores. Neles, além da qualificação civil ou profissional de cada trabalhador, deverão ser anotados todos os dados relativos à sua admissão no emprego, à duração e efetividade do trabalho, às férias, aos acidentes e demais circunstâncias que interessem à proteção do trabalhador. Na forma física, eram autenticados pelas Superintendências Regionais do Trabalho e Emprego, por outros órgãos autorizados ou pelo Fiscal do Trabalho, vedada para tanto a cobrança de qualquer emolumento.

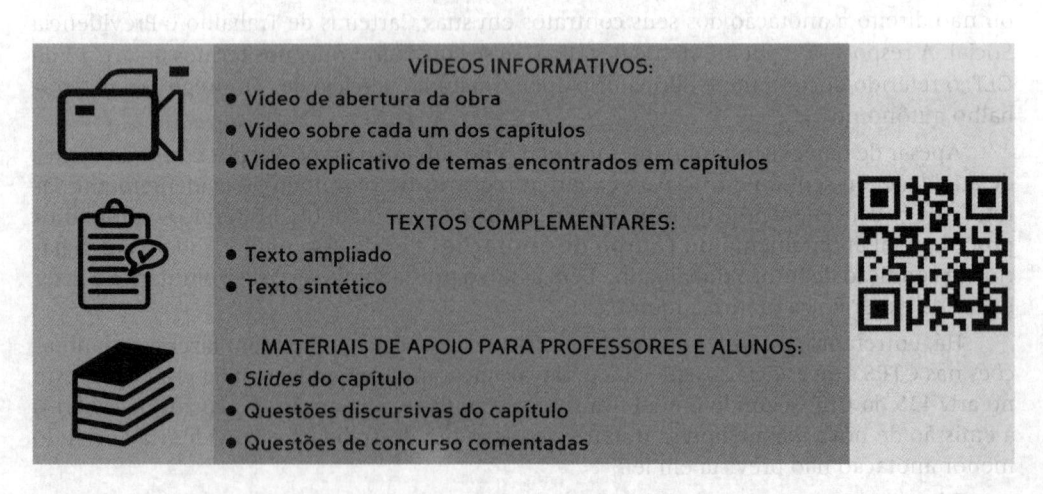

É bom anotar que, assim como a CTPS, o Livro de Registro de Empregados também apresenta formulação eletrônica, cujos registros são realizados por meio das informações prestadas ao Sistema de Escrituração, na forma da Portaria MTP n. 671, de 8 de novembro de 2021.

Perceba-se que a norma reformadora da legislação trabalhista introduziu no art. 47-A da CLT mais uma pena dirigida ao empregador que não anotasse **todos os dados** relativos a cada um dos trabalhadores registrados. Isso se deu com vista a garantir não apenas a adequada fiscalização do trabalho, mas também o correto dimensionamento e recolhimento das contribuições previdenciárias e demais tributos incidentes sobre a folha de pagamento. Note-se que o art. 41 consolidado e o seu parágrafo único preveem que em todas as atividades será obrigatório para o empregador o registro dos respectivos trabalhadores, podendo ser adotados livros, fichas ou sistema eletrônico e que, além da qualificação civil ou profissional de cada trabalhador, deverão ser anotados todos os dados relativos à sua admissão no emprego, à duração e efetividade do trabalho, às férias, aos acidentes e demais circunstâncias que interessem à proteção do trabalhador.

VÍDEOS INFORMATIVOS:
- Vídeo de abertura da obra
- Vídeo sobre cada um dos capítulos
- Vídeo explicativo de temas encontrados em capítulos

TEXTOS COMPLEMENTARES:
- Texto ampliado
- Texto sintético

MATERIAIS DE APOIO PARA PROFESSORES E ALUNOS:
- *Slides* do capítulo
- Questões discursivas do capítulo
- Questões de concurso comentadas

8
TEMPO DE DURAÇÃO DOS CONTRATOS DE EMPREGO

https://somos.in/CTD14

8.1 CONTRATAÇÃO POR TEMPO INDETERMINADO

Ao tratar dos contratos por tempo indeterminado, Américo Plá Rodriguez esclareceu que durante certo período acreditou-se "ver nesta circunstância o perigo de que reapareceriam sorrateiramente certas formas de escravidão ou, pelo menos, de servidão"[1]. O Código Civil napoleônico, por isso, baseado no brocardo *nemo potest locari opus in perpetuum*[2], previu entre suas disposições a proibição da "contratação por toda a vida". O prestígio do referido diploma francês fez com que muitos outros sistemas nele inspirados seguissem de modo irrefletido tal orientação, não sendo diferente no ordenamento jurídico brasileiro. Note-se que o Código Civil brasileiro de 1916 previa no seu art. 1.220 que a locação de serviços não se poderia convencionar por mais de quatro anos. A disposição foi, a propósito, repetida no art. 598 do Código Civil de 2002, de modo claramente anacrônico. Havia nessa disposição evidente exagero, principalmente porque a história mostrou que o perigo verdadeiro era exatamente o inverso: a contratação por tempo determinado não produzia a segurança de que os trabalhadores precisavam. Enfim, quando eles olhavam para o futuro apenas viam o fim do caminho representado pela barreira do prazo contratual.

Conforme mencionado, a CLT corrigiu o equívoco de imaginar que o contrato por tempo indeterminado era algo nocivo. A regra passou a ser da contratação sem qualquer prazo, ingressando a contratação por tempo determinado no campo da exceção. Nesses moldes, segundo as normas contidas no diploma trabalhista, toda vez que a referida exceção for desnaturada o contrato por tempo determinado será convolado em ajuste sem prazo, mais vantajoso para o trabalhador, haja vista a expectativa de continuidade do vínculo e de manutenção da sua própria sobrevivência.

8.1.1 Contrato para a prestação de trabalho não intermitente

Em regra, os contratos de trabalho têm por característica a não intermitência da prestação dos serviços, vale dizer, os contratos de trabalho não alternam períodos de prestação de atividade e de inatividade, mas, em lugar disso, mantêm uma regularidade e uma previsibilidade dos instantes em que o trabalho é exigido.

Há, entretanto, uma singular exceção, tratada no próximo tópico.

---

1 PLÁ RODRIGUEZ, Américo. *Princípios de direito do trabalho*. 3. ed. São Paulo: LTr, 2004, p. 239.
2 Ninguém pode locar perpetuamente sua força laboral.

8.1.2 Contrato para a prestação de trabalho intermitente

O *caput do* art. 443 da CLT foi modificado pela Lei n. 13.467/2017. Surgiu no seu corpo normativo, na sua parte final, uma singular referência à **contratação para a prestação de trabalho intermitente**, um dos mais polêmicos institutos da reforma trabalhista de 2017, caracterizado pela admissão da licitude da conduta patronal de contratar um empregado para pagar-lhe, somente quando se mostrarem necessários os seus serviços, apenas as horas laboradas sem que se estipule uma jornada fixa mínima de trabalho ou uma carga semanal fixa mínima a ser cumprida. O tipo contratual, aliás, é identificado pelo extermínio da ideia do tempo à disposição do empregador, motivo pelo qual há quem o identifique na Inglaterra como *zero-hour contract* (contrato sem horas preestabelecidas) ou na Itália como *lavoro a chiamata* (trabalho mediante chamadas).

Chama-se a atenção nesse ponto para uma importante particularidade: **o contrato de trabalho intermitente é uma modalidade de contrato de trabalho por tempo indeterminado**, não atrelado a qualquer das hipóteses previstas no art. 443, § 1º, da CLT.

Como bem disseram Pamplona e Fernandez, "o fato de a prestação de serviços no trabalho intermitente ocorrer apenas em períodos delimitados, nos termos do convite formulado pelo empregador, não deve conduzir ao equívoco de enquadrá-lo como um contrato por tempo determinado, visto que o contrato de trabalho intermitente continuará vigente mesmo nos períodos de inatividade. É dizer: o contrato de trabalho intermitente não é um aglomerado de pequenos contratos por tempo determinado, mas um único contrato por tempo indeterminado que é caracterizado pela alternância entre períodos de atividade e de inatividade"[3].

Nada, porém, impede que um contrato por tempo determinado seja ajustado para ser cumprido segundo a lógica da intermitência. Em outras palavras: em regra, o contrato de trabalho intermitente é ajustado por tempo indeterminado, mas, excepcionalmente, pode ser acertado por tempo determinado, haja vista a inevidência de norma que disponha em sentido diverso.

Segundo o § 3º do art. 443 da CLT, considera-se **intermitente** o contrato de trabalho cuja prestação de serviços, com subordinação, não é contínua, ocorrendo com alternância de períodos de prestação de serviços e de inatividade, determinados em horas, dias ou meses, independentemente do tipo de atividade do empregado e do empregador, exceto unicamente para os aeronautas, por estarem eles regidos por legislação própria. Aqui, como se antedisse, a prestação dos serviços subordinados é oferecida de maneira fracionada, com alternância de períodos de atividade e de inatividade, segundo a lógica do *just in time*, vale dizer, do consumo fatiado, a granel, do número exato de horas, dias ou meses necessários à satisfação dos interesses patronais.

O argumento mais utilizado para justificar a adoção do contrato para a prestação do trabalho intermitente foi o de retirar da informalidade um conjunto de trabalhadores que normalmente eram identificados como biscateiros ou *freelancers*. Partiu-se do inocente pressuposto de que, uma vez reconhecida a ora analisada figura contratual, as pessoas que viviam de "bicos" poderiam, enfim, ter CTPS anotada, férias, décimo terceiro salário, FGTS e recolhimento de contribuições previdenciárias. Na lógica da análise econômica do direito, os tomadores de serviço, porém, não aderirão massivamente a essa novidade contratual, porque, obviamente, o custo de tornar formal quem nunca precisou ser formal será bem superior àquele de mantê-los como se encontram, à margem da proteção trabalhista e previdenciária. Será que alguém imagina uma empresa saindo dos seus cuidados para formalizar o contrato de emprego de um trabalhador que lhe atende nos momentos apenas episódicos?

---

3 PAMPLONA FILHO, Rodolfo; FERNANDEZ, Leandro. *Trabalho intermitente*. Curitiba: Juruá, 2020, p. 60.

O art. 452-A da CLT (que teve diferente redação durante o breve período de vigência da MP n. 808/2017), então, disciplinou o engajamento nessa figura contratual e algumas particularidades procedimentais. A primeira delas diz respeito à forma do contrato. Ele **há de ser celebrado por escrito e registrado na CTPS, ainda que previsto acordo coletivo de trabalho ou convenção coletiva,** e **deve conter especificamente o valor da hora de trabalho**, que não pode ser inferior ao valor horário do salário mínimo ou ao valor horário devido aos demais empregados do estabelecimento que exerçam a mesma função.

Uma vez elaborado o contrato, o empregador poderá convocar o empregado, por **qualquer meio de comunicação eficaz** (carta, telegrama, mensagem eletrônica, WhatsApp etc.), para a prestação dos serviços, cabendo-lhe **informar qual será a jornada** com, pelo menos, **três dias corridos de antecedência**. Assim, se o empregador quiser um garçom por seis horas a partir das 12 horas do domingo, deverá notificá-lo da oferta de trabalho até às 12 horas da quinta-feira. É bom anotar que o empregador deverá informar qual será a jornada completa (número de horas a trabalhar dentro do dia), e não apenas que algum serviço — sem determinação — lhe será atribuído.

Se assim desejassem as partes, elas poderiam estabelecer, facultativamente, na forma do ora não mais vigente art. 452-B, III, da CLT (criado pela MP n. 808/2017), "formas e instrumentos de convocação e de resposta para a prestação de serviços". A despeito de não mais viger a referida MP, a sistemática pode ser adotada pelos contratantes, pois se mantiveram como conduta sugestiva.

Recebida a convocação, **o empregado terá o prazo de um dia útil para responder ao chamado**, presumindo-se, no silêncio, a recusa da oferta de trabalho. Essa recusa, aliás, não descaracterizará a subordinação para fins do contrato de trabalho intermitente. Atente-se para o fato de que o texto original da Lei n. 13.467/2017 previa que o empregado teria o prazo de um dia útil para responder ao chamado; a MP n. 808/2017 mudou o prazo para 24 (vinte e quatro) horas. A perda da eficácia da referida MP, porém, restaurou o padrão contido na legislação antes vigente, ou seja, **a recusa voltou a ter o prazo de um dia útil**.

É importante anotar que, nos termos do § 15 do mesmo artigo, que foi incluído pela multicitada MP n. 808/2017, mas perdeu a eficácia, mantendo-se como mero referencial interpretativo, a constatação da prestação dos serviços pelo empregado é entendida como prova suficiente de que a convocação foi recebida e o prazo para a resposta foi tempestivo.

O § 4º do art. 452-A da CLT, que tinha sido revogado, **fazendo desaparecer a sanção pecuniária dirigida contra quem aceitasse a oferta para comparecimento ao trabalho e, sem justo motivo, a descumprisse**, voltou a viger. Com essa restauração de vigência da redação original, o empregado que aceitar a oferta de trabalho intermitente e sem justo motivo não comparecer ao trabalho volta a ter de pagar multa. Melhor era, sem dúvida, a solução adotada pela MP n. 808/2017, que tornou o assunto um objeto de cláusula facultativa, cabendo às partes, caso assim desejassem, convencionar o formato de reparação recíproca na hipótese de cancelamento de serviços previamente agendados.

O período de inatividade **não será** considerado tempo à disposição do empregador, podendo o trabalhador, nos ínterins sem atividade para o patrão, prestar serviços em favor de outros contratantes. É, conforme se disse, a lógica do *just in time*.

E quanto ao pagamento?

O *caput* do § 6º do art. 452-A da CLT foi modificado pela MP n. 808/2017 para prever que o empregado haveria de receber, de imediato, as suas parcelas remuneratórias **"na data acordada para o pagamento"**. Com a perda da vigência da citada medida provisória, o dispositivo que antes existia voltou a ser exigível, e a previsão de pagamento voltou a ser indefinida. Afinal, ao dizer-se que o pagamento ocorre "ao final de cada período de prestação de serviço", cabe identificar o exato sentido e extensão das partículas "final" e "cada período".

Nada impedirá, porém, que, por via negocial, os sujeitos contratantes acertem que a quitação se realizará **"na data acordada para o pagamento"**.

Assim, **na data acordada para o pagamento**, o empregado receberá, de imediato, as seguintes parcelas: I — remuneração; II — férias proporcionais com acréscimo de um terço; III — décimo terceiro salário proporcional; IV — repouso semanal remunerado; e V — adicionais legais caso incidentes, a exemplo do adicional de horas extraordinárias se for extrapolado o limite da oitava hora de trabalho em um mesmo dia ou do adicional noturno, se o serviço for prestado entre 22 horas e 5 da manhã do dia seguinte. Na hipótese de o período de convocação exceder um mês, **o pagamento das parcelas ora mencionadas não poderá ser estipulado por período a esse limite superior**, contado a partir do primeiro dia do período de prestação de serviço. O recibo de pagamento, enfim, deverá conter a discriminação dos valores pagos relativos a cada uma das parcelas, não se admitindo, de nenhum modo, como sói ocorrer nas relações jurídico-trabalhistas de um modo geral, a complessividade.

E quanto aos recolhimentos da contribuição previdenciária e dos depósitos do FGTS, o que se pode dizer?

O empregador efetuará o recolhimento da contribuição previdenciária e o depósito do Fundo de Garantia do Tempo de Serviço, na forma da lei, **com base nos valores pagos no período mensal**, e fornecerá ao empregado comprovante do cumprimento dessas obrigações, consoante disciplinado pelo § 8º do art. 452-A da CLT.

E a sistemática de férias? Houve alguma regulação feita por lei, no particular, em favor dos empregados intermitentes?

Sim. A cada 12 meses, o empregado intermitente adquire o direito a usufruir, nos 12 meses subsequentes, um mês de férias, período durante o qual não poderá ser convocado para prestar serviços pelo mesmo empregador, tampouco algo receberá, haja vista a antecipação da percepção dos fragmentos de férias proporcionais com acréscimo de um terço, na forma prevista no § 6º, II, do previsto no art. 452-A da CLT.

Apesar da perda de vigência do § 10 do referido art. 452-A da CLT, manteve-se no universo jurídico o seu referencial. Para espancar dúvidas sobre aplicação analógica, o referido dispositivo previu — e parece ainda exigível — que o empregado contratado para trabalho intermitente, mediante prévio acordo com o empregador, poderá usufruir suas férias em até três períodos, nos termos dos §§ 1º e 2º do art. 134 da CLT.

Cabe anotar, ainda, que a MP n. 808/2017, **apesar de ter sofrido a muitas vezes mencionada perda de vigência**, trouxe à luz da reforma trabalhista **um conjunto de soluções** (do art. 452-B ao art. 452-H da CLT) com o objetivo de regulamentar ainda mais o tão polêmico e criticado contrato de trabalho intermitente.

No art. 452-B foram previstas cláusulas facultativas que podem ou não ser inseridas no contrato de trabalho intermitente, entre as quais se destaca aquela que preveja — se assim desejarem os convenentes — um formato de reparação recíproca na hipótese de cancelamento de serviços previamente agendados nos termos dos §§ 1º e 2º do art. 452-A.

O art. 452-C trouxe uma regra um tanto quanto óbvia, motivo pelo qual vale, a despeito da perda da vigência da MP n. 808/2017, como sugestão interpretativa: "considera-se período de inatividade o intervalo temporal distinto daquele para o qual o empregado intermitente haja sido convocado e tenha prestado serviços nos termos do § 1º do art. 452-A". Isso é muito evidente, e não contribui para a elucidação de nenhuma matéria. Dizer que alguém estará em inatividade quando não estiver em atividade é de uma tautologia chocante, mas, de todo modo, é uma contribuição para a análise do instituto.

Seja lá como for, a intenção da norma é repisar mil vezes a inexistência de tempo à disposição do empregador. Por isso o § 1º esclareceu o que já se sabia: *"durante o período de inatividade, o empregado poderá prestar serviços de qualquer natureza a outros tomadores de serviço, que exerçam ou não a mesma atividade econômica, utilizando contrato de trabalho intermitente ou outra modalidade de contrato de trabalho"*. O § 2º, dizendo **"mais do mesmo"**, reitera que, *"no contrato de trabalho intermitente, o período de inatividade não será considerado tempo à disposição do empregador e não será remunerado, hipótese em que restará descaracterizado o contrato de trabalho intermitente caso haja remuneração por tempo à disposição no período de inatividade"*.

Quis, portanto, a MP n. 808/2017 deixar clara a transmutação da natureza jurídica do contrato em exame quando algum empregador resolver pagar o tempo à disposição. Em palavras finais: o contrato de trabalho intermitente é, no todo, ***on demand***. O trabalho é fruído em toda a sua dimensão, sem que o empregador pague por algo diverso do efetivo serviço prestado.

O art. 452-D, por sua vez, previu que, **decorrido o prazo de um ano sem qualquer convocação do empregado pelo empregador**, contado a partir (a) da data da celebração do contrato, (b) da última convocação ou (c) do último dia de prestação de serviços, o que for mais recente, será considerado rescindido de pleno direito o contrato de trabalho intermitente.

Nesse ponto, apesar de a MP n. 808/2017 ter perdido a vigência, foi útil o oferecimento de um padrão sugestivo para futuras interpretações judiciárias. Fazia falta, realmente, um indicativo de limite de estagnação contratual sem nenhuma demanda.

O que chamava a atenção na situação descrita no artigo ora analisado, entretanto, é que ele fazia tábula rasa da eventual existência de alguma causa geradora de estabilidade para o empregado contratado para a prestação de trabalho intermitente. Isso mesmo. Inclusive esses empregados podem fruir da proteção da estabilidade, e não será rara a evidência de contratados que, durante a execução dos serviços, sofram acidentes do trabalho. Por isso, depois de fruído o auxílio por incapacidade temporária de natureza ocupacional, passem a estar protegidos pelo desligamento por pelo menos 12 meses após a cessação do referido benefício por incapacidade. Igual situação acontecerá em favor de gestantes, dirigentes sindicais ou cipeiros, apenas para citar algumas das mais conhecidas situações de estabilidade no emprego. Assim, o art. 452-D da CLT, ainda que hoje seja um referencial meramente sugestivo, precisará ser ressalvado diante das situações em que o contrato de trabalho intermitente esteja envolvido por alguma situação jurídica impeditiva do despedimento do empregado, notadamente diante de situações de estabilidade.

No art. 452-E havia previsão relacionada às parcelas devidas por conta da cessação do vínculo de emprego. Conforme se via ali, ressalvadas as hipóteses de falta grave de qualquer dos sujeitos do contrato, dar-se-ia ao empregado cujo contrato tivesse sido resilido por iniciativa patronal ou por acordo:

(I) pela metade (a) o aviso prévio indenizado, calculado conforme o art. 452-F; e (b) a indenização sobre o saldo do Fundo de Garantia do Tempo de Serviço — FGTS, prevista no § 1º do art. 18 da Lei n. 8.036, de 11 de maio de 1990; e

(II) na integralidade, as demais verbas trabalhistas, tudo calculado com base na média duodecimal apurada no curso do contrato de trabalho intermitente, levando em conta apenas os meses durante os quais o empregado tenha recebido verbas remuneratórias.

Esse é mais um dispositivo que, embora desintegrado do ordenamento legal, continua a iluminar as soluções interpretativas e integrativas que serão adotadas pelo Judiciário.

A despeito da sugestão trazida pela MP, tudo parece indicar, porém, que, sendo o contrato resolvido por causa patronal (art. 483 da CLT), o trabalhador receberá, na integralidade, todas as verbas decorrentes da cessação do contrato, especialmente o **pagamento por inteiro** (a) do aviso prévio indenizado, calculado conforme o art. 452-F; (b) da indenização sobre o saldo do Fundo de Garantia do Tempo de Serviço — FGTS, prevista no § 1º do art. 18 da Lei n. 8.036, de 11 de maio de 1990. Entendimento diverso colocaria no mesmo plano a resilição por iniciativa do patrão e a resolução por justa causa deste.

Anote-se, ademais, que, em caso de falta grave operária, o trabalhador perderá, por óbvio, integralmente o aviso prévio indenizado, a indenização sobre o saldo do Fundo de Garantia do Tempo de Serviço — FGTS e o recebimento da proporcionalidade do décimo terceiro salário e das férias acrescidas de 1/3. Se ele for demissionário (resilição por iniciativa operária), não haverá falar-se em favor do trabalhador de aviso prévio ou de indenização sobre o saldo do FGTS, embora se possa afirmar existente pagamento das proporcionalidades de décimo terceiro salário e de férias, acrescidas de 1/3, tudo calculado com base na média dos valores recebidos pelo empregado no curso do contrato de trabalho intermitente.

O § 1º do art. 452-E, igualmente ora exigível no plano sugestivo, completa a informação sobre as fórmulas de cessação do contrato, deixando claro que a cessação do contrato de trabalho intermitente — mediante resilição por iniciativa unicamente patronal ou por acordo entre as partes — permitirá a movimentação da conta vinculada do trabalhador no FGTS na forma do inciso I-A do art. 20 da Lei n. 8.036, de 1990, limitada a até oitenta por cento do valor dos depósitos. Esse efeito, evidentemente, não se verá se o empregado for despedido por falta grave ou se for demissionário.

O § 2º do artigo ora em exame, apesar de não mais integrante do sistema de normas, oferecia um elemento adicional demonstrativo da ausência de fé do governo federal nos resultados arrecadatórios (previdenciários e de FGTS) decorrentes dos contratos de trabalho intermitente. Deixou-se patente ali que a cessação do contrato de trabalho intermitente — qualquer que fosse a sua causa — não autorizaria o ingresso do trabalhador no Programa de Seguro-Desemprego. Atualmente, a ausência de norma expressa tornou legítima a postulação do contratado mediante essa especial modalidade.

Por motivos óbvios, o § 2º do art. 452-H deixou claro que "o aviso prévio será necessariamente indenizado, nos termos dos § 1º e § 2º do art. 487". Esse texto normativo não precisaria sequer existir para produzir tal conclusão. O contrário, ou seja, a concessão de aviso prévio em tempo de serviço, seria inimaginável, pois o empregador que somente convoca o empregado nas situações em que efetivamente precisa do seu serviço teria de integrá-lo ao quadro da empresa dia a dia, pelo menos durante o tempo necessário ao cumprimento do aviso. Inimaginável, portanto.

Por derradeiro, há falar-se do teor do art. 452-G da CLT. Esse dispositivo, que não mais vige pelas razões muitas vezes referidas neste texto, teve a intenção de impedir que empregados ordinários e por tempo indeterminado de certa empresa fossem desligados e recontratados para a prestação de trabalho intermitente. Assim, para evitar isso, a norma ofereceu (não oferece mais) salvaguarda a esses empregados com contratos de emprego ordinários e por tempo indeterminado até 31 de dezembro de 2020. Caso eles fossem despedidos, não poderiam prestar serviços para o mesmo empregador por meio de contrato de trabalho intermitente pelo prazo de 18 (dezoito) meses, contado da data do desligamento. O texto remanesceu como mera sugestão para futuras normas de igual natureza.

O art. 452-H trouxe regras previdenciárias e ali previu que, no contrato de trabalho intermitente, o empregador efetuaria o recolhimento das contribuições previdenciárias próprias (dele, empregador) e do empregado, além do depósito do FGTS com base nos valores pagos no período mensal, fornecendo ao empregado comprovante do cumprimento dessas obrigações, observado o disposto no art. 911-A, que, entretanto, também desapareceu da ordem jurídica. Nesse ponto é relevante destacar que a perda da vigência da MP n. 808/2017 e a consequente retirada do art. 911-A da CLT do sistema de normas foi algo extremamente vantajoso para os trabalhadores, não apenas para os sujeitos a contrato de trabalho intermitente, mas para os demais segurados empregados que, sem nenhuma discussão, se viram em uma nova e prejudicial sistemática de arrecadação previdenciária.

O problema estava exatamente no referido art. 911-A da CLT. Segundo ele, os segurados enquadrados como empregados [nesse âmbito incluídos os empregados contratados para prestação de trabalho intermitente] que, no somatório de remunerações auferidas de um ou mais empregadores no período de um mês, independentemente do tipo de contrato de trabalho, recebessem remuneração inferior ao salário mínimo mensal poderiam [se quisessem evitar o efeito nefasto da desconsideração da competência para fins previdenciários] recolher ao Regime Geral de Previdência Social a diferença entre a remuneração recebida e o valor do salário mínimo mensal, em que incidiria a mesma alíquota aplicada à contribuição do trabalhador retida pelo empregador.

Apesar de essa sistemática ter caducificado juntamente com a MP n. 808/2017, ela voltou à legislação mediante a Reforma da Previdência de 2019[4]. Perceba-se que o art. 195 do texto constitucional passou a contar com um § 14, no qual há, expressamente, referência no sentido de que *"o segurado somente terá reconhecida como tempo de contribuição ao Regime Geral de Previdência Social a competência cuja contribuição seja igual ou superior à contribuição mínima mensal exigida para sua categoria, assegurado o agrupamento de contribuições"*.

Assim, seja enquanto vigeu a MP n. 808/2017, seja agora em virtude da reforma constitucional, a alteração normativa fez com que, sem o recolhimento complementar, o mês não seja considerado para (a) fins de aquisição e manutenção de qualidade de segurado do Regime Geral de Previdência Social nem (b) para cumprimento dos períodos de carência para concessão dos benefícios previdenciários[5].

É importante registrar, por fim, que, para preencher o espaço normativo deixado pela perda da vigência da MP n. 808/2017, o então Ministério do Trabalho publicou a **Portaria n. 349, de 23 de maio de 2018**, repetindo quase que literalmente os textos meramente interpretativos. Atualmente, a matéria está contida na Portaria/MTP n. 671, de 8 de novem-

---

4 Para maiores detalhes, consulte-se MARTINEZ, Luciano. *Reforma da Previdência: entenda o que mudou*. São Paulo: Saraiva, 2020.

5 É tão grande e tão evidente a intenção estatal de fazer com que o segurado — de qualquer categoria — somente tenha reconhecida como tempo de contribuição ao Regime Geral de Previdência Social a competência cuja contribuição seja igual ou superior à contribuição mínima mensal exigida para sua categoria, que foi publicada a Lei n. 13.876, de 20 de setembro de 2019, para reforçar [ainda mais] essa ideia.

Note-se que foram adicionados ao § 3º do art. 832 da CLT, que, desde 2000, impõe a indicação, em decisões cognitivas ou homologatórias na Justiça do Trabalho, da natureza jurídica das parcelas constantes da condenação ou do acordo homologado, parágrafos de caráter completivo para dizer exatamente que não se admitirá que a parcela (entendida como parte ou como fração do todo) referente às verbas de natureza remuneratória tenha base de cálculo de valor inferior ao salário mínimo ou ao piso salarial da categoria definido por acordo ou convenção coletiva de trabalho, quando houver. Veja-se:

§ 3º-A. Para os fins do § 3º deste artigo, salvo na hipótese de o pedido da ação limitar-se expressamente ao reconhecimento de verbas de natureza exclusivamente indenizatória, a parcela referente às verbas de natureza remuneratória não poderá ter como base de cálculo valor inferior: (Incluído pela Lei n. 13.876/2019)

I — ao salário mínimo, para as competências que integram o vínculo empregatício reconhecido na decisão cognitiva ou homologatória; ou (Incluído pela Lei n. 13.876/2019)

II — à diferença entre a remuneração reconhecida como devida na decisão cognitiva ou homologatória e a efetivamente paga pelo empregador, cujo valor total referente a cada competência não será inferior ao salário mínimo. (Incluído pela Lei n. 13.876/2019)

§ 3º-B Caso haja piso salarial da categoria definido por acordo ou convenção coletiva de trabalho, o seu valor deverá ser utilizado como base de cálculo para os fins do § 3º-A deste artigo. (Incluído pela Lei n. 13.876/2019)

bro de 2021, dentro das coletâneas no marco regulatório trabalhista infraconstitucional, conforme se pode ver a seguir expendido:

> Art. 29. Esta Seção estabelece regras relativas ao contrato de trabalho para prestação de trabalho intermitente, nos termos do § 3º do art. 443 do Decreto-Lei n. 5.452, de 1943 — CLT.
>
> Art. 30. O contrato de trabalho intermitente, de que trata o art. 452-A do Decreto-Lei n. 5.452, de 1943 — CLT, será celebrado por escrito, ainda que previsto em acordo coletivo de trabalho ou convenção coletiva, e conterá:
>
> I – identificação, assinatura e domicílio ou sede das partes;
>
> II – valor da hora ou do dia de trabalho, que não será inferior ao valor horário ou diário do salário mínimo, nem inferior àquele devido aos demais empregados do estabelecimento que exerçam a mesma função, assegurada a remuneração do trabalho noturno superior à do diurno; e
>
> III – o local e o prazo para o pagamento da remuneração.
>
> Art. 31. O empregado, mediante prévio acordo com o empregador, poderá usufruir suas férias em até três períodos, nos termos do § 1º e do § 3º do art. 134 do Decreto-Lei n. 5.452, de 1943 — CLT.
>
> Art. 32. Na hipótese de o período de convocação exceder um mês, o pagamento das parcelas a que se referem o § 6º do art. 452-A do Decreto-Lei n. 5.452, de 1943 — CLT, não poderá ser estipulado por período superior a um mês, e deverão ser pagas até o quinto dia útil do mês seguinte ao trabalhado, de acordo com o previsto no § 1º do art. 459 da referida lei.
>
> Art. 33. A remuneração horária ou diária do trabalhador intermitente pode ser superior à paga aos demais trabalhadores da empresa contratados a prazo indeterminado, dadas as características especiais do contrato de trabalho intermitente.
>
> Art. 34. Serão considerados cumpridos os prazos de convocação ao trabalho e resposta ao chamado, previstos no § 1º e § 2º do art. 452-A do Decreto-Lei n. 5.452, de 1943 — CLT, quando constatada a prestação dos serviços pelo trabalhador intermitente.
>
> Art. 35. É facultado às partes convencionar por meio do contrato de trabalho intermitente:
>
> I – locais de prestação de serviços;
>
> II – turnos para os quais o empregado será convocado para prestar serviços; e
>
> III – formas e instrumentos de convocação e de resposta para a prestação de serviços.
>
> Art. 36. Para fins do disposto no § 3º do art. 443 do Decreto-Lei n. 5.452, de 1943 – CLT, considera-se período de inatividade o intervalo temporal distinto daquele para o qual o empregado intermitente haja sido convocado e tenha prestado serviços nos termos do § 1º do art. 452-A da referida lei.
>
> § 1º Durante o período de inatividade, o empregado poderá prestar serviços de qualquer natureza a outros tomadores de serviço, que exerçam ou não a mesma atividade econômica, utilizando contrato de trabalho intermitente ou outra modalidade de contrato de trabalho.
>
> § 2º No contrato de trabalho intermitente, o período de inatividade não será considerado tempo à disposição do empregador e não será remunerado, hipótese em que ficará descaracterizado o contrato de trabalho intermitente se houver remuneração por tempo à disposição no período de inatividade.
>
> Art. 37. As verbas rescisórias e o aviso prévio serão calculados com base na média dos valores recebidos pelo empregado no curso do contrato de trabalho intermitente.
>
> Art. 38. No contrato de trabalho intermitente, o empregador efetuará o recolhimento das contribuições previdenciárias próprias e do empregado e o depósito do FGTS com base nos valores pagos no período mensal e fornecerá ao empregado comprovante do cumprimento dessas obrigações.

O único item da Portaria que despertou, no particular, certa curiosidade foi o que tratou da controvertida possibilidade jurídica de o trabalhador intermitente, dadas as características especiais do seu contrato, receber remuneração horária ou diária superior à paga aos demais trabalhadores da empresa contratados por tempo indeterminado (*vide* art. 33). Embora seja razoável afirmar que a discriminação salarial mais vantajosa em favor do trabalhador intermitente seria positiva, haja vista a compensação da desvantagem de não ter um número de horas prefixado, trata-se de matéria que extrapola em muito os lindes de mero ato regulamentar.

8.2 CONTRATAÇÃO POR TEMPO DETERMINADO

Antes de analisar as contratações por tempo determinado, é fundamental pedir cuidado quanto às atecnias cometidas pelo legislador trabalhista. Perceba-se que ele se refere frequentemente a contratos "por prazo determinado" e a contratos "por prazo indeterminado". Diante disso, esta obra preferiu, para evitar a redundância ou a contradição, a substituição da palavra "prazo" por "tempo" quando acompanhada das adjetivações "determinado" ou "indeterminado" (salvo, obviamente, quando se fizer citação literal da lei ou de texto doutrinário mencionado *ipsis litteris*). Isso aconteceu porque o vocábulo "prazo" tem em si o sentido de "lapso determinado", sendo, por isso, uma redundância falar em "contrato por prazo determinado". De igual modo, mas por razões diversas, é absolutamente incorreto dizer "contrato por prazo indeterminado" porque, sendo indeterminado o lapso, a ideia de prazo não coincide com a de indeterminação. Feitos esses esclarecimentos quanto à opção terminológica, pode-se questionar: que é, enfim, um contrato por tempo determinado?

A resposta parece simples e encontra arrimo no § 1º do art. 443 da CLT. O contrato por tempo determinado é aquele cuja vigência dependa de **termo prefixado**, ou seja, que tenha definidas previamente as datas de início e de término das atividades; ou aquele cuja vigência dependa **da execução de serviços especificados**, vale dizer, que tenha definido um serviço específico a cumprir; ou, ainda, aquele cuja vigência dependa da **realização de certo acontecimento suscetível de previsão aproximada**, ou seja, que dependa da concretização de um acontecimento previsível. Acerca desta última variável, perceba-se que as contratações por obra certa e por safra já estavam ali contempladas, embora somente alguns anos depois tenham surgido diplomas que passaram a tratar especificamente do assunto, respectivamente as Leis n. 2.959/56 e 5.889/73.

Note-se que a determinação do "tempo" pode estar ou não vinculada a específicos resultados. Basta perceber que há contratos por tempo determinado que são qualificados como tais apenas por terem termo inicial e final antecipadamente conhecidos. Não se espera desse tipo de ajuste que os contratantes alcancem seus propósitos, mas apenas que aguardem o transcurso do número de dias que foram concertados.

Há outros contratos, porém, dos quais se espera mais do que o mero transcurso do tempo. A obtenção do resultado é o fato que juridicamente estanca o pacto. Nesse âmbito estão os contratos por tempo determinado que assim vigoram até a ultimação dos serviços encomendados ou até a concretização do evento projetado.

8.2.1 Espécies

As contratações por tempo determinado, conforme acima detalhado, podem ser promovidas por **via direta** quando o empregador estiver legalmente autorizado a firmá-la pessoalmente, sem qualquer intermediário, ou por **via indireta**, quando o ajuste somente possa ser materializado mediante a intercessão de um terceiro, excepcionalmente legitimado para tanto.

Nas seções seguintes as mencionadas espécies serão apreciadas com minudências.

8.2.1.1 Contratação por tempo determinado por via direta

A contratação por **via direta** é aquela mais frequentemente encontrada no sistema jurídico trabalhista. Basta que o legislador autorize o empregador a promover tal contratação para que essa modalidade excepcional de ajuste seja validada. Observe-se que, de modo geral, as contratações por tempo determinado são permitidas em face de situações em que:

a) *o empregador visa ao atendimento de uma necessidade tópica e episódica* (contratação de serviço transitório/contratação para atividade empresarial transitória);

b) *o empregador precisa de um prazo para estar convicto das qualidades do empregado recém-contratado ou vice-versa* (contratação por experiência);

c) *o empregador está obrigado por lei, e por força de sua função social, a garantir oportunidade de aprendizado metódico* (contratação de aprendizagem);

d) *o empregador precisa contratar um interino para substituir empregado efetivo afastado por incapacidade laboral* (contratação por interinidade prevista no art. 475 da CLT);

e) *o empregador visa ao alcance dos propósitos de todo o contrato* (contratação por obra certa ou contratação por safra);

f) *o empregador é limitado a contratar por tempo determinado para evitar engessamento da carreira do empregado* (contratação de atletas profissionais);

g) *o empregador é autorizado a contratar por tempo determinado sem as limitações previstas na CLT desde que tal contração implique aumento do número de empregados* (contratação prevista na Lei n. 9.601/98).

Vejam-se individualmente:

8.2.1.1.1 Contratação de serviço especializado ou transitório

De acordo com o disposto no § 2º, *a*, do art. 443 da CLT, admite-se o ajuste por tempo determinado para a contratação de serviço cuja *natureza* ou *transitoriedade* justifiquem a predeterminação do prazo.

A *natureza* justifica tal predeterminação quando se está diante de um **serviço especializado**, assim entendido aquele que **não coincide** com a atividade-fim da empresa contratante e que, por essa razão, não seria habitualmente exigido no cotidiano do empreendimento. Em tais circunstâncias admite-se a possibilidade de contratação por tempo determinado, seja por termo prefixado, seja para a execução de serviços especificados.

Imagine-se, a título de exemplo, que um supermercado precisa elaborar um laudo técnico na área de engenharia de segurança. Para tanto poderá contratar os serviços de um engenheiro autônomo ou, por opção, poderá firmar com ele, nos moldes da CLT, contrato de emprego por tempo determinado para a satisfação de um *serviço especializado*. Nesse âmbito, merece destaque o contido no Decreto-Lei n. 691, de 18 de julho de 1969. De acordo com o referido diploma legal, "os contratos de técnicos estrangeiros domiciliados ou residentes no exterior, para execução, no Brasil, de serviços especializados e, em caráter provisório, com estipulação de salários em moeda estrangeira, serão, obrigatoriamente, celebrados por prazo determinado e prorrogáveis sempre a termo certo".

A *transitoriedade* justifica tal predeterminação quando se está diante de um **serviço sazonal**, assim entendido aquele não exigível no dia a dia do empreendimento, embora fundamental para a sua atividade-fim em específicos momentos[6]. Em tais circunstâncias

---

6 Essa conceituação de "serviço transitório" é a possível depois da publicação da Lei n. 6.019/74. Diz-se isso porque, até o advento da referida norma, o "serviço transitório" que dissesse respeito à substituição do pessoal regular e permanente e ao acréscimo extraordinário de atividades da empresa poderia ser contratado por

admite-se a possibilidade de contratação por tempo determinado, seja por termo prefixado, seja para a execução de serviços especificados. Imagine-se, a título de exemplo, que uma empresa de promoção de eventos precisa de trabalhadores incumbidos de carregar as cordas que separarão os foliões pagantes daqueles que são espectadores externos. Para tanto poderá contratar os serviços dos famosos "**cordeiros**", firmando com eles, nos moldes da CLT, ajustes de emprego por tempo determinado para a satisfação de um *serviço transitório, estacional*.

8.2.1.1.2 Contratação para atividade empresarial transitória

No tópico anterior tratou-se da contratação para "*serviço*" especializado ou transitório. Nesse âmbito será analisada a questão da temporariedade em função de ser a *atividade empresarial* (e não mais a prestação do serviço) transitória.

Pois bem. Sabe-se que existem empreendimentos que somente funcionam em determinadas estações do ano ou em virtude de específicos acontecimentos artísticos, culturais, sociais ou políticos. Imagine-se, a título de exemplo, um hotel pantaneiro que somente funcione no período das secas (de julho a setembro), época propícia para o turismo em virtude da melhor observação dos animais, ou, ainda, uma empresa que realiza **temporada de cruzeiros marítimos**[7].

Nesse âmbito incluem-se também as "necessidades familiares de natureza transitória", assim identificadas pelo art. 4º, II, da Lei Complementar n. 150/2015. Diante de tais situações a lei expressamente admite que os empregados domésticos sejam contratados para assumir tarefas para as quais temporariamente se exija a sua presença, bem assim para substituir outro trabalhador do lar com contrato interrompido ou suspenso.

8.2.1.1.3 Contratação por experiência

O contrato de experiência ou contrato de prova é o negócio jurídico por meio do qual empregado e empregador, **no âmbito privado**, aferem reciprocamente suas condutas visando a uma futura, porém incerta, efetivação do ajuste precário em contrato por tempo indeterminado. Essa aferição, obviamente, perderá o propósito se o trabalhador tiver recentemente passado por um período experimental em face do mesmo empregador[8]. A referência feita ao "âmbito privado" justifica-se em virtude do fato de que, no âmbito estatal, não há espaço para essa modalidade contratual. Observe-se que a experimentação do servidor público celetista está submetida, na verdade, a uma avaliação constantemente desenvolvida no

---

via direta pelo empregador. Depois da vigência da Lei n. 6.019/74, os referidos motivos somente passaram a justificar a contratação por via indireta.

Não parece possível sustentar a tese segundo a qual o empregador, diante da necessidade de substituição do pessoal regular e permanente ou de acréscimo extraordinário de serviços, tenha **opção** de contratar diretamente ou mediante a empresa de trabalho temporário. Perceba-se que o art. 20 da Lei n. 6.019/74 revogou as disposições em sentido contrário, deixando claro, pelo que parece, que somente do modo ali previsto poderiam ser satisfeitas as mencionadas necessidades transitórias do empregador.

7 Registre-se a existência de decisão do TST nesse sentido, dada a natureza transitória da atividade a bordo de navios e cruzeiros, bem como a ausência de distorções práticas dessa modalidade de contratação (Ag-AIRR-1504-72.2015.5.09.0088, 5ª Turma, Rel. Min. Breno Medeiros, *DEJT*, 30-4-2021).

8 EMPREGADO RECONTRATADO — PERÍODO DE EXPERIÊNCIA — VEDAÇÃO — 1. O contrato de experiência visa a aquilatar a qualificação pessoal e profissional do empregado contratado. Portanto, se se trata de ex-empregado, que já prestou serviços recentemente ao empregador, não há sentido em se validar a celebração de novo contrato de experiência (TST, RODC 20343/2004-000-02-00.1, SSDC, Rel. Min. João Oreste Dalazen, *DJU*, 9-11-2007).

curso de três anos seguintes a sua investidura. As normas de direito público são, nesse caso, aplicadas em detrimento das regras privadas.

E quanto ao tempo máximo de duração? Quanto tempo pode durar um contrato de experiência?

O parágrafo único do art. 445 da CLT estabelece que **o contrato de experiência não poderá exceder de noventa dias**[9], inserida nesse âmbito qualquer eventual prorrogação[10]. Nesse contexto, revela-se nula, por infração ao disposto no art. 9º da CLT, a cláusula que, de modo genérico e incerto, estabeleça, por exemplo, que um contrato de experiência ajustado inicialmente em 30 (trinta) dias possa vir a ser prorrogado **até** o prazo de 90 dias, ou seja, até o momento em que o empregador resolva pôr fim a ele, ainda que antes dos 90 dias. Veja-se situação-exemplo de cláusula juridicamente inaceitável: "O contrato vigerá durante 30 (trinta) dias a partir de sua assinatura, podendo, entretanto, ser prorrogado por uma única vez, desde que não exceda o prazo de 90 dias".

Os contratantes podem, sim, prever antecipadamente a prorrogação do contrato de experiência, mas essa dilatação deve ser expressamente identificada, inclusive no tocante à sua data-limite. Veja-se exemplo de cláusula juridicamente admissível: "O presente contrato será inicialmente ajustado a título de experiência por 30 (trinta) dias, com início em 16-6-2010 e fim em 15-7-2010. Superados os 30 (trinta) primeiros dias de contrato sem oposição escrita por parte de qualquer um dos contratantes, este ficará tacitamente prorrogado por mais 60 (sessenta) dias, de 16-7-2010 a 13-9-2010". Observe-se que o lapso temporal aqui é estabelecido em dias, e não em meses. Trata-se de ajuste de noventa dias, e não de três meses. Essa observação é importante na medida em que um contrato de experiência promovido na base de três meses pode superar o limite temporal de noventa dias, bastando que seja feito, por exemplo, a partir do primeiro dia de julho até o último dia de setembro. Existirão aí nada menos do que noventa e dois dias de contrato (31 dias dos meses de julho e agosto, mais 30 dias do mês de setembro), convolando-se o ajuste, depois do 90º dia, em contrato por tempo indeterminado.

Por outro lado, muito se questiona quanto à obrigatória forma escrita do contrato de experiência ou ainda quanto à indispensável inserção dessa condição especial na CTPS do trabalhador. Há, realmente, essa formalidade?

A resposta é negativa, embora a redução a termo desse ajuste (bem como de qualquer outro) seja importante em termos probatórios. A anotação na CTPS não é requisito essencial à existência do ajuste a título de experiência, mas a falta de tal registro produz a presunção de inexistência da ora analisada contratação. Esse, aliás, é o posicionamento de Alice Monteiro de Barros, para quem "o só fato de não constar da carteira de trabalho do empregado a condição especial [...] não o anula [...]. É que a lei não prescreve forma especial para este contrato. Logo, havendo prova de manifestação do obreiro admitindo essa contratação especial e respectiva prorrogação, o ajuste deverá ser admitido como válido. A citada omissão gera penalidade apenas de ordem administrativa, como se infere do § 3º do art. 29 da CLT e não nulidade capaz de transformá-lo em contrato indeterminado"[11].

---

9 Anote-se a existência de **Projeto de Lei n. 2.687/2007**, do deputado Walter Brito Neto (PRB-PB), que pretende ampliar de 90 para 180 dias o prazo de vigência de contratos de experiência.
10 Veja-se nesse sentido a Súmula 188 do TST, segundo a qual o contrato de experiência pode ser prorrogado, desde que respeitado o limite máximo de noventa dias. *In verbis*:
Súmula 188 do TST. CONTRATO DE TRABALHO. EXPERIÊNCIA. PRORROGAÇÃO. O contrato de experiência pode ser prorrogado, respeitado o limite máximo de 90 (noventa) dias (Res. 10/1983, *DJ*, 9-11-1983).
11 BARROS, Alice Monteiro de. O contrato de experiência à luz dos tribunais. *Síntese Trabalhista*, n. 132, jun. 2000, p. 5.

Não há qualquer dispositivo legal que exija forma especial para que o contrato de experiência tenha validade. É perfeitamente possível, portanto, que os contratantes, indistintamente, ajustem um período recíproco de experiência por via verbal ou escrita. Anote-se apenas que, para evitar problemas probatórios, é (apenas) recomendável que o contrato de experiência seja reduzido a termo **e também** anotado na CTPS, mesmo porque a violação do quanto inserto no art. 29 da CLT (anotar condições especiais) poderá produzir uma presunção de inocorrência do ajuste especial. A eventual forma escrita, portanto, não é *ad solemnitatem* (indispensável para a validade do ato), mas apenas *ad probationem* (destinada apenas a facilitar a produção da prova).

8.2.1.1.4 Contratação para aprendizagem

A aprendizagem é um processo de aquisição de informações, conhecimentos, habilidades, atitudes e valores angariados a partir do estudo ou da experiência interativa entre estruturas mentais e o meio ambiente. A aprendizagem, enquanto metodologia, é, em essência, uma reação a uma situação encontrada, que, contudo, não é explicada por tendências inatas ou pela maturação do próprio indivíduo[12].

Apesar da dificuldade do oferecimento de uma definição única e invariável para a aprendizagem, haja vista o seu caráter multifatorial, ela, de uma forma geral, tem sido assimilada como uma consequência da prática realizada, como um evento produtor de mudanças duradouras e transferíveis para outras situações de vida[13].

A responsabilidade por essa aprendizagem, porém, sempre se revelou difusa. Muitos se arvoraram a condição de mestres dos infantes em diversas estruturas sociais, desde as famílias, nas quais os pais sempre foram os primeiros e naturais orientadores, até as instituições comunitárias e religiosas. As escolas, contudo, emergiram como os mais importantes vetores de uma aprendizagem atribuída como política pública de qualificação de cidadãos.

Exatamente por isso se tornou comum durante o período do Império do Brasil a criação, mediante decretos, de diversas Companhias de Aprendizes Artífices, notadamente no âmbito militar, com a missão de envolver o jovem aprendiz na vida social.

Mesmo com a mudança do sistema de governo, a Constituição republicana de 1891 chegou a relacioná-los com a atividade militar e a referenciá-los como força concorrente do Exército federal. O § 4º do art. 87 do citado diploma constitucional dispunha no sentido de que concorriam para o pessoal da Armada a Escola Naval, as de Aprendizes de Marinheiros e a Marinha Mercante mediante sorteio.

Nos albores do século XX, a questão social tornava-se a cada instante mais saliente no Brasil. A aprendizagem, então, surgia como alternativa contra a desigualdade social, pois não somente visava à outorga do preparo inicial necessário à realização de um ofício ou profissão. O Estado via a aprendizagem também como uma forma de afastar a juventude do risco de sucumbir à criminalidade, e isso era muito visível no texto do Decreto n. 7.566, de 23 de setembro de 1909, que criou, nas capitais dos Estados da República, Escolas de Aprendizes Artífices, para o ensino profissional primário e gratuito.

Em sua introdução, o referido Decreto presidencial afirmava: "o aumento constante da população das cidades exige que se facilite às classes proletárias os meios de vencer as dificuldades sempre crescentes da luta pela existência". Para isso, segundo o texto da época, era necessário "não só habilitar os filhos dos desfavorecidos da fortuna com o indispensável

---

12 HILGARD, Ernest. *Teorias da aprendizagem*. 5.ª ed. São Paulo: E.P.U., 1973, p. 3.
13 POZO, Juan. *Aprendizes e mestres: a nova cultura da aprendizagem*. Porto Alegre: Artmed, 2002, p. 60.

preparo técnico e profissional, como fazê-los adquirir hábitos de trabalho profícuo que os afastará da ociosidade ignorante, escola do vício e do crime". Essas escolas de aprendizes tinham, como se pode perceber, mais um cunho beneficente do que profissional. Predominava, assim, o viés caritativo, embora não se desprezasse, é claro, a introdução dos jovens no universo do conhecimento assistido[14].

A aprendizagem esteve claramente relacionada a uma política de assistência e proteção de menores a partir do Decreto n. 17.943-A, de 12 de outubro de 1927, o primeiro Código de Menores do país. Ali, no § 3º do art. 211, há referência no sentido de que a educação profissional consistiria na aprendizagem de uma arte ou de um ofício, adequado à idade, força e capacidade dos menores e às condições do estabelecimento.

Entretanto, com a emersão da política econômica do governo de Getúlio Vargas, que estava centrada em alavancagem industrial, dirigismo estatal e aproximação com o capital estrangeiro[15], a aprendizagem passou a ter um papel ainda mais importante para o alcance dos objetivos de desenvolvimentismo. A aprendizagem passou a ser, assim, um verdadeiro instrumento de formação para o crescimento econômico do país[16].

O Estado assumiu, então, uma atuação dirigente e, por meio dela, explicitou no texto do art. 129 da Constituição de 1937 que seria "dever da Nação, dos Estados e dos Municípios assegurar, pela fundação de instituições públicas de ensino em todos os seus graus, a possibilidade de receber uma educação adequada às suas faculdades, aptidões e tendências vocacionais".

No mesmo art. 129 do mesmo diploma constitucional afirmou-se, de forma categórica, ser "dever das indústrias e dos sindicatos econômicos criar, na esfera da sua especialidade, escolas de aprendizes, destinadas aos filhos de seus operários ou de seus associados". Ao fim afirmou-se que lei regularia o cumprimento desse dever e a dimensão dos poderes do Estado sobre essas escolas, inclusive os auxílios, facilidades e subsídios que por meio dele seriam concedidos.

A aprendizagem mantinha, entretanto, como antedito, um propósito de reduzir os problemas sociais que cresciam no país. O texto do multicitado art. 129 da Constituição de 1937 revelava esse objetivo ao dispor que "o ensino pré-vocacional profissional destinado às classes menos favorecidas é em matéria de educação o primeiro dever de Estado".

Houve a partir daí um sensível desenvolvimento da temática com a criação de diversas Escolas Técnicas e Serviços Nacionais de Aprendizagem, com destaque para o Serviço Nacional de Aprendizagem dos Industriários (SENAI), criado pelo Decreto-lei n. 4.048, de 22 de janeiro de 1942.

O ápice legislativo daquele instante ocorreu com a inserção da aprendizagem no corpo da Consolidação das Leis do Trabalho (CLT), mediante a publicação do Decreto-lei n. 5.452, de 1º de maio de 1943.

Em seu texto original, a CLT passou a impor, em nome da função social das empresas, o dever de contratar aprendizes.

---

14 SOUZA. Elisabete G. de. *Relação trabalho-educação e questão social no Brasil: uma leitura do pensamento pedagógico da Confederação Nacional da Indústria — CNI (1930-2000)*. 2012. Tese (Doutorado). — Faculdade de Educação, Universidade Estadual de Campinas, Campinas, 2012.

15 BASTOS, Pedro Paulo Zahluth. A construção do nacionalismo econômico de Vargas. In: BASTOS, Pedro Paulo Zahluth; FONSECA, Pedro Cezar Dutra (Org.). *A Era Vargas: desenvolvimentismo, economia e sociedade*. São Paulo: Editora Unesp, 2012.

16 SILBER, Simão. Análise da política econômica e do comportamento da economia brasileira durante o período 1929-1939. VERSIANI, Flávio R.; MENDONÇA DE BARROS, José Roberto (Orgs.). *Formação econômica do Brasil: a experiência da industrialização*. São Paulo: Saraiva, 1978.

O art. 429 do referido consolidado normativo previa, desde a sua redação primária, que os estabelecimentos industriais de qualquer natureza, inclusive de transportes, comunicações e pesca, estariam obrigados — como aliás ainda se encontram constritos — a empregar e a matricular nos cursos profissionalizantes.

Estabeleceu-se, assim, uma imposição de contratação, vale dizer, uma interferência na própria vontade de contratar, de modo que as empresas — salvo aquelas expressamente excluídas desse dever, nos termos da lei — não pudessem se recusar a cumprir a determinação normativa de contratação de aprendizes, observada, é claro, a impessoalidade do ato.

A Constituição brasileira de 1937 manteve a lógica da imposição de aprendizagem, dispondo, em seu art. 168, IV, no sentido de que as empresas industriais e comerciais estariam "obrigadas a ministrar, em cooperação, aprendizagem aos seus trabalhadores menores, pela forma que a lei estabelecer, respeitados os direitos dos professores". O mesmo tratamento foi constatado na Constituição de 1967 (art. 170).

A Constituição de 1988, embora não fizesse referência à obrigação da aprendizagem, referiu a "condição de aprendiz" no seu art. 7º, XXXIII, remetendo para a legislação infraconstitucional o tratamento da temática. Determinou-se, porém, no art. 62 do Ato das Disposições Constitucionais Transitórias, com a clara intenção de levar aprendizagem para o meio rural, a criação do Serviço Nacional de Aprendizagem Rural (SENAR), nos moldes da legislação relativa ao Serviço Nacional de Aprendizagem Industrial (SENAI) e ao Serviço Nacional de Aprendizagem do Comércio (SENAC).

a) A natureza jurídica do contrato de aprendizagem e a sua distinção do contrato de estágio

O Decreto n. 31.546, de 6 de outubro de 1952, que dispôs sobre o conceito de aprendiz, já deixava claro que o contrato de aprendizagem seria um contrato de emprego especial e que essa especialidade decorria da interpenetração das condições de empregado e de aprendiz[17].

O texto era claro nesse sentido ao dispor, literalmente: "considera-se de aprendizagem o contrato individual de trabalho realizado entre um empregador e um trabalhador maior de 14 e menor de 18 anos, pelo qual, além das características mencionadas no artigo 3º da Consolidação das Leis do Trabalho, aquele se obriga a submeter o empregado à formação profissional metódica do ofício ou ocupação para cujo exercício foi admitido e o menor assume o compromisso de seguir o respectivo regime de aprendizagem".

Esse entendimento foi reiterado no Estatuto da Criança e do Adolescente — Lei n. 8.069, de 13 de julho de 1990 — ao dispor, no seu art. 65, que ao adolescente aprendiz, maior de quatorze anos, estariam "assegurados os direitos trabalhistas e previdenciários".

A regulamentação dada a essa disposição (contida no ora revogado Decreto n. 5.598/2005), reiterou a lógica segundo a qual o contrato de aprendizagem é um "contrato de trabalho especial"[18] (v. art. 3º), assim se mantendo no Decreto n. 9.579/ 2018, que revogou o Decreto n. 5.598/2005 e atualizou a matéria (v. art. 45).

---

17 Nesse sentido, DURAND, Paul; VITU, André. *Traité de droit du travail*. Paris: Dalloz, 1950. t. II, p. 344.57.
18 Trata-se de um "contrato especial de emprego", como um todo, e não apenas de uma destacada "cláusula de aprendizagem" contida dentro do contrato de emprego, como por alguns propugnado, a exemplo de BERNARDES, Hugo Gueiros. *Cláusula de aprendizagem nos contratos de trabalho*. Brasília: Universidade de Brasília, 1969.

No ordenamento jurídico brasileiro o contrato de aprendizagem é, portanto, um **contrato de emprego especial**, ajustado por escrito e por tempo determinado[19], por meio do qual o empregador oferece não apenas o trabalho como meio de sustentação pessoal e familiar ao aprendiz, mas principalmente o acesso a uma formação técnico-profissional metódica, compatível com seu desenvolvimento físico, moral e psicológico. É, portanto, **um negócio jurídico com corpo de emprego e alma de estágio**.

Registre-se, porque importante, que a "ideia de aprendizagem" pode estar contida em âmbitos bem distintos, tanto no campo do trabalho quanto no das atividades em sentido estrito[20].

Observe-se, nessa perspectiva, que a noção de aprendizagem, em sentido amplo, aparece nas relações de trabalho tanto para designar treinamento (etapa de assimilação de conhecimentos exigíveis de um empregado recém-contratado ou de alguém que muda de função) quanto para dizer respeito ao ora estudado contrato especial. No campo das atividades em sentido estrito, a palavra "aprendizagem" pode ser aplicada no contrato de estágio, no exercício de tarefas realizadas por menores nas oficinas de seus responsáveis legais ou ainda no desenvolvimento dos atores, cantores e modelos mirins.

O contrato de estágio, entretanto, não se confunde com o contrato de aprendizagem.

O contrato de aprendizagem é um **negócio jurídico de emprego** que, circunstancialmente, mescla as exigências próprias de um contrato de emprego com as responsabilidades inerentes às atividades de estudo. Há aqui "a combinação de objetivos educacionais e profissionalizantes com os trabalhistas que igualmente lhe são próprios"[21].

O estágio, por sua vez, como se vê no art. 1º da Lei n. 11.788, de 25 de setembro de 2008, é não mais do que um **"ato educativo escolar supervisionado"** que é desenvolvido em ambiente de trabalho, mas que não é efetivamente um trabalho. Ao contrário daquilo a que se visa com o trabalho — que é o sustento pessoal e, se for o caso, familiar do indivíduo —, com o estágio visa-se ao "aprendizado de competências próprias da atividade profissional e à contextualização curricular" (v. § 2º do diploma legal referido).

b) Requisitos de validade do contrato de aprendizagem

O contrato de aprendizagem, no ordenamento jurídico brasileiro, está submetido a alguns requisitos, sem a observância dos quais não se pode afirmar validada essa contratação especial. Ausente algum deles, surgirá em seu lugar um ajuste comum, um contrato de emprego ordinário e, por decorrência, um conjunto de consequências de caráter trabalhista, cível e criminal contra o empregador infrator.

Essa tem sido a solução frequentemente adotada perante o Judiciário brasileiro. Observe-se, entretanto, que, sob o ponto de vista da fiscalização do trabalho, não há transformação automática do contrato especial de aprendizagem em contrato de emprego comum. Isso depende de ato judicial. Os auditores fiscais do trabalho, em caso de irregularidade na contratação, apenas aplicam multas, na forma prevista no art. 434 da CLT.

A validade do negócio jurídico intitulado "contrato de aprendizagem" tem os seguintes requisitos:

---

19 Ver o conteúdo do § 3º do art. 428 da CLT.
20 Para saber mais sobre "atividade em sentido estrito", consulte-se o capítulo 3.
21 DELGADO, Maurício Godinho. *Curso de direito do trabalho*. 18. ed. São Paulo: LTr, 2019, p. 688-689.

b.1) Quanto ao agente

O aprendiz deve ter os limites etários previstos nos §§ 3º e 5º do art. 428 da CLT. Destaque-se que o limite etário máximo não se aplica a aprendizes com deficiência, haja vista o conteúdo dos §§ 5º e 8º do art. 428 da CLT.

Averbe-se ser anacrônica a expressão "menor aprendiz", cunhada na época em que a aprendizagem era um contrato unicamente destinado àqueles que tivessem idade entre 14 (quatorze) e 18 (dezoito) anos. Desde a edição da Lei n. 11.180, de 23 de setembro de 2005, que modificou a redação do *caput* do art. 428 da CLT, o contrato de aprendizagem passou a ter por sujeitos trabalhadores-aprendizes maiores de 14 (quatorze) e, salvo quanto aos deficientes, menores de 24 (vinte e quatro) anos de idade[22].

b.2) Quanto ao objeto contratual

O contrato de aprendizagem visa, obviamente, à aprendizagem. Se assim for, o contratado deve estar necessariamente inscrito em programa de aprendizagem de formação técnico-profissional metódica, compatível com seu desenvolvimento físico, moral e psicológico.

Nesse ponto, o § 1º do art. 428 da CLT é extremamente claro. Observe-se que o contrato de aprendizagem somente impõe a matrícula e a frequência à escola do aprendiz que não haja, ainda, concluído o ensino médio (2º grau de estudos). Para aqueles que já cumpriram tal etapa escolar, exige-se apenas a inscrição em programa de aprendizagem.

Anote-se, entretanto, que, nos moldes do § 7º do art. 428 da CLT, nas localidades onde não houver oferta de ensino médio, a contratação do aprendiz poderá ocorrer sem a frequência à escola, desde que ele já tenha concluído ao menos o ensino fundamental.

Observe-se, ainda, que a norma em exame não aceita um programa de aprendizagem qualquer, porque tal projeto deve ser desenvolvido sob a orientação de entidade qualificada em formação técnico-profissional metódica.

Entre essas entidades, a lei (arts. 429 e 430 da CLT) indica os Serviços Nacionais de Aprendizagem (SENAI, SENAC, SENAR, SENAT E SESCOOP), as Escolas Técnicas de Educação, as entidades sem fins lucrativos que tenham por objetivo a assistência ao adolescente e à educação profissional, registradas no Conselho Municipal dos Direitos da Criança e do Adolescente, ou ainda as entidades de prática desportiva das diversas modalidades filiadas ao Sistema Nacional do Desporto e aos Sistemas de Desporto dos Estados, do Distrito Federal e dos Municípios. Essas entidades deverão contar com estrutura adequada ao desenvolvimento dos programas de aprendizagem, de forma a manter a qualidade do processo de ensino, bem como acompanhar e avaliar os resultados.

Pode-se, ainda, indagar: enfim, que é "formação técnico-profissional"?

A própria lei esclarece o alcance do objeto quando, no § 4º do art. 428 da CLT, sustenta que a formação técnico-profissional se caracteriza por atividades teóricas e práticas, metodicamente organizadas em tarefas de complexidade progressiva desenvolvidas no ambiente de trabalho. Aliás, aos aprendizes que concluírem os cursos de aprendizagem, com aproveitamento, será concedido, na forma do § 2º do art. 430 da CLT, certificado de qualificação profissional. É, portanto, simultaneamente um contrato de emprego e um curso de qualificação profissional.

---

22 Nos termos do art. 11 da Lei n. 11.129, de 30 de junho de 2005, que instituiu o Programa Nacional de Inclusão de Jovens — PROJOVEM —, e do art. 2º da Lei n. 11.692, de 10 de junho de 2008, a juventude envolve a faixa etária entre 15 (quinze) e 29 (vinte e nove) anos.

Registre-se, ainda, que a lei estabeleceu um prazo máximo para o cumprimento dessa "formação técnico-profissional" e o fixou na base de dois anos, salvo para as pessoas com deficiência, que não estão submetidas a esse limite temporal. Diante disso, o negócio jurídico de aprendizagem ingressou no rol dos contratos por tempo determinado, uma vez que esse lapso é, por razoabilidade, entendido como suficiente para o atendimento dos propósitos contratuais. Há, entretanto, contratos de aprendizagem de duração inferior ao tempo máximo previsto em lei.

No tocante aos aprendizes com deficiência, não se pode esquecer que, nos termos da Lei n. 13.146, de 6 de julho de 2015, a comprovação de sua escolaridade deve considerar, sobretudo, as habilidades e competências relacionadas com a profissionalização.

Encerra-se este item com a anotação referente à impossibilidade jurídica de contratação para aprendizagem no ambiente das relações domésticas. Não há falar, ao menos sob a égide das normas jurídicas ora vigentes no Brasil, em aprendiz doméstico, pois as atividades desenvolvidas nos ambientes dos lares não demandam, por inevidência normativa, a referida "formação técnico-profissional" em programas de aprendizagem. Ademais, não fosse apenas isso, como se vê no parágrafo único do art. 1º da Lei Complementar n. 150, de 2015, "é vedada a contratação de menor de 18 (dezoito) anos para desempenho de trabalho doméstico, de acordo com a Convenção n. 182, de 1999, da Organização Internacional do Trabalho (OIT) e com o Decreto n. 6.481, de 12 de junho de 2008". O trabalho doméstico — rememore-se — está entre as piores formas de trabalho infantil.

b.3) Quanto à forma

O contrato de aprendizagem é impositivamente ajustado **por escrito** (vide o caput do art. 428 da CLT), e, além disso, "pressupõe anotação na Carteira de Trabalho e Previdência Social" (CTPS), conforme o § 1º do art. 428 da CLT. Essas formalidades obrigatórias fazem supor que, toda vez que o ajuste for promovido de modo verbal, ou, ainda, toda vez que caracterizada a omissão de anotação na CTPS, surgirá a possibilidade jurídica de postulação judicial de convolação da modalidade especial para a comum. Note-se que não desaparecerá o contrato de emprego, mas, sim, a forma especial de contratar para fins de aprendizagem.

A forma escrita é aqui exigível por ser uma solenidade do ato jurídico complexo (ad solemnitatem), e não apenas por conta da facilitação da prova (ad probationem). Relembre-se que, no ordenamento jurídico brasileiro, nos termos do art. 107 do Código Civil, "a validade da declaração de vontade não dependerá de forma especial, senão quando a lei expressamente a exigir". E, nesse caso, a lei expressamente exige a forma especial escrita.

c) A obrigatoriedade de contratação de aprendizes

Em princípio, todos os empresários, de qualquer natureza, são obrigados a empregar e a matricular nos cursos dos Serviços Nacionais de Aprendizagem número de aprendizes equivalente a 5% (cinco por cento), no mínimo, e a 15% (quinze por cento), no máximo, dos trabalhadores existentes em cada estabelecimento cujas funções demandem formação profissional. Essa regra comporta exceções, como se verá mais adiante.

Registre-se que, para a definição das funções que demandem formação profissional, deverá ser considerada a Classificação Brasileira de Ocupações (CBO), elaborada pelo Ministério do Trabalho e Previdência. Não entram, entretanto, nesse cálculo as funções que exigem formação de nível superior, técnico e os cargos de confiança.

Exemplificando: uma empresa gráfica, por ter vários postos de serviço que demandam formação profissional, está, a princípio, obrigada a contratar aprendizes. Se a gráfica possuir

100 (cem) empregados comuns, deverá contratar um número que variará de 5 (cinco) a 15 (quinze) aprendizes.

Anote-se, ademais, que há duas importantes exceções à regra da obrigatoriedade de contratação de aprendizes:

Primeira exceção:

As microempresas e as empresas de pequeno porte, na forma do art. 51, III, da Lei Complementar n. 123/2006, são dispensadas de contratar aprendizes. Registre-se que o mencionado dispositivo legal é ambíguo e, ao contrário daquele inserido na revogada Lei n. 9.841/99, sugere, por péssima redação, que as microempresas e as empresas de pequeno porte estariam dispensadas de empregar "seus aprendizes" e de matriculá-los nos cursos dos Serviços Nacionais de Aprendizagem. Perceba-se:

Art. 51. As microempresas e as empresas de pequeno porte são dispensadas: [...]

III – de empregar e matricular seus aprendizes nos cursos dos Serviços Nacionais de Aprendizagem;

O acertado seria dizer, apenas, que as microempresas e as empresas de pequeno porte estariam dispensadas do cumprimento da obrigação prevista no art. 429 da CLT. Seria o suficiente. Ao afirmar que as referidas empresas estão dispensadas de empregar e matricular **seus** (destaque-se o pronome possessivo) aprendizes nos cursos dos serviços de aprendizagem, produz-se uma ideia equivocada no sentido de que as microempresas e as empresas de pequeno porte podem ter aprendizes sem a observância do procedimento legal às demais empresas aplicáveis.

Para concluir essa primeira exceção, é relevante salientar que, a despeito da sua redação truncada, o art. 51, III, da Lei Complementar n. 123, de 2016, dispensou mesmo as microempresas e empresas de pequeno porte da obrigação de contratar aprendizes. Isso é confirmado pelo art. 3º, I, da Instrução Normativa n. 146 da Secretaria de Inspeção do Trabalho, de 25 de julho de 2018.

Segunda exceção:

Os limites expendidos (o mínimo e o máximo) não se aplicam quando o empregador for entidade sem fins lucrativos, que tenha por objetivo a educação profissional. Assim, essas entidades tanto podem não contratar aprendizes quanto, caso queiram contratar, podem extrapolar o limite de 15% (quinze por cento) do número de trabalhadores existentes em cada estabelecimento. Essa é a interpretação que se apreende a partir do texto constante do § 1º-A do art. 429 da CLT, segundo o qual "o limite fixado neste artigo não se aplica quando o empregador for entidade sem fins lucrativos, que tenha por objetivo a educação profissional".

Pode-se até questionar a circunstância de o dispositivo referir a palavra "o limite", no singular, e não "os limites", no plural. A restrição a um dos limites (mínimo ou máximo), contudo, criaria novo problema interpretativo. Afinal, qual teria sido o limite considerado inaplicado pelo legislador? A solução que se mostra mais consentânea com os propósitos do instituto, diante da imprecisão legislativa, é aquela segundo a qual não se aplicaria o conjunto de limites à situação sob análise.

Como um ponto de destacada singularidade, chame-se a atenção para o fato de que, nos moldes do art. 431 da CLT, a contratação do aprendiz poderá ser efetivada pela empresa onde se realizará a aprendizagem (por exemplo, pelo SENAC ou pelo SENAI), pelas entidades sem fins lucrativos, que tenham por objetivo a assistência ao adolescente e à educação profissional, registradas no Conselho Municipal dos Direitos da Criança e do Adolescente, ou, ainda, nos termos da Lei n. 13.420, de 13 de março de 2017, pelas entidades de prática desportiva das diversas modalidades filiadas ao Sistema Nacional do Desporto e aos Sistemas de Desporto dos Estados, do Distrito Federal e dos Municípios, sem que se gere vínculo de emprego com as citadas tomadoras. Assim, a título ilustrativo, se o restaurante-escola do próprio SENAC resolve contratar os próprios aprendizes durante o processo de formação, não se falará nesse caso em criação de vínculo de emprego com o próprio restaurante-escola, podendo-se dizer o mesmo das demais entidades promotoras da aprendizagem.

É importante anotar, por outro lado, que, nos termos da Lei n. 13.840/2019, que inseriu o § 3º no art. 429 da CLT, os estabelecimentos obrigados a empregar e matricular aprendizes poderão ofertar vagas aos adolescentes usuários do Sistema Nacional de Políticas Públicas sobre Drogas — SISNAD nas condições a serem dispostas em instrumentos de cooperação celebrados entre os estabelecimentos e os gestores locais responsáveis pela prevenção do uso indevido, atenção e reinserção social de usuários e dependentes de drogas.

Perceba-se, por outro lado, que os entes públicos não estão obrigados a contratar aprendizes, haja vista as particularidades do regime jurídico de direito público que os disciplina. Pelo princípio da estrita legalidade, os entes federativos somente estarão obrigados àquilo que a lei expressamente lhes determinar.

A "obrigatoriedade de contratar" no âmbito privado, ora discutida neste tópico, apesar de constituir forte interferência na autonomia da vontade, deve ser interpretada à luz do princípio constitucional da impessoalidade. O que se determina é, em verdade, a contratação de aprendizes, quaisquer que sejam, e não de pessoas especificadas e singularmente consideradas.

O dispositivo constante do art. 429 da CLT funda-se, portanto, no valor social do trabalho e nas oportunidades que ele (o trabalho) pode trazer para o desenvolvimento e a formação do cidadão. Exatamente por isso, existe limitação do tempo de duração dos contratos de aprendizagem para que se permita a todos aqueles que desejem essa experiência formativa técnico-metódica a chance de acedê-la.

Finalizando o tópico, anota-se que as medidas de proteção legal de crianças e adolescentes (art. 611-B, XXIV, da CLT) não podem ser objeto de negociação coletiva, o que inclui as cotas de aprendizagem. Esse, aliás, foi o entendimento da Seção Especializada em Dissídios Coletivos do TST, contido na Ação Anulatória de Convenção Coletiva tombada sob o número AACC-1000639-49.2018.5.00.0000, datada de novembro de 2020.

d) Direitos mínimos dos aprendizes

Os aprendizes, como autênticos empregados, têm, em princípio, os mesmos direitos devidos a qualquer empregado ordinário, havendo, porém, algumas particularidades e exceções que merecem destaque e reflexão.

Obviamente, não se pode excluir desse tipo contratual, em nenhuma situação, o direito de obter a formação profissional metódica do ofício ou ocupação para cujo exercício foi admitido. **Esse é o chamado direito essencial**. Outros direitos, provenientes do tipo especial de contrato de emprego, são consectários lógicos de sua condição de trabalhador, observadas as particularidades que dizem respeito à integração labor-aprendizado. Vejam-se:

d.1) Quanto à duração do vínculo

O contrato de aprendizagem é por tempo determinado e tem dimensão de tempo compatível com a necessidade de consecução da formação técnico-profissional. A extrapolação do limite temporal previsto em lei justificaria uma pretensão patronal de utilizar o instituto da aprendizagem de modo desvirtuado. Findo o prazo de aprendizagem (ou muitas vezes antes disso, como se verá em tópico seguinte), ele deixará essa qualidade, recebendo ou não, a depender de seu desempenho, o certificado de qualificação profissional. Perceba-se que, nos moldes do § 2º do art. 430 da CLT, apenas "aos aprendizes que concluírem os cursos de aprendizagem, com aproveitamento, será concedido **certificado de qualificação profissional**" (destaques não constantes do original).

d.2) Quanto à duração do trabalho

Nos termos do art. 432 da CLT, a duração do trabalho do aprendiz não excederá de seis horas diárias, sendo vedadas a prorrogação e a compensação de horários. Atente-se para o fato de que a carga semanal do aprendiz, inferior a vinte e cinco horas, não caracteriza o trabalho em tempo parcial de que trata o art. 58-A da CLT (ver § 2º do art. 60 do Decreto n. 9.579, de 22 de novembro de 2018). O limite de seis horas poderá ser estendido até oito horas diárias, nos termos do § 3º do art. 432 da CLT.

d.3) Quanto à remuneração mínima

Garante-se ao aprendiz, nos termos do § 2º do art. 428 da CLT, salvo condição mais favorável, o salário mínimo-hora. Entende-se, aliás, por condição mais favorável aquela fixada no contrato de aprendizagem ou prevista em convenção ou acordo coletivo de trabalho, em que se especifique o salário mais favorável ao aprendiz, bem como o piso regional de que trata a Lei Complementar n. 103, de 14 de julho de 2000. O direito a um padrão mínimo de retribuição foi resultante de uma alteração imposta apenas pela Lei n. 10.097, de 19 de dezembro de 2000.

Antes dela, apesar de a Constituição de 1988 ter banido a retribuição salarial inferior ao mínimo legal, vicejava o absurdo entendimento contido no texto do art. 80 da CLT. Nos termos desse dispositivo, revogado pela citada Lei n. 10.097/2000, ao aprendiz era pago salário nunca inferior a meio salário mínimo durante a primeira metade da duração máxima prevista para o aprendizado do respectivo ofício e, na segunda metade, pelo menos, dois terços do mesmo referencial.

d.4) A alíquota do FGTS e a sua discutível constitucionalidade

Em conformidade com o disposto no § 7º do art. 15 da Lei n. 8.036/90 (acrescentado pela Lei n. 10.097, de 19-12-2000), nos contratos de aprendizagem o recolhimento ao FGTS é feito mediante a alíquota de 2% (dois por cento) sobre a remuneração paga ou devida, no mês anterior.

Antes da edição dessa norma, os aprendizes eram destinatários de percentual de recolhimento ao FGTS em base idêntica àquela oferecida aos demais trabalhadores, ou seja, 8% (oito por cento) sobre a remuneração paga ou devida, no mês anterior. Teria, então, acontecido uma retrocessão social? A resposta parece evidentemente positiva, porque nada justifica a redução de percentual, circunstância que favorece a ideia não apenas da mencionada retrocessão, mas também de violação ao princípio constitucional da igualdade.

d.5) Férias, vale-transporte, disposições constantes de normas coletivas e benefícios do teletrabalho

As férias do aprendiz, nos termos contidos no art. 68 do Decreto n. 9.579, de 22 de novembro de 2018, devem coincidir, preferencialmente, com as férias escolares, sendo vedado ao empregador fixar período diverso daquele definido no programa de aprendizagem. É também assegurado ao aprendiz o direito ao benefício da Lei n. 7.418, de 16 de dezembro de 1985, que instituiu o vale-transporte. Nesse sentido, veja-se o art. 70 do ora referida Decreto.

O art. 69 do multicitado Decreto n. 9.579, de 22 de novembro de 2018, prevê, ainda, que as convenções e os acordos coletivos apenas estenderão suas cláusulas sociais ao aprendiz quando expressamente previsto e desde que não excluam ou reduzam o alcance dos dispositivos tutelares que lhes são aplicáveis.

A Lei n. 14.442/2022 garantiu um direito que dificilmente se poderia afastar dos aprendizes, o de lhes ser permitida a adoção do regime de teletrabalho ou trabalho remoto.

e) Convolação do contrato: os aprendizes podem ser tornados contratados por tempo indeterminado?

O contrato de aprendizagem é extremamente especial, sendo isso visível na redação do caput do art. 428 da CLT. A aprendizagem no ambiente da empresa é uma manifestação clara da sua função social, seja pelo seu caráter obrigatório, seja pela particularidade de ser o aprendiz o único favorecido diante dessa política social.

O contrato dura, aliás, o tempo necessário à aquisição metódica dos conhecimentos profissionais, sem poder exceder, salvo no caso das pessoas com deficiência, os limites previstos nos §§ 3º e 5º do art. 428 da CLT. A limitação do tempo de duração dos contratos de aprendizagem visa à democratização do acesso da oportunidade de formação técnico-metódica de todos aqueles que pretendem dela desfrutar.

Os contratados para aprendizagem não se valem do princípio da continuidade em seu favor, uma vez que o exigível é não mais do que a formação prática no exercício de funções específicas. Se fosse possível firmar contratações por tempo indeterminado aos aprendizes, tal conduta inviabilizaria a chance de formação de outros tantos que a desejassem.

Imagine-se que certa empresa tivesse o monopólio de realização de uma atividade econômica ou o domínio único de uma importante técnica de produção. Pois bem. Se os aprendizes pudessem ser contratados por tempo indeterminado ou tornados contratados por tempo indeterminado, desapareceria a razão especial de formar muitos nas particulares técnicas produtivas dessa singular empresa.

Não há nos contratos de aprendizagem a possibilidade jurídica de extrapolação dos limites temporais para a convolação do que era vínculo de aprendizagem em vínculo de emprego ordinário. Suponha-se agora que um contrato de aprendizagem foi anotado na CTPS e que, perto de o referido ajuste terminar, o empregador note disponível uma vaga de emprego ordinário para oferecer ao aprendiz cujo ajuste de aprendizagem está para findar.

O que se fará?

Ele anotará na CTPS o final do ciclo de aprendizagem e, em seguida, promoverá nova anotação na CTPS do até então aprendiz, mas agora empregado. Duas anotações serão visíveis na sequência: uma correspondente ao contrato de aprendizagem, outra correspondente ao contrato de emprego ordinário. A prática trabalhista não revela conduta diferente dessa. Não há — ou pelo menos não deveria haver — quem mantenha em aberto a anotação de um contrato iniciado como de aprendizagem e dê continuidade executiva a ele como um contrato de emprego ordinário.

Revela ainda mais fortemente a impossibilidade de continuidade executiva a percepção de que o aprendiz pode encerrar a sua capacitação antes de completar 16 anos. Isso mesmo. Há aprendizagens que duram um ano e que envolvem aprendizes de 14 anos, os quais não poderiam, salvo mediante grave violação da ordem jurídica, ser inseridos no mercado de trabalho por falta de idade mínima para tanto.

E se a aprendiz ficar grávida? A gestação teria o condão de estender os limites temporais de um contrato de aprendizagem?

A reposta parece ser negativa diante do conjunto de particularidades aqui expendidas. No tocante a essa questão, é importante anotar que esse entendimento é o que predomina há algum tempo no âmbito da fiscalização do Ministério do Trabalho e Previdência. Nos termos da Nota Técnica n. 70/2013/DMSC/SIT (Secretaria de Inspeção do Trabalho, do Ministério do Trabalho), datada de 15 de março de 2013, não há falar em estabilidade capaz de dilatar o limite temporal do contrato de aprendizagem diante do seu caráter especial, que tem por objeto a formação profissional do aprendiz. Segundo o referido órgão ministerial, não se pode obrigar o empregador a firmar o que seria, na verdade, um novo contrato com regime jurídico diverso da aprendizagem e com objeto diverso (trabalho produtivo em vez de formação profissional).

A gravidez da empregada aprendiz, então, ao que parece, não gerará mais do que o efeito de impedir a resilição patronal durante o período da gestação, desde que dentro dos lindes temporais do contrato de aprendizagem. Aliás, nada de especial ou de melhor se oferecerá à aprendiz, pois, independentemente de estar ou não grávida, ela jamais poderá sofrer resilição patronal por conta da própria natureza do contrato de aprendizagem, conforme se verá no tópico seguinte.

A despeito dos argumentos acima expendidos, o TST, em fevereiro de 2019, nos autos do processo tombado sob o número TST-RR-1000596-76.2017.5.02.0264, reconheceu estabilidade a aprendiz que engravidou nas proximidades do dia em que terminaria o seu contrato de aprendizagem. O acórdão não considerou as particularidades especiais dadas pela lei ao contrato de aprendizagem nem enfrentou as situações descritas neste tópico, mas, como haveria de ser naquele caso concreto, restringiu-se a afirmar que "a empregada gestante tem direito à estabilidade provisória prevista no art. 10, II, *b*, do Ato das Disposições Constitucionais Transitórias, mesmo na hipótese de admissão mediante contrato por tempo determinado", e que "o contrato de aprendizagem foi firmado por tempo determinado".

Em novembro de 2019, porém, o TST, produzindo uma verdadeira mudança em sua jurisprudência, firmou, com força vinculante, tese no Incidente de Assunção de Competência (IAC) — 5639-31.2013.5.12.0051, no sentido de que "é inaplicável ao regime de trabalho temporário, disciplinado pela Lei n. 6.019/74, a garantia de estabilidade provisória à empregada gestante, prevista no art. 10, II, b, do Ato das Disposições Constitucionais Transitórias". Ora, se se diz que é inaplicável a estabilidade diante de regimes de trabalho temporário, porque não há nenhuma expectativa de continuidade, o mesmo raciocínio há de ser construído — e até por mais fortes razões — em relação ao contrato de aprendizagem cujos contornos não excedem a pretensão de aquisição de formação.

Acrescente-se à discussão, a posição do STF sobre o assunto. Embora sob o ponto de vista transversal, a Alta Corte brasileira tratou sobre a questão e trouxe uma palavra de força acerca do assunto quando, em 10 de outubro de 2018, no *Leading Case* RE 629053, em que se discutia, à luz do art. 10, II, *b*, do ADCT, se o desconhecimento da gravidez da empregada pelo empregador afastaria, ou não, o direito ao pagamento da indenização decorrente da estabilidade provisória, estabeleceu-se tese segundo a qual "a incidência da estabilidade prevista no art. 10, inc. II, do ADCT, somente exige a anterioridade da gravidez à dispensa sem justa causa". Assim, se a aprendiz gestante vê o seu contrato de emprego extinto pelo decurso do tempo ou pelo alcance dos seus propósitos contratuais, não poderá dizer-se dispensada, pois, nesse caso, há não mais do que a extinção do contrato, e não a dissolução do vínculo por conta de resilição patronal.

f) Cessação do contrato de aprendizagem

O contrato de aprendizagem, como qualquer contrato de emprego no ordenamento jurídico brasileiro, sujeita o empregador à observância das regras insertas no art. 477 da CLT.

Nesse sentido, também é exigível o cumprimento do prazo para a formalização da terminação e para o consequente pagamento, a depender da fórmula geradora da cessação contratual.

f1) Fórmulas de cessação do contrato

O contrato de aprendizagem, conforme disposto no art. 433 da CLT, extinguir-se-á no seu termo ou quando o aprendiz completar a idade máxima, nos termos do §§ 3º e 5º do art. 428 da CLT. Os limites temporal e etário, entretanto, não se aplicam aos aprendizes com deficiência.

Há, ainda, a possibilidade de o contrato terminar antecipadamente, por conta de:

I — Desempenho insuficiente ou inadaptação do aprendiz, salvo para o aprendiz com deficiência quando desprovido de recursos de acessibilidade, de tecnologias assistivas e de apoio necessário ao desempenho de suas atividades. Cabe deixar registrado que a ressalva referente ao aprendiz com deficiência é uma justa previsão produzida pela Lei n. 13.146/2015. Não se pode, de fato, atribuir ao aprendiz deficiente a pecha do desempenho insuficiente ou da inadaptação quando o empregador não lhe atribua recursos de acessibilidade, tecnologias assistivas e, quando for o caso, apoio à execução de suas tarefas.

II — Falta disciplinar grave, assim entendida qualquer uma das situações descritas no art. 482 da CLT ou em outros dispositivos legais esparsos que especificamente tenha criado situações de falta grave operária para a ruptura do vínculo.

III — Ausência injustificada à escola que implique perda do ano letivo, caracterizada por meio de declaração da instituição de ensino. Anote-se que a perda do ano letivo por conceito (por notas baixas) não motiva a terminação do contrato de aprendizagem, mas apenas a perda do ano letivo por ausência, desde que injustificada, à escola. Essa situação autorizadora de resolução contratual somente se aplica, evidentemente, aos aprendizes que não tenham concluído o ensino médio (*vide* § 1º do art. 428 da CLT)[23].

IV — Pedido do aprendiz. Nesse particular, não se aplicará, por expressa vedação contida no § 2º do art. 433 da CLT, o disposto no art. 480 do mesmo diploma legal, vale dizer, o aprendiz demissionário jamais indenizará o seu empregador dos prejuízos resultantes dessa opção resilitória. Anote-se, ainda, que, sendo possível o pedido de demissão pelo aprendiz, há de aceitar, por coerência, a possibilidade de o contrato findar também por despedida indireta.

Destaque-se que, nos casos de extinção ou de dissolução do contrato de aprendizagem, o empregador deverá contratar novo aprendiz, sob pena de infração ao disposto no art. 429 da CLT.

f2) Inexistência de resilição por iniciativa patronal

É de registrar-se que, nos termos da lei, não há espaço para a manifestação de resilição por iniciativa patronal. O empregador não poderá despedir o aprendiz sem motivação, ainda que o indenize para tanto, situação que equivale à estabilidade dentro dos limites temporais

---

23 § 1º A validade do contrato de aprendizagem pressupõe anotação na Carteira de Trabalho e Previdência Social, matrícula e frequência do aprendiz na escola, **caso não haja concluído o ensino médio**, e inscrição em programa de aprendizagem desenvolvido sob orientação de entidade qualificada em formação técnico-profissional metódica (Redação dada ao parágrafo pela Lei n. 11.788, de 25-9-2008, *DOU*, 26-9-2008. Destaques não constantes do original).

ajustados. Veja-se, inclusive, a vedação de aplicação do disposto nos arts. 479 e 480 da CLT, conforme o § 2º do art. 433 do mesmo texto consolidado.

g) Como ocorre a aprendizagem no setor público?

Por conta da importância da aprendizagem enquanto política pública, a CLT, desde o seu texto original, passou a impor, em nome da função social das empresas, o dever de contratar aprendizes. Estabeleceu-se, assim, uma imposição de contratação, vale dizer, uma interferência na própria vontade de contratar, de modo que as empresas — salvo aquelas expressamente excluídas desse dever, nos termos da lei — não pudessem se recusar a cumprir a determinação normativa de contratação de aprendizes, observada, é claro, a impessoalidade do ato.

Mas e o setor público? Ele também está obrigado a contratar aprendizes?

Essa é uma pergunta de delicada execução, haja vista as características das contratações no âmbito público submetidas às regras do concurso público. A despeito disso, o Decreto n. 11.061, de 4 de maio de 2022, apesar das críticas que recebeu, relativizou a estrita legalidade e previu, com todas as letras, que a contratação do aprendiz por empresas públicas e sociedades de economia mista poderia ocorrer (i) de forma direta, mediante processo seletivo por meio de edital; ou (ii) de forma indireta, mediante a intermediação de entidades qualificadas em formação técnico-profissional metódica.

A sistemática de contratação do aprendiz por órgãos e entidades da administração pública direta, autárquica e fundacional, porém, ainda não se procedimentalizou. Conforme o parágrafo único do art. 58 do Decreto n. 9.579, de 2018, atualizado pelo Decreto n. 11.061, de 2022, observará regulamento específico, ainda não existente.

h) A violação das normas de aprendizagem como um ilícito civil transindividual

Caso não sejam observadas as diversas particularidades e exigências normativas impostas pela legislação, o contrato de aprendizagem será desnaturado e, em seu lugar, surgirá uma forma contratual ordinária. Esse efeito nulificante, entretanto, não será o único a considerar, uma vez que o envolvimento do aprendiz em situação que não lhe proporcione aprendizagem, mas a mera exploração da sua força de trabalho, será motivo jurídico suficiente para que sejam produzidos, em seu favor, efeitos indenizantes, permitindo-lhe invocar judicialmente não apenas a invalidação do contrato de aprendizagem, mas, em especial, indenizações por violações ao seu patrimônio imaterial, haja vista os danos sofridos sobre a sua própria identidade de pessoa em desenvolvimento.

O descumprimento da lei de aprendizagem em escala transindividual implicará, além da aplicação de multas administrativas previstas no art. 434 da CLT, o possível enfrentamento pelo infrator de ações civis públicas, em regra aforadas por sindicatos e pelo Ministério Público do Trabalho, com a confrontação de pretensões inibitórias e de pedidos de condenação do envolvido em indenizações por danos morais coletivos

A obrigatoriedade de contratar aprendizes, por fim, tem proteção especial do sistema jurídico brasileiro, haja vista o envolvimento de crianças, adolescentes e jovens, que, nos termos do art. 227 do texto constitucional brasileiro, têm absoluta prioridade. No âmbito infraconstitucional, aliás, vê-se vedação à sua restrição ou redução por negociação coletiva, conforme o art. 611-B, XXIV, da CLT, uma vez que essa imposição contratual é, em essência, impulsionadora da progressividade social e das muitas oportunidades que o trabalho e a educação, de forma conjuntiva, podem trazer para o desenvolvimento socioeconômico e para a formação da cidadania.

8.2.1.1.5 Contratação em interinidade

Por força da sistemática contratual prevista no § 2º do art. 475 da CLT[24], o empregador estará autorizado a admitir, *a título precário*, um empregado substituto para atuar em lugar de um empregado efetivo que tenha se afastado dos serviços por incapacidade laborativa[25]. Tal contratação será promovida por tempo determinado sem que, entretanto, qualquer dos convenentes tenha a certeza do prazo exato de duração da precitada substituição. Trata-se de situação extremamente peculiar, porque baseada na lógica do *certus an et incertus quando*, a mesma que orienta os ajustes que levam em conta a concretização de um acontecimento meramente previsível (como a conclusão de uma obra ou a colheita de uma safra).

É importante anotar que tal contratação somente manterá a característica temporária se o empregador der **ciência inequívoca da interinidade** ao substituto quando for celebrado o contrato de emprego. Caso contrário, o substituto estará a ser contratado por tempo indeterminado, somente podendo ser desligado mediante o pagamento de todas as verbas próprias de uma resilição por iniciativa patronal.

Surge daí a primeira problemática não esclarecida pela legislação: *qual seria o limite temporal máximo desse contrato de substituição?*

Há duas possíveis soluções. A **primeira** aponta no sentido de que o contrato se transformaria em um ajuste por tempo indeterminado na medida em que fosse rompido o prazo de dois anos, haja vista o limite máximo previsto no art. 445 da CLT; a **segunda** pugna pela manutenção do ajuste como "por tempo determinado" até que a condição resolutiva que justifica a sua existência venha a se realizar, ou seja, até que o empregado afastado retorne às suas atividades.

Outro aspecto relevante a ser observado diz respeito ao falecimento do substituído. Se ele vier a morrer durante o período de seu afastamento para fins de percepção do benefício por incapacidade, o interino será titularizado.

8.2.1.1.6 Contratação para evento específico: safra e obra certa

Há "contratos por tempo determinado", consoante consta da parte introdutória deste capítulo, dos quais se espera mais do que o mero transcurso dos dias. A obtenção do resultado passa a ser o fato que juridicamente estanca o pacto. Nesse âmbito estão os contratos que assim vigoram até a ultimação dos serviços encomendados ou até a concretização do evento projetado. Duas situações merecem considerações: as contratações por obra certa e por safra. Vejam-se:

a) Contratação por obra certa (Lei n. 2.959/56)

A CLT, embora genericamente, já disciplinava a contratação por obra certa em seu art. 443. Nos termos do então parágrafo único do art. 443 da CLT (hoje, § 1º), considerava-se por tempo determinado aquele contrato cuja vigência dependesse da realização de certo acontecimento

---

24 CLT, art. 475, § 2º. Se o empregador houver admitido substituto para o aposentado, poderá rescindir, com este, o respectivo contrato de trabalho sem indenização, desde que tenha havido ciência inequívoca da interinidade ao ser celebrado o contrato.

25 Parece que, por analogia, este dispositivo pode ser aplicado em qualquer situação ensejadora de admissão, a título precário, de um empregado substituto para atuar em lugar de um empregado efetivo. Nesse sentido, não apenas nas hipóteses de aposentadoria por invalidez seria aplicável a lógica do § 2º do art. 475 da CLT, mas também nos casos de licença para fruição de auxílio-doença, licença-maternidade, licenças-prêmio, licenças para estudos ou para tratamento de assuntos pessoais.

suscetível de previsão aproximada, ou seja, que dependesse da concretização de um acontecimento previsível. O contrato por obra certa (bem como o contrato por safra) ingressava como uma luva nesse figurino, embora não houvesse dispositivo que claramente ditasse isto.

A Lei n. 2.959/56 alterou a CLT para dispor que os empregadores/construtores, desde que exercentes da atividade de construção civil em caráter permanente, haveriam de pagar a seus operários, finda a obra ou serviço certo, *uma indenização equivalente àquela prevista no art. 478 da CLT, embora reduzida em 30%*. Foi, então, criada uma indenização em favor dos operários contratados por obra ou serviço certo, apesar de o ajuste com eles firmado ser por tempo determinado.

É importante lembrar que, à época da edificação da ora analisada norma (1956), estava em plena vigência o disposto no art. 478 da CLT e que a partir da publicação da Lei n. 5.107, de 13 de setembro de 1966 (lei que criou o regime do FGTS), passou a ser paulatinamente substituída a indenização do precitado dispositivo celetista pelos depósitos garantidores do tempo de serviço. Essa substituição paulatina teve seu ápice com a promulgação da Constituição de 1988, que universalizou o regime do FGTS e sepultou a indenização prevista no art. 478 da CLT, ressalvadas, é claro, as situações de direito adquirido em favor daqueles (hoje poucos) que foram contratados na época em que tal sistema indenizatório vigia. O histórico é lembrado apenas para deixar claro que, depois da universalização do FGTS, não se pode mais falar na possibilidade de o operário contratado por obra certa fruir da indenização prevista no art. 2º da Lei n. 2.959/56[26]. Afirma-se isso porque o pagamento de tal indenização implicaria verdadeiro *bis in idem*, na medida em que a indenização prevista no art. 478 da CLT foi juridicamente substituída pelo FGTS[27]. A mesma situação aconteceu com a indenização relacionada ao contrato por safra, prevista na Lei n. 5.889/73, que será analisada no próximo tópico.

Anote-se que um contrato não poderá ser por obra ou por serviço certo se não existir ajuste que especificamente delimite a obra e as atribuições do operário contratado[28]. Aliás, parece que essa delimitação é elemento substancial ao ajuste, a ponto de, sendo ela inexistente, não ser possível falar-se no tipo contratual ora em exame.

Por fim, averbe-se que o ajuste por obra certa se transformará em contrato por tempo indeterminado quando rompido o **limite de dois anos**, haja vista o linde previsto no art. 445 da CLT. Esse, aliás, é o entendimento constante da Súmula 195 do STF, que, evidentemente, há ser interpretado com as devidas adaptações decorrentes da modificação legislativa. Lembre-se de que, até a publicação do Decreto-lei n. 229, de 28 de fevereiro de 1967, o art. 445 da CLT previa que 4 (quatro) anos era o limite temporal para os contratos por tempo determinado e que esse confim foi reduzido para 2 (dois) anos.

b) Contratação por safra (Lei n. 5.889/73)

Tal qual o contrato por obra certa, a CLT, genericamente, já disciplinava a contratação por safra em seu art. 443. Considerava-se por tempo determinado aquele contrato cuja vigência dependesse da realização de certo acontecimento suscetível de previsão aproximada,

---

[26] Lei n. 2.959/56.

Art. 2º Rescindido o contrato de trabalho em face do término da obra ou serviço, tendo o empregado mais de doze meses de serviço, ficar-lhe-á assegurada a indenização por tempo de trabalho na forma do art. 478 da Consolidação das Leis do Trabalho, com trinta por cento de redução.

[27] Para maiores detalhes e para bem entender esta situação, recomenda-se a leitura do capítulo que trata das "Fórmulas de garantia de emprego e do tempo de serviço".

[28] CONTRATO POR OBRA CERTA — NÃO CONFIGURADO — Não se conhece contrato por obra certa quando o empregador não especifica no contrato a obra ou serviço a ser realizado pelo empregado (TRT, 16ª R., Proc. 01797-2007-015-16-00-9, Rel. Juíza Ilka Esdra Silva Araújo, j. 20-11-2008).

ou seja, que dependesse da concretização de um acontecimento previsível, estando a safra exatamente neste perfil[29].

A Lei n. 5.889/73 criou um microssistema legal em favor dos rurícolas, e no art. 14 do mencionado diploma previu **indenização suplementar** em favor do safrista "correspondente a 1/12 (um doze avos) do salário mensal, por mês de serviço ou fração superior a 14 (quatorze) dias", independentemente do tempo de contrato, ao contrário do que acontecia com os operários contratados por obra certa, que somente recebiam a indenização prevista no art. 2º da Lei n. 2.959/56 depois dos doze primeiros meses de vínculo, seguindo a regra do art. 478 da CLT.

Os safristas, como se pode perceber, não estavam vinculados à sistemática do mencionado dispositivo celetista. Essa evidência é importante para a análise da exigibilidade ou não da ora analisada indenização suplementar, uma vez que não necessariamente se pode afirmar que o FGTS a substituiu. Perceba-se que o FGTS substituiu, sim, a indenização do art. 478 da CLT e todas as formas indenizatórias que tivessem fundamento na indenização constante do mencionado artigo consolidado. Mas e para os safristas? A indenização é exigível?

Há uma considerável discussão quanto à subsistência dessa vantagem. Anote-se que existe uma corrente doutrinária e jurisprudencial que entende ter desaparecido a multicitada indenização do safrista na medida em que foi universalizado o FGTS para todos os trabalhadores urbanos e rurais. Segundo Alice Monteiro de Barros, "a Constituição Federal de 1988, ao assegurar ao safrista o FGTS, retirou-lhe a indenização por duodécimos em período concomitante"[30].

Outra corrente pugna pela inexistência de *bis in idem*. Nesse sentido há, a propósito, um precedente administrativo da Secretaria de Inspeção do Trabalho, o de número 65, segundo o qual "o art. 14 da Lei n. 5.889, de 8 de junho de 1973, foi recepcionado pela Constituição Federal de 1988, devendo tal indenização ser cumulada com o percentual do FGTS devido na dispensa". E acrescenta que "no contrato de safra se permite uma dualidade de regimes, onde o acúmulo de direitos corresponde a um **plus** concedido ao safrista. Não há que se falar, portanto, em *bis in idem* ao empregador rural". Acrescente-se que a legislação previdenciária — veja-se o § 9º, *e*, 4, do art. 28 da Lei n. 8.212/91[31] — mantém no rol das indenizações a vantagem aqui analisada, reforçando a corrente daqueles que entendem inexistente o *bis in idem*.

Opina-se no sentido de que, efetivamente, diante da universalização do FGTS, para urbanos e rurais, desapareceu a indenização devida ao safrista. Para chegar a essa conclusão basta lembrar que antes de 1988 os rurícolas não estavam inseridos no regime do FGTS, por isso precisavam de uma vantagem substituinte. Com a extensão do FGTS aos trabalhadores do campo, tornou-se difícil apresentar um fundamento válido para a manutenção da indenização. Dizer permitida a dualidade de regimes sem apresentar motivação para tanto, como o fez o mencionado Precedente 65 da Secretaria de Inspeção do Trabalho, equivale a oferecer a solução mantenedora pelo simples desejo de oferecer.

---

29 Nos termos do parágrafo único do art. 14 da Lei n. 5.889/73, "considera-se contrato de safra o que tenha sua duração dependente de variações estacionais da atividade agrária".
30 BARROS, Alice Monteiro de. *Contratos e regulamentações especiais do trabalho*: peculiaridades, aspectos controvertidos e tendências. 2. ed. São Paulo: LTr, 2002, p. 417.
31 § 9º Não integram o salário de contribuição para os fins desta Lei, exclusivamente: [...]e) as importâncias: [...] 4. Recebidas a título da indenização de que trata o art. 14 da Lei n. 5.889, de 8 de junho de 1973 (Item acrescentado pela Lei n. 9.528, de 10-12-1997).

8.2.1.1.7 Contratação de atleta profissional

A atividade do atleta profissional de todas as modalidades desportivas é regida pela **Lei n. 9.615/98**, que, entre outras particularidades, prevê contrato formal de trabalho, celebrado **por escrito** e **por tempo determinado**, com vigência nunca inferior a **três meses** nem superior a **cinco anos**, sem direito a prorrogações.

Destaque-se, ainda, que, nos termos da Lei n. 10.220/2001, considera-se também atleta profissional o peão de rodeio, cuja atividade consiste na participação, mediante remuneração pactuada em contrato próprio, em provas de destreza no dorso de animais equinos ou bovinos, em torneios patrocinados por entidades públicas ou privadas. O contrato celebrado entre a entidade promotora das provas de rodeios e o peão, obrigatoriamente por escrito, deve conter, entre outros elementos, o prazo de vigência de, **no mínimo, quatro dias** e, **no máximo, dois anos**.

8.2.1.1.8 Contratação para acréscimo de empregados mediante negociação coletiva (Lei n. 9.601/98)

A agudização da crise do emprego formal fez com que o governo brasileiro, no final da década de 90, entre outras medidas legislativas, publicasse a Lei n. 9.601, em 21 de janeiro de 1998. A referida norma passou a permitir que, por negociação coletiva, fossem instituídos contratos de trabalho por tempo determinado, sem que, entretanto, estivessem vinculados às condições estabelecidas no § 2º do art. 443 da CLT. Consoante o referido modelo legislativo, tais contratações poderiam ser promovidas *em qualquer atividade desenvolvida pela empresa ou estabelecimento* desde que representassem acréscimo no número de empregados[32]. A quantidade de contratados segundo a fórmula aqui apreciada, entretanto, não pode ultrapassar os percentuais previstos na norma regulamentadora, Decreto n. 10.854, de 10 de novembro de 2021[33].

O estímulo a essas novas contratações também foi tributário. A Medida Provisória n. 2.164-41, de 24-8-2001, **reduziu por 60 meses**, contados da data de sua publicação (*DOU* de 27-8-2001)[34]:

I) a 50% de seu valor vigente em 1º de janeiro de 1996, as alíquotas das contribuições sociais destinadas ao Serviço Social da Indústria — SESI, Serviço Social do Comércio — SESC, Serviço Social do Transporte — SEST, Serviço Nacional de Aprendizagem Industrial — SENAI, Serviço Nacional de Aprendizagem Comercial — SENAC, Serviço Nacional de Aprendizagem do Transporte — SENAT, Serviço Brasileiro de Apoio às Micro e Pequenas Empresas —

---

[32] A aplicação dessa norma não pode implicar o despedimento dos empregados antigos com o objetivo de recontratá-los por tempo determinado.

[33] Art. 5º A média aritmética prevista no artigo 3º, parágrafo único, da Lei n. 9.601/98, abrangerá o período de 1º de julho a 31 de dezembro de 1997.

§ 1º Para se alcançar a média aritmética, adotar-se-ão os seguintes procedimentos:

a) apurar-se-á a média mensal, somando-se o número de empregados com vínculo empregatício por prazo indeterminado de cada dia do mês e dividindo-se o seu somatório pelo número de dias do mês respectivo;

b) apurar-se-á a média semestral pela soma das médias mensais dividida por seis.

§ 2º Os estabelecimentos instalados ou os que não possuíam empregados contratados por prazo indeterminado a partir de 1º de julho de 1997 terão sua média aritmética aferida contando-se o prazo de seis meses a começar do primeiro dia do mês subsequente à data da primeira contratação por prazo indeterminado.

[34] Essa vantagem, todavia, somente foi concedida aos empregadores adimplentes junto ao Instituto Nacional do Seguro Nacional — INSS e ao Fundo de Garantia do Tempo de Serviço — FGTS e àqueles empregadores que tivessem depositado no Ministério do Trabalho a relação dos contratados nos termos da Lei n. 9.601/98.

SEBRAE e Instituto Nacional de Colonização e Reforma Agrária — INCRA, bem como ao salário-educação e para o financiamento do seguro de acidente do trabalho;

II) para 2%, à alíquota da contribuição para o Fundo de Garantia do Tempo de Serviço — FGTS, de que trata a Lei n. 8.036, de 11 de maio de 1990.

Outro aspecto importante diz respeito à inaplicabilidade do disposto no art. 451 da CLT[35] ao contrato de trabalho regido pela citada norma. Isso significa, em outras palavras, que o contrato de trabalho por tempo determinado previsto na Lei n. 9.601/98 poderá ser prorrogado múltiplas vezes sem que qualquer efeito jurídico decorrente daí advenha.

No mesmo instrumento coletivo em que for instituído o ora analisado contrato de trabalho por tempo determinado, as partes podem pactuar livremente a indenização para as hipóteses de resilição antecipada por iniciativa do empregador ou do empregado, não se lhes aplicando necessariamente a sistemática disposta nos artigos 479 e 480 da CLT, salvo se assim desejarem os contratantes. Na convenção ou acordo coletivo também serão estipuladas, caso assim desejem as partes contratantes, as multas por eventual descumprimento de suas cláusulas.

O contrato por tempo determinado regido pela Lei n. 9.601/98 garantiu a manutenção do vínculo em favor dos trabalhadores que sejam favorecidos por situações geradoras de estabilidades provisórias, ainda que extrapolado o limite predeterminado. Assim, se durante o transcurso do contrato por tempo determinado o trabalhador for eleito dirigente sindical ou membro da CIPA o ajuste se manterá incólume até a superação do evento gerador da estabilidade ou até findo o prazo originariamente estipulado. A situação é análoga àquela vivida pelos aprendizes, que, igualmente, têm a garantia legal de proteção contra a resilição contratual antecipada por iniciativa patronal (veja-se o art. 433 da CLT e o capítulo em que se trata sobre "fórmulas de garantia de emprego e de tempo de serviço", especificamente na seção em que se analisam os institutos incompatíveis com a estabilidade).

É importante anotar que, por força de mudança de entendimento jurisprudencial (vejam-se as redações constantes dos itens III das Súmulas 244 e 378 do TST), passou-se a entender que gravidezes e acidentes do trabalho ocorridos durante o transcurso de contratos por tempo determinado não inviabilizam a fruição das estabilidades correspondentes. Isso, em algumas situações, pode importar em diferimento da data final do contrato por tempo determinado (*vide* IAC — 5639-31.2013.5.12.0051) e em sua transformação em contrato por tempo indeterminado.

Pois bem. Apesar das inovações aqui expendidas, a Lei n. 9.601/98 criou um modelo burocrático de contratação por tempo determinado com poucas contrapartidas tributárias e trabalhistas. Isso desestimulou o ajuste de empresários e operários, sendo raros na prática forense casos que digam respeito ao assunto aqui tratado.

Por fim, para facilitar a compreensão, seguem as principais características das contratações apreciadas neste bloco:

Principais características das contratações por tempo determinado segundo a sistemática da Lei n. 9.601/98
Devem ser autorizadas unicamente por negociação coletiva.
Podem estar desvinculadas das condições estabelecidas no § 2º do art. 443 da CLT.
Podem ser promovidas *em qualquer atividade desenvolvida pela empresa ou estabelecimento*.

---

[35] CLT, Art. 451. O contrato de trabalho por prazo determinado que, tácita ou expressamente, for prorrogado mais de uma vez, passará a vigorar sem determinação de prazo.

Devem representar acréscimo no número de empregados.
Não estão submetidas à aplicabilidade do disposto no art. 451 da CLT.
As partes podem estabelecer livremente a indenização para as hipóteses de rescisão antecipada por iniciativa do empregador ou do empregado, não se lhes aplicando necessariamente a sistemática disposta nos arts. 479 e 480 da CLT, salvo se assim desejarem os contratantes.
Se, durante o transcurso do contrato por tempo determinado, o trabalhador acidentar-se, for eleito dirigente sindical, membro da CIPA ou, sendo mulher, engravidar, terá a garantia legal de proteção contra a resilição contratual antecipada por iniciativa patronal.
Produziram incentivos fiscais durante sessenta meses, contados de 27-8-2001.

8.2.1.1.9 *Contrato de Trabalho Verde e Amarelo*

Na Proposta de Plano de Governo do então candidato à Presidência da República Jair Bolsonaro antevia-se a modalidade aqui em estudo. Durante a campanha eleitoral de 2018 dizia-se: *"Criaremos uma nova carteira de trabalho verde e amarela, voluntária, para novos trabalhadores. Assim, todo jovem que ingresse no mercado de trabalho poderá escolher entre um vínculo empregatício baseado na carteira de trabalho tradicional (azul) — mantendo o ordenamento jurídico atual —, ou uma carteira de trabalho verde e amarela (onde o contrato individual prevalece sobre a CLT, mantendo todos os direitos constitucionais)".*

E assim foi, embora com algumas mudanças estruturais. Em lugar de *"carteira de trabalho verde e amarela"* fala-se em *"contrato de trabalho verde e amarelo"*.

Pois bem. Esse "contrato de trabalho verde e amarelo" foi previsto pela Medida Provisória n. 905, de 2019, que, como se sabe, teve o seu prazo de vigência encerrado em 18 de agosto de 2020, pelo Ato Declaratório do Presidente da Mesa do Congresso Nacional n. 127, de 2020.

Como o Congresso Nacional não editou o decreto legislativo a que se refere o § 3º do art. 62 da Constituição da República no prazo de sessenta dias após a perda de eficácia da referida medida provisória, as relações jurídicas constituídas e decorrentes de atos praticados durante sua vigência conservaram-se por ela regidas.

Assim, o "contrato de trabalho verde e amarelo" que tenha sido constituído nos últimos dias de vigência da Medida Provisória n. 905, de 2019 (ela vigeu até 18-8-2020), poderá, em rigor, vigorar até 18 de agosto de 2022 e ser levado à discussão judiciária até 18 de agosto de 2024 Exatamente por isso é relevante ter nesta obra, conquanto encerrado o prazo de vigência da referida MP, todos os elementos que detalham essa espécie contratual. Vejam-se as particularidades:

a) *Beneficiários*

A Medida Provisória n. 905, de 11 de novembro de 2019, cujo prazo de vigência foi encerrado, trouxe à luz o prometido contrato, modalidade de contratação destinada à criação de novos postos de trabalho para as pessoas entre 18 (dezoito) e 29 (vinte e nove) anos de idade, para fins de registro do primeiro emprego em Carteira de Trabalho e Previdência Social.

Algumas características são, então, muito evidentes:

a) Trata-se de modalidade contratual que teve o objetivo específico de **criar novos postos de trabalho**. Não pode, portanto, ser invocada essa novidade para substituir o quadro funcional instalado na empresa. Essa ideia de criação de novos postos de trabalho foi reiterada no *caput* do art. 2º da Medida Provisória n. 905/2019.

b) Os **destinatários específicos** dessa modalidade contratual eram os **jovens entre 18 (dezoito) e 29 (vinte e nove) anos de idade**, não podendo dela se valer quem estivesse aquém ou além desses limites etários. Havia, portanto, um tratamento diferenciado lastreado na previsão de "absoluta prioridade" que havia de ser dada aos jovens, nos termos do *caput* do art. 227 da Constituição Federal e de "proteção especial" trabalhista mencionada no § 3º, II, do referido artigo.

c) **Somente foi dirigida para a conquista do primeiro emprego**. Aqueles que já tivessem conquistado o primeiro emprego, independentemente da idade, estavam fora da aplicabilidade da norma, salvo se esse "primeiro emprego" tivesse ocorrido em decorrência de anteriores contratos de aprendizagem, experiência, intermitente ou se a oportunidade de trabalho vivida foi alcançada como um trabalhador avulso.

Anote-se que o Contrato Verde e Amarelo **não poderia ser aplicado em face de trabalhadores submetidos a legislações especiais** (veja-se o art. 17 da MP n. 905, de 2019). Isso responde antecipadamente a qualquer indagação sobre a possibilidade de, por exemplo, um doméstico (LC n. 150, de 2015) ter sido contratado pela modalidade aqui em exame. A resposta é evidentemente negativa, o mesmo ocorrendo, por exemplo, com aeronautas (Lei n. 13.475, de 2017) e com os advogados (Lei n. 8.906, de 1994).

Assim, se o trabalhador tem uma legislação especial regente, ele o manteve imune à modalidade "Verde e Amarelo".

Para finalizar, é importante deixar anotado, mediante referência ao conteúdo do § 1º do art. 5º da MP n. 905/2019, que o Contrato de Trabalho Verde e Amarelo **poderia ter sido utilizado para qualquer tipo de atividade, transitória ou permanente, e até mesmo para substituição transitória de pessoal permanente**. Com esse registro deseja-se deixar claro que a modalidade contratual Verde e Amarelo pode ser praticada tanto em relação às atividades transitórias da empresa quanto em relação às atividades desenvolvidas em caráter permanente. Assim, uma empresa de *valet* (que manobra e estaciona veículos) pode contratar novos empregados manobristas pela modalidade aqui em análise, da mesma forma que um restaurante pode contratar novos garçons, independentemente de qualquer motivação para admiti-los por tempo determinado, ainda que para substituição transitória de pessoal permanente.

b) *Sistemática de contratação*

O Contrato de Trabalho Verde e Amarelo previsto na MP n. 905/2019 teve como referência para os chamados "novos postos de trabalho" o quadro de empregados registrados na folha de pagamento entre os dias 1º de janeiro de 2019 e 31 de outubro de 2019. Identificada a quantidade média de empregados devidamente registrados no citado período, era possível contratar, se, é claro, o ajuste tivesse visado à produção de novos postos de trabalho. **A norma não admitia, portanto, a recomposição do quadro funcional, mas apenas a adição de novos postos de serviço.**

Resolvido esse pressuposto, passa-se à verificação do número de possíveis contratações, cujo **limite máximo era de 20% (vinte por cento) do total de empregados da empresa**, levando-se em consideração a folha de pagamentos do mês corrente de apuração. Nesse sentido, se uma empresa tinha 100 (cem) empregados, estava autorizada a contratar até 20 (vinte) novos empregados pela modalidade Verde e Amarelo.

As empresas com até 10 (dez) empregados, inclusive aquelas constituídas após 1º de janeiro de 2020, estavam autorizadas a contratar 2 (dois) empregados na modalidade Contrato de Trabalho Verde e Amarelo, e, na hipótese de o quantitativo de 10 (dez) empregados ser superado, era aplicada a proporcionalidade de 20% (vinte por cento). Dessa forma, portanto, se uma empresa tivesse apenas 1 (um) empregado, o sistema normativo a autorizava, por exemplo, a ter até 2 (dois) contratados na modalidade Verde e Amarelo, o que deixava claro que as empresas mais beneficiadas foram aquelas de pequena dimensão com mínimos contingentes de empregados. Assim, uma empresa com apenas um empregado poderia aumentar o seu quadro em até 200% (duzentos por cento).

É importante observar que **a legislação aqui em exame criou uma blindagem por um mecanismo antifraude**. O trabalhador contratado por outras formas de contrato de trabalho, uma vez dispensado, não poderia ser recontratado pelo mesmo empregador, na modalidade Contrato de Trabalho Verde e Amarelo, pelo prazo de 180 (cento e oitenta) dias, contado da data de dispensa, salvo se o contrato encerrado tivesse ocorrido por conta de aprendizagem, de experiência ou de intermitência. A intenção da norma foi a de evitar que os empregadores tivessem a intenção de paulatinamente mudar o seu quadro de empregados ordinários, despedindo-os para, em seguida, recontratá-los na nova modalidade.

Como exceção ao período de apuração, a Medida Provisória n. 905/2019 assegurou o direito de contratar na modalidade Contrato de Trabalho Verde e Amarelo às empresas que, em outubro de 2019, tivessem apurado quantitativo de empregados inferior ao total de empregados registrados em outubro de 2018, desde que essa diminuição tivesse sido de minimamente 30% (trinta por cento). Assim, se uma empresa tinha 100 empregados em outubro de 2018 e viu-se em outubro de 2019 com 70 empregados ou menos, foi-lhe autorizada a contratação especial aqui em exame, observado, em todo o caso, o limite de 20% (vinte por cento) do total de empregados da empresa, levando-se em consideração a folha de pagamentos do mês corrente de apuração.

E se fosse extrapolado esse limite? A resposta era visível no § 2º do art. 16 da Medida Provisória n. 905/2019: "havendo infração aos limites estabelecidos no art. 2º, o contrato de trabalho na modalidade Contrato de Trabalho Verde e Amarelo será transformado automaticamente em contrato de trabalho por prazo indeterminado". Dessa forma, se fosse possível segregar cronologicamente os contratos realizados sob essa modalidade, aqueles que inicialmente tenham sido realizados dentro da cota legal seriam válidos. Aqueles excedentes, firmados depois de alcançada a cota, passavam a ser, em verdade, contratos de emprego por tempo indeterminado.

Não sendo possível separar cronologicamente os contratos, hipótese evidente quando, por exemplo, todos os empregados tivessem sido contratados no mesmo dia, a solução foi oferecida *pro operario*, conduzindo todos os contratos à nulidade da cláusula que lhes dava o caráter especial. Todos os ajustes, diante dessa situação especial, passaram a ser, portanto, contratos por tempo indeterminado.

c) Dimensão salarial

No que diz respeito à dimensão salarial, **os contratados pela modalidade Verde e Amarelo não tiveram salários-base mensais superiores a 1,5 (um e meio) salário mínimo**. Após 12 (doze) meses de contratação, porém, era possível a majoração salarial sem o desvirtuamento do negócio jurídico especial.

Sempre que se vê menção ao salário mínimo como indexador, surge invariavelmente a lembrança do conteúdo da Súmula Vinculante 4 do STF, consoante a qual, *"salvo nos casos previstos na Constituição, o salário mínimo não pode ser usado como indexador de base de cálculo de vantagem de servidor público ou de empregado, nem ser substituído por decisão judicial"*.

Não parecia, entretanto, haver qualquer tipo de violação no dispositivo em análise. A solução a ser dada, no particular, foi a mesma que se ofereceu aos salários profissionais, baseada na Orientação Jurisprudencial 71 da SDI-2 do TST, segundo a qual *"a estipulação do salário profissional em múltiplos do salário mínimo não afronta o art. 7º, inciso IV, da Constituição Federal de 1988, só incorrendo em vulneração do referido preceito constitucional a fixação de correção automática do salário pelo reajuste do salário mínimo".*

O STF, porém, derrubou esse entendimento em virtude da posição tomada nas Arguições de Descumprimento de Preceito Fundamental (ADPFs) n. 53, 149 e 171. Segundo a Alta Corte constitucional, ao destacar a necessidade de estabelecer um critério que, ao mesmo tempo, preserve o patamar salarial estipulado em lei e afaste a atualização automática com base no salário mínimo, cabe ao intérprete utilizar os precedentes do próprio STF (RE 565.714 e ADPF 151), com base nos quais se utilizou a interpretação conforme a Constituição para determinar o congelamento do valor da base normativa de modo a desindexar o salário mínimo. A adoção dessa técnica, segundo o STF, preserva o padrão remuneratório definido pelo legislador sem transgredir a cláusula constitucional que veda a indexação.

As isenções fiscais previstas em lei para aqueles empregadores que prestigiaram a contratação Verde e Amarelo, entretanto, não foram atribuídas para valores de salário que superassem o referido máximo de 1,5 (um e meio) salário mínimo. Isso quer dizer que **as desonerações/incentivos oferecidos pela norma somente foram oferecidas até o limite de 1,5 (um e meio) salário mínimo**, e nunca além disso.

d) Manutenção dos direitos dos empregados

A contratação pela modalidade Verde e Amarelo foi oferecida mediante a promessa de, ao menos frontalmente, não se violar nenhum direito trabalhista constitucionalmente amparado. Tirante algumas questões que despertam dúvidas sobre a constitucionalidade (como se verá adiante), todos os direitos previstos na Constituição Federal foram, de fato, garantidos. As relativizações ocorreram apenas sobre as legislações infraconstitucionais e, mesmo assim, quando expressamente referidas nos comandos normativos.

De modo geral, entretanto, o trabalhador Verde e Amarelo gozou, ademais, dos direitos previstos na CLT e nos instrumentos coletivos negociados firmados por suas categorias profissionais, desde que, evidentemente, esses direitos, tais como postos na CLT ou nos instrumentos coletivos negociados, não se contrapusessem às disposições especiais previstas na própria Medida Provisória n. 905, de 2019.

e) Prazo de contratação

O Contrato de Trabalho Verde e Amarelo era, em essência, **firmado por tempo determinado. Sua dimensão temporal máxima é a de 24 (vinte e quatro) meses**, ou seja, 2 (dois) anos, justamente o limite máximo previsto para outras tantas formas gerais de contratação por tempo determinado, nos moldes do art. 445 da CLT. Note-se, entretanto, que 24 (vinte e quatro meses) era o limite máximo, podendo o empregador celebrar o contrato por tempo determinado inferior, ficando essa decisão, referente à diminuição do limite máximo, ao seu critério.

Independentemente do tempo do contrato, desde que observado o limite de 24 meses, **o disposto no art. 451 da CLT era inaplicável**. Desse modo, o Contrato Verde e Amarelo até o referido limite de 24 meses **poderia ser muitas vezes prorrogado sem que isso o desnaturasse**. Assim, o Contrato Verde e Amarelo que, tácita ou expressamente, tivesse sido prorrogado, independentemente do número de vezes que isso ocorresse, não passava a vigorar sem determinação de prazo.

Somente quando ultrapassado o limite de 24 meses era que o Contrato Verde e Amarelo se convertia automaticamente em contrato por tempo indeterminado, mas, ainda assim, observados efeitos *ex nunc*, vale dizer, efeitos constitutivos, constatáveis somente a partir da extrapolação do prazo. Sobre o referido efeito *ex nunc*, o § 3º do art. 5º da MP n. 905/2019 era bem claro ao dizer que somente passariam a incidir as regras do contrato por tempo indeterminado "a partir da data da conversão", ficando, a partir desse instante, afastadas as disposições previstas na norma instituidora da contratação Verde e Amarelo.

f) Pagamentos antecipados ao empregado

Uma das características essenciais do Contrato de Trabalho Verde e Amarelo estava presente na **simplificação da sistemática de pagamento**, especialmente das verbas pagáveis no instante de ruptura do vínculo. Exatamente por isso a norma instituidora dessa nova modalidade contratual previu, no *caput* do seu art. 6º, que, "ao final de cada mês, ou de outro período de trabalho, caso acordado entre as partes, desde que inferior a um mês, o empregado receberá o pagamento imediato das seguintes parcelas: I — remuneração; II — décimo terceiro salário proporcional; e III — férias proporcionais com acréscimo de um terço".

Perceba-se que a norma aqui em análise respeitava a periodicidade "mensal". Isso significava que, nos limites dessa nova modalidade contratual, **os pagamentos haveriam de ser feitos maximamente "ao final de cada mês"**, embora pudessem sê-lo em periodicidade inferior (a exemplo, de semana ou quinzena), **conforme ajustado entre as partes**. A aplicabilidade do § 1º do art. 459 da CLT, segundo o qual a quitação haveria de ser feita até o quinto dia subsequente ao vencido, demonstrava-se aceitável, pois não produziria qualquer lesão considerável ao patrimônio do empregado, além de ver-se mantida uma antiga praxe. Entendimentos em sentido contrário à aplicabilidade do § 1º do art. 459 da CLT até que surgiram, mas se revelaram meramente preciosistas e, exatamente por isso, propensos à desconsideração.

Outro ponto observado: **a antecipação de férias, acrescidas de 1/3, e de décimo terceiro salário, não se afigurou como uma faculdade** nos termos da lei ou como uma disposição suscetível de negociação entre as partes. O texto normativo foi imperativo e previu, mediante disposição claramente impositiva: "o empregado **receberá** o pagamento imediato" da remuneração conjuntamente com "décimo terceiro salário proporcional"; e "férias proporcionais com acréscimo de um terço".

A menção feita ao "acordado entre as partes" disse respeito à estipulação de prazo de pagamento inferior a um mês, e não ao pagamento antecipado de determinadas verbas. Anote-se, porém, que, nesse ponto, houve uma evidente dissociação entre a *mens legislatoris* (a vontade do legislador) e a *mens legis* (vontade da lei). Diz-se isso porque a Exposição de Motivos da Medida Provisória sugeria que a antecipação do pagamento das verbas aqui referidas seria uma faculdade. O item 6 da referida Exposição de Motivos exteriorizava a seguinte ideia: "**Por acordo entre empregado e empregador**, o Contrato Verde e Amarelo **possibilita** o pagamento antecipado, mensal ou em outra periodicidade, do adicional de férias, do décimo terceiro e da multa rescisória sobre o Fundo de Garantia por Tempo de Serviço — FGTS". Quando o projeto de Medida Provisória foi executado, o texto passou a dispor em sentido diverso, tornando a antecipação uma obrigação patronal, e não uma faculdade, pelas razões acima expendidas. O texto normativo teve vontade própria, desgarrada do texto da Exposição de Motivos, que revelava não mais do que as intenções orientadoras.

Mas e se as partes não agissem assim?

E se o empregador não antecipasse o que deveria oferecer antecipadamente?

A resposta sinalizava no sentido de que nada ocorreria contra a substância do Contrato Verde e Amarelo. Ele não se desnaturaria, mas o empregado poderia invocar, a qualquer tempo, as verbas que deveriam estar anexadas à remuneração mensal. Na pior das hipóteses, além de ser constrito a pagar, o empregador poderia sofrer multa administrativa.

Outro ponto a atentar é o de que a norma referia a antecipação fracionada de "férias proporcionais com acréscimo de um terço". Ora, como as férias consistem na interrupção do contrato de emprego pelo tempo referido no art. 130 da CLT, não havia dúvidas de que a norma quis dizer que o empregador deveria antecipar, mês a mês, o correspondente a 1/12 do terço constitucional sobre as férias. Estas, uma vez fruídas, observadas as sistemáticas de aquisição e de concessão, haveriam de ser pagas no prazo previsto no art. 145 da CLT.

Por outro lado, **havia previsão indicativa de faculdade, atribuível às partes, de, querendo, inserir, de forma antecipada, na mensalidade retributiva a fração correspondente à "indenização sobre o saldo do Fundo de Garantia do Tempo de Serviço — FGTS**, prevista no art. 18 da Lei n. 8.036, de 11 de maio de 1990". Aqui também os pagamentos haveriam de ser feitos maximamente "ao final de cada mês", embora pudessem sê-lo em periodicidade inferior (a exemplo, de semana ou quinzena), conforme ajustado entre as partes.

A novidade trazida em torno da indenização prevista no art. 18 da Lei n. 8.036, de 1990, foi a de que, no Contrato de Trabalho Verde e Amarelo, **essa indenização haveria de ser paga sempre por metade (em lugar de 40%, paga-se 20%)**, **sendo o seu pagamento irrevogável**, **independentemente do motivo de desligamento do empregado**, mesmo que, mais adiante, ele fosse afastado por justa causa, nos termos do disposto no art. 482 da CLT. Isso significou que, uma vez paga a referida indenização de forma fracionária ao longo do contrato de emprego, não haveria falar-se em compensação ou em repetição do indébito.

Cabe aqui uma anotação adicional realizada a partir de reflexão de Danilo Gaspar, Fabiano Coelho e Raphael Miziara[36]. Com muita razão, os referidos autores sustentavam que a redução do percentual da indenização compensatória prevista no art. 10, I, do Ato das Disposições Constitucionais Transitórias era inaviltável quando constatadas dispensas produzidas por iniciativa patronal. Não haveria pagar-se, realmente, indenização inferior a 40% sobre o saldo do FGTS para o trabalhador que sofresse dispensa arbitrária ou sem justa causa, sendo, para esse trabalhador dispensado por iniciativa patronal, irrelevante a boa intenção legislativa de divisão de riscos.

A solução para o problema apontado revelou-se simples. Diante da garantia constitucional de pagamento de indenização compensatória nunca inferior a 40% sobre o saldo do FGTS em favor do empregado que viesse a sofrer dispensa arbitrária ou sem justa causa, ele teria o direito de exigir em seu favor, caso lhe tivesse sido antecipado o montante de 20% dessa indenização mês a mês, a correspondente diferença de 20% necessária à complementação da indenização compensatória integral prometida pelo respeitável legislador constitucional.

g) Alíquota do FGTS

A alíquota mensal relativa à contribuição devida para o FGTS do contratado pela modalidade Verde e Amarelo, tal qual aquela praticada em face dos aprendizes (§ 7º do art. 15 da Lei n. 8.036/90), foi fixada em 2% sobre as verbas de natureza remuneratória, e não em 8%, como ordinariamente se vê em relação aos demais contratos ordinários. Há aqui a possibilidade de falar-se em inconstitucionalidade por violação ao princípio da igualdade, porque, em rigor, não há razões jurídicas suficientes para o tratamento diferenciado e menos favorável ao empregado contratado na modalidade sob exame ser produzido exatamente sobre

---

36 Gaspar, Danilo; COELHO, Fabiano; MIZIARA, Raphael. Aspectos controvertidos da indenização sobre o saldo do FGTS no Contrato Verde e Amarelo. *Os Trabalhistas*, 4-12-2019. Disponível em: <http://ostrabalhistas.com.br/aspectos-controvertidos-da-indenizacao-sobre-o-saldo-do-fgts-no-contrato-verde-e-amarelo/>.

o FGTS, um direito constitucionalmente amparado pelo art. 7º, III, do texto constitucional, que, em última análise, é, por natureza, salário diferido. A problemática — que é semelhante àquela visível na Lei n. 9.601, de 1998, referente à contratação para acréscimo de empregados mediante negociação coletiva — traz em si as mesmas discussões produzidas à época.

h) Jornada de trabalho

A duração do trabalho dos empregados contratados na modalidade Verde e Amarelo seguiu a mesma lógica atribuível aos demais empregados ordinariamente contratados. Note-se que, tal qual acontece com todos os demais contratos de emprego, a jornada aqui prevista é também a de oito horas e a prorrogação admitida é "não excedente de duas", desde que, como em outras tantas situações, mediante "acordo individual, convenção coletiva ou acordo coletivo de trabalho".

Nenhuma novidade há em dizer-se que "a remuneração da hora extra será, no mínimo, cinquenta por cento superior à remuneração da hora normal", mesmo porque uma das mais relevantes particularidades da modalidade contratual Verde e Amarelo era a promessa de respeito ao disposto na legislação constitucional, conforme o art. 4º do diploma aqui em análise.

A sistemática de compensação de horários é simplificada entre os trabalhadores contratados na modalidade Verde e Amarelo. Para eles se permitia a adoção de regime de compensação por meio de acordo individual, tácito ou escrito, para a compensação no mesmo mês. Assim, bastava o acordo informal entre empregado e empregador no sentido de que o acréscimo de horas em um dia será compensado pela diminuição ou supressão de horas trabalhadas em outro dia.

O banco de horas também era possível, mas, na linha da simplicidade, admitia-se a pactuação por acordo individual escrito, desde que a compensação ocorresse no período máximo de seis meses.

Caso sejam constatadas, no momento da ruptura do Contrato Verde e Amarelo, eventuais horas não compensadas ou crédito inadimplido no banco semestral, o trabalhador terá direito ao pagamento das horas extras não compensadas, calculadas sobre o valor da remuneração a que faça jus na data da rescisão.

i) Benefícios econômicos e de capacitação instituídos pelo Contrato de Trabalho Verde e Amarelo

Tal qual normalmente se vê em relação às modalidades contratuais que visam diminuir os percentuais de desemprego, a contratação Verde e Amarelo, assim como se viu na Lei n. 9.601, de 1998, também oferece vantagens tributárias para os aderentes. O art. 9º da MP 905, de 2019, é bem claro no sentido de que as empresas que acreditarem na proposta ficarão isentas do pagamento de contribuição previdenciária patronal, prevista no inciso I do *caput* do art. 22 da Lei n. 8.212, de 24 de julho de 1991; de salário-educação previsto no inciso I do *caput* do art. 3º do Decreto n. 87.043, de 22 de março de 1982; e da contribuição social destinada ao respectivo Sistema "S" e assemelhados (Sesi, Sesc, Sest, Senai, Senac, Senat, Sebrae, Incra, Senar e Sescoop).

É bom anotar, entretanto, que essa isenção não é imediata. Ela somente passará a ser exigível, nos termos do § 1º do art. 53 da MP n. 905, de 2019, quando atestados, por ato do Ministro de Estado da Economia, a compatibilidade com as metas de resultados fiscais previstas no anexo próprio da Lei de Diretrizes Orçamentárias e o atendimento ao disposto na Lei Complementar n. 101, de 4 de maio de 2000, e aos dispositivos da Lei de Diretrizes Orçamentárias relacionados com a matéria.

j) Cessação do contrato e seguro-desemprego

A sistemática de cessação do Contrato de Trabalho Verde e Amarelo é, em rigor, semelhante àquela exigível dos demais contratos de emprego ordinários, inclusive no que diz respeito à dimensão ordinária da indenização por ruptura antecipada produzida por iniciativa do empregador, na base de 40% (aquela prevista no § 1º do art. 18 da Lei n. 8.036, de 1990) sobre o saldo do FGTS, exceto no caso de essa indenização já ter sido paga de forma fracionada ao longo dos meses de relação de emprego, quando é atribuível na base de 20% sobre o saldo do FGTS.

A base de cálculo das verbas rescisórias, como em relação a outras situações de terminação, corresponde à média dos valores recebidos pelo empregado no curso do respectivo contrato de emprego.

Encontrada a base de cálculo, bastará saber qual teria sido a motivação para a terminação do vínculo, pois ela determinará de um modo geral quais seriam "as demais verbas trabalhistas que lhe forem devidas".

Importante anotar que, normalmente, quando um contrato por tempo determinado é antecipadamente terminado por iniciativa patronal, o empregador paga ao empregado, a título de indenização, metade do tempo que faltava para o contrato findar. Essa formulação, presente no art. 479 da CLT, entretanto, não é exigível nem aplicável ao Contrato de Trabalho Verde e Amarelo. A ele se aplica unicamente a chamada "cláusula assecuratória do direito recíproco de rescisão", prevista no art. 481 da CLT, e que dá a qualquer das partes o direito de resilir o contrato, desde que conceda aviso prévio, na forma da lei.

Admite-se, porém, que o contratado na modalidade Verde e Amarelo aceda ao programa de Seguro-Desemprego como qualquer outro empregado, desde que, evidentemente, preencha todos os requisitos exigíveis e respeite as condicionantes exigíveis no art. 3º da Lei n. 7.998, de 11 de janeiro de 1990.

Essa previsão, porém, não gerou direitos imediatamente desfrutáveis. Essa vantagem somente passará a ser exigível quando atestados, por ato do Ministro de Estado da Economia, a compatibilidade com as metas de resultados fiscais previstas na Lei de Diretrizes Orçamentárias e o atendimento ao disposto na Lei Complementar n. 101, de 4 de maio de 2000, e aos dispositivos da Lei de Diretrizes Orçamentárias relacionados com a matéria.

k) Prioridade em ações de qualificação profissional

O Programa do Seguro-Desemprego é responsável pelo tripé básico das políticas de emprego, que envolve a **promoção de assistência financeira temporária**, mediante o benefício do seguro-desemprego, que promove a assistência financeira temporária ao trabalhador desempregado, em virtude de dispensa sem justa causa; a **recolocação do trabalhador no mercado de trabalho**, que busca recolocar o trabalhador no mercado de trabalho, de forma ágil e não onerosa, reduzindo os custos e o tempo de espera de trabalhadores e empregadores; e a **qualificação social e profissional**, que visa à qualificação social e profissional de trabalhadores/as, certificação e orientação do/a trabalhador/a brasileiro/a, com prioridade para as pessoas discriminadas no mercado de trabalho por questões de gênero, raça/etnia, faixa etária e/ou escolaridade.

Pois então. Na esfera que diz respeito às ações de qualificação profissional, a modalidade Contrato de Trabalho Verde e Amarelo tinha previsão de recebimento de atenção prioritária. Isso, entretanto, consta apenas num plano de intenção, pois até mesmo o tempo verbal — "receberão" — remete para o futuro uma política pública que dependia de ato do Ministério da Economia, ora depende de ato do Ministério do Trabalho e Previdência.

l) Quitação de obrigações para reduzir litígios

O art. 14 da MP n. 905, de 2019, ora não mais vigente, que apenas se refere aos trabalhadores do Contrato Verde e Amarelo, admitia a possibilidade de o empregador "comprovar, perante a Justiça do Trabalho, acordo extrajudicial de reconhecimento de cumprimento das suas obrigações trabalhistas para com o trabalhador". O processo, porém, haveria de tramitar, conforme expressamente prevê o dispositivo, nos termos dispostos no art. 855-B da CLT, o que impõe petição conjunta, além de obrigatória representação de cada uma das partes — empregado e empregador — por advogado.

Observe-se tratar-se de ação de iniciativa exclusiva do empregador (a norma é clara ao dispor que "é facultado ao empregador", e somente a ele é admissível dar partida a essa espécie de ação), embora de jurisdição voluntária, pois aforada em acerto com o empregado. Tratou-se, assim, de uma variável da homologação de acordo extrajudicial, mas com o específico objeto de "comprovar [...] cumprimento das suas obrigações trabalhistas".

m) Seguro por exposição a perigo previsto em lei

Em um dispositivo que estimula a atividade securitária privada, a MP n. 905, de 2019, ora não mais vigente, em seu art. 15, instigava algo, em favor dos trabalhadores "verdes e amarelos", que qualquer empregador já poderia fazer, independentemente da ação normativa. Dizia-se ali que "o empregador poderá contratar, nos termos do disposto em ato do Poder Executivo federal, e mediante acordo individual escrito com o trabalhador, seguro privado de acidentes pessoais para empregados que vierem a sofrer o infortúnio, no exercício de suas atividades, em face da exposição ao perigo previsto em lei".

É interessante observar a dicção do verbo que introduzia a sugestão: "o empregador poderá contratar"; se quiser contratar, é claro. Chama a atenção, entretanto, a referência à suposta necessidade de "acordo individual escrito com o trabalhador". Perceba-se que o empregador, em verdade, é o segurado, uma vez que naturalmente responsável por eventuais acidentes que os seus empregados sofram "no exercício de suas atividades". Ora, se o empregador estava estipulando seguro em favor de terceiro, nada mais natural do que ele não dependesse de acordos individuais escritos com o trabalhador para materializar esse desejo de estipular e de proteger.

Na mesma linha das sugestões, o § 1º do art. 15 dispunha que "o seguro a que se refere [...] terá cobertura para as seguintes hipóteses: I — morte acidental; II — danos corporais; III — danos estéticos; e IV — danos morais".

Entretanto, ao dispor que "o seguro [...] terá cobertura" para determinadas situações parece mencionar que, uma vez feito o seguro em favor dos seus empregados, a **cobertura mínima exigível** envolvia, no conjunto, a proteção contra a I — morte acidental; II — danos corporais; III — danos estéticos; e IV — danos morais.

Digna de registro é a disposição encontrável no § 2º do art. 15 da MP n. 905, de 2019, ora não mais vigente, segundo a qual a contratação do seguro aqui em análise "não excluirá a indenização a que o empregador está obrigado quando incorrer em dolo ou culpa". O texto deixa claro que, por conta das naturezas jurídicas diversas, são coisas diferentes o seguro por acidentes pessoais e a responsabilidade civil do empregador. Sana-se com isso uma divergência jurisprudencial que, por falta de um referencial normativo expresso, claudicava em relação à possibilidade de compensar-se ou não se compensar a quantia paga pela apólice de seguro e o valor de eventual condenação trabalhista.

A vantagem para o empregador que opta por oferecer o seguro contra acidentes pessoais era encontrável no § 3º do art. 15 da MP n. 905, de 2019, não mais vigente. Revelava-se ali que, caso o empregador optasse pela contratação do seguro, ele permaneceria obrigado ao pagamento de adicional de periculosidade de apenas 5% sobre o salário-base do trabalhador. Haverá, portanto, uma redução do percentual ordinário de 30% sobre o salário-base para 5% sobre o mesmo lastro retributivo.

De todo modo, o § 4º do dispositivo aqui em análise deixava claro que o adicional de periculosidade somente seria devido quando houvesse exposição permanente do trabalhador, caracterizada pelo efetivo trabalho em condição de periculosidade por, no mínimo, cinquenta por cento de sua jornada normal de trabalho. Isso estimulou uma série de discussões demonstrativas do tempo de permanência em áreas de risco, e, no campo jurídico, questionamento no sentido de que o perigo, uma vez presente, pode materializar seus prejuízos a qualquer momento.

n) A intertemporalidade na contratação pela modalidade de Contrato de Trabalho Verde e Amarelo

A contratação dos trabalhadores pela modalidade de Contrato de Trabalho Verde e Amarelo somente se admitiu alguns meses depois de publicada a MP n. 905, de 2019. Dizia o art. 16 do diploma normativo aqui em exame, ora não mais vigente, que a contratação haveria de acontecer dentro de um período específico e bem delimitado: de 1º de janeiro de 2020 a 31 de dezembro de 2022.

Como a referida MP n. 905, de 2019, teve o seu prazo de vigência encerrado em 18 de agosto de 2020, pelo Ato Declaratório do Presidente da Mesa do Congresso Nacional n. 127, de 2020, depois de manter-se temporariamente revogada pela MP n. 955, de 2020, tinha-se a expectativa de que o Congresso Nacional disciplinaria os seus efeitos por decreto legislativo, na forma prevista no § 3º do art. 62 da Constituição da República.

Entretanto, o decreto legislativo não foi editado. Isso produziu a solução contida no § 11 do referido art. 62 da CF/88: "Não editado o decreto legislativo a que se refere o § 3º até sessenta dias após a rejeição ou perda de eficácia de medida provisória, as relações jurídicas constituídas e decorrentes de atos praticados durante sua vigência conservar-se-ão por ela regidas".

Em linhas gerais, pode-se, então, dizer que um Contrato de Trabalho Verde e Amarelo que tenha sido iniciado no período em que vigeu a referida MP n. 905, de 2019, haverá de desenvolver-se e de terminar exatamente de acordo com a sistemática nela estabelecida. Esse, aliás, é o grande motivo em virtude do qual são mantidos neste *Curso* os detalhamentos relacionados a essa especial forma de contratar.

8.2.1.2 Contratação por tempo determinado por via indireta: trabalho temporário (Leis n. 6.019/74 e 13.429/2017)

No ano de 1974 o Congresso Nacional aprovou mais um projeto de lei de caráter flexibilizador[37], visando, dessa vez, ampliar as hipóteses de contratação por tempo determinado previstas no § 2º do art. 443 da CLT. Note-se que não existia no mencionado dispositivo celetista autorização clara no sentido de que o empresário poderia contratar por tempo determinado para atender a **necessidade transitória** de *substituição de seu pessoal regular e permanente* ou a *acréscimo extraordinário de serviços*. Criou-se, então, a Lei n. 6.019,

---

[37] Antes dele, pela relevância histórica, merece registro a aprovação do projeto de criação do FGTS, no ano de 1966.

de 3 de janeiro de 1974 (*DOU* 4-1-1974)[38] para que se tornassem claras essas possibilidades, que, até então, eram extraídas nem sempre de modo uniforme do conceito de "serviço transitório".

Assim, para afastar o arbítrio da interpretação jurisprudencial, o legislador tornou induvidosa a possibilidade de contratação de trabalhadores por tempo determinado nas situações em que a necessidade transitória dissesse respeito, como dito, à substituição de pessoal regular e permanente ou ao acréscimo extraordinário de serviços. Entretanto, o legislador, em ato claramente inovador, permitiu que um terceiro intermediasse esse ajuste, inspirado, certamente, na organização produtiva japonesa, que, na própria década de 70, inaugurou o modelo conhecido como toyotismo ou ohnismo[39]. A partir de então, todo e qualquer empresário que pretendesse satisfazer as demandas relacionadas às citadas *substituição de pessoal regular e permanente* ou *ao acréscimo extraordinário de serviços* haveria de contratar por meio de uma "empresa de trabalho temporário" (por isso, diz-se que a contratação é por **via indireta**), mediante um necessário procedimento de triangularização, observadas determinadas formalidades, como a forma escrita do instrumento contratual, sob pena de formação de vínculo, por tempo indeterminado, com a empresa tomadora de serviços.

Abre-se aqui um parêntese para registrar que **a ora analisada Lei n. 6.019/74 sofreu uma surpreendente modificação legislativa mediante a Lei n. 13.429, de 31 de março de 2017, com vigência imediata à publicação**. A surpresa ora registrada se deveu ao fato de que o projeto que deu origem a Lei — o PL n. 4.302, de 1998 (número 3/2001 no Senado Federal) — apresentado pelo poder executivo no governo do ex-presidente Fernando Henrique Cardoso foi retirado de pauta por iniciativa do seu sucessor, Luís Inácio Lula da Silva, mediante a Mensagem n. 389, em 19 de agosto de 2003, sendo este um dos muitos fundamentos em virtude do qual será certamente questionada a sua constitucionalidade.

A despeito dessa particularidade, que importará em questionamentos, fato é que a citada Lei n. 13.429, de 31 de março de 2017 **transformou o então diploma normativo que cuidava exclusivamente da intermediação de mão de obra mediante o contrato de trabalho temporário num microssistema que passou a tratar, conjuntivamente, tanto da "terceirização de trabalhadores"** (expressão aqui utilizada pela força didática que tem) **mediante empresa de trabalho temporário, quanto da "terceirização de serviços", através de empresa prestadora de serviços especificados em favor de terceiros**.

O art. 1º da Lei n. 6.019/74, que previa ser instituído ali "o regime de trabalho temporário", passou a prever que "as relações de trabalho na empresa de trabalho temporário, na empresa de prestação de serviços e nas respectivas tomadoras de serviço e contratante" estariam regidas pela mencionada Lei. Veja-se:

> *Lei n. 6.019/74. Art. 1º As relações de trabalho na empresa de trabalho temporário, na empresa de prestação de serviços e nas respectivas tomadoras de serviço e contratante regem-se por esta Lei. (Redação dada pela Lei n. 13.429, de 2017).*

---

38 Regulamentada pelo Decreto n. 10.854/2021.
39 Para maiores detalhes, veja-se o capítulo em que se trata de "relação de emprego e contrato de emprego", mais especificamente no tópico em que se analisa a ***subordinação jurídica***.

8.2.1.2.1 Definição

Embora a expressão "trabalho temporário" produza a ideia genérica de atividade laboral que acontece durante um tempo determinado, ela adquire identidade singular quando relacionada à Lei n. 6.019/74. Para o referido diploma legal, modificado pela Lei n. 13.429, de 31 de março de 2017, o "trabalho temporário" é aquele prestado por pessoa física contratada por uma empresa de trabalho temporário que a coloca à disposição de uma empresa tomadora de serviços, para atender à **necessidade de substituição transitória de pessoal permanente ou à demanda complementar de serviços**. Note-se:

> Lei n. 6.019/74. Art. 2º *Trabalho temporário é aquele prestado por pessoa física contratada por uma empresa de trabalho temporário que a coloca à disposição de uma empresa tomadora de serviços, para atender à necessidade de substituição transitória de pessoal permanente ou à demanda complementar de serviços (Redação dada pela Lei n. 13.429, de 2017).*
>
> § 1º *É proibida a contratação de trabalho temporário para a substituição de trabalhadores em greve, salvo nos casos previstos em lei (incluído pela Lei n. 13.429, de 2017).*
>
> § 2º *Considera-se complementar a demanda de serviços que seja oriunda de fatores imprevisíveis ou, quando decorrente de fatores previsíveis, tenha natureza intermitente, periódica ou sazonal (incluído pela Lei n. 13.429, de 2017).*

Perceba-se que a modificação normativa produziu uma sensível alteração no objeto do trabalho temporário, que se tornou mais amplo. Antes se falava em atendimento da "necessidade transitória de substituição de seu pessoal regular e permanente" ou em "acréscimo extraordinário de serviços". Agora o objeto passou a ser o atendimento de "necessidade de substituição transitória de pessoal permanente" ou de "demanda complementar de serviços".

Veja-se sistematicamente:

Lei n. 6.019/74	Lei n. 13.429/2017
Necessidade transitória de substituição de seu pessoal regular e permanente	Necessidade de substituição transitória de pessoal permanente
Acréscimo extraordinário de serviços	Demanda complementar de serviços

Embora as situações de "necessidade transitória de substituição de seu pessoal regular e permanente" e de "necessidade de substituição transitória de pessoal permanente" se equivalham, não há dúvida de que a hipótese que diz respeito à "demanda complementar de serviços" é mais ampla do que o "acréscimo extraordinário de serviços". O legislador de 2017, aliás, esclareceu, no § 2º do novo art. 2º da Lei aqui em análise, que se haveria de considerar como complementar a demanda de serviços que fosse "oriunda de fatores imprevisíveis" (na qual estaria contido o antigo "acréscimo extraordinário de serviços") ou que tivesse, quando decorrente de fatores previsíveis, "natureza intermitente, periódica ou sazonal", vale dizer, acréscimos ordinários não qualificados como cotidianos.

Superados os esclarecimentos quanto aos citados elementos conceituais, é importante deixar claro que nesse tipo de contrato não há, por exigência legal, relação direta entre o prestador e o tomador final de serviços, mas sim um ajuste num modelo triangular onde o supracitado terceiro é a "empresa de trabalho temporário". Acrescente-se que a referida empresa prestadora, verdadeira empregadora do "trabalhador temporário", fraciona a subordinação jurídica que lhe é inerente e concede à "empresa tomadora de serviços" ou empresa cliente o poder de dar ordens de comando e de exigir que a tarefa seja feita a contento (**subordinação indireta**), preservando consigo o intransferível poder de apenar o trabalhador diante do descumprimento das ordens de comando diretivo (**subordinação direta**). Isso justifica a possibilidade (e a plausibilidade) de uma empresa cliente determinar como será realizado o serviço contratado, exigindo dos trabalhadores temporários, intermediados pela empresa prestadora, todo o empenho e dedicação nesse sentido. Se o trabalhador temporário descumprir as ordens que lhe foram dirigidas, caberá à empresa tomadora apenas a comunicação do fato a quem pode aplicar a pena, ou seja, à empresa prestadora, por ser esta a verdadeira e efetiva empregadora.

8.2.1.2.2 Sujeitos

Consoante expendido no tópico anterior, a Lei n. 13.429/2017 ampliou o espectro de sujeitos regidos pela Lei n. 6.019/74. Atualmente, portanto, parece adequado dar denominação mais consentânea com a amplitude do microssistema que muito bem pode ser referido como a "Lei da Terceirização de Trabalhadores e de Serviços", e não mais como apenas a "Lei do Trabalho Temporário". Diante dessa nova concepção são visíveis de um lado, como protagonistas da "terceirização de trabalhadores", o "trabalhador temporário" e a "empresa de trabalho temporário" e de outro, como atores da "terceirização de serviços", o "trabalhador terceirizado" e a "empresa prestadora de serviços a terceiros". Observem-se:

	Terceirização	
Natureza da terceirização	Terceirização de trabalhadores	Terceirização de serviços
Espécie de trabalhador	Trabalhador temporário	Trabalhador terceirizado
Espécie de empresa	Empresa de trabalho temporário	Empresa prestadora de serviços a terceiros

Analisado o conceito de cada uma das espécies de trabalhador e de empresa aqui referidas pode-se afirmar, sob o ponto de vista conceitual, o seguinte:

• **Trabalhador temporário.** Entende-se por trabalhador temporário aquele brasileiro ou estrangeiro com visto de permanência[40], contratado por empresa de trabalho temporário para o atendimento de "necessidade de substituição transitória de pessoal permanente" ou de "demanda complementar de serviços".

O *status* do "trabalhador temporário" é de empregado da "empresa de trabalho temporário". Enfim, é ela quem anota a sua CTPS, sendo também a responsável pelo pagamento de todos os créditos trabalhistas decorrentes do transcurso e da extinção do vínculo. A dúvida, entretanto, reside na natureza do contrato firmado entre o "trabalhador temporário" e a "empresa de trabalho temporário". Seria um contrato por tempo indeterminado ou por tempo determinado?

A lei não é clara quanto a essa particularidade. O texto do art. 11 da Lei n. 6.019/74 dispõe apenas que "o contrato de trabalho celebrado entre empresa de trabalho temporário e cada um dos assalariados colocados à disposição de uma empresa tomadora ou cliente será, obrigatoriamente, escrito" e que dele deverão constar, expressamente, os direitos conferidos aos citados trabalhadores. Há, porém, no Decreto regulamentador n. 10.854/2021, no art. 70, referência no sentido de que "o contrato individual de trabalho temporário não se confunde

---

40 Veja-se o teor do art. 17 da Lei n. 6.019/74, consoante o qual "é defeso às empresas de prestação de serviço temporário a contratação de estrangeiros com visto provisório de permanência no País".

com o contrato por prazo determinado previsto no art. 443 do Decreto-Lei n. 5.452, de 1943 — Consolidação das Leis do Trabalho, e na Lei n. 9.601, de 21 de janeiro de 1998".

Ora, diante da omissão do legislador, mantida mesmo depois das alterações e acréscimos produzidos pela Lei n. 13.429, de 2017, mas com lastro na posição do decreto regulamentador, conclui-se que o vínculo entre trabalhador temporário e empresa de trabalho temporário haverá de ser firmado por tempo indeterminado. Sustenta-se isso por três razões relevantes: 1ª) porque a empresa de trabalho temporário não pode se valer da regra geral de contratação por tempo determinado, prevista no art. 443 da CLT, simplesmente porque esta é destinada para contratações diretas, e não para favorecer sujeitos com os quais uma empresa-mediadora mantém relações mercantis; 2ª) porque o trabalhador temporário desenvolve função diretamente ligada à atividade-fim da empresa de trabalho temporário, que, em última análise, é o fornecimento pronto e imediato de mão de obra temporária para outras empresas; 3º) por conta da interpretação autêntica oferecida pelo precitado art. 70 do Decreto n. 10.854/2021. O decreto apenas veio a confirmar aquilo que há anos se dizia aqui no *Curso de Direito do Trabalho*.

Como, afinal, seria possível imaginar a existência de uma empresa que não possui nenhum empregado contratado por tempo indeterminado para o exercício de sua própria atividade-fim?

Esse questionamento conduz à conclusão de que os trabalhadores ora em análise deveriam manter contratos por tempo indeterminado com as empresas de trabalho temporário, cabendo a estas, durante o ínterim do vínculo, a cessão provisória dos seus contratados (veja-se o art. 10 da Lei n. 6.019/74) para as empresas clientes[41].

Não se pode negar, de qualquer modo, que o legislador de 1974 criou um enigma difícil de decifrar[42]. Apesar de teoricamente parecer mais do que evidente a indispensabilidade de um ajuste por tempo indeterminado entre empresa de trabalho temporário e trabalhador temporário, na prática os contratos celebrados entre esses sujeitos são firmados por tempo determinado, como se a empresa-fornecedora fosse uma agência de colocação, o que, em rigor, não é[43]. O principal motivo da confusão teve, como sempre, origem em fatores econômicos. Os empregadores-temporários questionavam a situação contratual dos trabalhadores temporários entre um e outro ajuste com empresas-clientes. Eles, enfim, ficariam em dispo-

---

41 No mesmo sentido, veja-se ALMEIDA, Ísis de. O regime de trabalho temporário. In: *Curso de direito do trabalho*. Estudos em Memória de Célio Goyatá, v. 1, São Paulo: LTr, 1994, p. 325 e 327: "[...] a empresa de trabalho temporário tem de possuir pessoal qualificado, 'assalariado e assistido' por ela, para colocá-lo à disposição, temporariamente, de outras empresas. [...] Então, esse pessoal tem o vínculo empregatício, que o prende à empregadora, mantido na sua perfeita integridade durante todo tempo — com ou sem "missão" a cumprir ou cumprindo". Para o mestre mineiro, é inevitável "admitir um salário contratual para os períodos *in albis*, pois não se entende que um empregado à disposição do empregador nada perceberá".

42 Ver o artigo de MARTINEZ, Luciano e MIZIARA, Raphael. A terceirização produzida pela Lei n. 6.019/1974: razão para a sua existência e reflexões críticas sobre os seus desvirtuamentos. In: *Revista da Academia Brasileira de Direito do Trabalho* n. 20, 2015, p. 94-108.

43 As agências de colocação ou agências de angariação de mão de obra, nos termos da Convenção n. 96 da OIT, distinguem-se claramente das empresas de trabalho temporário. As agências de colocação caracterizam-se pelo fato de serem meras intermediárias de uma contratação direta entre um trabalhador e um empregador interessado. Elas simplesmente cadastram trabalhadores e empregadores interessados e, na medida das possibilidades cadastrais, apresentam uns aos outros, favorecendo a formação de vínculos contratuais de empregos diretos. As empresas de trabalho temporário, entretanto, não intermedeiam; elas, em verdade, mediam a contratação entre um trabalhador temporário, seu empregado, e uma empresa-cliente. As empresas de trabalho temporário assumem a condição de empregadoras do trabalhador temporário, inclusive perante a fiscalização estatal, e o aloca nas empresas-clientes na medida das necessidades destas.

nibilidade remunerada? Essas e outras perguntas tornam tormentosa a questão relacionada ao *status* contratual dos trabalhadores temporários e demonstra que qualquer resposta, inclusive a que ora se apresenta, constitui não mais do que uma tentativa de explicação.

• **Empresa de trabalho temporário.** Compreende-se como "empresa de trabalho temporário", nos termos dos novos contornos oferecidos pela Lei n. *13.429/2017*, a pessoa jurídica, devidamente registrada no Ministério do Trabalho (ora Ministério do Trabalho e Previdência), responsável pela colocação de trabalhadores à disposição de outras empresas temporariamente. Veja-se:

> *Lei n. 6.019/74. Art. 4º Empresa de trabalho temporário é a pessoa jurídica, devidamente registrada no Ministério do Trabalho, responsável pela colocação de trabalhadores à disposição de outras empresas temporariamente (redação dada pela Lei n. 13.429, de 2017).*

Atente-se para o fato de que, nos limites da nova legislação, não há mais falar-se em *empresa urbana de trabalho temporário* como única do gênero. A sistemática ora vigente refere apenas "pessoa jurídica", admitindo, por isso, indiferentemente, aquelas que atuam no âmbito urbano ou rural. As pessoas físicas também foram excluídas do conceito de empresa de trabalho temporário, o que sugere não mais ser extensível aos empresários individuais, salvo se investidos como EIRELI. Veja-se a redação anterior com finalidade contrastiva:

> *Lei n. 6.019/74.* **REDAÇÃO ANTERIOR, ora revogada.** *Art. 4º — Compreende-se como empresa de trabalho temporário* **a pessoa física** *ou jurídica* **urbana**, *cuja atividade consiste em colocar à disposição de outras empresas, temporariamente, trabalhadores, devidamente qualificados, por elas remunerados e assistidos (grifos não constantes do original).*

É bom anotar também que, em conformidade com a nova redação do art. 6º da Lei n. 6.019/74, simplificaram-se os requisitos para funcionamento e registro da empresa de trabalho temporário no Ministério do Trabalho. Depois da edição da Lei n. 13.429, de 2017, somente são exigíveis:

> *I — prova de inscrição no Cadastro Nacional da Pessoa Jurídica (CNPJ), do Ministério da Fazenda;*
>
> *II — prova do competente registro na Junta Comercial da localidade em que tenha sede;*
>
> *III — prova de possuir capital social de, no mínimo, R$ 100.000,00 (cem mil reais).*

Ressalte-se, por outro lado, que a empresa de trabalho temporário não poderá utilizar o seu próprio trabalhador temporário, salvo se este for contratado junto à outra empresa de trabalho temporário[44]. Adite-se, como um tributo à mudança de condição — de "trabalhador temporário" para "empregado diretamente contratado por empresa-cliente", que o parágrafo único do art. 11 da Lei n. 6.019/74, que não sofreu nenhuma mudança imposta pela Lei n. 13.429, de 2017, prevê direito de preferência em favor desta, cominando nulidade para qualquer cláusula de reserva. Nesse caso, o "trabalhador temporário" não poderá estar constrito em sua liberdade de resilição, cabendo-lhe, caso isso deseje, terminar o ajuste com a "empresa de trabalho temporário" para firmar novo contrato com a então "empresa-cliente".

Nesses mesmos moldes, é importante anotar que o disposto nos parágrafos 4º, 5º e 6º do art. 10 da Lei aqui em exame:

---

[44] Ver o teor do art. 52, II, do Decreto n. 10.854/2021, segundo o qual é vedado à empresa de trabalho temporário ter ou utilizar em seus serviços trabalhador temporário, salvo quando contratado com outra empresa de trabalho temporário e, ainda assim, quando comprovada a necessidade de substituição transitória de pessoal permanente ou demanda complementar de serviços.

Art. 10. [...]

§ 4º Não se aplica ao trabalhador temporário, contratado pela tomadora de serviços, o contrato de experiência previsto no parágrafo único do art. 445 da Consolidação das Leis do Trabalho (CLT), aprovada pelo Decreto-Lei n. 5.452, de 1º de maio de 1943.

§ 5º O trabalhador temporário que cumprir o período estipulado nos §§ 1º e 2º deste artigo somente poderá ser colocado à disposição da mesma tomadora de serviços em novo contrato temporário, após noventa dias do término do contrato anterior.

§ 6º A contratação anterior ao prazo previsto no § 5º deste artigo caracteriza vínculo empregatício com a tomadora.

Fica claro, portanto, que, por já ter sido testado nos domínios da empresa cliente, não há razão jurídica que imponha ao trabalhador temporário submeter-se a contrato de experiência, salvo, evidentemente, se for chamado a exercer função diversa.

Há salientar-se, também, para evitar as reiterações infinitas de contratos de trabalho temporário, que, nos limites do precitado *§ 5º do art. 10 da Lei n. 6.019, de 1974, novo ajuste com um determinado trabalhador temporário somente poderá ser realizado em face da mesma empresa tomadora de serviços em novo contrato temporário após 90 (noventa) dias do término do contrato anterior.* Violado esse prazo, a contratação caracterizará, como se afirmou, vínculo de emprego com a tomadora.

• **Empresa tomadora de serviços ou empresa cliente.** Considera-se "empresa tomadora de serviços" ou "empresa cliente" a pessoa física ou jurídica que, em virtude de "necessidade de substituição transitória de pessoal permanente" ou de "demanda complementar de serviços", contrata com empresa de trabalho temporário. *Observe-se:*

Lei n. 6.019/74. Art. 5º Empresa tomadora de serviços é a pessoa jurídica ou entidade a ela equiparada que celebra contrato de prestação de trabalho temporário com a empresa definida no art. 4º desta Lei (redação dada pela Lei n. 13.429, de 2017).

O contrato celebrado entre a empresa cliente e a empresa de trabalho temporário é também, nos moldes do art. 9º da Lei n. 6.019, de 1974, necessariamente escrito (tal qual acontece, igualmente, com o contrato entre a empresa de trabalho temporário e o trabalhador temporário, conforme art. 10 da mesma Lei). O tomador de serviço assumirá, como é natural, uma série de responsabilidades com o trabalhador temporário, notadamente aquelas que estejam relacionadas ao seu próprio meio ambiente de trabalho. Observe-se:

Art. 9º O contrato celebrado pela empresa de trabalho temporário e a tomadora de serviços será por escrito, ficará à disposição da autoridade fiscalizadora no estabelecimento da tomadora de serviços e conterá:

I — qualificação das partes;

II — motivo justificador da demanda de trabalho temporário;

III — prazo da prestação de serviços;

IV — valor da prestação de serviços;

V — disposições sobre a segurança e a saúde do trabalhador, independentemente do local de realização do trabalho.

§ 1º É responsabilidade da empresa contratante garantir as condições de segurança, higiene e salubridade dos trabalhadores, quando o trabalho for realizado em suas dependências ou em local por ela designado.

§ 2º A contratante estenderá ao trabalhador da empresa de trabalho temporário o mesmo atendimento médico, ambulatorial e de refeição destinado aos seus empregados, existente nas dependências da contratante, ou local por ela designado.

§ 3º *O contrato de trabalho temporário pode versar sobre o desenvolvimento de atividades-meio e atividades-fim a serem executadas na empresa tomadora de serviços.*

De outra banda, é bom anotar que qualquer vício na contratação do trabalho temporário produzirá a formação do vínculo com o tomador dos serviços[45] e transformação da natureza contratual — de especial para ordinária —, fazendo desaparecer todas as vantagens que o modo extraordinário de contratação oferecia. Conforme mencionado no capítulo em que se tratou sobre "relação de emprego e contrato de emprego", essa tese é corroborada pelo pensamento do Professor Ísis de Almeida, segundo o qual "a cláusula nula ou anulada que afetar substancialmente a natureza excepcional do contrato torna este inexistente, sendo logo substituído pelo contrato de trabalho tradicional, que se forma tacitamente, e de prazo indeterminado, pois essa é a modalidade regra prevalente para todos os casos em que não há estipulação expressa, ou quando esta se tornou nula. Como consequência, ocorrendo essa transformação, a relação de emprego transfere-se diretamente para a empresa tomadora ou cliente, pois foi a ela que a prestação laboral efetiva favoreceu"[46].

8.2.1.2.3 Forma

O contrato entre a empresa de trabalho temporário e a empresa tomadora de serviço (ou empresa cliente), conforme o precitado art. 9º da Lei n. 6.019/74, deverá ser **obrigatoriamente escrito**, e dele deverá constar expressamente o motivo justificador da demanda de trabalho temporário, assim como a modalidade de remuneração pela prestação de serviço. De igual modo, mas nos moldes e limites do art. 10 do referido diploma, o contrato de trabalho celebrado entre empresa de trabalho temporário e cada um dos assalariados colocados à disposição de uma empresa tomadora ou cliente será também obrigatoriamente escrito e dele deverão constar, expressamente, os direitos conferidos aos trabalhadores por essa lei.

A violação da forma também produzirá vício na contratação do trabalho. Consequentemente, haverá transformação da natureza contratual — de especial para ordinária —, fazendo desaparecer todas as vantagens que o modo extraordinário de contratação oferecia.

8.2.1.2.4 Tempo

O contrato entre a "empresa de trabalho temporário" e a "empresa tomadora ou cliente", com relação a um mesmo empregado, **nos limites da multicitada Lei n. 13.429/2017, não poderá exceder o prazo de 180 (cento e oitenta dias), consecutivos ou não.** O contrato poderá, entretanto, ser prorrogado por até 90 (noventa) dias, consecutivos ou não, além do prazo de 180 (cento e oitenta) dias, quando *comprovada* a manutenção das condições que o ensejaram.

É bom anotar que o legislador não identificou a pessoa em face de quem seria dirigida a *comprovação* de manutenção dessas condições, particularidade que conduz à sugestão, em princípio, de um controle *a posteriori*. Em outras palavras, tudo parece indicar que os contratantes podem prorrogar o contrato, independentemente de autorização, mas, se assim agirem, estarão sujeitos a provar perante as autoridades de Estado, quando eventualmente fiscalizados pelo executivo ou questionados judiciariamente, que se mantiveram presentes os motivos justificadores da demanda de trabalho temporário.

---

[45] Salvo se este for ente estatal ou paraestatal, haja vista o teor do disposto no art. 37, II, do texto constitucional.
[46] ALMEIDA, Ísis. O regime de trabalho temporário. In: *Curso de direito do trabalho*. Estudos em Memória de Célio Goyatá, v. 1, São Paulo: LTr, 1994, p. 336.

8.2.1.2.5 Distinções entre a contratação de trabalhador temporário e a contratação de serviços terceirizados

As distinções entre a contratação de um trabalhador temporário e de um terceirizado têm 4 (quatro) referenciais básicos: o **objeto**, o **fato gerador**, a **regência** e o **tempo de duração do contrato**.

• **Objeto**. A contratação de trabalhador temporário tem por objeto a contratação de um específico **trabalhador**; no contrato de prestação de serviços terceirizados o objeto é um especificado e determinado **serviço**.

• **Fato gerador**. Os trabalhadores temporários prestam, em rigor, serviços semelhantes àqueles realizados pelo pessoal efetivo da empresa tomadora (atividade-fim), embora diante de situações em que exista "necessidade de substituição transitória de pessoal permanente" ou "demanda complementar de serviços".

Existe também a possibilidade de, podendo escolher o trabalhador, a empresa cliente se valer de trabalhador temporário em atividades-meio, segundo claramente disposto no § 3º do art. 9º da Lei 6.019/74. Veja-se:

> Art. 9º [...]
> § 3º O contrato de trabalho temporário pode versar sobre o desenvolvimento de atividades-meio e atividades-fim a serem executadas na empresa tomadora de serviços (Incluído pela Lei n. 13.429, de 2017).

Na terceirização de serviços, os empregados das empresas prestadoras realizam, depois da publicação da Lei n. 13.429, de 2017, serviços "determinados e específicos", que, em rigor, estão no âmbito de atividades-meio ou fim.

• **Regência**. A terceirização para a contratação de trabalhador temporário é regida pela Lei n. 6.019/74. A terceirização para a contratação de serviços, mediante empresa prestadora de serviços especificados, porém, depois de apenas tolerada pela jurisprudência (Súmula 331 do TST), passou a ser regulada pelas Leis n. 13.429, de 2017, e 13.467, de 2017, ambas incrustadas no corpo da Lei n. 6.019, de 1974.

• **Tempo de duração do contrato**. O contrato entre a empresa de trabalho temporário e a empresa tomadora ou cliente com relação a um mesmo empregado é firmado *por tempo determinado*, **não podendo exceder o prazo de 180 (cento e oitenta dias), consecutivos ou não**. O contrato poderá, entretanto, ser prorrogado por até 90 (noventa dias), consecutivos ou não, além do prazo de 180 (cento e oitenta dias), quando comprovada a manutenção das condições que o ensejaram.

O contrato de terceirização de serviços, por outro lado, pode ser firmado por tempo indeterminado.

Veja-se quadro sinótico:

	Contratação de trabalhador temporário	Contratação de serviços terceirizados
Objeto	É situação indicativa de terceirização de trabalhador. Por isso, tem por objeto a contratação de um específico e determinado *trabalhador*	É situação indicativa de terceirização de serviços. Por isso, tem por objeto a contratação de um específico e determinado *serviço*

Fato gerador	Tarefas correspondentes às atividades-fim ou às atividades--meio das empresas clientes (*vide* o § 3º do art. 9º da Lei n. 6.019/74)	Depois da publicação da Lei n. 13.429, de 2017, o fato gerador será, indiferentemente, a atividade-fim ou a atividade-meio das empresas clientes
Regência	É regido pela Lei n. 6.019/74	Depois de apenas tolerada pela jurisprudência (Súmula 331 do TST), passou a ser regulada pelas Leis n. 13.429, de 2017, e 13.467, de 2017, ambas incrustadas no corpo da Lei n. 6.019, de 1974.
Tempo de duração	O contrato entre a empresa de trabalho temporário e a empresa tomadora ou cliente com relação a um mesmo empregado é firmado *por tempo determinado, não podendo exceder o prazo de 180 (cento e oitenta dias), consecutivos ou não.* O contrato poderá, entretanto, ser prorrogado por até 90 (noventa dias), consecutivos ou não, além do prazo de 180 (cento e oitenta dias), quando *comprovada* a manutenção das condições que o ensejaram	O contrato de terceirização de serviços pode ser firmado *por tempo indeterminado*

8.2.2 Duração máxima e prorrogação dos contratos por tempo determinado

Voltando às regras gerais, é importante anotar que, segundo o disposto no art. 445 da CLT, o contrato de trabalho por tempo determinado não poderá ser estipulado por mais de dois anos, observada a regra do art. 451. Isso significa que, *salvo a existência de norma especial que disponha de forma diferenciada (aumentando ou diminuindo o tempo máximo de duração)*[47], os contratos por tempo determinado não poderão ter prazo superior a dois anos, estando aí incluída a prorrogação a que se refere o art. 451 da CLT. Para que tudo se torne mais claro, observe-se a seguinte ilustração:

Imagine-se que um empregado tenha sido contratado para realizar um serviço transitório e que, inicialmente, o empregador tenha firmado o prazo de um ano para tanto. Findo o prazo, as partes, querendo, têm a faculdade de prorrogar esse contrato, mas somente poderão fazê-lo uma única vez, consoante o mencionado no art. 451 da CLT[48], sob pena de transformá--lo num ajuste por tempo indeterminado. Se as partes resolverem prorrogar o contrato por tempo determinado por mais seis meses, não poderão estendê-lo além desses limites, haja vista a exaustão das possibilidades de prorrogação. Se, por outro lado, as partes quiserem estendê-lo por mais dois anos, não poderão fazê-lo em decorrência da barreira prevista no art. 445 da CLT. A extensão do contrato por tempo determinado além do limite de dois anos (aí já

---

[47] Destaque-se a existência de uma exceção absolutamente singular. Trata-se da já apreciada situação prevista no § 2º do art. 475 da CLT. Por força dessa exceção, o empregado contratado para substituir outro em gozo de benefício por incapacidade ocupará o cargo interinamente até que o empregado incapacitado recupere-se. Note-se que aí não é possível impor a regra limitativa dos dois anos.

[48] Art. 451 da CLT. O contrato de trabalho por prazo determinado que, tácita ou expressamente, for prorrogado mais de uma vez, passará a vigorar sem determinação de prazo.

considerada a realização de eventual prorrogação) implica sua transformação em contrato por tempo indeterminado, salvo se o ajuste tiver sido firmado sob a égide de lei especial.

Muito se questiona sobre a incongruência dessas assertivas diante do teor da Súmula 195 do STF. Veja-se o inteiro teor:

> **Súmula 195 do STF.** *Contrato de trabalho para obra certa, ou de prazo determinado, transforma-se em contrato de prazo indeterminado, quando prorrogado por mais de quatro anos.*

Essa súmula do Supremo Tribunal Federal, editada em 1962, é absolutamente anacrônica, uma vez que produzida segundo a redação originária do art. 445 da CLT, que previa contratos por tempo determinado com duração máxima de quatro anos. O Decreto-Lei n. 229, de 28-2-1967, modificou a redação originária do art. 445 da CLT, e fez constar como limite o prazo de dois anos[49]. Apesar das mudanças aqui anunciadas, o texto da supracitada súmula continuou o mesmo, sem qualquer ajuste, e atualmente serve apenas para atrapalhar aqueles que se iniciam no estudo da matéria. A atrapalhação mais comum produzida pela Súmula 195 do STF é a de fazer imaginar que a prorrogação poderia adicionar aos dois anos, limite temporal do art. 445 da CLT, outros dois anos, decorrente do disposto no art. 451 da CLT, *mas isso é um erro interpretativo sério*.

Em relação ao contrato de experiência, há súmula do TST — a de número 188 — que, de modo correto, esclarece essa situação, mas não generaliza a interpretação para as outras hipóteses de contratação por tempo determinado, conquanto pudesse fazê-lo. Segundo a referida súmula, publicada no *DJ* de 9-11-1983, "o contrato de experiência pode ser prorrogado, respeitado o limite máximo de 90 (noventa) dias". Ora, se há de respeitar o limite de noventa dias, incluindo nele a eventual prorrogação, a mesma lógica haverá de ser desenvolvida em relação aos demais contratados por tempo determinado.

8.2.3 Transformação de contratos por tempo determinado em contratos por tempo indeterminado

Os dados contidos neste capítulo permitem a conclusão de que os contratos por tempo determinado, quando eivados de algum vício, são transformados em contratos por tempo indeterminado. Isso é o resultado da aplicação do princípio da continuidade, que, em última análise, visa "atribuir à relação de emprego a mais ampla duração possível, sob todos os aspectos"[50].

Nessa ordem de ideias, são identificadas algumas situações que promovem a mencionada transformação. Observem-nas:

8.2.3.1 A contratação fora das hipóteses previstas em lei

Não é possível falar em contratações por tempo determinado quando não exista norma que preveja tal situação. Nessas hipóteses, o negócio jurídico será parcialmente invalidado, sendo atingida a cláusula que diz respeito à duração do ajuste *ab initio*. No lugar de um su-

---

[49] Vejam-se as redações originária e modificada do art. 455 da CLT para bem entender o anacronismo da Súmula 195 do STF (publicada em 1962):

Redação originária do art. 445 da CLT: Art. 445. O prazo de vigência de contrato de trabalho, quando estipulado ou se dependente da execução de determinado trabalho ou realização de certo acontecimento, não poderá ser superior a quatro anos.

Redação do art. 445 da CLT modificada pelo Decreto-Lei n. 229, de 28-2-1967: Art. 445. O contrato de trabalho por prazo determinado não poderá ser estipulado por mais de 2 (dois) anos, observada a regra do art. 451. Parágrafo único. O contrato de experiência não poderá exceder de noventa dias.

[50] PLÁ RODRIGUEZ, Américo. *Princípio de direito do trabalho*. 3. ed. São Paulo: LTr, 2004, p. 244.

posto contrato por tempo determinado surgirá um ajuste por tempo indeterminado, mais favorável ao trabalhador.

8.2.3.2 Estipulação por prazo maior do que o limite legal

Há situações em que as partes contratam por tempo determinado, mas fixam prazo superior ao limite legal. A título de exemplo, imagine-se um empregado que é contratado por experiência pelo prazo de cem dias, em vez de noventa, conforme previsto em lei. Nesse caso, é razoável entender que o contrato era efetivamente por tempo determinado até o marco temporal dos noventa dias e que, depois desse limite, transformou-se, automaticamente, pela extrapolação do limite, em contrato por tempo indeterminado. Há, entretanto, quem sustente que um contrato de experiência firmado originariamente com prazo superior àquele considerado máximo pela lei será, pela mera divergência entre a data-limite e o tempo estipulado, um ajuste por tempo indeterminado.

8.2.3.3 Continuidade executiva

A continuidade executiva dos serviços além dos limites temporais estabelecidos é mais uma causa de transformação dos contratos por tempo determinado em contratos por tempo indeterminado. A título ilustrativo, imagine-se a situação de um trabalhador que seja contratado por experiência durante noventa dias e que, depois de expirado esse limite temporal, continue a executar suas atividades como se a limitação não existisse.

8.2.3.4 Prorrogação contratual fora das hipóteses previstas em lei

Segundo o art. 451 da CLT, o contrato por tempo determinado, de acordo com a **regra geral**, não pode ser prorrogado mais do que **uma única vez**, observado o tempo limite previsto para cada caso (noventa dias para os contratos de experiência e dois anos para as demais contratações por tempo determinado). Caso os contratantes infrinjam essa regra e promovam mais de uma prorrogação, o ajuste será considerado por tempo indeterminado, exatamente a partir do instante em que se inicie a segunda prorrogação. A título de exemplo, imagine-se um contrato por tempo determinado para realização de serviço transitório firmado na base de um ano. Findo esse tempo, poderão as partes prorrogá-lo por no máximo mais um ano. A despeito disso, as partes convencionam uma prorrogação por mais seis meses. Terminados esses seis meses, uma nova prorrogação não poderá ser realizada, sob pena de gerar a transformação do contrato por tempo determinado num ajuste por tempo indeterminado.

8.2.3.5 Presunção legal de fraude

Há ainda a situação conhecida como **presunção legal de fraude**, prevista no art. 452 da CLT[51]. Tal ocorrerá — e constituirá uma presunção *iure et iure*, que não comporta prova em sentido contrário — quando existir **menos de seis meses** entre uma e outra contratação por tempo determinado, exceto se a expiração da primeira contratação dependeu da execução de serviços especializados (desenvolvidos por um empregado prestador de serviço não coincidente com atividade-fim do tomador) ou da realização de certos acontecimentos (o fim da safra, por exemplo).

---

51 **Art. 452 da CLT.** Considera-se por prazo indeterminado todo contrato que suceder, dentro de seis meses, a outro contrato por prazo determinado, salvo se a expiração deste dependeu da execução de serviços especializados ou da realização de certos acontecimentos.

Para que a situação fique bem clara, imagine-se a seguinte situação-exemplo:

João é contratado pelo Hotel Alfa por cinco meses em decorrência da necessidade transitória (§ 2º, *a*, 2ª parte, do art. 443 da CLT) de oferecimento de atividade recreativa para os hóspedes mirins no período de novembro a março. Note-se tratar de um serviço não exigível no dia a dia do empreendimento, embora fundamental para a sua atividade-fim em específicos momentos. Finda a temporada de verão e de férias escolares, o contrato de João extinguiu-se na data aprazada. Três meses depois ele foi mais uma vez contratado por tempo determinado, por iguais quatro meses, sob o mesmo fundamento. Diante dessas circunstâncias e em face da reiteração da necessidade, o serviço que a princípio parecia não exigível no dia a dia do empreendimento, passou a integrar o plexo de atividade-fim deste. Nesse caso, por expressa previsão contida no art. 452 da CLT, o segundo contrato será, por força de lei, considerado por tempo indeterminado. Essa transformação, entretanto, depende de declaração judicial. Perceba que esse efeito jurídico não seria visível se a expiração da primeira contratação de João tivesse decorrido da execução de serviços especializados (não coincidente com atividade-fim do tomador) ou da realização de certos acontecimentos (o fim da safra, por exemplo).

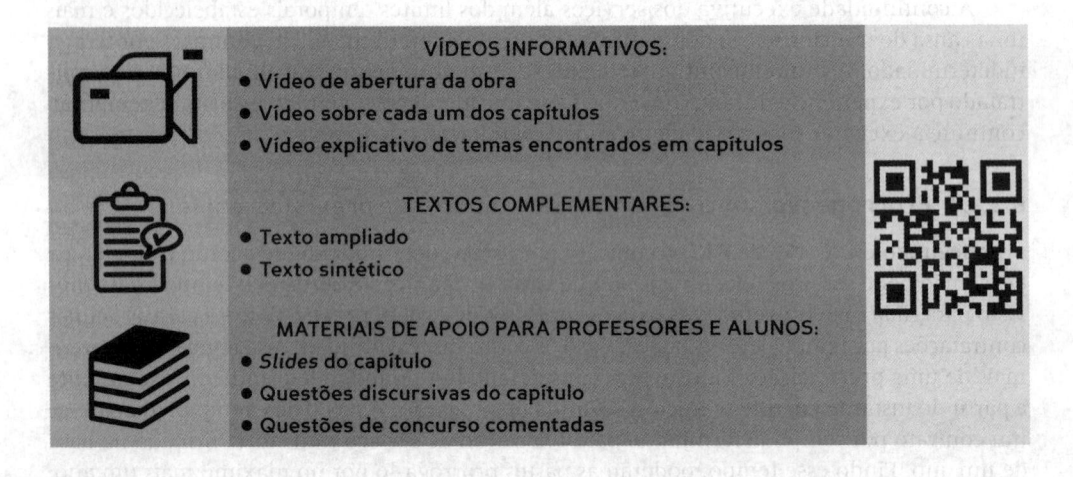

VÍDEOS INFORMATIVOS:
- Vídeo de abertura da obra
- Vídeo sobre cada um dos capítulos
- Vídeo explicativo de temas encontrados em capítulos

TEXTOS COMPLEMENTARES:
- Texto ampliado
- Texto sintético

MATERIAIS DE APOIO PARA PROFESSORES E ALUNOS:
- *Slides* do capítulo
- Questões discursivas do capítulo
- Questões de concurso comentadas

# 9 SEGURANÇA E SAÚDE NO TRABALHO

https://somos.in/CTD14

9.1 CONSIDERAÇÕES INTRODUTÓRIAS

Entre os fundamentos axiológicos da sociedade brasileira estão, na forma do preâmbulo da Constituição de 1988[1], a segurança e o bem-estar sociais. Esses valores, compreendidos em sua dimensão mais ampla, asseguram conclusão no sentido de que a ordem social interna está comprometida com tais propósitos, sendo recorrentes evidências disso no campo laboral. Perceba-se que entre os direitos sociais estampados no art. 6º do texto constitucional[2] estão o trabalho, a segurança e a saúde, dando relevo à redação do art. 7º, XXII, do mesmo diploma legal. Não há dúvida, portanto, de que os trabalhadores têm o direito de ver reduzidos os riscos inerentes ao trabalho por meio de normas de saúde, higiene e segurança laboral. Esse é um compromisso não apenas do Estado brasileiro, mas de toda a sua sociedade, que é confirmado pelo confronto entre os arts. 200, VIII, e 225, *caput*, da Carta Magna[3].

Assim, como destacado por Ana Paola Diniz, "as normas jurídico-trabalhistas que, num primeiro momento, buscavam proteger apenas a incolumidade física do empregado, voltaram-se para um novo pressuposto fundamental: a adaptação do trabalho ao homem"[4]. Destarte, se inicialmente as exigências eram totalmente ditadas *em benefício do trabalho* (desenho dos equipamentos, velocidade das máquinas, organização do trabalho e ritmo da produção), atualmente elas devem ser estabelecidas *em favor do trabalhador*, com preocupações relacionadas, entre outras, à melhor posição ergonômica e à prevenção da fadiga física e mental.

---

1 Preâmbulo da Constituição da República Federativa do Brasil, promulgada em 5 de outubro de 1988: "Nós, representantes do povo brasileiro, reunidos em Assembleia Nacional Constituinte para instituir um Estado Democrático, destinado a assegurar o exercício dos direitos sociais e individuais, a liberdade, **a segurança, o bem-estar**, o desenvolvimento, a igualdade e a justiça **como valores supremos de uma sociedade fraterna, pluralista e sem preconceitos, fundada na harmonia social** e comprometida, na ordem interna e na ordem internacional, com a solução pacífica das controvérsias, promulgamos, sob a proteção de Deus, a seguinte Constituição da República Federativa do Brasil" (destaques não constantes do original).
2 Art. 6º São direitos sociais a educação, a **saúde**, o trabalho, a moradia, o lazer, a **segurança**, a previdência social, a proteção à maternidade e à infância, a assistência aos desamparados, na forma desta Constituição (destaques não constantes do original. Redação dada ao artigo pela Emenda Constitucional n. 26/2000).
3 Art. 200. Ao sistema único de saúde compete, além de outras atribuições, nos termos da lei: [...] VIII — colaborar na proteção do meio ambiente, nele compreendido o do trabalho.
Art. 225. Todos têm direito ao meio ambiente ecologicamente equilibrado, bem de uso comum do povo e essencial à sadia qualidade de vida, impondo-se ao Poder Público e à coletividade o dever de defendê-lo e preservá-lo para as presentes e futuras gerações.
4 DINIZ, Ana Paola Machado. *Saúde no trabalho*: prevenção, dano e reparação. São Paulo: LTr, 2003, p. 48-49.

As normas de saúde, higiene e segurança laboral passaram, então, a ter um espaço central nas relações de emprego, e isso se justificou diante do fato de o empregador não apenas ser responsável pela contraprestação salarial dos seus operários, mas também pela manutenção da sua higidez no decurso do vínculo contratual. O compromisso do Estado brasileiro, responsável pela estruturação e pelo funcionamento do sistema de seguridade social, não exclui a responsabilidade civil do empregador. Este, diante dos prejuízos materiais ou imateriais causados aos empregados, ficará, sim, obrigado a indenizar na forma da lei civil. A cumulação de responsabilidades — a social, do Estado, e a civil, do empregador — é pacífica e reconhecida pelo STF desde 1963, ano em que foi aprovada a redação da Súmula 229, nos seguintes termos: "a indenização acidentária não exclui a do direito comum, em caso de dolo ou culpa grave do empregador".

Por essas razões é indispensável o estudo da temática que envolve a "segurança e a saúde no trabalho", sendo destacados alguns temas neste capítulo com vista à completude do estudo realizado no *Curso* como um todo. Vejam-se:

9.2 ÓRGÃOS DE SEGURANÇA E SAÚDE DO TRABALHADOR NAS EMPRESAS

Os "órgãos de segurança e saúde do trabalhador" são entidades que integram a estrutura patronal com o propósito de garantir um **meio ambiente do trabalho**[5] livre de riscos ocupacionais ou, ao menos, minimamente ofensivo. Entre os mencionados organismos estão os "Serviços Especializados em Engenharia de Segurança e em Medicina do Trabalho" e as "Comissões Internas de Prevenção de Acidentes", que serão a seguir analisados em seus mais relevantes detalhes:

9.2.1 Serviços Especializados em Engenharia de Segurança e em Medicina do Trabalho

Identificados pela sigla SESMT, o Serviço Especializado em Engenharia de Segurança e em Medicina do Trabalho, disciplinado por normas expedidas pelo Ministério do Trabalho (ora Ministério do Trabalho e Previdência)[6], é composto de profissionais dotados de conhecimentos de engenharia de segurança e de medicina do trabalho. Esse órgão tem a missão de promover a saúde e de proteger a integridade do trabalhador no local de trabalho. Corre por exclusiva conta do empregador todo e qualquer ônus decorrente da instalação e manutenção deste serviço.

---

5   No dizer de Ney Maranhão, **"meio ambiente do trabalho** é a resultante da interação sistêmica de fatores naturais, técnicos e psicológicos ligados às condições de trabalho, à organização do trabalho e às relações interpessoais que condiciona a segurança e a saúde física e mental do ser humano exposto a qualquer contexto jurídico-laborativo" (MARANHÃO, Ney. *Poluição labor-ambiental:* abordagem conceitual da degradação das condições de trabalho, da organização do trabalho e das relações interpessoais travadas no contexto laborativo. Rio de Janeiro: Lumen Juris, 2017, p. 251).

6   Veja-se o art. 162 da CLT: Art. 162. As empresas, de acordo com normas a serem expedidas pelo Ministério do Trabalho, estarão obrigadas a manter serviços especializados em segurança e em medicina do trabalho. Parágrafo único. As normas a que se refere este artigo estabelecerão: a) classificação das empresas segundo o número de empregados e a natureza do risco de suas atividades; b) o número mínimo de profissionais especializados exigido de cada empresa, segundo o grupo em que se classifique, na forma da alínea anterior; c) a qualificação exigida para os profissionais em questão e o seu regime de trabalho; d) as demais características e atribuições dos serviços especializados em segurança e em medicina do trabalho, nas empresas (redação dada ao artigo pela Lei n. 6.514, de 22-12-1977).

O dimensionamento dos Serviços Especializados em Engenharia de Segurança e em Medicina do Trabalho vincula-se à **gradação do risco da atividade principal** (que varia, em escala ascendente, de 1 a 4, segundo a Classificação Nacional de Atividades Econômicas) e ao **número total de empregados do estabelecimento**. Tome-se, por exemplo, a situação das empresas que têm como atividade principal a "fabricação de madeira laminada e de chapas de madeira compensada, prensada ou aglomerada" (grau de risco 4, o mais elevado de todos). Esse empreendimento, desde que possua de 50 a 100 empregados, deverá ter, conforme o quadro II da NR-4, um técnico de segurança do trabalho.

9.2.2 Comissão Interna de Prevenção de Acidentes e de Assédio

Conhecida pela sigla CIPA, a "Comissão Interna de Prevenção de Acidentes e de Assédio" teve a sua denominação atualizada pela Lei n. 14.457, de 21 de setembro de 2022, que nela agregou referência também à prevenção do assédio. Como um instrumento democrático de acesso dos trabalhadores à política e aos mecanismos de segurança e de medicina do trabalho, a CIPA cumpre missões extremamente importantes.

Nos próximos itens serão detalhados seus objetivos, sua estrutura (constituição, processo eleitoral e organização interna) e suas atribuições.

9.2.2.1 Objetivo

A Comissão Interna de Prevenção de Acidentes e de Assédio — CIPA tem por objetivo, na forma da NR 5 do Ministério do Trabalho (ora Ministério do Trabalho e Previdência), a **prevenção de acidentes** e **doenças decorrentes do trabalho** (doenças profissionais e doenças do trabalho) de modo a tornar compatível permanentemente o trabalho com a preservação da vida e a promoção da saúde do trabalhador. Cabem a ela também a **prevenção e o combate ao assédio sexual e às demais formas de violência no âmbito do trabalho** Por isso, as empresas privadas, públicas, sociedades de economia mista, órgãos da Administração direta e indireta, instituições beneficentes, associações recreativas, cooperativas, bem como outras instituições que admitam trabalhadores como empregados, devem constituí-la, por estabelecimento, e mantê-la em regular funcionamento.

Nesse sentido, a empresa que possuir em um mesmo Município dois ou mais estabelecimentos deverá garantir a integração destes com as CIPAs, com o objetivo de harmonizar as políticas de segurança e saúde no trabalho.

9.2.2.2 Constituição, processo eleitoral e organização

A CIPA será composta de representantes do empregador e dos empregados, de acordo com o dimensionamento previsto no Quadro I da NR-5 do Ministério do Trabalho (ora Ministério da Economia — Secretaria Especial de Previdência e Trabalho). Registre-se que a exigibilidade da ora analisada comissão **depende do número de empregados no estabelecimento** e, também, **do setor econômico em que a empresa atua**, conforme a Classificação Nacional de Atividades Econômicas — CNAE. Essa relação determinará a necessidade de constituição da comissão interna de prevenção de acidentes e de assédio e sua composição interna, assim considerada a quantidade de membros representantes dos empregados, efetivos e suplentes.

A exigibilidade de constituição de uma CIPA, de modo geral, atinge as empresas cujos estabelecimentos tenham mais de vinte empregados, mas, a depender do setor econômico em que a empresa atua, a constituição passa a ser exigível diante de um número maior de empregados. Exemplo disso é o setor econômico de seguros (grupo C-26), para o qual a constituição de CIPA somente é exigível a partir de trezentos empregados por estabelecimento.

Compete ao empregador, segundo a multicitada NR-5 do MTE, convocar eleições para escolha dos representantes dos empregados na CIPA, no prazo mínimo de sessenta dias antes do término do mandato em curso. No processo eleitoral, entre outras peculiaridades, deve ser observada a **realização de eleição** em dia normal de trabalho, respeitando os horários de turnos e em horário que possibilite a participação da maioria dos empregados, o mesmo acontecendo no que diz respeito à **apuração dos votos**. Outro ponto importante a considerar é aquele que diz respeito à guarda, pelo empregador, de todos os documentos relativos à eleição, por um período mínimo de cinco anos.

Destaque-se que, a despeito de ser facultativo o voto, há previsão de **percentual mínimo de participação de votantes**. Isso acontece para oferecer maior legitimação aos eleitos. Assim, havendo participação inferior a cinquenta por cento dos empregados na votação, não haverá apuração dos votos, e a comissão eleitoral deverá organizar outra votação, que ocorrerá no prazo máximo de dez dias. Assumirão a condição de membros titulares e suplentes os candidatos mais votados. Em caso de empate, assumirá aquele que tiver maior tempo de serviço no estabelecimento.

Os representantes dos empregadores, titulares e suplentes, serão por eles **meramente designados**, por isso não fruem de qualquer garantia de emprego. Os representantes dos empregados, titulares e suplentes, **serão eleitos em escrutínio secreto**, do qual participem, independentemente de filiação sindical, exclusivamente os empregados interessados. Em outras palavras: na eleição para representante da CIPA o voto é facultativo e permitido, indiferentemente, a quem seja ou não associado ao sindicato. O empregador designará entre seus representantes o **presidente da CIPA**, e os representantes dos empregados escolherão entre os titulares o **vice-presidente**. O **mandato** dos membros eleitos da CIPA terá **duração de um ano**, permitida uma reeleição.

Os representantes dos empregados, e somente eles, gozam de **estabilidade no emprego** na forma prevista no art. 10, II, *a*, do Ato das Disposições Constitucionais Transitórias, na seguinte dimensão:

> *Art. 10. Até que seja promulgada a lei complementar a que se refere o art. 7º, I, da Constituição: [...]*
> *II — fica vedada a dispensa arbitrária ou sem justa causa*[7]*:*
> *a) do empregado eleito para cargo de direção de comissões internas de prevenção de acidentes,* **desde o registro de sua candidatura até um ano após o final de seu mandato;**

---

[7] Numa interpretação *a contrario sensu* do texto do art. 10, II, do ADCT, pode-se concluir que é lícita a dispensa não arbitrária ou com justa causa do empregado eleito para cargo de direção de comissões internas de prevenção de acidentes. Mas o que significa isso? Significa que a estabilidade não protegerá o cipeiro dispensado de modo não arbitrário, vale dizer, a estabilidade não protegerá o cipeiro que vier a ser despedido por "motivo disciplinar, técnico, econômico ou financeiro", incluindo-se no âmbito do motivo disciplinar as situações insertas no art. 482 da CLT.

Observe-se que o conceito de despedida arbitrária (imotivada ou vazia) está contido no art. 165 da CLT, recepcionado pelo texto constitucional de 1988. Perceba-se a redação:

Art. 165. Os titulares da representação dos empregados nas CIPAs não poderão sofrer despedida arbitrária, entendendo-se como tal a que não se fundar em motivo disciplinar, técnico, econômico ou financeiro.

Atente-se, ainda, com base no parágrafo único do precitado art. 165 da CLT, que em caso de dispensa caberá ao empregador, se demandado mediante ação trabalhista aforada pelo empregado, comprovar a existência de qualquer dos supracitados motivos, sob pena de ser condenado a reintegrá-lo.

Esclareça-se que o STF já sumulou o entendimento no sentido de que a estabilidade acima expendida aplica-se também aos suplentes. Note-se:

Súmula 676 do STF. *A garantia da estabilidade provisória prevista no art. 10, II, a, do ADCT, também se aplica ao suplente do cargo de direção de comissões internas de prevenção de acidentes (CIPA)*[8].

Observe-se, também, que a estabilidade somente se estenderá por mais um ano se, e somente se, o cipeiro concluir seu mandato. Se este não for concluído (se o cipeiro for destituído ou se ele pedir para sair da CIPA antes do final do mandato), não haverá falar na garantia de extensão da estabilidade por mais um ano, uma vez que, conforme claramente inserto no texto de lei, extensão somente será a ele autorizada *"após o final de seu mandato"*.

Acrescente-se, ainda, que serão garantidas aos membros da CIPA condições que não descaracterizem suas atividades normais na empresa. Eles continuam trabalhando normalmente para o empreendimento, por isso é **vedada sua transferência para outro estabelecimento** (*vide* o item 5.9 da NR-5). A extinção do estabelecimento faz desaparecerem as razões de manutenção da qualidade do cipeiro e justifica, consequentemente, a cessação da estabilidade, conforme entendimento sumulado do TST:

Súmula 339, II, do TST. *A estabilidade provisória do cipeiro não constitui vantagem pessoal, mas garantia para as atividades dos membros da CIPA, que somente tem razão de ser quando em atividade a empresa. Extinto o estabelecimento, não se verifica a despedida arbitrária, sendo impossível a reintegração e indevida a indenização do período estabilitário.*

Somente a extinção do estabelecimento pode justificar a perda da garantia de emprego estendida ao cipeiro. A sucessão empresarial não produz o mesmo efeito elidente, mantendo o empregado todos os seus direitos, nos moldes dos arts. 10 e 448 da CLT.

9.2.2.3 Atribuições e funcionamento

Em conformidade com o disposto no item 5.16 da NR-5 do Ministério do Trabalho (ora Ministério do Trabalho e Previdência), a CIPA terá por atribuições:

a) identificar os riscos do processo de trabalho, e elaborar o mapa de riscos, com a participação do maior número de trabalhadores, com assessoria do SESMT, onde houver;

b) elaborar plano de trabalho que possibilite a ação preventiva na solução de problemas de segurança e saúde no trabalho;

c) participar da implementação e do controle da qualidade das medidas de prevenção necessárias, bem como da avaliação das prioridades de ação nos locais de trabalho;

d) realizar, periodicamente, verificações nos ambientes e condições de trabalho visando a identificação de situações que venham a trazer riscos para a segurança e saúde dos trabalhadores;

e) realizar, a cada reunião, avaliação do cumprimento das metas fixadas em seu plano de trabalho e discutir as situações de risco que foram identificadas;

f) divulgar aos trabalhadores informações relativas à segurança e saúde no trabalho;

g) participar, com o SESMT, onde houver, das discussões promovidas pelo empregador, para avaliar os impactos de alterações no ambiente e no processo de trabalho relacionados à segurança e à saúde dos trabalhadores;

---

[8] No mesmo sentido existe a Súmula 339, I, do TST: "O suplente da CIPA goza da garantia de emprego prevista no art. 10, II, *a*, do ADCT a partir da promulgação da Constituição Federal de 1988".

h) requerer ao SESMT, quando houver, ou ao empregador, a paralisação de máquina ou setor onde considere haver risco grave e iminente à segurança e saúde dos trabalhadores;

i) colaborar no desenvolvimento e implementação do PCMSO e PPRA e de outros programas relacionados à segurança e saúde no trabalho;

j) divulgar e promover o cumprimento das Normas Regulamentadoras, bem como cláusulas de acordos e convenções coletivas de trabalho, relativas à segurança e saúde no trabalho;

l) participar, em conjunto com o SESMT, onde houver, ou com o empregador, da análise das causas das doenças e acidentes de trabalho e propor medidas de solução dos problemas identificados;

m) requisitar ao empregador e analisar as informações sobre questões que tenham interferido na segurança e saúde dos trabalhadores;

n) requisitar à empresa as cópias das CAT emitidas;

o) promover, anualmente, em conjunto com o SESMT, onde houver, a Semana Interna de Prevenção de Acidentes do Trabalho — SIPAT;

p) participar, anualmente, em conjunto com a empresa, de Campanhas de Prevenção da AIDS.

A Lei n. 14.457, de 21 de setembro de 2022, trouxe atribuições adicionais para as CIPAs, entre as quais as que visam à:

a) inclusão de regras de conduta a respeito do assédio sexual e de outras formas de violência nas normas internas da empresa, com ampla divulgação do seu conteúdo aos empregados e às empregadas;

b) fixação de procedimentos para recebimento e acompanhamento de denúncias, para apuração dos fatos e, quando for o caso, para aplicação de sanções administrativas aos responsáveis diretos e indiretos pelos atos de assédio sexual e de violência, garantido o anonimato da pessoa denunciante, sem prejuízo dos procedimentos jurídicos cabíveis;

c) inclusão de temas referentes à prevenção e ao combate ao assédio sexual e a outras formas de violência nas atividades e nas práticas da CIPA; e

d) realização, no mínimo a cada 12 (doze) meses, de ações de capacitação, de orientação e de sensibilização dos empregados e das empregadas de todos os níveis hierárquicos da empresa sobre temas relacionados à violência, ao assédio, à igualdade e à diversidade no âmbito do trabalho, em formatos acessíveis, apropriados e que apresentem a máxima efetividade de tais ações.

Ressalte-se que o recebimento de denúncias pela CIPA não substitui o procedimento penal correspondente, caso a conduta denunciada pela vítima se encaixe na tipificação de assédio sexual contida no art. 216-A do Decreto-lei n. 2.848, de 7 de dezembro de 1940 (Código Penal), ou em outros crimes de violência tipificados na legislação brasileira.

9.3 EQUIPAMENTOS DE PROTEÇÃO INDIVIDUAL

Na forma da NR-6 do Ministério do Trabalho (ora Ministério do Trabalho e Previdência), considera-se equipamento de proteção individual — EPI todo dispositivo ou produto, de uso individual, utilizado pelo trabalhador, destinado à proteção de riscos suscetíveis de ameaçar a segurança e a saúde no trabalho.

Os EPIs são classificados em função da proteção que oferecem. Nesse sentido existem equipamentos que protegem a cabeça (capacete e capuz), o tronco (vestimentas de segurança), os membros superiores (luvas, braçadeiras e dedeiras), os membros inferiores (calça, meias e calçados), os olhos e a face (óculos e máscaras), o corpo inteiro (macacão), a audição (protetor auditivo), a atividade respiratória (respirador purificador de ar). Há, por fim, aqueles que simplesmente previnem quedas com diferença de nível (dispositivos trava-quedas e cinturões).

A empresa é obrigada a fornecer aos empregados, **gratuitamente**, EPI adequado ao risco, **em perfeito estado de conservação e funcionamento**, nas seguintes circunstâncias:

a) sempre que as medidas de ordem geral não ofereçam completa proteção contra os riscos de acidentes do trabalho ou de doenças profissionais e do trabalho;

b) enquanto as medidas de proteção coletiva estiverem sendo implantadas;

c) para atender a situações de emergência.

Compete ao Serviço Especializado em Engenharia de Segurança e em Medicina do Trabalho — SESMT, ou à Comissão Interna de Prevenção de Acidentes e de Assédio — CIPA, nas empresas desobrigadas de manter o SESMT, recomendar ao empregador o EPI adequado ao risco existente em determinada atividade. Nas empresas desobrigadas de constituir CIPA, cabe ao designado, mediante orientação de profissional tecnicamente habilitado, recomendar o EPI adequado à proteção do trabalhador.

Registre-se, na forma da Súmula 289 do TST, que "o simples fornecimento do aparelho de proteção pelo empregador **não o exime do pagamento do adicional de insalubridade**". Cabe-lhe tomar as medidas que conduzam à diminuição ou eliminação da nocividade, entre as quais as relativas ao uso efetivo do equipamento pelo empregado.

9.4 EXAMES E ATESTADOS MÉDICOS

Quando se fala em saúde no trabalho, há uma imediata lembrança de dois institutos extremamente importantes no processo de certificação da sanidade ocupacional: o **exame médico** e o **atestado médico**. Por meio do primeiro, o médico, pelo método clínico e depois de realizada a anamnese, avalia o paciente por meio da inspeção, palpação, ausculta e percussão, normalmente com o auxílio de equipamentos que otimizam a constatação do estado de saúde. Ao final, depois de alcançadas as suas conclusões, o médico expede o atestado, que é um documento escrito por meio do qual ele (i) oferece o diagnóstico, quando expressamente autorizado, (ii) especifica o tempo concedido de dispensa da atividade, necessário para a recuperação do paciente, e (iii) se identifica como emissor. Vejam-se cada um dos referidos institutos.

9.4.1 Exames médicos

A NR 7 do Ministério do Trabalho (ora Ministério do Trabalho e Previdência) estabelece a obrigatoriedade de elaboração e implementação, por parte de todos os empregadores e instituições que admitam trabalhadores como empregados, do Programa de Controle Médico de Saúde Ocupacional — PCMSO, com o objetivo de promoção e preservação da saúde do conjunto de seus trabalhadores.

O PCMSO deverá ter caráter de prevenção, rastreamento e diagnóstico precoce dos agravos à saúde relacionados ao trabalho, inclusive de natureza subclínica, além da constatação da existência de casos de doenças profissionais ou danos irreversíveis à saúde dos trabalhadores. Para tanto, é peça fundamental da atividade a realização dos exames médicos custeados pelos empregadores. Entre tais exames estão previstos, **obrigatoriamente**, o admissional, o periódico, o de retorno ao trabalho, o de mudança de função e o demissional.

Os exames médicos **obrigatórios** compreendem uma avaliação clínica, abrangendo anamnese ocupacional e exame físico e mental, além de exames complementares, realizados de acordo com a específica atividade desenvolvida pelo trabalhador. Devem ser realizados exames no ingresso do trabalhador na empresa (exame admissional), durante a permanência dele no trabalho (exames periódicos), no momento em que ele, depois de afastado, volta às atividades (exame de retorno), no instante de mudança de função (exame de alteração funcional) e, por fim, no momento de término do ajuste contratual (exame demissional)[9]. Vejam-se:

a) O **exame médico admissional** deverá ser realizado antes que o trabalhador assuma suas atividades.

b) O **exame médico periódico** deverá ser promovido observados os intervalos mínimos de tempo abaixo discriminados:

i) **Para trabalhadores expostos a riscos ou a situações de trabalho que impliquem o desencadeamento ou agravamento de doença ocupacional, ou, ainda, para aqueles que sejam portadores de doenças crônicas**, *os exames deverão ser repetidos:*

— **cada ano ou a intervalos menores**, *a critério do médico encarregado, ou se notificado pelo médico agente da inspeção do trabalho, ou, ainda, como resultado de negociação coletiva de trabalho;*

— *de acordo com a* **periodicidade especificada** *no Anexo 6 da NR-15, para os trabalhadores expostos a condições hiperbáricas;*

ii) **Para os demais trabalhadores**:

— **anual**, *quando menores de dezoito e maiores de quarenta e cinco anos de idade;*

— **a cada dois anos**, *para os trabalhadores entre dezoito e quarenta e cinco anos de idade.*

c) O **exame médico de retorno ao trabalho** deverá ser realizado obrigatoriamente no primeiro dia da volta ao trabalho de trabalhador ausente por período igual ou superior a trinta dias por motivo de doença ou acidente, de natureza ocupacional ou não, ou parto.

d) O **exame médico de mudança de função**[10] será obrigatoriamente realizado antes da data da mudança.

e) O **exame médico demissional**, de acordo com a Portaria MTB n. 1.031, de 06 de dezembro de 2018, será obrigatoriamente realizado **em até 10 (dez) dias** contados a partir do término do contrato, desde que o último exame médico ocupacional tenha sido realizado há mais de:

i) **cento e trinta e cinco dias** *para as empresas de grau de risco 1 e 2, segundo o Quadro I da NR-4;*

---

[9] Merece atenção o disposto nos últimos parágrafos do art. 168 da CLT, haja vista a determinação de exames admissionais, periódicos e demissionais que no passado eram entendidos como invasivos da intimidade do trabalhador. A compreensão de que a saúde psíquica do motorista não apenas interessa a ele, mas a todos os que com ele convivem em sociedade passou a justificar que a sua intimidade será desvelada quando o assunto envolver o uso de substâncias tóxicas. Vejam-se:

"Art. 168 [...]

§ 6º Serão exigidos exames toxicológicos, previamente à admissão e por ocasião do desligamento, quando se tratar de motorista profissional, assegurados o direito à contraprova em caso de resultado positivo e a confidencialidade dos resultados dos respectivos exames.

§ 7º Para os fins do disposto no § 6º, será obrigatório exame toxicológico com janela de detecção mínima de 90 (noventa) dias, específico para substâncias psicoativas que causem dependência ou, comprovadamente, comprometam a capacidade de direção, podendo ser utilizado para essa finalidade o exame toxicológico previsto na Lei n. 9.503, de 23 de setembro de 1997 — Código de Trânsito Brasileiro, desde que realizado nos últimos 60 (sessenta) dias". (NR)

[10] Entende-se por mudança de função toda e qualquer alteração de atividade, posto de trabalho ou de setor que implique a exposição do trabalhador a risco diferente daquele a que estava exposto antes da mudança.

ii) **noventa dias** *para as empresas de grau de risco 3 e 4, segundo o Quadro I da NR-4.*

Em complemento, cabe registrar que, durante a pandemia do coronavírus, dadas as circunstâncias especiais impostas pela força maior, foi prevista a possibilidade de suspensão da obrigatoriedade de exames periódicos, os quais deveriam ser realizados até sessenta dias após o fim do estado de calamidade pública.

A obrigatoriedade do exame demissional ficou, entretanto, mantida, mas ele poderia ser dispensado caso o exame médico ocupacional mais recente tivesse sido realizado há menos de cento e oitenta dias.

É sempre bom anotar que o título dado ao Capítulo VII da MP n. 927/2020, ora não mais vigente, mas com efeitos exigíveis — "DA SUSPENSÃO DE EXIGÊNCIAS ADMINISTRATIVAS EM SEGURANÇA E SAÚDE NO TRABALHO" —, gerou para os leitores aligeirados a equivocada ideia de que estariam suspensas todas as exigências em matéria de segurança e saúde no trabalho, quando, em verdade, estariam assim suspensas somente as duas mencionadas exigências ADMINISTRATIVAS em matéria de segurança e saúde no trabalho.

Diante de tanta confusão na leitura do tópico frasal, o governo entendeu por bem criar o art. 19 na MP n. 936/2020, mantido depois de convertida a referida MP na Lei n. 14.020/2020, para dizer que, ao contrário do que os leitores estavam a imaginar, o disposto no Capítulo VII da Medida Provisória n. 927, de 2020, não autorizava o descumprimento das normas regulamentadoras de segurança e saúde no trabalho pelo empregador, mas, apenas, as hipóteses excepcionadas, aplicando-se as ressalvas ali previstas unicamente nas hipóteses excepcionadas.

9.4.2 Atestados médicos

Conforme se antecipou em tópico anterior, o atestado médico é um documento escrito por meio do qual o profissional da Medicina, devidamente registrado no Conselho de classe, (i) oferece o diagnóstico, quando expressamente autorizado, (ii) especifica o tempo concedido de dispensa da atividade, necessário para a recuperação do paciente, e (iii) se identifica como emissor.

A confecção do referido documento, conforme Resolução CFM n. 1.658/2002, é parte integrante do ato médico, e seu fornecimento é um direito inalienável do paciente.

9.4.2.1 Quem pode expedir atestados de afastamento do trabalho?

É bom anotar que, nos termos da mencionada Resolução CFM n. 1.658/2002, **"somente aos médicos e aos odontólogos, estes no estrito âmbito de sua profissão, é facultada a prerrogativa do fornecimento de atestado de afastamento do trabalho"**. Tal ocorre porque as únicas normas legais que tratam de atestados como documentos aptos a produzir a justificação de faltas ao emprego são justamente os §§ 3º e 4º da Lei n. 8.213, de 24 de julho de 1991, e o art. 6º da Lei n. 6.215, de 30 de junho de 1975. Estão, assim, fora desse espectro os atestados emitidos, por exemplo, por psicólogos ou fisioterapeutas, entre outros, salvo se o empregador voluntariamente os admitir.

Vejam-se as Leis:

Lei n. 8.213, de 24 de julho de 1991:

Art. 60. [...]

§ 3º Durante os primeiros quinze dias consecutivos ao do afastamento da atividade por motivo de doença, incumbirá à empresa pagar ao segurado empregado o seu salário integral. (Redação dada pela Lei n. 9.876, de 26-11-1999)

§ 4º A empresa que dispuser de **serviço médico**, próprio ou em convênio, terá a seu cargo o exame médico e o abono das faltas correspondentes ao período referido no § 3º, somente devendo encaminhar o segurado à perícia médica da Previdência Social quando a incapacidade ultrapassar 15 (quinze) dias.

Lei n. 6.215, de 30 de junho de 1975:
Art. 6º Compete ao cirurgião-dentista:
[...]
III — atestar, no setor de sua atividade profissional, estados mórbidos e outros, inclusive, para justificação de faltas ao emprego.

Diante desses elementos é possível concluir, tal como se fez no Parecer CREMAM n. 8/2011, no sentido de que "a legislação consagra somente aos médicos o direito de conceder licenças trabalhistas, aposentadorias e outros benefícios previdenciários relacionados à saúde, tanto é assim que as instâncias para definir tais situações são denominadas 'Perícias Médicas' e 'Juntas Médicas'. Exceção já referida aos odontólogos, que emitem atestados para afastamento de tratamento de enfermidades restritas à sua competência legal, mas que não alcançam o nível de decisão terminativa referente a benefícios, como os médicos".

9.4.2.2 O empregador pode recusar um atestado médico?

Em regra, não. De um modo geral, todo e qualquer atestado médico, **sob o ponto de vista material**, há de ser acatado e respeitado, por gozar de presunção de lisura, **salvo prova de manifesta falsidade** sobre a qual se falará mais adiante em tópico específico.

Há, entretanto, duas exceções à regra em relação às quais será aceitável a recusa por violações de natureza jurídica: a primeira, se violada a **ordem de preferência** exigida pelo empregador consoante o § 2º do art. 6º da Lei n. 605/49; a segunda, caso o prazo de entrega tenha decaído. Veja-se nos tópicos seguintes.

9.4.2.2.1 O empregador pode recusar um atestado médico por violação da ordem de preferência estabelecida no § 2º do art. 6º da Lei n. 605/49?

Essa é a primeira situação em que se admite a recusa de atestado médico por motivação jurídica. A recusa será, portanto, aceitável unicamente por um argumento levantado *sob o ponto de vista jurídico*, se violada a **ordem de preferência** exigida pelo empregador consoante o § 2º do art. 6º da Lei n. 605/49.

Desse modo, tendo o patrão previamente anunciado a exigência da observância da ordem de médicos emitentes, não estará ele obrigado, por exemplo, a aceitar atestado de médico da escolha do empregado, especialmente quando existam outros médicos preferidos e disponíveis para o atendimento.

A referida ordem de preferência, embora desperte discussões e polêmicas, é reconhecida pela Elevada Corte Trabalhista. A atual, iterativa e notória jurisprudência do TST pacificou-se no sentido de que a justificação da ausência do empregado motivada por doença, para a percepção do salário-enfermidade e da remuneração do repouso semanal, deve observar a ordem preferencial dos atestados médicos estabelecida em lei (Súmula 15 do TST), sendo que ao serviço médico da empresa ou ao mantido por esta última mediante convênio compete abonar os primeiros 15 dias de ausência ao trabalho (Súmula 282 do TST). Vejam-se:

Súmula 15 do TST. *ATESTADO MÉDICO.* ***A justificação da ausência do empregado motivada por doença****, para a percepção do salário-enfermidade e da remuneração do repouso semanal,* ***deve observar a ordem preferencial dos atestados médicos*** *estabelecida em lei.*

Súmula 282 do TST. *ABONO DE FALTAS. SERVIÇO MÉDICO DA EMPRESA. Ao serviço médico da empresa ou ao mantido por esta última mediante convênio compete abonar os primeiros 15 (quinze) dias de ausência ao trabalho.*

Dizer-se existente uma ordem preferencial não significa, porém, dizer-se que o empregador estará necessariamente obrigado a impô-la. O cotidiano trabalhista demostra, aliás, o contrário, pois a maior parte dos empregadores oferece a livre escolha de médicos aos seus contratados. Isso muito ocorre em virtude de a observância da escala de preferências contida na Lei n. 605/49 ser de difícil aplicação prática, seja pelo anacronismo de algumas das suas disposições, seja pela escassez de médicos vinculados às instituições públicas e paraestatais ali referidas, seja ainda pelas discussões que seriam produzidas diante das situações em que o empregado estivesse envolto em urgência ou emergência médica.

Veja-se a sequência preferencial e leiam-se alguns comentários feitos sobre cada uma dos médicos ali posicionados:

No 1º lugar na escala de preferências está o **médico da instituição da previdência social a que estiver filiado o empregado**. Essa primeira posição sofre, porém, com a desatualização, pois, na época de publicação da Lei n. 605/49, os antigos institutos de Aposentadoria e Pensões (IAPs) ofereciam assistência médica, assim como também o INPS, autarquia que a partir de 1966 reuniu os IAPs. O INPS oferecia assistência médica aos trabalhadores que contribuíam com a previdência social por intermédio do INAMPS — Instituto Nacional de Assistência Médica da Previdência Social —, que foi criado pela Lei n. 6.439, em 1977, e extinto pela Lei n. 8.689, em 1993. O INAMPS foi substituído pelo Serviço Único de Saúde (SUS).

Atualmente, porém, a instituição de previdência social a que estão filiados os empregados — o INSS — possui não mais do que médicos peritos com a finalidade de dar apoio à concessão de benefícios previdenciários por incapacidade. Eles, portanto, não oferecem atestados médicos para abonar faltas ao serviço. A única via de exegese razoável para salvar esse primeiro lugar na escala de preferências é a que nos leva a imaginar que atualmente os médicos ali referidos podem ser, em uma manobra hermenêutica, os credenciados pelo SUS.

No 2º lugar, na ausência do anterior, e sucessivamente, surge o **médico do Serviço Social do Comércio ou da Indústria**. Aqui o problema não é exatamente o anacronismo, mas a escassez e a especialidade. Não há tantos atendimentos em saúde dados pelo SESC ou pelo SESI, e os que ocorrem dependem normalmente de prévio agendamento. Dessa forma, o empregado que necessita de atendimento emergencial para oferecimento de atestado médico muito dificilmente encontrará solução para sua demanda nessa esfera. E não se pode esquecer de que o SESC e o SESI somente atendem às categorias dos comerciários e industriários, colocando fora do seu círculo qualquer outro trabalhador inserido em categoria profissional diversa, a exemplo de bancários ou trabalhadores da construção civil.

No 3º lugar, na falta do anterior, e sucessivamente, surge o **médico da empresa ou por ela designado**. Aqui há um imenso espaço para a satisfação da escala de preferência patronal, pois, em regra, o empregado se vale do serviço médico disponível na rede credenciada pelo plano de saúde oferecido pela empresa. Ora, se um empregado escolhe um médico credenciado por esse plano de saúde, está, obviamente, a escolher um médico designado pelo empregador. Essa, a propósito, foi a conclusão a que chegou o CREMEC no Parecer n. 12/2001.

No 4º lugar, na falta do anterior, e sucessivamente, está o médico a serviço de representação federal, estadual ou municipal incumbido de assuntos de higiene ou de saúde pública. Trata-se aqui de médicos envolvidos em temas de saúde pública com destaque, diante da pertinência, para os médicos da Rede Nacional de Atenção Integral à Saúde do Trabalhador (RENAST) e, mais especificamente, dos Centros de Referência em Saúde do Trabalhador (CEREST). Aqui há também escassez de médicos, e os atendimentos, em regra, são realizados mediante pré-agendamento.

No 5º e último lugar, e somente se não existir nenhum dos médicos anteriores na localidade em que o empregado estiver a trabalhar, admite-se o médico de sua escolha.

Se, entretanto, o patrão não exigir a observância da sequência dos emitentes de atestado médico, estará a tolerar o atestado expedido por qualquer profissional da Medicina, inclusive por aquele da livre escolha do próprio empregado. Afinal, não se pode presumir a restrição, quando ela não tenha sido expressamente formulada. E, se essa restrição efetivamente existir, ela deverá, em homenagem ao princípio da boa-fé objetiva, ser clara e previamente informada a todos os trabalhadores contratados antes mesmo de eles precisarem se valer de atestados médicos, justamente para que sejam evitadas as recusas de mera conveniência.

Esse, a propósito, foi o posicionamento do Conselho Federal de Medicina, conforme o Parecer CFM n. 10/90. Para o referido órgão de classe,

[...] atestados médicos emitidos por outros médicos e em desconformidade com o que é relacionado em Lei, se revestido de lisura e perícia, é um documento válido, porém, será ineficaz para a finalidade a que se destina, qual seja, a de justificar a falta de empregado perante o empregador por motivo de doença, salvo nos casos de urgência comprovada.

Assim, se a empresa negar eficácia a atestado médico apresentado pelo empregado porque fornecido por profissional em desconformidade com a sequência relacionada na Lei n. 605/49 estará agindo corretamente não implicando tal conduta em contestação sobre o seu conteúdo, idoneidade ou veracidade de informações.

Portanto, a recusa da eficácia do atestado médico nestes moldes não tem o condão de desencadear qualquer atitude por parte do médico porque a empresa estará agindo apenas de conformidade com texto legal.

É importante anotar que, por um princípio de não discriminação, não poderá **o empregador deixar de exigir a observância da sequência dos emitentes de atestado médico para uns empregados, mas não para outros**. A conduta, nesse particular, há de ser uniforme. Se o empregador exige que se observe a ordem de preferência contida no § 2º do art. 6º da Lei n. 605/49, deverá assim se manifestar, por coerência, em relação a todos os seus contratados.

Para finalizar este tópico, cabe um registro bem salientado acerca das **situações em que há comprovada urgência ou emergência médica**. Diante de tais situações, seria absurda a imposição da observância da sequência entre os emitentes de atestado médicos. Nesses casos, qualquer atestado médico será atestado; e qualquer atestado, de qualquer médico devidamente registrado em seu conselho de classe, será válido e eficaz para fins de abono de falta ao trabalho. O apego do empregador à sequência formal será entendido, decerto, como um ato atentatório à dignidade humana. Assim, se o trabalhador tiver como provar que se envolveu em uma situação de urgência/emergência médica, nenhuma relevância deverá dar à discussão sobre a posição do emitente do seu atestado médico. Que seja atendido o mais brevemente possível, e que se salve do risco enfrentado. Apenas isso.

9.4.2.2.2 O empregador pode recusar um atestado médico apresentado fora do prazo estabelecido? Há algum prazo legal para a apresentação do atestado médico?

A lei é omissa quanto à fixação de um prazo para a apresentação do atestado médico. Exatamente por isso é extremamente recomendável a adoção de cláusula, seja no contrato individual de emprego, seja no contrato coletivo de trabalho, que preveja esse **prazo decadencial para a apresentação dos referidos atestados**. Assim, superado tal prazo, o empregado negligente perderá o direito de ver abonadas as faltas decorrentes das supostas doenças ou lesões de que se afirme acometido.

Essa é, portanto, a segunda situação em que se admite a recusa de atestado médico por motivação jurídica. A justificativa aqui também não está relacionada à idoneidade do atestado médico, mas à decadência do direito de o empregado apresentá-lo ao empregador.

Mas **e se não houver cláusula contratual que fixe o prazo ora em análise?**

Os envolvidos na situação hão de considerar os **costumes** que normalmente norteiam as relações profissionais. Nesse sentido, a **experiência comum e a razoabilidade** sinalizam no sentido de que, em regra, são toleradas 48 horas para a apresentação dos atestados médicos, findas as quais o empregador passará a entender que o empregado está a agir de forma displicente. Evidentemente que as 48 horas são uma praxe para situações ordinárias, podendo-se ampliar a tolerância do tempo de espera em casos de maior gravidade.

A falta do prazo fará com que o empregador tome a decisão de acatar ou de recusar o atestado. Se eventual recusa causar conflito de interesses, caberá ao Judiciário trabalhista, caso demandado, o oferecimento de uma solução contemporizadora.

9.4.2.3 Admite-se atestado médico sem a indicação da Classificação Internacional de Doenças (CID)?

Sim. Na elaboração do atestado, o médico deverá seguir o disposto na Resolução CFM n. 1.658/2002 (alterada pela Resolução CFM n. 1.851/2008), **revelando o diagnóstico com aposição de CID apenas se existir autorização expressa, por escrito, do paciente**.

Isso mesmo. Inaceitáveis são as referências diagnósticas, salvo por livre e consciente determinação do paciente.

Reiteradas, portanto, são as manifestações do Conselho Federal de Medicina no sentido de que **o paciente é a única pessoa com legitimação para dispor de sua própria intimidade médica**. Então, conforme claramente registrado no PC/CFM n. 32/90, "o médico só poderá fornecer atestados ou relatórios de exames ou de tratamentos realizados, revelando, consequentemente, o diagnóstico ou tratamento ministrado, desde que obtenha expressa autorização do paciente ou de seu responsável".

A obrigatoriedade de um "diagnóstico codificado" no atestado médico, consoante sustentou com razoabilidade o referido parecer do CFM, "ao invés de proteger o trabalhador, cria-lhe uma situação de constrangimento. Ao ser relatado seu mal, mesmo em código, suas relações no emprego são prejudicadas pela revelação de suas condições de sanidade, principalmente se é ele portador de uma doença cíclica que lhe afastam outras vezes do trabalho".

O TST segue exatamente essa linha de entendimento na atualidade. A Seção Especializada em Dissídios Coletivos do Tribunal Superior do Trabalho, nos autos do Processo RO-213-66.2017.5.08.0000, **em abril de 2019**, manteve a nulidade de cláusula coletiva que previa a obrigatoriedade da informação sobre a Classificação Internacional de Doenças (CID) como requisito para a validade do atestado médico e para o abono de faltas para empregados. A relatora do referido processo, Ministra Kátia Magalhães Arruda, reconheceu a importância de o empregador ter conhecimento do estado de saúde do empregado, mas ressaltou que a exigência do CID como condição para a validade dos atestados em norma coletiva fere direitos fundamentais. Segundo ela, a imposição constitucional de reconhecimento das convenções e acordos coletivos de trabalho "não concede liberdade negocial absoluta para os sujeitos coletivos, que devem sempre respeitar certos parâmetros protetivos das relações de trabalho e do próprio trabalhador".

Nunca será demasiada a lembrança de que a discussão sobre essa autodeterminação informativa do empregado quanto aos dados reveladores de sua doença em atestados médicos é absolutamente estéril na atualidade. Diz-se isso porque o art. 2º, II, da Lei Geral de Proteção de Dados (Lei n. 13.709, de 14 de agosto de 2018) deixa bem claro que um dos seus fundamentos é justamente essa aptidão que tem o indivíduo para determinar e controlar a utilização de seus próprios dados.

Registre, porque importante, o conteúdo da Lei n. 14.289, de 3 de janeiro de 2022, que dispõe sobre a obrigatoriedade de preservação do sigilo sobre a condição de pessoa que vive com infecção pelos vírus da imunodeficiência humana (HIV) e das hepatites crônicas (HBV e HCV) e de pessoa com hanseníase e com tuberculose. Em conformidade com a referida norma, é vedada a divulgação, pelos agentes públicos ou privados, de informações que permitam a identificação da condição de pessoa que vive com as referidas moléstias, nos seguintes âmbitos: I — serviços de saúde; II — estabelecimentos de ensino; III — locais de trabalho; IV — administração pública; V — segurança pública; VI — processos judiciais; e VII — mídia escrita e audiovisual.

Diante dessa norma não mais será possível anotar as citadas condições em nenhum registro de emprego, tampouco será possível qualquer notícia na imprensa sobre as citadas doenças em qualquer pessoa, por mais pública que a pessoa seja.

O sigilo profissional sobre a condição de pessoa que vive com as mencionadas moléstias somente poderá ser quebrado nos casos determinados por lei, por justa causa ou por autorização expressa da pessoa acometida ou, quando se tratar de criança, de autorização de seu responsável legal, mediante assinatura de termo de consentimento informado, observado o disposto no art. 11 da Lei n. 13.709, de 14 de agosto de 2018 (Lei Geral de Proteção de Dados Pessoais — LGPD).

Os serviços de saúde, públicos ou privados, ainda considerados também os serviços médicos dos empregadores, assim como as operadoras de planos privados de assistência à saúde estão obrigados a proteger as informações relativas a pessoas que vivem com as mencionadas moléstias, bem como a garantir o sigilo das informações que eventualmente permitam a identificação dessa condição. Essa obrigatoriedade recai sobre todos os profissionais e trabalhadores da área de saúde.

Mas, nos termos do art. 8º da Lei n. 6.259/75, não é dever de todo cidadão comunicar à autoridade sanitária local a ocorrência de fato, comprovado ou presumível, de caso de doença transmissível? Não é obrigatória para médicos e outros profissionais de saúde no exercício da profissão, bem como aos responsáveis por organizações e estabelecimentos públicos e particulares de saúde e ensino a notificação de casos suspeitos ou confirmados dessas doenças?

Sim, a resposta é positiva. Eis aqui, portanto, a delicadeza da situação que exige recato no processo de prestação da informação. Cabe, sim, ao notificante a missão de comunicar a existência de doença transmissível para as autoridades competentes, mas sem fazer alarde, observada a reserva que a situação requer. A referida Lei n. 14.289/2022, aliás, modificou o conteúdo do art. 10 da Lei n. 6.259/75, para salientar de modo ainda mais ostensivo que a notificação compulsória de casos de doenças e de agravos à saúde terá sempre um caráter sigiloso. E ter caráter sigiloso significa que o assunto não deve extrapolar os limites das pessoas envolvidas no processo de notificação.

E se houver inquérito ou processo judicial que envolva pessoa que vive com infecção pelos vírus da imunodeficiência humana (HIV) e das hepatites crônicas (HBV e HCV) ou pessoa com hanseníase e com tuberculose? A resposta é relevante, pois devem ser providos os meios necessários para garantir o sigilo da informação sobre essa condição. O procedimento e o processo, dessa forma, passam a ter, no caso sob exame, um caráter sigiloso, correndo, portanto, em segredo de justiça. Qualquer divulgação a respeito de fato objeto de investigação ou de julgamento não poderá fornecer informações que permitam a identificação das pessoas que vivem com as doenças referidas na Lei n. 14.289/2022. Ademais, em julgamento que as envolver, o acesso às sessões somente será permitido aos sujeitos diretamente interessados e aos advogados envolvidos no caso.

O descumprimento da determinação de sigilo no trato com as mencionadas informações sujeita o agente público ou privado infrator às sanções previstas no art. 52 da LGPD, bem como às demais sanções administrativas cabíveis, e obriga-o a indenizar a vítima por danos materiais e morais, nos termos do art. 927 do Código Civil.

9.4.2.4 O médico precisa ser especialista para emitir atestado médico com CID de uma determinada especialidade? E para atuar em perícias judiciárias ou administrativas, a especialidade médica é exigível?

Consoante o Processo Consulta n. 8/2015 e o parecer CREMESE n. 6/2019, **não há respaldo ético ou legal para esse tipo de exigência**, pois não existe qualquer dispositivo que obrigue o paciente a ser atendido por um médico especialista para que, somente assim, o atestado médico concedido tenha validade.

Esse questionamento, por outro lado, é recorrente no âmbito do Judiciário, no tocante à elaboração dos laudos periciais, especialmente pelos litigantes sucumbentes. Estes, no bojo de sua insurreição contra o ato pericial, muitas vezes apontam como razão fundamental para o insucesso da sua causa o fato de o perito médico não ser um especialista na área relacionada com a moléstia por ele examinada. A mesma crítica é feita contra os laudos administrativos expedidos pelos médicos peritos do INSS, que muitas vezes são acusados de não terem certificado a incapacidade do segurado, apenas porque, supostamente, não seriam especialistas na esfera do seu problema de saúde.

Reitera-se aqui, agora sob a perspectiva de **atuação de médicos em perícias**, que, nos exatos termos do Processo-Consulta CFM n. 1.034/2003 — Parecer CFM n. 17/2004, "os **Conselhos Regionais de Medicina não exigem que um médico seja especialista para trabalhar em qualquer ramo da Medicina**, podendo exercê-la em sua plenitude nas mais diversas áreas, desde que se responsabilize por seus atos e, segundo a Resolução CFM n. 1.701/03, não as propague ou anuncie sem realmente estar neles registrado como especialista" (destaques não constantes do original).

Entretanto, houve quem sustentasse, com base no texto do **art. 465 do CPC**, que, no âmbito do Poder Judiciário, a legislação processual civil de 2015 teria mudado essa realidade ao dispor que "o juiz nomeará **perito especializado** no objeto da perícia" Pois bem. Depois de algumas dúvidas sobre o sentido e a extensão do qualificativo "especializado", o **Parecer n. 45, de 16 de novembro de 2016, do Conselho Federal de Medicina** esclareceu, com toda a sua autoridade, que o referido vocábulo "especializado" está a referir-se, em verdade, às mais amplas áreas técnicas, vale dizer, engenharia, contabilidade, medicina, informática, agronomia etc.

Dessa forma, e na visão do Conselho Federal de Medicina, a referência feita a "perito especializado" é genérica, e **não se refere às especialidades médicas**, mas sim à ampla área do conhecimento técnico pretendido na perícia. E o referido opinativo conclui, com acerto, "se o objeto da perícia, por exemplo, for a determinação de nexo causal em ação de indenização por acidente de trabalho, o perito nomeado deverá ser médico, consoante disposto no art. 5º, inciso II, da Lei 12.842/2013[11]; se for a determinação de fraude em contas, deverá ser contador; se for para comprovar falha em projeto de edificação, deverá ser engenheiro e assim por diante".

Sob a perspectiva de atuação do perito médico do INSS, nunca será excessiva a lembrança de que a Lei n. 10.876, de 2 de junho de 2004, criadora da carreira de Perícia Médica da Previdência Social, não exige qualquer especialidade médica para o exercício do referido cargo público. O art. 9º do mencionado diploma legal é claro no sentido de que **somente se exige**, como pré-requisito, **a habilitação em Medicina**.

O Parecer n. 9/2016 do Conselho Federal de Medicina arremata essa questão ao responder a três importantes e significativas questões sobre a exigência de especialidades em perícias administrativas e judiciárias. Vejam-se:

1. Existe norma que regulamente ser obrigatório que determinada patologia seja atendida por especialista específico? Se positivo, qual seria e onde se encontra dita norma?

Resposta: Não. O médico devidamente registrado no Conselho Regional de Medicina (CRM) da jurisdição de onde atua está apto a exercer a profissão em toda sua plenitude, sendo impedido apenas de anunciar especialidade sem o registro do respectivo título no CRM.

2. Existe alguma norma que determine que a capacidade ou incapacidade para o trabalho seja avaliada por especialista na doença que acomete o periciado? Se positivo, qual seria?

Resposta: A determinação da capacidade laboral para fins previdenciários, no âmbito do Instituto Nacional do Seguro Social (INSS), compete ao perito médico da Previdência Social; no âmbito criminal, compete ao perito legista, e no âmbito judicial de forma geral, a competência é de médico designado como perito, não havendo obrigatoriedade que seja especialista na doença que acomete o periciado.

3. O médico do trabalho é o profissional competente para aferir a capacidade ou incapacidade para o trabalho? Existe regulamentação neste sentido?

Resposta: Embora o médico do trabalho, dentro de sua autonomia, possa emitir juízo quanto à capacidade laboral do trabalhador, cabe ao mesmo encaminhá-lo ao órgão competente para a decisão final (Res. CFM n. 1.488/98, PC CFM n. 54/2015, PC CFM n. 5/2008 e PC CFM n. 2/2013, os quais podem ser acessados na íntegra no sítio eletrônico do CFM).

Cabe salientar que **não se deseja aqui ignorar a relevância do especialista**. Ele é desejado para dar mais qualidade e confiabilidade à posição tomada, mas não é indispensável. Sua ausência não produz invalidade do ato produzido sob qualquer das suas perspectivas, médica ou jurídica.

Assim, pode-se concluir, seja em relação à emissão de atestados médicos, seja no tocante à elaboração de perícias administrativas ou judiciárias, quanto à **inexigência de título de especialista** para a certificação do adoecimento ou para a determinação de sua extensão sobre a capacidade laborativa.

Apesar dessa conclusão, são encontráveis posições divergentes acerca do assunto nos tribunais. Vejam-se:

PROVA PERICIAL. ESPECIALIDADE MÉDICA. Em se tratando de perícia judicial para verificação de patologia física ou mental que possua nexo de causalidade com o trabalho, o profissional especializado para esse mister é o médico, no caso, médico do trabalho, nada tendo a ver com as

---

11 Lei n. 12.842/2013. Art. 5º São privativos de médico: [...] II — perícia e auditoria médicas; coordenação e supervisão vinculadas, de forma imediata e direta, às atividades privativas de médico;

diversas especialidades existentes na área da medicina (Processo 0000025-95.2016.5.05.0031, Origem PJE, Rel. Des. Luiz Roberto Peixoto de Mattos Santos, Primeira Turma, DJ 10-6-2019).

Em sentido contrário, entretanto:

DOENÇA OCUPACIONAL. LAUDO PERICIAL. ESPECIALIDADE MÉDICA. NULIDADE. Em se tratando de doença ocupacional que pode ensejar o enquadramento do reclamante na hipótese do artigo 118 da Lei n. 8.113/91, torna-se indispensável o pronunciamento do médico, profissional habilitado e que efetivamente detenha conhecimento técnico específico sobre a doença a ser examinada. Assim, um médico especializado em ortopedia não pode atestar a existência, ou não, de intoxicação medular por exposição a benzeno. Consequentemente, este laudo pericial não pode prejudicar o periciando, se desde a nomeação daquele auxiliar da Justiça, demonstrou inadequação. Provimento que se dá ao recurso para anular esta perícia e determinar que nova seja realizada, agora por médico especializado em hematologia, com exame da medula óssea do Reclamante (Processo 0053900-71.2007.5.05.0038 RecOrd, Origem Legado, Rel. Des. Léa Nunes, 3ª Turma, DJ 24-8-2012).

Em realidade, apesar da inexigibilidade da especialidade, não se admite que o parecerista desconheça a matéria sobre a qual oferecerá posição. Afinal, esperam-se dele respostas seguras e categóricas sobre cada uma das particularidades da questão sob discussão. Caso o perito que não tenha a especialidade desejável informe para o Juízo que não tem condição de responder às perguntas que lhe foram dirigidas, nem mesmo mediante consulta a literatura especializada, será, aí sim, um caso de realização de novo laudo técnico nos termos da legislação processual vigente. Note-se:

CPC. Art. 480. O juiz determinará, de ofício ou a requerimento da parte, a realização de nova perícia quando a matéria não estiver suficientemente esclarecida.

§ 1º A segunda perícia tem por objeto os mesmos fatos sobre os quais recaiu a primeira e destina-se a corrigir eventual omissão ou inexatidão dos resultados a que esta conduziu.

§ 2º A segunda perícia rege-se pelas disposições estabelecidas para a primeira.

§ 3º A segunda perícia não substitui a primeira, cabendo ao juiz apreciar o valor de uma e de outra.

Não é razoável, porém, que o perito aceite o múnus e que, somente depois de responder a parte das indagações, declare-se incapaz de oferecer posição para algumas das questões postas sob sua análise quando ele, antecipadamente, sabia que não poderia oferecer respostas completas dada sua falta de especialidade. Isso é um desserviço, e produz um indesejado retrabalho. Melhor seria que o perito informasse suas limitações técnicas antes de prestar o laudo, mesmo porque isso evitaria divergências de interpretação e choques de posicionamento.

9.4.2.5 Há algum impedimento ético para o atendimento médico a um parente? É válido o atestado médico resultante desse ato praticado em favor de um empregado? E como perito ou auditor de um parente, o médico pode atuar?

Não há qualquer impedimento ético no ato de atendimento de um médico a um parente. Igualmente, não há diminuição de legitimação ou de validade do atestado médico eventualmente emitido durante esse atendimento. Nos termos do Parecer CRM/DF n. 77/2016, não há limitação ética para emissão de atestado médico para pessoa do convívio do médico, seja no âmbito laboral ou familiar.

No entanto, deve-se deixar claro que em tal atestado está invariavelmente implicado o ato médico. Isso significa que sua emissão está condicionada ao exercício profissional, vale dizer, a um atendimento médico regular. Nesse sentido, tendo sido realizado atendimento médico e tendo sido este devidamente registrado em prontuário, como reza o art. 87 de Código de Ética Médica, não há de constatar-se qualquer impropriedade, desde que atendidos os requisitos para o afastamento laboral ou acadêmico. No mesmo sentido, o Parecer CRM/MG n. 12/2018, segundo o qual "o médico tem o direito de atestar atos médicos de parentes, mesmo em procedimentos de outra especialidade, desde que realmente o tenha realizado".

Saliente-se que, apesar da legitimação aqui anunciada, os médicos, em regra, não costumam emitir atestados médicos para os seus parentes, porque tal ato os coloca, sem dúvida, em uma zona de pleno desconforto e de compreensível suspeição.

A mesma legitimação, entretanto, não se dá ao médico que atua como perito ou auditor. Nesse caso, não há falar-se em validade sob o ponto de vista das normas médicas. Diz-se isso porque o art. 93 do Código de Ética Médica é muito claro ao dispor que é vedado ao médico "ser perito ou auditor do próprio paciente, de **pessoa de sua família** ou de qualquer outra com a qual tenha relações capazes de influir em seu trabalho ou de empresa em que atue ou tenha atuado" (destaques não constantes do original).

9.4.2.6 O médico do trabalho da empresa pode discordar dos termos de atestado emitido por outro médico da escolha do empregado?

Sim, isso é possível e até mesmo válido sob o ponto de vista legal e ético. Com base no Parecer CREMAM n. 10/2015, é possível afirmar que o médico do trabalho da empresa pode, sim, discordar dos termos de atestado emitido por outro médico, desde que, é claro, justifique essa discordância, após o devido exame médico do trabalhador, assumindo a responsabilidade pelas consequências do seu ato.

No mesmo sentido, pode ser citado o Parecer CFM n. 10/2012, consoante o qual, de posse de atestado médico emitido por colega, o Médico do Trabalho deve examinar o paciente diretamente, avaliar o seu estado clínico e sua capacidade laborativa e, somente após conhecer todos os detalhes, emitir a sua opinião divergente.

O atestado emitido por um médico pode, portanto, e segundo o Conselho de classe dos próprios médicos, ser questionado, total ou parcialmente, e a recomendação ali contida pode ser alterada. Nada impede que haja discordância apenas sobre o tempo de afastamento do trabalho indicado pelo colega emissor do atestado e concordância a respeito da terapêutica, que então deve ser instituída. Se o trabalhador puder continuar exercendo suas atividades — ou outras, que não acarretem prejuízos ao tratamento —, o Médico do Trabalho pode recusar a recomendação de afastamento do trabalho. Por outro lado, se o número de dias de afastamento concedido por outro médico for insuficiente para a resolução do quadro de incapacidade, o Médico do Trabalho também pode prorrogá-lo. Seja lá como for, o Médico do Trabalho da empresa, ao agir de forma discordante, assumirá a responsabilidade sobre a recuperação do paciente.

Para fechar este tópico, é bom anotar que, na forma do Parecer CFM n. 10/2012, a divergência pode chegar a pontos extremos de discussão: "quando o número de dias de licença e a doença forem díspares e houver indício de abuso ou exagero, o Médico do Trabalho, caso suspeite, embasado em relevante motivo, que existe conivência por parte do médico para beneficiar o ilícito, tem a obrigação de denunciar este fato ao Conselho Regional de Medicina onde aquele profissional está registrado".

9.4.2.7 Pode um médico-empregado atestar para si mesmo as suas próprias condições de saúde?

Não, de modo nenhum. A doutrina médica e a jurisprudência sempre consideram a existência de um médico atestando para terceiros suas condições de saúde, e não para si próprio. O Parecer CFM n. 29/87 cuidou desse assunto e ponderou ser realmente "difícil aceitar o fato de o médico concentrar, num só tempo, em si próprio, a condição de examinado e de examinador, de médico e de paciente". De acordo com a sua precisa análise, por mais fina e delicada que seja a consciência de quem expede atestado médico para si mesmo, a decisão de assim agir estará sempre eivada pela suspeição.

No Parecer n. 13/2019, o CREMEB fez coro ao citado parecer do CFM e ainda deixou bem claro que "o médico, ao emitir atestado para si próprio, com o objetivo de ter abonadas as suas faltas ao trabalho, coloca sob suspeição a idoneidade do mesmo, pois busca não sofrer desconto em seus proventos, portanto, obtém vantagem pecuniária e pode ser capitulado no CEM [Código de Ética Médica] vigente nos artigos 81 (atestar como forma de obter vantagem), e, por emitir atestado sem haver realizado o ato médico que o precede, pode ser capitulado no artigo 80 (expedir documento médico sem ter praticado ato profissional que o justifique, que seja tendencioso ou que não corresponda à verdade)". E há mais: "concluindo-se pela falsidade do atestado emitido para si próprio, o médico ainda poderá estar cometendo crime previsto no artigo 302 do Código Penal".

9.4.2.8 O atestado de mero comparecimento à consulta é suficiente para justificar a falta ao trabalho?

Sim, desde que a lei expressamente preveja o mero comparecimento à consulta como evento suficiente para justificar a falta ao trabalho. Isso, aliás, é encontrável no texto da CLT.

Sem que exista a necessidade de o empregado ter atestada a sua incapacidade laborativa, é-lhe garantido o direito de deixar de comparecer ao serviço sem prejuízo do salário, em duas situações:

a) por até 3 (três) dias, em cada 12 (doze) meses de trabalho, em caso de realização devidamente comprovada de **exames preventivos de câncer** (ver art. 473, XII, da CLT);

b) por, minimamente, seis **consultas médicas e demais exames complementares realizáveis durante o pré-natal** (*vide* § 4º do art. 392 da CLT) para a empregada gestante. Note-se que aqui a dispensa é apenas do horário de trabalho pelo tempo necessário a realização das consultas e dos exames.

9.4.2.9 E a declaração de acompanhamento de terceiro, ele pode justificar a falta ao trabalho?

Aqui também, desde que a lei expressamente preveja essa possibilidade, vê-se a declaração de mero acompanhamento de terceiro como um documento suficiente para justificar a falta ao trabalho. Há previsão disso em duas situações bem singulares no texto da CLT:

a) pelo tempo necessário para acompanhar sua esposa ou companheira em até 6 (seis) consultas médicas, ou em exames complementares, durante o período de gravidez (art. 473, X, da CLT);

b) por 1 (um) dia por ano para acompanhar filho de até 6 (seis) anos em consulta médica (art. 473, XI, da CLT).

Tirante essas situações expressamente previstas em lei, a justificativa da falta somente se dará com o consentimento do empregador. Nesse sentido, cabe referir, por sua pertinência, o Parecer CFM n. 17/2011, segundo o qual "a declaração de comparecimento fornecida pelo setor administrativo de estabelecimento de saúde, assim como a atestada por médico sem recomendação de afastamento do trabalho, pode ser um documento válido, como justificativa perante o empregador, para fins de abono de falta no trabalho, desde que tenha a anuência".

9.4.2.10 Há um limite para o número de dias de afastamento do trabalho nos atestados médicos?

Não, não há. Nada impedirá que um médico ateste a incapacidade de um trabalhador por um lapso de 10 dias, 15 dias, 30 dias, 60 dias ou mais do que isso. Perceba-se que ele não estará mais do que a estimar a extensão da incapacidade do seu paciente.

O relevante, no âmbito jurídico-trabalhista-previdenciário, é que, a partir do 15º dia de incapacidade, o empregado seja encaminhado à perícia médica da Previdência Social a fim de constatar-se a manutenção do seu estado e o tempo de duração do futuro auxílio por incapacidade temporária ou, se for o caso, da aposentadoria por incapacidade permanente. Vejam-se os dispositivos pertinentes:

Decreto n. 3.048/99, atualizado pelo Decreto n. 10.410/2020.

Art. 71. O auxílio por incapacidade temporária será devido ao segurado que, uma vez cumprido, quando for o caso, o período de carência exigido, ficar incapacitado para o seu trabalho ou para a sua atividade habitual por mais de quinze dias consecutivos, conforme definido em avaliação médico-pericial.

[...]

Art. 75. Durante os primeiros quinze dias consecutivos de afastamento da atividade por motivo de incapacidade temporária, compete à empresa pagar o salário ao segurado empregado. (Redação dada pelo Decreto n. 10.410, de 2020.)

§ 1º Cabe à empresa que dispuser de serviço médico próprio ou em convênio o exame médico e o abono das faltas correspondentes aos primeiros quinze dias de afastamento.

§ 2º Quando a incapacidade ultrapassar o período de quinze dias consecutivos, o segurado será encaminhado ao INSS para avaliação médico-pericial. (Redação dada pelo Decreto n. 10.410, de 2020.)

A perícia médica do INSS fará uma reanálise da situação médica do empregado e terá ampla liberdade para concluir de modo diverso daquele que concluíra o médico que anteriormente analisou o caso. Nesse momento o perito médico do INSS poderá certificar a inexistência de incapacidade ou, a depender do caso, reconhecer a incapacidade, fixando, porém, por estimativa (como faz qualquer médico quando dá um atestado), uma data-limite para o restabelecimento, criando, portanto, uma **alta programada**.

Há previsão normativa dessa prática desde a Orientação Interna n. 130/DIRBEN do INSS, de 13 de outubro de 2005. Atualmente, a alta programada está prevista expressamente nos §§ 8º e 9º da Lei n. 8.213/91. Note-se:

Lei n. 8.213/91.

Art. 60. [...]

§ 8º Sempre que possível, o ato de concessão ou de reativação de auxílio-doença, judicial ou administrativo, deverá fixar o prazo estimado para a duração do benefício. (Incluído pela Lei n. 13.457, de 2017.)

§ 9º Na ausência de fixação do prazo de que trata o § 8º deste artigo, o benefício cessará após o prazo de cento e vinte dias, contado da data de concessão ou de reativação do auxílio-doença, exceto se o segurado requerer a sua prorrogação perante o INSS, na forma do regulamento, observado o disposto no art. 62 desta Lei. (Incluído pela Lei n. 13.457, de 2017.)

Caso a alta programada não seja fixada, o benefício cessará após 120 (cento e vinte) dias.

Se o prazo fixado para a recuperação da capacidade para o seu trabalho ou para a sua atividade habitual se revelar insuficiente, o segurado poderá, conforme se vê no § 3º do art. 339 da IN n. 128/2022:

Art. 339. O Perito Médico Federal estabelecerá a existência ou não de incapacidade para o trabalho e, conforme o caso, o prazo suficiente para o restabelecimento dessa capacidade.

[...]

§ 3º Caso o prazo fixado para a recuperação da capacidade para o trabalho ou para a atividade habitual se revele insuficiente, o segurado poderá, nos 15 (quinze) dias que antecedem a Data de Cessação do Benefício — DCB, solicitar a prorrogação do benefício.

Assim, concluindo, não há limite para o número de dias de afastamento do trabalho nos atestados médicos, tampouco para o número de dias de manutenção do benefício por incapacidade. Esses limites ficam sob o exclusivo critério médico.

9.4.2.11 Um empregado pode considerar-se apto para o trabalho e por conta própria retornar ao serviço durante a vigência de um atestado médico?

A resposta é evidentemente negativa, pois durante a vigência do atestado médico existe uma presunção de incapacidade, somente cabendo ao profissional concedente do atestado, ou a outro médico qualquer (desde que, obviamente, esse médico não seja o próprio empregado, o qual não poderá atestar para si mesmo as suas próprias condições de saúde), a contraordem de afastamento e a autorização de retorno.

Um empregado sob atestado médico não pode, por conta própria, atribuir-se alta médica, mas pode, querendo, pretender o seu retorno, caso entenda estar em condições de retornar às atividades. Repita-se: o empregado pode apenas **pretender** o seu retorno; não mais do que apresentar a sua pretensão de voltar a trabalhar. Para alcançar esse objetivo, outro não pode ser o procedimento senão o de retornar ao médico para reavaliação e para nova certificação, que pode, inclusive, em atenção à mencionada pretensão, ser a de liberação para o trabalho.

E não se pode deixar de anotar que essa pretensão de retorno antecipado do empregado raramente se dá para a prestação de trabalho em favor do seu próprio empregador. Ele quer, na maioria das vezes, voltar à atividade para desenvolver trabalho em favor de terceiros, normalmente em caráter autônomo e, geralmente, sem que o empregador tenha conhecimento disso. Por essa razão, muitas são as situações em que essa problemática é levantada juntamente com a alegação de falta grave para legitimar uma dispensa com justa causa, tal qual a que ocorreu, em processo que tramitou perante o Judiciário trabalhista, com uma fisioterapeuta que era empregada de um hospital e, no transcurso de uma licença lastreada em atestado médico para curar-se de conjuntivite, prestou trabalho autônomo em favor de outro hospital, concorrente do seu empregador, sob o singelo fundamento de que se sentia curada.

De todo modo, como no caso do exemplo, há situações em que essa alta espontânea torna-se ainda mais perigosa para toda a comunidade laboral. Tal acontece quando o empregado, sem opinativo médico, volta ao serviço, apesar de estar sob atestado indicativo de doença infectocontagiosa. Isso, além de ser uma grave infração do dever de cuidado e de lealdade, é, em última análise, uma conduta delituosa que pode pôr em risco a saúde de outros tantos que, por não saberem da situação, acabam vulneráveis ao contágio.

É importante anotar que esse é o entendimento do Conselho de Medicina, que teve a oportunidade de manifestar-se expressamente por meio do Parecer CREMEB n. 24/2012 no sentido de que "o paciente pode retornar ao trabalho, desde que não exista mais a incapacidade laboral que motivou o afastamento da função habitual", salientando, porém, que "o trabalhador só assumirá suas novas atribuições quando a licença acabar ou for interrompida por decisão pericial".

9.4.2.12 Que ocorrerá quando o médico do trabalho da empresa, quando realiza o exame de retorno, diverge da conclusão do perito médico do INSS que ofereceu a alta previdenciária?

Essa divergência é possível, tanto sob o ponto de vista legal quando sob o aspecto ético. O Parecer CFM n. 2/2013 é claro nesse sentido ao dispor que "Não há conflito ético quando ocorrer divergência de entendimento entre o médico do Trabalho e o perito médico do INSS. Em caso de indeferimento do pedido de benefício previdenciário junto ao INSS e o médico do Trabalho entender que o segurado encontra-se incapacitado, deve o médico elaborar relatório médico fundamentado e encaminhar o trabalhador para perícia médica de recurso".

Essa situação, entretanto, produzirá um problema prático, uma vez que a negativa de recebimento de um empregado que teve alta previdenciária não o levará, apenas por isso, a voltar à condição de suspensão contratual. O trabalhador nessa situação sente-se verdadeiramente "emparedado" entre as relações jurídicas previdenciária e trabalhista, com o receio de ver-se desprovido tanto do "benefício por incapacidade" quanto do "salário".

Entretanto, trata-se de uma situação de limbo aparente, pois, em rigor, ao ter recebido a alta previdenciária pela constatação de sua capacidade laborativa, o empregado viu restabelecido o seu contrato de trabalho e cessada a suspensão contratual.

Assim, com a cessação da incapacidade e, consequentemente, do benefício previdenciário por incapacidade, o contrato de emprego não mais estará suspenso (arts. 467 da CLT e 63 da Lei n. 8.213/91). Ele retomará a plena vigência, deixando o empregado plenamente à disposição do empregador (art. 4º da CLT). Esse é o entendimento encontrável em muitas decisões dos tribunais trabalhistas, sendo importante citar, a título ilustrativo, a muito bem construída Súmula 31 do Tribunal Regional do Trabalho da 5ª Região (Bahia).

Veja-se o texto da referida Súmula, mas atente-se para o fato de que o nome do benefício por incapacidade mudou, desde a publicação da Emenda Constitucional n. 103, de 2019, e do Decreto n. 10.410, de 2020, de "auxílio-doença" para "auxílio por incapacidade temporária":

SÚMULA TRT5 n. 31. ALTA MÉDICA CONCEDIDA A EMPREGADO PELA PREVIDÊNCIA SOCIAL E NEGADA POR MÉDICO DA EMPRESA. RESPONSABILIDADE DO EMPREGADOR PELO PAGAMENTO DOS SALÁRIOS DO PERÍODO POSTERIOR À CESSAÇÃO DO AUXÍLIO- -DOENÇA ACIDENTÁRIO. O empregador não pode criar óbice ao regresso do empregado para o trabalho e, muito menos suspender o pagamento dos salários, perpetuando esse estado de indefinição da vida profissional do seu empregado. Isto porque, a rigor, do ponto de vista técnico, não existe o chamado "limbo jurídico", uma vez que, com o término da concessão do benefício previdenciário — auxílio-doença acidentário —, o contrato de trabalho não está mais suspenso (artigos 467, CLT e 63 da Lei n. 8.213/91), volta à plena vigência, ainda que o empregado esteja apenas à disposição do empregador (artigo 4º, CLT), cujo tempo nessa condição deve ser remunerado como se estivesse, efetivamente, trabalhando, segundo norma preconizada pelo artigo 4º da Consolidação das Leis do Trabalho.

De fato, o empregador não pode criar óbice ao regresso do empregado para o trabalho, e muito menos suspender o pagamento dos seus salários, perpetuando esse estado de indefinição na sua vida profissional. Com a constatação da capacidade laborativa do trabalhador, o contrato de trabalho volta à plena vigência, passando o empregado a estar à disposição do empregador (art. 4º da CLT).

Registre-se que não há qualquer possibilidade de o empregador deixar de assumir os salários do seu empregado, pelo fato de ele ter tomado a iniciativa de dizer-se inapto no exame de retorno ou mesmo de não ter comparecido a esse exame. Na situação, o empregado entendido como capaz deve voltar ao trabalho, sob pena de atuar em falta grave — seja por mau procedimento, por insubordinação ou por abandono de emprego —, e o médico da empresa, conquanto possa discordar do perito médico do INSS, não deve deixar de aconselhar eventual readaptação, caso evidencie que o trabalhador não se encontra plenamente apto a exercer as funções anteriormente executadas.

Diante desse quadro, questiona-se: **o empregador tem realmente o dever jurídico de readaptar o empregado que seja considerado inapto ou apto com restrições no exame de retorno?**

A questão é muito delicada, pois, realmente, não há um dispositivo legal que expressamente diga, com todas as letras, que o empregador está juridicamente obrigado a readaptar o empregado que é considerado inapto ou apto com restrições no exame de retorno. Muitos empregadores, aliás, argumentam, com base no art. 5º, II, da Constituição da República, que ninguém está obrigado a fazer ou a deixar de fazer algo senão em virtude de lei.

De fato, não há lei que explicite literalmente esse dever de readaptar, tampouco que determine o tempo de duração dos procedimentos de readaptação. Há, porém, um consenso na jurisprudência no sentido de que, apesar de não existir expressamente um dever jurídico de readaptação pelo empregador, **emerge do sistema normativo um dever de adaptação razoável** (ou dever de acomodação razoável) que compele o empregador a adotar medidas razoáveis que não lhe imponham encargo excessivo.

Essas medidas razoáveis devem ser capazes de contemporizar as necessidades do serviço (as necessidades patronais) em face das vulnerabilidades do empregado egresso do benefício previdenciário por incapacidade. Anote-se que uma conduta aparentemente neutra do empregador — no sentido de não se esforçar na busca de uma recolocação do seu empregado inapto ou apto com restrições — poderá ser entendida como um comportamento discriminatório, produzindo, assim, alegações dessa natureza, baseadas na cláusula geral contida no art. 1º da Lei n. 9.029, de 1995[12], ou no § 1º do art. 4º da Lei n. 13.146, de 2015[13] (Estatuto da Pessoa com Deficiência).

9.4.2.13 Que ocorre quando o médico perito da Justiça do Trabalho diverge do posicionamento do perito médico do INSS? Qual posicionamento prevalece?

Há situações em que a divergência de posicionamentos médicos poderá ocorrer dentro do processo. Sim, isso é possível. Em muitas situações um empregado que recebe, por exemplo, benefício por incapacidade ocupacional vale-se dessa certificação feita pelo perito médico do INSS para tornar presumido o nexo de causalidade entre o dano (a doença) e o trabalho.

De início, esse nexo será presumido. Entretanto, como toda presunção, admitirá prova em sentido contrário.

---

12 Art. 1º É proibida a adoção de qualquer prática discriminatória e limitativa para efeito de acesso à relação de trabalho, ou de sua manutenção, por motivo de sexo, origem, raça, cor, estado civil, situação familiar, deficiência, reabilitação profissional, idade, **entre outros**, ressalvadas, nesse caso, as hipóteses de proteção à criança e ao adolescente previstas no inciso XXXIII do art. 7º da Constituição Federal.

13 Art. 4º Toda pessoa com deficiência tem direito à igualdade de oportunidades com as demais pessoas e não sofrerá nenhuma espécie de discriminação.

§ 1º Considera-se discriminação em razão da deficiência toda forma de distinção, restrição ou exclusão, por ação ou omissão, que tenha o propósito ou o efeito de prejudicar, impedir ou anular o reconhecimento ou o exercício dos direitos e das liberdades fundamentais de pessoa com deficiência, incluindo **a recusa de adaptações razoáveis** e de fornecimento de tecnologias assistivas.

Diante desse sistema de presunções e provas, o magistrado do trabalho, que tem legitimação plena para decidir sobre a natureza do adoecimento operário, pode não entender conforme o laudo médico da autarquia previdenciária. A divergência, conquanto não habitual, está longe de ser rara. Muitas vezes o Juiz do Trabalho decide conforme argumentos apresentados pelo perito médico nomeado para atuar nos autos da ação trabalhista. Ele, portanto, em decorrência de laudos com posições diferentes, pode decidir de modo diverso da Previdência Social.

Para bem compreender isso é importante separar os planos da responsabilidade. De um lado, há a responsabilidade securitária social, do INSS; de outro, a responsabilidade civil-trabalhista, do empregador. Quase sempre, como se disse, uma está acompanhada da outra, mas isso nem sempre ocorre. Há situações em que o segurado recebe auxílio por incapacidade temporária acidentário (B-91) sem, necessariamente, ter direito à indenização civil-trabalhista, e há hipóteses em que, mesmo havendo responsabilidade civil-trabalhista, não são atribuídos benefícios por incapacidade acidentária.

As relações jurídicas trabalhista/previdenciária são, portanto, independentes e autônomas.

9.4.2.14 O que o empregador deve fazer caso desconfie de que o atestado médico que lhe foi apresentado é materialmente falso?

De acordo com a Resolução CRM/DF n. 356/2014, as solicitações de apuração de veracidade de atestados médicos feitas por médicos, perito médico ou terceiros, entre os quais se incluem os empregadores, deverão ser protocolizadas junto ao Conselho Regional de Medicina, por meio de documento formal que descreva os indícios que levaram à suspeita, com também a precisa qualificação do requerente, seu endereço completo, telefone, número de RG, CPF e/ou CNPJ, além, é claro, de assinatura. Tais requerimentos deverão estar acompanhados de cópias legíveis dos atestados médicos em relação aos quais se pretende a verificação com a identificação clara do seu emissor.

Recebido o pedido de apuração de veracidade material ou ideológica de atestado médico, será instaurado um procedimento administrativo.

O ato inicial desse procedimento envolve a notificação do médico emissor do atestado para manifestar-se, por escrito, no prazo assinalado pelo seu Conselho Regional, quando poderá esclarecer sobre as acusações de falsidade material ou ideológica, oferecendo, ademais, elementos que possam levar à convicção sobre a sua conduta.

Nesse ponto é relevante salientar que o empregador não deve procurar diretamente o médico com o propósito de buscar dele, sem a intermediação do Conselho Regional de Medicina, informações ou satisfações sobre o conteúdo do atestado médico supostamente por ele subscrito. A intermediação do CRM é indispensável, inclusive para a validação das informações perante os tribunais.

9.4.2.15 O que o empregador deve fazer caso constate, por informação prestada pelo Conselho Regional de Medicina, que o atestado médico que lhe foi apresentado é, realmente, materialmente falso?

De posse da informação intermediada pelo Conselho Regional de Medicina, caberá ao empregador apresentá-la ao empregado, dando-lhe integral ciência de que o atestado médico por ele apresentado é materialmente falso, seja porque "montado", seja porque reconhecida como falsa a assinatura nele aposta.

Na linha de atribuição de um devido processo legal privado, deve-se dar ao empregado um prazo razoável para explicar o ocorrido, sob pena de entender-se constatada a falta grave.

Esse devido processo legal privado é justificável porque, em algumas situações, o empregado pode alegar que apenas recebeu o atestado médico sem nem mesmo saber o nome de quem o atendeu ou sem poder certificar se aquele que o socorreu era o profissional que subscreveu o documento médico ou não. Essa alegação é amiúde feita pelos empregados, inclusive perante os tribunais. Entretanto, quem se vale de um documento que é identificado como materialmente falso deve ser capaz de assumir o seu próprio ilícito ou de produzir, sob o desafio da litigância de má-fé, uma poderosa contraprova elidente mediante a invocação de documentos administrativos relevadores de sua presença no centro de saúde de onde proveio o tão discutido atestado médico apontado como materialmente falso pelo próprio médico, aquele que supostamente teria sido o seu emissor.

9.4.2.16 E se a investigação envolver a prática, pelo médico, de outorga de atestado ideologicamente falso? O que deve fazer o empregador?

Essa situação é mais delicada, pois o relatório e o atestado médico têm presunção de veracidade, sendo necessária prova consistente em contrário para afastar a sua legitimidade. Caso existam elementos convincentes a sugerir a expedição de atestado médico gracioso, o Conselho de Medicina, depois de recebida a manifestação do médico envolvido, poderá iniciar um Processo Ético-Profissional, garantido ao profissional e à empresa acusante, é claro, o devido processo legal privado.

9.4.2.17 Que se deve fazer caso o empregador não aceite o atestado médico e, contrariando aquilo que dele se esperava, opere o desconto do dia em que o empregado esteve doente?

Um atestado médico é um documento que, como se disse, carrega **elevada presunção de veracidade**, dando ao seu portador o direito subjetivo de invocar perante os tribunais a salvaguarda dele emergente. Assim, um empregador que, sem razões plausíveis para tanto, deixa de aceitar atestado médico e, contrariando aquilo que dele se esperava, opera o desconto do dia em que o empregado esteve doente, nada mais faz do que desafiar a legislação trabalhista.

Essa violação normativa fará emergir, ao menos, o **efeito nulificante** para tornar ineficaz o desconto salarial e, consequentemente, determinar o correspondente pagamento ao empregado. Ao lado dessa eficácia, pode-se constatar **efeito indenizante**, quando a negativa de aplicação da norma possa constituir um ato de violação ao patrimônio imaterial do trabalhador e à sua dignidade humana.

9.4.2.18 Os atestados médicos apresentados pelo empregado podem ser anotados na sua CTPS?

Essa questão foi abordada no item 7.3.3 desta obra, mas será aqui novamente anotada em homenagem à concentração temática. Pois bem. A resposta à questão é negativa. Os atestados médicos apresentados pelo empregado, sejam decorrentes de evento ocupacional ou não ocupacional, **não podem** ser anotados na sua CTPS.

Para bem fundamentar essa resposta, cabe chamar a atenção, inicialmente, para a revogação do art. 30 da CLT, que se deu expressamente por força da Lei n. 13.874, de 2019, Lei da Liberdade Econômica. Diante disso, formalizou-se o entendimento segundo o qual os eventos de natureza ocupacional — acidentes do trabalho — não podem e não devem ser anotados na carteira do acidentado, nem mesmo pelo Instituto Nacional do Seguro Social. Tal revogação ocorreu diante da sensibilidade normativa que constatou o elevado risco de o empregado ver-se desacreditado em futuros vínculos de emprego.

Como antecipado, a resposta também se mostra negativa em relação aos atestados médicos relacionados a eventos não ocupacionais. Nesse ponto é relevante a lembrança de que, nos moldes do § 4º do art. 29 da CLT (ali acrescentado pela Lei n. 10.270, de 29-8-2001), *"é vedado ao empregador efetuar anotações desabonadoras à conduta do empregado em sua Carteira de Trabalho e Previdência Social"*.

A Lei n. 10.270, de 2001, portanto, por incompatibilidade, derrogou o dispositivo contido no § 2º, *d*, do art. 29 da CLT, segundo o qual as anotações de eventuais atestados médicos na Carteira de Trabalho e Previdência Social haveriam de ser feitas em face da "necessidade de comprovação perante a Previdência Social".

A invocação da razoabilidade deixa mais do que evidente que a aposição de atestados médicos na CTPS de um trabalhador é, sim, em rigor, desabonadora de sua conduta. Cabe lembrar que "desabonar" é "fazer passar como não merecedor de estima, de consideração ou de crédito"; é "depreciar", é "desacreditar". Afinal, qual seria o futuro empregador que admitiria um trabalhador que muitas vezes adoecesse?

Não fosse apenas isso, os operários, sabedores de que sua CTPS seria maculada com anotações que os diferenciariam de outros concorrentes em um processo seletivo em face de futuros empregos, tenderiam a evitar a apresentação dos atestados médicos, ainda que fosse legítima tal conduta. Em face do risco de ver sua CTPS enodoada, prefeririam sofrer o desconto correspondente à falta ou simplesmente trabalhar, mesmo doentes, o que, a médio ou longo prazo, poderia produzir complicações em seu estado geral de saúde.

E se, apesar de vedado por lei, esse comportamento for praticado?

Nesse caso o infrator será, conforme disposto no art. 52 da CLT, apenado com **multa administrativa** aplicável às situações de extravio ou de inutilização do documento. Essa multa, evidentemente, não excluirá a **responsabilidade civil do empregador**, porque as "anotações desabonadoras" trazem inevitavelmente consigo, como antedito, violações ao patrimônio material ou imaterial dos empregados, fazendo emergir pretensões de indenizações por danos materiais e morais.

9.4.2.19 O médico pode expedir atestado que denuncia o fingimento do empregado?

Embora muitos desconheçam, há um código da CID, o Z76.5, que informa que a pessoa estaria, de forma consciente, a fingir-se de doente. Ao apresentar um atestado que contenha esse CID, o empregado, além de passar a ser possivelmente visto como "mau caráter", pode vir a ser despedido por justa causa.

Há quem sustente a utilidade do "atestado de fingimento", sob o fundamento de que o médico não poderia deixar de referir uma realidade, pois, se agisse de modo diverso, seria cúmplice da tapeação de quem não tem motivos para faltar ao trabalho.

Será? Diante da LGPD, o médico ainda poderia informar o suposto fingimento do empregado? Isso não seria uma avaliação subjetiva? Ademais, diante da autodeterminação informativa e da livre escolha do empregado em ter ou não a CID no atestado, não seria mais eficiente que o médico simplesmente reconhecesse a capacidade laborativa do paciente que estaria a fingir?

A associação de todas essas questões sinaliza na direção da caracterização da ilicitude da expedição de atestado denunciador de fingimento do empregado. Sustenta-se isso porque, segundo a autodeterminação informativa, qualquer codificação reveladora da doença somente pode vir a ser inserida no atestado com a expressa autorização do empregado. E não basta questionar o empregado sobre a sua autorização para inserção do código constante da CID. Ele precisa saber exatamente qual o conteúdo do código e a que situação diz respeito.

Logo, diante desse panorama, parece inviável a sustentação das razões de um código revelador de fingimento do empregado.

9.5 ATIVIDADES INSALUBRES E ATIVIDADES PERIGOSAS

9.5.1 Atividades ou operações insalubres

Nos termos do art. 189 da CLT, "serão consideradas atividades ou operações insalubres aquelas que, por sua **natureza, condições** ou **métodos de trabalho,** exponham os empregados a agentes nocivos à saúde, acima dos limites de tolerância fixados em razão da natureza e da intensidade do agente e do tempo de exposição aos seus efeitos" (destaques não constantes do original).

A identificação do *agente nocivo,* a indicação *da natureza, das condições e dos métodos nocivos*[14] e o estabelecimento dos *limites de tolerância* cabem, por força de lei (art. 155, I, da CLT), ao Ministério do Trabalho (ora Ministério do Trabalho e Previdência). É ele quem aprova, mediante atos administrativos, o quadro indicativo de atividades e de operações insalubres, sendo também o responsável pela adoção de normas sobre os critérios de caracterização da insalubridade, os limites de tolerância aos agentes agressivos, os meios de proteção e o tempo máximo de exposição do empregado a esses agentes.

Veja-se, nesse sentido, o texto do art. 190 da CLT[15] e, em seguida, a confirmação por meio da Súmula 194 do STF[16].

Os mencionados atos administrativos publicados pelo Ministério do Trabalho e Previdência (*vide* a Portaria MTB n. 3.214, de 8-6-1978, e, dentro dela, a Norma Regulamentar NR-15) identificam os **agentes físicos** (ruído, calor, pressões hiperbáricas, vibrações, frio e umidade), **químicos** (substâncias químicas e poeiras minerais devidamente identificadas no anexo da NR-15) ou **biológicos** (agentes biológicos devidamente identificados no anexo da NR-15) de caráter nocivo e os correspondentes limites de tolerância. Se não estiverem previstos nas normas regulamentares do Ministério do Trabalho (ora Ministério do Trabalho e Previdência), os agentes, por mais nocivos que pareçam ser, não produzirão o direito ao recebimento do adicional de insalubridade[17].

---

14   **Orientação Jurisprudencial 171 da SDI-1 do TST.** Adicional de Insalubridade. Óleos Minerais. Sentido do Termo "Manipulação". Para efeito de concessão de adicional de insalubridade não há distinção entre fabricação e manuseio de óleos minerais — Portaria n. 3.214 do Ministério do Trabalho, NR-15, Anexo XIII (8-11-2000).
15   **Art. 190 da CLT.** O Ministério do Trabalho aprovará o quadro das atividades e operações insalubres e adotará normas sobre os critérios de caracterização da insalubridade, os limites de tolerância aos agentes agressivos, meios de proteção e o tempo máximo de exposição do empregado a esses agentes.
16   **Súmula 194 do STF.** É competente o Ministro do Trabalho para a especificação das atividades insalubres.
17   O TST editou súmula e orientação jurisprudencial acerca deste tema, sendo destacáveis as seguintes:
Súmula 448 do TST. ATIVIDADE INSALUBRE. CARACTERIZAÇÃO. PREVISÃO NA NORMA REGULAMENTADORA N. 15 DA PORTARIA DO MINISTÉRIO DO TRABALHO N. 3.214/78. INSTALAÇÕES SANITÁRIAS (conversão da Orientação Jurisprudencial n. 4 da SBDI-1 com nova redação do item II) — Res. 194/2014, *DEJT* divulgado em 21, 22 e 23-5-2014. I — Não basta a constatação da insalubridade por meio de laudo pericial para que o empregado tenha direito ao respectivo adicional, sendo necessária a classificação da atividade insalubre na relação oficial elaborada pelo Ministério do Trabalho. II — A higienização de instalações sanitárias de uso público ou coletivo de grande circulação, e a respectiva coleta de lixo, por não se equiparar à limpeza em residências e escritórios, enseja o pagamento de adicional de insalubridade em grau máximo, incidindo o disposto no Anexo 14 da NR-15 da Portaria do MTE n. 3.214/78 quanto à coleta e industrialização de lixo urbano.
Orientação Jurisprudencial 173 da SDI-1 do TST (redação alterada na sessão do Tribunal Pleno realizada em 14-9-2012). ADICIONAL DE INSALUBRIDADE. ATIVIDADE A CÉU ABERTO. EXPOSIÇÃO AO SOL E AO CALOR. I — Ausente previsão legal, indevido o adicional de insalubridade ao trabalhador em atividade a

Anote-se que se entende por **limite de tolerância** a concentração ou a intensidade máxima ou mínima, relacionada com a natureza e o tempo de exposição ao agente, que não causará dano à saúde do trabalhador durante sua vida laboral. Superado o limite de tolerância, passa a ser devido, em graus diferenciados, o pagamento do adicional de insalubridade, independentemente de o serviço ser prestado de modo intermitente.

O caráter intermitente do trabalho realizado em ambiente insalubre não afasta, por si só, o direito à percepção do adicional ora em análise. A Corte Trabalhista, mais uma vez, ofereceu súmula esclarecedora. Note-se:

Súmula 47 do TST. INSALUBRIDADE. O trabalho executado em condições insalubres, em caráter intermitente, não afasta, só por essa circunstância, o direito à percepção do respectivo adicional.

Acrescente-se, ainda, que não se pode falar em um direito adquirido ao recebimento do adicional de insalubridade por conta do submetimento a um específico agente nocivo. Se o agente for descaracterizado ou se houver reclassificação de sua nocividade, será operada a supressão do adicional ou o redimensionamento do percentual segundo o qual é praticado. O TST também marcou posicionamento, editando a Súmula 248, nos seguintes termos:

Súmula 248 do TST. ADICIONAL DE INSALUBRIDADE. DIREITO ADQUIRIDO. A reclassificação ou a descaracterização da insalubridade, por ato da autoridade competente, repercute na satisfação do respectivo adicional, sem ofensa a direito adquirido ou ao princípio da irredutibilidade salarial.

Para caracterizar e classificar a insalubridade é necessária a atuação de perito Médico do Trabalho ou Engenheiro do Trabalho, registrados no Ministério do Trabalho (ora Ministério do Trabalho e Previdência). **Esta caracterização e classificação (de acordo com os graus de nocividade) serão realizadas segundo as normas do referido órgão ministerial**. O enquadramento é fundamental. Não basta que o perito entenda que há insalubridade; é necessário que o agente nocivo esteja previsto nas normas do MTE. Veja-se Súmula do STF neste sentido:

Súmula 460 do STF. Para efeito do adicional de insalubridade, a perícia judicial, em reclamação trabalhista, não dispensa o enquadramento da atividade entre as insalubres, que é ato de competência do Ministro do Trabalho e Previdência Social.

Tanto as empresas quanto as entidades sindicais das categorias profissionais interessadas podem, querendo, requerer ao Ministério do Trabalho (ora Ministério do Trabalho e Previdência) a realização de perícia em estabelecimento ou setor onde se realize atividade laboral com o objetivo de caracterizar, classificar e delimitar as atividades insalubres. Normalmente, entretanto, os pleitos de realização dessa verificação pericial ocorrem dentro de uma ação trabalhista ajuizada individualmente por algum trabalhador que se sente prejudicado ou pelo sindicato de sua categoria profissional na qualidade de substituto processual. Diante dessa situação, conforme disposto no § 2º do art. 195 da CLT, o juiz **designará** (veja-se que o verbo é cogente) **perito** habilitado[18], ou, onde não houver, **requisitará perícia** ao órgão competente do então Ministério do Trabalho.

---

céu aberto por sujeição à radiação solar (art. 195 da CLT e Anexo 7 da NR 15 da Portaria n. 3.214/78 do MTE).
II — Tem direito à percepção ao adicional de insalubridade o empregado que exerce atividade exposto ao calor acima dos limites de tolerância, inclusive em ambiente externo com carga solar, nas condições previstas no Anexo 3 da NR 15 da Portaria n. 3.214/78 do MTE.
18 Orientação Jurisprudencial 165 da SDI-1 do TST. Perícia. Engenheiro ou Médico. Adicional de Insalubridade e Periculosidade. Válido. Art. 195 da CLT. O art. 195 da CLT não faz qualquer distinção entre o

Observe-se que a realização da prova técnica é indispensável para a aferição do mérito, não estando a parte postulante liberada desse ônus nem mesmo diante da hipótese de confissão ficta da sua empregadora. Enfim, não se pode falar em confissão ficta nas situações em que a prova do fato dependa da realização de demonstrações de caráter técnico. Esse, aliás, é o posicionamento do TST:

> *Orientação Jurisprudencial 278 da SDI-1 do TST. Adicional de Insalubridade. Perícia. Local de Trabalho Desativado.* **A realização de perícia é obrigatória para a verificação de insalubridade.** *Quando não for possível sua realização, como em caso de fechamento da empresa, poderá o julgador utilizar-se de outros meios de prova.*

Uma questão que tem produzido alguma dúvida diz respeito aos efeitos jurídicos decorrentes do **pagamento espontâneo** do adicional de insalubridade ou de periculosidade. Tal ato produziria o reconhecimento tácito da existência de trabalho sob condições insalubres ou perigosas?

Apesar dos diferentes posicionamentos acerca do tema, o TST pacificou a questão mediante **a sua Súmula 453 (ex-Orientação Jurisprudencial 406 da SDI-1)**. Segundo tal orientação, **restrita ao adicional de periculosidade**, mas certamente aplicável por analogia ao adicional de insalubridade, *o pagamento de adicional de periculosidade efetuado por mera liberalidade da empresa, ainda que de forma proporcional ao tempo de exposição ao risco ou em percentual inferior ao máximo legalmente previsto, dispensa a realização da prova técnica exigida pelo art. 195 da CLT, pois torna incontroversa a existência do trabalho em condições perigosas.*

É razoável imaginar, por outro lado, que a mencionada Súmula apenas criou presunção *iuris tantum* de veracidade. Afirma-se isso porque nada justificaria a indiscutibilidade da questão de mérito pelo mero pagamento de uma verba, ainda que em caráter espontâneo. Não se pode esquecer que **o princípio da primazia da realidade pode também ser aplicado contra o operário**. Nesses termos, o empregador poderia, sem dúvidas, invocar a realização de prova técnica para demonstrar que, durante o período de pagamento espontâneo em percentual inferior ao previsto em lei, não havia razão que justificasse a atribuição do adicional. Em tal situação, entretanto, o empregador não teria direito à restituição dos valores atribuídos ao trabalhador, haja vista a espontaneidade do ato.

E se o trabalhador indicar um agente nocivo na petição inicial e o perito constatar a existência de um agente nocivo diferente? Isso produzirá a rejeição da pretensão do autor ou será possível uma adequação?

Para o TST, a evidência, por meio de prova pericial, de prestação de serviços em condições nocivas, considerado um agente insalubre diferente do apontado na peça exordial, não prejudica o pleito de adicional de insalubridade. Enfim, independentemente do agente nocivo encontrado no meio ambiente laboral, o que o trabalhador pretende quando sustenta estar submetido a condições insalubres é, sem dúvida, o recebimento do correspondente adicional. Certifique-se:

> **Súmula 293 do TST.** *ADICIONAL DE INSALUBRIDADE. CAUSA DE PEDIR. AGENTE NOCIVO DIVERSO DO APONTADO NA INICIAL. A verificação mediante perícia de prestação de serviços em condições nocivas, considerado agente insalubre diverso do apontado na inicial, não prejudica o pedido de adicional de insalubridade.*

---

médico e o engenheiro para efeito de caracterização e classificação da insalubridade e periculosidade, bastando para a elaboração do laudo seja o profissional devidamente qualificado (23-3-1999).

9.5.1.1 Atenuação e eliminação da insalubridade

Como qualquer complemento salarial, o adicional de insalubridade desaparecerá na medida em que desapareça seu fato gerador. De igual modo, a atenuação da insalubridade será causa promotora de reclassificação da nocividade e de redefinição do percentual relativo ao ora analisado complemento.

Para evitar qualquer discussão sobre a manutenção do adicional de insalubridade depois de exaurido seu fato gerador, o TST editou a Súmula 80 e fez anotar que a eliminação da nocividade mediante o fornecimento de equipamentos de proteção, individuais ou coletivos, seria capaz de eliminar o direito à percepção da vantagem aqui analisada. Perceba-se:

Súmula 80 do TST. INSALUBRIDADE. A eliminação da insalubridade mediante fornecimento de aparelhos protetores aprovados pelo órgão competente do Poder Executivo exclui a percepção do respectivo adicional.

Não é, porém, o simples fornecimento do equipamento de proteção que promoverá a eliminação do direito à percepção ao adicional de insalubridade. Para que se constate esse efeito é indispensável a produção de um laudo pericial que considere, entre muitas variáveis, o efetivo uso do dispositivo de proteção e a implantação de uma consistente campanha educacional que objetive o seu efetivo uso[19]. Esse é o posicionamento cristalizado do TST:

Súmula 289 do TST. INSALUBRIDADE. ADICIONAL. FORNECIMENTO DO APARELHO DE PROTEÇÃO. EFEITO. O simples fornecimento do aparelho de proteção pelo empregador não o exime do pagamento do adicional de insalubridade. Cabe-lhe tomar as medidas que conduzam à diminuição ou eliminação da nocividade, entre as quais as relativas ao uso efetivo do equipamento pelo empregado.

Atente-se ainda para o fato de que o juiz, quando analisa o processo em que se pretende o pagamento do adicional de insalubridade, somente tem a visibilidade do cenário existente até a data do ajuizamento da ação. Por essa razão, diz-se, a princípio, que a sentença apenas alcança a situação jurídica existente até o aforamento do processo, havendo manutenção de efeitos da relação continuativa até que surja um fato que modifique o conteúdo do julgamento. Desse modo, a decisão que determina o pagamento de adicional de insalubridade ou de periculosidade somente transita em julgado em relação aos fatos havidos até o instante do ajuizamento da ação. A parte decisória correspondente às prestações sucessivas, tal qual ocorre com a decisão judicial sobre alimentos (*vide* o art. 15 da Lei n. 5.478/68), não transita em julgado e pode a qualquer tempo ser revista em face da modificação no estado de fato ou de direito. Há, nesse particular, a prolação de uma sentença determinativa, que contém em si, implicitamente, a cláusula *rebus sic stantibus*.

---

19 Veja-se o teor do art. 157 da CLT:
Art. 157. Cabe às empresas:
I — cumprir e fazer cumprir as normas de segurança e medicina do trabalho;
II — instruir os empregados, através de ordens de serviço, quanto às precauções a tomar no sentido de evitar acidentes do trabalho ou doenças ocupacionais;
III — adotar as medidas que lhes sejam determinadas pelo órgão regional competente;
IV — facilitar o exercício da fiscalização pela autoridade competente (redação dada ao artigo pela Lei n. 6.514, de 22-12-1977, *DOU*, 23-12-1977).

Nesse sentido, é importante o conteúdo da Orientação Jurisprudencial 172 da SDI-1 do TST[20], que confirma o ora expendido posicionamento. Segundo tal enunciado de súmula, *a empresa condenada ao pagamento do adicional de insalubridade ou de periculosidade deverá inserir, mês a mês **e enquanto o trabalho for executado sob essas condições**, o valor correspondente em folha de pagamento*. Ora, se a empresa é obrigada sob condição resolutiva — "enquanto o trabalho for executado sob essas condições" —, é evidente que, desaparecendo o fato gerador do adicional de insalubridade ou de periculosidade, desaparecerá também o mencionado complemento salarial. Igualmente, se as condições ambientais piorarem, os empregados poderão apresentar pretensão reclassificatória da insalubridade.

Mas qual seria o meio processual adequado para a revisão da condenação?

A resposta é simples: uma ação revisional promovida pela parte interessada, sendo importante anotar que essa ação deve ser aforada em processo **distinto e autônomo**[21], mas distribuído por dependência, haja vista a evidente prevenção do juízo que apreciou a ação originária. Anote-se que a demanda modificativa somente estará apta a buscar a revisão do ocorrido nos últimos cinco anos da relação jurídica de natureza continuativa, haja vista o teor do disposto no art. 7º, XXIX, da Constituição da República.

Para fechar esse item de discussão, é importante anotar que, no recente passado legislativo brasileiro, existiu dispositivo normativo que impunha o dever patronal de não apenas reduzir, mas, para além disso, de eliminar a causa da insalubridade em face de empregadas gestantes ou lactantes. Refere-se aqui ao disposto no art. 394-A da CLT (cuja redação foi determinada pela Lei n. 13.287, de 11 de maio de 2016), segundo o qual a empregada gestante ou lactante **era afastada**, enquanto durasse a gestação e a lactação, de quaisquer atividades, operações ou locais insalubres, devendo exercer suas atividades em local salubre.

O referido dispositivo, totalmente sintonizado com o direito fundamental da proteção à maternidade (*vide* art. 6º da Constituição da República), foi, porém, barbaramente transmudado.

O legislador da reforma trabalhista de 2017 não poupou gestante nem lactante do submetimento à insalubridade meio ambiental. A Lei n. 13.467/2017 introduziu alterações no art. 394-A da CLT e impôs condições e variáveis. A Medida Provisória n. 808/2017, entretanto, apenas quatro dias depois de iniciada a vigência da referida lei, alterou algo nesse âmbito, mas não restaurou a antiga norma protetiva.

Em **desrespeitosas idas e vindas**, a MP n. 808/2017 perdeu a sua eficácia, e, por conta disso, as redações antes contidas na Lei n. 13.467/2017 foram restauradas. Como as relações constituídas durante a vigência da MP continuaram a ser por ela regidas, é impositivo o registro histórico acerca do conteúdo da referida medida provisória.

A MP n. 808/2017 garantiu o afastamento da mulher gestante de atividades insalubres em grau máximo como forma de preservar a sua saúde e a do nascituro. Permitiu, por outro lado, que, nos casos de atividades insalubres em grau médio e mínimo, as gestantes pudessem, voluntariamente, postular a sua permanência, apresentando atestado de saúde emitido por médico de sua confiança que a autorize nesse sentido.

---

20 Orientação Jurisprudencial 172 da SDI-1 do TST. Adicional de Insalubridade ou Periculosidade. Condenação. Inserção em Folha de Pagamento. Condenada ao pagamento do adicional de insalubridade ou periculosidade, a empresa deverá inserir, mês a mês e enquanto o trabalho for executado sob essas condições, o valor correspondente em folha de pagamento (8-11-2000).

21 Neste sentido, cite-se o notável Moacyr Amaral Santos (*Comentários ao Código de Processo Civil*. Rio de Janeiro: Forense, v. 4, 1986, p. 454): "A ação de revisão ou de modificação deverá ser manifestada em processo distinto do em que foi proferida a sentença revisionanda, perante o juiz de primeiro grau que a proferiu, ainda que esta tenha sido objeto de recurso e por este afinal decidida".

A empregada lactante, por outro lado e segundo a ordenação contida na referida MP n. 808/2017, era afastada de atividades e operações consideradas insalubres em qualquer grau apenas quando apresentar atestado de saúde emitido por médico de sua confiança, do sistema privado ou público de saúde. Em todo caso, segundo a metodização estabelecida na MP, a gestante ou a lactante deixavam de receber o adicional de insalubridade durante o afastamento do ambiente insalubre.

A já anunciada perda da vigência da MP n. 808/2017 restaurou o conteúdo normativo da Lei n. 13.467/2018.

Sistematizando as modificações, deixa-se claro que o art. 394-A da CLT e os seus §§ 2º e 3º passaram a prever o seguinte **quanto à empregada gestante**:

a) As empregadas gestantes serão necessariamente afastadas, enquanto durar a gestação, de atividades, operações ou locais insalubres **em grau máximo**. O empregador, portanto, deve, por ato de sua iniciativa, afastar do ambiente insalubre máximo qualquer gestante, enquanto durar a gestação.

b) As empregadas gestantes somente serão afastadas de atividades consideradas insalubres em **grau médio ou mínimo**, quando apresentarem atestado de saúde, emitido por médico de confiança da mulher, que recomende o afastamento durante a gestação. Nesse ponto é relevante referir a decisão tomada pelo STF na **Ação Direta de Inconstitucionalidade 5.938 DF**[22]. O Plenário, em 29 de maio de 2019, por maioria de votos, julgou procedente a referida ADI para declarar inconstitucionais trechos de dispositivos da Consolidação das Leis do Trabalho (CLT) inseridos pela Reforma Trabalhista (Lei n. 13.467/2017) que admitiam a possibilidade de trabalhadoras grávidas e lactantes desempenharem atividades insalubres em algumas hipóteses. Para a corrente majoritária, a expressão "quando apresentar atestado de saúde, emitido por médico de confiança da mulher", contida nos incisos II e III do art. 394-A da CLT, afronta a proteção constitucional à maternidade e à criança. Para o ministro relator, "a previsão de determinar o afastamento automático da mulher gestante do ambiente insalubre, enquanto durar a gestação, somente no caso de insalubridade em grau máximo, em princípio, contraria a jurisprudência da CORTE que tutela os direitos da empregada gestante e lactante, do nascituro e do recém-nascido lactente, em quaisquer situações de risco ou gravame à sua saúde e bem-estar".

c) Conforme disposto no *caput* do art. 394-A da CLT, o afastamento da empregada gestante do ambiente insalubre não lhe produzirá prejuízo da remuneração, nesta incluído o valor do adicional de insalubridade.

d) Nos moldes do § 2º do art. 394-A da CLT, caberá à empresa pagar o adicional de insalubridade na situação aqui em análise, efetivando-se, porém, a **compensação**, observado o disposto no art. 248 da Constituição Federal, **por ocasião do recolhimento das contribui-**

---

[22] A Ação Direta de Inconstitucionalidade 5.938 DF, com pedido de medida cautelar, foi ajuizada pela Confederação Nacional dos Trabalhadores Metalúrgicos em face da expressão "quando apresentar atestado de saúde emitido por médico de confiança da mulher, que recomende o afastamento" do art. 394-A, II e III, da Consolidação das Leis do Trabalho, introduzido pelo art. 1º da Lei n. 13.467/2017. A Autora aduziu que a norma em questão vulneraria dispositivos constitucionais sobre proteção à maternidade, à gestante, ao nascituro e ao recém-nascido (arts. 6º, 7º, XXXIII, 196, 201, II, e 203, I, todos da Constituição Federal); violaria a dignidade da pessoa humana e os valores sociais do trabalho (art. 1º, III e IV, da CF) e o objetivo fundamental da República de erradicar a pobreza e reduzir as desigualdades sociais e regionais (art. 3º, III, da CF); desprestigiaria a valorização do trabalho humano e não asseguraria a existência digna (art. 170 da CF); afrontaria a ordem social brasileira e o primado do trabalho, bem-estar e justiça sociais (art. 193 da CF); e vulneraria o direito ao meio ambiente do trabalho equilibrado (art. 225 da CF). Além dos preceitos constitucionais citados, aponta violação do princípio da proibição do retrocesso social.

ções incidentes sobre a folha de salários e demais rendimentos pagos ou creditados, a qualquer título, à pessoa física que lhe preste serviço.

Esse ponto merece a reflexão no sentido de que a Lei n. 13.467/2017 criou uma oneração desarrazoada para os cofres previdenciários, na medida em que ordenou que o pagamento do adicional de insalubridade fosse realizado à custa do Regime Geral da Previdência Social, tal qual se dá com o salário-maternidade, nos moldes do § 1º do art. 72 da Lei n. 8.213/91[23]. Por não ser clara, a norma produz a impressão de que essa situação somente beneficiaria as empregadas gestantes e lactantes que fossem afastadas do trabalho em ambiente insalubre. Nesse sentido, aquelas que não fossem afastadas (no período em que isso era possível) continuariam a receber os seus adicionais de insalubridade diretamente do empregador.

e) Com a restauração do texto da Lei n. 13.467/2017 por conta da caducidade da MP n. 808/2017 voltou a viger o texto do § 3º do art. 394-A. Segundo a referida redação, "quando não for possível que a gestante ou a lactante afastada nos termos do *caput* deste artigo exerça suas atividades em local salubre na empresa, a hipótese será considerada como gravidez de risco e ensejará a percepção de salário-maternidade, nos termos da Lei n. 8.213, de 24 de julho de 1991, durante todo o período de afastamento".

A primeira pergunta que surge diante do texto é a seguinte: **quando, afinal, não será possível** à gestante ou à lactante afastada do ambiente insalubre exercer as suas atividades em local salubre na empresa?

A razoabilidade aponta no sentido de que isso ocorrerá nas situações em que a proteção à saúde delas assim determinar.

Ressalta-se essa particularidade para não se abrir espaço para a utilização desse dispositivo quando o próprio empregador, por sua conveniência, violando o **dever de acomodação razoável**, afirme que não é possível à gestante ou à lactante o exercício das suas atividades em local salubre na empresa. Isso pode, em rigor, ocorrer por diversas motivações desautorizadas, inclusive pelo fato de o empregador sustentar que não há posto disponível apenas para remeter contra o RGPS o pagamento do substituinte da remuneração, ou seja, o pagamento do salário-maternidade.

Feita essa consideração anterior, é importante anotar que a criação de um salário-maternidade para cobrir uma suposta gravidez de risco — hipótese até então não prevista em lei — atenta contra o princípio da precedência das fontes de custeio constante do § 5º do art. 195 da Constituição da República, segundo o qual *"nenhum benefício ou serviço da seguridade social poderá ser criado, majorado ou estendido sem a correspondente fonte de custeio total"*. Observe-se que o legislador da reforma trabalhista, sem pudores, estendeu o salário-maternidade para as gestantes e lactantes que vivessem uma "gravidez de risco" (mesmo para as lactantes, que já não mais estariam grávidas). Foi, sem dúvidas, um ato de "cortesia com o chapéu alheio". O legislador cortejou o empregador mediante recursos reservados de uma previdência social em crise. Há, portanto, clara inconstitucionalidade no referido dispositivo.

Quanto à empregada lactante, a sistemática pós-reforma trabalhista prevê que, "sem prejuízo de sua remuneração, nesta incluído o valor do adicional de insalubridade, a empregada deverá ser afastada de: [...] III — atividades consideradas insalubres em qualquer grau, quando apresentar atestado de saúde, emitido por médico de confiança da mulher, que recomende o afastamento durante a lactação". Aqui também cabe referir a decisão tomada pelo STF

---

[23] Art. 72. [...] § 1º Cabe à empresa pagar o salário-maternidade devido à respectiva empregada gestante, efetivando-se a compensação, observado o disposto no art. 248 da Constituição Federal, quando do recolhimento das contribuições incidentes sobre a folha de salários e demais rendimentos pagos ou creditados, a qualquer título, à pessoa física que lhe preste serviço (incluído pela Lei n. 10.710, de 2003).

na **Ação Direta de Inconstitucionalidade 5.938 DF**, segundo a qual a expressão "quando apresentar atestado de saúde, emitido por médico de confiança da mulher", contida nos incisos II e III do art. 394-A da CLT, afronta a proteção constitucional à maternidade e à criança.

A lactante, portanto, somente era afastada de atividades e operações consideradas insalubres em qualquer grau quando apresentasse atestado de saúde emitido por médico de sua confiança, do sistema privado ou público de saúde, que recomendasse o afastamento durante a lactação. Se não houvesse recomendação de afastamento, antes da decisão tomada na ADI 5.938 DF, a lactante permanecia a trabalhar em ambiente insalubre de qualquer grau.

9.5.1.2 Adicional e base de cálculo

O TST já vinha modificando seu entendimento no sentido de considerar que, do mesmo modo ocorrente com o adicional de periculosidade, a base de cálculo do adicional de insalubridade seria o salário básico[24]. A mudança na redação da Súmula 228 do TST visou, em verdade, dar cumprimento ao preceito contido na Súmula Vinculante 4 do STF, mas, ao contrário daquilo que se previa, acabou por atingi-la diretamente.

É que a mencionada súmula vinculante do STF sustenta que "o salário mínimo não pode ser usado como indexador de base de cálculo de vantagem de servidor público ou de empregado, **nem ser substituído por decisão judicial**" (destaques não constantes do original). Por conta da parte final do texto, a Confederação Nacional da Indústria — CNI aforou perante a Corte Constitucional a Medida Cautelar em Reclamação n. 6.266-0, Distrito Federal. Por meio dela, com base no art. 7º da Lei n. 11.417, de 19 de dezembro de 2006, a CNI postulou fosse negada aplicabilidade à Súmula 228 do TST (decisão judicial), porque esta seria contrária ao texto do enunciado da supracitada Súmula Vinculante 4 do STF. Em 15 de julho de 2008 o então Ministro Presidente do STF, Gilmar Mendes, acolheu a pretensão e **determinou suspender a aplicação da Súmula 228 do TST na parte em que permite a utilização do salário básico para calcular o adicional de insalubridade**. Esse posicionamento do STF inviabilizou não apenas a Súmula 228 do TST, mas também o entendimento constante da Súmula 17 da mesma corte superior[25].

Certo de que, ao menos temporariamente, o adicional de insalubridade continuará regido pela CLT, deve-se esclarecer que, com base no art. 192 do mencionado diploma trabalhista[26], **o percentual incidente sobre o salário mínimo será variável — 10%, 20% ou 40% — porque levará em consideração a dimensão da nocividade, segundo se classifique em grau mínimo, médio e máximo, respectivamente.**

A classificação do grau de nocividade far-se-á mediante perícia a cargo de Médico do Trabalho ou Engenheiro do Trabalho, registrados no Ministério do Trabalho (ora Ministério do Trabalho e Previdência), conforme disposto no art. 195 da CLT. Arguida em juízo a insalubridade, o juiz designará, para fins de certificação do grau, perito habilitado, e, onde não houver, requisitará perícia ao órgão competente do então Ministério do Trabalho.

---

24 Exemplo disso é visível na decisão do processo E-RR 482613/1998, relatado pela Ministra Maria de Assis Calsing e publicado no *DJU* de 22-2-2008.
25 **Súmula 17 do TST.** ADICIONAL DE INSALUBRIDADE — RESTAURADA. O adicional de insalubridade devido a empregado que, por força de lei, convenção coletiva ou sentença normativa, percebe salário profissional será sobre este calculado.
26 **Art. 192 da CLT.** O exercício de trabalho em condições insalubres, acima dos limites de tolerância estabelecidos pelo Ministério do Trabalho, assegura a percepção de adicional respectivamente de 40% (quarenta por cento), 20% (vinte por cento) e 10% (dez por cento) do salário mínimo, segundo se classifiquem nos graus máximo, médio e mínimo.

Registre-se, por fim, que a Lei n. 13.467, de 2017, trouxe uma novidade polêmica. O item XII do art. 611-A da CLT passou a permitir o **enquadramento do grau de insalubridade** mediante negociação coletiva, fazendo com que esse gradualismo contratual preponderasse sobre aquele previsto em lei. Parece que essa prevalência permitirá apenas o "enquadramento" na tabela já existente (10% para grau mínimo, 20% para médio e 40% para máximo), e não a criação de uma nova tabela de graus com patamares em percentuais totalmente diferentes. Dessa forma, e ao que indica a redação do texto, um ambiente com grau de insalubridade máximo pode, por exemplo, desde que por negociação coletiva, ser enquadrado como mínimo.

Não se chegou aos píncaros de a negociação coletiva negar a existência do ambiente insalubre quando ele, em verdade, for assim considerado, pois isso dependeria da realização de inelimanável prova pericial. Isso ficou evidente na redação dada pela Medida Provisória n. 808/2017, que perdeu a eficácia. O texto era bem claro: "A convenção coletiva e o acordo coletivo de trabalho, observados os incisos III e VI do *caput* do art. 8º da Constituição, têm prevalência sobre a lei quando, entre outros, dispuserem sobre: [...] XII — enquadramento do grau de insalubridade e prorrogação de jornada em locais insalubres, incluída a possibilidade de contratação de perícia, afastada a licença prévia das autoridades competentes do Ministério do Trabalho (ora Ministério do Trabalho e Previdência), desde que respeitadas, na integralidade, as normas de saúde, higiene e segurança do trabalho previstas em lei ou em normas regulamentadoras do referido Ministério (inciso XII com redação determinada pela Medida Provisória n. 808, de 14-11-2017)".

Apesar de a MP não mais vigorar, mantiveram-se as suas ideias como um forte referencial. Cabe lembrar, sempre, que o enquadramento é posicionamento num quadro já existente, e não criação de um novo quadro. Haverá, porém, nessa novidade normativa uma elevada possibilidade de discussão jurídica.

9.5.1.3 Sistema de integração e de reflexão

O adicional de insalubridade, apesar de constituir uma tentativa de compensar a perda de saúde do trabalhador, é entendido, por força de sua habitualidade, como verba de natureza remuneratória, mais especificamente como complemento salarial. O TST, a propósito, editou a Súmula 139[27] acerca disso.

Uma vez recebido, o adicional de insalubridade será integrado ao salário-base e, junto com outros complementos salariais, comporá a remuneração para todos os efeitos previstos em lei, entre os quais FGTS, férias, décimo terceiro salário e aviso prévio indenizado. Não haverá, entretanto, repercussão sobre o repouso semanal remunerado porque o adicional de insalubridade, que tem periodicidade mensal, já possui em si, embutido, o valor correspondente à mencionada verba semanal de descanso[28].

9.5.2 Atividades ou operações perigosas

Conforme o art. 193 da CLT, com nova redação dada pela Lei n. 12.740, de 2012, são consideradas atividades ou operações perigosas, na forma da regulamentação aprovada pelo Ministério do Trabalho (ora Ministério do Trabalho e Previdência), aquelas que, **por sua**

---

27 **Súmula 139 do TST.** ADICIONAL DE INSALUBRIDADE. Enquanto percebido, o adicional de insalubridade integra a remuneração para todos os efeitos legais.
28 Veja-se, neste sentido, a Orientação Jurisprudencial 103 da SDI-1, TST:
Orientação Jurisprudencial 103 da SDI-1 do TST. Adicional de Insalubridade. Repouso Semanal e Feriados. Inserida em 1º-10-97 (nova redação). O adicional de insalubridade já remunera os dias de repouso semanal e feriados.

natureza ou **métodos de trabalho**, impliquem **risco acentuado** em virtude de **exposição permanente** do trabalhador a:

I — inflamáveis, explosivos ou energia elétrica;

II — roubos ou outras espécies de violência física nas atividades profissionais de segurança pessoal ou patrimonial.

A Lei n. 12.997, de 18 de junho de 2014, criou o quarto parágrafo no citado art. 193 da CLT para prever que "são também consideradas perigosas as atividades de trabalhador em motocicleta".

É importante anotar que todas as situações mencionadas no art. 193 da CLT estão submetidas à "regulamentação aprovada pelo Ministério do Trabalho e Emprego", órgão estatal incumbido de precisar a vontade do legislador e de esclarecer em que hipóteses as atividades ou operações perigosas produzem, por sua natureza ou pelo método de trabalho aplicado, o mencionado risco acentuado em virtude de exposição permanente do trabalhador.

Além do disposto no citado artigo da CLT, é bom anotar que são igualmente identificadas como causas geradoras de adicional de periculosidade a **radiação ionizante/radioatividade**, nos termos da Portaria n. 518 do Ministério do Trabalho e Emprego (ora Ministério do Trabalho e Previdência), de 7-4-2003 (arrimada no entendimento constante da OJ 345 da SDI-1 do TST), e **a atividade de bombeiro civil**, nos limites da Lei n. 11.901/2009.

9.5.2.1 Causas geradoras

As causas geradoras do pagamento do adicional de periculosidade, tal qual ocorre com as situações que envolvem o pagamento do adicional de insalubridade, integram um **rol taxativo**, que não comporta outros fatores senão aqueles expressamente previstos em lei ou em ato administrativo, assim produzido por delegação legal (*vide* o art. 200, *caput* e inciso VI, da CLT).

O adicional de periculosidade, portanto, e nos limites daquilo que já se antecipou no tópico de abertura desse item, somente é devido em virtude das situações previstas no art. 193 da CLT (**inflamáveis, explosivos, energia elétrica e roubos ou outras espécies de violência física nas atividades profissionais de segurança pessoal ou patrimonial**), na Portaria do Ministério do Trabalho e Emprego n. 518, de 7-4-2003 (**radiação ionizante/radioatividade**) e no art. 6º, III, da Lei n. 11.901/2009 (**que assegurou o pagamento do adicional de periculosidade em favor do bombeiro civil**). Vejam-se as causas geradoras individualmente:

9.5.2.1.1 Inflamáveis

A primeira causa geradora do direito de recebimento do adicional de periculosidade é encontrada, conforme texto constante do art. 193 da CLT, nos inflamáveis, assim compreendidos os **líquidos combustíveis** e os **gasosos liquefeitos**.

Nos termos das NR-16 e 20 (Portaria n. 3.214/78 do MTb), considera-se *líquido combustível ou gasoso liquefeito* todo o material que possua ponto de fulgor igual ou superior a 70° C e inferior a 93,3° C. Entende-se como ponto de fulgor a menor temperatura a partir da qual são emitidos vapores capazes de queimar a superfície do material mediante a presença de uma fonte externa de ignição.

Diversas operações com inflamáveis são consideradas perigosas se **presente quantidade significativa do material combustível** e se **realizada a atividade dentro da área de risco**, que devem, sob responsabilidade do empregador, ser delimitadas. São consideradas atividades e operações perigosas com inflamáveis as constantes do Anexo 2 da mencionada Norma Regulamentadora 16 (NR-16).

Tendo em vista essa informação prévia, é importante anotar, para evitar equivocadas interpretações, que as **operações de transporte** de inflamáveis líquidos ou gasosos liquefeitos, **em quaisquer vasilhames e a granel**, são considerados em condições de periculosidade, exceto o transporte em pequenas quantidades, até o limite de 200 litros para os inflamáveis líquidos e 135 quilos para os inflamáveis gasosos liquefeitos. Acrescente-se que as quantidades de inflamáveis contidas nos tanques de consumo próprio dos veículos não serão consideradas como causa geradora de periculosidade em nenhuma situação (*vide* o tópico 16.6.1 da NR-16).

Diante da menção aos veículos e aos seus tanques de combustível, surge uma importante indagação: no tocante às aeronaves, que comportam impressionantes quantidades de combustível (o Boeing 737, por exemplo, tem capacidade volumétrica total de até vinte e seis mil litros), há falar-se em direito ao adicional de periculosidade em favor de quem habitualmente trabalha nelas? E, no momento do abastecimento, os tripulantes, caso estejam dentro da aeronave, terão direito ao adicional em discussão?

A resposta da jurisprudência é negativa. O TST, aliás, por meio de sua Súmula 447, criada pela Resolução n. 193, de 11 de dezembro de 2013, deixou isso muito claro. Veja-se:

> *Súmula 447 do TST. Adicional de periculosidade. Permanência a bordo durante o abastecimento da aeronave. Indevido. Os tripulantes e demais empregados em serviços auxiliares de transporte aéreo que, no momento do abastecimento da aeronave, permanecem a bordo não têm direito ao adicional de periculosidade a que aludem o art. 193 da CLT e o Anexo 2, item 1, "c", da NR 16 do MTE.*

Ora, se a jurisprudência nega o direito a pretensão de recebimento de adicional de periculosidade a quem se encontra na aeronave no momento do abastecimento, por mais forte razão nega também a mesma pretensão a quem habitualmente trabalha no interior desse meio de transporte. Parece certo afirmar, por lógica, que a jurisprudência tem se inclinado a negar o direito de adicional de periculosidade a quem trabalha dentro de veículos que comportam grandes quantidades de combustível, quando estas sejam exauridas durante o transcurso da viagem. Situação bem diferente seria vivida por quem apenas transporta em tanques, mas sem consumir uma expressiva quantidade de combustível.

Também merece destaque, porém sob outra análise, a situação relacionada ao armazenamento de líquidos inflamáveis em **construções verticais**. O realce é dado pois, uma vez existente tanque de inflamáveis em qualquer andar de prédio vertical, todo empregado que nele trabalhe, independentemente do piso em que realize suas funções, estará em situação de risco acentuado. Tal ocorre porque, evidentemente, eventual explosão levará abaixo toda a estrutura do edifício. Esse, aliás, é o posicionamento constante da **Orientação Jurisprudencial 385 da SDI-1 do TST**, segundo a qual "é devido o pagamento do adicional de periculosidade ao empregado que desenvolve suas atividades em edifício (construção vertical), seja em pavimento igual ou distinto daquele onde estão instalados tanques para armazenamento de líquido inflamável, em quantidade acima do limite legal, considerando-se como área de risco toda a área interna da construção vertical" (*DEJT*, 10-6-2010).

9.5.2.1.2 Explosivos

A segunda causa geradora é encontrada, conforme texto constante do art. 193 da CLT, nos explosivos, assim entendidos os produtos que, sob certas condições de temperatura, choque mecânico ou ação química se decompõem rapidamente para libertar grandes volumes de gases ou calor intenso (*vide* a NR-19, tópico 19.1.1).

Os explosivos são subdivididos, nos moldes da citada NR-19 (tópico 19.1.1), em:

a) explosivos iniciadores: aqueles que são empregados para excitação de cargas explosivas, sensíveis ao atrito, calor e choque. Sob efeito do calor explodem sem se incendiar;

b) explosivos reforçadores: os que servem como intermediários entre o iniciador e a carga explosiva propriamente dita;

c) explosivos de ruptura: são os chamados altos explosivos, geralmente tóxicos;

d) pólvoras: que são utilizadas para propulsão ou projeção.

Do mesmo modo que os inflamáveis, as operações com explosivos são consideradas perigosas, se **presente quantidade significativa do produto** e se **realizada a atividade dentro da área de risco**, que devem ser delimitadas, sob responsabilidade do empregador. São consideradas atividades e operações perigosas com explosivos as constantes do Anexo 1 da Norma Regulamentadora 16 (NR-16).

9.5.2.1.3 *Energia elétrica*

A terceira causa geradora de adicional de periculosidade é o trabalho em risco acentuado por conta da exposição permanente à energia elétrica. Importa salientar, no particular, que a Lei n. 12.740, de 2012, revogou expressamente — e em sua integralidade — a Lei n. 7.369, de 1985. Por conta disso, não mais se poderá restringir o direito de percepção do ora analisado complemento salarial ao empregado inserido no chamado "setor" de energia elétrica. Desapareceu, assim, a relevância da inserção do trabalhador no intitulado *sistema elétrico de potência*[29] — aquele que, nos moldes da NBR 5.460/81 da ABNT, compreende a geração (usina), a transmissão (linhas de alta tensão) e a distribuição (redes distributivas) de energia elétrica. Bastará, portanto e conforme a nova sistemática, que o trabalhador prove, nos moldes da regulamentação pelo Ministério do Trabalho (ora Ministério do Trabalho e Previdência), a exposição permanente à energia elétrica e, consequentemente, o risco acentuado.

Deve-se registrar que os tribunais, mesmo antes do advento da Lei n. 12.740/2012, já vinham admitindo o pagamento do adicional de periculosidade também em favor dos trabalhadores que, embora não estivessem laborando propriamente num sistema de potência, realizassem as suas atividades com equipamentos e instalações elétricas similares *que oferecessem risco equivalente, ainda que em unidade consumidora de energia elétrica*. Formou-se, nesse sentido, a Orientação Jurisprudencial 324 da SDI-1 do TST:

Orientação Jurisprudencial 324 da SDI-1 do TST. *Adicional de Periculosidade. Sistema Elétrico de Potência. Decreto n. 93.412/86, Art. 2º, § 1º. É assegurado o adicional de periculosidade apenas aos empregados que trabalham em sistema elétrico de potência em condições de risco, ou que o façam com equipamentos e instalações elétricas similares, que ofereçam risco equivalente, ainda que em unidade consumidora de energia elétrica.*

De forma igualmente pioneira, os tribunais, ao constatar a prestação de serviços paralelos às redes elétricas do sistema de potência, como, por exemplo, aqueles prestados pelos instaladores e reparadores de linhas e aparelhos telefônicos, firmaram o entendimento de que, desde que, evidentemente, no exercício de suas funções, ficassem expostos a condições de risco equivalente. Perceba-se, no particular, o texto da Orientação Jurisprudencial 347 da SDI-1 do TST:

Orientação Jurisprudencial 347 da SDI-1 do TST. *ADICIONAL DE PERICULOSIDADE. SISTEMA ELÉTRICO DE POTÊNCIA. LEI N. 7.369, DE 20-9-1985, REGULAMENTADA PELO DECRETO N. 93.412, DE 14-10-1986. EXTENSÃO DO DIREITO AOS CABISTAS, INSTALADORES E REPARADORES DE LINHAS E APARELHOS EM EMPRESA DE TELEFONIA. DJ 25-4-2007. É devido o adicional de periculosidade aos empregados cabistas, instaladores e reparadores de linhas e aparelhos de empresas de telefonia, desde que, no exercício de suas funções, fiquem expostos a condições de risco equivalente ao do trabalho exercido em contato com sistema elétrico de potência.*

---

29 Os sistemas de potência são encontrados em empresas que desenvolvem atividade econômica geradora ou distribuidora da energia elétrica. Esses sistemas podem, porém, estar presentes também em outros segmentos empresariais que, por questões estratégicas, resolveram produzir e transmitir, mediante instrumental semelhante àquele utilizado pelas geradoras ou pelas distribuidoras, sua própria energia mediante subestações particulares.

Assim, mesmo antes da publicação da Lei n. 12.740/2012, os tribunais posicionavam-se para além das interpretações literais sobre a ora revogada Lei n. 7.369/85 com o objetivo de reconhecer que o mais importante para fins de concessão do adicional de periculosidade por exposição permanente à energia elétrica era mesmo a constatação do risco acentuado e que esse risco poderia estar presente em qualquer atividade similar, e não unicamente no âmbito do chamado "sistema elétrico de potência".

Justamente por conta disso, e considerando que as situações mencionadas no art. 193 da CLT estão submetidas à regulamentação aprovada pelo Ministério do Trabalho (ora Ministério do Trabalho e Previdência), cabe anotar a existência e a exigibilidade do **Anexo 4 da NR 16**, aprovado pela Portaria MTE n. 1.078, de 16 de julho de 2014.

Segundo o referido anexo, **têm direito ao adicional de periculosidade os trabalhadores**:

a) que executam atividades ou operações em instalações ou equipamentos elétricos energizados em alta tensão;

b) que realizam atividades ou operações com trabalho em proximidade, conforme estabelece a NR-10;

c) que realizam atividades ou operações em instalações ou equipamentos elétricos energizados em baixa tensão no sistema elétrico de consumo — SEC, no caso de descumprimento do item 10.2.8 e seus subitens da NR10 — Segurança em Instalações e Serviços em Eletricidade;

d) das empresas que operam em instalações ou equipamentos integrantes do sistema elétrico de potência — SEP, bem como suas contratadas, em conformidade com as atividades e respectivas áreas de risco descritas no quadro I do próprio Anexo 4.

Por outro lado, e nos moldes do multicitado anexo, **não é devido o pagamento do adicional nas seguintes situações**:

a) nas atividades ou operações no sistema elétrico de consumo em instalações ou equipamentos elétricos desenergizados e liberados para o trabalho, sem possibilidade de energização acidental, conforme estabelece a NR-10;

b) nas atividades ou operações em instalações ou equipamentos elétricos alimentados por extrabaixa tensão;

c) nas atividades ou operações elementares realizadas em baixa tensão, tais como o uso de equipamentos elétricos energizados e os procedimentos de ligar e desligar circuitos elétricos, desde que os materiais e equipamentos elétricos estejam em conformidade com as normas técnicas oficiais estabelecidas pelos órgãos competentes e, na ausência ou omissão destas, as normas internacionais cabíveis.

É bom dizer que o trabalho intermitente é equiparado à exposição permanente para fins de pagamento integral do adicional de periculosidade nos meses em que houver exposição, excluída a exposição eventual, assim considerado o caso fortuito ou que não faça parte da rotina.

Cabe ainda anotar, com fulcro no Anexo 4, que se entendem como "atividades de construção, operação e manutenção de redes de linhas aéreas ou subterrâneas de alta e baixa tensão integrantes do SEP — Sistema Elétrico de Potência":

a) montagem, instalação, substituição, conservação, reparos, ensaios e testes de: verificação, inspeção, levantamento, supervisão e fiscalização; fusíveis, condutores, para-raios, postes, torres, chaves, muflas, isoladores, transformadores, capacitores, medidores, reguladores de tensão, religadores, seccionalizadores, carrier (onda portadora via linhas de transmissão), cruzetas, relé e braço de iluminação pública, aparelho de medição gráfica, bases de concreto ou alvenaria de torres, postes e estrutura de sustentação de redes e linhas aéreas e demais componentes das redes aéreas;

b) corte e poda de árvores;

c) ligações e cortes de consumidores;

d) manobras aéreas e subterrâneas de redes e linhas;

e) manobras em subestação;

f) testes de curto em linhas de transmissão;

g) manutenção de fontes de alimentação de sistemas de comunicação;

h) leitura em consumidores de alta tensão;

i) aferição em equipamentos de medição;

j) medidas de resistências, lançamento e instalação de cabo contrapeso;

k) medidas de campo eletromagnético, rádio, interferência e correntes induzidas;

l) testes elétricos em instalações de terceiros em faixas de linhas de transmissão (oleodutos, gasodutos etc.);

m) pintura de estruturas e equipamentos;

n) verificação, inspeção, inclusive aérea, fiscalização, levantamento de dados e supervisão de serviços técnicos;

o) montagem, instalação, substituição, manutenção e reparos de: barramentos, transformadores, disjuntores, chaves e seccionadoras, condensadores, chaves a óleo, transformadores para instrumentos, cabos subterrâneos e subaquáticos, painéis, circuitos elétricos, contatos, muflas e isoladores e demais componentes de redes subterrâneas;

p) construção civil, instalação, substituição e limpeza de valas, bancos de dutos, dutos, condutos, canaletas, galerias, túneis, caixas ou poços de inspeção, câmaras;

q) medição, verificação, ensaios, testes, inspeção, fiscalização, levantamento de dados e supervisões de serviços técnicos.

Por fim, entendem-se como "atividades de construção, operação e manutenção nas usinas, unidades geradoras, subestações e cabinas de distribuição em operações, integrantes do SEP":

a) montagem, desmontagem, operação e conservação de: medidores, relés, chaves, disjuntores e religadoras, caixas de controle, cabos de força, cabos de controle, barramentos, baterias e carregadores, transformadores, sistemas anti-incêndio e de resfriamento, bancos de capacitores, reatores, reguladores, equipamentos eletrônicos, eletromecânico e eletroeletrônicos, painéis, para-raios, áreas de circulação, estruturas-suporte e demais instalações e equipamentos elétricos;

b) construção de: valas de dutos, canaletas, bases de equipamentos, estruturas, condutos e demais instalações;

c) serviços de limpeza, pintura e sinalização de instalações e equipamentos elétricos;

d) ensaios, testes, medições, supervisão, fiscalizações e levantamentos de circuitos e equipamentos elétricos, eletrônicos, de telecomunicações e telecontrole.

9.5.2.1.4 Roubos ou outras espécies de violência física nas atividades profissionais de segurança pessoal ou patrimonial

A quarta causa geradora do adicional de periculosidade também decorreu da multicitada Lei n. 12.740/2012. O dispositivo se posicionou no sentido de que os empregados em "atividades profissionais de segurança pessoal ou patrimonial" têm direito ao complemento salarial ora examinado na medida em que a natureza ou métodos de seu trabalho os conduza a situações de risco acentuado por exposição permanente a roubos ou outras espécies de violência física.

Mas, afinal, quem seriam esses empregados em "atividades profissionais de segurança pessoal ou patrimonial"?

Apesar de a norma em análise não ter refinado nem precisado quem seriam eles, tudo aponta na direção dos "vigilantes", assim entendidos os empregados integrantes da categoria profissional diferenciada regida pela Lei n. 7.102, de 20 de junho de 1983. Para chegar a essa conclusão basta perceber que o figurino dado pelo art. 15 da citada Lei n. 7.102/83 amolda-se perfeitamente à noção de "atividades profissionais de segurança pessoal ou patrimonial" e que o § 3º do art. 193, também inserido pela Lei n. 12.740/2012, a eles se refere expressamente quando dispõe que "serão descontados ou compensados do adicional outros da mesma natureza eventualmente já concedidos ao **vigilante** por meio de acordo coletivo" (destaque não constante do original).

Para reforçar o entendimento de que a norma ora em análise aplica-se exclusivamente em favor dos "vigilantes", veja-se o teor do Anexo 3 da Norma Regulamentadora n. 16 (Atividades e Operações Perigosas).

Nele, mais especificamente no item 2, o Ministério do Trabalho (ora Ministério do Trabalho e Previdência), com a autoridade regulamentadora que lhe foi dada pelo *caput* do art. 193 da CLT, deixa claro que "são considerados profissionais de segurança pessoal ou patrimonial os trabalhadores que atendam a uma das seguintes condições:

a) empregados das empresas prestadoras de serviço nas atividades de segurança privada ou que integrem serviço orgânico de segurança privada, devidamente registradas e autorizadas pelo Ministério da Justiça, conforme Lei 7.102/83 e suas alterações posteriores;

b) empregados que exercem a atividade de segurança patrimonial ou pessoal em instalações metroviárias, ferroviárias, portuárias, rodoviárias, aeroportuárias e de bens públicos, contratados diretamente pela administração pública direta ou indireta".

O referido texto procura ser exaustivo a asseverar que as atividades ou operações de risco acentuado e permanente a roubos ou outras espécies de violência física, desde que atendida uma das condições do seu item 2, são as constantes do quadro abaixo:

ATIVIDADES OU OPERAÇÕES	DESCRIÇÃO
Vigilância patrimonial	Segurança patrimonial e/ou pessoal na preservação do patrimônio em estabelecimentos públicos ou privados e da incolumidade física de pessoas.
Segurança de eventos	Segurança patrimonial e/ou pessoal em espaços públicos ou privados, de uso comum do povo.
Segurança nos transportes coletivos	Segurança patrimonial e/ou pessoal nos transportes coletivos e em suas respectivas instalações.
Segurança ambiental e florestal	Segurança patrimonial e/ou pessoal em áreas de conservação de fauna, flora natural e de reflorestamento.
Transporte de valores	Segurança na execução do serviço de transporte de valores.
Escolta armada	Segurança no acompanhamento de qualquer tipo de carga ou de valores.
Segurança pessoal	Acompanhamento e proteção da integridade física de pessoa ou de grupos.
Supervisão/fiscalização operacional	Supervisão e/ou fiscalização direta dos locais de trabalho para acompanhamento e orientação dos vigilantes.
Telemonitoramento/telecontrole	Execução de controle e/ou monitoramento de locais, através de sistemas eletrônicos de segurança.

Cabe anotar que é presumível o submetimento dos "vigilantes" a situações de risco acentuado. O seu trabalho, por natureza, os expõe permanentemente a toda espécie de violência física, não cabendo ao empregador relativizar o disposto em lei para dizer que, em alguns casos, os riscos sofridos pelos vigilantes não são suficientemente acentuados. O simples exercício da profissão de vigilante, portanto, é bastante para garantir em favor desse trabalhador o adicional de periculosidade.

9.5.2.1.5 Trabalho em motocicleta

A quinta causa geradora da percepção do adicional de periculosidade é fruto da Lei n. 12.997, de 18 de junho de 2014 (*DOU* de 20-6-2014), que acrescentou o § 4º ao art. 193 da CLT para considerar perigosas as atividades de trabalhador em motocicleta. Diante dos limites dessa norma, também submetida à regulamentação do então Ministério do Trabalho, o fato de o empregado desenvolver as suas principais atividades em veículo motorizado de duas rodas o faz titular do direito de recebimento de adicional de periculosidade de 30% sobre o salário-base.

Anote-se que a regulamentação criadora do Anexo 5 à NR 16, **que sofreu algumas ordens judiciais de suspensão em relação a específicas categorias profissionais (***vide* **o históricos de atos administrativos que ressalvaram a aplicabilidade no** *site* **do Ministério do Trabalho e Previdência)**, garantiu, em princípio, o direito ora em análise em favor de todos aqueles que desenvolvam "atividades laborais com utilização de motocicleta ou motoneta no deslocamento de trabalhador em vias públicas", salvo quando:

a) a utilização de motocicleta ou motoneta exclusivamente no percurso da residência para o local de trabalho ou deste para aquela;

b) as atividades em veículos que não necessitem de emplacamento ou que não exijam carteira nacional de habilitação para conduzi-los;

c) as atividades em motocicleta ou motoneta em locais privados;

d) as atividades com uso de motocicleta ou motoneta de forma eventual, assim considerado o fortuito, ou que, sendo habitual, dá-se por tempo extremamente reduzido.

Vê-se, portanto, que o Ministério do Trabalho, mediante o seu poder regulamentar, não produziu restrições à percepção do adicional de periculosidade, salvo aquelas entendidas como absolutamente razoáveis, seja pela natureza da utilização das motocicletas, seja pela extrema eventualidade de seu uso.

9.5.2.1.6 Radioatividade/radiação ionizante

A sexta causa geradora da percepção do adicional de periculosidade é, nos moldes da *Portaria n. 518/2003 do extinto Ministério do Trabalho*, o trabalho realizado sob a *exposição do empregado à radiação ionizante ou à substância radioativa*. A Portaria adotou como atividades de risco em potencial, concernentes a radiações ionizantes ou substâncias radioativas, aquelas constantes do "Quadro de Atividades e Operações Perigosas", aprovado pela Comissão Nacional de Energia Nuclear — CNEN (há anexo indicativo destas atividades na Portaria n. 518/2003 do MTE).

Para superar qualquer discussão existente sobre a possibilidade de um ato administrativo — uma Portaria — ser fonte criadora de adicional de periculosidade, a SDI-1 do TST publicou a Orientação Jurisprudencial 345. Veja-se:

Orientação Jurisprudencial 345 da SDI-1 do TST. *ADICIONAL DE PERICULOSIDADE. RADIAÇÃO IONIZANTE OU SUBSTÂNCIA RADIOATIVA. DEVIDO. A exposição do empregado à radiação ionizante ou à substância radioativa enseja a percepção do adicional de peri-*

culosidade, pois a regulamentação ministerial (Portarias do Ministério do Trabalho, ora Ministério do Trabalho e Previdência, n. 3.393, de 17-12-1987, e 518, de 7-4-2003), ao reputar perigosa a atividade, reveste-se de plena eficácia, porquanto expedida por força de delegação legislativa contida no art. 200, caput, e inciso VI, da CLT. No período de 12-12-2002 a 6-4-2003, enquanto vigeu a Portaria n. 496 do extinto Ministério do Trabalho, o empregado faz jus ao adicional de insalubridade.

Perceba-se que, de fato, o Ministério do Trabalho (ora Ministério do Trabalho e Previdência) está, sim, autorizado por lei a reputar insalubres ou perigosas determinadas atividades laborais. Essa capacidade é, efetivamente, revestida de plena eficácia porque calcada por força de delegação legislativa contida no art. 200, *caput* e inciso VI, da CLT[30].

No que diz respeito à jurisprudência, cabe deixar anotada a tese firmada em incidente de recursos repetitivos perante o TST. Em relação ao tema aqui em análise (Tema 10), firmou-se o entendimento de que:

I — A Portaria MTE n. 595/2015 e sua nota explicativa não padecem de inconstitucionalidade ou ilegalidade. II — Não é devido o adicional de periculosidade a trabalhador que, sem operar o equipamento móvel de Raios X, permaneça, habitual, intermitente ou eventualmente, nas áreas de seu uso. III — Os efeitos da Portaria n. 595/2015 do Ministério do Trabalho alcançam as situações anteriores à data de sua publicação (Rel. Min. Augusto César Leite de Carvalho). SbDI-1 Plena (45236). RR (1008) RR — 1325-18.2012.5.04.0013, julgamento em 1º-8-2019, publicação em 13-9-2019).

9.5.2.1.7 Atividade de bombeiro civil

A sétima situação geradora da percepção do adicional de periculosidade é o exercício da atividade de bombeiro civil, assim entendido aquele que, nos termos da Lei n. 11.901/2009, exerce, em caráter habitual, função remunerada e exclusiva de prevenção e combate a incêndio, como empregado contratado diretamente por empresas privadas ou públicas, sociedades de economia mista, ou empresas especializadas em prestação de serviços de prevenção e combate a incêndio.

O art. 6º, III, da mencionada lei garante aos bombeiros civis o direito de receber o adicional de periculosidade na base de trinta por cento sobre o salário mensal sem os acréscimos resultantes de gratificações, prêmios ou participações nos lucros da empresa.

9.5.2.2 Características da exposição

No tocante à exposição, o art. 193 da CLT é claríssimo no sentido de que "são consideradas atividades ou operações perigosas, na forma da regulamentação aprovada pelo Ministério do Trabalho (ora Ministério do Trabalho e Previdência), aquelas que, **por sua natureza** ou **métodos de trabalho**, impliquem **risco acentuado** em virtude de **exposição permanente**" (destaques não constantes do original).

Que seria, então, *"exposição permanente"*? Entende-se por "exposição permanente" aquela não ocasional, em virtude da qual o contato do trabalhador com o agente nocivo seja

---

[30] Art. 200. Cabe ao Ministério do Trabalho estabelecer disposições complementares às normas de que trata este Capítulo, tendo em vista as peculiaridades de cada atividade ou setor de trabalho, especialmente sobre: [...] VI — proteção do trabalhador exposto a substâncias químicas nocivas, radiações ionizantes e não ionizantes, ruídos, vibrações e trepidações ou pressões anormais ao ambiente de trabalho, com especificação das medidas cabíveis para eliminação ou atenuação desses efeitos, limites máximos quanto ao tempo de exposição, à intensidade da ação ou de seus efeitos sobre o organismo do trabalhador, exames médicos obrigatórios, limites de idade, controle permanente dos locais de trabalho e das demais exigências que se façam necessárias.

indissociável da produção do bem ou da prestação do serviço, em decorrência da subordinação jurídica à qual se submete. Anotem-se, nesse particular, dois detalhes importantes:

a) Nos termos da Súmula 364, I, do TST, "tem direito ao adicional de periculosidade o empregado exposto permanentemente ou que, de forma intermitente, sujeita-se a condições de risco. Indevido, apenas, quando o contato dá-se de forma eventual, assim considerado o fortuito, ou o que, sendo habitual, dá-se por tempo extremamente reduzido".

b) Não quebra o conceito de permanência o exercício de função de supervisão controle ou comando em geral ou outra atividade equivalente, desde que seja exclusivamente em ambientes de trabalho cuja periculosidade tenha sido constatada.

Observe-se que a exigência de "exposição permanente", ao contrário do que ocorria antes da publicação da Lei n. 12.740, de 2012, que somente existia em relação aos "inflamáveis" e "explosivos", é ora exigível não apenas das mencionadas causas, mas também da energia elétrica e até mesmo das situações de "roubos ou outras espécies de violência física nas atividades profissionais de segurança pessoal ou patrimonial". Esse pressuposto, entretanto, não está presente quando a causa geradora da periculosidade for a prestação de trabalho sob a *exposição à radiação ionizante ou à substância radioativa*. Nessa situação a fonte normativa criadora da situação perigosa não exigiu, para a sua constatação, a "exposição permanente", mas "qualquer exposição do trabalhador". O mesmo se pode dizer em relação ao bombeiro civil, que não exige mais do que o exercício da atividade para a garantia do direito ora em análise.

Perceba-se que a modificação legislativa imposta pela Lei n. 12.740/2012 tornou estéril a discussão que dizia respeito à relação entre o tempo de permanência na área de risco elétrico e a proporcionalidade do pagamento do adicional de periculosidade. Afirma-se isso porque o Decreto n. 93.412, de 14 de outubro de 1986, seguindo o destino dado à Lei n. 7.369/85, também foi revogado. Nesses moldes, a Súmula 361 do TST[31], então, perdeu a sua razão de existir, embora ainda mantida pelo TST. Anote-se, por fim, que a Alta Corte trabalhista encerrou o assunto referente à proporcionalidade ao deixar claro, nos limite do item II da sua Súmula 364, que nem mesmo por cláusula de acordo ou convenção coletiva de trabalho será juridicamente válida a fixação do adicional de periculosidade em percentual inferior ao estabelecido em lei e proporcional ao tempo de exposição ao risco[32].

E *"risco acentuado"*, que seria?

As situações de risco acentuado são aquelas a que se submetem os trabalhadores simplesmente por estarem atuando dentro de uma área física considerada extremamente suscetível a acidentes, por isso possivelmente produtora de incapacitação, invalidez

---

31 **Súmula 361 do TST.** ADICIONAL DE PERICULOSIDADE. ELETRICITÁRIOS. EXPOSIÇÃO INTERMITENTE. O trabalho exercido em condições perigosas, embora de forma intermitente, dá direito ao empregado a receber o adicional de periculosidade de forma integral, porque a Lei n. 7.369, de 20-9-1985 não estabeleceu nenhuma proporcionalidade em relação ao seu pagamento.

32 **Súmula 364 do TST.** ADICIONAL DE PERICULOSIDADE. EXPOSIÇÃO EVENTUAL, PERMANENTE E INTERMITENTE (inserido o item II) — Res. 209/2016, *DEJT* divulgado em 1º, 2 e 3-6-2016.

I — Tem direito ao adicional de periculosidade o empregado exposto permanentemente ou que, de forma intermitente, sujeita-se a condições de risco. Indevido, apenas, quando o contato dá-se de forma eventual, assim considerado o fortuito, ou o que, sendo habitual, dá-se por tempo extremamente reduzido (ex-OJs da SBDI-I n. 05 — inserida em 14-3-1994 — e 280 — *DJ* 11-8-2003).

II — Não é válida a cláusula de acordo ou convenção coletiva de trabalho fixando o adicional de periculosidade em percentual inferior ao estabelecido em lei e proporcional ao tempo de exposição ao risco, pois tal parcela constitui medida de higiene, saúde e segurança do trabalho, garantida por norma de ordem pública (arts. 7º, XXII e XXIII, da CF e 193, §1º, da CLT).

permanente ou morte. É bom destacar que as áreas físicas consideradas "de risco" são delimitadas por normas regulamentares, editadas pelo Ministério do Trabalho (ora Ministério do Trabalho e Previdência), observado cada caso específico.

9.5.2.3 Adicional e base de cálculo

O adicional de periculosidade corresponde a um acréscimo de **30% (trinta por cento) sobre o salário básico**. Assim, o percentual é de 30% e a base de cálculo é o salário sem acréscimos resultantes de complementos salariais.

É bom salientar que até a data de vigência da Lei n. 12.740/2012, os empregados no setor de energia elétrica tinham, nos termos da Lei n. 7.369/85, o direito a uma remuneração adicional de 30% (trinta por cento) sobre o salário que recebiam, ou seja, sobre o conjunto de parcelas de natureza salarial de que fossem destinatários, conforme bem esclareceu a Orientação Jurisprudencial 279 da SDI-1 do TST.

Com a revogação da Lei n. 7.369/85 todos os beneficiários do adicional de periculosidade passaram a calcular o adicional de periculosidade sobre o salário-base, **respeitado, é claro, o direito adquirido daqueles que já vinham recebendo o ora analisado complemento salarial sobre o conjunto das parcelas de natureza salarial.**

Esse entendimento foi consagrado no novo texto da Súmula 191 do TST (Res. 214/2016, *DEJT* divulgado em 30-11-2016 e 1º e 2-12-2016), constante de três itens a seguir expendidos:

Súmula 191 do TST. ADICIONAL DE PERICULOSIDADE. INCIDÊNCIA. BASE DE CÁLCULO (cancelada a parte final da antiga redação e inseridos os itens II e III) — Res. 214/2016, DEJT divulgado em 30-11-2016 e 1º e 2-12-2016

I — O adicional de periculosidade incide apenas sobre o salário básico e não sobre este acrescido de outros adicionais.

II — O adicional de periculosidade do empregado eletricitário, contratado sob a égide da Lei n. 7.369/1985, deve ser calculado sobre a totalidade das parcelas de natureza salarial. Não é válida norma coletiva mediante a qual se determina a incidência do referido adicional sobre o salário básico.

III — A alteração da base de cálculo do adicional de periculosidade do eletricitário promovida pela Lei n. 12.740/2012 atinge somente contrato de trabalho firmado a partir de sua vigência, de modo que, nesse caso, o cálculo será realizado exclusivamente sobre o salário básico, conforme determina o § 1º do art. 193 da CLT.

Atualmente, portanto, todas as situações de pagamento de adicional de periculosidade sinalizam para a incidência sobre o salário-base. Afinal, se o salário é *base*, ele obviamente deve ser o referencial para o cálculo das demais parcelas. E se não for assim, a base será confundida com as parcelas que sobre ela foram calculadas.

9.5.2.4 Sistema de integração e de reflexão

Apesar de constituir mera compensação do risco imposto à vida do trabalhador, o adicional de periculosidade é entendido, por força de sua habitualidade, como verba de natureza salarial, mais especificamente como complemento salarial. O TST, a propósito, editou a Súmula 132, I, corroborando essa assertiva[33].

---

[33] **Súmula 132 do TST.** ADICIONAL DE PERICULOSIDADE. INTEGRAÇÃO. I — O adicional de periculosidade, pago em caráter permanente, integra o cálculo de indenização e de horas extras.

Uma vez recebido, o adicional de periculosidade será integrado ao salário-base e, junto com outros complementos salariais, comporá a remuneração para todos os efeitos previstos em lei, entre os quais FGTS, férias, décimo terceiro salário e aviso prévio indenizado. Tal qual ocorre com o adicional de insalubridade[34], não haverá repercussão do adicional de periculosidade sobre o repouso semanal remunerado. Pagando-se tal complemento salarial, que tem periodicidade mensal, já se terá adimplido, porque embutido, o valor correspondente à mencionada verba semanal de descanso.

9.5.2.5 Cumulatividade dos adicionais de insalubridade e periculosidade

O § 2º do art. 193 da CLT (incluído pela Lei n. 6.514, de 22-12-1977) prevê, num contexto em que se trata de atividades ou operações perigosas, que "o empregado poderá optar pelo adicional de insalubridade que porventura lhe seja devido".

Apesar de o referido texto legislativo não dispor claramente sobre o assunto "cumulação de adicionais", a interpretação mais frequentemente encontrada na jurisprudência aponta no sentido de que, uma vez certificado o direito à percepção do adicional de periculosidade, o empregado poderia, abrindo mão deste, optar pelo adicional de insalubridade, caso também lhe fosse devido. Na mesma ordem de ideias há, igualmente, a exegese de que, no caso de incidência de mais de um fator de insalubridade, será apenas considerado o de grau mais elevado, sendo vedada a percepção cumulativa. Essa é também a interpretação feita em sede regulamentar nas NR's 15 e 16, constantes da Portaria n. 3.214/78, mais especificamente nos seus itens 15.3[35] e 16.2.1[36].

Pois bem. Independentemente da leitura que se possa fazer do mencionado dispositivo, a verdade é que ele foi revogado pela Convenção n. 155 da OIT, cuja integração ao ordenamento jurídico brasileiro foi dada com *status* de supralegalidade desde o ano de 1994. Anote-se que a referida Convenção foi aprovada pelo Decreto Legislativo n. 2, de 17 de março de 1992, ratificada em 18 de maio de 1992 e promulgada pelo Decreto n. 1.254, de 19 de setembro de 1994. Trata-se, portanto, de texto legislativo de hierarquia superior e de data mais recente.

O art. 11, *b*, da referida Convenção n. 155 da OIT é claríssimo ao dispor que "deverão levar-se em consideração os riscos para a saúde **causados pela exposição simultânea a várias substâncias ou agentes**" (destaque não constante do original). Esse, aliás, é o posicionamento de Jorge Luiz Souto Maior, para quem "não há o menor sentido continuar-se dizendo que o pagamento de um adicional 'quita' a obrigação quanto ao pagamento de outro adicional"[37].

O referido professor, no artigo ora referenciado, oferece exemplo que muito bem esclarece a situação: "se um trabalhador trabalha em condição insalubre, por exemplo, ruído, a obrigação do empregador de pagar o respectivo adicional de insalubridade não se elimina pelo fato de já ter este mesmo empregador pago ao empregado adicional de periculosidade

---

34 Veja-se, nesse sentido, a Orientação Jurisprudencial 103 da SDI-1 do TST: **Orientação Jurisprudencial 103 da SDI-1 do TST**. Adicional de Insalubridade. Repouso Semanal e Feriados. Inserida em 1º-10-97 (nova redação). O adicional de insalubridade já remunera os dias de repouso semanal e feriados.

35 15.3 No caso de incidência de mais de um fator de insalubridade, será apenas considerado o de grau mais elevado, para efeito de acréscimo salarial, sendo vedada a percepção cumulativa.

36 16.2.1 O empregado poderá optar pelo adicional de insalubridade que porventura lhe seja devido.

37 SOUTO MAIOR, Jorge Luiz. Competência ampliada da EC n. 45 reconheceu vocação natural da Justiça do Trabalho. *Revista do Tribunal Regional do Trabalho da 3ª Região*. Belo Horizonte, v. 40, n. 70 (supl. esp.), jul./dez. 2004, p. 98.

pelo risco de vida que o impôs. Da mesma forma, o pagamento pelo dano à saúde, por exemplo, perda auditiva, nada tem a ver com o dano provocado, por exemplo, pela radiação. Em suma, para cada elemento insalubre é devido um adicional, que, por óbvio, acumula-se com o adicional de periculosidade, eventualmente devido. Assim, dispõe, aliás, a Convenção n. 155 da OIT, ratificada pelo Brasil".

É importante anotar, entretanto, que, a despeito da lógica dos argumentos aqui expendidos, essa não é a orientação da jurisprudência dominante, especialmente do TST, que continua a entender ser impossível a cumulação de adicionais por agentes insalubres diferentes, bem como indevido o pagamento agregado dos adicionais por insalubridade e periculosidade. Uma brilhante e bem fundamentada decisão relatada pelo Min. Cláudio Brandão, nos autos do RR-1072-72.2011.5.02.0384, levada à pauta do dia 24 de setembro de 2014, e acolhida de forma unânime, **parecia indicar a virada desse entendimento**, segundo sua segura assertiva: "Não há mais espaço para a aplicação do artigo 193, parágrafo 2º, da CLT"[38].

De acordo com o referido ministro, a Constituição da República, no seu art. 7º, inciso XXIII, garantiu de forma plena o direito ao recebimento dos adicionais de penosidade, insalubridade e periculosidade, sem nenhuma ressalva quanto à cumulação, não recepcionando, assim, aquele dispositivo da CLT. Em sua avaliação, a acumulação se justificaria em virtude de os fatos geradores dos direitos serem diversos e não se confundirem. A cumulação dos adicionais, então, não implicaria pagamento em dobro, pois a insalubridade diz respeito à saúde do empregado em face das condições nocivas do ambiente de trabalho, enquanto a periculosidade traduz situação de perigo iminente que, uma vez ocorrida, pode ceifar a vida do trabalhador, sendo este o bem a que se visa proteger.

O relator explicava, ainda, que a opção prevista na CLT seria inaplicável também por conta da introdução no sistema jurídico brasileiro das Convenções 148 e 155 da Organização Internacional do Trabalho (OIT), que têm *status* de norma materialmente constitucional ou,

---

38 No mesmo sentido, veja-se: CUMULAÇÃO DOS ADICIONAIS DE INSALUBRIDADE E DE PERICULOSIDADE DECORRENTES DE FATOS GERADORES DISTINTOS. POSSIBILIDADE. O TRT manteve a condenação ao pagamento simultâneo do adicional de periculosidade e do adicional de insalubridade. Ao adotar os fundamentos da sentença, baseados na Convenção n. 155 da OIT, a Corte Regional entendeu que a vedação disposta no artigo 193, § 2º, da CLT não deveria prevalecer na hipótese dos autos. Tem-se que a SBDI-1 do TST (sessão do dia 28-4-2016, da SBDI-1, E-ARR-1081-60.2012.5.03.0064), ao analisar o mesmo tema, firmou entendimento quanto à impossibilidade de cumulação dos adicionais de insalubridade e periculosidade. Concluiu que, nessas situações, tão somente remanesce a opção do empregado pelo adicional que lhe for mais benéfico. Não obstante, ponderou que a vedação de cumulatividade do adicional de insalubridade com o adicional de periculosidade, disposta pelo artigo 193, § 2º da CLT, não se revela absoluta. Invocou a necessidade de uma interpretação teleológica e conforme a Constituição Federal, para concluir que mencionada vedação justifica-se apenas nas hipóteses em que os adicionais decorrem da mesma causa de pedir. Entende, assim, a SBDI-1 do TST que restando comprovada a existência de dois fatos geradores distintos, específicos para cada um dos adicionais, deve ser reconhecido o direito à sua percepção de forma cumulativa. No caso dos autos, segundo o quadro fático expressamente delimitado pelo Tribunal Regional, restou comprovado o fato de que cada um dos adicionais tem origem em condicionantes diversas. Primeiramente, foi consignado que "as atividades do autor foram consideradas como periculosas em face da exposição à radiação não ionizante (marcador 15, pág. 15)" (fl. 329) e também que conforme laudo pericial "as atividades desenvolvidas pelo autor são enquadradas como insalubres, em grau médio, por contato e manipulação de produtos químicos — fumos metálicos e ruído" (fl. 331). Por estas razões, o TRT concluiu que "as atividades do autor, além de periculosas, são insalubres" (fl. 331). Nesse cenário, em atendimento à jurisprudência da SBDI-1 do TST, **uma vez comprovados nos autos os distintos fatos geradores dos adicionais de periculosidade e insalubridade, deve ser reconhecido o direito à sua cumulação, mediante a interpretação do art. 193, § 2º, da CLT conforme o art. 7º, XXIII da Constituição Federal**. Recurso de revista conhecido e desprovido. [...]. (RR-7092-95.2011.5.12.0030, Relator Ministro: Douglas Alencar Rodrigues, Data de Julgamento: 10-8-2016, 7ª Turma, Data de Publicação: *DEJT* 26-8-2016).

pelo menos, supralegal, como foi decidido pelo Supremo Tribunal Federal. A Convenção 148 consagra a necessidade de atualização constante da legislação sobre as condições nocivas de trabalho, e a 155 determina — como já se antecipou neste tópico — que sejam levados em conta os "riscos para a saúde decorrentes da exposição simultânea a diversas substâncias ou agentes". Tais convenções, afirmou o ministro, superaram a regra prevista na CLT e a Norma Regulamentadora 16 do ora Ministério do Trabalho (ora Ministério do Trabalho e Previdência) no que se refere à percepção de apenas um adicional quando o trabalhador estiver sujeito a condições insalubres e perigosas no trabalho.

Como mais um episódio da possível modificação de entendimento no sentido da admissão da cumulação de adicionais, cabe anotar que, em 19-12-2017, fora publicado edital de intimação para que pessoas, entidades e órgãos interessados no Incidente de Recurso Repetitivo n. 239-55.2011.5.02.0319, cujo tema era justamente o da "cumulação de adicionais de periculosidade e de insalubridade amparados em fatos geradores distintos e autônomos", pudessem apresentar manifestação acerca do tema da controvérsia, inclusive quanto ao interesse de admissão no feito como *amicus curiae*.

A Subseção I Especializada em Dissídios Individuais (SDI-1) do Tribunal Superior do Trabalho, entretanto, decidiu, em 26-9-2019, que **não é possível o recebimento cumulativo dos adicionais de insalubridade e de periculosidade, ainda que decorrentes de fatos geradores distintos e autônomos**.

A decisão, por apertada maioria, foi proferida justamente no referido julgamento de incidente de recurso repetitivo n. 239-55.2011.5.02.0319, e a tese jurídica fixada será aplicada a todos os casos semelhantes. Prevaleceu, no julgamento, o voto do ministro Alberto Bresciani. De acordo com a tese jurídica fixada, o art. 193, § 2º, da CLT foi recepcionado pela Constituição da República e veda a cumulação dos adicionais de insalubridade e de periculosidade, ainda que decorrentes de fatos geradores distintos e autônomos.

A corrente do relator, ministro Vieira de Mello, ficou vencida. Segundo seu voto, o dispositivo da CLT estaria superado pelos incisos XXII e XXIII do art. 7º da Constituição da República, que tratam da redução dos riscos inerentes ao trabalho e do adicional de remuneração para as atividades penosas, insalubres ou perigosas. A questão, por sua natureza constitucional, pode, porém, ainda ser apreciada pelo Supremo Tribunal Federal.

9.6 ATIVIDADES PENOSAS E A FALTA DE REFERENCIAL LEGISLATIVO

O Decreto n. 20.465, de 1º de outubro de 1931 — *DOU* de 31-12-1931, que reformou a legislação das Caixas de Aposentadoria e Pensões, foi certamente a primeira norma brasileira a mencionar a existência de serviços penosos[39], embora não os definisse. A Lei n. 3.807/60 (Lei Orgânica da Previdência Social) teve, por outro lado, o mérito de ser a primeira norma egressa do legislativo a tratar do tema em análise, remetendo, porém, a definição de serviço

---

39 Tal registro constava do art. 25 do citado decreto, nos seguintes termos: "A aposentadoria ordinária, salvo as hipóteses dos §§ 7º e 8º, desde que tenham, no mínimo, 50 anos de idade e 30 anos de efetivo serviço, e corresponderá ao coeficiente de 70 a 100% da média dos vencimentos dos três últimos anos de serviço. Em casos especiais, de *ofícios e profissões particularmente penosos* ou ocupações em indústrias insalubres que prejudiquem o organismo, depreciando-lhe notavelmente a resistência, o que será previsto e determinado nos regulamentos, o tempo de serviço prestado poderá ser reduzido até 25 anos e o limite da idade baixar até 45 anos" (destaques não constantes do original).

penoso[40] para sua norma regulamentar, Decreto n. 53.831, de 15 de março de 1964. Tal regulamento, nos primeiros artigos, identificou em Quadro Anexo interno aquilo que se poderia considerar serviços insalubres, perigosos ou *penosos*. Ali, por critérios adotados pelo Poder Executivo da época, segundo juízos vigentes evidentemente no ano da publicação do referido ato administrativo (1964), constam os seguintes serviços considerados penosos:

I — trabalhos permanentes no subsolo em operações de corte, furação, desmonte e carregamento nas frentes de trabalho;

II — trabalhos permanentes em locais de subsolo afastados das frentes de trabalho, galerias, rampas, poços, depósitos;

III — trabalho no exercício da docência;

IV — serviços de motorneiros e condutores de bondes, motoristas e cobradores de ônibus e motoristas e ajudantes de caminhão.

O Decreto n. 53.831/64 teve, entretanto, vida curta, pois foi revogado pelo Decreto n. 62.755/68.

A Constituição de 1988 renovou a discussão em torno do conceito de "penosidade" na medida em que previu, no seu art. 7º, XXIII, em favor dos trabalhadores urbanos e rurais, o direito à percepção de adicional de remuneração para as atividades consideradas penosas, na forma da lei. A partir desse momento, mesmo sem saber o percentual ou a base de cálculo do recém-criado adicional de penosidade, os juslaboralistas se questionavam: *em que, enfim, consiste a penosidade?*

Nos dicionários o verbete "penoso" sempre apareceu normalmente associado a algo causador de pena ou sofrimento, a alguma coisa que incomoda, que produz uma sensação ou impressão dolorida, complicada, desgastante, extenuante, fatigante, estressante... Seria certo, portanto, que qualquer variável em torno do que fosse penoso levaria o legislador ou o aplicador da lei às ideias de uma atividade que, apesar de necessária, produziria sentimento de desconforto.

A primeira experiência legislativa pós-Constituição de 1988 de identificação daquilo que seria um serviço penoso veio mediante a Lei n. 7.850, de 23 de outubro de 1989 (regulamentada pelo Decreto n. 99.351/90), que tratou da concessão de aposentadoria especial para as telefonistas. Segundo o art. 1º do mencionado dispositivo legal, era considerada penosa, para efeitos da concessão da aposentadoria especial, a atividade profissional de telefonista, onde quer que fosse exercida. Essa norma foi, contudo, revogada pela Lei n. 9.528, de 10 de dezembro de 1997.

A identificação da penosidade no plano infraconstitucional foi também experimentada no art. 71 da Lei n. 8.112, de 11 de dezembro de 1990, segundo o qual "o adicional de atividade penosa será devido aos servidores em exercício em zonas de fronteira ou em localidades cujas condições de vida o justifiquem".

Apesar das referências esparsas sobre o tema, não há no sistema jurídico brasileiro norma genérica que identifique e que qualifique a situação ensejadora do adicional de penosidade, causando, por isso, uma prostração jurisprudencial sobre o tema. Apenas a doutrina arvora-se a identificar o que seria uma atividade penosa, sendo digna de nota a relação de trabalhos apresentada pela psicóloga Leny Sato na obra *Proteção jurídica à saúde do trabalhador,*

---

40 Art. 31. A aposentadoria especial será concedida ao segurado que, contando no mínimo cinquenta anos de idade e quinze anos de contribuições tenha trabalhado durante quinze, vinte ou vinte e cinco anos pelo menos, conforme a atividade profissional, **em serviços que**, para esse efeito, **forem considerados penosos**, insalubres ou perigosos, por Decreto do Poder Executivo (destaques não constantes do original).

de Sebastião Geraldo Oliveira[41]. Para a mencionada estudiosa de saúde do trabalhador, seriam visíveis condições penosas aquelas que implicam:

• esforço físico intenso no levantamento, transporte, movimentação, carga e descarga de objetos, materiais, produtos e peças;

• posturas incômodas, viciosas e fatigantes;

• esforços repetitivos;

• alternância de horários de sono e vigília ou de alimentação;

• utilização de equipamentos de proteção individual que impeçam o pleno exercício de funções fisiológicas, como tato, audição, respiração, visão, atenção, que leve à sobrecarga física e mental;

• excessiva atenção ou concentração;

• contato com o público e atendimento direto com pessoas em atividades de primeiros socorros, tratamento e reabilitação que acarretem desgaste psíquico;

• trabalho direto com pessoas em atividades de atenção, desenvolvimento e educação que acarretem desgaste psíquico e físico;

• confinamento ou isolamento;

• contato direto com substâncias, objetos ou situações repugnantes e cadáveres humanos e animais;

• trabalho direto na captura e sacrifício de animais.

É importante destacar, com base na obra ora referenciada, que "essas condições de trabalho têm em comum o fato de exigirem esforço físico e/ou mental, provocarem incômodo, sofrimento ou desgaste da saúde. Elas podem provocar problemas de saúde que não são necessariamente doenças".

Por isso, merece destaque a conceituação sugerida por Jorge Luiz Souto Maior. Para ele, "penoso é um trabalho que não apresenta riscos à saúde física, mas que, pelas suas condições adversas ao psíquico, acaba minando as forças e a autoestima do trabalhador, mais ou menos na linha do assédio moral. [...]. O trabalho penoso é uma espécie de assédio moral determinado pela própria estrutura empresarial e não por ato pessoal de um superior hierárquico"[42].

A verdade é que, apesar de não existir base legal que atribua conceito jurídico à penosidade, ela tem sido invocada nos tribunais para justificar o desgaste e o adoecimento. Não raramente são constatadas decisões que fazem menção à penosidade de determinado trabalho, notadamente por conta da sobrejornada, da quebra do ritmo circadiano, da repetibilidade dos serviços ou das pressões relativas ao cumprimento das tarefas, para aumentar as indenizações por doenças de natureza ocupacional. Não obstante a expectativa quanto à monetização da penosidade não afaste as consequências danosas dela egressas, tampouco as pretensões decorrentes dos danos à saúde do trabalhador, não há dúvidas de que a questão relacionada à conceituação legal do trabalho penoso e o estabelecimento do percentual e da base de cálculo do prometido adicional constituem um desejo popular.

Exatamente por isso, a Procuradoria-Geral da República ajuizou em 11 de julho de 2022 uma **Ação Direta de Inconstitucionalidade por Omissão (ADO 74)** com pedido no

---

41 OLIVEIRA, Sebastião Geraldo. *Proteção jurídica à saúde do trabalhador*. 4. ed. São Paulo: LTr, 2002, p. 186-187.
42 SOUTO MAIOR, Jorge Luiz. Competência ampliada. A EC n. 45 reconheceu vocação natural da Justiça do Trabalho. *Revista do Tribunal Regional do Trabalho da 3ª Região*, Belo Horizonte, v. 40, n. 70 (supl. esp.), p. 98, jul./dez. 2004.

sentido de que o Supremo Tribunal Federal estabeleça prazo para que o Congresso Nacional regulamente o direito dos trabalhadores urbanos e rurais ao adicional de remuneração para atividades penosas, previsto na Constituição Federal (art. 7º, XXIII). Na inicial ressaltou-se que a omissão do Parlamento provoca redução arbitrária e injustificada do nível de proteção do trabalhador ao desempenhar suas atividades laborais.

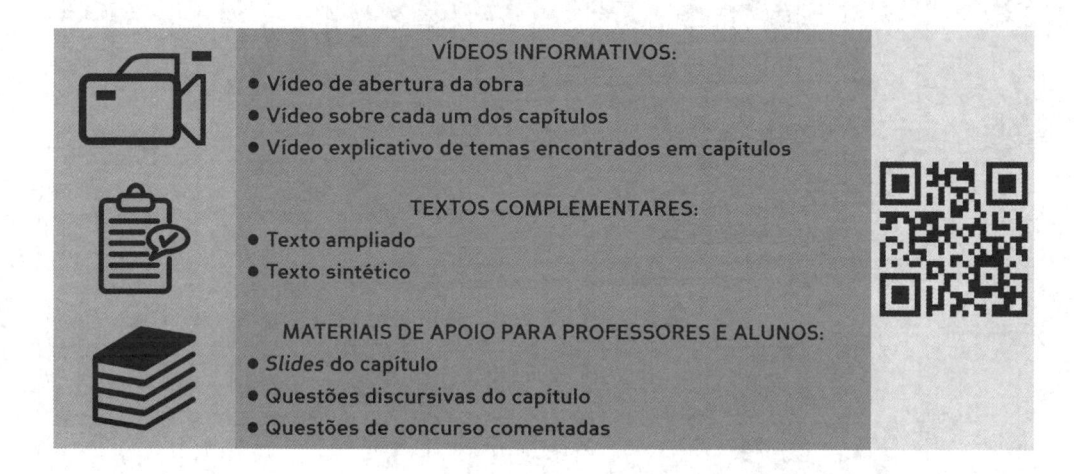

VÍDEOS INFORMATIVOS:
- Vídeo de abertura da obra
- Vídeo sobre cada um dos capítulos
- Vídeo explicativo de temas encontrados em capítulos

TEXTOS COMPLEMENTARES:
- Texto ampliado
- Texto sintético

MATERIAIS DE APOIO PARA PROFESSORES E ALUNOS:
- *Slides* do capítulo
- Questões discursivas do capítulo
- Questões de concurso comentadas

10
DURAÇÃO DO TRABALHO E PERÍODOS DE DESCANSO

https://somos.in/CTD14

10.1 CONSIDERAÇÕES INTRODUTÓRIAS

A duração do trabalho constitui pauta permanente de reivindicação dos trabalhadores, porque os embates entre o capital e o trabalho estão alicerçados em discussões que envolvem medidas de tempo. De um lado estão os patrões, visando, durante *todo o tempo*, à maior produção; de outro, os operários, buscando melhores condições de vida, que incluem a prestação do trabalho durante *parte do tempo*.

Apesar de os trabalhadores atuarem como as engrenagens que os capitalistas não conseguiram criar, eles não poderiam ser comparados às máquinas. Isso é evidente. Por serem humanos, os operários manifestavam desejos igualmente humanos que envolviam uma divisão ponderada das horas que compõem o dia para atender não somente ao trabalho, mas também ao descanso, ao convívio social e ao lazer. É possível perceber o anseio pela organização social do trabalho numa antiga cantiga entoada pelos operários ingleses que pugnavam pelo estabelecimento de uma jornada equilibrada: oito horas para o trabalho, oito horas para o lazer e oito horas para o descanso, sem esquecer a ideia da justa retribuição: *"Eight hours to work; eight hours to play; eight hours to sleep; eight shillings a day"*.

A luta pela redução da jornada laboral marcou profundamente os trabalhadores. No dia 1º de maio de 1886, quinhentos mil operários protestaram nas ruas de Chicago, nos Estados Unidos, exigindo a redução da jornada de trabalho para oito horas. A repressão policial, desproporcional ao agravo, feriu e matou dezenas de manifestantes. O evento tornou-se um símbolo da luta obreira. Em 1889, em Paris, o Congresso Operário Internacional decretou o dia 1º de maio como o Dia Internacional dos Trabalhadores. A repercussão das lutas em torno da redução da jornada de trabalho foi tão significativa que em 1890 justamente o governo norte-americano foi o primeiro a declarar a jornada limitada às pretendidas oito horas.

A divisão equilibrada da duração do trabalho e dos períodos de descanso possui, portanto, três justificativas básicas: a) a de natureza **biológica**, porque o descanso permite a recomposição física e mental do trabalhador, evitando, assim, o aparecimento de doenças ocupacionais; b) a de fundo **social,** porque promove convivência familiar, lazer, distração e entretenimento; c) a de caráter **econômico,** porque permite uma justa divisão do trabalho, propiciando a contratação de um número de trabalhadores em dimensão compatível com o tempo que o empregador pretende funcionar.

10.1.1 Distinções terminológicas e institutos correlatos

Para bem entender as questões relacionadas à duração do trabalho é imprescindível o oferecimento de algumas distinções terminológicas que auxiliarão na compreensão dos institutos aqui aplicados. Num primeiro instante as distinções têm por objeto três expressões de uso frequente no direito do trabalho: a "duração do trabalho", a "jornada de trabalho" e o "horário de trabalho". Num segundo momento serão oferecidos os traços diferenciadores entre "horas de serviço efetivo real", "horas de serviço efetivo ficto" e "horas de mera expectativa". Note-se:

10.1.1.1 Duração do trabalho, jornada de trabalho e horário de trabalho

As expressões a seguir referidas geram muitas confusões conceituais, motivo por que precisam estar bem identificadas. Observe-se:

I) Duração do trabalho é o tempo de labor legalmente outorgado ou contratualmente oferecido a um empregado e que se identifica a partir da constatação da jornada e da carga semanal exigíveis. Exemplo: a duração legal do trabalho dos bancários é de seis horas diárias e trinta horas semanais.

II) Jornada de trabalho é o tempo que o empregado permanece à disposição do empregador durante **um** dia. Por isso, é uma redundância falar em jornada diária, porque toda jornada é obviamente diária; constitui, por outro lado, uma incoerência falar em jornada semanal ou mensal, porque jornada somente diz respeito ao dia, e nunca à semana ou ao mês.

III) Carga semanal é o tempo correspondente à soma de todas as jornadas havidas durante uma semana; corresponde, portanto, ao número de horas trabalhadas durante uma semana. Diz-se, então, que a carga semanal legal dos bancários é de trinta horas.

IV) Horário de trabalho é a duração do trabalho com todos os seus limites bem especificados, inclusive com a fixação dos intervalos. Exemplo: um específico bancário trabalha das 10h às 16h15min, com quinze minutos de intervalo, fruídos entre as 12h e as 12h15min.

O referido "horário de trabalho", nos moldes do art. 74 da CLT, com redação dada pela Lei n. 13.874, de 2019, prevê que ele haverá de ser anotado em documento intitulado **"registro de empregados"**. Esse livro ou ficha de "registro de empregados" é muitas vezes referenciado na legislação trabalhista, sendo não mais do que um documento no qual o empregador faz anotações sobre a vida laboral do seu contratado, observadas as prescrições contidas no art. 41 da CLT[1].

Cabe atentar, com base no mesmo dispositivo, que "para os estabelecimentos com **mais de 20 (vinte) trabalhadores** será [também] obrigatória a anotação da hora de entrada e de saída, em registro manual, mecânico ou eletrônico, conforme instruções expedidas pela então Secretaria Especial de Previdência e Trabalho do Ministério da Economia, ora Ministério do Trabalho e Previdência, permitida [agora como faculdade] a pré-assinalação do período de repouso". Se, porém, o **trabalho for executado fora do estabelecimento**, o horário dos empregados constará do registro manual, mecânico ou eletrônico em seu poder, ou seja, constará de algum registro no qual o próprio trabalhador possa realizar as anotações demonstrativas do trabalho que efetivamente prestou.

Registre-se também ser normativamente permitida, por força da Lei n. 13.874/2019, a utilização de **registro de ponto por exceção à jornada regular de trabalho**, *mediante acordo individual escrito, convenção coletiva ou acordo coletivo de trabalho*. Essa particular forma de registro de ponto por exceção à jornada regular, que, **reitere-se**, pode ser ajustada até mesmo

---

[1] CLT, Art. 41 — Em todas as atividades será obrigatório para o empregador o registro dos respectivos trabalhadores, podendo ser adotados livros, fichas ou sistema eletrônico, conforme instruções a serem expedidas pelo Ministério do Trabalho. (Redação dada pela Lei n. 7.855, de 24-10-1989)

Parágrafo único — Além da qualificação civil ou profissional de cada trabalhador, deverão ser anotados todos os dados relativos à sua admissão no emprego, duração e efetividade do trabalho, a férias, acidentes e demais circunstâncias que interessem à proteção do trabalhador. (Redação dada pela Lei n. 7.855, de 24-10-1989)

por **acordo individual escrito**, leva o contratado a somente produzir o registro nas situações em que houver prestação de sobrelabor ou situações que fogem ao comum (atrasos, faltas, dispensas, compensações de horários, férias, suspensões etc.), sendo-lhe, em regra, dispensado um controle formal dos horários de entrada, intervalos e saída. Embora não exista previsão normativa nesse sentido, parece evidente, para quem não quiser ter maiores problemas probatórios do que aqueles normalmente existentes no âmbito dessa matéria, que, ao final de cada mês, o empregado haveria de chancelar uma folha de ponto com os registros eventualmente feitos por exceção ou mesmo uma folha de ponto sem nenhum registro excepcional realizado.

O registro de ponto por exceção à jornada regular de trabalho eliminará a burocracia do cotidiano do "bater ponto" sem deixar de permitir, por outro lado, que o empregado leve ao Judiciário as suas já comuns insurreições contra os registros realizados. Nada impedirá, por exemplo, que o empregado sustente a invalidade dos registros feitos por exceção, assim como nada impedirá que ele afirme ter trabalhado em muito mais horas extraordinárias do que aquelas anotadas por exceção. Caberá ao trabalhador, entretanto, a prova disso, bem como caberá ao patrão, por outro lado, a prova de que o seu empregado atrasou-se, faltou ao serviço ou fruiu de férias. A ausência da tradicional folha de ponto com múltiplos registros de entrada, intervalos e saídas, que estava sob a responsabilidade unicamente patronal, criará, em verdade, **um novo arranjo sobre a distribuição do ônus da prova** e levará à imprestabilidade alguns entendimentos jurisprudenciais que se baseavam na ideia de que os controles de jornada não poderiam ter a aparência uniforme com anotações "britânicas" de entrada e saída, a exemplo daquele constante da Súmula 338 do TST[2].

O **registro de ponto por exceção à jornada regular de trabalho** tornará o empregador imune ao entendimento constante da referida Súmula. Afinal, o empregador poderá, diante da adoção desse registro por exceção, apresentar para o seu contratado no final de cada mês uma folha de ponto com o horário de trabalho regularmente ajustado para que ele ratifique a inexistência de eventuais situações excepcionais. Os problemas probatórios, portanto, continuarão a acontecer, mas serão, sem dúvidas, novos problemas probatórios.

Surge aqui uma dúvida: **esse sistema de registro de ponto por exceção à jornada regular de trabalho pode ser aplicado subsidiariamente aos empregados domésticos?**

Se a lógica que criou essa forma de registro por exceção provém do ideal de simplificação das relações de trabalho, e se a "simplificação" é realmente um pressuposto constitucional que orienta a relação entre patrões e empregados do lar (veja-se o parágrafo único do art. 7º da Constituição Federal), é, sim, razoável, entender que o disposto no § 4º do art. 74 da CLT é aplicável também aos domésticos. Lembre-se que é no próprio Estatuto dos Trabalhadores Domésticos (LC n. 150/2015) que se prevê, expressamente, no *caput* do seu art. 19, a aplicabilidade subsidiária da CLT. Veja-se:

---

[2] **Súmula 338 do TST.** JORNADA DE TRABALHO. REGISTRO. ÔNUS DA PROVA (incorporadas as Orientações Jurisprudenciais n. 234 e 306 da SBDI-1) — Res. 129/2005, *DJ* 20, 22 e 25-4-2005.

I — É ônus do empregador que conta com mais de 10 (dez) empregados o registro da jornada de trabalho na forma do art. 74, § 2º, da CLT. A não apresentação injustificada dos controles de frequência gera presunção relativa de veracidade da jornada de trabalho, a qual pode ser elidida por prova em contrário. (ex-Súmula 338 — alterada pela Res. 121/2003, *DJ* 21-11-2003)

II — A presunção de veracidade da jornada de trabalho, ainda que prevista em instrumento normativo, pode ser elidida por prova em contrário. (ex-OJ n. 234 da SBDI-1 — inserida em 20-6-2001)

III — Os cartões de ponto que demonstram horários de entrada e saída uniformes são inválidos como meio de prova, invertendo-se o ônus da prova, relativo às horas extras, que passa a ser do empregador, prevalecendo a jornada da inicial se dele não se desincumbir. (ex-OJ n. 306 da SBDI-1 — *DJ* 11-8-2003)

Art. 19. *Observadas as peculiaridades do trabalho doméstico, a ele também se aplicam as Leis n. 605, de 5 de janeiro de 1949, n. 4.090, de 13 de julho de 1962, n. 4.749, de 12 de agosto de 1965, e n. 7.418, de 16 de dezembro de 1985,* **e, subsidiariamente, a Consolidação das Leis do Trabalho (CLT), aprovada pelo Decreto-Lei n. 5.452, de 1º de maio de 1943**.

Dessa forma, se é verdade que deve haver a mesma disposição onde há a mesma razão, não se pode deixar de aplicar ao empregado doméstico o registro por exceção, notadamente porque abrandará o rigor do disposto no art. 12 da referida LC n. 150/2015, segundo o qual "é obrigatório o registro do horário de trabalho do empregado doméstico por qualquer meio manual, mecânico ou eletrônico, desde que idôneo"[3].

10.1.1.2 Horas de serviço efetivo real e horas de serviço efetivo ficto: uma análise sobre as horas *in itinere*

Denomina-se **serviço efetivo real** todo período em que o empregado se encontra à disposição do empregador, dentro do horário de trabalho, **aguardando** ou **executando ordens**, salvo disposição especial expressamente consignada. Veja-se o art. 4º da CLT:

Art. 4º *Considera-se como de serviço efetivo o período em que o empregado esteja à disposição do empregador,* **aguardando** *ou* **executando ordens**, *salvo disposição especial expressamente consignada.*

Assim, independentemente de realizar a tarefa para a qual foi contratado, o empregado estará efetivamente em serviço sempre que permanecer aguardando ordens de execução.

Cabe anotar que a reforma trabalhista produzida pela Lei n. 13.467, de 13 de julho de 2017, deixou bem claro que, mesmo dentro do horário de trabalho, há determinadas atividades desenvolvidas pelos empregados que não são consideradas como serviço efetivo real. Para tanto foi inserido um § 2º ao art. 4º da CLT, que assim prevê:

Art. 4º [...]

[...]

§ 2º *Por não se considerar tempo à disposição do empregador, não será computado como período extraordinário o que exceder a jornada normal, ainda que ultrapasse o limite de cinco minutos previsto no § 1º do art. 58 desta Consolidação, quando o empregado,* **por escolha própria**, *buscar proteção pessoal, em caso de insegurança nas vias públicas ou más condições climáticas, bem como adentrar ou permanecer nas dependências da empresa* **para exercer atividades particulares**, *entre outras:*

I — práticas religiosas;

II — descanso;

III — lazer;

IV — estudo;

V — alimentação;

VI — atividades de relacionamento social;

VII — higiene pessoal;

VIII — troca de roupa ou uniforme, quando não houver obrigatoriedade de realizar a troca na empresa."(NR e destaques não constantes do original)

---

[3] Veja-se, entretanto, opinião no sentido oposto no item 5.2.2.3.4, no subitem que trata da duração do trabalho dos domésticos.

Saliente-se que o dispositivo quis tornar induvidoso que o tempo de permanência do empregado na sede do empregador por sua escolha própria não será entendido como serviço efetivo ficto. Assim, quando o empregado, por escolha própria, buscar proteção pessoal, em caso de insegurança nas vias públicas ou más condições climáticas, ou ainda quando adentrar ou permanecer nas dependências da empresa para exercer atividades particulares, esse tempo não será entendido como à disposição do empregador, o que, em rigor, aliás, nunca foi.

O dispositivo foi inserido no texto da reforma trabalhista da era Temer, porque se desejou espancar a ideia de que caberia ao empregador expulsar o empregado do lugar de trabalho findo o seu expediente. Pela norma ficou bem evidente que o operário ali poderá permanecer por "escolha própria" ou para "exercer atividades particulares", bastando que se demonstre apenas que a permanência no interior da sede patronal decorreu de uma dessas necessidades.

Entende-se por "escolha própria" a opção consciente do trabalhador pela alternativa de permanecer no lugar de trabalho quando lhe era permitido sair dali. Os motivos que determinam essa opção são diversos, mas o legislador fez referência não exaustiva a dois deles: **"buscar proteção pessoal, em caso de insegurança nas vias públicas"** ou buscar proteção pessoal em caso de **"más condições climáticas"**. Seja lá como for, se o empregado não continuar a executar as suas atividades laborais, a mera permanência na sede do empregador não produzirá a presunção da ocorrência de serviço efetivo real. Caberá ao trabalhador provar que não apenas se manteve no espaço físico patronal, mas que, para além disso, efetivamente trabalhou.

Compreendem-se como "atividades particulares" aquelas que não têm conexão com o plexo funcional do trabalhador. São, em verdade, fazeres que interessam unicamente ao operário e que o empregador — por não ver nesses fazeres nenhuma ilicitude — permite sejam desenvolvidos na sede patronal. É bom destacar que o legislador mencionou apenas algumas das **atividades particulares** que poderiam ser realizadas nas dependências do contratante, sendo prova disso o uso da expressão **"entre outras"**. Desse modo, **entre outras atividades**, o patrão está autorizado a admitir que adentrem ou permaneçam nas suas dependências os seus empregados que visem, **sem nenhuma conexão com o trabalho e sem nenhuma exigência imposta pelo serviço,** a efetivação de:

I — práticas religiosas;

II — descanso;

III — lazer;

IV — estudo;

V — alimentação;

VI — atividades de relacionamento social;

VII — higiene pessoal;

VIII — troca de roupa ou uniforme, **quando não houver obrigatoriedade de realizar a troca na empresa.**

Por outro lado, entende-se por **serviço efetivo ficto ou fictício** o período em que o empregado **esteja à disposição do empregador, fora do horário de trabalho, por conta do deslocamento residência/trabalho/residência para lugares de difícil acesso ou não servidos por transporte público.**

Essas horas de itinerário ou horas *in itinere*, que normalmente *não eram entendidas* como integrantes da jornada, passaram excepcionalmente a assim ser compreendidas desde as primeiras manifestações formativas da Súmula 90 do TST até a vigência da norma de reforma trabalhista de julho de 2017 produzida pela Lei n. 13.467, de 13 de julho de 2017. O referido diploma legal é, então, um marco divisório em matéria referente às horas *in itinere*. Pode-se, então, estabelecer um *antes* e um *depois* da referida lei. Veja-se estudo mais aprofundado:

10.1.1.2.1 Horas de itinerário não computáveis na jornada: o antes e o depois da Lei n. 13.467, de 13 de julho de 2017

O tempo despendido pelo empregado no trajeto residência/trabalho/residência, por qualquer meio de transporte, **não era computado** como jornada de trabalho. A jurisprudência, entretanto, desde meados da década de 70 passou a entender que o traslado do trabalhador para local de difícil acesso por interesse do empregador deveria ser considerado como tempo à sua disposição, sendo exemplo desse pensamento o contido no acórdão relatado pelo Ministro Coqueijo Costa nos autos do processo TST-RR-4378/77: *"quando o transporte dos empregados é feito pela empresa, no seu próprio interesse, e for longínquo e de difícil acesso o local da prestação, o tempo nele despendido é de serviço efetivo, pois os trabalhadores ficam à disposição do empregador"*.

Este era, portanto, o entendimento e a ideologia interpretativa da época, que fez emergir não apenas a Súmula 90 do TST (criada pela Resolução Administrativa 80/1978, DJ 10-11-1978), mas também um conjunto de muitos itens internos que detalhavam a situação. Note-se:

Súmula 90 do TST

HORAS "IN ITINERE". TEMPO DE SERVIÇO (incorporadas as Súmulas n. 324 e 325 e as Orientações Jurisprudenciais n. 50 e 236 da SBDI-1) — Res. 129/2005, DJ 20, 22 e 25-4-2005.

I — O tempo despendido pelo empregado, em condução fornecida pelo empregador, até o local de trabalho de difícil acesso, ou não servido por transporte público regular, e para o seu retorno é computável na jornada de trabalho (ex-Súmula n. 90 — RA 80/1978, DJ 10-11-1978);

II — A incompatibilidade entre os horários de início e término da jornada do empregado e os do transporte público regular é circunstância que também gera o direito às horas "in itinere" (ex-OJ n. 50 da SBDI-1 — inserida em 1º-2-1995);

III — A mera insuficiência de transporte público não enseja o pagamento de horas "in itinere". (ex-Súmula n. 324 — Res. 16/1993, DJ 21-12-1993);

IV — Se houver transporte público regular em parte do trajeto percorrido em condução da empresa, as horas "in itinere" remuneradas limitam-se ao trecho não alcançado pelo transporte público. (ex-Súmula n. 325 — Res. 17/1993, DJ 21-12-1993);

V — Considerando que as horas "in itinere" são computáveis na jornada de trabalho, o tempo que extrapola a jornada legal é considerado como extraordinário e sobre ele deve incidir o adicional respectivo (ex-OJ n. 236 da SBDI-1 — inserida em 20-6-2001).

Até mesmo o legislador sucumbiu à ideia das horas *in itinere*, tornando-as, a partir da vigência da Lei n. 10.243, de 19-6-2001, uma regra jurídica. O art. 58 da CLT ganhou novos parágrafos, entre os quais o § 2º, que encampou a posição jurisprudencial cristalizada nos tribunais. Veja-se:

§ 2º O tempo despendido pelo empregado até o local de trabalho e para o seu retorno, por qualquer meio de transporte, não será computado na jornada de trabalho, salvo quando, tratando-se de local de difícil acesso ou não servido por transporte público, o empregador fornecer a condução (Parágrafo incluído pela Lei n. 10.243, de 19-6-2001).

Cabe perceber, que, mesmo sob a influência de uma ideologia mais protetiva, a lei previa, na sua primeira parte, que, salvo diante de traslados para locais de difícil acesso ou não servidos por transporte público, a regra era a da não contagem do tempo despendido pelo empregado até o local de trabalho e para o seu retorno, por qualquer meio de transporte.

Oferece-se um exemplo ilustrativo da aplicabilidade da primeira parte do acima transcrito § 2º, *que vigeu durante mais de dezesseis anos*: a secretária de um escritório na Avenida Paulista, para chegar ao local de trabalho às 8h, precisava sair de casa às 5h, utilizando três meios de transporte (trem, ônibus e metrô) para tanto. Apesar do dispêndio de seis horas de deslocamento (três na ida para o trabalho e três na volta para casa), ela, mesmo sob a égide do ora revogado § 2º *do art. 58 da CLT,* não as incorporará na dimensão da jornada de trabalho, porque o local de atividades da referida secretária — a Avenida Paulista — está em área de acesso fácil e, também, servida por transporte público. Esse panorama, aliás, não mudava nem mesmo se o empregador, para abreviar o tempo de deslocamento de sua secretária e demais empregados, oferecesse o transporte em veículo próprio ou por ele alugado.

Passados mais de três lustros, a legislação trabalhista sofreu forte mudança, no particular. Em lugar da admissão normativa das horas *in itinere*, produziu-se verdadeira negativa total de sua ocorrência. A ideologia vigente na época de publicação da Lei n. 13.467, de 13 de julho de 2017, conduziu o Parlamento brasileiro a aprovar, sem nenhuma alteração em nenhuma das Casas legislativas, e sem nenhum veto presidencial, a chamada reforma trabalhista de 2017. Nela as horas *in itinere* foram absolutamente extintas, não mais sendo possível a sua invocação a partir da data de vigência do diploma normativo aqui citado. Veja-se o texto do novo § 2º do art. 58 da CLT:

> *Art. 58 [...]*
>
> *§ 2º O tempo despendido pelo empregado desde a sua residência até a efetiva ocupação do posto de trabalho e para o seu retorno,* **caminhando ou por qualquer meio de transporte, inclusive o fornecido pelo empregador***, não será computado na jornada de trabalho, por não ser tempo à disposição do empregador (destaques não constantes do original).*

Observe-se que a nova redação dada ao § 2º do art. 58 da CLT não deixou margem para questionamentos, tornando induvidosa a não computação na jornada de trabalho de qualquer tempo de deslocamento do empregado desde a sua residência até a efetiva ocupação de seu trabalho e para o seu retorno, independentemente do modal por força do qual se deu o traslado: **caminhando ou por qualquer meio de transporte, inclusive o fornecido pelo empregador**. Há, portanto, expressa menção à irrelevância do tempo de caminhada que o empregado pode fazer. Seja lá como for o deslocamento, ele não mais será considerado como tempo à disposição do empregador.

Anote-se um detalhe importante: as horas *in itinere* deixaram de ser tempo à disposição do empregador a partir da vigência da Lei n. 13.467, de 13 de julho de 2017. Antes dela, os eventos jurídicos continuarão sob a égide da lei vigente no passado, motivo pelo qual é indispensável manter o texto informativo acerca das particularidades das horas de itinerário no *Curso de Direito do Trabalho*, pois exigíveis **pelo menos** até o limite do prazo prescricional. Não se pode, ademais, desconsiderar a tese da possível incorporação do direito à fruição das horas *in itinere* por parte de quem foi contratado antes do início da vigência da Lei n. 13.467, de 13 de julho de 2017. Maiores detalhes podem ser encontrados no tópico 1.5.3 desta obra.

Não se pode deixar de anotar, ainda, que, independentemente da aprovação ou da desaprovação da decisão legislativa de eliminar as chamadas horas *in itinere*, o legislador agrediu, sem dúvidas, o **princípio do não retrocesso social**, segundo o qual o nosso sistema jurídico constitucional é orientado a produzir progressivamente melhorias nas condições sociais dos trabalhadores, e não descensos. Bastará a leitura da parte final do *caput* do art. 7º da Constituição para que se possa constatar a dura violação ao aludido princípio.

Por fim, é importante anotar que a regra contida no § 2º do art. 58 da CLT, salvo durante a vigência da Medida Provisória n. 905, de 2019, em nada modificou aquela constante do art. 21, IV, *d*, da Lei n. 8.213/91. Em outras palavras, **o desaparecimento da vantagem financeira de o empregado integrar na sua jornada o tempo de itinerário cumprido em condução oferecida pela empresa para local não servido por transporte público não afetou o direito de o segurado ver caracterizado como**

acidente do trabalho o evento por ele sofrido, ainda que fora do local e horário de trabalho, no percurso da residência para o local de trabalho ou deste para aquela, qualquer que seja o meio de locomoção, inclusive veículo de propriedade do segurado.

Uma coisa não tinha qualquer relação com outra, mas a confusão era muito frequente. Assim, para que não restem dúvidas, permaneceu e permanece plenamente vigente, salvo no período de vigência da MP n. 905, de 2019, o direito de o segurado caracterizar como acidente do trabalho por equiparação qualquer acontecimento infortunoso (provocando lesão corporal ou perturbação funcional) que lhe ocorra no trajeto residência-trabalho-residência.

10.1.1.2.2 Horas de itinerário computáveis na jornada: estudo residual para eventos ocorridos até a data de vigência da Lei n. 13.467, de 13 de julho de 2017

Como se disse no tópico anterior, as horas *in itinere* deixaram de ser tempo à disposição do empregador a partir da vigência da Lei n. 13.467, de 13 de julho de 2017. Antes dela, os eventos jurídicos continuarão sob a égide da lei vigente no passado. Assim, a secretária referida no tópico anterior passaria a ter direito a horas de itinerário se o seu horário de trabalho (de início e/ou término da jornada) fosse incompatível com o horário do transporte público. Isso aconteceria também se as atividades da secretária iniciassem e/ou terminassem em horário em que **não existisse** o tal transporte público (a mera insuficiência dos transportes não bastaria para este fim). Veja-se, neste sentido, a Súmula 90, II e III, do TST, que, segundo perspectiva baseada na razoabilidade, deverá continuar a reger as situações ocorridas antes da vigência da Lei n. 13.467, de 13 de julho de 2017:

> *Súmula 90 do TST*
> *II — A incompatibilidade entre os horários de início e término da jornada do empregado e os do transporte público regular é circunstância que também gera o direito às horas in itinere (ex- -Orientação Jurisprudencial 50 — Inserida em 1º-2-1995).*
>
> *III — A mera insuficiência de transporte público não enseja o pagamento de horas in itinere (ex- -Súmula 324 — RA 16/1993, DJ, 21-12-1993).*

Anote-se, então, que, de modo geral, se o empregado realizou suas atividades em lugar de difícil acesso ou em local não servido por transporte público, ele será, sim, credor de horas de itinerário. Perceba-se que nesses casos atuou a ressalva constante da segunda parte do § 2º do art. 58 da CLT: "[...] salvo quando, tratando-se de local de difícil acesso ou não servido por transporte público, o empregador fornecer a condução".

Três detalhes merecem ser observados no que diz respeito ao trecho normativo revogado, mas ora em destaque:

Primeiro detalhe:

A conjunção "ou", tal qual se via no revogado § 2º do art. 58 da CLT, não indicava, num "sentido exclusivo", alternativa ou opcionalidade, mas, sim, num sentido "não exclusivo", duas situações a considerar, como se houvesse na frase uma elipse do advérbio "ainda". Veja-se: "salvo quando, tratando-se de local de difícil acesso ou [ainda] não servido por transporte público, o empregador fornecer a condução".

Para bem entender essa colocação convém imaginar as variáveis possíveis nas quais um trabalhador poderia se encontrar e, ao lado delas, a solução que vinha sendo normalmente aplicada pela jurisprudência:

a) Local de difícil acesso e ainda não servido por transporte público (exemplo visível na maior parte das situações em que se discute sobre o tema): concedia-se o direito às horas *in itinere*.

b) Local de difícil acesso, mas servido por transporte público (exemplo visível no trabalho realizado no topo de montanhas para as quais o acesso somente se dá por teleféricos): não se concedia o direito às horas *in itinere*.

c) Local de fácil acesso, embora não servido por transporte público (exemplo é visível num trabalho realizado durante a madrugada num local por onde não circula transporte público): concedia-se o direito às horas *in itinere*.

d) Local de fácil acesso e ainda servido por transporte público: não se concedia o direito às horas *in itinere*.

Diante das possíveis situações aqui arroladas, o "local de difícil acesso" somente era (e ainda será em caráter residual) considerado como garantidor das horas *in itinere* se, e somente se, "não servido por transporte público". Perceba-se que até mesmo os locais de difícil acesso, desde que servidos por transporte público, perdiam o caráter de garantidores das horas *in itinere*.

Segundo detalhe:

Note-se que o texto do antigo § 2º do art. 58 da CLT fazia menção apenas à expressão "transporte público", enquanto a Súmula 90 do TST se referia a "transporte público regular". Pergunta-se, então: haveria distinção entre as locuções?

No rigor terminológico, sim, pois a aposição do qualificativo "regular" designava o transporte público legitimado pela administração estatal, ou seja, o transporte feito por quem regularmente recebeu permissão ou concessão do ente político competente para tanto. A intenção da Súmula 90 do TST, portanto, foi a de considerar como inexistente o transporte na comunidade quando ele fosse clandestino e, por isso, inseguro para o trabalhador.

O legislador ao suprimir a palavra "regular" da expressão que identifica o "transporte público" pretendeu tornar presumida a ideia de regularidade para inadmitir as formas clandestinas de condução de pessoas, mesmo porque estas, de algum modo e em algum momento, seriam insuficientes e intermitentes a ponto de não dar a necessária confiança aos seus usuários. O legislador do dispositivo ora revogado, mas em vigência residual para situações pretéritas, parece ter desejado dizer que, no conceito de "transporte público", estaria sempre e evidentemente contido o de "regular" permissão ou concessão pela competente autoridade estatal. Afinal, o "público" tem sempre uma presunção de regularidade.

É bom lembrar, como reforço ao que se diz aqui, que a concessão do vale-transporte, nos moldes do art. 1º da Lei n. 7.418, de 16-12-1985, somente se dará mediante o "sistema de **transporte coletivo público**, urbano ou intermunicipal e/ou interestadual com características semelhantes aos urbanos, **geridos diretamente ou mediante concessão ou permissão de linhas regulares e com tarifas fixadas pela autoridade competente**, excluídos os serviços seletivos e os especiais". Observe-se que o referido diploma normativo não refere "transporte coletivo público regular", mas, apenas, "transporte público coletivo".

É bom dizer que o chamado "transporte alternativo", oferecido por meio de micro-ônibus, vans, kombis ou modais assemelhados não perde a característica de transporte público quando cadastrados em órgão específico do Município, mediante permissão.

Terceiro detalhe:

Embora não expressamente referido no ora revogado § 2º do art. 58 da CLT, o transporte público a que se refere o dispositivo normativo deve ser coletivo, e não individual. Tal interpretação é fundada em razoabilidade, pois há meios de transporte que, apesar de públicos em relação ao acesso, são oferecidos em veículos privados sem uma rota regular e contínua, mediante tarifas comparativamente altas, a exemplo dos táxis terrestres ou aéreos. O transporte público a que se referia o revogado § 2º do art. 58 da CLT, ora aplicável em caráter residual, precisa ter rota pré-estabelecida, horário fixo, tarifa publicada e deve ser acessível economicamente a todos. O requisito da acessibilidade financeira ao cidadão comum retira, assim, do rol dos transportes públicos, para os fins aqui discutidos, por exemplo, os aviões de carreira.

Note-se que o trabalhador que realizou atividades em local de difícil acesso ou não servido por transporte público teve, **necessariamente**, de contar com condução oferecida pelo empregador[4]. O patrão, enfim, diante da ausência de meios de deslocamento, não pode deixar de transportar os empregados, sob pena de inviabilizar sua produção.

Por isso, até a vigência da Lei n. 13.467, de 13 de julho de 2017 o empregador que forneceu a condução para local de difícil acesso **ou** para lugar não servido por transporte público, produziu horas em itinerário (intituladas pela jurisprudência pelo nome em latim *in itinere*) que, segundo a norma antes vigente, eram consideradas como de serviço efetivo ficto, salvo, é claro, nas situações, mesmo do passado, em que a própria lei impunha o fornecimento do transporte, caso previsto expressamente, por exemplo, no art. 3º, I, da Lei n. 5.811/72[5].

Uma questão que despertava a curiosidade dos estudiosos do tema ora em debate era a que dizia respeito aos empregados constritos pelos patrões a realizarem viagens que despendiam um considerável tempo não apenas para o cumprimento dos transcursos, mas, também, para a realização de atos preparatórios de *check-in*, especialmente no transporte aéreo. Muitos empregados mencionam, assim, um suposto direito de integrarem esse tempo em suas jornadas de trabalho. Pergunta-se, então: havia ou há realmente esse direito? Poder-se-ia falar em horas *in itinere* nessas situações?

A resposta é simples. Se o empregado, fugindo ao costumeiro deslocamento residência-trabalho-residência, é levado a realizar viagens que lhe furtam um considerável tempo, seja com os atos de espera (deslocamento para o terminal, *check-in*, apresentação, embarque, desembarque, recolhimento das malas, deslocamento até hotel e vice-versa) seja com a viagem propriamente dita, **será considerado em horas de serviço efetivo real**, vale dizer, à disposição do empregador. Exatamente por isso, **as viagens devem ser realizadas, na medida do possível, dentro do horário de trabalho do empregado**, pois, em rigor, ele estará a serviço do contratante. Caso não seja possível a coincidência entre o horário de trabalho e o das viagens, caberá a estipulação de um sistema de compensação de horários para a perfeita adequação da situação. Não se poderia falar, porém, em horas *in itinere*, pois o caso aqui analisado não envolve situação **que diga respeito ao deslocamento regular, ordinário, habitual do empregado até o local de trabalho e para o seu retorno**. Trata-se aqui de um deslocamento especial, diferenciado.

---

[4] Veja-se, nesse sentido, a **Súmula 320 do TST, ainda aplicável a situações anteriores à vigência da Lei n. 13.467, de 13 de julho de 2017**: "O fato de o empregador cobrar, parcialmente ou não, importância pelo transporte fornecido, para local de difícil acesso ou não servido por transporte regular, não afasta o direito à percepção das horas *in itinere*".

[5] O fornecimento de transporte, nos moldes da Lei n. 5.811/72, decorre de obrigação legal imposta em favor dos empregados nas atividades de exploração, perfuração, produção e refinação de petróleo, de industrialização do xisto, na indústria petroquímica e de transporte de petróleo e seus derivados por meio de dutos. Perceba-se que, independentemente da existência de transporte público regular ou da facilidade de acesso ao local de trabalho, todos os referidos empregados, uma vez submetidos ao regime de turnos de revezamento, terão direito, na forma do art. 3º, IV, do precitado diploma legal, a "transporte gratuito para o local de trabalho". Nesse sentido, manifestou-se o TST em diversas oportunidades, sendo disso exemplo a seguinte ementa: "HORAS *IN ITINERE*. LEI 5.811/72. I — A Lei n. 5.811/72, ao assegurar aos empregados da indústria petroquímica o direito ao transporte gratuito, traz vantagem pecuniária representada pelo não desembolso de numerário para o transporte, de um modo geral. II — É indiferente para a norma a existência ou não de transporte público, bem como o fato de ser ou não de difícil acesso o local de trabalho, porque o art. 3º estabelece vantagem específica para a categoria. III — A jurisprudência desta Corte tem-se posicionado no sentido de que o empregado enquadrado na Lei n. 5.811/72 não tem direito à percepção de horas de percurso, uma vez que o fornecimento de transporte gratuito aos empregados da indústria petroquímica e de transporte de petróleo e seus derivados decorre de imposição legal. IV — Recurso conhecido e não provido" (TST, RR 164300-34.2002.5.01.0073, 4ª T., Rel. Antônio José de Barros Levenhagen, j. 29-8-2007, *DJ*, 14-9-2007).

É bom anotar, ainda, que essas horas *in itinere*, por serem apenas ficticiamente de serviço efetivo, não comportavam a redução prevista no § 1º do art. 73 da CLT, reservada unicamente para "a hora **do trabalho** noturno", e não para as horas *in itinere* realizadas à noite.

Perceba-se que, dentro do esquema de distribuição do ônus da prova, caberá ao empregador demonstrar que, a despeito de fornecer por liberalidade a condução, o local não é de difícil acesso **ou** é lugar servido por transporte público. O magistrado poderá, entretanto, em casos de extrema evidência, baseado na experiência comum, dispensar a prova por entender que o fato probando é notório (*vide* o art. 334, I, do CPC/1973 e o art. 374, I, do CPC/2015).

Observe-se, ainda, que havia casos em que a dificuldade de acesso apenas cobre parte do trajeto. Um exemplo: um cozinheiro do restaurante de um hotel de luxo situado em uma ilha privativa (distante do continente), para chegar ao local de trabalho às 10h, precisa sair de casa às 6h, utilizando-se para tanto de um ônibus até o heliponto no aeroporto Santos Dumont (RJ), de onde será transportado por helicóptero, que habitualmente decola às 9h. Ele, apesar do dispêndio de três horas de deslocamento até a base aérea, não as incorporava na dimensão da jornada de trabalho. Isso acontecia porque a mencionada base aérea estava localizada em local de acesso fácil e, também, em sítio servido por transporte público. **Entretanto, o tempo gasto a partir do momento em que o trabalhador se apresentava na base aérea até a chegada à ilha privativa era considerado como de itinerário, devendo, consequentemente, nos limites da legislação vigente à época do ocorrido, ser integrado à jornada**[6].

Observe-se que, nos termos da **Súmula 90, IV, do TST**, e conforme se viu no exemplo acima expendido, e em relação a situações anteriores à vigência da Lei n. 13.467, de 13 de julho de 2017, "se houver transporte público regular **em parte do trajeto percorrido** em condução da empresa, as horas *in itinere* remuneradas limitam-se ao trecho não alcançado pelo transporte público".

É importante destacar situações em que há transporte até as proximidades da sede do empregador e que, dali até o local de efetivo exercício das atividades do empregado, há trecho não coberto por transporte público ou trecho de difícil acesso que precisa ser cumprido pelo trabalhador necessariamente mediante caminhada. Nesses casos, a jurisprudência entendia (e ainda deve entender em relação às situações anteriores à Lei n. 13.467, de 13 de julho de 2017) que o tempo de caminhada do trabalhador deveria ser considerado como de horas *in itinere*. A Orientação Jurisprudencial **Transitória** 36 da SDI-1 do TST é utilizada para ilustrar a hipótese:

> HORA IN ITINERE. *TEMPO GASTO ENTRE A PORTARIA DA EMPRESA E O LOCAL DO SERVIÇO. DEVIDA. AÇOMINAS. Configura-se como hora IN ITINERE o tempo gasto pelo obreiro para alcançar seu local de trabalho a partir da portaria da Açominas.*

Não se pode deixar de anotar, porém, a tendência à flexibilização desse entendimento que à época passava a se tornar visível. É que o próprio TST sumulou posicionamento segundo o qual o tempo necessário ao deslocamento do trabalhador entre a portaria da empresa e o local de trabalho seria considerado como à disposição do empregador, na forma do art. 4º da CLT, somente quando superado o limite de 10 (dez) minutos diários. Anote-se:

> **Súmula 429 do TST.** *TEMPO À DISPOSIÇÃO DO EMPREGADOR. ART. 4º DA CLT. PERÍODO DE DESLOCAMENTO ENTRE A PORTARIA E O LOCAL DE TRABALHO. Considera-se à disposição do empregador, na forma do art. 4º da CLT, o tempo necessário ao deslocamento do trabalhador entre a portaria da empresa e o local de trabalho, desde que supere o limite de 10 (dez) minutos diários (Res. 174/2011, DEJT divulgado em 27, 30 e 31-5-2011).*

---

6 Sobre situação semelhante dispõe o art. 294 da CLT: "O tempo despendido pelo empregado da boca da mina ao local do trabalho e vice-versa será computado para o efeito de pagamento do salário".

É relevante registrar, ainda, que, sendo as horas *in itinere* computáveis na jornada de trabalho até a vigência da Lei n. 13.467, de 13 de julho de 2017, o tempo que extrapola a jornada legal era considerado extraordinário, e sobre ele deveria incidir o adicional respectivo. Sobre o tema, note-se entendimento sumulado pelo TST e aplicável às situações pretéritas:

Súmula 90, V, do TST. HORAS IN ITINERE. TEMPO DE SERVIÇO. Considerando que as horas in itinere são computáveis na jornada de trabalho, o tempo que extrapola a jornada legal é considerado como extraordinário e sobre ele deve incidir o adicional respectivo.

Por fim, cabe analisar o disposto no ora também revogado § 3º do art. 58 da CLT, ali acrescentado pela Lei Complementar n. 123, de 14-12-2006.

Trata-se de um dispositivo de vigência também vinculada aos eventos pretéritos, que garantia às microempresas e às empresas de pequeno porte a possibilidade de prefixar, por meio de acordo ou convenção coletiva, **o tempo médio despendido pelo empregado em horas *in itinere* computáveis na jornada, bem como a forma e a natureza dessa remuneração**.

Apesar de o citado dispositivo ora revogado ter como destinatários apenas os mencionados tipos empresariais, não existiam razões aceitáveis para o referido discrímen positivo ter caráter restritivo. Qualquer empresa, desse modo, poderia (e ainda pode residualmente em relação a eventos do passado) invocar a aplicação extensiva do citado dispositivo da CLT, diante de um procedimento de negociação coletiva, e isso será útil para evitar as dificuldades probatórias que normalmente afligiam os empregados[7].

Não se pode negar, entretanto, que, em rigor e em última análise, o ora analisado dispositivo criado pela LC n. 123/2006 violava o princípio da primazia da realidade ao admitir a possibilidade de arbitramento de um tempo médio — e não a aferição de um tempo real — despendido pelo empregado em horas de itinerário, mas, se ele foi criado para evitar o dispêndio de energia processual para a discussão desse direito, até que se justificou razoavelmente. Observe-se, ainda, que a referida negociação coletiva jamais pode suprimir horas *in itinere*, mas tão somente pode limitá-las a um montante previamente estabelecido[8].

---

7 Em sentido contrário, entendendo estar o ora revogado § 3º do art. 58 da CLT limitado unicamente para as microempresas e empresas de pequeno porte, consulte-se CUNHA DE LIMA, Bruno Choairy. Possibilidade de limitação das horas *in itinere* por negociação coletiva e a jurisprudência do TST. In: *Revista do Ministério Público do Trabalho na Bahia*, n. 4. Salvador: Procuradoria Regional do Trabalho da 5ª Região, 2011, p. 111-121.

8 Nesse sentido veja a seguinte ementa: RECURSO DE REVISTA — HORAS *IN ITINERE* — SUPRESSÃO DE PAGAMENTO PREVISTA EM NORMA COLETIVA — IMPOSSIBILIDADE — A limitação de pagamento de horas *in itinere* prevista em norma coletiva posterior à Lei 10.243/01, que acrescentou o § 2º ao art. 58 da CLT, é inválida. Anteriormente à existência de lei imperativa sobre o tema, mas simples entendimento jurisprudencial (Súmula 90 TST), a flexibilização era ampla, obviamente. Surgindo lei imperativa (n. 10.243, de 19-6-2001, acrescentando dispositivos ao art. 58 da CLT), não há como suprimir-se ou se diminuir direito laboral fixado por norma jurídica heterônoma estatal. Não há tal permissivo elástico na Carta de 1988 (art. 7º, VI, XIII, XIV e XXVI, CF/88). Entretanto, a Douta 6ª Turma firmou jurisprudência no sentido de que, pelo menos no tocante às horas itinerantes, é possível à negociação coletiva estipular um montante estimativo de horas diárias, semanais ou mensais, pacificando a controvérsia, principalmente em virtude de o próprio legislador ter instituído poderes maiores à negociação coletiva neste específico tema (§ 3º do art. 58 da CLT, acrescido pela LC 123/2006). De todo modo, não é viável à negociação coletiva suprimir o direito, porém apenas fixar-lhe o montante numérico, eliminando a *res dubia* existente (quanto ao montante). No caso em tela, a norma coletiva suprimiu o direito às horas *in itinere*, o que, no entendimento desta Colenda Turma, é inviável, haja vista que houve eliminação total da parcela, e não adoção de critério de pagamento, razão pela qual foi correta a decisão do Eg. TRT que manteve a condenação da Reclamada ao pagamento das horas *in itinere*. Recurso de revista não conhecido (TST, RR 105600-95.2008.5.08.0126, Rel. Min. Mauricio Godinho Delgado, *DJe*, 11-6-2010, p. 906).

Nada impedia, por fim, que o empregador atuasse no passado junto às autoridades estatais no sentido de criar linhas de transporte público regular que permitissem o acesso à empresa. Se assim fosse, o empregador não apenas estaria produzindo um obstáculo ao direito de horas de itinerário como também estaria contribuindo para a criação de um incremento na qualidade de vida de toda a população do lugar no qual estava sediado.

10.1.1.3 Horas de serviço efetivo real e horas de expectativa de convocação

Se as **horas de serviço efetivo real** dizem respeito ao período em que o empregado está à disposição do empregador, dentro do horário de trabalho, **aguardando** ou **executando ordens**, salvo disposição especial expressamente consignada, as **horas de expectativa** são aquelas em que o empregado simplesmente aguarda eventual chamado para a realização de um serviço efetivo real. Esse tempo é remunerado ao empregado pela mera expectativa de convocação. Se esta vier a ocorrer, além das horas de expectativa, o empregado receberá pelas horas de serviço efetivo que concretamente tiver prestado.

No âmbito das chamadas horas de expectativa encontram-se dois institutos, a prontidão e o sobreaviso. Embora extraídos do ordenamento jurídico dos ferroviários (e, também, dos aeronautas), eles têm ampla aplicabilidade, sendo utilizados mediante analogia em todos os contratos de emprego[9]. Vejam-se:

10.1.1.3.1 Prontidão

A **prontidão** (ou reserva) caracteriza-se pela circunstância de o empregado permanecer, **fora de seu horário habitual de trabalho**[10], **nas dependências do empregador ou em local por ele determinado**, aguardando ordens de serviço.

O empregador que estabelece escala de prontidão para seus empregados fica obrigado apenas a pagar-lhes um percentual sobre as horas de mera expectativa, vale dizer, a retribuir-lhes o tempo que permaneceram na espera pelo chamado de um labor efetivo. **Aquele que está em prontidão é remunerado**, independentemente de ser chamado para o serviço efetivo, **pelas horas de expectativa na sede do empregador ou em local por ele determinado**, à razão de 2/3 do salário-hora.

Anote-se, ainda, que, segundo a CLT, especificamente em relação aos ferroviários, doze é o limite de horas de prontidão, podendo existir, a depender das circunstâncias da prestação dos serviços, intervalo intrajornada não computável no tempo de cumprimento do plantão de prontidão. Vejam-se os §§ 3º e 4º do art. 244 da CLT:

> *Art. 244 [...]*
>
> *§ 3º Considera-se de "prontidão" o empregado que ficar nas dependências da estrada, aguardando ordens. A escala de prontidão será, no máximo, de doze horas. As horas de prontidão serão, para todos os efeitos, contadas à razão de 2/3 (dois terços) do salário-hora normal.*

---

9   **Súmula 229 do TST.** SOBREAVISO. ELETRICITÁRIOS — NOVA REDAÇÃO. Por aplicação analógica do art. 244, § 2º, da CLT, as horas de sobreaviso dos eletricitários são remuneradas à base de 1/3 sobre a totalidade das parcelas de natureza salarial.

10   Considera-se como de **serviço efetivo**, nos termos do art. 4º da CLT, o período em que o empregado esteja à disposição do empregador, aguardando ou executando ordens, **dentro do seu horário habitual de trabalho**. Perceba-se que justamente neste ponto reside a mais importante distinção entre serviço efetivo e prontidão. Em prontidão o trabalhador mantém-se atento a eventual chamado de prestação de serviço fora de seu horário habitual de trabalho, embora permaneça nessa expectativa dentro das dependências do empregador, geralmente em lugar destinado a descanso. No serviço efetivo, por outro lado, o empregado está dentro de seu horário habitual de realização de atividades, ainda que aguardando ordens.

§ 4º Quando, no estabelecimento ou dependência em que se achar o empregado, houver facilidade de alimentação, as doze horas de prontidão, a que se refere o parágrafo anterior, poderão ser contínuas. Quando não existir essa facilidade, depois de seis horas de prontidão, haverá sempre um intervalo de uma hora para cada refeição, que não será, nesse caso, computada como de serviço.

10.1.1.3.2 Sobreaviso

O **sobreaviso** estará caracterizado pelo fato de o empregado permanecer, **fora de seu horário habitual de trabalho, em sua própria casa ou onde entenda por bem estar**[11], aguardando, a qualquer momento, um chamado para o serviço. Esse chamado (**previamente ajustado**[12], gerando uma expectativa real[13] de ser interrompido das atividades familiares ou de lazer) pode ser realizado por qualquer meio de comunicação (telefone fixo, telefone celular, bip, mensagem eletrônica, entre outros)[14].

O empregador que submete seus empregados a uma escala de sobreaviso fica obrigado, tal qual no regime de prontidão, a pagar-lhes apenas um percentual sobre elas incidente, retribuinte da mera expectativa de serem chamados a trabalhar. Aquele que está em sobreaviso é remunerado, independentemente de ser chamado para o serviço efetivo, pelas

---

[11] Perceba-se que, em sobreaviso, o empregado não está em seu posto de trabalho. Se assim é, obviamente, não terá direito à incidência do adicional de periculosidade sobre as horas de expectativa por eventual convocação. O TST pacificou o assunto mediante a **Súmula 132, II**: "Durante as horas de sobreaviso, o empregado não se encontra em condições de risco, razão pela qual é incabível a integração do adicional de periculosidade sobre as mencionadas horas".

[12] O sobreaviso e a prontidão, tal qual a prorrogação de jornadas e a compensação de horários, precisam ser contratualmente ajustados.

[13] O processo RR 37791/2002-900-09-00.8 trata da situação de um encarregado que conseguiu na instância especial (TST) o direito a receber adicional de sobreaviso por ser acionado, por celular, para atender chamados fora de seu horário de expediente. Anote-se que o pleito do referido trabalhador foi rejeitado na primeira instância, 5ª Vara do Trabalho de Londrina/PR, sob o fundamento de que o demandante não teria provado ser obrigado a permanecer em casa, à disposição do empregador, aguardando chamada de retorno ao serviço. Esse entendimento, entretanto, foi reformado pelo TRT da 9ª Região, sob o argumento de que "o uso do BIP [ou aparelhos análogos] acarreta cerceamento da liberdade do empregado para usufruir, como quiser, das horas destinadas ao repouso", acrescentando, ainda, que a expectativa que se cria com a possibilidade de um convocado produz sobressalto e influi na qualidade do repouso, que, por motivos óbvios, não se torna completo. O TST confirmou a decisão do 9º Regional e reconheceu o direito ao adicional de sobreaviso porque o uso do celular estava associado à limitação de ir e vir do trabalhador.
"A expectativa que se cria com a possibilidade de um chamado influi, sem dúvida, pois, embora seja viável o deslocamento do trabalhador, não se exclui a obrigatoriedade de permanecer acessível e disponível para o trabalho. O repouso, portanto, não é completo."

[14] Anote-se que, nos termos da **Súmula 428, I, do TST**, "o uso de instrumentos telemáticos ou informatizados fornecidos pela empresa ao empregado, **por si só**, não caracteriza regime de sobreaviso" (destaques não constantes do original).
Observe-se que não basta ter um equipamento que gere o contato; é indispensável que esse equipamento esteja, **por imposição patronal**, sempre acionado e em área de cobertura para permitir um chamado previsível e contratualmente acertado. Justamente por isso o **item II da Súmula 428 do TST** deixa claro que se considera em sobreaviso "o empregado que, à distância e submetido a controle patronal por instrumentos telemáticos ou informatizados, **permanecer em regime de plantão ou equivalente**, aguardando a qualquer momento o chamado para o serviço durante o período de descanso" (destaques não constantes do original).O simples fato de estar com um celular da empresa em mãos, portanto, não significa necessariamente estar em sobreaviso, salvo, evidentemente, consoante se adiantou, se existir um ajuste tácito no sentido de que "ter o celular da empresa" significa "estar obrigado a permanecer na expectativa de eventual chamado".

horas de expectativa em sua residência ou onde ele bem entenda estar, à razão de 1/3 do salário normal.

Note-se, ainda, que as horas de sobreaviso e as de prontidão, *se noturnas*, **não hão de ser contadas com a observância da redução ficta do horário noturno**, tampouco remuneradas com qualquer adicional. Afirma-se isso porque tais horas (de sobreaviso e de prontidão) são de expectativa, e não de efetiva prestação de serviços.

Decorrendo de simples expectativa, as horas de sobreaviso e de prontidão se sobrepõem aos intervalos interjornada ou intersemanais[15]. A violação a esses intervalos somente acontecerá se o trabalhador for efetivamente chamado a atender alguma emergência em decorrência do sobreaviso ou da prontidão. Nessa circunstância as horas trabalhadas são entendidas como horas normais de serviço, inclusive para fins de aplicação da redução ficta do horário noturno e dos adicionais de horas noturnas ou extraordinárias.

A despeito da possível sobreposição de horas de sobreaviso ou de prontidão aos intervalos interjornadas ou intersemanais, terá o empregado que se mantiver em tais situações nos dias destinados a descanso o direito de receber as horas de expectativa em valor dobrado. Esse posicionamento decorre da aplicação análoga do art. 70 da CLT e do entendimento contido na Súmula 146 do TST. O TST já decidiu nesse sentido[16].

É de vinte e quatro, consoante a CLT, o número máximo de horas seguidas de sobreaviso, por escala[17]. Veja-se o § 2º do art. 244 da CLT:

Art. 244 [...]
§ 2º Considera-se de "sobreaviso" o empregado efetivo, que permanecer em sua própria casa, aguardando a qualquer momento o chamado para o serviço. Cada escala de "sobreaviso" será, no máximo, de 24 (vinte e quatro) horas. As horas de "sobreaviso", para todos os efeitos, serão contadas à razão de 1/3 (um terço) do salário normal.

Observe-se que somente as horas efetivamente prestadas sujeitam o empregador ao pagamento do salário-hora, acrescido, se for o caso, de adicional por horas extraordinárias.

Exemplo: João, um eletricista[18] da Companhia Elétrica de Salvador, tomou conhecimento de que permaneceria em sobreaviso no sábado, dia 17-3-2007. Seu salário-hora é de R$ 9,00. Pelo simples fato de permanecer em sobreaviso, João terá direito ao recebimento de 1/3 do seu salário-hora por hora de sobreaviso. Nesses termos, João receberá, a título de sobreaviso, R$ 3,00 por hora de expectativa, independentemente de ser chamado para o serviço efetivo.

---

15 Entendimento diverso inviabilizaria, em termos práticos, a subsistência tanto do sobreaviso quanto da prontidão.

16 Nos autos do RR-82555/2003-900-02-00.5, a 7ª Turma do Tribunal Superior do Trabalho acolheu a tese segundo a qual a expectativa da realização do trabalho pelo empregado em regime de sobreaviso nos fins de semana dá direito ao pagamento dobrado da remuneração. No voto do ministro relator do processo, Pedro Paulo Manus, ressaltou-se que, nas situações de sobreaviso ou prontidão, "apesar de não se verificar o efetivo trabalho, tem-se a expectativa da sua realização, ou seja, o empregado fica completamente à disposição do empregador, como se estivesse prestando serviços".

17 O número máximo de horas de prontidão (ou reserva) e de sobreaviso é variável, segundo a fonte heterônoma ou autônoma que o criou. É possível, portanto, a existência de normas coletivas fixando dimensões variáveis para estes lindes. Observe-se que a Lei dos Aeronautas (Lei n. 7.183/84) estabelece em doze o limite das horas de sobreaviso (art. 25) e entre seis e dez horas o limite horário para fins de reserva ou prontidão (art. 26).

18 **Súmula 229 do TST.** SOBREAVISO. ELETRICITÁRIOS. Por aplicação analógica do art. 244, § 2º, da CLT, as horas de sobreaviso dos eletricitários são remuneradas à base de 1/3 sobre a totalidade das parcelas de natureza salarial.

Pelas vinte e quatro horas de sobreaviso, então, o mencionado eletricista receberá R$ 72,00 (24h x R$ 3,00). Se, porém, João for efetivamente chamado a trabalhar, essas horas de trabalho lhe serão remuneradas, independentemente da percepção do sobreaviso. A depender da dimensão do serviço efetivo, as horas trabalhadas por conta do chamado ocorrido durante o sobreaviso podem ser entendidas como extraordinárias (desde que excedentes do limite normal diário e semanal).

10.1.1.3.3 Quadro sinótico distintivo da prontidão e do sobreaviso

	Horas de serviço efetivo real	Horas de expectativa	
Qualificação do serviço	Aguardando ou executando ordens	Sobreaviso	Prontidão
Local de permanência na expectativa do chamado	Nas dependências do empregador ou em local por ele determinado, **dentro do horário de serviço**.	Em sua própria casa ou onde entenda por bem estar, **fora do horário de serviço**.	Nas dependências do empregador ou em local por ele determinado, **fora do horário de serviço**.
Remuneração pela simples expectativa do chamado	Salário-hora integral	1/3 do salário-hora	2/3 do salário-hora
Extensão máxima da escala de plantão	Não há conceito de plantão, mas sim de jornada e de carga semanal.	24 é o número máximo de horas seguidas de sobreaviso[19] para os ferroviários. Outras categorias podem ter limites horários diferentes.	12 é o limite de horas de prontidão para os ferroviários. Outras categorias podem ter limites horários diferentes.
Intervalo	Há, nos moldes do art. 71 da CLT.	Não há.	Pode existir, observado o disposto no § 4º do art. 244 da CLT.
Redução ficta de horas noturnas	Há redução ficta na medida em que ocorra a efetiva prestação de serviços urbanos.	Não há redução ficta, porque tais horas são de *mera expectativa*, e não de efetiva prestação de serviços.	Não há redução ficta, porque tais horas são de *mera expectativa*, e não de efetiva prestação de serviços.
Pagamento de adicional noturno	Há pagamento na medida em que ocorra a efetiva prestação de serviços.	Não há, porque tais horas são de *mera expectativa*, e não de efetiva prestação de serviços.	Não há, porque tais horas são de *mera expectativa*, e não de efetiva prestação de serviços.

---

[19] Se excedido esse limite, pode-se dizer violado o direito fundamental à vida privada, pois todo o tempo seria consumido por uma expectativa permanente em ser chamado a realizar atividades em favor do empregador.

Prestação em instantes destinados aos intervalos interjornadas ou intersemanais	Havendo prestação de serviço efetivo real no tempo destinado ao *intervalo interjornadas*, o empregador haverá de lhe pagar o valor do seu salário-hora por hora de intervalo interjornadas suprimida, acrescidas de 50% (*vide* a Orientação Jurisprudencial 355 da SDI-1 do TST). Havendo prestação de serviço efetivo real no tempo destinado ao *intervalo intersemanal*, o empregador haverá de lhe pagar, sem prejuízo do RSR, o valor do seu salário-hora de modo dobrado (*vide* a Súmula 146 do TST).	É possível a sobreposição de horas de sobreaviso aos *intervalos interjornadas ou intersemanais*. No caso de o empregado ficar em horas de expectativa nos dias destinados ao intervalo intersemanal, terá o direito de receber as horas de expectativa em valor dobrado.	É possível a sobreposição de horas de prontidão aos *intervalos interjornadas ou intersemanais*. No caso de o empregado ficar em horas de expectativa nos dias destinados ao intervalo intersemanal, terá o direito de receber as horas de expectativa em valor dobrado.

10.1.1.4 Horas de serviço efetivo real e horas de espera

Se as **horas de serviço efetivo real** dizem respeito ao período em que o empregado está à disposição do empregador, dentro do horário de trabalho, aguardando ou executando ordens, salvo disposição especial expressamente consignada, e se as **horas de expectativa** são aquelas em que o empregado simplesmente aguarda eventual chamado para a realização de um serviço efetivo real, cabe tratar agora das **horas de espera**, instituto novo criado pela Lei n. 12.619, de 30 de abril de 2012 — ora atualizada pela Lei n. 13.103, de 2 de março de 2015 — que acrescentou o art. 235-C à CLT.

As "horas de espera" não se confundem com as "horas de expectativa de convocação", porque durante o transcurso das primeiras o empregado não está na expectativa de ser chamado a prestar horas de serviço efetivo, mas apenas aguardando em fila, em "espera", o momento de execução. Elas — as horas de espera — bem **poderiam ser** entendidas como "horas de serviço efetivo ficto", uma vez que "estar posicionado em fila", esperando o momento de fazer a carga/descarga ou o de submeter-se à fiscalização é, sem dúvidas, uma das tarefas que integram o cotidiano dos motoristas de cargas. **A lei, entretanto, não foi silente, no particular**. A parte final do § 8º do art. 235-C da CLT deixa bem claro que **as chamadas "horas de espera" não serão computadas como horas extraordinárias**. O § 9º do referido artigo vai além e dispõe no sentido de que as horas relativas ao tempo de espera **serão indenizadas** na proporção de 30% (trinta por cento) do salário-hora normal" (destaques não constantes do original).

As "horas de espera", portanto, foram entendidas como "tempo morto", que, uma vez despendido em favor do empregador, merece ser pago como indenização para o empregado.

Perceba-se que somente se pode falar de "tempo de espera" em relação ao **motorista profissional empregado** de empresa de transporte rodoviário de cargas, não sendo aplicável — pelo menos em princípio — ao motorista de transporte rodoviário de passageiros.

Durante o tempo de espera, o motorista poderá realizar movimentações necessárias do veículo, as quais não serão consideradas como parte da jornada de trabalho, ficando garantido, porém, o gozo do descanso de 8 (oito) horas ininterruptas aludido no § 3º do art. 235-C da CLT. Em nenhuma hipótese, porém, o tempo de espera do motorista empregado prejudicará o seu direito ao recebimento da remuneração correspondente ao salário-base diário (*vide* § 10 do art. 235-C da CLT).

Registre-se, ainda, conforme os moldes do § 11 do art. 235-C da CLT, que, em face de situações de **espera superiores a 2 (duas) horas ininterruptas**, e diante de hipóteses em que ela implique **permanência do motorista empregado junto ao veículo** em local que ofereça **condições adequadas** para tanto, o tempo será considerado como de repouso para os fins de concessão de intervalos intrajornada ou intrajornadas.

Não há margem para interpretações diferentes: as "horas de espera" constituem, de fato, um instituto singular. Seu reconhecimento **visa à compensação por via indenizatória do tempo morto** a que os motoristas sempre estiveram submetidos ao aguardar a carga/descarga do veículo ou a fiscalização da mercadoria transportada.

Por ser verba de natureza indenizatória — que cobre o prejuízo do dispêndio improdutivo de tempo —, as "horas de espera" não se integram ao salário-base do empregado, nem, por óbvio, refletem no cálculo de outras verbas salariais.

10.1.2 Trabalho de duração normal

10.1.2.1 Conceito

Esta expressão, constante do art. 7º, XIII, da Constituição, sinaliza a existência de um trabalho que não goza de qualquer privilégio legal ou contratual capaz de reduzir a dimensão de sua duração. Trata-se de uma dimensão ordinária, ou seja, comum, padrão. Inclui-se nesse conceito também a ideia de que "trabalho normal" é o trabalho ainda não realizado de modo extraordinário, ou seja, a atividade desenvolvida dentro dos limites legais ou contratuais exigíveis.

Nesses termos, em oposição à duração do "trabalho normal", existe a duração de trabalho especial, assim qualificado aquele que, por sua natureza ou por seu método de aplicação, mereceu tratamento diferenciado (exemplo: o trabalho realizado em turno ininterrupto de revezamento, conforme o art. 7º, XIV, da Constituição). De igual modo, entende-se como trabalho especial aquele que, pelo reconhecimento (legal ou contratual) de desgaste na execução das tarefas, foi contemplado com a redução da jornada.

10.1.2.2 Duração

Segundo o art. 7º, XIII, da Constituição, é direito do trabalhador urbano ou rural, além de outros (criados por lei ou por contrato) que visem à melhoria de sua condição social, "duração do trabalho normal não superior a oito horas diárias e quarenta e quatro semanais". A dimensão padrão para o chamado "trabalho normal" é a de oito horas diárias e quarenta e quatro semanais.

Admite-se, evidentemente, alteração contratual tendente a oferecer jornada inferior a oito horas, bastando que o tomador de serviços insira essa "melhoria" (*caput* do art. 7º da Constituição) na vida do trabalhador. Se, entretanto, a redução da jornada vier acompanhada de redução do salário, será indispensável a celebração de uma negociação coletiva, ressalvada, é claro, a excepcional situação autorizada pelo STF nos autos da ADI 6.363/DF. Parece ser essa, a propósito, a intenção do registro de "redução da jornada", constante do inciso XIII do art. 7º da Constituição. Perceba-se:

> Art. 7º São direitos dos trabalhadores urbanos e rurais, além de outros que visem à melhoria de sua condição social: [...]

DURAÇÃO DO TRABALHO E PERÍODOS DE DESCANSO

*XIII — duração do trabalho normal não superior a oito horas diárias e quarenta e quatro semanais, facultada a compensação de horários e a **redução da jornada**, mediante acordo ou convenção coletiva de trabalho;*

Ora, se a redução da jornada sem qualquer diminuição salarial, promovida por iniciativa contratual do patrão, é melhoria outorgada por via autônoma (conforme sugere o *caput* do art. 7º da Carta Magna), revela-se óbvia a conclusão no sentido de que a redução da jornada prevista no acima transcrito inciso XIII visa, cumulativamente, à redução do salário-base.

10.1.2.3 Distribuição ordinária do horário de trabalho normal

Ordinariamente, o trabalhador submetido à dimensão horária normal realiza suas atividades de segunda a sexta-feira das 8h às 12h e das 14h às 18h e aos sábados das 8h às 12h. Observe-se que isso é apenas um exemplo, já que a jornada pode ter início mais cedo ou mais tarde, assim como o intervalo pode variar entre uma e duas horas ou mesmo, atendidas as exigências contidas nos parágrafos do art. 71 da CLT, ser inferior a uma hora ou superior a duas.

10.1.2.4 Definição do salário por hora normal trabalhada

Se o trabalhador teve seu salário estipulado com base em unidade de tempo mensal (por exemplo, foi contratado para receber R$ 1.760,00 mensais), deve-se dividir o valor do salário (exemplo: R$ 1.760,00) por 220 horas, que constitui a quantidade de horas trabalhadas por um operário submetido à dimensão horária normal (oito horas diárias e quarenta e quatro horas semanais). No caso específico, R$ 1.760,00 **divididos por 220 horas** geram como resultado o salário-hora de R$ 8,00.

Mas por que 220 horas para se obter o valor do salário/hora?

Para responder a essa pergunta é importante deixar registrado que antes da publicação do texto constitucional de 1988 a duração do trabalho normal dos brasileiros era de 8 (oito) horas diárias, de segunda a sábado, e 48 (quarenta e oito) semanais. Na época havia uma homogeneidade na distribuição do número de horas trabalhadas em cada jornada, o que tornava simplificada a operação prevista no art. 64 da CLT, cuja redação não é das mais claras. Veja-se:

CLT, Art. 64 — O salário-hora normal, no caso de empregado mensalista, será obtido dividindo-se o salário mensal correspondente à duração do trabalho, a que se refere o art. 58, por 30 (trinta) vezes o número de horas dessa duração.

Parágrafo único — Sendo o número de dias inferior a 30 (trinta), adotar-se-á para o cálculo, em lugar desse número, o de dias de trabalho por mês.

Segundo o mencionado dispositivo, o salário-hora normal, no caso do empregado mensalista, era obtido dividindo-se o salário mensal correspondente à duração do trabalho, a que se refere o art. 58, por 30 vezes o número de horas dessa duração.

Exemplo: imagine-se um empregado que tivesse salário mensal de R$ 1.920,00 (trata-se de exemplo sem ligação com a realidade monetária, porque, como se sabe, antes de 1988 a moeda corrente não era o real). Para a determinação do salário-hora, o calculista dividia esse montante (R$ 1.920,00) por 8 (jornada média à época) x 30 (número total/médio de dias do mês).

Assim, R$ 1.920,00 ÷ [8 x 30] = R$ 1.920,00 ÷ 240 = 8. O valor do salário-hora, então, seria R$ 8,00.

Então, o que mudou? Mudou o divisor, que não mais é 240, mas sim 220. A jornada média deixou de ser 8 horas e passou a ser 7,333. Dessa forma, 7,333 x 30 = 220.

$$7,333 \text{ (jornada média)} \times 30 \text{ (média dias/mês)}$$
$$=$$
$$220 \text{ (média horas/mês)}$$

Há outra forma de chegar a esse divisor, passando pela evidência do número de dias trabalhados por semana. Nesse caso, o divisor é obtido a partir da divisão do número de horas efetivamente trabalhadas durante a semana (no caso específico, são quarenta e quatro horas) pelo número de dias de trabalho (no caso seis dias, haja vista o trabalho desenvolvido de segunda a sábado).

Assim, dividindo-se 44 horas de trabalho por 6 dias da semana, tem-se como resultado 7,33 horas. Multiplicando-se essas horas por 30, que é o número médio de dias que um mês tem, obtém-se o divisor 220.

$$44 \text{ (horas/semana)} \div 6 \text{ (dias/semana)}$$
$$=$$
$$7,333... \text{ (média de horas nos dias trabalhados)}$$
Então,
$$7,333... \times 30 \text{ (média dias/mês)} = 220 \text{ (média horas/mês)}$$

Note-se que ficaram de fora da quantificação as horas correspondentes ao descanso semanal remunerado, uma vez que dizem respeito a tempo não laborado efetivamente, mas incorporado na dimensão salarial daquele remunerado por unidade de tempo mensal.

Para saber o divisor de outras jornadas de dimensão inferior basta dividir o **número de horas semanais** correspondentes pelo **número de dias de trabalho**, aí inserido eventual dia útil não trabalhado. Depois disso, basta multiplicar o resultado por trinta. Veja-se o exemplo de um trabalhador que somente labora seis horas diárias em atividades que se estendem de segunda a sexta-feira.

$$30 \text{ (horas/semana)} \div 5 \text{ (dias/semana)} = 6 \text{ (média horas/dia)}$$

$$6 \times 30 \text{ (média dias/mês)} = 180 \text{ (média horas/mês)}$$

Registre-se aqui — e até mesmo pelo uso dessa fórmula alternativa de cálculo — a grande controvérsia em relação aos bancários.

É que muito se discutiu quanto ao fato de estar ou não o sábado incluído no número de dias de trabalho da semana. Se o sábado for incluído, o divisor será 150; se o sábado não estiver incluído no número de dias da semana, o divisor passa a ser 180.

O TST, depois de idas e vindas, fixou o entendimento de que a inclusão do sábado como dia de repouso semanal remunerado, no caso do bancário, não altera o divisor, em virtude de não haver redução do número de horas semanais, trabalhadas e de repouso.

Veja-se a nova redação, que, modulando os seus efeitos, ressalvou as decisões de mérito anteriormente proferidas sobre o tema:

Súmula 124 do TST. BANCÁRIO. SALÁRIO-HORA. DIVISOR *(alteração em razão do julgamento do processo TST-IRR 849-83.2013.5.03.0138 — Res. 219/2017, DEJT divulgado em 28, 29 e 30-6-2017)*

I — o divisor aplicável para o cálculo das horas extras do bancário será:

a) 180, para os empregados submetidos à jornada de seis horas prevista no caput *do art. 224 da CLT;*

b) 220, para os empregados submetidos à jornada de oito horas, nos termos do § 2º do art. 224 da CLT.

II — *Ressalvam-se da aplicação do item anterior as decisões de mérito sobre o tema, qualquer que seja o seu teor, emanadas de Turma do TST ou da SBDI-I, no período de 27-9-2012 até 21-11-2016, conforme a modulação aprovada no precedente obrigatório firmado no Incidente de Recursos de Revista Repetitivos n. TST-IRR-849-83.2013.5.03.0138, DEJT 19-12-2016.*

A referida Corte trabalhista, no mencionado *Incidente de Recursos de Revista Repetitivos*, reiterou a tese de que o sábado é **dia útil não trabalhado**, confirmando o entendimento presente na sua vetusta Súmula 113. Note-se:

Súmula 113 do TST. *O sábado do bancário é dia útil não trabalhado, não dia de repouso remunerado. Não cabe a repercussão do pagamento de horas extras habituais em sua remuneração.*

Observe-se que o TST nada mais fez do que confirmar o que, de fato, se via, à época da decisão, transcrito no originário *caput* do art. 224 da CLT, que se referia ao sábado como uma exceção em matéria de dia útil: "A duração normal do trabalho dos empregados em bancos, casas bancárias e Caixa Econômica Federal será de 6 (seis) horas contínuas nos dias úteis, com exceção dos sábados [...]".

Nesse contexto, que diz respeito à natureza jurídica do sábado para os bancários, é importante atentar para o período em que houve mudança na redação do *caput* do art. 224 da CLT, promovida pela Medida Provisória n. 905, de 2019.

Segundo o referido ato normativo, ora não mais vigente, "a *duração normal do trabalho dos empregados em bancos, em casas bancárias e na Caixa Econômica Federal, para aqueles que operam exclusivamente no caixa, será de até seis horas diárias, perfazendo um total de trinta horas de trabalho por semana, podendo ser pactuada jornada superior, a qualquer tempo, nos termos do disposto no art. 58 desta Consolidação, mediante acordo individual escrito, convenção coletiva ou acordo coletivo de trabalho, hipóteses em que não se aplicará o disposto no § 2º*".

Para que não existam dúvidas sobre a persistente intenção normativa, ainda que futura, de transformar o sábado dos bancários em dia útil, a Medida Provisória n. 905, de 2019, ora não mais vigente, revogou expressamente todo o conteúdo da Lei n. 4.178, de 11 de dezembro de 1962, que à época extinguia o trabalho aos sábados nos estabelecimentos de crédito.

10.1.2.5 Critério de apuração de horas extraordinárias

Como antedito, o texto constitucional prevê, em seu art. 7º, XIII, que, entre os direitos do trabalhador urbano, rural e doméstico, está aquele relacionado à "duração do trabalho normal não superior a oito horas diárias e quarenta e quatro semanais".

Essa redação, por conta do conectivo "E", é a causa de uma confusão sobre o critério de apuração das horas extraordinárias. Afinal, será extraordinária a hora excedente da oitava diária E, *cumulativamente*, da quadragésima quarta semanal, ou será extraordinária a hora que exceda apenas um dos dois limites: a oitava hora diária OU a quadragésima quarta hora semanal?

A coerência e a lógica desautorizam o emprego simultâneo dos citados critérios, que produziriam a repetição do pagamento de horas de trabalho.

Desse modo, OU se aufere o pagamento das horas excedentes da oitava diária OU se obtém o pagamento das horas que extrapolem a quadragésima quarta hora semanal. Como bem disse o TST em um dos seus acórdãos, as horas extraordinárias "devem ser computadas por um dos critérios — diário ou semanal —, nunca cumulativamente, sob pena de *bis in idem*"[20]. Deve-se, porém, considerar o quantitativo que seja mais favorável ao trabalhador, ou o diário ou o semanal.

Note-se que o conectivo "e" apareceu no texto do referido art. 7º, XIII, do texto constitucional, apenas para sinalizar que existem dois limites, mas não para ser fundamento da cumulação do excesso diário com o excesso semanal.

10.1.3 Trabalho de duração especial

10.1.3.1 Conceito

A expressão "trabalho de duração especial" sinaliza a existência de um labor privilegiado com dimensão menor (e, consequentemente, melhor) do que aquela outorgada aos trabalhadores em geral. Trata-se de uma dimensão extraordinária, ou seja, incomum, particular, peculiar, motivada por um conjunto de circunstâncias diferenciadas.

10.1.3.2 Duração

A duração especial assim se justifica em virtude de basicamente três circunstâncias, a saber:

• **Por um fracionamento do tempo:** a proporcionalidade é influente na caracterização de um trabalho de duração especial quando o ajuste contratual por tempo integral é tornado parcial. Isso acontece na contratação sob o regime de tempo parcial. O tema será tratado, a seguir, no subitem "10.1.3.2.1".

• **Por uma ponderação em torno da variação dos turnos de trabalho:** o desequilíbrio do relógio biológico é também significativo para determinar a adoção de uma duração do trabalho mais favorável do que a normalmente adotada. Essa duração especial é garantida, nos termos do art. 7º, XIV, da Constituição da República, sob o rótulo do turno ininterrupto de revezamento. O assunto será aprofundado, a seguir, no subitem "10.1.3.2.2".

• **Por uma conquista pessoal do trabalhador ou de sua categoria:** a duração do trabalho em dimensão especial pode, também, ser fruto de uma conquista pessoal do trabalhador em negociação direta empreendida com seu patrão. Nada impede que um benevolente e consciencioso empregador estabeleça por **contratação individual** com o empregado uma jornada mais favorável do que aquela estabelecida como máxima pela lei. Nada impede, também, que esse mesmo ajuste mais favorável seja empreendido numa **contratação coletiva**, estendendo-se os efeitos da duração especial do trabalho para todos os integrantes de uma específica categoria. Nada obsta, por fim, a que o legislador, compelido pelos reclames de alguma categoria profissional, atribua-lhe um **estatuto**, outorgando-lhe especiais condições de trabalho, entre as quais uma carga horária diária e semanal diferenciada e mais vantajosa do que aquela oferecida para a generalidade dos trabalhadores. A questão será apreciada com maiores detalhes, na sequência, no subitem "10.1.3.2.3".

10.1.3.2.1 Regime de tempo parcial

Considerava-se "trabalho em regime de tempo parcial" (*part time*) aquele cuja duração não excedesse a 25 (vinte e cinco) horas semanais. Diz-se "considerava-se", porque a mencionada contratação, instituída pela Medida Provisória n. 2.164-41, de 2001, sofreu alteração

---

[20] Ver TST-RR-1001515-19.2018.5.02.0074.

fisionômica a partir da vigência da Lei n. 13.467, de 13 de julho de 2017. Isso mesmo. O art. 58-A da CLT passou a prever que a modalidade ora discutida seria evidenciada em contratos com **duração não excedente de 30 (trinta) horas semanais**, SEM a possibilidade de horas suplementares semanais, como também nos ajustes com **duração não excedente de 26 (vinte e seis) horas semanais**, COM a possibilidade de acréscimo de até seis horas suplementares semanais. Veja-se o *caput* do novo texto e um quadro sistemático:

> *CLT. Art. 58-A. Considera-se trabalho em regime de tempo parcial aquele cuja duração não exceda a **trinta horas semanais, sem a possibilidade de horas suplementares** semanais, ou, ainda, aquele cuja duração não exceda a **vinte e seis horas semanais, com a possibilidade de acréscimo de até seis horas suplementares semanais**.*

TRABALHO EM REGIME DE TEMPO PARCIAL	
Duração não excedente a 26 (**vinte e seis**) **horas semanais**	Com a possibilidade de acréscimo de não mais do que **seis horas suplementares semanais**
Duração a partir de 26 a 30 (**trinta**) **horas semanais**	Sem a possibilidade de horas suplementares semanais

Destaque-se, com base no disposto no § 1º do art. 58-A da CLT, que o salário a ser pago aos empregados sob o regime de tempo parcial será proporcional à sua jornada, em relação aos empregados que cumpram, nas mesmas funções, tempo integral (*full time*). Exatamente para respeitar essa proporcionalidade, a Medida Provisória n. 2.164-41, de 2001, que pioneiramente instituiu essa espécie contratual no ordenamento jurídico brasileiro, proibia que os empregados sob o regime de tempo parcial trabalhassem em horas suplementares. A proibição se justificava na medida em que, prestando horas extraordinárias, os trabalhadores em tempo parcial acabariam por receber remuneração superior à dos empregados em tempo integral (note-se que cada hora excedente seria acrescida de 50%), ferindo assim o princípio da isonomia.

A Lei n. 13.467, de 13 de julho de 2017, porém, ignorando o risco da violação ao princípio da isonomia, trouxe novidade: duas variáveis de adesão ao tempo parcial, uma sem a possibilidade de horas suplementares semanais e outra com a possibilidade de acréscimo de até seis horas extraordinárias semanais. Assim, se o contrato for firmado por tempo parcial para duração não excedente a 26 (vinte e seis) horas semanais admitir-se-á a prestação de **até 6 (seis) horas extraordinárias por semana**[21]; se, porém, o ajuste for estabelecido para duração entre 26 (vinte e seis) e 30 (trinta) horas por semana, não mais será possível falar-se em prestação de horas extraordinárias. Essas horas suplementares à duração do trabalho semanal normal serão pagas com o acréscimo de 50% (cinquenta por cento) sobre o salário-hora normal, podendo o percentual ser mais elevado se houver negociação individual ou coletiva que isso preveja.

Se um empregador contratar empregado sob o regime de tempo parcial entre 26 e 30 horas por semana (ou altera o contrato de emprego deste de *full time* para *part time* **dentro do referido limite**) e lhe exigir horas extraordinárias, incorrerá na nulidade do ajuste proporcional, por força do disposto no art. 9º consolidado[22], salvo se, nos moldes do § 5º do

---

21 Veja-se, nesse sentido, o conteúdo do § 4º do art. 58-A da CLT, pós Lei 13.467, de 13 de julho de 2017: "§ 4º *Na hipótese de o contrato de trabalho em regime de tempo parcial ser estabelecido em número inferior a vinte e seis horas semanais, as horas suplementares a este quantitativo serão consideradas horas extras para fins do pagamento estipulado no § 3º, estando também limitadas a seis horas suplementares semanais*".

22 Enfim, são nulos de pleno direito os atos praticados com o objetivo de desvirtuar, impedir ou fraudar a aplicação dos preceitos contidos da CLT. Como consequência da desautorizada prestação de horas suplementares, o salário-hora do empregado supostamente sob o regime de tempo parcial seria maior do que o atribuído aos demais

art. 58-A oferecer compensação dessas horas adicionais até a semana imediatamente posterior à da sua execução. Leia-se:

> § 5º As horas suplementares da jornada de trabalho normal poderão ser compensadas diretamente até a semana imediatamente posterior à da sua execução, devendo ser feita a sua quitação na folha de pagamento do mês subsequente, caso não sejam compensadas.

Entre as mudanças estruturais ocorridas no contrato de trabalho por tempo parcial refere-se também, **além da mencionada admissão de prestação limitada de horas extraordinárias em contratos de até 26 (vinte e seis) horas semanais**, a admissibilidade da conversão de um terço do período de férias a que tiver direito o trabalhador em abono pecuniário, uma particularidade antes vedada pelo ora revogado § 4º do art. 59 da CLT. Perceba-se:

> Art. 58-A. [...] § 6º É facultado ao empregado contratado sob regime de tempo parcial converter um terço do período de férias a que tiver direito em abono pecuniário.

De igual modo, representa novidade a aplicabilidade do disposto no art. 130 da CLT a esse tipo contratual que, sem razões plausíveis, se submetia a uma tabela diferenciada que constava do ora revogado art. 130-A da CLT. Pede-se atenção à mudança:

> Art. 58-A [...] § 7º As férias do regime de tempo parcial são regidas pelo disposto no art. 130 desta Consolidação.

Será importante, de todo modo, a manutenção do registro histórico sobre a tabela constante do art. 130-A da CLT, apesar de revogada, o que se fará no subitem 11.3.1.3.1, letra "b", deste Curso. Afirma-se isso por conta de questionamentos que envolvam a intertemporalidade. A mencionada tabela, conquanto extirpada do ordenamento jurídico, ainda será referência para a verificação da correção de outorga das férias concedidas **antes da vigência** da Lei n. 13.467, de 13 de julho de 2017. Obviamente, depois de iniciada a aplicabilidade jurídica da referida norma todas as férias atribuídas aos trabalhadores sob o regime de tempo parcial hão de seguir os parâmetros contidos no art. 130 da CLT, pois, *além de mais benéfica*, cabe aplicar, em matéria de férias, a lei vigente no momento de sua concessão.

E como é que se pode ingressar num regime de tempo parcial?

Para os já contratados sob o regime de tempo integral (aqueles que já estão na empresa, vale dizer, "atuais empregados"), a adoção do regime de tempo parcial será feita mediante opção manifestada perante o empregador na forma prevista em acordo coletivo ou em convenção coletiva (*vide* o § 2º do art. 58-A da CLT[23]). Perceba-se, assim, que somente é possível trocar de regime — de tempo integral para tempo parcial — mediante negociação coletiva. Isso acontece porque o texto constitucional somente admite a **redução** dos mais preciosos núcleos do contrato de emprego — do salário (art. 7º, VI) e da jornada (art. 7º, XIII) — mediante a interveniência obrigatória da entidade sindical da categoria profissional.

Note-se, porque relevante, que os domésticos, desde a promulgação da EC n. 72/2013, passaram a ter a prerrogativa de ver reconhecidos acordos e convenções coletivas como fontes de direito (*vide* art. 7º, XXVI, c/c o parágrafo único do referido dispositivo). Por conta

---

empregados sob o regime de tempo integral. As horas extraordinárias que foram indevidamente atribuídas ao suposto integrante do regime de tempo parcial entre 26 e 30 horas semanais haveriam de ser agregadas ao salário-base, e este aumentaria consequentemente de dimensão. Aberta estaria, portanto, a possibilidade de os trabalhadores sob o regime de tempo integral da empresa que incorresse na infração acima expendida pedirem o pagamento da diferença salarial sob o fundamento da já mencionada violação ao princípio da isonomia salarial.

23 Art. 58-A, § 2º. Para os atuais empregados, a adoção do regime de tempo parcial será feita mediante opção manifestada perante a empresa, na forma prevista em instrumento decorrente de negociação coletiva.

disso, somente antes da vigência da EC n. 72/2013 era admissível a troca do regime de tempo integral para tempo parcial dos "atuais empregados" domésticos independentemente de negociação coletiva. Atualmente, essa troca impõe, tal como ocorre em relação aos demais empregados, a interveniência obrigatória da entidade sindical da categoria profissional.

É bom anotar que a Lei Complementar n. 150/2015, apesar de manifestamente contrária a qualquer intervenção sindical, foi silente nesse ponto, permitindo, por isso, dizer que o sistema permanece teoricamente com a mesma lógica.

Para os novos empregados não é imposta esta exigência (de prévia negociação coletiva para fins de contratação em regime de tempo parcial), vale dizer, estes podem ser contratados por tempo parcial independentemente de previsão em norma coletiva, estando incluídos no âmbito dessa autorização os "novos empregados" domésticos.

É essencial à validade do contrato por tempo parcial a forma escrita?

O contrato por tempo parcial deve ser expresso, mas não necessariamente escrito. Assim, desde que exista instrumento coletivo negociado que autorize a sua formação em relação aos atuais empregados, não se exige forma escrita para o contrato ora em análise. Ele, portanto, pode ser verbal.

Para evitar problemas probatórios, porém, é (apenas) recomendável que o contrato por tempo parcial seja ajustado por escrito, inclusive com anotação em CTPS. Essa forma, portanto, não é *ad solemnitatem* (indispensável à validade do ato), mas apenas *ad probationem* (apenas facilita a produção da prova).

Caso não exista prova dessa espécie contratual — e até mesmo porque ele produz algumas restrições de direito ao empregado — entender-se-á existente contrato do tipo ordinário. A duração do trabalho, se reduzida, revelará, então, o oferecimento de condição mais vantajosa ao empregado sem prejuízo do pagamento do piso salarial integral, e não proporcional.

E se o valor do salário dos empregados contratados por tempo integral corresponder a um salário mínimo, os contratados por tempo parcial poderão receber menos que um salário mínimo?

Sim, diante do teor da **Orientação Jurisprudencial 358, I, da SDI-1 do TST**[24], mas restrito ao âmbito das relações privadas, havendo contratação para cumprimento de jornada reduzida, inferior à previsão constitucional de oito horas diárias ou quarenta e quatro semanais, é lícito o pagamento do piso salarial ou do salário mínimo proporcional ao tempo trabalhado. Nessa ordem de ideias, se dois empregados trabalham para uma mesma empresa recebendo um salário mínimo mensal para jornadas de oito horas, um deles poderá, desde que opte pela adoção do regime de tempo parcial mediante instrumento decorrente de negociação coletiva, ter a jornada diminuída para quatro horas e o salário proporcionalmente reduzido para meio salário mínimo.

Atente-se, porém, para o fato de que **na Administração Pública direta, autárquica e fundacional não é válida remuneração de empregado público inferior ao salário**

---

24 **Orientação Jurisprudencial 358 da SDI-1 do TST.** SALÁRIO MÍNIMO E PISO SALARIAL PROPORCIONAL À JORNADA REDUZIDA. EMPREGADO. SERVIDOR PÚBLICO (redação alterada na sessão do Tribunal Pleno realizada em 16-2-2016) — Res. 202/2016, *DEJT* divulgado em 19, 22 e 23-2-2016.

I — Havendo contratação para cumprimento de jornada reduzida, inferior à previsão constitucional de oito horas diárias ou quarenta e quatro semanais, é lícito o pagamento do piso salarial ou do salário mínimo proporcional ao tempo trabalhado.

II — Na Administração Pública direta, autárquica e fundacional não é válida remuneração de empregado público inferior ao salário mínimo, ainda que cumpra jornada de trabalho reduzida. Precedentes do Supremo Tribunal Federal.

mínimo, ainda que cumpra jornada de trabalho reduzida. Essa observação, feita com base no entendimento cristalizado no STF, consta expressamente do item II da referida OJ 358 da SDI-1 do TST[25].

Quais são as restrições de direito aplicáveis aos empregados contratados sob o regime de tempo parcial?

A resposta precisa ser oferecida a partir da lógica do *antes* e do *depois* da vigência da Lei n. 13.467, de 13 de julho de 2017.

Assim, **antes da vigência da referida Lei**, e apesar de serem possíveis debates no plano da constitucionalidade das disposições que restringiam alguns direitos dos empregados contratados sob o regime de tempo parcial, eles: a) não podiam prestar horas extraordinárias (§ 4º do art. 59 da CLT, ora revogado), salvo se doméstico[26]; b) não podiam converter 1/3 do período de férias a que tiverem direito em abono pecuniário (§ 3º do art. 143 da CLT, ora revogado) e c) não podiam fruir mais do que dezoito dias de férias (art. 130-A da CLT, também ora revogado).

Depois da vigência da Lei n. 13.467, de 13 de julho de 2017 desapareceram as restrições das letras "b" e "c" *supra*, mas se manteve a vedação à prestação de horas extraordinárias para os empregados contratados para o regime de tempo parcial em contratos de até 26 (vinte e seis) horas semanais.

Todo contrato firmado até o limite de 30 (trinta) horas semanais será necessariamente um contrato sob o regime de tempo parcial nos moldes do art. 58-A da CLT?

Em princípio, sim. Todo contrato celebrado nos estritos moldes do art. 58-A, até o limite de 30 (trinta) horas semanais, será necessariamente inserido no chamado regime de tempo parcial, e o empregado estará submetido a todas as restrições mencionadas. É importante, porém, observar as exceções:

a) os contratos em regime de tempo parcial celebrados para mais de trinta e menos de quarenta e quatro horas semanais. O modelo aplicável, em casos tais, é o da OJ 358 da SDI-1 do TST, sem, porém, falar-se na aplicabilidade das restrições que dizem respeito à espécie contratual prevista no multicitado art. 58-A da CLT;

b) os contratos nos quais — por manifestação verbal ou escrita — os contratantes expressamente reconheçam que a carga semanal, igual ou inferior a trinta horas semanais, foi outorgada como uma melhoria social ao empregado, sem prejuízo do salário integral.

10.1.3.2.2 *Turno ininterrupto de revezamento*

O art. 7º, XIV, da Constituição da República criou um conceito jurídico indeterminado ao dispor que, entre os direitos dos trabalhadores urbanos e rurais, estaria aquele correspon-

---

25 É importante anotar que o STF, por maioria, apreciando o Tema 900 da repercussão geral (RE 964659), deu provimento ao recurso extraordinário, devolvendo os autos ao Tribunal de origem para continuidade de julgamento, a fim de que sejam decididas as demais questões postas no apelo, observando-se os parâmetros decididos nesse extraordinário, nos termos do voto do Relator, vencidos os Ministros Roberto Barroso, Nunes Marques e André Mendonça. Foi fixada a seguinte tese: "É defeso o pagamento de remuneração em valor inferior ao salário mínimo ao servidor público, ainda que labore em jornada reduzida de trabalho". Plenário, Sessão Virtual de 1-7-2022 a 5-8-2022.

26 Observe-se que o § 2º do art. 3º da Lei Complementar n. 150/2015 permite que a duração normal do trabalho do empregado doméstico em regime de tempo parcial seja acrescida de horas suplementares, em número não excedente a uma diária, mediante acordo escrito entre empregador e empregado.

dente à "jornada de seis horas para o trabalho realizado em turnos ininterruptos de revezamento", salvo negociação coletiva[27].

A ideia inicial seria a de que existiria tal instituto nas situações em que um trabalhador, de modo ininterrupto, isto é, sem qualquer parada, alternasse seus turnos, num sistema de revezamento[28]. A ininterruptividade, aliás, já esteve ligada ao conceito de ausência de intervalo, mas a jurisprudência dominante deixou claro, por meio da **Súmula 675 do STF**, que os intervalos fixados para descanso e alimentação durante a jornada de seis horas não descaracterizam o sistema de turnos ininterruptos de revezamento (TIR). Veja-se:

> **Súmula 675 do STF.** *Os intervalos fixados para descanso e alimentação durante a jornada de seis horas não descaracterizam o sistema de turnos ininterruptos de revezamento para o efeito do art. 7º, XIV, da Constituição.*

O TST corroborou esse entendimento ao editar a Súmula 360:

> **Súmula 360 do TST.** *TURNOS ININTERRUPTOS DE REVEZAMENTO. INTERVALOS INTRAJORNADA E SEMANAL. A interrupção do trabalho destinada a repouso e alimentação, dentro de cada turno, ou o intervalo para repouso semanal, não descaracteriza o turno de revezamento com jornada de 6 (seis) horas previsto no art. 7º, XIV, da CF/1988.*

O ponto mais importante na caracterização do turno ininterrupto de revezamento é, entretanto, a imposição de um desequilíbrio do chamado ritmo circadiano ou "relógio biológico" mediante ab-ruptas mudanças de turno de trabalho. Veja-se, nesse sentido, o posicionamento jurisprudencial dominante:

> *TURNO ININTERRUPTO DE REVEZAMENTO — CARACTERIZAÇÃO. O que caracteriza o regime de turnos ininterruptos de revezamento, previsto no art. 7º, XIV, da Constituição da República é a mudança contínua de turno de trabalho, que tanto pode ser diária/semanal, quanto quinzenal/mensal. Ora, as mudanças frequentes de turnos de trabalho acarretam prejuízos à saúde física e mental do trabalhador, pela alteração de seus ritmos biológicos, o que lhe assegura a jornada reduzida de seis horas diárias, a fim de minimizar os desgastes sofridos (TST, AIRR 1189, 3ª T., Rel. Juiz Conv. Cláudio Couce de Menezes, DJU, 3-12-2004).*

> *TURNO DE REVEZAMENTO — NÃO CONFIGURAÇÃO — Da análise dos horários apontados pelo próprio reclamante, conclui-se que o mesmo não estava sujeito a jornada em turno ininterrupto de revezamento, para que fizesse jus à jornada de 6 horas diárias e 36 semanais, conforme postulado, posto que, trabalho realizado em turnos ininterruptos de revezamento é aquele que submete o trabalhador a horário de trabalho variado a cada período, semanal ou quinzenal, o que não se configurou no caso em estudo (TRT 19ª R., RO 00574.2003.057.19.00.6, Rel. Juiz José Abílio, j. 2-12-2003).*

Basta que o trabalhador exerça as suas atividades em sistema de alternância de turnos, ainda que em dois turnos de trabalho (dia/noite ou noite/dia), para que se possa cogitar dos

---

[27] A reação da sociedade perante a imprópria utilização da jornada ininterrupta prevista na Lei n. 5.811/72 por empresas que não eram por ela alcançadas foi fonte material da norma que instituiu o turno ininterrupto de revezamento. Atualmente, todos os empregados submetidos à hipótese constitucional aqui discutida, **independentemente do setor profissional em que atuem**, são destinatários da carga laboral diferenciada.

[28] **Orientação Jurisprudencial 274 da SDI-1 do TST.** Turno ininterrupto de revezamento. Ferroviário. Horas extras. Devidas. O ferroviário submetido a escalas variadas, com alternância de turnos, faz jus à jornada especial prevista no art. 7º, XIV, da CF/88 (27-9-2002).

mencionados *prejuízos à saúde física e mental do trabalhador,* haja vista a *alteração dos ritmos biológicos*[29]. A essa conclusão chegou o TST mediante orientação jurisprudencial. Perceba-se:

> **Orientação Jurisprudencial 360 da SDI-1 do TST.** TURNO ININTERRUPTO DE REVEZAMENTO. DOIS TURNOS. HORÁRIO DIURNO E NOTURNO. CARACTERIZAÇÃO. *Faz jus à jornada especial prevista no art. 7º, XIV, da CF/1988 o trabalhador que exerce suas atividades em sistema de alternância de turnos, ainda que em dois turnos de trabalho, que compreendam, no todo ou em parte, o horário diurno e o noturno, pois submetido à alternância de horário prejudicial à saúde, sendo irrelevante que a atividade da empresa se desenvolva de forma ininterrupta.*

Observe-se, por outro lado, que os trabalhadores submetidos ao turno ininterrupto de revezamento **não haveriam de ser, em tese, beneficiários da redução ficta do horário noturno**. A justificativa provém de uma circunstância bem evidente: as horas noturnas laboradas nesse regime especial têm a dimensão ordinária de sessenta minutos, ao contrário do que se dá com os demais trabalhadores urbanos, que fruem de 52 minutos e 30 segundos por hora laborada, e isso acontece justamente para evitar uma diferenciação interna entre os turnos de trabalho. Nesses termos, o privilégio de uma jornada especial absorveria outras vantagens outorgadas aos trabalhadores inseridos em tal situação. **A despeito disso**, o TST, por meio da Orientação Jurisprudencial 395 da sua SDI-1, manifestou-se no sentido de que **o trabalho em regime de turnos ininterruptos de revezamento** *não retira* **o direito à hora noturna reduzida**. Veja-se:

> **Orientação Jurisprudencial 395 da SDI-1 do TST.** TURNO ININTERRUPTO DE REVEZAMENTO. HORA NOTURNA REDUZIDA. INCIDÊNCIA. *O trabalho em regime de turnos ininterruptos de revezamento não retira o direito à hora noturna reduzida, não havendo incompatibilidade entre as disposições contidas nos arts. 73, § 1º, da CLT e 7º, XIV, da Constituição Federal* (DEJT, 10-6-2010).

A Alta Corte trabalhista parece ter oferecido posicionamento diferente daquele antes praticado. Perceba-se que a Súmula 112, especificamente destinada aos trabalhadores que realizam atividades (também em turnos ininterruptos de revezamento) de exploração, perfuração, produção e refinação do petróleo, de industrialização do xisto, na indústria petroquímica e de transporte de petróleo e seus derivados, ainda prevê a inaplicabilidade da hora reduzida de 52 minutos e 30 segundos prevista no art. 73, § 2º, da CLT. Note-se:

> **Súmula 112 do TST.** TRABALHO NOTURNO. PETRÓLEO. *O trabalho noturno dos empregados nas atividades de exploração, perfuração, produção e refinação do petróleo, industrialização do xisto, indústria petroquímica e transporte de petróleo e seus derivados, por meio de dutos, é regulado pela Lei n. 5.811, de 11-10-1972, não se lhe aplicando a hora reduzida de 52 minutos e 30 segundos prevista no art. 73, § 2º, da CLT.*

Outro detalhe relevante diz respeito à possibilidade de ajuste de compensação de horários em trabalho prestado em turnos ininterruptos de revezamento. Desde que firmado o acordo mediante negociação coletiva, e desde que limitada a dimensão da jornada ao **máximo de oito horas**[30], é lícita, sim, a promoção da compensação de horários. O TST posicionou-se quanto ao tema mediante a Súmula 423. Veja-se:

---

[29] Ver Precedente Administrativo da Secretaria de Inspeção do Trabalho: PRECEDENTE ADMINISTRATIVO N. 55 (Aprovado pelo Ato Declaratório DEFIT n. 6, de 16-12-2002, *DOU*, 20-12-2002). JORNADA. FIXAÇÃO DE LIMITE ESPECIAL. TURNOS ININTERRUPTOS DE REVEZAMENTO. Para a caracterização de trabalho em turnos ininterruptos de revezamento é necessária a constante alternância de horários de trabalho.

[30] Atente-se para o fato de que, nos termos da **Orientação Jurisprudencial 420 da SDI-1 do TST** (*DeJT* divulgado em 28 e 29-6-2012 e 2-7-2012), "é inválido o instrumento normativo que, regularizando situações pretéritas, estabelece jornada de oito horas para o trabalho em turnos ininterruptos de revezamento". Signi-

Súmula 423 do TST. *TURNO ININTERRUPTO DE REVEZAMENTO. FIXAÇÃO DE JORNADA DE TRABALHO MEDIANTE NEGOCIAÇÃO COLETIVA. VALIDADE. Estabelecida jornada superior a seis horas e limitada a oito horas por meio de regular negociação coletiva, os empregados submetidos a turnos ininterruptos de revezamento não têm direito ao pagamento das 7ª e 8ª horas como extras (Resolução TST n. 139, de 5-10-2006, DJU, 10-10-2006).*

Perceba-se que a admissibilidade da compensação de horários é tão excepcional nesse caso que não se permite seja ela promovida por acordo individual. É indispensável o ajuste mediante negociação coletiva. Assim, não existindo instrumento coletivo negociado para fixar jornada mais elástica do que aquela legalmente prevista, ainda que visando à supressão ou à diminuição de outra jornada, será devido o pagamento das horas excedentes da sexta diária. Veja-se, nesse sentido, a OJ 275 da SDI-1 do TST.

Orientação Jurisprudencial 275 da SDI-1 do TST. *Turno ininterrupto de revezamento. Horista. Horas extras e adicional. Devidos. Inexistindo instrumento coletivo fixando jornada diversa, o empregado horista submetido a turno ininterrupto de revezamento faz jus ao pagamento das horas extraordinárias laboradas além da 6ª, bem como ao respectivo adicional (27-9-2002).*

Um aspecto que muitas vezes passa despercebido quando se fala em regime de compensação de horário em turnos ininterruptos de revezamento diz respeito ao limite semanal. Afinal de contas, seria possível extrapolar também a carga horária até as 44 (quarenta e quatro) horas semanais ou o limite, nesse caso, seria o de 36 (trinta e seis) horas semanais?

Parece acertada a resposta segundo a qual se deve respeitar o limite da 36ª hora semanal. Diz-se isso porque o inciso XIV do art. 7º da Constituição da República apenas faz referência à jornada de seis horas, e somente em relação a ela permite seja formulada negociação coletiva. Assim, se houver compensação de horários, esta deve observar o limite da 36ª semanal[31], garantia de higidez física e mental do trabalhador submetido a esta forma penosa de prestação do seu serviço.

---

fica, em outras palavras, que o instrumento coletivo negociado somente produzirá efeitos *ex nunc* (da sua instituição para o futuro) em matéria de estabelecimento de compensação de horários com jornada de oito horas em turnos ininterruptos de revezamento.

31 Nesse mesmo sentido, vejam-se as seguintes decisões do TST: EMBARGOS. TURNOS ININTERRUPTOS DE REVEZAMENTO. VALIDADE. JORNADA SUPERIOR A 6 HORAS FIXADA EM ACORDO COLETIVO. IMPOSSIBILIDADE. EXTRAPOLAÇÃO DA JORNADA DE 36 HORAS SEMANAIS. PREJUDICIALIDADE. SAÚDE. EMPREGADO. O artigo 7º, inciso XIV, da Lei Maior, ao contemplar a jornada de trabalho em turnos ininterruptos de revezamento de 6 horas diárias, permitiu sua ampliação por meio de negociação coletiva. Essa possibilidade de alteração de jornada, contudo, não é ilimitada, pois deve ser observada a compensação ou concessão de vantagens ao empregado. Nunca, porém, a eliminação do direito à jornada reduzida, como se verifica na hipótese. O Acordo Coletivo pode estabelecer turnos ininterruptos de revezamento com jornadas superiores a seis horas, como ocorreu, desde que se observe o limite de 36 horas semanais, pois o limite semanal representa para o empregado a garantia de higidez física, uma vez que a redução do labor em turno ininterrupto de revezamento decorre de condições mais penosas à saúde. O Acordo Coletivo em exame, ao fixar duração do trabalho de 8 horas e 44 semanais, contrariou as disposições de proteção ao trabalho, porquanto descaracterizou a jornada reduzida vinculada ao turno ininterrupto de revezamento, que é assegurada constitucionalmente pelo limite semanal de 36 horas. Recurso de Embargos não conhecido (E-RR-435/2000-003-15-00.0, Rel. Min. Carlos Alberto Reis de Paula, SBDI-1, *DJ*, 25-6-2004).
AGRAVO DE INSTRUMENTO EM RECURSO DE REVISTA. VALIDADE DO ACT/96. TURNOS ININTERRUPTOS DE REVEZAMENTO. ACORDO DE COMPENSAÇÃO. A Constituição Federal de 1988, por meio do art. 7º, XIII, estabeleceu um limite para a jornada diária (8 horas) e outro para a jornada semanal (44 horas), com possibilidade de compensação de horários e de redução de jornada mediante negociação coletiva de trabalho. No inciso XIV seguinte, limitou a jornada diária para turnos ininterruptos de revezamento em 6 horas, facultando negociação coletiva. O Acordo Coletivo pode estabelecer turnos ininterruptos de revezamento com jornadas superiores a seis horas, como ocorreu, desde que se observe o limite constitucional de 36 horas se-

Mais um detalhe importante que não pode ser esquecido:

Os empregados que trabalham em turnos ininterruptos de revezamento foram protegidos contra a redução salarial no momento em que o constituinte de 1988 resolveu outorgar-lhes a vantagem de uma jornada reduzida. Foi-lhes proporcionada naquele momento não apenas a redução do número de horas trabalhadas por dia (de 8 para 6), mas também, evidentemente, a do divisor para cálculo do salário-hora (de 240 para 180). Assim, conforme consta da **Orientação Jurisprudencial 396 da SDI-1 do TST**, publicada em 10-6-2010, "para cálculo do salário-hora do empregado horista, submetido a turnos ininterruptos de revezamento, considerando a alteração da jornada de 8 para 6 horas diárias, aplica-se o divisor 180, em observância ao disposto no art. 7º, VI, da Constituição Federal, que assegura a irredutibilidade salarial".

10.1.3.2.3 Relações especiais de emprego

Conforme adiantado no tópico de introdução, a duração do trabalho em dimensão especial pode, também, decorrer de captação pessoal do trabalhador. Tal conquista pode ser fruto de ajuste direto entre empregado e empregador, situação em que a duração do trabalho será dita "especial", porque os sujeitos da relação de emprego quiseram estabelecer padrões diferenciados e mais favoráveis. Há, a propósito, circunstâncias em que esses padrões diferenciados de duração do trabalho são criados por normas coletivas ou, ainda, em situações mais especiais, por força de lei. Enfim, nada impede que o legislador, pressionado por algum segmento da classe trabalhadora, crie para ela um **estatuto profissional** ou uma seção especial no corpo da norma geral. Nesse particular há uma pletora de dispositivos especiais, inseridos na própria CLT ou em legislações extravagantes, que outorgam uma duração do trabalho diferenciada para determinados profissionais. Vejam-se algumas dessas situações:

a) Bancários

Os bancários são contemplados com duração do trabalho em padrão diferenciado por força do quanto constante dos arts. 224 a 226 da CLT. Segundo os mencionados dispositivos, salvo no período de vigência da Medida Provisória n. 905, de 2019, a duração do trabalho dos empregados em bancos, casas bancárias e Caixa Econômica Federal é, em regra, de **seis horas** contínuas nos dias úteis, com exceção dos sábados[32], perfazendo um total de **trinta horas de trabalho por semana**.

Perceba-se que o regime diferenciado de seis horas de trabalho também se aplica, se contratados diretamente pelo banco, aos empregados de portaria e de limpeza, tais como

---

manais, pois o limite semanal representa para o empregado a garantia de higidez física e mental, uma vez que a redução do labor em turno ininterrupto de revezamento decorre de condições mais penosas à saúde. Precedente da SBDI-1 do TST. Agravo de instrumento desprovido (TST-AIRR-1615/1999-101-05-00.4. Rel. Min. Vieira de Mello Filho, de 7-10-2009).

32 **Súmula 113 do TST.** O sábado do bancário é dia útil não trabalhado, não dia de repouso remunerado. Não cabe a repercussão do pagamento de horas extras habituais em sua remuneração.

Esse posicionamento jurisprudencial, entretanto, deixa de valer se, por contrato individual ou coletivo, o sábado passar a ser considerado como dia destinado ao descanso, e não como mero dia útil não trabalhado.

porteiros, telefonistas de mesa, contínuos e serventes, empregados em bancos e casas bancárias[33, 34 e 35].

A duração do trabalho bancário, entretanto, permanece compreendida, conforme disposto no § 1º do art. 224 da CLT, entre 7h e 22h, assegurando-se ao empregado, no horário diário, **um intervalo de quinze minutos**[36] para alimentação.

Os demais bancários, inclusive os exercentes de funções de direção, gerência, fiscalização, chefia e equivalentes, ou que desempenhem outros cargos de confiança, desde que o valor da gratificação não seja inferior a um terço do salário do cargo efetivo, têm, entretanto, e por força do disposto nos §§ 2º e 3º do art. 224 e no art. 225 da CLT, duração do trabalho em dimensão ordinária, ou seja, oito horas diárias e quarenta horas semanais[37 e 38].

---

33 Jurisprudência do TST que **equipara** outros profissionais ao bancário para fins de duração do trabalho:
Súmula 55. FINANCEIRAS. As empresas de crédito, financiamento ou investimento, também denominadas financeiras, equiparam-se aos estabelecimentos bancários para os efeitos do art. 224 da CLT.
Súmula 239. BANCÁRIO. EMPREGADO DE EMPRESA DE PROCESSAMENTO DE DADOS. É bancário o empregado de empresa de processamento de dados que presta serviço a banco integrante do mesmo grupo econômico, exceto quando a empresa de processamento de dados presta serviços a banco e a empresas não bancárias do mesmo grupo econômico ou a terceiros.
34 Jurisprudência do TST que **não equipara** outros profissionais ao bancário para fins de duração do trabalho:
Súmula 117. BANCÁRIO. CATEGORIA DIFERENCIADA. Não se beneficiam do regime legal relativo aos bancários os empregados de estabelecimento de crédito pertencentes a categorias profissionais diferenciadas.
Súmula 119. JORNADA DE TRABALHO. Os empregados de empresas distribuidoras e corretoras de títulos e valores mobiliários não têm direito à jornada especial dos bancários.
Súmula 257. VIGILANTE. O vigilante, contratado diretamente por banco ou por intermédio de empresas especializadas, não é bancário.
35 Perceba-se que, nos moldes da **Orientação Jurisprudencial 379 da SDI-1 do TST**, divulgada no *DEJT* de 19-4-2010, os empregados de cooperativas de crédito **não se equiparam a bancário**. Veja-se: "Os empregados de cooperativas de crédito não se equiparam a bancário, para efeito de aplicação do art. 224 da CLT, em razão da inexistência de expressa previsão legal, considerando, ainda, as diferenças estruturais e operacionais entre as instituições financeiras e as cooperativas de crédito. Inteligência das Leis n. 4.595, de 29-12-1964, e 5.764, de 16-12-1971".
36 **Orientação Jurisprudencial 178 da SDI-1 do TST.** Bancário. Intervalo de 15 minutos. Não computável na jornada de trabalho. Inserida em 8-11-2000 (inserido dispositivo). Não se computa, na jornada do bancário sujeito a seis horas diárias de trabalho, o intervalo de quinze minutos para lanche ou descanso.
37 Jurisprudência do TST aplicável aos exercentes de funções de direção, gerência, fiscalização, chefia e equivalentes:
Súmula 287. JORNADA DE TRABALHO. GERENTE BANCÁRIO — NOVA REDAÇÃO. A jornada de trabalho do empregado de banco gerente de agência é regida pelo art. 224, § 2º, da CLT. Quanto ao gerente-geral de agência bancária, presume-se o exercício de encargo de gestão, aplicando-se-lhe o art. 62 da CLT.
38 **Súmula 124 do TST.** BANCÁRIO. SALÁRIO-HORA. DIVISOR (alteração em razão do julgamento do processo TST-IRR 849-83.2013.5.03.0138 Res. 219/2017, *DEJT* divulgado em 28, 29 e 30-6-2017).
I — o divisor aplicável para o cálculo das horas extras do bancário será:
a) 180, para os empregados submetidos à jornada de seis horas prevista no *caput* do art. 224 da CLT;
b) 220, para os empregados submetidos à jornada de oito horas, nos termos do § 2º do art. 224 da CLT.
II — Ressalvam-se da aplicação do item anterior as decisões de mérito sobre o tema, qualquer que seja o seu teor, emanadas de Turma do TST ou da SBDI-I, no período de 27-9-2012 até 21-11-2016, conforme a modulação aprovada no precedente obrigatório firmado no Incidente de Recursos de Revista Repetitivos n. TST-IRR-849-83.2013.5.03.0138, *DEJT* 19-12-2016.
É importante registrar que o TST manteve até a revisão jurisprudencial ocorrida em setembro de 2012 a Súmula 343, segundo a qual o bancário sujeito à jornada de 8 (oito) horas (art. 224, § 2º, da CLT), **após a CF/1988**, teria salário-hora calculado com base no divisor 220 (duzentos e vinte), não mais 240 (duzentos e quarenta). Esta Súmula, que foi cancelada em 14 de setembro de 2012, partia da ideia de que, para os bancários, o sábado

b) Empregados nos serviços de telefonia e de telegrafia

Os empregados nos serviços de telefonia e de telegrafia são também contemplados com duração do trabalho em padrão mais favorável. Essa disciplina consta dos arts. 227 a 231 da CLT. Assim, nas empresas que explorem o serviço de telefonia, telegrafia submarina ou subfluvial, de radiotelegrafia ou de radiotelefonia, inclusive para os operadores de radiotelegrafia embarcados em navios ou aeronaves, foi estabelecida para os respectivos operadores a duração máxima de **seis horas** contínuas de trabalho por dia ou **trinta e seis horas** semanais[39].

---

não entrava na contagem dos dias de trabalho. Se assim era, o número de horas trabalhadas durante a semana — 40 (quarenta) para os trabalhadores inserido na hipótese do art. 224, § 2º, da CLT — deveria ser dividido por 5 (cinco), referentes ao serviço prestado de segunda a sexta-feira. O resultado da divisão de 40 (número de horas trabalhadas durante a semana) por 5 (número de dias trabalhados durante a semana) é 8 (uma média horária exigível dos referidos bancários). Pois bem. Se a referida média horária — 8 (oito) horas — for multiplicada por 30 (trinta) dias, o resultado seria um divisor 240 (duzentos e quarenta). Como este divisor não seria mais possível depois da publicação da Constituição de 1988, surgiu a Súmula 343 do TST para deixar claro que haveria de aplicar-se o divisor 220, o máximo ora exigível no Direito trabalhista brasileiro.

Com o desaparecimento da Súmula 343 do TST, passou a viger, sem choques de interpretação, a Súmula 431, que, apesar de criada em fevereiro de 2012, também sofreu alteração de redação por ocasião da revisão jurisprudencial de setembro de 2012. Veja-se:

Súmula 431 do TST. SALÁRIO HORA. EMPREGADO SUJEITO AO REGIME GERAL DE TRABALHO (art. 58, *caput*, da CLT). 40 HORAS SEMANAIS. CÁLCULO. APLICAÇÃO DO DIVISOR 200. Para os empregados a que alude o art. 58, *caput*, da CLT, quando sujeitos a 40 horas semanais de trabalho, aplica-se o divisor 200 para o cálculo do valor do salário hora.

Perceba-se que a Súmula 431 do TST parte do pressuposto da existência de uma carga semanal de 40 (quarenta) horas distribuídas por 6 (seis) dias de trabalho por semana. Sendo assim, 40 (número de horas trabalhadas durante a semana) deve ser dividido por 6 (número de dias trabalhados durante a semana) resultando 6,666 (uma média horária exigível). Se a referida média horária — 6,666 horas — for multiplicada por 30 (trinta) dias, o resultado seria um divisor 200 (duzentos e quarenta).

Súmula 109 do TST. O bancário não enquadrado no § 2º do art. 224 da CLT, que receba gratificação de função, não pode ter o salário relativo a horas extraordinárias compensado com o valor daquela vantagem.

É importante anotar, no que diz respeito à referida Súmula 109 do TST, que, numa interpretação particularmente dirigida à Caixa Econômica Federal e contida na OJ Transitória 70 da SDI-1, o próprio TST desdisse o seu entendimento cristalizado nos seguintes termos:

Orientação Jurisprudencial Transitória 70 da SDI-1. CAIXA ECONÔMICA FEDERAL. BANCÁRIO. PLANO DE CARGOS EM COMISSÃO. OPÇÃO PELA JORNADA DE OITO HORAS. INEFICÁCIA. EXERCÍCIO DE FUNÇÕES MERAMENTE TÉCNICAS. NÃO CARACTERIZAÇÃO DE EXERCÍCIO DE FUNÇÃO DE CONFIANÇA. Ausente a fidúcia especial a que alude o art. 224, § 2º, da CLT, é ineficaz a adesão do empregado à jornada de oito horas constante do Plano de Cargos em Comissão da Caixa Econômica Federal, o que importa no retorno à jornada de seis horas, sendo devidas como extras a sétima e a oitava horas laboradas. **A diferença de gratificação de função recebida em face da adesão ineficaz poderá ser compensada com as horas extraordinárias prestadas** (*DJe* TST 27-5-2010, rep. *DJe* TST 28-5-2010 e *DJe* TST 31-5-2010 — destaques não constantes do original).

Anote-se que a Medida Provisória n. 905, de 2019, ora não mais vigente, previu, no § 4º por ela criado no art. 224 da CLT, para todas as situações, observada, entretanto, a sua intertemporalidade, que, "na hipótese de decisão judicial que afaste o enquadramento de empregado na exceção prevista no § 2º, o valor devido relativo a horas extras e reflexos será [seria] integralmente deduzido ou compensado no valor da gratificação de função e reflexos pagos ao empregado".

39 **Súmula 178.** TELEFONISTA. ART. 227, E PARÁGRAFOS, DA CLT. APLICABILIDADE. É aplicável à telefonista de mesa de empresa que não explora o serviço de telefonia o disposto no art. 227, e seus parágrafos, da CLT. Ex-prejulgado n. 59.

Diante do cancelamento da OJ 273 da SDI-1 do TST (inserida em 27-9-2002 e cancelada em maio de 2011), a jurisprudência sinalizou quanto à possibilidade de aplicação analógica da jornada dos telefonistas aos operadores de televendas, sem qualquer restrição. Rememore-se que, segundo a referida OJ, ora cancelada, a jornada reduzida de que trata o art. 227 da CLT não era entendida como aplicável, por analogia, ao operador de televendas, salvo se exercesse suas atividades exclusivamente como telefonista em mesa de transmissão.

Na organização dos horários, conforme o disposto no § 2º do art. 230 da CLT, não se poderá obrigar o empregado aqui analisado a almoçar antes das 10h ou depois das 13h ou, ainda, a jantar antes das 16h ou depois das 19h30.

Anote-se que, nos termos do art. 229 da CLT, os empregados sujeitos a horários variáveis, ou seja, operadores, cujas funções exijam classificação distinta dos que pertençam a seções de técnica, telefones, revisão, expedição, entrega e balcão, terão jornada de duração máxima de sete horas, observadas dezessete horas de folga. Será deduzido das sete horas diárias o tempo correspondente a vinte minutos para descanso, sempre que se verificar um esforço contínuo de mais de três horas seguidas.

c) Músicos profissionais

Segundo o disposto nos arts. 41 e 42 da Lei n. 3.857/60, a duração normal do trabalho dos músicos não poderá ser superior a **cinco horas**, estando o tempo destinado aos ensaios compreendido no período de trabalho. A duração acima expendida poderá, porém, ser elevada a seis horas nos estabelecimentos de diversões públicas, onde atuem dois ou mais conjuntos; e excepcionalmente, a sete horas, nos casos de força maior, ou festejos populares e serviço reclamado pelo interesse nacional.

d) Operadores cinematográficos

Embora a operação cinematográfica tenha evoluído imensamente em relação àquela que inspirou a criação das primeiras normas trabalhistas brasileiras, cabe registrar que, nos termos do vetusto art. 234 da CLT, a duração normal do trabalho dos operadores cinematográficos e de seus ajudantes não poderá exceder *seis horas diárias*, assim divididas:

• cinco horas consecutivas de trabalho em cabina, durante o funcionamento cinematográfico;

• um período suplementar até o máximo de uma hora, para limpeza, lubrificação dos aparelhos de projeção ou revisão de filmes.

Acrescente-se que, na forma do parágrafo único do art. 234 da CLT, operadores cinematográficos e ajudantes, mediante remuneração adicional de pelo menos cinquenta por cento sobre o salário da hora normal **e observado um intervalo de duas horas para folga**, entre os dois períodos acima mencionados, poderão ter a jornada prorrogada por duas horas diárias para exibições extraordinárias.

Acrescente-se que, na forma do § 2º do art. 235 da CLT, o intervalo interjornadas dos operadores cinematográficos e de seus ajudantes terá dimensão mínima de doze horas, mais favorável, portanto, que a dimensão ordinária de onze horas, prevista no art. 66 da CLT.

e) Marítimos

Os marítimos submetem-se a um regime de jornada especial porque, evidentemente, prestam suas atividades em condições extremamente diferenciadas. Basta lembrar que, quando embarcado, o marítimo permanece continuadamente na embarcação, sem que, necessariamente, esteja em serviço. Por conta dessa peculiaridade, o TST, em 1980, publicou a Súmula 96[40], para deixar claro que a permanência do tripulante a bordo do navio, no período de repouso, além da jornada, não importaria a presunção de que estaria à disposição do empregador

---

40 **Súmula 96 do TST.** MARÍTIMO. A permanência do tripulante a bordo do navio, no período de repouso, além da jornada, não importa presunção de que esteja à disposição do empregador ou em regime de prorrogação de horário, circunstâncias que devem resultar provadas, dada a natureza do serviço (RA 45/1980, *DJ*, 16-5-1980).

ou em regime de prorrogação de horário. Essas circunstâncias, segundo a referida súmula, deveriam ser provadas pelo interessado, haja vista a natureza especialíssima do serviço.

Por isso, dispõe o art. 248 da CLT que, entre as horas 0 e 24 de cada dia civil, **o tripulante poderá ser conservado em seu posto durante oito horas**, quer de modo contínuo, quer de modo intermitente. Isto significa que **a jornada dos marítimos é de oito horas**, podendo esse tempo, a critério do comandante, ser prestado de modo contínuo ou intermitente. Neste último caso, **a fração da jornada de trabalho do tripulante nunca poderá ser inferior a uma hora**.

Há exceções à regra geral. Dispõe o § 2º do art. 248 da CLT que "os serviços de quarto nas máquinas, passadiço, vigilância e outros que, consoante parecer médico, possam prejudicar a saúde do tripulante, serão executados por períodos não maiores e com intervalos não menores de quatro horas". O dispositivo em análise quer dizer que, respeitada a jornada de oito horas, aqueles que trabalham em ambientes prejudiciais à saúde não executarão suas tarefas em períodos contínuos de mais de quatro horas seguidas, tampouco serão submetidos a intervalos menores do que quatro horas seguidas.

Diante das balizas acima expendidas e na forma do art. 249 da CLT, "todo o tempo de serviço efetivo, excedente de oito horas [...] será considerado de trabalho extraordinário", sendo relevante observar que "as horas extraordinárias de trabalho são indivisíveis, computando-se a fração de hora como hora inteira" (*vide* o parágrafo único do art. 250 da CLT).

As alíneas *a*, *b*, c e *d* do art. 249 da CLT[41] indicam exceções ao regime de sobrejornada. Segundo os mencionados tópicos, existiriam sujeitos não destinatários de horas extraordinárias e situações que não poderiam produzir tal efeito. Questiona-se: essas normas foram recepcionadas pela Constituição de 1988? A resposta parece negativa. Afirma-se isso porque, consoante mencionado, o disposto no art. 7º, XIII, do texto fundamental não excepciona nenhum empregado, nem mesmo o doméstico, do direito de ter "duração do trabalho normal não superior a oito horas diárias e quarenta e quatro semanais".

Em rigor, o mencionado dispositivo apenas remete contra sujeitos ali mencionados e contra aqueles que vivem as situações ali descritas o ônus de provar o trabalho em sobrejornada. Há contra eles, na verdade, apenas presunção de ausência de prestação em serviço suplementar.

E quanto ao regime de compensação de horários? Ele é possível? Há, sim, possibilidade de ser ajustado o regime na forma do *caput* do art. 250 da CLT. Para esse dispositivo, "as horas de trabalho extraordinário serão compensadas, segundo a conveniência do serviço, por descanso em período equivalente no dia seguinte ou no subsequente, dentro das do trabalho normal, ou no fim da viagem, ou pelo pagamento do salário correspondente". Isso significa que o tripulante, desde que ajustada a possibilidade antecipadamente, poderá trabalhar além das oito horas normais para, *em instante posterior e propício,* fruir da diminuição

---

41 Art. 249. Todo o tempo de serviço efetivo, excedente de oito horas, ocupado na forma do artigo anterior, será considerado de trabalho extraordinário, sujeito à compensação a que se refere o art. 250, **exceto se se tratar de trabalho executado**:

a) em virtude de responsabilidade pessoal do tripulante e no desempenho de funções de direção, sendo consideradas como tais todas aquelas que a bordo se achem constituídas em um único indivíduo com responsabilidade exclusiva e pessoal;

b) na iminência de perigo, para salvaguarda ou defesa da embarcação, dos passageiros, ou da carga, a juízo exclusivo do comandante ou do responsável pela segurança a bordo;

c) por motivo de manobras ou fainas gerais que reclamem a presença, em seus postos, de todo o pessoal de bordo;

d) na navegação lacustre e fluvial, quando se destina ao abastecimento do navio ou embarcação de combustível e rancho, ou por efeito das contingências da natureza da navegação, na transposição de passos ou pontos difíceis, inclusive operações de alívio ou transbordo de carga, para obtenção de calado menor para essa transposição.

da jornada ou mesmo da sua subtração. Se não houver compensação, a solução passa a ser pecuniária, ou seja, de pagamento das horas que seriam compensadas como extraordinárias.

Diante da característica especial do serviço marítimo, deve existir em cada embarcação um **livro onde devem ser anotadas as horas extraordinárias de trabalho** de cada tripulante, e **outro livro onde devem constar as transgressões dos mesmos tripulantes, devidamente circunstanciadas.** Ambos os livros devem ser escriturados pelo comandante.

f) Mineiros

Dadas as condições nocivas do meio ambiente laboral, a duração normal do trabalho efetivo para os empregados em minas do subsolo, nos termos do art. 293 da CLT, não excederá de **seis horas diárias**[42] ou de **trinta e seis semanais**. Esses limites, na forma do art. 295 da CLT, poderão ser elevados até **oito horas diárias** ou **quarenta e quatro** semanais, mediante acordo escrito entre empregado e empregador ou convenção coletiva de trabalho, sujeita essa prorrogação à prévia licença da autoridade competente em matéria de medicina do trabalho (veja-se também o art. 60 da CLT).

O conceito de prestação de **horas** *in itinere* está associado ao trabalho prestado pelos mineiros. Note-se que, nos termos do art. 294 da CLT, "o tempo despendido pelo empregado da boca da mina ao local do trabalho e vice-versa será computado para o efeito de pagamento do salário". Isso acontece porque o acesso às minas é normalmente difícil, não sendo razoável privar o trabalhador da contagem desse tempo como de efetivo serviço. Tais horas *in itinere* são, portanto, computáveis na jornada de trabalho, pois o dispositivo em análise continua em plena vigência.

No que diz respeito ao sistema de intervalos, merece destaque o fato de os mineiros serem destinatários, em cada período de três horas consecutivas de trabalho, de uma pausa obrigatória de quinze minutos para repouso, a qual será computada na duração normal de trabalho efetivo (veja-se o art. 298 da CLT).

g) Jornalistas profissionais

As normas especiais de tutela do trabalho dos jornalistas profissionais, assim entendidos aqueles que nas empresas jornalísticas[43 e 44] prestem serviços como jornalistas[45], revisores, fotógrafos ou na ilustração, estão contidas entre os arts. 302 e 316 da CLT.

---

42 Por determinação da autoridade competente em matéria de medicina do trabalho, tendo em vista condições locais de insalubridade e os métodos e processos do trabalho adotado a duração normal do trabalho efetivo no subsolo **poderá ser inferior a seis horas diárias** (*vide* o parágrafo único do art. 295).

43 Na forma do § 2º do art. 302 da CLT, "consideram-se empresas jornalísticas [...] aquelas que têm a seu cargo a edição de jornais, revistas, boletins e periódicos, ou a distribuição de noticiário, e, ainda, a radiodifusão em suas seções destinadas à transmissão de notícias e comentários".

44 Apesar de o art. 302 da CLT prever expressamente que os dispositivos da Seção IX, Capítulo I, Título III da CLT (do art. 302 ao art. 316) "se aplicam **aos que nas empresas jornalísticas prestem serviços como jornalistas**, revisores, fotógrafos, ou na ilustração", o TST entendeu por bem, mediante a Orientação Jurisprudencial 407 da SDI-1 do TST, que "o jornalista que exerce funções típicas de sua profissão, **independentemente do ramo de atividade do empregador**, tem também direito à jornada reduzida prevista no artigo 303 da CLT".

Conquanto divirja da literalidade do texto do art. 302 da CLT, a mencionada Orientação Jurisprudencial 407 da SDI-1 do TST mostrou-se judiciosa. Enfim, não há mesmo diferença substancial no trabalho de um jornalista contratado por "empresas jornalísticas" ou por indústrias ou bancos. Num mundo competitivo, onde a informação é ingrediente do "poder", qualquer empreendimento de médio a grande porte possui uma assessoria de imprensa que, além de apurar, acompanhar e divulgar os acontecimentos, não raramente edita jornal ou revista em atenção ao público interno e clientes.

45 Conforme o § 1º do art. 302 da CLT, "entende-se como jornalista o trabalhador intelectual cuja função se estende desde a busca de informações até a redação de notícias e artigos e à organização, orientação e direção desse trabalho".

Para esses profissionais foi outorgada duração normal do trabalho na base máxima de cinco horas diárias (art. 303 da CLT). A jornada máxima, na forma do art. 304 da CLT, *poderá ser elevada até sete horas,* **mediante acordo escrito**, em que se estipule aumento de salário-base (ordenado), correspondente ao excesso do tempo de trabalho, e em que se fixe um intervalo destinado a repouso ou a refeição. Em outras palavras, se o salário-base do jornalista for fixado na base hipotética de R$ 2.000,00 para jornada de cinco horas, poderá ser elevada essa jornada para sete horas, mediante simples acordo escrito (não necessariamente coletivo), com o consequente aumento do salário-base para R$ 2.800,00. Extrapolado o limite da sexta hora diária de trabalho, haverá de ser aplicado o sistema de intervalos previsto no art. 71 da CLT.

A carga horária semanal dos jornalistas profissionais, conforme o art. 307 da CLT, é de trinta horas semanais, podendo ser elevada, nos moldes acima expendidos, para quarenta e duas. Perceba-se que "a cada seis dias de trabalho efetivo corresponderá um dia de descanso obrigatório, que coincidirá com o domingo, **salvo acordo escrito em contrário**, no qual será expressamente estipulado o dia em que se deve verificar o descanso".

Anote-se que as normas especiais contidas nos arts. 303, 304 e 305 da CLT não são aplicáveis, na forma do art. 306 do mesmo diploma legal, "àqueles que exercem as funções de redator-chefe, secretário, subsecretário, chefe e subchefe de revisão, chefe de oficina, de ilustração e chefe de portaria". Para estes se aplica a jornada ordinária prevista no art. 7º, XIII, da Constituição de 1988.

Para todos os jornalistas profissionais, entretanto, na forma do art. 308 consolidado, "em seguida a cada período diário de trabalho haverá um intervalo mínimo de dez horas, destinado ao repouso". Isso significa que o intervalo interjornadas dos profissionais ora em exame é de **dez horas**, divergindo, portanto, do padrão dos trabalhadores ordinários, que é de onze horas (*vide* o art. 66 da CLT).

h) *Professores*

Inicialmente, é importante anotar que as disposições contidas entre os arts. 317 e 323 da CLT são, em rigor, unicamente aplicáveis àqueles que, dotados de habilitação legal, atuam como docentes na "educação escolar", justamente a que se desenvolve em instituições próprias, assim identificadas pela Lei de Diretrizes e Bases da Educação (Lei n. 9.394, de 20 de dezembro de 1996). "Professor", portanto, é aquele que leciona no âmbito da "educação escolar", embora outras tantas formas de professar e de educar existam numa sociedade.

Educar é um ato de liberdade, que abrange processos formativos que se desenvolvem na vida familiar, na convivência humana, no trabalho, nas instituições de ensino e pesquisa, nos movimentos sociais e organizações da sociedade civil e nas manifestações culturais. No plano que interessa aos arts. 317 a 323 da CLT, entretanto, a educação restringe-se à "escola", identificada como a instituição de ensino e pesquisa assim reconhecida pelo Estado. Sustenta-se tal restrição interpretativa diante do teor das palavras "magistério" (contida no art. 317 da CLT) e "escolar" (inserida no art. 322 do referido diploma trabalhista) e também por conta daquilo que o art. 317 da CLT intitula de "habilitação legal e registro no Ministério da Educação".

Cabe anotar, entretanto, que têm sido comuns decisões judiciárias que, apesar de reconhecerem a restrição da atividade do professor àqueles que atuam na chamada educação escolar, observada a "habilitação legal e registro no Ministério da Educação", estendem a aplicabilidade dos direitos de professor àqueles que, mesmo sem o serem estritamente, praticam a docência em sentido genérico. O fundamento que geralmente se aplica é o da primazia da realidade e o do tratamento isonômico. Citam-se ilustrativamente as decisões tomadas pelo TST nos processos TST-ERR-70000-54.2008.5.15.0114 (rel. Min. Aloysio Corrêa da Veiga, *DEJT* 28-10-2011) e TST-E-ED-RR-6800-19.2007.5.04.0016 (rel. Min. João Oreste Dalazen, *DJET* 24-5-2013). Em ambos os acórdãos, a tese triunfante foi a de que, havendo reconhecimento do exercício de atividade profissional de docente e o real desempenho do ofício de ministrar aulas, em qualquer área do conhecimento humano, em estabelecimento que realize alguma sistematização de ensino, deve-se garantir em favor deste trabalhador os diretos previstos entre os arts. 317 e 323 da CLT.

Pois bem. Os professores estão também regidos por normas especiais, sendo certo que a duração do seu trabalho não é unicamente fixada pelo número de horas trabalhadas, mas, pelo menos até a publicação da Lei n. 13.415, de 16 de fevereiro de 2017 (publicada no *DOU* de 17 de fevereiro de 2017, com vigência imediata), também pelo número de aulas prestadas[46].

Estavam presentes, desse modo, até então, **duas balizas**: a indicativa do número máximo de horas trabalhadas durante um dia: "mais de 4 (quatro) aulas consecutivas, nem mais de 6 (seis), intercaladas"; e a do número máximo de horas de aula oferecidas para um mesmo estabelecimento dentro de uma mesma jornada: oito horas diárias.

Perceba-se que a redação originária do art. 318 da CLT, que vigeu até 16 de fevereiro de 2017, nunca excluiu a aplicabilidade do disposto no art. 7º, XIII, da Constituição da República. Por isso, observado sempre o limite de oito horas de serviço efetivo por dia, um professor, num mesmo estabelecimento, nos limites do precitado art. 318 da CLT (até 16-2-2017, ou seja, até a entrada em vigor da Lei n. 13.415/2017), não poderia ministrar nem "mais de 4 (quatro) aulas consecutivas, nem mais de 6 (seis), intercaladas".

Para que as colocações constantes deste tópico fiquem bem claras, e para que se entenda o sistema vigente até a publicação da multicitada Lei n. 13.415/2017, imagine-se a situação de um professor que, por trabalhar em escola localizada em local de difícil acesso e não servido por transporte público regular, realizava o trajeto residência-trabalho em uma hora num veículo oferecido pelo patrão e, para retornar, mais uma hora em cumprimento ao trajeto trabalho-residência. Anote-se que essas horas, desde que anteriores à vigência da Lei n. 13.467, de 13 de julho de 2017, eram *in itinere*, ou seja, eram horas de serviço efetivo ficto. Imagine-se, ainda, que este professor cumprisse quatro horas-aula seguidas na referida escola e que, finda a sua docência, retornasse imediatamente à sua residência. Pergunta-se: este professor trabalhou em horas extraordinárias?

A resposta é negativa, pois não superado o marco de oito horas de serviço oferecido em favor do empregador.

Mais uma situação exemplificativa para que se revele o intrincado sistema de duração do trabalho do professor até a vigência da Lei n. 13.415/2017: imagine-se que ele tenha ministrado cinco horas seguidas de aula, além das duas horas *in itinere*. Haveria hora extraordinária devida?

A resposta era positiva, uma vez que extrapolado o limite da quarta hora seguida de docência, situação que, nos termos do mencionado (e ora modificado) art. 318 da CLT e da

---

[46] O Conselho Nacional de Educação consagrou que as horas-aula têm a duração de cinquenta minutos, observado um intervalo de dez minutos para descanso dos alunos entre uma hora-aula e outra. Veja-se o Parecer CNE/CES n. 261/2006. Para fins de remuneração, entretanto, os professores não fruem de qualquer redução ficta. A sua hora de trabalho tem exatos 60 (sessenta) minutos, salvo acordo ou convenção coletiva que disponha mais favoravelmente. É verdade que eles executam suas atividades docentes durante 50 (cinquenta) minutos e oferecem descanso para os alunos durante os 10 (dez) minutos complementares, mas durante todo o tempo permanecem à disposição do empregador. No mesmo sentido, veja-se Marcelo Moura, em sua *Consolidação das Leis do Trabalho para concursos*. Salvador: JusPodivm, 2011, p. 364.

OJ 206 da SDI-1 do TST[47], autorizará o pagamento de uma hora excedente de docência como suplementar.

O mesmo raciocínio havia de ser aplicado, *mutatis mutandis*, em relação ao professor que excedesse o limite da sexta aula intercalada, ou seja, em favor do professor que ministra aulas em frações separadas por intervalos conhecidos como "janelas". Lembre-se que esta "janela" nada mais é do que tempo à disposição do empregador, assim claramente conceituado no Precedente Normativo 31 da SDC do TST[48].

Saliente-se que a modificação legislativa muitas vezes referida nesse texto (Lei n. 13.415/2017) acabou com os limites impostos pela quarta aula consecutiva e também pela sexta aula intercalada. A partir de 17 de fevereiro de 2017, **o professor poderá lecionar em um mesmo estabelecimento por mais de um turno, desde que não ultrapasse a carga de trabalho semanal estabelecida legalmente, assegurado e não computado o intervalo para refeição**.

Registre-se, ainda, que, durante **o período de exames**, na forma do § 1º do art. 322 da CLT, "não se exigirá dos professores [...] a prestação de mais de oito horas de trabalho diário, salvo mediante o pagamento complementar de cada hora excedente pelo preço correspondente ao de uma aula".

Diante do que se afirmou nos parágrafos anteriores, caso o professor trabalhe no limite máximo de sua jornada, haverá de receber o piso salarial integral. Esse, aliás, é o entendimento jurisprudencial dominante, conforme previsto na **Orientação Jurisprudencial 393 da SDI-1 do TST**[49].

Os professores, portanto, têm historicamente **quatro** limites distintos que, uma vez extrapolados, permitem a invocação do pagamento de horas extraordinárias:

a) a quarta aula consecutiva, até a publicação da Lei n. 13.415, de 16 de fevereiro de 2017 (publicada no *DOU* de 17 de fevereiro de 2017, com vigência imediata);

b) a sexta aula intercalada, até a publicação da Lei n. 13.415, de 16 de fevereiro de 2017 (publicada no *DOU* de 17 de fevereiro de 2017, com vigência imediata);

c) a oitava hora de trabalho, nos períodos de exames, em qualquer outra situação em que permanecessem à disposição do empregador além da quarta aula consecutiva ou da sexta intercalada até a publicação da Lei n. 13.415, de 16 de fevereiro de 2017 (publicada no *DOU* de 17 de fevereiro de 2017, com vigência imediata);

d) unicamente a oitava hora de trabalho, a partir da vigência da Lei n. 13.415, de 16 de fevereiro de 2017. Nesse ponto é relevante anotar que se adota aqui uma interpretação conforme a Constituição, pois o art. 7º, XIII, do texto fundamental não admite que os trabalhadores brasileiros, em regra, laborem mais do que oito horas diárias. A extrapolação a esse limite pode ocorrer até o limite máximo de horas suplementares ou por aplicação de

---

47 Orientação Jurisprudencial 206 da SDI-1 do TST. Professor. Horas Extras. Adicional de 50%. Excedida a jornada máxima (art. 318 da CLT), as horas excedentes devem ser remuneradas com o adicional de, no mínimo, 50% (art. 7º, XVI, CF/88). Publicada em 8-11-2000.

48 Veja-se, nesse sentido, o Precedente Normativo 31 da SDC do TST. Professor ("janelas"). (Positivo): Os tempos vagos ("janelas") em que o professor ficar à disposição do curso serão remunerados como aula, no limite de 1 (uma) hora diária por unidade (Ex-PN 45).

49 Orientação Jurisprudencial 393 da SDI-1 do TST. PROFESSOR. JORNADA DE TRABALHO ESPECIAL. ART. 318 DA CLT. SALÁRIO MÍNIMO. PROPORCIONALIDADE. A contraprestação mensal devida ao professor, que trabalha no limite máximo da jornada prevista no art. 318 da CLT, é de um salário mínimo integral, não se cogitando do pagamento proporcional em relação a jornada prevista no art. 7º, XIII, da Constituição Federal (*DEJT*, 10-6-2010).

um sistema de compensação de horários. Exatamente por isso a Lei n. 13.415/2017 modificou a redação do art. 318 da CLT para prever que os professores poderão lecionar em um mesmo estabelecimento por mais de um turno, até o limite da carga de trabalho semanal estabelecida legalmente, respeitado, é claro, o correspondente intervalo intrajornada.

Outro ponto importante a anotar é o que diz respeito à possibilidade de trabalho em domingos. Segundo o dispositivo que consta do art. 319 da CLT, aos professores é vedado, aos domingos, a regência de aulas e o trabalho em exames. Isso significa que a exigibilidade de trabalho nesses dias constituiria uma infração administrativa?

A resposta parece ser negativa, haja vista a redação constante do art. 7º, XV, da Constituição da República, segundo a qual o repouso semanal remunerado, conquanto garantido, deve ser outorgado apenas "preferencialmente" aos domingos, e não necessariamente nesse dia. Assim, por imperativo constitucional, e independentemente do que previa a não mais vigente MP n. 905, de 2019, não é mais proibido ao professor ministrar aulas ou proceder a avaliações aos domingos, desde que lhe seja, evidentemente, concedida folga compensatória em outro dia da semana.

O trabalho em domingos poderá, entretanto, ser limitado quanto à ocorrência por normas coletivas em atenção à melhoria da condição social dos professores, mas não está propriamente vedado.

E no recesso escolar? O professor pode trabalhar? A resposta é oferecida pelo § 2º do art. 322 da CLT, segundo o qual, nesse período, *não se poderá exigir dos professores outro serviço senão o relacionado com a realização de exames.*

i) Médicos e cirurgiões-dentistas

Segundo a Súmula 370 do TST[50], a Lei n. 3.999/61 não estipula jornada reduzida em favor dos médicos e dos cirurgiões-dentistas, mas apenas estabelece em favor destes um salário profissional para jornada máxima de quatro horas, ou seja, três salários mínimos. Assim, se um médico trabalha oito horas diárias recebendo seis salários mínimos, *não há falar em horas extraordinárias*. Estas somente serão devidas se excedente o limite da oitava hora diária ou da quadragésima quarta semanal, devendo a hora adicional ser acrescida de, no mínimo, cinquenta por cento.

j) Engenheiros e arquitetos

Da mesma forma que ocorre com os médicos e os cirurgiões-dentistas, e nos moldes da mesma Súmula 370 do TST, a Lei n. 4.950/66 não estipula jornada reduzida em favor dos engenheiros e arquitetos, mas apenas estabelece em favor destes um salário profissional para jornada máxima de seis horas, ou seja, seis salários mínimos.

Se, entretanto, o engenheiro ou arquiteto for contratado para trabalhar oito horas diárias ele deverá receber 6 (seis) salários mínimos correspondentes às 6 (seis) primeiras horas e mais um salário mínimo por hora adicional de trabalho diário acrescido de 50%. Essa é a exegese que pode ser produzida a partir da leitura dos arts. 4º, 5º e 6º da Lei n. 4.950/66, atualizada pelo texto constitucional de 1988. Veja-se:

---

50 **Súmula 370 do TST.** MÉDICO E ENGENHEIRO. JORNADA DE TRABALHO. LEIS N. 3.999/61 E 4.950/66. Tendo em vista que as Leis n. 3.999/61 e 4.950/66 não estipulam a jornada reduzida, mas apenas estabelecem o salário mínimo da categoria para uma jornada de 4 horas para os médicos e de 6 horas para os engenheiros, não há falar em horas extras, salvo as excedentes à oitava, desde que seja respeitado o salário mínimo/horário das categorias.

Art. 4º Para os efeitos desta lei os profissionais citados no artigo 1º são classificados em:

a) diplomados pelos cursos regulares superiores mantidos pelas Escolas de Engenharia, de Química, de Arquitetura, de Agronomia e de Veterinária com cursos universitários de 4 (quatro) anos ou mais;

b) diplomados pelos cursos regulares superiores mantidos pelas Escolas de Engenharia, de Química, de Arquitetura, de Agronomia e de Veterinária com curso universitário de menos de 4 (quatro) anos.

Art. 5º Para a execução das atividades e tarefas classificadas na alínea "a" do artigo 3º, fica fixado o salário-base mínimo de 6 (seis) vezes o maior salário mínimo comum vigente no País, para os profissionais relacionados na alínea "a" do artigo 4º, e de 5 (cinco) vezes o maior salário mínimo comum vigente no País, para os profissionais da alínea "b" do artigo 4º.

Art. 6º Para a execução de atividades e tarefas classificadas na alínea "b" do artigo 3º, a fixação do salário-base mínimo será feita tomando-se por base o custo da hora fixada no artigo 5º desta lei, acrescido de 25% as horas excedentes das 6 (seis) diárias de serviço.

Onde consta referência quanto ao acréscimo de 25% sobre "as horas excedentes das 6 (seis) diárias de serviço", deve-se entender, pela mudança imposta pelo art. 7º, XVI, da Constituição, que a menção passa a ser quanto ao acréscimo de 50% sobre "as horas excedentes das 6 (seis) diárias de serviço".

O sistema de contraprestação passa a ser o seguinte para engenheiros com cursos universitários de 4 (quatro) anos ou mais, que é o caso das formações plenas em engenharia civil:

a) Para jornadas contratuais de 6 (seis) horas, deve-se pagar salário profissional de 6 (seis) mínimos legais, assim decompostos: SP = 6 SM;

b) Para jornadas contratuais de 7 (sete) horas, deve-se pagar salário profissional de 7,5 (sete e meio) mínimos legais, assim decompostos: SP = 6 SM + 1,5 SM = 7,5 SM;

c) Para jornadas contratuais de 8 (oito) horas, deve-se pagar salário profissional de 9 (nove) mínimos legais, assim decompostos: SP = 6 SM + 1,5 SM + 1,5 SM = 9 SM.

Anote-se, por fim, que, se um engenheiro ou arquiteto trabalha oito horas diárias recebendo nove salários mínimos, *não há falar em horas extraordinárias*. Estas somente serão devidas se excedente o limite da oitava hora diária ou da quadragésima quarta semanal, devendo essa hora adicional ser acrescida de no mínimo cinquenta por cento.

k) Advogados

Nos termos do art. 20 da Lei n. 8.906/94, "a jornada de trabalho do advogado empregado, no exercício da profissão, não poderá exceder a **duração diária de quatro horas** contínuas e a **de vinte horas semanais**, salvo acordo ou convenção coletiva ou em caso de dedicação exclusiva". Esclareça-se que se considera como de "serviço efetivo real" todo o tempo em que o advogado estiver à disposição do empregador, aguardando ou executando ordens, no seu escritório ou em atividades externas. As horas trabalhadas que excederem a duração normal deverão ser remuneradas com um adicional nunca inferior a 100% (cem por cento) sobre o valor da hora normal, mesmo havendo contrato escrito.

Pergunta-se, entretanto: e se o advogado/empregado tiver sido contratado com cláusula de "dedicação exclusiva", qual será a duração do trabalho?

Segundo o art. 12 do Regulamento Geral do Estatuto da Advocacia e da OAB, o advogado/empregado está inserido num regime de "dedicação exclusiva" quando houver **expressa previsão**[51] **nesse sentido no contrato individual de trabalho**. Diante de situações

---

[51] Não se desestime, porém, a aplicação do princípio da primazia da realidade em algumas situações específicas. Veja-se, por exemplo, a seguinte: "ADVOGADO EMPREGADO — JORNADA DE TRABALHO DE QUATRO HORAS — AUSÊNCIA DE PREVISÃO CONTRATUAL DA DEDICAÇÃO EXCLUSIVA — JORNADA

dessa natureza, serão remuneradas como extraordinárias as horas trabalhadas que excederem a jornada normal de 8 (oito) horas e a carga semanal de 40 (quarenta) horas. Anote-se, entretanto, que, independentemente de previsão expressa, o advogado empregado contratado para cumprir carga semanal de 40 horas, **antes da edição da Lei n. 8.906, de 4-7-1994**, estará sujeito ao regime de dedicação exclusiva previsto no art. 20 da citada lei, não tendo, consequentemente, direito à carga semanal de 20 horas ou à jornada de 4 horas. Esse é o entendimento constante da orientação jurisprudencial 403 da SDI-1 do TST, publicada em 16-9-2010.

Anote-se, por fim, que, nos moldes do § 3º do art. 20 da lei aqui em análise, o advogado/empregado goza de referenciais de horário noturno bem diferentes daqueles oferecidos para os trabalhadores ordinários. Consideram-se noturnas, segundo o referido dispositivo, as horas laboradas no período das 20 (vinte) de um dia até as 5 (cinco) do dia seguinte, observado o acréscimo do adicional de 25% (vinte e cinco por cento).

l) Motoristas profissionais

Os motoristas profissionais que trabalham nas atividades ou categorias econômicas de **transporte rodoviário de passageiros e de transporte rodoviário de cargas** passaram a contar, desde a vigência das Leis n. 12.619/2012 e 13.103/2015, com disposições especiais sobre duração e condições de trabalho.

É importante salientar que, nos termos do art. 235-B, III, da CLT, um dos deveres do motorista profissional é justamente o de "respeitar a legislação de trânsito e, em especial, as normas relativas ao tempo de direção e de descanso controlado e registrado na forma do previsto no art. 67-E da Lei n. 9.503, de 23 de setembro de 1997 — Código de Trânsito Brasileiro". Pode-se dizer, então, que cabe a ele o **dever de resistir ao abuso patronal** que lhe imponha a extrapolação do tempo máximo de prestação do seu serviço ou a violação do seu período de descanso.

Esse dever de resistência encontra justificativa no elevado risco que a atividade produz para terceiros, assim considerados os igualmente motoristas, que também transitam pelas estradas do país; os pedestres, que muitas vezes são atingidos pela negligência ao volante; ou os passageiros, que a todo momento confiam a sua incolumidade física e vida aos que, por vocação ou por necessidade, resolveram fazer do transporte rodoviário uma profissão.

A responsabilidade desses profissionais da estrada é tão elevada que a norma ora em análise lhes impõe o prejuízo da sua intimidade para que se conheçam as substâncias que habitualmente consomem.

A lei é claríssima ao dispor, nos parágrafos 6º e 7º do art. 168 da CLT, no sentido de que os motoristas profissionais devem se submeter a exames toxicológicos por ocasião de sua admissão e desligamento, assegurados, entretanto, o direito à contraprova em caso de resultado positivo e a confidencialidade dos respectivos resultados. Em qualquer caso, deve-se observar a Lei Geral de Proteção de Dados Pessoais (LGPD), Lei n. 13.709, de 14 de agosto de 2018.

DE OITO HORAS — PRINCÍPIO DA PRIMAZIA DA REALIDADE — INDEVIDAS HORAS EXTRAS — 1. O art. 20 da Lei 8.906/94 dispõe que a jornada de trabalho do advogado empregado, no exercício da profissão, não poderá exceder a duração diária de quatro horas contínuas e a de vinte horas semanais, salvo acordo ou convenção coletiva ou em caso de dedicação exclusiva. 2. Nessa linha, o Regulamento Geral do Estatuto da Advocacia, em seu art. 12, assenta a necessidade de expressa disposição acerca da adoção do regime de dedicação exclusiva no contrato de trabalho. 3. Trata-se de hipótese em que não existe previsão expressa de dedicação exclusiva no contrato de trabalho do Reclamante. Todavia, a jornada de trabalho efetivamente cumprida sempre foi de oito horas, de forma que era inviável a possibilidade de dedicação a outra atividade. 4. Assim sendo, com fundamento no princípio da primazia da realidade, não devem ser consideradas extras todas aquelas que excedem à jornada de quatro horas. Recurso de revista parcialmente conhecido e desprovido" (TST, RR 956/2002-002-02-00.3, 7ª T., Rel. Min. Ives Gandra Martins Filho, *DJ*, 13-6-2008).

O mesmo se prevê durante o transcurso do vínculo contratual, uma vez que o art. 235-B, VII, da CLT, estabelece como dever do motorista profissional empregado *"submeter-se a exames toxicológicos com janela de detecção mínima de 90 (noventa) dias e a programa de controle de uso de droga e de bebida alcoólica, instituído pelo empregador, com sua ampla ciência, pelo menos uma vez a cada 2 (dois) anos e 6 (seis) meses, podendo ser utilizado para esse fim o exame obrigatório previsto na Lei n. 9.503, de 23 de setembro de 1997 — Código de Trânsito Brasileiro, desde que realizado nos últimos 60 (sessenta) dias"*.

A intimidade do operário, mediante respeito no procedimento de coleta dos dados, cede espaço, portanto, à segurança de todos, tornando-se juridicamente exigível o uso do bafômetro e de outros testes para a certificação da inexistência de substâncias psicotrópicas em seu organismo. Não por outro motivo, o disposto no art. 235-B, parágrafo único, da CLT prevê que **a recusa do empregado em submeter-se ao teste ou ao programa de controle de uso de droga e de bebida alcoólica será considerada infração disciplinar, passível de pena nos termos da lei.**

Há mais: em nome desse dever de cuidado e dessa responsabilidade especial dada aos empresários e aos profissionais do transporte rodoviário, o art. 235-G da CLT, a despeito de permitir pagamento ao motorista em função da distância percorrida, do tempo de viagem ou da natureza e quantidade de produtos transportados, inclusive mediante oferta de comissão ou de qualquer outro tipo de vantagem, previu como ilícita toda a remuneração ou comissionamento que comprometam a segurança da rodovia e da coletividade ou que possibilitem a violação das normas previstas nas Leis n. 12.619/2012 e 13.103/2015.

Caberá, pois, ao motorista que é remunerado em função da distância percorrida, do tempo de viagem ou da natureza e quantidade de produtos transportados a prova de que essa sistemática foi promotora de assédios organizacionais, desafiando o pagamento de indenizações por danos ao seu patrimônio imaterial. Caso contrário, tal remuneração será entendida como não comprometedora dos valores e bens aqui mencionados.

Pois bem. Feitas essas considerações introdutórias, cabe anotar que **a jornada de trabalho do motorista profissional — bem assim do ajudante empregado nas operações em que acompanhe o motorista (*vide* o § 16 do art. 235-C da CLT) —** é exatamente aquela estabelecida na Constituição Federal (oito horas diárias) ou nos instrumentos coletivos negociados, se mais favorável. O **art. 235-C da CLT é bem claro nesse sentido, ao afirmar que a jornada desse trabalhador é de 8 (oito) horas, admitindo-se a sua prorrogação por até 2 (duas) horas extraordinárias ou, mediante previsão em convenção ou acordo coletivo, por até 4 (quatro) horas extraordinárias.**

Não se deve esquecer que, como uma particularidade desse grupo de trabalhadores, e em conformidade com o disposto no § 13 do precitado art. 235-C, "salvo previsão contratual, **a jornada de trabalho do motorista empregado não tem horário fixo de início, de final ou de intervalos**" (destaques não constantes do original), ou seja, salvo que o contrato estipule o horário de início e de término das atividades cotidianas ou ainda o momento em que se dará a fruição dos intervalos, estes acontecerão no momento em que forem possíveis ou mais adequados ao alcance dos objetivos de empregado e empregador. Exatamente por isso é que o art. 2º, V, *b*, da Lei n. 13.103/2015, prevê que **o motorista profissional tem o direito de ter jornada de trabalho controlada e registrada de maneira fidedigna** mediante anotação em diário de bordo, papeleta ou ficha de trabalho externo, ou sistema e meios eletrônicos instalados nos veículos, a critério do empregador. Cabe ao empregador, e não ao empregado, fazer prova do exato instante de prestação dos serviços e do momento de ocorrência dos intervalos com vista à delimitação da correspondente extensão da jornada.

Ademais, conforme disposto no § 14 do art. 235-C da CLT, o motorista empregado é responsável pela **guarda, preservação e exatidão** das informações contidas nas anotações em diário de bordo, papeleta ou ficha de trabalho externo, ou no registrador instantâneo **inalte-**

rável de velocidade e tempo, ou nos rastreadores ou sistemas e meios eletrônicos, instalados nos veículos, **normatizados pelo Contran**, até que o veículo seja entregue à empresa.

Isso significa que o empregado tem a responsabilidade de manter incólumes e fidedignas as informações que ele próprio lavre no diário de bordo, papeleta ou ficha de trabalho externo, o que poderá ser, caso assim deseje o empregador, chancelado por um superior hierárquico. A inexistência do visto de um supervisor não tornará inválido tal registro manual, mas dele não poderá faltar elemento capaz de demonstrar que o preenchimento do diário, da papeleta ou da ficha de trabalho foi efetivamente feita pelo empregado, como, por exemplo, a sua assinatura.

É bom anotar que, nos moldes do § 15 do referido art. 235-C, os dados referidos no § 14 poderão ser enviados a distância, a critério do empregador, facultando-se a anexação do documento original posteriormente. Nesse caso, caso o empregado questione a autenticidade dos relatórios produzidos pelo envio a distância, caberá ao empregador o ônus de provar a sua fidedignidade.

Cabe lembrar, por outro lado, que, nos moldes do art. 235-F da CLT, "convenção e acordo coletivo poderão prever jornada especial de 12 (doze) horas de trabalho por 36 (trinta e seis) horas de descanso para o trabalho do motorista profissional empregado em regime de compensação".

De modo ordinário, então, o excesso de horas de trabalho realizado em um dia poderá ser compensado, pela correspondente diminuição em outro dia, se, é claro, houver previsão em instrumentos de natureza coletiva, observadas as disposições pertinentes ao tema "compensação de horários" previstas na CLT.

Como em qualquer outra atividade laborativa, admite-se, em regra, a prorrogação da jornada de trabalho por até 2 (duas) horas suplementares, sendo certo que se entenderá como trabalho efetivo "o tempo em que o motorista empregado estiver à disposição do empregador, excluídos os intervalos para refeição, repouso e descanso e o tempo de espera" (*vide* o § 1º do artigo 235-C da CLT), cabendo reiterar que o "tempo de espera" é não mais do que indenizado na proporção de 30% (trinta por cento) do salário-hora normal.

Esse tempo de espera, **exclusivamente relacionado aos motoristas empregados das empresas de transporte de carga** por expressa disposição constante do § 8º do art. 235-C da CLT, não é computado como tempo suplementar. Para saber mais sobre as "horas de espera", consulte-se item que trata sobre o assunto no Capítulo 10.

É relevante anotar que, nos termos dos §§ 2º e 3º do art. 235-C da CLT, será assegurado ao motorista profissional, *ordinariamente,* um **intervalo intrajornada mínimo de 1 (uma) hora para refeição**, além de **intervalo interjornadas de 11 (onze) horas a cada 24 (vinte e quatro) horas e descanso intersemanal de 35 (trinta e cinco) horas**. O padrão ordinário, portanto, não difere daquele oferecido a qualquer outro empregado, mas existem aspectos excepcionais que não podem deixar de ser considerados. Vejam-se:

CLT, Art. 235-C.

[...]

§ 2º Será assegurado ao motorista profissional empregado intervalo mínimo de 1 (uma) hora para refeição, podendo esse período coincidir com o tempo de parada obrigatória na condução do veículo estabelecido pela Lei n. 9.503, de 23 de setembro de 1997 — Código de Trânsito Brasileiro, exceto quando se tratar do motorista profissional enquadrado no § 5º do art. 71 desta Consolidação.

§ 3º Dentro do período de 24 (vinte e quatro) horas, são asseguradas 11 (onze) horas de descanso, sendo facultados o seu fracionamento e a coincidência com os períodos de parada obrigatória na condução do veículo estabelecida pela Lei n. 9.503, de 23 de setembro de 1997 — Código de Trânsito Brasileiro, garantidos o mínimo de 8 (oito) horas ininterruptas no primeiro período e o gozo do remanescente dentro das 16 (dezesseis) horas seguintes ao fim do primeiro período.

O § 4º do art. 235-C e o art. 235-D da CLT disciplinaram algumas situações relacionadas às **viagens de longa distância**, assim consideradas aquelas em que o motorista profissional empregado — de cargas ou de passageiros — permanece fora da base da empresa, matriz ou filial e de sua residência por **mais de 24 (vinte e quatro) horas**, serão observados:

I — O repouso diário pode ser feito **no veículo** ou **em alojamento** do empregador, do contratante do transporte, do embarcador ou do destinatário ou em outro local que ofereça condições adequadas;

II — Nas viagens de longa distância com **duração superior a 7 (sete) dias**, o repouso semanal será de **24 (vinte e quatro) horas por semana** ou fração trabalhada, sem prejuízo do **intervalo de repouso diário de 11 (onze) horas**, totalizando **35 (trinta e cinco) horas**, usufruído no retorno do motorista à base (matriz ou filial) ou ao seu domicílio, salvo se a empresa oferecer condições adequadas para o efetivo gozo do referido repouso;

III — É permitido o **fracionamento do repouso semanal** em **2 (dois) períodos**, sendo um destes de, no mínimo, **30 (trinta) horas ininterruptas**, a serem cumpridos na mesma semana e em continuidade a um período de repouso diário, que deverão ser usufruídos no retorno da viagem;

IV — A **cumulatividade de descansos semanais em viagens de longa distância** fica limitada ao número de 3 (três) descansos consecutivos;

V — O motorista empregado, em viagem de longa distância, que **ficar com o veículo parado** após o cumprimento da jornada normal ou das horas extraordinárias fica dispensado do serviço, exceto se for expressamente autorizada a sua permanência junto ao veículo pelo empregador, hipótese em que o tempo será considerado de espera;

VI — Não será considerado como jornada de trabalho, nem ensejará o pagamento de qualquer remuneração, o período em que o **motorista empregado ou o ajudante ficarem espontaneamente no veículo** usufruindo dos intervalos de repouso;

VII — *Nos casos em que o empregador adotar **2 (dois) motoristas trabalhando no mesmo veículo**, o tempo de repouso poderá ser feito com o veículo em movimento, assegurado o **repouso mínimo de 6 (seis) horas consecutivas fora do veículo** em alojamento externo ou, se na cabine leito, com o veículo estacionado, a cada 72 (setenta e duas) horas.*

Nesse particular, cabe lembrar que, **nos casos em que o empregador adotar revezamento de motoristas trabalhando em dupla no mesmo veículo**, o tempo em movimento do veículo aumentará, assim como o tempo de permanência deste em estacionamento a cada 24 (vinte e quatro) horas. Rodando com um único motorista, o repouso diário com o veículo estacionado será de **11 (onze) horas** a cada 24 (vinte e quatro) horas. Se se adotar o sistema de revezamento, rodando com dois motoristas, o repouso diário com o veículo estacionado passará a ser de no mínimo **6 (seis) horas** para cada um dos motoristas, formando-se um tempo total de automóvel estacionado de 12 (doze) horas a cada 24 (vinte e quatro) horas. Nas situações de revezamento, portanto, o empregador terá o veículo em movimento por 12 (doze) horas a cada 24 (vinte e quatro) horas, porque o "muda" poderá fruir do intervalo intrajornada, enquanto o seu companheiro dirige. Nas situações de motorista único, o empregador terá o veículo em movimento por 8 (oito) horas diárias a cada 24 (vinte e quatro) horas.

VIII — Em situações excepcionais de inobservância justificada do limite de jornada de que trata o art. 235-C da CLT, devidamente registradas, e **desde que não se comprometa a segurança rodoviária**, a duração da jornada de trabalho do motorista profissional empregado poderá ser elevada pelo tempo necessário até o veículo chegar a um local seguro ou ao seu destino;

IX — Nos **casos em que o motorista tenha que acompanhar o veículo transportado por qualquer meio onde ele siga embarcado** e em que o veículo disponha de cabine leito ou a embarcação disponha de alojamento para gozo do intervalo de repouso diário previsto no § 3º do art. 235-C, esse tempo será considerado como tempo de descanso;

X — Para o transporte de **cargas vivas, perecíveis e especiais em longa distância ou em território estrangeiro** poderão ser aplicadas regras conforme a especificidade da operação de transporte realizada, cujas condições de trabalho serão fixadas em convenção ou acordo coletivo de modo a assegurar as adequadas condições de viagem e entrega ao destino final. (destaques não constantes do original)

É relevante lembrar que, nas acima referidas situações de revezamento de motoristas trabalhando em dupla, o repouso no veículo em movimento será tecnicamente considerado "tempo de reserva" (hora de mera expectativa) e, por aplicação analógica do art. 244 da CLT, será remunerado na razão de 1/3 da hora normal, a despeito da revogação do dispositivo que expressamente previa isso no § 6º do art. 235-E da CLT. Não parece razoável concluir que a extração do dispositivo da norma produza conclusão no sentido de que outras normas analógicas existentes no sistema sejam simplesmente descartadas em prejuízo do trabalhador.

Caberá ao empregador, portanto, a análise de custo para avaliar as vantagens econômicas de ter ou de não ter dois motoristas em revezamento.

Reitera-se que o motorista tem o dever de resistir ao abuso patronal que lhe imponha a extrapolação do tempo máximo de prestação do seu serviço ou a violação do seu período de descanso. Cabe-lhe parar o veículo, no primeiro momento possível, para fruir do devido intervalo ou repouso diário.

Se o motorista não parar, sob o fundamento do receio de perder o emprego, assumirá determinada margem de culpa, nos moldes previstos no art. 945 do Código Civil, nas situações em que vier a sofrer lesão física ou psíquica em decorrência das condições de trabalho. Afinal, segundo o referido dispositivo civil, "**se a vítima tiver concorrido culposamente para o evento danoso, a sua indenização será fixada tendo-se em conta a gravidade de sua culpa em confronto com a do autor do dano**".

10.1.4 Prorrogação de horas de trabalho

10.1.4.1 Caracterização

O **acordo de prorrogação de jornadas** caracteriza-se pelo ajuste firmado entre empregado e empregador no sentido de permitir a este a exigência de extensão da duração diária do trabalho em virtude de circunstâncias excepcionais. Por meio desse acordo, **promovido mediante contrato individual ou contrato coletivo de trabalho (acordo ou convenção coletiva)**, a duração normal do trabalho poderá ser acrescida de **horas suplementares** em quantidade ordinariamente não excedente de duas.

No que diz respeito à caracterização da prorrogação de jornadas, as seguintes anotações são reputadas importantes:

1ª) O empregado somente terá a obrigação contratual de prestar horas extraordinárias caso tenha anuído quanto a isso mediante acordo de prorrogação de jornadas individual (não mais necessariamente escrito, conforme item a seguir expendido) ou coletivo. Não poderá ele, portanto, diante das hipóteses em que negar a prestação de sobrejornada, ser apenado ou despedido por justa causa em decorrência de ato de insubordinação. Ressalvem-se nesse âmbito apenas as situações em que ocorra "necessidade imperiosa", conforme se observará no tópico deste capítulo, em que se discutirá sobre "necessidade imperiosa e exigibilidade de prestação de horas extraordinárias";

2ª) O "acordo de prorrogação de jornadas", antes da vigência da Lei n. 13.467/2017, somente poderia ser apresentado sob a forma de acordo **escrito** (inclusive coletivo) entre empregador e empregado ou de convenção coletiva de trabalho. Atualmente, entretanto, menciona-se apenas "acordo individual, convenção coletiva ou acordo coletivo de trabalho". A retirada da exigência de acordo individual *escrito* tornou lícita a possibilidade de ajustes não escritos, vale dizer, da forma verbal e até mesmo da tácita. O acordo de prorrogação de jornadas permanece, porém, como um procedimento vedado aos aprendizes (*vide* o art. 432 da CLT).

3ª) O simples fato de o empregador não ter determinado a realização do trabalho suplementar não é suficiente para desobrigar-se do pagamento das correspondentes horas extraordinárias[52];

4ª) "A limitação legal da jornada suplementar a duas horas diárias não exime o empregador de pagar todas as horas trabalhadas" (*vide* Súmula 376, I, do TST).

5ª) As horas extraordinárias devem ser computadas por um dos critérios — diário ou semanal —, nunca cumulativamente, sob pena de *bis in idem*. Sintetizando: ou se aufere o pagamento das horas excedentes da oitava diária ou se obtém o pagamento das horas que extrapolem a quadragésima quarta hora semanal. Deve-se, porém, considerar o quantitativo que seja mais favorável ao trabalhador, ou o diário ou o semanal.

6ª) Se o empregado tiver reconhecidas horas extraordinárias em juízo, o empregador poderá invocar a dedução de todas as horas suplementares pagas. Cabe, assim, a aplicação do entendimento constante da Orientação Jurisprudencial 415 da SDI-1 do TST, segundo a qual "a dedução das horas extras comprovadamente pagas daquelas reconhecidas em juízo não pode ser limitada ao mês de apuração, devendo ser integral e aferida pelo total das horas extraordinárias quitadas durante o período imprescrito do contrato de trabalho".

10.1.4.2 Remuneração adicional

A prorrogação das horas de trabalho é fato naturalmente desgastante. Por isso, as horas suplementares valem evidentemente mais do que as horas ordinárias. Nessa ordem de ideias, o legislador constituinte, majorando a dimensão percentual incidente sobre as horas extraordinárias previstas na CLT, estabeleceu que qualquer hora suplementar deve ser necessariamente acrescida de um adicional de cinquenta por cento. O acréscimo pode ser maior que cinquenta por cento (por lei específica ou por contrato), **nunca menor que isso**, nem mesmo em função de negociação coletiva, porque o acréscimo de pelo menos cinquenta por cento é direito constitucional mínimo[53], blindado contra qualquer tentativa de aviltamento.

---

52 Veja-se, nesse sentido, decisão do TST: " [...] entende-se que o simples fato da reclamada não ter determinado a realização do labor extraordinário da reclamante não é suficiente para eximi-la do respectivo pagamento das horas trabalhadas em sobrelabor, tendo em vista que se beneficiou diretamente. Desse modo, caso entendesse pela sua desnecessidade, deveria ter impedido a reclamante de prestá-las. 5. É cediço que o fato gerador do pagamento das horas extraordinárias é o simples labor além da jornada diária acordada, não havendo qualquer limitação às hipóteses em que este decorra de determinação do empregador. Não se pode olvidar que compete ao reclamado o exercício do poder diretivo, razão pela qual ao perceber que o empregado não tem condições de exercer a jornada no período acordado, necessitando elastecê-la, deveria ter proibido a realização das horas extraordinárias ou a dispensado, contratando um que se adequasse às determinações da empresa. Assim, mostra-se flagrante a ofensa ao artigo 7º, XVI, da Constituição Federal. 6. Recurso ordinário a que se dá provimento quanto ao ponto" (TST, ROAR-27000-37.2009.5.18.0000, SBDI-2, Rel. Min. Guilherme Augusto Caputo Bastos, *DJe*, 17-6-2011, p. 393/394).

53 Consoante o art. 7º, XVI — remuneração do serviço extraordinário superior, no mínimo, em cinquenta por cento à do normal.

10.1.4.3 Necessidade imperiosa e exigibilidade de prestação de horas extraordinárias

O texto constitucional trata as horas extraordinárias como algo excepcional. Dentro dessa excepcionalidade, as horas suplementares precisam sempre de uma justificativa. Não podem, rigorosamente falando, existir sem um correspondente fato gerador. Além dessa justificativa, a prestação de sobrejornada demanda ainda um ajuste entre empregador e empregado intitulado "acordo de prorrogação de jornadas", sem o qual **não é exigível** (art. 59 da CLT). Note-se que a lei dispõe no sentido de que "a duração diária do trabalho **poderá** (e não deverá) ser acrescida de horas extras, em número não excedente de duas, por acordo individual, convenção coletiva ou acordo coletivo de trabalho".

Dois detalhes aqui são relevantes pós-Lei n. 13.467, de 13 de julho de 2017:

1º) Reitere-se que o "acordo de prorrogação de jornadas", antes da vigência da referida lei, somente poderia ser apresentado sob a forma de acordo **escrito** (inclusive coletivo) entre empregador e empregado ou de convenção coletiva de trabalho. Atualmente, entretanto, menciona-se apenas "acordo individual, convenção coletiva ou acordo coletivo de trabalho". A retirada da exigência de acordo individual *escrito* tornou lícita a possibilidade de ajustes não escritos, vale dizer, da forma verbal e até mesmo da tácita. O acordo de prorrogação de jornadas permanece, porém, como um procedimento vedado aos aprendizes (*vide* o art. 432 da CLT).

2º) Dois é o número máximo de horas de prorrogação[54]. Observe-se que não se trata aqui de compensação de horários (coisa totalmente diversa), mas sim de prorrogação de jornada. A compensação de horários permite a extensão de uma jornada para compensar a redução de outra. Neste caso a dilatação horária pode, obviamente, exceder o limite de duas horas. Exatamente por isso o *caput* art. 59-A da CLT é assertivo:

> Art. 59-A. **Em exceção ao disposto no art. 59 desta Consolidação**, *é facultado às partes, mediante acordo individual escrito, convenção coletiva ou acordo coletivo de trabalho, estabelecer horário de trabalho de doze horas seguidas por trinta e seis horas ininterruptas de descanso, observados ou indenizados os intervalos para repouso e alimentação.*

É certo, portanto, afirmar que o trabalhador não é obrigado unilateralmente a prestar sobrejornada. ***Mas, se houver necessidade imperiosa***[55], ***o trabalhador pode ser compelido a prestar horas extraordinárias?***

A análise do conjunto da legislação sugere que, ainda nesses casos, é necessário o "acordo de prorrogação de jornadas". Justifica-se a exigência diante da redação do art. 61 da CLT, segundo a qual, "ocorrendo necessidade imperiosa, **poderá** (e não *deverá*) a duração do trabalho exceder do limite legal ou convencionado".

Observe-se também o texto do § 1º do citado artigo, conforme o qual **o excesso** (e somente o excesso) poderá ser exigido independentemente de acordo ou convenção coletiva. Vale dizer: existindo "acordo de prorrogação de jornadas", o que exceder duas horas

---

54 É óbvio que a limitação legal da jornada suplementar a duas horas diárias não exime o empregador de pagar todas as horas trabalhadas. Este é o entendimento expendido na Súmula 376 do TST. Veja-se: **Súmula 376 do TST.** HORAS EXTRAS. LIMITAÇÃO. ART. 59 DA CLT. REFLEXOS. I — A limitação legal da jornada suplementar a duas horas diárias não exime o empregador de pagar todas as horas trabalhadas. II — O valor das horas extras habitualmente prestadas integra o cálculo dos haveres trabalhistas, independentemente da limitação prevista no *caput* do art. 59 da CLT.

55 A necessidade imperiosa comporta duas variáveis: a) fazer face a motivo de força maior; b) atender à realização ou conclusão de serviços inadiáveis ou cuja inexecução possa acarretar prejuízo manifesto.

poderá ser exigido independentemente de acordo ou convenção coletiva e, ainda assim, observado o limite máximo diário de doze horas trabalhadas[56].

O excesso mencionado no § 1º do art. 61 da CLT não mais precisa ser comunicado dentro de **dez dias** à autoridade competente em matéria de trabalho, tampouco se fala da necessidade de, antes do fim desse prazo, justificá-lo no momento da fiscalização. A Lei n. 13.467, de 13 de julho de 2017, extirpou essa formalidade burocrática do § 1º do art. 61 da CLT. Desde então o texto do referido dispositivo apenas dispõe: "O excesso, nos casos deste artigo, pode ser exigido independentemente de convenção coletiva ou acordo coletivo de trabalho". Nada, entretanto, impede que a fiscalização do trabalho apresente eventual questionamento ao empregador ou que o empregado envolvido na situação discuta a existência ou a inexistência de suposta "necessidade imperiosa" perante o Judiciário.

A despeito do quanto ora expendido, pode-se ponderar quanto à exigibilidade de acordo entre empregado e empregador para a prestação de horas extraordinárias em casos de necessidade imperiosa. Isso pode ocorrer por conta do **dever de colaboração** que todo empregado deve ter em relação ao empregador. Em outras palavras, há situações em que a negativa do empregado em auxiliar o empregador, diante de uma necessidade imperiosa **sob o argumento da ausência de prévio acordo de prorrogação**, pode significar desdém ao emprego e grave infração contra o mencionado dever de colaboração.

Exemplifica muito bem essa situação a hipótese inserta no art. 240 da CLT, segundo o qual o ferroviário, nos casos de urgência ou de acidente, capazes de afetar a segurança ou regularidade do serviço, terá a duração do trabalho excepcionalmente elevada a qualquer número de horas (admitindo-se a possibilidade de revezamento de turmas e a concessão de repouso correspondente). A recusa, sem causa justificada, por parte de qualquer empregado ferroviário, à execução de serviço extraordinário será considerada **falta grave**.

Observadas as ressalvas acima expostas, sempre que ocorrer interrupção do trabalho, resultante de causas acidentais, ou de força maior, que determinem a impossibilidade de sua realização, a duração do trabalho poderá ser prorrogada pelo tempo necessário **até o máximo de duas horas**, durante o número de dias indispensáveis à recuperação do tempo perdido, desde que **não exceda de dez horas diárias**, em **período não superior a quarenta e cinco dias por ano**.

A recuperação, é importante frisar, estará sujeita à prévia autorização da autoridade competente, vale dizer, o Ministério do Trabalho (ora Ministério do Trabalho e Previdência).

10.1.4.4 Variações mínimas no registro de ponto e inexigibilidade de pagamento como sobrejornada

Nos termos do § 1º do art. 58 da CLT, não serão descontadas nem computadas como jornada extraordinária as variações de horário no registro de ponto não excedentes de **cinco minutos (na entrada e na saída)**, observado o limite máximo de **dez minutos diários**.

Esse dispositivo foi acrescido à CLT por meio da Lei n. 10.243, de 19-6-2001, norma inspirada no conteúdo de duas orientações jurisprudenciais da Seção de Dissídios Individuais do TST (Orientação Jurisprudencial 26 e Orientação Jurisprudencial 326 da SDI-1), que foram convertidas na Súmula 366, nos seguintes termos:

Súmula 366 do TST. CARTÃO DE PONTO. REGISTRO. HORAS EXTRAS. MINUTOS QUE ANTECEDEM E SUCEDEM A JORNADA DE TRABALHO (nova redação) — Res. 197/2015

---

56 Esse limite é aplicável nas situações que visam à realização ou conclusão de serviços inadiáveis ou cuja inexecução possa acarretar prejuízo manifesto. Por outro lado, para fazer face ao motivo de força maior a exegese do § 2º parece sugerir a inexistência de limite de horas trabalhadas, podendo a duração do trabalho, tal qual previsto no art. 240 da CLT, ser excepcionalmente elevada a qualquer número de horas.

— *DEJT divulgado em 14, 15 e 18-5-2015. Não serão descontadas nem computadas como jornada extraordinária as variações de horário do registro de ponto não excedentes de cinco minutos, observado o limite máximo de dez minutos diários. Se ultrapassado esse limite, será considerada como extra* **a totalidade do tempo** *que exceder a jornada normal, pois configurado tempo à disposição do empregador, não importando as atividades desenvolvidas pelo empregado ao longo do tempo residual (troca de uniforme, lanche, higiene pessoal etc.).*

Atente-se para o fato de que, ultrapassados os limites fixados na lei ou na súmula, será considerado extraordinário todo o tempo que exceder a jornada normal, inclusive os tolerados cinco minutos na entrada e na saída do trabalho.

Outro detalhe importante: a partir da vigência da referida Lei n. 10.243/2001, e de acordo com a Súmula 449 do TST, deixou de prevalecer qualquer cláusula contida em convenção ou acordo coletivo que visasse alargar o limite de cinco minutos que antecedem e sucedem a jornada de trabalho para fins de apuração das horas extraordinárias[57].

10.1.4.5 Situações de proibição de prorrogação de horas de trabalho

Há três casos importantes de proibição de prorrogação de horas de trabalho:

1º) Os aprendizes, conforme o art. 432 da CLT[58].

2º) Os empregados contratados sob o regime de tempo parcial **não poderão prestar** horas extraordinárias nos contratos estabelecidos para duração entre 26 (vinte e seis) e 30 (trinta) horas por semana, sob pena de descaracterização. Note-se, entretanto, que a proibição não impede a compensação de horários. O § 5º o art. 58-A é bem claro no sentido de que "as horas suplementares da jornada de trabalho normal poderão ser compensadas diretamente até a semana imediatamente posterior à da sua execução, devendo ser feita a sua quitação na folha de pagamento do mês subsequente, caso não sejam compensadas".

3º) De igual modo, nas atividades insalubres quaisquer prorrogações **somente poderão ser acordadas** mediante licença prévia das autoridades competentes em matéria de medicina do trabalho, ou seja, das Superintendências Regionais do Trabalho e Emprego (art. 60 da CLT). Elas, para esse efeito, procederão aos necessários exames locais e à verificação dos métodos e processos de trabalho, quer diretamente, quer por intermédio de autoridades sanitárias federais, estaduais e municipais, com quem entrarão em entendimento para tal fim. Sem essa licença, o ajuste de prestação de horas suplementares constitui infração administrativa, ficando o empregador suscetível a assumir indenização por danos causados ao empregado que se submeteu à sobrejornada nessas situações, ainda que consensual a prorrogação. Anotem-se, porém, duas exceções expressas:

Primeira exceção: a Lei n. 13.467, de 13 de julho de 2017, adicionou o **parágrafo no art. 60 da CLT**. Por meio desse parágrafo único se excetuam da exigência de licença prévia **as jornadas de doze horas de trabalho por trinta e seis horas ininterruptas de descanso**, independentemente da natureza do serviço desenvolvido pelo trabalhador.

Segunda exceção: a mesma Lei n. 13.467, de 2017, introduziu no art. 611-A, XIII, da CLT a possibilidade de negociação coletiva para a "prorrogação de jornada em ambientes

---

[57] Veja-se: **Súmula 449 do TST**. MINUTOS QUE ANTECEDEM E SUCEDEM A JORNADA DE TRABALHO. LEI N. 10.243, DE 19-6-2001. NORMA COLETIVA. FLEXIBILIZAÇÃO. IMPOSSIBILIDADE (conversão da Orientação Jurisprudencial n. 372 da SBDI-1) — Res. 194/2014, *DEJT* divulgado em 21, 22 e 23-5-2014. A partir da vigência da Lei n. 10.243, de 19-6-2001, que acrescentou o § 1º ao art. 58 da CLT, não mais prevalece cláusula prevista em convenção ou acordo coletivo que elastece o limite de 5 minutos que antecedem e sucedem a jornada de trabalho para fins de apuração das horas extras.

[58] Art. 432, *caput*. A duração do trabalho do aprendiz não excederá de seis horas diárias, sendo vedadas a prorrogação e a compensação de jornada.

insalubres, sem licença prévia das autoridades competentes do Ministério do Trabalho", ora Ministério do Trabalho e Previdência.

10.1.4.6 Exclusão do regime de percepção de horas extraordinárias e recepção constitucional

Há situações, quase sempre questionáveis, em que se afirma excluído o direito de determinados trabalhadores receberem horas extraordinárias. Elas envolvem peculiaridades da vida profissional ou circunstâncias da prestação dos serviços e são motivadas por *quatro* estados diversos:

• exercício de atividade externa incompatível com a fixação de horário de trabalho (art. 62, I, da CLT);

• exercício de cargos de gestão (art. 62, II, da CLT);

• exercício de emprego em regime de teletrabalho em serviço por produção ou tarefa (art. 62, III, da CLT);

• prestação de serviço de natureza intermitente ou de pouca intensidade (art. 243 da CLT e mãe social); e,

• exclusão constitucional até a publicação da EC n. 72/2013 (empregados domésticos).

As duas primeiras circunstâncias serão analisadas num mesmo bloco. As demais receberão análise individualizada. Vejam-se:

10.1.4.6.1 Exercício de atividade externa incompatível com a fixação de horário de trabalho (art. 62, I, da CLT), exercício de cargos de gestão (art. 62, II) e exercício de emprego em regime de teletrabalho em serviço por produção ou tarefa (art. 62, III, da CLT)

Os trabalhadores que exercem atividade externa incompatível com a fixação de horário de trabalho, os altos empregados e os teletrabalhadores, segundo básica hermenêutica constitucional, apesar da dicção do art. 62 da CLT, têm, sim, direito à percepção de horas extraordinárias, porque o disposto no art. 7º, XIII, do texto fundamental não excepciona nenhum empregado, nem mesmo o doméstico (*vide* EC n. 72/2013), do direito de ter "duração do trabalho normal não superior a oito horas diárias e quarenta e quatro semanais"[59 e 60].

---

[59] Pela não receptividade do art. 62 da CLT posiciona-se Carmem Carmino, magistrada do TRT da 4ª Região. Veja o seu entendimento, expendido no acórdão 96.025893-0 RO, publicado no *Diário Oficial do Estado do Rio Grande do Sul — Justiça*, no dia 13-7-1998: "Restou expresso na atual Carta das Leis que a limitação da jornada pode ser apenas flexibilizada em casos de redução, na medida em que a compensação tem limite na carga horária semanal e não implica, tecnicamente, trabalho suplementar ou extraordinário. Retirou-se do legislador ordinário, à luz do novo ordenamento constitucional, a possibilidade de estabelecer outros casos de exceção, na medida em que esta se expressa no texto do próprio artigo 7º, inciso XIII. Sabido que as exceções devem ser interpretadas restritivamente, mormente em se tratando de norma supralegal. Não é dado ao legislador comum ampliá-las. Em assim sendo, o texto da CLT, que se compatibilizava perfeitamente com a ordem constitucional estabelecida até 4-10-88, disciplinando casos especiais de exceção à limitação máxima da jornada em oito horas, tornou-se com ela incompatível a partir de 5-10-88. A Constituição ali promulgada não recepcionou, face ao novo tratamento dado à jornada de trabalho, em seu artigo 7º, inciso XIII, as normas excludentes da tutela geral contidas nos artigos 59, *caput* e seu § 2º e no artigo 62 da CLT, consagradoras de hipóteses não contidas na faculdade (que em verdade encerra exceção ao preceito geral) de compensar ou reduzir a jornada mediante negociação coletiva. Impende concluir, assim, que o direito em que assentada a tese da defesa da ré não mais subsiste, porquanto, sob o manto da tutela constitucional, todos os trabalhadores, sem exceção, estão sujeitos, no mínimo, a jornada máxima de oito horas".

[60] Jorge Luís Souto Maior também sustentou que o art. 62 da CLT não foi recepcionado pelo texto constitucional. Referindo aos altos empregados, o mencionado magistrado e doutrinador, no artigo intitulado Em defesa da ampliação da competência da Justiça do Trabalho, publicado em *Juris Síntese*, n. 55, set./out.

Observe-se, aliás, que, segundo o espírito constitucional, será admitida a duração de trabalho em padrões mais favoráveis, nunca em padrões menos cômodos. Assim, o disposto no art. 62 da CLT[61], a despeito de respeitáveis opiniões em sentido contrário[62], não está conforme a Constituição de 1988 na parte que **exclui** do regime de jornada os mencionados exercentes de atividades externas supostamente incompatíveis[63] com a fixação de horário de trabalho, os altos empregados, assim considerados aqueles que, além de exercentes de cargos de gestão, recebam remuneração (salário-base + gratificação de função, se houver) superior

---

2005. Veja-se: Não se justifica a exclusão dos altos empregados dos direitos ao limite da jornada de trabalho, aos períodos de descanso (inter e entre jornadas), ao descanso semanal remunerado e ao adicional noturno, por previsão do art. 62, II, da CLT. O problema é que esse tipo de empregado (pressupondo, então, para fins de nossa investigação as situações fáticas e jurídicas em que o alto empregado se apresente como autêntico empregado, isto é, trabalhador subordinado) tem sido vítima, pelo mundo afora, de jornadas de trabalho excessivas. Eles estão, frequentemente, conectados ao trabalho 24 horas por dia, 7 dias na semana, mediante a utilização dos meios modernos de comunicação: celular, *pager*, *notebook*, fax etc. Os altos empregados estão sujeitos a jornadas de trabalho extremamente elevadas, interferindo negativamente em sua vida privada. Além disso, em função da constante ameaça do desemprego, são forçados a lutar contra a "desprofissionalização", o que lhes exige constante preparação e qualificação, pois o desemprego desses trabalhadores representa muito mais que uma desocupação temporária, representa interrupção de uma trajetória de carreira, vista como um plano de vida, implicando crise de identidade, humilhação, sentimento de culpa e deslocamento social. Em suma, sua subordinação ao processo produtivo é intensa, corroendo sua saúde e desagregando sua família. Veja-se, por exemplo, que muitos nem sequer têm tido tempo para tirar férias, pois, diante do quase inesgotável acesso a fontes de informações e por conta das constantes mutações das complexidades empresariais, ficar muitos dias desligado do trabalho representa, até mesmo, um risco para a manutenção do próprio emprego. Um primeiro e importante passo a ser dado na direção da humanização das relações de trabalho dos altos empregados é reconhecer que, mesmo tendo alto padrão de conhecimento técnico e sendo portadores de uma cultura mais elevada que o padrão médio dos demais empregados, não deixam de depender economicamente do emprego (aliás, há uma dependência até moral ao emprego, dada a necessidade natural de manutenção do seu *status* social) e que, por conta disso, submetem-se às regras do jogo capitalista para não perderem sua inserção no mercado. Sua sujeição às condições de trabalho que lhe são impostas pela lógica da produção é inevitável.

61 Art. 62. Não são abrangidos pelo regime previsto neste capítulo: (Redação dada pela Lei n. 8.966, de 27-12-1994)

I — os empregados que exercem atividade externa incompatível com a fixação de horário de trabalho, devendo tal condição ser anotada na Carteira de Trabalho e Previdência Social e no registro de empregados; (Incluído pela Lei n. 8.966, de 27-12-1994)

II — os gerentes, assim considerados os exercentes de cargos de gestão, aos quais se equiparam, para efeito do disposto neste artigo, os diretores e chefes de departamento ou filial. (Incluído pela Lei n. 8.966, de 27-12-1994)

Parágrafo único. O regime previsto neste capítulo será aplicável aos empregados mencionados no inciso II deste artigo, quando o salário do cargo de confiança, compreendendo a gratificação de função, se houver, for inferior ao valor do respectivo salário efetivo acrescido de 40% (quarenta por cento). (Incluído pela Lei n. 8.966, de 27-12-1994)

62 Homero Silva (*Curso de direito do trabalho aplicado*: Jornadas e Pausas. Rio de Janeiro: Elsevier, 2009, v. 2, p. 97), por exemplo, sustenta que o art. 7º, XIII, da Constituição de 1988 tratou apenas do que se poderia denominar "trabalho normal", deixando o legislador infraconstitucional com liberdade de abordar atividades não normais ou não corriqueiras, desde que se vislumbrassem efetivas peculiaridades capazes de ensejar uma adaptação à hipótese.

63 Diz-se "supostamente incompatíveis" com a fixação de horário de trabalho, porque, na atualidade, muitos dos aparelhos de telefonia celular — por estarem dotados de sistema de posicionamento global via satélite (GPS) — permitem saber detalhadamente, passo a passo, a exata posição dos seus usuários para fins de estabelecimento de perfeita fiscalização do cumprimento de roteiros. Bastará, para tanto, que empregado e empregador instalem — com as devidas permissões recíprocas — um dos muitos aplicativos eletrônicos que realizam o rastreamento por GPS. A fiscalização será perfeita e o patrão, se quiser, poderá realizar teleconferência com imagem com o seu contratado, em tempo real, para certificar-se do cumprimento das tarefas estabelecidas. A tecnologia, portanto, rompe paradigmas.

ao salário efetivo praticado na empresa acrescido de 40% e, desde a reforma trabalhista de 2017, também os teletrabalhadores.

É importante deixar bem claro que os dispositivos constantes do art. 62 da CLT, em rigor, não servem a mais do que ao sistema probatório. Eles — por evidente afronta à Constituição — **não podem impedir o direito às horas extraordinárias**, mas podem condicionar esse direito à prova de sua ocorrência.

O art. 62 da CLT, portanto, parece apenas atribuir aos altos empregados, aos exercentes de serviço externo e aos teletrabalhadores o ônus de provar o trabalho em sobrejornada. Ele apenas cria uma presunção de ausência de prestação em serviço suplementar, cabendo àqueles que estão sob a sua égide, mediante os diversos meios de prova admitidos em direito, o oferecimento dos elementos capazes de demonstrar a prestação do trabalho em jornada extraordinária.

A prova, nesse particular, será predominantemente testemunhal, mas a experiência forense demonstra que há muitos que se valem de subsídios *gráficos* (extratos emitidos por computadores mediante senhas específicas; registros de entrada e de saída de pessoas/veículos em livro de ocorrência de portarias; relatórios produzidos por empresas de segurança privada etc.) ou *técnicos* (dados extraídos de discos de tacógrafo[64], relatórios de monitoramento de carga via satélite[65] etc.) para reforçar as evidências indicativas da existência do controle de jornada e — **mais que isso** — da prestação de horas suplementares. Muitos trabalhadores que realizam serviço externo (vendedores externos e instaladores de linhas e aparelhos telefônicos, de acesso à internet e de TV por assinatura, por exemplo), portanto, podem, sim, valer-se das horas extraordinárias efetivamente prestadas. **Tudo aqui, enfim, é uma questão probatória.**

É bom averbar que, nos termos do art. 2º, V, *b*, da Lei n. 12.619/2012, ora revogada e atualizada pela Lei n. 13.103, de 2 de março de 2015, os motoristas profissionais no transporte rodoviário de passageiros ou de cargas — trabalhadores que normalmente, antes dessa lei, se viam turbados pelo conteúdo do art. 62, I, da CLT — passaram a ter o direito de "ter jornada de trabalho **controlada e registrada de maneira fidedigna** mediante anotação em diário de bordo, papeleta ou ficha de trabalho externo, ou sistema e meios eletrônicos instalados nos veículos, a critério do empregador" (destaques não constantes do original).

Ora, ao menos a partir da data de vigência dessa lei, e em relação aos referidos profissionais — como também, decerto, em relação àqueles que atuam juntamente com os motoristas profissionais (cobradores, fiscais e auxiliares de um modo geral) — está bem

---

64 **Orientação Jurisprudencial 332 da SDI-1 do TST.** Motorista. Horas Extras. Atividade Externa. Controle de Jornada por Tacógrafo. Resolução n. 816/86 do Contran. O tacógrafo, por si só, sem a existência de outros elementos, não serve para controlar a jornada de trabalho de empregado que exerce atividade externa.

65 O rastreamento de veículos por satélite produz a presunção de que há, sim, um preciso controle da jornada de trabalho. Os equipamentos dotados de GPS, além de propiciar a visibilidade do posicionamento do automóvel e da carga transportada, permitem também saber com exatidão os instantes em que o veículo está parado ou em movimento.

Cabe registrar que, em sede de recurso de revista (AIRR 26040-64.2008.5.05.0134), o TST, num acórdão relatado pelo Min. Mauricio Godinho Delgado, confirmou a tese de que o monitoramento e o rastreamento de veículos mediante satélite produzem a presunção de efetivo controle da jornada de trabalho. Veja-se trecho da decisão: "o motorista carreteiro, laborando em atividade externa, tendencialmente enquadra-se no tipo jurídico excetivo do art. 62, I, da CLT (atividade externa incompatível com a fixação de horário de trabalho). A estrita circunstância de haver no caminhão tacógrafo não traduz, segundo a jurisprudência, a presença de real controle da jornada de trabalho (OJ 332, SBDI-1/TST). Entretanto, havendo no caminhão e no sistema empresarial outros equipamentos tecnológicos de acompanhamento da rota cumprida pelo veículo, com assinalação dos períodos de parada e de movimento do caminhão, esvai-se a presunção excetiva do art. 62, I, da CLT, emergindo a regra geral da Constituição e do diploma celetista no tocante à direção da prestação de serviços e do controle da jornada contratual pelo respectivo empregador".

claro que a fiscalização do tempo de duração da prestação desses serviços está sob a incumbência do empregador, não sendo admissível contra esses trabalhadores a atribuição do fardo probatório.

Ressalte-se, agora no tocante aos **altos empregados**, que há trabalhadores que evoluem na estrutura hierárquica do empregador que **chegam a romper os limites da subordinação jurídica**. Esses trabalhadores deixam de estar submetidos ao poder diretivo de quem os contratou e, por conseguinte, **deixam de ser empregados**, passando à condição de trabalhadores autônomos.

Assim, se um empregado é guindado a ocupar posto em diferenciada condição de direção e mando, sua qualidade de subordinado é afetada, uma vez que, por lógica, não poderá ser ao mesmo tempo dirigente e dirigido. Nesse caso, suspende-se o contrato de emprego, surgindo em seu lugar, ainda que temporariamente, um ajuste autônomo. Esse trabalhador autônomo, consoante afirmado em tópico anterior, é dirigente por escolha do Conselho de Administração da empresa, não se beneficiando, obviamente, das normas de proteção produzidas em favor do trabalhador subordinado (CLT). Isso acontece, é bom repetir, porque ele simplesmente deixou de ser empregado, ainda que por um determinado tempo.

Se o contrato não for suspenso, presumir-se-á (apenas se presumirá, é bom salientar) que o trabalhador, a despeito de sua elevada posição hierárquica, permaneceu como empregado e como destinatário de todos os direitos previstos na CLT e em normas esparsas pertinentes. Reitere-se: *tudo aqui é uma questão probatória e, nesse âmbito, reinará o princípio da primazia da realidade*.

Não bastará, portanto, que um trabalhador seja identificado pelo empregador como um elevado e autônomo dirigente dos seus negócios (como, por exemplo, normalmente o é um CEO — *chief executive officer* —, administrador encarregado da gestão total da empresa); isso precisará ser uma realidade. Igualmente, não bastará que um elevado dirigente se afirme empregado; isso precisará ser uma verdade... O princípio da primazia da realidade permitirá, assim, evidenciar as situações em que, para determinados trabalhadores, se aplicarão ou não as normas tuitivas trabalhistas, inclusive aquelas que garantem o direito mínimo de remuneração pelo trabalho extraordinário.

10.1.4.6.2 Prestação de serviço de natureza intermitente ou de pouca intensidade (ferroviários de estações do interior e mãe social)

É de natureza intermitente a prestação de serviços caracterizada por múltiplas interrupções ou intervalos. Diante das situações de intermitência, não é possível determinar com exatidão se o empregado estaria em serviço efetivo (aguardando ordens de comando) ou simplesmente descansando, ainda que comparecesse regularmente a seu posto de serviços. Isso acontece pelas peculiaridades da atividade e pela pequena intensidade dos serviços, respectivamente, com a *mãe social* e com os *ferroviários das estações do interior*.

As mães sociais, conforme analisado, não têm direito à percepção de horas extraordinárias porque é impossível aferir os instantes de efetivo trabalho em favor da instituição que utiliza seus serviços. Note-se que a lei foi, no particular, expressa ao indicar que "o trabalho desenvolvido pela mãe social é de caráter intermitente, realizando-se pelo tempo necessário ao desempenho de suas tarefas" (*vide* o art. 6º da Lei n. 7.644/87).

O legislador, aliás, deixou adrede de fazer referência a essa vantagem no art. 5º da analisada lei porque reconheceu a absoluta impossibilidade de aferir trabalho extraordinário ou noturno por parte das mães sociais. Por conta dessa peculiaridade, é possível afirmar que a atual Constituição da República recepcionou o dispositivo ora em exame, a despeito da ilusória colisão com o art. 7º, XIII, da Lei Fundamental[66].

Entendimento assemelhado pode ser aplicado aos *ferroviários que trabalham em estação do interior*, uma vez que o pequeno movimento produz a ideia de *atividade episódica*. Perceba-se que, conforme o art. 243 da CLT, "para os empregados de estações do interior, cujo serviço for de natureza intermitente ou de pouca intensidade, não se aplicam os preceitos gerais sobre duração do trabalho".

Há, a propósito, Súmula do TST nesse sentido:

Súmula 61 do TST. FERROVIÁRIO. *Aos ferroviários que trabalham em estação do interior, assim classificada por autoridade competente, não são devidas horas extras (art. 243 da CLT).*

Há, entretanto, algo que essencialmente distingue a situação das mães sociais e dos ferroviários que trabalham em estação do interior. Estes, desde que demonstrem aumento extraordinário de suas atividades, podem materialmente provar a prestação de horas suplementares, aspecto não ocorrente com as mães sociais, as quais, por essência, prestam serviço intermitente. Assim, parece militar em desfavor dos "ferroviários que trabalham em estação do interior" apenas uma presunção *iuris tantum* de inatividade extraordinária[67]. As mães sociais, contrariamente, parecem estar submetidas à presunção *iure et iure* de inatividade suplementar, não lhes sendo possível qualquer prova demonstrativa de serviço extraordinário.

10.1.4.6.3 Exclusão constitucional até a publicação da EC n. 72/2013 (empregados domésticos)

Por opção do constituinte originário, os empregados domésticos foram (não são mais) excluídos do regime de duração do trabalho até a publicação da EC n. 72/2013. Para eles, efetivamente, não eram devidas horas suplementares, porque o parágrafo único do art. 7º do texto fundamental não os contemplava com esse direito. Perceba-se que os incisos XIII, XIV e XVI do mencionado art. 7º não estavam inseridos no rol das vantagens estendidas aos trabalhadores do lar até o advento da mencionada Emenda Constitucional, de 2 de abril de 2013.

Não se podia, entretanto, argumentar que, por conta da ausência de limitação da jornada de trabalho em favor dos ora analisados trabalhadores, o patrão doméstico pudesse abusar dessa situação.

Apesar de não existir no sistema legislativo pré-EC n. 72/2013, formalmente, regra que delimitasse o número de horas trabalhadas por jornada pelo empregado doméstico, é certo

---

66 Nesse sentido manifestou-se o TST. Observe-se:

"Foram recepcionadas pela Carta Magna as restrições de direitos trabalhistas em relação à atividade da Mãe Social, regulamentada pela Lei n. 7.644/87, em face da peculiaridade da relação de trabalho ali prevista. Revista provida" (TST, RR 514833, 5ª T., Rel. Min. Rider Nogueira de Brito, *DJU*, 5-4-2002).

No mesmo sentido posicionou-se, na qualidade de relator, o Professor Sebastião Geraldo de Oliveira:

"A Constituição da República de 1988 não revogou expressa ou tacitamente a Lei n. 7.644/87, que dispõe quanto ao trabalho das chamadas mães sociais, às quais não se assegura o direito as horas extras" (TRT, 3ª R., RO 6154/98, 2ª T., Rel. Juiz Sebastião Geraldo de Oliveira, *DJMG*, 29-1-1999, p. 16).

67 Situação assemelhada à dos ferroviários que trabalham nas estações do interior é a dos marítimos embarcados. Eles se submetem a um regime de jornada especial porque, quando embarcados, permanecem continuadamente na embarcação sem que, necessariamente, estejam em serviço. Por conta dessa peculiaridade, o TST, em 1980, publicou a Súmula 96, deixando claro que a permanência do tripulante a bordo do navio, no período de repouso, além da jornada, não importa a presunção de que estaria à disposição do empregador ou em regime de prorrogação de horário. Essas circunstâncias, segundo a referida súmula, ***deveriam ser provadas*** pelo interessado, haja vista a natureza especialíssima do serviço. Os marítimos vivem, portanto, tanto quanto os ferroviários de estações do interior, uma situação de presunção *iuris tantum* de inatividade suplementar.

que o empregador não lhes poderia exigir algo que ferisse o princípio da razoabilidade, como, por exemplo, a prestação de trabalho ininterrupto sem a concessão de nenhum período de descanso intrajornada ou interjornadas.

Isso materializava — no referido período pré-EC n. 72/2013 — abuso de direito e autorizava a possível resolução contratual por inexecução faltosa do empregador, motivada por exigência de serviço superior às forças humanas (conceito jurídico indeterminado na lei — vide o art. 483, *a*, da CLT —, mas determinável por ato jurisdicional).

Afora isso, se o abuso da exigência de prestação de horas de trabalho produzisse dano à saúde do doméstico, estava este legitimado a pretender a reparação judicial, tal qual qualquer outro empregado. A reparação baseava-se, no particular, na legislação civil, mais especificamente no art. *927 do Código Civil, segundo o qual "**aquele que, por ato ilícito (arts. 186 e 187), causar dano a outrem, fica obrigado a repará-lo**".*

10.1.4.7 Pré-contratação de horas extraordinárias

Por razoabilidade, somente é possível falar na necessidade de cumprimento de jornada suplementar depois de iniciado o vínculo de emprego. Antes, as partes não sabem se esse evento extraordinário precisará ou não acontecer. Pois bem. Apesar dessa evidência, a jurisprudência detectou, especialmente em relações bancárias, um ajuste contratual curioso: **antes mesmo de iniciada a prestação dos serviços**, os bancos estavam fazendo constar dos contratos, além do pagamento do salário-base, uma parcela identificada como "horas extraordinárias pré-contratadas".

Assim, a *título de exemplo*, se para uma jornada de seis horas fosse oferecido um salário-base de R$ 1.200,00, seria atribuído, sem que qualquer hora suplementar fosse efetivamente prestada, um montante a título de horas extraordinárias eventuais na base de R$ 400,00, destinado a cobrir duas horas extraordinárias (e adicional de 50%) por dia, de segunda a sexta-feira, ainda que não prestadas. Essa situação poderia estar encobrindo uma fraude.

Na verdade seria como se o salário-base de R$ 1.600,00, mediante clara *reserva mental* do contratante, tivesse sido apenas decomposto em uma parte fixa (1.200,00) e uma parte de supostas horas extraordinárias (400,00) para que se pudesse, quando se quisesse, exigir horas suplementares, sem se preocupar em pagá-las, sob o fundamento da quitação prévia.

Diante dessa ordem de fatos, o TST, com a Súmula 199, I, expediu orientação no sentido de que *a contratação do serviço suplementar, quando da admissão do trabalhador bancário, seria nula*, acrescentando, ainda, que os valores assim ajustados apenas estariam remunerando a jornada normal, sendo devidas as horas extraordinárias com o adicional de, no mínimo, cinquenta por cento[68].

Se, entretanto, a pré-contratação de horas extraordinárias tivesse lugar **depois de iniciado o contrato**, esse ajuste, no entender do TST, seria considerado lícito.

---

68 **Súmula 199 do TST.** BANCÁRIO. PRÉ-CONTRATAÇÃO DE HORAS EXTRAS (INCORPORADAS AS ORIENTAÇÕES JURISPRUDENCIAIS N. 48 E 63 DA SDI-1).

I — A contratação do serviço suplementar, quando da admissão do trabalhador bancário, é nula. Os valores assim ajustados apenas remuneram a jornada normal, sendo devidas as horas extras com o adicional de, no mínimo, 50% (cinquenta por cento), as quais não configuram pré-contratação, se pactuadas após a admissão do bancário (ex-Súmula 199, Res. 41/1995, *DJ*, 17-2-1995, e ex-OJ 48 — inserida em 25-11-1996).

II — Em se tratando de horas extras pré-contratadas, opera-se a prescrição total se a ação não for ajuizada no prazo de cinco anos, a partir da data em que foram suprimidas (ex-OJ n. 63 — inserida em 14-3-1994).

Esse evento contratual pode ter outros desdobramentos se for considerada a participação da entidade sindical na pré-contratação das horas extraordinárias. Enfim, seria lícita a mencionada pré-contratação se a entidade sindical operária assistisse o ato?

Para responder a essa pergunta é indispensável inseri-la num exemplo. Imagine a situação daqueles que exercem atividades externas incompatíveis com a fixação de horário de trabalho, entre os quais se incluem, ilustrativamente, motoristas carreteiros, vendedores-viajantes, instaladores/reparadores de linhas telefônicas e entregadores de mercadorias. Esses trabalhadores, por intercessão de suas entidades sindicais, com o propósito de prevenir discussões sobre o direito de percepção de retribuição adicional pela prestação de horas suplementares, podem firmar acordo coletivo ou convenção coletiva no sentido de ver inseridos em seus contracheques um número determinado de horas extraordinárias, independentemente de qualquer prestação?

A resposta parece positiva, uma vez que a participação da entidade sindical no ajuste, ainda que pré-contratual, terá o condão de afastar a alegação de invalidade da cláusula em discussão por eventual vício de consentimento. Note-se que não há lei que proíba a pré-contratação de horas extraordinárias, mas apenas jurisprudência que aponta a provável existência de vício no ajuste.

10.1.4.8 Integração e reflexão das horas extraordinárias

Como uma parcela de natureza salarial, as horas extraordinárias, quando prestadas, integram a remuneração do empregado para qualquer fim, sendo, portanto, base de incidência de FGTS, de contribuições previdenciárias e de imposto de renda. As horas extraordinárias, entretanto, se habituais, refletem sobre o pagamento de outras verbas salariais outorgadas, por exemplo, o décimo terceiro salário, as férias, as gratificações periódicas ajustadas e, se for o caso, o aviso prévio indenizado. A grande indagação que envolve o tema diz respeito ao conceito de "horas extraordinárias habituais". Enfim, em que consiste a palavra "habitual"?

A habitualidade é um conceito jurídico indeterminado que não possui um referencial único. É a razoabilidade o elemento indicativo daquilo que seja ou não habitual, sendo certo, apenas, que o habitual não se confunde com a ocorrência singular. Assim, se a prestação de horas extraordinárias foi reiterada dentro de determinado espaço de tempo e se esse espaço de tempo teve uma dimensão capaz de permitir a aferição da repetibilidade, pode-se reconhecer a habitualidade.

10.1.4.9 Supressão de horas extraordinárias

A jurisprudência dominante tem entendido que a cessação do trabalho extraordinário habitual e do pagamento do correspondente adicional produz impacto na estabilidade financeira do empregado, porque acostumado com o padrão gerado pela sobrejornada.

Admitiu-se, então, que o empregado nessas condições deveria ser indenizado por conta da supressão de créditos decorrentes destas horas extraordinárias habituais[69]. Editou-se, por isso, a Súmula 291 do TST, segundo a qual:

---

[69] A Súmula 76 do TST, **ora cancelada**, previa uma consequência mais rigorosa para o empregador que suprimisse horas extraordinárias habituais. Segundo o referido posicionamento jurisprudencial, o valor das horas suplementares prestadas habitualmente, por mais de dois anos, ou durante todo o contrato, se suprimidas, integrar-se-ia ao salário para todos os efeitos legais. Esse entendimento deu lugar, a partir de abril de 1989 (Res. TST 1/89, publicada no *DJ*, 14- 4-1989), àquele contido na Súmula 291, conforme expendido.

Súmula 291 do TST. *A supressão total ou parcial, pelo empregador, de serviço suplementar prestado com habitualidade, durante pelo menos 1 (um) ano, assegura ao empregado o direito à indenização correspondente ao valor de 1 (um) mês das horas suprimidas, total ou parcialmente, para cada ano ou fração igual ou superior a seis meses de prestação de serviço acima da jornada normal. O cálculo observará a média das horas suplementares nos 12 (doze) meses anteriores à mudança, multiplicada pelo valor da hora extra do dia da supressão.*

A crítica normalmente atribuída a essa súmula reside no fato de o TST ter extrapolado sua função de interpretador para ingressar no âmbito criativo, inclusive de indenizações cujas fontes geradoras são, em rigor, os contratos e as leis.

Acrescente-se, por fim, que a Súmula 291 do TST pode ser aplicada, por analogia, a outras situações de supressão, pelo empregador, de complementos salariais habituais, por exemplo, nas situações de supressão do adicional noturno, do adicional de insalubridade, do adicional de periculosidade, do adicional de transferência, entre outros.

Outros detalhes sobre esse tema podem ser encontrados no capítulo sobre "alteração do contrato de emprego", num dos subitens relacionados à "alteração da carga horária".

10.1.5 Compensação de horas de trabalho

10.1.5.1 Caracterização

A Constituição, no art. 7º, XIII, faculta a **compensação de horários de trabalho**. Por meio desse procedimento, o excesso de horas em determinada jornada é compensado pela diminuição de horas em outra.

Exemplo clássico de compensação de horários de trabalho é evidenciado no caso em que os trabalhadores, para se verem dispensados das atividades no sábado, trabalham uma hora a mais nas jornadas de segunda a quinta-feira. Trata-se de fórmula de compensação intrassemanal conhecida como **"semana-inglesa"**.

	Segunda	Terça	Quarta	Quinta	Sexta	Sábado	Domingo
Horas de trabalho	8 + 1	8 + 1	8 + 1	8 + 1	8		

Outro exemplo de compensação de horários, desta vez de natureza intersemanal, acontece com o sistema conhecido como **"semana-espanhola"**, mediante o qual é alternada, de forma sucessiva, a prestação de quarenta e oito horas de trabalho em uma semana por quarenta horas na seguinte. Note-se:

Primeira semana:

	Segunda	Terça	Quarta	Quinta	Sexta	Sábado	Domingo
Horas de trabalho	8	8	8	8	8		

Segunda semana:

	Segunda	Terça	Quarta	Quinta	Sexta	Sábado	Domingo
Horas de trabalho	8	8	8	8	8	8	

Esse sistema de compensação de horário é, aliás, reconhecido pelo TST. Veja-se, nesse sentido, a Orientação Jurisprudencial 323 da SDI-1 do TST:

Orientação Jurisprudencial 323 da SDI-1 do TST. ACORDO DE COMPENSAÇÃO DE JORNADA. "SEMANA ESPANHOLA". VALIDADE. É válido o sistema de compensação de horário quando a jornada adotada é a denominada "semana espanhola", que alterna a prestação de 48 horas em uma semana e 40 horas em outra, não violando os arts. 59, § 2º, da CLT e 7º, XIII, da CF/88 o seu ajuste mediante acordo ou convenção coletiva de trabalho.

Anote-se, com o objetivo de dar completude a essa análise, que a compensação realizada tanto na semana inglesa quanto na espanhola pressupõe que o sábado seja um dia útil trabalhado. Faz-se essa observação porque podem ocorrer situações em que **um feriado recaía justamente no sábado** destinado à compensação. Em tal situação, as horas correspondentes ao sábado — e acrescidas no curso da semana ou no sábado seguinte — deverão ser pagas de forma dobrada, pois, em rigor, são horas extraídas de dias destinados ao descanso.

Outro sistema de compensação extremamente utilizado é aquele previsto na **Lei n. 5.811, de 11 de outubro de 1972**, aplicável aos empregados nas atividades de exploração, perfuração, produção e refinação de petróleo, industrialização do xisto, indústria petroquímica e transporte de petróleo e seus derivados por meio de dutos. Nesse sistema, sempre que for imprescindível à continuidade operacional, o empregado será mantido em seu posto de trabalho, em regime de revezamento. Tal regime, em turno de oito horas, será adotado nas mencionadas atividades de extração do petróleo, ficando a utilização do turno de doze horas restrita às seguintes situações especiais:

a) atividades de exploração, perfuração, produção e transferência de petróleo **no mar**;

b) atividades de exploração, perfuração e produção de petróleo **em áreas terrestres distantes ou de difícil acesso**.

O empregado, porém, não pode permanecer em serviço, no regime de revezamento, por período superior a quinze dias consecutivos, sendo este o limite estabelecido em conformidade com o art. 8º do mencionado texto legal.

Quanto à constitucionalidade desse regime, é importante citar a Súmula 391, I, do TST:

Súmula 391 do TST. Petroleiros. Lei n. 5.811/72. Turno ininterrupto de revezamento. Horas extras e alteração da jornada para horário fixo.

I — A Lei n. 5.811/72 foi recepcionada pela CF/88 no que se refere à duração da jornada de trabalho em regime de revezamento dos petroleiros.

II — A previsão contida no art. 10 da Lei n. 5.811/72, possibilitando a mudança do regime de revezamento para horário fixo, constitui alteração lícita, não violando os arts. 468 da CLT e 7º, VI, da CF/1988.

Mais uma **situação positivada** consta da Lei n. 11.901, de 12 de janeiro de 2009, que disciplina a profissão de **bombeiro civil**[70], assim entendido aquele que exerce, em caráter

---

[70] O Plenário do Supremo Tribunal Federal (STF) julgou constitucional o dispositivo da Lei n. 11.901/2009, que estipulava o regime de trabalho do bombeiro civil em 12 horas para cada 36 horas de descanso. Por nove votos a dois, os ministros julgaram improcedente a Ação Direta de Inconstitucionalidade (ADI) 4.842, por entenderem que a norma não viola preceitos constitucionais, pois, além de não ser lesiva à sua saúde ou a regras de medicina e segurança do trabalho, é mais favorável ao trabalhador. A ADI 4.842 foi ajuizada pelo procurador-geral da República questionando a constitucionalidade do art. 5º da Lei n. 11.901/2009 sob o

habitual, função remunerada e exclusiva de prevenção e combate a incêndio, como empregado contratado diretamente por empresas privadas ou públicas, sociedades de economia mista ou empresas especializadas na prestação de serviços de prevenção e combate a incêndio. Tal profissional, nos termos do art. 5º da mencionada norma, cumpre jornada de doze horas de trabalho (onze, em verdade, se considerada a fruição de uma hora de intervalo) compensadas por trinta e seis horas de descanso, observado o limite máximo semanal de trinta e seis horas.

O **sistema 12 x 36** — é bom lembrar — já vinha sendo juridicamente admitido para outras atividades, sendo, inclusive, arrimado pela Súmula 444 do TST[71]. Atualmente a sistemática ora em discussão foi ampla e irrestritamente incorporada pelo ordenamento jurídico brasileiro mediante a Lei n. 13.467, de 13 de julho de 2017.

O mencionado diploma inseriu o art. 59-A na CLT, e assim previu:

> *Art. 59-A. Em exceção ao disposto no art. 59 desta Consolidação, é facultado às partes, mediante acordo individual escrito, convenção coletiva ou acordo coletivo de trabalho, estabelecer horário de trabalho de doze horas seguidas por trinta e seis horas ininterruptas de descanso, observados ou indenizados os intervalos para repouso e alimentação.*
>
> *Parágrafo único. A remuneração mensal pactuada pelo horário previsto no* caput *deste artigo abrange os pagamentos devidos pelo descanso semanal remunerado e pelo descanso em feriados, e serão considerados compensados os feriados e as prorrogações de trabalho noturno, quando houver, de que tratam o art. 70 e o § 5º do art. 73 desta Consolidação.*

Note-se que um regime de compensação de horários é promovido com a finalidade de proporcionar mais tempo de descanso em favor do trabalhador. Para isso se aplica a mencionada fórmula de excesso de horas em determinada jornada para, por *compensação*, haver diminuição de horas em outra. Os dias suprimidos ou as horas diminuídas da jornada em função da compensação não podem, porém, ser objeto de apropriação pelo empregador, ainda que pagas sob a forma de horas extraordinárias.

É relevante anotar que não há, em rigor, nada que distinga o tratamento jurídico que se deve dar às diversas modalidades de compensação de horários, sendo merecedoras do

---

entendimento de que a jornada de trabalho prolongada viola o direito fundamental à saúde. Segundo a petição inicial, a maior parte dos acidentes de trabalho ocorre após a sexta hora de expediente.

O relator da ADI 4.842, Ministro Edson Fachin, observou que a norma estabelecia regime de trabalho compatível com as atividades desempenhadas pelos bombeiros civis, também chamados de brigadistas, pois garantia a eles um período de descanso superior ao habitual em razão de sua jornada de trabalho de 12 horas.

O ministro salientou que o regime previsto na lei está respaldada na Constituição Federal (art. 7º, inciso XIII) pela possibilidade de compensação de horas trabalhadas mediante acordo ou convenção coletiva de trabalho. Ele destacou que, embora não haja previsão de reserva legal expressa na Constituição, a previsão de negociação coletiva permite inferir que a exceção estabelecida para os bombeiros civis garante, em proporção razoável, descanso de 36 horas para cada 12 horas trabalhadas, além de assegurar a carga semanal máxima de 36 horas semanais.

71 Uma curiosidade a observar, no âmbito da Súmula 444 do TST, é que ela cria uma exceção à permissividade do acordo individual constante da Súmula 85, I e II, do TST. Exige-se ali, **sempre**, o ajuste mediante instrumento coletivo negociado. Observe-se que o TST assim se manifestou porque o regime de 12 x 36 produz um excesso de horas, além do limite diário de duas horas suplementares, fugindo, portanto, do figurino tradicional dos regimes de compensação, que preveem compensações até 10 horas/dia e 44 horas/semana.

mesmo cuidado jurídico tanto a formulação tradicional encontrada no § 5º do art. 59 da CLT, quanto o arranjo em 12 x 36.

O fato de o *caput* do art. 59-A da CLT referir que há na sistemática de 12 x 36 uma "**exceção ao disposto no art. 59**", não impõe conclusão quanto à existência de tratamentos diferenciados. Diz-se que a sistemática de 12 x 36 é uma exceção, porque, de fato, ela legitima a extrapolação da décima hora diária trabalhada[72]. Nada mais do que isso. De resto, tudo é mantido sob a mesma formulação de tratamento, inclusive quando o assunto é o inadimplemento.

Em matéria de inadimplemento é bom registrar que o legislador da reforma trabalhista de 2017 previu, mediante a Lei n. 13.467/2017, designadamente através do parágrafo único do art. 59-B da CLT, que a prestação de horas extraordinárias habituais **não descaracterizaria o acordo de compensação de jornada (inclusive o regime de 12 x 36) e o banco de horas**.

Segundo a sistemática ora legalizada:

Art. 59-B. O não atendimento das exigências legais para compensação de jornada, inclusive quando estabelecida mediante acordo tácito, não implica a repetição do pagamento das horas excedentes à jornada normal diária se não ultrapassada a duração máxima semanal, sendo devido apenas o respectivo adicional.

*Parágrafo único. A prestação de horas extras habituais não descaracteriza **o acordo de compensação de jornada e o banco de horas***[73].

O legislador, seguindo em parte a orientação do TST, prevê, então, que, diante da situação ora mencionada, seriam consideradas como extraordinárias apenas as horas que excedessem a carga semanal ajustada. As horas que excedessem o limite diário, entretanto, seriam entendidas como pagas, restando apenas o débito correspondente ao adicional.

---

72 Reitera-se a decisão tomada na **ADI 4.842-DF** (Plenário em 14-9-2016, Rel. Min. Edson Fachin), nos seguintes termos:

"1. A jornada de **12 (doze) horas de trabalho por 36 (trinta e seis) horas de descanso não afronta o art. 7º, XIII, da Constituição da República**, pois encontra-se respaldada na faculdade, conferida pela norma constitucional, de compensação de horários.

2. A proteção à saúde do trabalhador (art. 196 da CRFB) e à redução dos riscos inerentes ao trabalho (art. 7º, XXII, da CRFB) não são *ipso facto* desrespeitadas pela jornada de trabalho dos bombeiros civis, tendo em vista que, para cada 12 (doze) horas trabalhadas, há 36 (trinta e seis) horas de descanso e também prevalece o limite de 36 (trinta e seis) horas de jornada semanal".

73 É importante anotar que há quem sustente a inaplicabilidade do art. 59-B da CLT ao regime de 12 x 36. A tese de quem assim se manifesta tem lastro na ressalva encontrável no início do art. 59-A da CLT, que refere haver na escala de 12 x 36 uma "exceção ao disposto no art. 59". Apenas por conta desse trecho, os que dão suporte a essa tese afirmam que a sistemática de 12 x 36 não poderia ser qualificada nem como compensação de jornada nem como banco de horas, **despertando, então, o questionamento: o que, então, seria o regime de 12 x 36?** Tudo revela ser um acordo de compensação de horários, nada mais nada menos que isso.

Há ainda quem pondere — **como se viu no acórdão da Sexta Turma do Tribunal Superior do Trabalho TST-RR-1000761-18.2018.5.02.0708, publicado em setembro de 2019** — que não seria possível a cumulação das exceções dos arts. 59-A e 59-B, parágrafo único, da CLT e, que, por esse motivo, não se aplicaria ao regime excepcional do art. 59-A da CLT (12 x 36 horas) a regra exceptiva do art. 59-B, parágrafo único, da CLT. Nada disso, porém, é sustentável com base no que dispõe a própria lei.

O ideal — que não corresponde no caso com o real —, porém, seria a invalidação de todo o ajuste e o restabelecimento do sistema comum de pagamento de horas suplementares, como se jamais tivesse existido qualquer acordo de compensação de horários, mas isso não é previsto na norma legal.

Anote-se, por derradeiro, que o texto constitucional não impôs que a compensação acontecesse dentro de um específico tempo, ou seja, dentro de uma semana ou dentro de um mês. Entende-se, por isso, que ficam *a critério dos interessados* essas definições, observados os limites da razoabilidade, as resistências opostas nas relações coletivas e, evidentemente, o conteúdo das normas de segurança e de medicina do trabalho.

Há, entretanto, certa tendência jurisprudencial no sentido de limitar as compensações dentro de cada semana de trabalho e até o limite da 44ª hora. Ultrapassado esse linde semanal, independentemente da sistemática adotada para compensar os horários, haverá direito ao recebimento de acréscimo de 50%, pelo menos, sobre as horas suplementares.

Por fim, é importante chamar a atenção para o fato de que na compensação de horários produzida mediante o regime 12 x 36 a remuneração mensal pactuada **quita o descanso semanal remunerado**, o **descanso em eventuais feriados** e também as **prorrogações de trabalho noturno**. Maiores detalhes podem ser encontrados nos subitens 10.2.3 e 10.3.1.3.3 desta obra.

10.1.5.2 Fonte criativa da compensação de horários

Tirante as hipóteses em que a própria lei institui regime de compensação de horários, a fonte criativa de tais sistemáticas por conta da autonomia privada somente se deveria dar, em obediência ao disposto no art. 7º, XIII, da Constituição da República, **"mediante acordo ou convenção coletiva de trabalho"**. A jurisprudência, contudo, flexibilizou essa normativa, admitindo o ajuste também por meio de acordo individual[74], **necessariamente escrito**, desde que não exista norma coletiva que o proíba.

Veja-se, nesse sentido, a **Súmula 85, I e II,** do TST:

I — A compensação de jornada de trabalho deve ser ajustada por acordo individual escrito, acordo coletivo ou convenção coletiva.

II — O acordo individual para compensação de horas é válido, salvo se houver norma coletiva em sentido contrário.

O legislador da reforma trabalhista de 2017, na linha de simplificação das relações laborais, consolidou o entendimento de que o acordo individual **escrito** seria suficiente. Veja-se o art. 59-A criado pela Lei n. 13.467/2017:

Art. 59-A. Em exceção ao disposto no art. 59 desta Consolidação, é facultado às partes, mediante acordo individual escrito, convenção coletiva ou acordo coletivo de trabalho, estabelecer horário de trabalho de doze horas seguidas por trinta e seis horas ininterruptas de descanso, observados ou indenizados os intervalos para repouso e alimentação.

---

[74] A Súmula 444 do TST, que criou uma exceção à permissividade do acordo individual constante da Súmula 85, I e II, do TST, haverá de ser cancelada ou reformada. Exige-se ali, sempre, o ajuste mediante instrumento coletivo negociado. O TST parece ter assim se manifestado porque o regime de 12 x 36 produz um excesso de horas, além do limite diário de duas horas suplementares, fugindo, portanto, do figurino tradicional dos regimes de compensação, que preveem compensações até 10 horas/dia e 44 horas/semana.

Parágrafo único. A remuneração mensal pactuada pelo horário previsto no caput *deste artigo abrange os pagamentos devidos pelo descanso semanal remunerado e pelo descanso em feriados, e serão considerados compensados os feriados e as prorrogações de trabalho noturno, quando houver, de que tratam o art. 70 e o § 5º do art. 73 desta Consolidação.*

A mesma norma, ultrapassando os limites da simplificação, aceitou até mesmo acordos individuais **não escritos** diante das situações em que o empregador se dispusesse a realizar a compensação dentro do mesmo mês da prestação. Perceba-se o § 6º do art. 59 da CLT:

Art. 59 [...]

§ 6º *É lícito o regime de compensação de jornada estabelecido por acordo individual,* **tácito ou escrito***, para a* **compensação no mesmo mês** *(destaques não constantes do original).*

Cabe observar que *o ajuste individual escrito desapareceu nas contratações para a prorrogação de jornadas*, mas se manteve firmemente presente nos ajustes que visam à compensação de horários. É, porém, admissível o entendimento segundo o qual o acordo individual escrito deixaria de ser aceitável caso a norma coletiva não o admitisse para tanto.

10.1.5.3 Situações de proibição de compensação de horas de trabalho

A compensação de horas de trabalho é procedimento apenas vedado para os aprendizes (*vide* o art. 432 da CLT). Nas demais relações contratuais não há vedações, embora limitações sejam evidenciadas. A admissibilidade da compensação de horários no turno ininterrupto de revezamento, por exemplo, está limitada à jornada máxima de oito horas, conforme se pode observar na Súmula 423 do TST. Uma segunda situação de limitação passou a ser evidenciada a partir do cancelamento da Súmula 349 do TST (inserção em julho de 1996 e cancelamento em maio de 2011). Desde então, a validade de acordo coletivo ou convenção coletiva que trate de compensação de horários em atividade insalubre depende da inspeção prévia da autoridade competente em matéria de higiene do trabalho.

Isso ficou explicitamente evidenciado no **item VI da Súmula 85 do TST** (inserido pela Res. 209/2016, *DEJT* divulgado em 1º, 2 e 3-6-2016), segundo a qual "não é válido acordo de compensação de jornada em atividade insalubre, ainda que estipulado em norma coletiva, sem a necessária inspeção prévia e permissão da autoridade competente, na forma do art. 60 da CLT".

Anotem-se, porém, duas exceções expressas que provavelmente determinarão a revisão do texto da Súmula 85, item VI, do TST:

Primeira exceção: a contida no **parágrafo único do art. 60 da CLT**, inserido pela Lei n. 13.467, de 13 de julho de 2017. Por meio desse parágrafo único, "excetuam-se da exigência de licença prévia as jornadas de doze horas de trabalho por trinta e seis horas ininterruptas de descanso", independentemente da natureza do serviço desenvolvido pelo trabalhador.

Segunda exceção: a mesma Lei n. 13.467, de 2017, introduziu no art. 611-A, XIII, da CLT a possibilidade de negociação coletiva para a "prorrogação de jornada em ambientes insalubres, sem licença prévia das autoridades competentes do Ministério do Trabalho", ora Ministério do Trabalho e Previdência.

10.1.5.4 Comparações entre os sistemas de prorrogação de horas de trabalho e de compensação de horários

	PRORROGAÇÃO DE HORAS DE TRABALHO	COMPENSAÇÃO DE HORÁRIOS
Conceito	Caracteriza-se pelo ajuste firmado entre empregado e empregador no sentido de permitir a este a exigência de extensão da duração diária do trabalho em virtude de circunstâncias excepcionais.	Caracteriza-se pelo ajuste firmado entre empregado e empregador no sentido de permitir que o excesso de horas em determinada jornada seja *compensado* pela diminuição de horas em outra.
Regência básica	Art. 59 da CLT. Art. 7º, XVI, da Constituição.	Art. 7º, XIII, da Constituição. Súmula 85 do TST.
Ajuste	É ajustada por acordo individual, convenção coletiva ou acordo coletivo de trabalho (*vide* o *caput* do art. 59 da CLT). Note-se que a Lei n. 13.467, de 13 de julho de 2017, retirou a exigência de o acordo individual ser escrito. Admite-se, portanto, o acordo individual verbal ou tácito.	A compensação de horários pode ser ajustada por acordo individual escrito, acordo coletivo ou convenção coletiva. O acordo individual escrito para a compensação de horários somente não será válido se houver norma coletiva que não o admita. O § 6º do art. 59 da CLT, entretanto, prevê que é lícito o regime de compensação de jornada estabelecido por acordo individual, **tácito ou escrito**, para a **compensação no mesmo mês**.
Natureza jurídica das horas	Produz **horas suplementares** que, necessariamente, hão de ser acrescidas por um percentual **mínimo de 50%** (*vide* o art. 7º, XVI, da Constituição), porque são extraordinárias. Esse percentual pode ser aumentado por contrato individual ou coletivo; jamais pode ser diminuído, uma vez que se trata de direito mínimo.	Produz **horas complementares, realocadas**, que não serão acrescidas de qualquer adicional porque são meramente compensatórias.
Limites	Número não excedente de duas horas por jornada (veja-se quanto ao limite o disposto na Súmula 376 do TST)[75]. Excepcionalmente, esse número pode ser alçado para 4 horas por jornada, na forma prevista no § 2º do art. 61 da CLT.	Não mais há previsão legal quanto ao limite máximo de horas por jornada para fins de compensação. A previsão antes existente estava contida no texto originário do § 2º do art. 59 da CLT, mas foi revogada[76]. Segundo o modelo ali inserido, a compensação de horários não poderia exceder "o horário normal da semana" nem ultrapassar "o limite máximo de dez horas diárias". Há, entretanto, certa tendência jurisprudencial no sentido de limitar as compensações dentro de cada semana de trabalho e até o limite da 44ª hora. Ultrapassado esse linde semanal, independentemente da sistemática adotada para compensar os horários, haverá direito ao recebimento de acréscimo de 50%, pelo menos, sobre as horas suplementares.

---

[75] Ver Precedente Administrativo da Secretaria de Inspeção do Trabalho: PRECEDENTE ADMINISTRATIVO N. 33 (Aprovado pelo Ato Declaratório DEFIT n. 4, de 21-2-2002, *DOU* 22-2-2002). JORNADA. PRORROGAÇÃO. EFEITOS DO PAGAMENTO RELATIVO AO TRABALHO EXTRAORDINÁRIO. O pagamento do adicional por serviço extraordinário não elide a infração pela prorrogação de jornada além dos limites legais ou convencionais, uma vez que o serviço extraordinário deve ser remunerado, independentemente de sua licitude. Isso porque as normas limitadoras da jornada visam a evitar males ao trabalhador, protegendo-lhe a saúde e o bem-estar, não se prestando a retribuição pecuniária como substituta da proteção ao bem jurídico.

[76] Originariamente, o § 2º do art. 59 da CLT tinha a seguinte redação:

Características do sistema	As horas extraordinárias são normalmente imprevisíveis.	As horas complementares são programadas, uma vez que, antecipadamente, o empregado sabe quantas serão as horas acrescidas e os dias em que elas serão suprimidas.
Vedações	a) A prorrogação de horas de trabalho é procedimento vedado para os aprendizes (*vide* o art. 432 da CLT). b) Os empregados contratados sob o regime de tempo parcial não poderão prestar horas extraordinárias nos contratos estabelecidos para duração entre 26 (vinte e seis) e 30 (trinta) horas por semana, sob pena de descaracterização. c) De igual modo, nas atividades insalubres as prorrogações somente poderão ser acordadas mediante licença prévia das Superintendências Regionais do Trabalho e Emprego — autoridades competentes em matéria de medicina do trabalho (*vide* o art. 60 da CLT). Anotem-se, porém, duas exceções expressas: Primeira exceção: a Lei n. 13.467, de 13 de julho de 2017, adicionou o parágrafo ao art. 60 da CLT. Por meio desse parágrafo único se excetuam da exigência de licença prévia as jornadas de doze horas de trabalho por trinta e seis horas ininterruptas de descanso, independentemente da natureza do serviço desenvolvido pelo trabalhador. Segunda exceção: a mesma Lei n. 13.467, de 2017, introduziu no art. 611-A, XIII, da CLT a possibilidade de negociação coletiva para a "prorrogação de jornada em ambientes insalubres, sem licença prévia das autoridades competentes do Ministério do Trabalho", ora Ministério do Trabalho e Previdência.	A compensação de horas de trabalho é procedimento vedado para os aprendizes (*vide* o art. 432 da CLT). A compensação de horas de trabalho não é vedada para os empregados contratados sob o regime de tempo parcial, mas, apenas, a prorrogação de horas de trabalho. Há limitações jurisprudenciais que podem ser destacadas: a) a admissibilidade da compensação de horários no turno ininterrupto de revezamento está limitada à jornada máxima de oito horas, conforme se pode observar na Súmula 423 do TST; b) desde o cancelamento da Súmula 349 do TST (inserção em julho de 1996 e cancelamento em maio de 2011), a validade de acordo coletivo ou convenção coletiva que trate de compensação de horários em atividade insalubre depende da inspeção prévia da autoridade competente em matéria de higiene do trabalho. Isso ficou explicitamente evidenciado no item VI da Súmula 85 do TST (inserido pela Res. 209/2016, *DEJT* divulgado em 1ª, 2 e 3-6-2016), segundo a qual "não é válido acordo de compensação de jornada em atividade insalubre, ainda que estipulado em norma coletiva, sem a necessária inspeção prévia e permissão da autoridade competente, na forma do art. 60 da CLT". Anotem-se, porém, duas exceções expressas: Primeira exceção: a Lei n. 13.467, de 13 de julho de 2017, adicionou o parágrafo ao art. 60 da CLT. Por meio desse parágrafo único se excetuam da exigência de licença prévia as jornadas de doze horas de trabalho por trinta e seis horas ininterruptas de descanso, independentemente da natureza do serviço desenvolvido pelo trabalhador. Segunda exceção: a mesma Lei n. 13.467, de 2017, introduziu no art. 611-A, XIII, da CLT a possibilidade de negociação coletiva para a "prorrogação de jornada em ambientes insalubres, sem licença prévia das autoridades competentes do Ministério do Trabalho", ora Ministério da Economia.

"§ 2º Poderá ser dispensado o acréscimo de salário se, por força de acordo ou contrato coletivo, o excesso de horas em um dia for compensado pela correspondente diminuição em outro dia, de maneira que não exceda o horário normal da semana nem seja ultrapassado o limite máximo de dez horas diárias".

10.1.6 Banco de horas

O banco de horas não é propriamente sistema de *compensação* nem de *prorrogação*. Ele, na verdade, é um instituto singular[77] que cumula o que de pior existe em ambos os sistemas. Por meio dele se cumula a exigibilidade de prestação de horas suplementares sem prévio aviso e sem qualquer pagamento com a imprevisibilidade dos instantes de concessão das folgas compensatórias.

10.1.6.1 Banco de horas positivo

O banco de horas autoriza o empregador a exigir do empregado a prestação de jornada suplementar até o limite máximo de dez horas diárias, sem, por conta disso, gerar retribuição de qualquer natureza.

As horas excedentes da jornada legal ou convencional são, então, lançadas num "banco" e ali acumuladas com o fim especial de, num futuro serem trocadas por folgas compensatórias. Essa troca deve ser paulatinamente promovida por iniciativa do empregador, sob pena de serem pagas como extraordinárias quando for obtido o limite da "soma das jornadas semanais de trabalho previstas" **ou** quando for alcançado o limite temporal de um ano de permanência no "banco" (o que ocorrer primeiro).

Veja-se o intrincado texto regente do "banco de horas", especialmente o trecho que contido no § 2º do art. 59 da CLT:

> *Art. 59 da CLT. [...]*
>
> *§ 2º Poderá ser dispensado o acréscimo de salário se,* **por força de acordo ou convenção coletiva de trabalho***, o excesso de horas em um dia for compensado pela correspondente diminuição em outro dia, de maneira que não exceda,* **no período máximo de um ano***, à soma das jornadas semanais de trabalho previstas, nem seja ultrapassado o* **limite máximo de dez horas diárias** *(destaques não constantes do original. Redação dada ao parágrafo pela Medida Provisória n. 2.164-41, de 24-8-2001, DOU, 27-8-2001, em vigor conforme o art. 2º da EC 32/2001).*
>
> *§ 3º Na hipótese de rescisão do contrato de trabalho sem que tenha havido a compensação integral da jornada extraordinária, na forma dos §§ 2º e 5º deste artigo, o trabalhador terá direito ao pagamento das horas extras não compensadas, calculadas sobre o valor da remuneração na data da rescisão* (parágrafo modificado pela Lei n. 13.467, de 13 de julho de 2017).

---

77 Originariamente, o § 2º do art. 59 da CLT tinha a seguinte redação:
"§ 2º Poderá ser dispensado o acréscimo de salário se, por força de acordo ou contrato coletivo, o excesso de horas em um dia for compensado pela correspondente diminuição em outro dia, de maneira que não exceda o horário normal da semana nem seja ultrapassado o limite máximo de dez horas diárias".
Esta redação foi modificada pela Lei n. 9.601, de 21-1-1998, **DOU***, 22-1-1998, nos seguintes moldes:*
"§ 2º Poderá ser dispensado o acréscimo de salário se, por força de acordo ou convenção coletiva de trabalho, o excesso de horas em um dia for compensado pela correspondente diminuição em outro dia, de maneira que não exceda, no período máximo de cento e vinte dias, à soma das jornadas semanais de trabalho previstas, nem seja ultrapassado o limite máximo de dez horas diárias" (redação dada ao parágrafo pela Lei n. 9.601, de 21-1-1998).
Finalmente, por força do texto contido na Medida Provisória n. 2.164-41, de 24-8-2001, em vigor conforme o art. 2º da Emenda Constitucional n. 32, de 11-9-2001, houve nova redação, assim disposta:
"§ 2º Poderá ser dispensado o acréscimo de salário se, por força de acordo ou convenção coletiva de trabalho, o excesso de horas em um dia for compensado pela correspondente diminuição em outro dia, de maneira que não exceda, no período máximo de um ano, à soma das jornadas semanais de trabalho previstas, nem seja ultrapassado o limite máximo de dez horas diárias" (redação dada ao parágrafo pela Medida Provisória n. 2.164-41, de 24-8-2001, em vigor conforme o art. 2º da Emenda Constitucional n. 32, de 11-9-2001).

§ 4º (parágrafo revogado pela Lei n. 13.467, de 13 de julho de 2017).

§ 5º O banco de horas de que trata o § 2º deste artigo poderá ser pactuado por acordo individual escrito, desde que a compensação ocorra no período máximo de seis meses (parágrafo acrescido pela Lei n. 13.467, de 13 de julho de 2017).

§ 6º É lícito o regime de compensação de jornada estabelecido por acordo individual, tácito ou escrito, para a compensação no mesmo mês (parágrafo acrescido pela Lei n. 13.467, de 13 de julho de 2017).

Perceba-se que o "banco de horas" tem, diante do quanto aqui expendido, três caracteres importantíssimos:

1º) Deve ser ajustado *por acordo ou convenção coletiva de trabalho* se disser respeito a compensação que ocorra em período superior a seis meses e inferior a um ano. O disposto no § 5º do art. 59 da CLT deixou claro que "o banco de horas de que trata o § 2º deste artigo poderá ser pactuado por **acordo individual escrito**, desde que a compensação ocorra no período máximo de **seis meses**" (destaques não constantes do original).

2º) A acumulação de horas sujeita-se ao limite máximo temporal que se estende de seis meses a **um ano** de permanência ou, observado o que ocorrer primeiro, ao limite consistente da "soma das jornadas semanais de trabalho previstas". Como é ininteligível o conceito indicativo da "soma das jornadas semanais de trabalho previstas", admite-se que o limite de quantidade de horas acumuladas coincide com a carga horária semanal máxima legal (geral ou especial) ou contratual, multiplicada pelo número de semanas existentes dentro de seis meses (no caso do § 5º do art. 59 da CLT) ou dentro de um ano (no caso do § 2º do art. 59 da CLT).

3º) Não se pode considerar como hora suscetível de ingressar no "banco" qualquer uma excedente do limite máximo de dez horas diárias.

10.1.6.2 Banco de horas negativo

A pandemia do coronavírus demonstrou que o banco de horas pode também apresentar-se em uma versão negativa, ou seja, em uma modalidade caracterizada pela acumulação de horas não trabalhadas para posterior exigência do serviço.

Assim foi disposto na Medida Provisória n. 927, de 2020, ora não mais vigente. Veja-se:

Art. 14. Durante o estado de calamidade pública a que se refere o art. 1º, ficam autorizadas a interrupção das atividades pelo empregador e a constituição de regime especial de compensação de jornada, por meio de banco de horas, em favor do empregador ou do empregado, estabelecido por meio de acordo coletivo ou individual formal, para a compensação no prazo de até dezoito meses, contado da data de encerramento do estado de calamidade pública.

§ 1º A compensação de tempo para recuperação do período interrompido poderá ser feita mediante prorrogação de jornada em até duas horas, que não poderá exceder dez horas diárias.

§ 2º A compensação do saldo de horas poderá ser determinada pelo empregador independentemente de convenção coletiva ou acordo individual ou coletivo.

Exatamente o mesmo foi reiterado no art. 16 da Lei n. 14.437, de 15 de agosto de 2022, que criou um microssistema normativo que permanentemente passou a disciplinar as situações calamitosas.

O banco de horas apresentou-se ali de forma invertida, como um banco destinado a acumular horas sem trabalho para posteriormente ser exigida a prestação laboral. As coisas aconteceram, então, ao contrário, pois primeiro surgiu a situação de concessão das folgas para depois existir a exigência da prestação de horas adicionais, observado o limite de dez horas diárias.

Aqui, também, cabe lembrar a posição do STF sobre o assunto. Em decisão liminar oferecida em face de Medida Cautelar na Ação Direta de Inconstitucionalidade n. 6.342/DF, requerida pelo Partido Democrático Trabalhista tão logo foi publicada a MP n. 927/2020, o Relator, Min. Marco Aurélio, reconheceu a constitucionalidade da medida, especialmente diante do momento de crise. O Plenário confirmou a decisão.

10.1.7 Medidas de flexibilização com vistas a promover a conciliação entre o trabalho e a parentalidade

Nos termos do art. 8º da Lei n. 14.457, de 21 de setembro de 2022, no âmbito dos poderes diretivo e gerencial dos empregadores, e considerada a vontade expressa dos empregados e das empregadas, haverá **priorização** na concessão de uma ou mais das seguintes medidas de flexibilização da jornada de trabalho aos empregados e às empregadas que tenham filho, enteado ou pessoa sob sua guarda com até 6 (seis) anos de idade ou com deficiência, com vistas a **promover a conciliação entre o trabalho e a parentalidade**:

I — Regime de tempo parcial.

II — Regime especial de compensação de jornada de trabalho por meio de banco de horas. Neste ponto é importante destacar que, nos termos do art. 9º da Lei n. 14.457, de 2022, na hipótese de rescisão do contrato de trabalho de empregado ou empregada em regime de compensação de jornada por meio de banco de horas, as horas acumuladas ainda não compensadas **serão descontadas** das verbas rescisórias devidas ao empregado ou à empregada, na hipótese de banco de horas em favor do empregador, quando a demissão for a pedido e o empregado ou empregada não tiver interesse ou não puder compensar a jornada devida durante o prazo do aviso prévio; **ou pagas** juntamente com as verbas rescisórias, na hipótese de banco de horas em favor do empregado ou da empregada.

III — Jornada de 12 (doze) horas trabalhadas por 36 (trinta e seis) horas ininterruptas de descanso.

IV — Antecipação de férias individuais. Diante da pertinência temática com o objeto do capítulo 11, remete-se o leitor ao conteúdo do tópico 11.5.

V — Horários de entrada e de saída flexíveis. Quando a atividade permitir, os horários fixos da jornada de trabalho poderão ser flexibilizados. A flexibilização ocorrerá em intervalo de horário previamente estabelecido, considerados os limites inicial e final de horário de trabalho diário.

Todas as referidas medidas deverão ser formalizadas por meio de acordo individual, de acordo coletivo ou de convenção coletiva de trabalho, sendo importante salientar que aquelas tratadas entre os incisos I e IV **somente poderão ser adotadas até o segundo ano** do nascimento do filho ou enteado; da adoção; ou da guarda judicial, mesmo que o filho, enteado ou pupilo sejam pessoas com deficiência.

Sobre o acordo individual, é importante anotar que houve rejeição pelo Congresso Nacional, em 15 de dezembro de 2022, ao veto parcial (VET 52/2022) que o então Presidente da República, Jair Bolsonaro, oferecera ao art. 21 da Lei n. 14.457, de 2022. Com essa rejeição, passou a viger o referido dispositivo que prevê que a opção por acordo individual para formalizar a flexibilização do regime de trabalho e das férias somente poderá ser realizada: I — nos casos de empresas ou de categorias de trabalhadores para as quais não haja acordo coletivo ou convenção coletiva de trabalho celebrados; ou II — se houver acordo coletivo ou convenção coletiva de trabalho celebrados, se o acordo individual a ser celebrado contiver medidas mais vantajosas à empregada ou ao empregado que o instrumento coletivo vigente.

10.2 TURNO DE PRESTAÇÃO DO TRABALHO

A distinção entre o que seja diurno e noturno envolve uma concepção comum, não jurídica, relacionada ao eterno movimento cíclico do sol. Nesse sentido, o turno diurno corresponde ao espaço de tempo em que o sol ilumina um território até o instante em que ele desapareça no seu horizonte; por oposição, o turno noturno diz respeito ao lapso temporal entre o desaparecimento do sol e seu ressurgimento para clarear a escuridão.

Como biologicamente o ser humano é influenciado pela luz solar, ele está, como outros tantos animais, submetido a um *ritmo circadiano*[78], ou, em linguagem popular, a um relógio biológico. Esse marca-passo natural regula a cadência física e psicológica do corpo humano, influenciando o apetite, a digestão, a circulação sanguínea, a sensação térmica, a fadiga muscular e, especialmente, o estado de vigília, o humor e a disposição para o trabalho.

10.2.1 Trabalho diurno e noturno

Diante do quanto expendido no introito, é de elevada importância o tratamento diferenciado para aqueles que trabalham em horário favorável ao ritmo circadiano (turno diurno) e para aqueles que laboram fora dele (turno noturno). É verdade que cada pessoa tem seu relógio biológico, mas, por não poder considerar as diferenças pessoais, o legislador resolveu criar um padrão baseado nos costumes humanos médios, segundo um modelo ocidental, e entendeu que o trabalho seria diurno ou noturno se realizado dentro de uma específica faixa de tempo. É justamente esse detalhamento que será apreciado nos subtópicos seguintes.

10.2.2 Trabalho noturno urbano e trabalho noturno rural

Os momentos exatos de constatação dos diferentes instantes de um ciclo do sol — dia e noite — são extremamente variáveis, dependendo da posição geográfica de determinada localidade. Por isso, o legislador, para fins de determinação do turno de trabalho, preferiu criar conceitos fictícios de dia e de noite, não relacionados ao local onde geograficamente são prestados os serviços, mas sim à natureza desses serviços, que podem ser urbanos ou rurais.

10.2.2.1 Trabalho noturno prestado no meio urbano

O conceito de trabalho noturno prestado em meio urbano leva em conta o ritmo de vida das cidades, considerando, evidentemente, o padrão médio dos instantes de início e de término das atividades laborais nestas localidades.

10.2.2.1.1 *Extensão*

Assim, se for realizado no meio urbano, o trabalho noturno será aquele executado **entre as 22h de um dia e as 5h do dia seguinte,** segundo o § 2º do art. 73 da CLT.

10.2.2.1.2 *Redução ficta do horário noturno*

Conforme o § 1º do art. 73 da CLT, cada hora noturna trabalhada no meio urbano tem **52 minutos e 30 segundos** de duração[79]. Há, portanto, uma redução ficta da hora noturna[80].

---

78 A palavra "**circadiano**" provém do latim *circa diem*, vale dizer, "cerca de um dia", ou seja, um ciclo diário.
79 Veja-se o entendimento contido na **Orientação Jurisprudencial 127 da SDI-1 do TST**, segundo a qual "o art. 73, § 1º, da CLT, que prevê a redução da hora noturna, não foi revogado pelo inciso IX do art. 7º, da CF/88".
80 Embora seja óbvio, registre-se que, nos termos da **Súmula 65 do TST**, aplica-se também ao vigia noturno o direito à hora reduzida de 52 minutos e 30 segundos. No rol das obviedades inclui-se também o conteúdo da **Súmula 140 do TST**, por meio da qual é assegurado ao vigia sujeito ao trabalho noturno o direito ao respectivo adicional.

Isso faz com que, apesar de exercer suas atividades em sete horas reais (horas "de relógio"), o trabalhador ganhe por oito horas fictamente trabalhadas.

Observe-se que o **primeiro** bloco de quadrinhos é composto de **oito** unidades de 52 minutos e 30 segundos e que o **segundo** bloco é integrado de **sete** unidades de 60 minutos. Perceba-se que em qualquer das duas situações o tempo real é o mesmo, ou seja, 420 minutos, embora no primeiro bloco o tempo é dividido em oito fatias e no segundo bloco, em sete fatias.

52'30"	52'30"	52'30"	52'30"	52'30"	52'30"	52'30"	52'30"

=

60'	60'	60'	60'	60'	60'	60'

Há empregadores que, para evitar as dificuldades decorrentes da quantificação das horas noturnas fictas, pagam a seus empregados uma parcela que se convencionou chamar de "hora noturna reduzida", identificada também pela abreviatura HNR. Por meio dessa parcela, geralmente criada por norma coletiva, os empregadores pagam aos empregados que trabalham integralmente no horário compreendido entre as 22h e as 5h uma importância fixa equivalente a uma hora normal ou, se trabalham parcialmente entre as 22h e as 5h, uma importância correspondente à fração de uma hora normal. Essa prática tem o objetivo de compensar a redução ficta, que, por isso, passa a não ser aplicada para evitar confusões contábeis. Ressalte-se que o pagamento da parcela intitulada "hora noturna reduzida" não quita o adicional que será analisado no próximo tópico, mas apenas compensa monetariamente a não outorgada redução ficta do horário noturno.

Interessante notar, por fim, que, nos termos da **Orientação Jurisprudencial 60, I, da SDI-1 do TST**, "a hora noturna no **regime de trabalho no porto**, compreendida entre dezenove horas e sete horas do dia seguinte, é de sessenta minutos", e não de 52 minutos e 30 segundos.

Outro ponto importante a registrar é que não hão de ser contadas com a observância da redução ficta do horário noturno as horas de mera expectativa (sobreaviso e prontidão), pois não são propriamente horas trabalhadas, mas, apenas, horas em que se permanece na expectativa do chamado para o trabalho. Igualmente, não há falar-se em redução ficta do horário noturno no tocante ao tempo de intervalo, pois este é um período sem trabalho. Para finalizar, não se pode reduzir fictamente o tempo de itinerário (horas *in itinere*) do trabalhador, pois, em rigor, ele não é mais do que serviço efetivo meramente fictício.

10.2.2.1.3 *Adicional*

Pelo trabalho noturno executado, o operário urbano, por hora prestada nesta condição, receberá um adicional. Isso acontece porque, nos termos da legislação constitucional (art. 7º, IX), a remuneração do trabalho noturno deve ser superior à do diurno. Nessa ordem de ideias, confere-se ao trabalhador urbano que execute labor noturno um **acréscimo de** vinte por cento, pelo menos, sobre o valor da hora diurna (*vide* o art. 73, *caput*, da CLT).

10.2.2.2 Trabalho noturno prestado no meio rural

O conceito de trabalho noturno prestado em meio rural também leva em conta o ritmo de vida dos rurícolas, considerando, evidentemente, as variáveis determinadas por suas principais atividades, a lavoura e a pecuária, segundo o padrão médio dos instantes de início e de término de suas atividades laborais.

10.2.2.2.1 Extensão

Se for realizado no meio rural, o trabalho noturno é aquele executado **entre as 21h de um dia e as 5h do dia seguinte, na lavoura, e entre as 20h de um dia e as 4h do dia seguinte, na atividade pecuária** (art. 7º da Lei n. 5.889/73).

Nessa situação, e ao contrário do que acontece com os trabalhadores urbanos, cada hora trabalhada terá a dimensão cronológica real de **sessenta minutos** de duração, isto é, não haverá qualquer redução ficta.

10.2.2.2.2 Adicional

Pelo trabalho noturno executado, o rurícola, por hora prestada nessa condição, também receberá um adicional. Este, entretanto, ao contrário do que ocorre com os urbanos, tem dimensão correspondente a **vinte e cinco por cento,** pelo menos, sobre a hora diurna (*vide* o parágrafo único do art. 7º da Lei n. 5.889/73).

DIFERENÇAS ENTRE O TRABALHO NOTURNO URBANO E O RURAL		
	URBANO	**RURAL**
Regência	CLT	Lei n. 5.889/73
Horário	Entre as 22h de um dia e as 5h do dia seguinte (*vide* o § 2º do art. 73 da CLT).	Entre as 21h de um dia e as 5h do dia seguinte, na lavoura, e entre as 20h de um dia e as 4h do dia seguinte, na atividade pecuária (art. 7º da Lei n. 5.889/73).
Redução ficta	Há. Cada hora tem 52 minutos e 30 segundos de duração.	Não há. Cada hora tem a duração normal de 60 minutos.
Adicional	20%	25%

10.2.2.3 Intervalo intrajornada no turno noturno

O intervalo intrajornada terá a mesma dimensão em horas cronológicas, independentemente de ser outorgado no turno diurno ou noturno. Perceba-se que o *caput* do art. 71 da CLT é aplicável a "qualquer trabalho contínuo", vale dizer, diurno ou noturno.

O sistema de intervalos constante da CLT, aplicável aos trabalhadores **urbanos**, prevê dimensões variáveis a depender do número de horas trabalhadas numa jornada. Assim, para qualquer trabalho contínuo cuja **duração exceda de seis horas**, é obrigatória a concessão de um intervalo **de, no mínimo, uma hora** e, salvo acordo escrito ou convenção coletiva em contrário, de, no máximo, duas horas. **Não excedendo de seis horas o trabalho**, será, entretanto, obrigatório um **intervalo de quinze minutos** quando a duração ultrapassar quatro horas. Os empregados celetistas com jornada igual ou inferior a quatro horas não têm direito a intervalo.

O sistema de intervalos para os **rurícolas** consta do art. 5º da Lei n. 5.889/73, onde há também menção a aplicabilidade em "qualquer trabalho contínuo", diurno ou noturno.

10.2.3 Turno misto

Nos horários mistos, assim entendidos os que abrangem períodos diurnos e noturnos, aplicam-se às horas de trabalho noturno (somente a estas) o tratamento acima mencionado.

Destaque-se, no entanto, que, em conformidade com o disposto no § 5º do art. 73 da CLT, às **prorrogações do trabalho noturno** aplicam-se o tratamento de horas noturnas (note-se: apenas às prorrogações, ou seja, extensões da jornada além do limite normal). Em outras palavras: se alguém, trabalhando em horário totalmente noturno (não pode ser parcialmente noturno), prorroga a jornada e a estende, por conta de serviço suplementar, para horário diurno, haverá de receber, inserto nessas horas prorrogadas, o adicional de horas noturnas. Veja-se, nesse sentido, a Súmula 60, II, do TST:

> *Súmula 60, II, do TST. Cumprida integralmente a jornada no período noturno **e prorrogada esta**, devido é também o adicional quanto às horas prorrogadas. Exegese do art. 73, § 5º, da CLT* (destaques não constantes do original).

Perceba-se que a Corte Superior do Trabalho fez boa exegese do § 5º do art. 73 da CLT, na medida em que constou exigência no sentido de **ser cumprida integralmente** a jornada no período noturno. Perceba-se que o dispositivo consolidado referido na Súmula 60 do TST informa que somente **às prorrogações do trabalho noturno**, ou seja, apenas às horas suplementares prestadas a partir do instante em que termina o horário noturno, se oferece o mesmo tratamento dado às horas noturnas. Veja-se:

> *Art. 73. [...]*
>
> *§ 5º Às prorrogações do trabalho noturno aplica-se o disposto neste capítulo (Redação dada ao artigo pelo Decreto-Lei n. 9.666, de 28-8-1946).*

Ora, se a lei menciona que "às prorrogações do trabalho noturno" aplica-se o adicional aqui discutido, é lógico concluir que o mencionado estado de prorrogação pressupõe o de prestação de todas as horas que compõem a jornada normal. Assim, se um trabalhador finda sua jornada legal ou contratual em horário noturno e extrapola esse marco por conta da prestação de horas extraordinárias, as horas suplementares devem ser acrescidas do adicional noturno.

Anote-se que o direito de ver pagas com adicional noturno as horas de prorrogação de jornada não se aplica àqueles que trabalham em regime de compensação de horários, salvo se extrapoladas as horas do figurino de compensação. O argumento para a negação desse direito é, aliás, bem simples. O § 5º do art. 73 da CLT oferece essa vantagem apenas "às prorrogações do trabalho noturno" (essa é, diga-se de passagem, a interpretação contida na Súmula 60, II, do TST), e não a quem esteja inserido num sistema de "compensação de horários".

Assim, por exemplo, se um trabalhador inserido em regime de compensação de 12 horas de trabalho por 36 de folga extrapola o limite da 8ª hora diária, isso ocorrerá não por conta de uma prorrogação de jornada, mas apenas por uma circunstância de "compensação de horários". Isso, inevitavelmente, o retirará do modelo normativo constante do precitado dispositivo celetista.

Esse entendimento foi consagrado pela reforma trabalhista de 2017. A *Lei n. 13.467, de 13 de julho de 2017*, embora sem partir da distinção existente entre *prorrogação de jornada* e *compensação de horários*, passou a prever expressamente, no novo art. 59-A da CLT, que a remuneração mensal pactuada no regime 12 x 36 já quita o descanso semanal remunerado, o descanso em eventuais feriados **e também as prorrogações de trabalho noturno**. Leia-se:

> *Art. 59-A. Em exceção ao disposto no art. 59 desta Consolidação, é facultado às partes, mediante acordo individual escrito, convenção coletiva ou acordo coletivo de trabalho, estabelecer horário de trabalho de doze horas seguidas por trinta e seis horas ininterruptas de descanso, **observados ou indenizados** os intervalos para repouso e alimentação.*
>
> *Parágrafo único. A remuneração mensal pactuada pelo horário previsto no* caput *deste artigo abrange os pagamentos devidos pelo **descanso semanal remunerado** e pelo **descanso em feriados**, e serão considerados **compensados os feriados e as prorrogações de trabalho noturno**, quando houver, de que tratam o art. 70 e o § 5º do art. 73 desta Consolidação.*

Por honestidade intelectual e por respeito às jurisprudências cristalizadas, manteve-se nesta obra, apesar da discordância pessoal de entendimento, a referência ao posicionamento que o TST consignou na Orientação Jurisprudencial 388 da sua SDI-1, que decerto será cancelada. Para a Alta Corte trabalhista, o empregado submetido à jornada de 12 horas de trabalho por 36 de descanso, que compreende a totalidade do período noturno, **teria direito** ao adicional noturno, relativo às horas trabalhadas após as 5 horas da manhã (*DEJT*, 10-6-2010, destaques não constantes do original)[81].

Afirmava-se aqui, respeitosamente, que possivelmente teria sido ignorada, na redação da mencionada OJ, a diferença técnica existente entre "prorrogação" e "compensação". Na situação sob exame, a expressão "às prorrogações do trabalho noturno", constante do § 5º do art. 73 da CLT, simplesmente foi tomada no seu sentido literal, como sinônima de "adiamento" ou "prolongamento".

10.2.4 Adicional noturno e turnos de revezamento

Apesar de o *caput* do art. 73 da CLT indicar que não se paga adicional noturno em situações de revezamento semanal ou quinzenal, é necessário esclarecer que tal artigo, nesse particular, não foi recepcionado pela Constituição de 1946 (art. 157, III), segundo a qual, independentemente do trabalho realizado ou das características deste, é sempre devido um acréscimo sobre as horas noturnas trabalhadas[82].

Os demais textos constitucionais repetiram o texto de 1946, inclusive a Constituição de 1988, mas a redação do art. 73 da CLT não foi expressamente modificada. Igualmente, perdeu o sentido a restrição feita no § 3º *do art. 73 da CLT*. Nesse sentido há, inclusive, a **Súmula 213 do STF**, que informa ser "devido o adicional de serviço noturno, ainda que sujeito o empregado ao regime de revezamento". E, ainda, a **Súmula 313 do mesmo STF**, em conformidade com a qual, "provada a identidade entre o trabalho diurno e o noturno, é devido o adicional, quanto a este, sem a limitação do art. 73, § 3º, da CLT independentemente da natureza da atividade do empregado".

10.2.5 Horas extraordinárias noturnas

Entendem-se por "extraordinárias noturnas" as horas que extrapolam o limite legal ou convencional e que, ao mesmo tempo, são prestadas em horário noturno. Elas se distinguem das horas extraordinárias diurnas pelo simples fato de nelas estar acrescido, além do adicional de sobrejornada, o adicional noturno. Mas como fazer o cálculo das chamadas horas extraordinárias noturnas?

É bem simples. Basta aplicar o adicional de horas extraordinárias sobre o salário-hora acrescido do adicional noturno.

Assim, se um trabalhador ganha salário-hora de R$ 8,00, ele receberá por hora noturna trabalhada R$ 9,60 (R$ 8,00 + 20% = R$ 9,60). Se essa hora noturna for realizada em so-

---

[81] Importante anotar que, quanto a esta matéria, já existia Arguição de Descumprimento de Preceito Fundamental (ADPF) 227, apresentada no Supremo Tribunal Federal (STF) pela Confederação Nacional de Saúde, Hospitais e Estabelecimentos e Serviços (CNS) contra o Tribunal Superior do Trabalho (TST), pelo que considera "exegese equivocada" da legislação pertinente ao pagamento de adicional noturno. A referida ADPF, porém, em face da mudança da lei, perdeu o seu objeto.

[82] Sobre esse assunto existia, inclusive, Súmula do TST que foi cancelada em decorrência da obviedade do tema. Veja-se: "Súmula 130, TST. ADICIONAL NOTURNO. **CANCELADA**. O regime de revezamento no trabalho não exclui o direito do empregado ao adicional noturno, em face da derrogação do art. 73 da CLT, pelo art. 157, item III, da Constituição de 18-9-1946".

brejornada, caberá o pagamento de R$ 14,40 (R$ 8,00 + 20% = R$ 9,60 + 50% = R$ 14,40), haja vista a aplicação sucessiva dos adicionais noturno e extraordinário.

Perceba-se que a alteração na ordem de aplicação dos adicionais (primeiro o adicional de horas extraordinárias e depois o adicional noturno) não modificará o resultado final. Enfim, segundo um conhecimento elementar da matemática, a ordem dos fatores não altera o produto. Veja-se: R$ 8,00 + 50% = R$ 12,00 + 20% = R$ 14,40.

Não se pode esquecer, por derradeiro, que, diante das situações em que há redução ficta do horário noturno (somente no meio urbano), deverá ser aplicado, antes mesmo de iniciados os cálculos, ainda sobre o número de horas identificadas como noturnas, um percentual para compensar diferença imposta por lei. Lembre-se de que, apesar de uma hora cronológica ter 60 minutos, a hora noturna dos trabalhadores urbanos tem 52 minutos e 30 segundos, ou seja, cinquenta e dois minutos e meio[83]. Assim, como 52,5 acrescido de 14,29% produz 60, o número de horas noturnas deve ser multiplicado por 1,1429, para que seja compensada a redução ficta do horário noturno.

O valor de cada hora extraordinária noturna, conforme acima expendido, será, então, de X (número de horas noturnas trabalhadas) x 1,1429 = Y (número de horas noturnas trabalhadas, observada a redução ficta atribuída aos urbanos). Ao final, Y deverá ser multiplicado pelo valor de cada hora noturna extraordinária, que, no caso do exemplo aqui posto, é de R$ 14,40.

10.3 PERÍODOS DE DESCANSO DO TRABALHO

Com apoio no art. 24 da Declaração Universal dos Direitos Humanos (Resolução n. 217-A, da ONU, de 10-12-1948), pode-se afirmar que "toda pessoa tem direito ao repouso e aos lazeres, especialmente, a uma limitação razoável da duração do trabalho e às férias periódicas pagas". Trata-se, portanto, de uma proteção oferecida ao trabalho visando, fundamentalmente, a sua saúde laboral e a sua integridade física, uma vez que as pausas evitam a sobrecarga muscular e a fadiga mental.

10.3.1 Organização dos intervalos para descanso

O ordenamento jurídico oferece ao empregado os intervalos intrajornadas, interjornadas, intersemanais, episódicos e anuais. Vejam-se:

10.3.1.1 Intervalos intrajornada

São entendidos como intrajornada os intervalos concedidos **dentro de cada jornada laboral** para repouso e/ou alimentação ou por conta das exigências impostas por normas de segurança e de medicina do trabalho. Vejam-se:

10.3.1.1.1 Intervalos para repouso e/ou alimentação

Os intervalos para repouso e/ou alimentação são outorgados em função do número de horas de cada jornada. O sistema jurídico trabalhista impõe uma divisão de tratamento diferenciado para urbanos e rurais. Veja-se:

a) Sistemática para os trabalhadores urbanos

Conforme disposto no art. 71 da CLT, em qualquer trabalho contínuo cuja **duração exceda de seis horas** é obrigatória a concessão de um intervalo para repouso/alimentação,

---

[83] Trinta segundos representam 0,5 minuto.

o qual será **no mínimo de uma hora** e **não poderá exceder de duas horas**. Não excedendo de seis horas o trabalho, será, contudo, obrigatório um intervalo de **quinze minutos** quando a duração ultrapassar quatro horas.

Atente-se para o fato de que, conforme previsão contida no § 3º do art. 71 da CLT, **o limite mínimo de uma hora de intervalo — para quem trabalha em jornada cuja duração exceda de seis horas — poderá ser reduzido** por ato do Ministro do Trabalho e Previdência quando, ouvido o órgão que se incumbe da Segurança e Saúde no Trabalho, se verificar que o estabelecimento atende integralmente às exigências concernentes à organização dos refeitórios e se os respectivos empregados não estiverem sob regime de prestação de horas suplementares.

É bom anotar, no plano da minimização do intervalo, a possibilidade de o conteúdo do instrumento coletivo negociado prevalecer sobre a lei quando dispuser sobre intervalo intrajornada, respeitado o limite mínimo de trinta minutos para jornadas superiores a seis horas. Essa é a orientação constante do art. 611-A, III, da CLT, ali inserido pela Lei n. 13.467, de 13 de julho de 2017.

Sob perspectiva diversa, o limite máximo de duas horas, também para quem trabalha em jornada cuja duração exceda de seis horas, nos estritos termos da parte final do art. 71 da CLT, **poderá ser extrapolado, maximizado**. Segundo o mencionado dispositivo, o intervalo para repouso ou alimentação, "salvo acordo escrito ou convenção coletiva em contrário, não poderá exceder de duas horas". A leitura atenta do trecho aspeado parece indicar que, a princípio, não são possíveis ajustes tendentes a aumentar a dimensão do intervalo máximo de duas horas, salvo se existir "acordo escrito ou convenção coletiva em contrário", ou seja, se existir "acordo escrito ou convenção coletiva", permitindo essa extensão, que, em regra, é proibida. Como o legislador usou a expressão "acordo escrito" e não "acordo coletivo", abriu-se espaço para que mero acordo individual escrito entre empregado e empregador permita a ora analisada extensão[84].

A Súmula 118 do TST, apesar da redação truncada, parece corroborar o entendimento ora expendido. Melhor seria, entretanto, se, ao invés de mencionar "intervalos concedidos pelo empregador na jornada de trabalho, não previstos em lei", sinalizasse acerca de "inter-

---

84 Veja-se jurisprudência nesse sentido:

HORAS EXTRAS — INTERVALO INTRAJORNADA SUPERIOR A DUAS HORAS — AUSÊNCIA DE ACORDO — Art. 71, *caput*, da CLT. O limite legal mínimo de 2 (duas) horas, relativo ao intervalo para repouso ou alimentação, somente pode ser elasticido, caso haja prévio acordo escrito ou contrato coletivo, conforme exigência do art. 71, *caput*, da CLT. Restando incontroverso, em face da admissão da própria ré, em contestação, de que não existia referido acordo não merece amparo, inclusive, a tese de que o referido intervalo atende, exclusivamente, aos interesses da autora pois da forma como procedia a reclamada não se fazia possível à autora prever qual o intervalo que teria ou que seria possível usufruir. Ademais, inobservância do referido comando legal não dá ensejo apenas à infração administrativa mas sim deve ser considerada no cômputo da jornada o excedente das 2 (duas) horas diárias. Todavia, os reflexos das horas extras não são devidos, em face da natureza indenizatória, representada pela punição ao empregador que deixou de conceder um benefício legal assegurado aos empregados. TRT 9ª R., RO 07341-2002 (25108-2002), Rel. Juiz Sergio Murilo Rodrigues Lemos, *DJPR*, 8-11-2002.

INTERVALO INTRAJORNADA SUPERIOR A DUAS HORAS — O art. 71 e parágrafo 2º, Consolidação, possibilita a concessão de intervalo intrajornada superior a duas horas, devendo esta condição constar em acordo escrito prevendo o tempo do intervalo, sob pena de o empregado ficar ao alvedrio do empregador, impossibilitado de organizar a sua vida particular, o que é vedado pelo art. 115 do Código Civil, de aplicação supletiva no Direito do Trabalho (art. 8º, parágrafo único, da Carta Trabalhista). TRT 9ª R., RO 3508/2000 (26319/2000), 4ª T., Rel. Juíza Rosemarie Diedrichs Pimpão, *DJPR*, 24-11-2000.

valos concedidos pelo empregador na jornada de trabalho, fora dos limites previstos em lei". Afirma-se isso porque a solução ali contida somente se aplicará ao empregador que conceder intervalo superior àquele previsto em lei sem a adoção das formalidades insertas em lei, quando exigíveis.

Assim, por exemplo, se um empregado com jornada de oito horas estiver submetido a sistema de quatro horas de intervalo, receberá como extraordinárias duas dessas horas, salvo se existir acordo escrito ou contrato coletivo que admita a extrapolação do intervalo.

Num segundo exemplo, se um empregado com jornada de até seis horas — ilustrativamente, um bancário — estiver submetido a sistema de três horas de intervalo, igualmente sem prévio acordo escrito ou contrato coletivo que admita a extrapolação do intervalo, receberá como extraordinárias duas horas e quarenta e cinco minutos como tempo à disposição do empregador, sendo importante destacar que para os empregados com jornada de até seis horas de duração não haverá qualquer possibilidade de extensão do intervalo previsto em lei. Veja-se a mencionada Súmula 118 do TST:

*Súmula 118 do TST. JORNADA DE TRABALHO. HORAS EXTRAS. Os intervalos concedidos pelo empregador na jornada de trabalho, **não previstos em lei**, representam tempo à disposição da empresa, remunerados como serviço extraordinário, **se acrescidos ao final da jornada** (destaques não constantes do original).*

Anota-se, por derradeiro, que os empregados domésticos têm uma sistemática de intervalo específica e, em alguns aspectos, diferenciada daquela aplicável aos empregados urbanos. Para evitar desnecessárias reiterações de conteúdo, remete-se o leitor ao capítulo 5.2.2.3.4, letra "l", deste *Curso*.

b) Sistemática para os trabalhadores rurais

Para os rurícolas, em qualquer trabalho contínuo de duração superior a seis horas será obrigatória a concessão de um intervalo mínimo de 1 (uma) hora para repouso ou alimentação, observados os usos e costumes da região (*vide* o art. 5º da Lei n. 5.889/73 c/c o § 1º do art. 5º do Decreto n. 73.626/74). Não há, no tocante aos rurícolas, previsão de concessão de intervalos para jornadas inferiores a seis horas.

Apesar das diferenças na dimensão dos intervalos intrajornada de rurícolas e urbanos, **a redução ficta do horário noturno aplicável a estes não gera qualquer modificação no tamanho da pausa**. Afirma-se isso porque é muito comum imaginar que, por conta de o horário noturno do trabalhador urbano (celetista) ter 52 minutos e 30 segundos de duração, os intervalos também teriam. Isso não acontece. O sistema de proteção ao trabalhador não admite a diminuição proporcional do intervalo por conta da redução ficta das horas noturnas, porque uma vantagem não pode neutralizar outra. Ademais, a própria norma que fixa a dimensão do intervalo intrajornada (art. 71 da CLT) deixa bem claro que "em qualquer trabalho contínuo", independentemente de ser diurno ou noturno, será obrigatória a concessão de intervalos conforme o sistema ali expendido. Assim, os urbanos (celetistas), apesar de beneficiados com a diminuição da hora noturna trabalhada, mantêm em seu favor a dimensão integral dos intervalos intrajornada.

c) Quadro comparativo das sistemáticas de intervalo para urbanos e rurais

Forma-se, então, o seguinte sistema:

	Jornada	Intervalo
U R B A N O S	Até 4 horas	Não há intervalo
	A partir de 4 até 6 horas	15 minutos
	A partir de 6 horas	Mínimo de uma hora, salvo autorização do órgão que se incumbe da Segurança e Saúde no Trabalho ou negociação coletiva (*vide* art. 611-A, III, da CLT). Máximo de duas horas, salvo acordo escrito ou convenção coletiva em contrário.
R U R A I S	Até 6 horas	Não há previsão legal de concessão de intervalo.
	A partir de 6 horas	Dimensão correspondente aos usos e costumes da região.

Note-se que os intervalos intrajornada **não serão computados na duração do trabalho**, isto é, não estão incluídos no cômputo da jornada. Exemplo: se um trabalhador tem jornada de oito horas, seu horário de trabalho, respeitado o intervalo acima mencionado, pode ser assim estabelecido: das 8h às 12h e das 14h às 18h. Observe-se que o intervalo não foi computado na duração do trabalho. Exemplo semelhante pode ser oferecido em relação a um trabalhador que realize suas atividades em jornada de seis horas. Nesse caso, o horário poderia ser assim definido: das 10h às 12h e das 12h15 às 16h15. Sobre o intervalo de quinze minutos foi produzida, em relação aos bancários, uma orientação jurisprudencial nos seguintes moldes:

Orientação Jurisprudencial 178 da SDI-1 do TST. *Bancário. Intervalo de 15 Minutos. Não Computável na Jornada de Trabalho. Inserida em 8-11-2000 (inserido dispositivo). Não se computa, na jornada do bancário sujeito a seis horas diárias de trabalho, o intervalo de quinze minutos para lanche ou descanso.*

d) Supressão do intervalo intrajornada para repouso ou alimentação

A supressão do intervalo intrajornada justificou, durante longos anos, tanto para urbanos quanto para rurais, a aplicação da **redação originária** do disposto no § 4º do art. 71 da CLT, criado pela Lei n. 8.923/94. Observe-se: "Quando o intervalo para repouso e alimentação [...] não for concedido pelo empregador, este ficará obrigado a remunerar o período correspondente com um acréscimo de no mínimo cinquenta por cento sobre o valor da remuneração da hora normal de trabalho".

O TST, então, ao longo da vigência da referida Lei n. 8.923/94, ofereceu variadas interpretações para o citado dispositivo que, ao final, foram sistematizadas na Súmula 437, com destaque para os seus itens I e III, a seguir transcritos e comentados. Vejam-se:

Súmula 437, I, do TST. *Após a edição da Lei n. 8.923/94, a não concessão total ou a concessão parcial do intervalo intrajornada mínimo, para repouso e alimentação a empregados urbanos e rurais, implica o pagamento total do período correspondente, e não apenas daquele suprimido, com acréscimo de, no mínimo, 50% sobre o valor da remuneração da hora normal de trabalho (art. 71 da CLT), sem prejuízo do cômputo da efetiva jornada de labor para efeito de remuneração.*

De acordo com o referido item de súmula "a não concessão total ou parcial do intervalo intrajornada mínimo" implicava o "pagamento total" do período correspondente, vale dizer, implicava a imposição de pagamento da remuneração do intervalo integral (total) correspondente a uma hora (para jornadas de oito horas), ainda que o empregado tivesse fruído algum tempo de intervalo.

Averbe-se, por outro lado, que a vantagem ora em análise teria, por suas características compensatórias de direito suprimido, natureza indenizatória, não devendo ser, por isso, base de cálculo para a incidência de contribuição previdenciária. Esse entendimento, entretanto, não foi o dominante, porque o TST, vinculado à literalidade do texto constante do § 4º do art. 71 da CLT ("ficará obrigado a remunerar"), produziu orientação jurisprudencial no sentido de que a verba em debate teria natureza salarial. Veja-se:

> **Súmula 437, III, do TST.** *Possui natureza salarial a parcela prevista no art. 71, § 4º, da CLT, com redação introduzida pela Lei n. 8.923, de 27 de julho de 1994,* **quando não concedido ou reduzido** *pelo empregador o* **intervalo mínimo** *intrajornada para repouso e alimentação, repercutindo, assim, no cálculo de outras parcelas salariais* (destaques não constantes do original).

Diante disso, tal qual ocorre com qualquer outra verba salarial de ocorrência habitual, tornar-se-iam exigíveis a integração e a reflexão sobre outras parcelas remuneratórias como, por exemplo, férias e décimos terceiros salários, e sobre o FGTS.

Pois bem. As interpretações realizadas pelo TST incomodaram o setor empresarial que, além de afirmar-se sufocado por uma incessante crise econômica, se dizia fustigado pelas teses da Justiça do Trabalho. Esse foi, sem dúvidas, um dos principais móveis para o lançamento do projeto de reforma trabalhista, afinal concretizado em 2017 por meio da Lei n. 13.467, de 13 de julho de 2017.

O referido diploma legal promoveu, então, uma mudança significativa na redação do § 4º do art. 71 da CLT, moldando-o às perspectivas patronais que, evidentemente, levarão ao cancelamento ou à revisão da mencionada Súmula 437 do TST. Observe-se o texto ora vigente:

> *Art. 71 [...]*
> *§ 4º A não concessão ou a concessão parcial do intervalo intrajornada mínimo, para repouso e alimentação, a empregados urbanos e rurais, implica o pagamento, de natureza indenizatória, apenas do período suprimido, com acréscimo de 50% (cinquenta por cento) sobre o valor da remuneração da hora normal de trabalho.*

Perceba-se que a partir da vigência da Lei n. 13.467/2017, a não concessão ou a concessão parcial do intervalo intrajornada mínimo para repouso e alimentação a empregados urbanos e rurais, **implicará apenas o pagamento do período suprimido** com acréscimo de 50% (cinquenta por cento) sobre o valor da remuneração da hora normal de trabalho. Mais que isso, note-se que a nova redação prevê o **pagamento de natureza indenizatória** desse período suprimido, e não mais o pagamento de natureza remuneratória como antes entendia o TST.

O "intervalo intrajornada mínimo" passou a ser possivelmente reduzido, mediante negociação coletiva, até o limite de 30 (trinta) minutos para jornadas superiores a 6 (seis) horas, segundo o disposto no art. 611-A, III, da CLT.

Registre-se, por fim, independentemente da época em que ocorreram as reduções de intervalo, não há falar-se em relevância da redução quando ela for mínima. Essa situação, aliás, conduziu o TST a firmar tese em tema recursal repetitivo (n. 14), quando respondeu ao seguinte questionamento:

É possível considerar regular a concessão do intervalo intrajornada quando houver redução ínfima de sua duração? Para o fim de definir tal conceito, cabe utilizar a regra prevista no art. 58, § 1º, da CLT ou outro parâmetro objetivo? Caso se considere irregular a redução ínfima do intervalo intrajornada, qual a consequência jurídica dessa irregularidade?

A tese firmada foi a seguinte: "A redução eventual e ínfima do intervalo intrajornada, assim considerada aquela de até 5 (cinco) minutos no total, somados os do início e término do intervalo, decorrentes de pequenas variações de sua marcação nos controles de ponto, não atrai a incidência do artigo 71, § 4º, da CLT. A extrapolação desse limite acarreta as consequências jurídicas previstas na lei e na jurisprudência" (Rel. Kátia Magalhães Arruda. Tribunal Pleno [45239] RR [1008] RR-1384-61.2012.5.04.0512, julgamento em 25-3-2019, publicação em 10-5-2019).

e) O intervalo intrajornada interrompido pelo empregador

De nada servirá ao empregado ter o intervalo intrajornada para repouso e alimentação devidamente ajustado se o empregador, por outro lado, reiteradamente o interromper para atender às necessidades do serviço. Em tais casos **será entendido como inexistente o intervalo**, pois o trabalhador, em rigor, não terá fruído do seu direito à desconexão.

Essa situação é muito visível entre porteiros, recepcionistas e vigilantes que, por não poderem sair dos seus postos de trabalho no período do **pseudointervalo**, abocanham as garfadas do almoço ou do jantar no transcurso da possível recepção de visitantes e do controle de acesso de veículos. Vê-se, então, que há uma diferença muito clara entre **almoçar ou jantar** e **efetivamente fruir do intervalo**. Se o empregado apenas consegue, entre um e outro serviço, fazer uma refeição, isso não significa que ele tenha realmente se valido do intervalo necessário.

f) O intervalo intrajornada em instante diverso do "meio" da jornada

Etimologicamente, a palavra "intervalo" provém da associação do prefixo latino *inter-*, indicativo da ideia de posição média, de centro, de meio, com *-vallus*, que significa cerca, estaca, marco. Assim, o intervalo é, em essência, aquele espaço que está entre uma e outra marca.

Dessa forma, para que se alcance a finalidade restaurativa do ânimo físico e mental do empregado, o intervalo, além de dever ser respeitado no que diz respeito à sua dimensão, precisa estar posicionado aproximadamente no meio da jornada total de trabalho. Diz-se isso porque a concessão de um intervalo bem antes do meio da jornada levará o trabalhador a esgotar-se mais rapidamente no segundo e mais extenso bloco temporal; do mesmo modo, um intervalo concedido com excessivo atraso não chegará a tempo de evitar a extenuação do trabalhador.

Em termos de posição topológica, portanto, o intervalo, considerada uma jornada de oito horas, deve ser concedido logo depois de trabalhada a quarta hora diária, sendo tolerável que ele seja oferecido um pouco antecipadamente ou um pouco depois. Menos do que isso, fará com que o intervalo não tenha o sentido, desafiando-se, assim, a pretensão de pagamento de indenização substitutiva, a critério do magistrado[85].

10.3.1.1.2 Intervalos outorgados para proteção contra doenças ocupacionais

Verifique-se que existem intervalos legalmente impostos para fins de preservação da saúde ocupacional do trabalhador[86] que, por isso, **não são deduzidos da jornada**.

---

[85] Nesse sentido, veja-se o Processo RR-1503-22.2011.5.12.0031. O TST considerou irregular a concessão do intervalo intrajornada uma hora após o início da jornada de serviço de uma ex-empregada. Segundo a Ministra Kátia Magalhães Arruda, relatora do Recurso de Revista, "se o intervalo é concedido com vista à recuperação física e mental do trabalhador, sua concessão após uma hora do início da jornada, com posterior trabalho contínuo por seis horas, não cumpre sua finalidade".

[86] Esses intervalos mantêm também a dimensão natural, independentemente de o trabalhador estar laborando em horário diurno ou noturno. Conforme mencionado no tópico em que se estudou o intervalo intrajornada para alimentação e descanso, **o sistema de proteção ao trabalhador não admite a diminuição proporcional do intervalo por conta da redução ficta das horas noturnas** porque uma vantagem não pode

Exemplo deles é aquele referido no art. 72 da CLT: "Nos serviços permanentes de mecanografia (datilografia, escrituração ou cálculo), a cada período de noventa minutos de trabalho consecutivo corresponderá um repouso de dez minutos não deduzidos da duração normal do trabalho". Assim, sem que seja dilatada a permanência do trabalhador na empresa, ele fruirá de intervalo ocupacional de dez minutos a cada noventa trabalhados.

Informe-se, porém, que essa norma, por envolver matéria relativa à medicina e à segurança do trabalho, foi substituída, no que diz respeito ao processamento eletrônico de dados, por outra mais vantajosa, qual seja, a Norma Regulamentar n. 17 do Ministério do Trabalho (ora Ministério do Trabalho e Previdência), tópico 17.6.4, alíneas *c* e *d* (que tem, nos termos do art. 200 da CLT, força vinculante). Veja-se:

> *c) o tempo efetivo de trabalho de entrada de dados não deve exceder o limite máximo de 5 (cinco) horas, sendo que, no período de tempo restante da jornada, o trabalhador poderá exercer outras atividades, observado o disposto no artigo 468 da Consolidação das Leis do Trabalho, desde que não exijam movimentos repetitivos, nem esforço visual (117.034-1/I3);*
>
> *d) nas atividades de entrada de dados deve haver, no mínimo, uma pausa de 10 (dez) minutos para cada 50 (cinquenta) minutos trabalhados, não deduzidos da jornada normal de trabalho (117.035-0/I3);*

A despeito disso, o TST indica a aplicabilidade analógica do art. 72 aos digitadores. Veja-se:

> **Súmula 346 do TST.** DIGITADOR. INTERVALOS INTRAJORNADA. APLICAÇÃO ANALÓGICA DO ART. 72 DA CLT. *Os digitadores, por aplicação analógica do art. 72 da CLT, equiparam-se aos trabalhadores nos serviços de mecanografia (datilografia, escrituração ou cálculo), razão pela qual têm direito a intervalos de descanso de 10 (dez) minutos a cada 90 (noventa) de trabalho consecutivo.*

Anote-se que, além da situação acima expendida, a CLT indica outros intervalos legalmente impostos para fins de preservação da saúde ocupacional do trabalhador. Veja-se:

> **Para empregados de empresas que explorem o serviço de telefonia, telegrafia submarina ou subfluvial, de radiotelegrafia ou de radiotelefonia:** Art. 229. *Para os empregados sujeitos a horários variáveis, fica estabelecida a duração máxima de sete horas diárias de trabalho e dezessete horas de folga, deduzindo-se desse tempo vinte minutos para descanso, de cada um dos empregados, sempre que se verificar um esforço contínuo de mais de três horas.*
>
> **Para empregados em serviços frigoríficos:** Art. 253. *Para os empregados que trabalham no interior das câmaras frigoríficas*[87] *e para os que movimentam mercadorias do ambiente quente ou normal para o frio e vice-versa, depois de uma hora e quarenta minutos de trabalho contínuo será assegurado um período de vinte minutos de repouso, computado esse intervalo como de trabalho efetivo.*
>
> **Para empregados em minas do subsolo:** Art. 298. *Em cada período de três horas consecutivas de trabalho, será obrigatória uma pausa de quinze minutos para repouso, a qual será computada na duração normal de trabalho efetivo.*

---

neutralizar outra. Assim, os urbanos (celetistas), apesar de beneficiados com a diminuição da hora noturna trabalhada, mantêm em seu favor a dimensão das pausas intrajornada, notadamente daquelas concedidas para fins de proteção contra doenças ocupacionais.

87 Veja-se, no particular, o teor da **Súmula 438 do TST**. INTERVALO PARA RECUPERAÇÃO TÉRMICA DO EMPREGADO. AMBIENTE ARTIFICIALMENTE FRIO. HORAS EXTRAS. ART. 253 DA CLT. APLICAÇÃO ANALÓGICA. O empregado submetido a trabalho contínuo em ambiente artificialmente frio, nos termos do parágrafo único do art. 253 da CLT, ainda que não labore em câmara frigorífica, tem direito ao intervalo intrajornada previsto no *caput* do art. 253 da CLT.

A supressão do intervalo outorgado para proteção contra doenças ocupacionais, se não concedido, justifica a aplicação analógica do disposto no § 4º do art. 71 da CLT, criado pela Lei n. 8.923/94. Entretanto, o mais importante reflexo dessa supressão não é o pagamento do tempo de intervalo não fruído, mas sim o estabelecimento de uma presunção de culpabilidade contra o empregador nos casos em que o empregado tenha efetivamente contraído alguma moléstia ocupacional. A não concessão ou a concessão parcial do intervalo aqui analisado embasará a pretensão de pagamento da indenização por danos materiais e/ou morais com arrimo no art. 7º, XXVIII, da Constituição da República.

10.3.1.1.3 Intervalo anterior à prestação de sobrejornada

A despeito da revogação do art. 384 da CLT pela Lei n. 13.467/2017, permanecem no mundo das possibilidades jurídicas a criação e a aplicação de um intervalo anterior à prestação da sobrejornada. Nada impede que, por força da autonomia individual ou coletiva privada, seja criado dispositivo a tratar de uma pausa anterior ao início de qualquer labor suplementar, independentemente de ser dirigida para mulheres ou homens.

Remete-se o leitor ao tópico 17.1.2.2, no qual se verá análise do art. 384 da CLT. Não é despicienda a anotação de que, a despeito da mencionada revogação, o STF declarou a constitucionalidade da regra ali contida, enquanto vigente, inclusive no tocante à sua destinação exclusiva às mulheres. O tema 528 da repercussão geral fixou, por unanimidade, a seguinte tese em setembro de 2021: "O art. 384 da CLT, em relação ao período anterior à edição da Lei n. 13.467/2017, foi recepcionado pela Constituição Federal de 1988, aplicando-se a todas as mulheres trabalhadoras".

10.3.1.2 Intervalos interjornadas

São entendidos como interjornadas ou "entre turnos" os intervalos *concedidos entre uma e outra jornada laboral* para o restabelecimento físico e mental do empregado.

Consoante dispõe o art. 66 da CLT (e também, quanto aos rurícolas, conforme o art. 5º da Lei n. 5.889/73), entre duas jornadas de trabalho haverá um período mínimo de **onze horas consecutivas**[88] para descanso. Assim, se, por exemplo, um trabalhador conclui suas atividades às 22h de um dia, ele somente as poderá retomar às 9h do dia seguinte. Note-se que na contagem dessas horas não se aplica a redução ficta do horário noturno, ou seja, todas as horas são contadas na dimensão de sessenta minutos.

Se, entretanto, o empregador exige o retorno do empregado ao serviço antes do término desse intervalo, assume o ônus de remunerar a perda do tempo destinado ao descanso, mediante aplicação análoga do supracitado § 4º do art. 71 da CLT. Registre-se que a Súmula 88 do TST[89], que negava o direito ora em análise, foi cancelada. O TST, então, por meio da Orientação Jurisprudencial 355 da SDI-1, pacificou o tema. Observe-se:

---

[88] Excepcionalmente, a depender do conteúdo do comando normativo, os intervalos interjornadas, concedidos normalmente na base de onze horas, poderão ter dimensão inferior ou superior a esse referencial médio. Perceba-se que os *jornalistas profissionais*, na forma do art. 308 da CLT, têm direito a intervalo intrajornada mínimo na base de dez horas, enquanto os *operadores cinematográficos e seus ajudantes* fruem da mesma vantagem na dimensão mínima de doze horas, conforme o § 2º do art. 235 da CLT.

[89] Veja-se a redação da Súmula 88 do TST, ora CANCELADA: JORNADA DE TRABALHO. INTERVALO ENTRE TURNOS — CANCELADA pela RES. 42/1995, DJ 17-2-1995 — LEI N. 8.923/1994. O desrespeito ao intervalo mínimo entre dois turnos de trabalho, sem importar em excesso na jornada efetivamente trabalha-

Orientação Jurisprudencial 355 da SDI-1 do TST. INTERVALO INTERJORNADAS. INOBSERVÂNCIA. HORAS EXTRAS. PERÍODO PAGO COMO SOBREJORNADA. ART. 66 DA CLT. APLICAÇÃO ANALÓGICA DO § 4º DO ART. 71 DA CLT. O desrespeito ao intervalo mínimo interjornadas previsto no art. 66 da CLT acarreta, por analogia, os mesmos efeitos previstos no § 4º do art. 71 da CLT e na Súmula 110 do TST[90], devendo-se pagar a integralidade das horas que foram subtraídas do intervalo, acrescidas do respectivo adicional.

Destaque-se que a supressão ou o fracionamento do intervalo interjornadas (que deveria ser outorgado em horas **consecutivas**) pode acarretar, além dos efeitos econômicos (§ 4º do art. 71 da CLT), a responsabilização do empregador por eventuais danos causados à saúde do empregado. A responsabilização decorre da violação de uma regra protetiva da saúde do trabalhador e tem arrimo no art. 927 do Código Civil.

10.3.1.3 Intervalos intersemanais

São adjetivados como "intersemanais" ou "hebdomadários" os períodos de descanso outorgados, sem prejuízo dos intervalos interjornadas, *entre uma e outra semana de trabalho*. Popularmente são conhecidos como "repousos semanais remunerados" ou "descansos semanais remunerados" sendo por isso respectivamente identificados pelas abreviaturas RSR[91] ou DSR.

10.3.1.3.1 Da universalidade do direito ao repouso semanal remunerado e da eletividade do dia destinado ao descanso

Os descansos semanais remunerados estão previstos no texto constitucional como *direito social universal*, abrangendo, indistintamente, servidores públicos (§ 3º do art. 39) e trabalhadores urbanos, rurais e domésticos (*vide* o art. 7º, XV e parágrafo único). Importante, entretanto, é o registro de que, diante da redação dada pela Carta, não necessariamente, mas apenas **preferencialmente**, precisam recair em **domingos**.

Afirma-se isso porque, originariamente, as normas contidas na CLT previam que o trabalho total ou parcialmente prestado em domingos estaria sempre subordinado à permissão prévia da autoridade competente em matéria de trabalho (art. 68 da CLT) e, obviamente, à anuência do próprio empregado, que, salvo se contratualmente tivesse ajustado essa possibilidade, precisaria ser consultado sobre a disponibilidade e interesse de trabalhar num dia que naturalmente seria destinado ao seu descanso. O rigor da redação original da CLT foi, mesmo antes da Carta de 1988, atenuado pela vetusta Lei n. 605/49 (regulamentada pelo Decreto n. 27.048/49), que, sobre a matéria, afirmava que o repouso semanal remunerado ocorreria "**preferentemente aos domingos**" (art. 1º).

Mas por que os legisladores tanto se referem aos domingos como dias destinados *preferenciais* para o descanso?

---

da, não dá direito a qualquer ressarcimento ao obreiro, por tratar-se apenas de infração sujeita a penalidade administrativa (art. 71 da CLT) RA 69/1978, *DJ*, 26-9-1978.

90 Súmula 110 do TST. JORNADA DE TRABALHO. INTERVALO. No regime de revezamento, as horas trabalhadas em seguida ao repouso semanal de 24 horas, com prejuízo do intervalo mínimo de 11 horas consecutivas para descanso entre jornadas, devem ser remuneradas como extraordinárias, inclusive com o respectivo adicional.

91 Súmula 351 do TST. PROFESSOR. REPOUSO SEMANAL REMUNERADO. ART. 7º, § 2º, DA LEI N. 605, DE 5-1-1949 E ART. 320 DA CLT. O professor que recebe salário mensal à base de hora-aula tem direito ao acréscimo de 1/6 a título de repouso semanal remunerado, considerando-se para esse fim o mês de quatro semanas e meia.

A resposta tem fundamento na tradição católica do povo brasileiro e na consequente formação de um costume de descanso em domingos. A despeito de sua guarda estar sendo negligenciada no decorrer dos tempos, preservando-se quase que exclusivamente entre grupos católicos mais ortodoxos e protestantes fundamentalistas, alerta Aloisio Cristovam dos Santos Junior[92] que não se deve minimizar a sua importância para o exercício da religiosidade. A seu ver — e com imensa razão —, "a guarda do dia santo para o devoto não apenas afirma a sua identidade religiosa como constitui também uma afirmação de seu pertencimento a uma comunidade de fé".

Para além de sua destinação religiosa, e ainda que a análise dessa temática seja basicamente sociológica, a determinação de um específico dia destinado ao descanso, que fosse comum a todos os trabalhadores, seria benfazeja à consolidação dos direitos fundamentais ao lazer (art. 6º e § 3º do art. 217 da Constituição) e à convivência familiar/comunitária (art. 226 do texto constitucional). Não há dúvidas de que os instantes comuns de afastamento da atividade laboral estimulariam a formação de "pontos de encontro" familiares e, contribuiriam, por via reflexa, para a atenuação da degenerescência social[93].

10.3.1.3.2 Da confusão entre a exigibilidade de prestação de trabalho em domingos e da possibilidade de abertura do comércio nestes dias

Evite-se confundir a possibilidade de **exigibilidade de prestação de trabalho em domingos** com a **possibilidade de abertura do comércio nestes dias**.

A *primeira situação* é permitida ao empregador, mediante ajuste direto ou por intermediação sindical com o empregado, por força do quanto disposto no art. 7º, XV, da Constituição (e, mesmo antes disso, pelo art. 1º da Lei n. 605/49), observadas as limitações impostas pelo § 1º do art. 68 da CLT.

A *segunda situação* é da competência municipal, em conformidade com normas que disciplinam posturas locais (*vide* o art. 30, I, da norma constitucional[94] e as Súmulas 419[95] e 645, ora SV 38[96], do STF). Anote-se que um Município pode legislar, sim, no sentido de proibir a abertura do comércio em determinado dia da semana, **desde que assim atue motivado por uma específica finalidade**. Ora, se o Município tem competência legislativa, com base na Súmula 645 do STF, **para fixar o horário de funcionamento de estabelecimento comercial**, ele terá, por interpretação lógica, competência legislativa **para não fixar funcionamento em específico dia da semana**, notadamente em domingos ou feriados[97]. A Medida Provisória n. 905, de 2019, ora não mais vigente, tratou desse assunto

---

92 Na obra *Liberdade religiosa e contrato de trabalho*, p. 388.

93 Nesse sentido, posiciona-se Leonel Maschietto em sua obra *Direito ao descanso nas relações de trabalho* (LTr, 2015), na qual realiza uma análise sociológica e jurídica do trabalho aos domingos como elemento de dissolução da família e de restrição ao direito fundamental ao lazer.

94 Art. 30. Compete aos Municípios: I — legislar sobre assuntos de interesse local.

95 Súmula 419 do STF. Os Municípios têm competência para regular o horário do comércio local, desde que não infrinjam leis estaduais ou federais válidas.

96 Súmula 645 do STF, ora Súmula Vinculante 38 do STF. É competente o Município para fixar o horário de funcionamento de estabelecimento comercial.

97 Ver Precedente Administrativo n. 9 da Secretaria de Inspeção do Trabalho: AUTORIZAÇÃO PARA O TRABALHO EM FERIADOS NACIONAIS E RELIGIOSOS VIA ACORDO COLETIVO OU CONVENÇÃO COLETIVA DE TRABALHO. NECESSIDADE DE PRÉVIA PERMISSÃO DA AUTORIDADE COMPETENTE EM MATÉRIA DE TRABALHO. Os acordos coletivos ou convenções coletivas de trabalho podem estabelecer as regras de remuneração e/ou compensação para o trabalho em dias feriados, mas não são instrumentos hábeis para afastar a competência da autoridade em matéria de trabalho para exercer o controle do trabalho em tais dias.

ao inserir no § 2º do art. 68 da CLT a já anunciada anotação no sentido de que, "para os estabelecimentos de comércio, será observada a legislação local".

Em nível de contemporização entre as legislações federal e municipal, é possível, então, afirmar que um empregador, estabelecido em cidade onde o comércio não funciona em domingos, está autorizado, a despeito disso, desde que não abra as portas de seu estabelecimento ao público externo, a receber a prestação de serviços de seus empregados, internamente, em qualquer dia, mesmo naqueles dias em que a lei municipal proíba a abertura do comércio.

Essa divergência de determinações entre as legislações federal (que trata da regulação do trabalho) e municipal (que trata da abertura ou não dos estabelecimentos ao público) tornou-se extremamente visível durante a pandemia do coronavírus, quando o governo federal publicou o Decreto n. 10.344, de 8 de maio de 2020, mediante o qual identificou como "atividades essenciais" aquelas realizadas por "salões de beleza e barbearias" e por "academias de esporte de todas as modalidades" **e os governos locais (Estados e Municípios) reagiram dizendo que não autorizariam as aberturas desses negócios ao público por necessidade de preservação da saúde pública**, pois, nos termos dos arts. 23, II, e 24, XII, da Constituição da República, é competência comum de todos os entes federativos cuidar da saúde pública e legislar em matéria de "proteção e defesa da saúde". Há, portanto, que atentar-se aos limites de ação para buscar uma atuação harmoniosa e equilibrada dos poderes públicos em respeito ao pacto federativo.

10.3.1.3.3 Da periodicidade e da regularidade dos intervalos intersemanais

O intervalo intersemanal deverá ser concedido, a cada seis dias de trabalho, na base de **vinte e quatro** horas consecutivas, respeitado o intervalo interjornadas. Assim, se um empregado encerra suas atividades às 21h do sábado, somente lhe será exigível novo serviço a partir das 8h de segunda-feira. Perceba-se que haverá aí um necessário interstício de trinta e cinco horas[98].

$$35 \text{ horas} = 11 \text{ horas do interjornadas} + 24 \text{ horas do intersemanais}$$

Anote-se, claramente, que de nada adiantaria conceder os repousos semanais fora do instante adequado. O trabalhador, obviamente, não fruiria dos benefícios decorrentes de descansos outorgados de modo descompassado. Diante disso, o TST editou, por sua SDI-1, a Orientação Jurisprudencial 410, para deixar claro que fere o art. 7º, XV, da Constituição da República, a concessão do descanso intersemanal após o sétimo dia consecutivo de trabalho. Se isso acontecer, caracterizar-se-á a perda do repouso oportuno. O trabalhador terá, então, a título de compensação, o direito de receber dobrado o RSR intempestivo. Veja-se:

Orientação Jurisprudencial 410 da SDI-1 do TST. *REPOUSO SEMANAL REMUNERADO. CONCESSÃO APÓS O SÉTIMO DIA CONSECUTIVO DE TRABALHO. ART. 7º, XV, DA CF. VIOLAÇÃO. Viola o art. 7º, XV, da CF a concessão de repouso semanal remunerado após o sétimo dia consecutivo de trabalho, importando no seu pagamento em dobro.*

Registre-se, por outro lado, uma pergunta muito frequente:

---

[98] Ver Precedente Administrativo da Secretaria de Inspeção do Trabalho: PRECEDENTE ADMINISTRATIVO N. 84 (Aprovado pelo Ato Declaratório SIT n. 10, de 03.08.2009, DOU 04.08.2009). JORNADA. INTERVALO INTERJORNADAS DE 11 HORAS E DESCANSO SEMANAL DE 24 HORAS. O intervalo interjornada corresponde ao lapso temporal de 11 horas consecutivas que deve separar uma jornada e outra de trabalho. Tal intervalo não se confunde ou se compensa com o descanso semanal remunerado, de 24 horas consecutivas. Entre módulos semanais somam-se os dois intervalos: 11 horas (entre dias) e 24 horas (entre semanas), totalizando, pois, 35 horas.

Os empregados que trabalham em regimes de doze horas de trabalho por trinta e seis horas de folga têm garantido o direito ao repouso semanal remunerado?

A resposta revela-se afirmativa, na medida em que a redistribuição das horas de trabalho durante o transcurso da semana produz a evidência de um dia inteiro destinado ao descanso ou, pelo menos, oferecido a título de folga compensatória. Para melhor entender essa assertiva, basta observar os dois seguintes quadros:

	Segunda	Terça	Quarta	Quinta	Sexta	Sábado	Domingo
Horas de trabalho	8 + 4		8 + 4		8 + 4		8 + 4

Neste quadro há a representação de um sistema de compensação de horários mediante o regime 12 x 36. Foi apresentada justamente a semana em que ocorre o maior número de dias trabalhados (perceba-se que na semana seguinte somente haverá três dias trabalhados) para que claramente seja evidenciada a existência de um dia inteiro de folga. Para tanto, basta deslocar as quatro horas excedentes da jornada normal para o quadrinho vizinho, somando-se as quatro horas da segunda-feira com as quatro horas da quarta-feira e, depois, as quatro horas da sexta-feira com as quatro do domingo. O resultado, como se vê no próximo quadro, será um dia inteiramente livre de trabalho, ou seja, um dia absolutamente destinado ao descanso. Veja-se:

	Segunda	Terça	Quarta	Quinta	Sexta	Sábado	Domingo
Horas de trabalho	8	4 + 4	8		8	4 + 4	8

Na semana seguinte haverá uma carga menor. Note-se que o sistema 12 x 36 implica a soma de 48 horas na primeira semana e de 36 horas na segunda, e assim sucessivamente.

Não se pode esquecer que o intervalo intrajornada, se outorgado, deverá ser deduzido dessas 48 ou 36 horas, fazendo com que cada turno de trabalho, se realizado em horário diurno (das 07h às 19h, por exemplo), tenha, em verdade, 11 (onze) horas cada, ou seja, 11 (onze) horas de trabalho efetivo + 1 (uma) hora de intervalo. Se realizado em horário noturno urbano, cada turno de trabalho, por força da redução ficta existente entre às 22h e às 05h de cada dia, terá 12 (doze) horas de trabalho efetivo + 1 (uma) hora de intervalo.

De qualquer maneira, entretanto, o número menor de horas na segunda semana de trabalho poderá compensar a existência de eventual dia feriado. Veja-se:

	Segunda	Terça	Quarta	Quinta	Sexta	Sábado	Domingo
Horas de trabalho		8 + 4		8 + 4		8 + 4	

É bom anotar, entretanto, que a Elevada Corte trabalhista, a despeito da lógica ora expendida, posicionou-se expressamente, durante anos, no sentido de que os feriados trabalhados no chamado regime 12 x 36 deveriam ser remunerados em dobro, e assim se posicionou mediante a Súmula 444 que, decerto, será cancelada diante das novas posições normativas tomadas pela reforma trabalhista de 2017. Perceba-se, com base no que consta do art. 59-A da CLT, que a remuneração mensal pactuada no regime 12 x 36 quita — como já se sustentava nesta obra desde as primeiras edições — o descanso semanal remunerado, o descanso em eventuais feriados e também, como se viu no tópico 10.2.3, as prorrogações de trabalho noturno. Leia-se:

> Art. 59-A. Em exceção ao disposto no art. 59 e em leis específicas, é facultado às partes, por meio de convenção coletiva ou acordo coletivo de trabalho, estabelecer horário de trabalho de doze horas seguidas por trinta e seis horas ininterruptas de descanso, **observados ou indenizados** os intervalos para repouso e alimentação.
>
> § 1º A remuneração mensal pactuada pelo horário previsto no caput abrange os pagamentos devidos pelo descanso semanal remunerado e pelo descanso em feriados e serão considerados compensados os feriados e as prorrogações de trabalho noturno, quando houver, de que tratam o art. 70 e o § 5º do art. 73.
>
> § 2º É facultado às entidades atuantes no setor de saúde estabelecer, por meio de acordo individual escrito, convenção coletiva ou acordo coletivo de trabalho, horário de trabalho de doze horas seguidas por trinta e seis horas ininterruptas de descanso, observados ou indenizados os intervalos para repouso e alimentação.

Perceba-se ademais que, nesse giro ideológico, o legislador, seguindo a linha do que já se fez no texto da LC 150/2015, passou a admitir expressamente que os intervalos para repouso e alimentação poderiam ser **"observados ou indenizados"**. Isso significa que, a depender do ajuste entre as partes, as doze horas de prestação de serviços podem ser efetivamente "seguidas", cabendo ao empregador o pagamento da hora não fruída de repouso e alimentação.

10.3.1.3.4 Da identificação da retribuição pelo repouso semanal como parcela integrada ou destacada do salário-base: sistema de integração e de reflexão

O salário-base relativo aos dias efetivamente trabalhados e a fração salarial correspondente aos dias destinados a descanso constituem, em regra, parcelas autônomas e destacadas. Confirma essa assertiva a regra, contida no art. 6º da Lei n. 605/49, segundo a qual "não será devida a remuneração quando, sem motivo justificado, o empregado não tiver trabalhado durante toda a semana anterior, cumprindo integralmente o seu horário de trabalho". Desse modo, o empregado que **não tiver trabalhado durante toda a semana anterior** ou que, mesmo trabalhando todos os dias, **não tiver cumprido integralmente o seu horário** perderá, por ato patronal, o direito ao recebimento do supracitado repouso semanal remunerado.

Pode-se, então, questionar: *como seria possível extrair do salário-base o montante correspondente ao repouso semanal remunerado?*

A resposta é simples, mas depende da evidência do modo, da maneira como é apurado o repouso semanal remunerado. Para entender como funciona esse sistema é recomendável a leitura do art. 7º da mencionada Lei n. 605/49. Veja-se:

> Art. 7º A remuneração de repouso semanal corresponderá:
> a) *para os que trabalham por dia, semana, quinzena ou mês, à de um dia de serviço, computadas as horas extraordinárias habitualmente prestadas;*
> b) *para os que trabalham por hora, à sua jornada normal de trabalho, computadas as horas extraordinárias habitualmente prestadas;*
> c) *para os que trabalham por tarefa ou peça, o equivalente ao salário correspondente às tarefas ou peças feitas durante a semana, no horário normal de trabalho, dividido pelos dias de serviço efetivamente prestados ao empregador;*

d) *para o empregado em domicílio, o equivalente ao quociente da divisão por 6 (seis) da importância total da sua produção na semana.*

§ 1º Os empregados cujos salários não sofram descontos por motivo de feriados civis ou religiosos são considerados já remunerados nesses mesmos dias de repouso, conquanto tenham direito à remuneração dominical.

§ 2º Consideram-se já remunerados os dias de repouso semanal do empregado mensalista ou quinzenalista cujo cálculo de salário mensal ou quinzenal, ou cujos descontos por falta sejam efetuados na base do número de dias do mês ou de trinta e quinze diárias, respectivamente.

Observe-se que, a depender da periodicidade da prestação do salário, o pagamento pelos dias de "repouso entre semanas" pode ou não estar nele embutido. Os **mensalistas** e os **quinzenalistas** já recebem o montante correspondente ao ora discutido intervalo inserido em seus salários-base, enquanto os **semanalistas**, os **diaristas** e os **horistas** recebem tal verba de modo destacado, de maneira apartada.

Assim, se um empregado recebe R$ 1.200,00 de salário-base *com periodicidade mensal*, deve ele entender que essa quantia paga tanto as horas de trabalho quanto as de intervalo intersemanal, sendo certo que ambas estarão excepcionalmente aglutinadas por autorização legal (veja-se o teor do § 2º do art. 7º da Lei n. 605/49). O mesmo acontecerá com quem receba o salário *com periodicidade quinzenal*.

Como, entretanto, podemos separar e identificar o montante pago pelos dias de trabalho da quantia atribuída a título de dias de descanso?

Para separar as parcelas aglutinadas, é necessário identificar o valor do salário-diário. É importante perceber que o trabalhador mensalista brasileiro descansa cerca de 5 (cinco) dias e labora os outros 25 (vinte e cinco) do mês. A relação que se estabelece entre os termos dessa proporção é, portanto, de 5/25 ou, aplicada uma redução, de 1/5, vale dizer 0,2 ou 20%. Diante disso, a remuneração dos RSRs corresponde, **em regra**, a 20% do valor total da remuneração mensal.

No caso em análise, se o empregado ganhava R$ 1.200,00 mensais, é certo que 20% desse montante corresponde a parcela identificada como RSR. Assim, cada dia de RSR valerá R$ 40,00. Para chegar a esse valor, basta dividir os R$ 1.200,00 pelo número médio de dias do mês (R$ 1.200,00 ÷ 30 dias = R$ 40,00). Nesses moldes, se o empregado, sem motivo justificado, faltar ou chegar atrasado ao serviço, poderá, a critério do empregador, não receber os R$ 40,00 correspondentes à remuneração pelo dia destinado a descanso. Reafirmando o quanto acima expendido, o mesmo sistema de cálculo será aplicável para os empregados que são remunerados com periodicidade quinzenal.

Para os empregados semanalistas, diaristas e horistas o valor pago como retribuição pelo trabalho e pelo repouso semanal (descanso entre semanas) deverá ser identificado separadamente, não sendo, nesses casos, juridicamente admissível a complessividade. Assim, para quem trabalha por dia ou por semana, o repouso semanal remunerado corresponderá a *um dia de serviço*, e, para quem trabalha por hora, corresponderá a *uma jornada normal de trabalho*. Do mesmo modo, haverá necessidade de destacar no recibo o valor pago a título de repouso semanal remunerado para quem labora por tarefa ou por peça ou, ainda para quem trabalha em domicílio. Aqueles que trabalham por tarefa ou por peça receberão a título de RSR o equivalente ao salário correspondente às tarefas ou peças feitas durante a semana, no horário normal de trabalho, dividido pelos dias de serviço efetivamente prestados ao empregador. Para os que trabalham em domicílio, o RSR será o equivalente ao quociente da divisão por seis da importância total de sua produção na semana.

Depois de saber como se extrai do salário-base o montante correspondente ao repouso semanal remunerado, surge outra pergunta: *somente o salário-básico pode servir como base de cálculo do repouso semanal remunerado?*

Para bem responder a essa pergunta é importante lembrar que, independentemente da natureza da parcela atribuída pelo empregador, se ela for paga com periodicidade mensal ou quinzenal, levará em si, inserida em seu bojo, o montante correspondente ao RSR, nos moldes previstos no § 2º do art. 7º da Lei n. 605/49. Pouco importará, portanto, se a análise é feita sobre o salário-base ou sobre complementos salariais (adicionais, gratificações etc.). Se o pagamento for mensal ou quinzenal já se consideram remunerados os dias de repouso semanal do empregado.

Nesse sentido posiciona-se o TST por meio da Súmula 225. Veja-se:

Súmula 225 do TST. *REPOUSO SEMANAL. CÁLCULO. GRATIFICAÇÕES POR TEMPO DE SERVIÇO E PRODUTIVIDADE. As gratificações por tempo de serviço e produtividade,* **pagas mensalmente**, **não repercutem** *no cálculo do repouso semanal remunerado (destaques não constantes do original).*

Perceba-se que a Súmula 225 do TST refere-se a pagamento mensal — o texto diz "pagas mensalmente" — e não a pagamento "semanal" ou "diário". Outro ponto a observar é o que diz respeito às verbas mencionadas: o texto trata das "gratificações por tempo de serviço e produtividade" apenas porque estas foram objeto dos processos discutidos perante o TST. A Súmula, portanto, pode ser utilizada analogicamente em relação a outros complementos salariais pagos a empregados mensalistas ou quinzenalistas cujo cálculo de salário mensal ou quinzenal, ou cujos descontos por falta sejam efetuados na base do número de dias do mês ou de 30 (trinta) e 15 (quinze) diárias, respectivamente.

Por outro lado, não repercutem no cálculo do repouso semanal remunerado as parcelas remuneratórias **que não foram pagas pelo empregador**, mas sim por terceiros com os quais este mantém relações mercantis. É o caso das gorjetas e das gueltas, que integram o conjunto dos suplementos salariais. Assim, por não serem pagas pelo empregador e por não serem consideradas como verbas salariais em sentido estrito (perceba-se que a Lei n. 605/49 refere-se a "salário", e não a "remuneração"), tais verbas não podem servir para o cálculo do repouso semanal remunerado. É o que também pensa o TST, conforme se pode observar por meio da Súmula 354. Observe-se:

Súmula 354 do TST. GORJETAS. NATUREZA JURÍDICA. REPERCUSSÕES — REVISÃO DO ENUNCIADO N. 290 — RES. 23/1988, DJ 24.03.1988. As gorjetas, cobradas pelo empregador na nota de serviço ou oferecidas espontaneamente pelos clientes, integram a remuneração do empregado, **não servindo de base de cálculo para as parcelas de** *aviso prévio, adicional noturno, horas extras e* **repouso semanal remunerado** *(destaques não constantes do original).*

É importante justificar a lógica da jurisprudência do TST no que diz respeito à impossibilidade de as gorjetas serem utilizadas para o cálculo das verbas ora ressalvadas (aviso prévio, adicional noturno, horas extras e repouso semanal remunerado). Tal acontece porque as mencionadas verbas, nos termos das disposições legais que tratam sobre elas, **são calculadas exclusivamente sobre verbas salariais** (pagas pelo empregador), **e não sobre verbas remuneratórias** (que, além dos montantes pagos pelo empregador, envolvem também vantagens concedidas por terceiros, como as gorjetas e as gueltas). Exatamente por isso as gorjetas não integram o cálculo dos citados aviso prévio, adicional noturno, horas extras e repouso semanal remunerado[99].

---

99 Para memorizar as verbas sobre as quais as gorjetas não repercutem costuma-se utilizar a fórmula mnemônica "APANHE RSR". Nela há referência contraída às parcelas referidas na Súmula 354 do TST, ou seja, aviso prévio (AP), adicional noturno (AN), horas extraordinárias (HE) e repouso semanal remunerado (RSR): AP+AN+HE RSR.

Depois de analisar as verbas salariais que compõem o repouso semanal remunerado, surge um inevitável questionamento: *enfim, como RSR repercute no cálculo de outras verbas salariais?*

O RSR pode repercutir sobre o cálculo de outras verbas salariais, e normalmente a repercussão somente não é visível porque os empregados mensalistas e quinzenalistas a recebem embutida no salário. Para os semanalistas, diaristas e horistas essa evidência é bem clara, sendo induvidoso que o RSR repercute sobre o cálculo de férias e de décimos terceiros salários. Ademais, tal parcela, por ser salarial, é base de incidência do FGTS.

Algumas repercussões acontecem mediante a geração de diferenças salariais. É o que ocorre, por exemplo, com as horas extraordinárias. Afirma-se isso porque os valores apurados a título de repouso semanal remunerado (por mensalistas, quinzenalistas, semanalistas, diaristas ou horistas — conforme preveem as alíneas *a* e *b* do art. 7º da Lei n. 605/49) devem ser acrescidos de diferenças decorrentes da média das horas extraordinárias prestadas durante o transcurso da semana.

Assim, se um empregado que ganha R$ 1.980,00 tiver prestado uma média de duas horas extraordinárias por dia durante todo o mês, esse valor será agregado ao do repouso semanal remunerado. Desse modo, deve aparecer no recibo de pagamento do mencionado empregado uma rubrica identificando o pagamento da "diferença de RSR em decorrência da prestação de horas extraordinárias habituais", nos seguintes moldes:

SALÁRIO-BASE mensal:	R$ 1.980,00
48 HORAS EXTRAORDINÁRIAS (HE) A 50%:	R$ 648,00[100]
DIFERENÇAS DE RSR sobre as HE	R$ 129,60, ou seja, 20% sobre o montante pago a título de horas extraordinárias

Surge mais um questionamento: *a majoração do valor do RSR em razão da integração das horas extraordinárias habitualmente prestadas repercute no cálculo de outras verbas salariais, como, por exemplo, férias, gratificação natalina, aviso prévio ou FGTS?*

A resposta da comunidade jurídica apontava predominantemente para uma resposta positiva, pois a diferença de RSR sobre as horas suplementares não poderia simplesmente desaparecer do cálculo. Se um empregador fosse realizar o pagamento do décimo terceiro salário, ilustrativamente, não poderia desconsiderar a existência de uma parcela que habitualmente aparecesse no contracheque. A despeito disso, e para a surpresa da comunidade jurídica, o TST publicou, no dia 10-6-2010, a Orientação Jurisprudencial 394 da sua SDI-1. Por meio dela, averbou, em colisão com a aritmética, que "a majoração do valor do repouso semanal remunerado, em razão da integração das horas extras habitualmente prestadas, não repercute no cálculo das férias, da gratificação natalina, do aviso prévio e do FGTS, sob pena de caracterização de *bis in idem*". Ademais, talvez a maior dificuldade de aplicação da referida orientação esteja na aceitação de que a diferença do RSR em de-

---

100 A quantia de R$ 1.980,00 (salário-base mensal) dividida por 220 (número médio de horas trabalhadas dentro de um mês para quem está submetido à jornada de 8 horas e à carga semanal de 44 horas) produz como resultado o montante de R$ 9,00 (valor médio de cada hora trabalhada). Esse valor multiplicado por 1,5 (acréscimo de 50%, caracterizador das horas extraordinárias) gera o valor de R$ 13,50 (valor de cada hora extraordinária). Multiplicando o valor de cada hora extra (13,50) pelo número de horas suplementares trabalhadas dentro do mês (48 horas extraordinárias), chega-se ao resultado de R$ 648,00.

corrência das horas extraordinárias não sofra incidência do FGTS, como mencionado na sua parte final.

10.3.1.4 Feriados

O feriado é, no jargão jurídico-trabalhista, uma data comemorativa instituída por lei ou pelo costume[101], em decorrência da qual há interrupção das atividades laborais sem prejuízo do recebimento do dia não trabalhado.

Essas datas comemorativas são, portanto, dias destinados ao descanso, ao culto e à autorreflexão em virtude de acontecimentos importantes para o povo de um lugar[102].

10.3.1.4.1 Feriados fruídos nas datas de suas ocorrências

Normalmente, os feriados são fruídos nas datas de suas ocorrências, algo absolutamente natural, haja vista a necessidade de associação da comemoração com o dia sem trabalho. Os arts. 68 e 70 da CLT referem o direito a esse repouso em feriados[103], baseando as suas outorgas na constatação desses eventos **civis** e **religiosos**.

São **feriados civis**, nos termos da Lei n. 9.093/95:

I — os declarados em lei federal[104 e 105];

---

101 É exemplo tipicamente trabalhista de costume juridicamente exigível a fruição de descanso na terça-feira de Carnaval. Embora esse dia não conste do rol de feriados nacionais, e conquanto não haja, em grande parte das situações, lei municipal a instituí-lo como feriado local, é fato público e notório que a folga nesse dia é prática observada em todo o país. Assim decidem os tribunais, sendo disso ilustração a decisão tomada pelo Tribunal Regional do Trabalho da 18ª Região (GO) nos autos do processo RO-0000094-38.2013.5.18.0010.

102 O verbo FERIAR, que provém do latim *feriari* ou, para alguns, *de feriae*, significa descansar, folgar. Assim, é possível que um empregado afirme que costuma feriar no litoral baiano ou que ele e a esposa feriavam no mesmo período.

O referido verbo "feriar" produziu, assim, o substantivo "féria", que tanto significa o lucro decorrente da atividade econômica e o salário de um dia de trabalho, quanto o período de descanso proporcionado pelo empregador. Na sua forma singular, e com base em seu particípio passado, formou-se a qualificação para determinados dias sem trabalho, conhecidos como "dia feriado". Na sua forma plural, levando em conta o fato de não se tratar de apenas um dia, mas de um conjunto de dias destinados a descanso, formou-se a palavra "férias". Logo, um "dia feriado" é um dia de folga pontual, por algum motivo determinado em lei ou decorrente dos costumes. Se se tratar de uma sequência de dias em que o empregado esteja "feriando", identificamos aí as conhecidas "férias". É importante observar que o latim *feriae*, que sempre referenciou dias em que o trabalho cessava, sofreu, curiosamente, uma modificação de sentido, passando a revelar os dias em que o trabalho se realizava... No italiano — a língua que menos se distanciou do latim — houve uma mudança clara, sendo ali possível perceber que um "giorno feriale" é um dia de trabalho, tal como os dias representados pelas nossas "feiras", a exemplo de segunda-feira, terça-feira, quarta-feira... Para evitar a confusão de sentidos, os italianos passaram a referir os dias de descanso como "giorni festivi" ou "giorni solleni", o que não aconteceu na língua portuguesa, haja vista a tradição de nominar os dias da Semana Santa, durante o transcurso do qual não havia trabalho, em *prima feria, secunda feria, tertia feria*...

Assim, na língua portuguesa a incongruência se manteve. Entre nós, a partir da mesma etimologia, se diz que um "dia ferial" é um dia de trabalho e que um "dia feriado" é um dia de folga.

103 As datas em que ocorrem feriados, por serem fatos notórios e de conhecimento geral, não precisam ser provados nos termos do art. 334 do Código de Processo Civil/1973 e do art. 374 do CPC/2015.

104 Os feriados são criados por força de lei e podem dizer respeito a datas comemorativas fixas ou a circunstâncias especiais eventuais, como, por exemplo, os dias em que ocorreram jogos da Seleção Brasileira de Futebol durante a Copa do Mundo FIFA 2014, conforme foi previsto no art. 56 da Lei n. 12.663/2012 (Lei das Copas). Veja-se:

II — a data magna do Estado[106] fixada em lei estadual;

III — os dias do início e do término do ano do centenário de fundação do Município, fixados em lei municipal.

São **feriados religiosos** os dias de guarda[107], declarados em lei municipal, de acordo com a tradição local e em **número não superior a quatro**, incluída entre estes, necessariamente, a Sexta-Feira da Paixão.

"Art. 56. Durante a Copa do Mundo FIFA 2014 de Futebol, a União poderá declarar feriados nacionais os dias em que houver jogo da Seleção Brasileira de Futebol. Parágrafo único. Os Estados, o Distrito Federal e os Municípios que sediarão os Eventos poderão declarar feriado ou ponto facultativo os dias de sua ocorrência em seu território".

105   São feriados nacionais:

1º de janeiro (Confraternização Universal) — Lei Federal n. 662/49;

21 de abril (Tiradentes) — Lei Federal n. 662/49;

1º de maio (Dia do Trabalho) — Lei Federal n. 662/49;

7 de setembro (Independência) — Lei Federal n. 662/49;

12 de outubro (Nossa Senhora Aparecida) — Lei Federal n. 6.802/80;

2 de novembro (Finados) — Lei Federal n. 662/49;

15 de novembro (Proclamação da República) — Lei Federal n. 662/49;

25 de dezembro (Natal) — Lei Federal n. 662/49.

Registre-se que havia projeto de Lei do Senado (157, de 24 de maio de 2006) que visava incluir a terça-feira de Carnaval, a sexta-feira da Paixão e a quinta-feira de Corpus Christi entre os feriados nacionais. Esse processo foi arquivado.

106   Cada Estado federado tem sua data magna. Apenas a título exemplificativo, informam-se as seguintes datas magnas:

AMAZONAS, 5 de setembro — Dia em que o Estado tornou-se província do Império

BAHIA, 2 de julho — Independência da Bahia

CEARÁ, 19 de março — Dia de São José

DISTRITO FEDERAL, 21 de abril — Fundação de Brasília

ESPÍRITO SANTO, 23 de maio — Colonização do Estado

MARANHÃO, 28 de julho — Data em que o Estado aderiu à Independência do Brasil

MATO GROSSO DO SUL, 11 de outubro — Criação do Estado

MINAS GERAIS, 21 de abril — Dias dos Mártires da Inconfidência Mineira

PARÁ, 15 de agosto — Adesão da Província à Independência do Brasil

PARAÍBA, 5 de agosto — Emancipação Política

PARANÁ, 19 de dezembro — Emancipação Política

PERNAMBUCO, 6 de março — Revolução Pernambucana de 1817

PIAUÍ, 19 de outubro — Adesão do Estado à Independência do Brasil

RIO DE JANEIRO, 20 de novembro — Dia da Consciência Negra

RIO GRANDE DO NORTE, 3 de outubro — Dia dos Mártires

RIO GRANDE DO SUL, 20 de setembro — Revolução Farroupilha

RONDÔNIA, 4 de janeiro — Criação do Estado

RORAIMA, 5 de outubro — Criação do Estado

SANTA CATARINA, 11 de agosto — Dia da Criação da Capitania

SÃO PAULO, 9 de julho — Revolução Constitucionalista de 1932

SERGIPE, 8 de julho — Emancipação Política

TOCANTINS, 5 de outubro — Criação do Estado

107   A expressão "dias de guarda" é de origem cristã católica, sendo entendidos como tais os dias em que os cristãos devem participar da Liturgia Eucarística, cumprindo, assim, o terceiro dos Dez Mandamento da Lei de Deus, vale dizer, "guardar domingos e festas".

Registre-se que o direito de folgas em feriados civis e religiosos estende-se também aos empregados domésticos desde a edição da Lei n. 11.324, de 19 de julho de 2006, antes mesmo da publicação da Lei Complementar n. 150, de 2015. A mencionada Lei de 2006, no seu art. 9º, revogou a alínea *a* do art. 5º da Lei n. 605/49, que antes excluía os domésticos de sua aplicabilidade. A Lei n. 605/49 trata do repouso semanal remunerado e do pagamento de salário nos dias feriados civis e religiosos.

10.3.1.4.2 Feriados fruídos fora das datas de suas ocorrências e feriados antecipados por meio das primeiras normas que disciplinaram a pandemia do coronavírus

Há situações, porém, em que os feriados são trabalhados em troca de uma folga compensatória em outro dia. Isso, evidentemente, gera prejuízo à comemoração dos eventos civis e religiosos. Perde-se, assim, o momento da confraternização e até mesmo a razão de ser da própria festividade.

Normas coletivas, porém, podem prever sanções pecuniárias contra os empregadores que abrem os seus negócios e que, consequentemente, tomam serviços de seus empregados em datas comemorativas. Exemplo disso é visível entre os comerciários, que, de modo geral, segundo os instrumentos coletivos negociados da categoria, não trabalham no dia que lhes é dedicado, geralmente no dia 30 de outubro de cada ano, conforme a Lei n. 12.790, de 2013.

Em outro contexto, os feriados podem ser transferidos de dia em atenção a particularidades especiais ou a circunstâncias de momento. Nesse ponto, cabe referir o quanto previsto na importante Medida Provisória n. 927, de 2020, ora não mais vigente, que, de forma inovadora, previu que, durante o estado de calamidade pública, os empregadores poderiam antecipar o gozo de feriados não religiosos[108] federais, estaduais, distritais e municipais, valendo-se para tanto de simples notificação, por escrito ou por meio eletrônico. Note-se que a decisão de antecipação do empregador estaria, obviamente, restrita aos seus próprios empregados, e a antecipação se daria para a data que melhor consultasse aos seus interesses. Na data do feriado, o empregado que antecipadamente obteve folga, trabalharia normalmente.

Aos empregadores bastou, apenas, de forma unilateral, a determinação, a notificação e a identificação dos feriados antecipados e as correspondentes datas de fruição. Uma singela notificação, por escrito ou por meio eletrônico, com a menção ao conjunto de empregados beneficiados, observada a antecedência de, no mínimo, 48 (quarenta e oito) horas, revelou-se o suficiente.

Ressalte-se que o empregador, na norma prevista na citada MP 927/2020, somente teve o direito subjetivo de antecipar os feriados não religiosos federais, estaduais, distritais e municipais. Quanto ao aproveitamento de feriados religiosos, a medida dependeu de concordância do empregado em acordo individual escrito, sendo isso justificável diante da preservação dos direitos de liberdade religiosa, que estão amparados pela Constituição da República. Essa restrição deixou de existir na MP 1.046/2021.

Exatamente o mesmo foi reiterado no art. 15 da Lei n. 14.437, de 15 de agosto de 2022, que criou um microssistema normativo que permanentemente passou a disciplinar as situações calamitosas.

E os próprios entes federativos? Eles podem antecipar os seus próprios feriados?

---

108 A Medida Provisória n. 1.046, de 2021 (art. 14), ora não mais vigente, permitiu que a antecipação alcançasse também os feriados religiosos.

Sim, nada impede que o Município antecipe a data dos seus feriados ou que o Estado ou a União façam o mesmo. O que não se admite, em virtude do respeito ao pacto federativo, é que o Município antecipe feriado estadual ou federal ou que o Estado antecipe feriado municipal ou federal, ou, ainda, que a União antecipe feriado municipal ou estadual.

A antecipação de feriado pelo respectivo ente federativo tem caráter geral e atinge toda a comunidade de um determinado lugar. Isso, aliás, ocorreu durante a pandemia do coronavírus nos anos de 2020 e 2021 para estimular o isolamento social, por iniciativa, por exemplo, dos governos dos Estados da Bahia e de São Paulo, e obteve a adesão de diversos gestores municipais.

10.3.1.4.3 Feriados fruídos fora das datas de suas ocorrências por força de instrumento coletivo negociado

A antecipação dos feriados também pode ocorrer por imposição de instrumento coletivo negociado. O art. 611-A, XI, da CLT prevê que a convenção coletiva e o acordo coletivo de trabalho têm prevalência sobre a lei quando, entre outros, dispuserem sobre "troca do dia de feriado". Dessa forma, como se antedisse, a decisão de troca do dia de feriado feita em uma das cláusulas do instrumento coletivo negociado estaria, obviamente, restrita aos representados dos seus signatários. A troca do dia, então, se daria para a data que melhor consultasse aos interesses dos representados. Na data em que normalmente se comemora o feriado, o empregado que antecipadamente obteve folga trabalharia, então, normalmente.

10.3.1.5 Remuneração do trabalho em dias destinados a descanso

No caso de supressão de folga em feriado, o empregador deverá pagar o dia trabalhado (que seria destinado à comemoração da festividade) com um acréscimo de 100%, ou seja, em dobro.

Observe-se que o assunto é tratado no art. 9º da Lei n. 605/49. O referido dispositivo não faz, porém, menção à atribuição de remuneração dobrada por trabalho em domingos, mas apenas à outorga de remuneração dobrada por trabalho em feriados. O tratamento que envolve a remuneração dobrada, entretanto, foi genericamente estendido pela jurisprudência para todos os *dias destinados a descanso*. Essa missão foi assumida pela Súmula 146 do TST, que, porém, em sua redação originária, apenas tratava de feriados[109].

Diz-se, por outro lado, que o pagamento é feito em dobro porque o empregado já é remunerado pela hora do descanso, mas, pelo fato de ter trabalhado nesse dia, o recebe mais uma vez (só que em dobro, consoante exemplo que será a seguir apresentado). Por essa razão foi que o **STF editou a Súmula 461,** deixando claro que "é duplo, e não triplo, o pagamento de salário nos dias destinados a descanso".

Perceba-se que a referida súmula nada tem de colidente com o texto da precitada Súmula 146 do TST, sendo, na verdade, confirmativas. Afirma-se isso porque ambos os textos preveem que, **sem prejuízo da remuneração relativa ao repouso**, remunera-se em

---

[109] **Súmula 146 do TST.** TRABALHO EM DOMINGOS E FERIADOS, NÃO COMPENSADO — NOVA REDAÇÃO — (Incorporada à Orientação Jurisprudencial n. 93 da SBDI-1). O trabalho prestado em domingos e feriados, não compensado, deve ser pago em dobro, sem prejuízo da remuneração relativa ao repouso semanal.

A redação original foi determinada pela RA 102/1982, *DJ* 11-10-1982, e *DJ* 15-10-1982. Veja-se: Súmula 146 do TST. FERIADO — TRABALHO. O trabalho realizado em dia feriado, não compensado, é pago em dobro e não em triplo (ex-Prejulgado n. 18).

dobro o trabalho prestado em domingos ou em feriados. Exemplo: se alguém ganha R$ 60,00 por dia normal de trabalho, esse alguém recebe de seu patrão, independentemente de prestação de qualquer serviço, R$ 60,00 pelos domingos ou pelos feriados fruídos. Exigindo-se, entretanto, o trabalho em algum desses dias, o trabalhador, **além dos R$ 60,00 destinados à remuneração do repouso semanal remunerado ou do feriado remunerado**, será destinatário de R$ 120,00 (2 x R$ 60,00) pelas horas normais trabalhadas. Note-se que a remuneração do dia normal trabalhado é de R$ 60,00 e que a remuneração do dia destinado a descanso é de R$ 120,00.

	Segunda	Terça	Quarta	Quinta	Sexta	Sábado	Domingo
Valor do dia trabalhado	R$ 60,00	R$ 60,00	R$ 60,00	R$ 60,00	R$ 60,00	R$ 60,00	**RSR** R$ 60,00[110] + **TRABALHO** R$ 120,00[111]

10.3.1.6 Intervalos anuais

São as chamadas "férias", que serão analisadas no capítulo seguinte.

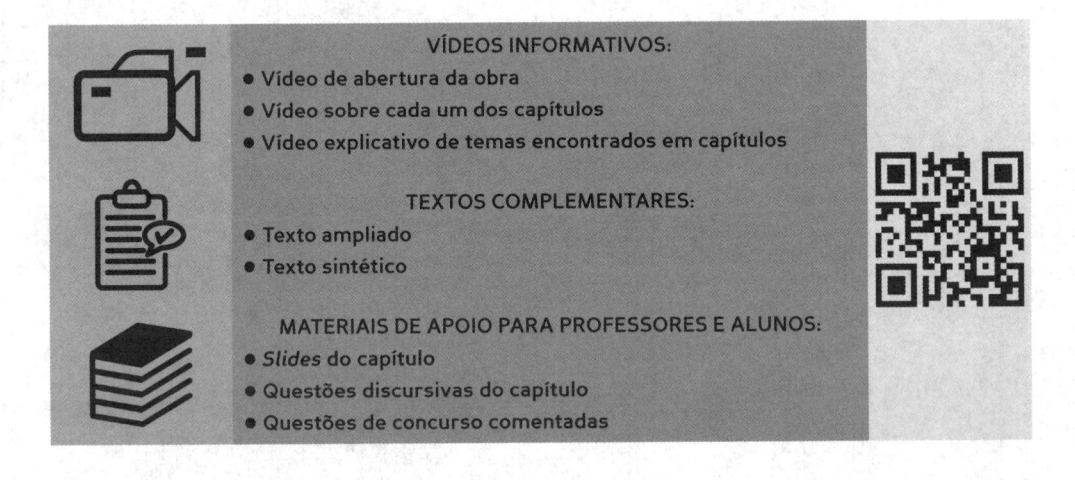

VÍDEOS INFORMATIVOS:
- Vídeo de abertura da obra
- Vídeo sobre cada um dos capítulos
- Vídeo explicativo de temas encontrados em capítulos

TEXTOS COMPLEMENTARES:
- Texto ampliado
- Texto sintético

MATERIAIS DE APOIO PARA PROFESSORES E ALUNOS:
- *Slides* do capítulo
- Questões discursivas do capítulo
- Questões de concurso comentadas

---

110 Recebe mesmo sem ter trabalhado.
111 Recebe duas vezes o valor do dia normal de trabalho (2 × R$ 60,00 = R$ 120,00) caso tenha acontecido atividade em dia destinado a descanso. Se as horas prestadas em dias destinados a descanso forem extraordinárias, hão de ser pagas com um acréscimo de pelo menos 50%.

11

FÉRIAS

https://somos.in/CTD14

11.1 CONSIDERAÇÕES INTRODUTÓRIAS

As férias podem ser conceituadas como um intervalo anual de descanso, garantido constitucionalmente como direito social[1] e outorgado exclusivamente aos **trabalhadores exercentes de atividades por conta alheia** (empregados, inclusive domésticos, trabalhadores avulsos e servidores ocupantes de cargo público). Trata-se, portanto, de um direito restrito apenas aos empregados e servidores públicos porque **seu custeio cabe ao tomador dos serviços**. É, em última análise, um período de interrupção do contrato de emprego.

Note-se que o trabalhador por conta própria (autônomo em sentido lato) pode, querendo, atribuir a si mesmo e a suas expensas a oportunidade de fruição de um período anual de descanso. A autoconcessão, entretanto, jamais pode ser entendida como direito subjetivo. Perceba-se que é impossível, sob o ponto de vista material, ao autônomo exigir de si mesmo a fixação do discutido ínterim. Aliás, tal período não pode sequer ser intitulado como férias, mas sim como simples recesso. O instituto "férias", em rigor, pressupõe a assunção dos custos do período de descanso por alguém que normalmente é tomador dos serviços, hipótese em que não se insere, obviamente, o trabalhador autônomo.

Observe-se, ainda, que, por ausência de limite constitucional[2], as férias podem ter um número variável de dias, aumentando ou diminuindo a depender da carga semanal de trabalho ou do número de faltas injustificadas ao serviço.

Outro aspecto importante diz respeito à obrigatoriedade de acréscimo de um terço, pelo menos[3], sobre a remuneração oferecida a título de férias. Tal vantagem adicional somente surgiu com a Constituição ora vigente[4], não estando prevista, portanto, nas normas infraconstitucionais anteriores a 5-10-1988. Esse detalhe é importante para fins de interpretação de alguns dispositivos constantes da CLT, como se verá adiante.

---

[1] O direito às férias está contido no art. 7º, XVII, do texto constitucional como um dos direitos sociais dos trabalhadores com vínculo permanente (urbanos, rurais e domésticos) e dos trabalhadores avulsos. É também estendido aos servidores ocupantes de cargo público por força do disposto no § 3º do art. 39 da Constituição.

[2] A Constituição apenas garante o direito de "gozo de férias anuais remuneradas com, pelo menos, um terço a mais do que o salário normal". Não há qualquer registro quanto ao número de dias de férias por ano, missão assumida pela legislação infraconstitucional.

[3] Veja-se a Orientação Jurisprudencial 50 da SDI-1 Transitória do TST. FÉRIAS. ABONO INSTITUÍDO POR INSTRUMENTO NORMATIVO E TERÇO CONSTITUCIONAL. SIMULTANEIDADE INVIÁVEL. O abono de férias decorrente de instrumento normativo e o abono de 1/3 (um terço) previsto no art. 7º, XVII, da CF/1988 têm idêntica natureza jurídica, destinação e finalidade, constituindo-se *bis in idem* seu pagamento simultâneo, sendo **legítimo o direito do empregador de obter compensação** de valores porventura pagos.

[4] **Súmula 328 do TST**. FÉRIAS. TERÇO CONSTITUCIONAL. O pagamento das férias, integrais ou proporcionais, gozadas ou não, na vigência da CF/1988, sujeita-se ao acréscimo do terço previsto no respectivo art. 7º, XVII.

Ressalte-se, ainda, a irrenunciabilidade como uma das características das férias. Sendo elas um direito social ligado às medidas de medicina e segurança do trabalho, não podem ser excluídas das cláusulas contratuais, tampouco restringidas quanto à dimensão mínima prevista em lei.

Diante do conjunto de informações acima expendidas, pode-se concluir que as férias são dotadas das seguintes características:

a) constituem um direito social, a teor do art. 7º, XVII, da Constituição;

b) são irrenunciáveis[5];

c) correspondem a um intervalo anual de descanso de duração variável;

d) são outorgadas exclusivamente aos trabalhadores exercentes de atividades por conta alheia;

e) seu custeio cabe unicamente ao tomador dos serviços. Envolvem, por isso, uma situação de interrupção contratual;

f) estão obrigatoriamente acompanhadas de acréscimo de um terço, pelo menos, sobre a remuneração oferecida. Esse um terço é acessório necessário, compondo, inclusive, a noção de pedido implícito. Não se pode falar em férias sem o pagamento do referido acréscimo; uma coisa está amalgamada na outra;

g) constituem o único direito trabalhista que, em regra, é fruído no momento que melhor consulta aos interesses do empregador.

11.2 REGÊNCIA LEGAL E APLICABILIDADE DA CONVENÇÃO N. 132 DA OIT

As férias estão previstas no texto constitucional (art. 7º, XVII) como um dos direitos sociais mínimos dos trabalhadores com vínculo permanente (urbanos, rurais e domésticos) e dos trabalhadores avulsos.

São também estendidos aos servidores ocupantes de cargo público por força do disposto no § 3º do art. 39 da Constituição.

A regulamentação infraconstitucional das férias está contida na CLT entre os arts. 129 e 145, sendo esses dispositivos aplicáveis aos trabalhadores com vínculo permanente (urbanos, rurais e domésticos) e aos trabalhadores avulsos, observadas, em cada caso, as necessárias adaptações impostas por legislações específicas.

Para os servidores federais ocupantes de cargo público, as férias estão regidas pela Lei n. 8.112/90. Os servidores estaduais e municipais ocupantes de cargos públicos estão regidos pelos estatutos que especificamente disciplinem seus regimes jurídicos de emprego.

Além da legislação infraconstitucional própria, cabe um destaque quanto à inserção no sistema jurídico nacional da Convenção n. 132 da OIT, ratificada pelo Brasil e nele vigente desde 23-9-1999, mediante o Decreto n. 3.197, de 5-10-1999. Aliás, o texto do art. 1º do citado decreto é bem claro no sentido de que a Convenção ora analisada "deverá ser executada e cumprida tão inteiramente como nela se contém". Pode-se dizer, então, que a Convenção n. 132 da OIT modificou o regime jurídico das férias a partir da data de sua publicação, havida em 6-10-1999?

---

[5] Apesar de irrenunciáveis, as férias, nos termos da lei, *são passíveis de transação parcial no tocante a sua dimensão*. Lembre-se que elas constituem um direito trabalhista que possui a singularidade de comportar, mediante autorização legal, a conversão de um terço em abono pecuniário.

Há severas dúvidas quanto a isso. Observe-se que o texto do art. 1º da convenção em estudo oferece a possibilidade de interpretação da não aplicabilidade imediata dos preceitos ali contidos. Note-se:

> Art. 1º As disposições da presente Convenção, **caso não sejam postas em execução por meio de acordos coletivos, sentenças arbitrais ou decisões judiciais**, seja por organismos oficiais de fixação de salários, seja por qualquer outra maneira conforme a prática nacional e considerada apropriada, levando-se em conta as condições próprias de cada país, **deverão ser aplicadas através de legislação nacional** (destaques não constantes do original).

Perceba-se que o texto do art. 1º sugere que a primeira etapa de consolidação das regras insertas na Convenção n. 132 seria alcançada por meio de execução espontânea ou interpretativa do seu texto, a ponto de ser posta em prática por via autônoma (contratos coletivos) ou heterônoma (laudos arbitrais ou decisões judiciais). Caso não fosse a convenção "posta em execução" pelas vias aqui citadas, sendo relevante destacar a autuação judiciária, as regras internacionais haveriam de ser "aplicadas através da legislação nacional".

Mas qual seria o tempo necessário para essa verificação?

Pelo modo como se posiciona a jurisprudência, o tempo de apreciação e de aplicação espontânea da Convenção n. 132 da OIT coincide com o dia em que o legislador ordinário resolver editar uma lei (em sentido próprio) tendente a revogar os dispositivos constantes das normas vigentes por outras inspiradas nesse texto internacional.

A tese segundo a qual a Convenção n. 132 da OIT é meramente programática é, entretanto, paradoxal. Afirma-se isso porque, se a mencionada convenção fosse um texto de mera inspiração, não precisaria ter sido ratificada. Enfim, o "direito comparado", enquanto inspiração, sempre foi uma das fontes do ordenamento jurídico trabalhista, nos moldes do art. 8º da CLT.

Parece acertada, portanto, a posição que sustenta a plena aplicabilidade da ora analisada Convenção, haja vista o caráter supralegal que o STF lhe atribuiu. Como, todavia, essa tese ainda não é majoritária[6], também pouco estão bem delimitadas as situações em que preferem as disposições contidas no referido documento internacional[7], a análise do instituto férias será promovida neste estudo à luz da legislação interna.

11.3 ESPÉCIES

Um bom estudo sobre as férias deve oferecer, de início, a distinção entre férias individuais e férias coletivas.

As **férias individuais** são aquelas outorgadas por conta da necessidade de descanso anual dos trabalhadores, observando um interstício de doze meses para a aquisição e subsequentes doze meses para a concessão. Podem sofrer alterações por conta da imposição de férias coletivas.

As **férias coletivas**, ao contrário das individuais, são impostas aos empregados, não por conta da necessidade de um descanso anual, mas por conveniência dos empregadores, notadamente nas situações em que seja evidenciado excesso de produção ou diminuição da

---

6 Veja-se, nesse sentido, o teor do Incidente de Assunção de Competência TST-IAC-423-11.2010.5.09.0041.
7 Nesse particular, consulte-se a excelente pesquisa elaborada por Fabíola Marques na obra *Férias*: novo regime da Convenção n. 132 da OIT. São Paulo: LTr, 2007.

demanda. Elas não respeitam o interstício de doze meses e podem, por isso, ser concedidas a empregados recém-contratados.

Com base nessa distinção serão desenvolvidos os seguintes tópicos internos deste capítulo.

11.3.1 Férias individuais

11.3.1.1 Definição e distinções

Conforme acima expendido, as férias individuais coincidem com o descanso anual dos trabalhadores, sendo, por isso, exigível como medida de saúde laboral.

Não se pode, porém, confundir as férias individuais (descanso anual remunerado) com os recessos escolares dos professores. Os recessos (chamados equivocadamente de "férias" escolares) constituem período de paralisação das atividades por iniciativa do empregador. Durante esse ínterim, ao contrário do que ocorre com as férias anuais remuneradas, o patrão pode exigir a prestação de específica atividade, conforme se vê no § 2º do art. 322 da CLT:

"No período de férias, não se poderá exigir dos professores outro serviço senão o relacionado com a realização de exames".

Note-se também que os professores têm direito à percepção integral dos dias correspondentes ao recesso escolar ("férias escolares"), ainda que sejam desligados **sem justa causa** ao término do ano letivo ou no curso do citado período (veja-se o § 3º do art. 322 da CLT). O professor perderá, entretanto, o direito ao recebimento dos dias correspondentes ao mencionado recesso se pedir demissão ou se for desligado com justa causa. Veja-se Súmula do TST que trata desse assunto:

Súmula 10 do TST. *PROFESSOR. DISPENSA SEM JUSTA CAUSA. TÉRMINO DO ANO LETIVO OU NO CURSO DE FÉRIAS ESCOLARES. AVISO PRÉVIO (redação alterada em sessão do Tribunal Pleno realizada em 14-9-2012). O direito aos salários do período de férias escolares assegurado aos professores (art. 322, caput e § 3º, da CLT) não exclui o direito ao aviso prévio, na hipótese de dispensa sem justa causa ao término do ano letivo ou no curso das férias escolares.*

11.3.1.2 Mecanismos de aquisição e de concessão

As férias são adquiridas "após cada período de 12 (doze) meses de vigência do contrato de trabalho" (art. 130, *caput*, da CLT) e "concedidas, por ato do empregador, [...], nos 12 (doze) meses subsequentes à data em que o empregado tiver adquirido o direito" (art. 134, *caput*, da CLT). Para organizar as ideias quanto aos **períodos aquisitivo[8] e concessivo[9]**, deve-se observar a seguinte exemplificação:

Se um empregado foi admitido no dia 1º-1-2020, pode-se dizer que ele, depois de um período de doze meses de vigência do contrato de emprego, adquiriu o primeiro período de férias. A aquisição se completará no dia 31-12-2020, mas a fruição somente se dará a partir do dia 1º-1-2021.

---

[8] O período aquisitivo corresponde a *cada período de doze meses de vigência do contrato de trabalho*.
[9] O período concessivo corresponde a *cada período de doze meses subsequentes à data em que o empregado tiver adquirido o direito às férias*.

Em outras palavras: a partir do dia 1º-1-2021 se iniciará o *período de concessão* das férias adquiridas entre os dias 1º-1-2020 e 31-12-2020, o qual findará no dia 31-12-2021. Concomitantemente a este período concessivo terá início um *novo período aquisitivo*, de 1º-1-2021 a 31-12-2021. As férias adquiridas nesse ínterim serão concedidas nos doze meses seguintes e assim sucessivamente. Veja o gráfico:

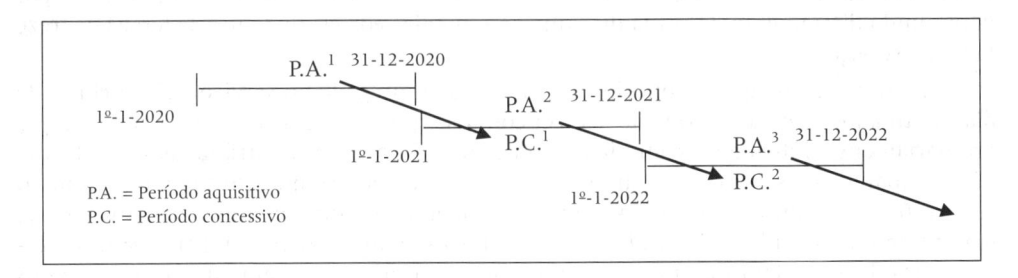

```
                P.A.¹  31-12-2020
        |———————————————————|
                                       P.A.²  31-12-2021
1º-1-2020                      |——————————————————|
                                      P.C.¹              P.A.³  31-12-2022
                              1º-1-2021          |——————————————————|
                                                         P.C.²
P.A. = Período aquisitivo                  1º-1-2022
P.C. = Período concessivo
```

11.3.1.3 Extensão das férias individuais

O tempo de duração das férias depende de muitas variáveis, porque, conforme adiantado no tópico anterior, condicionado ao disposto em norma infraconstitucional regulamentar. Nessa ordem de ideias, formam-se, para fins de sistematização, dois grandes grupos: empregados regidos pela CLT e empregados regidos por outros diplomas legais.

11.3.1.3.1 Empregados regidos pela CLT

Estão neste grupo os empregados urbanos e os rurícolas e, depois da publicação da Lei n. 11.324/2006, também os domésticos.

a) Sob o regime de tempo integral e sob o regime de tempo parcial a partir da vigência da Lei n. 13.467, de 13 de julho de 2017

Consoante o disposto no art. 130 da CLT, após cada período de doze meses de vigência do contrato de trabalho, o empregado contratado sob regime de tempo integral terá direito a férias, numa proporção que relaciona o número de faltas injustificadas ao serviço (dentro do mencionado período de doze meses) ao número de dias de férias que serão fruídas. Observe-se:

Dias de férias	Número de faltas injustificadas
30 dias corridos	Até 5
24 dias corridos	De 6 até 14
18 dias corridos	De 15 até 23
12 dias corridos	De 24 até 32
Não se concedem férias	A partir de 33

Note-se, para fins de memorização dos valores contidos nesta tabela **de cinco níveis**, que o número de dias de férias decresce observando um interstício de seis unidades (30, 24, 18 e 12) e que, ressalvada a primeira (até cinco faltas) e a última faixa (a partir de trinta e três faltas), o número de dias envolve interstícios de nove unidades (entre 6, 15, 24 e 33 faltas). Pode-se falar, então, no método "**6 9**", segundo o qual os interstícios do lado esquerdo da tabela são de seis unidades e os do lado direito são de nove unidades.

Esclareça-se, quanto à tabela acima expendida, que, em verdade, são os blocos de faltas que geram diminuição proporcional do número de dias de férias, e não o exato número de faltas. Aliás, é vedado descontar diretamente do período de férias as faltas cometidas, como se vê no § 1º do art. 130 da CLT. Exemplo: um empregado que houver tido treze faltas ao serviço durante o período aquisitivo (12 meses anteriores à concessão) fará jus a vinte e quatro dias corridos de férias, e não a dezessete dias, como se poderia erradamente supor diminuindo diretamente de trinta dias (máximo de dias correspondentes às férias) as treze faltas ao serviço.

Não se olvide de que o conceito de "faltas do empregado ao serviço" não inclui o de dias destinados a descanso. Deseja-se dizer com isso que a um bancário, por exemplo, que ordinariamente trabalha de segunda a sexta-feira, não podem ser atribuídas sete faltas se não comparece ao serviço de segunda a domingo. Perceba-se que ele somente faltou ao serviço por cinco dias (de segunda a sexta). O sábado e o domingo são, respectivamente, dia útil não trabalhado e dia destinado ao repouso semanal. Ele não trabalharia nos referidos dias, logo, as faltas corridas haveriam de ser contadas unicamente em virtude dos dias de efetivo serviço. Não se confundam, portanto, as situações de "faltas do empregado ao serviço" com as de perda (apenas financeira) do montante correspondente ao repouso semanal remunerado.

Mais um detalhe: o art. 130 da CLT menciona que as férias devem ser concedidas em "dias corridos", dado que sugere **ordinariamente** sua indivisibilidade. Fracionar férias é, portanto, comportamento extraordinário, como se verá adiante.

b) Sob o regime de tempo parcial até a vigência da Lei n. 13.467, de 13 de julho de 2017

Conforme norma inserta no ora revogado art. 130-A da CLT[10], e também no § 3º do art. 3º da Lei Complementar n. 150/2015 (dispositivo também revogado por reflexão) em relação aos domésticos, após cada período de doze meses de vigência do contrato de trabalho, o empregado contratado sob regime de tempo parcial tinha direito a férias, numa proporção que relacionava o número de horas semanais para as quais foi contratado[11] ao número de dias de férias que serão fruídas. A tabela era a seguinte:

Dias de férias	Duração do trabalho semanal
18 dias	Superior a 22 horas, até 25 horas[12]
16 dias	Superior a 20 horas, até 22 horas
14 dias	Superior a 15 horas, até 20 horas
12 dias	Superior a 10 horas, até 15 horas
10 dias	Superior a 5 horas, até 10 horas
8 dias	Igual ou inferior a 5 horas

---

10 Este artigo foi acrescentado pela Medida Provisória n. 2.164-41, de 24-8-2001, em vigor conforme o art. 2º da EC n. 32/2001, estando ora revogado pela Lei n. 13.467, de 13 de julho de 2017.
11 Consoante o art. 58-A da CLT, considera-se trabalho em regime de tempo parcial aquele cuja duração não exceda a vinte e cinco horas semanais.
12 Incluindo em todas as faixas as correspondentes frações, por exemplo, vinte e duas horas e trinta minutos ou cinco horas e vinte minutos.

É importante a manutenção de registro sobre essa tabela, apesar de revogada. Afirma-se isso por conta de questionamentos que envolvam a intertemporalidade. Essa tabela ainda será referência para a verificação da correção de outorga das férias concedidas antes da vigência da Lei n. 13.467, de 13 de julho de 2017. Obviamente, depois de iniciada a aplicabilidade jurídica da referida norma todas as férias atribuídas aos trabalhadores sob o regime de tempo parcial hão de seguir os parâmetros contidos no art. 130 da CLT, mais favorável em todos os aspectos.

Note-se, para fins de memorização dos valores contidos nesta tabela de **seis níveis**, que o número de dias de férias decresce observando um interstício de duas unidades (18, 16, 14, 12, 10 e 8) e que, ressalvada a primeira e a segunda faixa de "duração do trabalho", a carga horária semanal decresce em blocos de cinco unidades (25-22, 22-20, **20-15**, **15-10**, **10-5** e **5 ou inferior**). Pode-se falar, então, no método **"2 5"**, segundo o qual os interstícios do lado esquerdo da tabela são de duas unidades e os do lado direito são de cinco unidades.

O empregado celetista contratado sob o regime de tempo parcial que tivesse **mais de sete faltas injustificadas** ao longo do período aquisitivo teria seu período de férias reduzido à metade. Essa previsão de redução à metade não existe no ordenamento jurídico dos domésticos.

Perceba-se que até sete faltas não geram qualquer pena (a pena somente se aplica se verificadas **mais de sete faltas**: oito, nove, dez...). Assim, se um empregado contratado para a prestação de vinte e cinco horas semanais tiver oito faltas durante o período aquisitivo (12 meses anteriores à concessão), fará jus a apenas nove dias de férias.

Ressalte-se que as férias dos contratados sob o regime de tempo parcial são fruídas em dias sem a adjetivação "corridos" (o que ocorre com as férias do contratado sob o regime de tempo integral), o que sugere a possibilidade de divisibilidade desses dias a critério dos contratantes.

11.3.1.3.2 *Empregados regidos por outros diplomas legais*

A Lei n. 11.324, de 19 de julho de 2006, estendeu em favor dos domésticos o mesmo número de dias de férias oferecidos aos celetistas. Abandonou-se naquele instante o padrão de **vinte dias úteis**, e adotou-se a sistemática uniforme dos **trinta dias corridos**. A Lei Complementar n. 150/2015 confirmou essa orientação e, em seu art. 17, equalizou os direitos dos domésticos, nesse particular.

11.3.1.4 Conceito e extensão das faltas ao serviço

Nos termos do art. 131 da CLT, não se há de considerar como "falta ao serviço", para fins de definição do número de dias de férias, a ausência do empregado nas seguintes situações:

I — nos casos referidos no art. 473 da CLT[13];

---

13 Artigo 473. O empregado poderá deixar de comparecer ao serviço, sem prejuízo do salário:

I — até dois dias consecutivos, em caso de falecimento do cônjuge, ascendente, descendente, irmão ou pessoa que, declarada em sua Carteira de Trabalho e Previdência Social, viva sob sua dependência econômica (inciso modificado de acordo com o Decreto-Lei n. 926, de 10-10-1969);

II — até três dias consecutivos, em virtude de casamento;

III — por 5 (cinco) dias consecutivos, em caso de nascimento de filho, de adoção ou de guarda compartilhada;

IV — por um dia, em cada doze meses de trabalho, em caso de doação voluntária de sangue devidamente comprovada;

V — até dois dias consecutivos ou não, para o fim de se alistar eleitor, nos termos da lei respectiva;

II — durante o licenciamento compulsório da empregada por motivo de maternidade[14] ou abortamento, observados os requisitos para percepção do salário-maternidade custeado pela Previdência Social ou custeado pela empresa, nos termos da Lei n. 11.770, de 9 de setembro de 2008. Cabe também acrescentar neste item o licenciamento dos empregados adotantes ou daqueles que fruem, por transferência, a licença-maternidade de suas falecidas esposas ou companheiras, nos termos da Lei n. 12.873, de 24-10-2013;

III — por motivo de acidente do trabalho ou enfermidade atestada pelo Instituto Nacional do Seguro Social — INSS, excetuada a hipótese do inciso IV do art. 133 da CLT[15 e 16] (Redação dada ao inciso pela Lei n. 8.726, de 5-11-1993);

IV — justificada pela empresa, entendendo-se como tal a que não tiver determinado o desconto do correspondente salário;

V — durante a suspensão preventiva para responder a inquérito administrativo ou de prisão preventiva, quando for impronunciado ou absolvido; e

VI — nos dias em que não tenha havido serviço, salvo na hipótese do inciso III do art. 133 da CLT[17 e 18].

VI — no período de tempo em que tiver de cumprir as exigências do Serviço Militar referidas na letra *c* do art. 65 da Lei n. 4.375, de 17 de agosto de 1964 (Lei do Serviço Militar) (inciso acrescentado pelo Decreto-Lei n. 757, de 12-8-1969);

VII — nos dias em que estiver comprovadamente realizando provas de exame vestibular para ingresso em estabelecimento de ensino superior (inciso acrescentado pela Lei n. 9.471, de 14-7-1997);

VIII — pelo tempo que se fizer necessário, quando tiver que comparecer a juízo (inciso acrescentado pela Lei n. 9.853, de 27-10-1999);

IX — pelo tempo que se fizer necessário, quando, na qualidade de representante de entidade sindical, estiver participando de reunião oficial de organismo internacional do qual o Brasil seja membro (inciso acrescentado pela Lei n. 11.304, de 11-5-2006);

X — pelo tempo necessário para acompanhar sua esposa ou companheira em até 6 (seis) consultas médicas, ou em exames complementares, durante o período de gravidez (Redação dada pela Lei n. 14.457, de 2022);

XI — por 1 (um) dia por ano para acompanhar filho de até 6 (seis) anos em consulta médica (inciso acrescentado pela Lei n. 13.257, de 8-3-2016);

XII — até 3 (três) dias, em cada 12 (doze) meses de trabalho, em caso de realização de exames preventivos de câncer devidamente comprovada (Incluído pela Lei n. 13.767, de 2018).

Parágrafo único. O prazo a que se refere o inciso III do *caput* deste artigo será contado a partir da data de nascimento do filho. (Incluído pela Lei n. 14.457, de 2022).

14 Importante dizer que, nos moldes do § 3º do art. 18 da Lei n. 13.301/2016, a licença-maternidade de urbanas, rurícolas ou domésticas será de 180 (cento e oitenta dias) no caso das mães de crianças acometidas por sequelas neurológicas decorrentes de doenças transmitidas pelo *Aedes aegypti*, assegurado, nesse período, o recebimento de salário-maternidade previsto no art. 71 da Lei no 8.213, de 24 de julho de 1991, em igual dimensão.

15 Nos termos do art. 133, IV, da CLT, não terá direito a férias o empregado que, no curso do período aquisitivo, tiver percebido da Previdência Social prestações de benefício por incapacidade por mais de seis meses, ainda que descontínuos. Observe-se que essa regra limita a interpretação da Súmula 46 do TST: "As faltas ou ausências decorrentes de acidente do trabalho não são consideradas para os efeitos de duração de férias e cálculo da gratificação natalina".

16 Súmula 198 do STF. As ausências motivadas por acidente do trabalho não são descontáveis do período aquisitivo de férias.

17 Conforme o art. 133, III, da CLT, não terá direito a férias o empregado que, no curso do período aquisitivo, deixar de trabalhar, com percepção do salário, por mais de trinta dias em virtude de paralisação parcial ou total dos serviços da empresa.

18 Súmula 89 do TST. FALTA AO SERVIÇO. Se as faltas já são justificadas pela lei, consideram-se como ausências legais e não serão descontadas para o cálculo do período de férias.

11.3.1.5 Perda do direito às férias individuais

Conforme visto em tópico anterior, o empregado contratado por tempo integral perde o direito às férias se faltar injustificadamente ao serviço, dentro do período aquisitivo, mais de trinta e duas vezes. Contrariamente, o empregado contratado sob o regime de tempo parcial antes da vigência da Lei n. 13.467, de 13 de julho de 2017, não perdia as férias, mas apenas as via reduzidas à metade do tempo previsto no ora revogado art. 130-A da CLT se tivesse mais de sete faltas injustificadas ao longo do período aquisitivo.

Além da situação acima expendida, aplicável aos empregados contratados por tempo integral, existem outras hipóteses de perda do direito às férias, todas constantes do art. 133 da CLT. É importante, entretanto, observar que algumas delas não são mais aplicáveis ou são aplicáveis com algumas restrições. Vejam-se:

1º) Não terá direito a férias o empregado que, no curso do período aquisitivo, deixar o emprego e não for readmitido dentro dos sessenta dias subsequentes a sua saída.

Essa situação somente seria aplicável se o empregado **tivesse pedido demissão**[19] e, em decorrência de tal manifestação, não houvesse recebido a indenização correspondente às férias proporcionais. Se isso acontecesse e, **depois** de sessenta dias subsequentes a sua saída, o empregado fosse readmitido, ele não teria direito a emendar o período anteriormente trabalhado com aquele havido depois da readmissão[20]. Iniciar-se-ia, nesse caso, o decurso de novo período aquisitivo (vide o § 2º do art. 133 da CLT). Se a readmissão do empregado demissionário que não tivesse recebido férias proporcionais indenizadas ocorresse **dentro** dos sessenta dias subsequentes a sua saída, teria ele o direito de emendar o período anteriormente trabalhado com aquele havido depois da readmissão para fins de concessão das férias[21].

Destaque-se, porém, que os empregados demissionários com menos de um ano de serviço passaram, de acordo com entendimento jurisprudencial dominante (Súmula 261 do TST em sua nova redação[22]), a ter direito à indenização correspondente às férias proporcionais[23].

2º) Não terá direito a férias o empregado que, no curso do período aquisitivo, permanecer em gozo de licença, com percepção de salários, por mais de trinta dias.

Durante o curso da relação de emprego, o empregado pode fruir de licenças remuneradas, por exemplo, aquelas concedidas pelo patrão para a realização de cursos do interesse do trabalhador (cursos de línguas estrangeiras, por exemplo). Destaque-se que tal licença deve ter a característica da **manutenção dos salários**, ficando fora desse campo aquelas em que se oferece um sucedâneo dos salários (caso daquelas em que se concedem benefícios previdenciários).

---

19   Essa situação somente se aplica ao empregado que "deixar o emprego", isto é, que pedir demissão. Não diz respeito aos empregados despedidos, ou seja, desligados por iniciativa patronal.
20   **Súmula 138 do TST.** READMISSÃO. Em caso de readmissão, conta-se a favor do empregado o período de serviço anterior, encerrado com a saída espontânea.
21   *Vide*, também, a **Súmula 215 do STF**: "Conta-se a favor de empregado readmitido o tempo de serviço anterior, salvo se houver sido despedido por falta grave ou tiver recebido a indenização legal" (publicada em 13-12-1963).
22   **Súmula 261 do TST.** FÉRIAS PROPORCIONAIS. PEDIDO DE DEMISSÃO. CONTRATO VIGENTE HÁ MENOS DE 1 (UM) ANO. O empregado que se demite antes de completar 12 (doze) meses de serviço tem direito a férias proporcionais (Súmula com redação determinada pela Resolução 121/2003 do TST).
23   *Vide* também a **Súmula 171 do TST**. FÉRIAS PROPORCIONAIS. CONTRATO DE TRABALHO. EXTINÇÃO. Salvo na hipótese de dispensa do empregado por justa causa, a extinção do contrato de trabalho sujeita o empregador ao pagamento da remuneração das férias proporcionais, ainda que incompleto o período aquisitivo de 12 (doze) meses (art. 142 da CLT) (Súmula com redação determinada pela Resolução 121/2003 do TST).

A ideia do legislador foi a de que, já tendo o empregado fruído de licença remunerada por mais de trinta dias (tal licença deve necessariamente ser registrada na CTPS, conforme disposto no art. 133, § 1º, da CLT), o objetivo do descanso proporcionado pelas férias teria sido alcançado.

Esse dispositivo, entretanto, foi produzido quando não existia previsão de pagamento do acréscimo de um terço sobre as férias (que somente veio a existir com a publicação da Constituição de 1988). Por isso, ainda que se entenda que não terá direito a férias o empregado que, no curso do período aquisitivo, permanecer em gozo de licença remunerada por mais de trinta dias, terá ele (o empregado) direito à percepção do supracitado acréscimo de um terço sobre a remuneração da licença substitutiva das férias.

3ª) Não terá direito a férias o empregado que, no curso do período aquisitivo, deixar de trabalhar, com percepção do salário, por mais de trinta dias em virtude de paralisação parcial ou total dos serviços da empresa.

Trata-se de situação bem semelhante àquela tratada no tópico anterior, com o traço distintivo de que essa hipótese tem origem em ato de iniciativa exclusivamente patronal, vale dizer, em paralisação parcial ou total (de caráter necessário) dos serviços da empresa. É situação em tudo assemelhada à das férias coletivas, exceto quanto à duração, uma vez que as férias coletivas podem ter dimensão inferior a trinta dias. Entretanto, se as férias coletivas tiverem duração correspondente a trinta dias, haverá uma equivalência entre a situação tratada no inciso III do art. 133 da CLT e aquela constante do art. 139 do mesmo diploma trabalhista.

Perceba-se que, tal qual ocorre com as férias coletivas, a empresa deverá comunicar ao órgão local do Ministério do Trabalho (ora Ministério do Trabalho e Previdência), com antecedência mínima de quinze dias, as datas de início e fim da paralisação total ou parcial dos serviços da empresa e, em igual prazo, nos mesmos termos, ao sindicato representativo da categoria profissional, sem prejuízo da afixação de avisos nos respectivos locais de trabalho.

Aqui também, ainda que se entenda que não terá direito a férias o empregado que, no curso do período aquisitivo, perceba salário por mais de trinta dias em virtude de paralisação parcial ou total dos serviços da empresa, terá ele (o empregado) direito à percepção do supracitado acréscimo de um terço sobre a remuneração da licença substitutiva das férias.

4ª) Não terá direito a férias o empregado que, no curso do período aquisitivo, tiver percebido da Previdência Social prestações de benefício por incapacidade por mais de seis meses, ainda que descontínuos.

Esta é a mais injusta das situações geradoras da perda do direito às férias. É que, nesse caso, o empregado não está propriamente descansando, mas sim recuperando-se de uma lesão ou moléstia que o incapacitou para o trabalho. Se a recuperação do empregado durou menos de seis meses ou mais de seis meses, trata-se de um fator que não se encontra sob o seu controle.

Apesar disso, o empregado que, no curso do período aquisitivo, tiver percebido benefícios previdenciários por incapacidade por mais de seis meses, mesmo que descontínuos, perderá o direito a férias.

Para que fique bem claro, oferece-se um exemplo:

André trabalhou para a Empresa de Equipamentos Náuticos por três meses. No final do terceiro mês de serviço, por conta de um acidente do trabalho, afastou-se das suas atividades por sete meses, passando a receber o auxílio por incapacidade temporária de natureza ocupacional. Ao retornar, considerando o fato de ter "percebido da Previdência Social prestações de acidente de trabalho ou de auxílio-doença por mais de 6 (seis) meses", será iniciado um novo período aquisitivo, com a desconsideração, para efeito de contagem das férias, dos três meses contidos no início de sua relação de emprego.

Perceba-se que a verificação do período de percepção das prestações do benefício previdenciário por incapacidade por mais de seis meses, ainda que descontínuos, deve ocorrer "no curso do período aquisitivo" (como dispõe claramente o *caput* do art. 133 da CLT, *in fine*), e não "entre períodos aquisitivos". Desse modo, se um empregado, admitido em 1º-1-2004, trabalhou durante os oito primeiros meses da relação de emprego e dele se afastou para a percepção de benefício previdenciário por incapacidade de 1º-9-2004 a 31-12-2004 no primeiro período aquisitivo e de 1º-1-2005 a 31-3-2005, ele não está incurso na hipótese prevista no art. 133, IV, da CLT em nenhum dos períodos aquisitivos. Isso porque no primeiro ano de trabalho (de 1º-1-2004 a 31-12-2004) o trabalhador recebeu da Previdência Social prestações por incapacidade por menos de seis meses. Igualmente, no segundo período aquisitivo (de 1º-2-2005 a 31-12-2005), o empregado recebeu benefícios previdenciários por incapacidade por apenas três meses. Não se pode, portanto, somar o tempo de um período aquisitivo com outro período aquisitivo para efeito de aplicação da regra contida no art. 133, IV, da CLT.

11.3.1.6 Época de concessão

Nos termos do art. 134 da CLT, as férias serão concedidas **por ato do empregador**, nos doze meses subsequentes à data em que o empregado tiver adquirido o direito.

É o empregador, portanto, quem estabelece o instante das férias em conformidade com suas conveniências operacionais. O art. 136 da CLT é bem claro: *"a época da concessão das férias será a que melhor consulte os interesses do empregador"*, cabendo-lhe, porém, observar a regra constante do novo § 3º do art. 134 da CLT, segundo a qual "é vedado o início das férias no período de dois dias que antecede feriado ou dia de repouso semanal remunerado". A novidade normativa revelou-se salutar e benéfica na medida em que os empregadores não mais poderão, por exemplo, iniciar as férias de nenhum empregado numa sexta-feira para que ele já as inicie com o desfavorável cômputo do sábado e do domingo.

É bom registrar também que o período das férias, por motivos de incompatibilidade, **jamais poderá coincidir, no todo ou em parte, com o período de concessão do aviso prévio trabalhado**.

Ressalve-se que os **membros de uma família que trabalharem no mesmo estabelecimento ou empresa** terão direito a gozar férias no mesmo período, se assim desejarem e **se disso não resultar prejuízo para o serviço**. Para exemplificar essa situação, imagine-se um armarinho onde trabalham unicamente mãe e filha. Embora elas tenham o direito de gozar as férias no mesmo período, este poderá ser objetado pelo empregador, na medida em que o atendimento de suas pretensões implicará o fechamento do estabelecimento ou o prejuízo da contratação de empregado substituto.

O **empregado estudante menor de dezoito anos** também tem o direito, se assim desejar, de fazer coincidir suas férias com um período específico, qual seja, o recesso escolar. Observe-se que, em relação ao estudante menor de dezoito anos, não há a ressalva quanto à inaplicabilidade desse direito se dele resultar prejuízo para o serviço. A inexistência da ressalva faz presumir que o referido destinatário não deixará de ser atendido, ainda que isso possa turbar o serviço na empresa. Acrescente-se aqui a situação referente às férias do aprendiz, uma vez que, nos moldes do art. 25 do Decreto n. 5.598/2005, elas também devem coincidir, preferencialmente, com os recessos escolares, sendo vedado ao empregador fixar período diverso daquele definido no programa de aprendizagem.

Destaque-se que a Convenção n. 132 da OIT prevê que a época das férias, sempre que não fixada em contratos coletivos ou em outro instrumento, será determinada pelo empregador somente após **prévia consulta** à pessoa interessada ou quem a represente (art.

10, § 1º). Trata-se de prática não inserta na lei, mas frequentemente utilizada pelo empregador brasileiro, notadamente diante do fato de que essa "prévia consulta" em nada o limita.

11.3.1.7 Formalidades de participação das férias

Conforme disposto no art. 135 da CLT, a concessão das férias será participada (informada), **por escrito**, ao empregado, **com antecedência de, no mínimo, trinta dias**. Dessa participação o interessado dará recibo.

Se não houve essa participação, não se pode dizer iniciado o período de férias, sendo nula de pleno direito a comunicação celebrada sem essa formalidade (*vide* o art. 9º da CLT). É óbvio que a formalidade aqui referida deixará de ser exigível se for o empregado quem solicitar a concessão imediata das férias. Exemplo: um empregado, por extrema necessidade familiar, precisa afastar-se do serviço a partir de amanhã. O empregador, sabendo que o trabalhador tem férias a fruir, poderá concedê-las de imediato, desde que o destinatário declare que a inobservância do interstício se deu em seu benefício.

Em qualquer situação, o empregado não poderá entrar no gozo das férias sem que apresente ao empregador sua **CTPS em meio físico**, para que nela seja anotada a respectiva concessão. A concessão das férias será, igualmente, anotada no livro ou nas fichas de registro dos empregados. Ressalte-se, porém, na linha do que consta da Lei n. 13.874/2019, que, tendo o empregado **CTPS em meio digital, a anotação será feita diretamente nos sistemas eletrônicos**, caso em que se dispensarão, obviamente, as anotações exigíveis para quem possui CTPS em meio físico e livros ou fichas de registro de empregado em meio físico.

11.3.1.8 Extrapolação do prazo de concessão. Violação e pena: os conceitos de "dobro" e "dobra"

Em conformidade com o art. 137 da CLT, sempre que as férias forem concedidas além dos doze meses subsequentes à data em que o empregado tiver adquirido o direito, o empregador pagará **em dobro** a respectiva remuneração[24].

Assim, se o valor das férias for igual a R$ 2.400,00 (R$ 1.800,00 correspondentes ao mês de afastamento por conta das férias + R$ 600,00 referentes a 1/3 sobre as férias), a concessão além do prazo previsto no art. 137 da CLT implicará a pena (em verdade, uma indenização) de pagamento dobrado. Veja-se:

Férias acrescidas de 1/3 ou REMUNERAÇÃO SIMPLES	R$ 2.400,00 (R$ 1.800,00 + R$ 600,00)
Pena do art. 137 da CLT ou DOBRA	R$ 2.400,00 (R$ 1.800,00 + R$ 600,00)
REMUNERAÇÃO EM DOBRO	R$ 4.800,00

Perceba-se que o art. 137 da CLT determina que, nas situações de extrapolação do prazo, "o empregador pagará em dobro a respectiva remuneração". "Pagar em dobro" significa pagar duas vezes a remuneração de férias: a primeira como remuneração normal e a segunda vez

---

24 Apenas a remuneração é dobrada. O número de dias de férias permanece inalterado.

ou "dobra" como pena. Nesse contexto, a **"dobra"** não tem natureza salarial, mas sim **indenizatória**, conforme se percebe na redação do § 9º, *d*, do art. 28 da Lei n. 8.212/91[25].

O mesmo ocorria, nos moldes da Súmula 450 do TST[26], com o patrão que extrapolasse o prazo previsto no art. 145 da CLT. Assim, se as férias não fossem pagas em até dois dias antes do início da fruição, era devido o pagamento em dobro da correspondente remuneração. Esse entendimento, entretanto, ruiu diante da ADPF 501. Por maioria, na sessão virtual encerrada em 5 de agosto de 2022, a mais elevada Corte brasileira declarou a inconstitucionalidade da Súmula 450 do TST e invalidou as decisões judiciais não transitadas em julgado que, amparadas no texto sumular, tivessem aplicado a sanção de pagamento em dobro com base no art. 137 da CLT.

A pena incide sobre a *"remuneração",* conforme a literalidade do art. 137 da CLT. Assim, se a remuneração de férias compreende, desde a publicação da Constituição de 1988, além da verba principal, um *plus* de um terço, obviamente a pena ora analisada incide sobre estas vantagens somadas[27].

Note-se que qualquer dia de férias gozado após o período legal de concessão deverá ser remunerado em dobro. Isso significa que, encerrado o período concessivo, por exemplo, no dia 31 de dezembro, a outorga das férias a partir de 21 de dezembro implicará pagamento de dez dias de férias com remuneração simples e do restante do período com remuneração dobrada. Veja-se a Súmula 81 do TST:

> **Súmula 81 do TST.** *FÉRIAS. Os dias de férias gozados após o período legal de concessão deverão ser remunerados em dobro.*

---

25 § 9º Não integram o salário de contribuição para os fins desta Lei, exclusivamente:
[...]
d) as importâncias recebidas a título de férias indenizadas e respectivo adicional constitucional, **inclusive o valor correspondente à dobra da remuneração de férias de que trata o artigo 137 da Consolidação das Lei do Trabalho — CLT** (destaques não constantes do original).

26 Súmula 450 do TST (declarada inconstitucional pela ADPF 501). FÉRIAS. GOZO NA ÉPOCA PRÓPRIA. PAGAMENTO FORA DO PRAZO. DOBRA DEVIDA. ARTS. 137 E 145 DA CLT (conversão da Orientação Jurisprudencial n. 386 da SBDI-1) — Res. 194/2014, DEJT divulgado em 21, 22 e 23-5-2014. É devido o pagamento em dobro da remuneração de férias, incluído o terço constitucional, com base no art. 137 da CLT, quando, ainda que gozadas na época própria, o empregador tenha descumprido o prazo previsto no art. 145 do mesmo diploma legal.

27 Vejam-se ementas nesse sentido:
FÉRIAS CONCEDIDAS A DESTEMPO — PAGAMENTO EM DOBRO — INCIDÊNCIA DO ABONO CONSTITUCIONAL — Se, por força do art. 137 da CLT, sempre que as férias forem concedidas após o prazo o empregador pagará em dobro a respectiva remuneração; e se a remuneração das férias compreende o acréscimo de 1/3, introduzido pela Constituição Federal, referido acréscimo deve, de igual modo, compor a dobra. Recurso Ordinário a que se dá provimento (TRT 2ª R., RO 02359-2005-028-02-00 (20060840093), 11ª T., Rel. Juíza Maria Aparecida Duenhas, *DOESP,* 7-11-2006).

FÉRIAS — REMUNERAÇÃO EM DOBRO — TERÇO CONSTITUCIONAL — Garantido constitucionalmente, o direito dos trabalhadores urbanos e rurais, ao "gozo de férias anuais remuneradas com, pelo menos, um terço a mais do que o salário normal" (CF, art. 7º, inciso XVII). A remuneração auferida pelo empregado, no período, assim, deve sempre conter o respectivo terço constitucional, sendo que, sobre aquela incidirá o pagamento em dobro. Observe-se que estatui o art. 137 da CLT, que, no caso da concessão a destempo das férias, "o empregador pagará em dobro a respectiva remuneração" — e não qualquer componente específico desta, v. g., os salários exigidos no mês (TRT 9ª R., Proc. 00309-2003-668-09-00-5 (01264-2006), Rel. Juíza Rosalie Michaele Bacila Batista, *DJPR,* 20-1-2006).

Registre-se, ainda, que se entende por "remuneração" de férias o montante correspondente ao mês não trabalhado acrescido do adicional de um terço constitucionalmente previsto.

Vencido o prazo supracitado sem que o empregador tenha concedido férias, o empregado poderá ajuizar ação trabalhista pedindo a fixação, por sentença, da respectiva época de gozo. A sentença, nos termos do § 2º do art. 137 da CLT, cominará pena diária de cinco por cento do **salário mínimo** (e não do salário-base), devida ao empregado até que seja cumprida.

Diante da aplicação da pena, cópia da decisão judicial transitada em julgado será remetida ao órgão local do Ministério do Trabalho (ora Ministério do Trabalho e Previdência), para fins de aplicação da multa de caráter administrativo.

Perceba-se que, findo o contrato de emprego, as férias não outorgadas durante a constância do vínculo hão de ser indenizadas, incluída aí, se for o caso, a pena prevista no art. 137 da CLT. A base de cálculo dessas férias indenizadas é a remuneração devida ao empregado na época da reclamação ou, se for o caso, na da extinção do contrato. Acerca desse tema há, inclusive, Súmula do TST, nos seguintes moldes:

> *Súmula 7 do TST.* FÉRIAS. *A indenização pelo não deferimento das férias no tempo oportuno será calculada com base na remuneração devida ao empregado na época da reclamação ou, se for o caso, na da extinção do contrato.*

Há ainda o clássico caso do trabalhador que foi dispensado depois de ter recebido o mês correspondente às férias, **mas sem as fruir**. Nessa situação, caberá ao empregador apenas o pagamento da "dobra" do art. 137 da CLT entre as parcelas pagáveis no TRCT, e não a remuneração dobrada de férias. Para melhor entender, imagine-se um empregado que tem salário-base de R$ 3.000,00 e que, em três anos de vínculo de emprego, nunca fruiu férias, embora tivesse recebido o valor correspondente a elas e também o montante do terço constitucional, ou seja, no período em que deveria ter férias, recebeu R$ 4.000,00 (R$ 3.000,00 + 1/3, correspondente a R$ 1.000,00), mas não teve um dia sequer de férias gozadas. Nesse caso, ao ser dispensado, esse trabalhador somente terá direito a receber apenas a "dobra", quando excedido o prazo previsto no art. 137 da CLT, ou seja, R$ 4.000,00, a título de indenização[28].

Para finalizar este item, chama-se a atenção para o fato de que a dobra somente atinge a remuneração de férias, e não o número de dias correspondente às férias. Se o contrato estiver no seu transcurso e o trabalhador for destinatário da remuneração dobrada de férias, a ele não seria devido mais do que o número ordinário de dias de férias a que naturalmente teria direito.

11.3.1.9 Fracionamento de férias individuais

Em regra, as férias individuais são concedidas "em um só período" (*vide* o *caput* do art. 134 da CLT).

Desde que haja concordância do empregado, porém, as férias poderão ser usufruídas em até três períodos, sendo que um deles não poderá ser inferior a 14 (quatorze) dias corridos e os demais não poderão ser inferiores a 5 (cinco) dias corridos, cada um.

---

[28] Veja-se a situação do RR-936-61.2012.5.09.0670, no qual se deixou claro que, "nos casos em que o pagamento é feito dentro do prazo legal, mas as férias não são usufruídas pelo empregado, a condenação deve se limitar à quitação de forma simples, acrescida do terço constitucional, a fim de observar a dobra prevista no artigo 137 da CLT e evitar o triplo pagamento do mesmo período".

O fracionamento das férias, desde que assim concorde o empregado, poderá ser outorgado em, no máximo, três períodos[29], **um dos quais** não poderá ser inferior a 14 (quatorze) dias corridos. Os demais períodos não poderão ser inferiores a 5 (cinco) dias corridos, cada um.

Férias individuais	14 dias ou mais	5 dias ou mais	5 dias ou mais

Não mais são imunes à possibilidade do ora analisado fracionamento os menores de dezoito anos e os maiores de cinquenta anos de idade. A Lei n. 13.467, de 13 de julho de 2017, revogou o § 2º do art. 134 da CLT e pôs fim ao tratamento diferenciado. Tal "imunidade" se justificava na suposta necessidade de os referidos trabalhadores precisarem, em decorrência de suas condições pessoais, de períodos de férias não fracionados para uma melhor recomposição física e mental.

11.3.1.10 Prestação de serviços a outro empregador

O empregado deveria fruir suas férias em atenção ao descanso e ao entretenimento. É difícil, porém, impedi-lo de realizar outras atividades laborais, notadamente aquelas de caráter autônomo.

As atividades de caráter subordinado, revestidas como emprego, são, contudo, proibidas pelo art. 138 da CLT, segundo o qual, "durante as férias, o empregado não poderá prestar serviços **a outro empregador**, salvo se estiver obrigado a fazê-lo em virtude de contrato de trabalho regularmente mantido com aquele". A infração a esse dispositivo pode constituir, segundo juízo feito pelo empregador, ato de insubordinação.

Note-se que a restrição diz respeito apenas à prestação de serviços para outro empregador, e, ainda assim, se o empregado não estiver obrigado a fazê-lo em virtude de contrato de trabalho anteriormente ajustado, evento muito comum entre professores e médicos, que têm pluralidade de empregos.

De todo modo, anota-se aqui a possível discussão acerca da recepção do mencionado dispositivo pela Constituição de 1988. Diz-se isso porque eventual limitação imposta ao empregado para o exercício de atividade laborativa no seu período de férias pode ser entendida como uma violação à sua liberdade de trabalho, tal qual prevista no art. 5º, XIII, do texto fundamental.

11.3.1.11 Remuneração de férias

Nos termos do art. 142 da CLT, o empregado perceberá, durante as férias, a **remuneração** (soma do salário-base e da média dos complementos e suplementos salariais recebidos nos últimos **doze meses**) que lhe for devida na **data da sua concessão**[30], acrescida, evidentemente, de um terço, conforme previsão constitucional. Veja-se o exemplo[31]:

---

29 Somente pode haver tripartição. Não pode haver multipartições.
30 Súmula 149 do TST. TAREFEIRO. FÉRIAS. A remuneração das férias do tarefeiro deve ser calculada com base na média da produção do período aquisitivo, aplicando-se-lhe a tarifa da data da concessão. (Publicada em outubro de 1982. Ex-prejulgado n. 22.)
31 A figura exemplifica um cálculo de férias no qual também está inserida a média duodecimal dos complementos salariais recebidos. O acréscimo de um terço incide sobre a soma do salário-base e da média duodecimal dos complementos salariais.

```
Salário-base ──▶ R$ 900,00 ┐   (remuneração)
                            │ ▶R$ 1.200,00 ┐
       +                    │       +       │
média duodecimal ──▶ R$ 300,00 ┘  R$ 400,00 ├──▶ R$ 1.600,00 (remuneração de férias)
dos complementos                    (1/3)   ┘
salariais
```

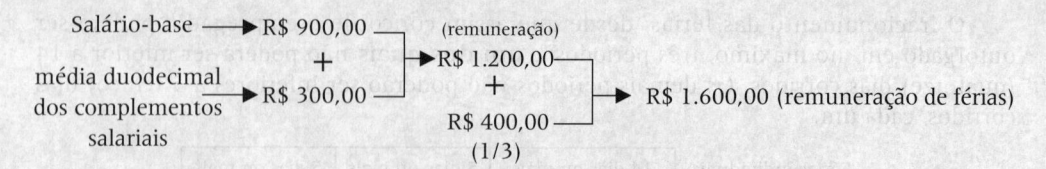

Os parágrafos do art. 142 da CLT foram específicos quanto à integração dos complementos salariais apurados durante o período aquisitivo. Vejam-se:

> Art. 142. [...]
>
> § 1º Quando *o salário for pago por hora* com jornadas variáveis, apurar-se-á a média do período aquisitivo, aplicando-se o valor do salário na data da concessão das férias.
>
> § 2º Quando o **salário for pago por tarefa** tomar-se-á por base a média da produção no período aquisitivo do direito a férias, aplicando-se o valor da remuneração da tarefa na data da concessão das férias.
>
> § 3º Quando o **salário for pago por percentagem, comissão ou viagem**, apurar-se-á a média percebida pelo empregado nos 12 (doze) meses que precederem a concessão das férias.
>
> § 4º A parte do salário paga em utilidades será computada de acordo com a anotação na Carteira de Trabalho e Previdência Social.
>
> § 5º Os adicionais por trabalho extraordinário, noturno, insalubre ou perigoso serão computados no salário que servirá de base ao cálculo da remuneração das férias.
>
> § 6º Se, no momento das férias, o empregado não estiver percebendo o mesmo adicional do período aquisitivo, ou quando o valor deste não tiver sido uniforme, será computada a média duodecimal recebida naquele período, após a atualização das importâncias pagas, mediante incidência dos percentuais dos reajustamentos salariais supervenientes.

11.3.1.12 Abono pecuniário

O art. 143 da CLT faculta ao empregado a conversão de um terço do período de férias a que tiver direito em abono pecuniário[32], no valor da remuneração que lhe seria devida nos dias correspondentes. Veja-se o texto de lei:

> Art. 143. É facultado ao empregado converter 1/3 (um terço) do período de férias a que tiver direito em abono pecuniário, no valor da remuneração que lhe seria devida nos dias correspondentes (redação dada ao caput pelo Decreto-Lei n. 1.535, de 13-4-1977).

Assim, se um empregado que teria trinta dias de férias quiser converter um terço do período em abono pecuniário, fruirá vinte dias de descanso e retornará ao serviço no 21º dia de afastamento.

É bom anotar que, embora o texto legal não seja expresso, não há nenhum obstáculo jurídico oposto à conversão de **menos de 1/3 (um terço)** do período de férias em abono pecuniário. Cabe notar que o "1/3 (um terço)" do período de férias aparece no art. 143 da

---

[32] Popularmente se intitula esse negócio jurídico "venda de férias", embora, a rigor, não seja uma "venda". Perceba-se que o empregador não estará ganhando as férias do empregado para, em lugar dele, fruí-las. Por isso, o acertado é dizer existente um abono atribuído em virtude da não fruição integral das férias.

CLT como um limite. Os ajustes feitos aquém desse limite não violam a regra disposta no art. 444 da CLT, pois dão mais proteção ao trabalhador na medida em que ele poderá efetivamente descansar mais tempo.

E o terço constitucional? Ele incide sobre o abono pecuniário? O TST tem entendido que, uma vez constatado o pagamento do terço constitucional sobre os 30 dias de férias, resulta indevido o pagamento de mais 1/3 sobre o abono pecuniário de férias. Assim, considerem-se os seguintes valores hipotéticos:

Remuneração do mês de férias: R$ 3.000,00.

1/3 constitucional sobre as férias: R$ 1.000,00.

Remuneração total de férias +1/3: R$ 4.000,00.

Abono pecuniário de férias: R$ 1.000.00.

Em rigor, o art. 143 da CLT comporta interpretação — a um só tempo sistemática e histórica — na direção de não permitir que a vontade constitucional eleve, por via oblíqua, o valor do abono pecuniário, quando em verdade a intenção do constituinte fora a de evitar que o abono pecuniário fosse necessário para o empregado financiar o seu lazer em meio às férias. Acresceu-se à remuneração das férias o valor equivalente ao antigo abono, mas o abono subsistiu na ordem jurídica infraconstitucional. Prevalece, por conseguinte, o entendimento de que o abono pecuniário previsto no art. 143 da CLT deve equivaler à remuneração do trabalho nos dias a que ele corresponde, sem o acréscimo ou o reflexo de 1/3 que incide sobre a remuneração de todo o período de férias (inclusive sobre os dias de férias convertidos em pecúnia). (Nesse sentido: E-RR-585800-56.2007.5.12.0026, Rel. Min. Augusto César Leite de Carvalho, Subseção I Especializada em Dissídios Individuais, DEJT de 2-3-2012.)

11.3.1.12.1 *Forma e prazo de postulação*

Note-se que, conforme acima foi destacado, o abono pecuniário **é uma faculdade do empregado**. É ele (o empregado) quem decide se deseja ou não negociar **um terço** de suas férias. O empregador não poderá interferir para obrigá-lo a tanto.

Por outro lado, pode-se afirmar que o empregado terá "direito de vender" um terço de suas férias, e o empregador não poderá recusar essa sua proposta se o requerimento para o alcance de tal vantagem for apresentado até quinze dias antes do término do período aquisitivo correspondente. Perceba-se o conteúdo do § 1º do art. 143 da CLT:

> Art. 143. [...]
> § 1º O abono de férias deverá ser requerido até 15 (quinze) dias antes do término do período aquisitivo. (Parágrafo acrescentado pelo Decreto-Lei n. 1.535, de 13-4-1977.)

Surgirá para o empregado, neste caso, um direito subjetivo de recebimento do abono pecuniário. Em outras palavras: **se o requerimento for feito dentro do prazo** acima exposto, o empregador estará obrigado a atender ao requerimento; **se, porém, o requerimento for formulado fora do prazo** fixado no § 1º do art. 143 da CLT, o empregador atenderá o pleito se quiser.

Assim, para exemplificar, pode-se afirmar que um empregado admitido no dia 1º-1-2023 terá até o dia 15-12-2023 para requerer a conversão de um terço do período de suas férias (que hão de ser concedidas entre os dias 1º-1-2024 e 31-12-2024) em abono pecuniário. Se ele, dentro do prazo legal, requerer a conversão de um terço do período de férias a que tiver direito em abono pecuniário, o empregador haverá de atendê-lo.

Registre-se que **o empregado terá de renovar esse pedido a cada novo período aquisitivo**, não sendo admissível que, no primeiro dia de emprego, ele, genericamente, e para os futuros períodos, manifeste a intenção de sempre converter um terço do período de suas férias em abono pecuniário.

Acrescente-se que o número de dias passíveis da mencionada conversão será sempre correspondente ao máximo de um terço das férias a que o empregado tiver direito. Tal número variará de quatro dias (*vide* o art. 130, IV, da CLT, indicativo no número mínimo de doze dias de férias) até a proporção de um terço do número total de férias concedidas pelo empregador. Por lei, o número máximo é de trinta dias, conforme o art. 130, I, da CLT, mas pode ser bem maior do que isso se o empregador, contratualmente, desejar oferecer um padrão mais elevado.

11.3.1.12.2 Natureza da parcela

Compreenda-se que o ora analisado abono pecuniário, **até o limite de vinte dias**, não integrará a remuneração do empregado **para efeitos da legislação do trabalho**. Nesse sentido, a verba em exame não será considerada como parcela de natureza salarial, não incidindo, consequentemente, sobre ele o FGTS, a contribuição previdenciária (*vide* o § 9º, letra *e*, n. 6, do art. 28 da Lei n. 8.212/91), nem o imposto de renda (*vide* o art. 1º da Instrução Normativa RFB n. 936/2009 — *DOU*, 6-5-2009).

Mas por que afirmar que a verba terá natureza não salarial somente até o limite de vinte dias? Isso acontece porque, em decorrência da autonomia privada da vontade (individual ou coletiva), os empregadores podem oferecer para seus empregados mais do que trinta dias de férias. Nada obsta à concessão de melhorias na condição social dos trabalhadores. Note-se que, embora de difícil ocorrência prática, não se pode negar a possibilidade de um empregado ser destinatário de férias em dimensão máxima mais favorável do que aquela prevista em lei.

Nessas circunstâncias, se um empregador concede férias na dimensão de sessenta dias por ano, somente se poderá admitir a possibilidade de abono pecuniário **de natureza não salarial** até o limite de vinte dias de salário. É a dicção do art. 144 da CLT. Observe-se:

> Art. 144. *O abono de férias de que trata o artigo anterior, bem como o concedido em virtude de cláusula do contrato de trabalho, do regulamento da empresa, de convenção ou acordo coletivo,* ***desde que não excedente de vinte dias do salário****, não integrarão a remuneração do empregado para os efeitos da legislação do trabalho. (Redação dada ao artigo pela Lei n. 9.528, de 10-12-1997, conversão da Medida Provisória n. 1.596-14, de 23-10-1997.)*

Perceba-se que essa interpretação não viola o disposto no art. 143 da CLT, mantendo-se em um terço o limite máximo **legal** de conversão.

11.3.1.12.3 Aplicabilidade ao regime de tempo parcial

O abono pecuniário, por expressa vedação constante do ora revogado § 3º do art. 143 da CLT, **não se aplicava aos empregados sob o regime de tempo parcial**. A opção do legislador justificava-se na medida em que o número total de dias de férias do contratado sob o regime de tempo parcial era extremamente pequeno, ainda que em sua dimensão máxima (dezoito dias). Entendia-se, por isso, incompatível a conversão de um terço do período de férias em abono pecuniário.

A Lei n. 13.467, de 13 de julho de 2017, entretanto, mudou essa realidade. O seu art. 5º, I, "g" revogou expressamente o disposto no § 3º do art. 143 da CLT e, em seu lugar, disciplinou o assunto no § 6º do art. 58-A do mesmo diploma trabalhista. Observe-se:

Art. 58-A [...]

§ 6º É facultado ao empregado contratado sob regime de tempo parcial converter um terço do período de férias a que tiver direito em abono pecuniário.

Por conta da igualdade de tratamento, tanto os trabalhadores em regime de tempo integral quanto aqueles em regime de tempo parcial passaram a ser igualmente destinatários da tabela de fixação do número de dias de férias conforme consta do art. 130 da CLT. Por lógica, ambos os grupos de trabalhadores passaram a merecem o mesmo tratamento no tocante ao acesso ao abono pecuniário previsto no *caput* do art. 143 do multicitado diploma trabalhista.

11.3.1.12.4 Diferenças entre o abono pecuniário e o acréscimo constitucional de um terço sobre as férias

Há importantes diferenças. Observem-se as mais relevantes:

Terço previsto no art. 7º, XVII, da Constituição	Terço previsto no art. 143 da CLT
Tem natureza salarial.	Tem natureza não salarial.
Não depende de pedido do empregado.	Depende de pedido do empregado.
Tem sede constitucional.	Tem sede infraconstitucional.
É acessório necessário das férias.	Não é acessório necessário das férias.
Não há prazo para sua postulação.	Há prazo para sua postulação, cuja inobservância enseja pena de perda da chance de exigir a vantagem do empregador.
É concedido indistintamente a todos os trabalhadores.	É concedido apenas aos trabalhadores que requerem a conversão.
É concedido aos trabalhadores contratados sob o regime de tempo parcial.	Não era concedido aos trabalhadores contratados sob o regime de tempo parcial até a vigência da Lei n. 13.467, de 13 de julho de 2017.
Tem por base de cálculo a remuneração do trabalhador.	Tem por base de cálculo a remuneração do trabalhador acrescida do terço previsto no art. 7º, XVII, do texto fundamental.

11.3.1.13 Oportunidade de pagamento das férias e do abono pecuniário

Em conformidade com o disposto no art. 145 da CLT, o pagamento da remuneração das férias e, se for o caso, do abono pecuniário será efetuado até **dois dias antes do início do respectivo período**, sob as penas constantes do art. 137 da CLT[33].

O empregado, nessa oportunidade, dará quitação do pagamento, com indicação do início e do término das férias.

---

[33] O mesmo ocorria, nos moldes da Súmula 450 do TST, com o patrão que extrapolasse o prazo previsto no art. 145 da CLT. Assim, se as férias não fossem pagas em até dois dias antes do início da fruição, era devido o pagamento em dobro da correspondente remuneração. Esse entendimento, entretanto, ruiu diante da ADPF 501. Por maioria, na sessão virtual encerrada em 5-8-2022, o STF declarou a inconstitucionalidade da Súmula 450 do TST e invalidou as decisões judiciais não transitadas em julgado que, amparadas no texto sumular, tivessem aplicado a sanção de pagamento em dobro com base no art. 137 da CLT.

11.3.1.14 Prescrição sobre as férias

A prescrição do direito de reclamar a concessão das férias ou o pagamento da respectiva remuneração, conforme o disposto no art. 149 da CLT, é contada **do término do período concessivo**, ou, se for o caso, **da cessação do contrato de trabalho**. Apenas a partir do instante em que o empregador incorre em mora da concessão ou do pagamento das férias é que se inicia a contagem do prazo prescricional contra o trabalhador. Nesse sentido, por perfeita sintonia com a norma em exame, cita-se jurisprudência do TRT piauiense:

FÉRIAS — PRESCRIÇÃO — A prescrição do direito de reclamar a concessão das férias ou o pagamento da respectiva remuneração, durante a fluência do contrato de trabalho, conta-se do término do respectivo período concessivo. Assim, somente a partir do instante em que o empregador incide em mora quanto à concessão ou pagamento das férias, é que começa a correr a prescrição contra o empregado, porquanto segundo o critério da actio nata o dia de início da mora do empregador coincide com o marco do nascimento da ação para o empregado exigir a concessão de seu direito. Inteligência dos arts. 134, 137, § 1º, e 149, CLT (TRT 22ª R., RO 00054-2005-103-22-00-5, Rel. Juiz Arnaldo Boson Paes, DJU, 5-12-2005, p. 12).

11.3.2 Férias coletivas

11.3.2.1 Definição

As férias coletivas constituem uma prerrogativa dos empregadores que pode ser invocada, sem maiores restrições, nas situações de excesso de produção ou, por mera conveniência, em circunstâncias estratégicas que indiquem a necessidade de paralisação de todas as atividades da empresa ou de determinados estabelecimentos ou setores desta.

11.3.2.2 Mecanismos de aquisição e de concessão e formalidades de participação

As férias coletivas desorganizam a sistemática das férias individuais na medida em que sobre elas prevalecem. Para que ocorram é suficiente que o empregador comunique ao órgão local do Ministério do Trabalho (ora Ministério do Trabalho e Previdência), com a antecedência mínima de quinze dias, as correspondentes datas de início e de fim, precisando (especificando) quais estabelecimentos ou setores estarão abrangidos pela medida. Em igual prazo o empregador enviará cópia da aludida comunicação aos sindicatos representativos da respectiva categoria profissional e providenciará a fixação de aviso nos locais de trabalho (*vide* os §§ 2º e 3º do art. 139 da CLT). O empregado não é destinatário de participação (de recebimento de informação) específica e individualizada quanto à ocorrência das férias coletivas.

As férias coletivas, assim como as férias individuais, precisam ser anotadas nas CTPS's dos empregados, haja vista o fato de serem, sem dúvidas, importantes eventos do histórico laboral. Por conta disso, e sensibilizado pela necessidade de as empresas com muitos empregados terem de fazer o registro em cada uma das carteiras de trabalho nas situações em que ocorressem férias coletivas, o legislador previu no art. 141 da CLT a possibilidade de serem essas anotações feitas mediante a aposição de carimbo, mas apenas quando o número de empregados contemplados com as férias coletivas fosse superior a 300 (trezentos). Diante dessa situação, o carimbo dispensava a referência ao período aquisitivo a que correspondessem, para cada empregado, as férias concedidas.

O uso desse carimbo e toda a sistemática consectária, entretanto, foram objeto de revogação pela Lei n. 13.784/2019. O efeito, no particular, foi curioso, porque, em rigor, a Declaração de Direitos de Liberdade Econômica, talvez sem perceber, acabou por igualar o tratamento dado a toda empresa (exceto aquelas regidas pela LC n. 123/2006) que levassem às férias coletivas mais de 300 ou menos de 300 empregados. Diante da revogação de todo o art. 141 da CLT, os empregadores que concedem férias coletivas, independentemente do número de empregados, deverão anotá-las na CTPS de cada um deles, não mais podendo valer-se de aposição de carimbos quando o número de afastados for superior a trezentos, mas, em todo caso, de registros individualizados, que, entretanto, podem ser feitos nas plataformas digitais em CTPS expedida por meio eletrônico.

Destaque-se que, na forma prevista no art. 51, II e V, da Lei Complementar n. 123/2006, as microempresas ou empresas de pequeno porte estão dispensadas das formalidades de (i) anotação das férias dos empregados nos respectivos livros ou fichas de registro e (ii) de comunicação ao Ministério do Trabalho (ora Ministério do Trabalho e Previdência) da concessão das férias coletivas.

11.3.2.3 Extensão das férias coletivas

As férias coletivas são férias como quaisquer outras. Podem, por essa razão, comportar dimensão **correspondente à integralidade das férias individuais**. Oferece-se, entretanto, aos empregadores a possibilidade de fracionar essas férias coletivas em dois períodos anuais, desde que **nenhum deles** seja inferior a dez dias corridos (*vide* o § 1º do art. 139 da CLT).

11.3.2.4 Fracionamento de férias coletivas

Ao contrário do que ocorre com as férias individuais, aqui o fracionamento impõe que cada um dos dois períodos em que se dividem as férias coletivas tenha pelo menos dez dias corridos.

Exemplo: primeiro período de dez dias e segundo período de vinte dias.

Jamais se admitirá, a título de férias coletivas, por exemplo, o primeiro período de cinco dias e o segundo período de vinte e cinco dias.

Férias coletivas	10 ou mais dias	10 ou mais dias

Observe-se, ao contrário do que ocorria com as férias individuais (§ 2º do art. 134 da CLT, ora revogado), em que existiam sujeitos imunes à bipartição (menores de dezoito anos e aos maiores de cinquenta anos de idade), nas férias coletivas todos os empregados, sem exceção (inclusive os menores de dezoito anos e aos maiores de cinquenta anos de idade), submetem-se às situações de fracionamento, se assim desejar o empregador. A lógica é fácil de ser compreendida: as férias coletivas dizem respeito a uma necessidade do empregador, segundo a qual ou o estabelecimento fecha coletivamente ou simplesmente não fecha. Não há meio-termo. Não há como o estabelecimento cerrar suas portas por conta de férias coletivas para uns e não para outros.

11.3.2.5 Aplicabilidade a empregados com menos de um ano de serviço

Os empregados contratados há menos de doze meses gozarão, na oportunidade, férias proporcionais, iniciando-se, então, novo período aquisitivo (*vide* o art. 140 da CLT). Em outras palavras, independentemente da dimensão (em dias) das férias proporcionais a que tenham direito, os empregados contratados há menos de doze meses gozarão das férias coletivas e, terminadas estas, iniciarão a contagem de novo período de aquisição de férias individuais. Veja-se o seguinte exemplo:

Um empregado contratado há quatro meses pode ser compelido a gozar férias coletivas. Nesse caso, se o empregador entender que tais férias devem ter a dimensão correspondente a trinta dias, o referido empregado as fruirá, independentemente do fato de, em rigor, ter direito a apenas dez dias de férias (se for considerada a proporcionalidade dos meses de serviço). Observe-se que, nessa situação, o mencionado empregado receberá o salário correspondente aos trinta dias de paralisação dos serviços, uma vez que esta decorreu de iniciativa do empregador. O acréscimo constitucional de um terço sobre as férias, entretanto, somente lhe será atribuído em relação à proporcionalidade de dias de férias que efetivamente teria (1/3 sobre 10 dias de férias). O restante dos dias sem trabalho lhe será concedido como hipótese de interrupção contratual, observada a regra contida no art. 131, IV, da CLT[34], sem que o empregador tenha o direito de invocar a compensação desses dias em momento posterior.

Esclareça-se que esse posicionamento decorre de interpretação da sistemática legal das férias coletivas, não existindo referenciais conhecidos na doutrina ou na jurisprudência. Trata-se, pois, de uma exegese para hipótese não suficientemente esclarecida pelo texto normativo.

11.3.2.6 Abono pecuniário e férias coletivas

Tratando-se de férias coletivas, a conversão a que se refere o art. 143 da CLT deverá ser objeto de acordo coletivo entre o empregador e o sindicato representativo da respectiva categoria profissional, independendo de requerimento individual a concessão do abono. Veja-se o § 2º do art. 143 da CLT:

> *Art. 143. [...]*
>
> *§ 2º Tratando-se de férias coletivas, a conversão a que se refere este artigo deverá ser objeto de acordo coletivo entre o empregador e o sindicato representativo da respectiva categoria profissional, independendo de requerimento individual a concessão do abono (parágrafo acrescentado pelo Decreto-Lei n. 1.535, de 13-4-1977).*

Este dispositivo, entretanto, diz respeito à situação em que não houve por parte do empregado requerimento de conversão de um terço das férias individuais em abono pecuniário. Tal hipótese legal contempla conjuntura relacionada à possibilidade de requerimento de abono pecuniário sobre as férias habitualmente coletivas.

Entende-se melhor a situação mediante um exemplo. Imagine-se a situação dos professores de uma universidade privada que normalmente fruem férias coletivas no mês de julho de cada ano. Eles somente poderão ser destinatários da faculdade prevista no art. 143 da CLT se o sindicato profissional firmar um acordo coletivo, admitindo a possibilidade de a instituição de ensino funcionar no período em que normalmente para. Nessa circunstância, de nada adianta o requerimento individual dos professores para a concessão do abono. Enfim, não se poderia admitir labor em período em que não há atividade.

Situação totalmente diferente, e não contemplada na lei, diz respeito ao empregado que, dentro do prazo previsto no *§ 1º do art. 143 da CLT*, requer a conversão de um terço de suas férias individuais em abono pecuniário e, depois de tudo ajustado, toma conhecimento de

---

[34] Art. 131. Não será considerada falta ao serviço, para os efeitos do artigo anterior, a ausência do empregado: [...] IV — justificada pela empresa, entendendo-se como tal a que não tiver determinado o desconto do correspondente salário.

que o empregador resolveu, justamente dentro de seu período de férias individuais, convocar férias coletivas. Nesse caso, parece acertada a opinião segundo a qual o empregado é titular de um direito adquirido: o direito de ver convertido um terço de suas férias em abono pecuniário. Nessa circunstância, e diante da impossibilidade de o empregado retornar ao serviço, dadas as férias coletivas, ele receberá o montante correspondente ao abono pecuniário, independentemente da realização de qualquer atividade.

11.3.3 Comparações entre as férias individuais e as férias coletivas

	FÉRIAS INDIVIDUAIS	FÉRIAS COLETIVAS
DEFINIÇÃO	São aquelas outorgadas por conta da necessidade de descanso anual dos trabalhadores, observando um interstício de doze meses para a aquisição e subsequentes doze meses para a concessão.	São aquelas impostas aos empregados não por conta da necessidade de um descanso anual, mas por conveniência dos empregadores, notadamente nas situações em que seja evidenciado excesso de produção ou diminuição da demanda.
REGÊNCIA BÁSICA	Constituição, art. 7º, XVII, e CLT, arts. 129 a 138 e 142 a 149.	CLT, arts. 139 a 141.
EXTENSÃO	Arts. 130 e 130-A da CLT (este último ora revogado): 30 dias (máx.) e 12 dias (min.), no **regime de tempo integral**. 18 dias (máx.), e 8 dias (min.), no **regime de tempo parcial até a vigência da Lei n. 13.467, de 13 de julho de 2017**.	As extensões máxima e mínima das férias coletivas são correspondentes às das férias individuais. Fora dessas balizas, a paralisação coletiva do trabalho será entendida como licença remunerada.
FRACIONAMENTO	Art. 134, § 1º, da CLT: desde que haja concordância do empregado, as férias poderão ser usufruídas em até três períodos, sendo que um deles não poderá ser inferior a quatorze dias corridos e os demais não poderão ser inferiores a cinco dias corridos, cada um.	Art. 139, § 1º, da CLT: As férias poderão ser gozadas em dois períodos anuais, desde que **nenhum deles seja inferior a 10 dias corridos**.
PARTICIPAÇÃO	Art. 135 da CLT: A concessão das férias individuais será participada, por escrito, ao empregado, com **antecedência de, no mínimo, 30 dias**. O empregado é destinatário de participação específica e individualizada quanto à ocorrência das férias individuais. Ele saberá do período das férias individuais por via direta.	Art. 139, § 2º, da CLT: O empregador comunicará ao órgão local do Ministério do Trabalho (ora Ministério do Trabalho e Previdência), com a **antecedência mínima de 15 dias**, as datas de início e fim das férias, precisando quais os estabelecimentos ou setores abrangidos pela medida. O empregado não é destinatário de participação específica e individualizada quanto à ocorrência das férias coletivas. Ele saberá do período das férias coletivas por via indireta.

ABONO PECUNIÁRIO	Art. 143 da CLT: É facultado ao empregado converter 1/3 do período de férias a que tiver direito em abono pecuniário, no valor da remuneração que lhe seria devida nos dias correspondentes. O abono de férias deverá ser requerido até 15 dias antes do término do período aquisitivo.	Art. 143, § 2º, da CLT: Tratando-se de férias coletivas, a conversão em abono pecuniário deverá ser objeto de acordo coletivo entre o empregador e o sindicato representativo da respectiva categoria profissional, independendo de requerimento individual.

11.4 O REGIME JURÍDICO DAS FÉRIAS NAS PRIMEIRAS NORMAS QUE TRATARAM DA PANDEMIA DO CORONAVÍRUS E NO MICROSSISTEMA INSTITUIDOR DO DIREITO DO TRABALHO DE EMERGÊNCIA (LEI N. 14.437/2022)

Durante a crise da pandemia do coronavírus, as relativizações dos direitos trabalhistas atingiram também o instituto das férias. O chamado "direito do trabalho de emergência" atenuou os rigores da CLT por meio de conjunto de medidas para enfrentamento do estado de calamidade pública. A Medida Provisória n. 927, de 2020, e, depois dela, a Medida Provisória n. 1.046, de 2021, ora não mais vigentes, foram as principais fontes jurídicas dessas alterações, merecendo, por isso, anotação.

Para além delas, diante da indispensabilidade de uma norma que dispusesse sobre a adoção, por empregados e empregadores, de medidas trabalhistas alternativas e sobre o Programa Emergencial de Manutenção do Emprego e da Renda, para enfrentamento das consequências sociais e econômicas de qualquer outro estado de calamidade pública em âmbito nacional ou em âmbito estadual, distrital ou municipal, será também analisado o conteúdo da Lei n. 14.437, de 15 de agosto de 2022, que ofereceu, em caráter permanente, um conjunto de medidas emergenciais aplicáveis exclusivamente nas áreas específicas dos entes federativos atingidos por estado de calamidade pública, inclusive no tocante ao instituto das férias Vejam-se.

11.4.1 O regime jurídico das férias nas primeiras normas que trataram da pandemia do coronavírus

Apesar de as Medidas Provisórias n. 927, de 2020, e 1.046, de 2021, terem perdido a vigência, é justamente com base nelas que serão resolvidas as discussões em torno da flexibilização no período em que elas vigoraram. Não é possível, portanto, desconsiderar a sua existência, porque muitas ações aforadas no Judiciário trabalhista fazem referência justamente a elas. Bem além disso, cabe a análise dessas fontes por terem sido elas eventos históricos relevantes que impulsionaram a criação de um microssistema regente, em caráter permanente, do chamado "direito do trabalho de emergência", encontrável na já citada Lei n. 14.437, de 15 de agosto de 2022.

11.4.1.1 Medidas incidentes sobre as férias individuais

Questão que normalmente se viu diante da problemática instalada pela pandemia do coronavírus dizia respeito às alternativas de não recebimento de prestação laboral, de reposição dos dias de falta ou de compensação das horas não trabalhadas.

Entre as soluções oferecidas pela Medida Provisória n. 927, de 2020, ora não mais vigente, estava aquele que dava aos empregadores o direito de compulsoriamente antecipar as férias individuais de seus empregados, independentemente de concluído o período aquisitivo. Veja-se:

Art. 6º Durante o estado de calamidade pública a que se refere o art. 1º, o empregador informará ao empregado sobre a antecipação de suas férias com antecedência de, no mínimo, quarenta e oito horas, por escrito ou por meio eletrônico, com a indicação do período a ser gozado pelo empregado.

§ 1º As férias:

I — não poderão ser gozadas em períodos inferiores a cinco dias corridos; e

II — poderão ser concedidas por ato do empregador, ainda que o período aquisitivo a elas relativo não tenha transcorrido.

§ 2º Adicionalmente, empregado e empregador poderão negociar a antecipação de períodos futuros de férias, mediante acordo individual escrito.

§ 3º Os trabalhadores que pertençam ao grupo de risco do coronavírus (Covid-19) serão priorizados para o gozo de férias, individuais ou coletivas, nos termos do disposto neste Capítulo e no Capítulo IV.

Do dispositivo ora em análise, foi possível retirar, como novidades úteis à superação do estado de calamidade pública, as seguintes particularidades:

Primeira: o empregador passou a ter, ao menos dentro do período coberto pelo estado de calamidade pública, o direito subjetivo de antecipar as férias dos seus empregados, bastando-lhe informá-los dessa decisão com antecedência de, no mínimo, 48 (quarenta e oito horas), por escrito ou por meio eletrônico. O legislador legitimou a possibilidade de informação mediante uma simples mensagem dirigida ao *e-mail* do empregado ou mesmo um rápido texto encaminhado via WhatsApp, Messenger ou Direct. O importante apenas era fazer a prova da recepção do aviso, nada mais que isso.

Segunda: na esfera dos limites, ficou claro que as férias não poderiam ser gozadas em períodos inferiores a cinco dias corridos. Assim, se o empregador adotou essa medida, foi para colocar o empregado em férias de cinco ou mais dias.

Terceira: outra questão relacionada a limites fez crer que as férias poderiam ser concedidas, por ato do empregador, ainda que o período aquisitivo a elas relativo não tivesse transcorrido na sua integralidade. Assim, mesmo que o empregado tivesse sido contratado em 31 de janeiro de 2020, ora não mais vigente e que ele somente viesse a superar o período aquisitivo depois de trabalhado o dia 31 de janeiro de 2021, a ele se pode conceder antecipadamente as férias que somente haveriam de ser fruídas entre 1º de fevereiro de 2021 e 1º de fevereiro de 2022. E há mais: conforme consta do § 2º do art. 6º da MP n. 97/2020, ora não mais vigente: "adicionalmente, empregado e empregador poderão negociar a antecipação de períodos futuros de férias, mediante acordo individual escrito".

Que seriam "períodos futuros de férias"?

"Períodos futuros de férias" são aqueles que o empregado sequer começou a trabalhar dentro do período aquisitivo; são períodos em relação aos quais não há qualquer garantia de futura prestação laboral. É mesmo a antecipação de um direito futuro. Nesse caso, se necessário, o empregador poderá, mediante acordo individual escrito, negociar a antecipação de períodos futuros de férias e assim comprometer aquelas que poderiam ser fruídas mais adiante.

Quando se falava em acordo individual escrito, podia-se admitir formulações simplificadas como o encaminhamento da proposta via *e-mail* e a resposta com a anuência também mediante *e-mail*. Em tempos modernos essa troca de proposta e de aceitação é possível até mesmo mediante o uso de redes sociais, sendo relevante, porém, a identificação clara e segura dos interlocutores e a induvidosa manifestação de vontade dos envolvidos.

Não se pode deixar de anotar que, no futuro, não serão improváveis alegações de que, apesar de negociadas, as férias não poderiam deixar de ser fruídas, porque, por natureza, envolvem paralelamente um direito fundamental ao lazer e à redução dos riscos inerentes ao trabalho. No futuro, o discurso pode mudar, e espaços para novos debates podem aparecer, embora jamais livres da violação dos deveres de lealdade e boa-fé.

Quarta: os trabalhadores que pertencem ao grupo de risco do coronavírus (Covid-19) tiveram prioridade para o gozo de férias. Assim, gestantes, lactantes, pessoas idosas e empregados com imunodeficiência foram preferenciais destinatários da proposta de afastamento do serviço mediante a antecipação das férias individuais.

E no pagamento das férias individuais, mudou algo?

Sim, e a mudança foi substancial. Diferentemente do que acontece normalmente, quando o mês de férias e o valor de um terço constitucional são pagos, nos termos do art. 145 da CLT, até dois dias antes do início do gozo, o art. 8º da MP n. 927/2020, ora não mais vigente, mudou essa realidade unicamente para as férias concedidas durante o estado de calamidade pública. Nessa situação, o empregador pagará a remuneração das férias até o quinto dia útil do mês subsequente ao início do gozo das férias e pagará o adicional de um terço sobre as férias após sua integral concessão, até o limite da data em que é devida a gratificação natalina.

Assim, se, por exemplo, um empregado tiver fruído férias de trinta dias de 20 de março de 2020 a 18 de abril de 2020, o empregador terá pago normalmente os salários de março até o quinto dia útil subsequente ao vencido, o mesmo ocorrendo com o mês de abril. O acréscimo de 1/3, porém, poderia ser pago depois da integral concessão das férias até a data-limite de 20 de dezembro de 2020, quando seria devida a segunda parcela da gratificação natalina.

E se o empregado tiver pedido a conversão de um terço das férias em abono pecuniário?

Nesse caso, conforme o parágrafo único do art. 8º da CLT, o eventual requerimento por parte do empregado de conversão de um terço de férias em abono pecuniário estaria sujeito à concordância do empregador, aplicável o prazo de pagamento também após sua concessão, observado o limite temporal correspondente à data em que seria devida a gratificação natalina. Em outras palavras: o abono pecuniário de férias haveria de ser pago, tal qual um terço constitucional, até o dia 20 de dezembro de 2020. Leia-se no dispositivo:

Art. 8º Para as férias concedidas durante o estado de calamidade pública a que se refere o art. 1º, o empregador poderá optar por efetuar o pagamento do adicional de um terço de férias após sua concessão, até a data em que é devida a gratificação natalina prevista no art. 1º da Lei n. 4.749, de 12 de agosto de 1965.

Parágrafo único. O eventual requerimento por parte do empregado de conversão de um terço de férias em abono pecuniário estará sujeito à concordância do empregador, aplicável o prazo a que se refere o caput.

Art. 9º O pagamento da remuneração das férias concedidas em razão do estado de calamidade pública a que se refere o art. 1º poderá ser efetuado até o quinto dia útil do mês subsequente ao início do gozo das férias, não aplicável o disposto no art. 145 da Consolidação das Leis do Trabalho, aprovada pelo Decreto-lei n. 5.452, de 1943.

Se, durante essa trajetória, o empregado viesse a ser dispensado, tudo ocorreria conforme o disposto no art. 10 da MP n. 927/2020, ou seja, "na hipótese de dispensa do empregado, o empregador quitaria, juntamente com o pagamento dos haveres rescisórios, os valores ainda não adimplidos relativos às férias".

É sempre bom registrar a posição do STF em todas as variáveis. Aqui, em decisão liminar oferecida em face de Medida Cautelar na Ação Direta de Inconstitucionalidade n. 6.342/DF, requerida pelo Partido Democrático Trabalhista tão logo foi publicada a MP n. 927/2020, o Relator, Min. Marco Aurélio, posicionou-se no sentido de que, "diante de situação excepcional verificada no País, não se afastou o direito às férias, tampouco o gozo destas de forma remunerada e com o adicional de um terço. Apenas houve, com o intuito de equilibrar o setor econômico-financeiro, projeção do pagamento do adicional, mesmo assim impondo-se limite — a data da satisfação da gratificação natalina".

Mas, em sentido diverso, surgiu outra questão: e se o empregado viesse a ser dispensado antes de ver compensadas as férias que ele fruiu, haveria de ver compensados os débitos sobre as parcelas rescisórias?

A resposta parece ser positiva, observado, porém, em um primeiro momento, o limite previsto no § 5º do art. 477 da CLT, segundo o qual qualquer compensação de débito de natureza trabalhista no pagamento das verbas rescisórias não poderá exceder o equivalente a um mês de remuneração do empregado.

E essa limitação é dada porque, obviamente, o empregador está em uma situação de vantagem, na medida em que instantaneamente pode dispor de uma solução para buscar o ressarcimento que entende devido. A compensação aí surge como um evento de força, que, por essa particularidade, precisa de dosagem e de limite.

E o que sobejar, o empregador pode cobrar do empregado mediante ação de cobrança autônoma?

É preferível dizer que, teoricamente, sim. Essa resposta é dada porque há muita instabilidade jurisprudencial em torno da busca de valores que sobejam o limite contido no § 5º do art. 477 da CLT mediante ação de cobrança autônoma. Inúmeros são os argumentos para atender à pretensão, assim como para negá-la.

Mudando de polo de discussão, surge uma questão adicional em matéria de férias individuais durante a calamidade pública.

Enfim, do mesmo modo que se pode falar em antecipação das férias individuais de empregados que não estão envolvidos no enfrentamento da pandemia, pode-se falar também na suspensão das férias dos profissionais da área de saúde ou daqueles que desempenhem funções essenciais nos termos dos Decretos n. 10.282, de 20 de março de 2020, e 10.288, de 22 de março de 2020?

Sim. Em rigor, sim, pois a situação envolveu força maior, e, nesse caso, o comprometimento social foi também dos trabalhadores que tinham o conhecimento e a capacidade técnica de auxiliar na contenção da pandemia e de todos aqueles que, de alguma forma, desenvolviam atividades indispensáveis ao atendimento das necessidades inadiáveis da comunidade.

Assim, durante o estado de calamidade pública aqui em análise, o empregador pode, sim, suspender as férias programadas dos profissionais da área de saúde ou daqueles que desempenhem funções essenciais.

Mas o que significa "suspender as férias ou licenças não remuneradas"?

Embora se possa imaginar quão simples seria a análise do texto, ele traz duas enigmáticas situações a considerar: a primeira, a situação dos empregados que terão de ver suspensas as férias programadas ou as licenças não remuneradas já ajustadas; e a segunda, a situação dos empregados que já estão no transcurso das férias ou licenças e que, apesar disso, podem vir a ser chamados a interrompê-las.

Sobre a **primeira situação**, há consenso quanto à possibilidade. Não há a menor dúvida de que a norma poderia ser aplicada contra quem esteja com **férias apenas programadas** ou com licenças não mais do que acertadas, porém ainda não iniciadas. Estranha-se, de todo modo, que a norma tenha restringido sua ação apenas em face das "licenças não remuneradas", pois nada impede a sua aplicabilidade também — e até por mais forte razão — em face de licenças remuneradas (para estudos, por exemplo), exceto, por motivos óbvios, a licença-maternidade e a licença-paternidade.

Nesses casos, a negativa de atendimento, sem causa justificada, pode ser entendida como uma violação ao dever de colaboração, implicando, consequentemente um possível desligamento por justa causa, tal qual aquele que, em condições parecidas quanto à negativa, se vê no art. 240 da CLT em relação aos ferroviários.

A **segunda situação**, por outro lado, comporta algumas dúvidas interpretativas, mas, em rigor, foi, sim, dirigida também contra quem esteve no transcurso do gozo de férias ou de licenças não remuneradas para interrompê-las.

Mas o empregador tem mesmo o direito subjetivo de fazer cessar férias em curso ou de mandar parar uma licença não remunerada em plena fruição? Há esse direito de chamamento dado ao empregador?

A resposta será possivelmente positiva na prática, porque muito benevolentes serão as interpretações em favor das soluções em tempos de crise. De todo modo, cabe refletir que o empregado, durante o transcurso das suas férias, está em um **estado protegido** decorrente do exercício de um direito constitucionalmente assegurado, que é o direito às férias. Quem está em gozo de férias está, em verdade, na materialização do direito fundamental que lhe foi prometido pela Constituição. E nunca se pode deixar de observar que a própria Medida Provisória n. 927/2020, no final do seu art. 2º, é bem clara quando à necessidade de ver "respeitados os limites estabelecidos na Constituição". Ademais, o empregado que já esteja no curso das férias ou no trajeto de licença não remunerada pode se escusar do chamamento mediante a invocação do direito fundamental ao esquecimento que a ele é dado durante esses períodos, o que o legitimaria à recusa à ordem de retorno, pois poderia estar associada a uma infinidade de justificativas razoáveis e, por isso, capazes de absolvê-lo de eventuais sanções.

Como se fez, então, para "suspender as férias ou licenças não remuneradas" dos profissionais da área de saúde ou daqueles que desempenhem funções essenciais nos termos dos Decretos n. 10.282, de 20 de março de 2020, e 10.288, de 22 de março de 2020?

Para tanto bastou a comunicação formal da decisão (não se trata de acordo, mas de decisão unilateral) ao trabalhador, por escrito ou por meio eletrônico, preferencialmente com antecedência de 48 (quarenta e oito) horas. O mesmo tratamento jurídico se dará, segundo o art. 7º da MP n. 927/2020, aos trabalhadores da referida área que tenham pretendido fruir de licença não remunerada, ainda que a licença já tenha sido outorgada.

Destaque-se, mais uma vez, que, ao dizer "meio eletrônico", o legislador legitimou a informação mediante uma simples mensagem dirigida ao *e-mail* do empregado ou mesmo um rápido texto encaminhado via WhatsApp, Messenger ou Direct. O importante apenas é fazer a prova da recepção do aviso, nada mais que isso.

Veja-se o texto normativo:

> Art. 7º *Durante o estado de calamidade pública a que se refere o art. 1º, o empregador poderá suspender as férias ou licenças não remuneradas dos profissionais da área de saúde ou daqueles que desempenhem funções essenciais, mediante comunicação formal da decisão ao trabalhador, por escrito ou por meio eletrônico, preferencialmente com antecedência de quarenta e oito horas.*

11.4.1.2 Medidas incidentes sobre as férias coletivas

Por serem, em essência, um direito dos empregadores, as férias coletivas são sempre lembradas em tempos de crise. É o primeiro trunfo patronal, e normalmente aquele que melhor funciona, sem questionamentos ou discussões no âmbito judicial. Entretanto, a MP n. 927/2020, ora não mais vigente, foi além e tornou ainda mais singelas as possibilidades de notificação e até mesmo a extensão dos períodos por ela atingidos.

Veja-se:

Art. 11. Durante o estado de calamidade pública a que se refere o art. 1º, o empregador poderá, a seu critério, conceder férias coletivas e deverá notificar o conjunto de empregados afetados com antecedência de, no mínimo, quarenta e oito horas, não aplicáveis o limite máximo de períodos anuais e o limite mínimo de dias corridos previstos na Consolidação das Leis do Trabalho, aprovada pelo Decreto-lei n. 5.452, de 1943.

Art. 12. Ficam dispensadas a comunicação prévia ao órgão local do Ministério da Economia[35] e a comunicação aos sindicatos representativos da categoria profissional, de que trata o art. 139 da Consolidação das Leis do Trabalho, aprovada pelo Decreto-lei n. 5.452, de 1943.

Note-se de forma sistematizada:

Primeiro, ressalte-se que essas relativizações somente foram exigíveis durante o estado de calamidade pública de enfrentamento do coronavírus.

Segundo, a notificação do conjunto de empregados afetados haveria de ser feita com a antecedência de, no mínimo, 48 (quarenta e oito) horas. Em condições normais a antecedência mínima era de 15 (quinze) dias, conforme o § 2º do art. 139 da CLT.

Terceiro, não se aplicou o limite máximo de ocorrências dentro de um mesmo ano, tampouco o limite mínimo de dias corridos previstos no § 1º do art. 139 da CLT, vale dizer, as férias coletivas poderiam ser outorgadas e gozadas em mais do que 2 (dois) períodos anuais, e cada um dos seus períodos poderia ter dimensão até mesmo inferior a 10 (dez) dias corridos. Nesse caso, o empregador teria a possibilidade de oferecer férias coletivas de forma fracionada para atender a excepcionalidade do momento.

11.4.2 O regime jurídico das férias no microssistema instituidor do direito do trabalho de emergência (Lei n. 14.437/2022)

Na linha do que se disse no tópico 11.4.1 deste *Curso*, a indispensabilidade de uma norma que dispusesse sobre a adoção, por empregados e empregadores, de medidas trabalhistas alternativas e sobre o Programa Emergencial de Manutenção do Emprego e da Renda, para enfrentamento das consequências sociais e econômicas de qualquer outro estado de calamidade pública em âmbito nacional ou em âmbito estadual, distrital ou municipal, fez surgir a Medida Provisória n. 1.109, de 25 de março de 2022, e, depois de sua conversão, a Lei n. 14.437, de 15 de agosto de 2022.

Criou-se, assim, um microssistema normativo que permanentemente passou a disciplinar as situações calamitosas para, assim, preservar o emprego e a renda; garantir a continuidade das atividades laborais, empresariais e das organizações da sociedade civil sem fins lucrativos; e reduzir o impacto social decorrente das consequências de estado de calamidade pública em âmbito nacional ou em âmbito estadual, distrital ou municipal reconhecido pelo Poder Executivo federal.

---

[35] Ora Ministério do Trabalho e Previdência.

Entre as medidas previstas nessa "lei do direito do trabalho de emergência" estão, no conjunto que envolve os arts. 6º a 12, aquelas aplicáveis às férias, individuais ou coletivas, durante o prazo previsto no ato do Ministério do Trabalho e Previdência de enfrentamento das consequências de estado de calamidade pública em âmbito nacional ou em âmbito estadual, distrital ou municipal.

As soluções ali contidas, embora reescritas com outras palavras, são essencialmente as mesmas, motivo pelo qual, pelo bem da concisão, remete-se o leitor para o conteúdo dos itens 11.4.1.1 e 11.4.1.2.

Anote-se, porém, que a Lei n. 14.437, de 15 de agosto de 2022, deixou bem claro que, em matéria de limites temporais para pagamento de férias em período de calamidade, há de oferecer-se o mesmo tratamento para as modalidades "férias individuais" e "férias coletivas" (veja-se o disposto no art. 13 do referido diploma legal).

11.5 A ANTECIPAÇÃO DE FÉRIAS INDIVIDUAIS NA LEI N. 14.457/2022

Nos termos dos arts. 10 a 13 da Lei n. 14.457/2022, a antecipação de férias individuais poderá ser concedida aos empregados ou às empregadas que tenham filho, enteado ou pessoa sob sua guarda até o segundo ano do nascimento do filho ou enteado; da adoção; ou da guarda judicial, ainda que não tenha transcorrido o seu período aquisitivo. As férias antecipadas, entretanto, não poderão ser usufruídas em período inferior a 5 (cinco) dias corridos.

Para fins de antecipação das férias, o empregador poderá optar por efetuar o pagamento do adicional de 1/3 (um terço) de férias após a sua concessão, até a data em que for devida a gratificação natalina prevista no art. 1º da Lei n. 4.749, de 12 de agosto de 1965. O pagamento da remuneração decorrente da antecipação das férias poderá ser efetuado até o quinto dia útil do mês subsequente ao início do gozo das férias, hipótese em que não se aplicará o disposto no art. 145 da Consolidação das Leis do Trabalho, aprovada pelo Decreto-lei n. 5.452, de 1º de maio de 1943.

No caso de rescisão do contrato de trabalho, os valores das férias ainda não usufruídas serão pagos juntamente com as verbas rescisórias devidas. Na hipótese de período aquisitivo não cumprido, as férias antecipadas e usufruídas serão descontadas das verbas rescisórias devidas ao empregado no caso de pedido de demissão.

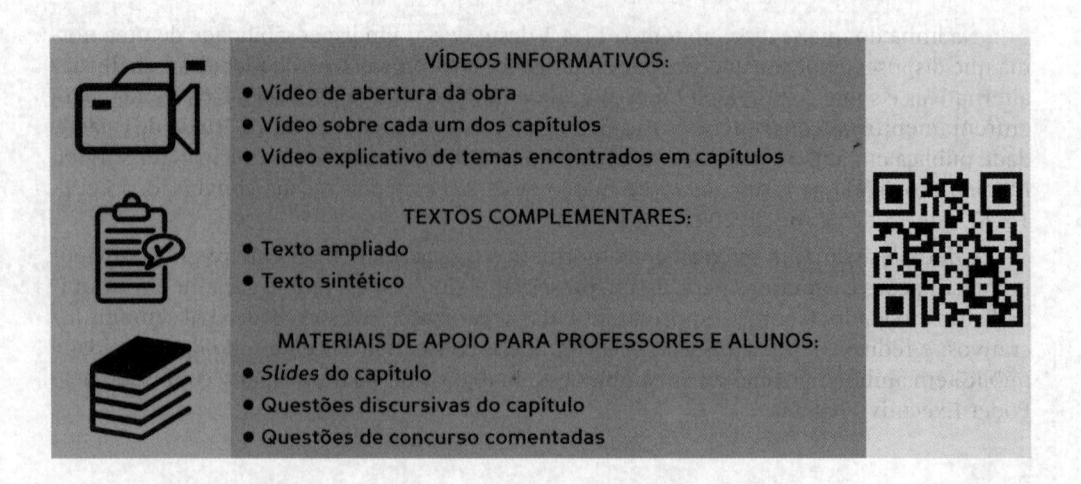

VÍDEOS INFORMATIVOS:
- Vídeo de abertura da obra
- Vídeo sobre cada um dos capítulos
- Vídeo explicativo de temas encontrados em capítulos

TEXTOS COMPLEMENTARES:
- Texto ampliado
- Texto sintético

MATERIAIS DE APOIO PARA PROFESSORES E ALUNOS:
- *Slides* do capítulo
- Questões discursivas do capítulo
- Questões de concurso comentadas

12
RETRIBUIÇÃO DO TRABALHO

https://somos.in/CTD14

12.1 CONSIDERAÇÕES INTRODUTÓRIAS

As principais expectativas e anseios do trabalhador terminam quando lhe são outorgadas, de modo integral e correto, e por força do ajuste firmado, as verbas retributivas da sua força laboral. Fala-se em expectativa porque o empregado, crendo em promessa retributiva futura, antecipa seu trabalho na esperança de conquistar, ao final de um período de espera, os meios que lhe garantam a subsistência própria e familiar. Trata-se de um ato de fidúcia do operário, que oferece seu empenho e ânimo em troca de um retorno pecuniário patronal.

Exatamente por conta dessa pós-retributividade é que se sustenta o caráter forfetário[1] do salário. Há, em realidade, uma obrigação patronal absoluta, independentemente da sorte de seu empreendimento. Mesmo que o empregador fracasse nos seus objetivos econômicos, o empregado, que não assumirá os riscos da atividade desenvolvida, será sempre credor do salário na exata dimensão ajustada.

Embora o nome que se possa atribuir à ora analisada contraprestação não seja essencial para dar-lhe o sentido jurídico que efetivamente tem, ela, em regra, é conhecida como **"salário"**, nome inspirado num bem escasso no império romano — o sal — e que, exatamente por isso, era outorgado como retribuição pelo trabalho prestado pelos soldados da época.

Com o passar dos tempos o sal perdeu a preciosidade e o valor de troca, mas o nome nele inspirado continuou sendo o principal referencial retributivo do trabalho. Aplicação igualmente genérica é dada às palavras **"estipêndio"**[2] e **"ordenado"**[3]. Outros vocábulos foram moldados para representar o mesmo objeto, embora de aplicação específica, relacio-

---

1 O qualificativo "forfetário" não está — é verdade — contido no Vocabulário Ortográfico da Língua Portuguesa, embora presente no jargão jurídico trabalhista. Trata-se, em verdade, de um neologismo encontrado em doutrinas trabalhistas clássicas, egresso da expressão francesa "à forfait", usada como indicativa do compromisso de pagamento de um preço preestabelecido, independentemente de resultados. Por isso os franceses dizem, geralmente, que *un contrat à forfait est une convention qui vise à obtenir un résultat pour un prix fixe*. Etimologicamente, portanto, forfetário é a qualidade daquilo que se estabelece *à forfait*, ou seja, por um preço fixo e predeterminado, independentemente do sucesso ou do insucesso da atividade desenvolvida pelo tomador do serviço.

2 Segundo José Martins Catharino, no magistral **Tratado jurídico do salário**, "a origem da palavra estipêndio é latina e provém da combinação de 'stips' — moeda pequena e 'pendere' — pagar" (in CATHARINO, José Martins. *Tratado jurídico do salário*. São Paulo: LTr, 1994, p. 18).

3 A palavra provém da frase "valor ordenado para retirada", que correspondia a um instrumento escrito, expedido pelo patrão, ordenando o levantamento do montante que retribuiria o trabalho despendido. Os trabalhadores, então, sacavam seu "ordenado".

nada a determinadas espécies de trabalhador. São dignos de nota os **soldos**[4] pagos para os militares, os **vencimentos** atribuídos para os servidores públicos e os **subsídios** outorgados para os agentes políticos. Os profissionais liberais são destinatários de **honorários**[5] e os demais trabalhadores autônomos do montante intitulado **remuneração**[6].

Em acepções variadas, a palavra "salário" passou a representar não mais o produto do trabalho, mas, em linguagem imprópria, um arrimo financeiro de natureza previdenciária, sendo exemplos disso as expressões "salário-maternidade" e "salário-família", a primeira indicativa do benefício previdenciário pago em decorrência de parto, abortamento ou adoção/guarda para fins de adoção, e a segunda alusiva a uma ajuda familiar para segurados (empregados ou trabalhadores avulsos) que tenham filhos (ou a eles equiparados) com até quatorze anos de idade, salvo se inválidos.

Ainda no âmbito previdenciário, a palavra "salário" é aplicada impropriamente para indicar a base de cálculo da contribuição social (*salário de contribuição*) ou para determinar a base de cálculo de alguns benefícios previdenciários (*salário de benefício*). Também no campo de uma denominação imprópria, pode-se destacar o chamado *salário-educação*[7], que é uma contribuição social destinada ao financiamento de programas, projetos e ações voltados para a educação básica pública.

O estudo da retribuição do trabalho, entretanto, passa a ter significativa importância quando inserido na órbita contratual de emprego. Por esse motivo, o presente estudo enfocará a problemática sob esse contexto, apreciando inicialmente as parcelas que têm origem no trabalho para, posteriormente, detalhar aquelas que são de natureza remuneratória e não remuneratória. Merecerão destaque também as verbas que, embora não empregatícias, tenham conexão com o contrato de emprego e que nasçam em virtude dele. Vejam-se, então.

12.2 PARCELAS ORIUNDAS DO CONTRATO DE EMPREGO

A expressão "parcelas oriundas do contrato de emprego" envolve toda e qualquer verba que vier a ser oferecida ao empregado em virtude do negócio jurídico aqui em análise.

Três espécies emergem do amplo continente das "parcelas oriundas do contrato de emprego", sendo identificadas em três grupos distintos:

• **Parcelas de natureza empregatícia e remuneratórias:**

Estão aqui incluídas parcelas *retributivas do dispêndio de energia laboral*, pagas diretamente pelo empregador (salário-base e complementos salariais), ou por *terceiros* (gorjetas e gueltas).

---

4 A palavra "soldo" proveio de *solidus* (sólido, em latim), moeda romana de ouro criada por Constantino e que circulou no Império Romano até o século X d.C. Essa moeda era atribuída aos militares da época. Por adjetivação, então, os destinatários do soldo passaram a ser trabalhadores "soldados", ou seja, trabalhadores pagos com o soldo. Em linguagem moderna e genérica, como soldado passou a ser entendido o sujeito que serve, voluntariamente ou por conta do serviço militar obrigatório, as forças armadas ou as forças militarizadas.

5 Honorário é palavra que provém de *honor*, honra. Colocada no plural, a palavra "honorário", segundo o dicionarista Aurélio Buarque de Holanda, passa a designar a contraprestação oferecida a quem realiza serviços de elevada dignidade moral, tais quais aqueles aviados por médicos ou advogados.

6 A palavra "remuneração", em sentido amplo, envolve todas as formas retributivas do trabalho, seja ele autônomo ou subordinado. Por isso, sem qualquer receio de ser atécnico, pode-se afirmar que qualquer trabalhador é destinatário de remuneração. Anote-se, entretanto, como se verá em tópicos específicos deste estudo, que a palavra "remuneração", quando aplicada no contexto da relação de emprego, deve ser entendida como um complexo de parcelas que, de algum modo, retribuem o trabalho prestado pelo empregado a seu patrão.

7 O salário-educação está previsto no art. 212, § 5º, da Constituição Federal, e foi regulamentado pelas Leis n. 9.424/96, 9.766/98, Decreto n. 6.003/2006 e Lei n. 11.457/2007. É calculado com base na alíquota de 2,5% sobre o valor total das remunerações pagas ou creditadas pelas empresas, a qualquer título, aos segurados empregados.

• *Parcelas de natureza empregatícia e não remuneratórias:*

Aqui estão verbas que não têm a finalidade de retribuir o trabalho, mas apenas o propósito de indenizar prejuízos perpetrados pelo empregador e de ressarcir gastos com a execução do serviço. Nesse âmbito também estão inseridas multas (penalidades) aplicadas aos empregadores, bem como demais verbas que a própria lei, por algum motivo, entendeu por bem de intitular como "não remuneratórias" dentro dos contratos de emprego.

• *Parcelas de natureza não empregatícia, mas conexas ao contrato de emprego (remuneratórias ou não remuneratórias)*:

Neste grupo estão vantagens de natureza não empregatícia, ou seja, parcelas não inseridas na legislação que rege o contrato de emprego, submetidas a diferentes lógicas de percepção de ganhos.

Apesar de não empregatícias, tais verbas surgem no transcurso do contrato de emprego, merecendo, assim, menção especial. Estudam-se aqui verbas de natureza civil, vale dizer, verbas que respondem, pela equivalência dos sujeitos da relação contratual, a uma lógica diversa daquela que orienta as relações de emprego.

Estão incluídos nesta esfera, entre outros institutos, o *stock option*, o direito de uso de imagem e o direito de arena (este, depois da Lei n. 12.395/2011).

Uma clara sistemática do conjunto das *parcelas oriundas do trabalho* será oferecida nos próximos tópicos.

12.2.1 Parcelas empregatícias de natureza remuneratória

Entende-se como de natureza remuneratória toda verba que visa à retribuição pelo consumo ou pela expectativa de dispêndio da energia laboral. Essa verba normalmente é oferecida pelo empregador, responsável pela contratação e principal destinatário dos resultados do serviço, mas pode ser também por terceiros com quem os empregadores mantêm relações econômicas. Assim, as parcelas de natureza remuneratória podem ser divididas em três grupos distintos:

• **Salário-base**: a retribuição outorgada pelo empregador em virtude do núcleo básico de atividades correspondentes à ocupação do empregado.

• **Complementos salariais**: a retribuição outorgada pelo empregador pelo trabalho prestado pelos empregados em circunstâncias adicionais àquelas originalmente ajustadas.

• **Suplementos salariais**: a retribuição outorgada por terceiros com os quais os empregadores mantêm relações mercantis com o objetivo de incentivar os empregados a bem exercer suas funções. Apesar de o empregador não pagar os suplementos, ele é imensamente beneficiado, na medida em que o empregado sente-se estimulado a ser mais produtivo ou mais eficiente.

O universo daquilo que a lei intitula como **remuneração** é composto pelo conjunto de salário-base, complementos salariais e suplementos salariais, sendo importante anotar que nem sempre estarão presentes os três elementos. Há circunstâncias em que o empregado, por não realizar atividades adicionais (trabalho em horas noturnas ou exercício de função de confiança, por exemplo), não é destinatário de complementos salariais, assim como há casos em que o empregado, por não ter sido contemplado com a generosidade dos fornecedores ou clientes, não recebe suplementos salariais.

Veja-se o texto constante do art. 457 da CLT, segundo o qual "compreendem-se na remuneração do empregado, para todos os efeitos legais, *além do salário devido e pago diretamente pelo empregador*, como contraprestação do serviço, *as gorjetas que receber*" (destaques não constantes do original). Quando o legislador referiu-se ao "salário devido e pago diretamente pelo empregador", quis fazer menção ao salário-base e aos complementos salariais. Igualmente, quando se referiu às "gorjetas que receber", quis tratar dos suplementos salariais.

Para deixar ainda mais clara a intenção do legislador, o § 1º do precitado art. 457 da CLT (com nova redação ditada pela Lei n. 13.467/2017) dispõe que "integram o salário, a importância fixa estipulada" (esta parte fixa seria o salário-base), "as gratificações legais e as comissões pagas pelo empregador. [...]" (esta parte variável corresponderia aos complementos salariais).

12.2.1.1 Salário-base

12.2.1.1.1 Definição

É a unidade básica de retribuição pelo trabalho acertado.

Quando um empregado é contratado, estipula-se um valor como retribuição pelos serviços que compõem o plexo mínimo de suas atividades. Tal valor, intitulado salário-base, é fixado por meio de um ajuste que leva em consideração as relações entre a oferta e a demanda de serviços, a capacidade de pagamento do contratante e as qualidades pessoais do contratado.

12.2.1.1.2 Modalidades de aferição

A fixação do salário-base depende fundamentalmente do estabelecimento de uma fórmula de aferição. Não basta, então, dizer qual será a dimensão salarial básica; é imprescindível definir em função de que o estipêndio será pago. Note-se que num processo de contratação de emprego as primeiras perguntas feitas pelo pretenso empregado ao potencial empregador dizem respeito ao valor do salário e às circunstâncias da sua apuração: **tempo despendido** ou **produção gerada**. Normalmente os candidatos a um emprego querem saber se ganharão o salário-base pelo tempo que colocarão à disposição do emprego (exemplo, vigias e atendentes) ou se serão remunerados mediante percentuais incidentes sobre o volume produzido ou vendido em favor do empregador (exemplo, artesãos e vendedores).

Assim, podem-se afirmar existentes duas modalidades de aferição do salário: por **unidade de tempo** e por **unidade de produção**.

a) Unidade de tempo

É a modalidade de aferição do salário-base em que a retribuição é fixada na proporção do tempo despendido pelo trabalhador na execução de suas tarefas, sem ter em conta a quantidade de energia realmente prestada ou a produção obtida. Aqui o trabalhador ganha (por hora, dia, semana, quinzena ou mês) simplesmente pelo fato de estar à disposição do empregador e, consequentemente, sob seu comando. Atente-se que, a despeito de qualquer uma das frações de tempo acima mencionadas, o empregado deve ser, em regra, contratado para o cumprimento de jornada e de carga horária semanal que não supere os limites máximos. Por exceção, admite-se, desde a reforma trabalhista de 2017, o contrato de trabalho intermitente, também intitulado "zero-hour contract".

b) Unidade de produção

É a modalidade de aferição do salário-base em que a retribuição é fixada na proporção da quantidade de energia efetivamente prestada, medida pela produção obtida (normalmente nas grandezas comprimento, área e volume). O tempo, aqui, é despendido em favor do próprio trabalhador, uma vez que, quanto mais tempo gasta em favor do seu trabalho, mais produtivo pode vir a tornar-se. Tornando-se mais produtivo, o autor receberá mais unidades de produção (geralmente **percentuais** incidentes sobre o volume de vendas ou **participações** prefixadas por metro ou área produzida). Esses percentuais e participações decorrem, evidentemente, das **ações comissivas** dos empregados remunerados por unidade de produção. Diante disso, aqueles que assim atuam recebem comissões (retribuição paga pelo comitente ao comissionado) e são entendidos como comissionistas puros.

Registre-se que os percentuais incidentes sobre a base de cálculo podem variar a depender do produto vendido ou do cliente em favor de quem se realiza a venda, sendo importante que essas oscilações sejam determinadas desde o início do contrato. Afinal, produtos mais fáceis de vender podem ser remunerados com percentuais menores; produtos mais difíceis, com percentuais maiores. Igualmente, clientes que compram mais podem justificar percentuais menores; clientes que compram menos ou que são mais difíceis de conquistar, podem motivar percentuais mais elevados.

b1) Conceito de comissionista puro e de comissionista impuro (ou misto)

Entende-se por **comissionista puro** o empregado contratado para receber salário-base estipulado unicamente em função de sua produção. As comissões, expressão material da mencionada produção, normalmente são calculadas na base de percentuais ou participações que variam conforme o serviço ou produto fabricado ou vendido.

Como o comissionista puro ganha mais na medida em que despende mais tempo em favor da atividade de produção (fabricação ou venda de produtos ou serviços), posicionou-se o TST, mediante a Súmula 340, no sentido de que não se poderia falar na concessão de horas extraordinárias para quem tem o salário-base aferido por esse referencial.

Súmula 340 do TST. COMISSIONISTA. HORAS EXTRAS. O empregado sujeito a controle de horário, remunerado à base de comissões, tem direito ao adicional de, no mínimo, 50% (cinquenta por cento) pelo trabalho em horas extras, calculado sobre o valor-hora das comissões recebidas no mês, considerando-se como divisor o número de horas efetivamente trabalhadas. (Súmula com redação determinada pela Res. TST 121/2003.)

Formou-se, assim, o entendimento de que o comissionista puro (sujeito ao controle de horário) teria direito **apenas** ao adicional de no mínimo cinquenta por cento pelo trabalho em horas extraordinárias, calculado sobre o valor-hora das comissões recebidas no mês.

Veja-se nesse sentido o texto da **Orientação Jurisprudencial 235 da SDI-1 do TST**, mas atente-se para o fato de que a Resolução n. 182/2012 da referida Corte (*DEJT* divulgado em 19, 20 e 23-4-2012) **criou exceção a esta regra geral**, especialmente diante das situações em que o trabalhador esteja envolvido em atividades extenuantes, como é o caso dos **cortadores de cana**[8] que, em regra, se submetem a metas prefixadas pelo empregador, o que lhes impõe o ordinário serviço suplementar:

---

[8] Cabe lembrar que as orientações jurisprudenciais são criadas a partir de casos concretos. Exatamente por isso é que o verbete ora em análise trata do "cortador de cana". O caso apreciado pelos ministros do TST cuidava desse tema.

É possível, porém, tomar a referida Orientação Jurisprudencial 235 da SDI-1 como referencial para aplicação analógica em outras tantas situações nas quais os trabalhadores, de igual modo, possam estar submetidos. Basta ao Judiciário aplicar o vetusto brocardo latino *ubi eadem ratio, ibi eadem iuris dispositio* (onde há a mesma razão deve haver a mesma disposição de direito) e atuar na forma prevista nos arts. 8º da CLT e 4º da Lei de Introdução às Normas do Direito Brasileiro.

Orientação Jurisprudencial 235, da SDI-1, do TST. HORAS EXTRAS. SALÁRIO POR PRODUÇÃO (redação alterada na sessão do Tribunal Pleno realizada em 16-4-2012 — Res. 182/2012, DEJT divulgado em 19, 20 e 23-4-2012). O empregado que recebe salário por produção e trabalha em sobrejornada tem direito à percepção apenas do adicional de horas extras, exceto no caso do empregado cortador de cana, a quem é devido o pagamento das horas extras e do adicional respectivo.

Continuando na análise da situação do típico comissionista puro, cabe anotar que, para calcular o valor-hora das suas comissões, se deve dividir o montante total do resultado da produção pelo número de horas efetivamente trabalhadas. Acrescente-se, por outro lado, que os comissionistas puros não recebem integrados nas comissões os montantes correspondentes ao repouso semanal remunerado, os quais lhes são pagos separadamente, na forma prevista na Súmula 27 do TST:

Súmula 27 do TST. *COMISSIONISTA. É devida a remuneração do repouso semanal e dos dias feriados ao empregado comissionista, ainda que pracista.*

O conceito de comissionista puro opõe-se ao de **comissionista impuro ou misto**. Este tem seu salário-base estipulado por unidade de tempo, mas recebe, a título aditivo, como complemento salarial, comissões decorrentes da venda de produtos e/ou serviços. Exemplo clássico de comissionista impuro ou misto é o gerente de banco que, além de seu salário-base, estipulado por unidade de tempo mensal, recebe, como complemento salarial, comissões decorrentes da venda de produtos financeiros do empregador (título de capitalização, seguros ou promoção de investimentos)[9].

O valor das comissões, em qualquer das situações acima expendidas, deve ser atualizado monetariamente para em seguida obter-se a média duodecimal para efeito de cálculo de férias, 13º salário e verbas rescisórias. Esse é o procedimento padrão e o entendimento contido na orientação jurisprudencial 181 da SDI-1 do TST[10].

b2) Garantia do padrão salarial mínimo

Quem recebe por unidade de produção precisa ter garantida uma retribuição mínima, em nome de seu mínimo existencial, a despeito dos resultados da atividade desenvolvida. Veja-se nesse sentido o disposto no art. 7º, VII, do texto fundamental, que oferece "garantia de salário, nunca inferior ao mínimo, para os que percebem remuneração variável".

Recepcionada pela Constituição foi, portanto, a redação do parágrafo único do art. 78 da CLT, segundo o qual: "quando o salário mínimo mensal do empregado a comissão ou que tenha direito a percentagem for integrado por parte fixa e parte variável, ser-lhe-á sempre

---

9 Nesse sentido, confira-se o teor da **Orientação Jurisprudencial 397 da SDI-1 do TST**: COMISSIONISTA MISTO. HORAS EXTRAS. BASE DE CÁLCULO. APLICAÇÃO DA SÚMULA N. 340 DO TST (publicado no *DEJT* de 2-8-2010). O empregado que recebe remuneração mista, ou seja, uma parte fixa e outra variável, tem direito a horas extras pelo trabalho em sobrejornada. Em relação à parte fixa, são devidas as horas simples acrescidas do adicional de horas extras. Em relação à parte variável, é devido somente o adicional de horas extras, aplicando-se à hipótese o disposto na Súmula n. 340 do TST.

10 **Orientação Jurisprudencial 181 da SDI-1, TST.** Comissões. Correção Monetária. Cálculo. O valor das comissões deve ser corrigido monetariamente para em seguida obter-se a média para efeito de cálculo de férias, 13º salário e verbas rescisórias (8-11-2000).

garantido o salário mínimo, vedado qualquer desconto em mês subsequente a título de compensação"[11]. Não se pode olvidar também o conteúdo da **Lei n. 8.716, de 11 de outubro de 1993**, que trata justamente do tema, garantindo aos trabalhadores que perceberem remuneração variável, fixada por comissão, peça, tarefa ou outras modalidades um salário mensal nunca inferior ao salário mínimo.

Assim, caso um vendedor de loja de roupas nada venda durante o mês, ser-lhe-á garantido ao menos o salário mínimo ou o piso salarial da categoria profissional, se houver norma coletiva. Caso esse mesmo vendedor ultrapasse determinada meta estabelecida pelo empregador, receberá mais do que os referenciais mínimos[12], sendo, por isso, constante e natural a evidência da variação entre o mínimo e outros valores mais elevados, sem que isso implique violação ao princípio da irredutibilidade salarial.

b3) Cláusula stare del credere

A cláusula *stare del credere*, ou simplesmente cláusula *del credere*, é entendida como aquela por meio da qual se impõe ao vendedor o não recebimento da comissão quando o comprador não vier a promover a liquidação de seu compromisso. Trata-se de situação em que o comissário responderá solidariamente com as pessoas com quem houver tratado em nome do comitente.

A cláusula *del credere* está prevista, de modo genérico, no art. 698 do Código Civil (Lei n. 10.406/2002), sendo, também, parte integrante do sistema jurídico dos empregados vendedores (viajantes ou pracistas), segundo disposto nos arts. 5º e 7º da Lei n. 3.207/57. Veja-se:

> Art. 5º Nas transações em que a empresa se obrigar por prestações sucessivas, o pagamento das comissões e percentagens será exigível de acordo com a ordem de recebimento das mesmas. [...]
>
> Art. 7º Verificada a insolvência do comprador, cabe ao empregador o direito de estornar a comissão que houver pago.

Perceba-se que, nos termos da mencionada norma, somente **a insolvência do comprador** gera a aplicabilidade legal da ora analisada cláusula *del credere* aos vendedores viajantes ou pracistas. Não se pode falar em estornos diante de situações que envolvam a terminação do vínculo de emprego, a inexecução voluntária do negócio pelo empregador ou o inadimplemento sem causa do comprador. O art. 6º da mencionada Lei n. 3.207/57 é bem claro nesse particular:

> Art. 6º A cessação das relações de trabalho, ou a inexecução voluntária do negócio pelo empregador, não prejudicará a percepção das comissões e percentagens devidas.

Registre-se, entretanto, a discutibilidade, *in casu*, da aplicação da cláusula *del credere*, havendo quem sustente que o texto contido nos arts. 5º e 7º da Lei n. 3.207/57, não teria sido recepcionado pelo texto constitucional de 1988. Diz-se isso, porque, a despeito da sustentável relativização da assunção dos riscos da atividade econômica pelo empregador, ela

---

[11] A Lei n. 8.716, de 11-10-1993, dispõe no mesmo sentido sobre a garantia do salário mínimo aos trabalhadores que percebem remuneração variável.

[12] Acresçam-se as informações contidas no parágrafo único do art. 78 da CLT:

"Art. 78 [...] Parágrafo único. Quando o salário mínimo mensal do empregado a comissão ou que tenha direito a percentagem for integrado por parte fixa e parte variável, ser-lhe-á sempre garantido o salário mínimo, vedado qualquer desconto em mês subsequente a título de compensação".

somente é materializada mediante negociação coletiva nos termos do ordenamento jurídico constitucional ora vigente.

Note-se que, nos termos do art. 7º, VI, da Constituição, somente será possível a redução (e, nessa ordem de ideias, o estorno de comissões decorrentes de negócios já promovidos) mediante negociação coletiva, sendo essa uma regra a considerar[13].

Acresça-se à tese da não recepção dos citados dispositivos, a constatação e a evidência de que a ora analisada cláusula é vedada nos contratos de representação comercial autônoma (vide o art. 43 da Lei n. 4.886/65). Pois então, se há proibição da cláusula *del credere* nos contratos de representação comercial, em que, teoricamente, representante e representado estão num plano de igualdade jurídica, por mais forte razão haver-se-ia de admitir idêntica vedação nos contratos de emprego dos vendedores, submetidos, pela situação de subordinação jurídica, aos empregadores.

c) Unidade de tarefa

Entre as duas modalidades de aferição do salário-base situa-se, como forma intermediária, aquela correspondente à **unidade de tarefa**. Em substância, trata-se de uma retribuição estipulada por unidade de **tempo** qualificada pela obrigatoriedade de o trabalhador efetuar determinada **produção** mínima. Para tal variável de modalidade de aferição existe, também, a obrigatoriedade de atribuição do padrão mínimo salarial — o salário mínimo geral ou o piso salarial da categoria —, conforme disposto no *caput* do art. 78 da CLT. Perceba-se: "Quando o salário for ajustado por empreitada, ou convencionado por **tarefa ou peça**, será garantida ao trabalhador uma remuneração diária nunca inferior à do salário mínimo por dia normal" (destaques não constantes do original).

No modo de aferição salarial por unidade de tarefa há um incentivo maior à produtividade, já que os empregados que ultrapassam as metas de produção recebem, usualmente, um acréscimo pecuniário. Para o cálculo da remuneração das férias devida ao trabalhador tarefeiro, calcula-se a média de produção dos doze meses correspondentes ao período de aquisição, multiplicando o valor encontrado pela tarifa aplicada na data da concessão. Nesse sentido, observe-se entendimento sumulado do TST:

> **Súmula 149 do TST.** *TAREFEIRO. FÉRIAS. A remuneração das férias do tarefeiro deve ser calculada com base na média da produção do período aquisitivo, aplicando-se-lhe a tarifa da data da concessão. Ex-prejulgado n. 22.*

12.2.1.1.3 Pisos salariais

Os salários-base são organizados a partir de modelos mínimos de garantia da satisfação das necessidades vitais básicas do trabalhador[14] e de sua família[15]. Esses modelos ou padrões elementares, que visam assegurar a todos **existência digna** (*vide* art. 170 do texto consti-

---

[13] Exemplo desse posicionamento adotado pelo TST foi evidenciado nos autos do Processo 10519-62.2017.5.03.0185, no curso do qual o Ministro Relator Alberto Bresciani sustentou que "o direito à comissão surge após ultimada a transação pelo empregado, sendo indevido o cancelamento ou o desconto no pagamento pela inadimplência do comprador".

[14] O salário vital é um conceito restrito que relaciona a dimensão salarial capaz de atender ao mínimo necessário à existência do trabalhador, singularmente considerado.

[15] Salário suficiente estende o conceito do salário vital, arrimando não apenas o trabalhador, mas também sua família.

tucional) no âmbito do mínimo existencial[16], consideram uma classificação gradual que se inicia com o salário mínimo legal geral, avança com os salários mínimos profissionais (previstos em lei ou em norma coletiva) e se conclui com o salário mínimo contratual individual. O avanço nas graduações dos padrões salariais mínimos identifica o alcance de melhorias nas condições sociais dos trabalhadores, que partem das conquistas básicas (contidas no texto constitucional) até as captações mais avançadas (presentes no próprio contrato individual de emprego).

Vejam-se, então, nos tópicos a seguir expendidos, cada um dos graus evolutivos do modelo mínimo de retributividade.

a) Salário mínimo legal geral

O salário-base para um trabalho em regime de tempo integral (oito horas diárias e quarenta e quatro semanais, em regra, salvo ajuste mais favorável) não pode ser inferior a um padrão mínimo fixado por lei para todo o território nacional. Trata-se do mais básico padrão de retributividade, conferido nos termos do art. 7º, IV, da Constituição da República. É fixado em lei[17], nacionalmente unificado e, *in tese*, capaz de atender às necessidades vitais básicas do trabalhador e de sua família. Veja-se:

> *Art. 7º São direitos dos trabalhadores urbanos e rurais, além de outros que visem à melhoria de sua condição social: [...]*
>
> *IV — salário mínimo, fixado em lei, nacionalmente unificado, capaz de atender a suas necessidades vitais básicas e às de sua família com moradia, alimentação, educação, saúde, lazer, vestuário, higiene, transporte e previdência social, com reajustes periódicos que lhe preservem o poder aquisitivo, sendo vedada sua vinculação para qualquer fim.*

Perceba-se que a base mínima somente é exigível como retribuição **pelo trabalho**. As retribuições **pelo exercício de atividades em sentido estrito** (estágio, serviço voluntário, serviço militar) não estão vinculadas à outorga do salário mínimo, simplesmente porque nessas hipóteses não se visa o sustento próprio (e, se for o caso, familiar) do exercente da atividade, mas sim outros propósitos.

Seguindo esse raciocínio, o Plenário do Supremo Tribunal Federal decidiu em 30-4-2008 que seria constitucional o pagamento de valor inferior ao salário mínimo para os jovens que prestam serviço militar obrigatório. A decisão foi tomada no julgamento do Recurso Extraordinário n. 570177, interposto por um recruta contra a União, sob o fundamento de que o pagamento de valor inferior ao mínimo violava o disposto nos arts. 1º, III e IV; 5º, *caput*; e 7º, IV e VII, da Constituição da República. Os ministros acompanharam o voto do relator,

---

16 É um direito fundamental baseado no binômio "vida" e "qualidade". O mínimo existencial está ligado às condições elementares para que uma pessoa seja e esteja plenamente inserida na sociedade de uma forma digna.

17 Sobre o instrumento normativo que fixa o valor do salário mínimo, registre-se a existência da Lei n. 12.382, de 25 de fevereiro de 2011, especialmente do disposto no seu art. 3º que permite reajustes e aumentos feitos pelo Poder Executivo mediante "decreto". Note-se que, por conta dessa disposição, três partidos políticos (PPS, PSDB e DEM) ajuizaram a Ação Direta de Inconstitucionalidade (ADI) 4.568, com o objetivo de discutir a possibilidade jurídica, ante a disposição constitucional inserta no inciso IV do art. 7º, de o Poder Executivo estar realmente autorizado a reajustar e a aumentar o salário mínimo por meio de decreto. O Plenário do Supremo Tribunal Federal, em novembro de 2011, julgou improcedente a ADI e, por consequência, reconheceu, por maioria de votos, a discutida constitucionalidade. Na esteira da declaração de constitucionalidade, cabe observar o teor do art. 2º da Lei n. 13.152/2015, segundo o qual "os reajustes e os aumentos fixados na forma do art. 1º serão estabelecidos pelo Poder Executivo, por meio de decreto".

Ricardo Lewandowski, que considerou que "praças que prestam serviço militar inicial obrigatório não tinham, como não têm, o direito a remuneração, pelo menos equivalente, ao salário mínimo em vigor, **afigurando-se juridicamente inviável classificá-los, por extensão, como trabalhadores** na acepção que o inciso IV do artigo 7º da Carta Magna empresta ao conceito" (destaques não constantes do original). Produziu-se, então, a sexta súmula vinculante do STF, nos seguintes moldes:

> **STF, Súmula Vinculante 6:** *Não viola a Constituição da República o estabelecimento de remuneração inferior ao salário mínimo para os praças prestadores de serviço militar inicial.*

Essa decisão do Plenário, em que foi reconhecida a ocorrência de repercussão geral, aplicou-se também aos REs 551453; 551608; 558279; 557717; 557606; 556233; 556235; 555897; 551713; 551778; 557542, que tratavam de matéria idêntica.

No que diz respeito ao **reajustamento do salário mínimo**, cabe anotar que entre 1994 e 2010 não existia nenhuma formulação capaz de oferecer referencial para essa remuneração básica, cabendo ao Presidente o anúncio de um novo salário mínimo por Medida Provisória e ao Congresso Nacional a sua confirmação ou aumento. Apenas em 2010, a Lei n. 12.255, de 15 de junho daquele ano, criou uma política de valorização do salário mínimo com valores projetados para o futuro.

No primeiro ano do governo de Dilma Rousseff, porém, a Lei n. 12.382/2011 previu que os reajustes para a preservação do poder aquisitivo do salário mínimo corresponderiam à variação do Índice Nacional de Preços ao Consumidor — INPC, calculado e divulgado pela Fundação Instituto Brasileiro de Geografia e Estatística — IBGE, acumulada nos doze meses anteriores ao mês do reajuste, acrescida de aumento real em percentual equivalente à taxa de crescimento do Produto Interno Bruto — PIB, apurada pelo IBGE. Essa formulação, porém, estava limitada ao ano de 2015.

Justamente em 2015 foi aprovada nova Lei relativa à matéria pelo Congresso Nacional (Lei n. 13.152, de 29 de julho de 2015), que preservou os critérios de valorização do salário mínimo, mas limitou as diretrizes a período que se estendeu de 2016 a 2019.

a1) A dimensão ética do salário mínimo

A **satisfação das necessidades vitais básicas do trabalhador e de sua família** mediante o salário mínimo é objeto constante de discussão política. A despeito disso, e das manifestações de censura egressas do Poder Judiciário[18], a **dimensão ética desse padrão elementar** está mesmo condicionada à capacidade financeira do Estado brasileiro.

---

18 "A insuficiência do valor correspondente ao salário mínimo — definido em importância que se revele incapaz de atender as necessidades vitais básicas do trabalhador e dos membros de sua família — configura um claro descumprimento, ainda que parcial, da Constituição da República, pois o legislador, em tal hipótese, longe de atuar como sujeito concretizante do postulado constitucional que garante à classe trabalhadora um piso geral de remuneração digna (CF, art. 7º, IV), estará realizando, de modo imperfeito, porque incompleto, o programa social assumido pelo Estado na ordem jurídica. A omissão do Estado — que deixa de cumprir, em maior ou em menor extensão, a imposição ditada pelo texto constitucional — qualifica-se como comportamento revestido da maior gravidade político-jurídica, eis que, mediante inércia, o Poder Público também desrespeita a Constituição, também compromete a eficácia da declaração constitucional de direitos e também impede, por ausência de medidas concretizadoras, a própria aplicabilidade dos postulados e princípios da Lei Fundamental. As situações configuradoras de omissão inconstitucional, ainda que se cuide de omissão parcial, refletem comportamento estatal que deve ser repelido, pois a inércia do Estado — além de gerar a erosão da própria consciência constitucional — qualifica-se, perigosamente, como um dos processos informais de mudança ilegítima da Constituição, expondo-se, por isso mesmo, à censura do Poder Judiciário. Precedentes: *RTJ*

a2) A utilização do salário mínimo como indexador

O Supremo Tribunal Federal aprovou o texto da quarta súmula vinculante em abril de 2008, justamente sobre matéria relacionada à indexação de vantagens ao salário mínimo. Veja-se a referida súmula:

STF, Súmula Vinculante 4: *Salvo os casos previstos na Constituição Federal, o salário mínimo não pode ser usado como indexador de base de cálculo de vantagem de servidor público ou de empregado, nem substituído por decisão judicial.*

Com essa decisão cristalizada, o STF tornou firme o entendimento de que o salário mínimo somente pode ser referencial para as matérias expressamente previstas no texto constitucional, quais sejam:

• pagamento do próprio padrão salarial mínimo (art. 7º, IV) e das vantagens elementares a ele necessariamente relacionadas, por exemplo, o décimo terceiro salário (art. 7º, VIII), as férias anuais, acrescidas de 1/3 (art. 7º, XVII), e a licença-maternidade (art. 7º, XVIII);

• garantia de salário, nunca inferior ao mínimo, para os que percebem remuneração variável (art. 7º, VII, da CF/88);

• benefícios que substituam, em plano previdenciário, o salário de contribuição ou o rendimento do trabalho do segurado, aí incluído o também previdenciário benefício do seguro-desemprego (§ 2º do art. 201 da CF/88);

• benefícios previstos no sistema especial de inclusão previdenciária (§ 12 do art. 201, da CF/88);

• garantia de um salário mínimo de benefício mensal à pessoa portadora de deficiência e ao idoso que comprovem não possuir meios de prover à própria manutenção ou de tê-la provida por sua família (art. 206, V, da CF/88);

• garantia, em favor dos empregados que percebam de empregadores que contribuem para o Programa de Integração Social ou para o Programa de Formação do Patrimônio do Servidor Público até dois salários mínimos de remuneração mensal, do pagamento de um salário mínimo anual (§ 3º do art. 239 da CF/88).

Registre-se, ainda, que o STF vem-se posicionando historicamente no sentido de que a **vedação de utilização do salário mínimo como indexador** não atinge as situações relacionadas à própria remuneração, como o estabelecimento da base de cálculo de complementos salariais ligados ao próprio salário mínimo[19] ou a fixação da dimensão da pensão alimentícia[20].

162/877-879, Rel. Min. Celso de Mello — *RTJ* 185/794-796, Rel. Min. Celso de Mello" (ADI 1.442, Rel. Min. Celso de Mello, *DJ* 29-4-2005). No mesmo sentido: ADI 1.458-MC, Rel. Min. Celso de Mello, *DJ*, 20-9-1996.

19   Se um trabalhador recebe salário-base coincidente com o salário mínimo, é lógico que sobre esse valor hão de ser apurados os montantes devidos a título, por exemplo, de adicional de insalubridade ou de adicional de periculosidade.

20   "AÇÃO DE ALIMENTOS. FIXAÇÃO DE PENSÃO ALIMENTÍCIA COM BASE EM SALÁRIO MÍNIMO. ALEGAÇÃO DE MALTRATO AO ARTIGO 7º, INCISO IV, DA CONSTITUIÇÃO FEDERAL. A fixação de pensão alimentícia tem por finalidade garantir aos beneficiários as mesmas necessidades básicas asseguradas aos trabalhadores em geral pelo texto constitucional. De considerar-se afastada, por isso, relativamente a essa hipótese, a proibição da vinculação ao salário mínimo, prevista no inciso IV do artigo 7º da Carta Federal" (RE 134.567, Rel. Min. Ilmar Galvão, *DJ*, 6-12-1991). No mesmo sentido: RE 274.897, Rel. Min. Ellen Gracie, *DJ*, 30-9-2005; RE 166.586, Rel. Min. Marco Aurélio, *DJ*, 29-8-1997; RE 170.203, Rel. Min. Ilmar Galvão, *DJ*, 15-4-1994.

Na mesma linha de raciocínio encontra-se a situação que diz respeito à **dimensão dos salários profissionais**, fixados por lei. Nesse particular, é importante registrar o teor da Orientação Jurisprudencial 71 da SDI-2 do TST, segundo a qual *"a estipulação do salário profissional em múltiplos do salário mínimo não afronta o art. 7º, inciso IV, da Constituição Federal de 1988, só incorrendo em vulneração do referido preceito constitucional a fixação de correção automática do salário pelo reajuste do salário mínimo"*. Com esse entendimento, o TST deixou claro que a fixação do salário inicial pode ser, sim, feita por múltiplos do salário mínimo, mas que, a partir daí, não se poderia admitir a correção automática dos salários de acordo com o reajustamento do salário mínimo. Assim, por exemplo, se um engenheiro fosse hoje contratado para uma jornada de seis horas, ele veria lançado na sua CTPS o salário profissional de seis salários mínimos em expressão numérica, vale dizer, em reais, conforme o valor do salário mínimo vigente à época do ajuste. Esse salário profissional, entretanto, a partir de então, seria reajustado por outros índices que não os de reajustamento do salário mínimo. Normalmente esse reajustamento é feito por percentuais negociados coletivamente (mediante a ação sindical) ou individualmente (mediante a negociação entre as partes contratantes).

O STF, porém, derrubou o entendimento contido na Orientação Jurisprudencial 71 da SDI-2 do TST, haja vista a posição tomada nas Arguições de Descumprimento de Preceito Fundamental (ADPFs) n. 53, 149 e 171. Segundo a Alta Corte constitucional, ao destacar a necessidade de estabelecer um critério que, ao mesmo tempo, preserve o patamar salarial estipulado em lei e afaste a atualização automática com base no salário mínimo, cabe ao intérprete utilizar os precedentes do próprio STF (RE 565.714 e ADPF 151), com base nos quais se utilizou a interpretação conforme a Constituição para determinar o congelamento do valor da base normativa de modo a desindexar o salário mínimo. A adoção dessa técnica, segundo o STF, preserva o padrão remuneratório definido pelo legislador sem transgredir a cláusula constitucional que veda a indexação.

A razão de ser da parte final do inciso IV do art. 7º da Carta Federal é, segundo a multicitada Corte Constitucional, "evitar que interesses estranhos aos versados na norma constitucional venham a ter influência na fixação do valor mínimo a ser observado" (RE 197.072, Rel. Min. Marco Aurélio, *DJ* 8-6-2001). Ao proibir a indexação por meio do salário mínimo, o constituinte originário buscou garantir a autonomia da política de fixação do piso remuneratório dos trabalhadores, evitando pressões e a ocorrência de reajustes ou aumentos em cascata.

Diante disso, torna-se visível que a fixação de *quantum* indenizatório[21] não pode ter o salário mínimo por referencial, porque se trata de clara fórmula de indexação, substituin-

---

21 "CONSTITUCIONAL. INDENIZAÇÃO: SALÁRIO MÍNIMO. CF, ART. 7º, IV. I. INDENIZAÇÃO VINCULADA AO SALÁRIO MÍNIMO: IMPOSSIBILIDADE. CF, ART. 7º, IV. O que a Constituição veda, art. 7º, IV, é a fixação do *quantum* da indenização em múltiplo de salários mínimos. STF, RE 225.488/PR, Moreira Alves, ADI 1.425. A indenização pode ser fixada, entretanto, em salários mínimos, observado o valor deste na data do julgamento. A partir daí, esse *quantum* será corrigido por índice oficial [...]" (RE 409.427-AgR, Rel. Min. Carlos Velloso, *DJ*, 2-4-2004).

"DANO MORAL. FIXAÇÃO DE INDENIZAÇÃO COM VINCULAÇÃO A SALÁRIO MÍNIMO. VEDAÇÃO CONSTITUCIONAL. ART. 7º, IV, DA CARTA MAGNA. O Plenário desta Corte, ao julgar, em 01/10/97, a ADI 1.425, firmou o entendimento de que, ao estabelecer o artigo 7º, IV, da Constituição que é vedada a vinculação ao salário mínimo para qualquer fim, 'quis evitar que interesses estranhos aos versados na norma constitucional venham a ter influência na fixação do valor mínimo a ser observado'. No caso, a indenização por dano moral foi fixada em 500 salários mínimos para que, inequivocamente, o valor do salário mínimo a que essa indenização está vinculada atue como fator de atualização desta, o que é vedado pelo citado dispositivo constitucional. Outros precedentes desta Corte quanto à vedação da vinculação em causa.[...]" (RE 225.488, Rel. Min. Moreira Alves, *DJ*, 16-6-2000).

te de outros índices de atualização monetária. A Corte Constitucional haverá de se manifestar, a propósito, sobre a consistência ou a inconsistência de sua Súmula 490. Para esse enunciado, a indenização poderia ser fixada em múltiplos do salário mínimo, observando-se o valor deste na data do julgamento, operando-se, a partir daí, a correção por qualquer índice oficial. Veja-se:

> **Súmula 490 do STF.** *A pensão correspondente à indenização oriunda de responsabilidade civil deve ser calculada com base no salário mínimo vigente ao tempo de sentença e ajustar-se-á às variações ulteriores.*

Opina-se no sentido de que esse texto não colide com a redação da quarta súmula vinculante do STF, transcrita em tópico anterior, motivo por que será mantido. Vê-se aqui um natural processo de contemporização em torno de decisões que, à luz da referida súmula, arbitraram indenizações baseadas em múltiplos dos salários mínimos para posterior conversão no momento da execução. Congela-se o valor no momento da prolação da decisão e, a partir daí, utilizam-se referenciais de atualização monetária. Essa atitude dos tribunais superiores terá por objetivo evitar declarações de nulidade e consequentes atrasos na prestação jurisdicional[22].

Outro aspecto importante diz respeito à base de cálculo do adicional de insalubridade. *Ela continua sendo o salário mínimo;* afirma-se isso porque, nos moldes da Medida Cautelar em Reclamação n. 6.266-0 — Distrito Federal, o STF concluiu pela suspensão da aplicação da Súmula 228 do TST na parte em que permitia a utilização do salário básico para calcular o adicional de insalubridade. No texto da mencionada decisão cautelar há clara manifestação no sentido de que, segundo a perspectiva da Corte Constitucional, o salário mínimo permanece como base de cálculo do adicional de insalubridade. Veja-se trecho relevante:

> *"Com efeito, no julgamento que deu origem à mencionada Súmula Vinculante n. 4 (RE 565.714/SP, Rel. Min. Cármen Lúcia, Sessão de 30.4.2008 — Informativo 510/STF), esta Corte entendeu que o adicional de insalubridade deve continuar sendo calculado com base no salário mínimo, enquanto não superada a inconstitucionalidade por meio de lei ou convenção coletiva. Dessa forma, com base no que ficou decidido no RE 565.714/SP e fixado na Súmula Vinculante n. 4, este Tribunal entendeu que não é possível a substituição do salário mínimo, seja como base de cálculo, seja como indexador, antes da edição de lei ou celebração de convenção coletiva que regule o adicional de insalubridade".*

a3) A verificação do respeito à dimensão salarial mínima

Anote-se, ainda, que o TST entende que a **verificação do respeito ao direito ao salário mínimo** é feita a partir da remuneração (soma de salário-base e de complementos salariais), e não pelo confronto isolado do salário-base com o mínimo legal. Esse posicionamento, contido na Orientação Jurisprudencial 272 da SDI-1 do TST, é assim expendido:

> **Orientação Jurisprudencial 272 da SDI-1 do TST.** *Salário mínimo. Servidor. Salário-base inferior. Diferenças. Indevidas. A verificação do respeito ao direito ao salário mínimo não se apura pelo confronto isolado do salário-base com o mínimo legal, mas deste com a soma de todas as parcelas de natureza salarial recebidas pelo empregado diretamente do empregador (27-9-2002).*

---

[22] Nesse sentido, veja-se decisão do STJ, constante do REsp 1140213, no sentido de que a decisão que fixa valor de condenação em salários mínimos é válida, desde que os salários sirvam apenas de referência e sejam convertidos em moeda corrente no momento da fixação.

A jurisprudência do STF anda no mesmo sentido, sustentando que a garantia do salário mínimo, a que se referem os arts. 7º, IV, e 39, § 3º, da Constituição da República, corresponde ao total da remuneração percebida pelo servidor, e não seu salário-base. A mencionada Corte Suprema publicou, inclusive, a Súmula Vinculante 16 sobre o assunto, com o seguinte teor: "Os artigos 7º, IV, e 39, § 3º (redação da EC 19/98), da Constituição, referem-se ao total da remuneração percebida pelo servidor".

Apesar de as mencionadas orientações gozarem do prestígio e da autoridade do TST e do STF, elas não se coadunam com a ideia de justiça salarial. O referencial mínimo de contribuição deve coincidir com o salário-base, porque essa verba nem sempre é oferecida na companhia de parcelas acessórias. Note-se que os complementos salariais concedidos em virtude de algum fato gerador podem desaparecer. Desaparecendo esses fatos geradores, sumirão com eles os complementos salariais (por exemplo: desaparecendo a insalubridade, desaparece junto com ela o adicional de insalubridade). Nessa hipótese, o salário-base seria elevado à dimensão do mínimo. Quando, mais tarde, um novo fato gerador implicasse a aparição de um novo complemento salarial, estar-se-ia diante de tratamento desigual e injusto: alguns empregados receberiam salário-base inferior ao mínimo mais complementos salariais, e outros, que durante certo tempo perderam os complementos salariais e depois os recuperaram, receberiam salário-base igual ao mínimo acrescido dos citados complementos.

a4) A dimensão proporcional do salário mínimo

Por fim, afirma-se que a retribuição mínima deve ser aferida na dimensão proporcional ao número de horas ou de dias trabalhados. Perceba-se que as leis que fixam a dimensão do salário mínimo indicam, necessariamente, o valor horário, diário e mensal da retribuição básica. A lei, seguramente, não comporta registros inúteis. Por isso o registro à forma proporcional de pagamento é elemento indicativo de que é possível, sim, ao menos no âmbito das relações privadas, pagar retribuição menor do que o salário mínimo, desde que seja observada a proporcionalidade entre o montante pago e a duração do trabalho[23]. Veja-se, nesse sentido, o posicionamento do TST:

Orientação Jurisprudencial 358 da SDI-1 do TST.

SALÁRIO MÍNIMO E PISO SALARIAL PROPORCIONAL À JORNADA REDUZIDA. EMPREGADO. SERVIDOR PÚBLICO (redação alterada na sessão do Tribunal Pleno realizada em 16-2-2016) — Res. 202/2016, DEJT divulgado em 19, 22 e 23-2-2016.

I — Havendo contratação para cumprimento de jornada reduzida, inferior à previsão constitucional de oito horas diárias ou quarenta e quatro semanais, é lícito o pagamento do piso salarial ou do salário mínimo proporcional ao tempo trabalhado.

II — Na Administração Pública direta, autárquica e fundacional não é válida remuneração de empregado público inferior ao salário mínimo, ainda que cumpra jornada de trabalho reduzida. Precedentes do Supremo Tribunal Federal.

Atente-se, em qualquer situação, para o fato de que **na Administração Pública direta, autárquica e fundacional não é válida remuneração de empregado público inferior ao salário mínimo, ainda que cumpra jornada de trabalho reduzida**. Essa

---

23 Orientação Jurisprudencial 393 da SDI-1 do TST. PROFESSOR. JORNADA DE TRABALHO ESPECIAL. ART. 318 DA CLT. SALÁRIO MÍNIMO. PROPORCIONALIDADE. A contraprestação mensal devida ao professor, que trabalha no limite máximo da jornada prevista no art. 318 da CLT, é de um salário mínimo integral, não se cogitando do pagamento proporcional em relação a jornada prevista no art. 7º, XIII, da Constituição Federal (*DEJT*, 10-6-2010).

observação, feita com base no entendimento cristalizado no STF, consta expressamente do item II da referida **OJ 358 da SDI-1 do TST**.

No caso dos domésticos, a proporcionalidade era normalmente apurada em função do número de dias trabalhados. Observe-se que normalmente o doméstico trabalha seis dias por semana para ser remunerado de modo integral. Admitia-se, ainda, no período pré-EC n. 72/2013, na falta de outro referencial, a utilização da duração do trabalho normal (e, por isso, *standard*) de oito horas por jornada e quarenta e quatro por semana. Apesar de os domésticos não serem, até abril de 2013, contemplados com o regime de horas suplementares, o limite acima expendido valia como baliza para o cálculo da proporcionalidade.

Atualmente, depois de promulgada a EC n. 72/2013, a proporcionalidade em matéria de trabalho doméstico pode ser livremente apurada tanto no que diz respeito ao número de horas trabalhadas por dia, quanto em relação ao número de dias de serviço prestado durante a semana.

b) Salário mínimo legal [federal] específico ou salário profissional

Existem, porém, situações em que o trabalhador inserido em determinadas profissões se beneficia de norma legal criadora de um salário mínimo específico, maior do que o salário mínimo geral, intitulado **salário profissional**. Esse salário, ocupante do segundo grau na escala das contraprestações elementares, é a retribuição mínima para profissionais que gozam de estatuto próprio, como os técnicos em radiologia, que fazem jus ao recebimento do **salário profissional** no importe básico de dois salários mínimos gerais (Lei n. 7.394/85). Veja-se:

> **Lei n. 7.394/85:**
>
> Art. 1º Os preceitos desta lei regulam o exercício da profissão de Técnico em Radiologia, conceituando-se como tal todos os Operadores de Raios X que, profissionalmente, executam as técnicas:
>
> I — radiológica, no setor de diagnóstico;
>
> II — radioterápica, no setor de terapia;
>
> III — radioisotópica, no setor de radioisótopos;
>
> IV — industrial, no setor industrial;
>
> V — de medicina nuclear. [...]
>
> Art. 16. O salário mínimo dos profissionais, que executam as técnicas definidas no art. 1º desta lei, será equivalente a dois salários mínimos profissionais da região, incidindo sobre esses vencimentos quarenta por cento de risco de vida e insalubridade.

Note-se nesse sentido a Súmula 358 do TST:

> **Súmula 358 do TST.** *RADIOLOGISTA. SALÁRIO PROFISSIONAL. LEI N. 7.394, DE 29.10.1985. O salário profissional dos técnicos em radiologia é igual a dois salários mínimos e não a 4 (quatro).*

Os médicos e os cirurgiões-dentistas, nos termos da Lei n. 3.991/61, constituem outro exemplo de profissional contemplado com o ora analisado padrão salarial mínimo. Vejam-se os artigos que tratam da matéria:

> Art. 4º É salário mínimo dos médicos a remuneração mínima, permitida por lei, pelos serviços profissionais prestados por médicos, com relação de emprego, a pessoas físicas ou jurídicas de direito privado.
>
> Art. 5º Fica fixado o salário mínimo dos médicos em quantia igual a **três vezes** e o dos auxiliares a duas vezes mais **o salário mínimo** comum das regiões ou sub-regiões em que exercerem a profissão. [...]

Art. 22. As disposições desta lei são extensivas aos cirurgiões-dentistas, inclusive aos que trabalham em organizações sindicais.

Sobre assunto, observada a proporcionalidade, o TST, quanto ao salário profissional dos médicos e dentistas, assim se manifesta:

Súmula 143 do TST. *SALÁRIO PROFISSIONAL. O salário profissional dos médicos e dentistas guarda proporcionalidade com as horas efetivamente trabalhadas, respeitado o mínimo de 50 (cinquenta) horas mensais. Ex-prejulgado n. 15.*

Anote-se que a Emenda Constitucional n. 53, de 19-12-2006 (*DOU*, 20-12-2006), criou o "piso salarial profissional nacional para os profissionais da educação escolar pública", conforme previsto no inciso VIII do art. 206 da Constituição da República. Esse padrão salarial mínimo, verdadeiro salário profissional, foi regulamentado pela Lei n. 11.738, de 16-7-2008 (*DOU*, 17-7-2008). Nos termos da referida norma, o piso salarial profissional nacional *para os profissionais do magistério público da educação básica*[24] será de R$ 950,00 mensais, para a formação em nível médio, na modalidade normal, prevista no art. 62 da Lei n. 9.394, de 20-12-1996, que estabelece as diretrizes e bases da educação nacional. A União, os Estados, o Distrito Federal e os Municípios não poderão, então, fixar o vencimento inicial das carreiras do magistério público da educação básica, para a jornada de, no máximo, quarenta horas semanais, em dimensões inferiores ao limite aqui mencionado.

Mais um exemplo a referir consta da Lei n. 14.434, de 4 de agosto de 2022. Essa Lei alterou a Lei n. 7.498, de 25 de junho de 1986, para instituir o piso salarial nacional do Enfermeiro, do Técnico de Enfermagem, do Auxiliar de Enfermagem e da Parteira. O piso salarial nacional dos Enfermeiros passou a ser de R$ 4.750,00 (quatro mil setecentos e cinquenta reais) mensais, observada a razão de 70% (setenta por cento) para o Técnico de Enfermagem e de 50% (cinquenta por cento) para o Auxiliar de Enfermagem e para a Parteira. Essa Lei, entanto, teve a sua vigência suspensa pelo STF, em sede cautelar, ADI 7.222 proposta pela Confederação Nacional de Saúde, Hospitais e Estabelecimentos e Serviços (CNSaúde).

c) *Salário mínimo legal [estadual] específico ou piso salarial proporcional à extensão e à complexidade do trabalho*

Não se pode confundir o padrão salarial mínimo geral, **nacionalmente unificado**, com aquele previsto na Lei Complementar n. 103/2000. De acordo com essa norma, produzida a partir de autorização constitucional excepcional[25], "os Estados e o Distrito Federal ficam autorizados a instituir, mediante lei de iniciativa do Poder Executivo, o piso salarial de que trata o inciso V do art. 7º da Constituição Federal para os empregados que não tenham piso salarial definido em lei federal, convenção ou acordo coletivo de trabalho".

---

24 Por profissionais do magistério público da educação básica entendem-se aqueles que desempenham as atividades de docência ou as de suporte pedagógico à docência, isto é, direção ou administração, planejamento, inspeção, supervisão, orientação e coordenação educacionais, exercidas no âmbito das unidades escolares de educação básica, em suas diversas etapas e modalidades, com a formação mínima determinada pela legislação federal de diretrizes e bases da educação nacional.

25 Perceba-se que, nos termos do art. 22, I, do texto constitucional, compete privativamente à União legislar sobre direito do trabalho. O parágrafo único desse mesmo dispositivo, entretanto, assegura a possibilidade de lei complementar autorizar, excepcionalmente, os Estados a legislar sobre questões específicas em matéria laboral. Foi o que aconteceu por meio da aqui analisada Lei Complementar n. 103/2000.

Note-se que esse piso salarial, terceiro grau na escala de retribuições mínimas, deve visar, na verdade, os empregados de **categorias ou de atividades específicas**, determinadas em função das peculiaridades existentes em uma região do país, "que não tenham piso salarial definido em lei federal, convenção ou acordo coletivo de trabalho". Tanto é assim que o disposto no mencionado inciso V do art. 7º do texto fundamental prescreve a vantagem na medida da **extensão** e da **complexidade** do trabalho, sendo relevante dizer que "extensão" é qualidade daquilo que é alargado, expandido ou desgastante, e "complexidade" é o que se demonstra intrincado ou difícil.

Assim, para atuar conforme a Constituição, o legislador complementar deveria contemplar apenas os trabalhadores cujas atividades revelassem essas particularidades, e não outros tantos simplesmente por não terem sido abarcados por piso salarial definido em lei federal, convenção ou acordo coletivo de trabalho. É, afinal, a extensão e a complexidade do trabalho que justificam piso salarial mais favorável.

A despeito do que ora se sustenta, a Lei Complementar n. 103/2000 é bastante genérica e apenas veda, nos termos do § 1º do seu art. 1º, a autorização para a instituição da vantagem ora estudada:

a) no segundo semestre do ano em que se verificar eleição para os cargos de governador dos Estados e do Distrito Federal e de deputados estaduais e distritais, pois a instituição de pisos salariais estaduais em vésperas de eleições poderia ser entendida como um estratégico e desleal fator de captação de votos;

b) em relação à remuneração de servidores públicos municipais, pois caberia à Câmara dos Vereadores a fixação, por lei municipal, dos vencimentos de seus servidores públicos (*vide* o art. 37, X, da Constituição). Anote-se, por fim, que a adoção de um padrão salarial mínimo no âmbito estadual implica forte colisão com o disposto no art. 7º, IV, do texto fundamental, que prevê a existência de um único salário mínimo legal geral em todo o território nacional. Veja-se, nesse sentido, o exemplo da Lei Estadual fluminense n. 3.496/2000, que teve seus efeitos liminarmente suspensos por meio da ADIn 2.358-6 — Rel. Min. Marco Aurélio Melo. Note-se:

> *PISO SALARIAL E SALÁRIO MÍNIMO. Consubstanciam institutos diversos o piso salarial e o salário mínimo — incisos IV e V do artigo 7º da Carta Federal. Ao primeiro exame, conflita com os textos constitucionais lei estadual que, a pretexto de fixar piso salarial no respectivo âmbito geográfico, acaba instituindo, por não levar em conta as peculiaridades do trabalho — extensão e complexidade — verdadeiro salário mínimo estadual — Lei n. 3.496/2000 do Estado do Rio de Janeiro.*

É sempre importante a lembrança de que a Constituição não pode ser interpretada em tiras, vale dizer, de forma isolada, a partir de trechos singularmente considerados. Ela, por um princípio de unidade, deve ser interpretada sistematicamente e de modo a evitar contradições. O intérprete, em nome dessa unidade, obriga-se a considerar o texto fundamental na sua globalidade e, para tanto, visa à harmonia dos espaços de tensão entre as normas a concretizar. Assim, não seria aceitável que a Constituição previsse a um mesmo tempo um salário mínimo geral e nacionalmente unificado e, mais adiante, um mínimo estadual, igualmente geral.

d) Salário mínimo contratual coletivo ou piso salarial

Para os trabalhadores que não fruem de estatuto próprio que fixe salário profissional ou que não sejam beneficiários do piso fixado excepcionalmente com arrimo no art. 7º, V, da Constituição, há ainda a possibilidade de serem, uma vez inseridos no âmbito de determinada categoria profissional, destinatários de **piso salarial previsto em norma coletiva** (ou em sentença normativa), quarto grau na escala das retribuições mínimas. É que as entidades sindicais reunidas em processo de negociação tendem a oferecer um padrão salarial mais elevado do que o mínimo para os trabalhadores abrangidos pelo raio de incidência das normas coletivas produzidas. Exemplo disso é o comerciário, a quem é, por norma coletiva, oferecido piso salarial superior à dimensão do mínimo geral, considerando, em alguns casos, gradações, a depender do cargo exercido.

Havendo recusa à negociação coletiva ou malogrando a negociação tentada, é facultada aos sindicatos ou às empresas interessadas a instauração de dissídio coletivo. Nesse caso, diante do impasse, a Justiça do Trabalho decide o conflito e, respeitadas as disposições salariais mínimas previstas em lei e em instrumentos coletivos negociados anteriores, fixa, em lugar dos litigantes, um padrão salarial mínimo intitulado **salário mínimo normativo** ou, simplesmente, **salário normativo**. Mauricio Godinho Delgado oferece a seguinte definição ao instituto:

> *"O salário mínimo normativo (ou salário normativo) é aquele fixado por sentença normativa, resultante de processo de dissídio coletivo envolvente a sindicato de trabalhadores e respectivo(s) empregador(es) ou sindicato de empregadores. Traduz, assim, o patamar salarial mínimo aplicável no contexto da categoria representada pelo respectivo sindicato obreiro partícipe na relação processual de dissídio"*[26].

Anote-se, em atenção às discussões em torno da extensão do poder normativo da Justiça do Trabalho, que este órgão jurisdicional, de acordo com a redação inserta no § 2º do art. 114 do texto constitucional, mantém o poder de intervir nas relações de trabalho e no conflito coletivo para solucioná-lo, substituindo a vontade dos conflitantes. Permanece vigente, portanto, o disposto no **art. 766 da CLT**, segundo o qual, *nos dissídios sobre estipulação de salários, são estabelecidas condições que, assegurando justos salários aos trabalhadores, permitam também justa retribuição às empresas interessadas.*

Por fim, é importante anotar que *a expressão "salário normativo"* (ou seja, salário fixado com força de norma legal) tem sido utilizada como gênero que engloba tanto os salários fixados *por negociação coletiva* (pisos salariais fixados por acordo coletivo ou convenção coletiva de trabalho) quanto os determinados a partir do *exercício do poder normativo da Justiça do Trabalho* (pisos salariais fixados por sentença normativa).

e) Salário mínimo contratual individual ou salário contratual

O salário mínimo contratual individual é aquele fixado por meio da autonomia privada individual de cada empregador, compreendendo o quinto e mais elevado grau na evolução retributiva mínima. Há empresas que estabelecem padrões salariais mínimos mais vantajosos do que aqueles ditados por lei ou por contrato coletivo. Esses ajustes estão normalmente contidos em planos de classificação de cargos e salários ou quadros de carreira.

12.2.1.1.4 Teto salarial

Ao contrário do que acontece no serviço público, onde existe teto remuneratório[27], a retribuição pelo trabalho no âmbito privado não é, em regra, limitada a qualquer dimensão

---

26 DELGADO, Mauricio Godinho. *Curso de direito do trabalho*. 6. ed. São Paulo: LTr, 2007, p. 763.
27 Nos termos do art. 37, XI, do texto constitucional (redação dada ao inciso pela Emenda Constitucional n. 41, de 19-12-2003), "a remuneração e o subsídio dos ocupantes de cargos, funções e empregos públicos da administração direta, autárquica e fundacional, dos membros de qualquer dos Poderes da União, dos Estados, do Distrito Federal e dos Municípios, dos detentores de mandato eletivo e dos demais agentes políticos e os proventos, pensões ou outra espécie remuneratória, percebidos cumulativamente ou não, incluídas as vantagens pessoais ou de qualquer outra natureza, **não poderão exceder o subsídio mensal, em espécie, dos Ministros do Supremo Tribunal Federal**, aplicando-se como limite, nos Municípios, o subsídio do Prefeito, e nos Estados e no Distrito Federal, o subsídio mensal do Governador no âmbito do Poder Executivo,

máxima. Isso, na verdade, somente acontecerá com as empresas públicas, com as sociedades de economia mista e suas subsidiárias quando, nos termos do § 9º do art. 37 da Constituição da República[28], "receberem recursos da União, dos Estados, do Distrito Federal ou dos Municípios para pagamento de despesas de pessoal ou de custeio em geral".

Assim, numa interpretação *a contrario sensu*, o limite do teto remuneratório não se aplicará às empresas públicas nem às sociedades de economia mista (inclusive suas subsidiárias), que **não receberem** recursos da União, dos Estados, do Distrito Federal ou dos Municípios **para pagamento de despesas de pessoal ou de custeio em geral**. Ora, se as empresas públicas e as sociedades de economia mista recebem recursos estatais, mas não os utilizam para o pagamento de despesas de pessoal ou para o custeio em geral, estão autorizadas a extrapolar o teto remuneratório em análise.

Diante do quanto aqui exposto, são visíveis, ao contrário do que sugere o texto da Orientação Jurisprudencial 339 da SDI-1 do TST, exceções à regra de que as empresas públicas e as sociedades de economia mista estariam, sempre, submetidas à observância do teto remuneratório previsto no inciso XI do art. 37 da Constituição da República. Veja-se a redação da mencionada Orientação Jurisprudencial:

> **Orientação Jurisprudencial 339 da SDI-1 do TST.** *Teto Remuneratório. Empresa Pública e Sociedade de Economia Mista. Art. 37, XI, da CF/1988 (Anterior à Emenda Constitucional n. 19/1998).* **DJU 4-5-2004 (nova redação).** *As empresas públicas e as sociedades de economia mista estão submetidas à observância do teto remuneratório previsto no inciso XI do art. 37 da CF/1988, sendo aplicável, inclusive, ao período anterior à alteração introduzida pela Emenda Constitucional n. 19/1998.*

Perceba-se que o texto da citada orientação jurisprudencial não contempla a ressalva contida na parte final do § 9º do art. 37 da Constituição da República. Apesar disso, o TST decidiu, nos autos do processo E-ED-RR-5249/2005-004-22-00.0, reconhecendo a supracitada ressalva. O caso envolveu um engenheiro com mais de trinta anos de serviço que exerceu diversos cargos de direção e, por isso, teve incorporadas vantagens e gratificações que fizeram sua remuneração extrapolar o teto previsto no art. 37, XI, da Constituição da República. Por conta disso, seu salário foi reduzido para adequar-se aos limites impostos pela lei.

---

o subsídio dos Deputados Estaduais e Distritais no âmbito do Poder Legislativo e o subsídio dos Desembargadores do Tribunal de Justiça, limitado a noventa inteiros e vinte e cinco centésimos por cento do subsídio mensal, em espécie, dos Ministros do Supremo Tribunal Federal, no âmbito do Poder Judiciário, aplicável este limite aos membros do Ministério Público, aos Procuradores e aos Defensores Públicos" (destaques não constantes do original).

Cabe anotar que a Lei n. 13.091, de 12 de janeiro de 2015, dispõe sobre o teto remuneratório do serviço público e que, a partir do exercício financeiro de 2016, será fixado por lei de iniciativa do Supremo Tribunal Federal, sendo observados, obrigatoriamente, de acordo com a respectiva previsão orçamentária, os seguintes critérios: I — a recuperação do seu poder aquisitivo; II — a posição do subsídio mensal de Ministro do Supremo Tribunal como teto remuneratório para a administração pública; III — a comparação com os subsídios e as remunerações totais dos integrantes das demais Carreiras de Estado e do funcionalismo federal.

28   O Supremo Tribunal Federal decidiu que **o teto remuneratório do serviço público deve ser aplicado sobre o valor bruto da remuneração, sem os descontos do Imposto de Renda (IR) e contribuição previdenciária**. A decisão foi tomada na sessão de 15 de abril de 2015, no julgamento do Recurso Extraordinário (RE) 675978, com repercussão geral reconhecida, no qual um agente fiscal de rendas de São Paulo alegava que a remuneração a ser levada em conta para o cálculo do teto deveria ser a líquida — já descontados os tributos —, e não a bruta. O recurso foi desprovido pelo Plenário por unanimidade. Com o julgamento do recurso, de relatoria da ministra Cármen Lúcia, foi fixada tese para fins da repercussão geral: "Subtraído o montante que exceder o teto e subteto previsto no artigo 37, inciso XI, da Constituição Federal, tem-se o valor que vale como base para o Imposto de Renda e para a contribuição previdenciária".

O TST, ao apreciar o recurso de revista da empresa, entendeu que empregados de sociedades de economia mista estão sujeitos ao teto constitucional e, por isso, rejeitou a pretensão do trabalhador. Este, inconformado, recorreu à SDI-1, sob o argumento de que teto não seria aplicável às sociedades de economia mista que não recebem recursos da Fazenda Pública para pagamento de despesas de pessoal ou de custeio em geral. A SDI-1, então, reviu a decisão da Turma e restabeleceu o acórdão regional, que expressamente reconhecia a circunstância de a entidade estatal/patronal gozar de autonomia financeira.

12.2.1.1.5 Formas de pagamento

O salário pode ser atribuído de duas diferentes formas, ambas admitidas em lei, nos termos do art. 458 da CLT. Observe-se:

> Art. 458. Além do pagamento em dinheiro, compreende-se no salário, para todos os efeitos legais, a alimentação, habitação, vestuário ou outras prestações in natura que a empresa, por força do contrato ou do costume, fornecer habitualmente ao empregado. Em caso algum será permitido o pagamento com bebidas alcoólicas ou drogas nocivas.

O pagamento do salário pode ser feito, portanto, em *dinheiro* ou em *prestações in natura*, sendo certo que a proporção entre essas duas formas retributivas deve respeitar a regra geral inserta no parágrafo único do art. 82 da CLT, vale dizer, o mínimo em dinheiro corresponderá a trinta por cento do total e o máximo em prestações *in natura* será de setenta por cento do universo considerado. É importante registrar, nesse sentido, a existência da Orientação Jurisprudencial 18 da SDC do TST. Segundo tal orientação, "os descontos efetuados com base em cláusula de acordo firmado entre as partes não **podem ser superiores a 70% do salário-base percebido pelo empregado**".

O percentual mínimo de 30% em dinheiro visa à proteção da dignidade do trabalhador na medida em que se lhe garanta a possibilidade de autonomia, de arbítrio, de direção exclusiva de seu próprio destino ainda que com ativos de pequena dimensão. É, sem dúvidas, uma manifestação da dignidade da pessoa humana como uma "regra", e não apenas como "princípio".

a) Salário in especie ou salário em efetivo

Entende-se que o salário é pago *in especie (in cash, in metalico)* quando é disponibilizado em sua expressão monetária corrente, ou seja, em **dinheiro**. É a forma preferencial e naturalmente exigível.

b) Salário in natura ou salário em utilidades

Entende-se que o salário é pago *in natura* quando, em lugar de dinheiro, o empregador disponibiliza **utilidades** em favor de seus empregados. Não é a forma preferencial, e somente se oferece o pagamento *in natura* quando há ajuste contratual específico nesse sentido.

b1) Definição de utilidades salariais

Utilidades salariais são bens suscetíveis de apreciação econômica que poderiam ser adquiridos pelos empregados mediante os salários recebidos, mas que, por um ajuste com os empregadores, são-lhes oferecidos como substituintes do dinheiro[29].

---

[29] Nesse âmbito podem estar incluídos aportes feitos em cartões magnéticos representativos de créditos junto a estabelecimentos comerciais previamente autorizados.

Tais vantagens recebem o nome de utilidades salariais, salário-utilidade ou de salário *in natura* para indicar que, em lugar do dinheiro, retribui-se o trabalho com a própria coisa, desde que, evidentemente, os contratantes estejam assim ajustados. O *caput* do art. 458 da CLT, consoante antes expendido, prevê essa possibilidade. O mais importante critério de caracterização das utilidades é o da destinação. Se a utilidade for destinada ao trabalhador além dos limites de seu contrato de emprego, podendo ele usar e dispor dela como se a tivesse adquirido diretamente (uma cesta básica, por exemplo), terá natureza salarial. Se, por outro lado, a utilidade outorgada pelo empregador visar ao serviço em qualquer dimensão ou extensão (uma refeição concedida no intervalo intrajornada, por exemplo), terá natureza não salarial e, consequentemente, não poderá ser integrada à remuneração.

b2) Percentual máximo do salário em utilidades

O salário, portanto, pode ter uma parte oferecida *in natura*, sendo importante destacar que, independentemente da dimensão do salário contratado, pelo menos trinta por cento do montante total[30] deve ser atribuído em dinheiro. Extrai-se essa conclusão da análise do parágrafo único do art. 82 da CLT, a despeito do fato de esse dispositivo tratar, a princípio, da composição do salário mínimo[31]. Veja-se:

Art. 82. Quando o empregador fornecer, in natura, uma ou mais das parcelas do salário mínimo, o salário em dinheiro será determinado pela fórmula Sd = Sm − P, em que Sd representa o salário em dinheiro, Sm o salário mínimo e P a soma dos valores daquelas parcelas.

Parágrafo único. O salário mínimo pago em dinheiro **não será inferior a 30 (trinta) por cento do salário mínimo**.

Pode-se ainda perguntar: **há regra sobre o percentual que cada utilidade pode ter na composição do salário-base total?**

A base inicial é a razoabilidade, existindo expressa menção nesse sentido no § 1º do art. 458 da CLT. Veja-se: "Os valores atribuídos às prestações *in natura* deverão ser justos e **razoáveis**".

Tentando, entretanto, oferecer referenciais para as dimensões percentuais das utilidades na composição dos salários, cabe falar do § 3º do art. 458 da CLT no sentido de que "a **habitação** e a **alimentação**[32] ali fornecidas como salário-utilidade deverão atender aos fins a

---

30 Veja-se, nesse sentido, o teor da Orientação Jurisprudencial 18 da SDC do TST. Descontos Autorizados no Salário pelo Trabalhador. Limitação Máxima de **70% do Salário-Base**. Inserida em 25.05.1998. Os descontos efetuados com base em cláusula de acordo firmado entre as partes não podem ser superiores a 70% do salário-base percebido pelo empregado, pois deve-se assegurar um mínimo de salário em espécie ao trabalhador.

31 Súmula 258 do TST. SALÁRIO-UTILIDADE. PERCENTUAIS. NOVA REDAÇÃO. Os percentuais fixados em lei relativos ao salário *in natura* **apenas se referem às hipóteses em que o empregado percebe salário mínimo**, apurando-se, nas demais, o real valor da utilidade (RA 6/86, *DJU*, 31-10-1986 — destaques não constantes do original).

Anote-se que esse posicionamento jurisprudencial é **anacrônico**, dizendo respeito ao período em que a regência do salário mínimo dava-se por meio dos arts. 76 e seguintes da CLT. A modificação realizada no texto da acima referida súmula, havida por força da Resolução TST n. 121, de 28-10-2003, ocorreu unicamente no plano do vernáculo, uma vez que substituiu a expressão "apenas pertinem às hipóteses em que o empregado percebe salário mínimo" por "apenas se referem às hipóteses em que o empregado percebe salário mínimo".

32 Se fornecida de acordo com o Programa de Alimentação do Trabalhador, a alimentação não integra a remuneração (veja-se a Lei n. 6.321/76, art. 3º, especialmente o art. 3º-A, incluído pela Lei n. 14.442, de 2022).

que se destinam e não poderão exceder, respectivamente, a 25% (vinte e cinco por cento) e 20% (vinte por cento) do **salário contratual**". Esses percentuais são aplicáveis para os empregados urbanos.

Observe-se que há uma inversão desses percentuais quando se trata de empregados rurais e também uma mudança da base de incidência: até o limite de vinte por cento pela ocupação da **morada** e até vinte e cinco por cento pelo fornecimento de **alimentação** sadia e farta, atendidos os preços vigentes na região (*vide* art. 9º, *a* e *b*, da Lei n. 5.889/73), calculados sobre o **salário mínimo**. Atente-se para o fato de que essa base de cálculo é questionável desde a edição da Súmula Vinculante 4 do STF. Enfim, o salário mínimo não poderia ser utilizado como fator de referência do salário-utilidade dos rurícolas, mas sim, tal qual os urbanos, o salário contratual.

Para urbanos e rurais aplica-se a mesma regra quando se trata de habitação coletiva: o valor do salário-utilidade a ela correspondente será obtido mediante a divisão do justo valor da habitação pelo número de coocupantes, vedada, em qualquer hipótese, a utilização da mesma unidade residencial por mais de uma família.

Mais uma importante observação: a "habitação" somente pode ser considerada salário *in natura* se efetivamente o empregado dispõe de um espaço a ele reservado, com toda a privacidade de uma residência, para morar e para receber quem deseje. Afirma-se isso porque, antes da edição da Lei n. 11.324, de 19 de julho de 2006, muitos empregadores domésticos costumavam fazer integrar o salário contratual dos seus empregados a suposta habitação, deduzindo do montante em dinheiro uma parte (geralmente 25% do salário total) sob o argumento do ajuste do salário *in natura*[33].

Esse comportamento, porém, sempre foi absolutamente ilícito, na medida em que o empregado doméstico normalmente não dispunha do quarto como uma verdadeira residência. Enfim, será que as patroas admitiriam que a empregada doméstica fizesse uma festinha no quarto a ela destinado? Ou, ainda, será que a empregadora doméstica aceitaria que a empregada doméstica levasse seu namorado para dormir no tal quarto a ela oferecido? Mais: será que a dona da casa suportaria a hipótese de somente poder entrar no quarto da empregada doméstica com o consentimento desta? Se as respostas a essas perguntas fossem nega-

---

Observe-se, também, o entendimento exarado na antiga Orientação Jurisprudencial 133 da SDI-1 do TST: "Ajuda Alimentação. PAT. Lei n. 6.321/76. Não Integração ao Salário. A ajuda alimentação fornecida por empresa participante do programa de alimentação ao trabalhador, instituído pela Lei n. 6.321/1976, não tem caráter salarial. Portanto, não integra o salário para nenhum efeito legal. Inserida em 27-11-1998".

33 Veja-se, no que diz respeito aos descontos aplicáveis no contrato de emprego doméstico, o disposto no art. 18 da Lei Complementar n. 150/2015:

Art. 18. É vedado ao empregador doméstico efetuar descontos no salário do empregado por fornecimento de alimentação, vestuário, higiene ou moradia, bem como por despesas com transporte, hospedagem e alimentação em caso de acompanhamento em viagem.

§ 1º É facultado ao empregador efetuar descontos no salário do empregado em caso de adiantamento salarial e, mediante acordo escrito entre as partes, para a inclusão do empregado em planos de assistência médico-hospitalar e odontológica, de seguro e de previdência privada, não podendo a dedução ultrapassar 20% (vinte por cento) do salário.

§ 2º Poderão ser descontadas as despesas com moradia de que trata o *caput* deste artigo quando essa se referir a local diverso da residência em que ocorrer a prestação de serviço, desde que essa possibilidade tenha sido expressamente acordada entre as partes.

§ 3º As despesas referidas no *caput* deste artigo não têm natureza salarial nem se incorporam à remuneração para quaisquer efeitos.

§ 4º O fornecimento de moradia ao empregado doméstico na própria residência ou em morada anexa, de qualquer natureza, não gera ao empregado qualquer direito de posse ou de propriedade sobre a referida moradia.

tivas, a empregada doméstica teria alojamento funcional, e não habitação. Logo, não se poderia considerar a vantagem (que se destina mais ao serviço do que ao trabalhador) como salário *in natura*. A dedução do percentual passaria a ser ilegal, e gerar-se-ia um possível pedido de restituição desses valores.

No que diz respeito à alimentação, a exigência de respeito à estrita destinação foi salientada na Lei n. 14.442, de 2022, em seu art. 2º. Veja-se:

Art. 2º As importâncias pagas pelo empregador a título de auxílio-alimentação de que trata o § 2º do art. 457 da Consolidação das Leis do Trabalho, aprovada pelo Decreto-lei n. 5.452, de 1º de maio de 1943, deverão ser utilizadas para o pagamento de refeições em restaurantes e estabelecimentos similares ou para a aquisição de gêneros alimentícios em estabelecimentos comerciais.

O texto é claro no sentido de que o auxílio-alimentação visa somente ao pagamento de refeições ou à aquisição de gêneros alimentícios. Unicamente isso.

A Lei n. 14.442, de 2022, chegou a incluir o art. 3º-A na Lei n. 6.321, de 1976 (Lei do Programa de Alimentação do Trabalhador), uma previsão no sentido de que desvios ou desvirtuamentos das finalidades do programa seriam punidos. Veja-se:

Art. 3º-A. A execução inadequada, o desvio ou o desvirtuamento das finalidades dos programas de alimentação do trabalhador pelas pessoas jurídicas beneficiárias ou pelas empresas registradas no Ministério do Trabalho e Previdência, sem prejuízo da aplicação de outras penalidades cabíveis pelos órgãos competentes, acarretarão:

I — a aplicação de multa no valor de R$ 5.000,00 (cinco mil reais) a R$ 50.000,00 (cinquenta mil reais), a qual será aplicada em dobro em caso de reincidência ou de embaraço à fiscalização;

II — o cancelamento da inscrição da pessoa jurídica beneficiária ou do registro das empresas vinculadas aos programas de alimentação do trabalhador cadastradas no Ministério do Trabalho e Previdência, desde a data da primeira irregularidade passível de cancelamento, conforme estabelecido em ato específico; e

III — a perda do incentivo fiscal da pessoa jurídica beneficiária, em consequência do cancelamento previsto no inciso II deste caput.

§ 1º Os critérios de cálculo e os parâmetros de gradação da multa prevista no inciso I do caput deste artigo serão estabelecidos em ato do Ministro de Estado do Trabalho e Previdência.

§ 2º O estabelecimento que comercializa produtos não relacionados à alimentação do trabalhador e a empresa que o credenciou sujeitam-se à aplicação da multa prevista no inciso I do caput deste artigo.

§ 3º Na hipótese do cancelamento previsto no inciso II do caput deste artigo, novo registro ou inscrição perante o Ministério do Trabalho e Previdência somente poderá ser pleiteado decorrido o prazo a ser definido em regulamento.

O critério da destinação, por outro lado, deixa claro que não têm natureza salarial os bens fornecidos pelo empregador ao empregado, quando indispensáveis para a realização do trabalho, ainda que, por impossibilidade de dissociação, sejam destinados em algumas situações à vida particular do empregado. Exemplo disso podem ser os telefones celulares e os veículos oferecidos pelo empregador para o trabalho e usados pelo empregado também com finalidade particular. Nesse sentido, o TST pacificou a discussão por meio da **Súmula 367, I**:

I — A habitação, a energia elétrica e veículo fornecidos pelo empregador ao empregado, quando indispensáveis para a realização do trabalho, não têm natureza salarial, ainda que, no caso de veículo, seja ele utilizado pelo empregado também em atividades particulares (ex-Orientação Jurisprudencial n. 131 — Inserida em 20-4-1998 e ratificada pelo Tribunal Pleno em 7-12-2000 e n. 246 — Inserida em 20-6-2001).

Para diminuir a margem de dúvidas sobre a natureza de determinada utilidade é recomendável que os empregadores façam constar nos contratos ou em regulamentos empresariais que o uso de determinados bens oferecidos por conta do serviço (*notebooks, palmtops*, veículos, telefones celulares, entre outros) é exclusivo para o trabalho e que é proibido o seu uso para fins particulares.

b3) Bens insuscetíveis de servir como utilidades salariais

O *caput* do art. 458 da CLT deixa claro, na sua parte final, que em caso algum será permitido o pagamento do salário com **bebidas alcoólicas** ou **drogas nocivas**, incluindo-se nesse contexto o **cigarro**, por força da interpretação promovida pela Súmula 367, II, TST. Veja-se:

> *Súmula 367 do TST. II — O cigarro não se considera salário-utilidade em face de sua nocividade à saúde.*

Ingressam no âmbito das drogas nocivas todas as outras apresentações similares ao cigarro, como cigarrilhas, charutos, fumo para cachimbo ou para narguilé, fumo de rolo, fumo mascável, cigarro de palha, tabaco inalável, fumo desfiado, tabaco de uso oral e outros produtos manufaturados derivados do tabaco, destinados a serem fumados, inalados ou mascados, ainda que parcialmente constituídos por tabaco.

b4) Utilidades não salariais

Por não ter como destinatário o empregado, mas sim o serviço (diz-se ser **para o serviço,** e não **pelo serviço**), dispõe o § 2º do art. 458 da CLT (em redação dada pela Lei n. 10.243, de 19-6-2001, *DOU*, 20-6-2001) que não serão consideradas como salário as seguintes vantagens concedidas pelo empregador:

— vestuários[34], equipamentos e outros acessórios fornecidos aos empregados e utilizados no local de trabalho, para a prestação do serviço;

— educação, em estabelecimento de ensino próprio ou de terceiros, compreendendo os valores relativos à matrícula, mensalidade, anuidade, livros e material didático;

— transporte destinado ao deslocamento para o trabalho e retorno, em percurso servido ou não por transporte público;

— assistência médica, hospitalar e odontológica, prestada diretamente ou mediante seguro-saúde;

— seguros de vida[35] e de acidentes pessoais[36];

---

[34] As lojas de grife, que exigem que seus empregados utilizem roupas com as marcas da empresa, não podem cobrar pelo vestuário. Se os lojistas cobram por essas roupas, podem ser obrigados, mediante ação judicial, a restituir os valores despendidos para tanto.

[35] No tocante ao assunto, vejam-se os arts. 19, IV, da Lei n. 7.102/83 e 6º, II, da Lei n. 11.901/2009, que asseguram "seguro de vida em grupo" estipulado pelo empregador em favor, respectivamente, dos vigilantes e dos bombeiros civis.

[36] Nesse particular, veja-se o disposto no art. 2º, V, da Lei n. 13.103/2015, segundo o qual "os motoristas profissionais empregados têm benefício de seguro de contratação obrigatória assegurado e custeado pelo empregador, destinado à **cobertura de morte natural, morte por acidente, invalidez total ou parcial decorrente de acidente, traslado e auxílio para funeral referentes às suas atividades**, no valor mínimo correspondente a 10 (dez) vezes o piso salarial de sua categoria ou valor superior fixado em convenção ou acordo coletivo de trabalho" (destaques não constantes do original).

— previdência privada;
— o valor correspondente ao vale-cultura.

Anote-se, com fundamento na Lei n. 13.467/2017, que inseriu o § 5º no art. 458 da CLT, que "o valor relativo à assistência prestada por serviço médico ou odontológico, próprio ou não, inclusive o reembolso de despesas com medicamentos, óculos, aparelhos ortopédicos, próteses, órteses, despesas médico-hospitalares e outras similares, mesmo quando concedido em diferentes modalidades de planos e coberturas, **não integram o salário do empregado para qualquer efeito** nem o salário de contribuição, para efeitos do previsto na alínea *q* do § 9º do art. 28 da Lei n. 8.212, de 24 de julho de 1991" (destaques não constantes do original).

O **"vale-cultura"** foi instituído pela Lei n. 12.761, de 27 de dezembro de 2012, como o protagonista do *Programa de Cultura do Trabalhador*, que visa dar aos operários com vínculo de emprego a possibilidade de acessar e de fruir de produtos e serviços culturais, assim entendidos, respectivamente, *os materiais* de cunho artístico, cultural e informativo, produzidos em qualquer formato ou mídia por pessoas físicas ou jurídicas ou *as atividades* de cunho artístico e cultural fornecidas por pessoas jurídicas, cujas características — tanto dos materiais quanto das atividades — se enquadrem como artes visuais, artes cênicas, audiovisual, literatura, humanidades, informação, música ou patrimônio cultural.

O vale-cultura é, como seu próprio nome sugere, um "vale", ou seja, um tipo de letra ou ordem de crédito, de caráter pessoal e intransferível, válido em todo o território nacional, fornecido pelos empregadores pessoas jurídicas optantes pelo Programa de Cultura do Trabalhador aos seus empregados que tenham remuneração de até 5 (cinco) salários mínimos mensais, disponibilizado normalmente por meio magnético (e apenas excepcionalmente em meio impresso), com valor aposto em moeda corrente, no valor de R$ 50,00 (cinquenta reais) mensais, sendo insuscetível de reversão em pecúnia. Ele não tem natureza salarial nem se incorpora à remuneração para nenhum efeito; não constitui base de incidência de contribuição previdenciária ou do Fundo de Garantia do Tempo de Serviço — FGTS nem se configura como rendimento tributável do trabalhador.

Esse "vale" é confeccionado e comercializado por *empresas operadoras* e disponibilizado aos *usuários* pelas *empresas beneficiárias* para ser utilizado nas *empresas recebedoras*. Os empregados com renda superior a 5 (cinco) salários mínimos poderão receber o vale-cultura, desde que garantido o atendimento, por seus empregadores, à totalidade dos empregados com a remuneração de até 5 (cinco) salários mínimos mensais. Ressalte-se que o limite de renda é estabelecido a partir do valor da remuneração, ou seja, da soma de salário-base e dos complementos salariais.

É bom esclarecer que **empresa operadora** é a pessoa jurídica cadastrada no Ministério da Cultura, possuidora do Certificado de Inscrição no Programa de Cultura do Trabalhador e autorizada a produzir e comercializar o vale-cultura; **usuário** é o trabalhador com vínculo empregatício com a empresa beneficiária; **empresa beneficiária** é a pessoa jurídica optante pelo Programa de Cultura do Trabalhador e autorizada a distribuir o vale-cultura a seus trabalhadores com vínculo empregatício, fazendo jus aos incentivos fiscais previstos no art. 10 da Lei n. 12.761/2012 e, por fim, **empresa recebedora** é a pessoa jurídica habilitada pela empresa operadora para receber o vale-cultura como forma de pagamento de serviço ou produto cultural.

Registre-se, ainda, que o vale-cultura poderá ter participação financeira do usuário. O empregado com remuneração mensal de até cinco salários mínimos poderá ter descontado o percentual máximo de 10% (dez por cento) do valor do benefício. Os empregados que percebem mais de 5 (cinco) salários mínimos poderão ser descontados de sua remuneração em percentuais entre 20% (vinte por cento) e 90% (noventa por cento) do valor do vale-cultura, de acordo com a respectiva faixa salarial, na forma que dispuser o regulamento.

O empregado, entretanto, não é obrigado a ser usuário do vale ora em discussão. A Lei n. 12.761, de 27 de dezembro de 2012, prevê, no § 4º do seu art. 8º, que ele poderá optar pelo seu não recebimento mediante procedimento a ser definido em regulamento. O mesmo se pode dizer do empregador, que somente estará obrigado a concedê-lo se — e somente se — aderir ao Programa de Cultura do Trabalhador. Cabe salientar que a execução inadequada desse Programa ou qualquer ação que acarrete desvio de suas finalidades pela empresa operadora ou pela empresa beneficiária acarretará, cumulativamente, o cancelamento do Certificado de Inscrição; o pagamento do valor que deixou de ser recolhido relativo ao imposto sobre a renda, à contribuição previdenciária e ao depósito para o FGTS; a aplicação de multa correspondente a 2 (duas) vezes o valor da vantagem recebida indevidamente no caso de dolo, fraude ou simulação; a perda ou suspensão de participação em linhas de financiamento em estabelecimentos oficiais de crédito pelo período de 2 (dois) anos; a proibição de contratar com a administração pública pelo período de até 2 (dois) anos; e a suspensão ou proibição de usufruir de benefícios fiscais pelo período de até 2 (dois) anos.

Superada a análise do vale-cultura, é a vez de oferecer alguns elementos sobre a **"alimentação"** e sobre a possibilidade de ela ser considerada ou não utilidade não salarial.

Pois bem. Será considerada utilidade não salarial a alimentação na medida em que for outorgada como "auxílio", em qualquer forma, ainda que com habitualidade, desde que não seja o pagamento em dinheiro. Essa é a lógica vigente a partir da reforma trabalhista de 2017 que modificou a redação do § 2º do art. 457 da CLT, fazendo constar menção expressa ao "auxílio-alimentação, vedado seu pagamento em dinheiro" como verba não integrante da remuneração do empregado, não incorporável ao contrato de trabalho e não constituinte da base de incidência de qualquer encargo trabalhista e previdenciário. Veja-se:

> § 2º As importâncias, **ainda que habituais**, pagas a título de ajuda de custo, **auxílio-alimentação, vedado seu pagamento em dinheiro**, diárias para viagem, prêmios e abonos não integram a remuneração do empregado, não se incorporam ao contrato de trabalho e não constituem base de incidência de qualquer encargo trabalhista e previdenciário. (Destaques não constantes do original)

O referido dispositivo, como se pode observar, mencionou apenas a concessão de "auxílio-alimentação, vedado seu pagamento em dinheiro", o que levava a crer que esse "auxílio", desde que não concedido em dinheiro, poderia ou não estar segundo o Programa de Alimentação do Trabalhador (PAT), nos termos da Lei n. 6.321/76, ora regulamentada pelo Decreto n. 10.854, de 2021.

A interpretação sistemática do referido dispositivo e de toda ordem a ele conexa permite o entendimento de que **a Súmula 241 do TST deixa de ser exigível**, pois qualquer "vale para refeição", desde que não atribuído em dinheiro, será entendido como autêntico "auxílio-alimentação".

Embora tenha perdido a vigência, essa evidência foi reforçada pela inserção, mediante a Medida Provisória n. 905, de 2019, de um novo parágrafo no art. 457 da CLT — o § 5º —, segundo o qual *"o fornecimento de alimentação, seja in natura ou seja por meio de documentos de legitimação, tais como tíquetes, vales, cupons, cheques, cartões eletrônicos destinados à aquisição de refeições ou de gêneros alimentícios, não possui natureza salarial e nem é tributável para efeito da contribuição previdenciária e dos demais tributos incidentes sobre a folha de salários e tampouco integra a base de cálculo do imposto sobre a renda da pessoa física"* (reitere-se que a MP n. 905/2019 perdeu a vigência).

A jurisprudência cristalizada do TST, então, tornou-se **anacrônica**. Veja-se o que ela prevê e não mais estaria em conformidade com a ordem legal:

Súmula 241 do TST. *SALÁRIO-UTILIDADE. ALIMENTAÇÃO. O vale para refeição, fornecido por força do contrato de trabalho, tem caráter salarial, integrando a remuneração do empregado, para todos os efeitos legais (Res. 15/1985, DJ, 9-12-1985).*

A reforma trabalhista de 2017 criou, então, mais um paralelo entre o seu ***antes*** e o seu ***depois***.

Assim, antes da vigência da Lei n. 13.467, de 13 de julho de 2017, o valor correspondente aos vales para refeição fornecidos por força do contrato, fora do sistema do Programa de Alimentação ao Trabalhador (PAT), integravam o salário do trabalhador para todos os efeitos legais (cálculo de horas extraordinárias, décimo terceiro salário, férias acrescidas de 1/3 etc.). Quando, por exemplo, um empregado ganhava salário-base de R$ 2.000,00 e, além disso, era destinatário de vales-alimentação contratuais correspondentes a R$ 1.000,00, o salário total desse trabalhador, somada a parte em espécie com a parte em utilidades de natureza salarial, eram consideradas para o cálculo das horas extraordinárias, do FGTS, do décimo terceiro salário e das férias, acrescidas de um terço.

Agora, na pós-vigência da Lei n. 13.467, de 13 de julho de 2017, qualquer "auxílio-alimentação", desde que não concedido em dinheiro, não mais será integrável à remuneração.

Averbe-se, por fim, que a natureza jurídica de uma parcela não pode ser modificada por força de ajustes contratuais baseados na autonomia individual ou coletiva da vontade. Não será válida, por exemplo, cláusula de norma coletiva que atribuir a uma verba salarial a natureza não salarial ou vice-versa. Imagine-se, para ilustrar a presente anotação, que, por norma coletiva, horas extraordinárias prestadas em determinado período do vínculo de emprego tenham sido consideradas de natureza indenizatória. Apesar da literalidade dessa disposição contratual coletiva, nenhum efeito adviria para fins de incidência das normas trabalhistas e fiscais[37]. A mudança que se operou sobre o auxílio-alimentação teve, é bom salientar, sede legal.

b5) *Fringe benefits*

A expressão *fringe benefits,* ou, em algumas situações, *employee benefits* quer descrever o conjunto de vantagens e compensações, normalmente extrassalariais, que são oferecidas aos empregados como uma forma de estimulá-los a melhor realizar os seus serviços. Max Gehringer precisou a origem etimológica da expressão e ofereceu a ela os contornos que normalmente lhe caracterizam. Veja-se:

Fringe benefits, em latim, fímbria era borda. Daí veio o francês frange, que deu origem ao português "franja" e ao inglês fringe. As três palavras têm o mesmo sentido: o ornamento lateral, em forma de tiras ou fios, que dá o acabamento a um vestido ou a uma toalha. Em linguagem corporativa, fringe *benefits é a parte do pacote de remuneração que complementa o salário e os benefícios previstos por lei, como carro, celular ou pagamento de cursos. É o enfeite que torna o conjunto mais atraente*[38].

Os *fringe benefits* assumem, então e normalmente, a feição de utilidades não salariais, mas isso não é o suficiente para que se isentem de tributos aqueles que os oferecem ou os que os recebem. Existem, enfim, alguns requisitos para que as vantagens não sejam consideradas com base de cálculo para a incidência tributária, valendo a leitura atenta dos dispositivos constantes do art. 74 da Lei n. 8.383/91, no âmbito do imposto de renda, e do art. 28 da Lei n. 8.212/91, na seara das contribuições previdenciárias.

---

37 Nesse sentido, veja-se a Súmula 463 do STJ: "Incide imposto de renda sobre os valores percebidos a título de indenização por horas extraordinárias trabalhadas, ainda que decorrentes de acordo coletivo" (Rel. Min. Eliana Calmon, em 25-8-2010).
38 GEHRINGER, Max. Nem só de benefícios vive o profissional. Revista *Época,* ed. 479, 19-7-2007.

12.2.1.2 Complementos salariais

São parcelas que, como o próprio nome sugere, complementam o salário-base. Elas decorrem de fatos geradores específicos, previstos em leis, regulamentos, contratos coletivos ou individuais, e são pagos diretamente pelos empregadores em virtude da ocorrência desses fatos.

Assim, se o trabalhador realiza suas atividades em ambiente insalubre, receberá, por conta disso e por força de lei (art. 195 da CLT), um complemento salarial intitulado "adicional de insalubridade". De igual modo, se esse empregado é transferido temporariamente para lugar diverso daquele em que fora contratado, receberá, por força disso e em decorrência do contido em lei (art. 469 da CLT), um complemento salarial chamado "adicional de transferência". Idêntica operação ocorrerá diante da prestação de trabalho em horas noturnas, que gerará o aparecimento do complemento chamado "adicional noturno" (art. 73 da CLT) ou, ainda, da prestação de atividade de confiança, que produzirá, em decorrência de norma constante de contrato coletivo ou de cláusula de contrato individual, o complemento denominado "gratificação pelo exercício de função de confiança".

É importante perceber que os complementos salariais podem desaparecer na medida em que desapareçam os respectivos fatos geradores. Exemplo: se o ambiente onde trabalhava o empregado deixou de ser insalubre, cessa o pagamento do adicional de insalubridade (*vide* o art. 194 da CLT e a Súmula 80 do TST). Se o empregado transferido (temporariamente, é claro) retorna ao lugar onde fora originariamente contratado, cessa o pagamento do adicional de transferência.

Mantendo-se, entretanto, o fato gerador, os complementos salariais não podem ser extirpados, sob pena de violação ao princípio do respeito ao contratado[39] (*vide* a Súmula 51, I, do TST), tampouco diminuídos em sua dimensão, sob pena de violação do princípio da irredutibilidade salarial (art. 7º, VI, da Constituição)[40].

Um gráfico que bem representa as relações havidas entre salário-base e complemento salarial é o do planeta e seus diversos satélites. Na mencionada representação, o planeta seria o salário-base, em torno do qual girariam múltiplos satélites, que são os complementos salariais (identificados pela letra "c" na figura abaixo). Os complementos salariais, na qualidade de satélites, estão presos à força atrativa do salário-base, ou seja, do planeta (destaque-se que os complementos salariais são calculados quase sempre com arrimo no salário-base). Sem comprometer a existência do planeta, o satélite pode até desaparecer, desde que pereça o fato que gerou. Se, porém, o planeta desaparecer[41], sumirá tudo em volta dele.

---

39 Considerando que os complementos salariais podem ser criados por lei ou por acordo/convenção coletiva, é relevante destacar que tais instrumentos de caráter normativo não estão sujeitos à aplicabilidade do princípio do respeito ao que foi contratado. A lei, portanto, poderá ser alterada e, por esse processo legislativo, gerar a extinção de um complemento salarial (embora seja uma infração ao princípio da não retrocessão social constante do *caput* do art. 7º do texto constitucional). De igual modo, mediante negociação coletiva, depois de expirado o tempo de vigência de acordo ou convenção coletiva, podem os convenentes extinguir um complemento salarial qualquer em virtude da criação ou manutenção de alguma outra vantagem.

40 A Súmula 372, II, do TST revela o espírito da ideia: "Mantido o empregado no exercício da função comissionada, não pode o empregador reduzir o valor da gratificação" (ex-Orientação Jurisprudencial n. 303 — *DJ*, 11-8-2003).

41 Reiterando o quanto antes expendido: o salário-base não pode ser estipulado sob condição porque a causa que autoriza sua exigibilidade é a disponibilidade do trabalhador (*vide* o art. 2º da CLT). Tal fato não acontece, entretanto, com os complementos salariais, que podem ser submetidos a condição, v.g., o adicional de transferência é submetido à condição da transferência, o mesmo ocorrendo com o adicional de insalubridade, submetido à existência de condições insalubres.

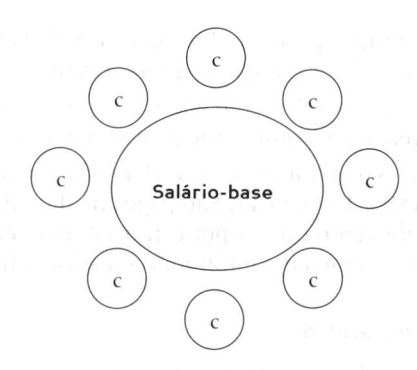

[Diagrama: círculo central "Salário-base" rodeado por oito círculos pequenos marcados "c"]

Pois bem. Existirão tantos complementos salariais quantos sejam os fatos geradores criados por lei ou por contrato. Alguns deles serão a seguir identificados, considerando nome, definição, sede e dimensão (percentual e base de cálculo). É importante, porém, para fins de classificação, identificá-los como complementos salariais próprios e complementos salariais impróprios.

12.2.1.2.1 Complementos salariais próprios

Entendem-se como complementos salariais próprios as verbas que incrementam o salário-base, mas que, como qualquer outro complemento salarial típico, desaparecem da remuneração na medida em que fenecem os correspondentes fatos geradores. Opõem-se aos complementos salariais impróprios, mais adiante tratados.

a) Adicionais

O vocábulo "adicional" não está contido entre aqueles indicativos de complementos salariais no § 1º do art. 457 da CLT. Veja-se que há ali, na redação pós-reforma trabalhista de 2017, apenas referência "a gratificações legais e as comissões pagas pelo empregador". A despeito disso, os adicionais estão referenciados na CLT, conforme se percebe com o adicional de insalubridade (art. 192); o adicional de periculosidade (art. 193); o adicional de horas extraordinárias (arts. 234 e 241); e o adicional de horas noturnas (art. 381). Em todas as situações, a palavra "adicional" traz consigo a ideia de acréscimo, de adição ao montante originariamente pago como forma de compensar alguma situação extraordinária ou desvantajosa. Vê-se claramente essa situação quando, em substituição ao vocábulo "adicional", utiliza-se a palavra "acréscimo" ou "pagamento suplementar". Note-se isso também na CLT, nos arts. 59, 227, 235 e 241, que dispõem sobre o adicional de horas extraordinárias, art. 73, referente ao adicional de horas noturnas, e no art. 469, que trata do adicional de transferência.

O "adicional", então, traz consigo a ideia de que, **por conta de situações extraordinárias ou desvantajosas**, o empregado receberá um valor de hora de trabalho maior do que aquela outorgada em situações normais. Em nome da não complessividade, então, destaca-se o valor da hora normal do correspondente "adicional", "acréscimo" ou "pagamento suplementar" e identificam-se tais elementos no recibo.

a1) Adicional de insalubridade

Serão consideradas atividades ou operações insalubres as que, por sua natureza, condições ou métodos de trabalho, exponham os empregados a agentes nocivos à saúde, acima dos limites de tolerância fixados em razão da natureza e da intensidade do agente e do tempo de exposição aos seus efeitos (art. 189 da CLT). Os mencionados limites de tolerância são estabelecidos pelo Ministério do Trabalho (ora Ministério da Economia — Secretaria Especial de Previdência e Trabalho)[42]. Quem trabalha nas condições acima expendidas recebe adicional de insalubridade.

Como ocorre com qualquer complemento salarial próprio, desaparecendo a causa geradora da insalubridade, desaparece a obrigatoriedade de pagamento do correspondente adicional.

As disposições normativas que tratam dessa verba estão contidas no texto constitucional (art. 7º, XXIII) e nos arts. 189 a 192 da CLT. São pagos na dimensão percentual variável de quarenta por cento, vinte por cento ou dez por cento sobre o salário mínimo[43], segundo se classifiquem nos graus máximo, médio e mínimo, respectivamente.

a2) Adicional de periculosidade

Acréscimo pago em favor de quem realiza atividades ou operações perigosas, na forma da regulamentação aprovada pelo Ministério do Trabalho (ora Ministério do Trabalho e Previdência).

São entendidas como atividades ou operações perigosas aquelas que, por sua natureza ou métodos de trabalho, implicam risco acentuado em virtude de exposição permanente do trabalhador a **inflamáveis**[44], **explosivos**, **energia elétrica, roubos ou outras espécies de violência física** nas atividades profissionais de segurança pessoal ou patrimonial (*vide* **Lei n. 12.740, de 2012**), trabalho em motocicletas (*vide* Lei n. 12.997, de 2014 ou ainda a **radiação ionizante/substância radioativa** (entendimento jurisprudencial inserto na Orientação Jurisprudencial 345 da SDI-1 do TST). Anote-se, por outro lado, que, por força do art. 6º, III, da Lei n. 11.901/2009, foi assegurado o pagamento do adicional de periculosidade também em favor do **bombeiro civil**, assim entendido aquele que exerce, em caráter habitual, função remunerada e exclusiva de prevenção e combate a incêndio, como empregado contratado diretamente por empresas privadas ou públicas, sociedades de economia mista ou empresas especializadas em prestação de serviços de prevenção e combate a incêndio.

Desaparecendo a causa geradora da periculosidade, desaparecerá o correspondente adicional[45].

A sede normativa desse complemento salarial está no texto constitucional (art. 7º, XXIII) e no art. 193 da CLT, sendo importante destacar que o pagamento é realizado na dimensão

---

42 Art. 190 da CLT: O Ministério do Trabalho e Emprego aprovará o quadro das atividades e operações insalubres e adotará normas sobre os critérios de caracterização da insalubridade, os limites de tolerância aos agentes agressivos, meios de proteção e o tempo máximo de exposição do empregado a esses agentes.

43 O salário mínimo continua sendo base de cálculo do adicional de insalubridade. Afirma-se isso porque, nos moldes da Medida Cautelar em Reclamação n. 6.266-0 — DISTRITO FEDERAL, o STF concluiu pela suspensão da aplicação da Súmula n. 228/TST na parte em que permitia a utilização do salário básico para calcular o adicional de insalubridade. No texto da mencionada decisão cautelar há clara manifestação no sentido de que, segundo a perspectiva da Corte Constitucional, o salário mínimo permanece sendo base de cálculo do adicional de insalubridade. Veja-se trecho relevante: "Com efeito, no julgamento que deu origem à mencionada Súmula Vinculante n. 4 (RE 565.714/SP, Rel. Min. Cármen Lúcia, Sessão de 30.4.2008 — Informativo n. 510/STF), **esta Corte entendeu que o adicional de insalubridade deve continuar sendo calculado com base no salário mínimo**, enquanto não superada a inconstitucionalidade por meio de lei ou convenção coletiva. Dessa forma, com base no que ficou decidido no RE 565.714/SP e fixado na Súmula Vinculante n. 4, este Tribunal entendeu que não é possível a substituição do salário mínimo, seja como base de cálculo, seja como indexador, antes da edição de lei ou celebração de convenção coletiva que regule o adicional de insalubridade" (destaques não constantes do original).

44 Súmula 39 do TST: "Os empregados que operam em bomba de gasolina têm direito ao adicional de periculosidade" (Lei n. 2.573, de 15-8-1955).

45 Ressalvem-se as situações dos bombeiros civis (Lei n. 11.901/2009) e dos vigilantes, na condição de profissionais de segurança pessoal ou patrimonial (Lei n. 12.740/2012), em relação aos quais o risco é inerente ao exercício de sua função.

de 30 (trinta) por cento sobre o **salário-base**, vale dizer, "sobre o salário sem os acréscimos resultantes de gratificações, prêmios ou participações nos lucros da empresa" (*vide* § 1º do art. 193 da CLT e também o art. 6º, III, da Lei n. 11.901/2009).

O adicional de periculosidade, como qualquer complemento salarial, é integrado à remuneração para o cálculo de férias, décimo terceiro salário, gratificações habituais, FGTS e verbas resilitórias. Não há qualquer dúvida, por outro lado, de que as horas extraordinárias devem ser acrescidas do ora analisado adicional[46]. A Súmula 132, I, do TST, que comporta aplicação analógica também em relação ao adicional noturno, pacificou a questão:

Súmula 132 do TST. *ADICIONAL DE PERICULOSIDADE. INTEGRAÇÃO.*

I — O adicional de periculosidade, pago em caráter permanente, integra o cálculo de indenização e de horas extras (ex-prejulgado 3).

Perceba-se, por fim, que, em sobreaviso, o empregado não está em seu posto de trabalho. Se assim é, obviamente ele não terá direito à incidência do adicional de periculosidade sobre as horas de expectativa por eventual convocação. O TST pacificou o assunto mediante a:

Súmula 132, II: *"Durante as horas de sobreaviso, o empregado não se encontra em condições de risco, razão pela qual é incabível a integração do adicional de periculosidade sobre as mencionadas horas" (ex-Orientação Jurisprudencial 174 — Súmula com redação determinada pela Res. TST 129/2005).*

É importante destacar que, sendo o trabalhador em sobreaviso convocado para a prestação de serviço efetivo real, e estando ele submetido a condições perigosas, passará a ter, obviamente, direito ao recebimento do adicional de periculosidade.

Por fim, registre-se, sobre a cumulação de adicionais de insalubridade e periculosidade: a Subseção I Especializada em Dissídios Individuais (SDI-1) do Tribunal Superior do Trabalho decidiu, em 26-9-2019, que **não é possível o recebimento cumulativo dos adicionais de insalubridade e de periculosidade, ainda que decorrentes de fatos geradores distintos e autônomos**.

A decisão, por apertada maioria, foi proferida justamente no referido julgamento de incidente de recurso repetitivo n. 239-55.2011.5.02.0319, e a tese jurídica fixada será aplicada a todos os casos semelhantes. Prevaleceu, no julgamento, o voto do Ministro Alberto Bresciani. De acordo com a tese jurídica fixada, o art. 193, § 2º, da CLT foi recepcionado pela Constituição da República e veda a cumulação dos adicionais de insalubridade e de periculosidade, ainda que decorrentes de fatos geradores distintos e autônomos.

A corrente do relator, Ministro Vieira de Mello, ficou vencida. Segundo seu voto, o dispositivo da CLT estaria superado pelos incisos XXII e XXIII do art. 7º da Constituição da República, que tratam da redução dos riscos inerentes ao trabalho e do adicional de remuneração para as atividades penosas, insalubres ou perigosas. A questão, por sua natureza constitucional, pode, porém, ainda ser apreciada pelo Supremo Tribunal Federal.

a3) Adicional de horas extraordinárias

Trata-se de acréscimo salarial pago sempre que são extrapolados os limites da duração do trabalho normal. Na verdade, numa análise aprofundada, conforme antecipado, é possível perceber que o adicional de horas extraordinárias apenas aumenta o valor da hora nor-

---

[46] O empregador deve somar salário-base e adicional de periculosidade e, posteriormente, dividir o produto pelo divisor aplicável (em regra, 220). Apurado o salário-hora, já acrescido do adicional de periculosidade, sobre esse montante haverá de ser aplicado o adicional de horas extraordinárias.

mal. Exemplificando: se custa R$ 6,00 uma hora normal de trabalho — obtida pela divisão do valor mensal do salário pelo número médio de horas trabalhadas dentro de um mês[47] —, custará R$ 9,00 uma hora extraordinária. Nos recibos, entretanto, o adicional de horas extraordinárias aparece separado do valor das horas normais de trabalho. Isso acontece para evitar a complessividade do pagamento, mediante a discriminação clara das parcelas que integram a dimensão da remuneração.

Desaparecendo a prestação de horas extraordinárias, desaparece consequentemente o correspondente adicional[48].

A disciplina do adicional de horas extraordinárias está contida no texto constitucional (art. 7º, XVI), e sua dimensão corresponde ao mínimo de cinquenta por cento sobre a hora normal.

Esse acréscimo pode ser maior que cinquenta por cento (por lei específica ou por contrato, individual ou coletivo), **nunca menor que isso**, nem mesmo em função de negociação coletiva, porque o acréscimo de pelo menos cinquenta por cento é direito constitucional mínimo, blindado contra qualquer tentativa de aviltamento.

A *base de cálculo das horas extraordinárias* é formada, em regra, pela soma do salário-base aos adicionais por tempo de serviço, de insalubridade[49 e 50] ou de periculosidade[51] e de horas noturnas[52], caso esses complementos salariais sejam devidos.

Observe-se, ainda, que as horas extraordinárias somente são calculadas sobre verbas pagas pelo empregador, e não sobre parcelas atribuídas por terceiros com quem os empregadores mantêm relações mercantis. Nesse sentido, o TST publicou a Súmula 354 para deixar

---

[47] Súmula 264 do TST. HORA SUPLEMENTAR. CÁLCULO. "A remuneração do serviço suplementar é composta do valor da hora normal, integrado por parcelas de natureza salarial e acrescido do adicional previsto em lei, contrato, acordo, convenção coletiva ou sentença normativa". Esclareça-se que a base de cálculo das horas extraordinárias deve levar em conta o valor do salário-base acrescido do adicional de periculosidade. O mesmo ocorrerá se o trabalhador for destinatário de adicional de insalubridade, sendo relevante citar, no caso, o disposto na Orientação Jurisprudencial 47 da SDI-1 do TST, *in verbis*: "HORA EXTRA. ADICIONAL DE INSALUBRIDADE. BASE DE CÁLCULO. A base de cálculo da hora extra é o resultado da soma do salário contratual mais o adicional de insalubridade".

[48] A jurisprudência dominante tem entendido que a cessação do trabalho extraordinário habitual e do pagamento do correspondente adicional gera impacto na estabilidade financeira do empregado porque acostumado com o padrão gerado pela sobrejornada. Admitiu-se, então, que o empregado nessas condições deveria ser indenizado por conta da supressão, total ou parcial de créditos decorrentes das horas extraordinárias habituais. Editou-se, então, a Súmula 291 do TST: "A supressão, pelo empregador, do serviço suplementar prestado com habitualidade, durante pelo menos 1 (um) ano, assegura ao empregado o direito à indenização correspondente ao valor de 1 (um) mês das horas suprimidas para cada ano ou fração igual ou superior a seis meses de prestação de serviço acima da jornada normal. O cálculo observará a média das horas suplementares nos 12 (doze) meses anteriores à mudança, multiplicada pelo valor da hora extra do dia da supressão".

[49] Orientação Jurisprudencial 47 da SDI-1 do TST. Hora Extra. Adicional de Insalubridade. Base de Cálculo. A base de cálculo da hora extra é o resultado da soma do salário contratual mais o adicional de insalubridade (redação dada pela Resolução TST n. 148, de 26-7-2008, *DJU*, 4-7-2008).

[50] Ver Precedente Administrativo da Secretaria de Inspeção do Trabalho: PRECEDENTE ADMINISTRATIVO N. 76 (Aprovado pelo Ato Declaratório SIT n. 10, de 03.08.2009, *DOU*, 04.08.2009). ADICIONAL DE INSALUBRIDADE. REFLEXO SOBRE HORAS EXTRAS. REVISÃO DO PRECEDENTE ADMINISTRATIVO N. 67. A remuneração do trabalho extraordinário realizado em condições insalubres deve ter como base de cálculo o salário normal acrescido do adicional de insalubridade.

[51] Súmula 132 do TST. ADICIONAL DE PERICULOSIDADE. INTEGRAÇÃO. I — O adicional de periculosidade, pago em caráter permanente, integra o cálculo de indenização e de horas extras (ex-prejulgado 3).

[52] Orientação Jurisprudencial 97 da SDI-1 do TST. Horas Extras. Adicional Noturno. Base de Cálculo. O Adicional Noturno Integra a Base de Cálculo das Horas Extras Prestadas no Período Noturno.

claro que as gorjetas (e, por analogia, as gueltas) não servem de base de cálculo para horas extraordinárias. Leia-se:

> **Súmula 354 do TST.** *GORJETAS. NATUREZA JURÍDICA. REPERCUSSÕES — REVISÃO DO ENUNCIADO N. 290 — RES. 23/1988, DJ, 24-3-1988. As gorjetas, cobradas pelo empregador na nota de serviço ou oferecidas espontaneamente pelos clientes, integram a remuneração do empregado, não servindo de base de cálculo para as parcelas de aviso prévio, adicional noturno, horas extras e repouso semanal remunerado (Res. 71/1997, DJ, 30-5-1997).*

Anote-se, por fim, que há situação em que a base de cálculo das horas extraordinárias leva em conta apenas o salário-base, sendo este o caso previsto na **Orientação Jurisprudencial 60, II, da SDI-1 do TST**, segundo a qual, "para o cálculo das horas extras prestadas pelos **trabalhadores portuários**, observar-se-á somente o salário básico percebido, excluídos os adicionais de risco e produtividade" (destaques não constantes do original).

Do mesmo modo que as horas extraordinárias são calculadas sobre uma base, elas compõem a base de cálculo de outras verbas. Assim, quando habituais, a média das horas extraordinárias[53] integra o salário-base e avolumam a dimensão de outras verbas que, com fulcro nelas, são calculadas. Entre essas verbas que são calculadas a partir da integração de horas extraordinárias estão o RSR[54], as férias, o décimo terceiro salário[55], a gratificação semestral[56], a indenização por antiguidade prevista no art. 478 da CLT[57] e o aviso prévio indenizado[58].

a4) Adicional de horas noturnas

O adicional de horas noturnas constitui acréscimo pago sempre que são prestados serviços em horário considerado como noturno[59]. Desaparecendo a prestação de trabalho em horário noturno, desaparece o correspondente adicional. Note-se o entendimento da jurisprudência cristalizada:

> **Súmula 265 do TST.** *A transferência para o período diurno de trabalho implica a perda do direito ao adicional noturno.*

Do mesmo modo que o adicional de horas extraordinárias, o complemento ora analisado tem sede constitucional (art. 7º, IX). No tocante à dimensão, a Constituição diz, simples-

---

[53] Súmula 347 do TST. HORAS EXTRAS HABITUAIS. APURAÇÃO. MÉDIA FÍSICA. O cálculo do valor das horas extras habituais, para efeito de reflexos em verbas trabalhistas, observará o número de horas efetivamente prestadas e a ele aplica-se o valor do salário-hora da época do pagamento daquelas verbas.

[54] Súmula 172 do TST. REPOUSO REMUNERADO. HORAS EXTRAS. CÁLCULO. Computam-se no cálculo do repouso remunerado as horas extras habitualmente prestadas. Ex-prejulgado n. 52.

[55] Súmula 45 do TST. SERVIÇO SUPLEMENTAR. A remuneração do serviço suplementar, habitualmente prestado, integra o cálculo da gratificação natalina prevista na Lei n. 4.090, de 13-7-1962.

[56] Súmula 115 do TST. HORAS EXTRAS. GRATIFICAÇÕES SEMESTRAIS. O valor das horas extras habituais integra a remuneração do trabalhador para o cálculo das gratificações semestrais (Súmula com redação determinada pela Res. TST 121/2003).

[57] Súmula 24 do TST. SERVIÇO EXTRAORDINÁRIO. Insere-se no cálculo da indenização por antiguidade o salário relativo a serviço extraordinário, desde que habitualmente prestado.

[58] Ver o § 5º do art. 487 da CLT, segundo o qual "o valor das horas extraordinárias habituais integra o aviso prévio indenizado".

[59] Se for realizado no meio urbano, o trabalho noturno será aquele executado entre as 22 horas de um dia e as 5 horas do dia seguinte, segundo o § 2º do art. 73 da CLT. Se for realizado no meio rural, o trabalho noturno é aquele executado entre as 21 horas de um dia e as 5 horas do dia seguinte, na lavoura, e entre as 20 horas de um dia e as 4 horas do dia seguinte, na atividade pecuária (art. 7º da Lei n. 5.889/73).

mente, que a remuneração do trabalho noturno deve ser superior à do diurno. Remete-se para a norma infraconstitucional esses limites mínimos, que são para os trabalhadores urbanos de vinte por cento (art. 73, *caput*, da CLT) e para os trabalhadores rurais de vinte e cinco por cento (parágrafo único do art. 7º da Lei n. 5.889/73).

A base de cálculo das horas noturnas assemelha-se àquela aplicável às horas extraordinárias. Enfim, onde há a mesma razão deve haver a mesma disposição de direito. Merece destaque o texto da Orientação Jurisprudencial 259 da SDI-1 do TST, confirmando que o trabalho noturno insalubre ou perigoso é duplamente desfavorável ao trabalhador[60].

Quando habituais, os adicionais correspondentes às horas noturnas integram o salário-base do mesmo modo que as horas extraordinárias. Neste campo é relevante o texto da **Súmula 60, I, do TST,** segundo a qual, "o adicional noturno, pago com habitualidade, integra o salário do empregado para todos os efeitos", sendo digna de registro a reflexão sobre as horas extraordinárias[61].

a5) Adicional de transferência

O adicional de transferência constitui acréscimo devido ao empregado provisoriamente transferido do local onde originariamente foi contratado. Importante anotar que, nos termos da parte final do *caput* do art. 469 da CLT, somente se considerará "transferência" o ato modificativo do local de prestação dos trabalhos que acarretar necessariamente mudança de domicílio.

O fato de o empregado exercer cargo de confiança ou a circunstância de existir previsão de transferência no próprio contrato de trabalho não exclui o direito ao ora analisado adicional, conforme previsão inserta na orientação jurisprudencial 113 da SDI-1 do TST[62].

Cessando a transferência provisória (com o retorno do empregado ao local onde ordinariamente foi contratado) ou transformando-se em definitiva a transferência temporária, desaparece o correspondente adicional[63].

A disciplina do adicional de transferência está contida nos arts. 469 e 470 da CLT, e a dimensão do ora analisado complemento é de no mínimo 25% (vinte e cinco por cento) sobre os salários que o empregado percebia na localidade originária[64].

---

60 Orientação Jurisprudencial 259 da SDI-1 do TST. Adicional noturno. Base de cálculo. Adicional de periculosidade. Integração. O adicional de periculosidade deve compor a base de cálculo do adicional noturno, já que também nesse horário o trabalhador permanece sob as condições de risco (27-9-2002).

61 Orientação Jurisprudencial 97 da SDI-1 do TST. Horas Extras. Adicional Noturno. Base de Cálculo. O adicional noturno integra a base de cálculo das horas extras prestadas no período noturno.

62 Orientação Jurisprudencial 113 da SDI-1 do TST. "Adicional de Transferência. Cargo de Confiança ou Previsão Contratual de Transferência. Devido. Desde que a Transferência Seja Provisória. O fato de o empregado exercer cargo de confiança ou a existência de previsão de transferência no contrato de trabalho não exclui o direito ao adicional. O pressuposto legal apto a legitimar a percepção do mencionado adicional é a transferência provisória".

63 Observe-se que, nos termos do § 3º do art. 469 da CLT, o adicional de transferência somente é pago "enquanto durar essa situação", ou seja, enquanto durar a transferência provisória. Veja-se, nesse sentido, a parte final da Orientação Jurisprudencial 113 da SDI-1 do TST: "O pressuposto legal apto a legitimar a percepção do mencionado adicional é a transferência provisória".

64 Embora à luz da teoria do salário seja correto dizer que a base de cálculo do adicional de transferência é o salário-base, não é isso que o texto legal indica. Ao ler o § 3º do art. 469 da CLT, vê-se que, "em caso de necessidade de serviço o empregador poderá transferir o empregado para localidade diversa da que resultar do contrato, não obstante as restrições, do artigo anterior, mas, nesse caso, ficará obrigado a um pagamento suplementar, nunca inferior a 25% (vinte e cinco por cento), **dos salários** que o empregado percebia naque-

b) Gratificações

Como o próprio nome sugere, as gratificações guardam em si a ideia de contentamento, de reconhecimento patronal. Constituem uma manifestação de gratidão atribuída em virtude de um comportamento apreciável praticado pelo empregado. Para que tenha o *status* de complemento salarial, a gratificação precisa ser ***legal***, conforme previsão contida no § 1º do art. 457 da CLT (pós Lei n. 13.467, de 13 de julho de 2017), e "ser legal", implica ter previsão em fonte heterônoma.

É importante lembrar que, antes da referida lei, se falava em gratificação ajustada, vale dizer, o complemento caracterizado pela predefinição do fato gerador, da dimensão e da periodicidade. Assim, somente um montante oferecido de modo isolado, sem ajustes prévios e sem expectativas de repetibilidade, era entendido como liberalidade. Observe-se, de qualquer modo, que, para um ato ser entendido como de liberalidade, não bastará que seja descrito como tal; precisará ser efetivamente uma manifestação isolada de generosidade[65].

Esses complementos salariais são muito semelhantes aos prêmios. Ambos, enfim, pelo menos até a vigência da Lei n. 13.467/2017, eram retribuições de incentivo. Há, porém, alguns traços distintivos calcados nos objetivos que permitem uma tentativa de diferenciação, porque os prêmios são galardões que objetivam **estimular** (num presente contínuo) **uma conduta positiva** dos empregados e, por via oblíqua, **servir de exemplo** para tantos quantos queiram a mencionada distinção com efeitos financeiros. As gratificações, por outro lado, decorrem de comportamentos praticados no passado e que irradiaram efeitos no presente.

Outro ponto de distinção diz respeito ao fato gerador em si mesmo: os prêmios dependem muito das qualidades individuais do trabalhador; as gratificações, **em regra**, têm cará-

---

la localidade, enquanto durar essa situação". Observe-se a referência à palavra salário no plural, o que sugere ser a base, em verdade, coincidente com a remuneração. Esse tem sido o ponto de vista do TST. Veja-se:

ADICIONAL DE TRANSFERÊNCIA — BASE DE CÁLCULO (VIOLAÇÃO DO ARTIGO 469, *CAPUT*, § 3º, DA CLT E DIVERGÊNCIA JURISPRUDENCIAL — O artigo 469, § 3º, da Consolidação das Leis do Trabalho estabelece um pagamento suplementar com base no salário que o empregado percebia naquela localidade, devendo ser entendido por salário, no caso, todas as parcelas de natureza salarial, tendo em vista que salário, em princípio, significa a contraprestação pelo trabalho paga pelo empregador. Sendo assim, todas as parcelas que apresentarem essa característica têm natureza salarial e, por isso, deverão ser incluídas na base de cálculo do adicional de transferência, até porque o § 3º do artigo 469 consolidado não restringe a incidência do adicional de transferência ao salário-base, mas sim refere-se, expressamente ao termo salários, o que leva a concluir pela abrangência de todas as parcelas de cunho salarial. Recurso de revista conhecido e desprovido (TST, RR 3424/2001-019-09-00.0, Rel. Min. Renato de Lacerda Paiva, *DJe*, 8-10-2010, p. 405).

ADICIONAL DE TRANSFERÊNCIA — BASE DE CÁLCULO — O artigo 469, § 3º, da Consolidação das Leis do Trabalho, ao prever a figura do adicional de transferência, não limitou a base de cálculo de referida parcela apenas ao salário básico do empregado. Ao contrário, a norma celetista fixou que tal verba será devida em valor nunca inferior a 25% (vinte e cinco por cento) dos salários que o empregado percebia naquela localidade, o que revela a intenção do legislador de fazer incidir o adicional em comento sobre todas as verbas salariais auferidas pelo empregado. Recurso de revista de que não se conhece (TST, RR 1692/1999-654-09-00.9, Rel. Min. Lelio Bentes Corrêa, *DJe*, 19-11-2010, p. 471).

BASE DE CÁLCULO DO ADICIONAL DE TRANSFERÊNCIA — CONJUNTO REMUNERATÓRIO — PROVIMENTO — Nos termos do artigo 469, § 3º, da CLT, o adicional de transferência corresponde a um pagamento suplementar de no mínimo 25% dos salários que o empregado percebia naquela localidade. Conforme jurisprudência assente desta Corte Superior, inclusive desta 4ª Turma, entende-se por salários toda parcela de natureza salarial, estando correta a tese defendida pelo Recorrente, de que a base de cálculo do adicional de transferência é o complexo remuneratório por ele percebido. Revista provida, no tópico (TST, RR 453/2006-072-09-00.4, Rel. Min. Maria de Assis Calsing, *DJe*, 19-11-2010, p. 803).

65 Súmula 152 do TST. GRATIFICAÇÃO. AJUSTE TÁCITO. O fato de constar do recibo de pagamento de gratificação o caráter de liberalidade não basta, por si só, para excluir a existência de ajuste tácito. Ex-prejulgado n. 25.

ter coletivo e são normalmente concedidas em ocasiões de balanço e de confraternização. **Excepcionalmente**, porém, as gratificações visam às atuações individuais, sendo oferecidas sob esse rótulo em favor de quem receba mais responsabilidades por força da confiança adicional do empregador.

b1) Gratificação pelo exercício de função de confiança

Trata-se de recompensa oferecida pelo empregador a empregado investido no exercício de função de qualificada confiança (direção, gerência, fiscalização, chefia ou equivalentes). Vê-se nesse complemento salarial não apenas uma manifestação de contentamento ou de gratidão, mas também a **intenção do empregador de compensação pelo acréscimo subjetivo de responsabilidades** que normalmente são assumidas em função da fidúcia.

Desaparecendo a confiança, desaparece a correspondente gratificação, revertendo o empregado a seu cargo originário[66 e 67].

Destaque-se que, uma vez instituída a gratificação, seja qual for seu fato gerador, torna-se exigível seu pagamento quando o empregado estiver inserido na situação geradora[68]. Em outras palavras: se foi ajustada uma gratificação pelo exercício da função de gerente, de administrador, todos aqueles que passem a exercer tal atribuição serão destinatários da aludida gratificação.

A disciplina da gratificação pelo exercício de função de confiança está contida no art. 62 da CLT, mais especialmente no inciso II e no parágrafo único. A dimensão mínima dessa gratificação é de quarenta por cento sobre o salário-base. **Mas por que a dimensão é de quarenta por cento sobre o salário-base?**

A razão da existência do parágrafo único do art. 62 da CLT é a atribuição de uma dimensão salarial diferenciada, mais elevada do que aquela aplicada aos empregados em geral. Anote-se que o referido parágrafo único foi obra da Lei n. 8.966, de 27-12-1994. Ela mudou a antiga redação existente no art. 62 da CLT, que, no particular, conceituava o gerente como trabalhador investido de mandato, exercente de encargos de gestão e que, além disso, tivesse um padrão mais elevado de vencimento, capaz de diferenciá-lo dos demais empregados[69].

---

66 Vide o § 1º do art. 468 da CLT: "Não se considera alteração unilateral a determinação do empregador para que o respectivo empregado reverta ao cargo efetivo, anteriormente ocupado, deixando o exercício de função de confiança".

67 Em lugar de dar uma indenização, solução encontrada mediante a Súmula 291 para a supressão de horas extraordinárias habituais, o TST entendeu por bem conferir estabilidade financeira (manutenção da gratificação, independentemente do exercício da função) a quem estivesse exercendo atividade de confiança por mais de dez anos seguidos e fosse, depois desse ínterim, revertido ao cargo originário. Diante dessa situação, deve-se aplicar, observadas as particularidades de intertemporalidade exigível pela reforma trabalhista de 2017, o disposto na Súmula 372, I:

I — Percebida a gratificação de função por dez ou mais anos pelo empregado, se o empregador, sem justo motivo, revertê-lo a seu cargo efetivo, não poderá retirar-lhe a gratificação tendo em vista o princípio da estabilidade financeira (ex-Orientação Jurisprudencial n. 45 — inserida em 25-11-1996).

Importante anotar, porém, que a reforma trabalhista de 2017 exterminou a gratificação de função incorporada em nome da estabilidade financeira. A Lei n. 13.467/2017 adicionou o § 2º ao art. 468 da CLT para deixar bem claro que "a alteração de que trata o § 1º deste artigo, com ou sem justo motivo, não assegura ao empregado o direito à manutenção do pagamento da gratificação correspondente, que não será incorporada, independentemente do tempo de exercício da respectiva função".

68 A mesma sistemática é aplicável aos prêmios.

69 Assim dispunha a redação anterior:

Art. 62. [...] a) [...]; b) os gerentes, assim considerados os que investidos de mandato, em forma legal, exerçam encargos de gestão, e, pelo padrão mais elevado de vencimentos, só diferenciem aos demais empregados,

A redação originária, entretanto, não oferecia uma baliza para que se pudesse delimitar o conceito de "padrão mais elevado de vencimentos". Por isso, a mencionada norma construiu um referencial distintivo. O parágrafo único do art. 62 da CLT deve ser interpretado *a contrario sensu*, asseverando que o regime de jornadas será aplicável ao empregado fictamente intitulado "gerente", quando seu "salário do cargo de confiança, compreendendo a gratificação de função, se houver, for inferior ao valor do respectivo salário efetivo acrescido de 40% (quarenta por cento)". Em outras palavras: para que o "gerente" seja excluído do regime de limitação de jornadas será imprescindível que sua remuneração (salário-base + gratificação de função, se houver) tenha dimensão quarenta por cento maior do que aquela aplicada aos demais empregados da empresa por ele gerida.

Assim, se um gerente, com efetivos poderes de gestão, tiver remuneração de R$ 3.000,00 numa empresa onde os demais trabalhadores recebem apenas R$ 1.500,00, ele poderia, *em tese*, estar submetido ao tratamento diferenciado sugerido pelo *caput* do art. 62 da CLT, uma vez que seus empregadores lhe teriam garantido um "padrão mais elevado de vencimentos". Afirma-se *em tese*, porque o mencionado art. 62 da CLT estabelece uma distinção restritiva do direito de percepção de horas extraordinárias que o texto constitucional não fez. Maiores detalhes quanto à não recepção do art. 62 da CLT são encontrados no subitem "exclusão do regime de percepção de horas extraordinárias e recepção constitucional" do tópico "prorrogação de horas de trabalho", no capítulo que trata da "duração do trabalho e períodos de descanso".

b2) Gratificação de balanço

É uma manifestação de agradecimento, de reconhecimento, de contentamento ou de gratidão patronal por evidências positivas no balanço, inclusive semestral. O ora analisado complemento salarial não tem sede legal. A previsão é contratual (ajuste *inter partes* ou contrato coletivo).

No que diz respeito à dimensão, a gratificação de balanço pode revestir diversas apresentações, seja quanto à periodicidade, seja quanto ao percentual. São, em rigor, calculadas sobre o salário-base.

Segundo o TST, a gratificação semestral não repercute no cálculo das horas extras, das férias e do aviso prévio, ainda que indenizados, mas apenas pelo seu duodécimo, na indenização por antiguidade e na gratificação natalina. Veja-se:

Súmula 253 do TST. GRATIFICAÇÃO SEMESTRAL. REPERCUSSÕES — NOVA REDAÇÃO. A gratificação semestral não repercute no cálculo das horas extras, das férias e do aviso prévio, ainda que indenizados. Repercute, contudo, pelo seu duodécimo na indenização por antiguidade e na gratificação natalina.

c) Prêmios anteriores à Lei n. 13.467, de 13 de julho de 2017

São **estímulos** oferecidos ao empregado para que ele inicie ou mantenha condutas positivas ao empreendimento, por exemplo, a assiduidade, a pontualidade, a produtividade e o cumprimento de metas. Por isso os prêmios normalmente estão vinculados a um período de observação, findo o qual o empregado avaliado poderá ou não iniciar a percep-

---

ficando-lhes, entretanto, assegurado o descanso semanal (antiga alínea *c* renomeada pela Lei n. 7.313, de 17-5-1985); c) os que trabalham nos serviços de estiva e nos de capatazia nos portos sujeitos a regime especial (antiga alínea *d* renomeada pela Lei n. 7.313, de 17-5-1985).

ção do prêmio ou, se já o recebe, poderá mantê-lo. É, portanto, uma distinção conferida em favor de quem se tornou notado pelo trabalho ou pelo mérito[70].

Caracterizam-se, também, pelo **caráter exemplar**, vale dizer, funcionam como referencial a ser atingido por empregados, que, espelhados nos premiados, querem também ser destinatários de tal destaque (com repercussão financeira, o que é melhor).

Os prêmios somente passaram a ter sede legal a partir da reforma trabalhista de 2017. Antes a sua previsão era meramente contratual (ajuste *inter partes* ou contrato coletivo). No tocante à dimensão, eles podem revestir diversas apresentações, seja quanto aos fatos geradores, seja quanto à forma de aferição. São normalmente calculados sobre o salário-base.

Para que fossem integrados no conceito de complemento salarial, os prêmios e as gratificações precisavam ser *ajustados com habitualidade*. Isso significava que a atitude isolada, jamais repetida, de outorga de um montante em dinheiro era entendida como ato de liberalidade, não obrigando à repetibilidade da conduta. Nesse sentido manifestou-se o STF, mediante a Súmula 209:

> *Súmula 209 do STF*. *O salário-produção como outras modalidades de salário-prêmio, é devido, desde que verificada a condição a que estiver subordinado, e não pode ser suprimido, unilateralmente, pelo empregador* **quando pago com habitualidade** *(destaques não constantes do original)*.

Note-se que a condicionalidade do prêmio não afastava, antes da reforma trabalhista de 2017, sua natureza salarial. Bastava ao trabalhador provar que preencheu os requisitos ou condições para a percepção do prêmio para que ele fosse exigível e para que, no período, ele fosse considerado parte integrante da remuneração.

Atente-se, porém, para o fato de que os prêmios concedidos **a partir da vigência da Lei n. 13.467/2017**, por expressa disposição normativa, não mais integram a remuneração do empregado, não mais se incorporam ao contrato de trabalho e não mais constituem base de incidência de qualquer encargo trabalhista ou previdenciário.

A nova redação dada ao § 4º do art. 457 da CLT deixou bem claro que se consideram "prêmios as **liberalidades** concedidas pelo empregador em forma de bens, serviços ou valor em dinheiro a empregado ou a grupo de empregados, em razão de desempenho superior ao ordinariamente esperado no exercício de suas atividades" (destaques não constantes do original). Dê-se ênfase sobre a palavra "liberalidade" que é justamente a qualidade ou condição de quem, em seus atos ou em suas intenções, dá o que não teria obrigação de dar e o faz sem a expectativa de receber algo em troca.

Anote-se, ainda, que a MP n. 808/2017, **durante o período de sua vigência (de 14-11-2017 a 23-4-2018)**, realizou novos ajustes no conceito de prêmio. Afirmou-se no art. 457 da CLT, num novo parágrafo, ora não mais vigente — o § 22 —, que se considerariam prêmios as liberalidades concedidas pelo empregador, **até duas vezes ao ano**, em forma de bens,

---

[70] Os bichos, que têm previsão genérica no § 1º do art. 31 da Lei n. 9.615/98, são premiações concedidas por ocasião de vitórias ou empates nas partidas disputadas pelo atleta profissional. Eles tiveram evidentemente natureza salarial, até a vigência da Lei n. 13.467/2017, uma vez que, como qualquer estímulo, retribuíam a eficiência do trabalho. Anote-se que a palavra "bicho" no sentido em que é aplicada veio do "jogo do bicho", muito popular no Brasil. Conta-se que, no começo do século XX, os jogadores de futebol não ganhavam salários, mas sim montantes arrecadados pelos próprios torcedores, que se reuniam no intuito de retribuir os protagonistas do espetáculo futebolístico. Quando arrecadavam pouco formavam bichos pequenos, por exemplo, um cachorro; quando arrecadavam muito, conseguiam formar bichos grandes, por exemplo, uma vaca. Acrescente-se que é desse costume que surgiu a expressão "fazer uma vaquinha", normalmente relacionada com a arrecadação coletiva para um bem comum.

serviços ou valor em dinheiro, a empregado, grupo de empregados ou terceiros vinculados à sua atividade econômica em razão de desempenho superior ao ordinariamente esperado no exercício de suas atividades.

d) Comissões e percentagens

Comissão é o nome da retribuição paga pelo comitente (pessoa que encarrega outra de alguma coisa) ao comissionado (aquele que tem alguma missão). Trata-se de montante normalmente fixado em percentual sobre uma base de cálculo extremamente variável, mas que, *grosso modo*, coincide com o preço do produto ou serviço intermediado.

Percentagem é uma retribuição que muitas vezes coincide com a ideia de comissão, lucro ou vantagem. Substancialmente significa uma parte proporcional, ou seja, um valor expresso como fração de uma centena que serve à estipulação das comissões. Diz-se, assim, comumente, que o empregador pagará ao seu empregado/comissionado uma percentagem do valor total do bem negociado a título de comissão.

Perceba-se ainda, que há uma grande diferença entre o salário-base estipulado por unidade de produção e, portanto, atribuído sob o rótulo de comissões (para os chamados comissionados ou comissionistas puros), e os complementos salariais, também intitulados comissões, mas oferecidos a quem teve o salário estipulado por unidade de tempo (para os intitulados comissionistas impuros ou mistos)[71]. Note-se que os comissionistas impuros ou mistos têm a atividade de vendas como **tarefa adicional**[72 e 73], enquanto os comissionistas puros têm a atividade de intermediação de vendas como **tarefa essencial**. A Súmula 93 do TST[74] diz respeito aos complementos salariais ora referidos, percebidos por bancários que, como tarefa adicional, vendem papéis ou valores mobiliários em troca de comissões.

e) Quebra de caixa

A quebra de caixa é um complemento salarial de natureza contratual, atribuído ao empregado responsável pela guarda de numerário do empregador (caixa, tesoureiro ou ocupante de função equivalente), como ***verba de incentivo*** que visa atenuar as diferenças negativas eventualmente encontradas no instante de fechamento do fluxo contábil.

Como o empregado, nos moldes do § 1º do art. 462 da CLT, pode sofrer desconto salarial pelos danos culposamente impostos ao empregador, a quebra de caixa surge como verba que

---

[71] Para saber mais sobre as diferenças entre comissionistas puros e impuros consulte-se o item "conceito de comissionista puro e de comissionista impuro (ou misto)", no tópico "salário-base", deste capítulo.

[72] Exemplo dessa situação, consoante mencionado em tópico anterior, é evidenciado por bancários que, apesar de destinatários de salário estipulado por unidade de tempo, vendem produtos do empregador, que lhes podem gerar ganhos suplementares.

[73] **Orientação Jurisprudencial 397 da SDI-1 do TST**: COMISSIONISTA MISTO. HORAS EXTRAS. BASE DE CÁLCULO. APLICAÇÃO DA SÚMULA N. 340 DO TST (publicado no *DEJT* de 2-8-2010). O empregado que recebe remuneração mista, ou seja, uma parte fixa e outra variável, tem direito a horas extras pelo trabalho em sobrejornada. Em relação à parte fixa, são devidas as horas simples acrescidas do adicional de horas extras. Em relação à parte variável, é devido somente o adicional de horas extras, aplicando-se à hipótese o disposto na Súmula n. 340 do TST.

[74] Súmula 93 do TST. BANCÁRIO. Integra a remuneração do bancário a vantagem pecuniária por ele auferida na colocação ou na venda de papéis ou valores mobiliários de empresas pertencentes ao mesmo grupo econômico, se exercida essa atividade no horário e no local de trabalho e com o consentimento, tácito ou expresso, do banco empregador.

incentiva a atenção e o cuidado na operação com o dinheiro alheio. Se o empregado for descurado, a quebra de caixa será absorvida pelo desconto; se ele, ao contrário, não cometer deslizes na operação de entrada e saída de numerário o montante será destinado à satisfação de suas necessidades pessoais, ou seja, ser-lhe-á oferecido como autêntico salário. Nesse sentido não há dúvidas quanto à natureza jurídica da verba em análise:

Súmula 247 do TST. *QUEBRA DE CAIXA. NATUREZA JURÍDICA. A parcela paga aos bancários sob a denominação "quebra de caixa" possui natureza salarial, integrando o salário do prestador de serviços, para todos os efeitos legais (Res. 16/1985, DJ, 13-1-1986).*

É importante anotar que a conferência dos valores de caixa deve ser realizada na presença do empregado responsável pela guarda do numerário. Se este foi impedido pela empresa de acompanhar a conferência, ficará isento de qualquer responsabilidade por erros apurados. Esse tem sido o posicionamento dos Tribunais do Trabalho, valendo indicar, a título exemplificativo, aquele adotado pelo TRT mineiro nos autos do Recurso Ordinário n. 00974-2006-015-03-00-0.

f) Luvas

Luvas, no sentido que interessa ao direito do trabalho, são verbas salariais atribuídas ao empregado (normalmente ao atleta profissional, mas têm aplicabilidade também entre outros empregados cuja contratação seja disputada) como incentivo à assinatura do contrato.

Seu valor está intimamente relacionado ao prestígio que o trabalhador angariou ao longo de sua carreira ou à boa fama que conseguiu obter em pouco tempo. Enfim, quanto mais nome e mais prestígio tiver o trabalhador no transcurso de sua carreira, maior será o bônus (luvas) exigido na assinatura do contrato com determinado empregador[75].

Por conta da liberdade contratual quanto ao modo de atribuição, as luvas podem ser pagas em montante único ou de forma parcelada; em dinheiro ou em utilidades.

As luvas são entendidas pela doutrina e pela jurisprudência como parcela de natureza salarial, no âmbito das chamadas verbas de incentivo. Na verdade, o empregador concede uma "bonificação" ao empregado para que ele, entre outras tantas ofertas de trabalho existentes no mercado, prefira aquela cujas luvas se revelaram mais atrativas.

As "luvas" ingressam no plano dos chamados "complementos salariais próprios" porque, uma vez bonificado o "fundo de trabalho" do contratado, desaparecem os motivos que justificariam a manutenção da verba ora analisada. Diz-se "fundo de trabalho" numa alusão comparativa à expressão "fundo de comércio", muito utilizada no direito empresarial. Por analogia, o "fundo de trabalho" seria o patrimônio imaterial que o trabalhador conquistou ao demonstrar sua elevada respeitabilidade, reputação e qualidade técnica no mercado laboral.

Durante o período em que são pagas, as luvas integram a remuneração e são consideradas para o recolhimento do FGTS e para o cálculo das férias e do décimo terceiro salário.

12.2.1.2.2 Complementos salariais impróprios

Os complementos salariais impróprios são verbas que incrementam o salário-base, mas que, ao contrário dos complementos salariais típicos, incrustam-se na remuneração independentemente do fenecimento dos seus fatos geradores. Constituem, na verdade, acréscimos ao salário-base disfarçados de complemento salarial.

---

75 CYRINO, Sinésio; KERTZMAN, Ivan. *Salário de contribuição: a base de cálculo previdenciária das empresas e dos segurados*. Salvador: Edições JusPodivm, 2007, p. 153.

a) Abono salarial anterior à Lei n. 13.467, de 13 de julho de 2017

Abonar significa adiantar ou fazer pagamento por outrem com o objetivo de desonerá-lo. Aliás, a etimologia do verbo "abonar" sugere isto: *ab-*, prefixo que revela "distanciamento" (tal qual acontece com **ab**uso, mediante o desvirtuamento, o distanciamento do uso normal), e *onare*, variação latina das palavras "ônus", "custo", "carga". Diante disso, abonar expressa exatamente o quanto antes expendido, ou seja, adiantar o pagamento para distanciar-se do ônus do débito.

Nesse sentido, os abonos constituem antecipações salariais, de natureza espontânea ou coacta (por força de lei ou de norma coletiva), que visam minorar os danos causados ao trabalhador por conta da demora do processo de outorga de efetivo aumento salarial. Constituem, então, um lenitivo em razão da expectativa do reajuste. Os abonos, a propósito, são integrados ao salário na medida em que são concedidos os acréscimos salariais. Apesar de aparecerem nos demonstrativos de pagamento como rótulos autônomos, não estão condicionados a um específico fato gerador, mas apenas à concessão do ajuste de salário.

Quando oferecido, enfim, o reajuste salarial que motivou o pagamento do abono, este era integrado ao salário-base e desaparecia como rótulo autônomo.

Atente-se, porém, para o fato de que **os abonos passaram a ter natureza não remuneratória a partir da vigência da Lei n. 13.467/2017**. A partir de então, tirante o ínterim de vigência da MP n. 808/2017, eles deixaram de integrar a remuneração do empregado para os fins previstos na legislação trabalhista.

b) Adicional por tempo de serviço

São acréscimos pagos por período de tempo contínuo em favor de um mesmo empregador. Recebem normalmente o nome de "adicionais", mas por vezes também são chamados de "gratificações" (vejam-se, por exemplo, as Súmulas 202 e 203 do TST).

Considerando a óbvia impossibilidade de fazer cessar o decurso do tempo, não há como fazer desaparecer os adicionais por tempo de serviço. Por essa especial característica, entende-se que o adicional por tempo de serviço foge ao figurino de complemento salarial, aproximando-se muito mais da ideia de ser ele um **aumento destacado** oferecido ao salário-base. Nessa condição, esse complemento salarial acaba por integrar o salário para todos os efeitos previstos em lei, sendo tal ideia corroborada pelo disposto nas precitadas Súmulas 203 e 226 do TST[76].

Note-se, porém, que o mesmo TST exclui o direito de integração do adicional por tempo de serviço para fins de cálculo do RSR. Isso certamente acontece porque, nos termos do art. 7º da Lei n. 605/49, já se consideram remunerados os dias de repouso semanal dos empregados mensalistas ou quinzenalistas. Note-se:

> **Súmula 225 do TST.** *REPOUSO SEMANAL. CÁLCULO. GRATIFICAÇÕES POR TEMPO DE SERVIÇO E PRODUTIVIDADE. As gratificações por tempo de serviço e produtividade, pagas mensalmente, não repercutem no cálculo do repouso semanal remunerado.*

Os adicionais por tempo de serviço não têm sede legal no ordenamento jurídico dos trabalhadores empregados. Quanto existente, a previsão é contratual (ajuste *inter partes* ou

---

[76] Súmula 203 do TST. GRATIFICAÇÃO POR TEMPO DE SERVIÇO. NATUREZA SALARIAL. A gratificação por tempo de serviço integra o salário para todos os efeitos legais.

Súmula 226 do TST. BANCÁRIO. GRATIFICAÇÃO POR TEMPO DE SERVIÇO. INTEGRAÇÃO NO CÁLCULO DAS HORAS EXTRAS. A gratificação por tempo de serviço integra o cálculo das horas extras.

contrato coletivo). Eles podem revestir diversas apresentações, sendo o **anuênio** (1% a cada ano de serviço), o **triênio** (3% a cada três anos de serviço) e o **quinquênio** (5% a cada cinco anos de serviço) as mais comuns. Sempre são calculados sobre o salário-base (ou, em alguns sistemas, sobre o salário-base acrescido da gratificação pelo exercício de função[77]).

Existindo, concomitantemente, adicional por tempo de serviço outorgado por força da autonomia individual privada (contrato de emprego) e adicional por tempo de serviço concedido por meio da autonomia coletiva privada (acordo coletivo ou convenção coletiva), o empregado terá direito a receber, exclusivamente, um dos complementos, aquele que lhe seja mais benéfico. Esse é o posicionamento do TST mediante a Súmula 202. Veja-se:

> **Súmula 202 do TST.** *GRATIFICAÇÃO POR TEMPO DE SERVIÇO. COMPENSAÇÃO. Existindo, ao mesmo tempo, gratificação por tempo de serviço outorgada pelo empregador e outra da mesma natureza prevista em acordo coletivo, convenção coletiva ou sentença normativa, o empregado tem direito a receber, exclusivamente, a que lhe seja mais benéfica.*

c) Gratificações de função incorporadas

O parágrafo único do art. 468 da CLT deixa claro que "não se considera alteração unilateral a determinação do empregador para que o respectivo empregado reverta ao cargo efetivo, anteriormente ocupado, deixando o exercício de função de confiança". A despeito disso, formou-se o entendimento jurisprudencial no sentido de que, em nome da estabilidade financeira, não se pode retirar a gratificação de função do empregado que já a recebia há dez ou mais anos, corridos ou não, salvo por justo motivo. Veja-se:

> **Súmula 372, I, do TST.** *Percebida a gratificação de função por **dez ou mais anos**[78] pelo empregado, se o empregador, **sem justo motivo**, revertê-lo a seu cargo efetivo, não poderá retirar-lhe a gratificação tendo em vista o princípio da estabilidade financeira* (destaques não constantes do original).

Perceba-se que essa gratificação sem função adere ao salário-base, passando a constituir um complemento salarial impróprio. É "complemento salarial" porque a verba aparecerá de modo destacado (como um rótulo completo) nos demonstrativos de pagamento; é "impróprio" porque, ao contrário dos demais complementos salariais, incrustar-se-á na remuneração do empregado independentemente do fenecimento de seus fatos geradores. Será, em outras palavras, um acréscimo ao salário-base disfarçado de complemento salarial.

Importante anotar, porém, que **a reforma trabalhista de 2017** exterminou a gratificação de função incorporada em nome da estabilidade financeira. A Lei n. 13.467/2017 adicionou o § 2º ao art. 468 da CLT para deixar bem claro que "a alteração de que trata o § 1º deste artigo, **com ou sem justo motivo**, **não assegura** ao empregado o direito à manutenção do pagamento da gratificação correspondente, que não será incorporada, independentemente do tempo de exercício da respectiva função".

d) Gratificação natalina ou décimo terceiro salário

A gratificação natalina surgiu originariamente como espontânea manifestação de agradecimento, de reconhecimento, de contentamento ou de gratidão patronal por ocasião do

---

[77] Súmula 240 do TST. BANCÁRIO. GRATIFICAÇÃO DE FUNÇÃO E ADICIONAL POR TEMPO DE SERVIÇO. O adicional por tempo de serviço integra o cálculo da gratificação prevista no art. 224, § 2º, da CLT.
[78] Note-se que a súmula não exige que os dez ou mais anos sejam corridos, seguidos.

Natal. A despeito disso, foi tornada obrigatória por força de lei. O legislador da década de 1960 (tal vantagem foi instituída no governo João Goulart, por meio da Lei n. 4.090/62) entendeu que todos os empregadores, obrigatoriamente, deveriam manifestar gratidão natalina, independentemente dos resultados produzidos por seus empregados[79]. O instituto foi pormenorizado no governo militar de Castello Branco mediante a Lei n. 4.749/65. A regulamentação da matéria está contida no Decreto n. 10.854, de 10 de novembro de 2021.

Considerando a exigibilidade legal e o condicionamento a uma específica época do ano[80], não há como fazer cessar o pagamento dessa gratificação. Talvez por conta dessa particularidade, o legislador constituinte resolveu alterar definitivamente o nome jurídico dessa vantagem para "décimo terceiro salário" (*vide* o art. 7º, VIII, da Constituição da República), afastando a ideia de que a verba poderia, do mesmo modo que outras gratificações, ser suprimida.

Alguns aspectos importantes sobre o décimo terceiro salário:

a) Trata-se de vantagem de natureza salarial paga a cada ano, correspondente a 1/12 avos da remuneração devida até 20 de dezembro[81]. Exemplo: um empregado contratado em janeiro/2014 com salário correspondente a R$ 1.200,00 nos primeiros seis meses do ano e R$ 2.400,00 nos últimos seis meses do mesmo ano fará jus, até o dia 20 de dezembro, a R$ 2.400,00 a título de décimo terceiro salário. Perceba-se que o relevante para fins de pagamento dessa verba é o valor do salário-base no mês de dezembro, e não a média aritmética de todo o ano. Utiliza-se, na verdade, a média aritmética dos complementos salariais recebidos durante o transcurso no ano-base de cálculo do décimo terceiro salário.

b) A fração igual ou superior a quinze dias de trabalho será havida como mês integral.

c) Deve-se compensar a importância que, a título de adiantamento de décimo terceiro salário, o empregado houver recebido entre os meses de fevereiro e novembro de cada ano. Anote-se que o empregador não estará obrigado a pagar o adiantamento, no mesmo mês, a todos os seus empregados. Exemplo: um empregado contratado em janeiro de 2014 com salário correspondente a R$ 1.200,00, nos primeiros seis meses do ano recebe em abril a quantia correspondente a R$ 600,00 a título de adiantamento do décimo terceiro salário. Esse mesmo empregado, que teve o salário reajustado para R$ 2.400,00 entre os meses de julho e dezembro, receberá, até o dia 20 do referido mês, a diferença que lhe é devida, qual seja, R$ 1.800,00. Essa diferença é baseada na seguinte operação aritmética: R$ 2.400,00 (salário de dezembro) — R$ 600,00 (valor antecipado a título de metade do décimo terceiro salário quando o empregado recebia R$ 1.200 mensais) = R$ 1.800,00.

---

[79] A universalização da gratificação natalina foi resultado de uma ação governamental populista, segundo a qual o Estado, substituindo nocivamente a atuação sindical, concede para todos os trabalhadores, por fonte heterônoma, o que deveria lhes ser concedido por meio de negociação. A despeito disso, há quem, como Maria Celina Bodin de Moraes (*Danos à pessoa humana*. Rio de Janeiro: Renovar, 2003, p. 69), entenda que a situação exemplifica a imposição aos particulares do dever de solidariedade social.

[80] Esse é outro fator de perenização de um complemento salarial, que, consequentemente, torna-se impróprio. Afirma-se isso porque, se uma vantagem é oferecida em função de um evento comemorativo ou de um mês do ano, não há como excluí-la do patrimônio jurídico do trabalhador, **uma vez ajustada**, simplesmente porque não há como fazer desaparecer um evento comemorativo ou um mês do ano.

[81] Ver Precedente Administrativo da Secretaria de Inspeção do Trabalho: PRECEDENTE ADMINISTRATIVO N. 25 (Aprovado pelo Ato Declaratório DEFIT n. 3, de 29.05.2001, *DOU*, 30.05.2001, e consolidado pelo Ato Declaratório DEFIT n. 4, de 21.02.2002, *DOU*, 22.02.2002). GRATIFICAÇÃO NATALINA. PRAZO. A lei dispõe que o prazo para pagamento da gratificação natalina é o dia 20 de dezembro de cada ano. Recaindo o dia 20 em domingo ou feriado, o pagamento deve ser antecipado. Não há que se falar em prorrogação para o primeiro dia útil subsequente.

d) O adiantamento será pago ao ensejo das férias do empregado, sempre que este o requerer no mês de janeiro do correspondente ano. Se o empregado não fizer o requerimento, o empregador pagará a metade do décimo terceiro quando melhor lhe aprouver, entre 1º de fevereiro e 30 de novembro de cada ano.

e) A gratificação será proporcional na cessação dos contratos cujo fim tenha ocorrido antes de dezembro, salvo se a terminação tiver ocorrido por justa causa operária.

f) Ocorrendo a cessação do contrato de trabalho antes de dezembro, o empregador poderá compensar o adiantamento eventualmente outorgado com outro crédito de natureza trabalhista que possua o respectivo empregado.

12.2.1.3 Suplementos salariais

Suplemento é algo que reforça o conjunto, mas que nele não está contido. É parte que se adiciona a um todo para ampliá-lo, para acrescê-lo. Trata-se de um adendo, visivelmente destacado. Os suplementos diferem dos complementos porque eles constituem partes integrantes de conjuntos diversos.

A ideia de suplemento, no campo salarial, sugere uma verba que tenha origem diversa do salário-base e de tudo o que complementa o salário-base. Se essas parcelas vêm dos bolsos dos patrões, os suplementos, pelo contrário, como reforço extra, são outorgados aos empregados pelos parceiros mercantis do empregador, quais sejam, os fornecedores e/ou os clientes.

Diante do quanto expendido, os suplementos salariais podem ser definidos como verbas (retributivas do trabalho) outorgadas não pelo empregador, mas por terceiros com quem este (o patrão) estabeleceu vínculos mercantis. Um gráfico que bem representa as relações ocorridas entre o salário-base, seus complementos e os suplementos salariais é o seguinte:

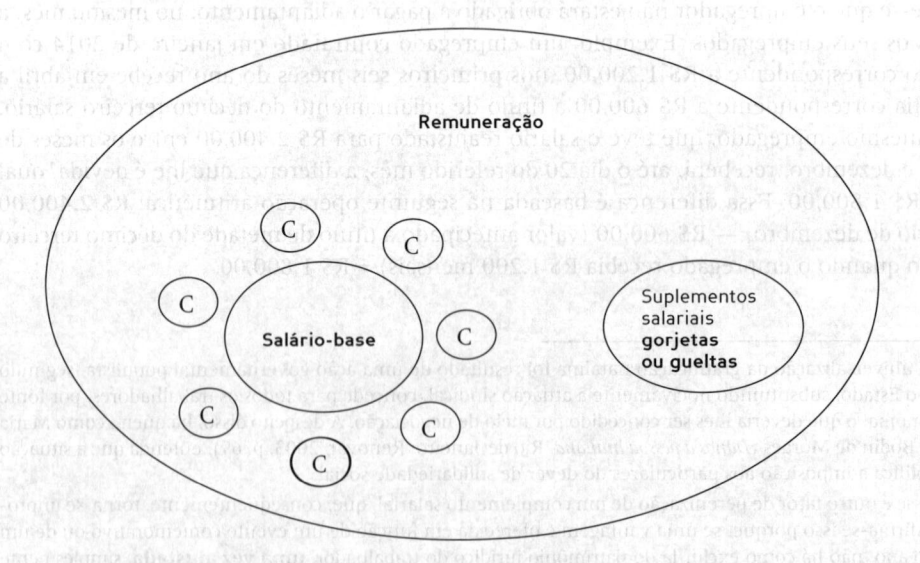

Observe-se que a remuneração é o conjunto que integra o salário-base, os complementos salariais (identificados pela letra "c") e, também, os suplementos salariais.

Os suplementos salariais aparecem no referido quadro como vantagens que **não provêm do patrão**, mas sim dos bolsos de clientes ou de fornecedores que somente contataram com o empregado por força da intermediação do empregador. Em qualquer caso, os referidos suplementos são **oportunidades de ganho** oferecidas pelos empregadores aos empregados.

RETRIBUIÇÃO DO TRABALHO

Fala-se em "oportunidade de ganho", porque o patrão oferece uma *chance* para que seu empregado ganhe algo mais do que seu próprio salário. Essas oportunidades são proporcionadas em decorrência de relações que o patrão naturalmente mantém com seus clientes ou fornecedores. Veja-se o gráfico a seguir apresentado para bem entender a formação das ora analisadas vantagens:

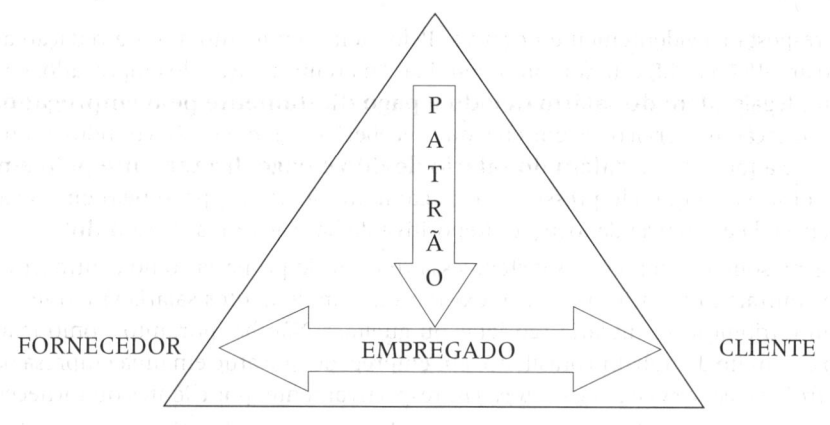

```
                    P
                    A
                    T
                    R
                    Ã
                    O
    FORNECEDOR  ⇔  EMPREGADO  ⇒  CLIENTE
```

De acordo com a formulação gráfica, o patrão oportuniza o acesso do empregado a seus fornecedores e clientes. Por conta dessa chance de contato, o empregado (normalmente um comerciário) poderá, se o empregador permitir[82], receber incentivos pecuniários dos fornecedores para vender os produtos ou serviços destes e ser destinatário de estímulos financeiros pelo bom atendimento destinado aos clientes. Os incentivos pecuniários concedidos pelos fornecedores recebem o nome de gueltas, e os estímulos financeiros prestados pelos clientes são chamados de gorjetas.

As gorjetas e as gueltas integram, ao lado do salário-base e complementos salariais, o que, no conjunto, se identifica como "remuneração" (*vide* o art. 457 da CLT), desde que, evidentemente, o empregador tenha conhecimento da correspondente percepção e da dimensão dos valores recebidos.

Outro detalhe importante corresponde à matéria de alteração contratual: fornecedores e clientes **não estão** submetidos às regras do art. 468 da CLT, mas apenas o empregador. Assim, se um empregador permite o recebimento de gueltas ou gorjetas não poderá, senão mediante o concurso dos pressupostos da necessidade, do consenso e da ausência de prejuízo para o trabalhador, alterar o contrato de emprego para vedar a conduta[83]. Nada impedirá, entretanto, que o terceiro, concedente da guelta ou da gorjeta, simplesmente deixe de

---

82 O empregador pode proibir que o empregado aufira qualquer vantagem junto a seus fornecedores ou clientes. Uma vez permitida essa oportunidade de ganho, o empregador não poderá retroceder quanto ao direito outorgado. Nada, entretanto, pode impedir que os fornecedores ou clientes cessem a concessão dos suplementos salariais. É importante lembrar que eles não estão envolvidos numa relação de emprego, motivo pelo qual não poderão ser compelidos a se comportar nos moldes do art. 468 da CLT. Ademais, o empregador não estará obrigado a manter a dimensão de rendimentos do empregado nos casos em que fornecedores ou clientes deixem de atribuir, respectivamente, gueltas e gorjetas. Estas, uma vez suprimidas, não produzirão efeitos sobre as verbas pagas diretamente pelo empregador.

83 Tampouco poderá, em homenagem ao princípio da isonomia de tratamento, manter alguns empregados com o direito de receber gorjetas ou gueltas e outros não. Se houver negativa de recebimento desses complementos salariais, essa negativa deve atingir a todos os empregados; se houver permissão, todos, indistintamente, hão de estar autorizados a tanto.

atribuí-la. Como ele não é sujeito do contrato de emprego, não poderá ser compelido a manter um comportamento meramente espontâneo.

É também relevante o oferecimento de resposta a um questionamento muito frequente:

Podem os empregados ser contratados para receber unicamente suplementos salariais (gorjetas ou gueltas)?

A resposta é evidentemente negativa. Pelo menos enquanto durar a redação ainda visível no art. 457 da CLT, estarão compreendidas "na remuneração do empregado, para todos os efeitos legais, **além do salário devido e pago diretamente pelo empregador**, como contraprestação do serviço, as gorjetas que receber" (destaques não contidos no original). Ressalte-se aqui o trecho **"além do salário devido e pago diretamente pelo empregador"** e observe-se que ele pressupõe o pagamento do salário pago pelo empregador em decorrência da existência da locução prepositiva de base adverbial **"além do"**.

Assim, somente depois de satisfeita essa retribuição primária como contraprestação do serviço contratado (salário-base e, se existentes, complementos salariais) é que se poderá falar em retribuição secundária (gorjetas ou gueltas). Não há, portanto, como falar-se, no âmbito do direito do trabalho brasileiro, em empregado que atue em uma empresa para nela *apenas fruir das gorjetas ou das gueltas pagas*, respectivamente, por clientes ou fornecedores.

Vejam-se a seguir algumas espécies de suplemento salarial, inclusive algo mais sobre as já mencionadas gorjetas e gueltas:

12.2.1.3.1 Gorjetas

As gorjetas são suplementos salariais outorgados pelos clientes de uma empresa em favor dos seus empregados como estímulo pecuniário para a manutenção de um bom atendimento. Apesar de historicamente caracterizado pela espontaneidade (gorjeta diretamente concedida, sem registros ou formalidades), o suplemento salarial ora em análise, nos moldes do § 3º do art. 457 da CLT, não perde a sua característica por ter sido cobrado como adicional nas contas (gorjeta indiretamente concedida, mediante registro formal em nota de consumo e consequente filtragem pelo empregador).

O importante para a caracterização do instituto da gorjeta não é, entretanto, o modo como ela é apurada, mas, sim, **a sua origem**, porque deve ser proveniente de clientes, e **o seu destino**, pois há de ser destinada aos empregados. Nesse ponto cabe anotar que a gorjeta **"não constitui receita própria dos empregadores"**, pois, por essência, é montante **"destinado à distribuição aos empregados"**, segundo critérios de custeio e de rateio definidos em convenção ou acordo coletivo de trabalho.

No âmbito etimológico, que tanto auxilia as compreensões, é bom registrar que a palavra gorjeta provém de gorja, sinônimo de garganta, que proveio do latim *gurges*. Assim, historicamente, o nome gorjeta criou-se a partir da ideia de pagar uma bebida para alguém ou de dar a quem realizou um bom trabalho um valor suficiente para "molhar a garganta". Embora a gorjeta, na atualidade, tenha perdido essa referência de gratificar com algo para beber, percebe-se ainda um vestígio desse antigo hábito quando se diz, em linguagem popular, "tome aqui esse trocado para uma cervejinha" ou algo do gênero... A lembrança da origem etimológica faz com que se revivam as expressões criativas, não se podendo esquecer que, na língua francesa, gorjeta é *pourboire*, vale dizer, literalmente, "para beber".

a) A regência da Lei n. 13.419, de 2017, e a sua breve existência

A despeito da ideia inicial de exclusividade de sua destinação para os empregados, a **Lei n. 13.419, de 13 de março de 2017 (com vigência depois de decorridos sessenta dias** de sua publicação oficial, havida no *DOU* de 14-2-2017), flexibilizou o entendimento admitindo que os empregadores possam valer-se de parte dela para pagar encargos sociais, previdenciários e trabalhistas em favor dos próprios empregados.

O § 6º do art. 457 da CLT passou a prever que **as empresas *inscritas* em regime de tributação federal diferenciado** poderão lançar as gorjetas na respectiva nota de consumo, **facultando-lhes a retenção de até 20% (vinte por cento) da arrecadação correspondente**, desde que **secundada por previsão em convenção ou acordo coletivo de trabalho**, para a finalidade especial e vinculada de custear os encargos sociais, previdenciários e trabalhistas derivados da sua integração à remuneração dos empregados. O remanescente dessa operação, porém, deve ser integralmente revertido em favor do trabalhador.

Igualmente, mas em outra medida, **as empresas *não inscritas* em regime de tributação federal diferenciado** poderão lançar a gorjeta na respectiva nota de consumo, **facultando-lhes retenção de até 33% (trinta e três por cento) da arrecadação correspondente**, também por meio de previsão em convenção ou acordo coletivo de trabalho, do mesmo modo para a finalidade especial e vinculada de custear os encargos sociais, previdenciários e trabalhistas derivados da sua integração à remuneração dos empregados. O remanescente dessa operação, em todo caso, é integralmente devido aos trabalhadores.

Repise-se que **os empregadores, nos termos do referido conjunto normativo, somente poderiam se valer de parte das gorjetas para pagar encargos sociais, previdenciários e trabalhistas em favor dos próprios empregados mediante PRÉVIA AUTORIZAÇÃO obtida mediante negociação coletiva**.

Ressalte-se que os valores retidos pelo empregador na forma aqui descrita haveriam de continuar a ter por destinatários exclusivos os próprios empregados, pois a retenção de parte das gorjetas, como salientado, visa única e exclusivamente ao pagamento de "encargos sociais, previdenciários e trabalhistas derivados da sua integração à remuneração", **não podendo haver desvio de finalidade**.

Ocorrendo o referido desvio, caberia à "comissão de empregados" ou à "comissão intersindical", conforme o caso, como se verá mais adiante, a invocação das penalidades previstas no instrumento coletivo negociado que autorizou a retenção ou, não havendo sanções específicas, a apresentação de pedido de nulificação do ato jurídico autorizador da retenção e a postulação da consequente redistribuição do saldo retido para os próprios trabalhadores.

Anote-se que **a praxe de cobrar as gorjetas como adicional nas contas decorreu da necessidade de contemplar todos os empregados envolvidos na atividade produtiva**. Para ilustrar, tome-se o exemplo do *garçom*. Apesar de não ter sido o responsável pela confecção do prato que tanto agradou o paladar do cliente, será ele o destinatário preferencial das manifestações de satisfação. A clientela, de um modo geral, esquece que a boa comida foi feita pelos *cozinheiros* e *ajudantes de cozinha*; que o serviço foi ordenado pelo *maître* e que a limpeza das mesas foi promovida pelo *cumim*. Normalmente só o garçom é lembrado e contemplado quando as gorjetas são informalmente concedidas, e nem sempre eles repartem esse dinheiro com seus colegas. Por isso, muitos empregadores assumem a função de arrecadar as gorjetas arbitradas nas contas (o que ocorre na dimensão média de dez por cento sobre o valor total consumido), para posteriormente dividi-las entre todos os trabalhadores mediante um sistema de pontos. Por meio desse sistema normalmente manejável por negociação coletiva cada grupo de trabalhadores envolvido na execução do serviço ganhará um percentual do montante total apurado.

Acrescente-se, por fim, que a gorjeta, por sua origem, como **verba de natureza remuneratória** que é, deve ser integrada ao conjunto retributivo desde que, evidentemente, o empregador tenha conhecimento da outorga e da dimensão outorgada. Não há como exigir que o empregador tenha a capacidade de premunir que um seu empregado recebeu informalmente algum valor a título de gorjeta, se esse ato de embolso e o valor embolsado não foram levados ao seu conhecimento.

Desde que o empregador saiba que no seu estabelecimento os empregados recebem gorjetas e na medida em que conheça o valor a elas correspondente, cabe-lhe proceder a integração na remuneração para fins de reflexão sobre demais vantagens. Tal suplemento salarial, entretanto, não comporá a base de cálculo de *aviso prévio, adicional noturno, horas extraordinárias e repouso semanal remunerado* conforme Súmula 354 do TST[84]. Há impossibilidade de as gorjetas serem utilizadas para a composição das verbas ora ressalvadas (aviso prévio, adicional noturno, horas extraordinárias e repouso semanal remunerado[85]) porque elas são calculadas exclusivamente sobre verbas salariais (pagas pelo empregador), e não sobre verbas remuneratórias (que, além dos montantes pagos pelo empregador, envolvem também vantagens concedidas por terceiros).

Em todo caso, até por obediência ao comando contido no art. 29 da CLT, **caberá ao empregador anotar na Carteira de Trabalho e Previdência Social e no contracheque de seus empregados** tanto o salário contratual fixo quanto o percentual recebido a título de gorjeta. Periodicamente, ademais, inspirado no quanto disposto no § 8º do art. 457 da CLT (não mais existente na ordem jurídica por conta da caducidade das Medidas Provisórias n. 808/2017 e 905/2019), os empregadores deveriam também anotar na referida CTPS de seus empregados, no campo destinado às anotações gerais, a **média dos valores das gorjetas referente a cada um dos últimos doze meses de trabalho. Apesar de não mais viger o referido** § 8º do art. 457 da CLT, ele inspira uma atuação que tem o virtuoso objetivo de historiar os acontecimentos havidos no curso do contrato.

E se a empresa, por sua própria iniciativa, quisesse cessar a cobrança de gorjetas?

A solução <u>era</u> a dada pelo § 9º do art. 457 da CLT. Assim, cessada por iniciativa da empresa a cobrança da gorjeta, desde que cobrada por mais de doze meses, essa se incorporaria ao salário do empregado, tendo como base a média dos últimos doze meses, salvo o estabelecido em convenção ou acordo coletivo de trabalho. Sistematizando:

a) Se a empresa cessasse a cobrança da gorjeta antes de completados doze meses de serviço, essa não se incorporaria ao salário do empregado;

b) Se a empresa cessasse a cobrança da gorjeta praticada por mais de doze meses, essa se incorporaria ao salário do empregado, tendo como base a média dos últimos doze meses, salvo o estabelecido em convenção ou acordo coletivo de trabalho;

c) Se a empresa cessasse a cobrança da gorjeta, independentemente do tempo de sua prática, nada seria incorporado se a norma coletiva isso estabelecesse;

d) Se a empresa cessasse a cobrança da gorjeta, independentemente do tempo de sua prática, haveria incorporação ao salário se a norma coletiva isso estabelecesse.

Entenda-se como **ato de incorporação** aquele por meio do qual uma determinada verba se incrusta definitivamente de forma adjunta ao salário-base do empregado, figurando a partir de então como "vantagem pessoal", devendo assim ser considerada a rubrica que pagará tal verba incorporada.

---

84 Veja-se súmula do TST nesse sentido:
Súmula 354 do TST. GORJETAS. NATUREZA JURÍDICA. REPERCUSSÕES. As gorjetas, cobradas pelo empregador na nota de serviço ou oferecidas espontaneamente pelos clientes, integram a remuneração do empregado, não servindo de base de cálculo para as parcelas de aviso prévio, adicional noturno, horas extras e repouso semanal remunerado.

85 Para memorizar as verbas sobre as quais as gorjetas não repercutem, costuma-se utilizar a fórmula mnemônica "*APANHE RSR*". Nela há referência contraída às parcelas referidas na Súmula 354 do TST, ou seja, aviso prévio (AP), adicional noturno (AN), horas extraordinárias (HE) e repouso semanal remunerado (RSR): AP+AN+HE+ RSR.

É importante anotar, ademais, que o efeito incorporativo somente aconteceria se a cessação das gorjetas se desse por ato de iniciativa patronal. Afirma-se isso porque o mesmo efeito não poderia ocorrer se a supressão se desse por iniciativa exclusiva dos próprios consumidores. Sendo o pagamento das gorjetas um ato espontâneo consumerista, a supressão voluntária por parte do próprio consumidor não haveria de obrigar o empregador a incorporar algo cuja cessação não lhe pode ser imputada.

Averbe-se, ademais, que, nos limites do § 10 do art. 457 da CLT, as **empresas com mais de 60 (sessenta) empregados** haveriam de tratar dos assuntos relacionados às gorjetas com uma "**comissão de empregados**" criada no bojo de convenção ou acordo coletivo de trabalho para cuidar dos interesses de um específico empregador. Essa comissão, integrada apenas por empregados, seria formada para acompanhamento e fiscalização da regularidade da cobrança e distribuição da gorjeta. Seus representantes **haveriam de ser eleitos em assembleia geral convocada para esse fim pelo sindicato laboral** e gozariam de **garantia de emprego** vinculada ao desempenho das funções para o qual foram eleitos. Detalhes relativos ao número de integrantes da comissão de empregados, ao tempo de duração do mandato de cada um dos integrantes e à forma/tempo de garantia de emprego haveriam de constar do instrumento coletivo negociado, tendo as partes amplas possibilidades de diálogo no particular.

As **empresas com até 60 (sessenta) empregados,** por outro lado, caso não desejassem espontaneamente admitir a criação da "comissão de empregados", o que poderia ocorrer dentro dos limites da autonomia coletiva privada, haveriam de submeter-se ao acompanhamento e fiscalização da regularidade da cobrança e distribuição da gorjeta por uma **comissão intersindical**, vale dizer, por uma comissão composta de representantes dos sindicatos das categorias econômica e profissional.

É bom dizer que, nos termos do § 11 do art. 457 da CLT, caso fosse "comprovado o descumprimento do disposto nos §§ 4º, 6º, 7º e 9º deste artigo, o empregador" pagaria ao trabalhador prejudicado, "a título de multa, o valor correspondente a 1/30 (um trinta avos) da média da gorjeta por dia de atraso, *limitada* ao piso da categoria, assegurados em qualquer hipótese o contraditório e a ampla defesa". Anote-se, ademais, que a limitação ora referida haveria de ser triplicada caso o empregador seja reincidente. Considera-se reincidente o empregador que, durante o período de doze meses, descumprir o disposto nos §§ 4º, 6º, 7º e 9º deste artigo por mais de 60 (sessenta) dias.

Os textos deste tópico foram escritos intencionalmente no futuro do pretérito, porque o conjunto normativo contido entre os §§ 4º e 11 do art. 457 da CLT foi totalmente revogado pela Lei n. 13.467, de 2017. Isso mesmo. Tudo foi revogado, conforme se verá no subitem a seguir escrito, embora, num vaivém normativo gerador de muita insegurança, algo tenha sido revigorado pela intercessão da Medida Provisória n. 905, de 2019, que, por sua vez, também perdeu a vigência.

b) A revogação do conjunto normativo contido do § 4º ao § 11 do art. 457 da CLT pela Lei n. 13.467, de 2017

A Lei n. 13.467, de 2017, ao tratar do art. 457 da CLT, modificou a redação do § 4º e passou a tratar ali do conceito e da extensão dos prêmios. Nesse instante, por sobreposição, o § 4º, que fora recentemente criado pela Lei das Gorjetas (Lei n. 13.419, de 2017), foi tacitamente revogado. A redação desse novo § 4º, porém, trouxe consigo, bem no final de sua redação, a sigla "NR" (o acrônimo para "nova redação"), o que acabou por afetar todos os dispositivos seguintes.

Nesse ponto, cita-se a boa explicação oferecida por Ivan Furlan Falconi[86], segundo o qual, "de acordo com as normas de técnica legislativa, contidas, sobretudo, na Lei Complementar n. 95, de 1998, a sigla 'NR' deve ser utilizada sempre ao final de artigos alterados por eventual nova legislação". Segundo a visão do referido articulista, "caso sejam acrescidos, suprimidos ou modificados parágrafos em artigo de legislação já existente, deve-se proceder à inclusão da sigla 'NR' ao final deste, a fim de indicar que sua redação foi alterada por um novo diploma".

Esse mecanismo de técnica legislativa está expressamente previsto na alínea *d* do inciso III do art. 12 da Lei Complementar n. 95/98, *in verbis*:

> Art. 12. A alteração da lei será feita:
> [...]
> III — nos demais casos, por meio de substituição, no próprio texto, do dispositivo alterado, ou acréscimo de dispositivo novo, observadas as seguintes regras:
> [..]
> d) é admissível a reordenação interna das unidades em que se desdobra o artigo, identificando-se o artigo assim modificado por alteração de redação, supressão ou acréscimo com as letras "NR" maiúsculas, entre parênteses, uma única vez ao seu final, obedecidas, quando for o caso, as prescrições da alínea c.

E continua o referido autor:

"Destarte, ao analisar a nova redação dada ao art. 457 da CLT pela Lei n. 13.467/2017, percebe-se que a sigla 'NR' foi incluída logo após o texto de seu § 4º, o que indica que a redação do artigo termina ali! Afinal, como esse acrônimo deve ser incluído sempre ao final do artigo modificado, conforme determina a Lei Complementar n. 95/1998, infere-se o legislador não somente alterou o § 4º daquele dispositivo, mas também suprimiu todos os parágrafos seguintes. Ou seja: indica-se que o art. 457 passou a ter apenas quatro parágrafos e não mais onze. A Reforma Trabalhista não somente modificou os termos do § 4º do art. 457 da CLT, mas também revogou quase toda a redação dada a este artigo pela Lei das Gorjetas, tornando-a praticamente inócua.

Conforme as normas de boa técnica legislativa, caso o legislador quisesse preservar os parágrafos seguintes ao § 4º, deveria ter incluído uma linha pontilhada antes da sigla 'NR', indicando que, naquele intervalo, ainda existiriam dispositivos que permaneceriam inalterados", mas não o fez.

Concluindo, o referido articulista chamou a atenção para o fato de que "o uso da linha pontilhada não está regulado pela Lei Complementar n. 95/1998. Seu uso deriva de um costume arraigado na elaboração legislativa. O Manual de Redação da Câmara dos Deputados aborda o assunto da seguinte forma: 6.6.7 LINHA PONTILHADA Em textos legais que modificam outros textos legais, usam-se linhas pontilhadas para indicar a omissão de texto do *caput*, de parágrafo, de inciso, de alínea ou de item de determinado artigo. Deve-se usar uma linha pontilhada para indicar todo o texto suprimido, além da linha pontilhada que se segue ao número do artigo modificado. Usa-se ainda uma linha pontilhada no final da emenda se o artigo modificado não encerrar no texto emendado.

[...] Consequentemente, a sigla 'NR' e a falta de linha pontilhada após o § 4º do art. 457 da CLT (lei alterada), na redação dada pelo art. 1º da Lei n. 13.467/2017 (lei alteradora),

---

86 FALCONI, Ivan Furlan. A reforma trabalhista extinguiu a Lei das Gorjetas? *JOTA*, 28-10-2017. Disponível em: <https://www.jota.info/opiniao-e-analise/artigos/a-reforma-trabalhista-extinguiu-a-lei-das-gorjetas-28102017>.

indicam que não há mais dispositivos após aquele enunciado, determinando que o texto do artigo encerra-se ali".

c) A MP n. 808, de 2017 e a sua vigência de 14-11-2017 a 23-4-2018

De início, cabe anotar que a referida MP n. 808/2017 consertou um equívoco produzido pela Lei n. 13.467/2017 no que disse respeito ao § 4º do art. 457 da CLT. A referida Lei esqueceu-se da criação do § 4º pela Lei n. 13.419/2017 e, por falta de cuidado no processo legislativo, implantou um novo § 4º. Qual foi o resultado disso? Esse novo § 4º se sobrepôs àquele criado pela Lei n. 13.419/2017, fazendo-o desparecer, como se disse no tópico anterior.

A MP n. 808/2017, dando-se conta do ocorrido, restaurou o texto que existia no § 4º produzido originariamente pela Lei n. 13.419/2017 e o trasladou para o § 12. Os §§ 5º a 11 foram restaurados. Assim, embora o **§ 12** tenha sido obra da Lei n. 13.419/2017, ele voltou à cena por meio da ora estudada MP n. 808/2017. Segundo o referido dispositivo, "a gorjeta a que se refere o § 3º **não constitui receita própria dos empregadores**, destina-se aos trabalhadores e será distribuída segundo os critérios de custeio e de rateio definidos em convenção coletiva ou acordo coletivo de trabalho". Desejou-se dizer ali que, a despeito de apresada pela acionada, **a gorjeta será sempre utilizada finalisticamente, direta ou indiretamente, em favor dos trabalhadores**.

A novidade trazida pela MP n. 808/2017 estava, em realidade, nos conteúdos dos §§ 13 a 23, regentes das relações jurídico-trabalhistas durante o período de 14-11-2017 a 23-04-2018. **Esse conteúdo <u>pode vir a ser invocado</u> durante o referido ínterim, motivo pelo qual se torna indispensável o oferecimento de alguns comentários sobre o que ali se disciplinou.** Vejam-se alguns detalhes:

O **§ 13** estabeleceu que os **"critérios de rateio e distribuição da gorjeta e os percentuais de retenção"** deveriam estar previstos em convenção coletiva ou acordo coletivo de trabalho. Caso não fosse construído um instrumento coletivo negociado para tanto, o dispositivo admitia fossem definidos esses critérios em assembleia geral dos trabalhadores, na forma estabelecida no art. 612 da CLT. Assim, se se partir do pressuposto de que a assembleia contida no art. 612 da CLT é *especialmente convocada pelo sindicato*, **não há dúvidas de que se deu à ata da assembleia geral**, mesmo que não culmine na confecção de acordo coletivo ou convenção coletiva, **o** *status* **de documento suficiente** para o estabelecimento dos ora discutidos critérios.

O **§ 14** estabeleceu procedimento para a cobrança das gorjetas pelas empresas, criando, **além do dever de anotar na CTPS e no contracheque de seus empregados o salário contratual fixo e o percentual percebido a título de gorjeta**, dois tipos de tratamento:

(a) O **primeiro destinado às empresas inscritas em regime de tributação federal diferenciado**, que devem lançar a cobrança na respectiva nota de consumo, facultada a **retenção de até 20% (vinte por cento) da arrecadação correspondente**, mediante previsão em convenção coletiva ou acordo coletivo de trabalho, para custear os encargos sociais, previdenciários e trabalhistas derivados da sua integração à remuneração dos empregados, hipótese em que o valor remanescente deverá ser revertido integralmente em favor do trabalhador;

(b) O **segundo destinado às empresas não inscritas em regime de tributação federal diferenciado**, que devem lançar a cobrança na respectiva nota de consumo, facultada a **retenção de até 33% (trinta e três por cento) da arrecadação correspondente**, mediante previsão em convenção coletiva ou acordo coletivo de trabalho, para custear os encargos sociais, previdenciários e trabalhistas derivados da sua integração à remuneração dos empregados, hipótese em que o valor remanescente deverá ser revertido integralmente em favor do trabalhador.

O § 15, por sua vez, tratou da **gorjeta entregue diretamente pelo consumidor ao empregado**. Essa vantagem, cuja quantificação exata é extremamente difícil, terá critérios definidos em convenção coletiva ou acordo coletivo de trabalho, **facultada** (mas não imposta) a retenção nos parâmetros estabelecidos no precitado § 14.

O § 16, numa reiteração do que consta do inciso III do § 14 do artigo ora em exame, previu que "as empresas anotarão na CTPS de seus empregados o salário fixo e a média dos valores das gorjetas referente aos últimos doze meses". Diante dessa assertiva, surgiu uma inevitável pergunta: **e se o empregador não fizesse essa anotação?** A resposta parecia simples: ocorreria presunção desfavorável a ele, para reputar como verdadeira eventual tese operária quanto ao valor recebido a título de gorjetas. Nesse caso, o empregador perderia a oportunidade de antecipadamente produzir presunção em seu favor.

O § 17 respondeu a dúvida muito frequente entre aqueles que pagam gorjetas: uma empresa pode proibir o recebimento de gorjetas em seu estabelecimento e, consequentemente, fazer cessar o seu pagamento? A resposta, evidentemente, passa pelo filtro do art. 468 da CLT, que impõe a necessidade de mútuo consentimento e de ausência de prejuízos aos empregados. Para retirar o elemento prejuízo, foi previsto no ora analisado parágrafo que "cessada pela empresa a cobrança da gorjeta de que trata o § 3º, desde que cobrada por mais de doze meses, essa se incorporará ao salário do empregado".

Note-se que, se houvesse cessação antes de formado um ano de prática de cobrança de gorjeta, não haveria falar-se em nenhum efeito integrativo. Ocorrendo, de todo modo, o efeito integrativo, este teria como base a média dos últimos 12 (doze) meses, sem prejuízo do estabelecido em convenção coletiva ou acordo coletivo de trabalho.

O § 18 previu, de forma reiterativa ao conteúdo constante do § 10, que nas empresas com mais de 60 (sessenta) empregados seria constituída **comissão de empregados**, mediante previsão em convenção coletiva ou acordo coletivo de trabalho, para **acompanhamento e fiscalização da regularidade da cobrança e distribuição da gorjeta** de que trata o § 3º, cujos **representantes haveriam de ser eleitos** em assembleia geral convocada para esse fim pelo sindicato laboral e **gozariam de garantia de emprego** vinculada ao desempenho das funções para a qual foram eleitos. Nas demais empresas, com até 60 (sessenta) empregados, seria constituída **comissão intersindical** para o mesmo fim.

O § 19 estabeleceu multa atribuível ao empregador que retivesse a gorjeta e não realizasse o necessário **rateio e distribuição**. Diante dele, comprovado o descumprimento do disposto nos §§ 12, 14, 15 e 17, o empregador pagaria ao trabalhador prejudicado, a título de multa, o valor correspondente a 1/30 (um trinta avos) da média da gorjeta por dia de atraso, **limitada ao piso salarial da categoria**, assegurado, em qualquer hipótese, o princípio do contraditório e da ampla defesa.

A multa é evidentemente inexpressiva (apenas o valor máximo de um piso salarial da categoria) diante do dano produzido pela retenção, mas não excluiria de nenhum modo, especialmente se dolosa, a postulação de reparações por danos morais decorrentes do aviltamento do trabalhador. Sentindo a insuficiência da multa prevista, a MP n. 808/2017 estabeleceu que o valor-limite seria triplicado na hipótese de reincidência do empregador, mantido, porém, o gradualismo de 1/30 (um trinta avos) da média da gorjeta por dia de atraso. Assim, se um empregador reincidisse, na forma do § 21, a conduta de violação dos dispostos nos § 12, § 14, § 15 e § 17, o limite da multa diária saltaria de um para três pisos salariais, o que ainda é muito pouco para a gravidade da conduta de desautorizada retenção.

Completando o texto aqui expendido, anota-se o conceito de "reincidente". Considerava-se como tal, nos termos da MP n. 808/2017, que perdeu a vigência, o empregador que, durante o período de 12 (doze) meses, descumprisse o disposto nos §§ 12, 14, 15 e 17 por período superior a 60 (sessenta) dias. Isso significava que, depois do primeiro ato de retenção, o empregado somente seria considerado reincidente se repetisse a conduta por período superior a longos 60 (sessenta) dias, continuados ou descontinuados, dentro de um período de 12 (doze) meses.

A despeito dos ajustes realizados pela MP n. 808/2017, a norma, como se disse, não vicejou. A falta de acordo nas duas Casas Legislativas para aprovação motivou a perda da sua eficácia em 23 de abril de 2018 pelo decurso do tempo. Por não ter sido produzido o decreto legislativo disciplinador dos efeitos da perda da eficácia da MP n. 808/2017, as relações constituídas durante a sua vigência continuaram a ser por ela regidas.

d) A restauração da integralidade do texto contido na Lei n. 13.467, de 2017

A **perda da vigência da MP n. 808/2017** restaurou a integralidade do texto contido na Lei n. 13.467, de 2017. Nesse sentido, todas as observações contidas no subitem *b*, acima expendido, intitulado "A revogação do conjunto normativo contido do § 4º ao § 11 do art. 457 da CLT pela Lei n. 13.467, de 2017", voltou a valer. Praticamente toda a sistemática contida na Lei n. 13.419, de 2017, desapareceu.

Restou apenas um espectro normativo como uma sugestão de interpretação para os magistrados e de conteúdo para os sujeitos de uma contratação coletiva.

e) O texto da Medida Provisória n. 905, de 2019

Depois de tantas idas e vindas, de tantas modificações e revogações, a Medida Provisória n. 905, de 2019, trouxe, mais uma vez, para o corpo da CLT um conjunto normativo sobre as gorjetas acerca do qual se deve fazer menção — ainda que breve —, pois, a despeito de ter perdido a sua vigência, foi — e será — fonte normativa válida e exigível ao menos no período de sua exigibilidade.

Por conta dessas particularidades, e em virtude da provisoriedade da Medida, serão aqui anotadas as mudanças, haja vista o compromisso da obra com a atualidade e a completude, mas de forma breve, pontual e objetiva.

Vejam-se os dispositivos, e logo depois curtos comentários. Antes disso, perceba-se que as referidas regras, muitas delas reiterativas de comandos anteriormente criados e revogados, previam vigência diferida. Isso mesmo. Elas somente passariam a ser exigíveis, nos termos do § 1º do art. 53 da MP n. 905, de 2019, e especialmente no tocante àquilo que estava relacionado à tributação, quando atestados, por ato do Ministro de Estado da Economia, a compatibilidade com as metas de resultados fiscais previstas no anexo próprio da Lei de Diretrizes Orçamentárias e o atendimento ao disposto na Lei Complementar n. 101, de 4 de maio de 2000, e aos dispositivos da Lei de Diretrizes Orçamentárias relacionados com a matéria.

> *Art. 457-A. A gorjeta não constitui receita própria dos empregadores, mas destina-se aos trabalhadores e será distribuída segundo critérios de custeio e de rateio definidos em convenção ou acordo coletivo de trabalho (o texto da MP n. 905, de 2019, perdeu a sua vigência).*

Reitera-se aqui que, de fato, por natureza, "a gorjeta não constitui receita própria dos empregadores". O importante para a caracterização do instituto da gorjeta é a sua **origem**, porque deve ser proveniente de clientes, e o seu **destino**, pois há de ser destinada aos empregados. Ela, por essência, é montante destinado à distribuição aos empregados, "distribuída segundo critérios de custeio e de rateio definidos em convenção ou acordo coletivo de trabalho".

§ 1º Na hipótese de não existir previsão em convenção ou acordo coletivo de trabalho, os critérios de rateio e de distribuição da gorjeta e os percentuais de retenção previstos nos § 2º e § 3º serão definidos em assembleia geral dos trabalhadores, na forma prevista no art. 612 (o texto da MP n. 905, de 2019, perdeu a sua vigência).

O dispositivo admitia — e textos anteriores também já admitiram no passado (*vide* histórico nos itens anteriores) — que haveriam de ser definidos os critérios de rateio e de distribuição em assembleia geral dos trabalhadores, na forma estabelecida no art. 612 da CLT. Assim, se se partir do pressuposto de que a assembleia contida no art. 612 da CLT é *especialmente convocada pelo sindicato*, **não há dúvidas de que se ofereceu à ata da assembleia geral**, mesmo que não culmine na confecção de acordo coletivo ou convenção coletiva, **o *status* de documento suficiente** para o estabelecimento dos ora discutidos critérios.

§ 2º As empresas que cobrarem a gorjeta deverão inserir o seu valor correspondente em nota fiscal, além de:

I — para as empresas inscritas em regime de tributação federal diferenciado, lançá-la na respectiva nota de consumo, facultada a retenção de até vinte por cento da arrecadação correspondente, para custear os encargos sociais, previdenciários e trabalhistas derivados da sua integração à remuneração dos empregados, a título de ressarcimento do valor de tributos pagos sobre o valor da gorjeta, cujo valor remanescente deverá ser revertido integralmente em favor do trabalhador;

II — para as empresas não inscritas em regime de tributação federal diferenciado, lançá-la na respectiva nota de consumo, facultada a retenção de até trinta e três por cento da arrecadação correspondente para custear os encargos sociais, previdenciários e trabalhistas, derivados da sua integração à remuneração dos empregados, a título de ressarcimento do valor de tributos pagos sobre o valor da gorjeta, cujo valor remanescente deverá ser revertido integralmente em favor do trabalhador; e

III — anotar na Carteira de Trabalho e Previdência Social e no contracheque de seus empregados o salário contratual fixo e o percentual percebido a título de gorjeta (o texto da MP n. 905, de 2019, perdeu a sua vigência).

O § 2º do art. 457-A da CLT, ora não mais vigente, em decorrência da caducificação da MP 905, de 2019, é, com pequenos ajustes redacionais e com a referência expressa à necessidade de constar a gorjeta em "nota fiscal", o mesmo aprovado na Lei n. 13.419, de 2017, motivo pelo qual, para evitar desnecessárias reiterações, remete-se o leitor para o conteúdo do tópico 12.2.1.3.1, no subitem "a".

§ 3º A gorjeta, quando entregue pelo consumidor diretamente ao empregado, terá os seus critérios definidos em convenção ou acordo coletivo de trabalho, facultada a retenção nos parâmetros estabelecidos no § 2º (o texto da MP n. 905, de 2019, perdeu a sua vigência).

A problemática da "gorjeta entregue pelo consumidor diretamente ao empregado" está fora da regência legal. Por seus diversos complicadores, e pela confusão que se poderia estabelecer diante do modelo tradicional de gorjeta intermediada pelo empregador, foi remetido para deliberação em sede de convenção ou acordo coletivo de trabalho, facultada, porém, a retenção nos parâmetros estabelecidos no § 2º.

De todo modo, como a "gorjeta entregue pelo consumidor diretamente ao empregado" é situação que diverge do modelo padrão, cabe presumir que toda gorjeta recebida por empregado, desde que a prática não seja proibida pelo patrão, é remuneração por ele reconhecida como praticada e, também por presunção, por ele conhecida, inclusive em seu valor nominal. Isso é — deixe-se claro — apenas uma presunção que visa, obviamente, fazer com que os empregadores adotem uma conduta expressa e clara: ou eles proíbem a gorjeta e identificam o seu recebimento como um desvio funcional, ou eles admitem a gorjeta e assumem a responsabilidade de intermediar essa oportunidade de ganho.

§ 4º As empresas deverão anotar na Carteira de Trabalho e Previdência Social de seus empregados o salário fixo e a média dos valores das gorjetas referentes aos últimos doze meses (o texto da MP n. 905, de 2019, perdeu a sua vigência).

O § 4º do art. 457-A da CLT tem, em rigor, a mesma redação antes contida na Lei n. 13.419, de 2017, motivo pelo qual, para evitar desnecessárias reiterações, remete-se o leitor para o conteúdo do tópico 12.2.1.3.1, no subitem "a".

§ 5º Cessada pela empresa a cobrança da gorjeta de que trata este artigo, desde que cobrada por mais de doze meses, esta se incorporará ao salário do empregado, tendo como base a média dos últimos doze meses, exceto se estabelecido de forma diversa em convenção ou acordo coletivo de trabalho (o texto da MP n. 905, de 2019, perdeu a sua vigência).

Mais uma redação recuperada da Lei n. 13.419, de 2017. Igualmente, para evitar desnecessárias reiterações, remete-se o leitor para o conteúdo do tópico 12.2.1.3.1, no subitem "a".

§ 6º Comprovado o descumprimento do disposto nos § 1º, § 3º, § 4º e § 6º, o empregador pagará ao empregado prejudicado, a título de pagamento de multa, o valor correspondente a um trinta avos da média da gorjeta recebida pelo empregado por dia de atraso, limitada ao piso da categoria, assegurados em qualquer hipótese os princípios do contraditório e da ampla defesa (NR) (o texto da MP n. 905, de 2019, perdeu a sua vigência).

Aqui também se vê mais uma redação recuperada da Lei n. 13.419, de 2017, embora nada se tenha dito, desta vez, sobre reincidência do comportamento violador. Igualmente, para evitar desnecessárias reiterações, remete-se o leitor para o conteúdo do tópico 12.2.1.3.1, no subitem "a".

f) Uma nova restauração da integralidade do texto contido na Lei n. 13.467, de 2017

A **perda da vigência da MP n. 905/2019** restaurou, mais uma vez, a integralidade do texto contido na Lei n. 13.467, de 2017. Nesse sentido, como antedito, todas as observações contidas no subitem *b*, acima expendido, intitulado "A revogação do conjunto normativo contido do § 4º ao § 11 do art. 457 da CLT pela Lei n. 13.467, de 2017", voltou a valer. Praticamente toda a sistemática contida na Lei n. 13.419, de 2017, desapareceu.

Restou, mais uma vez, apenas, um **espectro normativo** como muitas sugestões de interpretação para os magistrados e de conteúdo para os sujeitos de uma contratação coletiva.

12.2.1.3.2 *Gueltas*

Assim como as gorjetas, as gueltas[87] também são suplementos salariais ofertados por terceiros. Elas, entretanto, não são pagas pelos clientes, mas sim pelos fornecedores do empregador, com a anuência deste.

---

87 "[...] 'guelta', corruptela da palavra *geld*, que, em alemão, precedida do prenome *wechsel*, significa troco (*wechselgeld*). A prática da 'guelta' nasceu no mercado farmacêutico na década de 60, também conhecida vulgar e pejorativamente como 'B.O.', medicamentos bonificados indicados pelo balconista e, por isso mesmo, tidos como 'bom para otário'. Em geral, os balconistas recebiam uma comissão do laboratório farmacêutico por quantidade do remédio vendido e, para provar o volume alcançado, retiravam uma lingueta que vinha afixada na embalagem e a entregavam ao representante do laboratório. Quando o balconista sugeria um medicamento em substituição a outro, cujo nome fantasia constasse da receita, normalmente, estava recebendo comissão pela venda. A prática alastrou-se para outros ramos e, hoje, é usual no comércio de eletro-

O sistema de gueltas é comumente utilizado em agências de viagens, lojas de eletrodomésticos, farmácias e drogarias para incentivar a venda dos produtos e serviços de determinado fornecedor. Embora não exista legislação específica sobre o tema, prevalece o entendimento de que as gueltas, do mesmo modo que as gorjetas, integram, na condição de suplemento salarial, a remuneração do trabalhador[88].

12.2.1.3.3 Direito de Arena antes da Lei n. 12.395/2011

O direito de arena[89], que consiste na prerrogativa exclusiva de negociar, de autorizar ou de proibir a captação, a fixação, a emissão, a transmissão, a retransmissão ou a reprodução de imagens do espetáculo desportivo, por qualquer meio ou processo, é outorgado aos atletas profissionais pela mera participação nos eventos desportivos, independentemente de seus atributos pessoais ou de seu desempenho no jogo.

Antes da publicação da Lei n. 12.395, de 16-3-2011 (*DOU*, 17-3-2011), a ora analisada vantagem era tratada como verba de natureza empregatícia, mais especialmente como um suplemento salarial, pois provinha não do empregador, mas daqueles que assistiam ao espetáculo na TV ou por outra mídia de transmissão ou retransmissão de imagem (clientes em sentido lato).

O direito de arena, com as características mencionadas, estava previsto no originário art. 42 da Lei n. 9.615/98. Tratava-se de vantagem negociada pelas entidades de prática desportiva, na condição de titulares do direito, que se obrigavam a distribuir diretamente 20% (vinte por cento) do total arrecadado, em partes iguais, aos atletas profissionais participantes. Essa regra mudou, como se verá... O TST, por meio dos processos TST-RR-1288/2001-114-15-00.8 e TST-RR-163/2004-106-03-00.4, chegou a firmar o entendimento de que a arena era instituto semelhante à gorjeta, sustentando, por isso, que ela deveria ter o mesmo tratamento jurídico desta.

A referida Lei n. 12.395/2011, entretanto, mudou esse panorama. A partir de sua publicação em 17-3-2011, o "direito de arena", por expressa disposição legal, passou a ter **natureza jurídica civil**. A nova redação dada ao art. 42 da Lei n. 9.615/98 e ao seu § 1º foi expressa nesse sentido e não apenas mudou a natureza jurídica da parcela, como também o percentual aplicável, o modo de pagamento e as situações de tratamento excepcional. Veja-se o texto anterior e o ora vigente em comparação:

---

domésticos; em postos de gasolina sem bandeira fixa, que podem vender aditivos e lubrificantes de várias marcas; em empresas de cartão de crédito e bancos parceiros; no setor de hotelaria e turismo etc. A ideia por trás do procedimento é sempre a de o fabricante/parceiro incentivar a venda de seus produtos pelos vendedores de outrem. Os empregados das grandes redes de eletrodomésticos, por exemplo, passam a receber um 'prêmio' de determinada marca de televisor cada vez que sugerem a um cliente a escolha daquele produto em detrimento ao do concorrente, também exposto na mesma loja empregadora. O mesmo ocorre com o gerente do banco que indica ao correntista uma bandeira de cartão de crédito ao invés de outra; o frentista que recomenda o uso de um aditivo de determinada empresa e assim por diante." (DUARTE, Juliana Bracks. A prática das "gueltas" e sua repercussão no contrato de trabalho. *Juris Síntese* n. 53, maio/jun. 2005)

[88] Veja-se acórdão do TST nesse sentido:
RECURSO DE REVISTA. GUELTAS. NATUREZA JURÍDICA. As gueltas pagas por terceiro, com objetivo de fomentar a venda de produtos, com anuência do empregador, assemelham-se às gorjetas, possuindo, portanto, natureza salarial. Aplica-se, analogicamente, o entendimento da Súmula n. 354 desta Corte [...]. Recurso de revista conhecido e parcialmente provido (TST, Proc. RR 1487/2005-111-03-00, Rel. Ministro Aloísio Corrêa da Veiga, *DJ*, 15-2-2008).

[89] O direito de arena está garantido, de modo genérico, no art. 5º, XXVIII, *a*, da Constituição da República, segundo o qual: "são assegurados, nos termos da lei: a) a proteção às participações individuais em obras coletivas e à reprodução da imagem e voz humanas, **inclusive nas atividades desportivas**" (destaques não constantes do original).

Texto originário:

Art. 42. Às entidades de prática desportiva pertence o direito de negociar, autorizar e proibir a fixação, a transmissão ou retransmissão de imagem de espetáculo ou eventos desportivos de que participem.

§ 1º Salvo convenção em contrário, vinte por cento do preço total da autorização, como mínimo, será distribuído, em partes iguais, aos atletas profissionais participantes do espetáculo ou evento.

§ 2º O disposto neste artigo não se aplica a flagrantes de espetáculo ou evento desportivo para fins exclusivamente jornalísticos ou educativos, cuja duração, no conjunto, não exceda de três por cento do total do tempo previsto para o espetáculo.

§ 3º O espectador pagante, por qualquer meio, de espetáculo ou evento desportivo equipara-se, para todos os efeitos legais, ao consumidor, nos termos do artigo 2º da Lei n. 8.078, de 11 de setembro de 1990.

Texto atual:

Art. 42. Pertence às entidades de prática desportiva o direito de arena, consistente na prerrogativa exclusiva de negociar, autorizar ou proibir a captação, a fixação, a emissão, a transmissão, a retransmissão ou a reprodução de imagens, por qualquer meio ou processo[90], de espetáculo desportivo de que participem.

§ 1º Salvo convenção coletiva de trabalho em contrário, 5% (cinco por cento) da receita proveniente da exploração de direitos desportivos audiovisuais serão repassados aos sindicatos de atletas profissionais, e estes distribuirão, em partes iguais, aos atletas profissionais[91] participantes do espetáculo, como parcela de natureza civil.

§ 2º O disposto neste artigo não se aplica à exibição de flagrantes de espetáculo ou evento desportivo para fins exclusivamente jornalísticos, desportivos ou educativos, respeitadas as seguintes condições:

I — a captação das imagens para a exibição de flagrante de espetáculo ou evento desportivo dar-se-á em locais reservados, nos estádios e ginásios, para não detentores de direitos ou, caso não disponíveis, mediante o fornecimento das imagens pelo detentor de direitos locais para a respectiva mídia;

II — a duração de todas as imagens do flagrante do espetáculo ou evento desportivo exibidas não poderá exceder 3% (três por cento) do total do tempo de espetáculo ou evento;

III — é proibida a associação das imagens exibidas com base neste artigo a qualquer forma de patrocínio, propaganda ou promoção comercial.

§ 3º O espectador pagante, por qualquer meio, de espetáculo ou evento desportivo equipara-se, para todos os efeitos legais, ao consumidor, nos termos do art. 2º da Lei n. 8.078, de 11 de setembro de 1990.

Reitere-se que o direito de arena, *na condição de verba empregatícia*, era distribuído diretamente pelos clubes aos atletas profissionais participantes do espetáculo ou evento, na base mínima de 20% (vinte por cento) do preço total da autorização, passou, *na qualidade de verba*

---

[90] Somente as vantagens financeiras decorrentes da transmissão, retransmissão ou reprodução de imagens do espetáculo desportivo por via telemática estão no âmbito do direito de arena. Os atletas profissionais participantes do espetáculo não têm direito à arena decorrente da receita da bilheteria.

[91] A verba em análise é devida unicamente a atletas profissionais, ainda que mantidos no banco de reserva. Não há falar em sua extensão para outros partícipes do evento desportivo — árbitros, auxiliares ou médicos dos clubes. O comando legislativo é restritivo: somente têm direito à vantagem "atletas profissionais participantes do espetáculo".

civil, a ser repassado, na base de 5% (cinco por cento) da receita proveniente da exploração de direitos desportivos audiovisuais, aos sindicatos de atletas profissionais, cabendo a estes a função da distribuição, em partes iguais, aos atletas profissionais participantes do espetáculo.

Observe-se, também segundo a norma anteriormente vigente, que a arena não era exigível diante de flagrantes desportivos para fins exclusivamente jornalísticos ou educativos. A única exigência era a de que, no conjunto, a reprodução não excedesse de 3% (três por cento) do "total do tempo previsto" para o espetáculo. A nova sistemática tornou mais complexa essa ressalva. Apesar de mantida a inexigibilidade da arena diante das referidas situações de flagrantes para fins exclusivamente jornalísticos, desportivos ou educativos, passou-se a exigir também que, diante dessas situações:

a) a captação das imagens ocorresse em locais reservados, nos estádios e ginásios, para não detentores de direitos ou, caso não disponíveis esses locais, mediante o fornecimento das imagens pelos detentores de direitos;

b) a duração de todas as imagens do flagrante não excedesse 3% (três por cento) do "total do tempo" de espetáculo ou evento;

c) as imagens exibidas estivessem dissociadas de qualquer forma de patrocínio, propaganda ou promoção comercial.

É bom anotar que a Lei n. 14.205/2021, conhecida como "Lei do Mandante", acrescentou ao texto da Lei n. 9.615/98 o art. 42-A, a seguir reproduzido:

Art. 42-A. Pertence à entidade de prática desportiva de futebol mandante o direito de arena sobre o espetáculo desportivo.

§ 1º Para fins do disposto no caput *deste artigo, o direito de arena consiste na prerrogativa exclusiva de negociar, de autorizar ou de proibir a captação, a fixação, a emissão, a transmissão, a retransmissão ou a reprodução de imagens do espetáculo desportivo, por qualquer meio ou processo.*

§ 2º Serão distribuídos aos atletas profissionais, em partes iguais, 5% (cinco por cento) da receita proveniente da exploração de direitos desportivos audiovisuais do espetáculo desportivo de que trata o caput *deste artigo.*

§ 3º A distribuição da receita de que trata o § 2º deste artigo terá caráter de pagamento de natureza civil, exceto se houver disposição em contrário constante de convenção coletiva de trabalho.

§ 4º O pagamento da verba de que trata o § 2º deste artigo será realizado por intermédio dos sindicatos das respectivas categorias, que serão responsáveis pelo recebimento e pela logística de repasse aos participantes do espetáculo, no prazo de até 72 (setenta e duas) horas, contado do recebimento das verbas pelo sindicato.

§ 5º Para fins do disposto no § 2º deste artigo, quanto aos campeonatos de futebol, consideram-se atletas profissionais todos os jogadores escalados para a partida, titulares e reservas.

§ 6º Na hipótese de realização de eventos desportivos sem definição do mando de jogo, a captação, a fixação, a emissão, a transmissão, a retransmissão ou a reprodução de imagens, por qualquer meio ou processo, dependerão da anuência das entidades de prática desportiva de futebol participantes.

§ 7º As disposições deste artigo não se aplicam a contratos que tenham por objeto direitos de transmissão celebrados previamente à vigência deste artigo, os quais permanecem regidos pela legislação em vigor na data de sua celebração.

§ 8º Os contratos de que trata o § 7º deste artigo não podem atingir as entidades desportivas que não cederam seus direitos de transmissão para terceiros previamente à vigência deste artigo, as quais poderão cedê-los livremente, conforme as disposições previstas no caput *deste artigo.*

Note-se que o referido dispositivo repetiu desnecessariamente algumas passagens do art. 42 da mesma norma e, nos pontos em que inovou, trouxe regras que se revelam aplicáveis exclusivamente ao futebol, e não às demais práticas desportivas. A interpretação que se pode fazer é a de que o art. 42-A terá aplicabilidade unicamente sobre o futebol, ao passo que o art. 42 seria o texto regente das demais modalidades desportivas. Perceba-se que o *caput* do artigo aqui em análise (art. 42-A) sinaliza nesse sentido ao referir a "entidade de prática desportiva de futebol mandante" o que se vê também nos parágrafos 5º e 6º, que mencionam, respectivamente, "campeonatos de futebol" e "entidades de prática desportiva de futebol participantes".

Entre as inovações trazidas pela Lei n. 14.205/2021 destaca-se a indicação da titularidade do direito de arena sobre o espetáculo desportivo dada ao mandante, ou seja, a quem tenha o **mando de jogo**. Esclarece-se, porém, no § 6º do artigo ora em análise, que, na hipótese de realização de eventos desportivos sem definição do mando de jogo, a captação, a fixação, a emissão, a transmissão, a retransmissão ou a reprodução de imagens, por qualquer meio ou processo, dependerão da anuência das entidades de prática desportiva de futebol participantes. Essas regras, porém, não se aplicarão em face dos contratos celebrados antes da vigência deste artigo, pois permanecem regidos pela legislação em vigor na data de sua celebração.

Outra particularidade é a de que o sindicato, além de estar obrigado ao que não devia por força da sua liberdade organizacional (ver art. 8º, I, da CF/88), terá, no âmbito do futebol, o exíguo prazo de até 72 (setenta e duas) horas, contadas do recebimento, para o repasse aos participantes do espetáculo.

Anote-se, ainda, que se ofereceu maior clareza sobre quem são os trabalhadores beneficiários da norma. Diz o texto que se consideram atletas profissionais todos os jogadores escalados para a partida, titulares e reservas. A disposição contida no texto do art. 42, aplicável às demais modalidades desportivas, refere "atletas profissionais participantes do espetáculo, mas, em essência, diz exatamente o mesmo, pois, em rigor, reservas participam do evento, merecendo, aliás, muitas referências do jornalismo desportivo.

Anote-se, por fim, que o "direito de arena" não se confunde com o "direito de uso de imagem". Os contratos que envolvem o uso de imagem levam em consideração os atributos pessoais e as características individuais de cada atleta. Eles resultam de livre negociação entre o profissional e o empregador, não decorrendo da necessária exposição pública, mas de uma exploração privada do reconhecimento que por mérito individual lhe foi outorgado.

Veja-se tabela indicativa das diferenças entre o "direito de arena" e o "direito de uso de imagem" no tópico 12.2.3.3, no qual são analisadas as parcelas de natureza não empregatícias, mas conexas ao contrato de emprego.

12.2.1.3.4 *Bicho externo*

A imprensa esportiva por vezes noticia que uma equipe somente será classificada ou evitará seu rebaixamento se outro time ganhar determinada partida. Diante dessas circunstâncias, a diretoria do time que depende do resultado de outra equipe poderá oferecer[92] aos jogadores do grupo que é capaz de ajudá-lo uma vantagem pecuniária em caso de vitória, a conhecida "mala branca". Nessas circunstâncias, a vantagem externa atribuída aos jogadores de uma equipe que pode ajudar outra a classificar-se ou a evitar o rebaixamento somente pode ser entendida como suplemento salarial, no mesmo âmbito das gorjetas ou das gueltas. Afirma-se isso porque o referido "estímulo" viria de um terceiro em decorrência do exercício regular de um trabalho.

---

92 Se a equipe empregadora dos atletas admitir a possibilidade de concessão dessa vantagem externa.

Acrescente-se que o time empregador dos jogadores destinatários do bicho externo tem o poder jurídico de vedar a outorga e a distribuição dessa verba, mesmo porque, sob o ponto de vista ético[93], atletas que recebem vantagens externas para ganhar podem também recebê-las para perder.

12.2.2 Parcelas empregatícias de natureza não remuneratória

Entende-se como de natureza não remuneratória toda verba que, não tendo o propósito de retribuir o serviço prestado, apenas objetiva indenizar prejuízos perpetrados pelo empregador, ressarcir gastos com a execução do serviço ou atuar como penalidade. Nesse âmbito também estão inseridas demais verbas que a própria lei, por algum motivo, entendeu por bem intitular como "não remuneratória". Assim, as parcelas de natureza não remuneratória podem ser divididas em quatro grupos distintos:

- **indenizações**
- **penalidades**
- **ressarcimentos**
- **não remuneratórias por força de lei**

Essas verbas não compõem o universo daquilo que a lei intitula como remuneração, nem são compreendidas como rendimento para qualquer fim. As verbas que a seguir serão analisadas, apesar de terem origem no contrato de emprego, cumprem missões distintas da retribuição pelo dispêndio de energia laboral. Vejam-se:

12.2.2.1 Indenizações

A palavra "indenização" é formada pela aglutinação dos vocábulos "indene" (que significa "ileso", "incólume") e "ação" (procedimento por meio do qual se buscará um resultado), sendo entendida como a atuação tendente a tornar ileso, vale dizer, a restituir o anterior estado das coisas ou, quando isso for impossível, a compensar tal impossibilidade.

Existem, portanto, indenizações **reparatórias** (que objetivam o restabelecimento do *status quo ante*) e **compensatórias** (que visam ao oferecimento de uma contrapartida diante da inviabilidade da reparação).

Exemplo de *indenização reparatória* no direito do trabalho é encontrado quando o empregador conserta ou repõe equipamentos de propriedade dos empregados que tenham sido eventualmente destruídos em serviço. Há, ainda, a situação daquelas que visam à reparação decorrente de seguro-desemprego não recebido[94] ou dos que recebem alimentação por prestação em horas extraordinárias[95].

---

93 Há quem afirme que o oferecimento e o recebimento da "mala branca" infringem o genérico dispositivo constante do *caput* art. 243-A do Código Brasileiro de Justiça Desportiva, segundo o qual é passível de multa e de suspensão disciplinar aquele que "atuar, de forma contrária à ética desportiva, com o fim de influenciar o resultado de partida, prova ou equivalente". Não se pode esquecer, porém, que a Lei n. 12.299/2010 criou os arts. 41-C, 41-D e 41-E no Estatuto do Torcedor e, por meio deles, criminalizou a "mala branca", ao menos no plano do desporto profissional.

94 Súmula 389 do TST. SEGURO-DESEMPREGO. COMPETÊNCIA DA JUSTIÇA DO TRABALHO. DIREITO À INDENIZAÇÃO POR NÃO LIBERAÇÃO DE GUIAS. I — Inscreve-se na competência material da Justiça do Trabalho a lide entre empregado e empregador tendo por objeto indenização pelo não fornecimento das guias do seguro-desemprego; II — O não fornecimento pelo empregador da guia necessária para o recebimento do seguro-desemprego dá origem ao direito à indenização.

95 Nos termos da Orientação Jurisprudencial 123 da SDI-1 do TST, "a ajuda alimentação prevista em norma coletiva em decorrência de prestação de horas extras tem natureza indenizatória e, por isso, não integra o salário do empregado bancário".

Por outro lado, exemplo de ***indenização compensatória*** é visível nos termos do art. 7º, I, do texto constitucional. Observe-se que o desemprego não é reparável, mas apenas compensável. Por isso, é oferecido um montante em dinheiro para amenizar a perda do posto de serviço, que, na verdade, é absolutamente inestimável[96]. Veja-se a redação do mencionado dispositivo:

Art. 7º São direitos dos trabalhadores urbanos e rurais, além de outros que visem à melhoria de sua condição social:

*I — relação de emprego protegida contra despedida arbitrária ou sem justa causa, nos termos de lei complementar, que preverá **indenização compensatória**, dentre outros direitos;*

Observe-se que, até que seja promulgada a lei complementar a que se refere o precitado art. 7º, I, fica limitada a proteção nele referida, conforme o art. 10 do ADCT, ao acréscimo de quarenta por cento[97] sobre os depósitos existentes no FGTS.

Do mesmo modo, são exemplos de indenização compensatória:

• importâncias a título de férias indenizadas[98] e o respectivo adicional constitucional, inclusive o valor correspondente à dobra da remuneração de férias de que trata o art. 137 da Consolidação das Leis do Trabalho;

• quantia correspondente ao aviso prévio não concedido em tempo de serviço (intitulado aviso prévio indenizado)[99].

---

96 Maiores detalhes sobre o assunto podem ser colhidos na obra *O dano moral na dispensa do empregado*. 4. ed. São Paulo: LTr, 2009, do professor Enoque Ribeiro dos Santos.
97 Deixe-se claro que o acréscimo de 40% sobre o FGTS é, pelas razões acima expendidas, uma indenização compensatória, e **não uma "multa"**, como incorretamente se costuma dizer. Multa é uma sanção, uma penalidade decorrente do descumprimento de algo que foi ajustado, situação que não se aplica à referida situação.
98 Orientação Jurisprudencial 195 da SDI-1 do TST. Férias Indenizadas. FGTS. Não Incidência. Inserida em 8-11-00 (inserido dispositivo). Não incide a contribuição para o FGTS sobre as férias indenizadas.
99 É relevante anotar que o aviso prévio indenizado é, sem dúvida, e como o próprio nome sugere, uma verba de natureza indenizatória. Ele visa à compensação do prejuízo do trabalhador de ser imediatamente afastado do serviço, sem a oportunidade de prestação durante o lapso temporal mínimo de trinta dias entre a data da participação da resilição e a data de efetiva terminação do vínculo. Sabe-se, a propósito, que muitas vezes o empregador muda de opinião quanto ao desligamento do empregado no curso do aviso prévio e, por continuidade executiva do ajuste, retrata-se, tornando sem efeito a declaração originária.
Toda a confusão que gira em torno da **natureza jurídica do aviso prévio indenizado**, entretanto, foi produzida pela jurisprudência egressa do próprio TST. A Alta Corte trabalhista emitiu, inicialmente, a Súmula 305, segundo a qual o aviso prévio, ainda que indenizado, seria base de cálculo para a incidência do percentual relativo ao FGTS.
Ora, como seria possível uma verba evidentemente indenizatória ser base de incidência do FGTS que, por força de lei, incide apenas sobre parcelas remuneratórias? Parece que o TST seguiu a literalidade do texto constante do § 1º do art. 487 da CLT, segundo o qual "a falta do aviso prévio por parte do empregador dá ao empregado **o direito aos salários correspondentes** ao prazo do aviso" (destaques não constantes do original). Além disso, o TST publicou a Orientação Jurisprudencial 82 da SDI-1 do TST, segundo a qual "a data de saída a ser anotada na CTPS deve corresponder à do término do prazo do aviso prévio, ainda que indenizado". Assim, se o tempo de aviso prévio indenizado é integrado na CTPS, o posicionamento do TST garantiu a contagem desse lapso como tempo de contribuição. Isso, aliás, estabeleceu forma de contagem fictícia, não mais aceita pelo sistema previdenciário com previsão constitucional no § 10 do art. 40 da Carta Magna.
Diante desse imbróglio, a Previdência Social, que reconhecia o aviso prévio indenizado como parcela de natureza indenizatória, conforme o disposto no art. 214, V, *f*, do Decreto n. 3.048/99, foi compelida a revogar a mencionada alínea *f* por meio do Decreto n. 6.727/2009. Afirma-se que a Previdência Social foi compelida porque, diante da sistemática aqui expendida, esta passou a ser obrigada a contar como tempo de contribuição o lapso do aviso prévio indenizado, inclusive porque projetado na CTPS.

• indenização por tempo de serviço prestado anteriormente a 5 de outubro de 1988, do empregado não optante pelo Fundo de Garantia do Tempo de Serviço;

• indenização por despedida sem justa causa do empregado nos contratos por tempo determinado, conforme estabelecido no art. 479 da Consolidação das Leis do Trabalho;

• indenização do tempo de serviço do safrista, quando da expiração normal do contrato, conforme disposto no art. 14 da Lei n. 5.889, de 8 de junho de 1973[100];

• incentivo à adesão aos programas de desligamento voluntário[101];

• indenização adicional[102], assim entendida aquela outorgada em decorrência da dispensa sem justa causa no período de trinta dias que antecede a correção salarial a que se refere o art. 9º da Lei n. 7.238, de 29 de outubro de 1984;

A visão sobre a natureza jurídica do aviso prévio indenizado, entretanto, mudou.

O STJ, mediante o Tema 478 que uniformizou a sua jurisprudência, decidiu que "não incide contribuição previdenciária sobre valores pagos a título de aviso prévio indenizado por NÃO SE TRATAR DE VERBA SALARIAL" (destaques não constantes do original). No mesmo sentido posicionou-se a Procuradoria Geral da Fazenda Nacional por meio do Despacho PGFN/ME n. 42 de 4-2-2021.

A contradição, entretanto, foi superlativada com decisão da TNU na uniformização de interpretação de Lei 0515850-48.2018.4.05.8013/AL. A TURMA NACIONAL DE UNIFORMIZAÇÃO, ao apreciar os autos do processo em epígrafe, deu provimento ao pedido de uniformização (Tema 250), fixando a seguinte tese jurídica: "O PERÍODO DE AVISO PRÉVIO INDENIZADO É VÁLIDO PARA TODOS OS FINS PREVIDENCIÁRIOS, INCLUSIVE COMO TEMPO DE CONTRIBUIÇÃO PARA OBTENÇÃO DE APOSENTADORIA". Em linguagem objetiva, o aviso prévio indenizado deve ser considerado na contagem do tempo de contribuição para fins de aposentadoria.

O resumo da situação revela uma imensa contradição com base na qual se vê uma verba certificadamente de natureza não remuneratória e, por isso, excluída da base de incidência da contribuição previdenciária, servindo como tempo de contribuição (mesmo sem haver contribuição) para obtenção de aposentadoria.

100   Há considerável discussão quanto à subsistência da indenização do tempo de serviço do safrista. Uma corrente doutrinária e jurisprudencial entende ter desaparecido a indenização do tempo de serviço do safrista, na medida em que foi universalizado o FGTS para todos os trabalhadores urbanos e rurais. Segundo Alice Monteiro de Barros, "a Constituição Federal de 1988, ao assegurar ao safrista o FGTS, retirou-lhe a indenização por duodécimos em período concomitante" (BARROS, Alice Monteiro de. *Contratos e regulamentações especiais do trabalho*: peculiaridades, aspectos controvertidos e tendências. 2. ed. São Paulo: LTr, 2002, p. 417). Outra corrente pugna pela inexistência de *bis in idem*. Nesse sentido há, a propósito, um precedente administrativo da Secretaria de Inspeção do Trabalho, o de número 65, segundo o qual "o art. 14 da Lei n. 5.889, de 8 de junho de 1973, foi recepcionado pela Constituição Federal de 1988, devendo tal indenização ser cumulada com o percentual do FGTS devido na dispensa. No contrato de safra se permite uma dualidade de regimes, onde o acúmulo de direitos corresponde a um *plus* concedido ao safrista. Não há que se falar, portanto, em *bis in idem* ao empregador rural".

Opina-se no sentido de que, efetivamente, diante da universalidade do FGTS, desapareceu a indenização devida ao safrista. Afirma-se isso porque ambos os institutos têm a mesma finalidade.

101   Observe-se que tal verba, além de não ser base de incidência de contribuição previdenciária, também não o é de imposto de renda. Veja-se a Orientação Jurisprudencial 207 da SDI-1 do TST, nesse sentido: "Programa de Incentivo à Demissão Voluntária. Indenização. Imposto de Renda. Não Incidência. Inserida em 08-11-00 (inserido dispositivo). A indenização paga em virtude de adesão a programa de incentivo à demissão voluntária não está sujeita à incidência do imposto de renda".

102   Súmula 242 do TST. INDENIZAÇÃO ADICIONAL. VALOR. A indenização adicional, prevista no art. 9º da Lei n. 6.708, de 30-10-1979 e no art. 9º da Lei n. 7.238 de 28-10-1984, corresponde ao salário mensal, no valor devido na data da comunicação do despedimento, integrado pelos adicionais legais ou convencionados, ligados à unidade de tempo mês, não sendo computável a gratificação natalina (Res. 15/1985, *DJ*, 9-12-1985).

Súmula 314 do TST. INDENIZAÇÃO ADICIONAL. VERBAS RESCISÓRIAS. SALÁRIO CORRIGIDO. Se ocorrer a rescisão contratual no período de trinta dias que antecede à data-base, observado o Enunciado n. 182 do TST, o pagamento das verbas rescisórias com o salário já corrigido não afasta o direito à indenização adicional prevista nas Leis n. 6.708, de 30.10.1979, e 7.238, de 28-10-1984 (Res. 6/1993, *DJ*, 22-9-1993).

- indenizações previstas nos arts. 496 e 497 da Consolidação das Leis do Trabalho;
- licença-prêmio indenizada[103].

12.2.2.2 Penalidades

Ao contrário do que acontece com a indenização, que visa à restituição ou compensação do anterior estado das coisas, a penalidade tem o objetivo de sancionar o transgressor de um comando legal ou contratual para que, por meio do exemplo a todos oferecido, a infração não se repita.

A fórmula mais usual para apenar pecuniariamente a transgressão de comandos legais ou contratuais é a imposição de **multas**. Há, nesse âmbito, *multas moratórias*, aplicadas em razão da demora no cumprimento das obrigações, e *multas compensatórias*, aplicadas com o objetivo de compensar a outra parte pelo prejuízo causado em decorrência da inadimplência ou da infração.

As multas não são, como se pode observar, retributivas do dispêndio de energia laboral. Por essa razão, integram o grupo de parcelas de natureza não salarial. Três exemplos constantemente evidenciados nas lides trabalhistas podem ilustrar este tópico. Eles dizem respeito às multas moratórias dos arts. 467 e 477 da CLT e à multa compensatória decorrente do descumprimento de normas coletivas. Vejam-se:

12.2.2.2.1 Multa prevista no art. 467 da CLT

O art. 467 da CLT prevê a possibilidade de aplicação de pena ao empregador que, ciente da existência de dívidas certas e relacionadas às verbas decorrentes de cessação do vínculo, não as paga na data do comparecimento à Justiça do Trabalho, em virtude do ajuizamento de ação promovida por seu ex-empregado[104]. Não se deve confundir, portanto, a evidência de dívidas certas relacionadas às verbas rescisórias com o mero ato de contestar essas mesmas dívidas certas, afirmando que elas foram pagas, quando, em verdade, não há nenhum recibo de quitação para lastrear a contestação.

Deve o magistrado da cognição, então, definir em sua decisão o que entende como "parte incontroversa" das "verbas rescisórias" para evitar dúvidas relacionadas à extensão da indeterminada expressão no curso da execução. Diz-se isso porque há magistrados que, numa visão mais estreita, entendem incidente a multa ora analisada unicamente sobre aviso prévio indenizado (ou, se for o caso, a indenização do art. 479 da CLT), férias indenizadas e décimos terceiros salários não pagos; outros, partindo de uma perspectiva mais ampla, entendem como base da multa constante do art. 467 da CLT não apenas as citadas verbas, mas também o FGTS não depositado e a indenização de quarenta por cento sobre a totalidade dos depósitos realizados no Fundo.

---

103 Súmula 186 do TST. LICENÇA-PRÊMIO. CONVERSÃO EM PECÚNIA. REGULAMENTO DA EMPRESA. A licença-prêmio, na vigência do contrato de trabalho, não pode ser convertida em pecúnia, salvo se expressamente admitida a conversão no regulamento da empresa.

104 Art. 467. Em caso de rescisão de contrato de trabalho, havendo controvérsia sobre o montante das verbas rescisórias, o empregador é obrigado a pagar ao trabalhador, à data do comparecimento à Justiça do Trabalho, a parte incontroversa dessas verbas, sob pena de pagá-las acrescidas de cinquenta por cento (redação dada ao artigo pela Lei n. 10.272, de 5-9-2001).

Parágrafo único. O disposto no *caput* não se aplica à União, aos Estados, ao Distrito Federal, aos Municípios, e às suas autarquias e fundações públicas (parágrafo acrescentado pela Medida Provisória n. 2.180-35, de 24-8-2001, em vigor conforme o art. 2º da Emenda Constitucional n. 32, de 11-9-2001).

12.2.2.2.2 Multa prevista no § 8º do art. 477 da CLT

Trata-se de multa moratória atribuída ao empregado em decorrência do atraso no pagamento das parcelas constantes do instrumento de rescisão do contrato de trabalho. Essa multa tem valor equivalente ao **salário-base** do empregado atingido, salvo quando, comprovadamente, ele tenha sido o responsável pelo atraso.

Maiores detalhes sobre a multa prevista no § 8º do art. 477 da CLT podem ser obtidos no subcapítulo que trata do "pagamento das parcelas decorrentes da cessação do contrato", mais especificamente no item que versa sobre o "prazo para pagamento das parcelas decorrentes da cessação do vínculo".

12.2.2.2.3 Multa decorrente do descumprimento de normas coletivas

Trata-se de multa compensatória, cujos valores são normalmente atribuídos ao empregado (e excepcionalmente dirigida à entidade sindical) em decorrência de inadimplemento do empregador ou de infração contratual coletiva deste. Essa multa tem valor definido no instrumento contratual coletivo, e em regra é apurada a partir de cada um dos comportamentos lesivos.

Por isso, com base no entendimento constante da Súmula 384, I, do TST, "o descumprimento de qualquer cláusula constante de instrumentos normativos diversos não submete o empregado a ajuizar várias ações, pleiteando em cada uma o pagamento da multa referente ao descumprimento de obrigações previstas nas cláusulas respectivas".

Anote-se, por fim, com fundamento na mesma súmula, mas calcado no item II do seu texto, que "é aplicável multa prevista em instrumento normativo (sentença normativa, convenção ou acordo coletivo) em caso de descumprimento de obrigação prevista em lei, mesmo que a norma coletiva seja mera repetição de texto legal".

12.2.2.3 Ressarcimentos

Ressarcimento consiste na reposição de algo que foi gasto pelo empregado em favor do empregador. Admite-se a mesma ideia diante de situações em que empregado recebe antecipadamente valores para despender em favor do empreendimento, mediante futura prestação de contas. Note-se que os ressarcimentos constituem mera operação contábil de crédito e débito, que não aumenta em nada o patrimônio do trabalhador. Não se destinam à remuneração do trabalho prestado, mas apenas à reposição das despesas efetuadas em serviço.

Entre as verbas que recebem o rótulo de ressarcimento podem ser citadas a ajuda de custo, a verba de representação, a verba de quilometragem e as diárias de viagem. Observem-se alguns detalhes dessas verbas:

12.2.2.3.1 Ajuda de custo

A **ajuda de custo** é uma parcela de natureza nitidamente ressarcitória que visa à cobertura de despesas do empregado no instante em que ele se fixa em um novo território, por ordem do empregador. Quanto a ela é importante observar que, nos termos da legislação previdenciária (inciso VII do § 9º do art. 214 do Decreto n. 3.048/99), deve ser atribuída **em parcela única** e exclusivamente destinada em decorrência de mudança de local de trabalho.

Observe-se que o § 2º do art. 457 da CLT, com redação pós-reforma trabalhista de 2017, considera expressamente a parcela aqui em análise, **ainda que habitual**, mas desde que limitada a 50% (cinquenta por cento) da remuneração mensal, como uma verba que não integra a remuneração do empregado, não se incorpora ao contrato de trabalho e não constitui base de incidência de qualquer encargo trabalhista e previdenciário.

12.2.2.3.2 Verba de representação

A **verba de representação** é parcela destinada a empregados que têm a função de manter contatos com clientes efetivos ou em potencial. O empregador, na verdade, apenas assume os custos efetuados pelo referido empregado em almoços, jantares e outras situações de contato social, antecipando-lhe valores que normalmente justificam o ato de representação.

12.2.2.3.3 Verba de quilometragem

A **verba de quilometragem** é a vantagem pecuniária atribuída aos empregados que utilizam veículo próprio no desempenho de atividades em favor de seus empregadores. Tal vantagem visa à cobertura dos custos decorrentes do desgaste e da manutenção do mencionado veículo, por isso se revela claramente ressarcitória.

12.2.2.3.4 Diárias para viagem

As **diárias de viagem** são verbas de natureza ressarcitória que se destinam exclusivamente à cobertura das despesas havidas em virtude do deslocamento do empregado a serviço do empregador, independentemente da proporção que tenham em relação ao salário. Diz-se isso para combater a equivocada ideia gerada pela antiga redação do § 2º do art. 457 da CLT, no sentido de que as diárias, pelo simples fato de excederem cinquenta por cento do salário, seriam sempre integradas à remuneração, como se tivessem natureza remuneratória.

O mencionado § 2º do art. 457 da CLT, que foi modificado pela Lei n. 13.467/2017, na verdade, criou, no passado, uma presunção no sentido de que, não existindo provas indicativas de que foram utilizadas para cobrir despesas havidas em virtude do deslocamento a serviço do empregador, as "diárias" **excedentes de cinquenta por cento do salário** serão entendidas como verdadeira remuneração. Raciocínio inverso é processado com "diárias" **não excedentes de cinquenta por cento do salário**. Elas serão consideradas como verbas ressarcitórias, por presunção, ainda que não existam elementos indicativos de deslocamento em favor do empregador. É importante lembrar que toda presunção comporta prova em sentido contrário. O art. 1º da **Instrução Normativa n. 8 da Secretaria Nacional do Trabalho, de 1º de novembro de 1991** (que regulou a natureza salarial das diárias para viagem), é claríssimo nesse sentido:

> *Art. 1º Consideram-se como de natureza salarial as diárias de viagem quando, não sujeitas à prestação de contas, excederem a 50% do salário mensal do empregado, no mês em que forem pagas.*
>
> *Parágrafo único. Não serão consideradas de natureza salarial as diárias de viagem quando sujeitas à prestação de contas, mesmo se o total dos gastos efetivamente incorridos exceder a 50% do salário do empregado, no mês respectivo.*

Formulou-se, em decorrência dessas discussões, o **precedente administrativo n. 50 da fiscalização do trabalho** (ato declaratório DEFIT n. 4, de 21 de fevereiro de 2002), segundo o qual "é ônus do empregador afastar a presunção de que as diárias de viagem que excedam a 50% do salário do empregado têm natureza salarial, pela comprovação de que o empregado presta contas de suas despesas, recebendo os valores a título de ressarcimento".

Apesar disso, o TST, mediante a **Súmula 101, ainda se posicionava** nos seguintes moldes: "Integram o salário, pelo seu valor total e para efeitos indenizatórios, as diárias de viagem que excedam a 50% (cinquenta por cento) do salário do empregado, enquanto perdurarem as viagens". Essa posição era até confirmada por meio da leitura da **Súmula 318** da referida Corte trabalhista. Veja-se: "Tratando-se de empregado mensalista, a integração das diárias no salário deve ser feita tomando-se por base o salário mensal por ele percebido e não o valor do dia de salário, **somente sendo devida a referida integração quando o valor das diárias, no mês, for superior à metade do salário mensal**" (destaques não constantes do original).

Fato é que a reforma trabalhista de 2017, manifestada pela multicitada Lei n. 13.467/2017, pôs fim a qualquer discussão ao dispor que "as importâncias, **ainda que habituais**, pagas a título de ajuda de custo, limitadas a cinquenta por cento da remuneração mensal, auxílio-alimentação, vedado seu pagamento em dinheiro, **diárias para viagem**, prêmios e abonos **não integram a remuneração do empregado**, **não se incorporam ao contrato de trabalho e não constituem base de incidência de qualquer encargo trabalhista e previdenciário**" (destaques não constantes do original).

Assim, a partir da vigência da Lei n. 13.467, de 13 de julho de 2017, as diárias de viagem, mesmo as habituais, quaisquer que sejam os valores a elas atribuídos, não mais integram a remuneração, sendo entendidas em todo caso como verbas meramente ressarcitórias. Estarão abertas, é verdade, largas portas para a fraude, pois qualquer empregador que queira se livrar da incidência tributária poderá referir parte de valor pago ao empregado como "diárias de viagem". Essa opção fraudulenta atrairá também, é claro, as responsabilidades próprias do ato, pois a fiscalização do trabalho ou até mesmo o Judiciário trabalhista poderão, em determinadas situações, exigir que o empregador prove a ocorrência das viagens para que sejam justificadas essas diárias.

Não há dúvidas de que os trabalhadores destinatários dessas "diárias de viagem", depois de despedidos, aforarão ações para sustentar a tese de que receberam, em verdade, **salário disfarçado de diárias de viagem** e, para demonstrar isso, requererão dos antigos patrões a prova (provavelmente impossível de fazer) da existência das viagens que embasariam o pagamento das aqui discutidas diárias.

12.2.2.4 Parcelas não salariais por força de lei

Basta que a lei considere a parcela como de natureza não salarial para que assim seja entendida. Não importa se seus atributos indiquem ser ela evidentemente retributiva do trabalho do empregado. O que importa é aquilo que a lei prevê.

Afirmar-se, porém, que uma verba não tem natureza remuneratória não significa necessariamente dizer que ela é isenta de tributação. Sustenta-se isso porque o tratamento trabalhista de não integração de determinada vantagem ao salário não conduz à conclusão de que esta mesma vantagem é isenta de tributos. Em outras palavras: a atribuição de natureza não remuneratória a determinado haver não é mais garantia de não incidência de tributos.

Feitas essas considerações, e observado o contexto aqui em discussão, podem ser citadas algumas parcelas que, por vontade da lei, **não têm natureza remuneratória**. Vejam-se:

12.2.2.4.1 Salário-família

É benefício previdenciário pago com periodicidade mensal, com valor fixo (tarifado), isento do cumprimento de carência, **concedido somente a trabalhador avulso ou a segurado empregado urbano ou rural**[105], **incluído no conceito legal de baixa renda**[106]

---

[105] Súmula 344 do TST. SALÁRIO-FAMÍLIA. TRABALHADOR RURAL — REVISÃO DO ENUNCIADO N. 227 — RES. 14/1985, *DJ*, 19-9-1985. O salário-família é devido aos trabalhadores rurais somente após a vigência da Lei n. 8.213, de 24-7-1991.

[106] A Emenda Constitucional n. 20/98 foi responsável pela restrição do salário-família somente aos trabalhadores (avulsos e empregados, exceto os domésticos) de baixa renda. Antes dessa emenda o texto constitucional não limitava o benefício ora analisado.

(*vide* o art. 7º, XII, da Constituição Federal), que tenham como dependente filho ou equiparado de qualquer condição até quatorze anos de idade ou inválido de qualquer idade[107]. Os domésticos, por força da EC n. 72/2013 e da Lei Complementar n. 150/2015, também passaram a ter direito ao benefício previdenciário ora analisado, mas somente depois de publicada a norma jurídica que prevê a sua regulamentação.

Os valores do salário-família são atualizados por ato administrativo, sendo possível a consulta pelo *site* www.previdenciasocial.gov.br.

12.2.2.4.2 Participação nos lucros ou resultados

O texto constitucional de 1988 previu, como um dos direitos mínimos dos trabalhadores urbanos e rurais, a "participação nos lucros, ou resultados, desvinculada da remuneração, e, excepcionalmente, participação na gestão da empresa, conforme definido em lei". Essas participações (nos lucros ou resultados — PLR — e na gestão da empresa — PGE) foram empreendidas, acompanhando a dinâmica da acumulação flexível, como instrumento de integração entre o capital e o trabalho e como incentivo à produtividade.

A Medida Provisória n. 794/94 foi o ato normativo que pioneiramente regulamentou o direito ora analisado. ***Depois de uma série de reedições e de mudanças de número***, o Congresso Nacional aprovou a medida provisória quando ela apresentava a numeração 1.982-77/2000 e a converteu, em 19 de dezembro de 2000 (publicada no *DOU* de 20-12-2000), na Lei n. 10.101/2000.

Essa norma, em seu art. 2º, não universalizou o direito à participação nos lucros ou resultados, mas remeteu sua conquista à negociação coletiva. Diz-se isso porque **a PLR, em regra, somente será garantida ao empregado mediante instrumentos coletivos negociados**[108], nos quais deverão constar disposições claras e objetivas quanto à fixação dos direitos substantivos da participação e quanto ao estabelecimento das regras adjetivas, inclusive mecanismos de aferição das informações pertinentes ao cumprimento do acordado, periodicidade da distribuição, período de vigência e prazos para revisão do acordo, podendo ser considerados, entre outros, **os índices de produtividade, qualidade ou lucratividade da empresa** e **os programas de metas, resultados e prazos, pactuados previamente**.

Essa negociação entre a empresa e seus empregados ocorrerá mediante um dos procedimentos a seguir descritos, escolhidos pelas partes de comum acordo:

I — comissão paritária escolhida pelas partes, integrada, também, por um representante indicado pelo sindicato da respectiva categoria, o qual deverá ser indicado no prazo máximo de 10 (dez) dias corridos, findo o qual a comissão poderá iniciar e concluir suas tratativas, haja vista um manifesto efeito autorizante, dado o desinteresse do sindicato (*vide* § 10 do art. 2º da Lei 10.101, de 2000, atualizada pela Lei n. 14.020, de 2020, observada a promulgação pelo Congresso Nacional de parte vetada pelo Presidente da República).

II — convenção ou acordo coletivo.

---

[107] Súmula 254 do TST. SALÁRIO-FAMÍLIA. TERMO INICIAL DA OBRIGAÇÃO. O termo inicial do direito ao salário-família coincide com a prova da filiação. Se feita em juízo, corresponde à data de ajuizamento do pedido, salvo se comprovado que anteriormente o empregador se recusara a receber a respectiva certidão.

[108] A participação nos lucros ou resultados relativamente aos trabalhadores em empresas estatais — empresas públicas, sociedades de economia mista, suas subsidiárias e controladas e demais empresas em que a Administração Pública, direta ou indiretamente, detenha a maioria do capital social com direito a voto — observará diretrizes específicas fixadas pelo Poder Executivo.

A autonomia negocial sindical, entretanto, é limitada no tocante à periodicidade da distribuição de valores a título de participação nos lucros ou resultados.

Segundo o § 2º do art. 3º da Lei n. 10.101/2000, "é vedado o pagamento de qualquer antecipação ou distribuição de valores a título de participação nos lucros ou resultados da empresa em **mais de 2 (duas) vezes no mesmo ano civil e em periodicidade inferior a 1 (um) trimestre civil**" (Redação dada pela Lei n. 12.832, de 2013)[109].

Completivamente, anota-se com base na Lei n. 14.020, de 2020, mais especificamente em decorrência da promulgação pelo Congresso Nacional de partes vetadas pelo Presidente da República, nos termos do § 5º do art. 66 da Constituição Federal, que:

As partes podem:

I — adotar os procedimentos de negociação estabelecidos nos incisos I e II do *caput* do artigo, simultaneamente; e

II — estabelecer múltiplos programas de participação nos lucros ou nos resultados, observada a periodicidade estabelecida pelo § 2º do art. 3º da Lei n. 10.101, de 2000.

Anote-se, ainda, que, na fixação dos direitos substantivos e das regras adjetivas, inclusive no que se refere à fixação dos valores e à utilização exclusiva de metas individuais, **a autonomia da vontade das partes contratantes será respeitada e prevalecerá em face do interesse de terceiros**. Nesses termos, consideram-se previamente estabelecidas as regras fixadas em instrumento assinado:

I — anteriormente ao pagamento da antecipação, quando prevista; e

II — com antecedência de, no mínimo, 90 (noventa) dias da data do pagamento da parcela única ou da parcela final, caso haja pagamento de antecipação.

Nunca se pode esquecer que a inobservância à periodicidade de 1 (um) trimestre civil invalidará exclusivamente os pagamentos feitos em desacordo com a norma, assim entendidos:

I — os pagamentos excedentes ao segundo, feitos a um mesmo empregado, no mesmo ano civil; e

II — os pagamentos efetuados a um mesmo empregado, em periodicidade inferior a 1 (um) trimestre civil do pagamento anterior.

É importante anotar, ademais, que a PLR pressupõe que o empregador seja uma empresa, não sendo equiparável a esta o empregador pessoa física, tampouco a entidade sem fins lucrativos que, cumulativamente, *não distribua resultados*; *aplique* integralmente seus recursos em sua atividade institucional e no País; *destine* seu patrimônio a entidade congênere ou ao Poder Público, em caso de encerramento de suas atividades, e *mantenha* escrituração contábil capaz de comprovar os requisitos antes mencionados.

Outro aspecto importante a considerar diz respeito à natureza jurídica, sendo certo que a participação ora em análise ***não substitui ou complementa a remuneração devida a qualquer***

---

[109] Veja-se o teor da **Orientação Jurisprudencial Transitória 73 da SDI do TST:** VOLKSWAGEN DO BRASIL LTDA. PARTICIPAÇÃO NOS LUCROS E RESULTADOS. PAGAMENTO MENSAL EM DECORRÊNCIA DE NORMA COLETIVA. NATUREZA INDENIZATÓRIA. A despeito da vedação de pagamento em periodicidade inferior a um semestre civil ou mais de duas vezes no ano cível, disposta no art. 3º, § 2º, da Lei n. 10.101, de 19.12.2000, o parcelamento em prestações mensais da participação nos lucros e resultados de janeiro de 1999 a abril de 2000, fixado no acordo coletivo celebrado entre o Sindicato dos Metalúrgicos do ABC e a Volkswagen do Brasil Ltda., não retira a natureza indenizatória da referida verba (art. 7º, XI, da CF), devendo prevalecer a diretriz constitucional que prestigia a autonomia privada coletiva (art. 7º, XXVI, da CF). O referencial jurídico dessa orientação não foi apenas o prestígio à autonomia coletiva sindical, mas também, e fundamentalmente, a imutabilidade da natureza jurídica da verba fracionada. Enfim, será que a mudança da forma de pagamento de uma verba teria o condão de mudar a sua natureza de não salarial para salarial ou vice-versa?

empregado, nem constitui base de incidência de qualquer encargo trabalhista. Anote-se, por conta da relevância, que somente as participações nos lucros ou resultados concedidas depois da vigência da Medida Provisória n. 794/94 passaram a ser entendidas como verbas de natureza não salarial. O STF manifestou-se nesse sentido e pacificou as discussões. Veja-se:

> *[...] nos termos do entendimento firmado por esta Corte no julgamento do Mandado de Injunção 102, Plenário, Redator para o acórdão Carlos Velloso, DJ, 25/10/02, é de se concluir que a regulamentação do art. 7º, XI, da Constituição somente ocorreu com a edição da Medida Provisória n. 794, de 1994, que implementou o direito dos trabalhadores na participação nos lucros da empresa. Desse modo, a participação nos lucros somente pode ser considerada "desvinculada da remuneração" (art. 7º, XI, da Constituição Federal) após a edição da citada Medida Provisória. Portanto, verifica-se ser possível a cobrança de contribuição previdenciária antes da regulamentação do dispositivo constitucional, pois integrava a remuneração. Nesse sentido, monocraticamente, o RE 351.506, Rel. Eros Grau, DJ, 4-3-05. Assim, conheço e dou provimento ao recurso extraordinário (art. 557, § 1º-A, do CPC) para reconhecer a exigência da contribuição previdenciária sobre a parcela paga a título de participação nos lucros da empresa no período anterior à edição da Medida Provisória n. 794, de 1994 (RE 380.636, Rel. Min. Gilmar Mendes, DJ, 24-10-2005).*

Acrescente-se, por fim, que o empregado eventualmente desligado em data anterior à distribuição dos lucros tem, sim, direito ao recebimento proporcional da PLR. Este é o entendimento constante da Súmula 451 do TST[110], fundada no princípio da isonomia de tratamento jurídico.

12.2.2.4.3 Abono pecuniário de férias

Como se sabe, o art. 143 da CLT faculta ao empregado contratado para prestação de trabalho em regime de tempo integral a conversão de um terço do período de férias a que tiver direito em abono pecuniário, no valor da remuneração que lhe seria devida nos dias correspondentes. O art. 144 do mesmo diploma legal *prevê que esse abono pecuniário, bem como o concedido em virtude de cláusula do contrato de trabalho, do regulamento da empresa, da convenção ou acordo coletivo,* **desde que não excedente de vinte dias do salário**, *não integrarão a remuneração do empregado para efeitos da legislação do trabalho.*

O ora analisado abono pecuniário, *até o limite de vinte dias*[111], não integrará a remuneração do empregado **para efeitos da legislação do trabalho**. Nesse sentido, a verba em

---

110 **Súmula 451 do TST.** PARTICIPAÇÃO NOS LUCROS E RESULTADOS. RESCISÃO CONTRATUAL ANTERIOR À DATA DA DISTRIBUIÇÃO DOS LUCROS. PAGAMENTO PROPORCIONAL AOS MESES TRABALHADOS. PRINCÍPIO DA ISONOMIA (conversão da Orientação Jurisprudencial n. 390 da SBDI-1) — Res. 194/2014, *DEJT* divulgado em 21, 22 e 23-5-2014. Fere o princípio da isonomia instituir vantagem mediante acordo coletivo ou norma regulamentar que condiciona a percepção da parcela participação nos lucros e resultados ao fato de estar o contrato de trabalho em vigor na data prevista para a distribuição dos lucros. Assim, inclusive na rescisão contratual antecipada, é devido o pagamento da parcela de forma proporcional aos meses trabalhados, pois o ex-empregado concorreu para os resultados positivos da empresa.

111 Mas por que se afirma que a verba terá natureza não salarial somente até o limite de vinte dias? Isso acontece porque, em decorrência da autonomia privada da vontade (individual ou coletiva), os empregadores podem oferecer para seus empregados mais do que trinta dias de férias. Nada obsta à concessão de melhorias na condição social dos trabalhadores. Note-se que, embora de difícil ocorrência prática, não se pode negar a possibilidade de um empregado ser destinatário de férias em dimensão máxima mais favorável do que aquela prevista em lei. Nessas circunstâncias, se um empregador concede férias na dimensão de sessenta dias por ano, somente se poderá admitir a possibilidade de abono pecuniário de natureza não salarial até o limite de vinte dias de salário. Essa é a dicção do art. 144 da CLT.

exame não será considerada como parcela de natureza salarial, não incidindo, consequentemente, sobre ele o FGTS, a contribuição previdenciária (*vide* o § 9º, letra *e*, n. 6, do art. 28 da Lei n. 8.212/91), nem o imposto de renda (*vide* o art. 1º da Instrução Normativa RFB 936/2009, *DOU*, 6-5-2009).

12.2.2.4.4 Parcela in natura *recebida de acordo com o Programa de Alimentação do Trabalhador (PAT)*

O Programa de Alimentação do Trabalhador (PAT) foi criado pela Lei n. 6.321, de 14 de abril de 1976, que faculta às pessoas jurídicas deduzir do lucro tributável, para fins de apuração do imposto sobre a renda, o dobro das despesas comprovadamente realizadas no período-base em programas de alimentação do trabalhador previamente aprovados pelo Ministério do Trabalho e Previdência, na forma e de acordo com os limites dispostos no Decreto n. 10.854, de 10 de novembro de 2021, e na Portaria n. 672, de 8 de novembro de 2021.

O PAT é um programa de complementação alimentar pelo qual governo, empresa e trabalhadores partilham responsabilidades com o princípio norteador de garantir o atendimento ao trabalhador de baixa renda para melhorar suas condições nutricionais e gerar, consequentemente, saúde, bem-estar e maior produtividade, além da melhoria da sua situação nutricional com vistas à promoção de sua saúde e à prevenção das doenças relacionadas ao trabalho. A empresa poderá participar do PAT com a quantidade mínima de um trabalhador.

O PAT, consoante mencionado, é destinado prioritariamente ao atendimento dos trabalhadores de baixa renda, isto é, àqueles que ganham até cinco salários mínimos mensais. Entretanto, as empresas beneficiárias poderão incluir trabalhadores de renda mais elevada no Programa, desde que garantido o atendimento da totalidade daqueles que percebam até cinco salários mínimos e o benefício não tenha valor inferior àquele concedido aos de rendimento mais elevado, independentemente da extensão da jornada de trabalho.

A participação financeira do trabalhador fica limitada a 20% (vinte por cento) do custo direto da refeição (art. 143, III, da Portaria n. 672, de 8 de novembro de 2021). Atente-se, por fim, que é vedado à empresa beneficiária do PAT suspender, reduzir ou suprimir o benefício do Programa a título de punição do trabalhador, do mesmo modo que não lhe é permitida a utilização, em favor deste, como fórmula de premiação (art. 143 da Portaria n. 672, de 8 de novembro de 2021).

Segundo a legislação do PAT, o benefício concedido ao trabalhador não poderá ser outorgado em espécie (dinheiro), mas, sim, em utilidades, entre as quais se incluem o refeitório próprio ou terceirizado, o tíquete-alimentação, o tíquete-refeição, as refeições transportadas ou a cesta de alimentos.

Atente-se para o fato de que, independentemente da modalidade adotada para o provimento da refeição, a empresa beneficiária poderá oferecer aos trabalhadores uma ou mais refeições diárias, inclusive cesta de alimentos.

No plano das especialidades, e em conformidade com tratamentos diferenciados estabelecidos pela Medida Provisória n. 2.164-41, de 2001 (vigente por conta da Emenda Constitucional n. 32/2001), as pessoas jurídicas beneficiárias do Programa de Alimentação do Trabalhador — PAT poderão estender o benefício do Programa aos **trabalhadores por elas dispensados**, no período de transição para um novo emprego, limitada a extensão ao período de seis meses. No mesmo sentido, essas mesmas pessoas jurídicas beneficiárias do PAT poderão estender o benefício aos empregados que estejam com **contrato suspenso para participação em curso ou programa de qualificação profissional**, limitada essa extensão ao período de **cinco meses**.

12.2.2.4.5 Abono do Programa de Integração Social (PIS)

O art. 239 da Constituição e a Lei n. 7.998/90 asseguram o pagamento de **abono** no valor de um salário mínimo aos empregados que, devidamente informados na Relação Anual de Informações Sociais — RAIS, cumulativamente:

I — tenham percebido, de empregadores que contribuem para o Programa de Integração Social — PIS (Lei Complementar n. 7/70) ou para o Programa de Formação do Patrimônio do Servidor Público — PASEP (Lei Complementar n. 8/70) até dois salários mínimos médios de remuneração mensal no período trabalhado e que tenham exercido atividade remunerada pelo menos durante 30 (trinta) dias no ano-base[112].

II — estejam cadastrados[113] há pelo menos cinco anos no Fundo de Participação PIS-PASEP ou no Cadastro Nacional do Trabalhador.

Esse **abono**, que é composto pelos rendimentos da conta individual do PIS/PASEP, complementados com recursos transferidos pelo Fundo de Amparo ao Trabalhador — FAT, **não é um complemento salarial**, apesar de chamado indevidamente de "abono salarial". Sustenta-se isso por dois motivos: a) não é oferecido pelo empregador nem por terceiros com quem o empregador mantenha relações mercantis; b) nos termos da legislação previdenciária (art. 214, XI, do Decreto n. 3.048/99), não é verba retributiva do trabalho, mas sim um benefício social.

12.2.2.4.6 Ajuda compensatória mensal

Ajuda compensatória mensal é, nos termos do § 3º do art. 476-A da CLT, a verba de natureza não remuneratória, com valor definido em convenção ou acordo coletivo de trabalho, que o empregador em situação de *lay off* pode, se se entender apto financeiramente para tanto, conceder ao empregado durante o período de suspensão do seu contrato de emprego com a finalidade de participação em curso ou programa de qualificação profissional com duração mínima de 2 (dois) e máxima de 5 (cinco) meses.

É importante anotar que a suspensão do contrato de emprego para os fins ora mencionados somente pode acontecer mediante previsão em convenção ou acordo coletivo de trabalho e desde que exista aquiescência formal do empregado, observado, evidentemente, o disposto no art. 471 da CLT, que garante, por ocasião de sua volta, todas as vantagens que, em sua ausência, tenham sido atribuídas à categoria a que pertence na empresa.

---

112 É bom anotar que a Medida Provisória 665/2014 passou a exigir como fundamento para o oferecimento do abono o exercício de atividade remunerada **ininterrupta por pelo menos cento e oitenta dias no ano-base**. O Congresso, ao analisar a referida MP, deliberou por mudança na redação do ato normativo do Poder Executivo, passando a fazer constar a singela exigência de o trabalhador ter exercido "atividade remunerada por, pelo menos, 90 (noventa) dias no ano-base", sem nenhuma referência à ininterruptividade.
Ocorre que a Presidente da República vetou essa mudança normativa contida na Lei n. 13.134/2015, sob o fundamento de suposto "acordo realizado durante a tramitação da medida no Senado Federal", no sentido de deixar a questão ser analisada pelo Fórum de Debates sobre Políticas de Emprego, Trabalho e Renda e de Previdência Social, criado pelo Decreto n. 8.443, de 30 de abril de 2015.
Diante dessa opção, o texto da lei originária manteve-se até que nova discussão se estabeleça sobre o assunto. É bom lembrar que medidas provisórias não revogam leis, mas, apenas, suspendem a sua eficácia durante o seu período de vigência. Somente se for convertida em lei haverá revogação da lei anterior. Como, no caso sob exame, trecho de nova lei foi vetado e, a lei anterior, que teve sua eficácia suspensa, voltou a produzir seus efeitos, restabeleceu-se a sua eficácia.
113 Súmula 300 do TST. COMPETÊNCIA DA JUSTIÇA DO TRABALHO. CADASTRAMENTO NO PIS. Compete à Justiça do Trabalho processar e julgar ações ajuizadas por empregados em face de empregadores relativas ao cadastramento no Programa de Integração Social (PIS).

Não se confundam, então, a ajuda compensatória mensal, oferecida facultativamente pelo empregador na forma de vantagem (*in natura* ou *in especie*) de natureza não salarial, com a bolsa de qualificação profissional.

A bolsa de qualificação profissional é benefício previdenciário custeado pelo FAT, fruto da Medida Provisória n. 2.164-41/2001, que, ao alterar o art. 2º, II, da Lei n. 7.998/90, previu que o Programa do Seguro-Desemprego também teria a finalidade de "auxiliar os trabalhadores na busca ou preservação do emprego, promovendo, para tanto, ações integradas de orientação, recolocação e qualificação profissional". A ajuda compensatória, por sua vez, e como antecipado, é vantagem de natureza trabalhista, que pode ser outorgada pelo empregador para complementar o valor da bolsa de qualificação até o montante da remuneração habitual ou, se for o caso, para cobrir a ausência total da bolsa, nos casos em que o empregado não tenha cumprido os requisitos para a habilitação à bolsa ou ainda nas situações em que o tempo de duração desta não corresponder ao tempo de duração total da suspensão contratual em virtude de participação em curso ou programa de qualificação profissional (*vide* § 7º do art. 476-A da CLT).

É bom deixar anotado que a periodicidade, os valores, o cálculo do número de parcelas e os demais procedimentos operacionais de pagamento da bolsa de qualificação profissional, nos termos do referido art. 2º-A da Lei n. 7.998/90, bem como os pré-requisitos para a habilitação, serão os mesmos adotados em relação ao benefício do seguro-desemprego, exceto, evidentemente, quanto à dispensa sem justa causa. Mais: a bolsa de qualificação profissional será cancelada por dispensa do empregado; por ocasião do fim da suspensão contratual e retorno ao trabalho; por comprovação de falsidade na prestação das informações necessárias à habilitação; por comprovação de fraude visando à percepção indevida; ou, ainda, por morte do beneficiário.

Se durante a suspensão do contrato não for ministrado o curso ou programa de qualificação profissional, ou o empregado permanecer trabalhando para o empregador, ficará descaracterizada a suspensão aqui analisada, sujeitando o empregador ao pagamento imediato dos salários e dos encargos sociais referentes ao período, às penalidades cabíveis previstas na legislação em vigor, bem como às sanções previstas em convenção ou acordo coletivo.

Cabe anotar que a Lei n. 14.020, de 2020, também se valeu do *nomen iuris* "ajuda compensatória mensal" para referir a verba de natureza não remuneratória paga pelo empregador ao empregado que tivesse sido submetido à redução proporcional da jornada e do salário ou à suspensão temporária do seu contrato de emprego e que não evidenciasse no "benefício emergencial", custeado pelo governo federal, o sucedâneo suficiente para recompor o salário. Para esses casos, a referida Lei autorizou o empregador a pagar a ajuda compensatória mensal em uma das seguidas formas:

a) a facultativa, nos termos do art. 9º da aqui analisada lei, com valor definido no acordo individual pactuado ou em negociação coletiva;

b) a obrigatória, nos termos do § 5º do art. 8º da lei aqui em análise.

Em qualquer situação, porém, seja de redução proporcional da jornada e do salário ou de suspensão temporária do contrato de trabalho, seja de concessão facultativa ou obrigatória, a ajuda compensatória mensal (i) não integrará a base de cálculo do imposto sobre a renda retido na fonte ou da declaração de ajuste anual do imposto sobre a renda da pessoa física do empregado; (ii) não integrará a base de cálculo da contribuição previdenciária e dos demais tributos incidentes sobre a folha de salários; (iii) não integrará a base de cálculo do valor devido ao Fundo de Garantia do Tempo de Serviço — FGTS; e (iv) poderá ser excluída do lucro líquido para fins de determinação do imposto sobre a renda da pessoa jurídica e da Contribuição Social sobre o Lucro Líquido das pessoas jurídicas tributadas pelo lucro real.

12.2.2.4.7 Parcela recebida a título de vale-transporte

Instituído pela Lei n. 7.418, de 16 de dezembro de 1985, e ora regulamentado pelo Decreto n. 10.854, de 2021, o vale-transporte é um benefício que o empregador, pessoa física ou jurídica, antecipa ao empregado para utilização efetiva em despesas de deslocamento residência-trabalho e vice-versa[114]. Tal deslocamento é promovido mediante um sistema de transporte coletivo público, urbano ou intermunicipal e/ou interestadual com características semelhantes aos urbanos, geridos diretamente ou mediante concessão ou permissão de linhas regulares e com tarifas fixadas pela autoridade competente, excluídos os serviços seletivos e os especiais.

Cabe ao trabalhador a petição do vale-transporte. Deve-se, porém, partir da ideia de que tal postulação é sempre presumida, cabendo ao empregador o ônus de demonstrar o contrário. Essa é a conclusão a que chegou **o TST por meio da sua Súmula 460**, publicada em maio de 2016. Para a Alta Corte trabalhista, "*é do empregador o ônus de comprovar que o empregado não satisfaz os requisitos indispensáveis para a concessão do vale-transporte ou não pretenda fazer uso do benefício*".

Já se sustentava isso aqui em edições anteriores, especialmente em relação àqueles que recebiam baixos salários e que, além disso, residiam em ponto distante do local de trabalho. Afirmava-se isso porque parecia razoável concluir que ao empregador caberia o ônus de provar que seu empregado, realmente, quis o improvável, ou seja, que quis eximir-se da contribuição de 6% (seis por cento) sobre o seu salário-base para assumir, a suas expensas, o custo (ainda que físico, mediante caminhadas) do deslocamento residência/trabalho/residência. Sustentava-se aqui que a exigência no sentido de que o empregado fizesse prova da solicitação do vale-transporte conduziria sua vulneração ao desligamento.

Nesse sentido, citava-se — e ainda se mantém a citação da opinião autorizada de Emília Sako, segundo a qual, "na prática, é muito difícil ao trabalhador provar que requereu o benefício ao empregador, por escrito, informando seu endereço e os meios de transporte utilizados para seu deslocamento trabalho-residência e vice-versa, e, mais difícil ainda, provar que mesmo cumprindo tais exigências, o empregador se recusou a fornecer o benefício". Já dizia há anos a professora e magistrada paranaense: "o empregador é quem deverá provar que o trabalhador não necessitou do vale-transporte, ou, embora necessitando, não requereu o benefício por escrito, informando seu endereço atualizado e os meios de transportes utilizados para o seu deslocamento"[115].

---

[114] O empregado não tem direito ao recebimento de vale-transporte para o deslocamento trabalho-residência-trabalho **no intervalo intrajornada**. Esse é o entendimento do TST, expendido no recurso de revista RR-26/2005-000-22-00.0. De acordo com o Ministro Carlos Alberto Reis de Paula, relator do mencionado processo, a Lei n. 7.418/85, alterada pela Lei n. 7.619/87, instituidora do vale-transporte, não impõe ao empregador a obrigação de fornecer vale-transporte para que o empregado se desloque para almoçar em sua residência. Segundo o relator, "o empregador tem o dever de fornecer ao empregado o vale-transporte tão somente para cobrir o percurso residência-trabalho e vice-versa, no início e no término da jornada de trabalho". Com esse entendimento, a Terceira Turma restabeleceu a sentença originária.

No mesmo sentido, veja-se o Precedente Administrativo da Secretaria de Inspeção do Trabalho: PRECEDENTE ADMINISTRATIVO N. 80 (Aprovado pelo Ato Declaratório SIT n. 10, de 3-8-2009, *DOU*, 4-8-2009). VALE TRANSPORTE. NÃO CONCESSÃO PARA DESLOCAMENTO DO EMPREGADO NO PERÍODO DO INTERVALO INTRAJORNADA. INFRAÇÃO INEXISTENTE. Não se depreende da Lei n. 7.418/1985, alterada pela Lei n. 7.619/1987, que o empregador esteja obrigado ao fornecimento do vale-transporte para a ida e retorno do empregado à sua residência para refeição.

[115] SAKO, Emília. *A prova no processo do trabalho:* os meios de prova e ônus da prova nas relações de emprego e trabalho. São Paulo: LTr, 2006, p. 298-300.

O cancelamento da Orientação Jurisprudencial 215 da SDI-1 do TST, em maio de 2011, foi o primeiro passo para a confirmação do que aqui se discutiu. Relembre-se que a referida OJ, inserida em 8 de novembro de 2000, previa, sem ressalva, ser invariavelmente do empregado o ônus de comprovar a satisfação dos requisitos indispensáveis à obtenção do vale-transporte. Registre-se que o **vale-transporte**, nos termos da lei instituidora, **somente se destina aos seguintes trabalhadores**:

I — os empregados, assim definidos no art. 3º da Consolidação das Leis do Trabalho;

II — os empregados domésticos, assim definidos na Lei Complementar n. 150/2015;

III — os trabalhadores de empresas de trabalho temporário, de que trata a Lei n. 6.019, de 3 de janeiro de 1974;

IV — os empregados a domicílio, para os deslocamentos indispensáveis à prestação do trabalho, percepção de salários e os necessários ao desenvolvimento das relações com o empregador;

V — os empregados do subempreiteiro, em relação a este e ao empreiteiro principal, nos termos do art. 455 da Consolidação das Leis do Trabalho;

VI — os atletas profissionais (*vide* o art. 106, IV, do Decreto n. 10.854, de 2021).

Observe-se, porque importante, que o art. 1º da Lei n. 7.418/85 (lei originária do vale-transporte) ganhou um parágrafo a mais por conta do que dispunha o art. 4º da Medida Provisória n. 280, de 15-2-2006. O novo parágrafo — o § 3º — previa que o vale-transporte também poderia ser pago em pecúnia[116]. Essa inovação legislativa, porém, teve vida curta. A Medida Provisória 283, de 23-2-2006, ao revogar o art. 4º da MP n. 280/2006, retirou do ordenamento jurídico a possibilidade de pagamento do vale-transporte em pecúnia.

Atualmente, portanto, somente se pode oferecer vale-transporte em forma de cartões eletrônicos, sendo das empresas operadoras do sistema de transporte coletivo público, nos moldes do art. 5º da Lei n. 7.418/85, a obrigação de emiti-los e de comercializá-los. **Se o empregador conceder vale-transporte em pecúnia, poderá ser apenado a integrar o correspondente valor ao salário do empregado, haja vista a impossibilidade de controle e de determinação da destinação do mencionado numerário**[117]. A despeito disso, o STF, no RE 478410, relatado pelo Min. Eros Grau, manifestou entendimento diferente daquele habitualmente apresentado pela jurisprudência, no particular. **A posição da Suprema Corte foi a de que a atribuição do vale-transporte, mesmo em pecúnia, mantém caráter não salarial.** Segundo o referido relator, ao se admitir não possa o vale-transporte ser atribuído em dinheiro sem que seu caráter seja afetado, estar-se-ia a relativizar o curso legal da moeda nacional, e qualquer ensaio de relativização do curso legal da moeda nacional é uma afronta à Constituição enquanto totalidade normativa[118]. Apesar de

---

[116] Assim dispunha o ora mencionado § 3º do art. 1º da Lei n. 7.418/85. *In verbis*: "§ 3º O benefício de que trata o *caput* também pode ser pago em pecúnia, vedada a concessão cumulativa com o Vale-Transporte".

[117] Ver Precedente Administrativo n. 3 da Secretaria de Inspeção do Trabalho: FGTS. VALE-TRANSPORTE. FALTA DE RECOLHIMENTO DO PERCENTUAL DE 8% SOBRE PARTE DA REMUNERAÇÃO DEVIDA. O vale-transporte não terá natureza salarial, não se incorporará à remuneração para quaisquer efeitos e tampouco constituirá base de incidência do FGTS, desde que fornecido de acordo com o disposto no art. 2º, II, da Lei n. 7.418/85. O vale-transporte pago em dinheiro tem natureza salarial e repercussão no FGTS.

[118] Veja-se a ementa da decisão contida no RE 478410 (publicada no *DJe*, 14-5-2010):
EMENTA: RECURSO EXTRAORDINÁRIO. CONTRIBUIÇÃO PREVIDENCIÁRIA. INCIDÊNCIA. VALE-TRANSPORTE. MOEDA. CURSO LEGAL E CURSO FORÇADO. CARÁTER NÃO SALARIAL DO BENEFÍCIO. ARTIGO 150, I, DA CONSTITUIÇÃO DO BRASIL. CONSTITUIÇÃO COMO TOTALIDADE NORMATIVA. 1. Pago o benefício de que se cuida neste recurso extraordinário em vale-transporte ou em moeda, isso não afeta o caráter não salarial do benefício. 2. A admitirmos não possa esse benefício ser pago em dinheiro sem que seu

não ter sido atribuído caráter de repercussão geral à decisão, ela certamente influirá em muitos julgamentos sobre a matéria.

Ressalve-se o caso dos **servidores públicos**, que não fazem jus a esse benefício por força do que estatuiu a Medida Provisória n. 2.165-36, de 23-8-2001 (em vigor conforme o art. 2º da Emenda Constitucional n. 32, de 11-9-2001, *DOU* 12-9-2001). Para estes é oferecido o chamado **auxílio-transporte em pecúnia**, de natureza jurídica indenizatória, destinado ao custeio parcial das despesas realizadas com transporte coletivo municipal, intermunicipal ou interestadual pelos militares, servidores e empregados públicos da Administração Federal direta, autárquica e fundacional da União, nos deslocamentos de suas residências para os locais de trabalho e vice-versa.

Anote-se, porque importante, que os domésticos passaram a ter tratamento explícito referente ao pagamento do valor das passagens em espécie. O parágrafo único do art. 19 da Lei Complementar n. 150/2015 é clarríssimo ao dispor que "a obrigação prevista no art. 4º da Lei n. 7.418, de 16 de dezembro de 1985, poderá ser substituída, a critério do empregador, pela concessão, mediante recibo, dos valores para a aquisição das passagens necessárias ao custeio das despesas decorrentes do deslocamento residência-trabalho e vice-versa". Em outras palavras: ao empregador doméstico é dado, se ele isso preferir, o pagamento do vale-transporte em dinheiro.

Mais um aspecto merecedor de registro diz respeito às situações de exoneração do empregador quanto à obrigação de conceder vale-transporte. A redação do texto legal indica que terá direito ao benefício ora em análise aquele que usa o sistema de transporte coletivo público para fins de deslocamento (*vide* o art. 1º da Lei n. 7.418/85). Assim, aqueles que não necessitam se deslocar por transporte coletivo público (exemplo, empregados que moram no lugar de trabalho) ou aqueles que utilizam transporte particular (automóvel ou moto) não estariam legitimados a pedir o vale-transporte, uma vez que, efetivamente, não o utilizariam.

Para aqueles que usam transporte particular é dado o direito de negociar com o empregador a atribuição do montante correspondente ao combustível do veículo até o valor equivalente ao despendido com o vale-transporte, devendo tal parcela ser atribuída como ressarcimento de despesas em favor do empregador. Anote-se, entretanto, que os empregadores não são obrigados a assim agir por força de lei, e exatamente por isso eles normalmente não atuam desse modo. O receio de ver essa verba integrada ao salário é muito grande, por isso os empregadores, em regra, são concludentes: **ou oferecem o vale-transporte para uso do sistema de transporte coletivo público ou nada oferecem**, o que, sem dúvidas, reflete uma atuação rigorosa e desproporcional.

---

caráter seja afetado, estaríamos a relativizar o curso legal da moeda nacional. 3. A funcionalidade do conceito de moeda revela-se em sua utilização no plano das relações jurídicas. O instrumento monetário válido é padrão de valor, enquanto instrumento de pagamento sendo dotado de poder liberatório: sua entrega ao credor libera o devedor. Poder liberatório é qualidade, da moeda enquanto instrumento de pagamento, que se manifesta exclusivamente no plano jurídico: somente ela permite essa liberação indiscriminada, a todo sujeito de direito, no que tange a débitos de caráter patrimonial. 4. A aptidão da moeda para o cumprimento dessas funções decorre da circunstância de ser ela tocada pelos atributos do curso legal e do curso forçado. 5. A exclusividade de circulação da moeda está relacionada ao curso legal, que respeita ao instrumento monetário enquanto em circulação; não decorre do curso forçado, dado que este atinge o instrumento monetário enquanto valor e a sua instituição [do curso forçado] importa apenas em que não possa ser exigida do poder emissor sua conversão em outro valor. 6. A cobrança de contribuição previdenciária sobre o valor pago, em dinheiro, a título de vales-transporte, pelo recorrente aos seus empregados afronta a Constituição, sim, em sua totalidade normativa. Recurso Extraordinário a que se dá provimento.

12.2.2.4.8 Reembolso-creche

O reembolso-creche é um direito, previsto na alínea "s" do § 9º do art. 28 da Lei n. 8.212, de 24 de julho de 1991 (Plano de Custeio da Previdência Social), e no art. 3º da Lei n. 14.457, de 21 de setembro de 2022, cuja implementação está condicionada à formalização de acordo individual, de acordo coletivo ou de convenção coletiva de trabalho. Assim, o reembolso aqui em análise não é direito imediatamente desfrutável por via legal. Ele depende da autonomia privada individual ou coletiva para existir. Os empregadores não estão, assim, por lei, obrigados a concedê-lo, mas podem ter essa obrigação se o instituírem por via negocial.

Sobre o acordo individual, é importante anotar que houve rejeição pelo Congresso Nacional, em 15 de dezembro de 2022, ao veto parcial (VET 52/2022) que o então Presidente da República, Jair Bolsonaro, oferecera ao art. 21 da Lei n. 14.457, de 2022. Com essa rejeição, passou a viger o referido dispositivo que prevê que a opção por acordo individual para formalizar as medidas de implementação do reembolso-creche somente poderá ser realizada: I — nos casos de empresas ou de categorias de trabalhadores para as quais não haja acordo coletivo ou convenção coletiva de trabalho celebrados; ou II — se houver acordo coletivo ou convenção coletiva de trabalho celebrados, se o acordo individual a ser celebrado contiver medidas mais vantajosas à empregada ou ao empregado que o instrumento coletivo vigente.

Caso venha a ser instituído, o reembolso-creche deverá ser destinado ao pagamento de creche ou de pré-escola de livre escolha de empregada ou empregado que possuam filhos de até 5 (cinco) anos e 11 (onze) meses de idade e haverá de ser concedido de forma não discriminatória e sem que a sua concessão configure uma premiação.

O art. 4º da referida Lei n. 14.457/2022 prevê que os valores pagos a título de reembolso-creche não têm natureza salarial; não se incorporam à remuneração para quaisquer efeitos; não constituem base de incidência de contribuição previdenciária[119] ou do Fundo de Garantia do Tempo de Serviço (FGTS); e não configuram rendimento tributável da empregada ou do empregado.

12.2.2.4.9 Reembolso-babá

Também previsto em instrumentos coletivos negociados (convenção ou acordo coletivo de trabalho), o reembolso-babá, para ser considerado verba de natureza não salarial, está limitado ao menor salário de contribuição mensal e condicionado à comprovação do registro na Carteira de Trabalho e Previdência Social da empregada, do pagamento da remuneração e do recolhimento da contribuição previdenciária, observado o *limite máximo de seis anos de idade da criança*. Por ter objetivo semelhante ao reembolso-creche, o reembolso-babá não pode ser cumulado com essa verba.

12.2.2.4.10 Prêmios posteriores à Lei n. 13.467, de 13 de julho de 2017

Os prêmios concedidos a partir da vigência da Lei n. 13.467/2017, por expressa disposição normativa, não mais integram a remuneração do empregado, não mais se incorporam ao contrato de trabalho e não mais constituem base de incidência de qualquer encargo trabalhista ou previdenciário.

O § 4º do art. 457 da CLT deixou bem claro que se consideram "prêmios as **liberalidades** concedidas pelo empregador em forma de bens, serviços ou valor em dinheiro a empregado ou a grupo de empregados, em razão de desempenho superior ao ordinariamente esperado no exercício de suas atividades" (destaques não constantes do original). Dê-se ênfase sobre a palavra "liberalidade" que é justamente a qualidade ou condição de quem, em seus atos ou em suas intenções, dá o que não teria obrigação de dar e o faz sem a expectativa de receber algo em troca.

---

119 Súmula 310 do STJ. O auxílio-creche não integra o salário de contribuição.

Anote-se, ainda, que a MP n. 808/2017, **ora não mais vigente**, realizou novos ajustes no conceito de prêmio. Afirmou-se no art. 457 da CLT, num novo parágrafo — o § 22 —, que se considerariam prêmios as liberalidades concedidas pelo empregador, **até duas vezes ao ano**, em forma de bens, serviços ou valor em dinheiro, a empregado, grupo de empregados ou terceiros vinculados à sua atividade econômica em razão de desempenho superior ao ordinariamente esperado no exercício de suas atividades.

Esse dispositivo, portanto, **transformou temporariamente** — apenas no período de vigência da medida provisória aqui em exame, de 14-11-2017 a 23-4-2018 — em verba remuneratória todo prêmio concedido a partir da terceira ocorrência dentro do mesmo ano, mas não limitou o seu valor, deixando ainda aberta brecha para a burla tributária. Muito provavelmente os prêmios — assim como já acontece com a PLR — serão oferecidos em valores expressivos e disfarçarão, em muitos casos, verdadeiros fragmentos de remuneração.

Com a MP n. 808/2017 perdeu a vigência, os prêmios voltaram a ter natureza exclusivamente não remuneratória.

A Medida Provisória n. 905, de 2019, por outro lado, trouxe algo a mais sobre os prêmios, mas, assim como a MP n. 808, de 2017, perdeu a sua vigência.

A despeito disso, pela circunstância de o referido diploma ter sido exigível durante o período em que vigeu, é relevante deixar anotados os entendimentos relacionados ao tema. Ao acrescer o art. 5º-A à Lei n. 11.101/2000, a referida MP n. 905, de 2019, dispôs que os prêmios seriam válidos enquanto tais, e especialmente quanto à sua natureza não remuneratória, **independentemente da forma de seu pagamento e do meio utilizado para a sua fixação, inclusive por ato unilateral do empregador**, ajuste deste com o empregado ou grupo de empregados, bem como por norma coletiva, inclusive quando pagos por fundações e associações, desde que sejam observados os seguintes requisitos:

I — sejam **pagos, exclusivamente, a empregados**, de forma individual ou coletiva, não havendo, portanto, espaço para a outorga em favor de trabalhadores autônomos de qualquer natureza;

II — **decorram de desempenho superior ao ordinariamente esperado**, avaliado discricionariamente pelo empregador, desde que o desempenho ordinário tenha sido previamente definido. Nesse ponto é importante esclarecer que a norma deixa o empregador muito à vontade, dando-lhe a oportunidade de apenas definir previamente o que seria "desempenho ordinário". O que superar isso será, evidentemente, "desempenho superior";

III — o pagamento de qualquer antecipação ou **distribuição de valores seja limitado a quatro vezes no mesmo ano civil e, no máximo, de um no mesmo trimestre civil**;

IV — as **regras** para a percepção do prêmio devem ser **estabelecidas previamente** ao pagamento; e

V — as **regras** que disciplinam o pagamento do prêmio devem permanecer **arquivadas** por qualquer meio, pelo prazo de seis anos, contado da data de pagamento.

A perda da vigência da MP n. 905, de 2019, restabeleceu a sistemática antes vigente, mas não se pode deixar de admitir que o texto da citada medida provisória serve de referencial para a tomada de decisões relacionadas à matéria e para o estabelecimento de critérios contratuais para a vantagem aqui em discussão.

12.2.2.4.11 Abonos posteriores à Lei n. 13.467, de 13 de julho de 2017

Os abonos tiveram natureza não remuneratória no curto espaço de quatro dias entre a data de início da **vigência da Lei n. 13.467/2017 e a publicação da MP n. 808/2017. Durante esse ínterim eles** deixaram de integrar a remuneração do empregado para os fins previstos na legislação trabalhista.

A MP n. 808/2017, entretanto, vigeu apenas de 14-11-2017 a 23-4-2018. A falta de acordo nas duas Casas Legislativas para a sua aprovação motivou a perda da eficácia pelo decurso do tempo. O resultado disso foi o restabelecimento da disciplina da Lei n. 13.467, de 2017, e, consequentemente, da natureza não remuneratória da verba aqui em exame.

12.2.3 Parcelas de natureza não empregatícia, mas conexas ao contrato de emprego

Existem parcelas, dentro do contexto retributivo, que, apesar de não previstas na legislação do trabalho, têm origem no pacto laboral, estando, por isso, a ele conexas. Essas verbas são entendidas como não empregatícias, porque submetidas a diferentes lógicas de percepção de ganhos, não inseridas na sistemática protetiva clássica do direito do trabalho. Entre essas verbas destacam-se o *stock option*, o direito de arena e o direito de uso de imagem, conforme se verá a seguir:

12.2.3.1 *Stock option*

A participação acionária, **stock option plan** ou **stock purchase plan** é um plano para outorga de ações que visa integrar empregados qualificados, normalmente exercentes de funções executivas, a um processo de desenvolvimento do empreendimento por médio ou longo prazo. As ações ficam estocadas (daí a palavra *stock*), reservadas, garantindo-se a esses empregados qualificados o direito de comprá-las por valores históricos depois de um período de expectativa. Os empregados adquirentes dessas ações, apesar de comprá-las por valores históricos, podem, querendo, revendê-las pelo preço de mercado.

O grande problema do *stock option* reside na identificação de sua natureza jurídica, uma vez que não há resposta pronta nas legislações trabalhista e previdenciária. Parece claro, entretanto, que a mera outorga de direito de compra das ações por valores históricos, depois de um período de expectativa, remete o tema para o campo **mercantil, e não empregatícia**. Sustenta-se isso porque, como bem acentuou Mirella Ferraz, no ato da assinatura do plano de *stock option* o trabalhador beneficiário não contrai o direito de imediatamente comprar ações da sua empregadora. Ele, na verdade, "adquire uma mera expectativa de direito, que somente poderá se materializar [...] **após o final do prazo de carência fixado pelo plano**" (destaques não contidos no original), e ainda assim pelo valor previsto no momento do ajuste[120]. Assim, findo o prazo de carência, o empregado **deverá**[121] comprar as ações com base no valor histórico da época da assinatura do plano, assumindo as consequências de, no momento do pagamento, receber papéis com valores de mercado inferiores àqueles da época em que foi assinado o plano. O contrário também pode acontecer, ou seja, o empregado, no momento do pagamento do estoque de ações reservadas por valores históricos, poderá encontrar os papéis extremamente valorizados e, por conta disso, lucrar. Apenas para exemplificar, imagine-se que um empregado do setor executivo de determinada companhia tenha recebido a proposta de adesão ao *stock option plan*. Pela proposta, o referido empregado ganhará o direito de comprar futuramente, depois de cinco anos de emprego, um lote de mil ações de sua empregadora pelo valor do dia da assinatura da opção. Suponha-se que, no momento da assinatura, cada ação da companhia tenha o valor de mercado de *uma unidade monetária*. Diante desse ajuste, o mencionado empregado, depois de passados cinco anos no

---

[120] FERRAZ, Mirella Costa Macêdo. O regime jurídico trabalhista do *stock option*. *Revista Eletrônica Direito UNIFACS*, v. 103, jan. 2009 [Internet]. Disponível em: http://www.revistas.unifacs.br/index.php/redu/article/view/478. Acesso em: 30-7-2009.

[121] O empregado não tem a opção de não comprar as ações estocadas em seu favor, nem o empregador de não outorgá-las conforme acertado no plano.

emprego¹²², adquirirá o direito de resgatar as ações que em seu nome foram estocadas. Decorridos esses cinco anos, o valor unitário de cada ação poderá ter dimensão inferior ou superior àquela anotada no momento da assinatura do *stock option plan*. Se o valor de mercado de cada ação no momento do resgate for superior ao valor histórico de uma unidade monetária, o empregado lucrará, uma vez que pagará mil unidades monetárias pelo lote de mil ações e poderá revendê-las no mercado por preço bem superior. Se, entretanto, o valor de mercado de cada ação no momento do resgate for inferior ao valor histórico de uma unidade monetária (digamos que o mercado pague somente 0,5 unidade monetária por ação), o empregado perderá, uma vez que pagará mil unidades monetárias pelo lote de mil ações e somente conseguirá revendê-las no mercado por preço inferior. Nada obsta, entretanto, a que, diante dessa situação, o empregado não negocie as ações. Ele poderá guardar os papéis e esperar um momento de alta no mercado mobiliário para vendê-las.

Ressalte-se que as ações não são atribuídas graciosamente pelo empregador. A única benesse que este concede aos empregados é o direito de adquirir determinado lote — um estoque — de ações pelo valor histórico assinalado na opção de compra em data futura. Perceba-se que as variações do mercado mobiliário podem afetar a dimensão das ações na ocasião da outorga: o empregado enfrentará os riscos do mercado de capitais, cuja flutuação poderá lhe proporcionar lucros ou prejuízos.

O Professor Amauri Mascaro Nascimento posiciona-se pela natureza não empregatícia da vantagem ora em estudo ao ponderar que "o plano não oferece qualquer garantia contra perdas que possam decorrer das flutuações do preço das ações, que são negociadas na Bolsa"¹²³. No mesmo sentido anda Sérgio Pinto Martins, ao asseverar que "a natureza jurídica da opção de compra de ações é mercantil, embora feita durante o contrato de trabalho, pois representa mera compra e venda de ações. Compreende a opção um ganho financeiro, sendo até um investimento feito pelo empregado nas ações da empresa. Por se tratar de risco do negócio, em que as ações ora estão valorizadas, ora perdem seu valor, o empregado pode ter prejuízo com a operação. É uma situação aleatória, que nada tem a ver com o empregador em si, mas com o mercado de ações"¹²⁴.

Assim, acaso concedida nos moldes aqui expendidos, a participação acionária será entendida como vantagem de natureza não empregatícia conexa ao contrato de emprego. Não há dúvidas de que a situação tem origem no contrato de emprego; as vantagens daí decorrentes, entretanto, não possuem caracteres remuneratórios, mas sim mercantis.

12.2.3.2 Direito de Arena depois da Lei n. 12.395/2011

Como se viu em tópico anterior, a Lei n. 12.395, de 16-3-2011 (*DOU*, 17-3-2011) modificou a natureza jurídica do "direito de arena". Ele deixou de ser uma *verba empregatícia* para assumir, por expressa manifestação legal, uma feição de *vantagem civil*.

Segundo o disposto na citada norma, as entidades de prática desportiva, que detêm a titularidade do direito de arena, gozam da prerrogativa exclusiva de negociar, autorizar ou proibir a captação, a fixação, a emissão, a transmissão, a retransmissão ou a reprodução de imagens, por qualquer meio ou processo, de espetáculo desportivo de que participem. Vejam-se o art. 42 da Lei n. 9.615/98 e o seu § 1º:

---

[122] O prazo para o resgate é variável, mas, segundo Sérgio Pinto Martins, "costuma ser de três, cinco ou dez anos". Outro dado importante: se o empregado deixar a empresa antes do cumprimento do prazo, perderá o direito de compra das ações. Ver MARTINS, Sérgio Pinto. *Direito do Trabalho*. 25. ed. São Paulo: Atlas, 2009, p. 229. Entende-se, entretanto, que, *se o empregado for despedido sem justa causa* antes de cumprido o prazo, manterá consigo o direito de aquisição das ações estocadas pelo valor histórico, na forma ajustada, qualquer que seja a variação observada.

[123] NASCIMENTO, Amauri Mascaro. *Salário*: conceito e proteção. São Paulo: LTr, 2008, p. 379.

[124] MARTINS, Sérgio Pinto. *Direito do trabalho*. 25. ed. São Paulo: Atlas, 2009, p. 233.

Art. 42. Pertence às entidades de prática desportiva o direito de arena, consistente na prerrogativa exclusiva de negociar, autorizar ou proibir a captação, a fixação, a emissão, a transmissão, a retransmissão ou a reprodução de imagens, por qualquer meio ou processo, de espetáculo desportivo de que participem.

§ 1º Salvo convenção coletiva de trabalho em contrário, 5% (cinco por cento) da receita proveniente da exploração de direitos desportivos audiovisuais **serão repassados aos sindicatos de atletas profissionais, e estes distribuirão, em partes iguais, aos atletas profissionais participantes do espetáculo**, *como parcela de natureza civil.*

Com base no quanto acima exposto, os sindicatos de atletas profissionais recebem 5% (cinco por cento) da receita proveniente da exploração de direitos desportivos audiovisuais, assumindo, entretanto, a obrigação de distribuir o montante apurado, em partes iguais, aos atletas profissionais que tenham participado do espetáculo.

Recorde-se que o direito de arena, *quando na condição de verba empregatícia*, era distribuído diretamente pelos clubes aos atletas profissionais participantes do espetáculo ou evento, na base mínima de 20% (vinte por cento) do preço total da autorização, passou, *na qualidade de verba civil*, a ser repassado, na base de 5% (cinco por cento) da receita proveniente da exploração de direitos desportivos audiovisuais, aos sindicatos de atletas profissionais, cabendo a estes a função da distribuição, em parte iguais, aos atletas profissionais participantes do espetáculo.

Observe-se, também segundo a norma anteriormente vigente, que a arena não era exigível diante de flagrantes desportivos para fins exclusivamente jornalísticos ou educativos, cuja duração, no conjunto, não excedesse de 3% (três por cento) do "total do tempo previsto" para o espetáculo. A nova sistemática tornou mais complexa essa ressalva. Apesar de a nova redação do § 2º do art. 42 da Lei n. 9.615/98 ter mantido a inexigibilidade da arena diante das referidas situações de flagrantes para fins exclusivamente jornalísticos, desportivos ou educativos, passou a exigir também que, diante dessas situações:

a) a captação das imagens ocorresse em locais reservados, nos estádios e ginásios, para não detentores de direitos ou, caso não disponíveis esses locais, mediante o fornecimento das imagens pelos detentores de direitos.

b) a duração de todas as imagens do flagrante não excedesse 3% (três por cento) do "total do tempo" de espetáculo ou evento.

c) as imagens exibidas estivessem dissociadas de qualquer forma de patrocínio, propaganda ou promoção comercial.

A Lei n. 12.395/2011, entretanto, trouxe consigo dois graves problemas jurídicos.

O **primeiro**, relacionado à possibilidade de admitir-se a constitucionalidade de uma norma que viola o princípio do não retrocesso social. Note-se que, sem qualquer vantagem compensatória, os atletas simplesmente passaram a ter direito ao recebimento de arena no percentual de 5%, em lugar dos 20% sobre a mesma base.

O **segundo**, relacionado à atribuição às entidades sindicais de uma função que normalmente não lhes diz respeito. Trata-se de uma verdadeira interferência legislativa na organização dos sindicatos (*vide* art. 8º, I, da CF/88) que, saindo do plano de sua missão institucional, terão que despender grandes esforços para distribuir o direito de arena, em partes iguais, aos atletas profissionais participantes do espetáculo, independentemente da filiação sindical destes.

A MP n. 984, de 18 de junho de 2020, até que produziu mudança nesse particular, retirando do sindicato a incumbência que nada tem a ver com sua missão primordial de buscar a melhoria das condições de trabalho dos seus representados, mas ela perdeu a vigência em 15 de outubro de 2020.

12.2.3.3 Direito de uso de imagem

Os contratos de direito de uso de imagem levam em consideração os atributos pessoais e as características individuais do trabalhador. Geralmente ajustados em favor de atletas profissionais, os acertos decorrem de livre negociação com o empregador, não sendo produto da necessária exposição pública, mas da exploração privada do reconhecimento que, por mérito individual, eles alcançaram[125]. Por essa razão o contrato de licença de uso de imagem é de **natureza civil, e não empregatícia**, sendo apenas conexo, por razões topológicas, ao contrato de emprego.

O direito de uso de imagem para os atletas profissionais está expressamente previsto no art. 87-A da Lei n. 9.615/98, acrescentado pela Lei n. 12.395, de 16-3-2011 (*DOU* de 17-3-2011), nos seguintes termos:

> *Art. 87-A. O direito ao uso da imagem do atleta pode ser por ele cedido ou explorado, mediante ajuste contratual de natureza civil e com fixação de direitos, deveres e condições inconfundíveis com o contrato especial de trabalho desportivo.*

Anote-se, para reafirmar o que se antedisse, que o "direito de uso de imagem" não se confunde com o "direito de arena". Este é outorgado coletivamente aos atletas profissionais pela mera participação nos eventos desportivos, ainda que, por permanecer no banco de reservas, não tenham entrado em campo/quadra, enquanto aquele é cedido ou explorado, mediante ajuste contratual personalíssimo. O "direito de uso da imagem", por outro lado, visa às qualidades individuais do trabalhador, não sendo mera decorrência do serviço prestado, mas fruto daquilo que ele consegue expressar fora do evento esportivo. Ademais, quanto à titularidade, nota-se que o "direito de arena" é um direito da entidade de prática desportiva, que, por força de lei, tem o dever jurídico de repassar um percentual da receita apurada, mediante a intermediação do sindicato, aos atletas profissionais participantes do espetáculo. A titularidade do "direito de uso de imagem", por outro lado, é do atleta, singularmente considerado.

Vejam-se, então, as principais diferenças entre o direito de arena e o direito de uso de imagem no quadro abaixo:

Direito de arena	Direito de uso de imagem
Seu titular é a entidade de prática desportiva, que, entretanto, por força de lei, tem o dever jurídico de repassar um percentual da receita apurada, mediante a intermediação do sindicato, aos atletas profissionais participantes do espetáculo	Seu titular é o próprio atleta profissional
Salvo convenção coletiva de trabalho em contrário, é devido na base de 5% (cinco por cento) da receita proveniente da exploração de direitos desportivos audiovisuais e deverá ser distribuído, em partes iguais, aos atletas profissionais participantes do espetáculo	É devido nas bases previstas no ajuste contratual de natureza civil, no qual são fixados direitos, deveres e condições inconfundíveis com o contrato especial de trabalho desportivo
Decorre da execução natural do contrato de trabalho	Não decorre da execução do contrato de trabalho
Mesmo quem permanece no banco de reservas recebe, uma vez que remunera a exposição coletiva[126]	Somente recebe quem expõe, na forma contratualmente ajustada, a sua imagem

---

125 Veja-se, quanto à proteção da imagem associada à atuação, o § 2º do art. 90 da Lei n. 9.610/98: Art. 90. [...] § 2º A proteção aos artistas intérpretes ou executantes estende-se à reprodução da voz e imagem, quando associadas às suas atuações.

126 Nesse sentido, apesar de anterior à publicação da Lei 12.395/2011, a seguinte ementa de acórdão do TRT da 9ª Região (PR) é útil para revelar a extensão do direito de arena ao atleta que permanece no banco de reservas:

12.3 ESPECIFICIDADES DO PAGAMENTO DAS PARCELAS ORIUNDAS DO TRABALHO

Superado o estudo de cada uma das parcelas oriundas do contrato de trabalho, inicia-se a etapa de apreciação das especificidades de seu pagamento. Entende-se por especificidade todo e qualquer detalhamento constitutivo e característico da outorga de uma parcela, conforme se poderá observar nos próximos subtópicos:

12.3.1 Periodicidade de pagamento de parcelas salariais

O art. 459 da CLT dispõe no sentido de que "o pagamento do salário, qualquer que seja a modalidade do trabalho, **não deve ser estipulado por período superior a 1 (um) mês**, salvo no que concerne a comissões, percentagens e gratificações". Atente-se que o prazo aqui é **um mês**, e não trinta dias.

Os domésticos têm um padrão sutilmente diferente: o empregador doméstico está obrigado a pagar os salários **até o sétimo dia do mês seguinte** ao da competência (art. 35 da Lei Complementar n. 150/2015).

A ressalva em relação às comissões e às percentagens (da mesma forma em relação às gratificações relacionadas a tais vantagens) é aplicável porque, nos termos do art. 466 da CLT, o pagamento dessas verbas somente é exigível depois de ultimada a transação a que se referem. Destaque-se que nas transações realizadas por prestações sucessivas é exigível o pagamento das percentagens e comissões que lhes disserem respeito **proporcionalmente à respectiva liquidação**[127]. Mais: a cessação das relações de trabalho não prejudica a percepção das comissões e percentagens devidas na medida em que se liquidarem as transações que lhe são geradoras.

Perceba-se que a periodicidade do pagamento pode ser estipulada por tempo inferior a um mês (por exemplo, por semana ou por quinzena). Todavia, sendo estipulado por mês, deverá ser efetuado o correspondente pagamento o mais tardar até o **quinto dia útil** do mês subsequente ao vencido.

DIREITO DE ARENA. EXTENSÃO AO JOGADOR RESERVA. É de conhecimento notório para os amantes do esporte, e mesmo para aqueles que nem tanto se atentam para os detalhes técnicos que envolvem um campeonato futebolístico, que os jogadores escalados no banco de reservas são frequentemente assediados pela mídia durante a partida, sobretudo na tentativa de se sanar a ansiedade e a curiosidade dos torcedores sobre as inúmeras possibilidades disponíveis ao técnico em relação aos jogadores. Os olhos dos torcedores, ou meros telespectadores, voltam-se, portanto, não só para os jogadores em campo, atuantes na partida, como também para aqueles que se encontram na iminência de ser chamados, iniciando, até mesmo, um pré-aquecimento, que por vezes tem como motivo apenas incitar a torcida ou instigar o adversário. Inevitável, nesse contexto, ainda que em menor escala, a exposição pública do jogador que mantém-se no banco de reservas durante a partida, haja vista que tem seu nome vinculado à equipe oficial do clube desportista e sua imagem explorada durante o espetáculo. Dessa forma, uma vez que o Autor fazia parte do elenco oficial do clube Réu durante o campeonato paranaense de 2007 e foi escalado para participar das competições, conforme comprova a documentação antes analisada, faz jus ao direito de arena em relação às partidas das quais participou, na qualidade de titular ou reserva, pela razão percentual já fixada em sentença, considerando que nem a lei faz essa diferenciação e que não consta nos autos nenhum ajuste diverso. Sentença que se reforma em parte para estender a condenação também à participação do Autor no evento futebolístico na condição de reserva, ainda que não tenha atuado efetivamente na partida (TRT-PR-02837-2008-009-09-00-7, ACO-30061-2010, 4ª T., Rel. Márcia Domingues, *DEJT*, 14-9-2010).

[127] Uma vez liquidada a parcela, cabe ao empregador a obrigatoriedade do pagamento da comissão dentro do mês da liquidação, até, mais tardar, o quinto dia útil do mês subsequente ao vencido.

O pagamento dos salários até o quinto dia útil do mês subsequente ao vencido não sujeita o empregador infrator ao pagamento de atualização monetária. Se, entretanto, essa data-limite for ultrapassada, incidirá, na forma da Súmula 381 do TST[128], o índice de atualização do mês subsequente ao da prestação dos serviços.

12.3.2 Pagamento de parcelas salariais em moeda estrangeira

Existe expressa vedação legal ao pagamento de parcelas salariais em moeda estrangeira. O parágrafo único do art. 463 da CLT, que disciplina o tema, é, a propósito, bastante severo no tocante à pena aplicável ao empregador infrator: considera o pagamento do salário em moeda estrangeira como algo **"não feito"**, ou seja, como **ato inválido**. Note-se:

> Art. 463. A prestação, em espécie, do salário será paga em moeda corrente do país.
> Parágrafo único. O pagamento do salário realizado com inobservância deste artigo considera-se como **não feito** (destaques não constantes do original).

Observe-se, porém, que essa restrição diz respeito ao pagamento, e não à *estipulação das parcelas de natureza salarial*. Por isso, a despeito do teor do Decreto-Lei n. 857/69[129], é perfeitamente lícito o ajuste salarial em moeda estrangeira, desde que ocorra a conversão para a moeda nacional por ocasião do pagamento. Isso, aliás, acontece muito frequentemente com os técnicos estrangeiros ou mesmo com os jogadores de futebol trazidos de outros países. O contrário também pode acontecer, ou seja, o salário-base pode ser fixado em moeda nacional e o pagamento ser feito em moeda estrangeira para os empregados transferidos na forma da Lei n. 7.064/82, mais especificamente nos limites do art. 5º do referido diploma legal. Registre-se, também, que, acontecendo ajuste com referencial em moeda estrangeira, é perfeitamente lícita a variação do câmbio do montante convertido em moeda nacional. Tal situação não infringe o quanto disposto no art. 7º, VI, da Constituição da República, porque não viola o princípio da irredutibilidade salarial. O trabalhador estará ganhando o mesmo referencial, embora em dimensões diferenciadas por conta das naturais variações cambiárias.

Acrescente-se que o pagamento salarial mediante moeda estrangeira pode representar para alguns empregados um ato jocoso. Imagine-se uma empregada doméstica, não dotada de informações sobre câmbio monetário, recebendo euros, dólares, ienes, bolivares ou guaranis em lugar de reais. Para essa trabalhadora os papéis que lhe são entregues não passam de estampilhas coloridas, sem qualquer valor na praça. Por isso o legislador foi duro e caracterizou o ato como inválido sob o ponto de vista jurídico. Registre-se, porém, que esse efeito pode não existir na medida em que o empregado aceitar a moeda estrangeira, mas assinar o recibo com expressão monetária corrente no território nacional.

Pode-se, ainda, perguntar: o empregador que atribuiu moeda estrangeira em vez de nacional perde o montante oferecido em pagamento? A resposta parece evidentemente negativa, uma vez que o patrão terá direito de ação contra o empregado para a restituição do indébito. A

---

128 Súmula 381 do TST. CORREÇÃO MONETÁRIA. SALÁRIO. ART. 459 DA CLT (CONVERSÃO DA ORIENTAÇÃO JURISPRUDENCIAL N. 124 DA SDI-1). O pagamento dos salários até o 5º dia útil do mês subsequente ao vencido não está sujeito à correção monetária. Se essa data-limite for ultrapassada, incidirá o índice da correção monetária do mês subsequente ao da prestação dos serviços, a partir do dia 1º (ex-OJ n. 124 — inserida em 20-4-1998).

129 O Decreto-Lei n. 857, de 11 de setembro de 1969 (*DOU*, 12-9-1969, ret. *DOU*, 30-9-1969), "consolida e altera a legislação sobre moeda de pagamento de obrigações exequíveis no Brasil".

competência será do Judiciário Trabalhista, nos moldes do art. 114, I, da Constituição da República, uma vez que a ação patronal teve evidentemente origem num contrato de emprego.

12.3.3 Formalidades de pagamento das parcelas salariais

O contrato de emprego não é, em regra, caracterizado por solenidades, senão quando essenciais à proteção dos interesses dos trabalhadores. Assim, como o momento de pagamento das parcelas salariais envolve uma série de cuidados, entendeu por bem o legislador impô-los ao empregador. Observem-nos:

12.3.3.1 Meios de pagamento dos salários

Não há dispositivo legal que preveja os específicos meios de pagamento dos salários. Na verdade há apenas norma prevendo que a "prestação em espécie do salário" (prestação em dinheiro) haverá de ser feita em moeda corrente legal (veja-se o art. 463 da CLT), outorgada diretamente ao empregado (veja-se o art. 464) ou disponibilizada por meio de depósito em conta bancária aberta para esse fim em nome deste (segundo o parágrafo único do art. 464).

Dúvidas, então, surgiram quanto à possibilidade de o pagamento dos salários ser feito por meio de cheque. O Ministério do Trabalho (ora Ministério do Trabalho e Previdência), então, por força da *Portaria MTb n. 3.281, de 7 de dezembro de 1984*, regulou o pagamento de salários e de férias por meio do mencionado título de crédito. Para o referido órgão ministerial, em decorrência do fato de o pagamento dos salários em cheque não contrariar lei federal, esse meio poderia ser usado, desde que "emitido diretamente pelo empregador em favor do empregado, salvo se o trabalhador for analfabeto, quando o pagamento somente poderá ser efetuado em dinheiro". De qualquer modo, deve-se garantir ao empregado tempo inserido na própria jornada de trabalho para a apresentação do cheque ao banco sacado e para o consequente recebimento do numerário *in cash*.

12.3.3.2 Prova do pagamento dos salários

Conforme disposto no art. 464 da CLT, o pagamento das verbas decorrentes do trabalho deverá ser efetuado **contra recibo**[130], assinado pelo empregado. Se o empregado for analfabeto, do correspondente recibo constará sua impressão digital ou, não sendo esta possível, será ele assinado por terceiros a seu pedido (conhecida como assinatura a rogo)[131].

Destaque-se que desde a edição da Lei n. 9.528, de 10-12-1997, passou a ter força de recibo o **comprovante de depósito** em conta bancária, aberta para esse fim em nome

---

130 O recibo deve especificar cada uma das parcelas objeto do pagamento. Reuni-las todas em um único rótulo constitui o vício da complessividade. *Complessivo* é vocábulo italiano que indica o conjunto de uma ou de mais coisas conexas.

131 Veja-se, nesse sentido, o Precedente Normativo n. 58 do TST, segundo o qual "o pagamento de salário ao empregado analfabeto deverá ser efetuado na presença de duas testemunhas (Ex-PN 91)". Nunca é demais recordar que os precedentes normativos têm a missão de orientar o julgador no momento do exercício do poder normativo, vale dizer, no momento de confecção da sentença normativa. Perceba-se que, no caso específico, o precedente normativo acima referido prevê que, além da aposição da digital do empregado analfabeto no recibo de pagamento, como ordena a lei, haveriam de ser colhidas as assinaturas de duas testemunhas do ato de pagamento. Isso, evidentemente, somente é exigível nas situações em que a cláusula tenha sido lançada nas sentenças normativas. A lei exige unicamente para o caso sob análise a aposição da impressão digital ou, não sendo esta possível, a assinatura a rogo.

de cada empregado, com o consentimento deste, em estabelecimento de crédito próximo ao local de trabalho[132].

O recibo e o comprovante de depósito bancário, entretanto, não constituem as únicas formas de prova do pagamento, porque o empregador, desprovido de qualquer desses elementos, pode-se valer da confissão judicial do trabalhador. Basta que o empregado confesse em juízo que recebeu as verbas trabalhistas para que tal ato jurídico suprima a ausência dos elementos materiais que normalmente são usados para comprovar o pagamento.

Outro registro importante diz respeito à prova testemunhal. Embora ela normalmente não substitua os meios tradicionais de prova de pagamento, a depender da relação jurídica estabelecida entre empregador e empregado, é possível valer-se de seu auxílio como dado indiciário. Note-se que nas relações manifestamente informais, por exemplo, num vínculo de emprego doméstico, a prova testemunhal pode ter um valor especial no instante do julgamento. Em situações em que se alega o pagamento de parte do salário "por fora" (não constante do recibo de pagamento), é comum o arrimo do magistrado sobre elementos de natureza testemunhal.

12.3.3.3 Tempo e local do pagamento

O pagamento das verbas decorrentes do trabalho será efetuado em **dia útil** e **no local do trabalho**, dentro do **horário do serviço** ou imediatamente após o encerramento deste, salvo quando efetuado por depósito em conta bancária (art. 465 da CLT). Se o pagamento das mencionadas parcelas for realizado em dia não destinado ao trabalho ou fora do horário de serviço, o tempo despendido pelo empregado para tanto será entendido como à disposição do empregador. Diz-se o mesmo em favor do empregado que é compelido a deslocar-se para receber o pagamento do salário em local diverso daquele onde se executa o trabalho. O tempo de deslocamento no caso sob exame é entendido como tempo à disposição do empregador.

12.3.3.4 Não complessividade no pagamento

"Complessivo" é um vocábulo da língua italiana que quer dizer "complexivo", amalgamado, e que diz respeito a ajustes contratuais que fixam determinada importância para atender englobadamente a vários direitos legais ou contratuais do trabalhador.

Para bem entender, imagine a seguinte situação ilustrativa: uma babá diz numa entrevista de emprego que somente aceitará a proposta de contrato se lhe for oferecido pagamento de R$ 2.000,00 (dois mil reais) mensais. O empregador aceita a proposta, mas, astutamente, faz constar do contrato escrito uma ilícita cláusula, segundo a qual o valor de R$ 2.000,00 pagam não apenas o salário-base, fixado em um salário mínimo, mas horas extraordinárias em tudo que sobejar o referido salário mínimo, sejam elas prestadas ou não. No momento do pagamento, porém, o patrão oferece um recibo simples com a quitação de R$ 2.000,00, sem nenhuma especificação. Do recibo apenas se verá que a babá recebeu R$ 2.000,00 do empregador doméstico. E nada mais.

---

[132] Ver Precedente Administrativo da Secretaria de Inspeção do Trabalho: PRECEDENTE ADMINISTRATIVO N. 86 (Aprovado pelo Ato Declaratório SIT n. 10, de 3-8-2009, *DOU*, 4-8-2009). SALÁRIO. PAGAMENTO POR DEPÓSITO BANCÁRIO. Se o salário é depositado em conta bancária, o comprovante de depósito substitui o recibo de pagamento. A empresa fica obrigada, apenas, a entregar ao trabalhador um contracheque ou demonstrativo de pagamento, em que se discriminem as parcelas salariais.

A babá, em casos como esse, não perceberá, mas será gravemente lesada. Isso ocorre porque o salário complessivo somente paga o salário-base, e nada mais além dele. No caso, apesar do ilusório ajuste, o empregador doméstico também não estará quitando nem mesmo uma hora extra. Pior do que isso, se a babá reclamar o pagamento de horas suplementares, todas serão devidas sobre a base de cálculo de R$ 2.000,00.

A partir do referido exemplo ilustrativo, conclui-se que o recibo de pagamento deve especificar claramente todas as verbas que foram objeto do pagamento, mediante o rótulo que lhes é oferecido (salário-base, gratificação de função, adicional de transferência etc.), não sendo admissível a compressão de todas essas verbas sem a necessária discriminação. Os valores pagos sem a indispensável discriminação são conhecidos, como antedito, como **salário complessivo**, tendo o TST, sobre o assunto, publicado a Súmula 91:

> **Súmula 91 do TST.** *SALÁRIO COMPLESSIVO. Nula é a cláusula contratual que fixa determinada importância ou percentagem para atender englobadamente vários direitos legais ou contratuais do trabalhador (RA 69/1978, DJ, 26-9-1978).*

O pagamento das parcelas resilitórias também deve ser também realizado com a observância da regra da não complessividade. Nesse sentido é extremamente clara a redação do § 2º do art. 477 da CLT, segundo o qual o instrumento de rescisão ou o recibo de quitação, qualquer que seja a causa ou forma de cessação do vínculo, *deve ter especificada a natureza de cada parcela paga ao empregado* e *discriminado o seu valor*, sendo válida a quitação, apenas, relativamente às mesmas parcelas. A redação desse dispositivo, aliás, justificou a edição da Súmula 330, I, pelo TST, segundo a qual "a quitação não abrange parcelas não consignadas no recibo de quitação".

12.3.3.5 Pagamento de parcelas salariais para empregado menor

Nos termos do art. 439 da CLT é lícito ao menor firmar recibo pelo pagamento dos salários. Tratando-se, porém, de rescisão do contrato de trabalho, é vedado ao menor de dezoito anos, sem assistência dos seus responsáveis legais, dar quitação ao empregador pelo recebimento da indenização que lhe for devida.

12.4 FÓRMULAS DE PROTEÇÃO DO SALÁRIO

Dados os fundamentos básicos do princípio da proteção, a criação de um sistema de blindagem salarial é algo extremamente necessário. Enfim, é no instante de retribuição do trabalho que o empregado torna-se mais vulnerável e, por isso, mais suscetível às fraudes. Esse sistema de blindagem leva em consideração os abusos perpetrados por três sujeitos que frequentemente turbam a fluidez salarial: o *empregador*, os *credores do empregador* e os *credores do próprio empregado*.

12.4.1 Proteção contra abusos do empregador

O empregador, em face de seu poder diretivo, encontra-se em posição que lhe permite a incidência sobre a contraprestação oferecida a seu contratado. Não é por outro motivo que o texto constitucional cuida de arrolar a proteção do salário (*vide* o art. 7º, X) como um dos direitos mínimos dos trabalhadores, criminalizando, inclusive, a retenção dolosa dos estipêndios.

O tema da proteção contra os abusos do empregador é tratado sob duas perspectivas. A *primeira* diz respeito à irredutibilidade salarial, que trata das barreiras limitativas das alterações contratuais que visem à diminuição do salário ou dos complementos salariais originariamente ajustados, e a *segunda* concerne à intangibilidade salarial, que diz respeito aos empecilhos opostos aos descontos e retenções sobre as verbas salariais. Observem-se:

12.4.1.1 Irredutibilidade salarial

A irredutibilidade salarial é um direito assegurado pelo art. 7º, VI, do texto fundamental. Essa vantagem, entretanto, não é absoluta, uma vez que se admite a possibilidade de redução mediante negociação coletiva. Cabe, porém, a ressalva de que a proteção contra a irredutibilidade de salários, salvo negociação coletiva, encontrou uma exceção à regra na MP n. 936, de 2020, que foi convertida na Lei n. 14.020, de 2020. Esses atos normativos receberam a chancela do STF mediante a **ADI 6.363/DF** para que fossem, **em virtude da crise produzida pela pandemia do coronavírus**, legitimados os atos de redução proporcional da jornada e do salário mediante acordos meramente individuais. Esse tema será analisado mais profundamente no final deste tópico.

A redução por via negocial, de todo modo, deve estar motivada por alguma razão de fato ou de direito que vise, ainda que obliquamente, a uma melhoria, ainda que essa melhoria seja a preservação do emprego. Não se pode diminuir salário sem que exista uma correlata vantagem coletiva para os trabalhadores.

Mais um detalhe: a diminuição salarial deve ser temporária, ou seja, deve permanecer como medida emergente pelo tempo suficiente ao restabelecimento do empregador ou da política econômica. Desaparecendo o fato gerador da redução salarial, deve o salário voltar ao patamar originário.

Outros aspectos relevantes:

1º) A proteção contra a redução salarial abarca **não apenas o salário-base**, mas também os complementos salariais. Observe-se, apenas a título exemplificativo, que, nos moldes da Súmula 372, II, TST, uma vez "mantido o empregado no exercício da função comissionada, não pode o empregador reduzir o valor da gratificação".

2º) A proteção contra a redução salarial, entretanto, **não atinge os suplementos salariais** (gorjetas, gueltas, arena etc.). Sendo estas verbas atribuídas por terceiros com os quais o empregador mantém relações mercantis, não há como juridicamente obrigá-los a manter a dimensão de suas outorgas.

3º) A negociação coletiva prevista no art. 7º, VI, da Constituição da República deve ser aplicada sob uma perspectiva evidentemente coletiva, jamais seletiva. Assim, a negociação coletiva não pode ser manejada para atingir especificamente um determinado trabalhador, reduzindo uma vantagem pessoal que ele conquistou, mas para atingir todos os trabalhadores de uma determinada categoria (CCT) ou empresa (ACT).

4º) A redução das parcelas salariais mediante negociação coletiva **não pode aviltar o salário mínimo ou qualquer outra vantagem protegida pelo texto constitucional como direito mínimo**. Nesse sentido, o acréscimo mínimo de cinquenta por cento sobre as horas extraordinárias e o acréscimo de um terço sobre as férias, por exemplo, não podem ser minorados nem mesmo por negociação coletiva. Isso acontece porque o conjunto de vantagens contido no art. 7º do texto fundamental constitui núcleo inatingível, ainda que por instrumento coletivo negociado pretenda o contrário.

5º) A proteção constitucional prevista no art. 7º, VI, da Constituição de 1988 **preserva apenas a dimensão nominal dos salários** (é uma garantia de irredutibilidade nominal), **e não o seu poder aquisitivo** (não há garantia de irredutibilidade real). A garantia de preservação do poder aquisitivo é oferecida apenas ao salário mínimo, nos termos do art. 7º, IV, do texto fundamental, de modo que o próprio Estado se incumbirá de reajustá-lo periodicamente, por lei[133]. Todo salário estipulado em dimensão superior ao salário mínimo fica submetido ao reajustamento por meio da livre negociação individual ou coletiva que terá a função de garantir os chamados aumentos reais. O Estado brasileiro não mais promove reajustamentos baseados em legislação de política salarial, desde a década de 1990, quando foram tomadas medidas políticas de estabilização da economia nacional.

6º) O aumento real, concedido pela empresa a todos os seus empregados, somente pode ser reduzido mediante a participação efetiva do sindicato profissional no ajuste, nos termos do art. 7º, VI, da Constituição de 1988, sendo este o entendimento constante da **Orientação Jurisprudencial 325 da SDI-1 do TST**[134].

7º) O empregado que tem o seu salário estipulado em unidade de produção (o comissionista puro) pode ter retribuição que flutue entre o salário mínimo e montantes mais elevados sem que essa oscilação represente violação ao princípio da irredutibilidade salarial. Tal ocorre porque a percepção de renda variável, ora maior que o salário mínimo ora a ele limitada, é característica própria da forma de retribuir mediante unidade de produção.

8º) A aplicação de descontos legais, de dedução por danos causados pelo trabalhador ou de sanções trabalhistas legítimas (a suspensão, por exemplo) sobre o salário não produz violação ao princípio da irredutibilidade salarial. A despeito disso, o empregador deve atuar com cautela e sensibilidade para não causar, mediante os atos de desconto, dedução ou sanção, instabilidade econômica na vida social do seu empregado. A garantia legal de recebimento do mínimo de 30% da retribuição total em dinheiro é não mais do que o limite extremo.

Findas as indicações de aspectos relevantes, cabe deixar anotada a posição do STF, nos autos da ADI 6.363/DF, que autorizou, contra expressa regra constitucional, a redução proporcional de salários e jornada mediante mero acordo individual. Esse episódio deve ser visto como uma exceção à regra.

Pois bem. Diante da crise econômica provocada pela pandemia do coronavírus, muitas foram as alternativas pensadas pelos tomadores de serviços com vista à preservação da saúde financeira das empresas e a uma posterior retomada da atividade econômica. Pensou-se em tudo, cogitou-se tudo, inclusive a redução de salários. E esse caminho foi, diante da ausência de alternativas viáveis, autorizado mediante a MP n. 936, de 2020, posteriormente convertida na Lei n. 14.020, de 2020.

O legislador preferiu chancelar unicamente a situação de redução proporcional da jornada e do salário, não tratando, em momento algum, da mais agressiva forma de redução de salário sem redução da jornada.

---

133 Nesse sentido, veja-se a Lei n. 13.152/2015, que dispõe sobre a política de valorização do salário mínimo. Os reajustes para a preservação do poder aquisitivo do salário mínimo corresponderão à variação do Índice Nacional de Preços ao Consumidor (INPC), calculado e divulgado pela Fundação Instituto Brasileiro de Geografia e Estatística (IBGE), acumulada nos 12 (doze) meses anteriores ao mês do reajuste.

A título de aumento real, serão aplicados os seguintes percentuais: I — em 2016, será aplicado o percentual equivalente à taxa de crescimento real do Produto Interno Bruto (PIB), apurada pelo IBGE, para o ano de 2014; II — em 2017, será aplicado o percentual equivalente à taxa de crescimento real do PIB, apurada pelo IBGE, para o ano de 2015; III — em 2018, será aplicado o percentual equivalente à taxa de crescimento real do PIB, apurada pelo IBGE, para o ano de 2016; e IV — em 2019, será aplicado o percentual equivalente à taxa de crescimento real do PIB, apurada pelo IBGE, para o ano de 2017.

134 Orientação Jurisprudencial 325 da SDI-1 do TST. Aumento Salarial Concedido pela Empresa. Compensação no Ano Seguinte em Antecipação sem a Participação do Sindicato Profissional. Impossibilidade. O aumento real, concedido pela empresa a todos os seus empregados, somente pode ser reduzido mediante a participação efetiva do sindicato profissional no ajuste, nos termos do art. 7º, VI, da CF/88.

A opção normativa pela redução cumulativa do tempo de prestação do trabalho e da contraprestação pelo trabalho visou tornar mais palatável o amargo remédio que abala os alicerces da estabilidade econômica dos empregados e de suas famílias. Teoricamente, seria mais fácil argumentar que, em rigor, não houve perda real de ganho quando o empregado, conquanto passe a receber menos, trabalhará também por menos tempo do que simplesmente lhe impor redução salarial com manutenção de jornada. E essa argumentação se tornou ainda mais viável na medida em que o governo brasileiro se dispôs a pagar uma parte dessa perda salarial mediante um benefício emergencial.

Nesse ponto, é relevante esclarecer que a palavra "salário", tal qual aparece em diversos dispositivos normativos da ora Lei n. 14.020/2020, refere-se não apenas ao salário-base mas ao conjunto de verbas de natureza estritamente salariais, vale dizer, salário-base acrescido dos complementos salariais habituais, se existentes. Não nos parece aceitável que um empregado que habitualmente receba salário-base e gratificação de função, por exemplo, somente veja ser levada em consideração a dimensão do seu salário-base para os fins de redução.

A grande discussão sobre a "redução proporcional de jornada de trabalho e de salário", porém, foi a que disse respeito à forma, haja vista o disposto no art. 7º, VI e XIII, da Constituição da República, que claramente prevê a exigência de "negociação coletiva" para tornar juridicamente válida a alteração contratual, ainda que temporária.

Não havia nenhuma dúvida de que a negociação coletiva é indispensável à validade da redução de jornada e de salário, mas, à força do argumento da emergência e da inevidência de palavra que se usasse contra a óbvia situação calamitosa, a Medida Provisória n. 936/2020 (confirmada pela Lei n. 14.020, de 2020) ousou, então, prever, nessa determinada situação, a já referida "redução proporcional de jornada de trabalho e de salário" **mediante acordo individual escrito**.

Muitos ajustes individuais, então, passaram a ser produzidos com base nas disposições da Medida Provisória n. 936/2020, até que sobreveio medida cautelar proferida pelo Ministro Ricardo Lewandowski, em 6 de abril de 2020, na ADI n. 6.363, proposta pelo partido Político Rede Sustentabilidade, cujo objeto era, precisamente, a discussão em torno da constitucionalidade da MP n. 936/2020, no ponto em que permitiu ajustes individuais como meio adequado a reduzir jornada e, proporcionalmente, os salários, além da suspensão dos contratos de emprego no período de calamidade pública.

O meio jurídico recebeu com surpresa e acalorados debates a decisão em referência, por meio da qual o Ministro suspendeu a eficácia do § 4º do art. 11 e do art. 12 da então vigente MP n. 936/2020, condicionando a validade dos acordos individuais ao consentimento das entidades sindicais correlatas, expresso ou tácito.

A liminar, entretanto, não foi confirmada pelo Plenário, e o STF, em uma das discussões mais importantes de 2020, decidiu, por maioria, autorizar, excepcionalmente e de forma absolutamente circunstancial, a redução proporcional de salário e de jornada mediante acordo individual escrito. A situação de crise e a necessidade de uma rápida solução garantidora de emprego foi a tônica dos votos vencedores.

Confiante de que, em face da mesma razão de crise, o STF manteria a posição jurídica, o Parlamento brasileiro, nas Leis n. 14.020, de 2020, e 14.437, de 2022, reproduziu exatamente o mesmo padrão de acordo individual quando o empregador se deparasse com um evento calamitoso.

Seja lá como for, apesar das inúmeras críticas no sentido de que o STF relativizou uma regra, ele cumpriu a sua importante missão de interpretar a Constituição e de pacificar conflitos decorrentes dessa mesma interpretação. Nesse ponto nunca se poderá esquecer da célebre lição de Rui Barbosa, rememorada pelo Min. Celso de Mello no julgamento da Ação Penal n. 470. No Senado, Rui Barbosa travava, na sessão do ora longínquo 29 de dezembro de 1914, um debate com o também senador Pinheiro Machado, que se insurgia contra uma decisão do STF e ali sustentou, com a sua habitual maestria:

> "[...] Em todas as organizações políticas ou judiciais há sempre uma autoridade extrema para errar em último lugar. [...] O Supremo Tribunal Federal, Senhores, não sendo infalível, pode errar, mas a alguém deve ficar **o direito de errar por último**, de decidir por último, de dizer alguma cousa que deva ser considerada como erro ou como verdade".

Como se vê, o Supremo Tribunal Federal tem o **monopólio da última palavra**, e aos integrantes da sociedade brasileira cabe o dever de preservar a ordem constitucional e de atuar com fidelidade e respeito a essa vontade.

12.4.1.2 Intangibilidade salarial

Conforme o art. 462 da CLT, ao empregador é vedado efetuar qualquer desconto nos salários do empregado, salvo quando resultar de adiantamentos (os conhecidos "vales"), de dispositivos de lei (tais como os tributos do imposto de renda e da contribuição previdenciária; nesse âmbito ingressam também descontos determinados por ordem judicial) ou de convenção coletiva (a contribuição confederativa para os associados à entidade sindical profissional, por exemplo).

Esclareça-se, porém, que a jurisprudência dominante abrandou o rigor do texto contido no *caput* do mencionado art. 462, admitindo outros descontos sobre o salário, desde que expressamente autorizados pelo empregado, a quem incumbirá o ônus da prova se alegar eventual vício de consentimento para a extração da autorização. Perceba-se:

> **Súmula 342 do TST.** *DESCONTOS SALARIAIS. ART. 162, CLT. Descontos salariais efetuados pelo empregador, com a autorização prévia e por escrito do empregado, para ser integrado em planos de assistência odontológica, médico-hospitalar, de seguro, de previdência privada, ou de entidade cooperativa, cultural ou recreativo-associativa de seus trabalhadores, em seu benefício e de seus dependentes, não afrontam o disposto no artigo 462 da CLT, salvo se ficar demonstrada a existência de coação ou de outro defeito que vicie o ato jurídico.*

Diante desse posicionamento não se pode presumir a existência de qualquer vício de consentimento pelo simples motivo de o empregado ter autorizado o desconto sobre seus salários, ***nem mesmo quando essa autorização tenha sido dada no ato de admissão***. A Orientação Jurisprudencial 160 da SDI-1 do TST manifesta-se exatamente nesse sentido. Perceba-se:

> ***Orientação Jurisprudencial 160 da SDI-1 do TST.*** *Descontos Salariais. Autorização no Ato da Admissão. Validade. É inválida a presunção de vício de consentimento resultante do fato de ter o empregado anuído expressamente com descontos salariais na oportunidade da admissão. É de se exigir demonstração concreta do vício de vontade (23-3-1999).*

Merece destaque, também, o conteúdo da **Lei n. 10.820, de 17 de dezembro de 2003**, que dispõe sobre a autorização para desconto de prestações em folha de pagamento. Segundo o art. 1º dessa Lei, "Os empregados regidos pela Consolidação das Leis do Trabalho — CLT, aprovada pelo Decreto-Lei n. 5.452, de 1º de maio de 1943, poderão autorizar, de forma irrevogável e irretratável, o desconto em folha de pagamento dos valores referentes ao pagamento de empréstimos, financiamentos e operações de arrendamento mercantil concedidos por instituições financeiras e sociedades de arrendamento mercantil, quando previsto nos respectivos contratos". O § 1º do citado artigo, atualizado pela Lei n. 14.431, de 3 de agosto de 2022, dispõe no sentido de que "o desconto mencionado [...] **também poderá**

incidir sobre verbas rescisórias devidas pelo empregador, se assim previsto no respectivo contrato de empréstimo, financiamento ou arrendamento mercantil, **até o limite de 40% (quarenta por cento)**, sendo 35% (trinta e cinco por cento) destinados exclusivamente a empréstimos, financiamentos e arrendamentos mercantis e 5% (cinco por cento) destinados exclusivamente à amortização de despesas contraídas por meio de cartão de crédito consignado ou à utilização com a finalidade de saque por meio de cartão de crédito consignado". (destaques não constantes do original)

Acrescente-se, ainda, que, na forma do § 4º do art. 3º da lei ora em análise, os descontos autorizados com base na citada norma terão preferência sobre outros descontos da mesma natureza que venham a ser autorizados posteriormente.

12.4.1.2.1 Danos provocados pelos empregados: situações de culpa e de dolo

No caso de danos provocados pelo empregado, conforme claramente expendido no § 1º do art. 462 da CLT, o desconto será lícito **se a possibilidade foi acordada entre as partes** ou **se o empregado atuou com dolo**[135]. Em outras palavras: se o dano for proposital, poderá o empregador descontar o prejuízo do salário do empregado, mesmo que não exista ajuste sobre esse assunto. Por outro lado, se o dano tiver sido causado por culpa (negligência, imprudência ou imperícia) do empregado[136], o desconto do prejuízo somente será possível se, *e somente se*, existir acordo **prévio** (permitindo o desconto) entre empregado e empregador. O acordo produzido depois da ocorrência do dano, embora teoricamente possível, despertará inevitável presunção de vício na tomada do consentimento da parte operária. Não se pode confundir a situação em que o empregado, *por ato culposo*, gerou prejuízo e sofreu desconto reparatório com a hipótese de assunção dos riscos da atividade econômica por parte do empregador. Perceba-se que um frentista, sem assumir os riscos da atividade econômica de seu empregador, pode ser compelido a pagar os prejuízos gerados em virtude de cheques que, por desatenção ou por desobediência a um conhecido procedimento empresarial de tomada de dados, recebeu de um estelionatário, de um falso emitente. O TST, mediante a Orientação Jurisprudencial 251 da SDI-1, manifestou-se sobre essa matéria entendendo lícito em tais circunstâncias o desconto salarial[137]. O mesmo raciocínio pode ser aplicado em relação:

a) aos carregadores de garrafas de cerveja ou refrigerante que, por negligência, na carga e descarga, promovem quebras;

---

[135] Nunca é demasiado lembrar que as ações praticadas pelos empregados podem gerar danos diretamente para o empregador ou para terceiros, entre os quais clientes e fornecedores, com os quais o empregador mantém relações comerciais. Nesses casos, conforme consta da Súmula 341 do STF, "é presumida a culpa do patrão ou comitente pelo ato culposo do empregado ou preposto".

[136] Não se admite a culpa presumida; ela precisa ser provada. Não é o simples fato de o empregado ser o responsável pelo uso de um equipamento guardado na sede da empresa que ele será o responsável pela reposição do bem em caso de desaparecimento. Situação como esta foi tratada nos autos do processo 00329.2008.133.05.8 RS, TRT da Bahia. No caso mencionado, a empresa reconheceu o desconto nas parcelas resilitórias do ex-empregado referente ao valor de uma retífica que estava sob a guarda deste e que não foi devolvida por ocasião do desligamento. A acionada disse que assim agiu com base na autorização contratual, conforme o § 1º do art. 462 da CLT, mas não fez prova de o acionante ter atuado com culpa no episódio. A conclusão do processo deu-se no sentido de que não se pode estabelecer presunção de culpa contra o empregado em casos tais. Enfim, não é razoável que o empregado assuma a qualidade de guardião da propriedade da empresa e que, além disso, assuma o risco do desaparecimento de qualquer bem.

[137] Orientação Jurisprudencial 251 da SDI-1 do TST. DESCONTOS. FRENTISTA. CHEQUES SEM FUNDOS. É lícito o desconto salarial referente à devolução de cheques sem fundos, quando o frentista não observar as recomendações previstas em instrumento coletivo (13-3-2002).

b) aos vendedores de sapatos que, por ato culposo, vendem "pés trocados", ou seja, fazem com que algum cliente desavisado leve consigo um par de calçados com dois pés esquerdos ou dois pés direitos;

c) aos cobradores de ônibus que descumprem a ordem patronal de colocar no cofre existente no veículo toda e qualquer quantia que exceda a vinte vezes o valor da tarifa aplicada e que são assaltados no valor total da féria;

d) aos bancários exercentes da função de caixa que, por desídia, produzem diferenças negativas no instante do fechamento contábil;

e) aos motoristas-empregados que, por culpa ou dolo comprovados, incorrem em multas de trânsito;

f) aos motoristas-empregados que, por comprovada desídia, gerem prejuízos patrimoniais a terceiros, como, por exemplo, nas situações de colisão em trânsito[138].

12.4.1.2.2 A prática do truck-system

Nos termos do § 4º do art. 462 da CLT, é proibido aos empregadores limitar, por qualquer forma, a liberdade dos empregados de dispor de seu salário. Tal comportamento limitativo é conhecido como *truck-system*[139], sistema baseado na indução do trabalhador ao uso de armazéns mantidos pelos próprios empregadores que, em regra, praticam preços superfaturados, inviabilizando consequentemente o pagamento da dívida. Esse sistema tem representado o renascimento da servidão por dívidas e, consequentemente, tem promovido a redução de muitos empregados a condição análoga à de escravo.

Assim, sob o fundamento de que o empregado contraiu **dívidas civis**, não pode o empregador descontar, em seu próprio favor ou em favor de terceiros, as correspondentes parcelas que visariam à quitação.

Acrescente-se que, para desestimular a formação dessas dívidas civis entre empregador e empregado, a CLT, nos §§ 2º e 3º do art. 462, veda à empresa que mantiver armazém para venda de mercadorias aos empregados ou serviços destinados a proporcionar-lhes prestações *in natura* exercer qualquer coação ou induzimento no sentido de que os empregados se utilizem do armazém ou dos serviços.

Sempre, entretanto, que não for possível o acesso dos empregados a armazéns ou a serviços não mantidos pela empresa, é lícito à autoridade competente (Superintendências Regionais do Trabalho e Emprego) determinar a adoção de medidas adequadas, visando à venda das mercadorias e à prestação dos serviços por preços razoáveis, sem intuito de lucro e sempre em benefício dos empregados.

12.4.2 Proteção contra os credores do empregado

A penhora é um ato de constrição por meio do qual o Judiciário, para satisfazer o credor de uma obrigação por ele certificada, torna indisponível um bem do devedor. Se o devedor

---

138 Veja-se, no particular, o disposto no art. 2º, V, alínea "a", da Lei n. 13.103/2015, segundo o qual é direito dos motoristas profissionais empregados "não responder perante o empregador por prejuízo patrimonial decorrente da ação de terceiro, **ressalvado o dolo ou a desídia do motorista, nesses casos mediante comprovação, no cumprimento de suas funções**" (destaques não constantes do original).

139 A palavra *truck*, de acordo com os etimólogos da língua inglesa, proveio do francês *troquer*, que significa "troca", "ato ou prática de escambo" (confira-se em: http://www.etymonline.com/index.php?search=truck&searchmode=none, acessado em 22-8-2010). Nesses moldes, o *truck-system* pode ser entendido simplesmente como o "sistema da troca", o que, em última análise, efetivamente é.

for um empregado, seu salário não pode ser objeto de penhora, salvo se o ato de apresamento visar ao restabelecimento do ciclo natural de prestação de alimentos. Note-se que o salário tem função alimentar, sendo, por isso, protegido. A exceção à regra da impenhorabilidade é justamente aquela que visa atribuir às pessoas que dependem do trabalhador os alimentos (em sentido amplo) que a elas não foram naturalmente outorgados. Veja-se acerca desse tema o art. 649, IV, do CPC/1973[140].

Anote-se, entretanto, que qualquer direito é suscetível de abusos. Assim, a invocação da proteção jurídica aqui analisada passaria a ser abusiva se ferisse o princípio da razoabilidade. A título exemplificativo, imagine-se que um trabalhador, remunerado na base de dez mil reais mensais, estivesse em mora quanto ao pagamento de dívidas laborais em favor de seu ex-caseiro, assalariado com não mais do que um mínimo legal. Imagine-se também que os haveres contratuais do mencionado ex-caseiro não superassem dois mil reais e que, apesar disso, o ex-empregador estivesse apresentando como escudo processual a alegação de inexistência de qualquer patrimônio para quitar o débito. Nesse hipotético caso, estaria evidente o abuso de direito do ex-empregador, o que autorizaria o Judiciário a investir sobre o salário do inadimplente, mesmo porque desproporcional a dimensão deste e da dívida. Ademais, em última análise, o crédito buscado pelo ex-caseiro, correspondente ao exercício de sua atividade laboral, daria arrimo ao "pagamento de prestação alimentícia", autorizando, por consequência, a invocação da ressalva contida no § 2º do supracitado art. 649 do CPC/1973.

É importante anotar que o CPC/2015 — Lei n. 13.105/2015 — produziu considerável mudança no âmbito dessa discussão. Veja-se o teor do seu art. 833:

Art. 833. São impenhoráveis:

I — os bens inalienáveis e os declarados, por ato voluntário, não sujeitos à execução;

II — os móveis, os pertences e as utilidades domésticas que guarnecem a residência do executado, salvo os de elevado valor ou os que ultrapassem as necessidades comuns correspondentes a um médio padrão de vida;

III — os vestuários, bem como os pertences de uso pessoal do executado, salvo se de elevado valor;

IV — os vencimentos, os subsídios, os soldos, os salários, as remunerações, os proventos de aposentadoria, as pensões, os pecúlios e os montepios, bem como as quantias recebidas por liberalidade de terceiro e destinadas ao sustento do devedor e de sua família, os ganhos de trabalhador autônomo e os honorários de profissional liberal, ressalvado o § 2º;

V — os livros, as máquinas, as ferramentas, os utensílios, os instrumentos ou outros bens móveis necessários ou úteis ao exercício da profissão do executado;

VI — o seguro de vida;

VII — os materiais necessários para obras em andamento, salvo se essas forem penhoradas;

VIII — a pequena propriedade rural, assim definida em lei, desde que trabalhada pela família;

IX — os recursos públicos recebidos por instituições privadas para aplicação compulsória em educação, saúde ou assistência social;

---

140 Art. 649. São absolutamente impenhoráveis: [...] IV — os vencimentos, subsídios, soldos, salários, remunerações, proventos de aposentadoria, pensões, pecúlios e montepios; as quantias recebidas por liberalidade de terceiro e destinadas ao sustento do devedor e sua família, os ganhos de trabalhador autônomo e os honorários de profissional liberal (redação dada ao inciso pela Lei n. 11.382, de 6-12-2006, com efeitos a partir de 45 dias da publicação).

X — a quantia depositada em caderneta de poupança, até o limite de 40 (quarenta) salários mínimos;

XI — os recursos públicos do fundo partidário recebidos por partido político, nos termos da lei;

XII — os créditos oriundos de alienação de unidades imobiliárias, sob regime de incorporação imobiliária, vinculados à execução da obra.

§ 1º A impenhorabilidade não é oponível à execução de dívida relativa ao próprio bem, inclusive àquela contraída para sua aquisição.

§ 2º O disposto nos incisos IV e X do **caput** *não se aplica à hipótese de penhora para pagamento de prestação alimentícia, independentemente de sua origem, bem como às importâncias excedentes a 50 (cinquenta) salários mínimos mensais, devendo a constrição observar o disposto no art. 528, § 8º, e no art. 529, § 3º.*

§ 3º Incluem-se na impenhorabilidade prevista no inciso V do **caput** *os equipamentos, os implementos e as máquinas agrícolas pertencentes a pessoa física ou a empresa individual produtora rural, exceto quando tais bens tenham sido objeto de financiamento e estejam vinculados em garantia a negócio jurídico ou quando respondam por dívida de natureza alimentar, trabalhista ou previdenciária (destaques não constantes do original).*

Perceba-se que a partir da vigência do CPC/2015, a impenhorabilidade dos salários não mais será óbice para o pagamento de nenhuma prestação alimentícia, **independentemente de sua origem**. Essa locução — "independentemente de sua origem" — permite dar também à dívida trabalhista, diante de seu caráter alimentar, o mesmo tratamento.

Ademais, ainda que não se entenda, por absurdo, que a locução "independentemente de sua origem" teria o condão de envolver também as dívidas trabalhistas, e ainda que não se admita, igualmente por absurdo, que as dívidas trabalhistas têm caráter alimentar, os supersalários, de qualquer modo, poderão ser objeto de penhora naquilo em que excedam o limite de 50 (cinquenta) salários mínimos mensais.

Note-se também que se incluem na regra da impenhorabilidade os equipamentos, os implementos e as máquinas agrícolas pertencentes a pessoa física ou a empresa individual produtora rural, exceto quando tais bens tenham sido objeto de financiamento e estejam vinculados em garantia a negócio jurídico **ou quando respondam por dívida de natureza alimentar, trabalhista ou previdenciária**.

A despeito do quanto aqui expendido, o pensamento jurisprudencial consolidado é, ainda, absolutamente contrário à penhora de salários, seja qual for o valor deste e a proporcionalidade dele em relação à dívida invocada em juízo. O entendimento ora referido consta da Orientação Jurisprudencial 153 da SDI-2 do TST, a qual, entretanto, se imagina que será revisada por conta do texto do CPC/2015. Veja-se o texto que ainda se mantinha existente por ocasião do fechamento desta edição:

Orientação Jurisprudencial 153 da SDI-2: *Mandado de Segurança. Execução. Ordem de Penhora sobre Valores Existentes em Conta Salário. Art. 649, IV, do CPC. Ilegalidade. Ofende direito líquido e certo decisão que determina o bloqueio de numerário existente em conta salário, para satisfação de crédito trabalhista, ainda que seja limitado a determinado percentual dos valores recebidos ou a valor revertido para fundo de aplicação ou poupança, visto que o art. 649, IV, do CPC contém norma imperativa que não admite interpretação ampliativa, sendo a exceção prevista no art. 649, § 2º, do CPC espécie e não gênero de crédito de natureza alimentícia, não englobando o crédito trabalhista.*

Perceba-se que, entre os precedentes que formaram a citada Orientação Jurisprudencial, apenas um (ROMS 4435/2006-000-01-00.1, Min. Ives Gandra Martins Filho) enfrentou a questão, que envolvia especificamente um devedor com alto salário e um credor com pretensão de penhora parcial, proporcional. A despeito disso, a solução oferecida baseou-se na impossibilidade de considerar-se o "pagamento de prestação alimentícia" como gênero, no qual se inseriria o crédito de natureza trabalhista. Para os julgadores da Alta Corte Trabalhista, "diante de confronto de valores de mesma natureza tutelados pelo ordenamento jurídico, referentes à subsistência da pessoa", não se justificaria "despir um santo para vestir outro". Cabe, portanto, a expectativa quanto à revisão deste entendimento jurisprudencial.

12.4.3 Proteção contra os credores do empregador

Embora os privilégios em situação de falência tenham, em evidente retrocesso social, sido diminuídos pela Lei n. 11.101, de 9 de fevereiro de 2005, ainda se pode falar em preferência e em proteção dos créditos trabalhistas, conforme se observa nos arts. 83 e 151 da mencionada lei[141].

12.5 ISONOMIA SALARIAL

A palavra "isonomia" provém das partículas gregas *iso-* (igual) e *-nomos* (norma) e sinaliza a existência de fonte normativa tendente a estabelecer a igualdade no plano salarial. No âmbito salarial, a isonomia parte de uma evidência muito simples: *o exercício das mesmas funções pressupõe a atribuição da mesma dimensão salarial*, salvo se, consoante bem doutrinou Celso Antônio Bandeira de Mello, houver "justificativa racional para, à vista do traço desigualador adotado, atribuir o específico tratamento jurídico construído em função da desigual-

---

141 Art. 83. A classificação dos créditos na falência obedece à seguinte ordem:

I — os **créditos derivados da legislação do trabalho**, limitados a cento e cinquenta salários mínimos por credor, e os **decorrentes de acidentes de trabalho**;

II — créditos com garantia real até o limite do valor do bem gravado;

III — créditos tributários, independentemente da sua natureza e tempo de constituição, excetuadas as multas tributárias;

IV — créditos com privilégio especial, a saber:

a) os previstos no art. 964 da Lei n. 10.406, de 10 de janeiro de 2002;

b) os assim definidos em outras leis civis e comerciais, salvo disposição contrária desta Lei;

c) aqueles a cujos titulares a lei confira o direito de retenção sobre a coisa dada em garantia;

V — créditos com privilégio geral, a saber:

a) os previstos no art. 965 da Lei n. 10.406, de 10 de janeiro de 2002;

b) os previstos no parágrafo único do art. 67 desta Lei;

c) os assim definidos em outras leis civis e comerciais, salvo disposição contrária desta Lei;

VI — créditos quirografários, a saber:

a) aqueles não previstos nos demais incisos deste artigo;

b) os saldos dos créditos não cobertos pelo produto da alienação dos bens vinculados ao seu pagamento;

c) os saldos dos créditos derivados da legislação do trabalho que excederem o limite estabelecido no inciso I do *caput* deste artigo;

VII — as multas contratuais e as penas pecuniárias por infração das leis penais ou administrativas, inclusive as multas tributárias;

VIII — créditos subordinados, a saber:

a) os assim previstos em lei ou em contrato;

b) os créditos dos sócios e dos administradores sem vínculo empregatício.

[...] Art. 151. Os créditos trabalhistas de natureza estritamente salarial vencidos nos três meses anteriores à decretação da falência, até o limite de cinco salários mínimos por trabalhador, serão pagos tão logo haja disponibilidade em caixa (destaques não constantes do original).

dade afirmada"[142]. Assim, conquanto, a princípio, não se possa oferecer salário diferente para quem realiza a mesma função, há situações em que, por disparidade espacial ou temporal, a desigualdade é justificável. Aliás, justificável é também a diferença baseada em elementos subjetivos como experiência ou formação técnica, que somente se destacam nos instantes de eventual conturbação, somente superada por quem está mais bem preparado. Para satisfazer essas múltiplas indagações é que existem procedimentos de correção da desigualdade salarial, por meio dos quais o empregado que se entende discriminado poderá invocar a atuação jurisdicional para a solução do conflito. Entre os procedimentos previstos na legislação trabalhista, destacam-se a **equivalência salarial**, a **determinação supletiva do salário**, a **equiparação salarial** e o **enquadramento salarial**. Vejam-se:

12.5.1 Equivalência salarial

Equivalência é o procedimento de correção de desigualdade salarial por meio do qual ao trabalho de igual valor, evidenciado entre empregados de empresas prestadoras (terceirizadas) e tomadoras de serviços, atribui-se a mesma dimensão retributiva.

A origem normativa da *equivalência salarial*, com o enfoque que aqui se explicita, está contida no texto originário da Lei n. 6.019/74, que teve o cuidado de prever a sua exigibilidade em favor dos trabalhadores contratados diretamente por empresa cliente e daqueles contratados através das empresas de trabalho temporário.

Veja-se nesse sentido o texto do art. 12, I, da Lei n. 6.019/74, **mas atente-se para o fato de que, linhas mais adiante, haverá referência sobre a revogação tácita deste dispositivo** pelo § 1º do art. 4º-C da Lei n. 6.019, de 1974, criado pela Lei n. 13.467, de 2017:

> *Art. 12. Ficam assegurados ao trabalhador temporário os seguintes direitos:*
>
> *a) remuneração **equivalente** à percebida pelos empregados de mesma categoria da empresa tomadora ou cliente calculados à base horária, garantida, em qualquer hipótese, a percepção do salário mínimo [...]; (destaques não constantes do original)*

Na **contratação de trabalhadores temporários** (*vide* art. 1º da Lei n. 6.019/74) a **equivalência salarial parecia ser uma decorrência previsível — e até desnecessária — porque ela ocorria para atender à necessidade de "substituição transitória de pessoal permanente"** ou à **"demanda complementar de serviços"**. O trabalho temporário implicava, portanto, a intercessão de uma empresa que **intermedeia trabalhadores** para o exercício, em regra, de atividades-fim das empresas contratantes, ficando, assim, fácil comparar as funções do empregado efetivo da empresa contratante e do trabalhador temporário.

Essa missão, entretanto, tornava-se mais difícil quando uma empresa valia-se da intermediação de outra para **contratação de serviços não coincidentes com a atividade-fim da tomadora**. Nesse caso, ao contrário do ocorrente com o trabalho temporário, a "empresa prestadora de serviços a terceiros" **prestava, como o próprio nome dela sugeria, serviços** normalmente (mas não mais *necessariamente*) não prestados pelos empregados efetivos da empresa contratante.

O TST, por meio da **Orientação Jurisprudencial 383 da SDI-1 do TST**, divulgada no *DEJT* de 19-4-2010, usando o disposto no art. 12, *a*, da Lei n. 6.019/74, aliás, somente reconheceu a possibilidade de tratamento isonômico se "presente a igualdade de funções". Veja-se:

---

[142] BANDEIRA DE MELLO, Celso Antônio. *Conteúdo jurídico do princípio da igualdade*. 3. ed. São Paulo: Malheiros, 2007, p. 38.

"**Orientação Jurisprudencial 383 da SDI-1 do TST**. *TERCEIRIZAÇÃO. EMPREGADOS DA EMPRESA PRESTADORA DE SERVIÇOS E DA TOMADORA. ISONOMIA. ART. 12, 'A', DA LEI N. 6.019, DE 3-1-1974. A contratação irregular de trabalhador, mediante empresa interposta, não gera vínculo de emprego com ente da Administração Pública, não afastando, contudo, pelo princípio da isonomia, o direito dos empregados terceirizados às mesmas verbas trabalhistas legais e normativas asseguradas àqueles contratados pelo tomador dos serviços*, **desde que presente a igualdade de funções**. *Aplicação analógica do art. 12 'a', da Lei n. 6.019, de 3-1-1974"* (destaques não constantes do original).

Assim, se não houvesse na empresa tomadora de serviços quem exercesse funções ao menos equivalentes, não era possível o estabelecimento da comparação. Imagine-se, a título ilustrativo, a situação de um trabalhador em serviço de limpeza que fosse colocado à disposição de uma instituição bancária e que esse banco, em seu quadro de empregados, não contasse com ninguém que realizasse tarefas de higiene e conservação. Tal trabalhador terceirizado não teria como requerer a aplicação da OJ 383 da SDI-1 do TST porque não teria como estabelecer um paralelismo comparativo.

Dessa forma, até o advento da Lei n. 13.467, de 2017, somente por força de instrumentos coletivos negociados era possível criar uma base salarial isonômica em favor dos empregados contratados pelas diversas "empresas prestadoras de serviços a terceiros". A fragilidade da aliança entre os empregados dessas empresas, motivada pela precariedade dos contratos com as empresas tomadoras e pela volatilidade das funções, era, ademais, um imenso complicador para a realização da própria aglutinação sindical.

As colocações constantes deste tópico foram apresentadas com a **utilização do tempo passado**, porque o § 1º do art. 4º-C da Lei n. 6.019, de 1974, mudou consideravelmente a realidade da equivalência salarial aqui analisada. Vê-se ali que "contratante e contratada poderão estabelecer, **se assim entenderem**, que os empregados da contratada farão jus a **salário equivalente** ao pago aos empregados da contratante, além de outros direitos" não previstos nos itens I e II do *caput* do próprio art. 4º-C supracitado. Esse referido dispositivo colide, como se pode ver, com o disposto no art. 12, "a", aqui referido, segundo o qual ficavam "assegurados ao trabalhador temporário [...]: a) remuneração equivalente à percebida pelos empregados de mesma categoria da empresa tomadora ou cliente calculados à base horária, garantida, em qualquer hipótese, a percepção do salário mínimo".

Houve, portanto, **evidente revogação tácita do mencionado art. 12, "a", da Lei 6.019/74**.

A partir da vigência da Lei n. 13.467, de 2017, portanto, a equivalência salarial somente se dará se a contratante e a contratada assim entenderem e se assim se ajustarem.

Essa negativa de salário equivalente, ao contrário do que se imaginava, passou pelo crivo da verificação da constitucionalidade. Cabe deixar anotado que o Plenário do Supremo Tribunal Federal, em setembro de 2020, nos autos do **RE 635.546**, e por maioria de votos, apreciou o **Tema 383** da repercussão geral e decidiu que **a equiparação de remuneração entre empregados da empresa tomadora de serviços e empregados da empresa contratada (terceirizada) fere o princípio da livre-iniciativa**, por se tratar de agentes econômicos distintos, que não podem estar sujeitos a decisões empresariais que não são suas.

Durante as discussões havidas no STF acerca do referido Recurso Extraordinário, sustentou-se, em apoio à tese vencedora, que exigir remuneração equivalente entre empregados da tomadora de serviço e empregados da contratada significaria, por via transversa, retirar do agente econômico a opção pela terceirização para fins de redução de custos. Concluiu-se, ademais, tratar-se de entendimento que, se triunfante, esvaziaria o instituto da terceirização e limitaria injustificadamente as escolhas do agente econômico sobre a forma de estruturar a sua produção.

12.5.2 Determinação supletiva do salário

Determinação supletiva do salário é o procedimento por meio do qual, diante da **falta de estipulação do salário** ou da **inexistência de prova sobre a importância ajustada**, busca-se corrigir a omissão. Nessas circunstâncias, de acordo com o disposto no art. 460 da CLT, o empregado terá direito a perceber salário igual ao:

a) daquele que, na mesma empresa, fizer serviço equivalente, ou

b) daquele que for habitualmente pago para serviço semelhante.

Observe-se que a regra da equivalência tem **dois** referenciais:

O **primeiro** deles é buscado dentro da própria empresa, tomando por base serviços tidos como equivalentes (análogos ou paralelos).

O **segundo** é somente aplicado quando não há dentro da empresa empregado prestando serviço equivalente. Trata-se de referencial sucessivo, obtido fora da empresa, junto a outros empreendimentos nos quais, eventualmente, existam empregados realizando serviço semelhante.

Os referenciais internos ou externos não precisam ser contemporâneos. Podem ser obtidos a partir de dados indicativos de uma situação pretérita. Note-se que esta regra somente é utilizada para a determinação supletiva do salário, vale dizer, diante de casos em que não houve estipulação do salário ou de situações em que, em face de uma controvérsia, não se produziu prova sobre a importância ajustada. Se o salário está estipulado ou se há prova sobre a importância ajustada, não há falar em aplicação da regra da equivalência.

12.5.3 Equiparação salarial

Equiparação é o procedimento de correção de desigualdade salarial que tem por objetivo atribuir **igual retribuição**, sem distinção de sexo, etnia, nacionalidade ou idade, a quem preste **trabalho de igual valor**[143], em **idêntica função**, ao mesmo empregador, no mesmo estabelecimento[144].

Abre-se parêntese logo no começo dessa análise para chamar a atenção para o fato de que a Lei n. 13.467/2017 incluiu a **etnia** entre os fatores que não poderiam justificar a desigualdade salarial. Apesar de serem referidos apenas quatro fatores — *"sem distinção de sexo, etnia, nacionalidade ou idade"*, outros tantos, obviamente, não podem motivá-la, mesmo porque a legislação infraconstitucional não pode produzir restrições não autorizadas pelo texto constitucional. Dessa forma, se a norma constitucional veda *"quaisquer outras formas de discriminação"* (vide art. 3º, IV, da Constituição da República) como poderia uma legislação infraconstitucional autorizar apenas algumas delas? Seria possível admitir-se desigualdade salarial fundada em credo? Um católico — pelo simples fato de ser católico — poderia receber mais do que um protestante? A resposta é evidentemente negativa. Logo, cabe a leitura do rol de fatores que não podem produzir distinção do modo mais amplo possível, abarcando, evidentemente, "quaisquer outras formas de discriminação".

---

143 Vide o art. 5º da CLT: A todo **trabalho de igual valor** corresponderá salário igual, sem distinção de sexo (destaques não constantes do original).

144 Para aprofundamento sobre o tema, recomenda-se a leitura da obra *Equiparação salarial*, da professora Fabíola Marques, publicada sob o selo editorial da LTr.

Na mesma linha da discriminação, e conforme o § 6º do art. 461 da CLT, "no caso de comprovada discriminação **por motivo de sexo ou etnia**, o juízo determinará, além do pagamento das diferenças salariais devidas, multa, em favor do empregado discriminado, no valor de 50% (cinquenta por cento) do limite máximo dos benefícios do Regime Geral de Previdência Social".

Destaque-se, em anotação adicional, que a Lei n. 14.457/2022 previu, no seu art. 30, que "às mulheres empregadas é garantido igual salário em relação aos empregados que exerçam idêntica função prestada ao mesmo empregador, nos termos dos arts. 373-A e 461 da Consolidação das Leis do Trabalho, aprovada pelo Decreto-Lei n. 5.452, de 1º de maio de 1943".

Pois bem. Ao falar-se em equiparação salarial trata-se evidentemente de um **procedimento comparativo**, mediante o qual o interessado deverá tomar como referencial um colega de trabalho que, segundo sua perspectiva, realize idênticas funções (conjunto de atribuições, ou seja, conjunto de tarefas), não apenas sob o ponto de vista material, mas também sob os aspectos quantitativo e qualitativo. Essa pretensão ficará, entretanto, prejudicada quando o empregador tiver estabelecido, mediante um plano de classificação de cargos e salários (ou quadro de carreira), critérios objetivos e subjetivos para promoções de classe (verticais) e de nível (horizontais), levando em conta a antiguidade **ou** o merecimento de cada trabalhador.

12.5.3.1 Requisitos

Os requisitos são cumulativos. Em outras palavras, não existirá possibilidade de equiparação salarial quando não estejam cumpridos todos os requisitos exigíveis. São eles:

1º) Identidade de funções: paragonado (aquele que pretende a equiparação salarial) e paradigma (aquele que serve de parâmetro para a aferição da desigualdade salarial) devem exercer exatamente as mesmas tarefas, independentemente do rótulo que se ofereça aos cargos.

Destaque-se que cargos com nomes idênticos geram a presunção de identidade funcional entre seus exercentes; cargos com nomes diferentes produzem, *a contrario sensu*, presunção de conteúdo funcional diverso. Trata-se, portanto, de situação que implica efeitos no campo probatório: se equiparando e paradigma exercem cargos com denominações iguais, caberá ao empregador a prova da diferença funcional; se, entretanto, equiparando e modelo têm cargos com nomes diferentes, caberá ao interessado na equiparação a prova da identidade funcional.

O TST manifestou-se sobre o assunto mediante a Súmula 6, III:

> *Súmula 6, III, do TST. A equiparação salarial só é possível se o empregado e o paradigma exercerem a mesma função, desempenhando as mesmas tarefas, não importando se os cargos têm, ou não, a mesma denominação.*

Registre-se, ainda, que, sendo regulamentada uma **profissão, cujo exercício pressupõe habilitação técnica** (mediante diploma ou certificado), é impossível a equiparação salarial entre trabalhadores que aparentemente exerçam as mesmas tarefas. É o que acontece, por exemplo, entre legalmente habilitados auxiliares de enfermagem e não legalmente habilitados atendentes de enfermagem. Tal situação, que pode encontrar outras similares, implicou a edição e publicação da Orientação Jurisprudencial 296 da SDI-1 do TST. Veja-se:

> ***Orientação Jurisprudencial 296 da SDI-1 do TST.*** *Equiparação Salarial. Atendente e Auxiliar de Enfermagem. Impossibilidade. Sendo regulamentada a profissão de auxiliar de enfermagem, cujo exercício pressupõe habilitação técnica, realizada pelo Conselho Regional de Enfermagem, impossível a equiparação salarial do simples atendente com o auxiliar de enfermagem.*

Um detalhe adicional que não pode ser esquecido diz respeito ao **nível hierárquico**. Destaca-se isso porque **a simples evidência de que o paradigma era superior hierárquico do equiparando revela-se como razão jurídica suficiente para a rejeição da pretensão de equiparação**. Afinal, as atribuições de mando e de fiscalização do paradigma sobre o equiparando são insuscetíveis de compartilhamento. O equiparando, em outras palavras, não pode ser mandante de si mesmo.

2º) Simultaneidade da prestação dos serviços: equiparando e modelo (outro nome que se dá ao paradigma) precisam ter sido contemporâneos um do outro na mesma empresa, ainda que a contemporaneidade se tenha limitado a apenas um dia de atividade. Não pode, portanto, um empregado recém-contratado postular equiparação salarial em relação a um modelo com quem não conviveu na empresa.

Veja-se quanto a isso a Súmula 6, IV, do TST:

Súmula 6, IV, do TST. É desnecessário que, ao tempo da reclamação sobre equiparação salarial, reclamante e paradigma estejam a serviço do estabelecimento, desde que o pedido se relacione com situação pretérita.

Anote-se, em complemento, que a Lei n. 13.467/2017 inseriu no texto do art. 461 da CLT um parágrafo adicional (o § 5º) com a finalidade específica de tratar da simultaneidade ora em estudo. Diz-se ali que "a equiparação salarial só será possível entre empregados contemporâneos no cargo ou na função, **ficando vedada a indicação de paradigmas remotos**, ainda que o paradigma contemporâneo tenha obtido a vantagem em ação judicial própria".

Ora, "empregados contemporâneos no cargo ou função" são justamente aqueles que conviveram, pelo menos durante um dia, na mesma empresa (antes da vigência da Lei 13.467/2017) ou no mesmo estabelecimento (depois da vigência da referida norma), sendo relevante destacar que o referido texto normativo proibiu "a indicação de paradigmas remotos".

Mas o que são "paradigmas remotos"?

A resposta é simples. Os paradigmas remotos são aqueles que trabalharam em um momento do passado na empresa, **sem nenhum ponto de contato temporal** com o equiparando, aquele que ajuíza a ação de equiparação salarial (chamado nesse momento de empregado "C"). Tal paradigma remoto (chamado aqui de empregado "A") pode ter sido, **no passado**, o referencial para a aquisição da equiparação salarial em favor de algum determinado trabalhador (aqui identificado como empregado "B"), ou seja, aquele que serve de modelo atual para o pedido de equiparação salarial.

Em esquematização, observando a linha do tempo:

A = paradigma remoto

B = paradigma atual

C = equiparando, ou seja, aquele que pede a equiparação salarial.

Pois bem. O novo texto legal veda que esse empregado "B" seja paradigma do operário "C", ainda que "B" e "A" tenham sido contemporâneos. Isso evitará a perpetuação da equiparação ou o fenômeno da chamada "equiparação em cadeia" em que B conseguiu equiparação em face de A, permitindo assim que C (que não foi contemporâneo de A, mas apenas de B) consiga nova equiparação.

3º) Limitação a empregado da mesma empresa até a vigência da Lei n. 13.467/2017 e limitação a empregado do mesmo estabelecimento a partir da vigência do referido diploma legal: o paradigma precisava ser ou ter sido colega do equiparando, na mesma empresa, e, conforme acima expendido, ter convivido com ele no ambiente laboral. Não se admitia (e ainda não se admite) equiparação entre trabalhadores de empresas diferentes. Impossível que o gerente do supermercado da rede A queira equiparação salarial com o gerente do supermercado da rede B.

Destaque-se aqui que **o conceito de "mesma empresa" envolvia empresas integrantes do mesmo grupo econômico**. Com isso se pretende dizer que, evidenciada a concentração econômica, um empregado podia tomar como seu paradigma um colega que foi contratado por empresa integrante do mesmo grupo. Observe-se jurisprudência nesse sentido:

> *EQUIPARAÇÃO SALARIAL ENTRE EMPREGADOS DE EMPRESAS DIVERSAS INTEGRANTES DO MESMO GRUPO ECONÔMICO. A legislação trabalhista, no art. 2º, § 2º, da CLT, ao prever a constituição de grupo econômico, considera um único contrato de trabalho entre o trabalhador e as empresas componentes. Assim, por ser único o empregador considerado, são devidas as diferenças salariais, para se alcançar a igualdade de tratamento prevista no art. 461 consolidado, ainda que envolvidos empregados de empresas diversas, se integrantes do mesmo grupo econômico. Inteligência da Súmula 129/TST. Recurso conhecido e parcialmente provido (TRT, 10ª R., RO 00121-2005-021-10-00-0, 2ª T., Rel. Juiz Alexandre Nery de Oliveira, j. 21-6-2006).*

Não modificava o conceito de mesma empresa a situação que envolve a **cessão de empregados**. Afirma-se isso porque uma empresa poderia ceder seu empregado para outra empresa ou para órgão da Administração Pública e, ainda assim, o cedido continuaria juridicamente vinculado ao empreendimento do qual se desgarrou.

Imagine-se, para melhor entender, a situação em que uma instituição bancária, empregadora dos trabalhadores A e B, cede um deles para outra empresa privada ou mesmo para um ente público (para um Município, por exemplo). O empregado cedido (o empregado A, por exemplo) continuará juridicamente ligado à empresa cedente se esta continuar a pagar seus salários. Nessa circunstância, ainda que teoricamente a serviço de tomadores diferentes, o empregado B (lotado na cedente) poderá indicar o empregado A (lotado na cessionária) como paradigma ou vice-versa. Esse é o entendimento contido na Súmula 6, V, do TST. Veja-se:

> **Súmula 6, V, do TST.** *A cessão de empregados não exclui a equiparação salarial, embora exercida a função em órgão governamental estranho à cedente, se esta responde pelos salários do paradigma e do reclamante.*

Observe-se, entretanto, que a citada Lei n. 13.467/2017 restringiu imensamente o alcance da equiparação salarial. Desde a sua vigência, e desde operada a mudança do *caput* do art. 461 da CLT, "sendo idêntica a função, a todo trabalho de igual valor, **prestado ao mesmo empregador, no mesmo estabelecimento empresarial,** corresponderá igual salário, sem distinção de sexo, etnia, nacionalidade ou idade" (destaques não constantes do original).

Isso mesmo: "prestado ao mesmo empregador, **no mesmo estabelecimento empresarial**"! Entenda-se "estabelecimento empresarial" como uma fração do complexo de bens organizados para exercício da empresa, sendo muito comum que os grandes empreendimentos dividam a empresa em múltiplos estabelecimentos. Dessa forma, uma grande rede de mercados, que tem muitos estabelecimentos, somente permitirá a equiparação entre os empregados lotados em cada uma das várias unidades fracionárias.

Enfim, a reforma trabalhista de 2017 praticamente aniquilou o instituto da equiparação salarial, retirando a possibilidade de paradigmas e equiparandos lotados numa mesma empresa, mas não no mesmo estabelecimento, terem o mesmo salário, ainda que realizem exatamente as mesmas funções.

4º) Relações de emprego na mesma localidade até a vigência da Lei n. 13.467/2017: não bastava que equiparando e paradigma tivessem trabalhado na mesma empresa. Era imprescindível que ambos trabalhassem ou tivessem trabalhado para o mesmo empregador em estabelecimentos insertos na mesma localidade, assim entendida a mesma região metropolitana (com as mesmas peculiaridades geoeconômicas)[145].

Veja-se, nesse sentido, o texto da Súmula 6, X, do TST:

Súmula 6, X, do TST. *O conceito de "mesma localidade" de que trata o art. 461 da CLT refere-se, em princípio, ao mesmo município, ou a municípios distintos que, comprovadamente, pertençam à mesma região metropolitana.*

Nesses termos, não era possível, *em tese*[146], que o gerente do supermercado da rede A, filial de Salvador, obtivesse equiparação salarial em relação a um seu colega, também gerente do supermercado da rede A, lotado na filial de Belo Horizonte.

---

145 Nos termos do § 3º do art. 25 do texto constitucional, "os Estados poderão, mediante lei complementar, instituir regiões metropolitanas, aglomerações urbanas e microrregiões, constituídas por agrupamentos de municípios limítrofes, para integrar a organização, o planejamento e a execução de funções públicas de interesse comum". Observe-se que o dispositivo constitucional faz menção a lei complementar estadual, motivo por que se forma o seguinte sistema: a) a Lei Complementar n. 14, de 8 de junho de 1973, foi recepcionada pelo texto constitucional de 1988; b) novas regiões metropolitanas podem ser instituídas por meio de lei complementar estadual.

O Estatuto da Metrópole — Lei n. 13.089, de 12 de janeiro de 2015 — confirma isso em seu art. 4º, segundo o qual "a instituição de região metropolitana ou de aglomeração urbana que envolva Municípios pertencentes a mais de um Estado será formalizada **mediante a aprovação de leis complementares pelas assembleias legislativas de cada um dos Estados envolvidos**" (destaque não constante do original).

O parágrafo único do referido art. 4º esclarece que "até a aprovação das leis complementares [...] por todos os Estados envolvidos, a região metropolitana ou a aglomeração urbana terá validade apenas para os Municípios dos Estados que já houverem aprovado a respectiva lei".

Apenas a título informativo, revela-se que, nos termos da precitada Lei Complementar n. 14, de 8 de junho de 1973, compõem as chamadas regiões metropolitanas brasileiras — São Paulo, Belo Horizonte, Porto Alegre, Recife, Salvador, Curitiba, Belém e Fortaleza — os seguintes municípios:

Art. 1º [...] § 1º A região metropolitana de São Paulo constitui-se dos Municípios de: São Paulo, Arujá, Barueri, Biritiba-Mirim, Caieiras, Cajamar, Carapicuíba, Cotia, Diadema, Embu, Embu-Guaçu, Ferraz de Vasconcelos, Francisco Morato, Franco da Rocha, Guararema, Guarulhos, Itapecerica da Serra, Itapevi, Itaquaquecetuba, Jandira, Juquitiba, Mairiporã, Mauá, Mogi das Cruzes, Osasco, Pirapora do Bom Jesus, Poá, Ribeirão Pires, Rio Grande da Serra, Salesópolis, Santa Isabel, Santana de Parnaíba, Santo André, São Bernardo do Campo, São Caetano do Sul, Suzano e Taboão da Serra.

§ 2º A região metropolitana de Belo Horizonte constitui-se dos Municípios de: Belo Horizonte, Betim, Caeté, Contagem, Ibirité, Lagoa Santa, Nova Lima, Pedro Leopoldo, Raposos, Ribeirão das Neves, Rio Acima, Sabará, Santa Luzia e Vespasiano.

§ 3º A região metropolitana de Porto Alegre constitui-se dos Municípios de: Porto Alegre, Alvorada, Cachoeirinha, Campo Bom, Canoas, Estância Velha, Esteio, Gravataí, Guaíba, Novo Hamburgo, São Leopoldo, Sapiranga, Sapucaia do Sul e Viamão.

§ 4º A região metropolitana de Recife constitui-se dos Municípios de: Recife, Cabo, Igarassu, Itamaracá, Jaboatão, Moreno, Olinda, Paulista e São Lourenço da Mata.

§ 5º A região metropolitana de Salvador constitui-se dos Municípios de: Salvador Camaçari, Candeias, Itaparica, Lauro de Freitas, São Francisco do Conde, Simões Filho e Vera Cruz.

§ 6º A região metropolitana de Curitiba constitui-se dos Municípios de: Curitiba, Almirante Tamandaré, Araucária, Bocaiúva do Sul, Campo Largo, Colombo, Contenda, Piraquara, São José dos Pinhais, Rio Branco do Sul, Campina Grande do Sul, Quatro Barras, Mandirituba e Balsa Nova.

§ 7º A região metropolitana de Belém constitui-se dos Municípios de: Belém e Ananindeua.

§ 8º A região metropolitana de Fortaleza constitui-se dos Municípios de: Fortaleza, Caucaia, Maranguape, Maracanaú, Pacatuba e Aquiráz (redação dada ao parágrafo pela Lei Complementar n. 52, de 16-4-1986).

146 Afirma-se que não é possível em tese a equiparação salarial porque o conceito de "mesma localidade" pode, *de lege ferenda*, ser relativizado além dos limites da mesma região geoeconômica. Enfim, duas cidades situadas em Estados diferentes podem ter custos de vida absolutamente equivalentes.

Reitere-se que a Lei n. 13.467/2017 restringiu o alcance da equiparação salarial e passou a permiti-la apenas em relação a trabalhadores lotados no mesmo estabelecimento empresarial. Ora, se toda a discussão deve residir no âmbito do mesmo estabelecimento, não mais será necessário indagar sobre a localidade desse estabelecimento, pois, sendo único, não se perquirirá mais sobre as eventuais disparidades econômicas existentes entre os lugares de exercício do trabalho.

5º) **Exigência de igual produtividade:** produtividade é um requisito quantitativo capaz de demonstrar que, num processo de comparação, um dos empregados é **mais rápido** ou **mais exigido** no desempenho de suas atividades. Trata-se de um requisito obstativo, cabendo ao empregador o ônus de demonstrar que o paradigma recebia salário maior porque produzia mais. Ao equiparando cabe desvencilhar-se do ônus de provar que exerce as mesmas funções que o modelo. Não lhe cabe o ônus de provar que era tão produtivo quanto este. É o empregador que deverá fazer prova disso para impedir a equiparação salarial.

Observe-se a Súmula 6, VIII, do TST:

Súmula 6, VIII, do TST. É do empregador o ônus da prova do fato impeditivo, modificativo ou extintivo da equiparação salarial.

Entre as formas de demonstrar que um trabalhador é mais produtivo do que outro pode o patrão valer-se não apenas de estatísticas quando seja possível contar as tarefas desenvolvidas, mas também de demonstrativos de volume de serviço ou de tráfego de clientes atendidos. Dessa forma, o gerente de um setor do supermercado que atenda mais clientes pode (e deve) ganhar mais do que o gerente de um setor pouco visitado e que vende menos.

6º) **Trabalho com a mesma perfeição técnica:** perfeição técnica é um requisito qualitativo capaz de demonstrar que, num processo de comparação, um dos empregados é mais perfeito tecnicamente ou mais experiente no desempenho de suas atividades. A sistemática probatória é a mesma que envolve a produtividade. Nesse ponto é importante frisar que, mesmo com dificuldades de comparação, os trabalhos intelectuais são suscetíveis de equiparação salarial, existindo inclusive manifestação jurisprudencial confirmando essa tese. Veja-se:

Súmula 6, VII, do TST. Desde que atendidos os requisitos do artigo 461 da CLT, é possível a equiparação salarial de trabalho intelectual, que pode ser avaliado por sua perfeição técnica, cuja aferição terá critérios objetivos.

Anote-se que, no plano da perfeição técnica, experiências profissionais anteriores, formação técnica em estabelecimentos de ensino de elevado conceito, parcerias com outros profissionais de notório destaque e reconhecimento público são alguns dos muitos referenciais que podem auxiliar na demonstração da superioridade técnica de um trabalhador em detrimento de outro.

7º) **Diferença máxima de dois anos no exercício da função equiparanda até a vigência da Lei n. 13.467/2017:** o § 1º do art. 461 da CLT sofreu considerável modificação por força da referida lei. Antes, era necessária a demonstração de uma diferença na função igual ou superior a dois anos para que se tornasse impossível juridicamente a equiparação salarial.

A lei estabelecia que a existência de **mais de dois anos**, **no exercício da função**, em favor do paradigma retiraria do equiparando a possibilidade de equiparação salarial. Tratava-se de um obstáculo objetivo, uma vez que, independentemente de eventual identidade funcional entre equiparando e modelo, estes não podem ser equiparados. A diferença de mais de dois anos no exercício da função deveria existir em favor do paradigma, e não em favor do equiparando, porque, logicamente, sendo o equiparando mais antigo que o modelo no exercício das funções comparadas, tanto maior seria a razão para que fosse acolhido seu pleito de equiparação salarial, desde que, é claro, atendidos os demais requisitos exigíveis.

Nesse sentido, *vide* a Súmula 202 do STF:

Súmula 202 do STF. *Na equiparação de salário, em caso de trabalho igual, toma-se em conta o tempo de serviço na função, e não no emprego.*

Ver, também, a Súmula 6, II, do TST:

Súmula 6, II, do TST. *Para efeito de equiparação de salários em caso de trabalho igual, conta-se o tempo de serviço na função e não no emprego.*

Depois de vigente a Lei n. 13.467/2017 o legislador passou a ser mais rigoroso. Ele associou o tempo no exercício da função com o tempo de serviço na empresa. A redação passou a ser a seguinte:

CLT. Art. 461. [...] § 1º Trabalho de igual valor, para os fins deste Capítulo, será o que for feito com igual produtividade e com a mesma perfeição técnica, ***entre pessoas cuja diferença de tempo de serviço para o mesmo empregador não seja superior a quatro anos e a diferença de tempo na função não seja superior a dois anos*** *(destaques não constantes do original).*

Perceba-se que a partir das modificações produzidas pela reforma trabalhista, o equiparando terá de demonstrar, entre outros requisitos, que, num comparativo entre ele e o paradigma, este não tem diferença de tempo de serviço para o mesmo empregador superior a 4 (quatro) anos e, também, cumulativamente, este não tem diferença de tempo na função superior a 2 (dois) anos. Dessa forma, independentemente da função exercida, se o paradigma tiver tempo de serviço no mesmo empregador maior do que quatro anos, a equiparação estará estancada. E se esse requisito for superado, o desafio do equiparando continuará, pois ele precisará demonstrar que o modelo, com menos de quatro anos a mais na empresa, tem menos de dois anos a mais no exercício da função equiparanda.

8º) Inexistência de quadro de carreira: para tornar possível a equiparação salarial é necessária a verificação de um requisito negativo, ou seja, da inexistência de organização do pessoal mediante quadro de carreira, também conhecido como Plano de Classificação de Cargos e Salários (PCCS). Os parágrafos 2º e 3º do art. 461 da CLT, nesse particular, são claríssimos:

§ 2º Os dispositivos deste artigo não prevalecerão quando o empregador tiver pessoal organizado em quadro de carreira ou adotar, por meio de norma interna da empresa ou de negociação coletiva, plano de cargos e salários, dispensada qualquer forma de homologação ou registro em órgão público[147].

§ 3º No caso do § 2º deste artigo, as promoções poderão ser feitas por merecimento e[148] *por antiguidade, ou por apenas um destes critérios, dentro de cada categoria profissional.*

---

147 Perceba-se que a Súmula 6, I, do TST, haverá de ser modificada ou cancelada. Segundo a referida Súmula, "para os fins previstos no § 2º do art. 461 da CLT, só é válido o quadro de pessoal organizado em carreira quando homologado pelo Ministério do Trabalho, excluindo-se, apenas, dessa exigência o quadro de carreira das entidades de direito público da administração direta, autárquica e fundacional aprovado por ato administrativo da autoridade competente". A reforma trabalhista tornou irrelevante a homologação do quadro de pessoal organizado em carreira no Ministério do Trabalho. A partir da vigência da Lei n. 13.467/2017 é "dispensada qualquer forma de homologação ou registro em órgão público" (veja-se a nova redação do § 2º do art. 461 da CLT).

148 Esse, aliás, já era o posicionamento do TST, manifestado na **Orientação Jurisprudencial 418 da SDI-1**, embora dependente de referendo de norma coletiva. Para a mencionada OJ, "não constitui óbice à equiparação salarial a existência de plano de cargos e salários que, referendado por norma coletiva, prevê critério de

Observe-se que a intenção do dispositivo foi prestigiar a autonomia das partes no procedimento de definição dos passos necessários à ascendência na carreira. Em outras palavras: existindo quadro de carreira, preferem-se as regras nele insertas à sistemática da equiparação salarial.

Não basta apenas isso.

9º) Não ser o paradigma trabalhador readaptado em nova função, por motivo de deficiência física ou mental atestada pelo órgão competente da Previdência Social (*vide* o § 4º do art. 461 da CLT): isso acontece diante de situações de impossibilidade de desempenho da atividade que o empregado exerce na época em que se afastou em gozo de auxílio por incapacidade temporária (antes chamado de auxílio-doença) ou aposentadoria por incapacidade permanente (antes chamada de aposentadoria por invalidez). Nesse caso, sendo possível o desempenho de outra atividade, após processo de reabilitação profissional, nos casos indicados pela perícia médica do Instituto Nacional do Seguro Social, o trabalhador pode conviver, recebendo seu salário originário, com outros empregados exercentes da função em que foi adaptado. Nenhum dos colegas poderá elegê-lo como paradigma porque seu salário não diz respeito à função que exerce por conta da readaptação, mas à outra, da qual se encontra afastado por impossibilidade funcional.

10º) Não ser o equiparando ou o paradigma servidor público, ainda que celetista. Afirma-se isso porque o art. 37, XIII, da CF/88 veda a equiparação de qualquer natureza para o efeito de remuneração do pessoal do serviço público, ainda que celetista, sendo juridicamente impossível pretensão calcada no art. 461 da CLT. Veja-se a Orientação Jurisprudencial 297 da SDI-1 do TST:

Orientação Jurisprudencial 297 da SDI-1 do TST. Equiparação Salarial. Servidor Público da Administração Direta, Autárquica e Fundacional. Art. 37, XIII, da CF/88. O art. 37, inciso XIII, da CF/88 veda a equiparação de qualquer natureza para o efeito de remuneração do pessoal do serviço público, sendo juridicamente impossível a aplicação da norma infraconstitucional prevista no art. 461 da CLT quando se pleiteia equiparação salarial entre servidores públicos, independentemente de terem sido contratados pela CLT.

O art. 37, XIII, da Constituição trata, evidentemente, de servidores públicos, estatutários ou celetistas, e não de empregados públicos, contratados por empresas públicas ou sociedades de economia mista. Nesse sentido foi publicada a Súmula 455 (ex-Orientação Jurisprudencial 353 da SDI-1) do TST. Veja-se:

Súmula 455. EQUIPARAÇÃO SALARIAL. SOCIEDADE DE ECONOMIA MISTA. ART. 37, XIII, DA CF/1988. POSSIBILIDADE. À sociedade de economia mista não se aplica a vedação à equiparação prevista no art. 37, XIII, da CF/1988, pois, ao admitir empregados sob o regime da CLT, equipara-se a empregador privado, conforme disposto no art. 173, § 1º, II, da CF/1988.

11º) Concomitância de todos os requisitos antes mencionados. Não basta que estejam presentes alguns dos requisitos permissivos da equiparação salarial. É indispensável que **todos** eles coexistam, ou seja, que se apresentem concomitantemente. Se faltar apenas um dos requisitos, não será possível falar em equiparação salarial.

Alguns aspectos adicionais devem ser considerados:

---

promoção apenas por merecimento ou antiguidade, não atendendo, portanto, o requisito de alternância dos critérios, previsto no art. 461, § 2º, da CLT".

1º) Somente é objeto da equiparação o salário-base e a gratificação pelo exercício da função equiparanda. Estão fora desse objeto vantagens de caráter pessoal, como o adicional por tempo de serviço.

2º) Se o paradigma é desligado e o empregado que a ele foi equiparado para fins salariais continua a trabalhar, não haverá redução salarial deste. A equiparação salarial corrige a distorção definitivamente, não sendo autorizada sua cessação por força do desligamento do modelo. Ademais, a redução salarial é vedada pelo art. 7º, VI, da Constituição.

12.5.3.2 Salário por substituição

O TST pacificou o tema "salário por substituição" ou, simplesmente, "salário-substituição" dispondo, nos moldes da **Súmula 159**, da seguinte forma:

I — Enquanto perdurar a substituição que não tenha caráter meramente eventual, inclusive nas férias, o empregado substituto fará jus ao salário contratual do substituído.

II — Vago o cargo em definitivo, o empregado que passa a ocupá-lo não tem direito a salário igual ao do antecessor.

Note-se, entretanto, que a súmula não identifica o que seria uma "substituição não eventual", tampouco revela os limites temporais relativos a essa substituição. Assim, sanando a lacuna ora identificada, a expressão "substituição que não tenha caráter meramente eventual" parece querer indicar um período razoavelmente extenso e, por isso, capaz de remeter responsabilidades funcionais para o substituto. Que seria, entretanto, um período razoavelmente extenso? A indicação das férias como exemplo de *substituição que não tem caráter meramente eventual* produz o falso entendimento de que somente afastamentos iguais ou superiores a trinta dias ingressariam nessa hipótese. Diz-se falso esse entendimento porque há períodos de férias com dimensões inferiores a trinta dias (*vide* os arts. 130 e 130-A da CLT, este último ora revogado, mas mencionado por razões históricas), sendo inconsistente, portanto, a relação normalmente empreendida. Diante disso, é provável que a intenção da expressão "substituição que não tenha caráter meramente eventual" diga respeito apenas à plena assunção de responsabilidades funcionais do substituído pelo substituto, independentemente do tempo de duração da substituição. Exemplificam essa situação, independentemente do tempo de duração desses eventos, os afastamentos para o empregado gozar férias, para fruir de benefícios por incapacidade, para participar de curso ou programa de qualificação profissional ou para receber o salário-maternidade.

O tempo de permanência do substituto no exercício do cargo ou função não produz, por força de lei, qualquer efeito jurídico em favor deste. Não há norma heterônoma que garanta ao substituto a efetivação no cargo substituinte pelo decurso de certo tempo de substituição; há, entretanto, fontes autônomas, geralmente normas coletivas, que estabelecem tal efeito, justamente para evitar abusos patronais em face de situações em que o retorno do substituído está relacionado a eventos incertos, sendo exemplo a recuperação da capacidade para o trabalho de alguém afastado para fruição de auxílio por incapacidade temporária.

Por outro lado, deve-se anotar que a jurisprudência dominante entende que "substituição de caráter meramente eventual" é aquela correspondente a poucos dias de afastamento, incapaz, portanto, de impor a reorganização da atividade produtiva mediante a inserção de trabalhadores efetivamente substitutos, inclusive no que diz respeito à responsabilidade funcional. Exemplificam essa situação os afastamentos para um empregado ir ao médico, para realizar alistamento eleitoral, para fazer doação de sangue, entre outras hipóteses similares em extensão temporal. Quando a substituição for de caráter meramente eventual, será aplicada a regra contida no art. 450 da CLT. Veja-se:

> Art. 450. Ao empregado chamado a ocupar, em comissão, interinamente, ou **em substituição eventual ou temporária** cargo diverso do que exercer na empresa, serão garantidas *[unicamente]*[149] *a contagem do tempo naquele serviço, bem como a volta ao cargo anterior (destaques não constantes do original).*

Por fim, anote-se que **não é considerada situação de substituição** a inserção definitiva de um empregado no lugar de outro que deixou de trabalhar com o empregador por um motivo qualquer.

12.5.4 Enquadramento salarial

Enquadramento é o procedimento de correção de desigualdade salarial caracterizado pela análise de regras que disciplinam, diante do quadro de carreira[150], as fórmulas de acesso aos cargos, as características funcionais destes e os salários a eles atribuídos. Quando há erro de enquadramento, opera-se **re**enquadramento para fins de correção.

12.5.4.1 Espécies

O reenquadramento[151] **visa à discussão dos critérios utilizados pelo empregador, à luz do citado plano de classificação de cargos e salários ou quadro de carreira**[152]**, objetivando a correção da posição** onde o empregado foi inserido. Tal pretensão deve ser manifestada judicialmente dentro do prazo de cinco anos contados da lesão que implicou a incorreção de posição, até o limite de dois anos após a extinção do vínculo, sob pena de restar caracterizada a **prescrição total**[153].

Note-se que o reenquadramento pode tratar de três situações:

1ª) O empregado, no exercício de sua própria função, foi posicionado num nível ou faixa salarial indevida. Tal situação é conhecida pelo nome de **"reenquadramento por nível" ou "renivelamento"**. Compreenda-se que o texto da CLT prevê o avanço funcional (e consequentemente salarial), obedecendo aos critérios de antiguidade e de merecimento[154].

---

149 A palavra "unicamente", colocada entre colchetes, não consta do texto original, mas foi aqui lançada para destacar os únicos efeitos oferecidos pela norma.

150 Segundo a Súmula 19 do TST, "a Justiça do Trabalho é competente para apreciar reclamação de empregado que tenha por objeto direito fundado em quadro de carreira".

151 Reenquadrar significa enquadrar de novo, corrigindo um equívoco inicial de enquadramento.

152 Súmula 127 do TST. QUADRO DE CARREIRA. Quadro de pessoal organizado em carreira, aprovado pelo órgão competente, excluída a hipótese de equiparação salarial, não obsta reclamação fundada em preterição, enquadramento ou reclassificação. Atente-se para o fato de que a Lei n. 13.467/2017 modificou o art. 461 da CLT e dispensou qualquer forma de homologação ou registro em órgão público.

153 Súmula 275, II do TST: Em se tratando de pedido de reenquadramento, a prescrição é total, contada da data do enquadramento do empregado.

154 **Súmula 452 do TST**. DIFERENÇAS SALARIAIS. PLANO DE CARGOS E SALÁRIOS. DESCUMPRIMENTO. CRITÉRIOS DE PROMOÇÃO NÃO OBSERVADOS. PRESCRIÇÃO PARCIAL (conversão da Orientação Jurisprudencial n. 404 da SBDI-1) — Res. 194/2014, *DEJT* divulgado em 21, 22 e 23-5-2014. Tratando-se de pedido de pagamento de diferenças salariais decorrentes da inobservância dos critérios de promoção estabelecidos em Plano de Cargos e Salários criado pela empresa, a prescrição aplicável é a parcial, pois a lesão é sucessiva e se renova mês a mês.

Exemplo: um bancário, apesar de ter tempo de atividade suficiente para mudar de nível ou faixa salarial, é mantido congelado na posição inicial.

Anote-se que, por vezes, o "congelamento" funcional do empregado acontece porque o próprio empregador não empreende as condições que ele mesmo criou para tanto, como, por exemplo, deliberação de diretoria ou apuração de desempenho. Assim, para resolver esses óbices propositais, praticados em nome de condição meramente potestativa, há o art. 129 do Código Civil. Por força desse dispositivo, "reputa-se verificada, quanto aos efeitos jurídicos, a condição cujo implemento for maliciosamente obstado pela parte a quem desfavorecer, considerando-se, ao contrário, não verificada a condição maliciosamente levada a efeito por aquele a quem aproveita o seu implemento"[155].

2ª) O empregado, no exercício de sua própria função, foi posicionado numa classe indevida. Tal situação é conhecida pelo nome de **"reenquadramento por classe" ou "reclassificação"**. Exemplo: professor de uma universidade privada, apesar de possuir a qualificação de mestre, foi classificado como professor auxiliar, e não como professor assistente, como seria correto. Por conta disso, tem motivos juridicamente relevantes para pedir o reenquadramento por classe ou reclassificação. Perceba-se que não ocorreu desvio funcional (o professor continuou a ser professor e a realizar as tarefas que lhe eram próprias), mas apenas um equívoco de enquadramento (de classificação) para fins salariais.

3ª) O empregado, a despeito de estar rotulado como exercente de determinado cargo, pratica funções correlatas a outro cargo. Tal situação é conhecida pelo nome de **"reenquadramento por desvio funcional"**. Exemplo: um trabalhador foi contratado por determinada empresa como **técnico em administração** e sempre ganhou o salário previsto para o referido cargo, R$ 2.400,00 mensais. Apesar disso, por ter formação em processamento de dados, sempre exerceu por ordem patronal todas as tarefas típicas de outro cargo, o de **técnico em informática**, para o qual estava previsto no quadro de carreira o salário de R$ 5.800,00 mensais. Por conta disso, justifica-se o ajuizamento da ação para buscar o reenquadramento gerado pelo desvio funcional. Perceba-se que o empregado nesse caso concreto é merecedor da retificação do nome do cargo e, também, das diferenças salariais decorrentes. As diferenças salariais, entretanto, serão atingidas pela prescrição parcial nos termos da Súmula 275, I, do TST[156].

---

155 Nesse sentido consulte-se a Orientação Jurisprudencial Transitória 71 da SDI-1 do TST, *in verbis*: EMPRESA BRASILEIRA DE CORREIOS E TELÉGRAFOS — ECT. PLANO DE CARGOS E SALÁRIOS. PROGRESSÃO HORIZONTAL POR ANTIGUIDADE. NECESSIDADE DE DELIBERAÇÃO DA DIRETORIA PARA COMPROVAR O EFETIVO CUMPRIMENTO DOS REQUISITOS DO PCCS. CONDIÇÃO PURAMENTE POTESTATIVA PARA A CONCESSÃO DA PROMOÇÃO. INVALIDADE. A deliberação da diretoria da Empresa Brasileira de Correios e Telégrafos — ECT, prevista no Plano de Carreira, Cargos e Salários como requisito necessário para a concessão de progressão por antiguidade, por se tratar de condição puramente potestativa, não constitui óbice ao deferimento da progressão horizontal por antiguidade aos empregados, quando preenchidas as demais condições dispostas no aludido plano.

Exatamente assim veja-se o texto da Súmula 32 do TRT 5: "Se o empregado obsta a implementação da condição necessária à obtenção da promoção por merecimento pelo empregado, não realizando as avaliações de desempenho previstas em plano de cargos e salários, considera-se verificada a condição, nos termos do quanto disposto no art. 129 do Código Civil, impondo-se o reconhecimento automático do direito do empregado".

156 Súmula 275, I, do TST: "Na ação que objetive corrigir desvio funcional, a prescrição só alcança as diferenças salariais vencidas no período de cinco anos que precedeu o ajuizamento".

12.5.4.2 Reenquadramento por desvio funcional de servidor público celetista ou de empregado público. Impossibilidade

É impossível o "reenquadramento por desvio funcional" de servidor público celetista ou de empregado público. O obstáculo está justificado em decorrência do óbice inserto no art. 37, II, da Constituição da República. Enfim, a mudança de cargo (unidade básica de competência funcional) em tal situação está condicionada à prévia aprovação em concurso público.

Registre-se, porém, em atenção à Orientação Jurisprudencial 125 da SDI-I do TST, que, uma vez constatado tal desvio de função, são devidas as diferenças salariais daí oriundas apesar de ser vedada a retificação do cargo. Veja-se:

> **Orientação Jurisprudencial 125 da SDI-I do TST.** *DESVIO DE FUNÇÃO. QUADRO DE CARREIRA. (Alterado em 13.03.2002) O simples desvio funcional do empregado não gera direito a novo enquadramento, mas apenas às diferenças salariais respectivas, mesmo que o desvio de função haja iniciado antes da vigência da CF/1988.*

Essa orientação jurisprudencial, apesar de não fazer nenhum registro expresso da aplicabilidade no setor público, foi construída exatamente para solucionar os problemas de desvio funcional que ali ocorrem. Note-se que a parte final da orientação faz menção ao advento do texto constitucional de 1988, revelando-se, assim, a pertinência com o tema ora expendido. Destaque-se que a Orientação Jurisprudencial 125 da SDI-1 do TST enfrenta a mesma problemática tratada na Súmula 223 do extinto TFR, de 21-8-1986, segundo a qual "o empregado, durante o desvio funcional, tem direito à diferença salarial, ainda que o empregador possua quadro de pessoal organizado em carreira".

12.5.4.3 Desvio funcional sem quadro de carreira. Possibilidade

É possível falar em "desvio funcional" mesmo quando não exista formalmente um "plano de classificação de cargos e salários" ou "quadro de carreira". Basta a evidência de um quadro relacionando cargo e salário, tal qual aqueles que são vistos em regulamentos empresariais ou em instrumentos coletivos negociados (acordo coletivo ou convenção coletiva), para que se possa invocar o direito de reenquadramento por desvio funcional. Tal ocorre porque nada impedirá que um operário, que efetivamente exerceu funções de pedreiro, requeira, diante de norma coletiva que define os salários de operários qualificados e de auxiliares destes, o enquadramento na função exercida, a despeito de rotulado como servente de pedreiro.

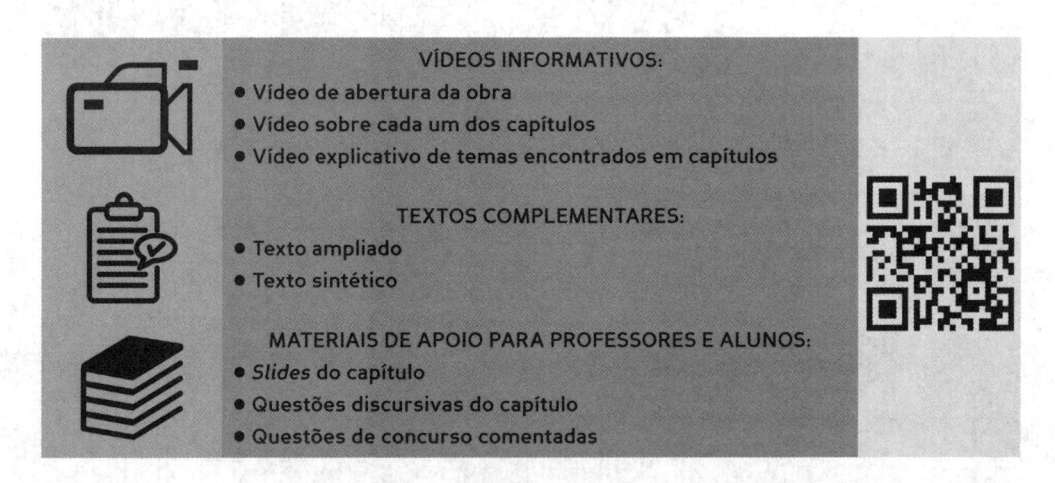

VÍDEOS INFORMATIVOS:
- Vídeo de abertura da obra
- Vídeo sobre cada um dos capítulos
- Vídeo explicativo de temas encontrados em capítulos

TEXTOS COMPLEMENTARES:
- Texto ampliado
- Texto sintético

MATERIAIS DE APOIO PARA PROFESSORES E ALUNOS:
- *Slides* do capítulo
- Questões discursivas do capítulo
- Questões de concurso comentadas

13
ALTERAÇÃO DO CONTRATO DE EMPREGO

https://somos.in/CTD14

13.1 CONSIDERAÇÕES INTRODUTÓRIAS

Os contratos de emprego são estipulados mediante a observação de múltiplas variáveis. No instante do ajuste que dá início à prestação de serviços definem-se as tarefas executáveis (com todas as suas especificações), os locais de sua realização, as contraprestações salariais (modalidade retributiva e correspondente periodicidade), a duração do trabalho e os horários de início, de intervalo e de fim das atividades.

Tudo isso, porém, é suscetível de alteração, na medida em que afete os interesses do empregador ou do empregado. A alteração do contrato de emprego surge, então, como natural possibilidade de acomodação das coisas que inevitavelmente mudam por incontáveis e incontroláveis fatores, notadamente em contratos de trato sucessivo. Enfim, como bem lembra uma música popular brasileira, "tudo muda o tempo todo no mundo"...

Perceba-se, porém, que, em respeito à regra da manutenção da condição mais benéfica, as alterações empreendidas pelos empregadores devem preservar as conquistas contratuais dos empregados. Com isso se pretende afirmar que as cláusulas constantes dos contratos individuais ou dos regulamentos empresariais se incrustam no patrimônio jurídico dos trabalhadores e dele somente se desprendem se as cláusulas substituintes forem mais vantajosas.

No tocante aos regulamentos empresariais, a jurisprudência dominante reforça a ideia de que cláusulas revogadoras ou modificativas de vantagens anteriormente deferidas somente atingirão os trabalhadores admitidos após a revogação ou alteração do referido regulamento. Esse efeito, porém, será diverso se o empregador oferecer ao empregado, individualmente, a alternativa de submeter-se a novo regulamento. Nesse caso, havendo a coexistência de dois regulamentos na mesma empresa, a opção do empregado por um deles tem efeito jurídico de **renúncia** às regras do sistema do outro. Veja-se a jurisprudência cristalizada:

Súmula 51 do TST. NORMA REGULAMENTAR. VANTAGENS E OPÇÃO PELO NOVO REGULAMENTO. ART. 468 DA CLT.

I — As cláusulas regulamentares, que revoguem ou alterem vantagens deferidas anteriormente, só atingirão os trabalhadores admitidos após a revogação ou alteração do regulamento.

II — Havendo a coexistência de dois regulamentos da empresa, a opção do empregado por um deles tem efeito jurídico de renúncia às regras do sistema do outro.

Dois detalhes importantes devem ser observados no tocante à súmula acima expendida:

1º) A regra da inalterabilidade prevista no item I aplica-se apenas às cláusulas contratuais individuais, não atingindo as cláusulas contratuais coletivas. Estas podem *revogar ou alterar vantagens deferidas anteriormente,* uma vez que estão submetidas a um sistema contratual diferenciado, no qual as partes contratantes (de um lado a entidade sindical operária e de outro a empresa, empresas ou entidade sindical patronal) estão num plano de igualdade. Assim, se um trabalhador recebe anuênio (1% a cada ano trabalhado) na forma de norma coletiva vigente em determinado período, poderá, numa próxima edição dessa norma coletiva, passar a receber triênio (3% a cada três anos trabalhados). Interessante observar que, apesar do aparente prejuízo para os trabalhadores, a confecção de normas coletivas substituintes sempre gozará de presunção de melhoria, haja vista a inevidência das cláusulas compensatórias. Em outras palavras: na negociação coletiva uma aparente perda pode significar um ganho real ou o acréscimo de garantia ou, ainda, o afastamento de um mal mais grave.

2º) O TST deixou clara sua escolha pelo conglobamento como método de determinação da fonte mais favorável[1]. Isso se revela evidente na medida em que a opção por um sistema jurídico exclui, em seu conjunto, o sistema jurídico paralelo. Há, porém, forte inclinação jurisprudencial pela variável mitigada conhecida como conglobamento por institutos, que, aliás, foi adotada expressamente pelo legislador nas Leis n. 7.064/1982 (art. 3º, II) e n. 11.962/2009.

Diante do quanto acima expendido, entende-se por alteração do contrato de emprego toda criação, modificação, transformação ou extinção, por conta de uma específica e bem delineada necessidade, daquilo que previamente foi ajustado com o objetivo de adequar os interesses do empregador ou do empregado a uma nova realidade.

13.2 ESPÉCIES

As alterações contratuais, por conta de uma necessidade sistemática, comportam espécies organizadas nos termos expendidos a seguir:

13.2.1 Alterações contratuais obrigatórias

São aquelas impostas por lei, decisão judicial ou norma coletiva e que, por isso, não admitem o concurso de vontades de qualquer das partes integrantes da relação contratual. A mudança legal de percentual ou de base de cálculo dos impostos (imposto de renda ou contribuição previdenciária) constitui exemplo de alteração contratual obrigatória, uma vez que se operará independentemente da vontade do empregado ou do empregador. No mesmo âmbito estará a alteração contratual imposta por norma administrativa, sendo exemplo a situação contida no art. 300 da CLT[2], que concerne à realocação de trabalhadores.

Por decisão judicial também podem acontecer alterações contratuais obrigatórias. Imagine-se situação segundo a qual os trabalhadores, por força de decisão contida em ação civil pública, tenham de realizar seus serviços em horário diferente do originalmente contratado por conta da nulidade de acordo de compensação de horários.

Por fim, a norma coletiva também pode impor alterações contratuais isentas do concurso de vontades individuais do empregado e do empregador. Basta lembrar que, por força do conteúdo do art. 7º, VI, XIII e XIV, da Constituição de 1988, podem ser modificados os salários e os quadros de horários antes estabelecidos.

---

1   Para obter maiores informações sobre o método do "conglobamento", recomenda-se a leitura, no capítulo 2, do tópico em que se analisa a regra da aplicação da fonte mais favorável.
2   Art. 300. Sempre que, por motivo de saúde, for necessária a transferência do empregado, a juízo da autoridade competente em matéria de segurança e medicina do trabalho, dos serviços no subsolo para os de superfície, é a empresa obrigada a realizar essa transferência, assegurando ao transferido a remuneração atribuída ao trabalhador de superfície em serviço equivalente, respeitada a capacidade profissional do interessado (redação dada ao *caput* pela Lei n. 2.924, de 21-10-1956).

13.2.2 Alterações contratuais voluntárias

São aquelas que, como o nome sugere, decorrem do concurso de vontades de um ou de ambos os sujeitos integrantes da relação jurídica de emprego. As alterações contratuais voluntárias podem ser bilaterais ou unilaterais.

13.2.2.1 Bilaterais

As alterações contratuais voluntárias são bilaterais quando empregado e empregador concordam quanto a sua promoção, revelando assim uma situação de **mútuo consentimento**. Além disso, tais modificações contratuais devem ser promovidas de modo **que delas não resultem, direta ou indiretamente, prejuízos ao empregado**, sob pena de nulidade da cláusula infringente dessa garantia. O texto do *caput* do art. 468 da CLT é claríssimo nesse ponto. Veja-se:

> *Art. 468 — Nos contratos individuais de trabalho só é lícita a alteração das respectivas condições por mútuo consentimento, e ainda assim desde que não resultem, direta ou indiretamente, prejuízos ao empregado, sob pena de nulidade da cláusula infringente desta garantia.*

1º) **O mútuo consentimento:** significa dizer que uma alteração contratual de iniciativa do empregador somente ocorrerá se o empregado a aceitar e vice-versa. O empregador, portanto, também precisará aceitar a proposta de alteração contratual formulada pelo empregado.

Questão delicadíssima, entretanto, é visível quando um dos sujeitos do contrato questiona a negativa de consentimento de sua contraparte, sob o fundamento de que a autorização para a alteração contratual não se deu unicamente por arbitrariedade ou por abuso de direito. Nesse caso, independentemente de quem tenha manifestado a negativa — seja empregado, seja empregador — caberá, como medida extrema, caso a alteração contratual seja efetivamente importante, o aforamento de **ação de suprimento de consentimento negado**. Em tal situação, a Justiça do Trabalho avaliará, conjuntamente, o mérito da negativa e a possibilidade de suprir o consentimento negado, cuidando, evidentemente, de evitar que se produzam, direta ou indiretamente, prejuízos ao empregado.

Independentemente do nome que se dá à medida judicial tomada pela parte afetada — que deveria, em regra, ser intitulada de "ação de suprimento de consentimento negado" —, é fato que o Judiciário trabalhista tem atuado nesse sentido em diversas e importantes situações, autorizando, em lugar do empregador (por suprimento de seu consentimento negado), reduções proporcionais de carga horária para os que precisam de tratamento médico ou ainda mudanças do local de realização dos serviços para os que necessitam frequentar escolas.

2º) **A inexistência de prejuízo direto ou indireto ao empregado:** é, na realidade, um requisito cumulativo, uma vez que de nada adiantará ter o consentimento do empregado para promover uma alteração contratual que lhe seja danosa. A mudança promovida deve ser neutra ou vantajosa para o empregado; jamais poderá ser-lhe prejudicial. Deixe-se claro que a análise do que seja "prejudicial" é sempre conjuntiva, vale dizer, leva em conta um conjunto de fatores, e não apenas um elemento singularmente considerado. Assim, um vendedor que originalmente foi contratado para receber **5%** sobre a venda de produtos populares e que era destinatário de média de comissões na base de R$ 10.000,00 mensais não necessariamente conseguirá demonstrar ter sofrido prejuízo diante de alteração contratual que lhe fez receber **2,5%** sobre a venda de produtos de luxo, com percepção média de comissões na base de R$ 20.000,00. A análise, diante do exposto, deve ocorrer levando em conta todo o bloco de elementos, e não somente de um dado, por exemplo, o percentual oferecido a título de comissão.

Advirta-se que, obviamente, fala-se aqui de **alteração mediante negociação individual** entre empregado e empregador. A negociação coletiva, consoante mencionado, não se submete ao quanto inserto no art. 468 da CLT em matérias que envolvam salário e duração do trabalho, uma vez que, por força do texto constitucional (art. 7º, VI, XIII e XIV), permite-se a alteração prejudicial (chamada de alteração *in pejus*)[3].

3º) A real necessidade da alteração: apenas a real necessidade do serviço pode justificar uma alteração contratual de qualquer natureza. **Não sendo necessário**[4], entende-se ilegal e abusivo o ato modificativo.

Nunca será demasiada a lembrança de que, independentemente da clareza dos requisitos impostos para uma alteração bilateral, nada impedirá que o empregado, por motivos que unicamente lhe dizem respeito, prefira, em lugar de exigir os seus direitos e levar as alterações contratuais arbitrárias à nulidade, acomodar-se, conformar-se ou aceitar tacitamente a mudança que lhe foi imposta. Essa conduta, visível em alguns empregados, não desdiz o comando normativo.

13.2.2.2 Unilaterais

As alterações contratuais voluntárias serão unilaterais quando promovidas sem que se precise tomar o consentimento da parte contrária. Essas alterações são consideradas lícitas apenas quando tragam *vantagem isenta de contrapartida*, quando decorram de *anuência presumida*, quando se baseiem em *direito patronal diretivo* ou quando, em última análise, estejam previstas em lei como tais. Nos demais casos, as alterações contratuais unilaterais são nulas de pleno direito (inteligência dos arts. 9º e 468 da CLT).

Vejam-se as situações excepcionais que permitem a alteração unilateral:

13.2.2.2.1 Alteração unilateral como vantagem isenta de contrapartida

Toda vez que o empregador oferece ao empregado uma melhoria contratual não há, obviamente, que tomar sua anuência para a concretização da alteração benéfica, decorrendo isso da exegese do *caput* do art. 7º do texto constitucional, parte final (outros direitos que visem à melhoria de sua condição social). Exemplos: aumento salarial espontâneo (sem aumento de tarefas ou de responsabilidade funcional) ou diminuição da jornada de trabalho (sem diminuição do salário). O mesmo acontece quando o empregado oferece ao empregador alguma vantagem sem contrapartida, como um serviço mais rápido e mais eficiente.

13.2.2.2.2 Alteração unilateral promovida por anuência presumida

Esta hipótese trata de casos em que a anuência do empregado é **presumida de modo absoluto** e envolve alteração contratual no que diz respeito ao lugar de prestação dos serviços.

Neste caso, os empregados que exerçam funções de confiança e aqueles cujos contratos tenham como condição implícita ou explícita a transferência não precisam ser consultados, porque já concordaram com alterações dessa natureza desde o instante em que aceitaram o exercício da função de confiança ou desde o momento em que concordaram, expressa ou implicitamente, com essa situação em seus contratos. Exemplos: os gerentes de banco (funções de confiança) são transferidos de agência, ainda que de cidade, sem que sejam consul-

---

[3] Sustenta-se que a alteração prejudicial promovida por negociação coletiva visando à redução salarial ou às modificações na duração do trabalho terá sempre uma perspectiva positiva. Note-se que as alterações *in pejus* sempre têm o objetivo de evitar um mal maior, por exemplo, o desemprego em massa.

[4] Súmula 43 do TST: "Presume-se abusiva a transferência de que trata o § 1º do art. 469 da CLT, sem comprovação da necessidade do serviço".

tados sobre o assunto; o mesmo ocorre com quem aceitou expressamente a transferência do lugar de trabalho (e de domicílio também) e, ainda, com aqueles que, embora não o tenham aceitado expressamente no instante da contratação, realizam atividades que constantemente mudam de lugar (é o caso dos engenheiros civis, dos integrantes das companhias teatrais e circenses e, também, dos promotores de eventos e feiras).

A mesma lógica de presunção absoluta torna-se evidente na situação de **extinção do estabelecimento** em que trabalhar o empregado (veja-se o § 2º do art. 469 da CLT). Veja-se:

> § 2º É lícita a transferência quando ocorrer extinção do estabelecimento em que trabalhar o empregado.

A extinção de estabelecimento é inexorável. Se isso acontecer não se há que tomar a anuência do empregado no ato de transferência. Ou ele seguirá para outro estabelecimento da empresa ou seu contrato haverá de ser resilido por ato de iniciativa patronal.

Perceba-se que o dispositivo acima transcrito isenta a empresa de tomar a anuência do seu empregado para a concretização do ato de transferência. Se este, entretanto, não a aceitar, não se poderá atribuir efeito jurídico de demissão à negativa do trabalhador. O empregado, afinal, não é obrigado a aceitar o ato de alteração contratual, mas, se o aceitar, não terá, evidentemente, direito ao recebimento de adicional de transferência, uma vez que o ato será praticado em caráter definitivo.

13.2.2.2.3 Alteração unilateral promovida pelo direito patronal diretivo (ius variandi)

Tal direito patronal — o *ius variandi* — está relacionado à faculdade que o empregador possui de modular aquilo que não foi limitado concretamente pela lei. Entre os espaços vazios que permitem a modulação patronal encontra-se aquele que lhe permite a mudança da estrutura do empreendimento.

Assim, pode o empregador **mudar de sede** ou **alterar a decoração do ambiente de trabalho**, sem ter de buscar o consentimento do empregado para tanto, mesmo que tal mudança gere alteração na posição das carteiras ou mesas de trabalho onde os empregados habitualmente realizavam suas atividades. Note-se que, nesse caso, a alteração é do local onde se desenvolve o emprego, e não do contrato de emprego.

Somente passará a ser relevante a consulta ao empregado na medida em que a alteração na estrutura da empresa venha a gerar reflexões negativas sobre o referido contrato.

Veja-se o exemplo de uma loja que muda de endereço para um espaço extremamente mais amplo. Por conta disso, o empregado incumbido da limpeza terá um acréscimo considerável de serviço. Nesse caso, conquanto não se entenda razoável a busca da anuência do empregado, parece justa sua recusa em permanecer no serviço. Se o empregado continuar a trabalhar sem apresentar ressalvas à ampliação do espaço físico da loja, mantidas serão as condições contratuais; se, porém, entender que a referida ampliação lhe foi prejudicial, poderá invocar, com razão, a despedida indireta motivada na exigência de serviços mais extensos do que aqueles para os quais foi contratado (serviços "alheios ao contrato", conforme o art. 483, *a*, parte final, da CLT).

Outra situação inserida no âmbito do *ius variandi* patronal é a **mudança do local de execução dos serviços sem implicar mudança de domicílio**. Esse ato modificativo é entendido pela jurisprudência como unilateral e lícito, embora os prejuízos sofridos pelo empregado (aumento do custo para o deslocamento, por exemplo) devam ser assumidos pelo empregador. Perceba-se isso na Súmula 29 do TST, que, por equívoco, chama de transferência o mero ato de realocação de trabalhadores de um para outro estabelecimento, dentro da mesma área territorial:

Súmula 29 do TST. *TRANSFERÊNCIA. Empregado transferido,* **por ato unilateral do empregador***, para local mais distante de sua residência, tem direito a suplemento salarial correspondente ao acréscimo da despesa de transporte* (destaques não constantes do original).

Encontra-se também no plano do *ius variandi patronal* o **ato modificativo do período de fruição das férias**, visto que a época da concessão destas será, em regra, a que melhor consulte os interesses do empregador (*vide* o art. 136 da CLT). Anote-se, contudo, que tais modificações promovidas pelo empregador devem ser participadas ao empregado por escrito e com antecedência mínima ordinária de trinta dias (*vide* o art. 135 da CLT).

Mais uma situação no âmbito do *ius variandi* é visível no ato de determinação, por parte do empregador que é empresa prestadora de serviço especializado, de **mudança de posto de serviço**. Nada impede que a empresa que oferece serviços terceirizados mude, *por conveniência ou oportunidade*, o empregado de uma para outra empresa cliente. Não há, portanto, direito de o empregado permanecer indefinidamente no mesmo posto de serviço.

13.2.2.2.4 Alteração unilateral por força de lei

Há situações, por outro lado, em que a própria lei autoriza o empregador a realizar alterações unilaterais. Exemplo disso é encontrável no âmbito do regime de trabalho dos empregados nas atividades de exploração, perfuração, produção e refinação de petróleo. Para a Elevada Corte trabalhista, a previsão contida no art. 10 da Lei n. 5.811/72, possibilitando a mudança unilateral do regime de revezamento para horário fixo, constitui uma alteração lícita, não havendo que se falar em violação do dispositivo constante do art. 468 da CLT ou do texto constitucional. Veja-se:

Súmula 391 do TST. *Petroleiros. Lei n. 5.811/1972. Turno ininterrupto de revezamento. Horas extras e alteração da jornada para horário fixo.*
II — A previsão contida no art. 10 da Lei n. 5.811/1972, possibilitando a mudança do regime de revezamento para horário fixo, **constitui alteração lícita***, não violando os arts. 468 da CLT e 7º, VI, da CF/1988* (destaques não constantes do original).

Outros exemplos de alteração unilateral por força de lei foram vistos no texto da Medida Provisória n. 927, de 22 de março de 2020, ora não mais vigente, publicada em caráter emergencial para tornar flexíveis algumas exigências formais existentes no ordenamento jurídico trabalhista ordinário, por conta da pandemia do coronavírus. São encontradas ali algumas situações de alteração contratual unilateral, por decisão exclusiva do empregador, compondo o que se convencionou chamar de "direito do trabalho de emergência".

Exatamente o mesmo foi reiterado na Lei n. 14.437, de 15 de agosto de 2022, que criou um microssistema normativo que permanentemente passou a disciplinar as situações calamitosas.

Vejam-se:

Teletrabalho

A primeira alteração contratual unilateral a considerar é aquela que autorizou, durante o estado de calamidade pública decorrente da pandemia do coronavírus, a **mudança do trabalho presencial para teletrabalho, trabalho remoto ou outro tipo de trabalho a distância e vice-versa**. Note-se que, ao contrário daquilo que se vê no art. 75-C da CLT, no qual há uma clara disposição indicativa no sentido de que "a prestação de serviços na modalidade de teletrabalho deverá constar expressamente do contrato individual de trabalho, que especificará as atividades que serão realizadas pelo empregado", viu-se na Medida Provisória n. 927, de 2020, um dispositivo extremamente liberal, permitindo que o empregador produza durante o estado de calamidade pública, se quiser produzir, uma alteração meramente unilateral, desprezada a regra contida no art. 468 da CLT.

Bastava a informação sobre a decisão do empregador de realizar a alteração unilateral, devendo isso ser objeto de notificação com antecedência de, no mínimo, quarenta e oito horas, por escrito ou por meio eletrônico. Destaque-se que, ao dizer "meio eletrônico", o legislador legitimou a informação mediante simples mensagem dirigida ao *e-mail* do empregado ou mesmo um rápido texto encaminhado via WhatsApp, Messenger ou Direct. O importante apenas é fazer a prova da recepção do aviso, nada mais que isso. Perceba-se a literalidade do texto:

> *Art. 4º Durante o estado de calamidade pública a que se refere o art. 1º,* ***o empregador poderá, a seu critério****, alterar o regime de trabalho presencial para o teletrabalho, o trabalho remoto ou outro tipo de trabalho a distância* ***e determinar o retorno ao regime de trabalho presencial, independentemente da existência de acordos individuais ou coletivos****, dispensado o registro prévio da alteração no contrato individual de trabalho.*
>
> *§ 1º Para fins do disposto nesta Medida Provisória, considera-se teletrabalho, trabalho remoto ou trabalho a distância a prestação de serviços preponderante ou totalmente fora das dependências do empregador, com a utilização de tecnologias da informação e comunicação que, por sua natureza, não configurem trabalho externo, aplicável o disposto no inciso III do* caput *do art. 62 da Consolidação das Leis do Trabalho, aprovada pelo Decreto-lei n. 5.452, de 1943.*
>
> *§ 2º A alteração de que trata o* caput *será notificada ao empregado com antecedência de, no mínimo, quarenta e oito horas, por escrito ou por meio eletrônico.*
>
> *[...]*

Essa solução foi reiterada na Lei n. 14.437, de 15 de agosto de 2022, que criou um microssistema normativo que permanentemente passou a disciplinar as situações calamitosas para, assim, preservar o emprego e a renda; garantir a continuidade das atividades laborais, empresariais e das organizações da sociedade civil sem fins lucrativos; e reduzir o impacto social decorrente das consequências de estado de calamidade pública em âmbito nacional ou em âmbito estadual, distrital ou municipal reconhecido pelo Poder Executivo federal. Veja-se:

> *Art. 3º O empregador poderá,* ***a seu critério****, durante o prazo previsto no ato do Ministério do Trabalho e Previdência de que trata o art. 2º desta Lei, alterar o regime de trabalho presencial para teletrabalho ou trabalho remoto, além de determinar o retorno ao regime de trabalho presencial, independentemente da existência de acordos individuais ou coletivos, dispensado o registro prévio da alteração no contrato individual de trabalho.*

Em qualquer caso, porém, é importante deixar bem claro que a alteração unilateral do regime de trabalho presencial para o teletrabalho, o trabalho remoto ou outro tipo de trabalho a distância **não é um direito subjetivo do empregado**. Esse é um direito unicamente dado ao empregador.

Férias individuais antecipadas

A segunda alteração contratual unilateral também encontrada na Medida Provisória n. 927, de 2020, ora não mais vigente, diz respeito à possibilidade dada ao empregador, durante o estado de calamidade pública decorrente da pandemia do coronavírus, de antecipar a concessão de férias individuais, ainda que, assim, sejam frustradas férias programadas pelo empregado.

Ao empregador é dado o direito de apenas informar a sua decisão em antecipar as férias de períodos aquisitivos passados ou presentes. Perceba-se:

> Art. 6º Durante o estado de calamidade pública a que se refere o art. 1º, **o empregador informará** ao empregado sobre a antecipação de suas férias com antecedência de, no mínimo, quarenta e oito horas, por escrito ou por meio eletrônico, com a indicação do período a ser gozado pelo empregado.

Somente em relação a períodos aquisitivos futuros é que o texto normativo impôs a bilateralidade, salientando no § 2º do art. 6º da Medida Provisória n. 927, de 2020, que, "adicionalmente, empregado e empregador poderão negociar a antecipação de períodos futuros de férias, mediante acordo individual escrito".

Exatamente o mesmo foi reiterado no art. 6º da Lei n. 14.437, de 15 de agosto de 2022, que criou um microssistema normativo que permanentemente passou a disciplinar as situações calamitosas.

Férias coletivas antecipadas

Igualmente, é entendida como alteração contratual unilateral a antecipação das férias coletivas, que, a despeito de serem tradicionalmente um direito dado aos empregadores, são quase sempre concedidas em períodos normalmente previsíveis. O art. 11 da Medida Provisória n. 927, de 2020, ora não mais vigente, previu expressamente estarem elas a critério do empregador. Note-se:

> Art. 11. Durante o estado de calamidade pública a que se refere o art. 1º, o empregador poderá, **a seu critério**, conceder férias coletivas e deverá notificar o conjunto de empregados afetados com antecedência de, no mínimo, quarenta e oito horas, não aplicáveis o limite máximo de períodos anuais e o limite mínimo de dias corridos previstos na Consolidação das Leis do Trabalho, aprovada pelo Decreto-lei n. 5.452, de 1943.

Exatamente o mesmo foi reiterado no art. 12 da Lei n. 14.437, de 15 de agosto de 2022, que criou um microssistema normativo que permanentemente passou a disciplinar as situações calamitosas.

Suspensão de férias e de licenças não remuneradas

Não apenas a concessão de férias foi admitida no período de estado de calamidade em decorrência da pandemia do coronavírus. Admitiu-se igualmente, na Medida Provisória n. 927, de 2020, a unilateral suspensão das férias — e também das licenças não remuneradas — dos profissionais da área de saúde ou daqueles que desempenhem funções essenciais. Note-se:

> Art. 7º Durante o estado de calamidade pública a que se refere o art. 1º, o empregador poderá suspender as férias ou licenças não remuneradas dos profissionais da área de saúde ou daqueles que desempenhem funções essenciais, mediante comunicação formal da decisão ao trabalhador, por escrito ou por meio eletrônico, preferencialmente com antecedência de quarenta e oito horas.

Para tanto bastará mera comunicação formal da decisão (não se trata de acordo, mas de decisão unilateral) ao trabalhador, por escrito ou por meio eletrônico, preferencialmente com antecedência de 48 (quarenta e oito) horas. O mesmo tratamento jurídico se dará, segundo o art. 7º da MP n. 927, de 2020, aos trabalhadores da referida área que tenham pretendido fruir de licença não remunerada, ainda que a licença já tenha sido outorgada.

Exatamente o mesmo foi reiterado no art. 7º da Lei n. 14.437, de 15 de agosto de 2022, que criou um microssistema normativo que permanentemente passou a disciplinar as situações calamitosas.

Aproveitamento e antecipação de feriados

Aos empregadores bastará apenas a determinação, a notificação e a identificação dos feriados que serão antecipados e as correspondentes datas de fruição. É suficiente uma singela notificação, por escrito ou por meio eletrônico, com a menção ao conjunto de empregados alcançados pela determinação unilateral, observada a antecedência de, no mínimo, 48 (quarenta e oito) horas.

Ressalte-se que, na MP 927/2020, o empregador somente tinha o direito subjetivo de antecipar os feriados não religiosos federais, estaduais, distritais e municipais. Quanto ao aproveitamento de feriados religiosos, a medida dependia da concordância do empregado, mediante manifestação em acordo individual escrito. Isso mudou na MP 1.046/2021, que envolveu todos os feriados, religiosos ou não religiosos.

Exatamente o mesmo previsto na MP 1.046 foi reiterado no art. 15 da Lei n. 14.437, de 15 de agosto de 2022, que criou um microssistema normativo que permanentemente passou a disciplinar as situações calamitosas.

Compensação do banco de horas negativo

Mais uma situação de alteração contratual unilateral foi aquela que submeteu os empregados, durante o estado de calamidade pública decorrente pandemia do coronavírus, a um banco de horas negativo. Perceba-se que nada ali precisou ser contratado. Simplesmente ficou autorizado ao empregador, unilateralmente, valer-se do banco de horas negativo. Perceba-se o texto da MP n. 927/2020, ora não mais vigente:

Art. 14. Durante o estado de calamidade pública a que se refere o art. 1º, ficam autorizadas a interrupção das atividades pelo empregador e a constituição de regime especial de compensação de jornada, por meio de banco de horas, em favor do empregador ou do empregado, estabelecido por meio de acordo coletivo ou individual formal, para a compensação no prazo de até dezoito meses, contado da data de encerramento do estado de calamidade pública.

§ 1º A compensação de tempo para recuperação do período interrompido poderá ser feita mediante prorrogação de jornada em até duas horas, que não poderá exceder dez horas diárias.

§ 2º A compensação do saldo de horas poderá ser determinada pelo empregador independentemente de convenção coletiva ou acordo individual ou coletivo.

A mesma solução foi adotada no art. 15 da MP n. 1.046/2021 e no art. 16 da Lei n. 14.437, de 15 de agosto de 2022, que criou um microssistema normativo que permanentemente passou a disciplinar as situações calamitosas.

Como se viu, o banco de horas acima referido autoriza o empregador, independentemente de ajuste contratual, a exigir do empregado a prestação de jornada suplementar até o limite máximo de dez horas diárias, sem, por conta disso, gerar retribuição de qualquer natureza, com o objetivo de compensar as folgas antecipadamente fruídas.

As horas excedentes da jornada legal ou convencional são, então, impositivamente lançadas em um "banco negativo" e ali acumuladas com o fim especial de compensar as folgas gozadas no passado. Essa troca deve ser paulatinamente promovida por iniciativa do empregador, observado o limite de 18 (dezoito) meses, contado da data de encerramento do estado de calamidade pública. Ressalte-se que a compensação do saldo de horas poderá ser determinada pelo empregador, segundo os seus critérios e nos momentos que ele entender exigíveis, independentemente de convenção coletiva ou acordo individual ou coletivo.

13.3 DIREITO DE RESISTÊNCIA DO OPERÁRIO (*IUS RESISTENTIAE*)

Resistir, na melhor acepção de sua etimologia[5], corresponde a lutar, a combater os descomedimentos que somente a razoabilidade pode medir. Por isso, o poder patronal, que não é ilimitado, encontra no direito de resistência operária um contraponto. Esse **direito de oposição a excessos patronais** é caracterizado pela **desobediência legitimada** em nome da proteção de bens jurídicos mais elevados do que o próprio emprego, entre os quais podem ser citados os direitos à vida, à segurança, à incolumidade física, à honra, à imagem, à intimidade e à vida privada.

Nestes moldes, o *ius resistentiae* começará quando o *ius variandi* tiver extrapolado o seu limite. Assim, na forma indicada no adágio popular segundo o qual "um direito começa quando o outro termina", a atuação patronal encontrará sua fronteira na própria lei ou na proporcionalidade.

Sobre o **limite imposto pela lei**, anote-se um exemplo: um empregado não poderá submeter-se ao trabalho quando corra risco de mal considerável ou esteja passível de iminente prejuízo de sua integridade física (art. 483 da CLT). Nessas condições, ele poderá interromper suas atividades até a eliminação do risco, podendo, inclusive, postular a cessação do vínculo por despedida indireta, sem prejuízo das postulações por danos materiais ou morais eventualmente sofridos.

Num segundo exemplo de limite imposto pela lei, cita-se aqui aquele encontrado no art. 32 da Lei n. 9.615, de 24 de março de 1998, conhecida como Lei Pelé, segundo o qual *"é lícito ao atleta profissional **recusar competir** por entidade de prática desportiva quando seus salários, no todo ou em parte, estiverem atrasados em dois ou mais meses"*. Perceba-se aqui uma autorização normativa dada ao atleta para licitamente resistir ao inadimplemento patronal, não sendo possível qualquer desconto salarial por força dessa recusa, tampouco a caracterização de falta grave ensejadora da resolução contratual por justa causa operária.

Sobre o **limite imposto pela proporcionalidade**, veja-se exemplo relevante: um empregado doméstico, em relação jurídica pré-EC n. 72/2013, a despeito de não fruir à época de norma legal que estabelecesse limite máximo de jornada laboral, poderia resistir àquela que, extrapolando os limites da razoabilidade, lhe privasse de intervalos para refeição e descanso. Do mesmo modo, o empregador infringente poderia ser destinatário de postulações de compensação financeira pela prática de ato capaz de gerar danos de natureza material e imaterial.

13.4 ALTERAÇÕES CONTRATUAIS EM ESPÉCIE

Existem múltiplas situações geradoras de alteração contratual. O estudo que se realizará nos próximos tópicos permitirá a análise dos detalhes de cada uma delas, observadas a legislação, a jurisprudência e a doutrina dominantes. Serão consideradas as alterações contratuais de **função**, **carga horária**, **turno de trabalho**, **salário**, **tomador de serviços** e **lugar de trabalho**. Vejam-se:

13.4.1 Alteração de função

Antes de analisar situações específicas de alteração funcional, é importante distinguir os termos "cargo", "função" e "tarefa".

---

[5] Resistir provém do latim *re + sisto*, onde *re* demonstra a ideia de repetir, voltar, e *sisto* a de manter-se de pé. Resistir, portanto, significa insistir em manter-se de pé, em manter-se na qualidade originária.

O **cargo** é uma unidade de competência identificada por um rótulo, por um nome qualquer. O rótulo e as atribuições que identificarão o cargo são escolhidos pelo empregador no instante em que são analisadas as necessidades do empreendimento. Assim, se um empregador contrata alguém sob o título de balconista e lhe informa suas atribuições, estará, por conseguinte, criando um cargo e definindo as funções inerentes a esse cargo. Note-se que a utilização da palavra "cargo" no âmbito do direito do trabalho decorreu da influência do direito administrativo. Ali o cargo é a mais simples e indivisível unidade de competência a ser desenvolvida por um agente, criada por lei, prevista em número certo, com denominação própria e retribuída por pessoas jurídicas de direito público[6]. No direito do trabalho a palavra "cargo" foi absorvida por empréstimo para, conforme mencionado, indicar simplesmente o rótulo que se dá a uma "ocupação" qualquer (veja-se, nesse sentido, a Classificação Brasileira de Ocupações[7]).

A **função**, no sentido ora analisado, é o conjunto de tarefas que permite a identificação do cargo. **Tarefa** é a atribuição que qualifica a função. Ora, se um empregador informa, no ato da admissão, que seu empregado atenderá no balcão e que ali resolverá questões administrativas trazidas pelos clientes, está identificando duas tarefas que compõem a função inerente ao cargo.

As funções, portanto, dividem-se em **funções inerentes ao cargo**, aquelas que são próprias do cargo e que dele não podem se desvencilhar, e **funções adicionais**, aquelas que são confiadas posteriormente aos empregados e que nenhuma relação possuem com as atribuições originariamente assumidas.

13.4.1.1 Acúmulo funcional

Quando um empregado, depois de contratado e de definidas as funções inerentes ao seu cargo, ganha um conjunto de tarefas adicionais, afirma-se existente uma situação identificada como **acúmulo de funções**. Trata-se de alteração contratual que, para ter validade no ordenamento jurídico, além de ser bilateral, não pode gerar prejuízos diretos ou indiretos ao empregado. Veja-se o art. 468, *caput*, da CLT:

> Art. 468. *Nos contratos individuais de trabalho só é lícita a alteração das respectivas condições por mútuo consentimento, e, ainda assim,* **desde que não resultem, direta ou indiretamente, prejuízos ao empregado**, *sob pena de nulidade da cláusula infringente desta garantia* (destaques não constantes do original).

Por conta dos acúmulos funcionais sem o necessário reajuste salarial, é comum no cotidiano forense o ajuizamento de ação trabalhista por meio da qual o empregado alega que recebeu novas tarefas sem qualquer acréscimo compensatório.

Se houver **acréscimo/ampliação das funções inerentes ao cargo**, vale dizer, das funções próprias da unidade de competência, **haverá necessariamente a redefinição do salário-base**[8]. Veja-se a situação-exemplo:

---

[6] BANDEIRA DE MELLO, Celso Antônio. *Curso de direito administrativo*. 13. ed. São Paulo: Malheiros, 2001, p. 233.

[7] A Classificação Brasileira de Ocupações — CBO, ora regida pela Portaria MTP n. 671, de 8 de novembro de 2021, tem por finalidade a identificação das ocupações no mercado de trabalho, para fins classificatórios junto aos registros administrativos e domiciliares.

[8] Depois de elevado o salário-base, ele não poderá sofrer redução, salvo na hipótese constante do art. 7º, VI, da Constituição.

*José foi contratado especificamente para operar certa máquina. Passado algum tempo, foi, no curso do vínculo, surpreendido com a exigência de ampliação de seu plexo funcional. Seu patrão exigiu-lhe a continuidade da operação da máquina e, além disso, impôs-lhe, **em caráter definitivo**[9], a realização de serviços de manutenção desta. Nesse caso é induvidoso que José teria o direito de rediscutir as cláusulas salariais de seu contrato para ver acrescido a seu estipêndio um montante capaz de compensar o aumento da carga funcional*[10].

O texto legal, entretanto, não prevê qualquer adicional por acréscimo de função, circunstância que impõe a solução do problema por via negocial ou jurisdicional. Pela *via negocial* a solução pode vir a ser alcançada em uma das seguintes dimensões: contratual individual, mediante a rediscussão do salário, ou contratual coletiva, através da criação de adicionais aplicáveis a essas situações.

Não havendo êxito na via negocial, o empregado pode pretender o pagamento do acréscimo salarial (se ainda vinculado ao emprego) ou das diferenças salariais decorrentes (se já desligado do emprego) pela *via jurisdicional*. Caberá ao magistrado, uma vez certificada a ocorrência de acréscimo funcional sem o consequente aumento salarial, o oferecimento de tutela capaz de garantir o equilíbrio contratual, o não locupletamento do empregador[11] e o

---

9   A colaboração **espontânea** e **eventual** de um colega para outro, dentro do horário de trabalho, no âmbito de tarefas compatíveis com a condição pessoal do colaborador, baseada no dever acessório de mútuo auxílio, não caracteriza situação de acúmulo de funções, uma vez que esta somente ocorrerá por ordem patronal e a título definitivo, ressalvada exclusivamente a acumulação de função de confiança, que pode ser temporária. Nesse sentido posiciona-se a jurisprudência de um modo reiterado. Vejam-se, por todas, três exemplos:
RECURSO DE REVISTA. DIFERENÇAS SALARIAIS. ACÚMULO DE FUNÇÃO. PROVIMENTO. 1. Uma vez demonstrado que as tarefas desempenhadas pelo reclamante eram correlatas, ou seja, correspondentes à função de vendedor balconista para a qual foi contratado, bem assim eram executadas no seu horário normal de trabalho, além de não exigirem conhecimentos técnicos especializados, mas restringem-se à prática de atos concretos; tem-se que o reclamante a elas se obrigou, porquanto compatíveis com sua condição pessoal. 2. Recurso de revista de que se conhece e a que se dá provimento (RR-11166/2002-902-02-00, 7ª Turma, Rel. Min. Caputo Bastos, *DJ*, 11-12-2009).
ACÚMULO DE FUNÇÕES. A realização de tarefas outras dentro do horário de trabalho não configura acúmulo de funções, se tais atividades forem compatíveis com aquela para a qual o trabalhador foi contratado, ou se distintas, eram realizadas esporadicamente, estando inseridas no *jus variandi* do empregador e no dever de colaboração do empregado (Processo 0000160-89.2010.5.05.0008 Ac. 078624/2011, Rel. Des. Valtércio de Oliveira, 4ª Turma, *DJ*, 20-10-2011).
ACÚMULO DE FUNÇÕES. REALIZAÇÃO DE ATIVIDADES ACESSÓRIAS À ATIVIDADE PRINCIPAL. NÃO CONFIGURAÇÃO. Não constitui acúmulo de funções o desempenho de atividades acessórias à atividade principal desenvolvida pelo empregado, mormente quando se trata de mera manutenção da limpeza do ambiente de trabalho. Aplica-se, pois, o teor do parágrafo único do art. 456 da CLT, que dispõe estar apto o empregado a trabalhar em todo e qualquer serviço compatível com sua condição pessoal (Processo 0001066-97.2010.5.05.0002 Ac. 080081/2011, Rel. Des. Léa Nunes, 3ª Turma, *DJ*, 21-11-2011).
10 Há situações concretas que revelam com clareza a problemática do acúmulo funcional como, por exemplo, a vivida pelos comissários de bordo das companhias aéreas que, além das suas atividades habituais, passaram a vender lanches disponibilizados nas aeronaves ou a dos motoristas das empresas de transporte público, que, apesar de contratados apenas para dirigir, foram constritos a também cobrar a tarifa no momento em que os passageiros ingressam no ônibus.
11 Segundo o Professor José Afonso Dallegrave Neto, "não há como negar a caracterização de locupletamento nos casos em que a empresa impõe ao empregado contratado para determinada função o cumprimento cumulativo ou de outras atividades de maior complexidade sem a justa compensação salarial". Acrescenta o ilustre advogado paranaense que a alteração contratual ora analisada "constitui ato ilícito a ordem patronal que exige o cumprimento de serviços alheios ao contrato, incluindo-se aqui os casos de desvio ou acúmulo de função". Para ele, "é inegável que o desvio funcional e a dupla função são tidos como ilícitos, na medida em que são caracterizados pela determinação unilateral do empregador e ao mesmo tempo são prejudiciais ao obreiro, o qual terá que

redimensionamento do salário diante do acréscimo funcional. O juiz, evidentemente, observará o pedido como limite máximo da pretensão, mas, dentro desse linde, poderá arbitrar o montante que entenda justo ao atendimento da demanda.

A *adição/ampliação das funções* poderá ser, porém, temporária. Isso acontecerá diante das situações em que o fato gerador do acréscimo funcional seja a confiança depositada no empregado. Em casos como este, não haverá necessidade de redefinição do salário-base, mas sim de atribuição, a título precário, de um complemento salarial intitulado gratificação de função de confiança.

O acréscimo funcional promovido pela maior responsabilidade dirigida aos exercentes de funções de confiança, entretanto, pode desaparecer. Basta que o patrão não mais acredite no empregado a quem concedeu tarefas adicionais (geralmente no âmbito da gestão, da direção, da fiscalização ou da representação) para que desapareça a razão de ser da ampliação do plexo funcional. Observe-se que a lei, em caráter excepcional, admite esse efeito no § 1º do art. 468 da CLT. Veja-se:

> *Art. 468. [...] § 1º Não se considera alteração unilateral a determinação do empregador para que o respectivo empregado reverta ao cargo efetivo, anteriormente ocupado,* **deixando o exercício de função de confiança** *(destaques não constantes do original).*

Se um empregador, todavia, em vez de atribuir a gratificação pelo exercício de função de confiança como complemento salarial destacado, aumentar o tamanho do salário-base, não poderá mais diminuir essa retribuição. O ato será entendido como um aumento salarial espontâneo e definitivo, protegido contra futura redução, ainda que o empregado deixe o exercício da função de confiança.

13.4.1.2 Promoção

As promoções são alterações funcionais que representam uma evolução no contrato dos empregados. Podem ser oferecidas para **alteração de cargos** (de auxiliar de serviços gerais para caixa) ou para **alteração de funções** (de caixa para chefe da bateria de caixas). Apesar do efeito aparentemente benfazejo, as promoções trazem consigo um aumento expressivo do conjunto de tarefas antes realizadas pelo empregado. Por isso, afirma-se que, em regra, as promoções são alterações contratuais que dependem da anuência do empregado, ressalvando-se apenas a promoção com meros efeitos financeiros (vantagem isenta de qualquer contrapartida, como um incremento salarial sem o correspondente aumento de responsabilidades funcionais).

13.4.1.3 Rebaixamento

Em plano oposto às promoções encontra-se a situação de **rebaixamento**, que se caracteriza pelo desvio com a finalidade de aviltamento funcional do empregado. Tal comportamento patronal, por ser injusto e ilegal, é gerador de soluções indenizatórias no plano material e moral. Esse, aliás, é o posicionamento de Rodolfo Pamplona Filho, segundo o qual

---

assumir responsabilidades e encargos superiores aos limites do contratado. Ao assim proceder, o empregador estará exorbitando seu poder de comando (*jus variandi*) em flagrante abuso de direito de que trata o art. 187 do Código Civil. E finaliza: "o julgador não pode deixar de restaurar a equidade do caso concreto sob o frágil argumento de que 'não há amparo legal para o pedido'. Ora, conforme visto, o fundamento jurídico decorre de uma adequada interpretação sistematizada dos artigos 422, 884 e 927 do Código Civil, bem como dos artigos 8º, 456, 460 e 468 da CLT". In DALLEGRAVE NETO, José Afonso. Acúmulo e desvio funcional. Há amparo legal para deferir a indenização equivalente ao prejuízo? *Revista O Trabalho*, n. 143, jan. 2009, p. 4803.

"perfeitamente cabível é a ação de reparação por danos morais ocorridos pela prática deste ato ilícito, pois coloca o empregado em uma situação vexatória, ridicularizando-o perante seus colegas de trabalho"[12].

Registrem-se nos tópicos seguintes duas perspectivas que, embora pareçam revelar rebaixamento, assim não podem ser consideradas: a reversão e a reabilitação.

13.4.1.4 Reversão

Não é rebaixamento a determinação do empregador para que o empregado reverta ao cargo efetivo anteriormente ocupado, deixando o exercício de função de confiança. Perceba-se que esse ato, nos termos do parágrafo único do art. 468 da CLT, não é sequer uma alteração unilateral. Esse posicionamento legal se justifica na evidência de que, desde o momento em que recebe o encargo de confiança, o empregado sabe que, se não mais houver fidúcia do empregador, será afastado da **função adicional** e, consequentemente, verá retirada a gratificação correspondente. Há, sem dúvida, uma cláusula implícita que regula a situação e cria, assim, o procedimento que se passou a intitular de **reversão**.

Acrescente-se que, na forma prevista no art. 499 da CLT, não há estabilidade em relação ao exercício de funções adicionais. Mesmo ao empregado garantido pela estabilidade aplica-se a reversão. Ele, na medida em que desaparece a confiança que justificava a atribuição de função adicional, tal qual qualquer outro empregado, reverte ao cargo efetivo que haja anteriormente ocupado.

Ressalve-se, entretanto, que, apesar de não se poder sustentar o direito de manutenção de um trabalhador no exercício de uma função adicional, falava-se, até o advento da Lei n. 13.467/2017, em nome da estabilidade econômica, no direito de integração a seu salário da gratificação pelo exercício da função adicional. Isso acontecerá desde que tal gratificação venha sendo outorgada *por dez ou mais anos e que, **sem justo motivo**, o trabalhador tenha sido revertido a seu cargo efetivo*. Esse é o entendimento cristalizado do TST, ora expendido por meio da Súmula 372, I. Veja-se:

> *Súmula 372, I, do TST. Percebida a gratificação de função por **dez ou mais anos** pelo empregado, se o empregador, **sem justo motivo**, revertê-lo a seu cargo efetivo, não poderá retirar-lhe a gratificação tendo em vista o princípio da estabilidade financeira (destaques não constantes do original).*

Para que a gratificação de função seja incorporada ao salário depois de dez ou mais anos de exercício, não é necessário que o empregado tenha passado todo esse tempo na mesma função. Havendo uma pluralidade de funções, é razoável que as diversas gratificações recebidas no período supramencionado sejam consideradas em sua média aritmética[13].

Importante anotar, porém, que a reforma trabalhista de 2017 exterminou a gratificação de função incorporada em nome da estabilidade financeira. A Lei n. 13.467/2017 adicionou o § 2º ao art. 468 da CLT para deixar bem claro que "a alteração de que trata o § 1º deste artigo, **com ou sem justo motivo**, **não assegura** ao empregado o direito à manutenção do pagamento da gratificação correspondente, que não será incorporada, independentemente do tempo de exercício da respectiva função".

---

12 PAMPLONA FILHO, Rodolfo. *O dano moral na relação de emprego*. 3. ed. São Paulo: LTr, 2002, p. 98.
13 Nesse sentido, veja-se decisão proferida em sede de recurso ordinário — Processo 01412-2006-281-04-00-0 RO.

13.4.1.5 Readaptação

Não é rebaixamento o processo de **readaptação** de um empregado em nova função, ainda que mais simples, por motivo de deficiência física ou mental atestada pelo INSS. Justifica-se isso porque a intenção, tanto do órgão previdenciário por força da reabilitação, quanto do empregador pelo esforço de readaptação, é trazer o trabalhador para a vida ativa, ainda que isso implique seu encaminhamento para um serviço mais elementar (se, logicamente, comparado com as funções exercidas antes de manifestada a incapacidade). Exemplo disso é visível na situação do digitador de textos de uma empresa jornalística que, depois de recuperar-se de acidente que o fez perder alguns dedos, é reabilitado e readaptado como atendente de balcão.

Por fim, diante de frequentes questionamentos, cabe oferecer posição fundamentada à seguinte situação:

Depois da certificação da reabilitação (*vide* art. 92 da Lei n. 8.213/91), a empresa é obrigada a encontrar um posto laboral adequado para o trabalhador reabilitado?

A resposta é delicada, pois dependente de um natural **dever de acomodação razoável**[14] por parte do empregador. Assim, se este tiver condições de readaptar o empregado em posto compatível diante da depreciação da sua capacidade laborativa, deverá fazê-lo, uma vez que a exigência de serviços superiores às suas forças ou o seu submetimento ao perigo manifesto de mal considerável podem conduzir o contrato à resolução por despedida indireta, nos termos do art. 483 da CLT, sem a exclusão de possível indenização por dano moral fundado em discriminação.

Se, porém, o empregador, sinceramente, não possuir de nenhum modo outro posto laboral compatível com a limitação do seu empregado, poderá excepcionalmente resilir o contrato sob o argumento de ordem técnica (art. 165 da CLT, parte final), cabendo-lhe, entretanto, a integralidade do ônus probatório referente à motivação.

Anote-se, porque importante, que a *recusa de adaptação razoável* pode vir a configurar discriminação em razão da deficiência. A Lei n. 13.146/2015 é bem clara nesse sentido ao considerar *discriminação em razão da deficiência* toda forma de distinção, restrição ou exclusão, por ação ou omissão, incluindo a recusa de adaptações razoáveis e de fornecimento de tecnologias assistivas.

Veja-se o texto do § 1º do art. 4º da Lei n. 13.146/2015:

Art. 4º Toda pessoa com deficiência tem direito à igualdade de oportunidades com as demais pessoas e não sofrerá nenhuma espécie de discriminação.

§ 1º Considera-se discriminação em razão da deficiência toda forma de distinção, restrição ou exclusão, por ação ou omissão, que tenha o propósito ou o efeito de prejudicar, impedir ou anular o reconhecimento ou o exercício dos direitos e das liberdades fundamentais de pessoa com deficiência, incluindo a recusa de adaptações razoáveis e de fornecimento de tecnologias assistivas.

Por fim, é importante anotar a necessidade de não confundir dois institutos que tramitam por relações jurídicas diversas: a **reabilitação**, que está contida nos limites de uma relação jurídica previdenciária; e a **readaptação**, que é medida a ser tomada no âmbito da relação jurídica trabalhista. É muito comum ver confusão entre os referidos conceitos sem o cuidado de

---

14 A "reasonable accomodation" foi traduzida para a versão em português da Convenção sobre os Direitos das Pessoas com Deficiência como "adaptação razoável". Sobre o assunto, é recomendável a leitura da Tese de Doutorado defendida por Luiz Carlos de Assis Junior junto à Faculdade de Direito da Universidade Federal da Bahia, em 2019, intitulada *O direito fundamental à adaptação razoável na convenção internacional sobre os direitos das pessoas com deficiência*.

usar-se o vocábulo certo na situação correta. Afinal, a reabilitação é manejada pelo órgão previdenciário, enquanto a readaptação é atribuída ao empregador.

13.4.1.6 Desvio funcional

Haverá desvio funcional quando um empregado, originalmente contratado para desenvolver um determinado conjunto de tarefas, for, por ordem patronal e sem a correspondente reclassificação, constrito a realizar um plexo funcional diverso.

Quando o desvio funcional levar o empregado ao exercício de ações diversas, porém menos qualificadas, afirmar-se-á praticado o já analisado ato de rebaixamento (item 13.4.1.3), salvo, é claro, se a situação disser respeito a reversão ou a readaptação, como analisado. Se, entretanto, o desvio conduzir o empregado para o exercício de funções diversas e mais qualificadas, a situação imporá a reclassificação funcional e o pagamento das diferenças salariais que normalmente são constatáveis no caso sob exame. No que diz respeito a essa particularidade, vejam-se os itens 12.5.4.2 e 12.5.4.3.

13.4.2 Alteração da carga horária

As alterações que dizem respeito à carga horária exigem evidentemente a conjugação dos requisitos para uma alteração contratual voluntária bilateral. Se o empregado foi originariamente contratado para cumprir seis horas diárias e trinta e seis semanais, somente por força de um novo ajuste (tomada de anuência) será possível ampliar esse número para oito horas diárias e quarenta e quatro semanais, observando, ainda assim, o acréscimo salarial proporcional (para evitar a caracterização do prejuízo).

Nesse particular, o TST entendeu que o retorno do servidor público (Administração direta, autárquica e fundacional) à jornada inicialmente contratada não se insere nas vedações do art. 468 da CLT. Esse posicionamento foi expedido mediante a Orientação Jurisprudencial 308 da SDI-1 do TST. Veja-se:

> ***Orientação Jurisprudencial 308 da SDI-1 do TST.*** *Jornada de Trabalho. Alteração. Retorno à Jornada Inicialmente Contratada. Servidor Público. O retorno do servidor público (administração direta, autárquica e fundacional) à jornada inicialmente contratada não se insere nas vedações do art. 468 da CLT, sendo a sua jornada definida em lei e no contrato de trabalho firmado entre as partes.*

O mencionado retorno à jornada inicialmente contratada não se aplicaria aos empregados da iniciativa privada, uma vez que, depois da ampliação acima noticiada, o retorno às condições contratuais originárias implicaria manifesto prejuízo. A modificação, então, somente seria possível mediante o controle da entidade sindical na forma prevista no § 2º do art. 58-A da CLT.

No tocante à prestação de horas suplementares, o empregado não pode ser submetido impositivamente ao aumento de sua originária duração do trabalho. Afirma-se isso porque, nos termos do art. 59 da CLT, a prorrogação da duração normal do trabalho demanda contratualidade, ou seja, demanda **acordo individual** entre empregador e empregado ou **contrato coletivo** mediante negociação coletiva de trabalho. Note-se que a *Lei n. 13.467, de 13 de julho de 2017*, extirpou do texto do *caput* do art. 59 da CLT a exigência da forma escrita para os acordos individuais. Eles atualmente podem ser verbais ou tácitos na contratualidade individual.

Observem-se algumas situações de alteração de carga horária com suas especificidades:

13.4.2.1 Redução da jornada com redução do salário

A redução da jornada de trabalho associada à redução do salário somente será possível mediante o controle empreendido pela entidade sindical. Isso acontece porque o texto constitucional somente admite a **redução** dos mais preciosos núcleos do contrato de emprego — do salário (art. 7º, VI) e da jornada (art. 7º, XIII) — mediante a interveniência obrigatória da entidade sindical da categoria profissional. Situação diversa acontecerá quando o assunto envolver "redução da carga horária" por justo motivo apresentado pelo empregador. Esse fato é comumente evidenciado nas atividades de ensino, nas quais os empregados têm o salário estipulado por unidade horária. Nesse particular, o TST chegou a expedir, *em 20-6-2001*, uma Orientação Jurisprudencial, a de número **244 da SDI-1 do TST**, segundo a qual "a redução da carga horária do professor, em virtude da diminuição do número de alunos, não constitui alteração contratual, uma vez que não implica redução do valor da hora-aula". O assunto é polêmico e será analisado novamente sob a perspectiva da redução salarial.

Cabe, porém, a ressalva de que a proteção contra a irredutibilidade de salários, salvo negociação coletiva, encontrou uma circunstancial exceção à regra na MP n. 936, de 2020, que foi convertida na Lei n. 14.020, de 2020. Esses atos normativos receberam a chancela do STF mediante a ADI 6.363/DF para que fossem, em virtude da crise produzida pela pandemia do coronavírus, legitimados os atos de redução proporcional da jornada e do salário mediante acordos meramente individuais. Há reiteração disso na Lei n. 14.437, de 2022. Detalhes sobre o assunto serão encontrados no Capítulo 12, no tópico em que se analisa a irredutibilidade de salários como uma fórmula de proteção ao trabalhador.

13.4.2.2 Redução da jornada sem redução do salário

A redução da jornada não associada à redução do salário é plenamente admitida. Por proporcionar uma melhoria contratual, não há dúvidas de que um empregador pode, até mesmo sem a tomada da autorização do empregado, diminuir a jornada sem em nada diminuir o salário.

13.4.2.3 Aumento ordinário da jornada: horas extraordinárias habituais

O aumento ordinário da jornada mediante prorrogação habitual, mesmo que acompanhado do regular pagamento do crédito suplementar, é um comportamento abusivo. A prorrogação de uma jornada é um ato que, na verdade, visa à satisfação de uma necessidade transitória, episódica, não podendo ser convertido numa ação rotineira. Alterar o contrato de emprego para impor um aumento ordinário da jornada é um comportamento ilícito. A exigibilidade patronal de prestação de horas extraordinárias de modo habitual será, certamente, fundamento da culpabilidade do empregador caso o operário adquira ou veja agravada doença ou lesão de natureza ocupacional.

13.4.2.4 Aumento extraordinário da jornada: horas extraordinárias eventuais

No momento da admissão contratual pode ou não ser promovido um acordo de prorrogação de jornadas. Se esse acordo não tiver sido feito na contratação, poderá ser formulado mediante alteração contratual na forma prevista no art. 59 da CLT. Por meio desse ajuste, realizado por força de **contrato individual** ou **contrato coletivo de trabalho** (acordo ou convenção coletiva de trabalho), a duração normal do labor poderá ser acrescida de horas suplementares em quantidade ordinariamente não excedente de duas[15]. Note-se que a *Lei n. 13.467, de 13 de julho de 2017*, extirpou do texto do *caput* do art. 59 da CLT a exigência da forma escrita para os acordos individuais. Eles atualmente podem ser verbais ou tácitos na contratualidade individual. Apesar disso, ainda que não legalmente autorizada (não feita por meio de acordo individual ou negociação coletiva), a prestação de horas extraordinárias impostas pelo empregador deve ser objeto de regular pagamento. O empregador não se beneficiará de ato lesivo de sua iniciativa.

Como a prorrogação do trabalho é fato naturalmente desgastante, as horas suplementares valerão evidentemente mais do que as horas ordinárias, sendo, por isso, acrescidas em pelo menos cinquenta por cento. Esse pagamento adicional compensa o **prejuízo** a que se refere o *caput* do art. 468 da CLT.

13.4.2.5 Supressão de horas extraordinárias

Como a prestação de horas suplementares é um comportamento extraordinário, poderá o empregador, *a qualquer tempo*, promover alteração supressiva. Há situações, porém, em que as tais horas suplementares são prestadas por longo tempo, tornando-se, consequentemente, habituais, conforme mencionado no tópico em que se tratou do "aumento ordinário da jornada". Diante dessas conjunturas, os trabalhadores, pela repetibilidade de comportamento ao longo de meses ou anos, costumam confundir a real dimensão de seu salário. As horas extraordinárias habituais produzem uma miragem, dando-lhes a equivocada ideia de que os seus salários têm dimensões superiores às efetivas. A supressão da verba habitual, embora decorrente de abuso de direito patronal, acaba sendo traumática. Por conta disso, a jurisprudência ocupou-se de atenuar os efeitos decorrentes do ato supressivo. Inicialmente, imaginou-se que as horas suplementares prestadas habitualmente por mais de dois anos, ou durante todo o contrato, se suprimidas, haveriam de ser integradas ao salário-base para todos os efeitos legais[16]. Essa solução, talvez a mais justa diante da abusividade da conduta patronal, esteve contida na Súmula 76 do TST entre os anos de 1978 e 2003, quando foi cancelada. Seu texto continha a seguinte redação:

> **Súmula 76 do TST.** *HORAS EXTRAS — CANCELADA. O valor das horas suplementares prestadas habitualmente, por mais de 2 (dois) anos, ou durante todo o contrato, se suprimidas, integra--se ao salário para todos os efeitos legais (RA 69/1978, DJ, 26-9-1978).*

A Resolução TST n. 121, de 28-10-2003, *DJU*, 19-11-2003, cancelou a Súmula n. 76. Em seu lugar surgiu a Súmula 291, que, de modo mais liberal, passou a entender que a habitualidade do serviço suplementar somente se caracterizaria depois de **um ano** de reiteração da conduta. Pior que isso, a Súmula 291, por não ter estabelecido limites máximos para o comportamento abusivo, o admitiu como fato normal, suscetível apenas de uma solução indenizatória "correspondente ao valor de 1 (um) mês das horas suprimidas, total ou parcialmente, para cada ano ou fração igual ou superior a seis meses de prestação de serviço acima da jornada normal". Veja-se a redação da súmula ora vigente:

> **Súmula 291 do TST.** *HORAS EXTRAS — REVISÃO DO ENUNCIADO N. 76 — RA 69/1978, DJ 26-9-1978. A supressão total ou parcial, pelo empregador, de serviço suplementar prestado com*

---

[15] Note-se que, nos termos da Súmula 376, I, do TST, "a limitação legal da jornada suplementar a duas horas diárias não exime o empregador de pagar todas as horas trabalhadas" (ex-OJ n. 117 — inserida em 20-11-1997).

[16] Se novas horas suplementares fossem exigidas depois da integração mencionada na Súmula 76 do TST, elas seriam calculadas sobre um salário-base dilatado (salário-base contratual + horas suplementares integradas), o que, por si só, já desestimularia a insistência patronal em reiterar o alongamento da jornada.

habitualidade, durante pelo menos 1 (um) ano, assegura ao empregado o direito à indenização correspondente ao valor de 1 (um) mês das horas suprimidas, total ou parcialmente, para cada ano ou fração igual ou superior a seis meses de prestação de serviço acima da jornada normal. O cálculo observará a média das horas suplementares nos 12 (doze) meses anteriores à mudança, multiplicada pelo valor da hora extra do dia da supressão (Res. 1/1989, DJ, 14-4-1989. Redação modificada pelo TST em maio de 2011).

Anote-se que, independentemente da fórmula utilizada para desestimular a contratação habitual de horas extraordinárias, o empregado poderá invocar a ocorrência do fato para, em eventual pedido de reparação civil-trabalhista, responsabilizar o empregador. É certo que a conduta patronal contra os limites impostos por lei constituirá culpa contra a legalidade. Aliás, a simples violação das normas que visam a proteção da saúde do trabalhador, havendo dano e nexo causal, no autorizado dizer de Sebastião Geraldo Oliveira, "cria a presunção de culpa do empregador pelo acidente do trabalho ocorrido, uma vez que o descumprimento da conduta normativa prescrita já é a confirmação da sua negligência, a ilicitude objetiva ou culpa contra a legalidade"[17].

13.4.2.6 Modificação do quadro de horários: horário de início/término das atividades e dias em que o serviço acontece

É muito comum o questionamento: o empregador pode, ainda que conserve a dimensão da jornada, exigir que o empregado modifique o horário de início e de término de suas atividades? Ele pode alterar o momento em que o intervalo intrajornada ocorre? E os dias em que o serviço se desenvolve, poderão ser alterados por iniciativa patronal?

A resposta é muito simples: *sim, desde que colhida a anuência do operário*. Se não for tomada a anuência, o ato será, evidentemente, nulo, na forma do art. 468 da CLT. Sabe-se, entretanto, que a fragilidade do empregado nas relações contratuais o compele a não apresentar nenhuma resistência ao ato modificativo patronal. Aliás, em grande parte dos casos, se o trabalhador se opuser à alteração, diante da ausência de proteção jurídica contra o desligamento, poderá ser despedido. É verdade que, provadas as circunstâncias da despedida, o empregador poderá ser responsabilizado por assédio moral e ser, a depender da dimensão do fato, apenado com indenização por dano moral, acaso postulada.

O inverso também é indispensável, ou seja, o operário precisa da anuência do patrão para realizar modificações em seu quadro originário de horários. A interpretação igualmente decorre do conteúdo do art. 468 da CLT, sendo de explicitação indispensável diante do fato de muitos trabalhadores acharem que têm o direito subjetivo de exigir alterações em seus horários de início e de término de atividades por conta de atividades supervenientes, por exemplo, a mudança do horário de aulas na faculdade ou a dificuldade de administrar a rotina de casa.

13.4.2.7 Compensação de horários

Do mesmo modo que a prorrogação de jornadas, a compensação de horários pode ser ajustada mesmo depois de iniciado o contrato de emprego. Admite-se que, por *ajuste individual escrito ou excepcionalmente tácito* (veja-se a Súmula 85, I e II, do TST e também, em caráter excepcional, considere-se o teor do § 6º do art. 59 da CLT), o excesso de horas em determinada jornada seja *compensado* pela diminuição de horas em outra jornada.

---

[17] OLIVEIRA, Sebastião Geraldo. *Indenizações por acidente do trabalho ou doença ocupacional.* 5. ed. São Paulo: LTr, 2009, p. 161.

13.4.2.8 Aumento na dimensão do intervalo intrajornada

O aumento na dimensão do intervalo intrajornada não se confunde com sua realocação. Neste tópico não se analisará a possibilidade de mudança do instante de fruição do intervalo — das 12h às 14h para das 13h às 15h, por exemplo —, mas sim a possibilidade de aumentar sua dimensão — de duas para três horas de intervalo, por exemplo. Isso é possível?

A resposta é positiva, mesmo diante de um contrato já iniciado. Essa alteração encontrará fundamento no art. 71 da CLT e ***deverá ser promovida por escrito***, mediante concurso da vontade de empregado e empregador. Veja-se:

> Art. 71. Em qualquer trabalho contínuo, cuja duração exceda de 6 (seis) horas, é obrigatória a concessão de um intervalo para repouso ou alimentação, o qual será, no mínimo, de 1 (uma) hora e, salvo acordo escrito ou convenção coletiva em contrário, não poderá exceder de 2 (duas) horas.

O aumento do intervalo intrajornada sem a tomada da anuência do empregado é ato jurídico inválido, devendo ser as horas excedentes ao limite máximo de intervalo pagas como horas suplementares.

13.4.2.9 Diminuição ou supressão da dimensão do intervalo intrajornada

É juridicamente possível haver diminuição do intervalo intrajornada até o limite mínimo previsto no art. 71 da CLT. Isso significa que empregador e empregado podem, com base no princípio da autonomia individual privada, reduzir o intervalo intrajornada, por exemplo, de duas horas para uma hora.

A referida autonomia individual privada, entretanto, encontra claro obstáculo legal para a redução de intervalo abaixo do limite de uma hora, quando a jornada for excedente de seis horas contínuas. Nesse caso, a redução ficará condicionada a ato da autoridade administrativa em matéria de trabalho e emprego, nos moldes do § 3º do art. 71 da CLT. Atente-se para o fato de que a regra constante do mencionado dispositivo faz referência anacrônica à autoridade competente. Atualmente, essa competência cabe ao Ministério do Trabalho (ora Ministério do Trabalho e Previdência). Veja-se a redação do citado dispositivo:

> Art. 71. [...] § 3º O limite mínimo de uma hora para repouso ou refeição poderá ser reduzido por ato do Ministro do Trabalho, Indústria e Comércio, quando ouvido o Serviço de Alimentação de Previdência Social, se verificar que o estabelecimento atende integralmente às exigências concernentes à organização dos refeitórios, e quando os respectivos empregados não estiverem sob regime de trabalho prorrogado a horas suplementares.

É importante anotar que o próprio Ministério do Trabalho (ora Ministério do Trabalho e Previdência) resolveu legitimar as entidades sindicais operárias para o ato de verificação contido no § 3º *do art. 71 da CLT*. Este ato de legitimação, praticado por meio da Portaria MTE n. 42, de 28 de março de 2007 (*DOU*, 30-3-2007), foi, entretanto, revogado pela Portaria n. 1.095/2010, publicada em 20-5-2010 e esta pela Portaria MTP n. 671, de 8 de novembro de 2021. O primeiro ato administrativo revogado deixava claro que o intervalo para repouso ou alimentação de que trata o art. 71 da CLT **poderia ser reduzido por convenção ou acordo coletivo de trabalho**, devidamente aprovado em assembleia geral, desde que os empregados não estivessem submetidos a regime de trabalho prorrogado e o estabelecimento empregador atendesse às exigências concernentes à organização dos refeitórios e demais normas regulamentadoras de segurança e saúde no trabalho. É importante observar que a nova Portaria não excluiu a possibilidade de haver negociação coletiva tendente a reduzir o intervalo intrajornada, mas estabeleceu algumas limitações equivocadamente baseadas na literalidade do texto do § 3º do art. 71 da CLT, que, em rigor, condicionava apenas a autonomia individual de empregado e de empregador, jamais a autonomia coletiva.

Via-se, claramente, situação indicativa da atribuição de prestígio à autonomia coletiva sindical em clara obediência ao disposto no art. 8º, III, do texto constitucional. Apesar disso, o TST mantinha o entendimento constante da Súmula 437, II, segundo o qual o intervalo intrajornada considerado mínimo por força de lei não poderia ser diminuído por negociação coletiva, mas, unicamente, por ato do então Ministério do Trabalho.

Desde as primeiras edições desta obra se dizia aqui que parecia passível de reflexão e de revisão, no que diz respeito à fonte geradora da diminuição do intervalo, o posicionamento da elevada Corte trabalhista, porque **não existiria ninguém melhor do que a entidade sindical para aferir se haveria mesmo condição de ser reduzido o intervalo intrajornada de uma categoria**. Aliás — afirmava-se aqui — a Constituição da República, consoante mencionado, observa que "ao sindicato cabe a defesa dos direitos e interesses coletivos ou individuais da categoria, inclusive em questões judiciais ou administrativas" (art. 8º, III).

Ponderava-se, entretanto, como correto o posicionamento da supracitada súmula quando o assunto era evitar a supressão do intervalo intrajornada. Isso, efetivamente, deveria ser proibido nos planos da autonomia privada, independentemente de ser individual ou coletiva. Anotava-se, ainda, que havia casos em que a redução poderia significar verdadeira supressão quando o tempo oferecido a título de intervalo intrajornada não fosse suficiente para o cumprimento das necessidades fundamentais mínimas de digna alimentação e descanso. Afirmava-se, enfim, que essa medida haveria de ser tomada, sem dúvida, pela razoabilidade e pela proporcionalidade, instrumentos que, certamente, seriam mais bem manejados pela entidade sindical operária do que pelo então Ministério do Trabalho.

Pois bem. O TST não mudou o entendimento, mas **a reforma trabalhista de 2017 impôs, por meio da Lei n. *13.467, de 13 de julho de 2017*, a prevalência do negociado sobre o legislado**, designadamente na matéria ora em discussão, justamente o "intervalo intrajornada, respeitado o limite mínimo de trinta minutos para jornadas superiores a seis horas", conforme se vê no art. 611-A, III, da CLT.

Não se pode esquecer, por outro lado, dentro do contexto do tema que diz respeito à supressão do intervalo intrajornada, que ela é juridicamente admitida em toda a sua admissão em troca de indenização nos regimes de 12 horas de trabalho por 36 horas de folga. O *caput* do art. 59-A é muito claro no sentido de que, no regime de doze horas seguidas de trabalho por trinta e seis horas ininterruptas de descanso, os intervalos para repouso e alimentação podem ser ***"observados ou indenizados"***.

13.4.3 Alteração de turno de trabalho

Há situações em que os sujeitos do contrato de emprego estão diante de alterações de "turno de trabalho". Mas que seria "turno de trabalho"? Entende-se por turno cada um dos períodos em que se divide o dia para fins de organização do trabalho. Nesse sentido, pode-se falar em turno diurno, turno noturno e turno misto ou, ainda, em turno fixo e turno de revezamento. Como as necessidades operárias e empresariais mudam, o tema é recorrente nos tribunais. Cotidianamente, os empregados são solicitados a mudar de turno de trabalho ou, ainda, solicitam essa alteração contratual. Ela é possível?

Sim. Não há dúvidas quanto à possibilidade da mudança de turnos, embora elas devam acontecer segundo a regra básica do multicitado art. 468 da CLT, ou seja, observando o trinômio "necessidade", "consentimento" e "ausência de prejuízo para o empregado". Vejam-se as situações concretas nos subitens a seguir expendidos:

13.4.3.1 Modificação do turno diurno para o turno noturno

Empregados originariamente lotados no turno diurno podem ser solicitados a trabalhar no turno noturno. Essa alteração contratual, conquanto lesiva ao chamado ritmo circadiano ou "relógio biológico", é frequentemente operada. Ainda que autorizada pelo empregado, não há como negar a existência de prejuízo fisiológico para quem aceita deixar o horário favorável ao referido ritmo (turno diurno) para laborar fora dele (turno noturno).

Essa mudança, então, haveria de ser expressamente vedada, mas não é. O fato de não existir dispositivo que claramente proíba tal alteração contratual torna-a aparentemente autorizada, notadamente porque grande parte dos aplicadores da norma vê elidido o prejuízo pelo simples pagamento do adicional noturno. Este, na verdade, é uma compensação financeira, mas não biológica[18]. Mais uma vez se registra que a fragilidade do empregado, despido de garantias de emprego, produz a aceitação meramente circunstancial da alteração aqui analisada.

13.4.3.2 Modificação do turno noturno para o turno diurno

A mudança do turno noturno para o diurno revela, no plano fisiológico, uma melhoria, sendo, a princípio, uma alteração contratual benéfica. Desde que decorrente de mútuo consentimento, a modificação ora analisada é plenamente lícita.

A supressão do pagamento do adicional noturno é uma consequência natural, própria do desaparecimento dos fatores que produzem os complementos salariais. Nesse particular não se pode deixar de fazer registro da Súmula 265 do TST, segundo a qual "a transferência para o período diurno de trabalho implica a perda do direito ao adicional noturno". Veja-se:

Súmula 265 do TST. ADICIONAL NOTURNO. ALTERAÇÃO DE TURNO DE TRABALHO. POSSIBILIDADE DE SUPRESSÃO. A transferência para o período diurno de trabalho implica a perda do direito ao adicional noturno (Res. 13/1986, DJ, 20-1-1987).

Apesar de ser possível a supressão do adicional noturno diante das situações de transferência do empregado para o período diurno de trabalho, tem sido cada vez mais comum a aplicação analógica do entendimento contido na Súmula 291 do TST, que trata da supressão de horas extraordinárias habituais, para atribuir ao empregado atingido com o saque do adicional noturno o direito de recebimento de indenização proporcional ao tempo de serviço noturno.

É interessante destacar, ainda, que a mudança do turno noturno para o diurno pode produzir significativos prejuízos na vida social e econômica de quem, durante longo período, se acostumou com a atividade notívaga. Essa evidência torna mais destacada ainda a necessidade de tomar a anuência do trabalhador, sem a qual não poderá ser produzido o ato de alteração contratual. Apenas para ilustrar, cita-se o caso de um trabalhador que de 1986 a 1999 trabalhava das 20h à 1h30 em favor de uma empresa pública. Durante esse período ele, naturalmente, ocupou o período diurno com outras atividades, entre as quais o estudo e a docência. A mudança de turno lhe foi simplesmente ordenada, sem consulta, no ano de 1999, mas questionada judicialmente. Os tribunais, tanto o TRT quanto o TST, entenderam que, "em face da contumaz prestação de serviço por treze anos consecutivos no horário

---

[18] Recorde-se que o empregado doméstico que habitualmente trabalha em turno diurno sofre prejuízos biológicos com a mudança de suas atividades para o turno noturno e não recebe o adicional correspondente. Apesar de o doméstico não ser destinatário expresso da regra contida no art. 468 da CLT, o princípio dali emergente atinge todas as categorias de trabalhadores, independentemente do fato de serem urbanos, rurais ou domésticos.

noturno, a mudança seria incontestavelmente prejudicial ao trabalhador" (RR 24147/2002-900-04-00.7).

13.4.3.3 Modificação de turno fixo para turno de revezamento

Entende-se por trabalho em turno fixo aquele que é realizado unicamente em um período do dia. Evidentemente, a alteração do turno fixo para o turno de revezamento representa, a princípio, lesão ao relógio biológico do trabalhador, sendo, portanto, potencialmente prejudicial.

Do mesmo modo que a situação que envolve a mudança do turno diurno para o noturno, a ora analisada modificação decorre, em grande parte das situações concretas, de imposição patronal. Não fosse a fragilidade dos trabalhadores, não seria uma alteração aceitável sob o ponto de vista jurídico.

13.4.3.4 Modificação de turno de revezamento para turno fixo

Ao contrário do que ocorre com a alteração tratada no tópico anterior, a modificação do turno de revezamento para o turno fixo é ato jurídico benfazejo ao trabalhador, notadamente sob o ponto de vista fisiológico. Há lei, inclusive, tratando sobre o assunto e atribuindo legitimação ao ato patronal que promova essa modificação. Observe-se, a propósito, o teor do art. 10 da Lei n. 5.811/72, que dispõe sobre o regime de trabalho dos empregados nas atividades de exploração, perfuração, produção e refinação de petróleo e derivados:

> *Art. 10. A variação de horário, em escalas de revezamento diurno, noturno ou misto, será estabelecida pelo empregador com obediência aos preceitos desta lei.*
>
> *Parágrafo único.* **Não constituirá alteração ilícita a exclusão do empregado do regime de revezamento**, *cabendo-lhe exclusivamente, nesta hipótese, o pagamento previsto no art. 9º* (destaques não constantes do original).

Anote-se que o TST avalizou essa interpretação por meio da Súmula 391. Note-se:

> **Súmula 391 do TST.** *PETROLEIROS. LEI N. 5.811/1972. TURNO ININTERRUPTO DE REVEZAMENTO. HORAS EXTRAS E ALTERAÇÃO DA JORNADA PARA HORÁRIO FIXO.*
>
> *I — A Lei n. 5.811/72 foi recepcionada pela CF/88 no que se refere à duração da jornada de trabalho em regime de revezamento dos petroleiros (ex-OJ n. 240 — Inserida em 20.06.2001).*
>
> *II —* **A previsão contida no art. 10 da Lei n. 5.811/1972, possibilitando a mudança do regime de revezamento para horário fixo, constitui alteração lícita, não violando os arts. 468 da CLT e 7º, VI, da CF/1988** *(ex-OJ n. 333 — DJ, 9-12-2003) (destaques não constantes do original).*

Do modo como foi colocada a situação constante do art. 10 da Lei n. 5.811/72, a alteração em discussão dispensaria a tomada de anuência do empregado, fazendo o assunto ingressar no âmbito do *ius variandi* patronal. Como o ato em exame é produtor de diminuição de haveres do empregado, garante-se a ele o direito contido no art. 9º da norma em exame, ou seja, o direito de receber *indenização correspondente a um só pagamento, igual à média duodecimal das vantagens decorrentes do regime de revezamento, para cada ano ou fração igual ou superior a seis meses de permanência* no sistema de trabalho.

13.4.4 Alteração de salário

A alteração salarial talvez seja aquela que desperta a maior atenção dos trabalhadores. Enfim, o tema trata do núcleo essencial do contrato de emprego e, invariavelmente, é o motivo da maior parte das reivindicações de melhoria. Diante disso, torna-se indispensável o estudo detalhado sobre as modificações que podem (e que não podem) ser promovidas em matéria de retribuição laboral. Este estudo levará em conta as cinco principais perspectivas relacionadas à contraprestação pelo serviço. Vejam-se:

13.4.4.1 Alteração da dimensão salarial

Quando se trata de alteração da dimensão salarial, as ideias que inicialmente surgem são aquelas que dizem respeito ao *acréscimo* e à *diminuição* do estipêndio, sendo certo que qualquer aumento salarial independe de autorização do trabalhador se dissociado do aumento de funções ou de responsabilidades.

Caso o empregador ofereça unicamente *acréscimo salarial*, sua atuação deve ser entendida como a de concessão de uma melhoria social, não adstrita, portanto, à tomada de anuência do empregado. Aliás, a este não é dada a possibilidade de renúncia à evolução salarial, pois a progressividade da condição social do trabalhador é entendida como direito fundamental indisponível (*vide* o *caput* do art. 7º do texto fundamental).

A *diminuição salarial*, por outro lado, é, em regra[19], ação vedada à autonomia individual privada. Apenas por meio da negociação coletiva (*vide* o art. 7º, VI, da Constituição) é possível falar em redução salarial, e ainda assim durante o tempo necessário à recuperação da empresa. Conquanto a crise seja uma justificativa para a **redução coletiva**[20] de salários, tão logo seja superada a adversidade devem ser restabelecidos os salários à dimensão originária. Não se olvide que o salário mínimo será sempre uma barreira intransponível, não sendo possível falar em diminuição salarial que o avilte.

Anote-se que há atos que, embora aparentemente não pareçam ser redução salarial, afiguram-se como tais. Para tanto, basta que um empregador, sem justo motivo, reduza a quantidade de trabalho oferecido ao empregado remunerado por peça ou tarefa ou, ainda, reduza sua área territorial de vendas, quando comissionista.

No âmbito de redução indireta também se encontra a situação de diminuição, sem justo motivo, da carga horária de empregados remunerados por hora. É importante observar que a redução, quando baseada em pedido do próprio empregado ou em circunstância para a qual o empregador não contribuiu, não pode ser entendida como alteração contratual prejudicial. Imagine-se, por exemplo, que o interesse pelo estudo de uma língua estrangeira diminua em determinado momento a ponto de não mais justificar a manutenção do número originário de turmas para as quais um professor lecionava. Nessas circunstâncias não há falar em redução salarial se o empregador-escola mantiver a dimensão do valor da hora-aula. A essa polêmica conclusão chegou o TST por meio da Orientação Jurisprudencial 244 da SDI-1. Veja-se:

> **Orientação Jurisprudencial 244 da SDI-1 do TST.** *Professor. Redução da Carga Horária. Possibilidade. A redução da carga horária do professor, em virtude da diminuição do número de alunos, não constitui alteração contratual, uma vez que não implica redução do valor da hora-aula. Inserida em 20-6-2001.*

---

19   Cabe a ressalva de que a proteção contra a irredutibilidade de salários, salvo negociação coletiva, encontrou uma exceção à regra na MP n. 936, de 2020, que foi convertida na Lei n. 14.020, de 2020. Esses atos normativos receberam a chancela do STF mediante a ADI 6.363/DF para que fossem, em virtude da crise produzida pela pandemia do coronavírus, legitimados os atos de redução proporcional da jornada e do salário mediante acordos meramente individuais. Detalhes sobre o assunto serão encontrados no Capítulo 12, no tópico em que se analisa a irredutibilidade de salários como uma fórmula de proteção ao trabalhador.

20   Não pode haver reduções seletivas de salário, mas a adoção de conduta que alcance, indistintamente, todos os empregados da empresa ou de determinado setor desta.

O mesmo raciocínio pode ser aplicado a outras atividades econômicas, como as academias de ginástica e congêneres.

13.4.4.2 Alteração da composição salarial

O salário-base pode ser atribuído *in especie* (*in efetivo*, em dinheiro) ou em formulação mista — parte *in especie*, parte *in natura*. Entretanto, não raramente os ajustes originários são modificados no curso do contrato de emprego, fazendo surgir dúvidas quanto à licitude das alterações contratuais no âmbito das composições salariais.

Afinal, é possível que um empregado unicamente remunerado *in especie* sofra alteração contratual para receber parte *in especie*, parte *in natura*? A proporção *in natura* pode ser aumentada para a diminuição da parte *in especie*? Qual o limite para a atribuição de salário *in natura*? Apenas o salário-base pode ser atribuído *in natura* ou qualquer complemento salarial pode ser pago *in natura*? Os terceiros com os quais o empregador mantém ligações mercantis — fornecedores e clientes — podem modificar a forma de atribuição de gueltas e de gorjetas *in especie* para *in natura*?

Observem-se as respostas propostas:

É possível que um empregado unicamente remunerado in especie *sofra alteração contratual para receber parte* in especie, *parte* in natura? *E o contrário — deixar de receber parte* in natura *para receber retribuição unicamente* in especie *—, é possível?*

Sim. Não há nenhuma objeção da norma legal nesse particular. Desde que a alteração contratual seja necessária, consensual e não prejudicial ao empregado, não haverá ilicitude na conduta modificativa. Relembre-se o texto do art. 444 da CLT, segundo o qual "as relações contratuais de trabalho podem ser objeto de livre estipulação das partes interessadas em tudo quanto não contravenha às disposições de proteção ao trabalho, às convenções coletivas que lhes sejam aplicáveis e às decisões das autoridades competentes". O grande problema da questão não está na licitude do ato modificativo, mas sim na constatação de que a troca não gerará prejuízo para o trabalhador. Afirma-se isso porque, apesar de ser simples substituir uma parcela atribuída *in natura* por dinheiro, é bem complicado definir o montante justo de uma substituição de dinheiro por parcela *in natura*. Nesse caso, há de aplicar-se o bom-senso e a razoabilidade, que, aliás, são indicados como referenciais pelo § 1º do art. 458 da CLT, *in verbis*:

> Art. 458. [...] § 1º Os valores atribuídos às prestações in natura **deverão ser justos e razoáveis**, não podendo exceder, em cada caso, os dos percentuais das parcelas componentes do salário mínimo (artigos 81 e 82). [Destaques não constantes do original]. (Parágrafo acrescentado pelo Decreto-Lei n. 229, de 28-2-1967, DOU, 28-2-1967.)

A proporção in natura *pode ser aumentada para a diminuição da parte* in especie?

A resposta também é positiva. Desde que observado o limite máximo de atribuição de verbas *in natura* (70% do total de verbas salariais[21]), o montante atribuído a título de salário *in natura* pode aumentar ou diminuir. Volta-se a repetir, portanto, que o fundamental para

---

21 O pagamento do salário pode ser feito, portanto, em dinheiro ou em prestações *in natura*, sendo certo que a proporção entre essas duas formas retributivas deve respeitar a regra geral inserta no parágrafo único do art. 82 da CLT, vale dizer, o mínimo em dinheiro corresponderá a 30% do total e o máximo em prestações *in natura* será de 70% do universo considerado. Esse percentual mínimo visa à proteção da dignidade do trabalhador na medida em que se lhe garanta a possibilidade mínima de autonomia, de arbítrio e de direção exclusiva dos seus próprios destinos ainda que com ativos de pequena dimensão. É, sem dúvidas, uma manifestação da dignidade da pessoa humana como "regra", e não apenas como "princípio".

o ato modificativo é que estejam presentes a necessidade e o consenso e que não exista prejuízo para o empregado.

Qual o limite para a atribuição de salário in natura*?*

A lei somente indica os percentuais máximos de atribuição de salário *in natura* para fins de habitação e alimentação, na forma do § 3º do art. 458 da CLT[22]. Nos demais casos, vicejará a regra básica prevista no mencionado § 1º do art. 458 da CLT, vale dizer, a regra da razoabilidade. Nesses termos, tal qual ocorre na contratação, a alteração contratual deve considerar todas essas balizas.

Apenas o salário-base pode ser atribuído in natura *ou qualquer complemento salarial pode ser pago* in natura*?*

Essa é uma questão não visitada de modo explícito pela doutrina, mas de essencial importância. A propósito, não raramente os empregadores propõem o pagamento de algum complemento salarial como parcela *in natura*, o que acontece, por exemplo, com o pagamento do adicional de transferência mediante o oferecimento de habitação ou, ainda, o pagamento de horas extraordinárias mediante gêneros alimentícios. *Isso é juridicamente possível?*

A resposta parece ser positiva. Afirma-se isso porque o § 1º do art. 457 da CLT inclui no conceito de salário não só "a importância fixa estipulada" (salário-base), mas também outras verbas destacadas pagas pelo empregador (complementos salariais). Diante dessa evidência e da redação do art. 458 da CLT, que prevê que estariam inseridos no salário, "além do pagamento em dinheiro" (parte *in especie*), "a alimentação, habitação, vestuário ou outras prestações *in natura*" (parte *in natura*), conclui-se que tanto o salário-base quanto os complementos salariais podem ser oferecidos em utilidades.

Mais uma vez a problemática residirá na difícil demonstração de que a substituição de dinheiro por utilidades não gerou prejuízo. Superado isso, não há que obstaculizar a conduta modificativa.

Os terceiros com os quais o empregador mantém ligações mercantis — fornecedores e clientes — podem modificar a forma de atribuição de gueltas e de gorjetas in especie *para* in natura*? Estariam eles submetidos às regras do art. 468 da CLT?*

Sabe-se que os empregadores, em decorrência de suas atividades mercantis, podem dar oportunidade de ganho a seus empregados. Isso acontecerá quando, espontaneamente, fornecedores e clientes oferecerem estímulos pecuniários por condutas que lhes sejam favoráveis. Sabe-se, também, que a vantagem decorrente de manifestação de satisfação dos fornecedores recebe o nome de guelta e que a verba atribuída pelos clientes é chamada de gorjeta. Diante desse breve introito, deseja-se saber o seguinte: fornecedores e clientes estão submetidos às regras do art. 468 da CLT?

A resposta é negativa. Somente o empregador está submetido à regra do art. 468 da CLT. Nesse sentido, se um empregador permite o recebimento de gueltas ou gorjetas não poderá,

---

22 CLT, Art. 458. [...]
§ 3º A habitação e a alimentação fornecidas como salário-utilidade deverão atender aos fins a que se destinam e não poderão exceder, respectivamente, a 25% e 20% do salário-contratual (parágrafo acrescentado pela Lei n. 8.860, de 24-3-1994).
Os rurícolas têm um dispositivo legal específico no tocante a essa matéria, conforme consta do art. 9º, *a* e *b*, da Lei n. 5.889/73:
Art. 9º Salvo as hipóteses de autorização legal ou decisão judiciária, só poderão ser descontadas do empregado rural as seguintes parcelas, calculadas sobre o salário mínimo:
a) até o limite de 20% (vinte por cento) pela ocupação da morada;
b) até 25% (vinte e cinco por cento) pelo fornecimento de alimentação sadia e farta, atendidos os preços vigentes na região.

senão mediante o concurso dos pressupostos da necessidade, do consenso e da ausência de prejuízo para o empregado, alterar o contrato de emprego para vedar a conduta. Por outro lado, nada impedirá que o terceiro, concedente da guelta ou da gorjeta, simplesmente deixe de atribuí-la. Como ele não é sujeito do contrato de emprego, não poderá ser compelido a manter o comportamento meramente espontâneo.

13.4.4.3 Alteração da periodicidade do pagamento dos salários

Quando se trata de periodicidade, aprecia-se o que ocorre com igual intervalo de tempo. No caso do pagamento dos salários, sabe-se, com base no art. 459 da CLT, que sua periodicidade (a sua intervalação) não deve ser estipulada por período superior a um mês, ressalvadas, na forma do art. 466 da CLT, as comissões, percentagens e gratificações. Isso quer dizer, em resumo, que *o pagamento do salário pode ter qualquer periodicidade, desde que inferior a um mês*, salvo nos casos de comissões, percentagens e gratificações que podem extrapolar o limite mensal.

Mas a análise ora realizada visa saber as possibilidades modificativas. Assim, seria possível alterar o pagamento do salário realizado com periodicidade semanal para mensal? E o contrário? Ambas as perguntas têm a mesma resposta positiva, desde que presentes a necessidade, o consentimento mútuo de empregado e de empregador e a ausência de prejuízo.

13.4.4.4 Alteração da data de pagamento dos salários

Mais uma vez o trinômio "necessidade", "consentimento" e "não prejuízo operário" precisa estar presente, sob pena de ser nula a alteração contratual que diz respeito à data de pagamento dos salários. Sabe-se que, apesar disso, há Orientação Jurisprudencial do TST sustentando que, *diante da inexistência de previsão expressa em contrato ou em instrumento normativo, a alteração de data de pagamento pelo empregador não viola o art. 468 consolidado*. Perceba-se:

> **Orientação Jurisprudencial 159 da SDI-1 do TST.** Data de Pagamento. Salários. Alteração. *Diante da inexistência de previsão expressa em contrato ou em instrumento normativo, a alteração de data de pagamento pelo empregador não viola o art. 468, desde que observado o parágrafo único do art. 459, ambos da CLT (23-3-1999).*

Essa orientação, entretanto, *despreza a força das* **cláusulas contratuais tácitas**, que, assim como as cláusulas escritas, incorporam-se no contrato de emprego (veja-se o *caput* do art. 443 da CLT[23]). Assim, *mesmo diante da inexistência de previsão expressa*, a alteração da data de pagamento pelo empregador deveria estar condicionada ao cumprimento dos precitados requisitos constantes do art. 468 da CLT.

13.4.4.5 Alteração do modo de pagamento dos salários

Ao mencionar o "modo de pagamento dos salários", deseja-se apreciar a maneira como o pagamento foi executado, vale dizer, em dinheiro, em cheque (*vide* a Portaria MTb n. 3.281, de 7-12-1984) ou mediante depósito em conta corrente. Definida a maneira como será realizado o adimplemento salarial, surge a dúvida: é possível alterar o modo de pagamento dos salários?

---

[23] Art. 443. O contrato individual de trabalho poderá ser acordado **tácita** ou expressamente, verbalmente ou por escrito, por prazo determinado ou indeterminado, ou para prestação de trabalho intermitente (destaque não constante do original).

A resposta é mais uma vez positiva, mas a execução dessa alteração contratual dependerá da necessidade da medida, da evidência de consentimento mútuo e da inexistência de prejuízo para o trabalhador. Anote-se, com base no texto da mencionada **Portaria MTb n. 3.281, de 7 de dezembro de 1984,** que o empregador que desejar realizar pagamento em cheque ou mediante depósito em conta corrente deverá assegurar ao empregado: a) horário que permita o desconto imediato do cheque; b) transporte, caso o acesso ao estabelecimento de crédito exija sua utilização; c) condição que impeça qualquer atraso no recebimento dos salários e da remuneração das férias.

13.4.4.6 Alteração da natureza jurídica da parcela atribuída

A natureza jurídica de uma parcela paga ao trabalhador independe de acordos que possam ser estabelecidos em torno dela. Não é possível convencionar (ainda que coletivamente) que uma verba terá natureza indenizatória quando, em essência, ela tiver natureza salarial ou vice-versa. Em rigor, é a lei (e não a autonomia privada) que clarifica a natureza jurídica de uma verba que tem origem no contrato de emprego. Assim, por exemplo, não é possível ao empregador pactuar com o empregado (ou com o sindicato da categoria profissional) cláusula que identifique gratificações legais, gratificações de função ou comissões, como verbas de natureza indenizatória, porque tais vantagens são claramente identificadas por lei como de natureza salarial (*vide* § 1º do art. 457 da CLT[24]).

Quando houver, no plexo de parcelas outorgadas aos trabalhadores, verba cuja natureza jurídica não se identifique expressamente por força de lei, caberá ao Judiciário — e unicamente a ele — clarificar a situação para dar-lhe contorno de verba salarial ou não salarial, mesmo porque há interesses do próprio Estado em corretamente identificá-la, especialmente para fins de tributação, se for o caso. Não se pode, assim, por mera convenção, dizer que uma verba é não salarial, quando, em verdade, ela seja salarial.

Apesar disso, é comum a evidência de instrumentos coletivos negociados, que, negando o quanto apontado nos parágrafos anteriores, simplesmente ditam o caráter de determinada vantagem. Um exemplo a ser analisado é o do auxílio-alimentação. Há normas coletivas que apenas declaram o seu caráter indenizatório, independentemente de o empregador atribuí-lo por meio do Programa de Alimentação do Trabalhador (PAT).

Surge daí uma importante indagação: *a atribuição de caráter indenizatório à verba "auxílio-alimentação", ou a adesão posterior do empregador ao Programa de Alimentação do Trabalhador (PAT) é suficiente para alterar a natureza da referida parcela, instituída anteriormente, para aqueles empregados que, habitualmente, já a recebiam como salário?*

A jurisprudência dominante tem oferecido resposta negativa.

Segundo a OJ 413, da SDI-1, do TST:

AUXÍLIO-ALIMENTAÇÃO. ALTERAÇÃO DA NATUREZA JURÍDICA. NORMA COLETIVA OU ADESÃO AO PAT. (DEJT divulgado em 14, 15 e 16-2-2012). A pactuação em norma coletiva conferindo caráter indenizatório à verba "auxílio-alimentação" ou a adesão posterior do empregador ao Programa de Alimentação do Trabalhador — PAT — não altera a natureza salarial da parcela, instituída anteriormente, para aqueles empregados que, habitualmente, já percebiam o benefício, a teor das Súmulas 51, I, e 241 do TST.

---

24 Art. 457. Compreendem-se na remuneração do empregado, para todos os efeitos legais, além do salário devido e pago diretamente pelo empregador, como contraprestação do serviço, as gorjetas que receber (Redação dada ao *caput* pela Lei n. 1.999, de 1º de outubro de 1953, *DOU*, 7-10-1953).
§ 1º Integram o salário a importância fixa estipulada, as gratificações legais e as comissões pagas pelo empregador (§ 1º com redação determinada pela Lei n. 13.467/2017).

A despeito do que pensa a Alta Corte trabalhista, não parece acertado dizer que o empregado tem direito adquirido à tipificação da natureza de verba que lhe é atribuída por força do contrato de emprego. Se uma vantagem é concedida ao trabalhador como verba salarial e esta, por força de lei, passa a ter natureza indenizatória, não se pode afirmar que o empregado tem o direito de manter-se no *status quo ante*.

13.4.5 Alteração de tomador de serviços

A leitura deste tópico pode gerar, de início, algum estranhamento. Afinal, como seria possível a "alteração de tomador de serviços"? A resposta estará vinculada a dois fenômenos modernos que dizem respeito à concentração econômica, vale dizer, à formação de grupo econômico trabalhista e à contratação com vistas para a terceirização. No primeiro caso — formação de grupo econômico trabalhista — o empregado estará trabalhando, na realidade, para um feixe de empresas vinculadas, e, por força disso, sua atividade laboral satisfará a todas indistintamente, conquanto, sob o ponto de vista da aparência, o contrato esteja formalmente ajustado com apenas uma delas. No segundo caso — contratação com vistas para a terceirização —, a empresa prestadora colocará o empregado no exercício de atividades desenvolvidas na sede da empresa-cliente. Questiona-se, então: é possível o empregado, originariamente lotado em uma empresa, ser realocado em outra empresa do mesmo grupo econômico ou, no caso de terceirização, em outra empresa tomadora de serviços? Vejam-se as soluções propostas para cada caso:

13.4.5.1 Mudança de tomador de um mesmo grupo econômico

Como se sabe, todas as empresas integrantes do grupo econômico respondem juntas, na qualidade de empregador único, pelas obrigações assumidas perante seus empregados. Esse é o entendimento sustentado no capítulo que, nesta obra, trata do "empregador", embora existam posicionamentos em sentido contrário. Pois bem. Quem entende que o grupo econômico equivale a empregador único haverá de admitir, por coerência, que, potencialmente, ele (como empregador-grupo) poderá exigir do empregado o cumprimento da prestação dos serviços em favor de qualquer dos seus integrantes, desde que, é claro, exista ajuste contratual nesse sentido.

Consoante manifestado, a solidariedade ativa somente será evidenciada se, desde o instante da admissão, empregador (grupo econômico) e empregado ajustarem que os serviços serão prestados para todas as empresas integrantes do agrupamento. Afora isso, a alteração contratual somente será admitida se houver mútuo consentimento entre empregador e empregado e desde que tal mudança não resulte, direta ou indiretamente, prejuízos a este. Diante desse conjunto de fatores, será possível responder que o empregado poderá, sim, mudar de empresa-tomadora de serviços dentro do mesmo grupo econômico.

13.4.5.2 Mudança de tomador por exigência do contrato de terceirização

Na terceirização, o empregado da empresa prestadora de serviços, para atender às diversas demandas das empresas clientes, costuma mudar habitualmente de posto de trabalho. Isso sói acontecer, por exemplo, com os vigilantes, inclusive sob o argumento de que a permanência de um mesmo profissional de segurança patrimonial, no mesmo posto de trabalho, pode facilitar a ação vingativa dos meliantes. Mas para realizar essa alteração contratual o empregador precisará colher a anuência do empregado?

A resposta parece negativa, porque, tal qual acontece nas situações contidas no § 1º do art. 469 da CLT, há contratos que têm como condição implícita a necessidade de realocação do lugar de trabalho. É uma característica inerente a esse tipo de ajuste. No entanto, as mudanças daí decorrentes deverão ser promovidas por força da "necessidade". Aliás, alteração contratual desnecessária sob o ponto de vista organizacional é geralmente utilizada para atingir objetivos vis, como a punição do trabalhador.

13.4.6 Alteração do lugar de trabalho

Talvez uma das mais referenciadas alterações contratuais seja a que diz respeito ao lugar de trabalho. Isso ocorre por conta de ser ela a única que possui uma sistemática especificada em lei, nos arts. 469 e 470 da CLT. As demais alterações contratuais são tratadas em dispositivos esparsos. Não fosse apenas isso, a alteração contratual de lugar é, efetivamente, uma das que produzem mais controvérsias, haja vista as múltiplas dúvidas existentes em torno do pagamento ou não do adicional de transferência. Vejam-se alguns pontos importantes do tema:

13.4.6.1 Transferência, realocação e remoção

Registre-se, de início, que a expressão **transferência** somente pode ser considerada como tal se acarretar necessariamente **mudança do domicílio**[25] do empregado (veja-se, nesse sentido, o disposto na parte final do art. 469 da CLT). Se isso não ocorrer, vale dizer, se não houver mudança de domicílio, o evento deve ser entendido como mera **realocação** de trabalhadores, vale dizer, como simples reorganização espacial do quadro funcional.

Em qualquer das situações — transferência ou realocação — o empregador deverá assumir as despesas resultantes da mudança do local de trabalho. Quer-se afirmar com isso que, havendo transferência por determinação do empregador, este arcará com os correspondentes custos, oferecendo ao empregado, a título de ressarcimento, ajuda de custo e, além disso, adicional de transferência, se for provisória. Exemplo: o gerente de produção transferido da filial da indústria X, localizada na cidade de São Paulo, para a filial existente na cidade de Porto Alegre verá assumidas pelo empregador as despesas resultantes de sua transferência e, além disso, se provisória a mudança do local de trabalho, perceberá adicional de transferência (art. 469 da CLT).

---

25 Presume-se inexistente a transferência quando a mudança de domicílio — elemento indispensável à caracterização do instituto — não se dá de modo necessário. Trata-se de situações em que, diante da proximidade entre o local onde o trabalhador originariamente realizava os seus serviços e o lugar para o qual foi transferido, não seria indispensável a mudança de domicílio. Em tais casos caberá ao trabalhador o ônus de provar que aconteceu a mudança do domicílio e que esta se deu por determinação patronal.

Ainda sobre o conceito e a extensão da expressão normativa "não se considerando transferência a que não acarretar necessariamente a mudança do seu domicílio", cabe mencionar a discussão que se trava em torno do empregado que muda de local de trabalho, mas permanece em **alojamento funcional**.

Nesse caso, haveria ou não uma "transferência" nos termos do art. 469 da CLT?

O TST apresentou posições divergentes. No ano de 2018, a Segunda Turma da Alta Corte condenou uma empresa ao pagamento do adicional de transferência com o entendimento de que a permanência do empregado em alojamento fornecido pela empresa não descaracteriza a mudança de domicílio para fins de direito ao adicional (*vide* RR-10271-58.2015.5.03.0091. No ano de 2021, o posicionamento do TST foi em sentido diverso. A Oitava Turma entendeu que a permanência do empregado em alojamento da empresa não caracteriza a mudança de domicílio, condição para a concessão do adicional, pois, em casos tais, não há ânimo de mudar (*vide* RR-11011-20.2018.5.03.0185).

Havendo simples remoção, o empregador assumirá apenas as despesas decorrentes do acréscimo dos custos com transporte[26]. Exemplo: empregado que realiza suas atividades no supermercado A, filial do bairro de Itapuã, em Salvador, verá assumido pelo empregador o acréscimo de custos decorrentes de sua realocação na filial do bairro do Bonfim, também em Salvador.

Anote-se, ainda, que, ocorrendo **remoção a pedido do empregado**, este não será destinatário de adicional de transferência, porque a solicitação promovida pelo empregado gera uma presunção relativa[27] de que o ato de alteração do lugar do trabalho lhe foi conveniente, oportuno e benéfico.

13.4.6.2 Presunção de anuência e pagamento de adicional de transferência

A presunção (absoluta) de anuência quanto à transferência não é causa impeditiva da percepção do correspondente adicional. Aliás, *qualquer empregado* que, *por iniciativa patronal*, for *transferido temporariamente* e *com mudança de domicílio* da localidade em que foi originariamente contratado tem direito à percepção do complemento salarial intitulado "adicional de transferência", independentemente de ser exercente de função de confiança ou não[28], e independentemente de seu contrato prever (implícita ou explicitamente) ou não tal possibilidade.

O citado adicional terá a dimensão nunca inferior a vinte e cinco por cento do salário-base que o empregado recebia na localidade onde originariamente foi contratado, permanecendo a outorga desse complemento salarial "enquanto durar essa situação" (parte final do § 3º do art. 469 da CLT)[29].

13.5 PRESCRIÇÃO APLICÁVEL ÀS SITUAÇÕES DE ALTERAÇÃO CONTRATUAL

Dois aspectos devem ser observados em relação à aplicação da prescrição às situações de alteração contratual: o **primeiro** diz respeito ao fato de ser o contrato de emprego um ajuste de trato sucessivo, qualificado, portanto, pela circunstância de suas prestações serem oferecidas e exigidas de forma contínua, renovando-se esse fluxo a cada instante, a cada momento em que se vivencia a realidade contratual; o **segundo** corresponde ao fato de a alteração ser um ato positivo único de natureza aditiva, supressiva ou modificativa. Pois bem. Note-se, por conta do que foi acima expendido, que, apesar da lesão produzida a título de supressão, adição ou modificação, o contrato de emprego continua a produzir seus efeitos,

---

26 Veja-se a Súmula 29 do TST: "Empregado transferido, por ato unilateral do empregador, para local mais distante de sua residência, tem direito a suplemento salarial correspondente ao acréscimo da despesa de transporte". Perceba-se que o TST usou nesta súmula o vocábulo "transferido", quando o mais acertado seria mencionar "realocado" ou outra substituinte. Note-se que tal posicionamento jurisprudencial faz menção à transferência para local **apenas mais distante da residência**, sugerindo que não houve mudança de domicílio.

27 Comporta prova da ocorrência de vício de consentimento.

28 Veja-se a Orientação Jurisprudencial 113 da SDI-1 do TST: ADICIONAL DE TRANSFERÊNCIA. CARGO DE CONFIANÇA OU PREVISÃO CONTRATUAL DE TRANSFERÊNCIA. DEVIDO. DESDE QUE A TRANSFERÊNCIA SEJA PROVISÓRIA. O fato de o empregado exercer cargo de confiança ou a existência de previsão de transferência no contrato de trabalho não exclui o direito ao adicional. O pressuposto legal apto a legitimar a percepção do mencionado adicional é a transferência provisória.

29 Conforme destacado em capítulo anterior, extinguir-se-á o adicional de transferência quando o empregado voltar para a localidade onde fora ordinariamente contratado ou quando a transferência tornar-se definitiva.

renovando seu fluxo de prestações e de contraprestações a cada instante. A prescrição, assim, seguirá atingindo de modo parcelado as lesões não reclamadas, e, a partir daí, novos atos jurídicos são praticados.

Esse ritmo do tempo justifica que algumas alterações contratuais malfazejas sejam questionadas em juízo com brevidade, sob pena de serem atingidas pela prescrição total. Mas em que consiste, no âmbito trabalhista, a prescrição total? Consiste na inexigibilidade das pretensões relacionadas a fatos jurídicos anteriores à barreira dos últimos cinco anos de relação de emprego. Assim, se um empregado sofre uma alteração contratual supressiva de uma gratificação junina no ano de 1995, terá ele até o ano 2000 para reivindicar o restabelecimento do complemento salarial. Superado o marco do ano 2000, não mais poderá o empregado postular qualquer vantagem a título de gratificação junina, porque a pretensão já terá sido tragada pela prescrição total.

Perceba-se que o exemplo oferecido baseou-se em parcela não prevista em lei, mas sim em contrato (a "gratificação junina" não está arrimada em nenhum dispositivo legal, motivo por que sua origem é evidentemente contratual). Destino diferente, entretanto, teria uma parcela prevista em lei. Tome-se a título de exemplo a gratificação natalina (décimo terceiro salário). Se o mesmo empregado acima referido tivesse sofrido supressão do décimo terceiro salário no ano de 1995 e, a partir de então, essa verba não mais lhe tivesse sido paga, ele poderia invocar o restabelecimento da vantagem a qualquer tempo, vendo tragados pela prescrição parcial (não mais total) apenas os créditos cujos fatos geradores tivessem mais de cinco anos. Esse é o posicionamento do TST, por meio da sua Súmula 294[30].

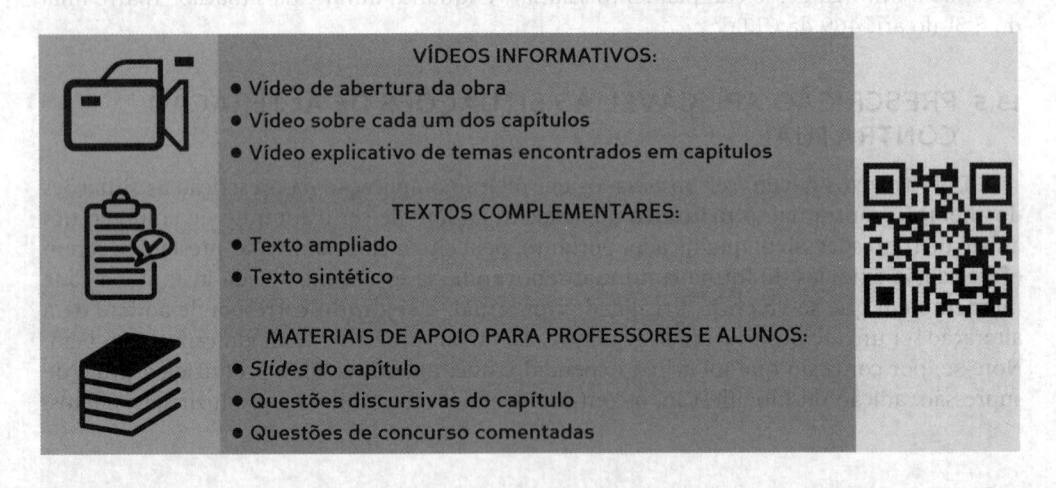

VÍDEOS INFORMATIVOS:
- Vídeo de abertura da obra
- Vídeo sobre cada um dos capítulos
- Vídeo explicativo de temas encontrados em capítulos

TEXTOS COMPLEMENTARES:
- Texto ampliado
- Texto sintético

MATERIAIS DE APOIO PARA PROFESSORES E ALUNOS:
- *Slides* do capítulo
- Questões discursivas do capítulo
- Questões de concurso comentadas

---

30 **Súmula 294 do TST.** PRESCRIÇÃO. ALTERAÇÃO CONTRATUAL. TRABALHADOR URBANO. Tratando-se de ação que envolva pedido de prestações sucessivas decorrente de alteração do pactuado, a prescrição é total, exceto quando o direito à parcela esteja também assegurado por preceito de lei.
Importante anotar que o legislador da reforma da era Temer (Lei n. 13.467, de 13 de julho de 2017) inspirou-se na redação da referida Súmula e acresceu o § 2º ao art. 11 da CLT com redação bem assemelhada. Veja-se: Art. 11 [...] § 2º Tratando-se de pretensão que envolva pedido de prestações sucessivas decorrente de alteração ou descumprimento do pactuado, a prescrição é total, exceto quando o direito à parcela esteja também assegurado por preceito de lei.

14

SUSPENSÃO E INTERRUPÇÃO CONTRATUAIS

https://somos.in/CTD14

14.1 CONSIDERAÇÕES INTRODUTÓRIAS

Qualquer negócio jurídico de atividade pode passar por momentos de inércia, notadamente quando o sujeito impedido ou incapaz de executar sua prestação tenha se comprometido a executar os serviços de modo pessoal e intransferível. Nesses casos, diante do compromisso de pessoalidade, não haverá alternativa para os contratantes senão, ainda que temporariamente, a de suspender a prestação e a contraprestação dos serviços.

A relação de emprego oferece um ambiente propício para a apreciação desses acontecimentos suspensivos, uma vez que não raramente o obreiro precisa afastar-se do trabalho por alguma razão fática ou jurídica, decorrente de sua vontade ou alheia a esta, sem que lhe seja possível, pela natureza do acerto, remeter temporariamente a execução para outro indivíduo. Justamente por conta dessa peculiaridade, e por força do caráter protetivo do direito laboral, há no sistema legislativo do trabalho uma pletora de normas que disciplinam os efeitos decorrentes da suspensão temporária da execução dos serviços.

É importante destacar, como bem fizeram Orlando Gomes e Elson Gottschalk, que, quando suspenso o contrato de emprego, pode esse evento ser total ou parcial. Quando **total**, as duas obrigações fundamentais — a de prestar o serviço e a de pagar o salário — tornam-se reciprocamente inexigíveis, sendo tal situação identificada pela lei como de "suspensão contratual". Quando **parcial**, apenas a obrigação de prestar o serviço torna-se inexigível, permanecendo reclamável a de pagar o salário, recebendo tal hipótese, por opção legal, o nome de "interrupção contratual". É interessante anotar, em conformidade com a perspectiva dos citados mestres baianos, que a diferenciação estabelecida entre suspensão e interrupção é ineficaz para substituir aquela que distingue a suspensão total da suspensão parcial[1]. Reconhece-se que, de fato, muitas confusões se estabelecem entre os vocábulos "suspensão" e "interrupção", sendo evidentemente desnecessária essa opção terminológica do legislador trabalhista. A despeito disso, para não produzir mais confusões do que aquelas já existentes, este estudo distinguirá, na forma da lei, a suspensão da interrupção, como se verá no tópico seguinte.

---

1 GOMES, Orlando; GOTTSCHALK, Elson. *Curso de direito do trabalho.* 18. ed. Rio de Janeiro: Forense, 2007, p. 342.

14.2 DEFINIÇÃO E DISTINÇÃO

Na **suspensão**, apesar de mantido o vínculo contratual, há cessação da prestação dos serviços e do correspondente pagamento. Na **interrupção**, por outro lado, embora também esteja conservado o vínculo contratual e paralisadas as atividades (tal qual ocorre com a suspensão), mantém-se a outorga de quantia equivalente à contraprestação. Perceba-se que as duas mencionadas figuras são espécies do gênero "suspensão contratual *lato sensu*":

Suspensão contratual *lato sensu* { Suspensão contratual *stricto sensu* / Interrupção contratual

É importante anotar que os fenômenos jurídicos da suspensão e da interrupção contratuais não atingem o negócio jurídico de emprego em si, mas apenas os efeitos decorrentes desses ajustes, sendo os empregados o alvo preferencial dessa ação protetiva.

14.3 EFEITOS JURÍDICOS

Tanto a suspensão em sentido estrito quanto a interrupção implicam a **manutenção do vínculo contratual** e a **garantia de todas as vantagens que tenham sido atribuídas coletivamente aos trabalhadores**. Isso significa que um empregado que teve o contrato suspenso (de modo amplo) terá, por ocasião do retorno, direito a todos os aumentos salariais oferecidos à categoria a que pertencia na empresa durante o afastamento. A garantia do retorno é dada, evidentemente, apenas aos contratados por tempo indeterminado, como se verá em tópicos a seguir expendidos.

SUSPENSÃO CONTRATUAL	INTERRUPÇÃO CONTRATUAL
Manutenção do vínculo contratual	Manutenção do vínculo contratual
Suspensão da outorga de contraprestação	Manutenção da outorga de salários
Retorno ao serviço com vantagens atribuídas à categoria profissional	Retorno ao serviço com vantagens atribuídas à categoria profissional
Normalmente não há estipulação de prazo para retorno à atividade	Normalmente há estipulação de prazo para retorno à atividade
Excepcionalmente há o cômputo do período de suspensão como tempo de serviço	Há sempre o cômputo do período de interrupção como tempo de serviço

14.4 SUSPENSÃO DOS CONTRATOS POR TEMPO DETERMINADO

Nos termos do § 2º do artigo 472 da CLT, nos contratos por tempo determinado, o período de afastamento, **se assim acordarem as partes interessadas**, não será computado na contagem do prazo para a respectiva terminação[2].

---

[2] Apesar de o analisado § 2º estar contido em artigo cujo *caput* trata de "afastamento do empregado em virtude das exigências do serviço militar ou de outro encargo público", tem-se entendido que o referido § 2º aplica-se a todas as hipóteses de contratação por tempo determinado. Veja-se ementa nesse sentido: CONTRATO DE EXPERIÊNCIA — ACIDENTE DO TRABALHO — AUXÍLIO-DOENÇA — APLICAÇÃO ANALÓGI-

Para entender melhor, veja-se a seguinte situação-exemplo:

João assina um contrato de experiência de noventa dias. O contrato tem início no dia 1º-5-2019, com final previsto para 30-7-2019. Ele, entretanto, adoece (doença não ocupacional) no dia 10-5-2019. A empresa assume os quinze primeiros dias de afastamento a partir do dia 11-5-2019, pagando os salários até o dia 26-5-2019 (trata-se de um período de interrupção contratual). A partir do dia 27-5-2019, contado inclusive esse dia, inicia-se a percepção do auxílio por incapacidade temporária de natureza não ocupacional (B-31) e o trabalhador permanece incapacitado por noventa dias, até 25-8-2019.

Pergunta-se: então, João, que esteve em percepção de auxílio por incapacidade temporária de natureza não ocupacional entre 27-5-2019 e 25-8-2019, ainda terá de cumprir o tempo que faltava para findar o contrato de experiência? Em outras palavras, ele, quando obtiver a correspondente alta previdenciária, terá de cumprir os 65 (sessenta e cinco) dias não trabalhados?

Diante desse contexto, a resposta dependerá da verificação da existência da cláusula que verse sobre o tema contido no § 2º do art. 472 da CLT:

Solução A: Se as partes tiverem acordado no sentido de que o período do afastamento **não será computado** na contagem do prazo para a respectiva terminação, João deverá cumprir os sessenta e cinco dias que faltavam para findar o contrato de experiência. A baixa da CTPS (anotação de desligamento) deve ser promovida na data para a qual foi protraído o dia do desligamento, ou seja, sessenta e cinco dias depois do seu retorno às atividades: retorno em 25-8-2019 + 65 dias decorrentes do afastamento = 29-10-2019.

Solução B: Se as partes nada tiverem ajustado sobre o assunto, o contrato de João estará extinto na data aprazada, 30-7-2019, uma vez que o período de afastamento **será computado** na contagem do prazo para a terminação do contrato. A baixa da CTPS (anotação de desligamento) deve ser promovida exatamente na data acordada pelos contratantes, 30-7-2019, ainda que o motivo ensejador da suspensão se estenda além dos limites da data fixada para efeito de extinção contratual.

É importante deixar registrado que o TST, em face das **situações de acidentes do trabalho e de doenças ocupacionais no transcurso dos contratos por tempo determinado**, sumulou o entendimento de que, uma vez cessada a percepção do benefício por incapacidade acidentária (B-91 ou B-92), o trabalhador terá, ainda, o direito de fruição da estabilidade prevista no art. 118 da Lei n. 8.213/91. Veja-se:

Súmula 378.

III — O empregado submetido a contrato de trabalho por tempo determinado goza da garantia provisória de emprego, decorrente de acidente de trabalho, prevista no art. 118 da Lei n. 8.213/1991.

É bom averbar que, em edições anteriores deste *Curso*, defendia-se a tese de que o tratamento jurídico dado aos contratos de emprego por tempo determinado somente poderia ser modificado em favor dos acidentados do trabalho a partir do momento em que se publi-

---

CA DO ART. 472, § 2º, DA CLT. Muito embora o § 2º do art. 472 da CLT tenha sido inserto em dispositivo que trata das hipóteses de afastamento em virtude das exigências do serviço militar ou de outro encargo público, é entendimento jurisprudencial majoritário de que tal norma deve ser aplicada, analogicamente, aos casos em que o afastamento do emprego seja oriundo de acidente do trabalho. Portanto, nos contratos determinados, o período de afastamento do emprego não alterará a data de seu término natural, se não houver ajuste expresso entre as partes para que o tempo de afastamento não seja computado na contagem do prazo do contrato. Ajuste inexistente no caso dos autos. Recurso da empresa a que se dá provimento (TRT, 15ª R., ROPS 1807-2005-007-15-00-5 (47156/06), 5ª C., Rel. Juiz Lorival Ferreira dos Santos, *DOESP*, 6-10-2006, p. 39).

casse uma súmula ou orientação jurisprudencial para tratar da matéria. A ausência de um referencial de posicionamento cristalizado, a despeito do compreensível dever de cuidado com o acidentado do trabalho, estabeleceria um clima de insegurança jurídica, haja vista a outorga de efeitos que não constam claramente da lei, tampouco do contrato celebrado entre as partes.

O TST, então, para oferecer a clamada previsibilidade e segurança, publicou o item III na sua Súmula 378 e garantiu a possibilidade de diferimento (de projeção) dos contratos por tempo determinado para além dos seus próprios limites, produzindo, em algumas situações, até mesmo a transformação jurídica de um contrato por tempo determinado em um contrato por tempo indeterminado.

14.5 SITUAÇÕES DE SUSPENSÃO CONTRATUAL COM PREVISÃO NO TEXTO LEGAL

Existem múltiplas situações de suspensão contratual com previsão no texto legal. Serão analisadas todas aquelas contidas na CLT e outras significativas, insertas em leis esparsas, nos seguintes moldes:

• encargo público;

• afastamento do empregado por motivo de segurança nacional (depois de transcorridos noventa dias);

• mandato sindical;

• greve;

• suspensão disciplinar e suspensão para responder inquérito;

• afastamento motivado por incapacidade temporária ou permanente a partir do 16º dia;

• licença-maternidade;

• períodos de "suspensão preventiva para responder a inquérito administrativo" ou de "prisão preventiva", quando o empregado for impronunciado ou absolvido;

• participação em curso ou programa de qualificação profissional;

• preservação da integridade física e psicológica da mulher em situação de violência doméstica e familiar.

Veja-se especificamente cada uma das mencionadas situações:

14.5.1 Encargo público não constituído como interrupção contratual

Entende-se por "encargo público" toda incumbência, decorrente de dever público, de realizar função específica prevista em lei, independentemente da percepção de qualquer contraprestação. Exercem encargos públicos, entre outros, os cidadãos que cumprem as exigências do serviço militar obrigatório, os cidadãos nomeados para o exercício de funções públicas absorventes (secretarias municipais, estaduais ou federais), os jurados do Tribunal do Júri, os eleitores nomeados para compor as Mesas Receptoras ou Juntas Eleitorais, os depositários públicos, os tutores e curadores nomeados judicialmente.

Quando o encargo público impõe o afastamento do serviço, não pode o empregador apenar o empregado com a alteração contratual ou com o desligamento (veja-se o *caput* do art. 472 da CLT). Seu afastamento, enfim, visa ao interesse de todos. Perceba-se:

*Art. 472 da CLT. O afastamento do empregado em virtude das exigências do serviço militar, **ou de outro encargo público**, não constituirá motivo para a alteração ou rescisão do contrato de trabalho por parte do empregador (destaques não constantes do original).*

Normalmente os encargos públicos de curta duração produzem situações de interrupção contratual, vale dizer, apesar de afastado do trabalho, o empregado não deixa de receber sua remuneração. Para que exista o efeito interruptivo contratual, a situação precisa estar expressamente prevista em lei específica. Os encargos públicos de longa duração, entretanto, entram no plano da suspensão contratual. Para que exista o efeito suspensivo contratual (sem contraprestação) não é necessário que a situação esteja especificamente prevista em lei. Basta a evidência de uma hipótese aberta com característica de encargo público — por exemplo, o afastamento de um empregado para exercer a função de secretário municipal de saúde ou para exercer o mandato eleitoral de vereador — para que se apliquem os efeitos do mencionado *caput* do art. 472 da CLT.

14.5.2 Afastamento do empregado por motivo de segurança nacional (depois de transcorridos noventa dias)

Os dispositivos constantes dos parágrafos 3º, 4º e 5º do art. 472 da CLT, ali inseridos pelo Decreto-Lei n. 3, de 27-1-1966, sofreram, em rigor, revogação expressa. É que o citado Decreto-Lei e, logicamente, todo o seu conteúdo, saíram de cena por meio da Lei n. 8.630/93. Percebam que a referida norma legal que tratava da organização dos portos, mesmo sem pertinência temática, declarou, no seu último artigo, expressamente revogado, entre outros diplomas normativos, o citado Decreto-Lei.

Independentemente da interpretação que se possa fazer sobre a eficácia da revogação, reputa-se importante historiar o tema acima epigrafado.

Pois bem. Conforme disposto no § 3º do art. 472 da CLT, ocorrendo motivo relevante de interesse para a segurança nacional, poderia a autoridade competente solicitar o afastamento do empregado do serviço ou do local de trabalho, sem que se configurasse a suspensão de seu contrato. O § 5º do citado dispositivo deixava claro que, durante os primeiros **noventa dias** desse afastamento, o empregado continuaria percebendo sua remuneração, ou seja, haveria situação de interrupção contratual (o empregador, curiosamente, pagava o salário do empregado durante o tempo em que ele estava sendo investigado). Se a investigação superasse os referidos noventa dias, iniciar-se-ia um período de suspensão contratual no qual o empregado prosseguia sendo investigado, mas desta vez sem a percepção de qualquer salário.

14.5.3 Mandato sindical

Nos termos do § 2º, art. 543 da CLT, considera-se de **licença não remunerada**, salvo assentimento da empresa ou cláusula contratual, o tempo em que o empregado ausentar-se do trabalho no desempenho das funções sindicais. Durante esse ínterim, o dirigente ou o representante sindical não receberá salário do empregador, mas sim honorários de atuação pagos pela própria entidade sindical. Há, entretanto, conforme acima adiantado, situações em que o empregador oferece licença remunerada ou a tanto é obrigado por norma coletiva. Veja-se:

> *Art. 543 da CLT. [...]*
>
> *§ 2º Considera-se de licença não remunerada, salvo assentimento da empresa ou cláusula contratual, o tempo em que o empregado se ausentar do trabalho no desempenho das funções a que se refere este artigo.*

14.5.4 Greve

Em regra, os dias parados durante uma greve não são pagos pelo empregador. O período de paralisação coletiva de trabalhadores tem, portanto, natureza jurídica de suspensão contratual, conforme disposto no art. 7º da Lei n. 7.783/89. Veja-se:

> Art. 7º Observadas as condições previstas nesta Lei, **a participação em greve suspende o contrato de trabalho**, devendo as relações obrigacionais durante o período ser regidas pelo acordo, convenção, laudo arbitral ou decisão da Justiça do Trabalho (destaques não constantes do original).

Destaque-se que, a depender do que estabelecer o instrumento jurídico que puser fim à greve — acordo, convenção, laudo arbitral ou decisão da Justiça do Trabalho —, podem ser pagos os dias parados, situação que passará a identificar uma interrupção contratual.

14.5.5 Suspensão disciplinar e suspensão para responder inquérito

Qualquer dos casos — suspensão disciplinar ou suspensão para responder inquérito — decorre do exercício do poder disciplinar do empregador e produz o afastamento do trabalhador sem direito à percepção dos salários.

A **primeira situação**, a de *suspensão de caráter disciplinar*, está prevista no art. 474 da CLT, não podendo exceder trinta dias consecutivos, sob pena de ensejar excesso do empregador e consequente hipótese de despedida indireta do empregado.

A **segunda situação**, que envolve *empregado acusado de falta grave capaz de fazê-lo perder a estabilidade definitiva*[3], perdurará, consoante o art. 494 da CLT, até a decisão final do processo. Nunca é demais lembrar que a suspensão do contrato do empregado acusado de falta grave capaz de fazê-lo perder a estabilidade definitiva é direito líquido e certo do empregador, existindo acerca disso Orientação Jurisprudencial da SDI-1 do TST. Veja-se:

> **Orientação Jurisprudencial 137 da SDI-2 do TST.** *Mandado de Segurança. Dirigente Sindical. Art. 494 da CLT. Aplicável. Constitui direito líquido e certo do empregador a suspensão do empregado, ainda que detentor de estabilidade sindical, até a decisão final do inquérito em que se apure a falta grave a ele imputada, na forma do art. 494, caput e parágrafo único, da CLT.*

Se o empregador conseguir demonstrar que o empregado efetivamente incorreu em falta grave, o período não trabalhado manterá sua qualidade de suspensão contratual e o vínculo será resolvido por inexecução faltosa. Se, entretanto, o empregador não conseguir demonstrar a existência da alegada falta grave, será o trabalhador reintegrado, transforman-

---

3 Situação em desuso para estabilidade definitiva legal, dados os raríssimos casos de empregados ainda detentores de estabilidade decenal (arts. 492 e s. da CLT). Apesar disso, por força do disposto na Súmula 379 do TST, a situação é aplicável aos dirigentes sindicais. Veja-se o texto da referida Súmula do TST:

Súmula 379 do TST. DIRIGENTE SINDICAL. DESPEDIDA. FALTA GRAVE. INQUÉRITO JUDICIAL. NECESSIDADE (CONVERSÃO DA ORIENTAÇÃO JURISPRUDENCIAL N. 114 DA SDI-1). **O dirigente sindical somente poderá ser dispensado por falta grave mediante a apuração em inquérito judicial, inteligência dos arts. 494 e 543, § 3º, da CLT** (destaques não constantes do original — ex-OJ n. 114 — inserida em 20-11-1997).

Por paralelismo de tratamento, o inquérito para a apuração de falta grave deverá ser manejado também em relação aos estáveis que sejam diretores de cooperativas de empregados, membros trabalhadores do Conselho Nacional da Previdência Social, representantes nas comissões de conciliação prévia e representantes dos trabalhadores no Conselho Curador do FGTS. Perceba-se que em todas as referidas situações o despedimento do trabalhador protegido somente se dará mediante apuração de falta grave, estando esse conceito presente tanto no art. 494 da CLT quanto nas normas que arrimam os demais empregados estáveis aqui referidos.

do-se todo o período de afastamento em interrupção contratual. Os salários do período do afastamento haverão de ser pagos como se o afastamento não tivesse acontecido.

14.5.6 Afastamento motivado por incapacidade temporária ou incapacidade permanente, depois de transcorrido o período de espera

O art. 475 da CLT somente trata de "empregado que for aposentado por invalidez", mas, evidentemente, a lógica ali contida é aplicável a qualquer situação em que o empregado esteja em gozo de benefício previdenciário por incapacidade. Assim, sustenta-se a aplicabilidade do referido dispositivo tanto para casos de aposentadoria por incapacidade permanente (novo *nomen iuris* da aposentadoria por invalidez) quanto, obviamente, para casos de auxílio por incapacidade temporária (acidentário ou previdenciário).

Em qualquer das referidas situações de concessão de benefício por incapacidade, o segurado empregado estará em gozo de licença não remunerada (*vide* também o art. 476 da CLT) a partir do 16º dia contado da data em que teve início a incapacidade.

Os *quinze primeiros dias*, conhecidos como "salário-enfermidade", e havidos dentro do "período de espera"[4], são assumidos pelo empregador/empresa na forma de interrupção do contrato de emprego, sendo relevante dizer que caberá ao serviço médico da empresa ou ao mantido por esta mediante convênio abonar os primeiros **quinze dias** de ausência ao trabalho.

Veja-se, nesse aspecto, a Súmula 282 do TST:

Súmula 282 do TST. ABONO DE FALTAS. SERVIÇO MÉDICO DA EMPRESA. Ao serviço médico da empresa ou ao mantido por esta última mediante convênio compete abonar os primeiros quinze dias de ausência ao trabalho.

A situação dos domésticos tem algumas particularidades merecedoras de nota e que foram tratadas no item 5.2.2.3.4, "y", desta obra.

14.5.6.1 Limbo previdenciário

"Limbo" é palavra que provém do latim *limbus*, que se pode entender como orla, debrum, margem ou franja, sendo certo, por isso, que pessoas lançadas no limbo situam-se num

---

[4] Cabe aqui fazer a distinção entre "período de espera" e "salário-enfermidade". Vejam-se verbetes de nossa autoria, constantes do *Dicionário brasileiro de direito do trabalho*.

"**Período de espera** é o intervalo de tempo imposto pela legislação previdenciária para que a incapacidade laborativa do segurado seja considerada como juridicamente relevante e, por isso, autorizadora do pagamento dos benefícios por incapacidade (auxílio-doença ou de aposentadoria por invalidez). Nesses termos, os referidos benefícios por incapacidade somente serão devidos ao segurado que, havendo cumprido, quando for o caso, o período de carência exigida, ficar incapacitado para o seu trabalho ou para a sua atividade habitual por mais de 15 (quinze) dias consecutivos" (RODRIGUES PINTO, José Augusto; MARTINEZ, Luciano; MANNRICH, Nelson. *Dicionário brasileiro de direito do trabalho*. São Paulo: LTr, 2013, p. 323).

"**Salário-enfermidade** é o auxílio pecuniário que, desde o Decreto-Lei 6.905, de 26 de setembro de 1944, passou a ser devido pelas empresas em favor dos empregados enfermos, nos primeiros quinze dias de seu afastamento do trabalho. A verba ora em análise é paga pelo empregador para cobrir as necessidades de retribuição salarial no chamado 'período de espera', vale dizer, no intervalo de tempo imposto pela legislação previdenciária para que a incapacidade laborativa do segurado seja considerada como juridicamente relevante e, por isso, autorizadora do pagamento dos benefícios por incapacidade (auxílio-doença ou de aposentadoria por invalidez)" (RODRIGUES PINTO, José Augusto; MARTINEZ, Luciano; MANNRICH, Nelson. *Dicionário brasileiro de direito do trabalho*. São Paulo: LTr, 2013, p. 408-409).

ponto marginal, supostamente esquecido, e não protegido. A ideia de "esquecimento", aliás, provém da concepção católica de limbo, que é um lugar fora dos limites do céu, no qual se vive de forma imêmore, sem a visão plena da eternidade.

Dizer, portanto, que um empregado/segurado está no "limbo" equivale a afirmar que ele foi "abandonado" e que vive uma insustentável situação na qual não encontrou arrimo nem no salário nem no benefício previdenciário.

Diante desse contexto, são identificadas algumas situações em que esse empregado/segurado fica esquecido e sem proteção, no limbo. Vejam-se:

14.5.6.1.1 O limbo por falta de cumprimento de carência

A **primeira situação** de limbo é encontrada na suspensão dos contratos de emprego dos que, embora incapacitados, **não cumpriram a carência exigida para a fruição de benefícios por incapacidade**, e não estão envolvidos pela isenção legal.

Para bem entender a situação, cabe lembrar que, nos casos que envolvem o auxílio por incapacidade temporária (antes chamado de auxílio-doença) e a aposentadoria por incapacidade permanente (antes chamada aposentadoria por invalidez), o período de carência é exigido, em regra, na base de doze contribuições mensais. Em outras palavras: de modo geral, um segurado somente poderá receber benefícios por incapacidade se tiver contribuído com a Previdência Social há doze competências.

Há, porém, exceções importantes.

O segurado **não precisará cumprir a carência para os benefícios por incapacidade se esta tiver sido produzida**, nos termos do art. 26, II, da Lei n. 8.213/91, por algum dos seguintes fatos geradores:

• *Acidente de qualquer natureza ou causa*, assim entendido o evento ocupacional ou não ocupacional de origem traumática e por exposição a agentes exógenos (físicos, químicos e biológicos) que acarrete lesão corporal ou perturbação funcional.

• *Quaisquer doenças e afecções ocupacionais, haja vista a sua equiparação com os acidentes do trabalho típicos, ou doenças e afecções não ocupacionais especificadas em lista elaborada pelos Ministérios da Saúde e da Economia*, de acordo com os critérios de estigma, deformação, mutilação, deficiência, ou outro fator que lhes confira especificidade e gravidade que mereçam tratamento particularizado.

No que diz respeito ao segundo ponto, é importante anotar que, nos termos do § 2º do art. 30 do Decreto n. 3.048/99, "até que seja elaborada a lista de doenças ou afecções a que se refere o inciso III do *caput*, independerá de carência a concessão de auxílio por incapacidade temporária e de aposentadoria por incapacidade permanente ao segurado que, após filiar-se ao RGPS, seja acometido por alguma das seguintes doenças: I — tuberculose ativa; II — hanseníase; III — alienação mental; IV — esclerose múltipla; V — hepatopatia grave; VI — neoplasia maligna; VII — cegueira; VIII — paralisia irreversível e incapacitante; IX — cardiopatia grave; X — doença de Parkinson; XI — espondiloartrose anquilosante; XII — nefropatia grave; XIII — estado avançado da doença de Paget (osteíte deformante); XIV — síndrome da imunodeficiência adquirida (AIDS); ou XV — contaminação por radiação, com base em conclusão da medicina especializada"[5].

---

5 No pedido de uniformização julgado como representativo da controvérsia (Tema 220), a TURMA NACIONAL DE UNIFORMIZAÇÃO (TNU) fixou, em 28 de abril de 2021, a seguinte tese jurídica:

"*1. O rol do inciso II do art. 26 da Lei n. 8.213/91 é exaustivo.*

Nessas situações, o segurado, independentemente do tempo de filiação ao Regime Geral de Previdência Social, será destinatário do auxílio por incapacidade temporária ou da aposentadoria por incapacidade permanente, completando-se, então, o conceito de proteção social.

A partir dessas considerações, podem ser oferecidos dois questionamentos:

Que ocorrerá com o segurado que, não cumprindo a carência referente à doença não ocupacional, e não gozando da isenção prevista no art. 26, II, da Lei n. 8.213/91, ficar impossibilitado de trabalhar?

Que se poderá fazer a partir do 16º dia se o segurado empregado ou segurado empregado doméstico não tivesse condições de retornar ao serviço?

Inicialmente, no que diz respeito à **primeira questão**, o segurado, impossibilitado de trabalhar, que não cumpriu a carência referente à doença não ocupacional, e que não goza da isenção prevista no art. 26, II, da Lei n. 8.213/91, não receberá benefício por incapacidade, por mais que essa situação lhe produza verdadeira incapacidade laborativa. Trata-se, portanto, de um autêntico limbo previdenciário, cuja solução pode ser obtida mediante judicialização que questione a constitucionalidade da situação.

Tirante o caminho do questionamento dirigido contra a disposição normativa, ao empregado incapaz somente restaria como alternativas completar o tempo faltante mediante contribuição como segurado facultativo ou tentar adaptação em posto de serviços adequado às suas limitações.

Nos casos em que o trabalhador se visse efetivamente impedido de realizar qualquer atividade, ele estaria, é claro, em situação de suspensão contratual, apesar do disposto no art. 476 da CLT, que, em sua literalidade, exige a percepção do auxílio por incapacidade temporária (antes chamado de auxílio-doença) para tanto. Anote-se que a incapacidade é o verdadeiro fato gerador da suspensão do contrato de emprego, e não propriamente o recebimento do benefício por incapacidade, nem sempre fruível.

14.5.6.1.2 O limbo por alta previdenciária e inadmissão em exame de retorno

A **segunda situação** de limbo, **embora aparente**, é aquela encontrada no contraste de posições médicas, estando de um lado o perito médico do INSS, na alta previdenciária, a reconhecer a capacidade laborativa do segurado; de outro, o médico da empresa, no exame de retorno, a afirmar que o empregado não estaria apto para retomar as suas atividades.

O trabalhador nessa situação sente-se verdadeiramente "emparedado" entre as relações jurídicas previdenciária e trabalhista, com o receio de ver-se desprovido tanto do "benefício por incapacidade" quanto do "salário".

Entretanto, como se disse no início do tópico, trata-se de uma situação de limbo *aparente*, pois, em rigor, ao ter recebido a alta previdenciária pela constatação de sua capacidade laborativa, o empregado viu restabelecido o seu contrato de trabalho e cessada a suspensão contratual.

---

2. A lista de doenças mencionada no inciso II, atualmente regulamentada pelo art. 151 da Lei n. 8.213/91, não é taxativa, **admitindo interpretação extensiva**, desde que demonstrada a especificidade e gravidade que mereçam tratamento particularizado.

3. A gravidez de alto risco, com recomendação médica de afastamento do trabalho por mais de 15 dias consecutivos, autoriza a dispensa de carência para acesso aos benefícios por incapacidade".

Com a formação dessa tese, os magistrados passam a estar ainda mais legitimados para atualizar o rol de doenças que mereçam tratamento particularizado de acordo com os critérios de estigma, deformação, mutilação, deficiência ou outro fator que lhe confira especificidade e gravidade.

Assim, com a cessação da incapacidade e, consequentemente, do benefício previdenciário por incapacidade, o contrato de emprego não mais estará suspenso (arts. 467 da CLT e 63 da Lei n. 8.213/91). Ele retomará a plena vigência, deixando o empregado plenamente à disposição do empregador (art. 4º da CLT). Esse é o entendimento encontrável em muitas decisões dos tribunais trabalhistas, sendo importante citar, a título ilustrativo, a muito bem construída Súmula 31 do Tribunal Regional do Trabalho da 5ª Região (Bahia).

Veja-se o texto da referida Súmula, mas atente-se para o fato de que o nome do benefício por incapacidade mudou, desde a publicação da Emenda Constitucional n. 103, de 2019, e do Decreto n. 10.410, de 2020, de "auxílio-doença" para "auxílio por incapacidade temporária":

SÚMULA TRT5 n. 31. ALTA MÉDICA CONCEDIDA A EMPREGADO PELA PREVIDÊNCIA SOCIAL E NEGADA POR MÉDICO DA EMPRESA. RESPONSABILIDADE DO EMPREGADOR PELO PAGAMENTO DOS SALÁRIOS DO PERÍODO POSTERIOR À CESSAÇÃO DO AUXÍLIO-DOENÇA ACIDENTÁRIO. O empregador não pode criar óbice ao regresso do empregado para o trabalho e, muito menos suspender o pagamento dos salários, perpetuando esse estado de indefinição da vida profissional do seu empregado. Isto porque, a rigor, do ponto de vista técnico, não existe o chamado "limbo jurídico", uma vez que, com o término da concessão do benefício previdenciário — auxílio-doença acidentário —, o contrato de trabalho não está mais suspenso (artigos 467, CLT e 63 da Lei n. 8.213/91), volta à plena vigência, ainda que o empregado esteja apenas à disposição do empregador (artigo 4º, CLT), cujo tempo nessa condição deve ser remunerado como se estivesse, efetivamente, trabalhando, segundo norma preconizada pelo artigo 4º da Consolidação das Leis do Trabalho.

De fato, o empregador não pode criar óbice ao regresso do empregado para o trabalho e, muito menos suspender o pagamento dos seus salários, perpetuando esse estado de indefinição na sua vida profissional. Com a constatação da capacidade laborativa do trabalhador, o contrato de trabalho volta à plena vigência, passando o empregado a estar à disposição do empregador (art. 4º da CLT).

Registre-se que, em ajuste de entendimento, não há mesmo nenhuma possibilidade de o empregador deixar de assumir os salários do seu empregado, pelo fato de ele ter tomado a iniciativa de dizer-se inapto no exame de retorno ou mesmo de não ter comparecido a esse exame. Na situação, o empregado entendido como capaz deve voltar ao trabalho, sob pena de atuar em falta grave — seja por mau procedimento, por insubordinação ou por abandono de emprego —, e o médico da empresa, conquanto possa discordar do perito médico do INSS, não deve deixar de aconselhar eventual readaptação, caso evidencie que o trabalhador não se encontra plenamente apto para exercer as funções anteriormente executadas.

Exatamente nesse sentido, há jurisprudência do TST:

"LIMBO JURÍDICO PREVIDENCIÁRIO". RECUSA DA EMPRESA EM READMITIR O EMPREGADO CONSIDERADO APTO PARA O RETORNO AO TRABALHO PELO INSS. PAGAMENTO DE SALÁRIOS. Tendo o órgão previdenciário considerado a reclamante apta para o retorno ao trabalho, cabia à reclamada, julgando que a empregada não reunia condições para retornar às atividades antes exercidas, zelar pela sua readaptação em função compatível com seu atual estado de saúde. No entanto, ao não permitir o retorno da autora, deixando de pagar os salários a partir da alta médica dada pelo INSS, a ré agiu de forma ilícita, o que motiva a condenação. Agravo de instrumento conhecido e desprovido (AIRR-1000498-14.2017.5.02.0322, 3ª Turma, Rel. Min. Alberto Luiz Bresciani de Fontan Pereira, DEJT 2-10-2020).

SALÁRIOS DO PERÍODO ENTRE A CESSAÇÃO DO BENEFÍCIO PREVIDENCIÁRIO E O EFETIVO RETORNO AO TRABALHO. EMPREGADO REPUTADO APTO PARA O TRABALHO PELA PREVIDÊNCIA SOCIAL E CONSIDERADO INAPTO AO EXERCÍCIO DAS FUNÇÕES

PELA EMPRESA. IMPEDIMENTO DE RETORNO. O Tribunal Regional, soberano na análise do conjunto fático-probatório, registrou que a ré obstou o retorno do autor, considerado apto ao trabalho pelo INSS. Consignou ainda, a inércia da agravante em readaptar o empregado em função compatível com seu estado de saúde, deixando-o sem remuneração. Com base nessas premissas, manteve a sentença que condenou a ré ao pagamento dos salários referentes ao período de "limbo previdenciário". A decisão amolda-se perfeitamente à jurisprudência dominante do TST, visto que, no caso de alta previdenciária, cabe ao empregador permitir o retorno do empregado, promovendo sua readaptação quando houver necessidade. Precedentes. Agravo conhecido e não provido. Agravo conhecido e não provido (Ag-AIRR-1513-73.2016.5.17.0121, 7ª Turma, Rel. Min. Claudio Mascarenhas Brandao, DEJT 4-9-2020).

E há mais. Se o empregado, apesar de entender-se incapaz para o trabalho, retornar às suas atividades para, com *sacrifício de sua saúde*, manter seu sustento durante o tempo necessário ao processamento do seu recurso administrativo contra o órgão previdenciário, esse agir **não será entendido pelo INSS como um ato incompatível com a sua alegação de incapacidade laboral**. Essa é a delicada problemática do "trabalho em sacrifício".

Há entendimento jurisprudencial dominante nesse sentido. A Turma Nacional de Uniformização dos Juizados Especiais Federais (TNU), em decisão prolatada em 18 de março de 2011, nos autos do processo 2008.72.52.004136-1, entendeu que o trabalho remunerado em período em que se busca a declaração de incapacidade não pressuporia aptidão física, notadamente quando desenvolvido como um sacrifício pessoal para fins de manutenção da sua sobrevivência pessoal e familiar. Formou-se, a propósito, a Súmula 72 da TNU, segundo a qual "é possível o recebimento de benefício por incapacidade durante período em que houve exercício de atividade remunerada quando comprovado que o segurado estava incapaz para as atividades habituais na época em que trabalhou".

No âmbito dessa discussão, a Primeira Seção do Superior Tribunal de Justiça (STJ) decidiu afetar os Recursos Especiais n. 1.786.590 e 1.788.700, de relatoria do Ministro Herman Benjamin, para julgamento pelo sistema dos recursos repetitivos. Cadastrada como "Tema 1.013", a questão submetida a julgamento foi assim resumida: "Possibilidade de recebimento de benefício por incapacidade do Regime Geral de Previdência Social de caráter substitutivo da renda (auxílio-doença ou aposentadoria por invalidez) concedido judicialmente em período de abrangência concomitante ao que o segurado estava trabalhando e aguardando o deferimento do benefício".

A tese firmada: "No período entre o indeferimento administrativo e a efetiva implantação de auxílio-doença ou de aposentadoria por invalidez, mediante decisão judicial, o segurado do RPGS tem direito ao recebimento conjunto das rendas do trabalho exercido, ainda que incompatível com sua incapacidade laboral, e do respectivo benefício previdenciário pago retroativamente" (afetação na sessão eletrônica STJ iniciada em 15-5-2019 e finalizada em 21-5-2019 — Primeira Seção).

14.5.6.2 Precariedade da aposentadoria por incapacidade permanente

O aposentado por incapacidade permanente, ao contrário do que ocorre com aquele jubilado espontaneamente, tem afastamento das atividades em **caráter compulsório**, não podendo permanecer nem retornar às atividades laborais. Ao contrário do que se pode imaginar, o aposentado por incapacidade permanente, se empregado, mantém-se vinculado ao emprego, sem qualquer limite temporal. Deseja-se dizer com isso que a aposentadoria por incapacidade permanente (antes intitulada aposentadoria por invalidez) no Regime Geral da Previdência Social é mantida enquanto o segurado permanecer incapaz e insuscetível de reabilitação para o exercício de atividade que lhe garanta a subsistência.

A ideia da conversão da aposentadoria por incapacidade permanente (apesar do qualificativo "permanente") em aposentadoria definitiva depois de cinco anos é o resultado da cristalização de um padrão constante de norma legal não mais vigente. As leis previdenciárias ora aplicáveis preveem não mais do que efeitos diferentes para as hipóteses de recuperação da capacidade de trabalho do aposentado por invalidez (ora chamado aposentado por incapacidade permanente) antes e depois de cinco anos de afastamento. Observe-se o art. 47 da Lei n. 8.213/91:

Art. 47. *Verificada a recuperação da capacidade de trabalho do aposentado por invalidez, será observado o seguinte procedimento:*

I — *quando a* **recuperação ocorrer dentro de cinco anos***, contados da data do início da aposentadoria por invalidez ou do auxílio-doença que a antecedeu sem interrupção, o benefício cessará:*

a) *de imediato, para o segurado empregado que tiver direito a retornar à função que desempenhava na empresa quando se aposentou, na forma da legislação trabalhista, valendo como documento, para tal fim, o certificado de capacidade fornecido pela Previdência Social; ou*

b) *após tantos meses quantos forem os anos de duração do auxílio-doença ou da aposentadoria por invalidez, para os demais segurados;*

II — *quando a* **recuperação** *for parcial, ou* **ocorrer após o período do inciso I***, ou ainda quando o segurado for declarado apto para o exercício de trabalho diverso do qual habitualmente exercia, a aposentadoria será mantida, sem prejuízo da volta à atividade:*

a) *no seu valor integral, durante seis meses contados da data em que for verificada a recuperação da capacidade;*

b) *com redução de cinquenta por cento, no período seguinte de seis meses;*

c) *com redução de setenta e cinco por cento, também por igual período de seis meses, ao término do qual cessará definitivamente.*

É de reconhecer que a redação do art. 475 da CLT, *baseada em legislação previdenciária anterior*, também contribui para a confusão quanto à existência de limite temporal para a manutenção da aposentadoria por incapacidade permanente. Basta notar que o texto do referido dispositivo leva a crer, por desatualização, que o empregado aposentado por invalidez (ora aposentado por incapacidade permanente) teria suspenso seu contrato de emprego durante **o prazo fixado** pelas leis de Previdência Social para a **efetivação** do benefício.

Mesmo equívoco pode ser gerado para quem lê a anacrônica Súmula 217 do STF, a qual, também baseada em legislação não mais vigente, sustenta que "tem direito de retornar ao emprego, ou ser indenizado em caso de recusa do empregador, o aposentado **que recupera a capacidade de trabalho dentro de cinco anos**, a contar da aposentadoria, que se torna definitiva após esse prazo" (destaque não constante do original).

A referida Súmula 217 do STF não é, todavia, inaplicável em sua integralidade, pois, de fato, o empregado aposentado por incapacidade permanente tem, realmente, o direito de retornar ao emprego, ou de ser indenizado em caso de recusa do empregador, quando recuperada a capacidade de trabalho. A única ressalva diz respeito ao tempo, uma vez que não mais se limita o retorno ao trabalho ao prazo de cinco anos, conforme exposto.

Esse equívoco também é constatado na Súmula 160 do TST[6]. Vê-se ali assertiva no sentido de que, *cancelada a aposentadoria por incapacidade permanente,* **mesmo após cinco anos**,

---

6 Súmula 160 do TST. APOSENTADORIA POR INVALIDEZ. Cancelada a aposentadoria por invalidez, mesmo após cinco anos, o trabalhador terá direito de retornar ao emprego, facultado, porém, ao empregador,

o trabalhador teria direito de retornar ao emprego, facultado, porém, ao empregador indenizá-lo na forma da lei. Está claro que a locução subordinada concessiva "mesmo após" produz uma ideia de efeito diferenciado se o cancelamento da aposentadoria por incapacidade permanente ocorresse antes de cinco anos.

Volta-se a repetir: a aposentadoria por incapacidade permanente pode manter o fato gerador indefinidamente, não havendo marcos temporais capazes de modificar os efeitos jurídicos emergentes. Diante disso, a melhor leitura que se pode fazer da Súmula 160 do TST é aquela que saca de seu texto a locução "mesmo após cinco anos". Retirado esse trecho, o posicionamento jurisprudencial terá sentido e aplicabilidade total.

Enfim, de fato, cancelada a aposentadoria por incapacidade permanente, o trabalhador terá direito de retornar ao emprego. Respeitada a estabilidade prevista no art. 118 da Lei n. 8.213/91 (que teleologicamente também deve ser aplicada aos aposentados por incapacidade permanente acidentária do trabalho), faculta-se ao empregador o direito de desligar e de indenizar, na forma da lei.

Destaque-se, por outro lado, que o trabalhador aposentado por incapacidade permanente está juridicamente impedido de trabalhar, haja vista a incapacidade que caracteriza o benefício. Caso pretenda retornar às atividades, o jubilado por incapacidade deve invocar a realização de perícia médica para avaliação, sob pena de cancelamento da aposentadoria e de consequente perda do pagamento das parcelas inerentes ao período de recuperação. Isso é evidente na redação dos arts. 46 e 47 da Lei n. 8.213/91.

Mais um detalhe relevante: apesar de impedido de trabalhar, o aposentado por incapacidade permanente pode demandar em juízo, por ser geralmente capaz para os atos da vida civil. Essa assertiva dá suporte ao entendimento de que, durante o período de percepção da aposentadoria por incapacidade permanente, apesar de suspenso o contrato de emprego, corre o prazo prescricional quinquenal. Excetua-se dessa hipótese, evidentemente, o aposentado por incapacidade (antes chamado de "aposentado por invalidez") que, por conta de grave enfermidade ou acidente, tornou-se incapaz de exprimir sua própria vontade, sendo representado por um curador nos atos da vida civil. Apenas diante de tal situação, expressamente prevista no Código Civil, art. 198, I, combinado com o art. 3º, II ou III, do mesmo diploma, o prazo prescricional não correrá. Anote-se que esse entendimento foi albergado pela **Orientação Jurisprudencial 375 da SDI-1 do TST**, divulgada no *DEJT* de 19-4-2010:

> *AUXÍLIO-DOENÇA. APOSENTADORIA POR INVALIDEZ. SUSPENSÃO DO CONTRATO DE TRABALHO. PRESCRIÇÃO. CONTAGEM. A suspensão do contrato de trabalho, em virtude da percepção do auxílio-doença ou da aposentadoria por invalidez, não impede a fluência da prescrição quinquenal, ressalvada a hipótese de absoluta impossibilidade de acesso ao Judiciário.*

Ainda sobre prescrição aplicável aos aposentados por incapacidade permanente, é importante anotar que não há transcurso de prazo prescricional bienal-extintivo. Afirma-se isso porque o vínculo continua incólume. O contrato de emprego é apenas submetido a uma situação de suspensão, mantendo intacto o ajuste temporariamente em estado de inexecução.

14.5.6.3 Aposentadoria por incapacidade permanente e a cessação do contrato de emprego

A aposentadoria por incapacidade permanente é causa impeditiva de resilição do contrato de emprego por iniciativa patronal, assim entendida a fórmula de dissolução contratu-

---

indenizá-lo na forma da lei. Ex-prejulgado n. 37 (RA 102/1982, *DJ*, 11-10-1982 e *DJ*, 15-10-1982). **Note-se que a Resolução TST n. 121, de 28-10-2003, manteve a Súmula 160 do TST.**

al motivada por manifestação unilateral do empregador. É, entretanto, admissível juridicamente a dissolução contratual imediata de um contrato de um aposentado por incapacidade permanente por resilição de sua própria iniciativa. Igualmente o vínculo contratual pode terminar por resolução, seja motivada por **causas voluntárias** (inexecução faltosa de uma das partes ou de ambas), seja por **causas involuntárias** (morte do empregado, morte do empregador pessoa física, força maior ou fato do príncipe).

A rescisão em sentido estrito, ou seja, a terminação contratual motivada pela evidência de nulidades, também pode pôr fim a um contrato suspenso em decorrência de aposentadoria por incapacidade permanente. Para exemplificar esta última situação, basta observar que muitos prefeitos, ao assumirem a municipalidade, publicam decretos para resolver o contrato de emprego de todos aqueles que foram contratados sem concurso público. Em tais casos a nulidade atinge até mesmo quem estava com o contrato de emprego suspenso por conta de percepção de benefício por incapacidade.

Anote-se, ainda, que a aposentadoria por incapacidade permanente não é atingida em decorrência da extinção da empresa. Esse fato jurídico apenas fere o contrato de emprego, não havendo qualquer reflexão sobre o benefício previdenciário em análise. Afinal, nada pode impedir que o empregador ponha fim ao empreendimento e, por consequência, ao vínculo jurídico mantido com os empregados, ainda que eles sejam estáveis ou beneficiários de suspensão contratual. A extinção da empresa é avassaladora. Por conta dela não é mantido incólume nenhum contrato de emprego. O TST, acerca dessa matéria, publicou a Súmula 173, sustentando que é automaticamente extinto o vínculo de emprego com a cessação das atividades da empresa[7], sendo os salários, nesse caso, devidos somente até a data da extinção do empreendimento.

Ainda que o empregado esteja garantido pela estabilidade, não haverá como impedir a ruptura do vínculo por causas voluntárias. O empregador, entretanto, não ficará isento de pena, cabendo-lhe indenizar os empregados não detentores de estabilidade de forma simples e os empregados estáveis de forma dobrada. A extinção da empresa por uma causa involuntária é igualmente irresistível, mas os efeitos indenizatórios para o empregador são evidentemente mais atenuados, nos termos do art. 502 da CLT.

A extinção da empresa, portanto, não atinge qualquer dos direitos do segurado afastado em gozo de auxílio por incapacidade temporária (antes chamado de auxílio-doença) ou em fruição de aposentadoria por incapacidade permanente. Se permanecerem existentes os fatos geradores desses benefícios, o segurado continuará a ser destinatário das referidas vantagens previdenciárias por incapacidade, como se nada tivesse acontecido. A extinção da empresa gerará, na realidade, consequências imediatas de natureza trabalhista. Tal acontecimento implicará, conforme expendido, sem possibilidade de oposição, a terminação do vínculo contratual de emprego, inclusive a baixa da CTPS, observado o pagamento de indenizações que incluem, entre outras verbas, a liberação do FGTS e, se o ato for atribuível ao empregador, o pagamento de acréscimo de quarenta por cento sobre a totalidade dos depósitos realizados no mencionado Fundo.

14.5.6.4 Pode-se cumular proventos de aposentadoria por incapacidade com salários de atividade?

Pode-se, sim, cumular aposentadoria por incapacidade com salários de atividade, mas em uma única situação... Essa especial situação está prevista nos arts. 47 e 49 do Decreto n.

---

7 Súmula 173 do TST. SALÁRIO. EMPRESA. CESSAÇÃO DE ATIVIDADES. Extinto, automaticamente, o vínculo empregatício com a cessação das atividades da empresa, os salários só são devidos até a data da extinção. Ex-prejulgado n. 53 (RA, 102/1982, *DJ*, 11-10-1982 e *DJ*, 15-10-1982).

3.048/99. Assim, quando o aposentado por incapacidade permanente julga-se apto a retornar à atividade, ele deverá anunciar essa situação e solicitar ao INSS a realização de nova avaliação médico-pericial.

Esse gesto é nobre e visa evitar o retorno ao trabalho de forma clandestina, o que, aliás, é duramente apenado pela lei. Para premiar essa conduta valorosa, a legislação garante uma "mensalidade de recuperação", vale dizer, a manutenção residual dos proventos de aposentadoria por incapacidade (mesmo tendo cessado a incapacidade), podendo essa temporária "mensalidade" ser cumulada com os salários da atividade.

Para bem entender a sistemática, inclusive condições e prazos, basta ler o art. 49 do Decreto n. 3.048/99, que, a propósito, está em conformidade com o disposto na Lei n. 8.213/91.

14.5.7 Períodos de "suspensão preventiva para responder a inquérito administrativo" ou de "prisão preventiva quando o empregado for impronunciado ou absolvido"

Conforme previsão contida no art. 131, V, da CLT, "não será considerada falta ao serviço [...] a ausência do empregado: [...] durante a suspensão preventiva para responder a inquérito administrativo ou [durante a suspensão em decorrência] de prisão preventiva, quando for impronunciado ou absolvido".

Ora, se o dispositivo prevê que não será considerada falta ao serviço a ausência do empregado durante os eventos ali noticiados, estamos, obviamente, diante de um texto que, a despeito de inserido em bloco que trata de férias, cuida de situações de suspensão do contrato de emprego. Perceba-se que são situações de "suspensão contratual", porque a ausência ao trabalho não produzirá nenhum efeito jurídico contra o empregado, que não será considerado como faltoso, nem contra o empregador, que não será obrigado a pagar por esses dias de ausência.

Verificam-se no citado inciso V do art. 131 da CLT duas situações distintas. A primeira, de **natureza administrativa**, que diz respeito ao período de suspensão preventiva para que o empregado responda a inquérito administrativo contra ele aberto; a segunda, de **natureza penal**, que diz respeito ao período de prisão preventiva quando o empregado denunciado tenha sido impronunciado ou absolvido.

Observem-se os detalhes de cada uma das referidas situações:

Período de suspensão preventiva para o empregado responder a inquérito administrativo. Esse período diz respeito às situações em que o empregado tenha sido acusado da prática de algum ilícito administrativo capaz de justificar, por isso, a abertura de procedimento investigativo. Como esse inquérito visa à apuração de fato do interesse do Estado, é qualificado como "inquérito **administrativo**".

Diante do ora exposto, chega-se à conclusão de que o dispositivo constante do art. 131, V, "primeira parte", da CLT não trata do inquérito de interesse patronal (processado segundo o devido processo privado e já abarcado pelo art. 494 da CLT), mas sim de inquérito de interesse estatal que, excepcionalmente, imponha o afastamento do empregado do âmbito de suas atividades laborais.

Nesses moldes, se um empregado se envolver com suposto ilícito administrativo que lhe imponha o afastamento para fins de investigação, esse tempo será entendido como de suspensão contratual. Anote-se, a título exemplificativo, que, enquanto vigente, o Decreto-Lei n. 3, de 27-1-1966 (*DOU*, 27-1-1966), que acrescentou os §§ 3º, 4º e 5º ao art. 472 da CLT, criou uma sistemática segundo a qual, diante de motivo relevante de interesse para a segurança nacional, o empregado poderia ser afastado para investigações e o empregador assumiria o pagamento dos salários correspondentes aos primeiros noventa dias de averiguações. A partir do 91º dia o trabalhador investigado no âmbito desse inquérito administrativo permaneceria vinculado ao emprego, mas com o contrato suspenso *sine die*.

Se, com a conclusão do inquérito, nada fosse constatado em relação ao empregado, ele voltaria ao serviço e seria destinatário, no que diz respeito às férias, da vantagem contida no art. 131, V, da CLT; no caso de constatação, mediante o supracitado inquérito administrativo, de envolvimento em atos atentatórios à segurança nacional, o empregador estaria autorizado a operar o desligamento com justa causa, nos termos do parágrafo único do art. 482 da CLT, também acrescentado por meio do ora revogado Decreto-lei n. 3, de 27-1-1966.

Assinale-se, entretanto, que esse comando legislativo contraria o princípio da presunção de inocência, previsto no art. 5º, LVII, da Constituição da República[8], segundo o qual não se pode entender culpado quem não tenha sido condenado, **mediante sentença** transitada em julgado.

Período de prisão preventiva denunciado tenha sido impronunciado ou absolvido.

Esse período diz respeito às situações em que o empregado tenha sido denunciado pela prática de algum crime punido com pena restritiva de liberdade e que, apesar de preventivamente preso, foi, ao final, impronunciado ou absolvido.

Antes de analisar a parte trabalhista, cabe chamar a atenção para o fato de que a prisão preventiva é uma **prisão de natureza cautelar**. Ela pode ser decretada em qualquer fase da investigação policial ou da ação penal, quando houver indícios que liguem o suspeito ao delito.

A prisão preventiva poderá ser decretada, então, como garantia da ordem pública, da ordem econômica, por conveniência da instrução criminal ou para assegurar a aplicação da lei penal, quando houver prova da existência do crime e indício suficiente de autoria e de perigo gerado pelo estado de liberdade do imputado. O juiz, porém, poderá, de ofício ou a pedido das partes, revogar a prisão preventiva se, no correr da investigação ou do processo, verificar a falta de motivo para que ela subsista, bem como novamente decretá-la, se sobrevierem razões que a justifiquem.

É sempre bom analisar o texto no contexto da época em que foi publicada a lei. Perceba-se que a disposição normativa aqui em análise foi incluída pelo Decreto-lei n. 1.535, de 13-4-1977, sendo certo que, à época, não existia a figura da "prisão temporária", somente disciplinada pela Lei n. 7.960, de 1989. Com prazo de duração de cinco dias, prorrogáveis por mais cinco, essa "prisão temporária" atualmente convive com a "prisão preventiva". Ela — a temporária - ocorre durante a fase de investigação do inquérito policial, e é utilizada para que a polícia ou o Ministério Público colete provas para, depois, embasar pedido de prisão preventiva do suspeito em questão. Com isso se deseja dizer que, realizada uma análise contextual, e seguindo a lógica segundo a qual "onde há a mesma razão, deve haver a mesma disposição", o tratamento jurídico dado ao empregado que sofre a prisão preventiva deve ser o mesmo que há de ser oferecido ao empregado que sofre a ora chamada "prisão temporária". Afinal, ambas são **prisões cautelares**.

Trocando em miúdos, um empregado terá o seu contrato de emprego suspenso se vier a sofrer "prisão temporária" ou "prisão preventiva", ambas espécies do gênero prisão cautelar.

---

8 Art. 5º [...] LVII — ninguém será considerado culpado até o trânsito em julgado de sentença penal condenatória. Vejam-se também as Ações Declaratórias de Constitucionalidade (ADC) 43, 44 e 54, em face das quais o STF decidiu pela impossibilidade de início do cumprimento da pena antes do trânsito em julgado da decisão condenatória.

SUSPENSÃO E INTERRUPÇÃO CONTRATUAIS

Note que, em 1977, o decreto-lei que deu redação ao inciso V do art. 131 da CLT não poderia premunir que em 1989 seria criado mais um tipo de prisão cautelar, a chamada "prisão temporária". Dessa forma, como a intenção do legislador trabalhista de 1977 era a de suspender o contrato de trabalho do empregado que sofresse prisão de natureza cautelar, esse efeito há de ser aplicado em qualquer situação de prisão que ingresse no gênero de prisão cautelar. Pois bem. Sabe-se que o contrato de emprego é suspenso diante das situações de prisão cautelar, mas a culpa ou a inocência dele produzirá efeitos diferentes diante dessa suspensão contratual?

A resposta é positiva. Segundo o texto ora analisado, o empregado preso de forma cautelar terá o seu contrato de emprego suspenso em todos os casos, independentemente da constatação de sua futura culpabilidade, mas o período de suspensão somente será contado para fins de férias apenas se ele for, ao final, "impronunciado ou absolvido".

O acusado será impronunciado quando o juiz, no momento do exame da admissibilidade da acusação, decidir fundamentadamente não estar convencido da materialidade do fato e da existência de indícios suficientes de autoria ou de participação.

O acusado será absolvido, por outro lado, quando o juiz decidir fundamentadamente quanto à inexistência do fato, à não participação do acusado no evento, à não constituição da infração penal ou quando for demonstrada causa de isenção de pena ou de exclusão do crime.

Imagine-se, a título de exemplo, que um empregado foi denunciado pela prática de homicídio e que, em decorrência desse suposto ilícito, foi preso preventivamente. Durante a prisão preventiva o empregado terá o contrato de emprego suspenso por força de lei (art. 131, V, da CLT). Se o juiz impronunciar o referido empregado ou se absolvê-lo, ele retornará ao emprego para dar continuidade ao seu vínculo laboral e poderá contar com o tempo de afastamento para fins de formação de férias. O mesmo ocorrerá, evidentemente, se o magistrado, por algum motivo, revogar a prisão preventiva.

Atente-se, porém, para o fato de que, durante o período de suspensão contratual produzida pela prisão cautelar o empregador não poderá resilir o contrato de emprego.

Quando o empregado retornar ao curso do contrato de emprego, livre da acusação de que foi destinatário, o empregador não poderá despedi-lo com justa causa, mas apenas, se for o desejo patronal, sem justa causa. Registre-se, de todo modo, que um despedimento imediato do empregado, ainda que sem justa causa, poderá trazer em si indícios de uma atitude patronal discriminatória, o que justificará uma possível postulação de reintegração do empregado à luz da Lei n. 9.029/95, sem excluir a possibilidade de apuração de eventual violação ao seu patrimônio imaterial.

A despedida com justa causa do empregado incurso na situação ora em análise, entretanto, somente se justificará se ele tiver sido condenado, **mediante decisão criminal transitada em julgado** (vide art. 482, d, da CLT).

Averbe-se, por fim, que, embora não prevista em lei como causa de suspensão dos contratos de emprego, à **prisão civil do empregado** por conta de inadimplemento de pensão alimentícia há de ser dado o mesmo tratamento jurídico contido na art. 131, V, da CLT. Afinal de contas, onde há a mesma razão há de haver a mesma disposição normativa.

14.5.8 Participação em curso ou programa de qualificação profissional

Nos termos do art. 476-A da CLT, o contrato de trabalho poderá ser suspenso, por um período de dois a cinco meses, para participação do empregado em curso ou programa de qualificação profissional oferecido pelo empregador.

O curso ou programa tem duração equivalente à suspensão contratual, mediante previsão em convenção ou acordo coletivo de trabalho e aquiescência formal do empregado, observado o disposto no art. 471 do referido texto consolidado[9]. Perceba-se, porém, que o contrato de trabalho não poderá ser suspenso em conformidade com o quanto acima disposto por mais de uma vez no período de dezesseis meses.

Registre-se, nos termos do art. 15 da Lei n. 14.457/2022, que, para estimular a qualificação de mulheres e o desenvolvimento de habilidades e de competências em áreas estratégicas ou com menor participação feminina, o empregador poderá suspender o contrato de trabalho para participação em curso ou em programa de qualificação profissional oferecido pelo empregador. Maiores detalhes podem ser obtidos na leitura do referido dispositivo normativo.

14.5.9 Preservação da integridade física e psicológica da mulher em situação de violência doméstica e familiar

Tal suspensão, por **até seis meses**, terá por fato gerador a comunicação de autoridade judicial (que esteja apreciando e julgando a violência a que a mulher foi submetida), dirigida ao patrão, noticiando a necessidade de afastamento do serviço sem prejuízo do emprego. A medida leva em consideração a possibilidade de o agressor (ou alguém a mando dele) "rondar" o ambiente laboral da vítima para vingar-se da denúncia (*vide* o § 2º, II, do art. 9º da Lei n. 11.340, de 7-8-2006).

Apesar da evidente importância da suspensão contratual prevista na Lei n. 11.340, de 2006, o Estado-legislador ficou no exato meio do caminho protetivo: garantiu o afastamento do trabalho, mas nada dispôs sobre eventual benefício social substituinte do salário que, evidentemente, cessará durante o período do afastamento.

Diante desse cenário, a Sexta Turma do Superior Tribunal de Justiça (STJ), em setembro de 2019 (ver *Notícias do STJ*, de 18-9-2019), adotou uma posição integrativa digna de nota. O referido Colegiado entendeu que o Instituto Nacional do Seguro Social (INSS) deveria arcar com a subsistência da mulher que tivesse de afastar-se do trabalho para proteger-se de violência doméstica. Segundo o voto do relator, ministro Rogerio Schietti Cruz, os traumas decorrentes da violência doméstica, por macularem a integridade física ou psicológica da vítima, haveriam de ser equiparáveis à enfermidade, o que justificaria o direito ao auxílio por incapacidade temporária (antes chamado de auxílio-doença).

No mesmo julgamento, ademais, a turma definiu que o juiz da vara especializada em violência doméstica e familiar — e, na falta deste, o juízo criminal — é, diante da situação emergencial, o competente para julgar o pedido de manutenção do vínculo trabalhista, por até seis meses, em razão de afastamento do trabalho da vítima, conforme previsto no art. 9º, § 2º, II, da Lei Maria da Penha (Lei n. 11.340/2006).

14.5.10 Suspensão contratual prevista na Lei n. 14.020/2020

Pressionado por uma crise econômica sem precedentes, fruto da pandemia do coronavírus, o governo brasileiro valeu-se da Medida Provisória n. 936, de 1º de abril de 2020, posteriormente convertida na Lei n. 14.020, de 6 de julho de 2020, para instituir o Programa Emergencial de Manutenção do Emprego e da Renda aplicável durante o estado de calami-

---

[9] Art. 471. Ao empregado afastado do emprego são asseguradas, por ocasião de sua volta, todas as vantagens que, em sua ausência, tenham sido atribuídas à categoria a que pertença na empresa.

dade pública com os objetivos expressos de preservar o emprego e a renda; garantir a continuidade das atividades laborais e empresariais; e reduzir o impacto social decorrente das consequências do estado de calamidade pública e de emergência de saúde pública.

A política pública aqui em análise abarcou, em regra, todos os empregados da iniciativa privada, urbanos, rurais e, inclusive, os empregados domésticos, os aprendizes e os contratados a tempo parcial. Vê-se, porém, disposição expressa, contida no diploma aqui em exame, que cria exceção e retira do âmbito da aplicabilidade do referido Programa a própria União, os Estados, o Distrito Federal e os Municípios, assim como os órgãos da administração pública direta e indireta, as empresas públicas e as sociedades de economia mista, inclusive as suas subsidiárias, e os organismos internacionais.

Além da possibilidade de redução proporcional de jornada e salário, tema que objeto de análise em tópico diverso, o Programa aqui em analise, desde que tivesse havido consenso entre os contratantes, também permitia a **suspensão temporária do contrato de emprego**. Nesse caso, como na maioria das suspensões contratuais ditas *próprias, puras ou perfeitas*, foram cessadas totalmente a prestação do trabalho e a contraprestação, tendo o empregado recebido unicamente o "benefício emergencial", de caráter assistencial, pago pela União.

Em alguns casos, a suspensão temporária do contrato não se deu sem ônus para o empregador, o que fez com que ela se integrasse na modalidade daquelas suspensões ditas impróprias, impuras ou imperfeitas. Tal ocorreu nas situações em que o empregador assumiu a chamada "ajuda compensatória mensal" ou quando ele manteve "benefícios concedidos" nos termos do § 2º, I, do art. 8º da Lei n. 14.020, de 2020. Perceba-se:

Art. 8º [...]
§ 2º Durante o período de suspensão temporária do contrato de trabalho, o empregado:
I — fará jus a todos os benefícios concedidos pelo empregador aos seus empregados;

A lei, entretanto, não previu que esse período de suspensão contratual (sem salário), embora com ajuda compensatória mensal e outros benefícios, produzisse efeitos impositivos de manutenção de recolhimento de FGTS ou de pagamento de frações do décimo terceiro salário ou das férias. Apesar de inúmeras discussões terem sido produzidas, parece acertada, por bem da segurança jurídica, a conclusão segundo a qual os meses de suspensão contratual perfeita ou imperfeita não contarão para produzir reflexões sobre outras verbas trabalhistas. Essa, aliás, é a posição tomada na Nota Técnica SEI n. 51520/2020/ME, elaborada pelo Ministério da Economia, instrumento que orientou as atuações no campo da inspeção do trabalho[10].

---

10 Como forma de elucidar os efeitos dos acordos de suspensão de contrato de trabalho e redução proporcional de jornada e de salário, de que tratou a Lei n. 14.020, de 2020, no cálculo do 13º salário e de férias, a Nota Técnica SEI n. 51520/2020/ME propôs a fixação das seguintes teses:

1) Para fins de cálculo do décimo terceiro salário e da remuneração das férias e terço constitucional dos empregados beneficiados pelo BEm, não deve ser considerada a redução de salário de que trata a Lei n. 14.020, de 2020.

2) Os períodos de suspensão temporária do contrato de trabalho, avençados nos termos da Lei n. 14.020, de 2020, não deverão ser computados como tempo de serviço para cálculo de décimo terceiro salário e de período aquisitivo de férias, salvo, quanto ao décimo terceiro, quando houver a prestação de serviço em período igual ou superior ao previsto no § 2º do art. 1º da Lei n. 4.090, de 1962.

3) E, observando-se a aplicação da norma mais favorável ao trabalhador, não há óbice para que as partes estipulem, via convenção coletiva de trabalho, acordo coletivo de trabalho, acordo individual escrito, ou mesmo por liberalidade do empregador, a concessão de pagamento do 13º ou contagem do tempo de serviço, inclusive no campo das férias, durante o período da suspensão contratual temporária e excepcional (art. 8º, § 1º, da Lei n. 14.020, de 2020).

Seja como for, essa suspensão especial permitiu a paralisação temporária do contrato de trabalho, inicialmente, pelo prazo máximo de 60 (sessenta dias), aumentados progressivamente pelo Decreto n. 10.422, de 2020, de 60 para 120 dias; pelo Decreto n. 10.470, de 2020. De 120 para 180 dias e pelo Decreto n. 10.517, de 2020, de 180 para 240 dias.

A forma de pactuação dessas suspensões foi, tal qual o havido nas reduções proporcionais de salário e jornada, o **acordo individual escrito** entre empregador e empregado, com arrimo na excepcional autorização egressa do STF, nos autos da ADI 6.363 MC/DF.

Aqui também há, tal qual se viu em relação à redução proporcional jornada-salário, há previsão expressa de restabelecimento do contrato de trabalho depois de superadas as adversidades. Consta ali que o contrato será restabelecido no prazo de dois dias corridos, contados da cessação do estado de calamidade pública; ou da data estabelecida no acordo individual como termo de encerramento do período de suspensão pactuado; ou ainda da data de comunicação do empregador que informe ao empregado sobre a sua decisão de antecipar o fim do período de suspensão pactuado.

Um ponto importante que é colocado ao final deste item é o que diz respeito à realidade dos fatos. Se houve suspensão do contrato, não pode haver tomada de serviços. Não é admissível, assim, a simulação de suspensão do contrato. Isso está muito claro no § 4º do art. 8º da Lei n. 14.020, de 2020, segundo o qual,

> *§ 4º Se, durante o período de suspensão temporária do contrato de trabalho, o empregado mantiver as atividades de trabalho, ainda que parcialmente, por meio de teletrabalho, trabalho remoto ou trabalho a distância, ficará descaracterizada a suspensão temporária do contrato de trabalho, e o empregador estará sujeito:*
>
> *I — ao pagamento imediato da remuneração e dos encargos sociais e trabalhistas referentes a todo o período;*
>
> *II — às penalidades previstas na legislação em vigor; e*
>
> *III — às sanções previstas em convenção coletiva ou acordo coletivo de trabalho.*

Deixou-se anotada, portanto, e não poderia ser de modo diferente, manifesta repulsa a quaisquer formas de fraudes, que, infelizmente, mesmo nos momentos de crise, não cessam de brotar.

14.5.11 Suspensão contratual prevista na Lei n. 14.437/2022

Diante da indispensabilidade de uma norma que dispusesse sobre a adoção, por empregados e empregadores, de medidas trabalhistas alternativas e sobre o Programa Emergencial de Manutenção do Emprego e da Renda, para enfrentamento das consequências sociais e econômicas de **qualquer outro estado de calamidade pública** em âmbito nacional ou em âmbito estadual, distrital ou municipal, o Poder Executivo publicou a Medida Provisória n. 1.109, de 25 de março de 2022. O objetivo era justamente o de criar um microssistema normativo que permanentemente disciplinasse as situações calamitosas e, assim, preservasse o emprego e a renda; garantisse a continuidade das atividades laborais, empresariais e das organizações da sociedade civil sem fins lucrativos; e reduzisse o impacto social decorrente das consequências de estado de calamidade pública em âmbito nacional ou em âmbito estadual, distrital ou municipal reconhecido pelo Poder Executivo federal.

A Medida Provisória n. 1.109, de 2022, foi, enfim, convertida na Lei n. 14.437, de 15 de agosto de 2022, que ofereceu, em caráter permanente, um conjunto de medidas emergenciais aplicáveis exclusivamente nas áreas específicas dos entes federativos atingidos por estado de calamidade pública.

Nesse diploma legal existem as mesmas hipóteses de suspensão temporária do contrato de trabalho de até 90 (noventa) dias, prorrogável enquanto durar o estado de calamidade pública em âmbito nacional ou em âmbito estadual, distrital ou municipal reconhecido pelo Poder Executivo federal.

Essa suspensão é disciplinada pelo art. 30 da citada Lei n. 14.437, de 2022. Assim, o empregador, na forma e no prazo previstos em norma, poderá acordar a suspensão temporária do contrato de trabalho de seus empregados, de forma setorial, departamental, parcial ou na totalidade dos postos de trabalho, que será pactuada por convenção coletiva de trabalho, por acordo coletivo de trabalho ou por acordo individual escrito entre empregador e empregado.

Na hipótese de acordo individual escrito entre empregador e empregado, a proposta deverá ser encaminhada ao empregado com antecedência de, no mínimo, 2 (dois) dias corridos.

O empregado, durante o período de suspensão temporária do contrato de trabalho, fará jus a todos os benefícios concedidos pelo empregador aos seus empregados; e ficará autorizado a recolher para o Regime Geral de Previdência Social na qualidade de segurado facultativo.

O contrato de trabalho será restabelecido no prazo de 2 (dois) dias corridos, contado da cessação do estado de calamidade pública; da data estabelecida como termo de encerramento do período de suspensão pactuado; ou da data de comunicação do empregador que informe ao empregado a sua decisão de antecipar o fim do período de suspensão pactuado.

Como se disse em relação às situações calamitosas anteriores, se durante o período de suspensão temporária do contrato de trabalho o empregado mantiver as atividades de trabalho, ainda que parcialmente, por meio de teletrabalho, trabalho remoto ou trabalho a distância, ficará descaracterizada a suspensão temporária do contrato de trabalho, e o empregador estará sujeito ao pagamento imediato da remuneração e dos encargos sociais referentes a todo o período; às penalidades previstas na legislação; e às sanções previstas em convenção coletiva ou em acordo coletivo de trabalho.

Atente-se, por fim, que a empresa que tiver auferido, no ano-calendário anterior ao estado de calamidade pública de que trata o art. 1º desta Lei, receita bruta superior ao limite máximo previsto no inciso II do *caput* do art. 3º da Lei Complementar n. 123, de 14 de dezembro de 2006, somente poderá suspender o contrato de trabalho de seus empregados mediante o pagamento de ajuda compensatória mensal no valor de 30% (trinta por cento) do valor do salário do empregado, durante o período de suspensão temporária do contrato de trabalho pactuado.

14.6 SITUAÇÕES DE INTERRUPÇÃO CONTRATUAL COM PREVISÃO NO TEXTO LEGAL

Há, igualmente, múltiplas hipóteses de interrupção contratual com previsão no texto legal. Serão analisadas todas aquelas contidas na CLT e outras significativas, insertas em leis esparsas, nos seguintes moldes. Veja-se especificamente cada uma das mencionadas situações.

14.6.1 Repousos semanais remunerados e feriados

Consoante mencionado no capítulo em que se tratou da "duração do trabalho", o repouso semanal remunerado é o período de descanso outorgado, sem prejuízo dos intervalos interjornadas, ***entre uma e outra semana de trabalho***. Trata-se de um ***direito social universal***, nos temos da Constituição da República, abrangendo, indistintamente, servidores públicos (§ 3º do art. 39) e trabalhadores urbanos, rurais e domésticos (*vide* o art. 7º, XV e parágrafo único).

Os feriados[11], por outro lado, são entendidos como intervalos episódicos. Eles acontecem sem periodicidade definida. Durante seu transcurso não se impõe, por força de lei, a realização de trabalho. O art. 70 da CLT refere o direito a esse repouso[12] baseando a outorga em motivos **civis** ou **religiosos**.

14.6.2 Férias

Conforme aprofundamento encontrado no Capítulo 11, as férias podem ser conceituadas como um intervalo anual de descanso, garantido constitucionalmente como direito social[13] e outorgado exclusivamente aos **trabalhadores exercentes de atividades por conta alheia** (empregados, inclusive domésticos, trabalhadores avulsos e servidores ocupantes de cargo público). Trata-se, portanto, de um direito restrito apenas aos empregados e servidores públicos, porque **seu custeio cabe ao tomador dos serviços**. É, em última análise, um período de interrupção do contrato de emprego.

14.6.3 Ausências legais

A lei produz um rol de ausências que permitem ao empregado deixar de comparecer ao serviço sem prejuízo do salário. Esse rol é difuso, não se concentrando especificamente em nenhum diploma legal, embora a maior parte das referências esteja efetivamente na CLT. Entre as normas autorizadoras de falta ao serviço sem qualquer perda de retribuição, merecem destaque as seguintes:

14.6.3.1 Situações previstas no art. 473 da CLT

Conforme se pode observar mediante a leitura do art. 473 da CLT, o empregado poderá deixar de comparecer ao serviço, sem prejuízo do salário, em diversas situações. Observem-nas:

I — Até dois dias consecutivos em **caso de falecimento** do cônjuge, ascendente, descendente, irmão ou pessoa que, declarada em sua Carteira de Trabalho e Previdência Social, viva sob sua dependência econômica.

Perceba-se que a situação ora analisada autoriza o não comparecimento do empregado por até dois dias **consecutivos.** É razoável a interpretação no sentido de que sejam dois dias consecutivos de trabalho. Nesses termos, se um empregado que trabalha de segunda a sábado tem uma perda familiar na sexta-feira, é razoável que esteja autorizado a não comparecer ao serviço no sábado (que seria dia trabalhado) e na segunda-feira (que também seria dia de trabalho). O dia de domingo, apesar de estar interposto entre o sábado e a segunda, já é considerado ordinariamente como um dia destinado a descanso, por isso não deveria ser

---

[11] Anote-se que o vocábulo "feriado" é o particípio passado do verbo "feriar" que provém do latim *feriari*, que significa descansar, folgar. Não se confunda com o vocábulo "féria", que também provém do latim *feria*, que significa dia de trabalho ou, ainda, o salário dos trabalhadores. Observe-se que *feria*, por derivação, produziu, na língua portuguesa, a indicação dos dias da semana que são normalmente destinados ao trabalho — segunda-*feira*, terça-*feira*, quarta-*feira*, quinta-*feira* e sexta-*feira*. Todos esses dias são entendidos, tanto na língua espanhola quanto na italiana, como dias *feriales*, isto é, dias destinados ao trabalho. Um dia ferial, portanto, é um dia de labor, e não de descanso.

[12] As datas em que ocorrem feriados, por serem fatos notórios e de conhecimento geral, não precisam ser provadas no processo, conforme expressamente dispõe o inciso I do art. 334 do Código de Processo Civil/1973 com a mesma redação no art. 374, I, do CPC/2015.

[13] O direito às férias está contido no art. 7º, XVII, do texto constitucional como um dos direitos sociais dos trabalhadores com vínculo permanente (urbanos, rurais e domésticos) e dos trabalhadores avulsos. São também estendidos aos servidores ocupantes de cargo público por força do disposto no § 3º do art. 39 da Constituição.

contado para o fim ora analisado. Essa exegese, entretanto, não está claramente lançada no texto de lei, o que tem provocado atuações patronais nada sensatas.

Outro ponto a observar diz respeito à "pessoa que, declarada em sua Carteira de Trabalho e Previdência Social, viva sob sua dependência econômica". Essa situação não mais é autorizada para fins previdenciários. Note-se que o Decreto n. 5.699, de 13-2-2006 (*DOU*, 14-2-2006), revogou o inciso V do § 3º do art. 22 do Decreto n. 3.048/99 (Regulamento da Previdência Social) no ponto em que previa a possibilidade de a "anotação constante na Carteira Profissional e/ou na Carteira de Trabalho e Previdência Social" ser utilizada para a comprovação do vínculo e da dependência econômica. Isso aconteceu porque a qualidade de dependente não está condicionada ao lançamento de tal informação na CTPS, podendo favorecer qualquer pessoa que, mesmo não constando do citado documento, prove a condição de dependente.

Por fim, perceba-se que os professores (§ 3º do art. 320 da CLT) são destinatários de um período maior de afastamento sem desconto de salários — nove dias — em decorrência do falecimento de "cônjuge, do pai ou mãe, ou de filho". A norma mais favorável é justificada pelo fato de o professor ser um dos profissionais que, diante da emoção, sofre mais para exercer sua atividade (imagine o desconforto de dar aula dois dias depois da morte do cônjuge, do pai ou mãe ou de filho). Nas situações que envolvam outros ascendentes (avós, bisavós), descendentes (netos, bisnetos), irmãos ou outras pessoas sob dependência econômica, o tempo de afastamento será de dois dias, como para todos os demais trabalhadores.

II — Até três dias consecutivos **em virtude de casamento**.

Perceba-se que, mais uma vez, menciona-se que os dias deverão ser consecutivos, e não intercalados. Entretanto, apesar disso, há ausência de um claro marco inicial. A lei menciona que a ausência estará autorizada "em virtude de casamento", e não a partir do dia seguinte ao casamento. Diante disso, o empregado estará autorizado a pedir os três dias consecutivos até mesmo antes do casamento, notadamente se pediu e teve concedidas férias depois da cerimônia matrimonial. As noivas, aliás, costumam comentar o quanto é importante ter alguns dias sem trabalho antes da cerimônia.

Acrescenta-se que os professores (§ 3º do art. 320 da CLT) são destinatários de um período maior de afastamento sem desconto de salários — **nove dias** — em decorrência do que se intitula de "motivo de gala".

III — Por 5 (cinco) dias consecutivos, em caso de nascimento de filho, de adoção ou de guarda compartilhada.

O texto ora encontrável no inciso aqui estudado foi atualizado pela Lei n. 14.457/2022. Já era uma atualização esperada. Afinal, o prazo da licença-paternidade já tinha sido aumentado para 5 (cinco) dias desde a promulgação do texto constitucional, visível no § 1º do art. 10 do ADCT.

Ademais, nos moldes do art. 1º, II, da Lei n. 11.770/2008, atualizada pela Lei n. 13.257/2008, o empregado cujo empregador aderir ao Programa Empresa Cidadã, terá direito a ver prorrogada por 15 (quinze) dias a duração da sua licença-paternidade, além dos 5 (cinco) dias estabelecidos no § 1º do art. 10 do Ato das Disposições Constitucionais Transitórias.

A licença-paternidade nesse caso, portanto, passará a ter **não apenas 5 (cinco), mas 20 (vinte) dias**, no total. Essa prorrogação será garantida ao empregado da pessoa jurídica que aderir ao Programa, desde que a requeira no prazo de 2 (dois) dias úteis após o parto e comprove participação em programa ou atividade de orientação sobre paternidade responsável.

A prorrogação será garantida, na mesma proporção, ao empregado que adotar ou obtiver guarda judicial para fins de adoção de criança, ou ainda para aquele que obtiver guarda judicial compartilhada.

IV — Por um dia, em cada doze meses de trabalho, em **caso de doação voluntária de sangue** devidamente comprovada.

V — Até dois dias consecutivos ou não, **para o fim de se alistar eleitor**, nos termos da lei respectiva[14].

VI — No período de tempo em que tiver de **cumprir as exigências do Serviço Militar** referidas na letra *c* do art. 65 da Lei n. 4.375, de 17 de agosto de 1964 (Lei do Serviço Militar)[15].

Essas exigências não se confundem com o próprio serviço militar obrigatório, que será analisado alguns tópicos adiante, e que, como se sabe, motiva a suspensão do contrato de emprego. As exigências referidas no inciso VI do art. 473 da CLT, em verdade, dizem respeito a deveres cívicos impostos aos reservistas no sentido de se apresentarem anualmente em local e data previamente fixados ou na cerimônia do "Dia do Reservista", dia 16 de dezembro de cada ano, conforme fixada pelo Decreto-Lei n. 1.908, de 26 de dezembro de 1939.

VII — Nos dias em que estiver comprovadamente realizando **provas de exame vestibular** para ingresso em estabelecimento de ensino superior.

Note-se que a norma somente concede a vantagem para quem estiver comprovadamente realizando provas de exame vestibular para o ingresso em *estabelecimento de ensino superior*. A lei, portanto, não pode ser invocada para que o empregado preste vestibular para acesso em cursos técnicos de nível médio ou concursos públicos para acesso a cargo ou emprego público.

VIII — Pelo tempo que se fizer necessário, quando tiver de **comparecer a juízo**[16].

Atente-se para o fato de que a lei autoriza o empregado a ausentar-se do serviço apenas *pelo tempo que se fizer necessário,* e não desnecessariamente, pelo dia inteiro. O empregado pode comparecer a juízo na qualidade de parte, de jurado, de testemunha ou de informante.

IX — Pelo tempo que se fizer necessário, quando, na qualidade de representante de entidade sindical, estiver **participando de reunião oficial de organismo internacional do qual o Brasil seja membro**.

X — Pelo tempo necessário para acompanhar sua esposa ou companheira em até 6 (seis) consultas médicas, ou em exames complementares, durante o período de gravidez.

Este inciso foi acrescentado ao art. 473 da CLT por força da Lei n. 13.257, de 8 de março de 2016, que dispôs sobre políticas públicas para a primeira infância. Aqui o legislador reafirmou a posição de que a "maternidade", enquanto direito social previsto no art. 6º da Constituição da República, é, em verdade, uma *experiência* que atinge todos os integrantes da família, e não apenas a gestante ou seu filho. Exatamente por isso, a lei passou a prever que o empregado poderia deixar de comparecer ao serviço sem prejuízo do salário **até dois dias** para acompanhar consultas médicas e exames complementares durante o pré-natal de sua esposa ou companheira. A autorização normativa de ausência ao trabalho para a realização desse acompanhamento foi consideravelmente expandida pela Lei n. 14.457/2022. A partir da vigência dessa Lei, o empregado está autorizado a deixar de comparecer ao serviço

---

14 Veja-se o art. 48 da Lei n. 4.737, de 15 de julho de 1965 (Código Eleitoral): "Art. 48. O empregado mediante comunicação com quarenta e oito horas de antecedência, poderá deixar de comparecer ao serviço, sem prejuízo do salário e por tempo não excedente a 2 (dois) dias, para o fim de se alistar eleitor ou requerer transferência".

15 Art. 65. Constituem deveres do Reservista:
[...] c) apresentar-se, anualmente, no local e data que forem fixados, para fins de exercício de apresentação das reservas ou cerimônia cívica do "Dia do Reservista";

16 Súmula 155 do TST. AUSÊNCIA AO SERVIÇO. As horas em que o empregado falta ao serviço para comparecimento necessário, como parte, à Justiça do Trabalho não serão descontadas de seus salários. Ex-prejulgado n. 30.

sem prejuízo do salário por todo o tempo necessário para acompanhar sua esposa ou companheira em até 6 (seis) consultas médicas, ou em exames complementares, durante o período de gravidez.

XI — Por 1 (um) dia por ano para acompanhar filho de até 6 (seis) anos em consulta médica.

Pelo mesmo motivo descrito no item anterior, o legislador passou a admitir que o empregado — pai ou mãe — pudesse deixar de comparecer ao serviço sem prejuízo do salário por 1 (um) dia por ano para acompanhar filho de até 6 (seis) anos em consulta médica. É importante observar, no particular, que o direito ora reconhecido restringe-se às consultas médicas, não se podendo falar, salvo por anuência patronal, em igual vantagem para as consultas odontológicas, fisioterapêuticas ou similares.

XII — Até 3 (três) dias, em cada 12 (doze) meses de trabalho, em caso de realização de exames preventivos de câncer devidamente comprovada.

O texto do inciso XII foi incluído no art. 473 da CLT por força da Lei n. 13.767, de 18 de dezembro de 2018, diante da importância que os exames preventivos de câncer têm, inclusive no âmbito dos custos individuais e sociais, sobre os tratamentos exigidos depois do estabelecimento da doença, muitas vezes somente constatada em estadiamento avançado. É interessante observar que, originalmente, o projeto que levou à criação do dispositivo pugnava pela permissão de ausência ao serviço para realização de exame preventivo de "câncer do colo de útero, de câncer da mama ou de câncer da próstata", ou seja, pugnava-se pela justificativa de ausência para a realização de exames relacionados a casos específicos de câncer, consideradas as campanhas mundiais de prevenção para esses tipos de neoplasia. Durante a tramitação no Congresso Nacional, o texto evoluiu e a previsão passou a generalizar a autorização de ausência "até 3 (três) dias, em cada 12 (doze) meses de trabalho", em caso de realização de **exames preventivos de qualquer câncer**. A realização de exames, evidentemente, deverá ser devidamente comprovada. Ressalte-se que este específico dispositivo protege quem, mesmo sem estar doente, quer, singelamente, prevenir-se mediante exames regulares.

14.6.3.2 Situações previstas no art. 320 da CLT

Consoante acima expendido, por força do § 3º do art. 320 da CLT, os professores são beneficiários de regra segundo a qual "não serão descontadas, no decurso de **nove dias**, as faltas verificadas por motivo de **gala** ou de **luto** em consequência de falecimento do cônjuge, do pai ou mãe, ou de filho" (destaques não constantes do original).

14.6.3.3 Situações de dispensa do horário de trabalho pelo tempo necessário para a realização de consultas médicas e exames complementares

Mais uma situação prevista em lei e indicativa de ausência ao serviço sem prejuízo dos salários é encontrada no § 4º, II, art. 392 da CLT. Segundo o mencionado dispositivo, "é garantido à empregada, durante a gravidez, sem prejuízo do salário e demais direitos [...] dispensa do horário de trabalho pelo tempo necessário para a realização de, no mínimo, seis consultas médicas e demais exames complementares".

O pai da criança também poderá acompanhá-la, uma vez que a Lei n. 14.457/2022 deu nova redação ao art. 457, X, da CLT, para autorizá-lo a deixar de comparecer ao serviço sem prejuízo do salário por todo o tempo necessário ao acompanhamento de sua esposa ou companheira em até 6 (seis) consultas médicas, ou em exames complementares, durante o período de gravidez.

14.6.3.4 Situação correspondente às ausências no período do aviso prévio trabalhado

Durante o aviso prévio trabalhado, o empregado poderá ser beneficiário **ou** da redução diária ao serviço por duas horas a menos, levando em conta o referencial de jornada de oito horas, **ou** de sete dias corridos. Esses sete dias corridos podem estar posicionados onde bem entendam as partes contratantes, mas, em regra, dizem respeito aos sete últimos dias do aviso prévio trabalhado. Veja-se a regra:

> Art. 488 da CLT. *O horário normal de trabalho do empregado, durante o prazo do aviso, e se a rescisão tiver sido promovida pelo empregador, será* **reduzido de duas horas diárias, sem prejuízo do salário integral***.*
>
> *Parágrafo único. É facultado ao empregado trabalhar sem a redução das duas horas diárias prevista neste artigo, caso em que* **poderá faltar ao serviço, sem prejuízo do salário integral** *[...] por sete dias corridos [...]* (Destaques não constantes do original).

Se o empregado for beneficiário de aviso prévio superior a trinta dias, especialmente em virtude da aplicação da Lei n. 12.506, de 11 de outubro de 2011 (*DOU* de 13-10-2011), surgirá um problema interpretativo. Afinal, diante da inexistência de uma previsão legal que relacione o número de dias de aviso prévio superior a trinta dias e o número de faltas em dias corridos, que se poderá fazer? A resposta é bem simples. Ou os contratantes preenchem essa lacuna mediante a autonomia contratual individual ou coletiva, ou, na ausência desse ajuste integrativo, utilizam unicamente o referencial da redução diária do horário normal de trabalho, que será sempre possível. Maiores detalhes sobre o assunto podem ser vistos no tópico em que será analisada a proporcionalidade do aviso prévio.

14.6.3.5 Situação prevista no art. 98 da Lei n. 9.504/97

Conforme regra contida no art. 98 da Lei n. 9.504/97, "os eleitores nomeados para compor as Mesas Receptoras ou Juntas Eleitorais e os requisitados para auxiliar seus trabalhos serão dispensados do serviço, mediante declaração expedida pela Justiça Eleitoral, sem prejuízo do salário, vencimento ou qualquer outra vantagem, pelo dobro dos dias de convocação".

Observe-se que, neste caso, a norma autoriza o empregado a fruir de folgas correspondentes ao dobro do número de dias de convocação. Assim sendo, como as eleições normalmente acontecem em dias destinados a descanso, o empregador, desde que informado do fato pelo empregado, estará compelido a oferecer-lhe uma folga compensatória em qualquer oportunidade em que ocorreria trabalho normal. A não concessão dessa vantagem gerará para o empregado o direito de invocar, por analogia, o pagamento da dobra remuneratória, exatamente nos moldes previstos na Súmula 146 do TST[17].

14.6.3.6 Situações previstas na Lei n. 13.979/2020

Em 6 de fevereiro de 2020, a Lei n. 13.979, que dispõe sobre as medidas para enfrentamento da emergência de saúde pública de importância internacional decorrente do coronavírus, previu no § 3º do seu art. 3º o seguinte:

---

17 Súmula 146 do TST. TRABALHO EM DOMINGOS E FERIADOS, NÃO COMPENSADO — NOVA REDAÇÃO — (Incorporada à Orientação Jurisprudencial n. 93 da SBDI-1). O trabalho prestado em domingos e feriados, não compensado, deve ser pago em dobro, sem prejuízo da remuneração relativa ao repouso semanal.

Art. 3º [...] § 3º Será considerado falta justificada ao serviço público ou à atividade laboral privada o período de ausência decorrente das medidas previstas neste artigo.

E quais seriam essas medidas justificadoras da falta ao serviço público ou à atividade laboral privada?

O *caput* do referido art. 3º responde de forma bem detalhada, identificando que, para enfrentamento da emergência de saúde pública de importância internacional decorrente do coronavírus (ou, por analogia, a outras situações semelhantes), podem ser adotadas, entre outras, as medidas previstas em alguns incisos, únicas situações que, nos termos do referido § 3º, autorizam, *ex lege*, o *status* de "falta justificada":

I — **isolamento ou segregação compulsória**, assim entendida a separação de pessoas doentes ou contaminadas, de outros, de maneira a evitar a contaminação ou a propagação da Covid-19. Nesse caso, o direito do empregado de não comparecer ao trabalho surge se, por alguma razão, ele, por estar contaminado, receber ordem médica de isolamento. Nesse caso, o empregado estará verdadeiramente internado, sob cuidados médicos, ou em verdadeira segregação compulsória, em sua própria casa, também por ordem médica. Diante disso, o empregador há de acatar o isolamento desse seu empregado e, consequentemente, por motivos mais do que óbvios, entender como justificada a sua ausência.

Não se confundam, porém, o "isolamento individual", que, em verdade, é uma "segregação compulsória" para evitar a contaminação ou a propagação do coronavírus, e a recomendação geral de "isolamento social", que é um comportamento voluntário, espontâneo e facultativo dos cidadãos em apoio às medidas de contenção da pandemia. Somente a primeira situação oferece justificativa de falta ao serviço.

II — **quarentena**, compreendida como restrição de atividades ou separação de pessoas suspeitas de contaminação das pessoas que não estejam doentes, de maneira a evitar a possível contaminação ou a propagação do coronavírus. Essa hipótese envolve empregados com suspeita de contaminação, os quais, também por ordem médica, hão de afastar-se justificadamente do trabalho. Exemplo disso foi visível nos brasileiros que estavam em Wuhan, epicentro da Covid-19 na China, e que foram resgatados de lá pelo governo brasileiro. Ao chegarem à cidade de Anápolis, em Goiás, tanto os resgatados quanto os tripulantes passaram a cumprir uma quarentena de 18 (dezoito) dias dentro de um hotel montado na base militar. Até que a quarentena fosse encerrada, esses trabalhadores não voltaram às suas relações de emprego. Eles permaneceram em situação de justificada interrupção contratual, recebendo seus salários, mas sem prestar os seus serviços.

Averbe-se que, diante do isolamento e da quarentena, os empregados têm não apenas o direito, mas o dever de afastamento do ambiente laboral, por uma questão de segurança de toda a comunidade.

III — **determinação de realização compulsória de**: a) exames médicos; b) testes laboratoriais; c) coleta de amostras clínicas; d) vacinação e outras medidas profiláticas[18]; ou e) tratamentos médicos específicos.

---

18 O STF, nos autos das **ADI's 6.586 e 6.587**, posicionou-se no sentido de que o Estado pode determinar que os cidadãos submetam-se, compulsoriamente, à vacinação, sem, porém, adotar medidas invasivas, aflitivas ou coativas. O Tribunal, no Plenário, 17-12-2020, por maioria, conferiu interpretação conforme a Constituição ao art. 3º, III, *d*, da Lei n. 13.979/2020, e fixou a seguinte tese de julgamento:

"(I) A vacinação compulsória não significa vacinação forçada, porquanto facultada sempre a recusa do usuário, podendo, contudo, ser implementada por meio de medidas indiretas, as quais compreendem, dentre outras, a restrição ao exercício de certas atividades ou à frequência de determinados lugares, desde que previstas em lei, ou dela decorrentes, e (i) tenham como base evidências científicas e análises estratégicas perti-

IV — **estudo ou investigação epidemiológica**. Nessas situações (III e IV), a administração pública pode impor a determinados grupos de trabalho, levando em conta as características de sua prestação laboral, a realização impositiva de exames médicos, de testes laboratoriais e de outras medidas de controle e de constatação epidemiológica, o que, na prática, já ocorreu, por exemplo, com passageiros e tripulantes, prestes a desembarcar, em cruzeiros nos quais se constatou a existência de pessoa portadora do adoecimento viral aqui em análise. Não se poderia, portanto, imaginar que um empregado a bordo de um desses cruzeiros não tivesse razões ponderosas para não ir ao trabalho. O seu retorno das férias seria, portanto, abortado. Existem, pelo contrário, muitas justificativas para não comparecer, haja vista a exigência de submetimento aos testes de diversas naturezas e, até mesmo, ao isolamento ou à quarentena, referidas nos tópicos anteriores;

V — [inaplicável]

VI — **restrição excepcional e temporária de entrada e saída do País**, conforme recomendação técnica e fundamentada da Agência Nacional de Vigilância Sanitária (Anvisa), por rodovias, portos ou aeroportos. Essa situação também pode atingir os empregados. Imagine-se que um deles, responsável pela gestão de uma rede hoteleira, tenha seguido para uma importante reunião, quando, então, se viu impedido de retornar à sua base de trabalho por restrição de entrada de voos no território brasileiro. Nesse caso, evidentemente, estão justificadas as suas ausências, cabendo ao empregador não apenas tolerá-las como também custear o seu empregado deslocado para o estrangeiro durante todo o tempo em que ele estiver constrito a ali permanecer.

Não se pode esquecer de que as medidas ora referidas, interferentes na atividade laborativa, devem ser adotadas com razoabilidade pelos governos, embora seja difícil dizer o que é ou não razoável quando se fala de adoecimento por contaminação viral. De todo modo, o § 2º do art. 3º da citada Lei n. 13.979, de 6 de fevereiro de 2020, é bem claro no sentido de que "as medidas [...] somente poderão ser determinadas com base em evidências científicas e em análises sobre as informações estratégicas em saúde e deverão ser limitadas no tempo e no espaço ao mínimo indispensável à promoção e à preservação da saúde pública". O equilíbrio é importante, mas é bem difícil.

Arremata-se este tópico deixando-se claro que o empregador, entretanto, pode, por reflexão própria, determinar o fechamento do local de trabalho e o encerramento das atividades com a consequente assunção dos custos decorrentes do afastamento dos seus empregados. O poder diretivo patronal aí será a razão essencial da interrupção contratual, caso em que o empregador assumirá integralmente os custos dessa decisão interna, aspecto que será analisado com maiores detalhes no tópico seguinte.

---

nentes, (ii) venham acompanhadas de ampla informação sobre a eficácia, segurança e contraindicações dos imunizantes, (iii) respeitem a dignidade humana e os direitos fundamentais das pessoas, (iv) atendam aos critérios de razoabilidade e proporcionalidade e (v) sejam as vacinas distribuídas universal e gratuitamente; e

(II) tais medidas, com as limitações acima expostas, podem ser implementadas tanto pela União como pelos Estados, Distrito Federal e Municípios, respeitadas as respectivas esferas de competência".

Simultaneamente, nos autos da **ARE 1.267.879** (Rel. Min. Roberto Barroso, julgamento em 16 e 17-12-2020), o STF fixou a seguinte tese:

"É constitucional a obrigatoriedade de imunização por meio de vacina que, registrada em órgão de vigilância sanitária: (i) tenha sido incluída no programa nacional de imunizações; (ii) tenha sua aplicação obrigatória determinada em lei ou; (iii) seja objeto de determinação da União, Estado e municípios, com base em consenso médico-científico. Em tais casos, não se caracteriza violação à liberdade de consciência e de convicção filosófica dos pais e responsáveis, nem tampouco ao poder familiar" (Tema 1.103 da Repercussão Geral).

14.6.3.7 Situações previstas na Lei n. 14.128/2021

A Lei n. 14.128/2021 trouxe dois novos parágrafos para o art. 6º da Lei n. 605/49 e, para além disso, muitas dúvidas interpretativas.

Vejam-se os novos parágrafos inseridos no art. 6º da Lei n. 605/49:

"*§ 4º Durante período de emergência em saúde pública decorrente da Covid-19, a imposição de isolamento dispensará o empregado da comprovação de doença por 7 (sete) dias.*"

"*§ 5º No caso de imposição de isolamento em razão da Covid-19, o trabalhador poderá apresentar como justificativa válida, no oitavo dia de afastamento, além do disposto neste artigo, documento de unidade de saúde do Sistema Único de Saúde (SUS) ou documento eletrônico regulamentado pelo Ministério da Saúde*".

As conclusões que podem ser retiradas desses novos textos são as seguintes:

1ª) Essa regra somente foi exigível, como expressamente dispõe o texto normativo, "durante o período de emergência em saúde pública decorrente da Covid-19". Terminado esse período de emergência, terminou, consequentemente, a vigência da Lei;

2ª) Esse afastamento não exigia a constatação de "doença", mas, apenas, a "imposição de isolamento", justamente aquele evento previsto no art. 2º, I, da Lei n. 13.979/2020, com o objetivo de evitar a contaminação ou a propagação do coronavírus;

3ª) A "imposição de isolamento" esteve dirigida ao "suspeito de ter contraído a Covid-19" e também àquele que tivesse mantido "contato" com pessoa contaminada pela Covid-19. No período de sete dias — como não se sabia se o empregado contrairá ou não a ora analisada doença — ele estaria dispensado de comparecer ao serviço, mas estaria constrito, no oitavo dia, a apresentar "justificativa válida" da sua condição de "suspeito" ou de ter mantido contato com pessoa contaminada, o que, nos termos da lei, seria atestado pelo médico que o atendeu, ou por "documento de unidade de saúde do Sistema Único de Saúde (SUS)" ou, ainda, por "documento eletrônico regulamentado pelo Ministério da Saúde";

4ª) O empregado deveria, portanto, apresentar ao empregador, no oitavo dia, caso não estivesse doente (é óbvio), uma declaração de que fora atendido por médico ou por uma unidade de saúde.

Na prática, portanto, a lei permitiu que o empregado com suspeita de contaminação ou que teve contato com pessoa infectada, na medida em que informasse essa situação ao seu empregador, pudesse se afastar do serviço e somente comprovar a necessidade de isolamento no oitavo dia de afastamento, se, obviamente, estivesse realmente doente.

Anote-se que a Portaria GM/MS n. 913, de 22 de abril de 2022, expedida pelo Ministro da Saúde e com vigência iniciada trinta dias depois da data de publicação, declarou encerrada a referida Emergência em Saúde Pública de Importância Nacional (ESPIN) em decorrência da Infecção Humana pelo novo Coronavírus (2019-nCov), de que tratava a Portaria GM/MS n. 188, de 3 de fevereiro de 2020.

14.6.4 Faltas abonadas

Entende-se por falta abonada a que não produziu qualquer desconto salarial por parte do empregador.

Se o empregador entendeu por bem não descontar a falta dos salários, ingressa a situação no âmbito da casuística da interrupção contratual.

14.6.5 Incapacidade laboral no período correspondente ao pagamento de salário-enfermidade

Consoante mencionado no tópico em que se tratou da suspensão contratual para fruição de benefício por incapacidade, os **quinze primeiros dias** correspondem ao "período de espera", assumido pelo empregador/empresa na forma de "salário-enfermidade".

Trata-se de uma atuação previdenciária patronal.

Uma dúvida que frequentemente se apresenta em relação ao "período de espera" diz respeito a sua imbricação com outros períodos de interrupção. Enfim, o que ocorrerá com o mencionado ínterim de espera se as férias se iniciarem em seu decurso?

Essa resposta é oferecida pela Instrução Normativa INSS n. 128/2022. Consoante o § 2º do art. 336 do mencionado ato administrativo, no caso de a data do início da incapacidade do segurado ser fixada "quando este estiver em gozo de férias ou licença-prêmio ou qualquer outro tipo de licença remunerada, o prazo de 15 (quinze) dias de responsabilidade da empresa será contado a partir do dia seguinte ao término das férias ou da licença".

Outra particularidade que muito se discute em relação ao salário-enfermidade diz respeito à chamada "recidiva".

Entende-se por *recidiva ou reincidência* a situação vivida pelo segurado que, depois de restabelecido para o trabalho, volta a sofrer os efeitos da incapacidade e, consequentemente, reitera o pedido de concessão de auxílio por incapacidade temporária.

Duas, entretanto, são as situações de possível reincidência, ambas tratadas nos §§ 3º e 4º do art. 75 do Decreto n. 3.048/99. Observem-nas:

Primeira situação:

Se concedido novo benefício, *decorrente da mesma doença*, dentro de sessenta dias contados da cessação do benefício anterior, a empresa ficará desobrigada do pagamento relativo aos quinze primeiros dias de afastamento, reativando-se o benefício anterior.

Veja-se o exemplo: Pablo afastou-se do serviço por noventa dias em decorrência de tendinite aguda. Retornou ao trabalho e, dez dias depois, sofreu nova crise motivada pela mesma doença, sendo, mais uma vez, afastado. Nesse caso, o INSS assumirá o pagamento do auxílio por incapacidade temporária desde o primeiro dia do novo afastamento.

Segunda situação:

Se o segurado empregado ficar incapacitado por apenas quinze dias, retornando ao trabalho no décimo sexto dia, sem que o auxílio por incapacidade temporária lhe tenha sido pago, gerará vantagem em favor da empresa no sentido de que um novo afastamento dentro dos seguintes sessenta dias, *desde que decorrente da mesma doença*, garantirá a concessão de auxílio por incapacidade temporária desde o primeiro dia de afastamento.

Se o retorno à atividade tiver ocorrido antes de quinze dias do afastamento, o segurado terá direito ao auxílio por incapacidade temporária a partir do dia seguinte àquele em que completar o período de quinze dias.

Veja-se o exemplo: Francis afastou-se de seu trabalho por conta de gastrite nervosa durante quinze dias. Retornou ao serviço sem que o INSS tivesse assumido qualquer ônus. Duas semanas depois, voltou a sentir fortes dores decorrentes da recidiva da gastrite, que o impediu de trabalhar. Diante desse acontecimento, e levando em conta o fato de que, anteriormente, o INSS nada lhe havia pago, recebeu, diretamente do mencionado órgão, o auxílio por incapacidade temporária a partir do primeiro dia do novo afastamento. Se Francis tivesse retornado ao serviço dez dias depois da gastrite nervosa, a empresa somente precisaria pagar o saldo de cinco dias por conta de um novo afastamento, ocorrido dentro dos sessenta dias do retorno.

14.6.6 Licenças remuneradas

Recebe o nome de licença remunerada o período de tempo em que, por força de lei ou de contrato, o empregado está dispensado de comparecer ao serviço apesar de lhe serem devidos os valores equivalentes a seu salário. A lei prevê importantes situações de licença remunerada, conquanto muitas outras existam e estejam presentes em contratos individuais ou coletivos de trabalho. Vejam-se alguns tipos legais:

14.6.6.1 Licença-paternidade

Prevista no art. 7º, XIX, da Constituição, a licença-paternidade tem sua dimensão estabelecida no § 1º do art. 10 do ADCT. Segundo ali consta, "até que a lei venha a disciplinar o disposto no art. 7º, XIX, da Constituição, o prazo da licença-paternidade a que se refere o inciso é de **cinco** dias".

Trata-se de uma licença que deveria ter natureza previdenciária, mas que, por imposição legislativa, engrossa a atribuição previdenciária patronal.

É bom acrescentar que, nos moldes do art. 1º, II, da Lei n. 11.770/2008, atualizada pela Lei n. 13.257/2008, o empregado cujo empregador aderir ao Programa Empresa Cidadã, terá direito a ver prorrogada por 15 (quinze) dias a duração da sua licença-paternidade, além dos 5 (cinco) dias estabelecidos no § 1º do art. 10 do Ato das Disposições Constitucionais Transitórias.

A licença-paternidade nesse caso, portanto, passará a ter não apenas 5 (cinco), mas 20 (vinte) dias, no total. Essa prorrogação será garantida ao empregado da pessoa jurídica que aderir ao Programa, desde que a requeira no prazo de 2 (dois) dias úteis após o parto e comprove participação em programa ou atividade de orientação sobre paternidade responsável. A prorrogação será garantida, na mesma proporção, ao empregado que adotar ou obtiver guarda judicial para fins de adoção de criança.

14.6.6.2 Extensão da licença-maternidade, nos moldes do Programa Empresa Cidadã, sem assunção de salário-maternidade pela previdência social

A Lei n. 11.770, publicada em 9 de setembro de 2008, criou o Programa Empresa Cidadã, destinado a prorrogar por sessenta dias a duração da licença-maternidade prevista no inciso XVIII do *caput* do art. 7º da Constituição Federal, mediante concessão de incentivo fiscal.

Por força dessa norma, a prorrogação é garantida em favor de quem é contratado por ***empregador-pessoa jurídica que aderir ao Programa***.

Se a pessoa jurídica não aderir ao referido programa, seus empregados não terão direito ao benefício aqui analisado. Obviamente, a vantagem não é estendida a quem não tenha sido contratado por pessoas jurídicas, caso ocorrente com os empregados domésticos.

Uma vez realizada a adesão ao Programa Empresa Cidadã, a empregada deverá requerer até o final do primeiro mês após o parto a prorrogação da licença-maternidade, que terá início imediatamente após a fruição daquela concedida e custeada pela Previdência Social, por força do disposto no inciso XVIII do *caput* do art. 7º da Constituição da República.

Registre-se, porém, que não somente o parto é fato gerador desse benefício de prorrogação. Esta será garantida, nos moldes do § 2º do art. 1º da ora analisada lei, na mesma proporção, também à empregada ou ao empregado (*vide* Lei n. 12.873, de 24-10-2013) que adotar ou obtiver guarda judicial para fins de adoção de criança.

Perceba-se, então, que o salário-maternidade não aumentou de tamanho. Ele continua a ter a dimensão correspondente a cento e vinte dias. O que mudou foi a dimensão da licença-maternidade, **mediante a prorrogação dos dias não trabalhados sob o custeio exclusivo das empresas que aderirem ao programa**.

Trata-se de situação de **típica interrupção** do contrato de emprego (*vide*, nesse sentido, o art. 3º da referida Lei n. 11.770/2008).

É bom anotar que a extensão da licença-maternidade nos moldes aqui analisados também não dilata a dimensão temporal da estabilidade gravídica, que continua a viger, indiferentemente, até cinco meses após o parto.

Para saber mais sobre esse assunto, consulte-se o Capítulo 17, no item em que trata especificamente do Programa Empresa Cidadã.

14.6.6.3 Licença para disputa eleitoral

Os servidores públicos, estatutários ou celetistas, dos órgãos ou entidades da Administração direta ou indireta da União, dos Estados, do Distrito Federal e do Município, inclusive das fundações mantidas pelo Poder Público, têm o direito de licenciar-se de seu cargo *três meses antes* do pleito, garantida a percepção de vencimentos integrais. A licença é oferecida de acordo com o disposto no art. 1º, II, *l*, da Lei Complementar n. 64/90. Esse direito, entretanto, não se aplica aos titulares de cargos em comissão de livre exoneração, nem a empregados públicos ou privados.

14.6.6.4 Licença para atuação em comissão de conciliação prévia

Nos termos do § 2º do art. 625-B da CLT, "o representante dos empregados desenvolverá seu trabalho normal na empresa, afastando-se de suas atividades apenas quando convocado para atuar como conciliador, sendo computado como tempo de trabalho efetivo o despendido nessa atividade".

Note-se que a licença ora em análise é fracionária e somente oferecida durante o tempo necessário à atuação do representante dos empregados como conciliador, perante a comissão de conciliação prévia.

14.6.6.5 Licença para atuação em conselho curador do FGTS

Em conformidade com o disposto no § 7º do art. 3º da Lei n. 8.036/90: "as ausências ao trabalho dos representantes dos trabalhadores no Conselho Curador, decorrentes das atividades desse órgão, serão abonadas, computando-se como jornada efetivamente trabalhada para todos os fins e efeitos legais".

14.6.7 Paralisações promovidas pelo empregador

Quaisquer que sejam as causas de paralisações de iniciativa patronal, estas geram a obrigatoriedade do pagamento dos dias parados. A propósito, o art. 17 da Lei n. 7.783/89 veda a paralisação das atividades, por iniciativa do empregador, com o objetivo de frustrar negociação ou dificultar o atendimento de reivindicações dos respectivos empregados, fenômeno intitulado *lockout*.

14.6.8 Suspensão disciplinar anulada

A suspensão disciplinar é uma das penas possíveis entre aquelas que o empregado aplica no exercício de seu poder diretivo. Sabe-se que a suspensão disciplinar pode ser contestada, inclusive judicialmente, oportunidade em que pode ser verificada a existência e a consistência do motivo que justificou a sanção patronal. Quando a suspensão disciplinar é anulada, ocorre uma transformação do período anteriormente identificado como de "suspensão contratual" para um período de "interrupção contratual".

14.6.9 Afastamento do empregado por motivo de segurança nacional (até noventa dias)

Nos mesmos termos e conforme tópico anterior no qual também se falou de segurança nacional, os dispositivos constantes dos parágrafos 3º, 4º e 5º do art. 472 da CLT, ali inseridos pelo Decreto-Lei n. 3, de 27-1-1966, sofreram, em rigor, revogação expressa. É que o citado Decreto-Lei e, logicamente, todo o seu conteúdo, saíram de cena por meio da Lei n. 8.630/93. Percebam que a referida norma legal que tratava da organização dos portos, mesmo sem pertinência temática, declarou, no seu último artigo, expressamente revogado, entre outros diplomas normativos, o citado Decreto-Lei.

Independentemente da interpretação que se possa fazer sobre a eficácia da revogação, reputa-se importante historiar o tema acima epigrafado.

Pois bem. O § 5º do art. 472 da CLT deixa claro que, durante os primeiros **noventa dias** desse afastamento, o empregado continuava percebendo sua remuneração, ou seja, inserido em situação de interrupção contratual. Consoante afirmado, se a investigação superasse os referidos noventa dias iniciar-se-ia um período de suspensão contratual no qual o empregado prosseguiria sendo investigado, mas desta vez sem a percepção de qualquer salário.

14.7 SITUAÇÕES *SUI GENERIS* COM PREVISÃO NO TEXTO LEGAL: SUSPENSÕES CONTRATUAIS IMPURAS, IMPERFEITAS OU IMPRÓPRIAS

Nas situações que serão tratadas neste tópico, apesar de não existir imposição de pagamento de salário, há obrigação residual, dirigida aos patrões, de recolhimento do FGTS. Essas situações são, por isso, reconhecidas como *sui generis*, uma vez que fogem ao figurino típico da suspensão ou da interrupção contratuais. Elas dizem respeito aos afastamentos dos trabalhadores por conta da prestação de serviço militar, para fruição de licença-maternidade ou em decorrência de acidente de trabalho.

Apesar da característica especial de manutenção de obrigação residual, é importante anotar que o Regulamento do FGTS considera a prestação de serviço militar, a licença-maternidade e a licença por acidente de trabalho como interrupções contratuais. Veja-se, com destaques nossos, a redação do art. 28, I e III, do Decreto n. 99.684/90:

> Art. 28. O depósito na conta vinculada do FGTS é obrigatório também **nos casos de interrupção do contrato de trabalho** prevista em lei, tais como:
>
> I — **prestação de serviço militar;**
>
> II — licença para tratamento de saúde de até quinze dias;
>
> III — **licença por acidente de trabalho;**
>
> IV — **licença à gestante;** e
>
> V — licença-paternidade.

Parágrafo único. Na hipótese deste artigo, a base de cálculo será revista sempre que ocorrer aumento geral na empresa ou na categoria profissional a que pertencer o trabalhador.

Essa evidência legislativa oferece segurança diante de questionamentos sobre a natureza jurídica das mencionadas situações contratuais. Como há norma — ainda que em caráter regulamentar — sinalizando no sentido de que o ato é interruptivo, não se deve temer assim considerá-lo. Enfim, apesar de não existir uma completa atribuição de verbas equivalentes ao salário, há outorga de parte delas mediante o depósito do FGTS.

Essa tomada de posição é aconselhável apenas como "referencial de segurança" para os avaliados que se submetem a algum questionamento no plano de eventual teste, processo seletivo ou concurso público, notadamente em questões de múltipla escolha. O examinador, enfim, não há de negar que o avaliado posicionou-se de acordo com regra existente no sistema normativo brasileiro, ainda que essa regra seja um Decreto, que, como se sabe, não passa por processo legislativo próprio, sendo mero instrumento de interpretação da lei.

Afirma-se ser "aconselhável **apenas** como referencial de segurança" porque, em rigor, os afastamentos motivados pela prestação de serviço militar, por licença-maternidade ou em decorrência de acidente de trabalho, a partir do 16º dia de incapacidade para os segurados-empregados, não são efetivamente situações de interrupção contratual. São, em verdade, situações *sui generis*. A mera manutenção dos depósitos do FGTS não é fundamento suficiente para as situações ora em análise ingressarem, sem importantes ressalvas, no plano das situações interruptivas.

14.7.1 Serviço militar obrigatório

O serviço militar é uma atividade de natureza cívica, *realizada independentemente de remuneração*[19], que visa à formação de reservas destinadas a atender às necessidades de pessoal das Forças Armadas quanto aos encargos relacionados com a Defesa Nacional, em caso de mobilização. A prestação desse serviço constitui ***encargo obrigatório***, nos termos do art. 143 do texto constitucional.

A atividade aqui analisada é prestada em organizações militares da ativa e em órgãos de formação de reservas das Forças Armadas ou em órgãos subordinados aos Ministérios Civis, mediante convênios entre estes e os Ministérios Militares, desde que haja interesse recíproco e, também, sejam atendidas as aptidões do convocado. Nos termos do art. 5º da Lei n. 8.239/91, "as mulheres e os eclesiásticos ficam isentos do Serviço Militar Obrigatório em tempo de paz, sujeitos, porém, de acordo com suas aptidões, a encargos do interesse da mobilização".

---

19 O Plenário do Supremo Tribunal Federal (STF) decidiu em 30-4-2008 que seria constitucional o pagamento de valor inferior ao salário mínimo para os jovens que prestam serviço militar obrigatório. A decisão foi tomada no julgamento do Recurso Extraordinário (RE) n. 570177, interposto por um recurso contra a União, sob o fundamento de que o pagamento de valor inferior ao mínimo violava o disposto nos arts. 1º, incisos III e IV; 5º, *caput*; e 7º, incisos IV e VII, da Constituição da República. Os ministros acompanharam o voto do relator, Ricardo Lewandowski, que considerou que "praças que prestam serviço militar inicial obrigatório não tinham, como não têm, o direito a remuneração, pelo menos equivalente, ao salário mínimo em vigor, afigurando-se juridicamente inviável classificá-los, por extensão, como trabalhadores na acepção que o inciso IV do artigo 7º da Carta Magna empresta ao conceito".
Produziu-se, então, a sexta súmula vinculante do STF, nos seguintes moldes:
STF, Súmula Vinculante n. 6: Não viola a Constituição da República o estabelecimento de remuneração inferior ao salário mínimo para os praças prestadores de serviço militar inicial.

Considerada a relevância do serviço militar inicial, a legislação procurou compensar aqueles que se afastam de seus empregos com o objetivo de cumprir o encargo obrigatório. Nesse sentido atuam o § 1º do art. 4º[20], o art. 132[21], o *caput* do art. 472[22] e o inciso VI do art. 473[23], todos da CLT, e, também, o § 5º do art. 15 da Lei n. 8.036/90[24].

14.7.2 Licença-maternidade com assunção de salário-maternidade pela previdência social

Antes de analisar essa *sui generis* causa suspensiva do contrato de emprego, é importante distinguir licença-maternidade e salário-maternidade.

A **licença-maternidade é um instituto de natureza trabalhista** com previsão constitucional constante do art. 7º, XVIII. Por força dela, o empregador obriga-se a garantir o afastamento de seu contratado, sem prejuízo do emprego e do salário, por 120 dias, em virtude da maternidade biológica ou afetiva. Pois bem. A Previdência Social assume o pagamento de um benefício que substitui o salário que naturalmente deveria ser pago pelo empregador durante a licença-maternidade. Surge, assim, o **salário-maternidade, que, em verdade, é um instituto de natureza previdenciária**.

Por que a licença-maternidade com assunção de salário-maternidade pela previdência social é causa suspensiva *sui generis*?

Isso ocorre porque o empregador, conquanto garanta o afastamento do trabalho e o seu retorno às atividades, não paga o equivalente ao salário no período correspondente ao afastamento, mas, **apenas, recolhe o FGTS exigível**.

E quais seriam os fatos geradores da licença-maternidade com assunção de salário--maternidade pela previdência social?

Três são esses fatos: o parto, o abortamento não criminoso e a adoção ou guarda para fins de adoção. Vejam-se, com detalhes:

a) Parto

Dá-se o nome de parto ao conjunto de fenômenos mecânicos e fisiológicos que levam à expulsão do feto do corpo da mãe. A legislação trabalhista brasileira, entretanto, não define "parto", não esclarece se a expulsão de feto morto é evento a ele equivalente e nem diferencia "parto antecipado" (§ 3º do art. 392 da CLT) de "aborto" (art. 395 da CLT) para determinar a ocorrência de "licença-maternidade" de **120 (cento e vinte) dias** ou de "re-

---

20 Art. 4º Considera-se como de serviço efetivo o período em que o empregado esteja à disposição do empregador, aguardando ou executando ordens, salvo disposição especial expressamente consignada.

§ 1º Computar-se-ão, na contagem de tempo de serviço, para efeito de indenização e estabilidade, os períodos em que o empregado estiver afastado do trabalho, prestando serviço militar e por motivo de acidente do trabalho.

21 Art. 132. O tempo de trabalho anterior à apresentação do empregado para serviço militar obrigatório será computado no período aquisitivo, desde que ele compareça ao estabelecimento dentro de noventa dias da data em que se verificar a respectiva baixa.

22 Art. 472. O afastamento do empregado em virtude das exigências do serviço militar ou de outro encargo público, não constituirá motivo para a alteração ou rescisão do contrato de trabalho por parte do empregador.

23 Art. 473. O empregado poderá deixar de comparecer ao serviço, sem prejuízo do salário: [...] VI — no período de tempo em que tiver de cumprir as exigências do Serviço Militar referidas na letra *c* do art. 65 da Lei n. 4.375, de 17 de agosto de 1964 (Lei do Serviço Militar);

24 Art. 15. [...] § 5º O depósito de que trata o *caput* deste artigo é obrigatório nos casos de afastamento para prestação do serviço militar obrigatório e licença por acidente do trabalho (parágrafo acrescentado pela Lei n. 9.711, de 20-11-1998).

pouso remunerado" de apenas 2 (duas) semanas. Aplicam-se, por isso, diante da omissão legislativa trabalhista, os critérios científicos adotados pela Organização Mundial de Saúde (OMS) e pelo Ministério da Saúde[25], segundo os quais "parto" é o evento fisiológico de expulsão do feto vivo, a qualquer momento, ou de feto morto, a partir da 23ª semana de gestação. Se a idade gestacional for desconhecida, haverá parto se o feto, a despeito de morto, pese 500 (quinhentos) gramas ou mais que isso, ou ainda quando ele meça 16 (dezesseis) ou mais centímetros.

Ressalte-se que, se a criança nascer viva, o evento será entendido como parto, independentemente do instante em que ocorra, outorgando-se para a segurada o salário-maternidade na base de **120 (cento e vinte) dias**[26].

Nos moldes do § 3º do art. 18 da Lei n. 13.301/2016, porém, **a licença-maternidade** de urbanas, rurícolas ou domésticas **será de 180 (cento e oitenta) dias** no caso das mães de crianças acometidas por sequelas neurológicas decorrentes de doenças transmitidas pelo *Aedes aegypti*, assegurado, nesse período, **o recebimento de salário-maternidade previsto no art. 71 da Lei n. 8.213, de 24 de julho de 1991, em igual dimensão**.

Cabe anotar, ainda, que o STF, por ato do relator, Min. Edson Fachin, nos autos da Ação Direta de Inconstitucionalidade recebida, pelo princípio da fungibilidade, como Arguição de Descumprimento de Preceito Fundamental n. 6.327 **(ADPF 6.327)**, aforada pelo partido Solidariedade em 8 de março de 2020, deferiu liminar a fim de conferir interpretação conforme a Constituição ao art. 392, § 1º, da CLT, assim como ao art. 71 da Lei n. 8.213/91 e, por arrastamento, ao art. 93 do seu Regulamento (Decreto n. 3.048/99), e assim assentar a necessidade de prorrogar o benefício, bem como **considerar como termo inicial da licença-maternidade e do respectivo salário-maternidade a alta hospitalar do recém-nascido e/ou de sua mãe**, o que ocorrer por último, **quando o período de internação exceder as duas semanas previstas no art. 392, § 2º, da CLT, e no art. 93, § 3º, do Decreto n. 3.048/99**.

A decisão salientou, com elevada sensibilidade, que "o período de internação neonatal guarda as angústias e limitações inerentes ao ambiente hospitalar e à fragilidade das crianças" e que, exatamente por isso, "é na ida para casa que os bebês efetivamente demandarão o cuidado e atenção integral de seus pais, e especialmente da mãe, que vivencia também um momento sensível como é naturalmente, e em alguns casos agravado, o período puerperal".

É importante anotar que, em 24 de outubro de 2022, o Plenário do STF, por unanimidade, conheceu da ação direta de inconstitucionalidade como arguição de descumprimento de preceito fundamental e, ratificando a liminar concedida em medida cautelar, julgou procedente o pedido formulado.

---

25 BRASIL, Ministério da Saúde. Secretaria de Políticas da Saúde. Área Técnica de Saúde da Mulher. *Parto, aborto e puerpério*: assistência humanizada à mulher. Brasília: Ministério da Saúde, 2001, p. 147.

26 O § 3º do art. 294 da IN-INSS n. 45/2010, ora revogada, considerava "parto o evento ocorrido a partir da vigésima terceira semana (sexto mês) de gestação, inclusive em caso de natimorto". Como a referida instrução normativa circunscrevia demasiadamente o conceito de parto, algumas dúvidas remanesciam, entre as quais aquela que questionava o direito em favor de criança que nascia antes do limite temporal ali mencionado. Para evitar qualquer tipo de debate, a IN-INSS n. 45/2010 foi revogada e, em seu lugar, surgiu a IN-INSS n. 77/2015, ora revogada, com a singela redação segundo a qual se considera "parto o evento que gerou a certidão de nascimento ou certidão de óbito da criança". Dessa forma, os médicos e as autoridades estatais decidem se houve parto, pois assim será considerado quando houver expedição de certidão da ocorrência. A IN INSS n. 128/2022, que substituiu a IN INSS n. 77/2015, preferiu não mais ser conceitual e voltou à sistemática originária, para dizer que o salário-maternidade é devido a contar do "parto, inclusive natimorto" (art. 358, I). Apesar de revogadas, as Instruções Normativas anteriores constituem ainda hoje uma importante fonte de consulta da evolução conceitual de "parto", enquanto instituto.

b) Abortamento não criminoso

"Aborto", por sua vez, que etimologicamente provém da associação do prefixo *ab-*, indicativo de distanciamento, privação, mais *-ortus*, designativo de surgimento, nascimento, é a interrupção da gravidez ou a expulsão do produto da concepção antes que o feto seja viável, ou seja, até a 22ª semana ou, se a idade gestacional for desconhecida, pesando menos de 500 (quinhentos) gramas ou ainda medindo menos de 16 (dezesseis) centímetros. É relevante anotar, nesse contexto, que, a despeito de intensamente aplicada no âmbito jurídico, a palavra "aborto" refere-se, em verdade, ao produto eliminado no processo de abortamento. Então, se a intenção é a de referir-se ao processo, há de dizer-se "abortamento". Deixe-se claro, então, que se pode falar em abortamento quanto a eventos ocorridos até a 23ª semana, salvo se, obviamente, houver nascimento de criança viva.

A licença é concedida na base de apenas **duas semanas**, desde que o abortamento seja não criminoso e assim declarado mediante atestado médico específico, nos termos do § 1º do art. 358 da IN-INSS n. 128/2022.

c) Adoção ou guarda para fins de adoção

A licença-maternidade também passou a ser outorgada, a partir de 16 de abril de 2002, data da publicação da Lei n. 10.421, **inicialmente apenas** para mulheres adotantes ou que tivessem obtido guarda judicial para fins de adoção. Os homens adotantes somente passaram a ter esse direito a partir de 2013, com a vigência da Lei n. 12.873, de 24 de outubro de 2013, como se verá adiante.

Note-se que não se trata de uma guarda qualquer. É indispensável que a guarda seja judicial e, mais que isso, que seja destinada à adoção.

É bom deixar registrado que a Lei n. 10.421/2002, conquanto produzisse uma revolução em favor da maternidade afetiva, criou uma tabela indicativa das relações entre a idade do adotado ou pupilo e o período de licença-maternidade. Essa tabela foi à época imensamente criticada pelo fato de a dimensão da licença-maternidade diminuir na medida em que aumentava a idade da criança adotada[27]. Chegava-se aos pincaros de não se conceder nenhuma licença-maternidade em favor da adotante que tivesse se afeiçoado e adotado criança com idade superior a oito anos. Estas, como se sabe, são as que mais dificilmente conquistam a adoção. A lei, então, produzia um desestímulo adicional. Não fosse apenas isso, a tabela era entendida como inconstitucional por contrariar o disposto no art. 7º, XVIII, da Constituição[28]. Sustentava que, se a adoção foi equiparada à gestação, não se poderia imaginar diferença entre a maternidade biológica e a afetiva. Por isso, inadmissível seria o fracionamento da licença maternidade para as hipóteses de adoção.

A Lei n. 12.010, de 3 de agosto de 2009, que passou a viger a partir de 2-11-2009, então, **revogou expressamente os §§ 1º a 3º do art. 392-A da CLT**[29] e com eles a tabela que diferenciava o tempo de duração da licença-maternidade.

---

27 A referida tabela oferecia licença e salário-maternidade pelo período de 120 dias se a criança tivesse até 1 ano de idade, de 60 dias, se a criança tivesse entre 1 e 4 anos de idade, e de 30 dias se a criança tivesse de 4 a 8 anos de idade. Se a criança tivesse idade superior a 8 anos, sua mãe adotiva não fruiria de qualquer licença ou salário-maternidade.

28 Art. 7º São direitos dos trabalhadores urbanos e rurais, além de outros que visem à melhoria de sua condição social: [...] XVIII — licença à gestante, sem prejuízo do emprego e do salário, com a duração de cento e vinte dias.

29 Veja-se o teor do art. 8º da Lei n. 12.010/2009, nos seguintes termos:

Art. 8º **Revogam-se** o § 4º do art. 51 e os incisos IV, V e VI do *caput* do art. 198 da Lei n. 8.069, de 13 de julho de 1990, bem como o parágrafo único do art. 1.618, o inciso III do *caput* do art. 10 e os arts. 1.620 a 1.629 da Lei n. 10.406, de 10 de janeiro de 2002 — Código Civil, e os §§ 1º a 3º do art. 392-A da Consolidação das Leis do Trabalho, aprovada pelo Decreto-Lei n. 5.452, de 1º de maio de 1943 (destaque não constante do original).

A partir de então, com a preservação unicamente do *caput* do art. 392-A da CLT, qualquer adoção, independentemente da idade da criança, passou a autorizar a licença-maternidade na dimensão única de 120 (cento e vinte) dias. Essa tabela, entretanto, manteve-se durante longo tempo no art. 71-A da Lei n. 8.213/91, que trata do pagamento do salário-maternidade pela previdência social e produziu verdadeiro imbróglio[30].

Nesse ponto, cabe anotar o posicionamento adotado pelo STF, nos autos do RE 778.889/PE, em março de 2016. A tese da repercussão geral nos autos do referido recurso extraordinário foi assim estabelecida: **"Os prazos da licença adotante não podem ser inferiores aos prazos da licença gestante, o mesmo valendo para as respectivas prorrogações. Em relação à licença adotante, não é possível fixar prazos diversos em função da idade da criança adotada"**. Para saber mais sobre esse assunto, consulte-se o Capítulo 17, no item em que são tratadas as diferenças entre licença-maternidade e salário-maternidade.

Não se poderia concluir este item sem dizer que a Lei n. 12.873, de 24 de outubro de 2013 (com vigência noventa dias após a data de sua publicação) quebrou tabus e incluiu no art. 392-C da CLT e no art. 71-B da Lei n. 8.213/91 previsão no sentido de que o empregado/segurado (homem) poderá fruir licença-maternidade e receber salário-maternidade quando adotar ou obtiver guarda judicial para fins de adoção. Vejam-se os dispositivos:

CLT:

Art. 392-A. À empregada que adotar ou obtiver guarda judicial para fins de adoção de criança será concedida licença-maternidade nos termos do art. 392.

[...]

Art. 392-C. Aplica-se, no que couber, o disposto nos arts. 392-A e 392-B ao empregado que adotar ou obtiver guarda judicial para fins de adoção.

Lei n. 8.213/91:

Art. 71-B. Ao segurado ou segurada da Previdência Social que adotar ou obtiver guarda judicial para fins de adoção de criança é devido salário-maternidade pelo período de 120 (cento e vinte) dias.

---

[30] É relevante anotar que em junho de 2012 o Instituto Nacional do Seguro Social (INSS) tornou público que, **em cumprimento à sentença de procedência proferida na ACP 5019632-23.2011.404.7200**, em trâmite perante a 1ª Vara Federal de Florianópolis/SC, **os benefícios de salário-maternidade em manutenção ou concedidos com fundamento no art. 71-A da Lei n. 8.213/91** (casos de adoção ou obtenção de guarda judicial para fins de adoção) **passariam a ser devidos pelo prazo de 120 (cento e vinte dias)**, **INDEPENDENTEMENTE DA IDADE DO ADOTADO**, desde que cumpridos os demais requisitos legais para a percepção do benefício. Nos casos de salário-maternidade em manutenção, o INSS noticiou, ainda, que a prorrogação do prazo para 120 (cento e vinte) dias seria efetivada de ofício pelo INSS independentemente de requerimento administrativo da segurada.
A Medida Provisória n. 619, de 6 de junho de 2013, entretanto, para pôr fim à controvérsia, modificou a redação do art. 71-A da Lei n. 8.213/91 nos seguintes termos:
*Art. 71-A. À segurada da Previdência Social que adotar ou obtiver guarda judicial para fins de **adoção de criança** é devido salário-maternidade pelo período de cento e vinte dias.*
A referida MP foi transformada na **Lei 12.873, de 24 de outubro de 2013**, que, extrapolando os limites da disposição anterior, não apenas confirmou o direito ora analisado na base de 120 dias, como estendeu a vantagem para os homens adotantes, nos seguintes moldes:
*Art. 71-A. Ao segurado ou segurada da Previdência Social que adotar ou obtiver guarda judicial **para fins de adoção de criança** é devido salário-maternidade pelo período de 120 (cento e vinte) dias.*
§ 1º O salário-maternidade de que trata este artigo será pago diretamente pela Previdência Social.
§ 2º Ressalvado o pagamento do salário-maternidade à mãe biológica e o disposto no art. 71-B, não poderá ser concedido o benefício a mais de um segurado, decorrente do mesmo processo de adoção ou guarda, ainda que os cônjuges ou companheiros estejam submetidos a Regime Próprio de Previdência Social.

É importante anotar que, nos limites das legislações colocadas em destaque, o casal que adotar ou obtiver guarda judicial para fins de adoção poderá escolher (caso ambos sejam igualmente segurados e empregados) quem receberá o salário-maternidade e, se for o caso, fruirá da licença-maternidade. Perceba-se que a lei não deu, nesse particular, exclusividade às mulheres. Caberá ao casal adotante — se for o caso — escolher o mais apto a afastar-se do trabalho para dedicar-se à criança. Obviamente, até por uma interpretação teleológica da norma, não há falar-se em fruição do direito aqui em análise por ambos os adotantes ao mesmo tempo em face de uma mesma criança.

Por outro lado, independentemente de adoção ou guarda para fins de adoção, o homem também poderá ser destinatário das vantagens ora em discussão nas situações de falecimento de sua cônjuge ou companheira. Vejam-se as disposições:

CLT:

Art. 392-B. Em caso de morte da genitora, é assegurado ao cônjuge ou companheiro empregado o gozo de licença por todo o período da licença-maternidade ou pelo tempo restante a que teria direito a mãe, exceto no caso de falecimento do filho ou de seu abandono.

Lei n. 8.213/91:

Art. 71-B. No caso de falecimento da segurada ou segurado que fizer jus ao recebimento do salário-maternidade, o benefício será pago, por todo o período ou pelo tempo restante a que teria direito, ao cônjuge ou companheiro sobrevivente que tenha a qualidade de segurado, exceto no caso do falecimento do filho ou de seu abandono, observadas as normas aplicáveis ao salário--maternidade.

Perceba-se, porém, que a licença-maternidade e o salário-maternidade, nos termos dos referidos arts. 392-B da CLT e 71-B da Lei n. 8.213/91, somente serão atribuídos ao cônjuge ou companheiro que tenha, no momento da invocação da vantagem, respectivamente, as qualidades de empregado e de segurado. Assim, obviamente, a licença-maternidade somente será transferida para o cônjuge ou companheiro sobrevivente se ele for empregado (urbano, rural ou doméstico) no momento do infausto acontecimento. Da mesma forma, o salário-maternidade somente será trasladado para o supérstite se este tiver, por ocasião do requerimento, mantida a qualidade de segurado. Isso significa que, em algumas situações, o cônjuge ou companheiro sobrevivente, caso desempregado ou despojado da qualidade de segurado, não terá, respectivamente, licença-maternidade ou salário-maternidade.

Quando ele tiver direito à licença-maternidade, porque empregado, terá direito ao salário-maternidade; mas haverá casos em que, apesar de desempregado e ainda no período de graça (*vide* art. 15 da Lei n. 8.213/91 e art. 13 do Decreto n. 3.048/99), não terá direito à licença-maternidade, mas fruirá de salário-maternidade.

Atente-se, por fim, que não há falar em fruição de salário-maternidade sem afastamento das suas atividades cotidianas para dedicar-se aos cuidados que a criança requer. O art. 71-C é bem claro no sentido de que "a percepção do salário-maternidade, inclusive o previsto no art. 71-B, está condicionada ao afastamento do segurado do trabalho ou da atividade desempenhada, sob pena de suspensão do benefício".

14.7.3 Afastamento motivado por incapacidade temporária ou permanente acidentária

Quando o empregado é afastado de suas atividades por conta de infortúnio ligado ao serviço — por um acidente do trabalho ou seus equiparados —, a lei, excepcionalmente, mantém alguns efeitos contratuais como forma de compensar, à custa do tomador dos serviços, o prejuízo causado à saúde do trabalhador. Isso ocorre porque o risco da atividade empresarial é assumido basicamente pelo empregador, sendo o acidente do trabalho um evento dela decorrente.

14.7.3.1 Efeitos contratuais mantidos por força de lei em favor dos trabalhadores que sofrem acidente do trabalho

Entre os efeitos contratuais mantidos em favor dos trabalhadores afastados por força de acidente do trabalho podem ser evidenciados os seguintes:

14.7.3.1.1 Cômputo do período de afastamento por acidente do trabalho para fins de indenização e estabilidade

Nos termos do parágrafo único do art. 4º da CLT, criado pela Lei n. 4.072, de 16 de junho de 1962 (ora § 1º por conta da reforma trabalhista produzida pela Lei n. 13.467, de 13 de julho de 2017), devem ser computados como tempo de serviço, para efeito de indenização e de estabilidade, os períodos em que o empregado estiver afastado do trabalho prestando serviço militar e por motivo de acidente do trabalho.

É importante observar que o dispositivo ora em análise focou unicamente a contagem da indenização prevista no art. 478 da CLT e a aquisição da estabilidade decenal a que se referia o art. 492 do mesmo diploma legal, institutos que em 1962 — ano de publicação da lei que previu a vantagem aqui estudada — tinham plena exigibilidade.

À época, um empregado que, por exemplo, tivesse sofrido acidente do trabalho quando contava com 5 (cinco) anos de contrato, alcançaria a estabilidade decenal se o tempo de seu afastamento em fruição de benefício previdenciário por incapacidade acidentária tivesse pelo menos mais 5 (cinco) anos. Assim, por ocasião do seu retorno ao emprego o trabalhador somaria ao menos 10 (dez) anos de "tempo de serviço": 5 (cinco) efetivamente trabalhados até a data do acidente do trabalho e outro 5 (cinco) decorrentes do período em que esteve afastado por causa acidentária.

O mesmo raciocínio se aplicaria a quem estivesse inserido em situação que impusesse o cálculo da indenização por antiguidade prevista no art. 478 da CLT. O tempo de afastamento por conta de acidente do trabalho também seria entendido como de "tempo de serviço".

Pode-se, entretanto, questionar: e nos dias atuais — em que os arts. 478 e 492 não têm mais aplicabilidade sobre novos contratos — ainda há possibilidade de invocar o parágrafo único do art. 4º da CLT em favor dos acidentados do trabalho?

A resposta parece positiva à luz da jurisprudência dominante. Não são poucas as decisões que têm invocado o texto do parágrafo único do art. 4º da CLT (ora § 1º por conta da reforma trabalhista produzida pela Lei n. 13.467, de 13 de julho de 2017) para transmutar a natureza jurídica do tempo de afastamento dos empregados contratados por tempo determinado — especialmente dos contratados por experiência — com o objetivo de garantir-lhes maiores proteções jurídicas. Quanto a esse tema e às consequências jurídicas daí decorrentes, consulte-se o tópico 14.4.

14.7.3.1.2 Manutenção dos depósitos do FGTS para os trabalhadores em licença acidentária

O art. 15 da Lei n. 8.036/90 prevê em seu *caput* que "todos os empregadores ficam obrigados a depositar, até o dia 7 (sete) de cada mês, em conta bancária vinculada, a importância correspondente a 8 (oito) por cento da remuneração paga ou devida, no mês anterior, a cada trabalhador, incluídas na remuneração as parcelas de que tratam os arts. 457 e 458 da CLT e a gratificação de Natal a que se refere a Lei n. 4.090, de 13 de julho de 1962, com as modificações da Lei n. 4.749, de 12 de agosto de 1965".

O § 5º do referido art. 15, criado pela Lei n. 9.711/98, acrescenta que "o depósito de que trata o *caput* deste artigo é **obrigatório nos casos de** afastamento para prestação do serviço militar obrigatório e **licença por acidente do trabalho**" (destaque não constante do original). Assim, independentemente de o contrato de emprego estar tecnicamente suspenso, será mantida a obrigação de recolhimento do FGTS nas situações em que a motivação do afastamento tenha sido evento de natureza ocupacional, ou seja, acidente do trabalho ou doença ocupacional.

É importante anotar que, na vigência simultânea de dois ou mais contratos de emprego (intercontratualidade), a manutenção dos depósitos do FGTS em decorrência de licença por acidente do trabalho **somente obrigará o empregador que produziu o acidente do trabalho, não se estendendo contra quem não deu causa a ele**.

Para bem entender a situação, tome-se um exemplo. Imagine-se um trabalhador que durante o dia é digitador em uma Editora e que, durante a noite, é professor em uma Faculdade. Suponha-se que esse trabalhador tenha sofrido grave acidente dentro da Editora e que, por isso, ficou temporariamente incapacitado para o trabalho em ambos os empregos. Não haveria dúvidas de que esse trabalhador será destinatário de auxílio por incapacidade temporária acidentário (antes chamado de auxílio-doença acidentário) (B-91) em face da Editora e que a incapacidade que justificou essa concessão será a mesma que motivará o seu afastamento temporário tanto da Editora quanto da Faculdade na qual trabalhava à noite. Nunca será demasiada a lembrança de que, a despeito de somente existir uma única relação jurídica previdenciária entre o segurado e o órgão de previdência (INSS), podem existir múltiplas relações trabalhistas autônomas com tantos quantos sejam os empregadores.

Diante dessa evidência, surgem duas inevitáveis perguntas:

Primeira: O trabalhador receberá *auxílio por incapacidade temporária* acidentário (B-91) em relação a ambos os vínculos de emprego?

Segunda: A faculdade, que em nada colaborou para a queda do trabalhador, terá de também manter em favor dele o recolhimento do FGTS segundo o disposto no § 5º do art. 15 da Lei n. 8.036/90?

A resposta é **negativa** para ambas as questões.

Sob o ponto de vista previdenciário (primeira questão), o trabalhador receberá auxílio por incapacidade temporária acidentária (B-91) em face da empresa na qual sofreu acidente do trabalho e auxílio por incapacidade temporária previdenciária (B-31) em virtude da relação travada com a empresa em que não se deu o evento acidentário. O benefício será unicamente o auxílio por incapacidade temporária, mas a sua tipologia será diferente, bastando para tanto a declaração disso na Guia de Recolhimento do FGTS e de Informações à Previdência Social.

Sob o ponto de vista trabalhista (segunda questão), a Faculdade não estará obrigada a manter os depósitos do FGTS em decorrência da licença do seu empregado, porque ela — a Faculdade — não motivou o acidente do trabalho. Somente o empregador que produziu a lesão estaria constrito a manter o recolhimento do FGTS, porque somente na relação jurídico-trabalhista mantida com ele a licença concedida ao empregado foi qualificada pelo acidente do trabalho.

Outro ponto importantíssimo a anotar, no particular, diz respeito à natureza do benefício por incapacidade que é concedido.

Nesse ponto é importante salientar que a situação prevista no § 5º do art. 15 da Lei n. 8.036/90, exigível a partir da publicação da Lei n. 9.711, de 20 de novembro de 1998 (*DOU* de 21-11-1998), é (ou, pelo menos, deveria ser) **indistintamente aplicável às situações** em que o empregado frui de **auxílio por incapacidade temporária acidentário ou de aposentadoria por incapacidade permanente acidentária**. Diz-se "deveria ser" porque há quem defenda a tese de que o dispositivo ora em exame restringir-se-ia unicamente ao afastamento por auxílio por incapacidade temporária acidentária. Esse entendimento, visível em muitas decisões judiciárias, parte de alguns equivocados pressupostos que serão especificamente analisados nos tópicos seguintes.

a) A extensão da expressão "licença por acidente do trabalho"

Em decorrência de o dispositivo em exame mencionar a locução "**licença** por acidente do trabalho", formou-se a ideia de que tal norma somente se aplicaria às situações de auxílio por incapacidade temporária, e não de aposentadoria por incapacidade permanente.

Quem faz essa leitura não considera a essencial distinção entre "licença" (instituto de natureza trabalhista) e "benefício" (instituto de natureza previdenciária).

Enfim, aquele que recebe **benefício previdenciário substituinte do salário, mas em caráter temporário,** estará invariavelmente licenciado para fins trabalhistas. Isso, aliás, acontece com quem, durante a licença-maternidade (instituto trabalhista), recebe o salário-maternidade (instituto previdenciário) e também com quem, durante a licença por incapacidade laboral, recebe o auxílio por incapacidade temporária (por força de incapacidade laboral uniprofissional) ou a aposentadoria por incapacidade permanente (por conta de incapacidade laboral multiprofissional).

Para reforçar a evidência da distinção entre "licença" (instituto de natureza trabalhista) e "benefício" (instituto de natureza previdenciária), basta lembrar que, mesmo dentro de uma relação de emprego, pode existir "licença por acidente do trabalho" sem haver o correspondente benefício previdenciário. Esse é o caso do aposentado que volta a trabalhar e que, no transcurso do seu contrato de emprego, se torna incapaz por conta de acidente do trabalho.

Tal trabalhador-aposentado, apesar de não fruir da possibilidade jurídica de receber auxílio por incapacidade temporária acidentário ou aposentadoria por incapacidade permanente acidentária (veja-se o § 2º do art. 18 da Lei n. 8.213/91[31]), gozará, sem dúvidas, de "licença por acidente do trabalho". Durante o período da "licença", esse trabalhador-aposentado terá direito ao recolhimento do FGTS durante o período do afastamento (§ 5º do art. 15 da Lei n. 8.036/90) e também à estabilidade prevista no art. 118 da Lei n. 8.213/91[32].

Perceba-se que, em caso tal, o trabalhador-aposentado nem mesmo será submetido à perícia médica para aferição da suscetibilidade ou da insuscetibilidade de reabilitação para o fim especial de concessão de auxílio por incapacidade temporária ou de aposentadoria por

---

31 O trabalhador aposentado, a despeito de contribuir para o sistema previdenciário, sofre severas limitações no tocante aos benefícios a ele extensíveis. É que, nos moldes do § 2º do art. 18 da Lei n. 8.213/91, não lhe é atribuída qualquer prestação previdenciária em decorrência da continuidade ou do retorno ao exercício da atividade laboral, exceto o salário-família e a reabilitação profissional para aqueles que retornem às tarefas na condição de empregados ou na qualidade de trabalhadores avulsos (esses últimos, por força do art. 7º, XXXIV, do texto fundamental). Perceba-se:

Art. 18. [...] § 2º O aposentado pelo Regime Geral de Previdência Social — RGPS que permanecer em atividade sujeita a este Regime, ou a ele retornar, **não fará jus a prestação alguma da Previdência Social em decorrência do exercício dessa atividade**, exceto ao salário-família e à reabilitação profissional, quando empregado (destaque não constante do original).

32 Há, aliás, *leading case* do TST que garante os direitos trabalhistas ora mencionados. Nos autos do RR 8544400-81.2003.5.04.0900, a 2ª Turma do Tribunal Superior do Trabalho concluiu que empregado aposentado, que sofre acidente de trabalho, tem direito à estabilidade provisória.

incapacidade permanente. Afinal, ele não tem direito, pela sua condição de espontaneamente aposentado, a nenhum dos referidos benefícios previdenciários do RGPS.

Ele, assim, simplesmente ingressará em situação de "licença por acidente do trabalho" (não há, aliás, outro nome para definir o seu *status* de afastamento no âmbito trabalhista) e terá todos os direitos decorrentes de tal "licença", especialmente, como antedito, o de ver recolhido o FGTS durante o período do afastamento (§ 5º do art. 15 da Lei n. 8.036/90) e também o de fruir da estabilidade prevista no art. 118 da Lei n. 8.213/91.

Há casos que demonstram exatamente o contrário. Existem segurados que continuam a fruir de um benefício previdenciário por incapacidade (auxílio por incapacidade temporária acidentária ou aposentadoria por incapacidade permanente acidentária), iniciado em um momento em que o seu vínculo de emprego vigia e que, por terem tal vínculo de emprego cessado, deixam a condição de "licenciados" para assumir a posição de "desempregados".

Exemplo disso é encontrado entre trabalhadores contratados por determinados entes políticos sem concurso público e que, a despeito dessa irregularidade, fruem de recolhimentos previdenciários e recebem seus devidos salários. Pois bem. Se esses contratados sem concurso público sofrem acidente do trabalho, eles passam a fruir de "licença por acidente do trabalho" e do benefício previdenciário correspondente — auxílio por incapacidade temporária acidentário ou aposentadoria por incapacidade permanente acidentária, a depender do caso.

Imagine-se, então, que, numa mudança de administração, um novo gestor público descubra a irregularidade e que, por conta dela, rescinda o contrato de todos os contratados sem concurso público, inclusive do trabalhador que estava em fruição do benefício previdenciário por incapacidade acidentária.

Pergunta-se, então: o vínculo de emprego ora referido cessou com a rescisão decorrente da nulidade? Claro que sim. Não há dúvidas quanto a isso, tampouco quanto ao fato de que a rescisão do contrato nulo arrebatou a "licença por acidente do trabalho".

Mas e o benefício previdenciário? Ele também terminará? A resposta é negativa. Ele continuará a ser oferecido até que cesse a incapacidade laborativa do trabalhador em fruição de auxílio por incapacidade temporária ou de aposentadoria por incapacidade permanente.

Vê-se, assim, que é igualmente possível haver a fruição de benefício por incapacidade acidentária conquistado durante um vínculo de emprego, sem que mais exista esse vínculo de emprego e nem a correspondente "licença por acidente do trabalho".

Credita-se essa confusão conceitual entre "licença" (instituto trabalhista) e "benefício" (instituto previdenciário) à circunstância de que, nos termos das legislações previdenciárias vigentes no passado, a aposentadoria por incapacidade permanente transformava-se, depois de cinco anos, em benefício definitivo. Isso não mais ocorre. A parte final do art. 42 da Lei n. 8.213/91[33] é bem clara no sentido de que o benefício ora em análise será pago apenas enquanto o segurado permanecer inválido. Recuperada a higidez, a aposentadoria por incapacidade permanente cessará e o segurado voltará às atividades

b) A indefinição da situação do aposentado por incapacidade permanente e a indeterminação da data de seu possível retorno às atividades laborais

---

33 Art. 42. A aposentadoria por invalidez, uma vez cumprida, quando for o caso, a carência exigida, será devida ao segurado que, estando ou não em gozo de auxílio-doença, for considerado incapaz e insusceptível de reabilitação para o exercício de atividade que lhe garanta a subsistência, e ser-lhe-á paga enquanto permanecer nesta condição.

Outro argumento muito comum é aquele segundo o qual a aposentadoria por incapacidade permanente não poderia ser causa para a aplicação do § 5º do art. 15 da Lei n. 8.036/90 porque a indefinição da situação do aposentado por incapacidade permanente impediria a determinação de uma data aproximada para seu retorno às atividades. Essa justificativa não tem o menor sentido. Afirma-se isso porque a indefinição do momento de retorno às atividades não retira da licença o seu caráter de afastamento temporário.

Para bem entender essa situação, basta imaginar que um trabalhador, que é digitador no turno diurno e professor no turno noturno, tenha se tornado incapaz para o trabalho por conta de severos calos em suas cordas vocais de origem ocupacional. Esse trabalhador se tornaria impedido para o exercício de suas atividades de docente, mas não para as de digitador. Se o problema com as cordas vocais se agravasse, o segurado, embora continuasse a realizar suas funções de digitador, estaria impossibilitado por tempo indeterminado de voltar à docência. Pois bem. Nesse caso, o referido segurado não poderia ser destinatário de aposentadoria por incapacidade permanente (antes chamada de aposentadoria por invalidez), mas apenas de auxílio por incapacidade temporária (antes chamado de auxílio-doença), haja vista a inexistência de incapacidade multiprofissional. Essa situação é expressamente mencionada no *caput* do art. 74 do Decreto n. 3.048/99. Veja-se:

> Art. 74. *Quando o segurado que exercer mais de uma atividade **se incapacitar definitivamente** para uma delas, **deverá o auxílio-doença ser mantido indefinidamente**, não cabendo sua transformação em aposentadoria por invalidez, enquanto essa incapacidade não se estender às demais atividades* (destaques negritados não constantes do original).

A despeito da indefinição da situação do segurado que recebe auxílio por incapacidade temporária, e da indeterminação da data de seu possível retorno às atividades laborais, ele, sem dúvidas, seria contemplado com o direito previsto no § 5º do art. 15 da Lei n. 8.036/90. Por que o mesmo não acontece com o aposentado por incapacidade permanente?

c) A possibilidade de levantamento do FGTS por conta da aposentadoria por incapacidade permanente

Outro argumento daqueles que sustentam a impossibilidade de aplicação do § 5º do art. 15 da Lei n. 8.036/90 aos aposentados por incapacidade permanente reside na circunstância de eles estarem autorizados a levantar os depósitos do FGTS realizados. Isso seria suficiente para afastá-los do direito de ver realizados novos depósitos a partir da aposentadoria por incapacidade permanente acidentária?

A resposta é evidentemente negativa. O fato de o aposentado por incapacidade permanente poder sacar o FGTS depositado apenas o coloca em situação equivalente à de outros trabalhadores que, *sem ter os vínculos de emprego cessados*, fruem exatamente da mesma vantagem. Perceba-se que um trabalhador acometido de neoplasia maligna (*vide* o art. 20, XI, da Lei do FGTS, n. 8.036/90) ou, ainda, aquele que tenha idade igual ou superior a setenta anos (art. 20, XV) poderão sacar os depósitos do FGTS quando melhor lhes aprouver.

Imagine-se que esse referido trabalhador — acometido de neoplasia maligna ou maior de setenta anos — tenha sofrido acidente do trabalho e esteja recebendo auxílio por incapacidade temporária acidentário. Ele terá o direito à aplicação do § 5º do art. 15 da Lei n. 8.036/90 e, sem que se possa objetar a sua condição de licenciado, poderá sacar a qualquer momento os depósitos do FGTS. Por que o mesmo não pode ocorrer com o aposentado por incapacidade permanente?

d) *O argumento* a maiori, ad minus

Não fossem apenas os fundamentos apresentados em cada um dos tópicos acima expendidos, é certo que, por força de um argumento *a maiori, ad minus*, aplicar o § 5º do art. 15 da Lei n. 8.036/90 aos destinatários de auxílio por incapacidade temporária acidentário em detrimento dos aposentados por incapacidade permanente acidentária implicaria violação ao princípio da igualdade e, pior que isso, importaria tratar uma situação mais danosa de modo menos favorável.

Para bem entender o que se pretende dizer com isso, imagine-se a seguinte situação exemplificativa: dois motoristas de uma mesma empresa, A e B, estão na cabine de um caminhão; um está dirigindo o veículo enquanto o outro aguarda o momento de assumir, em substituição, a direção. Ocorre um acidente motivado por falta de manutenção do veículo. O trabalhador "A" sofre escoriações e quebra o pé, o que o torna incapaz de realizar temporariamente seu serviço, sendo-lhe, por isso, destinado o auxílio por incapacidade temporária acidentário. O trabalhador "B" sofre traumatismo craniano e ingressa em estado de coma, sem suscetibilidade de retorno às atividades e, consequentemente, sem perspectiva de reabilitação. Para o trabalhador "B" é concedida, diante da situação extrema, a aposentadoria por incapacidade permanente acidentária.

Pois bem. Pela tese de que o § 5º do art. 15 da Lei n. 8.036/90 somente se aplicaria a quem estivesse afastado por auxílio por incapacidade temporária acidentário, apenas o trabalhador "A" seria destinatário do direito de manutenção dos recolhimentos no FGTS, justamente aquele que menos sofreu os efeitos do acidente. O trabalhador "B", mais lesado, haveria de contentar-se apenas com o benefício previdenciário. Esse raciocínio é claramente equivocado, uma vez que não há como dar tratamentos diferenciados a benefícios que tiveram a mesma etiologia.

e) *A natureza jurídica dos recolhimentos do FGTS durante a "licença por acidente do trabalho"*

Se o vínculo de emprego em ambas as situações continua incólume, a manutenção do recolhimento do FGTS constitui, na verdade, **uma parte do sistema indenizatório** conferido pela lei ao empregado acidentado do trabalho, devendo ser suportado pelo empregador, que, em rigor, foi direta ou indiretamente responsável pelo acidente do trabalho.

A natureza jurídica do FGTS, nesse caso, não seria de mero salário diferido, como sói acontecer, uma vez que não há contrato de emprego vigente para dar suporte a essa conclusão. O recolhimento do FGTS em favor de quem se afastou por conta de acidente do trabalho foi engenhado, na verdade, como um ***plus* do sistema de compensações**, sendo indicativo claríssimo disso o tratamento jurídico de "interrupção contratual ficta" dada pelo parágrafo único do art. 4º da CLT (ora § 1º, por conta da reforma trabalhista produzida pela Lei n. 13.467, de 13 de julho de 2017) às situações em que o operário se afasta por causas acidentárias do trabalho.

O empregador — que não pode restabelecer o trabalhador ao seu *status quo ante* — é compelido pela norma jurídica a compensar, ainda que de modo fracionado, ao longo dos meses de inatividade, a perda de oportunidades de trabalho. E essa ideia de "compensação" torna-se mais evidente na medida em que se constata que o trabalhador aposentado por incapacidade permanente é, ainda que a título precário, um incapaz multiprofissional, vale dizer, um incapaz que não pode exercer qualquer trabalho.

f) A base de cálculo dos recolhimentos do FGTS durante o período da "licença por acidente do trabalho"

Depois de identificada a aplicabilidade do disposto no § 5º do art. 15 da Lei n. 8.036/90 em favor dos aposentados por incapacidade permanente, surge um novo questionamento: *qual seria a base de cálculo desses recolhimentos?*

A resposta não é simples, porque não encontrada nos textos legais, mas apenas em norma regulamentar, interpretativa da própria lei. Perceba-se que o parágrafo único do art. 28 do Decreto n. 99.684/90 oferece a solução: a base de cálculo para a situação ora em análise corresponderá à dimensão salarial do mês do afastamento, que será revista sempre que ocorrer aumento geral na empresa ou na categoria profissional a que pertencer o trabalhador. Veja-se:

> Art. 28. O depósito na conta vinculada do FGTS é obrigatório também nos casos de interrupção do contrato de trabalho prevista em lei, tais como:
>
> I — prestação de serviço militar;
>
> II — licença para tratamento de saúde de até quinze dias;
>
> III — licença por acidente de trabalho;
>
> IV — licença à gestante; e
>
> V — licença-paternidade.
>
> Parágrafo único. Na hipótese deste artigo, a base de cálculo será revista sempre que ocorrer aumento geral na empresa ou na categoria profissional a que pertencer o trabalhador.

Assim se resolve o problema da inexistência concreta de base de cálculo. Utiliza-se, então, uma base fictícia.

g) A inevidência de efeitos jurídicos produzida por um jubilamento compulsório sobre a "licença por acidente do trabalho"

Numa análise residual, oferecida em atenção ao objetivo da completitude analítica, pode-se ainda questionar quanto à possibilidade de o empregador, em determinados casos e condições previstas no art. 51 da Lei n. 8.213/91[34], requerer o jubilamento compulsório do empregado durante a fruição de auxílio por incapacidade temporária acidentário ou aposentadoria por incapacidade permanente acidentária, com o objetivo de fazer cessar a obrigação de recolhimento do FGTS.

Isso seria mesmo possível?

---

34 A análise baseada no art. 51 da Lei n. 8.213/91 é feita apenas para dar completitude ao estudo ora realizado. Ressalva-se isso porque a norma em destaque é evidentemente inconstitucional na medida em que fomenta discriminação bárbara e vil, sem arrimo na Constituição da República, contra aqueles que têm idade avançada. Em rigor, o art. 51 da Lei n. 8.213/91, além de discriminar as pessoas senis, é seletivo e somente atua contra a pessoa idosa que tenha cumprido a carência legalmente exigível. Há, portanto, duas discriminações: a primeira contra qualquer pessoa idosa que possa estar incluída na hipótese prevista na norma; a segunda contra pessoa idosa que tenha cumprido a carência exigível para a aposentadoria por idade, uma vez que somente a eles — e não aos que não tenham cumprido a carência, apesar de igualmente pessoas idosas — se aplica a norma em exame. Veja-se o seu texto:
Art. 51. A aposentadoria por idade pode ser requerida pela empresa, desde que o segurado empregado tenha cumprido o período de carência e completado 70 (setenta) anos de idade, se do sexo masculino, ou 65 (sessenta e cinco) anos, se do sexo feminino, sendo compulsória, caso em que será garantida ao empregado a indenização prevista na legislação trabalhista, considerada como data da rescisão do contrato de trabalho a imediatamente anterior à do início da aposentadoria.

O sistema jurídico trabalhista retira qualquer efeito prático dessa ação, uma vez que o beneficiário de auxílio por incapacidade temporária acidentário ou de aposentadoria por incapacidade permanente acidentária, conquanto, *in tese*, possa ser compulsoriamente aposentado por idade, desde que tenha cumprido o período de carência e completado 70 (setenta) anos de idade, se do sexo masculino, ou 65 (sessenta e cinco) anos, se do sexo feminino, **não deixará de estar licenciado sob o ponto de vista da relação trabalhista**.

Em outras palavras: a atuação patronal pode convolar a natureza jurídica do benefício previdenciário do trabalhador afastado por incapacidade laboral, mas não terá o condão de transformá-lo em sujeito capaz de retornar ao serviço. Assim, como já se antecipou em tópico anterior, apesar de atingida a relação jurídica previdenciária, em nada será tangenciada a relação jurídica trabalhista. O trabalhador afastado por incapacidade laboral continuará licenciado e, por conta desta licença, cujo fato gerador foi um acidente do trabalho, permanecerá sendo destinatário dos depósitos do FGTS. E mais: quando retornar, deverá estar protegido contra a dispensa por pelo menos doze meses, por força do disposto no art. 118 da Lei n. 8.213/91[35].

14.7.3.1.3 Desconsideração do período de afastamento por acidente do trabalho para a contagem de férias até o limite de seis meses

De acordo com o disposto nos arts. 131, III[36], e 133, IV[37], da CLT, combinados com a Súmula 46 do TST[38], as faltas ou ausências decorrentes de acidente do trabalho não são consideradas para os efeitos de duração de férias, observado, é claro, o limite de seis meses de afastamento, ainda que descontínuos.

14.7.3.2 Efeitos contratuais mantidos por entendimento jurisprudencial em favor dos trabalhadores que sofrem acidente do trabalho

14.7.3.2.1 Manutenção de planos de saúde

Essa situação tem sido objeto de múltiplos questionamentos judiciários baseados no fundamento de que o trabalhador não poderia ver-se privado da proteção médica supletiva oferecida

---

[35] Neste sentido há jurisprudência do TST. Nos autos do RR 8544400-81.2003.5.04.0900, a 2ª Turma do Tribunal Superior do Trabalho concluiu que empregado aposentado, que sofre acidente de trabalho, tem direito à estabilidade provisória. Por unanimidade de votos, a turma confirmou o voto do relator, Min. Renato de Lacerda Paiva. Sob o ponto de vista do relator, que levou em consideração os princípios do direito do trabalho e a finalidade da norma, o empregado não poderia ser apenado por conta de um obstáculo criado pela lei. Como o aposentado que continua ou volta a trabalhar não tem direito ao recebimento de auxílio-doença, o empregado-aposentado jamais ingressaria no figurino do art. 118 da Lei n. 8.213/91 porque nunca seria destinatário de auxílio-doença acidentário. Para o Ministro relator a garantia de emprego mínima de um ano tem por objetivo proporcionar a readaptação do trabalhador, ainda que já aposentado, às funções desempenhadas antes do acidente ou em outra compatível com seu estado de saúde.

[36] Art. 131. Não será considerada falta ao serviço, para os efeitos do artigo anterior, a ausência do empregado (redação dada ao *caput* pelo Decreto-Lei n. 1.535, de 13-4-1977): [...] III — por motivo de acidente do trabalho ou enfermidade atestada pelo Instituto Nacional do Seguro Social — INSS, excetuada a hipótese do inciso IV do art. 133 (redação dada ao inciso pela Lei n. 8.726, de 5-11-1993).

[37] Art. 133. Não terá direito a férias o empregado que, no curso do período aquisitivo: [...] IV — tiver percebido da Previdência Social prestações de acidente de trabalho ou de auxílio-doença por mais de seis meses, embora descontínuos (redação dada ao *caput* pelo Decreto-Lei n. 1.535, de 13-4-1977).

[38] Súmula 46 do TST. ACIDENTE DE TRABALHO. As faltas ou ausências decorrentes de acidente do trabalho não são consideradas para os efeitos de duração de férias e cálculo da gratificação natalina (RA 41/1973, *DJ*, 14-6-1973).

pela empresa quando dela mais precisasse, ou seja, quando estivesse acidentado ou sofrendo doença ocupacional. A essa motivação associa-se o argumento da responsabilidade patronal.

Enfim, as causas acidentárias do trabalho decorrem do serviço em favor da empresa ou, em grande medida, têm origem justamente nele. Nessa ordem de ideias, a jurisprudência há anos tem-se posicionado pela manutenção dos planos de saúde, quando oferecidos pelas empresas, em favor exclusivamente dos empregados acidentados ou doentes por razões ocupacionais[39].

O TST, depois de muitas decisões proferidas no mesmo sentido, acabou por publicar, na revisão jurisprudencial de setembro de 2012, súmula que encerra a discussão. Veja-se:

Súmula 440 do TST. AUXÍLIO-DOENÇA ACIDENTÁRIO. APOSENTADORIA POR INVALIDEZ. SUSPENSÃO DO CONTRATO DE TRABALHO. RECONHECIMENTO DO DIREITO À MANUTENÇÃO DE PLANO DE SAÚDE OU DE ASSISTÊNCIA MÉDICA. Assegura-se o direito

---

[39] Vejam-se algumas ementas de aresto nesse sentido:
DOENÇA PROFISSIONAL — APOSENTADORIA POR INVALIDEZ — MANUTENÇÃO DE CUSTEIO PELO EMPREGADOR DE PLANO DE SAÚDE. A previsão em norma regulamentar, que a obrigação do empregador manter plano de saúde a seus empregados se estende somente até 180 dias da rescisão contratual, não se aplica ao empregado aposentado por invalidez, pois essa espécie de aposentadoria, ainda que constatada a incapacidade permanente (por sinal, só a incapacidade tida como permanente gera direito à aposentadoria por invalidez), não acarreta a ruptura do vínculo de emprego, mas apenas a sua suspensão (art. 475, CLT). A suspensão do contrato de trabalho, embora conceitualmente represente a cessação temporária e total (daí se diferenciando da interrupção) das obrigações pertinentes ao contrato, na verdade, preserva algumas obrigações, inclusive diretas (por exemplo, recolhimento do FGTS — art. 15, § 5º, da Lei n. 8.036/90). Considerando que a incapacitação decorre dos serviços prestados ao Reclamado, não é justo, nem razoável, que este, após ter usufruído da força de trabalho do Reclamante, agora, quando o mesmo mais precisa do atendimento médico, possa privá-lo do benefício que já havia se incorporado ao contrato de trabalho. Não se pode eximir o Reclamado da responsabilidade pelo estado em que se encontra o Reclamante, muito menos de contribuir para reparar os prejuízos decorrentes, mormente quando o empregador tem o dever de manter ambiente adequado para preservar a higidez física e mental de seus empregados. Aplicação também do art. 927, parágrafo único, do Código Civil Brasileiro (TRT 9ª R., Processo 53865-2004-513-09-00-9 (16661-2005), Rel. Juiz Arion Mazurkevic, *DJPR*, 5-7-2005).
APOSENTADORIA — INVALIDEZ — SUSPENSÃO DE CONTRATO — AÇOMINAS — PLANO DE SAÚDE — APOSENTADORIA POR INVALIDEZ — SUSPENSÃO PARCIAL DOS EFEITOS CONTRATUAIS — A suspensão do contrato de trabalho, decorrente de aposentadoria por invalidez, não se transmite à obrigação atinente a plano de saúde. Como sustenta a doutrina mais técnica, na hipótese do artigo 475 da CLT, não há propriamente uma suspensão do contrato de trabalho, senão de alguns de seus efeitos. Decorre disso que somente os efeitos incompatíveis com a prestação do trabalho devem ser considerados suspensos. Fora dessa perspectiva, não há falar em suspensão das demais cláusulas contratuais, quando não jungidas à quididade da prestação de serviço. Vigora aqui, ainda que de maneira especial e atenuada, o princípio da continuidade do contrato de trabalho. Não bastasse o plano de cargos e salários da Açominas não excepciona de sua abrangência os empregados com contratos suspensos, razão pela qual qualquer disposição em contrário importa em ofensa literal ao dispositivo da norma interna, que, como tal, adere ao contrato de trabalho. Além disso, cumpre sublinhar que o interregno atinente à invalidez justamente o período em que o empregado mais necessita da cobertura do plano de saúde, motivo pelo qual, o regulamento da empresa não poderia mesmo estabelecer tal odiosa discriminação (TRT 3ª R., RO 8323/02, 3ª T., Rel. Juiz José Eduardo de Resende Chaves Júnior, *DJMG*, 5-10-2002, p. 6).
APOSENTADORIA POR INVALIDEZ — PLANO DE SAÚDE PAGO PELA EMPRESA — MANUTENÇÃO — OBRIGATORIEDADE — Suspensão do contrato de trabalho. Restabelecimento de plano assistencial de saúde. Art. 475 da CLT. Na hipótese do art. 475 da CLT, somente consideram-se suspensos os efeitos incompatíveis com a prestação do trabalho, mas não as demais cláusulas contratuais, não jungidas à essência da prestação laboral, razão pela qual aos efeitos da suspensão do contrato de trabalho não se transmite a obrigação atinente ao plano de saúde. Mormente considerando que o interregno atinente à invalidez é, justamente, o período em que o empregado mais necessita da cobertura do plano de saúde, não podendo a empresa, simplesmente, suprimir o plano assistencial, ao fundamento de que, estando o reclamante aposentado por invalidez, não possui qualquer vínculo com seu ex-empregador (TRT 3ª R., RO 00169.2003.054.03.00.6, 6ª T., Rel. Juíza Lucilde D'Ajuda L. de Almeida, *DJMG*, 18-3-2004, p. 9).

à manutenção de plano de saúde, ou de assistência médica, oferecido pela empresa ao empregado, não obstante suspenso o contrato de trabalho em virtude de auxílio-doença acidentário ou de aposentadoria por invalidez.

É importante observar, porém, que o TST não apenas arrimou com a redação da súmula ora transcrita o trabalhador que sofreu acidente do trabalho mas também o trabalhador que, *por qualquer motivo*, ainda que não ocupacional, se aposentou por incapacidade permanente (antes chamado "aposentado por invalidez"). Essa é a ideia que se forma a partir da leitura do trecho final da súmula, que, como se viu, protege não somente o empregado que teve suspenso o seu contrato em virtude de auxílio por incapacidade temporária **acidentário** (B-91) mas também aquele que se afastou em decorrência de aposentadoria por incapacidade permanente.

Note-se que, ao contrário do que ocorreu com o auxílio-doença (ora auxílio por incapacidade temporária), qualificado pela palavra "acidentário", a aposentadoria por invalidez (ora aposentadoria por incapacidade permanente) não recebeu nenhum designativo, podendo, portanto, consoante o entendimento da Alta Corte trabalhista, ser, indiferentemente, acidentária (B-92) ou previdenciária (B-32).

Ficaram fora da incidência da súmula, portanto, apenas os beneficiários do auxílio por incapacidade temporária previdenciária (B-31).

14.7.3.2.2 Manutenção da posse de imóvel ocupado em função do trabalho

Outra situação bem controvertida é a que envolve a pretensão de manutenção da posse de imóvel ocupado em função do serviço — exemplo aplicável normalmente a zeladores quando estes são abatidos por acidente do trabalho. Para dar substrato a essa pretensão é manejado, em regra, o argumento da assunção da responsabilidade patronal por conta da geração do dano. Alguns entraves práticos, entretanto, obstaculizam a tese da manutenção da posse do imóvel ocupado pelo empregado acidentado, sendo destacável aquela que diz respeito à continuidade dos serviços. Enfim, onde ficaria alojado o empregado substituto daquele que sofreu acidente do trabalho?

Enfrentando questionamentos como este, é de destacar a decisão egressa do TRT da 2ª Região, Processo TRT/SP 01145.2004.402.02.00-4, relatado pela Juíza Maria Aparecida Pellegrina. Segundo a referida decisão, o afastamento do empregado, causado por acidente do trabalho, mesmo o ocorrido no curso do aviso prévio, enquadra-se como suspensão contratual, não existindo justificativa para a manutenção do direito de uso do alojamento funcional, uma utilidade não salarial.

A jurisprudência é firme no sentido de que as utilidades concedidas para o serviço podem ser sacadas do trabalhador a partir do instante em que se inicia a suspensão contratual (alojamento funcional, fardas, equipamentos de proteção individual, veículos etc.), ainda que esta tenha sido motivada por acidente do trabalho. Isso, evidentemente, não acontece com as utilidades salariais, por exemplo, com o imóvel oferecido como parte *in natura* da remuneração. No mesmo sentido pode ser citada a decisão proferida no Processo TRT/SP 00878.2003.009.02.00-2, relatada pelo Juiz Sérgio Pinto Martins.

14.8 SUSPENSÃO E INTERRUPÇÃO CONTRATUAIS PELO EXERCÍCIO DA AUTONOMIA PRIVADA

Nos termos do art. 444 da CLT, "as relações contratuais de trabalho podem ser objeto de livre estipulação das partes interessadas em tudo quanto não contravenha às disposições de proteção ao trabalho, às convenções coletivas que lhes sejam aplicáveis e às decisões das autoridades competentes". Nesse sentido, diante da inexistência de norma legal impediente, é possível que as partes criem, com base em suas autonomias privadas, situações de suspensão ou de interrupção contratuais, além daquelas previstas em lei.

14.8.1 Suspensão contratual pelo exercício da autonomia privada individual para a satisfação de assunto de interesse pessoal

Nada impede que os sujeitos do negócio de emprego ajustem a suspensão do contrato durante determinado tempo, necessário à satisfação de assunto de interesse pessoal. É muito comum, por exemplo, que professores da rede privada de ensino solicitem às Escolas a suspensão dos seus contratos de emprego pelo tempo necessário à realização de um curso de pós-graduação ou à consecução de algum projeto.

Nesse caso, e em outros tantos, a despeito da sustação temporária dos principais efeitos do contrato, permanece vigente a obrigação de garantia de retorno ao cargo anteriormente ocupado, tão logo desaparecida a causa suspensiva (art. 471 da CLT).

14.8.2 Suspensão contratual pelo exercício da autonomia privada individual para que empregado eleito ocupe o cargo de diretor (Súmula 269 do TST)

A jurisprudência dominante tem reconhecido a possibilidade de criação de novas situações de suspensão ou de interrupção contratuais, além daquelas previstas em lei. O texto da Súmula 269 do TST constitui prova disso. Perceba-se que, sem que exista norma legal criadora da causa de suspensão do contrato de emprego, consagrou-se a ideia de que "o empregado eleito para ocupar cargo de diretor tem o respectivo contrato de trabalho suspenso, não se computando o tempo de serviço desse período, salvo se permanecer a subordinação jurídica inerente à relação de emprego"[40]. Nota-se, assim, situação em que, mesmo sem a existência de norma jurídica criadora dessa espécie de suspensão contratual, ela tem sido reconhecida pelos juízes e tribunais.

14.8.3 Suspensão contratual pelo exercício da autonomia privada coletiva em decorrência de *lay off*

Sob o nome jurídico *lay off*[41], não raramente empresas em dificuldades financeiras negociam com as entidades sindicais a suspensão coletiva dos contratos de emprego até que

---

[40] Enfim, se um empregado evoluiu na estrutura hierárquica criada pelo empregador, pode ter alcançado um nível tão elevado que o fez "furar" o teto da subordinação jurídica. Se esse empregado foi além da condição de subordinado, deixou de ser um dirigido para ser um dirigente. Se isso aconteceu, ele, evidentemente, deixou de ser empregado e passou, ainda que temporariamente, à condição de trabalhador autônomo. Isso produziu, independentemente de previsão expressa de lei, a suspensão de seu contrato de emprego.

[41] A palavra **lay off** proveio da aglutinação do verbo "to lay", que designa as ações de colocar, pôr ou lançar algo, mais o advérbio "off", que indica desligamento, separação, extirpação ou distanciamento físico. Havia, de início, mera *verbal phrase* de uso comum, que, porém, adquiriu sentido próprio no universo jurídico trabalhista. Criou-se assim um verdadeiro instituto. Mas que instituto é esse? Alguns dos mais prestigiados dicionários de etimologia da língua inglesa (*An Etymological Dictionary of Modern English* e *Oxford English Dictionary*, por exemplo) revelam que a palavra "lay off" passou a ser utilizada em sentido técnico trabalhista para indicar a ação do empregador que paralisa temporariamente as suas atividades e suspende coletivamente o contrato de emprego de seus empregados até a superação de uma crise pontual.

O *lay off* passou, então, a ser cogitado como uma alternativa válida para a superação das adversidades trazidas pela crise. Há previsão genérica sobre ele na Convenção n. 168 da OIT, ratificada pelo Brasil em 1993 e aqui promulgada em 1998. A ideia, aliás, inspirou a construção do art. 476-A da CLT, desde que ajustada mediante negociação coletiva.

superem as suas adversidades, e, num futuro determinado, consigam se recompor para seguir adiante.

Apesar de o *lay off* ter aparição muito mais doutrinária do que normativa no Brasil, é possível encontrar previsão genérica acerca dele no *caput* do art. 476-A da CLT, quando, timidamente, sem dizer claramente sobre a sua transindividualidade, dispõe que "o contrato de trabalho poderá ser suspenso, por um período de dois a cinco meses, para participação do empregado em curso ou programa de qualificação profissional oferecido pelo empregador, com duração equivalente à suspensão contratual, mediante previsão em convenção ou acordo coletivo de trabalho e aquiescência formal do empregado, observado o disposto no art. 471 desta Consolidação".

Há, é verdade, um conjunto de parágrafos no referido art. 476-A da CLT, com o objetivo de esmiuçar procedimentalmente essa suspensão contratual fundada na autonomia privada coletiva, mas uma questão importante emerge na medida em que se indaga: *e se as empresas e os sindicatos quisessem criar formas diversas de suspensão coletiva dos contratos de emprego, não lhes seria lícito fazer?*

Decerto, sim. Nos tempos do coronavírus, não se teve dúvida em dizer que sim. Todo o universo jurídico adotou essas soluções simplificadas e o fez de forma consensual, porque, diante da pandemia, não existiam mesmo recursos financeiros estrategicamente reservados, tampouco uma realidade fantasiada. Havia, sim, um problema de dimensões globais que atingiu toda a economia mundial. E, exatamente por isso, mais uma vez se admitiu — inicialmente na MP n. 936/2020 e, em seguida, na Lei n. 14.020/2020 — a suspensão dos contratos de emprego, seja pela autonomia privada coletiva, seja mesmo, em decorrência da excepcional autorização do STF, por meio da ADI 6.363/DF, pela autonomia privada individual. Há reiteração disso na Lei n. 14.437, de 2022.

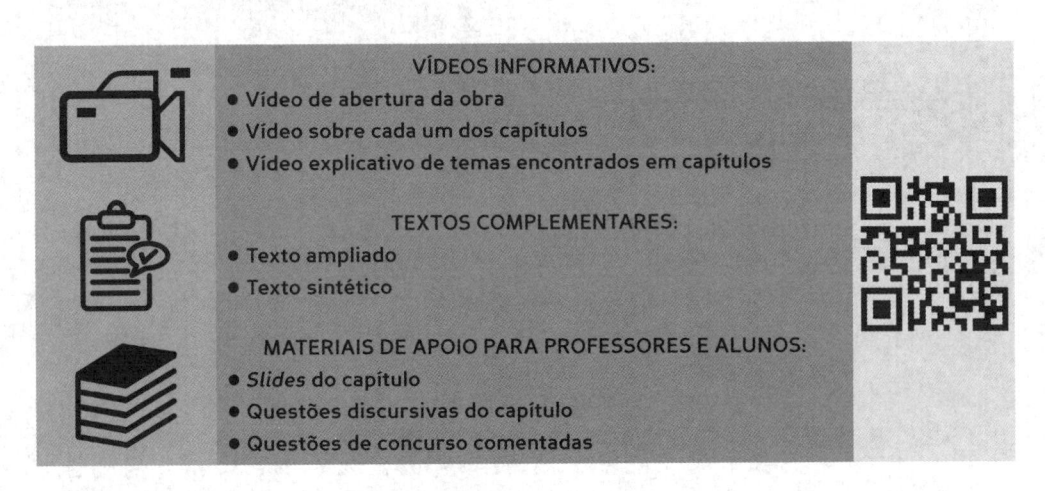

VÍDEOS INFORMATIVOS:
- Vídeo de abertura da obra
- Vídeo sobre cada um dos capítulos
- Vídeo explicativo de temas encontrados em capítulos

TEXTOS COMPLEMENTARES:
- Texto ampliado
- Texto sintético

MATERIAIS DE APOIO PARA PROFESSORES E ALUNOS:
- *Slides* do capítulo
- Questões discursivas do capítulo
- Questões de concurso comentadas

15
CESSAÇÃO DO CONTRATO DE EMPREGO

https://somos.in/CTD14

15.1 CONSIDERAÇÕES INTRODUTÓRIAS

O "fim". Esse é o misterioso instante que vive a atormentar qualquer pessoa que simplesmente diz sim ao "começo". A cessação da caminhada é uma obviedade que, embora ignorada, acontece. E assim se dá com vidas, guerras, amores ou contratos. Nada impede o inexorável ponto final quando ele se impõe, seja antevisto/programado ou surpreendente/impulsionado por algum fato que o promova antecipadamente. Nesse momento os envolvidos, em certa medida golpeados pelo lado psicológico da cessação, avaliam as consequências do evento e calculam as perdas decorrentes do rompimento do vínculo ou do estado.

Assim se dá igualmente nos contratos de emprego. Como num rito de passagem, na terminação do vínculo contratual as partes convenentes verificam as pendências e aferem os eventuais haveres impostos pela lei ou pelas cláusulas que elas próprias produziram. É um momento de extrema delicadeza, no qual o empregado teme deixar de receber alguma verba e o empregador teme ser demandado a pagar mais do que efetivamente devia. Todos, afinal, querem a segurança de que a ruptura, conquanto amargosa, lhes proporcionou a certeza de que se fez exatamente aquilo que se deveria fazer.

Seja lá como for, cabe seguir nesses momentos a máxima segundo a qual *não se deve cortar o que se pode desatar*. Um bom "fim" poderá realmente proporcionar, futuramente, um novo "começo" entre os sujeitos contratantes na medida em que as terminações contratuais orientadas por razoabilidade, proporcionalidade e respeito recíprocos abrem, sem dúvidas, novas oportunidades de retorno.

Pois bem. Feitas essas considerações iniciais, para bem compreender a cessação do contrato e as consequências dele advindas, cabe iniciar pela didática lembrança de que ela pode ocorrer por **duas vias** diversas: a (i) **normal**, quando é extinto em decorrência do fato de ter atingido seu termo final ou de ter alcançado seus propósitos, e a (ii) **excepcional**, quando é dissolvido em virtude de fatores ou causas que o fazem esgotar prematuramente. Esses fatores que geram a dissolução são classificados como resilição, resolução e rescisão[1].

Cessação
- Via normal
  - Extinção pelo alcance do termo final
  - Extinção pela obtenção dos propósitos contratuais
- Via excepcional
  - Dissolução por resilição
  - Dissolução por resolução
  - Dissolução por rescisão

---

[1] A CLT, sem realizar maiores distinções, utiliza o vocábulo "rescisão" como sinônimo de qualquer das causas de dissolução dos contratos.

15.2 CESSAÇÃO PELA VIA NORMAL

Diz-se que um contrato cessa por via normal quando ele chega a seu termo final (quando alcança a data prevista para seu término) ou, ainda, quando são alcançados seus propósitos. Essas cessações normais ocorrem, em regra, diante de *contratações por tempo determinado*, recebendo o nome de *extinção*. É controvertida, entretanto, como se verá adiante, a existência de cessações contratuais por via normal em *ajustes por tempo indeterminado*.

15.2.1 Extinção pelo alcance do termo final

Há contratos por tempo determinado qualificados como tais apenas por possuírem termos inicial e final antecipadamente conhecidos. Não se espera desse tipo de ajuste que os contratantes alcancem seus propósitos, mas apenas que eles aguardem o transcurso do número de dias que foram concertados. A obtenção do resultado não é o fato que juridicamente estanca o pacto, mas sim o mero transpasse dos dias.

Embora pareça evidente que somente se pode falar em extinção por alcance do "termo final de contratos por tempo determinado", há algumas interpretações jurisdicionais, egressas do TST, que sustentam a plausibilidade de "termo final de contratos por tempo indeterminado". Vejam-se as duas situações separadamente:

15.2.1.1 Termo final de contratos por tempo determinado

O advento do termo final nos contratos por tempo determinado é algo esperado. Por isso, quando o ajuste é cumprido dentro do prazo estabelecido, diz-se extinto o negócio jurídico por uma via absolutamente natural. As partes, diante dessa situação, estarão preparadas e prevenidas para realizar o adimplemento de todos os créditos decorrentes da terminação do vínculo, não consistindo em surpresa o instante exato do pagamento das correspondentes parcelas.

15.2.1.2 Termo final de contratos por tempo indeterminado

É possível falar em "termo final de contratos por tempo indeterminado"?

A princípio, a resposta, de acordo com a teoria geral dos contratos, seria negativa, mas a jurisprudência, baseada na riqueza dos casos concretos, identifica algumas situações que podem conduzir, sim, à hipótese de extinção — por advento de termo final — em contratos por tempo indeterminado.

Vejam-se algumas dessas situações e as críticas relacionadas a cada uma delas.

15.2.1.2.1 A suposta extinção do contrato de emprego por força de aposentadoria espontânea

Durante longo tempo vicejou jurisprudência segundo a qual, **independentemente do afastamento do empregado**, a **aposentadoria espontânea**[2] geraria, como principal

---

[2] Diz-se espontânea a aposentadoria quando o segurado, tendo cumprido a carência exigível, manifesta o interesse de afastar-se do trabalho em virtude do cumprimento do pressuposto que diz respeito à idade ou ao tempo de contribuição. É espontânea ou natural porque o segurado poderia, querendo, prorrogar o momento de sua postulação, mas preferiu, livre de pressões, apresentar o correspondente requerimento. A aposentadoria espontânea contrapõe-se à aposentadoria compulsória, ou seja, àquela inevitável por força de incapacidade (de invalidez) do trabalhador (arts. 42 a 47 da Lei n. 8.213/91) ou por conta de idade elevada do segurado (figura presente no art. 51 do mencionado texto legal). Em virtude da espontaneidade do ato de aposentação, o art. 49 da Lei de Benefícios garante ao segurado empregado, inclusive ao doméstico, que o benefício lhe será devido a partir da data do desligamento do emprego, quando requerida até essa data ou até noventa dias depois dela; ou a contar da data do requerimento, quando não houver desligamento do empre-

efeito, a extinção do vínculo[3]. Esse posicionamento, antes conduzido pelo TST, mediante orientação jurisprudencial[4], implicava, em verdade, situação produtora de modalidade de despedida **sem indenização**, o que não poderia ser feito sem ofensa ao dispositivo constitucional inserto no art. 7º, I.

A Corte Superior Trabalhista, entretanto, mudou de posicionamento e editou a Orientação Jurisprudencial 361 da SDI-1. Veja-se:

> **Orientação Jurisprudencial 361 da SDI-1, TST.** *APOSENTADORIA ESPONTÂNEA. UNICIDADE DO CONTRATO DE TRABALHO. MULTA DE 40% DO FGTS SOBRE TODO O PERÍODO. A aposentadoria espontânea* **não é causa de extinção do contrato de trabalho** *se o empregado permanece prestando serviços ao empregador após a jubilação. Assim, por ocasião da sua dispensa imotivada, o empregado tem direito à multa de 40% do FGTS sobre a totalidade dos depósitos efetuados no curso do pacto laboral (destaques não constantes do original). Publicada no DJU de 20-5-2008.*

Esse novo entendimento fez ruir todas as orientações baseadas no pressuposto de que a aposentadoria espontânea seria causa extintiva do contrato de emprego.

No que diz respeito ao trecho da Orientação Jurisprudencial 361 da SDI-1 do TST, relacionado ao acréscimo de quarenta por cento sobre o FGTS, pode-se afirmar que, não tendo a aposentadoria o condão de extinguir o contrato de emprego, o levantamento dos valores da conta vinculada por força de jubilamento tem mero efeito de saque antecipado. Para essa situação aplica-se, então, literalmente, o disposto no § 1º do art. 18 da Lei n. 8.036/90: "Na hipótese de despedida pelo empregador sem justa causa, depositará este, na conta vinculada do trabalhador no FGTS, importância igual a quarenta por cento **do montante de TODOS os depósitos realizados na conta vinculada durante a vigência do contrato de trabalho**" (destaques não constantes do original). A base de incidência do acréscimo de quarenta por cento de um trabalhador que se aposentou no curso do vínculo corresponderá, portanto, à *"totalidade dos depósitos efetuados no curso do pacto laboral".*

Passados muitos anos, a Reforma da Previdência de 2019, mediante a Emenda Constitucional n. 103, de 2019, reintroduziu a discussão na legislação, mas agora na prestigiada sede constitucional, para dizer que a aposentadoria concedida com a utilização de tempo de contribuição decorrente de cargo, emprego ou função pública, inclusive com tempo de contribuição do Regime Geral de Previdência Social, acarretará sim o rompimento automático e imediato do vínculo que gerou o referido tempo de contribuição[5]. Veja-se:

---

go ou quando for requerida após o mencionado prazo de noventa dias. Para os demais segurados, a aposentadoria terá início a contar da data da entrada do requerimento.

3 Iniciou-se, a partir da inserção dos §§ 1º e 2º no art. 453 da CLT (via art. 3º da Lei n. 9.528, de 10-12-1997), uma grande discussão em torno do efeito da aposentadoria espontânea sobre o vínculo de emprego. Isso aconteceu porque o § 1º do mencionado artigo da CLT dispunha no sentido de que "na aposentadoria espontânea de empregados das empresas públicas e sociedades de economia mista é permitida sua readmissão desde que atendidos aos requisitos constantes do artigo 37, inciso XVI, da Constituição, e condicionada à prestação de concurso público". O § 2º, por sua vez, e em caráter mais abrangente (não adstrito apenas às entidades paraestatais), estabelecia que o ato de concessão de benefício de aposentadoria ao empregado que não tivesse completado 35 anos de serviço, se homem, ou trinta, se mulher, importaria extinção do vínculo empregatício. Esses parágrafos, entretanto, foram atacados com sucesso por ações diretas de inconstitucionalidade (vejam-se as ADIs 1770/DF e 1721/DF).

4 Foi CANCELADA em 25-10-2006 a OJ 177 da SDI-1 do TST, segundo a qual a aposentadoria espontânea extinguiria o contrato de trabalho, mesmo quando o empregado continuasse a trabalhar na empresa após a concessão do benefício previdenciário. Uma das mais discutidas consequências era aquela que dizia respeito à inaplicabilidade do acréscimo de 40% sobre os depósitos do FGTS em relação ao período anterior à aposentadoria.

5 Para maiores detalhes, consulte-se MARTINEZ, Luciano. *Reforma da Previdência: entenda o que mudou*. São Paulo: Saraiva, 2020.

Art. 37. [...]

§ 14. A aposentadoria concedida com a utilização de tempo de contribuição decorrente de cargo, emprego ou função pública, inclusive do Regime Geral de Previdência Social, acarretará o rompimento do vínculo que gerou o referido tempo de contribuição.

A inovação normativa atingiu, entretanto, apenas aqueles que trabalham direta ou indiretamente para a administração pública, em qualquer dos regimes de previdência social (RPPS ou RGPS), que tenham espontaneamente solicitado a aposentadoria voluntariamente. Ficam de fora do efeito desse artigo todos aqueles que trabalham única e exclusivamente para a iniciativa privada, pois essa esfera não foi atingida pelo referido dispositivo.

Assim, restrito o alcance da disposição unicamente aos que trabalham direta ou indiretamente para a administração pública, pode-se dizer que, tirante aqueles que estejam em situações blindadas pelo direito adquirido, a regra é muito simplesmente enunciável: "aposentou espontaneamente, rompeu-se o vínculo com a administração pública direta ou indireta", independentemente de esse vínculo ter natureza estatutária ou contratual[6].

A partir da vigência do texto aqui em análise, portanto, o ente federativo ou a empresa estatal não estarão a despedir o empregado, tampouco o empregado estará a pedir demissão. O vínculo simplesmente se romperá por esgotamento a partir da concessão da aposentadoria voluntária, sem que os contratantes tenham de assumir indenizações pelo desenlace, salvo o pagamento das vantagens já conquistadas e proporcionais, a exemplo de férias devidas e proporcionais, acrescidas de 1/3, e de décimos terceiros não pagos.

A medida normativa é uma das muitas que visam atuar no equilíbrio financeiro do sistema previdenciário, pois, segundo constatou o governo, muitos dos que se aposentam em empregos públicos permanecem em atividade, cumulando o salário (pelo governo custeado) e os proventos da aposentadoria (também por ele assumidos). O melhor dos mundos para a administração estatal seria o desestímulo da aposentadoria dos que ora atuam em cargos, empregos e funções públicas. A postulação de aposentadoria deles ensejará, mais cedo ou mais tarde, a necessidade de realocação do posto livre. Exatamente por isso a medida produzirá uma preocupação para as empresas estatais, pois a aposentadoria voluntária

---

6 É importante observar que o STF decidiu dois pontos controvertidos sobre a matéria nos autos do Recurso Extraordinário (RE) 655.283, que fixou a tese de repercussão geral no Tema 606.

A Alta Corte deixou bem claro que somente estariam fora dos efeitos do § 14 do art. 37 da Constituição da República aqueles que tenham efetivamente se aposentado antes de iniciada a vigência da EC 103/2019. A concessão da aposentadoria haveria de ter ocorrido antes do dia 13 de novembro de 2019, dia de início da vigência da referida Emenda Constitucional.

Pouco importa, portanto, que a aposentadoria tenha sido requerida antes de 13-11-2019. Somente se livrará dos efeitos do referido § 14 do art. 37 da Constituição da República aquele que teve a aposentadoria concedida antes de iniciada a exigibilidade da EC 103/2019.

O segundo ponto é o que diz respeito ao Judiciário competente para dirimir controvérsias em torno da questão. Segundo o STF, a competência é da Justiça Comum (federal ou estadual) — e não da Justiça do Trabalho — para julgar a legalidade da dispensa ou da reintegração de empregados públicos em decorrência de sua aposentadoria.

Veja-se a tese firmada pelo STF: "A natureza do ato de demissão de empregado público é constitucional-administrativa e não trabalhista, o que atrai a competência da Justiça comum para julgar a questão. A concessão de aposentadoria aos empregados públicos inviabiliza a permanência no emprego, nos termos do art. 37, § 14, da Constituição Federal, salvo para as aposentadorias concedidas pelo Regime Geral de Previdência Social até a data de entrada em vigor da Emenda Constitucional 103/2019, nos termos do que dispõe seu art. 6º".

de qualquer um dos seus empregados importará a necessidade de seu imediato afastamento sem que a reposição seja fácil ou instantânea, pois dependente de concurso público.

E o retorno daqueles cujos postos de trabalho foram extintos pela tomada da decisão de aposentar-se? Ele poderão realizar novo concurso público para voltar ao lugar do qual foram extirpados para, enfim, cumular os proventos de aposentadoria e os estipêndios da atividade?

A resposta é positiva, mas apenas em favor daqueles que exerçam empregos públicos, com aposentadoria concedida pelo Regime Geral da Previdência Social e que ainda tenham idade para voltar ao trabalho em empresas estatais. Rememore-se que somente é vedada, nos termos do § 10 do art. 37 da Constituição, "a percepção simultânea de proventos de aposentadoria decorrentes do art. 40 ou dos arts. 42 e 142 [regimes próprios] com a remuneração de cargo, emprego ou função pública".

Assim, teoricamente falando, se o empregado de uma empresa pública aposentar-se pelo RGPS, ele terá o contrato automaticamente extinto, mas poderá voltar ao posto que ocupara mediante um novo concurso público, pois nada ora impede a percepção simultânea de aposentadoria cujo tempo de contribuição disse respeito a vínculo extinto e de salário decorrente de uma nova investidura em emprego público.

15.2.1.2.2 *A suposta extinção do contrato de emprego do trabalhador aposentado especial que permanece no ambiente nocivo ou a ele retorna*

As restrições impostas pelo § 8º do art. 57 da Lei n. 8.213/91 aos direitos dos aposentados especiais produzem importantes análises nos planos das relações jurídicas previdenciária e trabalhista. É relevante, por isso, separar claramente cada uma das mencionadas vias — a previdenciária da trabalhista — para evitar equivocadas interpretações.

De início, observe-se a redação do dispositivo objeto da presente investigação — § 8º do art. 57 da Lei n. 8.213/91 — e perceba-se que ele foi inserido no sistema jurídico pela Lei n. 9.732, de 11 de dezembro de 98, sendo, portanto, somente exigível daqueles que se aposentaram a partir de então. Trata-se de limitação imposta ao aposentado especial para continuar no exercício da atividade ou operação geradora da aposentadoria especial, sob pena de cancelamento do seu benefício. Veja-se:

Art. 57. [...]

§ 8º Aplica-se o disposto no art. 46 ao segurado aposentado nos termos deste artigo que continuar no exercício de atividade ou operação que o sujeite aos agentes nocivos constantes da relação referida no art. 58 desta Lei.

A primeira e mais importante conclusão que se obtém a partir da leitura do dispositivo em destaque permite dizer que a norma em exame atinge unicamente a relação jurídica de direito previdenciário, para determinar o cancelamento da aposentadoria especial daquele que, a despeito da fruição desse benefício, continua no exercício de atividade ou operação que o sujeite aos agentes nocivos constantes da relação referida no art. 58 da Lei n. 8.213/91. Isso significa que não há nenhuma compressão sobre o direito fundamental ao trabalho (*vide* art. 5º, XIII, da Constituição da República) do aposentado especial. Se ele quiser infringir a norma que veda a sua permanência ou retorno ao trabalho realizado sob condições especiais somente será apenado no âmbito da relação jurídica previdenciária, vale dizer, somente verá a sua aposentadoria cancelada, e não produzido qualquer impedimento ao regular desenvolvimento de sua relação de trabalho. A lei não apena o trabalhador aposentado especial com a perda do emprego, mas, unicamente, com a perda do benefício. Nada mais que isso.

Diante dessas assertivas pode-se afirmar, sem dúvidas, que, em rigor, ninguém que atenda as qualificações profissionais impostas por lei pode ser impedido de realizar o seu trabalho, ofício ou profissão, mesmo aquele que frua de aposentadoria especial. O pior que poderá acontecer a este aposentado, nos termos do multicitado dispositivo constante do § 8º do art. 57 da Lei n. 8.213/91, é o cancelamento do benefício a que indevidamente pretendeu, sob o fundamento de que queira efetivamente o livramento das condições erosivas que lhe eram impostas.

Nesse ponto da discussão é relevante chamar a atenção para o fato de que, em respeito ao seu dever de proteção e com o objetivo de fazer valer o direito fundamental à redução dos riscos inerentes ao trabalho, o Estado deve oferecer uma alternativa para o trabalhador que, apesar de cônscio do seu direito ao trabalho, quer se afastar da atividade nociva com a qual, por necessidade, conviveu. Exatamente para atender a estes reclames, o sistema jurídico criou a aposentadoria por tempo de contribuição especial, justamente para albergar com o mínimo existencial o trabalhador desgastado. O ordenamento, então, permite que esse trabalhador peça à Previdência Social para retirá-lo precocemente de uma vida de serviços em contato com agentes insalubres.

Perceba-se, nesse ponto, que um trabalhador desavisado, antes de conseguir a certificação de uma aposentadoria especial, poderá permanecer, muitos anos além do tempo necessário a esse jubilamento, submetido a trabalho em condições nocivas à sua saúde ou à sua integridade física. Basta lembrar que a aposentadoria especial é também "espontânea", sendo outorgada somente a pedido do interessado. Há muitos trabalhadores que, apesar de realizarem atividades que lhes poderiam proporcionar aposentadoria especial, como, por exemplo, os engenheiros químicos, os médicos infectologistas, os enfermeiros e os radiologistas, não pensam nem um minuto em se afastar do trabalho que tanto lhes dá prazer e satisfação. Não se poderia, portanto, impor a estes profissionais que coactamente se afastem do trabalho que os dignifica e que os arrima financeiramente. Se eles quiserem o afastamento, o ordenamento jurídico está preparado para atendê-los e para jubilá-los por tempo de contribuição diferenciado dos demais trabalhadores. Entretanto, se eles não quiserem isso, não poderão ser compelidos a tanto. Aliás, ninguém será obrigado a fazer ou deixar de fazer alguma coisa senão em virtude de lei (*vide* art. 5º, II, do texto constitucional).

Lembre-se que há diversos trabalhos autônomos cuja nocividade meio ambiental é elevadíssima e que, em última análise, levam os trabalhadores a um desgaste imenso. Um aposentado especial pode, então, querer desenvolver essa atividade autônoma desgastante, não existindo nada na norma posta que o impeça a tanto, mas apenas que retire dele a aposentadoria especial.

O que não se pode admitir é que um trabalhador solicite a aposentadoria especial, com base em tempo de contribuição mais vantajoso, assim idealizada para afastá-lo da nocividade meio ambiental e, em seguida, de maneira contraditória e violadora da boa-fé, mantenha-se no mesmo ou em outro ambiente igualmente nocivo. Aí está o problema jurídico. *Esse trabalhador deve ser apenado com o cancelamento da aposentadoria especial ou com a perda do direito de trabalhar no ambiente nocivo?*

A resposta é apenas uma: ser apenado com o cancelamento da aposentadoria especial, conforme claramente consta no muitas vezes referenciado § 8º do art. 57 da Lei n. 8.213/91.

Não há, portanto, falar-se em extinção do contrato de trabalho por aposentadoria especial, uma vez que nada impede que o trabalhador continue a laborar sob condições meio ambientais nocivas. O que não se admite — e o que ora aqui se reitera — é que ele continue a trabalhar ali *e, também, ao mesmo tempo*, a fruir o benefício que somente é devido para quem se afasta da nocividade.

Nos moldes do parágrafo único do art. 67 do Decreto n. 3.048/99, com redação dada pelo Decreto n. 8.123, de 2013, o segurado que praticar o comportamento que aqui foi analisado será imediatamente notificado da cessação do pagamento de sua aposentadoria especial, no prazo de sessenta dias contado da data de emissão da notificação, salvo comprovação, nesse prazo, de que o exercício dessa atividade ou operação foi encerrado. Oferece-se, portanto, ao segurado que infringe a lei o direito de corrigir a conduta segundo a qual, de maneira contrastante, quis **o melhor de dois mundos**.

Pode-se, então, questionar: que pode fazer o empregador diante da evidência de uma situação em que um aposentado por tempo de contribuição especial queria manter-se no vínculo de emprego que, decerto, poderá lhe produzir adoecimento?

O empregador terá algumas opções.

A primeira e mais suave seria a retirada do trabalhador do ambiente de nocividade para dar continuidade ao vínculo, em tarefas similares, fora do âmbito da insalubridade meio ambiental. Perceba-se que não há nenhuma restrição feita ao aposentado especial para continuar ou voltar ao trabalho sob condições meio ambientais comuns. Caberia ao empregador proceder a uma readaptação funcional do seu empregado com objetivo de evitar o seu adoecimento, dando notícia disso à Previdência Social, nos mesmos moldes da atitude prevista no § 4º do art. 104 do Decreto n. 3.048/99, consoante o qual é juridicamente lícita a mudança de função, mediante readaptação profissional promovida pela empresa, como medida preventiva, em decorrência de inadequação do local de trabalho.

A segunda opção patronal, embora a mais arriscada para o empregador, seria a de manutenção do vínculo de emprego do trabalhador aposentado especial com a imediata comunicação da ocorrência ao INSS, autarquia que administra a concessão de benefícios do Regime Geral da Previdência Social, para fins de aplicação da pena prevista no § 8º do art. 57 da Lei n. 8.213/91. Note-se que não há norma que impeça alguém de continuar a trabalhar num ambiente insalubre além dos limites temporais necessários à sua aposentação especial, mas, nesse caso, o empregador assumirá a responsabilidade pelo pagamento de indenização civil se o empregado, de tanto sofrer incidência de nocividade no ambiente de trabalho, adoecer. Perceba-se que isso aconteceria também com trabalhadores que não fossem destinatários de aposentadoria especial. Essa indenização por dano produzido no trabalho à saúde do empregado é algo que não está necessariamente ligado à permanência de aposentados especiais no serviço.

A terceira opção patronal é a de despedida do empregado. A resilição patronal não seria arbitrária, pois calcada em plausíveis motivos de natureza técnica. A despeito disso tal opção não o isentaria do pagamento de todas as indenizações próprias de um desligamento de iniciativa do empregador.

Anote-se, por fim, que, na sessão de 5 de junho de 2020, o STF, por maioria, apreciando o Tema 709 da repercussão geral, **endossou integralmente a posição adotada nesta obra**. Nos termos do *Leading Case* RE 791.961, e segundo o voto do Ministro Dias Toffoli (Presidente e Relator), vencidos os Ministros Edson Fachin, Marco Aurélio, Celso de Mello e Rosa Weber, foi fixada a seguinte tese:

i) É constitucional a vedação de continuidade da percepção de aposentadoria especial se o beneficiário permanece laborando em atividade especial ou a ela retorna, seja essa atividade especial aquela que ensejou a aposentação precoce ou não;

ii) Nas hipóteses em que o segurado solicitar a aposentadoria e continuar a exercer o labor especial, a data de início do benefício será a data de entrada do requerimento, remontando a esse marco, inclusive, os efeitos financeiros. Efetivada, contudo, seja na via administrativa, seja na judicial, a implantação do benefício, uma vez verificado o retorno ao labor nocivo ou sua continuidade, **cessará** o benefício previdenciário em questão.

Apesar de a tese ser genérica no sentido de que, "uma vez verificado o retorno ao labor nocivo ou sua continuidade, cessará o benefício previdenciário em questão", há de registrar-se uma relativização temporária em favor dos profissionais de saúde constantes do rol do art. 3º-J da Lei n. 13.979/2020, e que estiveram trabalhando diretamente no combate à epidemia de Covid-19, ou prestando serviços de atendimento a pessoas atingidas pela doença em hospitais ou instituições congêneres, públicos ou privados.

Isso ocorreu em 15 de março de 2021 em virtude de decisão tomada pelo Min. Dias Toffoli, nos embargos de declaração apresentados pelo Procurador Geral da República. Houve, portanto, uma modulação que visou impedir inúmeros pedidos de demissão, em massa, desses profissionais, que poderiam conduzir o país a sérios problemas de gestão da saúde pública, especialmente em tempos de pandemia.

15.2.1.2.3 A suposta extinção do contrato de emprego por conta de aposentadoria compulsória por idade avançada (art. 51 da Lei n. 8.213/91)

Mais uma situação que merece reflexão é aquela constante do art. 51 da Lei n. 8.213/91. Em conformidade com o referido dispositivo, a aposentadoria por idade avançada pode, em tese, ser requerida pelo empregador, desde que o empregado tenha cumprido o período de carência e completado 70 (setenta) anos de idade, se do sexo masculino, ou 65 (sessenta e cinco) anos, se do sexo feminino. Diante desse panorama, seria a mencionada aposentadoria qualificada como "compulsória", não podendo, igualmente em tese, o segurado a ela se opor. Informa-se aqui sobre uma análise em tese, porque, em rigor, como se verá mais adiante, o mencionado art. 51 da Lei n. 8.213/91 está eivado de seríssima inconstitucionalidade.

Veja-se o dispositivo na íntegra:

> Art. 51. *A aposentadoria por idade pode ser requerida pela empresa, desde que o segurado empregado tenha cumprido o período de carência e completado 70 (setenta) anos de idade, se do sexo masculino, ou 65 (sessenta e cinco) anos, se do sexo feminino, sendo compulsória, caso em que será garantida ao empregado a indenização prevista na legislação trabalhista, considerada como data da rescisão do contrato de trabalho a imediatamente anterior à do início da aposentadoria.*

Para a compreensão do mencionado texto normativo, cabe, inicialmente, uma análise a partir da divisão de efeitos dele emergentes. De um lado estaria o *efeito previdenciário* a impor a compulsória e indeclinável aposentadoria etária do segurado empregado; de outro lado estaria o *efeito trabalhista*, que somente seria visível se o empregador optasse por romper o vínculo e, em decorrência disso, assumisse o pagamento da "indenização prevista na legislação", considerada como data da ruptura do contrato de trabalho a imediatamente anterior à do início da aposentadoria.

Os efeitos são absolutamente autônomos — como, aliás, sói acontecer diante das situações em que as referidas relações jurídicas se colocam em paralelo — porque o empregador poderá, caso queira, apenas requerer a aposentadoria compulsória do seu empregado pessoa idosa, sem o desligar do emprego. Parece não haver obstáculo jurídico para tanto no texto colocado sob análise, notadamente quando reconhecida a indiscutível autonomia das relações jurídicas previdenciária e trabalhista. O vínculo de emprego somente terminaria se algum dos sujeitos do contrato contribuísse para tanto. Não haveria, em outras palavras, no caso em discussão, uma solução de continuidade do contrato de emprego por força de lei. Imaginar que o art. 51 da Lei n. 8.213/91 autorizaria a automática extinção do contrato do empregado pessoa idosa pela simples concessão da aposentadoria etária corresponderia, ademais, à institucionalização da discriminação vil às pessoas de elevada idade.

Afirmava-se aqui, nesse tópico, entretanto, a inconstitucionalidade do multicitado art. 51 da Lei n. 8.213/91, e isso ora se sustenta porque somente a Constituição pode discriminar de modo desfavorável cidadãos em virtude de seus limites etários. A lei não tem o condão de atuar nesse âmbito como equivocadamente faz o dispositivo em análise. Note-se que a citada norma, ademais, oportuniza a imposição de aposentadoria por idade apenas contra quem tenha cumprido o período de carência. Assim, além de discriminar as pessoas senis, o dispositivo ora criticado é seletivo e somente atua contra a pessoa idosa que tenha cumprido a carência legalmente exigível. Existem, portanto, duas discriminações flagrantes: a primeira contra qualquer pessoa idosa que pudesse estar incluída na hipótese prevista na norma; a segunda contra pessoas idosas que tivessem cumprido a carência exigível para a aposentadoria por idade, uma vez que somente a esses — e não aos que não tivessem cumprido a carência, apesar de igualmente pessoas idosas — se aplicaria a norma.

Há também, conforme se pode notar mediante a simples leitura do dispositivo, uma discriminação adicional imposta à categoria dos "segurados empregados" em detrimento das demais. Diz-se isso porque o referido art. 51 da Lei n. 8.213/91, sem que existam razões plausíveis para o discrímen, tem como destinatário único e exclusivo o "segurado empregado", não sendo por ele atingido nenhum outro tipo de beneficiário, nem mesmo o "segurado empregado doméstico" que com ele possui destacada semelhança estrutural.

Por fim, não há negar-se que o disposto no art. 51 da Lei n. 8.213/91 produz, igualmente, uma violação ao disposto no **art. 7º, XXIV, da Carta Magna**. Se a aposentadoria é, como dispõe o referido dispositivo constitucional, um direito dos trabalhadores, não se poderia imaginar que o alcance de limites etários — tirante, é claro, a situação prevista na própria Constituição, no seu art. 40 — pudesse atribuir para um terceiro (no caso, o empregador) o direito de interferir no momento para a sua fruição. O direito à aposentadoria é dos trabalhadores, e não dos empregadores.

15.2.1.2.4 *A juridicamente possível extinção do contrato de emprego do servidor público celetista e do empregado público, ambos por idade avançada*

Outra situação a questionar e que igualmente merece reflexão é aquela que — por estar de acordo com a tese segundo a qual somente a Constituição pode discriminar de modo desfavorável cidadãos em virtude de seus limites etários — responde à seguinte indagação: *o servidor público contratado pelo regime da CLT e inserido no RGPS terá o seu contrato de emprego automaticamente extinto, por força de disposição constitucional, no momento em que completar setenta anos (ou setenta e cinco anos para determinadas carreiras)?*

Para bem fundamentar a resposta a esta pergunta é necessário lembrar que, a despeito das mudanças constitucionais havidas em dispositivos pertinentes ao tema, manteve-se nela o espírito de restringir a titularidade de cargo, emprego ou função pública depois de extrapolado o limite etário dos setenta anos. Vejam-se detalhes, ponto a ponto.

No texto originário da Constituição de 1988, o *caput* do art. 40 tinha redação que não distinguia a aposentadoria do servidor público em função do regime previdenciário a que ele estivesse submetido. O mencionado dispositivo simplesmente previa que o "servidor" seria aposentado compulsoriamente, aos setenta anos de idade, com proventos proporcionais ao tempo de serviço, sem distinguir se esse servidor seria celetista ou estatutário ou se estaria vinculado ao RGPS ou ao RPPS. Observe-se, então, o **texto originário** do *caput* do art. 40 (repise-se que atualmente o texto é outro):

Art. 40. O servidor será aposentado:

I — por invalidez permanente, sendo os proventos integrais quando decorrentes de acidente em serviço, moléstia profissional ou doença grave, contagiosa ou incurável, especificadas em lei, e proporcionais nos demais casos;

II — compulsoriamente, aos setenta anos de idade, com proventos proporcionais ao tempo de serviço;

III — voluntariamente:

a) aos trinta e cinco anos de serviço, se homem, e aos trinta, se mulher, com proventos integrais;

b) aos trinta anos de efetivo exercício em funções de magistério, se professor, e vinte e cinco, se professora, com proventos integrais;

c) aos trinta anos de serviço, se homem, e aos vinte e cinco, se mulher, com proventos proporcionais a esse tempo;

d) aos sessenta e cinco anos de idade, se homem, e aos sessenta, se mulher, com proventos proporcionais ao tempo de serviço.

O referido *caput* do art. 40 sofreu, entretanto, profundas transformações. De início, vieram as mudanças trazidas pela Emenda Constitucional n. 20, de 15 de dezembro de 98, segundo as quais aquele nicho constitucional somente dizia respeito aos servidores públicos estatutários, ou seja, servidores titulares de cargos efetivos, mas sem deixar clara a distinção de tratamento que se poderia oferecer aos servidores públicos celetistas septuagenários, cujo tratamento previdenciário (e não trabalhista) seria encontrável no art. 201 do texto fundamental.

Note-se a redação que o art. 40 da Constituição passou, à época, a ter:

Art. 40. Aos servidores titulares de cargos efetivos da União, dos Estados, do Distrito Federal e dos Municípios, incluídas suas autarquias e fundações, é assegurado regime de previdência de caráter contributivo, observados critérios que preservem o equilíbrio financeiro e atuarial e o disposto neste artigo.

A EC n. 20/1998 também produziu uma nova redação para os parágrafos do referido art. 40, sendo digna de registro aquela constante do primeiro deles, especialmente porque deixou marcada a aplicação das suas normas unicamente aos servidores abrangidos pelo regime próprio de previdência social. Veja-se o texto da época:

§ 1º Os servidores abrangidos pelo regime de previdência de que trata este artigo serão aposentados, calculados os seus proventos a partir dos valores fixados na forma do § 3º:

I — por invalidez permanente, sendo os proventos proporcionais ao tempo de contribuição, exceto se decorrente de acidente em serviço, moléstia profissional ou doença grave, contagiosa ou incurável, especificadas em lei;

II — compulsoriamente, aos setenta anos de idade, com proventos proporcionais ao tempo de contribuição;

III — voluntariamente, desde que cumprido tempo mínimo de dez anos de efetivo exercício no serviço público e cinco anos no cargo efetivo em que se dará a aposentadoria, observadas as seguintes condições:

a) sessenta anos de idade e trinta e cinco de contribuição, se homem, e cinquenta e cinco anos de idade e trinta de contribuição, se mulher;

b) sessenta e cinco anos de idade, se homem, e sessenta anos de idade, se mulher, com proventos proporcionais ao tempo de contribuição.

A esta altura a literatura jurídica constitucional já distinguia muito claramente o "regime próprio de previdência social" do "regime geral da previdência social", deixando patente que o art. 40 da Carta seria a casa legislativa do primeiro, enquanto o art. 201 do mesmo diploma seria a sede normativa do segundo.

A Emenda Constitucional n. 41, de 19 de dezembro de 2003, porém, modificou mais uma vez a redação do *caput* do art. 40 da CF-88 com o propósito de precisar aspectos que dizem respeito designadamente ao regime próprio de previdência social (RPPS), marcando ainda mais a aplicabilidade das disposições ali contidas apenas aos servidores públicos estatutários que estivessem submetidos ao referido RPPS. Note-se:

Art. 40. Aos servidores titulares de cargos efetivos da União, dos Estados, do Distrito Federal e dos Municípios, incluídas suas autarquias e fundações, é assegurado regime de previdência de caráter contributivo e solidário, mediante contribuição do respectivo ente público, dos servidores ativos e inativos e dos pensionistas, observados critérios que preservem o equilíbrio financeiro e atuarial e o disposto neste artigo.

O § 1º do art. 40 sofreu pequena modificação, segundo se verá adiante, mas manteve a ideia central de que apenas aos servidores abrangidos pelo regime próprio de previdência social — e não aos demais — seriam aplicáveis as disposições que identificavam a tipologia de possíveis aposentadorias. Confira-se:

> § 1º Os servidores abrangidos pelo regime de previdência de que trata este artigo serão aposentados, calculados os seus proventos a partir dos valores fixados na forma dos §§ 3º e 17: (Redação dada pela Emenda Constitucional n. 41, de 19-12-2003)
>
> I — por invalidez permanente, sendo os proventos proporcionais ao tempo de contribuição, exceto se decorrente de acidente em serviço, moléstia profissional ou doença grave, contagiosa ou incurável, na forma da lei; (Redação dada pela Emenda Constitucional n. 41, de 19-12-2003)
>
> II — compulsoriamente, aos setenta anos de idade, com proventos proporcionais ao tempo de contribuição; (Redação dada pela Emenda Constitucional n. 20, de 15-12-98)
>
> III — voluntariamente, desde que cumprido tempo mínimo de dez anos de efetivo exercício no serviço público e cinco anos no cargo efetivo em que se dará a aposentadoria, observadas as seguintes condições: (Redação dada pela Emenda Constitucional n. 20, de 15-12-98)
>
> a) sessenta anos de idade e trinta e cinco de contribuição, se homem, e cinquenta e cinco anos de idade e trinta de contribuição, se mulher; (Redação dada pela Emenda Constitucional n. 20, de 15-12-98)
>
> b) sessenta e cinco anos de idade, se homem, e sessenta anos de idade, se mulher, com proventos proporcionais ao tempo de contribuição. (Redação dada pela Emenda Constitucional n. 20, de 15-12-98)

Veja-se, assim, que, depois da publicação da EC n. 20/1998, a Carta Magna não mais falou em aposentadoria compulsória aos setenta anos de idade para o servidor público celetista, mas apenas para o servidor público estatutário.

Apesar dessa evidência, que, à primeira vista, poderia conduzir o entendimento de não ser possível a extinção *ex lege* do contrato de emprego do servidor público celetista, há posicionamento jurisprudencial dominante no sentido de que ocorre, sim, a ruptura automática da relação jurídica de trabalho para todo tipo de servidor estatal — estatutário ou celetista — assim que completados os setenta anos de idade ou setenta e cinco para determinados postos por conta da mudança constitucional produzida pela EC n. 88/2015[7]. Tal ocorre por

---

7   A Emenda Constitucional n. 88, de 7 de maio de 2015, alterou o art. 40 da Constituição Federal, relativamente ao limite de idade para a aposentadoria compulsória do servidor público em geral, e acrescentou dispositivo ao Ato das Disposições Constitucionais Transitórias. De acordo com as novas disposições, a aposentadoria compulsória no serviço público passou a ocorrer aos 70 (setenta) anos de idade, ou aos 75 (setenta e cinco) anos de idade, na forma de lei complementar. Até que entre em vigor essa lei complementar, e nos moldes do art. 100 do ADCT, os Ministros do Supremo Tribunal Federal, dos Tribunais Superiores e do Tribunal de Contas da União aposentar-se-ão, compulsoriamente, aos 75 (setenta e cinco) anos de idade.

É bom dizer que na parte final do referido art. 100 do ADCT existe ressalva — "nas condições do art. 52 da Constituição Federal" — que foi considerada inconstitucional pelo STF mediante ADI 5316, que foi proposta, com pedido de medida cautelar, pela Associação dos Magistrados Brasileiros (AMB), pela Associação Nacional dos Magistrados da Justiça do Trabalho (Anamatra) e pela Associação dos Juízes Federais do Brasil (Ajufe). Quanto a esse trecho da emenda, as Associações alegam que o constituinte derivado acabou por mesclar critérios de acesso com critérios de continuidade ou permanência no cargo, "criando uma norma manifestamente violadora da garantia da vitaliciedade da magistratura". De acordo com a ADI, a interpretação no sentido de que a submissão de magistrados, detentores da garantia da vitaliciedade prevista no artigo 95 da Constituição Federal, a uma nova sabatina perante o Senado Federal e a uma nova nomeação pelo presidente da República afetaria diretamente, não apenas o direito/garantia de parte dos associados das

serem tanto os cargos quanto os empregos públicos bens jurídicos escassos que não poderiam ser mantidos indefinidamente sob a titularidade de um indivíduo.

Nesse sentido manifestou-se o TST em diversas ocasiões, entre as quais naquelas a que se referem as ementas a seguir selecionadas:

APOSENTADORIA COMPULSÓRIA. EXTINÇÃO DO VÍNCULO EMPREGATÍCIO. SERVIDOR PÚBLICO CELETISTA. EFEITOS. DECISÃO DENEGATÓRIA. MANUTENÇÃO. A aposentadoria compulsória do servidor público estatutário ou do servidor regido pela CLT, inclusive os empregados dos demais entes estatais (empresas públicas, sociedades de economia mista, etc.), extingue automaticamente seu vínculo jurídico estatutário ou empregatício com a respectiva entidade estatal, por força de comando constitucional inarredável. Tendo em vista que a aposentadoria compulsória não decorre da vontade das partes, mas de um comando constitucional, não há falar em dispensa arbitrária ou sem justa causa. Sendo assim, indevidas quaisquer verbas rescisórias, tais como aviso prévio indenizado e multa de 40% do FGTS. Diante disso, não há como assegurar o processamento do recurso de revista quando o agravo de instrumento interposto não desconstitui os fundamentos da decisão denegatória, que subsiste por seus próprios fundamentos. Agravo de instrumento desprovido (TST-AIRR-2249-90.2010.5.02.0001, Rel. Min. Mauricio Godinho Delgado, 3ª T., *DEJT*, 27-9-2013).

APOSENTADORIA COMPULSÓRIA. SERVIDOR PÚBLICO CELETISTA. EFEITOS SOBRE O CONTRATO DE TRABALHO. Constatada a violação direta e literal do artigo 40, § 1º, II, da Constituição da República, impõe-se o provimento o Agravo de Instrumento para determinar o processamento do Recurso de Revista. Agravo de Instrumento conhecido e provido. II — RECURSO DE REVISTA. PROCESSO ELETRÔNICO — APOSENTADORIA COMPULSÓRIA. SERVIDOR PÚBLICO CELETISTA. EFEITOS SOBRE O CONTRATO DE TRABALHO. Nos termos da jurisprudência desta Corte, a aposentadoria compulsória acarreta a automática extinção do contrato de trabalho do servidor público celetista, ao qual se aplica a disposição inserta no artigo 40, § 1º, II, da Constituição da República. Recurso de Revista conhecido e provido (TST-RR-76200-67.2009.5.15.0009, Rel. Min. Márcio Eurico Vitral Amaral, 8ª T., *DEJT*, 20-9-2013).

APOSENTADORIA COMPULSÓRIA. MULTA DE 40% DO FGTS. EMPREGADO PÚBLICO. Nos termos do art. 40, § 1º, II, da Constituição Federal, tanto o servidor público estatutário quanto o empregado público devem se aposentar ao completarem 70 anos de idade. Importante ressaltar que não se há falar em incompatibilidade entre o dispo-

---

autoras — os membros do STF e dos tribunais superiores —, como igualmente o regular funcionamento do Poder Judiciário.

O Plenário do SFT diante da referida ADI 5316, por maioria, deferiu pedido de medida cautelar em ação direta de inconstitucionalidade para: a) **suspender a aplicação da expressão "nas condições do art. 52 da Constituição Federal" contida no art. 100 do ADCT**, introduzido pela EC 88/2015, por vulnerar as condições materiais necessárias ao exercício imparcial e independente da função jurisdicional, ultrajando a separação dos Poderes, cláusula pétrea inscrita no art. 60, § 4º, III, da CF; b) **fixar a interpretação, quanto à parte remanescente da EC 88/2015, de que o art. 100 do ADCT não pudesse ser estendido a outros agentes públicos até que fosse editada a lei complementar** a que alude o art. 40, § 1º, II, da CF, a qual, quanto à magistratura, é a lei complementar de iniciativa do STF, nos termos do art. 93 da CF; c) suspender a tramitação de todos os processos que envolvessem a aplicação a magistrados do art. 40, § 1º, II, da CF e do art. 100 do ADCT, até o julgamento definitivo da ação direta em comento; e d) **declarar sem efeito todo e qualquer pronunciamento judicial ou administrativo que afastasse, ampliasse ou reduzisse a literalidade do comando previsto no art. 100 do ADCT e, com base neste fundamento, assegurasse a qualquer outro agente público o exercício das funções relativas a cargo efetivo após ter completado 70 anos de idade.**

sitivo constitucional e o fato de o servidor ser celetista, tendo em vista que as regras do Capítulo VII do Título III da Constituição Federal aplicam-se aos servidores públicos, ainda que celetistas. *In casu*, o servidor completou 70 anos de idade em 3-12-2009, tendo sido aposentado na mesma data. Portanto, tendo em vista a normatização constitucional, não se há falar em dispensa arbitrária ou sem justa causa. Ante o exposto, não há de se falar em recebimento da multa de 40% sobre o FGTS. Recurso de revista conhecido e provido (TST, RR-570-25.2010.5.15.0088, Rel. Min. Augusto César Leite de Carvalho, 6ª T., *DEJT*, 31-8-2012).

APOSENTADORIA COMPULSÓRIA. ARTIGO 40, § 1º, II, DA CONSTITUIÇÃO DA REPÚBLICA. APLICAÇÃO AOS SERVIDORES PÚBLICOS REGIDOS PELA CLT. A aposentadoria compulsória aos 70 anos de idade, prevista no art. 40, § 1º, II, da Constituição Federal, aplica-se aos servidores públicos, ainda que regidos pela CLT. Por outro lado, evidenciando o Regional que o contrato de trabalho foi extinto em 12-10-2004, quando o Reclamante completou setenta anos de idade e que a reclamação trabalhista foi ajuizada somente em 2-6-2008, resta consumada a prescrição (art. 7º, XXIX, da Constituição Federal). Agravo de instrumento conhecido e desprovido (TST, AIRR-116140-15.2008.5.02.0016, Rel. Min. Alberto Luiz Bresciani de Fontan Pereira, 3ª T., *DEJT*, 23-4-2010).

Não há, portanto, afrontar um dos fundamentos axiológicos da Constituição da República que, com vista a democratizar o acesso aos cargos e empregos públicos, não apenas tornou impessoal o ingresso no serviço público, como também generalizou a situação de retirada a partir dos setenta anos de idade.

Exatamente nessa linha de entendimento, a Emenda Constitucional n. 103, de 2019, deixou bem claro algo que já era declarado, conforme se anteviu, pelo Judiciário. Foi inserido no texto constitucional, para tratar da matéria, um novo parágrafo no art. 201 da Constituição Federal. Veja-se:

Art. 201. [...]

§ 16. Os empregados dos consórcios públicos, das empresas públicas, das sociedades de economia mista e das suas subsidiárias serão aposentados compulsoriamente, observado o cumprimento do tempo mínimo de contribuição, ao atingir a idade máxima de que trata o inciso II do § 1º do art. 40, na forma estabelecida em lei. (NR)

Diante dessa nova redação, os empregados dos consórcios públicos, das empresas públicas, das sociedades de economia mista e das suas subsidiárias passaram a ser passíveis de aposentadoria compulsoriamente, observado o cumprimento do tempo mínimo de contribuição, na medida em que atingissem a idade máxima prevista no inciso II do § 1º do art. 40, na forma estabelecida em lei.

Dessa forma, agora expressamente, não apenas os servidores públicos, mas também os empregados públicos passaram a ser aposentáveis compulsoriamente por idade avançada, desde que cumprissem o tempo mínimo de contribuição.

Segundo a regra constante do novo dispositivo constitucional aqui em análise, não bastará o advento do limite etário máximo para que se garanta a aposentadoria compulsória. Será essencial a formação de um tempo mínimo de contribuição para tanto, "na forma estabelecida em lei" (veja-se a parte final do dispositivo em exame e perceba que esse tempo mínimo pode ser regulado no âmbito infraconstitucional).

E se não houver o cumprimento do tempo mínimo de contribuição para a formação da aposentadoria compulsória, o que ocorrerá com empregado público?

Essa é a principal dúvida trazida pelo dispositivo aqui analisado. Em rigor, a solução deveria ser a mesma aplicável ao segurado do RPPS, que permanece regido pelo disposto no § 1º, II, do art. 40, do texto constitucional, ou seja, aposentadoria compulsória com proventos proporcionais ao tempo de contribuição, qualquer que fosse esse tempo de contribuição.

Note-se que não há em relação a ele prescrição de cumprimento de tempo mínimo de contribuição. Assim, se esse segurado tem apenas 20 anos de contribuição no momento em que alcança a idade para a aposentação compulsória, ele terá o seu vínculo estatutário extinto e será jubilado com o tempo de trabalho que tiver.

Entre os segurados do RGPS, o tratamento jurídico, sem que existissem razões plausíveis para tanto, foi diferente. No caso dos detentores de empregos públicos, a solução — em lugar da imediata e automática aposentação compulsória com proventos proporcionais ao tempo de contribuição — passou pela exigência do "cumprimento do tempo mínimo de contribuição".

A única interpretação razoável que se pode retirar do texto aqui em análise é a de que a aposentadoria compulsória para os empregados públicos somente se dará depois de eles terem cumprido o tempo de contribuição mínimo a ser revelado por lei, o que pode ocorrer, em alguns casos, depois de superado o limite dos 70 anos.

Trata-se, portanto, de uma construção normativa malfeita. Se a intenção foi realmente a de extinguir *ex lege* os contratos dos empregados públicos por elevada idade e de dar-lhes aposentadoria compulsória, não se poderia exigir o cumprimento de um mínimo tempo de contribuição.

Anote-se, por fim, que tramitou no Congresso Nacional o Projeto de Lei Complementar n. 274/2015, do Senado (n. 124/2015 na Câmara dos Deputados), com o objetivo de regulamentar a aposentadoria compulsória por idade aos 75 anos, estendendo-a para diversas categorias de servidores estatais a ponto de tornar o novo limite etário praticamente universal.

Esse Projeto, entretanto, foi integralmente vetado pela Presidente da República, consoante Mensagem 441, de 22 de outubro de 2015, que apontou como motivação essencial o fato de ele contrariar o disposto no art. 61, § 1o, inciso II, da Constituição, segundo o qual a "aposentadoria de servidores públicos da União" é tema de iniciativa privativa do Chefe do Executivo federal, e não das Casas parlamentares.

A despeito disso, o Congresso Nacional derrubou o mencionado veto em 1º de dezembro de 2015 e, consequentemente, fez com que a Presidente da República fosse constrita, apesar da referida inconstitucionalidade, a publicar a Lei Complementar n. 152, de 3 de dezembro de 2015.

A citada Lei Complementar, então, previu, em seu art. 2º, que "serão aposentados compulsoriamente, com proventos proporcionais ao tempo de contribuição, aos 75 (setenta e cinco) anos de idade: I — os servidores titulares de cargos efetivos da União, dos Estados, do Distrito Federal e dos Municípios, incluídas suas autarquias e fundações; II — os membros do Poder Judiciário; III — os membros do Ministério Público; IV — os membros das Defensorias Públicas; V — os membros dos Tribunais e dos Conselhos de Contas".

É bom anotar que, tão logo publicada a Lei Complementar n. 152/2015, a AMB (Associação dos Magistrados Brasileiros) e a Anamatra (Associação Nacional dos Magistrados da Justiça do Trabalho) entraram com uma ADI (Ação Direta de Inconstitucionalidade) no STF (Supremo Tribunal Federal), com pedido de medida cautelar, contra o inciso II, art. 2º, da Lei Complementar n. 152, de 3 de dezembro de 2015. Não há dúvidas, portanto, que muitas discussões ainda hão de ser produzidas em relação a esse tema.

15.2.1.2.5 A suposta extinção do contrato de emprego por força de mudança do regime celetista para o estatutário

Outro posicionamento jurisprudencial indicativo de causa extintiva em contratos por tempo indeterminado é aquele relacionado à **mudança do regime celetista para o regime estatutário**[8]. Note-se que o TST publicou sobre este tema uma Súmula, *in verbis*:

> *Súmula 382 do TST. MUDANÇA DE REGIME CELETISTA PARA ESTATUTÁRIO. EXTINÇÃO DO CONTRATO. PRESCRIÇÃO BIENAL. A transferência do regime jurídico de celetista para estatutário* **implica extinção** *do contrato de trabalho, fluindo o prazo da prescrição bienal a partir da mudança de regime.*

Para a Corte Superior Trabalhista a opção do ente político de mudar o regime jurídico pessoal de celetista para estatutário, transformando empregos públicos em cargos públicos, corresponderia à situação de extinção contratual. Na verdade, entretanto, não há na mudança de regime nenhuma modificação da relação de emprego vigente. O servidor público celetista que não conseguir aprovação no concurso público continuará vinculado à Administração Pública, mas posicionado em um "quadro em extinção", até que todos os celetistas tenham, por algum motivo, cessados os seus liames contratuais.

Conquanto esse não seja o posicionamento reinante no TST, há decisões da própria Alta Corte Trabalhista que revelam colisão contra os elementos da súmula ora em exame. É o caso do AIRR-75800-28.2010.5.23.0031, julgado em setembro/2012, no qual a 7ª Turma entendeu, nos termos do voto do relator, Min. Ives Gandra Martins Filho, ser "inviável a conversão automática de regime jurídico, de celetista para estatutário, permanecendo o trabalhador regido pela CLT, independentemente da existência de norma estabelecendo a mudança para o regime jurídico único"[9].

15.2.1.2.6 A suposta extinção do contrato de emprego dos aposentados por incapacidade permanente com idade igual ou superior a 60 anos por conta da inexigibilidade do exame médico pericial

A Lei n. 13.063/2014 introduziu novas disposições no art. 101 do Plano de Benefícios, dentre as quais se destaca aquela contida no § 1º, segundo o qual "o aposentado por invalidez e o pensionista inválido estarão isentos do exame de que trata o *caput* [exame médico a

---

[8] "Compete à Justiça do Trabalho processar e julgar ações relativas às verbas trabalhistas referentes ao período em que o servidor mantinha vínculo celetista com a Administração, antes da transposição para o regime estatutário" (STF, ARE 1001075, 9-12-2016, Tese 928).

[9] Observem-se outros posicionamentos judiciais nesse mesmo sentido:
LEI MUNICIPAL — INSTITUIÇÃO DE REGIME JURÍDICO ESTATUTÁRIO — TRANSMUTAÇÃO AUTOMÁTICA — A simples instituição de Regime Jurídico Único pelo Poder Público, ainda que através de Lei específica regularmente instituída e ainda que expressamente disposto em seu conteúdo, não é suficiente a transmutar a natureza do vínculo celetista para o estatutário, sendo imprescindível, para tanto, a submissão e aprovação em concurso público, à luz do quanto preceituado no inciso II do art. 37 da Constituição Federal de 1988 (TRT, 5ª R., RO 00380-2007-631-05-00-7 (001137/2008), 6ª T., Rel. Des. Marizete Menezes, *DJ*, 10-3-2008).
EMPREGADO PÚBLICO MUNICIPAL — AUSÊNCIA DE CONCURSO PÚBLICO — CONVERSÃO DE REGIME INVÁLIDA — FGTS DEVIDO — Mesmo após a edição de Lei instituindo o regime estatutário no Município, são devidos os depósitos do FGTS não efetuados na conta vinculada do trabalhador, quando este não foi alcançado pela mudança do regime celetista para o estatutário, em virtude da ausência de prévia aprovação em concurso público. Recurso a que se nega provimento (TRT, 22ª R., RO 00422-2007-105-22-00-0, Rel. Francisco Meton Marques de Lima, *DJT/PI*, 29-2-2008, p. 11).

cargo da Previdência Social] após completarem 60 (sessenta) anos de idade" (o texto da Lei n. 8.213/91 não está atualizado quanto ao nome dos benefícios, mas a atualização se deu pela EC n. 103/2019 e pelo Decreto n. 10.410/2020).

Essa disposição produziu grande dúvida. Afinal, diante dessa redação, ainda seria possível falar-se na provisoriedade de uma aposentadoria cuja incapacidade não mais poderia ser verificada depois que o segurado completasse 60 anos de idade?

A resposta é simples diante de uma análise sistemática da norma previdenciária. Apesar de o segurado de idade igual ou superior a 60 anos **não mais estar sujeito às perícias médicas ordinárias**, ele permanece submetido às possíveis denúncias de qualquer cidadão que, constatando não mais existir a alegada incapacidade, levar ao conhecimento da administração previdenciária a violação normativa.

O mesmo tratamento excepcional é dado aos segurados após completar cinquenta e cinco anos de idade e quando decorridos quinze anos da data de concessão da aposentadoria por incapacidade permanente ou do auxílio por incapacidade temporária que a tenha precedido e, também, ao segurado com síndrome da imunodeficiência adquirida (AIDS).

Nunca é demais lembrar que, nos termos da parte final do art. 42 do próprio Plano de Benefício (Lei n. 8.213/91), que não sofreu nenhuma alteração normativa, a aposentadoria por incapacidade permanente outorgada a qualquer segurado, independentemente de sua idade, "ser-lhe-á paga enquanto permanecer nesta condição". Ademais, o § 2º do próprio art. 101 do diploma ora em análise deixa claro que continua a ser exigível o exame quando o próprio segurado entender-se recuperado e "se julgar apto" para retornar ao trabalho. Isso demonstra até não mais poder que a aposentadoria por incapacidade permanente continua a ser concedida a título precário, mesmo para quem seja considerado pessoa idosa nos termos da lei.

Isso ficou muito claro na redação do art. 46 do Decreto n. 3.048/2019, atualizada pelo Decreto n. 10.410/2020. Note-se:

Art. 46. O segurado aposentado por incapacidade permanente poderá ser convocado a qualquer momento para avaliação das condições que ensejaram o afastamento ou a aposentadoria, concedida judicial ou administrativamente, sem prejuízo do disposto no § 1º e sob pena de suspensão do benefício. (Redação dada pelo Decreto n. 10.410, de 2020.)

§ 1º Observado o disposto no caput, *o aposentado por incapacidade permanente fica obrigado, sob pena de suspensão do pagamento do benefício, a submeter-se a exame médico-pericial pela Perícia Médica Federal, a processo de reabilitação profissional a cargo do INSS e a tratamento dispensado gratuitamente, exceto o cirúrgico e a transfusão de sangue, que são facultativos. (Incluído pelo Decreto n. 10.410, de 2020.)*

§ 2º O aposentado por incapacidade permanente que não tenha retornado à atividade estará isento do exame médico-pericial de que trata este artigo: (Incluído pelo Decreto n. 10.410, de 2020.)

I — após completar cinquenta e cinco anos de idade e quando decorridos quinze anos da data de concessão da aposentadoria por incapacidade permanente ou do auxílio por incapacidade temporária que a tenha precedido; ou (Incluído pelo Decreto n. 10.410, de 2020.)

II — após completar sessenta anos de idade. (Incluído pelo Decreto n. 10.410, de 2020.)

§ 3º A isenção de que trata o § 2º não se aplica quando o exame tem as seguintes finalidades: (Incluído pelo Decreto n. 10.410, de 2020.)

I — verificação da necessidade de assistência permanente de outra pessoa[10] para a concessão do acréscimo de vinte e cinco por cento sobre o valor do benefício, nos termos do disposto no art. 45; (Incluído pelo Decreto n. 10.410, de 2020.)

II — verificação da recuperação da capacidade laborativa, por meio de solicitação do aposentado que se julgar apto; ou (Incluído pelo Decreto n. 10.410, de 2020.)

III — subsídios à autoridade judiciária na concessão de curatela, observado o disposto no § 4º do art. 162. (Incluído pelo Decreto n. 10.410, de 2020.)

§ 4º O aposentado por incapacidade permanente, ainda que tenha implementado as condições de que o trata o § 2º, será submetido ao exame médico-pericial de que trata este artigo quando necessário para apuração de fraude. (Incluído pelo Decreto n. 10.410, de 2020.)

§ 5º O segurado com síndrome da imunodeficiência adquirida (AIDS) fica dispensado da avaliação de que trata o caput, *observado o disposto nos § 3º e § 4º. (Incluído pelo Decreto n. 10.410, de 2020.)*

[...]

No tocante à relação jurídica trabalhista, e a partir da constatação da total autonomia desta da relação jurídica previdenciária, outra não pode ser a conclusão senão a de que o contrato de emprego permanece em situação de suspensão.

A extinção do contrato de emprego não ocorrerá por força de lei em decorrência da mera inexigibilidade dos recorrentes exames periciais médicos, embora possa findar por outras causas, como já se viu aqui nesta obra, a exemplo, entre outras, da iniciativa do próprio empregado, da culpa deste, da força maior ou da morte do empregador pessoa física.

15.2.2 Extinção pela obtenção dos propósitos contratuais

A obtenção dos propósitos contratuais coincide com a efetivação de uma condição resolutiva. A obtenção do resultado é o fato que juridicamente estanca o pacto. Nesse âmbito estão os contratos por tempo determinado que assim vigoram até a ultimação dos serviços encomendados ou até a concretização do evento projetado.

---

10 O Supremo Tribunal Federal (STF) mudou a jurisprudência construída no Superior Tribunal de Justiça (STJ) acerca da aplicabilidade do art. 45 da Lei n. 8.213/91, que diz respeito à concessão de adicional para "assistência permanente". Em 2018, o STJ firmou a tese segundo a qual, comprovadas a invalidez e a necessidade de assistência permanente de terceiro, era (não é mais) devido o acréscimo de 25% (vinte e cinco por cento), previsto no art. 45 da Lei n. 8.213/91, a todos os aposentados pelo RGPS, independentemente da modalidade de aposentadoria (STJ, 1ª Seção, REsp 1.648.305/RS, REsp 1.720.805RJ, rel. p/ ac. Min. Regina Helena Costa, j. 22-8-2018).

Diante dessa decisão — não mais exigível —, um segurado aposentado por idade ou por tempo de contribuição que viesse a torna-se incapaz e, além disso, por sua condição especial (*vide* anexo I do Decreto n. 3.048/99), também viesse a revelar-se dependente de assistência permanente, tinha (não tem mais) direito ao "auxílio-acompanhante".

O Supremo Tribunal Federal entendeu diferente. No dia 18 de junho de 2021, a mais alta Corte brasileira, por maioria, apreciando o tema 1.095 da repercussão geral, deu provimento ao recurso extraordinário do INSS para: a) declarar a impossibilidade de concessão e extensão do "auxílio-acompanhante" para todas as espécies de aposentadoria, com a fixação da seguinte tese: "No âmbito do Regime Geral de Previdência Social (RGPS), somente lei pode criar ou ampliar benefícios e vantagens previdenciárias, não havendo, por ora, previsão de extensão do auxílio da grande invalidez a todas as espécies de aposentadoria"; b) modular os efeitos da tese de repercussão geral, de forma a se preservarem os direitos dos segurados cujo reconhecimento judicial tenha se dado por decisão transitada em julgado até a data do julgamento; c) declarar a irrepetibilidade dos valores alimentares recebidos de boa-fé por força de decisão judicial ou administrativa até a proclamação do resultado deste julgamento.

Diante disso, depois da decisão do STF, apenas os aposentados por invalidez (ora chamada aposentadoria por incapacidade permanente) podem valer-se do "auxílio-acompanhante".

Créditos decorrentes

CESSAÇÃO PELA VIA NORMAL
Contratações por tempo determinado
Casos de adimplemento contratual por alcance do termo ou cumprimento dos objetivos
Saldo de salário, se houver
Férias proporcionais — art. 147 da CLT
1/3 sobre férias proporcionais — art. 7º, XVII, da CF
13º salário proporcional — art. 3º da Lei n. 4.090/62
Liberação do FGTS — código 04 — art. 20, IX, da Lei n. 8.036/90. Não há acréscimo de 40%
Férias simples e/ou dobradas, se houver — art. 146 da CLT

15.3 CESSAÇÃO PELA VIA EXCEPCIONAL

Diz-se que um contrato cessa por via excepcional quando a ruptura não é natural, mas sim provocada. Note-se que a intenção originária das partes é a de que um ajuste termine pelo alcance do termo ou pelo cumprimento dos objetivos contratuais. Tudo que foge a essa previsibilidade é considerado evento extraordinário, excepcional.

Os eventos excepcionais implicam a dissolução do vínculo *ante tempus*, podendo ser classificada como resilição, resolução ou rescisão, conforme se verá a seguir.

15.3.1 Dissolução por resilição

Ocorre resilição quando um dos sujeitos integrantes da relação contratual de emprego, de forma unilateral, ou ambos, por consenso, decidem dissolver o ajuste. Na primeira situação ocorrerá *resilição unilateral*, fórmula comum dentro das relações de emprego; na segunda, *resilição bilateral*, procedimento que durante anos não foi aceito pelas normas trabalhistas, embora materialmente existente.

15.3.1.1 Resilição unilateral

A resilição unilateral é a situação de dissolução contratual motivada pela iniciativa de apenas um dos sujeitos da relação contratual de emprego. Se a iniciativa for do empregador, dir-se-á existente uma despedida ou dispensa; se iniciativa do operário, afirma-se havido um ato de demissão do trabalhador.

15.3.1.1.1 Resilição unilateral em contratos por tempo indeterminado[11 e 12]

A resilição será operada sobre os contratos por tempo indeterminado quando qualquer uma das partes, cônscia da ausência de limite temporal prefixado, resolve estancar o pacto

---

[11] Entende-se por resilição de iniciativa patronal o ato jurídico unilateral por meio do qual o empregador leva ao conhecimento do empregado o desejo de pôr fim ao contrato entre eles firmado. É, portanto, um ato de liberdade do empregador.

[12] Entende-se por resilição de iniciativa operária o ato jurídico unilateral por meio do qual o empregado leva ao conhecimento do empregador o desejo de terminar o contrato entre eles firmado. É, portanto, um ato de liberdade do empregado.

laboral. Trata-se de puro ato de liberdade de qualquer um dos contratantes, que, obviamente, não pode ser obrigado a manter um concerto com o qual não mais concorda. A resilição, então, será ativada mediante um instrumento conhecido pelo nome de "aviso prévio", cujos detalhamentos serão apresentados nos tópicos a seguir enumerados:

15.3.1.1.1.1 Definição de aviso prévio

O aviso prévio é uma declaração unilateral receptícia, assim identificada porque somente gera efeito quando o destinatário toma conhecimento de seu conteúdo. Trata-se, na verdade, de um instrumento por meio do qual um dos integrantes da relação jurídica participa (dá conhecimento) ao seu opositor de uma específica intenção[13]. Em sentido estrito, o aviso prévio tem sido entendido como ativador da resilição unilateral que, por força de norma constitucional (o art. 7º, XXI), precisa observar a antecedência **mínima** de trinta dias.

O prazo do aviso prévio é contado nos moldes do *caput* do art. 132 do Código Civil, vale dizer, exclui-se o dia do começo e inclui-se o do vencimento. Assim, se um empregado é pré-avisado em 1º de agosto, o prazo do aviso prévio terá início no dia 2 de agosto e fim no dia 31 do mesmo mês. Nesse sentido se posiciona o TST por meio da Súmula 380[14].

Perceba-se, ainda, que o aviso prévio tem o condão de transformar um contrato por tempo indeterminado (CTI) em algo assemelhado (mas não idêntico) a um contrato por tempo determinado (CTD). É que, a partir da declaração de aviso prévio, o vínculo, que vigia sem determinação de prazo, passa a ter um limite temporal bem delimitado. Entre a ciência do aviso prévio de resilição e a consumação do tempo nele previsto existirá, sem dúvida, um concerto com dia certo para terminar. A terminação do contrato aí, dentro da data aprazada, não será considerada como uma dispensa arbitrária.

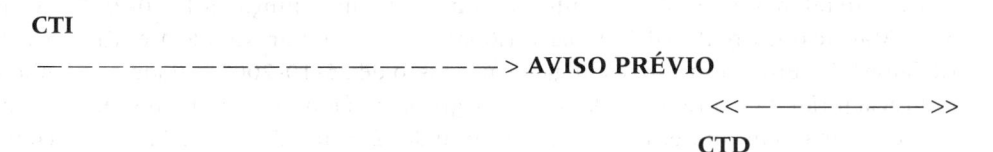

CTI

———————————————> **AVISO PRÉVIO**

<< —————— >>

CTD

Durante esse ínterim não vicejam, em regra, causas geradoras de estabilidade, uma vez que se tem como certo e bem definido o fim do ajuste. Veja-se, nesse sentido, o posicionamento adotado pelo TST mediante a Súmula 369, V, aplicável a situações análogas:

Súmula 369 do TST. [...]
V — O registro da candidatura do empregado a cargo de dirigente sindical durante o período de aviso prévio, ainda que indenizado, não lhe assegura a estabilidade, visto que inaplicável a regra do § 3º do art. 543 da Consolidação das Leis do Trabalho.

---

13 A atividade empresarial pode cessar por vontade do empresário ou por fato a ele não atribuível (morte, força maior ou fato do príncipe). Nas cessações por causas involuntárias não cabe, obviamente, aviso prévio. Entretanto, o instituto é perfeitamente cabível nas cessações por causas voluntárias. Nesse sentido, aliás, manifestou-se o TST mediante a Súmula 44:
"A cessação da atividade da empresa, com o pagamento da indenização, simples ou em dobro, não exclui, por si só, o direito do empregado ao aviso prévio".
14 **Súmula 380 do TST.** AVISO PRÉVIO. INÍCIO DA CONTAGEM. ART. 132 DO CÓDIGO CIVIL DE 2002 (CONVERSÃO DA ORIENTAÇÃO JURISPRUDENCIAL N. 122 DA SDI-1). Aplica-se a regra prevista no *caput* do art. 132 do Código Civil de 2002 à contagem do prazo do aviso prévio, excluindo-se o dia do começo e incluindo o do vencimento (ex-OJ n. 122 — inserida em 20-4-1998).

15.3.1.1.1.2 Proporcionalidade do aviso prévio

O legislador constitucional, desde a promulgação da Carta de 1988, já declarava, em seu art. 7º, XXI, que, entre os direitos dos trabalhadores urbanos, rurais e domésticos, estava o de ser pré-avisado do seu desligamento com a antecedência **mínima** de 30 (trinta) dias. O referido texto constitucional deixava claro, também, que esse aviso prévio haveria de ser "proporcional ao tempo de serviço" do trabalhador, nos termos de lei ordinária.

Apesar de ter sido elaborado projeto de lei para regulamentar a referida proporcionalidade desde 1989, o Congresso Nacional manteve-se em injustificável mora, no particular. Esse comportamento omissivo chegou a ser questionado por Mandado de Injunção — MI 369, relatado pelo Min. Francisco Rezek (*DJ* 19-8-92), mas por conta do posicionamento que vigia à época, o STF, em atuação tímida, não fazia mais do que instigar o Poder Legislativo a cumprir o seu essencial dever de legislar. Diante do panorama, a SDI-1 do TST chegou a editar, em 28-4-1997, a Orientação Jurisprudencial n. 84 (somente cancelada em 14-9-2012) para esclarecer que a proporcionalidade do aviso prévio, com base no tempo de serviço, dependia de legislação regulamentadora e que o art. 7º, XXI, da CF/88 não seria autoaplicável.

Passaram-se os anos e com eles sobrevieram novas perspectivas em torno do tratamento que se poderia oferecer aos mandados de injunção. A Corte constitucional deu-se conta de que o Poder Judiciário poderia adotar medidas normativas provisórias como alternativa legítima de superação de omissões inconstitucionais por parte do Poder Legislativo sem que a proteção judicial efetiva a direitos fundamentais configurasse ofensa ao modelo de separação de poderes. Foi assim que, numa clara demonstração de evolução de entendimento, o STF, nos autos dos Mandados de Injunção MI 670-9/ES (Relator Min. Maurício Corrêa), MI 708-0/DF (Relator Min. Gilmar Mendes) e MI 712-8/PA (Relator Min. Eros Grau), todos julgados na sessão de 25-10-2007, passou a reconhecer a eficácia jurídica do direito fundamental de greve em favor dos servidores públicos civis e a determinar, em caráter aditivo, a aplicação das Leis n. 7.701/88 e 7.783/89, com as necessárias adaptações, aos conflitos e às ações judiciais que envolvessem a interpretação do direito de greve dos servidores públicos civis até que fosse publicada lei específica sobre a matéria.

O STF passou, então, a colmatar as lacunas legislativas mediante sentenças aditivas e assim passou a atuar em relação a outras tantas omissões inconstitucionais. Em junho de 2011, a referida Corte iniciou o julgamento dos Mandados de Injunção 943, 1.010, 1.074 e 1.090, aforados por ex-empregados da Companhia Vale do Rio Doce. Neles não apenas reconheceu a injustificável omissão do Congresso em legislar sobre a proporcionalidade do aviso prévio em relação ao tempo de serviço dos empregados como também a necessidade de encontrar modelos para suprir a lacuna deixada pelas Casas legislativas. Pois bem. Com a ameaça de o STF assumir, mais uma vez, função legiferante anômala e temporária, os parlamentares resolveram reagir. Para evitar tramitação demorada, os líderes da Câmara dos Deputados chegaram a um acordo. Descartaram as emendas e mudanças feitas no projeto original e votaram apenas o texto do PL n. 3.941, de 1989, de autoria do então Senador Carlos Chiarelli, que já tinha sido aprovado pelo Senado. Produziram, então, a Lei n. 12.506, de 11 de outubro de 2011, que foi sancionada sem nenhum veto pela Presidente da República e publicada no dia 13 de outubro de 2011.

O dispositivo ora em vigor prevê o seguinte:

Art. 1º O aviso prévio, de que trata o Capítulo VI do Título IV da Consolidação das Leis do Trabalho — CLT, aprovada pelo Decreto-Lei n. 5.452, de 1º de maio de 1943, será concedido na proporção de 30 (trinta) dias aos empregados que contem até 1 (um) ano de serviço na mesma empresa.

Parágrafo único. Ao aviso prévio previsto neste artigo serão acrescidos 3 (três) dias por ano de serviço prestado na mesma empresa, até o máximo de 60 (sessenta) dias, perfazendo um total de até 90 (noventa) dias.

Art. 2º Esta Lei entra em vigor na data de sua publicação.

Criou-se, afinal, a fórmula identificadora do gradualismo prometido pelo legislador da Carta de 1988, mediante o qual se tratará com maior deferência o empregado[15] que contribuiu mais tempo para o desenvolvimento econômico da empresa ou, de um modo geral, para o bem-estar do seu empregador. A relação entre tempo de serviço e extensão do aviso prévio foi inicialmente sistematizada pelo Memorando Circular n. 10, de 27 de outubro de 2011, editado pelo então Ministério do Trabalho e Emprego (primeiro documento oficial interpretativo), segundo o qual o acréscimo de 3 (três) dias por ano de serviço somente ocorreria depois que o empregado superasse o segundo ano de contrato.

Poucos meses depois, entretanto, o mesmo Ministério do Trabalho e Emprego mudou de entendimento por meio da Nota Técnica n. 184, de 7 de maio de 2012. Mediante referido documento, passou a orientar os seus servidores e auditores no sentido de que "o acréscimo de 3 (três) dias por ano de serviço prestado ao mesmo empregador, computar-se-á a partir do momento em que a relação contratual supere um ano na mesma empresa".

Triunfou, assim, ao menos no âmbito do então Ministério do Trabalho e em grande parte da doutrina, a tese daqueles que sustentavam que, nos termos do art. 1º, *caput*, da lei ora em exame, somente os empregados com "até" um ano de serviço têm direito a aviso prévio na limitada proporção de 30 (trinta) dias[16]. Todos os demais, desde que rompam o limite de um ano, passam a ser contemplados com o acréscimo de 3 (três) dias por ano de serviço prestado na mesma empresa.

A posição que esta obra defendia em edição anterior — que estava de acordo com o texto originário do Memorando Circular n. 10, de 27 de outubro de 2011 — é, portanto e por conta do que se expôs, ora modificada, inclusive em nome da tão proveitosa busca da unidade de entendimentos doutrinários.

A tabela indicativa da relação entre o tempo de serviço na mesma empresa e o tempo de aviso prévio passa a ser a seguinte:

---

15 Não é ocioso anotar, como aliás já se fez no Capítulo 4 desta obra, no tópico em que foi analisado o contrato de prestação de serviços (arts. 593 a 609 do Código Civil), que o aviso prévio estabelecido na norma fundamental é um direito de todos os trabalhadores (autônomos ou subordinados) urbanos, rurais ou domésticos, e não apenas dos empregados. Afinal, ao reconhecer o direito ora analisado com indistinção, o constituinte deixou claro que nenhum contrato de trabalho (seja de emprego, seja de "prestação de serviços", seja outro qualquer) firmado por tempo indeterminado poderia acabar sem prévio aviso de pelo menos trinta dias. É importante observar, entretanto, que a obrigatoriedade legal de concessão de aviso prévio maior do que trinta dias, ou seja, proporcional ao tempo de serviço na mesma empresa, é, nos termos da Lei n. 12.506, de 11 de outubro de 2011 (*DOU* de 13-10-2011), restrita apenas aos "empregados". Disse isso porque o referido diploma legal trata especificamente do aviso prévio previsto na CLT, ficando fora do seu âmbito os "trabalhadores em sentido *lato*".

16 Tese defendida por Gustavo Filipe Barbosa Garcia, *Curso de Direito do Trabalho*. 6. ed. Rio de Janeiro: Forense, 2012, p. 689-690.

Tempo de serviço na mesma empresa (anos completos)	Tempo de aviso prévio (dias)
00	30
01	33
02	36
03	39
04	42
05	45
06	48
07	51
08	54
09	57
10	60
11	63
12	66
13	69
14	72
15	75
16	78
17	81
18	84
19	87
20	90

Apesar de tão esperada e desejada, a regulamentação em torno do aviso prévio proporcional, por conta de sua concisão, passou a produzir diversos questionamentos jurídicos, entre os quais se destacam os seguintes:

a) A inconstitucionalidade do patamar temporal máximo

A Lei n. 12.506/2011 produziu uma restrição não autorizada pelo texto constitucional na medida em que limitou a proporcionalidade do aviso prévio ao máximo de 90 (noventa) dias. Como bem disse Guilherme Guimarães Ludwig, o legislador ordinário simplesmente eliminou "a razão constante entre o prazo do aviso e o tempo de serviço do empregado"[17] e, com base nesse atuar, produziu uma indevida contenção no direito fundamental ora em análise, que, como se vê no art. 7º, XXI, da Carta, garante para os trabalhadores uma base mínima a título de aviso prévio — jamais um teto máximo.

A limitação do aviso prévio proporcional a 90 (noventa) dias, ademais, produziu uma injustificável e não desejada igualdade de tratamento em relação aos empregados com mais de 21 anos de serviço na mesma empresa. A partir desse marco temporal, e caso fosse válida a limitação em discussão, todos teriam o mesmo tempo de aviso prévio, o que, evidentemente, não condiz com o desejo do legislador constitucional.

---

[17] LUDWIG, Guilherme Guimarães. Abordagem constitucional do aviso prévio proporcional. *Revista Magister de Direito do Trabalho*, n. 44. São Paulo: Lex Magister, set.-out. 2011, p. 97.

b) A problemática da aplicabilidade do aviso prévio proporcional em favor do empregador

A redação do *caput* do art. 7º do texto constitucional é clara quanto aos destinatários dos direitos ali arrolados: apenas os "trabalhadores urbanos e rurais". Não fosse apenas o texto da Carta, a Lei n. 12.506/2011 deixou isso evidente no momento em que dispôs, no seu art. 1º, que "o aviso prévio, de que trata o Capítulo VI do Título IV da Consolidação das Leis do Trabalho — CLT, aprovada pelo Decreto-Lei n. 5.452, de 1º de maio de 1943, **será concedido** na proporção de 30 (trinta) dias **aos empregados** que contem até 1 (um) ano de serviço na mesma empresa" e que a este período "serão acrescidos 3 (três) dias por ano de **serviço prestado na mesma empresa**, até o máximo de 60 (sessenta) dias, perfazendo um total de até 90 (noventa) dias" (destaques não constantes do original). A Secretaria das Relações do Trabalho do então Ministério do Trabalho e Emprego, mediante o Memorando Circular n. 10/2011, de 27 de outubro de 2011 (primeiro documento oficial interpretativo), no seu item 3, concluiu no mesmo sentido, e expressamente não admitiu a possibilidade de aplicação da Lei ora em exame em favor de empregadores.

Para além de uma interpretação literal, é necessário lembrar que o aviso prévio proporcional integra, em última análise, o sistema de garantias de emprego, pois cria ônus adicionais para as resilições patronais com o propósito de desencorajá-las. Ademais, o instituto ora em análise deve ser visto como uma das compensações legislativas decorrentes da extinção da estabilidade decenal, direito que, como se sabe, apenas os empregados eram capazes de conquistar.

c) A discussão quanto à exigibilidade da proporcionalidade em relação aos avisos prévios em curso na data de publicação da lei e àqueles já concedidos, mas ainda passíveis de discussão dentro do prazo prescricional

Não há dúvidas de que, na condição de um direito fundamental, o "aviso prévio proporcional ao tempo de serviço" dependia apenas da criação de um referencial concreto para ter exigibilidade. Em rigor, na medida em que surgiu o mencionado referencial, a proporcionalidade nele prevista poderia ser exigível inclusive em relação às situações do passado, dentro dos limites prescricionais. Diz-se "poderia ser exigível" e não "será exigível" porque a segurança jurídica obviamente deve ser considerada, no particular. Afinal, em homenagem ao princípio da confiança jurídica e da estabilidade, os atos jurídicos praticados com base na normativa anterior devem ser reputados como perfeitos e acabados. Esse, aliás, é o entendimento do TST, manifestado na revisão jurisprudencial ocorrida em setembro de 2012. Veja-se:

Súmula 441 do TST. *AVISO PRÉVIO. PROPORCIONALIDADE. O direito ao aviso prévio proporcional ao tempo de serviço somente é assegurado nas rescisões de contrato de trabalho ocorridas a partir da publicação da Lei n. 12.506, em 13 de outubro de 2011.*

E se o aviso prévio estava em curso na data da publicação da Lei n. 12.506/2011?

Nesse caso, parece razoável admitir a aplicação da novel disposição legislativa, uma vez que aviso prévio em curso não poderá ser reputado como um ato jurídico perfeito e acabado. O empregador, em tal situação, deverá aditar ao tempo do aviso prévio tantos dias quantos sejam necessários à observância da regra da proporcionalidade em relação ao tempo de serviço.

d) O debate em torno da transformação em ano das frações de meses ou em mês das frações em dias para fins de enquadramento do empregado em faixas mais favoráveis de aviso prévio proporcional

A Lei n. 12.506/2011 não criou nenhuma norma de arredondamento de meses em ano ou de dias em mês para fins de enquadramento do empregado em faixas mais favoráveis de aviso prévio proporcional. Nesses termos, se o empregado trabalhou um ano e dez meses para um determinado empregador, não terá o seu tempo de serviço aproximado para dois anos, como se faz à luz do texto do art. 478 da CLT, que trata especificamente sobre a indenização por antiguidade; tampouco, se tiver dois anos, 11 meses e 15 dias poderá valer-se da regra de aproximação contida no parágrafo único do art. 146 da CLT, que versa sobre férias, para formar três anos de serviço.

O legislador do aviso prévio proporcional foi claro nos seus critérios temporais. Se ele quisesse aplicar sistemáticas de arredondamento do tempo teria, decerto, feito isso expressamente.

e) A discussão quanto à extensão do aviso prévio proporcional aos empregados domésticos

O aviso prévio proporcional é um direito expressamente estendido aos empregados domésticos. O inciso XXI do art. 7º da Carta, afinal, está expressamente contido no parágrafo único do mesmo artigo. Assim, apesar de a Lei n. 12.506/2011 ter feito menção a *"serviço prestado na mesma empresa"*, não há dúvidas de que, por interpretação conforme a Constituição, o instituto ora em exame deve levar em conta o tempo de serviço oferecido a um "mesmo empregador", independentemente de ele ser urbano, rural ou doméstico.

f) A dúvida quanto à possibilidade de exigência de cumprimento de aviso prévio trabalhado por período maior do que trinta dias

Nos contratos com mais de um ano de duração, findos mediante iniciativa patronal e por concessão de aviso prévio em tempo de serviço, o período trabalhado corresponderá à totalidade do aviso prévio proporcional ou o aviso trabalhado ficaria limitado a trinta dias, com indenização do período que exceda esse limite?

O questionamento passou a tomar relevo depois que Mauricio Godinho Delgado explicitou a sua posição, ora fundada em um dos seus acórdãos[18]. Para ele, sendo a proporcionalidade um direito do trabalhador, não poderia ser contra ele praticado. Assim, se o aviso prévio imposto ao empregado fosse do tipo "indenizado", caberia a proporcionalidade; se, nas mesmas circunstâncias (imposto pelo empregador contra o empregado), fosse "em tempo de serviço", não seria exigível. Segundo sua perspectiva, tal exegese seria a "única maneira de se evitar que o avanço normativo da proporcionalidade se converta em uma contrafacção, como seria impor-se ao trabalhador com vários anos de serviço gravíssima restrição a seu direito de se desvincular do contrato de emprego" e que "o cumprimento de um aviso de 60, 80 ou 90 dias ou o desconto salarial nessa mesma proporção fariam a ordem jurídica retornar a períodos selvagens da civilização ocidental".

---

18 RR — 129600-18.2013.5.17.0003. Relator Ministro: Mauricio Godinho Delgado. Data de Julgamento: 19-11-2014. 3ª Turma. Data de Publicação: *DEJT* 28-11-2014.

Ousa-se aqui dissentir do mestre mineiro. O fato de o trabalhador ter de cumprir aviso prévio em tempo de serviço em dimensão correspondente à sua proporcionalidade não é algo vedado nem indesejado pela norma ou pelo direito. Durante o transcursar do aviso prévio em tempo de serviço, ainda que superior a trinta dias, o trabalhador tem a oportunidade de demonstrar para o empregador a sua relevância para o empreendimento e que, em última análise, não deveria ser dispensado. Aliás, durante o ínterim do tempo de cumprimento do aviso prévio a situação econômica e financeira da empresa — que muitas vezes é a mais importante razão do despedimento — poderia mudar, motivando, por conseguinte, a tentativa de reconsideração junto ao empregado.

Esse, ademais, tem sido o posicionamento do TST em diversas decisões, sendo digna de registro aquela tomada nos autos do processo RR-108500-74.2013.5.17.0013.

g) As controvérsias em torno da aplicabilidade integral da regra contida no art. 488 da CLT

Se o empregado for beneficiário de aviso prévio superior a trinta dias em virtude da Lei n. 12.506/2011, surgirá um problema interpretativo em relação à aplicabilidade integral da regra contida no art. 488 da CLT. Enfim, diante da inexistência de uma previsão legal que relacione o número de dias de aviso prévio superior a trinta dias e o número de faltas em dias corridos, que se poderá fazer?

A resposta é até simples. Ou os contratantes preenchem essa lacuna mediante a autonomia contratual individual/coletiva, ajustando proporcionalmente o número de dias corridos sem trabalho com base na relação de sete dias de interrupção contratual para trinta dias de aviso prévio e aproximam os números fracionados, ou, na ausência desse ajuste integrativo, utilizam unicamente o referencial da redução diária do horário normal de trabalho, que será sempre possível.

Assim, apenas a título de exemplo, imagine-se que um empregado contratado para prestar jornada de oito horas, com sete anos de serviço para o mesmo empregador, prefira ver aplicada a opção de faltar ao serviço, sem prejuízo do salário integral, por dias corridos, em lugar de ter diminuída a sua jornada em duas horas diárias. Nesse caso, o empregado teria, mediante a aplicação de uma regra de três simples, o direito de não trabalhar 11,9 dias corridos em lugar da redução da jornada. Mas como viabilizar esse fracionamento em relação a algo como o número de dias? Haveria aproximação para mais ou para menos? Pois bem. Simplesmente não há referencial analógico no sistema jurídico trabalhista. Exatamente por isso são justificáveis as sugestões integrativas ora apontadas.

h) A problemática da aplicação da Lei n. 12.506/2011 nas situações em que ocorram suspensões contratuais dentro do tempo de contrato para um mesmo empregador

"Tempo de contrato" e "tempo de serviço" são conceitos bem diferentes. Um empregado pode, por exemplo, ter cinco anos de contrato com um mesmo empregador sem, entretanto, ter o mesmo tempo de efetivo serviço em favor deste. Para perceber essa diferença, basta imaginar que esse empregado tenha permanecido em licença não remunerada, para tratar de assuntos pessoais, por dois anos. Ele terá, então, cinco anos anotados na CTPS, mas apenas três de serviço efetivo.

Perceba-se que, para fins de fixação da proporcionalidade do aviso prévio, valerão apenas os anos de "serviço prestado" em favor do mesmo empregador, e não os anos "de contrato" mantido em favor deste.

Nesse âmbito cabe anotar que, de acordo com a literalidade do disposto no § 1º do art. 4º da CLT, os períodos em que o empregado esteve afastado do trabalho, prestando serviço militar e por motivo de acidente do trabalho, somente são computáveis como tempo de serviço "para efeito de indenização e estabilidade". Caberá à jurisprudência avaliar a possibilidade de oferecer tratamento analógico também aos casos que envolvam a proporcionalidade do aviso prévio indenizado, o que, aliás, seria extremamente judicioso.

É bom lembrar que os acidentes do trabalho acontecem no transcurso das tentativas operárias de contribuir para o desenvolvimento econômico da empresa ou para o bem-estar do empregador. Diante disso, não seria razoável interpretação no sentido de desestimar da condição de "tempo de serviço" o período de afastamento por acidente ou doença ocupacional. São justamente esses acontecimentos — fortuitos e infortunosos — havidos em campo de trabalho que retiram os operários da sua contínua colaboração.

Averbe-se, porém, que a constatação da "culpa exclusiva do empregado" na ocorrência do evento acidentário rompe o nexo de causalidade entre este e o trabalho. Se há causa da vítima (nome mais adequado para intitular a "culpa exclusiva da vítima") não há falar em responsabilidade civil do empregador. Consequentemente, nada a ele pode ser imputado: nem proporcionalidade do aviso, nem recolhimento de FGTS, nem estabilidade. Nada. Se há fato da vítima, não há falar em produção de efeitos jurídico-trabalhistas.

Para que se tenha um exemplo do que se afirmou no parágrafo anterior, imagine-se a situação de um trabalhador que se acidenta no percurso da residência para o local de trabalho ou deste para aquela (*vide* art. 21, IV, *d*, da Lei n. 8.213/91), mas em situação absolutamente inusitada: imagine-se que ele se acidentou ao praticar o chamado "surfe urbano", exatamente ao tentar manter-se de pé e em equilíbrio sobre o teto do ônibus que o conduzia, ou seja, imagine-se que ele se acidentou ao utilizar o transporte de forma diversa daquela que normalmente deveria, excedendo manifestamente os limites impostos pelo seu fim social. Nesse caso, é óbvio, um eventual acidente ocorrido no transcurso residência-trabalho-residência não poderia produzir efeitos contra o empregador porque decorrente de verdadeiro "fato da vítima". Rompe-se, assim, integralmente, qualquer liame jurídico com a prestação trabalho. É muito evidente, portanto, que desse fato não advirá responsabilidade para o empregador. Como se disse: nem proporcionalidade do aviso, nem recolhimento de FGTS, nem estabilidade. Nada.

i) *O questionamento quanto à integração do aviso prévio proporcional no tempo de serviço do empregado para fins de contagem do prazo prescricional*

Os tribunais trabalhistas têm dois entendimentos pacificados no âmbito das relações havidas entre aviso prévio e prescrição: o primeiro sinaliza no sentido de que "a data de saída a ser anotada na CTPS deve corresponder à do término do prazo do aviso prévio, ainda que indenizado" (OJ 82, da SDI-1 do TST); o segundo orienta que "a prescrição começa a fluir no final da data do término do aviso prévio" (OJ 83, da SDI-1 do TST). Pois bem. Conforme bem colocou Jorge Boucinhas Filho[19], não há nenhuma razão para se imaginar que este entendimento será modificado em relação ao aviso prévio proporcional. Todo o sistema ora aplicável será mantido, apenas com a diferença de que, em algumas situações, o empregado fruirá de um prazo de aviso prévio mais dilatado. Situação assemelhada é, aliás, cons-

---

19 BOUCINHAS FILHO, Jorge. Reflexões sobre o aviso prévio proporcional ao tempo de serviço. *Revista Justiça do Trabalho*, n. 334. São Paulo, HS Editora, ano 28, out. 2011, p. 77-126.

tatada à luz da OJ 367 da SDI-1[20], que trata de aviso prévio contratualmente mais extenso do que aquele previsto em lei.

j) A dúvida quanto à condição de pedido implícito

Depois que se regulamentou a proporcionalidade do aviso prévio em razão do tempo de serviço, seria necessária a postulação expressa de pagamento do aviso prévio proporcional ou os tribunais o admitirão como pretensão implícita?

Tudo parece indicar no sentido de que os tribunais admitirão que o atendimento da proporcionalidade é inerente à pretensão do aviso prévio. Assim, se o ex-empregado pedir apenas o pagamento do "aviso prévio", caberá ao magistrado, em todo caso, verificar se ele será devido na base mínima de trinta dias ou superior a esta por conta da proporcionalidade aqui analisada.

15.3.1.1.1.3 Espécies de aviso prévio

Em conformidade com o disposto no art. 488 da CLT, o horário normal de trabalho do empregado durante o prazo do aviso, e **se a resilição tiver sido promovida pelo empregador**[21], será reduzido de duas horas diárias[22], sem prejuízo do salário integral. É facultado, porém, ao empregado (note-se que **é o empregado quem decide isso**, uma vez que não está obrigado a tanto) trabalhar sem a redução das duas horas diárias, caso em que poderá faltar ao serviço, sem prejuízo do salário integral, por sete dias corridos. Em qualquer das mencionadas hipóteses, estar-se-á diante de **aviso prévio concedido em tempo de serviço**.

Se a parte interessada na dissolução do vínculo, entretanto, quiser pôr fim imediatamente ao contrato sem a prestação de aviso prévio, poderá valer-se do **aviso prévio indenizado**[23], segundo as possibilidades constantes dos §§ 1º e 2º do art. 487 da CLT:

a) Aviso prévio indenizado pelo patrão. A falta do aviso prévio **por parte do empregador** dará ao empregado o direito aos salários correspondentes ao prazo do aviso, garantida sempre a integração[24] desse período em seu tempo de serviço[25]. Registre-se que a

---

20 **Orientação Jurisprudencial 367 da SDI-1 do TST**. AVISO PRÉVIO DE 60 DIAS. ELASTECIMENTO POR NORMA COLETIVA. PROJEÇÃO. REFLEXOS NAS PARCELAS TRABALHISTAS. O prazo de aviso prévio de 60 dias, concedido por meio de norma coletiva que silencia sobre alcance de seus efeitos jurídicos, computa-se integralmente como tempo de serviço, nos termos do § 1º do art. 487 da CLT, repercutindo nas verbas rescisórias (*DJe* TST 4-12-2008).

21 A redução de jornada durante o aviso prévio, nos termos do art. 488 da CLT, é oferecida unicamente ao empregado nas situações em que a iniciativa for do patrão.

22 Veja-se a Súmula 230 do TST: "É ilegal substituir o período que se reduz da jornada de trabalho, no aviso prévio, pelo pagamento das horas correspondentes".

23 Perceba-se que o reajustamento salarial coletivo (§ 6º do art. 487 da CLT), determinado no curso do aviso prévio, beneficia o empregado pré-avisado da despedida, **mesmo que tenha recebido antecipadamente os salários correspondentes ao período do aviso**, que integra seu tempo de serviço para todos os efeitos legais.

24 Perceba-se o teor da **Súmula 371 do TST**: "A projeção do contrato de trabalho para o futuro, pela concessão do **aviso prévio indenizado**, tem **efeitos limitados** às vantagens econômicas obtidas no período de pré-aviso, ou seja, salários, reflexos e verbas rescisórias. No caso de concessão de auxílio-doença no **curso do aviso prévio**, todavia, só se concretizam os efeitos da dispensa depois de expirado o benefício previdenciário". Observe-se que a expressão "no curso do aviso prévio" sugere referência ao aviso prévio em tempo de serviço.

25 Em conformidade com a Orientação Jurisprudencial 82 da SDI-1 do TST, "a data de saída a ser anotada na CTPS deve corresponder à do término do prazo do aviso prévio, ainda que indenizado". É importante observar, também, que, nos moldes da Orientação Jurisprudencial 83 da SDI-1 do TST, o prazo prescricional começa a fluir no final da data do término do aviso prévio, indenizado ou não. Acrescente-se, por fim, que o do aviso

integração será observada se o empregador oferecer um aviso prévio em dimensão superior àquela considerada como mínima pela lei[26 e 27].

b) Aviso prévio indenizado pelo empregado. A falta de aviso prévio **por parte do empregado**[28] dará ao empregador o direito de descontar os salários correspondentes ao prazo respectivo. Anote-se que o "direito de descontar" é interpretado como ato que encontra limite na dimensão total de créditos do trabalhador. Se as parcelas descontadas para cobrir o aviso prévio indenizado dado pelo empregado não forem suficientes, não será juridicamente possível cobrar a diferença negativa do trabalhador.

15.3.1.1.1.4 Irrenunciabilidade do aviso prévio

A Súmula 276 do TST, em sua primeira parte, corrobora a evidente tese de que, em caso de resilição por iniciativa patronal, não terá validade qualquer transação feita entre empregador e empregado no sentido de este abdicar o direito de receber os salários correspondentes ao ínterim mínimo de trinta dias entre a data de prestação do aviso e o fim dele. Isso, enfim, decorre do princípio da irrenunciabilidade de direitos trabalhistas. Note-se que nem mesmo o pedido de dispensa de cumprimento por parte do empregado tem o condão de eximir o empregador dos pagamentos dos salários correspondentes ao aviso.

Mas o empregado pediria dispensa do cumprimento do aviso?

Normalmente não. Essa proposta, em geral, costuma vir do próprio empregador que sugere a permanência do empregado em casa até o término do prazo do aviso com a intenção de ganhar tempo para o pagamento das parcelas resilitórias. Essa estratégia era aplicável na lógica existente antes da vigência da Lei n. 13.467/2016. Enfim, se o trabalhador fosse despedido por iniciativa patronal mediante aviso prévio indenizado, o empregador teria dez dias para pagar as verbas dissolutórias (*segundo o antigo texto do* § 6º, *b, do art*. 477 *da CLT*); se o operário, entretanto, aguardava o término do aviso prévio "em casa", o patrão, sem tê-lo presente no ambiente laboral (com os riscos de atingir, por ato de retaliação, o patrimônio ou o prestígio da empresa), tinha trinta dias (ou mais dias, se aplicado o aviso prévio proporcional) para a concretização do pagamento das verbas resilitórias.

---

prévio indenizado somente será considerado para fins de contagem do prazo prescricional se, obviamente, não existir controvérsia quanto à sua concessão. Havendo tal controvérsia ou existindo discussão quanto à existência do próprio contrato de emprego deverão ser superados tais impasses prejudiciais para somente depois ser aplicado o entendimento da consideração do aviso prévio indenizado na contagem do prazo prescricional.

26 Veja-se o teor da **Orientação Jurisprudencial 367 da SDI-1 do TST**: "AVISO PRÉVIO DE 60 DIAS. ELASTECIMENTO POR NORMA COLETIVA. PROJEÇÃO. REFLEXOS NAS PARCELAS TRABALHISTAS. O prazo de aviso prévio de 60 dias, concedido por meio de norma coletiva que silencia sobre alcance de seus efeitos jurídicos, computa-se integralmente como tempo de serviço, nos termos do § 1º do art. 487 da CLT, repercutindo nas verbas rescisórias".

27 A turma nacional de uniformização, ao apreciar os autos do processo uniformização de interpretação de Lei 0515850-48.2018.4.05.8013/AL, deu provimento ao pedido de uniformização, fixando a seguinte tese jurídica: "o período de aviso prévio indenizado é válido para todos os fins previdenciários, inclusive como tempo de contribuição para obtenção de aposentadoria" (Tema 250). Em linguagem objetiva, o aviso prévio indenizado deve ser considerado na contagem do tempo de contribuição para fins de aposentadoria. A despeito disso, e contrariando a lógica de que não há de haver tempo de contribuição fictício, permanece vigente a tese segundo a qual, nos termos do Tema 478 do STJ, "não incide contribuição previdenciária sobre valores pagos a título de aviso prévio indenizado, por não se tratar de verba salarial". No mesmo sentido, veja-se o Despacho PGFN/ME n. 42 de 4-2-2021.

28 Veja-se a **Súmula 276 do TST**: "O direito ao aviso prévio é irrenunciável pelo empregado. O pedido de dispensa de cumprimento não exime o empregador de pagar o respectivo valor, **salvo comprovação de haver o prestador dos serviços obtido novo emprego**".

Para combater artifícios dessa natureza o TST publicou a Orientação Jurisprudencial 14 da SDI-1, identificando que, em situações tais, o prazo do empregador seria contado a partir da data em que o empregado foi informado desse propósito. Veja-se, com a chamada de atenção para a possível necessidade de ajustes pós-reforma trabalhista de 2017:

Orientação Jurisprudencial 14 da SDI-1 do TST. *Aviso prévio cumprido em casa. Verbas Rescisórias. Prazo para Pagamento. (Art. 477, § 6º, "b", da CLT) Inserida em 25.11.96 (Título alterado e inserido dispositivo). Em caso de aviso prévio cumprido em casa, o prazo para pagamento das verbas rescisórias é até o décimo dia da notificação de despedida.*

É importante que se conclua, finda essa análise, que o **aviso prévio cumprido em casa** não é invalidado enquanto tal. Os efeitos jurídicos decorrentes desse comportamento apenas são visíveis sobre a determinação do prazo previsto no art. 477 da CLT que, como se antedisse, se contará, na base de dez dias, a partir do momento em que se iniciar o aviso prévio cumprido em casa.

Há, por outro lado, casos, ainda, em que o patrão, **mediante ardis**, faz com que o empregado solicite a dispensa de comparecimento ao serviço durante o período do aviso prévio, para depois o colocar em situação embaraçosa. Diz-se isso porque, transcorrido o tempo correspondente ao aviso, o empregador pode surpreender o empregado com a informação de que nada lhe pagará a título de aviso prévio porque não houve prestação de trabalho no período correspondente. Ademais, há registros de empregadores que, movidos pela má-fé, até mesmo chegam aos pincaros de afirmar que o seu ex-empregado abandonou o emprego. Isso, obviamente, é um ato inválido, porque eivado de vício de consentimento. De todo modo, caberá ao empregado o ônus de provar que se afastou do trabalho porque recebeu o aviso prévio de terminação do vínculo e a ordem de aguardar o transcurso do aviso em casa. Haverá, portanto, sempre uma situação complicada de gerir.

Para finalizar o tópico e os assuntos relacionados à irrenunciabilidade do aviso prévio, cabe lembrar que o pedido de dispensa de cumprimento do aviso prévio pode, entretanto, ser genuíno. O pedido do trabalhador pode estar, realmente, baseado em causa séria, importante para a vida dele, entre as quais se inclui, sem dúvida, o fato de ter ele obtido novo emprego. Em casos tais, o pedido de dispensa de cumprimento seria entendido como evento legítimo, uma vez que visa proporcionar acesso do dispensado a um novo emprego. Somente assim, segundo o entendimento visível na parte final da Súmula 276 do TST, que visou diminuir a rigidez do princípio de irrenunciabilidade dos direitos trabalhistas, poder-se-ia falar em isenção de pagamento do aviso prévio por parte do empregador.

15.3.1.1.1.5 Reconsideração do aviso prévio

Dado o aviso prévio, a resilição torna-se efetiva depois de expirado o respectivo prazo, mas, se a parte notificante **reconsiderar o ato**, antes de seu termo, à outra parte é facultado aceitar ou não a reconsideração. Caso seja aceita a reconsideração (modo expresso) ou continuando a prestação depois de expirado o prazo (modo tácito), o contrato continuará a vigorar, como se o aviso prévio não tivesse sido dado (veja-se o art. 489 da CLT).

15.3.1.1.1.6 Justa causa no decurso do prazo de aviso prévio

O empregador que, durante o prazo do aviso prévio dado ao empregado, praticar ato que justifique a resolução imediata do contrato sujeita-se ao pagamento da remuneração correspondente ao prazo do referido aviso, sem prejuízo da indenização que for devida. Sob outra perspectiva, o empregado que, durante o prazo do aviso prévio, cometer qualquer das faltas consideradas pela lei como justas para a resolução perde o direito ao restante do respectivo prazo (vejam-se os arts. 490 e 491 da CLT). Nesse sentido há, também, Súmula do TST:

Súmula 73 do TST. DESPEDIDA. JUSTA CAUSA. A ocorrência de justa causa, **salvo a de abandono de emprego***, no decurso do prazo do aviso prévio dado pelo empregador, retira do empregado qualquer direito às verbas rescisórias de natureza indenizatória* (destaques não constantes do original).

A ressalva atinente ao abandono de emprego justifica-se pelo fato de que, durante o aviso prévio, a falta do empregado ao serviço somente lhe gerará a pena de perda dos correspondentes dias e nada mais do que isso.

15.3.1.1.1.7 A prova do aviso prévio

Não há qualquer dispositivo legal que exija forma especial para que o aviso prévio tenha validade. Assim, é perfeitamente possível que qualquer dos contratantes dê conhecimento a seu opositor da intenção de resilir, indistintamente, por via verbal ou escrita. Anote-se que, para evitar problemas probatórios, é (apenas) recomendável que o aviso prévio seja participado por escrito. Essa forma, portanto, não é *ad solemnitatem* **(a forma é indispensável para a validade do ato)**, mas apenas *ad probationem* (a forma visa apenas facilitar a produção da prova).

15.3.1.1.1.8 Aviso prévio e institutos incompatíveis

O aviso prévio tem a finalidade de garantir ao destinatário um **tempo razoável** para superação dos entraves gerados pela resilição. Tanto o empregado precisará desse tempo para encontrar uma nova ocupação que lhe garanta a subsistência quanto o empregador, quando for o caso, demandará um período para providenciar um substituto do demissionário. Diante desses objetivos, o tempo do aviso deve ser exclusivamente destinado a seus propósitos, sendo inadmissível falar em sua cumulação com:

a) férias;
b) recesso escolar; ou
c) períodos de garantia de emprego.

Nesse particular, é relevante citar a **Súmula 348 do TST**, segundo a qual "é inválida a concessão do aviso prévio na fluência da garantia de emprego, ante a incompatibilidade dos dois institutos". Acrescente-se que, durante o período do aviso prévio dado pelo empregador ao empregado, é intangível o direito de redução de jornada prevista no art. 488 da CLT. Não pode o empregador propor que o empregado substitua o período de redução da jornada de trabalho pelo pagamento de horas correspondentes. Esse é o entendimento do TST, constante da já mencionada Súmula 230[29].

Convém, igualmente, fazer referência à redação contida na **Súmula 10 do TST** (com redação alterada na sessão do Tribunal Pleno realizada em 14-9-2012), segundo a qual "o direito aos salários do período de férias escolares assegurado aos professores (art. 322, *caput* e § 3º, da CLT) **não exclui o direito ao aviso prévio**, na hipótese de dispensa sem justa causa ao término do ano letivo ou no curso das férias escolares" (destaque não constante do original).

15.3.1.1.1.9 Limites à resilição patronal

A resilição comporta importantes limitações, sendo certo que não se pode falar em resilição patronal de contratos de emprego que estejam **suspensos (em sentido lato)** ou **garantidos pela estabilidade**. Vejam-se:

---

29 **Súmula 230 do TST.** É ilegal substituir o período que se reduz da jornada de trabalho, no aviso prévio, pelo pagamento das horas correspondentes.

a) Limites impostos pela suspensão contratual

A leitura do art. 471 da CLT conduz à ideia de que o retorno do trabalhador às atividades, depois de cessada causa suspensiva contratual (**em sentido lato, incluindo também interrupções contratuais**), é um direito que não pode ser obstaculizado mediante ato de simples vontade patronal. Perceba-se:

"Ao empregado afastado do emprego são asseguradas, **por ocasião de sua volta**, todas as vantagens que, em sua ausência, tenham sido atribuídas à categoria a que pertencia na empresa".

Esse raciocínio é completado pela redação do art. 472 da CLT, que, sem deixar dúvidas, dispõe no sentido de que "o afastamento do empregado em virtude das exigências do serviço militar ou de outro encargo público, **não constituirá motivo para a alteração ou rescisão do contrato de trabalho *por parte do empregador*"**. Ora, apesar de o mencionado dispositivo tratar de situações específicas — exigências do serviço militar ou de outro encargo público —, traz consigo efeito que parece comum a todas as hipóteses de suspensão contratual, a inalterabilidade do avençado.

A infração a esses dispositivos gera, por conta do art. 9º da CLT, o direito de reintegração do empregado despedido. Não se pode, então, promover o desligamento por iniciativa patronal de trabalhadores durante, por exemplo, períodos de licença (por motivos de saúde ou por causas particulares), de prestação de serviço militar, de prisão preventiva, de cumprimento de encargos públicos ou de férias.

Os trabalhadores, entretanto, podem se desligar dos empregos por suas próprias iniciativas ainda que durante o transcurso das suspensões contratuais. Nada impede, por exemplo, que um empregado, por sua própria **e legítima** iniciativa, informe a sua demissão do emprego, mesmo durante o transcurso de auxílio por incapacidade temporária, aposentadoria por incapacidade permanente ou férias. Não há norma impediente dessa manifestação da liberdade individual, e ainda que existisse haveria de ser imensamente criticada, pois não há razão plausível para, no particular, comprimir-se um autêntico desejo exoneratório do trabalhador.

Importante lembrar também que nada obsta sejam promovidos atos de resolução por inexecução faltosa, de resolução por causas involuntárias (morte, força maior ou fato do príncipe) ou de rescisão por nulidade contratual durante o período de suspensão contratual. Evidentemente o contrato terminará imediatamente, ainda que suspenso, se o trabalhador, por exemplo, praticar ato de improbidade[30], ato de violação de segredo da empresa ou se vier a falecer o empregador empresário individual ou, ainda, se ficar constatado que o operário tinha idade inferior a dezesseis anos (sem ser aprendiz).

Nesse ponto emerge uma importante questão:

---

30 Veja-se, nesse sentido, a decisão tomada pelo TST nos autos do processo TST-RR-180300-04.2003.5.12.0030, cuja ementa foi assim redigida:

"ESTABILIDADE PROVISÓRIA. RESOLUÇÃO DO CONTRATO DE TRABALHO NO CURSO DE AUXÍLIO--DOENÇA ACIDENTÁRIO. JUSTA CAUSA. A suspensão do contrato de trabalho implica sustação dos efeitos decorrentes do vínculo de emprego, continuando, contudo, em vigor o contrato de trabalho. Constitui, em verdade, uma mera pausa transitória do trabalho, permanecendo, no entanto, algumas obrigações recíprocas entre empregado e empregador. Sobreleva registrar que a concessão de auxílio-doença acidentário não funciona como obstáculo à justa rescisão contratual, na medida em que subsistem, a despeito da suspensão do contrato de trabalho, todos os deveres de lealdade, probidade e boa-fé. Recurso de revista conhecido e desprovido (Processo: RR — 180300-04.2003.5.12.0030, 3ª Turma, Rel. Min. Alberto Luiz Bresciani de Fontan Pereira, publicação em 19-8-2011).

O empregador poderá dissolver imediatamente o contrato de trabalho do seu empregado que tenha sido preso?

A resposta é negativa, porque, como já se disse no tópico 14.5.7, o contrato de emprego estará automaticamente suspenso diante das situações em que tenha sido determinada prisão de natureza cautelar (prisão temporária ou prisão preventiva) do empregado.

Quando, porém, o empregado retornar ao curso do contrato de emprego, existirão duas possibilidades:

Primeira: se o **empregado retornar livre da acusação** de que foi destinatário, por ter sido impronunciado ou absolvido, o empregador não poderá despedi-lo com justa causa, mas apenas, se for o seu desejo, **dispensá-lo sem justa causa**.

Registre-se, de todo modo, que um despedimento imediato do empregado, ainda que sem justa causa, poderá trazer em si indícios de uma atitude patronal discriminatória, o que justificará uma possível postulação de reintegração do empregado à luz da Lei n. 9.029/95, sem excluir a possibilidade de apuração de eventual violação ao seu patrimônio imaterial.

Segunda: se **empregado for considerado culpado** e, por isso, condenado **mediante decisão criminal transitada em julgado**, o empregador poderá realizar o despedimento com justa causa, nos moldes do art. 482, *d*, da CLT. Não há relevância quanto à natureza do crime praticado. Se o empregado foi condenado por algum crime, o empregador estará autorizado, querendo, a resolver o contrato por justa causa.

Note-se que nem mesmo a prisão em flagrante poderá afastar o direito de o empregado ver suspenso o seu contrato de emprego. O despedimento sem justa causa não estará autorizado, porque, por mais evidente que possa parecer ser o flagrante, sempre haverá possibilidade de demonstração de alguma causa de justificação, por exemplo, a legítima defesa ou o estado de necessidade.

b) Limites impostos pela estabilidade

A estabilidade, que merecerá estudo mais aprofundado no próximo capítulo, é uma das espécies de garantia de emprego e se caracteriza pela vedação ao direito patronal de resilir. Por conta da estabilidade, definitiva ou provisória, o empregador estará proibido de pôr fim ao contrato de emprego dos seus operários. Sendo definitiva a estabilidade, a limitação é ampla. Somente a justa causa operária e as razões de força maior podem fraturar essa proteção antirresilição. As estabilidades provisórias, por outro lado, vicejam enquanto durarem os seus fatos geradores.

Registre-se que a estabilidade não impede a resilição por iniciativa do trabalhador. Este pode, querendo, desvencilhar-se do vínculo, uma vez que contraria a ideia de direito alguém ser obrigado a manter-se como empregado quando este não é o seu desejo. Para resilir o contrato de emprego, ainda que estável, é suficiente que o empregado manifeste tal desejo perante o sindicato representativo de sua categoria profissional ou, se não o houver, perante a Superintendência Regional do Trabalho e Emprego ou a Justiça do Trabalho. Veja-se, nesse sentido, o conteúdo do art. 500 da CLT[31].

---

31 **Art. 500 da CLT.** O pedido de demissão do empregado estável só será válido quando feito com a assistência do respectivo Sindicato e, se não o houver, perante autoridade local competente do Ministério do Trabalho ou da Justiça do Trabalho.

15.3.1.1.1.1.10 Despedida obstativa

Nos termos do art. 9º da Lei n. 6.708, de 30-10-1979, e do art. 9º da Lei n. 7.238, de 28-10-1984, o empregado dispensado, sem justa causa, no período de trinta dias que antecede a data de sua correção salarial, terá direito à **indenização adicional** equivalente a um salário mensal, sem prejuízo de ter as verbas rescisórias devidamente corrigidas. É importante observar que, consoante a Súmula 182 do TST, o tempo do aviso prévio, mesmo indenizado, é contado para efeito dessa indenização. Veja-se:

> **Súmula 182 do TST**. *O tempo do aviso prévio, mesmo indenizado, conta-se para efeito da indenização adicional prevista no art. 9º da Lei n. 6.708, de 30.10.1979.*

Assim, se um empregado que tem correção salarial no dia 1º de maio for pré-avisado no dia 20 de março, a projeção do aviso prévio, **ainda que indenizado**, lançará o vínculo para 20 de abril. A partir dessa data iniciar-se-á a contagem dos trinta dias de antecedência para fins de determinação da aplicabilidade da indenização adicional.

Quanto ao valor, a indenização adicional corresponde ao salário mensal, no valor devido na data da comunicação do despedimento, integrado pelos adicionais legais ou convencionados, ligados à unidade de tempo mês, não sendo computável a gratificação natalina. Note-se:

> **Súmula 242 do TST**. *INDENIZAÇÃO ADICIONAL. VALOR. A indenização adicional, prevista no art. 9º da Lei n. 6.708, de 30.10.1979, e no art. 9º da Lei n. 7.238, de 28.10.1984, corresponde ao salário mensal, no valor devido na data da comunicação do despedimento, integrado pelos adicionais legais ou convencionados, ligados à unidade de tempo mês, não sendo computável a gratificação natalina (Res. 15/1985, DJ, 9-12-1985).*

Outro detalhe a observar em relação à indenização adicional está contido na **Orientação Jurisprudencial 268 da SDI-1 do TST**. Diz-se isso porque, sendo o caso, "somente após o término do período estabilitário é que se inicia a contagem do prazo do aviso prévio para efeito das indenizações previstas nos arts. 9º da Lei n. 6.708/1979 e 9º da Lei n. 7.238/1984".

15.3.1.1.1.1.11 Extinção da empresa e resilição

Toda vez que o empregador administra mal o seu empreendimento (perdendo postos de serviço, contraindo endividamentos impagáveis ou vulnerando sua imagem no mercado), proporciona a extinção da empresa. Nesse caso, **não há falar em advento de condição involuntária, mas sim em resilição por provocação patronal**. Afirma-se isso porque, em casos tais, o empregador é quem, de modo resoluto, liquida o negócio.

Apesar do quanto acima expendido, nada pode impedir que o empregador ponha fim ao empreendimento e, por consequência, dê notícia disso aos empregados, ainda que estes sejam estáveis ou beneficiários de suspensão contratual. A extinção da empresa é inexorável. Por conta dela não é mantido incólume nenhum contrato de emprego. O TST, acerca dessa matéria, publicou a Súmula 173, sustentando que é automaticamente extinto o vínculo de emprego com a cessação das atividades da empresa. Os salários, neste caso, somente são devidos até a data da extinção do empreendimento. Note-se:

> **Súmula 173 do TST**. *SALÁRIO. EMPRESA. CESSAÇÃO DE ATIVIDADES. Extinto, automaticamente, o vínculo empregatício com a cessação das atividades da empresa, os salários só são*

devidos até a data da extinção. Ex-prejulgado n. 53 (RA, 102/1982, DJ, 11-10-1982, e DJ, 15-10-1982).

Ainda que o empregado esteja garantido pela estabilidade, não terá oportunidade de impedir a ruptura do vínculo. A eles caberá apenas a indenização prevista nos arts. 497 e 498 da CLT[32], além de outras cabíveis pela evidência de prejuízos.

Note-se que o empregador não fica isento de pena, cabendo-lhe indenizar os empregados não detentores de estabilidade de forma simples e os empregados estáveis de forma dobrada. A extinção da empresa por uma causa involuntária é igualmente irresistível, mas os efeitos indenizatórios para o empregador são evidentemente mais atenuados. Veja-se, quanto a isso, o disposto no art. 502 da CLT[33].

Mas, afinal, quando é que se pode dizer que ocorreu a cessação das atividades da empresa? A decretação da falência é esse ponto final?

A resposta aqui é bem simples, porque objetivamente oferecida pela Lei n. 11.101/2005: os contratos de emprego mantidos com o falido não são dissolvidos pela decretação da falência, mas, para além disso, **pela efetiva cessação das atividades da empresa falida**. Esses momentos podem ser bem diferentes. O *caput* do art. 117 da citada Lei é bem claro:

Art. 117. Os contratos bilaterais não se resolvem pela falência e podem ser cumpridos pelo administrador judicial se o cumprimento reduzir ou evitar o aumento do passivo da massa falida ou for necessário à manutenção e preservação de seus ativos, mediante autorização do Comitê.

Diante dessa constatação, cabe esclarecer que uma empresa falida pode optar, por meio do seu administrador, por manter ou pôr fim aos contratos de emprego, mas, se os terminar, eles serão dissolvidos por resilição por iniciativa patronal. Se o empregado quiser, e diante do possível descumprimento de obrigações contratuais por parte da falida, ele poderá postular a resolução indireta do contrato mediante ação judicial nos termos do art. 483 da CLT.

Destaque-se, *agora sob o ponto de vista previdenciário*, que a extinção da empresa não atinge qualquer dos direitos do segurado afastado em gozo de auxílio por incapacidade temporária ou em fruição de aposentadoria por incapacidade permanente. Se permanecerem existentes os fatos geradores desses benefícios, o segurado continuará a ser destinatário das referidas vantagens previdenciárias por incapacidade, como se nada tivesse acontecido. A extinção da empresa gerará, na realidade, consequências imediatas de natureza trabalhista. Conforme mencionado, tal acontecimento implicará, sem possibilidade de oposição, a terminação do vínculo contratual de emprego, inclusive a baixa da

---

32 **Art. 497 da CLT.** Extinguindo-se a empresa, sem a ocorrência de motivo de força maior, ao empregado estável despedido é garantida a indenização por rescisão do contrato por prazo indeterminado, paga em dobro.
Art. 498 da CLT. Em caso de fechamento do estabelecimento, filial ou agência, ou supressão necessária de atividade, sem ocorrência de motivo de força maior, é assegurado aos empregados estáveis, que ali exerçam suas funções, o direito à indenização, na forma do artigo anterior.
33 **Art. 502 da CLT.** Ocorrendo motivo de força maior que determine a extinção da empresa, ou de um dos estabelecimentos em que trabalhe o empregado, é assegurada a este, quando despedido, uma indenização na forma seguinte:
I — sendo estável, nos termos dos arts. 477 e 478;
II — não tendo direito à estabilidade, metade da que seria devida em caso de rescisão sem justa causa;
III — havendo contrato por prazo determinado, aquela a que se refere o art. 479 desta lei, reduzida igualmente à metade.

CTPS, observado o pagamento de indenizações que incluem, entre outras verbas, a liberação do FGTS e, se o ato for atribuível ao empregador, o pagamento de acréscimo de quarenta por cento sobre a totalidade dos depósitos realizados no mencionado Fundo. Acrescentem-se mais detalhamentos: se o segurado empregado estiver em fruição de benefício por incapacidade acidentária — auxílio por incapacidade temporária acidentário (B-91) ou aposentadoria por incapacidade permanente acidentária (B-92) —, é razoável que, por conta da extinção da empresa, ele pretenda o recebimento da indenização prevista no art. 118 da Lei n. 8.213/91[34] e, ainda, por estimativa, a indenização correspondente ao FGTS, que deixara de ser depositado por infração ao disposto no § 5º do art. 15 da Lei n. 8.036/90[35].

Registre-se, ainda, não haver qualquer obstáculo para a terminação imediata do contrato do empregado que, embora recebendo auxílio por incapacidade temporária ou aposentadoria por incapacidade permanente, deseja pedir demissão, ou daquele que dá causa à resolução do vínculo por prática de falta grave (exemplo: aquele que divulga segredo da empresa, ainda que com o contrato suspenso). Mesmo para estes, apesar das consequências trabalhistas sobre os créditos decorrentes, nenhum efeito previdenciário incidirá. O que importa para a manutenção do auxílio por incapacidade temporária e da aposentadoria por incapacidade permanente é que o segurado permaneça incapacitado para o exercício de seu trabalho ou de suas atividades habituais.

15.3.1.1.1.12 Acidente de trabalho dentro do transcurso do aviso prévio

E se o trabalhador vier a sofrer acidente de trabalho no curso do aviso prévio em tempo de serviço?

O questionamento é relevante, pois a concessão do pré-aviso em tais circunstâncias transformará ficticiamente o contrato por tempo indeterminado em contrato por tempo determinado. Exatamente por isso a jurisprudência majoritária tem entendido que o ajuste somente terminará depois de findo o auxílio por incapacidade temporária acidentária (antes chamado de auxílio-doença acidentário) e, se for o caso, também depois de fruído o período estabilitário previsto no art. 118 da Lei n. 8.213/91.

Tratamento idêntico há de ser oferecido às empregadas gestantes (*vide* Súmula 244, III, do TST) e, decreto, nos termos da Lei Complementar n. 146/2014, ao detentor da guarda do filho de genitora falecida[36].

Essa atuação jurisprudencial segue a linha de uma série de dispositivos legais que oferecem arrimo diferenciado em favor de quem, por alguma razão, sofreu acidente do trabalho. Nesse campo, podem ser citados, entre outros, os dispositivos constantes dos arts. 4º, pará-

---

34 Art. 118. O segurado que sofreu acidente do trabalho tem garantida, pelo prazo mínimo de doze meses, a manutenção do seu contrato de trabalho na empresa, após a cessação do auxílio-doença acidentário, independentemente de percepção de auxílio-acidente.

35 Lei n. 8.036/90: Art. 15. [...] § 5º O depósito de que trata o *caput* desse artigo **é obrigatório nos casos de** afastamento para prestação do serviço militar obrigatório e **licença por acidente do trabalho** (parágrafo acrescentado pela Lei n. 9.711, de 20-11-1998, destaques não constantes do original).

36 O trabalhador que teria o seu contrato por tempo determinado findo por decurso do tempo poderia ver-se protegido contra a despedida arbitrária ou sem justa causa, pela natural guarda de seu filho, por cinco meses após o parto de sua falecida esposa.

grafo único[37], e 131, III[38], ambos da CLT, do art. 15, § 5º, da Lei n. 8.036/90[39] e do art. 60, IX, do Decreto n. 3.048/99[40].

Nesse sentido, é relevante o conhecimento do texto da Súmula 371 do TST:

Súmula 371 do TST. *AVISO PRÉVIO INDENIZADO. EFEITOS. SUPERVENIÊNCIA DE AUXÍLIO-DOENÇA NO CURSO DESTE (CONVERSÃO DAS ORIENTAÇÕES JURISPRUDENCIAIS N. 40 E 135 DA SDI-1). A projeção do contrato de trabalho para o futuro, pela concessão do aviso prévio indenizado, tem efeitos limitados às vantagens econômicas obtidas no período de pré-aviso, ou seja, salários, reflexos e verbas rescisórias. No caso de concessão de auxílio-doença no curso do aviso prévio, todavia, só se concretizam os efeitos da dispensa depois de expirado o benefício previdenciário (ex-OJs n. 40 e 135, inseridas respectivamente em 28-11-1995 e 27-11-1998).*

Perceba-se que a **primeira parte** da ora mencionada Súmula 371 do TST trata do **aviso prévio indenizado** e deixa claro que, no período de projeção ficta deste, não se caracterizará fato gerador para qualquer licença por doença ou acidente. O TST assim se posiciona baseado na impossibilidade de o trabalhador sofrer acidente de trabalho no ínterim da projeção ficta, porque durante esse espectro contratual não haveria, na verdade, prestação laboral.

Apenas para exemplificar, imagine-se que um trabalhador tenha sido despedido, mediante aviso prévio indenizado, no dia 12-5-2009, e que, no trajeto para o local onde receberia as parcelas resilitórias, tenha sofrido um acidente automobilístico. Nessa situação não se poderá dizer existente propriamente um acidente do trabalho, porque o trabalhador não mais estava em atividade. Ademais, por não mais existir prestação laboral, não se poderá falar sequer em suspensão do contrato de emprego. Nada impedirá, entretanto, que o trabalhador receba o auxílio por incapacidade temporária (antes chamado de auxílio-doença), porque ainda mantida sua condição de segurado (vejam-se detalhes no art. 15 da Lei n. 8.213/91) e também porque a relação jurídica previdenciária é autônoma no tocante à relação jurídica de trabalho.

Note-se também que a **segunda parte** da Súmula 371 do TST trata do **aviso prévio "em tempo de serviço"** e parte do pressuposto de que a concessão de auxílio por incapacidade temporária (antes chamado de auxílio-doença) (por causas ocupacionais ou não ocupacionais) durante o referido período tem o condão de diferir a concretização dos efeitos da dispensa para momento posterior à expiração do benefício previdenciário. Esse posicionamento — ao menos em relação às incapacidades não ocupacionais — desestima o conteúdo do § 2º do art. 472 da CLT.

Parece razoável, portanto, também distinguir aqui — em sede de aviso prévio — o tratamento que se dá aos afastamentos por causas ocupacionais e não ocupacionais, o que não foi feito claramente pela precitada Súmula 371 do TST.

---

37 Art. 4º [...] Parágrafo único. Computar-se-ão, na contagem de tempo de serviço, para efeitos de indenização e estabilidade, os períodos em que o empregado estiver afastado do trabalho, prestando serviço militar e por motivo de acidente de trabalho (Parágrafo acrescentado pela Lei n. 4.072, de 16-6-1962).

38 Art. 131. [...] III — por motivo de acidente do trabalho ou enfermidade atestada pelo Instituto Nacional do Seguro Social — INSS, excetuada a hipótese do inciso IV do art. 133 (redação dada ao inciso pela Lei n. 8.726, de 5-11-1993).

39 Art. 15. [...] § 5º O depósito de que se trata o *caput* deste artigo é obrigatório nos casos de afastamento para prestação do serviço militar obrigatório e licença por acidente do trabalho (parágrafo acrescentado pela Lei n. 9.711, de 20-11-1998).

40 Art. 60. Até que lei específica discipline a matéria, são contados como tempo de contribuição, entre outros: [...] IX — o período em que o segurado esteve recebendo benefício por incapacidade por acidente do trabalho, intercalado ou não.

Observe-se que a suspensão contratual produzida por um evento não ocupacional não poderia ser tratada como uma suspensão contratual produzida por um evento ocupacional. Dois exemplos ajudarão a entender:

Exemplo 1: imagine-se que um empregado recebeu aviso prévio em 12-5-2009. Iniciada a contagem do prazo a partir do dia 13-5-2009, inclusive, o vínculo teria fim no dia 11-6-2009. Esse empregado, entretanto, sofre acidente do trabalho no dia 20-5-2009. Os 15 primeiros dias são de interrupção contratual. A partir do décimo sexto dia iniciar-se-á o período de suspensão contratual, embora com manutenção do recolhimento do FGTS (por força do disposto no § 5º do art. 15 da Lei n. 8.036/90). O contrato, então, segundo a perspectiva do TST (tratamento análogo dado por força da Súmula 378, III), somente terminará quando expirado o benefício previdenciário, sendo também certo — por força das circunstâncias que envolvem o posicionamento da Alta Corte trabalhista — que, diante da ocorrência de um acidente do trabalho, haverá de ser também concedida a estabilidade prevista no art. 118 da Lei n. 8.213/91.

Exemplo 2: imagine-se agora que o mesmo empregado referido no exemplo 1 tenha recebido aviso prévio em 12-5-2009 e que, em vez de ter sofrido acidente do trabalho, tenha se tornado incapaz para o trabalho por conta de um evento não ocupacional (uma apendicite, por exemplo) no dia 20-5-2009. Pois bem. Os 15 primeiros dias são de interrupção contratual. A partir do décimo sexto dia iniciar-se-á o período de suspensão contratual, sem manutenção do recolhimento do FGTS. O contrato, porém, terminará na data prevista inicialmente, ou seja, em 11-6-2009. É nessa data que deve ser dada baixa na CTPS. Ademais, como se disse anteriormente em relação ao aviso prévio indenizado, nada impedirá que o trabalhador receba o seu auxílio por incapacidade temporária (antes chamado de auxílio-doença), porque ainda está mantida sua condição de segurado e também porque a relação jurídica previdenciária é autônoma no tocante à relação jurídica de trabalho.

Créditos decorrentes

DISSOLUÇÃO POR RESILIÇÃO CONTRATOS POR TEMPO INDETERMINADO[41]	
Iniciativa do empregador (DESPEDIDA)	Iniciativa do empregado (DEMISSÃO)
Saldo de salário, se houver	Saldo de salário, se houver
Aviso prévio — § 1º do art. 487 da CLT	Deve conceder aviso prévio, conforme o § 2º do art. 487 da CLT
Férias proporcionais — art. 147 da CLT	Férias proporcionais[42 e 43] — art. 147 da CLT
1/3 sobre férias proporcionais — art. 7º, XVII, da CF	1/3 sobre férias proporcionais — art. 7º, XVII, da CF

---

41 O art. 478 somente se aplica às resilições correlatas a períodos em que o empregado não esteve vinculado ao regime do FGTS. Se o empregado, durante todo o seu contrato de emprego, foi optante ou esteve obrigatoriamente inserido no regime do FGTS, não se deve aplicar o art. 478 da CLT. Se o empregado tiver se inserido na situação jurídica prevista no referido artigo, ser-lhe-á devida indenização, chamada *indenização por antiguidade*, equivalente a uma remuneração por ano de serviço efetivo, ou por ano e fração igual ou superior a seis meses. *Caso de aplicação rara, porque residual.*

42 **Súmula 157 do TST**. GRATIFICAÇÃO. A gratificação instituída pela Lei n. 4.090, de 13-7-1962, é devida na resilição contratual de iniciativa do empregado. Ex-prejulgado n. 32.

43 Observe-se a **Súmula 261 do TST**, segundo a qual: "o empregado que se demite antes de completar doze meses de serviço tem direito a férias proporcionais".

13º salário proporcional — art. 3º da Lei n. 4.090/62	13º salário proporcional — art. 3º da Lei n. 4.090/62
Liberação do FGTS — código 01 — Lei n. 8.036/90	Não tem direito ao saque do FGTS
Acréscimo de 40% sobre o FGTS — art. 18 da Lei n. 8.036/90	Não tem direito ao acréscimo de 40% sobre os depósitos do FGTS
Férias simples e/ou dobradas, se houver — art. 146 da CLT	Férias simples e/ou dobradas, se houver — art. 146 da CLT
O empregado, desde que cumpridos os requisitos, terá direito a habilitar-se ao seguro-desemprego	O empregado NÃO terá direito a habilitar-se ao seguro-desemprego

Anote-se que, nos termos do art. 3º da Lei n. 14.043, de 19 de agosto de 2020, o Programa Emergencial de Suporte a Empregos formou-se como uma política pública utilizável para financiar a quitação das verbas rescisórias pagas ou pendentes de adimplemento decorrentes de despedimentos sem justa causa ocorridos entre a data de publicação da Lei n. 13.979, de 6 de fevereiro de 2020, e a data de publicação da referida Lei (20-8-2020), incluídos aí os eventuais débitos relativos ao Fundo de Garantia do Tempo de Serviço (FGTS) correspondentes, para fins de recontratação do empregado despedido.

15.3.1.1.2 Resilição unilateral em contratos por tempo determinado

Por vezes as partes ajustam contratos por tempo determinado pretendendo que seu fim coincida com a data prevista como termo final ou com a consecução dos propósitos que justificaram sua existência. Mas acidentes de trajeto acontecem, e qualquer uma das partes pode mudar de planos. Nesses casos, conquanto existente um contrato por tempo determinado, pode-se falar em resilição *ante tempus*, tanto de iniciativa do empregador quanto de iniciativa do empregado. Vejam-se:

15.3.1.1.2.1 Dissolução antecipada de iniciativa do empregador e créditos decorrentes[44]

Nos contratos que tenham tempo determinado, o empregador que, sem justa causa, despedir o empregado será obrigado a pagar-lhe, a título de indenização, e por metade, a remuneração a que teria direito até o termo do contrato. Perceba-se o teor do art. 479 da CLT:

> Art. 479. Nos contratos que tenham termo estipulado, o empregador que, sem justa causa, despedir o empregado, será obrigado a pagar-lhe, a título de indenização, e por metade, a remuneração a que teria direito até o termo do contrato.

Note-se que nesse caso há **presunção absoluta de ocorrência de prejuízo para o empregado**. Tal presunção, é bom destacar, não comporta prova em sentido contrário.

Observe-se que essa hipótese é aplicável apenas às situações em que há ajuste de extinção do contrato por termo pré-fixado. Na extinção do ajuste pelo alcance dos propósitos contratuais (exemplos: contratos por obra certa ou por safra) não será possível a utilização dessa fórmula dissolutória, uma vez que incerto o exato dia de término da avença. Nesse caso, caberá a inserção do contratado por obra certa ou por safra na fórmula geral de terminação dos contratos por tempo indeterminado com o consequente pagamento de aviso prévio indenizado.

---

44 ATENÇÃO: Conforme o art. 433, § 2º, da CLT, não se aplica o disposto nos citados arts. 479 e 480 às hipóteses de cessação do contrato de emprego dos aprendizes.

Além dessa parcela, outras são devidas, conforme o quadro a seguir expendido, no tópico intitulado "créditos decorrentes".

Créditos decorrentes

DISSOLUÇÃO POR RESILIÇÃO CONTRATOS POR TEMPO DETERMINADO INICIATIVA DO EMPREGADOR
Saldo de salário, se houver
Indenização prevista no art. 479 da CLT
Férias proporcionais — art. 147 da CLT
1/3 sobre férias proporcionais — art. 7º, XVII, da CF
13º salário proporcional — art. 3º da Lei n. 4.090/62
Liberação do FGTS — código 01 — Lei n. 8.036/90
Acréscimo de 40% sobre os depósitos do FGTS — art. 14 do Dec. n. 99.684/90[45], sem prejuízo do art. 479 da CLT[46]
Férias simples e/ou dobradas, se houver — art. 146 da CLT
O empregado, observados os requisitos normativos, terá direito a habilitar-se ao seguro-desemprego. Note-se que a situação aqui analisada revela a existência de uma resilição patronal, ainda que realizada no transcurso de um contrato por tempo determinado. Há, portanto, ruptura antecipada de um contrato que, pelo caminho natural, seria extinto pelo advento do termo ou pelo alcance dos propósitos contratuais.

15.3.1.1.2.2 Dissolução antecipada de iniciativa do empregado e créditos decorrentes

Havendo termo estipulado, o empregado não se poderá desligar do contrato, sem justa causa, sob pena de ser obrigado a indenizar o empregador dos prejuízos que resultarem desse fato. Note-se que somente se houver prejuízo haverá indenização, não podendo ela exceder àquela a que teria direito o empregado em idênticas condições. Veja-se o art. 480 da CLT:

Art. 480. Havendo termo estipulado, o empregado não se poderá desligar do contrato, sem justa causa, sob pena de ser obrigado a indenizar o empregador dos prejuízos que desse fato lhe resultarem.

§ 1º A indenização, porém, não poderá exceder àquela a que teria direito o empregado em idênticas condições (antigo parágrafo único renomeado pelo Decreto-Lei n. 6.353, de 20-3-1944, DOU, 21-3-1944).

Neste caso há **presunção relativa de inocorrência de prejuízo para o empregador**. Essa presunção comporta prova patronal em sentido contrário, ou seja, prova de que o empregado, por conta de seu ato, gerou prejuízo, com atitudes relacionadas, por exemplo, ao

---

[45] Art. 14. No caso de contrato a termo, a rescisão antecipada, sem justa causa ou com culpa recíproca, equipara-se às hipóteses previstas nos §§ 1º e 2º do art. 9º, respectivamente, sem prejuízo do disposto no art. 479 da CLT.

[46] É possível a cumulação das duas formas indenizatórias (art. 479 da CLT + FGTS), existindo posicionamento do TST nesse sentido por meio da **Súmula 125**: "O art. 479 da CLT aplica-se ao trabalhador optante pelo FGTS admitido mediante contrato por prazo determinado [...]". Esse entendimento é igualmente reproduzido no § 2º do art. 34 da Instrução Normativa n. 3/2002, da Secretaria das Relações de Trabalho.

atraso na entrega de uma obra, ao desgaste no relacionamento com algum cliente ou à perda de um contrato[47].

Além dessa parcela, outras são devidas, conforme o quadro de "créditos decorrentes", a seguir expendido:

Créditos decorrentes

DISSOLUÇÃO POR RESILIÇÃO CONTRATOS POR TEMPO DETERMINADO INICIATIVA DO EMPREGADO
Saldo de salário, se houver
Indenização prevista no art. 480 da CLT, se houver prejuízo
Férias proporcionais
1/3 sobre férias proporcionais — art. 7º, XVII, da CF
13º salário proporcional — art. 3º da Lei n. 4.090/62
Não tem direito ao saque do FGTS
Não tem direito ao acréscimo de 40% sobre os depósitos do FGTS
Férias simples e/ou dobradas, se houver — art. 146 da CLT
O empregado NÃO terá direito a habilitar-se ao seguro-desemprego

15.3.1.1.2.3 Cláusula assecuratória do direito recíproco de resilição e créditos decorrentes

Aos contratos por tempo determinado que contiverem cláusula assecuratória do direito recíproco de rescisão antes de expirado o termo ajustado aplicam-se, caso seja exercido tal direito por qualquer das partes, os princípios que regem a resilição dos contratos por prazo indeterminado (leia-se o art. 481 da CLT).

Essa solução legislativa será também aplicada às situações em que o empregado tenha sido contratado por tempo determinado quando o evento final disser respeito ao alcance de propósitos impossíveis de demarcar no tempo (*certus an et incertus quando*), como ocorre, por exemplo, com a obra certa e a safra.

Vejam-se as parcelas no tópico seguinte.

---

[47] Veja-se jurisprudência nesse sentido:
RESTITUIÇÃO — DESCONTO NO ACERTO RESCISÓRIO — Contrato de trabalho a prazo. A denúncia do contrato por parte do trabalhador não dá, *ipso facto*, direito à indenização para o empregador. Conforme se extrai do art. 480 da CLT, a indenização está condicionada à prova dos prejuízos que sofrer o empregador. Efetuado o desconto sem comprovação de qualquer prejuízo, inequívoco o direito à devolução dos valores descontados do ex-empregado (TRT 4ª R., RO 00630-2006-281-04-00-7, Rel. Juíza Maria Inês Cunha Dornelles, j. 18-4-2007).

Créditos decorrentes

DISSOLUÇÃO POR RESILIÇÃO CONTRATOS POR TEMPO DETERMINADO CLÁUSULA ASSECURATÓRIA DO DIREITO RECÍPROCO	
Iniciativa do empregador	**Iniciativa do empregado**
Saldo de salário, se houver	Saldo de salário, se houver
Aviso prévio — § 1º do art. 487 da CLT[48]	Deve conceder aviso prévio, conforme § 2º do art. 487 da CLT
Férias proporcionais — art. 147 da CLT	Férias proporcionais — art. 147 da CLT
1/3 sobre férias proporcionais — art. 7º, XVII, da CF	1/3 sobre férias proporcionais — art. 7º, XVII, da CF
13º salário proporcional — art. 3º da Lei n. 4.090/62	13º salário proporcional — art. 3º da Lei n. 4.090/62
Liberação do FGTS — código 01 — Lei n. 8.036/90	Não tem direito ao saque do FGTS
Acréscimo de 40% sobre os depósitos do FGTS	Não tem direito ao acréscimo de 40% sobre os depósitos do FGTS
Férias simples e/ou dobradas, se houver — art. 146 da CLT	Férias simples e/ou dobradas, se houver — art. 146 da CLT
O empregado terá direito a habilitar-se ao seguro-desemprego	O empregado NÃO terá direito a habilitar-se ao seguro-desemprego

Anote-se, aqui também, em atenção aos dispostos nos tópicos 15.3.1.1.2.1 e 15.3.1.1.2.3, que, nos termos do art. 3º da Lei n. 14.043, de 19 de agosto de 2020, o Programa Emergencial de Suporte a Empregos formou-se como uma política pública utilizável para financiar a quitação das verbas rescisórias pagas ou pendentes de adimplemento decorrentes de despedimentos sem justa causa ocorridos entre a data de publicação da Lei n. 13.979, 6 de fevereiro de 2020, e a data de publicação da referida Lei (20-8-2020), incluídos aí os eventuais débitos relativos ao Fundo de Garantia do Tempo de Serviço (FGTS) correspondentes, para fins de recontratação do empregado despedido.

15.3.1.2 Resilição bilateral

Como se antedisse, a resilição bilateral é um procedimento que durante anos não foi aceito pelas normas trabalhistas, embora materialmente existente. Afirma-se que não era aceito formalmente o mecanismo da resilição bilateral, porque as normas trabalhistas não informavam as consequências jurídicas para essa conduta, restringindo-as, apenas, e para desestimular a terminação dos vínculos mediante autocomposição, às hipóteses de resilição por iniciativa de apenas uma das partes.

A Lei n. 13.467/2017, porém, passou a admitir a ***resilição bilateral***, uma das maiores novidades da reforma trabalhista de 2017. Isso mesmo. O novo art. 484-A da CLT admite a resilição do contrato ***por acordo*** entre empregado e empregador. Veja-se:

Art. 484-A. O contrato de trabalho poderá ser extinto por acordo entre empregado e empregador, caso em que serão devidas as seguintes verbas trabalhistas:

---

48 **Súmula 163 do TST.** AVISO PRÉVIO. CONTRATO DE EXPERIÊNCIA. Cabe aviso prévio nas rescisões antecipadas dos contratos de experiência, na forma do art. 481 da CLT. Ex-prejulgado n. 42.

I — por metade:

a) o aviso prévio, se indenizado; e

b) a indenização sobre o saldo do Fundo de Garantia do Tempo de Serviço, prevista no § 1º do art. 18 da Lei n. 8.036, de 11 de maio de 1990;

II — na integralidade, as demais verbas trabalhistas.

Perceba-se que, na forma do § 1º do artigo aqui citado, a resilição bilateral permite a movimentação da conta vinculada do trabalhador no Fundo de Garantia do Tempo de Serviço na forma do inciso I-A do art. 20 da Lei n. 8.036, de 11 de maio de 1990, limitada, entretanto, a até 80% (oitenta por cento) do valor dos depósitos.

Em outras palavras, o empregado que, por acordo com o empregador, puser fim ao seu contrato de emprego, estará autorizado a levantar 80% do montante total dos depósitos no FGTS; os 20% restantes ficarão retidos na conta vinculada, tal qual ocorre com a retenção que atinge os depósitos daqueles que são demissionários ou que são despedidos por falta grave.

Além desse montante, o empregador haverá de assumir o pagamento da metade da indenização compensatória sobre os depósitos do FGTS, pagar metade do valor do aviso prévio indenizado, **se indenizado**, e a integralidade dos demais débitos resilitórios (férias proporcionais, décimo terceiro proporcional etc.).

E a adesão ao **Plano de Desligamento Voluntário — PDV**?

Sob o ponto de vista material, pode-se afirmar que a **adesão ao Plano de Desligamento Voluntário — PDV, proposto pelo empregador e aceito pelo empregado, é também um exemplo de resilição bilateral** e, finalisticamente, uma situação de ruptura por acordo. Nesse tipo de cessação contratual há, na verdade, um estímulo oferecido pelo patrão para que o empregado adira a uma proposta demissionária, de autoafastamento.

Normalmente essa conduta patronal visa evitar a ideia de que o empregador promoveu, sem responsabilidade social, um processo de despedimento coletivo. A diferença entre a resilição por adesão ao PDV e a resilição por acordo entre as partes (art. 484-A da CLT) reside no fato de que na primeira situação o empregador se apresenta como o aparente sujeito ativo da ruptura (no TRCT, aliás, haverá registro de dissolução por iniciativa patronal), e, na segunda, os contratantes efetivamente se entendem e claramente revelam, sem subterfúgios, o desejo de terminarem o contrato em comum acordo.

Destaque-se que, nos moldes da **Orientação Jurisprudencial 356 da SDI-1 do TST**, "os créditos tipicamente trabalhistas reconhecidos em juízo não são suscetíveis de compensação com a indenização paga em decorrência de adesão do trabalhador a Programa de Incentivo à Demissão Voluntária (PDV)".

Ainda sobre o PDV, é relevante dizer que o Plenário do Supremo Tribunal Federal (STF), por unanimidade, decidiu, na sessão de 30 de abril de 2015, que é válida a cláusula que dá quitação ampla e irrestrita de todas as parcelas decorrentes do contrato de emprego, desde que este item conste de Acordo Coletivo de Trabalho e dos demais instrumentos assinados pelo empregado. A decisão foi tomada no julgamento do Recurso Extraordinário (RE) 590.415, que teve repercussão geral reconhecida pelo STF.

Ao dar provimento ao referido Recurso Extraordinário, os ministros fixaram a tese de que "a transação extrajudicial que importa rescisão do contrato de trabalho em razão de **adesão voluntária do empregado a plano de dispensa incentivada enseja quitação ampla e irrestrita de todas as parcelas objeto do contrato de emprego**, caso essa condição tenha constado expressamente do acordo coletivo que aprovou o plano, bem como dos demais instrumentos celebrados com o empregado". Esse assunto será aprofundado no tópico em que se tratará de quitação e eficácia liberatória em item posterior, mas é importante, desde logo, deixar anotado que a tese do STF foi acolhida — e até ampliada — pelo legislador na reforma trabalhista de 2017. O art. 477-B da CLT seguiu exatamente a mesma linha de raciocínio, embora tenha tornado regra o efeito da quitação geral e exceção a quitação específica:

> CLT. Art. 477-B. *Plano de Demissão Voluntária ou Incentivada, para dispensa individual, plúrima ou coletiva, previsto em convenção coletiva ou acordo coletivo de trabalho, enseja quitação plena e irrevogável dos direitos decorrentes da relação empregatícia, salvo disposição em contrário estipulada entre as partes.*

Voltando agora à temática da iniciativa na resilição, se ela for unilateral do empregado, o ato resilitório terá o nome de **demissão**. Se, por outro lado, a iniciativa for unilateral do empregador, o ato será intitulado **despedida**.

Atente-se para o fato de que a resilição, bilateral ou unilateral, pressupõe a **terminação de um contrato por tempo determinado antes do prazo previsto para tanto** ou, ainda, **a cessação do contrato por tempo indeterminado quando assim entenderem os contratantes**.

Resilição bilateral	Resilição por acordo (art. 484-A da CLT) ou Adesão do empregado ao Plano de Desligamento Voluntário — PDV
Resilição unilateral	Por iniciativa do patrão: despedida
	Por iniciativa do operário: demissão

15.3.1.2.1 Resilição bilateral em contratos por tempo indeterminado

Note-se que o art. 484-A da CLT não menciona a modalidade "aviso prévio em tempo de serviço", mas também não a proíbe entre os sujeitos do contrato. Aliás, o uso da partícula "se", no momento em que há menção ao aviso prévio, sugere a possibilidade da alternativa pelo aviso prévio em tempo de serviço, conforme ajustarem as partes com lastro no art. 444 da CLT, sendo razoável concluir que esse tempo de duração não superará a metade do que normalmente se exigiria, já considerada aí a redução a que o trabalhador teria direito.

Ainda em relação ao aviso prévio indenizado, por similitude de tratamento em relação à resilição unilateral e por não haver dispositivo que impeça esse efeito, haverá de ser projetado o tempo correspondente à metade do aviso prévio como tempo de serviço na CTPS do empregado, exatamente nos moldes descritos na OJ 82 da SDI-1 do TST. Conforme essa orientação jurisprudencial, "a data de saída a ser anotada na CTPS deve corresponder à do término do prazo do aviso prévio, ainda que indenizado".

Assim, se um empregado com menos de um ano de serviço termina o seu contrato no dia 10-5-2021, observados os contornos do art. 484-A da CLT e a garantia de metade do aviso prévio indenizado, haverá de ser projetada a data de efetiva terminação do negócio jurídico de emprego para o dia 25-5-2021, exatamente 15 dias depois da data de outorga do aviso prévio indenizado, vale dizer, a metade do tempo integral de aviso prévio indenizado.

Tal empregado, que, em rigor, pediu para sair do trabalho, não poderá, contudo, valer-se do benefício do seguro-desemprego. Essa é, aliás, a posição evidenciada no § 2º do artigo ora em exame. Veja-se: CLT. "Art. 484-A. [...] § 2º A extinção do contrato por acordo prevista no *caput* deste artigo não autoriza o ingresso no Programa de Seguro-Desemprego".

Créditos decorrentes

DISSOLUÇÃO POR RESILIÇÃO BILATERAL contratos POR TEMPO INDETERMINADO (ART. 484-A da CLT)
Saldo de salário, se houver
Aviso prévio indenizado pago pela metade
Férias proporcionais — art. 147 da CLT
1/3 sobre férias proporcionais — art. 7º, XVII, da CF
13º salário proporcional — art. 3º da Lei n. 4.090/62
Liberação de 80% dos depósitos do FGTS
Acréscimo de 20% sobre os depósitos do FGTS
Férias simples e/ou dobradas, se houver — art. 146 da CLT
O empregado NÃO terá direito a habilitar-se ao seguro-desemprego

15.3.1.2.2 Resilição bilateral em contratos por tempo determinado

A lógica que orienta à resilição bilateral em contratos por tempo indeterminado deve ser integralmente aplicável em relação aos contratos por tempo determinado. Não há razão suficiente para negar-se a possibilidade de ambos os sujeitos do contrato por tempo determinado entenderem que o ajuste há de ser terminado em comum acordo. Se isso ocorrer, haverá de ser aplicável, por analogia, a disposição contida no art. 481 da CLT. Nesses termos, o empregador assumirá a metade do valor do aviso prévio indenizado, observadas todas as demais particularidades da fórmula de resilição bilateral aqui em exame.

Créditos decorrentes

DISSOLUÇÃO POR RESILIÇÃO BILATERAL contratos POR TEMPO DETERMINADO (ART. 484-A da CLT)
Saldo de salário, se houver
Aviso prévio indenizado pago pela metade ou indenização prevista no art. 479 da CLT
Férias proporcionais — art. 147 da CLT
1/3 sobre férias proporcionais — art. 7º, XVII, da CF
13º salário proporcional — art. 3º da Lei n. 4.090/62
Liberação de 80% dos depósitos do FGTS
Acréscimo de 20% sobre os depósitos do FGTS
Férias simples e/ou dobradas, se houver — art. 146 da CLT
O empregado NÃO terá direito a habilitar-se ao seguro-desemprego

15.3.1.3 A despedida motivada e a despedida imotivada

Entende-se por **motivada** a despedida que foi estimulada por alguma causa. Essa causa que arrima a decisão patronal de desligar o empregado pode ser justa ou não, mas é sempre visível, sempre palpável. Por outro lado, entende-se por **imotivada** a dispensa que não teve qualquer causa, sendo, por isso, identificada como arbitrária. Nessa ordem de ideias, é possível criar o seguinte sistema:

```
                    ┌ Despedida sem justa causa
         Motivada   ┤ Despedida com justa causa
                    └ Despedida com causa discriminatória
Despedida

         Imotivada  { Despedida arbitrária
```

15.3.1.3.1 *Dispensa motivada*

Conforme supraexpendido, entende-se "motivada" a dispensa que apresenta causa, pretexto, independentemente de a causa ser justa ou não. Não importa qual seja o motivo para a ordem de desligamento, sendo relevante apenas, nos limites dessa definição, que ele (o motivo) seja explícito. Vejam-se as situações possíveis:

a) *Despedida sem justa causa*

Trata-se de dispensa em que o empregador tem razões para despedir o empregado, mas essas razões — por não consistirem em inexecução faltosa — não são consideradas justas para privar o trabalhador das indenizações previstas em lei. Exemplo disso ocorre quando um empregado, embora cumpridor de seus deveres de conduta, é despedido pelo empregador por conta da necessidade de enxugamento do quadro funcional.

b) *Despedida com justa causa*

Trata-se da dispensa em que o empregador tem razões para despedir o empregado, e essas razões consistem em situação de inexecução faltosa. As faltas que justificam esse tipo de despedida estão contidas no art. 482 da CLT e são consideradas justas para privar o trabalhador das indenizações previstas em lei. Exemplo disso, entre outros, é visível quando um empregado, ferindo deveres de conduta, viola segredo da empresa. Esse assunto, entretanto, será analisado detalhadamente dentro do item 15.3.2 e seguintes, aqui aparecendo apenas para dar completude ao quadro das chamadas dispensas motivadas.

c) *Despedida com causa discriminatória*

Trata-se de dispensa motivada, nos termos da Lei n. 9.029/95, por condutas discriminatórias calcadas em "sexo, origem, raça, cor, estado civil, situação familiar, deficiência, reabilitação profissional, idade, entre outros". Cabe salientar que a lista de causas discriminatórias ora mencionadas e contidas no art. 1º da Lei n. 9.029/95 é **meramente exemplificativa**[49]. Desde a vigência da Lei n. 13.146, de 2015 (Estatuto da Pessoa com

---

[49] Nessa linha, o Ministério do Trabalho e Previdência, extrapolando, porém, os limites da sua atuação regulamentar, expediu portaria (Portaria MTP n. 620, de 1º de novembro de 2021) que, pelo conteúdo ideológico alinhado a um pensamento do governo, produziu uma grande polêmica ao considerar "prática discriminatória a obrigatoriedade de certificado de vacinação em processos seletivos de admissão de trabalhadores, assim como a demissão por justa causa de empregado em razão da não apresentação de certificado de vacinação" (*vide* § 2º do art. 1º da referida Portaria).

Diz-se produzida grande polêmica, porque não se poderia admitir a mesma conclusão em relação às dispensas por falta grave. Note-se que, uma vez iniciado o vínculo de emprego, não haveria nenhum obstáculo à determinação patronal de cumprimento das medidas de segurança e medicina do trabalho, entre as quais a de

Deficiência), o texto do art. 1º passou a contar com a locução "entre outros", deixando-se claro que as discriminações ali tratadas não se restringiam às situações explicitadas, mas, pelo contrário, recepcionavam toda e qualquer conduta discriminatória.

A jurisprudência, aliás, **por aplicação analógica**, tem-se servido desse dispositivo para determinar a reintegração de trabalhadores incursos em diferentes situações de discriminação. Esse comportamento judiciário se afina com os princípios da igualdade e da não discriminação e com os valores supremos da sociedade brasileira, que, nos moldes do seu preâmbulo constitucional, pretende ser fraterna, pluralista e sem preconceitos. Um dos exemplos mais frequentes nos julgados diz respeito aos portadores do vírus da AIDS. Apesar de estes não serem destinatários de estabilidade no emprego, estão protegidos contra as dispensas de natureza discriminatória[50].

É relevante anotar, por fim, o surgimento de súmula do TST consagrando a figura da despedida discriminatória. Veja-se:

Súmula 443 do TST. DISPENSA DISCRIMINATÓRIA. PRESUNÇÃO. EMPREGADO PORTADOR DE DOENÇA GRAVE. ESTIGMA OU PRECONCEITO. DIREITO À REINTEGRAÇÃO. Presume-se discriminatória a despedida de empregado portador do vírus HIV ou de outra doença grave que suscite estigma ou preconceito. Inválido o ato, o empregado tem direito à reintegração no emprego[51].

---

exigir-se a vacinação como forma de oferecer para todos um meio ambiente hígido. Não há falar-se em discriminação, mas em sanção pelo descumprimento de instruções de segurança e medicina do trabalho expedidas pelo empregador. Há, aliás, previsão normativa expressa de falta grave operária e justificativa plena para a resolução contratual no parágrafo único do art. 158 da CLT.

O STF, questionado por meio da ADPF 898-DF, declarou a inconstitucionalidade da referida Portaria em 12 de novembro de 2021.

50 Veja-se também o teor da Portaria MTP n. 671, de 8 de novembro de 2021, que orienta empresas e trabalhadores em relação à testagem relacionada ao vírus da imunodeficiência adquirida — HIV. Segundo o mencionado ato administrativo, "não será permitida, de forma direta ou indireta, nos exames médicos por ocasião da admissão, mudança de função, avaliação periódica, retorno, demissão ou outros ligados à relação de emprego, a testagem do trabalhador quanto ao HIV".
Outra situação igualmente frequente no plano das despedidas discriminatórias diz respeito ao desligamento como punição pelo ajuizamento de reclamação trabalhista. Veja-se ementa de aresto nesse sentido:
DISPENSA DISCRIMINATÓRIA — PUNIÇÃO PELO AJUIZAMENTO DE RECLAMAÇÃO TRABALHISTA — Por falta de lei complementar que regulamente com seriedade a garantia estatuída no art. 7º, inciso I, da CR/88 (relação de emprego protegida contra despedida arbitrária ou sem justa causa), ainda vigora, no ordenamento justrabalhista, o direito potestativo de resilição contratual, podendo o empregador dispensar o empregado sem necessidade de justificar sua decisão. Esse poder patronal, no entanto, não é ilimitado, pois deve ser exercido nos contornos impostos por princípios basilares da ordem constitucional vigente: a igualdade, a dignidade e os valores sociais do trabalho (artigos 1º e 5º da CR/88). Informado por esses princípios, o artigo 1º da Lei 9.029/95 proíbe "a adoção de qualquer prática discriminatória e limitativa para efeito de acesso a relação de emprego, ou sua manutenção, por motivo de sexo, origem, raça, cor, estado civil, situação familiar ou idade". E é evidente que, por aplicação analógica desse dispositivo, considera-se discriminatória a dispensa do empregado que recorre à Justiça do Trabalho no curso da relação de emprego. O exercício do direito de ação, consagrado no artigo 5º, inciso XXXV, da CR/88, não pode ser coibido por ato do empregador que pretende penalizar seu empregado. Em casos como tais, a prática discriminatória viola frontalmente o direito de acesso ao Judiciário (Processo 0000567-91.2010.5.03.0092 RO, TRT da 3ª Região, 7ª Turma, Rel. Des. Paulo Roberto de Castro, publicado em 29-3-2011).

51 Anote-se, porque relevante, que a Confederação Nacional da Indústria (CNI), entidade sindical de grau superior representativa da indústria brasileira, com o objetivo de evitar ou reparar lesão a preceito fundamental, resultante de ato do Poder Público, aforou, perante o STF, petição de Arguição de Descumprimento de Preceito Fundamental para o fim de reconhecer, com eficácia *erga omnes* e efeito vinculativo, a pretendida

Por fim, não se pode deixar de destacar que, uma vez caracterizada a conduta discriminatória, e sem prejuízo do prescrito no art. 2º da Lei n. 9.029/95 e nos dispositivos legais que tipificam os crimes resultantes de preconceito de etnia, raça, cor ou deficiência, as infrações fundadas em discriminação são passíveis das seguintes cominações (art. 3º):

I — multa administrativa de dez vezes o valor do maior salário pago pelo empregador, elevado em cinquenta por cento em caso de reincidência;

II — proibição de obter empréstimo ou financiamento junto a instituições financeiras oficiais.

Anote-se, porque importante, que o rompimento da relação de trabalho por ato discriminatório, nos moldes da Lei n. 9.029/95, além do direito à reparação pelo dano moral, faculta ao empregado optar entre (art. 4º):

I — a reintegração com ressarcimento integral de todo o período de afastamento, mediante pagamento das remunerações devidas, corrigidas monetariamente e acrescidas de juros legais; (Redação dada pela Lei n. 13.146, de 2015)

II — a percepção, em dobro, da remuneração do período de afastamento, corrigida monetariamente e acrescida de juros legais.

Essa percepção, em dobro, da remuneração do período de afastamento deve ser concedida com respeito à fronteira máxima fixada pela Súmula 28 do TST, segundo a qual *"no caso de se converter a reintegração em indenização dobrada, o direito aos salários é assegurado até a data da primeira decisão que determinou essa conversão"*. Dessa forma, não seguido o caminho da reintegração, o magistrado fixará o marco final da indenização exatamente no dia da sua decisão.

Há, portanto, um conjunto de medidas disponíveis em favor de quem tenha sofrido alguma espécie de discriminação no instante de ruptura do contrato de emprego, cabendo aos empregados e aos seus advogados a invocação perante as estruturas de Estado.

Mas atenção: a eventual ocorrência de justa causa operária turbará qualquer pleito de reintegração, ainda que sob o argumento de discriminação. Assim, é relevante destacar que somente o despedimento sem justa causa autorizará a invocação da Lei n. 9.029/95 em relação à pretensão de reintegração ou de indenização substitutiva. Não se desconsidere, é claro, a possibilidade de o empregador — ciente de que a dispensa por justa causa será uma alternativa para evitar a alegação de discriminação — optar por assim agir para melhor proteger-se. Nesse caso, o empregado discriminado terá de sucessivamente atacar a suposta

---

e suposta inconstitucionalidade da interpretação adotada em reiteradas decisões da Justiça do Trabalho, que, com base na Súmula 443 do TST, presumem discriminatórias dispensas de portadores de doenças graves. Tratou-se da **ADPF 648**. Segundo a CNI, a tipificação e a presunção de ilicitude de determinadas condutas, quanto às sanções pertinentes, hão de estar previstas em lei, o que, na sua visão, não ocorre na situação descrita na referida Súmula 443 do TST. Sustentou-se ali a tese de que as pessoas com doenças graves "não adquirem estabilidade eterna" (expressão usada na petição inicial), e que, por isso, não se deveria presumir discriminatórios todos os atos de dispensas dessas pessoas. A Procuradoria Geral da República, em seu parecer protocolizado em 29-1-2021, entendeu como inconstitucional o enunciado da Súmula 443 do TST no que presume discriminatória, de maneira genérica, a despedida de empregado acometido de "doença grave que suscite estigma ou preconceito". A despeito disso, o Plenário do STF, por unanimidade, em 21-6-2021 negou seguimento à arguição de descumprimento de preceito fundamental. Segundo a relatora, Min. Cármen Lúcia, "o inconformismo da autora com decisões favoráveis aos empregados não caracteriza a matéria como controvérsia judicial relevante, pela falta de comprovação de divergência interpretativa sobre a aplicação dos preceitos fundamentais alegadamente violados". Ademais, a relatora deixou bem claro que a ADPF "não pode ser utilizada para substituir os instrumentos recursais ou outras medidas processuais ordinárias acessíveis à parte processual, sob pena de transformá-la em sucedâneo recursal em burla às regras de competência dos órgãos jurisdicionais".

justa causa para, em seguida, no mesmo processo, postular a reintegração baseada na Lei n. 9.029/95. Por fim, é bom registrar que mesmo o empregado despedido por justa causa que sofra discriminação pode postular a indenização correspondente. Essas pretensões são autônomas.

15.3.1.3.2 Dispensa imotivada

É a despedida sem qualquer motivação, conhecida, por isso, como arbitrária. Essa característica — ser uma denúncia vazia — fez com que o legislador tentasse uma conceituação do instituto no art. 165 da CLT, sustentando ser arbitrária a despedida **não fundada em motivos, indicando como razoáveis aqueles de ordem disciplinar (motivo produzido pelo empregado), técnica, econômica ou financeira (motivos produzidos pelo empregador)**[52].

A despedida arbitrária não se confunde com a despedida sem justa causa. Afirma-se isso com base na doutrina de Pedro Paulo Teixeira Manus. Veja-se:

> "A despedida arbitrária é o ato do empregador tendente a desfazer o contrato de trabalho, sem aparente motivação de ordem objetiva ou subjetiva. Já a dispensa sem justa causa é o ato de desfazimento do contrato de trabalho que, embora o empregador apresente razões de ordem subjetiva, não se funda em ato faltoso cometido pelo empregado. Isso significa que no caso de dispensa arbitrária não há qualquer justificação plausível ou razoável a fundamentar o ato do empregador. Já na hipótese de dispensa sem justa causa, trata-se de ato razoável, embora não fundado em falta cometida pelo empregado, como ocorre na despedida por justa causa"[53].

É preciso reconhecer que a distinção entre as figuras "despedida arbitrária" e "despedida sem justa causa" visa dar sentido ao quanto disposto no art. 7º, I, do texto constitucional, segundo o qual é um dos direitos dos trabalhadores urbanos e rurais, além de outros que visem à melhoria de sua condição social, a "relação de emprego protegida contra despedida arbitrária **ou** sem justa causa" (destaques não constantes do original). Busca-se, aqui, dar sentido à opção do legislador constitucional em utilizar dois vocábulos que, aparentemente, têm o mesmo alcance.

Se foram utilizados dois vocábulos, e não um apenas, isso significa que o intérprete deve dar a cada um deles uma significação real. Trata-se de uma vetusta regra hermenêutica, aplicada por Carlos Maximiliano, que não deve ser desprezada: *verba cum effectu, sunt accipienda*, vale dizer, *não se presumem, na lei, palavras inúteis* ou, literalmente, *devem-se compreender as palavras como tendo alguma eficácia*[54].

---

[52] Anote-se aqui, com base no dizer de Silvia Isabelle R. T. do Vale (*Proteção efetiva contra a despedida arbitrária no Brasil*, p. 212-213) que "o motivo econômico ou financeiro está atrelado às mudanças na política financeira ou econômica do próprio mercado empresarial [...] ou a limitação destas, tornando inviável que a empresa prossiga de forma saudável sem que haja supressão de alguns postos de trabalho. Já as causas técnicas ligam-se diretamente a não adaptação do trabalhador ao novo método ou modo de se trabalhar dentro da empresa".

Complementa-se o referido ponto de vista da autora potiguar apenas com a observação de que o empregador tem o dever fundamental de qualificar os seus empregados diante das mudanças tecnológicas que por ventura se tornem indispensáveis para o seu empreendimento. Assim, a conclusão quanto à dispensa de trabalhador não adaptado ao novo método ou modo de trabalhar somente se dará depois que o patrão tiver envidado os necessários esforços no processo de requalificação profissional. Há aqui, em certa medida, uma variável do dever de acomodação (ou de adaptação) razoável.

[53] MANUS, Pedro Paulo Teixeira. *Despedida arbitrária ou sem justa causa*. São Paulo: Malheiros, 1996.

[54] MAXIMILIANO, Carlos. *Hermenêutica e aplicação do direito*. 16. ed. Rio de Janeiro: Forense, 1996.

Segundo o clássico doutrinador, "as expressões do Direito interpretam-se de modo que não resultem frases sem significação real, vocábulos supérfluos, ociosos, inúteis. [...] Dá-se valor a todos os vocábulos e, principalmente, a todas as frases, para achar o verdadeiro sentido de um texto; porque este deve ser entendido de modo que tenham efeito todas as suas provisões, nenhuma parte resulte inoperativa ou supérflua, nula ou sem significação alguma".

Enfim, por que o legislador constitucional se referiria a dois vocábulos — "despedida arbitrária **ou** sem justa causa" — quando poderia mencionar simplesmente um deles? O constituinte, enfim, teria razões jurídicas para anotar expressões sinônimas no texto da lei fundamental? A resposta parece negativa e tanto mais assim se revela quando se percebe que a adjetivação "arbitrária" aplica-se ao empregador e a qualificação "sem justa causa" diz respeito ao empregado.

Não se pode, entretanto, deixar de atribuir razão à crítica formulada por Sérgio Torres Teixeira, para quem "toda dispensa revela alguma causa remota, geradora da vontade resilitória patronal, por mais banal que seja. [...] A ausência completa de motivos jamais ocorre, mesmo quando inexistir a indicação do fundamento da denúncia"[55]. Apesar disso, a distinção entre despedida arbitrária e despedida sem justa causa é existente e palpável, conforme expendido.

15.3.1.4 A Convenção n. 158 da OIT

A Convenção n. 158 da Organização Internacional do Trabalho (OIT), sobre o Término da Relação de Trabalho por iniciativa do Empregador, foi assinada em Genebra, em 22 de junho de 1982. O Congresso Nacional Brasileiro, mediante o Decreto Legislativo n. 68/92, publicado no *DOU* de 17-9-1992, aprovou o texto da citada convenção.

O governo brasileiro depositou a Carta de Ratificação do instrumento multilateral em epígrafe em 5-1-1995, que, por isso, "passou a vigorar no país a partir de 5-1-1996"[56]. O Decreto n. 1.855, de 10-4-1996, publicado no *DOU* de 11-4-1996, promulgou a ora analisada convenção, atuando o Presidente da República nos moldes do art. 84, VIII, da Constituição. Nas considerações iniciais desse Decreto reconheceu-se que a Convenção n. 158 da OIT entrou em vigor internacional em 23-11-1985, ou seja, doze meses após a data em que as ratificações de dois governos membros foram registradas pelo Diretor-Geral do órgão internacional do trabalho (*vide* também o art. 16.2 do convênio em exame)[57].

---

55 TEIXEIRA, Sérgio Torres. Morfologia do direito de despedir (Parte 2): Modalidades de dispensa. *Revista do TRT — 6ª Região*, Recife, v. 14, n. 31, p. 72-108, jan./dez. 2003.

56 Entre as considerações introdutórias ao Decreto n. 1.855, de 10 de abril de 1996, encontra-se a seguinte: "Considerando que o Governo brasileiro depositou a Carta de Ratificação do instrumento multilateral em epígrafe, em 5 de janeiro de 1995, **passando o mesmo a vigorar, para o Brasil, em 5 de janeiro de 1996**, na forma de seu art. 16" (destaques não constantes do original).

57 Anote-se que, a partir da vigência internacional da Convenção 158 da OIT, havida a partir de 23-11-1985, passou a ter aplicabilidade o texto constante do art. 16 do instrumento em análise. Veja-se:
Art. 16.
1. Esta Convenção obrigará exclusivamente àqueles Membros da Organização Internacional do Trabalho cujas ratificações tiverem sido registradas pelo Diretor-Geral.
2. Entrará em vigor doze meses após a data em que as ratificações de dois Membros tiverem sido registradas pelo Diretor-Geral.
3. A partir desse momento, esta Convenção **entrará em vigor, para cada Membro, doze meses após a data em que sua ratificação tiver sido registrada** (destaques não constantes do original).
Ora, se o governo brasileiro depositou a Carta de Ratificação do instrumento multilateral em epígrafe, em 5-1-1995, como dispõe o Decreto n. 1.855, de 10 de abril de 1996, é evidente que a Convenção n. 158 da OIT passou a viger no Brasil a partir de 5-1-1996. O Congresso Nacional brasileiro, mediante o Decreto Legislativo n. 68/92, publicado no *DOU* de 17-9-1992, já havia aprovado o texto da citada convenção.

A despeito da produção de todos os atos legislativos internos necessários à vigência da Convenção n. 158 da OIT, o governo brasileiro, desdizendo o quanto antes afirmara, denunciou à OIT a convenção aqui estudada em 20-11-1996 e tornou público esse comportamento por meio do Decreto n. 2.100, de 20-12-1996.

Iniciou-se, a partir de então, uma série de manifestações doutrinárias e jurisprudenciais pró e contra a vigência da multicitada convenção internacional. O debate estendeu-se ao Supremo Tribunal Federal, que foi destinatário de Ação Direta de Inconstitucionalidade (ADI 1625-3 DF) do ato praticado mediante o Decreto n. 2.100/96. Apesar de proposta em 1997, a ADI somente foi ao Plenário em outubro de 2003. Naquele instante o julgamento foi suspenso por pedido de vista antecipado do Ministro Nelson Jobim. O relator, Ministro Maurício Corrêa, e o Ministro Carlos Ayres Britto proferiram seus votos. Ambos julgaram a ação procedente em parte, para, emprestando ao Decreto federal n. 2.100, de 20 de dezembro de 1996, interpretação conforme o art. 49, I, da Constituição Federal, determinar que a denúncia da Convenção n. 158 da OIT condiciona-se ao referendo do Congresso Nacional, a partir do que produzia eficácia plena. O Ministro Nelson Jobim, na sessão plenária de 29-3-2006, proferiu seu voto pela improcedência da ação, oportunidade em que o Min. Joaquim Barbosa pediu vista.

O voto do Min. Joaquim Barbosa, pelo total acolhimento da pretensão contida na ADI 1.625-3, foi proferido na Plenária de 3-6-2009. Julgou-se o pedido integralmente procedente para declarar a inconstitucionalidade do decreto impugnado por entender não ser possível ao Presidente da República denunciar tratados sem o consentimento do Congresso Nacional.

O Min. Joaquim Barbosa julgou inadequada a solução de dar interpretação conforme o Decreto impugnado, tal como feito pelo Min. Maurício Corrêa, relator. Primeiro, reputou equivocado, tecnicamente, falar-se que a denúncia estaria condicionada à aprovação do Parlamento, uma vez que o Decreto impugnado não denunciaria o tratado internacional. Segundo, entendeu que o uso da técnica da interpretação conforme também seria equivocada por pretender interpretar um ato que violaria não materialmente, mas formalmente a Constituição.

Posteriormente, pediu vista dos autos a Min. Ellen Gracie, que se aposentou em 8-8-2011, deixando a questão ainda sob a égide do STF, ora no gabinete da sua sucessora, Min. Rosa Weber. Esta, em 11 de novembro de 2015, apresentou seu voto pela inconstitucionalidade formal do decreto por meio do qual foi dada ciência da denúncia da convenção. Após o voto da Ministra Rosa Weber, o Ministro Teori Zavascki pediu vista e acompanhou a orientação de que é necessária a participação do Poder Legislativo na revogação de tratados e sugeriu modulação de efeitos para que a eficácia do julgamento seja prospectiva: "Esse é um caso daqueles precedentes cuja decisão do Supremo fica como marca na história do constitucionalismo brasileiro", ressaltou o ministro.

Zavascki destacou que a discussão da matéria visaria à identificação do procedimento a ser adotado no âmbito do direito interno para promover a denúncia de preceitos normativos decorrentes de acordos internacionais. Em seu voto, ele propôs tese segundo a qual "a denúncia de tratados internacionais, pelo presidente da República, depende de autorização do Congresso Nacional".

Pedido de vista do Ministro Dias Toffoli interrompeu mais uma vez o julgamento, da ADI 1.625, mantendo a questão ainda *sub iudice*.

O certo é que a Convenção n. 158 da OIT foi elaborada com o propósito de tornar motivado qualquer ato resilitório de natureza patronal. Assim consta de sua principal disposição, inserta no art. 4º. Veja-se:

*Art. 4º Não se dará término à relação de trabalho de um trabalhador **a menos que exista para isso uma causa justificada** relacionada com sua capacidade ou seu comportamento ou baseada nas necessidades de funcionamento da empresa, estabelecimento ou serviço* (destaques não constantes do original).

Perceba-se que a causa justificada precisaria estar relacionada com a capacidade do empregado (motivo técnico), com seu comportamento (motivo disciplinar) ou com as necessidades de funcionamento da empresa, estabelecimento ou serviço (motivos econômicos, financeiros, tecnológicos, estruturais ou análogos).

A Convenção n. 158 da OIT atuou também no plano da interpretação do ato resilitório baseada em causa discriminatória, tendo, para tanto, assim atuado:

Art. 5º Entre os motivos que não constituirão causa justificada para o término da relação de trabalho constam os seguintes:
a) a filiação a um sindicato ou a participação em atividades sindicais fora das horas de trabalho ou, com o consentimento de empregador, durante as horas de trabalho;
b) ser candidato a representante dos trabalhadores ou atuar ou ter atuado nessa qualidade;
c) apresentar uma queixa ou participar de um procedimento estabelecido contra um empregador por supostas violações de leis ou regulamentos, ou recorrer perante as autoridades administrativas competentes;
d) a raça, a cor, o sexo, o estado civil, as responsabilidades familiares, a gravidez, a religião, as opiniões políticas, a ascendência nacional ou a origem social;
e) a ausência do trabalho durante a licença-maternidade.
Art. 6º-1. A ausência temporal do trabalho por motivo de doença ou lesão não deverá constituir causa justificada de término da relação de trabalho.
2. A definição do que constitui uma ausência temporal do trabalho, a medida na qual será exigido um certificado médico e as possíveis limitações à aplicação do parágrafo 1º do presente artigo serão determinadas em conformidade com os métodos de aplicação mencionados no artigo 1º da presente Convenção.

Atente-se para o fato de que o ora analisado convênio internacional não apenas limitou a despedida vazia mas, também, obstaculizou aquelas baseadas em causas violadoras da liberdade sindical, dos direitos subjetivos públicos e da própria condição humana (inclusive das desigualdades dela emergentes).

O documento internacional em exame sustenta que não se poderia terminar uma relação de trabalho por motivos relacionados com o comportamento ou com o desempenho do trabalhador sem dar-lhe a possibilidade de defender-se das acusações que lhe foram dirigidas, a menos que não fosse possível pedir ao empregador, razoavelmente, que lhe concedesse essa possibilidade.

A denúncia da Convenção n. 158 da OIT produz um grande estímulo à discussão das formas de proteção contra a despedida arbitrária ou sem justa causa, o que constitui, aliás, uma promessa constitucional inserta no art. 7º, I, da Carta Magna. A regulamentação desse dispositivo pelo Congresso Nacional evitaria a discussão sobre a exigibilidade da analisada convenção internacional. Tramitou no Legislativo Federal, a propósito, o Projeto de Lei Complementar (PLP) n. 8/2003, do Deputado Maurício Rands (PT/PE), dispondo exatamente sobre a proibição da despedida imotivada. Como tal projeto envolvia tema extremamente polêmico, a questão permaneceu no campo da expectativa.

15.3.1.5 A motivação para a dispensa de empregados públicos

Conforme o disposto no art. 2º da Lei n. 9.784, de 29 de janeiro de 1999, a Administração Pública obedecerá, entre outros, aos princípios da legalidade, finalidade, **motivação**, razoabilidade, proporcionalidade, moralidade, ampla defesa, contraditório, segurança jurídica, interesse público e eficiência.

O art. 50 do referido diploma legal estabelece que os atos administrativos **deverão ser motivados**, com indicação dos fatos e dos fundamentos jurídicos, quando:

I — neguem, limitem ou afetem direitos ou interesses;

II — imponham ou agravem deveres, encargos ou sanções;

III — decidam processos administrativos de concurso ou seleção pública;

IV — dispensem ou declarem a inexigibilidade: de processo licitatório;

V — decidam recursos administrativos;

VI — decorram de reexame de ofício;

VII — deixem de aplicar jurisprudência firmada sobre a questão ou discrepem de pareceres, laudos, propostas e relatórios oficiais; e

VIII — importem anulação, revogação, suspensão ou convalidação de ato administrativo (destaques não constantes do original).

Registre-se que a motivação, baseada em causa justa ou não, deve ser *explícita, clara e congruente*, podendo consistir em declaração de concordância com fundamentos de anteriores pareceres, informações, decisões ou propostas, que, neste caso, serão parte integrante do ato.

A despeito disso, e contrariando a lógica dos atos administrativos, o TST, por meio da Orientação Jurisprudencial 247 da SDI-1, posicionou-se no sentido da *admissibilidade da dispensa imotivada* do empregado público contratado por empresa pública ou por sociedade de economia mista, salvo da Empresa Brasileira de Correios e Telégrafos (ECT). Veja-se:

Orientação Jurisprudencial 247 da SDI-1 do TST[58]. Servidor público. Celetista concursado. Despedida imotivada. Empresa pública ou sociedade de economia mista. Possibilidade.

1. A despedida de empregados de empresa pública e de sociedade de economia mista, mesmo admitidos por concurso público, independe de ato motivado para sua validade;

2. A validade do ato de despedida do empregado da Empresa Brasileira de Correios e Telégrafos (ECT) está condicionada à motivação, por gozar a empresa do mesmo tratamento destinado à Fazenda Pública em relação à imunidade tributária e à execução por precatório, além das prerrogativas de foro, prazos e custas processuais.

Trata-se de uma ideia que nivela empregados privados e empregados públicos, violando o princípio da impessoalidade e proporcionando o favorecimento daqueles que estariam vinculados aos dirigentes das entidades estatais, criando singela fórmula de discriminação

---

58 A Resolução n. 143/2007 do Tribunal Pleno do TST foi o ato administrativo que alterou a redação originária da Orientação Jurisprudencial 247 da SDI-1. A nova redação excetuou a Empresa Brasileira de Correios e Telégrafos da possibilidade de demissão imotivada de seus empregados. A alteração foi decidida em setembro/2007, quando o Pleno julgou incidente de uniformização de jurisprudência suscitado pela SDI-1. O fundamento da decisão foi o fato de o STF, em diversos precedentes, vir assegurando à ECT privilégios inerentes à Fazenda Pública — notadamente, no caso da Justiça do Trabalho, o pagamento de débitos por meio de precatórios.

entre preferidos e preteridos. Isso contraria o próprio interesse público, uma vez que estimula, em âmbito não privado, o arbítrio do ato de desligamento por iniciativa patronal.

Imagine-se, a título de exemplo, que uma sociedade de economia mista tenha divulgado o resultado de seu concurso público para o preenchimento de apenas cinco vagas. Depois de conferido o resultado, o diretor-presidente da entidade estatal percebe que seu amigo (protegido secretamente) teria alcançado apenas a sexta posição, ficando, portanto, fora do rol dos convocáveis. De acordo com o entendimento jurisprudencial acima expendido, bastaria que o diretor-presidente, sem qualquer motivação, admitisse e despedisse um dos cinco primeiros aprovados para propiciar o acesso a seu amigo. Essa postura seria nocivamente seletiva e visaria, com ofensa à moralidade pública, ao prejuízo de um trabalhador em detrimento de outro[59].

Por fim, é importante notar que a Lei n. 9.784/99 aplica-se indistintamente à Administração Pública direta e indireta, nesse âmbito incluídas as entidades estatais, sendo claríssimo, a respeito, o seu art. 1º[60].

15.3.1.6 A despedida singular e a despedida coletiva ou dispensa em massa

A **despedida singular** é aquela dirigida por um empregador específico contra um empregado singularmente considerado. A **despedida coletiva ou dispensa massiva**, por sua vez, é aquela operada simultaneamente, por motivo único, contra um grupo de trabalhadores, sem pretensão de substituição dos dispensados. Nesse particular, Orlando Gomes, em estudo publicado em 1974, foi preciso no estabelecimento dos traços característicos do instituto ora analisado:

Na dispensa coletiva é única e exclusiva a causa determinante. O empregador, compelido a dispensar certo número de empregados, não se propõe a despedir determinados trabalhadores, senão aqueles que não podem continuar no emprego. Tomando a medida de dispensar uma pluralidade de empregados não visa o empregador a pessoas concretas, mas a um grupo de trabalhadores identificáveis apenas por traços não pessoais, como a lotação em certa seção ou departamento da empresa, a qualificação profissional, ou o tempo de serviço. A causa da dispensa é comum a todos, não se prendendo ao comportamento de nenhum deles, mas a uma necessidade da empresa.

A finalidade do empregador ao cometer a dispensa coletiva não é abrir vagas ou diminuir, por certo tempo, o número dos empregados. Seu desígnio é, ao contrário, reduzir definitivamente o quadro de pessoal. Os empregados dispensados não são substituídos, ou porque se tornaram desnecessários ou porque não tem a empresa condição de conservá-los[61].

Além de definir com maestria o conteúdo jurídico da despedida coletiva, Orlando Gomes, na obra ora referida, ofereceu elementos de distinção entre o mencionado instituto e a **despedida plúrima**. Percebam-se:

---

59 O Plenário do Supremo Tribunal Federal (STF), por maioria de votos, deu provimento parcial ao RE 589.998, para assentar que é obrigatória a motivação da dispensa unilateral de empregado por empresa estatal e sociedade de economia mista tanto da União quanto dos Estados, do Distrito Federal e dos Municípios.
60 Art. 1º Esta Lei estabelece normas básicas sobre o processo administrativo no âmbito da Administração Federal **direta e indireta**, visando, em especial, à proteção dos direitos dos administrados e ao melhor cumprimento dos fins da Administração (destaques não constantes do original).
61 GOMES, Orlando. Dispensa coletiva na reestruturação da empresa (aspectos jurídicos do desemprego tecnológico). *LTr*, 38/577, 1974.

A exigência da reunião desses elementos de caracterização da dispensa coletiva facilita a sua distinção da dispensa ou despedida plúrima.

Dispensa dessa espécie sucede quando numa empresa se verifica uma série de despedidas singulares ou individuais, ao mesmo tempo, por motivo relativo à conduta de cada empregado dispensado.

Essa dispensa há de ser praticada, primeiramente, contra número considerável de empregados, por fato que a todos diga respeito, como, por exemplo, a insubordinação dos trabalhadores da seção de embalagem de uma empresa. Os dispensados têm de ser pessoas determinadas, constituindo um conjunto concreto de empregados. Afastados, há de ser substituídos, eis que o serviço precisa ser prestado continuadamente por igual número de trabalhadores. A dispensa plúrima não tem, por último, a finalidade de reduzir o quadro do pessoal.

Os pontos de semelhança entre dispensa plúrima e coletiva desautorizam a aceitação do critério quantitativo para a caracterização da última, pois a primeira também supõe uma pluralidade de dispensados. Algumas leis qualificam como coletiva, entretanto, a despedida, em certo período, de empregados em número superior aos que indica em função da quantidade de trabalhadores da empresa. Pode, no entanto, ser plúrima a dispensa que atinge proporção superior à estabelecida para que se considere coletiva. Nem deve perder esta conotação a despedida de empregados em pequeno número ou em número inferior às percentagens estabelecidas, se reveste os outros caracteres da dispensa coletiva.

É importante anotar que a dispensa coletiva, para ser efetivada, precisava passar pelo crivo do sindicato representativo da categoria profissional atingida, a quem, nos moldes do art. 8º, III, da Constituição da República, se atribui a defesa dos direitos e interesses transindividuais, inclusive em questões judiciais ou administrativas. Nesse particular é obrigatória a referência ao *leading case* da EMBRAER — Empresa Brasileira de Aeronáutica S.A. Dissídio Coletivo n. TST-RODC-309/2009-000-15-00.4.

Nos autos do referido processo, a Seção Especializada em Dissídios Coletivos do Tribunal Superior do Trabalho assentou a necessidade de prévia negociação coletiva com o sindicato obreiro para a dispensa em massa dos empregados. Se inviável a negociação coletiva, a Alta Corte Trabalhista afirmou cabível o processo judicial de Dissídio Coletivo com o objetivo de regular os efeitos pertinentes. Em sede de recurso extraordinário (RE 647.651/SP), a discussão foi levada à apreciação do STF, que acabou por reconhecer que a questão possuía repercussão geral, pois ultrapassava o interesse subjetivo das partes e se mostrava relevante do ponto de vista econômico, político, social e jurídico para outros tantos casos semelhantes.

Apesar de toda a lógica *conforme a Constituição* do posicionamento jurisprudencial ora apresentado, **o legislador da reforma trabalhista de 2017 criou o art. 477-A na CLT** para deixar bem claro que "as dispensas imotivadas individuais, plúrimas ou coletivas equiparam-se para todos os fins, não havendo necessidade de autorização prévia de entidade sindical ou de celebração de convenção coletiva ou acordo coletivo de trabalho para sua efetivação". Houve, portanto, um retrocesso no modo de avaliar as dispensas, pois, em essência, nem mesmo o legislador conseguiria verdadeiramente equipará-las. Não há dúvidas de que as despedidas transindividuais produzem efeitos sociais deletérios e não se questiona nem um segundo sobre o interesse que as entidades sindicais podem ter sobre elas. Há, portanto, largo espaço para discussões sobre a constitucionalidade do dispositivo ora em destaque.

Apesar de o STF não ter especificamente analisado a constitucionalidade do referido artigo da CLT, a maioria dos ministros da Corte Constitucional, no **Tema 638 de Repercussão Geral (RE 999.435)**, entendeu que *"a intervenção sindical prévia é exigência procedimental imprescindível para a dispensa em massa de trabalhadores, que não se confunde com autorização prévia por parte da entidade sindical ou celebração de convenção ou acordo coletivo".*

Dessa forma, o Supremo posicionou-se no sentido de que a dispensa em massa pode ocorrer, mas, antes de ela se efetivar, caberá ao empregador levar o assunto à entidade sindical obreira. Ela deverá saber da intenção patronal para tentar encontrar caminhos capazes de evitar a concretização do ato de despedimento coletivo. A entidade sindical, porém — conforme bem salientou o STF —, não tem o poder de impedir a dispensa massiva. Logo, a dispensa massiva é possível no Brasil, embora, antes de ultimada, a entidade sindical deva ser ouvida como uma "exigência procedimental".

Mas e se essa "exigência procedimental" não for cumprida? E se essa ""exigência procedimental" for meramente *pro forma*?

Para responder a essas perguntas é indispensável constatar que o STF criou, sim, uma condição procedimental de validação das dispensas em massa. Assim, se o empregador ignorar essa "exigência procedimental prévia", restarão nulificadas todas as dispensas realizadas sem a "intervenção sindical obrigatória". Destaque-se, nesse ponto, que o sindicato terá voz, mas não terá voto. O sindicato terá, portanto, o direito de intervir, de falar, de indagar, de buscar esclarecimento antes de ser efetivado o desligamento massivo. Se isso não for feito, o despedimento massivo será nulo.

Nesses moldes, em resposta às perguntas efetuadas:

Se a "exigência procedimental" não for cumprida, serão, evidentemente, sensíveis os efeitos nulificantes da dispensa massiva e indenizantes, por conta das violações transindividuais[62]; se a "intervenção sindical" existir, mas for meramente pro forma, ou seja, se o diálogo ocorrer, mas ao sindicato se derem ouvidos moucos, a entidade poderá alegar que as limitações à sua atuação foram tantas que a própria intervenção acabou por considerar-se inexistente. Afinal, o dever de boa-fé impõe ao empregador não apenas ouvir o sindicato, mas dizer-lhe de maneira fundamentada por que não são atendidas as suas reivindicações.

15.3.2 Dissolução por resolução

A resolução é um modo de dissolução dos contratos que se produz pelo advento de uma condição resolutiva **voluntária** (inexecução faltosa de uma das partes ou culpa recíproca delas) ou **involuntária** (morte, força maior ou fato do príncipe).

---

62 O TST, em uma das primeiras decisões sobre o assunto, entendeu existentes apenas efeitos indenizantes. Pareceu-lhe, embora discutível a posição, inevidente o efeito nulificante sobre as dispensas operadas. Veja-se:

Dispensa coletiva. Tese vinculante do STF firmada no RE 999435/SP. Tema 638 da tabela de repercussão geral. Necessidade de intervenção sindical. Inexistência de direito à reintegração dos trabalhadores. Ausência de previsão legal ou convencional de estabilidade. Direito líquido e certo não violado.

No tema 638 da tabela de repercussão geral, o STF fixou tese vinculante de que "a intervenção sindical prévia é exigência procedimental imprescindível para dispensa em massa de trabalhadores", mas ressalvou que a intervenção "não se confunde com a autorização prévia por parte da entidade sindical ou celebração de convenção ou acordo coletivo". Nesse contexto, ante a ausência de qualquer previsão legal ou convencional de estabilidade, não viola direito líquido e certo o indeferimento de pedido de reintegração de trabalhadores dispensados coletivamente, em sede de tutela provisória, haja vista que a intervenção sindical obrigatória no processo de dispensa coletiva não assegura estabilidade aos empregados dispensados. No mais, **a não observância do diálogo sindical prévio traduz-se em dano moral coletivo e não a retomada de contratos de trabalho** [...] deu provimento ao recurso ordinário para denegar a segurança (TST--RO-11778-65.2017.5.03.0000, SBDI-II, Rel. Min. Emmanoel Pereira, julgado em. 9-8-2022).

15.3.2.1 Advento de condições resolutivas voluntárias

O contrato de emprego pode ser terminado por inexecução faltosa de uma das partes, estando tais faltas graves expressamente previstas na CLT, nos arts. 482 (aquelas praticadas pelos empregados) e 483 (aquelas perpetradas pelos empregadores), em dispositivos esparsos da própria CLT ou em legislações extravagantes.

Quando resolvido por inexecução faltosa, diz-se que o contrato foi dissolvido por **justa causa**, assim entendida, na doutrina de Mascaro Nascimento, "a ação ou omissão de um dos sujeitos da relação de emprego, ou de ambos, contrária aos **deveres normais** impostos pelas regras de conduta que disciplinam as suas obrigações resultantes do vínculo jurídico" (destaques não constantes do original)[63].

Em linguagem jurídico-trabalhista, entende-se por "justa causa", portanto, a **falta grave tipificada em lei, invocada e provada pelo contratante lesionado, que, pela considerável extensão e nocividade, torna justificada e legitimada a ruptura imediata do contrato de emprego, levando o sujeito lesionador à assunção de perdas de natureza material ou imaterial**.

Como uma verdadeira sanção material, a "justa causa" impõe ao operário, quando sujeito causador da falta grave, sensíveis perdas patrimoniais, entre as quais se destacam, entre outros, o instantâneo rompimento contratual sem qualquer aviso prévio, a vedação ao saque do FGTS, o não recebimento da indenização de 40% sobre os depósitos do FGTS, a perda das férias proporcionais e do décimo terceiro salário proporcional, além da proibição de habilitação ao benefício do seguro-desemprego. Nada impede, ademais, que o empregador ajuíze ação contra o empregado para contra ele pretender até mesmo indenizações pelos prejuízos materiais e morais eventualmente sofridos.

Por outro lado, a "justa causa" patronal, também conhecida como "despedida indireta", produzirá em favor do obreiro o direito de recebimento de todos os créditos próprios de uma despedida sem justa causa. Entretanto, é muito comum que, associado à pretensão de caracterização da dispensa indireta, o trabalhador pretenda indenizações por danos morais, sob o argumento de que a falta grave violou algum dos seus patrimônios imateriais, entre os quais se destacam, pela reiteração nas lides forenses, as infrações à sua imagem, honra, intimidade ou vida privada.

Pois bem. No objetivo de melhor entender essas violações serão analisadas nos próximos tópicos em que efetivamente consistem os deveres e obrigações recíprocos dos contratantes. Vejam-se:

15.3.2.1.1 Deveres e obrigações recíprocos dos contratantes

O contrato de emprego é comutativo e sinalagmático. É comutativo porque produz direitos, deveres e obrigações *equivalentes* para ambos os contratantes. É sinalagmático porque os direitos, deveres e obrigações encontrados nos ajustes são *opostos e equilibrados* de modo que a obrigação de um dos sujeitos seja fundamento jurídico da existência de outro direito, dever ou obrigação.

Diante dessa lógica estrutural, que envolve equivalência, oposição e equilíbrio, pode-se afirmar que o contrato de emprego produz, independentemente de ajuste expresso, um

---

63 NASCIMENTO, Amauri Mascaro. *Curso de direito do trabalho*. 16. ed. São Paulo: Saraiva, 1999, p. 583.

conjunto de deveres[64] naturalmente exigíveis de cada um dos contratantes. Estabelece-se, na verdade, um sistema paralelo, onde o dever jurídico de um contratante seja, por espelho, a razão da exigibilidade do dever do outro contratante.

O mais importante desses deveres jurídicos contrapostos é, sem dúvida, aquele que envolve de um lado a prestação do trabalho e do outro a outorga de situações de execução do serviço contratado e a consequente contraprestação ajustada. *Caberá ao empregado* executar o trabalho com o qual se comprometeu e *ao empregador*, diante da evidência de prestação do serviço contratado, o pagamento do salário combinado. Anote-se que cabe ao empregador *também* o dever fundamental de oferecer situações de execução do serviço (dever de dar trabalho). Enfim, constitui ato de aviltamento moral do trabalhador a *injustificável* cessação de outorga de oportunidades de prestação de serviços. Exemplo disso ocorre quando um empregado é contratado para gerenciar uma obra mas, por ordem do dono da empresa, sem qualquer justificativa, os operários são orientados no sentido de não atender aos comandos do gerente. Esses deveres são entendidos como **principais** ou **elementares**, uma vez que constituem a base fundamental do contrato de emprego.

Ao lado do dever jurídico principal, existem múltiplos deveres **acessórios** ou **decorrentes.** Nessa ordem de ideias, pode-se afirmar que, além do dever principal de prestar o trabalho ajustado, o empregado deve executá-lo com atenção ao cumprimento dos deveres acessórios de "colaboração", "diligência", "respeito", "lealdade" e "fidelidade". Por outro lado, tal como se existisse um espelho para dar contrariedade à análise, não basta que o empregador cumpra o dever principal de pagar o salário combinado. Cabe-lhe, também, o atendimento dos mesmíssimos deveres acessórios de "colaboração", "diligência", "respeito", "lealdade" e "fidelidade".

Apesar da semelhança de nomes entre os deveres acessórios do empregado e do empregador, eles se manifestam por meio de diferentes comportamentos. Observem-se:

a) Dever de colaboração

Entendido como valor caracterizado pela disponibilização espontânea de esforços em benefício de alguém com a intenção de prestar-lhe auxílio. Nesse sentido, entende-se que o empregado cumpre o dever de colaboração quando não mede esforços para realizar sua atividade profissional e para ajudar o empregador nas situações em que este, por motivos de força maior ou por conta da execução de serviços inadiáveis, precise da realização de esforços adicionais de seus colaboradores. Sob a perspectiva do empregador, entende-se cumprido o dever de colaboração quando este, além de dar o trabalho, oferece condições para a execução deste. Tal ocorre quando o empregador observa e faz cumprir as normas de segurança, higiene e medicina do trabalho, quando mantém o equilíbrio contratual e aumenta a dimensão do salário diante de situações de aumento da carga de serviço, quando, enfim, disponibiliza todos os meios capazes de garantir a higidez física e mental de seu contratado.

---

64 Considerando o fato de que este tema surge como introdutório à situação de resolução contratual por inexecução faltosa de um dos contratantes, será analisada a questão apenas sob a perspectiva dos "deveres jurídicos", sendo relevante dizer que estes têm por correspondente lógico os "direitos subjetivos". Enfim, um "dever jurídico" é aquele que pode ser exigido por outrem. Nesse sentido, e com arrimo em André Franco Montoro (*Introdução à ciência do direito*. 25. ed. São Paulo: Revista dos Tribunais, 2000, p. 458-459), **a expressão "dever jurídico" corresponde à "obrigação jurídica" em sentido geral e amplo.** Esquematicamente, pode-se dizer que o "dever jurídico" ou "obrigação jurídica" em sentido geral e amplo engloba duas variáveis de obrigações, as "obrigações civis" e as "demais obrigações, inclusive as de natureza pública". Recomenda-se, então, na dúvida, o uso da forma genérica "dever jurídico" em lugar de "obrigação jurídica", salvo quando se tenha certeza do uso da espécie.

b) Dever de diligência

é caracterizado pelo interesse, zelo ou cuidado aplicado na execução de uma tarefa. É um dever que tem vinculação íntima com o dever de colaboração. Para os empregados, envolve a assiduidade e a pontualidade na realização das atividades, e, também, o desempenho acurado das funções. Fere, portanto, o dever de diligência a prática de faltas ao serviço sem qualquer justificativa plausível. No tocante aos empregadores, esse dever se relaciona ao cumprimento de todas as obrigações do contrato que tenham prazos ajustados, notadamente as de pagar pontualmente o salário, de recolher tempestivamente as contribuições sociais e as quantias destinadas ao FGTS, de garantir o vale-transporte ou meio sucedâneo, de adimplir os complementos salariais, entre outras do mesmo gênero (vide o art. 483, *d*, da CLT). Anote-se que estará violado o dever de diligência por parte do patrão quando este exigir do operário a prestação de serviços superiores a suas forças (art. 483, *a*) ou quando este lhe atribuir tarefa capaz de lhe proporcionar perigo manifesto de mal considerável (art. 483, *c*).

c) Dever de respeito

é entendido como o sentimento que leva alguém a tratar outrem ou alguma coisa com grande atenção, profunda deferência, consideração e, em algumas dimensões, obediência. O dever de respeito está relacionado fortemente à dimensão de respeitabilidade à pessoa humana. Para os empregados, o dever de respeito envolve o cumprimento da disciplina imposta pelo patrão mediante seus regulamentos e a subordinação aos comandos egressos dos chefes imediatos ou superiores hierárquicos de qualquer natureza. Por dever de respeito, não se admite que o empregado pratique, **no serviço ou fora dele**, ato lesivo da honra e boa fama ou ofensas físicas contra o empregador ou contra superiores hierárquicos, salvo, evidentemente, em caso de legítima defesa, própria ou de outrem (*vide* o art. 482, *k*, da CLT). Os mesmos comportamentos lesivos, por ausência de respeito ao ambiente laboral, conduzem o empregado à situação de falta grave, quando dirigidas ofensas contra colega de trabalho, **dentro do serviço** (*vide* o art. 482, *j*, da CLT). Para os empregadores há, obviamente, o equivalente dever de respeito, sendo importante observar que as infrações a ele justificam a despedida indireta, nos moldes do art. 483, *e* e *f*, da CLT.

d) Dever de lealdade

Lealdade tem seu radical etimológico no latim *legalis*, legal, segundo a lei, consoante o convencionado e o esperado por uma sociedade. E é, por isso, um valor caracterizado pelo respeito aos princípios e regras, especialmente, por sua derivação ética, àqueles que norteiam a honra e a probidade. Diante do dever de lealdade, o empregado deve realizar suas tarefas sem pretender nada além daquilo que tenha sido objeto de seu ajuste contratual. O desvio de atuação comprometerá fatalmente a continuidade do vínculo de emprego. Por isso, a lei estabelece que constitui justa causa para a resolução do contrato de emprego a sinistra prática de "ato de improbidade" pelo empregado (art. 482, *a*, da CLT), assim como as intoleradas ações conhecidas como "incontinência de conduta" e "mau procedimento" (art. 482, *b*, da CLT). *A contrario sensu*, o empregador ferirá o dever de lealdade quando, por exemplo, não cumprir o quanto ajustado, quando descontar as contribuições sociais e não as recolher na forma e tempo previstos em lei, quando clandestinamente atribuir ao empregado serviços defesos em lei ou contrários aos bons costumes (art. 483, *a*, da CLT). A lealdade, por ser ampla, contém o próximo dever a ser analisado, o de fidelidade.

e) Dever de fidelidade

Fidelidade é palavra que provém do radical latino *fides*, que significa fé. Logo, se trata de um atributo caracterizado pela sinceridade, pela crença positiva, pela segurança na probidade moral e na qualidade profissional de um indivíduo, e que, por isso mesmo, é incompatível com deslizes e traições.

A fidelidade, entretanto, não pode ser confundida com submissão, docilidade ou conformismo de um dos contratantes em relação ao outro. Como bem lembrou Cristiane Mello, nas relações de trabalho, a palavra ora em análise "vem tendo seu sentido ampliado em extensão e intensidade. A noção de fidelidade, no âmbito laboral, pode gerar e multiplicar os deveres e obrigações características do contrato de trabalho, esperando do trabalhador uma conduta além daquela necessária para cumprimento de suas obrigações"[65]. Em evidente deformação do conceito de fidelidade, há, assim, quem entenda que o empregado não se revelou fiel à empresa pelo simples fato de não ter "curtido" as suas postagens no Facebook ou por não tê-la numa das muitas discussões encontradas em rede sociais. A violação do dever de fidelidade está para além de demonstrações de mero servilismo.

Ferem, portanto, o dever de fidelidade comportamentos de operários que negociam, **dentro do horário de trabalho**, habitualmente, por conta própria ou de terceiros, **sem permissão do empregador**, bens ou serviços. Igualmente, ferem o mencionado dever aqueles que, **sem o conhecimento patronal**, agenciam bens e serviços, **dentro ou fora do horário de trabalho**, em ato de concorrência à empresa para a qual trabalham ou, ainda, os que, **dentro do horário de trabalho, mesmo que com a autorização do empregador**, negociam bens ou serviços com prejuízo da atividade laboral (art. 482, *c*, da CLT). Há, nesses casos, sem dúvida, a prática de abuso da condição de ser empregado. Acrescente-se que a violação de segredo da empresa (art. 482, *g*, da CLT) é, também, comportamento lesivo ao ora analisado dever.

Por parte do patrão, o dever de fidelidade é violentado quando ele oculta do empregado as dificuldades pelas quais ele passa e a probabilidade de inadimplemento dos salários findo o período de exigência do serviço.

A violação a qualquer dos deveres contratuais é o pressuposto essencial, fundamental da resolução contratual por inexecução faltosa e culposa de algum dos contratantes. No próximo tópico serão analisados, além da violação de dever, os pressupostos exigíveis para a caracterização da ora apreciada resolução contratual.

15.3.2.1.2 Pressupostos exigíveis nas situações de resolução contratual

Além da violação de um dever jurídico do contrato de emprego, existem alguns outros pressupostos que precisam ser observados nas situações de resolução contratual perpetrada pelos empregados e, também, em alguns casos, pelos empregadores. Vejam-se:

a) Previsão legal

As causas geradoras do desligamento motivado (violação de um dever jurídico do contrato de emprego) devem estar expressamente previstas em lei. Cabe ao prejudicado (empregador ou empregado) inserir o comportamento praticado por seu oponente em uma das situações expressamente reconhecidas pelo texto legal, que, na verdade, constituem concei-

---

[65] MELLO, Cristiane. *Direito de crítica do empregado nas redes sociais*. São Paulo: LTr, 2015. p. 111.

tos abertos, facilmente moldáveis. Não se podem, na verdade, criar outras situações senão aquelas expressamente previstas em lei.

Neste ponto é relevantíssimo observar que **o documento que determina o motivo de desligamento é a carta de dispensa**. Afirma-se isso porque, uma vez identificada a falta grave na carta de dispensa, não poderá a peça de contestação apontar a existência de outras tantas. Ilustrativamente, imagine-se que a "improbidade" foi a causa justificadora do desligamento de um bancário, tendo sido ele expressamente informado disso mediante a citada "carta de dispensa". Nesse caso, ainda que outras causas existam, não poderá a contestação ampliar o rol para ali inserir, por exemplo, a "desídia", a "indisciplina" ou a "insubordinação". O fato de o empregador ter referido causas adicionais na sua contestação não é evento suficiente para alterar a realidade retratada no documento informativo do motivo da ruptura do vínculo.

E se a carta de dispensa não indicar a falta grave?

Isso não é raro. Por vezes o empregador afirma que o operário deu causa à ruptura do vínculo, sob o fundamento de uma suposta e não delimitada falta grave. Há situações em que a carta de desligamento indica apenas que o contrato findou "por justa causa, nos termos do art. 482 da CLT", e nada mais do que isso.

Em termos comparativos, pode-se dizer que, diante de uma situação dessa, o empregado foi condenado pelo patrão sem que nem mesmo ele — o patrão — soubesse a violação que estaria a justificar a condenação. Se diante de um processo penal, falar-se-ia em pena sem crime. E, para além de uma situação esdrúxula como essa, o empregado que não seja formalmente acusado não teria como defender-se. Assim, se a carta de dispensa não indicar a falta grave, ela de nada estará a acusar. E se não há falta grave para a dispensa, esta terá ocorrido sem justo motivo.

b) Proporcionalidade entre a falta e a punição

Esse pressuposto é exclusivamente aplicado nas situações de resolução por inexecução operária, uma vez que somente o empregador tem o poder disciplinar. Por força dele, a falta geradora do desligamento (a mais acentuada das penas disciplinares) **deve ser grave**. O referencial para a apuração desse comportamento é, entretanto, essencialmente (mas não exclusivamente) do empregador. É ele quem vai concluir se, diante de alguma das condutas tipificadas como geradoras do desligamento por justa causa, houve **gravidade** suficiente para a aplicação da pena de despedida. O referencial da dosimetria será sempre a razoabilidade.

Ressalte-se que, negada em juízo a prática da falta, **caberá ao juiz**, *em regra*[66], **apenas aferir se ela existiu**. Não lhe incumbirá, *em regra*, a inserção na referida dosimetria da pena. Cabe, em rigor, ao empregador, que foi o destinatário da ação ou omissão operária, a classificação da falta como leve, média ou grave, e a respectiva seleção da pena como advertência, suspensão ou despedida. Enfim, foi ele quem sofreu a dor da indisciplina.

A intervenção do Judiciário na dosimetria da pena aplicada pelo empregador não é recomendável, embora possível. Tal pode ocorrer **em situações extremas e claramente abusivas**, preservando-se, na medida do possível, a autoridade patronal. A atuação do Ju-

---

[66] Em rigor, o Judiciário não deve adequar uma penalidade ao nível que considerar justo, haja vista o respeito ao direito de o empregador dosar a pena aplicável em caso de transgressão de seu colaborador. Entretanto, como todo direito é potencialmente suscetível de abuso, a Justiça pode, obviamente, redimensionar a penalidade quando identificar que o patrão atuou de modo desproporcional. A excepcional atuação do Judiciário não está, entretanto, submetida a nenhuma regra. Não há dispositivo legal que especificamente discipline essa atuação judicial simplesmente porque proporcionalidade e razoabilidade são princípios, e não regras.

diciário não está, porém, submetida a nenhuma régua. Não há dispositivo legal que especificamente discipline essa atuação judicial, simplesmente porque proporcionalidade e razoabilidade são princípios, e não regras. **Viceja aqui, portanto, o princípio da mínima intervenção do Poder Judiciário sobre a autoridade disciplinar patronal**. Nesses limites, embora o Juiz do Trabalho possa intervir, ele, **em regra**, não deve fazê-lo.

Havendo, porém, escancarada situação demonstrativa de que a falta apenada como "grave" não possuía nenhuma gravidade, caberá ao prejudicado a invocação da atuação judiciária.

c) *Ineditismo*, non bis in idem *ou não punição dupla*

Outro pressuposto exclusivamente destinado a empregados. Baseia-se na ideia de que eles não podem ser punidos mais de uma vez por conta do mesmo fato gerador. Assim, se um trabalhador tiver sido apenado com uma suspensão por ter praticado ato de indisciplina, não poderá, quando retornar ao serviço, ser despedido por conta desse mesmo ato de indisciplina; somente um novo fato autorizará a aplicação de uma nova pena. Assim ocorre porque, ao aplicar a pena, o empregador exaure seu poder disciplinar.

d) *Relevância ponderada das condutas praticadas fora do local de trabalho*

A conduta prestada fora do ambiente de trabalho pode ensejar a caracterização da falta grave, bastando que a atividade externa do empregado possa comprometer a imagem da empresa para a qual realiza suas atividades. Exemplos: a incontinência de conduta de um vendedor de livros religiosos ao ser constantemente encontrado em ambientes de promiscuidade ou, ainda, a agressão física promovida pelo empregado contra o empregador fora do local de trabalho. Esse pressuposto é aplicável também aos atos patronais na medida em que, mesmo fora do ambiente laboral, o empregador deve velar pela preservação dos valores materiais e morais (honra, imagem, privacidade e vida privada) do seu empregado (vejam-se comparativamente os dispositivos constantes dos arts. 482, *k*, e 483, *e*, da CLT).

e) *Atualidade da falta ou da imediatidade punitiva*

A sanção deve ser aplicada imediatamente, sob pena de ser caracterizado o perdão tácito do empregador. Do mesmo modo, a insurreição operária deve ser, na medida do possível (respeitada, obviamente, sua situação de fragilidade), imediata, sob pena de entender-se tolerado e desculpado o comportamento patronal lesivo. Registre-se ser plenamente admissível que, antes da aplicação da pena, o empregador empreenda atos investigativos durante certo e razoável tempo sem que isso implique infração à atualidade. Do mesmo modo, não afronta o princípio da atualidade o dispêndio de algum tempo por parte do empregado na tentativa de solucionar, mediante cuidadosa negociação, os comportamentos patronais que lhe são prejudiciais.

f) *Observância do devido processo legal privado na apuração da falta*

Conquanto muito não se discuta sobre o devido processo legal privado, é importante refletir sobre procedimentos prévios à efetiva aplicação das sanções trabalhistas. Afinal, se a exclusão de um sócio de uma associação ou a expulsão de um aluno de uma escola demandam a observância de um procedimento prévio no curso do qual lhes sejam garantidos os plenos direitos de defesa, o mesmo haveria de ocorrer no âmbito de uma relação de emprego, vale dizer, a aposição de penas disciplinares aos empregados somente deveria ser reconhecida em procedimento — oral ou escrito — que lhes assegurasse a observância de um devido processo legal no âmbito privado.

Mas que devido processo legal no âmbito privado seria esse?

Sem dúvidas, trata-se de um direito atribuído ao empregado, tal qual aquele oferecido a qualquer acusado[67], de ser ouvido sobre o assunto que motivou a sua dispensa e de apresentar provas capazes de convencer o empregador da inexistência do fato que motivaria a sanção. Não existindo o instrumento regulamentar patronal, haveria de admitir-se em favor do empregado, no mínimo, o direito de apresentar as suas razões contra as acusações que lhe foram dirigidas mediante contraditório fundado em oralidade.

Esse entendimento decorre da eficácia horizontal dos direitos fundamentais no âmbito das relações privadas[68]. Basta observar, com base no histórico acórdão do STF (RE 201819/RJ), que "as violações a direitos fundamentais não ocorrem somente no âmbito das relações entre o cidadão e o Estado, mas igualmente nas relações travadas entre pessoas físicas e jurídicas de direito privado. Assim, os direitos fundamentais assegurados pela Constituição vinculam diretamente não apenas os poderes públicos, estando direcionados também à proteção dos particulares em face dos poderes privados". Nesses moldes, "a autonomia privada, que encontra claras limitações de ordem jurídica, não pode ser exercida em detrimento ou com desrespeito aos direitos e garantias de terceiros, especialmente aqueles positivados em sede constitucional, pois a autonomia da vontade não confere aos particulares, no domínio de sua incidência e atuação, o poder de transgredir ou de ignorar as restrições postas e definidas pela própria Constituição, cuja eficácia e força normativa também se impõem, aos particulares, no âmbito de suas relações privadas, em tema de liberdades fundamentais".

15.3.2.1.3 Culpa do empregado

O contrato é dissolvido por culpa ou por justa causa do empregado quando ele, no exercício de seu trabalho ou em atividades correlatas ao serviço, viola um ou alguns dos deveres de conduta resultantes daquilo que foi estipulado, notadamente quando aferido de acordo com o princípio da boa-fé.

Caberá ao empregador o ônus de demonstrar a existência da falta geradora do desligamento por justa causa, haja vista ser a falta grave um elemento obstativo à pretensão do empregado que se afirma desligado sem justa causa. Observe-se que o empregador aceita o fato constitutivo ao reconhecer a despedida, mas apresenta uma situação adversativa no momento em que assevera que a ruptura deu-se por conta de inexecução faltosa do empregado.

As principais situações geradoras de resolução contratual por culpa obreira estão contidas no art. 482 da CLT, nada obstante sejam evidenciadas outras tantas em dispositivos esparsos da própria CLT ou em legislações extravagantes. Nos tópicos a seguir expendidos foram selecionadas as mais relevantes hipóteses, seja pela importância do tema, seja pela visitação da jurisprudência.

---

67 Ver o art. 5º, LV, da Constituição, segundo o qual "aos litigantes, em processo judicial ou administrativo, e **aos acusados em geral** são assegurados o contraditório e ampla defesa, com os meios e recursos a ela inerentes" (destaques não constantes do original).

68 Sobre o assunto recomenda-se SARMENTO, Daniel. *Direitos fundamentais e relações privadas*. Rio de Janeiro: Lumen Juris, 2004. Na esfera trabalhista a indicação é do VALE, Silvia Isabelle Ribeiro Teixeira. *Proteção efetiva contra a despedida arbitrária no Brasil*. São Paulo: LTr, 2015.

a) Ato de improbidade

A probidade caracteriza-se pelo exercício de bons, honestos e virtuosos comportamentos. Trata-se de uma qualidade visível nas pessoas de caráter íntegro, que agem com brio e pundonor. A improbidade, por sua vez, é exatamente a antítese disso, uma vez que revela a qualidade de quem age dolosamente de modo indigno, desonrado, desalinhado, ferindo o dever de lealdade e de correção de comportamento. É uma falta grave e comprometedora, talvez a mais deslustradora de todas as faltas, que, por isso mesmo, deve ser aferida com muita responsabilidade e cuidado. Por ter a aptidão de produzir sérios danos à imagem e à honra do empregado e por ter o condão de afetar a vida profissional, social e familiar do acusado, a improbidade deve ser alegada quando o empregador estiver seguro de sua ocorrência. Imputações descuradas podem levar o acusado a postular, com grande possibilidade de êxito, indenizações por danos morais.

Existem muitos exemplos de improbidade operária, mas, sem dúvida, o atentado contra o patrimônio do empregador (ou de terceiros com os quais ele mantenha relações jurídicas) é a conduta mais frequentemente invocada nas lides forenses. Merece destaque também a falsidade ideológica a que se refere o disposto no § 3º do art. 112 do Decreto n. 10.854, de 2021[69], por meio da qual o empregado fornece informação falsa quanto a suas necessidades de deslocamento para receber maiores vantagens a título de vale-transporte.

b) Incontinência de conduta

A incontinência é a qualidade de tudo o que não se contém, que não se segura. Revela, por isso, no sentido social da palavra, um estado de imoderação, de excesso, de descomedimento, que produz a perda da respeitabilidade social e do bom conceito do empregado. A incontinência a que se refere o dispositivo constante da primeira parte do art. 482, *b*, da CLT, está normalmente — mas não unicamente — associada a condutas imorais, em regra de natureza sexual. No âmbito das incontinências mais frequentemente evidenciadas no meio forense está o assédio sexual, um comportamento criminalizado[70] consistente no acosso mediante o qual um superior hierárquico constrange seus subordinados com o intuito de obter deles vantagem ou favorecimento sexual. Ingressam no plano das incontinências sexuais também o exibicionismo sensual, o ingresso em *sites* pornográficos e a masturbação em horário e local de trabalho.

Destaque-se, como antedito, que não apenas os comportamentos de natureza sexual ingressam no contexto da incontinência de conduta. Nesse campo estão igualmente os atos propositais de manifestações fisiológicas do empregado no ambiente laboral, sempre desagradáveis ao convívio social. Atente-se, entretanto, que tais manifestações (crise de espirro ou de tosse, flatulência, incontinência urinária etc.), quando não intencionais, não podem

---

69 Art. 7º Para o exercício do direito de receber o Vale-Transporte o empregado informará ao empregador, por escrito: I — seu endereço residencial; II — os serviços e meios de transporte mais adequados ao seu deslocamento residência-trabalho e vice-versa. § 1º A informação de que trata este artigo será atualizada anualmente ou sempre que ocorrer alteração das circunstâncias mencionadas nos itens I e II, sob pena de suspensão do benefício até o cumprimento dessa exigência. § 2º O beneficiário firmará compromisso de utilizar o Vale-Transporte exclusivamente para seu efetivo deslocamento residência-trabalho e vice-versa. **§ 3º A declaração falsa ou o uso indevido do Vale-Transporte constituem falta grave.**

70 Ver o *caput* do art. 216-A do Código Penal: Art. 216-A. Constranger alguém com o intuito de obter vantagem ou favorecimento sexual, prevalecendo-se o agente da sua condição de superior hierárquico ou ascendência inerentes ao exercício de emprego, cargo ou função.

ser entendidas como geradoras de penas disciplinares, tanto menos de desligamento com justa causa[71].

c) Mau procedimento

O "mau procedimento" é uma ação que abarca uma pletora de práticas negativas, constituindo um evidente conceito jurídico indeterminado. Para argumentar que um empregado teve um "mau procedimento" o empregador deverá não apenas sustentar a ocorrência do tipo previsto na segunda parte do art. 482, *b*, da CLT, mas também, indispensavelmente, apresentar detalhamentos da conduta comissiva ou omissa do operário, contrária à legalidade ou aos bons costumes. Afirma-se isso porque todos os comportamentos previstos no art. 482 podem, em rigor, ingressar no figurino do "mau procedimento". Assim, o "mau procedimento" pode ser conceituado como a conduta ilegal ou imoral, não contemplada em outras graves faltas trabalhistas, capaz de produzir prejuízos ou desconfortos para o empregador ou para terceiros com os quais este mantém relações jurídicas. Nesse sentido é entendido como "mau procedimento" o comentário maledicente do empregado contra o empregador em *site* eletrônico de relacionamento, o abandono do posto de serviço em instante de absoluta relevância, o uso desautorizado de veículo da empresa mesmo se tiver habilitação para tanto ou, ainda, o ingresso desautorizado e clandestino do empregado acompanhado de terceiros no ambiente da empresa, fora do horário de serviço, para fazer dela uma pousada.

Por fim, atente-se que, por ser o "mau procedimento" um comportamento aberto, devem ser tomados cuidados adicionais na identificação do tipo, sob pena de exegeses inapropriadas e de banalização do instituto.

d) Negociação habitual

O tipo previsto no art. 482, *c*, da CLT é complexo porque envolve mais de uma variável de conduta, todas girando em torno do conceito de "negociação habitual por conta própria ou alheia sem permissão do empregador", assim entendido o ato de comercialização de bens ou serviços **praticado com repetibilidade**[72], vale dizer, com frequência própria de quem atua em caráter profissional, sem que para tanto tenha o empregador dado permissão. Pois bem. Percebem-se no mencionado dispositivo consolidado dois tipos de negociação habitual: a **negociação habitual como ato de concorrência ao empregador** e a **negociação habitual como ato prejudicial ao serviço**.

Veja-se cada um dos tipos a seguir expendidos:

d1) Negociação habitual como ato de concorrência ao empregador

O empregado tem o dever de colaborar com o empregador e de maximizar os resultados do empreendimento. É mais do que evidente que o operário não está autorizado a concorrer com seu patrão, mesmo por conta da lealdade que justifica a manutenção do vínculo. Ape-

---

71 Nesse sentido cabe registro à decisão da 4ª turma do TRT/SP, processo 01290.2005.242.02.00-9, relatada pelo Desembargador Ricardo Artur Costa e Trigueiros, que entendeu injusta e abusiva a aplicação de pena disciplinar por não proposital flatulência no local de trabalho. Veja-se trecho da decisão: "Apesar de as regras de boas maneiras e elevado convívio social pedirem um maior controle desses fogos interiores, sua propulsão só pode ser debitada aos responsáveis quando deliberadamente provocada. A imposição dolosa, aos circunstantes, dos ardores da flora intestinal, pode configurar, no limite, incontinência de conduta, passível de punição pelo empregador. Já a eliminação involuntária, conquanto possa gerar constrangimentos e, até mesmo, piadas e brincadeiras, não há de ter reflexo para a vida contratual".

72 Daí o uso da adjetivação "habitual" para qualificar a negociação.

sar disso, não raramente se veem na prática muitos empregados atuando clandestinamente contra os interesses patronais e aproveitando-se da clientela pelos empregadores angariada. Quem nunca viveu a situação na qual um prestador de serviços elétricos, telefônicos ou hidráulicos colocou-se à disposição para dar, por conta própria, assistência técnica por valores mais vantajosos do que aqueles cobrados por seu empregador? Quem nunca teve conhecimento de técnicos de instalação de TV por assinatura que se dispuseram a instalar pontos adicionais por conta própria mediante custo inferior àquele cobrado pela empresa empregadora? Isso, apesar de lamentável, é fato do cotidiano das grandes cidades. Por essa razão os empregadores, quando tomam conhecimento da violação do dever de lealdade, podem, com razão, resolver os contratos por inexecução faltosa manifesta.

A não concorrência do empregado em relação ao empregador é, durante a vigência do vínculo, pressuposto essencial para a convivência saudável dos convenentes. Isso é evidente. Mas, depois de findo o vínculo de emprego, será possível falar em cláusula de não concorrência pós-contratual?

A cláusula de não concorrência pós-contratual expressa um compromisso do empregado de, no período subsequente à extinção do contrato de emprego e mediante o pagamento de uma compensação financeira, abster-se de praticar atividades que lhe possibilitem fazer concorrência ao ex-empregador. Essa cláusula normalmente contém limites temporais, espaciais e funcionais e visa impedir que o antigo colaborador utilize informações privilegiadas adquiridas no antigo ofício.

Muito se discute, porém, acerca da validade das mencionadas **cláusulas de não concorrência**, uma vez que, *in abstracto*, elas afrontariam o direito fundamental de exercício de qualquer trabalho, ofício ou profissão (art. 5º, XIII, da Constituição da República). Assim, por exemplo, um publicitário de uma prestigiada agência de propaganda e *marketing* não se poderia ver privado do exercício de sua profissão, por conta própria ou por conta alheia, simplesmente pelo fato de ter trabalhado, em contato com informações privilegiadas, para outra agência de propaganda. Não é demasiado dizer, também, que, nos moldes do art. 170 do texto constitucional, a ordem econômica brasileira, fundada na valorização do trabalho humano e na livre iniciativa, tem como um dos princípios basilares justamente o da não violação da livre concorrência.

A jurisprudência não é uníssona quanto à validade das cláusulas de concorrência[73], mas a doutrina vem sinalizando no sentido da adoção de uma solução ponderada, baseada na razoabilidade e no dimensionamento dos interesses em conflito. Veja-se, no particular, o magistério de Alice Monteiro de Barros:

---

73 São exemplos das divergências de posicionamento as seguintes ementas de aresto do TRT da 2ª Região: CLÁUSULA DE NÃO CONCORRÊNCIA — CUMPRIMENTO APÓS A RESCISÃO CONTRATUAL — ILEGALIDADE — A ordem econômica é fundada, também, na valorização do trabalho, tendo por fim assegurar a todos existência digna, observando entre outros princípios a busca do pleno emprego. Pelo menos, assim está escrito no art. 170, inciso VIII, da Constituição. O art. 6º do diploma deu ao trabalho grandeza fundamental. A força de trabalho é o bem retribuído com o salário e assim meio indispensável ao sustento próprio e familiar, tanto que a ordem social tem nele o primado para alcançar o bem-estar e a justiça sociais. Finalmente, o contrato de trabalho contempla direitos e obrigações que se encerram com sua extinção. Por tudo, cláusula de não concorrência que se projeta para após a rescisão contratual é nula de pleno direito, a teor do que estabelece o art. 9º da Consolidação das Leis do Trabalho (TRT 2ª R., RO 20010487101, 8ª T., Rel. Juiz José Carlos da Silva Arouca, *DOSP*, 5-3-2002, p. 108).

CLÁUSULA DE NÃO CONCORRÊNCIA. VALIDADE. A cláusula de não concorrência foi estabelecida por tempo razoável e houve pagamento de indenização. Logo, está dentro dos princípios da razoabilidade e da proporcionalidade. É, portanto, considerada válida. Não há dano moral a ser reparado (TRT 2ª R., RO 02243-2000-381-02-00-9, 3ª T., Rel. Juiz Sérgio Pinto Martins, *DOSP*, 8-6-2004).

> *[...] a concorrência desleal traduz violação ao dever de fidelidade, constituído por obrigação de não fazer, sendo uma consequência do princípio da boa-fé. Se a lei proíbe a negociação habitual sem permissão do empregador, quando constituir ato de concorrência à empresa, evidentemente que ela torna possível a inserção da cláusula de não concorrência durante o período de vigência do contrato. Após o término da relação de emprego, a persistência dessa cláusula só se justifica em casos excepcionais, isto é, quando necessária à proteção dos legítimos interesses do empregador, e ainda assim, por um determinado período, durante o qual dever-se-á assegurar ao trabalhador uma indenização[74].*

Diante do quanto exposto, parece possível a admissão da cláusula de não concorrência pós-contratual em nome do princípio da boa-fé contratual, desde que, evidentemente, essa limitação esteja restrita a uma específica atividade, durante um determinado tempo e dentro de um delimitado território. Em respeito ao direito fundamental contido no art. 5º, XIII, da Constituição de 1988, não se pode, mediante a cláusula de não concorrência, simplesmente impedir o exercício de uma profissão em caráter absoluto, mas apenas uma das variáveis da referida atividade. Assim, a título exemplificativo, um produtor artístico, ex-empregado de uma rede de televisão, poderia, em decorrência de cláusula de não concorrência, ver-se limitado no exercício de seu ofício apenas durante um tempo razoável. Essa limitação o impediria de realizar seu trabalho em favor de outra rede de televisão, dentro de um determinado território ou região. Ele, porém, não ficaria impedido de trabalhar em produção artística para o teatro ou para o cinema ou, ainda, para rede de televisão de outra região ou país. Anote-se, por fim, que o próprio texto constitucional admite a "quarentena" como medida ética e assim atua quando, no seu art. 95, parágrafo único, V, proíbe que os magistrados exerçam a advocacia no juízo ou tribunal do qual se desligaram antes de decorridos três anos do afastamento do cargo por aposentadoria ou exoneração.

d2) Negociação habitual como ato prejudicial ao serviço

A negociação habitual como ato prejudicial ao serviço é entendida como falta grave, caracterizada pela turbação do meio ambiente laboral motivada por atos extracontratuais. Situação clássica relacionada à hipótese é aquela que diz respeito às conhecidas "sacoleiras", que, para reforçar o orçamento familiar, vendem produtos para os colegas de trabalho. Se esse comportamento estiver vedado, a simples evidência dele pode autorizar a resolução do vínculo por culpa operária; se, entretanto, o comportamento não estiver proibido, e se houver registros de tolerância relacionados a ele, será indispensável a apresentação de advertência por parte do empregador para que fique claro que ele não mais admite práticas de mercancia no ambiente laboral. A prejudicialidade dessas condutas para o serviço é algo evidente, sendo inclusive presumida a turbação quando reconhecida a prática da negociação habitual.

e) Condenação criminal

Durante o transcurso do processo penal, e antes do julgamento final, o acusado frui de uma presunção de inocência, que possui arrimo no texto constitucional[75]. A presunção não é desestimada pelo fato de o acusado eventualmente sofrer prisão preventiva, uma vez que esse ato restritivo da liberdade visa, na verdade, à garantia da ordem pública ou da ordem

---

74 BARROS, Alice Monteiro de. Relação de emprego: considerações gerais sobre o trabalho do vendedor-viajante e pracista. *Revista Síntese Trabalhista*, 153, mar. 2002, p. 144.
75 *Vide* o art. 5º [...] LVII — ninguém será considerado culpado até o trânsito em julgado de sentença penal condenatória.

econômica ou, ainda, à conveniência da instrução criminal (veja-se o art. 312 do Código de Processo Penal[76]), não significando uma antecipação da condenação.

A prisão preventiva do empregado produz a suspensão do contrato de emprego por força de lei (art. 131, V, da CLT), **período durante o qual não será possível a resilição patronal**. Se o juiz impronunciar o referido empregado ou se absolvê-lo, ele retornará ao emprego para dar continuidade a seu vínculo laboral. A partir desse instante, livre da acusação de que foi destinatário, o empregador não estará autorizado a despedi-lo **com** justa causa, mas apenas, se entender por bem, **sem** justa causa.

Se, por outro lado, o juiz criminal condenar o empregado por um crime de qualquer natureza, não necessariamente relacionado à execução do contrato de emprego, e se a condenação transitar em julgado, quebrado estará o elo da confiança entre os contratantes. A partir desse instante o empregador estará autorizado a resolver o ajuste contratual em decorrência de justa causa operária, mas também, se preferir, poderá despedir o empregado sem justa causa. Haverá, portanto, uma opção patronal.

f) Desídia

A desídia é um comportamento caracterizado pela incúria do agente. Em decorrência de fatores subjetivamente culposos, ela se caracteriza a partir da reiteração de atos descurados, que são apenados, em regra, depois de uma atuação pedagogicamente gradativa do empregador[77]. Encontram-se na desídia, portanto, dois importantes componentes: um de natureza objetiva, presente no descumprimento do dever de diligência, e outro de natureza subjetiva, constante da atitude desdenhosa e descomprometida com os resultados.

Imagine-se, para bem entender a desídia, que um empregado, embora chamado à atenção pelo empregador, sempre chega atrasado ao serviço, ou, ainda, que um operário, apesar de admoestado pelo chefe, desperdiça continuamente o insumo básico da produção. Em ambas as situações há comportamento desidioso porque o trabalhador repete, mediante desatenção ou desdém, as condutas corretivas patronais. O empregado desidioso não tem a intenção de imputar um dano direto ao patrão, mas não está nem um pouco preocupado se sua ação ou omissão será um dos motivos produtores de um prejuízo.

Excepcionalmente pode-se falar em desídia por atos únicos se estes, por descuido do agente, produzirem efeitos excepcionalmente devastadores, sendo exemplo disso a perda de um prazo importante por parte de um empregado incumbido de agendar compromissos do empregador.

g) Embriaguez habitual ou em serviço

A embriaguez é um estado de torpor ou de excitação provocado pelo uso de drogas, entre as quais se destaca, pelos costumes sociais, a bebida alcoólica. A depender da gradação, a embriaguez pode produzir desde uma leve excitação até a perda dos reflexos, culminando na avaria do discernimento e da percepção.

---

76 Art. 312. A prisão preventiva poderá ser decretada como garantia da ordem pública, da ordem econômica, por conveniência da instrução criminal, ou para assegurar a aplicação da lei penal, quando houver prova da existência do crime e indício suficiente de autoria (redação dada ao artigo pela Lei n. 8.884, de 11-6-1994).
77 DEMISSÃO POR JUSTA CAUSA — SANÇÕES DISCIPLINARES ANTERIORES — GRADAÇÃO PEDAGÓGICA — REGULARIDADE — Da análise das sanções disciplinares aplicadas ao empregado, verifica-se que a empresa as administrou gradativamente, intensificando a rigidez da punição a cada mau comportamento praticado. Configurada, ainda, a reincidência da falta prevista na alínea *e* do art. 482 da CLT, apropriada, no caso, a rescisão por justa causa (TRT 22ª R., RO 00872-2008-003-22-00-2, 2ª T., Rel. Des. Laercio Domiciano, *DJe*, 1º-6-2009).

A embriaguez prevista no art. 482, *f*, da CLT para fins de resolução contratual por falta grave operária deve ser habitual, ainda que fora do ambiente laboral, ou constatada em serviço. A primeira hipótese — aquela que diz respeito à embriaguez habitual — tem sido excluída do âmbito das causas geradoras do desligamento motivado. Isso acontece porque, sendo ela habitual, estará fatalmente caracterizada a existência de dependência química do ébrio e da necessidade de tratamento médico deste[78 e 79]. A segunda hipótese — a que concerne à embriaguez em serviço — tem sido, entretanto, considerada causa geradora do desligamento motivado. Tal ocorre porque o inebriamento nessas condições seria consciente, premeditado ou alcançado por falta de bom-senso do empregado. Se este desenvolver serviço potencialmente arriscado para a coletividade (a exemplo da segurança armada, do transporte público, do controle aéreo, do atendimento médico-hospitalar e da manutenção de equipamentos de uso coletivo), estará agravada a situação geradora de falta grave.

h) Violação de segredo da empresa

A palavra "segredo" está relacionada, pelo senso comum, à ideia de algo que é ocultado ou mantido encoberto num lugar recôndito, reservado da consciência, acessível apenas ao próprio indivíduo. Um segredo, quando exteriorizado, ainda que a um número limitado de pessoas, deixa de ser segredo, passando para o campo da intimidade ou da vida privada. Diante dessa introdução, é possível chegar à conclusão de que o segredo é um objeto do intelecto, próprio, portanto, dos seres humanos. Assim, embora, em rigor, os segredos sejam objeto da mente humana, o legislador usou o vocábulo para referir-se à conduta das pessoas que administram as empresas e a seu dever de manter reserva (sigilo) no tocante a determinados fatos da vida negocial do estabelecimento. Nesses moldes, ressalvada a impropriedade vocabular, o "segredo de empresa é tudo que, sendo referente a produção ou negócio e do conhecimento de poucos, não deve, pela vontade de seus detentores, ser violado"[80].

Diante do quanto exposto, Wagner Giglio, autor do conceito ora expendido, sustenta, em obra referencial, a existência de **dois tipos de segredos de empresa: os de fábrica ou de produção e os do negócio.** Os segredos de fábrica ou de produção seriam aqueles que tratam sobre métodos, fórmulas, inventos e melhorias realizados no produto. Os segredos de negócio, por outro lado, seriam aqueles que dizem respeito à situação econômico-financeira do empreendimento, aos planos para ampliação, às transformações ou às transações. Ambos os segredos encontram-se protegidos legalmente, pois é evidente que sua revelação, por exemplo, a uma empresa concorrente poderia prejudicá-la significativamente.

---

78 Nos autos do processo RO 00984-2008-033-03-00-9 foi entendido que o empregado alcoólatra, acusado de embriaguez em serviço, deve ser encaminhado para tratamento, e não punido com a dispensa por justa causa. Isso acontece porque o alcoolismo é uma doença progressiva, incurável e fatal, classificada no Código Internacional de Doenças como "transtornos mentais e comportamentais devidos ao uso de álcool — síndrome de dependência". Com esse fundamento, a 10ª Turma do TRT-MG, por maioria, declarou a nulidade da dispensa motivada e reconheceu a suspensão do contrato de trabalho enquanto o empregado estiver recebendo auxílio-doença. Fonte: TRT 3.

79 O art. 3º da Lei n. 13.103/2015 prevê que "aos motoristas profissionais dependentes de substâncias psicoativas é assegurado o pleno atendimento pelas unidades de saúde municipal, estadual e federal, no âmbito do Sistema Único de Saúde, podendo ser realizados convênios com entidades privadas para o cumprimento da obrigação".

80 GIGLIO, Wagner D. *Justa causa.* 2. ed. São Paulo: LTr, 1985.

i) Indisciplina e insubordinação

A indisciplina é uma falta caracterizada pelo descumprimento de regras gerais produzidas pelo poder organizacional do empregador. Nessa espécie de violação o empregado não afronta o chefe ou superior hierárquico, mas sim um comando abstrato. A insubordinação, por sua vez, é falta caracterizada pelo descumprimento de um comando específico, egresso diretamente de um superior hierárquico. Assim, um empregado estará praticando um ato de indisciplina se não usar a farda conforme as prescrições contidas no regulamento da empresa. Sendo chamado à atenção por seu superior hierárquico, esse mesmo empregado poderá estar atuando com insubordinação se for recalcitrante, vale dizer, se mantiver a conduta de desobediência e de insubmissão.

Anote-se que não se caracteriza como "insubordinação" a resistência operária a determinação do empregador ou de seus prepostos no sentido de que seja cumprido ato manifestamente ilegal. A título de exemplo, não será considerado insubordinação o descumprimento de determinação patronal no sentido de serem colocadas etiquetas indicativas de validade em produtos vencidos ou a resistência a submeter-se à invasiva prática da revista íntima.

Há três situações relacionadas à indisciplina/insubordinação que merecem destaque, seja porque previstas em dispositivos específicos da CLT, seja por conta da importância prática. Vejam-se:

i1) Medidas de segurança

Segundo o disposto no art. 157, I e II, da CLT, cabe aos empregadores "cumprir e fazer cumprir as normas de segurança e medicina do trabalho" e, também, "instruir os empregados, através de ordens de serviço, quanto às precauções a tomar no sentido de evitar acidentes do trabalho ou doenças ocupacionais". Percebe-se, assim, que os patrões estão, por força de lei, obrigados a expedir comandos genéricos indicativos das cautelas que hão de ser tomadas pelos empregados para evitar lesões de natureza ocupacional[81] ou adoecimentos causados pelo meio ambiente de trabalho. Aos operários, por sua vez, cabe, nos termos do art. 158, I, da CLT, a obediência às normas de segurança e medicina do trabalho, inclusive às instruções expedidas pelos empregadores, decorrentes do poder patronal de organização, quanto às precauções a serem tomadas para evitar acidentes do trabalho[82].

A indisciplina ou a insubordinação quanto ao cumprimento das medidas de segurança conduzirão à aplicação de penas disciplinares, observada, segundo dosimetria do empregador, uma gradação pedagógica, podendo, em casos extremos, culminar na resolução contratual por culpa operária[83].

---

[81] Segundo o item 1.7, *b*, da NR 1, cabe aos empregadores elaborar ordens de serviço sobre segurança e saúde no trabalho, dando ciência aos empregados por comunicados, cartazes ou meios eletrônicos, com os seguintes objetivos:

I — prevenir atos inseguros no desempenho do trabalho; II — divulgar as obrigações e proibições que os empregados devam conhecer e cumprir; III — dar conhecimento aos empregados de que serão passíveis de punição, pelo descumprimento das ordens de serviço expedidas; IV — determinar os procedimentos que deverão ser adotados em caso de acidente do trabalho e doenças profissionais ou do trabalho; V — adotar medidas determinadas pelo MTb; VI — adotar medidas para eliminar ou neutralizar a insalubridade e as condições inseguras de trabalho.

[82] Segundo o item 1.8 da NR 1, cabe ao empregado: a) cumprir as disposições legais e regulamentares sobre segurança e saúde do trabalho, inclusive as ordens de serviço expedidas pelo empregador; b) usar o EPI fornecido pelo empregador; c) submeter-se aos exames médicos previstos nas Normas Regulamentadoras — NR; d) colaborar com a empresa na aplicação das Normas Regulamentadoras — NR.

[83] Mais uma vez, consoante a NR 1, o item 1.8.1 prevê que a recusa injustificada do empregado ao cumprimento das medidas de segurança e medicina do trabalho constitui ato faltoso.

Nesse ponto, cabe registrar a situação dos empregados que, embora convocados a realizar a vacinação obrigatória (em face da Covid-19, por exemplo), se neguem a tanto. Ressalte-se que o parágrafo único do art. 158 da CLT é claríssimo no sentido de que constituirá ato faltoso do empregado a recusa injustificada à observância das instruções expedidas pelo empregador quanto às precauções a tomar no sentido de evitar doenças ocupacionais. Dessa forma, se o empregado não tiver uma justificativa médica para vacinar-se, haverá de ser apenado por esse seu comportamento recalcitrante.

Vale lembrar que o Supremo Tribunal Federal já reconheceu a legitimidade da vacinação obrigatória, por meio da adoção de medidas indutivas indiretas, como restrição de atividades e de acesso a estabelecimentos, afastando apenas a possibilidade de vacinação com o uso da força. E, em tais decisões, o STF sempre afirmou que os direitos individuais devem ceder diante do interesse da coletividade no sentido da proteção à vida e à saúde. Nesse sentido: ARE 1267879, Rel. Min. Luís Roberto Barroso; ADIs 6.586 e 6.587, Rel. Min. Ricardo Lewandowski e, também, a ADPF 898-DF, Rel. Min. Luís Roberto Barroso.

i2) Serviço ferroviário

É digna de ponderação, consoante mencionado no capítulo sobre a duração do trabalho, a exigibilidade da prestação de horas extraordinárias em casos de necessidade imperiosa. Isso pode ocorrer por conta do dever de colaboração que todo empregado deve ter em relação ao empregador. Há, por isso, situações em que a negativa do empregado em auxiliar o empregador diante de necessidade imperiosa, sob o argumento da ausência de prévio acordo de prorrogação, pode significar desconsideração ao empregador e desdém ao emprego e à função social deste.

Exemplifica muito bem essa situação a hipótese inserta no art. 240 da CLT, segundo a qual o ferroviário, nos casos de urgência ou de acidente, capazes de afetar a segurança ou regularidade do serviço, terá a duração do trabalho excepcionalmente elevada a qualquer número de horas (admitindo-se a possibilidade de revezamento de turmas e a concessão de repouso correspondente). A recusa, sem causa justificada, por parte de qualquer empregado ferroviário, à execução de serviço extraordinário será considerada falta grave.

i3) Recusa ao trabalho por motivos religiosos

O empregador não pode, em princípio, interferir na vida pessoal do empregado para exigir ou proibir determinadas condutas, sob pena de violar seus direitos fundamentais à intimidade, à vida privada e à liberdade. Há situações, entretanto, em que alguns comportamentos pessoais do trabalhador podem trazer prejuízos para o empregador. Uma das condutas mais referidas é, sem dúvida, aquela que se relaciona à **recusa ao trabalho por motivos religiosos**.

Nesse plano, entretanto, é importante aferir se o empregado estava ou não cônscio de que a empresa na qual buscou trabalho realizava serviços no dia reservado para o culto de suas convicções religiosas. Se o trabalhador, ao pleitear o emprego, tinha conhecimento da exigibilidade a todos imposta, não poderá, evidentemente, invocar em seu favor a dispensa de trabalho num dia que nenhum dos colegas descansa. A negativa de realização do trabalho, depois de ter sido evidenciado o empenho do empregador em acomodar o direito fundamental à liberdade religiosa do empregado, poderá, em última análise, constituir violação ao dever de obediência e justificar a resolução do contrato por inexecução faltosa do empregado. Nesse sentido foi confeccionado o art. 239 da Lei n. 8.112/90, que rege o trabalho dos servidores públicos na esfera federal, aplicável por analogia aos contratos de emprego privado. Veja-se:

Art. 239. **Por motivo de crença religiosa ou de convicção filosófica ou política, o servidor não poderá** *ser privado de quaisquer dos seus direitos, sofrer discriminação em sua vida funcional,* **nem** *eximir-se do cumprimento de seus deveres.*

Por outro lado, se, excepcionalmente, o empregado informou ao empregador que formaria o contrato de emprego com este desde que lhe fosse permitido faltar ao trabalho nos dias dedicados ao exercício de sua convicção religiosa, é óbvio que estaria desenhada situação violadora de um ajuste predeterminado, não se podendo impor a prestação de serviços do trabalhador nos dias em que ele expressamente apresentou ressalva impediente por motivos religiosos. Haveria aí uma cláusula contratual com designação de dia especialmente destinado a descanso. Restaria ao empregador, diante desse caso, renegociar a situação da isenção do trabalho no dia destinado ao culto da convicção religiosa do empregado ou, se efetivamente fosse impossível a acomodação de interesses, dispensá-lo **sem** justa causa.

j) Abandono de emprego

O abandono é um ato de despojamento, de renúncia, revelado por comportamentos que claramente demonstrem o desinteresse em manter a posse sobre bem, pessoa, lugar ou situação. No âmbito trabalhista não raramente se fala em abandono de emprego[84], sendo certo que tal conduta requer não somente um ato de distanciamento da atividade laboral, mas também a evidência do desinteresse em voltar. Enfim, abandonar é uma conduta intencional, dolosa. Não há, no âmbito das relações de emprego, abandono meramente culposo. Diante disso, chega-se à conclusão de que, para a caracterização de justa causa por abandono de emprego, é indispensável à coexistência de dois elementos: o *corpus* e o *animus*.

O *corpus* é a expressão material que coincide com o afastamento das atividades normalmente exercidas. Não há abandono sem afastamento físico do objeto abandonado. O *animus* é o elemento de qualificação, que indica a intenção, o propósito de abandonar o serviço. Sem a caracterização desse intento não há falar em abandono do emprego. A intenção, entretanto, **pode ser presumida**, cabendo ao empregado — contra quem milita a presunção — o direito de produzir provas demonstrativas do contrário. Isso mesmo: a presunção relacionada ao abandono de emprego é *iuris tantum*, podendo o empregado provar que não retornou ao emprego no prazo de trinta dias por algum motivo que seja alheio a sua vontade. Apenas a título exemplificativo, imagine-se que um empregado, que vive sem familiares numa grande cidade, depois de ter sido dado como apto para retornar às atividades depois de findo o benefício previdenciário por incapacidade, é confundido por policiais com um meliante e preso por sessenta dias. Esse empregado, quando livre, poderá provar perante o empregador que não teve a intenção de abandonar o emprego, conquanto estivesse afastado de suas atividades. O empregado demonstrará, portanto, que, apesar de existente o *corpus* de um abandono de emprego, não estava presente o *animus* para tanto.

Diante da inexistência de dispositivo legal que estabeleça um tempo de ausência a partir do qual será presumido o abandono, a jurisprudência, representada pela Súmula 32 do TST[85], estabeleceu um prazo razoável para a expectativa de retorno. Para a Corte Superior

---

[84] Não se confunda o *"abandono de emprego"*, que implica a ruptura intencional do contrato de emprego por ato de despojamento e de interesse na continuidade do vínculo com o *"abandono de serviço"* ou "abandono de posto de serviço", que diz respeito à retirada antecipada e displicente do local de execução normal das atividades, revelando um "mau procedimento" ou um ato de "indisciplina/insubordinação", quando ordenada a presença contínua.

[85] **Súmula 32 do TST.** ABANDONO DE EMPREGO. Presume-se o abandono de emprego se o trabalhador não retornar ao serviço no prazo de trinta dias após a cessação do benefício previdenciário nem justificar o motivo de não o fazer. Redação original — RA 57/1970, *DOGB*, 27-11-1970.

trabalhista, presume-se o abandono de emprego se o trabalhador não retornar ao serviço no prazo de trinta dias *após a cessação do motivo que ensejou seu afastamento*[86]. Mas por que o prazo foi definido na base de trinta dias? Porque o limite de trinta dias é compatível com os descontos por faltas ao serviço e com a regra inserida no art. 474 da CLT[87]. Depois de trinta dias seguidos de faltas injustificadas, não há outra conclusão razoável senão a de que o empregado abandonou o emprego. Acrescente-se que durante o tempo de ausência injustificável do empregado deverá o empregador envidar esforços para saber o motivo de seu não comparecimento. Cabe ao empregador enviar prepostos à residência do colaborador ausente ou, se realmente desconhecido o paradeiro deste, publicar, como última medida, comunicado de chamamento em jornal de grande circulação ou nas emissoras de rádio[88]. É importante que o patrão demonstre que tentou encontrar o empregado ausente, uma vez que o abandono de emprego é uma ação que contraria o princípio da continuidade do pacto laboral.

Registre-se, ainda, que os trinta dias são utilizados para estabelecer apenas uma presunção. Nada impede, então, que, antes de terminados os trinta dias de expectativa de retorno às atividades, o empregador descubra que seu contratado efetivamente não retornará ao emprego[89]. Isso pode acontecer quando chegue a seu conhecimento o fato de que o empregado, apesar de apto ao retorno, contraiu novo contrato de emprego com terceiro, exatamente no mesmo horário de prestação de seus serviços originários. Nesse caso, não existem dúvidas: houve, realmente, abandono de emprego.

---

86 Observe-se que a Súmula 32 do TST trata de um caso específico, relacionado à cessação de benefício previdenciário por incapacidade, mas pode ser analogicamente aplicada a outras situações de afastamento, por exemplo, para prestação do serviço militar obrigatório.

87 Nesse sentido, veja-se a redação da Súmula 62 do TST:

Súmula 62 do TST. ABANDONO DE EMPREGO. O prazo de decadência do direito do empregador de ajuizar inquérito em face do empregado que incorre em abandono de emprego é contado a partir do momento em que o empregado pretendeu seu retorno ao serviço (RA 105/1974, *DJ*, 24-10-1974).

88 O edital de chamamento para retornar ao emprego sob pena de abandono, apesar de ter-se tornado praxe, é uma ação inegavelmente expositiva. Por isso, ele deve ser utilizado em situações de extrema necessidade quando realmente o empregado tenha desaparecido e nas situações em que outras formas de busca foram infrutíferas. Há, a propósito, decisão judicial que nega amplamente o direito de uso deste chamamento público ao empregador. Veja-se: "ABANDONO DE EMPREGO. PUBLICAÇÃO DE AVISO EM JORNAL. IMPROPRIEDADE. DANO MORAL. Não há previsão, muito menos exigência legal de publicação de edital com o nome do empregado, convocando-o para retornar ao serviço, sob pena de caracterização de abandono de emprego. Referida publicação, ainda que se tenha tornado uma praxe (e o erro comum não faz o direito), remete ao conhecimento público o que deveria permanecer na esfera privada das partes contratantes e macula a honorabilidade profissional do trabalhador, que passa a ser visto como irresponsável, imaturo e inconfiável. A notificação para retorno deve ser feita por via postal, cartório de títulos e documentos, pessoalmente ou mesmo judicialmente, caso assim o prefira o empregador, nunca de forma pública (edital)" (TRT 12ª R., RO 0085300-55.2009.5.12.0033, Rel. Juiz José Ernesto Manzi, *DJ/SC*, 17-3-2010).

89 Veja-se trecho de decisão nesse sentido:

ABANDONO DE EMPREGO — ART. 482, ALÍNEA *i*, DA CLT — Na caracterização da justa causa de abandono de emprego, fixada pelo art. 482, alínea *i*, da CLT, existe um elemento objetivo, que é o afastamento do emprego, e um elemento subjetivo, consistente na intenção de não mais retornar. Se a prova dos autos revela que o empregado, tendo aquiescido na transferência licitamente determinada, em razão da extinção do estabelecimento (art. 469, § 2º, da CLT), recebe a ajuda de custo para o deslocamento e deixa de se apresentar no novo local de trabalho, não atendendo à posterior convocação do empregador, evidencia-se o elemento objetivo do abandono de emprego. Se, além disso, o empregado tampouco justifica perante o empregador o motivo de não o fazer, ainda obtendo novo emprego na antiga localidade, resta demonstrado o ânimo de abandonar em relação ao anterior contrato de trabalho, acrescentando o elemento subjetivo. Na situação fática assim retratada, aperfeiçoa-se a figura jurídica do abandono de emprego, justa causa do empregado para a dissolução do vínculo contratual (TRT 3ª R., RO 01426-2003-013-03-00-1, 6ª T., Rel. Juiz Sebastião Geraldo de Oliveira, *DJMG*, 3-2-2005).

k) Ofensas físicas e morais

Nos termos dos arts. 932, III[90], e 933[91] do Código Civil, o empregador é responsável pela reparação civil decorrente de ato praticado por empregado, serviçal ou preposto, no exercício do trabalho que lhes competir ou em razão dele. Perceba-se, a propósito, que **o art. 933 do Código Civil não requer a demonstração de culpa para a responsabilização patronal**. Basta-se a simples ação ou omissão do empregado para que o empregador seja responsável pelo eventual dano causado no exercício do trabalho. Por esse motivo é ressaltada a importância do dispositivo contido no art. 482, *j*, da CLT, sendo entendido como falta grave, ensejadora da ruptura contratual por culpa operária, o "ato lesivo da honra ou da boa fama praticado **no serviço** contra **qualquer pessoa**, ou ofensas físicas, nas mesmas condições, salvo em caso de legítima defesa, própria ou de outrem" (destaques não constantes do original).

Por força do quanto inserto no art. 21, IV e § 1º, da Lei n. 8.213/91, aplicado analogicamente, entende-se que o empregado estaria "no serviço", máxime se usando uniforme da empresa, diante de qualquer situação de prestação espontânea em favor desta para lhe evitar prejuízo ou proporcionar proveito; em viagem a serviço do empreendimento ou nos períodos destinados à refeição ou descanso intrajornada.

Anote-se que, nos termos do art. 482, *k*, da CLT, será entendido como falta grave, independentemente de ser promovido no serviço ou fora dele, o ato lesivo físico ou moral praticado *contra o empregador e superiores hierárquicos*, salvo em casos de legítima defesa, própria ou de outrem. Perceba-se ser irrelevante a ocorrência do evento no local de trabalho. Trata-se, pois, de situação em que a conduta havida fora do ambiente de trabalho pode ensejar a caracterização da falta grave.

l) Prática constante de jogos de azar

A Lei de Contravenções Penais — Decreto-Lei n. 3.688, de 3 de outubro de 1941[92] —, em seu art. 50, tipificou como delito o estabelecimento ou a exploração do jogo de azar em lugar público ou acessível ao público, mediante o pagamento de entrada ou sem ele e assim considerou, no seu § 3º, qualquer jogo em que o ganho e a perda dependessem exclusiva ou principalmente da sorte, o mesmo ocorrendo com as apostas sobre corrida de cavalos fora de hipódromo ou de local onde sejam autorizadas e, ainda, as apostas sobre qualquer outra competição esportiva. Por influência legislativa do supracitado diploma e pela impossibilidade de o Estado gerenciar e tributar esse tipo de aposta, o legislador celetista inseriu entre os comportamentos faltosos suscetíveis de desligamento por falta grave a "prática constante de jogos de azar".

Perceba-se que a aposta episódica nos jogos acima mencionados não produziria qualquer efeito sobre o contrato de emprego, mas apenas a prática entendida como "constante". Isso implicava a necessidade, na época, de o empregador controlar a vida privada do seu contratado, inclusive os locais por onde este andava, uma vez que somente em espaços públicos ou acessíveis ao público estariam as bancas receptoras das apostas ilegais.

---

[90] Art. 932. São também responsáveis pela reparação civil: (...) III — o empregador ou comitente, por seus empregados, serviçais e prepostos, no exercício do trabalho que lhes competir, ou em razão dele.

[91] Art. 933. As pessoas indicadas nos incisos I a V do artigo antecedente, ainda que não haja culpa de sua parte, responderão pelos atos praticados pelos terceiros ali referidos.

[92] Durante um pequeno período foi revogado o art. 50 da Lei das Contravenções Penais, mas ele foi restabelecido pelo Decreto-Lei n. 9.215, de 30 de abril de 1946. Não é nenhuma novidade, mas é importante ressaltar que, por conta dessa norma, não é possível instalar, validamente, cassinos no território brasileiro.

Nada mais absurdo que admitir que esse comportamento seja faltoso nos tempos atuais, porque o empregador não pode imiscuir-se nas opções particulares de seus empregados, sob pena de grave violação do direito fundamental de ver preservadas a intimidade e a vida privada destes. Se a prática da contravenção não produz efeitos sobre o contrato de emprego, não se pode considerá-la influente para fins de resolução.

m) Perda da habilitação ou dos requisitos estabelecidos em lei para o exercício da profissão, em decorrência de conduta dolosa do empregado

A falta grave ora em exame foi inserida no texto normativo da CLT, no art. 482, *m*, pela Lei n. 13.467/2017. Por meio dessa norma a perda da habilitação ou de qualquer outro requisito estabelecido em lei para o exercício da profissão, **desde que em decorrência de conduta dolosa do empregado**, será motivo suficiente para a resolução contratual por inexecução faltosa.

Exemplos não faltam para a situação, mas dois são reiterados: o motorista que, por ingestão intencional de bebida alcoólica, é apenado com a perda da habilitação para dirigir durante determinado período e o advogado-empregado que por ato de improbidade é suspenso pela OAB.

Questiona-se, porém: qual seria a solução dada ao empregado que tivesse perdido a habilitação ou qualquer outro requisito estabelecido em lei para o exercício da profissão, mas em decorrência de conduta culposa? Acrescente-se que, nesse caso, o empregado, sem habilitação, estaria impedido de realizar a atividade que motivou a sua contratação, como é o caso do motorista que tem suspensa a habilitação por diversas infrações culposas às regras contidas no Código Nacional de Trânsito.

Nesse caso uma coisa é certa: não se poderia falar, evidentemente, em despedida por justa causa, pois a perda ou a suspensão da habilitação teriam decorrido de conduta culposa do empregado, e não de conduta dolosa. Na hipótese, o empregador estaria autorizado, depois de tentada a readaptação funcional em homenagem ao dever de acomodação razoável, a resilir o contrato por motivos de natureza técnica. A dispensa não seria arbitrária, porque existiria um motivo técnico a dar lastro à ruptura do contrato por iniciativa patronal.

n) Atos atentatórios à segurança nacional

O dispositivo constante do parágrafo único do art. 482 da CLT, ali inserido pelo Decreto-Lei n. 3, de 27-1-1966, sofreu, em rigor, revogação expressa. É que o citado Decreto-Lei e, logicamente, todo o seu conteúdo saíram de cena por meio da Lei n. 8.630/93. Percebam que a referida norma legal que tratava da organização dos portos, mesmo sem pertinência temática, declarou, no seu último artigo, expressamente revogado, entre outros diplomas normativos, o citado Decreto-Lei.

Independentemente da interpretação que se possa fazer sobre a eficácia da revogação, reputa-se importante historiar o tema acima epigrafado.

Pois bem. Trata-se de dispositivo que, além de revogado expressamente desde 1993, não teria nenhuma aplicabilidade depois da promulgação da Constituição de 1988. Sustenta-se isso porque somente a via judicial pode considerar alguém comprovadamente culpado pela prática de qualquer ato lesivo[93]. A via administrativa não tem esse condão. Assim, se o em-

---

93 *Vide* o art. 5º [...] LVII — ninguém será considerado culpado até o trânsito em julgado de sentença penal condenatória.

pregador houver de desligar com justa causa empregado envolvido em suposto ato atentatório à segurança nacional somente poderá fazê-lo diante da hipótese prevista no art. 482, *d*, da CLT.

o) Inadimplemento contumaz

O art. 508 da CLT, que considerava "justa causa, para efeito de rescisão de contrato de trabalho de empregado bancário, a falta contumaz de pagamento de dívidas legalmente exigíveis", foi revogado pela Lei n. 12.347/2010 (*DOU* de 13 de dezembro de 2010).

A revogação tardou. Não era mesmo razoável imaginar que, sob a vigência do texto constitucional de 1988, um trabalhador pudesse ser desligado por justo motivo em decorrência do fato de ser inadimplente contumaz no tocante ao pagamento das dívidas legalmente exigíveis. O dispositivo constante do art. 508 da CLT permitia uma absurda invasão na intimidade ou na vida privada dos bancários. Afirma-se isso porque, para serem desligados sob o fundamento do inadimplemento contumaz, os bancários teriam de admitir que seus empregadores, inaceitavelmente, estariam autorizados a monitorar sua vida financeira.

Créditos decorrentes

DISSOLUÇÃO POR RESOLUÇÃO CONTRATO POR TEMPO **INDETERMINADO** CULPA DO EMPREGADO
Saldo de salário, se houver
Não haverá aviso prévio
Não haverá férias proporcionais — *vide* Súmula 171 do TST e o Incidente de Assunção de Competência TST-IAC-423-11.2010.5.09.0041
Não haverá 13º salário proporcional
Não haverá liberação do FGTS
Não haverá acréscimo de 40% sobre o FGTS — *vide* o § 1º do art. 18 da Lei n. 8.036/90
Terá direito às férias simples e/ou dobradas, se houver, porque direito adquirido — art. 146 da CLT

DISSOLUÇÃO POR RESOLUÇÃO CONTRATO POR TEMPO **DETERMINADO** CULPA DO EMPREGADO
Saldo de salário, se houver
Não haverá pagamento do tempo que faltava para terminar o contrato nos moldes do art. 491 da CLT, aplicado por analogia
Não haverá férias proporcionais — *vide* Súmula 171 do TST e o Incidente de Assunção de Competência TST-IAC-423-11.2010.5.09.0041
Não haverá 13º salário proporcional
Não haverá liberação do FGTS
Não haverá acréscimo de 40% sobre o FGTS — *vide* o § 1º do art. 18 da Lei n. 8.036/90
Terá direito às férias simples e/ou dobradas, se houver, porque direito adquirido — art. 146 da CLT

15.3.2.1.4 Culpa do empregador

O contrato é dissolvido por culpa ou por justa causa do empregador quando ele, no exercício de seu poder diretivo ou em atividades correlatas, viola um ou alguns deveres de conduta resultantes daquilo que foi estipulado, notadamente quando aferido de acordo com o princípio da boa-fé. Haverá nessas circunstâncias a chamada "despedida indireta" ou "rescisão indireta", unicamente alcançável mediante o ajuizamento de ação trabalhista. Perceba-se que essa fórmula de cessação do contrato de emprego somente se realiza mediante a intermediação do Judiciário. Apenas o magistrado pode reconhecer a ocorrência da ruptura contratual por culpa patronal.

Caberá ao empregado o ônus de demonstrar a existência da falta geradora da despedida indireta, pois a demonstração da existência de comportamento patronal lesivo é fato constitutivo da pretensão do empregado. Provada a existência do mencionado comportamento, estará autorizado o término contratual por culpa patronal. Se o operário, entretanto, não conseguir demonstrar a culpa do empregador, o afastamento espontâneo do serviço será entendido como ato de demissão, vale dizer, será entendido como resilição por sua própria iniciativa.

Pois bem. Quando tiver de desempenhar obrigações legais incompatíveis com a continuação do serviço o empregado terá, na forma do § 1º do art. 483 da CLT, **duas alternativas: suspender a prestação dos serviços ou imediatamente dissolver o contrato**.

Diante de qualquer das escolhas, o empregado aguardará a decisão, mas os efeitos serão diferentes em cada uma das situações.

Se o empregado suspender a prestação dos serviços, e se a decisão lhe for favorável, será declarada a resolução contratual por culpa do empregador, sendo-lhe pagas verbas equivalentes a uma despedida direta. Não lhe sendo favorável a decisão, o empregado poderá voltar ao exercício de suas atividades normais, uma vez que não houve ruptura.

Se, porém, o empregado optar pela imediata dissolução do contrato e se a decisão lhe for favorável, restará certificada a despedida indireta. **Não lhe sendo favorável, o ato de ruptura operária será entendido como manifestação demissionária**, ou seja, haverá resilição por iniciativa do próprio trabalhador. Ele, afinal, assumiu o risco de antecipadamente dissolver um contrato mesmo sem a certeza da perspectiva do Estado-juiz quanto às alegações de justa causa patronal.

É sempre importante anotar que o empregado não poderá demitir-se para, somente depois disso, ajuizar ação que vise à certificação da existência de eventual falta grave patronal. **Se o empregado precipitadamente pedir para sair, praticará ato incompatível com o desejo de apurar a justa causa do seu empregador**. Essa é a posição jurisprudencial mais frequentemente sustentada nos tribunais trabalhistas.

As principais **situações geradoras de resolução contratual por culpa patronal** estão contidas no art. 483 da CLT, nada obstante seja possível a evidência de outros tantos comportamentos em legislações extravagantes. Nos tópicos a seguir expendidos foram selecionadas as mais relevantes hipóteses, seja pela importância do tema, seja pela visitação da jurisprudência.

a) Serviço inexigível

Entende-se inexigível o serviço que esteja fora do contexto da admissibilidade por conta de impossibilidade material, ilegalidade, imoralidade, inadequação ou imprevisão contratual, abarcando, por isso, quatro perspectivas a seguir consideradas:

a1) Serviços superiores às forças do empregado

É de sessenta quilogramas, nos moldes do art. 198 da CLT, o peso máximo que um empregado adulto do sexo masculino pode remover individualmente, não estando compreendida nessa limitação a remoção de material feita por impulsão ou tração de vagonetes sobre trilhos, carros de mão ou quaisquer outros aparelhos mecânicos. De qualquer modo, mesmo diante da impulsão ou tração mecânica, o Ministério do Trabalho (ora Ministério do Trabalho e Previdência) fixa limites diversos, capazes de evitar que sejam exigidos do empregado serviços superiores a suas forças.

Tratando-se de empregado adulto do sexo feminino ou de empregado menor de qualquer sexo, nos moldes do art. 390 da CLT e no § 5º do art. 405 do mesmo diploma legal, o peso máximo para remoção individual é diminuído para vinte quilos para o trabalho contínuo e vinte e cinco para o trabalho ocasional, observadas as mesmas ressalvas relacionadas à remoção por impulsão ou por tração mecânica.

LIMITES PARA O USO DA FORÇA MUSCULAR		
	Trabalho contínuo	Trabalho eventual
Homens	60 kg	60 kg
Mulheres e menores	20 kg	25 kg

Se forem extrapolados os limites para o uso da força muscular, o serviço será considerado ilegal e inadequado à saúde ocupacional do trabalhador, quando não, pelas dimensões exigidas, materialmente impossível. Não raramente os tribunais autorizam a caracterização de despedida indireta em favor de empregados que não aceitaram a imposição de prestação de trabalho além dos limites da fadiga humana[94].

a2) Serviços defesos por lei

Entende-se como "defesos por lei" os serviços cujas prestações sejam juridicamente impossíveis. São os chamados "trabalhos proibidos" ou "trabalhos ilegais". Nessa órbita podem ser usados como exemplos o serviço noturno, o realizado em condições perigosas ou em ambiente insalubre prestado por menores de dezoito anos (*vide* o art. 7º, XXXIII, do texto constitucional[95]) ou o serviço insalubre em grau máximo prestado por gestantes ou lactantes (art. 394-A da CLT). Sendo apenas proibido o trabalho, a infração ao dispositivo de vedação gerará somente sanções disciplinares, de cunho administrativo, contra prestador e tomador infratores, mas nenhum efeito jurídico sobre os créditos contratuais será notado. O contrato valerá plenamente, a despeito das vedações que se oponham e da possibilidade de o empregado pedir a caracterização da "despedida indireta".

---

[94] A 3ª Turma do TRT-MG declarou a despedida indireta de uma trabalhadora que provou ter sido obrigada a carregar caixas de mais de vinte quilos. Testemunhas confirmaram o fato e esclareceram que ela era obrigada a transportar simultaneamente várias caixas de produtos dos depósitos dos hipermercados para as gôndolas (RO 00671-2008-009-03-00-7).

[95] Art. 7º São direitos dos trabalhadores urbanos e rurais, além de outros que visem à melhoria de sua condição social: [...] XXXIII — proibição de trabalho noturno, perigoso ou insalubre a menores de dezoito e de qualquer trabalho a menores de dezesseis anos, salvo na condição de aprendiz, a partir de quatorze anos (redação dada ao inciso pela Emenda Constitucional n. 20/98).

a3) Serviços contrários aos bons costumes

Os costumes são normas de caráter geral resultantes da aplicação continuada de determinado comportamento aceito e exigível socialmente. Afirmam-se praticados "bons costumes" quando os usos reiterados estão aliados à ordem, à ética e à decência.

Assim, para que se ofereça um exemplo de determinação de serviço contrário aos bons costumes, imagine-se um radialista que recebe ordem patronal para incitar a desobediência às leis ou às decisões judiciárias ou, ainda, que é orientado a fazer propaganda de processos de subversão da ordem política e social.

Em qualquer das situações, o serviço é entendido como fora do contexto da admissibilidade, sendo, portanto, inexigível. A imposição de realização da prestação de serviços em violação aos referidos bons costumes permite que o empregado entenda que seu vínculo foi resolvido por culpa do empregador, sem excluir a possibilidade de pretensão de reparação contra este por danos morais.

a4) Serviços alheios ao contrato

São "alheios ao contrato" ou extracontratuais os serviços não ajustados. Por estarem assim dispostos, tais serviços não são exigíveis. Se o empregador quiser ter legitimação para ordenar tarefas não contratadas deverá, antes de impô-las, incluí-las no plexo funcional. Assim, um empregado que foi contratado apenas para operar determinada máquina não pode ser obrigado fazer-lhe a manutenção; igualmente, empregado contratado para exercer unicamente a função de vendedor não poderá ser obrigado a contabilizar o estoque, a arrumar a vitrine ou a limpar a loja. Se **serviços alheios aos contratos** forem exigidos pelo patrão, o empregado estará legalmente autorizado a pedir a declaração judicial de "despedida indireta", baseado no art. 483, *a, in fine*, da CLT.

b) Rigor excessivo

Segundo o art. 483, *b*, da CLT, o empregado poderá considerar rescindido o contrato e pleitear a devida indenização quando for tratado pelo empregador ou por seus superiores hierárquicos com rigor excessivo. Mas o que seria rigor excessivo? Conforme acertadamente posto por Mauricio Godinho Delgado, "o tipo legal, no fundo, trata do descumprimento do princípio da proporcionalidade e razoabilidade, que deve reger as ações de todo aquele que detém fatias consideráveis de poder perante alguém". Assim, segundo o referido mestre mineiro, "a intolerância contínua, o exagero minudente de ordens, em especial quando configurar tratamento discriminatório, as despropositadas manifestações de poder em desarmonia com os fins regulares do contrato e da atividade empresarial consubstanciam a presente infração"[96]. O tratamento com rigor excessivo tem não apenas autorizado a declaração da "despedida indireta", mas, diversas vezes, sido o fundamento para condenações patronais por assédio moral, conforme se verá mais adiante.

c) Perigo manifesto

Quando o empregador leva o obreiro a "correr perigo manifesto de mal considerável", cria situação ensejadora da postulação de resolução contratual. Enfim, apesar de qualquer trabalho ter seus riscos inerentes, a situação em exame, contida no art. 483, *c*, da CLT, envolve

---

[96] DELGADO, Mauricio Godinho. *Curso de direito do trabalho*. 4. ed. São Paulo: LTr, 2005, p. 1216-1217.

riscos anormais, excepcionais, que não existiriam se fossem observadas as medidas preventivas de segurança e de medicina do trabalho. Exemplo é encontrado no **parágrafo único do art. 407** da CLT, que trata do trabalho executado pelo menor de dezoito anos. Segundo o mencionado dispositivo, *verificado pela autoridade competente que o trabalho executado pelo menor é prejudicial à sua saúde, ao seu desenvolvimento físico ou à sua moralidade, poderá ela obrigá-lo a abandonar o serviço, devendo a respectiva empresa, quando for o caso, proporcionar todas as facilidades para a mudança de funções.* Quando, entretanto, *a empresa não tomar as medidas possíveis e recomendadas pela autoridade competente para que o menor mude de função,* **configurar-se-á a rescisão do contrato de trabalho, na forma do art. 483 da CLT**, ou seja, configurar-se-á a despedida indireta.

d) Inadimplemento contratual

As principais obrigações contratuais assumidas pelo empregador são, sem dúvida, a de dar trabalho e a de contraprestar o trabalho outorgado. A maior parte das situações relacionadas ao inadimplemento contratual está, por isso, contida nessa órbita. Há, porém, possibilidade de agravamento da situação geradora de resolução contratual por culpa patronal quando este, além de promover atos que justificam a cessação do vínculo, submete seus contratados a uma situação vexatória. Tal ocorre quando o não oferecimento de atividade laboral para o contratado decorre de represália ou de punição ou quando o não cumprimento da obrigação de contraprestar o trabalho é resultante de um comportamento proposital com o objetivo de aviltar, de humilhar o trabalhador diante de seus credores. Quando se unem num mesmo ato a falta grave patronal e o propósito de aviltar o empregado, abre-se também espaço para a caracterização de situação geradora de dano moral[97]. Destaque-se, ainda, que o cumprimento parcial de uma das obrigações do contrato equivale ao descumprimento. Assim, por exemplo, diante de pagamento parcial do salário ou do recolhimento parcial do FGTS, estará o trabalhador autorizado a pedir a resolução indireta do vínculo.

Vejam-se a seguir duas situações de especial importância no tocante ao inadimplemento contratual:

d1) Redução do trabalho

Esta situação está expressamente contida no art. 483, *g*, da CLT e diz respeito à hipótese em que o empregador reduz a quantidade de trabalho do empregado a ponto de afetar sensivelmente a importância dos salários deste. Anote-se que entre as manobras que geram redução do trabalho estão a **diminuição da base territorial de vendas** (sem a observância do § 2º do art. 2º da Lei n. 3.207/57), a **redução do número de horas trabalhadas** para quem é remunerado por peça ou por tarefa ou ainda a subtração de clientes. Qualquer das hipóteses aqui mencionadas revela uma alteração contratual malfazeja, ainda que bilateralmente ajustada. Apenas para recordar, as modificações contratuais devem ser promovidas de modo que delas não resultem, direta ou indiretamente, prejuízos ao empregado, sob pena de nulidade da cláusula infringente desta garantia.

---

[97] Para a 3ª Turma do TRT-MG, baseada no voto do Juiz convocado Antônio Gomes de Vasconcelos, se o empregador obriga o empregado a comparecer ao trabalho, mas não lhe delega qualquer função, é justificável a rescisão indireta do contrato, devido ao constrangimento sofrido pelo trabalhador, acrescida de indenização por dano moral. O caso envolvia uma empresa de telefonia que punia os empregados que não atingissem as metas de produtividade estabelecidas, obrigando-os a ficar todo o dia de uniforme, sem trabalhar, na frente dos colegas (RO 00739-2007-139-03-00-7).

d2) Mora salarial

Ao falar em mora salarial é importante distinguir as situações em que a empresa encontra-se "em débito salarial" daquelas em que se considera em "mora contumaz". Considera-se em débito salarial a empresa que não paga, no prazo e nas condições da lei ou do contrato, o salário devido[98] a seus empregados. Por outro lado, estará em mora contumaz a empresa que **sem motivo grave e relevante** não paga o salário dos seus empregados e que, além disso, atrasa ou sonega tais haveres por período igual ou superior a três meses.

Diante dessas distinções, é possível perceber que o empregador pode estar em débito salarial[99] sem necessariamente estar ainda em mora. Esta somente se evidenciará se o débito salarial se estender por período igual ou superior a três meses e, ainda assim, se inexistente "motivo grave e relevante" para tanto. Significa dizer que, tendo o empregador motivo considerado como grave e relevante para manter-se em débito, tirante as causas pertinentes ao risco do empreendimento, não estará, ainda, em mora, nos termos da lei. Perceba-se a disciplina do **Decreto-Lei n. 368/68**:

> *Art. 1º [...] Parágrafo único. Considera-se em débito salarial a empresa que não paga, no prazo e nas condições da lei ou do contrato, o salário devido a seus empregados.*
>
> *Art. 2º [...] § 1º Considera-se mora contumaz o atraso ou sonegação de salários devidos aos empregados, por período igual ou superior a três meses, sem motivo grave e relevante, excluídas as causas pertinentes ao risco do empreendimento.*

Observe-se, por outro lado, que a atitude do empregador, pagando os salários atrasados em audiência, não é suficiente para ilidir a já caracterizada mora capaz de determinar a resolução do contrato de emprego. Nesse sentido há súmula do TST:

> *Súmula 13 do TST. MORA. O só pagamento dos salários atrasados em audiência não ilide a mora capaz de determinar a rescisão do contrato de trabalho.*

Apesar da sistemática acima mencionada, o Decreto-Lei n. 368/68 revela-se claramente não recepcionado pelo texto constitucional de 1988. Perceba-se absurda a ideia segundo a qual o empregador somente praticaria falta grave ensejadora de resolução de contrato por mora salarial quando não pagasse, atrasasse ou sonegasse o salário de seus empregados por período igual ou superior a três meses. Afirma-se isso porque, de acordo com o fundamento da dignidade da pessoa humana, é inconcebível que alguém possa legitimamente ser submetido à expectativa de pagamento de seus salários por três meses para, somente depois disso, ser validamente resolvido o contrato por culpa patronal. Consoante uma análise baseada no texto constitucional ora vigente, qualquer inadimplemento, atraso ou sonegação relacionados às parcelas do contrato de emprego pode motivar o pleito de resolução contratual por culpa do empregador. Cada situação será, evidentemente, analisada de acordo com suas

---

98 Nos moldes do art. 6º do Decreto-Lei n. 368/68, "considera-se **salário devido** [...] a retribuição de responsabilidade direta da empresa, inclusive comissões, percentagens, gratificações, diárias para viagens e abonos, quando a sua liquidez e certeza não sofram contestação nem estejam pendentes de decisão" judicial.

99 A empresa em débito salarial com seus empregados não poderá, nos termos do art. 1º do Decreto-Lei n. 368/68: I — pagar honorário, gratificação, **pro labore** ou qualquer outro tipo de retribuição ou retirada a seus diretores, sócios, gerentes ou titulares de firma individual; II — distribuir quaisquer lucros, bonificações, dividendos ou interesses a seus sócios, titulares, acionistas, ou membros de órgãos dirigentes, fiscais ou consultivos; III — ser dissolvida.

especificidades, mas qualquer atraso, de qualquer natureza, revela o descumprimento do contrato[100].

d3) Oferecimento de meio ambiente laboral materialmente ou psiquicamente degradado

O termo "meio ambiente "produz imediata associação a bens indivisíveis de titularidade indeterminada como "o ar que se respira", "a água que se bebe", "a terra de onde brotam os alimentos", "a fauna e a flora". Esquece-se, por vezes, o ser humano daquilo que compõe os espaços físicos que ele próprio ocupa na mais significativa parte do seu tempo. Diz-se "mais significativa" porque diz respeito à parte do tempo em que ele está mais ativo física e mentalmente, e nesses planos é mais exigido. Estando mais ativo e sendo mais exigido, torna-se mais suscetível a danos de ordem material e psicológica.

O meio ambiente do trabalho não é constituído apenas de elementos físicos ou corpóreos, como máquinas e matéria-prima, mas também de elementos mentais ou psíquicos, por exemplo, a serenidade e o respeito.

No plano do meio ambiente materialmente sadio fala-se em respeito à saúde e à incolumidade física do trabalhador. Cuida-se aqui de monitorar e de evitar formas de degradação e de poluição do meio ambiente laboral. Cuida-se aqui de evitar que a monetização do risco prevaleça sobre a saúde do trabalhador.

No plano do meio ambiente psiquicamente saudável, fala-se em respeito a direitos da personalidade (vida privada, à intimidade, à honra, à imagem etc.) e em reverência a valores que contribuem para o binômio "vida" e "qualidade". A degradação psíquica é visível a partir da constatação da realização de revistas intimas, vexatórias e desrespeitosas; da apologia à discriminação estética; do descumprimento habitual das obrigações salariais; da criação de clima de terror psicológico pelo excessivo rigor de tratamento ou pelo estabelecimento de metas estressantes ou insuperáveis; da redução dos trabalhadores à condição análoga à de escravo ou mesmo pela imposição a eles de convivência com cenas deploráveis, como, por exemplo, ocorre com os domésticos que têm de conviver com os horrores da violência familiar ocorrida entre os seus patrões.

e) Ofensas físicas e morais

Quando o empregador ou seus prepostos praticarem ato lesivo da honra ou da boa fama contra o empregado ou contra familiares deste, também estará autorizada a caracterização da "despedida indireta". Essa situação, prevista no art. 483, e, da CLT, encontra claro paralelismo na hipótese inserta no art. 482, k, do mesmo diploma legal. Perceba-se que o respeito é um dever jurídico-trabalhista recíproco, e qualquer violação dirigida contra ele autorizará a ruptura do ajuste por inexecução faltosa.

Ainda no plano do paralelismo, é irrelevante a ocorrência do evento no local de trabalho. Trata-se de situação em que a conduta havida fora do ambiente de trabalho também pode ensejar a caracterização da falta grave.

---

100 Ver Precedente Administrativo da Secretaria de Inspeção do Trabalho: PRECEDENTE ADMINISTRATIVO N. 35 (Aprovado pelo Ato Declaratório DEFIT n. 4, de 21-2-2002, DOU, 22-2-2002). SALÁRIO. PAGAMENTO FORA DO PRAZO LEGAL. DIFICULDADES ECONÔMICAS. Dificuldades econômicas do empregador, decorrentes de inadimplemento contratual de clientes, retração de mercado ou de outros transtornos inerentes à atividade empreendedora, não autorizam o atraso no pagamento de salários, uma vez que, salvo exceções expressamente previstas em lei, os riscos do negócio devem ser suportados exclusivamente pelo empregador.

f) Assédio moral

Apesar de não estar contido especificamente em uma das alíneas do art. 483 da CLT, o assédio moral praticado pelo empregador contra o empregado[101] pode estar inserido em qualquer das espécies que compõem o rol de condutas geradoras de resolução contratual por culpa patronal. Nesse sentido, não há como individualizar o tratamento para afirmar que o cerco moral é próprio de algum dos comportamentos analisados neste capítulo. Todos eles podem, em rigor, gerar situações de constrangimento e de dor moral, notadamente quando praticados contra um sujeito ou grupo singularmente considerado dentro das relações de trabalho[102].

Não se pode, assim, afastar a ideia de ocorrência de assédio moral quando o patrão exigir de um específico empregado serviços superiores a suas forças, defesos por lei, contrários aos bons costumes ou alheios ao contrato. Igualmente acontecerá o episódio aqui analisado quando um assediado for, por conta do comportamento psicológico patronal de perseguição, tratado com rigor excessivo, colocado em situação de perigo manifesto de mal considerável, submetido ao descumprimento de obrigações contratuais, notadamente quando lhe for imposta a inação[103] ou quando sofrer agressões físicas ou ofensas morais.

Registre-se que por trás de algumas condutas patronais aparentemente bem-intencionadas — por exemplo, campanhas motivacionais[104] — podem existir manifestações de assé-

---

101 José Cairo Júnior (*Curso de direito do trabalho: direito individual e direito coletivo do trabalho*. 4. ed. Salvador: Editora Podivm, 2009, p. 659) oferece clara definição de assédio moral, identificando-o "como o comportamento por meio do qual o empregador ou seus prepostos escolhe um ou alguns empregados e inicia um processo deliberado de perseguição insistente, composto por atos repetitivos e prolongados, com o objetivo de humilhá-los, constrangê-los, inferiorizá-los e isolá-los dos demais colegas de trabalho, provocando danos à sua saúde psicofisiológica e à sua dignidade".

102 Veja-se, quanto ao tema, trecho de excelente aresto do TRT da 3ª Região, Processo 00547-2007-017-03-00-5 RO, relatado pelo Desembargador Luiz Otávio Linhares Renault: "A pós-modernidade, além das características tecnológicas relacionadas com a informação, assim como aquelas referentes ao comportamento humano, tem-se marcado pela competitividade, pela produtividade, pela superação constante de metas, pelos círculos de qualidade, pela otimização de resultados e pela eficiência. No entanto, é importante também que se respeite o ser humano, na sua limitação e na sua individualidade. Cada pessoa é um ser único, com seus acertos e seus desacertos, com suas vitórias e suas derrotas, com suas facilidades e suas dificuldades. Existe, por conseguinte, um limite no exercício do poder empregatício, que se esticado além do razoável atinge a dignidade do trabalhador, que não pode ser tratado como se fosse uma máquina programada para a produção".

103 Dano moral. Assédio moral. Contrato de inação. Indenização por dano moral. A tortura psicológica, destinada a golpear a autoestima do empregado, visando forçar sua demissão ou apressar a sua dispensa através de métodos que resultem em sobrecarregar o empregado de tarefas inúteis, sonegar-lhe informações e fingir que não o vê, resultam em assédio moral, cujo efeito é o direito à indenização por dano moral, porque ultrapassa o âmbito profissional, eis que minam a saúde física e mental da vítima e corrói a sua autoestima. No caso dos autos, o assédio foi além, porque a empresa transformou o contrato de atividade em contrato de inação, quebrando o caráter sinalagmático do contrato de trabalho, e, por consequência, descumprindo a sua principal obrigação que é a de fornecer o trabalho, fonte de dignidade do empregado. Recurso improvido (TRT 17ª Região, RO 1315.2000.00.17.00.1, Ac. 2276/2001, 20-8-02, Rel. Juíza Sônia das Dores Dionízio, *Revista LTr*, 66-10/1237).

104 **Outras situações reais de assédio moral organizacional:** EXPOSIÇÃO DO TRABALHADOR A SITUAÇÃO VEXATÓRIA. Incorre no dever de reparar danos morais a empresa que, na vigência do contrato de trabalho, expõe o empregado a situações vexatórias, ainda que denominadas de brincadeiras, como é o caso de obrigá-lo a vestir, quando não atinge a meta de vendas estipulada, o colete do mico, calcinha vermelha ou fantasia de frango sobre a cabeça ou, ainda, a atravessar o corredor polonês enquanto é agredido com atos obscenos pelos colegas de trabalho (TRT 15ª Reg., Proc. 00939-2004-004-15-00-0, 3ª Turma, 5ª Câm., Rel. Marcelo Magalhães Rufino, *DOE*, 16-9-2005, unânime). ELEIÇÃO DO EMPREGADO TARTARUGA. Afronta a dignidade da pessoa humana a instituição, pela empresa, de eleição mensal de empregado tartaru-

dio moral. Perceba-se que o submetimento de trabalhadores ao constrangimento das punições pelo descumprimento de metas previamente ajustadas pode ser visto como algo vexatório, como terror psicológico, gerador de medo, de acanhamento e de elevado estado de estresse[105]. Nesse sentido, é importante destacar o teor do item 5.13 da Portaria SIT/DSST n. 9, de 30 de março de 2007, que aprovou o Anexo II da NR-17 e estabeleceu parâmetros mínimos para o trabalho em atividades de teleatendimento/telemarketing[106]. Em tal documento administrativo há, por vedação, o reconhecimento de que determinados métodos de organização do trabalho podem ser geradores de "assédio moral, medo ou constrangimento".

Anote-se, ainda, a existência de norma legal — Lei n. 13.185, de 6 de novembro de 2015, que disciplina o chamado "Programa de Combate à Intimidação Sistemática (*bullying*)". Por meio dele se considera "intimidação sistemática (*bullying*)" todo ato de violência física ou psicológica, intencional e repetitivo que ocorre sem motivação evidente, praticado por indivíduo ou grupo, contra uma ou mais pessoas, com o objetivo de intimidá-la ou agredi-la, causando dor e angústia à vítima, em uma relação de desequilíbrio de poder entre as partes envolvidas.

A referida norma traz uma série de conceitos úteis que podem ser utilizados na análise da extensão e dos efeitos do assédio moral mediante violência física ou psicológica em atos de intimidação, humilhação ou discriminação e, ainda, por ataques físicos, insultos pessoais, comentários sistemáticos e apelidos pejorativos, ameaças por quaisquer meios, grafites depreciativos, expressões preconceituosas, isolamento social consciente e premeditado e pilhérias.

A referida norma detalha também a chamada "intimidação sistemática na rede mundial de computadores (*cyberbullying*)", assim entendida aquela produzida por meio de instrumentos que lhe são próprios — especialmente redes sociais — com o objetivo de depreciar, incitar a violência, adulterar fotos e dados pessoais com o intuito de criar meios de constrangimento psicossocial, eventos que podem ter origem nas relações de trabalho.

Registre-se, por fim, que a partir da vigência da Lei n. 14.132/2021, o legislador pátrio tipificou conduta que, se praticada no ambiente de trabalho, pode configurar a prática de modalidade de assédio moral: **o *stalking* ou perseguição**, conforme os ditames do art. 147-A do Código Penal.

---

ga, para assim designar pejorativamente aquele trabalhador que cometeu atrasos no horário de entrada nos serviços, expondo o empregado eleito ao ridículo, além de colocá-lo em situação vexatória perante os demais colegas de trabalho. Louvável seria o empregador instituir mecanismos para estimular ou incentivar os seus empregados à assiduidade e à maior produtividade, sem causar-lhes constrangimentos no ambiente de trabalho. Pedido de reparação por dano moral que se acolhe. Recurso ordinário do empregado a que se dá provimento (TRT 15ª Reg., 029389/2001-ROS-2, 5ª T., Rel. José Antonio Pancotti). VENDEDOR QUE NÃO ATINGE METAS. Demonstrando a prova testemunhal que o empregado — vendedor — quando não atingia as impostas metas de venda, era obrigado a usar um chapéu cônico, contendo a expressão "burro", durante reuniões, na frente de todos — vendedores, gerente, supervisores — oportunidade em que era alvo de risadas e chacotas, indubitáveis o vexame e a humilhação, com conotação punitiva. O aborrecimento, por certo, atinge a saúde psicológica do empregado e, estando sujeito a tal ridículo e aflição, por óbvio estava comprometido em seu bem-estar emocional. Tal procedimento afronta diretamente a honra e a dignidade da pessoa, bens resguardados pela Carta Maior. Iniciativas absurdas e inexplicáveis como esta têm que ser combatidas com veemência, condenando o empregador ao pagamento de indenização por dano moral (TRT 9ª R., Ac. 2ª T., *DJ*, 20-9-2002, RO 1796/2002, Rel. Juiz Luiz Eduardo Gunther).

[105] Pelo detalhamento, recomenda-se a obra de PRATA, Marcelo Rodrigues. *Assédio moral no trabalho sob novo enfoque*. Curitiba: Juruá, 2015.

[106] 5.13. É vedada a utilização de métodos que causem assédio moral, medo ou constrangimento, tais como: a) estímulo abusivo à competição entre trabalhadores ou grupos/equipes de trabalho; b) exigência de que os trabalhadores usem, de forma permanente ou temporária, adereços, acessórios, fantasias e vestimentas com o objetivo de punição, promoção e propaganda; c) exposição pública das avaliações de desempenho dos operadores.

A palavra *stalking* é derivada do verbo *to stalk*, usado na caça, que corresponderia à perseguição incessante. Assim, trata-se de crime habitual, uma vez que o dispositivo legal se refere à reiteração de condutas persecutórias, punida a título de dolo.

O tema tem importância fundamental no meio jurídico trabalhista, pois o assédio por *stalking*, especialmente quando praticado por superior hierárquico, acarreta efeitos devastadores no meio ambiente laboral, ao instaurar um clima de medo, uma atmosfera de terror, afetando todos que estão próximos da situação, conscientes de que, em algum momento, poderiam se encontrar na mesma posição da vítima[107].

Créditos decorrentes

DISSOLUÇÃO POR RESOLUÇÃO CONTRATO POR TEMPO **INDETERMINADO** CULPA DO EMPREGADOR
Saldo de salário, se houver
Aviso prévio — § 4º do art. 487 da CLT
Férias proporcionais — art. 147 da CLT
1/3 sobre férias proporcionais — art. 7º, XVII, da CF
13º salário proporcional — art. 3º da Lei n. 4.090/62
Liberação do FGTS — código 01 — Lei n. 8.036/90
Acréscimo de 40% sobre o FGTS — § 1º do art. 18 da Lei n. 8.036/90
Eventual indenização por dano material ou moral decorrente da situação
Terá direito às férias simples e/ou dobradas, se houver, porque direito adquirido — art. 146 da CLT
O empregado terá direito a habilitar-se ao seguro-desemprego

DISSOLUÇÃO POR RESOLUÇÃO CONTRATO POR TEMPO **DETERMINADO** CULPA DO EMPREGADOR
Saldo de salário, se houver
Pagamento do tempo que falta para terminar o contrato nos moldes do art. 490 da CLT, aplicado por analogia
Férias proporcionais — art. 147 da CLT
1/3 sobre férias proporcionais — art. 7º, XVII, da CF
13º salário proporcional — art. 3º da Lei n. 4.090/62
Liberação do FGTS — código 01 — Lei n. 8.036/90
Acréscimo de 40% sobre o FGTS, § 1º do art. 18 da Lei n. 8.036/90
Eventual indenização por dano material ou moral decorrente da situação
Terá direito às férias simples e/ou dobradas, se houver, porque direito adquirido — art. 146 da CLT
O empregado terá direito a habilitar-se ao seguro-desemprego

---

[107] Para saber mais, consulte-se detalhado artigo escrito sobre o tema: MARTINEZ, Luciano; CARVALHO JÚNIOR, Pedro Lino de. O crime de perseguição (*stalking*) e os efeitos da sentença criminal na jurisdição trabalhista. *Revista Magister de Direito do Trabalho*, n. 102, maio-jun. 2021.

15.3.2.1.5 Culpa recíproca de empregado e empregador

Culpa recíproca é a situação de cessação contratual caracterizada pela evidência de atos faltosos de ambos os sujeitos da relação de emprego. Havendo culpa recíproca (ou culpa concorrente) no ato que determinou a resolução do contrato de trabalho, **o tribunal reduzirá por metade a indenização** que seria devida caso a situação fosse caracterizada como de culpa exclusiva do empregador.

É importante lembrar que a figura demanda, para a sua caracterização, a evidência de um comportamento homogêneo diante do qual não se definiu a maior gravidade da conduta de um dos sujeitos do contrato. Justamente por conta disso, a doutrina normalmente se vale das "ofensas físicas recíprocas" como o mais recorrente exemplo da situação ora em estudo, mas a jurisprudência é rica em casuísticas por vezes até mais interessantes. Nesse contexto, parece útil, pela originalidade, citar decisão tomada em 10 de outubro de 2012 pela 1ª Turma do TRT maranhense. Ali, ao analisar a alegação da empresa de que o trabalhador foi despedido por justa causa, a relatora concluiu que a rescisão contratual se deu por culpa recíproca das partes, sob o argumento de que tanto empregado quanto empregador praticaram infrações trabalhistas previstas nos arts. 482 e 483 da CLT. O trabalhador porque confessou, diante da acusação de ter furtado um veículo da empresa, conforme boletim de ocorrência juntado aos autos pelo empregador, que o alugara, sem o conhecimento patronal, por estar em dificuldades e por querer, com o aluguel, compensar os salários inadimplidos há três meses. Para a relatora, o ex-empregado cometeu ato de improbidade, na medida em que não poderia "alugar" um bem que não lhe pertencia. A empresa, por sua vez, "faltou com a sua obrigação de remunerar o empregado, constituindo, assim, a mora salarial, fator autorizador da rescisão indireta do autor".

Acrescente-se, ainda, que somente o Judiciário pode certificar a existência da culpa recíproca. Veja-se que o texto do art. 484 da CLT é incisivo em dizer que será "o **tribunal de trabalho**", e não as partes, o incumbido de reduzir a acima expendida indenização. O TST manifestou-se sobre o tema por meio da Súmula 14:

> **Súmula 14 do TST**. *CULPA RECÍPROCA. Reconhecida a culpa recíproca na rescisão do contrato de trabalho (art. 484 da CLT), o empregado tem direito a 50% (cinquenta por cento) do valor do aviso prévio, do décimo terceiro salário e das férias proporcionais.*

É importante anotar que as situações de culpa recíproca somente se manifestam quando empregado e empregador, na inicial e na contestação de um processo judiciário, atribuem um contra o outro a prática de um comportamento contratual lesivo. Nenhum quer, evidentemente, assumir a culpa pela cessação do vínculo. Por isso, em rigor, não se pode atribuir a algum dos litigantes o ônus probatório do que não querem demonstrar.

Se o autor afirma ter sido desligado por ato nocivo do empregador e se este sustenta que o ex-colaborador, na verdade, foi despedido por justa causa, inicia-se um procedimento segundo o qual cada um dos opositores produzirá sua prova demonstrativa. Se nenhum trouxe qualquer prova ou havendo confissão recíproca de caráter ficto[108], será, obviamente, aplicada a pura distribuição do ônus da prova, prevalecendo, nesse caso, a tese operária em virtude do princípio da continuidade das relações de emprego. À mesma conclusão chegará o magistrado, em nome da regra *in dubio pro operario*, se a análise de documentos (atos negociais em geral) não apontar para um caminho concludente.

---

[108] Se nenhum dos litigantes comparecer à audiência para a qual foram devidamente cientificados de que deveriam se fazer presentes, sob pena de confissão.

As soluções acima expendidas, contudo, não serão aplicadas se o juiz, depois de vistos e analisados os autos, entender que ambos os litigantes contribuíram culposamente e em medidas equivalentes para a fratura do contrato. Diante dessa conclusão, é possível afirmar que a distribuição da carga probatória é promovida unicamente em relação às pretensões que os contendores lançaram na inicial e na contestação. A conclusão quanto à ocorrência da culpa recíproca é do juiz, não decorrendo de vontade das partes. O magistrado, aliás, atua por equidade, assim que constatar a culpa recíproca no ato que determinou a rescisão do contrato de trabalho.

Por fim, registre-se que, constatada a culpa recíproca, o empregado não terá direito ao seguro-desemprego, uma vez que, mesmo parcialmente envolvido, terá, em alguma medida, dado causa ao fim do seu contrato de emprego.

Créditos decorrentes

DISSOLUÇÃO POR RESOLUÇÃO CONTRATO POR TEMPO **INDETERMINADO** CULPA RECÍPROCA
Saldo de salário, se houver
Metade do aviso prévio — § 4º do art. 487 da CLT
Metade das férias proporcionais — art. 147 da CLT
1/3 sobre férias proporcionais — art. 7º, XVII, da CF
Metade do 13º salário proporcional — art. 3º da Lei n. 4.090/62
Liberação do FGTS — código 02 — Lei n. 8.036/90
Acréscimo de 20% sobre o FGTS — *vide* o § 2º do art. 18 da Lei n. 8.036/90
Terá direito às férias simples e/ou dobradas integrais, se houver, porque direito adquirido — art. 146 da CLT
O empregado NÃO terá direito a habilitar-se ao seguro-desemprego

DISSOLUÇÃO POR RESOLUÇÃO CONTRATO POR TEMPO **DETERMINADO** CULPA RECÍPROCA
Saldo de salário, se houver
Metade do tempo que faltava para terminar o contrato por tempo determinado. Aplicação análoga do art. 490 da CLT
Metade das férias proporcionais — art. 147 da CLT
1/3 sobre férias proporcionais — art. 7º, XVII, da CF
Metade do 13º salário proporcional — art. 3º da Lei n. 4.090/62
Liberação do FGTS — código 02 — Lei n. 8.036/90
Acréscimo de 20% sobre o FGTS — *vide* o § 2º do art. 18 da Lei n. 8.036/90
Terá direito às férias simples e/ou dobradas integrais, se houver, porque direito adquirido — art. 146 da CLT
O empregado NÃO terá direito a habilitar-se ao seguro-desemprego

15.3.2.2 Advento de condições resolutivas involuntárias

O contrato de emprego também pode ser terminado por conta de fatores alheios à vontade dos contratantes. Haverá inexecução por inevitabilidade, mas ela não será culposa; decorrerá de acontecimentos absolutamente inexoráveis. Dentro desse grupo de condições resolutivas estão: a morte do empregador/pessoa física ou do empregador/empresário individual; a mudança do regime jurídico pessoal de celetista para estatutário; a força maior e o fato do príncipe. Vejam-se, individualmente:

15.3.2.2.1 Morte e créditos decorrentes

Quando cessar a atividade por morte do empregador/pessoa física ou do empregador/empresário individual[109], o contrato será resolvido e os empregados terão direito, conforme o caso, à indenização a que se referem os arts. 477 e 497 da CLT (veja-se o art. 485 da CLT). Não haverá, entretanto, direito a aviso prévio indenizado por impossibilidade jurídica de exigência de sua concessão em tempo de serviço.

A morte do empregado também é entendida como o advento de uma condição resolutiva involuntária, não sendo possível, *em regra*, falar-se, em virtude dela, na concessão, em favor dos dependentes ou herdeiros do falecido, de créditos que pressupõem a iniciativa ou culpa patronal, como, por exemplo, o aviso prévio indenizado ou a indenização compensatória de 40% sobre os depósitos do FGTS.

Diz-se "em regra" porque há situações em que a morte do empregado pode, sim, produzir os referidos créditos em favor dos seus dependentes ou herdeiros. Isso ocorrerá quando o trabalhador tiver falecido em virtude de acidente do trabalho produzido por culpa patronal. Tal ocorrerá porque, ao ser vitimado pelo acidente do trabalho, o seu vínculo terá sido rompido, em última análise, por inexecução contratual do tomador dos serviços[110].

Da mesma forma, aliás, posiciona-se Mauricio Godinho Delgado. Segundo suas assertivas, "o art. 483, *c*, da CLT, considera falta empresarial colocar o trabalhador em perigo manifesto de mal considerável: se este perigo se consuma com a morte do obreiro, torna-se ainda mais clara a gravíssima infração cometida, ensejando a incidência das compatíveis verbas rescisórias do referido preceito celetista"[111].

Averbe-se, porém, que a constatação da "culpa exclusiva do empregado" na ocorrência do evento acidentário rompe o nexo de causalidade entre este e o trabalho. Se há *causa da vítima* (nome mais adequado para intitular a culpa exclusiva da vítima), não há falar em responsabilidade civil do empregador. Consequentemente, nada a ele pode ser imputado. Se há fato da vítima, como já se disse, não há falar em produção de efeitos jurídico-trabalhistas.

Registre-se aqui que, em caso de morte do empregado, aplica-se no direito do trabalho uma fórmula de legitimação anômala em favor de seus dependentes. É que, nos termos do art. 1º da Lei n. 6.858/80, secundado pelo art. 1.037 do Código de Processo Civil/1973, "os valores devidos pelos empregadores aos empregados e os montantes das contas individuais

---

[109] Anote-se que existe razoabilidade no raciocínio que sustenta a possibilidade de sucessão *causa mortis* do empresário individual. Se os dependentes ou herdeiros deste derem continuidade ao empreendimento, na mesma atividade empresarial e em face do mesmo fundo de comércio, não haverá como negar a ocorrência da sucessão prevista no art. 448 da CLT. Perceba-se que o mencionado dispositivo não distingue o tipo de empresa — individual ou coletiva — envolvida nas situações de mudança (na propriedade ou na estrutura jurídica), tampouco restringe os atos jurídicos ali mencionados à modalidade *inter vivos*.

[110] Veja-se, nesse sentido, GASPAR, Danilo Gonçalves. A extinção do contrato de trabalho em caso de morte do empregado por ato do empregador: pedido de demissão ou rescisão indireta? *Suplemento Trabalhista*, São Paulo: LTr, v. 49, n. 129, p. 687-692, 2013.

[111] DELGADO, Mauricio Godinho. *Curso de direito do trabalho*. 12. ed. São Paulo: LTr, 2013, p. 1172.

do Fundo de Garantia do Tempo de Serviço e do Fundo de Participação PIS-PASEP, não recebidos em vida pelos respectivos titulares, **serão pagos, em quotas iguais, aos dependentes habilitados perante a Previdência Social**" (ver art. 666 do CPC/2015). Note-se: basta apenas provar, mediante declaração do órgão previdenciário, a qualidade de dependente, observada a ordem preferencial estabelecida no art. 16 da Lei n. 8.213/91.

Somente se inexistentes os mencionados dependentes habilitados perante a Previdência Social é que os referidos valores e montantes passariam a ser devidos aos sucessores previstos na lei civil, indicados em alvará judicial, *ainda assim independentemente de inventário ou arrolamento*. Perceba-se que o intento da Lei n. 6.858/80 foi o de afastar a aplicabilidade das regras ordinárias do processo civil, conferindo um procedimento diferenciado e abreviado em favor dos dependentes anteriormente referidos. Veja-se:

> *Art. 1.037 (CPC/1973) e 666 (CPC/2015). Independerá de inventário ou arrolamento o pagamento dos valores previstos na Lei n. 6.858, de 24 de novembro de 1980.*

O regulamento da Lei n. 6.858/80 — Decreto n. 85.845, de 26-3-1981 — deixou claro no parágrafo único, I, do seu art. 1º que a mencionada sistemática especial seria aplicável a "quantias devidas **a qualquer título** pelos empregadores a seus empregados, em decorrência de relação de emprego" (destaques não constantes do original). Registre-se que a simplificada sistemática de outorga de legitimação anômala aos dependentes habilitados perante a Previdência Social está contida num conjunto de medidas do então vigente Programa Nacional de Desburocratização, instituído pelo Decreto n. 83.740, de 18 de junho de 1979, conforme expressamente indicado no introito do citado Decreto n. 85.845/81. O propósito da norma, portanto, foi o de oferecer um tratamento diferenciado e mais célere para os dependentes do empregado falecido.

A condição de dependente habilitado é declarada em documento fornecido pela instituição de Previdência ou, se for o caso, pelo órgão encarregado, na forma de legislação própria, do processamento do benefício por morte. Desse documento deve constar, obrigatoriamente, o nome completo, a filiação, a data de nascimento de cada um dos interessados e o respectivo grau de parentesco ou relação de dependência com o falecido. À vista da apresentação da declaração, o pagamento das quantias devidas será feito aos dependentes do falecido pelo empregador, repartição, entidade, órgão ou unidade civil ou militar, estabelecimento bancário, fundo de participação ou, em geral, por pessoa física ou jurídica a quem caiba efetuar o pagamento. A divisão dos haveres entre os dependentes é feita em partes rigidamente iguais.

Créditos decorrentes

DISSOLUÇÃO POR RESOLUÇÃO MORTE DO EMPREGADOR PESSOA FÍSICA OU EMPRESÁRIO INDIVIDUAL CONTRATO POR TEMPO DETERMINADO OU POR TEMPO INDETERMINADO
Saldo de salário, se houver
Não há direito ao aviso prévio por impossibilidade material de concessão
Férias proporcionais — art. 147 da CLT
1/3 sobre férias proporcionais — art. 7º, XVII, da CF
13º salário proporcional — art. 3º da Lei n. 4.090/62
Liberação do FGTS — código 03 — Lei n. 8.036/90
Não há direito a qualquer acréscimo sobre o FGTS
Terá direito às férias simples e/ou dobradas, se houver, porque direito adquirido — art. 146 da CLT

DISSOLUÇÃO POR RESOLUÇÃO MORTE DO EMPREGADO: NÃO HÁ ACIDENTE DO TRABALHO NEM CULPA PATRONAL CONTRATO POR TEMPO DETERMINADO OU POR TEMPO INDETERMINADO
Destinado aos dependentes do empregado
Saldo de salário, se houver
Não há direito ao aviso prévio por impossibilidade material de concessão
Férias proporcionais — art. 147 da CLT
1/3 sobre férias proporcionais — art. 7º, XVII, da CF
13º salário proporcional — art. 3º da Lei n. 4.090/62
Liberação do FGTS — código 23 — Lei n. 8.036/90
Não há direito a qualquer acréscimo sobre o FGTS
Terá direito às férias simples e/ou dobradas, se houver, porque direito adquirido — art. 146 da CLT

DISSOLUÇÃO POR RESOLUÇÃO MORTE DO EMPREGADO: HÁ ACIDENTE DO TRABALHO E TAMBÉM CULPA PATRONAL CONTRATO POR TEMPO DETERMINADO OU POR TEMPO INDETERMINADO
Destinado aos dependentes do empregado
Saldo de salário, se houver
Há direito ao aviso prévio indenizado, porque, em verdade, se o empregador causou o acidente do trabalho, provocou, em última análise, a morte do empregado. Se assim foi, aplica-se solução equivalente à despedida indireta (art. 483, *c*, da CLT)
Férias proporcionais — art. 147 da CLT
1/3 sobre férias proporcionais — art. 7º, XVII, da CF
13º salário proporcional — art. 3º da Lei n. 4.090/62
Liberação do FGTS — código 23 — Lei n. 8.036/90
Há direito à indenização de 40% sobre o FGTS, porque, em verdade, se o empregador causou o acidente do trabalho, provocou, em última análise, a morte do empregado. Se assim foi, aplica-se solução equivalente à despedida indireta (art. 483, *c*, da CLT)
Terá direito às férias simples e/ou dobradas, se houver, porque direito adquirido — art. 146 da CLT

15.3.2.2.2 *Força maior e créditos decorrentes*

Se um fato irresistível e inevitável afetar substancialmente a situação econômica e financeira da empresa, o empregador estará inserido numa situação tipificada como força maior, causa geradora da dissolução do contrato pela impossibilidade de sua execução. Entende-se, portanto, como força maior todo acontecimento inevitável, em relação à vontade do empregador, e para a realização do qual este não concorreu, direta ou indiretamente, a exemplo da ocorrência da pandemia da Covid-19, em 2020 e 2021.

Observe-se que a imprevidência do empregador exclui a razão de força maior e que a ocorrência de tal motivo há de afetar substancialmente a situação econômica e financeira da empresa. Ocorrendo motivo de força maior que determine a extinção da empresa, ou de um dos estabelecimentos em que trabalhe o empregado, é assegurada a este, quando despedido, uma indenização na forma seguinte:

a) sendo estável, nos termos dos arts. 477 e 478 da CLT;

b) não tendo direito à estabilidade, metade da que seria devida em caso de rescisão sem justa causa;

c) havendo contrato por tempo determinado, aquela a que se refere o art. 479 da CLT, reduzida igualmente à metade.

Perceba-se, entretanto, que, em rigor, segundo o texto normativo, a força maior precisa determinar **a extinção da empresa, ou de um dos estabelecimentos em que trabalhe o empregado**. O simples tremor econômico, o mero abalo temporário das estruturas empresariais, não é evento suficiente para concluir quanto à existência da força maior. Exige-se, como o próprio nome do instituto sugere, uma situação cuja força seja diferenciada, vale dizer, cuja força seja efetivamente "maior" do que outras vivenciadas pela empresa; maior, aliás, do que o seu poder de resistência.

Cabe anotar, nesse contexto, que o art. 503 da CLT foi recepcionado em parte pela Constituição de 1988, já que a redução de salários somente será possível, de acordo com o citado texto fundamental, mediante negociação coletiva (ressalve-se a situação prevista na ADI 6.363/DF). Cessados os efeitos decorrentes do motivo de força maior, porém, será garantido o restabelecimento dos salários reduzidos, se coisa diversa não indicar a referida negociação coletiva. Comprovada a falsa alegação do motivo de força maior, é garantida a reintegração aos empregados estáveis, e aos não estáveis o complemento da indenização já percebida, assegurado a ambos o pagamento da remuneração atrasada.

É relevante anotar que a presente análise é feita sob a perspectiva do pagamento das parcelas decorrentes da cessação do vínculo, que se tornou impositiva pelas razões de força maior. O legislador trabalhista, de modo peculiar, cuidou de explicitar que, mesmo diante dessa excludente de responsabilidade, haverá, ainda que em parte, a assunção das verbas decorrentes da cessação do vínculo por causas involuntárias. Trata-se, portanto, de uma exceção prevista em lei. **A força maior ali não exonera o empregador, como sói acontecer, das obrigações assumidas com a relação de emprego, mas, apenas, atenua substancialmente a sua dimensão.**

Esse alerta é relevante porque, como já se disse, a força maior, na condição de excludente de responsabilidade (subjetiva ou objetiva), rompe o nexo de causalidade de modo a não ser possível atribuir ao imputado a prática do ato que gerou o dano (*vide*, por exemplo, a situação descrita no art. 734 do Código Civil).

Não se pode deixar de anotar, ainda, que existem situações em que a própria lei ordena a assunção de responsabilidade integral, como é o caso, por exemplo, da responsabilidade do órgão gestor do Regime Geral da Previdência Social quanto ao pagamento de benefícios por incapacidade acidentária, mesmo que o segurado tenha sofrido lesão decorrente de evento produzido por força maior (*vide* art. 21, II, *e*, da Lei n. 8.213/91).

Outro ponto sensível a essa discussão diz respeito aos empregados dispensados por força maior. Eles, segundo a Lei n. 7.998/90 e as normas regulamentares do CODEFAT (*vide* o art. 2º da Resolução CODEFAT n. 957/2022), teriam direito ao benefício, porque essa situação não ingressaria no figurino da "dispensa sem justa causa, inclusive a indireta". Entretanto, se a análise da questão se der à luz da previsão constitucional de que a vantagem é garantida aos que vivem situação de "desemprego involuntário", há possibilidade de invocação perante o Judiciário de pagamento desse benefício também em favor dos que tenham sido dispensados por força maior. Afinal, eles não deram causa ao despedimento.

Créditos decorrentes

DISSOLUÇÃO POR RESOLUÇÃO FORÇA MAIOR
Saldo de salário, se houver
Metade do aviso prévio — *vide* o art. 502, II, da CLT
Metade das férias proporcionais — art. 147 da CLT
1/3 sobre férias proporcionais — art. 7º, XVII, da CF
Metade do 13º salário proporcional — art. 3º da Lei n. 4.090/62
Liberação do FGTS — código 02 — Lei n. 8.036/90
Acréscimo de 20% sobre o FGTS — *vide* o § 2º do art. 18 da Lei n. 8.036/90
Terá direito às férias simples e/ou dobradas, se houver, porque direito adquirido — art. 146 da CLT

15.3.2.2.3 Fato do príncipe e créditos decorrentes

Segundo a doutrina de Estêvão Mallet, o fato do príncipe ou "*factum principis* é ato do Poder Público, praticado independentemente de culpa ou imprevidência do empregador, que, por produzir alteração substancial da situação econômica ou financeira da empresa, impede, de forma direta, a continuidade do trabalho".

Segundo o mesmo doutrinador, "o *factum principis* apresenta, assim, características próprias de força maior, embora revele peculiaridades que o tornam instituto diferenciado. Assim é que, por exemplo, enquanto a força maior reduz à metade, no direito do trabalho, a indenização devida pela extinção do contrato de trabalho (art. 502, da CLT, e 18, § 2º, da Lei n. 8.036/90), o *factum principis* não prejudica em nada os direitos devidos ao trabalhador"[112].

Dessa forma, no caso de paralisação temporária ou definitiva do trabalho, motivada por ato de autoridade municipal, estadual ou federal, ou pela promulgação de lei ou de resolução **que, por conveniência ou oportunidade administrativa, impossibilite a continuação da atividade**, prevalecerá o pagamento da indenização, que ficará a cargo do governo responsável.

Observe-se que somente se pode falar no instituto diante de ato de autoridade estatal que "impossibilite" a continuação da atividade, e não de ato que apenas a torne mais difícil ou onerosa. Daí dizer-se, com base na já referida doutrina de Mallet, que "a causa de cessação do contrato ora em análise supõe impossibilidade absoluta de continuação do trabalho", observada, é claro, a relação direta de causa e efeito entre a paralisação do trabalho e o ato de governo.

Essa situação está prevista no art. 486 da CLT e já teve, no passado histórico brasileiro, alguns referenciais geradores de incidência da norma, sendo importante citar aqueles que dizem respeito:

a) a medidas de racionamento de energia elétrica em grande parte do País, a partir de junho de 2001; b) à desapropriação de áreas que foram submersas nos processos de construção de barragens e de hidroelétricas; e

c) à desapropriação promovida pelo INCRA para efeito de reforma agrária (*vide*, por exemplo, o processo TST-RR-631.067/2000.6).

---

[112] MALLET, Estêvão. *Factum principis*. In: RODRIGUES PINTO, José Augusto; MARTINEZ, Luciano; MANNRICH, Nelson. *Dicionário brasileiro de direito do trabalho*. São Paulo: LTr, 2013.

Destaque-se que a pretensão do governo federal de proibir a exploração de todas as modalidades de jogos de bingo e jogos em máquinas eletrônicas denominadas "caça-níqueis", por meio da Medida Provisória n. 168/2004 (não convertida em lei), conquanto tenha gerado polêmicas quanto à possibilidade de aplicação da teoria do fato do príncipe, não se adequou ao modelo legal. Afirma-se isso porque, consoante acima expendido, **a assunção de responsabilidade pelo Poder Público pressupõe a geração de dano ao empregador por ato de conveniência ou oportunidade administrativa**. Quando a autuação da Administração Pública for repressiva ou corretiva de ilícito praticado pelo empregador, não poderá, obviamente, haver invocação de assunção de responsabilidade do Estado[113].

E como se processaria esse incidente?

O procedimento está basicamente contido nos §§ 1º, 2º e 3º do art. 486 da CLT e assim orienta aquele que incorrer na situação:

I — Sempre que o empregador invocar em sua defesa a ocorrência de fato do príncipe, o Tribunal do Trabalho competente notificará a pessoa de direito público apontada como responsável pela paralisação do trabalho, para que, no prazo de trinta dias, alegue o que entender devido, passando a figurar no processo como chamada à autoria.

II — Sempre que a parte interessada, firmada em documento hábil, invocar defesa baseada na supracitada disposição e indicar qual o juiz competente, será ouvida a parte contrária, para, dentro de três dias, falar sobre essa alegação.

III — Verificada qual a autoridade responsável, o Juiz do Trabalho, ao contrário do que dispõe o § 3º do art. 486 da CLT, apreciará e julgará a causa. Afirma-se isso por conta da redação dada ao art. 114, I, da Constituição da República (conforme a EC n. 45/2004), que confere à Justiça do Trabalho competência para processar e julgar todas "as ações oriundas da relação de trabalho". Não recepcionado, portanto, restou o trecho do § 3º do art. 486 da CLT, que prevê a remessa dos autos ao Juiz Privativo da Fazenda.

Outro ponto que desperta muita discussão diz respeito ao conceito de "indenização", conforme previsto no *caput* do referido art. 486 da CLT. Que "indenização" é essa?

De início, cabe lembrar, mais uma vez, que se deve analisar, sempre, o texto legal em seu contexto histórico. Esse alerta permite dizer que a norma deve ser interpretada a partir do conceito de "indenização" existente na atualidade, e não segundo aquele conceito de indenização existente na época de produção da norma em exame, o que nos levaria à indenização de antiguidade, prevista no não mais exigível, salvo em caráter residual, art. 478 da CLT. Assim, subscrevo a posição do já referenciado professor Estêvão Mallet, constante da obra há pouco citada:

> A obrigação do Poder Público abrange unicamente os valores diretamente resultantes da rescisão do contrato de trabalho, vale dizer, as indenizações previstas nos arts. 478,

---

113 Veja-se decisão nesse sentido:
BINGO — FECHAMENTO PELA MP 168/2004 — *FACTUM PRINCIPIS* NÃO CONFIGURADO — VERBAS RESCISÓRIAS DEVIDAS PELO EMPREGADOR — A caracterização do chamado fato do príncipe somente incide diante de ocorrência de circunstância imprevisível, o que não se identifica na situação dos autos. Se o empresário resolveu constituir-se para exploração da atividade restrita dos jogos de azar na modalidade de bingo, permitida ou simplesmente tolerada a título precário pelo Estado, assumiu os riscos integrais pela revogação da autorização, a teor do art. 2º da CLT, que endereça ao empregador os riscos da atividade econômica. Assim, o fechamento da atividade, ainda que decorrente de ato do Executivo através da MP 168/2004, por ser previsível, não se enquadra no contexto de força maior e/ou *factum principis*. Afastada a circunstância, a empresa deve arcar com as verbas decorrentes da dispensa da empregada (TRT 2ª R., RO 00912200403302856, 4ª T., Rel. Juiz Ricardo Artur Costa e Trigueiros, *DJSP*, 9-5-2006).

479 ou 497, quando aplicáveis; a indenização de 40% sobre os valores depositados no FGTS e o aviso prévio indenizado. As demais parcelas, relacionadas apenas indiretamente com a rescisão do contrato, como as férias, o décimo terceiro salário, o saldo de salário e as diferenças de FGTS não depositadas são de responsabilidade do próprio empregador, porque relacionadas a fatos geradores anteriores à própria ruptura do vínculo.

Se a paralisação do trabalho é apenas provisória e não definitiva, evidenciada, porém, a relevância do prejuízo imposto ao empregador, cabe ao Estado liquidar a remuneração devida ao empregado, com os encargos respectivos, tais como FGTS e contribuições previdenciárias. Claro está, no entanto, que, havendo possibilidade de reposição das horas não trabalhadas, nos termos do art. 61, § 3º, da CLT, desaparece a obrigação do Estado. O prejuízo mesmo deixa de existir, ante o reaproveitamento do tempo de trabalho não prestado anteriormente. Se, todavia, a reposição for inviável ou for apenas parcialmente viável, o tempo de trabalho não reaproveitado será remunerado pelo Poder Público.

Por fim, não se poderia, porém, deixar de referir uma das maiores discussões sobre a aplicabilidade da teoria do fato do príncipe no direito brasileiro: a discussão produzida a partir das determinações de Estados e Municípios para o **fechamento de espaços de difusão do Coronavírus durante a pandemia da Covid-19**. Cabe, assim, analisar, de forma responsável, a extensão e os efeitos jurídicos das determinações estatais de suspensão de atividades de específicos segmentos da economia.

Pois bem. De início, salienta-se que, nos termos do art. 196 da Constituição da República, "a saúde é direito de todos e dever do Estado". Esse direito é garantido mediante políticas sociais e econômicas que visem à redução do risco de doença e de outros agravos e ao acesso universal e igualitário às ações e serviços para sua promoção, proteção e recuperação.

O Estado, portanto, não pode, sob nenhum pretexto, omitir-se da condição de garante da saúde do seu povo, podendo, sim, para tanto, adotar medidas que objetivem a proteção da coletividade, entre as quais ordenar o fechamento de rodoviárias, aeroportos, estádios, arenas, casas de espetáculos, casas de festas, centros de convenções, escolas, *shoppings centers*, cinemas, teatros, clubes, academias, clínicas de estética, salões de beleza, parques de diversão, bares etc. Tudo isso é feito por conta de estados de emergência e de calamidade pública que são decretados concorrentemente nas esferas federais, estaduais e municipais.

No caso da pandemia do Coronavírus, a administração pública agiu pressionada por um **dever público elevado**, sabendo, até mesmo, que lhe seria possível, em certos casos, requisitar bens e serviços de pessoas naturais e jurídicas para alcançar o propósito de garantir a saúde e a segurança de toda a população.

Na atuação estatal contra a Covid-19 não havia falar em fato do príncipe, porque o Poder Público, diante das situações de contenção da pandemia, estava escudado pela **inexigibilidade de conduta diversa**. Não se poderia, aliás, esperar do Estado nenhuma medida diversa daquela que visava à proteção dos cidadãos.

Ademais, a CLT precisa ser — como qualquer diploma jurídico — interpretada de forma sistemática. Não há como esquecer que consta do art. 8º da CLT norma expressa no sentido de que a Justiça do Trabalho decidirá **"sempre de maneira que nenhum interesse de classe ou particular prevaleça sobre o interesse público"**. E o interesse público é o interesse de todos os cidadãos brasileiros; interesse público era, naquele instante, e em qualquer outro instante em que esteja ameaçada a saúde e a vida dos cidadãos, a contenção da pandemia.

A discussão sobre esse assunto foi encerrada quando a Lei n. 14.020, de 6 de julho de 2020, em seu art. 29, deixou bem claro que o estado de calamidade pública reconhecido pelo Decreto Legislativo n. 6/2020, para fins trabalhistas, **não constituía hipótese lastreada pela teoria do fato do príncipe.** Veja-se:

> Art. 29. Não se aplica o disposto no art. 486 da CLT, aprovada pelo Decreto-lei n. 5.452, de 1º de maio de 1943, na hipótese de paralisação ou suspensão de atividades empresariais determinada por ato de autoridade municipal, estadual ou federal para o enfrentamento do estado de calamidade pública reconhecido pelo Decreto Legislativo n. 6, de 20 de março de 2020, e da emergência de saúde pública de importância internacional decorrente do coronavírus, de que trata a Lei n. 13.979, de 6 de fevereiro de 2020.

Diante de uma situação de emergência e de calamidade, o Estado teria mesmo de agir na defesa dos superiores interesses de toda a coletividade, não sendo de espantar-se que assim o fizesse. Aliás, para legitimar a inaplicabilidade da teoria do fato do príncipe, e para dar substrato à teoria da força maior, pode-se dizer que o afastamento do Estado na tomada dessas decisões é que produziria, em verdade, uma sensação de irresponsabilidade com a situação, além de um sentimento de verdadeiro desamparo aos súditos.

Créditos decorrentes

DISSOLUÇÃO POR RESOLUÇÃO
FATO DO PRÍNCIPE
O pagamento ficará a cargo do governo responsável, nos autos da ação trabalhista, se o empregador invocar, com sucesso, a ocorrência de fato do príncipe. Caso contrário, o empregador assumirá o pagamento integral da dívida, pois qualquer causa de cessação das atividades desenvolvidas lhe é sempre atribuída, a princípio.
Com base no que se disse, a obrigação do Poder Público abrange unicamente os valores diretamente resultantes da rescisão do contrato de trabalho, vale dizer: • as indenizações previstas nos arts. 478, 479 ou 497, quando aplicáveis; • a indenização de 40% sobre os valores depositados no FGTS e o aviso prévio indenizado. As demais parcelas, relacionadas apenas indiretamente com a rescisão do contrato, como as férias, o décimo terceiro salário, o saldo de salário e as diferenças de FGTS não depositadas, são de responsabilidade do próprio empregador, porque relacionadas a fatos geradores anteriores à própria ruptura do vínculo.
O fato do príncipe autoriza a liberação dos depósitos do FGTS (art. 20, II, da Lei n. 8.036, de 1990) e permite a habilitação ao benefício do seguro-desemprego, por tratar-se situação produtiva de desemprego involuntário.

15.3.3 Dissolução por rescisão

A rescisão é, sob o ponto de vista técnico, um modo de dissolução dos contratos que se caracteriza pela evidência de um defeito produtor de nulidade absoluta, que se opera *ipso iure*, sem qualquer possibilidade de convalidação ou de aproveitamento dos atos contratuais eivados pelo vício. A rescisão por nulidade pode ser declarada de ofício pelo magistrado ou arguida a qualquer tempo pelas partes convenentes, sendo certo que, a depender do elemento inquinado, podem advir soluções diferentes da jurisprudência, conforme a seguir expendido:

a) Na hipótese de **nulidades por incapacidade do sujeito** são oferecidas ao trabalhador infante ou adolescente todas as parcelas próprias de um contrato de emprego, geralmente outorgadas **a título indenizatório**. Justifica-se esse posicionamento levando-se em conta que as normas de proteção ao incapaz não podem ser usadas em seu desfavor.

b) As **nulidades por ilicitude do objeto** são normalmente resolvidas sem a outorga de qualquer crédito de natureza contratual àquele que prestou os serviços. Ora, sendo ilícito o objeto do contrato, seria um equívoco falar em créditos trabalhistas concedidos em favor, por exemplo, de um matador profissional ou de um serviçal do narcotráfico. Afirma-se isso porque, no caso sob análise, não se pode falar nem mesmo em prestação de trabalho, mas apenas em realização de atividade ilícita[114].

c) No tocante às **nulidades por violação à forma**, são oferecidas duas soluções: uma que simplesmente transforma o contrato especial (que demanda uma forma especial escrita) em contrato ordinário, sem pôr fim a ele; e uma segunda situação que, por violação de requisito prévio à contratação, o torna nulo de pleno direito[115 e 116]. Ainda assim, mesmo diante da segunda situação, a solução dada à rescisão tem prestigiado mais o dispêndio da energia laboral do que a inobservância da formalidade para a investidura. Exemplo concreto é visível diante das contratações, sem prévio concurso público, operadas em nome das Administrações Públicas direta e indireta em relação às quais o TST edificou solução contemporizadora por meio da Súmula 363[117 e 118].

A contemporização reside na retribuição do trabalho, mas de modo indenizado. Perceba-se que a Corte trabalhista conferiu aos incursos na situação ora expendida apenas o "direito ao pagamento da contraprestação pactuada", respeitado o valor da hora do salário mínimo, e o pagamento "dos valores referentes aos depósitos do FGTS".

Em relação ao FGTS, os tribunais têm interpretado que a orientação ora expendida visa tanto à liberação das quantias por acaso depositadas quanto à indenização dos montantes

---

[114] Como mencionado no capítulo "relação de emprego e contrato de emprego": sendo ilícita a conduta, ela sequer deveria ser nominada como "trabalho". Diz-se isso porque é difícil relacionar as palavras "trabalho" e "ilícito", uma vez que todo trabalho tem a finalidade precípua de garantir o sustento digno do trabalhador e, se for o caso, de sua família. Assim, se a atividade humana foi qualificada como "ilícita", ela se distancia, por si só, do conceito de "trabalho". Propõe-se, por isso, falar em "atividade ilícita", em vez de "trabalho ilícito".

[115] Ver a **Orientação Jurisprudencial 350 da SDI-1 do TST**: MINISTÉRIO PÚBLICO DO TRABALHO. NULIDADE DO CONTRATO DE TRABALHO NÃO SUSCITADA PELO ENTE PÚBLICO NO MOMENTO DA DEFESA. ARGUIÇÃO EM PARECER. POSSIBILIDADE. O Ministério Público do Trabalho pode arguir, em parecer, na primeira vez que tenha de se manifestar no processo, a nulidade do contrato de trabalho em favor de ente público, ainda que a parte não a tenha suscitado, a qual será apreciada, sendo vedada, no entanto, qualquer dilação probatória.

[116] É digno de nota o *case* constante do processo tombado sob o número RR-40000-65.2007.5.03.0009, julgado em setembro de 2012. Nos autos do referido recurso de revista, a 2ª Turma do TST entendeu como válidos, independentemente da realização de concurso público, os contratos dos empregados que foram transferidos de uma empresa privada que teve o seu controle acionário assumido por uma empresa pública. O relator do recurso, Min. José Roberto Freire Pimenta, chamou a atenção para o fato de que, "na ocasião da mudança do controle, os empregados já trabalhavam regularmente na empresa privada, em virtude de contratos de trabalho celebrados em datas incontroversamente anteriores e que, exatamente por isso, a situação em nada se assemelharia à prevista no artigo 37, inciso II, da Constituição".

[117] **Súmula 363 do TST.** CONTRATO NULO. EFEITOS. A contratação de servidor público, após a CF/1988, sem prévia aprovação em concurso público, encontra óbice no respectivo art. 37, II e § 2º, somente lhe conferindo direito ao pagamento da contraprestação pactuada, em relação ao número de horas trabalhadas, respeitado o valor da hora do salário mínimo, e dos valores referentes aos depósitos do FGTS.

[118] Saliente-se que "compete à Justiça do Trabalho processar e julgar demandas visando a obter prestações de natureza trabalhista, ajuizadas contra órgãos da Administração Pública por servidores que ingressaram em seus quadros, sem concurso público, antes do advento da CF/88, sob regime da Consolidação das Leis do Trabalho — CLT" (STF, ARE 906.491, repercussão geral reconhecida, 2-10-2015).

não recolhidos, esta com base no princípio da isonomia de tratamento entre os trabalhadores. Aliás, essa é a perspectiva que majoritariamente tem sido apreendida a partir da leitura do art. 19-A da Lei n. 8.036/90 (inserto na citada lei por meio da MP n. 2.164-41/2001). Veja-se

> "Art. 19-A. É devido *o depósito do FGTS na conta vinculada* do trabalhador cujo contrato de trabalho seja declarado nulo nas hipóteses previstas no art. 37, § 2º, da Constituição Federal, quando mantido o direito ao salário" (destaques não constantes do original)[119].

O TST, quanto aos efeitos temporais dessa norma, publicou a seguinte orientação jurisprudencial. Note-se:

> *Orientação Jurisprudencial 362 da SDI-1 do TST.* CONTRATO NULO. EFEITOS. FGTS. MEDIDA PROVISÓRIA 2.164-41, DE 24.08.2001, E ART. 19-A DA LEI N. 8.036, DE 11.05.1990. IRRETROATIVIDADE. *Não afronta o princípio da irretroatividade da lei a aplicação do art. 19-A da Lei n. 8.036, de 11.05.1990, aos contratos declarados nulos celebrados antes da vigência da Medida Provisória n. 2.164-41, de 24.08.2001* (publicada no *DJU* de 20-5-2008).

Essa orientação[120] visou evitar interpretação no sentido de que somente seria admissível liberação de depósitos de FGTS referente aos contratos declarados nulos a partir da *Medida Provisória n. 2.164-41, de 24-8-2001*.

Acrescente-se, por fim, que a análise operada neste item diz respeito apenas à responsabilidade **contratual** do empregador. Atente-se que, no âmbito **extracontratual**, as nulidades por infrações aos elementos acima expendidos não impedem as reparações oriundas de ilícito civil praticado pelo empregador no curso do contrato de trabalho, caso da reparação por danos morais e materiais[121].

---

119 Anote-se que, em 26 de março de 2015, o Plenário do Supremo Tribunal Federal (STF), por maioria, julgou improcedente a Ação Direta de Inconstitucionalidade (ADI) 3127 e reafirmou o entendimento de que trabalhadores que tiveram o contrato de trabalho com a administração pública declarado nulo em decorrência do descumprimento da regra constitucional do concurso público têm direito aos depósitos do Fundo de Garantia do Tempo de Serviço (FGTS). O relator da ação, o ministro Teori Zavascki, afirmou que o dispositivo legal questionado, artigo 19-A da Lei n. 8.036/1990, não contraria qualquer preceito constitucional. Ele assinalou que o dispositivo legal não afronta o princípio do concurso público — previsto no artigo 37, parágrafo 2º, da Constituição Federal —, pois não torna válidas as contratações indevidas, mas apenas permite o saque dos valores recolhidos ao FGTS pelo trabalhador que efetivamente prestou o serviço devido. Registre-se por fim, que a questão já havia sido enfrentada pelo STF no julgamento do Recurso Extraordinário (RE) 596478, com repercussão geral. Na ocasião, julgou-se legítimo o caráter compensatório da norma questionada.

120 Confirmada pelo STF nos autos do RE 596.478, que teve repercussão geral reconhecida. Digno de registro, no particular, é trecho do voto do Min. Gilmar Mendes que, com arrimo nas palavras de Francisco Rezek, diz não parecer razoável o entendimento que invoca justamente uma norma voltada para a melhoria da condição social do trabalhador, e faz dela a premissa de uma conclusão que contraria o interesse de seu beneficiário, como que a prover nova espécie de ilustração para a secular ironia *summum jus, summa injuria*, ou seja, o excesso de justiça pode produzir grande injustiça.

121 Com esse entendimento, a 8ª Turma do TRT da 3ª Região (MG), acompanhando voto do juiz relator, Heriberto de Castro, deu provimento a recurso ordinário de um reclamante, acidentado durante o trabalho, condenando o Município reclamado a pagar indenização por danos morais e materiais, apesar de ter sido seu contrato declarado nulo, por não precedido de concurso público (veja-se o Processo 00328-2006-145-03-00-2). No mesmo sentido, pode-se citar a decisão da 1ª Turma do mencionado TRT da 3ª Região (MG), que confirmou sentença condenatória de um Município ao pagamento de indenização por danos morais e materiais ao espólio de um empregado contratado sem concurso público como vigia, e que foi assassinado quando tentava impedir uma pichação em um estádio de futebol (RXOF 00558-2007-030-03-00-5).

15.4 PAGAMENTO DAS PARCELAS DECORRENTES DA CESSAÇÃO DO CONTRATO

O pagamento das parcelas decorrentes da cessação do contrato de emprego é um momento importante na vida do empregado. Afinal, é nesse instante que os parceiros laborais, cientes de que o vínculo não mais poderia continuar, reúnem-se para calcular cada uma das parcelas objeto da situação que pôs fim ao negócio jurídico.

A Lei n. 13.467/2017 modificou substancialmente o art. 477 da CLT. O *caput* antes existente não guardava necessária correlação com os seus demais elementos. A despeito de a cabeça do artigo mencionar aplicabilidade restrita ao empregado **que não tivesse dado motivo para cessação das relações de trabalho**, os parágrafos, em clara situação de desconexão e independência, envolviam situações diversas de terminação de vínculo. Nesse ponto, portanto, a reforma trabalhista de 2017 foi colaborativa. Ela deu coerência ao texto do mencionado artigo, ficando bem claro que a sua aplicação abrange todas as fórmulas de cessação contratual, a despeito de ter sido utilizada a locução "extinção" que, segundo a perspectiva desta obra, é, em verdade, uma espécie do gênero "cessação". Seja lá como for, tornou-se clara a intenção do legislador de abarcar todas as formas de terminação do vínculo. Observe-se o texto:

> **CLT. Art. 477.** *Na extinção do contrato de trabalho, o empregador deverá proceder à anotação na Carteira de Trabalho e Previdência Social, comunicar a dispensa aos órgãos competentes e realizar o pagamento das verbas rescisórias no prazo e na forma estabelecidos neste artigo.*

Merece registro também a visão dada pela nova legislação de que o instante de pagamento das parcelas decorrentes da ruptura do vínculo **não é apenas para cumprimento da obrigação de pagar, mas também de efetivação de todas as obrigações de fazer**, sejam relacionadas às anotações na CTPS, sejam de comunicação para órgãos competentes, sejam ainda de entrega de formulários ou outros documentos exigíveis para a habilitação a benefícios sociais. Na linha da simplificação e da modernização, cabe anotar que a Carteira de Trabalho e Previdência Social passou a ser, na forma do § 10 do art. 477 da CLT, o documento hábil para requerer o seguro-desemprego e a movimentação da conta vinculada no Fundo de Garantia do Tempo de Serviço, nas hipóteses legais, desde que a comunicação prevista no *caput* do citado artigo tenha sido realizada. Os procedimentos informativos do desligamento do trabalhador serão, decerto, lançados pelos empregadores em plataformas eletrônicas dos órgãos responsáveis pelo saque do FGTS e pela habilitação ao seguro-desemprego, bastando ao empregado a apresentação de sua CTPS para tornar os benefícios desfrutáveis.

Nos próximos itens o "pagamento das parcelas decorrentes da cessação do vínculo" será analisado em fragmentos temáticos com o propósito de oferecer-se uma visão detalhada desse importante instante na vida do trabalhador e do empregador.

15.4.1 Base de cálculo

A base de cálculo das parcelas decorrentes da cessação dos contratos tinha por referencial aquilo que o art. 477 da CLT, pré-reforma trabalhista de 2017, chamava de "maior remuneração". A "maior remuneração" era apurada a partir da soma do salário-base pago na data da cessação, acrescido da média duodecimal dos complementos e dos suplementos salariais[122].

---

[122] **Súmula 459 do STF:** "No cálculo da indenização por despedida injusta, incluem-se os adicionais, ou gratificações, que, pela habitualidade, se tenham incorporado ao salário". **Súmula 462 do STF:** "No cálculo da indenização por despedida injusta, inclui-se, quando devido, o repouso semanal remunerado". No tocan-

A Lei n. 13.467, de 2017, assim, eliminou a menção à expressão "maior remuneração" e remeteu a solução de cálculo de cada verba da terminação do vínculo ao dispositivo normativo que trata do assunto. Assim, por exemplo, o aviso prévio passou a ser calculado a partir dos critérios contidos no art. 487 da CLT; as férias, segundo o disposto no art. 142 da CLT; o décimo terceiro salário, conforme a regra inserida no art. 1º da Lei n. 4.090, de 1962; e assim em relação a outras verbas, observados os seus dispositivos pertinentes.

15.4.2 Termo de rescisão do contrato de trabalho

Apurados os valores devidos conforme a situação de terminação contratual, e procedidos os cálculos que identificam a dimensão das parcelas que devem ser pagas, os valores precisam ser lançados num instrumento intitulado *termo de rescisão do contrato de trabalho* (**TRCT**). Note-se que o vocábulo "rescisão" é utilizado aqui em sentido genérico, para fazer referência a qualquer forma de cessação dos contratos de emprego, e não à forma específica de dissolução estudada no final do subcapítulo anterior.

O pagamento das parcelas contidas no TRCT, desde a vigência da Lei n. 13.467/2017, não mais imporá *o ato da homologação da rescisão do contrato de trabalho. Empregado e empregador realizarão, então, sem a necessária intermediação de terceiros, o ato de quitação na forma do § 4º do art. 477 da CLT*, vale dizer:

CLT, Art. 477. [...] § 4º O pagamento a que fizer jus o empregado será efetuado:

I — em dinheiro, depósito bancário ou cheque visado, conforme acordem as partes; ou

II — em dinheiro ou depósito bancário quando o empregado for analfabeto.

Se, por acaso, o trabalhador tiver, além de créditos, também débitos de natureza trabalhista[123], por exemplo, o valor correspondente ao aviso prévio que preferiu não prestar em tempo de serviço apesar de ter pedido demissão, qualquer compensação no ato do pagamento das verbas rescisórias não poderá exceder o equivalente a um mês de **remuneração** do empregado. Essa compensação, na Justiça do Trabalho, estará restrita às dívidas de natureza trabalhista, entendimento contido na Súmula 18 do TST:

Súmula 18 do TST. COMPENSAÇÃO. A compensação, na Justiça do Trabalho, está restrita a dívidas de natureza trabalhista.

Outro detalhe que diz respeito à compensação é o que envolve o meio processual adequado para sua postulação. Consoante a Súmula 48 do TST, a compensação somente poderá ser arguida com a contestação:

Súmula 48 do TST. COMPENSAÇÃO. A compensação só poderá ser arguida com a contestação.

Adite-se, ainda, que, embora seja lícito ao menor (aquele que tem idade inferior a 18 anos, salvo se emancipado) firmar recibo pelo pagamento dos salários pagos mês a mês, é vedado a ele, sem assistência de seus responsáveis legais, dar quitação ao empregador pelo recebimento das parcelas decorrentes da cessação do contrato de emprego[124].

---

te à Súmula 459 do STF há de considerar-se que, nos moldes da nova redação do § 1º do art. 457 da CLT, somente integram o salário as "gratificações legais".

123 Anote-se que, nos termos da Súmula 187 do TST, "a correção monetária não incide sobre o débito do trabalhador reclamante".

124 Art. 439 da CLT. É lícito ao menor firmar recibo pelo pagamento dos salários. Tratando-se, porém, de rescisão do contrato de trabalho, é vedado ao menor de dezoito anos dar, sem assistência dos seus responsáveis legais, quitação ao empregador pelo recebimento da indenização que lhe for devida.

15.4.3 Homologação e assistência

A reforma trabalhista de 2017 pôs fim à homologação, assim entendido o procedimento de natureza administrativa que tinha por finalidade realizar o controle, mediante a assistência de específicos órgãos, da validade dos atos praticados em decorrência da cessação dos contratos de emprego, notadamente a verificação da validade do consentimento e do pagamento. Não era, entretanto, exigível em todos os contratos, mas apenas naqueles que envolvessem empregados com mais de um ano de serviço[125].

Percebe-se, portanto, que nos limites do ora revogado § 1º do art. 477 da CLT (efeito produzido pela Lei n. 13.467/2017) somente os contratos firmados por empregado com até um ano de serviço não exigiam a formalidade da homologação administrativa. O sindicato representante da categoria profissional e a autoridade local do então Ministério do Trabalho tinham **competência funcional primária e concorrente** (um ou o outro, indistintamente) para assistir o empregado durante os atos praticados em decorrência da cessação dos contratos de emprego. Quando não existia na localidade qualquer dos citados órgãos, **e somente se eles não existissem**, a assistência era prestada, em caráter secundário e subsidiário, "pelo Representante do Ministério Público, **ou**, onde houver, pelo Defensor Público e, na falta ou impedimento destes, pelo Juiz de Paz" (*vide* o § 3º do art. 477 da CLT).

Atente-se para o fato de que existia (não existe mais) **concorrência funcional derivada** entre o representante do Ministério Público e o defensor público da localidade, vale dizer, poderia ser invocada a assistência de um ou de outro, indistintamente. Somente na ausência destes e, logicamente, dos órgãos com competência funcional primária é que poderia ser invocada a participação do juiz de paz, o último na escala dos competentes para operar o ora extinto procedimento de homologação. Destaque-se, por fim, que o acima mencionado ato da assistência — sobre o qual não mais se falará como ato obrigatório, impositivo e indispensável ao aperfeiçoamento da cessação de contrato que tivesse mais de um ano de existência — era processado **sem qualquer ônus** para o trabalhador e para o empregador.

Anote-se aqui também a existência do chamado termo de rescisão complementar (TRCT complementar) e registre-se que ele nunca esteve submetido à necessidade de homologação aqui discutida. Como instrumento de construção posterior à formalização da ruptura do vínculo, se houvesse alguma diferença constatada depois do procedimento homologatório, ela era paga perante o próprio empregador, mediante recibo, ou depositada na conta do trabalhador, sem burocracia. As datas lançadas no TRCT complementar são aquelas correspondentes à data do cálculo das diferenças apuradas.

A reforma trabalhista de 2017, sob o pálio da modernização das relações laborais, **eliminou o procedimento administrativo de homologação** e, em decorrência disso, a partir da vigência da Lei n. 13.467/2017, colocou face a face, sem a intermediação necessária de terceiros, os sujeitos da relação de emprego, sem nenhuma assistência, sem nenhuma aferição da existência de vício de consentimento ou de equívoco nos cálculos. Isso, entretanto, não impedirá que os sindicatos operários ofereçam atenção facultativa, voluntária ao trabalhador para que ele não seja enganado no momento de assinatura dos documentos correspondentes ao fim do vínculo. Esse auxílio, porém, será dado unicamente por uma decisão

---

[125] Veja-se, nesse sentido, a redação do ora revogado § 1º do art. 477 da CLT:

§ 1º O pedido de demissão ou recibo de quitação de rescisão do contrato de trabalho, firmado por empregado com mais de um ano de serviço, só será válido quando feito com a assistência do respectivo Sindicato ou perante a autoridade do Ministério do Trabalho.

estratégica da entidade sindical, caso ela — com fundamento na sua liberdade organizacional — assim entenda útil ou oportuno.

No plano residual, nunca será excessiva a lembrança de que, apesar de a lei ter eliminado a figura do sindicato-homologador, a norma coletiva poderá, por alguma razão que lhe seja própria, mantê-lo. **Sim, os instrumentos coletivos negociados, na condição de fontes autônomas com força normativa, podem manter o procedimento de homologação tal qual aquele existente antes da vigência da Lei n. 13.467/2017**. Caberá, portanto, aos envolvidos em situações relacionadas ao término do contrato o cuidado de consultar o conteúdo dos acordos ou convenções coletivas, pois estas podem ter dado continuidade à formalidade aqui em discussão.

15.4.4 Quitação e eficácia liberatória

No *termo de rescisão* (TRCT) deve estar especificada a natureza de cada parcela paga ao empregado e discriminado seu valor, sendo válida, por conta do princípio da não complessividade, a quitação, apenas, relativamente às mesmas parcelas. Observe-se, nesse sentido, o texto da Súmula 330 do TST, especificamente nos seus itens I e II:

Súmula 330 do TST.

A quitação passada pelo empregado, com assistência de entidade sindical de sua categoria, ao empregador, com observância dos requisitos exigidos nos parágrafos do art. 477 da CLT, tem eficácia liberatória em relação às parcelas expressamente consignadas no recibo, salvo se oposta ressalva expressa e especificada ao valor dado à parcela ou parcelas impugnadas.

I — A quitação não abrange parcelas não consignadas no recibo de quitação e, consequentemente, seus reflexos em outras parcelas, ainda que estas constem desse recibo;

II — Quanto a direitos que deveriam ter sido satisfeitos durante a vigência do contrato de trabalho, a quitação é válida em relação ao período expressamente consignado no recibo de quitação.

A **Orientação Jurisprudencial 270 da SDI-1 do TST** identifica outro aspecto importante. É que "a **transação extrajudicial** que importa rescisão do contrato de trabalho ante a adesão do empregado a plano de demissão voluntária implica apenas quitação exclusivamente das parcelas e valores constantes do recibo", **salvo se quitação ampla e irrestrita de todas as parcelas decorrentes do contrato de emprego tiver sido dada em item constante de instrumento coletivo negociado e de demais instrumentos assinados pelo empregado**. Essa foi a conclusão a que chegaram, por unanimidade, na Plenária de 30 de abril de 2015, os ministros do STF, no julgamento do Recurso Extraordinário (RE) 590415, que teve repercussão geral reconhecida.

Ao darem provimento ao mencionado Recurso Extraordinário, os ministros fixaram a tese de que **"a transação extrajudicial que importa rescisão do contrato de trabalho em razão de adesão voluntária do empregado a plano de dispensa incentivada enseja quitação ampla e irrestrita de todas as parcelas objeto do contrato de emprego, caso essa condição tenha constado expressamente do acordo coletivo que aprovou o plano, bem como dos demais instrumentos celebrados com o empregado"**.

Em seu voto, o relator do caso, ministro Luís Roberto Barroso, defendeu o seu ponto de vista ao afirmar que apenas no âmbito das relações individuais do trabalho o trabalhador fica à mercê de proteção estatal até contra sua própria necessidade ou ganância, haja vista a sua vulnerabilidade em face do empregador. Sustentou, porém, que essa assimetria não se coloca com a mesma intensidade nas negociações coletivas de trabalho, porque ali pesos e forças tendem a se igualar[126].

Agora sob o ponto de vista crítico, foi aqui salientado desde edição anterior que a decisão do STF, conquanto mereça respeito, traz em si o risco de estimular, mediante aplicações analógicas, a construção de cláusulas contratuais coletivas de quitação geral, capazes de afetar o patrimônio pessoal dos empregados. Cabe refletir se não haveria mesmo nenhum limite ao exercício da autonomia coletiva sindical em tais situações. Afinal, um instrumento coletivo negociado poderia realmente dar quitação ampla e irrestrita de **todas** as parcelas decorrentes do contrato de emprego, em ofensa ao direito de propriedade dos trabalhadores?

O legislador da reforma trabalhista de 2017 entendeu que sim. Exatamente por conta disso tornou lei o precitado entendimento relacionado ao "Plano de Demissão Voluntária ou Incentivada". A Lei n. 13.467/2017 criou o art. 477-B na CLT para tratar do assunto, e assim o fez:

> *Art. 477-B. Plano de Demissão Voluntária ou Incentivada, para dispensa individual, plúrima ou coletiva, previsto em convenção coletiva ou acordo coletivo de trabalho,* ***enseja quitação plena e irrevogável dos direitos decorrentes da relação empregatícia****, salvo disposição em contrário estipulada entre as partes* (destaques não constantes do original).

A extensão e o alcance da norma são os mais amplos possíveis, pois aplicável, indistintamente, no âmbito das dispensas individuais, plúrimas ou coletivas. Bastará, portanto, que o empregador ajuste, mediante negociação coletiva, um plano de desligamento incentivado para fruir da máxima proteção dada por uma **quitação plena e irrevogável dos direitos decorrentes da relação empregatícia**, salvo, evidentemente, se os próprios sujeitos coletivos ajustarem inexistente tal quitação em tal dimensão.

15.4.5 Prazo de pagamento e penas pelo atraso

Nos seguintes tópicos serão analisados os prazos para pagamento das parcelas decorrentes da terminação do contrato de emprego e também as sanções aplicáveis às situações de atraso. Vejam-se.

15.4.5.1 Prazos para pagamento das parcelas decorrentes da cessação do vínculo

A Lei n. 13.467/2017 unificou o prazo para o pagamento das parcelas decorrentes da cessação do contrato. Antes dessa norma, porém, existiam duas hipóteses a considerar, que, aliás, **continuarão a ser referenciadas e aplicadas em relação aos vínculos findos**

---

[126] O voto condutor do acórdão, da lavra do Ministro Roberto Barroso (RE 590.415 (Rel. Min. ROBERTO BARROSO, *DJe* de 29-5-2015), foi proferido com base nas seguintes razões: (a) "a Constituição reconheceu as convenções e os acordos coletivos como instrumentos legítimos de prevenção e de autocomposição de conflitos trabalhistas; tornou explícita a possibilidade de utilização desses instrumentos, inclusive para a redução de direitos trabalhistas; atribuiu ao sindicato a representação da categoria; impôs a participação dos sindicatos nas negociações coletivas; e assegurou, em alguma medida, a liberdade sindical (...)"; (b) "a Constituição de 1988 (...) prestigiou a autonomia coletiva da vontade como mecanismo pelo qual o trabalhador contribuirá para a formulação das normas que regerão a sua própria vida, inclusive no trabalho (art. 7º, XXVI, CF)"; (c) "no âmbito do direito coletivo, não se verifica (...) a mesma assimetria de poder presente nas relações individuais de trabalho. Por consequência, a autonomia coletiva da vontade não se encontra sujeita aos mesmos limites que a autonomia individual"; (d) "(...) não deve ser vista com bons olhos a sistemática invalidação dos acordos coletivos de trabalho com base em uma lógica delimitação da autonomia da vontade exclusivamente aplicável às relações individuais de trabalho".

antes da modificação produzida pela mencionada reforma trabalhista. Assim, cabe um **antes** e um **depois** da reforma trabalhista de 2017, nos seguintes termos:

a) Até a data de vigência da Lei n. 13.467/2017, o prazo previsto no § 6º do art. 477 da CLT considerava duas variáveis

1º) até o **primeiro dia útil** imediato ao término do contrato; ou

2º) até o **décimo dia**[127], contado da data da notificação da demissão, quando da ausência do aviso prévio, indenização do mesmo ou dispensa de seu cumprimento.

Observe-se, quanto à contagem do prazo, o disposto na OJ 162 da SDI-1 do TST:

Orientação Jurisprudencial 162 da SDI-1, TST. Multa. Art. 477 da CLT. Contagem do Prazo. Aplicável o Art. 132 do Código Civil de 2002. Inserida em 26.03.99 (atualizada a legislação e inserido dispositivo). **A contagem do prazo para quitação das verbas decorrentes da rescisão contratual prevista no artigo 477 da CLT exclui necessariamente o dia da notificação da demissão e inclui o dia do vencimento, em obediência ao disposto no artigo 132 do Código Civil de 2002** (artigo 125 do Código Civil de 1916).

É bom anotar, mesmo porque essa questão tem ocorrido muitas vezes na prática forense, que não há regra que determine a exclusão do dia de início de contagem do prazo se ele for um dia destinado ao descanso (domingo ou feriado). Essa regra aplica-se unicamente às situações em que o dia final for um dia destinado ao descanso. Veja-se, a propósito, o § 1º do art. 132 do Código Civil, segundo o qual *"se o **dia do vencimento** cair em feriado considerar-se-á prorrogado o prazo até o seguinte dia útil"*.

Assim, apenas a título exemplificativo, imagine-se a situação de um empregado que recebeu o aviso prévio indenizado de resilição por iniciativa patronal no dia 7-6-2014 (sábado). O prazo de dez dias terá o seu início em 8-6-2014 (domingo) e se estenderá, contado dia a dia, até o dia 17-6-2014 (terça-feira), e não até o dia 18-6-2014 (quarta-feira).

b) A partir da vigência da Lei n. 13.467/2017, o prazo previsto no § 6º do art. 477 da CLT foi unificado

CLT. Art. 477. [...] § 6º *A entrega ao empregado de documentos que comprovem a comunicação da extinção contratual aos órgãos competentes bem como o pagamento dos valores constantes do instrumento de rescisão ou recibo de quitação deverão ser efetuados **até dez dias** contados a partir do término do contrato* (destaques não constantes do original).

Note-se que a partir da vigência da nova legislação o prazo está unificado em 10 (dez) dias, independentemente do motivo ensejador da terminação do vínculo.

15.4.5.2 Penas pelos atrasos

O pagamento fora dos prazos assinalados sujeita o infrator a duas espécies de multa:

15.4.5.2.1 Multa administrativa

É multa cobrada pela Superintendência Regional do Trabalho e Emprego (SRTE) por trabalhador prejudicado. Atente-se, a propósito, com base no Precedente Administrativo n.

---

[127] Em conformidade com a **Orientação Jurisprudencial 14 da SDI-1 do TST**, "em caso de aviso prévio cumprido em casa, o prazo para pagamento das verbas rescisórias é até o décimo dia da notificação de despedida".

28 da Secretaria de Inspeção do Trabalho (Aprovado pelo Ato Declaratório DEFIT n. 3, de 29-5-2001, *DOU*, 30-5-2001, e consolidado pelo Ato Declaratório DEFIT n. 4, de 21-2-2002, *DOU*, 22-2-2002), que "o pagamento da multa em favor do empregado não exime o autuado da multa administrativa, uma vez que são penalidades distintas: a primeira beneficia o empregado, enquanto a segunda destina-se ao Poder Público".

15.4.5.2.2 *Multa moratória*

É multa cobrada em favor do empregado prejudicado, em valor equivalente a seu **salário-base**, devidamente corrigido, salvo quando, comprovadamente, ele tenha sido o responsável pelo atraso.

Uma questão importante, entretanto, normalmente envolve o conceito de "atraso": afinal, o legislador refere-se apenas ao atraso no pagamento das verbas decorrentes da terminação do contrato de emprego ou ao atraso no conjunto de prestações relacionadas ao procedimento de desligamento?

A reforma produzida pela Lei n. 13.467/2017 deixou claro que o cumprimento da obrigação relacionada à cessação do contrato de emprego não se exaure no pagamento dos valores constantes do instrumento de rescisão ou recibo de quitação, mas, em realidade, se completa com a simultânea entrega da documentação que comprova a comunicação de ruptura contratual aos órgãos competentes. Dessa forma, caberá a multa do art. 477 da CLT, no valor correspondente a um salário-base (*vide* § 8º do art. 477 consolidado), quando o empregador fizer o pagamento das verbas decorrentes da cessação do vínculo, mas não as anotações na CTPS e a entrega ao empregado dos precitados documentos comprobatórios do seu desligamento para fins de levantamento do FGTS e habilitação ao seguro-desemprego. Perceba-se, portanto, que a pontualidade no pagamento das verbas decorrentes da terminação do contrato de emprego não isenta o empregador do pagamento da multa prevista no art. 477 da CLT se ele tiver atrasado o cumprimento de qualquer uma das obrigações de fazer. Isso se justifica na medida em que ora analisado procedimento de quitação tem natureza complexa, envolvendo uma série de atos dependentes entre si[128].

Ainda sobre o conceito de atraso, analisado aqui com foco nas situações em que se exigia a homologação sindical no passado ou em que ainda se exige essa formalidade por imposição de norma coletiva, deve-se observar que **a lei não autoriza depósito antecipado do valor devido**, tampouco que o pagamento aconteça parcialmente[129] ou em instante diferido. Quem age contra essas prescrições está tecnicamente incorrendo em mora. Note-se que não está em mora apenas quem não paga, mas também quem paga fora do tempo e lugar previstos. Nesse sentido é de observar o disposto no art. 394 do Código Civil:

> *Art. 394. Considera-se em mora o devedor que não efetuar o pagamento e o credor que não quiser recebê-lo no tempo, lugar e forma que a lei ou a convenção estabelecer.*

---

128 Observe-se jurisprudência antiga, porém bem atual, nesse sentido:
MULTA DO ARTIGO 477, § 8º DA CLT — ATO COMPLEXO — A quitação rescisória é um ato complexo que envolve também obrigações de fazer, tais como a entrega do TRCT para levantamento do FGTS depositado e das guias CD/SD, para fins de obtenção do benefício do seguro-desemprego. Portanto, tem-se que o descumprimento do prazo estabelecido no § 6º do art. 477 da CLT no tocante às obrigações de fazer configura atraso na quitação, sendo cabível a aplicação da multa prevista no § 8º do artigo retromencionado (TRT 3ª R., RO 00995-2006-108-03-00-5, 3ª T., rel. Des. Maria Lúcia Cardoso Magalhães, *DJMG*, 21-4-2008).

129 O prazo legal de dez dias para a homologação da rescisão abrange todas as obrigações do empregador para com o empregado, e o descumprimento de quaisquer delas justifica a multa por atraso rescisório. Veja-se decisão nesse sentido no processo (RO) 00995-2006-108-03-00-5.

Outro aspecto importante a analisar diz respeito ao **sujeito passivo da penalidade**. Nesse sentido, pode-se afirmar que a multa por mora **é devida indistintamente por empregadores privados ou públicos**, não sendo garantido a estes últimos qualquer privilégio da isenção. Anote-se que sobre esse suposto privilégio manifestou-se o TST, mediante a Orientação Jurisprudencial 238 da SDI-1, nos seguintes moldes:

> **Orientação Jurisprudencial 238 da SDI-1 do TST.** *Multa. Art. 477 da CLT. Pessoa Jurídica de Direito Público. Aplicável. Inserida em 20.06.01 (inserido dispositivo). Submete-se à multa do artigo 477 da CLT a pessoa jurídica de direito público que não observa o prazo para pagamento das verbas rescisórias, pois nivela-se a qualquer particular, em direitos e obrigações, despojando-se do "ius imperii" ao celebrar um contrato de emprego.*

A jurisprudência dominante, entretanto, entendeu que a multa de mora, por força das circunstâncias que envolvem um estado de falência, **não se aplica à massa falida**. Enfim, diante desse estado jurídico, os bens da empresa quebrada concentram-se no juízo universal, e dele somente podem sair com autorização judicial. Por conta disso, o TST produziu a Súmula 388. Note-se:

> **Súmula 388 do TST.** *A Massa Falida não se sujeita à penalidade do artigo 467 e nem à multa do § 8º do art. 477, ambos da CLT.*

Ainda no âmbito dos sujeitos sobre os quais pode recair a multa prevista no art. 477 da CLT, veiculou-se no cotidiano forense a ideia de que, tendo sido o efetivo empregador o responsável por sua ocorrência, a empresa tomadora dos serviços, numa situação de terceirização, não seria apenada. Esta tese baseia-se no argumento de que a empresa tomadora apenas teria responsabilidade subsidiária sobre as *obrigações trabalhistas* produzidas durante a relação jurídica de direito material (durante o contrato de emprego). Como a multa do art. 477 da CLT é resultante do inadimplemento das mencionadas obrigações trabalhistas, o comportamento da empresa prestadora seria pós-contratual, fora do campo de responsabilidade da tomadora dos serviços. Essa tese, entretanto, não se revela razoável, pois as verbas decorrentes do inadimplemento das obrigações trabalhistas são mero acessório, que, como se sabe, seguem o destino e a sorte do principal. O TST confirmou esse entendimento ao incluir o item VI no texto da sua Súmula 331, que parece ter sido mantido mesmo depois do julgamento da ADPF 324 e do RE 958.252. Veja-se:

> *VI — A responsabilidade subsidiária do tomador de serviços abrange todas as verbas decorrentes da condenação referentes ao período da prestação laboral.*

Perceba-se que, segundo a perspectiva do TST, a responsabilidade subsidiária do tomador abrangerá "todas as verbas decorrentes da condenação", e não apenas as verbas decorrentes da contratação.

Outro detalhe relevante a observar diz respeito ao cabimento da multa prevista no art. 477, § 8º, da CLT, quando houver **fundada controvérsia quanto à existência da obrigação geradora do inadimplemento** (situação de sustentação de inexistência do vínculo de emprego). Sobre o tema parece acertada a tese segundo a qual, uma vez certificada a existência do vínculo de emprego, os efeitos declaratórios autorizam a exigibilidade da multa ora analisada. Perceba-se que o Judiciário apenas declarará aquilo que efetivamente existiu. Se efetivamente existiu, deveriam ter sido pagas as parcelas decorrentes da extinção daquilo que, de fato, aconteceu.

Motivado por esse raciocínio, o TST, em novembro de 2009, cancelou a Orientação Jurisprudencial 351 da Seção I de Dissídios Individuais (SDI-1), que estabelecia ser "incabível a multa prevista no art. 477, § 8º, da CLT, quando houver fundada controvérsia quanto à existência da obrigação cujo inadimplemento gerou a multa".

Aspecto adicional que justificou o cancelamento da citada Orientação Jurisprudencial foi a dificultosa determinação do conceito de **"fundada controvérsia"**. Afirma-se isso porque, tratando-se de conceito jurídico indeterminado, múltiplas acepções à expressão eram atribuídas. A Orientação Jurisprudencial 351, tal qual fora confeccionada, era estimulante da negativa da existência de vínculo empregatício, notadamente quando não realizada anotação do contrato na CTPS. Enfim, diante desse quadro, bastava ao demandado sustentar sua defesa na suposta "fundada controvérsia" para ter fundamentos para a postulação da isenção da multa.

Exatamente por isso o TST publicou a **Súmula 462** (*DEJT* divulgado em 30-6-2016), segundo a qual "a circunstância de a relação de emprego ter sido reconhecida apenas em juízo não tem o condão de afastar a incidência da multa prevista no art. 477, § 8º, da CLT". Dessa forma e nesses termos, a referida multa não será devida **apenas quando**, comprovadamente, o empregado der causa à mora no pagamento das verbas rescisórias.

E se houver afastamento de justa causa em juízo? Nesse caso, a multa prevista no § 8º do art. 477 da CLT será ou não devida?

A resposta parece depender do nível de controvérsia que envolveu a discussão quanto à existência ou não da justa causa operária e, consequentemente, da interpretação judicial acerca dos fatos. Assim, não caberia a condenação na multa do § 8º do art. 477 da CLT, se, à época da pena, não pairavam razoáveis dúvidas sobre a existência da falta grave e se, cumulativamente, o empregador pagou, na ocasião, as parcelas incontroversas que independiam do motivo ensejador da terminação do contrato.

Por outro lado, caberia a condenação da multa aqui analisada no caso de inexistência de dúvidas razoáveis sobre a ocorrência da falta grave. Esta seria, aliás, uma forma de coibir despedidas sumárias fundadas em falso motivo, apenando o infrator pela mora na quitação a que não deu causa o empregado. Exemplo em que não há dúvida razoável para a caracterização da falta grave diz respeito às situações em que o operário é duplamente punido pelo mesmo fato (suspenso e, em seguida, despedido com justa causa). Nesse caso, o empregador, por ter ferido um princípio básico do exercício do poder disciplinar, produziu uma justa causa sem o mínimo suporte na razoabilidade.

Mais uma temática relacionada à multa prevista no § 8º do art. 477 da CLT diz respeito a sua aplicabilidade nas **situações em que se pretende a declaração de despedida indireta**.

Parece acertada a posição segundo a qual a multa do § 8º do art. 477 da CLT não será devida nas despedidas indiretas quando o empregador, independentemente da tese contida na petição inicial, tiver tomado a iniciativa de pagar as verbas devidas para o tipo de ruptura que entendeu ocorrente.

Nesse caso, se o empregado, por exemplo, tiver afirmado que foi indiretamente despedido e o patrão sustentar, em contestação, o ato demissionário operário ou o seu abandono de emprego, nada mais razoável se esperará do que a constatação do pagamento tempestivo das verbas relacionadas à espécie de rompimento que o empregador entendeu ocorrida, observada, quando exigível, a necessária consignação em pagamento. Se não o fizer, a multa será devida.

Entretanto, se o empregador, ao contestar o pedido de caracterização de despedida indireta, afirmar que o empregado está com o contrato de emprego ainda vigente, somente depois da certificação do débito e do trânsito em julgado da decisão será possível falar-se em início da contagem do prazo para o pagamento das verbas rescisórias. A multa do § 8º art. 477 da CLT, nesse caso, somente seria devida se superados 10 (dez) dias sem o integral pagamento do que judicialmente se certificou.

Trocando em miúdos, o fato gerador da analisada multa é a inadimplência na quitação das verbas rescisórias, e as sanções estipuladas se relacionam à pontualidade no pagamento, e não às espécies de motivação que ensejam o término da relação de emprego.

15.4.6 Aplicação do art. 467 da CLT

O art. 467 da CLT prevê a possibilidade de aplicação de pena ao empregador que, ciente da existência de dívidas certas e relacionadas às verbas decorrentes da cessação do vínculo, não as paga na data do comparecimento à Justiça do Trabalho, em virtude do ajuizamento de ação promovida por seu ex-empregado. Não se deve confundir, portanto, a evidência de dívidas certas relacionadas às verbas rescisórias com o mero ato de contestar essas mesmas dívidas certas, afirmando que elas foram pagas, quando, em verdade, não há nenhum recibo de quitação para lastrear a contestação.

A pena ora em análise tem por objeto, portanto, o montante das verbas rescisórias incontroversas, e a dimensão dessa sanção corresponde a 50% (cinquenta por cento) da referida quantia.

Diante da evidência de que essa multa de 50% incide sobre **dívidas certas e relacionadas às verbas decorrentes da cessação do vínculo**, é lógico afirmar que ingressam no conceito de "verbas rescisórias incontroversas" todas as parcelas que tenham origem na terminação do contrato, entre as quais, em se tratando de resilição por iniciativa patronal, salário retido, saldo de salário, aviso prévio indenizado e proporcional, férias devidas na rescisão acrescidas de 1/3, décimos terceiros salários devidos na rescisão, parcelas de FGTS não recolhidas durante o transcurso do contrato e indenização de 40% sobre a totalidade dos depósitos do FGTS.

Para outro lado, é bom salientar que o TST[130] é absolutamente indiferente, em matéria de aplicação dessa pena, que o empregador efetivamente compareça à Justiça do Trabalho ou que seja revel. A discussão tomou relevância a partir do instante em que se praticou a interpretação de que, nos moldes do precitado art. 467 da CLT, o empregador somente estaria obrigado a pagar ao trabalhador a parte incontroversa das verbas rescisórias "à data do comparecimento à Justiça do Trabalho".

Comparecendo ou sendo revel, entretanto, a **massa falida estará imune à pena prevista no art. 467 da CLT**. O entendimento constante da Súmula 388 do TST[131], tal qual praticado em relação à multa prevista no art. 477 da CLT, justifica-se na medida em que os bens da empresa quebrada não estão sob a sua disponibilidade; concentram-se, na realidade, no juízo universal da falência, e dele somente podem sair mediante autorização judicial.

Por outro lado, um dos questionamentos mais frequentes em relação à pena prevista no art. 467 da CLT diz respeito a sua aplicabilidade à União, aos Estados, ao Distrito Federal, aos Municípios, e a suas autarquias e fundações públicas. Afirma-se isso porque a redação originária do art. 467 da CLT[132] não possuía parágrafo único. Este somente foi ali inserido

---

130 Ver **Súmula 69 do TST:** RESCISÃO DO CONTRATO. A partir da Lei n. 10.272, de 05.09.2001, havendo rescisão do contrato de trabalho e sendo revel e confesso quanto à matéria de fato, deve ser o empregador condenado ao pagamento das verbas rescisórias, não quitadas na primeira audiência, com acréscimo de cinquenta por cento.

131 **Súmula 388 do TST.** A Massa Falida não se sujeita à penalidade do art. 467 e nem à multa do § 8º do art. 477, ambos da CLT.

132 A redação originária do art. 467 da CLT, modificada pelo texto que ora vige, era a seguinte: "Art. 467. Em caso de rescisão do contrato do trabalho, motivada pelo empregador ou pelo empregado, e havendo controvérsia sobre parte da importância dos salários, o primeiro é obrigado a pagar a este à data do seu comparecimento

por meio da Medida Provisória n. 2.180-35, de 24-8-2001, *DOU*, 27-8-2001, em vigor conforme o art. 2º da Emenda Constitucional n. 32, de 11-9-2001, *DOU*, 12-9-2001. A referida medida provisória foi publicada com o objetivo de blindar as pessoas jurídicas de direito público em relação a uma pletora de atos processuais, dando-lhes mais prerrogativas do que aquelas que normalmente lhes são oferecidas. Pois bem. Independentemente do mérito da referida norma, a verdade é que ela continua vigendo no sistema jurídico, qualificada, inclusive, pela duração por tempo indeterminado por força do art. 2º da Emenda Constitucional n. 32, de 11-9-2001, *DOU*, 12-9-2001.

Mas em que residiria, então, a dúvida quanto à aplicabilidade do parágrafo único do art. 467 da CLT? Reside na circunstância especial de ter sido publicada a referida Medida Provisória n. 2.180-35, criadora do parágrafo único do art. 467 da CLT, em 27-8-2001 e de ter sido publicada, logo em seguida, em 6-9-2001, a **Lei n. 10.272, de 5-9-2001.**

Formou-se, então, o questionamento: a publicação da mencionada Lei n. 10.272/2001 sem qualquer alusão ao mencionado parágrafo único teria criado uma situação de revogação parcial, por supressão de parte do dispositivo?

A resposta parece negativa, uma vez que a Lei n. 10.272/2001 operou a mudança apenas do texto constante do *caput* do art. 467 da CLT, sendo certo que o projeto de lei que propôs a alteração de texto não previa qualquer discussão sobre o conteúdo do parágrafo único. Por quê? Simplesmente porque tramitaram separadamente as propostas de construção da Medida Provisória n. 2.180-35 e da Lei n. 10.272/2001.

Observe-se que a multicitada MP foi publicada em 27-8-2001 e a Lei em 6-9-2001, ou seja, dez dias depois. Ademais, como o parágrafo único não é incompatível com o texto do *caput* do art. 467 da CLT, não há sequer como afirmar que houve revogação tácita, nos moldes do § 1º do art. 2º da Lei de Introdução às Normas do Direito Brasileiro (Decreto-Lei n. 4.657, de 4-9-1942). O dispositivo do parágrafo único, em rigor, apesar de sequer aparecer em muitas publicações eletrônicas da CLT, está em plena vigência, até deliberação definitiva do Congresso Nacional, na forma prevista no art. 2º da Emenda Constitucional n. 32, de 11-9-2001, *DOU*, 12-9-2001.

15.4.7 Termo de quitação anual de obrigações trabalhistas

A reforma trabalhista de 2017 trouxe uma novidade polêmica. Inspirada na Lei n. 12.007, de 29 de julho de 2009, que dispõe sobre a emissão de declaração de quitação anual de débitos pelas pessoas jurídicas prestadoras de serviços públicos ou privados, o legislador trabalhista da Lei n. 13.467/2017 instituiu o "termo de quitação anual de obrigações trabalhistas", que poderá ser facultativamente firmado entre empregados e empregadores, na vigência ou não do contrato de emprego, perante o sindicato dos empregados da categoria. Veja-se:

> *CLT. Art. 507-B. É facultado a empregados e empregadores, na vigência ou não do contrato de emprego, firmar o termo de quitação anual de obrigações trabalhistas, perante o sindicato dos empregados da categoria.*

---

ao tribunal de trabalho a parte incontroversa dos mesmos salários, sob pena de ser, quanto a essa parte, condenado a pagá-la em dobro". Este texto foi modificado pela Lei n. 10.272, de 5-9-2001, e passou a ter a seguinte redação: "Art. 467. Em caso de rescisão de contrato de trabalho, havendo controvérsia sobre o montante das verbas rescisórias, o empregador é obrigado a pagar ao trabalhador, à data do comparecimento à Justiça do Trabalho, a parte incontroversa dessas verbas, sob pena de pagá-las acrescidas de cinquenta por cento".

Parágrafo único. O termo discriminará as obrigações de dar e fazer cumpridas mensalmente e dele constará a quitação anual dada pelo empregado, com eficácia liberatória das parcelas nele especificadas.

Pelo que consta do dispositivo, que menciona a realização do ato "perante o sindicato dos empregados da categoria", não haverá espaço para a entidade sindical obreira negar-se a estar diante do ato de prestação de contas, mas, sem dúvidas — até porque se espera isso dela — poderá orientar o empregado na constatação de eventuais diferenças em seu favor. A assinatura do termo de quitação somente se dará, obviamente, se ambas as partes concordarem que realmente estão quites, sendo importante lembrar que o termo não é caracterizado pela reciprocidade: o parágrafo único refere apenas sobre "quitação anual dada pelo empregado", e não sobre "quitação anual recíproca dada entre empregado e empregador".

A responsabilidade da entidade sindical obreira será elevada na medida em que o termo de quitação discriminará as obrigações de dar e fazer cumpridas mensalmente e dele constará a quitação anual **com eficácia liberatória das parcelas nele especificadas**. A jurisprudência detalhará os efeitos da expressão "eficácia liberatória", principalmente por ela não estar acompanhada do qualificativo "geral". Em princípio, porém, parece que a eficácia liberatória referida no texto ora analisado — até por conta dos posicionamentos do STF em situações que envolvem a intermediação da entidade sindical — tem mesmo a intenção de oferecer quitação plena para todas as parcelas nele especificadas, não sendo possível discussões sobre eventuais diferenças ainda que no Judiciário.

15.5 SEGURO-DESEMPREGO

O seguro-desemprego é um benefício de natureza híbrida, com matizes previdenciários, assistenciais e trabalhistas. Diz-se isso porque ele, conforme disposto no art. 201, III, do texto constitucional, cobre o risco social do desemprego involuntário. Apesar disso, ele não é garantido pelo Regime Geral da Previdência Social (*vide* § 1º do art. 9º da Lei n. 8.213/91), mas sim pelo Fundo de Amparo ao Trabalhador — FAT. A feição assistencial é constatável diante da outorga do benefício para quem jamais contribui especificamente, mas, a despeito disso, é necessitado nos termos da lei, sendo um exemplo claro o seguro-desemprego outorgado aos resgatados da condição análoga à de escravo.

A feição trabalhista é constatada na outorga do seguro-desemprego para custear instantes de qualificação profissional.

O regulamento infraconstitucional do seguro-desemprego está contido basicamente nas Leis n. 7.998/90, 8.900/94, 10.208/2001, 10.608/2002, 10.779/2003, 12.134/2015 e em atos administrativos do CODEFAT (Conselho Deliberativo do Fundo de Amparo ao Trabalhador).

Trata-se de vantagem temporária concedida, em regra, aos empregados urbanos, rurais ou domésticos que se tornaram involuntariamente desempregados, ou seja, àqueles que foram dispensados sem justa causa (*vide* art. 7º, II, da Constituição).

No âmbito dos seus destinatários, e na linha do que se antecipou no início deste tópico, além de **empregados urbanos, rurais e domésticos** desligados sem justo motivo, incluem-se também, embora em circunstâncias peculiares, os **pescadores artesanais no período em que as pescas são proibidas** para propiciar a procriação das espécies ("período do defeso", nos moldes da Lei n. 10.779/2003) e os **trabalhadores resgatados de regime de trabalho forçado ou da condição análoga à de escravo** (consoante o disposto na Lei n. 10.608/2002). Este tópico, entretanto, pela pertinência temática com este capítulo, será aprofundado apenas no tocante à situação dos empregados urbanos, rurais e domésticos.

15.5.1 Finalidades

O programa de seguro-desemprego tem uma *dupla finalidade*.

A *primeira* é prover assistência financeira temporária ao desempregado em virtude de dispensa sem justa causa, ao pescador artesanal no período do defeso e ao trabalhador comprovadamente resgatado de regime de trabalho forçado ou da condição análoga à de escravo.

A *segunda* finalidade é auxiliar o trabalhador na busca ou na preservação do emprego, promovendo, para tanto, ações integradas de orientação, recolocação e qualificação profissional.

15.5.2 Requisitos

Tirante, evidentemente, as hipóteses especiais que dizem respeito aos pescadores artesanais e aos trabalhadores resgatados de regime de trabalho forçado ou da condição análoga à de escravo, disciplinados por regras igualmente especiais, os requisitos para a percepção do seguro-desemprego estão, de modo geral, contidos na Lei n. 13.134/2015 e nas recepcionadas Resoluções CODEFAT. Diante desse conjunto normativo, para ter direito ao seguro-desemprego, o empregado urbano e rural deverá comprovar, cumulativamente:

a) **Ter sido dispensado sem justa causa**, considerando-se como tal inclusive a despedida indireta (conforme o art. 483 da CLT).

Assim, não terão direito ao seguro-desemprego empregados demissionários (os que pediram para sair), despedidos por justo motivo, desligados por conta do advento do termo final do contrato ou do alcance dos propósitos contratuais (os que são contratados por tempo determinado) e, ainda, por força da interpretação do CODEFAT (Resolução n. 467/2005, art. 6º), os desligados por força de adesão a Planos de Demissão Voluntária ou similares.

Outro ponto sensível a essa discussão diz respeito aos empregados dispensados por força maior. Eles, segundo a Lei n. 7.998/90 e as normas regulamentares do CODEFAT (*vide* o art. 2º da Resolução CODEFAT n. 957/2022), teriam direito ao benefício, porque essa situação não ingressaria no figurino da "dispensa sem justa causa, inclusive a indireta". Entretanto, se a análise da questão se der à luz da previsão constitucional de que a vantagem é garantida aos que vivem situação de "desemprego involuntário", há possibilidade de invocação perante o Judiciário de pagamento desse benefício também em favor dos que tenham sido dispensados por força maior. Afinal, eles não deram causa ao despedimento.

b) **Ter recebido salários de pessoa jurídica ou de pessoa física a ela equiparada, relativos a (a) pelo menos 12 (doze) meses nos últimos 18 (dezoito) meses imediatamente anteriores à data de dispensa, quando da primeira solicitação; (b) pelo menos 9 (nove) meses nos últimos 12 (doze) meses imediatamente anteriores à data de dispensa, quando da segunda solicitação; e (c) cada um dos 6 (seis) meses imediatamente anteriores à data de dispensa, quando das demais solicitações.**

A Lei n. 13.134/2015 inovou na criação de uma tabela que condiciona a habilitação do benefício do seguro-desemprego à demonstração de recebimento de um número mínimo de salários mensais dentro de um determinado período, diminuindo-se gradualmente a exigência na medida em que o beneficiário esteja em sua segunda ou terceira solicitação. Assim, nos termos da nova redação do art. 3º da Lei n. 7.998/90, terá direito à percepção do seguro-desemprego o trabalhador dispensado sem justa causa que comprove, entre outros requisitos, ter recebido salários de pessoa jurídica ou de pessoa física a ela equiparada, relativos a:

a) pelo menos 12 (doze) meses nos últimos 18 (dezoito) meses imediatamente anteriores à data de dispensa, quando da primeira solicitação;

b) pelo menos 9 (nove) meses nos últimos 12 (doze) meses imediatamente anteriores à data de dispensa, quando da segunda solicitação; e

c) cada um dos 6 (seis) meses imediatamente anteriores à data de dispensa, quando das demais solicitações;

O requisito do modo como foi elaborado permite que um empregado considere os salários recebidos em dois ou mais empregos sucessivos para fins de habilitação ao benefício ora em exame. Imagine-se o exemplo de um empregado que, no seu primeiro emprego, trabalhou apenas dez meses para o seu empregador e, findo esse prazo, demitiu-se. Diante desse desligamento, ele não conseguiria habilitar-se ao seguro-desemprego, não somente porque demissionário, mas também porque ainda não teria cumprido o requisito da percepção de salários no período de doze meses nos últimos dezoito imediatamente anteriores à data de dispensa.

Esse requisito, entretanto, ainda poderá ser cumprido se o referido trabalhador vier a ser mais uma vez contratado pelo mesmo ou por outro empregador para novo vínculo que dure pelo menos o necessário ao cumprimento do tempo faltante e, se, obviamente, ele vier a ser futuramente desligado sem justa causa.

Cabe chamar a atenção do leitor, igualmente, para o fato de que a Lei n. 13.134/2015 pôs fim à exigência de que os salários fossem necessariamente e sempre consecutivos. De acordo com a atual sistemática, basta, como antedito, que o habilitando tenha trabalhado 12 (doze) meses nos últimos 18 (dezoito) imediatamente anteriores à sua dispensa, quando da primeira solicitação; ou pelo menos 9 (nove) meses nos últimos 12 (doze), quando da segunda solicitação. Depois das duas primeiras solicitações é que a sistemática volta a ser a anteriormente adotada, mediante a qual se exigirá, desta vez com a necessária continuidade, a prova de recebimento de salários em **cada um dos** 6 (seis) meses imediatamente anteriores à data de dispensa.

Anote-se, ainda, que a Lei n. 13.134/2015 revogou expressamente o requisito segundo o qual o habilitando ao seguro-desemprego deveria ter, além dos mencionados "meses de salário", pelo menos "seis meses de atividade" nos últimos trinta e seis meses que antecedessem a data de dispensa que deu origem ao requerimento do seguro-desemprego. Exigia-se (não se exige mais), portanto, que o pretendente ao seguro-desemprego satisfizesse cumulativamente os critérios "meses de salário" e "meses de atividade", sendo importante destacar que, para a caracterização do conceito de "meses de atividade" (conforme o § 3º do art. 2º da ora revogada Lei n. 8.900/94), era (não é mais) indispensável que se demonstrasse labor em fração igual ou superior a 15 dias de trabalho para que se constatasse a ocorrência de mês integral de atividade. Dizer isso é relevante para explicar que, no passado (não mais agora), um empregado poderia ter recebido salários consecutivos no período de seis meses imediatamente anteriores à data de sua dispensa sem ter, necessariamente, seis meses de atividade[133].

c) **Não estar em gozo de qualquer benefício previdenciário de prestação continuada**, previsto no Regulamento dos Benefícios da Previdência Social, excetuado o auxílio-acidente e o auxílio suplementar previstos na Lei n. 6.367, de 19 de outubro de 1976, bem como o abono de permanência em serviço previsto na Lei n. 5.890, de 8 de junho de 1973.

---

[133] Ao título de exemplo e com o mero objetivo de manter registro histórico do passado, imagine-se que um trabalhador tenha sido contratado no dia 1º-1-2009 e desligado, já computado o período do aviso prévio, no dia 3-6-2009. Ele tinha seis meses de salário (contando-se também como "mês de salário" o estipêndio fracionado de apenas três dias referente a junho/2009), mas não, pelo critério legal previsto na ora revogada Lei n. 8.900/94, seis meses de atividade.

Nesse ponto é bom destacar que o auxílio-suplementar e o abono de permanência em serviço são benefícios extintos e que dizem respeito apenas àqueles que, em decorrência de direito adquirido, ainda os recebem.

d) **Não estar em gozo do auxílio-desemprego**

O auxílio-desemprego foi instituído pelo art. 5º da Lei n. 4.923/65, como vantagem de natureza assistencial, mas não chegou a ser criado. A expressão, atualmente, tem sido utilizada para designar benefícios assistenciais que eventualmente sejam concedidos por Estados ou por Municípios mediante programas emergenciais.

Não há dúvidas de que todos os entes políticos podem licitamente assumir em seus orçamentos cargas assistenciais para atenuar a situação dos desempregados. Afinal, há autorização constitucional genérica para tanto diante da redação do art. 203 da Constituição da República. Nesses termos, desde que comprovada a necessidade, portanto, o legislador local, no interesse social, poderá suplementar a legislação nacional.

Havendo, portanto, fruição de auxílio-desemprego por parte do habilitando ao seguro-desemprego, cabe negar-lhe acesso a este programa por caracterização de dupla proteção.

e) **Não possuir renda própria de qualquer natureza suficiente à sua manutenção e de sua família**

"Renda" é o resultado financeiro decorrente do exercício de atividades econômicas envolvendo o capital, o trabalho ou associação de ambos ao longo de um determinado período de tempo. A renda será própria quando os ativos — capital ou trabalho — sejam do próprio trabalhador, e não dos seus familiares. Assim, por exemplo, não receberá seguro-desemprego quem auferir rendimentos decorrentes do aluguel de um imóvel ou da aplicação de um determinando montante de dinheiro.

Seja como for, essa "renda própria" do desempregado precisará ser, ainda, "suficiente à sua manutenção e de sua família", motivo pelo qual nunca poderá ter dimensão inferior a um salário mínimo mensal.

f) **Ter-se matriculado e frequentado, quando aplicável, curso de formação inicial e continuada ou de qualificação profissional** habilitado pelo Ministério da Educação, nos termos do art. 18 da Lei n. 12.513, de 26 de outubro de 2011, ofertado por meio da Bolsa-Formação Trabalhador concedida no âmbito do Programa Nacional de Acesso ao Ensino Técnico e Emprego (PRONATEC), instituído pela Lei n. 12.513, de 26 de outubro de 2011, ou de vagas gratuitas na rede de educação profissional e tecnológica.

Pois bem. Os requisitos acima mencionados são demonstrados mediante anotações na Carteira de Trabalho e Previdência Social — CTPS; apresentação do Termo de Rescisão do Contrato de Trabalho — TRCT homologado nas situações em que seja exigível tal ato administrativo por previsão em instrumento coletivo negociado; exibição do documento utilizado para levantamento dos depósitos do FGTS ou extrato comprobatório dos depósitos; apresentação da sentença judicial transitada em julgado, acórdão ou certidão judicial, onde constem os dados do trabalhador, da empresa e se o motivo da dispensa for sem justa causa; verificação a cargo da Auditoria Fiscal do Trabalho, quando for o caso, ou, ainda, por força de declaração firmada pelo próprio trabalhador, no Requerimento do Seguro-Desemprego — RSD, situação aplicável aos requisitos constantes das letras *c* e *d, supra*.

Para requerer o benefício o trabalhador terá um **prazo** decadencial de **120 (cento e vinte) dias**, contados a partir da data de sua dispensa, mas somente exercitável a partir do sétimo dia[134]. Saliente-se que, nos termos da Resolução n. 873, de 24-8-2020, do CODEFAT, ficou suspensa a exigência desse prazo decadencial de 120 dias para que se exerça o direito de requerer a habilitação no Programa do Seguro-Desemprego, até que cessasse o estado de calamidade pública e de emergência de saúde pública decorrentes da pandemia do coronavírus. A suspensão temporária do prazo decadencial, aliás, aplicou-se aos requerimentos iniciados após a declaração do estado de emergência pública e ocasionou o deferimento de recursos e solicitações oriundas do interessado, ainda que judicial, que questionassem a notificação automática "fora do prazo de 120 dias".

Nos casos de contrato em aberto na CTPS, o trabalhador poderá requerer o benefício do seguro-desemprego, desde que o empregador não seja localizado pela fiscalização do trabalho, nem apresente movimento há mais de dois anos no CAGED — Cadastro Geral de Empregados e Desempregados do Ministério do Trabalho (ora Ministério do Trabalho e Previdência).

Caso não sejam atendidos os critérios e na hipótese de não ser concedido o seguro-desemprego, o trabalhador será comunicado dos motivos do indeferimento. Do indeferimento caberá recurso ao referido órgão ministerial por intermédio das Superintendências Regionais do Trabalho e Emprego, no prazo de dois anos, contados a partir da data de dispensa que deu origem ao benefício.

15.5.3 Número de parcelas

O benefício do seguro-desemprego será concedido ao trabalhador desempregado, por período máximo variável de 3 (três) a 5 (cinco) meses, de forma contínua ou alternada, **a cada período aquisitivo**, contados da data de dispensa que deu origem à última habilitação, cuja duração será definida pelo Conselho Deliberativo do Fundo de Amparo ao Trabalhador (CODEFAT).

A determinação do período máximo observará a seguinte relação entre o número de parcelas mensais do benefício do seguro-desemprego e o tempo de serviço do trabalhador nos 36 (trinta e seis) meses que antecederem a data de dispensa que originou o requerimento do seguro-desemprego, vedado o cômputo de vínculos empregatícios utilizados em períodos aquisitivos anteriores:

I — para a primeira solicitação:

a) 4 (quatro) parcelas, se o trabalhador comprovar vínculo empregatício com pessoa jurídica ou pessoa física a ela equiparada de, no mínimo, 12 (doze) meses e, no máximo, 23 (vinte e três) meses, no período de referência;

b) 5 (cinco) parcelas, se o trabalhador comprovar vínculo empregatício com pessoa jurídica ou pessoa física a ela equiparada de, no mínimo, 24 (vinte e quatro) meses, no período de referência;

II — para a segunda solicitação:

---

[134] O prazo decadencial ora referido foi fixado mediante a Resolução 467/2005 do Conselho Deliberativo do Fundo de Amparo ao Trabalhador (CODEFAT). Apesar da dúvida que pode pairar sobre a legalidade de um prazo decadencial criado por ato administrativo, é importante anotar que o CODEFAT agiu com autorização expressa da Lei n. 7.998/90 que lhe atribuiu a missão de adotar procedimentos relativos ao pagamento do benefício aqui em discussão (vide inciso V do art. 19 da Lei n. 7.998, de 11 de janeiro de 1990). Não por outro motivo, a Turma Nacional de Uniformização dos Juizados Especiais Federais — TNU, reunida em 27 de junho de 2012, nos autos do processo 2008.50.50.002994-0, uniformizou a tese de que é legal a fixação do prazo máximo de cento e vinte (120) dias para requerimento de seguro-desemprego pela Resolução 467/2005 do CODEFAT.

a) 3 (três) parcelas, se o trabalhador comprovar vínculo empregatício com pessoa jurídica ou pessoa física a ela equiparada de, no mínimo, 9 (nove) meses e, no máximo, 11 (onze) meses, no período de referência;

b) 4 (quatro) parcelas, se o trabalhador comprovar vínculo empregatício com pessoa jurídica ou pessoa física a ela equiparada de, no mínimo, 12 (doze) meses e, no máximo, 23 (vinte e três) meses, no período de referência; ou

c) 5 (cinco) parcelas, se o trabalhador comprovar vínculo empregatício com pessoa jurídica ou pessoa física a ela equiparada de, no mínimo, 24 (vinte e quatro) meses, no período de referência;

III — a partir da terceira solicitação:

a) 3 (três) parcelas, se o trabalhador comprovar vínculo empregatício com pessoa jurídica ou pessoa física a ela equiparada de, no mínimo, 6 (seis) meses e, no máximo, 11 (onze) meses, no período de referência;

b) 4 (quatro) parcelas, se o trabalhador comprovar vínculo empregatício com pessoa jurídica ou pessoa física a ela equiparada de, no mínimo, 12 (doze) meses e, no máximo, 23 (vinte e três) meses, no período de referência; ou

c) 5 (cinco) parcelas, se o trabalhador comprovar vínculo empregatício com pessoa jurídica ou pessoa física a ela equiparada de, no mínimo, 24 (vinte e quatro) meses, no período de referência.

Em qualquer caso, a fração igual ou superior a 15 (quinze) dias de trabalho será havida como mês integral.

É bom anotar que o período máximo de cinco parcelas poderá ser excepcionalmente prolongado por até 2 (dois) meses, para grupos específicos de segurados, a critério do CODEFAT, desde que o gasto adicional representado por esse prolongamento não ultrapasse, em cada semestre, 10% (dez por cento) do montante da reserva mínima de liquidez de que trata o § 2º do art. 9º da Lei n. 8.019, de 11 de abril de 1990.

15.5.4 Valor

Para fins de apuração do benefício, será considerada a média aritmética dos salários dos últimos três meses de trabalho. O salário será calculado com base no mês completo de trabalho, mesmo que o trabalhador não tenha trabalhado integralmente em qualquer dos três últimos meses. O trabalhador em gozo de auxílio por incapacidade temporária, convocado para prestação do serviço militar, ou ainda que não tenha percebido do mesmo empregador os três últimos salários, terá o valor do benefício baseado na média dos dois últimos ou, ainda, no valor do último salário.

No caso de o trabalhador receber salário fixo com parte variável, a composição do salário para o cálculo do seguro-desemprego tomará ambas as parcelas por referencial.

Quando o trabalhador receber salário por quinzena, por semana ou por hora, o valor do seguro-desemprego será calculado com base no que seria equivalente ao seu salário mensal. Nesse caso, será tomado por parâmetro, para essa equivalência, o mês de trinta dias ou duzentas e vinte horas, exceto para quem tem horário especial, inferior a duzentas e vinte horas mensais, que será calculado com base no salário mensal.

O Ministério da Economia divulga anualmente, tão logo identificado o índice de reajustamento do salário mínimo, uma tabela de três níveis com base na qual são fixados os valores do seguro-desemprego. Essa tabela está disponível no *site* do referido órgão ministerial.

Anote-se que em nenhuma situação o seguro-desemprego será pago em valor inferior a um salário-família, tampouco em valor superior ao texto contido na mencionada tabela.

15.5.5 Condicionamento do recebimento à comprovação de matrícula e frequência em curso de formação inicial e continuada ou de qualificação profissional

Nos termos do Decreto n. 8.118/2013, o recebimento de assistência financeira pelo trabalhador segurado que solicitar o benefício do Programa de Seguro-Desemprego **a partir da segunda vez dentro de um período de dez anos** poderá ser condicionado à comprovação de matrícula e frequência em curso de formação inicial e continuada ou de qualificação profissional, habilitado pelo Ministério da Educação, nos termos do art. 18 da Lei n. 12.513, de 26 de outubro de 2011, com carga horária mínima de cento e sessenta horas.

É importante observar que **não será exigida do trabalhador a condicionalidade** diante das situações de (i) *inexistência de oferta de curso compatível com o perfil do trabalhador* no município ou região metropolitana de seu domicílio, ou, ainda, em município limítrofe; e (ii) apresentação pelo trabalhador de comprovante de *matrícula e frequência mensal em outro curso* de formação inicial e continuada ou de qualificação profissional com carga horária igual ou superior a 160 (cento e sessenta) horas.

Cabe salientar que o benefício do seguro-desemprego do trabalhador sujeito à condicionalidade **poderá ser cancelado** diante de (i) recusa da pré-matrícula, realizada por escrito nas unidades do Ministério do Trabalho (ora Ministério do Trabalho e Previdência) ou integrantes do SINE, no curso de formação inicial e continuada ou de qualificação profissional ofertado; (ii) *não realização pelo trabalhador da matrícula efetiva* na instituição de ensino, no prazo estabelecido; e (iii) evasão do curso de formação inicial e continuada ou de qualificação profissional em que estiver matriculado.

15.5.6 Suspensão e cancelamento

O pagamento do benefício do **seguro-desemprego será suspenso** nas situações de admissão do trabalhador em novo emprego e de início de percepção de benefício de prestação continuada da Previdência Social, exceto o auxílio-acidente e pensão por morte. Será assegurado o direito ao recebimento do benefício e/ou retomada do saldo de parcelas quando ocorrer a suspensão motivada por reemprego em contrato por tempo determinado (temporário, experiência etc.), desde que o afastamento não ocorra por pedido do empregado ou por justa causa.

O benefício do **seguro-desemprego**, por outro lado, **será cancelado**, nos termos do art. 8º da Lei n. 7.998/90, com a redação dada pela Lei n. 12.513, de 26 de outubro de 2011:

a) Por recusa, por parte do trabalhador desempregado, de outro emprego condizente com sua qualificação registrada ou declarada e com sua remuneração anterior. Considera-se "emprego condizente" aquele que apresente tarefas semelhantes ao perfil profissional do trabalhador, declarado/comprovado no ato do seu cadastramento. Para definição do salário compatível, deverá ser tomado como base o último salário recebido pelo trabalhador. No caso de recusa de novo emprego sem justificativa, no ato do cadastramento, o benefício será cancelado.

b) Por comprovação de falsidade na prestação das informações necessárias à habilitação;

c) Por comprovação de fraude visando à percepção indevida do benefício do seguro-desemprego;

d) Por morte do segurado.

Anote-se, ainda, que após o cancelamento do benefício em decorrência de recusa pelo trabalhador de novo emprego, este poderá recorrer mediante processo administrativo, no prazo de dois anos, contados a partir da data de dispensa que deu origem ao benefício.

Nos casos previstos nas letras *a*, *b* e *c* acima expendidas, o direito de fruição do seguro-desemprego será suspenso por dois anos, dobrando-se esse prazo em caso de reincidência.

O encaminhamento do trabalhador ao mercado de trabalho, no ato do requerimento, não representará impedimento para a concessão do benefício nem afetará a sua tramitação, salvo por comprovação de reemprego e quando não houver resposta do encaminhamento para a vaga ofertada, no prazo de trinta dias, a contar da data do requerimento.

15.5.7 Pessoalidade e intransferibilidade

Por fim, há de anotar-se que o **seguro-desemprego é direito pessoal e intransferível**, e será pago diretamente ao beneficiário, salvo em caso de morte do segurado, ausência, moléstia contagiosa e beneficiário preso, observadas as seguintes condições:

I — morte do segurado, quando serão pagas parcelas vencidas até a data do óbito, aos sucessores, mediante apresentação de alvará judicial;

II — grave moléstia do segurado, comprovada pela perícia médica do Instituto Nacional de Seguridade Social — INSS, quando serão pagas parcelas vencidas ao seu curador legalmente designado ou representante legal, mediante apresentação de mandato outorgado por instrumento público, com finalidade específica para o benefício a ser recebido;

III — moléstia contagiosa ou impossibilidade de locomoção, devidamente comprovada mediante perícia médica do Instituto Nacional de Seguridade Social— INSS, quando serão pagas parcelas vencidas a procurador designado em instrumento público, com poderes específicos para receber o benefício;

IV — ausência civil, quando serão pagas parcelas vencidas ao curador designado pelo Juiz, mediante certidão judicial de nomeação do curador habilitado à prática do ato;

V — beneficiário preso, impossibilitado de comparecer pessoalmente à instituição financeira responsável pelo pagamento, quando as parcelas vencidas serão pagas por meio de instrumento público com poderes específicos para o ato.

O **Requerimento do Seguro-Desemprego somente poderá ser firmado pelo trabalhador**, admitindo-se, excepcionalmente, sua apresentação pelos representantes supracitados nos incisos I a V, desde que instruído com a documentação exigível pelas normas regulamentares expedidas pelo CODEFAT.

15.5.8 Extensão aos empregados domésticos

Os domésticos viveram quatro etapas históricas no que diz respeito à conquista do direito ao FGTS e, consequentemente, ao seguro-desemprego:

O **primeiro momento** é visível até a publicação da Lei n. 10.208/2001, período em que eles não tinham direito a nenhuma prestação a título de FGTS, tampouco acesso ao programa do seguro-desemprego.

No **segundo momento**, identificável desde a publicação da referida Lei n. 10.208/2001 até a efetiva exigibilidade da EC n. 72/2013, os domésticos estavam submetidos à exclusiva vontade patronal de oferecer a vantagem, o que condicionava, consequentemente, o acesso posterior ao seguro-desemprego.

O **terceiro momento** foi produzido no pós-EC n. 72/2013, a partir do qual qualquer empregado doméstico, independentemente da vontade patronal, passou a ter direito aos recolhimentos do FGTS e ao programa do seguro-desemprego, conquanto condicionado ao momento em que viesse a ser publicada a correspondente regulamentação.

O **quarto e ora vigente instante** é visível a partir da publicação da Lei Complementar n. 150/2015 que, expressamente, previu e tornou exigível o recolhimento do FGTS, segundo sistemática do decreto regulamentador. Veja-se:

Art. 21. É devida a inclusão do empregado doméstico no Fundo de Garantia do Tempo de Serviço (FGTS), na forma do regulamento a ser editado pelo Conselho Curador e pelo agente operador do FGTS, no âmbito de suas competências, conforme disposto nos arts. 5º e 7º da Lei n. 8.036, de 11 de maio de 1990, inclusive no que tange aos aspectos técnicos de depósitos, saques, devolução de valores e emissão de extratos, entre outros determinados na forma da lei.

Parágrafo único. O empregador doméstico somente passará a ter obrigação de promover a inscrição e de efetuar os recolhimentos referentes a seu empregado após a entrada em vigor do regulamento referido no caput.

Nessa ordem de ideias, e desde que fosse garantido o recolhimento do FGTS, ora universalizado, os domésticos passaram a ver garantido o seu acesso ao programa do seguro-desemprego desde que, dispensados sem justa causa, comprovassem, além dos requisitos demonstrativos da falta de benefício ou de renda capaz de gerar o seu sustento próprio e familiar, terem exercido tal função por **pelo menos 15 meses nos últimos vinte e quatro meses** que antecedessem a data da dispensa.

Veja-se este requisito no art. 28, I, da Lei Complementar n. 150/2015. Note-se que o legislador tomou por base para o seguro-desemprego dos domésticos uma exigência constante do texto originário do inciso II do art. 3º da Lei n. 7.998/90. Os domésticos, em rigor, por paralelismo, deveriam cumprir o mesmo requisito dos demais empregados urbanos e rurais.

Apesar de posta em lei, é injustificável essa diferença de tratamento jurídico. Registre-se, ainda, que, para efeito de contagem desse tempo, serão considerados os meses dos depósitos feitos no FGTS, em nome do empregado doméstico, por um ou mais empregadores.

Ao contrário do que acontece com beneficiários empregados urbanos e rurais, que podem requerer o seguro-desemprego do 7º ao 120º dia contado da data da dispensa (*vide* Resolução 467/2005 do CODEFAT com arrimo no inciso V do art. 19 da Lei n. 7.998, de 11 de janeiro de 1990), os empregados domésticos, sem que exista uma justificativa plausível para mais esse tratamento diferenciado e menos favorável, somente poderão fazê-lo do 7º ao **90º dia** a partir da data da dispensa (*vide* art. 29 da Lei Complementar n. 150/2015).

Para arrematar o conjunto de diferenças (injustificáveis, diga-se de passagem), anote-se que o valor do benefício do seguro-desemprego do empregado doméstico corresponderá a, no máximo, um salário mínimo, e será concedido por um período máximo e invariável de três meses, de forma contínua ou alternada (*vide* art. 26 da Lei Complementar n. 150/2015).

15.5.9 O seguro-desemprego como salário de contribuição?

A ocorrência normativa foi absolutamente inusitada, e por isso merece registro, apesar da perda da vigência da MP n. 905, de 2019. Note-se que, por força do disposto no art. 43 da Medida Provisória n. 905, de 2019, ora não mais vigente, a Lei n. 7.998, de 1990, passou a prever, em seu art. 4º-B, com vigência prevista para o primeiro dia do quarto mês subsequente ao da publicação do referido ato normativo (publicação em 12-11-2019), que sobre os valores pagos ao beneficiário do seguro-desemprego seria descontada a respectiva contribuição previdenciária e que o período seria computado para efeito de concessão de benefícios previdenciários.

Diante dessa mudança, o beneficiário do seguro-desemprego passou — não passa mais — a sofrer desconto de contribuição previdenciária sobre a renda mensal do benefício, embora, a despeito disso, pudesse contar cada mês de seguro-desemprego como tempo de contribuição, e, além disso, poderá considerá-los para fins de cumprimento de carência.

Por conta dessa tributação, e nos moldes do § 16 do art. 12 da Lei n. 8.212, de 1991, também alterada pela ora não mais vigente Medida Provisória n. 905, de 2019, o beneficiário do seguro-desemprego passou a ser considerado como segurado obrigatório da previdência social durante os meses de percepção do benefício.

A perda da vigência da MP n. 905, de 2019, fez com que o sistema normativo anteriormente exigível fosse plenamente restabelecido.

15.6 MANUTENÇÃO DE PLANO DE SAÚDE DO EX-EMPREGADO (LEI N. 9.656/98)

Um dos assuntos que mais assusta e atormenta os desempregados é, sem dúvidas, a notícia da perda do plano de saúde que lhe era oferecido pelo ex-empregador. Sensibilizado com isso, o legislador, por meio da Lei n. 9.656, de 3 de junho de 1998, garantiu a possibilidade de o ex-empregado, que tenha sido despedido sem justa causa, continuar como beneficiário do Plano de Saúde que lhe era oferecido na empresa em que trabalhava, desde que preencha alguns requisitos e passe a arcar com a integralidade do preço do plano, inclusive com a parte que até então cabia ao ex-empregador.

O art. 30 da referida Lei n. 9.656/98 assim prevê:

Art. 30. Ao consumidor que contribuir para produtos de que tratam o inciso I e o § 1º do art. 1º desta Lei, em decorrência de vínculo empregatício, no caso de rescisão ou exoneração do contrato de trabalho sem justa causa, é assegurado o direito de manter sua condição de beneficiário, nas mesmas condições de cobertura assistencial de que gozava quando da vigência do contrato de trabalho, desde que assuma o seu pagamento integral. (Redação dada pela Medida Provisória n. 2.177-44, de 2001)

§ 1º O período de manutenção da condição de beneficiário a que se refere o caput *será de um terço do tempo de permanência nos produtos de que tratam o inciso I e o § 1º do art. 1º, ou sucessores, com um mínimo assegurado de seis meses e um máximo de vinte e quatro meses. (Redação dada pela Medida Provisória n. 2.177-44, de 2001)*

§ 2º A manutenção de que trata este artigo é extensiva, obrigatoriamente, a todo o grupo familiar inscrito quando da vigência do contrato de trabalho.

§ 3º Em caso de morte do titular, o direito de permanência é assegurado aos dependentes cobertos pelo plano ou seguro privado coletivo de assistência à saúde, nos termos do disposto neste artigo.

§ 4º O direito assegurado neste artigo não exclui vantagens obtidas pelos empregados decorrentes de negociações coletivas de trabalho.

§ 5º A condição prevista no caput *deste artigo deixará de existir quando da admissão do consumidor titular em novo emprego. (Incluído pela Medida Provisória n. 2.177-44, de 2001)*

§ 6º Nos planos coletivos custeados integralmente pela empresa, não é considerada contribuição a coparticipação do consumidor, única e exclusivamente, em procedimentos, como fator de moderação, na utilização dos serviços de assistência médica ou hospitalar. (Incluído pela Medida Provisória n. 2.177-44, de 2001)

Observe-se que esse direito somente é assegurado ao consumidor-empregado **que, em decorrência de vínculo empregatício (reitere-se: somente para empregados, e não para outras espécies de trabalhador), tenha contribuído** para **Plano Privado de**

Assistência à Saúde[135] e que **tenha sido desligado sem justa causa**. Nesse caso, esse empregado-consumidor terá o direito de manter sua condição de beneficiário, **nas mesmas condições de cobertura assistencial de que gozava quando da vigência do contrato de trabalho**, caso assuma o seu pagamento integral.

Entende-se que o empregado tenha contribuído quando ele tenha participado com qualquer valor, inclusive com desconto em folha de pagamento, para custear parte ou a integralidade da mensalidade de seu plano de saúde. Contribuição não poderá ser confundida com coparticipação. O § 6º do artigo supracitado é claro: Nos planos coletivos custeados integralmente pela empresa, não é considerada contribuição a coparticipação do consumidor, única e exclusivamente, em procedimentos, como fator de moderação, na utilização dos serviços de assistência médica ou hospitalar.

Note-se que, nos termos do § 6º do art. 2º da Resolução CONSU (Conselho de Saúde Suplementar) n. 20, de 1999, que dispõe sobre a regulamentação do art. 30 da Lei n. 9.656/98, o empregado dispensado deverá optar pela manutenção do benefício aqui em análise no **prazo decadencial** de trinta dias após o seu desligamento.

Mas esse direito de manutenção na condição de beneficiário é eterno para o empregado despedido sem justa causa?

A resposta é negativa. O § 1º do referido art. 30, acima transcrito, deixa claro que o período de manutenção da condição de beneficiário aqui em análise **será de um terço do tempo de permanência como beneficiário do plano privado de assistência à saúde**, ou sucessores do mesmo plano, com um mínimo assegurado de seis meses e um máximo de vinte e quatro meses.

Assim, o empregado que manifestar a intenção de permanecer no plano de saúde deve antecipadamente saber que a sua permanência nele, por força do dispositivo ora em análise, nunca será inferior a seis meses, tampouco superior a vinte e quatro meses. Essa manutenção protegerá tanto o ex-empregado, que era titular do plano, bem assim todo o grupo familiar inscrito quando da vigência do contrato de emprego.

Não se admitirá, portanto, a inclusão de novos dependentes depois de findo o contrato de emprego.

Caso o titular venha a falecer durante o período de manutenção da qualidade de segurado, o direito de permanência é assegurado aos dependentes cobertos pelo plano ou seguro privado coletivo de assistência à saúde, observado, como antedito, o grupo familiar inscrito quando da vigência do contrato de emprego.

Saliente-se que os **empregados dispensados com justa causa** não terão o direito de valer-se da vantagem aqui estudada, mas apenas os desligados sem justa causa como uma forma de não os manter desamparados diante de um evento resilitório para o qual não deram motivo.

Em situações assemelhadas, e nos termos do art. 31 da referida Lei n. 9.565/98, é também assegurado ao **ex-empregado aposentado** que contribuiu para Plano de Saúde,

---

135 O **Plano Privado de Assistência à Saúde** é a prestação continuada de serviços ou cobertura de custos assistenciais a preço pré ou pós-estabelecido, por prazo indeterminado, com a finalidade de garantir, sem limite financeiro, a assistência à saúde, pela faculdade de acesso e atendimento por profissionais ou serviços de saúde, livremente escolhidos, integrantes ou não de rede credenciada, contratada ou referenciada, visando a assistência médica, hospitalar e odontológica, a ser paga integral ou parcialmente às expensas da operadora contratada, mediante reembolso ou pagamento direto ao prestador, por conta e ordem do consumidor. O mesmo tratamento se dá ou em face de qualquer outra modalidade de produto, serviço e contrato que apresente, além da garantia de cobertura financeira de riscos de assistência médica, hospitalar e odontológica, outras características que o diferenciem de atividade exclusivamente financeira.

em decorrência de vínculo empregatício, **pelo prazo mínimo de 10 (dez) anos**, o direito de manter sua condição de beneficiário, nas mesmas condições de cobertura assistencial de que gozava quando da vigência do contrato de trabalho, desde que assuma o seu pagamento integral. Note-se que essa garantia de manutenção da qualidade de beneficiário é por tempo indeterminado.

E se o ex-empregado aposentado contribuiu por menos de dez anos?

Nesse caso, será assegurado ao ex-empregado aposentado que contribuiu para planos privados de assistência à saúde, no mesmo plano privado de assistência à saúde ou seu sucessor **por período inferior** a dez anos, o direito de manutenção como beneficiário, à razão de 1 (um) ano para cada ano de contribuição, desde que, igualmente, assuma o seu pagamento integral.

Há detalhamentos sobre tudo isso na Resolução Normativa n. 279 da Agência Nacional de Saúde Suplementar — ANS, de 24 de novembro de 2011.

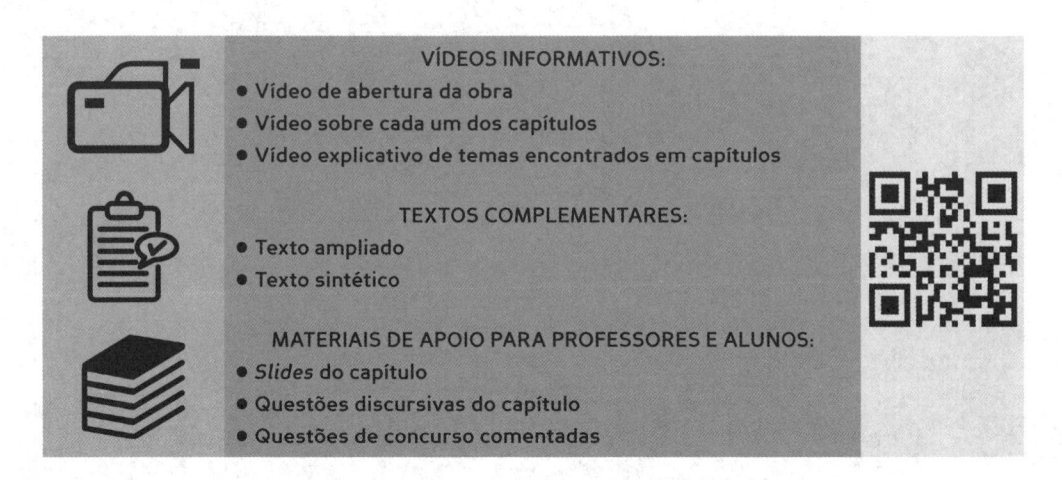

VÍDEOS INFORMATIVOS:
- Vídeo de abertura da obra
- Vídeo sobre cada um dos capítulos
- Vídeo explicativo de temas encontrados em capítulos

TEXTOS COMPLEMENTARES:
- Texto ampliado
- Texto sintético

MATERIAIS DE APOIO PARA PROFESSORES E ALUNOS:
- *Slides* do capítulo
- Questões discursivas do capítulo
- Questões de concurso comentadas

16
FÓRMULAS DE GARANTIA DE EMPREGO E DO TEMPO DE SERVIÇO

https://somos.in/CTD14

16.1 GARANTIAS DE EMPREGO

As garantias de emprego são, em rigor, fórmulas genéricas que visam à proteção do empregado contra a resilição por iniciativa patronal. O princípio da continuidade é entendido como fundamento dessas fórmulas, porque se baseia na ideia de que a constância do vínculo entre empregado e empregador produz uma sensação de segurança social. É justamente essa segurança social o elemento motivador de um conjunto de normas jurídicas que visam impedir ou restringir os atos de terminação dos contratos de emprego por iniciativa patronal.

Há duas espécies dessas formulações protetivas: a básica e a especial.

A **garantia de emprego básica**, também conhecida como *garantia de emprego em sentido estrito*, é mero entrave imposto ao desligamento. Ela funciona, como se verá em detalhes mais adiante, mediante desestímulos à atuação resilitória patronal.

A **garantia de emprego especial**, também conhecida como *estabilidade*, por seu turno, é um verdadeiro obstáculo imposto ao desligamento. Ela, na verdade, impede o despedimento diante de algumas situações particulares.

16.1.1 Etapas históricas de construção da garantia de emprego no Brasil

16.1.1.1 Primeiro momento: de 1943 até 1966

Originariamente, a CLT previa as duas supracitadas fórmulas de garantia do tempo de serviço: a básica e a especial. A **garantia básica** era oferecida ao empregado contratado por tempo indeterminado que tivesse **entre um e dez anos de serviço** na mesma empresa. Para tais trabalhadores, em caso de dissolução do contrato por iniciativa patronal, seria devida uma indenização correspondente a **um mês de remuneração** por ano de serviço efetivo, ou por ano e fração igual ou superior a seis meses. O primeiro ano de duração do contrato era considerado como período de experiência, e, antes que ele se completasse, nenhuma indenização seria devida (veja-se o art. 478 da CLT e seu § 1º).

A **garantia especial** era outorgada ao empregado contratado por tempo indeterminado que contasse **mais de dez anos de serviço** na mesma empresa. Para esse empregado era oferecida uma proteção intitulada **estabilidade definitiva**, que, em rigor, representava uma vedação ao exercício da resilição unilateral por iniciativa patronal (veja-se o art. 492 da CLT).

16.1.1.2 Segundo momento: de 1966 a 1988

O ano de 1966 foi politicamente identificado como o ponto de partida para o mais duro e conturbado período em que vigeu o regime ditatorial militar brasileiro. Duas prorrogações de mandato do então presidente Castello Branco e atos de fechamento do Congresso Nacional acentuavam a tensão nas cenas políticas já desgastadas pelas crescentes inflação e déficit do setor público. Para deter esses males, o governo visava ao aumento da arrecadação, à redução de suas próprias despesas e à atração de mais investimentos, ainda que, para tanto, fossem flexibilizados alguns dos mais significativos direitos trabalhistas.

Em 13 de setembro de 1966 era publicada a Lei 5.107, que instituía o Fundo de Garantia do Tempo de Serviço, e com ela era estremecido um dos pilares do Direito do Trabalho: o princípio da indisponibilidade dos direitos trabalhistas.

A referida norma despertou imensas polêmicas ao permitir, à época, que o empregado estável, se assim desejasse, cambiasse, em declaração homologada perante a Justiça do Trabalho, a sua estabilidade decenal por depósitos no referido Fundo, observados valores não inferiores a 60% (sessenta por cento) do que resultasse da multiplicação dos anos de serviço contados em dobro, pelo maior salário mensal recebido na empresa.

O principal idealizador da norma, Roberto Campos, na Exposição de Motivos da lei criadora do FGTS, assegurava que a norma constitucional vigente naquele instante (a Constituição de 1946) permitia que a "estabilidade" (art. 157, XII) se amoldasse aos "casos" e às "condições" que viessem a ser estatuídas por nova lei, pouco se importando com a retrocessão que ela pudesse gerar. Levou-se ao extremo, assim, a posição doutrinária liberal, dando-se à autonomia da vontade um especial destaque.

O governo partia do pressuposto de que apenas 15% dos empregados brasileiros conseguiam alcançar a estabilidade, o que o levava a concluir que a referida proteção jurídica, "longe de corresponder a uma vantagem efetiva [...] voltou-se contra eles [...] para transformar-se em um obstáculo à sua própria segurança no emprego".

A Lei n. 5.107, de 13 de setembro de 1966, então, produziu uma fórmula alternativa às garantias criadas no primeiro momento, por meio da qual o empregado seria destinatário de depósitos, realizados à custa do empregador, na base de oito por cento de sua remuneração, inclusive correspondentes ao primeiro ano de serviço. Esses depósitos seriam liberados no instante em que o empregado tivesse o contrato resilido por iniciativa patronal e em outras hipóteses expressamente consideradas.

A sistemática alternativa recebeu o nome de **Fundo de Garantia do Tempo de Serviço**, sendo oferecida como opção ao trabalhador. Era ele (o trabalhador) quem optava pela inserção no regime do FGTS ou pela permanência no sistema originário. Se optasse pelo FGTS, o empregado estaria abdicando de todas as vantagens que a estabilidade lhe poderia oferecer. Em lugar dela o operário perceberia, mês a mês, o recolhimento de oito por cento sobre sua remuneração, o que, matematicamente, significaria 104% da mencionada remuneração por ano de serviço (observe-se que no cálculo foi considerado o já existente décimo terceiro salário: 8% x 13 meses = 104%)[1], incluído o primeiro ano, que também estaria protegido contra a dispensa arbitrária ou sem justa causa. Sobre o montante depositado no FGTS, se a cessação ocorresse por iniciativa patronal, incidiria, ainda, uma indenização compensatória, fixada, à época, na base de dez por cento sobre a totalidade dos depósitos.

---

1 Em conformidade com a **Súmula 98, I, do TST**: "A equivalência entre os regimes do Fundo de Garantia do Tempo de Serviço e da estabilidade prevista na CLT é meramente jurídica e não econômica, sendo indevidos valores a título de reposição de diferenças".

Transcorreram, então, vinte e dois anos entre a criação do FGTS e o terceiro momento, a seguir analisado. Durante esse ínterim o ordenamento jurídico conviveu com as expressões "optante" e "não optante" para designar aqueles que aderiram ao sistema do FGTS e aqueles que permaneceram na sistemática originária.

16.1.1.3 Terceiro momento: a partir de 1988

A Constituição da República, promulgada em 5 de outubro de 1988, trouxe uma novidade no campo das fórmulas de garantia do tempo de serviço: estendeu para todos os empregados brasileiros o regime do FGTS na medida em que, no seu art. 7º, III, declarou o Fundo de Garantia do Tempo de Serviço como direito extensível a todos[2]. Esse foi o marco extintivo do regime originário da CLT, uma vez que a estabilidade definitiva de caráter legal não seria compatível com a sistemática que se impunha a partir de então para todos.

Desse modo, passaram a conviver no ordenamento jurídico duas espécies de empregados:

a) aqueles que estavam totalmente inseridos no regime do FGTS, inclusive por conta de opção anterior à promulgação da Constituição;

b) aqueles que viviam situação híbrida, porque, não tendo optado pelo FGTS, foram obrigados a ingressar nesse regime pelo texto constitucional.

Os empregados insertos na situação *b*, então, caso fossem desligados, teriam direito à indenização prevista no art. 478 da CLT (indenização esta relativa ao período anterior à promulgação da Constituição) e, também, direito à liberação dos depósitos do FGTS que foram recolhidos a partir de 5-10-1988, com o acréscimo de quarenta por cento sobre os respectivos depósitos.

Tendo, porém, o empregado inserto na situação *b* mais de dez anos de serviço para o mesmo empregador, antes da promulgação da Constituição, a ele seria garantido o direito à estabilidade decenal (direito adquirido), e, além disso, o direito aos recolhimentos do FGTS correspondente ao período havido depois de 5-10-1988. Esse empregado, é bom ressaltar, não poderia ser desligado senão por circunstâncias devidamente comprovadas de falta grave ou de força maior.

Pode-se, então, indagar: a indenização por antiguidade prevista no art. 478 da CLT ainda é aplicável?

A resposta é afirmativa, embora a aplicabilidade da norma sobreviva apenas em caráter residual. Afirma-se isso porque podem existir trabalhadores, contratados antes da promulgação da Constituição de 1988 (antes de 5-10-1988), que não optaram pelo FGTS, mantendo, por isso, o direito à percepção da indenização por antiguidade. Nesse sentido, a ora vigente lei que trata do FGTS (Lei n. 8.036/90) foi claríssima no § 1º de seu art. 14:

> § 1º *O tempo do trabalhador não optante do FGTS, anterior a 5 de outubro de 1988, em caso de rescisão sem justa causa pelo empregador, reger-se-á pelos dispositivos constantes dos arts. 477, 478 e 497 da CLT.*

Ainda podem, então, existir trabalhadores com direito adquirido à estabilidade decenal prevista no art. 492 da CLT?

Sim. Desde que o trabalhador tivesse mais de dez anos de serviço na mesma empresa antes da promulgação da Constituição, garantido estaria o direito adquirido à estabilidade decenal. Veja-se, nesse sentido, o *caput* do art. 14 da Lei n. 8.036/90:

---

[2] Além disso, o texto constitucional aumentou a indenização oferecida com base no FGTS para hipóteses de resilição patronal de 10% para 40% (veja-se o art. 10, I, do ADCT — Ato das Disposições Constitucionais Transitórias).

Art. 14. Fica ressalvado o direito adquirido dos trabalhadores que, à data da promulgação da Constituição Federal de 1988, já tinham o direito à estabilidade no emprego nos termos do Capítulo V do Título IV da CLT.

E esses trabalhadores (com direito adquirido à estabilidade decenal prevista no art. 492 da CLT), podem optar retroativamente pelo FGTS?

Também sim. Apesar de o dispositivo constante do art. 16 da Lei n. 5.107/66 (aquela que instituiu o FGTS) ter sido imensamente criticado, notadamente diante do fato de ter estremecido um dos pilares do direito do trabalho (o princípio da irrenunciabilidade de direitos trabalhistas), estabeleceu-se ali, e no § 3º do art. 1º, que os empregados poderiam realizar opção retroativa à data de admissão, inclusive se estáveis. Para tanto, essa retroativa opção haveria de ser promovida **mediante declaração homologada pela Justiça do Trabalho**.

Ao empregado, então, foi garantida a liberdade de sair de um sistema de garantia do tempo de serviço para entrar em outro, colocando-se como única imposição formal o controle de validade dessa declaração por meio de necessária **homologação judicial**.

A opção retroativa implicava, portanto, um negócio por meio do qual se trocava a indenização por antiguidade (simples para não estáveis e em dobro para estáveis) pelos depósitos no FGTS, observado o percentual mínimo de sessenta por cento do valor total da citada indenização (observados os arts. 477, 478 e 497 da CLT).

Nesse ponto é relevante citar a Súmula 54 do TST. Veja-se:

Súmula 54 do TST. *OPTANTE. Rescindindo por acordo seu contrato de trabalho, o empregado estável optante tem direito ao mínimo de 60% (sessenta por cento) do total da indenização em dobro, calculada sobre o maior salário percebido no emprego. Se houver recebido menos do que esse total, qualquer que tenha sido a forma de transação, assegura-se-lhe a complementação até aquele limite.*

De qualquer modo, é importante observar a imprescindibilidade da anuência do empregador quanto à citada opção. Veja-se, nesse sentido, a **Orientação Jurisprudencial Transitória 39 da SDI-1 do TST**:

"A concordância do empregador é indispensável para que o empregado possa optar retroativamente pelo sistema do Fundo de Garantia por Tempo de Serviço"[3].

Perceba-se que não há norma jurídica que imponha ao empregador a obrigação de realizar o depósito na conta do FGTS da quantia correspondente à indenização prevista no § 3º do art. 14 da Lei n. 8.036, de 11-5-1990. Lembre-se que a situação envolve transação, ou seja, ato jurídico essencialmente bilateral.

---

3 Observe-se, nesse sentido, o teor da **Lei n. 5.958, de 10 de dezembro de 1973**, segundo a qual a concordância por parte do empregador era colocada como elemento imprescindível à homologação. Veja-se:

Art. 1º Aos atuais empregados, que não tenham optado pelo regime instituído pela Lei n. 5.107, de 13 de setembro de 1966, é assegurado o direito de fazê-lo com efeitos retroativos a 1º de janeiro de 1967 ou à data da admissão ao emprego se posterior àquela, **desde que haja concordância por parte do empregador**.

§ 1º O disposto neste artigo se aplica também aos empregados que tenham optado em data posterior à do início da vigência da Lei n. 5.107, retroagindo os efeitos da nova opção a essa data ou à da admissão.

§ 2º Os efeitos da opção exercida por empregado que conte dez ou mais anos de serviço poderão retroagir à data em que o mesmo completou o decênio na empresa.

Art. 2º Esta Lei entrará em vigor na data de sua publicação, revogadas as disposições em contrário.

Brasília, 10 de dezembro de 1973; 152º da Independência e 85º da República. Emílio G. Médici — Júlio Barata — José Costa Cavalcanti

16.1.2 Espécies de garantia de emprego

A expressão "garantia de emprego" revela-se como um *gênero* de proteções, no qual estão inclusas as espécies *estabilidade* e a *garantia de emprego em sentido estrito*.

A *estabilidade* caracteriza-se pela vedação da resilição patronal e pelo direito à reintegração no emprego. Em outras palavras: a estabilidade impede o despedimento, por isso gera o direito à reintegração. Não se pode falar em direito à indenização decorrente da violação da estabilidade. O empregado neste caso terá direito ao emprego, e não à indenização, salvo se exaurido o período estabilitário (Súmula 396 do TST) ou por determinação judicial (art. 496 da CLT).

A *garantia de emprego em sentido estrito*, por outro lado, caracteriza-se pela turbação da possibilidade de resilição patronal e pela imposição de indenização contra quem quer despedir um empregado garantido. Em outras palavras: a garantia de emprego em sentido estrito desencoraja o ato de desligamento por iniciativa patronal, por isso impõe, a título condicional, o pagamento de indenização para aqueles que, apesar dos óbices, insistem na medida. Não se pode falar em direito à reintegração decorrente da violação da garantia de emprego em sentido estrito. O empregado, nesse caso, terá direito à indenização, e não ao emprego, salvo se o próprio empregador desfizer espontaneamente o ato de resilição e se o empregado garantido aceitar o retorno ao emprego.

Para reforçar a ideia da existência do gênero "garantia de emprego" e das espécies aqui anunciadas, veja-se o uso da expressão apresentada em sentido genérico na **Lei n. 13.419, de 13 de março de 2017 (com vigência depois de decorridos sessenta dias de sua publicação oficial, havida no *DOU* de 14-2-2017)**. Ali, no seu § 10, o legislador deixou claro que "para empresas com mais de sessenta empregados será constituída comissão de empregados, mediante previsão em convenção ou acordo coletivo de trabalho, para acompanhamento e fiscalização da regularidade da cobrança e distribuição da gorjeta de que trata o § 3º deste artigo, cujos representantes serão eleitos em assembleia geral convocada para esse fim pelo sindicato laboral e gozarão de **garantia de emprego** vinculada ao desempenho das funções para que foram eleitos, e, para as demais empresas, será constituída comissão intersindical para o referido fim" (destaque não constante do original). Pois bem. Ao dispor que os representantes da comissão de empregados gozarão de "garantia de emprego", o legislador deixou à vontade os parceiros da negociação coletiva, seja para criar mecanismos que **impeçam temporariamente o despedimento**, seja para implantar estruturas protetivas que **desencorajem o ato de desligamento por iniciativa patronal**, impondo, por isso, o pagamento de indenização para aqueles que, apesar dos óbices, desejem insistir na medida.

Vejam-se:

Garantias de emprego
Estabilidade: impede o despedimento, por isso gera direito à reintegração. A indenização, acaso ainda vigente o período de estabilidade, somente será possível por conversão judicial (art. 496 da CLT)
Garantia de emprego em sentido estrito: condiciona o despedimento ao pagamento de indenização que tem a função de desestimular a resilição patronal. Não há falar em direito à reintegração porque a dispensa não é vedada por lei

16.1.2.1 Garantia de emprego em sentido estrito

Entende-se por garantia de emprego em sentido estrito a fórmula de proteção caracterizada pela imposição de desestímulos à resilição por iniciativa patronal. Por meio dela o empregador não fica impedido de desligar o empregado, mas, se assim agir, será obrigado a pagar-lhe uma indenização compensatória ou a assumir sanção pecuniária ou a ter desvantagem dissuasória. Por isso, diz-se que a garantia de emprego em sentido estrito apenas turba a liberdade patronal de despedir sem causa justa; ele não fica impedido de pôr fim ao vínculo mantido com o empregado, mas, se assim agir, será apenado pela ordem jurídica. Há, portanto, um sistema inibitório em desfavor do empregador. Aqui, porém, não há falar em direito à reintegração, uma vez que a dispensa não é vedada por lei, mas apenas por esta desestimulada.

Como a garantia de emprego em sentido estrito apenas condiciona a liberdade patronal de resilir, ela tem sido progressivamente adotada como fórmula substituinte da estabilidade, que a seguir será analisada. O sistema jurídico apresenta múltiplas situações de garantia de emprego em sentido estrito, inclusive desestimuladoras de qualquer situação de despedimento. Grande parte delas, porém, existe apenas durante o tempo necessário à superação de uma difícil etapa contratual. Vejam-se alguns casos:

16.1.2.1.1 Indenização de antiguidade prevista no art. 478 da CLT

O *caput* do art. 478 da CLT envolve uma típica situação de garantia de emprego em sentido estrito. Com base nela o empregador não se vê impedido de despedir o empregado, mas, se assim agir, estará obrigado a assumir o pagamento de indenização compensatória. Observe-se:

> Art. 478. A indenização devida pela rescisão de contrato por prazo indeterminado será de um mês de remuneração por ano de serviço efetivo, ou por ano e fração igual ou superior a seis meses.

Anote-se que essa sistemática não é mais exigível em relação aos contratos que tenham começado a partir de 5-10-1988, data da promulgação do texto constitucional brasileiro. Registre-se que a inexigibilidade dessa garantia de emprego em sentido estrito aconteceu por conta de consideráveis alterações na legislação. A Lei n. 5.107, de 13 de setembro de 1966, instituiu um sistema alternativo e opcional de garantia do tempo de serviço — o FGTS —, excludente do regime constante do art. 478 da CLT. Em outras palavras: quem optasse pelo sistema do FGTS não fruiria da indenização de antiguidade constante do art. 478 da CLT, tampouco alcançaria a estabilidade no emprego depois de dez anos de serviço para o mesmo empregador, conforme regra do art. 492 da CLT.

Repita-se que o sistema do FGTS, nos termos constantes da mencionada Lei n. 5.107/66, era, inicialmente, opcional, motivo por que somente as pessoas que voluntariamente a ele aderiam ficaram fora do alcance dos citados arts. 478 e 492 consolidados. A Constituição Federal de 1988, porém, tornou o sistema do FGTS obrigatório para todos os trabalhadores brasileiros, não mais autorizando que novos contratos fossem celebrados sob os comandos dos acima mencionados dispositivos celetistas. Por isso, não há como um novo contrato ser regido pelos arts. 478 e 492 da CLT. Antigos contratos (iniciados antes da Constituição ora vigente ou iniciados antes do advento da Lei n. 5.107/66), ainda vigentes e em curso, podem, porém, invocar a aplicação dos citados artigos, visto que, mesmo em caráter residual, ainda há pessoas que vivem um sistema híbrido.

16.1.2.1.2 Indenização de 40% sobre o FGTS

Esta é a mais clássica de todas as fórmulas de garantia de emprego em sentido estrito. Por meio das normas criativas dessa garantia, o empregador é obrigado a pagar indenização compensatória ao empregado pelos prejuízos que presumivelmente sofreu por conta do desligamento sem justa causa.

Sua primeira aparição histórica ocorreu no corpo da norma que instituiu o FGTS, Lei n. 5.107, de 13 de setembro de 1966, especificamente no art. 6º, *caput* e § 1º. Ali, como fórmula de desestímulo ao desligamento, existia a previsão de pagamento, a título de indenização, de um acréscimo, à custa do patrão que tomasse iniciativa na resilição, correspondente a dez por cento sobre os valores que estivessem depositados no FGTS.

FÓRMULAS DE GARANTIA DE EMPREGO E DO TEMPO DE SERVIÇO

O Ato das Disposições Constitucionais Transitórias de 1988, art. 10, I, elevou esse percentual para quarenta por cento, mediante o seguinte texto:

Art. 10. Até que seja promulgada a lei complementar a que se refere o art. 7º, I, da Constituição:

I — fica limitada a proteção nele referida ao aumento, para **quatro vezes***, da porcentagem prevista no art. 6º, caput e § 1º, da Lei n. 5.107, de 13 de setembro de 1966.*

A Lei n. 8.036/90, que ora disciplina a matéria, trata do assunto nos seguintes termos:

Art. 18. Ocorrendo rescisão do contrato de trabalho, por parte do empregador, ficará este obrigado a depositar na conta vinculada do trabalhador no FGTS os valores relativos aos depósitos referentes ao mês da rescisão e ao imediatamente anterior, que ainda não houver sido recolhido, sem prejuízo das cominações legais. (Redação dada ao caput *pela Lei n. 9.491, de 9-9-1997)*

§ 1º **Na hipótese de despedida pelo empregador sem justa causa, depositará este, na conta vinculada do trabalhador no FGTS, importância igual a quarenta por cento do montante de todos os depósitos realizados na conta vinculada durante a vigência do contrato de trabalho***, atualizados monetariamente e acrescidos dos respectivos juros. (Redação dada ao parágrafo pela Lei n. 9.491, de 9-9-1997)*

§ 2º Quando ocorrer **despedida por culpa recíproca ou força maior***, reconhecida pela Justiça do Trabalho,* **o percentual de que trata o § 1º será de vinte por cento***.*

§ 3º As importâncias de que trata este artigo deverão constar da documentação comprobatória do recolhimento dos valores devidos a título de rescisão do contrato de trabalho, observado o disposto no art. 477 da CLT, eximindo o empregador, exclusivamente, quanto aos valores discriminados. (Redação dada ao parágrafo pela Lei n. 9.491, de 9-9-1997)

A indenização prevista no citado § 1º do art. 18 da Lei n. 8.036/90 é devida em qualquer situação de resilição contratual de iniciativa patronal, independentemente de tratar-se de um contrato por tempo indeterminado ou de um ajuste por tempo determinado.

É, portanto, devido o recolhimento do acréscimo de quarenta por cento sobre os depósitos do FGTS, nos termos do art. 14 do Decreto n. 99.684, de 8 de novembro de 1990, *sem prejuízo da indenização prevista no art. 479 da CLT*, na resilição antecipada do contrato por tempo determinado, realizada sem justa causa por iniciativa do empregador e independentemente da existência da cláusula assecuratória do direito recíproco de rescisão antecipada. Veja-se:

Art. 14. No caso de contrato a termo, a rescisão antecipada, sem justa causa ou com culpa recíproca, equipara-se às hipóteses previstas nos §§ 1º e 2º do art. 9º, respectivamente, sem prejuízo do disposto no art. 479 da CLT.

O TST corrobora esse entendimento por meio da Súmula 125[4].

16.1.2.1.3 Indenização prevista no art. 479 da CLT

Trata-se de mais um mecanismo de desestímulo às resilições antecipadas nos contratos por tempo determinado, realizadas sem justa causa por iniciativa do empregador. A indenização

---

4 **Súmula 125 do TST.** CONTRATO DE TRABALHO. ART. 479 DA CLT. O art. 479 da CLT aplica-se ao trabalhador optante pelo FGTS admitido mediante contrato por prazo determinado, nos termos do art. 30, § 3º, do Decreto n. 59.820, de 20.12.1966 (RA 83/1981, DJ, 6-10-1981).

Observe-se que a referida súmula faz menção ao texto do regulamento à Lei que criou o FGTS (Lei n. 5.107, de 13 de setembro de 1966), sendo importante destacar que a disciplina da matéria é ora feita por meio do art. 14 do Decreto n. 99.684, de 8 de novembro de 1990.

funciona, então, como freio contra a atuação resilitiva patronal e como incentivo ao cumprimento do ajuste a termo[5]. Veja-se a redação do dispositivo em análise:

> Art. 479. Nos contratos que tenham termo estipulado, o empregador que, sem justa causa, despedir o empregado, será obrigado a pagar-lhe, a título de indenização, e por metade, a remuneração a que teria direito até o termo do contrato.
>
> Parágrafo único. Para a execução do que dispõe o presente artigo, o cálculo da parte variável ou incerta dos salários será feito de acordo com o prescrito para o cálculo da indenização referente à rescisão dos contratos por prazo indeterminado.

Há na situação contida no art. 479 da CLT uma presunção absoluta de ocorrência de prejuízo para o empregado. Tal presunção, é bom destacar, não comporta prova em sentido contrário. Havendo, por outro lado, termo estipulado, o empregado não se poderá desligar do contrato sem justa causa, sob pena de ser obrigado a indenizar o empregador dos prejuízos que resultarem desse fato. **Na situação inserta no art. 480 da CLT, somente haverá sanção pecuniária se houver prejuízo**, não podendo a mencionada indenização exceder àquela a que teria direito o empregado em idênticas condições. **Há, nesse caso, na verdade, presunção relativa de inocorrência de prejuízo para o empregador.** Essa presunção comporta prova do empregador em sentido contrário, ou seja, prova de que o empregado, por conta de sua opção, gerou prejuízo para o empreendimento patronal.

16.1.2.1.4 Indenização prevista no art. 31 da Lei n. 8.880/94

O art. 31 da Lei n. 8.880/94 estabeleceu uma fórmula de garantia de emprego em sentido estrito que tinha por escopo desestimular as dispensas sem justa causa durante o período de vigência da Unidade Real de Valor — URV (padrão monetário criado pelo Programa de Estabilização Econômica), que se estendeu de 1º de março de 1994 até 1º de julho de 1994. Veja-se:

> Art. 31. Na hipótese de ocorrência de demissões sem justa causa, durante a vigência da URV prevista nesta Lei, as verbas rescisórias serão acrescidas de uma indenização adicional equivalente a cinquenta por cento da última remuneração recebida.

Destaque-se que o TST manifestou o entendimento de que essa fórmula de garantia de emprego em sentido estrito seria constitucional, porque, de acordo com a regra geral, constante do *caput* do art. 7º da Constituição, estaria sendo outorgada uma melhoria social. Essa manifestação foi veiculada por meio da **OJ 148 da SDI-1**, inserida em 27-11-1998, segundo a qual seria constitucional o art. 31 da Lei n. 8.880/94, que prevê a indenização por despedidas sem justa causa durante o período de vigência da Unidade Real de Valor — URV. Veja-se:

> **Orientação Jurisprudencial 148 da SDI-1 do TST.** *Lei n. 8.880/1994, art. 31. Constitucionalidade. Inserida em 27.11.98 (nova redação). É constitucional o art. 31 da Lei n. 8.880/1994 que prevê a indenização por demissão sem justa causa.*

16.1.2.1.5 Indenização prevista no § 3º do art. 322 da CLT

De acordo com o *caput* do art. 322 da CLT, "no período de exames e no de férias escolares, é assegurado aos professores o pagamento, na mesma periodicidade contratual, da remuneração por eles percebida, na conformidade dos horários, durante o período de aulas".

---

[5] Observe-se que essa indenização é aplicável apenas às situações em que há ajuste de extinção do contrato por termo pré-fixado. Na extinção do ajuste pelo alcance dos propósitos contratuais (exemplo, contratos por obra certa ou por safra) não será possível a utilização dessa fórmula dissolutória, uma vez que incerto o exato dia de término do contrato.

A garantia de emprego ora analisada, entretanto, reside no § 3º do supracitado artigo, segundo o qual **a dispensa sem justa causa** ao término do ano letivo ou no curso de férias escolares assegura ao professor o direito de recebimento dos salários correspondentes ao período. Acerca desse tema há, a propósito, a Súmula 10 do TST:

> *Súmula 10 do TST. PROFESSOR. DISPENSA SEM JUSTA CAUSA. TÉRMINO DO ANO LETIVO OU NO CURSO DE FÉRIAS ESCOLARES. AVISO PRÉVIO (redação alterada em sessão do Tribunal Pleno realizada em 14-9-2012).O direito aos salários do período de férias escolares assegurado aos professores (art. 322, caput e § 3º, da CLT) não exclui o direito ao aviso prévio, na hipótese de dispensa sem justa causa ao término do ano letivo ou no curso das férias escolares.*

A verba atribuída ao professor diante da violação patronal prevista no § 3º do art. 322 da CLT tem evidente natureza indenizatória. Esse posicionamento baseia-se na ideia de que a privação do exercício de um direito — permanecer vinculado ao emprego durante o recesso escolar — somente pode ser resolvida pela via indenizatória.

16.1.2.1.6 Indenização prevista no § 5º do art. 476-A da CLT

Essa situação, prevista em convenção ou acordo coletivo de trabalho, diz respeito à **suspensão do contrato de trabalho**, por um período de dois a cinco meses, **para participação de empregado em curso ou programa de qualificação profissional oferecido pelo empregador**.

Diante da hipótese, conforme o § 5º do art. 476-A da CLT, *se ocorrer a dispensa do empregado no transcurso do mencionado período de suspensão contratual ou nos três meses subsequentes a seu retorno ao trabalho*, **o empregador pagará ao empregado**, *além das parcelas indenizatórias previstas na legislação em vigor*, **multa a ser estabelecida em convenção ou acordo coletivo. Tal penalidade deverá ter a dimensão mínima de cem por cento sobre o valor da última remuneração mensal anterior à suspensão do contrato.*

16.1.2.1.7 Indenização prevista no art. 10 da Lei n. 14.020, de 2020

Embora muitos confundam a proteção a que se refere o item ora em exame com uma estabilidade, ela está bem distante disso. Tratou-se, em verdade, de mais uma entre tantas outras fórmulas de garantia de emprego em sentido estrito. Afirma-se isso porque o art. 10 da Lei n. 14.020, de 2020, não proibiu a dispensa do empregado, sob pena de reintegração. Não. O referido artigo apenas previu uma sanção indenizatória se o empregador, contrariando a recomendação protetiva, resolvesse dispensar sem justa causa no período de garantia provisória de emprego.

Veja-se o que consta do § 1º do art. 10 da Lei aqui analisada:

> *Art. 10. [...]*
>
> *§ 1º* **A dispensa sem justa causa que ocorrer durante o período de garantia provisória** *no emprego previsto no* caput *deste artigo sujeitará o empregador ao pagamento, além das parcelas rescisórias previstas na legislação em vigor, de indenização no valor de: [...]*

Note-se que no caso sob análise a sanção pela violação da norma protetiva não é, em nenhum momento, a nulidade da dispensa e a consequente reintegração (algo visível nas fórmulas de estabilidade), mas, apenas, **o pagamento**, além das parcelas rescisórias previstas na legislação em vigor, **de indenização** imputável ao empregador que tomasse a decisão de despedir os seus empregados durante algumas das seguintes situações descritas nos incisos I, II e III do *caput* do já citado art. 10:

I — durante o período acordado de redução da jornada de trabalho e do salário ou de suspensão temporária do contrato de trabalho;

II — após o restabelecimento da jornada de trabalho e do salário ou do encerramento da suspensão temporária do contrato de trabalho, por período equivalente ao acordado para a redução ou a suspensão; e

III — no caso da empregada gestante, por período equivalente ao acordado para a redução da jornada de trabalho e do salário ou para a suspensão temporária do contrato de trabalho, contado a partir do término do período da garantia estabelecida na alínea b do inciso II do caput do art. 10 do Ato das Disposições Constitucionais Transitórias.

A distinção entre a garantia de emprego em sentido estrito (que assegura a indenização) e a estabilidade (que garante a reintegração) fica bem clara com a leitura do inciso III, acima reproduzido. Note-se que, em se tratando de gestante, a garantia de emprego em sentido estrito (asseguradora da indenização) somente será aplicada a partir do término do período da estabilidade estabelecida na alínea b do inciso II do *caput* do art. 10 do Ato das Disposições Constitucionais Transitórias.

Mas qual era o valor dessa indenização?

A resposta é dada pelo já mencionado § 1º do art. 10 da Lei n. 14.020, de 2020, nos seguintes termos:

§ 1º A dispensa sem justa causa que ocorrer durante o período de garantia provisória no emprego previsto no caput *deste artigo sujeitará o empregador ao pagamento, além das parcelas rescisórias previstas na legislação em vigor, de indenização no valor de:*

I — 50% (cinquenta por cento) do salário a que o empregado teria direito no período de garantia provisória no emprego, na hipótese de redução de jornada de trabalho e de salário igual ou superior a 25% (vinte e cinco por cento) e inferior a 50% (cinquenta por cento);

II — 75% (setenta e cinco por cento) do salário a que o empregado teria direito no período de garantia provisória no emprego, na hipótese de redução de jornada de trabalho e de salário igual ou superior a 50% (cinquenta por cento) e inferior a 70% (setenta por cento); ou

III — 100% (cem por cento) do salário a que o empregado teria direito no período de garantia provisória no emprego, nas hipóteses de redução de jornada de trabalho e de salário em percentual igual ou superior a 70% (setenta por cento) ou de suspensão temporária do contrato de trabalho.

Uma ilustração ajudará a entender.

Imagine-se que se ajustou com um empregado a redução salarial na base de 25% por três meses. Suponha-se, então, que esse empregado foi despedido no final do segundo mês de redução salarial. Ele, então terá direito ao recebimento, a título de indenização, de **50% (cinquenta por cento) do salário** do mês de redução que não chegou a trabalhar (art. 10, I).

E se o empregado cumprisse todo o período de redução salarial, e fosse despedido apenas no primeiro mês do restabelecimento? Nesse caso, o empregado receberia indenização de **50% (cinquenta por cento) do salário** por período equivalente ao acordado para a redução ou a suspensão (art. 10, II). O raciocínio é o mesmo, operada a proporcionalidade, nas demais situações, correspondentes (II) às reduções iguais ou superiores a 50% (cinquenta por cento) e inferiores a 70% (setenta por cento) e (III) às reduções iguais ou superiores a 70% (setenta por cento) ou, ainda, de suspensão temporária do contrato de trabalho.

E nos casos de empregada gestante? Como se antedisse, a garantia de emprego em sentido estrito (asseguradora da indenização) somente se aplicaria a ela a partir do término do período da estabilidade constitucionalmente assegurada.

Esclareça-se que a palavra "salário", tal qual aparece em diversos dispositivos normativos da Lei n. 14.020, de 2020, entre os quais nos dispositivos acima citados, refere-se não apenas ao salário-base, mas ao conjunto de verbas de natureza estritamente salarial, vale dizer, salário-base acrescido dos complementos salariais habituais, se existentes. Não parece aceitável que um empregado que habitualmente receba salário-base e gratificação por função adicional, por exemplo, somente veja ser levada em consideração a dimensão do seu salário-base para a realização dos cálculos relativos a essa garantia de emprego.

16.1.2.1.8 Antecipação de vencimento de dívida

Nem sempre o ordenamento jurídico impõe a assunção de indenização para o empregador que resolve dispensar um empregado protegido por uma garantia de emprego em sentido estrito. Há situações em que a sanção é outra, envolvendo, inclusive, a perda de privilégios.

Há casos em que o empregador que opta por infringir a proteção dada ao empregado é levado a assumir uma **desvantagem dissuasória**, por exemplo, a antecipação de vencimentos de um empréstimo. Essa, aliás, é a sistemática encontrável, por exemplo, no texto dos §§ 3º e 4º do art. 2º da Lei n. 13.999, de 18 de maio de 2020, que trata do "Programa Nacional de apoio às Microempresas e Empresas de Pequeno Porte (Pronampe)". Veja-se:

Art. 2º O Pronampe é destinado às pessoas a que se referem os incisos I e II do caput *do art. 3º da Lei Complementar n. 123, de 14 de dezembro de 2006, considerada a receita bruta auferida no exercício de 2019.*

§ 1º A linha de crédito concedida no âmbito do Pronampe corresponderá a até 30% (trinta por cento) da receita bruta anual calculada com base no exercício de 2019, salvo no caso das empresas que tenham menos de 1 (um) ano de funcionamento, hipótese em que o limite do empréstimo corresponderá a até 50% (cinquenta por cento) do seu capital social ou a até 30% (trinta por cento) da média de seu faturamento mensal apurado desde o início de suas atividades, o que for mais vantajoso.

§ 2º Poderão aderir ao Pronampe e, assim, requerer a garantia do Fundo Garantidor de Operações (FGO), de que trata a Lei n. 12.087, de 11 de novembro de 2009, o Banco do Brasil S.A., a Caixa Econômica Federal, o Banco do Nordeste do Brasil S.A., o Banco da Amazônia S.A., os bancos estaduais, as agências de fomento estaduais, as cooperativas de crédito, os bancos cooperados, as instituições integrantes do sistema de pagamentos brasileiro, as plataformas tecnológicas de serviços financeiros (fintechs), as organizações da sociedade civil de interesse público de crédito, e as demais instituições financeiras públicas e privadas autorizadas a funcionar pelo Banco Central do Brasil, atendida a disciplina do Conselho Monetário Nacional e do Banco Central do Brasil a elas aplicável.

§ 3º As pessoas a que se refere o caput *deste artigo que contratarem as linhas de crédito no âmbito do Pronampe assumirão contratualmente a obrigação de fornecer informações verídicas e de <u>preservar o quantitativo de empregados</u> em número igual ou superior ao verificado na data da publicação desta Lei, no período compreendido entre a data da contratação da linha de crédito e o 60º (sexagésimo) dia após o recebimento da última parcela da linha de crédito.*

§ 4º O não atendimento a qualquer das obrigações de que trata o § 3º deste artigo implicará o vencimento antecipado da dívida pela instituição financeira.

§ 5º Fica vedada a celebração do contrato de empréstimo de que trata esta Lei com empresas que possuam condenação relacionada a trabalho em condições análogas às de escravo ou a trabalho infantil.

Situação semelhante foi encontrável nos limites da Lei n. 14.043, de 19 de agosto de 2020, que instituiu o Programa Emergencial de Suporte a Empregos. Veja-se:

Art. 2º O Programa Emergencial de Suporte a Empregos é destinado aos agentes econômicos a que se refere o art. 1º desta Lei com receita bruta anual superior a R$ 360.000,00 (trezentos e sessenta mil reais) e igual ou inferior a R$ 50.000.000,00 (cinquenta milhões de reais), calculada com base no exercício de 2019.

[...]

§ 3º As pessoas a que se refere o art. 1º desta Lei que contratarem as linhas de crédito no âmbito do Programa assumirão contratualmente as seguintes obrigações:

I — fornecer informações verídicas;

II — não utilizar os recursos para finalidade distinta do pagamento de seus empregados;

III — efetuar o pagamento de seus empregados com os recursos do Programa, por meio de transferência para a conta de depósito, para a conta-salário ou para a conta de pagamento pré-paga de titularidade de cada um deles, mantida em instituição autorizada a funcionar pelo Banco Central do Brasil; e

*IV — **não rescindir sem justa causa o contrato de trabalho de seus empregados, no período compreendido entre a data da contratação da linha de crédito e o sexagésimo dia após a liberação dos valores referentes à última parcela da linha de crédito pela instituição financeira.***

[...]

*§ 5º **A vedação a que se refere o inciso IV do § 3º deste artigo incidirá na mesma proporção do total da folha de pagamento que, por opção do contratante, tiver sido paga com recursos do Programa**.*

*§ 6º **O não** atendimento a qualquer das obrigações de que tratam os §§ 3º, 4º e 5º deste artigo implica o vencimento antecipado da dívida.*

Perceba-se que, nesses casos, a garantia de emprego em sentido estrito apenas turbou a liberdade patronal de despedir sem causa justa; o empregador não ficou impedido de pôr fim aos vínculos mantidos com os seus empregados, mas, se assim resolvesse agir, seria apenado pela ordem jurídica com o "vencimento antecipado da dívida".

16.1.2.2 Estabilidade no emprego

Entende-se por estabilidade a fórmula de proteção caracterizada pela vedação à resilição por iniciativa patronal. Por meio dela o empregador fica impedido de desligar o empregado, sob pena de ver-se compelido a reintegrá-lo. Em resumo: a estabilidade **impede, proíbe, veda, bloqueia** o despedimento sem causa justa. Aqui se fala em direito ao emprego e, consequentemente, em direito à reintegração, uma vez que a dispensa não é ato jurídico válido, por força da lei ou do contrato.

A estabilidade tem sede na lei ou em instrumentos contratuais, individuais ou coletivos, podendo ser oferecida em caráter definitivo ou provisório. Por conta dessas variáveis, o estudo aqui realizado considerará, inicialmente, as variáveis da **estabilidade legal definitiva**, passando, em seguida, para a **estabilidade legal provisória**. No plano contratual, as estabilidades serão classificadas em **estabilidade contratual coletiva**, produzida em acordos coletivos ou em convenções coletivas de trabalho, e **estabilidade contratual individual**, resultante da atuação da autonomia individual da vontade.

16.1.2.2.1 Estabilidade legal definitiva

A estabilidade é legal quando egressa de lei (em sentido lato), sendo imposta, por isso, a todos os empregadores, em nível abstrato e genérico. Diz-se definitiva a estabilidade porque, uma vez alcançada, o empregado a incorpora e a sedimenta em seu patrimônio jurídico, não mais podendo ser despedido por seu empregador senão por motivos relevantes contidos na própria lei. É, sem dúvida, uma fórmula de pouca incidência que, pouco a pouco, tem cedido espaço para outros mecanismos de garantia de emprego, entre os quais as garantias de emprego em sentido estrito (indenizações desestimulantes) e as estabilidades provisórias.

Dentre as situações ainda remanescentes no sistema jurídico legal, serão analisadas a seguir a estabilidade decenal e a estabilidade dos servidores públicos celetistas. Vejam-se:

a) Estabilidade decenal

a1) Aspectos conceituais

A estabilidade decenal funcionava (e ainda funciona em relação aos trabalhadores que a possuem em caráter residual) como vedação ao exercício do direito (ou do ato de liberdade) patronal de resilir. O empregado que alcançava a estabilidade somente poderia ser despedido por motivo de falta grave ou circunstância de força maior, devidamente comprovadas. Vejam-se os arts. 492 e 493 da CLT:

> Art. 492. O empregado que contar mais de 10 (dez) anos de serviço na mesma empresa não poderá ser despedido senão por motivo de falta grave ou circunstância de força maior, devidamente comprovadas.
>
> Parágrafo único. Considera-se como de serviço todo o tempo em que o empregado esteja à disposição do empregador.
>
> Art. 493. Constitui falta grave a prática de qualquer dos fatos a que se refere o art. 482, quando por sua repetição ou natureza representem séria violação dos deveres e obrigações do empregado.

Observe-se que a referida estabilidade operava **no plano do emprego**, e não **no campo do exercício de funções gratificadas** por conta da confiança (leia-se o art. 499 da CLT).

Tratava-se de vantagem instituída **por lei** e que, pela universalização do FGTS, deixou de ser concedida aos empregados contratados após 5-10-1988.

Consoante destacado, somente é possível falar em empregados detentores dessa estabilidade nos casos em que eles, conforme expendido na resposta anterior, tenham alcançado esse direito antes do início da vigência do texto constitucional de 1988.

Estabilidade semelhante àquela constante do art. 492 da CLT somente poderá existir, desde a publicação da Carta, **por força contratual**. Em outras palavras: nada impede que um empregador crie, mediante contrato, uma estabilidade para seu empregado a partir do instante em que ele complete um tempo específico de trabalho contínuo. Nesse sentido, aliás, posiciona-se o TST por meio da Súmula 98, II:

> Súmula 98, II, TST. A estabilidade **contratual** ou a derivada de regulamento de empresa são compatíveis com o regime do FGTS. Diversamente ocorre com a estabilidade **legal** (decenal, art. 492 da CLT), que é renunciada com a opção pelo FGTS (destaques não constantes do original).

a2) Despedida obstativa à estabilidade

Acrescente-se que, não raramente, o empregador despedia o empregado antes (e muitas vezes bem perto) de ele completar os dez anos exigíveis para a aquisição da estabilidade decenal. A esse comportamento deu-se o nome de **despedida obstativa**.

A despedida obstativa, nos termos do § 3º do art. 499 da CLT, era aquela que se verificava[6] com o objetivo de impedir que o empregado adquirisse a estabilidade decenal.

Esse sistema, **não mais exigível a partir de fonte legal**, justificava-se no fato de que muitos empregadores, nas vésperas da aquisição da estabilidade decenal por parte de seus empregados, promoviam seu desligamento com intuito restritivo do alcance do direito. Diante dessa circunstância, o empregado prejudicado com a dispensa poderia ajuizar ação trabalhista para questionar o ato, oportunidade em que o juiz avaliaria a existência ou a inexistência da atitude obstativa. Quando o juiz concluía quanto à existência da despedida obstativa, determinava o pagamento, **de forma dobrada**, da indenização prescrita nos arts. 477 e 478 da CLT em favor do trabalhador prejudicado, mas não autorizava sua reintegração no emprego. Não se oferecia a reintegração porque, de fato, o trabalhador envolvido na situação não possuía a estabilidade, mas apenas a mera expectativa de alcançá-la.

Para orientar as atuações dos magistrados, o TST formou um entendimento sumulado, segundo o qual era presumida como obstativa à estabilidade toda despedida, sem justo motivo, do empregado que tivesse alcançado nove anos de serviço na empresa. Tal posicionamento criou uma presunção absoluta, que não comportava prova patronal em sentido contrário. O referido entendimento sumular vigeu até a publicação da Resolução n. 121 do TST, de 28-10-2003, *DJU*, 19-11-2003, oportunidade em que foi cancelado por força de seu anacronismo. Observe-se:

Súmula 26 do TST. Cancelada. Presume-se obstativa à estabilidade a despedida, sem justo motivo, do empregado que alcançar nove anos de serviço na empresa.

Este posicionamento, entretanto, apesar de cancelado pela ausência de lei que atribua a estabilidade decenal, pode ser aplicado como referencial para as situações em que a autonomia privada (individual ou coletiva) crie um sistema protetivo assemelhado.

a3) Procedimento da despedida com justa causa de empregado estável

O empregado portador de estabilidade decenal que venha a ser acusado de falta grave **poderá** (é uma faculdade do empregador) ser suspenso de suas funções, mas sua despedida somente se tornará efetiva após o **inquérito em que se verifique a procedência da acusação**. Tal suspensão perdurará até a decisão final do processo. Veja-se:

Art. 494. O empregado acusado de falta grave poderá ser suspenso de suas funções, mas a sua despedida só se tornará efetiva após o inquérito em que se verifique a procedência da acusação.

Parágrafo único. A suspensão, no caso deste artigo, perdurará até a decisão final do processo.

É importante registrar que, uma vez promovida a suspensão do empregado portador da estabilidade decenal, iniciar-se-á a contagem do prazo de trinta dias para a instauração do inquérito judicial por falta grave. Note-se que esse prazo, nos moldes da **Súmula 403 do STF**[7], é **decadencial**, isto é, tem por objeto direito potestativo. Sendo excedido o prazo sem o ajuizamento da ação, entende-se concedido pelo empregador o perdão tácito ao empregado supostamente transgressor.

Pode-se, então, perguntar: por que o prazo é de trinta dias para a instauração do inquérito judicial por falta grave?

---

6 Lembre-se que o sistema da estabilidade decenal, por força de lei, não é mais objeto de aquisição.
7 **Súmula 403 do STF:** é de decadência o prazo de trinta dias para instauração do inquérito judicial, a contar da suspensão, por falta grave, do empregado estável.

A resposta é simples. O prazo é este porque, nos moldes do art. 474 da CLT, "a suspensão do empregado por mais de 30 dias consecutivos importa na rescisão injusta do contrato de trabalho". Assim, superados trinta dias sem o ajuizamento do inquérito, o empregado estável, que não pode ser despedido sem justa causa, volta ao emprego.

a4) Efeitos da despedida de empregado estável: readmissão e reintegração

Nos moldes do art. 495 da CLT, se for declarada a inexistência de falta grave praticada pelo empregado detentor da estabilidade decenal, ficará o empregador obrigado a reintegrá-lo ao serviço e a pagar-lhe os salários a que teria direito no período da suspensão. Note-se que, a despeito de o citado art. 495 da CLT tratar de **readmissão**[8], ocorrerá, sem dúvida, uma **reintegração**. Afirma-se isso porque a readmissão pressupõe um procedimento válido de desligamento e uma nova admissão, o que, obviamente, não acontece na hipótese sob exame.

Se, porém, a reintegração for desaconselhável, dado o grau de incompatibilidade resultante do litígio, especialmente quando for o empregador pessoa física, **o Tribunal do Trabalho poderá** (se entender conveniente e independentemente de pedido) converter a obrigação de reintegrar em indenização compensatória. Observe-se:

> *Art. 496. Quando a reintegração do empregado estável for desaconselhável, dado o grau de incompatibilidade resultante do dissídio, especialmente quando for o empregador pessoa física, o tribunal do trabalho poderá converter aquela obrigação em indenização devida nos termos do artigo seguinte.*
>
> *Art. 497. Extinguindo-se a empresa, sem a ocorrência de motivo de força maior, ao empregado estável despedido é garantida a indenização por rescisão do contrato por prazo indeterminado, paga em dobro.*

Nesse caso, conforme indica o acima transcrito art. 497 da CLT, será garantida a indenização por cessação do contrato por tempo indeterminado **paga em dobro**. Veja-se que a atuação dos magistrados não é entendida como julgamento *extra petita*. Afirma-se isso porque há clara autorização legal para esse tipo de desempenho, existindo, ainda, manifestação cristalizada do TST aplicável às situações de estabilidade provisória[9]. Veja-se:

> **Súmula 396 do TST.** *ESTABILIDADE PROVISÓRIA. PEDIDO DE REINTEGRAÇÃO. CONCESSÃO DO SALÁRIO RELATIVO AO PERÍODO DE ESTABILIDADE JÁ EXAURIDO. INEXISTÊNCIA DE JULGAMENTO "EXTRA PETITA". [...]*
>
> *II — Não há nulidade por julgamento "extra petita" da decisão que deferir salário quando o pedido for de reintegração, dados os termos do art. 496 da CLT.*

A mesma indenização, na forma do art. 498 da CLT, é devida diante das situações em que a empresa é extinta, em casos de fechamento do estabelecimento, filial ou agência, ou, ainda, diante da supressão necessária de atividade, sem a ocorrência de motivo de força maior. Observe-se:

> *Art. 498. Em caso de fechamento do estabelecimento, filial ou agência, ou supressão necessária de atividade, sem ocorrência de motivo de força maior, é assegurado aos empregados estáveis, que ali exerçam suas funções, o direito à indenização, na forma do artigo anterior.*

---

8 Art. 495. Reconhecida a inexistência de falta grave praticada pelo empregado, fica o empregador obrigado a **readmiti-lo** no serviço e a pagar-lhe os salários a que teria direito no período da suspensão.

9 Salvo, quanto à indenização dobrada, para os casos em que a estabilidade decorre da função exercida pela pessoa, e não propriamente do *status* dela. Se a referida função se torna inviabilizada — como no caso dos cipeiros ou dirigentes sindicais —, não há falar em reintegração nem indenização substitutiva. Veja-se nesse sentido o teor das Súmulas 339, II, parte final, e 369, IV, ambas do TST.

Atente-se, por fim, que, na forma prevista na **Súmula 28 do TST**, no caso de conversão de reintegração em indenização dobrada, o direito aos salários (ou melhor, à indenização equivalente aos salários) será assegurado até a data da primeira decisão que determinou essa conversão, ou seja, até a data da decisão do magistrado que atuou na instância originária (na Vara do Trabalho). Veja-se:

> **Súmula 28 do TST.** *INDENIZAÇÃO. No caso de se converter a reintegração em indenização dobrada, o direito aos salários é assegurado até a data da primeira decisão que determinou essa conversão. (Súmula com redação modificada pela Resolução 121/2003)*

Para finalizar este tópico, é importante anotar que o trabalhador que teve convertido o direito de reintegração em indenização receberá o montante correspondente aos salários dos meses de estabilidade sem que tenha havido qualquer prestação laboral. Por isso — como, aliás, sugere a redação do art. 496 da CLT—, o montante será atribuído ao trabalhador a título indenizatório. Essa verba não será base de incidência de contribuição previdenciária, consoante previsão contida no § 9º, V, "h", do art. 214 do Decreto n. 3.048/99[10]. Nesse caso, por ausência de contribuição previdenciária, o tempo de estabilidade que foi objeto de indenização não será contado, obviamente, como tempo de contribuição para fins previdenciários.

Situação diferente ocorrerá com o empregado que for efetivamente reintegrado e mantido no emprego, e não indenizado pelo tempo correspondente à estabilidade.

Ao ser reintegrado, o empregado receberá os créditos decorrentes do período de afastamento como se tivesse sido colocado em disponibilidade remunerada. Todos os valores lhe serão atribuídos como verbas de natureza salarial, entre as quais os salários não recebidos, os décimos terceiros salários não pagos e o acréscimo de 1/3 a título de férias (perceba-se que não se pagará novamente pelos meses de férias porque o trabalhador estava afastado; o pagamento restringir-se-á, nesse caso, ao acréscimo de 1/3 sobre as férias).

Todas as verbas salariais não pagas serão atribuídas ao reintegrado e sobre todas elas incidirá contribuição previdenciária. Nessas circunstâncias, desde que sejam recolhidas as contribuições previdenciárias correspondentes a cada um dos meses de afastamento até a reintegração, será computado o tempo de afastamento como tempo de contribuição, conforme se vê no art. 60, XIV, do Decreto n. 3.048/99[11].

a5) Estabilidade em funções de confiança

Na forma disposta no art. 499 da CLT, não se pode falar em estabilidade decenal no exercício dos cargos de diretoria, gerência ou outros da confiança imediata do empregador. Diz-se isso porque a confiança é elemento que jamais pode ser perenizado. Custa-se a conquistar a confiança, sendo repentina a sua perda. Na medida em que ela desaparece, com ela evadem as justificativas de atribuições fiduciárias. O empregado que exercia tais tarefas reverte, então, ao cargo efetivo que anteriormente ocupava.

Ressalve-se, por outro lado, que, apesar de não se poder sustentar o direito de manutenção de um trabalhador no exercício de função adicional de confiança, pode-se falar, em nome da estabilidade econômica, no direito de integração a seu salário da gratificação pelo exercício da citada função. Isso acontecerá desde que tal gratificação venha sendo outorgada

---

10 Art. 214 [...] § 9º Não integram o salário de contribuição, exclusivamente: [...] V — as importâncias recebidas a título de: [...] h) indenizações previstas nos artigos 496 e 497 da Consolidação das Leis do Trabalho.

11 Art. 60. Até que lei específica discipline a matéria, são contados como tempo de contribuição, entre outros: [...] XIV — o período em que o segurado tenha sido colocado pela empresa em disponibilidade remunerada, desde que tenha havido desconto de contribuições.

por dez ou mais anos e que, *sem justo motivo*, o trabalhador tenha sido revertido a seu cargo efetivo. Esse é o entendimento cristalizado do TST, ora expendido por meio da Súmula 372, I. Veja-se:

> **Súmula 372, I, do TST**. *Percebida a gratificação de função por* **dez ou mais anos** *pelo empregado, se o empregador,* **sem justo motivo**, *revertê-lo a seu cargo efetivo, não poderá retirar-lhe a gratificação tendo em vista o princípio da estabilidade financeira (destaques não constantes do original)*.

Importante anotar, porém, que a reforma trabalhista de 2017 exterminou a gratificação de função incorporada em nome da estabilidade financeira. A Lei n. 13.467/2017 adicionou o § 2º ao art. 468 da CLT para deixar bem claro que "a alteração de que trata o § 1º deste artigo, **com ou sem justo motivo**, **não assegura** ao empregado o direito à manutenção do pagamento da gratificação correspondente, que não será incorporada, independentemente do tempo de exercício da respectiva função".

b) Estabilidade dos servidores públicos celetistas

Primeira variável: extensão da estabilidade prevista no art. 41 da Constituição da República. Outra situação em que se pode falar da conquista da estabilidade definitiva diz respeito aos chamados servidores públicos celetistas, vale dizer, aqueles trabalhadores contratados mediante o regime de emprego pela Administração Pública direta, autárquica ou fundacional mediante o regime da CLT (são, na verdade, empregados públicos, mas, para evitar confusão conceitual, são chamados de servidores públicos celetistas).

Interpretação jurisprudencial estendeu para os servidores públicos celetistas a mesma estabilidade definitiva concedida aos estatutários. Essa vantagem, porém, não se oferece para os empregados de entidades estatais (empresas públicas e sociedades de economia mista). Tal posicionamento está contido na Súmula 390 do TST, conforme a seguir expendida:

> **Súmula 390 do TST.** *ESTABILIDADE. ARTIGO 41 DA CF/1988. CELETISTA. ADMINISTRAÇÃO DIRETA, AUTÁRQUICA OU FUNDACIONAL. APLICABILIDADE. EMPREGADO DE EMPRESA PÚBLICA E SOCIEDADE DE ECONOMIA MISTA. INAPLICÁVEL.*
>
> *I — O servidor público celetista da administração direta, autárquica ou fundacional é beneficiário da estabilidade prevista no artigo 41 da CF/1988.*
>
> *II — Ao empregado de empresa pública ou de sociedade de economia mista, ainda que admitido mediante aprovação em concurso público, não é garantida a estabilidade prevista no artigo 41 da CF/1988.*

Anote-se que, a despeito de destinatários da estabilidade prevista no art. 41 da Constituição da República, os servidores públicos celetistas têm, por mais estranho que lhes pareça, o direito ao recolhimento do FGTS em seu favor, haja vista o fato de estarem inseridos num regime de emprego público, e não de cargo público.

Segunda variável: concessão de estabilidade excepcional de natureza constitucional conforme art. 19 do Ato das Disposições Constitucionais Transitórias (ADCT). Nos termos do art. 19 do ADCT, "os servidores públicos civis da União, dos Estados, do Distrito Federal e dos Municípios, da administração direta, autárquica e das fundações públicas, em exercício na data da promulgação da Constituição, há pelo menos cinco anos continuados, e que não tenham sido admitidos na forma regulada no art. 37, da Constituição, **são considerados estáveis no serviço público**".

Observe-se que esse dispositivo dá a estabilidade excepcional tão somente àqueles **contratados não efetivos** que foram **admitidos cinco anos ou mais antes de 5 de outubro de 1988** e que não tenham se submetido a concurso público. Tais trabalhadores não têm cargo público, mas apenas emprego público e uma especial estabilidade de cunho constitucional[12]. Eles são chamados de servidores públicos apenas *pro forma*, diante do fato de prestarem um serviço público. Materialmente, entretanto, são simples contratados pelo regime da CLT (empregados públicos) que, para fins de distinção dos efetivos, recebem, conforme muitas vezes destacado, o nome de servidores públicos celetistas.

No rol de beneficiários dessa excepcional estabilidade estão também inseridos, segundo posicionamento do TST, os contratados por fundação destinatária de dotação ou de subvenção do Poder Público para realizar atividades de interesse do Estado. Veja-se:

Orientação Jurisprudencial 364 da SDI-1 do TST. ESTABILIDADE. ART. 19 DO ADCT. SERVIDOR PÚBLICO DE FUNDAÇÃO REGIDO PELA CLT. Fundação instituída por lei e que recebe dotação ou subvenção do Poder Público para realizar atividades de interesse do Estado, ainda que tenha personalidade jurídica de direito privado, ostenta natureza de fundação pública. Assim, seus servidores regidos pela CLT são beneficiários da estabilidade excepcional prevista no art. 19 do ADCT. (Publicada no DJU de 20-5-2008.)

Note-se, ainda, que, nos moldes dos §§ 2º e 3º do supracitado artigo, a aludida estabilidade não se aplica aos meros ocupantes de atribuições de confiança ou em comissão, aos que a lei declarou de livre nomeação e exoneração, tampouco aos professores de nível superior. Perceba-se:

Art. 19. [...] § 2º O disposto neste artigo não se aplica aos ocupantes de cargos, funções e empregos de confiança ou em comissão, nem aos que a lei declare de livre exoneração, cujo tempo de serviço não será computado para os fins do caput *deste artigo, exceto se se tratar de servidor.*

§ 3º O disposto neste artigo não se aplica aos professores de nível superior, nos termos da lei.

16.1.2.2.2 Estabilidade legal provisória

Entende-se por estabilidade legal provisória a vedação temporária ao direito patronal de resilir, justificada por específicos e transitórios fatos geradores. Ao contrário do que ocorre com a estabilidade definitiva, a provisória vale apenas por tempo determinado e está adstrita a um acontecimento, previsto em lei. Verifica-se a estabilidade legal provisória quando a dicção da norma indicar o seguinte: "fica vedada a dispensa do empregado na situação X"; "fica proibida a dispensa do empregado na hipótese Y" ou expressões similares.

A todas as situações de estabilidade legal provisória são aplicáveis os entendimentos constantes da Súmula 396 do TST. Veja-se:

---

[12] Sobre esse assunto, observe-se que o STF, por unanimidade, apreciando o Tema 1.157 da repercussão geral (ARE 1306505), fixou a seguinte tese: "É vedado o reenquadramento, em novo Plano de Cargos, Carreiras e Remuneração, de servidor admitido sem concurso público antes da promulgação da Constituição Federal de 1988, mesmo que beneficiado pela estabilidade excepcional do artigo 19 do ADCT, haja vista que esta regra transitória não prevê o direito à efetividade, nos termos do artigo 37, II, da Constituição Federal e decisão proferida na ADI 3609 (Rel. Min. DIAS TOFFOLI, Tribunal Pleno, *DJe*. 30/10/2014)". Plenário, Sessão Virtual de 18-3-2022 a 25-3-2022.

Súmula 396 do TST. *ESTABILIDADE PROVISÓRIA. PEDIDO DE REINTEGRAÇÃO. CONCESSÃO DO SALÁRIO RELATIVO AO PERÍODO DE ESTABILIDADE JÁ EXAURIDO. INEXISTÊNCIA DE JULGAMENTO "EXTRA PETITA".*

I — Exaurido o período de estabilidade, são devidos ao empregado apenas os salários do período compreendido entre a data da despedida e o final do período de estabilidade, não lhe sendo assegurada a reintegração no emprego.

II — Não há nulidade por julgamento extra petita da decisão que deferir salário quando o pedido for de reintegração, dados os termos do art. 496 da CLT.

Esse entendimento jurisprudencial sumulado foi relevante para aplacar algumas controvérsias que normalmente circundavam o tema das estabilidades legais provisórias. Num primeiro plano ficou claro que a despedida do empregado provisoriamente estável seria projetada para o primeiro dia seguinte ao término do período da estabilidade. Nesses termos, se um trabalhador garantido pela estabilidade provisória até 12 de maio de 2008 fosse despedido em 12 de fevereiro de 2008, a resilição somente produziria efeitos a partir de 13 de maio de 2008. Se o empregado pretendesse a reintegração em 12 de março de 2008, seria instantaneamente reinserido no pacto laboral. Exaurido, entretanto, o *período de estabilidade*, seja porque **o trabalhador somente ajuizou ação depois de findo o período da estabilidade**, seja porque **a tutela jurisdicional somente foi outorgada depois do mencionado ínterim de garantia**, seriam *devidos ao empregado apenas os salários do período compreendido entre a data da despedida e o final do período de estabilidade, não lhe sendo,* obviamente, *assegurada a reintegração no emprego.*

Outro detalhe relevante da mencionada súmula do TST foi o posicionamento no sentido de que *não há nulidade por julgamento* **extra petita** *se o magistrado deferir salário (na forma indenizada, porque dissociada do trabalho) quando o pedido for de reintegração, dados os termos do art. 496 da CLT.* Ficou claro, portanto, que o mencionado dispositivo consolidado não se aplica unicamente às situações de estabilidade legal definitiva, mas também a qualquer hipótese de violação a estabilidade legal provisória. Nesses moldes, quando a reintegração do empregado provisoriamente estável for desaconselhável, dado o grau de incompatibilidade resultante da contenda, especialmente quando for o empregador pessoa física, o magistrado poderá converter aquela obrigação (obrigação de fazer) em indenização (obrigação de pagar).

Quanto à natureza da verba decorrente da reintegração, é importante deixar claro que, se o trabalhador somente ajuizou ação depois de findo o período da estabilidade ou se a tutela jurisdicional somente lhe foi outorgada depois do mencionado ínterim de garantia, ele terá, consoante mencionado, apenas o direito *aos salários do período compreendido entre a data da despedida e o final do período de estabilidade.* **Esses salários serão atribuídos de forma indenizatória**, haja vista a inexistência do vínculo de emprego para dar suporte à natureza do vínculo. Nesse caso, não incidem sobre tal verba as contribuições previdenciárias ou o imposto de renda (veja-se, nesse particular, o RO 00942-2008-036-03-00-7, TRT da 3ª Região — Minas Gerais).

Se, apesar de não mais haver tempo para a reintegração, o magistrado determinar a anotação na CTPS do período da estabilidade exaurida, deverão ser cobradas as contribuições previdenciárias e o imposto de renda. Afirma-se isso porque somente assim será possível atribuir o período como "tempo de contribuição" para fins de aposentadoria no Regime Geral da Previdência Social. É importante lembrar que o sistema previdenciário social é necessariamente contributivo (*vide* o *caput* do art. 201 do texto constitucional[13]) e que, nos

---

[13] Art. 201. A previdência social será organizada sob a forma de regime geral, **de caráter contributivo** e de filiação obrigatória, observados critérios que preservem o equilíbrio financeiro e atuarial, e atenderá, nos termos da lei, a [...]. (Destaque não constante do original.)

moldes do art. 60 do Decreto n. 3.048/99, somente se admitiria o período da estabilidade exaurida como "tempo de contribuição" se houvesse anotação do ínterim na CTPS e se houvesse o desconto da correspondente contribuição previdenciária (vejam-se os incisos XIII e XIV do art. 60 do mencionado Decreto n. 3.048/99).

Há ainda que se falar em "abuso do exercício do direito de ação". Trata-se desse assunto porque, não raras vezes, vê-se nas contestações alegações no sentido de que o(a) empregado(a) provisoriamente estável somente ajuizou a ação trabalhista depois de decorrido o período de garantia de emprego justamente com o propósito de não ser reintegrado(a), mas, em lugar disso, sem trabalhar, receber a correspondente indenização. Em algumas situações os empregadores apresentavam argumentos bastante convincentes e ainda demonstravam que, durante o ínterim da estabilidade provisória, o(a) obreiro(a) ingressou em novo emprego por tempo integral. O TST, entretanto, por meio de sua **Orientação Jurisprudencial 399 da SDI-1** (publicada no *DEJT* de 2-8-2010), entendeu por bem generalizar a licitude do comportamento do(a) trabalhador(a) que aforar a ação apenas depois de findo o período da garantia de emprego. Segundo o TST, "o ajuizamento de ação trabalhista após decorrido o período de garantia de emprego não configura abuso do exercício do direito de ação, pois este está submetido apenas ao prazo prescricional inscrito no art. 7º, XXIX, da CF/1988, sendo devida a indenização desde a dispensa até a data do término do período estabilitário". Acredita-se que o ideal seria permitir que cada magistrado avaliasse a situação concreta segundo sua prudência. Afirma-se isso porque, de fato, há casos em que o abuso efetivamente existe, tanto mais quando o(a) beneficiado(a) tem claras intenções de eliminar a possibilidade de reintegração e de apenas assegurar a indenização substitutiva.

A estabilidade legal provisória envolve uma série de situações que serão a seguir dispostas:

a) Dirigente sindical

A estabilidade provisória está prevista no art. 8º, VIII, da Constituição da República, estando assim considerada:

> "[...] é vedada a dispensa do empregado sindicalizado a partir do registro da candidatura a cargo de direção ou representação sindical e, se eleito, ainda que suplente, até um ano após o final do mandato, salvo se cometer falta grave nos termos da lei".

Note-se que a estabilidade somente é concedida para **empregados sindicalizados** (associados ao sindicato) desde o momento em que registram candidatura em processo eletivo para cargo de direção ou representação sindical. Isso significa que não se concederá estabilidade provisória a quem dispute cargos diversos daqueles funcionalmente considerados como "de direção" (de administração, chefia, controle ou gerência) ou "de representação" (legitimados para falar em nome do sindicato ou dos integrantes da categoria)[14].

---

14 Há um debate importante sobre a aquisição da estabilidade de dirigente sindical: *ela pode ser concedida a quem foi contratado, na empresa, única e exclusivamente para cargo de confiança?* O TST entendeu existente incompatibilidade entre o exercício de cargo de confiança e a assunção da estabilidade prevista no art. 8º, VIII, da Constituição da República. Para a Alta Corte trabalhista, não deve ser garantida a estabilidade sindical de que trata o art. 8º, VIII, da CF a trabalhador contratado única e exclusivamente para o exercício de cargo de confiança. Segundo entendimento triunfante depois de elevada discussão (*vide* TST-E-ED-RR-112700-89.2008.5.22.0004, SBDI-I, Rel. Min. Márcio Eurico Vitral Amaro, 15-5-2014), a função de livre nomeação e exoneração, por revestir-se de caráter precário e alicerçar-se no elemento fidúcia, constitui fator impeditivo à aquisição da estabilidade, conforme o disposto no art. 499 da CLT, afigurando-se, portanto, incompatível com a garantia constitucional e com a possibilidade de reintegração ao emprego. Para o TST, na

Também não se oferecerá a estabilidade provisória àqueles que alcançaram cargos de direção ou de representação sem submeter-se a processo eleitoral (veja-se a expressão: "e, se eleito, ainda que suplente"). Ficam fora dos limites dessa proteção ao emprego, por exemplo, os delegados sindicais não eleitos[15] ou mesmo os administradores eleitos pela diretoria executiva do sindicato.

A estabilidade é provisória porque ela somente se estende **da data de registro da candidatura** a cargo de direção ou representação sindical e, se eleito, **durante o mandato, até um ano após o final dele**.

Observe-se, também, que a estabilidade somente se estenderá por mais um ano **se o dirigente sindical concluir o seu mandato**. Se este não for concluído (se o dirigente sindical for destituído ou se ele pedir para sair da direção do sindicato antes do final do mandato), não haverá falar na garantia de extensão da estabilidade por mais um ano, uma vez que, conforme claramente inserto no texto de lei, essa extensão somente será a ele autorizada "*após o final do mandato*". **Parece razoável, entretanto, excluir do âmbito da exigência de conclusão do mandato para fruição da estabilidade residual, aqueles que, por caso fortuito ou força maior devidamente comprovados, ficaram impossibilitados de cumprir a sua missão no cargo de direção ou representação sindicais.**

Acrescente-se que a estabilidade sindical, conforme entendimento cristalizado do TST, é garantida apenas aos ocupantes de cargo de direção ou representação sindical. Segundo seu posicionamento os membros do conselho fiscal não gozam de estabilidade, *porque o § 2º do art. 522 da CLT é explícito ao dispor limitar-se a competência do conselho fiscal à fiscalização da gestão financeira do sindicato e o § 3º do mesmo dispositivo preceituar constituir atribuição exclusiva da diretoria do sindicato e dos delegados sindicais a representação e a defesa dos interesses da entidade.* Para o TST, o membro de conselho fiscal não se confunde com o dirigente ou com o representante sindical, uma vez que não atua na representação ou na defesa dos interesses da categoria, mas apenas na administração do sindicato e no procedimento de fiscalização da gestão financeira da própria entidade sindical.

O posicionamento acima expendido consolidou-se com a publicação da Orientação Jurisprudencial 365 da SDI-1 do TST. Veja-se:

> *Orientação Jurisprudencial 365 da SDI-1, TST. ESTABILIDADE PROVISÓRIA. MEMBRO DE CONSELHO FISCAL DE SINDICATO. INEXISTÊNCIA. Membro de conselho fiscal de sindicato não tem direito à estabilidade prevista nos arts. 543, § 3º, da CLT e 8º, VIII, da CF/1988, porquanto não representa ou atua na defesa de direitos da categoria respectiva, tendo sua competência limitada à fiscalização da gestão financeira do sindicato (art. 522, § 2º, da CLT). Publicada no DJU de 20-5-2008.*

A despeito desse posicionamento jurisprudencial, parece razoável a extensão da estabilidade sindical aos integrantes do conselho fiscal, porque os integrantes do referido órgão consultivo e fiscalizador, se não protegidos pela estabilidade, podem ser pressionados pelos empregadores para atuar contra os interesses da entidade sindical a fim de obje-

---

referida decisão, seria inviável, ainda, a conversão do período estabilitário em indenização, na medida em que a Súmula 396 do TST pressupõe a existência de estabilidade provisória para fins de concessão de indenização correspondente ao valor dos salários relativos ao período.

15 Perceba-se o texto da **Orientação Jurisprudencial 369 da SDI-1 do TST**: "ESTABILIDADE PROVISÓRIA. DELEGADO SINDICAL. INAPLICÁVEL. O delegado sindical não é beneficiário da estabilidade provisória prevista no art. 8º, VIII, da CF/1988, a qual é dirigida, exclusivamente, àqueles que exerçam ou ocupem cargos de direção nos sindicatos, submetidos a processo eletivo".

tar caprichosamente condutas administrativo-financeiras e de colocar sob suspeição contas legitimadas.

Sobre temas relacionados aos dirigentes sindicais, o TST editou as Súmulas 369 e 379, nos seguintes termos:

Súmula 369 do TST. *DIRIGENTE SINDICAL. ESTABILIDADE PROVISÓRIA.*

I — É assegurada a estabilidade provisória ao empregado dirigente sindical, ainda que a comunicação do registro da candidatura ou da eleição e da posse seja realizada fora do prazo previsto no art. 543, § 5º, da CLT, desde que a ciência ao empregador, por qualquer meio, ocorra na vigência do contrato de trabalho.

II — O art. 522 da CLT foi recepcionado pela Constituição Federal de 1988. Fica limitada, assim, a estabilidade a que alude o artigo 543, § 3º, da CLT, a sete dirigentes sindicais e igual número de suplentes.

III — O empregado de categoria diferenciada eleito dirigente sindical só goza de estabilidade se exercer na empresa atividade pertinente à categoria profissional do sindicato para o qual foi eleito dirigente.

IV — Havendo extinção da atividade empresarial no âmbito da base territorial do sindicato, não há razão para subsistir a estabilidade.

V — O registro da candidatura do empregado a cargo de dirigente sindical durante o período de aviso prévio, ainda que indenizado, não lhe assegura a estabilidade, visto que inaplicável a regra do § 3º do art. 543 da Consolidação das Leis do Trabalho.

Súmula 379 do TST. *DIRIGENTE SINDICAL. DESPEDIDA. FALTA GRAVE. INQUÉRITO JUDICIAL. NECESSIDADE. O dirigente sindical somente poderá ser dispensado por falta grave mediante a apuração em inquérito judicial, inteligência dos arts. 494 e 543, § 3º, da CLT.*

O inquérito para apuração de falta grave é aplicável em favor dos beneficiados pela estabilidade decenal, dos dirigentes sindicais[16], dos diretores de cooperativas de empregados, dos membros trabalhadores do Conselho Nacional da Previdência Social, dos representantes dos empregados nas comissões de conciliação prévia e dos representantes dos empregados no Conselho Curador do FGTS. Perceba-se que em todas as referidas situações o despedimento do trabalhador protegido somente se dará mediante apuração de **falta grave**, estando esse conceito presente tanto no art. 494 da CLT quanto nas normas que arrimam os demais empregados estáveis aqui referidos.

Por fim, e em atenção ao quanto inserido no tópico IV da Súmula 369 do TST, acima transcrito, cabe sublinhar que a drástica hipótese de **extinção da atividade empresarial** no âmbito da base territorial do sindicato implica, evidentemente, a correspondente extinção do mandato. Note-se que não se trata de extinção da empresa, mas de **terminação da atividade empresarial dentro de uma cidade, se esta for a base territorial do sindicato, ou de um espaço geográfico mais amplo, se este for o âmbito de atuação sindical.**

---

16 INQUÉRITO PARA APURAÇÃO DE FALTA GRAVE — MEMBRO DE CIPA — FALTA DE INTERESSE DE AGIR DO EMPREGADOR — O art. 165, parágrafo único, da CLT é claro ao dispor que caberá ao empregador respaldar a dispensa motivada tão somente quando do ajuizamento da reclamatória pelo empregado. O inquérito para apuração de falta grave é procedimento especial, previsto na CLT somente para a estabilidade decenal (art. 494), aplicável atualmente somente em relação ao dirigente sindical, considerando que a Constituição refere-se expressamente à falta grave (art. 8º, VIII), diversamente do que ocorre com o cipeiro (art. 10, II, *a*, do ADCT). Portanto, inexistente a necessidade do provimento jurisdicional, razão pela qual ausente o interesse de agir do empregador (TRT 3ª R., RO 00605-2003-104-03-00-9, 3ª T., Rel. Juíza Maria Cristina Diniz Caixeta, *DJMG*, 23-8-2003, p. 5).

A noção de extinção da atividade empresarial no âmbito da base territorial do sindicato exige, obviamente, a cessação de todos os contratos de emprego envolvidos na atividade empresarial. Se alguma empresa mantiver empregados, ainda que para a conservação da estrutura predial residualmente existente, será mantido o supedâneo lógico para a manutenção da estabilidade sindical.

b) Cipeiro

Está prevista no art. 10, II, *a*, do ADCT da Constituição da República, assim considerada:

"[...] fica vedada a dispensa arbitrária ou sem justa causa do empregado eleito para cargo de direção de comissões internas de prevenção de acidentes, desde o registro de sua candidatura até um ano após o final de seu mandato".

Registre-se que a sistemática da estabilidade provisória dos cipeiros é muito parecida com aquela adotada em favor dos dirigentes e representantes sindicais, inclusive no tocante às particularidades da extensão da garantia pelo prazo de um ano após o final do mandato. Acrescente-se, porém, que foi a jurisprudência, e não a lei (o texto legal não é expresso nesse sentido), quem estendeu a ora analisada estabilidade também para os suplentes. O STF, na Sessão Plenária de 24-9-2003, e nos limites da Súmula 676, decidiu que a garantia da estabilidade provisória prevista no art. 10, II, *a*, do ADCT, também se aplicava ao suplente do cargo de direção de comissões internas de prevenção de acidentes (CIPA). No mesmo sentido, posteriormente, apresentou-se a Súmula 339 do TST:

Súmula 339 do TST. CIPA. SUPLENTE. GARANTIA DE EMPREGO. CF/1988.

I — O suplente da CIPA goza da garantia de emprego prevista no art. 10, II, a, do ADCT a partir da promulgação da Constituição Federal de 1988[17].

II — A estabilidade provisória do cipeiro não constitui vantagem pessoal, mas garantia para as atividades dos membros da CIPA, que somente tem razão de ser quando em atividade a empresa. Extinto o estabelecimento, não se verifica a despedida arbitrária, sendo impossível a reintegração e indevida a indenização do período estabilitário.

Numa interpretação *a contrario sensu* do texto do art. 10, II, do ADCT, igualmente formulada em relação às gestantes (conforme se poderá ver no tópico seguinte), pode-se concluir que é lícita a *dispensa* **não** *arbitrária ou* **com** *justa causa do empregado eleito para cargo de direção de comissões internas de prevenção de acidentes*. Mas o que significa isso? Significa que a estabilidade não protegerá o cipeiro dispensado de modo não arbitrário, vale dizer, a estabilidade não protegerá o cipeiro que vier a ser despedido por "motivo disciplinar, técnico, econômico ou financeiro", incluindo-se no âmbito do motivo disciplinar as situações insertas no art. 482 da CLT.

Observe-se que o conceito de despedida arbitrária (imotivada ou vazia) está contido no art. 165 da CLT, recepcionado pelo texto constitucional de 1988. Perceba-se a redação:

Art. 165. Os titulares da representação dos empregados nas CIPAs não poderão sofrer despedida arbitrária, entendendo-se como tal a que não se fundar em motivo disciplinar, técnico, econômico ou financeiro.

---

17 **Orientação Jurisprudencial da SDI-2 do TST.** Ação Rescisória. Cipeiro Suplente. Estabilidade. ADCT da CF/88, art. 10, II, *a*. Súmula 83 do TST. Inserida em 20-9-2000 (nova redação). Rescinde-se o julgado que nega estabilidade a membro suplente de CIPA, representante de empregado, por ofensa ao art. 10, II, *a*, do ADCT da CF/88, ainda que se cuide de decisão anterior à Súmula 339 do TST. Incidência da Súmula 83 do TST.

Atente-se, ainda, com base no parágrafo único do precitado art. 165 da CLT, que em caso de dispensa caberá ao empregador, se demandado mediante ação trabalhista aforada pelo empregado, comprovar a existência de qualquer dos supracitados motivos, sob pena de ser condenado a reintegrá-lo.

Por fim, mais um ponto relevante: somente a extinção do estabelecimento pode justificar a perda da garantia de emprego estendida ao cipeiro. A sucessão empresarial não produz o mesmo efeito elidente, mantendo o empregado todos os seus direitos, nos moldes dos arts. 10 e 448 da CLT. Veja-se, nesse sentido, a decisão proferida no Recurso Ordinário n. 01759-2008-040-03-00-8.

c) Gestante

Mais uma situação de estabilidade provisória é prevista no art. 10, II, *b*, do ADCT da Constituição da República, nos seguintes termos:

> [...] fica vedada a dispensa arbitrária ou sem justa causa da empregada gestante, desde a confirmação da gravidez até cinco meses após o parto.

Note-se que a estabilidade é bem definida em relação a seus limites: **começa** com a confirmação do estado de gravidez, assim entendido o momento em que ocorre a concepção e **termina** cinco meses após o parto.

Não se confundam, porém, os institutos da licença-maternidade e da estabilidade por estado de gravidez. Embora o período de estabilidade seja mais extenso e consequentemente englobe por completo ou uma parte da licença-maternidade, não há espaço para confusão entre eles. Perceba-se que durante o período de estabilidade a empregada pode estar trabalhando, sendo certo que em determinado momento ela se afastará do serviço sem prejuízo do salário. Nesse tempo ter-se-á por iniciada a licença-maternidade. Durante essa licença, a empregada será, ainda que em parte do tempo, destinatária de uma vantagem previdenciária, assumida pelo RGPS, chamada de salário-maternidade[18 e 19].

É importante perceber que a estabilidade aqui analisada é oferecida sob uma perspectiva objetiva[20], vale dizer, existindo a gravidez, independentemente do conhecimento do fato

---

18 Anote-se que a Lei n. 11.770/2008, publicada em 9 de setembro de 2008, criou o Programa Empresa-Cidadã, destinado a prorrogar por sessenta dias a duração da licença-maternidade prevista no inciso XVIII do *caput* do art. 7º da Constituição Federal, mediante a concessão de incentivo fiscal. Por força dessa norma, a prorrogação é garantida à empregada da pessoa jurídica que aderir ao Programa. Se a pessoa jurídica não aderir ao referido programa, suas empregadas não terão direito ao benefício aqui analisado. Obviamente, a vantagem não é estendida às seguradas que não tenham sido contratadas por pessoas jurídicas, caso de empregadas domésticas. Uma vez realizada a adesão ao Programa Empresa Cidadã, a empregada deverá requerer até o final do primeiro mês após o parto a prorrogação da licença-maternidade, que terá início imediatamente após a fruição daquela concedida e custeada pela Previdência Social por força do disposto no inciso XVIII do *caput* do art. 7º da Constituição da República. Perceba-se, por fim, que o salário-maternidade não aumentou de tamanho. Ele continua a ter a dimensão correspondente a cento e vinte dias. O que mudou foi a dimensão da licença-maternidade, mediante a prorrogação dos dias não trabalhados sob o custeio exclusivo das empresas que aderirem ao programa.

19 Registre-se que a Comissão de Constituição e Justiça e de Cidadania aprovou em dezembro de 2008 o Projeto de Lei n. 3.829/97, do Deputado Arlindo Chinaglia (PT-SP), que proíbe durante o período de doze meses a dispensa arbitrária ou sem justa causa do trabalhador, contratado por tempo indeterminado, cuja esposa ou companheira esteja grávida. Atenção: essa notícia apenas informa a existência de um projeto de lei, cuja discussão pode vir a gerar (mas ainda não gerou) uma especial forma de garantia de emprego.

20 É vantagem insuscetível de renúncia ou transação. Observe-se a *Orientação Jurisprudencial 30 da SDC do TST*: Estabilidade da Gestante. Renúncia ou Transação de Direitos Constitucionais. Impossibilidade. Inserida em 19-8-1998. Nos termos do art. 10, II, *a*, do ADCT, a proteção à maternidade foi erigida a hierarquia constitucional, pois retirou

pelo empregador, subsiste a estabilidade da gestante. Esse, aliás, é o firme posicionamento do STF[21]:

> "A empregada gestante tem direito subjetivo à estabilidade provisória prevista no art. 10, II, b, do ADCT/88, bastando, para efeito de acesso a essa inderrogável garantia social de índole constitucional, a confirmação objetiva do estado fisiológico de gravidez, independentemente, quanto a este, de sua prévia comunicação ao empregador, revelando-se írrita, de outro lado e sob tal aspecto, a exigência de notificação à empresa, mesmo quando pactuada em sede de negociação coletiva" (AI 448.572, Rel. Min. Celso de Mello, DJ 22/03/04).

Do mesmo modo ocorrente com os cipeiros, e por força de uma interpretação *a contrario sensu* do texto do art. 10, II, do ADCT, pode-se concluir que é lícita a *dispensa **não** arbitrária ou **com** justa causa da empregada gestante*. Isso significa que a estabilidade não protegerá a gestante dispensada de modo não arbitrário, vale dizer, a estabilidade não protegerá a gestante que vier a ser despedida por "motivo disciplinar, técnico, econômico ou financeiro", incluindo-se no âmbito do motivo disciplinar as situações insertas no art. 482 da CLT. Caberá ao empregador, portanto, se demandado mediante ação trabalhista aforada pela gestante, comprovar a existência de qualquer dos supracitados motivos, sob pena de ser condenado a reintegrá-la.

Destaque-se, por outro lado, que essa vantagem passou a ser estendida em favor das empregadas domésticas por força da Lei n. 11.324, de 19 de julho de 2006, compreendida como fonte mais favorável nos termos do *caput* do art. 7º da Carta. Antes disso, por uma gélida interpretação sistemática do mesmo art. 7º, I (que gerou a redação do art. 10 do ADCT), e do seu parágrafo único, não era possível falar em estabilidade da gestante para as domésticas. Costumava-se afirmar que a negativa de estabilidade à empregada doméstica baseava-se numa interpretação da **letra fria da lei**, sem que se percebesse que, sob o ponto de vista objetivo, qualquer gravidez é substancialmente igual à outra. Por isso, todas as gestantes deveriam merecer o mesmo tipo de tratamento e de proteção, ainda que por analogia. Foi necessária a publicação de uma lei para reconhecer aquilo que sempre foi extremamente óbvio.

Sobre o assunto da estabilidade da gestante há de observar-se também o conteúdo da Súmula 244 do TST:

> **Súmula 244 do TST**. *GESTANTE. ESTABILIDADE PROVISÓRIA.*
>
> *I — O desconhecimento do estado gravídico pelo empregador não afasta o direito ao pagamento da indenização decorrente da estabilidade. (art. 10, II, b, do ADCT).*
>
> *II — A garantia de emprego à gestante só autoriza a reintegração se esta se der durante o período de estabilidade. Do contrário, a garantia restringe-se aos salários e demais direitos correspondentes ao período de estabilidade.*
>
> *III — A empregada gestante tem direito à estabilidade provisória prevista no art. 10, inciso II, alínea b, do ADCT, mesmo na hipótese de admissão mediante contrato por tempo determinado.*

Saliente-se que o TST passou a entender que a empregada gestante terá direito à estabilidade provisória aqui em discussão mesmo na hipótese de ter sido admitida mediante

---

do âmbito do direito potestativo do empregador a possibilidade de despedir arbitrariamente a empregada em estado gravídico. Portanto, a teor do art. 9º da CLT, torna-se nula de pleno direito a cláusula que estabelece a possibilidade de renúncia ou transação, pela gestante, das garantias referentes à manutenção do emprego e salário.

21 Importante dizer que, nos moldes do § 3º do art. 18 da Lei n. 13.301/2016, a licença-maternidade de urbanas, rurícolas ou domésticas será de 180 (cento e oitenta) dias no caso das mães de crianças acometidas por sequelas neurológicas decorrentes de doenças transmitidas pelo *Aedes aegypti*, assegurado, nesse período, o recebimento de salário-maternidade previsto no art. 71 da Lei n. 8.213, de 24 de julho de 1991, em igual dimensão.

contrato por tempo determinado. Para a Alta Corte trabalhista, as garantias à gestante não podem ser limitadas em razão da natureza da modalidade contratual. Diante desse panorama, se uma empregada é contratada por tempo determinado, inclusive por experiência, e engravida durante o transcurso desse ajuste, ela passa a ter o direito de permanecer no emprego até o final da sua estabilidade e, em muitos casos, o de ver transmudada a natureza do contrato, que deixará de ser por tempo determinado e passará a ser por tempo indeterminado.

Atente-se, porém, para o fato de que, em novembro de 2019 o TST, produzindo uma verdadeira mudança em sua jurisprudência, firmou tese no IAC — 5639-31.2013.5.12.0051, no sentido de que "é inaplicável **ao regime de trabalho temporário**, disciplinado pela Lei n. 6.019/74, a garantia de estabilidade provisória à empregada gestante, prevista no art. 10, II, *b*, do Ato das Disposições Constitucionais Transitórias".

De acordo com a tese prevalecente, "no contrato de experiência, existe a expectativa legítima por um contrato por prazo indeterminado", mas, "no contrato temporário, ocorre hipótese diversa — não há perspectiva de indeterminação de prazo". Assim, a estabilidade estende os contratos de experiência, mas não os contratos temporários, essencialmente firmados para durar apenas durante o tempo em que a necessidade da empresa se manifesta.

A lógica da aquisição da estabilidade em contratos de experiência passou a ser aplicada aos avisos prévios em tempo de serviço e indenizado. Tal ocorreu por força da Lei n. 12.812, de 16 de maio de 2013 (*DOU* de 17-5-2013), que, ao acrescentar o art. 391-A à CLT, previu o seguinte:

> *Art. 391-A. A confirmação do estado de gravidez advindo no curso do contrato de trabalho*, **ainda que durante o prazo do aviso prévio trabalhado ou indenizado**, *garante à empregada gestante a estabilidade provisória prevista na alínea b do inciso II do art. 10 do Ato das Disposições Constitucionais Transitórias (destaque não constante do original).*

Dessa forma, se uma empregada é pré-avisada do seu desligamento e engravida durante o transcurso do aviso prévio trabalhado ou indenizado[22], ela passa a ter o direito de permanecer no emprego e de, consequentemente, tornar nulificado o aviso que lhe foi atribuído e eventual homologação/pagamento das parcelas resilitórias, até que seja superado todo o período de estabilidade.

Destaque-se que não violentaria o disposto no art. 373-A, IV, da CLT o submetimento da empregada, **entre os exames demissionais**, a um teste de constatação de gravidez. Note-se que o mencionado dispositivo veda a exigência do exame unicamente diante das situações que dizem respeito ao acesso ou à permanência no emprego. Nada obstaculiza, portanto, o exame para a constatação de óbices ao desligamento, **desde que a empregada, é óbvio, admita a sua realização**[23].

---

22 É bom ressaltar que, entre idas e vindas, e bem antes da publicação da Lei n. 12.812, de 16 de maio de 2013, a jurisprudência já vinha tornando cada vez mais objetivos os marcos da estabilidade por estado gravídico em situações de aviso prévio, inclusive indenizado. Exemplo disso pode ser observado nos processos E-ED-RR 249100-26.2007.5.12.0004 e RR 103140-30.2003.5.02.0013. Nesse último, relatado pelo Ministro Mauricio Godinho Delgado, decidiu-se pela concessão da estabilidade da gestante em favor de empregada que provou ter engravidado no curso do aviso prévio indenizado, sob os fundamentos de que "o aviso não extingue o contrato, mas apenas firma o prazo para o término" e, especialmente, de que a estabilidade ora em análise estaria relacionada à dignidade da pessoa humana e ao bem-estar do nascituro.

23 O TST tem acolhido essa tese. Citam-se aqui duas decisões disso indicativas.

A primeira sustentou que "embora não possa exigir, o empregador pode solicitar no exame médico demissional o exame de gravidez, fato este não observado pela empresa. A solicitação de exame de gravidez no exame demissional não colide com o art. 373-A da CLT e Lei n. 9.029/95, que vedam a exigência de teste de gravidez

Tal providência, aliás, **desde que bem conduzida**, preveniria litígios e funcionaria como uma fórmula que permitiria a manutenção da trabalhadora no emprego, sem futuras alegações de que ela desconhecia seu estado gravídico ou de que propositalmente esperou passar o período estabilitário para, em abuso de direito[24], pedir apenas a indenização. Essa especial atuação preventiva evitaria problemas como, por exemplo, o que envolve mulheres que pedem demissão (que tomam iniciativa na ruptura dos seus vínculos de emprego) e, somente depois disso, descobrem-se grávidas.

Pergunta-se, então: uma mulher demissionária que, posteriormente, se descobre grávida na época (ou antes) do pedido de demissão pode pedir reintegração?

A jurisprudência dominante, apesar da imensa insegurança jurídica que a situação traz para os empregadores, tem entendido que sim, especialmente se a mulher demissionária for desligada sem o submetimento à homologação prevista no art. 500 da CLT, que não foi revogado pela Lei n. 13.467/2017. Veja-se o texto do art. 500 da CLT:

> Art. 500. O pedido de demissão do empregado estável só será válido quando feito com a assistência do respectivo Sindicato e, se não o houver, perante autoridade local competente do Ministério do Trabalho e Previdência Social ou da Justiça do Trabalho. (Revigorado com nova redação, pela Lei n. 5.584, de 26-6-1970, e não atingido pelas modificações impostas pela Lei n. 13.467/2017)

Surge imediatamente uma pergunta: como o empregador adivinharia que a empregada demissionária estaria grávida por ocasião do pedido de demissão?

Esse questionamento é ponderoso diante do princípio da confiança e da segurança nas relações jurídicas. Afinal, o empregador, como, aliás, nenhum cidadão brasileiro, é obrigado a fazer ou deixar de fazer algo senão em virtude de lei (art. 5º, II, da Constituição Federal). Ora, se não se sabe existente situação geradora de estabilidade, como, então, seria possível impor ao empregador o submetimento ao procedimento homologatório somente exigível quando ele, sem sombra de dúvidas, está diante de um empregado estável?

Pois bem. Apesar de toda essa lógica, a Alta Corte trabalhista tem oferecido a estabilidade ora em análise às empregadas que, a despeito de demissionárias, descobrem-se grávidas à época da demissão. Exemplo disso é visível no processo tombado sob o número

---

para fins de acesso e manutenção da relação de emprego. Até porque tal solicitação é em benefício da empregada, pois visa à proteção de seu emprego" (TST, 1ª T., RR 14410022200851500003, Rel. Min. Walmir Oliveira da Costa, j. 12-9-2017, *DEJT*, 15-9-2017).

A segunda é encontrada nos autos do RR-61-04.2017.5.11.0010, que também acolheu essa tese, porém sem a imposição de anuência da empregada para a realização do exame (RR 61-04.2017.5.11.0010, 3ª Turma Tribunal Superior do Trabalho, ministro Relator Alexandre de Souza Agra Belmonte, Acórdão publicado em 18-6-2021).

No processo, a empregadora havia exigido a realização de exame de gravidez no ato demissional. Segundo a tese vencedora, a conduta não foi discriminatória nem violou a intimidade da trabalhadora, uma vez que visou dar segurança jurídica ao término do contrato de trabalho. Prevaleceu, no caso sob análise, o voto do ministro Agra Belmonte, que afastou a caracterização de ato discriminatório ou violador da intimidade para quem "a conduta visa dar segurança jurídica ao término do contrato de trabalho e acaba representando elemento a favor da trabalhadora" [...]. "Caso ela esteja grávida — circunstância muitas vezes que ela própria desconhece — o empregador, ciente do direito à estabilidade, poderá mantê-la no emprego sem que ela necessite recorrer ao Judiciário". Em reforço à tese vencedora, o ministro Alberto Bresciani acentuou que a medida ao mesmo tempo resguarda a responsabilidade do empregador e representa uma defesa para a trabalhadora. No entender do ministro, a conduta se adequa ao sistema jurídico. "A decorrência legal é a proteção do trabalho e da empregada, que tem a garantia de que a empresa sabia de sua gravidez".

[24] Sobre o abuso de direito de protrair ao máximo o pedido de reintegração para conquistar a indenização em lugar da reintegração, veja-se a **Orientação Jurisprudencial 399 da SDI-1 do TST**.

RR-11588-13.2015.5.01.0038 com decisão prolatada em 3 de abril de 2019. No referido caso, o TST posicionou-se no sentido de que *"em razão do entendimento da jurisprudência de ser irrelevante o conhecimento do estado gravídico, quer pela empregada quer pelo empregador, tal circunstância, da mesma forma que não afasta o direito à estabilidade, também não afasta a necessidade de haver a assistência sindical como requisito de validade da rescisão de contrato de trabalho inferior a um ano formalizado com empregada gestante, ainda que por sua iniciativa"*.

A solução para esse problema jurídico passaria, portanto, pelo referido manejo de exame de constatação de estado de gravidez no momento da ruptura do contrato para que não pairassem dúvidas sobre a existência do obstáculo objetivo para a cessação do contrato. Essa providência, entretanto, depende de autorização normativa, apesar de não expressamente vedada. Seria importante, para evitar discussões fundadas em suposta violação da intimidade e da vida privada da empregada, que o referido exame de constatação de estado de gravidez estivesse lastreado minimamente por instrumento coletivo negociado, haja vista a sua força normativa nos moldes do art. 611 da CLT. Tirante essa solução adotável *de lege ferenda*, caberá aos empregadores um cuidado que pode fugir à esfera do normal.

Anote-se, por fim, que a **Lei Complementar n. 146, de 25 de junho de 2014**, com vigência a partir da data de sua publicação, estendeu a estabilidade provisória ora em exame, no caso de falecimento da genitora, a quem detiver a guarda de seu filho, até o limite de cinco meses após o parto. Nesse contexto é relevante anotar que, se essa guarda não for judicial, ela será a que normalmente se evidenciaria dentro da estrutura familiar, ou seja, na falta da mãe, o pai manterá a sua natural posição de guardião dos filhos. Somente na ausência de ambos os genitores é que a guarda a que se refere o mencionado dispositivo haverá de ser necessariamente outorgada pelo juiz a outro integrante do grupo familiar ou a quem tenha condições de assumir essa importante função.

d) Guardião para fins de adoção/Adotante

O art. 391-A da CLT, em decorrência da vigência da Lei n. 13.509, de 2017, ganhou um parágrafo único para prever que o dispositivo constante do seu *caput* se aplicará também ao empregado adotante ao qual tenha sido concedida guarda provisória para fins de adoção. Assim, independentemente do gênero (homem ou mulher), aquele a quem tenha sido concedida guarda provisória para fins de adoção é garantida a estabilidade provisória prevista na alínea *b* do inciso II do art. 10 do Ato das Disposições Constitucionais Transitórias. Veja-se:

> *CLT. Art. 391-A. A confirmação do estado de gravidez advindo no curso do contrato de trabalho, ainda que durante o prazo do aviso prévio trabalhado ou indenizado, garante à empregada gestante a estabilidade provisória prevista na alínea b do inciso II do art. 10 do Ato das Disposições Constitucionais Transitórias (Incluído pela Lei n. 12.812, de 2013).*
>
> *Parágrafo único. O disposto no* caput *deste artigo aplica-se ao empregado adotante ao qual tenha sido concedida guarda provisória para fins de adoção (Incluído pela Lei n. 13.509, de 2017).*

Observe-se que, diante da falta de restrição no texto do ora analisado parágrafo único do art. 391-A da CLT, caberá a interpretação segundo a qual **a estabilidade aqui se dá, indiferentemente, a ambos os adotantes**, de modo que qualquer um deles poderá invocar essa proteção contra o desligamento arbitrário ou sem justa causa.

O tempo de duração da estabilidade outorgada aos empregados adotantes é, por paralelismo, de 5 (cinco) meses após a concessão da guarda provisória para fins de adoção. Assim, a "guarda provisória" na maternidade afetiva equivalerá ao "parto" na maternidade biológica.

É importante relembrar aqui que as disposições constitucionais fazem menção unicamente à proteção **da maternidade biológica, da gestação e das gestantes**, a exemplo do que se vê nos arts. 7º, XVIII (direito de "licença à gestante, sem prejuízo do emprego e do salário, com a duração de cento e vinte dias") e 201, II (proteção à maternidade, especialmente à gestante) e 10, II, do ADCT (vedação da dispensa arbitrária ou sem justa causa da empregada gestante, desde a confirmação da gravidez até cinco meses após o parto). Em rigor, nada se disse no texto constitucional em favor **da maternidade afetiva, da adoção e dos adotantes**.

Esses direitos decorrentes da maternidade afetiva são construções infraconstitucionais. Rememore-se que somente a Lei n. 10.421/2002 estendeu em favor da mãe adotiva o direito à licença-maternidade e ao salário-maternidade, e legislações posteriores ofereceram a mesma vantagem para homens adotantes. A Lei n. 12.873, de 24 de outubro de 2013 (com vigência noventa dias após a data de sua publicação) quebrou tabus e incluiu no art. 392-C da CLT e no art. 71-B da Lei n. 8.213/91 previsão no sentido de que o empregado/segurado (homem) poderá fruir licença-maternidade e receber salário-maternidade quando adotar ou obtiver guarda judicial para fins de adoção.

Faltava, porém, norma que garantisse também a quem obtivesse a "guarda para fins de adoção" o direito de igualmente estar protegido contra a despedida arbitrária, pois esse ato jurídico, que inaugura a maternidade afetiva, sempre foi evento análogo ao parto, que dá início à maternidade biológica. **E assim foi**. Por conta de mais uma natural evolução jurídica, a Lei 13.509/2017 passou a prever que "a estabilidade provisória prevista na alínea *b* do inciso II do art. 10 do Ato das Disposições Constitucionais Transitórias" também se aplica ao empregado adotante ao qual tenha sido concedida guarda provisória para fins de adoção.

Atualmente, portanto, inicia-se a estabilidade provisória prevista na alínea *b* do inciso II do art. 10 do Ato das Disposições Constitucionais Transitórias a partir do momento em que o empregado obtiver guarda provisória para fins de adoção, independentemente de, ao final do processo de adoção, esta se concretizar ou não. É a guarda que ativa o direito de proteção contra o desligamento arbitrário, e não a finalização do processo de adoção.

Registre-se, por fim, ser irrelevante o fato de ter ou não sido dada ciência da existência de guarda para fins de adoção antes de manifestada a pretensão do empregador de desligar. Havendo o oferecimento de aviso prévio por parte do empregador, caberá ao empregado/guardião o oferecimento da informação da existência da estabilidade provisória impediente do seu desligamento para nulificar o ato jurídico de dispensa.

e) Egresso de auxílio por incapacidade temporária acidentária

Nos termos do art. 118 da Lei n. 8.213/91, "o segurado que sofreu acidente do trabalho **tem garantida**, pelo prazo mínimo de doze meses, **a manutenção do seu contrato de trabalho na empresa**, após a cessação do auxílio-doença acidentário, independentemente de percepção de auxílio-acidente".

Perceba-se que, apesar de o supracitado dispositivo não tratar, em momento algum, da vedação (proibição) da dispensa do empregado, esta é presumida por força da locução "tem garantida [...] a manutenção do seu contrato de trabalho na empresa".

É visível, porém, no cotidiano forense, uma resistência dos empregadores em considerar essa estabilidade como tal. Muitos a tratam como garantia de emprego em sentido estrito e, antes que termine o período da citada "garantia", indenizam o tempo que faltava para desligar o operário protegido. Essa interpretação, entretanto, é prejudicial para o trabalhador, uma vez que, nessa hipótese, o período garantido é meramente indenizado, não sendo aproveitado como tempo de contribuição para futura aposentadoria. Ademais, reintegrado ao emprego, o trabalhador tem a possibilidade de invocar a causa que gerou seu primeiro afastamento para novas suspensões contratuais e, consequentemente, para novos benefícios previdenciários por incapacidade.

Veja-se que o TST intitula a proteção oferecida pelo art. 118 da Lei n. 8.213/91 como **estabilidade**. Observe-se a Súmula 378 do TST:

> *Súmula 378 do TST. ESTABILIDADE PROVISÓRIA. ACIDENTE DO TRABALHO. ART. 118 DA LEI N. 8.213/1991. CONSTITUCIONALIDADE. PRESSUPOSTOS.*
>
> *I — É constitucional o art. 118 da Lei n. 8.213/1991 que assegura o direito à **estabilidade provisória** por período de 12 meses após a cessação do auxílio-doença ao empregado acidentado.*
>
> *II — São pressupostos para a concessão da **estabilidade** o afastamento superior a 15 dias e a consequente percepção do auxílio-doença acidentário, salvo se constatada, após a despedida, doença profissional que guarde relação de causalidade com a execução do contrato de emprego.*
>
> *III — O empregado submetido a contrato de trabalho por tempo determinado goza da garantia provisória de emprego, decorrente de acidente de trabalho, prevista no art. 118 da Lei n. 8.213/1991* (destaques não presentes no texto original).

Alguns detalhes dessa estabilidade hão de ser ressaltados:

1º) **Somente o "segurado que sofreu acidente do trabalho" é destinatário dessa proteção**. É bom anotar que o acidente do trabalho é um acontecimento fortuito e infortunoso, que decorre direta ou indiretamente do exercício de atividades ocupacionais e que provoca lesão corporal ou perturbação funcional capazes de levar o trabalhador à morte ou à perda/redução, permanente ou temporária, da sua capacidade laborativa.

Perceba-se que, no ordenamento jurídico brasileiro, por força da literalidade do dispositivo constante do art. 19 da Lei n. 8.213/91, o acidente do trabalho está necessariamente associado ao exercício de trabalho a serviço da empresa ou à atividade dos segurados especiais. Assim, torna-se juridicamente inexistente a figura ora em análise quando o trabalhador se acidenta a serviço de pessoas físicas que não sejam equiparáveis à empresa, financiadora do "seguro por acidentes do trabalho".

É relevante, nesse ponto, anotar que a EC n. 72/2013 produzirá um importante efeito sobre a caracterização do acidente do trabalho no âmbito das relações de emprego doméstico. Para chegar a esta conclusão, basta perceber que o referido diploma legal estendeu em favor dos domésticos o direito ao "seguro contra acidentes de trabalho, a cargo do empregador", embora com a ressalva de que deverão ser atendidas condições estabelecidas em lei e observada a simplificação do cumprimento de obrigações tributárias.

Essa alteração constitucional e a sua inevitável reflexão sobre a legislação infraconstitucional produziram relevantes mudanças de paradigma, de modo a ser possível falar em acidente de trabalho sofrido também pelos domésticos.

Observe-se, por outro lado, que, independentemente de um acontecimento ser ou não caracterizado, à luz das normas previdenciárias, como acidente do trabalho, haverá sempre a possibilidade de ser apurada a responsabilidade civil-trabalhista do tomador dos serviços diante do evento.

Deixa-se evidente, assim, a existência de duas esferas de possível responsabilização em face dos acidentes do trabalho: a de responsabilização securitária social (em regra, objetiva), que é imposta à entidade previdenciária em prol dos segurados que, por força de lei, venham a ser enquadrados como passíveis de acidentes de trabalho, e a de responsabilidade civil-trabalhista (em regra, subjetiva), que é imposta aos tomadores de serviços em benefício dos trabalhadores que tenham sofrido danos materiais ou morais decorrentes de acidente de qualquer natureza ou causa. A responsabilidade securitária social pode ser discutida judicialmente contra os órgãos da previdência social perante a Justiça Comum, nas Varas de Acidentes do Trabalho; a responsabilidade civil-trabalhista pode ser questionada contra os tomadores de serviços perante a Justiça do Trabalho, nas Varas do Trabalho.

2º) Embora o texto de lei mencione expressamente a situação de percepção e cessação do "auxílio-doença acidentário"(atualmente, desde a EC n. 103, de 2019, "auxílio por incapacidade temporária" acidentário), **não é razoável excluir dessa proteção o segurado que se afastou do trabalho e a ele retornou em virtude de "aposentadoria por invalidez acidentária" (atualmente, aposentadoria por incapacidade permanente acidentária)**. A essa conclusão é possível chegar por força do argumento *a maiori ad minus*, ou seja, quem pode pela disposição mais extensa pode, evidentemente, pela menos extensa. Melhor seria, portanto, se o legislador tivesse utilizado a expressão "após a cessação do benefício por incapacidade acidentária". Assim ele abarcaria todos os benefícios por incapacidade acidentária, e não apenas um deles.

3º) **A estabilidade prevista no art. 118 da Lei n. 8.213/91 protege indistintamente os empregados submetidos a contrato de trabalho por tempo determinado e por tempo indeterminado**. Observe-se que o texto legal criador da estabilidade aqui em análise não reserva os seus efeitos apenas em favor dos contratados por tempo determinado. Aliás, por ser um acontecimento fortuito e infortunoso, o acidente do trabalho atinge indistintamente os trabalhadores. O TST arrimou esse entendimento ao incluir o item III na sua Súmula 387 na revisão jurisprudencial ocorrida em setembro de 2012. Legitimou-se, assim, a possibilidade de diferimento (de projeção) dos ajustes por tempo determinado para além dos seus próprios limites, produzindo, em algumas situações, até mesmo a transformação jurídica de um contrato por tempo determinado em um contrato por tempo indeterminado.

4º) **Essa garantia de emprego, em rigor, não socorre os servidores públicos temporários exercentes de cargos em comissão**. Afirma-se isso porque eles, apesar de inseridos obrigatoriamente no regime geral da previdência social, conforme o § 13 do art. 40 da Constituição, são demissíveis *ad nutum*, ou seja, a qualquer tempo e segundo a vontade do agente político que os investiu no cargo. Seria ilógico, portanto, afirmar que a estabilidade prevista no art. 118 da Lei n. 8.213/91 lhes serviria de escudo, salvo, evidentemente, quando o desligamento eventualmente se dê por motivos discriminatórios. Isso, entretanto, não lhes afasta da possibilidade de postular indenizações civil-trabalhistas por conta de danos produzidos por atuação patronal e de pedir a indenização substitutiva do período correspondente à estabilidade de doze meses após a cessação do benefício por incapacidade acidentária.

5º) **A estabilidade prevista no art. 118 da Lei n. 8.213/91 pressupõe, em regra, o recebimento do auxílio por incapacidade temporária acidentário** (antes da EC n. 103, de 2019, chamado de **auxílio-doença acidentário — B-91**). Os segurados que tenham recebido auxílio por incapacidade temporária previdenciário (B-31) não são destinatários da estabilidade prevista no art. 118 da Lei n. 8.213/91. Destaque-se, ainda, que os segurados empregados recuperados antes de transcorridos os 15 primeiros dias de afastamento por incapacidade — ínterim conhecido na linguagem previdenciária como "período de espera" — não terão direito à proteção aqui estudada, ainda que o fato gerador do afastamento tenha sido um acidente do trabalho. O fundamento é justamente aquele que diz respeito à não percepção do auxílio por incapacidade temporária acidentário (B-91). Assim, segundo a Súmula 378, II, do TST, o acidente que, por suas dimensões diminutas, não produza o afastamento do trabalho por mais de 15 dias não gerará igualmente a estabilidade ora analisada.

O posicionamento contido na mencionada súmula, entretanto, haveria de estar submetido a um juízo de equidade. Afirma-se isso porque a sua aplicação irrefletida poderia produzir injustiças como, por exemplo, a de um trabalhador afastado por dezesseis dias ser destinatário da estabilidade prevista no art. 118 da Lei n. 8.213/91, e um colega seu, afastado por quatorze dias, não. É justamente nesse ponto que surge um importante questionamento: se a percepção de auxílio por incapacidade temporária acidentário (independentemente do número de dias de fruição) é tão importante para a tipificação da estabilidade constante do art. 118 da Lei n. 8.213/91, o que se poderia dizer de um aposentado, que voltou a trabalhar e que, no curso de suas atividades, sofreu acidente do trabalho? Ele não teria direito à estabilidade acidentária simplesmente porque não pode cumular a percepção de auxílio por incapacidade temporária e de proventos de aposentadoria? Seria justo excluí-lo da causa de estabilidade acidentária simplesmente pelo fato de a lei (§ 2º do art. 18 da Lei n. 8.213/91 c/c o art. 124, I, do mesmo diploma legal) não lhe autorizar o recebimento de qualquer valor a título de auxílio por incapacidade temporária?

O TST enfrentou tal questionamento nos autos do RR 8544400-81.2003.5.04.0900, aqui referido como o *leading case* que mudou os destinos do entendimento que se tinha anteriormente sobre essa questão.

Na oportunidade o Colegiado concluiu, por unanimidade, ao acompanhar voto do Ministro Renato de Lacerda Paiva, que o aposentado que retorna à atividade e que sofre acidente de trabalho tem, sim, direito à estabilidade provisória prevista no art. 118 da Lei n. 8.213/91. Para o referido relator, o percebimento do auxílio por incapacidade temporária acidentário não se verificou apenas em decorrência de obstáculos legais, sem que esses óbices tivessem o condão de afastar o direito à estabilidade ora em análise. A motivação da concessão levou em conta os princípios do direito do trabalho, alguns precedentes jurisprudenciais[25] e a interpretação finalística ou teleológica da norma, que, segundo as assertivas ali contidas, vem mitigando a exigência de percepção do auxílio por incapacidade temporária acidentário para a concessão da estabilidade.

---

25 ESTABILIDADE. ACIDENTE DE TRABALHO. EMPREGADO APOSENTADO. AUXÍLIO-DOENÇA DO ACIDENTADO. O Regional noticiou a emissão da CAT, o que sinaliza que o recorrente não recebeu o auxílio respectivo somente em virtude da impossibilidade de cumulação de auxílio-doença acidente e dos proventos de aposentadoria, bem como de o afastamento ter sido superior a 15 dias. Na forma da Súmula 378 do TST, a vedação da cumulação de recebimento dos benefícios previdenciários não afasta o direito à referida estabilidade. Recurso de Revista não conhecido (TST, RR 1503/2001-079-15-00.8, 3ª T., Rel. Min. Carlos Alberto Reis de Paula, decisão unânime, *DJ*, 18-5-2007).

ESTABILIDADE. ACIDENTE DE TRABALHO. ARTIGO 118 DA LEI N. 8.213/91. EMPREGADO APOSENTADO. AUXÍLIO-DOENÇA ACIDENTÁRIO. 1. Em princípio, para o empregado beneficiar-se da estabilidade provisória do art. 118 da Lei n. 8.213/91 é necessário o atendimento a dois requisitos: o afastamento do empregado do trabalho por prazo superior a 15 dias e o recebimento de auxílio-doença acidentário (Orientação Jurisprudencial n. 230 da SBDI1 do TST). 2. Se, todavia, o empregado acidentado acha-se aposentado, resulta inviabilizada pela própria lei a percepção também de auxílio-doença, em virtude de óbice imposto pelo regulamento geral da Previdência Social à percepção cumulada de auxílio-doença e aposentadoria. Em casos que tais, cada vez mais comuns na atual conjuntura socioeconômica, em que desafortunadamente se torna imperativo o reingresso do aposentado no mercado de trabalho a fim de suplementar os parcos ganhos advindos da aposentadoria, a circunstância de o empregado não poder auferir concomitantemente auxílio-doença acidentário não lhe retira o direito à estabilidade se o afastamento do serviço dá-se por período superior a 15 dias e há nexo causal com o labor prestado ao empregador. 3. Inexistência de afronta ao art. 118 da Lei n. 8.213/91. Recurso de revista não conhecido (TST, RR 590.638/99.0, 1ª T., Rel. Min. João Oreste Dalazen, decisão unânime, *DJ*, 28-10-2004).

ESTABILIDADE. ACIDENTE DE TRABALHO. EMPREGADO APOSENTADO. O fato de o reclamante encontrar-se aposentado na época em que sofreu acidente de trabalho, o que obstou o recebimento do auxílio-doença acidentário, por vedação legal de acumulação de benefícios previdenciários, não impede que usufrua os direitos reparatórios da estabilidade de que foi privado, uma vez demonstrado que esteve afastado do emprego por prazo superior a 15 dias, nos termos do que dispõe o art. 118 da Lei n. 8.213/91 e Orientação Jurisprudencial n. 230 da SDI. Recurso de revista não conhecido (TST, RR 31014/2002-900-04-00.7, 4ª T., Rel. Min. Milton de Moura França, decisão unânime, *DJ*, 28-5-2004).

6º) **Diante de relações de emprego simultâneas (intercontratualidade), a responsabilidade pelo acidente do trabalho é, em regra, da empresa que produziu o evento acidentário.**

Diante de relações de emprego simultâneas, a estabilidade prevista no art. 118 da Lei n. 8.213/91 é, em regra, garantida apenas em face do empregador que produziu o acidente do trabalho, e não dos demais empregadores simultâneos. Nesse sentido, aliás, decidiu o TST, nos autos do Recurso de Revista RR-1009-23.2013.5.03.0037 (data de julgamento: 20-5-2015, Rel. Min. Maria Cristina Irigoyen Peduzzi, 8ª Turma, *DEJT* 22-5-2015). O Tribunal Superior do Trabalho baseou-se, no particular, na inevidência do nexo de causalidade entre trabalho e acidente na empresa não envolvida no evento. A Alta Corte Trabalhista quis também, obviamente, não proferir decisão que desestimulasse as empresas que investem em segurança do trabalho.

A despeito do posicionamento do TST, é importante anotar que a decisão anteriormente tomada pelo tribunal de origem (TRT da 3ª Região, Minas Gerais) sustentava a garantia de emprego em face de todos os empregadores simultâneos. O TRT mineiro afirmou que seria irrelevante que o empregado estivesse prestando serviços para um ou outro empregador quando sofreu o acidente de trabalho e assim se manifestou sob o fundamento de que, reconhecido o evento acidentário, os seus efeitos se materializam em todos os contratos de trabalho concomitantes.

Para o referido tribunal regional, "a norma legal protege o emprego, pois, depois de cessado o benefício, o empregado pode apresentar dificuldade de readaptação ao trabalho e de retornar à mesma produtividade anterior, o que pode servir de motivação para que o empregador dispense o empregado, quando este se encontra mais fragilizado".

O tema que envolve acidente do trabalho em face de empregos simultâneos é, como se vê, extremamente polêmico, com possíveis respostas diferentes.

Outra situação de extrema delicadeza, e igualmente encontrável no plano da intercontratualidade, é evidenciada entre os profissionais da saúde, que, em regra, são simultaneamente empregados em mais de um hospital. Para fins de ilustração, imagine-se que um desses profissionais — uma enfermeira, por exemplo —, apesar de estar empregada simultaneamente em dois hospitais especializados no tratamento de doenças infectocontagiosas, foi contaminada sem saber ao certo em qual deles isso ocorreu. Em casos tais, diante da inevidência de quem teria sido o empregador concretamente responsável pela contaminação, cabe concluir que o nexo de causalidade seria de todo o bloco de empregadores, haja vista a lógica segundo a qual, quando não há um responsável claramente determinado, todos os envolvidos são igualmente responsáveis.

Assim, diante da impossibilidade material e jurídica de determinar em que hospital a contaminação ocorreu, e levando em conta o pressuposto de que a enfermeira do exemplo atuou, em qualquer dos seus vínculos, no enfrentamento de doenças infectocontagiosas, cabe presumir — até mesmo por conta do disposto na **Lei n. 14.023, de 2020**[26] — o nexo de causalidade entre o adoecimento e a atividade desenvolvida nos referidos hospitais.

---

[26] A Lei n. 14.023, de 8 de julho de 2020, que determina a adoção de medidas preservadoras da saúde e da vida de todos os profissionais considerados essenciais ao controle de doenças e à manutenção da ordem pública, durante a emergência de saúde pública decorrente do Coronavírus responsável pela pandemia de 2019-2020-2021, traz em si uma lista detalhada dos profissionais que, pela natureza do seu trabalho, mantêm contato necessário, indispensável à realização de suas atividades, com os agentes biológicos nocivos. Essa norma é, portanto, **um excelente norte na determinação da formação do nexo de causalidade entre o trabalho e o adoecimento** no ambiente hospitalar e, nessas situações, na determinação da eventual responsabilidade civil objetiva do empregador, nos termos do art. 927 do Código Civil.

Registre-se, em complemento ao que se disse, que, como os empregadores desenvolviam a mesma atividade ofensiva, será possível aplicar em relação a eles o disposto no *caput* do art. 942 do Código Civil, que prevê a responsabilidade solidária quando "a ofensa tiver mais de um autor". Logo, nesse caso de intercontratualidade (de vigência simultânea de contratos de emprego), ambos os empregadores serão responsáveis pelo recolhimento do FGTS da enfermeira durante o período de afastamento por incapacidade acidentária e estarão igualmente comprometidos a garantir a estabilidade no emprego, nos moldes do art. 118 da Lei n. 8.213/91. Serão também igualmente responsáveis por eventuais pedidos de indenização por danos materiais e imateriais decorrentes do adoecimento ocupacional.

Não se pode esquecer, por fim, de que, no particular, a responsabilidade securitária social (aquela concedida pela Previdência Social com base em responsabilidade objetiva) independe de aferição de culpa do tomador dos serviços. No âmbito da responsabilidade civil trabalhista, a situação é diferente, pois a culpa do empregador ainda continua a ser elemento central, além, é claro, da constatação do nexo de causalidade e do dano. Excepcionalmente, porém, pode-se falar de responsabilização objetiva do empregador em decorrência de acidente do trabalho. Nesse caso, deve-se observar a tese firmada pelo **STF nos autos do RE 828.040** cuja repercussão geral foi reconhecida. A Tese 932, construída em 5-9-2019, tem a seguinte redação:

> *O artigo 927, parágrafo único, do Código Civil é compatível com o artigo 7º, XXVIII, da Constituição Federal, sendo constitucional a responsabilização objetiva do empregador por danos decorrentes de acidentes de trabalho, nos casos especificados em lei, ou quando a atividade normalmente desenvolvida, por sua natureza, apresentar exposição habitual a risco especial, com potencialidade lesiva e implicar ao trabalhador ônus maior do que aos demais membros da coletividade.*

Perceba-se que o STF exige, para falar-se em responsabilização objetiva do empregador por danos decorrentes de acidentes de trabalho, que exista expressa previsão normativa ou que a atividade normalmente desenvolvida, por sua natureza, **apresentar exposição habitual a risco especial**, com potencialidade lesiva. A verdade é que a decisão do STF acabou por produzir novos conceitos jurídicos indeterminados, por exemplo, "exposição habitual", "risco especial", "potencialidade lesiva" e "ônus maior", reforçando, assim, o universo de novas teses pró e contra a responsabilização aqui em exame.

f) Diretor de cooperativa de empregados

Trata-se de vantagem contida no art. 55 da Lei n. 5.764/71.

> *"Os empregados de empresas que sejam eleitos diretores de sociedades cooperativas pelos mesmos criadas gozarão das garantias asseguradas aos dirigentes sindicais pelo art. 543 da Consolidação das Leis do Trabalho (Decreto-Lei n. 5.452, de 1º de maio de 1943)".*

Anote-se que essa estabilidade, diferentemente do que acontece com os dirigentes sindicais, **não se estende aos suplentes**, mas, apenas aos "que sejam eleitos diretores de sociedades cooperativas". Nesse sentido foi publicada Orientação Jurisprudencial, nos seguintes termos:

> **Orientação Jurisprudencial 253 da SDI-1 do TST.** *Estabilidade Provisória. Cooperativa. Lei n. 5.764/71. Conselho Fiscal. Suplente. Não Assegurada. O art. 55 da Lei n. 5.764/71 assegura a garantia de emprego apenas aos empregados eleitos diretores de Cooperativas, não abrangendo os membros suplentes (13-3-2002).*

g) Membro trabalhador do Conselho Nacional de Previdência Social

Estabilidade provisória criada pelo § 7º do art. 3º da Lei n. 8.213/91:

"Aos membros do CNPS, enquanto representantes dos trabalhadores em atividade, titulares e suplentes, é assegurada a estabilidade no emprego, da nomeação até um ano após o término do mandato de representação, somente podendo ser demitidos por motivo de falta grave, regularmente comprovada através de processo judicial".

h) Representante dos empregados em comissões de conciliação prévia

Consta tal estabilidade provisória do § 1º do art. 625-B da CLT. Note-se:

"É vedada a dispensa dos representantes dos empregados membros da Comissão de Conciliação Prévia, titulares e suplentes, até um ano após o final do mandato, salvo se cometeram falta grave, nos termos da lei".

O ponto interessante dessa análise está relacionado ao não identificado marco inicial da estabilidade dos membros da comissão de conciliação prévia. Observe-se que a lei não revela a partir de quando tais sujeitos teriam iniciada a proteção contra a dispensa. A lógica e a experiência comum permitem, entretanto, conclusão no sentido de que, por tratar-se de **situação que envolve eleição**, a proteção terá início **a partir do registro da candidatura**.

i) Representante dos empregados no conselho curador do FGTS

A sede legal dessa vantagem está prevista no § 9º do art. 3º da Lei n. 8.036/90, nos seguintes termos:

"Aos membros do Conselho Curador, enquanto representantes dos trabalhadores, efetivos e suplentes, é assegurada a estabilidade no emprego, da nomeação até um ano após o término do mandato de representação, somente podendo ser demitidos por motivo de falta grave, regularmente comprovada através de processo sindical".

j) Período pré-eleitoral

Entre as condutas vedadas aos agentes públicos em campanhas eleitorais, encontram-se, nos termos do art. 73, V, da Lei n. 9.504/97, *"nomear, contratar ou de qualquer forma admitir, demitir sem justa causa, suprimir ou readaptar vantagens ou por outros meios dificultar ou impedir o exercício funcional e, ainda, ex officio, remover, transferir ou exonerar* **servidor público**, **na circunscrição do pleito**, **nos três meses que o antecedem e até a posse dos eleitos**, *sob pena de nulidade de pleno direito"* (destaques não constantes do original). Desse âmbito, entretanto, ficam ressalvados os seguintes atos:

a) a nomeação ou exoneração de cargos em comissão e designação ou dispensa de funções de confiança;

b) a nomeação para cargos do Poder Judiciário, do Ministério Público, dos Tribunais ou Conselhos de Contas e dos órgãos da Presidência da República;

c) a nomeação dos aprovados em concursos públicos homologados até o início daquele prazo;

d) a nomeação ou contratação necessária à instalação ou ao funcionamento inadiável de serviços públicos essenciais, com prévia e expressa autorização do Chefe do Poder Executivo;

e) a transferência ou remoção *ex officio* de militares, policiais civis e de agentes penitenciários.

Note-se que **a vedação ao desligamento diz respeito apenas aos servidores públicos, estatutários ou celetistas**, ainda não protegidos pela estabilidade, vale dizer, em estágio probatório. Assevera-se isso porque, nos termos do art. 41 da Constituição e do entendimento jurisprudencial contido na Súmula 20 do STF, a estabilidade dos servidores públicos estatutários é imposta independentemente de qualquer período pré-eleitoral. A mesma conquista é outorgada aos servidores públicos celetistas nos termos da Súmula 390, I, do TST.

Observe-se, ainda, que **a estabilidade pré-eleitoral opera-se unicamente na circunscrição do pleito**. Isso significa que a garantia de emprego não se aplica aos servidores públicos dos locais onde não ocorrem as eleições.

Perceba-se, por fim, que, nos moldes da **Orientação Jurisprudencial 51 da SDI-1**, o TST tem admitido a aplicabilidade da legislação eleitoral também em favor dos empregados contratados pelas empresas públicas e sociedades de economia mista.

k) Trabalhador reabilitado e deficiente habilitado

A estabilidade aqui é impessoal porque não se dirige a sujeitos especificamente considerados, mas a um contingente numérico de indivíduos que estejam na situação-tipo. A sede legal da vantagem é o § 1º do art. 93 da Lei n. 8.213/91, segundo o qual:

Art. 93. A empresa com 100 (cem) ou mais empregados está obrigada a preencher de 2% (dois por cento) a 5% (cinco por cento) dos seus cargos com beneficiários reabilitados ou **pessoas portadoras de deficiência**[27]*, habilitadas, na seguinte proporção:*

I — até 200 empregados	*2%*
II — de 201 a 500	*3%*
III — de 501 a 1.000	*4%*
IV — de 1.001 em diante	*5%*

§ 1º A dispensa de pessoa com deficiência ou de beneficiário reabilitado da Previdência Social ao final de contrato por prazo determinado de mais de 90 (noventa) dias e a dispensa imotivada em contrato por prazo indeterminado **somente poderão ocorrer após a contratação de outro trabalhador com deficiência ou beneficiário reabilitado da Previdência Social** (*texto conforme a Lei n. 13.146/2015 — Lei Brasileira de Inclusão da Pessoa com Deficiência. — Destaques não constantes do original*).

---

[27] Nos termos do art. 2º da Lei n. 13.146, de 6 de julho de 2015, "considera-se pessoa com deficiência aquela que tem impedimento de longo prazo de natureza física, mental, intelectual ou sensorial, o qual, em interação com uma ou mais barreiras, pode obstruir sua participação plena e efetiva na sociedade em igualdade de condições com as demais pessoas".

Anote-se que o Decreto n. 3.298/99 dispõe sobre a Política Nacional para a Integração da Pessoa Portadora de Deficiência e conceitua as categorias de deficiência[28], tratando do direito à habilitação e à reabilitação profissional.

Perceba-se, quanto à estabilidade ora em análise, que, uma vez cumprida a cota legal exigível, a empresa não mais se verá obrigada a manter o contrato de trabalhador com deficiência ou beneficiário reabilitado da Previdência Social. Consequentemente, se o empregador estiver mantendo empregados portadores de deficiência em percentuais superiores aos exigidos pela norma legal, não estará sujeito a qualquer exigência legal. O desligamento de trabalhador com deficiência ou beneficiário reabilitado da Previdência Social por conta de acesso de outros da mesma condição somente poderá se dar de forma motivada, haja vista o dever fundamental de, em situações como esta, ser motivado o ato de despedimento.

Perceba-se, ainda, que a proporção entre o número de empregados e o percentual de protegidos (reabilitados ou portadores de necessidades especiais, habilitados) é produzida com base no número total de empregados da empresa, e não com fulcro no número de empregados de um específico estabelecimento ou filial.

Dois detalhes adicionais e finais que foram produzidos pela *Lei n. 13.146/2015 — Lei Brasileira de Inclusão da Pessoa com Deficiência*:

Primeiro detalhe: ao Ministério do Trabalho (ora Ministério do Trabalho e Previdência) incumbirá estabelecer a sistemática de fiscalização, bem como gerar dados e estatísticas sobre o total de empregados e as vagas preenchidas por pessoas com deficiência e por beneficiários reabilitados da Previdência Social, fornecendo-os, quando solicitados, aos sindicatos, às entidades representativas dos empregados ou aos cidadãos interessados.

---

28 Art. 4º É considerada pessoa portadora de deficiência a que se enquadra nas seguintes categorias:

I — deficiência física — alteração completa ou parcial de um ou mais segmentos do corpo humano, acarretando o comprometimento da função física, apresentando-se sob a forma de paraplegia, paraparesia, monoplegia, monoparesia, tetraplegia, tetraparesia, triplegia, triparesia, hemiplegia, hemiparesia, ostomia, amputação ou ausência de membro, paralisia cerebral, nanismo, membros com deformidade congênita ou adquirida, exceto as deformidades estéticas e as que não produzam dificuldades para o desempenho de funções; (redação dada pelo Decreto n. 5.296/2004);

II — deficiência auditiva — perda bilateral, parcial ou total, de quarenta e um decibéis (dB) ou mais, aferida por audiograma nas frequências de 500HZ, 1.000HZ, 2.000Hz e 3.000 Hz (redação dada pelo Decreto n. 5.296/2004);

III — deficiência visual — cegueira, na qual a acuidade visual é igual ou menor que 0,05 no melhor olho, com a melhor correção óptica; a baixa visão, que significa acuidade visual entre 0,3 e 0,05 no melhor olho, com a melhor correção óptica; os casos nos quais a somatória da medida do campo visual em ambos os olhos for igual ou menor que 60º; ou a ocorrência simultânea de quaisquer das condições anteriores (redação dada pelo Decreto n. 5.296/2004);

IV — deficiência mental — funcionamento intelectual significativamente inferior à média, com manifestação antes dos dezoito anos e limitações associadas a duas ou mais áreas de habilidades adaptativas, tais como:

a) comunicação;

b) cuidado pessoal;

c) habilidades sociais;

d) utilização dos recursos da comunidade;

e) saúde e segurança;

f) habilidades acadêmicas;

g) lazer; e

h) trabalho;

V — deficiência múltipla — associação de duas ou mais deficiências.

Segundo detalhe: para a reserva de cargos será considerada somente a contratação direta de pessoa com deficiência, excluído o aprendiz com deficiência de que trata a CLT.

l) Aprendiz

O aprendiz também frui de estabilidade no emprego na medida em que não pode ser desligado antecipadamente por iniciativa do seu empregador. Note-se que as hipóteses de terminação do vínculo são restritas, e entre elas não se encontra a resilição patronal. Observe-se:

> Art. 433. O contrato de aprendizagem extinguir-se-á no seu termo ou quando o aprendiz completar 24 (vinte e quatro) anos, ressalvada a hipótese prevista no § 5º do art. 428 desta Consolidação, ou ainda antecipadamente nas seguintes hipóteses:
>
> I — desempenho insuficiente ou inadaptação do aprendiz;
>
> II — falta disciplinar grave;
>
> III — ausência injustificada à escola que implique perda do ano letivo;
>
> IV — a pedido do aprendiz.

Atente-se para o fato de que, nos moldes do § 2º do ora mencionado dispositivo, não se aplicam as sistemáticas contidas nos arts. 479 e 480 da CLT (resilição antecipada nos contratos por tempo determinado) às hipóteses de extinção do contrato dos aprendizes. Veja-se:

> § 2º Não se aplica o disposto nos arts. 479 e 480 desta Consolidação às hipóteses de extinção do contrato mencionadas neste artigo.

m) Empregados que tiverem sua jornada de trabalho temporariamente reduzida enquanto viger a adesão ao Programa Seguro-Emprego — PSE

O Programa de Proteção ao Emprego (PPE), ora Programa Seguro-Emprego — PSE, foi o nome de um programa de redução temporária da jornada de trabalho criado pelo Poder Executivo federal mediante a Lei n. 13.189, de 2015. A proposta oferecida por esse programa foi a de o trabalhador ter seu salário proporcionalmente reduzido pela empresa, mas compensado parcialmente pelo governo. O fundamento principal do programa era o de que ele produz vantagens para todas as partes envolvidas. Para as empresas, por permitir ajustar seu fluxo de produção à demanda e, ao preservar os empregos, possibilitar a manutenção de quadros já qualificados e a redução de custos com dispensas. Para os trabalhadores, por preservar os seus empregos e a maior parte de seus rendimentos. Para o governo, por permitir a economia com os gastos do seguro-desemprego e com outras políticas de mercado de trabalho e, especialmente, por preservar a maior parte da arrecadação sobre a folha.

De acordo com o PPE, a empresa que a ele aderisse poderia reduzir temporariamente a jornada e o salário dos seus empregados em até 30% (trinta por cento), por meio de acordo coletivo específico. O governo, entretanto, complementava 50% (cinquenta por cento) dessa perda salarial, observado o limite de 65% (sessenta e cinco por cento) do valor máximo da parcela do seguro-desemprego, durante o período máximo de 12 (doze) meses.

Como garantia adicional, o art. 6º, I, da referida Lei n. 13.189, de 19 de novembro de 2015, criou ainda uma nova situação de estabilidade. Nos seus termos, "as empresas que aderirem ao PPE ficam proibidas de dispensar arbitrariamente ou sem justa causa os empregados que tiverem sua jornada de trabalho temporariamente reduzida enquanto vigorar a adesão ao PPE e, após o seu término, durante o prazo equivalente a um terço do período de adesão".

É importante anotar que, nos termos da Medida Provisória n. 761, de 22 de dezembro de 2016, o Programa de Proteção ao Emprego — PPE, instituído pela Lei n. 13.189, de 19 de novembro de 2015, passou a ser denominado Programa Seguro-Emprego — PSE, conservado o seu caráter de política pública de emprego ativa, e teve prorrogado o seu prazo de vigência até 31 de dezembro de 2017.

n) Membro da comissão de representantes dos empregados

A Lei n. 13.467/2017 criou mais uma modalidade de estabilidade, aquela oferecida aos membros da comissão de representantes dos empregados, referida no art. 11 da Constituição da República e no art. 510-A e seguintes da CLT. A atuação desses membros visa exclusivamente à promoção do entendimento direto com os empregadores. O texto constitucional é bem claro: "finalidade EXCLUSIVA de promover-lhes o ENTENDIMENTO DIRETO com os empregadores" (destaque não constante do original), e nada mais do que isso. A finalidade negocial coletiva permanece, portanto, claramente em poder da entidade sindical.

Os empregados da empresa poderão candidatar-se à mencionada representação, exceto aqueles com contrato de trabalho por tempo determinado, com contrato suspenso ou que estejam em período de aviso prévio, ainda que indenizado.

Tal restrição se justifica por dois motivos:

Primeiro, porque o § 3º do art. 510-D da CLT confere **estabilidade aos integrantes da comissão desde o registro da candidatura até um ano após o fim do mandato,** não podendo ser via ilegítima para a transformação de contrato por tempo determinado em contrato por tempo indeterminado, tampouco para impedir os efeitos de aviso prévio já concedido;

Segundo, porque a condição de integrante da comissão pressupõe a atividade, e não o afastamento, sendo, pois, incompatível com a qualidade de quem está com o contrato de emprego suspenso, independentemente da causa motivadora. Tanto isso é claro que o § 2º do art. 510-D da CLT explicita que o mandato de membro de comissão de representantes dos empregados não implica suspensão ou interrupção do contrato de trabalho, **devendo o empregado permanecer no exercício de suas funções**. Não se poderia imaginar algo diferente, pois uma comissão de representantes impõe a presença física de quem representa.

O mandato dos membros da comissão de representantes dos empregados será de 1 (um) ano, sem previsão de recondução. Há, aliás, em respeito aos princípios da democracia e da pluralidade, previsão expressa, contida no § 1º do art. 510-D no sentido de que o membro que houver exercido a função de representante dos empregados na comissão **não poderá ser candidato nos dois períodos subsequentes**.

Para saber mais sobre esse assunto, consulte-se o tópico *20.3.5 da Segunda Parte.*

o) Membro da comissão de empregados para acompanhamento e fiscalização da regularidade da cobrança e distribuição da gorjeta

Nos limites do § 10 do art. 457 da CLT, que, em rigor, desapareceu da ordem jurídica depois da publicação da Lei n. 13.467/2017 (maiores detalhes podem ser lidos no tópico 12.2.1.3.1 desta obra), as empresas com mais de 60 (sessenta) empregados haveriam de tratar dos assuntos relacionados às gorjetas com uma "comissão de empregados" criada no bojo de convenção ou acordo coletivo de trabalho para tratar dos interesses de um específico empregador. Essa comissão, integrada apenas por empregados, seria formada para acompanhamento e fiscalização da regularidade da cobrança e distribuição da gorjeta.

Seus representantes haveriam de ser eleitos em assembleia geral convocada para esse fim pelo sindicato laboral e **gozariam de garantia de emprego vinculada ao desempenho das funções** para o qual foram eleitos. Detalhes relativos ao número de integrantes da comissão de empregados, ao tempo de duração do mandato de cada um dos integrantes e à forma/tempo de garantia de emprego constariam do instrumento coletivo negociado, tendo as partes amplas possibilidades de diálogo no particular.

Note-se que o dispositivo não refere expressamente a existência de uma "estabilidade", mas apenas de uma "garantia de emprego vinculada ao desempenho das funções". Diante da dúvida, uma interpretação *pro operário* pode levar à conclusão de que tal instituto é, em rigor, uma "estabilidade", pois não seria possível falar-se, no caso em exame, em mera "garantia de emprego" sem a indispensável proteção temporária (vinculada ao desempenho das funções) contra o desligamento.

As empresas com até 60 (sessenta) empregados, por outro lado, caso não desejem espontaneamente admitir a criação da "comissão de empregados", o que pode ocorrer dentro dos limites da autonomia coletiva privada, hão de submeter-se ao acompanhamento e fiscalização da regularidade da cobrança e distribuição da gorjeta por uma comissão intersindical, vale dizer, por uma comissão composta de representantes dos sindicatos das categorias econômica e profissional.

A comissão de empregados para acompanhamento e fiscalização da regularidade da cobrança e distribuição da gorjeta vicejou durante o período de vigência da Lei n. 13.419/2017 e no período em que a MP n. 808/2017 teve eficácia (de 14-11-2017 a 23-4-2018).

p) Empregado discriminado

Essa **não é propriamente uma situação geradora de estabilidade em sentido próprio, mas um arranjo produtor de proteção equivalente**, pois a ordem jurídica brasileira é avessa ao desligamento produzido por causas discriminatórias. Há, aliás, no sistema normativo interno um diploma legal que trata exatamente dessa particularidade, **a Lei n. 9.029/95.**

De acordo com a referida lei, "é proibida a adoção de qualquer prática discriminatória e limitativa para efeito de acesso à relação de trabalho, **ou de sua manutenção**, por motivo de sexo, origem, raça, cor, estado civil, situação familiar, deficiência, reabilitação profissional, idade, **entre outros**"[29]. A jurisprudência, então, tem-se servido desse dispositivo para determinar a reintegração de trabalhadores incursos em diferentes situações de discriminação. Esse comportamento judiciário se afina com os princípios da igualdade e da não discriminação e com os valores supremos da sociedade brasileira, que, nos moldes do seu preâmbulo constitucional, pretende ser fraterna, pluralista e sem preconceitos.

Um dos exemplos mais frequentes nos julgados diz respeito aos portadores do vírus da AIDS. Apesar de estes não serem destinatários de estabilidade no emprego, estão protegidos contra as dispensas de natureza discriminatória, existindo, aliás, súmula do TST que consagra essa posição. Veja-se:

---

29 Desde a vigência da Lei n. 13.146/2015 (Estatuto da Pessoa com Deficiência), o texto do art. 1º passou a contar com a locução "entre outros", deixando-se claro que as discriminações ali tratadas não se restringiam às situações explicitadas, mas, pelo contrário, recepcionavam toda e qualquer conduta discriminatória.

***Súmula 443 do TST**. DISPENSA DISCRIMINATÓRIA. PRESUNÇÃO. EMPREGADO PORTADOR DE DOENÇA GRAVE. ESTIGMA OU PRECONCEITO. DIREITO À REINTEGRAÇÃO. Presume-se discriminatória a despedida de empregado portador do vírus HIV ou de outra doença grave que suscite estigma ou preconceito. Inválido o ato, o empregado tem **direito à reintegração no emprego**.*

Outras tantas situações ingressam no mesmo figurino de proteção, sendo dignas de nota aquelas que dizem respeito a trabalhadores portadores de outras doenças graves que suscitem estigma ou preconceito, a exemplo da neoplasia maligna, hanseníase, mal de Parkinson, mal de Alzheimer etc. Há ainda o caso dos egressos de auxílio por incapacidade temporária previdenciário (B-31) desligados tão logo retornam, dos ativistas sindicais que são dispensados pelo simples fato de participarem das assembleias sindicais, dos trabalhadores em relação aos quais tenha sido determinada reabilitação/readaptação, dos trabalhadores que ajuízem ação contra os seus empregadores ou daqueles que se disponham a testemunhar contra eles na vigência da relação de emprego.

Todos esses trabalhadores têm em comum a inexistência da estabilidade como causa protetiva contra o despedimento, mas, em lugar dela, um fato que os leva a serem discriminados pelo patrão. Assim, se despedidos, se formará uma presunção de que o desligamento ocorreu por motivos discriminatórios, emergindo contra o empregador o dever de motivar. Nesse caso, caberá ao contratante o ônus de provar que o desligamento — ao contrário do que se presume — não aconteceu por causa discriminatória, mas por outro sério motivo, que pode ter natureza técnica, econômica, financeira ou disciplinar. Nunca será despicienda a lembrança de que, uma vez identificado o sério motivo, ainda caberá ao empregador a revelação das razões que o levaram a escolher para a dispensa o empregado suscetível de discriminação, e não outro qualquer.

Exemplo disso pode ser constatado mediante a seguinte ilustração: imagine-se um Condomínio Residencial com vultoso fundo de reserva e taxa zero de inadimplemento, cujo porteiro foi coincidentemente despedido depois que anunciou para os colegas ser portador de uma neoplasia maligna. Nesse caso, diante da possível atuação discriminatória patronal, a ordem jurídica entenderá que esse foi o motivo para o despedimento, mas dará para o empregador a oportunidade de demonstrar o contrário. Caso o empregador aponte alguma causa relevante, caberá a ele demonstrar, para além dela, as razões em virtude das quais, entre tantos outros empregados passíveis de dispensa, escolheu justamente o empregado portador da neoplasia maligna para dispensar sem justa causa.

Uma vez caracterizada a conduta discriminatória, e sem prejuízo do prescrito no art. 2º da Lei n. 9.029/95 e nos dispositivos legais que tipificam os crimes resultantes de preconceito de etnia, raça, cor ou deficiência, as infrações fundadas em discriminação, os empregadores são passíveis das seguintes cominações (art. 3º):

I — multa administrativa de dez vezes o valor do maior salário pago pelo empregador, elevado em cinquenta por cento em caso de reincidência;

II — proibição de obter empréstimo ou financiamento junto a instituições financeiras oficiais.

Anote-se, porque importante, que o rompimento da relação de trabalho por ato discriminatório, nos moldes da Lei n. 9.029/95, **além do direito à reparação pelo dano moral eventualmente caracterizado pelo magistrado,** faculta ao empregado optar entre (art. 4º):

*I — a **reintegração** com ressarcimento integral de todo o período de afastamento, mediante pagamento das remunerações devidas, corrigidas monetariamente e acrescidas de juros legais; (Redação dada pela Lei n. 13.146/2015)*

II — *a percepção, em dobro, da remuneração do período de afastamento, corrigida monetariamente e acrescida de juros legais.*

Essa percepção, em dobro, da remuneração do período de afastamento é, em verdade, uma indenização, que deve ser concedida com respeito à fronteira máxima fixada pela Súmula 28 do TST, segundo a qual "no caso de se converter a reintegração em indenização dobrada, o direito aos salários é assegurado até a data da primeira decisão que determinou essa conversão". Dessa forma, não seguido o caminho da reintegração, o magistrado fixará o marco final da indenização exatamente no dia da sua decisão.

Há, portanto, um conjunto de medidas disponíveis em favor de quem tenha sofrido alguma espécie de discriminação no instante de ruptura do contrato de emprego, cabendo aos empregados e aos seus advogados a invocação perante as estruturas de Estado.

Por fim, há quem questione sobre o **marco final** da proteção aqui analisada. A resposta é singela, mas depende de alguns referenciais, pois, em rigor, a proteção desaparecerá a partir do momento em que cessar a causa da discriminação ou, em alguns casos, depois de superado um tempo mínimo que não mais permita a relação entre a causa de discriminação e o despedimento. Esse tempo mínimo é muito relativo, pois depende das circunstâncias da causa e das particularidades de cada caso concreto, cabendo a análise disso ao magistrado do trabalho.

q) Mulher em situação de violência doméstica e familiar

O § 2º, II, do art. 9º da Lei n. 11.340, de 7 de agosto de 2006, Lei Maria da Penha, prevê que "o juiz assegurará à mulher em situação de violência doméstica e familiar, para preservar sua integridade física e psicológica [...] a manutenção do vínculo trabalhista, quando necessário o afastamento do local de trabalho, por até seis meses".

Criou-se assim uma vedação ao exercício da resilição patronal durante o período de afastamento do local de trabalho, por até seis meses.

Note-se que essa estabilidade estará relacionada ao tempo de afastamento do local do trabalho, que coincidirá com período de suspensão do contrato de emprego, conforme analisado no tópico 14.5.9. Não havendo a suspensão do contrato de emprego, não há falar-se na estabilidade aqui em exame, uma vez que o empregador não terá conhecimento do fato de a sua empregada estar vivendo situação de violência doméstica e familiar.

r) Pessoa com deficiência durante o estado de calamidade pública decorrente da pandemia da Covid-19

Segundo o disposto no art. 17 da Lei n. 14.020, de 2020, durante o estado de calamidade decorrente da pandemia da Covid-19 a dispensa sem justa causa do empregado pessoa com deficiência foi vedada. Isso significou que as pessoas com deficiência ganharam no referido período de crise o direito de não serem dispensadas sem justa causa, ou seja, tornaram-se temporariamente estáveis no emprego.

Destaque-se que o conceito de "pessoa com deficiência" envolve também os empregados com imunodeficiência, entre os quais os acometidos de doenças autoimunes e os portadores de moléstias que danificam o sistema imunológico. Esses empregados, em rigor, sendo, portanto, e nos termos da Lei n. 13.146, de 6 de julho de 2015, "pessoas com deficiência", ingressam no campo de incidência da proteção oferecida pelo precitado art. 17 da Lei n. 14.020, de 2020.

Dúvida importante surgiu com o advento da Medida Provisória 1.045, de 2021 (ora não mais vigente). É que o referido diploma normativo, que disciplinou uma segunda rodada do Programa Emergencial de Manutenção do Emprego e da Renda não mais referiu em seu texto o antes mencionado "estado de calamidade" (findo em 31-12-2020, segundo o Decreto Legislativo n. 6, de 2020), mas, sim, uma "emergência de saúde pública de importância internacional decorrente do coronavírus". Pior do que isso, a referida MP 1.045/2021 sequer referiu a estabilidade aqui em discussão.

A problemática foi, então, formada: **a estabilidade prevista no art. 17 da Lei n. 14.020/2020 permanece exigível sem o "estado de calamidade"?**

A resposta não é simples nem fácil, pois a literalidade da norma tem uma grande importância em matéria de estabilidade. Não fosse apenas isso, normas restritivas de direitos devem ser, em muitos casos, analisadas estritamente.

No caso específico, entretanto, parece ser necessária uma interpretação finalística, pois a intenção do legislador claramente não foi a de proteger a pessoa com deficiência apenas enquanto se mantivesse um estado de calamidade (que visou dar ao País um regime extraordinário fiscal, financeiro e de contratações), mas enquanto se mantivesse a própria emergência de saúde pública.

Invoca-se também uma interpretação sistemática, pois a norma não pode ser interpretada em tiras. Perceba-se que tudo há de ser considerado no conjunto. E no conjunto hão de ser incluídas as disposições protetivas inseridas na Lei n. 13.979/2020. A lógica que manteve vigente as suas disposições é exatamente a mesma lógica que há de manter a estabilidade das pessoas com deficiência.

Nesse sentido, segue-se o entendimento adotado pelo STF nos autos da Ação Direta de Inconstitucionalidade 6.625/DF. *In verbis*: "Embora a vigência da Lei n. 13.979/2020, de forma tecnicamente imperfeita, esteja vinculada àquela do Decreto Legislativo n. 6/2020, que decretou a calamidade pública para fins exclusivamente fiscais, vencendo em 31 de dezembro de 2020, não se pode excluir, neste juízo precário e efêmero, a conjectura segundo a qual a verdadeira intenção dos legisladores tenha sido a de manter as medidas profiláticas e terapêuticas extraordinárias, preconizadas naquele diploma normativo, pelo tempo necessário à superação da fase mais crítica da pandemia, mesmo porque à época de sua edição não lhes era dado antever a surpreendente persistência e letalidade da doença".

Se é realmente verdadeira a tese segundo a qual *onde há a mesma razão de direito há de haver a mesma disposição*, não se pode afastar a estabilidade das pessoas com deficiência por um argumento lastreado em mera literalidade. Cabe analisar a disposição no seu sentido finalístico e sistemático para reconhecer que a norma é exigível até que tivesse sido superada efetivamente a pandemia do coronavírus.

Anote-se que a Portaria GM/MS n. 913, de 22 de abril de 2022, expedida pelo Ministro da Saúde e com vigência iniciada trinta dias depois da data de publicação, declarou encerrada a referida Emergência em Saúde Pública de Importância Nacional (ESPIN) em decorrência da Infecção Humana pelo novo Coronavírus (2019-nCov), de que tratava a Portaria GM/MS n. 188, de 3 de fevereiro de 2020.

Quadro sinótico

ESTABILIDADE	PREVISÃO NORMATIVA	PREVISÃO JURISPRUDENCIAL CRISTALIZADA	BENEFICIÁRIO	MARCO INICIAL	MARCO FINAL	QUEBRA DA ESTABILIDADE
Dirigente sindical	Art. 8º, VIII, da Constituição	Súmulas 369, 379 e 396 do TST OJ 369 da SDI-1 do TST	Empregado sindicalizado	A partir do registro da candidatura	Até um ano após o final do mandato	Se o empregado cometer falta grave nos termos da lei
Cipeiro	Art. 10, II, *a*, do ADCT	Súmulas 339 e 396 do TST	Empregado eleito para cargo de direção de CIPA	A partir do registro da candidatura	Até um ano após o final de seu mandato	Se o empregador encontrar motivos de ordem técnica, econômica, financeira ou disciplinar para tanto
Gestante	Art. 10, II, *b*, do ADCT	Súmulas 244 e 396 do TST	Empregada gestante ou, em caso de morte desta, a quem detiver a guarda de seu filho	Desde a confirmação da gravidez	Até cinco meses após o parto	Se o empregador encontrar motivos de ordem técnica, econômica, financeira ou disciplinar para tanto
Guardião para fins de adoção	Parágrafo único do art. 391-A da CLT, introduzido pela Lei n. 13.509/2017	Súmula 396 do TST	Empregado adotante ao qual tenha sido concedida guarda provisória para fins de adoção	Desde o recebimento da guarda provisória para fins de adoção	Até cinco meses após o recebimento da guarda provisória para fins de adoção	Se o empregador encontrar motivos de ordem técnica, econômica, financeira ou disciplinar para tanto
Acidentado	Art. 118 da Lei n. 8.213/91	Súmula 378 do TST OJ 41 da SDI-1 do TST	Empregado acidentado do trabalho	Após a cessação do auxílio-doença acidentário ou após a reintegração fundada em despedimento com doença ocupacional	Doze meses após a cessação do auxílio-doença acidentário ou doze meses após a reintegração fundada em despedimento com doença ocupacional	Não há previsão expressa na lei, mas sabe-se que a estabilidade não resistirá às situações em que o empregado praticar falta grave
Diretor de cooperativa de empregados	Art. 55 da Lei n. 5.764/71	OJ 253 da SDI-1 do TST	Empregados de empresas que sejam eleitos diretores **titulares** de sociedades cooperativas pelos mesmos criadas. **Não se estende aos suplentes** (OJ 253 da SDI-1, TST)	A partir do registro da candidatura	Até um ano após o final do mandato	Se o empregado cometer falta grave nos termos da lei

FÓRMULAS DE GARANTIA DE EMPREGO E DO TEMPO DE SERVIÇO

Membro Trabalhador do Conselho Nacional de Previdência Social	§ 7º do art. 3º da Lei n. 8.213/91	Não há	Membros do CNPS, enquanto representantes dos trabalhadores em atividade, **titulares e suplentes**	A partir da nomeação	Até um ano após o término do mandato de representação	Se o empregado cometer falta grave nos termos da lei, regularmente comprovada através de processo judicial
Representante dos Empregados em Comissões de Conciliação Prévia	§ 1º do art. 625-B da CLT	Não há	Representantes **dos empregados** membros da comissão de conciliação prévia, **titulares e suplentes**	Não há previsão legal, mas, por tratar-se de situação que envolve eleição, deve ser a partir do registro da candidatura	Até um ano após o final do mandato	Se cometer falta grave, nos termos da lei
Representante dos Empregados no Conselho Curador do FGTS	§ 9º do art. 3º da Lei n. 8.036/90	Não há	Membros do conselho curador, enquanto representantes dos trabalhadores, **efetivos e suplentes**	A partir da nomeação	Até um ano após o término do mandato de representação	Se o empregado cometer falta grave nos termos da lei, regularmente comprovada através de processo sindical
Período pré-eleitoral	Art. 73, V, da Lei n. 9.504/97	OJ 51 da SDI-1 do TST	Servidor público celetista, na circunscrição do pleito, e empregados públicos	Três meses antes do pleito	Até a posse dos eleitos	Se o servidor público celetista ou empregado público cometer falta grave nos termos da lei
Pessoa com deficiência ou beneficiário reabilitado	§ 1º do art. 93 da Lei n. 8.213/91	Não há	Pessoa com deficiência ou beneficiário reabilitado	Desde a contratação	Até a contratação de substituto de condição semelhante	Se o empregador encontrar motivos de ordem técnica, econômica, financeira ou disciplinar para tanto
Aprendiz	Art. 433 da CLT	Não há	Aprendiz	Desde a contratação	Até o final do período contratual de aprendizagem	Se o empregador encontrar motivos de ordem técnica ou disciplinar para tanto
Programa de Proteção ao Emprego (PPE)	Art. 6º, I, da Lei n. 13.189/2015	Não há	Empregados que tiverem sua jornada de trabalho temporariamente reduzida enquanto viger a adesão ao PPE	Desde a adesão da empresa ao PPE	Até o momento em que vigorar a adesão ao PPE e, após o seu término, durante o prazo equivalente a um terço do período de adesão	Se o empregador encontrar motivos de ordem técnica, econômica, financeira ou disciplinar para tanto
Membros da comissão de representantes dos empregados	§ 3º do art. 510-D da CLT	Não há	Membros da comissão de representantes dos empregados	Desde o registro da candidatura	Até um ano após o fim do mandato	Se o empregador encontrar motivos de ordem técnica, econômica, financeira ou disciplinar para tanto

Membro da comissão de empregados para acompanhamento e fiscalização da regularidade da cobrança e distribuição da gorjeta	§ 10 do art. 457 da CLT (vicejou durante o período de vigência da Lei n. 13.419/2017 e no período em que a MP n. 808/2017 teve eficácia, ou seja, de 14-11-2017 a 23-4-2018)	Não há	Membros da comissão de empregados	Não há normatização, mas, por analogia, acredita-se ser desde o registro da candidatura	Não há normatização, mas, por analogia, acredita-se ser até um ano após o fim do mandato	Se o empregador encontrar motivos de ordem técnica, econômica, financeira ou disciplinar para tanto
Empregado discriminado	Lei n. 9.029/95	Súmula 443 do TST	Empregados discriminados	A partir do advento da causa geradora da discriminação	A partir do momento em que cesse a causa da discriminação ou, em alguns casos, depois de superado um tempo mínimo que não permita a relação entre a causa de discriminação e o despedimento	Se o empregador encontrar motivos de ordem técnica, econômica, financeira ou disciplinar para tanto e se, para além disso, conseguir justificar que a dispensa deveria atingir o empregado portador da causa geradora da discriminação e não outro qualquer
Mulher em situação de violência doméstica e familiar	§ 2º, II, do art. 9º da Lei n. 11.340/2006, Lei Maria da Penha	Não há	Mulher em situação de violência doméstica e familiar, desde que seja determinado o seu afastamento do local de trabalho	Desde o momento em que for determinado o seu afastamento do local de trabalho	Até seis meses depois de iniciado o afastamento do local de trabalho	Se o empregador encontrar motivos de ordem técnica, econômica, financeira ou disciplinar para tanto
Pessoa com deficiência durante o estado de calamidade pública decorrente da pandemia da Covid-19	Art. 17, V, da Lei n. 14.020, de 2020	Não há	Pessoa com deficiência	Desde a data de início do estado de calamidade decorrente da pandemia da Covid-19	Até o final da pandemia da Covid-19, embora esse marco seja discutível	Se o empregador encontrar motivos de ordem técnica, econômica, financeira ou disciplinar para tanto

16.1.2.2.3 Estabilidade contratual definitiva

Nada impede que empregador e empregado contratem fórmulas de aquisição de estabilidade definitiva. Isso decorrerá do exercício da autonomia privada individual ou coletiva, podendo haver vinculação ao cumprimento de determinados requisitos, como tempo mínimo de serviço para a mesma empresa ou ascensão a determinados níveis ou classes em um quadro de carreira.

16.1.2.2.4 Estabilidade contratual provisória

Conforme mencionado no tópico anterior, empregador e empregado podem criar, com base na autonomia privada de que dispõem, as mais diversas situações de estabilidade, seja em caráter definitivo, seja em caráter provisório.

Apenas para exemplificar a situação de estabilidade provisória de origem contratual, cita-se aquela atribuída durante um específico período ao *pré-aposentável*, vale dizer, àquele que está prestes a aposentar-se por idade ou por tempo de contribuição e que, geralmente por escrito, comunique essa condição à empresa.

16.1.2.2.5 Renúncia à estabilidade e homologação

O sistema de estabilidade é organizado em atenção ao empregado, e não ao empregador. Enfim, a estabilidade impede o exercício da resilição patronal, mas não a dissolução do vínculo por iniciativa do operário. O trabalhador pode, sem qualquer limitação, terminar o liame contratual que a ele próprio beneficiava. Seja por força de demissão, seja por conta de ajuizamento de ação para apurar despedida indireta, o trabalhador tem ampla liberdade para materializar o seu desejo de afastar-se. A única exigência que o sistema jurídico opõe é um controle da legitimação da vontade de o trabalhador estável dar por encerrado o vínculo de emprego. Por essa razão, o art. 500 da CLT dispõe no sentido de que o "pedido de demissão do empregado estável só será válido quando feito com a assistência do respectivo Sindicato e, se não o houver, perante autoridade local competente do Ministério do Trabalho (ora Ministério do Trabalho e Previdência) ou da Justiça do Trabalho".

Perceba-se que a resilição operária promovida sem *a assistência do sindicato da respectiva categoria profissional* é entendida como ato jurídico atingido no plano da validade. Caso o sindicato se negue a homologar o pedido de demissão do empregado estável, caberá a este, na condição de prejudicado, ingressar no Judiciário trabalhista com uma ação de suprimento de consentimento negado pelo sindicato. Em tal situação, a Justiça do Trabalho avaliará, conjuntamente, o mérito da negativa sindical e a possibilidade de suprir o consentimento negado.

Outro detalhe a observar diz respeito à sequência de órgãos autorizados a promover tal assistência. Note-se que o sindicato obreiro é, em rigor, **o** órgão homologador. Ele — o Sindicato — unicamente. Perceba-se que não se estende a titularidade desse dever-função de zelar pela validade de atos demissionários de estáveis às Federações ou às Confederações. Não há aqui, como existe no § 1º do art. 617 da CLT, nenhuma disposição que remeta sucessivamente a assunção da atividade verificadora do consentimento do empregado para as organizações sindicais de grau superior.

Apenas *se não existir* o Sindicato da categoria profissional do trabalhador é que, supletivamente, há de se demandar a *autoridade local competente do Ministério do Trabalho (ora Ministério do Trabalho e Previdência) ou da Justiça do Trabalho*. Note-se, pela partícula "ou", que não há ordem sucessiva, mas uma verdadeira alternativa. Somente nesse caso — e em nenhum outro — a Justiça do Trabalho é incluída como órgão incumbido de velar pela validade do ato jurídico extrajudicial.

Mas como se procedimentalizaria essa participação da Justiça do Trabalho?

Embora não exista uma resposta normativa, parece razoável admitir que o empregado estável, uma vez **prejudicado pela inexistência de Sindicato**, afore uma ação trabalhista contra o seu empregador para ver legitimado o seu ato demissionário diante da resistência patronal de pagar os correspondentes créditos trabalhistas, haja vista o disposto no ora analisado art. 500 da CLT. O empregador, em verdade, pode criar um grande imbróglio jurídico ao dizer que não aceita a validade do ato demissionário (que é, em verdade, uma manifestação de um direito potestativo), por conta da inexistência da entidade sindical, homologadora. Nesse caso, o empregado demissionário/estável não terá alternativa senão levar o conflito ao Judiciário, cabendo-lhe pedir que a Justiça do Trabalho realize, então, o controle da validade de sua vontade de romper, por conta própria, o contrato de emprego.

Sob outra óptica há, ainda, a possibilidade de o empregador, na situação ora tratada, valer-se de **ação de consignação em pagamento**. Perceba-se que o art. 335, I, do Código Civil prevê que a consignação terá lugar "se o credor não puder, ou, sem justa causa, recusar receber o pagamento, ou dar quitação na devida forma". Note-se que, nesse caso, o empregado demissionário/estável não poderá, por inexistência de Sindicato, "dar quitação na devida forma". O Judiciário trabalhista atuará, então, para, diametralmente, mas dentro dos limites da ação de consignação em pagamento, proceder ao já mencionado controle da validade da vontade do demissionário/estável e, ao fim, liberar o montante das parcelas resilitórias cuja quitação não se poderia dar, de outro modo, na devida forma.

16.1.2.2.6 Institutos quase sempre incompatíveis com a estabilidade

Existem dois institutos que, por suas peculiaridades essenciais, são quase sempre incompatíveis com a proteção oferecida pela estabilidade: o "contrato por tempo determinado" e o "aviso prévio". Diz-se "quase sempre" porque a jurisprudência e em alguns casos a própria lei, baseadas em fundamentos que visam proteções específicas, tratam de modo diferenciado algumas situações particulares, conforme se verá a seguir. Note-se:

a) Contratos por tempo determinado

Os **contratos por tempo determinado** não se desnaturam, em regra, por conta de situações geradoras de estabilidade, uma vez que os operários, quando contratados mediante essa modalidade de ajuste, já sabem, antecipadamente, qual a data de terminação do vínculo. De um modo geral, não é admissível, portanto, que um empregado invoque situação geradora de estabilidade para impedir a extinção de um vínculo contratual cuja data final lhe fora previamente informada ou para estender seus limites temporais. Desse modo, nenhum efeito advirá da inscrição de um empregado contratado por tempo determinado para concorrência em processo eleitoral para a direção de CIPA ou de entidade sindical. O empregado incurso em qualquer dessas situações (ainda que anteriores à contratação, no caso da direção de entidade sindical), enfim, sabe que o ajuste começou com um termo final certo.

É bom anotar que duas situações específicas produziram grandes flexibilizações de entendimento jurisprudencial. A **primeira** diz respeito à ocorrência de gestação durante o transcurso do contrato por tempo determinado ou mesmo à situação de preexistência de gravidez[30]. A **segunda** situação está relacionada à superveniência de acidente do trabalho em contratados por tempo determinado.

---

30 Anote-se que a Lei Complementar n. 146, de 25 de junho de 2014, com vigência a partir da data de sua publicação, estendeu a estabilidade provisória ora em exame, no caso de falecimento da genitora, a quem detiver a guarda de seu filho, até o limite de cinco meses após o parto. Nesse contexto é relevante anotar que, se essa guarda não for judicial, ela será a que normalmente se evidenciaria dentro da estrutura familiar, ou seja, na falta da mãe, o pai assumirá naturalmente a guarda dos seus filhos. Na ausência de ambos (de mãe e de pai), a guarda a que se refere o mencionado dispositivo haverá de ser necessariamen-

Pois bem. Em ambas as situações a jurisprudência do TST mostrou-se firme em oferecer a estabilidade, a despeito da ocorrência de ajustes por tempo determinado, tendo chegado ao ponto de criar, em setembro de 2012, itens de súmula para especificamente tratar do assunto. Veja-se nesse sentido o teor das Súmulas 244, III, e 378, III, ambas do TST:

Súmula 244

III — A empregada gestante tem direito à estabilidade provisória prevista no art. 10, inciso II, alínea b, do ADCT, mesmo na hipótese de admissão mediante contrato por tempo determinado (vide a IAC — 5639-31.2013.5.12.0051).

Súmula 378

III — O empregado submetido a contrato de trabalho por tempo determinado goza da garantia provisória de emprego, decorrente de acidente de trabalho, prevista no art. 118 da Lei n. 8.213/1991.

Situação bem diferente é aquela em que o contrato por tempo determinado não se transmuda, mas obrigatoriamente precisa alcançar o seu fim. **Nada impede, então, que sejam estabelecidos mecanismos para impedir a resilição antecipada em contratos por tempo determinado**, ou seja, nada impede que seja criado um sistema de estabilidade dentro do contrato por tempo determinado, sem a intenção de prolongar o ajuste, mas com o objetivo de mantê-lo íntegro, sem rupturas patronais antecipadas, até o final. Isso, que se pode intitular como *garantia contratual de duração mínima*, ocorre, por exemplo, nos seguintes casos:

1º) Contrato de aprendizagem, uma vez que o aprendiz, na forma do art. 433 da CLT, não pode ser submetido ao procedimento de resilição antecipada por iniciativa patronal.

2º) Contrato por tempo determinado de mais de noventa dias mantido com trabalhador reabilitado ou de deficiente habilitado, conforme o § 1º do art. 93 da Lei n. 8.213/91.

3º) Contrato estabelecido em conformidade com a Lei n. 9.601/98, por força do § 4º do art. 1º. Veja-se:

São garantidas as estabilidades provisórias da gestante; do dirigente sindical, ainda que suplente; do empregado eleito para cargo de direção de comissões internas de prevenção de acidentes; do empregado acidentado, nos termos do art. 118 da Lei n. 8.213, de 24 de julho de 1991, durante a vigência do contrato por prazo determinado, que não poderá ser rescindido antes do prazo estipulado pelas partes.

b) Aviso prévio

Ao ser concedido aviso prévio em tempo de serviço ou indenizado, cria-se uma projeção contratual por tempo determinado. Durante esse período não se poderá, **em regra**, falar na edificação de estabilidades legais porque o empregado está cônscio da iminência da terminação do vínculo. Ressalvam-se aqui, com base no que se antedisse em outros tópicos desta

---

te outorgada pelo juiz a outro integrante do grupo familiar ou a quem tenha condições de assumir esta importante função.

Perceba-se que, diante desse quadro, pode acontecer a inusitada situação de um trabalhador contratado por tempo determinado tornar-se estável em decorrência do falecimento de sua esposa. Esse trabalhador, que teria o seu contrato por tempo determinado findo por decurso do tempo, poderia se ver protegido contra a despedida arbitrária ou sem justa causa, pela natural guarda de seu filho, por cinco meses após o parto de sua falecida esposa.

obra, as situações que dizem respeito à gestação e ao acidente do trabalho. Há, como se sabe, norma estatal (Lei n. 12.812, de 16-5-2013) que atribui estabilidade às gestantes se a gravidez tiver ocorrido durante o período do aviso prévio, não importando, aliás, nesse caso, seja ele indenizado ou não. Igualmente, há decisões do TST que oferecem ao empregado que sofre acidente ocupacional durante o transcurso do aviso prévio em tempo de serviço o direito de permanecer vinculado ao emprego durante todo o transcurso da correspondente licença e de ainda fruir da estabilidade prevista no art. 118 da Lei n. 8.213/91 depois de cessado o benefício por incapacidade acidentária. Não há falar, entretanto, no mesmo efeito em favor de quem sofre acidentes durante o transcurso do aviso prévio indenizado, porque, obviamente, durante esse ínterim não existe prestação de serviço em favor do empregador.

Cabe lembrar, sob uma perspectiva diversa, que não podem se sobrepor período de fruição de estabilidade e período de cumprimento de aviso prévio. Existe aí, é claro, evidente conflito de propósitos. Enfim, como se poderia admitir que o último trintídio[31] de um período de estabilidade coincidisse com o ínterim do aviso prévio trabalhado?

Há, aliás, súmula que impede essa conduta — **Súmula 348 do TST** — segundo a qual "é inválida a concessão do aviso prévio na fluência da garantia de emprego, ante a incompatibilidade dos dois institutos".

16.2 GARANTIAS DO TEMPO DE SERVIÇO

16.2.1 Definição

Entendem-se por garantias do tempo de serviço as fórmulas que visam atribuir ao trabalhador, ao contrário de uma proteção contra o desligamento, um montante pecuniário proporcional ao período de vinculação contratual com o empregador. Essas garantias são caracterizadas pelo aumento do referido montante pecuniário na medida em que o trabalhador permanece no emprego, prestando serviços para o mesmo empregador. Enfim, quanto maior for o tempo de duração do vínculo de emprego, maiores serão os montantes armazenados em favor do empregado involuntariamente desligado.

16.2.2 O Fundo de Garantia do Tempo de Serviço — FGTS

16.2.2.1 Definição

Trata-se, como o próprio nome sugere, de um Fundo formado por depósitos mensais, efetuados pelos empregadores em uma conta ligada (vinculada) ao nome de seus empregados, no valor equivalente ao percentual de oito por cento das remunerações que lhes são pagas ou devidas[32 e 33]. Tais depósitos são impenhoráveis nos termos do § 2º do art. 2º da Lei n. 8.036/90.

Estão obrigatoriamente inseridos nesse regime todos os empregados urbanos e rurais, cujos empregadores sejam considerados como empresa, e os trabalhadores avulsos. Por ou-

---

31 Ou mais do que o último trintídio, no caso de empregados que fruem de aviso prévio proporcional ao tempo de serviço.
32 Para saber detalhes sobre o FGTS, consulte-se a obra — objetiva e didática — *FGTS: cálculo, recolhimento, parcelamento e fiscalização*. São Paulo: LTr, 2013, do professor Jair Teixeira dos Reis.
33 Veja-se o teor da Lei Complementar n. 110/2001.

tro lado, era apenas facultada a inclusão do empregado doméstico no Fundo de Garantia do Tempo de Serviço mediante iniciativa e requerimento do empregador. Agora, desde a publicação da EC n. 72/2013 e da Lei Complementar n. 150/2015, fala-se em universalidade de concessão do FGTS, que, a partir de **outubro de 2015**, passou a abarcar também os empregados domésticos, haja vista o teor da Resolução do Conselho Curador do FGTS 780/2015, da Circular CAIXA 694/2015 e da Portaria Interministerial 822/2015, ora referidos como documentos históricos.

Abre-se espaço na parte final deste tópico para falar-se sobre a Lei Complementar n. 110/2001 e, especialmente, sobre a instituição, em seu art. 2º, da contribuição social adicional na base de 0,5% sobre a remuneração devida a cada trabalhador. Essa contribuição adicional somou-se àquela normalmente devida nos termos da Lei n. 8.036/90, produzindo um encargo patronal de 8,5%, e não de 8%, como normalmente ocorria.

A contribuição adicional vigorou durante 60 (sessenta) meses contados do início de sua exigibilidade, conforme disposto no § 2º do art. 2º da supracitada Lei Complementar. Anote-se que o Supremo Tribunal Federal acolheu parcialmente a medida acauteladora movida pela Confederação Nacional da Indústria — CNI na ADIn 2.556-2 para declarar que o mencionado acréscimo de 0,5%, de acordo com a regra constitucional de exigibilidade de contribuições sociais depois de 90 (noventa) dias de sua instituição, somente poderia ser cobrado a partir da competência janeiro/2002, e não desde outubro/2001. Passados os sessenta meses desde janeiro de 2002, os empregadores não estão mais, desde janeiro/2009, obrigados ao recolhimento adicional de 0,5% ao mês.

O mesmo entendimento pacífico não se aplicou, entretanto, ao **adicional de 10% sobre o montante de todos os depósitos devidos, referentes ao Fundo de Garantia do Tempo de Serviço**, durante a vigência do contrato de trabalho. Perceba-se que, estranhamente, o legislador não fixou prazo final para essa contribuição social, que, teoricamente, deveria ser também temporária. Há na LC n. 110/2001 apenas a indicação da criação do tributo adicional, mas nada se dispõe sobre limite temporal. Veja-se, *in verbis*:

> *Art. 1º Fica instituída contribuição social devida pelos empregadores em caso de despedida de empregado sem justa causa, à alíquota de dez por cento sobre o montante de todos os depósitos devidos, referentes ao Fundo de Garantia do Tempo de Serviço — FGTS, durante a vigência do contrato de trabalho, acrescido das remunerações aplicáveis às contas vinculadas.*
>
> *Parágrafo único. Ficam isentos da contribuição social instituída nesse artigo os empregadores domésticos.*

Uma interpretação sistemática levava à conclusão de que ambas as contribuições adicionais, tanto a de 0,5% sobre cada mensalidade paga ao empregado quanto a de 10% sobre o montante de todos os depósitos devidos, referentes ao Fundo de Garantia do Tempo de Serviço, durante a vigência do contrato de trabalho, seriam igualmente temporárias. Essa ideia de temporariedade era reforçada diante da lembrança de que a instituição dessas contribuições adicionais teve o objetivo de produzir numerário suficiente para cobrir os custos referentes ao complemento de atualização monetária resultante da aplicação, cumulativa, dos percentuais de 16,74% e de 44,08% sobre os saldos das contas mantidas, respectivamente, no período de 1º de dezembro de 1988 a 28 de fevereiro de 1989 e durante o mês de abril de 1990. Desse modo, se assim foi, e se o pagamento dessas diferenças foi realizado em sua quase totalidade, não existiriam mesmo motivos para a manutenção *sine die* de uma contribuição adicional empreendida para sanar um problema temporário.

É bom dizer que a ex-Presidente Dilma Rousseff, sob o fundamento do impacto negativo em programas sociais custeados por recursos do FGTS, **vetou integralmente, em 25 de julho de 2013 (VET n. 27/2013), o projeto de lei (PLS n. 198/2007)** que previa a extinção da indenização rescisória adicional de 10% sobre o saldo do Fundo de Garantia do Tempo de Serviço (FGTS) paga pelos empregadores nas dispensas sem justa causa. A Confederação Nacional do Comércio de Bens, Serviços e Turismo (CNC), entretanto, ingressou em 8 de outubro de 2013, no Supremo Tribunal Federal (STF), com uma Ação Direta de Inconstitucionalidade (ADI) n. 5051 contestando a manutenção da cobrança.

Coube, entretanto, ao governo Jair Bolsonaro, por meio da Medida Provisória n. 905, de 11 de novembro de 2019 (ora não mais vigente), a extinção da referida indenização rescisória adicional. O art. 24 da referida Medida Provisória enfim, **extinguiu, com efeitos visíveis a partir de 1º de janeiro de 2020, a contribuição social devida pelos empregadores em caso de despedida de empregado sem justa causa, à alíquota de 10% (dez por cento) sobre o montante de todos os depósitos devidos, referentes ao Fundo de Garantia do Tempo de Serviço — FGTS**.

A despeito da tramitação da referida Medida Provisória n. 905, de 2019, o próprio Congresso Nacional, ao converter em lei outra medida provisória — a de n. 889, de 2019 —, deliberou pela extinção aqui em discussão. **O art. 12 da Lei n. 13.932, de 11 de dezembro de 2019**, assim, adiantou-se e reafirmou que, "*a partir de 1º de janeiro de 2020, fica extinta a contribuição social instituída por meio do art. 1º da Lei Complementar n. 110, de 29 de junho de 2001*".

E durante o tempo em que vigeu, essa indenização rescisória adicional de 10% sobre o saldo do Fundo de Garantia do Tempo de Serviço (FGTS) paga pelos empregadores nas dispensas sem justa causa **esteve ou não conforme a Constituição?**

A resposta é positiva. O Supremo Tribunal Federal, no dia 17 de agosto de 2020, julgou o Recurso Extraordinário — RE 878.313, e, na linha do voto divergente do Min. Alexandre de Moraes, firmou a tese do **Tema 846** de repercussão geral, segundo a qual se entendeu, enquanto vigeu, ser "constitucional a contribuição social prevista no artigo 1º da Lei Complementar n. 110, de 29 de junho de 2001, tendo em vista a persistência do objeto para a qual foi instituída". Diante dessa posição do STF, em atuação que visou evitar sangria dos cofres públicos em uma autêntica jurisprudência da crise, nenhum empregador poderá pretender a restituição dos valores que pagou para satisfazer a indenização adicional somente extinta em dezembro de 2019.

16.2.2.2 Criação de normas e de diretrizes

Um **conselho curador**, composto por representação de trabalhadores, empregadores e órgãos e entidades governamentais, na forma estabelecida pelo Poder Executivo, é órgão criador de normas e de diretrizes do Fundo de Garantia do Tempo de Serviço (FGTS). A Presidência desse conselho será exercida pelo representante do Ministério do Trabalho (ora Ministério do Trabalho e Previdência). Sua competência consta do art. 5º da Lei n. 8.036/90.

Os representantes dos trabalhadores e dos empregadores e seus respectivos suplentes serão indicados pelas respectivas centrais sindicais e confederações nacionais e nomeados pelo Ministro do Trabalho e Emprego, e terão **mandato de dois anos**, podendo ser reconduzidos uma única vez.

As ausências ao trabalho dos representantes dos trabalhadores no conselho curador, decorrentes das atividades desse órgão, **serão abonadas**, computando-se como jornada efetivamente trabalhada para todos os fins e efeitos legais.

Aos membros do conselho curador, enquanto representantes dos trabalhadores, efetivos e suplentes, é assegurada a **estabilidade no emprego**, da nomeação até um ano após o término do mandato de representação, somente podendo ser demitidos por motivo de falta grave, regularmente comprovada através de processo sindical.

16.2.2.3 Gestão da aplicação

O **Ministério do Desenvolvimento Regional** exerce a função de gestor da aplicação do FGTS. Cabe-lhe, nessa qualidade, a responsabilidade legal pela seleção e hierarquização dos projetos a serem contratados. Sua competência consta do art. 6º da Lei n. 8.036/90.

Atente-se para o fato de que as constantes reformas administrativas impõem frequentes alterações no nome do órgão responsável por essa função gerencial. Afirma-se isso porque tal atribuição já esteve, entre outros órgãos modificados estruturalmente ou extintos, sob a incumbência do Ministério da Ação Social e, posteriormente, da Secretaria Especial de Desenvolvimento Urbano e do Ministério das Cidades.

16.2.2.4 Agente operador

A **Caixa Econômica Federal (CEF)**, empresa pública federal vinculada ao Ministério da Fazenda, na qualidade de agente operador do FGTS, é o órgão responsável por todas as atividades operacionais ligadas ao Fundo de Garantia, destacando-se dentre elas as relativas: à centralização das contas vinculadas, ao controle da rede arrecadadora, à avaliação da capacidade econômica e financeira dos tomadores de recursos do FGTS, à implementação de atos de alocação de recursos e concessão de créditos e ao risco de crédito das operações com recursos do FGTS. Sua competência, no particular, consta do art. 7º da Lei n. 8.036/90.

16.2.2.5 Centralização de depósitos

Um ano depois da promulgação da Lei n. 8.036/90 (a publicação ocorreu no *DOU* de 14-5-1990), a Caixa Econômica Federal assumiu o controle de todas as contas vinculadas do FGTS. Veja-se o *caput* do art. 12 da Lei n. 8.036/90:

> Art. 12. No prazo de um ano, a contar da promulgação desta lei, a Caixa Econômica Federal assumirá **o controle de todas as contas vinculadas**, nos termos do item I do art. 7º, passando os demais estabelecimentos bancários, findo esse prazo, à condição de agentes recebedores e pagadores do FGTS, mediante recebimento de tarifa, a ser fixada pelo Conselho Curador (destaques não constantes do original).

16.2.2.6 Base de cálculo e alíquota

Todos os empregadores ficam obrigados a depositar, até o **vigésimo dia de cada mês**, em conta vinculada, a importância correspondente a 8% (oito por cento) da remuneração paga ou devida, no mês anterior, a cada trabalhador. Ocorrendo rescisão do contrato de trabalho, por parte do empregador, ficará este obrigado a depositar na conta vinculada do trabalhador no FGTS os valores relativos aos depósitos referentes ao mês da rescisão e ao imediatamente anterior, que ainda não houver sido recolhido, sem prejuízo das cominações legais.

Os contratos de aprendizagem têm a alíquota reduzida para **dois por cento**[34].

---

34 Houve período em que a alíquota fixada para as contratações realizadas sob o regime da Lei n. 9.601/98 também oferecia percentual reduzido do FGTS para os empregadores (embora apontado como inconstitucional por ferir o princípio da igualdade). Veja-se o texto da mencionada norma:

Art. 2º Para os contratos previstos no art. 1º são reduzidas, por sessenta meses, a contar da data de publicação desta Lei:

Anote-se que toda parcela que compõe o conceito de remuneração é base de incidência do FGTS, inclusive se pagas no exterior. Vejam-se, sobre a matéria aqui analisada, a Súmula 63 do TST e a Orientação Jurisprudencial 232 da SDI-1 da mesma Corte Superior:

Súmula 63 do TST. FUNDO DE GARANTIA. A contribuição para o Fundo de Garantia do Tempo de Serviço incide sobre a remuneração mensal devida ao empregado, inclusive horas extras e adicionais eventuais (RA 105/1974, DJ, 24-10-1974).

Orientação Jurisprudencial 232 da SDI-1 do TST. FGTS. Incidência. Empregado Transferido para o Exterior. Remuneração. O FGTS incide sobre todas as parcelas de natureza salarial pagas ao empregado em virtude de prestação de serviços no exterior. Inserida em 20-6-2001.

Diante de algumas divergências formadas em torno da possibilidade ou não de incidência do FGTS sobre o aviso prévio indenizado e sobre as férias indenizadas, o TST firmou entendimento nos seguintes termos:

Súmula 305 do TST. FUNDO DE GARANTIA DO TEMPO DE SERVIÇO. INCIDÊNCIA SOBRE O AVISO PRÉVIO. O pagamento relativo ao período de aviso prévio, trabalhado ou não, está sujeito a contribuição para o FGTS (Res. 3/1992, DJ, 5-11-1992).

Orientação Jurisprudencial 195 da SDI-1 do TST. Férias Indenizadas. FGTS. Não Incidência. Inserida em 8-11-00 (inserido dispositivo). Não incide a contribuição para o FGTS sobre as férias indenizadas.

Na linha desse posicionamento, e com o objetivo de deixar bem claras as parcelas que não são base de incidência do FGTS, o STJ publicou a Súmula 646, em março de 2021, com lastro no qual asseverou que **apenas as verbas elencadas em lei (art. 28, § 9º, da Lei n. 8.212/91), em rol taxativo, estão excluídas da sua base de cálculo**, por força do disposto no art. 15, § 6º, da Lei n. 8.036/90. Veja-se:

Súmula 646 do STJ. É irrelevante a natureza da verba trabalhista para fins de incidência da contribuição ao FGTS, visto que apenas as verbas elencadas em lei (art. 28, § 9º, da Lei n. 8.212/91), em rol taxativo, estão excluídas da sua base de cálculo, por força do disposto no art. 15, § 6º, da Lei n. 8.036/90.

Ressalte ser necessária uma interpretação da Súmula 646 do STJ em conformidade com o conjunto normativo que trata do tema. Apesar de haver menção a um "rol taxativo" no § 9º do art. 28 da Lei n. 8.212/91, há — e sempre haverá — outras parcelas sobre as quais não incidirá o FGTS por força de lei. Bastará que qualquer outra Lei — tão Lei quanto as Leis n. 8.036/90 e 8.212/91, identifique alguma parcela como não remuneratória, referindo-a expressamente como indenização, penalidade, ressarcimento ou identificando-a como não sujeita à incidência do FGTS.

Perceba-se, por outro lado, que, estando suspenso o contrato, desaparece a obrigatoriedade de retribuição do trabalho e, consequentemente, a obrigatoriedade de recolhimento do FGTS, salvo diante das situações descritas no § 5º do art. 15 da Lei n. 8.036/90, ou seja, nos casos de afastamento para prestação do serviço militar obrigatório e de licença por acidente do trabalho.

Outro detalhe importante a considerar diz respeito a quem cabe o **ônus de provar a regularidade do recolhimento do FGTS**.

II — para dois terços, à alíquota da contribuição para o Fundo de Garantia do Tempo de Serviço — FGTS, de que trata a Lei n. 8.036, de 11 de maio de 1990.

Pois bem. Depois de algumas discussões sobre o assunto, que levaram em conta o fato de o trabalhador ter acesso aos seus próprios extratos de depósito e do presumido dever deste de saber a dimensão da diferença que eventualmente pleiteasse em juízo, foi cancelada em 2011 a **OJ 301 da SDI-1**, o que se revelou positivo em nome das postulações responsáveis. Alguns anos depois, em junho de 2016, o TST retomou a posição jurisprudencial adotada até 2011 e publicou a **Súmula 461**, afirmando ser "do empregador o ônus da prova em relação à regularidade dos depósitos do FGTS", sob o fundamento de que "o pagamento é fato extintivo do direito do autor (art. 373, II, do CPC de 2015)".

16.2.2.7 Penalidades por mora

O empregador que não realizar os depósitos nos prazos referidos no tópico anterior responderá pela incidência da Taxa Referencial (TR) sobre a importância correspondente. Sobre o valor dos depósitos, acrescido da TR, incidirão, ainda, juros de mora de 0,5% a.m. (cinco décimos por cento ao mês) ou fração e multa, sujeitando-se, também, às obrigações e sanções previstas no Decreto-lei n. 368, de 19 de dezembro de 1968.

A incidência da TR será cobrada por dia de atraso, tomando-se por base o índice de atualização das contas vinculadas do FGTS. A multa será cobrada em 5% (cinco por cento) no mês de vencimento da obrigação e em 10% (dez por cento) a partir do mês seguinte ao do vencimento da obrigação.

16.2.2.8 Atualização monetária e capitalização de juros

Nos termos do art. 13 da Lei n. 8.036/90, os depósitos efetuados nas contas vinculadas serão corrigidos monetariamente com base nos parâmetros fixados para atualização dos saldos dos depósitos de poupança e capitalizarão juros de 3% (três por cento) ao ano.

Note-se, porém, que, uma vez buscada por meio de ação trabalhista uma indenização substitutiva aos depósitos do FGTS, o crédito correspondente, em conformidade com a **OJ 302 da SDI-1 do TST**, passará a ser corrigido pelos mesmos índices aplicáveis aos débitos trabalhistas. Veja-se:

> **Orientação Jurisprudencial 302 da SDI-1 do TST.** FGTS. Índice de Correção. Débitos Trabalhistas. Os créditos referentes ao FGTS, decorrentes de condenação judicial, serão corrigidos pelos mesmos índices aplicáveis aos débitos trabalhistas.

16.2.2.9 Situações permissivas de movimentação

Existem algumas situações permissivas de movimentação dos valores depositados na conta vinculada do trabalhador no FGTS. Todas elas estão descritas no art. 20 da Lei n. 8.036/90. Vejam-se:

I — despedida sem justa causa, inclusive a indireta, de culpa recíproca e de força maior;

I-A — extinção do contrato de trabalho prevista no art. 484-A da Consolidação das Leis do Trabalho (CLT), aprovada pelo Decreto-lei n. 5.452, de 1º de maio de 1943;

II — extinção total da empresa, fechamento de quaisquer estabelecimentos, filiais ou agências, supressão de parte de suas atividades, declaração de nulidade do contrato de trabalho nas condições do art. 19-A, ou ainda falecimento do empregador individual sempre que qualquer dessas ocorrências implique rescisão de contrato de trabalho, comprovada por declaração escrita da empresa, suprida, quando for o caso, por decisão judicial transitada em julgado;

III — aposentadoria concedida pela Previdência Social;

IV — falecimento do trabalhador, sendo o saldo pago a seus dependentes, para esse fim habilitados perante a Previdência Social, segundo o critério adotado para a concessão de pensões por morte. Na falta de dependentes, terão direito ao recebimento do saldo da conta vinculada os seus sucessores previstos na lei civil, indicados em alvará judicial, expedido e requerimento do interessado, independente de inventário ou arrolamento;

V — pagamento de parte das prestações decorrentes de financiamento habitacional concedido no âmbito do Sistema Financeiro da Habitação — SFH, desde que:

a) o mutuário conte com o mínimo de três anos de trabalho sob o regime do FGTS, na mesma empresa ou em empresas diferentes;

b) o valor bloqueado seja utilizado, no mínimo, durante o prazo de doze meses;

c) o valor do abatimento atinja, no máximo, oitenta por cento do montante da prestação;

VI — liquidação ou amortização extraordinária do saldo devedor de financiamento imobiliário, observadas as condições estabelecidas pelo conselho curador, dentre elas a de que o financiamento seja concedido no âmbito do SFH e haja interstício mínimo de dois anos para cada movimentação;

VII — pagamento total ou parcial do preço da aquisição de moradia própria, observadas as seguintes condições:

a) o mutuário deverá contar com o mínimo de três anos de trabalho sob o regime do FGTS, na mesma empresa ou empresas diferentes;

b) seja a operação financiável nas condições vigentes para o SFH;

VIII — quando o trabalhador permanecer três anos ininterruptos, a partir de 1º de junho de 1990, fora do regime do FGTS, podendo o saque, nesse caso, ser efetuado a partir do mês de aniversário do titular da conta. Excepcionalmente, porém, a Medida Provisória 763, de 22 de dezembro de 2016, isentou essa exigência para a movimentação das contas vinculadas a contrato de trabalho extinto até 31 de dezembro de 2015, segundo cronograma de atendimento estabelecido pela Caixa Econômica Federal;

IX — extinção normal do contrato a termo, inclusive o dos trabalhadores temporários regidos pela Lei n. 6.019, de 3 de janeiro de 1979;

X — suspensão total do trabalho avulso por período igual ou superior a noventa dias, comprovada por declaração do sindicato representativo da categoria profissional;

XI — quando o trabalhador ou qualquer de seus dependentes for acometido de neoplasia maligna;

XII — aplicação em quotas de Fundos Mútuos de Privatização, regidos pela Lei n. 6.385, de 7 de dezembro de 1976, permitida a utilização máxima de cinquenta por cento do saldo existente e disponível em sua conta vinculada do Fundo de Garantia do Tempo de Serviço, na data em que exercer a opção;

XIII — quando o trabalhador ou qualquer de seus dependentes for portador do vírus HIV;

XIV — quando o trabalhador ou qualquer de seus dependentes estiver em estágio terminal, em razão de doença grave, nos termos do regulamento;

XV — quando o trabalhador tiver idade igual ou superior a setenta anos;

XVI — necessidade pessoal, cuja urgência e gravidade decorra de desastre natural, conforme disposto em regulamento, observadas as seguintes condições:

a) o trabalhador deverá ser residente em áreas comprovadamente atingidas de Município ou do Distrito Federal em situação de emergência ou em estado de calamidade pública, formalmente reconhecidos pelo Governo Federal;

b) a solicitação de movimentação da conta vinculada será admitida até noventa dias após a publicação do ato de reconhecimento, pelo Governo Federal, da situação de emergência ou de estado de calamidade pública; e

c) o valor máximo do saque da conta vinculada será definido na forma do regulamento;

XVII — integralização de cotas do FI-FGTS, respeitado o disposto na alínea *i* do inciso XIII do *caput* do art. 5º da Lei n. 8.036/90, permitida a utilização máxima de dez por cento do saldo existente e disponível na data em que exercer a opção;

XVIII — quando o trabalhador com deficiência, por prescrição, necessite adquirir órtese ou prótese para promoção de acessibilidade e de inclusão social;

XIX — pagamento total ou parcial do preço de aquisição de imóveis da União inscritos em regime de ocupação ou aforamento, a que se referem o art. 4º da Lei n. 13.240, de 30 de dezembro de 2015, e o art. 16-A da Lei n. 9.636, de 15 de maio de 1998, respectivamente, observadas as seguintes condições:

a) o mutuário deverá contar com o mínimo de três anos de trabalho sob o regime do FGTS, na mesma empresa ou em empresas diferentes; (Incluído pela Lei n. 13.465, de 2017)

b) seja a operação financiável nas condições vigentes para o Sistema Financeiro da Habitação (SFH) ou ainda por intermédio de parcelamento efetuado pela Secretaria do Patrimônio da União (SPU), mediante a contratação da Caixa Econômica Federal como agente financeiro dos contratos de parcelamento;

c) sejam observadas as demais regras e condições estabelecidas para uso do FGTS. (Incluído pela Lei n. 13.465, de 2017).

XX — anualmente, no mês de aniversário do trabalhador, por meio da aplicação dos valores da tabela constante do Anexo, observado o disposto no art. 20-D; e

XXI — a qualquer tempo, quando seu saldo for inferior a R$ 80,00 (oitenta reais) e não tiverem ocorrido depósitos ou saques por, no mínimo, um ano, exceto na hipótese prevista no inciso I do § 5º do art. 13.

XXII — quando o trabalhador ou qualquer de seus dependentes for, nos termos do regulamento, pessoa com doença rara, consideradas doenças raras aquelas assim reconhecidas pelo Ministério da Saúde, que apresentará, em seu sítio na internet, a relação atualizada dessas doenças (incluído pela Lei n. 13.932, de 2019).

Cabe anotar que, na forma do art. 20-A da Lei n. 8.036/90, "quaisquer créditos relativos à correção dos saldos das contas vinculadas do FGTS serão liquidados **mediante lançamento pelo agente operador na respectiva conta do trabalhador**", e que, nos moldes do § 18 do art. 20 da mesma lei, "é indispensável o **comparecimento pessoal do titular da conta vinculada para o pagamento da retirada** nas hipóteses previstas nos incisos I, II, III, VIII, IX e X", salvo em caso de "grave moléstia comprovada por perícia médica, quando será paga a procurador especialmente constituído para esse fim".

Deixe-se averbado, nesse particular, que o STF julgou constitucional o dispositivo ora citado, que considera imprescindível o comparecimento pessoal do titular da conta vinculada do Fundo de Garantia do Tempo de Serviço (FGTS) para a realização de levantamento de valores. A decisão majoritária foi tomada na sessão plenária do dia 14 de maio de 2018.

Os ministros analisaram conjuntamente as **Ações Diretas de Inconstitucionalidade (ADIs)** 2.382, 2.425 e 2479, ajuizadas, respectivamente, pela Confederação Nacional dos Trabalhadores Metalúrgicos (CNTM), pelo Partido dos Trabalhadores (PT) e pelo Conselho Federal da Ordem dos Advogados do Brasil (OAB). Todas questionavam o art. 5º da Medida Provisória (MP) n. 1.951/2000 — ao final numerada como MP n. 2.197/2001 —, que introduziu o § 18 no art. 20 e também os arts. 29-A e 29-B na Lei n. 8.036/90.

No tocante ao § 18 do art. 20 e ao art. 20-A da Lei n. 8.036/90, a razão jurídica da alegação da inconstitucionalidade residia no fato de terem sido criados por medida provisória (a já citada Medida Provisória n. 2.197-43, de 2001) e na circunstância de a exigência de comparecimento pessoal restringir o direito dos sindicatos e associações de representar seus filiados judicial e extrajudicialmente. No tocante a esta última circunstância, afirmou-se que a alteração foi feita com o "propósito salutar" de evitar fraudes. Quanto ao fato de ter sido veiculada por medida provisória, a maioria dos ministros entendeu que o controle de constitucionalidade há de ser feito à luz da época da edição da norma, e que a vedação à edição de medida provisória em matéria processual somente passou a valer para o período posterior à Emenda Constitucional (EC) n. 32/2001, não envolvido pelas normas questionadas.

16.2.2.10 Indenização compensatória por resilição por iniciativa patronal

Nos termos do § 1º do art. 18 da Lei n. 8.036/90, o empregador deve, nas situações em que promova **dispensa de empregados sem justa causa**, depositar na conta vinculada destes, a importância igual a 40% (quarenta por cento) do montante de todos os depósitos ali promovidos durante a vigência do contrato de trabalho, atualizados monetariamente e acrescidos dos respectivos juros.

Registre-se que essa indenização compensatória, conforme a acertada posição da Orientação Jurisprudencial 42, I, da SDI-1 do TST, é devida *"sobre os saques corrigidos monetariamente ocorridos na vigência do contrato de trabalho".* Com o cuidado de observar que o referido acréscimo de 40% é "indenização compensatória", e não "multa", veja-se:

Orientação Jurisprudencial 42 da SDI-1 do TST. FGTS. MULTA DE 40% (nova redação em decorrência da incorporação das Orientações Jurisprudenciais n. 107 e 254 da SBDI-1, DJ 20.04.2005).

I — É devida a multa do FGTS sobre os saques corrigidos monetariamente ocorridos na vigência do contrato de trabalho. Art. 18, § 1º, da Lei n. 8.036/90 e art. 9º, § 1º, do Decreto n. 99.684/90. (ex-OJ n. 107 da SBDI-1 — inserida em 01.10.97)

II — O cálculo da multa de 40% do FGTS deverá ser feito com base no saldo da conta vinculada na data do efetivo pagamento das verbas rescisórias, desconsiderada a projeção do aviso prévio indenizado, por ausência de previsão legal. (ex-OJ n. 254 da SBDI-1 — inserida em 13.03.02)

Histórico: Redação original: OJ 42 d SDI-1, TST. FGTS. Multa de 40%. Devida inclusive sobre os saques ocorridos na vigência do contrato de trabalho. Art. 18, § 1º, da Lei n. 8.036/90 (inserida em 25-11-1996).

A referida orientação jurisprudencial traz à luz, então, a evidência de que o órgão operador dos depósitos do FGTS deve manter uma projeção da totalidade dos valores depositados na conta vinculada do empregado, ainda que este tenha promovido algum saque.

16.2.2.11 Indenização compensatória em situações de resolução por culpa recíproca e de resolução contratual por força maior

Quando ocorrer a despedida por culpa recíproca (por inexecução faltosa de ambos os contratantes) ou por força maior, reconhecida pela Justiça do Trabalho, o percentual será de vinte por cento.

16.2.2.12 Destino dos depósitos promovidos em favor dos empregados demissionários e dos despedidos com justa causa

Toda vez que o empregado der motivos ao término do contrato, não poderá sacar o montante depositado no FGTS. Isso ocorrerá quando houver pedido de demissão e justa causa para o desligamento deste (art. 482 da CLT).

Acerca do destino dos depósitos é comum perguntar: **para onde vão os valores que foram depositados em favor do empregado demissionário ou daquele trabalhador que praticou falta grave ensejadora da justa causa?** A resposta é simples. Eles continuam depositados no FGTS até que alguma causa geradora de movimentação autorize o saque. Perceba-se que a conta vinculada torna-se inativa se o trabalhador permanecer por três anos ininterruptos fora do regime do FGTS. Nesse caso, o titular da conta estará autorizado a realizar o saque, no ano em que se completem os três anos, a partir do mês de seu aniversário.

Se o trabalhador não providenciar a movimentação e o levantamento dos valores depositados no FGTS, ainda assim não os perderá. É que, nos termos do art. 21 da Lei n. 8.036/90, os saldos das contas que se conservem ininterruptamente sem créditos de depósitos por mais de cinco anos, a partir de 1º de junho de 1990, em razão de seu titular ter estado fora do regime do FGTS, **serão incorporados** ao patrimônio do Fundo, **resguardado o direito de o beneficiário reclamar**, **a qualquer tempo**, **a reposição do valor transferido**. O valor, quando reclamado, será pago ao trabalhador acrescido de atualização monetária com base nos parâmetros da poupança e capitalização de juros de três por cento ao ano.

16.2.2.13 Cobrança de depósitos não realizados no FGTS

Nos termos do art. 25 da Lei n. 8.036/90, "poderá o próprio trabalhador, seus dependentes e sucessores, ou ainda o sindicato a que estiver vinculado, acionar diretamente a empresa por intermédio da Justiça do Trabalho, para compeli-la a efetuar o depósito das importâncias devidas". O prazo prescricional para a cobrança dos depósitos não realizados era, em conformidade com o disposto no § 5º do art. 23 da multicitada Lei n. 8.036/90, de trinta anos.

Diz-se que **o prazo "era" trintenário**, porque o STF, em 13 de novembro de 2014, nos autos do Recurso Extraordinário com Agravo (ARE) 709.212/DF, mudou essa orientação ao declarar, por controle difuso, a inconstitucionalidade do precitado art. 23, § 5º, da Lei n. 8.036/90 e também do art. 55 do Regulamento do FGTS aprovado pelo Decreto n. 99.684/90, na parte em que ressalvam o "privilégio do FGTS à prescrição trintenária", sob o fundamento de violarem o disposto no art. 7º, XXIX, da Carta de 1988. O mencionado ARE 709.212-DF foi relatado pelo Min. Gilmar Mendes, cujo voto sagrou-se vencedor por oito a dois, sendo importante destacar que dissentiram da decisão vencedora os Ministros Teori Zavascki e Rosa Weber.

Cabe anotar que a ora citada decisão do STF contraria a regra constitucional da aplicação da fonte mais favorável ao trabalhador, presente no *caput* do art. 7º da Carta Magna. Está ali escrito que os direitos elencados no referido artigo não excluem outros que visem à melhoria da condição social dos trabalhadores. A Constituição, portanto, oferece o mínimo intangível. Não há máximo. Não há limites para a progressividade social. Não há limites para o incremento da proteção e da melhoria da vida social dos trabalhadores. Ele, aliás, pode vir por meio de qualquer fonte, autônoma ou heterônoma. O prazo prescricional de trinta anos para a cobrança do FGTS era, sem dúvidas, uma fórmula protetiva adicional que somente se outorgava àqueles que estavam com contrato de emprego vigente ou que não tinham deixado transcorrer mais de dois anos depois de findo os seus vínculos contratuais.

É bom deixar registrado que o STF modulou os efeitos de sua decisão. Operar-se-ão efeitos prospectivos (*ex nunc*), levando em conta o princípio da segurança jurídica e a necessidade de resguardar as legítimas expectativas dos trabalhadores brasileiros.

Segundo trecho contido no voto do relator, para aqueles cujo **termo inicial da prescrição ocorra após a data do julgamento (após 13-11-2014)**, deve-se aplicar, desde logo, o prazo de cinco anos. Por outro lado, **para os casos em que o prazo prescricional já esteja em curso na data do julgamento (13-11-2014)**, há de aplicar-se o que ocorrer primeiro: 30 anos, contados do termo inicial, ou 5 anos, a partir desta decisão.

Assim, as situações hão de ser divididas esquematicamente da seguinte forma:

a) para empregados contratados depois de 13-11-2014, a prescrição para o recolhimento do FGTS é quinquenal;

b) para os empregados contratados antes de 13-11-2014, a prescrição somente será trintenária se a pretensão for exercida até 13-11-2019. Aforada a ação até essa data, o demandante poderá pedir todo o recolhimento do FGTS, observados os limites trintenários; se a pretensão for exercida depois de 13-11-2019, não mais se falará em prescrição trintenária, mas apenas quinquenal.

Dessa forma, mantidas estão, apenas com vista a tratar situações pretéritas, as Súmulas 362 e 206, ambas do TST. Veja-se:

Súmula 362 do TST. FGTS. PRESCRIÇÃO (nova redação) — *Res. 198/2015, republicada em razão de erro material — DEJT divulgado em 12, 15 e 16-6-2015*

I — Para os casos em que a ciência da lesão ocorreu a partir de 13-11-2014, é quinquenal a prescrição do direito de reclamar contra o não recolhimento de contribuição para o FGTS, observado o prazo de dois anos após o término do contrato;

II — Para os casos em que o prazo prescricional já estava em curso em 13-11-2014, aplica-se o prazo prescricional que se consumar primeiro: trinta anos, contados do termo inicial, ou cinco anos, a partir de 13-11-2014 (STF-ARE-709212/DF).

Observe-se que, ultrapassado o limite de dois anos após o término do contrato de trabalho, desaparecerá todo e qualquer direito a créditos trabalhistas, inclusive ao do FGTS, por mais vantajosa que seja a prescrição que lhe é aplicável.

Note-se, também, nos moldes da **Súmula 206 do TST**, que "a prescrição da pretensão relativa às parcelas remuneratórias alcança o respectivo recolhimento da contribuição para o FGTS". Nesses termos, o FGTS somente incidirá, **além dos limites dos últimos 5 (cinco) anos e em homenagem à prescrição trintenária**, sobre as verbas incontroversas, vale dizer, aquelas reconhecidamente pagas, sobre as quais não há controvérsia ou discussão de pagamento de diferenças.

16.2.2.14 Expurgos inflacionários (Lei Complementar n. 110/2001)

Depois de muitas decisões egressas de Tribunais Regionais Federais, o Supremo Tribunal Federal, em agosto de 2000, reconheceu o direito adquirido dos trabalhadores à aplicação da atualização monetária sobre os saldos das contas do FGTS suprimidas quando da edição dos Planos Econômicos intitulados Verão e Collor I. Tratava-se de uma atualização monetária resultante da aplicação, cumulativa, dos percentuais de 16,64% e de 44,08% sobre os saldos das contas mantidas, respectivamente, nos períodos de 1º de dezembro de 1988 até 28 de fevereiro de 1989 e durante o mês de abril de 1990. Esse direito, posteriormente, foi reconhecido pela Lei n. Complementar n. 110/2001, no art. 4º. Veja-se:

Art. 4º Fica a Caixa Econômica Federal autorizada a creditar nas contas vinculadas do FGTS, a expensas do próprio Fundo, o complemento de atualização monetária resultante da aplicação, cumulativa, dos percentuais de dezesseis inteiros e sessenta e quatro centésimos por cento e de quarenta e quatro inteiros e oito décimos por cento, sobre os saldos das contas mantidas, respectivamente, no período de 1º de dezembro de 1988 a 28 de fevereiro de 1989 e durante o mês de abril de 1990, desde que:

I — o titular da conta vinculada firme o Termo de Adesão de que trata esta Lei. Complementar[35]*;*

II — até o sexagésimo terceiro mês a partir da data de publicação desta Lei Complementar, estejam em vigor as contribuições sociais de que tratam os arts. 1º e 2º; e

III — a partir do sexagésimo quarto mês da publicação desta Lei Complementar, permaneça em vigor a contribuição social de que trata o art. 1º.

Com o reconhecimento do direito, a Caixa Econômica Federal, gestora do FGTS, foi obrigada, judicialmente ou por força da mencionada lei, a efetuar as atualizações dos saldos. Os trabalhadores desligados antes da certificação (judicial ou legislativa) do ora analisado direito, porém, receberam a indenização de quarenta por cento sobre o saldo do FGTS, cabível nas despedidas imotivadas, sem a aplicação da mencionada atualização. Foi trazida aos Tribunais, então, uma tormentosa questão: *a supracitada certificação judicial ou legislativa restabeleceu em favor dos empregados o direito de postular o acréscimo de quarenta por cento sobre as reconhecidas diferenças?*

O assunto foi pacificado depois de acirrada polêmica. O TST, mediante a Orientação Jurisprudencial 341 da SDI-1, finalizou a questão nos seguintes termos:

Orientação Jurisprudencial 341 da SDI-1 do TST. *FGTS. Multa de 40%. Diferenças Decorrentes dos Expurgos Inflacionários. Responsabilidade pelo Pagamento. É de responsabilidade do empregador o pagamento da diferença da multa de 40% sobre os depósitos do FGTS, decorrente da atualização monetária em face dos expurgos inflacionários.*

Essa tese baseou-se na ideia de que o assunto envolvia uma obrigação pós-contratual de gênese externa. Isso aconteceu porque, pelo princípio da *actio nata*, iniciou-se a contagem do prazo prescricional a partir do instante em que foi certificado (judicialmente ou por força de lei), em favor do empregado, o direito ao recebimento da diferença da acima referida aplicação da atualização monetária sobre os saldos das contas do FGTS. Registra-se, nesse instante, que a existência de obrigações pós-contratuais é plenamente possível, tendo elas o prazo prescricional relacionado a eventos havidos após a extinção do contrato de trabalho, ou seja, dois anos.

Pode-se, então, indagar: dois anos?

Sim. Nos termos do art. 7º, XXIX, da Constituição, somente durante o contrato de emprego vige o prazo prescricional de cinco anos. Leia-se o dispositivo: "Art. 7º São direitos dos trabalhadores urbanos e rurais, além de outros que visem à melhoria de sua condição social: [...] XXIX — ação, quanto aos créditos resultantes das relações de trabalho, com prazo prescricional de cinco anos para os trabalhadores urbanos e rurais, até o limite de dois anos após a extinção do contrato de trabalho". Após o término do contrato de emprego, duas circunstâncias podem ser observadas:

---

[35] Atente-se para o fato de que, sobre o termo de adesão, há súmula vinculante do STF, nos seguintes termos: SÚMULA VINCULANTE N. 1: ofende a garantia constitucional do ato jurídico perfeito a decisão que, **sem ponderar as circunstâncias do caso concreto**, desconsidera a validez e a eficácia de acordo constante de termo de adesão instituído pela Lei Complementar n. 110/2001.

1ª) o contrato termina sem qualquer obrigação pós-contratual: o prazo para ajuizamento de ações relativas a créditos havidos durante o contrato de emprego é de dois anos, contados da data de terminação do vínculo;

2ª) o contrato finda com obrigação pós-contratual por parte do empregador ou esta surge por um fator externo (lei ou decisão judicial): mantidas as considerações anteriormente expendidas para créditos havidos durante o contrato de emprego, entendemos que seria de dois anos o prazo prescricional para a busca de créditos decorrentes da obrigação a ser implementada pós-contrato de emprego (note-se que o escopo teleológico da norma foi estender o prazo prescricional durante o período em que o empregado estivesse submetido ao empregador). Registre-se, apenas a título ilustrativo, que a jurisprudência dominante tem reconhecido situações que envolvem obrigações pós-contratuais, dentre as quais aquela tratada na Súmula 327 do TST[36].

No que diz respeito ao tema ora em exame — *diferenças decorrentes dos expurgos inflacionários* —, outra polêmica foi estabelecida. Qual seria o termo inicial do prazo prescricional para o empregado pleitear em juízo as mencionadas diferenças da indenização de quarenta por cento sobre o FGTS?

A resposta veio mediante a Orientação Jurisprudencial 344 da SDI-1 do TST, nos seguintes moldes:

Orientação Jurisprudencial 344 da SDI-1 do TST. *FGTS. Multa de 40%. Diferenças Decorrentes dos Expurgos Inflacionários. Prescrição. Termo Inicial. O termo inicial do prazo prescricional para o empregado pleitear em juízo diferenças da multa do FGTS, decorrentes dos expurgos inflacionários, deu-se com a vigência da Lei Complementar n. 110, em 30-6-01, salvo comprovado trânsito em julgado de decisão proferida em ação proposta anteriormente na Justiça Federal, que reconheça o direito à atualização do saldo da conta vinculada.*

Perceba-se, segundo a mencionada orientação jurisprudencial, que o início da contagem do prazo prescricional ocorre em uma das duas seguintes situações:

a) se o empregado ajuizou ação **antes** da vigência da Lei Complementar n. 110/2001, o início do prazo prescricional será o dia em que houve o trânsito em julgado da decisão;

b) se o empregado **não ajuizou ação** ou se a ajuizou depois da vigência da citada lei complementar — em 30 de junho de 2001 —, esta será o marco da contagem do prazo prescricional ou, alternativamente (o que for mais vantajoso), a data da despedida do trabalhador.

Anote-se que a jurisprudência passou a admitir o ajuizamento de protesto judicial dentro do biênio posterior à Lei Complementar n. 110/01 para interromper o fluxo da prescrição. Nesse sentido, para que não pairassem dúvidas, foi publicada a Orientação Jurisprudencial 370 da SDI-1 do TST, nos seguintes moldes:

Orientação Jurisprudencial 370 da SDI-1 do TST. *FGTS. MULTA DE 40%. DIFERENÇAS DOS EXPURGOS INFLACIONÁRIOS. PRESCRIÇÃO. INTERRUPÇÃO DECORRENTE DE PROTESTOS JUDICIAIS. O ajuizamento de protesto judicial dentro do biênio posterior à Lei Complementar n. 110, de 29-6-2001, interrompe a prescrição, sendo irrelevante o transcurso de mais de dois anos da propositura de outra medida acautelatória, com o mesmo objetivo, ocorrida*

---

36 **Súmula 327 do TST.** COMPLEMENTAÇÃO DE APOSENTADORIA. DIFERENÇAS. PRESCRIÇÃO PARCIAL. A pretensão a diferenças de complementação de aposentadoria sujeita-se à prescrição parcial e quinquenal, salvo se o pretenso direito decorrer de verbas não recebidas no curso da relação de emprego e já alcançadas pela prescrição, à época da propositura da ação.

antes da vigência da referida lei, pois ainda não iniciado o prazo prescricional, conforme disposto na Orientação Jurisprudencial n. 344 da SBDI-1.

16.2.2.15 Não cabimento de medida liminar ou de tutela antecipada para saque ou movimentação da conta vinculada do trabalhador no FGTS

O art. 29-B da Lei n. 8.036/90, ali incluído pela Medida Provisória n. 2.197-43, de 2001, prevê que "não será cabível medida liminar em mandado de segurança, no procedimento cautelar ou em quaisquer outras ações de natureza cautelar ou preventiva, nem a tutela antecipada prevista nos arts. 273 e 461 do Código de Processo Civil que impliquem saque ou movimentação da conta vinculada do trabalhador no FGTS".

Durante anos esse dispositivo foi questionado no cotidiano forense sob o fundamento de que medidas provisórias não poderiam legislar em matéria processual e, especialmente, porque a cláusula prevista no inciso XXXV do art. 5º da Constituição Federal (segundo a qual a lei não poderá excluir da apreciação do Poder Judiciário nenhuma lesão ou ameaça a direito) é abrangente e insuscetível de restrição.

O assunto chegou ao STF, como se disse em tópico anterior, mediante as Ações Diretas de Inconstitucionalidade (ADIs) 2.382, 2.425 e 2.479, ajuizadas, respectivamente, pela Confederação Nacional dos Trabalhadores Metalúrgicos (CNTM), pelo Partido dos Trabalhadores (PT) e pelo Conselho Federal da Ordem dos Advogados do Brasil (OAB). Todas questionavam o art. 5º da Medida Provisória (MP) n. 1.951/2000 — atual MP n. 2.197/2001 —, que introduziu, entre outros dispositivos, o art. 29-B na Lei n. 8.036/90. Apesar de algumas divergências em relação à inafastabilidade do Judiciário no tocante ao disposto no mencionado art. 29-B, a maioria do Plenário acompanhou o voto do Ministro Edson Fachin e decidiu pela improcedência das ADI's e pela constitucionalidade dos dispositivos, inclusive daquele que veda medida liminar ou tutela antecipada que implique saque ou movimentação da conta vinculada do trabalhador no FGTS.

16.2.2.16 O saque-aniversário

Em 24 de julho de 2019, mediante a Medida Provisória n. 889, ora convertida em Lei n. 13.932, de 11 de dezembro de 2019, foi criada uma nova sistemática de movimentação das contas do FGTS, que foi intitulada "saque-aniversário" ou, para alguns, "saque anual". Essa nova forma de movimentar a conta do FGTS revelou-se **alternativa** à sistemática atual, que a própria Lei designou como "saque-rescisão".

Dessa forma, se o trabalhador quiser continuar tendo a prerrogativa de sacar todo o saldo quando despedido, basta manter-se na sistemática atual. Caso o trabalhador deseje ingressar na sistemática do saque-aniversário, deverá fazê-lo mediante adesão que atingirá todas as contas — ativas ou inativas — do mesmo titular. **As sistemáticas, portanto, não são cumulativas**, tampouco é possível que o trabalhador adira a uma sistemática em uma conta e a sistemática diversa em outra conta de sua titularidade. A **uniformidade da sistemática** é uma exigência normativa.

O trabalhador que optar pelo saque-aniversário, em lugar do conhecido saque do saldo existente quando do despedimento, terá acesso, a partir de 2020, desde o mês de cada aniversário até o segundo mês subsequente, a uma proporção do total de valores que possuir no FGTS. Essa proporção será tanto maior quanto menor o saldo total de suas contas, conforme tabela que mais adiante se apresentará. Os beneficiados com maior percentual de acesso aos próprios recursos, portanto, serão, de modo geral, os trabalhadores de menor renda e com menor saldo.

A exposição de motivos da referida Medida Provisória n. 889, de 2019, ora convertida em Lei, oferecia um exemplo prático: um trabalhador com saldo total de R$ 400 poderá sacar, a partir do mês de aniversário, o equivalente a R$ 200, uma movimentação de 50% do saldo total; já um trabalhador que tenha saldo total de R$ 40 mil, terá disponíveis, no aniversário, R$ 4.900; um valor maior em termos absolutos, mas proporcionalmente menor em relação ao saldo.

No ano seguinte, além do valor remanescente no último saque-aniversário, será agregado ao saldo a soma dos depósitos efetuados desde então. Por essa razão, o governo sustentou que não haverá comprometimento de recursos do FGTS para financiamento de habitação e de outras políticas urbanas, mesmo porque, paralelamente a essa "sangria", haverá um acirramento das regras que impõem a realização pelos empregadores dos depósitos no FGTS.

Nunca será demasiada a lembrança de que a norma ora vigente previu que "competirá à Secretaria Especial de Previdência e Trabalho do Ministério da Economia[37] a verificação do cumprimento do disposto [na] Lei, especialmente quanto à apuração dos débitos e das infrações praticadas pelos empregadores ou tomadores de serviço, que os notificará para efetuarem e comprovarem os depósitos correspondentes e cumprirem as demais determinações legais".

Pior do que isso, especialmente para quem faz acordos na Justiça do Trabalho com a intenção de ali indenizar o FGTS não depositado, há expressa previsão no sentido de que **"considera-se não quitado o FGTS pago diretamente ao trabalhador, vedada a sua conversão em indenização compensatória"** (*vide* art. 26-A da Lei n. 8.036/90).

Outro aspecto importante a considerar sobre o saque-aniversário é que ele não suprime a possibilidade de saques para aquisição e financiamento de habitação, tampouco aqueles baseados na ocorrência de doenças graves, em desastres naturais ou em aposentadoria. As possibilidades de retirada suprimidas pela sistemática "saque-aniversário" envolvem somente as dissoluções de contratos de trabalho.

É bom dizer que o governo foi bem claro no sentido de que a criação do saque-aniversário tinha, em verdade, os objetivos de acelerar a recuperação da economia e de estimular o consumo e a atividade econômica. Isso ocorreria, segundo a visão governamental, porque estaria sendo aberta a possibilidade aos trabalhadores de um saque especial, fora das hipóteses de saque ordinárias, de até R$ 500 por conta a partir de setembro de 2019, com a previsão de benefício em favor de 96 (noventa e seis) milhões de trabalhadores e de injeção de até R$ 40 bilhões adicionais na economia no período de setembro de 2019 a março de 2020.

Vejam-se alguns detalhes dessa novidade normativa:

a) Saque imediato

Independentemente da adesão ou não à nova sistemática, cuja análise será feita nos tópicos seguintes, o governo autorizou, com o objetivo claro de produzir injeção de recursos financeiros na economia, o saque do FGTS de até R$ 500,00 (quinhentos reais) por conta, ativa ou inativa, que ficará disponível até 31 de março de 2020, sob pena de o valor voltar a ser absorvido pelo Fundo. É bom dizer que esse saque imediato independe de adesão, sendo devido a qualquer trabalhador que tenha conta no FGTS e saldo disponível.

---

[37] Ora Ministério do Trabalho e Previdência.

b) Adesão ao saque-aniversário

O titular de contas vinculadas do FGTS estará sujeito originalmente à sistemática de saque-rescisão, mas poderá optar por alterá-la para o saque-aniversário, a qualquer tempo e com efeitos imediatos em primeira solicitação.

Se, entretanto, o trabalhador quiser deixar a sistemática do saque-aniversário e, consequentemente, voltar à do saque-rescisão, poderá ver a sua solicitação efetivada no primeiro dia do vigésimo quinto mês subsequente, ou seja, depois de dois anos e um mês.

Uma vez aderente da sistemática do saque-aniversário, o trabalhador terá o direito de sacar, uma vez ao ano, por ocasião do seu aniversário, determinado montante dos valores depositados nas suas contas do FGTS. Se assim agir, terá como certa e previsível a ocasião do saque-aniversário, mas não poderá valer-se do saque-rescisão se vier a ser despedido, salvo, como antedito, o montante correspondente a indenização de 40% devida pelo empregador.

A partir de 2021 o saque-aniversário passou a ocorrer, como o próprio nome do instituto sugere, no mês do aniversário do trabalhador, podendo ser realizado desde o primeiro dia do mês do aniversário até o último dia útil dos 2 meses seguintes.

Se o trabalhador não realizar o saque, somente poderá fazê-lo no mês do aniversário do ano seguinte, sujeito às limitações de valor segundo a tabela considerada no tópico seguinte.

c) O valor do saque-aniversário

Na sistemática de saque-aniversário, o valor do saque será determinado (I) pela aplicação, à soma de todos os saldos das contas vinculadas do titular, apurados na data do débito, da alíquota correspondente, estabelecida na tabela a seguir expendida; e (II) pelo acréscimo da parcela adicional correspondente, estabelecida igualmente na precitada tabela.

Na hipótese de o titular possuir mais de uma conta vinculada, o saque será feito na seguinte ordem: (I) contas vinculadas relativas a contratos de trabalho extintos, iniciado pela conta que tiver o menor saldo; e (II) demais contas vinculadas, iniciado pela conta que tiver o menor saldo.

De todo modo, na hipótese de despedida sem justa causa, o trabalhador que vier a optar pela sistemática do saque-aniversário **também terá direito** a sacar a indenização de 40% que vier a ser depositada pelo empregador.

Como uma válvula de segurança diante de reveses que podem ser gerados pela sistemática do "saque-aniversário", o Poder Executivo federal, respeitada a alíquota mínima de 5% (cinco por cento), reservou-se o direito de alterar, até o dia 30 de junho de cada ano, os valores das faixas, das alíquotas e das parcelas adicionais para vigência no primeiro dia do ano subsequente.

Veja-se a tabela ora vigente:

LIMITE DAS FAIXAS DE SALDO (EM R$)		ALÍQUOTA	PARCELA ADICIONAL (EM R$)
de 00,01	até 500,00	50%	—
de 500,01	até 1.000,00	40%	50,00
de 1.000,01	até 5.000,00	30%	150,00
de 5.000,01	até 10.000,00	20%	650,00
de 10.000,01	até 15.000,00	15%	1.150,00
de 15.000,01	até 20.000,00	10%	1.900,00
acima de 20.000,00	—	5%	2.900,00

d) Os saques e a dimensão da indenização de 40% sobre o FGTS

O trabalhador que optar pelo saque-aniversário, em lugar do conhecido saque do saldo existente quando do despedimento, terá acesso, a partir de 2020, desde o mês de cada aniversário até o segundo mês subsequente, a uma proporção do total de valores que possuir no FGTS sem ser prejudicado, de modo nenhum, no que diz respeito à dimensão de uma futura indenização de 40% devida pelo empregador no momento de uma eventual resilição patronal. Registre-se que essa indenização compensatória de 40% (ou de 20% em casos de distrato), conforme a acertada posição da Orientação Jurisprudencial 42, I, da SDI-1 do TST, é devida "**sobre os saques corrigidos monetariamente ocorridos na vigência do contrato de trabalho**".

16.2.2.17 Ônus de provar a regularidade do recolhimento do FGTS

Outro detalhe importante a considerar diz respeito a quem cabe o **ônus de provar a regularidade do recolhimento do FGTS**.

Depois de algumas discussões sobre o assunto, que levaram em conta o fato de o trabalhador ter acesso aos seus próprios extratos de depósito e do presumido dever deste de saber a dimensão da diferença que eventualmente pleiteasse em juízo, foi cancelada em 2011 a **OJ 301 da SDI-1**[38], o que se revelou positivo em nome das postulações responsáveis.

Alguns anos depois, em junho de 2016, o TST retomou a posição jurisprudencial adotada até 2011 e publicou a **Súmula 461**, afirmando ser "do empregador o ônus da prova em relação à regularidade dos depósitos do FGTS", sob o fundamento de que "o pagamento é fato extintivo do direito do autor (art. 373, II, do CPC de 2015)"[39].

16.2.2.18 Pagamento do FGTS diretamente ao trabalhador

O pagamento do FGTS diretamente ao trabalhador teve as suas origens na redação original do art. 18 da Lei n. 8.036/90. Constava dali previsão no sentido de que, ocorrendo rescisão do contrato de trabalho, por parte do empregador, **ficava este obrigado a "pagar diretamente ao empregado" os valores relativos aos depósitos referentes ao mês da rescisão e ao imediatamente anterior que ainda não houvesse sido recolhido**, sem prejuízo das cominações legais. Essa redação foi, porém, modificada pela Lei n. 9.491/97, segundo a qual:

> *Art. 18. Ocorrendo rescisão do contrato de trabalho, por parte do empregador, ficará este obrigado a depositar na conta vinculada do trabalhador no FGTS os valores relativos aos depósitos referentes ao mês da rescisão e ao imediatamente anterior, que ainda não houver sido recolhido, sem prejuízo das cominações legais. (Redação dada pela Lei n. 9.491/97).*

---

38 **Orientação Jurisprudencial 301 da SDI-1 do TST**. FGTS. DIFERENÇAS. ÔNUS DA PROVA. LEI N. 8.036/90, ART. 17 (**cancelada**) — Res. 175/2011, *DEJT* divulgado em 27, 30 e 31-5-2011. Definido pelo reclamante o período no qual não houve depósito do FGTS, ou houve em valor inferior, alegada pela reclamada a inexistência de diferença nos recolhimentos de FGTS, atrai para si o ônus da prova, incumbindo-lhe, portanto, apresentar as guias respectivas, a fim de demonstrar o fato extintivo do direito do autor (art. 818 da CLT c/c art. 333, II, do CPC).

Histórico: Redação original — *DJ* **11-8-2003**

39 Súmula 461 do TST. FGTS. DIFERENÇAS. RECOLHIMENTO. ÔNUS DA PROVA — Res. 209/2016, *DEJT* divulgado em 1º, 2 e 3-6-2016. É do empregador o ônus da prova em relação à regularidade dos depósitos do FGTS, pois o pagamento é fato extintivo do direito do autor (art. 373, II, do CPC de 2015).

Perceba-se que, a partir de então, desapareceu a referência quanto à possibilidade de o empregador "pagar diretamente ao empregado" no âmbito extrajudicial. Em substituição, então, passou a haver registro no sentido de que o empregador passaria a estar "obrigado a depositar na conta vinculada do trabalhador no FGTS os valores relativos aos depósitos referentes ao mês da rescisão e ao imediatamente anterior, que ainda não houver sido recolhido".

E no âmbito judicial?

Desde a publicação originária da Lei n. 8.036/90, havia previsão no sentido de que o juiz deveria determinar que a **empresa sucumbente procedesse ao RECOLHIMENTO imediato das importâncias devidas** a tal título. O parágrafo único do art. 26 da referida Lei é bem claro nesse sentido. Veja-se:

> Art. 26. [...] Parágrafo único. *Nas reclamatórias trabalhistas que objetivam o ressarcimento de parcelas relativas ao FGTS, ou que, direta ou indiretamente, impliquem essa obrigação de fazer, **o juiz determinará que a empresa sucumbente proceda ao recolhimento imediato das importâncias devidas** a tal título.*

A despeito disso, continuavam a ser vistos, em acordos extrajudiciais e judiciais, ajustes por meio dos quais o empregador quitava, mediante pagamento feito diretamente ao trabalhador, o FGTS, jamais recolhido, e a correspondente indenização de 40% sobre o montante que deveria estar depositado. A cultura do "pagamento diretamente ao trabalhador" revelou-se claramente como um verdadeiro costume *contra legem*.

Veja-se decisão judiciária nesse sentido:

> *PROCESSUAL CIVIL. TRIBUTÁRIO. EXECUÇÃO FISCAL. FGTS. PAGAMENTO DIRETO AO EMPREGADO. LEGITIMIDADE DA COBRANÇA PELA CAIXA ECONÔMICA FEDERAL. (...) II — A jurisprudência do Superior Tribunal de Justiça se encontra pacificada no sentido de que os pagamentos em reclamação trabalhista a título de FGTS, diretamente aos trabalhadores, caracterizam transação extrajudicial eivada de nulidade, devendo o empregador depositar todas as parcelas devidas do FGTS em conta vinculada, em conformidade com a previsão contida no art. 18 da Lei n. 8.036/1990, com a redação da Lei n. 9.491/1997. Nesse sentido: REsp n. 1.664.000/RS, Rel. Ministro Herman Benjamin, Segunda Turma, julgado em 9/5/2017, DJe 17/5/2017; AgRg nos EDcl no REsp n. 1.364.697/CE, Rel. Ministro Og Fernandes, Segunda Turma, julgado em 14/4/2015, DJe 4/5/2015 e AgRg nos EDcl no REsp n. 1.493.854/SC, Rel. Ministro Mauro Campbell Marques, Segunda Turma, julgado em 24/2/2015, DJe 2/3/2015. (...) (AgInt no REsp 1657278/RS, Rel. Ministro FRANCISCO FALCÃO, SEGUNDA TURMA, julgado em 04/12/2018, DJe 11/12/2018)*

> *TRIBUTÁRIO. FGTS. PAGAMENTO REALIZADO EM SEDE DE RECLAMATÓRIA TRABALHISTA. O STJ firmou entendimento no sentido de que, **com a alteração procedida pela Lei 9.491/1997, nada mais poderia ser pago diretamente ao empregado, devendo o empregador depositar todas as parcelas devidas do FGTS por força de reclamação trabalhista, na conta vinculada.** Precedentes: AgRg no REsp 1.551.718/SC, Rel. Min. Assusete Magalhães, Segunda Turma, DJe 17.3.2016; AgRg nos EDcl no REsp 1.493.854/SC, Rel. Min. Mauro Campbell Marques, Segunda Turma, DJe 2.3.2015. (TRF4, AC 5000215-49.2018.4.04.7100, SEGUNDA TURMA, Relator SEBASTIÃO OGÊ MUNIZ, juntado aos autos em 26/06/2019).*

Com o objetivo de salientar essa ilegalidade da conduta, a Lei n. 13.932/2019, a partir de 12-12-2019, inseriu o art. 26-A no corpo da Lei do FGTS (Lei n. 8.036/90), para expressamente prever o seguinte:

*Art. 26-A. Para fins de apuração e lançamento, **considera-se não quitado o valor relativo ao FGTS pago diretamente ao trabalhador**, vedada a sua conversão em indenização compensatória. (Incluído pela Lei n. 13.932, de 2019)*

Não adiantou tanto. Na prática, os acordos extrajudiciais e judiciais continuaram a ser feitos mediante o pagamento diretamente feito ao trabalhador. A despeito de a norma ter a intenção de dar aos depósitos do FGTS todas as suas múltiplas finalidades — inclusive a de servir de arrimo financeiro para a política nacional de desenvolvimento urbano e para as políticas setoriais de habitação popular, saneamento básico e infraestrutura urbana estabelecidas pelo Governo Federal (*vide* art. 5º, I, da Lei n. 8.036/90) —, não há como negar o direito de o empregador ver abatidos os valores eventualmente pagos diretamente ao trabalhador, sob pena de violação do princípio do não locupletamento sem causa. Pode-se falar até mesmo em penalidades administrativas, mas jamais se poderá argumentar que o empregador que pagou mal haver de pagar duas vezes para o mesmo credor.

16.2.2.19 Suspensão de exigibilidade dos recolhimentos em estado de calamidade pública

Diante da indispensabilidade de uma norma que dispusesse sobre a adoção, por empregados e empregadores, de medidas trabalhistas alternativas e sobre o Programa Emergencial de Manutenção do Emprego e da Renda, para enfrentamento das consequências sociais e econômicas de **qualquer outro estado de calamidade pública** em âmbito nacional ou em âmbito estadual, distrital ou municipal, o Poder Executivo, aproveitando a experiência vivida por ocasião da edição das Medidas Provisórias n. 927, de 2020, e 1.046, de 2021, publicou a Medida Provisória n. 1.109, de 25 de março de 2022.

O objetivo era justamente o de criar um microssistema normativo que permanentemente disciplinasse as situações calamitosas e, assim, preservasse o emprego e a renda; garantisse a continuidade das atividades laborais, empresariais e das organizações da sociedade civil sem fins lucrativos; e reduzisse o impacto social decorrente das consequências de estado de calamidade pública em âmbito nacional ou em âmbito estadual, distrital ou municipal reconhecido pelo Poder Executivo federal.

A Medida Provisória n. 1.109, de 2022, foi, enfim, convertida na Lei n. 14.437, de 15 de agosto de 2022, que ofereceu, em caráter permanente, um conjunto de medidas emergenciais aplicáveis exclusivamente nas áreas específicas dos entes federativos atingidos por estado de calamidade pública.

Entre as soluções previstas na referida Lei está, por ato do Ministério do Trabalho e Previdência, a possibilidade de suspensão da exigibilidade dos recolhimentos do FGTS de até 4 (quatro) competências, relativos aos estabelecimentos dos empregadores situados em Municípios alcançados por estado de calamidade pública reconhecido pelo Poder Executivo federal. Os empregadores, desse modo, poderão, caso o ato de suspensão de exigibilidade seja publicado, fazer uso dessa prerrogativa, independentemente do número de empregados; do regime de tributação; da natureza jurídica; do ramo de atividade econômica; e da adesão prévia. Isso tem regulação entre os arts. 17 e 23 da citada Lei n. 14.437, de 2022.

O depósito das competências suspensas poderá ser realizado de forma parcelada, em até 6 (seis) parcelas, sem a incidência da atualização, da multa e dos encargos previstos no art. 22 da Lei n. 8.036, de 11 de maio de 1990.

Na hipótese de rescisão do contrato de trabalho que autorize o saque do FGTS, a suspensão prevista no art. 17 estará resolvida em relação ao empregado desligado, e ficará o empregador obrigado ao recolhimento dos valores de FGTS cuja exigibilidade tenha sido suspensa, sem incidência da multa e dos encargos devidos na forma do art. 22 da Lei n. 8.036, de 11 de maio de 1990, desde que seja efetuado no prazo legal; e ao depósito dos valores previstos no art. 18 da Lei n. 8.036, de 11 de maio de 1990.

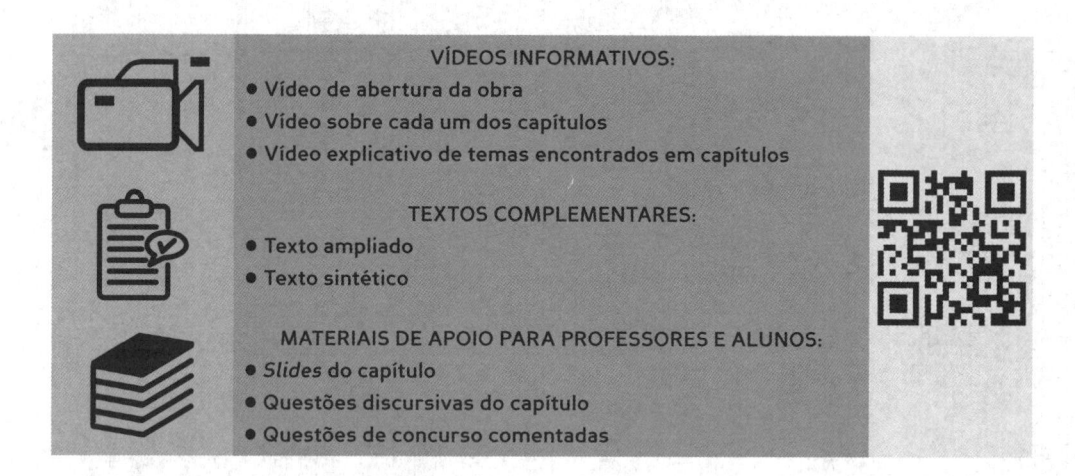

VÍDEOS INFORMATIVOS:
- Vídeo de abertura da obra
- Vídeo sobre cada um dos capítulos
- Vídeo explicativo de temas encontrados em capítulos

TEXTOS COMPLEMENTARES:
- Texto ampliado
- Texto sintético

MATERIAIS DE APOIO PARA PROFESSORES E ALUNOS:
- *Slides* do capítulo
- Questões discursivas do capítulo
- Questões de concurso comentadas

17

PROTEÇÃO AO TRABALHO FEMININO, INFANTOJUVENIL, DAS PESSOAS COM DEFICIÊNCIA E DAS PESSOAS TRANSGÊNERO

https://somos.in/CTD14

17.1 O TRABALHO DA MULHER E AS SUAS PECULIARIDADES

No âmbito da problemática decorrente de uma longa história de supostas prevalências e prerrogativas masculinas, o constituinte brasileiro deixou claro, no art. 3º, IV, da Carta Magna de 1988, que entre seus objetivos, estava o de promover o bem de todos, sem preconceitos e sem discriminações. Como se não bastasse tal compromisso, os representantes do povo brasileiro, em seu texto fundamental, garantiram também, no primeiro dos incisos do art. 5º, que homens e mulheres seriam iguais em direitos e obrigações. Entretanto, ressalvou-se que isso seria praticado, *nos termos da Constituição*[1]. A ressalva, claramente indicativa do reconhecimento de uma igualdade mitigada, deixou confessado que, em nome do paralelismo essencial entre homens e mulheres, não se poderia deixar de admitir diferenças biológicas evidentes. Enfim, apesar de juridicamente iguais, homens e mulheres são fisiológica e psicologicamente dessemelhantes, sendo essa uma constatação inelutável. Por serem apenas formalmente iguais, homens e mulheres, *nos estritos termos da Constituição*, podem ser tratados de modo desigual, sem que isso implique, segundo a vontade do constituinte originário, uma violência à isonomia, mas sim um tratamento desigual com o foco corretivo da desigualdade[2].

Para verificar o quanto ora exposto, basta perceber que, nos termos da própria Constituição de 1988, as mulheres conseguem obter a aposentadoria espontânea com idade menor do que a exigida para os homens e com tempo de contribuição reduzido em relação a estes[3], o mesmo ocorrendo em relação ao serviço militar obrigatório em tempo de paz, do qual as mulheres estão isentas[4]. Essas evidências demonstram que, apesar da proclamada igualdade de gênero, existem claras diferenças estruturais entre homens e mulheres, notadamente no que diz respeito à gestação, função biológica unicamente a elas concebida. A proteção do mercado

---

[1] Art. 5º Todos são iguais perante a lei, sem distinção de qualquer natureza, garantindo-se aos brasileiros e aos estrangeiros residentes no País a inviolabilidade do direito à vida, à liberdade, à igualdade, à segurança e à propriedade, nos termos seguintes:

I — homens e mulheres são iguais em direitos e obrigações, nos termos desta Constituição;

[2] Sobre o trabalho feminino, consulte-se a magistral obra de Alice Monteiro de Barros: *A mulher e o direito do trabalho*. São Paulo: LTr, 1995.

[3] Veja-se, no texto constitucional de 1988, o art. 40, III, *a e b* (sobre a aposentadoria espontânea no serviço público), e o art. 201, § 7º, I e II (sobre a aposentadoria espontânea no serviço privado).

[4] Ver o § 2º do art. 143 do texto constitucional.

de trabalho da mulher passou, então, a ser uma preocupação justificável, tendo o legislador incluído esse objeto como direito mínimo previsto no art. 7º, XX, da Constituição de 1988[5].

As disparidades que extremam homens e mulheres garantem a estas algumas proteções, que, entretanto, por ato reflexo, podem ensejar discriminação de gênero[6]. Cônscios disso, os legisladores constitucional e infraconstitucional atuam em esferas protetivas que não apenas abarcam o curso laboral, mas também o instante pré-contratual.

As violações podem ocorrer antes de iniciado o contrato de emprego como tentativa obstativa de aquisição, ou depois de iniciado o vínculo, durante o decurso dele. Nesse sentido, são oferecidas reflexões sobre a proteção nos âmbitos pré-contratual e contratual. Vejam-se:

17.1.1 Âmbito de proteção pré-contratual

A proteção pré-contratual ao trabalho feminino envolve a problemática do oferecimento de iguais oportunidades de acesso ao emprego. Nessa ordem de ideias, a Lei n. 9.029/95 proibiu, no art. 1º, a adoção de qualquer prática discriminatória e limitativa para efeito de acesso à relação de emprego, ou para sua manutenção, "por motivo de sexo, origem, raça, cor, estado civil, situação familiar, deficiência, reabilitação profissional, idade, entre outros".

Entre as proteções outorgadas ao trabalho feminino **no plano pré-contratual**, ou seja, **antes de iniciado o contrato de emprego**, podem ser destacadas as seguintes:

a) *Criminalização da exigência de teste, exame, perícia, laudo, atestado, declaração ou qualquer outro procedimento relativo à esterilização ou a estado de gravidez (art. 2º, I, da Lei n. 9.029/95).* Essa proteção está contida também no art. 373-A, IV, da CLT. Note-se que o mencionado dispositivo veda apenas a exigência do exame diante das situações que dizem respeito ao acesso ou à permanência no emprego. Nada obstaculiza, portanto, o exame para constatação de óbices ao desligamento, desde que a empregada admita, aceite sua realização. A providência, aliás, preveniria litígios e funcionaria como uma fórmula que permitiria a manutenção da trabalhadora no emprego, sem futuras alegações de que ela desconhecia seu estado gravídico ou de que ela propositalmente esperou passar o período estabilitário para, em abuso de direito, pedir apenas a indenização.

b) *Vedação ao comportamento de **publicar ou fazer publicar anúncio de emprego** no qual haja referência ao sexo, à idade, à cor ou situação familiar, salvo quando a natureza da atividade a ser exercida, pública e notoriamente, assim o exigir (art. 373-A, I, da CLT).* A título de exemplo, observe-se a situação dos mineiros que trabalham em frentes de produção, vale dizer, no espaço subterrâneo das minas. Como essa atividade é imensamente insalubre e violentadora do estado fisiológico das mulheres, é admissível que um anúncio de emprego para tal ocupação restrinja-se aos trabalhadores do sexo masculino, mesmo porque há lei que, a despeito da discutível constitucionalidade em face do direito fundamental ao trabalho, a reserva unicamente para eles[7]. O mesmo se pode dizer dos estivadores ou dos carregadores em geral.

---

5   Art. 7º São direitos dos trabalhadores urbanos e rurais, além de outros que visem à melhoria de sua condição social: [...] XX — proteção do mercado de trabalho da mulher, mediante incentivos específicos, nos termos da lei;

6   Entende-se por discriminação de gênero, nos termos da Convenção sobre a Eliminação de todas as Formas de Discriminação contra a Mulher, adotada pela Assembleia Geral da ONU em 18 de dezembro de 1979 e ratificada totalmente no Brasil pelo Decreto n. 4.377, de 13 de setembro de 2002, "toda a distinção, exclusão ou restrição baseada no sexo e que tenha por objeto ou resultado prejudicar ou anular o reconhecimento, gozo ou exercício pela mulher, independentemente de seu estado civil, com base na igualdade do homem e da mulher, dos direitos humanos e liberdades fundamentais nos campos político, econômico, social, cultural e civil ou em qualquer outro campo".

7   Ver o art. 301 da CLT: Art. 301. O trabalho no subsolo somente será permitido a homens, com idade compreendida entre vinte e um e cinquenta anos, assegurada a transferência para a superfície nos termos previstos no artigo anterior.

c) *Vedação ao comportamento de **recusar emprego**, promoção ou motivar a dispensa do trabalho em razão de sexo, idade, cor, situação familiar ou estado de gravidez, salvo quando a natureza da atividade seja notória e publicamente incompatível (art. 373-A, II, da CLT).*

d) *Vedação ao comportamento de considerar o sexo, a idade, a cor ou situação familiar como variável **determinante para fins de remuneração**, formação profissional e oportunidades de ascensão profissional (art. 373-A, III, da CLT).*

e) *Vedação ao comportamento de **impedir o acesso ou adotar critérios subjetivos para deferimento de inscrição ou aprovação em concursos, em empresas privadas**, em razão de sexo, idade, cor, situação familiar ou estado de gravidez (art. 373-A, V, da CLT).*

A atuação patronal contrária a essas vedações implicará a nulidade do ato infringente, a produção dos efeitos que se pretendeu obstar e, se for o caso, a apuração de perdas e danos materiais e imateriais. Destaque-se, ainda, que, nos termos dos arts. 390-B e 390-E da CLT, são estabelecidas condutas tendentes a garantir igualdade de oportunidades no campo da formação profissional a homens e a mulheres[8].

17.1.2 Âmbito de proteção contratual

Os mecanismos de proteção ao trabalho feminino continuam visíveis **depois de iniciado o contrato de emprego**. Observe-se que, nos termos do art. 377 da CLT, "a adoção de medidas de proteção ao trabalho das mulheres é considerada de **ordem pública**". Por essa qualidade, as medidas que serão aqui analisadas são insuscetíveis de negociação individual ou coletiva tendente a atenuá-las ou a modificar seus contornos previstos em lei.

Estas proteções serão organizadas nos próximos itens considerando as situações que envolvem os seguintes campos:

- métodos e locais de trabalho;
- períodos diferenciados de descanso;
- limite de uso da força muscular;
- vedações às revistas íntimas; e
- amparo à maternidade e à situação de amamentação.

Observem-se:

17.1.2.1 Métodos e locais de trabalho

Segundo o art. 389 da CLT, toda empresa é obrigada a um conjunto de comportamentos que visam à garantia de oferecimento de um meio ambiente de trabalho funcionalmente disposto a oferecer segurança e conforto às trabalhadoras. Destaque-se, entretanto, que algumas das exigências legais, **a depender da natureza do trabalho**, são escusáveis, a critério da autoridade competente em matéria de medicina e de segurança do trabalho. Observe-se, por exemplo, a impossibilidade de exigir a disposição de cadeiras ou de bancos para mulheres que realizam atividades predominantemente em rondas (caso aplicável às seguranças patrimoniais dos shoppings) ou de pé (situação das cabeleireiras e esteticistas em salões de

---

[8] Vejam-se: Art. 390-B. As vagas dos cursos de formação de mão de obra, ministrados por instituições governamentais, pelos próprios empregadores ou por qualquer órgão de ensino profissionalizante, serão oferecidas aos empregados de ambos os sexos. Art. 390-E. A pessoa jurídica poderá associar-se a entidade de formação profissional, sociedades civis, sociedades cooperativas, órgãos e entidades públicas ou entidades sindicais, bem como firmar convênios para o desenvolvimento de ações conjuntas, visando à execução de projetos relativos ao incentivo ao trabalho da mulher.

beleza). Assim, ressalvadas as peculiaridades de cada atividade, **as empresas são, em regra, obrigadas**, nos termos do supracitado art. 389 da CLT, a:

I — prover os estabelecimentos de medidas concernentes à higienização dos métodos e locais de trabalho, tais como ventilação e iluminação e outros que se fizerem necessários à segurança e ao conforto das mulheres, a critério da autoridade competente;

II — instalar bebedouros, lavatórios, aparelhos sanitários; dispor de cadeiras ou bancos, em número suficiente, que permitam às mulheres trabalhar sem grande esgotamento físico;

III — instalar vestiários com armários individuais privativos das mulheres, **exceto os estabelecimentos comerciais, escritórios, bancos e atividades afins**, em que não seja exigida a troca de roupa, e outros, a critério da autoridade competente em matéria de segurança e medicina do trabalho, admitindo-se como suficientes as gavetas ou escaninhos, onde elas possam guardar seus pertences;

IV — fornecer, gratuitamente, a juízo da autoridade competente, os recursos de proteção individual, tais como óculos, máscaras, luvas e roupas especiais, para a defesa dos olhos, do aparelho respiratório e da pele, de acordo com a natureza do trabalho.

17.1.2.2 Períodos diferenciados de descanso

Por conta das particularidades de vida das mulheres, não raramente se vê menção ao direito de elas fruírem períodos diferenciados de descanso. Esse tratamento é lastreado em justificativas de caráter normalmente fisiológico. A própria lei brasileira já ofereceu essa vantagem no art. 384 da CLT, ora revogado, mas nada impede que outras fontes dessa natureza possam ser revigoradas ou adicionadas.

Assim, permanecem no mundo das possibilidades jurídicas a criação e a aplicação dos chamados "períodos diferenciados de descanso", seja pela criação de intervalos intrajornada, seja pelo engenho de abonos de falta. Nada impede que, para além da atuação normativa, o próprio empregador, por força da autonomia individual, ou os entes coletivos, por conta da autonomia coletiva, criem dispositivos em torno do tema aqui em exame.

17.1.2.2.1 O intervalo intrajornada previsto no art. 384 da CLT

Nos termos do art. 384 da CLT, ora revogado pela Lei n. 13.467, de 13 de julho de 2017, as mulheres eram destinatárias **exclusivas** de um intervalo mínimo de 15 minutos concedido entre o final do expediente normal e o início do período extraordinário de trabalho. Veja-se:

Art. 384. Em caso de prorrogação do horário normal, será obrigatório um descanso de 15 (quinze) minutos no mínimo, antes do início do período extraordinário do trabalho.

A jurisprudência, ao longo dos anos, debateu-se com o tema. Houve quem afirmasse que tal norma foi recebida pelo texto fundamental dado seu objetivo de velar pela saúde, pela segurança e pela higidez física da mulher trabalhadora; houve também quem, por motivos diversos, sustentasse que a ora analisada regra não foi recepcionada sob o fundamento de ser produtora de um injustificado tratamento diferenciado em favor unicamente das mulheres[9].

---

9 Os votos tomados pelos ministros do STF nos autos do RE 658.312 revelam, por si, as posições aqui referidas. Luiz Fux sustentou que "proteção desta sorte cria um discrímen que, por via oblíqua, sem se dizer, acaba gerando um ônus para o mercado de trabalho em relação às mulheres". Marco Aurélio referiu que, "num mercado impiedoso, num livre mercado, a colocação da mão de obra feminina em segundo plano, sugere a preterição". De outro lado, Rosa Weber asseverou que "deixar de admitir uma mulher porque, em

Seja lá como for, é importante deixar anotado que o direito aqui analisado é ainda exigível por parte das mulheres que mantiveram vínculos de emprego sob a égide da CLT vigente antes da reforma, sendo, por isso, passível de exigibilidade no âmbito do Judiciário dentro dos limites prescricionais. Não se pode, ademais, desconsiderar a tese da possível incorporação do direito à fruição deste intervalo por parte de quem foi contratada antes do início da vigência da Lei n. 13.467, de 13 de julho de 2017. Maiores detalhes podem ser encontrados no tópico 1.5.3 desta obra.

De todo modo, cabe deixar averbada informação no sentido de que o Plenário do Supremo Tribunal Federal (STF), em novembro de 2014, por maioria de votos, negou provimento ao Recurso Extraordinário (RE) 658.312, **com repercussão geral reconhecida**, e firmou a tese no sentido de que o art. 384 da Consolidação das Leis do Trabalho (CLT) foi, **sim**, recepcionado pela Constituição da República e que deve ser aplicado unicamente às mulheres.

O Ministro Dias Toffoli, relator do mencionado RE, salientou que a Constituição de 1988 estabeleceu cláusula específica de igualdade de gênero e que, ao mesmo tempo, admitiu a possibilidade de tratamento diferenciado, levando em conta a "histórica exclusão da mulher do mercado de trabalho"; a existência de "um componente orgânico, biológico, inclusive pela menor resistência física da mulher"; e um componente social, pelo fato de ser comum a chamada dupla jornada — o acúmulo de atividades pela mulher no lar e no trabalho — "que, de fato, é uma realidade e, portanto, deve ser levado em consideração na interpretação da norma".

O voto do relator ressaltou que as disposições constitucionais e infraconstitucionais não impedem que ocorram tratamentos diferenciados, desde que existentes razões jurídicas ponderosas que admitam o discrímen e que as garantias sejam proporcionais às diferenças ou definidas por algumas conjunturas sociais.

Nesses moldes, o art. 384 da CLT foi avaliado como norma que tratava "de aspectos de evidente desigualdade de forma proporcional". Toffoli afastou ainda os argumentos de que a manutenção do intervalo prejudicaria o acesso da mulher ao mercado de trabalho. Segundo o relator, "não parece existir fundamento sociológico ou mesmo comprovação por dados estatísticos a amparar essa tese", tampouco "há notícia da existência de levantamento técnico ou científico a demonstrar que o empregador prefira contratar homens, em vez de mulheres, em virtude dessa obrigação".

Em agosto de 2015, no entanto, o Plenário do STF decretou a nulidade do julgamento em função de um equívoco na citação da empresa autora do recurso.

O relator, Ministro Dias Toffoli, entretanto, reiterou o entendimento adotado no primeiro julgamento, no sentido de que a Constituição de 1988 estabelece a igualdade de gênero e, ao mesmo tempo, admite a possibilidade de tratamento diferenciado, desde que existentes elementos legitimadores, entre os quais as conjunturas sociais. Nesse sentido, o relator entendeu que a distinção prevista na CLT levava em conta aspectos como a histórica exclusão da mulher do mercado de trabalho, a chamada dupla jornada e componentes orgânicos e biológicos. A norma, conforme sua perspectiva, não violou o art. 7º, inciso XXX, da Constituição, uma vez que não previu tratamento diferenciado entre homens e mulheres em relação a salários, critérios diferenciados de admissão ou de exercício de funções diversas.

O STF, superados todos os incidentes, por fim, no Plenário da Sessão Virtual de 3-9-2021 a 14-9-2021, apreciou o tema 528 da repercussão geral e fixou, por unanimidade, a seguin-

---

sendo mulher, terá quinze minutos de intervalo antes de começar a jornada de trabalho afrontará, sim, o direito fundamental. A não admissão irá afrontar".

te tese: "O art. 384 da CLT, em relação ao período anterior à edição da Lei n. 13.467/2017, foi recepcionado pela Constituição Federal de 1988, aplicando-se a todas as mulheres trabalhadoras".

17.1.2.2.2 A licença-menstrual

A despeito das polêmicas que possam vir a ser produzidas em torno do assunto, há um espaço considerável para as discussões jurídicas daí emergentes. Afinal, é uma verdade claramente constatável que muitas mulheres sofrem de dismenorreia, uma dor pélvica que surge no primeiro dia do período menstrual e que somente desaparece quando cessa o fluxo. Esse estado de dor e de desconforto é razão suficiente para que essas empregadas recebam atestados médicos e que tenham abonadas as suas faltas ao serviço com lastro no disposto na Lei n. 604/49 sobre o assunto. O problema assim estaria resolvido, mas outros novos problemas daí seriam emergentes.

Sim, problemas novos seriam constatados, pois o empregador, pelo recebimento reiterativo de atestados médicos, se sentiria motivado a, assim que lhe fosse oportuno, desligar a empregada que lhe trouxesse não somente as faltas, mas também o custo decorrente dos abonos por atestado médico. Essa situação, aliás, coloca o empregador como o responsável pelo custo das prestações devidas às empregadas[10], o que é causa de indesejadas discriminações.

Para resolver esse problema, o ideal seria que a licença-menstrual, objeto de intensas discussões nos parlamentos de diversos países, previsse alguma forma de compensação ao empregador por meio do Estado, haja vista a pertinência do assunto com a incapacidade laborativa, que é como um risco social. O instituto ainda não foi recepcionado pela lei brasileira, embora existam projetos sobre o assunto no Parlamento nacional.

17.1.2.3 Limite de uso da força muscular

Nos moldes do art. 390 da CLT, tal qual ocorre com os menores de dezoito anos, é vedado empregar a mulher em serviço que demande o emprego de força muscular superior a **vinte quilos, para o trabalho contínuo**, ou **vinte e cinco quilos, para o trabalho ocasional**. Não está compreendida nesta determinação, porém, a remoção de material feita por impulsão ou tração de vagonetes sobre trilhos, de carros de mão ou quaisquer aparelhos mecânicos. Perceba-se, nos moldes do art. 198 da CLT, que é de sessenta quilos o peso máximo que um empregado adulto do sexo masculino pode remover individualmente.

17.1.2.4 Vedação às revistas íntimas

Não existe no ordenamento jurídico brasileiro qualquer norma heterônoma que autorize o empregador a submeter seus empregados a um ato que, em última análise, constitui busca e apreensão pessoal. Esse procedimento, aliás, somente encontra referência nas normas processuais penais (*vide* os arts. 240 a 250 do Código de Processo Penal) diante das situações em que exista fundada suspeita de que alguém esteja na posse de objetos ou papéis que

---

10   A Convenção n. 103 da Organização Internacional do Trabalho (OIT), ratificada pelo Brasil em 18 de junho de 1965 e promulgada pelo Decreto n. 58.820, de 14 de julho de 1966 — muitas vezes referenciada em relação ao tema "trabalho da mulher"—, veda justamente isso no art. 4º, item 8, segundo o qual, "em hipótese alguma, deve o empregador ser tido como pessoalmente responsável pelo custo das prestações devidas às mulheres que ele emprega".

constituam corpo de delito ou quando a medida for determinada no curso de busca domiciliar. Na lei trabalhista, pelo contrário, há dispositivo que veda essa prática. Perceba-se que a Lei n. 9.799/99, que inseriu o art. 373-A na CLT, proibiu claramente, no seu inciso VI, as "revistas íntimas nas empregadas ou funcionárias". Apesar de essa norma fazer referência unicamente às "empregadas ou funcionárias", é perfeitamente aplicável às violações da mesma natureza que eventualmente atinjam os empregados. Afirma-se isso porque não há razão jurídica que autorize a proteção ora analisada apenas em favor das mulheres em detrimento dos homens, cuja intimidade deve ser igualmente preservada.

Outro aspecto a considerar diz respeito à adjetivação "íntima" atribuída à palavra "revista" no precitado inciso VI do art. 373-A da CLT. Formou-se o entendimento de que a "revista íntima" seria aquela realizada no corpo do indivíduo, distinta da "revista pessoal", que seria cumprida sobre os pertences do indivíduo, vale dizer, sobre suas bolsas ou sacolas. A distinção, entretanto, parece despropositada, uma vez que será íntima a revista na medida em que atinja a intimidade do empregado. Para tanto, não é indispensável que ela seja realizada sobre seu corpo. Pode-se violar a intimidade do empregado quando, ao abrir sua bolsa ou sacola, expõe-se algo que lhe seria recôndito, reservado a pessoas que lhe são mais próximas ou, ainda, ao próprio trabalhador, como o uso de medicamentos controlados, a opção sexual manifestada pelo porte de material pornográfico ou até mesmo a adesão a ideologias políticas contrárias àquelas celebradas pelo empregador. Em outras palavras: abrir bolsa/sacola pode ser tão ou mais violador à intimidade do que tocar o corpo. Nesse sentido posiciona-se o 15º Enunciado aprovado na 1ª Jornada de Direito Material e Processual na Justiça do Trabalho, organizado pela ANAMATRA e pelo TST no ano de 2007. O referido enunciado, edificado sobre proposta de Eduardo Henrique Raymundo Von Adamovich, sustenta, com plena razoabilidade, que "toda e qualquer revista, íntima ou não, promovida pelo empregador ou seus prepostos em seus empregados e/ou em seus pertences, é ilegal, por ofensa aos direitos fundamentais da dignidade e intimidade do trabalhador", e que, como afirmado introdutoriamente, "a norma do art. 373-A, inc. VI, da CLT, que veda revistas íntimas nas empregadas, também se aplica aos homens em face da igualdade entre os sexos inscrita no art. 5º, inc. I, da Constituição da República"[11].

17.1.2.5 Amparo à maternidade biológica e à situação de amamentação

A maternidade produz uma série de modificações na mulher, fazendo com que ela solicite e espere atitudes de amparo de todos que circundam a sua vida familiar, social e profissional. Muitos cuidados não praticados no cotidiano das mulheres passam a ser exigíveis desde os primeiros instantes do período gestacional, passando pelos indispensáveis exames pré-natais, pela chegada e a recepção do bebê e seu acompanhamento durante toda a infância. A proteção à maternidade e à infância alçou, por isso, a qualidade de direito social, nos termos do art. 6º da Constituição de 1988[12]. Perceba-se que a lei protege o instituto "maternidade", e não unicamente a gestante, o nascituro ou o recém-nascido, entendendo-o como um complexo que envolve um conjunto de estados temporários, todos merecedores de diferenciada atenção. O art. 201, II, do texto constitucional é claríssimo nesse sentido. Dispõe que a Previdência Social oferecerá "proteção à maternidade, especialmente à gestante". A gestante neste contexto, é, sem dúvida, a protagonista do espetáculo que envolve a repro-

---

11 ADAMOVICH, Eduardo Henrique Raymundo Von. Revista de Empregado. Disponível em: http://www.anamatra.org.br/jornada/propostas/com1_proposta18.pdf. Capturado em: 14-11-2009.
12 Art. 6º São direitos sociais a educação, a saúde, o trabalho, a moradia, o lazer, a segurança, a previdência social, a proteção à maternidade e à infância, a assistência aos desamparados, na forma desta Constituição.

dução humana, mas a proteção não se destina unicamente a ela[13], embora, obviamente, se destine especialmente a ela.

Diante disso, este estudo apreciará a maternidade em todas as suas fases, desde o período gestacional até os acontecimentos pós-parto, inclusive o período de amamentação e de cuidados com o infante. Vejam-se:

17.1.2.5.1 Período gestacional

Entende-se por período gestacional aquele que tem início na concepção e fim no parto ou em qualquer evento que, prematuramente, aborte o processo de reprodução humana. É, sem dúvidas, o período de grandes modificações metabólicas, nutricionais e fisiológicas na mulher, sendo, consequentemente, o período que demanda a maior proteção jurídica, uma vez que aí se avolumam as possibilidades de violação contra o seu regime de emprego. Serão, então, destacados quatro direitos essenciais ao período: direito à estabilidade no emprego; direito à dispensa do horário de trabalho para consultas médicas e exames complementares; direito à transferência de função, quando as condições de saúde assim o exigirem, e de retomada, quando desaparecerem os entraves de natureza médica, e, finalmente, o direito ao rompimento do vínculo contratual, desde que prejudicial à gestação. Vejam-se com alguns detalhes:

a) Estabilidade

Nos termos do art. 10, II, *b*, do Ato das Disposições Constitucionais Transitórias, "fica vedada a dispensa arbitrária ou sem justa causa da empregada gestante, desde a confirmação da gravidez até cinco meses após o parto". Note-se que a estabilidade é bem definida em relação a seus limites: **começa** com a confirmação do estado de gravidez, assim entendido o momento em que a empregada sabe estar grávida, e **termina** cinco meses após o parto, independentemente de o contrato ter sido firmado por tempo determinado ou indeterminado (*vide* Súmula 244, III, do TST — *vide* também o IAC — 5639-31.2013.5.12.0051), independentemente também de ter a concepção ocorrido durante o aviso prévio, trabalhado ou indenizado (*vide* Lei n 12.812, de 16-5-2013, que acrescentou o art. 391-A à CLT).

Não se confundam, porém, os institutos da licença-maternidade e da estabilidade por estado de gravidez.

Embora o período de estabilidade seja mais extenso e consequentemente englobe o da licença-maternidade, há clara distinção entre eles. Perceba-se que durante o **período de estabilidade** a empregada pode estar trabalhando, sendo certo que, em determinado momento, ela se afastará do serviço sem prejuízo do salário. Nesse tempo ter-se-á por iniciado o **período de licença-maternidade**. Durante a licença a empregada será destinatária de uma vantagem previdenciária, assumida pelo RGPS, chamada de **salário-maternidade**[14].

---

13 Para confirmar isso, note-se que a Lei Complementar n. 146, de 25 de junho de 2014, com vigência a partir da data de sua publicação, estendeu a estabilidade provisória ora em exame, no caso de falecimento da trabalhadora gestante no seu transcurso, a quem detiver a guarda de seu filho.

14 Anote-se que a Lei n. 11.770/2008, publicada em 9 de setembro de 2008, criou o Programa Empresa Cidadã, destinado a prorrogar por sessenta dias a duração da licença-maternidade prevista no inciso XVIII do *caput* do art. 7º da Constituição Federal, mediante concessão de incentivo fiscal. Por força dessa norma, a prorrogação é garantida à empregada da pessoa jurídica que aderir ao Programa. Se a pessoa jurídica não aderir ao referido programa, suas empregadas não terão direito ao benefício aqui analisado. Obviamente, essa vantagem não é estendida às seguradas que não tenham sido contratadas por pessoas jurídicas, caso de empregadas domésticas. Uma vez realizada a adesão ao Programa Empresa Cidadã, a empregada deverá requerer até o final do primeiro

Anote-se, ao final desse processo distintivo, que a licença-maternidade é instituto regido por regras trabalhistas (a CLT é indistintamente aplicada, no tocante à licença-maternidade, a urbanos, rurais e domésticos), enquanto o salário-maternidade é regido por regras previdenciárias (Lei n. 8.213/91).

É importante perceber que a estabilidade aqui analisada é oferecida sob uma perspectiva objetiva[15], vale dizer, existindo a gravidez, **independentemente do conhecimento do fato pelo empregador**, subsiste a estabilidade da gestante[16].

Do mesmo modo que ocorre com os cipeiros, e por força de interpretação *a contrario sensu* do texto do art. 10, II, do ADCT, pode-se concluir que é lícita a *dispensa **não** arbitrária ou **com** justa causa da empregada gestante*. Isso significa que a estabilidade não protegerá a gestante dispensada de modo não arbitrário, vale dizer, a estabilidade não protegerá a gestante que vier a ser despedida por "motivo disciplinar, técnico, econômico ou financeiro", incluindo-se no âmbito do motivo disciplinar as situações insertas no art. 482 da CLT. Caberá ao empregador, portanto, se demandado mediante ação trabalhista aforada pela gestante, comprovar a existência de qualquer dos supracitados motivos, sob pena de ser condenado a reintegrá-la.

Destaque-se, por outro lado, que a vantagem passou a ser estendida em favor das empregadas domésticas por força da Lei n. 11.324, de 19 de julho de 2006, compreendida como fonte mais favorável nos termos do *caput* do art. 7º da Carta. Antes disso, por uma gélida interpretação sistemática do mesmo art. 7º, I (que gerou a redação do art. 10 do ADCT) e parágrafo único, não era possível falar em estabilidade da gestante para as domésticas. Costumava-se afirmar que a negativa de estabilidade à empregada doméstica baseava-se numa interpretação da **letra fria da lei**, sem que se percebesse que, sob o ponto de vista objetivo, qualquer gravidez é substancialmente igual à outra. Por isso, todas as gestantes

---

mês após o parto a prorrogação da licença-maternidade, que terá início imediatamente após a fruição daquela concedida e custeada pela Previdência Social por força do disposto no inciso XVIII do *caput* do art. 7º da Constituição da República. Perceba-se, por fim, que o salário-maternidade não aumentou de tamanho. Ele continua a ter a dimensão correspondente a cento e vinte dias. O que mudou foi a dimensão da licença-maternidade, mediante prorrogação dos dias não trabalhados sob o custeio exclusivo das empresas que aderirem ao programa.

15   É vantagem insuscetível de renúncia ou transação. Observe-se a **Orientação Jurisprudencial 30 da SDC do TST:** Estabilidade da Gestante. Renúncia ou Transação de Direitos Constitucionais. Impossibilidade. Inserida em 19-8-1998. Nos termos do art. 10, II, *a*, do ADCT, a proteção à maternidade foi erigida à hierarquia constitucional, pois retirou do âmbito do direito potestativo do empregador a possibilidade de despedir arbitrariamente a empregada em estado gravídico. Portanto, a teor do art. 9º da CLT, torna-se nula de pleno direito a cláusula que estabelece a possibilidade de renúncia ou transação, pela gestante, das garantias referentes à manutenção do emprego e salário.

16   O Plenário do Supremo Tribunal Federal, na sessão plenária de 10 de outubro de 2018, assentou que o desconhecimento da gravidez no momento da dispensa da empregada não afasta a responsabilidade do empregador pelo pagamento da indenização por estabilidade. A decisão, tomada nos autos do Recurso Extraordinário (RE) 629.053, com repercussão geral reconhecida, confirmou o entendimento do Tribunal Superior do Trabalho sobre a matéria.

Segundo o voto do Ministro Alexandre de Moraes, que prevaleceu no julgamento, a comunicação formal ou informal ao empregador não é necessária. No seu entendimento, o direito à estabilidade é instrumental e visa proteger a maternidade e garantir que a empregada gestante não seja dispensada imotivadamente. "O que o texto constitucional coloca como termo inicial é a gravidez. Constatado que esta ocorreu antes da dispensa arbitrária, incide a estabilidade", afirmou. O desconhecimento da gravidez pela empregada ou a ausência de comunicação ao empregador, segundo o ministro, não podem prejudicar a gestante, uma vez que a proteção à maternidade, como direito individual, é irrenunciável. A tese de repercussão geral aprovada pelo Plenário foi a seguinte: "A incidência da estabilidade prevista no artigo 10, inciso II, alínea 'b', do Ato das Disposições Constitucionais Transitórias (ADCT) somente exige a anterioridade da gravidez à dispensa sem justa causa".

deveriam merecer o mesmo tipo de tratamento e de proteção, ainda que por analogia. Foi necessária a publicação de uma lei para o reconhecimento daquilo que sempre foi extremamente óbvio. Hoje a proteção é induvidosa em decorrência de a EC n. 72/2013 ter estendido o direito contido no art. 7º, I, também aos trabalhadores do lar.

Anote-se que a Lei Complementar n. 146, de 25 de junho de 2014, com vigência a partir da data de sua publicação, estendeu a estabilidade provisória ora em exame, no caso de falecimento da genitora, a quem detiver a guarda de seu filho, até o limite de cinco meses após o parto. Nesse contexto é relevante anotar que, se essa guarda não for judicial, ela será a que normalmente se evidenciaria dentro da estrutura familiar, ou seja, na falta da mãe, o pai assumirá naturalmente a guarda dos seus filhos. Na ausência de ambos (de mãe e de pai), a guarda a que se refere o mencionado dispositivo haverá de ser necessariamente outorgada pelo juiz a outro integrante do grupo familiar ou a quem tenha condições de assumir esta importante função.

b) Consultas médicas

Durante o período gestacional, na forma prevista no § 4º, II, do art. 392 da CLT, a empregada tem direito à dispensa do horário de trabalho pelo tempo necessário para a realização de, **no mínimo**, seis consultas médicas e demais exames complementares.

O pai da criança, aliás, poderá acompanhá-la, uma vez que a Lei n. 14.457/2022 deu nova redação ao art. 457, X, da CLT, para autorizá-lo a deixar de comparecer ao serviço sem prejuízo do salário por todo o tempo necessário ao acompanhamento de sua esposa ou companheira em até 6 (seis) consultas médicas, ou em exames complementares, durante o período de gravidez.

c) Transferência de função

Em conformidade com o disposto no § 4º, I, do art. 392 da CLT, garantem-se à empregada, durante a gravidez, sem prejuízo do salário e dos demais direitos, **a transferência de função**, quando as condições de saúde assim o exigirem, e, também, a **retomada da função** anteriormente exercida quando desaparecerem os motivos que ensejaram a transferência.

Anote-se que, no recente passado legislativo brasileiro, existiu dispositivo normativo que impunha o dever patronal de não apenas reduzir, mas, para além disso, de eliminar a causa da insalubridade em face de empregadas gestantes ou lactantes. Refere-se aqui ao disposto no art. 394-A da CLT (cuja redação foi determinada pela Lei n. 13.287, de 11 de maio de 2016), segundo o qual a empregada gestante ou lactante **era afastada**, enquanto durasse a gestação e a lactação, de quaisquer atividades, operações ou locais insalubres, devendo exercer suas atividades em local salubre.

O referido dispositivo, totalmente sintonizado com o direito fundamental da proteção à maternidade (*vide* art. 6º da Constituição da República), foi, porém, barbaramente transmudado. O legislador da reforma trabalhista de 2017 não poupou gestante nem lactante do submetimento à insalubridade meio ambiental. A Lei n. 13.467/2017 introduziu alterações no art. 394-A da CLT e impôs condições e variáveis.

Sistematizando as modificações, deixa-se claro que o art. 394-A da CLT e seus §§ 2º e 3º passaram a prever o seguinte **quanto à empregada gestante**:

a) As empregadas gestantes serão necessariamente afastadas, enquanto durar a gestação, de atividades, operações ou locais insalubres **em grau máximo**. O empregador, portanto, deve, por ato de sua iniciativa, afastar do ambiente insalubre máximo qualquer gestante, enquanto durar a gestação.

b) As empregadas gestantes somente serão afastadas de atividades consideradas insalubres em **grau médio ou mínimo**, quando apresentarem atestado de saúde, emitido por médico de confiança da mulher, que recomende o afastamento durante a gestação. Nesse ponto é relevante referir a decisão tomada pelo STF na **Ação Direta de Inconstitucionalidade 5.938 DF**[17]. O Plenário, por maioria de votos, em 29 de maio de 2019, julgou procedente a referida ADI para declarar inconstitucionais trechos de dispositivos da Consolidação das Leis do Trabalho (CLT) inseridos pela Reforma Trabalhista (Lei n. 13.467/2017) que admitiam a possibilidade de trabalhadoras grávidas e lactantes desempenharem atividades insalubres em algumas hipóteses. Para a corrente majoritária, a expressão "quando apresentar atestado de saúde, emitido por médico de confiança da mulher", contida nos incisos II e III do art. 394-A da CLT, afronta a proteção constitucional à maternidade e à criança. Para o ministro relator, "a previsão de determinar o afastamento automático da mulher gestante do ambiente insalubre, enquanto durar a gestação, somente no caso de insalubridade em grau máximo, em princípio, contraria a jurisprudência da CORTE que tutela os direitos da empregada gestante e lactante, do nascituro e do recém-nascido lactente, em quaisquer situações de risco ou gravame à sua saúde e bem-estar".

c) Conforme disposto no *caput* do art. 394-A da CLT, o afastamento da empregada gestante do ambiente insalubre não lhe produzirá prejuízo da remuneração, nesta incluído o valor do adicional de insalubridade.

d) Nos moldes do § 2º do art. 394-A da CLT, caberá à empresa pagar o adicional de insalubridade na situação aqui em análise, efetivando-se, porém, a **compensação**, observado o disposto no art. 248 da Constituição Federal, **por ocasião do recolhimento das contribuições incidentes sobre a folha de salários e demais rendimentos pagos ou creditados**, a qualquer título, à pessoa física que lhe preste serviço.

Esse ponto merece a reflexão no sentido de que a Lei n. 13.467/2017 criou uma oneração desarrazoada para os cofres previdenciários, na medida em que ordenou que o pagamento do adicional de insalubridade fosse realizado à custa do Regime Geral da Previdência Social, tal qual se dá com o salário-maternidade, nos moldes do § 1º do art. 72 da Lei n. 8.213/91[18]. Por não ser clara, a norma produz a impressão de que essa situação somente beneficiaria as empregadas gestantes e lactantes que fossem afastadas do trabalho em ambiente insalubre. Nesse sentido, aquelas que não fossem afastadas (no período em que isso era possível) continuariam a receber os seus adicionais de insalubridade diretamente do empregador.

e) Com a restauração do texto da Lei n. 13.467/2017 **por conta da caducidade da MP n. 808/2017**, voltou a viger o texto do § 3º do art. 394-A. Segundo a referida redação,

---

17 A Ação Direta de Inconstitucionalidade 5.938 DF, com pedido de medida cautelar, foi ajuizada pela Confederação Nacional dos Trabalhadores Metalúrgicos em face da expressão "quando apresentar atestado de saúde emitido por médico de confiança da mulher, que recomende o afastamento" do art. 394-A, II e III, da Consolidação das Leis do Trabalho, introduzido pelo art. 1º da Lei 13.467/2017. A Autora aduziu que a norma em questão vulneraria dispositivos constitucionais sobre proteção à maternidade, à gestante, ao nascituro e ao recém-nascido (arts. 6º, 7º, XXXIII, 196, 201, II, e 203, I, todos da Constituição Federal); violaria a dignidade da pessoa humana e os valores sociais do trabalho (art. 1º, III e IV, da CF) e o objetivo fundamental da República de erradicar a pobreza e reduzir as desigualdades sociais e regionais (art. 3º, III, da CF); desprestigiaria a valorização do trabalho humano e não asseguraria a existência digna (art. 170 da CF); afrontaria a ordem social brasileira e o primado do trabalho, bem-estar e justiça sociais (art. 193 da CF); e vulneraria o direito ao meio ambiente do trabalho equilibrado (art. 225 da CF). Além dos preceitos constitucionais citados, aponta violação do princípio da proibição do retrocesso social.

18 Art. 72. [...] § 1º Cabe à empresa pagar o salário-maternidade devido à respectiva empregada gestante, efetivando-se a compensação, observado o disposto no art. 248 da Constituição Federal, quando do recolhimento das contribuições incidentes sobre a folha de salários e demais rendimentos pagos ou creditados, a qualquer título, à pessoa física que lhe preste serviço (incluído pela Lei n. 10.710/2003).

"quando não for possível que a gestante ou a lactante afastada nos termos do *caput* deste artigo exerça suas atividades em local salubre na empresa, a hipótese será considerada como gravidez de risco e ensejará a percepção de salário-maternidade, nos termos da Lei n. 8.213, de 24 de julho de 1991, durante todo o período de afastamento".

A primeira pergunta que surge diante do texto é a seguinte: **quando, afinal, não será possível** à gestante ou à lactante afastada do ambiente insalubre exercer as suas atividades em local salubre na empresa?

A razoabilidade aponta no sentido de que isso ocorrerá nas situações em que a proteção à saúde delas assim determinar.

Ressalta-se essa particularidade para não se abrir espaço para a utilização desse dispositivo quando o próprio empregador, por sua conveniência, violando o **dever de acomodação razoável**, afirme que não é possível à gestante ou à lactante o exercício das suas atividades em local salubre na empresa. Isso pode, em rigor, ocorrer por diversas motivações desautorizadas, inclusive pelo fato de o empregador sustentar que não há posto disponível apenas para remeter contra o RGPS o pagamento do substituinte da remuneração, ou seja, o pagamento do salário-maternidade.

Feita essa consideração anterior, é importante anotar que a criação de um salário-maternidade para cobrir uma suposta gravidez de risco — hipótese até então não prevista em lei — atenta contra o princípio da precedência das fontes de custeio constante do § 5º do art. 195 da Constituição da República, segundo o qual *"nenhum benefício ou serviço da seguridade social poderá ser criado, majorado ou estendido sem a correspondente fonte de custeio total"*. Observe-se que o legislador da reforma trabalhista, sem pudores, estendeu o salário-maternidade para as gestantes e lactantes que vivessem uma "gravidez de risco" (mesmo para as lactantes, que já não mais estariam grávidas). Foi, sem dúvidas, um ato de "cortesia com o chapéu alheio". O legislador cortejou o empregador mediante recursos reservados de uma previdência social em crise. Há, portanto, clara inconstitucionalidade no referido dispositivo.

Quanto à empregada lactante, a sistemática pós-reforma trabalhista prevê que, "sem prejuízo de sua remuneração, nesta incluído o valor do adicional de insalubridade, a empregada deverá ser afastada de: [...] III — atividades consideradas insalubres em qualquer grau, quando apresentar atestado de saúde, emitido por médico de confiança da mulher, que recomende o afastamento durante a lactação". Aqui também cabe referir a decisão tomada pelo STF na **Ação Direta de Inconstitucionalidade 5.938 DF**, segundo a qual a expressão "quando apresentar atestado de saúde, emitido por médico de confiança da mulher", contida nos incisos II e III do artigo 394-A da CLT, afronta a proteção constitucional à maternidade e à criança.

A lactante, portanto, somente era afastada de atividades e operações consideradas insalubres em qualquer grau quando apresentasse atestado de saúde emitido por médico de sua confiança, do sistema privado ou público de saúde, que recomendasse o afastamento durante a lactação. Se não houvesse recomendação de afastamento, antes da decisão tomada na ADI 5.938 DF, a lactante permanecia a trabalhar em ambiente insalubre de qualquer grau.

d) Rompimento contratual

Mediante atestado médico, à mulher grávida, nos moldes do art. 394 da CLT, é facultado o direito de romper o compromisso resultante de qualquer contrato de trabalho, desde que seja prejudicial à gestação. O problema da disposição legal é saber se a ruptura contratual praticada pela mulher será entendida como ato de demissão (resilição por iniciativa da empregada) ou como decorrência da despedida indireta (resolução por inexecução faltosa do empregador que não conseguiu — ou não quis — adaptar a gestante a uma função compatível com seu estado gravídico).

As circunstâncias parecem indicar que, em casos tais, o empregador tem o **dever** de mudar a gestante de função (*vide* o § 4º, I, do art. 392 da CLT) na tentativa de mantê-la no serviço. Caso a empregada, apesar das tentativas de adaptação, ainda esteja impossibilitada de exercer suas atividades por conta de problemas de saúde advindos da gestação, parece razoável iniciar o procedimento para a fruição de auxílio por incapacidade temporária previdenciário. O que não é razoável é admitir que, antes de qualquer tentativa de adaptação ou de encaminhamento para a percepção de benefício por incapacidade laboral, a empregada simplesmente se demita, salvo se esta for sua manifesta intenção. Anote-se que, se a autora preferir o ato demissionário, não lhe será, por interpretação lógica, imposta a obrigação de prestar aviso prévio se o contrato for por tempo indeterminado (ver o art. 487 da CLT) ou de indenizar metade do tempo restante se o contrato for por tempo determinado (ver o art. 479 da CLT). Se lhe fossem exigidos aviso prévio ou indenização para fins de demissão, o art. 394 da CLT não teria sentido, uma vez que estariam sendo tratadas de modo equivalente empregada gestante e não gestante.

e) Afastamento do trabalho presencial durante a pandemia da Covid-19 (Leis n. 14.151/2021 e 14.311/2022)

Em 13 de maio de 2021 foi publicada a Lei n. 14.151/2021, que dispôs "sobre o afastamento da empregada gestante das atividades de trabalho presencial durante a emergência de saúde pública de importância nacional decorrente do novo coronavírus"[19]. Em seu art. 1º e no seu parágrafo único, a Lei, num primeiro momento, previu que:

> *Art. 1º Durante a emergência de saúde pública de importância nacional decorrente do novo coronavírus, a empregada gestante deverá permanecer afastada das atividades de trabalho presencial, sem prejuízo de sua remuneração.*
>
> *Parágrafo único. A empregada afastada nos termos do* caput *deste artigo ficará à disposição para exercer as atividades em seu domicílio, por meio de teletrabalho, trabalho remoto ou outra forma de trabalho a distância.*

Esse texto foi modificado pela Lei n. 14.311/2022, mas, pela importância histórica do relato, as considerações sobre essa norma serão feitas depois de apresentados registros acerca dos primeiros instantes da Lei n. 14.151/2021.

O art. 2º, por sua vez, dispôs apenas sobre a vigência da Lei, prevendo que "Esta Lei entra em vigor na data de sua publicação."

Diante do conteúdo do art. 1º, *caput*, da Lei n. 14.151/2021, a norma revelou ter como destinatária específica **a empregada** (relações de emprego em geral, nesse contexto incluídas domésticas, rurais, temporárias e intermitentes) **gestante** (maternidade biológica em curso) **que executa trabalho presencial**. Sustenta-se também a possibilidade de aplicação desta norma às trabalhadoras avulsas, em virtude do teor do art. 7º, XXXIV, da Constituição da República.

Desse modo, não foram destinatárias da norma as servidoras públicas ou trabalhadoras regidas por normas jurídico-administrativas, entre as quais as exercentes de cargos em comissão e as contratadas mediante regime especial de direito administrativo. Igualmente, não se aplicou a norma às diaristas nem às trabalhadoras autônomas em geral. Estão fora do

---

19 Sobre este assunto, veja-se: GASPAR, Danilo; MARTINEZ, Luciano; PAMPLONA FILHO, Rodolfo. Breves considerações sobre a Lei n. 14.151/2021. Disponível em http://trabalhoemdebate.com.br/artigo/detalhe/breves-consideracoes-sobre-a-lei-n-141512021. Acesso em: 7 nov. 2021.

espectro da norma, igualmente, as mães adotivas, as puérperas, as lactantes e, por razões óbvias, as empregadas gestantes que executam o trabalho não presencial, assim entendido aquele já prestado em domicílio, por meio de teletrabalho, trabalho remoto ou outra forma de trabalho a distância.

A norma em exame, **apesar de temporária e somente vigente "durante a emergência de saúde pública de importância nacional decorrente do novo coronavírus"**, era de natureza jurídico-trabalhista e, como tal, indisponível.

Assim, considerado o fato de o Direito do Trabalho proteger o trabalhador contra as suas próprias fraquezas, não houve dúvida de que as gestantes não poderiam abrir mão da proteção a elas oferecida. Nesse sentido, elas não poderiam "querer realizar o serviço presencial", ainda que tivessem formalizado essa pretensão; mesmo que, eventualmente, esse fosse o seu verdadeiro desejo. Competiu, pois, ao empregador, independentemente da vontade individual da empregada gestante, afastá-la imediatamente do trabalho presencial, sob pena de ser responsabilizado pela omissão de não o fazer, que pode incluir sanções administrativas e indenizações por danos materiais e morais.

Diante das atividades que, por sua natureza, não admitiriam a sua prestação de forma não presencial (exemplo disso são os serviços de motorista, frentista, enfermeira, vigilante e empregada doméstica), o empregador haverá de, nos termos do inciso I do § 4º do art. 392 da CLT, encontrar função compatível, uma vez que lhe é autorizada a transferência provisória de função para permitir o cumprimento da norma aqui em exame. Não havendo possibilidade de transferência de função, a gestante deveria, nos termos dessa lei, ser afastada das atividades de trabalho presencial, sem prejuízo de sua remuneração, permanecendo à disposição do empregador até que surgissem serviços que ela pudesse realizar no âmbito não presencial.

O ponto mais sensível dessa lei foi, decerto, o que dizia respeito à responsabilidade pelo pagamento da remuneração em favor das gestantes deslocadas para o trabalho não presencial. Quem, afinal, assumiu os custos desse afastamento?

A responsabilidade foi manifestamente do empregador, não existindo dúvida quanto a isso. Ao referir que o afastamento do trabalho se daria "sem prejuízo de sua remuneração", o legislador permitiu intuir que, sendo a "remuneração" a retribuição atribuída pelo empregador, foi justamente ele o responsável financeiro pelo cumprimento da proteção aqui analisada.

Cabe lembrar, porém, que a Convenção n. 103 da OIT, em plena vigência no Brasil, em seu art. IV, item 8, já previa que, "em hipótese alguma, deve o empregador ser tido como pessoalmente responsável pelo custo das prestações devidas às mulheres que ele emprega". Sim, isso é verdade. A posição contida na referida Convenção da OIT, porém, apesar de desautorizar a responsabilidade patronal por custos de prestações devidas às mulheres que emprega, não previa que esses gastos seriam diretamente assumidos pelo Estado, algo que acabou por gerar dificuldades práticas para os resultados úteis das judicializações.

Seja lá como for, o que se percebeu, em essência, foi que, mais uma vez, o processo legislativo deixou de fora elementos extremamente importantes que acabaram por gerar uma intensa insegurança na sociedade em geral. Entretanto, seja (i) por conta da previsão do art. 1º da Lei n. 14.151/2021, seja (ii) pela regra prevista no art. 195, § 4º, da CRFB/884, seja ainda (iii) pela impossibilidade de aplicação analógica do art. 394-A, § 3º, da CLT, haja vista o fato de a Covid-19 não tornar o ambiente de trabalho insalubre, o pagamento da remuneração foi, sim, ser efetuado pelo próprio empregador.

Essa norma foi, porém, omissa quanto à extensão desse direito às gestantes vacinadas contra a Covid-19. Isso, aliás, se revelou irrelevante num primeiro momento.

Sabia-se que a vacina não produzia a blindagem contra o ingresso do vírus no organismo — algo do que se desejava proteger a gestante —, mas apenas a proteção contra o desenvolvimento da doença e de efeitos agressivos capazes de levar a pessoa aos cuidados hospitalares, algo, aliás, preferencialmente oferecido às gestantes nos termos da Lei n. 14.152/2021, que lhes garantiu "acesso facilitado a cuidados intensivos e à internação em leitos de unidade de terapia intensiva (UTI) enquanto perdurar a pandemia de Covid-19".

Considerada a razão primordial para a construção da norma, que foi a proteção das gestantes contra os graves riscos produzidos pelo coronavírus, não teria nenhuma razoabilidade admitir que a gestante afastada do trabalho presencial pudesse, contra a norma que a desejou proteger, frequentar eventos em clara aglomeração. Essa foi uma questão delicada, pois não se poderia dizer que a gestante não poderia ir ao mercado, à farmácia ou ao médico durante o período em que estivesse a prestar trabalho não presencial, mas o seu comportamento durante o período deveria ser de **reserva social**, justamente porque de nada adiantaria lhe dar trabalho não presencial e ela, contraditoriamente, se envolver com multidões.

O empregador foi cauteloso na análise dessa possibilidade, mas não se pode descartar a hipótese de que gestantes infringentes dessa reserva social fossem dispensadas por justa causa (art. 482 da CLT). Recomendou-se, entretanto, que o empregador observasse o gradualismo na aplicação das sanções disciplinares, exceto, é claro, em casos extremos, quando a dispensa por justa causa fosse o caminho inexorável.

A Lei n. 14.151/2021 foi, entretanto, um dos diplomas mais questionados da sua época, pois colocou em situações extremamente delicadas os empregadores — notadamente os domésticos — que não tinham recursos suficientes para manter uma empregada, ainda que por causas nobres, afastada do serviço, mantida a remuneração integral. Por conta disso surgiu a Lei n. 14.311/2022, para modificar integralmente o texto antes existente.

O art. 1º da Lei n. 14.151/2021 foi, então, totalmente revogado. Em seu lugar surgiram as seguintes disposições:

Art. 1º Durante a emergência de saúde pública de importância nacional decorrente do coronavírus SARS-CoV-2, a empregada gestante que ainda não tenha sido totalmente imunizada contra o referido agente infeccioso, de acordo com os critérios definidos pelo Ministério da Saúde e pelo Plano Nacional de Imunizações (PNI), deverá permanecer afastada das atividades de trabalho presencial (Redação dada pela Lei n. 14.311, de 2022).

§ 1º A empregada gestante afastada nos termos do caput deste artigo ficará à disposição do empregador para exercer as atividades em seu domicílio, por meio de teletrabalho, trabalho remoto ou outra forma de trabalho a distância, sem prejuízo de sua remuneração.

§ 2º Para o fim de compatibilizar as atividades desenvolvidas pela empregada gestante na forma do § 1º deste artigo, o empregador poderá, respeitadas as competências para o desempenho do trabalho e as condições pessoais da gestante para o seu exercício, alterar as funções por ela exercidas, sem prejuízo de sua remuneração integral e assegurada a retomada da função anteriormente exercida, quando retornar ao trabalho presencial.

§ 3º Salvo se o empregador optar por manter o exercício das suas atividades nos termos do § 1º deste artigo, a empregada gestante deverá retornar à atividade presencial nas seguintes hipóteses:

I — após o encerramento do estado de emergência de saúde pública de importância nacional decorrente do coronavírus SARS-CoV-2;

II — após sua vacinação contra o coronavírus SARS-CoV-2, a partir do dia em que o Ministério da Saúde considerar completa a imunização;

III — *mediante o exercício de legítima opção individual pela não vacinação contra o coronavírus SARS-CoV-2 que lhe tiver sido disponibilizada, conforme o calendário divulgado pela autoridade de saúde e mediante o termo de responsabilidade de que trata o § 6º deste artigo;*

IV — (VETADO).

§ 4º (VETADO).

§ 5º (VETADO).

§ 6º Na hipótese de que trata o inciso III do § 3º deste artigo, a empregada gestante deverá assinar termo de responsabilidade e de livre consentimento para exercício do trabalho presencial, comprometendo-se a cumprir todas as medidas preventivas adotadas pelo empregador.

§ 7º O exercício da opção a que se refere o inciso III do § 3º deste artigo é uma expressão do direito fundamental da liberdade de autodeterminação individual, e não poderá ser imposta à gestante que fizer a escolha pela não vacinação qualquer restrição de direitos em razão dela.

Em breves linhas, ocorreu uma mudança de tratamento jurídico. Apenas a empregada gestante que ainda não tivesse sido totalmente imunizada contra o referido agente infeccioso, deveria permanecer afastada das atividades de trabalho presencial. Uma vez vacinada, a gestante poderia voltar ao trabalho.

Outra hipótese para o retorno, tratada no § 3º, III, do artigo em exame, foi a de voltar ao trabalho mesmo sem vacinar-se, desde que a gestante assinasse, conforme o § 6º, um *"termo de responsabilidade e de livre consentimento para exercício do trabalho presencial"*. Nesse caso, o legislador, contrariando a lógica da impositividade das proteções coletivas em matéria de saúde e segurança do trabalho, consagrou a liberdade individual negativa, e o fez no § 7º sob o **nomen iuris** de *"direito fundamental da liberdade de autodeterminação individual"*. O legislador ofereceu uma liberdade ampla, isenta de constrangimentos, deixando anotado que ela *não poderia sofrer nenhuma restrição de direitos em razão de sua escolha pela não vacinação*.

A última das situações de retorno, prevista no § 3º, I, do artigo aqui em análise, foi a de encerramento da Emergência em Saúde Pública de Importância Nacional (ESPIN) em decorrência da Infecção Humana pelo novo Coronavírus (2019-nCov), de que tratava a Portaria GM/MS n. 188, de 3 de fevereiro de 2020. E efetivamente isso aconteceu por meio da Portaria GM/MS n. 913, de 22 de abril de 2022, expedida pelo Ministro da Saúde com vigência iniciada trinta dias depois da sua data de publicação.

17.1.2.5.2 Período pós-gestacional

Superado o período da gestação, iniciam-se novos instantes de cuidado. Se a gestação tiver sido abortada, a gestante terá um período para recuperar-se do trauma e das consequências fisiológicas de uma gravidez frustrada. Se a gestação tiver sido bem-sucedida, a gestante será destinatária de uma licença para cuidar e, se for o caso, para amamentar o novo integrante da família. Dessa forma, o estudo sobre o momento pós-gestacional dará ênfase à análise do período de licença-maternidade e de amamentação. Observe-se:

a) Licença-maternidade e salário-maternidade

Antes de tratar dos referidos institutos, é importante fazer breves registros da evolução histórica dessa peculiar forma de proteção[20]. E tudo teve início com a Constituição de 1934,

---

[20] O texto do histórico se baseia nos eventos referidos nos autos do RE 576.967, relatado pelo Min. Luís Roberto Barroso, que declarou incidentalmente a inconstitucionalidade de incidência de contribuição previdenciária sobre o salário-maternidade.

que determinava, em seu art. 121, § 1º, que a legislação trabalhista deveria observar a assistência médica e sanitária à gestante, assegurando-lhe descanso, antes e depois do parto, sem prejuízo do salário e do emprego.

A Carta de 1937 manteve essencialmente a mesma previsão, e estipulava que a legislação do trabalho deveria prever a assistência médica e higiênica à gestante, garantindo a ela, sem prejuízo do salário, um período de repouso antes e depois do parto (art. 137, l).

Em atendimento às determinações constitucionais, a Consolidação das Leis do Trabalho (CLT), de 1943, em seu art. 393, passou a atribuir ao empregador a obrigação de arcar com os salários integrais da empregada durante o período de licença-maternidade, independentemente do recebimento de auxílio-maternidade prestado pela Previdência. Desse modo, em um primeiro momento, **o custeio do período de ausência ao trabalho, imposto pela maternidade, era de inteira responsabilidade do empregador**, que se via obrigado a arcar com a integralidade da remuneração da empregada durante todo o seu período de afastamento. Evidentemente, tal situação consistia em severo desestímulo à contratação de mulheres, uma vez que a mão de obra feminina acabava por ser consideravelmente mais onerosa.

Não por outra razão, a Convenção n. 103 da Organização Internacional do Trabalho (OIT), ratificada pelo Brasil em 18 de junho de 1965 e promulgada pelo Decreto n. 58.820, de 14 de julho de 1966, passou a prever, em seu art. 4º, item 8, que, "em hipótese alguma, deve[ria] o empregador ser tido como pessoalmente responsável pelo custo das prestações devidas às mulheres que ele emprega". A Convenção, ainda, determinou que as prestações deveriam ser concedidas por meio de um sistema de seguro social ou fundo público, justamente para evitar a discriminação em relação às mulheres.

Em atenção aos compromissos internacionais assumidos, o legislador brasileiro editou a Lei n. 6.136/74, e passou **a incluir o salário-maternidade como prestação assegurada pela previdência social, retirando do empregador o ônus de arcar com o salário da empregada durante o seu afastamento**. Inicialmente, o custeio do salário-maternidade consistia em 0,3% sobre a folha de pagamento (art. 4º da Lei n. 6.136/74), mas, com o advento da Lei n. 7.787/89, passou a ficar englobado no percentual de 20% da empresa, alíquota que se manteve, para as seguradas empregadas, com o advento da Lei n. 8.212/91.

A Constituição de 1988, mantendo a tradição anterior, assegurou a proteção à maternidade, ao considerá-la direito social (art. 6º), bem como previu licença à gestante, sem prejuízo do emprego e do salário, e proteção do mercado de trabalho da mulher, mediante incentivos específicos, nos termos da lei, como direitos das trabalhadoras (art. 7º, incisos XVIII e XX). Inicialmente, a prestação do salário-maternidade era devida somente às seguradas empregadas, domésticas, trabalhadoras avulsas e seguradas especiais. Com a promulgação da Lei n. 9.876/99, o benefício foi estendido às contribuintes individuais e facultativas. Por força da Lei n. 10.421/2002, a adotante também passou a receber o salário-maternidade.

Feitas essas considerações iniciais, pode-se dizer que a empregada gestante, inclusive a doméstica, nos termos do art. 7º, XVIII, da Constituição, tem direito à licença-maternidade de cento e vinte dias, sem prejuízo do emprego e do salário, e que, durante essa licença, a trabalhadora terá direito a um benefício previdenciário chamado de salário-maternidade.

Importante dizer que, nos moldes do § 3º do art. 18 da Lei n. 13.301/2016, a **licença-maternidade** de urbanas, rurícolas ou domésticas será de **180 (cento e oitenta) dias** no caso das mães de crianças acometidas por sequelas neurológicas decorrentes de doenças transmitidas pelo *Aedes aegypti*, assegurado, nesse período, o recebimento de **salário-maternidade** previsto no art. 71 da Lei n. 8.213, de 24 de julho de 1991, em igual dimensão.

Conforme o disposto nos §§ 1º e 2º do art. 392 da CLT, a empregada deve, mediante atestado médico, notificar o empregador da data do início do afastamento do emprego, que poderá ocorrer entre o 28º dia antes do parto e a data de ocorrência deste. A partir de então a empregada estará em gozo da licença-maternidade, recebendo, como substituinte de sua remuneração, o precitado salário-maternidade. O dia do parto é computado na contagem dos cento e vinte dias, caso, evidentemente, não tenha sido trabalhado[21].

Deixe ainda anotado que a supracitada licença-maternidade poderá, a critério médico e mediante atestado por este emitido com finalidade específica, ser aumentada em duas semanas antes e/ou em duas semanas depois do parto. A prorrogação dos períodos de repouso anterior e posterior ao parto consiste em excepcionalidade, compreendendo, por isso, situações em que exista algum risco para a vida do feto ou criança e/ou da mãe.

Como complemento, anote-se que a Lei n. 13.985, de 7 de abril de 2020, além de ter instituído pensão especial destinada a crianças com Síndrome Congênita do Zika Vírus, nascidas entre 1º de janeiro de 2015 e 31 de dezembro de 2019, garantiu-lhes, em reiteração ao disposto na Lei n. 13.301/2016, licença-maternidade (e salário-maternidade) de 180 (cento e oitenta) dias.

a1) Fatos geradores e dimensão temporal

São fatos geradores da licença e do salário-maternidade os seguintes eventos:

a1.1) Parto

Dá-se o nome de parto ao conjunto de fenômenos mecânicos e fisiológicos que levam à expulsão do feto do corpo da mãe. A legislação trabalhista brasileira, entretanto, não define "parto", não esclarece se a expulsão de feto morto é evento a ele equivalente e nem diferencia "parto antecipado" (§ 3º do art. 392 da CLT) de "aborto" (art. 395 da CLT) para determinar a ocorrência de "licença-maternidade" de 120 (cento e vinte) dias ou de "repouso remunerado" de apenas 2 (duas) semanas. Aplicam-se, por isso, diante da omissão legislativa trabalhista, os critérios científicos adotados pela Organização Mundial de Saúde (OMS) e pelo Ministério da Saúde[22], segundo os quais "parto" é o evento fisiológico de expulsão do feto vivo, a qualquer momento, ou de feto morto, a partir da 23ª semana de gestação. Se a idade gestacional for desconhecida, haverá parto se o feto, a despeito de morto, pese 500 (quinhentos) gramas ou mais que isso, ou ainda quando ele meça 16 (dezesseis) ou mais centímetros.

Ressalte-se que, se a criança nascer viva, o evento será entendido como parto, independentemente do instante em que ocorra, outorgando-se para a segurada o salário-maternidade na base de **120 (cento e vinte) dias**[23].

---

21 Imagine-se uma mulher que tenha trabalhado o dia inteiro e que, depois do expediente, entra em trabalho de parto. Se o parto acontecer no mesmo dia do último expediente, esse dia, por razões óbvias, não poderá integrar o período da licença-maternidade.

22 BRASIL, Ministério da Saúde. Secretaria de Políticas da Saúde. Área Técnica de Saúde da Mulher. *Parto, aborto e puerpério*: assistência humanizada à mulher. Brasília: Ministério da Saúde, 2001. p. 147.

23 O § 3º do art. 294 da IN-INSS n. 45/2010, ora revogada, considerava "parto o evento ocorrido a partir da vigésima terceira semana (sexto mês) de gestação, inclusive em caso de natimorto". Como a referida instrução normativa circunscrevia demasiadamente o conceito de parto, algumas dúvidas remanesciam, entre as quais aquela que questionava o direito em favor de criança que nascia antes do limite temporal ali mencionado. Para evitar qualquer tipo de debate, a IN-INSS n. 45/2010 foi revogada e, em seu lugar, surgiu a IN-INSS n. 77/2015, ora revogada, com a singela redação segundo a qual se considera "parto o evento que gerou a certidão de nascimento ou certidão de óbito da criança". Dessa forma, os médicos e as autoridades estatais decidem se houve parto, pois assim será considerado quando houver expedição de certidão da ocorrência. A IN INSS n. 128/2022, que substituiu a IN INSS 77/2015, preferiu não mais ser conceitual e voltou

Cabe anotar, ainda, que o STF, por ato do relator, Min. Edson Fachin, nos autos da Ação Direta de Inconstitucionalidade recebida, pelo princípio da fungibilidade, como Arguição de Descumprimento de Preceito Fundamental n. 6.327 (**ADPF 6.327**), aforada pelo partido Solidariedade em 8 de março de 2020, deferiu liminar a fim de conferir interpretação conforme a Constituição ao art. 392, § 1º, da CLT, assim como ao art. 71 da Lei n. 8.213/91 e, por arrastamento, ao art. 93 do seu Regulamento (Decreto n. 3.048/99), e assim assentar a necessidade de prorrogar o benefício, bem como **considerar como termo inicial da licença-maternidade e do respectivo salário-maternidade a alta hospitalar do recém-nascido e/ou de sua mãe**, o que ocorrer por último, **quando o período de internação exceder as duas semanas previstas no art. 392, § 2º, da CLT, e no art. 93, § 3º, do Decreto n. 3.048/99**.

A decisão salientou, com elevada sensibilidade, que "o período de internação neonatal guarda as angústias e limitações inerentes ao ambiente hospitalar e à fragilidade das crianças" e que, exatamente por isso, "é na ida para casa que os bebês efetivamente demandarão o cuidado e atenção integral de seus pais, e especialmente da mãe, que vivencia também um momento sensível como é naturalmente, e em alguns casos agravado, o período puerperal".

É importante anotar que, em 24 de outubro de 2022, o Plenário do STF, por unanimidade, conheceu da ação direta de inconstitucionalidade como arguição de descumprimento de preceito fundamental e, ratificando a liminar concedida em medida cautelar, julgou procedente o pedido formulado.

a1.2) Abortamento não criminoso

Considerar-se-á abortamento não criminoso o evento ocorrido antes da 23ª semana de gestação (até a 22ª semana completa), que gere feto morto. Para comprovação de tal evento o atestado médico deverá ser específico.

É interessante observar que, apesar de o abortamento ser entendido como um evento que põe fim à maternidade e às expectativas que dela adviriam, o montante pago pela Previdência Social durante a licença dele decorrente é igualmente chamado de "salário-maternidade"[24].

a1.3) Adoção ou guarda para fins de adoção

Sabe-se que o parto é considerado o principal fato gerador do salário-maternidade. Esse benefício, entretanto, também passou a ser gerado, a partir de 16 de abril de 2002, data da publicação da Lei n. 10.421, em favor de mulheres adotantes ou daquelas que tenham obtido guarda judicial para fins de adoção de criança (veja-se o art. 392-A da CLT).

Note-se que não se trata de uma guarda qualquer. É necessário que a guarda seja judicial e, mais que isso, que seja destinada à adoção. Outros detalhes importantes em matéria de licença e salário-maternidade para as guardiãs para fins de adoção e para as adotantes:

i) Apesar de a Lei n. 12.010/2009 ter modificado o art. 392-A da CLT, o INSS manteve-se submetido ao princípio da legalidade estrita na expectativa da mudança expressa da re-

---

à sistemática originária, para dizer que o salário-maternidade é devido a contar do "parto, inclusive natimorto" (art. 358, I). Apesar de revogadas, as Instruções Normativas anteriores constituem ainda hoje uma importante fonte de consulta da evolução conceitual de "parto", enquanto instituto.

24   Veja-se o texto do § 5º do art. 93 do Decreto n. 3.048/99: "Em caso de aborto não criminoso, comprovado mediante atestado médico, **a segurada terá direito ao salário-maternidade** correspondente a duas semanas" (destaques não constantes do original).

dação do art. 71-A da Lei n. 8.213/91[25]. Diz-se "na expectativa" porque, em virtude do atraso no processo legislativo, o INSS, desde junho de 2012, viu-se constrito, por sentença proferida nos autos da **ACP (Ação Civil Pública) 5019632-23.2011.404.7200**, que tramitou perante a 1ª Vara Federal de Florianópolis/SC, a atribuir os salários-maternidade em manutenção ou concedidos com fundamento no art. 71-A da Lei n. 8.213/91 pelo prazo de 120 (cento e vinte) dias, **INDEPENDENTEMENTE DA IDADE DO ADOTADO**, desde que cumpridos os demais requisitos legais para a percepção do benefício. A Medida Provisória n. 619, de 6 de junho de 2013, entretanto, para pôr fim à controvérsia, modificou a redação do art. 71-A da Lei n. 8.213/91 nos seguintes termos:

> Art. 71-A. À segurada da Previdência Social que adotar ou obtiver guarda judicial para fins de adoção de criança é devido salário-maternidade pelo período de cento e vinte dias.

A referida MP foi convertida na Lei n. 12.873, de 24 de outubro de 2013, que foi bem além na sua redação e cujos efeitos serão analisados no tópico "f" deste item.

Anote-se, nesse sentido, o posicionamento adotado pelo STF, nos autos do RE 778.889/PE, em março de 2016. A tese da repercussão geral nos autos do referido recurso extraordinário foi assim estabelecida: "Os prazos da licença adotante não podem ser inferiores aos prazos da licença gestante, o mesmo valendo para as respectivas prorrogações. Em relação à licença adotante, não é possível fixar prazos diversos em função da idade da criança adotada".

ii) O salário-maternidade é devido à guardiã para fins de adoção ou para a adotante independentemente de a mãe biológica ter recebido o mesmo benefício quando do nascimento da criança (art. 359 da IN-INSS n. 128/2022).

iii) Para a concessão do salário-maternidade será indispensável que conste, na nova certidão de nascimento da criança ou no termo de guarda para fins de adoção o nome do adotante ou do guardião.

iv) Quando houver adoção ou guarda judicial para adoção simultânea de mais de uma criança, é devido um único salário-maternidade, observando que, no caso de empregos concomitantes, o segurado ou a segurada fará jus ao salário-maternidade relativo a cada emprego (§ 1º do art. 359 e *caput* do art. 360, ambos da IN-INSS n. 128/2022).

v) Observado o disposto no § 2º do art. 71-A da Lei n. 8.213, de 1991, o benefício de salário-maternidade não poderá ser concedido a mais de um segurado em decorrência do

---

[25] Nada obstante fossem óbvios os reflexos das modificações também no plano previdenciário, mantinha-se no RGPS, por mais incrível que pudesse parecer, até que fosse operada a alteração na legislação específica, a tabela indicativa das relações entre a idade do adotado ou pupilo e o período de licença-maternidade, consoante se via, por exemplo, no art. 295 da ora revogada IN-INSS n. 45, de 6 de agosto de 2010 e no § 1º, I e II, do art. 344 da igualmente revogada IN-INSS n. 77/2015.

Essa evidência realçava a distinção, muitas vezes não percebida, entre licença-maternidade (instituto trabalhista) e salário-maternidade (instituto previdenciário). No caso específico, a licença-maternidade passou a ser de 120 (cento e vinte) dias, mas o salário-maternidade permanecia submetido à tabela constante do art. 71-A da Lei n. 8.213/91, que atribuía 120 dias de salário-maternidade para adoção ou guarda para fins de adoção de criança de até 1 ano de idade; de 60 dias no caso de criança a partir de 1 até 4 anos de idade; e de 30 dias no caso de criança a partir de 4 até 8 anos de idade.

A sociedade conviveu, então, durante longo tempo, com um imenso imbróglio em face do qual uma adotante de criança de 3 anos de idade, por exemplo, fruía licença-maternidade de 120 (cento e vinte) dias, mas recebia salário-maternidade de apenas 60 dias. Quem pagava a diferença?

O empregador, é óbvio, e isso acontecia por conta da garantia de licença-maternidade de 120 dias. Nesse caso, depois de transcorridos os primeiros 60 dias cobertos pela Previdência Social, o empregador assumia os custos do 61º até o 120º dia de licença.

mesmo processo de adoção ou guarda, inclusive na hipótese de um dos adotantes ser vinculado a Regime Próprio de Previdência Social (§ 2º do art. 357 da IN-INSS n. 128/2022).

vi) Antes da publicação da Lei n. 12.873, de 24 de outubro de 2013, o salário-maternidade era devido apenas para as mulheres (§ 1º do art. 357 da IN INSS 128/2022)[26].

Afirmava-se nesta obra, em edições anteriores, que a restrição do salário-maternidade às mulheres era opção legislativa passível de crítica, haja vista a consagração do princípio da igualdade entre homens e mulheres (art. 5º, I, da Constituição). Conclamava-se aqui a discussão quanto à necessidade de regulamentação da licença-paternidade em dimensão equivalente à licença-maternidade nos casos de adoção realizada unicamente por homens ou de licença substituinte do salário-maternidade — e devida ao pai — nos casos em que, por exemplo, a mãe faleça tão logo a criança nasça. Exatamente assim, tal qual previsto em edições passadas, procedeu o legislador.

A Lei n. 12.873, de 24 de outubro de 2013 (com vigência noventa dias após a data de sua publicação), quebrou tabus e incluiu no art. 392-C da CLT e no art. 71-B da Lei n. 8.213/91 previsão no sentido de que o empregado/segurado poderá fruir licença-maternidade e receber salário-maternidade[27] quando adotar ou obtiver guarda judicial para fins de adoção. Vejam-se os dispositivos:

CLT:

Art. 392-A. À empregada que adotar ou obtiver guarda judicial para fins de adoção de criança será concedida licença-maternidade nos termos do art. 392.

[...]

Art. 392-C. Aplica-se, no que couber, o disposto nos arts. 392-A e 392-B ao empregado que adotar ou obtiver guarda judicial para fins de adoção.

---

[26] A adoção é um ato de amor que pode ser praticado indistintamente no universo feminino ou masculino, não existindo motivação razoável para conceder a "licença por adoção" unicamente em favor das mulheres. O CSJT — Conselho Superior da Justiça do Trabalho, rompendo com a literalidade das normas infraconstitucionais e oferecendo um exemplo de cidadania e inclusão, deu caráter normativo à decisão em que acolheu a pretensão de licença em favor de servidor do judiciário trabalhista, solteiro, que adotou uma criança. Por conta disso foi publicada a Resolução n. 60/2009, primeiro texto normativo a dar tratamento isonômico a mulheres e homens adotantes, cujo art. 1º assim dispõe:

Art. 1º O magistrado ou servidor da Justiça do Trabalho de primeiro e segundo graus que adotar ou obtiver guarda judicial de criança, para fins de adoção, terá direito à licença de que trata o art. 210 da Lei n. 8.112, de 11 de dezembro de 1990, bem como à prorrogação prevista na Lei n. 11.770, de 9 de setembro de 2008, regulamentada pelo Ato Conjunto n. 31, de 29 de outubro de 2008.

Parágrafo único. O disposto neste artigo não se aplica à hipótese em que a adoção ou a guarda judicial tenha sido realizada em conjunto com cônjuge ou convivente em união estável, nos termos do art. 1.622 do Código Civil.

O principal fundamento da decisão do CSJT foi constitucional. Para os integrantes da Corte, o atendimento da pretensão baseou-se no princípio da proteção integral à criança e ao adolescente previsto no art. 227 da Constituição da República, que estabelece ser dever da família, da sociedade e do Estado assegurar à criança, ao adolescente e ao jovem, com absoluta prioridade, o direito à vida, à saúde, à alimentação, à educação, ao lazer, à profissionalização, à cultura, à dignidade, ao respeito, à liberdade e à convivência familiar e comunitária, além de colocá-los a salvo de toda forma de negligência, discriminação, exploração, violência, crueldade e opressão.

[27] Talvez fosse mais adequado, depois da quebra do tabu, falar definitivamente, e para ambos os gêneros, em licença-parentalidade e salário-parentalidade, e não em licença-maternidade ou salário-maternidade. O primeiro passo para isso foi dado pela Lei n. 14.457, de 21 de setembro de 2022, a primeira norma que expressamente trata da proteção trabalhista em virtude da parentalidade e que ainda fixa o seu conceito: *parentalidade é o vínculo socioafetivo maternal, paternal ou qualquer outro que resulte na assunção legal do papel de realizar as atividades parentais, de forma compartilhada entre os responsáveis pelo cuidado e pela educação das crianças e dos adolescentes, nos termos do parágrafo único do art. 22 da Lei n. 8.069, de 13 de julho de 1990 (Estatuto da Criança e do Adolescente).*

Lei n. 8.213/91:

Art. 71-B. Ao segurado ou segurada da Previdência Social que adotar ou obtiver guarda judicial para fins de adoção de criança é devido salário-maternidade pelo período de 120 (cento e vinte) dias.

Independentemente de adoção ou guarda para fins de adoção, o homem também poderá ser destinatário das vantagens ora em discussão nas situações de falecimento de sua cônjuge ou companheira. Vejam-se as disposições:

CLT:

Art. 392-B. Em caso de morte da genitora, é assegurado ao cônjuge ou companheiro empregado o gozo de licença por todo o período da licença-maternidade ou pelo tempo restante a que teria direito a mãe, exceto no caso de falecimento do filho ou de seu abandono.

Lei n. 8.213/91:

Art. 71-B. No caso de falecimento da segurada ou segurado que fizer jus ao recebimento do salário--maternidade, o benefício será pago, por todo o período ou pelo tempo restante a que teria direito, ao cônjuge ou companheiro sobrevivente **que tenha a qualidade de segurado**, *exceto no caso do falecimento do filho ou de seu abandono, observadas as normas aplicáveis ao salário-maternidade.*

Perceba-se, porém, que a licença-maternidade e o salário-maternidade, nos termos dos referidos arts. 392-B da CLT e 71-B da Lei n. 8.213/91, somente serão atribuídos ao cônjuge ou companheiro que tenha, no momento da invocação da vantagem, respectivamente, as qualidades de empregado e de segurado.

Assim, obviamente, a licença-maternidade somente será transferida para o cônjuge ou companheiro sobrevivente se ele for empregado (urbano, rural ou doméstico) no momento do infausto acontecimento.

Da mesma forma, o salário-maternidade somente será trasladado para o supérstite se este tiver, por ocasião do requerimento, mantida a qualidade de segurado. Isso significa que, em algumas situações, o cônjuge ou companheiro sobrevivente, caso **desempregado ou despojado da qualidade de segurado**, não terá, respectivamente, licença-maternidade ou salário-maternidade.

Quando ele tiver direito à licença-maternidade, porque empregado, terá direito ao salário-maternidade; mas haverá casos em que, apesar de desempregado e **ainda no período de graça** (*vide* art. 15 da Lei n. 8.213/91 e art. 13 do Decreto n. 3.048/99), não terá licença--maternidade, mas fruirá de salário-maternidade.

Atente-se, por fim, que não há falar em fruição de salário-maternidade sem afastamento das suas atividades cotidianas para dedicar-se aos cuidados que a criança requer. O art. 71-C é bem claro no sentido de que "a percepção do salário-maternidade, inclusive o previsto no art. 71-B, está condicionada ao afastamento do segurado do trabalho ou da atividade desempenhada, sob pena de suspensão do benefício".

vii) Concedido o salário-maternidade em situação de guarda para fins de adoção, não se outorgará outro benefício da mesma natureza, em relação à mesma criança ou adolescente, por ocasião da concretização da adoção.

viii) O *caput* do art. 392-A da CLT mencionava que a licença-maternidade, nos termos do art. 392 do mesmo diploma legal, era concedida à empregada ou empregado que adotasse ou obtivesse guarda judicial para fins de adoção de "criança".

Pois bem. Se, nos moldes do art. 2º do Estatuto da Criança e do Adolescente, "criança" era a pessoa com até doze anos de idade incompletos, uma interpretação literal conduzia à conclusão de que a licença-maternidade *seria concedida apenas a quem adotasse pessoas com até doze anos de idade incompletos*. Superado esse limite, a adoção não seria fato gerador de licença-maternidade, tampouco salário-maternidade.

Esse, entretanto, era um raciocínio baseado na frieza da lei e, como se verá mais adiante, até certo ponto equivocado. **Isso era aqui sustentado em edições anteriores**.

A interpretação literal não parecia harmonicamente inserida no contexto do art. 227 do Texto Constitucional e na proposta modificativa da Lei n. 12.010/2009. Afirma-se isso porque a Constituição da República, em seu art. 227, **sempre ofereceu idêntica proteção à criança e ao adolescente**, sem distinções. Não fosse apenas isso, consoante o art. 1º do referido diploma modificativo, a tônica revisional baseou-se no "aperfeiçoamento da sistemática prevista para garantia do direito à convivência familiar a **todas** as crianças e adolescentes". Perceba-se que a referida norma infraconstitucional não deu guarida a diferenças no âmbito da adoção de crianças ou de adolescentes.

Era absolutamente sem sentido, portanto, aceitar a interpretação literal do art. 392-A da CLT para restringir a licença-maternidade unicamente em favor de quem adotar "crianças" (0 a 12 anos incompletos) em detrimento de quem adotar "adolescentes" (de 12 a 18 anos incompletos), sendo certo que o limite etário do adotando é justamente o da própria adolescência (veja-se o art. 40 da Lei n. 8.069/90).

É bom anotar que a sentença proferida nos autos da **ACP (Ação Civil Pública) 5019632-23.2011.404.7200**, que tramitou perante a 1ª Vara Federal de Florianópolis/SC, ordenou que o INSS concedesse salário-maternidade de 120 (cento e vinte) dias às seguradas que adotassem ou que obtivessem a guarda judicial para fins de adoção **de criança ou adolescente, independentemente da idade do adotado**[28].

A despeito da nova redação dada ao art. 71-A da Lei n. 8.213/91, enquanto não se corrigisse a interpretação no sentido de que o *caput* do art. 392-A da CLT abarcava também o adolescente (e não apenas a "criança", como literalmente consta do referido dispositivo), novos imbróglios jurídicos seriam formados, desta vez para justificar situação em que o salário-maternidade cobriria tempo não correspondente à licença-maternidade, o que seria juridicamente inimaginável.

A solução para toda essa discussão jurídica, porém, veio mediante a publicação da **Lei n. 13.509, de 2017**, que, definitivamente, pôs fim às dúvidas. O texto agora é bem claro no sentido de que "à empregada que adotar ou obtiver guarda judicial para fins de adoção de **criança ou adolescente** será concedida licença-maternidade nos termos do art. 392". O assunto foi superado na esfera trabalhista. Na esfera previdenciária ainda são tratadas de forma diferenciada crianças e adolescentes, como se verá mais adiante neste tópico.

Mesmo que não existisse a referida lei, parece que solução equivalente seria alcançável mediante a aceitação da tese segundo a qual o Decreto n. 99.710, de 21 de novembro de

---

28 Veja-se trecho da sentença, conforme literalmente dela consta:

"Outrossim, julgo procedente o pedido do Ministério Público Federal para:

1) declarar *incidenter tantum* a inconstitucionalidade do art. 71-A, *caput*, segunda parte, da Lei n. 8.213/91, por ofensa aos princípios e regras insculpidos no art. 6º, *caput*, no art. 203, I, e no art. 227, *caput* e § 6º, todos da Constituição Federal, no que diz respeito ao fracionamento do salário-maternidade e sua previsão em período inferior a 120 (cento e vinte) dias;

2) ordenar à ré, sob pena de multa de R$ 10.000,00 (dez mil reais) ao dia, que conceda salário-maternidade de 120 (cento e vinte) dias às seguradas que adotaram ou que obtiveram a guarda judicial para fins de adoção **de criança ou adolescente INDEPENDENTEMENTE da idade do adotado**, devendo a comprovação do cumprimento da sentença se dar nos autos dentro do prazo de dez dias" (destaques não constantes do original).

1990, que promulgou a "Convenção sobre os Direitos da Criança"[29], teria derrogado as disposições contidas no ECA no que diz respeito ao **conceito de criança**.

É que o art. 2º do referido Estatuto da Criança e do Adolescente, que entrou em vigor 90 dias após sua publicação (ocorrida em 16 de julho de 1990), considera criança a pessoa com até doze anos de idade incompletos, e adolescente aquela entre doze e dezoito anos de idade. O Decreto n. 99.710, de 21 de novembro de 1990 — na condição de norma posterior e de hierarquia mais elevada (é supralegal) —, trata sobre o mesmo assunto e, em seu art. 1º, conceitua criança como "todo ser humano **com menos de dezoito anos de idade**, a não ser que, em conformidade com a lei aplicável à criança, a maioridade seja alcançada antes".

Ora, se criança é realmente "todo ser humano **com menos de dezoito anos de idade**", não se poderia negar — **nem mesmo antes da publicação da Lei n. 13.509/2017** — a aplicabilidade dos arts. 392-A da CLT e 71-A da Lei n. 8.213/91, em toda a extensão de 120 dias de licença e de salário-maternidade em favor de quem — homem ou mulher — adote ou obtenha guarda para fins de adoção[30].

E na esfera previdenciária?

Apesar do teor da referida decisão tomada nos autos da citada Ação Civil Pública n. 5019632-23.2011.404.7200, e da intangibilidade das suas assertivas, mesmo depois de julgado o RE 880417/PR — Paraná, em 29-2-2016, relatado pelo Min. Luiz Fux, o **Decreto n. 10.410, de 2020, que atualizou o Decreto n. 3.048/99, numa atitude renitente e violadora das determinações judiciárias, renovou a problemática da limitação do**

---

29 A "Convenção sobre os Direitos da Criança" entrou em vigor internacional em 2 de setembro de 1990. O Congresso Nacional a aprovou pelo Decreto Legislativo n. 28, de 14 de setembro de 1990, e o Governo brasileiro a ratificou em 24 de setembro de 1990. Sua vigência interna começou em 23 de outubro de 1990. Sua promulgação, entretanto, deu-se por meio do Decreto n. 99.710, de 21 de novembro de 1990, que entrou em vigor na data de sua publicação, em 22 de novembro de 1990.

30 Os prazos da licença-adotante não podem ser inferiores aos prazos da licença-gestante, o mesmo valendo para as respectivas prorrogações. Em relação à licença-adotante, **não é possível fixar prazos diversos em função da idade da criança adotada**. Com base nessa orientação, o Plenário do STF, por maioria, deu provimento a recurso extraordinário em que discutida a possibilidade de lei instituir prazos diferenciados para a concessão de licença-maternidade às servidoras gestantes e às adotantes. Reconheceu o direito da recorrente, servidora pública, ao prazo remanescente da licença parental, a fim de que o tempo total de fruição do benefício, computado o período já gozado, seja de 180 dias de afastamento remunerado, correspondentes aos 120 dias de licença, previstos no art. 7º, XVIII, da CF, acrescidos dos 60 dias de prorrogação, nos termos da lei. De início, o Colegiado afirmou que a Constituição trouxera inovações a respeito do tema. Uma delas, a superação da ideia de família tradicional, hierarquizada, liderada pelo homem, chefe da sociedade conjugal. Fora criada uma noção de família mais igualitária, que não apenas resulta do casamento. Além disso, ela não é mais voltada para proteger o patrimônio, mas para cultivar e manter laços afetivos. Outra mudança diz respeito à igualdade entre os filhos, que tinham regime jurídico diferenciado, a depender de suas origens. Por fim, fora estabelecido, no art. 7º, XVIII, da CF, a licença à gestante como um direito social. No que se refere à legislação infraconstitucional, o Tribunal explicou sua evolução até o quadro atual, em que há duas situações distintas: para servidoras públicas, regidas de acordo com a Lei n. 8.112/1990, a licença-maternidade, para gestantes, é de 120 dias. Para adotantes, a licença-maternidade é de 90 dias, para crianças menores de 1 ano, e de 30 dias, para maiores de 1 ano. Por outro lado, para trabalhadoras da iniciativa privada, regidas de acordo com a CLT, **a licença-gestante é equiparada à licença-adotante, e não há diferenciação em virtude da idade da criança adotada**. Com o advento da Lei n. 11.770/2008, passara a ser previsto o direito de prorrogação da licença-maternidade em até 50%, tanto para servidoras públicas quanto para trabalhadoras do setor privado. RE 778889/PE, rel. Min. Roberto Barroso, 10-3-2016 (RE-778889).

salário-maternidade unicamente em favor de adotados que tenham até 12 anos de idade. Veja-se o trecho:

*Art. 93-A. O salário-maternidade é devido ao segurado ou à segurada da previdência social que adotar ou obtiver guarda judicial, para fins de adoção de **criança de até doze anos de idade**, pelo período de cento e vinte dias (Redação dada pelo Decreto n. 10.410, de 2020) (destaques não constantes do original).*

A mesma interpretação foi inserida no art. 358, II, da Instrução Normativa INSS n. 128/2022.

a1.4) Gravidez de risco

A reforma trabalhista de 2017, nos termos da Lei n. 13.467, criou mais um fato gerador para o salário-maternidade. Segundo o texto do art. 394-A da CLT, já ajustado pela ADIN 5.938, a gestante ou lactante não podem trabalhar em ambiente insalubre. Diante desse cenário, se a mulher não encontrar espaço na empresa para exercer as suas atividades em local salubre, a hipótese será considerada como gravidez de risco e ensejará a percepção de salário-maternidade, nos termos da Lei n. 8.213, de 24 de julho de 1991, durante todo o período de afastamento. Perceba que, em rigor e ordinariamente, a mulher pode chegar a fruir de licença-maternidade e salário-maternidade de até 15 meses (nove meses decorrentes da gestação mais seis meses para a amamentação).

Quadro sinótico

Evento	Ocorrência	Dimensão da licença-maternidade
Abortamento não criminoso	Antes da 23ª semana (6º mês) de gestação	Duas semanas, **sem direito a extensões** (vide art. 395 da CLT)
Parto	Em qualquer tempo, caso se gere criança viva A partir da 23ª semana (6º mês) de gestação, ainda que se gere natimorto	120 dias, **extensíveis por mais duas semanas** (antes e/ou depois do parto), mediante atestado médico específico (vide art. 392 da CLT). Nos moldes do § 3º do art. 18 da Lei n. 13.301/2016, a licença-maternidade de urbanas, rurícolas ou domésticas será de **180 (cento e oitenta) dias** no caso das mães de crianças acometidas por sequelas neurológicas decorrentes de doenças transmitidas pelo *Aedes aegypti*, assegurado, nesse período, o recebimento de salário-maternidade previsto no art. 71 da Lei n. 8.213, de 24 de julho de 1991, em igual dimensão. A Lei n. 13.985, de 7 de abril de 2020, além de ter instituído pensão especial destinada a crianças com Síndrome Congênita do Zika Vírus, nascidas entre 1º de janeiro de 2015 e 31 de dezembro de 2019, garantiu-lhes, em reiteração ao disposto na Lei n. 13.301/2016, licença-maternidade e salário-maternidade de 180 (cento e oitenta) dias.

Adoção ou guarda para fins de adoção	A partir da apresentação do termo judicial à guardiã ou à adotante. Importa anotar que, desde a publicação da Lei n. 12.873, de 24 de outubro de 2013, o empregado adotante também fará jus à licença ora discutida.	Desde 2 de novembro de 2009, **por força da Lei n. 12.010/2009**, a licença-maternidade corresponderá a 120 dias, independentemente de o adotando ser criança ou adolescente (*vide* art. 392-A da CLT).
Gravidez de risco	A partir da identificação de gestante ou lactante em trabalho insalubre sem a possibilidade de realocação para ambiente salubre.	Desde o momento em que se constatar trabalho de gestante ou lactante em ambiente insalubre, sem possibilidade de realocação. Essa licença-maternidade associada a salário-maternidade pode ordinariamente alcançar até 15 meses, resultantes da soma de todo o período de gestação (até nove meses) mais todo o período de lactação (seis meses).

a2) Cálculo e valor

Para a **segurada empregada**, o salário-maternidade corresponderá à remuneração devida no mês do seu afastamento ou, se for o caso de salário total ou parcialmente variável, à igualdade da média aritmética simples dos seus seis últimos salários, **não sujeito ao limite máximo do salário de contribuição** (veja-se o art. 393 da CLT). No caso de empregos concomitantes, a segurada fará jus ao salário-maternidade relativo a cada emprego.

Para a **trabalhadora avulsa,** o salário-maternidade corresponderá ao valor de sua última remuneração integral, equivalente a um mês de trabalho **não sujeito ao limite máximo do salário de contribuição**.

Para a **empregada doméstica,** o salário-maternidade corresponderá ao valor de seu último salário de contribuição **sujeito ao limite máximo do salário de contribuição**.

Pode-se, então perguntar: por que se fala que o salário-maternidade estaria ou não sujeito ao limite máximo do salário de contribuição?

Porque os benefícios previdenciários estão submetidos, **em regra**, a um valor limite fixado pelo Ministério da Previdência Social que se chama **teto previdenciário**[31], e a maior parte dos benefícios previdenciários não rompe esse teto.

O salário-maternidade devido às seguradas empregadas e às seguradas trabalhadoras avulsas, entretanto, é uma exceção à mencionada regra, uma vez que, em obediência ao disposto no art. 7º, XVIII e XXXIV, da Constituição de 1988, não se pode atribuir qualquer prejuízo salarial a elas por ocasião da licença-maternidade. Desse modo, caso sejam remuneradas com valores superiores ao teto previdenciário, seus salários-maternidade preservaram a dimensão do montante recebido durante a atividade (*vide* o art. 72 da Lei n. 8.213/91). Isso, entretanto, não acontecerá com as empregadas domésticas, **a despeito de o referido inciso XVIII do art. 7º do texto fundamental lhes ser também aplicável**. Afirma-se isso com base no disposto no art. 73, I, da Lei n. 8.213/91, segundo o qual o salário-maternidade para segurada empregada doméstica, pago diretamente pela Previdência Social, consistirá "em um valor correspondente ao do seu último salário de contribuição". Como o

---

31 Para acompanhar as atualizações do teto previdenciário, sugere-se consultar o *site* do Ministério do Trabalho e Previdência.

valor do salário de contribuição está limitado pelo teto previdenciário, as empregadas domésticas não recebem montante superior a ele.

Ressalte-se, por outro lado, que, apesar de extrapolar o teto previdenciário, o salário-maternidade das seguradas empregadas e trabalhadoras avulsas está submetido a outro elemento limitador: **o teto remuneratório do serviço público.**

Teto remuneratório do serviço público? Sim. Conforme o § 3º do art. 240 da IN-INSS n. 128/2022, o benefício de salário-maternidade das referidas seguradas terá a renda mensal sujeita ao limite máximo correspondente aos vencimentos dos Ministros do Supremo Tribunal Federal. Essa disposição decorreu da regulamentação do disposto no art. 248 da Constituição Federal[32], incluído no texto fundamental pela Emenda Constitucional n. 20, de 15-12-1998. Nesses termos, nenhum benefício previdenciário — nem mesmo o salário-maternidade para seguradas empregadas e trabalhadoras avulsas — poderá exceder o subsídio mensal, em espécie, dos Ministros do Supremo Tribunal Federal.

Pode-se, então, questionar a situação das empregadas que recebem salários vultosos além do limite do teto remuneratório do serviço público (art. 37, XI, da Carta de 1988). Elas, diante dessa situação, receberiam salário-maternidade em dimensão inferior aos seus ganhos habituais?

A resposta, conquanto controvertida, tem sido afirmativa. Entende-se, com base no referido art. 248 da Constituição de 1988 (inserido no corpo da Carta por meio da EC n. 20/1998), que os órgãos estatais que administram o pagamento dos salários-maternidade devem, no particular, observar os limites fixados no art. 37, XI, do texto constitucional.

Mas quem, enfim, assumirá, em favor da empregada (uma executiva que, por exemplo, ganhe R$ 100.000,00 por mês), a diferença entre o teto remuneratório do serviço público e o valor real dos seus elevados salários?

O empregador. Essa é a resposta mais frequente.

Diz-se isso porque a garantia constante do art. 7º, XVIII, da Constituição de 1988, no sentido de que as empregadas teriam direito à **licença-gestante**, **sem prejuízo** do emprego e **do salário**, com a duração de cento e vinte dias, é um direito trabalhista, e não previdenciário.

O dispositivo mencionado trata de licença-maternidade. Afinal, "licença" sem prejuízo do salário é fórmula de interrupção contratual. Não há menção no art. 7º, XVIII, da Carta de 1988, ao salário-maternidade, mas apenas à licença-maternidade e quem assume os custos decorrentes desta é o empregador.

É verdade, entretanto, que os órgãos estatais assumem considerável montante dos custos decorrentes desse afastamento por conta da licença à gestante mediante concessão do salário-maternidade, mas, como se viu, não necessariamente assumem a integralidade desses valores.

A questão que diz respeito à assunção das diferenças entre o valor do salário habitual da empregada e o valor do salário-maternidade assumido pelo órgão responsável com base no regime geral de previdência social é, entretanto, delicada. Apesar do que dispõe o referido art. 248 da Constituição de 1988, e da conclusão no sentido de que caberia ao empregador pagar as diferenças entre o teto remuneratório do serviço público e os altos salários de suas empregadas, é importante relembrar que o item IV.8 da já citada Convenção 103 da

---

32 Art. 248. Os benefícios pagos, a qualquer título, pelo órgão responsável pelo regime geral de previdência social, ainda que à conta do Tesouro Nacional, e os não sujeitos ao limite máximo de valor fixado para os benefícios concedidos por esse regime observarão os limites fixados no art. 37, XI.

OIT[33], que versa sobre a proteção à maternidade, prevê que, "em hipótese alguma, deve o empregador ser tido como pessoalmente responsável pelo custo das prestações devidas às mulheres que ele emprega".

A assunção das diferenças referidas por parte do empregador, obviamente, faria com que o trabalho da mulher se transformasse em algo mais caro do que o trabalho do homem e que, com isso, fosse produzida discriminação, situação que, aliás, preocupou o legislador constituinte originário na medida em que previu, entre os direitos das trabalhadoras, a "proteção do mercado de trabalho da mulher" (art. 7º, XX).

Não é demasiado lembrar que o empregador, de acordo com a sistemática de custeio da previdência social, já recolhe para os cofres do regime geral, mensalmente, 20% de tudo o que paga em favor de sua empregada, sem qualquer limite ou teto. Isso significa que o empregador já custeia, sozinho, a cada cinco meses de vínculo da empregada, mediante as contribuições previdenciárias recolhidas, montante suficiente para o pagamento do salário-maternidade dela, por mais elevado que seja. E ainda há a parte da própria segurada nesse custeio. Não parece razoável, portanto, dizer que o art. 248 da Constituição de 1988 criou um limite para a renda mensal do salário-maternidade em nome da moralidade administrativa ou da não assunção de elevados custos. É mais fácil dizer que a EC n. 20/1998 produziu um retrocesso social violador do direito fundamental de proteção à maternidade.

Anote-se, por fim, que esse tema foi tratado na ADI 1.946-5/DF. Na referida ação discutiu-se a constitucionalidade do art. 14 da Emenda Constitucional n. 20, de 15-12-1998, que limitou **todos** os benefícios pagos pelo RGPS — inclusive o salário-maternidade — ao teto previdenciário. Os argumentos ali apresentados, entretanto, se amoldariam também, e perfeitamente, à limitação imposta pelo art. 248 da Carta de 1988, o qual, entretanto, apesar de igualmente criado pela referida Emenda (vide art. 2º desta), não foi objeto direto da discussão[34].

---

33 A Convenção 103 foi adotada na 35ª Sessão da Conferência, em Genebra (1952). A sua aprovação ocorreu por meio do Decreto Legislativo n. 20, de 30 de abril de 1965. O registro do instrumento de ratificação no B.I.T. deu-se em 18 de junho de 1965. Ela entrou em vigor no Brasil em 18 de junho de 1966, e foi promulgada pelo Decreto n. 58.820, de 14 de julho de 1966, publicado no *DOU* de 19 de julho de 1966.
34 DIREITO CONSTITUCIONAL, PREVIDENCIÁRIO E PROCESSUAL CIVIL. LICENÇA-GESTANTE. SALÁRIO. LIMITAÇÃO. AÇÃO DIRETA DE INCONSTITUCIONALIDADE DO ART. 14 DA EMENDA CONSTITUCIONAL N. 20, DE 15-12-1998. ALEGAÇÃO DE VIOLAÇÃO AO DISPOSTO NOS ARTIGOS 3º, IV, 5º, I, 7º, XVIII, E 60, § 4º, IV, DA CONSTITUIÇÃO FEDERAL. 1. O legislador brasileiro, a partir de 1932 e mais claramente desde 1974, vem tratando o problema da proteção à gestante, cada vez menos como um encargo trabalhista (do empregador) e cada vez mais como de natureza previdenciária. Essa orientação foi mantida mesmo após a Constituição de 05-10-1988, cujo art. 6º determina: a proteção à maternidade deve ser realizada "na forma desta Constituição", ou seja, nos termos previstos em seu art. 7º, XVIII: "licença à gestante, sem prejuízo do emprego e do salário, com a duração de cento e vinte dias". 2. Diante desse quadro histórico, não é de se presumir que o legislador constituinte derivado, na Emenda 20/98, mais precisamente em seu art. 14, haja pretendido a revogação, ainda que implícita, do art. 7º, XVIII, da Constituição Federal originária. Se esse tivesse sido o objetivo da norma constitucional derivada, por certo a E.C. n. 20/98 conteria referência expressa a respeito. E, à falta de norma constitucional derivada, revogadora do art. 7º, XVIII, a pura e simples aplicação do art. 14 da E.C. 20/98, de modo a torná-la insubsistente, implicará um retrocesso histórico, em matéria social-previdenciária, que não se pode presumir desejado. 3. Na verdade, se se entender que a Previdência Social, doravante, responderá apenas por R$1.200,00 (hum mil e duzentos reais) por mês, durante a licença da gestante, e que o empregador responderá, sozinho, pelo restante, ficará sobremaneira, facilitada e estimulada a opção deste pelo trabalhador masculino, ao invés da mulher trabalhadora. Estará, então, propiciada a discriminação que a Constituição buscou combater, quando proibiu diferença de salários, de exercício de funções e de critérios de admissão, por motivo de sexo (art. 7º, inc. XXX, da C.F./88), proibição, que, em substância, é um desdobramento do princípio da igualdade de direitos, entre homens e mulheres, previsto no in-

a3) O salário-maternidade como salário de contribuição. A decisão do STF nos autos do Recurso Extraordinário (RE) 576.967, com repercussão geral reconhecida (Tema 72)

O salário-maternidade foi, durante muito tempo, o **único benefício previdenciário considerado salário de contribuição**, conforme disposto no § 2º do art. 28 da Lei n. 8.212/91. Essa particularidade revelava, entretanto, um tratamento jurídico diferenciado e mais exigente sem que existissem razões plausíveis para tanto.

Em rigor, em clara violação ao direito fundamental à proteção à maternidade, a destinatária do benefício ora em análise via-se submetida à contribuição previdenciária justamente num momento em que mais precisaria, ao menos teoricamente, receber integralmente o seu estipêndio. Nada, absolutamente nada justificava a cobrança de contribuição previdenciária sobre o salário-maternidade, notadamente sobre os benefícios cuja dimensão não superava um salário mínimo.

Nesse ponto é relevante deixar anotado que a Procuradoria-Geral da República ajuizou no Supremo Tribunal Federal (STF) Ação Direta de Inconstitucionalidade (**ADI 5.626 — relatoria do Min. Celso de Mello**) contra dispositivos da precitada Lei Orgânica da Seguridade Social (Lei n. 8.212/91) que fazem incidir a contribuição previdenciária sobre o salário-maternidade. Segundo as razões contidas na referida ação, os §§ 2º e 9º (alínea *a*, parte final) do art. 28 da Lei n. 8.212/91 são incompatíveis com as garantias constitucionais de proteção à maternidade e ao direito das mulheres de acesso ao mercado de trabalho. Argumentava-se ali que as normas imputam ao empregador parte do ônus do afastamento da gestante devido à maternidade e contribuem para o aumento do custo de sua mão de obra, em comparação à masculina.

De acordo com a linha de argumentação adotada na referida ADI, medidas estatais que imponham de forma desproporcional maior custo à mão de obra feminina são incompatíveis com a premissa de equilíbrio entre a proteção da maternidade e do emprego da mulher. O texto da ADI lembra que a Lei n. 6.136/74 transferiu à Previdência Social o encargo exclusivo pelo pagamento integral da remuneração da trabalhadora no período de licença, mas o empregador continuou obrigado a recolher a contribuição sobre o salário-maternidade e, ainda, arcar com o encargo incidente sobre a remuneração de eventual trabalhador temporário, substituto da licenciada, salientando que essa dupla contribuição pelo mesmo posto de trabalho encarece a mão de obra feminina e contraria a norma constitucional e a Convenção n. 103 da Organização Internacional do Trabalho.

Bem antes de aforada a referida ADI 5.626, já existia o RE 576.967, protocolizado desde 29-1-2008, apresentando a mesma pretensão. Foi justamente esse Recurso Extraordinário que, depois de longo trâmite, viu o Supremo Tribunal Federal, em 4-8-2020, por maioria, apreciando o Tema 72 da repercussão geral, declarar, incidentalmente, **a inconstitucio-

---

ciso I do art. 5º da Constituição Federal. Estará, ainda, conclamado o empregador a oferecer à mulher trabalhadora, quaisquer que sejam suas aptidões, salário nunca superior a R$1.200,00, para não ter de responder pela diferença. Não é crível que o constituinte derivado, de 1998, tenha chegado a esse ponto, na chamada Reforma da Previdência Social, desatento a tais consequências Ao menos não é de se presumir que o tenha feito, sem o dizer expressamente, assumindo a grave responsabilidade. 4. A convicção firmada, por ocasião do deferimento da Medida Cautelar, com adesão de todos os demais Ministros, ficou agora, ao ensejo deste julgamento de mérito, reforçada substancialmente no parecer da Procuradoria-Geral da República. 5. Reiteradas as considerações feitas nos votos, então proferidos, e nessa manifestação do Ministério Público federal, a Ação Direta de Inconstitucionalidade é julgada procedente, em parte, para se dar, ao art. 14 da Emenda Constitucional n. 20, de 15-12-1998, interpretação conforme a Constituição, excluindo-se sua aplicação ao salário da licença gestante, a que se refere o art. 7º, inciso XVIII, da Constituição Federal. 6. Plenário. Decisão unânime.

nalidade da incidência de contribuição previdenciária sobre o salário-maternidade. Foi fixada a seguinte tese: "É inconstitucional a incidência de contribuição previdenciária a cargo do empregador sobre o salário-maternidade". Plenário, Sessão Virtual de 26-6-2020 a 4-8-2020.

Permanece, portanto, a exigência de contribuição previdenciária a cargo da trabalhadora sobre o salário-maternidade. Nesse ponto, é bom verificar o teor do Parecer SEI n. 18.361/2020/ME (Ministério da Economia), segundo o qual o "art. 28, § 2º e § 9º, *a*, parte final, da Lei n. 8.212, de 1991, deve ser considerado inválido tão-somente para o fim de compreender que o salário-maternidade não é remuneração, logo não integra a base de cálculo da contribuição previdenciária a cargo do empregador. Noutro giro, o mesmo dispositivo continua válido para fins de incidência da contribuição da empregada".

Exatamente pelo fato de ser exigida contribuição da segurada, o trecho do item 66 do voto do relator previu que "o tempo de afastamento da mulher no período da licença-maternidade não pode ser deduzido da contagem do seu tempo de serviço para fins de cômputo para a aposentadoria". Mantida a contribuição da cota da parte segurada, não haverá a necessidade de nenhuma exegese para concluir que o tempo de percepção do salário-maternidade é, sim, tempo de contribuição, porque, em rigor, há contribuição.

a4) Responsabilidade pelo pagamento

O salário-maternidade é pago às seguradas empregadas da mesma forma que o salário-família, ou seja, o valor é oferecido à trabalhadora pela empresa, que fica autorizada a compensar a quantia correspondente quando do recolhimento das contribuições sobre a folha de pagamento (*vide* o § 1º do art. 72 da Lei n. 8.213/91).

Há, entretanto, exceções a esta regra. As seguradas empregadas do microempreendedor individual de que trata o art. 18-A da Lei Complementar n. 123, de 14 de dezembro de 2006, as trabalhadoras avulsas (estas, conforme o disposto no § 3º do art. 72 da Lei n. 8.213/91 com a nova redação dada pela Lei 12.470, de 31 de agosto de 2011), as seguradas e segurados adotantes (conforme § 6º do art. 93-A do Decreto 3.048/99) e empregadas domésticas (conforme art. 101, I, do Decreto 3.048/99 e Lei n. 12.873, de 24-10-2013) recebem o benefício diretamente do INSS.

a5) Programa Empresa Cidadã

A Lei n. 11.770/2008, publicada em 9 de setembro de 2008, criou o Programa Empresa Cidadã, destinado a prorrogar por sessenta dias a duração da licença-maternidade prevista no inciso XVIII do *caput* do art. 7º da Constituição Federal, mediante concessão de incentivo fiscal. Por força dessa norma, a prorrogação é garantida à ***empregada da pessoa jurídica que aderir ao Programa***. Se a pessoa jurídica não aderir ao referido programa, suas empregadas não terão direito ao benefício aqui analisado. Obviamente, a vantagem não é estendida às seguradas que não tenham sido contratadas por pessoas jurídicas, caso de empregadas domésticas.

Uma vez realizada a adesão ao Programa Empresa Cidadã, a empregada deverá requerer[35] até o final do primeiro mês após o parto a prorrogação da licença-maternidade, que terá

---

35 Veja-se, *in verbis*, o § 1º do art. 1º da Lei n. 11. 770/2008:

§ 1º A prorrogação será garantida à empregada da pessoa jurídica que aderir ao Programa, **desde que a empregada a requeira** até o final do primeiro mês após o parto, e concedida imediatamente após a fruição da licença-maternidade de que trata o inciso XVIII do *caput* do art. 7º da Constituição Federal.

Perceba-se que não há automaticidade na concessão da vantagem de prorrogação. Ainda que a pessoa jurídica adira ao Programa Empresa Cidadã, caberá à empregada requerer o benefício, sob pena de não lhe ser

início imediatamente após a fruição daquela concedida e custeada pela Previdência Social, por força do disposto no inciso XVIII do *caput* do art. 7º da Constituição da República. Registre-se que não somente o parto é fato gerador desse benefício de prorrogação. Esta será garantida, nos moldes do § 2º do art. 1º da ora analisada lei, na mesma proporção, também à empregada que adotar ou obtiver guarda judicial para fins de adoção de criança.

Perceba-se, então, que o salário-maternidade não aumentou de tamanho. Ele continua a ter a dimensão correspondente a cento e vinte dias. O que mudou foi a dimensão da licença-maternidade, mediante a prorrogação dos dias não trabalhados sob o custeio exclusivo das empresas que aderirem ao programa. Trata-se de **situação de típica interrupção do contrato de emprego**. Perceba-se isso a partir da leitura do art. 3º da lei:

> Art. 3º *Durante o período de prorrogação da licença-maternidade, a empregada terá direito à sua remuneração integral, nos mesmos moldes devidos no período de percepção do salário-maternidade pago pelo regime geral de previdência social.*

A extensão da licença-maternidade nos moldes aqui analisados também não dilata a dimensão temporal da estabilidade gravídica, que continua a viger, indiferentemente, até cinco meses após o parto.

O tempo de prorrogação, por força do veto presidencial ao art. 6º da lei, **terá natureza salarial**, incidindo sobre ele todos os tributos que normalmente recaem sobre verbas remuneratórias. A principal razão para o veto ao dispositivo foi a preocupação do executivo com o equilíbrio financeiro e atuarial da Previdência Social.

As empresas que aderirem ao Programa Empresa Cidadã terão como estímulo um incentivo fiscal para atuarem na garantia dessa melhoria das condições sociais das trabalhadoras. Observe-se, nesse particular, o texto do art. 5º da supracitada lei:

> Art. 5º *A pessoa jurídica tributada com base no lucro real poderá deduzir do imposto devido, em cada período de apuração, o total da remuneração integral da empregada pago nos sessenta dias de prorrogação de sua licença-maternidade, vedada a dedução como despesa operacional.*

A leitura desse dispositivo deixa bem claro que somente as pessoas jurídicas tributadas com base no lucro real poderão valer-se das vantagens fiscais instituídas pelo Programa Empresa Cidadã. Observe-se que houve **veto presidencial** ao parágrafo único do art. 5º, que previa a extensão da vantagem às pessoas jurídicas enquadradas no regime do lucro presumido e às optantes pelo Sistema Integrado de Pagamentos de Impostos e Contribuições das Microempresas e Empresas de Pequeno Porte — SIMPLES. Nas razões do veto (Mensagem n. 679, de 9-9-2008), ofereceu-se, no particular, a seguinte justificativa:

> *Para as empresas que optam pela apuração do IRPJ com base no lucro presumido, a apuração do lucro é realizada por meio da aplicação de um percentual de presunção sobre a receita bruta auferida, dependendo da natureza das atividades das empresas, as quais, geralmente, não mantêm controles contábeis precisos, segundo a Receita Federal do Brasil. Assim, o proposto no parágrafo*

---

outorgado. O condicionamento ao requerimento, embora possa parecer absurdo à primeira vista, justifica-se diante do fato de a requerente ter de declarar, sob pena de perda do benefício, que não exercerá qualquer atividade remunerada durante a prorrogação e que não manterá a criança em creche ou organização similar. Veja-se o art. 4º da ora analisada lei:

Art. 4º No período de prorrogação da licença-maternidade de que trata esta Lei, a empregada não poderá exercer qualquer atividade remunerada e a criança não poderá ser mantida em creche ou organização similar.

Parágrafo único. Em caso de descumprimento do disposto no *caput* deste artigo, a empregada perderá o direito à prorrogação.

único prejudicaria a essência do benefício garantido a essas empresas, além de dificultar a fiscalização por parte da Receita Federal do Brasil.

Como o Simples Nacional engloba o pagamento de vários tributos, inclusive estaduais e municipais, mediante aplicação de uma única alíquota por faixa de receita bruta, o modelo proposto torna-se inexequível do ponto de vista operacional. Cria-se sério complicador para segregar a parcela relativa ao imposto de renda, para dele subtrair o salário pago no período de ampliação da licença.

Note-se que, para oferecer o referido incentivo fiscal às pessoas jurídicas tributadas com base no lucro real, o Poder Executivo terá de operar uma renúncia fiscal, cujo montante deverá ser incluído no demonstrativo a que se refere o § 6º do art. 165 da Constituição Federal, adunado ao projeto de lei orçamentária. Veja-se o art. 7º:

Art. 7º O Poder Executivo, com vistas no cumprimento do disposto no inciso II do caput do art. 5º e nos arts. 12 e 14 da Lei Complementar n. 101, de 4 de maio de 2000, estimará o montante da renúncia fiscal decorrente do disposto nesta Lei e o incluirá no demonstrativo a que se refere o § 6º do art. 165 da Constituição Federal, que acompanhará o projeto de lei orçamentária cuja apresentação se der após decorridos 60 (sessenta) dias da publicação desta Lei.

Anote-se, ainda, que, na forma prevista no art. 2º da lei aqui analisada, *a Administração Pública, direta, indireta e fundacional também está autorizada* a instituir programa que garanta prorrogação da licença-maternidade para suas servidoras, o que efetivamente já ocorre na esfera federal e em muitos Estados e Municípios brasileiros.

Por fim, cabe um registro especial.

A Lei n. 14.457, de 21 de setembro de 2022, inseriu o § 3º no art. 1º da Lei n. 11.770/2008, para prever, com acentuada sensibilidade, que a prorrogação da licença-maternidade poderia ser compartilhada entre a empregada e o empregado requerente, desde que ambos fossem empregados de pessoa jurídica aderente ao Programa e desde quando a decisão fosse adotada conjuntamente.

Nesse caso, a prorrogação compartilhada (de 60 dias) poderia ser usufruída pelo empregado da pessoa jurídica que aderisse ao Programa somente depois do término da licença-maternidade ordinária (de 120 dias), desde que fosse requerida com 30 (trinta) dias de antecedência.

A mesma Lei criou uma alternativa até então não existente para o acréscimo de 60 (sessenta) dias sobre a licença-maternidade. Previu-se no art. 1º-A que a empresa participante do Programa Empresa Cidadã estaria autorizada a substituir o período de prorrogação da licença-maternidade pela redução de jornada de trabalho em 50% (cinquenta por cento) pelo período de 120 (cento e vinte) dias. Para que essa troca fosse realizada, a Lei impôs, como requisitos, o pagamento integral do salário à empregada ou ao empregado pelo período de 120 (cento e vinte) dias; e o acordo individual firmado entre o empregador e a empregada ou o empregado interessados em adotar a medida. Essa troca também poderá ser concedida na forma compartilhada entre empregada e empregado.

a6) O segurado ou segurada podem trabalhar durante a licença-maternidade e o período de recebimento do salário-maternidade?

Não. Isso não é possível. Nenhum beneficiário do salário-maternidade pode trabalhar durante o período de recebimento do benefício. Há norma expressa quanto a isso. O art. 71-C da Lei n. 8.213/91, algumas vezes referido neste texto, dispõe no sentido de que "a percepção do salário-maternidade, inclusive o previsto no art. 71-B, está condicionada ao afastamento do segurado do trabalho ou da atividade desempenhada, sob pena de suspensão do benefício".

Anote-se, desde logo, que o art. 71-B acima referido trata do recebimento do salário-maternidade em virtude do falecimento da segurada ou segurado pelo cônjuge ou companheiro sobrevivente que tenha a qualidade de segurado.

Diante dessa disposição normativa, caso o beneficiário do salário-maternidade seja flagrado em situação de trabalho, a sanção que lhe será aplicável será a de suspensão do salário-maternidade até que seja cessado o não autorizado trabalho. Pode-se indagar: mas por que não se autoriza o trabalho durante o período de recebimento do salário-maternidade?

A razão dessa negativa está na expectativa de que, durante o recebimento do salário-maternidade, o beneficiário estará dedicado aos cuidados dados à criança, não sendo razoável que dela se possa afastar justamente nesse importante período.

E se houver o falecimento da criança no parto, ainda assim será exigível o afastamento do trabalho? Sim, ainda assim haverá a exigência de afastamento do trabalho, pois a fruição desse benefício e o correspondente afastamento do serviço são direitos irrenunciáveis que não podem ser relativizados nem mesmo pelo desejo da própria trabalhadora. Exatamente o mesmo se aplica, por lógica, em relação ao período de licença-maternidade.

b) Amamentação

Segundo a Organização Mundial de Saúde, as crianças devem receber aleitamento materno exclusivo até, no mínimo, os **seis meses de idade**[36], o que se confirma mediante a leitura do art. 396 da CLT. Este, portanto, deve ser o referencial aplicado para o preenchimento do conceito de "período da amamentação", constante da legislação trabalhista, ressalvada condição mais favorável em contrato individual ou de contrato coletivo de trabalho.

Mas o que se dizer dos adotantes que precisem oferecer aleitamento artificial aos seus pupilos/adotados? Eles não teriam as mesmas garantias de amamentação? A resposta era negativa até o advento da Lei n. 13.509, de 2017, que modificou a redação do art. 396 da CLT, o qual passou a ter a seguinte redação:

> Art. 396. Para amamentar seu filho, **inclusive se advindo de adoção,** até que este complete 6 (seis) meses de idade, a mulher terá direito, durante a jornada de trabalho, a 2 (dois) descansos especiais de meia hora cada um (Redação dada pela Lei n. 13.509, de 2017).

O legislador, revigorando a ideia de que a maternidade afetiva também deve merecer proteção, garantiu os mesmos direitos de amamentação, ainda que artificial, em favor dos adotantes. Compreenda-se aqui o aleitamento artificial como, em regra, a alimentação oferecida ao bebê durante seus primeiros meses de vida mediante produtos lácteos diversos do leite materno, e adaptados de modo a satisfazer as suas necessidades.

Os subitens a seguir expendidos levam em conta as normas que estabelecem a guarda dos filhos, sob vigilância e mediante assistência, e a concessão de períodos de descanso para o aleitamento. Acrescente-se que, nos moldes do art. 400 da CLT, os locais destinados à guarda dos filhos das operárias durante o período da amamentação deverão possuir, **no mínimo**, um berçário, uma saleta de amamentação, uma cozinha dietética e uma instalação sanitária.

---

[36] WORLD HEALTH ORGANIZATION — The optimal duration of exclusive breastfeeding — Report of an Expert Consultation — Geneva, Switzerland, March 2001.

b1) Guarda dos filhos

Os estabelecimentos em que trabalharem **pelo menos trinta mulheres**, com mais de dezesseis anos de idade, nos moldes do art. 389, § 1º, da CLT, devem ter local apropriado onde seja permitido às empregadas guardar sob vigilância e assistência seus filhos no período da amamentação. Tal exigência, entretanto, poderá ser suprida por meio de creches distritais mantidas, diretamente ou mediante convênios, com outras entidades públicas ou privadas, pelas próprias empresas, em regime comunitário, ou a cargo do SESI, do SESC ou de entidades sindicais.

Acrescente-se, com base no art. 397 da CLT, que o SESI, o SESC e outras entidades públicas destinadas à assistência à infância manterão ou subvencionarão, de acordo com suas possibilidades financeiras, escolas maternais e jardins de infância, distribuídos nas zonas de maior densidade de trabalhadores, destinados especialmente aos filhos das mulheres empregadas.

O Ministro do Trabalho e Emprego, na forma prevista no art. 399 consolidado, conferirá **diploma de benemerência** aos empregadores que se distinguirem pela organização e manutenção de creches e de instituições de proteção aos menores em idade pré-escolar, desde que tais serviços se recomendem por sua generosidade e pela eficiência das respectivas instalações.

b2) Descansos especiais

Para amamentar o próprio filho **até que este complete seis meses de idade**, tanto a mãe biológica quanto a mãe/pai adotante, nos termos do art. 396 da CLT, terão direito, durante a jornada de trabalho, a **dois descansos especiais** de meia hora cada um, sendo importante salientar que a lactação não é necessariamente natural, mas também artificial, se for o caso.

Os horários desses descansos especiais, segundo a dicção da Lei n. 13.467, de 13 de julho de 2017, que criou o § 2º para o referido dispositivo, "deverão ser definidos **em acordo individual** entre a mulher e o empregador". Note-se não haver menção à forma escrita do acordo individual, sugerindo, portanto, que ele possa ser verbal ou até mesmo tácito.

Alguns podem questionar a iniciativa que leva à efetiva fruição do intervalo. Caberá à lactante postular a concessão do intervalo ou ao empregador disponibilizá-lo, independentemente do pleito operário?

A resposta parece simples. Com base no dever de proteção, caberá ao empregador oferecer o intervalo, independentemente de pedido da lactante, cabendo a esta o direito de negociar, conforme acima expendido, os horários desses descansos especiais. Nessa situação **o empregador tem o dever de acomodação razoável**, cabendo-lhe ajustar as atividades operacionais de sua empregada aos instantes de amamentação (ainda que artificial, repita-se) que melhor consultem os interesses da própria lactante e do lactente.

Por outro lado, quando a saúde do filho exigir, o período de seis meses poderá ser dilatado, a critério da autoridade competente, que, segundo a sistemática trabalhista e previdenciária ora vigente, é o médico que acompanha a mãe ou o adotante, independentemente de atender na rede pública ou particular.

c) Puerpério e direitos decorrentes

O puerpério é o período durante o qual se desenvolvem todas as modificações involutivas das alterações causadas pela gravidez e pelo parto. Trata-se, portanto, de um intervalo temporal variável que se estende desde o parto até o momento em que o organismo da mulher volte às condições fisiológicas normais, pré-gestacionais, o que dura em geral entre 45 e 60 dias pós-parto.

Caberia um olhar diferenciado das normas jurídicas para esse período tão especial da vida humana, mas, em rigor, a proteção não tem sido estendida às recém-paridas, mas unicamente às gestantes. Para perceber a delicadeza da questão, imagine-se uma empregada recém-parida, que, depois de contratada para o seu primeiro emprego, revela ao empregador ser mãe de uma criança nascida há 15 dias. Imagine-se também que essa empregada apresenta ao seu novo empregador os pedidos de concessão de licença-maternidade, de pagamento de salário-maternidade e de estabilidade pós-parto (estabilidade de cinco meses após o parto). Essas pretensões estariam juridicamente amparadas?

A resposta dada pela literalidade normativa é negativa, pois a licença-maternidade e o salário-maternidade são direitos que somente podem ser requeridos por quem engravida durante a relação de emprego ou por quem seja contratada ainda grávida. Esses direitos foram, nos limites da lei, criados para gestantes, e não recém-paridas.

Se a mulher não mais está grávida no momento da contratação, ela não poderá, ao menos diante da literalidade normativa, se valer de vantagens cujo fato gerador ocorrera antes de iniciado o vínculo de emprego.

E a estabilidade do art. 10, II, *b*, do ADCT, essa contratada recém-parida teria?

Essa questão é bem delicada, mas, pela literalidade do citado dispositivo constitucional, parece não ser possível sustentar a existência da referida estabilidade em favor de quem não mais está grávida. De todo modo, a recém-parida terá as proteções contidas na Lei n. 9.029/95 contra eventuais discriminações de acesso e de manutenção do vínculo de emprego.

17.1.2.6 Amparo à maternidade afetiva e à situação de amamentação

O art. 391-A da CLT, em decorrência da vigência da Lei n. 13.509, de 2017, ganhou um parágrafo único para prever que o dispositivo constante do seu *caput* se aplicará também ao empregado adotante ao qual tenha sido concedida guarda provisória para fins de adoção. Assim, independentemente do gênero (homem ou mulher), aquele a quem tenha sido concedida guarda provisória para fins de adoção é garantida a estabilidade provisória prevista na alínea *b* do inciso II do art. 10 do Ato das Disposições Constitucionais Transitórias. Veja-se:

> CLT. Art. 391-A. *A confirmação do estado de gravidez advindo no curso do contrato de trabalho, ainda que durante o prazo do aviso prévio trabalhado ou indenizado, garante à empregada gestante a estabilidade provisória prevista na alínea b do inciso II do art. 10 do Ato das Disposições Constitucionais Transitórias (Incluído pela Lei n. 12.812, de 2013).*
>
> *Parágrafo único. O disposto no* caput *deste artigo aplica-se ao empregado adotante ao qual tenha sido concedida guarda provisória para fins de adoção (Incluído pela Lei n. 13.509, de 2017).*

É importante lembrar que as disposições constitucionais fazem menção unicamente à proteção **da maternidade biológica, da gestação e das gestantes**, a exemplo do que se vê nos arts. 7º, XVIII (direito de "licença à gestante, sem prejuízo do emprego e do salário, com a duração de cento e vinte dias") e 201, II (proteção à maternidade, especialmente à gestante) e 10, II, do ADCT (vedação da dispensa arbitrária ou sem justa causa da empregada gestante, desde a confirmação da gravidez até cinco meses após o parto). Em rigor, nada se disse no Texto Constitucional em favor **da maternidade afetiva, da adoção e dos adotantes**. Somente a Lei n. 10.421/2002 estendeu em favor da mãe adotiva o direito à licença-maternidade e ao salário-maternidade, e legislações posteriores ofereceram a mesma vantagem para homens adotantes. A Lei n. 12.873, de 24 de outubro de 2013 (com vigência 90 dias após a data de sua publicação) quebrou tabus e incluiu no art. 392-C da CLT e no art. 71-B da Lei n. 8.213/91 previsão no sentido de que o empregado/segurado (homem) poderá fruir licença-maternidade e receber salário-maternidade quando adotar ou obtiver guarda judicial para fins de adoção.

Faltava, porém, norma que garantisse também a quem obtivesse a "guarda para fins de adoção" o direito de igualmente estar protegido contra a despedida arbitrária, pois esse ato jurídico, que inaugura a maternidade afetiva, sempre foi evento análogo ao parto, que dá início à maternidade biológica. **E assim foi**. Por conta de mais uma natural evolução jurídica, a Lei n. 13.509/2017 passou a prever que "a estabilidade provisória prevista na alínea *b* do inciso II do art. 10 do Ato das Disposições Constitucionais Transitórias" também se aplica ao empregado adotante ao qual tenha sido concedida guarda provisória para fins de adoção.

Atualmente, portanto, inicia-se a estabilidade provisória prevista na alínea *b* do inciso II do art. 10 do Ato das Disposições Constitucionais Transitórias a partir do momento em que o empregado obtiver guarda provisória para fins de adoção, independentemente de, ao final do processo de adoção, esta se concretizar ou não. É a guarda que ativa o direito de proteção contra o desligamento arbitrário, e não a finalização do processo de adoção.

Registre-se, por fim, ser irrelevante o fato de ter ou não sido dada ciência da existência de guarda para fins de adoção antes de manifestada a pretensão do empregador de desligar. Havendo o oferecimento de aviso prévio por parte do empregador, caberá ao empregado/ guardião o oferecimento da informação da existência da estabilidade provisória impediente do seu desligamento para nulificar o ato jurídico de dispensa.

Reitere-se, por fim, aquilo que já se disse linhas atrás **sobre a amamentação na maternidade afetiva**. Que se dizer dos adotantes que precisem oferecer aleitamento artificial aos seus pupilos/adotados? Eles não teriam as mesmas garantias de amamentação? A resposta era controvertida até o advento da Lei n. 13.509, de 2017, que modificou a redação do art. 396 da CLT, o qual passou a ter a seguinte redação:

> Art. 396. Para amamentar seu filho, **inclusive se advindo de adoção,** até que este complete 6 (seis) meses de idade, a mulher terá direito, durante a jornada de trabalho, a 2 (dois) descansos especiais de meia hora cada um (Redação dada pela Lei n. 13.509, de 2017).

O legislador, revigorando a ideia de que a maternidade afetiva também deve merecer proteção, garantiu os mesmos direitos de amamentação, ainda que artificial, em favor dos adotantes. Compreenda-se aqui o aleitamento artificial como, em regra, a alimentação oferecida ao bebê durante seus primeiros meses de vida mediante produtos lácteos diversos do leite materno, e adaptados de modo a satisfazer as suas necessidades.

A Lei n. 14.457, de 21 de setembro de 2022, por sua vez, ampliou as situações geradoras da licença-paternidade para incluir, expressamente, a adoção como um fato gerador. Assim, o art. 473, III, da CLT passou a prever que o empregado poderá deixar de comparecer ao serviço sem prejuízo do salário, por 5 (cinco) dias consecutivos, não apenas em caso de nascimento de filho, mas também nas situações em que se concretize a adoção ou naquelas em que ele tenha obtido a guarda compartilhada.

17.1.2.7 Amparo à parentalidade

O primeiro passo para o específico amparo à parentalidade foi dado pela **Lei n. 14.457, de 21 de setembro de 2022**, a primeira a expressamente tratar dessa proteção sob o prisma trabalhista. Nos termos da referida Lei, a parentalidade é o vínculo socioafetivo *maternal, paternal ou qualquer outro* que resulte na assunção legal do papel de realizar as atividades parentais, de forma compartilhada entre os responsáveis pelo cuidado e pela educação das crianças e dos adolescentes, nos termos do parágrafo único do art. 22 da Lei n. 8.069, de 13 de julho de 1990 (Estatuto da Criança e do Adolescente).

Esse passo foi, entretanto, curto e cauteloso, cabendo destacar que a referida Lei n. 14.457, de 2022, restringiu-se, em algumas situações, a fazer indicações de prioridade em favor de quem exerce a parentalidade, mediante a adoção de condutas que impõem uma atuação patronal segundo a acomodação razoável. Justamente por isso, a referida Lei se materializa mediante a autonomia privada individual ou coletiva, sendo fácil de perceber que importantes dispositivos remetem a realização das vantagens à formalização de acordo individual, acordo coletivo ou convenção coletiva.

Diante das características da Lei n. 14.457, de 2022, que em diversas passagens propõe a acomodação razoável em atenção à parentalidade, emerge o dever de motivar, pois aquilo que, nos termos da lei, é uma faculdade para o empregador, será uma expectativa para os empregados envolvidos na pretensão. E, diante da frustração de uma expectativa, haverá a emersão de um natural dever de motivar as razões de não se atender às pretensões parentais.

A lógica da parentalidade, mesmo antes da vigência da Lei aqui em exame, orientou a jurisprudência na acomodação de interesses não expressamente previstos em lei. Vejam-se situações dignas de nota:

17.1.2.7.1 Paternidade monoparental

O STF, por unanimidade, apreciando o Tema 1.182 da repercussão geral (RE 1348854), fixou a tese de que, "à luz do art. 227 da CF, que confere proteção integral da criança com absoluta prioridade e do princípio da paternidade responsável, a licença-maternidade, prevista no art. 7º, XVIII, da CF/88 e regulamentada pelo art. 207 da Lei 8.112/1990, estende-se ao pai genitor monoparental", nos termos do voto do Relator (Plenário, 12-5-2022).

Assim, em rigor, foi criada mais uma variável de extensão da licença-maternidade, ao menos no serviço público, com possível força expansiva para as relações entre particulares. No caso em análise, o TRF-3 confirmou a concessão da licença-maternidade em favor de um seu servidor (um perito médico federal), pai de crianças gêmeas geradas por meio de fertilização *in vitro* e barriga de aluguel. Na sentença, o juiz de primeiro grau afirmou que, apesar de não haver previsão legal nesse sentido, o caso era semelhante ao do falecimento da mãe (Lei n. 12.873/2013), uma vez que as crianças, geradas em barriga de aluguel, seriam cuidadas exclusivamente pelo pai.

A sentença foi confirmada sob o fundamento de que o direito à licença-maternidade deveria ser estendido ao pai solteiro cuja prole tenha sido concebida por meio de técnicas modernas de fertilização *in vitro* e gestação por substituição. A finalidade dessa licença parental, segundo o tribunal, seria a de privilegiar o desenvolvimento do recém-nascido, e uma negativa violaria o princípio da isonomia material em relação às crianças concebidas por meios naturais.

A discussão foi levada ao STF diante da inexistência de previsão normativa para a concessão do direito. A elevada Corte negou provimento ao recurso extraordinário e manteve o acórdão recorrido. Criou-se, nesse passo, a tese que estendeu o benefício de licença-maternidade, previsto no art. 207 da Lei n. 8.112/1990, ao pai solteiro de crianças geradas mediante procedimento de fertilização *in vitro* e utilização de barriga de aluguel, por analogia à Lei n. 12.873/2013, ante a ausência de previsão expressa na Constituição Federal ou na legislação infraconstitucional de regência.

17.1.2.7.2 Mãe não gestante

O STF reconheceu a existência de repercussão geral (Tema 1.072) em recurso extraordinário (RE 1211446) no qual uma servidora pública, mãe não gestante, em união estável homoafetiva, cuja gestação de sua companheira decorreu de procedimento de inseminação artificial heteróloga, pretendeu gozar de licença-maternidade.

O debate está presente em inúmeros processos judiciários em que se confrontam o interesse da mãe não gestante, em união homoafetiva, a usufruir da licença-maternidade e o interesse social concernente aos custos do pagamento do benefício previdenciário e à construção de critérios isonômicos em relação às uniões heteroafetivas.

Como destacado pelo Ministro Luiz Fux, na condição de relator do referido RE 1211446, "o reconhecimento da condição de mãe à mulher não gestante, em união homoafetiva, no âmbito da concessão da licença-maternidade, tem o condão de fortalecer o direito à igualdade material e, simbolicamente, de exteriorizar o respeito estatal às diversas escolhas de vida e configuração familiares existentes".

17.1.2.8 Apoio ao retorno ao trabalho após o término da licença-maternidade

Entre as mais importantes medidas de amparo à parentalidade trazidas pela Lei n. 14.457, de 21 de setembro de 2022, destaca-se a possibilidade de suspensão do contrato de trabalho de pais empregados. Na forma prevista no art. 17 da referida Lei, mediante requisição formal do empregado interessado, o empregador poderá suspender o contrato de trabalho do empregado com filho cuja mãe tenha encerrado o período da licença-maternidade para prestar cuidados e estabelecer vínculos com os filhos; acompanhar o desenvolvimento dos filhos; e apoiar o retorno ao trabalho de sua esposa ou companheira.

Essa suspensão contratual ocorrerá nos termos do art. 476-A da CLT para participação em curso ou em programa de qualificação profissional oferecido pelo empregador, formalizada por meio de acordo individual, de acordo coletivo ou de convenção coletiva de trabalho, e **será efetuada após o término da licença-maternidade da esposa ou companheira do empregado**.

Sobre o acordo individual, é importante anotar que houve rejeição pelo Congresso Nacional, em 15 de dezembro de 2022, ao veto parcial (VET 52/2022) que o então Presidente da República, Jair Bolsonaro, oferecera ao art. 21 da Lei n. 14.457, de 2022. Com a rejeição, passou a viger o referido dispositivo que prevê que a opção por acordo individual para formalizar a suspensão do contrato de trabalho de pais empregados após o término da licença-maternidade da esposa ou companheira do empregado somente poderá ser realizada: I — nos casos de empresas ou de categorias de trabalhadores para as quais não haja acordo coletivo ou convenção coletiva de trabalho celebrados; ou II — se houver acordo coletivo ou convenção coletiva de trabalho celebrados, se o acordo individual a ser celebrado contiver medidas mais vantajosas à empregada ou ao empregado que o instrumento coletivo vigente.

O curso ou o programa de qualificação profissional deverá ser oferecido pelo empregador, terá carga horária máxima de 20 (vinte) horas semanais e será realizado **exclusivamente na modalidade não presencial**, preferencialmente de forma assíncrona.

Em regra, nos termos do § 2º do art. 476-A da CLT, o contrato de trabalho não poderá ser suspenso mais de uma vez no período de 16 (dezesseis) meses. Essa restrição, entretanto, não se aplica à suspensão do contrato de trabalho para fins de apoio parental. O empregado fará jus a bolsa de qualificação profissional, mas, além dela, o empregador poderá conceder ajuda compensatória mensal, sem natureza salarial.

Se ocorrer a dispensa do empregado no transcurso do período de suspensão ou nos 6 (seis) meses subsequentes ao seu retorno ao trabalho, o empregador pagará ao empregado, além das parcelas indenizatórias previstas na legislação em vigor, multa a ser estabelecida em convenção ou em acordo coletivo, que será de, no mínimo, 100% (cem por cento) sobre o valor da última remuneração mensal anterior à suspensão do contrato. Se não houve multa estabelecida, não haverá a sanção.

Dentro desse contexto, são deveres do empregador dar ampla divulgação aos seus empregados sobre a possibilidade de apoiar o retorno ao trabalho de suas esposas ou companheiras após o término do período da licença-maternidade; orientar sobre os procedimentos necessários para firmar acordo individual para suspensão do contrato de trabalho com qualificação; e promover ações periódicas de conscientização sobre parentalidade responsiva e igualitária para impulsionar a adoção da medida pelos seus empregados.

17.1.2.9 Selo Emprega + Mulher

A **Lei n. 14.457, de 21 de setembro de 2022**, instituiu o Selo Emprega + Mulher com os objetivos de reconhecer as empresas que se destaquem pela organização, pela manutenção e pelo provimento de creches e pré-escolas para atender às necessidades de suas empregadas e de seus empregados; e de reconhecer as boas práticas de empregadores que visem, entre outros objetivos, ao estímulo à contratação, à ocupação de postos de liderança e à ascensão profissional de mulheres, especialmente em áreas com baixa participação feminina, tais como ciência, tecnologia, desenvolvimento e inovação; à divisão igualitária das responsabilidades parentais; à promoção da cultura de igualdade entre mulheres e homens; à oferta de acordos flexíveis de trabalho; à concessão de licenças para mulheres e homens que permitam o cuidado e a criação de vínculos com seus filhos; ao efetivo apoio às empregadas de seu quadro de pessoal e das que prestem serviços no seu estabelecimento em caso de assédio, violência física ou psicológica ou qualquer violação de seus direitos no local de trabalho; e à implementação de programas de contratação de mulheres desempregadas em situação de violência doméstica e familiar e de acolhimento e de proteção às suas empregadas em situação de violência doméstica e familiar.

As microempresas e as empresas de pequeno porte que receberem o Selo Emprega + Mulher serão beneficiadas com estímulos creditícios adicionais

A pessoa jurídica detentora do Selo Emprega + Mulher poderá utilizá-lo para os fins de divulgação de sua marca, produtos e serviços, vedada a extensão do uso para grupo econômico ou em associação com outras empresas que não detenham o selo.

17.2 O TRABALHO INFANTOJUVENIL E AS SUAS PECULIARIDADES

Nos termos do art. 227 do texto constitucional, "É dever da família, da sociedade e do Estado assegurar à criança, ao adolescente e ao jovem, **com absoluta prioridade**, o direito à vida, à saúde, à alimentação, à educação, ao lazer, à profissionalização, à cultura, à dignidade, ao respeito, à liberdade e à convivência familiar e comunitária, além de colocá-los a salvo de toda forma de negligência, discriminação, exploração, violência, crueldade e opressão" (destaques não constantes do original).

Observe que o texto constitucional colocou os interesses da criança, do adolescente e do jovem **no induvidoso primeiro lugar na escala de suas preferências**. Em atuação singular e sem precedentes, vê-se que assuntos que envolvam a infância e a juventude[37] devem ser tratados com "absoluta prioridade", notadamente se relacionados com o trabalho,

---

[37] Nos termos do art. 11 da Lei n. 11.129, de 30 de junho de 2005, que instituiu o Programa Nacional de Inclusão de Jovens (Projovem) e do art. 2º da Lei n. 11.692, de 10 de junho de 2008, a juventude envolve uma faixa etária entre 15 (quinze) e 29 (vinte e nove) anos.

pois, nos termos do art. 193 da Carta Constitucional, essa atividade humana constitui base de toda a ordem social. Essa exegese revela a delicadeza do trato de questões que envolvem o trabalho prestado por infantes, por adolescentes e por jovens. Não é por outra razão que a norma máxima mencionou duas vezes que o direito à proteção especial dos ora analisados sujeitos imporá a idade mínima de quatorze anos[38] para admissão ao trabalho (vejam-se os arts. 7º, XXXIII, e 227, § 3º, I, da Carta). Antes do citado limite etário não pode haver trabalho. Havendo algum serviço desenvolvido por menores abaixo do referido marco, este deverá ser entendido como "atividade em sentido estrito" ou, se for o caso, como ato de exploração.

17.2.1 Definição e classificação da contratação para trabalho infantojuvenil

A expressão "trabalho infantojuvenil" abarca tanto o labor das crianças (infantes), assim entendidos aqueles que têm até doze anos de idade incompletos, quanto o dos adolescentes (juvenis), aí compreendidos os que têm entre doze e dezoito anos de idade. Imediatamente se pode indagar: mas **as crianças podem firmar validamente contratos de trabalho?** A resposta é evidentemente negativa. Nem crianças nem adolescentes até quatorze anos de idade podem validamente firmar contrato de emprego por força do disposto nos precitados arts. 7º, XXXIII, e 227, § 3º, I, do texto constitucional. Sabe-se, entretanto, que não basta proibir um ajuste contratual para que não ocorra a prestação. A exigibilidade de labor de quem não tem idade para trabalhar é uma patologia social que não é solucionada por meio de mera norma proibitiva. Torna-se necessário, então, o estudo dos efeitos decorrentes da contratação, embora **nula**, de crianças e de adolescentes para o trabalho. Se houve dispêndio de energia laboral de crianças e de adolescentes, será igualmente indispensável a identificação da extensão dos efeitos do viciado ajuste contratual.

Assim, o contrato de trabalho infantojuvenil, entendido como aquele firmado com quem tem idade inferior a dezoito anos, será classificado em **quatro grupos distintos**:

O **primeiro grupo** dirá respeito aos **contratos nulos**, celebrados com quem não tem idade legal para trabalhar; o **segundo grupo** compreenderá os **contratos anuláveis**, celebrados com quem tem idade para trabalhar, mas sem a assistência de seus pais ou tutores; o **terceiro grupo** envolverá os **contratos de emprego de natureza especial**, celebrados excepcionalmente com quem não teria idade para firmar contratos de emprego ordinários, mas que pela relevância da aprendizagem são autorizados a tanto por legislação social; por fim, o **quarto grupo** tratará dos **contratos de emprego ordinários**, assim entendidos aqueles celebrados com quem, apesar de cronologicamente menor de dezoito anos, emancipou-se nos termos da lei.

Antes de apreciadas as múltiplas modalidades contratuais de emprego que podem envolver crianças e adolescentes, cabe deixar bem claro que algumas contratações relacionadas a essas especiais pessoas podem não ser de "trabalho", mas sim de "atividade em sentido estrito", comportando consequências e tratamentos totalmente diferentes. Veja-se, então, de início, a situação dos menores envolvidos em "contratos de atividade em sentido estrito" e, logo em seguida, a situação dos envolvidos em "contratos de trabalho":

---

[38] A idade mínima para o trabalho é, efetivamente, quatorze anos, mas com essa idade o adolescente somente poderá ser contratado como aprendiz. As contratações ordinárias requerem a idade mínima de dezesseis anos, como claramente releva o dispositivo constante do art. 7º, XXXIII, da Constituição da República.

17.2.1.1 Menores exercentes de atividade em sentido estrito

Vê-se frequentemente a participação de crianças e de adolescentes nos teatros, nos palcos, nas passarelas da moda e, principalmente, nas redes de televisão. Isso instiga a discussão sobre a legitimação da sua atuação em face da vedação contida no art. 7º, XXXIII, da Constituição, no sentido de que é vedado qualquer trabalho a menores de dezesseis anos, salvo na condição de aprendiz, a partir de quatorze anos. Para tentar dar coerência à atuação desses infantes e adolescentes que ainda não têm idade para trabalhar, é indispensável aceitar o conceito de **atividade em sentido estrito** e reconhecer que ela não é juridicamente a mesma coisa que **trabalho**. O que, então, distingue as referidas espécies?

A resposta seria *a meta*, o *objetivo*. O trabalho, conforme mencionado no capítulo "Atividade e Trabalho", tem por escopo o sustento próprio e familiar do operário, sendo-lhe a contraprestação pecuniária, por isso, indispensável. Um indivíduo, enfim, trabalha porque precisa arrimar a si próprio e a sua família. Coisa diferente acontece com aqueles que atuam em atividades em sentido estrito. Estas não têm por objetivo o referido sustento, mas sim intentos diferenciados, não necessariamente satisfeitos por contraprestação pecuniária. As metas diferenciadas são percebidas nos contratos de estágio e nos ajustes de serviço voluntário. Neles, ao invés do sustento, pretende-se adquirir, respectivamente, *experiência prática na linha de formação* ou *satisfação pessoal decorrente da prática de ato caridoso, filantrópico, beneficente*.

Situação semelhante ocorre com as crianças e os adolescentes que atuam como modelos, atores, cantores ou desportistas mirins[39]. Para aceitar a atividade (palavra aplicada em sentido lato) deles é indispensável aceitar também que os desfiles, que a representação cênica ou que a apresentação musical não constituem um **trabalho** com sua indissociável vocação de garantir sustento próprio e familiar, mas sim uma **atividade** com o objetivo de formar, de incentivar e de aprimorar as qualidades artísticas dentro dos limites de seu desenvolvimento físico, psíquico, moral e social. Nesse caso não há falar em salário, mas, apenas, e no máximo, em bolsa-auxílio ou em retribuição pelo uso da imagem, ambos em dimensões proporcionais às circunstâncias.

Em regra, a atividade deve servir ao menor, e não o menor servir à atividade, sob pena de descaracterização dos desígnios ora expendidos. O infante/adolescente pode, entretanto, servir à atividade e, consequentemente, ao interesse público na medida em que sua participação chama a atenção, nas representações teatrais, televisivas, cinematográficas, atividades fotográficas ou de qualquer outro meio visual, para problemas sociais graves.

---

39 O art. 8º da Convenção 138 da OIT (aprovada pelo Congresso Nacional pelo Decreto Legislativo n. 179, de 14 de dezembro de 1999, e promulgada pelo Decreto presidencial n. 4.134, de 15 de fevereiro de 2002) prevê que "a autoridade competente, após consulta às organizações de empregadores e de trabalhadores concernentes, se as houver, poderá, mediante licenças concedidas em casos individuais, **permitir exceções para a proibição de emprego ou trabalho provida no artigo 2º desta Convenção, para finalidades como a participação em representações artísticas**" (destaque negritado não constante do original).

Esse dispositivo é muitas vezes invocado para justificar o trabalho infantil em representações artísticas, sem que se considere, entretanto, a posição hierárquica da mencionada fonte no ordenamento jurídico brasileiro.

Pois bem. Tendo a Convenção 138 da OIT *status* meramente supralegal (*vide* posicionamento do STF no HC 87.585/TO e no RE 466.343/SP), não se pode imaginar a possibilidade de as suas disposições contrariarem aquelas constantes do texto constitucional. Se a Carta de 1988 proíbe "qualquer trabalho a menores de dezesseis anos, salvo na condição de aprendiz, a partir de quatorze anos" (*vide* art. 7º, XXXIII), não poderia norma de hierarquia inferior admitir eventual exceção. Por outro lado, não parece acertado sustentar que essa exceção corresponderia a uma melhoria para a criança — com o objetivo de atrair a aplicação do *caput* do art. 7º da Constituição, que é receptivo a qualquer norma mais benéfica, ainda que constante de instrumento normativo de hierarquia inferior — porque em tal situação ela estaria compelida a cumprir determinadas obrigações contratuais que poderiam ser incompatíveis com a sua condição de pessoa ainda em desenvolvimento.

Enfim, é do interesse público a discussão, notadamente por meio das citadas representações artísticas, de assuntos que envolvam negligência, discriminação, exploração, crueldade e opressão de menores, violência infantojuvenil e, até mesmo, a educação doméstica dada pelos pais aos filhos.

Como os menores de dezesseis anos (salvo na condição de aprendiz, a partir de quatorze anos) não podem trabalhar, caberá ao Juiz da Infância e da Juventude analisar situações correlatas a essas **atividades em sentido estrito** e autorizar, se for o caso, sua execução. Perceba-se que, em rigor, essa autorização não cabe ao Juiz do Trabalho porque, nos termos do art. 114, I, do texto fundamental, a ele cabe processar e julgar **apenas** "as ações oriundas da relação de trabalho", não estando a situação ora analisada inserida no conceito de relação de trabalho.

Acrescente-se, entretanto, que a atuação dos modelos, dos atores, dos cantores ou dos desportistas mirins passará a ser entendida como trabalho, atraindo a competência da Justiça Laboral se eles estiverem, efetivamente, trabalhando, ou seja, realizando a ocupação como algo indispensável a sua própria subsistência ou, se for o caso, à de seus pais ou tutores.

17.2.1.2 Menores exercentes de trabalho

Como antecipado no tópico anterior, haverá trabalho do menor quando ele esteja se ocupando com algo indispensável a sua própria subsistência ou, se for o caso, à de seus pais ou tutores. Desse modo, o desígnio, a intenção da prestação dos serviços é, evidentemente, indispensável à caracterização desta.

Nos próximos itens serão analisadas as quatro situações em que o menor pode vir a ser contratado para o trabalho e as consequências advindas de cada uma delas:

17.2.1.2.1 Contratos nulos por absoluta incapacidade etária

Como se sabe, o agente será capaz quando a lei lhe atribuir plena aptidão para o exercício de direitos e para a assunção de obrigações jurídicas. No plano do direito do trabalho, o tema da capacidade do agente, no tocante aos limites etários, é regido pelo art. 7º, XXXIII, da Constituição da República, segundo o qual é vedado "qualquer trabalho a menores de dezesseis anos, salvo na condição de aprendiz, a partir de quatorze anos". Isso significa que, não se tratando de aprendiz (a partir dos quatorze anos), é nula[40] a contratação de trabalho de quem tenha idade inferior a dezesseis anos.

Reforça essa vedação constitucional o disposto no art. 3º do Código Civil, que considera **absolutamente incapazes de exercer pessoalmente os atos da vida civil** os menores de dezesseis anos.

Diante da impossibilidade de dissociar "relação de trabalho" e "contrato de trabalho", chega-se à inevitável constatação de que, apesar da absoluta incapacidade para firmar contratos, há menores de dezesseis anos que, levados pela necessidade ou pela exploração, efetivamente iniciam relações laborais. Surge, então, uma importante pergunta: é possível atribuir efeito jurídico a uma relação cujo vínculo de atributividade (contrato) seja nulo por conta de incapacidade do agente? A resposta parece positiva, na medida em que não se pode apenar justamente aquele que a lei quis proteger[41]. Nesse sentido posicionou-se também

---

[40] Recorde-se que na nulidade a sanção normativamente imposta retira, sem possibilidade de confirmação, todos os efeitos do negócio jurídico praticado ou parte deles; na anulabilidade há possibilidade de confirmação.

[41] 1. Agravo regimental em agravo de instrumento. 2. Trabalhador rural ou rurícola menor de quatorze anos. Contagem de tempo de serviço. Art. 11, VII, da Lei n. 8.213. Possibilidade. Precedentes. 3. Alegação de violação aos arts. 5º, XXXVI; e 97, da CF/1988. Improcedente. Impossibilidade de declaração de efeitos retro-

Pontes de Miranda, em seu prestigiado *Tratado de direito privado*, ao sustentar que, "embora nulo o contrato individual de trabalho, se o trabalho foi prestado, tem de ser retribuído como se válido fosse"[42]. Desse modo, parece razoável a aplicação do dispositivo constante do art. 182 do Código Civil em tais situações. Segundo o mencionado artigo, "anulado o negócio jurídico, restituir-se-ão as partes ao estado em que antes dele se achavam, e, não sendo possível restituí-las, serão indenizadas com o equivalente". Pois bem. Como é materialmente impossível restituir a energia laboral ao corpo do infante ou do adolescente trabalhador, a solução possível é a obtida por via indenizatória, vale dizer, por oferecimento de todas as parcelas próprias de um contrato de emprego, mas a título de indenização. Essa solução parece adequada, porque contemporiza a teoria geral do direito civil com as particularidades do direito do trabalho e do direito da infância e da juventude.

17.2.1.2.2 Contratos anuláveis por relativa incapacidade etária

Entende-se como contrato anulável por relativa incapacidade etária o celebrado, sem a assistência de pais ou tutores, com quem tem mais de dezesseis e menos de dezoito anos e não é emancipado. A característica principal dessa situação reside no fato de que a plena validade do ajuste depende da confirmação da substância do negócio e da vontade expressa de mantê-lo por um terceiro, incumbido legalmente da proteção do menor. Assim, por exemplo, se alguém de dezessete anos firma contrato de emprego sem a assistência de seus pais ou tutores, o ajuste, embora torne exigíveis as correspondentes contraprestações, precisará de convalidação para produzir efeitos plenos. Como o contrato de emprego é de trato sucessivo, a anulabilidade somente se fará sentir *ex nunc*, sendo válidos os atos praticados no passado. Isso acontece porque, como bem disse Evaristo de Moraes Filho, "é de todo impossível fazer as prestações e as contraprestações voltarem ao *status quo ante* da sua execução"[43].

Assim, a questão da anulabilidade do contrato firmado por relativamente incapaz somente gera interesse no tocante ao pagamento das parcelas decorrentes da rescisão, cuja quitação deve ser oferecida por pais ou tutores, se o ajuste tiver terminado antes da maioridade do trabalhador[44]. Nesse caso, ao se apresentarem para receber as verbas decorrentes da cessação do vínculo ou ao acompanharem o trabalhador menor em ação trabalhista, torna-se ratificado o contrato.

17.2.1.2.3 Contratos de emprego de natureza especial (aprendizagem)

O contrato de aprendizagem é um negócio jurídico de emprego de natureza especial tanto no âmbito substancial (por ter destinação exclusiva) quanto no domínio formal (por ter tempo determinado, forma escrita e sujeitos específicos). Diante disso, a invalidação de alguma das suas cláusulas estruturais afetará essencialmente a natureza excepcional do ajuste, fazendo surgir em seu lugar uma contratação de emprego ordinária[45]. Se isso acon-

---

ativos para o caso de declaração de nulidade de contratos trabalhistas. Tratamento similar na doutrina do direito comparado: México, Alemanha, França e Itália. Norma de garantia do trabalhador que não se interpreta em seu detrimento. Acórdão do STJ em conformidade com a jurisprudência desta Corte. 4. Precedentes citados: AgRg-AI 105.794, 2ª T., Rel. Aldir Passarinho, *DJ* 2-5-1986; e RE 104.654, 2ª T., Rel. Francisco Rezek, *DJ* 25-4-1986. 5. Agravo regimental a que se nega provimento (AgRg-AI 476950/RS, 2ª T., Rel. Min. Gilmar Mendes, j. 30-11-2004).

42 PONTES DE MIRANDA, F. C. *Tratado de direito privado*. Rio de Janeiro: Borsoi, 1964, t. 47, p. 492.
43 MORAES FILHO, Evaristo de. *Introdução ao direito do trabalho*. 4. ed. São Paulo: LTr, 1986, p. 274.
44 Se o trabalhador (antes menor) alcança a maioridade, tornam-se convalidados os atos praticados no passado.
45 Esse efeito não decorre diretamente da lei, deve ser buscado perante o Judiciário. A fiscalização do trabalho, diante da evidência de vícios na contratação para aprendizagem, somente está autorizada a aplicar multa administrativa (*vide* art. 434 da CLT), mas não a convolar a natureza do vínculo.

tecer, os efeitos serão diferenciados a depender da idade do contratado. Se ele tiver entre quatorze e dezesseis anos, aplicam-se as soluções relacionadas aos contratos nulos por absoluta incapacidade etária; entre dezesseis e dezoito anos, os recursos atinentes aos contratos anuláveis por relativa incapacidade etária.

17.2.1.2.4 Contratos de emprego de natureza ordinária

Há situações em que os sujeitos, apesar de cronologicamente inseridos no contexto da relativa capacidade, tornaram-se emancipados por alguma razão jurídica (ver o art. 5º do Código Civil). Em casos tais, os trabalhadores entre dezesseis e dezoito anos podem firmar, sem qualquer óbice de capacidade, contratos de emprego de natureza ordinária.

Anote-se que, apesar da emancipação, que produz efeitos na órbita da capacidade jurídica para firmar contratos, os emancipados continuam a ser "pessoas em desenvolvimento", nos termos dispostos no art. 6º do Estatuto da Criança e do Adolescente, Lei n. 8.069/90[46]. Tanto é verdadeira essa assertiva que a emancipação civil não produz efeitos no âmbito criminal, sendo certo que o menor, emancipado ou não, continuará inimputável criminalmente até que complete dezoito anos de idade, nos termos da legislação penal. De igual modo, para reforçar o raciocínio acima expendido, é importante lembrar que, entre outras situações restritivas, o emancipado não poderá retirar carteira nacional de habilitação (porque é necessário ser penalmente imputável, ou seja, ter pelo menos 18 anos, conforme art. 141 do Código de Trânsito Brasileiro — Lei n. 9.503/97), tampouco adotar (porque se exige a idade mínima de 18 anos, conforme o art. 42 do Estatuto da Criança e do Adolescente — Lei n. 8.069/90, com nova redação dada pela Lei n. 12.010/2009). Essas colocações reforçam a ideia de que, apesar da emancipação civil, não deixam de ser aplicáveis ao menor entre dezesseis e dezoito anos todas as proteções previstas na legislação do trabalho, não sendo legal, portanto, se lhes exigir, por exemplo, o trabalho em horário noturno ou em ambientes insalubres ou perigosos, conforme se verá num dos tópicos seguintes.

17.2.2 Especificidades contratuais

Chamam-se "especificidades contratuais" as situações singulares cuja aplicabilidade se justifica em decorrência de circunstâncias especiais. Por isso, foram selecionadas algumas dessas especificidades com o objetivo de acrescentar dados sobre a proteção oferecida ao trabalho infantojuvenil. Vejam-se:

17.2.2.1 Quanto à formalização da contratação

A contratação de pessoas com idade inferior a dezoito anos demanda, necessariamente, por força da legislação civil, a assistência de seus responsáveis (pais ou tutores). A falta dessa assistência é causa geradora de anulabilidade contratual, que, de qualquer modo, é suscetível de validação posterior, conforme visto em tópicos anteriores.

Observe-se, entretanto, que a assistência é exigível para o negócio jurídico de contratação, não sendo imposta pela fiscalização do trabalho para a expedição da CTPS, outorgável a quem tenha idade para trabalhar, ainda que, posteriormente, o contratante exija a multicitada assistência.

---

46 Veja-se também o **Enunciado 530 da VI Jornada de Direito Civil**, segundo o qual "a emancipação, por si só, não elide a incidência do Estatuto da Criança e do Adolescente".

17.2.2.2 Quanto ao local de trabalho

Em conformidade com o disposto no art. 7º, XXXIII, da Constituição, considera-se proibido o trabalho noturno, perigoso ou insalubre para menores de dezoito anos. Esse dispositivo recepcionou o art. 405 da CLT, I, que igualmente veda o trabalho dos referidos menores em "locais e serviços perigosos ou insalubres, constantes de quadro para esse fim aprovado pela Secretaria de Segurança e Saúde no Trabalho" e, também, "em locais ou serviços prejudiciais à sua moralidade".

O Estatuto da Criança e do Adolescente (Lei n. 8.069/90), texto legislativo pós-constitucional, reforçou no seu art. 67 a proibição constitucional e a estendeu, inclusive, para as ainda não regulamentadas atividades penosas, nos seguintes termos:

Art. 67. Ao adolescente empregado, aprendiz, em regime familiar de trabalho, aluno de escola técnica, assistido em entidade governamental ou não governamental, é vedado trabalho:

I — noturno, realizado entre as vinte e duas horas de um dia e as cinco horas do dia seguinte;

*II — **perigoso, insalubre ou penoso**;*

III — realizado em locais prejudiciais à sua formação e ao seu desenvolvimento físico, psíquico, moral e social;

IV — realizado em horários e locais que não permitam a frequência à escola.

Observando o princípio da proteção integral à criança e ao adolescente, foi aprovada, mediante o Decreto n. 6.481, de 12 de junho de 2008, a **Lista das Piores Formas de Trabalho Infantil (Lista TIP)** de acordo com o disposto nos arts. 3º, *d*, e 4º da Convenção n. 182 da Organização Internacional do Trabalho — OIT, aprovada pelo Decreto Legislativo n. 178, de 14 de dezembro de 1999, e promulgada pelo Decreto n. 3.597, de 12 de setembro de 2000.

A Lista TIP será periodicamente examinada e, se necessário, revista em consulta com as organizações de empregadores e de trabalhadores. Por meio do referido documento foi declarado proibido o trabalho do menor de dezoito anos nas atividades ali descritas, salvo nas seguintes hipóteses:

I — **na hipótese de ser o emprego ou trabalho**, a partir da idade de dezesseis anos, **autorizado pelo Ministério do Trabalho (ora Ministério do Trabalho e Previdência)**, após consulta às organizações de empregadores e de trabalhadores interessadas, desde que fiquem plenamente garantidas a saúde, a segurança e a moral dos adolescentes; e

II — na hipótese de **aceitação de parecer técnico circunstanciado**, assinado por profissional legalmente habilitado em segurança e saúde no trabalho, que ateste a não exposição a riscos que possam comprometer a saúde, a segurança e a moral dos adolescentes, depositado na unidade descentralizada do Ministério da Economia da circunscrição onde ocorrerem as referidas atividades.

Anote-se que as controvérsias sobre a efetiva proteção dos adolescentes envolvidos em atividades constantes do mencionado parecer técnico serão objeto de análise por órgão competente do Ministério do Trabalho (ora Ministério do Trabalho e Previdência), que tomará as providências legais cabíveis. A classificação de atividades, locais e trabalhos prejudiciais à saúde, à segurança e à moral, nos termos da Lista TIP, obviamente **não é extensiva aos trabalhadores maiores de dezoito anos**.

17.2.2.3 Quanto ao horário de trabalho

Em matéria de horário de trabalho, é importante repisar, com base no disposto no art. 7º, XXXIII, da Constituição, que os trabalhadores com idade inferior a dezoito anos, ainda que emancipados, não poderão prestar serviços em horário noturno.

17.2.2.4 Quanto à dimensão da jornada

Nos termos do art. 413 da CLT **é, em regra, vedada a prorrogação da jornada de trabalho do menor de dezoito anos**, salvo em duas hipóteses: a) até mais duas horas, independentemente de acréscimo salarial, por meio de acordo de compensação de horários; b) até mais quatro horas, excepcionalmente, por motivo de força maior, desde que o trabalho do menor seja imprescindível ao funcionamento do estabelecimento.

É interessante observar que, **sendo o menor de dezoito anos um aprendiz**, haverá, nos termos do *caput* do art. 432 da CLT, vedação absoluta tanto para prorrogar a jornada quanto para compensar horários[47].

Outro ponto importante, no particular, diz respeito ao conteúdo do art. 414 da CLT, segundo o qual menores de 18 anos que trabalham em mais de um estabelecimento **devem totalizar (somar) as horas laboradas em cada um deles** para fins de determinação do limite de horas trabalhadas por dia.

Nesse caso, como bem mencionou Arnaldo Süssekind, "cumpre ao empregador verificar, pelas anotações apostas na Carteira de Trabalho, se o menor que pretende contratar já é empregado de outra empresa. Em caso afirmativo, o adolescente só poderá ser admitido se, no emprego anterior, prestar serviços em jornadas inferiores à legal e, ainda assim, por um período que apenas complemente a duração normal do seu dia de trabalho. Se, computadas as duas jornadas, esse limite for ultrapassado, o novo empregador será responsabilizado pela infração a que deu causa"[48].

17.2.2.5 Quanto ao uso da força muscular

O § 5º do art. 405 da CLT sustenta que se aplica também ao menor o disposto no art. 390 e seu parágrafo único, constante do capítulo de proteção do trabalho da mulher. Assim, tal qual ocorre com as trabalhadoras, é proibido empregar o menor, ainda que emancipado, em serviço que demande o emprego de força muscular superior a **vinte quilos, para o trabalho contínuo**, ou **vinte e cinco quilos, para o trabalho ocasional**. Observe-se, porém, que não está compreendida nessa determinação a remoção de material feita por impulsão ou tração de vagonetes sobre trilhos, de carros de mão ou quaisquer aparelhos mecânicos. Quando o menor do sexo masculino alcança a maioridade, passa a estar sujeito à norma inserta no art. 198 da CLT, que limita em sessenta quilos o peso máximo a ser removido individualmente.

17.2.2.6 Quanto à quitação dos salários

Conforme disposto no art. 439 da CLT, "é lícito ao menor firmar recibo pelo pagamento dos salários". Esse dispositivo atua com absoluta razoabilidade, uma vez que seria absurda e despropositada a exigência mensal da assistência dos pais ou tutores do trabalhador menor de dezoito anos no momento em que o empregado lhe fosse fazer o pagamento. A referida assistência somente será exigível por ocasião da cessação do contrato, conforme se verá no tópico seguinte.

17.2.2.7 Quanto à formalização da terminação do contrato

Consoante a segunda parte do art. 439 da CLT, "tratando-se [...] de rescisão do contrato de trabalho, é vedado ao menor de 18 anos dar, sem assistência dos seus responsáveis

---

[47] Art. 432. A duração do trabalho do aprendiz não excederá de seis horas diárias, sendo vedadas a prorrogação e a compensação de jornada (redação dada ao *caput* pela Lei n. 10.097, de 19-12-2000).
[48] SÜSSEKIND, Arnaldo. *Comentários à Consolidação das Leis do Trabalho e à Legislação Complementar*. Rio de Janeiro: Freitas Bastos, 1964, v. III, p. 53.

legais, quitação ao empregador pelo recebimento da indenização que lhe for devida". Note-se que a vedação não pode ser entendida unicamente para fins de quitação. Também dependem de assistência de pais ou tutores as manifestações do menor que impliquem redimensionamento do crédito decorrente da cessação do vínculo, haja vista a função de vigilância e de cuidado a eles imposta. Assim, se o menor de dezoito anos pede demissão, sua declaração dependerá de confirmação, tanto da substância do ato quanto da vontade de mantê-lo, por parte de quem o assiste[49].

17.2.2.8 Quanto à prescrição incidente

Em conformidade com o disposto no art. 440 da CLT, não corre qualquer prazo de prescrição contra menores de dezoito anos. O disposto no art. 198, I, do Código Civil confirma essa regra e deixa claro que somente a partir da maioridade terá início a contagem aqui em análise.

Assim, se um trabalhador é contratado aos dezesseis anos de idade e seu vínculo de emprego termina quando ele completa dezessete anos, é certo dizer que os prazos prescricionais — bienal e quinquenal — somente começarão a correr quando a maioridade advier. Justifica-se a regra diante da incapacidade de o menor, sem a representação ou a assistência de seus pais ou tutores, comparecer desacompanhado a juízo. Há, portanto, presunção legal de dependência para a prática de atos em juízo.

Os prazos prescricionais, entretanto, correm contra o empregador do menor.

É importante anotar que o art. 440 da CLT aplica-se exclusivamente em favor do "menor trabalhador" que reivindica direitos próprios. Diz-se isso porque, se o menor for apenas o filho de um falecido trabalhador, a regra aplicável a esse menor não será a do art. 440 da CLT.

Para "menores não trabalhadores" a regra aplicável é a do art. 198, I, do Código Civil, e a retomada do prazo prescricional em relação a esse menor não será aos 18 (dezoito) anos, mas, sim, a partir dos 16 (dezesseis), haja vista o disposto no art. 3º do Código Civil.

É sempre bom lembrar que a postulação desse "menor não trabalhador", destinatário de herança deixada por seu falecido pai ou por sua falecida mãe, beneficia os demais herdeiros, pois a regra do art. 1.791 do diploma civil prevê que "a herança defere-se como um todo unitário, ainda que vários sejam os herdeiros". Assim, se o menor é um desses herdeiros, é irrelevante que o prazo prescricional corra em relação aos demais coerdeiros, uma vez que a herança, como antedito, é um todo unitário.

17.3 O TRABALHO DAS PESSOAS COM DEFICIÊNCIA E AS SUAS PECULIARIDADES

A deficiência é um conceito em evolução.

Nesse sentido, Flávia Piovesan, em sua alentada obra *Direitos humanos e o direito constitucional internacional*[50], descreveu tal desenvolvimento ao mencionar a existência de fases

---

[49] Nesse sentido posicionou-se o TST: MENOR — RESCISÃO DO CONTRATO DE TRABALHO — ASSISTÊNCIA DO REPRESENTANTE LEGAL — INDISPENSABILIDADE — "Menor. Pedido de demissão. Validade — A validade do pedido de demissão formulado por trabalhador menor de idade está condicionada à assistência de seu representante legal ao ato praticado, pois, o espírito da lei tem como escopo protegê-lo (Interpretação do art. 439 da CLT). Recurso de Revista conhecido e provido" (TST, RR 493.226/98.0, 4ª R., 2ª T., Rel. Min. José Luciano de Castilho Pereira, *DJU*, 4-10-2002).

[50] PIOVESAN, Flávia. *Direitos humanos e o direito constitucional internacional*. 14. ed. São Paulo: Saraiva, 2013.

históricas pelas quais passou a construção e a afirmação dos direitos humanos das pessoas com deficiência.

Num primeiro instante, a deficiência era vista como impureza, pecado ou castigo divino, a justificar a morte de quem assim se apresentasse, seja por uma deficiência inata ou adquirida. A conduta, ora identificada como assombrosa, era a solução naturalmente adotada em sociedades primitivas ou tribais que não sabiam, não podiam ou não queriam lidar com as dificuldades advindas das fragilidades humanas.

Numa segunda fase, destacou-se a invisibilidade das pessoas com deficiência. Por vergonha, constrangimento ou medo do preconceito, as famílias retiravam as pessoas com deficiência dos olhares críticos da sociedade, sendo, por isso, levadas — assim como as problemáticas que as envolviam — para "o quarto dos fundos", seja na dimensão real da expressão ou na perspectiva metafórica que a imagem traz.

A terceira fase foi, a partir da classificação oferecida por Piovesan, orientada por uma óptica assistencialista, pautada na perspectiva médica e biológica de que a deficiência era uma "doença a ser curada". O foco, por isso, foi "o deficiente", que, por supostamente portar consigo o fardo da insuficiência, merecia a atenção e o favor da sociedade e do Estado. Nessa fase, utilizava-se a expressão "portadores de deficiência".

Finalmente, foi alcançada uma quarta fase, orientada pelo paradigma dos direitos humanos e da inclusão social, inclusive pela necessidade de eliminação de obstáculos e barreiras culturais, físicas e sociais. O foco passou a ser dirigido para a relação do indivíduo com o meio. O Estado, diante do seu dever de proteção, passou a assumir — ou pelo menos isso dele passou a esperar-se — a posição de principal responsável pela remoção dos referidos obstáculos impedientes do pleno exercício de direitos daqueles que passaram a ser denominados "pessoas com deficiência".

17.3.1 A proteção constitucional às pessoas com deficiência

A Constituição de 1988, numa atuação que claramente sugeria a evolução da fase assistencialista para a inclusiva social, registrou em algumas das suas disposições o cuidado com a problemática aqui em análise.

Em seu art. 7º, XXXI, o legislador constitucional proibiu qualquer discriminação no tocante a salário e a critério de admissão para o trabalhador com deficiência. Ainda no âmbito laboral, ofereceu-se uma ação afirmativa tendente a reservar, nos termos do art. 37, VIII, percentual dos cargos e empregos públicos para as pessoas com deficiência, o que se revelou um avanço em matéria de inclusão na vida laboral.

Registro especial é devido para a competência comum de todos os entes federativos em matéria relacionada aos cuidados que se possa oferecer à saúde, à assistência pública, à proteção e à garantia das pessoas com deficiência (art. 23, II), assim como destaque há de ser dado para a competência legislativa concorrente da União, dos Estados e do Distrito Federal em tudo o que vise a proteção e a integração social dessas pessoas (art. 24, XIV).

O art. 203 do texto constitucional prevê, entre os objetivos da assistência social, o de realizar a habilitação e reabilitação das pessoas com deficiência e a promoção de sua integração à vida comunitária, bem assim o de, quando for o caso, garantir um salário mínimo de benefício mensal à pessoa com deficiência que comprove não possuir meios de prover a própria manutenção ou de tê-la provida por sua família.

O dever do Estado com a educação envolve também o atendimento educacional especializado às pessoas com deficiência, preferencialmente na rede regular de ensino (art. 208, III), bem como, nos termos do § 2º, II, do art. 227 do texto fundamental (redação dada Pela Emenda Constitucional n. 65, de 2010), a criação de programas de prevenção e atendimento especializado para as pessoas com deficiência física, sensorial ou mental, a integração social do adolescente e do jovem portador de deficiência, mediante o treinamento para o trabalho e a convivência, e a facilitação do acesso aos bens e serviços coletivos, com a eliminação de obstáculos arquitetônicos e de todas as formas de discriminação.

Há, aliás, no § 2º do referido art. 227 da Constituição da República, previsão no sentido de que lei disporá sobre normas de construção dos logradouros e dos edifícios de uso público e de fabricação de veículos de transporte coletivo, a fim de garantir acesso adequado às pessoas com deficiência.

17.3.2 A Convenção sobre os Direitos das Pessoas com Deficiência e seu Protocolo Facultativo

O Congresso Nacional aprovou, por meio do Decreto Legislativo n. 186, de 9 de julho de 2008, conforme o procedimento previsto no § 3º do art. 5º da Constituição da República, a Convenção sobre os Direitos das Pessoas com Deficiência (CDPD) e seu Protocolo Facultativo, assinados em Nova York, em 30 de março de 2007, e, assim agindo, consolidou uma verdadeira mudança de paradigma nas concepções, atitudes e abordagens relacionadas às pessoas com deficiência.

O Governo brasileiro depositou o instrumento de ratificação dos referidos atos junto ao Secretário-Geral das Nações Unidas em 1º de agosto de 2008, que, por isso, entraram em vigor para o Brasil, no plano jurídico externo, em 31 de agosto de 2008.

O referido tratado internacional de direitos humanos, por obedecer ao rito previsto no § 3º do art. 5º da Constituição da República, tornou-se, assim, o primeiro a ter natureza material constitucional, passando a equivaler a emenda constitucional.

Embora a constitucionalidade material da CDPD seja inegável, o Supremo Tribunal Federal teve oportunidade de confirmar isso ao dispor que "esse importantíssimo ato de direito internacional público reveste-se, na esfera doméstica, de hierarquia e de eficácia constitucionais"[51].

Sobre o art. 27 da referida CDPC, é indispensável destacar que ali é reconhecido o direito das pessoas com deficiência ao trabalho em igualdade de oportunidades com as demais pessoas, que abrangerá o direito à oportunidade de se manter com um trabalho de sua livre escolha ou aceitação no mercado laboral, em ambiente de trabalho que seja aberto, inclusivo e acessível a pessoas com deficiência. A realização desse direito ao trabalho cabe ao Estado, o qual deve considerar com a devida atenção a proteção dirigida a quem tiver adquirido uma deficiência no emprego.

Entre as medidas apropriadas para alcançar esses objetivos, merecem destaque aquelas que visam:

a) Proibir a discriminação baseada na deficiência com respeito a todas as questões relacionadas com as formas de emprego, inclusive condições de recrutamento, contratação e admissão, permanência no emprego, ascensão profissional e condições seguras e salubres de trabalho;

b) Proteger os direitos das pessoas com deficiência, em condições de igualdade com as demais pessoas, às condições justas e favoráveis de trabalho, incluindo iguais oportunidades

---

[51] Supremo Tribunal Federal. Tutela Antecipada no Recurso Ordinário em Mandado de Segurança 32.732/DF, Rel. Min. Celso de Mello, de 13-5-2014, *DJ*, 3-6-2014.

e igual remuneração por trabalho de igual valor, condições seguras e salubres de trabalho, além de reparação de injustiças e proteção contra o assédio no trabalho;

c) Assegurar que as pessoas com deficiência possam exercer seus direitos trabalhistas e sindicais, em condições de igualdade com as demais pessoas;

d) Possibilitar às pessoas com deficiência o acesso efetivo a programas de orientação técnica e profissional e a serviços de colocação no trabalho e de treinamento profissional e continuado;

e) Promover oportunidades de emprego e ascensão profissional para pessoas com deficiência no mercado de trabalho, bem como assistência na procura, obtenção e manutenção do emprego e no retorno ao emprego;

f) Promover oportunidades de trabalho autônomo, empreendedorismo, desenvolvimento de cooperativas e estabelecimento de negócio próprio;

g) Empregar pessoas com deficiência no setor público;

h) Promover o emprego de pessoas com deficiência no setor privado, mediante políticas e medidas apropriadas, que poderão incluir programas de ação afirmativa, incentivos e outras medidas;

i) Assegurar que adaptações razoáveis sejam feitas para pessoas com deficiência no local de trabalho;

j) Promover a aquisição de experiência de trabalho por pessoas com deficiência no mercado aberto de trabalho;

k) Promover reabilitação profissional, manutenção do emprego e programas de retorno ao trabalho para pessoas com deficiência.

O Estado, ademais, assegurará que as pessoas com deficiência não serão mantidas em escravidão ou servidão e que serão protegidas, em igualdade de condições com as demais pessoas, contra o trabalho forçado ou compulsório.

17.3.3 A Lei Brasileira de Inclusão da Pessoa com Deficiência

A Lei n. 13.146, de 6 de julho de 2015, instituída a Lei Brasileira de Inclusão da Pessoa com Deficiência (Estatuto da Pessoa com Deficiência), destinada a assegurar e a promover, em condições de igualdade, o exercício dos direitos e das liberdades fundamentais por pessoa com deficiência, visa à sua inclusão social e cidadania.

Ela teve como base a Convenção sobre os Direitos das Pessoas com Deficiência e seu Protocolo Facultativo, e ofereceu uma definição específica para a pessoa com deficiência. Consoante o art. 2º da referida Lei, "considera-se pessoa com deficiência aquela que tem impedimento de longo prazo de natureza física, mental, intelectual ou sensorial, o qual, em interação com uma ou mais barreiras, pode obstruir sua participação plena e efetiva na sociedade em igualdade de condições com as demais pessoas".

Ressalte-se que a própria norma identifica o que efetivamente seriam as barreiras obstrutivas de participação efetiva na sociedade ao dispor que se entendem como tais os entraves, obstáculos, atitudes ou comportamentos que limitem ou impeçam a participação, o gozo, a fruição e o exercício de direitos à acessibilidade, à liberdade de movimento e de expressão, à comunicação, ao acesso à informação, à compreensão, à circulação com segurança, entre outros.

A Lei Brasileira de Inclusão da Pessoa com Deficiência (Estatuto da Pessoa com Deficiência) detalha uma série de medidas normativas que visam à efetividade do direito ao trabalho com destaque para a garantia de ambientes laborais acessíveis e inclusivos (art. 34).

Há também normas que preveem a implementação de serviços e programas completos de habilitação profissional e de reabilitação profissional para que a pessoa com deficiência possa ingressar, continuar ou retornar ao campo do trabalho. Há também, é claro, uma preocupação especial com a inclusão da pessoa com deficiência no trabalho mediante a colocação competitiva, em igualdade de oportunidades com as demais pessoas, nos termos da legislação trabalhista e previdenciária, atendidas as regras de acessibilidade, o fornecimento de recursos de tecnologia assistiva e a adaptação razoável no ambiente de trabalho.

Entre as mudanças normativas mais impactantes, cabe salientar a criminalização, punível com reclusão de 2 (dois) a 5 (cinco) anos e multa, da negativa ou obstaculização do emprego, trabalho ou promoção à pessoa em razão de sua deficiência (art. 98).

Além disso, é sempre merecedora de registro a alteração normativa produzida no art. 1º da Lei n. 9.029/95, que incluiu entre as práticas discriminatórias e limitativas para efeito de acesso à relação de trabalho, ou de sua manutenção, aquelas lastreadas em deficiência e reabilitação profissional. Aliás, muito além disso, a modificação produzida pelo Estatuto da Pessoa com Deficiência fez incluir entre os motivos discriminatórios a cláusula genérica "entre outros", tornando possível assim interpretações analógicas em favor de outras tantas discriminações.

17.3.4 A reserva de vagas para as pessoas com deficiência e a inclusão no mercado de trabalho

A reserva de vagas é uma das mais tradicionais ações afirmativas adotadas pelo Estado para eliminar desigualdades historicamente acumuladas mediante a garantia da igualdade de oportunidades e o tratamento compensatório pelas perdas causadas pela discriminação.

O constituinte de 1988, atento a essa necessidade, deixou registrado, como antedito, no art. 37, VIII, da Carta de 1988, a previsão a isso relativa e especialmente destinada às pessoas com deficiência no âmbito do serviço estatal. Consta do referido dispositivo a previsão de reserva legal de "percentual dos cargos e empregos públicos" para as pessoas com deficiência e de definição dos critérios de sua admissão.

No âmbito do serviço privado, coube, porém, à Lei n. 8.213/91 a missão de tratar dessa reserva de vagas nos limites do *caput* do seu art. 93. Segundo o referido dispositivo, a empresa com cem ou mais empregados estará obrigada a preencher de 2% a 5% dos seus cargos com beneficiários reabilitados ou, alternativamente, com pessoas com deficiência, habilitadas, na seguinte proporção:

NÚMERO DE EMPREGADOS DA EMPRESA	PROPORÇÃO DE BENEFICIÁRIOS REABILITADOS OU PCDs HABILITADOS A SEREM CONTRATADOS
De 100 a 200	2%
De 201 a 500	3%
De 501 a 1.000	4%
Mais de 1.000	5%

Perceba-se que estão excluídas dessa obrigação de contratar todas as empresas com menos de cem empregados. Essa restrição normativa, aliás, é um dos grandes problemas existentes para a efetivação da ação afirmativa aqui em debate. Afinal, é comparativamente pequeno o número de empresas que têm em seus quadros cem ou mais empregados. E aquelas que estão inseridas nesse contexto têm se valido de alternativas oferecidas pela própria lei para sair do espectro da obrigação de preencher de 2% a 5% dos seus cargos com beneficiários reabilitados ou, alternativamente, com pessoas com deficiência, habilitadas, a exemplo daquelas que, paulatinamente, estão a aderir à terceirização para, mediante pulverização, diminuir o quadro de empregados diretamente contratados.

Seja lá como for, somente as empresas que têm cem ou mais empregados estarão submetidas ao gradualismo que imporá o preenchimento de um determinado percentual dos seus cargos com os referidos "beneficiários reabilitados" ou, alternativamente, "pessoas com deficiência, habilitadas".

Anote-se que, nos termos do § 3º do aqui analisado art. 93 da Lei n. 8.213/91 e com o objetivo de ainda mais esclarecer, são cotas absolutamente diferentes aquela que cuidam da contratação para emprego tradicional e aquela outra que trata da cota para aprendizes com deficiência. Não se pode usar o aprendiz com deficiência para dizer cumprida a contratação para emprego tradicional nem vice-versa.

Nesse contexto, entende-se por "beneficiário reabilitado" o segurado vinculado ao Regime Geral de Previdência Social — RGPS que, durante a fruição do benefício por incapacidade, se submeteu a um processo de reabilitação profissional desenvolvido ou homologado pelo Instituto Nacional do Seguro Social — INSS. Esse beneficiário reabilitado, depois de ver cessado o auxílio por incapacidade temporária, será considerado, pela perícia médica federal, capaz e reabilitado para outra função. Concluído o processo de reabilitação profissional, o INSS, então, emitirá certificado individual indicativo da função para a qual o reabilitando foi capacitado profissionalmente, sem prejuízo do exercício de outras atividades para as quais ele se julgue capacitado.

Não constitui, porém, obrigação da previdência social a manutenção do segurado no mesmo emprego ou a sua colocação em outro para o qual foi reabilitado. Haverá a cessação do processo de reabilitação profissional com a emissão do citado certificado. A despeito disso, caberá à previdência social a articulação com a comunidade, com vista ao levantamento da oferta do mercado de trabalho, ao direcionamento da programação profissional e até mesmo à possibilidade de reingresso do reabilitando no mercado formal.

É importante dizer aqui que, nos termos do § 2º do art. 62 da Lei n. 8.213/91, "a alteração das atribuições e responsabilidades do segurado compatíveis com a limitação que tenha sofrido em sua capacidade física ou mental não configura desvio de cargo ou função do segurado reabilitado". Ele, portanto, ao retornar à empresa, poderá ser readaptado em função diferente e compatível com as limitações sofridas.

Entende-se como "pessoa com deficiência, habilitada", por outro lado, qualquer pessoa, mesmo sem vínculo com o RGPS, que, por conta de deficiência, necessitou e obteve a atenção do Estado para adquirir nível suficiente de desenvolvimento profissional (daí a qualificação "habilitada") para ingresso ou reingresso no mercado de trabalho.

Apesar de prevista em legislação previdenciária, a habilitação de pessoa com deficiência, mesmo que não segurada, é uma atividade de natureza assistencial, que, aliás, está prevista entre os objetivos da assistência social no art. 2º, *d*, da Lei n. 8,742/93.

Registre-se que os postos do Sistema Nacional de Empregos (SINE) têm cadastro de candidatos com deficiência para inserção no mercado de trabalho. Os beneficiários reabilitados podem ser encontrados nos Centros e Unidades Técnicas de Reabilitação Profissional do Instituto Nacional do Seguro Social (INSS), mas eles normalmente têm vínculo de emprego vigente e voltarão para as suas empresas de origem para formar o percentual reservado nos termos do § 1º do art. 93 da muitas vezes referida Lei n. 8.213/91.

17.3.5 A reserva de vagas da Lei n. 8.213/91 produz alguma forma de estabilidade?

A reserva de vagas prevista na Lei n. 8.213/91 produz uma singular e diferenciada espécie de estabilidade em favor da pessoa com deficiência, habilitada, e do beneficiário reabilitado nas empresas que têm mais de cem empregados.

Perceba-se que, nos termos do § 2º do art. 93 da referida Lei, tanto a dispensa de pessoa com deficiência ou de beneficiário reabilitado ao final de contrato por tempo determinado de mais de 90 (noventa) dias quanto o desligamento imotivado em contrato por tempo indeterminado somente poderão ocorrer depois da contratação de outro trabalhador com deficiência, habilitado, ou beneficiário reabilitado da Previdência Social.

Note-se que essa estabilidade não socorre pessoas com deficiência, habilitadas, nem beneficiários reabilitados contratados por até 90 (noventa) dias, incluindo-se nesse âmbito as contratações de experiência. De igual forma, essa norma não beneficia quem tenha sido demissionário, despedido por justa causa ou dispensado em decorrência de força maior.

A estabilidade aqui é singular e diferenciada porque ela é impessoal. Ela não visa à pessoa singularmente considerada, mas ao cumprimento da cota destinada aos trabalhadores com deficiência, habilitados, ou beneficiários reabilitados da Previdência Social.

A despeito disso, não é tão simples quanto parece fazer a troca, por exemplo, da pessoa com deficiência "A" pela pessoa com deficiência "B", uma vez que essa substituição quase sempre despertará outro questionamento, o de ter sido violado o disposto no art. 1º da Lei n. 9.029/95, que, por sua vez, proíbe a adoção de qualquer prática discriminatória e limitativa para efeito de manutenção da relação de trabalho por motivo de sexo, origem, raça, cor, estado civil, situação familiar, deficiência, reabilitação profissional, idade, entre outros. Essa referida Lei n. 9.029/95, aliás, prevê em seu art. 4º que o rompimento da relação de trabalho por ato discriminatório, além do direito à reparação pelo dano moral, faculta ao empregado optar pela reintegração com ressarcimento integral de todo o período de afastamento. Diante disso, emergirá o dever de fundamentar as razões da dispensa dos empregados cujos postos são protegidos.

Reafirmando o que se disse no tópico 16.1.2.2.2, "k", deste *Curso*, o desligamento de trabalhador com deficiência ou beneficiário reabilitado da Previdência Social por conta de acesso de outros da mesma condição somente poderá se dar de forma motivada, haja vista o dever fundamental de, em situações como esta, ser motivado o ato de despedimento.

17.3.6 A estabilidade no emprego durante a pandemia do coronavírus (Lei n. 14.020/2020)

O tema é tratado no tópico 16.1.2.2.2, "r", deste *Curso*. Ali se questiona se a estabilidade prevista no art. 17 da Lei n. 14.020/2020 permanece exigível mesmo sem o "estado de calamidade".

A resposta, como ali se disse, parece exigir interpretações finalística e sistemática. Exige-se uma interpretação finalística, pois a intenção do legislador não parece ter sido a de proteger a pessoa com deficiência apenas enquanto se mantivesse um "estado de calamidade" (que visou dar ao País um regime extraordinário fiscal, financeiro e de contratações), mas enquanto se mantivesse a própria emergência de saúde pública.

Invoca-se também uma interpretação sistemática, pois a norma não pode ser interpretada em tiras. Perceba-se que tudo há de ser considerado no conjunto. E no conjunto hão de ser incluídas as disposições protetivas inseridas na Lei n. 13.979/2020. A lógica que manteve vigente as suas disposições (conforme ADI 6.625/DF) é exatamente a mesma lógica que há de manter a estabilidade das pessoas com deficiência enquanto pandemia houver.

17.3.7 A proteção no âmbito dos contratos de estágio

Apesar de o estágio não ser trabalho, ele prepara para o trabalho.

Nesse sentido, as pessoas com deficiência devem merecer o mesmo tratamento diferenciado que lhes é conferido diante de sua condição de trabalhadores. Assim, a Lei de Estágio, em atitude inclusiva, previu, em seu art. 11, que a duração do estágio, na mesma parte concedente, não poderá exceder 2 (dois) anos, exceto quando se tratar de estagiário pessoa com deficiência.

Diante dessa disposição, o tempo de duração do estágio das pessoas com deficiência será aquele necessário à sua formação prática, independentemente do tempo necessário ao cumprimento desse objetivo. O que se objetiva no caso de pessoas com deficiência é o alcance da formação ou o término do curso que dá lastro ao estágio, mas não um tempo específico e determinado.

Há também na legislação de estágio uma previsão expressa de reserva de vagas. O texto contido no § 5º do art. 17 da Lei aqui em análise assegura às pessoas com deficiência o percentual de 10% (dez por cento) das vagas oferecidas pela parte concedente do estágio.

17.3.8 A manifestação protetiva no plano dos contratos de aprendizagem

Nos contratos de aprendizagem, o legislador também tomou o cuidado de não limitar a duração dessa espécie contratual de trabalho. Por conta disso, é possível perceber no § 3º do art. 428 da CLT previsão no sentido de que esse contrato não poderá ser estipulado por mais de 2 (dois) anos, exceto quando se tratar de aprendiz pessoa com deficiência.

Assim, consideradas as especificidades das pessoas com deficiência, não lhes é imposto um limite temporal máximo para a aprendizagem, que, como visto, pode excepcionalmente se estender por mais de dois anos. A mesma lógica é aplicada em relação à idade máxima dos aprendizes. Embora, em regra, um aprendiz não possa ter mais de 24 anos de idade, esse limite não é exigível das pessoas com deficiência, conforme se vê no § 5º do art. 428 da CLT.

As pessoas com deficiência tanto podem ultrapassar esse marco etário, caso tenham iniciado o contrato antes dos 24 anos de idade, quanto poderão, igualmente, iniciá-lo depois disso. Note-se, porém, que, nos termos do § 8º do multicitado art. 428 da CLT, o contrato de aprendizagem das pessoas com deficiência somente pode ter início a partir dos 18 anos de idade, diferentemente do que ocorre com os demais trabalhadores, que podem iniciá-lo a partir dos 14 anos de idade. Veja-se o dispositivo:

> Art. 428. [...] § 8º. Para o aprendiz com deficiência com 18 (dezoito) anos ou mais, a validade do contrato de aprendizagem pressupõe anotação na CTPS e matrícula e frequência em programa de aprendizagem desenvolvido sob orientação de entidade qualificada em formação técnico-profissional metódica. (Incluído pela Lei n. 13.146, de 2015)

Anote-se, ainda, que, consoante o § 6º do art. 428 da CLT, a comprovação da escolaridade de aprendiz com deficiência deverá considerar, sobretudo, as habilidades e competências relacionadas com a profissionalização. Nesse ponto, cabe ainda anotar que, diferentemente do que ocorre com os demais aprendizes, o "desempenho insuficiente ou inadaptação" não pode ser motivo de resolução contratual das pessoas com deficiência, salvo se a elas forem oferecidos "recursos de acessibilidade, de tecnologias assistivas e de apoio necessário ao desempenho de suas atividades", capazes de colocá-las em condição de igualdade com as pessoas sem deficiência. Nesse sentido, veja-se o teor do art. 433, I, da CLT.

17.3.9 O trabalhador readaptado por motivo de deficiência

Outra garantia trabalhista oferecida ao trabalhador com deficiência é a de readaptação em outro posto laboral sem perda da dimensão salarial originária. Isso, evidentemente, decorre de uma garantia constitucional de irredutibilidade de salários.

Entretanto, é possível, por via reflexa, perceber que esse trabalhador com deficiência sequer poderá servir de paradigma para fins de equiparação salarial (*vide* § 4º do art. 461 da CLT), pois a manutenção da dimensão salarial lhe é devida independentemente do posto que passe a assumir.

17.3.10 Negociação coletiva e a vedação ao retrocesso de direitos das pessoas com deficiência

O art. 611-B da CLT identifica o que constitui objeto ilícito de convenção coletiva ou de acordo coletivo de trabalho e, nesse rol, refere como contra a ordem jurídica qualquer cláusula que promova qualquer discriminação no tocante a salário ou a critérios de admissão do trabalhador com deficiência (art. 611-B, XXII, da CLT e Lei n. 9.029/95).

Apesar de esse rol ser pretensamente exaustivo, é claro que não se pode incluir entre as cláusulas de instrumento coletivo negociado não apenas aquelas que tratem da discriminação acima mencionada, mas de qualquer outra discriminação contra a pessoa com deficiência, observado o amplo leque de proteções contido na Convenção sobre os Direitos das Pessoas com Deficiência (CDPD).

17.3.11 A prioridade processual (Lei n. 12.008/2009)

O art. 4º da Lei n. 12.008/2009 prevê que a Lei n. 9.784, de 29 de janeiro de 1999, passou a vigorar acrescida do seguinte art. 69-A, II, que oferece "prioridade na tramitação, em qualquer órgão ou instância, os procedimentos administrativos em que figure como parte ou interessado [...]: II — pessoa portadora de deficiência, física ou mental".

17.3.12 Os direitos previdenciários das pessoas com deficiência

Além dos direitos trabalhistas previstos neste texto, cabe referenciar o tratamento diferenciado que a legislação previdenciária igualmente oferece às pessoas com deficiência.

Nunca será demasiada a lembrança de que é na seara previdenciária que se dá a regulação da habilitação e da reabilitação, designadamente no art. 89 da Lei n. 8.213/91.

Há também uma sistemática específica e diferenciada de aposentadoria para as pessoas com deficiência. Nesse particular, a Lei Complementar n. 142, de 8 de maio de 2013, garantiu-lhes aposentação diferenciada, em conformidade com o grau de deficiência, a partir de idades e tempos de contribuição mais favoráveis do que os ordinariamente exigíveis.

17.4 O TRABALHO DAS PESSOAS TRANSGÊNERO E AS SUAS PECULIARIDADES

Apesar da existência de alguns posicionamentos sensíveis à igualdade de tratamento e à não discriminação em matéria de orientação sexual e identidade de gênero[52], persistem,

---

[52] Cabe aqui um registro especial aos princípios enunciados pela REUNIÃO INTERNACIONAL DE ESPECIALISTAS em legislação internacional de direitos humanos, orientação sexual e identidade de gênero, evento realizado na Universidade Gadjah Mada, em Yogyakarta, Indonésia, entre 6 e 9 de novembro de 2006.

na vida real, violência, assédio, discriminação, exclusão, estigmatização, preconceito e discursos de ódio contra quem diverge da suposta "normalidade", levando muitas pessoas a reprimirem sua identidade e a terem suas vidas marcadas por medo e invisibilidade.

A despeito de simbolicamente existir um plexo de medidas nacionais e estrangeiras que tenta repelir essas condutas[53], há muito a evoluir na contenção da formação dos estereótipos e na busca da aceitação social das pessoas LGBTQI+ (lésbicas, *gays*, bissexuais, transgêneros, *queer*, intersexuais e outros mais).

Para bem entender a problemática no âmbito das relações de trabalho e para que o estudo distinga claramente os sujeitos aqui analisados, é importante, de início, distinguir sexo, gênero e sexualidade.

O **"sexo"** diz respeito ao conjunto das características que diferenciam, numa espécie, os machos e as fêmeas e que lhes permitem reproduzir-se. Assim, o sexo está relacionado às particularidades anatômicas e biológicas que conduzem à certificação de alguém como homem, mulher ou intersexo[54]. O sexo é, portanto, um atributo biológico.

O **"gênero"**, por outro lado, designa a construção psicológica, cultural e social do sexo biológico. O gênero está associado à forma como uma pessoa se percebe e também como ela quer ser vista pela sociedade. Extrai-se do gênero uma experiência subjetiva de alguém a respeito de si mesmo e das suas relações com outros gêneros. O gênero é, por isso, uma questão sociocultural; um assunto de pertencimento social e cultural.

Nesse sentido, a pessoa transgênero é aquela cuja identidade de gênero é oposta ao sexo de nascença. O transgênero tem um sexo, mas se identifica com o sexo oposto e espera ser reconhecido e aceito como tal. Nesse sentido, será transgênero a pessoa que, por exemplo, nasce biologicamente homem, mas não se identifica assim, seja por perceber-se como mulher ou por colocar-se entre o masculino e o feminino, vendo-se, consequentemente, como um ser "não binário".

O evento contou com a presença de 29 eminentes especialistas de 25 países com experiências diversas e relevantes conhecimentos em matéria de direitos humanos. Eles discutiram, deliberaram e adotaram, por unanimidade, em um documento único, aquilo que se convencionou chamar de "Princípios de Yogyakarta sobre a Aplicação da Legislação Internacional de Direitos Humanos em relação à Orientação Sexual e Identidade de Gênero". Para saber mais, consulte:

REUNIÃO INTERNACIONAL DE ESPECIALISTAS EM LEGISLAÇÃO INTERNACIONAL DE DIREITOS HUMANOS, ORIENTAÇÃO SEXUAL E IDENTIDADE DE GÊNERO. Princípios de Yogyakarta. Yogyakarta, Indonésia: Universidade Gadjah Mada, 2006. Disponível em: <http://www.dhnet.org.br/direitos/sos/gays/principios_de_yogyakarta.pdf>. Acesso em: 30 ago. 2021.

53 Apenas a título ilustrativo, sem a pretensão de exaustão, citam-se:

O Decreto n. 8.727/2016 prevê que as entidades da administração pública federal direta, autárquica e fundacional deverão adotar o nome social da pessoa travesti ou transexual, sendo vedado o uso de expressões pejorativas e discriminatórias.

O STF, no julgamento da ADI n. 4.275, reconheceu o direito às pessoas trans de, independentemente de autorização judicial, alterar o nome e o gênero no registro civil mesmo sem a realização de procedimento cirúrgico. O CNJ editou o Provimento n. 73/2018 regulamentando o procedimento a ser adotado para essa alteração. A Organização Mundial da Saúde retirou a transexualidade da lista de doenças na nova versão da Classificação Internacional de Doenças, a CID-11.

A Resolução do Parlamento Europeu, de 11 de março de 2021, sobre a proclamação da União Europeia como zona de liberdade para as pessoas LGBTQI+ (2021/2557(RSP).

54 Intersexo é a pessoa que naturalmente desenvolve características sexuais que não se encaixam nas noções típicas de sexo feminino ou sexo masculino, e que não se desenvolve completamente mulher ou homem, ou que desenvolve naturalmente uma combinação feminina e masculina.

Apesar do sexo biológico designado no seu nascimento, o transgênero sente-se psiquicamente, culturalmente e socialmente integrante de gênero diverso, exigindo, por isso, o reconhecimento dessa identidade[55], independentemente de sua orientação sexual (homossexual, bissexual, heterossexual etc.) e a despeito de cogitar ou de desejar a realização de cirurgia de redesignação sexual[56].

Anote-se, de forma completa, que a pessoa que se identifica com o gênero biológico é referida pelo termo "cisgênero". Assim, a cisgeneridade (o prefixo cis- sugere algo "ao lado", "na mesma linha", "alinhado") é, portanto, a condição da pessoa cuja identidade de gênero corresponde ao que lhe foi atribuído no nascimento. Diversamente, como já demonstrado, a transgeneridade (o prefixo trans- sugere algo "além de", "fora da mesma linha", "desalinhado") é a condição da pessoa cuja identidade de gênero diverge daquela que lhe foi imputada, por evidências, biológicas, no nascimento. Nela há uma discussão interna entre duas realidades, a morfológica, de nascença, e a psíquica, de identidade.

A **"sexualidade"**, por sua vez, como terceiro elemento central da discussão, "abrange sexo, identidades e papéis de gênero, orientação sexual, erotismo, prazer, intimidade e reprodução"[57]. A sexualidade é a qualidade daquilo que se vivencia no âmbito sexual, po-

---

[55] No preâmbulo dos Princípios de Yogyakarta vê-se um conceito para a "identidade de gênero". Diz-se ali ser ela uma "experiência interna, individual e profundamente sentida que cada pessoa tem em relação ao gênero, que pode, ou não, corresponder ao sexo atribuído no nascimento, incluindo-se aí o sentimento pessoal do corpo (que pode envolver, por livre escolha, modificação da aparência ou função corporal por meios médicos, cirúrgicos ou outros) e outras expressões de gênero, inclusive o modo de vestir-se, o modo de falar e maneirismos".

Ver também sobre a questão da "identidade de gênero": JESUS, Jaqueline Gomes de. Orientações sobre identidade de gênero: conceitos e termos. Disponível em: <http://www.diversidadesexual.com.br/wp-content/uploads/2013/04/G%C3%8ANERO-CONCEITOS-E-TERMOS.pdf>. Acesso em: 5 dez. 2021.

[56] **Prefere-se aqui, sempre, o uso da palavra "transgênero"** pela sua capacidade de ser um conceito "guarda-chuva", capaz de abarcar muitas espécies. O psiquiatra John F. Oliven da Universidade de Columbia cunhou o termo transgênero em 1965, na obra Sexual Hygiene and Pathology, escrevendo que o termo que sempre se utilizou antes, transexual, seria equivocado, porque a questão está no domínio da identidade de gênero, e não no âmbito biológico, do sexo.

A despeito disso, é ainda muito comum o uso da espécie **transexual** como sinônimo de transgênero, que, como se viu, não é.

Como bem ressaltado no site Mundo Psicologos, a transexualidade é apontada como uma "radicalização" da transgeneridade. O sentimento de não pertencer ao gênero biológico é tão intenso que há um rechaço por tudo aquilo que é característica do seu sexo de nascimento. Por isso, "o transexual é aquele que deseja alterar sua constituição biológica e fazer a mudança de sexo, sendo a cirurgia a única forma de se sentirem totalmente identificados e correspondidos na identidade de gênero que sentem pertencer, mas que não foi biologicamente atribuída". Ver em: MUNDO PSICOLOGOS, 2021. Há diferenças entre transgêneros, travestis e transexuais? Disponível em: <https://br.mundopsicologos.com/artigos/ha-diferencas-entre-transgeneros-travestis-e-transexuais>. Acesso em: 5 dez. 2021.

Igualmente esclarecedora é a lição de Maria Berenice Dias, que, cuidadosamente, afirma: "o transexual sente-se como se tivesse nascido no corpo errado, como se esse corpo fosse um castigo ou mesmo uma patologia congênita. O transexual se considera pertencente ao sexo oposto, entalhado com o aparelho sexual errado, o qual quer ardentemente erradicar". Já com o travesti — igualmente transgênero, mas integrante de uma espécie com características diversas — acontece diferente, segundo a perspectiva da mesma autora: "travestis são pessoas que, independente da orientação sexual, aceitam o seu sexo biológico, mas se vestem, assumem e se identificam com o do gênero oposto. Não sentem repulsa por sua genitalia, como ocorre com os transexuais. Por isso não perseguem a redesignação cirúrgica dos órgãos sexuais, até porque encontram gratificação sexual com o seu sexo". DIAS, Maria Berenice. Homoafetividade e os direitos LGBTI. 6. ed. São Paulo: Revista dos Tribunais, 2014, p. 43 e 269.

[57] WORLD HEALTH ORGANIZATION, 2021. Sexual and Reproductive Health and Research (SRH). Disponível em: <https://www.who.int/teams/sexual-and-reproductive-health-and-research/key-areas-of-work/sexual-health/defining-sexual-health>. Acesso em: 23 ago. 2021.

dendo ser expressa em pensamentos, fantasias, desejos, crenças, atitudes, valores, comportamentos, práticas, papéis e relacionamentos. Embora ela possa incluir todas essas dimensões, nem todas são vivenciadas ou expressadas, porque influenciadas pela interação de fatores biológicos, psicológicos, sociais, econômicos, políticos, culturais, legais, históricos, religiosos e espirituais. É no âmbito da sexualidade que uma pessoa, levada por sua própria orientação[58], pode se identificar como homossexual (lésbica ou *gay*), bissexual, pansexual ou assexual. A sexualidade, portanto, é uma questão afetiva.

Nesse ponto, é importante ressaltar que o "gênero" e a "sexualidade" (e, em especial, a orientação sexual) podem se comunicar, mas um aspecto não necessariamente depende ou decorre do outro. "Pessoas transgênero são como as cisgênero, podem ter qualquer orientação sexual: nem todo mundo é cisgênero e/ou heterossexual"[59].

Sintetizando o tópico, conforme sabiamente esclarece Letícia Lanz, "podemos descrever sexo como aquilo que a pessoa traz entre as pernas; gênero como aquilo que traz entre as orelhas e orientação sexual como quem ela gosta de ter entre os braços"[60].

17.4.1 A diversidade de sexo, gênero e sexualidade e as consequências desses encontros no ambiente laboral

Nos cenários de convivência humana, sabe-se que o ambiente de trabalho é um dos mais difíceis espaços de aceitação social das desigualdades, pois as pessoas que ali convivem são impositivamente (por atos de coordenação ou subordinação) levadas ao inter-relacionamento e, em decorrência dessa inter-relação, aos possíveis atritos.

Entre todos os cenários que dizem respeito à diversidade sexual e às suas manifestações na seara trabalhista, porém, aquele que mais incidentes produz é, sem dúvida, o que diz respeito às transgeneridades, sendo essa a razão em decorrência da qual se escreve esse especial texto.

O transgênero é, sem dúvidas, mais suscetível ao assombro dos colegas mal informados ou preconceituosos, haja vista as constatações visuais que o levam a não se apresentar culturalmente nem socialmente em conformidade com o seu gênero biológico.

As pessoas transgênero são, por isso, estigmatizadas, e isso ocorre pela crença de que "natural" é ter (e manter) o gênero atribuído por ocasião do nascimento. Exatamente por isso, e em decorrência dos muitos sobressaltos culturais, o espaço reservado aos homens trans e às mulheres trans é, em regra, o da extrema segregação e preconceito.

17.4.2 A cultura do respeito e a adaptação razoável

Estudiosos de todos os tempos, ao refletirem sobre as características sociais, têm, conforme bem disse Giacomo Sani[61], oferecido destaque às crenças, ideais, normas e tradições

---

58 No preâmbulo dos Princípios de Yogyakarta vê-se um conceito para a "orientação sexual". Diz-se ali ser ela a "capacidade de cada pessoa de experimentar uma profunda atração emocional, afetiva ou sexual por indivíduos de gênero diferente, do mesmo gênero ou de mais de um gênero, assim como de ter relações íntimas e sexuais com essas pessoas".

59 JESUS, Jaqueline Gomes de. Orientações sobre identidade de gênero: conceitos e termos. Disponível em: <http://www.diversidadesexual.com.br/wp-content/uploads/2013/04/G%C3% 8ANERO-CONCEITOS-E--TERMOS.pdf>. Acesso em: 23 ago. 2021.

60 Ver: LANZ, Letícia. O corpo da roupa: a pessoa transgênero entre a transgressão e a conformidade com as normas de gênero. 2014. Disponível em: <https://acervodigital.ufpr.br/bitstream/handle/1884/36800/R%20-%20D%20-%20LETICIA%20LANZ.pdf?sequence=1&isAllowed=y >. Acesso em: 23 ago. 2021.

61 SANI, Giacomo. Cultura política. *Dicionário de política*. 11. ed. Brasília: UnB, 1998, p. 306-307.

que dão um peculiar colorido e significação à vida política em determinados contextos. A essas evidências dá-se o nome de "cultura política", que, em verdade, nada mais é do que um conjunto de percepções cognitivas, afetivas e valorativas que — como o próprio nome sugere — são cultivadas pela sociedade e que produzem uma sensação de impositiva adesão por conta de tendências e juízos positivos de uma maioria qualificada.

Assim, quando se fala de "cultura do respeito" refere-se aqui a um sentimento social crescente de tratar o outro como a si mesmo, de dar-lhe a atenção que se espera receber diante de eventual diferença, particularidade ou características peculiares. A cultura do respeito envolve, portanto, não apenas dar respeito, mas também exigir respeito, difundir o respeito e entender natural que assim todos ajam.

Diante da diversidade é que se mede o respeito e é em virtude dele que se operam as necessárias adaptações para tornar a sociedade receptiva a todos, independentemente das suas diferenças e a despeito de todas as formas de opressão e de dominação social. Nesse sentido, e com apoio nas palavras de Wallace Corbo, é justamente diante da opressão e da dominação social que deve emergir a adaptação razoável, "uma válvula de escape, gerando uma exceção à regra geral com o objetivo de adequar a realidade ou procedimentos incidentalmente discriminatórios, para que se promova a inclusão e o respeito à diferença historicamente negados a estes grupos"[62].

Tudo o que se analisará neste texto é marcado pela lógica dessa referida adaptação razoável, que, mais uma vez lastreado no citado texto de Wallace Corbo, pode ser exigida de imediato, inclusive judicialmente e independentemente de atuação legislativa prévia, tanto em face do Poder Público, quanto em face de particulares cujas medidas, atos ou normas produzam efeitos discriminatórios contra minorias. Entretanto, por conta da razoabilidade que a orienta, essas adaptações dependerão, por vezes, como se verá, de concessões entre as partes conflitantes.

17.4.3 O trabalho das pessoas transgênero e o direito do trabalho

O décimo segundo princípio enunciado pela reunião internacional de especialistas de Yogyakarta (2006) sustenta que "toda pessoa tem o direito ao trabalho digno e produtivo, a condições de trabalho justas e favoráveis e à proteção contra o desemprego, sem discriminação por motivo de orientação sexual ou identidade de gênero". Esses são, portanto, os objetivos que devem ser buscados no ambiente de trabalho.

Para bem entender essas discussões, foram selecionados alguns temas sensíveis que envolvem a vida laboral das pessoas transgênero, entre os quais o que diz respeito "ao desafio da superação das entrevistas de emprego" e, por conta das dificuldades de ingresso, "a inexistência de uma política pública de reserva de vagas".

Superados os problemas de ingresso no emprego, serão analisados os obstáculos que dizem respeito ao "direito ao uso do nome social no trabalho" e, logo em seguida "o *dress code* e a proibição corporativa do uso de roupas culturalmente desalinhadas com o sexo de nascença", "o uso de sanitários dentro do ambiente de trabalho" e "o limite da força muscular". Na esfera previdenciária, terá espaço a discussão sobre "a aposentadoria, os critérios diferenciados de idade e de tempo de contribuição e a sua aplicação à pessoa transgênero". Vejam-se os detalhes.

---

62 CORBO, Wallace. O direito à adaptação razoável e a teoria da discriminação indireta: uma proposta metodológica. *RFD — Revista da Faculdade de Direito da UERJ*, Rio de Janeiro, n. 34, dez. 2018.

17.4.3.1 O desafio da superação das entrevistas de emprego

Os muitos relatos das dificuldades das pessoas trans nos ambientes de trabalho denunciam que as dificuldades de conquista do emprego começam realmente na entrevista. Quando não dispensadas imediatamente, depois das primeiras evidências do entrevistador, as pessoas transgênero recebem justificativas abstratas, como, por exemplo, a de que elas não se enquadram no perfil da empresa ou de que, simplesmente, outro foi aprovado para a vaga existente.

Nunca será demasiada a lembrança de que, existentes razões plausíveis para identificar a discriminação de gênero no processo de entrevista, a pessoa preterida por conta da sua transgeneridade poderá demandar reparação por danos ao seu patrimônio imaterial, especialmente por violação ao direito à própria identidade[63].

17.4.3.2 A inexistência de uma política pública de reserva de vagas

Ao contrário do que ocorre em favor das pessoas com deficiência em todas as esferas de contratação (*vide* art. 93 da Lei n. 8.213/91) ou com as cotas étnico-raciais no âmbito estatal, não há nenhuma norma que oriente ações afirmativas dirigidas às pessoas trans. Como se sabe, as ações afirmativas partem do pressuposto de que, independentemente da vontade de alguns, há de haver espaço reservado para aqueles que historicamente sofreram discriminação como uma forma de estabelecer um convívio que dificilmente existiria sem o fomento estatal.

Há, entretanto, pelo menos três projetos que tramitam no Parlamento cuidando de questões relacionadas à diversidade sexual no trabalho.

O primeiro é o PL n. 5.593/2020, de autoria do Dep. Denis Bezerra (PSB/CE), que visa alterar a CLT para reservar pelo menos 50% das vagas destinadas aos aprendizes para a contratação alternada de negros, mulheres e LGBTQI+.

O segundo, o PL n. 144/2021, do Dep. Alexandre Padilha (PT/SP), que impõe às empresas que gozam de incentivos fiscais, que participem de licitação ou que mantenham contrato ou convênio com o Poder Público Federal, desde que tenham mais de 100 (cem) empregados, o dever de contratar pessoas autodeclaradas transgênero na proporção de, no mínimo, 3% (três por cento) do total de seus empregados, observada a mesma reserva de vagas ao número de estagiários e *trainees*, caso existam na empresa.

O terceiro, o PL n. 2.345/2021, da Dep. Natália Bonavides (PT/RN), que institui a Política Nacional de Emprego e Renda para a População Trans — TransCidadania, com várias políticas públicas de proteção e acolhimento às pessoas transgênero.

17.4.3.3 O direito ao uso do nome social no trabalho: da ficha de registro ao crachá funcional

Em trecho de clássica peça teatral, Julieta revela toda a sua angústia ao perceber que o obstáculo para o seu romance com Romeu residia unicamente nos nomes de família que eles levavam consigo[64]. A inimizade histórica entre duas tradicionais casas veronenses, de onde

---

63 O *site* Direito News (Disponível em: <https://www.direitonews.com.br/2020/01/mulher-emprego-negado-trans-indenizacao-direito.html>. Acesso em: 3 set. 2021) noticiou que loja varejista da Irlanda do Norte foi condenada a pagar indenização por danos morais a uma mulher trans que deixou de ser contratada apenas por não ter o gênero correspondente ao seu sexo biológico. Na situação, a empresa motivou a sua decisão em um *e-mail* no qual, sem recatos (o que facilitou a prova), informou que não a contratou justamente por ser ela uma mulher trans.

64 O trecho aqui referido diz respeito à clássica peça teatral *Romeu e Julieta*, de William Shakespeare, assim traduzido para o português: "Meu inimigo é apenas o teu nome. Continuarias sendo o que és, se acaso Mon-

provinham os apaixonados, tornava impossível a formação de vínculos entre Montecchio e Capuleto. Os nomes de família que os acompanhavam, ainda que materialmente não impedissem as suas aproximações e que fossem apenas nomes, eram formalmente a razão de ser dos seus distanciamentos.

A mencionada tragédia romântica, que é normalmente invocada quando se pretende discutir a importância das nominações, revela que um nome traz em si muito mais do que um punhado de letras.

O "nome" é o primeiro fator de identificação. Ele tem a função de tornar exata a noção de quem é por ele invocado, de modo a não se permitir a transmissão equivocada. O nome, como um importante designador, especialmente quando adequado às circunstâncias, tem realmente o condão de facilitar a compreensão dos significados.

Pois bem. A situação das pessoas transgênero revela, em toda a sua dimensão, a importância e a relevância do "nome", haja vista a dificuldade de ter e de ser mantida uma identidade sem a correspondência nominal.

Iniciou-se, assim, um processo de acomodação razoável para evitar maiores estranhamentos e esse processo teve um importante passo com a difusão do uso do chamado "nome social", ou seja, da designação oficiosa[65] por meio da qual uma pessoa se identifica e é socialmente reconhecida.

Mas o "nome social", enquanto designação oficiosa, nem sempre resolve o problema da identidade de gênero; pelo contrário, por vezes até o agrava.

Como a invocação do nome social (oficioso) não produz uma mudança do nome civil (oficial), haverá situações em que os dois nomes — o civil e o social — aparecerão lado a lado[66], aumentando, assim, ainda mais o grau de constrangimento de quem resolveu por meio dele se identificar. De todo modo, resguardada a citada correlação de nomes que apenas deve ocorrer dentro de documentos oficiais de identificação, admite-se somente o uso do nome social em crachás funcionais, cartões de ponto, fichas de registro e comunicações internas nas quais o nome do empregado precise ser referido.

E se a pessoa transgênero quiser realmente mudar o seu nome civil, ela poderá fazê-lo?

Sim. Depois da decisão tomada pelo STF nos autos da ADI 4.275/DF, no Plenário de 1º de março de 2018, a pessoa transgênero que comprove sua identidade de gênero dissonante daquela que lhe foi designada ao nascer, por autoidentificação firmada em declaração escrita desta sua vontade, dispõe, sim, do direito fundamental subjetivo à alteração do prenome e da classificação de gênero no registro civil pela via administrativa ou judicial, independentemente de procedimento cirúrgico e laudos de terceiros, por se tratar de tema relativo ao direito fundamental ao livre desenvolvimento da personalidade.

Anote-se que a posição do STF seguiu a lógica de decisão tomada pela Corte Interamericana de Direitos Humanos (Parecer Consultivo OC-24/17, de 24 de novembro de

---

tecchio tu não fosses. Que é Montecchio? Não será mão, nem pé, nem braço ou rosto, nem parte alguma que pertença ao corpo. Sê outro nome. Que há num simples nome? O que chamamos rosa, sob outra designação teria igual perfume [...]". SHAKESPEARE, William. *Romeu e Julieta*. E-book. Disponível em: https://www.ebooksbrasil.org/adobeebook/romeuejulieta.pdf. Acesso em: 22 dez. 2021.

65   Entende-se por designação "oficiosa" aquela que não é oficial, mas é apoiada em fontes oficiais.

66   Veja-se, nesse sentido, o art. 4º do Decreto n. 8.727, de 28 de abril de 2016, segundo o qual "constará nos documentos oficiais o nome social da pessoa travesti ou transexual, se requerido expressamente pelo interessado, acompanhado do nome civil".

2017)[67], que recomendou um processo de reconhecimento da identidade de gênero que não imponha aos solicitantes o cumprimento de requisitos abusivos, tais como apresentação de certidões médicas ou estado civil de não casados, tampouco se deve submeter os solicitantes a perícias médicas ou psicológicas relacionadas com sua identidade de gênero autopercebida, ou outros requisitos que desvirtuem o princípio segundo o qual a identidade de gênero não se prova.

Merece igual registro a decisão tomada pelo STF no Recurso Extraordinário 670.422/RS, no Plenário de 15 de agosto de 2018. Ali, de forma completiva ao disposto na ADI 4.275/DF, assentaram-se as seguintes teses de repercussão geral:

i) O transgênero tem direito fundamental subjetivo à alteração de seu prenome e de sua classificação de gênero no registro civil, não se exigindo, para tanto, nada além da manifestação da vontade do indivíduo, o qual poderá exercer tal faculdade tanto pela via judicial como diretamente pela via administrativa.

ii) Essa alteração deve ser averbada à margem no assento de nascimento, sendo vedada a inclusão do termo 'transexual'.

iii) Nas certidões do registro não constará nenhuma observação sobre a origem do ato, sendo vedada a expedição de certidão de inteiro teor, salvo a requerimento do próprio interessado ou por determinação judicial.

iv) Efetuando-se o procedimento pela via judicial, caberá ao magistrado determinar, de ofício ou a requerimento do interessado, a expedição de mandados específicos para a alteração dos demais registros nos órgãos públicos ou privados pertinentes, os quais deverão preservar o sigilo sobre a origem dos atos.

Observe-se, por fim, que para alterar nome e gênero na certidão de nascimento a norma a ser seguida é o Provimento n. 73 do CNJ, que, na linha do que se antedisse, admite o processamento diretamente no Cartório de Registro Civil das Pessoas Naturais, sem necessidade de instauração de processo judicial para este fim.

17.4.3.4 O *dress code* e o respeito à transgeneridade

Os empregadores têm o direito de criar diretrizes de vestuário e de aparência dos empregados durante o tempo em que estejam em serviço efetivo, desde que elas sejam adequadas, razoáveis, não constrangedoras e em conformidade com alguma finalidade legítima, entre as quais atender às exigências técnicas em matéria de saúde e segurança do trabalho, como o uso de sapatos especiais, *overalls*, capacetes e luvas, e permitir a visibilidade e o fácil reconhecimento ao público, como exigível de seguranças patrimoniais.

No que diz respeito à adequação e à razoabilidade, a regra mais importante de qualquer *dress code* é não constranger, seja evitando trajes que produzam estereótipos de gênero, seja diante da impossibilidade da primeira atuação, não impedindo que cada empregado use aquele traje que pareça mais adequado à sua autopercebida identidade de gênero[68].

---

67 Pela sua qualidade, recomenda-se a leitura integral da referida decisão da Corte Interamericana de Direitos Humanos, disponível em: <https://www.corteidh.or.cr/docs/opiniones/seriea_24_por.pdf>. Acesso em: 4 set. 2021.

68 Em relação a esse tema, leia-se o artigo de MOMM, Márcia Assumpção Lima e BARACAT, Eduardo Milléo. Código de vestimenta e aparência no trabalho: limites do poder de direção do empregador em relação ao gênero. *Revista do TST*, São Paulo, v. 87, n. 2, abr./jun. 2021. Disponível em: <https://juslaboris.tst.jus.br/bitstream/handle/20.500.12178/190038/2021_momm_marcia_codigo_vestimenta.pdf?sequence=1&isAllowed=y>. Acesso em: 5 set. 2021.

17.4.3.5 O uso de sanitários e vestiários dentro do ambiente de trabalho

Observada a lógica do direito fundamental à identidade de gênero, não há como impor à pessoa trans, salvo mediante dano ao seu patrimônio imaterial, o uso de sanitário e vestiário diverso do gênero com o qual ela se identifica.

O argumento segundo o qual o direito de coletividade cisgênero deve prevalecer sobre o direito individual da pessoa transgênero é equivocado e, não fosse apenas isso, acirra a discriminação com a qual ninguém pode compactuar.

É sempre bom lembrar que a pessoa trans, como já se disse, não opta por ter identidade de gênero dissonante daquela que lhe foi designada ao nascer, tampouco o faz em caráter transitório, como o de quem muda de posição mediante uma chave seletora ON/OFF. Obviamente, não. Por isso, exatamente por isso, cabe à sociedade respeitar a individualidade das pessoas (cis- ou trans-) e os aspectos essenciais de sua personalidade, sem lhes infligir limitações além daquelas impostas indistintamente a todos e todas.

Caso o empregador enfrente a resistência dos empregados cisgênero, caber-lhe-á, como bem disse Danilo Gaspar[69], criar e aplicar uma política de conscientização que se garanta um meio ambiente de trabalho livre de qualquer conduta discriminatória. Essa política de conscientização, aliás, deverá ser produzida e difundida antes mesmo de surgir o primeiro conflito que a determine, mas, se tal ocorrer, solução haverá de dar-se o mais brevemente possível com foco no respeito à possibilidade de todo ser humano se autodeterminar.

Nesse sentido, será cabível pretensão de pagamento de indenização por dano moral dirigida contra empregador que constranja ou que permita que seja constrangida pessoa transgênero a utilizar banheiro do sexo oposto ao qual se dirigiu, por identificação psicossocial, porque ato violador da dignidade da pessoa humana e da identidade de gênero enquanto direito da personalidade.

Observe-se que o tema aqui em análise é objeto do Recurso Extraordinário 845.779 de Santa Catarina, que foi admitido com repercussão geral, sob a relatoria do Ministro Luís Roberto Barroso, em trâmite desde 13 de novembro de 2014.

17.4.3.6 O limite da força muscular e a sua aplicação à pessoa transgênero. A fruição do intervalo previsto no art. 384 da CLT até a vigência da Lei n. 13.467, de 2017

Em matéria de prevenção da fadiga, há previsão no art. 198 da CLT no sentido de que "é de 60 kg (sessenta quilogramas) o peso máximo que um empregado pode remover individualmente, ressalvadas as disposições especiais relativas ao trabalho do menor e da mulher".

As referidas disposições especiais informam, por outro lado, no art. 390 da CLT, que "ao empregador é vedado empregar a mulher em serviço que demande o emprego de força muscular superior a 20 (vinte) quilos para o trabalho contínuo, ou 25 (vinte e cinco) quilos para o trabalho ocasional".

Questiona-se, então: como aplicar essas disposições em relação aos trabalhadores transgênero?

A solução aqui parece ser simples no que diz respeito à determinação da norma que há de ser aplicada, embora complexa, em algumas situações, no tocante às justificativas

---

69 GASPAR, Danilo Gonçalves. A utilização de banheiros por empregados(as) transexuais. Disponível em: <http://trabalhoemdebate.com.br/artigo/detalhe/a-utilizacao-de-banheiros-por-empregadosas-transexuais>. Acesso em: 4 set. 2021.

que podem ser exigidas por outros trabalhadores diante da evidência de um tratamento diferenciado.

Note-se, antes de iniciar a análise propriamente dita, que os referidos textos normativos foram elaborados segundo critérios de natureza anatômica e biológica, pois, à época em que foram elaborados, não existia estudo e discussão relacionados à transgeneridade. Assim, as normas colocadas em apreciação referem-se às proteções dirigidas às pessoas em virtude do seu sexo, enquanto atributo biológico.

Dessa forma, deve-se aplicar a regra contida no art. 390 da CLT ao homem trans, uma vez que, a despeito de ter identidade de gênero masculina, ele é, sob o ponto de vista anatômico e biológico, uma mulher. A imposição ao homem trans da carga prevista no art. 198 da CLT soaria muito mais como uma punição por ter manifestado identidade transgênero do que uma forma de reafirmação de uma masculinidade.

Se os demais colegas de trabalho vierem a questionar esse tratamento jurídico diferenciado, a justificativa patronal deve ser, sem exposição da transgeneridade do empregado envolvido, atribuída a uma decisão de saúde do trabalho. Cabe salientar que aquele específico trabalhador, com vista à preservação de sua saúde ocupacional, não pode ser envolvido em serviço que demande o emprego de força muscular superior a 20 (vinte) quilos para o trabalho contínuo, ou 25 (vinte e cinco) quilos para o trabalho ocasional.

Entretanto, caso nem mesmo o empregador saiba da transgeneridade do empregado, caberá a este solicitar ao serviço médico a declaração de sua inaptidão para serviços superiores aos limites contidos no citado art. 390 da CLT.

A situação inversa é até de mais fácil solução, uma vez que, a despeito da maior aptidão para a carga em decorrência de biologicamente ser do sexo masculino, a mulher trans deve merecer o mesmo tratamento dado ao gênero com o qual ela se identifica. No mesmo sentido manifesta-se Brena Késsia Bomfim, para quem "a identificação de gênero está muito mais atrelada ao papel social exercido pelo cidadão em sociedade, do que pelo sistema reprodutor com que este nasceu. Assim, a trabalhadora transexual, ao optar por sua condição de gênero, deve ter garantida a aplicação das normas do mercado da mulher às suas relações laborais"[70].

Este tópico é finalizado com o enfrentamento da questão que envolve a aplicabilidade do art. 384 da CLT em favor das mulheres trans, haja vista o posicionamento do STF, nos autos do Recurso Extraordinário (RE) n. 658.312, com repercussão geral reconhecida, no sentido de que o referido artigo foi, sim, recepcionado pela Constituição da República e que deveria ser aplicado unicamente às mulheres. No voto do relator, Dias Toffoli, admitiu-se a possibilidade de tratamento diferenciado, levando em conta a "histórica exclusão da mulher do mercado de trabalho"; a existência de "um componente orgânico, biológico, inclusive pela menor resistência física da mulher"; e um componente social, pelo fato de ser comum a chamada dupla jornada — o acúmulo de atividades pela mulher no lar e no trabalho —, "que, de fato, é uma realidade e, portanto, deve ser levada em consideração na interpretação da norma".

Mas e os homens trans? Apesar de biologicamente mulheres, eles têm uma identidade social e psíquica de homem. Em face disso, merecem a aplicabilidade do referido art. 384 da CLT?

---

[70] BOMFIM, Brena Késsia Simplício do. A questão de gênero, o trabalho dos transexuais femininos e a repercussão nas garantias trabalhistas voltadas à proteção do trabalho da mulher. Disponível em: <http://publicadireito.com.br/artigos/?cod=7c0ffb7232b77166>. Acesso em: 5 set. 2021.

A resposta, na linha do que se sustentou em relação à prevenção da fadiga, é afirmativa. O homem trans é, sob o ponto de vista anatômico e biológico, uma mulher. A proteção contida no art. 384 da CLT visa ao biológico, e não à identidade da pessoa com determinado gênero[71].

E o contrário? Uma mulher trans também seria destinatária, no período em que vigeu o art. 384 da CLT, do intervalo ali previsto?

Sim, essa proteção lhe seria devida, mas por fundamento diverso. Aqui vicejará, tal qual se disse em relação à prevenção da fadiga, o respeito aos direitos outorgados às mulheres, pois, pela teoria da aparência, não se pode dar tratamento diferenciado às mulheres cisgênero e às mulheres transgênero, ainda que não se tenha realizado a retificação do registro civil nos termos do já referido Provimento n. 73 do CNJ.

O assunto, entretanto, romperá os limites da teoria da aparência quando, em rigor, uma pessoa biologicamente do sexo masculino vier a assumir a identidade de gênero feminino mediante a retificação do seu registro civil. A partir desse instante não mais se estará a falar de um homem, mas de uma mulher, para todos os fins de direito.

17.4.4 A aposentadoria, os critérios diferenciados de idade e de tempo de contribuição e a sua aplicação à pessoa transgênero

Mais um tema sensível em relação às pessoas transgênero diz respeito às regras de aposentadoria, uma vez que mantidas no ordenamento jurídico brasileiro, mesmo depois da Emenda Constitucional n. 103, de 2019, as diferenças de tratamento entre homens e mulheres.

Para bem compreender a solução que se pode dar à questão, cabe inicialmente anotar que não há no ora vigente sistema normativo nenhuma disposição que trate da aposentadoria das pessoas trans. Em verdade, sequer há necessidade de cogitar esse regramento, pois ele seria discriminatório e imporia aos envolvidos a revelação da sua transgeneridade.

A problemática, por outro lado, somente tem razão de existir em face das pessoas trans que efetivamente, segundo as regras de direito contidas no Provimento n. 73 do CNJ, realizaram modificação no seu registro civil, não apenas dos seus nomes, mas, em especial, da referência ao seu gênero.

Somente essas pessoas podem pretender o ingresso nas regras previdenciárias do gênero oposto, ficando fora desse espectro as pessoas trans que, apesar de envolvidas na discussão interna entre as suas esferas morfológica e psíquica, não modificaram os seus registros civis.

Uma vez modificado o registro civil, os efeitos desse ato jurídico são *ex tunc*, retroagindo ao instante dos seus nascimentos, ressalvados apenas os atos jurídicos perfeitos e acabados.

Dessa forma, se uma pessoa trans modifica, em seu registro civil, o gênero de masculino para feminino, ela passa a ser mulher para todos os efeitos jurídicos, inclusive para fins de aplicação das regras diferenciadas de aposentadoria, ainda que ela tenha vertido no passado contribuições previdenciárias como homem, ainda que isso tenha ocorrido na maior parte do tempo de sua vida laboral.

O contrário também ocorrerá. Se uma pessoa trans modifica, em seu registro civil, o gênero de feminino para masculino, ela passa a ser homem para todos os efeitos jurídicos,

---

71 Nesse sentido, merece registro a decisão do TRT da 15ª Região, de 6 de setembro de 2021, nos autos do processo 0011260-71.2017.5.15.0152. A relatora do acórdão, Desembargadora Maria da Graça Bonança Barbosa, afirmou que o art. 384 da CLT, vigente à época do contrato, se lhe deveria aplicar. Para ela, conquanto a parte autora tivesse se identificado como homem, o seu organismo é feminino e merecedor de proteção.

inclusive no tocante às regras de aposentadoria, que, no particular, não lhe serão as mais vantajosas. O homem trans, na medida em que ele assume o gênero masculino, e a partir do instante em que prefere ocultar a sua realidade biológica, não poderá ser visto pelo Estado como destinatário das regras previdenciárias aplicáveis às mulheres.

Se, entretanto, o homem trans quiser revelar a sua realidade biológica de mulher, poderá, sim, invocar a aplicabilidade das regras previdenciárias que lhe são mais favoráveis, mas, nesse caso, somente poderá fazê-lo em face do Judiciário, porque, como antedito, ele é homem para todos os fins de direito, especialmente diante da estrita legalidade que orienta as atuações dos institutos de previdência social.

Pois bem. Tudo tem seu tempo. Tudo passa. O tempo decerto operará as suas curas maravilhosas e tornará irrelevante a qualificação de uma pessoa no trabalho por conta de sua identidade de gênero, orientação ou características sexuais.

Como bem disse Nietzsche na obra *Aurora: reflexões sobre os preconceitos morais*, em 1881, "quando o homem atribuía um sexo a todas as coisas, não via nisso um jogo, mas acreditava ampliar seu entendimento: — só muito mais tarde descobriu, e nem mesmo inteiramente, ainda hoje, a enormidade desse erro. [...] Um dia, tudo isso não terá nem mais, nem menos valor do que possui hoje a crença no sexo masculino ou feminino do Sol"[72].

Enquanto se espera por esse novo tempo, cabe, em cada ação e em cada palavra difundida no âmbito laboral, o estímulo às políticas públicas e as condutas privadas baseadas na "cultura do respeito", independentemente das orientações sexuais ou das identidades de gênero das pessoas.

Ao salientar essa "cultura do respeito" no ambiente laboral, reafirma-se a lógica de que se deve plantar o que se pretende colher. E é justamente no espaço reservado ao trabalho — que tanto contribui para a reafirmação do indivíduo enquanto cidadão — que deve crescer e florescer o sentimento social de que se deve tratar o outro como a si mesmo e de que se deve dar a atenção que se espera receber diante de eventual diferença, particularidade ou características peculiares que qualquer pessoa pode passar a ostentar. A valorização da dignidade e da humanidade de cada pessoa depende disso.

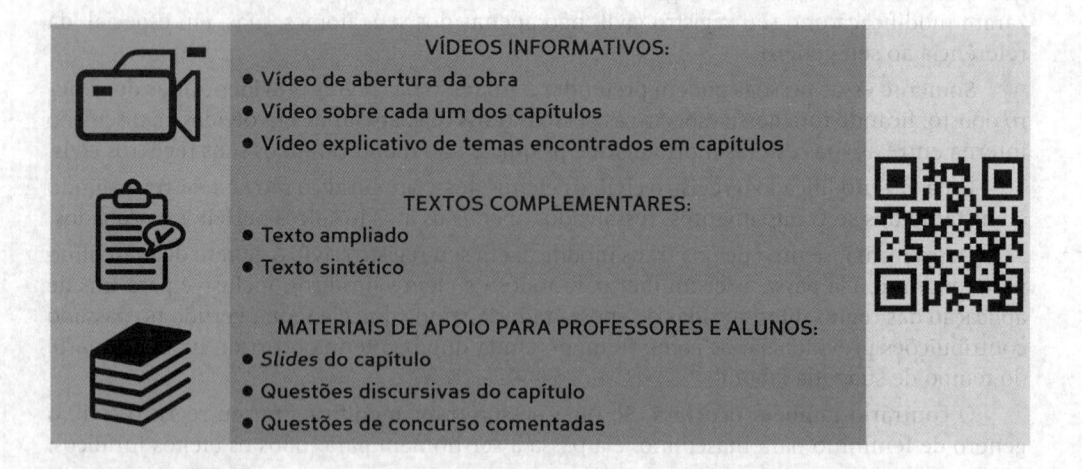

VÍDEOS INFORMATIVOS:
- Vídeo de abertura da obra
- Vídeo sobre cada um dos capítulos
- Vídeo explicativo de temas encontrados em capítulos

TEXTOS COMPLEMENTARES:
- Texto ampliado
- Texto sintético

MATERIAIS DE APOIO PARA PROFESSORES E ALUNOS:
- *Slides* do capítulo
- Questões discursivas do capítulo
- Questões de concurso comentadas

---

72 NIETZSCHE, Friedrich. Aurora: reflexões sobre os preconceitos morais [1881]. São Paulo: Escala, [s.d.]. Disponível em: <https://abdet.com.br/site/wp-content/uploads/2014/11/Aurora.pdf>. Acesso em: 5 dez. 2021.

A PRESCRIÇÃO E A DECADÊNCIA NO DIREITO DO TRABALHO

O tempo, no sentido que interessa ao Direito[1], é uma medida que sequencia eventos e regula intervalos com o objetivo de encadear uma sucessão de instantes oportunos para a prática de determinados atos. Como fato juridicamente relevante, o tempo foi fracionado em períodos de duração variável com o objetivo de propiciar à sociedade, por sistemas de contagem e de agrupamento de anos, dias, horas ou minutos, a fixação dos marcos inicial e final para a realização de específicos atos. Os calendários e os relógios, assim, surgiram como os mais significativos aparatos inventados para fatiar o tempo em blocos constantes e regulares, iguais para todas as pessoas, capazes de, no plano das relações jurídicas, criar posições, modificar situações e encerrar ciclos.

Pode-se dizer, então, que todos os seres se submetem ao tempo, independentemente das suas vontades, porque ele, insensível ao que ocorre e isonômico no seu perpassar[2], somente atribui às pessoas não mais do que a escolha daquilo que poderá ocorrer durante a

---

[1] O tempo que mais significativamente interessa ao Direito é, sem dúvidas, o cronológico.

É importante dizer nesse ponto que os gregos antigos mencionavam basicamente dois conceitos para o tempo: *chronos* e *kairós*. O *chronos* estava relacionado ao tempo cronológico, sequencial, linear ou **quantitativo**, que poderia ser fracionado por convenção e medido por conveniência nos eixos do passado e do futuro. O *kairós*, por outro lado, referia-se ao tempo existencial, psicológico, **qualitativo**, ou seja, àquele momento indeterminado em que algo especial — como a experiência do momento oportuno — acontece. Para confirmar esse entendimento, veja-se trecho do instigante artigo publicado por Tercio Sampaio Ferraz Jr., sob o título "Direito: tempo que passa, tempo que fica" (*Revista USP*, São Paulo, n. 81, p. 40-49, mar./maio 2009):

"O estabelecimento de uma norma e o advento de uma situação normada são fatos que ocorrem num momento e que, no momento seguinte, se tornam passados. Como fatos, desaparecem no momento seguinte. Trata-se do **tempo cronológico**, caracterizado pela irreversibilidade de um momento indefinido no passado que se projeta para um momento indefinido no futuro e que tem uma qualidade entrópica: tudo morre (como se vê pela segunda lei da termodinâmica). Se tudo morre, nada vale. A existência humana é um enfrentamento do tempo cronológico. Nessa ineluctabilidade do tempo físico introduz-se a cultura (ética, direito, religião) como a capacidade de retomada reflexiva do passado e antecipação reflexiva do futuro. Trata-se do **tempo existencial**. É a capacidade humana de reinterpretar o passado (sem anulá-lo ou apagá-lo) — por exemplo, pela responsabilização por aquilo que aconteceu — e de orientar o futuro (sem impedir que ele ocorra) — por exemplo, usando-o como finalidade reguladora da ação: planejamento. Entre o passado e o futuro, esse tempo cultural aparece, assim, como duração, cuja experiência se dá no presente, que o homem vive como um contínuo. A duração, desse modo, desafia o tempo cronológico, que tudo corrói: torna o passado (que não é mais) algo ainda interessante e faz do futuro (que ainda não ocorreu) um crédito, base da promessa".

[2] BANDEIRA DE MELLO, Celso Antônio. *Conteúdo jurídico do princípio da igualdade*. São Paulo: Malheiros, 2007, p. 30.

sua ininterrompível, inexorável e silenciosa caminhada. E se nada se fizer, faz-se o próprio tempo, como bem lembrou Santo Agostinho em suas *Confissões* (Livro Décimo Primeiro, Capítulo XIV):

> *Não houve, pois, tempo algum em que nada fizesses, pois fizeste o próprio tempo. E nenhum tempo pode ser coeterno contigo, pois és imutável; se, o tempo também o fosse, não seria tempo.*

E conclui, num dos mais profundos e intrigantes questionamentos filosóficos já oferecidos à humanidade:

> *[...] afirmo com certeza e sei que, se nada passasse, não haveria tempo passado; que se não houvesse os acontecimentos, não haveria tempo futuro; e que se nada existisse agora, não haveria tempo presente. Como então podem existir esses dois tempos, o passado e o futuro, se o passado já não existe e se o futuro ainda não chegou? Quanto ao presente, se continuasse sempre presente e não passasse ao pretérito, não seria tempo, mas eternidade. Portanto, se o presente, para ser tempo, deve tornar-se passado, como podemos afirmar que existe, se sua razão de ser é aquela pela qual deixará de existir? Por isso, o que nos permite afirmar que o tempo existe é a sua tendência para não existir.*

O tempo, portanto, como coisa veloz, fugitiva e irrecuperável, simplesmente passa. E em sua trajetória tanto permite construir quanto destruir; muito admite edificar e diversas coisas consente ruir. Ele é, portanto, a razão de ser dos **termos**, como medida pontual para que algum efeito se inicie ou se acabe, e dos **prazos**, como corrida linear para que algum fato se dê dentro dele, ou expirado o seu último momento[3]. O tempo faz-se, então, protagonista diante dos estudos que dizem respeito a diversos institutos jurídicos. Em nome dele se fala, entre outros eventos, em vigência, prescrição, decadência, preclusão, emancipação e extinção. Cada um desses institutos, enfim, vê o tempo como cenário permanente para uma pletora de efeitos capazes de efetivamente mudar a vida das pessoas.

18.1 O TEMPO E OS SEUS EFEITOS SOBRE A PACIFICAÇÃO SOCIAL

Uma das mais relevantes funções do transcursar do tempo é, sem dúvidas, a de proporcionar a pacificação social e a segurança dela decorrente. Os eventos não devem, em regra, ter força suficiente de produzir efeitos depois de passado um longo e considerável período de reflexão. A passagem dos dias por ele proporcionada tem a sublime missão de esmaecer a dor e de fechar as feridas. Afinal, como bem disse Antonio Vieira em seu *Sermão do Mandato*, "tudo cura o tempo, tudo faz esquecer, tudo gasta, tudo digere, tudo acaba".

Poucos são, assim, os fatos que, em rigor, merecem o cultivo na memória até mesmo para que se possa presumir, em grande parte das circunstâncias, a superação dos impasses, a legitimação das aquisições, a remissão das culpas, o livramento das penas, o perdão e, enfim, o esquecimento.

Exatamente pela segurança que a marcha do tempo deve oferecer é que os romanos se preocuparam em deixar previamente escrito, ou seja, devidamente *prescrito*[4], anotado, registrado em suas normas, o lapso necessário para alguém pretender judicialmente uma prestação nas chamadas ações temporárias. Vale averbar que a Lei Aebutia, em 520, permitiu ao pretor romano criar as referidas ações, em contraposição às perpétuas, e, ao fazê-lo, admitir que elas *prescrevessem* num prazo para o seu exercício perante o Estado.

---

[3] Nesse sentido PONTES DE MIRANDA, *Tratado de direito privado*. Rio de Janeiro: Borsoi, tomo 5, § 554.
[4] Palavra formada pelas partículas *prae*, prefixo latino que sinaliza uma conduta prévia, antecipada, e *scripto*, vocábulo igualmente latino que significa grafado, marcado, registrado por escrito.

Note-se, assim, que, independentemente do instante em que se analisou o fenômeno prescritivo, os ingredientes sempre foram exatamente os mesmos, vale dizer: (1) o decurso de um lapso de tempo, conforme *prescrito* em lei; (2) a inércia dos titulares dos direitos atingidos por esse lapso temporal; e (3) o castigo normativo à negligência, que, no fundo, pode estar a esconder o perdão ou o esquecimento do credor. Assim — com toda a simplicidade — desenvolveu-se a *prescrição*, que partiu da mera anotação do tempo necessário à materialização de uma presunção de abandono de pretensões ou de renúncia de direitos à consagração da estabilização das relações jurídicas.

É bom lembrar aqui que os romanos não previam as distinções que atualmente se fazem em torno da prescrição e da decadência. Havia apenas o **praescriptio** e com base nele se diziam estabelecidos prazos para a prática de determinados atos, findos os quais se entendiam consolidados e insuscetíveis de nova discussão. A natureza de cada um dos direitos envolvidos no transcurso temporal foi o fator que predominantemente especializou a distinção e que, pela necessidade de oferecimento de tratamentos diferenciados, permitiu à doutrina moderna extremá-los nos moldes que a seguir serão expostos.

18.2 A PRESCRIÇÃO E A DECADÊNCIA: DEFINIÇÃO E DISTINÇÃO

Entre as mais clássicas perguntas do magistério jurídico está, sem dúvidas, a que distingue a prescrição da decadência. Enfim, quais são os elementos diferenciadores desses dois institutos que têm o tempo como seu protagonista?

A resposta não é simples, pois exige o cuidado de analisar a atuação de cada um deles e, em essência, a atenção de investigar a natureza do próprio direito atingido pelo transcorrer temporal.

Diz-se, nesses moldes, que **a prescrição** *atinge a pretensão* e *restringe a exigibilidade judicial* do **direito subjetivo prestacional**, enquanto **a decadência** *extingue* o **direito subjetivo potestativo**. Isso mesmo. O decurso do prazo prescricional faz cessar o direito de exigir judicialmente uma prestação, o que se vê, ilustrativamente, nas situações em que um empregado (credor) deixa transcorrer o prazo de cinco anos para exigir do seu atual empregador (devedor) o pagamento de suas horas extraordinárias. Se ajuizar uma ação trabalhista depois de passados cinco anos da última prestação de horas extraordinárias, o trabalhador (credor) verá restringida a sua exigibilidade judicial, ou, em outras palavras, verá o magistrado dizer que o Estado, pelo passar do tempo, não mais poderá impor ao devedor a satisfação do direito prestacional (pagamento das horas suplementares), embora ele — o direito prestacional — exista. Justamente pelo fato de o direito não ter sido consumido pela prescrição, mas, apenas, a sua exigibilidade judicial, é que o empregador (devedor) poderá pagar o devido, mesmo sem estar a tanto constrito pelo Estado-Juiz.

Ressalte-se, com base nas palavras de Campos Batalha, que

> *a propositura da ação, como direito à tutela jurídica, constitui direito cívico, faculdade abstrata conferida a qualquer do povo [...] de valer-se do Poder Judiciário para proclamação da existência ou da não existência de um direito pretendido* (Anspruch, *pretensão*). *O direito à ação, como direito à tutela jurídica, é imprescritível: prescreve o direito postulado, mas não a postulação.* Não há ação prescrita no rigor processual: o autor tem sempre direito a uma sentença, embora a sentença venha a reconhecer que o direito postulado está prescrito, o que, na linguagem corrente, se manifesta declarando que a "ação" está prescrita, ou seja, que **o direito postulado não subsiste pelo decurso do tempo de seu exercício**[5].

---

5 BATALHA, Wilson de Souza Campos. *Prescrição e decadência no direito do trabalho*. São Paulo: LTr, 1998, p. 21.

Para melhor entender o instituto da prescrição, e para perfeitamente distingui-lo da decadência, é indispensável compreender, como visto, o alcance e a extensão dos conceitos de pretensão e de ação processual. Neste particular, invoca-se, pela propriedade e pela clareza, a lição de Agnelo Amorim Filho, para quem,

> [...] a pretensão é um poder dirigido contra o sujeito passivo da relação de direito substancial, ao passo que a ação processual é poder dirigido contra o Estado, para que esse satisfaça a prestação jurisdicional a que está obrigado.

Para o referido mestre,

> [...] só quando a pretensão não é satisfeita pelo sujeito passivo, ou seja, só quando o sujeito passivo não atende a exigência do titular do direito, é que surge, como consequência, a ação, isto é, o poder de provocar a atividade jurisdicional do Estado. Em resumo: violado o direito (pessoal ou real), nasce a pretensão (ação material) contra o sujeito passivo; recusando-se o sujeito passivo a atender a pretensão, nasce a ação processual, com a qual se provoca a intervenção do Estado[6].

Diante do quanto ora expendido, percebe-se que a **pretensão** é o direito de que um sujeito se afirma titular no instante em que sofre uma violação, ao passo que a **ação processual** é o resultado da iniciativa que visa à certificação da pretensão mediante a atuação do Judiciário. É bom anotar que o Código Civil de 2002, modificando a orientação inserta na legislação civil de 1916, passou a adotar como marco inicial da contagem da prescrição a data em que se materializou a pretensão de invocar a reparação ou a compensação decorrente da lesão sofrida.

A fluência do prazo decadencial, por sua vez, faz cessar o direito potestativo, ou seja, o direito de imposição de um estado de sujeição à contraparte, independentemente de qualquer comportamento deste, o que, por exemplo, ocorre com o empregador que deixa escoar o prazo de trinta dias para aforar a ação de inquérito para apuração de falta grave e, com esta omissão, perde o direito de acusar em juízo o seu empregado faltoso. Quem sofre os efeitos da decadência perde o direito de submeter à sua vontade a sua contraparte.

Vê-se, portanto, com toda a simplicidade que, conforme bem sustentou Câmara Leal, não é, pois, contra a inércia do direito, mas contra a inércia da ação, que a prescrição age. Dirigindo-se contra a inércia da ação, a prescrição só é possível quando há uma ação a ser exercitada, e o deixa de ser, e não quando há simplesmente um direito que deixa de ser exercido[7]. Esquematicamente, então, pode-se dizer que:

A prescrição	restringe a exigibilidade judicial do [...]	direito subjetivo prestacional
A decadência	extingue o [...]	direito subjetivo potestativo

É bom anotar, ainda, que, **em face da natureza dos direitos em destaque, somente nas ações condenatórias (exemplo é a ação trabalhista) podem ser evidenciados os efeitos da prescrição**, pois apenas por meio delas são apresentadas pretensões que visam ao oferecimento de prestações (vantagens patrimoniais materiais). Por outro lado, **somente nas ações constitutivas (exemplo é o inquérito para apuração de falta grave) podem ser constatados os efeitos da decadência**, porque o provimento judicial se esgota com a

---

6 AMORIM FILHO, Agnelo. Critério científico para distinguir a prescrição da decadência e para identificar as ações imprescritíveis. *Revista de Direito Processual Civil*, São Paulo, v. 3, p. 95-132, jan./jun. 1961.
7 LEAL, Antônio Luís da Câmara. *Da prescrição e da decadência*: teoria geral do direito civil. São Paulo: Saraiva, 1939, p. 17-18.

criação, a modificação ou a extinção do estado jurídico. Em outras palavras: **a prescrição visa à liberação do sujeito passivo de uma prestação, a decadência, por sua vez, ao livramento de uma sujeição.** Assim, e mais uma vez sob o ponto de vista esquemático:

A prescrição	somente atua nas ações condenatórias [...]	pois apenas por meio delas são apresentadas pretensões que visam ao oferecimento de prestações (vantagens patrimoniais materiais)
A decadência	somente atua nas ações constitutivas [...]	porque o provimento judicial se esgota com a criação, a modificação ou a extinção do estado jurídico

Diante das características dos direitos prestacional e potestativo é que se sustentam mais dois pontos de diferenciação entre os institutos ora comparados: **as fontes criativas** e a **renunciabilidade da invocação**.

No tocante à **fonte criativa**, somente haverá prazo prescricional fixado em lei e, por assim ser, ele não pode ser alterado por acordo das partes (*vide* art. 192 do Código Civil). Não existe, portanto, prazo prescricional convencional. Há, porém, prazo decadencial tanto fixado em lei quanto estabelecido em contrato.

No que diz respeito à **renunciabilidade**, afirma-se que a prescrição consumada pode ser renunciada pelo sujeito que dela se favoreceria (art. 191 do CC[8]), o que não acontece com a decadência, entendida como irrenunciável quando fixada em lei (art. 209 do CC). Nesse ponto merece anotação uma particularidade relevante: por ser atualmente permitida a renúncia da prescrição, **não era** (no passado, mas agora é) **dado ao juiz, de ofício, suprir a sua alegação**[9]. Diz-se isso porque o art. 194 do Código Civil, que previa vedação de suprimento de ofício da alegação de renúncia, encontra-se revogado desde a publicação da Lei n. 11.280, de 2006. Apesar dessa revogação — e da autorização dada ao juiz para declarar de ofício a prescrição —, não se pode dizer que o devedor não possa mais dela se despojar por vontade própria. Ele permanece apto a renunciar os efeitos da prescrição, pois pode — querendo — assumir e adimplir a prestação que o tempo tornou inexigível judicialmente[10].

---

8 Art. 191. A renúncia da prescrição pode ser expressa ou tácita, e só valerá, sendo feita, sem prejuízo de terceiro, depois que a prescrição se consumar; tácita é a renúncia quando se presume de fatos do interessado, incompatíveis com a prescrição.

9 Sobre arguição da prescrição, anote-se o entendimento jurisprudencial constante da OJ 130 da SDI-1 do TST: **PRESCRIÇÃO. MINISTÉRIO PÚBLICO. ARGUIÇÃO. "CUSTOS LEGIS". ILEGITIMIDADE** (atualizada em decorrência do CPC de 2015) — Res. 209/2016 — *DEJT* divulgado em 1º, 2 e 3-6-2016. Ao exarar o parecer na remessa de ofício, na qualidade de "custos legis", o Ministério Público **não tem legitimidade para arguir a prescrição em favor de entidade de direito público, em matéria de direito patrimonial** (destaque não constante do original).

10 Apesar de ser possível a declaração de ofício da prescrição pelo juiz, não custa lembrar, que, nos moldes da **Súmula 153 do TST**, "não se conhece de prescrição não arguida na instância ordinária"(Ex-prejulgado n. 27 — RA 102/1982, *DJ* 11-10-1982 e *DJ* 15-10-1982). Assim, para os magistrados que não entendem aplicável a prescrição de ofício no processo do trabalho — e muitos assim se posicionam sob o fundamento da incompatibilidade entre o comando processual civil e os princípios do direito do trabalho — o devedor trabalhista há de invocar a aplicabilidade da prescrição até o momento em que apresentar as suas razões de recurso ordinário. Depois disso, não mais poderia fazê-lo nas instâncias especial (recurso de revista) ou extraordinária (recurso extraordinário).

Nesse sentido existe, aliás, o Enunciado 295 da IV Jornada de Direito Civil, segundo o qual "a revogação do art. 194 do Código Civil pela Lei n. 11.280/2006, que determina ao juiz o reconhecimento de ofício da prescrição, não retira do devedor a possibilidade de renúncia admitida no art. 191 do texto codificado".

Mas como o devedor poderá renunciar a algo que foi declarado em seu favor pelo juiz? Simples. Conforme mencionado linhas antes, apesar de o credor ver o magistrado dizer que o Estado, pelo passar do tempo, não mais poderá impor ao devedor a satisfação do direito prestacional (por exemplo, o pagamento de horas suplementares), ele — o direito prestacional — continua a existir. Justamente pelo fato de o direito não ter sido consumido pela prescrição, mas, apenas, a sua exigibilidade judicial, é que o devedor (o empregador que não pagou as horas extraordinárias) poderá renunciar os efeitos da prescrição e, querendo, pagar o devido, mesmo sem estar a tanto constrito pelo Estado-Juiz. Assim, apesar de não ser comum ouvir, será possível perceber, vez ou outra, a seguinte exclamação do devedor: "Excelência, apesar de prescrita a exigibilidade do direito do credor por força da prescrição declarada de ofício, eu pagarei a dívida!".

De outro lado, *por ser nula a renúncia da decadência, deve o juiz, de ofício, conhecer dela quando estabelecida por lei* (art. 210 do CC), para dizer que o direito, e não a sua exigibilidade judicial, foi consumido pelo passar do tempo. Exemplo disso ocorre quando o magistrado, pela evidência do transcurso temporal de cento e vinte dias[11], não mais reconhece o direito de manejo do mandado de segurança para coibir ilegalidade ou abuso de poder. Nesse caso, caberá ao interessado o uso da ação judicial ordinária, mas não do *writ*. Como segunda situação ilustrativa, tome-se o exemplo do prazo concedido pelo § 1º do art. 143 da CLT. Consta do referido dispositivo que "o abono de férias deverá ser requerido até 15 (quinze) dias antes do término do período aquisitivo". Se o trabalhador (credor) for a Juízo para exigir do empregador que insira na conta de férias, ainda não fruídas, mas planejadas, o abono pecuniário solicitado fora do prazo mencionado, o magistrado poderá declarar a caducidade, pois, como antedito, trata-se de decadência prevista em lei.

Se a decadência, entretanto, for convencional, a parte a quem aproveita pode alegá-la em qualquer grau de jurisdição, mas o juiz não pode suprir a alegação, ou seja, o juiz não pode declará-la de ofício. Para fins de ilustração, tome-se o exemplo do Plano de Desligamento Voluntário (PDV) criado por empregador com previsão expressa de prazo para adesão e oferecimento de incentivos. Diante da hipótese, se um empregado for a Juízo para exigir do ex-empregador que insira na sua conta de rescisão o incentivo previsto no PDV, o magistrado somente poderá declarar a caducidade se o empregador alegar a hipótese de adesão fora do prazo.

Cônscio de que a obtenção da declaração de prescrição ou de decadência é evento relevante para quem dela (da declaração) se beneficia e convicto de que os referidos institutos produzem imensos prejuízos para os credores, o legislador civil deixou anotada, nos arts. 195 e 208 do Código Civil, a possibilidade de os relativamente incapazes e as pessoas jurídicas manejarem ação (decerto indenizatória) contra os seus assistentes ou representantes legais, que derem causa à prescrição ou à decadência, ou não as alegarem oportunamente. Essa tomada de responsabilidade, aliás, haveria de ter ocorrência habitual no âmbito trabalhista em que as pessoas jurídicas, muitas vezes mal representadas por seus administradores, veem operar-se contra elas a prescrição e a decadência e, em outras situa-

---

11 **Súmula 632 do STF**. É constitucional lei que fixa o prazo de decadência para a impetração de mandado de segurança.

Orientação Jurisprudencial 127, SDI-2, do TST. Mandado de Segurança. Decadência. Contagem. Efetivo Ato Coator. Na contagem do prazo decadencial para ajuizamento de mandado de segurança, o efetivo ato coator é o primeiro em que se firmou a tese hostilizada e não aquele que a ratificou.

ções, veem esses mesmos administradores deixarem de invocar, em cada caso, a prescrição ou a decadência.

Pois bem. Mais uma vez, de maneira esquemática, apresenta-se novo ponto distintivo:

Prescrição	Sempre criada por lei, pode ser renunciada pelo sujeito que dela se favoreceria (art. 191 do CC), ainda que o juiz a declare de ofício, nos termos da Lei n. 11.280, de 2006
Decadência	A criada por lei deve ser declarada pelo juiz, sendo irrenunciável nos termos do art. 209 do CC
	A criada por contrato não pode ser declarada pelo juiz, sendo passível de renúncia

Novo ponto distintivo entre prescrição e decadência diz respeito à *admissibilidade de situações impeditivas, suspensivas e interruptivas da fluência de seu prazo*. A prescrição as admite plenamente, nos termos da lei civil. À decadência, por outro lado, **salvo disposição legal em contrário**, não se aplicam as normas que impedem, suspendem ou interrompem a prescrição (art. 207 do CC[12 e 13]).

É bom anotar que há regra expressa e especial no sentido de que não corre o prazo decadencial contra os incapazes de que trata o art. 3º do Código Civil (art. 208 do CC), sendo ela totalmente aplicável no âmbito do direito do trabalho.

18.3 A PRESCRIÇÃO NO DIREITO DO TRABALHO

Salvo por conta de algumas particularidades que serão apresentadas neste texto, **não existem grandes diferenças na aplicação da prescrição nos âmbitos do direito civil e do direito do trabalho**. As estruturas são essencialmente iguais, assim como os efeitos e as expectativas de quem argui a aplicabilidade desse instituto. Seja onde for, seja como for, a prescrição pode ser definida como *o fato jurídico (decurso de um prazo previsto unicamente em lei) que conduz à perda da pretensão de judicialmente invocar reparação ou compensação por suposta lesão*.

A prescrição — repise-se — não produz a perda do direito, mas apenas a perda da pretensão, vale dizer, da sua exigibilidade perante o Judiciário. Nesses moldes, a dívida judicialmente declarada como prescrita continuará a existir, embora inexigível diante das estruturas do Estado. Passa a ser, portanto, uma obrigação natural que o devedor, querendo, pode

---

12 Art. 207. Salvo disposição legal em contrário, não se aplicam à decadência as normas que impedem, suspendem ou interrompem a prescrição.

13 Há disposição legal em contrário encontrada no art. 3º da Lei n. 14.010, de 10 de junho de 2020, conhecida como Regime Jurídico Emergencial e Transitório das relações jurídicas de Direito Privado (RJET). Veja-se:

[...] Art. 3º Os prazos prescricionais consideram-se impedidos ou suspensos, conforme o caso, a partir da entrada em vigor desta Lei até 30 de outubro de 2020.

§ 1º Este artigo não se aplica enquanto perdurarem as hipóteses específicas de impedimento, suspensão e interrupção dos prazos prescricionais previstas no ordenamento jurídico nacional.

§ 2º **Este artigo aplica-se à decadência, conforme ressalva prevista no art. 207 da Lei n. 10.406, de 10 de janeiro de 2002** (Código Civil).

Mais uma situação a considerar entre os exemplos de norma que suspendem prazo decadencial está na Resolução n. 873, de 24-8-2020, do CODEFAT, que suspendeu a exigência desse prazo decadencial de 120 dias para que se exerça o direito de requerer a habilitação no Programa do Seguro-Desemprego, até que cessasse o estado de calamidade pública e de emergência de saúde pública decorrentes da pandemia do coronavírus. A suspensão temporária do prazo decadencial, aliás, aplicou-se aos requerimentos iniciados após a declaração do estado de emergência pública e ocasionou o deferimento de recursos e solicitações oriundas do interessado, ainda que judicial, que questionasse a notificação automática "fora do prazo de 120 dias".

adimplir, sem, porém, ter direito, nos termos do art. 882 do Código Civil, à restituição sob o fundamento do indébito[14].

É bom dizer que o direito do trabalho possui prazo de prescrição diferenciado daquele que normalmente é aplicado por meio de regras civis, âmbito em que vale como ordinário o prazo de 10 (dez) anos, nos moldes do art. 205 do Código Civil, e como especial, dependendo do caso, o prazo de 1 (um) a 5 (cinco) anos, nos termos do art. 206 do citado diploma[15].

Na esfera trabalhista aplica-se a prescrição, em regra, nos moldes contidos na Constituição da República.

Ali, no art. 7º, XXIX, há menção no sentido de que, entre os direitos dos trabalhadores urbanos e rurais, além de outros que visem à melhoria de suas condições sociais, está o de *"ação, quanto aos créditos resultantes das relações de trabalho, com prazo prescricional de cinco anos para os trabalhadores urbanos e rurais, até o limite de dois anos após a extinção do contrato de trabalho"*. Assim, diferentemente do que ocorre, em regra, no âmbito do direito civil, no **direito do trabalho** os créditos resultantes das relações trabalhistas **prescrevem em cinco anos,** desde que esteja em vigência o contrato, **e em dois anos,** depois de findo o contrato. Veja-se sistematização:

5 (cinco) anos	[...] desde que esteja em vigência o contrato
2 (dois) anos	[...] depois de findo o contrato

Nada impede, entretanto, que o trabalhador, por conta da constitucionalização da regra da aplicação da fonte mais favorável (ver parte final do art. 7º da Carta), possa se valer de norma criadora de prazo prescricional que lhe seja mais vantajoso.

Durante muito tempo foi exemplo disso a norma contida no § 5º do art. 23 da Lei n. 8.036/90, que estendeu para 30 (trinta) anos o prazo prescricional para o empregado exigir do empregador o recolhimento do FGTS, enquanto, obviamente, não transcorrido o prazo de dois anos depois de findo o contrato de emprego.

Diz-se que "foi exemplo disso" — e não é mais — porque o STF, em 13 de novembro de 2014, nos autos do Recurso Extraordinário com Agravo (ARE) 709.212-DF, mudou essa orientação ao declarar, por controle difuso, a inconstitucionalidade do precitado art. 23, § 5º, da Lei n. 8.036/90 e também do art. 55 do Regulamento do FGTS aprovado pelo Decreto n. 99.684/90, na parte em que ressalvam o "privilégio do FGTS à prescrição trintenária", sob o fundamento de violarem o disposto no art. 7º, XXIX, da Carta de 1988. O mencionado ARE 709.212-DF foi relatado pelo Min. Gilmar Mendes, cujo voto sagrou-se vencedor por oito a dois, sendo importante destacar que dissentiram da decisão vencedora os Ministros Teori Zavascki e Rosa Weber.

Cabe anotar que a ora citada decisão do STF contraria a regra constitucional da aplicação da fonte mais favorável ao trabalhador, presente no *caput* do art. 7º da Carta Magna. Está ali escrito que os direitos elencados no referido artigo não excluem outros que visem à melhoria da condição social dos trabalhadores. A Constituição, portanto, oferece o mínimo intangível. Não há máximo. Não há limites para a progressividade social. Não há limites para

---

14 Art. 882. Não se pode repetir o que se pagou para solver dívida prescrita, ou cumprir obrigação judicialmente inexigível.

15 Registre-se, porque importante, que, nos termos da ADC 48, o STF, no Plenário de 14-4-2020, decidiu que "não há inconstitucionalidade no prazo prescricional de 1 (um) ano, a contar da ciência do dano, para a propositura de ação de reparação de danos, prevista no art. 18 da Lei n. 11.442/2007, à luz do art. 7º, XXIX, da CF, uma vez que não se trata de relação de trabalho, mas de relação comercial".

o incremento da proteção e da melhoria da vida social dos trabalhadores. Ele, aliás, pode vir por meio de qualquer fonte, autônoma ou heterônoma. O prazo prescricional de trinta anos para a cobrança do FGTS era, sem dúvidas, uma fórmula protetiva adicional que somente se outorgava àqueles que estavam com contrato de emprego vigente ou que não tinham deixado transcorrer mais de dois anos depois de findos os seus vínculos contratuais.

É bom deixar registrado que o STF modulou os efeitos de sua decisão. Operar-se-ão efeitos prospectivos (*ex nunc*), levando em conta o princípio da segurança jurídica e a necessidade de resguardar as legítimas expectativas dos trabalhadores brasileiros. Segundo trecho contido no voto do relator, para aqueles cujo termo inicial da prescrição ocorra após a data do julgamento (após 13-11-2014), deve-se aplicar, desde logo, o prazo de cinco anos. Por outro lado, para os casos em que o prazo prescricional já esteja em curso, há de aplicar-se o que ocorrer primeiro: 30 anos, contados do termo inicial, ou 5 anos, a partir desta decisão. Assim, se, em 13-11-2014, já tenham transcorrido 27 anos do prazo prescricional, bastarão mais 3 anos para que se opere a prescrição. Por outro lado, se em 13-11-2014 tiverem decorrido 23 anos do prazo prescricional, ao caso se aplicará o novo prazo de 5 anos.

Dessa forma, mantidas estão, apenas com vista a tratar situações pretéritas, as Súmulas 362 e 206, ambas do TST. Vejam-se:

> **Súmula 362 do TST.** *FGTS. PRESCRIÇÃO (nova redação) — Res. 198/2015, republicada em razão de erro material — **DEJT** divulgado em 12, 15 e 16-6-2015*
>
> *I — Para os casos em que a ciência da lesão ocorreu a partir de 13-11-2014, é quinquenal a prescrição do direito de reclamar contra o não recolhimento de contribuição para o FGTS, observado o prazo de dois anos após o término do contrato;*
>
> *II — Para os casos em que o prazo prescricional já estava em curso em 13-11-2014, aplica-se o prazo prescricional que se consumar primeiro: trinta anos, contados do termo inicial, ou cinco anos, a partir de 13-11-2014 (STF-ARE-709212/DF).*

Perceba-se que o privilégio do prazo prescricional trintenário somente alcançava as parcelas remuneratórias reconhecidamente pagas. Aquelas sobre as quais havia alguma controvérsia ficavam limitadas pelo prazo prescricional quinquenal. Para que tudo fique bem claro — e levando em conta os efeitos *ex nunc* do ARE 709.212-DF —, imagine a seguinte situação-exemplo: João, que foi empregado das Lojas José por vinte anos, somente descobriu não ter nenhum recolhimento feito no FGTS depois de seu desligamento. João, então, ajuizou ação e pretendeu, além do recolhimento do FGTS de todo o vínculo de emprego, o pagamento de horas extraordinárias não adimplidas nos últimos cinco anos e a sua reflexão sobre demais verbas, inclusive sobre o próprio FGTS.

Pois bem. O prazo trintenário para o recolhimento do FGTS considerará o montante efetivamente recebido por João durante todo o período trabalhado e somente nos últimos cinco anos considerará também como base de incidência as horas extraordinárias que eram pleiteadas. Assim, fica claro que a *"prescrição da pretensão relativa às parcelas remuneratórias"* — a de cinco anos *"alcança o respectivo recolhimento da contribuição para o FGTS"*. O acessório seguirá a sorte do principal. Se somente se pode pretender as horas extraordinárias dos últimos cinco anos, o mesmo se pode dizer, por paralelismo, das diferenças de FGTS delas emergentes; coisa totalmente diferente do FGTS não recolhido sobre a base incontroversa nos anos anteriores. Veja-se:

> **Súmula 206, TST.** *FGTS. INCIDÊNCIA SOBRE PARCELAS PRESCRITAS — NOVA REDAÇÃO. A prescrição da pretensão relativa às parcelas remuneratórias alcança o respectivo recolhimento da contribuição para o FGTS.*

No tocante à relação entre a **prescrição trabalhista e o direito internacional privado**, é bom deixar anotado que, sendo os direitos substanciais do trabalhador os da lei do local em que ele presta serviços, as normas processuais que servirão ao exercício desses direitos no âmbito judicial serão, também, as do território em que se executa o contrato de trabalho. Aplica-se, portanto, no particular, a *lex loci executionis*, ressalvadas as situações previstas nas Leis n. 7.064/82 e 11.962/2009.

Para finalizar o tópico, é importante anotar que, embora raríssimas no cotidiano forense, são, sim, encontráveis **ações nas quais o empregador postula contra o empregado o pagamento de quantia ou a entrega de bem**. A ocorrência rarefeita é justificada, como bem lembraram Pamplona e Fernandez, diante do fato de haver uma posição de proeminência do empregador em relação ao empregado, tornando possível, assim, a autossatisfação de suas pretensões sem a necessidade de recorrer ao Judiciário.

No entanto, é possível, sim, que o empregador ingresse em juízo contra o seu empregado ou ex-empregado para, entre outras pretensões, postular a devolução de equipamentos ou ferramentas, a repetição de pagamento irregularmente efetuado ou o ressarcimento por prejuízos provocados pelo trabalhador. Se assim for, o prazo prescricional a ser aplicado é exatamente aquele previsto no art. 7º, XXIX, da Constituição Federal de 1988, sem nenhuma distinção, sem nenhuma diferença[16].

18.3.1 Espécies de prescrição

No plano da especificação, cabe estudar a prescrição quanto à natureza e à extensão dos seus efeitos. No primeiro bloco de espécies há falar-se nas prescrições de natureza aquisitiva ou liberatória; no segundo, nas prescrições cuja extensão de efeitos é parcial, total ou extintiva.

18.3.1.1 Quanto à natureza dos efeitos

Como se antecipou, o decurso do tempo pode produzir ganhos ou perdas, dependendo da perspectiva de quem seja por ele atingido. Há, nesses termos, duas espécies bem delimitadas de prescrição: uma que produz o direito de aquisição de propriedade, e outra que simplesmente libera ou desonera o devedor de ser judicialmente forçado a pagar. Revelam-se, então, os tipos naturalmente identificados como **aquisitivo** e **liberatório**.

18.3.1.1.1 *Prescrição aquisitiva*

A prescrição aquisitiva é a espécie que, pela *associação da posse e do decurso temporal*, produz o ganho da propriedade. Sua verificação circunscreve-se, em regra, ao plano do direito das coisas, embora, sob o ponto de vista teórico, existam respeitados autores que, em tese, sustentam a sua ocorrência no âmbito laboral. Tal ocorre com José Martins Catharino, para quem a estabilidade produziria "um direito real", assim entendido por conta de uma suposta "propriedade do emprego"[17]. A despeito disso, é fato que o melhor exemplo de prescrição aquisitiva provém realmente, e ainda, do direito civil, no qual a usucapião surge como insuperável ilustração.

18.3.1.1.2 *Prescrição liberatória*

A prescrição liberatória é a espécie que, pela *associação da inércia e do decurso temporal*, produz a perda da pretensão, vale dizer, da exigibilidade judicial.

---

16 Nesse sentido, PAMPLONA FILHO, Rodolfo; FERNANDEZ, Leandro. *Tratado da prescrição trabalhista*: aspectos teóricos e práticos. São Paulo: LTr, 2017, p. 302.
17 CATHARINO, José Martins. Prescrição — Direito do Trabalho. In: *Enciclopédia Saraiva do Direito*. São Paulo: Saraiva, v. 60, p. 214.

18.3.1.2 Quanto à extensão dos efeitos

Em matéria de extensão de efeitos, cabe considerar unicamente a prescrição liberatória, que se qualificará como parcial (parciária ou parcelar), total (nuclear) ou extintiva (absoluta).

18.3.1.2.1 Prescrição parcial

Entende-se por "parcial" ou "parciária" a prescrição que atinge parte das pretensões contidas em um determinado lapso temporal. Essa espécie prescricional recebe também o nome de prescrição "parcelar", porque, uma vez efetivada, torna inexigível judicialmente fração do todo que normalmente, sem a perda decorrente da inação, poderia ter sido exigido e fruído em sua integralidade.

Para bem entender essa situação cabe observar que, no âmbito juslaboral, e nos limites do art. 7º, XXIX, da Constituição da República, o empregado, de modo geral, tem o prazo de cinco anos para pretender judicialmente o pagamento de créditos que lhe tenham sido inadimplidos. Exatamente por conta dessa dimensão temporal, afirma-se existente uma "prescrição quinquenal". Assim, se estivermos diante de um contrato de emprego vigente desde janeiro de 2005, é possível afirmar que as primeiras manifestações da "prescrição parcial" ou "parcelar" ocorrem a partir de janeiro de 2010. Desse modo, se um empregado tem inadimplida uma hora extraordinária ou "congelada" a sua gratificação em janeiro de 2005[18], ele terá até janeiro de 2010 para exigir judicialmente a certificação de sua pretensão, sob pena de incorrer na aqui analisada prescrição. É bom lembrar que, sendo o contrato de emprego um negócio jurídico de trato sucessivo, na medida em que o tempo flui, diversos créditos vão sendo consumidos pela prescrição e outros tantos passam a ser devidos por conta de novos eventos celebrados a cada dia de prestação laboral.

Quando o contrato é terminado por alguma das diversas causas de cessação, inicia-se a contagem de um prazo prescricional de dimensão diferente, vale dizer, inicia-se a contagem do prazo de dois anos para que o empregado, respeitado o limite retroativo de cinco anos, postule judicialmente o que entenda devido. Superados os referidos dois anos sem a apresentação de nenhuma pretensão em face da Justiça, entende-se caracterizada a prescrição extintiva, que consome absolutamente tudo o que até a sua ultimação poderia ser postulado. Exatamente nesse sentido se posiciona o TST em sua Súmula 308, I e II. Veja-se:

> **Súmula 308, TST.** *PRESCRIÇÃO QUINQUENAL.*
>
> *I. Respeitado o biênio subsequente à cessação contratual, a prescrição da ação trabalhista concerne às pretensões imediatamente anteriores a cinco anos, contados da data do ajuizamento da reclamação e, não, às anteriores ao quinquênio da data da extinção do contrato.*
>
> *II. A norma constitucional que ampliou o prazo de prescrição da ação trabalhista para 5 (cinco) anos é de aplicação imediata e não atinge pretensões já alcançadas pela prescrição bienal quando da promulgação da CF/1988.*

Para que tudo fique ainda mais claro, cabe dizer que **durante a vigência do contrato de emprego somente existirá um prazo prescricional em curso, ou seja, o prazo de cinco anos** contados do ato violador que pode proporcionar o aforamento de ação judiciária para a discussão de pretensões resistidas. Depois de findo o contrato de emprego, trilhos diferentes passam a conduzir **dois prazos prescricionais paralelos**: o supracitado prazo

---

18 **Súmula 373 do TST.** GRATIFICAÇÃO SEMESTRAL. CONGELAMENTO. PRESCRIÇÃO PARCIAL. Tratando-se de pedido de diferença de gratificação semestral que teve seu valor congelado, a prescrição aplicável é a parcial.

de cinco anos e, faceando com ele, o prazo de dois anos, contados da data de cessação do vínculo de emprego.

Costuma-se dizer que *os cinco anos são contados da data de ajuizamento da ação para trás* e que *os dois anos são contados da data de terminação do vínculo para a frente*, sendo certo, assim, que a superação do lapso temporal de dois anos contados da cessação do vínculo importará o exaurimento de tudo o que se poderia pretender. Veja-se exemplo disso na Súmula 6, IX, do TST:

> **Súmula 6, IX, TST**. *Na ação de equiparação salarial, a prescrição é parcial e só alcança as diferenças salariais vencidas no período de 5 (cinco) anos que precedeu o ajuizamento (ex-Súmula 274 — alterada pela Res. 121/2003, DJ 21-11-2003).*

Mais uma situação de prescrição parcial consagrada pela jurisprudência está contida na Orientação Jurisprudencial 404 da SDI-1 do TST, sendo importante anotar, desde logo, que, segundo a perspectiva da Egrégia Corte trabalhista, não há aqui "alteração do pactuado" — tema colocado sob as luzes da Súmula 294 do TST[19] — mas, apenas, **descumprimento** de cláusula regulamentar do contrato, que se renova mês a mês. Observe-se:

> **Orientação Jurisprudencial 404 da SDI-1 do TST**. *Diferenças Salariais. Plano de Cargos e Salários.* **Descumprimento**. *Critérios de Promoção não Observados.* **Prescrição Parcial**. *Tratando-se de pedido de pagamento de diferenças salariais decorrentes da inobservância dos critérios de promoção estabelecidos em Plano de Cargos e Salários criado pela empresa, a prescrição aplicável é a parcial, pois a lesão é sucessiva e se renova mês a mês.*

Para o TST, nos limites da Orientação Jurisprudencial 404 da SDI-1, a prescrição não atinge o mecanismo das promoções (se o atingisse, teríamos uma prescrição total, que será analisada num próximo item deste capítulo), mas, apenas, os créditos resultantes das promoções, vale dizer, as diferenças salariais e as correspondentes reflexões (que são tragadas nas suas frações de tempo, identificadas como "parcelas"). É bom deixar anotado que a norma que embasa o referido mecanismo de promoções (o PCCS) permanece em vigor e, por isso, continua a reger a hipótese fática que, a cada instante, evidencia a continuidade da lesão.

A mesma lógica foi aplicada na construção da Súmula 275, I, do TST. Note-se:

> **Súmula 275, TST**. *I — Na ação que objetive corrigir desvio funcional, a prescrição só alcança as diferenças salariais vencidas no período de 5 (cinco) anos que precedeu o ajuizamento.*

Perceba-se que aí também a prescrição atinge apenas os créditos resultantes da correção do desvio, pois ele — o desvio — continuará a ocorrer e terá, portanto, trato sucessivo.

Maiores detalhes serão oferecidos no tópico em que se analisará a chamada "prescrição extintiva" ou "absoluta". Antes disso, porém, será importante conhecer a chamada "prescrição total" no item imediatamente seguinte.

18.3.1.2.2 Prescrição total

A prescrição será "total" ou "nuclear" quando atingir todos os atos jurídicos havidos antes da barreira dos últimos cinco anos. Diz-se "total", porque esta espécie consome

---

[19] Importante anotar que o legislador (Lei n. 13.467, de 13 de julho de 2017) inspirou-se na redação da referida Súmula e acresceu o § 2º ao art. 11 da CLT com redação bem assemelhada. Veja-se: "Art. 11 [...] § 2º Tratando-se de pretensão que envolva pedido de prestações sucessivas **decorrente de alteração ou descumprimento do pactuado**, a prescrição é total, exceto quando o direito à parcela esteja também assegurado por preceito de lei" (destaques não constantes do original). Como o "descumprimento do pactuado" passou a integrar o dispositivo normativo, provavelmente haverá revisão do conteúdo da *Orientação Jurisprudencial 404 da SDI-1 do TST* para passar a admitir ali a prescrição total.

integralmente, "totalmente", os créditos correspondentes a um determinado ato jurídico, depois de constatada inação por mais de cinco anos. Denomina-se também "nuclear", porque ela atua no núcleo do direito, dizimando-o, sem lhe permitir a produção de diferenças.

Para bem entender a "prescrição total" é também relevante compreender que ela é visível unicamente diante de contratos de trato sucessivo — como é o caso do contrato de emprego — e que a sua contagem se inicia a partir de uma desfavorável "alteração do pactuado", salvo se o direito à parcela atingida pela alteração *in pejus* esteja também assegurado por preceito de lei.

Imagine-se, então, a título ilustrativo, que um empregador, por via contratual, criou uma gratificação junina no valor de uma remuneração do empregado, pagável todo mês de junho, independentemente de lucros ou resultados, e que a suprimiu há sete anos. Pois bem. Pode-se dizer que o empregado que não reivindicou a manutenção da gratificação dentro do prazo de cinco anos contados da sua supressão incorreu em prescrição total, ou seja, viu consumida pela prescrição a pretensão de exigi-la judicialmente.

Situação diferente ocorreria se a mencionada gratificação fosse assegurada por lei. Tome-se a título de exemplo a gratificação natalina ou décimo terceiro salário. Esta parcela não tem esteio unicamente no contrato, mas, antes disso, na lei. Assim, o decurso do tempo não produz o efeito prescritivo total em relação a ela. O tempo apenas consumirá parcelas, mas não o núcleo do direito. Nesses moldes, se um empregador suprimiu a gratificação natalina há sete anos, o empregado pode reivindicar, sem incorrer em prescrição total, as mencionadas verbas correspondentes aos últimos cinco anos.

A jurisprudência cristalizada posiciona-se exatamente nesses moldes, conforme se vê na Súmula 294 do TST:

Súmula 294 do TST. *PRESCRIÇÃO. ALTERAÇÃO CONTRATUAL. TRABALHADOR URBANO. Tratando-se de ação que envolva pedido de prestações sucessivas decorrente de alteração do pactuado, a prescrição é total, exceto quando o direito à parcela esteja também assegurado por preceito de lei.*

É importante registrar que a Lei n. 13.467/2017 tomou por referencial a mencionada Súmula para acrescer o § 2º ao art. 11 da CLT, mas o fez em texto apenas parecido, cabendo o alerta de que houve uma ampliação não apenas para a alteração do ajustado, mas também para o descumprimento do pactuado. Veja-se:

Art. 11 [...]

*§ 2º Tratando-se de **pretensão** que envolva pedido de prestações sucessivas decorrente de **alteração ou descumprimento do pactuado**, a prescrição é total, exceto quando o direito à parcela esteja também assegurado por preceito de lei* (destaques não constantes do original).

Perceba-se que o TST — e depois dele o legislador — são claros ao enunciar requisitos para a prescrição total:

a) tratar de **pretensão**[20] que envolva pedido de prestação sucessiva, ou seja, de pretensão que diga respeito a prestação que se renova de tempos em tempos, normalmente a cada mês;

b) ter a parcela sofrido supressão mediante alteração (e agora, por força da Lei n. 13.467, de 13 de julho de 2017, também por descumprimento) do pactuado por ato jurídico único;

---

20 Note-se que o legislador preferiu, com a razão de quem adotou a melhor linguagem, a palavra "pretensão" em lugar de "ação" constante da Súmula 294 do TST.

c) ser a parcela em discussão totalmente atingida, em seu núcleo, uma vez transcorrido o prazo de cinco anos;

d) não dizer respeito a parcela que esteja também assegurada por preceito de lei, devendo-se entender por "lei" o conteúdo de norma coletiva, nos termos do art. 611 da CLT. A parcela tragada, então, deve decorrer unicamente da autonomia individual privada;

e) ocorrer durante o transcurso do pacto laboral, ainda que declarada apenas depois de findo o vínculo.

Seguindo a mesma linha, outras tantas súmulas e orientações jurisprudenciais foram editadas pelo TST. Perceba-se a análise realizada sobre algumas das mais significativas:

1ª análise — *Orientação Jurisprudencial 76 da SDI-1 do TST*

Orientação Jurisprudencial 76 da SDI-1 do TST. Substituição dos Avanços Trienais por Quinquênios. Alteração do Contrato de Trabalho. Prescrição Total. CEEE. Inserida em 14-3-94 (inserido dispositivo). A alteração contratual consubstanciada na substituição dos avanços trienais por quinquênios decorre de ato único do empregador, momento em que começa a fluir o prazo fatal de prescrição.

Na referida orientação jurisprudencial, o TST sustenta que a "substituição" (espécie do gênero "alteração do pactuado") dos avanços trienais por quinquenais — que, obviamente, implica uma situação desfavorável para o empregado — é suscetível de prescrição total a contar do instante em que produzida. Passados cinco anos do momento em que foi alterada a sistemática de avanços, não há mais falar-se em exigibilidade judicial da pretensão.

2ª análise — *Orientação Jurisprudencial 242 da SDI-1 do TST*

Orientação Jurisprudencial 242 da SDI-1 do TST. Prescrição Total. Horas Extras. Adicional. Incorporação. Embora haja previsão legal para o direito à hora extra, inexiste previsão para a incorporação ao salário do respectivo adicional, razão pela qual deve incidir a prescrição total.

Aqui o TST deixou claro que, apesar de existir previsão legal para o direito ao recebimento de horas extraordinárias — o que as torna imunes à prescrição total — o mesmo não se pode dizer do pleito que visa à integração do respectivo adicional. Nesse sentido, e segundo a visão da Alta Corte trabalhista, se um empregado deixou de ver incorporado ao seu salário o montante correspondente a horas extraordinárias que lhe foram pagas, a pretensão de incorporação para fins de reflexão sofre incidência da prescrição total, notadamente por ser o evento lesivo da não incorporação um ato jurídico supressivo e único.

3ª análise — *Orientação Jurisprudencial 243 da SDI-1 do TST*

Orientação Jurisprudencial 243 da SDI-1 do TST. Prescrição Total. Planos Econômicos. Aplicável a prescrição total sobre o direito de reclamar diferenças salariais resultantes de planos econômicos.

A Orientação ora em estudo demonstra que, segundo a perspectiva do TST, as diferenças salariais resultantes dos planos econômicos são fruto de supressão contratual — uma alteração do pactuado, a seu ver — e que o direito à parcela não estaria assegurado por preceito de lei. Afigura-se aqui, portanto, uma contradição, pois as diferenças provenientes dos planos econômicos foram produzidas por fontes heterônomas contra as quais os empregadores não tiveram ingerência. De todo modo, firmou-se o entendimento, sendo certo, por isso, que, passados cinco anos sem a reivindicação operária, a prescrição total produz seus efeitos.

4ª análise — *Orientação Jurisprudencial 175 da SDI-1 do TST*

Orientação Jurisprudencial 175 da SDI-1 do TST. COMISSÕES. ALTERAÇÃO OU SUPRESSÃO. PRESCRIÇÃO TOTAL. A supressão das comissões, ou a alteração quanto à forma ou ao percentual, em prejuízo do empregado, é suscetível de operar a prescrição total da ação, nos termos da Súmula 294 do TST, em virtude de cuidar-se de parcela não assegurada por preceito de lei. Inserida em 8-11-2000 (nova redação em decorrência da incorporação da Orientação Jurisprudencial 248 da SBDI-1, DJ 22-11-2005).

A Orientação em foco não deixa dúvidas de que são equiparáveis à situação de "alteração do pactuado", num âmbito não assegurado por preceito de lei, conforme noticiado na Súmula 294 do TST, a "supressão das comissões, ou a alteração quanto à forma ou ao percentual, em prejuízo do empregado".

5ª análise — *Súmula 199, II, do TST*

Súmula 199 do TST. *BANCÁRIO. PRÉ-CONTRATAÇÃO DE HORAS EXTRAS. (INCORPORADAS AS ORIENTAÇÕES JURISPRUDENCIAIS 48 E 63 DA SDI-1)*

II — Em se tratando de horas extras pré-contratadas, opera-se a prescrição total se a ação não for ajuizada no prazo de cinco anos, a partir da data em que foram suprimidas.

A análise do item II demonstra que a pretensão de integração das horas extraordinárias pré-contratadas ao salário-base deve ser providenciada até o limite de cinco anos contados da sua supressão. Assim, se em 2004 um empregado foi contratado para receber R$ 2.000,00, sob o rótulo de salário-base, e mais R$ 500,00, sob o título de horas extraordinárias pré-contratadas, e viu em 2009 essas mesmas horas extraordinárias serem suprimidas, perderá totalmente, no ano de 2014, por prescrição nuclear, o direito de pretender a amalgamação de uma verba na outra para fins de pagamento de novas horas extraordinárias, mas sobre a base ampliada de R$ 2.500,00.

18.3.1.2.3 Prescrição extintiva

Entende-se por prescrição "extintiva" ou "absoluta" aquela que abarca todo o conteúdo do vínculo contratual de emprego depois de passados, sem nenhuma reivindicação, dois anos da sua cessação. Diz-se "extintiva" a prescrição porque ela consome, sem deixar vestígios, todas as possíveis pretensões que poderiam ter sido aforadas, inclusive aquelas correspondentes ao quinquênio parcelar. Denomina-se "absoluta", por não admitir nem mesmo diferenças parciais, uma vez que atinge o todo pretensional, e não partes dele.

Para bem entender, cabe mencionar uma situação-exemplo. Imagine-se que um empregado — João — trabalhou para uma empresa de 10 de maio de 2004 a 10 de maio de 2010, aí já incluído o tempo correspondente ao seu aviso prévio, e que em 10 de maio de 2011 tenha resolvido aforar uma ação para pretender créditos que entendia inadimplidos. Pois então. Ele terá a possibilidade de discutir e exigir judicialmente verbas correspondentes ao ínterim havido entre 10 de maio de 2006 e 10 de maio de 2010, tendo sofrido a prescrição "parcial" ou "parcelar" sobre tudo o que data de antes de 10 de maio de 2006. Nesse ponto merece destaque o fato de o mencionado operário ter desperdiçado um ano de pretensões (de 10 de maio de 2010 a 10 de maio de 2011), em virtude da dúvida quanto a aforar ou não a ação trabalhista. Seja como for, este trabalhador não deixou traspassar o limite de dois anos para ajuizar a sua ação e, justamente por isso, impediu a prescrição extintiva.

Um colega seu — José —, apesar de admitido e despedido na mesma data, tardou em aforar a ação e somente o fez em 10 de julho de 2012. Neste caso, não há falar-se na possibilidade de o referido colega retardatário ter direito a discutir e a exigir judicialmente as parcelas correspondentes aos últimos cinco anos contados da data de ajuizamento da ação. No caso de José houve a chamada prescrição "extintiva" ou "absoluta". O decurso do prazo de dois anos depois de findo o contrato de emprego tragou absolutamente toda a sua pretensão, não havendo vestígio exigível judicialmente.

Há jurisprudência do TST que deixa isso bem claro. Basta ler a já citada Súmula 308, I, para chegar a essa conclusão:

Súmula 308 do TST. PRESCRIÇÃO QUINQUENAL.

I. Respeitado o biênio subsequente à cessação contratual, a prescrição da ação trabalhista concerne às pretensões imediatamente anteriores a cinco anos, contados da data do ajuizamento da reclamação e, não, às anteriores ao quinquênio da data da extinção do contrato.

O texto é claríssimo ao enunciar que, "respeitado o biênio subsequente à cessação contratual", vale dizer, observado o limite de dois anos depois de findo o contrato de emprego, a prescrição da ação trabalhista concerne às pretensões imediatamente anteriores a cinco anos. Se for excedido o limite de dois anos, tudo será tragado, consumido, de maneira "absoluta", sem exceção. Bom dizer que o marco da contagem retroativa dos cinco anos é a data do ajuizamento da ação trabalhista, e não a data da cessação do vínculo. Tudo é muito claro. O operário tem, portanto, o prazo-limite de dois anos para decidir se levará ao Estado-juiz o seu conjunto de pretensões. Na medida em que deixa o tempo passar, vê consumidos por ele os períodos que poderiam estar em discussão, e tanto pior será quando deixa transcorrer mais do que dois anos da data de terminação do contrato sem nenhuma insurreição. Aí, nesse caso, o prejuízo é grande. Operar-se-á, pois, a ora analisada prescrição extintiva ou, como muitos preferem, prescrição absoluta.

Por fim, no âmbito dessa discussão, cabe anotar que o empregador não se poderá considerar beneficiado pelos efeitos da prescrição pelo simples perpassar de dois ou mais anos da cessação do contrato de emprego dos seus colaboradores. A situação merece a devida cautela. Tal se afirma porque, embora seja raro no âmbito do Judiciário trabalhista, pode eventualmente ocorrer de a ação ser aforada e o réu não ser imediatamente citado. Diante dessa situação há de aplicar-se, obviamente, o entendimento contido na **Súmula 106 do STJ**, segundo a qual "proposta a ação no prazo fixado para o seu exercício, a demora na citação, por motivos inerentes ao mecanismo da Justiça, não justifica o acolhimento da arguição de prescrição ou decadência".

18.3.2 O marco inicial da contagem da prescrição

A violação ou o inadimplemento do direito exigível constituem o marco inicial da contagem da prescrição ou, como se diz normalmente em linguagem jurídica, a sua *actio nata*. Ocorre tal qual afirmado por Alexei Chapper, para quem "a corrida temporal da prescrição tem na violação ou no inadimplemento do direito exigível o primeiro marco de sua arrancada"[21].

As palavras de Câmara Leal são muito preciosas porque, embora sintéticas, muito dizem sobre o ora investigado marco inicial da contagem da prescrição. Para o referido mestre, "todo direito, não subordinado, de origem, à condição de tempo ou exercício, é, em si, permanente, não se extinguindo pela inércia de seu titular". Ao encontrar obstáculo ao seu exercício, ou ao sofrer contradição, entretanto, "pode vir a perecer, se seu titular se conservar inerte, deixando de protegê-lo pela competente ação. É contra esta [ação] que a prescrição se dirige"[22].

Para que tudo fique ainda mais claro sobre a ideia de marco inicial ou *actio nata*, vale-se da lição e das belas figuras de imagem de San Tiago Dantas: "da lesão nascem dois efeitos:

---

21 CHAPPER, Alexei Almeida. *Prescrição da ação na "ação" trabalhista*. São Paulo: LTr, 2013.
22 LEAL, Antônio Luís da Câmara. *Da prescrição e da decadência*: teoria geral do direito civil. São Paulo: Saraiva, 1939, p. 50.

em primeiro lugar, um novo dever jurídico, que é a responsabilidade, o dever de ressarcir o dano e, em segundo, a ação, o direito de invocar a tutela do Estado para corrigir a lesão do direito". Depois de analisar causa (lesão) e efeitos (responsabilidade e o direito de invocar a tutela estatal) deixa claro que "se o tempo decorrer longamente, sem que o dever secundário, a responsabilidade seja cumprida, então, não será mais possível invocar a proteção do Estado, porque a lesão do direito estaria curada. A prescrição nada mais é do que a convalescença da lesão do direito pelo não exercício da ação"[23]. Exatamente isso: a prescrição é a convalescença da lesão pela não ativação da jurisdição no tempo devido.

As mencionadas considerações doutrinárias são confirmadas pela legislação. O art. 189 do Código Civil de 2002 é claro quanto ao marco delimitador do instituto ora analisado. Veja-se:

> Art. 189. Violado o direito, nasce para o titular a pretensão, a qual se extingue, pela prescrição, nos prazos a que aludem os arts. 205 e 206.

É sempre bom lembrar que os contratos de emprego, caso tenham sido resilidos por iniciativa patronal, devem integrar no seu tempo o período de duração correspondente ao aviso prévio. Essa é uma imposição contida no § 1º do art. 487 da CLT, segundo o qual "a falta do aviso prévio por parte do empregador dá ao empregado o direito aos salários correspondentes ao prazo do aviso, garantida sempre a integração desse período no seu tempo de serviço".

A integração desse período no tempo de serviço é reconhecida pela Orientação Jurisprudencial 83 da SDI-1 do TST:

> **Orientação Jurisprudencial 83 da SDI-1 do TST.** *Aviso prévio. Prescrição. Começa a Fluir no Final da Data do Término do Aviso prévio. Art. 487, § 1º, CLT.*

Ora, se assim é, não há dúvidas de que o marco inicial da prescrição se dará depois de transcorridos os dias correspondentes ao aviso prévio que, por conta do gradualismo garantido pela Lei n. 12.506/2011, terá o mínimo de trinta e o máximo de noventa dias.

Não é ociosa a lembrança de que a contagem do prazo prescricional deve considerar o teor do art. 1º da Lei n. 810/49, segundo o qual se considera ano o período de doze meses contado do dia do início ao dia e mês correspondentes do ano seguinte. Assim, se o assunto for a prescrição extintiva e se o contrato de emprego findou no dia 10 de maio de 2010, o empregado terá exatamente até o dia 10 de maio de 2012 para ajuizar a ação, sob pena de incorrer na situação de perda da exigibilidade judicial das pretensões. É bom anotar aqui que, sendo a prescrição um fato jurídico, e não um ato jurídico, ela não comporta dilações nem prorrogações.

As análises que dizem respeito ao exato instante da violação do direito e do início da contagem do prazo prescricional constituem, portanto, como observado, relevantes problemas jurídicos da atualidade. A todos, enfim, interessa saber a partir de quando se inicia a contagem da prescrição para bem identificar até quando se pode pedir e, igualmente, o momento a partir do qual não mais será possível a invocação do Estado-juiz para garantir a exigibilidade de uma pretensão.

Existem, por isso, situações geradoras de dúvidas que a jurisprudência procurou solucionar. Uma delas — aqui mencionada como ilustração — diz respeito à hipótese ora pacificada

---

23 SAN TIAGO DANTAS, Francisco Clementino. *Programa de Direito Civil.* 3. ed. revista e atualizada por Gustavo Tepedino, Antônio Carlos de Sá, Carlos Edison do Rego Monteiro Filho e Renan Miguel Saad. Rio de Janeiro: Forense, 2001, p. 345.

pela **OJ 401 da SDI-1 do TST**, segundo a qual "o marco inicial da contagem do prazo prescricional para o ajuizamento de ação condenatória, quando advém a dispensa do empregado no curso de ação declaratória que possua a mesma causa de pedir remota, é o trânsito em julgado da decisão proferida na ação declaratória, e não a data da extinção do contrato de trabalho".

Mais uma situação interessante foi levantada por Pamplona e Fernandez, dizendo respeito ao marco a partir do qual se dará a arrancada do prazo prescricional. Segundo as suas claras visões, "estando o trabalhador submetido a quadro de violação concreta de direitos da personalidade prolongada ao longo do tempo (a exemplo do trabalho em condição análoga à de escravo), o início do prazo prescricional relativo à pretensão de percepção de indenização por dano moral somente ocorrerá a partir do encerramento da agressão"[24].Outra hipótese que antes produzia discussão quanto ao instante inicial do prazo prescricional relaciona-se à pretensão de alguns empregados em provar que, a despeito de o empregador ter artificialmente criado uma série de desligamentos e de novas datas de admissão, o contrato, em verdade, era um só, sem solução de continuidade. Para casos tais foi criada a **Súmula 156 do TST**. De acordo com a acertada visão da Alta Corte trabalhista, **a cessação do último contrato** deveria ser entendida como marco inicial da contagem do prazo prescricional do direito de ação em que se objetivasse a soma de períodos descontínuos de trabalho. Perceba-se:

Súmula 156 do TST. PRESCRIÇÃO. PRAZO. Da extinção do último contrato começa a fluir o prazo prescricional do direito de ação em que se objetiva a soma de períodos descontínuos de trabalho. Ex-prejulgado n. 31 (RA 102/1982, DJ 11 e 15-10-1982).

Mais uma situação digna de nota é a que diz respeito *à ação de cumprimento de decisão normativa*. O aforamento desta ação deve se dar dentro do prazo prescricional de cinco (durante a vigência do vínculo de emprego) ou de dois anos (depois de cessado o contrato), contados da data do trânsito em julgado da sentença normativa. Veja-se:

Súmula 350 do TST. PRESCRIÇÃO. TERMO INICIAL. AÇÃO DE CUMPRIMENTO. SENTENÇA NORMATIVA. O prazo de prescrição com relação à ação de cumprimento de decisão normativa flui apenas da data de seu trânsito em julgado.

Merece também destaque a controvérsia existente em torno da baliza inicial para a contagem das pretensões relacionadas aos acidentes do trabalho e às doenças ocupacionais. O **STF** iniciou a tentativa de pacificação do tema mediante a **Súmula 230**, por meio da qual afirmou que "a prescrição da ação de acidente do trabalho conta-se **do exame pericial que comprovar a enfermidade ou verificar a natureza da incapacidade**" (destaque não constante do original). O **STJ**, por sua vez, refinou o marco inicial ao dizer, por meio de sua **Súmula 278**, que "o termo inicial do prazo prescricional, na ação de indenização, é a data em que o segurado teve **ciência inequívoca da incapacidade laboral**", o que, em rigor, pode acontecer bem depois do exame pericial, uma vez que este é passível de recursos administrativos e judiciários e a própria saúde do trabalhador pode agravar-se. A ciência inequívoca é, portanto, aquela evidenciada depois da sedimentação da extensão do dano. Ocorre quando a vítima toma ciência do que efetivamente lhe ocorrer e pode avaliar sua real extensão e as consequências nocivas decorrentes, pois somente a partir desse momento poderá postular, sem consideráveis margens de dúvida, uma reparação.

---

24 PAMPLONA FILHO, Rodolfo; FERNANDEZ, Leandro. *Tratado da prescrição trabalhista*: aspectos teóricos e práticos. São Paulo: LTr, 2017, p. 43.

Entre as muitas lesões objeto de prescrição, cabe mencionar, também, uma violação que não deveria existir: aquela supostamente produzida pela mudança de regime de celetista para estatutário, nos termos da Súmula 382 do TST. Veja-se:

> **Súmula 382 do TST.** *MUDANÇA DE REGIME CELETISTA PARA ESTATUTÁRIO. EXTINÇÃO DO CONTRATO. PRESCRIÇÃO BIENAL. A transferência do regime jurídico de celetista para estatutário implica extinção do contrato de trabalho, fluindo o prazo da prescrição bienal a partir da mudança de regime.*

Não há aqui, propriamente, uma lesão — ***actio nata*** — porque a mera publicação de uma lei que cria um regime trabalhista próprio nenhuma modificação produz na relação de emprego vigente. Afinal, ao contrário do que enuncia a precitada Súmula 382, o servidor público celetista não se transforma da noite para o dia em servidor público estatutário. Ele, em rigor, não mudará de *status* jurídico pela mera extinção do regime celetista e consequente — ainda que imediata — criação do regime jurídico estatutário. Diz-se isso porque, para a efetiva mudança de *status* do servidor público celetista, seria indispensável a sua aprovação em concurso público, além de posse e exercício em cargo existente e para o qual, com sucesso, concorreu e foi selecionado. Antes disso, o servidor público celetista estará mantido num "quadro em extinção", até que, por algum motivo, saia da esfera da regência da CLT e ingresse no âmbito do regime trabalhista próprio. Enquanto isso não ocorrer, em rigor, não se pode considerar iniciada a contagem do *"prazo da prescrição bienal a partir da mudança de regime"*, porque esta nem sequer se perfez. Esse entendimento, porém, por mais lógico e baseado no texto constitucional, não reflete a leitura normalmente realizada da citada Súmula, para a qual, por força da publicação da lei estatal que cria um regime jurídico trabalhista, se iniciaria a contagem do prazo prescricional.

É importante tratar ainda da ***actio nata*** em relação à delicada questão dos expurgos inflacionários do FGTS, não pela contemporaneidade, já não mais existente, mas pelo exemplo de interpretação jurisprudencial que o caso produziu.

Assim, no intuito de trazer à lembrança o ocorrido, cabe anotar que, depois de muitas decisões egressas de Tribunais Regionais Federais, o Supremo Tribunal Federal, em agosto de 2000, reconheceu o direito adquirido dos trabalhadores à aplicação da atualização monetária sobre os saldos das contas do FGTS suprimidas quando da edição dos Planos Econômicos intitulados Verão e Collor I. Esse direito, posteriormente, foi reconhecido pela Lei Complementar n. 110/2001. Pois bem. Com o reconhecimento do direito, a Caixa Econômica Federal, gestora do FGTS, foi constrita, judicialmente ou por força da mencionada lei, a efetuar as atualizações dos saldos. Os trabalhadores desligados antes da certificação (judicial ou legislativa) do ora analisado direito, porém, receberam a indenização de 40% (quarenta por cento) sobre o saldo do FGTS, cabível nas despedidas imotivadas, sem a aplicação da mencionada atualização. Foi trazida aos Tribunais, então, uma tormentosa questão: *a supracitada certificação judicial ou legislativa restabeleceu em favor dos empregados o direito de postular o acréscimo de quarenta por cento sobre as reconhecidas diferenças?*

O assunto foi pacificado depois de acirrada polêmica. O TST, mediante a Orientação Jurisprudencial 341 da SDI-1, finalizou a questão nos seguintes termos:

> **Orientação Jurisprudencial 341 da SDI-1 do TST.** *FGTS. Multa de 40%. Diferenças Decorrentes dos Expurgos Inflacionários. Responsabilidade pelo Pagamento. É de responsabilidade do empregador o pagamento da diferença da multa de 40% sobre os depósitos do FGTS, decorrente da atualização monetária em face dos expurgos inflacionários.*

Essa tese baseou-se na ideia de que o assunto envolvia uma obrigação pós-contratual de gênese externa. Isso aconteceu porque, pelo princípio da *actio nata*, iniciou-se a contagem do prazo prescricional a partir do instante em que foi certificado (judicialmente ou por força de lei), em favor do empregado, o direito ao recebimento da diferença da acima referida aplicação da atualização monetária sobre os saldos das contas do FGTS. Registra-se, nesse instante, que a existência de obrigações pós-contratuais é plenamente possível, tendo elas o prazo prescricional relacionado a eventos havidos após a extinção do contrato de trabalho, ou seja, dois anos.

Pode-se, então, indagar: dois anos?

Sim. Nos termos do art. 7º, XXIX, da Constituição, somente durante o contrato de emprego vige o prazo prescricional de cinco anos. Leia-se o dispositivo: "Art. 7º São direitos dos trabalhadores urbanos e rurais, além de outros que visem à melhoria de sua condição social: [...] XXIX — ação, quanto aos créditos resultantes das relações de trabalho, com prazo prescricional de cinco anos para os trabalhadores urbanos e rurais, até o limite de dois anos após a extinção do contrato de trabalho". Após o término do contrato de emprego, duas circunstâncias podem ser observadas:

1ª) o contrato termina sem qualquer obrigação pós-contratual: o prazo para ajuizamento de ações relativas a créditos havidos durante o contrato de emprego é de dois anos, contados da data de terminação do vínculo;

2ª) o contrato finda com obrigação pós-contratual por parte do empregador ou esta surge por um fator externo (lei ou decisão judicial): mantidas as considerações anteriormente expendidas para créditos havidos durante o contrato de emprego, entendemos que seria de dois anos o prazo prescricional para a busca de créditos decorrentes da obrigação a ser implementada pós-contrato de emprego (note-se que o escopo teleológico da norma foi estender o prazo prescricional durante o período em que o empregado estivesse submetido ao empregador).

Outra polêmica, entretanto, foi estabelecida. *Qual seria o termo inicial do prazo prescricional para o empregado pleitear em juízo as mencionadas diferenças da indenização de quarenta por cento sobre o FGTS?*

A resposta veio mediante a Orientação Jurisprudencial 344 da SDI-1 do TST, nos seguintes moldes:

Orientação Jurisprudencial 344 da SDI-1 do TST. *FGTS. Multa de 40%. Diferenças Decorrentes dos Expurgos Inflacionários. Prescrição. Termo Inicial. O termo inicial do prazo prescricional para o empregado pleitear em juízo diferenças da multa do FGTS, decorrentes dos expurgos inflacionários, deu-se com a vigência da Lei Complementar n. 110, em 30-6-2001, salvo comprovado trânsito em julgado de decisão proferida em ação proposta anteriormente na Justiça Federal, que reconheça o direito à atualização do saldo da conta vinculada.*

Perceba-se, segundo a mencionada orientação jurisprudencial, que o início da contagem do prazo prescricional ocorre em uma das duas seguintes situações:

a) se o empregado ajuizou ação antes da vigência da Lei Complementar n. 110/2001, o início do prazo prescricional será o dia em que houve o trânsito em julgado da decisão;

b) se o empregado não ajuizou ação ou se a ajuizou depois da vigência da citada lei complementar — em 30 de junho de 2001 —, esta será o marco da contagem do prazo prescricional ou, alternativamente (o que for mais vantajoso), a data da despedida do trabalhador.

Anote-se que a jurisprudência passou a admitir o ajuizamento de protesto judicial dentro do biênio posterior à Lei Complementar n. 110/2001 para interromper o fluxo da prescrição. Nesse sentido, para que não pairassem dúvidas, foi publicada a Orientação Jurisprudencial 370 da SDI-1 do TST:

Orientação Jurisprudencial 370 da SDI-1 do TST. FGTS. MULTA DE 40%. DIFERENÇAS DOS EXPURGOS INFLACIONÁRIOS. PRESCRIÇÃO. INTERRUPÇÃO DECORRENTE DE PROTESTOS JUDICIAIS. O ajuizamento de protesto judicial dentro do biênio posterior à Lei Complementar n. 110, de 29-6-2001, interrompe a prescrição, sendo irrelevante o transcurso de mais de dois anos da propositura de outra medida acautelatória, com o mesmo objetivo, ocorrida antes da vigência da referida lei, pois ainda não iniciado o prazo prescricional, conforme disposto na Orientação Jurisprudencial n. 344 da SBDI-1.

A situação que envolveu os expurgos inflacionários formou, assim, um verdadeiro *leading case* em matéria relacionada ao estudo da *actio nata* no âmbito juslaboral, tornando evidente que em instantes pós-contratuais podem, sim, surgir direitos de que os trabalhadores possam se dizer titulares, mesmo depois de traspassado o limite de dois anos após a cessação do contrato de emprego.

18.3.3 Causas impeditivas da prescrição

O prazo prescricional está impedido de correr — o tempo passa, mas não produz efeitos jurídicos prescricionais, *seja porque não se inicia, seja porque se suspende* — em situações especialmente previstas em lei, todas elas justificadas por motivos absolutamente ponderosos.

O art. 197 do Código Civil prevê que não corre a prescrição em três situações cujas causas são de natureza familiar. Na **primeira situação** há previsão no sentido da inexistência de transcurso de prazo prescricional **"entre os cônjuges, na constância da sociedade conjugal"** (art. 197, I, do CC). Para ilustrar a situação, imagine-se que a esposa de um dentista é também a sua secretária, regularmente contratada como empregada. Pois bem. Durante a constância da sociedade conjugal não é razoável admitir que transcorram prazos prescricionais. Afinal, a esposa não se sentiria bem em aforar a ação trabalhista contra o seu marido (nem vice-versa) para discutir dívidas decorrentes de sua relação laboral. Nesses termos, a prescrição somente teria iniciada a sua contagem a partir do término do casamento, se, obviamente, isso acontecesse.

Situação absolutamente idêntica ocorre **"entre ascendentes e descendentes, durante o poder familiar"** (art. 197, II, do CC). Imagine-se que um pai, empresário individual e proprietário de uma farmácia, tenha contratado o seu próprio filho de dezesseis anos como empregado. Nesse caso, obviamente, até mesmo porque o art. 440 da CLT[25] dispõe no sentido de que não correrá nenhum prazo de prescrição contra os menores de 18 (dezoito) anos, esse filho somente verá fluir o prazo prescricional depois que alcançar a maioridade civil etária, momento em que, coincidentemente, se exaure o poder familiar.

Cabe observar, nesse ponto, que a citada norma trabalhista contida no art. 440 da CLT não faz menção à cessação do poder familiar, mas, apenas, ao advento dos dezoito anos de idade, o que leva a crer que mesmo os emancipados podem dela se valer.

Observada a mesma linha de raciocínio, também não corre o prazo prescricional e **"entre tutelados ou curatelados e seus tutores ou curadores, durante a tutela ou curatela"** (art. 197, III, do CC). Assim, o mesmo exemplo, aplicável ao pai que contrata o seu próprio filho de dezesseis anos como empregado, é perfeitamente adaptável ao tutor que firma ajuste de emprego com o tutelado. A tomada de serviços prestados pelo curatelado ao curador, entretanto, envolverá episódio de nulidade contratual, motivo pelo qual a situação aqui mencionada confirma a tese de que não corre prazo prescricional no decurso de contratos nulos.

---

25 Art. 440. Contra os menores de 18 (dezoito) anos não corre nenhum prazo de prescrição.

É bom dizer que o Código Civil analisa os eventos impedientes do decurso do prazo prescricional em outros dois dispositivos. Vê-se o tratamento da mesma matéria nos arts. 198, que menciona que "também não corre a prescrição", e 199 do Código Civil, que completivamente assevera que "não corre igualmente a prescrição" nas situações ali mencionadas.

As hipóteses contidas no art. 198 do Código Civil são plenamente adaptáveis ao direito do trabalho, sendo claro que não corre a prescrição **"contra os incapazes de que trata o art. 3º"** (inciso I), **"contra os ausentes do País em serviço público da União, dos Estados ou dos Municípios"** (inciso II), tampouco **"contra os que se acharem servindo nas Forças Armadas, em tempo de guerra"** (inciso III). Todos os que vivem as situações contidas nos citados comandos normativos ou mesmo seus familiares podem ficar tranquilos no sentido de que o prazo prescricional somente terá a sua fluência depois de transpostas as causas impeditivas ali mencionadas. Nesses moldes, se alguém é incapaz, nos termos do art. 3º do Código Civil, somente verá o prazo prescricional fluir a partir do instante em que a incapacidade cessar, sendo disso exemplo o trabalhador que, por conta de grave acidente do trabalho, se encontra em estado comatoso e, por isso, em hipótese de absoluta impossibilidade de acesso ao Judiciário.

Cabe, então, esclarecer que nem todo estado de incapacidade, por doença ou acidente, produz a impossibilidade de acesso ao Judiciário. Exatamente por isso o TST publicou a **Orientação Jurisprudencial 375 da SDI-1**, nos seguintes termos:

> *Orientação Jurisprudencial 375 da SDI-1 do TST. AUXÍLIO-DOENÇA. APOSENTADORIA POR INVALIDEZ. SUSPENSÃO DO CONTRATO DE TRABALHO. PRESCRIÇÃO. CONTAGEM (DEJT divulgado em 19, 20 e 22-4-2010). A suspensão do contrato de trabalho, em virtude da percepção do auxílio-doença ou da aposentadoria por invalidez, não impede a fluência da prescrição quinquenal, ressalvada a hipótese de absoluta impossibilidade de acesso ao Judiciário.*

Igualmente, embora sob a perspectiva do afastamento para cumprimento de missões especiais, ocorrerá impedimento de fluência do prazo prescricional em favor dos **"ausentes do País em serviço público da União, dos Estados ou dos Municípios"** e daqueles que se acharem **"servindo nas Forças Armadas, em tempo de guerra"**. Ambos somente sofrerão os efeitos da fluência do prazo prescricional depois do retorno dos serviços civil ou militar que os envolveram e que, por óbvio, não lhes permitiram pensar no transcursar do tempo.

O art. 199 do Código Civil traz situações adicionais de impedimento de fluência da prescrição, referindo-se aos **casos de pendência de condição suspensiva** (inciso I), **de não vencimento do prazo** (inciso II) e **de pendência da ação de evicção**.

A primeira situação — *pendência de condição suspensiva* — permite dizer que não fluirá o prazo de prescrição enquanto não se realizar um determinado evento futuro e incerto. Exemplo disso é evidenciado nos prêmios. Um empregador pode condicionar o pagamento de determinado prêmio em dinheiro para qualquer um de seus empregados que, depois de um período de apuração — um ano, por exemplo —, não tiver nenhuma falta injustificada. Nesse caso, somente depois de cumprida a condição suspensiva — *não ter falta num período aquisitivo* — ele poderá dizer-se titular do prêmio por assiduidade. Somente depois de realizada a referida condição suspensiva, terá início a contagem do prazo prescricional para exigir o seu pagamento.

Igualmente, não há falar-se em transcurso do prazo prescricional, na **segunda situação, ou seja, enquanto não vencido o prazo**. Exemplo perfeito para esta situação no âmbito trabalhista é encontrável no instituto das férias, nos limites do art. 149 da CLT. Veja-se:

> *Art. 149. A prescrição do direito de reclamar a concessão das férias ou o pagamento da respectiva remuneração é contada do término do prazo mencionado no art. 134 ou, se for o caso, da cessação do contrato de trabalho (Redação dada pelo Decreto-Lei n. 1.535, de 13-4-1977).*

Lembre-se que o empregador tem, nos limites do art. 134 da CLT, o prazo de doze meses após a aquisição das férias para concedê-las. Somente depois de vencido esse prazo concessivo é que se constata o inadimplemento, e apenas depois de evidenciada a lesão é que começa a correr o prazo prescricional. Antes disso, simplesmente não há transcurso de prazo prescricional.

É bom acrescentar que somente a cessação do vínculo pode antecipar a contagem da prescrição de férias cujo prazo concessivo ainda não venceu. Tal ocorre porque a terminação do contrato antecipa todos os vencimentos, inclusive, por óbvio, o das férias ainda não outorgadas. Exatamente por isso é que o começo da contagem do prazo prescricional relativo às férias tem início também, se for o caso, na data de cessação do vínculo.

A terceira situação prevista no art. 199 do Código Civil diz respeito à **pendência da ação de evicção**. Para bem entender esta hipótese é indispensável saber que a evicção ocorrerá quando o adquirente perder, inteira ou parcialmente, a coisa adquirida, em decorrência de sentença judicial, que a atribui a terceiro, identificado como seu verdadeiro dono. Durante o transcurso do processo que trata da evicção não há falar-se no perpassar de prazo prescricional, porque não se sabe de quem é a titularidade do bem. Dessa forma, não seria justo que alguém tivesse a sua pretensão tragada pela prescrição simplesmente por não saber contra quem dirigir a sua ação. Assim, o prazo prescricional fica estancado enquanto não se definir o resultado final da ação de evicção.

É bom dizer que, em regra, não existem causas em que empregado e empregador litigam em torno da titularidade de um determinado bem numa ação de evicção, pois normalmente o trabalhador é despojado dos meios de produção e realiza a sua atividade com o instrumental do seu tomador de serviços. Pode-se, entretanto, criar situação hipotética no âmbito da evicção no direito do trabalho. Imagine-se que um determinado bem de titularidade do empregador — um carro, por exemplo — foi prometido àquele que, sendo empregado da empresa, conseguisse ser três vezes seguidas o melhor do ano e que um determinado empregado, mediante fraude, conseguiu ser assim considerado. Imagine-se que o prêmio foi entregue e que o empregador, posteriormente, descobriu suposta fraude e, de imediato, ingressou com a ação de evicção para retomá-lo. Imagine-se também que, nesse ínterim, o veículo em litígio, enquanto dirigido pelo trabalhador que o obteve por discutida fraude, abalroou outro, que, para reparar danos, quis ajuizar ação de indenização. A vítima, entretanto, ao saber da ação de evicção, resolveu aguardar o resultado, cônscio de que, nos termos do art. 199, III, do Código Civil, não haveria fluência do prazo prescricional.

Cabe ainda apreciar a situação que diz respeito a **fato cuja certificação somente se pode dar em juízo especializado**. Assim, somente se pode dar por iniciada a contagem da prescrição relativa à pretensão de ressarcimento de danos que um empregado supostamente causou por conta de desvio de numerário após ser proferida sentença condenatória definitiva no juízo criminal. Esse é o comando previsto no art. 200 do Código Civil. Note-se:

> *Art. 200. Quando a ação se originar de fato que deva ser apurado no juízo criminal,* **não correrá a prescrição antes da respectiva sentença definitiva**.

Perceba-se que o mencionado dispositivo restringe a prejudicialidade da apuração em juízo especializado apenas à esfera criminal, embora raciocínio análogo pudesse ser estabelecido entre os juízos trabalhista e previdenciário, por exemplo. O precitado artigo visa, em verdade, "evitar a possibilidade de soluções contraditórias entre os juízos cível e criminal, especialmente quando a solução do processo penal seja determinante do resultado do processo cível" (*vide* STJ, REsp 1180237).

Cabe registrar, ainda, situação tipicamente trabalhista de suspensão do transcurso do prazo prescricional. Trata-se da hipótese prevista no **art. 625-G da CLT** (incluído pela Lei n. 9.958, de 12-1-2000), segundo o qual "o prazo prescricional será suspenso a partir da provocação da Comissão de Conciliação Prévia, recomeçando a fluir, **pelo que lhe resta**, a partir da tentativa frustrada de conciliação ou do esgotamento do prazo previsto no art. 625-F".

Anote-se, igualmente, que a Lei n. 14.010, de 10 de junho de 2020, conhecida como *Regime Jurídico Emergencial e Transitório das relações jurídicas de Direito Privado (RJET)*, previu situação de **impedimento do transcurso do prazo prescricional** desde a sua publicação, em 12 de junho de 2020, até 30 de outubro de 2020, haja vista a necessidade de atenuar as problemáticas produzidas pelo imenso cataclismo social trazido pela pandemia do Coronavírus.

Note-se, porém, que a referida lei não alterou dispositivos vigentes; ela apenas criou uma sistemática emergencial e transitória para a diminuição dos impactos produzidos pelo evidente alvoroço socioeconômico. Leia-se o texto do seu art. 3º:

> *Art. 3º Os prazos prescricionais consideram-se impedidos ou suspensos, conforme o caso, a partir da entrada em vigor desta Lei até 30 de outubro de 2020.*
>
> *§ 1º Este artigo não se aplica enquanto perdurarem as hipóteses específicas de impedimento, suspensão e interrupção dos prazos prescricionais previstas no ordenamento jurídico nacional.*
>
> *§ 2º Este artigo aplica-se à decadência, conforme ressalva prevista no art. 207 da Lei n. 10.406, de 10 de janeiro de 2002 (Código Civil).*

Destaque-se a não aplicabilidade desse artigo diante das hipóteses de impedimento e suspensão dos prazos prescricionais já previstas no ordenamento jurídico nacional. Assim, diante de causa anterior impeditiva do prazo prescricional, por exemplo, entre os cônjuges, na constância da sociedade conjugal, não haveria falar-se no uso dessa disposição normativa. Sobre o exemplo, cabe lembrar aqui que há muitas situações em que existe relação de emprego entre marido e mulher, valendo imaginar, como ilustração, uma esposa que, mediante contrato de emprego, atua como instrumentadora do marido, cirurgião-dentista.

E para os casos em que não haja lei autorizadora do impedimento ou da suspensão do prazo prescricional, mas existam motivos suficientes para entender que o titular do direito está incapacitado de agir? Para essas difíceis situações há a discutível possibilidade de invocação de uma compreensão judiciária equitativa, baseada na teoria ***contra non valentem agere non currit praescriptio*** (contra quem não pode agir não fluem prazos de prescrição), que se fundamenta na lógica segundo a qual um prazo prescricional não pode correr contra aquele que está incapacitado de agir, ainda que não exista previsão legal para a suspensão ou para a interrupção do prazo. Afirma-se discutível a possibilidade de invocação da mencionada teoria, porque ela relativiza a segurança trazida por um sistema taxativo de causas suspensivas e interruptivas do prazo prescricional, como sugere ser o sistema do Código Civil brasileiro. Como, entretanto, não há norma legal que expressamente impeça a aplicação da teoria do ***contra non valentem***, há um espaço para a ponderação do magistrado, que, na visão de Cristiano Chaves e Nelson Rosenvald[26], somente teria sentido em casos extremamente especiais, com fundamento em algum fortuito, não imaginado pelo legislador, mas desde que esse fortuito tenha retirado, por completo do titular da pretensão a possibilidade de agir (estado de coma, amnésia, AVC etc.). É, portanto, uma situação casuística, episódica e excepcional, que deve ter como referencial a boa-fé objetiva.

O uso da teoria do ***contra non valentem*** foi de possível utilização pelos magistrados nos primeiros momentos da crise da Covid-19, a despeito de a referida Lei n. 14.010, de 10 de junho de 2020, somente ter autorizado que os prazos prescricionais fossem considerados impedidos ou suspensos, conforme o caso, a partir da entrada em vigor da Lei (em 12 de junho de 2020) até 30 de outubro de 2020. Note-se que, apesar dessa dicção, a própria Lei

---

26 FARIAS, Cristiano Chaves de; ROSENVALD, Nelson. *Curso de direito civil: teoria geral e LINDB*. 16. ed. Salvador: JusPodivm, 2018, p. 779-784.

aqui em análise dispôs no parágrafo único do seu art. 1º que se considerou "20 de março de 2020, data da publicação do Decreto Legislativo n. 6, como termo inicial dos eventos derivados da pandemia do coronavírus (Covid-19)". Se assim foi, e a depender de relato que tivesse envolvido situação capaz de levar o titular do direito, por completo, à impossibilidade de agir, poderia haver, sim, decisão que considerasse estancada a marcha prescricional.

Situação extremamente interessante acerca da aplicação do *contra non valentem* foi abordada por Pamplona e Fernandez, dizendo respeito à situação dos presos. Para os referidos doutrinadores, a prescrição haveria de ser suspensa durante todo o tempo de permanência nas unidades penais. Segundo eles, "com lastro no direito fundamental ao acesso efetivo à justiça (CF/88, art. 5º, XXXV) e na compreensão de que a inércia punida pela prescrição é a do sujeito que realmente pode exigir do seu devedor uma prestação [...], nas situações nas quais reste evidenciada a inviabilidade do acionamento do Judiciário, em razão das condições de custódia na penitenciária, não fluirá o prazo prescricional"[27].

O posicionamento dos referidos doutrinadores é pleno de razoabilidade, embora não deva ser aplicado indistintamente, em qualquer caso, envolvendo qualquer custodiado em penitenciária. Caberá ao magistrado avaliar a situação sempre *in concreto* para posicionar-se ou não de acordo com as circunstâncias que supostamente impossibilitam a ação do titular do direito violado.

18.3.4 Causas interruptivas da prescrição

O prazo prescricional é interrompido por qualquer interessado (*vide* art. 203 do Código Civil) — e tal se dá quando o tempo passa, mas um acontecimento restabelece a integralidade do prazo antes existente como se ele ainda não tivesse transcorrido — em situações especialmente previstas em lei.

Importante atentar para o fato de que **a interrupção da prescrição não restabelece o que já está prescrito**, mas, apenas, faz cessar o curso das prescrições que estariam prestes a se consumar. Nesses moldes, pode-se imaginar a situação de um trabalhador que ainda se encontra trabalhando para o seu empregador e que tomou uma das providências interruptivas quando faltava um dia para prescreverem determinadas vantagens. Pois bem. A adoção de uma dessas medidas interromperá o transcurso do prazo prescricional. O beneficiário da interrupção ganhará, então, todo o prazo prescricional (no caso, cinco anos) para levar a juízo, de um modo reflexivo, todas as pretensões interrompidas.

Anote-se também que o art. 202 do Código Civil inovou o comando anteriormente existente (no Código Civil de 2016) ao prever que a interrupção somente poderia ocorrer **uma única vez**, não produzindo, assim, uma eventual segunda causa interruptiva. Entre as causas interruptivas mencionadas no diploma civil, cabe referir as seguintes:

A primeira causa interruptiva é aquela que se dá "por despacho do juiz, mesmo incompetente, que ordenar a citação". O dispositivo mencionado alude a condição inaplicável ao processo do trabalho — "se o interessado a promover no prazo e na forma da lei processual" — porque nos limites juslaborais a citação é realizada de ofício pelo magistrado, independentemente de qualquer impulso que as partes possam oferecer. Ainda assim, cabe lembrar o teor da já referida **Súmula 106 do STJ**, segundo a qual "proposta a ação no prazo fixado para o seu exercício, a demora na citação, **por motivos inerentes ao mecanismo da Justiça**, não justifica o acolhimento da arguição de prescrição ou decadência" (destaques não constantes do original).

---

[27] PAMPLONA FILHO, Rodolfo; FERNANDEZ, Leandro. *Tratado da prescrição trabalhista*: aspectos teóricos e práticos. São Paulo: LTr, 2017, p. 41-42.

Seja lá como for, fato é que a *emissão do despacho que ordena a citação, mesmo expedida por juiz incompetente*, **será considerada como causa interruptiva, desde que a citação se efetive**. O § 1º do citado art. 240 do CPC/2015 em interpretação sistemática com o disposto no art. 312 do mesmo diploma legal deixa claro que a interrupção da prescrição decorre da citação válida, e não apenas do despacho que ordenou a citação[28].

É bom lembrar que o despacho que ordena a citação apenas tornará interrompidos os pleitos constantes da respectiva petição inicial, não se podendo imaginar que outros pedidos, não formulados, beneficiem-se igualmente da interrupção. Nesse ponto, a jurisprudência do TST há muitos anos[29] assim se manifesta. Veja-se o teor da sua Súmula 268:

> **Súmula 268 do TST.** *PRESCRIÇÃO. INTERRUPÇÃO. AÇÃO TRABALHISTA ARQUIVADA. A ação trabalhista, ainda que arquivada, interrompe a prescrição* **somente em relação aos pedidos idênticos**.

Assim, um empregado que teve o vínculo terminado em 10 de junho de 2016 e que pretenda unicamente as verbas A e B numa petição inicial de ação trabalhista aforada em 10 de maio de 2017 e arquivada em 10 de junho do mesmo ano, não terá por interrompida a prescrição das não postuladas verbas C e D. Estas duas verbas (C e D), numa nova ação trabalhista aforada em 11 de junho de 2018 serão consideradas como irremediavelmente prescritas, somente merecendo a exigibilidade judicial as verbas A e B, beneficiadas pela interrupção do prazo prescricional.

Cabe anotar, ainda, que a interrupção somente favorecerá a pessoa que ajuizou a ação trabalhista que foi arquivada, salvo se em seu lugar atuou um substituto processual, mesmo que ele tenha sido considerado como parte ilegítima para atuar em substituição. Para dirimir essa dúvida, publicou-se a Súmula 359 do TST. Observe-se:

> **Súmula 359 do TST.** *Substituição Processual. Sindicato. Legitimidade. Prescrição. Interrupção. A ação movida por sindicato, na qualidade de substituto processual, interrompe a prescrição, ainda que tenha sido considerado parte ilegítima* ad causam.

Pelo que se observa, pouco importa a legitimação da entidade sindical para a causa em que ele imaginava poder atuar. O que interessa para interromper a prescrição, observado o

---

28 Art. 240. A citação válida, ainda quando ordenada por juízo incompetente, induz litispendência, torna litigiosa a coisa e constitui em mora o devedor, ressalvado o disposto nos arts. 397 e 398 da Lei n. 10.406, de 10 de janeiro de 2002 (Código Civil).
§ 1º A interrupção da prescrição, operada pelo despacho que ordena a citação, ainda que proferido por juízo incompetente, retroagirá à data de propositura da ação.
§ 2º Incumbe ao autor adotar, no prazo de 10 (dez) dias, as providências necessárias para viabilizar a citação, sob pena de não se aplicar o disposto no § 1º.
§ 3º A parte não será prejudicada pela demora imputável exclusivamente ao serviço judiciário.
§ 4º O efeito retroativo a que se refere o § 1º aplica-se à decadência e aos demais prazos extintivos previstos em lei.
[...]
Art. 312. Considera-se proposta a ação quando a petição inicial for protocolada, **todavia, a propositura da ação só produz quanto ao réu os efeitos mencionados no art. 240 depois que for validamente citado** (grifos não constantes do original).

29 A redação original, dada pela Res. n. 1/1988, DJ 1º, 2 e 3-3-1988, assim dispunha: Súmula 268, TST. Prescrição. Interrupção. Demanda trabalhista arquivada. A demanda trabalhista, ainda que arquivada, interrompe a prescrição.

Nova redação foi dada pela Res. n. 121/2003, DJ 19, 20 e 21-11-2003, nos seguintes termos: Súmula 268, TST. Prescrição. Interrupção. Ação trabalhista arquivada. A ação trabalhista, ainda que arquivada, interrompe a prescrição somente em relação aos pedidos idênticos.

disposto no art. 202, I, do Código Civil, é que o magistrado tenha despachado, ordenando a citação. Essa ação interromperá a prescrição, pois revelou a intenção de discussão por alguém que potencialmente tinha condição de fazê-lo, bastando isso para obter tal efeito.

Saliente-se neste ponto a novidade legislativa trazida pela Lei n. 13.467, de 13 de julho de 2017. O art. 11 da CLT passou a contar com um terceiro parágrafo que, em certa medida, repetiu, parcialmente, o conteúdo da legislação civil e da Súmula 268 do TST. Observe-se:

> Art. 11 [...]
>
> § 3º A interrupção da prescrição **somente** ocorrerá pelo ajuizamento de reclamação trabalhista, mesmo que em juízo incompetente, ainda que venha a ser extinta sem resolução do mérito, produzindo efeitos apenas em relação aos pedidos idênticos (destaques não constantes do original).

O grande problema da redação do referido § 3º é a existência do advérbio *"somente"*, que oferece ao texto normativo a ideia de que a interrupção da prescrição **unicamente** ocorrerá pelo ajuizamento da ação trabalhista, e não por outra causa, tornando, assim, inexigíveis as demais situações interruptivas previstas na legislação civil.

É bom registrar que independentemente da força da palavra "somente", que tornará o ajuizamento da ação como causa única interruptiva, fato é que os eventos jurídicos ocorridos em data anterior à mudança legislativa não estarão submetidos a essa restrição, vale dizer, antes da vigência da Lei n. 13.467, de 13 de julho de 2017, a interrupção da prescrição trabalhista haverá de admitir também outras causas a seguir detalhadas.

Mas, antes de detalhar as demais causas interruptivas, convém **enfrentar o desafio hermenêutico criado pela referida Lei n. 13.467/2017**. *Afinal, a partir da vigência da citada norma, a interrupção da prescrição, de fato, somente ocorrerá pelo ajuizamento de reclamação trabalhista?*

A resposta é delicada e difícil, pois a legislação trabalhista, como norma específica em relação à civil, pode, realmente, tratar de forma restritiva os eventos que estão sob o seu domínio. O problema aumenta quando se percebe que a mudança perpetrada apenas atingiu a CLT e aqueles por ela regidos, ficando de fora de seu espectro outros trabalhadores, como, por exemplo, os rurais e os domésticos que possuem diplomas próprios e apenas se valem da CLT nos casos em que a omissão autorizaria, mediante o filtro da compatibilidade, a sua aplicação.

Esses trabalhadores, obviamente, não invocariam a aplicabilidade do § 3º do art. 11 consolidado, porque lhes seria prejudicial fazê-lo. Exatamente isso trouxe para a discussão a questão constitucional da isonomia de tratamento entre urbanos, rurais e domésticos (art. 7º da Constituição e a Convenção da OIT sobre a igualdade de direitos de domésticos e não domésticos) e revigorou a ideia de que a mudança produzida na CLT não poderia mesmo produzir tratamento diferenciado (e para pior) em face de trabalhadores regidos por outros diplomas e em relação aos quais há um discurso de igualdade. Justamente nesse ponto a restritividade do § 3º do art. 11 da CLT expôs a possível inconstitucionalidade de violação ao princípio da igualdade. Essa evidência autorizaria o julgador a afastar a força restritiva do advérbio "somente".

Saliente-se, ademais, a inevidência de razões jurídicas para produzir a limitação das hipóteses de interrupção da prescrição em desfavor dos celetistas. Note-se que a mesma Lei n. 13.467/2017 em um momento cultuou o diálogo das fontes, sustentando que o direito comum seria fonte subsidiária do direito do trabalho (*vide* o § 1º do art. 8º da CLT e perceba-se que se chegou aos píncaros de eliminar referência à compatibilidade) e, em outro instante, repugnou justamente o diálogo das fontes que antes conclamara para, sem sentido, dizer que a interrupção da prescrição **somente** ocorreria pelo ajuizamento de reclamação trabalhista.

Lamentavelmente as duas cenas não cabem na mesma foto.

Não é possível dizer que se deve aplicar o direito comum como fonte subsidiária e, mais adiante, dizer que esse mesmo direito comum não seria exigível e aplicável. Esse, aliás, também foi o posicionamento adotado pelos Enunciados 3 e 11 da 2ª Jornada de Direito Material e Processual do Trabalho, ocorrida entre 9 e 10 de outubro de 2017 em Brasília/DF, sob a coordenação da Associação Nacional dos Magistrados da Justiça do Trabalho — ANAMATRA. Vejam-se:

> **Enunciado 3. FONTES DO DIREITO MATERIAL E PROCESSUAL DO TRABALHO NA LEI 13.467/2017.** *Teoria do diálogo das fontes. A teoria do diálogo das fontes é aplicável à interpretação da nova legislação trabalhista.*
>
> **Enunciado 11. INTERRUPÇÃO DA PRESCRIÇÃO.** *Interrupção da prescrição. Integração. Sendo a prescrição regulada pelo Código Civil, aplicam-se ao Direito do Trabalho as hipóteses de interrupção da prescrição previstas no art. 202 do Código Civil, § 3º do art. 11 da CLT.*

Assim, tudo parece sinalizar no sentido de, no processo de interpretação do § 3º do art. 11 da CLT, os magistrados do trabalho, em regra, não restringirão a interrupção prescricional apenas à situação em que houver o ajuizamento de ação trabalhista, pois esse atuar, além de violar um princípio constitucional de igualdade, atentaria contra o mais notável dos fundamentos constitutivos da legislação trabalhista, que é o pressuposto da existência de uma natural vulnerabilidade do trabalhador.

No mesmo sentido posicionaram-se Pamplona e Fernandez, com base nas seguintes assertivas:

> Admitir tal conclusão importaria, porém, em flagrante violação ao princípio da proporcionalidade (na vertente da vedação à proteção insuficiente), pois seria atribuído tratamento jurídico menos favorável ao credor de verba de natureza alimentar (e diretamente vinculada à própria concretização da dignidade humana) em relação ao credor comum. Ademais, a prevalecer a interpretação literal do dispositivo, o Direito do Trabalho será o único ramo do Direito em que o reconhecimento da obrigação pelo devedor não produzirá qualquer efeito em relação à prescrição. Sob essa ótica, a entrega aos credores (fornecedores, clientes, empregados e o Poder Público) de uma empresa de uma declaração de confissão de dívida seria irrelevante para fins de contagem do prazo prescricional exclusivamente em relação aos trabalhadores... A interpretação literal conduz, no particular, a um resultado absurdo. Assim, com espeque no preceito da vedação à proteção insuficiente, desdobramento da proporcionalidade, entendemos que o novo art. 11, § 3º, da CLT não deve ser interpretado como dispositivo veiculador de uma exclusão das demais causas interruptivas previstas no ordenamento jurídico, que prosseguem plenamente aplicáveis na seara trabalhista[30].

Por esse e por outros motivos já expendidos, as demais causas interruptivas serão também estudadas.

A segunda causa interruptiva diz respeito ao protesto judicial, nas condições do inciso I do art. 202 do Código Civil, que vinha sendo entendida como plenamente aplicável ao processo do trabalho, nos moldes da Orientação Jurisprudencial 392 da SDI-1 do TST. Note-se:

> **Orientação Jurisprudencial 392 da SDI-1 do TST**. *Prescrição. Interrupção. Ajuizamento de Protesto Judicial. Marco Inicial. (atualizada em decorrência do CPC de 2015) — republicada em razão de erro material — Res. 209/2016, DEJT divulgado em 1º, 2 e 3-6-2016).*

---

30 PAMPLONA FILHO, Rodolfo; FERNANDEZ, Leandro. *Tratado da prescrição trabalhista*: aspectos teóricos e práticos. São Paulo: LTr, 2017, p. 44.

O *protesto judicial é medida aplicável no processo do trabalho, por força do art. 769 da CLT e do art. 15 do CPC de 2015.* ***O ajuizamento da ação, por si só, interrompe o prazo prescricional****, em razão da inaplicabilidade do § 2º do art. 240 do CPC de 2015*[31] *(§ 2º do art. 219 do CPC de 1973), incompatível com o disposto no art. 841 da CLT* (destaques não constantes do original).

A despeito de a referida orientação sugerir que o ajuizamento do protesto "por si só" interromperia o prazo prescricional, parece que a intenção do verbete foi, em verdade, o de não impor ao autor as providências necessárias para viabilizar a citação, pois, no processo do trabalho esta se realiza de ofício, independentemente de qualquer conduta da parte demandante. Com essa ressalva não se quer — e nem se poderia — supor que os efeitos do protesto judicial seriam alcançados mesmo que o réu não fosse citado. Tal não ocorre porque o réu precisa ao menos saber da existência de pretensão interruptiva que contra ele se dirige. Parece que, ao afirmar que "o seu ajuizamento, por si só, interrompe o prazo prescricional", o enunciado deseja dizer que no Judiciário trabalhista o autor não precisa se ocupar com a viabilização da citação do réu, uma vez que a própria unidade judiciária juslaboral cuidará disso por ele.

A terceira causa é o protesto cambial**,** a versão extrajudicial, embora formal, do mecanismo mencionado no inciso II do art. 202 do Código Civil. Sua finalidade é a de fazer prova da apresentação da letra de câmbio, no seu tempo devido.

A quarta causa interruptiva concerne à apresentação do título de crédito em juízo de inventário ou em concurso de credores. Seja como for, o credor, nas situações ora mencionadas, estará demonstrando, agora no plano processual, que mantém acesa a esperança de ser atendido na sua reivindicação e que cuidou de evitar que a prescrição se consumasse no âmbito da relação jurídica de direito material.

A quinta causa interruptiva diz respeito a "qualquer ato inequívoco, ainda que extrajudicial, que importe reconhecimento do direito pelo devedor". É importante lembrar, com arrimo em Câmara Leal, que, no particular,

*****a lei*** *não individualizou ou singularizou o ato recognitivo do direito do titular, pelo prescribente, mas, pelo contrário,* ***deu eficácia interruptiva a qualquer ato, judicial ou extrajudicial, emanado ou praticado pelo sujeito passivo, contanto que esse ato contenha ou importe de modo inequívoco, em reconhecimento expresso ou tácito do direito do sujeito ativo*** (destaques não constantes do original).

Para o ilustrado mestre,

trata-se, pois, de um fato que, em cada caso, deve ser examinado pelo juiz, a fim de verificar se contém, ou não, um reconhecimento inequívoco. A lei não exige que o ato constitua, em si, um reconhecimento direto e expresso: basta que importe em um reconhecimento indireto e tácito. Não

---

31 Art. 240. A citação válida, ainda quando ordenada por juízo incompetente, induz litispendência, torna litigiosa a coisa e constitui em mora o devedor, ressalvado o disposto nos arts. 397 e 398 da Lei n. 10.406, de 10 de janeiro de 2002 (Código Civil).

§ 1º A interrupção da prescrição, operada pelo despacho que ordena a citação, ainda que proferido por juízo incompetente, retroagirá à data de propositura da ação.

§ 2º Incumbe ao autor adotar, no prazo de 10 (dez) dias, as providências necessárias para viabilizar a citação, sob pena de não se aplicar o disposto no § 1º.

§ 3º A parte não será prejudicada pela demora imputável exclusivamente ao serviço judiciário.

§ 4º O efeito retroativo a que se refere o § 1º aplica-se à decadência e aos demais prazos extintivos previstos em lei.

exige, ainda, que o ato conste de um documento escrito, basta a sua existência objetiva, que possa ser constatada prova testemunhal. [...] Sempre que o sujeito passivo pratique algum ato ou faça alguma declaração verbal ou escrita, que não teria praticado ou feito, se fosse sua intenção prevalecer-se da prescrição em curso, esse ato ou declaração, importando em reconhecimento direto ou indireto do direito do titular, interrompe a prescrição[32].

Humberto Theodoro Júnior, quanto às maneiras indiretas ou implícitas de reconhecer o direito ora em análise e de, assim procedendo, interromper a prescrição, cita inúmeros exemplos, sendo os mais comuns "o pagamento parcial, o pedido de prazo para resgatar a dívida, o fornecimento de garantias, a promessa de pagamento, a prestação de contas". Adverte, porém, que

o pagamento parcial, desvinculado de qualquer relacionamento com outras prestações do mesmo débito, nem sempre é prova inequívoca do reconhecimento do remanescente do direito do credor, o mesmo acontecendo com tentativas frustradas de acerto de contas e com a declaração que reconhece apenas parte da dívida. Em situações duvidosas como essas não se pode ter como interrompida a prescrição, porquanto, para fins do art. 202, VI, o reconhecimento do direito do credor, embora possa admitir forma livre e tácita, tem de ser inequívoco[33].

A **sexta causa** merecedora de referência é aquela constante do § 2º do art. 19 da Lei n. 9.307/96 (Lei da Arbitragem). Esse parágrafo, criado pela Lei n. 13.129, de 26 de maio de 2015, deixa claro que "**a instituição da arbitragem interrompe a prescrição**, retroagindo à data do requerimento de sua instauração, ainda que extinta a arbitragem por ausência de jurisdição" (destaques não constantes do original).

Nesse ponto cabe observar que a causa interruptiva da prescrição será a "instituição" da arbitragem, conquanto seu efeito retroaja à data de requerimento de sua instauração, ainda que, ao final, a arbitragem venha a ser extinta. A instituição da arbitragem se dará conforme o compromisso arbitral ou cláusula compromissória.

Em qualquer uma das situações é aplicável o objeto do parágrafo único do art. 202, segundo o qual **a prescrição interrompida recomeça a correr da data do ato que a interrompeu, ou do último ato do processo para a interromper**". Quanto à frase final — "*ou do último ato do processo para a interromper*", cabe entendê-la relacionada à prescrição intraprocessual, ou seja, aquela evidenciada durante o transcurso do processo, também conhecida como prescrição intercorrente. Nos seus estritos termos, essa singular modalidade de prescrição será, em regra, contada a partir do último ato processual praticado com vistas a interromper o seu curso, sendo relevante lembrar que o credor somente poderá utilizar o recurso interruptivo uma única vez.

Finaliza-se o tópico relacionado às causas interruptivas com a lembrança de que, nos moldes do *caput* do art. 204 do Código Civil, "*a interrupção da prescrição por um credor não aproveita aos outros; semelhantemente, a interrupção operada contra o codevedor, ou seu herdeiro, não prejudica aos demais coobrigados*". Assim, evidentemente, se uma empresa prestadora de serviços fechou as suas portas e se apenas um dos seus empregados interrompeu o transcurso do prazo prescricional mediante o ajuizamento de uma ação trabalhista que se arquivou, é certo que somente esse empregado se beneficiará dos efeitos interruptivos, não estendidos aos demais. Igualmente, se o mencionado empregado somente aforou a ação trabalhista —

---

32 LEAL, Antônio Luís da Câmara. *Da prescrição e da decadência*: teoria geral do direito civil. 4. ed. Rio de Janeiro: Forense, 1982, p. 190-192.
33 THEODORO JÚNIOR, Humberto. *Comentários ao novo Código Civil*. Rio de Janeiro: Forense, 2003, v. III, t. II, p. 275.

que acabou sendo arquivada — contra a empresa prestadora dos serviços, não poderá entender interrompida a prescrição também contra a empresa tomadora ou cliente, ou seja, a interrupção operada contra um dos codevedores (no caso, a empresa prestadora de serviços) não prejudicará aos demais coobrigados (na situação, a empresa cliente que tivesse praticado ato tendo se valido da terceirização).

Entretanto, se o ato interruptivo tiver sido efetuado contra um devedor solidário — exemplo é visível no aforamento de ação, por parte de um empregado doméstico, contra apenas um dos integrantes de núcleo familiar — envolverá, com o ato interruptivo, os demais integrantes da família, por serem todos devedores solidários.

18.3.5 Situações específicas

O direito do trabalho revela algumas situações específicas relacionadas à prescrição, entre as quais se destacam aquelas que, quanto à natureza do trabalho prestado, dizem respeito à aplicabilidade diante dos trabalhadores rurais, avulsos e domésticos; e, quanto ao instante processual, pode ser identificada como prescrição intercorrente.

18.3.5.1 A prescrição aplicável aos rurícolas

A Lei n. 4.214/63, primeiro estatuto dos trabalhadores rurais, previa no seu art. 175 que a prescrição das vantagens por meio dela assegurados só ocorreria depois de dois anos da cessação do contrato de trabalho. Enquanto vigente o contrato de emprego do rural, portanto, não haveria falar-se em prescrição. O mesmo raciocínio foi mantido a partir da publicação da Lei n. 5.889/73, que conservou no art. 10 a previsão no sentido de que a prescrição para os trabalhadores rurais somente ocorreria depois de transcorridos dois anos de cessação do contrato de trabalho.

A Constituição de 1988 seguiu a mesma linha em relação aos rurícolas, garantindo a eles que a prescrição somente seria evidenciada 2 (dois) anos depois da cessação do contrato de emprego (art. 7º, XXIX, *b*, da CF), sem que se pudesse falar em fluência de prescrição durante o transcurso do vínculo. Veja-se a redação original:

> *Art. 7º [...]*
>
> *XXIX — ação, quanto a créditos resultantes das relações de trabalho, com prazo prescricional de:*
>
> *a) cinco anos para o trabalhador urbano, até o limite de dois anos após a extinção do contrato;*
>
> *b) até dois anos após a extinção do contrato, para o trabalhador rural; [...]*

É bom dizer que, na época da promulgação da Constituição de 1988, o constituinte criou um mecanismo de prestação de contas para que o empregador rural pudesse, de cinco em cinco anos, caso desejasse, com a especial finalidade de limitar a prescrição, comprovar, perante a Justiça do Trabalho, o cumprimento das suas obrigações trabalhistas para com os seus empregados rurais, na presença dele e de seu representante sindical. Isso estava previsto no art. 233 da Carta Constitucional, conforme se verá a seguir, com o destaque de que esse dispositivo foi revogado, *in totum*, pela Emenda Constitucional n. 28, de 25-5-2000. Veja-se:

> *Art. 233. Para efeito do art. 7º, XXIX, o empregador rural comprovará, de cinco em cinco anos, perante a Justiça do Trabalho, o cumprimento das suas obrigações trabalhistas para com o empregado rural, na presença deste e de seu representante sindical.*
>
> *§ 1º Uma vez comprovado o cumprimento das obrigações mencionadas neste artigo, fica o empregador isento de qualquer ônus decorrente daquelas obrigações no período respectivo. Caso o empregado e seu representante não concordem com a comprovação do empregador, caberá à Justiça do Trabalho a solução da controvérsia.*

§ 2º Fica ressalvado ao empregado, em qualquer hipótese, o direito de postular, judicialmente, os créditos que entender existir, relativamente aos últimos cinco anos.

§ 3º A comprovação mencionada neste artigo poderá ser feita em prazo inferior a cinco anos, a critério do empregador.

A Emenda Constitucional n. 28, de 26 de maio de 2000, entretanto, revogou os dispositivos constantes do art. 233 da Carta, igualou os prazos prescricionais de urbanos e rurais e provocou uma das mais importantes indagações apresentadas em torno do tema da não retrocessão social. Afinal, a modificação do referido dispositivo produziu relevante alteração *in pejus* para os rurícolas, revelando em toda a sua amplitude um decréscimo nas condições sociais dadas ao homem do campo. Note-se o texto da nova e ora vigente alteração:

Art. 7º [...]

XXIX — ação, quanto aos créditos resultantes das relações de trabalho, com prazo prescricional de cinco anos para os trabalhadores urbanos e rurais, até o limite de dois anos após a extinção do contrato de trabalho (Redação dada pela Emenda Constitucional n. 28, de 25-5-2000).

Seja lá como for, uma pergunta não calava: enfim, o prazo prescricional da pretensão do rurícola, cujo contrato de emprego já se extinguira ao sobrevir a Emenda Constitucional n. 28/2000 prosseguia regido pela lei vigente ao tempo da extinção do contrato de emprego?

A jurisprudência posicionou-se, em 2005, mediante a Orientação Jurisprudencial 271 da SDI-1 do TST, segundo a qual, "tenha sido ou não ajuizada a ação trabalhista, a prescrição aplicável ao rurícola prossegue sendo regida pela lei vigente ao tempo da extinção do contrato de emprego". Note-se:

Orientação Jurisprudencial 271 da SDI-1 do TST. Rurícola. Prescrição. Contrato de Emprego Extinto. Emenda Constitucional n. 28/2000. Inaplicabilidade. Inserida em 27-9-2002 (alterada). *O prazo prescricional da pretensão do rurícola, cujo contrato de emprego já se extinguira ao sobrevir a Emenda Constitucional n. 28, de 26-5-2000, tenha sido ou não ajuizada a ação trabalhista, prossegue regido pela lei vigente ao tempo da extinção do contrato de emprego* (DJU 22-11-2005).

Esse posicionamento teve (e ainda tem) sua justificativa em postulados constitucionais da irretroatividade das leis e do direito adquirido. Por conta deles, somente o contrato terminado depois de iniciada a vigência da Emenda Constitucional n. 28/2000 submete-se à nova regra limitativa; aquele que foi concluído antes da referida emenda, entretanto, continuava regido pela norma exigível anteriormente.

Atente-se, igualmente, para o fato de que, estando o contrato de emprego do trabalhador rural em curso à época da promulgação da Emenda Constitucional n. 28, de 26-5-2000, e desde que ele tivesse aforado ação até 26-5-2005 (desde que ajuizada a demanda no prazo de cinco anos de sua publicação), respeitadas as situações de prescrição extintiva, não haveria falar-se em aplicação de nenhuma forma de prescrição total nem parcial. Veja-se o teor da Orientação Jurisprudencial 417 da SDI-1 do TST:

Orientação Jurisprudencial 417 da SDI-1 do TST. Prescrição. Rurícola. Emenda Constitucional n. 28, de 26-5-2000. Contrato de Trabalho em Curso. *Não há prescrição total ou parcial da pretensão do trabalhador rural que reclama direitos relativos a contrato de trabalho que se encontrava em curso à época da promulgação da Emenda Constitucional n. 28, de 26-5-2000, desde que ajuizada a demanda no prazo de cinco anos de sua publicação, observada a prescrição bienal.*

Pois bem. Tirante as mencionadas variáveis históricas e as referidas discussões no plano da retrocessão social, é certo que, desde a publicação da Emenda Constitucional n. 28, de 26-5-2000, os prazos prescricionais dos trabalhadores urbanos e rurais passaram a ter plena equivalência.

18.3.5.2 A prescrição aplicável aos avulsos

Os trabalhadores avulsos, independentemente da qualificação de "portuários" ou de "não portuários", conquistaram, por força do texto inserido no inciso XXXIV do art. 7º da Constituição, a garantia genérica de que contariam com os mesmos direitos trabalhistas e previdenciários oferecidos para o trabalhador com vínculo de emprego permanente, desde que, obviamente, compatíveis com as suas particularidades.

Sem considerá-las, porém, o TST editou a Orientação Jurisprudencial 384 da SDI-1, nos seguintes termos:

> **Orientação Jurisprudencial 384 da SDI-1 do TST**. *Trabalhador Avulso. Prescrição Bienal. Termo Inicial.* **(cancelada)** *É aplicável a prescrição bienal prevista no art. 7º, XXIX, da Constituição de 1988 ao trabalhador avulso, tendo como marco inicial a cessação do trabalho ultimado para cada tomador de serviço. (Cancelada pela Resolução TST n. 186, de 14-9-2012, DJe TST de 26-9-2012, rep. DJe TST de 27-9-2012 e DJe TST de 28-9-2012)*

O TST equivocou-se ao dar idêntico tratamento prescricional para os trabalhadores avulsos, porque não percebera, num primeiro momento, que o dispositivo constitucional contido no art. 7º, XXIX, não se moldava adequadamente à peculiar situação jurídica de quem laborava mediante intermediação obrigatória (do sindicato ou do Órgão Gestor de Mão de Obra) e que apenas episodicamente relacionava-se, e mesmo assim por via oblíqua, com os tomadores de serviços. Ao dar-se conta disso, o TST cancelou a referida Orientação Jurisprudencial 384 da SDI-1. Desse modo, como bem destacou o Min. Alberto Luiz Bresciani de Fontan Pereira nos autos do RR 2950920125120050 295-09.2012.5.12.0050 (Data de Julgamento: 26-6-2013, 3ª Turma), para os avulsos "fluirá o prazo quinquenal, vindo à cena o bienal apenas nos casos em que legalmente prevista a extinção da relação jurídica com o Órgão Gestor de Mão de Obra — OGMO". Esta compreensão deu, portanto, para os ora analisados trabalhadores avulsos, a devida medida de aplicação do art. 7º, XXIX, da Constituição Federal, diante do inciso XXXIV do mesmo dispositivo do texto fundamental.

No mesmo sentido, veja-se a decisão do STF tomada em 29-3-2021 nos autos da ADI 5.132, cuja tese dispõe que "é constitucional o prazo prescricional de cinco anos para o ajuizamento de ações trabalhistas de portuários avulsos até o limite de dois anos após o cancelamento do registro ou do cadastro no Órgão Gestor de Mão de Obra (OGMO)".

18.3.5.3 A prescrição aplicável aos domésticos

Antes da publicação do primeiro diploma disciplinador do regime jurídico dos domésticos (Lei n. 5.859/72), havia quem afirmasse que a prescrição a eles aplicável estaria regida pelo § 10, V, do art. 178 do Código Civil de 1916, que previa cinco anos para tanto. Outros — até com forte razão — sustentavam que, a partir da vigência da mencionada Lei n. 5.859/72 (que, como antedito, reconheceu o doméstico como empregado e o fez submetido à jurisdição da Justiça laboral) haveria de aplicar-se o art. 227 do Regulamento da Justiça do Trabalho (aprovado pelo Decreto n. 6.569, que regulamentava o Decreto-Lei n. 1.237/39, e não revogado pela CLT), segundo o qual "*não havendo disposição especial em contrário, qualquer reclamação perante a Justiça do Trabalho prescreve em dois anos, contados da data do ato ou do fato que lhe der origem*".

Era assim, nos moldes ora mencionados — pelo menos até a promulgação da Constituição de 1988 —, que a jurisprudência nacional resolvia o seu dilema. Como o prazo prescricional para as causas trabalhistas era, até então, unicamente de dois anos, não surgiam motivos para mencionar a fonte que autorizava a prescrição das pretensões dos domésticos em dois anos.

A questão, entretanto, passou a ser problemática a partir da promulgação da Carta de 1988. Tal ocorreu porque o legislador constitucional resolveu criar um padrão prescricional diferente daquele que até então vinha sendo praticado. As pretensões dos trabalhadores urbanos passaram a prescrever não mais em dois anos, qualquer que fosse a circunstância ou situação, mas, nos termos do art. 7º, XXIX, da Carta, em cinco anos durante a constância do vínculo e em dois anos a partir da sua cessação. Esse sistema, aliás, como mencionado em tópico anterior, passou a ser estendido também para os rurais a partir da promulgação da Emenda Constitucional n. 28, de 26-5-2000.

Mas o que se dizia dos domésticos? Eles estariam submetidos a que sistemática prescricional?

Pois bem. Desde a promulgação da Constituição de 1988, a jurisprudência fez vista grossa para essa importante particularidade, e assim atuava porque, em rigor, quase nenhum doméstico — como de um modo geral quase nenhum outro trabalhador — ajuizava ação na constância do vínculo de emprego. Na prática, os magistrados continuavam a utilizar — especialmente para os domésticos, tão fragilizados por um sistema normativo que lhes retirava direitos essenciais — apenas o marco de dois anos contados da cessação do vínculo, sem poder nem sequer apresentar posicionamento sobre a aplicabilidade dos cinco anos durante a vigência do contrato.

O tempo passou, e os domésticos penaram para conquistar alguns outros poucos direitos evidenciados nas Leis n. 10.208, de 23-3-2001, e n. 11.324, de 19-7-2006.

No dia 16 de maio de 2011, porém, a Organização Internacional do Trabalho (OIT), em sua 100ª (logo, histórica) reunião, resolveu, enfim, publicar Convenção (189) e Recomendação (201) para conclamar os seus Estados-membros (inclusive o Brasil) a reconhecer a contribuição significativa dos trabalhadores domésticos para a economia mundial. Eles, afinal, ao exercerem as tarefas do lar, entre as quais se incluem as de cuidar de crianças e pessoas idosas, permitem que outros tantos possam se dedicar a atividades econômicas. Esse acontecimento legislativo internacional chamou a atenção de toda a sociedade jurídica para o injustificável tratamento diferenciado oferecido aos trabalhadores domésticos. Como uma verdadeira reminiscência da escravidão, o trabalho realizado nas residências de todo o mundo se melindrava não apenas pela falta de reconhecimento, mas, em muitos casos, pela ausência de um tratamento minimamente decente.

Tão expressivo foi o efeito social das discussões travadas na OIT, que o Parlamento brasileiro resolveu, em lugar de ratificar as referidas Convenção n. 189 e Recomendação n. 201, dar andamento a uma proposta de emenda constitucional (PEC) que visava ao incremento de direitos trabalhistas aos domésticos. As casas parlamentares, então, depois de algumas idas e vindas, aprovaram o novo texto normativo, que, afinal, foi promulgado em 2 de abril de 2013, sob o rótulo de Emenda Constitucional n. 72.

Apesar de a EC n. 72/2013 ter estendido em favor dos domésticos uma série de direitos contidos em incisos presentes no art. 7º da Carta Constitucional, não fez constar do parágrafo único — espaço destinado a abarcar esses direitos — o tão esperado inciso XXIX, ou seja, a EC n. 72/2013 perdeu uma excelente oportunidade de pôr fim à discussão em torno da aplicabilidade da prescrição em relação aos domésticos e, de modo inimaginável, manteve a lacuna normativa.

A verdade é que, diante desse espírito de igualdade, e agora autorizados pela existência de norma internacional da OIT — embora ainda não ratificada pelo Brasil —, não existiam razões jurídicas suficientes para não dar aos domésticos o mesmo tratamento prescricional oferecido aos urbanos e aos rurais. Em rigor, portanto, com ou sem a inserção do inciso XXIX no parágrafo único do art. 7º da Carta constitucional, os magistrados brasileiros, baseados no princípio da igualdade, já vinham tomando a iniciativa de dar tratamento isonômico, no particular.

A Lei Complementar n. 150/2015 resolveu definitivamente a problemática, ao fazer constar expressamente do seu art. 43, que o direito de ação quanto a créditos resultantes das relações de trabalho dos domésticos prescreve em 5 (cinco) anos até o limite de 2 (dois) anos após a extinção do contrato de trabalho.

18.3.5.4 A prescrição intercorrente trabalhista

Entende-se por prescrição intercorrente aquela que — como o próprio nome sugere — corre dentro de um processo já iniciado. O marco inicial de sua contagem no ambiente intraprocessual é a prática de um ato que injustificavelmente dê início a uma paralisação do processo.

Havia claro choque nas interpretações feitas pelo STF e pelo TST no tocante à admissibilidade da prescrição intercorrente no processo do trabalho. O STF, nos limites de sua **Súmula 327**, asseverava que "o direito trabalhista admite a prescrição intercorrente" (súmula aprovada na Sessão Plenária de 13-12-1963) e que o impulso previsto nos arts. 765 e 878 da CLT seria apenas uma faculdade do magistrado, nunca uma imposição a ele dirigida. O TST, por outro lado, afirmava na sua **Súmula 114** que seria "inaplicável na Justiça do Trabalho a prescrição intercorrente" (RA 116/1980, *DJ* 3-11-1980).

Essas divergências nunca foram superadas, pois, em rigor, o que se revelava como determinante era mesmo o entendimento que cada magistrado tinha sobre a pessoa que tinha a responsabilidade de dar andamento ao processo. Se o juiz se entendesse responsável pela paralisação do processo, ele, evidentemente, jamais acolheria a tese da prescrição intercorrente; se, por outro lado, o magistrado identificasse leniência na conduta do credor trabalhista e a ele atribuísse a paralisação do feito, era óbvio que ele declararia a ocorrência da aqui discutida prescrição. Tudo era uma questão de posicionamento, portanto.

Militava em favor daqueles que entendiam ser a prescrição intercorrente juridicamente possível no processo do trabalho o texto contido no § 1º do art. 884 da CLT, segundo o qual a matéria de defesa em embargos à execução estaria restrita às alegações de cumprimento da decisão ou do acordo, quitação ou **prescrição da dívida**. Ora, para se falar em prescrição da dívida, caberia admitir que em um determinado momento posterior à certificação do *an* e do *quantum debeatur*, se iniciaria, caso evidente a inércia do credor, a contagem de um novo prazo prescricional, desta vez intraprocessual, que, por óbvio, poderia ser qualificado como prescrição intercorrente, notadamente em tempos de processo sincrético. Veja-se o texto normativo mencionado que fundava o posicionamento dos magistrados pró-prescrição intercorrente:

> Art. 884. Garantida a execução ou penhorados os bens, terá o executado 5 (cinco) dias para apresentar embargos, cabendo igual prazo ao exequente para impugnação.
>
> § 1º A matéria de defesa será restrita às alegações de cumprimento da decisão ou do acordo, quitação ou prescrição da dívida.

Não fosse apenas a evidência de que a própria CLT admitia sibilinamente a prescrição intercorrente, lembrava-se recorrentemente que o art. 4º da Lei n. 5.584/70 tinha revogado em parte a possibilidade absoluta de o magistrado impulsionar o processo do trabalho. Nos termos da citada norma — posterior à CLT e específica no tocante à impulsão pelo Estado-juiz — o processo somente poderia ser impulsionado de ofício "nos dissídios de alçada exclusiva [...] e naqueles em que os empregados ou empregadores reclamarem pessoalmente". Isso revelava, claramente, que o magistrado do trabalho **não** poderia, a partir de 1970, impulsionar os processos nos quais os litigantes **não** estivessem no exercício do *ius postulandi*, ou seja, os processos em que as partes se fizessem acompanhadas de advogados, salvo se, como antedito, o valor da causa fosse inferior ao dobro do salário mínimo legal.

Considere-se ainda que o art. 40 da Lei n. 6.830/80, aplicável subsidiariamente ao processo do trabalho *ex vi* do art. 889 da CLT, não obstaculizava a prescrição intercorrente, mas, pelo contrário, a albergava. Note-se que, na forma prevista no *caput* do art. 40 do referido diploma legal, "o juiz suspenderá o curso da execução, enquanto não for localizado o devedor ou encontrados bens sobre os quais possa recair a penhora, e, nesses casos, não correrá o prazo de prescrição". Adequando a norma ao processo do trabalho, vê-se que "suspenso o curso da execução, será aberta vista dos autos" ao exequente e que "decorrido o prazo máximo de 1 (um) ano, sem que seja localizado o devedor ou encontrados bens penhoráveis, o juiz ordenará o arquivamento dos autos" até que sejam encontrados os referidos bens.

Se, porém, da decisão que ordenava o arquivamento tivessem decorrido dois ou mais anos, o juiz, depois de mais uma vez ouvir o credor, poderia, de ofício, reconhecer a prescrição intercorrente e decretá-la de imediato.

Não existiam dúvidas, portanto, de que havia possibilidade jurídica, sim, de decretação da prescrição intercorrente no processo do trabalho. Ademais, não fosse apenas a superação do suposto impedimento técnico, era certo que, por segurança e por política judiciária, não se poderia eternizar uma demanda. Ao magistrado cabia, evidentemente, o cuidado de avaliar caso a caso a solução a ser aplicável, mesmo porque eram diversas as possibilidades que envolviam o tema.

A Lei n. 13.467, de 13 de julho de 2017, entretanto, mudou radicalmente a visão em torno da prescrição intercorrente na Justiça do Trabalho, pois passou a admiti-la expressamente nos termos do art. 11-A da CLT reformada. Perceba-se:

> Art. 11-A. Ocorre a prescrição intercorrente no processo do trabalho no prazo de dois anos.
> § 1º A fluência do prazo prescricional intercorrente **inicia-se quando o exequente deixa de cumprir determinação judicial no curso da execução**.
> § 2º A declaração da prescrição intercorrente **pode ser requerida ou declarada de ofício** em qualquer grau de jurisdição

Vê-se, portanto, que a prescrição intercorrente ocorrerá dois anos depois de verificada a omissão do exequente no cumprimento de determinação judicial no curso da execução, podendo a declaração de inexigibilidade ser dada a partir de requerimento da contraparte ou por declarada de ofício. Obviamente que a declaração de ofício precisará ser secundada dos cuidados mínimos previstos no art. 10 do CPC/2015, segundo o qual "o juiz não pode decidir, em grau algum de jurisdição, com base em fundamento a respeito do qual não se tenha dado às partes oportunidade de se manifestar, ainda que se trate de matéria sobre a qual deva decidir de ofício".

É importante anotar também que a norma que admite a prescrição somente se deve aplicar de forma proativa, pois, estando ela contida num preceito de direito material, não haveria de atingir eventos anteriores à data de vigência da lei, salvo se o magistrado já se baseava no entendimento de que a prescrição intercorrente tinha aplicabilidade no âmbito intraprocessual pelos motivos expostos no transcursar deste tópico. Melhor, obviamente, seria que o legislador da reforma trabalhista dispusesse expressamente sobre a intertemporalidade da disposição normativa ora em exame, algo que, de fato, não se evidenciou.

18.3.5.5 Pretensões trabalhistas insuscetíveis de prescrição ou de decadência

Ao falar sobre o tema objeto deste tópico é importante lembrar, inicialmente, que, ao lado das ações condenatórias (espaço de atuação da prescrição) e das ações constitutivas (campo de ação da decadência), existe uma terceira categoria, a das ações declaratórias, assim entendidas aquelas por meio das quais a pretensão do acionante não visa mais do que certeza jurídica. Essa categoria de ação, então, não vai além da certificação da existência de um direito ou da inexistência do direito de seu adversário. Enfim, como bem disse o professor Agnelo Amorim Filho, em seu clássico artigo intitulado "Critério científico para distinguir a prescrição da decadência e para identificar as ações imprescritíveis",

[...] as sentenças declaratórias não dão, não tiram, não proíbem, não permitem, não extinguem e nem modificam nada. Em resumo: não impõem prestações, nem sujeições, nem alteram, por qualquer forma, o mundo jurídico. Por força de uma sentença declaratória, no mundo jurídico nada entra, nada se altera, e dele nada sai. As sentenças desta natureza, pura e simplesmente, proclamam a "certeza" a respeito do que já existe, ou não existe, no mundo jurídico.

É bom repisar, então, que as ações **unicamente declaratórias**, independentemente de tratarem-se de pretensão individual ou transindividual, nunca se destinarão a produzir condenação, tampouco a criar, a modificar ou a extinguir estado jurídico. O objeto de uma ação declaratória não será nem maior nem menor do que sempre representou para o mundo jurídico. Exatamente por isso, não há motivos capazes de justificar que alguém deva pretender dentro de um determinado prazo que se declare que algo existe ou que nunca existiu. Se isso acontecer, será ato nulo, pois, como bem lembrou Pontes de Miranda, "nenhuma pretensão imprescritível pode tornar-se, negocialmente, prescritível"[34].

No âmbito do direito do trabalho destaca-se como imprescritível, conforme o § 1º do art. 11 da CLT, a pretensão meramente declaratória da existência, ou da inexistência, de vínculo de emprego, especialmente nas ações que tenham por objeto **anotações** para fins de prova junto à Previdência Social. Diante dela **cabe apenas declarar a existência ou a inexistência do ato negocial**, ainda que esteja prescrita a correspondente pretensão condenatória. Veja-se:

Art. 11. [...]
§ 1º O disposto neste artigo não se aplica às ações que tenham por objeto anotações para fins de prova junto à Previdência Social. (Incluído pela Lei n. 9.658, de 5-6-1998).

Nesse ponto, cabe salientar que a **obrigação de anotar a CTPS** é, sem dúvidas, **pretensão de natureza condenatória**, haja vista envolver obrigação de fazer. Esta — é bom que se diga — é **suscetível de prescrição**, mas o Estado-juiz, nesse caso específico, **para garantir o assentamento formal daquilo que ele mesmo certificou**, tem à sua disposição a fórmula sucedânea que lhe permitirá fazer — ele mesmo, em lugar do demandado — a anotação em caráter substitutivo (*vide* o art. 39 da CLT).

Note-se que em tais casos não há como impor ao empregador a obrigação de anotar a CTPS, porque esse agir é claramente prescritível. Se prescrita a pretensão de anotar a CTPS, restará para o trabalhador, *caso o empregador não se disponha a realizar o ato*, contentar-se com a anotação que haverá de ser promovida de ofício pela Secretaria da Vara. Perceba-se que o § 1º do art. 11 da CLT é cristalino no que diz respeito aos seus limites, nada que exceda o direito de ver realizadas "**anotações** *[produzidas pelo próprio Judiciário, conforme o mencionado art. 39 da CLT]* para fins de prova junto à Previdência Social".

Pelo raciocínio aqui expendido, estará prescrita, igualmente, a pretensão de um empregado que, sob o fundamento de ver certificada a condição meio ambiental do lugar no qual trabalhou em período abarcado pela prescrição, queria, ainda assim, ver expedido o perfil profissiográfico previdenciário pelo seu ex-empregador. Nesse caso não há negar-se que, extrapolado o prazo prescricional, foi, sim, extinta a obrigação de fazer consistente na confecção e na emissão do citado perfil ou de qualquer outro documento histórico laboral. Remanesce, então e apenas, o direito de o Judiciário declarar que o trabalhador laborou para uma determinada empresa em um específico período e, havendo possibilidades probatórias, declarar quais teriam sido as condições meio ambientais desse trabalho. A atribuição de tutela mais extensa envolveria o magistrado na armadilha da "pretensão condenatória dis-

---

34 PONTES DE MIRANDA. *Tratado de direito privado*. Rio de Janeiro: Borsoi, 1972, tomo 6, § 698.

farçada de pretensão meramente declaratória". O simples argumento de que a ação teria por objeto "anotações para fins de prova junto à Previdência Social" não dá ao juiz o direito de tornar imprescritível qualquer obrigação de fazer sepultada pela prescrição.

Igualmente, são imprescritíveis e também imunes à decadência as pretensões de decretação de nulidade. Nesse sentido é importante oferecer uma situação-exemplo com o objetivo de fazer notar que a Administração Pública, em nenhum momento, ver-se-á obstaculizada ou restringida na sua pretensão de exigir que o Estado-juiz a libere de satisfazer direito prestacional de pessoa que lhe ofereceu trabalho sem a realização de concurso público. Deseja-se dizer com isso que, mesmo depois de passados cinco, dez, quinze ou mais anos de vigência de um contrato nulo firmado com a Administração Pública, esta não perderá, pelo transcurso do tempo, o direito de pretender a declaração de inexigibilidade judicial de um conjunto de direitos prestacionais, porque, obviamente, nulos. Nesse ponto cabe a lembrança do disposto no art. 169 do Código Civil, segundo o qual "o negócio jurídico nulo não é suscetível de confirmação, nem convalesce pelo decurso do tempo".

É bom anotar, ainda, que **os direitos da personalidade também são, em si, imprescritíveis e insuscetíveis de decadência. As pretensões decorrentes da violação desses direitos, entretanto, submetem-se à prescrição e à decadência conforme previsão normativa, porque, em rigor, podem trazer consigo pretensões condenatórias ou constitutivas**. Assim, a título ilustrativo, imagine-se a situação de um ex-empregado de um bar que teve o seu nome e retrato associados a um produto que ele preparava — por exemplo, "a caipirinha do Pedro Bumpkin" — e que o seu empregador manteve no cardápio da empresa mesmo depois do seu desligamento. Pois bem. Independentemente de passados mais de dois anos da terminação do contrato de trabalho, o empregado Pedro Bumpkin pode pretender em Juízo, a qualquer tempo, a dissociação de seu nome e de seu retrato do produto da empresa. Ele pode não mais ter, porque prescritas, pretensões condenatórias, mas, pela natureza do direito envolvido (direito da personalidade), poderá, a qualquer tempo, apresentar pretensão desconstitutiva. Vê-se, assim, que os direitos da personalidade nunca decaem e que sempre será possível o uso de ação constitutiva negativa para fazer cessar a lesão ou a ameaça a tal direito.

18.4 A DECADÊNCIA NO DIREITO DO TRABALHO

Exatamente como se disse em relação à prescrição — salvo por conta de algumas particularidades que serão apresentadas neste texto —, não existem grandes diferenças na aplicação da decadência nos âmbitos do direito civil e do direito do trabalho. As estruturas são essencialmente iguais, assim como os efeitos e as expectativas de quem a argui. Nesse contexto, seja lá onde for ou como for, a decadência, na condição de instituto jurídico, poderá ser definida como *o fato jurídico (decurso de um prazo previsto em lei ou em contrato) que conduz à extinção de um direito subjetivo potestativo, ou seja, ao livramento de uma sujeição*.

É bom anotar, para dar completitude a esse enfoque, que a decadência atua unicamente sobre direitos exercitáveis mediante "ações constitutivas", e que, em regra, essas ações não estão submetidas a nenhum prazo para serem exercitadas. Deseja-se dizer com isso que, em regra, os direitos não decaem, salvo aqueles expressamente identificados pela lei como suscetíveis de caducidade. A decadência somente operará os seus efeitos nas excepcionais situações em que existam fontes jurídicas que expressamente prevejam prazo para o exercício de direito potestativo ou, quando for o caso, para a invocação da atuação do Judiciário em sua proteção.

Exatamente por isso, essas ações constitutivas são, em regra, perpétuas, como, por exemplo, as que visam afastar violação a direito da personalidade ou ainda as que objetivam a decretação de nulidade de ato ou negócio jurídico.

18.4.1 Espécies de decadência

No plano da especificação, cabe estudar a decadência quanto à fonte criadora e ao tempo de vigência dos seus efeitos. No primeiro bloco de espécies há falar-se nas decadências legais e contratuais; no segundo, nas caducidades definitivas e temporárias.

18.4.1.1 Quanto à fonte criadora

Como antecipado, o prazo decadencial pode estar previsto em lei ou em contrato, havendo, em razão disso, uma série de diferenças de tratamento que a seguir serão expostas.

18.4.1.1.1 Decadência legal

Entende-se por legal o prazo decadencial previsto em lei e que, em razão dessa circunstância, possui as seguintes características:

a) **A decadência prevista em lei é irrenunciável** (*vide* art. 209 do CC). Assim, não se admite que o empregado renuncie à vantagem do prazo decadencial previsto no art. 853 da CLT. Superado o prazo de trinta dias[35] contados da data de suspensão do contrato, mesmo que o empregado não se insurja contra a extrapolação, haverá, por força de lei, a **decadência do direito de o empregador discutir a ocorrência da falta grave**. Até mais do que isso, nos termos do art. 474 da CLT, a suspensão do empregado por mais de 30 (trinta) dias consecutivos importará em rescisão injusta do contrato de trabalho.

b) **Deve o juiz, de ofício, conhecer da decadência quando estabelecida por lei** (*vide* art. 210 do CC).

Consoante ilustração já apresentada, tome-se o exemplo do **prazo concedido pelo § 1º do art. 143 da CLT**. Consta do referido dispositivo que "**o abono de férias deverá ser requerido até 15 (quinze) dias antes do término do período aquisitivo**". Se o trabalhador (credor) for a Juízo para exigir do empregador que insira na conta de férias, ainda não fruídas, mas planejadas, o abono pecuniário solicitado fora do prazo mencionado, o magistrado poderá declarar a caducidade, pois, como antedito, trata-se de decadência prevista em lei.

Um segundo exemplo é visível em relação ao Programa Empresa Cidadã, instituído pela Lei n. 11.770/2008. Para que a empregada possa fruir da extensão de 60 dias da sua licença-maternidade, caso a sua contratante tenha aderido ao programa, **deverá requerer a prorrogação da licença-maternidade até o final do primeiro mês após o parto**. Se a empregada for a Juízo para exigir do empregador a extensão da licença-maternidade solicitada fora do prazo mencionado, o juiz, igualmente, poderá declarar a caducidade.

Outro exemplo provém da legislação que trata do **seguro-desemprego**. Sabe-se que há prazo previsto na base de 120 dias para habilitação ao benefício ora em análise. Depois de exaurido, não deixará o magistrado de considerar decaído o direito do trabalhador que não o requereu tempestivamente.

18.4.1.1.2 Decadência contratual

Entende-se por contratual ou convencional o prazo decadencial previsto em negócio jurídico e que, em razão dessa circunstância, possui as seguintes características:

---

35 **Súmula 403 do STF.** É de decadência o prazo de trinta dias para instauração do inquérito judicial, a contar da suspensão, por falta grave, do empregado estável.

a) **Se a decadência for convencional a parte a quem aproveita pode alegá-la em qualquer grau de jurisdição** (art. 211 do CC).

b) **O juiz não pode suprir a falta de alegação da decadência convencional, ou seja, o juiz não a pode declará-la de ofício.**

Assim, utilizando um exemplo já mencionado, considere-se um **Plano de Desligamento Voluntário (PDV) criado por empregador** com previsão expressa de prazo para adesão e oferecimento de incentivos. Diante dessa hipótese, se um empregado for a Juízo para exigir do ex-empregador que este insira na sua conta de rescisão o incentivo previsto no PDV, o magistrado somente poderá declarar a caducidade se o empregador alegar a hipótese de **adesão fora do prazo**.

De igual modo, cabe um **segundo exemplo** extraído da prática forense: se um empregado for a Juízo para exigir do ex-empregador o pagamento de dia não trabalhado, mas justificado por **atestado médico apresentado fora do prazo criado contratualmente pela regulamento interno de trabalho**, o magistrado somente poderá declarar a caducidade se o empregador alegar a hipótese de **apresentação do atestado médico fora do prazo**.

18.4.1.2 Quanto ao tempo de vigência

Quanto ao tempo de vigência, a decadência pode ser definitiva ou temporária.

18.4.1.2.1 Decadência definitiva

Diz-se definitiva a decadência que produz a peremptória perda de um direito, como, aliás, ocorre na grande maioria dos casos que envolvem o instituto ora em análise. Para ilustrar a situação, considere-se como definitivo o prazo decadencial para o **aforamento da ação rescisória**. Isso significa que, passados dois anos do trânsito em julgado da decisão judicial ou, conforme o caso, da homologação judicial do termo conciliatório, não mais será possível — em definitivo — desconstituir a coisa julgada.

Igualmente, entende-se como definitiva a **perda do direito de o empregado estável pedir a reintegração depois de exaurido o período correspondente à estabilidade**, haja vista o teor da Súmula 396, I, do TST, segundo a qual, "exaurido o período de estabilidade, são devidos ao empregado apenas os salários do período compreendido entre a data da despedida e o final do período de estabilidade, não lhe sendo assegurada a reintegração no emprego".

Na mesma linha de ideias, pode-se citar também o disposto no parágrafo único do art. 1.003 do Código Civil que, ao dispor sobre a **reponsabilidade civil dos sócios retirantes**, criou prazo decadencial de dois anos para tanto. Veja-se:

> Art. 1.003. A cessão total ou parcial de quota, sem a correspondente modificação do contrato social com o consentimento dos demais sócios, não terá eficácia quanto a estes e à sociedade.
>
> Parágrafo único. Até dois anos depois de averbada a modificação do contrato, responde o cedente solidariamente com o cessionário, perante a sociedade e terceiros, pelas obrigações que tinha como sócio.

A legislação trabalhista reformada pela Lei n. 13.467/2017 também se posicionou quanto à existência do citado prazo decadencial, reafirmando, no seu art. 10-A, que "o sócio retirante responde subsidiariamente pelas obrigações trabalhistas da sociedade relativas ao período em que figurou como sócio, somente em ações ajuizadas até dois anos depois de averbada a modificação do contrato".

Mais um exemplo de prazo decadencial aplicado no âmbito das relações de trabalho é visível nos limites da Lei n. 9.565/98. Lembre-se de que, com o desligamento do empregado, o seu plano de saúde é cancelado, cabendo-lhe a sinalização pela continuidade às suas expensas. Esse pedido deve ser dirigido à Seguradora, no prazo decadencial de 30 (trinta) dias, conforme o § 6º do art. 2º da Resolução CONSU (Conselho de Saúde Suplementar) n. 20, de 1999.

18.4.1.2.2 Decadência temporária

Diz-se temporária a decadência que produz apenas a provisória perda de um direito, algo que ocorre em algumas situações que envolvem o instituto ora em análise. A título de exemplo previsto em lei, registre-se a **situação prevista nos arts. 731 e 732 da CLT**. Embora o dispositivo pareça não ter sido recepcionado pela Constituição de 1988 pelo evidente choque com o conteúdo do inciso XXXV do seu art. 5º, trata-se de situação em que há registro de perda temporária do direito de o empregado reclamar perante a Justiça do Trabalho.

Sob o ponto de vista contratual, tome-se o exemplo relacionado ao **pagamento de adicional de assiduidade**: o empregado, depois de ter demonstrado durante um ano inteiro a sua assiduidade, será destinatário de um correspondente adicional ao longo de todo o ano seguinte por expresso ajuste contratual. Caso ele, no ano de fruição do adicional de assiduidade, incorra em faltas injustificadas ao trabalho, perderá o direito de recebimento do complemento salarial no ano seguinte, incorrendo, por isso, em situação de decadência temporária. O referido empregado poderá voltar a receber a vantagem que temporariamente perdeu caso, em outros períodos aquisitivos, não mais falte injustificadamente ao serviço.

18.4.2 Causas impeditivas da decadência

Segundo o art. 207 do Código Civil, "salvo disposição legal em contrário, não se aplicam à decadência as normas que impedem, suspendem ou interrompem a prescrição".

Note-se, porém, que a norma aqui em análise é iniciada por uma ressalva. Isso desperta uma curiosidade: há disposição legal que preveja causa impeditiva, suspensiva ou interruptiva para a decadência?

Embora a regra geral sinalize para a implacabilidade dos prazos decadenciais, a resposta aqui é positiva. A Lei n. 14.010, de 10 de junho de 2020, conhecida como Regime Jurídico Emergencial e Transitório das relações jurídicas de Direito Privado (RJET), que disciplinou os eventos jurídicos derivados da pandemia do Coronavírus (Covid-19), previu, no § 2º do seu art. 3º, o seguinte:

> Art. 3º Os prazos prescricionais consideram-se impedidos ou suspensos, conforme o caso, a partir da entrada em vigor desta Lei até 30 de outubro de 2020.
>
> § 1º Este artigo não se aplica enquanto perdurarem as hipóteses específicas de impedimento, suspensão e interrupção dos prazos prescricionais previstas no ordenamento jurídico nacional.
>
> **§ 2º Este artigo aplica-se à decadência, conforme ressalva prevista no art. 207 da Lei n. 10.406, de 10 de janeiro de 2002 (Código Civil).**

Observe-se que a referida Lei criou a ressalva prevista no art. 207 do Código Civil, tornando possível o impedimento e a suspensão dos prazos decadenciais no período que se estendeu da sua publicação, havida em 12 de junho de 2020, até o dia 30 de outubro de 2020. Com isso, impediu-se a fluência dos prazos decadenciais para, por exemplo, na esfera legal,

(i) pedir o abono a que se refere o § 1º do art. 143 da CLT;
(ii) pretender o seguro-desemprego;
(iii) aforar a ação rescisória;
(iv) exigir responsabilidade civil dos sócios retirantes etc. ou, no plano contratual, para, entre outras situações,
(v) aderir a plano de desligamento voluntário.

VÍDEOS INFORMATIVOS:
- Vídeo de abertura da obra
- Vídeo sobre cada um dos capítulos
- Vídeo explicativo de temas encontrados em capítulos

TEXTOS COMPLEMENTARES:
- Texto ampliado
- Texto sintético

MATERIAIS DE APOIO PARA PROFESSORES E ALUNOS:
- *Slides* do capítulo
- Questões discursivas do capítulo
- Questões de concurso comentadas

SEGUNDA PARTE
RELAÇÕES SINDICAIS E COLETIVAS DO TRABALHO

19
INTRODUÇÃO AO DIREITO SINDICAL E COLETIVO DO TRABALHO

https://somos.in/CTD14

19.1 ASPECTOS HISTÓRICOS DO DIREITO SINDICAL E COLETIVO DO TRABALHO

Entre os fatores de aglutinação social, o exercício de atividade comum tem-se destacado, segundo demonstrativos históricos, como o mais relevante. Segadas Vianna, por exemplo, afirma que, segundo sua perspectiva, a atividade seria o fator que mais profundos laços cria entre os indivíduos. Chega ele a asseverar que tais liames seriam bem mais envolventes do que aqueles decorrentes da localidade ou mesmo do parentesco, e justifica que "o exercício de uma atividade, e especialmente de uma profissão, cria características das quais o indivíduo jamais se liberta e que até transmite a seus descendentes. E isto aconteceu, nas épocas mais primitivas, nos povos ainda nas suas fases de formação social, unidos em grupos ou castas, guerreiros, sacerdotes, pastores"[1].

As afirmativas ora expendidas reportam este estudo a diversos fatos da vida laboral: a coalizão dos *trabalhadores* na Antiguidade; a fuga dos servos das áreas dominadas pelos senhores da terra; a união dos trabalhadores egressos dos campos em corporações de ofício; e, ainda, a reação desses trabalhadores contra os mestres das corporações. Em todas essas situações históricas, a união, produzida pela necessidade de defesa contra as adversidades comuns, revelou-se como elemento de destaque para a superação dos infortúnios. A solidariedade, em todas essas situações, foi (e sempre será) o remédio social para o enfrentamento da opressão. É absolutamente evidente que "indivíduos colocados em condições de vida semelhantes tendem sempre ao associativismo, e com tanto mais força atrativa quanto mais precárias sejam suas condições de existência"[2].

A revolta dos trabalhadores contra os mestres, que, na ambição de enriquecer, estendiam o número de anos da aprendizagem, congelavam os salários e impediam a abertura de novas oficinas, motivou o abandono das cidades em busca de novas oportunidades de serviço. Reações impeditivas das corporações e do próprio Estado foram sentidas pelos trabalhadores dissidentes, tendo sido elas produtoras da conscientização da necessidade de luta e de união para alcançar o reconhecimento do direito ao livre exercício de suas atividades profissionais. Esses acontecimentos, entretanto, ocorreram num tempo de revisão de conceitos políticos,

---

[1] SÜSSEKIND, Arnaldo; MARANHÃO, Délio; VIANNA, Segadas. *Instituições de direito do trabalho*. 12. ed. São Paulo: LTr, 1991, p. 959.
[2] GOMES, Orlando; GOTTSCHALK, Elson. *Curso de direito do trabalho*. 16. ed. Rio de Janeiro: Forense, 2002, p. 2.

econômicos e sociais, baseados num desejo de igualdade e de liberdade. Historicamente o mundo do trabalho, que viu ruir as corporações[3], viveu, na segunda metade do século XVIII, uma verdadeira revolução.

No primeiro momento do processo "revolucionário" industrial ocorrido na Grã-Bretanha a partir de meados do século XVIII foi operada uma forçosa passagem dos já trabalhadores artesanais, muitos deles fugitivos das então abolidas corporações, para as unidades fabris. Aqueles que trabalhavam em casa com lã e tricô não conseguiram competir com os similares produzidos em larga escala por máquinas, por isso tiveram de desistir dos propósitos domésticos para tentar trabalhar na indústria têxtil, que se expandia.

A opção pelo desenvolvimento de atividades nas fábricas, ante a impossibilidade de competição com estas, produziu, consequentemente, o fenômeno da **urbanização da sociedade**, assim considerada a concentração de massas operárias em torno dos estabelecimentos fabris em busca da renda e da nova forma de vida coletivizada, situações proporcionadas pela recém-estabelecida dinâmica da atividade econômica. Esse fenômeno, consoante o autorizado dizer do Professor Rodrigues Pinto, "ativou naturalmente a comunicação entre os trabalhadores, que lhes faltara até então, para se capacitarem de quanto eram iguais e injustos os sofrimentos impostos pela espoliação desenfreada de sua energia pessoal. A possibilidade de discussão ampla de problemas comuns lhes despertou a certeza da irremediável debilidade individual para opor-se à tirania patronal e eliminar-lhe as consequências. Mas, ao mesmo tempo, revelou as possibilidades de confronto da força do número com o poder econômico das empresas. [...]. O sindicalismo encampou a bandeira da luta individual dos primeiros operários ingleses e teve suficiente vigor para arrancar o Poder de sua letargia diante do complexo de problemas da relação de trabalho, sintetizados na expressão tornada clássica da questão social"[4].

A conscientização coletiva, despertada pelo instinto de defesa contra os inimigos comuns, gerou um processo revolucionário em segundo plano. Era como se emergisse lentamente dos processos revolucionários políticos, sociais e econômicos da época outra revolução, promovida desta vez pelo proletariado contra a burguesia e que se ligava, intimamente, a uma ideologia socialista. Importante, assim, é a reflexão do Professor Pinho Pedreira, segundo o qual "a máquina concentrou em torno dela os operários. A convivência entre eles resultou em que se compenetrassem dos problemas e interesses comuns, que se sentissem solidários uns com os outros. Nasceu, assim, a classe operária, nascimento para o qual, conforme a aguda observação de Gallart Folch, contribuiu o aparecimento de um novo fator psicológico na vida pública, o espírito e a consciência de classe, e esse espírito, alentando umas vezes o ataque e outras a defesa, se encarna nas organizações profissionais, isto é, no sindicato"[5].

Tratava-se de algo bem mais lancinante do que ligas de resistência de trabalhadores organizados contra os mestres das corporações. Surgia, conforme bem ressaltou Mauro Regini, um movimento em que convergiam duas tendências: a **solidarista**, que levou valores de origem camponesa, ainda predominantes na classe operária, para o mundo industrial, e a **revolucionária**, que viu nele um instrumento de reapropriação dos meios de produção de que os trabalhadores foram privados[6].

---

3   Em 17 de março de 1791, a Assembleia da Revolução Francesa aprovava um projeto do *Visconde de Novilles*, suprimindo todas as *maîtrises* e *jurandes* em 17 de junho a Lei Chapelier dava o golpe de morte nas corporações, como atentatórias aos direitos do homem e do cidadão.
4   PINTO, José Augusto Rodrigues. O trabalho como valor. Revista *LTr*, São Paulo, v. 12, n. 64, p. 1489, 2000.
5   PINHO PEDREIRA, Luiz de. *Principiologia de direito do trabalho*. Salvador: Gráfica Contraste, 1996, p. 27.
6   REGINE, Marino. Sindicalismo. In: *Dicionário de política*. 11. ed. Brasília: UnB, 1998, v. 2, p. 1153.

A liberdade, um dos fundamentos básicos dos movimentos revolucionários havidos na segunda metade do século XVIII, criou o cidadão como categoria racional na ordenação política da sociedade. Essa transformação de *status*, entretanto, revelou-se mera abstração, na medida em que eram evidentes as concentrações de massas operárias sob o domínio do capital empregado nas grandes explorações com unidade de comando.

Abandonado pelo Estado, que apenas o considerava teoricamente *livre*, o trabalhador não passava de um simples meio de produção, conforme advertiu Segadas Vianna, com arrimo na obra *As novas diretrizes da política social*, de Francisco José de Oliveira Vianna:

"O trabalhador, na sua dignidade fundamental de pessoa humana, não interessava ou não preocupava os chefes industriais daquele período. Era a duração do trabalho levada além do máximo da resistência do indivíduo. Os salários, que não tinham, como hoje, a barreira dos mínimos vitais, baixavam até onde a concorrência do mercado de braços permitia que eles se aviltassem. Embolsando o trabalhador regularmente das prestações devidas pelo seu trabalho, julgavam os patrões que, assim procedendo, estavam cumprindo integralmente os seus deveres para com esse colaborador principal da sua fortuna crescente. [...]. Iam-se formando, assim, como resultado dessa exploração sistematizada e organizada, duas classes de interesses antagônicos: a proletária e a capitalista. A primeira, mais numerosa, não dispunha de poder, mesmo porque, no regime em que o Estado apenas assegurava, no plano teórico, a Igualdade e a Liberdade, a classe capitalista, pela força do dinheiro, pela submissão, pela fome, impunha ao proletariado a orientação que tinha de ser seguida. [...]. Criara-se o contraste flagrante e violento entre o supermundo dos ricos e o inframundo dos pobres.

No seu **supermundo**, em monopólio absoluto, os ricos avocavam para si todos os favores e todas as benesses da civilização e da cultura: a opulência e as comodidades dos palácios, a fartura transbordante das ucharias, as galas e os encantos da sociabilidade e do mundanismo, as honrarias e os ouropéis das magistraturas do Estado. Em suma: a saúde, o repouso, a tranquilidade, a paz, o triunfo, a segurança do futuro para si e para os seus.

No seu **inframundo** repululava a população operária: era toda uma ralé fatigada, sórdida, andrajosa, esgotada pelo trabalho e pela subalimentação; inteiramente afastada das magistraturas do Estado; vivendo em mansardas escuras, carecida dos recursos mais elementares de higiene individual e coletiva; oprimida pela deficiência dos salários; angustiada pela instabilidade do emprego; atormentada pela insegurança do futuro, próprio e da prole; estropiada pelos acidentes sem reparação; abatida pela miséria sem socorro; torturada na desesperança da invalidez e da velhice sem pão, sem abrigo, sem amparo. Só a caridade privada, o impulso generoso de algumas almas piedosas, sensíveis a essa miséria imensa, ousava atravessar as fronteiras deste inframundo, os círculos tenebrosos deste novo Inferno, para levar, aqui e ali, espaçada e desordenadamente, o lenitivo das esmolas, quero dizer: o socorro aleatório de uma assistência insuficiente"[7].

Esse retrato, que fidelissimamente demonstra o cenário de desigualdade entre operários e donos de fábrica[8], funcionou como gatilho capaz de disparar o conflito industrial. No plano

---

[7] SÜSSEKIND, Arnaldo; MARANHÃO, Délio; VIANNA, Segadas. *Instituições de direito do trabalho*. 12. ed. São Paulo: LTr, 1991, p. 34-36.

[8] Quanto ao cenário de exploração humana da Revolução Industrial, são recomendados os seguintes filmes: a) *Daens, um Grito de Justiça* (França/Bélgica/Holanda, 1992). Direção: Stijin Coninx. Filme sobre os movimentos operários do final do século XIX. Destaca a exploração do trabalho industrial e o papel da Igreja com sua doutrina social *Rerum Novarum*; b) *Germinal* (França, 1993). Direção: Claude Berri. Refere-se ao processo de gestação e maturação de movimentos grevistas e de uma atitude mais ofensiva por parte dos trabalhadores

material existia, obviamente, o conflito, mas não eram produzidas fórmulas para contemporizá-lo[9]. Vigiam apenas as regras da força patronal, que sobreviviam em decorrência do estado de necessidade da classe operária, visível diante da existência de um grande número de desempregados à espera de postos de serviço que se tornassem disponíveis.

A desvantagem dos operários era evidente. A miragem do trabalho industrial provocou um êxodo de rurícolas que, desempregados, se colocavam às margens das fábricas esperando uma oportunidade para assumir um dos postos de serviço. O resultado disso era o medo e a absoluta submissão, sendo possível perceber, por conta do já referido estado de necessidade, uma verdadeira espoliação dos trabalhadores por meio da não limitação da jornada de trabalho, da diminuição dos salários, da exploração das chamadas "meias-forças" (trabalho da mulher e do menor), do não oferecimento de segurança e de higiene nos postos de serviço e de uma desmedida insalubridade nos ambientes de trabalho, geradora de perspectiva de invalidez permanente e de morte precoce.

Os operários tinham chegado, por conta disso, ao limite extremo de sua condição humana, limite este que lhes permitiu entender que a morte lhes chegaria com ou sem insurreição. O despertar dessa consciência de classe fez com que os operários, juntos e mutuamente apoiados, exigissem melhores condições de trabalho. Ocorre, porém, que, além da oposição patronal — sempre existente entre os detentores do capital —, mais tarde identificada como "sindicalismo de oposição", a revolução do proletariado encontrou obstáculo na disponibilidade dos desocupados. Nesse sentido é que se entende clara a distinção entre o proletariado, a quem Marx atribuía a já citada função revolucionária, e o subproletariado (*lumpenproletariat*), ao qual reconheceu um papel contrarrevolucionário, por ser usado, em decorrência da sua natural necessidade, como instrumento de destruição dos objetivos sediciosos ou de limitação de seus efeitos. Esse foi (e ainda é) o grande obstáculo para o associativismo dos submetidos.

A despeito das mencionadas dificuldades, a massa operária iniciou o movimento de irrupção mediante coalizões, muitas vezes reprimidas pela própria ordenação oficial[10]. Essas coalizões conseguiram força através de um procedimento de organização que incluía a eleição de representantes capazes de adotar ações táticas de pressão e de assistir aos indivíduos representados. Surgia, então, a expressão **sindicato** para designar o grupo intermediário de pressão que passou por algumas fases, da proibição à tolerância e desta à afirmação. Observem-se no quadro sinótico a seguir exposto os principais fatos históricos que dizem respeito à construção dos sindicatos e do sindicalismo:

---

das minas de carvão do século XIX na França em relação à exploração de seus patrões; nesse período alguns países passavam a integrar o seleto conjunto de nações industrializadas ao lado da pioneira Inglaterra, entre os quais a França, palco das ações descritas no romance e representadas no filme.

9 Diz-se "contemporização do conflito" porque, na sensata observação de Gianfranco Pasquino, sua supressão é hipótese relativamente rara, porque muito dificilmente se consegue alcançar a eliminação das causas, das tensões ou dos contrastes que originaram os conflitos — PASQUINO, Gianfranco. Conflito. In: *Dicionário de política*. 11. ed. Brasília: UnB, 1998, v. 1, p. 225-229.

10 É de destacar que as coalizões chegaram a ser proibidas na França (Lei Chapelier, 1791) e na Inglaterra (Lei Pitt, 1779) sob o fundamento de que a vedação seria necessária para prevenir as ações ruinosas que a reunião dos operários eventualmente gerasse contra as indústrias, as manufaturas, o comércio e a agricultura da Nação. O liberalismo ideológico e econômico pós-revolucionário político e os conflitos sociais emergentes, entretanto, deram suporte a uma tolerância que, com o passar do tempo, converteu-se em reconhecimento. Foi o que ocorreu em 1824 na Inglaterra, em 1842 nos Estados Unidos, em 1869 na Alemanha, em 1884 na França e no início do século XX na Itália e na Rússia — fonte: Alain Chouraqui e Dominique Nazet-Allouche (*Dicionário enciclopédico de teoria e de sociologia do direito*. Rio de Janeiro: Renovar, 1999, p. 723-727).

Surgimento e evolução universal

Episódio	Data
Surgimento e desenvolvimento das corporações de ofício	A partir da Idade Média até fins da Idade Moderna
Criação da máquina a vapor	1712, Inglaterra
Mestres-alfaiates dirigem-se ao Parlamento britânico, mediante associação, pleiteando maiores salários e menores jornadas	1720, Inglaterra
Fase da proibição sindical	
Abolição das corporações de ofício **Lei Le Chapelier**	1791, França
Interdição das associações sindicais de trabalhadores livres **Combination Act**	1799, Inglaterra
Criminalização das coalizões operárias **Código Penal Napoleônico**	1810, França
Sindicalismo enquadrado como crime de sedição ou conspiração **Sedition Meeting Act**	1817, Inglaterra
Fase da tolerância jurídica	
Descriminalização do delito de coalização de trabalhadores, embora com previsão de punição contra a violência e atos de intimidação que acompanhassem o movimento grevista	1824/1825, Inglaterra
Reconhecimento do direito à associação sindical na Inglaterra	1825/1826, Inglaterra
Fase da afirmação sindical	
Reconhecimento do direito à livre associação sindical	1869, Alemanha 1874, Dinamarca 1884, França 1887, Espanha 1887, Portugal 1889, Itália 1898, Bélgica
Tratado de Versalhes. Criação da OIT	1919, França
Constitucionalização social	1917/1919, México e Weimar

Sindicalismo no Brasil

Episódio	Data
Abolição das corporações de ofício Reconhecimento da liberdade de trabalho **Constituição de 1824**	1824
Derrogação da tipificação da greve como ilícito penal, mantida a criminalização dos atos de violência praticados no desenrolar do movimento **Decreto n. 1.162, de 1890**	1890
Garantia dos direitos de reunião e de associação **Constituição da República, 1891**	1891

Facultada a criação de sindicatos rurais **Decreto n. 979, de 1903**	1903
Extensão da faculdade de criação de sindicatos nas áreas urbanas **Decreto-Legislativo n. 1.637, de 1907**	1907
Criação do Ministério do Trabalho, Indústria e Comércio	1930
Criação de Estrutura Sindical Oficial Corporativista **Decreto n. 19.770, de 1931**	1931
Catalogação de Direitos Sociais Garantia de liberdade e de autonomia sindicais Instituição da Justiça do Trabalho **Constituição, 1934**	1934
Eliminação dos focos de resistência à estratégia político-jurídica vigente **Estado de sítio, 1935**	1935
Vinculação do sindicato ao reconhecimento estatal (art. 138) Ressalvas ao direito de associação (art. 129, 9) Instituição da competência federal para legislar sobre direito do trabalho **Constituição, 1937**	1937
Reunião do modelo justrabalhista em um único diploma normativo, a CLT	1943
Inserção da Justiça do Trabalho no Poder Judiciário (art. 94, V) Liberdade de associação com corporativismo (art. 159) **Constituição de 1946**	1946
Direito de greve com restrições (art. 159) **Constituição de 1967**	
Liberdade sindical com algumas restrições **Constituição de 1988**	1988 em diante

19.2 DENOMINAÇÃO

O nome tem a função de individualizar um sujeito ou um objeto em relação a tantos outros semelhantes, mas não tem o poder de modificar sua essência. Assim, embora o direito que trata das relações coletivas de trabalho tenha formalmente mudado de denominação, nenhuma delas alterou substancialmente seu conteúdo. Alguns designativos ligados ao direito do trabalho em geral perderam a atualidade em decorrência das mudanças históricas que os tornaram claramente inadequados às relações contemporâneas, por exemplo, direito industrial, direito operário e direito corporativo, que, além de restritos quanto ao objeto que efetivamente abarcavam, não se envolviam claramente com a dimensão laboral coletiva.

Sobre a denominação "direito corporativo", é importante anotar as ponderações feitas por Mauricio Godinho Delgado, segundo o qual esse designativo "construiu-se mais como instrumento de elogio ao tipo de modelo de gestão sociopolítica a que se afiliava do que, na verdade, subordinado a uma preocupação científica de identificar com precisão um objeto determinado". Para o mestre mineiro, "a ideia de corporação apenas dissimulava a relação sociojurídica nuclear desenvolvida no estabelecimento e na empresa (a relação de emprego), não traduzindo, portanto, com adequação, o aspecto cardeal do ramo jurídico especializado do Direito do Trabalho"[11].

As denominações mais aplicadas para tratar das relações jurídico-trabalhistas no âmbito coletivo são, entretanto, sem dúvida, "direito sindical" e "direito coletivo do trabalho". O primeiro designativo — *direito sindical*[12] — leva em consideração uma perspectiva subjetiva da disciplina, na medida em que toma por referencial a entidade sindical e sua organização estrutural. A segunda denominação — *direito coletivo do trabalho*[13] — baseia-se em uma perspectiva objetiva, tendo por referencial o resultado da atuação das entidades sindicais, notadamente o estudo dos instrumentos que põem fim nos conflitos coletivos e nos efeitos deles emergentes.

Com o objetivo de abarcar ambas as perspectivas — a subjetiva e a objetiva —, forjou-se a denominação *direito sindical e coletivo do trabalho*[14], que, por sua amplitude e correção, parece a mais adequada sob o ponto de vista acadêmico, sendo, por isso, adotada nesta obra.

19.3 DEFINIÇÃO

A definição é a apreensão refinada de determinado objeto, produzida a partir de seus traços constitutivos básicos e de outros caracteres que lhes são essenciais. Assim, levando em conta os elementos que mais claramente identificam o direito sindical e coletivo do trabalho, pode-se dizer que ele é *o segmento do ramo laboral que regula, mediante específicos princípios e regras, a organização, a atuação e a tutela das entidades coletivas trabalhistas com o objetivo de disciplinar suas inter-relações e de, finalisticamente, empreender a melhoria nas condições de trabalho e de produção.*

Perceba-se que na definição de direito sindical e coletivo do trabalho é destacado o protagonismo das entidades coletivas trabalhistas — sindicatos de trabalhadores e associações patronais — na construção de um direito suplementar àquele oferecido como mínimo pelo Estado. Aliás, essa é a razão de ser do ramo laboral ora analisado. Ele, como se verá a seguir, vive em função da edificação de padrões mais elevados do que aqueles alcançados pela norma heterônoma, ainda que muitas vezes seja difícil determinar o que seja efetivamente uma melhoria.

19.4 CONTEÚDO

A relação coletiva de trabalho é a estrutura que fundamentalmente compõe o direito sindical e coletivo do trabalho. Dessa relação coletiva, *além de específicos princípios e regras*, decorre um conjunto de institutos peculiares ao ramo ora analisado, entre os quais se destacam aqueles ligados à *organização sindical* (como associação profissional, sindicato, federação, confederação, central sindical, contribuição sindical, contribuição confederativa, taxa assistencial etc.), às *fórmulas de solução dos conflitos coletivos* (negociação coletiva, conciliação, mediação, arbitragem, jurisdição coletiva, dissídio coletivo, sentença normativa etc.) e à *paralisação coletiva do trabalho* (greve e locaute).

---

11 DELGADO, Mauricio Godinho. *Curso de direito do trabalho*. 4. ed. São Paulo: LTr, 2005, p. 1279-1280.
12 Aplicada, entre outros doutrinadores, por Amauri Mascaro Nascimento em *Compêndio de direito sindical* (LTr, 2009); por José Carlos Arouca, em *Curso básico de direito sindical* (LTr, 2009); por Everaldo Gaspar Lopes de Andrade, em *Curso de direito sindical* (LTr, 1991), ou, ainda, por José Cláudio Monteiro de Brito Filho, em *Direito sindical* (LTr, 2009).
13 Utilizada, entre outros doutrinadores, por Mauricio Godinho Delgado em seu *Direito coletivo do trabalho* (LTr, 2008); por Joselita Nepomuceno Borba, em *Direito coletivo do trabalho e mediação: teoria e prática* (LTr, 2002), por Orlando Teixeira da Costa, em *Direito coletivo do trabalho e crise econômica* (LTr, 1991), ou, ainda, por Sérgio Pinto Martins, em *Direito do trabalho* (2009, Atlas).
14 Adotada por José Augusto Rodrigues Pinto no seu *Tratado de Direito Material do Trabalho* (LTr, 2007).

19.5 FUNÇÕES

A função do direito, como instrumento de regulação, não é outra senão a de permitir a realização de fins sociais que não seriam atingidos a não ser mediante sua intercessão. Esses fins sociais, porém, variam na medida em que mudam o tempo, a cultura e a sociedade, mas de modo geral coincidem com a ideia de promoção do bem comum. Partindo dessas concepções básicas, é possível afirmar que o direito sindical e coletivo do trabalho tem a função essencial de **empreender a melhoria da condição social da classe trabalhadora**. Essa é a razão substancial do direito do trabalho e, certamente, o motivo predominante da existência do ramo sindical e coletivo. Para ser funcional, o direito ora em exame deve criar padrões mais elevados do que os mínimos garantidos por lei.

É certo que dessa função essencial decorrem outras consequências, destacando-se, pela importância, as funções de **produção de fontes normativas**[15], de **pacificação de conflitos coletivos**, de **distribuição de riquezas** e, por fim, de **adequação dos sujeitos das relações de trabalho às particularidades regionais ou históricas**.

19.6 PRINCÍPIOS DO DIREITO SINDICAL E COLETIVO DO TRABALHO

O direito sindical e coletivo do trabalho também é dotado de uma específica principiologia. Há nele diretrizes que servem de critério para a exata compreensão da lógica e da racionalidade do sistema normativo que regula a organização, a atuação e a tutela de entidades coletivas em seu propósito de empreender a melhoria das condições de vida da classe trabalhadora.

Diante disso, a principiologia aplicável às relações coletivas de trabalho, como mandamento básico, enfocará o **princípio da liberdade sindical**. Além dele, serão estudados os princípios decorrentes do exercício da atividade sindical, inicialmente os **princípios aplicáveis às entidades sindicais** e, em seguida, os **princípios relacionados aos instrumentos coletivos negociados**.

19.6.1 O princípio da liberdade sindical

Com a atenuação da tensão revolucionária, a ação econômica dos sindicatos passou a visar à *ação política* — realizada junto ao Estado, no sentido de alcançar uma legislação social favorável — e à *negociação coletiva* para o alcance de melhores condições de trabalho. Materializava-se o vaticínio de Selig Perlman[16], segundo o qual os sindicatos, com o passar do tempo, encaminhariam naturalmente suas atividades a matérias relacionadas com o trabalho, concentrando suas energias na negociação de convênios coletivos. Assim, a partir da segunda metade do século XIX os sindicatos operários, apesar de modificados em relação a suas bases originárias, e a despeito de revelarem-se mais técnicos e mais burocráticos, ganharam, paulatinamente, mais *liberdade* e, consequentemente, mais autonomia. O movimento sindical estável, livre e independente passou assim a ser considerado, pelo menos no plano

---

[15] A produção de fontes normativas é uma função-peculiaridade do direito sindical e coletivo do trabalho por força de outorga legal. É a própria lei quem reconhece a força normativa dos acordos ou convenções coletivas, instrumentos de caráter negocial com eficácia *ultra partes*. Veja-se, nesse sentido, o art. 611 da CLT, especialmente o seu *caput* e o seu § 1º:

Art. 611. Convenção Coletiva de Trabalho é o acordo de caráter normativo, pelo qual dois ou mais sindicatos representativos de categorias econômicas e profissionais estipulam condições de trabalho aplicáveis, no âmbito das respectivas representações, às relações individuais de trabalho.

§ 1º É facultado aos sindicatos representativos de categorias profissionais celebrar Acordos Coletivos com uma ou mais empresas da correspondente categoria econômica, que estipulem condições de trabalho, aplicáveis no âmbito da empresa ou das empresas acordantes às respectivas relações de trabalho.

[16] PERLMAN, Selig. *A history of trade unionism in the United States*. New York: A. M. Kelley, 1950.

teórico, como condição essencial ao estabelecimento das boas relações entre o capital e o trabalho, e, de modo geral, como contribuinte da melhoria das condições sociais.

A liberdade sindical, como bem destacou Baylos Grau, "emancipou-se do tronco comum para constituir-se como liberdade pública dotada de contornos bem precisos e diferenciados do gênero da qual procedeu. Sua importância constitutiva medida em termos de valor político é tal que, progressivamente, ganhou um espaço decisivo nas declarações constitucionais de direitos, a tal ponto que, possivelmente, seria inimaginável uma Constituição democrática que não incluísse de forma específica no elenco de direitos reconhecidos, o direito de liberdade sindical"[17].

O exercício pleno da liberdade sindical forma a base de toda a fortaleza do movimento associativista laboral, constituindo, por isso, princípio e pressuposto essencial para o desenvolvimento sustentável do diálogo entre o capital e o trabalho. Diante disso, e por ser a liberdade sindical instituto integrante do conceito de direitos humanos fundamentais[18], é que as normas internacionais ocupam-se da sua proteção na certeza de que tal atuação favoreceria o concerto de trabalhadores para a defesa e a reivindicação de melhores condições de trabalho e de produção. Tais direitos formam um conjunto de conquistas históricas intimamente dependentes da mencionada liberdade sindical e que nela encontram um ponto de apoio para sua construção. Ermida e Villavicencio, ao refletirem sobre o assunto, perceberam que "não é possível o desenvolvimento da liberdade sindical sem a preexistência efetiva dos demais direitos humanos e que tampouco é possível o completo exercício destes sem a vigência daquela"[19].

A liberdade sindical é, por isso, um instrumento de apoio à efetivação dos direitos sociais e, em geral, à ampliação destes. Ela opera no sentido do crescimento e da expansão das conquistas sociais e econômicas, e não tolera a retrocessão[20]. Aliás, é importante anotar que os instrumentos decorrentes da negociação coletiva gozam de uma *presunção de progressividade e de melhoria da condição social dos trabalhadores*, ainda que, aparentemente, sinalize em sentido oposto. Basta observar que por vezes a extinção de um complemento salarial (por exemplo, um adicional por tempo de serviço) pode ter justificado um aumento salarial real ou até mesmo impedido um ato de despedimento coletivo.

---

17 BAYLOS GRAU, Antonio. *Sindicalismo y derecho sindical*. Alicante: Bomarzo, 2004, p. 9. Livre tradução do autor.

18 "Partiendo de la Declaración Universal de los Derechos Humanos podría afirmarse que en términos genéricos los derechos humanos son aquellos que permiten o deben hacer posible una vida racional entre las personas. Esta forma de vida (...) supone la satisfacción de las necesidades humanas básicas". In Rodríguez Bringadello, Hugo, *Los derechos humanos en la dimensión de los derechos humanos* (CEAL), Lima 1989, p. 17.

19 ERMIDA URIARTE, Oscar; VILLAVICENCIO, Alfredo. *Sindicatos en libertad sindical*. ADEC-ATC, Lima, 1991, p. 26. Livre tradução do autor.

20 O retrocesso normativo é notável quando uma fonte jurídica, comparada a outra anteriormente vigente, suprime, limita ou restringe direitos ou benefícios concedidos. Acerca do conceito de retrocesso social, veja-se o "Documento Preliminar sobre as Normas para a Elaboração dos Relatórios Periódicos Previstos no Artigo 19 do Protocolo de San Salvador", especificamente o item 5.1, segundo o qual o princípio de progressividade é entendido como o critério de avanço paulatino no estabelecimento das condições necessárias para garantir o exercício de um direito econômico, social ou cultural. Em nota constante do item 12 há a conceituação acerca do que sejam as medidas regressivas: "todas aquelas disposições ou políticas cuja aplicação signifique um retrocesso no nível do gozo ou exercício de um direito protegido". Ver também o ensaio de Cristian Courtis, para quem o princípio do não retrocesso social está associado a dois tipos de fundamento: o primeiro ligado a noções clássicas do Estado de direito liberal, nascidas centralmente à luz da proteção do direito de propriedade e dos interesses patrimoniais, a segurança jurídica e a proteção da confiança; o segundo, relacionado com o conteúdo material do princípio do Estado social, que é o da satisfação para todo ser humano de certas necessidades consideradas básicas à luz da noção de dignidade humana e do desenvolvimento mental e científico de nossas sociedades. COURTIS, Cristian. *Ni un paso atrás*: la prohibición de regresividad en materia de derechos sociales. Buenos Aires: Del Puerto, 2006.

19.6.1.1 Definição

É o princípio segundo o qual os trabalhadores e os empregadores, sem qualquer distinção e sem autorização prévia, têm o direito de constituir as organizações que entendam convenientes, assim como o de afiliar-se a essas organizações, com a única condição de observar seus estatutos. A liberdade sindical apresenta em si, entretanto, alguns conflitos essenciais, pois o sindicato, na qualidade de sujeito de liberdade, por vezes litiga com os indivíduos dele integrantes, também sujeitos de liberdade. Essa relação se torna mais complexa na medida em que entra nesse jogo dialético outro sujeito — o Estado —, cada vez mais alçado à condição de intermediário dos conflitos havidos entre as liberdades de indivíduos e grupos intermediários. A relação entre os mencionados sujeitos gera um plexo de liberdades e limitações, assim expendido pelos Professores Orlando Gomes e Elson Gottschalk[21]:

a) Liberdade em face do indivíduo: composta de liberdades que envolvem a opção de **filiar-se** ou de **não se filiar** a um sindicato e a liberdade de **demitir-se** do referido grupo intermediário.

b) Liberdade em face do grupo intermediário: envolve as liberdades de **fundar** um sindicato; de **determinar o quadro sindical** na ordem profissional e territorial; de **estabelecer relações entre sindicatos** para formar agrupações mais amplas; de **fixar as regras internas**, formais e de fundo para regular a vida sindical; de **regular as relações** entre o sindicalizado e o grupo profissional, o sindicato de empregados e o de empregadores; de **exercer o direito sindical** em relação à profissão e em relação à empresa.

c) Liberdade em face do Estado: diz respeito a liberdades que englobem **independência** dos sindicatos; a **superação de conflito** com a ação sindical e a **integração** dos sindicatos no Estado.

Esse sistema que trata dos limites para o exercício da ação sindical reflete com clareza as relações existentes entre as definições de vontade, de liberdade e de autonomia. Dentro dele, a vontade, máxima expressão, seria a impressão consciente, percebida após a superação de um conflito interno de valores, capaz de gerar uma percepção e/ou uma ação. A liberdade, por sua vez, seria o resultado prático do exercício dessa vontade, podendo ser entendida em acepção negativa ou positiva. A liberdade negativa coincidiria, segundo Bobbio, com a situação em que um sujeito tem a possibilidade de agir sem ser impedido ou de não agir sem ser obrigado a isso por outros sujeitos[22]. A formulação clássica dessa acepção de liberdade foi dada por Montesquieu, segundo o qual "é o direito de fazer tudo o que as leis permitem"[23]. A liberdade positiva, por outro lado, é conhecida como autodeterminação ou autonomia. Por liberdade positiva, conforme o citado Bobbio na mesma obra, entende-se a situação em que um sujeito tem a possibilidade de orientar a própria vontade em direção a um objetivo e de tomar decisões sem ser determinado pela vontade de outras pessoas.

A autonomia, terceiro conceito interligado, é, portanto, entendida como extensão da liberdade e assimilada, consoante muitas vezes expendido, como a capacidade oferecida pela norma fundamental da sociedade aos indivíduos e às coletividades (leia-se no caso específico: sindicatos) para deliberar acerca da norma que os regerá numa situação concreta. É, portanto, o exercício da liberdade positiva. A palavra "autonomia" indica, desse modo, a conquista de liberdade por parte de quem a pode receber. Ressalte-se que o Estado, "árbitro supremo das liberdades de indivíduos e grupos intermediários", na justa expressão de Gomes

---

21 GOMES, Orlando; GOTTSCHALK, Elson. *Curso de direito do trabalho*. 16. ed. Rio de Janeiro: Forense, 2002, p. 505-513.
22 BOBBIO, Norberto. *Eguaglianza e libertà*. Torino: Einaudi, 1995, p. 45 (livre tradução do autor).
23 MONTESQUIEU. *Do espírito das leis*. São Paulo: Nova Cultural, 1997, v. 1, p. 200 (Os Pensadores).

e Gottschalk[24], é aquele que, em regra, define até que ponto o particular pode ser considerado livre e, por isso, apto à organização própria e à autodeterminação.

19.6.1.2 Dimensões da liberdade sindical

Emergem duas dimensões diferentes e entre si complementares: a individual e a coletiva, cada uma delas sob perspectivas positivas ou negativas. Independentemente das mencionadas dimensões, a liberdade sindical manifesta-se também em face de diferentes sujeitos, situações e relações jurídicas, o que a torna ainda mais multifacetada, plena de características variadas e peculiares.

Por isso, em qualquer hipótese, a liberdade sindical pode merecer apreciação em face de atos (omissivos ou comissivos) praticados pelo Estado, pelos empregadores, pelas próprias entidades sindicais em relação aos seus filiados, pelas entidades sindicais em face de outras congêneres e até mesmo em face de sujeitos difusos, indeterminados.

Fala-se **em liberdade sindical de dimensão individual** para referir-se ao conjunto de direitos de que são titulares os indivíduos em suas múltiplas relações de natureza sindical, especialmente aquelas estabelecidas com o Estado, com os empregadores e com as organizações sindicais. Os direitos e faculdades que emergem dessa faceta individual garantem faculdades de tríplice conteúdo:

a) constituição da entidade sindical;

b) filiação positiva e negativa; e

c) atividade ou participação sindical.

A liberdade sindical de constituição dará ao indivíduo o direito de criar uma entidade representativa dos seus interesses em conjunção com seus companheiros. A liberdade positiva de filiação atribuirá a este a faculdade de associar-se ao ente representativo ou, nos sistemas que contemplam a pluralidade sindical, a uma das associações de sua livre escolha. Complementarmente, a liberdade negativa de filiação lhe atribuirá a faculdade de não associação a qualquer entidade que eventualmente possa representá-lo no âmbito sindical e de, consequentemente, não participar das atividades que digam respeito a sua vida laboral com o objetivo de protegê-lo de qualquer pressão que se possa impor. Por fim, a liberdade de atividade ou de participação sindical lhe permitirá, na medida em que regularmente ingresse na associação, influir nas decisões, integrar os processos eletivos e os demais atos da sua vida sindical.

No tocante ao ato de filiação (ou de inscrição), que se suporá a aceitação do programa e da estrutura da entidade sindical escolhida pelo associando, aí incluindo o compromisso de contribuição para dar-lhe suporte financeiro. Por força de uma interpretação ampliativa da liberdade individual de filiação, ninguém poderá, entre outros direitos, ser obrigado a subvencionar sindicato de que não deseje participar.

Essa incongruência, vedada expressamente em alguns sistemas jurídicos, é praticada no ordenamento brasileiro, com força tributária. Em total violação à liberdade sindical individual negativa, os sujeitos das relações coletivas de trabalho, independentemente de sua afinidade com o movimento ou com a entidade sindical, eram obrigados, **até a vigência da Lei n. 13.467/2017**, a contribuir nos termos dos arts. 578 a 610 da CLT. Perceba-se aí que, ao estabelecer limitação ao padrão de sindicalidade, o Estado esteve, sim, durante anos, a violar a liberdade sindical individual, o que, juntamente com outras questões, será objeto de análise pormenorizada na segunda parte deste estudo.

---

24 GOMES, Orlando; GOTTSCHALK, Elson. *Curso de direito do trabalho*. 16. ed. Rio de Janeiro: Forense, 2002, p. 505.

Em outro extremo, fala-se em **liberdade sindical de dimensão coletiva** para referir-se aos direitos de que são titulares as organizações sindicais no processo de defesa e de promoção dos interesses dos seus representados, vale dizer, aos direitos de que são titulares as entidades sindicais para que possam cumprir as funções que constituem a sua razão de ser e de existir. Emerge daí um conteúdo essencial composto pelos direitos de representação coletiva, negociação coletiva e greve, e um conteúdo adicional, normalmente detalhado pela norma infraconstitucional, integrado por direitos e faculdades de:

a) auto-organização;

b) filiação, positiva ou negativa, a organizações sindicais mais complexas no âmbito nacional ou internacional;

c) livre exercício da atividade sindical.

O direito de auto-organização é entendido como a faculdade de o ente coletivo livremente promover a sua própria organização interna. Nesse plano estão inseridos os direitos de redigir o conteúdo dos estatutos e regulamentos e de, sem ingerências externas, estruturar o funcionamento e a direção do corpo social. O direito de filiação a organizações mais complexas é uma variável da liberdade sindical de dimensão coletiva, positiva ou negativa. Nesse contexto, as entidades sindicais têm a faculdade de federar com o objetivo de formar alianças ou, se for o seu desejo, de abster-se dessa prática conjuntiva. Por fim, os sujeitos coletivos ora analisados têm o direito ao exercício da atividade sindical, que, em meio às múltiplas ações decorrentes, lhes permite celebrar reuniões, integrar órgãos estatais ou empresas estatais de representação dos interesses coletivos e ver protegidos os seus dirigentes e representantes.

19.6.1.3 O conteúdo da Convenção n. 87 da OIT

A Convenção n. 87 da OIT oferece uma conceituação de liberdade sindical que se baseia essencialmente na ideia de que os trabalhadores e os empregadores, sem qualquer distinção e sem autorização prévia, têm o direito de constituir as organizações que entendam convenientes, assim como o de filiar-se a essas organizações com a única condição de observar seus estatutos. Nesse conceito de liberdade sindical se incluem variáveis relacionadas à liberdade de trabalhar, à liberdade de filiar-se, à liberdade de organizar-se e de administrar-se e à liberdade de atuar em nome dos representados.

Observe-se, ainda, que a Convenção n. 87 da OIT pugna pelo direito, oferecido a trabalhadores e empregadores, de "redigir seus estatutos e regulamentos administrativos, bem como o de eleger livremente seus representantes, o de organizar sua administração e suas atividades e o de formular seu programa de ação". Inclua-se nesse contexto o direito de constituição de federações e de confederações e de afiliação dessas entidades a organizações internacionais. Destaca-se, por fim, no contexto da mencionada convenção, que as autoridades públicas devem abster-se de toda intervenção que tenda a limitar os direitos acima expendidos ou debilitar seu exercício legal, notadamente no instante de aquisição da necessária personalidade jurídica. Igualmente, sustenta-se que as associações sindicais não podem ser dissolvidas por via administrativa.

19.6.1.4 Condutas antissindicais

As condutas antissindicais, na condição de ilícitos civis, podem ser entendidas, a partir do seu caráter onicompreensivo, como qualquer ato jurídico estruturalmente atípico, positivo ou negativo, comissivo ou omissivo, simples ou complexo, continuado ou isolado, concertado ou não concertado, estatal ou privado, normativo ou negocial, que, extrapolando os limites do jogo normal das relações coletivas de trabalho, lesione o conteúdo essencial de direitos de liberdade sindical.

Como reforço à definição acima apresentada, rememoram-se as palavras do professor Ermida Uriarte, para quem "o alcance objetivo ou âmbito de aplicação objetiva da proteção da atividade sindical deve ser amplo e incluir todo ato ou conduta que prejudique a causa da atividade sindical ou que a limite além daquilo que surge do jogo normal das relações coletivas de trabalho"[25].

Para bem esclarecer o sentido da expressão "jogo normal", constante da definição acima proposta e das palavras do mestre uruguaio, pode-se valer de uma comparação estabelecida com uma partida de futebol, haja vista a potência e robustez próprias desta espécie desportiva.

Pois bem. Não se pode considerar como "falta" qualquer atrito existente entre os adversários numa partida de futebol, uma vez que o contato é algo inerente a essa prática desportiva. Entretanto, quando o atrito extrapola os limites daquilo que decorre do "jogo normal", quando se vê nele o objetivo de obstaculizar os propósitos da atividade desenvolvida, haverá de ser freado o ímpeto de quem praticou o excesso. Do mesmo modo ocorre com as relações coletivas, igualmente reconhecidas pela sua robustez. O atrito é algo que compõe a sua essência, cabendo ao Direito apenas regular (ou justificar) os sobejos decorrentes das eventuais diferenças de potência entre os litigantes e, de certa forma, especialmente na atividade judiciária, identificar as intenções obstativas destes.

Nesse sentido, pode-se afirmar, por exemplo, que extrapola os limites do "jogo normal" o empresário que, sob o pretexto de distribuir informação aos seus empregados, os instiga à não associação e à oposição contributiva, ou seja, os estimula a apresentar no setor de pessoal uma declaração dirigida ao sindicato no sentido de que não desejem contribuir com as taxas associativas, por exemplo. A incitação à não contributividade, ainda que se trate de contributividade facultativa, constitui — porque extrapoladora dos limites do jogo normal das relações coletivas de trabalho — conduta antissindical, especialmente quando produzida numa escala coletiva. Exatamente por isso a Coordenadoria Nacional de Promoção da Liberdade Sindical do Ministério Público do Trabalho (CONALIS) chegou a editar, no passado, orientação segundo a qual *"o incentivo patronal ao exercício do direito de o trabalhador opor-se à contribuição assistencial/negocial configura ato antissindical"*.

Igualmente extrapola os referidos limites, em mais um exemplo de antissindicalidade, embora estatal, o magistrado que inviabiliza o exercício do direito à autotutela coletiva ao determinar a manutenção de atividade não grevista em contingente mínimo de dimensão absolutamente incompatível com os efeitos pretendidos por meio de uma greve. Há juízes que, independentemente dos argumentos apresentados pelas partes em conflito, fixam a manutenção de serviço essencial em 80% ou 90% do contingente total, o que simplesmente aniquila a manifestação de resistência operária.

No contexto das antissindicalidades estatais, não se pode deixar de registrar aquelas praticadas através da Medida Provisória n. 873, de 1º de março de 2019, que, em decorrência de tantas críticas e de inúmeras ações judiciárias com pedido de declaração de inconstitucionalidade, teve, nos termos do Ato Declaratório do Presidente da Mesa do Congresso Nacional n. 43, de 2019, o seu prazo de vigência encerrado no dia 28 de junho de 2019, sem ser levada à discussão. Afirmam-se praticadas antissindicalidades por meio do referido ato normativo porque algumas das suas disposições manifestamente atingiam e violavam alguns dos mais caros direitos de liberdade sindical constitucionalmente assegurados.

---

25 ERMIDA URIARTE, Oscar. *A proteção contra os atos antissindicais*. Tradução Irany Ferrari. São Paulo: LTr, 1989, p. 59.

Um dos mais comentados dispositivos da referida Medida Provisória n. 873, de 1º de março de 2019, que ora se refere apenas como exemplo de antissindicalidade, era aquele constante do art. 582 da CLT, cuja redação não é mais exigível:

> Art. 582. A contribuição dos empregados que autorizarem, prévia e expressamente, o recolhimento da contribuição sindical **será feita exclusivamente por meio de boleto bancário ou equivalente eletrônico**, que será encaminhado obrigatoriamente à residência do empregado ou, na hipótese de impossibilidade de recebimento, à sede da empresa (norma não mais exigível por ter a vigência encerrada).

Perceba-se que a norma acima transcrita colidiu frontalmente com o disposto no art. 8º, IV, da Constituição Federal que claramente prevê que "a assembleia geral fixará a contribuição que, em se tratando de categoria profissional, **será descontada em folha**, para custeio do sistema confederativo da representação sindical respectiva, independentemente da contribuição prevista em lei". Não há, assim, a menor dúvida de que a contribuição ao sistema sindical há de ser feita — e ainda assim se faz — mediante desconto em folha de pagamento em se tratando de categoria profissional.

A despeito disso, e em sentido oposto, cabe referir, a despeito da sua perda de vigência, que a Medida Provisória n. 905, de 2019, criou dispositivo normativo de combate às antissindicalidades, mas unicamente àquelas praticadas pelo empregador. Nos moldes do não mais vigente § 6º do art. 543 da CLT, "a empresa que, por qualquer modo, procurar impedir que o empregado se associe a sindicato, organize associação profissional ou sindical ou exerça os direitos inerentes à condição de sindicalizado ficará sujeita ao pagamento da multa prevista no inciso I do *caput* do art. 634-A, sem prejuízo da reparação a que o empregado tiver direito".

A reparação a que se referia a norma seria obtida no âmbito de ação aforada perante a Justiça do Trabalho na qual se discutiriam, em sede individual ou coletiva, as violações ao patrimônio imaterial do trabalhador singularmente considerado ou ao patrimônio imaterial da categoria profissional.

Entretanto, se por um lado a Medida Provisória n. 905, de 2019, atuou no combate de antissindicalidades patronais, de outro revelou um Estado ainda interferente na organização sindical quando deu novas redações ao art. 553 da CLT. Veja-se o texto pela importância histórica, mas nunca se esqueça de que a citada MP n. 905, de 2019, perdeu a sua vigência.

> Art. 553. As infrações ao disposto neste Capítulo serão punidas, segundo o seu caráter e a sua gravidade, com as seguintes penalidades:
>
> a) aplicação da multa prevista no inciso I do *caput* do art. 634-A;
>
> [...]
>
> f) aplicação da multa prevista no inciso I do *caput* do art. 634-A, aplicável ao associado que deixar de cumprir, sem causa justificada, o disposto no parágrafo único do art. 529.
>
> [...] (NR) (a MP n. 905, de 2019, perdeu a sua vigência)

A crítica é dirigida ao disposto na letra "f" do art. 553 acima transcrito. Como é possível admitir que o Estado aplique a multa prevista no inciso I do *caput* do art. 634-A da CLT ao associado do sindicato que deixar de votar nas eleições sindicais? O parágrafo único do art. 529 da CLT é aberta e claramente não recepcionado pelo art. 8º, I, da Constituição Federal porque escancaradamente interfere na organização sindical. Cabe única e exclusivamente ao sindicato, mediante o seu estatuto, tratar das penas eventualmente impostas a quem, embora obrigado, não se disponha a votar nas eleições sindicais. Isso é assunto interno; jamais deve ser tratado pelo Estado. Aqui há antissindicalidade estatal.

A impressão que se tem é a de que a Medida Provisória n. 905, de 2019, ora não mais vigente, saiu a criar multas administrativas para muitos comportamentos evidenciados nas relações de trabalho sem o cuidado de verificar se o comportamento objeto da multa ainda estaria recepcionado pelo texto constitucional.

19.6.2 Princípios decorrentes da atividade sindical

Somente se pode falar em atividade sindical quando identificados pelo menos três elementos: os sujeitos coletivos, o vínculo de atributividade entre eles (a relação coletiva) e o objeto produzido a partir desse vínculo, que são os instrumentos coletivos negociados. É natural que a compreensão dos mencionados elementos seja alcançada a partir de postulados que permitam a apreensão da lógica que os orienta. Por isso, como se verá nos tópicos seguintes, serão aqui apreciados os princípios decorrentes da atividade sindical, abarcando tanto os aplicáveis às relações coletivas quanto os que dizem respeito à construção dos instrumentos coletivos negociados:

19.6.2.1 Princípios aplicáveis às entidades sindicais

Há princípios que são aplicáveis às entidades sindicais enquanto sujeitos das relações coletivas, ou seja, mandamentos nucleares de caráter normativo que informam a edificação dos vínculos entre aqueles que, tecnicamente, constroem o liame sobre o qual opera o chamado direito sindical e coletivo do trabalho. Nesse âmbito são apreciados os relevantes princípios da pureza, da democracia sindical interna, da interveniência sindical obrigatória, da equivalência contratual dos sujeitos coletivos da boa-fé objetiva e da inescusabilidade negocial. Vejam-se alguns detalhamentos importantes:

19.6.2.1.1 Princípio da pureza ou da proibição de formação de sindicatos mistos

A OIT, no art. 2º da sua prestigiada Convenção n. 98[26] e em diversos verbetes da Recopilação de Decisões e Princípios (RDP) do seu Comitê de Liberdade Sindical (CLS), manifesta imensa preocupação em destacar que, apesar de nada impedir que obreiros e patrões busquem formas de cooperação, inclusive de natureza mutualista, para o alcance de objetivos sociais, deve se preservar, com base no **princípio da pureza**, o conceito e a função das entidades sindicais. Mas o que seria, então, o "princípio da pureza"?

O princípio da pureza ou princípio da proibição de formação de sindicatos mistos, ou ainda princípio da exclusividade sindical[27], baseia-se no mandamento nuclear segundo o qual os sindicatos operários devem agir unicamente em nomes dos seus representantes, e não em favor dos empregadores, desviando-se da sua função combativa primordial.

A legislação italiana foi pioneira ao vedar expressamente aquilo que ela intitulou de *"sindicati di comodo"* ou sindicato de conveniência, um verdadeiro fantoche à disposição

---

26 Convenção 98 da OIT:

Art. 2 — 1. As organizações de trabalhadores e de empregadores deverão gozar de proteção adequada contra quaisquer atos de ingerência de umas e outras, quer diretamente quer por meio de seus agentes ou membros, em sua formação, funcionamento e administração.

2. Serão particularmente identificados a atos de ingerência, nos termos do presente artigo, medidas destinadas a provocar a criação de organizações de trabalhadores dominadas por um empregador ou uma organização de empregadores, ou a manter organizações de trabalhadores por outros meios financeiros, com o fim de colocar essas organizações sob o controle de um empregador ou de uma organização de empregadores.

27 Quanto a essa última denominação, leia-se o artigo "Os princípios do direito coletivo do trabalho", de Luiz de Pinho Pedreira da Silva, publicado na *Revista LTr* 63-02, de fevereiro de 1999, p. 151-157.

de quem o manipula. O artigo 17 do *Statuto dei Lavoratori* prevê claramente que os empregadores e as suas associações estariam proibidos de constituir ou de sustentar com meios financeiros os sindicatos laborais.

A OIT chegou a clamar por medidas legislativas e de outra ordem necessárias para garantir que as agremiações solidaristas não assumam atividades sindicais, e para que se garanta uma proteção eficaz contra as antissindicalidades que podem ser perpetradas por meio delas[28].

19.6.2.1.2 Princípio da democracia sindical interna

A democracia deve ser exigível além das fronteiras dos entes políticos, pois, como um valor superior, não pode permanecer limitada aos confins do Estado. Pelo contrário, há de ser expandida a toda e qualquer formação social chamada a contribuir decisivamente com o desenvolvimento do pluralismo. E é aqui, justamente neste ponto, que se cruzam as temáticas da democracia e das relações sindicais e coletivas de trabalho. Os temas "democracia" e "sindicato" passam a inter-relacionar-se de modo expressivo na medida em que a inexigibilidade do regime democrático intrassindical pode se transformar num pretexto para a prática de atos limitativos de natureza antissindical.

Pode-se dizer, então, que o princípio da democracia sindical interna é aquele que se baseia no mandamento nuclear segundo o qual a formação de organizações sindicais deve partir do pressuposto da existência de bases democráticas, fundadas no oferecimento de condições de participação para todos os integrantes da entidade sindical, afastada, consequentemente, a ideia de diretorias perenes ou de tomada de decisões por órgãos colegiados em detrimento de toda a coletividade reunida em assembleia.

19.6.2.1.3 Princípio da interveniência sindical obrigatória

O princípio da interveniência sindical obrigatória baseia-se no mandamento nuclear segundo o qual a participação da entidade sindical obreira é indispensável à caracterização da existência de uma relação contratual de natureza coletiva, não se podendo falar em ne-

---

[28] Vejam-se os verbetes a seguir expendidos extraídos da "recopilación de decisiones y principios del Comité de Libertad Sindical del Consejo de Administración de la OIT":

"872. Deben tomarse las medidas legislativas y de otro orden necesarias para garantizar que las asociaciones solidaristas no asuman actividades sindicales, y para que se garantice una protección eficaz contra toda forma de discriminación antisindical y la eliminación de toda desigualdad de trato en favor de las asociaciones solidaristas."

"873. En cuanto a los alegatos relativos al 'solidarismo', el Comité recuerda la importancia que presta a que, de conformidad con el artículo 2 del Convenio núm. 98, se garantice la protección contra los actos de injerencia de los empleadores tendientes a fomentar la constitución de organizaciones de trabajadores dominadas por un empleador."

"874. En cuanto a alegatos sobre las actividades de las organizaciones solidaristas para contrarrestar la acción sindical, el Comité señaló a la atención del gobierno el artículo 2 del Convenio sobre el derecho de sindicación y de negociación colectiva, 1949 (núm. 98), cuyo texto dispone que las organizaciones de trabajadores y de empleadores deberán gozar de adecuada protección contra todo acto de injerencia de una respecto de las otras y que se consideran actos de injerencia las medidas que tiendan a fomentar la constitución de organizaciones de trabajadores dominadas por un empleador o una organización de empleadores, o a sostener económicamente, o en otra forma, organizaciones de trabajadores, con objeto de colocar a estas organizaciones bajo el control de un empleador o una organización de empleadores."

"879. El Comité recuerda que deben tomarse las medidas legislativas o de otro orden necesarias para garantizar que asociaciones distintas de los sindicatos no asuman actividades sindicales y para que se garantice una protección eficaz contra toda forma de discriminación antisindical."

gociação coletiva senão quando um dos sujeitos contratantes for, necessariamente, uma entidade sindical de trabalhadores.

O dispositivo constitucional que arrima esse princípio está contido n o art. 8º, VI, segundo o qual "é obrigatória a participação dos sindicatos nas negociações coletivas de trabalho". Pode-se então indagar: o registro quanto à obrigatória participação "dos sindicatos" não sugeriria que a legitimidade para negociar passou das empresas para os sindicatos, e que, desse modo, o acordo coletivo deveria ter a assinatura do sindicato patronal, sob pena de invalidade?

A resposta a esse questionamento é negativa. Chega-se a tal conclusão a partir de uma interpretação sistemática do próprio texto constitucional, que, apesar de fazer menção à obrigatória participação "dos sindicatos" nas negociações coletivas, manteve a distinção entre acordo coletivo e convenção coletiva nos dispositivos constantes dos incisos VI, XIII e XXVI do seu art. 7º. O Professor Luiz de Pinho Pedreira, com inegável capacidade analítica, apreciou a questão sustentando que "a exigência de que o acordo coletivo seja firmado não por empresa ou empresas, mas por sindicato de empregadores [...] levaria à indistinção entre convenção coletiva e acordo coletivo, pois a única diferença entre ambos no direito brasileiro sempre foi que a convenção é celebrada, de ambos os lados, por sindicatos, ao passo que o acordo o é entre sindicatos de trabalhadores e empresa ou empresas". Para o mestre baiano, "se também o acordo passa a ser obrigatoriamente avençado entre sindicatos deixa de haver diferença entre ele e a convenção. O requisito de que o sujeito patronal do acordo seja sindicato contraria a Constituição, interpretada de forma sistemática, pois ela, como se vê do seu art. 7º, incisos VI, XIII e XXVI, manteve a distinção entre convenção coletiva de trabalho e acordo coletivo de trabalho".

A título de conclusão, o Professor Pinho Pedreira arrematou a discussão ao lembrar que "uma empresa, em regra, vale por uma coalizão, no mínimo tão poderosa quanto o sindicato de trabalhadores, e, assim, pode negociar por si mesma, sem a intermediação do sindicato" e que, por isso, se a empresa se considera em condições de dispensar sua substituição pelo sindicato para a negociação coletiva, preferindo celebrar acordo coletivo, nada poderia impedir essa sua opção[29]. Esse é, também, o entendimento de Otávio Brito Lopes, segundo o qual "a obrigatoriedade de participação dos sindicatos na negociação coletiva (art. 8º, VI, da CF) está direcionada à representação dos trabalhadores, uma vez que, do lado empresarial, a intervenção do sindicato não se mostra indispensável à garantia da igualdade das partes na negociação"[30].

Diante desse contexto, pode-se afirmar que o princípio da interveniência sindical obrigatória impõe a presença da entidade sindical operária na relação jurídica de direito coletivo. Se os trabalhadores não estiverem acompanhados por sua entidade sindical, não se poderá falar na existência de negociação coletiva[31], mas no máximo em negociação plúrima, sem o condão de produzir efeitos *ultra partes* ou de promover alterações contratuais coletivas *in pejus*.

---

29 PINHO PEDREIRA, Luiz de. Os princípios do direito coletivo do trabalho. Revista *LTr*, 63-02, 1999, p. 151-157.
30 LOPES, Otávio Brito. Limites constitucionais à negociação coletiva. Revista *LTr*, São Paulo, v. 6, n. 64, p. 716, 2000.
31 Por conta disso, não foi recepcionada pelo texto constitucional a regra constante do § 1º do art. 617 da CLT, segundo o qual, "expirado o prazo de oito dias sem que o Sindicato tenha se desincumbido do encargo recebido, poderão os interessados dar conhecimento do fato à Federação a que estiver vinculado o Sindicato e, em falta dessa, à correspondente Confederação, para que, no mesmo prazo, assuma a direção dos entendimentos. Esgotado esse prazo, **poderão os interessados prosseguir diretamente na negociação coletiva até final**" (destaques não constantes do original).

Exemplo de atuação no plano da chamada negociação plúrima, como se verá detalhadamente no tópico 2.3.5 deste *Curso*, é encontrável no âmbito do art. 11 da Constituição da República. Há ali expressa menção ao **direito dado aos trabalhadores de empresas de mais de 200 (duzentos) empregados** de **eleger um representante destes** com a **finalidade exclusiva** de promover-lhes o entendimento direto com os empregadores. O texto é bem claro: "finalidade EXCLUSIVA de promover-lhes o ENTENDIMENTO DIRETO com os empregadores" (destaque não constante do original), e nada mais do que isso. A finalidade negocial coletiva permanece, portanto, claramente em poder da entidade sindical.

19.6.2.1.4 Princípio da equivalência contratual dos sujeitos coletivos

O princípio da equivalência contratual dos sujeitos coletivos baseia-se no mandamento nuclear segundo o qual os contratantes, estando em plano de igualdade, são dotados dos mesmos instrumentos de ação e de resistência, passíveis de utilização no momento de construção do acordo ou da convenção coletiva. Anote-se, porque importante, que a equivalência dos contratantes os faz reciprocamente imunes às cláusulas de adesão, o que, teoricamente, estimula o diálogo para a construção de fontes autônomas cada vez mais justas e equânimes.

Diante da atuação intermediária obrigatória das entidades sindicais operárias, e em face da liberdade a estas oferecida, não se pode falar em vulnerabilidade da representação dos trabalhadores, tampouco em aplicação do princípio da proteção no âmbito das relações coletivas.

19.6.2.1.5 Princípio da boa-fé objetiva e da confiança

O princípio da boa-fé objetiva baseia-se no mandamento nuclear segundo o qual os sujeitos integrantes de uma relação jurídica devem agir, um em relação ao outro, com a máxima lealdade e transparência, a ponto de suas atitudes serem socialmente identificadas como sinceras e honestas, notadamente porque desenvolvidas em clima de mútua confiança, inspirado nos deveres sociais de cuidar, de colaborar e de informar. Há previsão normativa no art. 422 do Código Civil quanto à necessidade de ser observada a boa-fé objetiva. Segundo o referido dispositivo, "os contratantes são obrigados a guardar, assim na conclusão do contrato, como em sua execução, os princípios da probidade e da boa-fé".

O Professor Álvaro Villaça entende que, desde a fase inicial dos ajustes, os contratantes hão de "manter seu espírito de lealdade, esclarecendo os fatos relevantes e as situações atinentes à contratação, procurando razoavelmente equilibrar as prestações, expressando-se com clareza e esclarecendo o conteúdo do contrato, evitando eventuais interpretações divergentes, bem como cláusulas leoninas, só em favor de um dos contratantes, cumprindo suas obrigações nos moldes pactuados, objetivando a realização dos fins econômicos e sociais do contratado; tudo para que a extinção do contrato não provoque resíduos ou situações de enriquecimento indevido, sem causa"[32].

A boa-fé objetiva opera claramente nas relações coletivas nas fases de contratação e de luta.

Nos instantes de contratação (de produção dos instrumentos negociados) os sujeitos coletivos devem deduzir pretensões razoáveis, com moderação, observando o real estado das coisas e as verdadeiras necessidades de cada um. Devem eles mutuamente formular e res-

---

Se os trabalhadores prosseguirem diretamente na negociação, esta não será entendida, por força do princípio constitucional da obrigatória interveniência sindical obreira, como negociação coletiva, tampouco produzirá efeitos unicamente a ela reservados.

32 VILLAÇA, Álvaro. *Teoria geral dos contratos típicos e atípicos*. São Paulo: Editora Atlas, 2002, p. 26.

ponder a propostas e contrapropostas, prestar informações necessárias à negociação e preservar o correspondente sigilo.

Nos instantes de luta — decorrentes do descumprimento do negociado ou da resistência quanto ao estabelecimento/manutenção de condições mais benéficas — os sujeitos coletivos devem também atuar de modo leal. Antes de deflagrada a greve, os trabalhadores devem, por meio de sua entidade sindical, comunicar ao patronato e à sociedade a intenção de paralisar coletivamente os serviços, observando os prazos e as exigências constantes de lei. Durante o transcurso da paralisação coletiva do trabalho, os grevistas devem atuar de modo transparente, informando suas pretensões e os eventuais avanços das negociações, sendo certo que a atividade paredista deve garantir, pelo menos, contingentes suficientes para o atendimento das necessidades inadiáveis da comunidade.

A boa-fé objetiva é acionada também na interpretação contratual, sendo claro o art. 113 do Código Civil, segundo o qual "os negócios jurídicos devem ser interpretados conforme a boa-fé e os usos do lugar da sua celebração". Por isso, e em nome da boa-fé objetiva, é que "nas declarações de vontade se atenderá mais à intenção nelas consubstanciada do que ao sentido literal da linguagem" (art. 112 do referido diploma Civil). Não é demais lembrar que a interpretação dos contratos coletivos de trabalho é promovida à luz das normas civis, já que seus contratantes estão, conforme expendido no tópico anterior, em plano de igualdade formal.

Por fim, não é demasiada a lembrança de que a boa-fé estrutura e apoia o consectário princípio da confiança, assim entendido o mandado orientador que se funda na proteção da legítima expectativa de não ser surpreendido, e ao final prejudicado, com uma atitude contrária à que normalmente se esperaria de quem incutiu confiança sob o fundamento da estabilidade das circunstâncias envolventes.

19.6.2.1.6 Princípio da inescusabilidade negocial

O princípio da inescusabilidade negocial baseia-se no mandamento nuclear segundo o qual os sindicatos representativos de categorias econômicas ou profissionais e as empresas, inclusive as que não tenham representação sindical, quando provocados, *não podem recusar--se à negociação coletiva*. Nesse sentido, ainda que não cheguem a um ponto de convergência que lhes dê possibilidade de criar um instrumento coletivo negociado, aos sujeitos das relações coletivas de trabalho não é dado o direito de negar-se ao diálogo, conforme o claro comando encontrado no *caput* do art. 616 da CLT. Veja-se:

> Art. 616. *Os Sindicatos representativos de categorias econômicas ou profissionais e as empresas, inclusive as que não tenham representação sindical, quando provocados,* **não podem recusar-se à negociação coletiva**. *(Redação dada pelo Decreto-lei n. 229, de 28-2-1967)*

Esse comportamento, além de vedado, é, em muitos sistemas, identificado como uma conduta de natureza antissindical, que pode produzir *efeitos indenizantes*, criativos do dever de indenizar os prejuízos resultantes da recusa à negociação coletiva, e *caducificantes*, geradores da perda de direitos de representação para os sujeitos infringentes.

19.6.2.2 Princípios aplicáveis aos instrumentos coletivos negociados

Do mesmo modo que existem princípios aplicáveis às entidades sindicais, enquanto sujeitos da relação coletiva, há também aqueles que orientam e informam a construção dos instrumentos coletivos negociados, os objetos decorrentes da relação coletiva. Nesta seara será estudada a principiologia voltada à criatividade normativa, à intervenção mínima na autonomia da vontade coletiva, à presunção de legitimação dos atos negociais da entidade sindical operária; e, por fim, à adequação setorial negociada. Vejam-se aspectos indispensáveis para a compreensão da matéria:

19.6.2.2.1 Princípio da criatividade normativa

O princípio da criatividade normativa baseia-se no mandamento nuclear segundo o qual os instrumentos coletivos negociados constituem fonte de caráter normativo e alcance *ultra partes*. A força normativa dos contratos coletivos de trabalho é um produto da própria lei que lhes outorga os atributos da generalidade, da abstração e da imperatividade por meio do art. 611 da CLT[33].

Por conta do seu alcance *ultra partes*, os instrumentos coletivos negociados valem apenas em relação aos sujeitos e às situações neles previstas, não sendo possível sua extensão, ainda que por via análoga, para outros sujeitos e situações, salvo quando alegada a ausência de correlação lógica entre o fator de discrímen e a desequiparação eventualmente procedida. Nesse sentido, foi publicada a Orientação Jurisprudencial 346 da SDI-1[34], segundo a qual, inexistente qualquer alegação de violação a isonomia, não se poderia admitir que uma decisão estendesse em favor de inativos um abono previsto em norma coletiva apenas para empregados em atividade. Para o TST, decisões dessa natureza afrontariam o disposto no art. 7º, XXVI, da Constituição da República e, consequentemente, o princípio da criatividade normativa dos instrumentos coletivos negociados.

É evidente que a demonstração da inexistência de correlação lógica entre o fator que motivou o discrímen e a diferenciação de tratamento promovida em função dele justificará, sim, a correção judiciária da desigualdade. Parece, então, que as Orientações Jurisprudenciais 346 da SDI-1 e 61[35] e 64[36] da SDI-1 Transitória, todas do TST, partem de uma hipótese em que não se discute discriminação, mas apenas pura e simples extensão de direitos com natureza jurídica transmudada.

---

[33] Art. 611. Convenção Coletiva de Trabalho é o acordo de **caráter normativo**, pelo qual dois ou mais sindicatos representativos de categorias econômicas e profissionais estipulam condições de trabalho aplicáveis, no âmbito das respectivas representações, às relações individuais de trabalho.

§ 1º É facultado aos sindicatos representativos de categorias profissionais celebrar Acordos Coletivos com uma ou mais empresas da correspondente categoria econômica, que estipulem condições de trabalho, aplicáveis no âmbito da empresa ou das empresas acordantes às respectivas relações de trabalho.

§ 2º As Federações e, na falta destas, as Confederações representativas de categorias econômicas ou profissionais poderão celebrar convenções coletivas de trabalho para reger as relações das categorias a elas vinculadas, inorganizadas em sindicatos, no âmbito de suas representações.

[34] **Orientação Jurisprudencial 346 da SDI-1 do TST.** ABONO PREVISTO EM NORMA COLETIVA. NATUREZA INDENIZATÓRIA. CONCESSÃO APENAS AOS EMPREGADOS EM ATIVIDADE. EXTENSÃO AOS INATIVOS. IMPOSSIBILIDADE. A decisão que estende aos inativos a concessão de abono de natureza jurídica indenizatória, previsto em norma coletiva apenas para os empregados em atividade, a ser pago de uma única vez, e confere natureza salarial à parcela, afronta o art. 7º, XXVI, da CF/88 (*DJU*, 25-4-2007).

[35] **Orientação Jurisprudencial 61 da SDI-1 Transitória.** AUXÍLIO CESTA-ALIMENTAÇÃO PREVISTO EM NORMA COLETIVA. CEF. CLÁUSULA QUE ESTABELECE NATUREZA INDENIZATÓRIA À PARCELA. EXTENSÃO AOS APOSENTADOS E PENSIONISTAS. IMPOSSIBILIDADE. Havendo previsão em cláusula de norma coletiva de trabalho de pagamento mensal de auxílio cesta-alimentação somente a empregados em atividade, dando-lhe caráter indenizatório, é indevida a extensão desse benefício aos aposentados e pensionistas. Exegese do art. 7º, XXVI, da Constituição Federal (*DJU*, 14-3-2008).

[36] **Orientação Jurisprudencial 64 da SDI-1 Transitória.** PETROBRAS. PARCELAS GRATIFICAÇÃO CONTINGENTE E PARTICIPAÇÃO NOS RESULTADOS DEFERIDAS POR NORMA COLETIVA A EMPREGADOS DA ATIVA. NATUREZA JURÍDICA NÃO SALARIAL. NÃO INTEGRAÇÃO NA COMPLEMENTAÇÃO DE APOSENTADORIA. As parcelas gratificação contingente e participação nos resultados, concedidas por força de acordo coletivo a empregados da Petrobras em atividade, pagas de uma única vez, não integram a complementação de aposentadoria (*DJe*, TST, 4-12-2008, rep. *DJe*, TST, 5-12-2008, *DJe*, TST, 8-12-2008).

Nas situações em que se alegou a inexistência de tratamento isonômico e nas hipóteses em que se demonstrou que ele partiu da ilógica correlação entre o discrímen e a desequiparação promovida, o Judiciário determinou a extensão de vantagens indevidamente bloqueadas por norma coletiva para um específico grupo. Nesse caso é digna de nota a Orientação Jurisprudencial 62 da SDI-1 Transitória[37].

19.6.2.2.2 Princípio da intervenção mínima na autonomia da vontade coletiva

O princípio da intervenção mínima na autonomia da vontade coletiva baseia-se no mandamento nuclear segundo o qual os sujeitos das relações coletivas devem ter ampla liberdade para negociarem, observado apenas o núcleo essencial e intangível dos direitos trabalhistas mínimos.

O magistrado não deve impedir o lícito desejar dos contratantes coletivos, mas, em nome disso, não pode, sob esse pretexto, fechar os olhos para violações aos direitos fundamentais ou ainda aos direitos de terceiros. Não há como o Judiciário deixar de intervir nos direitos de liberdade sindical quando, em seu nome, for comprimido outro direito igualmente fundamental ou for desprezada a plataforma mínima civilizatória. O magistrado, a despeito da redação constante do § 3º do art. 8º da CLT reformada, pode e deve realizar os controles de constitucionalidade e de convencionalidade das negociações coletivas nas situações em que for invocado a tanto. Será, portanto, antijurídico o comportamento negocial coletivo que vise aniquilar a intangível base de direitos essenciais construída historicamente pelos trabalhadores.

Anote-se, por fim, que "intervir minimamente" não significa "jamais intervir", mas interceder o mínimo possível e suficiente, e sempre no sentido de promover e proteger as potencialidades da liberdade sindical, especialmente a autonomia da vontade coletiva dos entes sindicais, garantindo-se os direitos mínimos já conquistados e, por isso, absolutamente infensos à negociação. "Intervir minimamente" não significa que o magistrado, uma vez chamado a corrigir iniquidades, as admita e foque o seu controle unicamente nos requisitos formais. Cabe-lhe, até mesmo no âmbito da verificação da "conformidade dos elementos essenciais do negócio jurídico" — e no amplo espectro de sindicabilidade admitido pelo próprio art. 104 do Código Civil — declarar a invalidade de toda cláusula cujo objeto seja ilícito ou juridicamente impossível. É delicada a busca desse equilíbrio, mas o seu encontro se funda essencialmente em bom senso e em técnica jurídica. Assim é; e assim será.

19.6.2.2.3 Princípio da presunção de legitimação dos atos negociais da entidade sindical operária

Tem-se por princípio presumir que as ações desenvolvidas pela entidade sindical obreira estão legitimadas por sua correspondente base e que são benfazejas as cláusulas produzidas por conta de seus atos negociais, ainda que, em determinados momentos, possam sinalizar um decréscimo de condição social. Há momentos em que a entidade sindical

---

37 Orientação Jurisprudencial 62 da SDI-1 Transitória. PETROBRAS. COMPLEMENTAÇÃO DE APOSENTADORIA. AVANÇO DE NÍVEL. CONCESSÃO DE PARCELA POR ACORDO COLETIVO APENAS PARA OS EMPREGADOS DA ATIVA. EXTENSÃO PARA OS INATIVOS. ART. 41 DO REGULAMENTO DO PLANO DE BENEFÍCIOS DA PETROS. Ante a natureza de aumento geral de salários, estende-se à complementação de aposentadoria dos ex-empregados da Petrobras benefício concedido indistintamente a todos os empregados da ativa e estabelecido em norma coletiva, prevendo a concessão de aumento de nível salarial — "avanço de nível" —, a fim de preservar a paridade entre ativos e inativos assegurada no art. 41 do Regulamento do Plano de Benefícios da Fundação Petrobras de Seguridade Social — Petros (*DJe*, TST, 4-12-2008, rep. *DJe*, TST, 5-12-2008, *DJe*, TST, 8-12-2008).

obreira, para alcançar determinada vantagem mais valiosa, precisa abrir mão de outra anteriormente conquistada por via negocial coletiva sem expressamente explicitar as contrapartidas recíprocas. Esse ato de apenas aparente rendição deve ser entendido como conduta contemporizadora, capaz de assimilar um novo corpo normativo (negocial coletivo) em que, de modo conglobado, estejam presentes mais vantagens do que desvantagens. Nesse contexto é bom lembrar que o § 2º do art. 611-A da CLT deixa claro que a inexistência de expressa indicação dessas contrapartidas recíprocas em convenção coletiva ou acordo coletivo de trabalho não ensejará sua nulidade por não caracterizar um vício do negócio jurídico.

Esse entendimento, aliás, foi reforçado pela tese firmada no Tema 1.046 da repercussão geral, *in verbis*:

> *"São constitucionais os acordos e as convenções coletivos que, ao considerarem a adequação setorial negociada, pactuam limitações ou afastamentos de direitos trabalhistas,* **independentemente da explicitação especificada de vantagens compensatórias***, desde que respeitados os direitos absolutamente indisponíveis".*

Não se olvide, por outro lado, da inaplicabilidade no âmbito das relações coletivas laborais dos princípios próprios das relações individuais de trabalho. Como os trabalhadores estão representados por sua entidade sindical em todos os atos negociais coletivos (e a presença desta é indispensável à caracterização da própria negociação coletiva — art. 8º, VI, da Constituição), não se pode falar na existência de um sujeito mais fragilizado ou mais vulnerável. Por isso, a regra da manutenção da fonte mais favorável, por exemplo, somente se aplica às relações individuais de trabalho, o que, aliás, claramente se vê na redação do *caput* do art. 468 da CLT[38].

Nas relações coletivas a noção de "direito adquirido" não é tão concreta e especificada quanto nas multicitadas relações individuais. Por isso, mediante negociação coletiva, uma vantagem pode diminuir ou desaparecer sem que, necessariamente, o segmento laboral venha a ser perdedor. Para evitar o desligamento em massa, o sindicato operário poderá, ilustrativamente, negociar a redução coletiva dos salários sem que esse ato de diminuição seja entendido como retrocesso social. A opção estratégica de evitar um mal maior no âmbito das relações coletivas é entendida como ação promotora de melhoria. Por conta disso, sempre se presumirá legitimada e benfazeja a atuação das entidades sindicais obreiras, salvo diante de provas inequívocas de capitulação, que pode ser entendida como uma conduta antissindical.

19.6.2.2.4 Princípio da adequação setorial negociada

Esse princípio remete à doutrina de Maurício Godinho Delgado, motivo pelo qual cabe referência à concepção na fonte original. Segundo o referido doutrinador, "pelo princípio da adequação setorial negociada as normas autônomas juscoletivas construídas para incidirem sobre certa comunidade econômico-profissional podem prevalecer sobre o padrão geral heterônomo justrabalhista, desde que respeitados certos critérios objetivamente fixados. São dois esses critérios autorizativos:

a) quando as normas autônomas juscoletivas implementam um padrão setorial de direitos superior ao padrão geral oriundo da legislação heterônoma aplicável;

---

[38] Art. 468. Nos contratos individuais de trabalho só é lícita a alteração das respectivas condições por mútuo consentimento, e, ainda assim, desde que não resultem, direta ou indiretamente, prejuízos ao empregado, sob pena de nulidade da cláusula infringente desta garantia (grifos não constantes do original).

b) quando as normas autônomas juscoletivas transacionam setorialmente parcelas justrabalhistas de indisponibilidade apenas relativa (e não de indisponibilidade absoluta)"[39].

Na situação descrita na alínea "a", as normas autônomas elevam o patamar setorial de direitos trabalhistas, em comparação com o padrão geral imperativo existente, sendo admitidas sem ressalvas; na hipótese tratada na alínea "b", porém, o princípio da indisponibilidade de direitos é afrontado, mas de modo a atingir somente parcelas de indisponibilidade relativa.

A adequação setorial negociada, entretanto, não prevaleceria na doutrina de Maurício Godinho Delgado, em dois casos: primeiro, se concretizada mediante ato estrito de renúncia; segundo, se envolvesse direitos de absoluta indisponibilidade.

O primeiro limite à adequação setorial negociada — o que diz respeito à sua inaplicabilidade em caso de ato estrito de renúncia por despojamento unilateral — sustenta a essencialidade de uma transação jurídica, por meio da qual a solução do conflito viesse por concessões recíprocas dos agentes envolvidos. Essa exigência, porém, encontrou um obstáculo prático a partir da vigência da Lei n. 13.467, de 2017, pois o § 2º do art. 611-A da CLT, citado no tópico anterior, dispôs no sentido de que a inexistência de expressa indicação dessas contrapartidas recíprocas em convenção coletiva ou acordo coletivo de trabalho não ensejaria sua nulidade, por não caracterizar um vício do negócio jurídico. Note-se que não são eliminadas as contrapartidas recíprocas, mas apenas inexigida a sua *"explicitação especificada"*. Nesse sentido, aliás, seguiu a tese firmada pelo STF no Tema 1.046 da repercussão geral.

O segundo limite à adequação setorial negociada — o que diz respeito à sua inaplicabilidade nas situações em que o direito envolvido seja absolutamente indisponível — sustenta que está fora do mercado negocial qualquer direito que componha o chamado patamar civilizatório básico, motivo pelo qual não se concebe ver reduzido em qualquer segmento econômico ou profissional, sob pena de violação da dignidade humana e da valorização que se possa atribuir ao trabalho. Nesse bloco de direitos inegociáveis estão todos aqueles previstos na Constituição da República; aqueles contidos em normas de tratados e convenções internacionais vigorantes no plano interno brasileiro (art. 5º, §§ 2º e 3º, do texto constitucional) e as normas legais infraconstitucionais que asseguram patamares de cidadania econômica e social aos trabalhadores.

Na linha da adequação setorial negociada, e no sentido de que a autonomia coletiva sindical tem, sim, o condão de flexibilizar o padrão normativo, desde que não violados direitos absolutamente indisponível, o STF iniciou um movimento de afirmação da prevalência do negociado sobre o legislado.

O Plenário do Supremo Tribunal Federal apreciou a discussão no julgamento do RE 590.415 (Rel. Min. Luís Roberto Barroso, *DJe* de 29-5-2015, Tema 152), interposto contra acórdão do Tribunal Superior do Trabalho que negara a validade de quitação ampla do contrato de trabalho, constante de plano de dispensa incentivada, por considerá-la contrária ao art. 477, § 2º, da CLT. Ao analisar o recurso paradigma, o STF assentou a tese segundo a qual "a transação extrajudicial que importa rescisão do contrato de trabalho, em razão de adesão voluntária do empregado a plano de dispensa incentivada, enseja quitação ampla e irrestrita de todas as parcelas objeto do contrato de emprego, caso essa condição tenha constado expressamente do acordo coletivo que aprovou o plano, bem como dos demais instrumentos celebrados com o empregado".

---

[39] DELGADO, Mauricio Godinho. *Curso de direito do trabalho*. 18. ed. São Paulo: LTr, 2019, p. 1576.

O voto condutor do acórdão, da lavra do Ministro Barroso, foi proferido com base nas seguintes razões: **(a)** "a Constituição reconheceu as convenções e os acordos coletivos como instrumentos legítimos de prevenção e de autocomposição de conflitos trabalhistas; tornou explícita a possibilidade de utilização desses instrumentos, inclusive para a redução de direitos trabalhistas; atribuiu ao sindicato a representação da categoria; impôs a participação dos sindicatos nas negociações coletivas; e assegurou, em alguma medida, a liberdade sindical (...)"; **(b)** "a Constituição de 1988 (...) prestigiou a autonomia coletiva da vontade como mecanismo pelo qual o trabalhador contribuirá para a formulação das normas que regerão a sua própria vida, inclusive no trabalho (art. 7º, XXVI, CF)"; **(c)** "no âmbito do direito coletivo, não se verifica (...) a mesma assimetria de poder presente nas relações individuais de trabalho. Por consequência, a autonomia coletiva da vontade não se encontra sujeita aos mesmos limites que a autonomia individual"; **(d)** "(...) não deve ser vista com bons olhos a sistemática invalidação dos acordos coletivos de trabalho com base em uma **lógica de limitação da autonomia da vontade exclusivamente aplicável às relações individuais de trabalho**".

Na mesma linha seguiu a decisão tomada nos autos do **RE 895.759 PE**. Uma usina firmou o acordo com o sindicato para suprimir o pagamento das horas *in itinere* (ora extintas pela Lei n. 13.467, de 13 de julho de 2017) e, em contrapartida, conceder outras vantagens aos empregados, como cesta básica durante a entressafra; seguro de vida e acidentes além do obrigatório e sem custo para o empregado; abono anual com ganho mensal superior a dois salários mínimos; salário-família além do limite legal; fornecimento de repositor energético e adoção de tabela progressiva de produção além da prevista na Convenção Coletiva. A supressão de horas *in itinere* foi questionada perante o Judiciário, tendo o TST entendido pela invalidade do acordo coletivo de trabalho, uma vez que o direito às horas *in itinere* seria indisponível em razão do que dispõe o art. 58, § 2º, da CLT.

O STF, em voto de relatoria do Ministro Teori Zavascki, entendeu de modo diferente. Para a Corte constitucional, ainda que o acordo coletivo de trabalho tivesse afastado direito assegurado aos trabalhadores pela CLT, concedeu-lhe outras vantagens com vistas a compensar essa supressão. Anotou-se, também, que a validade da votação da Assembleia Geral que deliberou pela celebração do acordo coletivo de trabalho não foi rechaçada, razão pela qual se deveria presumir legítima a manifestação de vontade proferida pela entidade sindical. O STF averbou, ainda, que o acordo coletivo em questão não extrapolou os limites da razoabilidade, pois, a despeito de ter limitado direito legalmente previsto, concedeu outras vantagens em seu lugar, por meio de manifestação de vontade válida da entidade sindical.

Tomou força, assim, uma agenda política que partiu do pressuposto da prevalência do negociado sobre o legislado em relação a muitas matérias, inclusive com pretensões de mudança mediante Propostas de Emenda Constitucional.

Independentemente de qualquer futura modificação normativa no plano constitucional, o legislador da reforma trabalhista de 2017 previu, no corpo da própria CLT, algumas situações nas quais o negociado coletivamente prevalecerá sobre o legislado. O art. 611-A consolidado oferece um rol não exaustivo de hipóteses da referida prevalência, facilmente constatável diante do uso da locução "entre outros". Note-se:

Art. 611-A. A convenção coletiva e o acordo coletivo de trabalho têm prevalência sobre a lei quando, entre outros, dispuserem sobre:

I — pacto quanto à jornada de trabalho, observados os limites constitucionais;

II — banco de horas anual;

*III — intervalo intrajornada, **respeitado o limite mínimo de trinta minutos** para jornadas superiores a seis horas;*

IV — adesão ao Programa Seguro-Emprego (PSE), de que trata a Lei n. 13.189, de 19 de novembro de 2015;

V — plano de cargos, salários e funções compatíveis com a condição pessoal do empregado, bem como identificação dos cargos que se enquadram como funções de confiança;

VI — regulamento empresarial;

VII — representante dos trabalhadores no local de trabalho;

VIII — teletrabalho, regime de sobreaviso, e trabalho intermitente;

IX — remuneração por produtividade, incluídas as gorjetas percebidas pelo empregado, e remuneração por desempenho individual;

X — modalidade de registro de jornada de trabalho;

XI — troca do dia de feriado;

XII — enquadramento do grau de insalubridade;

XIII — prorrogação de jornada em ambientes insalubres, sem licença prévia das autoridades competentes do Ministério do Trabalho;

XIV — prêmios de incentivo em bens ou serviços, eventualmente concedidos em programas de incentivo;

XV — participação nos lucros ou resultados da empresa.

Chamam a atenção, pela importância prática, os itens III e XII. O item III, por admitir que a negociação coletiva pode diminuir o intervalo intrajornada, **respeitado o limite mínimo de trinta minutos** para jornadas superiores a seis horas; o item XII, por permitir o **enquadramento do grau de insalubridade**, *mas não, evidentemente, a certificação quanto à existência da própria insalubridade, pois isso dependeria da realização de inelimínável prova pericial.* A Lei n. 13.467/2017, entretanto, realmente ousou e inovou ao permitir que a negociação coletiva prevalecesse sobre a lei no tocante ao enquadramento do grau de insalubridade, podendo até mesmo, teoricamente, dizer mínima uma insalubridade de grau máximo. Há aí, sim, elevada possibilidade de discussão jurídica.

Algumas particularidades adicionais também precisam ser consideradas nessa atividade de prevalência do negociado sobre o legislado.

A **primeira particularidade**, prevista no § 1º do art. 611-A da CLT, **aponta no sentido de que, no exame da convenção coletiva ou do acordo coletivo de trabalho, a Justiça do Trabalho observará o disposto no § 3º do art. 8º da Consolidação.** Consta ali que *"no exame de convenção coletiva ou acordo coletivo de trabalho,* ***a Justiça do Trabalho analisará exclusivamente a conformidade dos elementos essenciais do negócio jurídico****, respeitado o disposto no art. 104 da Lei n. 10.406, de 10 de janeiro de 2002 (Código Civil), e balizará sua atuação pelo princípio da intervenção mínima na autonomia da vontade coletiva"* (destaques não constantes do original).

Esse dispositivo, conquanto pretenda viabilizar a prevalência do negociado sobre o legislado, subestima a missão institucional dos magistrados e arvora-se a fronteira de atuação jurisdicional. Como se pode impor que a Justiça do Trabalho analise "exclusivamente" a conformidade dos elementos essenciais do negócio jurídico? Obviamente o magistrado tem a liberdade de ir além na defesa dos postulados constitucionais, ainda que se valha do argumento de, para tal análise, caber-lhe dizer se há ou não licitude no objeto do contrato. Pode-se até falar no respeito ao *"princípio da intervenção mínima na autonomia da vontade coletiva"*, pois, de fato, o magistrado não deve impedir o lícito desejar dos contratantes coletivos, mas também não pode, sob esse pretexto, fechar os olhos para violações aos direitos fundamentais ou ainda aos direitos de terceiros.

A **segunda particularidade** a considerar, prevista no § 2º do art. 611-A da CLT, deixa claro que a inexistência de expressa indicação de contrapartidas recíprocas em convenção coletiva ou acordo coletivo de trabalho não ensejará sua nulidade por não caracterizar um vício do negócio jurídico.

Como **terceira particularidade**, há previsão, estampada no § 3º do art. 611-A da CLT, de que, sendo pactuada cláusula que reduza o salário ou a jornada, a convenção coletiva ou o acordo coletivo de trabalho deverão prever também (e necessariamente) a proteção dos empregados contra dispensa imotivada durante o período de vigência do instrumento coletivo.

Uma **quarta particularidade** é evidenciada na hipótese de procedência de ação anulatória de cláusula de convenção coletiva ou de acordo coletivo de trabalho. Quando houver a cláusula compensatória, esta deverá ser igualmente anulada, sem repetição do indébito.

Por fim, a **quinta e última particularidade** diz respeito à necessária presença dos sindicatos subscritores de determinado instrumento coletivo negociado, como litisconsortes necessários em ação coletiva que tenha como objeto a anulação de cláusula desses instrumentos.

A reforma trabalhista veiculada pela Lei n. 13.467/2017 previu, por outro lado, também situações em que objeto da negociação coletiva seria ilícito. Fez isso ao mencionar no art. 611-B da CLT praticamente todo o rol de direitos contido nos arts. 7º, 8º e 9º do texto constitucional, além de outros relacionados à identificação profissional, aos direitos de proteção à maternidade, aos tributos e aos créditos de terceiros.

Merece destaque, porém, a regra contida no parágrafo único do referido art. 611-B consolidado, que deixa claro — talvez com o objetivo de atacar diretamente a jurisprudência contida na Súmula 437 do TST, que as "regras sobre duração do trabalho e intervalos não são consideradas como normas de saúde, higiene e segurança do trabalho", não possuindo, por conseguinte, caráter impediente de objeto ilícito. Perceba-se:

Art. 611-B. Constituem objeto ilícito de convenção coletiva ou de acordo coletivo de trabalho, exclusivamente, a supressão ou a redução dos seguintes direitos:

I — normas de identificação profissional, inclusive as anotações na Carteira de Trabalho e Previdência Social;

II — seguro-desemprego, em caso de desemprego involuntário;

III — valor dos depósitos mensais e da indenização rescisória do Fundo de Garantia do Tempo de Serviço (FGTS);

IV — salário mínimo;

V — valor nominal do décimo terceiro salário;

VI — remuneração do trabalho noturno superior à do diurno;

VII — proteção do salário na forma da lei, constituindo crime sua retenção dolosa;

VIII — salário-família;

IX — repouso semanal remunerado;

X — remuneração do serviço extraordinário superior, no mínimo, em 50% (cinquenta por cento) à do normal;

XI — número de dias de férias devidas ao empregado;

XII — gozo de férias anuais remuneradas com, pelo menos, um terço a mais do que o salário normal;

XIII — licença-maternidade com a duração mínima de cento e vinte dias;

XIV — licença-paternidade nos termos fixados em lei;

XV — proteção do mercado de trabalho da mulher, mediante incentivos específicos, nos termos da lei;

XVI — aviso prévio proporcional ao tempo de serviço, sendo no mínimo de trinta dias, nos termos da lei;

XVII — normas de saúde, higiene e segurança do trabalho previstas em lei ou em normas regulamentadoras do Ministério do Trabalho;

XVIII — adicional de remuneração para as atividades penosas, insalubres ou perigosas;

XIX — aposentadoria;

XX — seguro contra acidentes de trabalho, a cargo do empregador;

XXI — ação, quanto aos créditos resultantes das relações de trabalho, com prazo prescricional de cinco anos para os trabalhadores urbanos e rurais, até o limite de dois anos após a extinção do contrato de trabalho;

XXII — proibição de qualquer discriminação no tocante a salário e critérios de admissão do trabalhador com deficiência;

XXIII — proibição de trabalho noturno, perigoso ou insalubre a menores de dezoito anos e de qualquer trabalho a menores de dezesseis anos, salvo na condição de aprendiz, a partir de quatorze anos;

XXIV — medidas de proteção legal de crianças e adolescentes;

XXV — igualdade de direitos entre o trabalhador com vínculo empregatício permanente e o trabalhador avulso;

XXVI — liberdade de associação profissional ou sindical do trabalhador, inclusive o direito de não sofrer, sem sua expressa e prévia anuência, qualquer cobrança ou desconto salarial estabelecidos em convenção coletiva ou acordo coletivo de trabalho;

XXVII — direito de greve, competindo aos trabalhadores decidir sobre a oportunidade de exercê-lo e sobre os interesses que devam por meio dele defender;

XXVIII — definição legal sobre os serviços ou atividades essenciais e disposições legais sobre o atendimento das necessidades inadiáveis da comunidade em caso de greve;

XXIX — tributos e outros créditos de terceiros;

XXX — as disposições previstas nos arts. 373-A, 390, 392, 392-A, 394, 394-A, 395, 396 e 400 desta Consolidação.

Parágrafo único. Regras sobre duração do trabalho e intervalos não são consideradas como normas de saúde, higiene e segurança do trabalho para os fins do disposto neste artigo.

Não se pode deixar de registrar que o legislador infraconstitucional visivelmente forçou a tese lançada no citado parágrafo único, pois é de difícil sustentação a ideia segundo a qual **justamente as regras sobre duração do trabalho e intervalo** não estariam protegidas pelo direito fundamental à redução dos riscos inerentes ao trabalho.

19.7 INTERESSES PRESENTES NAS RELAÇÕES COLETIVAS

Embora existam muitas acepções para a palavra "interesse", pode-se dizer que, de modo geral, ele é uma inclinação humana que visa à satisfação de uma necessidade. Quando o titular da necessidade é um indivíduo, diz-se existente um interesse individual, que assim se qualifica na medida em que sua fruição se esgota no círculo de atuação de seu destinatário.

Como bem ressaltou Rodolfo Mancuso, neste caso, "se o interesse é bem exercido, só o indivíduo disso se beneficia; em caso contrário, só ele suporta os encargos"[40].

Ao contrário, quando essa titularidade cabe a um agrupamento, afirma-se existente um interesse coletivo, que assim se rotula na medida em que seu gozo se estende a todos os integrantes aglutinados, independentemente da atuação isolada de cada um deles. Para falar em interesse coletivo é indispensável imaginar uma síntese dos interesses individuais; é fundamental pensar na criação de um novo e distinto interesse, forjado a partir do consenso que se sobrepõe às vontades individuais. Nesse caso, se o interesse for bem exercido, todos os integrantes serão beneficiários; se o contrário ocorrer, todos suportarão os ônus advindos.

Quando se fala em relação coletiva, é evidente que o interesse em discussão é de natureza transindividual, na qual se incluem os individuais homogêneos, os coletivos em sentido estrito e os difusos. Às entidades sindicais, como corpos intermediários, cabe justamente a defesa dos mencionados interesses, existindo expressa previsão nesse sentido no texto constitucional de 1988, no art. 8º, III. Por conta disso, e como pressuposto para discussões que serão apresentadas em capítulos e tópicos seguintes, é que serão identificados os mencionados interesses e apresentadas situações exemplificativas que lhes digam respeito.

19.7.1 Interesses individuais homogêneos

O interesse individual homogêneo é aquele que, **fundado em bem divisível**, diz respeito a **sujeitos determinados ou determináveis**, unidos por um fato ou ato jurídico de **origem comum**. Os interesses individuais homogêneos são, em sua essência, individuais, mas, por via acidental, tomaram contornos coletivos (em sentido lato), por envolver uma pluralidade de pessoas aglutinadas por eventualidades fáticas, por exemplo, morar na mesma região, consumir o mesmo produto, estudar na mesma instituição de ensino, ter a mesma profissão ou trabalhar na mesma empresa. Perceba-se que, não fosse pela identidade de origens, os titulares do interesse individual homogêneo poderiam postular com base em interesse individual puro ou heterogêneo.

Note-se, com base nas palavras de Kazuo Watanabe e na doutrina de Ada Pellegrini Grinover, que a **origem comum** — sobretudo se for remota — pode não ser suficiente para caracterizar a homogeneidade[41]. No consumo de um produto potencialmente nocivo, por exemplo, pode não existir homogeneidade de situações de fato ou de direito. Isso demonstra que **nem sempre estarão unidas as ideias de origem comum e de homogeneidade**. Note-se que um consumidor pode ter sido vitimado unicamente pelo consumo do produto nocivo, enquanto outro pode ter contribuído para a lesão em virtude de sua condição de vida, independentemente do uso do produto, rompendo-se, por conseguinte, o nexo de causalidade. Em outras palavras: "pode inexistir homogeneidade entre situações de fato ou de direito sobre as quais as características pessoais de cada um atuam de modo completamente diferente"[42]. Nesses casos, a origem da causa de pedir pode até ser comum, mas os fatos que dizem respeito aos envolvidos podem não ser realmente homogêneos. Isso poderá contribuir negativamente para a efetividade da tutela coletiva, porque, quanto mais heterogêneas forem as circunstâncias relacionadas à origem, mais difíceis serão as provas do nexo de causalidade.

---

40 MANCUSO, Rodolfo de Camargo. *Interesses difusos*. 5. ed. São Paulo: Revista dos Tribunais, 2000.
41 Homogêneo é uma adjetivação que indica identidade de variáveis e de diferenciais em todos os termos. Ser homogêneo é ser todo igual em superfície, extensão e volume.
42 WATANABE, Kazuo. In: GRINOVER, Ada Pellegrini et al. *Código Brasileiro de Defesa do Consumidor*: comentado pelos autores do anteprojeto. 8. ed. Rio de Janeiro: Forense Universitária, p. 806-807.

A título de ilustração, imagine-se a situação de trabalhadores, contratados para trabalhar numa usina siderúrgica, que, por conta de explosão acidental, são gravemente feridos durante o exercício de suas atividades. Esses trabalhadores, atingidos em sua incolumidade física, estão ligados entre si em decorrência de um acontecimento jurídico de origem comum. A predominância de questões comuns conduz à uniformidade de elementos que permitem afirmar existentes interesses individuais de natureza homogênea, que autorizam a entidade sindical a atuar em lugar dos trabalhadores violados. Nessa decisão genérica, o magistrado basicamente certificará a ocorrência do acidente e a existência de trabalhadores, possivelmente lesionados, na área de produção no momento do infausto acontecimento[43].

Outro exemplo, agora baseado em situação real, diz respeito à pretensão, deduzida pelo Ministério Público do Trabalho contra os clubes de futebol profissional, no sentido de que estes repassassem aos atletas a verba intitulada "direito de arena". Na época do ajuizamento e julgamento do processo, havia, é bom que se diga, comando legislativo (texto originário do § 1º do art. 42 da Lei n. 9.615/98) que determinava que o "direito de arena" fosse distribuído diretamente pelas entidades de prática desportiva, e em partes iguais, aos atletas profissionais participantes do espetáculo ou evento. Essa norma, por conta do frequente descumprimento por parte dos clubes, sofreu modificação dada pela Lei n. 12.395/2011, em decorrência da qual a atribuição da arena passou a ser feita mediante a intermediação obrigatória das entidades sindicais. A despeito da mudança na forma de atribuição do direito ora em análise, o caso levado ao TST se revela como importante exemplo para o que ora se aprecia. Diz-se isso porque, ainda que no plano histórico, o caso aqui mencionado revelou à época uma clara situação de lesão a direito individual homogêneo. Perceba-se que a pretensão do Ministério Público estava **fundada em bem divisível** e dizia respeito a **sujeitos determinados ou determináveis**, unidos por um fato de **origem comum**.

Nesse caso, o TST, em voto relatado pelo Min. Alberto Luiz Bresciani de Fontan Pereira, conheceu e deu provimento ao Recurso de Revista n. 421/2005-013-05-00, acolhendo pleito aforado pelo *parquet*. Do acórdão é extraído o seguinte trecho, de grande relevância: "[...] tenho que a pretensão do Ministério Público, no que concerne ao direito de arena, não está limitada a atletas profissionais que pudessem vir relacionados nos presentes autos, mas, antes, a qualquer atleta profissional de futebol que tenha contrato com o Clube Reclamado e que tenha participado ou venha a participar de partidas futuras. A toda evidência, penso que há uma relação jurídica comum subjacente entre esses atletas profissionais, mas o que os atrai não é a relação jurídica em si, mas, sim, o fato de terem sofrido prejuízos pelo não pagamento dos valores pertinentes ao direito de arena — daí a origem comum. Em consequência, cada integrante do grupo terá direito divisível à reparação devida".

Anote-se, por fim, que o texto constitucional autoriza a atuação da entidade sindical, notadamente como substituto processual, no âmbito dos interesses identificados neste tópico. Afirma-se isso com base na redação constante do art. 8º, III, da Carta de 1988, segundo o qual "ao sindicato cabe a defesa dos direitos e interesses coletivos ou individuais da categoria, inclusive em questões judiciais ou administrativas". Apesar das dúvidas que se forma-

---

[43] O magistrado, em atenção à pretensão expressa, poderá, também, prever um montante indenizatório para cobrir demandas fluidas (*fluid recovery*) de lesionados de difícil identificação, cujas habilitações deverão ser promovidas sob o prazo e penas previstas no art. 100 do Código de Defesa do Consumidor. A hipótese que diz respeito à ação coletiva aforada pelo Ministério Público do Trabalho para cobrar o pagamento do direito de arena é outro exemplo que se adapta ao *fluid recovery*. Um terceiro exemplo diz respeito ao pedido de declaração de nulidade e de pagamento de indenização decorrente de contratações promovidas mediante cooperativas fraudulentas. Mais um exemplo, desta vez advindo da prática de comportamentos antissindicais: uma empresa pode sofrer condenação no sentido de indenizar o dano causado a todos aqueles que foram preteridos da contratação pelo simples fato de serem filiados à entidade sindical de sua categoria profissional.

ram em torno da expressão "interesses individuais da categoria", parece existir um consenso doutrinário e jurisprudencial no sentido de que a intenção do constituinte foi, apesar da expressão inusitada, fazer menção aos interesses individuais de quem estaria unido por pertencer à mesma categoria (acontecimento jurídico de origem comum), ou seja, em outras palavras, a intenção do constituinte foi autorizar a ação sindical diante dos interesses individuais homogêneos daqueles que integram a respectiva categoria.

19.7.2 Interesses coletivos

Interesse coletivo é aquele que, apesar de **fundado em um bem indivisível**, diz respeito a **sujeitos claramente determinados** por meio da **relação-jurídica-base que os une** (trabalhadores de uma mesma categoria profissional) ou por conta do **vínculo jurídico que os liga à parte contrária** (empregados de uma mesma empresa)[44].

A despeito das possíveis relações-jurídicas-base que unem sujeitos em agrupamentos ou dos vínculos jurídicos que os possam ligar à parte adversária, é a mínima organização entre eles existente que caracterizará firmemente a formação do interesse coletivo. Como bem sustentou Rodolfo Mancuso, "sem o mínimo de organização, os interesses não podem se coletivizar, não podem se aglutinar de forma coesa e eficaz no seio de um grupo determinado"[45]. E isso é uma verdade cristalina. Se o grupo não é identificável nem mesmo sobre o plano sociológico e se o vínculo entre seus membros é ainda incerto e ocasional, falta-lhe, sem dúvida, uma consciência comunitária capaz de justificar o fenômeno da coletivização.

Observe-se que no associativismo laboral, em regra, estão presentes tanto a determinação dos integrantes em formar um grupo quanto a organização que fomenta a coesão entre eles, inclusive a legitimação de um ente exponencial (entidade sindical) que funciona como corpo intermediário entre os indivíduos integrados e o mundo exterior.

Os interesses coletivos encaminhados pelas entidades sindicais são, então, tipicamente coletivos. Para exemplificar um interesse coletivo trabalhista, imagine-se uma situação que atinge, indistintamente, todos os trabalhadores de determinada categoria. Imagine-se que todos os comerciários de certa cidade tivessem sofrido uma ilegal redução salarial, sem que qualquer negociação coletiva tivesse sido promovida para tanto. Nesse caso, a redução não seria mais nem menos ilegal para qualquer dos trabalhadores do comércio, o que revelaria a indivisibilidade do bem jurídico em discussão (declaração da nulidade do ato redutor e restabelecimento dos salários antes praticados com pagamento das diferenças devidas). Note-se, ademais, que todos os trabalhadores estariam ligados pela mesma relação-jurídica-base (serem comerciários de dada base territorial).

19.7.3 Interesses difusos

Interesse difuso é aquele que tem por objeto um **bem jurídico indivisível/fluido** e que diz respeito a **sujeitos indeterminados**, unidos entre si por uma **situação fática**, e não por uma relação-jurídica-base.

O célebre questionamento de Mauro Cappelletti no importante artigo intitulado "Formações sociais e interesses coletivos diante da justiça civil" pode ser utilizado como síntese

---

[44] WATANABE, Kazuo. In: GRINOVER, Ada Pellegrini et al. *Código Brasileiro de Defesa do Consumidor*: comentado pelos autores do anteprojeto. 8. ed. Rio de Janeiro: Forense Universitária, p. 798-813.
[45] MANCUSO, Rodolfo de Camargo. *Interesses difusos*. 5. ed. São Paulo: Revista dos Tribunais, 2000, p. 62.

da problemática dos direitos difusos: "A quem pertence o ar que eu respiro?"[46]. A resposta é evidentemente impossível de ser dada, uma vez que o ar — como bem jurídico indivisível/fluido — não pertence a ninguém especificamente considerado. Seus titulares são, portanto, indeterminados e incontáveis. É certo, porém, que todos respiram juntos porque todos residem na superfície do planeta Terra, uma situação fática.

Assim, promovidas as adaptações necessárias, inclusive em suas dimensões geográficas, pode-se dizer que há uma pletora de interesses difusos sobre os quais se estabelecem litígios. Todos querem sua proteção; todos se opõem a sua degradação.

Exemplo de interesse difuso aplicado às relações de trabalho pode ser evidenciado nas ações coletivas aforadas pelo Ministério Público do Trabalho para exigir a realização de concurso público pelos entes públicos ou pelas empresas estatais que estejam se valendo de mão de obra temporária em caráter permanente. Nesse caso o interesse seria difuso, porque não se sabe exatamente a quem aproveitaria. Não se sabe quem se inscreveria no concurso, tampouco quem seria nele aprovado. Ressente-se a sociedade, entretanto, de forma difusa, da necessidade de moralidade e de impessoalidade no segmento de contratações públicas.

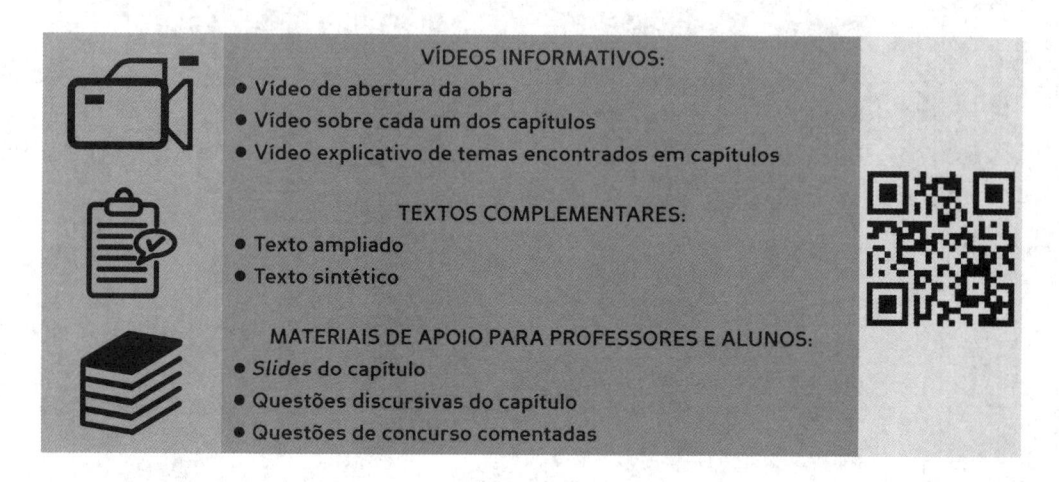

VÍDEOS INFORMATIVOS:
- Vídeo de abertura da obra
- Vídeo sobre cada um dos capítulos
- Vídeo explicativo de temas encontrados em capítulos

TEXTOS COMPLEMENTARES:
- Texto ampliado
- Texto sintético

MATERIAIS DE APOIO PARA PROFESSORES E ALUNOS:
- *Slides* do capítulo
- Questões discursivas do capítulo
- Questões de concurso comentadas

---

[46] CAPPELLETTI, Mauro. Formações sociais e interesses coletivos diante da justiça civil. *Revista de Processo*, São Paulo, ano 2, n. 5, jan./mar. 1997, p. 135.

20
ORGANIZAÇÃO SINDICAL

https://somos.in/CTD14

20.1 NOÇÕES GERAIS

A mínima organização entre os sujeitos agrupados é elemento indispensável à caracterização de um interesse coletivo. Reiterando o pensamento do Professor Mancuso, "sem o mínimo de organização, os interesses não podem se 'coletivizar', não podem se aglutinar de forma coesa e eficaz no seio de um grupo determinado"[1]. Se o grupo não é identificável como tal, nem mesmo sobre o plano sociológico, e se o liame entre seus integrantes é incerto ou ocasional, falta-lhe, sem dúvida, uma consciência comunitária capaz de justificar o fenômeno da coletivização.

Vê-se, desse modo, que, historicamente, a organização foi condição indispensável à formação do sindicalismo e à construção de toda a sistemática que regula os vínculos entre os sujeitos coletivos, os indivíduos que os integram, outros sujeitos coletivos e o Estado. O ponto de partida é a "casa", a forma mais primitiva de organização, que leva a crer no estabelecimento de vínculos mais acentuados entre aqueles que têm algo em comum e, por isso, vivem em alguma espécie de comunidade. Não basta, entretanto, o acesso à mesma "casa"; é imperativo que o acesso seja empreendido com *animus* de estada, de formação de uma relação grupal sedimentada por conta dos laços que efetivamente aglutinam os indivíduos. Estes podem até ser substituídos, saindo da coletividade, mas o agrupamento, se organizado, continuará existindo para a recepção de novos integrantes.

20.1.1 A ideia de categoria

A ideia de categoria provém da taxonomia, que é a ciência de classificar a partir dos caracteres que elementos cotejados têm em comum. Sob o ponto de vista sociológico e político, **categoria** é o "conjunto de pessoas que gozam, pela condição comum em que se encontram, da mesma posição com relação aos direitos e deveres políticos"[2]. Pelo fato de compartilharem essa posição, elaboram e praticam formas de gestão identificadas como comunitárias ou, ao menos, como representativas. São integrantes da mesma categoria, por exemplo, industriários, comerciários e bancários no segmento dos trabalhadores e os donos de indústria, os comerciantes e os banqueiros, no segmento dos empregadores.

Mais ampla do que a categoria, a **classe**, também por ação taxonômica, integra, indistintamente, sem qualquer divisão interna, operários de um lado e capitalistas de outro.

---

[1] MANCUSO, Rodolfo de Camargo. *Interesses difusos*. 5. ed. São Paulo: Revista dos Tribunais, 2000, p. 62.
[2] SCHIERA, Pierangelo. Sociedade por categorias. In: *Dicionário de política*. 11. ed. Brasília: UnB, 1998, v. 2, p. 1214.

É certo que a organização laboral por categorias é fruto do corporativismo, assim entendida a doutrina que propugnava a organização da coletividade a partir de sua associação representativa de interesses e de suas atividades profissionais. Segundo Ludovico Incisa, o corporativismo "propõe, graças à solidariedade orgânica dos interesses concretos e às fórmulas de colaboração que daí podem derivar, a remoção ou neutralização dos elementos de conflito: a concorrência no plano econômico, a luta de classes no plano social, as diferenças ideológicas no plano político"[3].

Importante observar que a aglutinação laboral por categorias, criada a partir do modelo corporativo, contrapõe-se ao modelo sindical. Pode-se questionar: modelo corporativo não é a mesma coisa que modelo sindical? A resposta é negativa. O modelo corporativo impede a formação de elementos de conflitos, defendendo a colaboração entre as classes trabalhadora e capitalista no âmbito de cada uma das categorias. O modelo sindical, por outro lado, estimula a formação de elementos de conflito, pugnando pela contraposição de interesses entre duas classes antagônicas, a operária e a capitalista, ambas vistas de forma integral, não categorizadas, não divididas internamente.

Os modelos corporativo e sindical, na verdade, mesclaram-se de modo a haver algo de corporativo no sindicalismo e algo de sindical no corporativismo. A mescla parece ter decorrido de históricas confusões conceituais promovidas por algumas ações estatais. Basta lembrar que na legislação italiana, de onde proveio a inspiração para a organização sindical brasileira, o corporativismo revelou-se como exigência dos setores dirigentes para controlar a marcha da evolução industrial. Pretendia-se juntar num só feixe as categorias que integravam as forças produtivas com vistas ao desenvolvimento das riquezas. Na realidade, o corporativismo dirigista levou os grupos sociais para dentro do Estado com o objetivo de subordiná-los, de organizá-los, de arrefecê-los e de afastá-los do conflito. Na legislação brasileira esse dirigismo era claro a ponto de o art. 521, *a*, da CLT (evidentemente não recepcionado pela Constituição de 1988) vedar "qualquer propaganda de doutrinas incompatíveis com as instituições e os interesses da Nação, bem como de candidaturas a cargos eletivos estranhos ao sindicato", e de a alínea *d* do mesmo dispositivo proibir "quaisquer atividades não compreendidas nas finalidades mencionadas no art. 511, inclusive as de caráter político-partidário".

A democratização brasileira afastou a intolerância ideológica a partir do momento em que o texto constitucional garantiu a livre manifestação do pensamento (art. 5º, IV), inclusive na docência (art. 206, II e III) e nos meios de comunicação (art. 220), mas não se pode deixar de lembrar que o dirigismo corporativo da Era Vargas chegou aos píncaros de considerar *inelegível* para cargos administrativos ou de representação econômica ou profissional e *insuscetível de permanecer no exercício desses cargos* aqueles que professassem "ideologias incompatíveis com as instituições ou os interesses da Nação", sendo essa a redação originária da alínea *a* do art. 530 da CLT.

É importante anotar que tal alínea foi transformada em inciso I pelo Decreto-Lei n. 229, de 28-2-1967, e teve modificada sua redação para considerar inelegíveis e insuscetíveis de permanecer no exercício do cargo sindical os que não tivessem definitivamente aprovadas suas contas de exercício em cargos de administração, o que também, conforme se verá mais adiante, colidia com a liberdade sindical de criar seus próprios estatutos e de a eles se submeter.

Pois bem. Apesar de ser um resquício corporativista, a ideia de "categoria" permanece fundamental para a organização sindical brasileira. Perceba-se que a Constituição de 1988

---

3 INCISA, Ludovico. Corporativismo. In: *Dicionário de política*. 11. ed. Brasília: UnB, 1998, v. 2, p. 287.

recepcionou em diversas passagens do seu texto esse critério para a estruturação sindical, sendo dignos de nota os trechos constantes do parágrafo único do art. 7º; dos incisos II, III e IV do art. 8º; do *caput* do art. 149 e do parágrafo único do art. 206.

Não há dúvidas, portanto, de que, apesar de contrariar a mais ampla acepção de liberdade sindical, a sindicalização por categoria é um impositivo constitucional. Diante disso é que se conclui integralmente recepcionado pela Constituição de 1988 o dispositivo constante do art. 511 da CLT.

Assim, a categoria a que se refere a norma constitucional será identificada pela "similitude de **condições de vida oriunda da profissão ou trabalho em comum, em situação de emprego na mesma atividade econômica ou em atividades econômicas similares ou conexas**". Integrará uma mesma categoria, portanto, quem exercer uma mesma profissão ou quem desenvolver trabalho em comum, em situação de emprego na mesma atividade econômica, ou, por extensão, em atividades econômicas similares ou conexas.

Não há espaço, dessa forma, para nenhum critério de sindicalização diferente. Não se admite, portanto, entre outras, a sindicalização por mera área territorial (sindicato dos trabalhadores da Cidade do Salvador), por afinidade política (sindicato dos empregados marxistas), por identidade religiosa (sindicatos dos trabalhadores católicos), por fanatismo esportivo (sindicato dos trabalhadores torcedores do Flamengo) etc.

Quem estiver dentro dos limites de identidade, similaridade ou conexidade referidos nos parágrafos 1º e 2º do art. 511 da CLT, estará, consequentemente, delineando com forte tinta a fronteira dentro da qual a categoria econômica ou profissional é homogênea e a associação é natural. *A contrario sensu*, qualquer associação que extrapole esse marco será heterogênea e forçada, porque antinatural.

20.1.2 Fatos geradores do associativismo natural

O associativismo, sem dúvida, visa ao atendimento de necessidades que os humanos não alcançariam em atuações solitárias. O ato de agregação, entretanto, pode partir de alguns referenciais estabelecidos pela própria associação ou por lei, diante das situações de ingerência estatal.

No ordenamento jurídico brasileiro o associativismo sindical é dirigido segundo a regra constante do art. 511 da CLT, que declara "lícita a associação para fins de estudo, defesa e coordenação dos seus interesses econômicos ou profissionais **de todos os que**, como empregadores, empregados, agentes ou trabalhadores autônomos, ou profissionais liberais, **exerçam, respectivamente, a mesma atividade ou profissão ou atividades ou profissões similares ou conexas**" (destaques não constantes do original).

Para a legislação sindical brasileira, os limites de identidade, similaridade ou conexidade fixam as dimensões dentro das quais a categoria econômica ou profissional é homogênea e **a associação é natural**. Assim, segundo a sistemática nacional, a estruturação sindical ocorre de forma a conceber como homogêneos os interesses dos que exerçam o mesmo ofício ou profissão ou, ainda, ofícios ou profissões similares ou conexos.

Uma ilustração ajudará a entender o sistema brasileiro de estruturação sindical. Partindo do pressuposto de que a "**identidade**" é a qualidade daquilo que tem paridade absoluta, pode-se dizer que, no universo da metalurgia, dois ou mais torneiros mecânicos exercem atividades idênticas, justificando o associativismo sindical entre eles. Por "**similitude**" — qualidade daquilo que, embora não seja idêntico, é semelhante, análogo —, a eles podem se associar, por exemplo, os fresadores, os serralheiros ou os desenhistas de construções mecânicas. Embora esses trabalhadores não sejam propriamente torneiros, realizam misteres assemelhados, o que os coloca, por conseguinte, sob as mesmas condições de vida dos primeiros. Podem associar-se a torneiros, fresadores, serralheiros e desenhistas mecânicos todos os empregados que realizem as atividades no escritório da metalúrgica. Embora estes trabalhadores do setor administrativo não sejam industriários no sentido estrito, eles, por "**conexidade**" — qualidade daquilo que está logicamente ligado a um elemento entendido como principal —, podem entender-se como tais. Enfim, eles, por relação propiciada pelo exercício de atividades na mesma empresa, têm, muito possivelmente, interesses idênticos. O mesmo se pode dizer de empresas que têm profissionais da indústria e do comércio. Imagine-se que a precitada metalúrgica tivesse um *show room* onde vendesse suas peças no varejo. Pois bem. Os empregados que trabalham no setor de vendas estarão agregados à categoria dos metalúrgicos por conexão, levando em conta que a atividade econômica predominante do referido empregador é justamente a metalurgia.

Perceba-se que é a atividade econômica que motiva a solidariedade do associativismo sindical, operário ou patronal. Assim, se aquele torneiro mecânico for despedido e, mais adiante, for contratado por um banco, será bancário com vínculos associativos sindicais estabelecidos, a partir de então, com outros colegas bancários, que, igualmente, trabalham para instituições bancárias. Da mesma forma, se um empresário da metalurgia fechar o empreendimento e abrir uma panificadora, deixará de ter motivos para se agregar aos empresários da metalurgia e passará a ter razões para unir esforços aos de outros donos de panificadoras.

Do mesmo modo que o associativismo é natural, o dissociativismo também o é. A primeira parte do art. 540 da CLT, combinada com o § 1º do mesmo dispositivo, deixa clara essa situação[4]. Como bem destacou Mozart Victor Russomano, "a condição substancial para que a sindicalização se faça e se mantenha é a permanente vinculação do sindicalizando à categoria profissional ou econômica que a entidade representa. De modo que, perdida a qualidade essencial referida, o sindicalizado será um corpo estranho no quadro do sindicato. Não terá mais os interesses comuns aos demais associados, não saberá deliberar sobre as conveniências da profissão ou da atividade da empresa, não sentirá e compreenderá o alcance das medidas tomadas — enfim, haverá perdido a solidariedade de sentimentos e de ações que servem de base espiritual e psicológica à célula sindical"[5].

Por conta da manutenção de firmes vínculos de solidariedade ou de manifesta provisoriedade, os associados de sindicatos de empregados, agentes ou trabalhadores autônomos e de profissões liberais que nos moldes do § 2º do art. 540 da CLT forem **aposentados**, estiverem em **desemprego ou falta de trabalho** ou tiverem sido **convocados para prestação de serviço militar** não perderão os respectivos direitos sindicais e ficarão isentos de qualquer contribuição, não podendo, entretanto, **salvo os aposentados** (veja-se o teor do art. 8º, VII, da Constituição de 1988[6]), exercer cargo de administração sindical ou de representação econômica ou profissional.

Perceba-se que a ressalva constante do mencionado § 2º do art. 540 da CLT somente se dirige aos *trabalhadores*. O segmento patronal não foi beneficiado com situações excepcionais relacionadas ao dissociativismo.

---

4 Art. 540. A toda empresa ou indivíduo que exerçam, respectivamente, atividade ou profissão, desde que satisfaçam às exigências desta lei, assiste o direito de ser admitido no sindicato da respectiva categoria [...]. § 1º Perderá os direitos de associado o sindicalizado que por qualquer motivo deixar o exercício de atividade ou de profissão.

5 RUSSOMANO, Mozart Victor. *Comentários à CLT*. 15. ed. Rio de Janeiro: Forense, 1993, v. 2, p. 655.

6 Art. 8º [...] VII — o aposentado filiado tem direito a votar e ser votado nas organizações sindicais.

20.1.3 Categoria econômica

Entende-se por categoria econômica o agrupamento daqueles que empreendem atividades idênticas, similares ou conexas e que, por conta disso, mantêm, na forma do § 1º do art. 511 da CLT, um vínculo social básico pautado na solidariedade de interesses capitalistas. A categoria econômica é, na linguagem da CLT, o agrupamento de empregadores que realizam a mesma atividade econômica ou atividades similares ou conexas a esta.

Nesse particular, cabe observar, em conformidade com o que se vê no § 1º do art. 581 da CLT, que, diante de empresa que realize diversas atividades econômicas, sem que nenhuma delas seja preponderante, cada uma dessas atividades será incorporada à respectiva categoria econômica. E como é possível verificar a preponderância da atividade econômica?

O § 2º do art. 581 da CLT responde a essa indagação, deixando claro que se entende por atividade preponderante **a que caracterizar a unidade de produto, operação ou objetivo final**, para cuja obtenção todas as demais atividades convirjam, exclusivamente em regime de conexão funcional.

Nesse ponto, segundo Arnaldo Süssekind[7], "quando uma empresa dedicar-se a duas ou mais atividades econômicas, a que correspondem categorias distintas, tanto ela quanto os seus empregados deverão ser representados pelo sindicato de empregadores ou de trabalhadores referentes à atividade preponderante. Em caso contrário, os setores que realizam atividades distintas e independentes serão incorporados às respectivas categorias econômicas".

Haverá, portanto, nas palavras do citado mestre juslaboralista, atividade preponderante quando "todos os estabelecimentos ou setores da empresa operarem, integrados e exclusivamente, para a obtenção de determinado bem ou serviço. Mas, se a atividade desenvolvida por um estabelecimento ou departamento puder ser destacada, sem que o funcionamento da empresa seja afetado na consecução do seu principal objetivo, aquela [a atividade destacada] será independente para fins de sindicalização".

Assim, não é impossível, embora rara, a legitimação de dois ou mais sindicatos representativos de mais de uma categoria econômica dentro da mesma empresa, caso, evidentemente, ela realize atividades claramente diversas sem nenhuma preponderância.

20.1.4 Categoria profissional

Entende-se por categoria profissional o agrupamento daqueles que, por similitude de condições de vida oriunda da profissão ou trabalho em comum, em situação de emprego na mesma atividade econômica ou em atividades econômicas similares ou conexas, mantêm, na forma do § 2º do art. 511 da CLT, um vínculo social básico pautado na solidariedade de interesses laborais. A categoria profissional[8] é, na linguagem da CLT, o agrupamento de trabalhadores.

---

7   SÜSSEKIND, Arnaldo. *Direito Constitucional do Trabalho*. 2. ed. Rio de Janeiro: Renovar, 2001, p. 362.

8   Conquanto a SDC do TST reconheça que a terceirização transformou o mercado de trabalho, com repercussões, inclusive, na representatividade sindical (RO-8473-56.2011.5.04.0000, Rel. Min. Márcio Eurico Vitral Amaro, *DEJT* de 30-10-2013), a jurisprudência se manifesta no sentido de que, em não se tratando da hipótese prevista no § 3º do art. 511 da CLT e se não há a demonstração do paralelismo simétrico entre as categorias profissional e econômica, o enquadramento sindical dos empregados terceirizados segue a regra geral aplicável aos demais empregados, de acordo com a atividade preponderante desenvolvida pelo empregador (RO-14-52.2015.5.21.0000, Rel. Min. Dora Maria da Costa, data de julgamento: 14-3-2016, Seção Especializada em Dissídios Coletivos, *DEJT* 22-3-2016).

Observe-se que a pertinência a uma categoria profissional depende de uma investigação acerca da atividade desenvolvida pelo empregador[9] ou, se este for exercente de múltiplas atividades, daquela que seja considerada como a preponderante, vale dizer, aquela que, nos termos do § 2º do art. 581 da CLT, caracterizar a unidade de produto, operação ou objetivo final para cuja obtenção todas as demais atividades convirjam, exclusivamente, em regime de conexão funcional.

20.1.5 Categoria profissional diferenciada

Entende-se por categoria profissional diferenciada o agrupamento daqueles que, pelo exercício de profissões ou funções extremamente singulares, mantêm, na forma do § 3º do art. 511 da CLT, um vínculo social básico pautado na solidariedade de interesses laborais. É importante dizer que a adjetivação "diferenciada" provém da existência de **estatuto profissional especial**[10] ou da **singularidade de suas condições de vida**.

Assim, serão integrantes de uma **categoria profissional diferenciada**, desde que exerçam profissões ou funções extremamente singulares, não apenas os trabalhadores que tenham uma lei que regulamente sua profissão (por exemplo, os advogados, os médicos, os engenheiros, os vendedores viajantes), mas também aqueles que, embora não tendo estatuto profissional especial, têm uma vida laboral distinta da de outros trabalhadores ordinários, por exemplo, os motoristas rodoviários. Já que se fala em motoristas, anote-se aqui que o TST, em outubro de 2015, cancelou a Orientação Jurisprudencial 315 da SDI-1, pondo fim a um conflito aberto com a Súmula 117 da mesma Corte. A referida OJ (*DJU*, 11-8-2003) considerava (não considera mais) trabalhador rural o motorista que laborasse no âmbito de empresa cuja atividade preponderante fosse rural, partindo do singelo pressuposto do não enfrentamento do trânsito das estradas e cidades. Ruiu, assim, a exceção à regra geral no sentido de que motorista é integrante de categoria profissional diferenciada.

É relevante destacar, ademais, que a lei não criará uma categoria profissional diferenciada apenas por isso desejar quando não se evidencie, no pressuposto da **singularidade** da função ou da profissão, o tratamento específico. Exemplo claro disso está entre os comerciários. Apesar de a Lei n. 12.790, de 14 de março de 2013, mencionar que eles são "integrantes da categoria profissional de empregados no comércio", não se tornaram, por esse simples atuar legislativo, integrantes de categoria profissional diferenciada.

Note-se que a pertinência a uma categoria profissional diferenciada independe da investigação acerca da atividade desenvolvida pelo empregador. Um advogado que trabalha

---

9   Veja-se, neste particular, a **segunda parte** da **Orientação Jurisprudencial 36 da SDC**: "no que tange aos profissionais da informática, o trabalho que desempenham sofre alterações, de acordo com a atividade econômica exercida pelo empregador". Assim, um profissional de informática que trabalhe para um banco é bancário, e aquele que trabalha num comércio é comerciário.

10 Acerca da fonte por meio da qual se reconhece a qualidade de categoria diferenciada, manifestou-se o TST, conforme a primeira parte da **Orientação Jurisprudencial 36 da SDC do TST**, no sentido de que "é por lei e não por decisão judicial, que as categorias diferenciadas são reconhecidas como tais". No mesmo sentido se pode observar o conteúdo da **Orientação Jurisprudencial 9, também da SDC do TST** (inserida em 27-3-1998), segundo a qual "o dissídio coletivo não é meio próprio para o Sindicato vir a obter o reconhecimento de que a categoria que representa é diferenciada, pois esta matéria — enquadramento sindical — envolve a interpretação de norma genérica, notadamente do art. 577 da CLT". Em outras palavras, segundo o entendimento do TST, não há como tutelar uma pretensão declaratória da existência de uma categoria profissional diferenciada, porque essa conclusão decorre de lei.

no setor jurídico de um banco, por exemplo, é advogado[11], e não bancário; igualmente, um médico que trabalha no serviço especializado em medicina do trabalho de uma metalúrgica é médico, e não metalúrgico.

Os integrantes das categorias profissionais diferenciadas ou são arrimados **por lei**, que lhes é aplicável em caráter exclusivo (os advogados, por exemplo, fruem exclusivamente das vantagens contidas na Lei n. 8.906/94), ou, quando não contemplados por estatuto próprio, **por norma coletiva**, de que necessariamente deve participar sua entidade sindical. Não se olvide, então, que, nos termos da **Súmula 374 do TST**, um "empregado integrante de categoria profissional diferenciada não tem o direito de haver de seu empregador vantagens previstas em instrumento coletivo no qual a empresa não foi representada por órgão de classe de sua categoria". Para que fique mais claro, veja-se a seguinte ilustração: imagine-se que o sindicato dos "vendedores viajantes" (regidos pela Lei n. 3.207/57) da cidade do Rio de Janeiro tenha firmado uma convenção coletiva com o sindicato das empresas distribuidoras de bebidas daquela cidade e que um vendedor-viajante de uma empresa de cosméticos da capital fluminense tenha pretendido as vantagens contidas na mencionada norma coletiva. Evidentemente, o vendedor de cosméticos não terá o direito de invocar a aplicação da referida convenção coletiva simplesmente porque a empresa para a qual trabalha não foi representada por órgão de sua categoria econômica, ou seja, não havia no polo patronal da norma coletiva qualquer entidade sindical que representasse as empresas de cosméticos.

Mais um detalhe importante sobre os integrantes das categorias ora em análise diz respeito à aquisição de estabilidade na condição de dirigente sindical. Conforme consta da **Súmula 369, III, do TST**, "o empregado de categoria diferenciada, eleito dirigente sindical, só goza de estabilidade se exercer na empresa atividade pertinente à categoria profissional do sindicato para o qual foi eleito dirigente". Assim, por exemplo, um médico que exerce a função de diretor-secretário do sindicato dos médicos pode valer-se da estabilidade prevista no art. 8º, VIII, da Constituição da República para proteger-se contra eventual desligamento caso tenha sido contratado como encarregado do setor de medicina do trabalho de uma siderúrgica. Perceba-se que a estabilidade lhe é outorgada porque ele exerce na empresa empregadora atividade pertinente à categoria profissional do sindicato para o qual foi eleito dirigente.

20.1.6 Membros da categoria e sócios do sindicato

Antes de prosseguir no exame de outros tópicos correspondentes à organização sindical, é necessário distinguir "membros da categoria" (ou integrantes da categoria) de "sócios do sindicato" (ou "associados").

Os **"membros da categoria"** são, nos termos do sistema jurídico brasileiro, os indivíduos naturalmente integrantes da entidade sindical (§ 4º do art. 511 da CLT), independentemente da atuação volitiva de a ela se vincular como sócios. Eles têm, por isso, vínculo legal, institucional, que decorre da simples vontade da lei de torná-los unidos por um liame de solidariedade. Os **"sócios do sindicato"**, por outro lado, são os indivíduos que, além do vínculo institucional, têm um liame obrigacional, contratual, com as entidades sindicais, porque manifestaram o desejo de a elas aderir.

---

11 Veja-se, nesse sentido, a **Súmula 117 do TST**, segundo a qual "não se beneficiam do regime legal relativo aos bancários os empregados de estabelecimento de crédito pertencentes a categorias profissionais diferenciadas". Isso acontece porque, evidentemente, quem é integrante de categoria profissional diferenciada não é bancário. Não sendo bancário, o integrante da mencionada categoria tem um sistema normativo próprio, constante de lei ou de norma coletiva específica.

Perceba-se que as decisões tomadas pela assembleia (iniciar uma greve, por exemplo) envolvem, em regra, os interesses de todos os integrantes da categoria, e não apenas dos associados. Do mesmo modo, independentemente de estar ou não na condição de associado, o integrante da categoria beneficia-se e obriga-se quanto ao conteúdo das normas coletivas. Ademais, quem não é associado ao sindicato não está obrigado pelas deliberações de ordem contratual, como o pagamento da contribuição confederativa[12], a assunção da taxa assistencial ou, ainda, da mensalidade sindical.

Aquele que não é associado obrigava-se apenas ao pagamento da contribuição sindical, estendida, por força de lei, a todos os integrantes da categoria, mas que agora, desde a vigência da Lei n. 13.467/2017, depende também de **prévia e expressa** autorização. Nesse sentido posiciona-se o TST, por meio da **Orientação Jurisprudencial 17 da SDC**: "As cláusulas coletivas que estabeleçam contribuição em favor de entidade sindical, a qualquer título, obrigando trabalhadores não sindicalizados, são ofensivas ao direito de livre associação e sindicalização, constitucionalmente assegurado, e, portanto, nulas, sendo passíveis de devolução, por via própria, os respectivos valores eventualmente descontados". Posicionamento semelhante consta do **Precedente Normativo 119 do SDC do TST**, nos seguintes moldes: "A Constituição da República, em seus arts. 5º, XX e 8º, V, assegura o direito de livre associação e sindicalização. É ofensiva a essa modalidade de liberdade cláusula constante de acordo, convenção coletiva ou sentença normativa estabelecendo contribuição em favor de entidade sindical a título de taxa para custeio do sistema confederativo, assistencial, revigoramento ou fortalecimento sindical e outras da mesma espécie, obrigando trabalhadores não sindicalizados. Sendo nulas as estipulações que inobservem tal restrição, tornam-se passíveis de devolução os valores irregularmente descontados".

A despeito do que se afirmou nos parágrafos anteriores e apesar de os desconectados da vida associativa sindical terem o direito de se manter a ela indiferentes, inclusive no tocante ao oferecimento de suporte financeiro, a sua atuação não pode ser objeto de aliciamento por quem quer que seja, aí incluídos os poderes públicos, os empresários ou até mesmo os segmentos opositivos de uma determinada administração sindical. Cabe aos sujeitos individuais das relações coletivas de trabalho, independentemente de qualquer instigação, o direito de manifestar, por conta própria, a sua objeção.

Assim, o indivíduo, apesar de potencialmente desagregado, poderá, por ato de manifesta solidariedade, desde que não movido por estímulos externos, oferecer arrimos financeiros ao grupo no qual poderia potencialmente estar inserido.

A antissindicalidade, nesse caso, estaria configurada unicamente por conta da incitação à desconexão sindical, que, aliás, foi uma das preocupações externadas por ocasião do oferecimento da Queixa 2739, apresentada por seis centrais sindicais brasileiras perante o CLS da OIT em 2 de novembro de 2009[13]. Nela, as organizações querelantes objetaram ações do Ministério Público do Trabalho e o conteúdo de decisões judiciárias no que diz respeito à anulação de cláusulas de instrumentos coletivos negociados na parte em que incluíam como contribuintes do encargo não tributário (contribuições confederativa e assistencial) todos os que se beneficiassem da contratação coletiva, independentemente de serem ou não associados ao sindicato.

---

12 Súmula Vinculante 40 do STF (conversão da súmula 666 do STF). A contribuição confederativa de que trata o art. 8º, IV, da Constituição Federal, só é exigível dos filiados ao sindicato respectivo.
13 Veja-se o informe do próprio CLS da OIT disponível em: <http://white.oit.org.pe/sindi/casos/bra/bra201002.html>. Acesso em: 14 jun. 2011.

Discutiram-se ali, em verdade, a extensão e os limites da liberdade sindical individual negativa, especialmente a possibilidade de o Ministério Público do Trabalho agir em lugar dos sujeitos individuais da relação coletiva de trabalho, independentemente de suas provocações, para buscar tutela jurisdicional que impedisse, sem qualquer ressalva, a cobrança das referidas contribuições de caráter não tributário.

A despeito do mérito da discussão posta na mencionada Queixa 2739, os efeitos mais significativos do encaminhamento do conflito à apreciação do CLS já foram produzidos, sendo certo que se incluem entre eles: (1) o de permitir que a OIT tivesse uma visão geral da organização sindical brasileira e de seus problemas; (2) o de restabelecer as discussões sobre as variadas formas de antissindicalidades praticadas no país; e (3) o de incrementar os canais de diálogo social permanente e por meio de deliberações precedidas de reuniões tripartites, envolvendo o governo, empresários e trabalhadores.

Um exemplo dos possíveis efeitos decorrentes da apresentação da supracitada queixa perante o CLS foi produzido na 2ª reunião da Coordenadoria Nacional de Promoção da Liberdade Sindical (CONALIS) do Ministério Público do Trabalho, em São Paulo, no dia 5 de maio de 2010. Naquela sessão, foram aprovadas cinco orientações que passariam a conduzir as ações estratégicas do MPT, todas a respeito do financiamento da atividade sindical. Nesse momento, porém, é relevante fazer referência a apenas três delas, as de número 2, 3 e 4[14], uma vez que realçam, conforme analisado nesse tópico, a importância do não aliciamento externo à oposição contributiva.

Inicialmente, a CONALIS reiterou como uma das suas orientações — a de número 2 — o texto da Súmula 666 do STF **(hoje, Súmula Vinculante 40 do STF)** para deixar clara a sua posição no que diz respeito à consagração da liberdade sindical negativa dos sujeitos individuais das relações coletivas. A orientação n. 2 reitera que "a contribuição confederativa aplica-se apenas aos filiados dos sindicatos".

Nas suas orientações de números 3 e 4, entretanto, a CONALIS reconhecia que a incitação à não contributividade, ainda que se tratasse de contributividade facultativa, constituía conduta antissindical, especialmente quando produzida numa escala coletiva.

Na orientação de número 3, ora referida apenas em homenagem à construção da história dos fatos, haja vista o seu cancelamento na 5ª reunião da entidade realizada em 16 de agosto de 2011, a mencionada Coordenadoria procurava encontrar uma posição mais flexível do que aquela comumente adotada nos termos de ajustamento de conduta ou nas ações civis públicas, passando a sustentar que seria **possível a cobrança de contribuição assistencial/negocial dos trabalhadores, filiados ou não**, aprovada em assembleia geral convocada para este fim, com ampla divulgação, garantida a participação de sócios e não sócios, realizada em local e horário que facilitem a presença dos trabalhadores, **desde que assegurado o direito de oposição**, manifestado perante o sindicato por qualquer meio eficaz de comunicação, observados os princípios da proporcionalidade e razoabilidade, inclusive quanto ao prazo para o exercício da oposição e ao valor da contribuição" (negrito não constante do original).

Note-se que a ressalva quanto ao direito de oposição é uma garantia do direito fundamental à liberdade sindical individual negativa.

---

14 Os enunciados produzidos na 2ª reunião nacional da CONALIS, em São Paulo, no dia 5 de maio de 2010, estão disponíveis em: <http://www.fetraconspar.org.br/destaques/2010/conalis/conalis_mpt.htm>, mediante o *link* "Deliberações aprovadas pela CONALIS", sendo importante anotar que a orientação de n. 3 foi cancelada na 5ª reunião da entidade realizada em 16-8-2011.

Na orientação de número 4, por fim, a CONALIS aponta o empresário como um dos sujeitos de antissindicalidade ao deliberar que "o incentivo patronal ao exercício do direito de o trabalhador opor-se à contribuição assistencial/negocial configura ato antissindical". É certo, contudo, que qualquer indivíduo ou ente coletivo, e não apenas o patrão, pode praticar a mencionada conduta antissindical.

20.1.7 Enquadramento sindical: o desenho da organização sindical brasileira — da ingerência absoluta do Estado à relativa liberdade sindical

Por força do disposto no art. 8º do texto fundamental, o modelo intervencionista estatal foi quase totalmente expurgado do ordenamento jurídico sindical brasileiro. Certamente o maior avanço da Constituição ora vigente foi o de promover a eliminação dos atos de intromissão do então Ministério do Trabalho, que, no passado, estabelecia o cumprimento de etapas prévias à constituição da entidade sindical[15], impunha estatutos-padrão[16] às entidades sindicais e limitava o tempo de duração dos mandatos dos dirigentes sindicais[17], que, na época, jamais poderiam ser estrangeiros[18]. Tudo era determinado, concedido ou outorgado pelo Ministério do Trabalho, nesse âmbito incluída também, e principalmente, a legitimação representativa, consoante se via no não recepcionado art. 520 da CLT[19].

A análise do desenho sindical brasileiro atual permite chegar à conclusão de que, desde o advento do texto constitucional de 1988, há nele uma liberdade sindical apenas relativa. Diz-se "liberdade sindical apenas relativa" porque a própria Constituição ressalvou algumas ingerências, notadamente sob a autonomia de que dispõem as entidades sindicais para sua fundação e para alguns itens de sua administração interna.

Perceba-se que o precitado art. 8º é iniciado com a assertiva "é livre a associação profissional ou sindical". Se a frase terminasse aí, não haveria dúvidas quanto a uma irrestrita liberdade associativa profissional e sindical. Entretanto, por vontade do constituinte originário, foi inserida uma vírgula no final da frase e, em seguida, uma assertiva de caráter restritivo — "observado o seguinte".

Pois bem. Tudo o que consta depois do "observado o seguinte" integra o conjunto máximo dos limites impostos à liberdade sindical no ordenamento jurídico brasileiro, tirantes, é claro, demais limitações que sistematicamente possam ser encontradas no próprio texto

---

15 Veja-se, nesse sentido, a redação do não recepcionado art. 512 da CLT, segundo o qual *somente as associações profissionais constituídas para os fins e na forma do artigo anterior e registradas de acordo com o art. 558 poderiam ser reconhecidas como sindicatos e investidas nas prerrogativas definidas na lei*.

16 Note-se o conteúdo do § 1º do art. 518 da CLT, também não recepcionado pela Constituição de 1988. Esse dispositivo impunha elementos mínimos estatutários, entre os quais, numa clara demonstração da influência do corporativismo fascista, *a afirmação de que a associação agiria como órgão de colaboração com os poderes públicos e com as demais associações no sentido de fomentar a solidariedade social e a subordinação dos interesses econômicos ou profissionais ao interesse nacional*.

17 Veja-se o art. 515, *b*, da CLT, hoje não recepcionado pela Constituição de 1988.

18 Observe-se a redação do art. 515, *c*, da CLT, hoje não recepcionado pela Constituição de 1988.

19 Observe-se a redação do art. 520 da CLT, hoje não recepcionado pela Constituição de 1988:

Art. 520. Reconhecida como sindicato a associação profissional, ser-lhe-á expedida carta de reconhecimento, assinada pelo Ministro do Trabalho, Indústria e Comércio, na qual será especificada a representação econômica ou profissional conferida e mencionada a base territorial outorgada.

Parágrafo único. O reconhecimento investe a associação nas prerrogativas do art. 513 e a obriga aos deveres do art. 514, cujo inadimplemento a sujeitará às sanções desta lei.

constitucional. Assim, trocando em miúdos, o que não está previsto como limite à liberdade sindical nos incisos de I a VIII do oitavo artigo constitucional não pode ser entendido como tal. Vejam-se as situações de modo mais detalhado:

20.1.7.1 Do limite à liberdade de fundar a entidade sindical

A partir de uma análise combinada dos incisos I e II do art. 8º do texto constitucional, é possível perceber que há, sim, uma limitação imposta à liberdade de fundar o sindicato. O inciso I[20] expurga do ordenamento jurídico sindical qualquer **interferência** ou **intervenção** do Poder Público, salvo, evidentemente, do Poder Judiciário, se invocado a decidir eventual contenda entre os integrantes da categoria e as entidades sindicais, com base na garantia prevista no art. 5º, XXXV, da Carta constitucional.

As palavras são claras e postas no sentido de que "a lei não poderá exigir autorização do Estado para a fundação de sindicato", ressalvado apenas o registro no órgão competente, para a preservação da unicidade sindical, mantida no inciso II[21 e 22].

Note-se que, por vontade do constituinte originário, continuou vedada a criação de mais de uma organização sindical, em qualquer grau, representativa de categoria profissional ou econômica, na mesma base territorial. Essa base territorial, que não pode ser inferior à área de um Município, é definida pelos próprios trabalhadores ou empregadores interessados.

20.1.7.1.1 Da gênese sindical originária: quando não há entidade sindical constituída na base territorial

Para bem entender a situação mencionada no tópico anterior, imagine-se, por exemplo, dois agrupamentos de empregados da indústria têxtil do Município de Campinas, no interior do Estado de São Paulo. Cada um desses agrupamentos tem seu líder e cada líder tem a

---

20 I — a lei não poderá exigir autorização do Estado para a fundação de sindicato, ressalvado o registro no órgão competente, vedadas ao Poder Público a interferência e a intervenção na organização sindical.

21 II — é vedada a criação de mais de uma organização sindical, em qualquer grau, representativa de categoria profissional ou econômica, na mesma base territorial, que será definida pelos trabalhadores ou empregadores interessados, não podendo ser inferior à área de um Município.

22 É questionável a validade da **Orientação Jurisprudencial 23 da SDC do TST**, segundo a qual a representação sindical deveria abranger toda a categoria, não comportando qualquer separação fundada na maior ou menor dimensão de cada ramo ou empresa. Afirma-se isso porque a análise dos precedentes que a criaram em 25-5-1998 revelam o fundamento da "impossibilidade de se admitir a personalidade sindical" de quem criou associação abrangendo fragmento de categoria, por exemplo, o sindicato de microempresas de limpeza e conservação de veículos (e não de todas as empresas do ramo), conforme mencionado no acórdão do processo RODC 332030-1996. É importantíssimo observar que a referida Orientação Jurisprudencial 23 da SDC do TST foi construída **antes da promulgação da Constituição de 1988 e com base em decisões prolatadas antes da vedação à interferência ou intervenção estatal**. O Judiciário somente tem o poder de decidir sobre a legitimidade de uma entidade sindical **quando houver disputa sobre a representação sindical** nos moldes do art. 114, II, da Constituição ora vigente. Não pode o Judiciário, simplesmente, de modo incidental, inadmitir a personalidade do sindicato. Se o assunto for trazido à Justiça por uma entidade sindical que com outra litiga sob o fundamento de que o conceito de categoria foi fracionado, caberá ao magistrado avaliar se houve ou não o fato alegado posicionando sobre um tema imensamente controvertido. Parece que o acertado é considerar a integralidade da categoria e sua insuscetibilidade de fracionamento quando entendida como **única por força de lei**. Há precedente do STF: "Mostra-se contrária ao princípio da unicidade sindical a criação de ente que implique desdobramento de categoria disciplinada em lei como única. Em vista da existência do Sindicato Nacional dos **Aeronautas**, a criação do Sindicato Nacional dos **Pilotos da Aviação Civil** não subsiste, em face da ilicitude do objeto" (destaques não constantes do original — RMS 21.305, Rel. Min. Marco Aurélio, julgamento em 17-10-1991, Plenário, *DJ*, 29-11-1991). Se a lei não disciplinar a categoria como única, é teoricamente possível falar na validade do ora discutido fracionamento.

pretensão de transformar seu agrupamento em associação sindical. Assim, seguindo aconselhamentos jurídicos, o líder do agrupamento trabalhista "A" toma a dianteira e, antes do grupo "B", procede ao registro sindical de sua entidade profissional no Ministério do Trabalho e Previdência, que, então, passa a chamar-se "Sindicato dos Trabalhadores da Indústria Têxtil de Campinas".

Quando o representante do grupo "B" comparece ao Ministério do Trabalho e Previdência, toma conhecimento de que, antes dele, comparecera ao órgão de registro sindical o representante do grupo "A" e que a este fora atribuída a qualidade de entidade sindical. Note-se que a única função do referido Ministério é a de operar o registro, observando os critérios da cronologia e da especificidade[23]. Não lhe cabe mais do que isso, sendo certo que tal atribuição é cumprida em obediência ao próprio texto constitucional.

O ato é promovido pelo Ministério do Trabalho e Previdência. Este, aliás, é o entendimento do STF por meio da sua **Súmula 677**: "Até que lei venha a dispor a respeito, incumbe ao Ministério do Trabalho proceder ao registro das entidades sindicais e zelar pela observância do princípio da unicidade".

Voltando à situação-exemplo, o representante do grupo "B" pode, então, perguntar: Terei de dissolver meu agrupamento? A resposta é negativa. O grupo "B" não precisará ser dissolvido. Ele, querendo, pode continuar a existir como "**associação profissional**", mas, por conta da existência de uma entidade sindical já registrada em nome da mesma categoria, na mesma base territorial, jamais alcançará, no mesmo território, a condição de "**associação sindical**". Note-se que, de acordo com a sistemática constitucional, essa vantagem pode ser atribuída a uma única entidade dentro da mesma base territorial, que não pode ser inferior a um Município.

E há mais: somente a entidade sindical terá o direito de falar em nome de toda a categoria, de substituir processualmente os integrantes do grupo[24], de negociar coletivamente, de instituir contribuição confederativa, de fruir da contribuição sindical e de atribuir estabilidade a seus dirigentes. A associação profissional é um mero agrupamento de trabalhadores cuja liberdade de criação consta também do art. 5º, XVII, da Carta Magna, mas que tem missão institucional mais estreita se comparada com a das entidades sindicais.

Mais uma pergunta pode surgir: pode-se falar em sindicato do *distrito norte* do Município de Campinas e, conjuntamente, em sindicato do *distrito sul* do mesmo Município? A resposta é negativa. Embora a CLT autorizasse no *caput* do art. 517[25] a existência de associações sindicais distritais, o inciso II do art. 8º do texto constitucional retroagiu nesse particular para

---

23 "Direito sindical. Entidades sindicais constituídas numa mesma base territorial. (...) Conflito acertadamente resolvido pelo acórdão com base no princípio da anterioridade" (RE 209.993, Rel. Min. Ilmar Galvão, julgamento em 15-6-1999, 1ª Turma, *DJ*, 22-10-1999).

"Havendo identidade entre categoria de trabalhadores representados pelo autor e pelo réu e sendo idênticas também as bases territoriais de atuação de um e de outro sindicato, deve prevalecer o primeiro deles, dada a sua constituição anterior" (RE 199.142, Rel. Min. Nelson Jobim, julgamento em 3-10-2000, 2ª Turma, *DJ*, 14-12-2001).

24 Ver a **Orientação Jurisprudencial 15 da SDC do TST**: "Sindicato. Legitimidade *ad processum*. Imprescindibilidade do registro no Ministério do Trabalho. Inserido em 27-3-1998. A comprovação da legitimidade *ad processum* da entidade sindical se faz por seu registro no órgão competente do Ministério do Trabalho, mesmo após a promulgação da Constituição Federal de 1988".

25 Art. 517. Os sindicatos **poderão ser distritais**, municipais, intermunicipais, estaduais e interestaduais. Excepcionalmente, e atendendo às peculiaridades de determinadas categorias ou profissões, o Ministro do Trabalho, Indústria e Comércio poderá autorizar o reconhecimento de sindicatos nacionais (destaques não constantes do original — dispositivo não recepcionado pelo texto constitucional de 1988).

somente admitir a existência de associações sindicais com abrangência sobre a área mínima de um Município. Nada impede, portanto, que sejam constituídas associações sindicais em áreas territoriais mais amplas do que um Município, sendo disso exemplo as entidades intermunicipais (ainda que de Estados diferentes), estaduais, interestaduais (ainda que de regiões diferentes), regionais, inter-regionais ou nacionais.

Observe-se, ainda, que a regra da unicidade é aplicada "em qualquer grau", vale dizer, é exigível de sindicatos, de federações e de confederações, tanto do segmento operário quanto do patronal.

20.1.7.1.2 Da gênese sindical derivada: quando há pretensão de dissociação em face de entidade sindical já constituída na base territorial

E se a entidade sindical tiver sido formada sobre uma base territorial mais extensa, é possível falar em desmembramento territorial ou em dissociação de segmento da categoria?

A resposta aqui é positiva. Se, por exemplo, o Sindicato dos Vigilantes do Estado da Bahia receber, por meio de sua diretoria, requerimento de convocação de uma assembleia extraordinária, a pedido dos vigilantes dos Municípios de Itabuna e de Ilhéus, para discutir e deliberar sobre a criação de uma nova entidade sindical, destacada da associação originária, ele deve processar esse pedido. Os vigilantes dissociandos têm o direito de pretender uma vida associativa autônoma e de levar o assunto à discussão entre os efetivos interessados. A deliberação quanto à dissociação, entretanto, é tema que interessa unicamente aos integrantes da área dissocianda, não sendo razoável que integrantes de outras bases territoriais votem sobre a matéria, embora sobre ele possam livremente opinar, inclusive com o propósito de demover a ideia separatista.

É ainda relevante anotar, no campo da ora analisada gênese sindical derivada, que **não se pode falar em dissociação por autoproclamação**. A discussão quanto à possibilidade de dissociação, em homenagem ao princípio da democracia sindical interna, deve ter início na entidade originária, mas com ampla discussão sobre as possibilidades de vida associativa regular e de ação sindical eficiente da pretensa dissidente.

O resultado desta votação autorizará ou não a fundação de um novo sindicato. Esse, aliás, é também o posicionamento de José Cláudio Monteiro de Brito Filho[26], para quem: "[...] a dissociação é um processo que ocorre de dentro para fora, ou seja, decorre de processo que tem de existir no interior da entidade sindical que sofrerá o desmembramento". E isso ocorre com a convocação, na forma estatutária, para deliberação da matéria, do órgão máximo da entidade, que é, no sindicato, a assembleia geral, sendo ela quem decidirá sobre a dissolução ou não. Sendo decidido o desmembramento, basta que o grupo dissidente convoque nova assembleia geral, agora estranha à organização sindical da qual se afastou, procedendo da mesma forma como para a criação das entidades sindicais e que culmina com o registro.

No mesmo sentido está José Francisco Siqueira Neto[27], para quem é "evidente que o desdobramento se dará dentro do próprio sindicato titular original da Carta Sindical se dela dispõe".

É importante anotar que há uma tendência no mundo sindical à intitulada dissociação por autoproclamação. Tal ocorre — e normalmente se vê — quando grupo de insurgentes, oponentes da diretoria do sindicato constituído, convocam sorrateiramente reunião e ali,

---

26 BRITO FILHO, José Cláudio Monteiro de. *Direito sindical*. 3. ed. São Paulo: LTr, 2009, p. 119.
27 SIQUEIRA NETO, Francisco José. *Direito do Trabalho & Democracia: apontamento e pareceres*. São Paulo: LTr, 1996, p. 175-176.

como se o chamado deles fosse suficiente para revelar a vontade de uma fração da categoria, declaram-se independentes e livres para formar nova entidade sindical.

Essa não é definitivamente uma conduta juridicamente acertada, pois violadora da democracia sindical interna. Lembre-se aqui que a violação a esse referido e importante postulado constitucional implica a fratura do **direito de participação** da coletividade. "Participar" significa, em última análise, e no autorizado dizer de Giacomo Sani[28], contribuir direta ou indiretamente para uma decisão política mediante sistemas que ofereçam para as bases as condições de intervir no processo de tomada das decisões essenciais ao grupo.

Pois bem. Múltiplos são os prejuízos proporcionados pela autoproclamação aqui analisada. De início, cabe lembrar que é incomparável a extensão, o alcance e a legitimação de uma convocação feita no seio de um sindicato legalmente constituído com aquela convocação realizada por um grupo de insurgentes. É óbvio que o chamamento para uma assembleia geral extraordinária para discussão da pretensão de um grupo dissidente estimulará o comparecimento e a participação de uma grande quantidade de interessados.

Ainda que somente possam votar sobre o assunto os integrantes da categoria que tenham interesse direto na dissociação — vale dizer, aqueles que possam ser levados à representação por uma nova entidade sindical —, não se deve desprezar a importância dos argumentos dos que, embora não votantes, possam trazer luzes à discussão sobre as possibilidades de vida associativa regular e de eficiente ação sindical da eventual dissidente. Mesmo sem votar, os integrantes da entidade sindical que não tenham intenções dissociativas podem, antes de iniciada a tomada da decisão separatista, tentar convencer os seus companheiros a permanecer irmanados. É fundamental a lembrança de que a democracia sindical interna se manifesta mais claramente quando não se produzem obstáculos à existência de grupos de oposição nem às pretensões deles. A democracia (notadamente a sindical) é difícil de ser exercida porque a pluralidade e a tolerância — seus verdadeiros fundamentos[29] — são qualidade que normalmente não estão presentes naqueles que assumem a condição de dirigentes ou naqueles que se opõem aos referidos dirigentes. Ocorrendo a dissociação territorial ou categorial, o sindicato principal terá a denominação alterada, eliminando-se a designação relativa à totalidade da área territorial ou à integralidade categorial. No caso analisado no início do tópico, acaso autorizada a referida dissociação, o sindicato passaria a ser denominado "Sindicato dos Vigilantes do Estado da Bahia, **exceto** dos Municípios de Ilhéus e de Itabuna". Isso se justifica porque a dissociação permitiria a criação, por destaque, do "Sindicato dos Vigilantes dos Municípios de Ilhéus e de Itabuna". O mesmo raciocínio haverá de ser aplicado às dissociações de atividades ou de profissões concentradas para formar-se um sindicato mais específico e, certamente, mais atuante.

Anote-se, desde já, que, diante da promessa constitucional de não interferência e de não intervenção do Poder Público na vida sindical, não se pode admitir como recepcionadas pelo ordenamento jurídico as regras de enquadramento constante dos arts. 570 a 577 da CLT. Elas se revelam não recepcionadas pelo texto constitucional de 1988 porque **estabelecem certas condições subjetivas** para a criação de uma nova entidade sindical por dissociação. Observe-se que a oração subordinada adverbial concessiva — "desde que o novo sindicato, a juízo da Comissão do Enquadramento Sindical, ofereça possibilidade de vida associativa regular e de ação sindical eficiente" —, constante do art. 571 da CLT, não

---

28 SANI, Giacomo. Participação política. In: *Dicionário de política*. Trad. João Ferreira et al. 11. ed. Brasília: UnB, 1998, v. 2, p. 888.

29 Segundo Lipset, Trow e Coleman (in *A democracia sindical*. Madrid: Ministerio de Trabajo y Seguridad Social, 1989, p. 132), a "pluralidade" e "tolerância" são as ideias que melhor definem a democracia de uma organização, sendo certo que ambientes sindicais onde ela não está presente tornam-se suscetíveis à formação de oligarquias.

tem a menor razoabilidade num contexto de liberdade sindical. O Poder Público não tem legitimação para aferir as possibilidades de "vida associativa regular", tampouco se há ou não condições para uma "ação sindical eficiente". Tal caberá aos próprios integrantes da categoria. Esse, aliás, é o firme posicionamento jurisprudencial[30]. Enfim, "o desmembramento de profissionais de categorias associadas para formação de novo sindicato que melhor as represente e melhor atenda a seus interesses específicos, é consequência da liberdade sindical, eliminando a interferência do Estado sobre a conveniência ou oportunidade do desmembramento"[31 e 32].

Acrescente-se que, do mesmo modo, há de ser entendida a pretensão de aglutinação. Se duas ou mais entidades sindicais autônomas querem se unir para formar um único ente representativo de todos os aglomerados, isso será possível na medida em que esse seja o desejo dos interessados, sem qualquer intercessão externa.

20.1.7.1.3 Representatividade sindical e os critérios da "agregação" e da "especificidade".

Não raramente as associações contendem no Judiciário em busca da determinação de quem seja a entidade efetivamente representativa de uma determinada categoria. Nessas situações, duas ou mais entidades podem ver-se a sustentar as suas legitimações a partir de argumentos baseados nos critérios da "agregação" e da "especificidade".

Mas que critérios são esses?

A "agregação" é o critério determinador de representatividade que leva em conta a capacidade da associação de agregar filiados. Quando maior for a capacidade de aglutinação dessa entidade, mais agregadora ela é. Isso é normalmente encontrável em um sindicato mais amplo, mais abrangente, e, em regra, mais antigo.

A "especificidade", por outro lado, é o critério determinador de representatividade que leva em consideração a possibilidade de uma entidade sindical ser criada para cuidar de interesse de uma fração categorial ou territorial. É normalmente invocável para justificar a segregação de categorias antes associadas e a separação de integrantes de amplas bases territoriais antes reunidas. Normalmente se formam sindicatos mais específicos, menos abrangentes, e, em regra, mais novos.

Vistos os critérios, qual deles está conforme a Constituição da República?

Embora inevidente o consenso, o critério da "especificidade" é mais ocorrente, porque baseado na lógica *pro libertate*. Afinal, se a Constituição oferece liberdade organizacional aos sujeitos coletivos e afirma que são vedadas ao Poder Público, nesse âmbito, a interferência e a intervenção, por que um magistrado estaria autorizado a opor-se à liberdade de dissociação? A liberdade de associação e de dissociação, enfim, deve ter a mesma medida. Não há como dar liberdade de sindicalização apenas para a fundação inicial. Se ninguém é proibido de manter-se filiado, obviamente a dissociação e a criação, nos termos da lei, uma nova entidade mais específica é plenamente admitida, respeitada, é claro, a regra da unicidade..

---

30 "Os princípios da unicidade e da autonomia sindical não obstam a definição, pela categoria respectiva, e o consequente desmembramento de área com a criação de novo sindicato, independentemente de aquiescência do anteriormente instituído, desde que não resulte, para algum deles, espaço inferior ao território de um Município (Constituição Federal, art. 8º, II)" (RE 227.642, Rel. Min. Octavio Gallotti, julgamento em 14-12-1998, 1ª Turma, *DJ*, 30-4-1999).

31 REsp 251388/RJ, *DJ*, 25-11-2002, Rel. Min. Francisco Peçanha Martins.

32 Por força da Emenda Constitucional n. 45/2004, a Justiça do Trabalho passou a ter competência material para dirimir conflitos de interesses relacionados à representação sindical (art. 114, III, da Carta). **Cancelada**, portanto, foi a **Orientação Jurisprudencial 4 do SDC do TST**.

O STF já tratou desse assunto:

EMENTA: AGRAVO REGIMENTAL EM RECURSO EXTRAORDINÁRIO. SINDICATO. DESMEMBRAMENTO. ALEGAÇÃO DE AFRONTA AO PRINCÍPIO DA UNICIDADE SINDICAL. IMPROCEDÊNCIA. 1. É firme a jurisprudência do Supremo Tribunal Federal no sentido deque não implica ofensa ao princípio da unidade sindical a criação de novo sindicato, por desdobramento de sindicato preexistente, desde que o território de ambos não se reduza a área inferior a de um município. 2. Agravo regimental desprovido." RE 573533 AgR / SP – SÃO PAULO, Relator (a): Min. AYRES BRITTO, Julgamento: 14/02/2012 Órgão Julgador: Segunda Turma, Publicação ACÓRDÃO ELETRÔNICO, Dje-056 DIVULGADO 16-03-2012, PUBLICADO 19-03-2012.

Perceba-se que não cabe ao Judiciário imiscuir-se na escolha de sujeitos de uma relação coletiva. O art. 571 da CLT, tirante a referência ao "juízo da Comissão do Enquadramento Sindical", ainda tem vigência:

Art. 571. Qualquer das atividades ou profissões concentradas na forma do parágrafo único do artigo anterior poderá dissociar-se do sindicato principal, formando um sindicato específico, desde que o novo sindicato, a juízo da Comissão do Enquadramento Sindical, ofereça possibilidade de vida associativa regular e de ação sindical eficiente.

A análise crítica acerca da possibilidade de vida associativa regular e de ação sindical eficiente é dos próprios integrantes da categoria reunidos em Assembleia, dentro da entidade sindical-mãe (aquela que sofrerá o desmembramento territorial ou categorial). Obvio que o ideal é a união, mas quem decide isso é aquele que se associa e se dissocia livremente, e não um juízo ou tribunal.

20.1.7.2 Do limite à liberdade de escolher a entidade sindical

Apesar da garantia constitucional de inexigibilidade de filiação sindical obrigatória[33], o ordenamento brasileiro não atribuiu ao integrante da categoria o direito de escolher o sindicato de sua preferência. Num contexto de unicidade sindical, ou o indivíduo se integra à entidade que se legitimou a representar os interesses de sua categoria, ou ficará de fora do círculo sindical.

É interessante notar que, mesmo fora do círculo sindical — por manifesto desinteresse ou por ausência de opção —, o integrante da categoria será beneficiário de todas as vantagens decorrentes das contratações coletivas firmadas em nome da coletividade na qual está inserto. Paralelamente, o mesmo integrante da categoria estará obrigado a cumprir as cláusulas normativas impostas pelos instrumentos coletivos negociados e a arrimar a entidade sindical que lhe coube por força de lei.

Para bem entender o quanto ora expendido, oferece-se uma situação-exemplo: imagine--se um bancário que não acredita no sindicalismo e que não confia no sindicato de sua categoria profissional. Esse trabalhador, apesar de não se identificar com o movimento sindical, será beneficiado por todas as negociações coletivas que forem celebradas dentro de sua base territorial (vejam-se os arts. 7º, XXVI, do texto constitucional e 611 da CLT) e sofrerá todos os efeitos coletivos dos eventuais ajustes que diminuam os salários (art. 7º, VI, da Constituição) ou que modifiquem a duração do trabalho (art. 7º, XIII ou XIV, da lei fundamental). O mesmo acontecerá com o empresário que não se relaciona bem com os demais integrantes de sua atividade econômica em sua base territorial. Apesar de avesso à organização patronal

---

33 Veja-se o art. 8º, V, da Constituição da República, segundo o qual "ninguém será obrigado a filiar-se ou a manter-se filiado a sindicato".

que lhe coube, ficará tão obrigado às cláusulas normativas quanto aquele que foi à Assembleia e que ali deliberou.

Há, portanto, uma evidente incongruência no conceito de liberdade sindical previsto no texto constitucional, uma vez que não há como ser livre sem efetivamente sê-lo. Essas contradições existem em função do modelo de unicidade sindical conforme adotado no Brasil. No próximo tópico serão analisadas as modalidades sindicais e suas consequências sobre os sistemas jurídicos.

20.2 MODELOS SINDICAIS

De certo modo, ao tratar de limites à liberdade sindical, este estudo antecipadamente tangenciou a questão relacionada aos modelos de organização sindical, assim entendidos os desenhos estruturais que orientam e que regulam a atividade das entidades representativas de trabalhadores e de empregadores. Assim, apenas com o objetivo de dar completude ao objeto deste capítulo serão apreciados, de modo destacado, os modelos de unicidade e de pluralidade sindicais.

20.2.1 Modelo de unicidade sindical

A unicidade sindical é um modelo organizacional que autoriza a existência de apenas uma entidade representativa de categoria profissional ou econômica dentro de determinada base territorial. Esse é o modelo adotado pela Constituição de 1988 e que se encontra claramente inserido no seu art. 8º, II:

> Art. 8º [...] II — é vedada a criação de mais de uma organização sindical, em qualquer grau, representativa de categoria profissional ou econômica, na mesma base territorial, que será definida pelos trabalhadores ou empregadores interessados, não podendo ser inferior à área de um Município.

A "unicidade", aqui analisada como mero modelo organizacional, não parece merecer o *status* de "princípio constitucional". Nesse ponto, a obra é cuidadosa em referir-se a ela como mera "regra constitucional", e assim o faz porque não se pode admitir que um fragmento da Constituição colida com seus próprios fundamentos. Afinal, se um Estado tem por um dos seus fundamentos o pluralismo político (*vide* art. 4º, V, da Carta Constitucional), não pode alçar à condição de princípio um trecho que esbarra com suas próprias estruturas basais.

Reitere-se, por outro lado, que o modelo de unicidade sindical, segundo o dispositivo ora transcrito, atinge, indistintamente, qualquer organização sindical[34], em qualquer grau — *sindicatos, federações ou confederações* —, implicando absoluto monopólio de representatividade em determinada base, que jamais poderá ser inferior a um Município nem superior ao espaço territorial da nação. Assim, se existente um "Sindicato dos Padeiros do Município de Recife", não se poderá admitir outro atuando na mesma área territorial. Nada, entretanto, impedirá a criação do "Sindicato dos Padeiros do Município de Olinda", a despeito de ambas as cidades estarem praticamente conglobadas. E se, na situação sob exame, existir um "Sindicato dos Padeiros do Estado de Pernambuco"? Será possível a fundação de um sindicato em Recife ou Olinda? A resposta é simples: sim, desde que ocorra o desmembramento territorial do sindicato originário, conforme expendido em tópico anterior.

---

[34] As centrais sindicais não integram a organização sindical, sendo, na verdade, uma rede de entidades sindicais operárias, como se verá no tópico em que se analisará o assunto de modo específico. Por isso, elas não se submetem à unicidade sindical.

Não se confunda, entretanto, **unicidade sindical** com **unidade sindical**. A *primeira*, consoante mencionado, traduz o sistema pelo qual se impõe a presença de uma única entidade sindical dentro de determinada base territorial; a *segunda* revela, por conta de maturidade e de livre opção sindical, uma única entidade representando todos os trabalhadores de determinado segmento ou categoria em todo o território nacional. Assim, mesmo num modelo de unicidade sindical, podem ser evidenciados, pelo consenso dos integrantes, sindicatos nacionais, por exemplo, o Sindicato Nacional dos Aeronautas ou o Sindicato Nacional dos Aeroviários.

20.2.2 Modelo de pluralidade sindical

A pluralidade sindical é um modelo organizacional que autoriza a coexistência de mais de uma entidade sindical dentro da mesma base territorial ou dentro da mesma categoria profissional ou econômica.

Costuma-se dizer que o Brasil viveu uma experiência de pluralidade sindical de 1934 a 1937, sendo certo que a Constituição de 1934 (*DOU* de 16-7-1934), no parágrafo único do seu art. 120, previu, expressamente, que **a lei** asseguraria a pluralidade sindical e a completa autonomia dos sindicatos. Há de questionar, entretanto: *qual foi a lei que assegurou a pluralidade? Como essa pluralidade estava disposta nesta lei?*

A lei que tratava do tema era o Decreto n. 24.694, de 12 de julho de 1934, publicado no *Diário Oficial* de 27 de outubro de 1934. Ele, entretanto, garantia apenas uma pluralidade sindical limitada, se se considerar o sindicalismo obreiro, porque o art. 5º do citado decreto exigia para a constituição de sindicatos de empregados a reunião de associados que representassem, no mínimo, um terço dos que exercessem a mesma profissão na respectiva localidade. A limitação residia no fato de que, conforme bem colocado por Evaristo de Moraes Filho, "somente poderiam caber três sindicatos, no máximo, em cada profissão. Em rigor, viriam a existir unicamente dois, porque, dada a exigência de um terço para cada sindicato, dificilmente se daria a divisão ótima desta quantidade para constituição de cada nova associação. Bastava não coincidir tal número perfeito — e é o que se dava na realidade — para desfalcar o último sindicato, que poderia ser criado, do mínimo exigido por lei"[35].

O Professor José Carlos Arouca lembrou que a pluralidade limitada "não se aplicava [...] nem aos empregadores, nem aos profissionais liberais e trabalhadores autônomos". Para os primeiros, a constituição da entidade sindical dependia do apoio de cinco empresas, pelo menos, e, para os demais, o consórcio de dez associados, no mínimo[36].

Nunca é demais lembrar, com base na mesma obra do mestre Evaristo de Moraes Filho e com fundamento nos dados ora expendidos, que o Brasil, depois de 1930, não teve propriamente uma pluralidade sindical. Esta somente se deu no regime do Decreto n. 1.637/1907, perante o qual bastavam sete associados para dar por constituído um sindicato, sem outra exigência além do registro no cartório competente.

20.3 ORGANISMOS SINDICAIS E PARASSINDICAIS

Entende-se por organismo, na acepção sob exame, a reunião de partes que concorrem para certo fim. Nesse sentido, os organismos sindicais são estruturas formadas a partir da

---

[35] MORAES FILHO, Evaristo de. *O problema do sindicato único no Brasil*: seus fundamentos sociológicos. 2. ed. Alfa-Ômega, 1978, p. 226.
[36] AROUCA, José Carlos. *O sindicato em um mundo globalizado*. São Paulo: LTr, 2003, p. 119.

união voluntária de alguns integrantes, que objetivam o estudo, a defesa e a coordenação de interesses econômicos ou profissionais.

Antes de tratar especificamente sobre os organismos sindicais, porém, será importante conhecer uma estrutura que, desde a promulgação do texto constitucional de 1988, não se apresenta mais como etapa necessária para a constituição dos sindicatos: as **associações profissionais**. Elas merecem destaque porque, apesar de não mais terem a função prevista na CLT, foram expressamente mencionadas no *caput* do art. 8º do texto constitucional. Em seguida, serão analisadas as demais estruturas que compõem o chamado "sistema confederativo", nesta ordem incluídas as **entidades sindicais de grau inferior (ou sindicatos)** e as **entidades sindicais de grau superior (as federações e as confederações)**. Fora da estrutura confederativa serão estudadas as centrais sindicais e a sua função política no contexto das relações de trabalho.

20.3.1 Associação profissional

A leitura do *caput* do art. 8º do texto constitucional produz um questionamento imediato: enfim, por que se afirma que é "livre a associação profissional ou sindical"? Por que o dispositivo em exame não trata apenas da entidade sindical?

Antes de responder a essas perguntas é importante lembrar que, no sistema originário da CLT, antes de ser reconhecida como "associação sindical", a entidade precisava (não precisa mais) existir durante certo tempo, em estado embrionário, como "associação profissional". Essa ideia é facilmente colhida mediante a leitura dos arts. 512[37], 515, 517 (em parte) e 518 a 520, 526 e 561[38] da CLT.

O texto constitucional de 1988, porém, com a vedação à interferência e à intervenção estatal na organização sindical, pôs fim à imposição de preexistência da "associação profissional" para o reconhecimento da "associação sindical". A fundação da entidade sindical passou, então, a estar condicionada unicamente à verificação formal da unicidade. Uma entidade, portanto, pode, tão logo nasça, postular o seu registro como entidade sindical, desde que não exista outra, na mesma base territorial, como representante da mesma categoria.

É importante anotar que as associações profissionais não deixaram de existir. Elas podem ser fundadas, independentemente da existência de outras, na mesma base categorial ou territorial. Para as associações profissionais — de empregadores ou de trabalhadores — não há unicidade. Elas estão regidas por uma razão de pluralidade.

Para que se entenda bem, veja-se um exemplo: imagine-se que exista em uma determinada cidade um sindicato que represente os operários da construção civil. Este sindicato, segundo as normas constitucionais, será único dentro da base territorial onde atua, não sendo admitida a criação de outra entidade no mesmo âmbito. Apesar disso, pode surgir uma associação dos operários da construção civil de uma determinada empresa ou bairro da referida cidade. Essa associação, conquanto livre para existir, não poderá assumir missões sindicais, tais como negociar coletivamente, valer-se da contribuição sindical prevista em lei ou, ainda, atribuir estabilidade aos seus dirigentes.

---

[37] Art. 512. Somente as associações profissionais constituídas para os fins e na forma do artigo anterior e registradas de acordo com o art. 558 poderão ser reconhecidas como sindicatos e investidas nas prerrogativas definidas nesta lei (dispositivo não recepcionado pelo art. 8º da Constituição de 1988).

[38] Art. 561. A denominação "sindicato" é privativa das associações profissionais de primeiro grau, **reconhecidas** na forma desta lei.

Nesses termos, é de nenhum sentido a menção ao nome da "associação profissional" no *caput* do art. 8º da Carta Magna. Bastaria declarar a liberdade da associação sindical, haja vista a existência de outro dispositivo constitucional — aquele constante do art. 5º, XVII —, que garante a liberdade de associativismo em sentido amplo. A indevida menção produziu algumas confusões jurisprudenciais, entre as quais a de imaginar que os dirigentes de associações profissionais ainda teriam direito à estabilidade prevista no inciso VIII do precitado art. 8º. Para constatar isso, basta ver o conteúdo da Súmula 222 do TST, que, apesar de produzida em setembro de 1985, somente foi cancelada em agosto de 1998. Essa súmula previa que os dirigentes de associações profissionais, legalmente registradas, também gozariam de estabilidade provisória no emprego[39], quando, na verdade, desde o advento do novel texto constitucional[40], tal prerrogativa passou a ser restrita, como mencionado, somente aos diretores das entidades sindicais[41].

20.3.2 Associação sindical de grau inferior: sindicatos

Na base sindical brotam os conflitos e surgem as soluções. É justamente ali, na base, que a associação sindical tem a oportunidade de conviver com os indivíduos que a integram e de ponderar em torno das propostas que são oferecidas pelo segmento adversário. Ali estão os sindicatos, e neles a força que propulsiona o avanço nas condições sociais. São eles que, *em regra*[42], negociam acordos e convenções coletivas, que deflagram os movimentos paredistas, que instauram os dissídios coletivos, que aforam as ações de cumprimento, que assistem os integrantes da categoria em assuntos jurídicos e socioeconômicos. São eles que, *em regra*, fazem o sindicalismo.

20.3.2.1 Definição e natureza jurídica

Sindicatos são associações autônomas, constituídas em caráter permanente e sem fins lucrativos, criadas com o objetivo de promover o estudo, a defesa e a coordenação dos interesses econômicos e profissionais daqueles que exerçam a mesma atividade ou profissão ou atividades ou profissões similares ou conexas. Como qualquer associação, os sindicatos têm a natureza jurídica de **pessoas jurídicas de direito privado** (*vide* o art. 44, I, do Código

---

39 Súmula 222, TST. DIRIGENTES DE ASSOCIAÇÕES PROFISSIONAIS. ESTABILIDADE PROVISÓRIA — **CANCELADA** — RES. 84/1998, *DJ*, 20-8-1998. Os dirigentes de associações profissionais, legalmente registradas, gozam de estabilidade provisória no emprego (Res. 14/1985, *DJ*, 19-9-1985). Acrescente-se que pouco mais do que um ano depois da publicação da referida Súmula foi, por força da Lei 7.543/1986, alterada a redação do § 3º, do artigo 543, da Consolidação das Leis do Trabalho, para estender a estabilidade ao empregado investido em cargo de direção de associação profissional. O texto constitucional de 1988, consoante mencionado, restringiu a estabilidade apenas para os dirigentes de associação sindical.

40 Antes de promulgada a Constituição de 1988, a matéria relacionada à estabilidade era tratada no **§ 3º do art. 543 da CLT**, que vedava a dispensa do empregado sindicalizado ou associado, a partir do momento do registro de sua candidatura a cargo de direção ou representação de **entidade sindical** ou de **associação profissional**, até um ano após o final do seu mandato, caso eleito, inclusive como suplente, salvo se cometesse falta grave devidamente apurada nos termos da lei.

41 Observe-se que o inciso VIII do art. 8º do texto constitucional é claro em vincular a estabilidade ao exercício de atividade sindical. Veja-se: "é vedada a dispensa do **empregado sindicalizado** a partir do registro da candidatura a cargo de **direção ou representação sindical** e, se eleito, ainda que suplente, até um ano após o final do mandato, salvo se cometer falta grave nos termos da lei" (destaques não constantes do original).

42 Diz-se "em regra" porque, diante da inexistência do sindicato, suas funções podem ser assumidas pelas associações sindicais de grau superior (federações ou confederações) ou ainda, como no caso da deflagração da greve, por uma comissão especial de trabalhadores.

Civil), e são assim formados a partir da inscrição de seu ato constitutivo num Cartório de Registro Civil, e, posteriormente, no Ministério do Trabalho e Previdência.

Anote-se, com base na reiterada jurisprudência do STF, que a exigibilidade de registro da entidade sindical funciona *apenas* como formalidade protetora da regra constitucional da unicidade sindical, visando impedir a existência de mais de uma entidade sindical representativa de categoria profissional ou econômica na mesma base territorial. Pode-se, então, dizer que o registro promovido pelo Ministério do Trabalho e Previdência não autoriza nem reconhece a entidade sindical, mas apenas disciplina a unicidade sindical[43].

20.3.2.2 Denominação

A denominação "sindicato" é utilizada no ordenamento jurídico brasileiro tanto para identificar associações de trabalhadores quanto de empregadores. O curioso é que, no sistema sindical europeu continental (Portugal, Espanha, França e na própria Itália, de onde proveio, em grande medida, a inspiração para a lei brasileira), a palavra "sindicato" é exclusivamente utilizada para designar as entidades que cuidam dos interesses operários.

Os organismos que cuidam da representação dos interesses dos empregadores nos referidos sistemas jurídicos são denominados simplesmente de "associações patronais", e não de "sindicatos patronais".

---

[43] "A jurisprudência do Supremo Tribunal Federal, ao interpretar a norma inscrita no art. 8º, I, da Carta Política e tendo presentes as várias posições assumidas pelo magistério doutrinário (uma, que sustenta a suficiência do registro da entidade sindical no Registro Civil das pessoas jurídicas; outra, que se satisfaz com o registro personificador no Ministério do Trabalho, e a última, que exige o duplo registro: no Registro Civil das pessoas jurídicas, para efeito de aquisição da personalidade meramente civil e no Ministério do Trabalho, para obtenção da personalidade sindical), firmou orientação no sentido de que não ofende o texto da Constituição a exigência de registro sindical no Ministério do Trabalho, órgão este que, sem prejuízo de regime diverso passível de instituição pelo legislador comum, ainda continua a ser o órgão estatal incumbido de atribuição normativa para proceder a efetivação do ato registral" (ADIn 1.121-MC, Rel. Min. Celso de Mello, *DJ*, 6-10-1995).

"Liberdade e unicidade sindical e competência para o registro de entidades sindicais (CF, art. 8º, I e II): recepção em termos, da competência do Ministério do Trabalho, sem prejuízo da possibilidade de a lei vir a criar regime diverso. O que é inerente à nova concepção constitucional positiva de liberdade sindical é, não a inexistência de registro público — o qual é reclamado, no sistema brasileiro, para o aperfeiçoamento da constituição de toda e qualquer pessoa jurídica de direito privado —, mas, a teor do art. 8º, I, do Texto Fundamental, 'que a lei não poderá exigir autorização do Estado para a fundação de sindicato': o decisivo, para que se resguardem as liberdades constitucionais de associação civil ou de associação sindical, é, pois, que se trate efetivamente de simples registro — ato vinculado, subordinado apenas à verificação de pressupostos legais —, e não de autorização ou de reconhecimento discricionários. [...] O temor compreensível — subjacente à manifestação dos que se opõem à solução —, de que o hábito vicioso dos tempos passados tenda a persistir, na tentativa, consciente ou não, de fazer da competência para o ato formal e vinculado do registro, pretexto para a sobrevivência do controle ministerial asfixiante sobre a organização sindical, que a Constituição quer proscrever — enquanto não optar o legislador por disciplina nova do registro sindical, — há de ser obviado pelo controle jurisdicional da ilegalidade e do abuso de poder, incluída a omissão ou o retardamento indevidos da autoridade competente" (MI 144, Rel. Min. Sepúlveda Pertence, julgamento em 3-8-1992, Plenário, *DJ*, 28-5-1993). No mesmo sentido: RE 222.285-AgR, Rel. Min. Carlos Velloso, julgamento em 26-2-2002, 2ª Turma, *DJ*, 22-3-2002.

"Ausência de legitimidade do sindicato para atuar perante a Suprema Corte. Ausência de registro sindical no Ministério do Trabalho e Emprego. Necessidade de observância do postulado da unicidade sindical. Liberdade e unicidade sindical. Incumbe ao sindicato comprovar que possui registro sindical junto ao Ministério do Trabalho e Emprego, instrumento indispensável para a fiscalização do postulado da unicidade sindical. O registro sindical é o ato que habilita as entidades sindicais para a representação de determinada categoria, tendo em vista a necessidade de observância do postulado da unicidade sindical" (Rcl 4.990-AgR, Rel. Min. Ellen Gracie, julgamento em 4-3-2009, Plenário, *DJE*, 27-3-2009).

Acrescente-se que o vocábulo "sindicato" provém do grego *syndikós*, que significa significa "administrador", "advogado" ou "defensor". Tal palavra, consoante Alain Chouraqui e Dominique Nazet-Allouche, nasceu em 1477 e foi utilizada a partir de 1649 para designar os agrupamentos de indivíduos que, unidos, se opunham à **opressão**[44]. É igualmente importante anotar que o prefixo grego **syn**- ou **sun**- (σύν) significa "junto", "associado", e que, nessa mesma condição, produz, por derivação, palavras como, por exemplo, sincronia (juntos ao mesmo tempo), sintonia (juntos no mesmo tom), sinfonia (juntos no mesmo som), sinergia (juntos no mesmo trabalho), simpatia (juntos no mesmo sentimento) ou simetria (juntos na mesma medida). Registre-se também que o terminativo -**dikós** ou -**dike** (δίκη), também de origem grega, significa direito, justiça. A associação das partículas ora destacadas sugere a ideia do **syn**- (juntos) + -**dikós** (no mesmo direito ou na mesma situação de direito), valendo dizer juntos em busca do mesmo direito ou da mesma justiça.

É bom anotar que nos países de língua anglo-saxônica a entidade aqui analisada é denominada *trade union*, *labor union* ou, simplesmente, *union*, o que revela, até mais fortemente, o propósito do associativismo mediante a ideia de união, de soma de esforços em busca de um mesmo resultado.

Registre-se, por fim, que, por tradição, as entidades sindicais representativas dos pescadores artesanais mantiveram o nome de "**colônia de pescadores**". Essas organizações, antes apoiadoras das ações governamentais[45], passaram a ter atribuições e características estritamente sindicais, sendo o parágrafo único do art. 8º da Constituição de 1988 a disposição que assim as identificou. De acordo com o citado dispositivo constitucional, o conteúdo dos incisos I a VIII do art. 8º haveria de ser aplicado tanto à organização de sindicatos rurais quanto às colônias de pescadores, atendidas as condições que a lei estabelecer. Coube à Lei n. 11.699, de 13 de junho de 2008, a referida regulamentação. As Colônias de Pescadores, as Federações Estaduais e a Confederação Nacional dos Pescadores foram, então, reconhecidas como órgãos de classe dos trabalhadores do setor artesanal da pesca, com forma e natureza jurídica próprias, obedecendo ao princípio da livre organização

20.3.2.3 Estrutura

Considerada a liberdade de organização das entidades sindicais, elas podem ter, a princípio, a estrutura que entendam necessária, desde que as criem por meio de seus estatutos. Devem as referidas associações sindicais, porém, observar a existência dos órgãos expressamente previstos na legislação constitucional e infraconstitucional recepcionada. Assim, pode-se afirmar que os sindicatos devem ter uma estrutura mínima composta de, pelo menos, um órgão de deliberação (assembleia geral), um órgão de direção ou representação (diretoria) e um órgão de fiscalização (conselho fiscal).

20.3.2.3.1 *Órgão de deliberação*

A assembleia geral é o órgão responsável pela criação da própria entidade sindical e que, em última análise, delibera sobre todas as mais importantes matérias da vida associativa. Em rigor, apesar da sua força constituinte, o mencionado órgão está submetido a um estatuto que delimita todo o procedimento necessário às apurações dos votos e à formalização das decisões.

---

44 CHOURAQUI, Alain; NAZET-ALLOUCHE, Dominique. *Dicionário enciclopédico de teoria e de sociologia do direito*. Rio de Janeiro: Renovar, 1999, p. 723-727.
45 Em 1918, o comandante Frederico Villar iniciou uma viagem pela costa do Brasil para promover o registro e a criação de Colônias de Pescadores em cada um dos muitos portos que visitou com a finalidade de estimular a representação e a defesa dos direitos e interesses de seus associados e de servir de ponto de apoio para as ações governamentais de defesa da costa brasileira.

Anote-se que o *quorum* necessário às deliberações é aquele previsto no estatuto da associação sindical, não mais sendo exigível o cumprimento do número mínimo de votantes previsto no art. 524, *e*, da CLT para pronunciamentos sobre relações ou dissídios de trabalho[46], porque indicativo de um procedimento de interferência estatal (legislativa) na autonomia sindical organizacional. O mesmo raciocínio é aplicado ao *quorum* previsto no art. 612 da CLT[47] para celebrar convenções ou acordos coletivos de trabalho, havendo clara manifestação do TST nesse sentido[48].

Admite-se, apenas, que o padrão criado pela lei seja um referencial para a construção do modelo estatutário, que, uma vez edificado, há de ser integralmente cumprido[49], sob pena de nulidade das deliberações. No mesmo sentido andam as regras que dizem respeito à maneira como são colhidas as votações, restando clara a não impositividade da tomada de deliberações por escrutínio secreto[50], nada obstante seja esse o molde sugerido pela lei e aplicado para fins de integração.

Como qualquer assembleia, que visa à garantia e à segurança daqueles em nome de quem se delibera, a ata que legitima a atuação da entidade sindical deve registrar, obrigatoriamente, a pauta reivindicatória, produto da vontade expressa da categoria[51]. Igualmente,

---

46 Segundo o mencionado dispositivo, o *quorum* para validade da assembleia era fixado em metade mais um dos associados quites. Não sendo obtido esse *quorum* em primeira convocação, o citado dispositivo determinava que a assembleia se reunisse em segunda convocação, com os presentes, considerando-se aprovadas as deliberações que obtivessem dois terços dos votos.

47 Art. 612. Os sindicatos só poderão celebrar Convenções ou Acordos Coletivos de Trabalho, por deliberação de Assembleia Geral especialmente convocada para esse fim, consoante o disposto nos respectivos Estatutos, dependendo a validade da mesma do comparecimento e votação, em primeira convocação, de dois terços dos associados da entidade, se se tratar de Convenção, e dos interessados, no caso de Acordo, e, em segunda, de um terço dos mesmos (redação dada ao *caput* pelo Decreto-Lei n. 229, de 28-2-1967, *DOU*, 28-2-1967).

Parágrafo único. O *quorum* de comparecimento e votação será de um oitavo dos associados em segunda convocação, nas entidades sindicais que tenham mais de cinco mil associados (parágrafo acrescentado pelo Decreto-Lei n. 229, de 28-2-1967, *DOU*, 28-2-1967).

48 Afirma-se que o TST arrima o entendimento de que o *quorum* do art. 612 da CLT não é mais exigível porque esse órgão jurisdicional cancelou as Orientações Jurisprudenciais de números 13, 14 e 21 da SDC. Vejam-se suas redações e as datas em que aconteceram os cancelamentos:

Orientação Jurisprudencial 13 da SDC do TST. Legitimação da Entidade Sindical. Assembleia Deliberativa. *Quorum* de Validade. Art. 612 da CLT. Inserida em 27-3-1998. **CANCELADA** — *DJU*, 24-11-2003. Mesmo após a promulgação da Constituição Federal de 1988, subordina-se a validade da assembleia de trabalhadores que legitima a atuação da entidade sindical respectiva em favor de seus interesses à observância do *quorum* estabelecido no art. 612 da CLT.

Orientação Jurisprudencial 14 da SDC do TST. Sindicato. Base Territorial Excedente de um Município. Obrigatoriedade da Realização de Múltiplas Assembleias. Inserida em 27-3-1998. **CANCELADA** — *DJU*, 2-12-2003. Se a base territorial do Sindicato representativo da categoria abrange mais de um Município, a realização de assembleia deliberativa em apenas um deles inviabiliza a manifestação de vontade da totalidade dos trabalhadores envolvidos na controvérsia, pelo que conduz à insuficiência de *quorum* deliberativo, exceto quando particularizado o conflito.

Orientação Jurisprudencial 21 da SDC do TST. Ilegitimidade *Ad Causam* do Sindicato. Ausência de Indicação do Total de Associados da Entidade Sindical. Insuficiência de *Quorum* (Art. 612 da CLT). Inserida em 25-5-1998. **CANCELADA** — *DJU*, 2-12-2003.

49 Perceba-se o teor da **Orientação Jurisprudencial 35 da SDC do TST**. Edital de Convocação da AGT. Disposição Estatutária Específica. Prazo Mínimo Entre a Publicação e a Realização da Assembleia. Observância Obrigatória. Inserida em 7-12-1998. Se os estatutos da entidade sindical contam com norma específica que estabeleça prazo mínimo entre a data de publicação do edital convocatório e a realização da assembleia correspondente, então a validade desta última depende da observância desse interregno.

50 Veja-se o art. 524 da CLT.

51 Veja-se a **Orientação Jurisprudencial 8 da SDC do TST**: "A ata da assembleia de trabalhadores que legitima a atuação da entidade sindical respectiva em favor de seus interesses deve registrar, obrigatoriamente, a pauta reivindicatória, produto da vontade expressa da categoria".

em nome da segurança e da ampla publicidade, o edital de convocação dos integrantes da categoria deve ser publicado em jornal que circule em cada um dos Municípios componentes da base territorial[52]. Evidentemente, se a base territorial for de apenas um Município, unicamente nele há de circular o edital de convocação.

Tanto o edital de convocação da categoria quanto a correspondente ata de assembleia geral constituem peças essenciais à instauração do processo de dissídio coletivo[53]. Será por meio dessas peças que restará demonstrada a intenção de tentar negociar, pressuposto de acesso à jurisdição coletiva, nos termos do art. 114 da Constituição da República.

20.3.2.3.2 Órgão de direção ou representação

Os órgãos "de direção" são aqueles incumbidos da administração, da chefia, do controle ou da gerência de assuntos atinentes à entidade sindical. Os órgãos "de representação", por outro lado, são aqueles legitimados para falar em nome da própria entidade sindical ou dos integrantes da categoria. Por previsão legal expressa contida no § 3º do art. 522 da CLT[54], a direção e a representação sindicais estão amalgamadas num mesmo centro de poder, razão pela qual, nos limites estatutários, qualquer diretor representa a entidade sindical e, quando no exercício de suas atribuições negociais, também obriga os integrantes da categoria.

Por tratarem com poder, os cargos de direção ou de representação sindical são necessariamente alcançados mediante processo eleitoral sindical, como, aliás, consta claramente do § 4º do art. 543 da CLT[55].

a) Administração do sindicato

Por conta da liberdade organizacional estabelecida pela Constituição de 1988, as entidades sindicais podem criar seus sistemas de administração da maneira que melhor consulte seus interesses[56], promovendo-os em nome de um grupo dirigente. Esses dirigentes — integrantes da diretoria — escolherão seu presidente (§ 1º do art. 522 da CLT), quando este não tenha sido definido antecipadamente na própria chapa eleitoral ou por um modo especial previsto no estatuto.

Anote-se que a regra constante do *caput* do art. 522 da CLT[57], que, por consenso doutrinário e jurisprudencial, não foi recepcionada pelo texto constitucional, teve de ser mantida no ordenamento jurídico apenas como baliza para evitar abusos de direito. Esse tema

---

52 Observe-se a **Orientação Jurisprudencial 28 da SDC do TST**: "O edital de convocação para a AGT deve ser publicado em jornal que circule em cada um dos municípios componentes da base territorial".
53 Ver a **Orientação Jurisprudencial 29 da SDC do TST**: O edital de convocação da categoria e a respectiva ata da AGT constituem peças essenciais à instauração do processo de dissídio coletivo.
54 § 3º Constituirá atribuição exclusiva da diretoria do sindicato e dos delegados sindicais, a que se refere o art. 523, a representação e a defesa dos interesses da entidade perante os poderes públicos e as empresas, salvo mandatário com poderes outorgados por procuração da diretoria ou associado investido em representação prevista em lei (parágrafo acrescentado pelo Decreto-Lei n. 9.502, de 23-7-1946).
55 § 4º Considera-se cargo de direção ou de representação sindical aquele cujo exercício ou indicação decorre de eleição prevista em lei (redação dada ao parágrafo pela Lei n. 7.223, de 2-10-1984).
56 Ter ou não o livro a que se refere o art. 527 da CLT é mera opção da entidade sindical. Depois de eliminada a interferência e a intervenção estatal, desapareceram as razões jurídicas que justificavam sua existência, especialmente que motivavam sua autenticação por serviços do Ministério do Trabalho.
57 Art. 522. A administração do sindicato será exercida por uma diretoria constituída no máximo de sete e no mínimo de três membros e de um Conselho Fiscal composto de três membros, eleitos esses órgãos pela Assembleia Geral.

será aprofundado em subtópico a seguir exposto, que apreciará a problemática sob o rótulo "número de diretores e abuso de direito".

As entidades sindicais têm, ainda, ampla liberdade de criar seu **procedimento eleitoral**, não mais estando submetidas às restrições previstas nos §§ 1º a 5º do art. 524 da CLT, tampouco às ingerências insertas ali e nos arts. 529 a 532 do mesmo diploma legal. O sistema constitucional vigente, em suma, por repugnar a intromissão na atividade sindical, não apenas a proibiu em relação aos particulares[58], como também, e especialmente, a vedou em relação ao Estado, que antes tudo podia[59].

Acrescente-se que, como qualquer atividade organizada, a entidade sindical pode contar também com empregados, contratados pela diretoria *ad referendum* da assembleia geral, salvo quando o próprio estatuto, dentro de um limite de alçada, ofereça autonomia para os diretores, independentemente do precitado *referendum* de confirmação. Nesse ponto é merecedora de registro a revogação do parágrafo único do art. 526 da CLT[60] pela Lei n. 11.295/2006[61]. Afirma-se isso porque o mencionado dispositivo privava os empregados dos sindicatos do direito de associação sindical. Desde então, portanto, é possível falar no "Sindicato dos Trabalhadores em Sindicatos". A revogação tornou sem sentido a existência da Orientação Jurisprudencial 37 da SDC do TST[62], que, por conseguinte, foi cancelada em 18-10-2006.

---

58 Leia-se o *caput* do art. 525 da CLT, segundo o qual "é vedada a pessoas físicas ou jurídicas, estranhas ao sindicato, qualquer interferência na sua administração ou nos seus serviços".

59 Perceba-se que o Estado, nos termos do art. 528 da CLT, diante de dissídio ou circunstâncias que perturbem o funcionamento de entidade sindical ou motivos relevantes de segurança nacional, poderia intervir nas entidades sindicais com atribuições para administrá-la e para executar ou propor as medidas necessárias para normalizar-lhe o funcionamento.

60 O dispositivo revogado possuía a seguinte redação: "Parágrafo único. Aplicam-se aos empregados dos sindicatos os preceitos das leis de proteção do trabalho e de previdência social, **excetuado o direito de associação em sindicato**" (destaques não constantes do original).

61 O Supremo Tribunal Federal (STF) declarou, por unanimidade, a constitucionalidade de alteração na Consolidação das Leis do Trabalho (CLT) que garantiu o direito de sindicalização aos empregados de entidades sindicais. Na sessão virtual encerrada em 7-6-2021, o Plenário julgou improcedente a Ação Direta de Inconstitucionalidade (ADI) 3.890, proposta pela Confederação Nacional do Comércio (CNC).

A CNC propôs a ação contra a alteração introduzida pela Lei n. 11.295/2006 na redação do art. 526 da CLT, que vedava a associação em sindicato de trabalhadores desse segmento. Para a entidade, eles não configuram uma categoria profissional, e os organismos para os quais trabalham não se qualificam como categoria econômica. Assim, haveria incompatibilidade com o modelo constitucional de representação sindical.

Em voto condutor do julgamento, a relatora, ministra Rosa Weber, lembrou que a Constituição Federal de 1988 (art. 8º, *caput*) assegurou o direito de associação sindical a todos os trabalhadores, com exceção apenas dos militares. Diante do novo paradigma constitucional, a União editou a Lei n. 11.295/2006, reconhecendo expressamente o direito de sindicalização dos empregados de organismos sindicais.

A ministra enfatizou, ainda, que a jurisprudência do Tribunal é no sentido da consagração do chamado livre impulso associativo pela nova ordem constitucional. Dessa forma, todas as disposições legislativas que restringem a liberdade de associação sindical, salvo as que garantem a unicidade na mesma base territorial, não foram recepcionadas pela Constituição da República.

62 Orientação Jurisprudencial 37 da SDC do TST. Empregados de Entidades Sindicais. Estabelecimento de Condições Coletivas de Trabalho Distintas Daquelas às Quais Sujeitas as Categorias Representadas pelos Empregadores. Impossibilidade Jurídica. Art. 10 da Lei n. 4.725/65. Inserida em 7-12-1998. **CANCELADA** — *DJU*, 18-10-2006. O art. 10 da Lei n. 4.725/65 assegura, para os empregados de entidades sindicais, as mesmas condições coletivas de trabalho fixadas para os integrantes das categorias que seus empregadores representam. Assim, a previsão legal expressa constitui óbice ao ajuizamento de dissídio coletivo com vistas a estabelecer para aqueles profissionais regramento próprio. Inserida em 7-12-1998.

b) Atuação e garantias dos dirigentes sindicais

A atuação sindical é extremamente expositiva. Aquele que aceita o *munus* de dirigir uma entidade sindical e de representar uma categoria passa a ser o alvo visível dos estilhaços decorrentes dos conflitos entre trabalho e capital. Os dirigentes sindicais são vistos como estorvos, verdadeiros obstáculos humanos ao regular desenvolvimento das atividades patronais e tanto mais assim são considerados quanto mais são aguerridos[63]. O Estado, portanto, consciente do conflito e da desconfortável posição assumida pelos dirigentes e representantes sindicais — que não atuam em nome próprio, mas em nome de toda a categoria com o nobre objetivo de promover a progressividade dos direitos sociais —, assumiu a responsabilidade por sua proteção. A lei, então, ofereceu alguns escudos para os dirigentes sindicais com o objetivo de blindá-los contra as incessantes tentativas de dissuasão egressas do poder econômico. Entre as garantias oferecidas aos dirigentes sindicais encontram-se as que dizem respeito ao **licenciamento** para a realização da atividade sindical, ao **recebimento de honorários** equivalente à remuneração profissional, à **inamovibilidade temporária** e à **estabilidade provisória**.

b1) Licenciamento para a realização da atividade sindical e recebimento de honorários equivalentes à remuneração profissional

Nos termos do § 2º do art. 543 da CLT, o tempo em que o empregado se ausentar do trabalho no desempenho das funções sindicais — participação em reuniões, assembleias, fóruns, congressos e demais atividades — é considerado de licença não remunerada. Durante esse ínterim — que pode não corresponder a todo o período da atividade laboral, mas, apenas, a parte da sua jornada —, o dirigente ou o representante sindical não receberá salário do empregador, e sim honorários de atuação pagos pela própria entidade sindical, conforme previsão constante do parágrafo único do art. 521 da CLT[64]. Há, entretanto, situações em que o próprio empregador oferece espontaneamente licença remunerada ou a tanto é obrigado por norma coletiva. Nesses casos, que, em regra, beneficiam os principais diretores (o diretor-presidente, por exemplo), o trabalhador ficará integralmente à disposição da entidade sindical.

O pagamento de remuneração equivalente ao salário para o dirigente sindical ou do próprio salário em caso de assentimento do empregador é um fator promotor de tranquilidade para o exercício da atividade associativa. Entretanto, não há dúvidas de que as garantias mais relevantes para o exercício da direção ou da representação sindical são aquelas que dizem respeito à inamovibilidade temporária e à estabilidade no emprego, conforme a seguir explanadas.

---

[63] Há uma linda oração do Papa João Paulo II, escrita em 15 de novembro de 1978, e de nome muito sugestivo — "A virtude da fortaleza" —, que, apesar de não escrita em atenção aos dirigentes sindicais, parece dizer especialmente respeito às suas situações de vida. Veja-se:

"O medo às vezes tira a coragem cívica dos homens que vivem num clima de ameaça, opressão ou perseguição. Assim, pois, têm especial valentia os homens capazes de ultrapassar a chamada barreira do medo, a fim de dar testemunho da verdade e da justiça. Para chegar a essa fortaleza, o homem deve em certo sentido superar os próprios limites e superar-se a si mesmo, correndo o risco de ser ignorado, o risco de ser malvisto, o risco de sofrer consequências desagradáveis, injúrias, degradações, perdas materiais e talvez até prisão e perseguições. Assim, esse homem deve estar sustentado por um grande amor à verdade e ao bem ao qual se entrega.

Peçamos ao Espírito Santo o 'dom da fortaleza'. Quando o homem não tem forças para superar-se a si mesmo por valores superiores como a verdade, a justiça, a vocação, [...] é necessário que este 'dom do alto' nos faça fortes a cada um de nós e que, no momento oportuno, nos diga no íntimo: Ânimo!".

[64] Art. 512. [...] Parágrafo único. Quando, para o exercício de mandato, tiver o associado de sindicato de empregados, de trabalhadores autônomos ou de profissionais liberais de se afastar do seu trabalho, poderá ser-lhe arbitrada pela assembleia geral uma gratificação nunca excedente da importância de sua remuneração na profissão respectiva.

b2) Inamovibilidade temporária

Segundo o *caput* do art. 543 da CLT, "o empregado eleito para o cargo de administração sindical ou representação profissional, inclusive junto a órgão de deliberação coletiva, não poderá ser impedido do exercício de suas funções, nem transferido para lugar ou mister que lhe dificulte ou torne impossível o desempenho das suas atribuições sindicais".

Observam-se no mencionado dispositivo três comportamentos vedados ao empregador: o *primeiro*, impedir o exercício das funções sindicais; o *segundo*, transferir o dirigente ou representante sindical para lugar que dificulte ou torne impossível o desempenho de suas atribuições; e, *terceiro*, transferir o referido trabalhador para mister (incumbência) que dificulte ou torne impossível o desempenho de suas atribuições.

O **primeiro comportamento** é extremamente genérico e diz respeito a todas as atividades que compõem o plexo de atividades sindicais, entre as quais se destacam, por exemplo, conhecer a situação meio ambiental do trabalho e divulgar as razões dos movimentos reivindicatórios. Os dirigentes e representantes sindicais, por isso, não podem se ver privados de acessar o local de trabalho, tampouco de dialogar com os trabalhadores. Perceba-se que essas atividades impõem o contato físico, o que somente é alcançado mediante a convivência com os integrantes da categoria na base territorial da entidade sindical.

A **segunda conduta** patronal vedada diz respeito à transferência do dirigente sindical da sua localidade originária para outra distante da base territorial de sua entidade sindical. Os efeitos desse ato são tão nocivos ao sindicalismo que, diante de situações como esta, o prejudicado poderá invocar a concessão de tutela antecipada para tornar nulo o ato e, consequentemente, continuar vinculado ao território originário. Anote-se, porém, que "o empregado perderá o mandato se a transferência for por ele solicitada ou voluntariamente aceita". Situação que muitas vezes produz a anuência voluntária do empregado quanto ao ato de transferência diz respeito à drástica hipótese de extinção da atividade empresarial no âmbito da base territorial do sindicato. Nesse caso, ao acompanhar seu empregador que não mais possui atividade em determinada base territorial (exemplo: construtoras que cumprem seus contratos em um determinado espaço geográfico), o empregado terá de abandonar o encargo sindical, passando-o para outro colega que permaneça na região.

A **terceira conduta** está relacionada à alteração do contrato de emprego do dirigente sindical com o objetivo de lhe outorgar incumbências capazes de dificultar ou de tornar impossível o desempenho das funções associativas. Nessa situação o empregador não o transfere de localidade, mas altera sua função (obviamente com afronta ao dispositivo constante do art. 468 da CLT), produzindo efeitos semelhantes aos de uma verdadeira transferência de local de trabalho. Exemplo desse comportamento está na atribuição de atividades que imponham constantes viagens ao dirigente sindical, inclusive para o exterior, com o objetivo de alijá-lo de suas atividades associativas.

b3) Estabilidade temporária

A estabilidade, como se viu no capítulo em que se trata das "fórmulas de garantia de emprego e do tempo de serviço", é uma fórmula de proteção caracterizada pela vedação à resilição por iniciativa patronal. Por meio dela o empregador fica impedido de desligar o empregado, sob pena de ver-se compelido a reintegrá-lo.

Não há dúvidas de que a estabilidade é a mais importante das garantias outorgadas ao dirigente sindical que, durante um período, ver-se-á protegido contra o desligamento sem justo motivo. Trata-se de uma proteção fundamental ao exercício da atividade sindical, pois a exposição excessiva daqueles que administram os interesses coletivos os coloca em posição de vulnerabilidade, como alvos de perseguições e represálias patronais.

Apesar dessa máxima evidência, a estabilidade em favor dos dirigentes sindicais somente foi positivada e generalizada no sistema jurídico brasileiro através do art. 25 da Lei n. 5.107/66 e, posteriormente, de modo mais claro e abrangente, pelo Decreto-Lei n. 229/67 e por dispositivos substituintes. Antes disso, a redação do art. 543 da CLT apenas previa que o exercente de cargo de administração sindical ou representação profissional não poderia, por motivo de serviço, ser impedido do exercício de suas funções, nem transferido sem causa justificada, a juízo do Ministério do Trabalho da época, para lugar ou mister que lhe dificultasse ou tornasse impossível o desempenho da comissão ou do mandato.

A última redação a ser inserida na CLT, relativa à questão da estabilidade sindical, foi dada pela Lei n. 7.543, de 2-10-1986, e assim dela consta:

> Art. 543. [...] § 3º *Fica vedada a dispensa do empregado* **sindicalizado** *ou* **associado**, *a partir do momento do registro de sua candidatura a cargo de direção ou representação* **de entidade sindical** *ou* **de associação profissional**, *até 1 (um) ano após o final do seu mandato, caso seja eleito, inclusive como suplente, salvo se cometer falta grave devidamente apurada nos termos desta Consolidação (redação dada ao parágrafo pela Lei n. 7.543, de 2-10-1986, DOU, 3-10-1986)*. (destaques não constantes do original)

O texto constitucional de 1988 cristalizou a estabilidade do dirigente sindical e a fez constar do seu art. 8º, VIII, nos seguintes termos:

> Art. 8º [...] VIII — é vedada a dispensa do empregado sindicalizado a partir do registro da candidatura a cargo de direção ou representação sindical e, se eleito, ainda que suplente, até um ano após o final do mandato, salvo se cometer falta grave nos termos da lei.

Note-se, ao comparar os textos do § 3º do art. 543 da CLT e do inciso VIII, do art. 8º do texto constitucional, que desapareceu a estabilidade que antes se outorgara a quem ocupava *cargo de direção ou representação de associação profissional*. Isso aconteceu, conforme adiantado em tópico anterior, porque a associação profissional deixou de ser etapa obrigatória no processo de constituição das entidades sindicais. Como pode existir uma pletora de associações profissionais sem as mesmas prerrogativas das entidades sindicais, estar-se-ia distribuindo estabilidades provisórias para dirigentes que, em regra, poderiam não estar atuando em favor da categoria.

Por conta das restrições impostas à estabilidade que se oferecia nos termos do § 3º art. 543 da CLT, o legislador constitucional pôs fim à dual referência "empregado *sindicalizado* ou *associado*". Por não mais estender a estabilidade em favor do dirigente ou representante de associação profissional, a Constituição de 1988 restringiu-se a mencionar a vedação da dispensa unicamente em favor do "empregado sindicalizado". Não é demasiada a lembrança de que "empregado sindicalizado" diz respeito ao empregado filiado à "associação sindical" e de que "empregado associado" concerne ao empregado filiado à "associação profissional".

Perceba-se, ademais, que não se concederá estabilidade provisória a quem dispute cargos diversos daqueles funcionalmente considerados como "de direção" (de administração, chefia, controle ou gerência) ou "de representação" (legitimados para falar em nome do sindicato ou dos integrantes da categoria). Por conta dessa distinção, para o TST o membro de conselho fiscal não tem estabilidade[65].

---

65 O posicionamento acima expendido consolidou-se com a publicação da Orientação Jurisprudencial 365 da SDI-1 do TST. Veja-se: **Orientação Jurisprudencial 365 da SDI-1 do TST.** ESTABILIDADE PROVISÓRIA. MEMBRO DE CONSELHO FISCAL DE SINDICATO. INEXISTÊNCIA. Membro de conselho fiscal de sindicato não tem direito à estabilidade prevista nos arts. 543, § 3º, da CLT e 8º, VIII, da CF/1988, porquanto não representa ou atua na defesa de direitos da categoria respectiva, tendo sua competência limitada à fiscalização da gestão financeira do sindicato (art. 522, § 2º, da CLT). Publicada no *DJU* de 20-5-2008.

Também merece observação o fato de não se oferecer a estabilidade provisória àqueles que alcançaram cargos de direção ou de representação sem se submeter a processo eleitoral (veja-se a expressão: "e, **se eleito**, ainda que suplente"). Ficam fora dos limites dessa proteção ao emprego, por exemplo, os delegados sindicais não eleitos[66] ou mesmo os administradores eleitos pela diretoria executiva do sindicato.

A estabilidade é provisória porque ela somente se estende **da data de registro da candidatura** a cargo de direção ou representação sindical e, se eleito, **durante o mandato, até um ano após o final dele**. Observe-se, também, que a estabilidade somente se estenderá por mais um ano **se, e somente se, o dirigente sindical concluir o seu mandato**. Se este não for concluído (se o dirigente sindical for destituído ou se ele pedir para sair da direção do sindicato antes do final do mandato), não haverá falar na garantia de extensão da estabilidade por mais um ano, uma vez que, conforme claramente inserto no texto de lei, essa extensão somente será a ele autorizada *"após o final do mandato"*.

b3.1) Comunicação

Segundo consta do § 5º do art. 543 da CLT, para fins de aquisição da estabilidade aqui analisada, a entidade sindical comunicará **por escrito** à empresa, dentro de vinte e quatro horas, o dia e a hora do registro da candidatura do seu empregado e, em igual prazo, sua eleição e posse, fornecendo, igualmente, a este comprovante no mesmo sentido.

O TST entendia ser "indispensável a comunicação, pela entidade sindical, ao empregador, na forma do § 5º do art. 543 da CLT" e, diante desse modo de interpretar, fazia com que se entendesse que a ausência da forma escrita importaria a invalidade do ato de comunicação, nos termos do art. 104, III, do Código Civil, por inobservância de condição ad solemnitatem. Esse posicionamento, entretanto, foi modificado mediante revisão jurisprudencial ocorrida em setembro de 2012.

Naquela ocasião, o TST reescreveu o item I da Súmula 369, passando a afirmar "assegurada a estabilidade provisória ao empregado dirigente sindical, ainda que a comunicação do registro da candidatura ou da eleição e da posse seja realizada fora do prazo previsto no art. 543, § 5º, da CLT, desde que a ciência ao empregador, por qualquer meio, ocorra na vigência do contrato de trabalho".

A Alta Corte trabalhista fez bem em modificar o referido item de súmula. Consoante se dizia aqui em edições anteriores, a Constituição de 1988 não condicionou a aquisição da estabilidade sindical a uma determinada forma de comunicação, realizável num determinado momento. A solução adotada passou a ser, portanto, a de natureza probatória, sendo válido "qualquer meio" que dê ciência ao empregador dentro do período de vigência do contrato de trabalho do empregado que pugna pela estabilidade.

b3.2) Número de diretores e abuso de direito

A questão que envolve o número de diretores da entidade sindical tem-se acirrado pelo fato de que o exercício do direito de livre organização e, consequentemente, de livre definição do número de dirigentes sindicais protegidos pela estabilidade provisória tem criado obriga-

---

66 Perceba-se o texto da **Orientação Jurisprudencial 369 da SDI-1 do TST**: "ESTABILIDADE PROVISÓRIA. DELEGADO SINDICAL. INAPLICÁVEL. O delegado sindical não é beneficiário da estabilidade provisória prevista no art. 8º, VIII, da CF/1988, a qual é dirigida, exclusivamente, àqueles que exercem ou ocupem cargos de direção nos sindicatos, submetidos a processo eletivo".

ções de dimensões ilimitadas contra quem não participou da deliberação, vale dizer, contra o empregador.

Essa preocupação em definir os limites entre o uso e o abuso da liberdade organizacional restaurou referencial que, por lógica interna, não poderia mais existir, aquele contido no *caput* do art. 522 da CLT:

> Art. 522. A administração do sindicato será exercida por uma diretoria constituída, no máximo, de sete e, no mínimo, de três membros e de um conselho fiscal composto de três membros, eleitos esses órgãos pela assembleia geral.

Afirma-se isso porque, quando se analisa um direito posto no texto constitucional, deve-se considerar a exata dimensão nele contida, não se admitindo qualquer restrição, notadamente quando constante de norma de hierarquia inferior. Assim, embora pareça bem evidente que o sindicato pode criar uma diretoria compatível com sua representatividade numérica e com sua base territorial, a jurisprudência entendeu por bem construir uma tese restauradora da recepção do supracitado art. 522 da CLT pela ordem constitucional vigente. O TST, confirmando o posicionamento do STF[67], produziu, inclusive, item de súmula sobre a matéria:

Súmula 369 do TST
II — O art. 522 da CLT foi recepcionado pela Constituição Federal de 1988. Fica limitada, assim, a estabilidade a que alude o art. 543, § 3º, da CLT a sete dirigentes sindicais e igual número de suplentes (ex-OJ n. 266 — inserida em 27-9-2002. Redação modificada pelo TST em revisão ocorrida em maio de 2011).

Note-se, porém, que, mesmo diante da subjetividade do que seja justo ou injusto, é difícil aceitar, ante uma irrestrita liberdade organizacional, que o número de dirigentes protegidos na forma do art. 8º, VIII, da Constituição seja igual tanto para um grande sindicato, com larga base territorial e imensa representatividade, quanto para um minúsculo sindicato, representante de uma pequena categoria, adstrito à base territorial do menor dos Municípios brasileiros. A solução desse impasse somente se daria mediante a adoção, por parte do julgador, de critério variável, baseado nos princípios da proporcionalidade e da razoabilidade. Registre-se que a proporcionalidade tem fundamento na ponderação, com base na qual são avaliados eventuais excessos, e que a razoabilidade tem apoio no ótimo equilíbrio entre os valores em conflito.

Reconheça-se, apesar dessa reflexão, que a preocupação da jurisprudência dominante tem sido justamente buscar um critério fixo (e não variável), ainda que se torne difícil sustentar a incolumidade da liberdade sindical.

A intenção do Judiciário é, sem dúvida, acomodar os interesses em colisão, uma vez que a resistência patronal tem normalmente por limite mínimo, e aceito antecipadamente, o referencial constante do precitado art. 522 da CLT. A adoção desse posicionamento, mais político do que jurídico, objetivou, de modo claramente perceptível, balizar, de um lado, o direito de livre organização sindical (Constituição de 1988, art. 8º, I e VIII), e, de outro, o direito de os empregadores terem os ônus a eles imputados regulados e limitados por lei, e não pelo arbítrio de terceiros (Constituição de 1988, art. 5º, II). Anote-se que o STF, em 2020, reiterou o posicionamento de que a previsão legal de número máximo de dirigentes sindicais dotados de estabilidade de emprego não esvaziaria a liberdade sindical, afirmando que ela se preserva "para cumprir a finalidade de autonomia da entidade sindical, não para criar

---

67 Supremo Tribunal Federal. Constitucional. Trabalho. Sindicato. Dirigentes. Recurso Extraordinário 193345/SC. Relator Min. Carlos Velloso. Segunda Turma. Brasília, 28 de maio de 1999. **Serviço de Jurisprudência do STF**. Ementário 1952-4.

situações de estabilidade genérica e ilimitada sem se conciliar com a razoabilidade e a finalidade da norma constitucional garantidora do direito". Para conferir esse reiterado posicionamento, basta analisar o teor da ADPF 276, relatada pela Ministra Cármen Lúcia, j. 15-5-2020, *DJE* 3-6-2020.

Registre-se que esse posicionamento jurisprudencial tem sido aplicado **apenas** para limitar as ações do sindicato profissional em atos relacionados à ampliação do número de dirigentes detentores de estabilidade e do tempo de duração dessa garantia (tempo do mandato). Afora essas peculiaridades, entendidas como geradoras de lesão de direitos de outra parte, não são visíveis quaisquer outras limitações. Assim, caberá à entidade sindical, segundo orientação da jurisprudência reiterativa, indicar em seu estatuto quais serão, entre os muitos possíveis e ilimitados diretores, aqueles que gozarão das vantagens contidas no art. 8º, VIII, da CF/88, até, consoante aqui analisado, o limite inserto no art. 522 da CLT[68].

É bom acrescentar que a estabilidade atribuída aos dirigentes sindicais não se restringe a quem ocupa as funções de direção **nos sindicatos**. A Constituição da República é bem clara ao dispor no art. 8º, VIII, que "é vedada a dispensa do empregado sindicalizado a partir do registro da candidatura a cargo de direção ou representação sindical", não especificando se o cargo de direção ou representação seria em sindicato, federação ou confederação.

Anote-se, ainda, que o número de dirigentes com estabilidade deve ser contado por entidade sindical. Assim, se uma empresa tem empregados dirigentes de sindicatos e de federações, deverá realizar a verificação do número máximo desses dirigentes de forma separada. Não haveria razão jurídica para preservar os dirigentes do sindicato em detrimento daqueles que compõem a federação ou confederação. Isso produziria uma injustificável compressão na proteção jurídica oferecida à liberdade sindical de uns em detrimento de outros.

b3.3) Membros do conselho fiscal

O conselho fiscal, nos termos do § 2º do art. 522 da CLT[69], é o órgão responsável pela fiscalização da gestão financeira da entidade sindical. A ele cabe o controle dos atos admi-

---

[68] 1. Mandado de segurança contra liminar em processo trabalhista que determinou a reintegração de empregada eleita secretária do Departamento Feminino de Sindicato, cujos estatutos preveem, entre titulares e suplentes, 328 dirigentes. 2. A liberdade de auto-organização sindical (CF/88, artigo 8º, incisos I e III) permite ao estatuto do sindicato criar tantos cargos de direção quantos reputados necessários, mas a garantia de emprego somente beneficia dirigentes em número não superior aos cargos previstos no art. 522 da CLT. 3. Não há arrimo legal para se consentir em que o Sindicato amplie, além do previsto no art. 522, da CLT, o número de componentes de seus órgãos de administração contemplados com estabilidade sindical, sob pena de afronta ao art. 5º, inciso II, da Constituição da República. 4. Ilegal e ofensivo ao direito líquido e certo da Impetrante o ato impugnado, concede-se a segurança para coibir-se abuso de direito. 5. Recurso ordinário da empregada litisconsorte passiva a que se nega provimento. **Recurso Ordinário em Mandado de Segurança** n. 459395. Rel. Min. **João Oreste Dalazen**. SBDI-II. Brasília, 19-5-2000.

É de reconhecer-se à entidade sindical o direito à ampla liberdade para dispor sobre sua constituição, estruturação, número de seus diretores, segundo seu interesse e de seus associados. Entretanto, à estabilidade provisória do dirigente sindical, impõe-se a observância estreita aos ditames do art. 522 da CLT, vedada a utilização de qualquer outro parâmetro ou critério, salvo decorrente de lei ou de expressa negociação coletiva, sob pena de abuso do direito que lhe confere a nova ordem constitucional, pelo que a limitação imposta pelo artigo 522 da CLT foi recepcionada pelo artigo 8º, inciso I, da Constituição Federal. Recurso de revista provido. **Recurso de Revista** 325312. Rel. p/ o Ac. Min. **Renato de Lacerda Paiva**. 4ª Turma. Brasília, 4-2-2000.

[69] Art. 522. [...] § 2º A competência do conselho fiscal é limitada à fiscalização da gestão financeira do sindicato.

nistrativos da entidade sindical, mas não propriamente a direção desta. Por esse motivo, o TST entendeu que o membro de conselho fiscal não tem a estabilidade prevista no art. 8º, VIII, da Constituição de 1988. O posicionamento acima expendido consolidou-se com a publicação da Orientação Jurisprudencial 365 da SDI-1. Veja-se:

> **Orientação Jurisprudencial 365 da SDI-1 DO TST.** *ESTABILIDADE PROVISÓRIA. MEMBRO DE CONSELHO FISCAL DE SINDICATO. INEXISTÊNCIA. Membro de conselho fiscal de sindicato não tem direito à estabilidade prevista nos arts. 543, § 3º, da CLT e 8º, VIII, da CF/1988, porquanto não representa ou atua na defesa de direitos da categoria respectiva, tendo sua competência limitada à fiscalização da gestão financeira do sindicato (art. 522, § 2º, da CLT). Publicada no DJU de 20-5-2008.*

A despeito desse posicionamento jurisprudencial, é importante anotar que pareceria razoável a extensão da estabilidade sindical aos integrantes do conselho fiscal, porque os integrantes do referido órgão consultivo e fiscalizador, se não protegidos pela estabilidade, podem ser pressionados pelos empregadores para atuar contra os interesses da entidade sindical a fim de objetar caprichosamente condutas administrativo-financeiras e de colocar sob suspeição contas legitimadas. *E se o magistrado, a despeito do teor da Orientação Jurisprudencial 365 da SDI-1 do TST, entender que o integrante do conselho fiscal tem estabilidade, terá o empregador direito líquido e certo de obstaculizar a reintegração?*

O assunto é realmente muito delicado, notadamente por conta da existência de uma orientação jurisprudencial que sinaliza contra a estabilidade do integrante do conselho fiscal. Apesar disso, consoante a **Orientação Jurisprudencial 142 da SDI-2 do TST**, não há direito líquido e certo a ser oposto contra ato de magistrado que, antecipando a tutela jurisdicional, determina a **reintegração do empregado até a decisão final do processo**, quando demonstrada a razoabilidade do direito subjetivo material. Isso significa que, apesar do entendimento constante da Orientação Jurisprudencial 365 da SDI-1, o juiz pode, desde que fundamentando suas razões, oferecer reintegração ao integrante do conselho fiscal sem que a decisão seja, por apenas isso, suscetível de mandado de segurança.

b3.4) Delegados sindicais

Os delegados sindicais, nos termos do § 2º do art. 517 da CLT[70], são os agentes incumbidos de representar a diretoria e de dar apoio remoto aos integrantes da categoria. Eles, como o próprio nome sugere, recebem poderes por delegação e assim atuam em bases territoriais normalmente extensas. Os delegados sindicais geralmente não compõem as chapas eleitorais porque, em regra, são meros prepostos, designados pela diretoria depois de eleita, selecionados dentre os associados radicados no território da correspondente delegacia. Veja-se, nesse sentido, o disposto no art. 523 da CLT[71].

Ordinariamente, então, o delegado sindical participa da diretoria apenas **por via derivada**. Se meramente indicado pela diretoria, ele não gozará da estabilidade a que se refere o texto constitucional, sendo esse o entendimento constante da **Orientação Jurispruden-**

---

[70] Art. 517. [...] § 2º Dentro da base territorial que lhe for determinada é facultado ao sindicato instituir delegacias ou secções para melhor proteção dos associados e da categoria econômica ou profissional ou profissão liberal representada.

[71] Art. 523. Os delegados sindicais destinados à direção das delegacias ou seções instituídas na forma estabelecida no § 2º do art. 517 serão designados pela diretoria dentre os associados radicados no território da correspondente delegacia.

cial 369 da SDI-1 do TST[72]. Essa vantagem, entretanto, poderá ser estendida excepcionalmente ao delegado sindical se, na qualidade de legítimo representante sindical, tenha também se submetido ao processo eleitoral. Anote-se, porém, que este entendimento não é dominante na jurisprudência, que muitas vezes priva o delegado sindical da estabilidade, mesmo que eleito, salvo previsão contratual coletiva que lhe garanta a proteção ora em discussão[73].

b3.5) Necessidade de inquérito para apuração de falta grave

O inquérito para apuração de falta grave é um procedimento especial aplicável aos detentores da estabilidade definitiva decenal e aos dirigentes sindicais, estes últimos conforme disposto na Súmula 379 do TST.

Perceba-se que em ambas as situações de estabilidade — decenal e sindical — o despedimento do trabalhador protegido somente se dá mediante apuração de **falta grave**, estando tal conceito presente tanto no art. 494 da CLT quanto no art. 8º, VIII, da Constituição da República[74].

Não se olvide que, nos moldes da **Orientação Jurisprudencial 137 da SDI-2 do TST**, "constitui direito líquido e certo do empregador a suspensão do empregado, ainda que detentor de estabilidade sindical, até a decisão final do inquérito em que se apure a falta grave a ele imputada, na forma do art. 494, *caput* e parágrafo único, da CLT". Anote-se, entretanto, que, a despeito da garantia dada ao empregador de suspender o empregado detentor de estabilidade sindical, nada pode impedi-lo de cumprir suas atribuições de dirigente. Mesmo suspenso, o dirigente sindical não pode ser privado de ter acesso a áreas onde atuam os integrantes da categoria, porque esse impedimento turbaria o livre exercício do *munus* sindical.

20.3.2.4 Funções e prerrogativas

As prerrogativas são vantagens ou tratamentos diferenciados, inerentes a certas pessoas ou entidades, que foram conquistadas pela força institucional de seus dignitários para que estes exerçam bem suas funções. E a função, que é? A função, como já se disse no capítulo de introdução desta obra, é a razão de ser e de existir de coisas, pessoas ou instituições. Se se questiona acerca da função do coração, por exemplo, pode-se dizer que a função dele é bombear o sangue. Ele, enfim, existe para isso. Se se perguntar sobre a função do espelho, invariavelmente se dirá que é refletir imagens, justamente porque ele existe para cumprir tal finalidade. Se, por fim, a pergunta se dirigir em relação ao sindicato, dir-se-á que sua função é defender os integrantes da categoria e empreender melhorias em suas condições de vida social. Ele, afinal, existe para isso.

---

72 Perceba-se o texto da **Orientação Jurisprudencial 369 da SDI-1 do TST**: "ESTABILIDADE PROVISÓRIA. DELEGADO SINDICAL. INAPLICÁVEL. O delegado sindical não é beneficiário da estabilidade provisória prevista no art. 8º, VIII, da CF/1988, a qual é dirigida, exclusivamente, àqueles que exerçam ou ocupem cargos de direção nos sindicatos, submetidos a processo eletivo".

73 Veja-se sobre o tema o excelente artigo de Maria de Fátima Coelho Borges Stern. "As garantias do delegado sindical". *Revista LTr*, São Paulo: LTr, v.12, n. 62, p. 1614-1617,1998.

74 INQUÉRITO PARA APURAÇÃO DE FALTA GRAVE — MEMBRO DE CIPA — FALTA DE INTERESSE DE AGIR DO EMPREGADOR — O art. 165, parágrafo único, da CLT é claro ao dispor que caberá ao empregador respaldar a dispensa motivada tão somente quando do ajuizamento da reclamatória pelo empregado. O inquérito para apuração de falta grave é procedimento especial, previsto na CLT somente para a estabilidade decenal (art. 494), aplicável atualmente somente em relação ao dirigente sindical, considerando que a Constituição refere-se expressamente à falta grave (art. 8º, VIII), diversamente do que ocorre com o cipeiro (art. 10, II, 'a', do ADCT). Portanto, inexistente a necessidade do provimento jurisdicional, razão pela qual ausente o interesse de agir do empregador (TRT 3ª R., RO 00605-2003-104-03-00-9, 3ª T., Rel. Juíza Maria Cristina Diniz Caixeta, *DJMG*, 23-8-2003, p. 5).

Vê-se, assim, que "função" e "prerrogativa" relacionam-se, respectivamente, como substância e instrumento, de modo que esta permita o alcance dos propósitos e das expectativas daquela. Nesses termos, parece que o legislador trabalhista confundiu o sentido das mencionadas palavras, ao ditar, no art. 513 da CLT, as "prerrogativas dos sindicatos". Na verdade, há ali, *em regra*, menção às funções sindicais, salvo no caso da alínea *e*, que, de fato, prevê uma prerrogativa paratributária, auferindo às entidades sindicais uma vantagem diferenciada para que exerçam bem suas funções[75].

As entidades sindicais têm múltiplas funções, todas elas de natureza institucional, porque ligadas às missões fundamentais que dão sentido ao associativismo laboral. Todas as funções sindicais decorrem da razão de existir do sindicato: defender os integrantes da categoria e empreender melhorias em suas condições de vida social. Destacam-se daí funções secundárias de cunho representativo, negocial, assistencial e político, todas acompanhadas de algumas prerrogativas (vantagens diferenciadas) capazes de tornar viáveis os propósitos legais. Nos próximos tópicos serão analisadas as precitadas funções com a pretensão de definir seus contornos mediante a fixação de sua extensão e limites.

20.3.2.4.1 Função representativa

A função representativa é a mais importante de todas as atribuições institucionais das entidades sindicais, pois, por conta dela, estas falam e agem em nome dos integrantes da categoria com o propósito de defender e de coordenar seus interesses. A função representativa tem dois campos de atuação, o extrajudicial e o judicial.

Entende-se por **atuação extrajudicial** o desempenho da entidade sindical no campo das relações jurídicas não processuais. Nesse âmbito estão contidas as atuações perante as autoridades administrativas, em diálogo com a categoria adversária e em face da sociedade como um todo. Por outro lado, entende-se por **atuação judicial** o desempenho da entidade sindical no campo das relações jurídicas processuais. Nesse âmbito estão contidas as representações perante as autoridades judiciárias, no curso de processos em que a categoria tenha algum interesse.

a) Representação processual

A representação processual é uma forma de agir em demandas judiciais por meio da qual um sujeito atua em nome alheio na defesa de um direito igualmente alheio. Exemplo importante dessa atuação é identificado no art. 5º, XXI, da Constituição de 1988, segundo o qual "as entidades associativas, **quando expressamente autorizadas**[76], têm legitimidade

---

75 No âmbito das prerrogativas, pode-se citar aquela outorgada pelo art. 150, VI, *c*, da Constituição de 1988. Conforme o dispositivo aqui mencionado, "sem prejuízo de outras garantias asseguradas ao contribuinte, é vedado à União, aos Estados, ao Distrito Federal e aos Municípios: [...] VI — instituir impostos sobre: [...] c) patrimônio, renda ou serviços dos partidos políticos, inclusive suas fundações, das entidades sindicais dos trabalhadores, das instituições de educação e de assistência social, sem fins lucrativos, atendidos os requisitos da lei". Desse modo, as entidades sindicais têm a prerrogativa de não serem tributadas sobre o seu patrimônio, renda ou serviços.

76 Note-se que, por vezes, a lei autoriza as entidades associativas a agir independentemente da tomada de autorização de seus associados, sendo exemplo de destaque o mandado de segurança coletivo, conforme disposto no art. 5º, LXX, *b*, da Constituição da República. Consta ali que o mandado de segurança coletivo pode ser impetrado por organização sindical, entidade de classe ou associação legalmente constituída e em funcionamento há pelo menos um ano, em defesa dos interesses de **seus membros ou associados**. Se uma associação, mesmo não sindical, quiser aforar mandado de segurança coletivo em favor de todos os seus membros, não precisará tomar-lhes autorização. Isso, aliás, já é entendimento sedimentado por meio da

para representar seus filiados judicial ou extrajudicialmente" (destaques não constantes do original). Assim, quando os associados autorizam suas associações a agir em seus nomes, o fazem porque estabelecem essa restrição na certeza de que muitas pretensões decorrentes desse vínculo podem ser qualificadas como individuais heterônomas.

Com as entidades associativas de natureza sindical, porém, o tratamento contido na Constituição de 1988 foi extremamente diferenciado. No art. 8º, III, da Carta Magna, foi-lhes outorgada uma forma especial de agir, independentemente de qualquer autorização. A Constituição, reconhecendo a importância histórica do sindicalismo, afirmou caber aos sindicatos a defesa dos direitos e interesses coletivos ou individuais da categoria, tanto em questões judiciais quanto nas contendas administrativas. Pergunta-se, então: esse dispositivo há de ser interpretado à luz do quanto inserto no art. 5º, XXI, do texto fundamental? A resposta parece ser negativa. Se se admitir que a lei não contém palavras ou expressões ociosas, chegar-se-á à conclusão de que o art. 8º, III, quis atribuir um *plus* em favor das entidades sindicais. Como bem destacou Homero Mateus, o art. 8º, III, seria regra inútil e redundante se houvesse apenas repetido aquilo que o sindicato já obtivera no art. 5º, XXI. Para o referido magistrado e professor paulista, a única razão de ser do art. 8º, III, e que justifica sua inserção no texto constitucional, somente pode ser outorgada de um modo diferenciado de agir[77], independentemente de qualquer autorização dos integrantes da base. O art. 8º, III, da Constituição de 1988, em suma, conferiu para as entidades sindicais bem mais do que o direito de representar os integrantes da categoria que eventualmente se associassem; conferiu-lhes o direito de substituí-los amplamente, independentemente de associação ou de outorga de poderes, desde que, evidentemente, o assunto diga respeito a interesse de natureza transindividual.

O ingresso da regra constante do art. 8º, III, da Carta Magna no ordenamento jurídico brasileiro tornou, então, não recepcionados os dispositivos que limitavam a atuação representativa da entidade sindical em favor unicamente de seus associados. Exemplo de não recepção parcial pode ser colhido na alínea *a* do art. 513 da CLT, para o qual a entidade sindical teria a função de representar, perante as autoridades administrativas e judiciárias, "**os interesses gerais** da respectiva categoria ou profissão liberal ou **os interesses individuais dos associados** relativos à atividade ou profissão exercida" (destaques não constantes do original). Note-se que os "interesses gerais" mencionados no precitado dispositivo correspondem na linguagem do oitavo artigo constitucional de 1988 aos "interesses coletivos" e os "interesses individuais dos associados", aos "interesses individuais da categoria", que, em última análise, correspondem aos "interesses individuais homogêneos".

Para que não se diga inexistente situação de representação processual no âmbito sindical, indica-se como tal aquela prevista no § 2º do art. 843 da CLT[78]. Nesse caso, a entidade sindical, efetivamente, representa um integrante da categoria que, por doença ou qualquer outro motivo ponderoso, devidamente comprovado, não tenha conseguido comparecer pessoalmente à audiência inaugural. Esse ato de representação, aliás, é bastante limitado, uma vez que o diretor da entidade sindical ou algum preposto especialmente indicado por esta não poderá ser interrogado em lugar do reclamante ausente. Sua atuação representativa

---

Súmula 629 do STF, segundo a qual "a impetração de mandado de segurança coletivo por entidade de classe em favor dos associados independe da autorização destes".

77 SILVA, Homero Batista Mateus da. *Impactos do artigo 8º, III, da Constituição Federal de 1988, sobre a substituição processual na Justiça do Trabalho*. **Juris Síntese**, n. 76, mar./abr. 2009.

78 Art. 843. [...] § 2º Se por doença ou qualquer outro motivo ponderoso, devidamente comprovado, não for possível ao empregado comparecer pessoalmente, poderá fazer-se representar por outro empregado que pertença à mesma profissão, ou pelo seu sindicato.

restringe-se à formulação de pedido de adiamento da sessão para nova audiência inaugural em momento oportuno ao comparecimento do acionante.

b) Substituição processual

A substituição processual é uma forma de agir em demandas judiciais por meio da qual um sujeito, devidamente autorizado por lei, atua em nome próprio, mas na defesa de um direito alheio. Conforme antecipado no tópico anterior, o texto constitucional (art. 8º, III) atribuiu a prerrogativa da substituição processual ampla e irrestrita em favor das entidades sindicais. Estas, desde que em defesa dos interesses coletivos e individuais da categoria, têm legitimidade extraordinária de atuar em nome dos integrantes da categoria, independentemente da autorização destes[79]. Anote-se que esse é o firme posicionamento do STF, expendido no Recurso Extraordinário n. 210.029-3/RS. O acórdão do mencionado recurso, datado de 12-6-2007, é claro no sentido de que as entidades sindicais podem atuar como substitutas processuais, independentemente de qualquer autorização dos substituídos, tanto na fase de conhecimento da ação coletiva quanto nos momentos que dizem respeito à liquidação e à execução.

Antes deste importante posicionamento, a Suprema Corte já emitia sinais no sentido de que o art. 8º, III, da Constituição, de fato, oferecia ampla possibilidade de substituição processual para as entidades sindicais. Por isso, o TST, por meio da Resolução n. 119, de 25-9-2003, cancelou a **Súmula 310**, que, logo no primeiro item, negava a garantia da substituição processual às entidades sindicais.

Sendo emissária dos interesses coletivos de toda a categoria, e não apenas dos interesses daqueles que a ela se associam, a entidade sindical, enfim, não depende de autorização ou de outorga de poderes para agir. Basta-lhe a autorização da assembleia geral, na forma prevista em seu estatuto[80]. As ações aforadas pela entidade sindical em nome dos integrantes da categoria não induzem litispendência para as ações individuais, conforme previsão contida no art. 104 do Código de Defesa do Consumidor (CDC), aplicado subsidiariamente. Se o integrante da categoria preferir aguardar o resultado da ação coletiva para depois disso aforar ação individual, ele precisará saber que, nos termos do art. 103, II, do CDC, a sentença coletiva fará coisa julgada *ultra partes*, limitadamente à sua categoria, salvo se o resultado for de rejeição da pretensão por insuficiência de provas, hipótese em que poderá ser aforada outra ação coletiva, com idêntico fundamento, valendo-se o interessado de nova prova.

Outro dado importante: se o integrante da categoria preferir aguardar o resultado da ação coletiva e se for surpreendido com a declaração de ilegitimidade da entidade sindical

---

[79] Se a matéria for jurídica, tanto maior é a razão para não exigir da entidade sindical a prova da colheita da autorização dos integrantes da categoria, reunidos em assembleia. Enfim, sendo ela legitimada por força de lei para falar em nome da categoria, seria um contrassenso exigir também a mencionada autorização. Por conta dessa evidência **foi cancelada a Orientação Jurisprudencial 6 da SDC do TST** (inserida em 27-3-1998), segundo a qual o dissídio coletivo de natureza jurídica não dispensava a autorização da categoria, reunida em assembleia, para legitimar o sindicato próprio, nem da etapa negocial prévia para buscar solução de consenso. O cancelamento se deu em sessão ocorrida em 10-8-2000, no julgamento do RODC 604502/1999-8, *DJU*, 23-3-2001.

Note-se que, pelas mesmas razões, deveria ter sido cancelada a **Orientação Jurisprudencial 19 da SDC do TST** (inserida em 25-5-1998 e ainda vigente), que, a despeito de reconhecer a legitimação da entidade sindical, prevê a necessidade de autorização dos trabalhadores diretamente envolvidos no conflito para o aforamento de dissídio coletivo contra empresa.

[80] Veja-se também o teor da **Súmula 630 do STF**, segundo a qual "a entidade de classe tem legitimação para o mandado de segurança ainda quando a pretensão veiculada interesse apenas a uma parte da respectiva categoria".

que aforou a ação, ele não será apenado pelo decurso do prazo prescricional. O TST, mediante a **Súmula 359**, firmou entendimento no sentido de que "a ação movida por sindicato, na qualidade de substituto processual, interrompe a prescrição, ainda que tenha sido considerado parte ilegítima *ad causam*".

20.3.2.4.2 Função negocial

A segunda mais relevante função sindical, depois da representativa, é aquela que visa à produção de direitos suplementares, mais vantajosos do que aqueles previstos em lei. O sistema jurídico, cônscio dessa importante atribuição, outorgou às entidades sindicais a missão de "celebrar convenções coletivas de trabalho" (*vide* o art. 513, *b*, da CLT) e aos trabalhadores o direito de ver reconhecidos os instrumentos coletivos negociados como fontes de direito (*vide* o art. 7º, XXVI, da Constituição).

20.3.2.4.3 Função assistencial

O assistencialismo foi um aliado do modelo corporativista que serviu de inspiração para a organização sindical brasileira. Enfim, trazer o conflito trabalhista para perto do Estado foi a maneira que o Poder Público encontrou para monitorar eventuais levantes capazes de comprometer o desenvolvimento nacional. Para agregar valor ao modelo, as entidades sindicais, por compromissos insertos na própria lei, transformaram-se em órgãos assistenciais[81]. Não há atualmente como imaginar uma entidade sindical sem a ela atribuir a atuação assistencial. Discute-se seriamente, entretanto, se, depois da promulgação da Constituição de 1988, especialmente por conta da vedação a qualquer tipo de interferência do Estado na organização das entidades sindicais (art. 8º, I), ainda se poderia falar na imposição, por força de lei, de uma atuação assistencial das referidas associações profissionais[82].

a) Emissão e entrega de CTPS

Diante da importância dos atos de identificação profissional, as entidades sindicais foram chamadas a assistir os trabalhadores no processo de emissão e de entrega das Carteiras de Trabalho e Previdência Social (CTPS)[83]. A Lei n. 5.686, de 3-8-1971, incluiu o parágrafo único no art. 14 da CLT, com o objetivo de admitir convênios com sindicatos para o fim especial de emitir o documento aqui mencionado.

O mesmo se pode afirmar do processo de entrega das CTPS's. Nos termos do art. 26 da CLT, os sindicatos poderão, mediante solicitação das respectivas diretorias, incumbir-se da entrega das Carteiras de Trabalho e Previdência Social pedidas por seus associados e pelos demais profissionais da mesma classe. Nesses casos, não poderão os sindicatos, sob pena das sanções previstas em lei, cobrar remuneração pela entrega das carteiras, cujo serviço nas respectivas sedes será fiscalizado pelas Superintendências Regionais do Trabalho ou por órgãos autorizados.

---

81 Diante desse contexto, é digna de nota, por exemplo, a redação do art. 514, *d*, da CLT, segundo o qual é dever da entidade sindical, "sempre que possível e de acordo com as suas possibilidades, manter no seu quadro de pessoal, em convênio com entidades assistenciais ou por conta própria, um assistente social com as atribuições específicas de promover a cooperação operacional na empresa e a integração profissional na classe".

82 Para saber mais sobre o assunto, consulte-se a obra do professor Túlio Macedo Rosa e Silva, *Assistência jurídica gratuita na Justiça do Trabalho*, publicada em 2013 sob o selo Saraiva.

83 Há casos em que os sindicatos são chamados a desenvolver funções assistenciais cívicas como é, por exemplo, o caso mencionado no art. 64 do Ato das Disposições Constitucionais Transitórias, que trata da distribuição das versões gráficas do texto constitucional.

b) Assistência judiciária

A manutenção de serviços de assistência judiciária era um dever jurídico das entidades sindicais apenas *para com os seus associados* (veja-se o art. 514, *b*, da CLT). Esse dever foi ampliado pela Lei n. 5.584/70, que, no art. 14, previu que a assistência judiciária constante da Lei n. 1.060, de 5 de fevereiro de 1950, além de ser prestada para com os seus associados, seria prestada pela entidade sindical profissional *em favor de qualquer trabalhador* que percebesse salário igual ou inferior ao dobro do mínimo legal. Assegurou-se, porém, igual benefício ao trabalhador de maior salário que provasse que sua situação econômica não lhe permitiria demandar, sem prejuízo do sustento próprio ou familiar.

c) Assistência nas cessações contratuais

Baseado nesse espírito assistencialista, o legislador do trabalho, por meio da Lei n. 7.855, de 24-10-1989, inseriu o § 7º no art. 477 da CLT, deixando claro que o ato da assistência na rescisão contratual seria praticado sem ônus para o trabalhador ou empregador. Essa previsão foi eliminada da CLT, porque também extinta foi a própria assistência sindical como uma imposição normativa. Fato, entretanto, é que algumas entidades sindicais, enquanto vigente a norma ora referida, insistiam nessa prática, incluindo em alguns casos cláusula coletiva nos instrumentos coletivos negociados com o objetivo de cobrar taxa para homologação de rescisão contratual dos empregadores; agiam não somente contra a lei, mas também contra um comportamento social que delas se esperava. Por conta disso, a despeito de se tratar de um ato negocial, o TST editou a **Orientação Jurisprudencial 16 da SDC** (inserida em 27-3-1998), por meio da qual deixou claro ser "contrária ao espírito da lei (art. 477, § 7º, da CLT) e da função precípua do Sindicato a cláusula coletiva que estabelece taxa para homologação de rescisão contratual, a ser paga pela empresa a favor do sindicato profissional". Apesar de não haver registro quanto a isso no texto da mencionada Orientação Jurisprudencial, parece inevitável a conclusão no sentido de que o TST entende ser nula a cláusula coletiva que estabelece obrigação *contra lege*. Em tais situações, os empregadores ou organizações patronais parecem estar autorizados a postular a nulidade da cláusula ofensiva nos termos aqui analisados.

Antes de assumir o *munus* de assistir qualquer ato de rescisão contratual, os sindicatos já eram incumbidos, conforme o disposto no art. 500 da CLT, de acompanhar os pedidos de demissão dos empregados estáveis para aferir se realmente decorriam de manifestação livre e espontânea. Segundo o citado dispositivo, "o pedido de demissão do empregado estável só será válido quando feito com a assistência do respectivo Sindicato e, se não o houver, perante autoridade local competente do Ministério do Trabalho ou da Justiça do Trabalho" (revigorado e com redação dada pela Lei n. 5.584, de 26-6-1970).

20.3.2.4.4 Função política

A função política, como bem ressaltou Edilton Meireles, "é uma das subespécies da função de representação, já que, de uma maneira ou de outra, quando a entidade sindical atua politicamente está representando os interesses da categoria"[84]. Não há dúvida, também, de que a política faz parte da vida social, na medida em que ela indica procedimentos relativos à *polis* ou à Cidade-Estado.

---

[84] MEIRELES, Edilton. Funções do sindicato (das entidades sindicais). *Revista LTr*, São Paulo, v. 4, n. 65, p. 299-307, 2001.

Anote-se que às entidades sindicais não é vedada nem mesmo a realização de atividades político-partidárias, não sendo ocioso lembrar que as condições previstas no *caput* do art. 521 da CLT[85] não foram recepcionadas pelo texto constitucional de 1988. Acrescente, ainda, que, com a institucionalização das centrais sindicais, o papel político das entidades sindicais ficou claro e evidente.

Mais evidente ainda tornou-se a atuação política dos sindicatos na medida em que a Lei n. 14.197, de 1º de setembro de 2021, inseriu o art. 359-T no Código Penal para prever que "não constitui crime [...] a manifestação crítica aos poderes constitucionais nem a atividade jornalística ou a reivindicação de direitos e garantias constitucionais por meio de passeatas, de reuniões, de **GREVES**, de aglomerações ou de qualquer outra forma de manifestação política com propósitos sociais" (destaque não constante do original). Note-se que a greve aqui foi equiparada a "manifestação política com propósitos sociais", sendo, por isso, admitida para fins de manifestação crítica aos poderes constitucionais ou para reivindicar direitos e garantias constitucionais.

20.3.3 Associações sindicais de grau superior

O texto constitucional, ao mencionar o "custeio do sistema confederativo da representação sindical respectiva" no inciso IV do seu art. 8º, manteve a forma piramidal da organização sindical, caracterizada pela presença de sindicatos na base, onde efetivamente acontecem os conflitos e as negociações, e de federações e de confederações na parte superior.

Não se imagine existente qualquer hierarquia entre sindicato e federação ou entre federação e confederação. As mencionadas entidades sindicais agrupam-se apenas para melhor coordenarem seus interesses.

É também importante anotar que as associações sindicais de grau superior têm **atuação representativa meramente supletiva**, **residual**, uma vez que apenas diante da inexistência de sindicato se atribui à federação e, sucessivamente, à confederação a capacidade de representar os integrantes da categoria[86]. Vejam-se, nesse sentido, os dispositivos constantes do § 2º do art. 611 da CLT[87], da primeira parte do § 1º do art. 617 do mesmo diploma legal[88] e do parágrafo único do art. 857 da CLT[89].

---

85   Art. 521. São condições para o funcionamento do sindicato: (...).
86   Por ter chegado à evidência de que o parágrafo único do art. 872 da CLT deve ser interpretado analogicamente à luz do § 2º do art. 611 do mesmo diploma legal, o TST resolveu cancelar a **Súmula 359**, que assim dispunha:
Súmula 359 do TST. SUBSTITUIÇÃO PROCESSUAL. AÇÃO DE CUMPRIMENTO. ART. 872, PARÁGRAFO ÚNICO, DA CLT. FEDERAÇÃO. LEGITIMIDADE — **CANCELADA** pela Resolução TST n. 121, de 28-10-2003. A federação não tem legitimidade para ajuizar a ação de cumprimento prevista no art. 872, parágrafo único, da CLT na qualidade de substituto processual da categoria profissional inorganizada (Res. 78/1997, *DJ*, 19-12-1997).
87   § 2º As Federações e, na falta destas, as Confederações representativas de categorias econômicas ou profissionais poderão celebrar convenções coletivas de trabalho para reger as relações das categorias a elas vinculadas, inorganizadas em sindicatos, no âmbito de suas representações (redação dada ao parágrafo pelo Decreto-Lei n. 229, de 28-2-1967, *DOU*, 28-2-1967).
88   § 1º Expirado o prazo de oito dias sem que o Sindicato tenha se desincumbido do encargo recebido, poderão os interessados dar conhecimento do fato à Federação a que estiver vinculado o Sindicato e, em falta dessa, à correspondente Confederação, para que, no mesmo prazo, assuma a direção dos entendimentos [...].
89   Art. 857. A representação para instaurar a instância em dissídio coletivo constitui prerrogativa das associações sindicais, excluídas as hipóteses aludidas no art. 856, quando ocorrer suspensão do trabalho (redação dada ao *caput* pelo Decreto-Lei n. 7.321, de 14-2-1945).

Dentre as atuações de caráter exclusivo, destaca-se a legitimação das confederações sindicais para propor a ação direta de inconstitucionalidade e a ação declaratória de constitucionalidade, nos moldes do art. 103, IX, do texto constitucional[90].

20.3.3.1 Federações

As federações são entidades sindicais formadas pela **união voluntária de no mínimo cinco sindicatos**. Sua constituição não é obrigatória, mas apenas facultativa. Para chegar a essa evidência basta verificar o conteúdo do *caput* do art. 534 da CLT, segundo o qual "é facultado aos sindicatos, quando em **número não inferior a cinco**, desde que representem a **maioria absoluta**[91] de um grupo de atividades ou de profissões idênticas, similares ou conexas, organizarem-se em federação" (destaques não constantes do original).

Observe-se, ainda, que as federações são, em regra, **formadas dentro de cada Estado federado**, nada impedindo, entretanto sua constituição em nível interestadual ou nacional, desde que, a teor do art. 8º, II, do texto constitucional, se respeite a unicidade sindical.

20.3.3.2 Confederações

As confederações são entidades sindicais de cúpula, formadas pela **união voluntária de, no mínimo, três federações**, e com sede na Capital da República.

Segundo o modelo celetista, as confederações são **organizadas por ramo de atividade** profissional ou econômica. Os dispositivos insertos nos §§ 1º, 2º e 3º do art. 535 da CLT chegam ao ponto de delimitar quais seriam as confederações possíveis, mas essas regras não foram recepcionadas pelo texto constitucional, consoante a firme jurisprudência do STF. Segundo João de Lima Teixeira Filho, "a Confederação Nacional dos Trabalhadores Metalúrgicos, antes contida no setor indústria e, portanto, no âmbito da CNTI, foi a primeira a romper as amarras do art. 535, § 2º, da CLT e com o aval da Corte Suprema"[92]. O Plenário do STF, ao apreciar o Mandado de Segurança n. 20.829-5-DF (rel. Min. Célio Borja, j. 3-5-1989, *DJ*, 23-6-1989), manifestou-se no sentido de que "a lei já não pode mais obstar o surgimento de entidades sindicais de qualquer grau, senão quando ofensivo do princípio da unicidade, na mesma base territorial. A pretendida ilegalidade da criação da Confederação dos Metalúrgicos, porque não prevista no art. 535, §§ 1º e 2º da CLT, não pode subsistir em face da norma constitucional assecuratória de ampla liberdade de associação laboral, sujeita, exclusivamente, à unicidade de representação sindical".

Anote-se, agora em caráter unicamente acadêmico, ser bem discutível, diante do princípio da liberdade sindical, a exigência de número mínimo de sindicatos para a constituição de federações e de número mínimo de federações para a criação de confederações. Tais exigências,

---

Parágrafo único. Quando não houver sindicato representativo da categoria econômica ou profissional, poderá a representação ser instaurada pelas federações correspondentes e, na falta destas, pelas confederações respectivas, no âmbito de sua representação (parágrafo acrescentado pela Lei n. 2.693, de 23-12-1955).

90 Art. 103. Podem propor a ação direta de inconstitucionalidade e a ação declaratória de constitucionalidade (redação dada pela Emenda Constitucional n. 45, de 8-12-2004): [...] IX — confederação sindical ou entidade de classe de âmbito nacional.

91 Não há sentido em condicionar a aceitação dos sindicatos constituintes de uma federação à representatividade de uma maioria. Diz-se isso porque, num contexto de unicidade sindical, qualquer sindicato constituinte que se apresente será teoricamente representante de cem por cento dos integrantes de determinada categoria dentro de uma específica base territorial.

92 TEIXEIRA FILHO, João de Lima. *O sistema confederativo*. In: Direito sindical brasileiro: estudos em homenagem ao Prof. Arion Sayão Romita. São Paulo: LTr, 1998, p. 189-199.

inclusive aquela que impõe à Confederação ter sede na capital da República, revelam interferência da lei na organização sindical, o que, como se sabe, não é mais tolerado. A despeito disso, o órgão de registro sindical, por obediência à legalidade estrita, mantém os requisitos impostos em lei como pressupostos para o correspondente pleito de registro.

20.3.4 Centrais sindicais

As centrais sindicais são entidades associativas de direito privado compostas por organizações sindicais de trabalhadores[93] e que têm o objetivo de coordenar a representação operária e de participar de negociações em fóruns, colegiados de órgãos públicos e demais espaços de diálogo social que possuam composição tripartite[94], nos quais estejam em discussão assuntos de interesse geral dos trabalhadores.

As centrais sindicais são, na verdade, **redes de organizações sindicais operárias**, não sendo propriamente entidades sindicais. Por esse motivo, nada obsta à pluralidade dessas redes, sendo absolutamente constitucional a regra inserta no § 1º do art. 3º da Lei n. 11.648/2008 no que diz respeito à previsão de coexistência de mais de uma central sindical.

Note-se que a vedação constante do art. 8º, II, da Constituição de 1988 não se aplica à entidade associativa ora em análise. Diz-se isso porque, nos termos do mencionado dispositivo constitucional, veda-se apenas "a criação de mais de uma organização sindical, em qualquer grau, representativa de categoria profissional ou econômica, na mesma base territorial", e não a criação de mais de uma rede de organizações sindicais.

Outro aspecto que se deve observar diz respeito à inexistência, no ordenamento jurídico brasileiro, de centrais sindicais compostas de organizações patronais. A lei aqui apreciada restringe o direito de criação de centrais sindicais unicamente de **representação geral de trabalhadores**, independentemente da categoria de que façam parte.

Para participar de negociações em fóruns, colegiados de órgãos públicos e demais espaços de diálogo social, a central sindical deverá cumprir os seguintes requisitos cumulativos:

I — filiação de no mínimo cem sindicatos distribuídos nas cinco regiões do País;

II — filiação em pelo menos três regiões do País de, no mínimo, vinte sindicatos em cada uma;

III — filiação de sindicatos em, no mínimo, cinco setores de atividade econômica; e

IV — filiação de sindicatos que representem, no mínimo, sete por cento do total de empregados sindicalizados em âmbito nacional. No tocante a esse requisito é importante anotar que, por força do parágrafo único do art. 2º da Lei n. 11.648/2008, até 31-3-2010 o percentual era de cinco por cento do total de empregados sindicalizados em âmbito nacional.

Anote-se, ainda, que, do montante arrecadado a título de contribuição sindical, será efetuado o crédito de dez por cento para a central sindical a que as entidades sindicais operárias se tenham filiado. Na prática, e nos moldes do § 1º do art. 589 da CLT, o sindicato de trabalhadores indicará ao Ministério do Trabalho (ora Ministério do Trabalho e Previdência)

---

[93] Em 8 de maio de 2006 o governo do Presidente Luiz Inácio Lula da Silva publicou a Medida Provisória n. 293, que dispunha sobre o reconhecimento das centrais sindicais. O texto, entretanto, não foi convertido em lei. Em 31 de março de 2008 o reconhecimento, enfim, foi alcançado por meio da Lei n. 11.648, publicada no *DOU* de 31-3-2008, em edição extra.

[94] Ver o art. 3º da Lei n. 11.648/2008, *in verbis*: "A indicação pela central sindical de representantes nos fóruns tripartites, conselhos e colegiados de órgãos públicos a que se refere o inciso II do *caput* do art. 1º desta Lei será em número proporcional ao índice de representatividade previsto no inciso IV do *caput* do art. 2º desta Lei, salvo acordo entre centrais sindicais".

a central sindical a que está associado como beneficiária da respectiva contribuição sindical, para fins de destinação dos créditos. Não havendo indicação de central sindical, os percentuais, na forma do § 4º do art. 590 da CLT, que lhe caberiam serão destinados à "Conta Especial Emprego e Salário", que também arrima o Fundo de Amparo ao Trabalhador.

20.3.5 Comissão de representantes dos empregados

Exemplo de atuação no plano da chamada negociação plúrima é visível no âmbito do art. 11 da Constituição da República. Há ali expressa menção ao **direito dado aos trabalhadores de empresas de mais de 200 (duzentos) empregados** de **eleger um representante destes** com a **finalidade exclusiva** de promover-lhes o entendimento direto com os empregadores. O texto é bem claro: "finalidade EXCLUSIVA de promover-lhes o ENTENDIMENTO DIRETO com os empregadores" (destaque não constante do original), e nada mais do que isso. A finalidade negocial coletiva permanece, portanto, claramente em poder da entidade sindical.

Isso, aliás, ficou muito claro no texto do art. 510-E da CLT, criado pela MP n. 808/2017 (que, como muitas vezes dito, perdeu a vigência), segundo o qual "a comissão de representantes dos empregados **não substituirá a função do sindicato de defender os direitos e os interesses coletivos ou individuais da categoria**, inclusive em questões judiciais ou administrativas, hipótese em que será obrigatória a participação dos sindicatos em negociações coletivas de trabalho, nos termos do incisos III e VI do *caput* do art. 8º da Constituição" (destaques não constantes do original).

Para preencher o espaço normativo deixado pela referida perda da vigência da MP n. 808/2017, o então Ministério do Trabalho publicou a **Portaria n. 349, de 23 de maio de 2018**, repetindo, no seu art. 8º, quase que literalmente o texto do referido art. 510-E da CLT. Note-se:

> *Art. 8º A comissão de representantes dos empregados a que se refere o Título IV-A da Consolidação das Leis do Trabalho não substituirá a função do sindicato de defender os direitos e os interesses coletivos ou individuais da categoria, inclusive em questões judiciais ou administrativas, hipótese em que será obrigatória a participação dos sindicatos em negociações coletivas de trabalho, nos termos do incisos III e VI do* caput *do art. 8º da Constituição Federal*[95].

Anote-se aqui que a Lei n. 13.467/2017 regulamentou, enfim, a mencionada disposição constitucional mediante o conteúdo do art. 510-A da CLT, que precisou os seus limites conceituais. Observem-se:

> *Art. 510-A. Nas empresas com mais de duzentos empregados, é assegurada a eleição de uma comissão para representá-los, com a finalidade de promover-lhes o entendimento direto com os empregadores.*
>
> *§ 1º A comissão será composta:*
>
> *I — nas empresas com mais de duzentos e até três mil empregados, por três membros;*
>
> *II — nas empresas com mais de três mil e até cinco mil empregados, por cinco membros;*
>
> *III — nas empresas com mais de cinco mil empregados, por sete membros.*
>
> *§ 2º No caso de a empresa possuir empregados em vários Estados da Federação e no Distrito Federal, será assegurada a eleição de uma comissão de representantes dos empregados por Estado ou no Distrito Federal, na mesma forma estabelecida no § 1º deste artigo.*

---

95 Essa Portaria foi revogada e o seu texto foi atualizado pela Portaria/MTP n. 671, de 8 de novembro de 2021, dentro das coletâneas no marco regulatório trabalhista infraconstitucional. O mesmo texto acima reproduzido, e constante do art. 8º da revogada Portaria, é encontrável na nova Portaria no seu art. 39.

A comissão de representantes, *organizada quanto ao seu agir de forma rigorosamente independente*, terá um conjunto de atribuições, conforme ditado pelo art. 510-B da CLT, com destaque para a representação dos empregados perante a administração da empresa, o aprimoramento do relacionamento entre a empresa e seus empregados com base nos princípios da boa-fé e do respeito mútuo, a promoção do diálogo e do entendimento no ambiente de trabalho com o fim de prevenir conflitos, a busca de soluções para os conflitos decorrentes da relação de trabalho, de forma rápida e eficaz, visando à efetiva aplicação das normas legais e contratuais, a garantia de tratamento justo e imparcial aos empregados, impedindo qualquer forma de discriminação por motivo de sexo, idade, religião, opinião política ou atuação sindical, o encaminhamento de reivindicações específicas dos empregados de seu âmbito de representação e, afinal, o acompanhamento do cumprimento das leis trabalhistas, previdenciárias e das convenções coletivas e acordos coletivos de trabalho.

As decisões da comissão de representantes dos empregados serão sempre colegiadas, observada a maioria simples. Nesse contexto há destacar-se a presença de um princípio da democracia e de respeito às decisões das maiorias.

O art. 510-C da CLT previu, por outro lado, a **sistemática de eleição**, que será convocada, com antecedência mínima de 30 (trinta) dias, contados do término do mandato anterior, por meio de edital, que deverá ser fixado na empresa, com ampla publicidade, para inscrição de candidatura. Para a orientação desses trabalhos eleitorais será formada uma **comissão eleitoral** integrada por 5 (cinco) empregados, não candidatos, vedada, em todo caso, a interferência da empresa e do sindicato da categoria no processo eleitoral.

É bom anotar que a vedação de interferência da empresa é até bem compreensível, pois o poder econômico não pode invadir o espaço de representação dos trabalhadores. Entretanto, é difícil entender a vedação de interferência da entidade sindical obreira. A ela, afinal, cabe, nos termos do art. 8.º, III, da Constituição da República, "a defesa dos direitos e interesses coletivos ou individuais da categoria, inclusive em questões judiciais ou administrativas". Ora, se assim é, por que a entidade sindical dos trabalhadores não pode interferir na sistemática de eleição quando o objetivo for corrigir eventual irregularidade? Esse é um poder-dever do sindicato, e quem se opõe a ele pratica conduta antissindical.

Pois bem. Os empregados da empresa poderão candidatar-se, exceto aqueles com contrato de trabalho por tempo determinado, com contrato suspenso ou que estejam em período de aviso prévio, ainda que indenizado. Tal restrição se justifica por dois motivos: ***primeiro***, porque § 3º do art. 510-D da CLT confere estabilidade aos integrantes da comissão desde o registro da candidatura até um ano após o fim do mandato, não podendo ser via ilegítima para a transformação de contrato por tempo determinado em contrato por tempo indeterminado, tampouco para impedir os efeitos de aviso prévio já concedido; **segundo**, porque a condição de integrante da comissão pressupõe a atividade, e não o afastamento, sendo, pois, incompatível com a qualidade de quem está com o contrato de emprego suspenso, independentemente da causa motivadora. Tanto isso é claro que o § 2º do art. 510-D da CLT explicita que o mandato de membro de comissão de representantes dos empregados não implica suspensão ou interrupção do contrato de trabalho, **devendo o empregado permanecer no exercício de suas funções**. Não se poderia imaginar algo diferente, pois uma comissão de representantes impõe a presença física de quem representa.

Anote-se, ademais, que **serão eleitos membros da comissão de representantes dos empregados os candidatos mais votados**, em **votação secreta**, **vedado o voto por representação**. A comissão tomará posse no primeiro dia útil seguinte à eleição ou ao término do mandato anterior.

Se não houver candidatos suficientes, a comissão de representantes dos empregados poderá ser formada com número de membros inferior ao previsto no art. 510-A da CLT, sem que se anule o processo eleitoral e sem que se imponha a realização de eleição adicional. Se, por outro lado, não houver registro de candidatura, aí sim, será lavrada ata e convocada nova eleição no prazo de um ano.

O mandato dos membros da comissão de representantes dos empregados será de 1 (um) ano, sem previsão de recondução. Há, aliás, em respeito aos princípios da democracia e da pluralidade, previsão expressa, contida no § 1º do art. 510-D, no sentido de que o membro que houver exercido a função de representante dos empregados na comissão **não poderá ser candidato nos dois períodos subsequentes**.

Os documentos referentes ao processo eleitoral devem ser emitidos em duas vias, as quais permanecerão sob a guarda dos empregados e da empresa pelo prazo de 5 (cinco) anos, à disposição para consulta de qualquer trabalhador interessado, do Ministério Público do Trabalho e do Ministério do Trabalho (ora Ministério do Trabalho e Previdência).

Anote-se, por fim, que as comissões de representantes de empregados, conquanto não possam, de nenhum modo, substituir a atuação das entidades sindicais, servirão de **excelente projeto-piloto** para a futura — esperada e desejada — **reforma sindical que institua, enfim, a pluralidade** como orientação para os arranjos de instituições que defendam os direitos e interesses transindividuais dos trabalhadores, livres da necessária agremiação em função de suas categorias. Afirma-se isso, porque, partindo do consenso internacional quanto ao conceito de liberdade sindical e baseando-se em algo que a maioria dos juslaboralistas assinala como antidemocrático, o resgate da pluralidade sindical não deveria depender de ação externa, mas sim da vontade política do próprio Estado brasileiro. Não é ociosa a lembrança de que os direitos fundamentais, na sua perspectiva objetiva, devem ser analisados sistematicamente, e não de forma tópica. Se a República Federativa do Brasil é constituída como um Estado de Direito democrático, **e se deve haver aqui pluralismo político (art. 1º, IV, da Carta)**, não é razoável a existência de incoerências legislativas internas capazes de privar os cidadãos do legítimo direito de livre associação laboral e da convivência pacífica de mais de uma associação sindical representativa da mesma categoria até que o natural consenso as torne unitárias. Ademais, ainda com base na perspectiva objetiva dos direitos fundamentais, cumpre lembrar que há neles claro comando dirigido ao Estado para que ele concretize os fundamentos da República. Enfim, a poucos interessa a existência de uma liberdade sindical amputada dos seus mais significativos caracteres.

20.4 SUPORTE FINANCEIRO DAS ENTIDADES SINDICAIS

Para alcançar seus propósitos, as associações sindicais precisam, obviamente, de arrimo financeiro e, para tanto, estão legalmente autorizadas a se valer de algumas fontes de custeio, assim identificadas pelo art. 548 da CLT:

a) contribuições devidas aos sindicatos pelos que participem das categorias econômicas ou profissionais ou das profissões liberais representadas pelas referidas entidades, sob a denominação de **contribuição sindical**;

b) contribuições dos associados, na forma estabelecida nos estatutos ou pelas assembleias gerais, sob as denominações **contribuição confederativa**, **contribuição assistencial** e **mensalidades sindicais**;

c) rendas produzidas por bens ou valores adquiridos, por exemplo, aluguéis e rendimentos decorrentes de investimentos;

d) doações e legados;

e) multas e outras rendas eventuais.

Neste tópico, por conta de sua imensa relevância para o estudo do direito sindical e coletivo do trabalho, serão analisados apenas os suportes financeiros identificados como contribuição sindical, contribuição confederativa, contribuição assistencial e mensalidades sindicais. Desde já, como forma de auxiliar na diferenciação das mencionadas fontes de custeio, sugere-se um paralelismo de conceitos entre as contribuições assumidas pelo integrante de categoria econômica e profissional e as fontes de custeio admitidas por proprietário de imóvel em sistema de condomínio. Nesse sentido, a **contribuição sindical** seria algo assemelhado ao ***IPTU***, pela força tributária e pela coercividade diante daqueles que facultativamente se dispuseram a pagá-la (lembre-se que a contribuição sindical passou a ser facultativa desde a vigência da Lei n. 13.467/2017); a **contribuição confederativa** seria algo assemelhado à **taxa condominial**, pela destinação ao custeio do conjunto, notadamente das despesas ordinárias da coletividade; a **contribuição assistencial** seria algo parecido com a **taxa extra**, por conta da assunção de despesas extraordinárias e da necessidade de recomposição do caixa, e, por fim, a **contribuição associativa ou mensalidade sindical**, que, por sua especificidade de destinação, seria comparável às mensalidades de clube ou academia existentes dentro de um condomínio residencial.

Para que o estudo não se restrinja apenas às comparações, vejam-se nos subtópicos as principais características de cada uma das citadas fontes de custeio sindical.

20.4.1 Contribuição sindical

A contribuição sindical é um suporte financeiro de caráter parafiscal, previsto na parte final do art. 8º, IV, do texto constitucional e nos arts. 578 a 610 da CLT, exigível de todos os trabalhadores e empregadores que **prévia e expressamente** tenham autorizado a sua cobrança.

A despeito do princípio da liberdade de sindicalização previsto no texto constitucional (*vide* o art. 8º, VII), a contribuição sindical foi exigida compulsoriamente de associados e de não associados até o advento da reforma trabalhista de 2017. O STF, apesar de reconhecer que a manutenção dessa base de custeio sindical era um resquício do modelo corporativista que teimava em permanecer[96], manteve por anos o posicionamento no sentido de que ela foi recepcionada pela ordem constitucional. O frágil argumento sempre foi o mesmo: o inciso IV do art. 8º da Constituição ressalvou a existência da contribuição sindical quando, ao mencionar a contribuição confederativa, resguardou a modalidade de custeio prevista em lei.

É importante anotar que a persistência da contribuição sindical decorria do fato de ser ela uma importante fonte de custeio que independia de qualquer esforço das entidades sindicais até a vigência da Lei n. 13.467/2017, que **apenas retirou a sua compulsoriedade**, mas não a eliminou. Veja-se a nova redação dada ao art. 578 da CLT:

> *Art. 578. As contribuições devidas aos sindicatos pelos participantes das categorias econômicas ou profissionais ou das profissões liberais representadas pelas referidas entidades serão, sob a denominação de contribuição sindical, pagas, recolhidas e aplicadas na forma estabelecida neste Capítulo,* ***desde que prévia e expressamente autorizadas*** (destaques não constantes do original).

Na tentativa de não apenas tornar facultativa a contribuição sindical, mas de eliminá-la, o art. 7º da Lei n. 11.648/2008 previa que os arts. 578 a 610 vigorariam apenas até o instante em que se publicasse lei que disciplinasse a contribuição negocial, vinculada ao exercício

---

[96] *Vide*, por todos, o RE 180.745, Rel. Min. Sepúlveda Pertence, j. 24-3-1998, 1ª T., *DJ*, 8-5-1998.

efetivo da negociação coletiva e à aprovação em assembleia geral da categoria. A mencionada lei, entretanto, ainda não foi criada.

Sobre a dúvida existente em torno da compulsoriedade ou da facultatividade da cobrança, é importante anotar que o Supremo Tribunal Federal (STF), em 29 de junho de 2018, por 6 x 3, **declarou constitucional** a nova redação dada pela Lei n. 13.467/2017 aos arts. 545, 578, 579, 582, 583, 587 e 602 da CLT, que passaram a condicionar o recolhimento da contribuição sindical a prévia e expressa autorização. Os referidos dispositivos foram questionados na **Ação Direta de Inconstitucionalidade (ADI) 5.794**, entre outras dezoito ações da mesma natureza e que tinham o mesmo objeto, e na **Ação Declaratória de Constitucionalidade (ADC) 55**, que buscava o reconhecimento da validade da mudança na legislação. As ações tramitaram de forma conjunta, e a decisão aplicou-se a todos os processos.

Prevaleceu o entendimento de que não se poderia admitir que a contribuição sindical fosse imposta a trabalhadores e empregadores quando a Constituição determina que ninguém pode ser obrigado a filiar-se ou a manter-se filiado a uma entidade sindical. **Triunfou, portanto, a liberdade sindical individual negativa.** Por conta do pleno paralelismo de situações, anota-se que, curiosamente, dois dias antes de o Supremo Tribunal Federal brasileiro decidir sobre a constitucionalidade da eliminação da obrigatoriedade da contribuição sindical, a Corte Suprema dos Estados Unidos, por 5 x 4, no mesmo sentido, sustentou a inexigibilidade da exigência da *agency fee*, a contribuição sindical dirigida a trabalhadores não sindicalizados.

Em *Mark Janus v. American Federation of State, County, and Municipal Employees*, Council 31, et al. *(585 U. S.)*, o Tribunal entendeu que a contribuição cobrada de não sindicalizados forçava-os a subsidiar um discurso com o qual podem não concordar, o que envolvia **grave ofensa à liberdade de expressão**, garantida pela primeira Emenda à Constituição. O Tribunal, diante desse argumento, viu-se constrito a abandonar a solução adotada em 1977 em *Abood v. Detroit Bd. of Ed. (431 U. S. 209)*, quando, para evitar os chamados *free riders* (trabalhadores que se beneficiam da negociação coletiva, sem contribuir financeiramente para a sua realização)[97], admitira a obrigatoriedade da *agency fee*. **Ali também triunfou a liberdade individual do trabalhador.**

Essa discussão norte-americana não passou despercebida no voto do Min. Luiz Fux, nos autos da ADI 5.794/DF. Ele chamou a atenção para o delicado argumento de que os *free riders* se beneficiavam da atuação dos sindicatos sem contribuir para a sua manutenção e destacou o entendimento da Corte Suprema dos Estados Unidos no sentido de que, **na verdade, são os sindicatos que se beneficiam da prerrogativa de representarem trabalhadores não filiados, aumentando o seu poder político e a sua influência**.

O risco dos *free riders*, disse Fux com base na decisão estadunidense, não justifica a violação a liberdades fundamentais, notadamente a liberdade de expressão. Para reforçar o seu argumento, trouxe à luz, por paralelismo, a situação dos grupos de *lobby* em favor de

---

97 "Free rider" é uma expressão idiomática inglesa que significa "caroneiro" ou "parasita", aquele que se beneficia de recursos, bens ou serviços sem contribuir para a formação ou a manutenção deles. Esse "parasitismo" acaba por se transformar num problema quando a sua reiteração conduz à carência do fornecimento de bens ou serviços ou quando essa atitude leva ao uso excessivo ou à degradação de recursos comuns. Apesar de a expressão ter surgido no seio da economia, conceitos semelhantes têm sido criados e aplicados na ciência política, na psicologia social e no direito, pois, verdadeiramente, alguns indivíduos, integrantes de uma comunidade, reduzem ou eliminam, de fato, as suas próprias contribuições quando acreditam que outros membros do grupo possam *compensar* a sua falta.

pessoas idosas, que, pelo fato de simplesmente existirem, não poderiam, apenas por isso, pretender que o governo obrigasse todas as pessoas idosas a lhes pagar uma contribuição. Nesse ponto foi destacada importante passagem da decisão tomada em *Mark Janus v. American Federation of State, County, and Municipal Employees*, Council 31, et al. *(585 U. S.)*, segundo a qual a "Primeira Emenda [à Constituição dos Estados Unidos] não permite que o governo obrigue uma pessoa a financiar a atuação de outra só porque o governo pensa que o seu discurso promove os interesses da pessoa que não quer pagar" *("the First Amendment does not permit the government to compel a person to pay for another party's speech just because the government thinks that the speech furthers the interests of the person who does not want to pay")*.

Para concluir, com fundamento no caso norte-americano, é relevante salientar que o entendimento final foi o de que as contribuições sindicais obrigatórias violariam a liberdade de expressão dos não filiados sem gerar benefícios que justificassem a restrição, especialmente pelo fato de os sindicatos poderem continuar sendo efetivos sem as **agency fees**. Exatamente por isso, a Corte Suprema dos Estados Unidos arrematou a questão ao dizer que "empregados devem escolher financiar o sindicato antes que qualquer coisa lhes seja tomada" *("employees must choose to support the union before anything is taken from them")*.

20.4.1.1 Sistemática de exigência e de recolhimento

Como antedito, a contribuição sindical será exigível desde que **prévia e expressamente** autorizada. O texto legal, portanto, foi muito claro, tanto em relação à necessária anterioridade da manifestação do desejo de contribuir quanto à tomada de anuência expressa (jamais tácita) para tanto.

A despeito disso, nada há nada na lei sobre o fato de ser a autorização aqui em análise apresentada individual ou coletivamente. Questiona-se, então: a autorização deve ser individual ou pode ser coletiva?

A posição adotada pelo Ministério Público do Trabalho, mediante a Nota Técnica 1ª, de 27 de abril de 2018, a sua CONALIS (Coordenadoria Nacional de Promoção da Liberdade Sindical), foi a de que "a autorização prévia e expressa deve ser manifestada coletivamente através de assembleia da entidade sindical convocada para que toda a categoria se manifeste a respeito". Nesse particular, seguiu-se a posição tomada pelo Ministério do Trabalho (ora Ministério do Trabalho e Previdência) conforme a Nota Técnica n. 2, de 16 de março de 2018/GAB/SRT.

Antes desses posicionamentos, e no mesmo sentido, foi produzido o Enunciado 38 da 2ª Jornada de Direito Material e Processual coordenada pela ANAMATRA, segundo o qual seria "lícita a autorização coletiva prévia e expressa para o desconto das contribuições sindical e assistencial, mediante assembleia geral, nos termos do estatuto, se obtida mediante convocação de toda a categoria representada especificamente para esse fim, independentemente de associação e sindicalização".

Apesar das ponderosas argumentações, parece que de nada adiantaria consagrar a liberdade individual, especialmente a liberdade de expressão, e admitir que outro sujeito, ainda que o seu sindicato, fale em seu nome. Assim como o desejo de filiar-se ou de não se filiar é ato individual, que não pode ser substituído pela vontade do ente sindical, tudo parece indicar que o mesmo ocorre em relação ao desejo de contribuir ou de não contribuir. Ambas as situações são expressão da chamada liberdade sindical individual.

O assunto, porém, ainda não foi pacificado. Enquanto nada se consolida, informa-se aqui que, uma vez regularmente instituída, a contribuição sindical é recolhida, de uma só vez, anualmente, e consiste:

a) **para os empregados e trabalhadores avulsos**, numa importância correspondente à remuneração de um dia de trabalho, qualquer que seja a forma da referida remuneração, **no mês de março** de cada ano (vide o *caput* do art. 582 da CLT), recolhível até o dia 10 do mês de abril (vide, sistematicamente, o art. 583, *caput*, e o parágrafo único do art. 545, ambos da CLT);

b) **para os agentes ou trabalhadores autônomos e para os profissionais liberais**, numa importância calculada na forma da Nota Técnica/CGRT/SRT n. 05/2004 do então Ministério do Trabalho e Emprego[98], **no mês de fevereiro** de cada ano (vide o *caput* do art. 583 da CLT).

O autônomo ou liberal que possui vínculo de emprego na mesma profissão poderá optar pelo pagamento da contribuição sindical para sua própria atividade, apresentando ao empregador o recibo de recolhimento junto a sua entidade sindical, para não sofrer desconto como empregado no mês de março (ver o art. 585 da CLT[99]). Por outro lado, o autônomo ou liberal que não exerce a profissão ficará isento de pagá-la (vide os §§ 1º e 2º do art. 540 da CLT), devendo assumir a contribuição sindical correspondente à entidade representativa da categoria profissional em que se enquadrem os empregados da empresa onde trabalha. Se, por fim, houver exercício simultâneo da profissão (autônoma ou liberal) e de um emprego, ficará o trabalhador sujeito a tantas contribuições sindicais quantas sejam as suas atividades;

c) **para os empregadores**, numa importância calculada na forma da Nota Técnica/CGRT/SRT n. 05/2004 do então Ministério do Trabalho e Emprego, **no mês de janeiro** de cada ano (ver o art. 587 da CLT).

20.4.1.2 Repartição

Da importância da arrecadação da contribuição sindical serão feitos os seguintes créditos pela Caixa Econômica Federal:

I — para os empregadores:

a) 5% para a confederação correspondente;

b) 15% para a federação;

c) 60% para o sindicato respectivo; e

d) 20% para a "Conta Especial Emprego e Salário".

II — para os trabalhadores (aqui incluídos empregados, autônomos e profissionais liberais):

a) 5% para a confederação correspondente;

b) 10% para a central sindical;

c) 15% para a federação;

---

98 Disponível em http://www.mte.gov.br/legislacao/notas_tecnicas/2004/nt_05.asp. Acesso em 28 de dezembro de 2009.

99 Art. 585. Os profissionais liberais poderão optar pelo pagamento da contribuição sindical unicamente à entidade sindical representativa da respectiva profissão, desde que a exerçam, efetivamente, na firma ou empresa e como tal sejam nelas registrados.

Parágrafo único. Na hipótese referida neste artigo, à vista da manifestação do contribuinte e da exibição da prova de quitação da contribuição, dada por sindicato de profissionais liberais, o empregador deixará de efetuar, no salário do contribuinte, o desconto a que se refere o art. 582 (redação dada ao artigo pela Lei n. 6.386, de 9-12-1976).

d) 60% para o sindicato respectivo; e

e) 10% para a "Conta Especial Emprego e Salário".

Anotem-se também as regras de **redestinação da repartição,** nos casos de inexistência de algum dos destinatários ora mencionados:

a) inexistindo confederação, seu percentual (5%) caberá à federação representativa do grupo (*caput* do art. 590 da CLT);

b) não havendo sindicato, nem entidade sindical de grau superior ou central sindical, a contribuição sindical será creditada, integralmente, à "Conta Especial Emprego e Salário" (§ 3º do art. 590 da CLT);

c) não havendo indicação de central sindical, os percentuais que lhe caberiam (10%) serão destinados à "Conta Especial Emprego e Salário" (§ 4º do art. 590 da CLT);

d) inexistindo sindicato, os percentuais que lhe seriam devidos (60%) serão creditados à federação correspondente à mesma categoria econômica ou profissional (*caput* do art. 591 da CLT);

e) inexistindo sindicato, além do que seria normalmente devido à confederação (5%), esta receberá também o percentual (15%) da federação (parágrafo único do art. 591 da CLT).

20.4.1.3 Aplicação

As entidades sindicais não estão obrigadas, por conta do princípio da não interferência e da não intervenção estatal em sua administração (*vide* o art. 8º, I, da Constituição), a submeter, nos moldes constantes da CLT, a um modelo de aplicação dos recursos financeiros decorrentes das contribuições sindicais. É importante recordar, como elemento demonstrativo disso, que o art. 6º da Lei n. 11.648/2008 foi vetado justamente porque impunha a prestação de contas ao TCU sobre a aplicação dos recursos provenientes das contribuições sindicais e de outros recursos públicos que porventura fossem destinados às entidades sindicais. As razões do veto, veiculadas mediante a **Mensagem n. 139, de 31 de março de 2008**, foram apresentadas em consonância com a Constituição de 1988. Veja-se: "O art. 6º viola o inciso I do art. 8º da Constituição da República, porque estabelece a obrigatoriedade dos sindicatos, das federações, das confederações e das centrais sindicais prestarem contas ao Tribunal de Contas da União sobre a aplicação dos recursos provenientes da contribuição sindical. Isto porque a Constituição veda ao Poder Público a interferência e a intervenção na organização sindical, em face do princípio da autonomia sindical, o qual sustenta a garantia de autogestão às organizações associativas e sindicais".

Dessa forma, as determinações legais constantes dos arts. 592 e 593 da CLT servem apenas de marco orientador para a aplicação dos recursos provenientes das contribuições sindicais. É certo, entretanto, que as destinações apontadas nos mencionados dispositivos coincidem com o alcance das funções sindicais, notadamente daquelas de cunho assistencial. Por isso, na prática, os estatutos das entidades sindicais costumam repetir o conteúdo da lei.

20.4.2 Contribuição confederativa

A contribuição confederativa é um suporte financeiro de caráter obrigacional, fixado pela assembleia geral sindical, exigível unicamente dos associados da categoria. Ela está prevista na primeira parte do inciso IV do art. 8º da Constituição de 1988[100] e na letra *b* do art. 548 da CLT[101], visando finalisticamente ao custeio do sistema confederativo.

Não há a menor dúvida de que a contribuição aqui em exame é exigível apenas dos associados (filiados) à categoria, existindo, inclusive, Súmula Vinculante do STF sobre a matéria:

Súmula Vinculante 40 do STF. *A contribuição confederativa de que trata o art. 8º, IV, da Constituição, só é exigível dos filiados ao sindicato respectivo (antes Súmula 666 do STF — DJU, 9-10-2003, rep. DJU, 10-10-2003, e DJU, 13-10-2003).*

Antes da publicação da Súmula 666 do STF, ora Súmula Vinculante 40 do STF, mas baseado nas decisões do próprio Supremo Tribunal Federal, o TST inseriu em 25-5-1998 a Orientação Jurisprudencial 17 da SDC[102] e publicou em 20-8-1998 o Precedente Normativo 119, também da SDC[103].

O empregador poderá efetuar o desconto, em folha de pagamento de salário, do montante correspondente à contribuição confederativa, quando notificado do valor das contribuições. Para os empregados não associados, entretanto, o desconto somente poderá ser materializado depois de colhida a prévia e expressa autorização do contribuinte, que somente terá validade durante o período de vigência do instrumento coletivo, podendo ser revogada a qualquer tempo.

O empregador fará o recolhimento da contribuição à entidade sindical até o décimo dia do mês subsequente ao do desconto, de acordo com o parágrafo único do art. 545 da CLT[104].

Caso o empregado sofra desconto de contribuição confederativa para a qual não tenha anuído, pelo fato de não ser associado do sindicato, poderá ajuizar ação trabalhista tendente a reaver os valores descontados. **Essa ação é aforada na Justiça do Trabalho e dirigida**

---

100 Art. 8º [...] IV — **a assembleia geral fixará a contribuição que, em se tratando de categoria profissional, será descontada em folha, para custeio do sistema confederativo da representação sindical respectiva**, independentemente da contribuição prevista em lei (destaques não constantes do original).

101 Art. 548. Constituem o patrimônio das associações sindicais: [...] b) as contribuições dos associados, na forma estabelecida nos estatutos ou pelas assembleias gerais.

102 **Orientação Jurisprudencial 17 da SDC do TST.** Contribuições para Entidades Sindicais. Inconstitucionalidade de sua Extensão a não Associados. Inserida em 25-5-1998. As cláusulas coletivas que estabeleçam contribuição em favor de entidade sindical, a qualquer título, obrigando trabalhadores não sindicalizados, são ofensivas ao direito de livre associação e sindicalização, constitucionalmente assegurado, e, portanto, nulas, sendo passíveis de devolução, por via própria, os respectivos valores eventualmente descontados.

103 **Precedente Normativo 119 da SDC do TST.** Contribuições Sindicais — Inobservância de Preceitos Constitucionais (negativo): A Constituição da República, em seus arts. 5º, XX e 8º, V, assegura o direito de livre associação e sindicalização. É ofensiva a essa modalidade de liberdade cláusula constante de acordo, convenção coletiva ou sentença normativa estabelecendo contribuição em favor de entidade sindical a título de taxa para custeio do sistema confederativo, assistencial, revigoramento ou fortalecimento sindical e outras da mesma espécie, obrigando trabalhadores não sindicalizados. Sendo nulas as estipulações que inobservem tal restrição, tornam-se passíveis de devolução os valores irregularmente descontados (redação dada ao Precedente pela RA TST n. 82/98 — *DJU*, 20-8-1998).

104 Art. 545. Os empregadores ficam obrigados a descontar da folha de pagamento dos seus empregados, **desde que por eles devidamente autorizados**, as contribuições devidas ao sindicato, quando por este notificados (nova redação dada pela Lei n. 13.467/2017).

Parágrafo único. O recolhimento à entidade sindical beneficiária do importe descontado deverá ser realizado até o décimo dia subsequente ao do desconto, sob pena de juros de mora no valor de dez por cento sobre o montante retido, sem prejuízo da aplicação da multa prevista no inciso I do *caput* do art. 634-A e das cominações penais relativas à apropriação indébita (redação dada pela Medida Provisória n. 905, de 2019, ora não mais vigente).

contra o empregador, responsável pela dedução não autorizada com fundamento no descumprimento do disposto no art. 462 da CLT. O empregador, então, com base no disposto na Lei n. 8.984/95, poderá ajuizar ação contra o sindicato da categoria profissional para fins de ressarcimento[105 e 106].

20.4.3 Contribuição assistencial

A contribuição assistencial[107] é um suporte financeiro de caráter obrigacional, previsto em convenção coletiva, acordo coletivo ou sentença normativa, exigível unicamente dos associados da categoria. O art. 513, *e*, da CLT[108] constitui sua fonte normativa.

A contribuição assistencial se distingue da contribuição confederativa por conta da finalidade. Enquanto a confederativa visa ao custeio ordinário do sistema sindical, a assistencial objetiva o revigoramento da entidade sindical depois de uma dispendiosa campanha de melhorias das condições de trabalho ou de atividade de crescimento institucional.

Afora pequenos dados que caracterizam e distinguem contribuição confederativa e contribuição assistencial, elas são tratadas da mesma forma pela doutrina e pela jurisprudência, sendo-lhes indistintamente aplicáveis as precitadas Súmula 666 do STF, ora Súmula

---

[105] Note-se que o contrário também poderia acontecer: o sindicato operário poderia ajuizar ação contra o empregador, na Justiça do Trabalho, por não ter deduzido e encaminhado os valores correspondentes à contribuição confederativa de seus associados. A Emenda Constitucional n. 45/2004, que deu nova redação ao art. 114 do texto constitucional, garantiu a mudança no âmbito da competência do órgão jurisdicional. Isso, aliás, justificou o cancelamento das Súmulas 224 e 334, ambas do TST.

[106] Atente-se para o fato de que a Lei n. 8.984/95 não oferece, *in tese*, competência à Justiça do Trabalho para dirimir conflitos entre o sindicato profissional e trabalhador (sindicato de operário *versus* operário) ou entre o sindicato patronal e as empresas dele integrantes (sindicato de patrão *versus* patrão). Não se poderia, portanto, afirmar que ela, nos termos do inciso IX do art. 114 da CF/88, seria a garante de tal competência à Justiça do Trabalho. Assim, somente uma interpretação extensiva do inciso III do art. 114 da CF/88 (redação pós-Emenda Constitucional 45/2004) permite a conclusão no sentido de que a Justiça do Trabalho é competente para processar e julgar não apenas as ações sobre representação sindical, mas também aquelas ações havidas entre sindicatos, entre sindicatos e trabalhadores, e entre sindicatos e empregadores. Registre-se que a dúvida quanto à amplitude do referido dispositivo justifica-se por conta da pontuação (da primeira vírgula) utilizada. Enfim: a primeira vírgula foi utilizada para separar expressões de função idêntica? Existem duas interpretações possíveis:

1ª **interpretação (ampliativa da competência).** Se a resposta for positiva, ou seja, se a primeira vírgula foi utilizada para separar expressões de função idêntica (no caso específico a palavra "ações"), a Justiça do Trabalho teria, sim, competência material para processar e julgar ações sobre representação sindical, [ações] entre sindicatos, [ações] entre sindicatos e trabalhadores, e [também ações] entre sindicatos e empregadores.

2ª **interpretação (restritiva da competência).** Se a citada primeira vírgula não existisse (ou se viesse a existir conclusão no sentido de que ela foi utilizada para indicar a omissão de um grupo de palavras — conforme Eduardo Martins, **Manual de Redação e Estilo**. 2. ed., O Estado de S. Paulo, 1992, p. 302, item 3), a competência da Justiça do Trabalho, no particular, seria restringida às contendas que envolvessem unicamente discussões sobre representação sindical. Afirma-se isso porque, diante da interpretação restritiva, a Justiça do Trabalho somente poderia processar e julgar as ações sobre representação sindical [que tenham sido formadas] entre sindicatos, entre sindicatos e trabalhadores, e [também] entre sindicatos e empregadores.

O TST, porém, parece ter admitido a primeira interpretação (ampliativa da competência), haja vista o cancelamento da Orientação Jurisprudencial 290 da sua SDI-1.

[107] Também conhecida como "taxa de reversão" ou ainda como "taxa de revigoramento ou de fortalecimento sindical".

[108] Art. 513. São prerrogativas dos sindicatos: [...] e) impor contribuições a todos aqueles que participam das categorias econômicas ou profissionais ou das profissões liberais representadas.

Vinculante 40 do STF, Orientação Jurisprudencial 17 da SDC do TST e o Precedente Normativo 119 do mesmo órgão jurisdicional[109].

20.4.4 Contribuição associativa ou mensalidade sindical

A contribuição associativa ou mensalidade sindical é um suporte financeiro de caráter obrigacional, previsto no estatuto das entidades sindicais e exigível dos associados em decorrência do ato de agremiação. Tem por finalidade garantir vantagens corporativas, muitas vezes extensíveis aos dependentes dos associados, bem como o acesso a clubes ou a espaços de recreio e entretenimento.

20.4.5 Quadro sinótico do suporte financeiro das entidades sindicais

Espécie contributiva	Sede	Natureza jurídica	Finalidade	Sujeito passivo
Contribuição sindical	Tem previsão legal	Tributária	Financiar, em regra, as atividades assistenciais das entidades sindicais	Todo e qualquer integrante de categoria econômica ou profissional, desde que a autorize (Lei n. 13.467/2017)
Contribuição confederativa	Tem previsão na ata da assembleia geral	Contratual coletiva	Custear despesas ordinárias do sistema confederativo	Somente os associados à entidade sindical
Contribuição assistencial	Tem previsão no acordo coletivo, na convenção coletiva ou na sentença normativa	Contratual coletiva	Revigorar a entidade sindical depois de uma dispendiosa campanha	Somente os associados à entidade sindical
Contribuição associativa	Tem previsão no estatuto da entidade sindical	Contratual coletiva	Custear as benesses associativas	Somente os associados à entidade sindical

---

109 CONTRIBUIÇÃO ASSISTENCIAL PATRONAL. COBRANÇA DE EMPRESA NÃO SINDICALIZADA. Não se confundem as contribuições assistenciais patronais, seja com a contribuição sindical prevista nos artigos 578 e 579 da CLT, de natureza tributária, seja com a contribuição confederativa, que possui estatura constitucional (art. 8º, inciso IV, da CF/88) e é fixada em assembleia geral do sindicato, só podendo ser cobrada dos respectivos filiados (Súmula 666 do STF). As contribuições assistenciais não possuem previsão constitucional e são devidas com base em acordos ou convenções coletivas envolvendo sindicatos e empresas e, por essa razão, não há dúvida de que sua cobrança de todos os integrantes da categoria implica ofensa ao princípio da liberdade sindical, só podendo ser efetuada, também, em relação aos associados do sindicato. Nesse sentido, aliás, é o entendimento há muito consubstanciado no Precedente Normativo 119 da SDC/TST (Processo: AIRR — 446/2006-079-03-40.4. Data de Julgamento: 5-3-2008, Relator Ministro: Antônio José de Barros Levenhagen, 4ª Turma. Data de Publicação: *DJ*, 28-3-2008).
AGRAVO DE INSTRUMENTO. RECURSO DE REVISTA. CONTRIBUIÇÃO ASSISTENCIAL. EMPREGADO NÃO SINDICALIZADO. Segundo a jurisprudência dominante nesta Corte, a liberdade de associação constitucionalmente assegurada impede a imposição de **contribuição assistencial e confederativa** a empregado de categoria profissional não associado em favor do respectivo sindicato profissional, sob pena de violação do aludido preceito constitucional. Aplicação do Precedente Normativo 119/SDC/TST e da Súmula 666/STF. Agravo de instrumento desprovido (Processo: AIRR — 409/2002-271-02-40.3. Data de Julgamento: 18-3-2009, Relator Ministro: Mauricio Godinho Delgado, 6ª Turma. Data de Divulgação: *DEJT*, 27-3-2009 — destaques não constantes do original).

ORGANIZAÇÃO SINDICAL

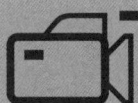

VÍDEOS INFORMATIVOS:
- Vídeo de abertura da obra
- Vídeo sobre cada um dos capítulos
- Vídeo explicativo de temas encontrados em capítulos

TEXTOS COMPLEMENTARES:
- Texto ampliado
- Texto sintético

MATERIAIS DE APOIO PARA PROFESSORES E ALUNOS:
- *Slides* do capítulo
- Questões discursivas do capítulo
- Questões de concurso comentadas

21

FÓRMULA AUTÔNOMA DE SOLUÇÃO DOS CONFLITOS COLETIVOS: A NEGOCIAÇÃO COLETIVA

https://somos.in/CTD14

21.1 CONFLITOS COLETIVOS DE TRABALHO E MECANISMOS DE SOLUÇÃO

O conflito é um ingrediente da vida, e a vida muda e evolui em decorrência dele. Afinal de contas, o progresso e o alcance de condições cada vez mais isonômicas entre os contendores são resultantes das contemporizações produzidas pelos conflitos. Essa evidência, então, deixa claro o lado positivo das pelejas.

21.1.1 Espécies

No campo das relações coletivas de trabalho, os conflitos são essencialmente de duas espécies: econômicos (ou de interesse) e jurídicos (ou de interpretação).

Os *conflitos econômicos ou de interesse* dizem respeito à divergência acerca de condições objetivas que envolvem o ambiente de prestação dos serviços e o contrato de trabalho, com repercussões geradoras de vantagens materiais. É exemplo claro de conflito econômico aquele que diz respeito à pretensão de reajustamento de salários ou à distribuição dos lucros e resultados da empresa.

Os *conflitos jurídicos ou de interpretação*, por sua vez, dizem respeito à divergência de interpretação sobre regras ou sobre princípios já existentes. É exemplo de conflito jurídico aquele que visa à caracterização do descumprimento de cláusulas contratuais para o fim especial de autorizar o pagamento de multa para tanto avençada.

21.1.2 Mecanismos de solução

A dinâmica de solução do conflito é sempre a mesma, independentemente de ocorrer no âmbito de uma relação individual ou coletiva. A sequência dos acontecimentos que permite o alcance de uma saída para a crise é quase sempre a mesma, ainda que apreciada sob a perspectiva de outros setores do conhecimento humano. Dessa maneira, o indivíduo ou grupo que se entende prejudicado manifesta uma **pretensão** — um direito de que se afirma titular — esperando o imediato reconhecimento de seu antagonista. Se o adversário apresenta alguma **oposição** ao reconhecimento da pretensão, dispara-se o processo de **atrito**.

A mera trajetória que impõe a manifestação de "pretensão", a reação mediante "oposição" e o estabelecimento de uma zona de "atrito" é suficiente para que os contendores naturalmente se desgastem. As colisões, porém, apesar de lesivas, favorecem a quebra das arestas. O **embate** aproxima os litigantes e estimula a discussão. Com o **diálogo** é conhecida a motivação de cada um dos opositores, sendo até mesmo identificada a razoabilidade e a proporcionalidade do ponto de vista de cada um deles.

Depois do embate e do diálogo, mais cedo ou mais tarde, inicia-se um período de **arrefecimento de ânimos**. As partes litigantes, geralmente por iniciativa do sujeito mais prejudicado, ao perceber a dimensão dos danos decorrentes da perenização do impasse, partem para um momento de **superação**, mediante comportamento de **contemporização**. É justamente nesse instante que surgem as primeiras propostas superadoras do impasse. Manifesta-se, assim, claramente, **por via autônoma**, a primeira fórmula de superação dos conflitos: **a negociação direta**.

Se, entretanto, o diálogo cessa e cada um dos litigantes insiste em afirmar-se titular de uma vantagem invocada, pode um terceiro, espontaneamente ou convidado pelas próprias partes conflitantes, estimular a composição. O terceiro, porém, não decidirá o conflito em lugar dos contendores, mas apenas promoverá uma catalisação, uma aceleração da concórdia. Nessas circunstâncias revelar-se-á, **por via paraeterônoma**[1], mediante a atuação de um conciliador ou de um mediador, o segundo grupo de modalidades extintoras dos conflitos: **a conciliação ou a mediação**.

Perceba-se que o caminho da conciliação ou da mediação conduz a uma **negociação indireta**. Enfim, apesar do estímulo produzido por um terceiro — conciliador ou mediador —, são as próprias partes que resolvem suas diferenças. Superadas as tentativas de ajuste por força de negociação direta ou indireta, podem os opositores preferir a atuação de um terceiro, não mais para aproximá-los, mas para decidir a contenda em lugar deles. Desvenda-se, assim, **por via heterônoma**, mediante a atuação de um árbitro ou de um juiz/tribunal, o terceiro bloco de fórmulas solucionadoras dos conflitos: **a arbitragem ou a jurisdição**. As partes contrapostas, não conseguindo ajustar autonomamente suas divergências, entregam, então, a um terceiro o encargo da resolução do conflito.

Atente-se, entretanto, para o fato de que **a autotutela não é modalidade de solução de conflito coletivo de trabalho**, mas sim instrumento de pressão para o alcance das reivindicações lançadas nos processos de autocomposição ou de heterocomposição. Esse também é o ponto de vista de Carlos Henrique Bezerra Leite, para quem "a greve por si só não soluciona o conflito trabalhista, mas constitui importante meio para se chegar à autocomposição ou à heterocomposição"[2].

MECANISMOS DE SOLUÇÃO DOS CONFLITOS COLETIVOS		
Fórmula	Natureza jurídica	Descrição
Negociação direta	Via autônoma	Os contendores ajustam suas divergências diretamente, por empenho e atuação próprios.
Negociação indireta — conciliação e mediação	Via paraeterônoma	Os litigantes, por falta ou incapacidade de ajuste autônomo, incumbem um terceiro da missão de catalisar, de acelerar um processo que lhes aproxime.
Arbitragem e jurisdição	Via heterônoma	Os adversários preferem a atuação de um terceiro, não mais para aproximá-los, mas para decidir a contenda em lugar deles.

---

1 Destaque-se que, embora topologicamente a mediação e a conciliação sejam espécies de heterocomposição, uma vez que existe um terceiro intermediando o ajuste, são as próprias partes que a ele (ajuste) chegam. Por isso essas vias são chamadas de paraeterônomas.
2 BEZERRA LEITE, Carlos Henrique. *Curso de direito processual do trabalho*. 9. ed. São Paulo: LTr, 2011, p. 114.

21.2 A CONTRATAÇÃO COLETIVA: BREVE HISTÓRICO

A contratação coletiva é expressão da tendência de grupos profissionais organizados para regular de forma autônoma as modalidades de venda da força de trabalho. Seu nascimento é coetâneo ao da própria organização sindical e do instituto de pressão correlato a essa organização: a greve.

O contrato coletivo, portanto, surgiu na segunda metade do século XIX, com variações temporais de país para país, nem sempre moduladas pelo nível do desenvolvimento industrial de cada um deles. Os primeiros contratos coletivos apareceram, de fato, na Inglaterra, até mesmo por conta de ter sido ela a sede da maior parte das manifestações operárias por melhores condições de trabalho[3]. Os trabalhadores tomaram posição, então, para pleitear os benefícios que lhes eram devidos. Para fortalecer sua ação, muito cooperou o desenvolvimento do espírito sindical. Provocaram-se greves, criaram-se organizações proletárias e travaram-se choques violentos entre essas massas e as forças policiais movimentadas pela classe capitalista.

A inatividade estatal, evidenciada nos fins do século XIX e no começo do século XX, levaria a crise a proporções imensas, pondo em perigo, em seus alicerces, a estrutura social vigente. As agitações, a pregação da Igreja e a palavra dos estudiosos faziam compreender, mesmo aos que, por interesses pessoais, se deviam opor às pretensões dos trabalhadores, que estes tinham direito à vida e que cabia ao Estado velar por eles. Reconhecia-se, conforme bem acentuou Segadas Vianna, *que o dever da prestação do salário não se podia resumir ao pagamento de algumas moedas que apenas permitissem não morrer rapidamente de fome; que o trabalho excessivo depauperava a saúde do operário e que isso impediria a existência de um povo fisicamente forte; compreendia-se que a velhice, a invalidez e a família do trabalhador deviam ser amparadas, porque ele poderia melhor empregar sua capacidade produtora, tendo a certeza de que, à hora amarga da decrepitude, do infortúnio ou da morte, velava por ele e pelos seus o Estado, através de uma legislação protetora*[4].

Segundo o precitado doutrinador, a guerra teve importância fundamental no sentido de demonstrar a igualdade entre as partes componentes dos grupos sociais. A primeira Grande Guerra Mundial (1914-1918) levou às trincheiras milhões de trabalhadores e, pondo-os lado a lado com soldados vindos de outras camadas sociais, os fez compreender que, para lutar e morrer, os homens eram todos iguais. Por isso, todos deveriam ser iguais para o direito de viver. O próprio governo inglês declarou que poderia perder a guerra com o auxílio de todos os trabalhadores, mas sem eles, com certeza, não a poderia ganhar. Diante dessa conjuntura histórica, desenvolveu-se a contratação coletiva.

21.3 DEFINIÇÃO DE NEGOCIAÇÃO COLETIVA

A palavra **negócio** provém de uma combinação de partículas egressas do latim, *nec-*, que revela uma negação + *òtium*, indicativo de ócio, folga, desocupação. Um negócio é, portanto e em rigor, uma negação à desocupação, uma atitude, um fazer. A **negociação** é, então, *uma ação, um procedimento por meio do qual dois ou mais sujeitos de interesses em conflito ou seus representantes, mediante uma série de contemporizações, cedem naquilo que lhes seja possível ou conveniente para o alcance dos resultados pretendidos (ou para a consecução de parte desses resultados), substituindo a ação arbitral de terceiro ou a jurisdição estatal*. Quando essa atividade é desenvolvida no plano das relações coletivas de trabalho, a negociação é adjetivada, recebendo a qualificação de **negociação coletiva**.

---

[3] GIUGNI, Gino. *Autonomia e autotutela colectiva*. Trad. Antonio Monteiro Fernandes. Lisboa: Associação Acadêmica da Faculdade de Direito de Lisboa, 1983.
[4] SÜSSEKIND, Arnaldo; MARANHÃO, Délio; VIANNA, Segadas. *Instituições de direito do trabalho*. 12. ed. São Paulo: LTr, v. 1, 1991, p. 41-43.

É importante apartar os conceitos de negociação coletiva (um "meio") e de instrumento coletivo negociado (um "fim"), porque a negociação é o procedimento que visa ao entendimento, e não propriamente este. Se, entretanto, depois de muita conversação, as partes não chegarem a um consenso, não se poderá dizer que houve desperdício de tempo em infrutíferas tentativas de aproximação entre os contendores, porque os momentos vividos entre eles ajudaram, de algum modo, a criação de uma ambiência favorável para novos diálogos. O que não se admite no âmbito laboral é a recusa de tentar a negociação coletiva, constituindo tal ato um comportamento de natureza antissindical[5].

21.4 FUNÇÕES

A função, consoante mencionado em outros trechos deste *Curso*, é a razão de ser e de existir de coisas, pessoas ou instituições. Ao se questionar sobre a função de algo ou de alguém, surge, imediatamente, indagação quanto a sua finalidade. Enfim, a negociação coletiva serve para quê? Qual é sua função?

A resposta é simples e evidente. A negociação coletiva tem a função de aproximar os litigantes com o objetivo de encerrar o conflito criado entre eles e, evidentemente, a partir do consenso, estipular condições de trabalho aplicáveis, no âmbito das respectivas representações, às relações individuais de trabalho.

21.5 NÍVEIS DE NEGOCIAÇÃO

Os *sindicatos*, segundo o sistema constitucional vigente, têm legitimação privativa[6] para representar os integrantes da categoria profissional ou econômica. As associações sindicais de grau superior — *federações ou confederações* — somente podem fazê-lo em situações residuais, ou seja, quando inexistente associação sindical de grau inferior. Esse especial modo de atribuir legitimação produz efeitos sensíveis no âmbito das negociações coletivas. É que, concentradas em poder dos sindicatos, as referidas negociações produzem efeitos meramente locais. Essa postura legislativa brasileira contraria a Recomendação n. 163 da OIT, que sugere a diversidade de organizações sindicais com capacidade de negociar coletivamente.

A limitação do sujeito capaz de negociar coletivamente turba a possibilidade de acordos territorialmente mais vantajosos. Isso, aliás, seria muito positivo, na medida em que ajustes nacionalmente articulados poderiam produzir cláusulas assecuratórias de direitos mínimos para todos os trabalhadores de determinado ramo, cabendo às negociações em níveis mais específicos a missão de apenas melhorar o conteúdo das cláusulas genéricas. Seria um

---

5   Veja-se o *caput* do art. 616 da CLT:

Art. 616. Os Sindicatos representativos de categorias econômicas ou profissionais e as empresas, inclusive as que não tenham representação sindical, quando provocados, não podem recusar-se à negociação coletiva.

Anote-se ser inaplicável a solução contida no § 1º do precitado art. 616 da CLT — "convocação compulsória dos [...] recalcitrantes" —, uma vez que totalmente violadora do princípio da não intervenção estatal previsto no art. 8º, I, da Constituição da República.

No caso de persistir a recusa à negociação coletiva ou se malograr a negociação entabulada, é facultado às entidades sindicais ou às empresas ou associações patronais a instauração de dissídio coletivo, nos moldes do § 2º do art. 114 da Constituição de 1988.

6   Art. 8º [...] III — **ao sindicato** cabe a defesa dos direitos e interesses coletivos ou individuais da categoria, inclusive em questões judiciais ou administrativas; [...] VI — é obrigatória a participação **dos sindicatos** nas negociações coletivas de trabalho (destaques não constantes do original).

contrassenso imaginar uma situação contrária a esta, a de acordos nacionais definidores de padrões máximos, para que acordos inferiores estipulassem algo entre o limite legal — se existente — e o parâmetro negocial coletivo máximo. Conquanto teoricamente possíveis, os acordos que viessem a fixar tetos para as vantagens laborais deveriam corresponder à exceção, e não à regra no âmbito negocial coletivo.

21.6 FASES DO COMPORTAMENTO SINDICAL ELEMENTAR

O comportamento sindical sempre se desenvolveu em três momentos elementares: organização, contratação e luta. No primeiro instante — o da **organização** — são estabelecidos os mecanismos de representação e atuação, mediante os quais se busca legitimar a ação em nome da categoria. Depois de superada a fase de organização sindical, inicia-se a mais importante etapa do mencionado comportamento — **a fase de contratação**. Em seu decurso, representantes das categorias econômica e profissional, mediante técnicas de normalização, procuram, mediante concessões recíprocas, negociar *garantias superiores àquelas consideradas como mínimas pela norma estatal*. É nesse instante que as categorias criam um referencial normativo. O momento **de luta** é correlato ao cumprimento daquilo que foi estipulado na fase de contratação. Havendo descumprimento do negociado ou resistência quanto ao estabelecimento ou manutenção de condições mais benéficas, surge a resistência, materializada por atos de abstenção coletiva do trabalho.

Atente-se que não apenas o descumprimento do que foi ajustado enseja a aqui discutida reação. A busca pelo estabelecimento de condições mais benéficas também fomenta a fase de luta. Acerca disso, Gino Giugni[7], com substrato em Kahn-Freund, famoso ensaísta sobre os conflitos de grupos e sua resolução, afirmou que "o contrato coletivo nasce do conflito". Tal concepção, além de acertada, indica que as mencionadas fases do comportamento sindical são cíclicas, isto é, a luta gera a negociação, que gera a contratação, que, não adimplida, alterada ou resolvida (pelo advento do termo), gera a luta, que gera a negociação, que produz nova contratação, e assim sucessivamente.

21.7 INSTRUMENTOS COLETIVOS NEGOCIADOS

Entende-se por instrumento coletivo negociado todo documento que celebra o acertamento entre os sujeitos de uma relação coletiva de trabalho e que, por isso, põe fim, temporariamente, a um conflito entre eles existente. Tal ajuste, além de acabar com as contendas entre os sujeitos coletivos, estabelece condições aplicáveis às relações individuais de trabalho em caráter mais vantajoso do que aquele oferecido pela lei, desde que, evidentemente, essas condições supletivas não contrariem o interesse público.

Ressalte-se que, mesmo nas situações em que aparentemente o instrumento coletivo negociado celebre uma perda (redução coletiva de salário, por exemplo), ele, no conjunto, trará alguma vantagem que supere o aparente prejuízo (manutenção dos postos de trabalho, por exemplo).

A confecção dos instrumentos coletivos negociados, embora operada de modo **necessariamente escrito**[8], é isenta de grandes formalidades. O art. 613 da CLT, entretanto,

---

7   GIUGNI, Gino. Ob. cit., p. 39.
8   Veja-se o parágrafo único do art. 613 da CLT. As Convenções e os Acordos **serão celebrados por escrito**, sem emendas nem rasuras, em tantas vias quantos forem os Sindicatos convenentes ou as empresas acordantes, além de uma destinada a registro (destaques não constantes do original).

impõe a observância de alguns dados essenciais à inteligibilidade do negócio jurídico aqui em exame (I, II, III e IV)[9], sem os quais não seria possível saber quem seriam os sujeitos obrigados, as categorias abrangidas, tampouco o tempo de duração do ajuste. Os demais incisos do referido dispositivo (V, VI, VII e VIII)[10] são questionáveis à luz do princípio da não interferência estatal na organização sindical, uma vez que impõem aos sujeitos coletivos a inserção de cláusulas sobre mecanismos de solução de eventuais conflitos, sobre o processo de prorrogação/revisão do acertado, sobre direitos e deveres dos representados ou ainda sobre penalidades. Afirma-se questionável a recepção constitucional das exigências contidas nos citados incisos, porque os sujeitos coletivos podem não desejar deliberar sobre elas ou mesmo, no caso das penalidades, não prever qualquer sanção pecuniária para os casos que envolvam inadimplemento do ajustado.

21.7.1 Espécies

Existem dois instrumentos coletivos negociados previstos no sistema jurídico brasileiro: a convenção coletiva de trabalho e o acordo coletivo de trabalho.

a) Convenção coletiva de trabalho é o negócio jurídico de caráter normativo por meio do qual dois ou mais sindicatos representativos de categorias econômicas e profissionais[11] estipulam condições de trabalho aplicáveis, no âmbito das respectivas representações, às relações individuais de trabalho.

b) Acordo coletivo de trabalho é o negócio jurídico de caráter normativo, por meio do qual o sindicato representativo da categoria profissional[12] e uma ou mais empresas[13] da correspondente categoria econômica estipulam condições de trabalho, aplicáveis no âmbito da empresa ou das empresas acordantes às respectivas relações de trabalho.

Note-se que a legitimação para negociar é originariamente do sindicato. Apenas em caráter residual e supletivo, diante de categorias inorganizadas em sindicatos, a federação ou a confederação assume essa qualidade, conforme regra constante do § 2º do art. 611 da CLT[14].

---

9 Art. 613. As Convenções e os Acordos deverão conter obrigatoriamente: I — designação dos Sindicatos convenentes ou dos Sindicatos e empresas acordantes; II — prazo de vigência; III — categorias ou classes de trabalhadores abrangidas pelos respectivos dispositivos; IV — condições ajustadas para reger as relações individuais de trabalho durante sua vigência.

10 V — normas para a conciliação das divergências surgidas entre os convenentes por motivo da aplicação de seus dispositivos; VI — disposições sobre o processo de sua prorrogação e de revisão total ou parcial de seus dispositivos; VII — direitos e deveres dos empregados e das empresas; VIII — penalidades para os Sindicatos convenentes, os empregados e as empresas em caso de violação de seus dispositivos.

11 Note-se que a relação se trava entre duas entidades sindicais, uma representativa da categoria profissional, outra representativa da categoria econômica.

12 Perceba-se que a relação se trava entre entidade sindical representativa da categoria profissional e empresa ou grupo de empresas. Não há presença de entidade sindical no polo patronal. A presença do sindicato da categoria profissional, contudo, é indispensável, nos termos do art. 8º, VI, da Constituição de 1988.

13 A locução "uma ou mais empresas" não exclui do seu âmbito o empregador pessoa física, identificado como empresário individual, haja vista o teor do art. 2º da CLT, consoante o qual se considera empregador "a empresa, **individual** ou coletiva". Pode-se, porém, perguntar: e o empregador individual que não seja empresário? Ele pode firmar acordo coletivo de trabalho? A resposta é positiva, especialmente depois da publicação da EC n. 72/2013, que, entre os direitos dos empregados domésticos, incluiu o reconhecimento de acordos e convenções coletivas de trabalho.

14 § 2º As Federações e, na falta destas, as Confederações representativas de categorias econômicas ou profissionais poderão celebrar convenções coletivas de trabalho para reger as relações das categorias a elas vinculadas, inorganizadas em sindicatos, no âmbito de suas representações (redação dada ao parágrafo pelo Decreto-Lei n. 229, de 28-2-1967).

Outro detalhe relevante é aquele relacionado à prevalência do instrumento coletivo negociado que seja mais favorável ao trabalhador. Por não haver hierarquia entre acordo e convenção coletiva de trabalho, opta-se simplesmente pela aplicação daquela que seja mais favorável ao operário, salvo, evidentemente, quando algum desses instrumentos contiver disposição *in pejus* nas hipóteses previstas no art. 7º, VI, XIII e XIV, da Constituição. Essas ponderações tornavam inócuas e sem sentido as disposições insertas no art. 620 da CLT com redação dada pelo Decreto-Lei n. 229, de 28-2-1967[15]. Perceba-se que as condições estabelecidas em convenção coletiva, ainda quando mais favoráveis, nem sempre prevaleciam sobre as estipuladas em acordo coletivo. Para chegar a essa conclusão basta imaginar a situação de um grupo de trabalhadores, regidos por convenção coletiva, que, por conta de crise econômica, veem seu sindicato negociar acordo coletivo com a empresa onde trabalham para reduzir coletivamente seus salários. Pergunta-se: *esse acordo, apesar de malfazejo, não prevaleceria diante da convenção coletiva?* A resposta é evidentemente positiva. Enfim, apesar de ser explicitamente desfavorável ao mencionado grupo de trabalhadores, esse acordo coletivo valerá porque seu conteúdo está inserto entre as situações excepcionais previstas nos incisos VI, XIII e XIV do art. 7º do texto constitucional.

A Lei n. 13.467/2017 trouxe, porém, uma novidade no âmbito dessa discussão. O legislador da reforma trabalhista resolveu dar ao acordo coletivo de trabalho uma posição hierarquicamente mais elevada do que a da convenção coletiva de trabalho em qualquer situação. A redação passou a ser a seguinte:

> **Art. 620.** *As condições estabelecidas em acordo coletivo de trabalho* **sempre prevalecerão** *sobre as estipuladas em convenção coletiva de trabalho* (nova redação dada pela Lei n. 13.467/2017, destaques não constantes do original).

Perceba-se que, em qualquer situação ou circunstância, as condições estabelecidas em acordo coletivo de trabalho sempre prevalecerão sobre as estipuladas em convenção coletiva, ainda quando este último instrumento coletivo negociado ofereça um direito mais vantajoso do que o contido no acordo. Isso ocorrerá por conta da aplicação do princípio da presunção de legitimação dos atos negociais da entidade sindical operária. Por meio dele se presume que a entidade sindical obreira, para alcançar determinada vantagem mais valiosa, abriu mão na construção do acordo coletivo de outra vantagem anteriormente conquistada por via negocial coletiva sem expressamente explicitar as contrapartidas recíprocas. Esse ato de apenas aparente rendição do acordo coletivo em face da convenção coletiva deve ser entendido como conduta contemporizadora, capaz de assimilar um novo corpo normativo (negocial coletivo) no qual, de modo conglobado, estejam presentes mais vantagens do que desvantagens. Nesse contexto é bom lembrar que o § 2º do art. 611-A da CLT deixa claro que a inexistência de expressa indicação dessa contrapartidas recíprocas não enseja nulidade por não caracterizar um vício do negócio jurídico.

21.7.2 Natureza jurídica

Normalmente os contratos coletivos somente obrigam as partes convenentes, não estendendo seus efeitos a quem não adira a ele. Tal particularidade jurídica, entretanto, constitui grave limitação à eficiência da contratação coletiva no âmbito laboral, sobretudo quando a entidade sindical não tem poder de coesão. A produção de efeitos *ultra partes* passou a ser considerada essencial para o fortalecimento da atividade sindical, sendo

---

[15] Art. 620. As condições estabelecidas em Convenção quando mais favoráveis, prevalecerão sobre as estipuladas em acordo **(redação revogada, antes dada pelo Decreto-Lei n. 229, de 28-2-1967)**.

produzidas, por isso, soluções de caráter sistemático que modificaram a própria natureza do contrato coletivo laboral.

A legislação brasileira, inspirada no corporativismo da *Carta del Lavoro* de 1927, adotou um modelo de substituição do tradicional contrato coletivo de direito privado por um **contrato coletivo de direito social com atributos análogos aos da lei**. Aquilo que as partes negociam, dentro dos estritos limites autorizados pelo Estado, torna-se, então, norma e vale como tal (veja-se também o art. 7º, XXVI, da Constituição, que reconhece os instrumentos coletivos negociados como fontes de direito), beneficiando e obrigando todos os integrantes da categoria, independentemente de o ajuste coletivo ter sido subscrito por todos eles. Basta, evidentemente, a subscrição do representante da categoria, e não de cada um dos integrantes desta.

21.7.3 Características

Quando se deseja apurar características, costuma-se destacar os traços (caracteres) fisionômicos do instituto capazes de torná-lo distinto de qualquer outro assemelhado. Assim, além de os instrumentos coletivos negociados serem documentos que materializam o ajuste entre os sujeitos de uma relação coletiva de trabalho com o objetivo de estabelecer condições aplicáveis às relações individuais de trabalho, eles são:

a) Celebrados unicamente mediante a participação de entidade sindical representativa da categoria operária. Por força da regra constitucional insculpida no art. 8º, VI, da Constituição de 1988, se não houver a participação do sindicato obreiro nas tratativas não se poderá falar em negociação coletiva laboral. Exatamente por isso é considerada como não recepcionada pelo texto constitucional a parte final do dispositivo constante do § 1º do art. 617 da CLT[16]. Note-se que jamais, ainda que o sindicato se recuse a negociar, se admitirá a possibilidade de os trabalhadores interessados no acordo coletivo prosseguirem na negociação *diretamente, sem a assistência da entidade sindical*. Em casos tais caberá o procedimento de suprimento judicial do consentimento da entidade sindical que se negar a negociar.

Segundo Estêvão Mallet[17], "não se concebe seja o sindicato transformado em árbitro supremo dos interesses da categoria, de tal modo que sua manifestação de vontade fique posta ao abrigo de qualquer questionamento ou revisão". Lembra o mestre paulistano que "ato algum deve ou mesmo pode ficar livre de toda espécie de controle ou fiscalização", especialmente no exercício da atividade sindical onde a diferença de opinião é elemento que caracteriza essa relação. Assim, no caso de o sindicato, por sua diretoria, contrariar o interesse dos integrantes da categoria, caberá, não a mera resignação destes à vontade da entidade sindical, mas o ajuizamento de processo tendente a obter o suprimento judicial do consentimento negado, sem prejuízo de outras sanções que possam ser aplicadas para a entidade que, por se recusar às tentativas de negociação, pratica conduta de natureza antissindical.

Mais uma vez com base nas palavras de Mallet, ressalta-se que os integrantes da categoria ou específicos empregados de uma determinada empresa têm "a faculdade de questionar judicialmente a decisão do sindicato, buscando sentença que produza os efeitos do consentimento recusado" e que "o questionamento judicial da recusa do sindicato não caracteriza [...]

---

16 Art. 617. [...] § 1º Expirado o prazo de oito dias sem que o Sindicato tenha se desincumbido do encargo recebido, poderão os interessados dar conhecimento do fato à Federação a que estiver vinculado o Sindicato e, em falta dessa, à correspondente Confederação, para que, no mesmo prazo, assuma a direção dos entendimentos. Esgotado esse prazo, poderão os interessados prosseguir diretamente na negociação coletiva até final.

17 MALLET, Estêvão. Outorga judicial do consentimento negado pelo sindicato. In: *Temas de direito do trabalho*. São Paulo: LTr, 1998, p. 107-124.

indevida interferência do Poder Público na organização sindical". Com ela apenas se tutela o interesse final envolvido na relação coletiva de trabalho para dar alcance ao disposto no art. 5º, XXXV, da Carta, segundo o qual nenhuma lei — nem mesmo a constitucional — poderá excluir da apreciação do Poder Judiciário lesão ou ameaça a direito. Anote-se, por fim, ser antiga a ideia de que a recusa abusiva ou caprichosa do consentimento não pode redundar prejuízo para quem dele necessite. É ideia aplicável há muito tempo em outras tantas relações jurídicas onde um dos sujeitos tem o direito-função de velar por outros. Não raramente, enfim, menores que não atingiram a idade núbil, e que não obtêm a autorização dos pais para confirmar o casamento, pedem o suprimento judicial (*vide* art. 1.553 do CC), o mesmo ocorrendo com casados em regime de comunhão de bens que discordam sobre a prática de algum dos atos previstos no art. 1.647 do CC (*vide* art. 1.648 do CC).

b) Aptos a produzir efeitos *in pejus*. Dentre as fórmulas de solução dos conflitos de interesse, apenas a negociação coletiva pode produzir efeitos *in pejus* na vida laboral dos operários. Somente os próprios sujeitos coletivos saberão avaliar o momento de dar um passo atrás para evitar o mal pior, que é o desemprego. Assim, apenas os instrumentos coletivos negociados podem materializar ajustes capazes de aviltar os dois mais importantes conteúdos dos contratos individuais de emprego: o sistema de prestação (duração do trabalho) e de contraprestação (salários).

c) Prevalecentes em relação ao conteúdo do contrato individual de emprego. De acordo com o disposto no art. 619 da CLT, "nenhuma disposição de contrato individual de trabalho que contrarie normas de Convenção ou Acordo Coletivo de Trabalho poderá prevalecer na execução do mesmo, sendo considerada nula de pleno direito". Isso significa que, em matéria de interesses coletivos em sentido lato, prevalecerá, sempre, o disposto em convenção ou em acordo coletivo de trabalho. A título de ilustração, imagine-se a situação de um empregado que, isoladamente, não concorda com uma alteração contratual que estabeleceu um regime de compensação de jornadas, invocando em seu favor as disposições de seu contrato individual de emprego. Apesar de sua insurreição pessoal, a alteração do horário de trabalho será entendida como válida, porque arrimada na exceção contida no art. 7º, XIII, da Constituição da República.

21.7.4 *Quorum* para celebração

O *quorum* necessário às deliberações é aquele previsto no estatuto da associação sindical, não mais sendo exigível o cumprimento do número mínimo de votantes previsto no art. 612 da CLT[18] para celebrar convenções ou acordos coletivos de trabalho, havendo clara manifestação do TST nesse sentido[19].

---

18 Art. 612. Os sindicatos só poderão celebrar Convenções ou Acordos Coletivos de Trabalho, por deliberação de Assembleia Geral especialmente convocada para esse fim, consoante o disposto nos respectivos Estatutos, dependendo da validade da mesma do comparecimento e votação, em primeira convocação, de dois terços dos associados da entidade, se se tratar de Convenção, e dos interessados, no caso de Acordo, e, em segunda, de um terço dos mesmos (redação dada ao *caput* pelo Decreto-Lei n. 229, de 28-2-1967).

Parágrafo único. O *quorum* de comparecimento e votação será de um oitavo dos associados em segunda convocação, nas entidades sindicais que tenham mais de cinco mil associados (parágrafo acrescentado pelo Decreto-Lei n. 229, de 28-2-1967).

19 Afirma-se que o TST arrima o entendimento de que o *quorum* do art. 612 da CLT não é mais exigível, porque esse órgão jurisdicional cancelou as Orientações Jurisprudenciais de números 13, 14 e 21 da SDC. Vejam-se as suas redações e as datas em que aconteceram os cancelamentos:

Orientação Jurisprudencial 13 da SDC do TST. Legitimação da Entidade Sindical. Assembleia Delibera-

21.7.5 Conteúdo

Quando se fala em contrato coletivo pensa-se imediatamente em **cláusulas normativas**, sede de onde emergem direitos supletivos àqueles estabelecidos por norma estatal. Ocorre, porém, que não só de parte normativa é composto o contrato coletivo. Dele emergem, ao menos, outras cláusulas importantes, que dizem respeito às obrigações assumidas reciprocamente pelas partes contratantes no tocante à observância do contrato. Essas cláusulas são conhecidas como **cláusulas obrigatórias** (ou obrigacionais), cuja manifestação mais relevante parece ser a chamada *cláusula de paz*, vale dizer, a promessa das partes convenentes de não desenvolver ações de luta durante a vigência, estabilidade e cumprimento do contrato. Seria, em outras palavras, uma promessa de trégua, diante da ausência de interesse de agir.

Em paralelo às referidas cláusulas, surgem também dispositivos manifestamente institucionais. Com base neles os sindicatos representativos se predispõem a criar estruturas institucionais conjuntas, destinadas à aplicação do próprio contrato, quando não sejam disciplinadas por lei, por exemplo, os *organismos de representação na fábrica*; os *procedimentos e instituições de conciliação e arbitragem* e as *instituições mistas de caráter assistencial ou previdenciário*. Esse conteúdo integra as chamadas **cláusulas institucionais**, que, na verdade, são desdobramentos das cláusulas obrigatórias.

21.7.6 Depósito, registro e arquivo

De acordo com a regra contida no *caput* do art. 614 da CLT, os sindicatos convenentes ou as empresas acordantes devem promover, conjunta ou separadamente, **dentro de oito dias da assinatura** da convenção ou acordo, o **depósito**[20] do correspondente instrumento para fins de **registro**[21] e **arquivo**[22] no órgão competente do Ministério do Trabalho e Previdência[23].

Feito o depósito do instrumento, ele entrará em vigor três dias depois (§ 1º do art. 614 da CLT).

---

tiva. *Quorum* de Validade. Art. 612 da CLT. Inserida em 27/03/1998. **CANCELADA** — *DJU*, 24-11-2003. Mesmo após a promulgação da Constituição Federal de 1988, subordina-se a validade da assembleia de trabalhadores que legitima a atuação da entidade sindical respectiva em favor de seus interesses à observância do *quorum* estabelecido no art. 612 da CLT.

Orientação Jurisprudencial 14 da SDC do TST. Sindicato. Base Territorial Excedente de um Município. Obrigatoriedade da Realização de Múltiplas Assembleias. Inserida em 27/03/1998. **CANCELADA** — *DJU*, 2-12-2003. Se a base territorial do Sindicato representativo da categoria abrange mais de um Município, a realização de assembleia deliberativa em apenas um deles inviabiliza a manifestação de vontade da totalidade dos trabalhadores envolvidos na controvérsia, pelo que conduz à insuficiência de *quorum* deliberativo, exceto quando particularizado o conflito.

Orientação Jurisprudencial 21 da SDC do TST. Ilegitimidade *Ad Causam* do Sindicato. Ausência de Indicação do Total de Associados da Entidade Sindical. Insuficiência de *Quorum* (Art. 612 da CLT). Inserida em 25-5-1998. **CANCELADA** — *DJU*, 2-12-2003.

20 **Depósito** é o ato de entrega do requerimento de registro do instrumento no protocolo dos órgãos do MTE para fins de registro.

21 **Registro** é o ato administrativo de assentamento da norma coletiva depositada.

22 **Arquivo** é o ato de organização e de guarda dos documentos registrados para fins de consulta.

23 Historicamente, é importante anotar que o Ministério do Trabalho e Emprego, complementando a Portaria n. 282, de 6-8-2007, editou a Instrução Normativa n. 6 do mesmo dia para informatizar o registro de acordos e convenções coletivas previsto no art. n. 614 da CLT. Assim, foi instituído o "Sistema Mediador", um engenho eletrônico incumbido de recepcionar, registrar e arquivar os instrumentos coletivos negociados.

Para aumentar a publicidade, notadamente entre os interessados em seu conteúdo, o § 2º do precitado dispositivo celetista determina que, dentro de cinco dias da data do depósito, cópias autenticadas das convenções e dos acordos sejam afixadas de modo visível nas sedes dos sindicatos convenentes e nos estabelecimentos das empresas compreendidas em seu campo de aplicação.

Toda a sistemática que envolve esse processo está contida na Instrução Normativa SRT n. 16, de 15-10-2013.

Esses prazos, porém, foram reduzidos à metade nos termos do Coronavírus, sendo importante observar o conteúdo da MP n. 936, de 2020, da Lei n. 14.0120, de 2020, e da MP 1045, de 2021.

Há reiteração disso no art. 45 da Lei n. 14.437, de 2022, aplicável ao enfrentamento das consequências sociais e econômicas de quaisquer estados de calamidade pública em âmbito nacional ou em âmbito estadual, distrital ou municipal reconhecidos pelo Poder Executivo federal.

Sendo certo que os sujeitos coletivos podem negociar a qualquer tempo, até mesmo no curso de um processo judicial, eles podem chegar ao consenso produtor de um instrumento coletivo negociado. Nesse caso, ao contrário do que sói acontecer nas relações individuais de trabalho, não será necessária a homologação da autoridade judiciária. Bastará a realização de depósito, registro e arquivamento junto ao Ministério do Trabalho e Previdência, para que se repute exigível o referido negócio jurídico. Veja-se, nesse sentido, o teor da **Orientação Jurisprudencial 34 da SDC do TST**[24].

Diante dessa temática e nos limites dessa discussão, surge, inevitavelmente, um questionamento: *e se o instrumento coletivo negociado não for depositado, registrado ou arquivado, ele ainda assim terá validade jurídica?*

Apesar de não existir consenso sobre o tema, o TST já se manifestou no sentido de que a exigência do depósito tem a finalidade de dar publicidade às convenções e acordos coletivos de trabalho, e que sua ausência não pode invalidá-los.

Com base nesse entendimento, adotado pelo Ministro Vieira de Mello Filho, a Seção Especializada em Dissídios Individuais (SDI-1) do TST, nos autos do processo E-ED--RR-563420/1999.3, rejeitou embargos declaratórios interpostos por um ex-empregado de São Paulo e manteve decisão que reconheceu a validade de acordo coletivo que tratava da extensão de turnos de revezamento. Segundo o relator, "a organização e o funcionamento do sistema sindical brasileiro prescindem de qualquer autorização e reconhecimento dos sindicatos pelo Estado, que antes existia". Para ele, as normas e condições de trabalho negociadas pelas partes valem por si sós, criando direitos e obrigações entre elas a partir do momento em que o instrumento coletivo é assinado.

É difícil, entretanto, sustentar essa posição em face da lembrança de que a norma coletiva tem eficácia **ultra partes**. Se assim é, e se até mesmo os sujeitos que não participaram diretamente da negociação coletiva estão por ela obrigados, não se demonstra razoável a dispensa do depósito, do registro e do arquivamento, a despeito de toda a liberdade organizacional de que dispõem as entidades sindicais. Enfim, como seria possível saber da existência de uma determinada norma coletiva se ela não fosse tornada pública?

---

24 **Orientação Jurisprudencial 34 da SDC do TST.** Acordo Extrajudicial. Homologação. Justiça do Trabalho. Prescindibilidade. Inserida em 7-12-1998. É desnecessária a homologação, por Tribunal Trabalhista, do acordo extrajudicialmente celebrado, sendo suficiente, para que surta efeitos, sua formalização perante o Ministério do Trabalho (art. 614 da CLT e art. 7º, XXVI, da Constituição Federal).

Diante dessa particularidade, afigura-se essencial à ampla exigibilidade da norma coletiva a sua publicidade. Não há como deixar de ser registrado no "Sistema Mediador" o instrumento coletivo negociado ou o seu aditivo, pois, somente assim, os seus destinatários poderão conhecê-lo e, consequentemente, cumpri-lo.

21.7.7 Prazo de vigência

De acordo com o § 3º do art. 614 da CLT, com nova redação dada pela Lei n. 13.467/2017, "não será permitido estipular duração de convenção coletiva ou acordo coletivo de trabalho superior a dois anos, sendo vedada a ultratividade"[25]. Esse dispositivo, porém, conquanto muito aplicado e reiterado pelo reformador trabalhista de 2017, não se coaduna com a promessa constitucional de que o legislador não interferiria na organização sindical e que, ao contrário disso, estimularia a livre negociação entre os sujeitos coletivos. Ademais, se as convenções e acordos coletivos de trabalho devem mesmo ser reconhecidos como fonte de direito (veja-se o art. 7º, XXVI, da Constituição), não seria razoável desestimar, em nome de um dispositivo legal cunhado em período legislativo autoritário, aquilo que as partes convenentes entenderam que lhes devia ser aplicável.

Mais um argumento contra a limitação legal do prazo de vigência dos instrumentos coletivos negociados: *qualquer convenção ou acordo coletivo de trabalho está regido pela cláusula implícita* **rebus sic stantibus,** *segundo a qual a modificação substancial dos fatos autoriza a revisão do direito*. Assim, tanto os empregadores podem invocá-la, em meio a uma crise, para promover a redução coletiva dos salários, quanto os empregados, em instante de prosperidade patronal, para exigir participação nos lucros ou resultados.

A despeito do quanto ora expendido, o TST manifestou adstrição ao texto legal quando editou a **Orientação Jurisprudencial 322 da SDI-1**[26]. Em conformidade com tal orientação, é inválida, naquilo que ultrapassa o prazo total de dois anos, a cláusula de termo aditivo que prorroga a vigência do instrumento coletivo originário por tempo indeterminado.

É interessante anotar, como elemento adicional à análise da mencionada Orientação Jurisprudencial, que o próprio TST, em determinada oportunidade, em sede do recurso de revista RR 1248/2002-043-12-00.0, relatado pelo Ministro Lélio Bentes, ponderou, em acórdão publicado em 30-11-2007, que "a restrição para a avença de instrumento normativo com prazo de duração superior a dois anos é imperativa somente quando resultar em prejuízo ao trabalhador, ante a supremacia do princípio tutelar orientador do Direito do Trabalho sobre preceito legal isoladamente considerado".

Opina-se, porém, no sentido de que, independentemente do propósito contido na norma coletiva, ela deve ter o prazo de duração que os sujeitos coletivos entenderem necessário para o alcance de seus propósitos, sendo certo que, nesse tipo de relação, não há contratante vulnerado. Relembre-se que é indispensável a participação dos sindicatos nas negociações coletivas e que a presença deles garante uma situação de equivalência contratual. Se, por

---

[25] O legislador da reforma trabalhista de 2017 valeu-se do referido § 3º do art. 614 da CLT, entretanto, apenas para veicular, na sua parte final, a vedação à ultratividade, instituto que tanto incomodou os empresários brasileiros.

[26] **Orientação Jurisprudencial 322 da SDI-1 do TST.** ACORDO COLETIVO DE TRABALHO. CLÁUSULA DE TERMO ADITIVO PRORROGANDO O ACORDO PARA PRAZO INDETERMINADO. INVÁLIDA. DJ, 9-12-2003. Nos termos do art. 614, § 3º, da CLT, é de 2 anos o prazo máximo de vigência dos acordos e das convenções coletivas. Assim sendo, é inválida, naquilo que ultrapassa o prazo total de 2 anos, a cláusula de termo aditivo que prorroga a vigência do instrumento coletivo originário por prazo indeterminado.

alguma razão, a contratação coletiva for firmada por tempo indeterminado, caberá às próprias partes a rediscussão das cláusulas caso advenha fato novo ou acontecimento imprevisto que modifique substancialmente a relação de trabalho.

Por fim, por absoluta conexão com o tema "vigência do instrumento coletivo negociado", é indispensável apresentar considerações sobre a "**data-base**". Esse instituto foi criado pelo legislador brasileiro com a finalidade de organizar o fluxo reivindicatório de cada uma das categorias profissionais e é conceituado pela lei simplesmente como "a data de início de vigência de acordo ou convenção coletiva, ou sentença normativa"[27]. Conforme bem colocado por Henrique Hinz, "a fixação dessa base se dá com o mês da celebração da primeira norma coletiva entre os atores sindicais, ou por ocasião da primeira sentença normativa prolatada em processo de dissídio coletivo. [...] Importa notar que essa data-base não é imutável. Podem as partes envolvidas, de comum acordo, alterá-la para atender a peculiaridades das categorias ou da própria atividade desenvolvida, quando então se terá a aliteração da data-base, devendo as mesmas partes deliberar acerca das relações entre os dois períodos"[28].

Outro detalhe a considerar sobre a data-base diz respeito ao prazo previsto no § 3º do art. 616 da CLT[29]. O referido dispositivo oferece um espaço de tempo para que os sujeitos coletivos aforem dissídio coletivo caso percebam a impossibilidade da autocomposição. Nesse caso, se for ajuizado o dissídio coletivo dentro dos sessenta dias anteriores à data-base, esta será mantida e a sentença normativa a ela retroagirá. Se, porém, o dissídio coletivo somente for aforado depois de findo o prazo de vigência do acordo coletivo, da convenção coletiva ou da sentença normativa, uma nova data-base será fixada na decisão que puser fim ao conflito.

21.7.8 Processo de prorrogação, revisão, denúncia ou revogação total ou parcial

O processo de modificação de uma convenção ou acordo coletivo levará em conta, consoante afirmado no tópico anterior, o advento de fato novo ou acontecimento imprevisto que altere substancialmente a relação jurídica-base. Desse modo, observado o princípio da similitude das formas, o processo de modificação observará os mesmos procedimentos exigíveis para a constituição de um instrumento coletivo negociado, desde a convocação de

---

[27] Ver § 3º do art. 4º da Lei n. 6.708/79. Perceba-se, também, que a jurisprudência tem entendido que a data-base pode ser igualmente a *data **de término** de vigência de acordo ou convenção coletiva, ou sentença normativa*. Vejam-se a Súmula 322 do TST e a Orientação Jurisprudencial 262 da SDI-1 do mesmo Tribunal Superior:
Súmula 322 do TST. DIFERENÇAS SALARIAIS. PLANOS ECONÔMICOS. LIMITE. Os reajustes salariais decorrentes dos chamados "gatilhos" e URPs, previstos legalmente como antecipação, são devidos tão somente até a data-base de cada categoria (Res. 14/1993, *DJ*, 21-12-1993).
Orientação Jurisprudencial 262 da SDI-1 do TST. Coisa julgada. Planos econômicos. Limitação à data-base na fase de execução. Não ofende a coisa julgada a limitação à data-base da categoria, na fase executória, da condenação ao pagamento de diferenças salariais decorrentes de planos econômicos, quando a decisão exequenda silenciar sobre a limitação, uma vez que a limitação decorre de norma cogente. Apenas quando a sentença exequenda houver expressamente afastado a limitação à data-base é que poderá ocorrer ofensa à coisa julgada (27-9-2002).

[28] HINZ, Henrique Macedo. *Direito coletivo do trabalho*. São Paulo: Saraiva, 2005, p. 92.

[29] § 3º Havendo convenção, acordo ou sentença normativa em vigor, o dissídio coletivo deverá ser instaurado dentro dos sessenta dias anteriores ao respectivo termo final, para que o novo instrumento possa ter vigência no dia imediato a esse termo.

assembleia geral até a deliberação e votação, com a observância do *quorum* previsto nos estatutos[30].

Uma vez alcançado o consenso necessário à criação do instrumento coletivo modificador, esse documento, assim como o originário, deverá ser depositado, para fins de registro e arquivamento no Ministério do Trabalho e Previdência, e passará a vigorar três dias depois.

21.7.9 Prevalência do interesse público sobre o interesse coletivo

O interesse público é soberano e prevalece sobre qualquer interesse de classe ou particular. É em nome do interesse público que o Estado limita a autonomia individual ou coletiva da vontade e estabelece direitos trabalhistas mínimos, veiculados por lei, e avessos a qualquer negociação.

Anote-se que, embora o Estado brasileiro não mais promova reajustamentos baseados em legislação de política salarial, existem ainda resquícios normativos de uma época em que o governo definia *não apenas* a dimensão do salário mínimo, mas também o percentual de aumento salarial que deveria ser outorgado aos trabalhadores. A atuação estatal, que visava evitar a corrosão salarial por conta da inflação, deixou de ser praticada desde a década de 90, passando a viger a livre negociação coletiva como fundamento da reposição das perdas salariais. Se, entretanto, o País voltar a regular as dimensões salariais, é certo que, nos termos do art. 623 da CLT, será nula de pleno direito qualquer disposição de convenção ou acordo coletivo que, direta ou indiretamente, venha a contrariar proibição ou norma disciplinadora da sua política econômico-financeira. O TST arrimou esse entendimento e, apesar de não mais viger política salarial, manteve a Súmula 375, que trata do tema[31].

21.7.10 O descumprimento das cláusulas constantes das normas coletivas

Os próprios contratantes coletivos podem criar mecanismos que desestimulem o descumprimento das cláusulas constantes das normas coletivas[32]. As **multas** são as estruturas mais frequentemente utilizadas com esse propósito, podendo ser **moratórias,** aplicadas em razão da demora no cumprimento das obrigações, ou **compensatórias,** exigíveis com o objetivo de compensar a outra parte pelo prejuízo causado em decorrência da inadimplência ou da infração.

As multas previstas em normas coletivas, conquanto constituam uma providência extremamente salutar, têm sido mal delimitadas, causando, com isso, uma série de dificuldades para aquele que exige seu adimplemento. Note-se que as condutas correlatas a tais multas são normalmente reiteradas e de trato sucessivo (por exemplo, aquelas que dizem respeito

---

30 Nesse sentido, leia-se a primeira parte do art. 615 da CLT: Art. 615. O processo de prorrogação, revisão, denúncia ou revogação total ou parcial de Convenção ou Acordo ficará subordinado, em qualquer caso, à aprovação de Assembleia Geral dos Sindicatos convenentes ou partes acordantes [...].

31 **Súmula 375 do TST.** REAJUSTES SALARIAIS PREVISTOS EM NORMA COLETIVA. PREVALÊNCIA DA LEGISLAÇÃO DE POLÍTICA SALARIAL. Os reajustes salariais previstos em norma coletiva de trabalho não prevalecem frente à legislação superveniente de política salarial (ex-OJ's n. 69 da SDI-1 — inserida em 14-3-1994 e n. 40 da SDI-2 inserida em 20-9-2000).
Ver itens II e XIII da Resolução TST n. 129, de 5-4-2005, *DJU,* 20-4-2005.

32 Veja-se, nesse sentido, o teor do art. 622 da CLT:
Art. 622. Os empregados e as empresas que celebrarem contratos individuais de trabalho, estabelecendo condições contrárias ao que tiver sido ajustado em Convenção ou Acordo que lhes for aplicável, serão passíveis da multa neles fixada. Parágrafo único. A multa a ser imposta ao empregado não poderá exceder da metade daquela que, nas mesmas condições, seja estipulada para a empresa.

ao pagamento de horas extraordinárias ou de horas noturnas), produzindo imensas dúvidas sobre a exigibilidade de sanções singulares ou múltiplas. Assim, para atenuar as dúvidas existentes, o TST publicou a Súmula 384, oferecendo posicionamento sobre algumas questões reiteradas. Veja-se:

Súmula 384 do TST. *MULTA CONVENCIONAL. COBRANÇA.*

I — O descumprimento de qualquer cláusula constante de instrumentos normativos diversos não submete o empregado a ajuizar várias ações, pleiteando em cada uma o pagamento da multa referente ao descumprimento de obrigações previstas nas cláusulas respectivas.

II — É aplicável multa prevista em instrumento normativo (sentença normativa, convenção ou acordo coletivo) em caso de descumprimento de obrigação prevista em lei, mesmo que a norma coletiva seja mera repetição de texto legal.

Assim, de acordo com o entendimento da Corte Superior do Trabalho, se um empregador descumprir o teor de três cláusulas de determinado instrumento coletivo negociado, haverá de assumir o pagamento de três multas de natureza compensatória, salvo se do mencionado instrumento advier procedimento diverso. Igualmente, se um empregador foi reincidente no descumprimento da mesma cláusula coletiva, ele haverá de pagar uma multa por cada uma das situações de reincidência, observado, em regra, o espaçamento de tempo necessário à apuração do evento.

Ademais, é indiferente que o comportamento apenado com a multa seja ou não mera repetição do texto legal. Se a conduta foi inserida no texto de um instrumento coletivo negociado, apesar de previsto também em lei, isso indica que as partes quiseram, intencionalmente, oferecer uma dupla proteção para o evento.

Anote-se, por fim, que, conforme entendimento do TST[33], a cláusula normativa que estabelece multa por descumprimento do ajustado coletivamente tem a mesma natureza jurídica de cláusula penal, atraindo a incidência da diretriz firmada na **Orientação Jurisprudencial n. 54 da SDI-1**[34]. Dessa forma, o entendimento que prevalece é de que o valor da multa deve ser limitado ao valor da obrigação principal, conforme previsto no art. 412 do Código Civil, que tem aplicação subsidiária ao art. 8º da CLT.

21.7.11 Incorporação das cláusulas normativas ao contrato de emprego

De acordo com a regra da condição mais benéfica, aplicável no campo das relações individuais, as fontes de direito não se modificam nem se substituem para piorar a situação do trabalhador. No âmbito das relações coletivas, em que os instrumentos visam ao oferecimento de um padrão mais favorável que aquele contido na lei ou no contrato, somente se admitirá mitigação das vantagens adicionais conquistadas pelos referidos instrumentos coletivos negociados mediante um novo instrumento coletivo negociado.

---

33 Ver Processos TST E-ARR-12481-66.2014.5.14.0041, Rel. Min. Augusto César Leite de Carvalho, *DEJT*, 30-11-2018 e TST-E-ARR-1781-41.2015.5.14.0091, Luiz Philippe Vieira de Mello Filho, *DEJT*, 14-6-2019.
34 **Orientação Jurisprudencial n. 54 da SBDI-1 do TST.** MULTA. CLÁUSULA PENAL. VALOR SUPERIOR AO PRINCIPAL (título alterado, inserido dispositivo e atualizada a legislação) — *DJ*, 20-4-2005. O valor da multa estipulada em cláusula penal, ainda que diária, não poderá ser superior à obrigação principal corrigida, em virtude da aplicação do art. 412 do Código Civil de 2002 (art. 920 do Código Civil de 1916).

O fundamento jurídico dessa ação é claramente o direito adquirido. Diante dessas assertivas, pode-se perguntar: *a condição mais benéfica resultante de acordo coletivo, convenção coletiva ou sentença normativa deve ser respeitada mesmo após a expiração de seu prazo de vigência? Elas terão efeito ultra-ativo?*

Sobre a ultra-atividade[35] das cláusulas normativas[36] digladiam-se duas correntes, uma admitindo o efeito ultra-ativo e outra negando-o. Aqueles que entendem existente o efeito ultra-ativo nas normas coletivas[37] partem do pressuposto de que as vantagens adquiridas por meio de instrumentos coletivos negociados somente podem ser modificadas ou excluídas do universo patrimonial operário por meio de outro instrumento da mesma natureza. Esse posicionamento é extraído da parte final do § 2º do art. 114 da Constituição da República, onde se vê que as vantagens conquistadas anteriormente pelos trabalhadores, seja por meio de disposições legais, seja por força de cláusulas convencionais, devem ser respeitadas. Perceba-se:

> Art. 114. [...] § 2º *Recusando-se qualquer das partes à negociação coletiva ou à arbitragem, é facultado às mesmas, de comum acordo, ajuizar dissídio coletivo de natureza econômica, podendo a Justiça do Trabalho decidir o conflito,* **respeitadas as disposições** *mínimas legais de proteção ao trabalho,* **bem como as convencionadas anteriormente** (destaques não constantes do original).

A redação ora expendida decorreu da Emenda Constitucional n. 45, de 8-12-2004. Antes dela, o texto constitucional mencionava, semelhantemente, que a Justiça do Trabalho poderia "estabelecer normas e condições, respeitadas as disposições convencionais e legais mínimas de proteção ao trabalho". A ideia era exatamente a mesma. Sob esse comando constitucional, aliás, foram edificados dispositivos que expressamente admitiam a ultra-atividade, conquanto viessem a ser revogados por norma substitutiva. Vejam-se, nesse sentido, os dispositivos constantes do parágrafo único do art. 1º da Lei n. 7.788/89[38], poste-

---

35 É bom esclarecer que o prefixo **ultra-**, depois da reforma ortográfica de 2009, passou a ser separado do segundo elemento por hífen nos casos em que este inicia por "a" ou "h". Ora, se assim é, o acertado é dizer "ultra-atividade", e não ultratividade, como, aliás, se vê no texto do § 3º do art. 614 da CLT. Mas se há um hífen em ultra-atividade, por que não se vê comumente assim? A resposta é obtida pela resistência à nova forma ortográfica e, também, por conta do uso de uma lógica muito aplicada em face do prefixo pré-, segundo a qual a formação de uma palavra autônoma com a absorção do prefixo justificaria a aglutinação entre os elementos ligados pelo pequeno traço horizontal. No caso de "ultratividade" — com partículas unidas —, ainda não se pode falar de sua autonomia, porque, ao menos por ora, ela não aparece autonomamente no VOLP (Vocabulário Ortográfico da Língua Portuguesa).

A palavra "ultra-atividade", aplicada no contexto jurídico trabalhista, diz respeito a um fenômeno por meio do qual se estendem os efeitos de uma determinada fonte jurídica mesmo depois do término de sua formal vigência. Não se pode esquecer que o prefixo ultra- é empregado toda vez que se deseja dar uma ideia de "para além de".

36 Somente as cláusulas normativas, produtoras de direitos e obrigações dentro dos contratos de emprego, são susceptíveis de ultra-atividade. As cláusulas obrigacionais, tipicamente civis, valem, sem qualquer dúvida, no prazo assinado e em relação às partes convenentes.

37 Entre os defensores da ultra-atividade estão Arnaldo Süssekind, Délio Maranhão, Amauri Mascaro Nascimento, Segadas Vianna, José Martins Catharino, Antonio Lamarca, Orlando Teixeira da Costa, José Alberto Couto Maciel, Cláudio Armando Couce de Menezes, todos referenciados pelo Professor Luiz de Pinho Pedreira, que também defende a tese (PINHO PEDREIRA, Luiz de. *Principiologia de direito do trabalho*. Salvador: Gráfica Contraste, 1996, p. 133).

38 Art. 1º A política nacional de salários, respeitado o princípio da irredutibilidade, tem como fundamento a livre negociação coletiva e reger-se-á pelas normas estabelecidas nesta Lei.

Parágrafo único. As vantagens salariais asseguradas aos trabalhadores nas Convenções ou Acordos Coletivos só poderão ser reduzidas ou suprimidas por convenções ou acordos coletivos posteriores.

riormente revogado pelo art. 14 da Lei n. 8.030/90, e do § 1º do art. 1º da Lei n. 8.542/92[39], em seguida retirado do ordenamento jurídico pelo art. 17 da Medida Provisória n. 1.053/95, que, depois de algumas reedições, foi convertida na Lei n. 10.192/2001.

Aqueles que entendem inexistente o efeito ultra-ativo partem do pressuposto da determinação do prazo de vigência dos instrumentos coletivos negociados, nos termos contidos na lei infraconstitucional (art. 613, II, IV[40], e art. 614, § 3º, da CLT).

O entendimento sumulado do TST, no particular, sofreu intensas e expressivas modificações em pouco tempo. A Alta Corte entendia, de início, nos termos da redação originária da Súmula 277[41], que apenas as sentenças normativas vigoravam no prazo assinado e que, por isso, elas (somente elas) não integrariam, de forma definitiva, os contratos. Nada se dizia sobre a admissão ou a negação de efeito ultra-ativo em relação aos instrumentos coletivos negociados.

A partir de revisão jurisprudencial produzida em novembro de 2009, o TST modificou novamente a sua Súmula 277[42] e, por meio dela, passou a entender que não somente as condições de trabalho alcançadas por força de sentença normativa, mas também aquelas obtidas por meio de instrumentos coletivos negociados (convenção ou acordo coletivos) vigorariam apenas no prazo assinado e que, por isso, nenhuma se integraria, de forma definitiva, aos contratos individuais de trabalho. Ressalva-se, apenas, o período compreendido entre 23-12-1992 e 28-7-1995, em que vigorou a Lei n. 8.542, revogada pela Medida Provisória n. 1.709, convertida na Lei n. 10.192, de 14 de fevereiro de 2001, mas se sabia existente pelo menos mais uma exceção, encontrável na Orientação Jurisprudencial 41 da SDI-1 do próprio TST[43].

Pois bem. A Elevada Corte trabalhista mais uma vez modificou a sua orientação. A redação dada à Súmula 277 sofreu novas e profundas alterações na revisão jurisprudencial realizada em setembro de 2012. O TST, então, passou a admitir, expressamente e sem ressalvas, a ultra-atividade, ou seja, passou a entender que as vantagens adquiridas por meio

---

39 Art. 1º A política nacional de salários, respeitado o princípio da irredutibilidade, tem por fundamento a livre negociação coletiva e reger-se-á pelas normas estabelecidas nesta lei.
§ 1º As cláusulas dos acordos, convenções ou contratos coletivos de trabalho integram os contratos individuais de trabalho e somente poderão ser reduzidas ou suprimidas por posterior acordo, convenção ou contrato coletivo de trabalho.
40 Art. 613. As Convenções e os Acordos deverão conter obrigatoriamente: [...] II — prazo de vigência; [...] IV — condições ajustadas para reger as relações individuais de trabalho durante sua vigência.
Art. 614. [...] § 3º Não será permitido estipular duração de Convenção ou Acordo superior a dois anos.
41 Súmula 277 do TST. REDAÇÃO ORIGINÁRIA. SENTENÇA NORMATIVA. VIGÊNCIA. REPERCUSSÃO NOS CONTRATOS DE TRABALHO. As condições de trabalho alcançadas por força de sentença normativa vigoram no prazo assinado, não integrando, de forma definitiva, os contratos (Res. n. 10/88, DJ, 1º-3-1988).
42 Súmula 277 do TST. REDAÇÃO ANTERIOR. SENTENÇA NORMATIVA, CONVENÇÃO OU ACORDO COLETIVOS. VIGÊNCIA. REPERCUSSÃO NOS CONTRATOS DE TRABALHO.
I — As condições de trabalho alcançadas por força de sentença normativa, convenção ou acordo coletivos vigoram no prazo assinado, não integrando, de forma definitiva, os contratos individuais de trabalho.
II — Ressalva-se da regra enunciada no item I o período compreendido entre 23-12-1992 e 28-7-1995, em que vigorou a Lei n. 8.542, revogada pela Medida Provisória n. 1.709, convertida na Lei n. 10.192, de 14 de fevereiro de 2001.
43 A Orientação Jurisprudencial 41 da SDI-1 do TST era clara quanto à existência de efeito ultra-ativo residual em favor do trabalhador beneficiário da estabilidade acidentária. Não seria razoável, afinal, imaginar a supressão de uma proteção em curso pela expiração da vigência do instrumento coletivo negociado ou da sentença normativa. Esse entendimento, obviamente, era aplicável em situações análogas que envolviam outras proteções contra o desligamento como, por exemplo, na estabilidade do aposentável.

de instrumentos coletivos negociados somente poderão ser modificadas ou excluídas do universo patrimonial operário por meio de outro instrumento da mesma natureza e que, enquanto isso não ocorrer, as cláusulas normativas dos acordos e convenções coletivas se manterão integradas aos contratos individuais de trabalho. Veja-se a redação ora vigente:

> **Súmula 277 do TST.** *CONVENÇÃO COLETIVA DE TRABALHO OU ACORDO COLETIVO DE TRABALHO. EFICÁCIA. ULTRATIVIDADE (redação alterada na sessão do Tribunal Pleno realizada em 14-9-2012). As cláusulas normativas dos acordos coletivos ou convenções coletivas integram os contratos individuais de trabalho e somente poderão ser modificadas ou suprimidas mediante negociação coletiva de trabalho.*

A redação dada à Súmula 277 do TST a partir de setembro de 2012, ao contrário do que fizeram as versões anteriores, nada menciona sobre o instrumento coletivo julgado (sentença normativa), o que leva a crer que, por conclusão óbvia, **apenas os instrumentos coletivos negociados (acordos e convenções coletivas de trabalho) produzem efeitos ultra-ativos**. A sentença normativa, por sua vez, vigorará — como já dizia a primeira versão da ora analisada súmula — no prazo assinado, não integrando, de forma definitiva, os contratos individuais de trabalho. Esse, aliás, é o entendimento visível no Precedente Normativo 120 do TST, (produzido pela Res. 176/2011, *DEJT* divulgado em 27, 30 e 31-5-2011), segundo o qual "a sentença normativa vigora, desde seu termo inicial, até que sentença normativa, convenção coletiva de trabalho ou acordo coletivo de trabalho superveniente produza sua revogação, expressa ou tácita, respeitado, porém, o prazo máximo legal de quatro anos de vigência". Em outras palavras, **a sentença normativa não produz efeito ultra-ativo**; ela, em verdade, vigorará no prazo assinado ou até que outra sentença normativa ou algum instrumento coletivo negociado (convenção ou acordo coletivo) substituinte seja produzido.

Para demonstrar toda a delicadeza do tema e as possíveis idas e vindas em torno da questão, cabe anotar que a CONFENEN — Confederação Nacional dos Estabelecimentos de Ensino — ingressou com a ADPF 323 perante o STF sob o fundamento de que a redação dada à Súmula 277 do TST em setembro de 2012 representaria lesão aos preceitos fundamentais da separação dos Poderes e da legalidade. Segundo a referida entidade, a interpretação judicial dada pelo TST foi produzida sem que existissem precedentes jurisprudenciais para embasar a mudança e que, ademais, seria inadequada na medida em que a Alta Corte trabalhista estaria assumindo papel estranho às suas competências e, consequentemente, usurpando função do legislador infraconstitucional.

Por conta da referida ADPF, o STF, em decisão da lavra do ministro Gilmar Mendes, concedeu, no dia 14 de outubro de 2016, medida cautelar para suspender todos os processos em curso e os efeitos de decisões judiciais proferidas no âmbito da Justiça do Trabalho que tivessem versado sobre a aplicação da ultra-atividade de normas de acordos e de convenções coletivas, sem prejuízo do término de sua fase instrutória, bem como das execuções já iniciadas.

Chegou, então, a Reforma Trabalhista, e o § 3º do art. 614 da CLT[44], com nova redação dada pela Lei n. 13.467/2017, **fulminou a ultra-atividade**, ao dispor que ela não mais será permitida.

---

44 Art. 614. [...] § 3º Não será permitido estipular duração de convenção coletiva ou acordo coletivo de trabalho superior a dois anos, **sendo vedada a ultratividade** (destaque não constante do original).

A ultra-atividade das normas coletivas incentivou e facilitou durante muito tempo o processo negocial, porque as entidades sindicais obreiras tinham um trunfo para forçar o patronato a com elas negociar. Sem ter como vigentes as cláusulas do instrumento coletivo anterior até que um novo seja firmado, os empregadores, decerto, não mais manifestarão interesse no processo negocial. Aos trabalhadores restou apenas a greve num país em que o medo de perder o emprego é a cada instante mais elevado.

A ADPF 323 continuou a tramitar no STF, e, em 30 de maio de 2022, a referida Corte, por maioria, a julgou procedente, de modo a declarar a inconstitucionalidade da Súmula 277 do Tribunal Superior do Trabalho, na versão atribuída pela Resolução n. 185, de 27 de setembro de 2012, assim como a inconstitucionalidade de interpretações e de decisões judiciais que entendessem que o art. 114, § 2º, da Constituição Federal, na redação dada pela Emenda Constitucional n. 45/2004, autorizaria a aplicação do princípio da ultratividade de normas de acordos e de convenções coletivos, tudo nos termos do voto do Relator, vencidos os Ministros Edson Fachin, Rosa Weber e Ricardo Lewandowski.

21.8 NEGOCIAÇÃO COLETIVA DE TRABALHO PARA SERVIDORES PÚBLICOS

A República Federativa do Brasil tardou em matéria de reconhecimento do direito de sindicalização e de greve em favor dos seus servidores, o que somente se deu a partir da Constituição de 1988. Em relação à negociação coletiva no referido âmbito público, entretanto, manteve-se silente. Tal postura normativa ensejou a negativa jurisprudencial a este direito mediante decisões do STF, com destaque para as ADIns 492-DF (Relator Carlos Veloso) e 554-MT (Relator Min. Eros Grau). A corte constitucional entendia que a celebração de convenções e acordos coletivos de trabalho consubstanciaria um direito reservado exclusivamente aos trabalhadores da iniciativa privada, e assim se manifestaria com base em dois sólidos argumentos: o **primeiro** se baseava no fundamento de que a negociação coletiva demandaria a existência de partes formalmente detentoras de ampla autonomia negocial, o que não se realizaria no plano da relação estatutária; o **segundo** levava em conta que a Administração Pública é vinculada pelo princípio da legalidade e que a atribuição de vantagens econômicas a seus servidores somente poderia ser concedida a partir de projeto de lei de iniciativa do Chefe do Poder Executivo, consoante dispõe o art. 61, § 1º, II, *a* e *c*, da Constituição, desde que supervenientemente aprovado pelo Poder Legislativo. Com base nesse entendimento, formou-se, inclusive, a Súmula 679 do STF, segundo a qual a fixação de vencimentos dos servidores públicos não poderia ser objeto de convenção coletiva (*DJU*, 9-10-2003, rep. *DJU*, 10-10-2003, e *DJU*, 13-10-2003). A aprovação, pelo Congresso Nacional, da Convenção n. 151 e da Recomendação n. 159, ambas da OIT, pelo **Decreto Legislativo n. 206, de 7 de abril de 2010**[45], entretanto, trouxe novas luzes para o tema. A rati-

---

45 O Congresso Nacional aprovou a Convenção n. 151 e a Recomendação n. 159 da Organização Internacional do Trabalho — OIT sobre as Relações de Trabalho na Administração Pública, por meio do Decreto Legislativo n. 206, de 7 de abril de 2010. Ato contínuo, o Governo brasileiro depositou o instrumento de ratificação referente à Convenção n. 151 e à Recomendação n. 159 junto ao Diretor-Geral da OIT, na qualidade de depositário do ato, em 15 de junho de 2010, tendo, entretanto, na ocasião, apresentado declaração interpretativa das expressões "pessoas empregadas pelas autoridades públicas" e "organizações de trabalhadores" abrangidas pela Convenção. Os mencionados instrumentos internacionais entraram em vigor para a República Federativa do Brasil, no plano jurídico externo, em 15 de junho de 2011, nos termos do item 3 do Artigo 11 da precitada Convenção n. 151. Em 6 de março de 2013, enfim, por conta da necessidade de fazer registro expresso à mencionada declaração interpretativa, foi publicado o Decreto n. 7.944.

ficação dos mencionados instrumentos internacionais produziu, decerto, sensíveis transformações no modo de conceber a liberdade sindical no serviço público, dando à negociação coletiva um lugar de destaque com vista à superação dos conflitos transindividuais. Uma das mudanças mais expressivas foi evidenciada na revisão jurisprudencial realizada pelo TST em setembro de 2012. Por meio dela, a **Orientação Jurisprudencial 5 da SDC**, que negava a via do dissídio coletivo contra as pessoas jurídicas de direito público, passou a admitir o seu cabimento exclusivamente para apreciação de cláusulas de natureza social[46].

Perceba-se que o TST somente admite dissídio coletivo contra pessoas jurídicas de direito público que contratem empregados apenas quando a pretensão ali veiculada se restrinja ao oferecimento de melhorias sociais sem geração de aumento de remuneração, o que, por força de dispositivo constitucional há pouco citado, depende de projeto do chefe do Executivo e de aprovação do Legislativo.

Sobre a efetividade plena da negociação coletiva no setor público, cabe referenciar Arnaldo Boson Paes, que, com base no exemplo extraído do sistema jurídico espanhol, lembrou como foram superados os entraves relativos aos limites orçamentários e ao princípio da legalidade. Para o referido doutrinador, "no tocante ao primeiro aspecto, sua superação deu-se com a obrigação de o governo, nos diversos níveis, apresentar a proposta de lei orçamentária já com a reserva de verbas destinadas ao cumprimento daquilo que foi acordado por meio da negociação coletiva. Em relação à incidência do princípio da legalidade, a superação operou-se com a previsão expressa das normas excluídas e incluídas na negociação. Quanto a estas, tratando-se de matérias de maior complexidade, geralmente aquelas reservadas à lei específica, serão objeto da negociação e, uma vez obtido o consenso, haverá o ajuste coletivo, cuja validade e eficácia dependem da aprovação final do órgão destinatário das matérias acordadas. O produto da negociação tem eficácia jurídica em relação à Administração Pública, que deve encaminhar a proposta de lei observando rigorosamente aquilo que foi ajustado, embora o Parlamento, em face de sua supremacia, detenha liberdade para deliberar"[47].

21.9 NEGOCIAÇÃO COLETIVA DE TRABALHO PARA DOMÉSTICOS

Aos empregados domésticos não era garantido o direito de ter convenções ou acordos coletivos de trabalho reconhecidos como fonte jurídica. Isso ocorria porque, além de outras justificativas de cunho histórico, o inciso XXVI não estava incluído entre aqueles a eles estendidos nos termos do parágrafo único do art. 7º do texto constitucional.

O Parlamento brasileiro, porém, resolveu, em lugar de ratificar a Convenção sobre o Trabalho Decente para as Trabalhadoras e os Trabalhadores Domésticos — a conhecida Convenção n. 189 da OIT, que admitia em favor dos trabalhadores do lar, expressamente no seu art. 3º, a liberdade de associação, a liberdade sindical e o reconhecimento efetivo do direito à negociação coletiva, fazendo-a integrar no sistema normativo com *status* supralegal —, dar andamento a uma proposta de emenda constitucional (PEC) que visava ao incremento de direitos trabalhistas aos domésticos.

---

46 Orientação Jurisprudencial 5 da SDC do TST. DISSÍDIO COLETIVO. PESSOA JURÍDICA DE DIREITO PÚBLICO. POSSIBILIDADE JURÍDICA. CLÁUSULA DE NATUREZA SOCIAL (redação alterada na sessão do Tribunal Pleno realizada em 14-9-2012). Em face de pessoa jurídica de direito público que mantenha empregados, cabe dissídio coletivo exclusivamente para apreciação de cláusulas de natureza social. Inteligência da Convenção n. 151 da Organização Internacional do Trabalho, ratificada pelo Decreto Legislativo n. 206/2010.

47 PAES, Arnaldo Boson. *Negociação coletiva na função pública*. São Paulo: LTr, 2013, p. 241.

Consoante mencionado, em 2010 o deputado Carlos Bezerra (PMDB-MT) apresentou a PEC n. 478, cujo texto previa a revogação total do parágrafo único do art. 7º da Constituição Federal do Brasil. Seu objetivo era o de estabelecer a mais ampla igualdade de direitos trabalhistas entre os empregados domésticos e os demais trabalhadores urbanos e rurais. Em dezembro de 2012, porém, já sob o influxo das mencionadas normas internacionais da OIT, mas com significativo retrocesso se comparada com a versão inicial, a PEC n. 478/2010 foi modificada no seu conteúdo, e recebeu novo número, desta vez 66/2012.

A nova proposta, ao contrário da originária, manteve o parágrafo único no corpo do art. 7º, embora acrescentando, de modo significativo, novos direitos trabalhistas até então ali não existentes. As casas parlamentares, então, aprovaram o novo texto normativo, que, afinal, foi promulgado em 2 de abril de 2013 sob o rótulo de Emenda Constitucional n. 72/2013.

A EC n. 72/2013 estendeu em favor dos domésticos o direito previsto no inciso XXVI do art. 7º do texto constitucional e afastou qualquer discussão em torno do pleno reconhecimento dos acordos e convenções coletivas também no âmbito das relações de trabalho doméstico.

Era difícil justificar as razões em virtude das quais o sindicato de empregados domésticos não poderia ter por válidos acordos ou convenções coletivas que estabelecessem condições mais vantajosas do que a lei, conquanto, em muitos casos, a grande dificuldade fosse mesmo a de encontrar o oponente nas relações coletivas. Diz-se isso porque os empregadores domésticos de uma determinada cidade ou região não podem ser constritos a criar uma entidade sindical. Não a criando, as possibilidades jurídicas de negociação coletiva se reduzirão aos acordos coletivos, firmados pontualmente com um ou outro empregador para, por exemplo, produzir a alteração do contrato firmado por tempo integral em contrato por tempo parcial.

Anote-se que, a despeito das dificuldades de formação dos sindicatos patronais, há registro que uma histórica primeira convenção coletiva de trabalho entre empregados e empregadores domésticos foi produzida no Estado de São Paulo. O mencionado instrumento, subscrito em 26 de junho de 2013, envolveu o Sindicato das Empregadas e Trabalhadores Domésticos da Grande São Paulo — SINDOMÉSTICA e o Sindicato dos Empregadores Domésticos do Estado de São Paulo — SEDESP, este último fundado desde 1989.

O reconhecimento das convenções e acordos coletivos traz vantagens e desvantagens para os domésticos, que, por um lado, poderão se beneficiar de padrões contratuais mais elevados, mas, por outro, terão, a partir de agora, por meio de seus sindicatos, de enfrentar discussões desagradáveis como, por exemplo, a de negociar reduções de pisos salariais até o limite do salário mínimo.

Anote-se, por derradeiro, que a Lei Complementar n. 150/2015, que passou a regular o contrato de emprego dos domésticos no contexto dos seus importantes novos direitos, em clara violação à vontade constitucional, desprezou totalmente a negociação coletiva, ignorando-a por completo, inclusive em âmbitos que não poderia ignorar. Perceba-se que, em nenhum instante, a referida lei complementar menciona a locução "negociação coletiva", e, pior que isso, em nenhum momento cita as palavras "sindicato", "sindical" ou "coletivo". Desdenhando o texto constante do art. 7º, XIII, da Constituição de 1988, a LC n. 150/2015 simplesmente desconheceu a disposição segundo a qual é *"facultada a compensação de horários e a redução da jornada, mediante acordo ou convenção coletiva de trabalho"*, e permitiu no § 4º do seu art. 2º, com desfaçatez, a dispensa do acréscimo de salário e a instituição do regime de compensação de horas, **mediante acordo escrito entre empregador e empregado**, se o excesso de horas de um dia for compensado em outro dia. A autoridade do texto constitucional ficou aviltada. Apesar do nítido mandamento, um claro descumprimento.

Os anos se passaram e o governo brasileiro, enfim, depositou, em 31 de janeiro de 2018, no Escritório da Organização Internacional do Trabalho (OIT), o instrumento formal de ratificação da Convenção n. 189, que versa sobre o trabalho digno para as trabalhadoras e os trabalhadores do serviço doméstico. Dessa forma, o Brasil passou a ser, naquele instante, o 25º Estado Membro da OIT e o 14º Estado Membro da região das Américas a ratificar a referida Convenção.

O efeito prático da ratificação ora em análise é, em rigor, o do sério e manifesto compromisso internacional do Brasil com uma série de direitos constantes da Convenção n. 189 da OIT, dentre os quais se destaca, no particular, o de adotar medidas para respeitar, promover e pôr em prática a liberdade de associação e o reconhecimento efetivo do direito de negociação coletiva no âmbito das relações laborais domésticas. São aguardados, portanto, com grande expectativa, os efeitos desenvolvimentistas, dirigentes e efetivadores decorrentes de uma benfazeja racionalidade de igualdade entre trabalhadores domésticos e não domésticos. Isso não apenas mudará a lei, mas também o modo de ver-se o mundo laboral.

21.10 OS LIMITES PARA O EXERCÍCIO DA AUTONOMIA COLETIVA SINDICAL

Entre os séculos XVIII e XIX, os princípios liberais imperantes obrigavam cada operário a negociar em separado com o seu tomador de serviços. O resultado disso era um regime de imensa exploração daqueles que se viam constritos a alienar sua força laboral até o extremo das suas energias. Nesse contexto, alentados pelas ideologias questionadoras do sistema capitalista, e incitados por seus próprios instintos, os trabalhadores tiveram de "reunir cabeças" "contra a serpente de seus martírios"[48], justamente para equilibrar, pela força do número, o maior poder que os patrões manifestavam no plano individual.

A ação coletiva e sistematizada daqueles que se reuniam para discutir melhorias na prestação do trabalho retirou o Estado do seu torpor e o compeliu a criar normas garantidoras de direitos mínimos, limitadoras dos excessos praticados em nome da autonomia contratual. Em busca de vantagens adicionais, entretanto, o movimento sindicalista orientou protestos e greves. Travaram-se choques violentos entre massas operárias e forças policiais movimentadas pela classe capitalista.

Como forma de contemporizar o conflito, ocorriam negociações coletivas, e, em decorrência delas, formavam-se contratos coletivos, que ofereciam padrões mais vantajosos do que aqueles contidos nas leis, embora restritos aos integrantes de determinadas categorias.

As conquistas contratuais coletivas de alguns segmentos profissionais transformavam-se em exemplo a ser seguido por outros grupos não contemplados. Novas pressões eram dirigidas contra os Poderes Públicos para que estes generalizassem as vantagens mediante a sua atuação legislativa.

O negociado tornava-se modelo para o que deveria ser legislado, e o que era legislado adquiria o *status* de direito mínimo, justificando a busca de novas e mais expressivas vantagens, e assim sucessivamente, num ciclo virtuoso e próspero, fruto da expressiva força e empenho das organizações sindicais, que assumiam com denodo o importante

---

[48] MARX, Karl. *O capital*: crítica da economia política. Trad. Regis Barbosa e Flávio R. Kothe. São Paulo: Nova Cultural, 1996. v. 1.

direito-função de defender os trabalhadores e de empreender melhorias em suas condições de vida social.

Diante do exposto, é inevitável concluir que o próprio Direito do Trabalho e a sua peculiar principiologia devem a sua existência às ações sindicais. Não é exagerado dizer que poderia até existir, na ausência das mencionadas entidades e das pressões por elas produzidas, um ordenamento laboral apoiado somente em regras estatais, mas este seria manifestamente insuficiente, precário e instável. Sem a força catalisadora da liberdade sindical, não subsistiriam mais do que direitos essenciais, mínimos e uniformes para todos os trabalhadores.

As vantagens elementares, aliás, e nesses moldes, somente seriam conquistadas quando os operários demonstrassem ter chegado ao seu próprio limite físico. Poderia, assim, em última análise, existir "Lei do Trabalho", mas, decerto, não existiria "Direito do Trabalho" sem as importantes impulsões produzidas pelas atuações concertadas aqui em exame.

Esse pequeno introito torna evidentes as razões em virtude das quais os direitos de liberdade sindical têm sofrido oposições de toda espécie. Eles, afinal, impelem o progresso social dos trabalhadores, despertam a consciência de luta por níveis de vida mais elevados, contribuem decisivamente para o avanço de outros tantos direitos humanos e, ao transcender o puro âmbito laboral, operam em esferas mais amplas de cidadania e de distribuição de poder. Isso, evidentemente, interessa a muitos, mas não a todos.

As resistências apresentadas aos direitos de liberdade sindical vêm de toda parte. O Estado é o seu primeiro e natural opositor, uma vez que, ao admiti-los, permite, entre outras variáveis do seu complexo conteúdo, que um organismo coletivo se forme entre ele e os seus súditos com a potencial capacidade de transformar-se em "vetor de oposição"[49].

Ao admitir essa formação, especialmente num campo tão delicado quanto o das relações laborais, o Poder Público pode estar legitimando insurreições contra si mesmo e atraindo a missão de lidar com elas. Por isso, não raramente o mesmo Estado que reconhece o associativismo sindical (quando o reconhece) é aquele que pode estar violando direitos daí decorrentes, seja porque, de fato, pretende ilegitimamente refreá-los, seja porque, em situações específicas e até justificáveis, visa coibir a licenciosidade dos seus sujeitos.

Diante disso, **é inexorável a conclusão de que se devem evitar intervenções capazes de turbar a mencionada força catalisadora da liberdade sindical**. "Evitar intervenções", porém, não é exatamente o mesmo que impedir absolutamente as suas ocorrências.

Há, afinal, situações em que é necessário intervir, notadamente para preservar o interesse público, porque nenhuma liberdade pode estender suas fronteiras além e acima da soberania do Estado, que, em última análise, é o ente representativo de uma coletividade maior, da qual todos, inclusive os próprios sindicatos e seus representados, fazem parte. É significativo, portanto, o seguinte trecho da doutrina de Segadas Vianna[50], que, em vetusta obra, analisa a questão sob a óptica pessoal de quem, por mais de meio século, se dedicou à vida sindical:

> *Confunde-se liberdade sindical com soberania de um grupo dentro do Estado e, outras vezes em nome da soberania do Estado, nega-se aquela liberdade por perigosa às instituições.*
>
> *Com mais de meio século de vida sindical, conhecendo o valor da liberdade de associação e o perigo da liberdade sem limitações, procuramos situar-nos num termo de equilíbrio ao analisar o*

---

49 ISRAEL, Jean-Jacques. *Direito das liberdades fundamentais.* Trad. Carlos Souza. São Paulo: Manole, 2005.
50 SÜSSEKIND, Arnaldo; MARANHÃO, Délio; VIANNA, Segadas. *Instituições de direito do trabalho.* 12. ed. São Paulo: LTr, 1991, v. 2, p. 1001-1002.

problema. Porque a liberdade sem freios, a espontaneidade sem limites na criação e na ação de grupos, torna-se um perigo; sociedade sem leis e sem limitações não é sociedade, é populacho. Porque o direito de legislar e limitar liberdades não pode, por outro lado, ir além da noção de que acorrentá-los à vontade do Estado ou dos governantes é ultrajar as finalidade do sindicalismo e a dignidade do trabalhador.

Mas onde começa e onde termina a liberdade sindical?

Seus limites máximos estão na soberania do Estado, porque, sem dúvida, os moldes da anarquia são tão grandes que se reconhece que é preferível existirem normas comuns de algum tipo a que não existam normas de qualquer espécie.

Sim, cabe intervir na liberdade sindical, quando isso se faça necessário à proteção de valores jurídicos igualmente tutelados pela norma constitucional.

A despeito da ideia que se pode produzir a partir da leitura superficial do art. 8º, I, da Constituição da República, segundo a qual "é livre a associação profissional ou sindical, [...] vedadas ao Poder Público a interferência e a intervenção na organização sindical", o próprio texto fundamental, numa análise sistemática, garante a possibilidade de intervenção do Judiciário em qualquer situação na qual se afirme existente lesão ou ameaça a direito. Basta ler o comando contido no seu art. 5º, XXXV, e lembrar que a Constituição não se interpreta em tiras.

Nesse instante, é importante anotar, sob o ponto de vista semântico-descritivo, que **o Poder Judiciário** intervém, mas não interfere. Afirma-se isso porque, embora ambos sejam entendidos como atos de intercessão, deve-se conceber a "intervenção" como assunção de comando (parcial ou total) mediante interposição de autoridade, quando se faz necessária a correção de conduta para colocá-la dentro de limites exigidos pelo próprio Direito; e a "interferência" como ato produtor de ruídos ou obstáculos para o alcance de determinado fim.

Na **"interferência"** o agente atua desautorizadamente com a intenção de influir negativamente no desenvolvimento e, consequentemente, no desfecho de alguma atividade. Ele atrapalha o alcance de determinado fim, não havendo nesse agir nada de legítimo.

Na **"intervenção"**, por outro lado, desde que autorizada e legitimada pelo Direito, o interventor corrige rotas, sendo exatamente isso que dele se espera. Aliás, a intervenção desautorizada e ilegítima não mais é do que um ato de interferência qualificado pelo abuso de poder.

Assim, é correto afirmar-se que a ninguém é dado atuar de forma interferente na atividade sindical de modo a, desautorizadamente, produzir-lhe estorvos ou embaraços, embora ao Poder Judiciário seja permitido atuar de forma interventiva para, autorizadamente, corrigir eventuais desvios de rota. Por isso é que aqui se estuda o princípio segundo o qual cabe **ao Estado intervir minimamente no espaço de autorregulação reservado às entidades sindicais**.

O tema voltou a ser abordado com maior intensidade a partir do instante em que o princípio ora em estudo passou a ser referido expressamente no texto da Lei n. 13.467, de 2017, com o objetivo de chamar a atenção dos magistrados para a mínima intervenção que deles se esperaria em relação ao controle do conteúdo dos instrumentos coletivos negociados. Perceba-se:

Art. 8º [...]

§ 3º No exame de convenção coletiva ou acordo coletivo de trabalho, a Justiça do Trabalho analisará exclusivamente a conformidade dos elementos essenciais do negócio jurídico, respeitado o

disposto no art. 104 da Lei n. 10.406, de 10 de janeiro de 2002 (Código Civil), e balizará sua atuação pelo princípio da intervenção mínima na autonomia da vontade coletiva. (NR)

[...]

Art. 611-A. [...]

§ 1º No exame da convenção coletiva ou do acordo coletivo de trabalho, a Justiça do Trabalho observará o disposto no § 3º do art. 8º desta Consolidação.

O § 3º do art. 8º do referido diploma legal chega aos píncaros de sugerir que, "no exame de convenção coletiva ou acordo coletivo de trabalho, a Justiça do Trabalho analisará exclusivamente a conformidade dos elementos essenciais do negócio jurídico, respeitado o disposto no art. 104 da Lei n. 10.406, de 10 de janeiro de 2002 (Código Civil)", como se a magistratura pudesse limitar a sua atividade a aspectos elementares de qualquer negócio. O autor deste *Curso* já se manifestou sobre o assunto em obra dedicada à análise da Reforma Trabalhista. Veja-se:

Esse dispositivo subestima a missão institucional dos magistrados e arvora-se a fronteira de atuação jurisdicional. Como se pode impor que a Justiça do Trabalho analise "exclusivamente" a conformidade dos elementos essenciais do negócio jurídico? Obviamente o magistrado tem a liberdade de ir além na defesa dos postulados constitucionais, ainda que se valha do argumento de que, para tal análise, cabe-lhe dizer se há ou não licitude no objeto do contrato.

Como admitir, por exemplo, a validade de um instrumento coletivo negociado que limite o acesso ao próprio Judiciário? Como aceitar uma convenção ou acordo coletivo que, no transcursar da negociação coletiva, desprestigie o direito fundamental à proteção à maternidade?

Pode-se até falar no respeito ao "princípio da intervenção mínima na autonomia da vontade coletiva", pois, de fato, o magistrado não deve impedir o lícito desejar dos contratantes coletivos, mas, em nome disso, não pode, sob esse pretexto, fechar os olhos para violações aos direitos fundamentais ou ainda aos direitos de terceiros[51].

Reitere-se: "intervir minimamente" não significa "jamais intervir", mas interceder o mínimo possível e suficiente, e sempre no sentido de promover e proteger as potencialidades da liberdade sindical, especialmente a autonomia da vontade coletiva dos entes sindicais, garantindo-se os direitos mínimos já conquistados e, por isso, absolutamente infensos à negociação.

Como já se disse, ao tratar do princípio da interveniência mínima na autonomia da vontade coletiva: "intervir minimamente" não significa que o magistrado, uma vez chamado a corrigir iniquidades, as admita e foque o seu controle unicamente nos requisitos formais. Cabe-lhe, até mesmo no âmbito da verificação da "conformidade dos elementos essenciais do negócio jurídico" — e no amplo espectro de sindicabilidade admitido pelo próprio art. 104 do Código Civil —, declarar a invalidade de toda cláusula cujo objeto seja ilícito ou juridicamente impossível.

21.10.1 O dever de não intercessão e a sua mitigação pelo dever de proteção e de promoção

Inicialmente é importante anotar que os direitos fundamentais não se encontram na esfera da disponibilidade dos Poderes Públicos. Em qualquer caso e em qualquer circunstân-

---

[51] MARTINEZ, Luciano. *Reforma trabalhista: entenda o que mudou.* São Paulo: Saraiva, 2018, p. 27-28.

cia, como bem esclareceu Jorge Miranda[52], qualquer ato de Poder Público deve tomá-las "como fundamento e como referência" e, além desses lindes, deve tender a conferir-lhes a máxima eficácia possível, observadas, é claro, as particularidades que dizem respeito ao exercício de cada um dos poderes estatais.

Os juízes e tribunais, tendo em conta a competência própria para o controle da constitucionalidade das leis, podem e devem aplicar os preceitos legislativos conforme a Constituição ou, em determinadas situações, apenas a própria Constituição para afastar a incidência de normas que com ela colidam. Cabe-lhes, nas sábias palavras de Vieira de Andrade[53], a reavaliação do juízo do legislador e, na hipótese de conclusão quanto à não recepção ou à inconstitucionalidade da lei ordinária, o "poder de desaplicação" dessa norma.

Nesse caso, na lição do referido mestre português, os juízes devem decidir "como se essa lei não existisse, aplicando diretamente, em vez dela, os preceitos constitucionais, devidamente interpretados e concretizados".

A vinculação dos tribunais aos preceitos sobre direitos fundamentais, a propósito, traduz-se mesmo na expectativa de que eles efetivamente interpretem, integrem e apliquem os referidos direitos de modo a conferir-lhes a máxima eficácia possível dentro de um sistema jurídico. É a faceta positiva da vinculação dos integrantes do Poder Judiciário que complementa a faceta negativa de não aplicabilidade dos preceitos legais que desrespeitem os direitos fundamentais.

Os juízes e tribunais têm o poder-dever de dizer o direito de acordo com a Carta e de interpretar cada disposição infraconstitucional de modo que ela se integre perfeitamente à sistemática constitucional. Essa missão toma elevadas proporções no âmbito da liberdade sindical porque a principal norma jurídica infraconstitucional que regulamenta esse direito defensivo e suas variáveis no Brasil é a Consolidação das Leis do Trabalho (CLT), um diploma produzido segundo o pensamento social, econômico e jurídico das primeiras décadas do século XX e que, inegavelmente, tem infundido um espírito corporativista que não mais se adapta à leitura democrática atual.

Para além do poder-dever de dizer o direito de acordo com a Carta e de interpretar cada disposição infraconstitucional de modo integrativo-constitucional, o julgador assume também um papel promocional nos processos de difusão de consciência coletiva e social. Vê-se, assim, como bem fez Rodolfo Mancuso[54], que

> [...] as decisões judiciais tendem a se libertar do confinamento nos autos em que foram proferidas para projetar reflexos ao exterior, em face de outros jurisdicionados, e principalmente perante os demais Poderes do Estado, numa força coercitiva mais ou menos ampla, que sob esse aspecto vai aproximando os produtos legislativo e judiciário.

Situações como esta trazem para o processo e para o magistrado discussões sobre o controle das políticas públicas e revelam que o Judiciário pode estar fortalecendo o conceito de cidadania. Canotilho[55] compartilha essa ideia, ao opinar no sentido de que

---

52 MIRANDA, Jorge. *Manual de direito constitucional: direitos fundamentais*. 4. ed. Coimbra: Coimbra Ed., 2008, t. IV, p. 298.
53 VIEIRA DE ANDRADE, José Carlos. *Os direitos fundamentais na Constituição Portuguesa de 1976*. 4. ed. Coimbra: Almedina, 2009, p. 199.
54 MANCUSO, Rodolfo Camargo. A ação civil pública como instrumento de controle judicial das chamadas políticas públicas. In: MILARÉ, Édis. *Ação civil pública — Lei 7.347/1985 — reminiscências e reflexões após dez anos de aplicação*. São Paulo: Revista dos Tribunais, 2001, p. 707-751.
55 CANOTILHO, J. J. Gomes. *Direito constitucional e teoria da Constituição*. 7. ed. Coimbra: Almedina, 2004, p. 73.

[...] *o cidadão, ao desfrutar de instrumentos jurídico-processuais possibilitadores de uma influência direta no exercício das decisões dos poderes públicos que afetam ou podem afetar os seus direitos, garante a si mesmo um espaço de real liberdade e de efetiva autodeterminação no desenvolvimento da sua personalidade.*

Os legisladores, aqui entendidos todos os que produzem atos normativos com força jurídico-pública (atos de emenda constitucional, lei complementar, lei ordinária, regulamento, acordo coletivo, convenção coletiva etc.), estão também vinculados aos direitos fundamentais, mas sob lógica de iniciativa diferente daquela que submete os magistrados. Enquanto estes dependem da provocação do jurisdicionado para controlar a constitucionalidade das normas que dão fundamento jurídico às suas decisões, os legisladores têm liberdade de iniciativa e, por força dela, criam novas normas para preencher espaços legislativos vazios ou para revogar normas anteriores.

Tirante esse aspecto correspondente à disposição dos órgãos com função judicante e legiferante, há identidade entre eles no tocante à conformação aos parâmetros fornecidos pelas normas de direitos fundamentais.

Para o legislador, tal qual para o julgador, existe uma dupla limitação material. De um lado, fala-se na proibição de edição de atos legislativos que afrontem as normas de direitos fundamentais (limitação negativa); de outro, refere-se a um dever de realização ou de aperfeiçoamento da legislação existente (limitação positiva).

Os órgãos administrativos vivem a situação mais complexa em virtude da sujeição especial da atividade administrativa ao princípio da estrita legalidade e da ausência de uma competência específica para realizar controle de constitucionalidade.

Não se pode esperar que o administrador público considere, ele próprio, por sua pessoal cognição e vontade, uma lei inconstitucional, salvo em casos extremos, a exemplo das situações em que a aplicação da lei signifique a prática de um crime (é importante lembrar que existem na Constituição alguns mandados expressos de criminalização) ou em que as leis violem escancaradamente o núcleo essencial dos direitos fundamentais.

Exceto nessas hipóteses, cabe ao agente público, na maioria das vezes, diante da responsabilidade pela juridicidade de sua atuação, em vez da inaplicabilidade do texto legal que lhe pareça inconstitucional, a suspensão da atividade de aplicação da norma supostamente contrária à Constituição e a imediata provocação da autoridade judiciária competente, como sugere Vieira de Andrade, na p. 201 da obra há pouco referenciada.

Partindo de um polo a outro, e a despeito das polêmicas que ainda rondam o tema, a dimensão objetiva do direito fundamental à liberdade sindical tem como um dos efeitos mais expressivos o que permite a sua irradiação sobre os particulares.

Não há, enfim, maiores dificuldades no reconhecimento de que, por exemplo, a vedação de interferência e de intervenção do Poder Público na organização sindical (art. 8º, I, da Carta) também se estende aos particulares, especialmente aos empregadores e às associações patronais que amiúde violentam a autonomia organizacional e acional das entidades sindicais obreiras.

Há também um consenso jurisprudencial no sentido de que a norma contida no art. 8º, V, da CF/88, segundo a qual "ninguém será obrigado a filiar-se ou a manter-se filiado a sindicato", é aplicável com muito mais intensidade em relação às próprias entidades sindicais, patronais ou operárias[56] do que contra o Estado.

---

56 Anote-se, porque importante, que o STF, por unanimidade, apreciando o Tema 922 da repercussão geral (RE 820.823), deu provimento ao recurso extraordinário para restabelecer a sentença e fixou a seguinte tese:

Não há dúvidas de que algumas das mais expressivas condutas antissindicais praticadas por particulares estão associadas a esse dispositivo, entre as quais podem ser mencionadas a imposição de cláusulas de segurança sindical e a exigibilidade de aportes financeiros de quem não se filiou à entidade que realiza a cobrança.

Quem, afinal, pode negar que se dirigem especialmente aos particulares — apenas citando algumas passagens expressivas — as normas constitucionais: i) que atribuem ao sindicato a defesa dos direitos e interesses coletivos ou individuais da categoria (art. 8º, III); ii) que impõem a participação dos sindicatos operários nas negociações coletivas de trabalho; iii) que garantem ao aposentado filiado o direito de votar e de ser votado nas organizações sindicais (art. 8º, VII); iv) que vedam a dispensa do empregado sindicalizado a partir do registro da candidatura a cargo de direção ou representação sindical e, se eleito, ainda que suplente, até um ano após o final do mandato, salvo se cometer falta grave nos termos da lei?

Outro exemplo claro e pungente de norma fundamental que vincula os particulares, e não apenas o Estado, diz respeito ao direito de greve.

Ao declarar "assegurado o direito de greve" e ao atribuir aos trabalhadores a decisão sobre a oportunidade de exercê-lo e sobre os interesses que devam por meio dele defender, o legislador constitucional incorporou no ordenamento jurídico interno a mais clássica das formas residuais de autotutela e admitiu a irradiação de seus efeitos não apenas em face dos particulares singularmente considerados (empregadores, para quem se atribuíram deveres de contenção), mas também em face de toda a comunidade, haja vista a admissão do seu exercício, ainda que limitado pelo legislador infraconstitucional, em relação aos até então imunes serviços ou atividades essenciais.

A vinculação dos particulares em matéria de direitos da liberdade sindical merece uma menção particularizada à sua exigibilidade nos processos legislativos privados. Refere-se, aqui, não apenas ao processo produtivo de atos normativos com força jurídico-pública expressamente reconhecida pelo texto constitucional (art. 7º, VI, XIII, XIV, e art. 8º, VI, da Carta), como é o caso dos acordos coletivos e das convenções coletivas de trabalho, mas também ao processo de confecção de instrumentos sem força normativa, mas que têm, por conta da autonomia individual privada, *status* de fonte autônoma de direitos e deveres, como, por exemplo, estatutos, regulamentos e contratos.

Quem, enfim, pode negar que esses atos jurídicos estão submetidos ao dever de conformação aos parâmetros fornecidos pelas normas de direitos fundamentais? Há, portanto, sempre uma mínima intervenção na autonomia coletiva da vontade.

Nesses termos, pode-se afirmar, sem maiores resistências, que o direito fundamental à liberdade sindical irradia a sua eficácia sobre os processos legislativos privados e motiva efeito nulificante de disposições que, por exemplo, restrinjam ou turbem, por via contratual, o direito: i) de o trabalhador filiar-se a uma determinada entidade sindical ou de participar dela ativamente; ii) de o trabalhador não se filiar a uma determinada entidade sindical; iii) de o trabalhador ter acesso, em condições de igualdade, a todas as vantagens egressas do contrato de emprego; iv) de as entidades sindicais participarem dos processos decisórios que envolvam interesses laborais de natureza transindividual, entre outras igualmente importantes.

"É inconstitucional o condicionamento da desfiliação de associado à quitação de débito referente a benefício obtido por intermédio da associação ou ao pagamento de multa", nos termos do voto do Relator. Plenário, Sessão Virtual de 23-9-2022 a 30-9-2022.

21.10.2 A proteção do direito fundamental à liberdade sindical em face de suas restrições: os confins da intervenção na autonomia coletiva sindical

Entende-se por conteúdo essencial de um direito fundamental o seu núcleo substancial, em certa medida irrestringível, com a perda do qual se desnatura ou fenece. Trata-se de uma categoria central da dogmática jurídico-constitucional que tem o objetivo de identificar o último espaço de proteção contra as leis e medidas intensamente restritivas em nome do qual se justificará qualquer ato de intervenção garantidora.

Violar o conteúdo essencial de um direito, então, implica torná-lo vazio, com pouca ou nenhuma efetividade. Desse modo, como bem disse Ingo Sarlet[57], "a garantia de proteção do núcleo essencial dos direitos fundamentais aponta para a parcela do conteúdo de um direito sem a qual ele perde a sua mínima eficácia, deixando, com isso, de ser reconhecível como um direito fundamental".

É, entretanto, complicada a tarefa de determinar a essência dos referidos direitos. As dificuldades começam pelo enfoque a partir do qual ele será abordado (enfoque objetivo ou subjetivo) e culminam com a tentativa de estabelecimento de um valor ou medida para o seu conteúdo.

No tocante ao estabelecimento de valor ou medida, há os que se filiam à teoria absoluta, segundo a qual o conteúdo essencial dos direitos fundamentais teria fronteiras fixas que não poderiam ser ultrapassadas. Virgílio Afonso da Silva[58], entretanto, chama a atenção para o fato de que muitos entre os filiados a essa teoria se esforçam em sublinhar que "absoluto" não é sinônimo de "imutável" e que, em virtude disso, poder-se-ia falar numa variável dinâmica, caracterizada pela aceitação de um conteúdo essencial que, apesar de não sofrer relativizações de acordo com urgências e contingências, seria modificável com o passar dos tempos.

Em contraposição, há os que se filiam à teoria relativa. O ponto central desta, também segundo Virgílio Afonso da Silva, na mesma obra, p. 196 — na condição de um dos seus mais fervorosos defensores —, funda-se "na rejeição de um conteúdo essencial como um âmbito de contornos fixos e definíveis *a priori*". Consoante o mencionado professor, para os relativistas "a definição do que é essencial — e, portanto, a ser protegido — depende das condições fáticas e das colisões entre diversos direitos e interesses no caso concreto".

A teoria relativista, assim, parece adaptar-se bem às casuísticas da liberdade sindical, uma vez que seu conteúdo — integrado naturalmente por tantos quantos sejam os direitos e faculdades capazes de identificar ou de fazer reconhecível o seu exercício[59] — vale na justa medida em que não lhe seja contraposto um interesse de maior valor.

A definição do que é essencial à liberdade sindical depende, por isso, das condições fáticas e das colisões entre diversos direitos e interesses no caso concreto, significando, especialmente, que a sua substância nem sempre será a mesma.

A liberdade sindical com seus conteúdos móveis — ora extensíveis, ora restringíveis — adapta-se a cada situação concreta e insere-se, claramente, num contexto que conjuga conteúdo essencial e proporcionalidade.

---

[57] SARLET, Ingo Wolfgang. *A eficácia dos direitos fundamentais*. 10. ed. Porto Alegre: Livraria do Advogado, 2009, p. 402.
[58] SILVA, Virgílio Afonso da. *Direitos fundamentais: conteúdo essencial, restrições e eficácia*. 2. ed. São Paulo: Malheiros, 2010, p. 188.
[59] PALOMEQUE LÓPEZ, Manuel Carlos. *Derecho sindical español*. 4. ed. Madrid: Tecnos, 1991, p. 113.

Diz-se, por isso, que o conteúdo essencial da liberdade sindical restará desprezado quando a medula do seu direito, sem a devida fundamentação constitucional, for submetida a limitações desproporcionais que, em rigor e em última análise, o tornem impraticável, dificultando-o além dos limites do razoável ou despojando-o da necessária proteção.

Assim, tal qual destacou o Tribunal Constitucional espanhol na STC 11-1981: "se rebasa o se desconoce el contenido esencial cuando el derecho queda sometido a limitaciones que lo hacen impracticable, lo dificultan más allá de lo razonable o lo despojan de la necesaria protección"[60].

Não há como o Judiciário deixar de intervir nos direitos de liberdade sindical quando, em seu nome, for comprimido outro direito igualmente fundamental ou for desprezada a plataforma mínima civilizatória. O magistrado, a despeito da redação constante do § 3º do art. 8º da CLT reformada, pode e deve realizar os controles de constitucionalidade e de convencionalidade das negociações coletivas nas situações em que for invocado a tanto.

Será, portanto, antijurídico o comportamento negocial coletivo que vise aniquilar a intangível base de direitos essenciais construída historicamente pelos trabalhadores.

21.10.3 As fronteiras da negociação coletiva: uma análise à luz dos arts. 611-A e 611-B da CLT

Certo de que o Poder Judiciário pode intervir no exercício da autonomia coletiva sindical, embora em dimensões mínimas, conforme anotado em tópicos anteriores, é importante traçar as cinco fronteiras da negociação coletiva do trabalho para dizer que ela:

21.10.3.1 Somente pode abranger matérias trabalhistas

Não há, portanto, falar-se em validade de negociação coletiva do trabalho que cuide de assunto atinente a outros grupos intermediários de pressão, a exemplo dos partidos políticos, das entidades religiosas ou da família. Imagine-se o despautério de uma norma coletiva que criasse cláusula com disposições sobre o controle de natalidade das famílias dos integrantes das categorias representadas ou o posicionamento político de qualquer um deles. A impertinência saltaria aos olhos, ficando evidente, portanto, que o primeiro limite ao exercício da autonomia coletiva sindical é, realmente, de natureza material. O "assunto tratado", ou seja, a *"matéria objeto de discussão"*, deve ser essencialmente trabalhista, envolvendo apenas interesses atinentes ao trabalho, à produção e aos assuntos que direta ou indiretamente se refiram a esses vetores.

21.10.3.2 Somente pode dizer respeito a direitos transindividuais

A negociação coletiva de trabalho tem por objeto interesses transindividuais dos integrantes da categoria por ela envolvida, jamais podendo atingir, sem que existam motivações socialmente relevantes, interesses individuais de sujeitos singularmente considerados. Nesse sentido, não haveria razão jurídica em um acordo coletivo seletivamente prever a diminuição do salário-base de um determinado empregado da empresa, e não a diminuição proporcional de todos os salários-base de todos os empregados de uma determinada empresa.

---

60 Texto disponível em: <http://www.congreso.es/constitucion/ficheros/sentencias/stc_011_1981.pdf>.

21.10.3.3 Não pode infringir os direitos fundamentais assegurados ao trabalhador na qualidade de cidadão

Mais uma fronteira a considerar é aquela segundo a qual a negociação coletiva não pode infringir direitos fundamentais do trabalhador enquanto cidadão. Nesse âmbito, pode-se afirmar como impossíveis juridicamente as normas coletivas que, por exemplo, restrinjam o acesso ao Judiciário, que violem o direito à saúde, à segurança, à liberdade, à igualdade de tratamento e à propriedade, que produzam discriminação negativa, que prejudiquem o direito adquirido, o ato jurídico perfeito e a coisa julgada ou, ainda, entre outras tantas previstas no art. 5º da Constituição da República e em uma série de outros dispositivos que engrossam o catálogo de direitos fundamentais, que vilipendiem direitos da personalidade, entre os quais o nome, a intimidade, a vida privada, a honra e a imagem do trabalhador.

21.10.3.4 Não pode violar os direitos trabalhistas absolutamente indisponíveis

Essa talvez seja a mais discutida das fronteiras da negociação coletiva de trabalho, haja vista a **indeterminação do conceito de "direitos absolutamente indisponíveis"**, que aparece como exceção à regra geral da prevalência do negociado sobre o legislado na tese firmada pelo STF no Tema 1.046 da repercussão geral, que teve como Leading Case o ARE 1121633, sob a relatoria do Min. Gilmar Mendes (Plenário, 2-6-2022). Veja-se:

> *"São constitucionais os acordos e as convenções coletivos que, ao considerarem a adequação setorial negociada, pactuam limitações ou afastamentos de direitos trabalhistas, independentemente da explicitação especificada de vantagens compensatórias, **desde que respeitados os direitos absolutamente indisponíveis**".*

A referida tese firmada pelo Supremo Tribunal Federal mudou substancialmente a análise da limitação ou da restrição que a norma heterônoma antes estabelecia sobre a negociação coletiva. **Tudo o que antes se dizia** sobre a apenas relativa possibilidade de o negociado prevalecer sobre o legislado, mesmo depois da vigência da Lei n. 13.467, de 2017, **mereceu profunda revisão**. O texto antes existente neste item foi, por isso, totalmente reescrito para adequar-se à nova interpretação egressa da alta corte judiciária brasileira.

A mudança foi significativa. Perceba-se, com a devida atenção, que, na visão do intérprete-mor da Constituição da República, *as normas coletivas de trabalho, ainda que restritivas dos direitos dos trabalhadores, prevalecem sobre o padrão geral heterônomo*, **desde que** *não transacionem setorialmente parcelas justrabalhistas de indisponibilidade absoluta*.

Esse entendimento — é importante salientar — já vinha sendo manifestado de forma pontual em outras decisões do STF (exemplo disso é encontrado no RE-AgR-segundo 895.759, Rel. Min. Teori Zavascki, Segunda Turma, *DJe* 23-5-2017), mas somente a partir do julgamento do Tema 1.046 da repercussão geral passou a ser vinculativo para os juízes, nos termos do art. 927, I, do CPC.

Reitere-se, porém, que as limitações ou os afastamentos dos direitos trabalhistas pelos instrumentos coletivos negociados devem, em qualquer caso, respeito unicamente aos chamados "direitos absolutamente indisponíveis". Tal ressalva foi também assentada pelo Pleno no julgamento do Tema 152 da repercussão geral. A esse propósito, cabe citação de trecho do voto proferido pelo relator, Ministro Roberto Barroso, que revela utilidade por dois motivos: primeiro, porque há nele o reconhecimento da vagueza do conceito de "indisponibilidade absoluta"; segundo, porque se vê ali a importância da negociação coletiva como mecanismo de adequação setorial. Veja-se:

"[...] as regras autônomas juscoletivas podem prevalecer sobre o padrão geral heterônomo, mesmo que sejam restritivas dos direitos dos trabalhadores, desde que não transacionem setorialmente parcelas justrabalhistas de indisponibilidade absoluta. Embora, o critério definidor de quais sejam as parcelas de indisponibilidade absoluta seja vago, afirma-se que estão protegidos contra a negociação in pejus os direitos que correspondam a um patamar civilizatório mínimo, como a anotação da CTPS, o pagamento do salário mínimo, o repouso semanal remunerado as normas de saúde e segurança do trabalho, dispositivos antidiscriminatórios, a liberdade de trabalho etc. Enquanto tal patamar civilizatório mínimo deveria ser preservado pela legislação heterônoma, os direitos que o excedem sujeitar-se-iam à negociação coletiva, que, justamente por isso, constituiria um valioso mecanismo de adequação das normas trabalhistas aos diferentes setores da economia e a diferenciadas conjunturas econômicas".

Assim, a negociação coletiva que, ao considerar a adequação setorial negociada, pactuar limitações ou afastamentos de direitos trabalhistas somente não prevalecerá quando as suas disposições visarem às limitações ou os afastamentos de direitos absolutamente indisponíveis. Mas o que seriam esses "direitos absolutamente indisponíveis"?

Para responder a essa questão, é relevante salientar que a tese firmada pelo STF prevê o respeito aos "direitos absolutamente indisponíveis", e não apenas aos "direitos *trabalhistas* absolutamente indisponíveis". Isso sinaliza a intenção do STF de manter fora do âmbito negocial quaisquer direitos do trabalhador enquanto cidadão, assim entendidos aqueles que dizem respeito às suas dimensões civis, políticas e socioeconômicas. Essa restrição é relevantíssima, tanto que mereceu, na análise de fronteiras realizada neste capítulo, uma indicação específica no tópico 21.10.3.3.

Para além da noção mais alargada de "direitos absolutamente indisponíveis", há de entender-se que nesse plano estão, como claramente se vê no voto condutor do Ministro Gilmar Mendes, todos os direitos trabalhistas constitucionalmente assegurados, pois, em última análise, eles constituem aquilo que se convencionou denominar "patamar civilizatório mínimo", previsto, aliás, como objeto intangível pelo art. 611-B da CLT.

21.10.3.5 Não pode macular os direitos alheios, inclusive os direitos tributários do Estado

O princípio da relatividade do contrato funda-se no brocardo *res inter alios acta*, segundo o qual apenas os contratantes e os sujeitos por eles representados ficam obrigados a cumprir o objeto do contrato. Por conta desse princípio, os efeitos advindos dos contratos incidem somente sobre as partes e seus representados, e não sobre terceiros. O contrato, portanto, só ata aqueles que dele participaram direta ou indiretamente. Seus efeitos não podem nem prejudicar nem aproveitar a terceiros, salvo quando expressamente em sentido diverso dispuser a lei.

Com base nessas assertivas é que a negociação coletiva encontra mais uma fronteira para as suas ações, não podendo macular direitos alheios, notadamente os direitos tributários do Estado. Esse limite é expressamente identificado pelo art. 611-B, XXIX, da CLT, segundo o qual é ilícito o objeto de negociação coletiva de trabalho que verse sobre "tributos e outros créditos de terceiros".

Nesse ponto, é relevante a lembrança de que não raramente uma cláusula de acordo ou convenção coletiva quer dizer da natureza jurídica de determinada vantagem, e muitas vezes o faz em desacordo com o que prevê a norma tributária.

Assim, de nada adiantará que o instrumento coletivo negociado afirme ser de natureza não remuneratória uma verba que a própria lei considera remuneratória ou vice-versa. Não será o contrato, mas a lei, que determinará se a verba é ou não base de incidência tributária.

Se o fizer contra as disposições normativas, será considerada nula de pleno direito, conforme o citado art. 611-B, XXIX, da CLT, e, sob o ponto de vista analógico, no art. 623 da do referido diploma legal trabalhista[61].

O assunto que envolve as fronteiras da negociação coletiva sempre será polêmico. A depender do argumento levantado por quem tenha interesse em ampliar ou restringir a autonomia coletiva sindical, haverá, consequentemente, espaço para saudáveis discussões jurídicas. O importante é fazer com que preponderem as boas argumentações em busca do melhor interesse dos trabalhadores.

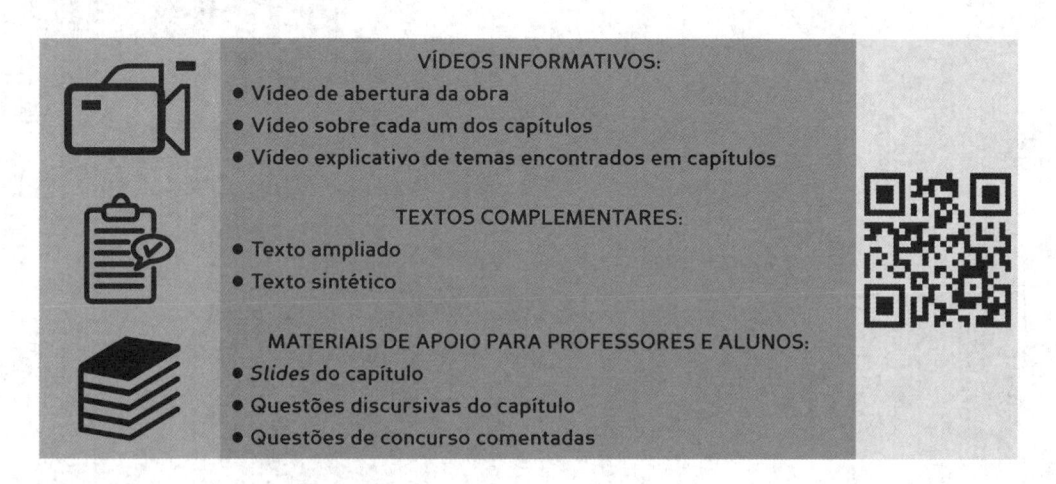

---

61 CLT. [...]

Art. 623. Será nula de pleno direito disposição de Convenção ou Acôrdo que, direta ou indiretamente, contrarie proibição ou norma disciplinadora da política econômico-financeira do Govêrno ou concernente à política salarial vigente, não produzindo quaisquer efeitos perante autoridades e repartições públicas, inclusive para fins de revisão de preços e tarifas de mercadorias e serviços (redação dada pelo Decreto-lei n. 229, de 28-2-1967).

Parágrafo único. Na hipótese deste artigo, a nulidade será declarada, de ofício ou mediante representação, pelo Ministro do Trabalho e Previdência Social, ou pela Justiça do Trabalho em processo submetido ao seu julgamento.

No mesmo sentido, observe-se o teor da **Súmula 375 do TST**:

REAJUSTES SALARIAIS PREVISTOS EM NORMA COLETIVA. PREVALÊNCIA DA LEGISLAÇÃO DE POLÍTICA SALARIAL. Os reajustes salariais previstos em norma coletiva de trabalho não prevalecem frente à legislação superveniente de política salarial.

22
FÓRMULAS PARAETERÔNOMAS E HETERÔNOMAS DE SOLUÇÃO DOS CONFLITOS COLETIVOS

https://somos.in/CTD14

22.1 FÓRMULAS PARAETERÔNOMAS

As fórmulas paraeterônomas de solução dos conflitos coletivos[1] caracterizam-se pela intervenção de um **terceiro imparcial[2] que, por força de sua assistência e de sua função catalisadora, insere-se no conflito apenas para acelerar a concórdia dos litigantes**. Em meio a esses processos de autocomposição assistida, surgem os conceitos de conciliação e de mediação.

A conciliação e a mediação são termos sempre utilizados nas teorias que tratam dos métodos de enfrentamento de conflitos, identificados pela melhor doutrina como "autocomposição mediada" ou "autocomposição assistida". Para o Professor André Gomma Azevedo, "a palavra mediação acentua o fato de que a autocomposição não é direta, mas que existe um terceiro que fica 'no meio' das partes conflitantes e que atua de forma imparcial. A palavra conciliação acentua o objetivo típico desse terceiro, que busca promover o diálogo e o consenso. Assim, para o senso comum, não pareceria estranha a ideia de que o mediador tem como objetivo promover a conciliação, havendo mesmo muitos autores tanto brasileiros como estrangeiros que tratam esses termos como sinônimos".

Era notável, entretanto, a **indefinição conceitual** entre conciliação e mediação. A imprecisão terminológica era grande a ponto de haver respeitados doutrinadores atribuindo os mesmos traços distintivos ora para um, ora para outro instituto. Se se considerasse o mais utilizado dos critérios de diferenciação entre a conciliação e a mediação — *o modo de atuação do terceiro imparcial* —, era possível perceber a existência de autores afirmando que o mediador atua como mero facilitador nas negociações e que o conciliador age de modo mais ativo, chegando a oferecer alternativas[3], e de outros, em sentido extremamente oposto, sustentando que o conciliador tem atuação superficial, enquanto o mediador é mais invasivo[4].

---

[1] Diz-se paraeterônoma porque assemelhada à fórmula heterônoma (prefixo *para-*, que significa "parecida", "paralela" à heterônoma), onde a solução dos conflitos se dá pela intermediação de um terceiro imparcial (um sujeito *diferente* dos conflitantes, daí *hetero-*).

[2] Alguém que não esteja envolvido diretamente no conflito nem represente os interesses de alguma das partes envolvidas.

[3] Nesse sentido, PIRES, Amom Albernaz. Mediação e conciliação: breves reflexões para uma conceituação adequada. In: AZEVEDO, André Gomma de (org.). *Estudos de arbitragem, mediação e negociação*. Brasília: Brasília Jurídica, 2002, p. 126.

[4] Nesse sentido, COOLEY, Thomas W. *A advocacia na mediação*. Brasília: UnB, 2001, p. 26.

Veja-se, também, o posicionamento do Professor José Augusto Rodrigues Pinto para quem, "na conciliação,

O CPC/2015 trouxe luzes para o tema e, por conta de uma redação mais clara, deixou evidente que estavam com razão aqueles que, como Ada Pellegrini Grinover, diziam que "conciliação e mediação distinguem-se porque, na primeira, o conciliador, após ouvir os contendores, sugere a solução consensual do litígio, enquanto na segunda o mediador trabalha mais o conflito, fazendo com que os interessados descubram as suas causas, removam-nas e cheguem assim, por si só, à solução da controvérsia"[5]. Veja-se a redação do art. 165 do CPC/2015:

> Art. 165. Os tribunais criarão centros judiciários de solução consensual de conflitos, responsáveis pela realização de sessões e audiências de conciliação e mediação e pelo desenvolvimento de programas destinados a auxiliar, orientar e estimular a autocomposição.
>
> § 1º A composição e a organização dos centros serão definidas pelo respectivo tribunal, observadas as normas do Conselho Nacional de Justiça.
>
> § 2º O conciliador, que atuará preferencialmente nos casos em que não houver vínculo anterior entre as partes, **poderá sugerir soluções para o litígio**, sendo vedada a utilização de qualquer tipo de constrangimento ou intimidação para que as partes conciliem.
>
> § 3º O **mediador**, que atuará preferencialmente nos casos em que houver vínculo anterior entre as partes, **auxiliará aos interessados a compreender as questões e os interesses em conflito, de modo que eles possam, pelo restabelecimento da comunicação, identificar, por si próprios, soluções consensuais** que gerem benefícios mútuos (destaques não constantes do original).

O segundo critério distintivo entre conciliação e mediação — *o tipo de conflito envolvido* — passou a ser mais utilizado nas letras jurídicas. Por ele, consoante a precitada doutrina de André Gomma, a mediação está relacionada a conflitos mais amplos (multidimensionais ou de múltiplos vínculos), enquanto a conciliação está ligada a conflitos mais restritos (unidimensionais ou de vínculo único). Diz-se que ele "passou a ser mais utilizado nas letras jurídicas", porque, de alguma forma, foi consagrado pelo referido art. art. 165 do CPC/2015.

Na forma ali posta, o conciliador atua preferencialmente (apenas preferencialmente, e não unicamente) em conflitos pontuais, diante de situações presentes em relações não continuativas. Como diz a norma, o conciliador atuará nos casos em que não houver vínculo anterior entre as partes e, até mesmo por isso, ficará à vontade para sugerir soluções para o litígio.

---

o terceiro não negocia, mas apenas tenta aproximar os divergentes, a fim de que eles mesmos encontrem a solução para sua divergência. Na mediação, o terceiro é um negociador e seu papel é estimular a solução do conflito, aviando propostas, mas sem as impor aos dissidentes" (PINTO, José Augusto Rodrigues. *Tratado de direito material do trabalho*. São Paulo: LTr, 2007).

Da mesma forma pensa Amauri Mascaro Nascimento, ao asseverar que "o conciliador não tem as mesmas possibilidades de iniciativa do mediador" (NASCIMENTO, Amauri Mascaro. *Teoria geral do direito do trabalho*. São Paulo: LTr, 1998, p. 332), e também João de Lima Teixeira Filho, que disparou: "o conciliador é mais passivo, enquanto o mediador pode fazer sugestões alternativas às partes" (TEIXEIRA FILHO, João de Lima et al. *Instituições de direito do trabalho*. São Paulo: LTr, 1996, v. 2, p. 1152).

Anote-se, ainda, o posicionamento de Ada Pellegrini Grinover, para quem "conciliação e mediação distinguem-se porque, na primeira, o conciliador, após ouvir os contendores, sugere a solução consensual do litígio, enquanto na segunda o mediador trabalha mais o conflito, fazendo com que os interessados descubram as suas causas, removam-nas e cheguem assim, por si só, à solução da controvérsia" (GRINOVER, Ada Pellegrini. Mudanças estruturais no processo civil brasileiro. *Juris Síntese*, n. 71, maio/jun. 2008).

5 GRINOVER, Ada Pellegrini. Mudanças estruturais no processo civil brasileiro. *Juris Síntese*, n. 71, maio/jun. 2008.

O mediador, diferentemente, atuará em conflitos mais complexos, preferencialmente nos casos em que houver vínculo anterior entre as partes, vale dizer, diante de situações em que houve relação continuativa entre os litigantes. Nessas circunstâncias, até mesmo por conta da delicadeza da causa, ele auxiliará aos interessados a compreender as questões e os interesses em conflito, de modo que os contendores possam, pelo restabelecimento da comunicação, identificar, por si próprios, as soluções consensuais.

Tal critério diferenciador, por ser objetivo, revela-se mais estável do que o anterior. A consideração do **modo de atuação do terceiro**, *conquanto hoje pacificada pelo CPC/2015*, poderá, ainda assim, não ser eficiente no processo distintivo, porque envolve aspectos subjetivos. Enfim, estrategicamente, o conciliador ou o mediador podem ser mais contidos ou mais aguerridos no processo de solução do conflito, a depender das circunstâncias que envolvem o caso concreto.

Na verdade, independentemente da conceituação que se possa oferecer à conciliação ou à mediação ou das distinções que se possam extrair dos citados termos, é fato que a presença de um terceiro como estimulante da autocomposição tem produzido efeitos visíveis no campo da difusão da cultura da paz.

22.1.1 Conciliação e mediação

A **conciliação** é o método de solução de conflitos por via paraeterônoma por meio da qual o terceiro imparcial, *mediante inserção superficial*, tenta aproximar os litigantes envolvidos em conflitos mais restritos, ou seja, unidimensionais ou de vínculo único.

Conquanto se reconheça a existência de doutrina em sentido inverso, a tese segundo a qual o conciliador atua de modo mais superficial é adotada para dar sentido a sua utilização no âmbito judicial pelo próprio julgador do conflito. Assim, quando se atribui ao magistrado o dever de tentar conciliar, imagina-se que sua atuação será superficial, tendente apenas a sugerir soluções para o litígio, não podendo, por vedação legal, ser adiantado o resultado do mérito. Anote-se que a lei faz do magistrado um conciliador, e não um mediador, conquanto ambas as expressões sejam complementares entre si: para conciliar (fim) é necessário mediar (meio) o conflito.

A **mediação**, por outro lado, é o método de solução de conflitos por via paraeterônoma por meio da qual o terceiro imparcial, *mediante inserção profunda*, tenta aproximar os litigantes envolvidos em conflitos mais amplos, ou seja, multidimensionais ou de múltiplos vínculos, por exemplo, aqueles que ocorrem nas relações coletivas de trabalho.

22.1.1.1 Procedimento no Ministério do Trabalho e Previdência

A mediação na negociação coletiva de natureza trabalhista está prevista no corpo da Lei n. 10.192, de 14 de fevereiro de 2001. Esse diploma legal, que dispõe sobre medidas complementares ao Plano Real, previu, nos parágrafos do seu art. 11, que o mediador seria designado de comum acordo pelas partes conflitantes ou, a pedido destas, indicado pelo Ministério do Trabalho (ora Ministério do Trabalho e Previdência).

Assim, se um dos litigantes se considerar sem as condições adequadas para, em situação de equilíbrio, participar da negociação direta, poderá solicitar ao Ministério do Trabalho e Previdência a designação de mediador, que, no exercício de sua função de intermediário, convocará a outra parte para tentar a aproximação.

A regulamentação para a mediação na negociação coletiva de natureza trabalhista é encontrável no Decreto n. 10.854/2021.

Na hipótese de haver consenso entre as partes, o mediador deverá lavrar a ata de mediação, que tem natureza de título executivo extrajudicial, nos termos do disposto no inciso

II, *in fine*, do *caput* do art. 784 da Lei n. 13.105, de 16 de março de 2015 — Código de Processo Civil. Na hipótese de não entendimento entre as partes, o mediador deverá:

I — encerrar o processo administrativo de mediação; e

II — lavrar a ata de mediação.

O Ministério do Trabalho e Previdência, entretanto, em qualquer situação, disporá de ferramentas eletrônicas ou digitais e de programas de fomento à composição individual e coletiva em conflitos trabalhistas que visem à redução da judicialização trabalhista.

Cabe anotar que a Lei n. 13.140, de 26 de junho de 2015, nos termos do parágrafo único do seu art. 42, não se aplica às relações de trabalho[6]. A despeito disso, o referido diploma, que trata da mediação como meio de solução de controvérsias entre particulares e sobre a autocomposição de conflitos no âmbito da administração pública, é fonte aplicável subsidiariamente no âmbito informativo e interpretativo, haja vista o teor do art. 8º da CLT e o tratamento principiológico dado à mediação como técnica de solução de conflitos.

22.1.1.2 Mediação e o conceito de negociação prévia suficiente

O TST entendia que uma eficiente negociação coletiva (exigida como pressuposto para o ajuizamento do dissídio coletivo) imporia o esgotamento de todas as tentativas de acordo, não somente promovidas por mediação, mas também por encontros direitos. Esse entendimento, entretanto, ruiu, haja vista a evidência de que a mediação conduz a um processo de ajuste entre as partes no mesmo nível gerado a partir dos contatos sem mediadores. Ademais, o texto constitucional refere-se apenas à recusa à negociação coletiva ou à arbitragem, e não a uma sequência de atos negociais que levariam à evidência da recusa desta ou daquela fórmula de solução de conflitos.

Exatamente por conta dessa evidência, o TST, em 16 de abril de 2004, cancelou a **Orientação Jurisprudencial 24 da SDC**[7], que desde 25 de maio de 1998 declarava insuficiente a negociação prévia realizada apenas em mesa-redonda perante a Delegacia Regional do Trabalho (hoje Superintendência Regional do Trabalho e Emprego).

Em boa hora foi cancelada a mencionada Orientação Jurisprudencial, porque na autocomposição assistida promovida perante a Superintendência Regional do Trabalho e Emprego somente se entende frustrada a tentativa de negociação depois de superada uma exauriente sequência de atos. Esta se inicia com a apresentação ou recebimento da pauta de reivindicações, avança pela realização da primeira reunião ou rodada de negociação direta e finda com a constatação da inexistência de consenso entre as partes sobre o conteúdo total ou parcial da pauta de reivindicações.

22.2 FÓRMULAS HETERÔNOMAS

As fórmulas heterônomas de solução dos conflitos coletivos caracterizam-se pela intervenção de um **terceiro imparcial que se insere na contenda para decidir o conflito**

---

6   **Art. 42.** Aplica-se esta Lei, no que couber, às outras formas consensuais de resolução de conflitos, tais como mediações comunitárias e escolares, e àquelas levadas a efeito nas serventias extrajudiciais, desde que no âmbito de suas competências. **Parágrafo único.** A mediação nas relações de trabalho será regulada por lei própria.

7   **Orientação Jurisprudencial 24 da SDC do TST.** Negociação Prévia Insuficiente. Realização de Mesa-Redonda Perante a DRT. Art. 114, § 2º, da CF/88. Violação. Inserida em 25-5-1998. Cancelada — *DJU*, 16-4-2004.

em lugar dos litigantes. Em meio a esses processos de solução por via heterônoma, surgem os conceitos de **arbitragem** e de **jurisdição**.

22.2.1 Arbitragem

Antes de o Estado avocar para si o monopólio da jurisdição, antes de ser dele a última palavra no ato de dizer o direito, a solução dos conflitos era promovida por integrantes das comunidades sociais em quem ambos os litigantes confiassem[8]. A decisão tomada por esse sujeito imparcial era, por costume, respeitada, e os que a ela se submetiam juravam se conformar. Mesmo diante da jurisdição estatal, a arbitragem conservou sua finalidade como fórmula de solução de conflitos, adotada, entretanto, na medida em que os próprios conflitantes a aceitassem.

22.2.1.1 Definição

A arbitragem é uma fórmula de solução de conflitos por via heterônoma por meio da qual um terceiro imparcial insere-se no conflito, por iniciativa dos litigantes e com arrimo em convenção por eles empreendida, não apenas para estimular-lhes a concórdia, mas também, e especialmente, para, sem a intervenção estatal, dirimir seus litígios embasados em direitos patrimoniais disponíveis[9].

22.2.1.2 Características

A partir da definição ora apresentada é possível extrair os seguintes caracteres, que tornam a arbitragem singular, diferente dos outros institutos a ela assemelhados:

• **Na arbitragem o terceiro imparcial insere-se no conflito não somente para estimular a aproximação entre os contendores, mas também para decidir o litígio entre eles.** Esse é um traço característico importante para distinguir a arbitragem da conciliação ou da mediação. Nessas fórmulas de solução de conflitos há também um terceiro, mas este se restringe a tentar aproximar os litigantes com o objetivo de levá-los à concórdia. Na arbitragem o terceiro vai além. Ele não somente tenta aproximar os litigantes, como também, no caso de insucesso da autocomposição assistida, dirime a contenda em lugar dos sujeitos em conflito.

• **Na arbitragem o terceiro imparcial é escolhido pelos próprios litigantes.** Essa característica distingue a arbitragem da jurisdição. Enquanto nesta um dos litigantes, geralmente o mais prejudicado, toma a iniciativa de despertar a jurisdição sem poder interferir na escolha do magistrado que decidirá o litígio (princípio do juiz natural), na arbitragem o terceiro imparcial é escolhido a partir do consenso dos contendores.

---

[8] CINTRA; GRINOVER; DINAMARCO. *Teoria geral do processo*. 13. ed. São Paulo: Malheiros, 1997, p. 22. Veja-se também o trecho da mesma obra, na p. 24: "As considerações mostram que, antes de o Estado conquistar para si o poder de declarar qual o direito no caso concreto e promover a sua realização prática (jurisdição), houve três fases distintas: a) a autotutela; b) arbitragem facultativa; c) arbitragem obrigatória. A autocomposição, forma de solução parcial dos conflitos, é tão antiga quanto a autotutela. O processo surgiu com a arbitragem obrigatória. A jurisdição, só depois".

[9] Pela clareza e pela completude, a definição de arbitragem oferecida por Carlos Alberto Carmona merece registro: "a arbitragem, de forma ampla, é uma técnica para solução de controvérsias através da intervenção de uma ou mais pessoas que recebem seus poderes de uma convenção privada, decidindo com base nesta convenção, sem intervenção do Estado, sendo a decisão destinada a assumir a eficácia de sentença judicial". CARMONA, Carlos Alberto. *A arbitragem no processo civil brasileiro*. São Paulo: Malheiros, 1993, p. 19.

• **Na arbitragem o terceiro imparcial recebe de uma convenção privada os poderes para agir e para decidir**. Os poderes de tentar conciliar e também de decidir são outorgados ao árbitro pelos sujeitos em conflito por meio de uma convenção privada. Esta pode preexistir ao conflito, ou pode ser celebrada em seu transcurso. Se ajustada antes do surgimento do conflito diz-se ativada a arbitragem por uma cláusula compromissória, ou seja, por uma convenção mediante a qual as partes comprometem-se a submeter-se a ora analisada fórmula de solução dos litígios eventualmente emergentes. Se a querela estiver acontecendo, as partes podem se valer do compromisso arbitral, que pode ser judicial (celebrado por termo, nos autos, perante o juízo ou tribunal onde tem curso a demanda) ou extrajudicial (celebrado por escrito particular, assinado por duas testemunhas, ou por instrumento público).

• **Na arbitragem não há intervenção estatal na decisão.** A solução por via arbitral é uma opção dos sujeitos em conflito que concordam quanto à modalidade de superação do impasse e quanto ao nome do árbitro ou do conselho arbitral que decidirá a questão. O Estado não intercede nas decisões arbitrais, mas apenas exige que elas sejam proferidas segundo regras constantes do sistema normativo.

• **Na arbitragem a decisão tem eficácia de sentença judicial.** De acordo com o disposto no art. 475-N, IV, do Código de Processo Civil/1973 (e o art. 515, VII, do CPC/2015), a sentença arbitral é equiparada ao título executivo judicial. Apesar de o árbitro ter a autoridade de certificar matérias de fato e de direito, ele não pode atuar no âmbito satisfativo, uma vez que o Judiciário tem o monopólio executivo de qualquer decisão. Assim, em caso de inexecução da sentença arbitral criadora de direitos coletivos trabalhistas, caberá ao interessado manejar, em face do Judiciário e por interpretação analógica, a ação de cumprimento prevista no art. 872 da CLT[10].

• **Na arbitragem são resolvidos apenas litígios relativos a direitos patrimoniais disponíveis.** Essa característica provém do art. 1º da Lei n. 9.307/96, segundo o qual "as pessoas capazes de contratar poderão valer-se da arbitragem para dirimir litígios relativos a direitos patrimoniais disponíveis". Entende-se por "direito patrimonial disponível" aquele de natureza material que, por força de lei, pode ser transacionado ou renunciado. Ver, nesse sentido, o disposto no art. 507-A da CLT.

22.2.1.3 Disciplina legal

A arbitragem é referida no texto constitucional unicamente no dispositivo que trata da instauração de dissídio coletivo (§ 2º do art. 114). Apesar disso, a lei que regulamenta a matéria — Lei n. 9.307/96 — foi omissa no tocante às relações coletivas de trabalho.

Note-se que, antes da edição do mencionado diploma legal, o uso da arbitragem também fora citado no texto da Lei n. 7.783/89 (greve)[11] e também no art. 23 da ora revogada Lei n. 8.630/93 (em matéria de serviços portuários)[12]. Depois da publicação da Lei n. 9.307/96, a

---

10 Exatamente nesse sentido, veja-se a opinião de Carlos Henrique Bezerra Leite, no seu *Curso de direito processual do trabalho*, 9. ed. São Paulo: LTr, 2011, p. 116.

11 Ver *caput* do art. 3º da Lei 7.783/89:

Art. 3º Frustrada a negociação ou verificada a impossibilidade de recurso via arbitral é facultada cessação coletiva do trabalho.

12 É importante deixar registrada a revogação total da Lei n. 8.630/93 pela Medida Provisória n. 595, de 6 de dezembro de 2012, que foi, enfim, convertida na Lei n. 12.815, de 5 de junho de 2013, e que igualmente reiterou o tratamento em matéria de arbitragem, visível nos seus arts. 37 e 62.

arbitragem foi mais uma vez referenciada em norma jurídico-trabalhista, especificamente na Lei n. 10.101/2000 (PLR)[13 e 14].

22.2.2 Jurisdição

Quando o diálogo cessa, surgem as pretensões resistidas. Cada um dos litigantes afirma-se titular de uma vantagem invocada, cabendo a um deles, geralmente ao mais prejudicado, a iniciativa de despertar o poder-dever de jurisdição do Estado.

A ativação da jurisdição dá-se, então, por meio de um instrumento informativo do conflito e das razões de quem se entende prejudicado, sem que se prescinda do direito de ouvir a parte contra quem foram apresentados os argumentos. Esse processo dialético, intermediado e administrado pelo Estado, que visa à solução do mencionado conflito de interesses, será, então, alimentado pelos fatos (ou pela interpretação de fatos) de uma relação dita material na sede de outra relação, intitulada processual.

22.2.2.1 Definição

A jurisdição é uma fórmula de solução de conflitos por via heterônoma por meio da qual o Estado-juiz, no exclusivo exercício de seu poder-dever de dizer o direito, soluciona uma disputa, atendendo à iniciativa de um dos litigantes.

22.2.2.2 Características

A partir da definição ora apresentada é possível extrair os seguintes caracteres, que tornam a jurisdição singular, diferente dos outros institutos a ela assemelhados:

• **Na jurisdição os litigantes deverão se conformar com o magistrado naturalmente investido para instruir e para julgar o conflito.** Ao contrário do que ocorre com a arbitragem, na qual os próprios litigantes escolhem quem decidirá o conflito, a jurisdição é caracterizada pelo princípio do juiz natural. Apesar de a atuação estatal ter sido acionada por um dos contendores, ambos deverão se conformar com o magistrado naturalmente investido para instruir e para julgar o conflito, salvo situações de suspeição ou de impedimento devidamente comprovadas, caso em que outro magistrado, igualmente regido pelo princípio do juiz natural, será investido.

• **Na jurisdição o magistrado não apenas estimula a conciliação, mas também, e principalmente, decide o conflito em lugar dos contendores.** Afinado com o compromisso de solucionar pacificamente as controvérsias (veja-se o preâmbulo do texto constitucional de 1988[15], o Judiciário tem não apenas o dever de dizer o direito, mas também o de "tentar, a qualquer tempo, conciliar as partes" (ver os arts. 125 do CPC/1973 e 359 do CPC/2015).

---

13 Ver art. 4º da Lei n. 10.101/2000:

Art. 4º Caso a negociação visando à participação nos lucros ou resultados da empresa resulte em impasse, as partes poderão utilizar-se dos seguintes mecanismos de solução do litígio: I — mediação; II — arbitragem de ofertas finais. § 1º Considera-se arbitragem de ofertas finais aquela em que o árbitro deve restringir-se a optar pela proposta apresentada, em caráter definitivo, por uma das partes. § 2º O mediador ou o árbitro será escolhido de comum acordo entre as partes. § 3º Firmado o compromisso arbitral, não será admitida a desistência unilateral de qualquer das partes. § 4º O laudo arbitral terá força normativa, independentemente de homologação judicial.

14 Anote-se que a Resolução n. 44/99 do Conselho Superior do Ministério Público do Trabalho dispõe sobre a atividade de arbitragem no âmbito do Ministério Público do Trabalho.

15 "Nós, representantes do povo brasileiro, reunidos em Assembleia Nacional Constituinte para instituir um Estado Democrático, destinado a assegurar o exercício dos direitos sociais e individuais, a liberdade, a segu-

• **Na jurisdição o magistrado tem o poder de dizer o direito e de executar o que por ele foi certificado.** O Estado é o único detentor do poder de apresar bens e de expropriá-los. A decisão jurisdicional, então, é completa e exauriente.

22.2.2.3 A jurisdição no conflito coletivo trabalhista

Quando se fala em conflito coletivo trabalhista e em insucesso da negociação coletiva ou da arbitragem para a solução do litígio, exsurge a figura do dissídio coletivo, mencionado na CLT como o último recurso para acomodar a conflituosidade entre o capital e o trabalho. Mas o que seria exatamente um dissídio coletivo?

Inicialmente, é importante esclarecer que a palavra "dissídio", muitas vezes referida no texto da CLT, significa não mais do que "divergência", "dissensão", "desavença". Assim, o "dissídio coletivo" é, em última análise, uma desavença, uma divergência entre os sujeitos coletivos[16] que, *em tese*, não mais permitiria imaginar a obtenção de uma solução por via amistosa, seja pela negociação coletiva direta, seja pela atuação persuasiva de mediadores, seja pela eleição de árbitros.

Parece relevante anotar, também, que, apesar de o exato sentido da palavra "dissídio" não se relacionar necessariamente com "ação judicial", essa variável semântica tem sido constantemente encontrada na prática forense. É muito comum ouvir dizer que o sindicato "ajuizou o dissídio coletivo" em vez de que o sindicato, por conta do dissídio coletivo, "ajuizou ação coletiva tendente a obter uma sentença que estabeleça novas e melhores condições de trabalho aplicáveis às relações individuais". Por uma adstrição à linguagem costumeira, até mesmo o legislador constitucional utilizou a imprecisa expressão "ajuizar dissídio coletivo" no art. 114 da Carta Magna[17].

Sendo o dissídio coletivo, em seu sentido específico, um desentendimento entre os sujeitos da relação coletiva, estariam disponíveis duas opções procedimentais: a primeira estaria na insistência pela autocomposição, tendo a classe trabalhadora em seu favor um instrumento de pressão extremamente poderoso: a greve. A segunda estaria na interferência do Estado, com o objetivo de dizer o que é "direito" e o que é "justo" para cada uma das partes conflitantes que não chegassem espontaneamente a um acordo. O ordenamento jurídico brasileiro, pela inspiração corporativa e para evitar entraves no sistema de produção, preferiu a segunda alternativa. Ao preferir o caminho da interferência, o Estado não apenas decidia o conflito, mas também impunha, por um juízo de equidade, novas condições laborais numa atuação *intra petita* (dentro dos limites do que foi pedido por uma parte e o que foi objeto de resistência da outra).

É importante lembrar que a Justiça do Trabalho foi constitucionalmente instituída **como organismo administrativo** pelo art. 122 da Carta de 1934, **com o poder coercitivo** que faltava às estruturas criadas alguns anos antes pelos Decretos n. 21.396/32 e 22.132/32 (este modificado pelo Decreto n. 24.742/34), que instituíram, respectivamente, as Comissões

---

rança, o bem-estar, o desenvolvimento, a igualdade e a justiça como valores supremos de uma sociedade fraterna, pluralista e sem preconceitos, fundada na harmonia social e **comprometida, na ordem interna e na ordem internacional, com a solução pacífica das controvérsias**, promulgamos, sob a proteção de Deus, a seguinte Constituição da República Federativa do Brasil".

16 Obviamente, o dissídio individual é a desavença ocorrida no âmbito das relações individuais de trabalho, diretamente entre empregado e empregador.

17 § 2º Recusando-se qualquer das partes à negociação coletiva ou à arbitragem, é facultado às mesmas, de comum acordo, ajuizar dissídio coletivo de natureza econômica, podendo a Justiça do Trabalho decidir o conflito, respeitadas as disposições mínimas legais de proteção ao trabalho, bem como as convencionadas anteriormente (redação dada ao parágrafo pela Emenda Constitucional n. 45, de 8-12-2004).

Mistas de Conciliação (para dirimir conflitos coletivos) e as Juntas de Conciliação e Julgamento (para resolver conflitos individuais).

A Constituição de 1937, num período de notáveis conturbações sociais, manteve a Justiça do Trabalho como órgão executivo e a fez responsável pela última palavra diante das contendas coletivas aqui analisadas. Não bastava, entretanto, dirimir o conflito coletivo segundo a sistemática adotada pelo Estado brasileiro; para ele era necessário atuar de forma a substituir a ação natural dos sujeitos coletivos, criando, em lugar deles (que não se autocompuseram), normas e condições de trabalho. Foi assim que surgiu o chamado "Poder Normativo da Justiça do Trabalho", de modo não muito explícito no corpo da própria CLT de 1943, em seus arts. 868 a 871. A Constituição de 1946, no § 2º do seu art. 123, foi mais clara ao prever que a lei especificaria os casos em que as decisões, nos dissídios coletivos, poderiam estabelecer (criar) normas e condições de trabalho.

O nome *"poder normativo"*, que não foi utilizado expressamente em nenhum dispositivo legal trabalhista, foi jurisprudencial e doutrinariamente criado a partir da combinação do vocábulo *"poder"*, numa alusão à própria jurisdição, que é um "poder-dever" do Estado, com a palavra *"normativo"*, em referência à força de norma jurídica que tem a sentença prolatada nessas circunstâncias. Na realidade, o mais acertado é dizer que a sentença proferida nos autos do processo em que houve dissídio coletivo tem poder normativo. Ora, por assim ser, denomina-se a referida decisão, por sua especial função legiferante, **"sentença normativa"**[18].

Anote-se que, ao julgar ou ao proferir sentenças normativas, os tribunais do trabalho, que atuam analogamente como legisladores, não podem, evidentemente, criar ou homologar condições de trabalho que o Supremo Tribunal Federal julgue iterativamente inconstitucionais. O TST firmou jurisprudência nesse sentido mediante a edição da Súmula 190[19]. A preocupação, aliás, é bem justificável, pois, conforme bem lembrado por Carlos Henrique Bezerra Leite, "a Justiça do Trabalho é o **único** ramo do Poder Judiciário que possui competência material para criar normas gerais e abstratas, destinadas às categorias profissionais ou econômicas" (destaque não constante do texto original)[20].

22.2.2.4 Classificação dos dissídios coletivos

Se o dissídio coletivo é um desentendimento entre os sujeitos da relação coletiva, é razoável classificar tais desavenças de acordo com sua natureza. Assim, o dissídio coletivo pode ser de natureza econômica (originários ou de revisão) ou de natureza jurídica, que, de certo modo, inclui a declaração sobre a paralisação do trabalho decorrente de greve.

Embora todo dissídio tenha lastro econômico e (também) jurídico, a classificação aqui é promovida pela tônica da discussão. Assim, o **dissídio de natureza econômica (ou de interesse)** é aquele em que predominam as contendas que dizem respeito à instituição de novas e melhores condições de trabalho aplicáveis às relações individuais. Esses dissídios podem ser originários (quando inexistentes ou em vigor normas e condições especiais de

---

18 Orientação Jurisprudencial 3 da SDC do TST. Arresto. Apreensão. Depósito. Pretensões Insuscetíveis de Dedução em Sede Coletiva. Inserida em 27-3-1998. São incompatíveis com a natureza e finalidade do dissídio coletivo as pretensões de provimento judicial de arresto, apreensão ou depósito.
19 Súmula 190 do TST. PODER NORMATIVO DO TST. CONDIÇÕES DE TRABALHO. INCONSTITUCIONALIDADE. DECISÕES CONTRÁRIAS AO STF. Ao julgar ou homologar ação coletiva ou acordo nela havido, o Tribunal Superior do Trabalho exerce o poder normativo constitucional, não podendo criar ou homologar condições de trabalho que o Supremo Tribunal Federal julgue iterativamente inconstitucionais.
20 BEZERRA LEITE, Carlos Henrique. *Curso de direito processual do trabalho*. 9. ed. São Paulo: LTr, 2011, p. 232.

trabalho, decretadas em sentença normativa) ou de revisão (quando destinados a reavaliar normas e condições coletivas de trabalho preexistentes, que se hajam tornado injustas ou ineficazes pela modificação das circunstâncias que as ditaram).

Contrariamente, o **dissídio de natureza jurídica (ou de interpretação)** é aquele em que prevalecem as discussões no tocante à aplicação ou à interpretação de normas preexistentes. Essas normas preexistentes não podem, entretanto, ser de caráter genérico, mas sim fontes criadas especificamente para disciplinar as relações coletivas entre os sujeitos em embate (cláusulas de sentenças normativas, de instrumentos de negociação coletiva, acordos e convenções coletivas, de disposições legais particulares de categoria profissional ou econômica e de atos normativos a estes correlatos). Esse, aliás, é o posicionamento do TST, por meio da **Orientação Jurisprudencial 7 da SDC**[21].

Não deixa de ser um dissídio de natureza jurídica, com tônica na interpretação de fatos, a ação coletiva que tem por objetivo a declaração sobre a paralisação do trabalho decorrente de greve.

22.2.2.5 Disciplina legal do exercício da jurisdição nos dissídios coletivos

A Emenda Constitucional n. 45/2004 operou algumas modificações no texto do originário § 2º do art. 114 da Carta da República. Onde estava escrito "podendo a Justiça do Trabalho estabelecer normas e condições", passou a constar "podendo a Justiça do Trabalho decidir o conflito"[22]. A despeito de a alteração ter atingido a expressão elementar que sempre esteve relacionada ao poder normativo — "estabelecer normas e condições" —, a nova redação do dispositivo deu aos sujeitos coletivos a faculdade de "ajuizar dissídio coletivo de natureza econômica", justamente aquele dissídio que objetiva a criação, alteração ou revisão das normas concernentes às condições gerais de trabalho.

Diante do imbróglio, o poder normativo da Justiça do Trabalho permaneceu existente, assim como toda a sistemática que diz respeito à ação coletiva produtora da sentença normativa, sendo essa a posição do TST na medida em que tratou do tema em seu Regimento Interno, publicado em 9-5-2008.

O tema aqui em análise tem, portanto, um sistema normativo que inclui não apenas o precitado § 2º do art. 114 da Constituição da República, mas também os arts. 856 a 875 da CLT e, com algumas adaptações, a Lei n. 4.725, de 13 de julho de 1965 (que estabelece normas para o processo dos dissídios coletivos), e a Lei n. 7.783/89 (que trata da greve). Com-

---

21 **Orientação Jurisprudencial 7 da SDC do TST.** Dissídio Coletivo. Natureza Jurídica. Interpretação de Norma de Caráter Genérico. Inviabilidade. Inserida em 27-3-1998. Não se presta o dissídio coletivo de natureza jurídica à interpretação de normas de caráter genérico, a teor do disposto no art. 313, II, do RITST.

Registre-se que a indicação feita ao Regimento Interno do TST é anacrônica. Veja-se o novo texto no site do próprio TST.

22 Observem-se, em cotejo, os textos originário e substituinte do § 2º do art. 114 da Constituição da República:

Texto originário:

§ 2º Recusando-se qualquer das partes à negociação ou à arbitragem, é facultado aos respectivos sindicatos ajuizar dissídio coletivo, podendo a Justiça do Trabalho estabelecer normas e condições, respeitadas as disposições convencionais e legais mínimas de proteção ao trabalho.

Texto substituinte (EC n. 45/2004):

§ 2º Recusando-se qualquer das partes à negociação coletiva ou à arbitragem, é facultado às mesmas, de comum acordo, ajuizar dissídio coletivo de natureza econômica, podendo a Justiça do Trabalho decidir o conflito, respeitadas as disposições mínimas legais de proteção ao trabalho, bem como as convencionadas anteriormente.

pletam o sistema de fontes disciplinadoras o Regimento Interno do TST e o dos TRTs, bem como seus precedentes normativos.

22.2.2.6 Instauração da ação coletiva que produz a sentença normativa

Conforme disposto no § 2º do art. 616 da CLT, no caso de persistir a recusa à negociação coletiva ou se malograr a negociação entabulada, é facultada aos sindicatos ou empresas interessadas a instauração de dissídio coletivo. Atente-se que, se houver convenção coletiva, acordo coletivo ou sentença normativa em vigor, o dissídio coletivo deverá ser instaurado dentro dos sessenta dias anteriores ao respectivo marco final, para que o novo instrumento possa ter vigência no dia imediato a esse termo. Na impossibilidade real de encerramento da negociação coletiva em curso antes do termo final a que se refere o art. 616, § 3º, da CLT, a entidade interessada poderá formular protesto judicial em petição escrita, dirigida ao Presidente do Tribunal, a fim de preservar a data-base da categoria. Deferida a medida, a representação coletiva será ajuizada no prazo máximo de trinta dias, contados da intimação, sob pena de perda da eficácia do protesto[23].

Nenhuma ação coletiva tendente a obter sentença que estabeleça novas e melhores condições de trabalho aplicáveis às relações individuais, entretanto, será admitida sem que antes se esgotem as medidas relativas à formalização da convenção ou do acordo coletivo correspondente. Em outras palavras, para produzir a sentença normativa há que ser observado o pressuposto processual de acesso previsto na primeira parte do § 2º do art. 114 da Constituição de 1988, qual seja, a demonstração de que houve recusa de qualquer das partes à negociação coletiva ou à arbitragem.

Desde a publicação da Emenda Constitucional n. 45/2004 criou-se um novo pressuposto de acesso ao dissídio coletivo: o do "comum acordo", porque a nova redação do § 2º do art. 114 da Constituição de 1988, além de reiterar a indispensabilidade de demonstração da recusa à negociação coletiva ou à arbitragem, previu que seria facultado aos sujeitos coletivos em litígio, desde que de "comum acordo", o ajuizamento de dissídio coletivo de natureza econômica.

Sobre o tema cabe dizer que, apesar de a citada Emenda Constitucional n. 45/2004 ter modificado a redação do § 2º do art. 114 da Constituição de 1988 para fazer constar o *"comum acordo"* dos contendores como pressuposto para o ajuizamento do dissídio coletivo, essa expressão não tem realmente a intenção de oferecer obstáculo à apreciação pelo Poder Judiciário de lesão ou de ameaça a direito, mas de criar um filtro de fortalecimento do diálogo social e uma menor intervenção do Judiciário, que, quando solicitado, atuaria não mais do que como um árbitro público.

Nesse sentido, aliás, também se posiciona Antônio Álvares da Silva, segundo o qual, isoladamente, nenhum sindicato poderá mais propor dissídio coletivo para obrigar a sua contraparte a se submeter a uma sentença normativa[24]. Citando voto da magistrada Marta Helfeld, salientou que o constituinte deixou extreme de dúvidas que o Estado somente interferiria no conflito coletivo de trabalho se as partes de *comum acordo* assim o desejassem ou em caso de greve em atividade essencial com possibilidade de lesão do interesse público, por iniciativa do Ministério Público do Trabalho. Para o citado mestre mineiro, o legislador da

---

23 Nesse sentido, veja-se dispositivo pertinente no Regimento Interno do TST, encontrável no site do TST.
24 SILVA, Antônio Álvares da. *Dissídio coletivo mediante acordo*. Belo Horizonte: RTM, p. 29-31.

Emenda Constitucional n. 45/2004, "influenciado pelos novos tempos e reconhecendo a necessidade da mudança para resguardo e favorecimento da liberdade sindical, mudou de posição para melhor e acrescentou a cláusula do comum acordo". Diz, por fim, que, "se uma nova lei não menciona palavras ou condições da anterior, ou acrescenta à nova palavras e condições antes inexistentes, é porque quis mudar e transformar".

Cabe lembrar aqui, por fim, que a Advocacia-Geral da União, ao prestar informações nos autos da Ação Direta de Inconstitucionalidade n. 3.392, deixou claro que, ao mencionar "comum acordo", o § 2º do art. 114 da Constituição *quis significar aquela situação em que ambas as partes enxergam a interferência judicial como a única forma restante de resolver o conflito*".

O Supremo Tribunal Federal pôs fim à discussão em junho de 2020. O Plenário da referida corte constitucional, na linha do que aqui foi sustentado, julgou constitucional o dispositivo que exige a anuência mútua das partes para o ajuizamento de dissídio coletivo trabalhista e atribui legitimidade ao Ministério Público do Trabalho (MPT) para ajuizar o dissídio em caso de greve em atividades essenciais. A decisão, por maioria, se deu no julgamento da Ação Direta de Inconstitucionalidade (ADI) 3.423.

O relator, Min. Gilmar Mendes, cujo voto foi triunfante, lembrou que a melhor forma de composição na resolução de conflitos coletivos deve privilegiar a normatização autônoma, evitando a imposição do poder estatal, assinalando que, "no contexto brasileiro, isso significa enfraquecer o poder normativo que era dado à Justiça do Trabalho e expandir os meios alternativos de pacificação, como a mediação e a arbitragem, mesmo que estatal".

Cabe referir uma exceção à exigência de comum acordo, conforme a jurisprudência da SDC do TST (TST-RO-10267-20.2014.5.18.0000, TST-RO-7425-82.2012.5.02.0000, TST-RO-2020800-24.2009.5.02.0000) e segundo a opinião de Rogério Neiva Pinheiro[25]: se não houver comum acordo para o ajuizamento do dissídio coletivo de natureza econômica, o caminho dos trabalhadores será o de dar andamento à greve e de aguardar que o ente patronal, se for o caso, ajuíze o dissídio coletivo de greve.

22.2.2.7 Procedimento da ação coletiva que produz a sentença normativa

A ação coletiva que visa à produção da sentença normativa (conhecida como dissídio coletivo) é instaurada mediante representação escrita dirigida ao Presidente do Tribunal, observados os pressupostos referidos no tópico anterior. Têm legitimação para tanto os sujeitos coletivos, aí incluídas as entidades sindicais[26], as empresas ou as associações patronais.

Excepcionalmente, nos moldes do § 3º do art. 114 da Constituição da República, e "em caso de greve em atividade essencial, com possibilidade de lesão do interesse público, o Ministério Público do Trabalho poderá ajuizar dissídio coletivo". Assim, a legitimação extraordinária somente é dada ao Ministério Público do Trabalho se se tratar de greve em atividade essencial. Se a greve for praticada em relação às atividades comuns, não se poderá falar em legitimação do *Parquet*.

Recebida e protocolizada a representação, e estando na devida forma, o Presidente do Tribunal designará a audiência de conciliação dentro do prazo de dez dias, determinando a

---

25 PINHEIRO, Rogério Neiva. A difícil vida do mediador de conflitos coletivos de trabalho. *Revista Consultor Jurídico*, 20 de abril de 2020. Disponível em: <https://www.conjur.com.br/2020-abr-20/rogerio-neiva-dificil-vida-mediador-conflitos-coletivos>. Acesso em: 5 dez. 2021.

26 Segundo o parágrafo único do art. 857 da CLT, "quando não houver sindicato representativo da categoria econômica ou profissional, poderá a representação ser instaurada pelas federações correspondentes e, na falta destas, pelas confederações respectivas, no âmbito de sua representação".

notificação dos dissidentes, observado o interstício mínimo de cinco dias entre a data da notificação e a data da audiência. Assinale-se ser facultado ao empregador fazer-se representar na audiência pelo gerente, ou por qualquer outro preposto que tenha conhecimento do dissídio coletivo, e por cujas declarações será sempre responsável.

Na audiência designada, comparecendo ambas as partes ou seus representantes, o Presidente do Tribunal as convidará para se pronunciarem sobre as bases da conciliação. Caso não sejam aceitas as bases propostas, o presidente submeterá aos interessados a solução que lhe pareça capaz de resolver o dissídio coletivo.

Havendo acordo, o Presidente o submeterá à homologação do Tribunal na primeira sessão. Não havendo acordo, ou não comparecendo ambas as partes ou uma delas, o Presidente submeterá o processo a julgamento, depois de realizadas as diligências que entender necessárias e depois de ouvido o Ministério Público do Trabalho.

Anote-se que, quando o dissídio coletivo ocorrer fora da sede do Tribunal, poderá o seu Presidente, se julgar conveniente, delegar à autoridade local (Juiz da Vara do Trabalho ou, não existindo tal unidade jurisdicional no território do conflito coletivo, o Juiz de Direito investido na jurisdição trabalhista) a atribuição de tentar conciliar. É do Tribunal, e não da autoridade delegada, a competência funcional para homologar o acordo.

Não havendo conciliação, a autoridade delegada encaminhará o processo ao Tribunal, fazendo exposição circunstanciada dos fatos e indicando a solução que lhe parecer conveniente. O Tribunal, então, uma vez conclusos os autos, julgará o processo coletivo e prolatará a sentença normativa.

A sentença normativa vigorará a partir da data de sua publicação, quando ajuizado o dissídio após o prazo do art. 616, § 3º, ou, quando não existir acordo, convenção ou sentença normativa em vigor, na data do ajuizamento; ou a partir do dia imediato ao termo final de vigência do acordo, convenção ou sentença normativa, quando ajuizado o dissídio no prazo do precitado art. 616, § 3º.

22.2.2.8 Extensão da sentença normativa

Em caso de dissídio coletivo de natureza econômica (aquele que tenha por motivo novas condições de trabalho), e no qual figure como parte **apenas uma fração dos empregados de uma empresa**, poderá o Tribunal competente, na própria decisão, independentemente de pedido, **estender** tais condições de trabalho, se, por equidade julgar a providência justa e conveniente **aos demais empregados da empresa que forem da mesma profissão dos dissidentes**. Nesse caso, o Tribunal fixará a data em que a decisão deve entrar em execução, bem como o prazo de sua vigência, o qual não poderá ser superior a quatro anos.

A sentença normativa poderá ser também estendida **a todos os empregados da mesma categoria profissional compreendida na jurisdição do Tribunal** por ato deste ou por solicitação de um ou mais empregadores, de qualquer sindicato destes, de um ou mais sindicatos de empregados ou, ainda, da Procuradoria da Justiça do Trabalho. Nesse caso — que envolve a extensão dos efeitos da sentença normativa para todos os empregados da mesma categoria profissional — será indispensável a tomada da concordância de três quartos dos empregadores e de três quartos dos empregados, ou dos respectivos sindicatos. A concordância do contingente ora mencionado será aferida mediante manifestação dos interessados nos autos do processo num prazo não inferior a trinta nem superior a sessenta dias. Ouvidos todos os interessados e a Procuradoria da Justiça do Trabalho, será o processo submetido ao julgamento do Tribunal, que, acolhendo a extensão, marcará a data em que ela deva entrar em vigor.

Adite-se, com base na **Orientação Jurisprudencial 2 da SDC do TST**, ser inviável a extensão das condições constantes de acordo homologado nos autos de dissídio coletivo às partes que não o subscreveram, exceto se observado o procedimento aqui exposto[27].

22.2.2.9 Cumprimento da sentença normativa

A sentença normativa, como o próprio nome sugere, tem natureza jurídica de norma, valendo como se lei fosse. Sua aplicabilidade está, porém, limitada aos sujeitos coletivos dela constantes, incluídos aqueles que a ela se submetem por força de extensão judicial.

Assim, uma vez prolatada, a sentença normativa passa a valer como fonte de direito, sendo passível de invocação por seus destinatários, independentemente do trânsito em julgado. Esse, aliás, é o firme posicionamento do TST, segundo o qual "é dispensável o trânsito em julgado da sentença normativa para a propositura da ação de cumprimento"[28].

Se, por conta de recurso, for excluída da sentença normativa cláusula que serviu de base para direito exigido judicialmente, essa execução será extinta. Esse é o posicionamento contido na **Orientação Jurisprudencial 277 da SDI-1 do TST**, segundo a qual "a coisa julgada produzida na ação de cumprimento é atípica, pois dependente de condição resolutiva, ou seja, da não modificação da decisão normativa por eventual recurso. Assim, modificada a sentença normativa pelo TST, com a consequente extinção do processo, sem julgamento do mérito, deve-se extinguir a execução em andamento, uma vez que a norma sobre a qual se apoiava o título exequendo deixou de existir no mundo jurídico". Os meios processuais aptos para atacar a execução da cláusula reformada serão a exceção de pré-executividade e o mandado de segurança[29], no caso de descumprimento dos arts. 572 do CPC/1973 e 514 do CPC/2015[30].

Anote-se, por fim, que, sendo os instrumentos coletivos negociados também normas jurídicas, seu cumprimento, tal qual o das sentenças normativas, pode ser invocado pelo sindicato, sendo este o posicionamento constante da Súmula 286 do TST[31].

---

27 **Orientação Jurisprudencial 2 da SDC do TST.** Acordo Homologado. Extensão a partes não subscreventes. Inviabilidade. Inserida em 27-3-1998. É inviável aplicar condições constantes de acordo homologado nos autos de dissídio coletivo, extensivamente, às partes que não o subscreveram, exceto se observado o procedimento previsto nos arts. 868 e seguintes da CLT.

28 **Súmula 246 do TST.** AÇÃO DE CUMPRIMENTO. TRÂNSITO EM JULGADO DA SENTENÇA NORMATIVA. É dispensável o trânsito em julgado da sentença normativa para a propositura da ação de cumprimento (Res. 15/85, *DJ*, 9-12-1985).

29 Veja-se a Súmula 397 do TST:

Súmula 397 do TST. AÇÃO RESCISÓRIA. ART. 485, IV, DO CPC. AÇÃO DE CUMPRIMENTO. OFENSA À COISA JULGADA EMANADA DE SENTENÇA NORMATIVA MODIFICADA EM GRAU DE RECURSO. INVIABILIDADE. CABIMENTO DE MANDADO DE SEGURANÇA (conversão da Orientação Jurisprudencial n. 116 da SDI-II). Não procede ação rescisória calcada em ofensa à coisa julgada perpetrada por decisão proferida em ação de cumprimento, em face de a sentença normativa, na qual se louvava, ter sido modificada em grau de recurso, porque em dissídio coletivo somente se consubstancia coisa julgada formal. Assim, os meios processuais aptos a atacarem a execução da cláusula reformada são a exceção de pré-executividade e o mandado de segurança, no caso de descumprimento do art. 572 do CPC (ex-OJ n. 116 — *DJ*, 11-8-2003).

30 **Art. 572 do CPC.** Quando o juiz decidir relação jurídica sujeita à condição ou termo, o credor não poderá executar a sentença sem provar que se realizou a condição ou que ocorreu o termo.

31 **Súmula 286 do TST.** SINDICATO. SUBSTITUIÇÃO PROCESSUAL. CONVENÇÃO E ACORDO COLETIVOS — REDAÇÃO DADA PELA RES. 98/2000, *DJ*, 18-9-2000. A legitimidade do sindicato para propor ação de cumprimento estende-se também à observância de acordo ou de convenção coletivos.

Histórico: Redação original — Res. 19/88, *DJ*, 18-3-1988.

FÓRMULAS PARAETERÔNOMAS E HETERÔNOMAS DE SOLUÇÃO DOS CONFLITOS COLETIVOS

VÍDEOS INFORMATIVOS:
- Vídeo de abertura da obra
- Vídeo sobre cada um dos capítulos
- Vídeo explicativo de temas encontrados em capítulos

TEXTOS COMPLEMENTARES:
- Texto ampliado
- Texto sintético

MATERIAIS DE APOIO PARA PROFESSORES E ALUNOS:
- *Slides* do capítulo
- Questões discursivas do capítulo
- Questões de concurso comentadas

23
PARALISAÇÃO COLETIVA DO TRABALHO

https://somos.in/CTD14

23.1 GREVE

Num excelente estudo sobre a greve, o Professor Ronald Amorim e Souza identificou a etimologia do instituto com base em pesquisas realizadas por Marc Moreau. Segundo suas assertivas, "a palavra greve tem origem latina", muito provavelmente ligada à ideia de peso, carga, relutância, resistência, mas "chegou à língua francesa pelo vocábulo *gravier*, que, em português, vem a ser saibro, areia, passando à palavra *grève* com este e o sentido, extensivo, de praia"[1]. Daí foi forjada a denominação de um logradouro parisiense, às margens do rio Sena, chamado Place de Grève, hoje Place de l'Hôtel-de-Ville.

Na referida Place de Grève, assim intitulada por conta das proximidades da praia feita de cascalho e areia, edificou-se um porto para carga e descarga de mercadorias, tornando-se um lugar de encontros entre os que ofereciam sua força laboral e aqueles que dela precisavam. Além de ser um ambiente para encontros e negócios, a Place de Grève servia aos trabalhadores como espaço para troca de experiências e para suas manifestações de insatisfação. Se eles se insurgiam contra seus empregadores em busca de melhores condições de trabalho, era para lá que se dirigiam e era lá que refletiam sobre as estratégias de pressão contra o patronato. Quando perguntavam onde estavam os trabalhadores, a resposta era imediata: eles estão em Grève!

A expressão "estar em greve" passou a ser entendida, então, tal qual nos velhos tempos, como um afastamento da atividade laboral para refletir taticamente sobre a forma de conquistar melhorias na vida laboral e para aguardar propostas contemporizadoras do impasse, capazes de arrefecer os ânimos e de pôr fim ao conflito.

Como se pode observar, o direito brasileiro e também o português adotaram a palavra francesa "greve" com o sentido ora revelado. Em outros ordenamentos jurídicos, apesar da opção por vocábulos diferentes, há sempre a evidência dos sentimentos tônicos do instituto, que perpassam ora a ideia de afastamento, ora a de força, de ataque. Em **espanhol** o movimento é denominado *huelga*, que etimologicamente significa "folga", "sem trabalho"; em **italiano** diz-se *sciopero*, de *scioperare* ou *ex operari*, sem operários; em **inglês**, fala-se *strike*, indicando golpe, ataque, investida, o mesmo ocorrendo em **alemão**, onde se diz *streik*.

23.1.1 Referenciais históricos mundiais

Antes da concentração operária nas cidades, as paralisações laborais eram isoladas e desorganizadas. As manifestações paredistas partiam de coalizões operárias, que normalmente eram entendidas como uniões conspiratórias contra as quais agiam concedentes de oportunidades de trabalho e Estado.

---

1 SOUZA, Ronald Amorim e. *Greve e locaute*. São Paulo: LTr, 2007, p. 25.

Na Europa, as corporações materializavam a ideia da coalizão porque, como bem ressaltou Ronald Amorim na obra precitada, elas "impunham, por juramento, que seus membros se comprometessem à ajuda mútua, à obediência aos chefes ou superiores, às práticas religiosas e à defesa dos interesses comuns, individuais ou coletivos". As corporações para assegurar os benefícios de seus membros controlavam o mercado produtor, limitavam o número de novos ingressos e resguardavam as técnicas de suas atividades. O desabrimento da sociedade quanto a essa instituição as tornou proibidas sob o fundamento de que violavam a liberdade do exercício das profissões. Em nome dessa postura de intolerância foram sancionados dois importantes atos: a Lei *Le Chapelier* (1791, França) e o *Combination Act* (1799, Inglaterra), ambos impeditivos do associativismo laboral, que tiveram seu ponto culminante com a criminalização das coalizões operárias pelo Código Penal Napoleônico (1810, França) e pelo enquadramento do sindicalismo como crime de sedição (conspiração) pelo *Sedition Meeting Act* (1817, Inglaterra).

Como leis não são capazes de obstaculizar fatos, as coalizões continuaram a ser praticadas, e o Estado entendeu que seria melhor disciplinar o associativismo que simplesmente negá-lo. Assim, na Inglaterra, a Lei de *Francis Place* (1824) acabou com o caráter delituoso do associativismo operário e da greve. Quase cinquenta anos mais tarde, certamente por influência da doutrina social emergente (1848, Manifesto Comunista), o *Trade Union Act* (1871, Inglaterra) atribuiu personalidade jurídica às associações profissionais e patronais, outorgando-lhes autonomia organizacional interna. A França revogou a Lei Chapelier por meio da Lei Waldeck-Rousseau (1884) e, por meio dela, regulamentou o associativismo, até então reprimido ou, em alguns momentos, tolerado. Na Itália, o Vaticano também se posicionou favorável às soluções pacíficas dadas aos conflitos sociais, culminando com a edição da Encíclica *Rerum Novarum* pelo Papa Leão XIII, em 15 de maio de 1891.

O século XX consagrou os direitos sociais em importantes documentos, inclusive em textos constitucionais (Querétaro, 1917, e Weimar, 1919) e em tratados internacionais (Versailles, 1919). A liberdade de coalizão passou a ser reconhecida, conquanto, em situações pontuais, fosse uma das primeiras garantias tolhidas.

23.1.2 Referenciais históricos brasileiros

No Brasil, o instituto da greve cumpriu a mesma trajetória histórica mundial, passando por momentos de proibição, tolerância e reconhecimento. De início, anote-se que registros remotos indicam que as corporações de ofício também foram proibidas, estando a vedação inserta na Constituição do Império (1824, inciso XXV, art. 179).

O Código Penal de 1890, de 11 de outubro de 1890, em seu art. 206, previa pena de prisão celular de um a três meses para quem *causasse ou provocasse* "a cessação do trabalho, para impor aos operários ou patrões aumento ou diminuição de serviço ou salário". Campanhas do partido operário, entretanto, levaram o governo a suprimir o disposto no art. 206 do citado Código, mediante a publicação do Decreto n. 1.162, de 12 de dezembro de 1890, que descriminalizou a conduta, salvo no tocante às manifestações violentas dela decorrentes. O tema não foi abordado na primeira Constituição republicana, tampouco na Carta de 1934.

Apesar da descriminalização dos movimentos paredistas, sabe-se que o medo da revolução social, nos moldes daquela que instalou o comunismo na Rússia em 1917, fez com que os governos se ocupassem em arrefecer os conflitos sociais mediante atuação estatal que evitasse o confronto social. A década de 30, no Brasil, foi marcada por esse traço característico, tendo o governo Vargas oferecido por meio de fontes heterônomas tudo aquilo que entendia passível de reivindicação da classe trabalhadora. A intenção era acomodar eventuais levantes, retirando da classe trabalhadora a oportunidade de negociar coletivamente.

Como a atuação não foi capaz de eliminar os focos de resistência, foi publicada em 1935 a Lei de Segurança Nacional (Lei n. 38, de 4-4-1935), que, por conta de sua severidade, foi conhecida como "Lei Monstro". De 1935 a 1937 o País esteve envolvido em atos de "comoção interna grave", com a decretação de suspensão das garantias constitucionais. O ápice da conturbação social ocorreu em 10 de novembro de 1937, quando Getúlio Vargas outorgou uma nova Constituição, passou a legislar mediante decretos-leis, e se manteve no poder até 29 de outubro de 1945, dia em que foi deposto.

A Constituição de 1937 declarou, em seu art. 139, que "a greve e o *lock-out* seriam recursos antissociais nocivos ao trabalho e ao capital e incompatíveis com os superiores interesses da produção nacional", caminho no qual seguiram os Decretos-Leis n. 431, de 18 de maio de 1938, 1.237, de 2 de maio de 1939, e 2.848, de 7 de dezembro de 1940 (que instituiu o Código Penal brasileiro). É importante anotar que a própria CLT (também decreto-lei), nos arts. 723 e 724, guardava em si a intolerância quanto ao movimento grevista, máxime quando fosse praticado contra interesses públicos.

A despeito do texto constitucional na época vigente (o de 1937), o Decreto-Lei n. 9.070/46 admitia a greve nas atividades acessórias. Com a promulgação da Constituição de 1946, o instituto ora analisado passou a ser reconhecido como direito laboral, apesar de condicionado seu exercício à regulamentação por lei originária (art. 158). A regulamentação somente ocorreu com a Lei n. 4.330, de 1º de junho de 1964. Esse texto legislativo, entretanto, impunha tantas limitações para a greve que era mais descumprido do que acatado.

A Constituição de 1967, em seu art. 158, XXI, reiterou o reconhecimento do direito de greve, restringindo-a, entretanto, ao setor privado. Não era permitida, portanto, a greve nos serviços públicos ou em atividades essenciais.

A Constituição de 1988, de inegável cunho democrático, admitiu, como se verá detalhadamente nos tópicos a seguir expendidos, o direito de greve para os trabalhadores do setor privado e para os servidores públicos **civis**, conquanto o vedasse para os servidores públicos militares e integrantes das forças armadas.

Poucos meses depois da promulgação da Constituição de 1988 a matéria relacionada à greve foi regulamentada, inicialmente por medidas provisórias (n. 50/89 e 59/89) e depois por meio da Lei n. 7.783/89, que será muitas vezes referenciada neste capítulo.

23.1.3 Definição

A greve é um instituto de complexa definição, porque um de seus caracteres substanciais — a natureza jurídica — depende de múltiplas perspectivas, notadamente da visão que lhe é atribuída pelo sistema jurídico de cada país[2]. Dessa forma, como bem destacado por Márcio Túlio Viana, "a greve tem sido tratada ora como delito, ora como liberdade, ora como direito — e nem sempre nessa sequência histórica. Nos Estados democráticos modernos, a tendência é considerá-la um direito fundamental. E é natural que assim seja, já que ela dá vida e eficácia a outros direitos (como o salário) tão fundamentais quanto ela"[3].

Não fosse apenas isso, toda tentativa de definição de um instituto importa o estabelecimento de limites a suas manifestações reais. Como bem sustentou o professor português Antônio Monteiro Fernandes, "definir greve [...] é sempre restringir o direito de greve"[4]. De fato, pode-se formar um trocadilho no sentido de que qualquer definição de greve a tornará

---

2 Para obter uma visão comparativa do instituto da greve, recomenda-se a leitura de *Liberdade sindical e direito de greve no direito comparado*, de Georgenor de Sousa Franco Filho (São Paulo: LTr, 1992).
3 VIANA, Márcio Túlio. Conflitos coletivos de trabalho. *Revista do TST*. Brasília, v. 66, jan./mar. 2000, p. 125.
4 FERNANDES, Antônio Monteiro. *Direito de greve — notas e comentários à Lei 65/77, de 22 de agosto*. Coimbra: Almedina, p. 17.

menos grave. Entretanto, o risco de tornar menos extenso e menos pungente o direito de greve há de ser assumido na perspectiva acadêmica, mesmo porque, como fenômeno indomável, não há como detê-lo nem como submetê-lo a lindes conceituais no instante em que se manifesta.

Nesses moldes, considerados os contornos do ordenamento jurídico brasileiro, a greve pode ser definida como um *direito fundamental que legitima a paralisação coletiva de trabalhadores realizada de modo concertado, pacífico e provisório, como instrumento anunciado de pressão para alcançar melhorias sociais ou para fazer com que aquelas conquistas normatizadas sejam mantidas e cumpridas.*

O legislador ordinário, partindo da ideia de que a greve é um direito, preferiu defini-la em conformidade com seus atributos, vale dizer, como "a suspensão coletiva, temporária e pacífica, total ou parcial, de prestação pessoal de serviços a empregador" (veja-se o art. 2º da Lei n. 7.783/89).

23.1.4 Disciplina legal

A greve está prevista no **Capítulo II (Dos Direitos Sociais) do Título II (Dos Direitos e Garantias Fundamentais) da Constituição de 1988**. Ali, no art. 9º, há previsão no sentido de que a greve é um direito fundamental assegurado e que cabe aos trabalhadores — seus únicos titulares — decidir sobre a oportunidade de exercê-lo e sobre os interesses que devam por meio dele defender. Como todo direito é potencialmente suscetível de abuso — e como todo abuso torna ilícita quanto à extensão uma situação lícita quanto ao conteúdo —, o legislador constitucional entendeu que deveria lembrar, no § 2º do citado art. 9º, que os abusos cometidos sujeitariam os responsáveis às penas previstas em lei. Do mesmo modo, ressaltou que lei ordinária definiria os serviços ou atividades essenciais e disporia sobre o atendimento das necessidades inadiáveis da comunidade.

Para regulamentar o instituto da greve foi emergentemente publicada a **Medida Provisória n. 50, em 27 de abril de 1989**, e, em seguida, a **Medida Provisória n. 59, em 26 de maio de 1989**. Alguns meses depois, a referida medida provisória, com múltiplas alterações, cedeu espaço à **Lei n. 7.783, em 28 de junho de 1989**. A incomum celeridade do Congresso Nacional para deliberação e aprovação da norma disciplinadora da greve no serviço privado deveu-se à preocupação dos setores econômicos em estabelecer fronteiras para o exercício dessa peculiar forma de autotutela.

O texto constitucional previu, ainda, em seu art. 37, VII, o direito de exercício da greve para os servidores públicos. Destaque-se que, originariamente, a Carta da República previa que esse direito seria exercido "nos termos e nos limites definidos em lei complementar". Por conta das dificuldades de votação de um tema tão delicado mediante lei complementar, cujo *quorum* é qualificado, e para facilitar a aplicação analógica da Lei n. 7.783/89, a Emenda Constitucional n. 19/98 modificou a redação do referido inciso, passando a prever que o direito de greve seria exercido "nos termos e nos limites definidos em lei específica", de natureza ordinária, e não mais complementar.

Para finalizar a regência constitucional do instituto ora analisado, a Constituição deixou claro que "ao militar são proibidas a sindicalização e a greve" (art. 142, IV) e o fez sob o fundamento de que o "poder" não pode ser ameaçado por seus elementos constitutivos; porque esse ataque interno é capaz de produzir perturbações sensíveis em todo o organismo estatal.

23.1.5 Características

Na lição de Tarso Genro, citado por Márcio Túlio Viana, a greve se escora num trinômio: "ruptura da normalidade da produção; prejuízo para o capitalista; proposta de restabelecimento da normalidade rompida"⁵. Assim, de fato, é. O trinômio permite a captura dos atributos específicos da greve, capazes de identificá-la entre outros objetos assemelhados a partir dos seguintes traços fisionômicos distintivos colhidos da definição expendida no item 23.1.3.

23.1.5.1 Coletivismo

O coletivismo é um atributo essencial à greve, uma vez que os movimentos paredistas assim intitulados precisam necessariamente decorrer de um ato de interesse coletivo[6]. Se assim não for, e se o movimento não tiver a força de promover a ruptura da normalidade da produção, o ato jurídico praticado não poderá ser identificado como greve, mas no máximo como uma tentativa de greve.

A greve, apesar de ser um movimento coletivo, pode não abarcar a totalidade dos trabalhadores potencialmente envolvidos, caso em que será meramente parcial. Quando a sensibilização alcançar todos, ter-se-á, então, uma greve total.

Os eventos que não constituam paralisações coletivas não poderão ser reconhecidos como ato de grevismo, mas apenas de paragrevismo, por exemplo, a "operação tartaruga", assim entendida a prestação dos serviços em ritmo intencionalmente lento, ou a "operação rodízio", que, promovendo paralisações curtas e repetidas em diferentes setores da empresa, objetiva tumultuar o processo produtivo.

23.1.5.2 Trabalhismo

Para ser greve não basta ser uma paralisação coletiva. É indispensável que seja uma paralisação coletiva de trabalhadores[7]. Apesar de o vocábulo "greve" ser muito comumente utilizado para identificar determinados eventos de privação sem relação direta com o trabalho, como a "greve de fome" ou a "greve de sexo", esses atos comportamentais nada têm da autêntica greve, observado, evidentemente, o sentido técnico da expressão.

23.1.5.3 Concertação

A greve é uma decisão que decorre de atos racionais, adrede organizados, porque visam fins igualmente racionais. A deliberação sobre a paralisação coletiva do trabalho, aliás, presume a existência de uma pauta de reivindicações e de balizas para a negociação. Não há, portanto, como imaginar a existência de uma greve sem comando, sem um centro de direção. O art. 4º da Lei n. 7.783/89 é indicativo dessa característica do instituto ora em análise. Veja-se:

Art. 4º Caberá à entidade sindical correspondente convocar, na forma do seu estatuto, assembleia geral que definirá as reivindicações da categoria e deliberará sobre a paralisação coletiva da prestação de serviços.

§ 1º O estatuto da entidade sindical deverá prever as formalidades de convocação e o quorum *para a deliberação, tanto da deflagração quanto da cessação da greve.*

§ 2º Na falta de entidade sindical, a assembleia geral dos trabalhadores interessados deliberará para os fins previstos no caput, *constituindo comissão de negociação.*

---

5 VIANA, Márcio Túlio. Op. cit., p. 127.

6 Veja-se esse elemento caracterizador no art. 2º da Lei n. 7.783/89, *in verbis*:
Art. 2º Para os fins desta Lei, considera-se legítimo exercício do direito de greve **a suspensão coletiva**, temporária e pacífica, **total ou parcial**, de prestação pessoal de serviços a empregador (destaques não constantes do original).

7 Mais uma vez veja-se o art. 2º da Lei n. 7.783/89 e perceba-se que na conceituação ali inserta há referência à "suspensão **coletiva** [...] de prestação pessoal de serviços a empregador" (destaques não constantes do original).

Perceba-se que, mesmo quando inexistente a entidade sindical, a assembleia geral dos trabalhadores interessados, órgão supremo de deliberação, terá a missão de constituir uma comissão para analisar as propostas contemporizadoras do impasse. Enfim, como bem ressaltou o Professor José Augusto Rodrigues Pinto, "a greve se apoia, fundamentalmente, em planejamento, e este não pode existir sem capacidade de organização. É a preparação que exige o exercício dessa capacidade, pois uma paralisação desordenada sofre condenação prévia ao insucesso"[8].

23.1.5.4 Pacifismo

As armas da greve são unicamente *a paralisação coletiva do trabalho*, dotada do propósito de turbar a normalidade produtiva e, assim, levar o empregador a prejuízo, *e o diálogo*, que aviará propostas de restabelecimento da normalidade rompida. Além e fora desse limite, a greve, segundo dispõe o ordenamento jurídico brasileiro, não será um movimento legítimo e, por extrapolação, será entendida como ato abusivo.

Por falar em ato abusivo, não é greve, mas execução ilícita da greve, a **sabotagem**, caracterizada por atos intencionalmente preparados para causar danos às instalações, equipamentos ou produtos da empresa.

Nesse particular, é útil informar que a palavra "sabotagem" surgiu na segunda metade do século XIX, na França, e rapidamente passou a indicar uma ação danificadora intencional e clandestina.

Para entender bem a sua origem etimológica, cabe observar que ela provém de *sabot*, que em francês significa tamanco, aquele calçado rústico cujo solado é feito de madeira e que se caracteriza pelo peso e pelo ruído intenso durante a caminhada.

Alguns etimólogos dizem que o simples uso dos tamancos que destruíam jardins já era o suficientes para formar a ideia de devastação trazida no verbo *saboter*. Outros, porém, sustentam que, em virtude dos debates entre industriais e operários, alguns desses, especialmente os mais exaltados, em atitudes vingativas pelo não atendimento de suas pretensões, lançavam os seus tamancos *(sabots)* dentro das máquinas, causando, assim, o arrasamento das engrenagens e, consequentemente, a inviabilização da produção. Com tamancos ou sem tamancos, esse, aliás, era o comportamento adotado pelos chamados "ludistas" ou "luditas", simpatizantes do **ludismo**[9], um movimento de trabalhadores ingleses do ramo de fiação e tecelagem, ativo desde o ano de 1810, que se notabilizou pela destruição de máquinas como forma de protesto.

Na acepção verbal, a ação de lançar os tamancos, ou qualquer outro objeto, passou a ser referida como *sabotage*, traduzida para várias línguas, sem muita variação, podendo ser destacados, no particular, os vocábulos *sabotage*, em inglês e em alemão; *sabotaje*, em espanhol; *sabotaggio*, em italiano; e *sabotagem*, em português.

Como um indicativo claro de que a palavra surgiu nas mencionadas circunstâncias e no referido tempo, o verbo *saboter* já era encontrado no *Dictionnaire de la langue française* de Émile Littré, em 1873. Em 1897, Emile Pouget, um conhecido sindicalista e anarquista, falava numa "action de saboter un travail" (ação de sabotar um trabalho) no periódico *Le Père Peinard* e, mais adiante, num livro chamado *Le sabotage*.

---

8 PINTO, José Augusto Rodrigues. *Tratado de direito material do trabalho*. São Paulo: LTr, 2007, p. 887.
9 O nome "ludismo" provém do suposto Ned Ludd, um aprendiz inglês contrário ao regime de trabalho nas máquinas de tecelagem, que teria sido punido por falta de empenho e que, por isso, revidou destruindo o maquinário patronal com um martelo. Sua atuação foi simbólica e atraiu seguidores, conforme HAMMOND, J. L.; HAMMOND, Barbara. *The Skilled Labourer, 1760-1832*. 1919. London: Longmans, Green and co. p. 259. Disponível em: <https://archive.org/details/skilledlabourer00hammiala/page/310/mode/2up>.

Como um comportamento igualmente não pacifista, mas com características de menor impetuosidade, encontra-se, como ato de paragrevismo, o *boicote*.

O verbo "boicotar" identifica a conduta intencional de recusar e/ou de tentar impedir qualquer tipo de transação com pessoa ou instituição que desenvolva uma determinada ação contra a qual se dirigem protestos. É, em última análise, uma forma de sensibilizar o alvo e de, mediante campanhas de isolamento, forçá-lo a alterar um comportamento entendido como censurável.

Mas de onde provém a palavra "boicote"?

O substantivo "boicote", assim como o verbo "boicotar", surgiu na Irlanda no último quartel do século XIX. As referidas palavras foram criadas para aludir ao capitão Charles Boycott, aposentado do exército e contratado como administrador de terras para o terceiro conde de Erne, John Crichton.

Diante do recebimento das intimações das ações de despejo manejadas por Charles Boycott, os inquilinos, irritados, decidiram iniciar uma campanha de isolamento social contra o referido administrador e contra qualquer um que trabalhasse em favor dele. Em setembro de 1880, então, todos os empregados de Boycott o abandonaram a pedido da Liga da Terra. Tudo parou. Ninguém trabalhou em seus campos; os lojistas recusaram-se a lhe vender qualquer coisa. Suas safras estavam amadurecendo, mas não havia ninguém para colhê-las. A dura campanha de isolamento fez Boycott mudar-se para Dublin, onde, ainda assim, foi recebido com hostilidades.

A obra *The fall of feudalism in Ireland*, de Michael Davitt, revela que as palavras "boicote" e "boicotar" foram, em verdade, engenhadas pelo Padre John O'Malley, do condado de Mayo, justamente para representar o ostracismo a que foi levado o referido capitão. Em poucas semanas, o nome de Boycott estava em toda parte, a generalizar-se como a mais perfeita tradução das campanhas de isolamento.

23.1.5.5 Provisoriedade

Toda greve é necessariamente provisória, embora por vezes seja mantida por tempo indeterminado. Essa indeterminação do tempo de duração sinaliza a intenção de afastamento das atividades laborais até que alguma proposta seja oferecida. O aviso público de manutenção da paralisação é mais um elemento de pressão diretamente dirigido contra o empregador e indiretamente oposto contra a sociedade.

O prolongamento dessa paralisação, entretanto, atua mais fortemente contra os interesses operários. Sendo o trabalho o fundamento de suas existências, não há dúvida de que a suspensão do contrato de emprego (e, consequentemente, da obrigação patronal de pagar salários) é fato preocupante. Quanto mais tempo durar a greve, mais fragilizados ficam os trabalhadores envolvidos.

23.1.5.6 Preanunciação

A greve é o recurso de que se valem os trabalhadores quando lhes faltam alternativas de diálogo. Como bem destacou o legislador ordinário no *caput* do art. 3º da Lei n. 7.783/89, somente depois de frustrada a negociação ou de verificada a impossibilidade de recurso via arbitral é que se faculta a paralisação coletiva do trabalho. Exatamente por isso, **não existem, em regra, greves deflagradas por ato de surpresa**. Elas são fruto de um processo de tentativas de aproximação com o segmento patronal. Diante desse quadro, "a entidade patronal correspondente ou os empregadores diretamente interessados serão notificados, com antecedência mínima de quarenta e oito horas, da paralisação".

Na greve em serviços ou atividades essenciais, consoante o art. 13 da precitada norma legal, "ficam as entidades sindicais ou os trabalhadores, conforme o caso, obrigados a comunicar a decisão aos empregadores e aos usuários com antecedência mínima de setenta e duas horas da paralisação".

Iniciada a greve, depois de pré-avisados os potencialmente prejudicados, terá início um período de pressões contra os empregadores. Levá-los a prejuízo é uma estratégica legitimada que visa, fundamentalmente, a aproximação e o fortalecimento do diálogo perdido.

Excepcionalmente, a greve pode vir a ser deflagrada e iniciada imediatamente, **sem preanunciação**. Essa situação que foge à regra é constatável diante das chamadas "greves ambientais", ou sejas, das paralisações que visam garantir a sanidade do meio ambiente de trabalho, seja para prevenir acidentes, seja para evitar que consequências adicionais atinjam mais trabalhadores do que o contingente já alvejado.

A greve ambiental encontra respaldo na Convenção n. 155 da OIT, em seus art. 13 e 19, alínea "f", nos seguintes termos:

Art. 13 — Em conformidade com a prática e as condições nacionais deverá ser protegido, de consequências injustificadas, todo trabalhador que julgar necessário interromper uma situação de trabalho por considerar, por motivos razoáveis, que ela envolve um perigo iminente e grave para sua vida ou sua saúde.

Art. 19 — Deverão ser adotadas disposições, em nível de empresa, em virtude das quais:

[...]

f) o trabalhador informará imediatamente o seu superior hierárquico direto sobre qualquer situação de trabalho que, a seu ver e por motivos razoáveis, envolva um perigo iminente e grave para sua vida ou sua saúde; enquanto o empregador não tiver tomado medidas corretivas, se forem necessárias, não poderá exigir dos trabalhadores a sua volta a uma situação de trabalho onde exista, em caráter contínuo, um perigo grave ou iminente para sua vida ou sua saúde.

Nesse sentido, uma greve ambiental pode ser disparada tão logo os trabalhadores percebam que há iminente risco à saúde ou à incolumidade física dos colegas de serviço. Imagine-se que, ao ingressarem em uma mina de subsolo, os primeiros a chegar percebam que há risco de ruína. Em decorrência disso — e sem que lhes possa ser exigido o cumprimento dos prazos para a deflagração da greve —, os trabalhadores reunidos fecham a entrada da mina e iniciam um imediato movimento paredista com a invocação de solução imediata. Impossível será, portanto, lhes retirar a razão de agir imediatamente, mesmo diante do inevitável descumprimento da regra do aviso prévio.

23.1.5.7 Expansionismo

O movimento grevista precisa ter propósitos que coincidam com o alcance de melhorias sociais no âmbito laboral dos trabalhadores ou com a manutenção/implementação daqueles progressos que já foram alcançados. Esses desígnios serão a moeda de troca para o *restabelecimento da normalidade rompida*. Nesse sentido — pela força transformadora que tem —, a greve é fonte material do direito, ou seja, é um acontecimento que impulsiona a criação ou a modificação de normas na ordem jurídica.

23.1.6 Sujeitos

O **sujeito ativo** da greve é a categoria profissional, representada, em regra, por sua **associação sindical** (veja-se o art. 4º da Lei n. 7.883/89). O estatuto da entidade sindical deverá prever as formalidades de convocação e o *quorum* para a deliberação, tanto da deflagração quanto da cessação da greve. Destaque-se, porém, que, na falta de entidade sindical, a assembleia geral dos trabalhadores interessados atuará excepcionalmente para fins de deliberação sobre a greve, constituindo **comissão de negociação**. Note-se que, na forma do art. 5º da lei ora em exame, "a entidade sindical ou comissão especialmente eleita representará os interesses dos trabalhadores nas negociações ou na Justiça do Trabalho".

O **sujeito passivo** da greve será o empregador, singularmente considerado, ou o grupo de empregadores, diretamente ou por meio de representação sindical. Quando a greve envolve serviços ou atividades consideradas essenciais, a comunidade torna-se também, embora obliquamente, sujeito passivo do evento aqui analisado. Diz-se "obliquamente" porque a greve não deveria, em rigor, atingir terceiros, mas apenas o patronato, contra quem, em caráter excepcional, admite-se o prejuízo em nome do (r)estabelecimento do diálogo.

Se um terceiro, por conta de execução ilícita do movimento grevista, vier a sofrer violação de direito **e** prejuízo (ver arts. 186 e 927 do Código Civil[10]), poderá postular indenização reparatória ou compensatória contra os efetivos responsáveis pelos danos. A associação sindical, na sua condição de mera organizadora do movimento, somente será responsabilizada se for efetivamente demonstrado o nexo de causalidade entre os atos por ela ou por seus prepostos praticados e o dano produzido. Esta ponderação vale especialmente no sistema jurídico brasileiro, haja vista a peculiar circunstância de que, nos contornos da lei nacional, a entidade sindical representa toda a categoria (como massa inominada de trabalhadores), e não especificamente seus associados (como grupo de integrantes devidamente identificados). Isso torna materialmente (e juridicamente também) impossível falar-se em culpa *in vigilando* das entidades sindicais no tocante aos atos praticados por seus representantes.

Por razões tais, a professora Francisca Maria Ferrando Garcia[11] sustenta que, uma vez evidenciada a abusividade da greve e o nexo de causalidade entre a ação do sindicato e os prejuízos produzidos, as perdas serão, sim, indenizáveis, mas dentro de determinados limites, a exemplo do que se faz segundo a fórmula adotada no art. 22 da Trade Union and Labour Relations (Consolidation) Act, de 1992, para que não seja vulnerada a liberdade sindical da entidade coletiva, tampouco espoliado o patrimônio necessário à retomada e à continuidade do desenvolvimento das suas atividades cotidianas.

No caso de greves não coordenadas por entidades sindicais, a responsabilidade a que se fez menção poderia ser estendida à comissão de negociação. Nesse caso, haver-se-ia de admitir, excepcionalmente, a capacidade judiciária dessa formação reconhecida pela lei, ou, em hipótese mais restritiva, contra os próprios trabalhadores integrantes da "comissão de negociação". Estes, aliás, nos moldes do art. 942 do Código Civil[12], responderiam solidariamente pelos prejuízos causados.

O juízo competente para dirimir conflitos que "envolvam exercício do direito de greve" é, em regra, a Justiça do Trabalho, haja vista a redação do art. 114, II, do texto constitucional.

---

10 Art. 186. Aquele que, por ação ou omissão voluntária, negligência ou imprudência, violar direito e causar dano a outrem, ainda que exclusivamente moral, comete ato ilícito.

Art. 927. Aquele que, por ato ilícito (arts. 186 e 187), causar dano a outrem, fica obrigado a repará-lo.

11 FERRANDO GARCIA, Francisca Maria. *Responsabilidad civil por daños ocasionados durante la huelga*. Valencia: Tirant lo Blanch, 2001, p. 32.

12 Art. 942. Os bens do responsável pela ofensa ou violação do direito de outrem ficam sujeitos à reparação do dano causado; e, se a ofensa tiver mais de um autor, todos responderão solidariamente pela reparação.

Parágrafo único. São solidariamente responsáveis com os autores os coautores e as pessoas designadas no art. 932.

23.1.7 Notificação da paralisação coletiva

Consoante antecipado no tópico em que se caracterizou a greve como "instrumento anunciado de pressão", a entidade patronal correspondente ou os empregadores diretamente interessados serão notificados, com antecedência mínima de **quarenta e oito horas**, da paralisação em serviços ou atividades gerais, não essenciais (veja-se o art. 3º da Lei n. 7.783/89).

Na greve em serviços ou atividades essenciais, consoante o art. 13 da precitada norma legal, "ficam as entidades sindicais ou os trabalhadores, conforme o caso, obrigados a comunicar a decisão aos empregadores e aos usuários com antecedência mínima de **setenta e duas horas** da paralisação" (destaques não constantes do original).

23.1.8 Direitos garantidos aos grevistas e aos não grevistas

Aos grevistas são assegurados, pelo art. 6º da Lei n. 7.783/89, três direitos essenciais, desde que exercidos de modo lícito e regular.

O primeiro é o **direito de empregar meios pacíficos tendentes a persuadir ou aliciar os trabalhadores a aderir à greve**. Não há, portanto, qualquer óbice aos atos de panfletagem, de comício, de piquete (posicionamento na porta para, com palavras, convencer os indecisos à adesão) ou de uso de carro de som, desde que, evidentemente, não impeçam o acesso ao trabalho daqueles que não querem aderir à greve, não turbem a execução do trabalho nem causem ameaça ou dano à propriedade ou à pessoa[13].

O segundo é o **direito de arrecadar fundos** para o movimento, sendo certo que a entidade sindical pode constituir taxa assistencial com esse objetivo específico.

O terceiro é o **direito que arrima a livre divulgação da ação paredista**, podendo a entidade sindical e os trabalhadores acessar os meios de comunicação para divulgar suas reivindicações e para justificar sua atuação. O § 2º, segunda parte, do art. 6º da Lei n. 7.783/89 foi categórica ao proibir a adoção por parte dos empregadores de meios capazes de frustrar a divulgação do movimento.

Aos não grevistas é assegurado o **direito de não adesão**. Enfim, não há um dever de greve. Aliás, sequer é indispensável a unidade de opinião dos trabalhadores, embora seja essencial que a maior parte deles delibere positivamente no sentido de parar, sob pena de não ser propriamente deflagrada uma greve.

Os trabalhadores devem ser persuadidos pelos líderes do movimento paredista por argumentos que despertem o sentimento da solidariedade; jamais devem ser compelidos a fazer o que não desejam; jamais devem ser ameaçados pelo livre exercício da escolha de não aderir às causas da paralisação. Vê-se essa garantia positivada no § 1º do art. 6º da Lei n. 7.783/89, onde consta expressamente que, "em nenhuma hipótese, os meios adotados por empregados e empregadores poderão violar ou constranger os direitos e garantias fundamentais de outrem", entre os quais se destacam os direitos fundamentais de ir e vir e de livremente exercer seu trabalho. Tão importante é essa questão que o § 3º do sexto dispositivo da Lei de Greve previu expressamente que *as manifestações e atos de persuasão utilizados pelos grevistas não poderiam impedir o acesso ao trabalho nem causar ameaça ou dano à propriedade ou pessoa*.

---

13 Veja-se o disposto no § 3º do art. 6º da Lei n. 7.783/89: "As manifestações e atos de persuasão utilizados pelos grevistas não poderão impedir o acesso ao trabalho nem causar ameaça ou dano à propriedade ou pessoa".

Os empregadores também devem agir de modo a não inibir, com ameaças de qualquer espécie, a livre opção de seus subordinados em aderir ao movimento. O § 2º do citado art. 6º é categórico nesse sentido ao proibir que a empresa adote meios para constranger o empregado a comparecer ao trabalho.

23.1.9 Efeitos decorrentes da greve

Como qualquer ato jurídico, o movimento paredista laboral produz consequências que precisam ser administradas pelas partes nele envolvidas. O contrato de emprego, sem dúvida, é a sede preferencial dos efeitos decorrentes desse exercício, sendo os mais expressivos aqueles que dizem respeito à suspensão do contrato de emprego, à vedação às despedidas sem justa causa e à proibição de contratação de trabalhadores substitutos. Vejam-se:

23.1.9.1 Suspensão do contrato de emprego

A greve é causa suspensiva do contrato de emprego por expressa previsão contida no *caput* do art. 7º da Lei n. 7.783/89. Para tal norma, "a participação em greve suspende o contrato de trabalho". Consequentemente, como se verá a seguir de modo detalhado, não há razão jurídica para falar em pagamento de salários relacionados ao período de paralisação, tampouco na vulnerabilidade daqueles que aderiram ao movimento. Se há suspensão contratual, há sustação do binômio "prestação-contraprestação". Garante-se, entretanto, o retorno do trabalhador grevista ao posto de serviço ocupado antes do advento da causa suspensiva.

As relações obrigacionais ocorridas durante o mencionado ínterim haverão de ser reguladas pelo instrumento coletivo que solucionar o litígio, seja ele acordo coletivo, convenção coletiva, laudo arbitral ou sentença normativa.

Se a participação em greve suspende o contrato de trabalho, não há, obviamente, contraprestação pelos dias faltosos. O desconto dos dias de paralisação é um ônus do qual os grevistas não podem se furtar, salvo se, por negociação coletiva, houver ajuste tendente a abonar os dias de afastamento.

23.1.9.2 Vedação às despedidas sem justa causa

Não são juridicamente admitidas despedidas sem justa causa durante o período suspensivo contratual motivado pela greve. Isso acontece não apenas por força da interpretação da cláusula genérica contida no art. 471 da CLT, mas, especificamente, por conta do que consta do parágrafo único do art. 7º da Lei n. 7.783/89, que diz ser "vedada a rescisão de contrato de trabalho durante a greve".

Registre-se aqui uma diferença, salientada pelo TST, entre a dispensa ocorrida durante a greve e a despedida realizada no período identificado como "estado de greve", ou seja, no interregno entre greve de um dia e greve anunciada para o futuro. A Alta Corte trabalhista já se manifestou no sentido de que "a proteção concedida pela Lei n. 7.783/89 (art. 7º) destina-se ao contexto específico de uma paralisação concertada e coletiva do trabalho, a fim de que, durante o exercício do direito de greve, não se permita ao empregador proceder despedidas retaliativas ou frustrantes da própria greve. Não protege os empregados que se acham trabalhando normalmente, ainda que em "estado de greve" ante a perspectiva de futuro e planejado movimento paredista" (RR-503024-73.1998.5.17.5555, Rel. Min. João Oreste Dalazen, 1ª Turma, *DEJT* 14-5-2001).

Anote-se, por outro lado, que, apesar de genérico, o vocábulo "rescisão" alude, no caso sob exame, unicamente à resilição por iniciativa patronal. Afirma-se isso porque, conforme analisado no capítulo referente à "cessação do contrato de emprego", nenhuma causa suspensiva — nem mesmo a greve — pode impedir que o empregado se demita ou que seja imediatamente despedido se incurso em uma situação de falta grave. Por falar em falta grave, nunca é demais lembrar que, segundo jurisprudência cristalizada do STF, materializada na Súmula 316, "a simples adesão à greve não constitui falta grave".

Surge, entretanto, um questionamento bem delicado no âmbito desta discussão:

A proteção contra a dispensa durante a greve somente se restringe aos grevistas? Os não grevistas podem ser dispensados durante a greve?

Embora o dispositivo que trata sobre a matéria (parágrafo único do art. 7º da Lei n. 7.783/89) nada sinalize sobre tratamentos diferenciados entre grevistas e não grevistas, o TST tem manifestado entendimento no sentido de que os não grevistas não estão protegidos pela referida disposição normativa.

Exemplo disso é encontrado na decisão do Recurso de Revista TST-RR-1002152-11.2016.5.02.0083, de 9 de dezembro de 2020, na qual se pode perceber a sustentação da tese de que, supostamente, "não há no ordenamento jurídico disposição expressa de que o empregador não possa demitir os empregados que trabalharam no período de greve, não aderindo ao movimento paredista".

A posição tomada na referida decisão tem, aliás, lastro na ideia de que "a Lei em comento assegura garantia de emprego somente aos grevistas durante a greve, que, nos termos do art. 2º do referido diploma, caracteriza-se como a 'suspensão coletiva, temporária e pacífica, total ou parcial, de prestação pessoal de serviços ao empregador'".

Esse entendimento, porém, parece ser merecedor de revisão, uma vez que, em rigor, a liberdade sindical, enquanto direito fundamental, protege mesmo aqueles que, muitas vezes motivados por pressão ou por condição pessoal, não participam da paralisação. Note-se que os não grevistas assim o são pelo exercício da liberdade sindical individual negativa, que igualmente os blinda.

Note-se que, por vezes, o empregado é constrito, pelas circunstâncias, a não fazer greve, especialmente aqueles que exercem funções de confiança ou até mesmo os que são deslocados em decorrência de comum acordo para cumprir o mínimo prestacional exigido nas greves em atividades essenciais. Consoante bem destacou o acórdão do TRT da 9ª Região, referente ao processo TRT-PR-38869-2013-011-09-00-4, "não foi o intento da lei proteger tão-somente aqueles que aderem à paralisação, pois ensejaria na conclusão derradeira de que aquele percentual de trabalhadores que atendem o mínimo legal de manutenção da prestação de serviços (art. 11, Lei n. 7.783/89) seria prejudicado na logicidade de que, a despeito de estarem trabalhando, e assim minimizando para o empregador e a sociedade os efeitos da greve, poderiam vir a ser dispensados, enquanto que os participantes diretos estariam protegidos pelo ordenamento".

Não fosse apenas isso, o não grevista merece a proteção contra o desligamento durante a greve para que o empregador não se possa valer do argumento da livre dispensa dos seus empregados exercentes de funções de confiança que, por algum motivo, garantam aos grevistas os direitos contidos no art. 6º da Lei de Greve, entre os quais os direitos de "persuadir ou aliciar os trabalhadores a aderirem à greve" e de "livre divulgação do movimento". Não será raro ver-se empregador dizer para os seus empregados de confiança que qualquer atenção (ainda que legítima) dada aos grevistas durante o movimento paredista será paga com a perda do emprego.

23.1.9.3 Proibição de contratação de trabalhadores substitutos

Para que o direito de greve não fosse fragilizado pelo poder econômico, o legislador ordinário cuidou de vedar, durante seu ínterim, a contratação de trabalhadores substitutos[14], salvo em duas seguintes hipóteses:

- Quando o empregador não consiga firmar acordo com a entidade sindical ou a comissão de negociação no sentido de ver assegurada a prestação dos **serviços capazes de evitar prejuízo irreparável** pela deterioração irreversível de bens, máquinas e equipamentos ou, ainda, pela ausência de ajuste capaz de dar manutenção aos serviços essenciais à retomada das atividades da empresa quando da cessação do movimento paredista[15];
- Quando a greve for considerada abusiva, competindo unicamente ao Judiciário do Trabalho fazê-lo, para, depois disso, estar o empregador autorizado a contratar trabalhadores substitutos dos grevistas[16].

23.1.10 Greve em serviços essenciais

São **serviços essenciais** aqueles que integram o cotidiano das relações sociais contemporâneas e que, por natureza, se interrompidos, podem produzir irreparáveis danos coletivos e difusos, de dimensões inestimáveis, notadamente sobre a vida, a segurança ou a saúde da população. Baseada nessa noção, a Lei n. 7.783/89 arrolou **onze serviços e atividades que considerava essenciais** em seu art. 10, nos seguintes termos:

Art. 10. São considerados serviços ou atividades essenciais:

I — tratamento e abastecimento de água; produção e distribuição de energia elétrica, gás e combustíveis;

II — assistência médica e hospitalar;

III — distribuição e comercialização de medicamentos e alimentos;

IV — funerários;

---

[14] Art. 7º [...] Parágrafo único. É vedada a rescisão de contrato de trabalho durante a greve, bem como a contratação de trabalhadores substitutos, **exceto na ocorrência das hipóteses previstas nos arts. 9º e 14** (destaques não constantes do original).

[15] Ver o art. 9º, combinado com o disposto no parágrafo único do art. 7º, ambos da Lei n. 7.783/89:

Art. 9º Durante a greve, o sindicato ou a comissão de negociação, mediante acordo com a entidade patronal ou diretamente com o empregador, manterá em atividade equipes de empregados com o propósito de assegurar os serviços cuja paralisação resultem em prejuízo irreparável, pela deterioração irreversível de bens, máquinas e equipamentos, bem como a manutenção daqueles essenciais à retomada das atividades da empresa quando da cessação do movimento.

Parágrafo único. Não havendo acordo, é assegurado ao empregador, enquanto perdurar a greve, o direito de contratar diretamente os serviços necessários a que se refere este artigo.

[16] Ver o art. 14, combinado com o disposto no parágrafo único do art. 7º, ambos da Lei n. 7.783/89:

Art. 14. Constitui abuso do direito de greve a inobservância das normas contidas na presente Lei, bem como a manutenção da paralisação após a celebração de acordo, convenção ou decisão da Justiça do Trabalho.

Parágrafo único. Na vigência de acordo, convenção ou sentença normativa não constitui abuso do exercício do direito de greve a paralisação que:

I — tenha por objetivo exigir o cumprimento de cláusula ou condição;

II — seja motivada pela superveniência de fato novo ou acontecimento imprevisto que modifique substancialmente a relação de trabalho.

V — transporte coletivo;

VI — captação e tratamento de esgoto e lixo;

VII — telecomunicações;

VIII — guarda, uso e controle de substâncias radioativas, equipamentos e materiais nucleares;

IX — processamento de dados ligados a serviços essenciais;

X — controle de tráfego aéreo e navegação aérea (redação dada pela Lei n. 13.903/2019);

XI — compensação bancária;

XII — atividades médico-periciais relacionadas com o regime geral de previdência social e a assistência social (Incluído pela Lei n. 13.846, de 2019);

XIII — atividades médico-periciais relacionadas com a caracterização do impedimento físico, mental, intelectual ou sensorial da pessoa com deficiência, por meio da integração de equipes multiprofissionais e interdisciplinares, para fins de reconhecimento de direitos previstos em lei, em especial na Lei n. 13.146, de 6 de julho de 2015 (Estatuto da Pessoa com Deficiência); e (Incluído pela Lei n. 13.846, de 2019)

XIV — outras prestações médico-periciais da carreira de Perito Médico Federal indispensáveis ao atendimento das necessidades inadiáveis da comunidade (Incluído pela Lei n. 13.846, de 2019);

XV — atividades portuárias (Incluído pela Lei n. 14.047, de 2020)

Anote-se a existência de uma considerável discussão sobre a **taxatividade dessa lista**. Predomina, entretanto, sobretudo no TST, a ideia de que os serviços mencionados no art. 10 da Lei n. 7.783/89 constituem *numerus clausus*, desautorizando, consequentemente, qualquer interpretação ampliativa do rol, porque geradora de restrição ao direito fundamental de greve dos trabalhadores em atividades análogas às declaradas essenciais[17]. *Mas qual é o regime especial a que se submetem os sindicatos profissionais e os trabalhadores que exercem suas atividades no âmbito dos chamados "serviços essenciais"?*

Eles, além de compelidos a comunicar a decisão de greve aos empregadores e aos usuários com antecedência mínima de setenta e duas horas da paralisação (veja-se o art. 13)[18], *ficam obrigados,* **de comum acordo***, a garantir, durante a greve, a* **prestação de serviços indispensáveis ao atendimento das necessidades inadiáveis da comunidade**, ou seja, *aquelas que, não atendidas, coloquem em perigo iminente a sobrevivência, a saúde ou a segurança da população* (veja-se o art. 11)[19].

---

17 Nesse sentido, veja-se o seguinte trecho de aresto do TST: 1) "[...] a Lei de Greve (Lei 7.783/89) não inclui no seu rol taxativo de serviços ou atividades essenciais a atividade portuária. Dessa forma, como a referida lei, no que tange às atividades essenciais, restringe um direito fundamental dos trabalhadores em detrimento do interesse maior da sociedade, a interpretação de tal restrição não pode ser ampliativa, abrangendo, portanto, apenas aos serviços e atividades expressamente considerados essenciais pelo legislador" (Processo: TST, RODC, 548/2008-000-12-00, Rel. Min. Maurício Godinho Delgado, Publicação no *DEJT*, 27-11-2009).

18 Art. 13. Na greve em serviços ou atividades essenciais, ficam as entidades sindicais ou os trabalhadores, conforme o caso, obrigados a comunicar a decisão aos empregadores e aos usuários com antecedência mínima de setenta e duas horas da paralisação.

19 Art. 11. Nos serviços ou atividades essenciais, os sindicatos, os empregadores e os trabalhadores ficam obrigados, de comum acordo, a garantir, durante a greve, a prestação de serviços indispensáveis ao atendimento das necessidades inadiáveis da comunidade.

Parágrafo único. São necessidades inadiáveis da comunidade aquelas que, não atendidas, coloquem em perigo iminente a sobrevivência, a saúde ou a segurança da população.

Caso assim não atue o comando grevista, poderão nele interceder, em nome do interesse público, as estruturas do Estado, seja para declarar a abusividade do movimento, mediante provocação dirigida ao Judiciário Trabalhista (veja-se o art. 14), seja para assumir, por meio de seus próprios agentes, a prestação dos serviços interrompidos (veja-se o art. 12).

*Mas como é que sindicatos, empregadores e trabalhadores podem ser **obrigados** a chegar a um acordo?* É difícil justificar esse trecho da lei, uma vez que haveria aí insuperável incongruência entre a expressão "ficam obrigados" e "de comum acordo". Se qualquer acordo decorre de concórdia, não se poderia imaginá-lo de forma imposta. Nada obstante, seria razoável dizer que a greve poderia ser qualificada como abusiva se os grevistas não acordassem com seus empregadores acerca da prestação dos supracitados serviços indispensáveis e se não oferecessem, no final das negociações prévias, um contingente de trabalhadores capaz de satisfazer o atendimento das necessidades inadiáveis da comunidade.

Outro problema, entretanto, se manifesta: *como é que se define o percentual mínimo de trabalhadores fora da greve para garantir a prestação de serviços indispensáveis ao atendimento das necessidades inadiáveis da comunidade?*

O legislador criou propositadamente essa "cláusula aberta" relativa ao percentual mínimo, deixando que a razoabilidade orientasse trabalhadores e empregadores ou, quando fosse o caso, que norteasse a Justiça do Trabalho, se esta fosse invocada para resolver conflitos daí decorrentes. Formou-se, porém, a partir da praxe judiciária, um costume (que também é fonte de direito) segundo o qual esse percentual mínimo corresponderia a trinta por cento na maioria das hipóteses, podendo ser elevado a depender das circunstâncias concretas.

Quando imposto pelo Judiciário, esse percentual deve levar em conta o equilíbrio entre a satisfação das necessidades coletivas e o alcance dos propósitos da greve. A fixação de um percentual elevado inviabiliza totalmente o movimento paredista. O magistrado, nessas circunstâncias, por extrapolação do princípio da proporcionalidade, terminaria por praticar um comportamento antissindical.

Sabe-se, porém, que, não prestados os serviços indispensáveis ao atendimento das necessidades inadiáveis da comunidade, o Poder Público estará autorizado, pelo art. 12 da Lei n. 7.783/89, a requisitar trabalhadores e bens do empregador para, em caráter excepcional, garantir o regular funcionamento de serviços essenciais. Esse dispositivo, que trata do instituto da "requisição civil"[20] parece ter sido acolhido pelo texto constitucional de 1988, haja vista a previsão genérica contida no art. 22, III, e a consagração da função social da propriedade privada (conforme comandos contidos nos arts. 5º, XXIII[21] e XXV[22], e 170, III[23]). A interven-

---

20 A "requisição civil" compreende medidas de caráter excepcional e provisório, impostas pelo governo sobre trabalhadores e bens do empregador, com o objetivo de garantir o regular funcionamento de serviços essenciais. Apesar de não existir dispositivo expresso sobre a "requisição civil" no texto da lei n. 7.783/89, mas apenas menção superficial à garantia estatal da prestação de serviços indispensáveis (art. 12), o ora referido instituto mereceu menção explícita no texto das Medidas Provisórias n. 50 e 59/1989. O § 2º do art. 8º das mencionadas normas estabelecia que no caso de iminente perigo contra a coletividade, e nas situações em que não houvesse acordo quanto ao número de trabalhadores indispensáveis à continuidade dos serviços ou atividades inadiáveis, o poder público poderia determinar a requisição civil. Os arts. 9º e 10 detalhavam o procedimento.

21 Art. 5º Todos são iguais perante a lei, sem distinção de qualquer natureza, garantindo-se aos brasileiros e aos estrangeiros residentes no País a inviolabilidade do direito à vida, à liberdade, à igualdade, à segurança e à propriedade, nos termos seguintes: [...] XXIII — a propriedade atenderá a sua função social;

22 XXV — no caso de iminente perigo público, a autoridade competente poderá usar de propriedade particular, assegurada ao proprietário indenização ulterior, se houver dano.

23 Art. 170. A ordem econômica, fundada na valorização do trabalho humano e na livre iniciativa, tem por fim assegurar a todos existência digna, conforme os ditames da justiça social, observados os seguintes princípios: [...] III — função social da propriedade.

ção estatal, entretanto, somente poderá ser executada em situações de "iminente perigo", sob pena de grave violação do direito fundamental de greve.

Por fim, é importante anotar que, nos moldes do § 3º do art. 114 do texto constitucional de 1988 (redação decorrente da Emenda Constitucional n. 45, de 8-12-2004, **em caso de greve em atividade essencial**, com possibilidade de lesão do interesse público, o **Ministério Público do Trabalho** poderá, por sua própria iniciativa, ajuizar dissídio coletivo, competindo à Justiça do Trabalho decidir o conflito. Perceba-se que o mencionado dispositivo constitucional tornou não recepcionado o disposto no art. 856 da CLT na parte que atribuía também ao Presidente do Tribunal do Trabalho a prerrogativa de instaurar o dissídio coletivo de greve. O Ministério Público do Trabalho passou a ser o único estranho ao conflito coletivo legitimado a instaurar o dissídio ora em análise. A ideia é justamente garantir às partes conflitantes a plena autonomia para decidir o momento de invocar a jurisdição estatal no tocante à identificação de eventual abusividade[24].

A atuação do *parquet* é relevante diante das greves em atividades essenciais, porque não raramente são detectados ajustes ilegítimos entre o segmento sindical operário e as organizações patronais com vistas a pressionar o aumento das tarifas dos serviços que são concedidos pelo Poder Público. Trata-se, sem dúvida, de uma ação que visa à utilização desvirtuada da greve, chegando tal conduta antissindical aos pincaros da violação ao patrimônio imaterial da sociedade, por evidente infração ao princípio da confiança no plano das relações sociais[25].

23.1.11 Greve no serviço público civil

Conforme antecipado no item em que foi analisada a regência legal da greve, o texto constitucional previu, no seu art. 37, VII, o direito de exercício dessa residual forma de autotutela também para os servidores públicos. Destaque-se que, originariamente, a Carta da República previa que esse direito seria exercido "nos termos e nos limites definidos em lei complementar". Entretanto, a Emenda Constitucional n. 19/98 modificou a redação do referido inciso, passando a prever que o direito de greve seria exercido "nos termos e nos limites definidos em lei específica", de natureza ordinária, e não mais complementar.

Anote-se, desde já, que o dispositivo ora mencionado, no tocante a termos e limites, não é autoaplicável, dependendo, por isso, de lei ordinária para que seus contornos sejam estabelecidos. Um aspecto, entretanto, é induvidoso: os servidores públicos foram contemplados, sim, com o direito de greve. Eles careciam, na verdade, de procedimentos para a sua operacionalização.

---

24 Observe-se que a redação da **Orientação Jurisprudencial 12 da SDC do TST** foi cancelada: "não se legitima o sindicato profissional a requerer judicialmente a qualificação legal de movimento paredista que ele próprio fomentou".

25 Para melhor entender a problemática do dano moral social, recomenda-se a leitura do artigo "Comportamento antissindical e dano moral social" (MARTINEZ, Luciano. Comportamento antissindical e dano moral social. *Carta Forense*, v. 10, p. A 17, 2009, in http://www.cartaforense.com.br).
Veja-se um trecho: "O dano moral social implica violência à boa-fé comunitária e ao dever de cuidado, fazendo emergir evidente infração ao princípio da confiança no plano das relações sociais, implicando, em regra, violação à eficácia social das fontes jurídicas comunitárias e o enfraquecimento da sua força operativa no mundo dos fatos. Assim, os comportamentos antissindicais que sejam identificados como danos morais sociais devem ser punidos mediante indenização com acréscimo dissuasório ou didático. O valor arbitrado a tal título deverá expressar um montante capaz de pedagogicamente desestimular a reiteração do ato lesivo e de funcionar como exemplo repressivo de comportamentos semelhantes. Estas indenizações, que atingem patrimônio difuso, devem ser revertidas a fundos específicos de proteção dos interesses transindividuais violados ou em benefício de organismos que induvidosamente cuidam dos efeitos danosos emergentes do fato lesivo".

O Supremo Tribunal Federal, entretanto, ao julgar os Mandados de Injunção n. 670/ES, 708/DF e 712/PA, firmou o posicionamento no sentido de que a Lei n. 7.783/89 seria aplicada às greves de servidores públicos civis naquilo que não colidisse com a natureza estatutária de seus vínculos laborais enquanto o Poder Legislativo não suprimisse a lacuna com uma lei específica[26]. A Corte constitucional proferiu, assim, uma sentença aditiva, que, em muitos casos, especialmente neste, se justifica, como bem colocou Pedro Lenza, "em razão da não observância do princípio da isonomia, notadamente nas situações em que a lei concede um certo benefício ou tratamento a determinadas pessoas, mas exclui outras que se enquadrariam na mesma situação"[27].

Não se esqueça, entretanto, de que o ordenamento jurídico brasileiro veda explicitamente a greve dos militares, conforme disposto no § 3º, IV, do art. 142, c/c o § 1º do art. 42, ambos da Constituição de 1988[28]. O Tribunal Pleno do STF, aliás, em julgamento realizado 5-4-2017 e publicado em 11-6-2018, fixou tese, nos autos de ARE 654432, no sentido de que:

---

[26] Uma das questões mais discutidas nas situações de greve no serviço público é a que diz respeito à possibilidade de **desconto dos vencimentos** dos servidores quanto aos dias parados, caso inexistente solução compensatória para as faltas. O Plenário do Conselho Nacional de Justiça (CNJ) pacificou o tema no âmbito dos tribunais brasileiros mediante a edição de um enunciado administrativo. Isso aconteceu na 145ª sessão ordinária do referido órgão, no dia 10 de abril de 2012. No entendimento do Conselho, a paralisação dos servidores públicos durante movimentos grevistas implica a suspensão da relação jurídica de trabalho, o que permite o desconto da remuneração, conforme jurisprudência do Supremo Tribunal Federal e do próprio CNJ. A edição do enunciado foi proposta pelo conselheiro Gilberto Valente Martins, durante o julgamento de dois Pedidos de Providências (PP 0000098-92.2012.2.00.0000 e PP 0000096-25.2012.2.00.0000) e do recurso no PP 0000136-07.2012.2.00.0000. Embora o CNJ seja um órgão voltado à reformulação de quadros e meios no Judiciário, não há dúvidas de que suas decisões administrativas influenciam a forma de decidir de outros órgãos da Administração Pública, no âmbito dos demais Poderes da República. Outra não foi a decisão tomada pelo Plenário do Supremo Tribunal Federal (STF) em 27 de outubro de 2016 no julgamento do **Recurso Extraordinário (RE) 693456**, com repercussão geral reconhecida. Por 6 votos a 4, o Plenário decidiu que a administração pública deve fazer o corte do ponto dos grevistas, mas admitiu a possibilidade de compensação dos dias parados mediante acordo. Também foi decidido que o desconto não poderá ser feito caso o movimento grevista tenha sido motivado por conduta ilícita do próprio Poder Público. Ao final do julgamento foi aprovada a seguinte tese de repercussão geral: **A administração pública deve proceder ao desconto dos dias de paralisação decorrentes do exercício do direito de greve pelos servidores públicos, em virtude da suspensão do vínculo funcional que dela decorre, permitida a compensação em caso de acordo. O desconto será, contudo, incabível se ficar demonstrado que a greve foi provocada por conduta ilícita do Poder Público".

[27] LENZA, Pedro. *Direito constitucional esquematizado*. 15. ed. São Paulo: Saraiva, 2011, p. 153.

[28] Art. 142. As Forças Armadas, constituídas pela Marinha, pelo Exército e pela Aeronáutica, são instituições nacionais permanentes e regulares, organizadas com base na hierarquia e na disciplina, sob a autoridade suprema do Presidente da República, e destinam-se à defesa da Pátria, à garantia dos poderes constitucionais e, por iniciativa de qualquer destes, da lei e da ordem. [...] § 3º Os membros das Forças Armadas são denominados militares, aplicando-se-lhes, além das que vierem a ser fixadas em lei, as seguintes disposições: [...] IV — ao militar são proibidas a sindicalização e a greve.

Art. 42. Os membros das Polícias Militares e Corpos de Bombeiros Militares, instituições organizadas com base na hierarquia e disciplina, **são militares dos Estados, do Distrito Federal e dos Territórios** (redação dada ao *caput* pela Emenda Constitucional n. 18/98).

§ 1º Aplicam-se aos militares dos Estados, do Distrito Federal e dos Territórios, além do que vier a ser fixado em lei, as disposições do art. 14, § 8º; do art. 40, § 9º; e **do art. 142, §§ 2º e 3º**, cabendo a lei estadual específica dispor sobre as matérias do art. 142, § 3º, inciso X, sendo as patentes dos oficiais conferidas pelos respectivos governadores (destaques não constantes do original — redação dada ao parágrafo pela Emenda Constitucional n. 20/98, *DOU*, 16-12-1998).

I — O exercício do direito de greve, sob qualquer forma ou modalidade, é vedado aos policiais civis e a todos os servidores públicos que atuem diretamente na área de segurança pública;

II — É obrigatória a participação do Poder Público em mediação instaurada pelos órgãos classistas das carreiras de segurança pública, nos termos do art. 165 do CPC, para vocalização dos interesses da categoria.

Por outro lado, embora não exista dispositivo constitucional que vede a greve dos agentes políticos, assim compreendidos os titulares dos cargos estruturais à organização política do País, entende-se que esse movimento seria incongruente com a condição de quem simbolicamente representa os Poderes da República. Apesar disso, a realidade tem demonstrado alguns atos equivalentes à greve praticados por agentes políticos, como, por exemplo, as paralisações de magistrados[29].

23.1.12 Uso e abuso do direito de greve

Não há dúvida de que a greve constitui um direito fundamental dos trabalhadores e que a eles cabe decidir sobre a oportunidade de exercê-lo e sobre os interesses que devam por meio dele defender. O direito de greve, entretanto, pode ser exercido abusivamente quando, apesar de lícito em relação a seu conteúdo inicial, for praticado com excesso, capaz de lesionar a esfera jurídica de outras pessoas, notadamente dos integrantes da sociedade que dependem da regularidade dos serviços que foram temporariamente paralisados ou turbados.

Antes de adentrar o estudo sobre a abusividade da greve, é necessário registrar a confusão vocabular qualificadora dos movimentos paredistas que extrapolam seus limites regulares. Enfim, nesses casos haveria ilegalidade, ilicitude ou abusividade? Qual a diferença entre "greve ilegal", "greve ilícita" e "greve abusiva"?

A greve, em si própria, não pode ser ilegal. O simples fato de ser greve a torna um movimento legal. Para ser atribuída a qualificação de "ilegal" é indispensável que o movimento não seja uma greve, mas um ato apenas a ela assemelhado. Assim, é uma atecnia dizer que a "greve" dos militares é ilegal porque eles não têm direito de greve (art. 142, § 3º, IV, da Constituição de 1988). O ato por eles praticado pode ser qualificado como "sedição", "motim", "levante" ou "sublevação", mas nunca será uma "greve". Somente nesse contexto se poderia falar em ilegalidade, já que tais movimentos assemelhados à greve atuam contra a ordem legal.

A greve será abusiva quando seus titulares excederem manifestamente os limites impostos por fim econômico ou social, pela boa-fé ou pelos bons costumes[30]. A qualificação "abusiva" é adquirida por conta do excesso, e não do uso regular. Dessa forma, por ser excessivo e

---

29 Por que não se pode falar em "greve" de agentes políticos? Porque o "poder" não pode ser ameaçado por seus elementos constitutivos; porque esse ataque interno seria capaz de produzir perturbações sensíveis em todo o organismo estatal. Por isso, tais transtornos ou são contemporizados ou são acionadores do gatilho de uma irrupção que desafiará o próprio sistema constituído. Aí reside a letalidade das greves em setores públicos estratégicos, por exemplo, nas forças armadas ou na magistratura.

Basta lembrar como foram resolvidas algumas paralisações nesses setores: a Colômbia declarou, em setembro de 2008, "estado de comoção" por conta de paralisação dos juízes, e a solução veio por via política. Na Espanha os magistrados tomaram o mesmo caminho em fevereiro de 2009, e, mais uma vez, a alameda política abriu caminho para a solução. No Brasil, em fevereiro de 2000, os magistrados mobilizaram-se em movimento paredista que, sem se efetivar, resolveu-se no primeiro dia, mediante a concessão de uma vantagem judicialmente postulada em face de um tribunal igualmente político, o STF.

30 Observe-se que a própria Lei de Greve (n. 7.783/89, art. 14) prevê que a inobservância de qualquer dos limites ali impostos é entendida como abuso de direito.

por contrariar o bem-estar social e a previsão legal[31], o ato é violador; por ser violador, é considerado pelo sistema jurídico brasileiro — art. 187 do Código Civil — como ilícito[32].

O silogismo permite concluir que a greve abusiva, diante dos contornos impostos pela lei, sempre será uma greve ilícita. Evidências tais fizeram com que o TST adequasse a redação de suas orientações para falar em "abusividade" (que também pode ser lida como ilicitude) em lugar de "ilegalidade". Veja-se, nesse sentido, o texto da Súmula 189 do TST[33].

Feitos os expendidos esclarecimentos, anote-se que cabe à Justiça do Trabalho, nos termos do art. 114, II, do texto constitucional, *processar e julgar as ações que envolvam exercício do direito de greve*, inclusive aquelas que tenham por objeto a declaração de eventual abusividade ou a apuração de responsabilidade dos envolvidos no movimento paredista. Observe-se que, antes disso, desde novembro de 1983, o TST, embora em escala reduzida, já reconhecia tal competência para a própria Justiça do Trabalho por meio da mencionada Súmula 189.

Nos termos do art. 14 da Lei n. 7.783/89 constituem abuso do direito de greve:

a) A inobservância das normas contidas no texto da lei ora referida, dentre as quais podem ser destacadas a violação ao disposto no *caput* do art. 3º[34], que visa à tentativa prévia de aproximação dos litigantes antes de deflagrado o movimento paredista[35]; a prestação do aviso prévio de setenta e duas horas antes da paralisação para situações que digam respeito a serviços essenciais e de quarenta e oito horas para as demais hipóteses; e a garantia de atendimento básico das necessidades inadiáveis dos usuários dos serviços essenciais[36].

---

[31] O insuperável Miguel Reale, em preciosas palavras, afirmou ser "possível dizer que ilicitude é a materialização, a realização do ilícito através do indivíduo, de maneira que este, ao agir ou mesmo se omitir perante algum fato, tratou de entrar no universo do ilícito, do que contraria o bem estar social e a previsão legal". REALE, Miguel. *Lições preliminares de direito*. 27. ed. 8. tir. São Paulo: Saraiva, 2009.

[32] Art. 187. Também comete **ato ilícito** o titular de um direito que, ao exercê-lo, **excede manifestamente os limites** impostos pelo seu fim econômico ou social, pela boa-fé ou pelos bons costumes (destaques não constantes do original).

Assim, o ato excessivo ou abusivo é aquele lícito quanto ao conteúdo, mas ilícito quanto à sua extensão. Nessa situação, o violador por ato abusivo tem efetivamente o direito sobre uma determinada situação, mas exagera na sua titularidade, desconsiderando a máxima segundo a qual o seu direito termina quando o de outro titular tem início. Nas situações do cotidiano, o abuso de direito é evidenciado por quem, por exemplo, em lugar de sentar-se no banco da praça, se deita nele e o faz de cama, impedindo, com esse excesso, que outros cidadãos também se sentem no referido banco. Igualmente, age de forma abusiva o cidadão que mantém permanentemente um veículo em uma das vagas de estacionamento público e rotativo, querendo tornar particular o que, em verdade, é um bem público. No âmbito do direito de greve, por outro lado, atua de forma abusiva quem sustenta uma greve contra qualquer uma das expressas disposições contidas na Lei n. 7.783/89.

[33] Veja-se a **Súmula 189 do TST**. GREVE. COMPETÊNCIA DA JUSTIÇA DO TRABALHO. ABUSIVIDADE — NOVA REDAÇÃO. A Justiça do Trabalho é competente para declarar a abusividade, ou não, da greve.

Atente-se que essa redação foi dada à Súmula 189 do TST a partir da publicação da Resolução TST n. 121, de 28-10-2003. A redação anterior utilizava o vocábulo "legalidade", em vez de "abusividade". A mudança foi promovida porque a Justiça do Trabalho, de fato, não declara a legalidade ou ilegalidade da greve, mas sim sua abusividade ou não, nos termos do art. 14 da Lei n. 7.783/89.

[34] Art. 3º Frustrada a negociação ou verificada a impossibilidade de recurso via arbitral é facultada cessação coletiva do trabalho.

[35] Quanto a esse aspecto, veja-se o disposto na **Orientação Jurisprudencial 11 da SDC do TST**: Greve. Imprescindibilidade de Tentativa Direta e Pacífica da Solução do Conflito. Etapa Negocial Prévia. Inserida em 27-3-1998. É abusiva a greve levada a efeito sem que as partes hajam tentado, direta e pacificamente, solucionar o conflito que lhe constitui o objeto.

[36] Veja-se a **Orientação Jurisprudencial 38 da SDC do TST**: Greve. Serviços Essenciais. Garantia das Necessidades Inadiáveis da População Usuária. Fator Determinante da Qualificação Jurídica do Movimento. Inserida em 7-12-1998. É abusiva a greve que se realiza em setores que a lei define como sendo essenciais à comunidade, se não é assegurado o atendimento básico das necessidades inadiáveis dos usuários do serviço, na forma prevista na Lei n. 7.783/89.

b) A manutenção da paralisação após a celebração de acordo, convenção ou decisão da Justiça do Trabalho, salvo quando:

i) a paralisação tenha por objetivo exigir o cumprimento de cláusula ou condição; ou

ii) seja motivada pela superveniência de fato novo ou acontecimento imprevisto que modifique substancialmente a relação de trabalho[37].

É importante reiterar que uma greve abusiva não produz os efeitos de uma greve regular, conforme claramente indica a Orientação Jurisprudencial 10 da SDC. Consoante a Alta Corte, "é incompatível com a declaração de abusividade de movimento grevista o estabelecimento de quaisquer vantagens ou garantias a seus partícipes, que assumiram os riscos inerentes à utilização do instrumento de pressão máximo". Desaparecem, portanto, em tais circunstâncias, os importantes efeitos protetivos contra o desligamento sem justa causa dos grevistas incursos em situações de abusividade.

Outro detalhe importante diz respeito à presunção *iuris tantum* de não abusividade de qualquer movimento grevista. Essa presunção, que motivou a criação da Orientação Jurisprudencial 12 da SDC do TST (inserida em 27-3-1998 e **cancelada em 26-4-2010**), partia do pressuposto de que *não estaria legitimado o sindicato profissional a requerer judicialmente a qualificação legal de movimento paredista que ele próprio fomentou*. Apesar do cancelamento da referida Orientação Jurisprudencial, permanece vigente o entendimento de que, se é greve, há, pelo menos em princípio e à primeira vista, uma presunção de não abusividade.

Por fim, é relevante deixar registrado que o empregador, diante de um justo receio de ser molestado em sua posse por conta de greve, com base no disposto nos arts. 932 do CPC/1973 ou 567 do CPC/2015 (que tratam dos interditos proibitórios), pode requerer proteção contra turbação ou esbulho iminente, mediante mandado proibitório que comine à entidade sindical ou à comissão de trabalhadores determinada pena pecuniária caso seja transgredido o preceito inibitório. A competência para dirimir esse tipo de conflito é da Justiça do Trabalho, existindo, no particular, desde 2 de dezembro de 2009, Súmula Vinculante do STF sobre o assunto:

Súmula Vinculante 23 do STF. *A Justiça do Trabalho é competente para processar e julgar as ações possessórias ajuizadas em decorrência do exercício do direito de greve pelos trabalhadores da iniciativa privada.*

Perceba-se que a competência da Justiça do Trabalho restringe-se às ações possessórias aforadas em decorrência do exercício de greve pelos trabalhadores **do setor privado**, ou seja, pelos "trabalhadores da iniciativa privada", como expressamente mencionada a súmula ora analisada. Não consta dali qualquer observação atinente ao regime jurídico de trabalho — celetista ou estatutário —, o que produz uma dúvida: *e as ações possessórias aforadas em decorrência do exercício de greve pelos servidores públicos celetistas? Estariam sob a competência da Justiça do Trabalho?*

A resposta não é simples, porque o texto da Súmula Vinculante 23 do STF menciona expressamente os *"trabalhadores da iniciativa privada"*, sendo certo que estes não se confundem com os servidores públicos celetistas. Se da mencionada súmula constasse ressalva em relação aos trabalhadores regidos pela CLT, a competência da Justiça do Trabalho seria definida pela literalidade do texto.

---

37 Depois de perceber o conteúdo das ressalvas contidas no parágrafo único do art. 14 da Lei n. 7.783/89, a Seção de Dissídios Coletivos do TST cancelou a **Orientação Jurisprudencial 1**, que tinha a seguinte redação: Acordo Coletivo. Descumprimento. Existência de Ação Própria. Abusividade da Greve Deflagrada Para Substituí-la. Inserida em 27-3-1998. **CANCELADA** — *DJU*, 22-6-2004. O ordenamento legal vigente assegura a via da ação de cumprimento para as hipóteses de inobservância de norma coletiva em vigor, razão pela qual é abusivo o movimento grevista deflagrado em substituição ao meio pacífico próprio para a solução do conflito.

O problema foi, entretanto, resolvido pelo próprio STF no julgamento do Tema 544. Ao tratar do *Leading Case*: RE 846.854, a Suprema Corte, em Plenário de 1º de agosto de 2017, por maioria e nos termos do voto do Ministro Alexandre de Moraes, fixou a seguinte tese de repercussão geral: **"A justiça comum, federal ou estadual, é competente para julgar a abusividade de greve de servidores públicos celetistas da Administração pública direta, autarquias e fundações públicas".**

Segundo a visão do relator, a lógica da tese estaria na natureza das atividades efetivamente desempenhadas pela categoria profissional, que, em sua concepção, seria o elemento preponderante para a definição do regramento aplicável em caso de greve dessa categoria, mesmo na hipótese em que o vínculo com a Administração é regulado pelo Direito do Trabalho. Ou seja, uma vez reconhecida a essencialidade das atividades desempenhadas pelos servidores públicos, não haveria por que excetuá-los da regra de competência firmada pelo Supremo Tribunal Federal no MI 670, mesmo em se tratando de servidores contratados pelo Estado sob o regime celetista.

23.1.13 Tipos de greve

Depois de realizadas múltiplas considerações em torno da greve enquanto fenômeno sociológico e jurídico, é possível criar uma tipologia baseada em registros fáticos e jurisprudenciais.

O primeiro tipo considera a *intermediação ou não do sindicato na deflagração e no desenvolvimento do movimento paredista*. Diz-se, então, existente uma **"greve selvagem"** quando ela é espontaneamente levada adiante pelos próprios trabalhadores, sem qualquer orientação ou apoio da entidade sindical. Em sentido inverso, pode-se falar de **"greve mediada"**, ou seja, de uma greve que conta com a participação e o envolvimento da entidade sindical.

No que diz respeito ao *local de realização dos atos de paralisação*, pode se falar em **"greve de braços cruzados"** toda vez que os empregados, a despeito de cessarem a prestação laboral, permanecem nos seus postos de serviço, sem, entretanto, atenderem às demandas laborais. Nesse tipo de greve, os trabalhadores chegam no horário descrito para o exercício de suas atividades e saem no momento ajustado para tanto. Eles, porém, não permanecem assentados no local de trabalho, mas paralisam os seus serviços diante dos olhos do empregador. Nessa categoria, também há de falar-se em **"greve de ocupação"**, que é caracterizada pelo assentamento, pela permanência além dos horários de trabalho na sede do empregador. Diante da desproporcional atuação sobre o direito de propriedade patronal, as greves de ocupação são, em rigor, identificadas como ilícitas.

Em relação à *dimensão do movimento*, pode-se falar em **"greve geral"** quando há o envolvimento de muitas categorias profissionais, normalmente evidenciada diante de protestos de natureza política e de possíveis alterações capazes de atingir os trabalhadores como um todo. Em sentido inverso, as greves podem ser pontuais, realizadas em determinados espaços das empresas ou em sistema de rodízio, de modo a atingir setores diferentes na trajetória do momento. Diz-se, assim, existente uma **"greve intermitente"** quando ela paralisa a cada dia um setor diferente da empresa. Nesse contexto, fala-se também de **"greve nevrálgica"** quando atinge setor estratégico da empresa, que, uma vez paralisado, impede que outros tantos desenvolvam as suas atividades.

No tocante à *função anunciativa*, pode-se falar em **"greve de advertência"** nas situações em que uma categoria realiza paralisação temporária (por horas ou por um dia) e, por meio dela, sinaliza ter a pretensão de parar se as negociações com os empregadores não prosperarem. Em verdade, esse tipo de greve permite que a sociedade anteveja a dimensão dos transtornos que uma paralisação pode produzir para que, assim, apoie a causa operária e pressione o segmento patronal a ceder em relação às reivindicações. Geralmente a greve de advertência ocorre dentro de um período crítico identificado como *"estado de greve"*, quando os operários estão propensos a exercer esse direito constitucional, dependendo apenas da sinalização concreta de expressivo contingente reunido. Em sentido oposto, há a **"greve por tempo indeterminado"**, sem prazo para terminar, fruto de uma decisão que foi maturada e tomada depois de muitas tentativas de evitar a paralisação coletiva do trabalho.

Quanto aos objetivos a serem atingidos pela greve, fala-se em **"greve típica"**, aquela realizada contra o empregador em busca de melhoria das condições sociais e econômicas, podendo ser, inclusive, uma greve que vise à melhoria das condições ambientais, conhecida como "greve ambiental". Há, porém, greves que objetivam apoiar outras categorias, assim definidas as **"greves de solidariedade"**, pouco frequentes, salvo quando a empresa na qual atuam os grevistas solidários, se parada, possa vir a atingir outra empresa na qual atuam os trabalhadores em benefício dos quais se destina o ato de solidariedade. Geralmente as greves de solidariedades são feitas por trabalhadores da matriz em favor dos companheiros que atuam em uma determinada filial ou vice-versa. Também há a greve dos trabalhadores que atuam para uma determinada empresa em favor dos operários vinculados a outra empresa do mesmo agrupamento econômico. Esse tipo de greve somente será considerado lícito se atingir o mesmo empregador. Se a greve não atingir diretamente o empregador, há posição dominante no TST no sentido de considerá-la como abusiva, como, aliás, de um modo geral, assim têm sido entendidas as chamadas "greves políticas", gênero no qual se incluem as "greves de solidariedade" feitas por um grupo de empregados em favor de outro com quem não têm nenhuma relação jurídica de trabalho, ou seja, com quem não têm identidade contratual de emprego.

Sobre a "greve política", cabe registro sobre o processo TST-DCG-1000418-66.2018.5.00.0000, de 11 de fevereiro de 2019, relacionado à greve dos empregados da Eletrobras. Firmou-se ali o entendimento da SDC no sentido de que "é abusivo o movimento grevista deflagrado pela categoria profissional contra a privatização das empresas que compõem o sistema Eletrobras, pois não se verifica dissídio trabalhista, ou seja, conflito entre empresa e trabalhadores. A política de privatização do setor elétrico não é de autoria da Eletrobras, nem das empresas estatais, mas do poder público, de modo que as reivindicações dos trabalhadores não podem ser negociadas pelas empresas"[38].

Apesar dessas considerações e da resistência da jurisprudência em admitir a greve política, não se pode esquecer que há previsão constitucional irrestrita sobre a legitimação dos trabalhadores. Há clara referência no texto do *caput* do art. 9º da Carta constitucional sobre competir aos trabalhadores decidir sobre a oportunidade de exercer o direito de greve "e sobre os interesses que devam por meio dele defender". E se o interesse for político? E se o interesse for pressionar o Estado? Esses interesses deixarão de sê-lo apenas porque não se dirigem contra o empregador? A resposta parece ser negativa.

Relembrando o que se disse no tópico 20.3.2.4.4: mais evidente ainda tornou-se a atuação política dos sindicatos na medida em que a Lei n. 14.197, de 1º de setembro de 2021, inseriu o art. 359-T no Código Penal para prever que "não constitui crime [...] **A MANIFESTAÇÃO CRÍTICA** aos poderes constitucionais nem a atividade jornalística OU **A REIVINDICAÇÃO DE DIREITOS E GARANTIAS CONSTITUCIONAIS POR MEIO DE** passeatas, de reuniões, de **GREVES**, de aglomerações **OU DE QUALQUER OUTRA**

---

[38] TST-DCG-1000418-66.2018.5.00.0000, SDC, rel. Min. Mauricio Godinho Delgado, red. p/ acórdão Min. Ives Gandra da Silva Martins Filho, 11-2-2019.

FORMA DE MANIFESTAÇÃO POLÍTICA COM PROPÓSITOS SOCIAIS" (destaques não constante do original). Note-se que a greve aqui foi equiparada a "manifestação política com propósitos sociais", sendo, por isso, admitida para fins de manifestação crítica aos poderes constitucionais ou para reivindicar direitos e garantias constitucionais.

Por fim, em relação às formas de exteriorização da insatisfação obreira, há institutos que, apesar de não serem propriamente uma greve, são identificados pela palavra greve. O mais acertado, aliás, seria identificar essas ações como paragrevismo, e não como uma greve, pois, como antedito, para ser greve é indispensável haver a paralisação coletiva do trabalho. Nesse contexto, cabe referir a chamada **"greve de braço caído"** ou "operação tartaruga", uma ação por meio da qual os trabalhadores realizam as suas atividades em ritmo lento e com a intencional pretensão de produzir atrasos e prejuízos ao empregador. Cabe referenciar também a denominada **"greve de zelo"**, uma ação por meio da qual o empregado atua com um cuidado e um detalhismo tão elevados que o fazem, consequentemente, trabalhar mais lentamente.

23.2 LOCAUTE

Segundo Ronald Amorim e Sousa, o locaute "consiste na supressão do trabalho, por ato exclusivo da entidade patronal, com o objetivo de frustrar uma greve, quando esta se prenuncie ou instale, ou como retaliação à greve encerrada, sempre com o objetivo de exercer pressão sobre os trabalhadores para preservar ou melhorar o nível de comprometimento na execução das regras de convenção coletiva de trabalho"[39]. Para o referido professor baiano, o instituto ora analisado surgiu "da necessidade de se criar, para a entidade patronal, um mecanismo de compensação ou uma correlação de forças quando, na negociação coletiva, o sindicato impunha aos empregadores condições que estes entendiam de acatamento impossível"[40].

Etimologicamente, o locaute significa fechar (*lock*) por fora (*-out*), e aparece, em inúmeros casos, como alternativa para proteger o patrimônio da empresa e para evitar que clientes e fornecedores sejam surpreendidos com a ação grevista.

Observe-se que a CLT, em sua redação originária, já desautorizava o locaute ao deixar claro, no § 3º de seu art. 722, que, além das sanções cominadas no *caput* e demais dispositivos, os empregadores que o praticassem ficariam obrigados a pagar os salários devidos a seus empregados durante o tempo de suspensão do trabalho. Dispositivo assemelhado constou do art. 17 da Lei n. 7.783/89, que vedou expressamente o instituto aqui analisado e assegurou aos trabalhadores o direito à percepção dos salários durante o período de paralisação de iniciativa patronal.

Há também a variável de locaute, que muito bem poderia ser intitulada de *imprópria ou extralaboral*, que se pratica com o sibilino intuito de confundir-se com a greve. Nesse caso, os empregadores, agindo em razão de interesses próprios, e não em face de reivindicações operárias, assumem a decisão de não disponibilizarem aos seus contratados os instrumentos mediante os quais o trabalho seria desenvolvido com o específico objetivo de angariar vantagem. Esses locautes normalmente são políticos e objetivam pressionar o Estado a melhorar tarifas ou a subsidiar a produção. Foi visível exemplo disso a paralisação nacional dos caminhoneiros ocorrida em maio de 2018, oportunidade durante a qual muitos empresários-transportadores foram acusados de parar os seus veículos para apoiar o movimento grevista dos caminhoneiros autônomos com o objetivo de pressionar o Estado a reduzir o preço final do óleo diesel.

---

39   SOUZA, Ronald Amorim e. *Greve e locaute*. São Paulo: LTr, 2007, p. 187.
40   SOUZA, Ronald Amorim e. Op. cit., p. 27.

23.2.1 Características

A partir da definição de locaute é possível capturar seus atributos específicos e identificar suas características essenciais, quais sejam:

a) *é supressão do trabalho por ato exclusivo da entidade patronal:* se o ato for praticado por imposição de terceiros, entre os quais o Estado, não se estará diante de um autêntico locaute;

b) *é um mecanismo de correlação de forças quando, na negociação coletiva, o sindicato impunha aos empregadores condições que estes entendiam de acatamento impossível*: sob o ponto de vista simbólico, e conquanto seja juridicamente proibido, o locaute é evidentemente um comportamento de compensação diante da greve;

c) *tem o objetivo de frustrar uma greve, quando esta se prenuncie ou se instale, ou de retaliar uma greve encerrada*: a análise da intenção da supressão do trabalho por ato empresário é fundamental para caracterizar o locaute. Sem a manifestação desse propósito, a conduta patronal pode ser caracterizada como um *lay off*, promovido por força de uma crise financeira para superar problemas conjunturais;

d) *visa pressionar os trabalhadores a aceitar situação ou cláusula que lhes seja desfavorável:* a finalidade essencial do locaute é pressionar em sentido contrário aos propósitos de uma greve.

23.2.2 Sujeitos

O sujeito ativo do locaute é o empregador, singularmente considerado, ou um grupo ou segmento de empregadores, acompanhados ou não de sua entidade sindical representativa. O sujeito passivo é o trabalhador, grupo de trabalhadores ou entidade sindical obreira, que será alvo de atos tendentes a turbar uma greve ou a retaliar um movimento paredista que muito incomodou.

23.2.3 Efeitos decorrentes

O locaute produz efeitos contratuais interruptivos. Consequentemente, por vontade manifesta da lei (art. 17 da Lei n. 7.783/89) o trabalhador atingido por esse evento terá direito à percepção dos salários como se em exercício estivesse. Como o locaute é um comportamento ilícito, é possível que, por conta de sua prática, o empregado possa, além do salário, pretender a resolução contratual por inexecução faltosa patronal. Enfim, se "dar trabalho" é um dos deveres sociais mais caros ao contrato de emprego, privar o trabalhador de seu serviço é motivação mais do que suficiente para a caracterização da despedida indireta.

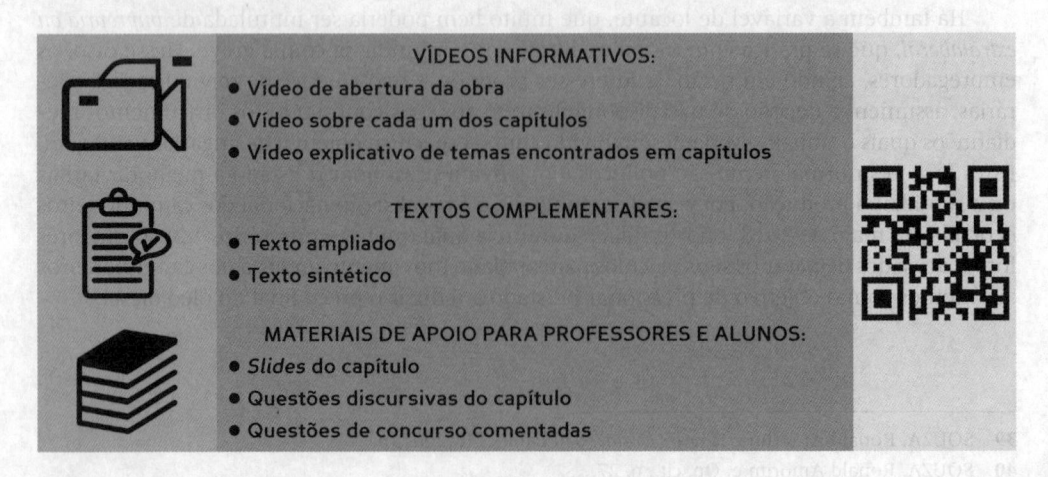

VÍDEOS INFORMATIVOS:
- Vídeo de abertura da obra
- Vídeo sobre cada um dos capítulos
- Vídeo explicativo de temas encontrados em capítulos

TEXTOS COMPLEMENTARES:
- Texto ampliado
- Texto sintético

MATERIAIS DE APOIO PARA PROFESSORES E ALUNOS:
- *Slides* do capítulo
- Questões discursivas do capítulo
- Questões de concurso comentadas

REFERÊNCIAS

AGUIAR DIAS, José de. *Da responsabilidade civil*. 3. ed. Rio de Janeiro: Forense, 1954. v. II.

ALEXY, Robert. *Teoria dos direitos fundamentais*. Trad. Virgílio Afonso da Silva. São Paulo: Malheiros, 2008.

ALMEIDA, Ísis de. O regime de trabalho temporário. In: *Curso de direito do trabalho: estudos em memória de Célio Goyatá*. São Paulo: LTr, 1994. v. 1, p. 318-363.

AMADO, João Leal. *A cessação do contrato de trabalho: uma perspectiva luso-brasileira*. São Paulo: LTr, 2017.

AMARAL, Júlio Ricardo de Paula. *Eficácia dos direitos fundamentais nas relações de trabalho*. 2. ed. São Paulo: LTr, 2014.

AMORIM FILHO, Agnelo. Critério científico para distinguir a prescrição da decadência e para identificar as ações imprescritíveis. *Revista de Direito Processual Civil*, São Paulo, v. 3, p. 95-132, jan./jun. 1961.

ANDRADE, Everaldo Gaspar Lopes de. *Direito do trabalho e pós-modernidade: fundamentos para uma teoria geral*. São Paulo: LTr, 2005.

ANDRADE, Maria Cecília. *Controle de concentrações de empresas*. São Paulo: Singular, 2002.

ANGEL YAGÜEZ, Ricardo de. *Tratado de responsabilidad civil*. Madrid: Civitas, 1993.

ARAÚJO, Eneida Melo Correia de. *As relações de trabalho: uma perspectiva democrática*. São Paulo: LTr, 2003.

ARENDT, Hannah. *A condição humana*. 10. ed. Rio de Janeiro: Forense Universitária, 2003.

AROUCA, José Carlos. *O sindicato em um mundo globalizado*. São Paulo: LTr, 2003.

ASSIS JÚNIOR, Luiz Carlos de. *O direito fundamental à adaptação razoável na Convenção Internacional sobre os Direitos das Pessoas com Deficiência*. Tese de Doutorado. Faculdade de Direito da Universidade Federal da Bahia, 2019.

ATALIBA, Geraldo. *Lei complementar na Constituição*. São Paulo: Revista dos Tribunais, 1971.

AZARA, Antonio; EULA, Ernesto (Org.). *Novissimo Digesto Italiano*: Persona Giuridica a cura di GIMBATTISTA IMPALLOMENI. Torino: Unione Tipografica — Editrice Torinese, 1979.

BANDEIRA DE MELLO, Celso Antônio. *Conteúdo jurídico do princípio da igualdade*. 3. ed. São Paulo: Malheiros, 2007.

————. *Curso de direito administrativo*. 13. ed. São Paulo: Malheiros, 2001.

BARBOSA MOREIRA, José Carlos. O Poder Judiciário e a efetividade da nova Constituição. In *Revista Forense* n. 304, out./dez. 1988.

BARROS, Alice Monteiro de. *A mulher e o direito do trabalho*. São Paulo: LTr, 1995.

————. Cargo de confiança — empregado ocupante do cargo: consequências práticas de sua qualificação jurídica. *Síntese Trabalhista*, n. 167, maio 2003.

————. *Contratos e regulamentações especiais do trabalho: peculiaridades, aspectos controvertidos e tendências*. 2. ed. São Paulo: LTr, 2002.

————. O contrato de experiência à luz dos tribunais. *Síntese Trabalhista*, n. 132, jun. 2000.

———. O trabalho em estabelecimentos bancários. *Síntese Trabalhista*, n. 169, jul. 2003.

———. Relação de emprego: considerações gerais sobre o trabalho do vendedor-viajante e pracista. *Síntese Trabalhista*, n. 153, mar. 2002.

———. Relação de emprego: trabalho voluntário e trabalho religioso. *Síntese Trabalhista*, n. 130, abr. 2000.

BARROSO, Fábio Túlio. *Manual de direito coletivo do trabalho*. São Paulo: LTr, 2010.

BASTOS, Pedro Paulo Zahluth. A construção do nacionalismo econômico de Vargas. In: BASTOS, Pedro Paulo Zahluth; FONSECA, Pedro Cezar Dutra (Org.). *A Era Vargas:* desenvolvimentismo, economia e sociedade. São Paulo: Editora Unesp, 2012.

BATALHA, Wilson de Souza Campos. *Prescrição e decadência no direito do trabalho*. São Paulo: LTr, 1998.

BAYLOS, Antonio. *Direito do trabalho: modelo para armar*. Trad. Flávio Benites e Cristina Schultz. São Paulo: LTr, 1999.

———. *Sindicalismo y derecho sindical*. Alicante: Bomarzo, 2004.

BELMONTE, Alexandre Agra. *Curso de responsabilidade trabalhista — danos morais e patrimoniais nas relações de trabalho*. São Paulo: LTr, 2009.

BERNARDES, Hugo Gueiros. *Cláusula de aprendizagem nos contratos de trabalho*. Brasília: Universidade de Brasília, 1969.

BETTI, Emilio. Autonomia privata. In: *Novissimo digesto italiano*. Torino: Editrice Torinese, 1979. t. 1.

BOBBIO, Norberto. *Eguaglianza e libertà*. Torino: Einaudi, 1995.

———. *O positivismo jurídico: lições de filosofia do direito*. São Paulo: Ícone, 1995.

———. *Teoria do ordenamento jurídico*. 7. ed. Brasília: UnB, 1996.

BOMFIM, Brena Késsia Simplício do. A questão de gênero, o trabalho dos transexuais femininos e a repercussão nas garantias trabalhistas voltadas à proteção do trabalho da mulher. Disponível em: <http://publicadireito.com.br/artigos/?cod=7c0ffb7232b77166>. Acesso em: 5 set. 2021.

BONAVIDES, Paulo. *Curso de direito constitucional*. 9. ed. São Paulo: Malheiros, 2000.

BOUCINHAS FILHO, Jorge. Reflexões sobre o aviso prévio proporcional ao tempo de serviço. *Revista Justiça do Trabalho* n. 334. São Paulo: HS Editora. Ano 28, out. 2011, p. 77-126.

———. *Direito de greve e democracia*. São Paulo: LTr, 2013.

——— e MARANHÃO, Ney. *O novo aviso prévio*. São Paulo: LTr, 2014.

BRAGA, Ruy. *Trabalho e fluxo informacional: nossa herança (info) taylorista*. Disponível em: <www.ocomuneiro.com>.

BRANDÃO, Cláudio. *Acidente de trabalho e a responsabilidade civil do empregador*. São Paulo: LTr, 2006.

BRASIL. *Manual de redação da Presidência da República*. 2. ed. Brasília: Presidência da República, 2002.

———. Ministério da Saúde. Secretaria de Políticas da Saúde. Área Técnica de Saúde da Mulher. *Parto, aborto e puerpério*: assistência humanizada à mulher. Brasília: Ministério da Saúde, 2001.

BRITO FILHO, José Claudio Monteiro de. Trabalho com redução à condição análoga à de escravo: análise a partir do tratamento decente e de seu fundamento, a dignidade da pessoa humana. In: VELLOSO, Gabriel; FAVA, Marcos Neves (coord.). *Trabalho escravo contemporâneo*: o desafio de superar a negação. São Paulo: LTr, 2006.

———. *Direito sindical*. 3. ed. São Paulo: LTr, 2009.

———. *Trabalho escravo: caracterização jurídica*. 2. ed. São Paulo: LTr, 2017.

BUDEL, Diego. *Reforma trabalhista: a construção e desconstrução das peculiaridades do direito do trabalho*. Porto Alegre: PLUS/Simplíssimo, 2019.

CAIRO JÚNIOR, José. *Curso de direito do trabalho: direito individual e direito coletivo do trabalho*. 4. ed. Salvador: JusPodivm, 2009.

———. *O acidente do trabalho e a responsabilidade civil do empregador*. 5. ed. São Paulo: LTr, 2009.

CALVO, Adriana. *O direito fundamental à saúde mental no ambiente de trabalho*. São Paulo: LTr, 2014.

CANOTILHO, J. J. Gomes. *Direito constitucional e teoria da Constituição*. 7. ed. Coimbra: Almedina, 2004.

CÂMARA, Eduardo. *Alterações e reflexos trabalhistas da lei de recuperação e falência*. São Paulo: LTr, 2006.

REFERÊNCIAS

CAPPELLETTI, Mauro. Formações sociais e interesses coletivos diante da justiça civil. *Revista de Processo*. São Paulo, ano 2, n. 5, jan./mar. 1997.

———. *Juízes legisladores?* Porto Alegre: Sergio Antonio Fabris, Editor, 1993.

CARELLI, Rodrigo de Lacerda. *Cooperativas de mão de obra:* manual contra a fraude. São Paulo: LTr, 2002.

CARMONA, Carlos Alberto. *A arbitragem no processo civil brasileiro*. São Paulo: Malheiros, 1993.

CARRION, Valentin. Cooperativas de trabalho — autenticidade e falsidade. *Revista LTr*, São Paulo: LTr, v. 63, n. 2, 1999.

CASSAR, Vólia Bomfim. *Direito do trabalho*. 17. ed. Rio de Janeiro: Forense; São Paulo: Método, 2020.

CASTILHO PEREIRA, José Luciano. Cooperativas de trabalho — relação de emprego. *Revista Síntese*, n. 94, 1997.

CATHARINO, José Martins. *Compêndio de direito do trabalho*. São Paulo: LTr, 1975.

———. *Tratado jurídico do salário*. São Paulo: LTr, 1994.

———. *Trabalho temporário*. Rio de Janeiro: Edições Trabalhistas, 1984.

———. Prescrição — Direito do Trabalho. In: *Enciclopédia Saraiva do Direito*. São Paulo: Saraiva, v. 60.

CERI, Paolo. Proletariado. In: *Dicionário de política*. 11. ed. Brasília: UnB, 1998. v. 2.

CESARINO JÚNIOR, A. F.; CARDONE, Marly A. *Direito social*. 2. ed. São Paulo: LTr, 1993. v. 1.

CHAPPER, Alexei Almeida. *Prescrição da ação na "ação" trabalhista*. São Paulo: LTr, 2013.

CHAVES JÚNIOR, José Eduardo de Resende; OLIVEIRA, Murilo Carvalho Sampaio; OLIVEIRA NETO, Raimundo Dias de. Plataformas digitais e vínculo empregatício? A cartografia dos indícios de autonomia, subordinação e dependência. JOTA — *Direito Trabalhista*, edição de 26-8-2020. Disponível em: <https://www.jota.info/opiniao-e-analise/artigos/plataformas-digitais-e-vinculo--empregaticio-26082020>.

CHOURAQUI, Alain; NAZET-ALLOUCHE, Dominique. *Dicionário enciclopédico de teoria e de sociologia do direito*. Rio de Janeiro: Renovar, 1999.

CINTRA; GRINOVER; DINAMARCO. *Teoria geral do processo*. 13. ed. São Paulo: Malheiros, 1997.

COOLEY, Thomas W. *A advocacia na mediação*. Brasília: UnB, 2001.

CORBO, Wallace. O direito à adaptação razoável e a teoria da discriminação indireta: uma proposta metodológica. *RFD — Revista da Faculdade de Direito da UERJ*, Rio de Janeiro, n. 34, dez. 2018.

COURTIS, Cristian. *Ni un paso atrás*: la prohibición de regresividad en materia de derechos sociales. Buenos Aires: Del Puerto, 2006.

COUTINHO, Aldacy Rachid. Trabalho e pena. *Revista da Faculdade de Direito da UFPR*, Curitiba, v. 32, 1999.

CUNHA, Antônio Geraldo da. *Dicionário etimológico da Língua Portuguesa*. 3. ed. Rio de Janeiro: Lexikon, 2007.

CUNHA DE LIMA, Bruno Choairy. Possibilidade de limitação das horas *in itinere* por negociação coletiva e a jurisprudência do TST. *Revista do Ministério Público do Trabalho na Bahia* n. 4. Salvador: Procuradoria Regional do Trabalho da 5ª Região, 2011.

CYRINO, Sinésio; KERTZMAN, Ivan. *Salário de contribuição: a base de cálculo previdenciária das empresas e dos segurados*. Salvador: JusPodivm, 2007.

DAINEZE, Marina. *Códigos de Ética Empresarial e as relações da organização com seus públicos*. Universidade de São Paulo. Prêmio Ethos-Valor. Categoria Graduação. 2003. v. 3. Disponível em: <http://www.uniethos.org.br>.

DALLA COSTA, Ricardo. Modelos produtivos industriais com ênfase no fordismo e toyotismo: o caso das montadoras paranaenses. *Revista Eletrônica da FEATI — Faculdade de Educação, Administração e Tecnologia de Ibaiti*. Disponível em: <http://www.feati.com.br/revista>.

DALLEGRAVE NETO, José Affonso. *Responsabilidade civil no direito do trabalho*. 4. ed. São Paulo: LTr, 2010.

———. Acúmulo e desvio funcional. Há amparo legal para deferir a indenização equivalente ao prejuízo? Revista *O Trabalho*, n. 143, jan. 2009.

DE PAULA, Paulo Mazzante. *Trabalho informal e exclusão social*. Bauru: Canal 6, 2012.

DELGADO, Mauricio Godinho. *Curso de direito do trabalho*. 4. ed. São Paulo: LTr, 2005; 18. ed. 2019.

———. Direitos da personalidade (intelectuais e morais) e contrato de emprego. *Síntese Trabalhista*, n. 125, nov. 1999.

DIAS, Carlos Eduardo Oliveira. *Entre os cordeiros e os lobos*: reflexões sobre os limites da negociação coletiva nas relações de trabalho. São Paulo: LTr, 2009.

DIAS, Maria Berenice. *Homoafetividade e os direitos LGBTI*. 6. ed. São Paulo: Revista dos Tribunais, 2014.

DIMOULIS, Dimitri; MARTINS, Leonardo. *Teoria geral dos direitos fundamentais*. 3. ed. São Paulo: Revista dos Tribunais, 2011.

DINIZ, Ana Paola Machado. *Saúde no trabalho: prevenção, dano e reparação*. São Paulo: LTr, 2003.

DINIZ, Maria Helena. *Curso de direito civil brasileiro: teoria geral do direito civil*. 25. ed. São Paulo: Saraiva, 2008.

———. *Curso de direito civil brasileiro: teoria das obrigações contratuais e extracontratuais*. 24. ed. São Paulo: Saraiva, 2008.

DOBSON, Juan M. *El Abuso de la Personalidad Jurídica (en el derecho privado)*. 2. ed. Buenos Aires: Ediciones Depalma, 1991.

DORSTER, André. *Controles de horários e a Lei da Liberdade Econômica*. São Paulo: JOTA, 2019.

DUARTE, Juliana Bracks. A prática das "gueltas" e sua repercussão no contrato de trabalho. *Juris Síntese*, n. 53, maio/jun. 2005.

DURAND, Paul; VITU, André. *Traité de droit du travail*. Paris: Dalloz, 1950. t. II.

ERMIDA URIARTE, Oscar; VILLAVICENCIO, Alfredo. *Sindicatos en libertad sindical*. Lima: ADEC-ATC, 1991.

FALCONI, Ivan Furlan. A reforma trabalhista extinguiu a Lei das Gorjetas? *JOTA*, 28-10-2017. Disponível em: <https://www.jota.info/opiniao-e-analise/artigos/a-reforma-trabalhista-extinguiu-a-lei-das-gorjetas-28102017>.

FARIAS, Cristiano Chaves de; ROSENVALD, Nelson. *Curso de direito civil: teoria geral e LINDB*. 16. ed. Salvador: JusPodivm, 2018.

FELICIANO, Guilherme Guimarães. Aspectos penais da atividade jurisdicional do juiz do trabalho. *Síntese Trabalhista*, n. 159, set. 2002.

———. *Do pré-contrato de trabalho*: o contrato preliminar de trabalho no item da contratação laboral, abordagem comparativa e jusfundamental. São Paulo: LTr, 2010.

———. *Curso crítico de direito do trabalho*: teoria geral do direito do trabalho. São Paulo: Saraiva, 2013.

FERNANDES, Antônio Monteiro. *Direito de greve — notas e comentários à Lei 65/77, de 22 de agosto*. Coimbra: Almedina.

FERRANDO GARCIA, Francisca Maria. *Responsabilidad civil por daños ocasionados durante la huelga*. Valencia: Tirant lo Blanch, 2001.

FERRAZ, Mirella Costa Macêdo. O regime jurídico trabalhista do *stock option*. *Revista Eletrônica Direito UNIFACS*, v. 103, jan. 2009. Disponível em: <http://www.revistas.unifacs.br/index.php/redu/article/view/478>. Acesso em: 30 jul. 2009.

FERRAZ JR., Tercio Sampaio. *Introdução ao estudo do direito*: técnica, decisão e dominação. 3. ed. São Paulo: Atlas, 2001, p. 290.

———. Direito: tempo que passa, tempo que fica. *Revista da USP*, São Paulo, n. 81, p. 40-49, mar./maio 2009.

FERREIRA, Aurélio Buarque de Holanda. *Novo dicionário Aurélio da língua portuguesa*. 4. ed. Curitiba: Positivo, 2009.

REFERÊNCIAS

FRANCO FILHO, Georgenor de Sousa. *Liberdade sindical e direito de greve no direito comparado.* São Paulo: LTr, 1992.

GAGLIANO, Pablo Stolze; PAMPLONA FILHO, Rodolfo. *Novo curso de direito civil*: contratos. 4. ed. São Paulo: Saraiva, 2008. v. 4, t. 1.

——. *Novo curso de direito civil.* 7. ed. São Paulo: Saraiva, 2009. v. 3.

GARCIA, Gustavo Filipe Barbosa. *Curso de Direito do Trabalho.* 6. ed. Rio de Janeiro: Forense, 2012.

GARCIA, Sandro Ruduit. Novos polos automobilísticos e o desafio do desenvolvimento regional. *Anais do VII Encontro de Economia da Região Sul* — ANPEC Sul, n. 7, 2004, Maringá: UEM, UFPR, UFSC, UFRGS, PUCRS, 2004, p. 70-90.

GASPAR, Danilo Gonçalves. A extinção do contrato de trabalho em caso de morte do empregado por ato do empregador: pedido de demissão ou rescisão indireta? *Suplemento Trabalhista*, São Paulo: LTr, v. 49, n. 129, p. 687-692, 2013.

——. A utilização de banheiros por empregados(as) transexuais. Disponível em: <http://trabalhoemdebate.com.br/artigo/detalhe/a-utilizacao-de-banheiros-por-empregadosas-transexuais>. Acesso em: 4 set. 2021.

——; MARTINEZ, Luciano. PAMPLONA FILHO, Rodolfo. Breves considerações sobre a Lei n. 14.151/2021. Disponível em: <http://trabalhoemdebate.com.br/artigo/detalhe/breves-consideracoes-sobre-a-lei-n-141512021>. Acesso em: 7 nov. 2021.

——. *Subordinação potencial*: encontrando o verdadeiro sentido da subordinação jurídica. São Paulo: LTr, 2016.

——; COELHO, Fabiano; MIZIARA, Raphael. Aspectos controvertidos da indenização sobre o saldo do FGTS no Contrato Verde e Amarelo. *Os Trabalhistas*, 4-12-2019. Disponível em: <http://ostrabalhistas.com.br/aspectos-controvertidos-da-indenizacao-sobre-o-saldo-do-fgts-no-contrato-verde-e-amarelo/>.

GEHRINGER, Max. Nem só de benefícios vive o profissional. Revista *Época*, n. 479, 19 jul. 2007.

GIGLIO, Wagner D. A equidade e o direito do trabalho brasileiro. *Revista LTr*, São Paulo: LTr, v. 39, p. 867-874.

——. *Justa causa.* 2. ed. São Paulo: LTr, 1985.

——. Considerações sumárias sobre a sucessão trabalhista e a despersonalização do empregador. *Juris Síntese* n. 63, jan./fev. 2007.

GIUGNI, Gino. *Autonomia e autotutela colectiva.* Trad. Antonio Monteiro Fernandes. Lisboa: Associação Académica da Faculdade de Direito de Lisboa, 1983.

GOMES, Fábio Rodrigues. *Direitos fundamentais dos trabalhadores: critérios de identificação e aplicação prática.* São Paulo: LTr, 2013.

GOMES, Orlando. *Contratos.* Rio de Janeiro: Forense, [s. d.].

——. Dispensa coletiva na reestruturação da empresa (aspectos jurídicos do desemprego tecnológico). *Revista LTr*, São Paulo: LTr, v. 38, p. 577, 1974.

——. *Introdução ao direito civil.* Rio de Janeiro: Forense, [s. d.].

GOMES, Orlando; GOTTSCHALK, Elson. *Curso de direito do trabalho.* 16. ed. Rio de Janeiro: Forense, 2002.

GOMES, Orlando; VARELA, Antunes. *Direito econômico, os grupos de sociedade e a relação de trabalho.* São Paulo: Saraiva, 1977.

GONÇALVES, Carlos Roberto. *Responsabilidade civil.* São Paulo: Saraiva, 2008.

GONÇALVES JÚNIOR, Mário. *Demissão coletiva.* Disponível na Internet: <http://www.mundojuridico.adv.br>. Acesso em: 23 dez. 2007.

GRAU, Eros Roberto. *Ensaio e discurso sobre a interpretação/aplicação do direito.* 4. ed. São Paulo: Malheiros, 2006.

GRINOVER, Ada Pellegrini. Mudanças estruturais no processo civil brasileiro. *Juris Síntese*, n. 71, maio/jun. 2008.

GUIMARÃES, Ricardo Pereira de Freitas. *Manual de direito individual do trabalho*. São Paulo: Revista dos Tribunais, 2014.

———. *Princípio da proporcionalidade no direito do trabalho*. São Paulo: Revista dos Tribunais, 2015.

———. *CLT Comentada*. São Paulo: Revista dos Tribunais, 2017.

HAMMOND, J. L.; HAMMOND, Barbara. *The Skilled Labourer, 1760-1832*. 1919. London: Longmans, Green and Co. p. 259.

HARVEY, David. *Condição pós-moderna: uma pesquisa sobre as origens da mudança cultural*. Trad. Adail Ubirajara Sobral e Maria Stela Gonçalves. 16. ed. São Paulo: Loyola, 2007.

HILGARD, Ernest. *Teorias da aprendizagem*. 5. ed. São Paulo: E.P.U., 1973.

HINZ, Henrique Macedo. *Direito coletivo do trabalho*. São Paulo: Saraiva, 2005.

HIRSCH, Fábio Periandro de Almeida. *Direito adquirido a regime jurídico: confiança legítima, segurança jurídica e proteção das expectativas no âmbito das relações de direito público*. 199 p. Tese (Doutorado) — Universidade Federal da Bahia, Faculdade de Direito, 2012.

HOUAISS, Antônio. *Dicionário Houaiss da língua portuguesa*. Rio de Janeiro: Objetiva, 2001.

INCISA, Ludovico. Corporativismo. In: *Dicionário de política*. 11. ed. Brasília: UnB, 1998. v. 2.

ISRAEL, Jean-Jacques. *Direito das liberdades fundamentais*. Trad. Carlos Souza. São Paulo: Manole, 2005.

JESUS, Jaqueline Gomes de. Orientações sobre identidade de gênero: conceitos e termos. Disponível em: <http://www.diversidadesexual.com.br/wp-content/uploads/2013/04/G%C3%8ANERO-CONCEITOS-E-TERMOS.pdf>. Acesso em: 23 ago. 2021.

KELSEN, Hans. *Teoria geral do Direito e do Estado*. São Paulo: Martins Fontes, 1992, p. 102.

KERTZMAN, Ivan. *Curso prático de direito previdenciário*. 7. ed. Salvador: JusPodivm, 2010.

———; MARTINEZ, Luciano. *Guia prático da previdência social*. 5. ed. São Paulo: Saraiva, 2014.

LACERDA, Dorval. *Falta grave no Direito do Trabalho*. 4. ed. Rio de Janeiro: Edições Trabalhistas, 1976.

LACERDA, Rosangela Rodrigues Dias de. *Reconhecimento do vínculo empregatício para o trabalho da prostituta*. 2015. Tese (Doutorado em Direito do Trabalho) — Faculdade de Direito, Universidade de São Paulo, São Paulo, 2015. Disponível em: <https://www.teses.usp.br/teses/disponiveis/2/2138/tde-31082017-105056/publico/Tese_Rosangela_Lacerda.pdf>. Acesso em: 10 jul. 2022.

———; VALE, Silvia Teixeira do. *Curso de direito constitucional do trabalho*. São Paulo: LTr, 2021.

LAFER, Celso. Declaração Universal dos Direitos Humanos (1948). In: MAGNOLI, Demétrio (org.). *A história da paz*. São Paulo: Contexto, 2008.

LAFONT, Francisco. *Tratado de derecho laboral:* tomo I, individual. 2. ed. Bogotá: Ediciones Ciencias y Derecho, 1999.

LALOU, Henri. *La responsabilité civile*. Paris: Dalloz, 1932.

LAMARCA, Antônio. *Manual das justas causas*. São Paulo: Revista dos Tribunais, 1983.

LANZ, Letícia. O corpo da roupa: a pessoa transgênero entre a transgressão e a conformidade com as normas de gênero. 2014. Disponível em: <https://acervodigital.ufpr.br/bitstream/handle/1884/36800/R%20-%20D%20-%20LETICIA%20LANZ.pdf?sequence=1&isAllowed=y>. Acesso em: 23 ago. 2021.

LE GOFF, Jacques. *Mercaderes y Banqueros de la Edad Media*. 3. ed. Buenos Aires: Eudeba, 1966.

LEAL, Antônio Luís da Câmara. *Da prescrição e da decadência*: teoria geral do direito civil. São Paulo: Saraiva, 1939.

LEITE, Carlos Henrique Bezerra. *Curso de direito processual do trabalho*. 9. ed. São Paulo: LTr, 2011.

LENZA, Pedro. *Direito constitucional esquematizado*. 15 ed. São Paulo: Saraiva, 2011.

LIMA, Alceu Amoroso. *O trabalho no mundo moderno*. Rio de Janeiro: Agir, 1959.

LIMA, Francisco Gérson Marques de. *Quitação anual: estudo em direito sindical*. Fortaleza: Premius, 2018.

LIPSET, Seymour Martin; TROW, Martin A. e COLEMAN, James S. *A democracia sindical*. Madrid: Ministerio de Trabajo y Seguridad Social, 1989.

REFERÊNCIAS

LOPES, Otávio Brito. Limites constitucionais à negociação coletiva. *Revista LTr*, São Paulo, v. 6, n. 64, 2000.

LUDWIG, Guilherme Guimarães. Abordagem constitucional do aviso prévio proporcional. In: *Revista Magister de Direito do Trabalho*, n. 44, São Paulo: Lex Magister, set.-out./2011.

———. *Dono da obra. Responsabilidade.* Disponível em: <http://www.anamatra.org.br/jornada/propostas/com1_proposta12.pdf>. Acesso em: 9 out. 2009.

MAGANO, Octávio Bueno. *Manual de direito do trabalho: volume II — direito individual do trabalho.* 2. ed. São Paulo: LTr, 1988.

———. *Os grupos de empresas no direito do trabalho.* São Paulo: LTr, 1974.

MALATESTA, Nicola Framarino dei. *A lógica das provas em matéria criminal.* Trad. Paolo Capitanio. 2. ed. Campinas: Bookseller, 2001.

MALLET, Estêvão. Outorga judicial do consentimento negado pelo sindicato. In: *Temas de direito do trabalho.* São Paulo: LTr, 1998.

———. A legislação trabalhista e a interpretação do contrato de trabalho — parâmetros aplicáveis. *Revista Magister de Direito do Trabalho.* Porto Alegre: Magister, ano VIII, n. 48, maio/jun. 2012.

———. *Factum principis.* In: RODRIGUES PINTO, José Augusto; MARTINEZ, Luciano; MANNRICH, Nelson. *Dicionário brasileiro de direito do trabalho.* São Paulo: LTr, 2013.

———. *Igualdade e discriminação em direito do trabalho.* São Paulo: LTr, 2013.

———. *Dogmática elementar do direito de greve.* São Paulo: LTr, 2014.

MANCUSO, Rodolfo de Camargo. *Interesses difusos.* 5. ed. São Paulo: Revista dos Tribunais, 2000.

———. A ação civil pública como instrumento de controle judicial das chamadas políticas públicas. In: MILARÉ, Édis. *Ação civil pública — Lei 7.347/1985 — reminiscências e reflexões após dez anos de aplicação.* São Paulo: Revista dos Tribunais, 2001. p. 707-751.

MANNRICH, Nelson. *Regulamentar terceirização fortalece relações de trabalho.* Revista Consultor Jurídico, 20 de outubro de 2013. Disponível em: <http://www.conjur.com.br/2013-out-20/nelson-mannrich-regulamentar-terceirizacao-fortalece-relacoes-trabalho>.

MANUS, Pedro Paulo Teixeira. *Despedida arbitrária ou sem justa causa.* São Paulo: Malheiros, 1996.

MARANHÃO, Délio; CARVALHO, Luis Inácio B. de. *Direito do trabalho.* 16. ed. Rio de Janeiro: FGV, 1992.

MARANHÃO, Ney. Dignidade humana e assédio moral. A delicada questão da saúde mental do trabalhador. *Jus Navigandi.* Teresina, ano 16, n. 3.039, 27 out. 2011, disponível em: <http://jus.com.br/revista/texto/20307>. Acesso em: 27 out. 2011.

———. *Poluição labor-ambiental: abordagem conceitual da degradação das condições de trabalho, da organização do trabalho e das relações interpessoais travadas no contexto laborativo.* Rio de Janeiro: Lumen Juris, 2017.

MARCONDES FILHO, Alexandre. *Exposição de Motivos da Consolidação das Leis do Trabalho.* In: CLT-LTr 2009. 36. ed. São Paulo: LTr, 2009.

MARINHO, Josaphat. Retrocesso legislativo. *Jornal A Tarde*, Salvador, 2 dez. 2001. Opinião.

MARQUES, Fabíola. *Equiparação salarial.* 2. ed. São Paulo: LTr, 2015.

———. *Férias*: novo regime da Convenção n. 132 da OIT. São Paulo: LTr, 2007.

MARTINEZ, Luciano. *Condutas antissindicais.* São Paulo: Saraiva, 2013.

———. Conceito de aeronauta: extensão e limites. In: Márcio Mendes Granconato; Thereza Christina Nahas (Org.). *Contratos de trabalho no setor de transporte.* São Paulo: LTr, 2014, v. 1, p. 15-28.

———. *Reforma trabalhista: entenda o que mudou.* 2. ed. São Paulo: Saraiva, 2018.

———. *Reforma da Previdência: entenda o que mudou.* São Paulo: Saraiva, 2020.

———; MIZIARA, Raphael. A terceirização produzida pela Lei n. 6.019/1974: razão para a sua existência e reflexões críticas sobre os seus desvirtuamentos. *Revista da Academia Brasileira de Direito do Trabalho*, n. 20, 2015.

_____; LIMA TEIXEIRA, João de. *Comentários à Constituição de 1988 em matéria de direitos sociais trabalhistas*. São Paulo: LTr, 2019.

_____; POSSÍDIO, Cyntia. *O trabalho nos tempos do Coronavírus*. São Paulo: Saraiva, 2020.

_____; STUDART, Ana Paula Didier. Poder diretivo algorítmico: a nova autoridade anônima e implacável. 2020. Disponível em: <https://www.linkedin.com/pulse/poder-diretivo--algor%C3%ADtmico-nova-autoridade-an%C3%B4nima-e-luciano-martinez/>.

_____; CARVALHO JÚNIOR, Pedro Lino de. O Crime de Perseguição (Stalking) e os Efeitos da Sentença Criminal na Jurisdição Trabalhista. In: *Revista Magister de Direito do Trabalho* n. 102. Mai--Jun/2021.

MARTINS, Sérgio Pinto. *Direito do trabalho*. 25. ed. São Paulo: Atlas, 2009.

MARX, Karl. *O capital: crítica da economia política*. Trad. Regis Barbosa e Flávio R. Kothe. São Paulo: Nova Cultural, 1996. v. 1.

MASCHIETTO, Leonel. *Direito ao descanso nas relações de trabalho*. São Paulo: LTr, 2015.

MAXIMILIANO, Carlos. *Hermenêutica e aplicação do direito*. 16. ed. Rio de Janeiro: Forense, 1996.

MAZZUOLI, Valerio de Oliveira. *O controle jurisdicional da convencionalidade das leis*. São Paulo: Revista dos Tribunais, 2009.

MEDANHA, Marcos. *Limbo previdenciário trabalhista*. Leme, SP: Mizuno, 2020.

MEDEIROS, Marília Salles Falci. Os excluídos do trabalho: abordagens sobre o desemprego nas sociedades contemporâneas. *Revista da Faculdade de Direito da UFF*, v. 5, 2001.

MEIRELES, Edilton. *Abuso de direito na relação de emprego*. São Paulo: LTr, 2005.

_____. Funções do sindicato (das entidades sindicais). *Revista LTr*, São Paulo, v. 4, n. 65, 2001.

_____. *Grupo econômico trabalhista*. São Paulo: LTr, 2002.

MEIRELLES, Hely Lopes. *Direito administrativo brasileiro*. 25. ed. São Paulo: Malheiros, 2000.

MELLO, Cristiane. *Direito de crítica do empregado nas redes sociais*. São Paulo: LTr, 2015.

MELLO, Marcos Bernardes de. *Teoria do fato jurídico: plano da existência*. 10. ed. São Paulo: Saraiva, 2000.

MENDES, Gilmar Ferreira. *Curso de Direito Constitucional*. 7. ed. São Paulo: Saraiva, 2012.

_____. Jurisprudência de crise e pensamento do possível: caminhos constitucionais. *Revista Consultor Jurídico*, 11-4-2020. Disponível em: <https://www.conjur.com.br/2020-abr-11/observatorio--constitucional-jurisprudencia-crise-pensamento-possivel-caminhos-solucoes-constitucionais#sdfootnote2sym>. Acesso em: 21 ago. 2020.

MESQUITA, Luiz José de. *Direito disciplinar do trabalho*. São Paulo: LTr, 1991.

MIRANDA, Jorge. Os direitos fundamentais: sua dimensão individual e social. *Cadernos de Direito Constitucional e Ciência Política*, São Paulo: Instituto Brasileiro de Direito Constitucional/Revista dos Tribunais, n. 1, out./dez. 1992.

_____. *Manual de direito constitucional: direitos fundamentais*. 4. ed. Coimbra: Coimbra Ed., 2008. t. IV.

MIZIARA, Raphael. *Moderno dicionário de Direito do Trabalho*. São Paulo: LTr, 2019.

_____ e PINHEIRO, Iuri. *Manual prático da terceirização*. São Paulo: JusPodivm, 2019.

MONTESQUIEU. *Do espírito das leis*. São Paulo: Nova Cultural, 1997, v. 1 (Os Pensadores).

MONTORO, André Franco. *Introdução à ciência do direito*. 25. ed. São Paulo: Revista dos Tribunais, 2000.

MORAES, Maria Celina Bodin de. *Danos à pessoa humana*. Rio de Janeiro: Renovar, 2003.

MORAES FILHO, Evaristo de. *Introdução ao direito do trabalho*. 4. ed. São Paulo: LTr, 1986.

_____. *Pareceres de direito do trabalho: fusão de empresas, com constituição de um conglomerado unitário*. São Paulo: LTr, 1986. v. 4.

_____. *O problema do sindicato único no Brasil: seus fundamentos sociológicos*. 2. ed. Alfa-Ômega, 1978.

MORAES FILHO, Evaristo de; MORAES, Antonio Carlos Flores de. *Introdução ao direito do trabalho*. 7. ed. São Paulo: LTr, 1995.

REFERÊNCIAS

MOMM, Márcia Assumpção Lima; BARACAT, Eduardo Milléo. Código de vestimenta e aparência no trabalho: limites do poder de direção do empregador em relação ao gênero. *Revista do TST,* São Paulo, v. 87, n. 2, abr./jun. 2021.

MOURA, Marcelo. *Consolidação das Leis do Trabalho para concursos.* Salvador: JusPodivm, 2011.

MUÇOUÇAH, Renato de Almeida Oliveira. *Trabalhadores do sexo e seu exercício profissional: delimitações entre as esferas penal e trabalhista.* São Paulo: LTr, 2015.

NASCIMENTO, Amauri Mascaro. *Curso de direito do trabalho.* 16. ed. São Paulo: Saraiva, 1999.

———. *Iniciação ao direito do trabalho.* 30. ed. São Paulo: LTr, 2004.

———. *Salário: conceito e proteção.* São Paulo: LTr, 2008.

———. *Teoria geral do direito do trabalho.* São Paulo: LTr, 1998.

NEUNER, Jörg. *Os direitos humanos sociais.* Trad. Pedro Scherer de Mello Aleixo, Ingo Wolfgang Sarlet e Jorge Cesar Ferreira da Silva. Juris Síntese, n. 80, nov.-dez. 2009.

NICOLADELI, Sandro Lunard. *Elementos de direito sindical brasileiro e internacional.* São Paulo: LTr, 2017.

OIT. *La libertad sindical: recopilación de decisiones y principios del Comité de Libertad Sindical del Consejo de Administración de la OIT.* 5. ed. Genève: OIT, 2006.

OLIVA, José Roberto Dantas. O magistrado em face da equidade como instrumento válido de interpretação e integração normativa. *Juris Síntese,* n. 37, set./out. 2002.

OLIVEIRA, José Lamartine Corrêa de. *A dupla crise da pessoa jurídica.* São Paulo: Saraiva, 1979.

OLIVEIRA, Murilo Carvalho Sampaio. *(Re)pensando o princípio da proteção na contemporaneidade.* São Paulo: LTr, 2009.

———. *Relação de emprego, dependência econômica e subordinação jurídica.* Curitiba: Juruá, 2014.

OLIVEIRA, Sebastião Geraldo de. *Indenizações por acidente do trabalho ou doença ocupacional.* 5. ed. São Paulo: LTr, 2009.

———. *Proteção jurídica à saúde do trabalhador.* 4. ed. São Paulo: LTr, 2002.

OLIVEIRA NETO, Célio Pereira. *Trabalho em ambiente virtual: causas, efeitos e conformação.* 2. ed. rev., atual. e ampl. São Paulo: LTr, 2022.

OLIVEIRA VIANNA, Francisco José de. *Populações meridionais do Brasil.* Belo Horizonte: Itatiaia, 1987.

PAES, Arnaldo Boson. *Negociação coletiva na função pública.* São Paulo: LTr, 2013.

PALOMEQUE LÓPEZ, Manuel Carlos. *Derecho sindical español.* 4. ed. Madrid: Tecnos, 1991.

PAMPLONA FILHO, Rodolfo. *A equidade no direito do trabalho.* Jus Navigandi, Teresina, ano 5, n. 51, out. 2001. Disponível em: <http://jus2.uol.com.br/doutrina/texto.asp?id=2026>. Acesso em: 22 maio 2009.

———. *O dano moral na relação de emprego.* 3. ed. São Paulo: LTr, 2002.

———; FERNANDEZ, Leandro. *Tratado da prescrição trabalhista: aspectos teóricos e práticos.* São Paulo: LTr, 2017.

———; FERNANDEZ, Leandro. *Trabalho intermitente.* Curitiba: Juruá, 2020.

——— e SOUZA, Tércio. *Curso de direito processual do trabalho.* São Paulo: Marcial Pons, 2014.

PASQUINO, Gianfranco. Conflito. In: *Dicionário de política.* 11. ed. Brasília: UnB, 1998. v. 1.

PERELMAN, Selig. *A history of trade unionism in the United States.* New York: A. M. Kelley, 1950.

PINHEIRO, Raimundo. *Atestado médico: falso ou verdadeiro.* 2. ed. Salvador: edição do autor, 2016.

PINHEIRO, Rogério Neiva. A difícil vida do mediador de conflitos coletivos de trabalho. *Revista Consultor Jurídico,* 20 de abril de 2020. Disponível em: <https://www.conjur.com.br/2020-abr-20/rogerio-neiva-dificil-vida-mediador-conflitos-coletivos>. Acesso em: 5 dez. 2021.

PINHO PEDREIRA, Luiz de. O teletrabalho. *Revista LTr,* São Paulo: LTr, v. 64, n. 5. 2000.

———. *A gorjeta.* São Paulo: LTr, 1994.

———. *Principiologia de direito do trabalho.* Salvador: Gráfica Contraste, 1996.

_____. Os princípios do direito coletivo do trabalho. *Revista LTr*, São Paulo: LTr, v. 63, p. 2, 1999, p. 155-157.

PINO ESTRADA, Manuel Martín. Os mundos virtuais e o teletrabalho nos tribunais brasileiros. *Revista de Direito Trabalhista*. Brasília: Consulex, maio 2010.

_____. *Teletrabalho e Direito*. Curitiba: Juruá, 2014.

PINTO, Raymundo Antônio Carneiro. *Súmulas do TST comentadas*. 10. ed. São Paulo: LTr, 2008.

PINTO, Raymundo Antônio Carneiro; BRANDÃO, Cláudio Mascarenhas. *Orientações jurisprudenciais do TST comentadas*. São Paulo: LTr, 2008.

PINTO FERREIRA, Luís. *Comentários à Constituição Federal:* arts. 54 a 91. São Paulo: Saraiva, 1992. v. 3.

PIOVESAN, Flávia. *Direitos humanos e o direito constitucional internacional*. 14. ed. São Paulo: Saraiva, 2013.

PIRES, Amom Albernaz. Mediação e conciliação: breves reflexões para uma conceituação adequada. In: AZEVEDO, André Gomma de (org.). *Estudos de arbitragem, mediação e negociação*. Brasília: Brasília Jurídica, 2002.

PLÁ RODRIGUEZ, Américo. *Princípios de direito do trabalho*. 3. ed. São Paulo: LTr, 2004.

PONTES DE MIRANDA, F. C. *Tratado de direito privado*. 3. ed. Rio de Janeiro: Borsoi, 1972. t. 5 e 6.

POZO, Juan. *Aprendizes e mestres: a nova cultura da aprendizagem*. Porto Alegre: Artmed, 2002.

PRAGMÁCIO FILHO, Eduardo. *Teoria da empresa para o direito do trabalho brasileiro*. São Paulo: LTr, 2008.

_____. *A boa-fé nas negociações coletivas trabalhistas*. São Paulo: LTr, 2011.

PRATA, Ana. *A tutela constitucional da autonomia privada*. Coimbra: Almedina, 1982.

PRATA, Marcelo Rodrigues. *Assédio moral no trabalho sob novo enfoque*. Curitiba: Juruá, 2015.

RAMOS, Rafael Teixeira. Multa salarial no Contrato Especial de Trabalho Desportivo (CETD). *Lei em Campo*. 2020. Disponível em: <https://leiemcampo.com.br/multa-salarial-no-contrato-especial-de-trabalho-desportivo-cetd/>. Acesso em: 5 dez. 2021.

RÁO, Vicente. *Ato Jurídico*. 3. ed. São Paulo: Revista dos Tribunais, 1994.

REALE, Miguel. *Lições preliminares de direito*. 27. ed. 8. tir. São Paulo: Saraiva, 2009.

REGINE, Marino. Sindicalismo. In: *Dicionário de política*. 11. ed. Brasília: UnB, 1998. v. 2.

REIS, Jair Teixeira dos. *Curso de Direitos Humanos*: teoria e questões. Rio de Janeiro: Ferreira, 2012.

_____. *Relações de trabalho. Estágio de estudantes*. 2. ed. São Paulo: LTr, 2012.

_____. *FGTS: cálculo, recolhimento, parcelamento e fiscalização*. São Paulo: LTr, 2013.

REUNIÃO INTERNACIONAL DE ESPECIALISTAS EM LEGISLAÇÃO INTERNACIONAL DE DIREITOS HUMANOS, ORIENTAÇÃO SEXUAL E IDENTIDADE DE GÊNERO. Princípios de Yogyakarta. Yogyakarta, Indonésia: Universidade Gadjah Mada, 2006. Disponível em: <http://www.dhnet.org.br/direitos/sos/gays/principios_de_yogyakarta.pdf>. Acesso em: 30 ago. 2021.

RIBEIRO, Lélia Guimarães Carvalho. *A monitoração audiovisual e eletrônica no ambiente de trabalho e seu valor probante*. São Paulo: LTr, 2008.

RIVERO, Jean; MOUTOUH, Hugues. *Liberdades públicas*. Trad. Maria Ermantina de Almeida Prado Galvão. São Paulo: Martins Fontes, 2006.

ROBERTS, J. M. *O livro de ouro da história do mundo*. Rio de Janeiro: Ediouro, 2001.

ROCCO, Alfredo. *Princípios de direito comercial*. Trad. Ricardo Rodrigues Gama. Campinas: LZN Editora, 2003.

RODRIGUES, Sílvio. *Direito civil*. 25. ed. São Paulo: Saraiva, 1997. v. 3.

_____. *Dos vícios do consentimento*. São Paulo: Saraiva, 1979.

RODRIGUES PINTO, José Augusto. Noção e alcance da solidariedade empresarial no direito do trabalho brasileiro. *Revereor*. São Paulo: Saraiva, 1981.

_____. O trabalho como valor. *Revista LTr*, São Paulo: LTr, v. 12, n. 64.

_____. *Tratado de direito material do trabalho*. São Paulo: LTr, 2007.

RODRIGUES PINTO, José Augusto; MARTINEZ, Luciano; MANNRICH, Nelson. *Dicionário brasileiro de direito do trabalho*. São Paulo: LTr, 2013.

RODRÍGUEZ BRINGADELLO, Hugo. *Los derechos humanos en la dimensión de los derechos humanos*. Lima: CEAL, 1989.

ROPPO, Enzo. *O contrato*. Coimbra: Almedina, 1988.

ROSA E SILVA, Túlio Macedo. *Assistência jurídica gratuita na Justiça do Trabalho*. São Paulo: Saraiva, 2013.

RUSSOMANO, Mozart Victor. *Comentários à CLT*. 13. ed. Rio de Janeiro: Forense; 15. ed. 1993.

SAAD, Eduardo Gabriel. Temas trabalhistas. Do serviço voluntário. Nova lei. *Suplemento Trabalhista LTr*, 42/98.

SAKO, Emília. *A prova no processo do trabalho: os meios de prova e ônus da prova nas relações de emprego e trabalho*. São Paulo: LTr, 2006.

SANGUINETI RAYMOND, Wilfredo. *Teletrabajo y globalización*. Madrid: MTAS, 2003.

SAN TIAGO DANTAS, Francisco Clementino. *Programa de Direito Civil*. 3. ed. revista e atualizada por Gustavo Tepedino, Antônio Carlos de Sá, Carlos Edison do Rego Monteiro Filho e Renan Miguel Saad. Rio de Janeiro: Forense, 2001.

SANI, Giacomo. Cultura política. *Dicionário de política*. 11. ed. Brasília: UnB, 1998.

———. Participação política. *Dicionário de política*. 11. ed. Brasília: UnB, 1998. v. 2.

SANTOS, Altamiro J. dos. *Direito penal do trabalho*. São Paulo: LTr, 1997.

SANTOS, Enoque Ribeiro. *O dano moral na dispensa do empregado*. 4. ed. São Paulo: LTr, 2009.

———. *A função social do contrato, a solidariedade e o pilar da modernidade nas relações de trabalho*. São Paulo: LTr, 2003.

SANTOS, José Aparecido dos. *Curso prático — cálculos de liquidação trabalhista*. 2. ed. Curitiba: Juruá, 2010.

SANTOS JUNIOR, Aloisio Cristovam dos. *Liberdade religiosa e contrato de trabalho: a dogmática dos direitos fundamentais e a construção de respostas constitucionalmente adequadas aos conflitos religiosos no ambiente de trabalho*. Rio de Janeiro: Impetus, 2013.

SARLET, Ingo Wolfgang. *A eficácia dos direitos fundamentais*. 10. ed. Porto Alegre: Livraria do Advogado, 2009.

SARMENTO, Daniel. *Direitos fundamentais e relações privadas*. Rio de Janeiro: Lumen Juris, 2004.

SCHIERA, Pierangelo. Sociedade por categorias. In: *Dicionário de política*. 11. ed. Brasília: UnB, 1998. v. 2.

SCHREIBER, Anderson. *Novos paradigmas da responsabilidade civil. Da erosão dos filtros da reparação à diluição dos danos*. São Paulo: Atlas, 2007.

SERICK, Rolf. *Apariencia y realidad de las sociedades mercantiles. El abuso del derecho por medio de la persona jurídica*. Tradução de José Puig Brutau. Barcelona: Ariel, 1958.

SHAKESPEARE, William. *Romeu e Julieta*. E-book. Disponível em: https://www.ebooksbrasil.org/adobeebook/romeuejulieta.pdf. Acesso em: 22 dez. 2021.

SILBER, Simão. Análise da política econômica e do comportamento da economia brasileira durante o período 1929-1939. In: VERSIANI, Flávio R.; MENDONÇA DE BARROS, José Roberto (Orgs.). *Formação econômica do Brasil: a experiência da industrialização*. São Paulo: Saraiva, 1978.

SILVA, Antonio Álvares. *Dissídio coletivo mediante acordo*. Belo Horizonte: RTM, 2010.

SILVA, Fabrício Lima; PINHEIRO, Iuri. *Manual do "compliance" trabalhista: teoria e prática*. Salvador: JusPodivm, 2020.

SILVA, Floriano Corrêa Vaz da. A equidade e o direito do trabalho. *Revista LTr*, São Paulo: LTr, v. 38, p. 913-922.

SILVA, Homero Batista Mateus da. *Curso de direito do trabalho aplicado (v. 2): jornadas e pausas*. Rio de Janeiro: Elsevier, 2009.

———. Impactos do artigo 8º, III, da Constituição Federal de 1988, sobre a substituição processual na Justiça do Trabalho. *Juris Síntese*, n. 76, mar./abr. 2009.

SILVA, Virgílio Afonso da. *Direitos fundamentais: conteúdo essencial, restrições e eficácia*. 2. ed. São Paulo: Malheiros, 2010.

SILVA NETO, Manoel Jorge e. *Curso de direito constitucional do trabalho*. São Paulo: Malheiros, 1998.

SIQUEIRA NETO, José Francisco. *Direito do trabalho & democracia*: apontamento e pareceres. São Paulo: LTr, 1996.

SOUTO MAIOR, Jorge Luiz. Competência ampliada da EC n. 45 reconheceu vocação natural da Justiça do Trabalho. *Revista do Tribunal Regional do Trabalho da 3ª Região*. Belo Horizonte, v. 40, n. 70 (supl. esp.), jul./dez. 2004.

———. *Curso de direito do trabalho*: a relação de emprego. São Paulo: LTr, 2008.

———. Em defesa da ampliação da competência da Justiça do Trabalho. *Juris Síntese*, n. 55, set./out. 2005.

SOUZA, Elisabete G. de. *Relação trabalho-educação e questão social no Brasil: uma leitura do pensamento pedagógico da Confederação Nacional da Indústria — CNI (1930-2000)*. 2012. Tese (Doutorado). — Faculdade de Educação, Universidade Estadual de Campinas.

SOUZA, Fabiano Coelho de. Lei do Pavilhão e princípio do centro da gravidade. Disponível em: <http://www.magistradotrabalhista.com.br/2015/11/lei-do-pavilhao-e-principio-do-centro.html>. Acesso em: 1º abr. 2018.

SOUZA, Mauro Cesar Martins de. Salário mínimo: desvinculação da jornada. *Síntese Trabalhista*, n. 133, jul./2000.

SOUZA, Ronald Amorim e. *Greve e locaute*. São Paulo: LTr, 2007.

STERN, Fátima Coelho Borges. As garantias do delegado sindical. *Revista LTr*, São Paulo: LTr, v. 12, n. 62, 1998.

STOCO, Rui. *Tratado de responsabilidade civil*. São Paulo: Revista dos Tribunais, 2007.

STOPPINO, Mário. Poder. In: *Dicionário de política*. 11. ed. Brasília: UnB, 1998. v. 2.

STÜRMER, Gilberto. *Direito constitucional do trabalho no Brasil*. São Paulo: Atlas, 2014.

SÜSSEKIND, Arnaldo. *Direito constitucional do trabalho*. 3. ed. Rio de Janeiro: Renovar, 2004.

———. Grupo empregador. *Revista do TST*, São Paulo, v. 63, 1994.

———. *Comentários à Consolidação das Leis do Trabalho e à Legislação Complementar*. Rio de Janeiro: Freitas Bastos, 1964, v. I, II e III.

SÜSSEKIND, Arnaldo; MARANHÃO, Délio; VIANNA, Segadas. *Instituições de direito do trabalho*. 12. ed. São Paulo: LTr, 1991.

TARTUCE, Flávio. *Direito civil 2: direito das obrigações e responsabilidade civil*. 4. ed. São Paulo: Método, 2009.

TAYLOR, Frederick. *Princípios de administração científica*. São Paulo: Atlas [1890], 1995.

TEIXEIRA, Sérgio Torres. Morfologia do direito de despedir (Parte 2): modalidades de dispensa. *Revista do TRT — 6ª Região*, Recife, v. 14, n. 31, jan./dez. 2003.

TEIXEIRA FILHO, João de Lima. O sistema confederativo. In: *Direito Sindical Brasileiro*: estudos em homenagem ao Prof. Arion Sayão Romita. São Paulo: LTr, 1998.

THEODORO JR., Humberto. *Comentários ao novo Código Civil*. Rio de Janeiro: Forense, 2003. v. III, t. II.

TOFLER, Alvin. *A terceira onda*. São Paulo: Record, 1987.

VALE, Silvia Isabelle Ribeiro Teixeira. *Proteção efetiva contra a despedida arbitrária no Brasil*. São Paulo: LTr, 2015.

VALENTINO, Cyrlston Martins. Conselhos e ordens de fiscalização do exercício profissional: perfil jurídico a partir da jurisprudência do STF. *Jus Navigandi*, Teresina, ano 17, n. 3334, 17 ago. 2012. Disponível em: <http://jus.com.br/revista/texto/22434>. Acesso em: 8 set. 2012.

REFERÊNCIAS

VATICANO. *Carta Encíclica Rerum Novarum del Sumo Pontífice León XIII sobre la situación de los obreros.* Disponível em: <www.vatican.va>.

VIANA, Márcio Túlio. Conflitos coletivos de trabalho. *Revista do TST*, Brasília, v. 66, jan./mar. 2000.

———. *Direito de resistência.* São Paulo: LTr, 1996.

VIANA JUNIOR, Wellington Luiz. Sucessão trabalhista e a delegação de serviços notariais e de registros públicos. *Revista do Tribunal Regional do Trabalho da 3ª Região*, Belo Horizonte, jul./dez. 2004.

VIEIRA DE ANDRADE, José Carlos. *Os direitos fundamentais na Constituição Portuguesa de 1976.* 4. ed. Coimbra: Almedina, 2009.

VILLAÇA, Álvaro. *Teoria geral dos contratos típicos e atípicos.* São Paulo: Atlas, 2002.

WATANABE, Kazuo. In: GRINOVER, Ada Pellegrini et al. *Código Brasileiro de Defesa do Consumidor:* comentado pelos autores do anteprojeto. 8. ed. Rio de Janeiro: Forense Universitária, [s. d.].

WOLFF, Robert Paul. Além da tolerância. In: MARCUSE, Herbert (org.). *A crítica da tolerância pura.* Rio de Janeiro: Zahar, 1970.

WORLD HEALTH ORGANIZATION. *The optimal duration of exclusive breastfeeding — Report of an Expert Consultation.* Genève: Switzerland, March 2001.

———. Sexual and Reproductive Health and Research (SRH). Disponível em: <https://www.who.int/teams/sexual-and-reproductive-health-and-research/key-areas-of-work/sexual-health/defining-sexual-health>. Acesso em: 23 ago. 2021.

WORMSER, Maurice. *Piercing the veil of corporate entity.* Columbia Law Review, 1912.

ZANOTELLI, Ana Gabriela Camatta; MOSCHEN, Valesca Raizer Borges. A efetivação dos direitos dos trabalhadores marítimos no contexto dos navios de bandeira de conveniência. *Revista Jurídica da Presidência*, Brasília, p. 91-118, 2016.

ZIPPERER, André Gonçalves. *A intermediação de trabalho via plataformas digitais.* São Paulo: LTr, 2019.

ÍNDICE REMISSIVO

A

Abandono de emprego: 1.4.2.1, 14.5.6.3, 15.3.1.1.6, 15.3.2.1.3 "j"
Abono anual: 5.2.2.3.5 "b"
Abono do PIS: 5.2.2.3.5 "b", 12.2.2.4.5
Abono pecuniário: 5.2.2.3.4 "n", 10.1.3.2.1, 11.3.1.12, 11.3.3
 – abono pecuniário e férias coletivas: 11.3.2.6
 – abono pecuniário de férias: 12.2.2.4.3
 – aplicabilidade ao regime de tempo parcial: 11.3.1.12.3
 – diferenças entre o abono pecuniário e o acréscimo constitucional de um terço sobre as férias: 11.3.1.12.4
 – diferenças entre o abono pecuniário e o acréscimo constitucional de um terço sobre as férias: 11.3.1.12.4
 – forma e prazo de postulação: 11.3.1.12.1
 – natureza da parcela: 11.3.1.12.2
 – oportunidade de pagamento das férias e do abono pecuniário: 11.3.1.13
Abono salarial: 12.2.1.2.2 "a", 12.2.2.4.5
Abortamento: 1.2.8.7, 11.3.1.4, 12.1
 – não criminoso: 14.7.2, 17.1.2.5.2 "a1"
Abuso do direito:
 – de concessão da oportunidade de estágio: 3.2.1.6
 – de greve: 23.1.12
 – do exercício do direito de ação: 16.1.2.2.2
Acidente de trabalho: 1.2.8.6, 14.7, 16.1.2.2.6 "a"
 – seguro a cargo do empregador: 5.2.2.3.4 "u", 16.1.2.2.2 "e"
 – suspensão contratual: 14.4
Ações declaratórias: 18.3.5.5
Acomodação razoável: 9.5.1.1, 13.4.1.5, 17.1.2.5.1 "c", 17.1.2.5.2 "b2"
Acontecimento suscetível de previsão aproximada: 4.4.5.2.3, 8.2, 8.2.1.1.6 "a e b"
Acordo coletivo de trabalho: 1.2.9.2.2, 10.1.5.2, 12.2.1.1.3 "c", 21.7.1, 21.7.3, 21.7.7
 – ajuda compensatória mensal: 12.2.2.4.6
 – compensação de horários: 10.1.5
 – dissolução por resilição: 15.3.1
 – gorjeta: 12.2.1.3.1
 – indenização prevista no § 5º do art. 476-A da CLT: 16.1.2.1.6
 – participação em curso ou programa de qualificação profissional: 14.5.8
 – princípio da adequação setorial negociada: 19.6.2.2.4
 – prorrogação de trabalho: 2.2.1.1.1, 10.1.4, 10.1.4.3

– reembolso-babá: 12.2.2.4.9
– reembolso-creche: 12.2.2.4.8
– turno misto: 10.2.3

Acumulação: 1.2.9.4, 2.2.1.1.1, 9.5.2.5
– de empregos: 4.3, 5.2.1.2
– de horas: 10.1.6
– flexível: 5.2.2.3.5, 12.2.2.4.2

Acúmulo funcional: 13.4.1.1

Adiantamento: 12.2.1.2.2 "d"

Adicional:
– cumulatividade dos adicionais: 9.5.2.5
– de insalubridade: 1.5.3.2, 1.5.3.4, 5.2.2.3.5 "e", 9.3, 9.5.1, 9.5.2.1, 9.5.2.1.6, 9.5.2.4, 9.5.2.5, 10.1.4.9, 12.2.1.1.3 "a3", 12.2.1.2, 17.1.2.5.1 "c"
– base de cálculo: 9.5.1.2, 12.2.1.1.3 "a2"
– de periculosidade: 1.5.3.1, 9.5.1, 9.5.1.2, 9.5.2, 10.1.4.9, 12.2.1.2.1 "a"
– base de cálculo: 1.5.3.1, 9.5.1.2, 9.5.2.3, 12.2.1.2.1 "a"
– inflamáveis: 9.5.2.1.1
– radiação ionizante ou substância radioativa: 9.5.2.1.6
– sistema elétrico de potência: 9.5.2.1.3
– de transferência: 1.4.2.4, 10.1.4.9, 12.2.1.2, 12.2.1.2.1 "a e a5", 12.3.3.4, 13.2.2.2.2, 13.4.4.2, 13.4.4.2, 13.4.6.1, 13.4.6.2
– por tempo de serviço: 2.2.1.2, 4.5.2, 12.2.1.2.2 "b", 12.5.3.1
– remuneração: 10.1.4.2

Administração do Estado: 1.2.8.2

Administração pública: 1.2.4, 1.2.9.2.2, 1.5.1, 3.2.1.3, 3.2.1.4, 3.2.1.5.4, 3.2.1.7, 5.2.1, 5.2.1.1.3, 5.2.1.1.4, 6.3.1.2, 6.6.2.2.3 "a1", 6.6.2.2.5, 9.5.2.1.4, 10.1.3.2.1, 12.2.1.1.3 "a4", 12.2.1.1.5 "b4", 12.5.1, 12.5.3.1, 15.2.1.2.5, 15.3.1.5, 15.3.2.2.3, 16.1.2.2.1 "b", 17.1.2.5.2 "a5", 18.3.5.5, 21.8

Adoção: 1.2.8.7, 5.2.2.3.4 "o", 12.1, 14.6.3.1, 14.6.6.1, 14.6.6.2, 14.7.2, 17.1.2.5.2 "a1", 17.1.2.6, 18.3.4
– guardião: 16.1.2.2.2 "d"

Advertência: 6.3.1.3, 15.3.2.1.2 "b", 15.3.2.1.3 "d2"

Afastamento:
– por acidente do trabalho: 14.7.3.1.1, 14.7.3.1.3, 15.3.1.1.2
– por doença ou por invalidez previdenciária (atualmente incapacidade temporária ou permanente): 14.5, 14.5.6, 14.7.3
– por motivo de segurança nacional: 14.5.2, 14.6.9

Agentes de integração: 3.2.1.3, 3.2.1.4, 3.2.1.6

Agregação social: 1.1.1

Ajuda de custo: 12.2.2.3.1, 12.2.2.3.4, 13.4.6.1

Alimentação: 12.2.2.4.4

Alojamento funcional: 13.4.6.1; 12.2.1.1.5; 14.7.3.2.2

Alta médica: 14.5.6.3

Alta programada: 7.3.3

Alteração do contrato de emprego:
– alterações contratuais em espécie: 13.4
– alteração da carga horária: 13.4.2
– aumento na dimensão do intervalo intrajornada: 13.4.2.8
– aumento extraordinário da jornada: horas extraordinárias eventuais: 13.4.2.4
– aumento ordinário da jornada: horas extraordinárias habituais: 13.4.2.3
– compensação de horários: 13.4.2.7
– diminuição ou supressão da dimensão do intervalo intrajornada: 13.4.2.9

– modificação do quadro de horários: horário de início/término das atividades e dias em que o serviço acontece: 13.4.2.6
– redução da jornada com redução do salário: 13.4.2.1
– redução da jornada sem redução do salário: 13.4.2.2
– supressão de horas extraordinárias: 13.4.2.5
  – alteração de função: 13.4.1
    – acúmulo funcional: 13.4.1.1
    – promoção: 13.4.1.2
    – readaptação: 13.4.1.5
    – rebaixamento: 13.4.1.3
    – reversão: 13.4.1.4
  – alteração de salário: 13.4.4
    – alteração da composição salarial: 13.4.4.2
    – alteração da data de pagamento dos salários: 13.4.4.4
    – alteração da dimensão salarial: 13.4.4.1
    – alteração da natureza jurídica da parcela atribuída: 13.4.4.6
    – alteração da periodicidade do pagamento dos salários: 13.4.4.3
    – alteração do modo de pagamento dos salários: 13.4.4.5
  – alteração de tomador de serviços: 13.4.5
    – mudança de tomador de um mesmo grupo econômico: 13.4.5.1
    – mudança de tomador por exigência do contrato de terceirização: 13.4.5.2
  – alteração de turno de trabalho: 13.4.3
    – modificação de turno de revezamento para turno fixo: 13.4.3.4
    – modificação do turno diurno para o turno noturno: 13.4.3.1
    – modificação de turno fixo para turno de revezamento: 13.4.3.3
    – modificação do turno noturno para o turno diurno: 13.4.3.2
  – alteração do lugar de trabalho: 13.4.6
    – presunção de anuência e pagamento de adicional de transferência: 13.4.6.2
    – transferência, realocação e remoção: 13.4.6.1
– considerações introdutórias: 13.1
– direito de resistência do operário (*ius resistentiae*): 6.3, 13.3
– espécies: 13.2
  – alterações contratuais obrigatórias: 13.2.1
  – alterações contratuais voluntárias: 13.2.2
    – bilaterais: 13.2.2.1
    – unilaterais: 13.2.2.2
      – alteração promovida pelo direito patronal diretivo (*ius variandi*): 13.2.2.2.3
      – alteração promovida por anuência presumida: 13.2.2.2.2
      – vantagem isenta de contrapartida: 13.2.2.2.1
– prescrição aplicável às situações de alteração contratual: 13.5

Alteridade: 4.2.3, 4.2.4, 4.4.3, 4.4.8.1, 4.4.8.6, 5.2.2.3.1 "b"

Amamentação: 5.2.2.3.5 "c", 17.1.2, 17.1.2.5, 17.1.2.5.2 "b", 17.1.2.6
– local apropriado para guarda dos filhos: 17.1.2.5.2 "b1"

Analogia: 1.4.1, 1.4.2, 1.4.2.1, 1.4.2.2, 9.5.1, 10.1.1.3, 10.1.4.9, 10.3.1.2, 12.2.1.2.1 "a3 e f", 14.6.3.5, 15.3.2.1.3 "i3 e o", 15.3.2.1.4 "f", 16.1.2.2.2 "c", 17.1.2.5.1 "a"

Anotações: 7.3.3
– da CTPS: 1.2.8.5, 3.2.1.5.9, 7.3.1, 7.3.3, 7.3.4, 7.3.6, 7.4, 8.2.1.1.3, 8.2.1.1.4 "a e d", 10.1.3.2.1, 11.3.1.1.1, 11.3.2.2, 14.4, 14.6.3.1, 15.4, 15.4.5.2.2, 16.1.2.2.2, 18.2, 18.3.5.5
– desabonadoras: 7.3.3

Antissindicalidade: 19.6.2.1.1, 20.1.6
– condutas antissindicais: 19.6.1.4

Anulabilidade: 17.2.1.2.2
– particularidades no âmbito do direito do trabalho: 4.4.6.2.1
– situações de anulabilidade e efeitos da declaração: 4.4.6.2.2

Anúncio de emprego: 17.1.1
Aplicação do art. 467 da CLT: 15.4.6
 – multa prevista: 12.2.2.2.1
Aplicação do direito do trabalho: 1.5
 – aplicação espacial: 1.5.2
 – aplicação pessoal: 1.5.1
 – aplicação temporal: 1.5.3
Aposentadoria: 5.2.2.3.4 "r", 5.2.2.3.4, 9.6, 15.2.1.2.4
 – compulsória: 15.2.1.2.3, 15.2.1.2.4
 – especial: 5.2.2.3.4 "r e u", 9.6, 15.2.1.2.2
 – espontânea: 2.2.6, 15.2.1.2.1, 17.1
 – por incapacidade permanente (antes aposentadoria por invalidez): 1.2.8.7, 3.1, 3.2.1.8, 5.2.2.3.4 "r", 12.5.3.1, 14.5.6, 14.5.6.3, 14.7.3.1.2 "a, b, c, g", 14.7.3.2.1, 15.2.1.2.6, 15.3.1.1.1.11, 16.1.2.2.2, 18.3.3
Aprendiz: 5.2.2.3.4 "w", 16.1.2.2.2 "l"
 – art. 433: 8.2.1.1.4 "d e e", 8.2.1.1.8, 16.1.2.2.2 "l", 16.1.2.2.6 "a"
 – contrato de aprendizagem: 8.2.1.1.4 "a ao e", 17.2.1.2.3
Arbitragem: 2.2.2.2.4 "a", 21.1.2, 22.2.1.1
Arrendamento mercantil: 12.4.1.2
Assédio:
 – moral: 4.4.5.2.2 "c", 6.6.2.2.7, 9.6, 13.4.2.6, 15.3.2.1.4 "b e f"
 – sexual: 15.3.2.1.3 "b"
Assistência:
 – à pessoa: 3.1, 3.2, 3.2.2.1, 4.4.8.2, 6.1
 – à rescisão e homologação: 5.2.2.3.5 "d", 15.4.3
 – aos desamparados:
 – contábil e jurídica: 2.3.2.4.3 "b", 5.2.2.3.4, 6.6.2.2.2, 6.6.2.2.8
 – gratuita: 2.2.1.1.2, 5.2.2.3.4 "s"
 – judiciária: 20.3.2.4.3 "b"
 – nas cessações contratuais: 20.3.2.4.3 "c"
 – social: 5.2.1.1.4, 12.4.2
Associação:
 – profissional: 20.3.1
 – sindical de grau inferior: 20.3.2
 – sindical de grau superior: 20.3.3
Associações profissionais: 20.3, 20.3.1, 20.3.2.3.2 "b3", 20.3.2.4.3, 23.1.1
Associações recreativas: 5.2.2, 6.1, 9.2.2.1
Assunção dos riscos: 4.2.3, 5.1, 6.2, 6.2.2, 12.2.1.1.2 "b3", 12.4.1.2.1
Atestado médico: 7.3.3
Atestado ou exame: 7.3.3, 9.4, 9.4.2, 9.5.1.1
 – licença-maternidade: 14.7.2, 17.1.2.5.2
 – período gestacional e pós-gestacional: 17.1.2.5.1 "c e d", 17.1.2.5.2 "a e a1"
Atividade e trabalho:
 – contratos de atividade em sentido estrito: 1.5.1, "a" e "c"; 3.2
  – contrato de estágio: 3.2.1
   – abuso do direito de concessão da oportunidade de estágio: 3.2.1.6
   – competência jurisdicional: 3.2.1.10
   – definição: 3.2.1.1
   – direitos: 3.2.1.5
    – anotação na CTPS: 3.2.1.5.9
    – aplicação integral da legislação relacionada à saúde e à segurança no trabalho: 3.2.1.5.7

ÍNDICE REMISSIVO

   – isonomia de tratamento: 3.2.1.5.3
   – jornada de atividade: 3.2.1.5.1
   – proteção previdenciária apenas facultativa: 3.2.1.5.5
   – recesso da atividade de estágio: 3.2.1.5.8
   – retribuição pela atividade de estágio: 3.2.1.5.2
   – seguro contra acidentes pessoais: 3.2.1.5.6
   – tempo de duração do estágio: 3.2.1.5.4
  – estágio e aposentadoria por incapacidade permanente: possível cumulação: 3.2.1.8
  – estágio e o seguro-desemprego: 3.2.1.9
  – estágio no serviço público e algumas das suas particularidades: 3.2.1.7
  – espécies: 3.2.1.2
  – requisitos: 3.2.1.3
  – sujeitos: 3.2.1.4
 – contrato de prestação de serviço voluntário: 3.2.2
   – contraprestação: 3.2.2.3
   – definição: 3.2.2.1
   – termo de adesão: 3.2.2.2
 – médicos residentes e sua situação *sui generis*: 3.2.3
 – contratos de trabalho em sentido amplo: 3.3
   – contrato de trabalho autônomo: 3.3.1
   – contrato de trabalho eventual: 3.3.2
   – contrato de trabalho avulso: 3.3.3
     – não portuário: 3.3.3 "b"
     – portuário: 3.3.3 "a"
 – distinções: 3.1
 – distinções entre trabalho e emprego: 3.4
Atividade de estágio: 3.2.1.3, 3.2.1.5.2, 3.2.1.5.8
Atividade em sentido estrito: 1.5.1, "a" e "c"; 3.2
Atividades:
 – insalubres: 9.5, 9.5.1
 – penosas: 9.6
 – perigosas: 9.5, 9.5.2
Atomista: 1.2.9.4, 2.2.1.1.1
Atualidade da falta: 15.3.2.1.2 "e"
Auto de infração: 7.3.3, 7.3.4.1
Autointegração: 1.4.1, 1.4.2, 1.4.2.1
Autonomia da vontade: 1.2.6, 4.4.5.2.3, 15.3.2.1.2 "f", 19.6.2.2.2, 21.10
Auxílio-creche: 5.2.2.3.4 "s", 12.2.2.4.8
Auxílio-doença acidentário (atualmente, "auxílio por incapacidade temporária acidentário"): 1.2.8.7, 11.3.1.5, 14.4, 14.7.3.1.2, 14.7.3.2.1, 15.3.1.1.1.11, 16.1.2.2.2 "e"
Auxílio por incapacidade temporária acidentário (antes, "auxílio-doença acidentário"): 1.2.8.7, 11.3.1.5, 14.4, 14.7.3.1.2, 14.7.3.2.1, 15.3.1.1.1.11, 16.1.2.2.2 "e"
Aviso prévio: 4.4.8.3.3, 5.2.2.3.4 "p", 14.6.3.4, 16.1.2.2.6 "b"
 – definição: 15.3.1.1.1.1
 – em casa: 15.3.1.1.4
 – espécies: 15.3.1.1.3
 – institutos incompatíveis: 15.3.1.1.8
 – irrenunciabilidade: 15.3.1.1.4
 – justa causa no decurso do prazo: 15.3.1.1.6
 – proporcionalidade: 15.3.1.1.2
 – prova: 15.3.1.1.7
 – reconsideração: 15.3.1.1.5
Avulsos: 1.5.1, 3.3.3, 11.1, 11.2, 12.1, 14.5.6, 14.6.2, 16.2.2.1, 18.3.5.2

B

Baixa na CTPS: 14.4, 15.3.1.1.1.11

Bancários: 5.2.5.2.1 "b", 10.1.1.1, 10.1.2.4, 10.1.3.2.3 "a", 10.3.1.1.1 "c", 12.2.1.2.1 "c e d", 12.4.1.2.1, 15.3.2.1.3 "o", 20.1.1, 20.1.2

Banco de horas: 5.2.2.3.4 "l", 10.1.5.1, 10.1.6, 21.10.3

Base de cálculo:
 – da insalubridade: 9.5.1.2
 – da periculosidade: 9.5.2.3
 – do FGTS: 16.2.2.6
 – do pagamento das parcelas decorrentes da cessação do contrato: 15.4.1
 – dos recolhimentos do FGTS durante o período da "licença por acidente do trabalho": 14.7.3.1.2 "f"

Base territorial sindical: 2.1.7.1, 2.1.7.1.1, 2.1.7.1.2, 16.1.2.2.2 "a", 20.1.7.1.1, 20.1.7.1.2, 20.2.1, 20.2.2, 20.3.1, 20.3.2.1

Benefícios previdenciários: 1.2.8.7, 11.3.1.5, 12.1, 14.5.6.1, 14.7.3.1.2 "a", 16.1.2.2.2 "e", 17.1.2.5.2 "a2"

Bicho externo: 12.2.1.3.4

Boa-fé: 2.2, 2.2.6, 4.4.6.1.2, 4.4.8.8, 4.5.1, 4.5.2, 6.4.3.3, 15.3.2.1.3, 15.3.2.1.4, 19.6.2.1.5

Boicote: 23.1.5.4

Bolsa de estágio: 3.1, 3.2.1.5.5, 3.2.1.9

Bonificação: 3.2.1.5.8, 12.2.1.2.1 "f"

C

Cadastro Nacional de Entidades Sindicais: 1.2.8.2

Capacidade
 – laborativa: 3.1, 3.2.1.8, 13.4.1.5, 16.1.2.2.2 "e"
 – plena: 4.4.5.2.2 "b"
 – produtora: 1.2, 21.2
 – relativa: 4.4.5.2.2 "b"
 – relativa especial: 4.4.5.2.2 "b"

Carga horária:
 – alteração: 10.1.4.9, 13.2.2.1, 13.4, 13.4.2, 13.4.2.1, 13.4.4.1
 – de curso de formação inicial e continuada ou de qualificação profissional: 15.5.5
 – e banco de horas: 10.1.6
 – estágio: 3.2.1.2, 3.2.1.5.1
 – jornalistas: 10.1.3.2.3 "g"
 – médicos: 3.2.3
 – semanal: 11.3.1.3.1 "b", 12.2.1.1.2 "a"

Carta Magna: 3.1, 5.2.6.2.2, 9.1, 10.1.2.2, 12.2.1.1.3 "a", 14.5.6.1, 15.2.1.2.4, 15.3.1.4, 16.2.2.13, 17.1, 18.3, 20.1.7.1.1, 20.3.1, 20.3.2.4.1 "a", 22.2.2.3

Carteira de Trabalho e Previdência Social (CTPS): 1.2.8.5, 5.2.2.3.3 "i", 7.1, 7.2, 7.3, 11.3.1.11
 – anotações: 3.2.1.5.9, 7.3.3, 8.2.1.1.4 "a", 15.4, 15.5.2, 19.6.2.2.4
 – anotações em atividades em sentido estrito: 7.3.6
 – emissão e entrega: 7.3.2
 – falta de anotação e consequências: 7.3.4
   – ação judicial: 7.3.4.2
   – crime de falsidade material: 7.3.4.3
   – reclamação administrativa: 7.3.4.1
 – gorjetas: 12.2.1.3.1
 – obrigatoriedade: 7.3.1

– reembolso-babá: 12.2.2.4.9
– situações previstas no art. 473 da CLT: 14.6.3.1
– valor probatório: 7.3.5

Categoria:
– econômica: 1.2.9.2.2, 20.1.3, 20.2.1, 20.3.2.1, 20.3.4, 21.5, 22.2.2.4
– organização sindical: 20.1.1, 20.1.7
– membros: 20.1.6
– profissional: 4.4.8.9.1, 4.4.8.9.2 "b", 5.2.2.3.1 "c", 5.2.2.3.4 "f", 9.5.1, 9.5.2.1.4, 10.1.3.2, 10.1.3.2.1, 11.3.1.5, 11.3.2.2, 11.3.2.6, 11.3.3, 12.2.1.1.2 "b2", 12.2.1.1.3 "d", 12.5.3.1, 13.4.2.1, 13.4.4.6, 14.3, 14.7, 14.7.3.1.2 "f", 15.3.1.1.9 "b", 15.3.1.6, 15.4.3, 16.1.2.2.2 "a", 16.1.2.2.5, 16.2.2.9, 19.7.2, 20.1.2, 20.1.4, 20.1.5, 20.1.7.1, 20.1.7.2, 20.2.1, 20.3.2.1, 20.3.4, 20.4.1.1, 20.4.2, 21.5, 21.7.1, 22.2.2.4, 22.2.2.8, 23.1.6
– profissional diferenciada: 5.2.2.3.1 "c", 9.5.2.1.4, 20.1.5

Centrais sindicais: 16.2.2, 20.3, 20.3.2.4.4, 20.3.4, 20.4.1.3

Cessação do contrato de aprendiz: 8.2.1.1.4 "e"

Cessação do contrato de emprego: 15
– cessação pela via excepcional: 15.3
  – dissolução por resilição: 15.3.1
    – a Convenção n. 158 da OIT: 15.3.1.4
    – a despedida motivada e a despedida imotivada: 15.3.1.3
    – a despedida singular e a despedida coletiva: 15.3.1.6
      – dispensa imotivada: 15.3.1.3.2
      – dispensa motivada: 15.3.1.3.1
        – despedida com causa discriminatória: 15.3.1.3.1 "c"
        – despedida com justa causa: 15.3.1.3.1 "b"
        – despedida sem justa causa: 15.3.1.3.1 "a"
    – a motivação para a dispensa de empregados públicos: 15.3.1.5
    – resilição bilateral: 15.3.1.2
    – resilição unilateral em contratos por tempo determinado: 15.3.1.2.1
      – cláusula assecuratória do direito recíproco de resilição e créditos decorrentes: 15.3.1.2.1.3
      – dissolução antecipada de iniciativa do empregado e créditos decorrentes: 15.3.1.2.1.2
      – dissolução antecipada de iniciativa do empregador e créditos decorrentes: 15.3.1.2.1.1
    – resilição em contratos por tempo indeterminado: 15.3.1.1
      – a prova do aviso prévio: 15.3.1.1.7
      – aviso prévio e institutos incompatíveis: 15.3.1.1.8
      – definição de aviso prévio: 15.3.1.1.1.1
      – despedida obstativa: 15.3.1.1.1.10
      – espécies de aviso prévio: 15.3.1.1.3
      – extinção da empresa e resilição: 15.3.1.1.1.11
      – irrenunciabilidade do aviso prévio: 15.3.1.1.4
      – justa causa no decurso do prazo de aviso prévio: 15.3.1.1.6
      – limites à resilição patronal: 15.3.1.1.9
        – limites impostos pela estabilidade: 15.3.1.1.9 "b"
        – limites impostos pela suspensão contratual: 15.3.1.1.9 "a"
      – proporcionalidade do aviso prévio: 15.3.1.1.2
        – a discussão quanto à exigibilidade da proporcionalidade em relação aos avisos prévios em curso na data de publicação da lei e àqueles já concedidos, mas ainda passíveis de discussão dentro do prazo prescricional: 15.3.1.1.2 "c"
        – a discussão quanto à extensão do aviso prévio proporcional aos empregados domésticos: 15.3.1.1.2 "e"
        – a dúvida quanto à condição de pedido implícito: 15.3.1.1.2 "j"
        – a dúvida quanto à possibilidade de exigência de cumprimento de aviso prévio trabalhado por período maior do que trinta dias: 15.3.1.1.2 "f"

- a inconstitucionalidade do patamar temporal máximo: 15.3.1.1.2 "a"
- a problemática da aplicabilidade do aviso prévio proporcional em favor do empregador: 15.3.1.1.2 "b"
- a problemática da aplicação da Lei n. 12.506/2011 nas situações em que ocorram suspensões contratuais dentro do tempo de contrato para um mesmo empregador: 15.3.1.1.2 "h"
- as controvérsias em torno da aplicabilidade integral da regra contida no art. 488 da CLT: 15.3.1.1.2 "g"
- o debate em torno da transformação em ano das frações de meses ou em mês das frações em dias para fins de enquadramento do empregado em faixas mais favoráveis de aviso prévio proporcional: 15.3.1.1.2 "d"
- o questionamento quanto à integração do aviso prévio proporcional no tempo de serviço do empregado para fins de contagem do prazo prescricional: 15.3.1.1.2 "i"
- reconsideração do aviso prévio: 15.3.1.1.5
- dissolução por rescisão: 15.3.3
- dissolução por resolução: 15.3.2
  - advento de condições resolutivas involuntárias: 15.3.2.2
    - fato do príncipe e créditos decorrentes: 15.3.2.2.3
    - força maior e créditos decorrentes: 15.3.2.2.2
    - morte e créditos decorrentes: 15.3.2.2 1
  - advento de condições resolutivas voluntárias: 15.3.2.1
    - culpa do empregado: 15.3.2.1.3
      - abandono de emprego: 15.3.2.1.3 "j"
      - ato de improbidade: 15.3.2.1.3 "a"
      - atos atentatórios à segurança nacional: 15.3.2.1.3 "n"
      - condenação criminal: 15.3.2.1.3 "e"
      - desídia: 15.3.2.1.3 "f"
      - embriaguez habitual ou em serviço: 15.3.2.1.3 "g"
      - inadimplemento contumaz: 15.3.2.1.3 "o"
      - incontinência de conduta: 15.3.2.1.3 "b"
      - indisciplina e insubordinação: 15.3.2.1.3 "i"
      - mau procedimento: 15.3.2.1.3 "c"
      - negociação habitual: 15.3.2.1.3 "d"
      - ofensas físicas e morais: 15.3.2.1.3 "k"
      - perda da habilitação ou dos requisitos estabelecidos em lei para o exercício da profissão, em decorrência de conduta dolosa do empregado: 15.3.2.1.3 "m"
      - prática constante de jogos de azar: 15.3.2.1.3 "l"
      - violação de segredo da empresa: 15.3.2.1.3 "h"
    - culpa do empregador: 15.3.2.1.4
      - assédio moral: 15.3.2.1.4 "f"
      - inadimplemento contratual: 15.3.2.1.4 "d"
      - ofensas físicas e morais: 15.3.2.1.4 "e"
      - perigo manifesto: 15.3.2.1.4 "c"
      - rigor excessivo: 15.3.2.1.4 "b"
      - serviço inexigível: 15.3.2.1.4 "a"
    - culpa recíproca de empregado e empregador: 15.3.2.1.5
    - deveres e obrigações resolutivas voluntárias: 15.3.2.1.1
      - dever de colaboração: 15.3.2.1.1 "a"
      - dever de diligência: 15.3.2.1.1 "b"
      - dever de fidelidade: 15.3.2.1.1 "e"
      - dever de lealdade: 15.3.2.1.1 "d"
      - dever de respeito: 15.3.2.1.1 "c"
    - pressupostos exigíveis nas situações de resolução contratual: 15.3.2.1.2
      - atualidade da falta ou da imediatidade punitiva: 15.3.2.1.2 "e"
      - *non bis in idem* ou não punição dupla: 15.3.2.1.2 "c"

– observância do devido processo legal privado na apuração da falta: 15.3.2.1.2 "f"
– previsão legal: 15.3.2.1.2 "a"
– proporcionalidade entre a falta e a punição: 15.3.2.1.2 "b"
– relevância ponderada das condutas praticadas fora do local de trabalho: 15.3.2.1.2 "d"
– cessação pela via normal: 15.2
  – extinção pela obtenção dos propósitos contratuais: 15.2.2
  – extinção pelo alcance do termo final: 15.2.1
    – termo final de contratos por tempo determinado: 15.2.1.1
    – termo final de contratos por tempo indeterminado: 15.2.1.2
      – a juridicamente possível extinção do contrato de emprego do servidor público celetista que completa 70 ou 75 anos de idade: 15.2.1.2.4
      – a suposta extinção do contrato de emprego do trabalhador aposentado especial que permanece no ambiente nocivo ou a ele retorna: 15.2.1.2.2
      – a suposta extinção do contrato de emprego dos aposentados por incapacidade permanente com idade igual ou superior a 60 anos por conta da inexigibilidade do exame médico pericial: 15.2.1.2.6
      – a suposta extinção do contrato de emprego por conta de aposentadoria compulsória por idade avançada (art. 51 da Lei n. 8.213/91): 15.2.1.2.3
      – a suposta extinção do contrato de emprego por força de aposentadoria espontânea: 15.2.1.2.1
      – a suposta extinção do contrato de emprego por força de mudança do regime celetista para o estatutário: 15.2.1.2.5
– considerações introdutórias: 15.1
– pagamento das parcelas decorrentes da cessação do contrato: 15.4
  – aplicação do art. 467 da CLT: 15.4.6
  – base de cálculo: 15.4.1
  – homologação e assistência: 15.4.3
  – prazo de pagamento e penas pelo atraso: 15.4.5
    – penas pelos atrasos: 15.4.5.2
      – multa administrativa: 15.4.5.2.1
      – multa moratória: 15.4.5.2.2
    – prazos para pagamento das parcelas decorrentes da cessação do vínculo: 15.4.5.1
      – a partir da vigência da Lei n. 13.467/2017: 15.4.5.1 "b"
      – até a data de vigência da Lei n. 13.467/2017: 15.4.5.1 "a"
  – quitação e eficácia liberatória: 15.4.4
  – termo de rescisão do contrato de trabalho: 15.4.2
  – termo de quitação anual de obrigações trabalhistas: 15.4.7
– seguro-desemprego: 15.5
  – condicionamento do recebimento à comprovação de matrícula e frequência em curso de formação inicial e continuada ou de qualificação profissional: 15.5.5
  – extensão aos empregados domésticos: 15.5.8
  – finalidades: 15.5.1
  – número de parcelas: 15.5.3
  – pessoalidade e intransferibilidade: 15.5.7
  – requisitos: 15.5.2
  – suspensão, cancelamento e transferência: 15.5.6
  – valor: 15.5.4

Cláusula:
– assecuratória do direito recíproco de resilição e créditos decorrentes: 15.3.1.2.3, 16.1.2.1.2
– de exclusividade: 3.2.1.4, 3.3.1, 10.1.3.2.3 "k"
– de não concorrência: 15.3.2.1.3 "d1"
– *del credere*: 12.2.1.1.2 "b3"

Cognição:
– completa: 5.2.6.1
– incompleta: 5.2.6.2

Comissão de conciliação prévia: 2.2.2.2.3 "a1", 10.1.2.2, 14.6.6.4, 15.3.1.1.2, 16.1.2.2.2 "h e o", 19.6.2.2.4
Comissão de representantes dos empregados: 1.5.3.2, 16.1.2.2.2 "n", 20.3.5
Comissão Interna de Prevenção de Acidentes e de Assédio — CIPA: 9.2.2, 9.2.21, 9.2.2.2, 9.3
Comissionista puro e impuro (ou misto): 12.2.1.1.2 "b1"
Comissões: 12.2.1.2.1 "d"
Compensação de horas/horário: 5.2.2.3.4 "l", 10.1.5, 13.4.2.7
Compliance: 1.8
Condenação criminal do empregado: 15.3.2.1.3 "e"
Condição:
  – mais benéfica: 2.2, 2.2.1.2, 6.4.2, 21.7.11
  – resolutiva: 4.4.5.2.3, 8.2.1.1.5, 9.5.1.1, 15.2.2, 15.3.2, 15.3.2.2.1, 22.2.2.9
  – suspensiva: 4.4.5.2.3, 18.3.3
Conglobamento: 1.2.3.7, 1.2.9.4, 1.5.2, 2.2.1.1.1, 13.1
Controle de convencionalidade: 1.2.9.2.2
Conselho curador do FGTS: 5.2.2.3.4 "b", 14.6, 14.6.6.5, 16.1.2.2.2 "i"
Conselho Nacional do Trabalho: 1.2.9.5
Consórcio de empregadores: 6.6.2.1
Continuidade executiva: 2.2.6, 8.2.1.1.4 "d", 8.2.3.3
Contratação:
  – de atleta profissional: 8.2.1.1.7
  – de serviço especializado: 8.2.1.1.1
  – em interinidade: 8.2.1.1.5
  – para a prestação de trabalho intermitente: 8.1.2
  – para acréscimo de empregados mediante negociação coletiva: 8.2.1.1.8
  – para aprendizagem: 8.2.1.1.4
  – para atividade empresarial transitória: 8.2.1.1.2
  – para evento específico: 8.2.1.1.6
  – por experiência: 8.2.1.1.3
  – por obra certa: 8.2.1.1.6 "a"
  – por safra: 8.2.1.1.6 "b"
  – por tempo determinado: 8.2
  – por tempo indeterminado: 8.1
Contrato:
  – de agência: 4.4.8.6
  – de atividade:
    – em sentido estrito: 3.2
  – de comissão: 4.4.8.5
  – de corretagem: 4.4.8.8
  – de distribuição: 4.4.8.7
  – de emprego: 4.4, 12.2.3, 13, 15
    – defeitos: 4.4.6.1
    – invalidação: 4.4.6.2
    – modalidades: 4.4.7
  – de empreitada: 4.4.8.4
  – de estágio: 3.2.1
  – de prestação de serviço voluntário: 3.2.2
  – de sociedade: 4.4.8.9
  – de trabalho: 3.3, 15.4.2
    – autônomo: 3.3.1
    – avulso: 3.3.3
    – eventual: 3.3.2

Contrato de emprego: 4.4, 12.2.3, 13, 15
  – caracterização: 4.4.3
  – classificação: 4.4.4
  – defeitos e invalidade: 4.4.6
    – defeitos: 4.4.6.1
      – vícios de consentimento: 4.4.6.1.1
        – coação: 4.4.6.1.1 "c"
        – dolo: 4.4.6.1.1 "b"
        – erro: 4.4.6.1.1 "a"
        – estado de perigo: 4.4.6.1.1 "e"
        – lesão: 4.4.6.1.1 "d"
      – vícios sociais: 4.4.6.1.2
        – fraude contra credores: 4.4.6.1.2 "b"
        – simulação: 4.4.6.1.2 "a"
    – invalidação: 4.4.6.2
      – nulidade e anulabilidade: 4.4.6.2.1
      – situações de anulabilidade e efeitos da declaração: 4.4.6.2.2
      – situações de nulidade e efeitos da declaração: 4.4.6.2.3
  – definição: 4.4.2
  – denominação: 4.4.1
  – distinção entre contrato de emprego e alguns contratos afins: 4.4.8
    – contrato de agência: 4.4.8.6
    – contrato de comissão: 4.4.8.5
    – contrato de corretagem: 4.4.8.8
    – contrato de distribuição: 4.4.8.7
    – contrato de empreitada: 4.4.8.4
    – contrato de estágio: 4.4.8.1
    – contrato de prestação de serviços previsto no Código Civil: 4.4.8.3
      – quanto à retributividade: 4.4.8.3.1
      – quanto ao mecanismo de concessão de aviso prévio: 4.4.8.3.3
      – quanto ao tempo máximo de duração do ajuste: 4.4.8.3.2
      – quanto às fórmulas de indenização por dissolução de contrato por tempo determinado: 4.4.8.3.4
    – contrato de prestação de serviço voluntário: 4.4.8.2
    – contrato de sociedade: 4.4.8.9
      – cooperativa de trabalho: 4.4.8.9.2
        – direitos mínimos dos sócios: 4.4.8.9.2 "b"
        – espécies: 4.4.8.9.2 "a"
        – funcionamento: 4.4.8.9.2 "c"
      – parcerias: 4.4.8.9.1
  – modalidades contratuais: 4.4.7
    – quanto ao ajuste: 4.4.7.1
      – contrato de emprego tácito: 4.4.7.1.1
      – contrato de emprego expresso: 4.4.7.1.2
    – quanto ao tempo de duração: 4.4.7.2
      – contrato por tempo determinado: 4.4.7.2.2
      – contrato por tempo indeterminado: 4.4.7.2.1
    – quanto ao modo de execução dos serviços: 4.4.7.3
      – contrato de emprego por equipe: 4.4.7.3.2
      – contrato de emprego singular: 4.4.7.3.1
  – morfologia e elementos do negócio jurídico de emprego: 4.4.5
    – elementos essenciais, naturais e acidentais: 4.4.5.1
    – tricotomia existência, validade e eficácia: 4.4.5.2
      – plano da existência: 4.4.5.2.1
      – plano da validade: 4.4.5.2.2

– agente emissor da vontade dotado de capacidade: 4.4.5.2.2 "b"
– declaração da vontade: 4.4.5.2.2 "a"
– forma prescrita ou não defesa em lei: 4.4.5.2.2 "d"
– objeto lícito, possível, determinado ou determinável: 4.4.5.2.2 "c"
– plano da eficácia: 4.4.5.2.3

Contrato de Trabalho Verde e Amarelo: 8.2.1.1.9

Contrato individual de emprego: 1.2.9.2.2, 1.2.9.3

Contrato preliminar: 4.5.1

Contratos:
– anuláveis: 17.2.1.2.2
– nulos: 17.2.1.2.1

Contribuição:
– assistencial: 19.6.1.4, 20.1.6, 20.4, 20.4.3
– associativa ou mensalidade sindical: 20.4, 20.4.4, 20.4.5
– confederativa: 12.4.1.2, 19.4, 20.1.6, 20.1.7.1.1, 20.4, 20.4.1, 20.4.2, 20.4.3, 20.4.5
– sindical: 1.2.8.6, 19.4, 20.1.6, 20.1.7.1.1, 20.3.1, 20.3.4, 20.4.1, 20.4.1.1, 20.4.1.2, 20.4.5

Convenção coletiva de trabalho: 1.2.1, 1.2.3.7, 1.2.9.2.2, 1.2.9.2.3, 3.3.3, 5.2.2.3.4 "l e t", 9.5.2.2, 10.1.2.2, 10.1.3.2.3 "f", 10.1.4.1, 10.1.4.3, 10.1.5.1, 10.1.5.2, 10.1.6, 10.3.1.4, 12.2.1.1.3 "d", 12.2.1.3.3, 12.2.3.2, 12.2.3.3, 13.4.2.4, 19.6.2.1.3, 21.7.1, 21.7.11, 23.2

Convenção n. 158 da OIT: 1.2.9.2.2, 15.3.1.4

Cooperativa de trabalho: 4.4.8.9.2, 4.4.8.9.2 "a ao c"

Coronavírus: ver Covid-19

Cosmopolitismo: 1.2.3.6, 1.4.2.6

Covid-19: 1.8.1, 1.8.2, 2.2.1.1.3, 9.4.1, 10.1.6.2, 11.4, 12.4.1.1, 14.5.10, 14.6.3.6, 14.8.3, 15.3.1.3.1,"c, 15.3.2.2.2, 15.3.2.2.3, 16.1.2.2.2 "q", 18.3.3, 18.4.2

Crime praticado pelo empregado: 14.5.7, 15.3.1.1.9, "b", *in fine*

Crise: 1.8

Créditos decorrentes: 1.2.8.6, 5.2.7.2, 10.1.4.9, 15.2.1.1, 15.2.2, 15.3.1.1.1.11, 15.3.1.2.1, 15.3.1.2.2, 15.3.1.2.3, 15.3.2.2.1, 15.3.2.2.2, 15.3.2.23, 16.1.2.2.1 "a4", 16.2.2.14, 18.3.2

Culpa:
– do empregado: 15.3.2.1.3
– do empregador: 5.2.2.3.4 "a", 13.4.2.5, 15.3.2.1.4
– *in eligendo*: 6.6.2.2.1 "b", 6.6.2.2.3 "a2.2", 6.6.2.2.4
– *in vigilando*: 6.6.2.2.3 "a 2.2", 6.6.2.2.5
– recíproca: 5.2.2.3.4 "a", 15.3.2, 15.3.2.1.5, 16.1.2.1.2, 16.2.2.9, 16.2.2.11

Cultura do respeito: 17.4.2

Cultura da paz: 22.1

D

Dano(s):
– material(is): 3.2.1.10, 5.2.2.3.4, 6.3.3, 7.3.3, 10.3.1.1.2, 13.3, 15.3.2.1.4 "f", 16.1.2.2.2 "e", 17.1.1
– moral(is): 1.4.2.3, 6.3.3, 6.6.2.2.7, 7.3.3, 7.3.4.3, 12.2.1.3.1, 13.4.1.3, 13.4.1.5, 13.4.2.6, 15.3.1.3.1, 15.3.2.1.3 "a", 15.3.2.1.4 "d", 15.3.3,

Decadência: 1.2.8.3, 18, 18.1, 18.2, 18.3.5.5, 18.4, 18.4.1
– contratual: 18.4.1.1.2
– definitiva: 18.4.1.2.1
– legal: 18.4.1.1.1
– temporária: 18.4.1.2.2

ÍNDICE REMISSIVO

Décimo terceiro salário: 2.2.2.1, 5.2.2.3.3, 5.2.2.3.4 "h", 9.5.1.3, 9.5.2.4, 10.1.4.8, 10.3.1.3.4, 12.2.1.1.3 "a2", 12.2.1.1.5 "b5", 12.2.1.2.1 "a2 e a3", 12.2.1.2.2 "d", 13.5, 15.3.2.1.5, 16.1.1.2, 18.3.1.2.2, 19.6.2.2.4, 21.10.1

Delegados sindicais: 16.1.2.2.2 "a", 20.3.2.3.2 "b3 e b3.4"

Desconsideração da personalidade jurídica: 1.2.8.4, 6.2.1, 6.4.3, 6.4.3.3, 6.4.3.4

Desídia: 12.4.1.2.1, 15.3.2.1.3 "f"

Despedida:
 – arbitrária: 1.2.9.2.2, 5.2.2.3.4, 5.2.2.3.4 "a", 12.2.2.1, 15.3.1.3.2, 15.3.1.4, 16.1.2.2.2 "b", 17.1.2.6,
 – coletiva: 15.3.1.6
 – imotivada: 15.3.1.3, 15.3.1.3.2, 15.3.1.4, 15.3.1.5
 – motivada: 15.3.1.3, 15.3.1.3.1
  – com causa discriminatória: 15.3.1.3.1 "c"
  – com justa causa: 1.4.2.4, 1.5.3.4, 2.2.3, 11.3.1.1, 14.5.7, 15.3.1.3.1 "b", 15.3.2.1.3 "b, e e n", 16.1.2.2.1 "a3", 16.1.2.2.2 "b e c", 16.2.2.12, 17.1.2.5.1 "a"
  – sem justa causa: 1.2.9.2.2, 4.4.8.3.4, 5.2.2.3.4, 5.2.2.3.4 "a e c", 9.2.2.2, 11.3.1.1, 12.2.2.1, 12.2.2.4.6, 14.5.7, 15.2.1.2.1, 15.2.1.2.4, 15.3.1.1.8, 15.3.1.1.1.10, 15.3.1.2.1, 15.3.1.2.2, 15.3.1.3.1 "a", 15.3.1.3.2, 15.3.1.4, 15.3.1.3, 15.3.1.3 "e e i3", 15.3.2.2.2, 15.5, 15.5.1, 15.5.2, 16.1.1.2, 16.1.1.3, 16.1.2.1.2, 16.1.2.1.3, 16.1.2.1.4, 16.1.2.1.5, 16.1.2.2.1 "a3 ao d", 16.1.2.2.1, "j e m", 16.2.2.9, 16.2.2.10, 17.1.2.5.1 "a", 17.1.2.6, 23.1.9, 23.1.9.2, 23.1.12
 – obstativa: 15.3.1.1.1.10, 16.1.2.2.1 "a2"
 – singular: 15.3.1.6

Despersonalização: 6.2, 6.2.1, 6.4

Desvio funcional: 12.5.4.1, 12.5.4.2, 12.5.4.3, 13.4.1.6, 18.3.1.2.1

Dever de acomodação razoável: 9.5.1.1, 13.4.1.5, 17.1.2.5.1 "c", 17.1.2.5.2 "b2"

Dever de adaptação razoável: 9.5.1.1, 13.4.1.5, 17.1.2.5.1 "c", 17.1.2.5.2 "b2"

Deveres e obrigações recíprocas dos contratantes: 15.3.2.1.1
 – dever de colaboração: 10.1.4.3, 15.3.2.1.1 "a e b", 15.3.2.1.3 "i2"
 – dever de diligência: 15.3.2.1.1 "b", 15.3.2.1.3 "f"
 – dever de fidelidade: 15.3.2.1.1."e", 15.3.2.1.3 "d1"
 – dever de lealdade: 15.3.2.1.1 "d", 15.3.2.1.3 "a e d1"
 – dever de respeito: 15.3.2.1.1 "c"

Diárias para viagem: 12.2.2.3.4

Diarista: 10.3.1.3.4

Dignidade humana, autonomia e redução à condição análoga à de escravo: 1.7

Direito Administrativo do Trabalho: 1.2.4

Direito adquirido: 1.5.3, 1.5.3.1, 1.5.3.4, 2.2.1.2, 8.2.1.1.6 "a", 9.5.1, 9.5.2.3, 11.3.2.6, 13.4.4.6,

Direito corporativo: 1.2.1, 19.2

Direito de arena: 12.2.1.3.3, 12.2.3.2, 12.2.3.3, 1.7.1,

Direito de greve: 5.2.3.2, 15.3.1.1.2, 19.6.2.24, 23.1.2, 23.1.6, 23.1.9.3, 23.1.11, 23.1.12

Direito do trabalho: 1.2, 1.2.1, 1.3
 – aplicação: 1.5
  – especial: 1.5.2
  – pessoal: 1.5.1
  – temporal: 1.5.3
   – direito adquirido: 1.5.3.4
   – intertemporalidade: 1.5.3.1
   – Medida Provisória n. 808/2017: 1.5.3.2
   – retroatividade: 1.5.3.3
 – autonomia: 1.2.7

- características: 1.2.3
  - coletivismo: 1.2.3.4
  - cosmopolitismo: 1.2.3.6
  - expansionismo: 1.2.3.5
  - intervencionismo: 1.2.3.1
  - pluralismo de fontes: 1.2.3.7
  - protecionismo: 1.2.3.2
  - reformismo social: 1.2.3.3
- cronograma histórico: 1.2
- definições: 1.2.2
- denominações: 1.2.1
- direito do trabalho de emergência: 1.8.1
- direito internacional: 1.6
- divisão: 1.2.4
  - direito material do trabalho: 1.2.4
    - direito administrativo do trabalho: 1.2.4
    - direito individual do trabalho: 1.2.4
    - direito sindical e coletivo do trabalho: 1.2.4
  - direito processual do trabalho: 1.2.4
    - processo coletivo do trabalho: 1.2.4
    - processo individual do trabalho: 1.2.4
- fontes: 1.2.9
  - classificação: 1.2.9.2
    - fontes materiais e formais: 1.2.9.2.1
    - fontes heterônomas e autônomas: 1.2.9.2.2
  - conflitos entre fontes e soluções aplicáveis: 1.2.9.4
    - método da acumulação ou da atomística: 1.2.9.4
    - método do conglobamento [puro] ou da incindibilidade: 1.2.9.4
    - pluralismo de fontes: 1.2.9.4
  - definições: 1.2.9.1
  - hierarquia: 1.2.9.3
- funções: 1.2.6
  - civilizatória: 1.2.6
  - tutelar: 1.2.6
- integração das normas trabalhistas: 1.4
  - instrumentos: 1.4.2
    - analogia: 1.4.2.2
    - direito comparado: 1.4.2.6
    - equidade: 1.4.2.3
    - jurisprudência: 1.4.2.1
    - princípios: 1.4.2.4
    - usos e costumes: 1.4.2.5
  - métodos: 1.4.1
    - autointegração: 1.4.1
    - heterointegração: 1.4.1
- interpretação: 1.3
  - autêntica: 1.3
  - doutrinária: 1.3
  - gramatical: 1.3
  - jurisprudencial: 1.3
- natureza: 1.2.5
- relações: 1.2.8
  - com o direito administrativo: 1.2.8.2
  - com o direito civil: 1.2.8.3
  - com o direito comercial: 1.2.8.4

– com o direito constitucional: 1.2.8.1
– com o direito penal: 1.2.8.5
– com o direito previdenciário: 1.2.8.7
– com o direito tributário: 1.2.8.6
– com outras disciplinas não jurídicas: 1.2.8.8

Direito do trabalho de emergência: 1.8.1

Direito sindical e coletivo do trabalho: 1.2.4, 6.3.2, 19
– aspectos históricos do direito sindical e coletivo do trabalho: 19.1
– conteúdo: 19.4
– definição: 19.3
– denominação: 19.2
– funções: 19.5
– interesses presentes nas relações coletivas: 19.7
 – interesses coletivos: 19.7.2
 – interesses difusos: 19.7.3
 – interesses individuais homogêneos: 19.7.1
– principiologia: 19.6
 – o princípio da liberdade sindical: 19.6.1
  – condutas antissindicais: 19.6.1.4
  – o conteúdo da Convenção n. 87 da OIT: 19.6.1.3
  – definição: 19.6.1.1
  – dimensões da liberdade sindical: 19.6.1.2
 – princípios decorrentes da atividade sindical: 19.6.2
 – princípios aplicáveis às entidades sindicais: 19.6.2.1
  – princípio da adequação setorial negociada: 19.6.2.2.4
  – princípio da boa-fé objetiva e da confiança: 19.6.2.1.5
  – princípio da democracia sindical interna: 19.6.2.1.2
  – princípio da equivalência contratual dos sujeitos coletivos: 19.6.2.1.4
  – princípio da interveniência sindical obrigatória: 19.6.2.1.3
  – princípio da pureza ou da proibição de formação de sindicatos mistos: 19.6.2.1.1
 – princípios aplicáveis aos instrumentos coletivos negociados: 19.6.2.2
  – princípio da criatividade normativa: 19.6.2.2.1
  – princípio da intervenção mínima na autonomia da vontade coletiva: 19.6.2.2.2
  – princípio da presunção de legitimação dos atos negociais da entidade sindical operária: 19.6.2.2.3

Direitos sociais: 1.2, 1.2.8.1, 2.2.1.1.2, 6.2.2, 6.4.2, 6.6.2.2.8, 9.1, 11.2, 19.6.1, 20.3.2.3.2 "b", 23.1.1, 23.1.4

Dirigente sindical: 8.2.1.1.8, 14.5.5, 15.3.1.1.1.1, 16.1.2.2.2 "a", 20.1.5, 20.3.2.3.2 "b1 ao b3.1",

Dispensa:
– coletiva: 15.3.1.6
– em massa: 15.3.1.6
– imotivada: 15.2.1.2.1, 15.3.1.3.2, 15.3.1.5, 16.1.2.2.2 "k", 19.6.2.2.4
– motivada: 15.3.1.3.1, 15.3.1.3.1 "c"

Dissídios coletivos: 1.2.9.2.2, 20.3.2, 22.2.2.4, 22.2.2.5

Doença(s) ocupacional(is): 6.6.2.2.8, 9.4.1, 10.1, 10.3.1.1.2, 14.4, 14.7.3.2.1, 15.3.1.1.2 "h", 15.3.2.1.1 "i1", 18.3.2

Dosimetria do poder disciplinar: 6.3.1.3, 15.3.2.1.2 "b"

Duração do trabalho e períodos de descanso:
– considerações introdutórias: 10.1
 – banco de horas: 10.1.6
 – compensação de horas de trabalho: 10.1.5
  – caracterização: 10.1.5.1

- comparações entre os sistemas de prorrogação de horas de trabalho e de compensação de horários: 10.1.5.4
- fonte criativa da compensação de horários: 10.1.5.2
- situações de proibição de compensação de horas de trabalho: 10.1.5.3
- distinções terminológicas e institutos correlatos: 10.1.1
  - duração do trabalho, jornada de trabalho e horário de trabalho: 10.1.1.1
  - horas de serviço efetivo real e horas de espera: 10.1.1.4
  - horas de serviço efetivo real e horas de expectativa de convocação: 10.1.1.3
    - prontidão: 10.1.1.3.1
    - quadro sinótico distintivo da prontidão e do sobreaviso: 10.1.1.3.3
    - sobreaviso: 10.1.1.3.2
  - horas de serviço efetivo real e horas de serviço efetivo ficto: uma análise sobre as horas *in itinere*: 10.1.1.2
    - horas de itinerário computáveis na jornada: 10.1.1.2.2
    - horas de itinerário não computáveis na jornada: 10.1.1.2.1
- prorrogação de horas de trabalho: 10.1.4
  - caracterização: 10.1.4.1
  - exclusão do regime de percepção de horas extraordinárias e recepção constitucional: 10.1.4.6
    - exclusão constitucional até a publicação da EC n. 72/2013 (empregados domésticos): 10.1.4.6.3
    - exercício de atividade externa incompatível com a fixação de horário de trabalho, exercício de cargos de gestão e exercício de emprego em regime de teletrabalho: 10.1.4.6.1
    - prestação de serviço de natureza intermitente ou de pouca intensidade (ferroviários de estações do interior e mãe social): 10.1.4.6.2
  - integração e reflexão das horas extraordinárias: 10.1.4.8
  - necessidade imperiosa e exigibilidade de prestação de horas extraordinárias: 10.1.4.3
  - pré-contratação de horas extraordinárias: 10.1.4.7
  - remuneração adicional: 10.1.4.2
  - situações de proibição de prorrogação de horas de trabalho: 10.1.4.5
  - supressão de horas extraordinárias: 10.1.4.9
  - variações mínimas no registro de ponto e inexigibilidade de pagamento como sobrejornada: 10.1.4.4
- trabalho de duração normal: 10.1.2
  - conceito: 10.1.2.1
  - definição do salário por hora normal trabalhada: 10.1.2.4
  - distribuição ordinária do horário de trabalho normal: 10.1.2.3
  - duração: 10.1.2.2
- trabalho de duração especial: 10.1.3
  - conceito: 10.1.3.1
  - duração: 10.1.3.2
    - regime de tempo parcial: 10.1.3.2.1
    - relações especiais de emprego: 10.1.3.2.3
      - advogados: 10.1.3.2.3 "k"
      - bancários: 10.1.3.2.3 "a"
      - empregados nos serviços de telefonia e de telegrafia: 10.1.3.2.3 "b"
      - engenheiros e arquitetos: 10.1.3.2.3 "j"
      - jornalistas profissionais: 10.1.3.2.3 "g"
      - marítimos: 10.1.3.2.3 "e"
      - médicos e cirurgiões-dentistas: 10.1.3.2.3 "i"
      - mineiros: 10.1.3.2.3 "f"
      - motoristas profissionais: 10.1.3.2.3 "l"
      - músicos profissionais: 10.1.3.2.3 "c"
      - operadores cinematográficos: 10.1.3.2.3 "d"

– professores: 10.1.3.2.3 "h"
– turno ininterrupto de revezamento: 10.1.3.2.2
– períodos de descanso do trabalho: 10.3
    – organização dos intervalos para descanso: 10.3.1
        – feriado: 10.3.1.4
            – remuneração do trabalho em dias destinados a descanso: 10.3.1.5
        – intervalos anuais: 10.3.1.5
        – intervalos intrajornada: 10.3.1.1
            – intervalos para repouso e/ou alimentação: 10.3.1.1.1
                – o intervalo intrajornada interrompido pelo empregador: 10.3.1.1.1 "e"
                – quadro comparativo das sistemáticas de intervalo para urbanos e rurais: 10.3.1.1.1 "c"
                – sistemática para os trabalhadores rurais: 10.3.1.1.1 "b"
                – sistemática para os trabalhadores urbanos: 10.3.1.1.1 "a"
                – supressão do intervalo intrajornada para repouso ou alimentação: 10.3.1.1.1 "d"
            – intervalos outorgados para proteção contra doenças ocupacionais: 10.3.1.1.2
        – intervalos interjornadas: 10.3.1.2
        – intervalos intersemanais: 10.3.1.3
            – da confusão entre a exigibilidade de prestação de trabalho em domingos e da possibilidade de abertura do comércio nestes dias: 10.3.1.3.2
            – da identificação da retribuição pelo repouso semanal como parcela integrada ou destacada do salário-base: sistema de integração e de reflexão: 10.3.1.3.4
            – da periodicidade e da regularidade dos intervalos intersemanais: 10.3.1.3.3
            – da universalidade do direito ao repouso semanal remunerado e da eletividade do dia destinado ao descanso: 10.3.1.3.1
– turno de prestação do trabalho: 10.2
    – adicional noturno e turnos de revezamento: 10.2.4
    – horas extraordinárias noturnas: 10.2.5
    – trabalho diurno e noturno: 10.2.1
    – trabalho noturno urbano e trabalho noturno rural: 10.2.2
        – trabalho noturno prestado no meio urbano: 10.2.2.1
            – adicional: 10.2.2.1.3
            – extensão: 10.2.2.1.1
            – redução ficta do horário noturno: 10.2.2.1.2
        – trabalho noturno prestado no meio rural: 10.2.2.2
            – adicional: 10.2.2.2.2
            – extensão: 10.2.2.2.1
        – intervalo intrajornada no turno noturno: 10.2.2.3
    – turno misto: 10.2.3

E

Efeitos jurídicos: 14.3, 14.7.3.1.2 "g"
Eficácia liberatória: 2.2.2.2.4 "a", 15.3.1, 15.4.4, 15.4.7
Emancipação civil: 17.2.1.2.4
Embriaguez: 15.3.2.1.3 "g"
Empregado: 5.1
    – classificação: 5.2
        – quanto à atividade desenvolvida pelo empregador: 5.2.2
            – empregados domésticos: 5.2.2.3
                – características: 5.2.2.3.1
                    – âmbito residencial de pessoa ou família: 5.2.2.3.1 "c"
                    – atividade sem fins lucrativos: 5.2.2.3.1 "d"
                    – prestação de serviços de forma contínua: 5.2.2.3.1 "a"

– prestação de serviços para pessoa ou família: 5.2.2.3.1 "b"
– classificação: 5.2.2.3.2
   – empregados efetivamente domésticos: 5.2.2.3.2 "a"
   – empregados em condomínios residenciais: 5.2.2.3.2 "b"
– direitos trabalhistas e previdenciários devidos aos domésticos: 5.2.2.3.4
   – aposentadoria: 5.2.2.3.4 "r"
   – assistência gratuita aos filhos e dependentes desde o nascimento até 5 (cinco) anos de idade em creches e pré-escolas: 5.2.2.3.4 "s"
   – aviso prévio proporcional ao tempo de serviço, sendo no mínimo de trinta dias, nos termos da lei: 5.2.2.3.2 "p"
   – décimo terceiro salário, com base na remuneração integral: 5.2.2.3.4 "h"
   – duração do trabalho normal não superior a oito horas diárias e quarenta e quatro semanais, facultada a compensação de horários e a redução da jornada, mediante acordo ou convenção coletiva de trabalho: 5.2.2.3.4 "l"
   – Fundo de Garantia do Tempo de Serviço: 5.2.2.3.4 "b"
   – garantia de salário: 5.2.2.3.4 "g"
   – gozo de férias anuais remuneradas com, pelo menos, um terço a mais do que o salário normal: 5.2.2.3.4 "n"
   – irredutibilidade salarial: 5.2.2.3.4 "f"
   – licença à gestante, sem prejuízo do emprego e do salário, com a duração de cento e vinte dias 5.2.2.3.4 "o"
   – licença-paternidade, nos termos em lei: 5.2.2.3.4 "o"
   – multas e os valores fixados para as infrações previstas na CLT: 5.2.2.3.4 "x"
   – piso salarial proporcional à extensão e à complexidade do trabalho: 5.2.2.3.4 "e"
   – proibição de diferença de salários, de exercício de funções e de critério de admissão por motivo de sexo, idade, cor ou estado civil: 5.2.2.3.4 "v"
   – proibição de qualquer discriminação no tocante a salário e critérios de admissão do trabalhador portador de deficiência: 5.2.2.3.4 "v"
   – proibição de trabalho noturno, perigoso ou insalubre a menores de dezoito e de qualquer trabalho a menores de dezesseis anos, salvo na condição de aprendiz, a partir de quatorze anos: 5.2.2.3.4 "w"
   – proteção do salário na forma da lei, constituindo crime sua retenção dolosa: 5.2.2.3.4 "j"
   – reconhecimento das convenções e acordos coletivos de trabalho: 5.2.2.3.4 "t"
   – redução dos riscos inerentes ao trabalho, por meio de normas de saúde, higiene e segurança: 5.2.2.3.4 "q"
   – relação de emprego protegida contra despedida arbitrária ou sem justa causa/ estabilidade da gestante doméstica: 5.2.2.3.4 "a"
   – remuneração do serviço extraordinário superior, no mínimo, em cinquenta por cento à do normal: 5.2.2.3.4 "l"
   – remuneração do trabalho noturno superior à do diurno: 5.2.2.3.4 "i"
   – remuneração dobrada pelo trabalho prestado em dias destinados ao descanso: 5.2.2.3.4 "m"
   – repouso semanal remunerado, preferencialmente aos domingos: 5.2.2.3.4 "m"
   – salário-família pago em razão do dependente do trabalhador de baixa renda nos termos da lei: 5.2.2.3.4 "k"
   – salário mínimo: 5.2.2.3.4 "d"
   – seguro contra acidentes de trabalho, a cargo do empregador, sem excluir a indenização a que este está obrigado, quando incorrer em dolo ou culpa: 5.2.2.3.4 "u"
   – seguro-desemprego, em caso de desemprego involuntário: 5.2.2.3.4 "c"
– responsabilidade civil das agências especializadas na indicação de domésticos: 5.2.2.3.3
– direitos trabalhistas e previdenciários ordinariamente não reconhecidos pela lei e pela jurisprudência aos domésticos: 5.2.2.3.5
   – acréscimo da licença-maternidade em decorrência da adesão patronal ao Programa Empresa Cidadã: 5.2.2.3.5 "c"

– adicionais de insalubridade, periculosidade e penosidade: 5.2.2.3.5 "e"
– cadastramento no PIS para fins de recebimento do abono anual: 5.2.2.3.5 "b"
– homologação da rescisão: 5.2.2.3.5 "d"
– participação na gestão da empresa: 5.2.2.3.5 "a"
– participação nos lucros, ou resultados: 5.2.2.3.5 "a"
– penhorabilidade, em seu favor, dos bens de família do empregador doméstico: 5.2.2.3.5 "g"
– salário-enfermidade: 5.2.2.3.4 "y"
- empregados rurais ou rurícolas: 5.2.2.1
- empregados urbanos: 5.2.2.2
– quanto à nacionalidade: 5.2.7
- empregados estrangeiros: 5.2.7.2
- empregados nacionais: 5.2.7.1
– quanto à posição na estrutura hierárquica do empregador: 5.2.5
- altos empregados: 5.2.5.2
- as dimensões da confiança: 5.2.5.2.1
- confiança específica/estrita: 5.2.5.2.1 "b"
- confiança excepcional: 5.2.5.2.1 "c"
- confiança genérica: 5.2.5.2.1 "a"
- empregado-diretor: 5.2.5.2.3
- empregado-sócio: 5.2.5.2.2
- empregados ordinários: 5.2.5.1
– quanto à vinculação ao emprego: 5.2.3
- empregados efetivos: 5.2.3.1
- empregados interinos: 5.2.3.2
– quanto ao desenvolvimento: 5.2.6
- empregados com formação e cognição completas: 5.2.6.1
- empregados com formação e cognição incompletas ou em desenvolvimento: 5.2.6.2
- índios: 5.2.6.2.1
- em processo de integração: 5.2.6.2.1 "b"
- integrados: 5.2.6.2.1 "c"
- isolados: 5.2.6.2.1 "a"
- menores: 5.2.6.2.2
– quanto ao local de prestação de serviços: 5.2.4
- empregados em domicílio:
- mãe social ou mãe crecheira: 5.2.4.2.2
- teletrabalhador: 5.2.4.2.1
- empregados em sede do empregador: 5.2.4.1
– quanto ao setor de atuação: 5.2.1
- empregados privados: 5.2.1.2
- servidores estatais: 5.2.1.1
- servidores públicos efetivos: 5.2.1.1.1
- servidores públicos temporários: 5.2.1.1.2
- exercentes de cargo em comissão: 5.2.1.1.2 "b"
- investidos por conta de excepcional interesse público: 5.2.1.1.2 "a"
- empregados estatais *sui generis*: 5.2.1.1.4
- empregados públicos: 5.2.1.1.3
– definição: 5.1
Empregado doméstico: 4.2.4, 5.2.2.3, 5.2.2.3.1 "a, b, c, d", 5.2.2.3.4 "a, b, l, n, o, r", 5.2.2.3.5 "f e g", 5.2.5.2.1 "a", 10.1.4.6.3, 12.2.1.1.5 "b2", 13.3, 15.2.1.2.3, 15.5.8, 16.2.2.1, 18.3.4
– direitos trabalhistas e previdenciários devidos: 5.2.2.3.4
– direitos trabalhistas e previdenciários não reconhecidos: 5.2.2.3.5
Empregado preso: 14.5.7, 15.3.1.1.9 "b", *in fine*

Empregador: 5.2.2, 5.2.2.3.4 "u", 5.2.2.3.5 "g", 5.2.4.1, 5.2.5, 6.1, 6.4.2, 6.6.1.2.1, 6.6.2.1, 10.3.1.1.1 "e", 11.3.1.10, 12.4.1, 12.4.3, 14.6.7, 15.3.1.1.2 "b e h", 15.3.1.2.1, 15.3.2.1.4, 15.3.2.1.5
  – características: 6.2
    – agrupamentos assemelhados ao grupo econômico trabalhista: 6.6.2
      – responsabilidade civil trabalhista nos contratos de consórcio de empregadores: 6.6.2.1
      – terceirização: 6.6.2.2
        – a (in)comunicabilidade de condutas e de responsabilidades: 6.6.2.2.7
        – até que ponto vale a pena terceirizar: 6.6.2.2.8
        – atividade fim e meio: 6.6.2.2.2
        – definição: 6.6.2.2.1
          – a legislação brasileira pós-Lei n. 13.467, de 2017: 6.6.2.2.1 "a"
          – a terceirização: a "quarteirização" e a "terceirização em cadeia": 6.6.2.2.1 "b"
        – modelos: 6.6.2.2.3
          – modelo tradicional de subcontratação: 6.6.2.2.3 "a"
            – terceirização para contratação de serviços: 6.6.2.2.3 "a2"
              – contrato com cooperativas de trabalho: 6.6.2.2.3 "a2.3"
              – contrato de prestação de serviços "específicos": 6.6.2.2.3 "a2.1"
              – contrato de subempreitada: 6.6.2.2.3 "a2.2"
            – terceirização para contratação de trabalhadores: 6.6.2.2.3 "a1"
          – modelo sistemista ou de fornecimento global: 6.6.2.2.3 "b"
      – natureza da responsabilidade: solidária ou subsidiária: 6.6.2.2.6
      – o inadimplemento das obrigações trabalhistas por parte da empresa prestadora dos serviços e a assunção da responsabilidade: 6.6.2.2.4
      – sujeitos responsáveis: entidades privadas e entes públicos: 6.6.2.2.5
    – a assunção dos riscos da atividade desenvolvida: 6.2.2
    – despersonalização: 6.2.1
  – concentração empresarial e responsabilidade civil-trabalhista: 6.5
  – definição: 6.1
  – grupos econômicos e agrupamentos assemelhados: 6.6
    – grupo econômico trabalhista: 6.6.1
      – pressupostos constitutivos: 6.6.1.1
      – responsabilização dos integrantes do grupo econômico trabalhista: 6.6.1.2
        – deve-se buscar o cumprimento da obrigação junto à empresa contratante ou essa exigência pode ser dirigida, indiferentemente, a qualquer dos integrantes do grupo econômico: 6.6.1.2.3
        – grupo econômico é um empregador único ou as empresas dele integrantes são independentes da empresa contratante: 6.6.1.2.1
        – responsabilidade solidária dos integrantes do grupo econômico é unicamente ativa ou também passiva: 6.6.1.2.2
  – poder diretivo patronal: 6.3
    – critérios de aplicação do poder disciplinar: 6.3.2
    – danos morais produzidos pelo exercício abusivo do poder diretivo-patronal: 6.3.3
    – espécies decorrentes do poder diretivo: 6.3.1
      – poder disciplinar: 6.3.1.3
      – poder de fiscalização: 6.3.1.2
      – poder de organização: 6.3.1.1
  – sucessão empresarial: 6.4
    – serviços notariais e de registros oficializados e não oficializados: 6.4.1
    – sucessão de empregadores na Lei n. 11.101/2005: 6.4.2
    – sucessão de sócios e responsabilidade do retirante: 6.4.3
      – evolução da consideração da personalidade jurídica: 6.4.3.2
      – novas crises, novos remédios e a sempre presente necessidade de garantir o devido processo legal: 6.4.3.4
      – pessoa jurídica e(m) crise de identidade: 6.4.3.1

– questionamento e a crise da consideração: 6.4.3.3
– responsabilidade do sócio retirante: 6.4.3.5

Empregados:
– efetivos: 5.2.3.1
– em domicílio: 5.2.4.2
– em sede do empregador: 5.2.4.1
– estatais *sui generis*: 5.2.1.1.4
– estrangeiros: 5.2.7.2
– interinos: 5.2.3.2
– nacionais: 5.2.7.1
– ordinários: 5.2.5.1
– privados: 5.2.1.2
– públicos: 5.2.1.1.3
– rurais ou rurícolas: 5.2.2.1
– urbanos: 5.2.2.2

Empreitada: 4.4.8.4, 6.6.2.2.3 "a2.2"
– subempreitada: 6.6.2.2.3 "a2.2"

Encargo público: 14.5, 14.5.1, 15.3.1.1.9 "a"

Enquadramento salarial: 12.5.4, 12.5

Enunciados de súmulas vinculantes: 1.2.9.2.2

Equipamentos de proteção individual: 1.2.9.2.2, 3.2.1.5.7, 3.3.3, 5.2.2.3.4 "q", 9.3, 9.6, 14.7.3.2.2

Equiparação salarial: 1.2.9.2.2, 12.5, 12.5.3, 12.5.3.1, 18.3.1.2.1

Equivalência salarial: 6.6.2.2.3 "a2", 12.5, 12.5.1

Estabilidade:
– contratual definitiva: 16.1.2.2.3
– contratual provisória: 16.1.2.2.4
– da gestante doméstica: 5.2.2.3.4 "a"
– legal definitiva: 16.1.2.2, 16.1.2.2.1
– legal provisória: 16.1.2.2, 16.1.2.2.2
– limites: 15.3.1.1.9 "b"
– no emprego: 9.2.2.1, 15.3.1.3.1 "c", 16.1.1.3, 16.1.2.1.1, 16.1.2.2, 16.1.2.2.2 "g, i, l", 17.1.2.5.1, 20.3.2.3.2 "b1"
– período gestacional: 17.1.2.5.1 "a"
– por acidente do trabalho: 14.7.3.1.1
– renúncia: 16.1.2.2.5
– temporária: 2.3.2.3.2 "b.3"

Estágio: 3.2.1
– anotações na CTPS: 3.2.1.5.9
– competência jurisdicional: 3.2.1.10
– contrato: 3.2.1, 4.4.8.1
  – definição: 3.2.1.1
  – espécies: 3.2.1.2
    – não obrigatório: 3.2.1.2
    – obrigatório: 3.2.1.2
  – requisitos: 3.2.1.3
  – sujeitos: 3.2.1.4
– isonomia de tratamento: 3.2.1.5.3
– jornada de atividade: 3.2.1.5.1
– proteção previdenciária: 3.2.1.5.5
– recesso da atividade: 3.2.1.5.8
– retribuição pela atividade: 3.2.1.5.2
– seguro contra acidentes: 3.2.1.5.7

– serviço público: 3.2.1.7
– tempo de duração: 3.2.1.5.4
Estagiário: 3.1, 3.2.1.4, 3.2.1.5, 3.2.1.5.1, 3.2.1.5.3, 3.2.1.5.4, 3.2.1.5.5, 3.2.1.5.6, 3.2.1.5.7, 3.2.1.5.8, 3.2.1.5.9, 3.2.1.6, 3.2.1.7, 3.2.1.9, 4.4.8.1, 7.3.6
Exames médicos: 9.4.1
Exames preventivos de câncer: 14.6.3.1
Exclusividade contratual: 3.2.1.4, 3.3.1, 4.3, 5.2.2.3.4 "o", 5.2.4.2.2, 14.7.2
Extinção:
– da empresa e resilição: 15.3.1.1.1.11
– pela obtenção dos propósitos contratuais: 15.2.2
– pelo alcance do termo final: 15.2.1

F

Falência: 1.2.8.4, 6.4.2, 12.4.3, 15.3.1.1.1.11, 15.4.5.2.2, 15.4.6,
Falta grave: 10.1.4.3, 14.5.5, 15.3.1, 15.3.1.1.1.11, 15.3.2.1.1 "c", 15.3.1.2.1.2 "d", 15.3.2.1.3, 15.3.2.1.4 "d e d2", 15.4.5.2.2, 16.1.1.3, 16.1.2.2.1 "a1, a3 e a4", 16.1.2.2.2 "a, g, h, i", 16.2.2.2, 16.2.2.12, 18.2, 18.4.1.1.1, 20.3.2.3.2 "b3 e b3.5", 23.1.9.2,
– ato de improbidade: 15.3.2.1.3 "a"
– em serviço ferroviário: 15.3.2.1.3 "i2"
– embriaguez habitual ou em serviço: 15.3.2.1.3 "g"
– negociação habitual como ato prejudicial ao serviço: 15.3.2.1.3 "d2"
– ofensas físicas e morais: 15.3.2.1.3 "k", 15.3.2.1.4 "e"
– prática constante de jogos de azar: 15.3.2.1.3 "l"
– perda da habilitação ou dos requisitos estabelecidos em lei para o exercício da profissão, em decorrência de conduta dolosa do empregado: 15.3.2.1.3 "m"
Faltas: 6.3.1.3, 11.3.1.4, 11.3.1.5, 14.5.6.3, 14.6.3.2, 14.6.3.4, 14.7.3.1.3, 15.3.1.1.2 "g", 15.3.1.1.6, 15.3.1.3.1 "b", 15.3.2.1.1 "b", 15.3.2.1.3 "j"
– abonadas: 14.5.6, 14.6, 14.6.4
– e férias: 5.2.2.3.4 "n"
– injustificadas: 11.1, 11.3.1.3.1 "a e b"
Fases da formação do vínculo contratual: 4.5
– formação da vontade definitiva de contratar: 4.5.2
– negociação e contrato preliminar: 4.5.1
Fato do príncipe: 15.3.1.1.9 "a", 15.3.2, 15.3.2.2, 15.3.2.2.3
Feriados: 1.4.2.1, 5.2.2.3.1 "a", 5.2.2.3.4 "l e m", 10.1.5.1, 10.1.5.2, 10.2.3, 10.3.1.3.2, 10.3.1.3.3, 10.3.1.3.4, 10.3.1.4, 10.3.1.5, 12.2.1.1.2 "b1", 14.6, 14.6.1
Férias: 5.2.2.3.4 "n", 11, 14.6.2, 14.7.3.1.3
– abono pecuniário: 12.2.2.4.3
– considerações introdutórias: 11.1
– espécies: 11.3
– comparações entre as férias individuais e as férias coletivas: 11.3.3
– férias coletivas: 11.3.2
– abono pecuniário e férias coletivas: 11.3.2.6
– aplicabilidade a empregados com menos de um ano de serviço: 11.3.2.5
– definição: 11.3.2.1
– extensão das férias coletivas: 11.3.2.3
– fracionamento de férias coletivas: 11.3.2.4
– mecanismos de aquisição e de concessão e formalidades de participação: 11.3.2.2
– férias individuais: 11.3.1
– abono pecuniário: 11.3.1.12
– aplicabilidade ao regime de tempo parcial: 11.3.1.12.3

– diferenças entre o abono pecuniário e o acréscimo constitucional de um terço sobre as férias: 11.3.1.12.4
– forma e prazo de postulação: 11.3.1.12.1
– natureza da parcela: 11.3.1.12.2
– conceito e extensão das faltas ao serviço: 11.3.1.4
– definição e distinções: 11.3.1.1
– época de concessão: 11.3.1.6
– extensão das férias individuais: 11.3.1.3
  – empregados regidos pela CLT: 11.3.1.3.1
    – sob o regime de tempo integral e sob o regime de tempo parcial a partir da vigência da Lei n. 13.467: 11.3.1.3.1 "a"
    – sob o regime de tempo parcial até a vigência da Lei n. 13.467: 11.3.1.3.1 "b"
  – empregados regidos por outros diplomas legais: 11.3.1.3.2
– extrapolação do prazo de concessão. Violação e pena: os conceitos de "dobro" e "dobra": 11.3.1.8
– formalidades de participação das férias: 11.3.1.7
– fracionamento de férias individuais: 11.3.1.9
– mecanismos de aquisição e de concessão: 11.3.1.2
– oportunidade de pagamento das férias e do abono pecuniário: 11.3.1.13
– perda do direito às férias individuais: 11.3.1.5
– prescrição sobre as férias: 11.3.1.14
– prestação de serviços a outro empregador: 11.3.1.10
– remuneração de férias: 11.3.1.11
– regência legal e aplicabilidade da Convenção n. 132 da OIT: 11.2

Fiscalização:
  – da regularidade da cobrança e distribuição: 12.2.1.3.1, 16.1.2, 16.1.2.2.2 "o"
  – do exercício profissional: 5.2.1, 5.2.1.1.4
  – do trabalho: 5.2.4.2.1, 6.3.1.2, 7.4, 8.2.1.1.4 "a", 10.1.4.3, 12.2.2.3.4, 15.5.2, 17.2.2.1
  – poder de: 6.3.1.2

Fontes: 1.2.9
  – classificação: 1.2.9.2
  – conflitos: 1.2.9.4
  – definição: 1.2.9.1
  – heterônomas e autônomas: 1.2.9.2.2
  – hierarquia: 1.2.9.3
  – materiais e formais: 1.2.9.2.1
  – pluralismo: 1.2.3.7

Força maior: 4.4.8.3.4, 10.1.3.2.3 "c", 10.1.4.3, 15.2.1.2.6, 15.3.1.1.9 "a e b", 15.3.2, 15.3.2.1.1 "a", 15.3.2.2, 15.3.2.2.2, 16.1.1.3, 16.1.2.1.2, 16.1.2.2.1 "a1 e a4", 16.1.2.2.2 "a", 16.2.2.9, 16.2.2.11, 17.2.2.4

Fordismo: 4.2.5.1, 6.2.2

Formação histórica: 1.1, 1.1.1, 1.1.2, 1.1.3, 1.2

Formalização:
  – da contratação: 17.2.2.1
  – da terminação do contrato: 17.2.2.7

Formas de pagamento: 12.2.1.1.5
  – *in especie*/em efetivo: 12.2.1.1.5 "a"
  – *in natura*/em utilidades: 12.2.1.1.5 "b"

Fórmula autônoma de solução dos conflitos coletivos: a negociação coletiva:
  – a contratação coletiva: breve histórico: 21.2
  – conflitos coletivos de trabalho e mecanismos de solução: 21.1
    – espécies: 21.1.1
    – mecanismos de solução: 21.1.2

- definição de negociação coletiva: 21.3
- fases do comportamento sindical elementar: 21.6
- funções: 21.4
- instrumentos coletivos negociados: 21.7
  - características: 21.7.3
  - conteúdo: 21.7.5
  - depósito, registro e arquivo: 21.7.6
  - espécies: 21.7.1
  - incorporação das cláusulas normativas ao contrato de emprego: 21.7.11
  - natureza jurídica: 21.7.2
  - o descumprimento das cláusulas constantes das normas coletivas: 21.7.10
  - prazo de vigência: 21.7.7
  - prevalência do interesse público sobre o interesse coletivo: 21.7.9
  - processo de prorrogação, revisão, denúncia ou revogação total ou parcial: 21.7.8
  - *quorum* para celebração: 21.7.4
- negociação coletiva de trabalho para domésticos: 21.9
- negociação coletiva de trabalho para servidores públicos: 21.8
- níveis de negociação: 21.5
- os limites para o exercício da autonomia coletiva sindical: 21.10
  - a proteção do direito fundamental à liberdade sindical em face de suas restrições: os confins da intervenção na autonomia coletiva sindical: 21.10.2
  - as fronteiras da negociação coletiva: uma análise à luz dos artigos 611-A e 611-B da CLT: 21.10.3
  - o dever de não intercessão e a sua mitigação pelo dever de proteção e de promoção: 21.10.1

Fórmulas paraeterônomas e heterônomas de solução dos conflitos coletivos:
- fórmulas heterônomas: 22.2
  - arbitragem: 22.2.1
    - características: 22.2.1.2
    - definição: 22.2.1.1
    - disciplina legal: 22.2.1.3
  - jurisdição: 22.2.2
    - a jurisdição no conflito coletivo trabalhista: 22.2.2.3
    - características: 22.2.2.2
    - classificação dos dissídios coletivos: 22.2.2.4
    - cumprimento da sentença normativa: 22.2.2.9
    - definição: 22.2.2.1
    - disciplina legal do exercício da jurisdição nos dissídios coletivos: 22.2.2.5
    - extensão da sentença normativa: 22.2.2.8
    - instauração da ação coletiva que produz a sentença normativa: 22.2.2.6
    - procedimento da ação coletiva que produz a sentença normativa: 22.2.2.6
- fórmulas paraeterônomas: 22.1
  - conciliação e mediação: 22.1.1
    - mediação e o conceito de negociação prévia suficiente: 22.1.1.2
    - procedimento no Ministério do Trabalho: 22.1.1.1

Fórmulas de garantia de emprego e do tempo de serviço:
- garantias de emprego: 16.1
  - espécies de garantia de emprego: 16.1.2
    - estabilidade no emprego: 16.1.2.2
      - estabilidade contratual definitiva: 16.1.2.2.3
      - estabilidade contratual provisória: 16.1.2.2.4
      - estabilidade legal definitiva: 16.1.2.2.1
        - estabilidade decenal: 16.1.2.2.1 "a"
        - estabilidade dos servidores públicos celetistas: 16.1.2.2.1 "b"
      - estabilidade legal provisória: 16.1.2.2.2

– aprendiz: 16.1.2.2.2 "l"
– cipeiro: 16.1.2.2.2 "b"
– diretor de cooperativa de empregados: 16.1.2.2.2 "f"
– dirigente sindical: 16.1.2.2.2 "a"
– egresso de auxílio por incapacidade temporária acidentário: 16.1.2.2.2 "e"
– empregados que tiverem sua jornada de trabalho temporariamente reduzida enquanto viger a adesão ao Programa Seguro-Emprego — PSE: 16.1.2.2.2 "m"
– gestante: 16.1.2.2.2 "c"
– guardião para fins de adoção: 16.1.2.2.2 "d"
– membro da comissão de empregados para acompanhamento e fiscalização da regularidade da cobrança e distribuição da gorjeta: 16.1.2.2.2 "o"
– membro da comissão de representantes dos empregados: 16.1.2.2.2 "n"
– membro trabalhador do Conselho Nacional de Previdência Social: 16.1.2.2.2 "g"
– período pré-eleitoral: 16.1.2.2.2 "j"
– representante dos empregados em comissões de conciliação prévia: 16.1.2.2.2 "h"
– representante dos empregados no conselho curador do FGTS: 16.1.2.2.2 "i"
– trabalhador reabilitado e deficiente habilitado: 16.1.2.2.2 "k"
– institutos quase sempre incompatíveis com a estabilidade: 16.1.2.2.6
  – aviso prévio: 16.1.2.2.6 "b"
  – contratos por tempo determinado: 16.1.2.2.6 "a"
– renúncia à estabilidade e homologação: 16.1.2.2.5
– garantia de emprego em sentido estrito: 16.1.2.1
  – indenização de 40% sobre o FGTS: 16.1.2.1.2
  – indenização de antiguidade prevista no art. 478 da CLT: 16.1.2.1.1
  – indenização prevista no art. 31 da lei n. 8.880/94: 16.1.2.1.4
  – indenização prevista no art. 479 da CLT: 16.1.2.1.3
  – indenização prevista no § 3º do art. 322 da CLT: 16.1.2.1.5
  – indenização prevista no § 5º do art. 476-A da CLT: 16.1.2.1.6
– etapas históricas de construção da garantia de emprego no Brasil: 16.1.1
  – primeiro momento: de 1943 até 1966: 16.1.1.1
  – segundo momento: de 1966 a 1988: 16.1.1.2
  – terceiro momento: a partir de 1988: 16.1.1.3
– garantias do tempo de serviço: 16.2
  – definição: 16.2.1
  – o Fundo de Garantia do Tempo de Serviço — FGTS: 16.2.2
    – agente operador: 16.2.2.4
    – atualização monetária e capitalização de juros: 16.2.2.8
    – base de cálculo e alíquota: 16.2.2.6
    – centralização de depósitos: 16.2.2.5
    – cobrança de depósitos não realizados no FGTS: 16.2.2.13
    – criação de normas e de diretrizes: 16.2.2.2
    – definição: 16.2.2.1
    – destino dos depósitos promovidos em favor dos empregados demissionários e dos despedidos com justa causa: 16.2.2.12
    – expurgos inflacionários (Lei Complementar n. 110/2001): 16.2.2.14
    – gestão da aplicação: 16.2.2.3
    – indenização compensatória em situações de resolução por culpa recíproca e de resolução contratual por força maior: 16.2.2.11
    – indenização compensatória por resilição por iniciativa patronal: 16.2.2.10
    – não cabimento de medida liminar ou de tutela antecipada para saque ou movimentação da conta vinculada do trabalhador no FGTS: 16.2.2.15
    – penalidades por mora: 16.2.2.7
    – saque-aniversário: 16.2.2.16
    – situações permissivas de movimentação: 16.2.2.9
Fraude contra credores: 4.4.6.1.2, 4.4.6.1.2 "b", 4.4.6.2.2

Fundo de Amparo ao Trabalhador: 1.2.8.7, 12.2.2.4.5, 15.5, 15.5.3, 20.3.4

Fundo de Garantia do Tempo de Serviço — FGTS: 5.2.2.3.4, 5.2.2.3.4 "b", 5.2.2.3.5 "d", 8.2.1.1.8, 12.2.2.1, 15.3.1, 15.3.2.2.1, 15.4, 15.5.8, 16.1.1.2, 16.1.1.3, 16.2.2
– agente operador: 16.2.2.4
– atualização monetária e capitalização de juros: 16.2.2.8
– base de cálculo e alíquota: 16.2.2.6
– centralização de depósitos: 16.2.2.5
– cobrança de depósitos não realizados no FGTS: 16.2.2.13
– criação de normas e de diretrizes: 16.2.2.2
– definição: 16.2.2.1
– destino dos depósitos promovidos em favor dos empregados demissionários e dos despedidos com justa causa: 16.2.2.12
– expurgos inflacionários (Lei Complementar n. 110/2001): 16.2.2.14
– gestão da aplicação: 16.2.2.3
– indenização compensatória em situações de resolução por culpa recíproca e de resolução contratual por força maior: 16.2.2.11
– indenização compensatória por resilição por iniciativa patronal: 16.2.2.10
– não cabimento de medida liminar ou de tutela antecipada para saque ou movimentação da conta vinculada do trabalhador no FGTS: 16.2.2.15
– penalidades por mora: 16.2.2.7
– saque-aniversário: 16.2.2.16
– situações permissivas de movimentação: 16.2.2.9

G

Garantias de emprego: 13.4.3.1, 15.3.1.1.2 "b", 16.1, 16.1.2, 16.1.2.2.1

Garantias do tempo de serviço: 16.2

Gestante: 1.5.3.2, 4.4.5.2.2 "c", 5.2.2.3.4 "o", 8.2.1.1.4 "d", 9.5.1.1, 14.4, 14.6.3.1, 15.3.2.1.4 "a2", 16.1.2.2.2 "b, c e d", 16.1.2.2.6 "a e b", 17.1.2.5, 17.1.2.5.1 "a, c e d", 17.1.2.5.2
– doméstica: 5.2.2.3.4 "a", 5.2.2.3.5 "e"

Gorjetas: 1.5.3.2, 7.3.3, 10.3.1.3.4, 12.2, 12.2.1, 12.2.1.2.1 "a3", 12.2.1.3, 12.2.1.3.1, 12.2.1.3.2, 12.2.1.3.4, 12.4.1.1, 13.4.4.2, 13.4.4.2, 16.1.2.2.2 "o", 21.10.3 "d"

Gratificação natalina: 10.3.1.3.4, 12.2.1.2.1 "b2", 12.2.1.2.2 "d", 13.5, 15.3.1.1.1.10, 18.3.1.2.2

Gratificações: 4.5.2, 6.2.2, 9.5.2.1.7, 10.1.4.8, 10.3.1.3.4, 12.2.1, 12.2.1.1.4, 12.2.1.2.1 "a, a2, b e c", 12.2.1.2.2 "b e c", 12.3.1, 13.4.1.4, 13.4.4.6

Gravidez de risco: 9.5.1.1, 17.1.2.5.1

Greve: 14.5.4, 23.1
– características: 23.1.5
  – coletivismo: 23.1.5.1
  – conceituação: 23.1.5.3
  – expansionismo: 23.1.5.7
  – pacifismo: 23.1.5.4
  – preanunciação: 23.1.5.6
  – provisoriedade: 23.1.5.5
  – trabalhismo: 23.1.5.2
– definição: 23.1.3
– direitos garantidos aos grevistas e aos não grevistas: 23.1.8
– disciplina legal: 23.1.4
– efeitos decorrentes da greve: 23.1.9
  – proibição de contratação de trabalhadores substitutos: 23.1.9.3
  – suspensão do contrato de emprego: 23.1.9.1
  – vedação às despedidas sem justa causa: 23.1.9.2
– em serviços essenciais: 23.1.10

– no serviço público civil: 23.1.11
– notificação da paralisação coletiva: 23.1.7
– referenciais históricos brasileiros: 23.1.2
– referenciais históricos mundiais: 23.1.1
– sujeitos: 23.1.6
– uso e abuso do direito de greve: 23.1.12

Grupo econômico trabalhista: 6.6.1, 6.6.1.2, 6.6.1.2.3, 6.6.2, 13.4.5
– agrupamentos assemelhados: 6.5, 6.6, 6.6.2

Gueltas: 10.3.1.3.4, 12.2, 12.2.1.3, 12.2.1.3.2, 12.2.1.3.4, 12.4.1.1, 13.4.4.2

H

Habitualidade: 9.5.1.3, 9.5.2.4, 10.1.4.8, 10.1.4.9, 12.2.1.1.5 "b.2", 12.2.1.2.1 "a4 e c", 13.4.2.5

Hermenêutica: 1.3

Heterointegração: 1.4.1, 1.4.2

Hierarquia: 1.2.9.3, 1.5.3, 2.1, 3.1, 4.2.5, 6.3.1, 9.5.2.5, 17.1.2.5.2 "a1", 20.3.2.3.2 "b3.2", 20.3.3, 21.7.1

Hipersuficiente: 2.2.1, 5.2.5.2

Homologação:
– da rescisão: 5.2.2.3.5 "d"
– renúncia à estabilidade: 16.1.2.2.5

Homologação e assistência: 15.4.3

Horário de trabalho: 10.1.1.1, 10.1.4.6.1, 17.2.2.3
– dispensa: 14.6.3.3
– distribuição: 10.1.2.3

Horas: 5.2.2.3.4 "l"
– alteração de carga horária: 13.4.2
– banco de horas: 5.2.2.3.4 "l", 10.1.5.1, 10.1.6, 19.6.2.2.4, 21.10.3 "d"
– da compensação: 5.2.2.3.4 "l", 10.1.3.2.2, 10.1.5, 10.1.5.1, 10.1.5.2, 10.1.5.3, 10.1.5.4
    – situações de proibição: 10.1.5.3
– da prorrogação: 10.1.4.1
– de itinerário: 1.5.3.1, 10.1.1.2, 10.1.1.2.1, 10.1.1.2.2
– de serviço: 10.1.1, 10.1.1.2, 10.1.1.3, 10.1.1.3.3, 10.1.1.4
– de espera: 10.1.1.4, 10.1.3.2.3 "l"
– extraordinárias: 1.2.9.4, 1.5.3.4, 2.2.1.1.1, 3.2.3, 5.2.2.3.4 "l e p", 5.2.4.2.2, 10.1.1.3.2, 10.1.1.4, 10.1.3.2.1, 10.1.3.2.2, 10.1.3.2.3 "e, h, i, j e l", 10.1.4.1, 10.1.4.2, 10.1.4.3, 10.1.4.4, 10.1.4.5, 10.1.4.6, 10.1.4.6.1, 10.1.4.6.2, 10.1.4.7, 10.1.4.8, 10.1.4.9, 10.1.5.1, 10.1.5.4, 10.2.3, 10.2.5, 10.3.1.3.4, 12.2.1.1.2 "b2 e b4", 12.2.1.2.1 "a ao a4 e b1", 12.2.1.3.1, 12.4.1.1, 13.4.2.3, 13.4.2.4, 13.4.2.5, 13.4.3.2, 13.4.4.2, 15.3.2.1.3 "i2", 18.2, 18.3, 18.3.1.2.2, 21.7.10

Horas *in itinere*: 1.5.3.1, 10.1.1.2, 10.1.1.2.1, 10.1.1.2.2, 10.1.3.2.3 "f e h"

I

Identidade de gênero: 7.4

Identificação profissional:
– Carteira de Trabalho e Previdência Social: 7.3
    – anotações: 7.3.3
    – anotações de atividades em sentido estrito na CTPS: 7.3.6
    – emissão e entrega: 7.3.2
    – falta de anotação e consequências: 7.3.4
        – ação judicial: 7.3.4.2

– crime de falsidade material: 7.3.4.3
– reclamação administrativa: 7.3.4.1
– obrigatoriedade: 7.3.1
– valor probatório: 7.3.5
– considerações introdutórias: 7.1
– documentos de registro histórico-laboral: 7.2
– livros de registro de empregados: 7.4

Imediatidade punitiva: 15.3.2.1.2 "e"

Impossibilidade
– jurídica: 3.1, 4.4.5.2.2 "c e d", 15.3.2.2.1
– material: 3.1, 15.3.2.1.4 "a", 15.3.2.2.1

Imposto de Renda: 1.2.8.6, 3.2.1.5.5, 4.4.6.1.2 "a", 10.1.4.8, 11.3.1.12.2, 12.2.1.1.5 "b5", 12.2.2.4.3, 12.2.2.4.4, 12.4.1.2, 13.2.1, 16.1.2.2.2, 17.1.2.5.2 "a5"

Improbidade:
– ato: 6.3.3, 15.3.1.1.9 "a", 15.3.2.1.1 "d", 15.3.2.1.3 "a e m", 15.3.1.1.5

In dubio pro operario: 2.2, 2.2.1.3, 15.3.2.1.5

Inalterabilidade: 2.2.1.2, 13.1, 15.3.1.1.9 "a"

Incapacidade laborativa: 3.1, 8.2.1.1.5, 14.7.3.1.2 "a"

Incontinência de conduta: 15.3.2.1.1 "d", 15.3.2.1.3 "b"

Indenização: 4.4.8.3.4, 5.2.2.3.4 "u", 14.7.3.1.1
– compensatória: 5.2.2.3.4, 5.2.2.3.4 "a", 12.2.2.1, 15.3.1, 15.3.3.2.2.1, 16.1.1.2, 16.1.2.1, 16.1.2.1.1, 16.1.2.1.2, 16.1.2.2.1 "a4", 16.2.2.10, 16.2.2.11
– de 40% sobre o FGTS: 5.2.2.3.4 "a", 15.2.1.2.4, 15.3.1.1.1.11, 15.3.2.1.3 "o", 15.3.2.2.1, 15.3.2.2.3, 16.1.2.1.2
– de antiguidade prevista no art. 478 da CLT: 16.1.2.1.1
– por dano moral: 1.4.2.3, 6.3.3, 6.6.2.2.7, 7.3.4.3, 13.4.1.5, 13.4.2.6,
– por dissolução de contrato por tempo determinado: 4.4.8.3.4
– prevista no art. 479 da CLT: 15.3.1.2.1, 16.1.2.1.2, 16.1.2.1.3
– prevista no art. 31 da Lei n. 8.880/94: 16.1.2.1.4
– prevista no § 3º do art. 322 da CLT: 16.1.1.3, 16.1.2.1.5
– prevista no § 5º do art. 476-A da CLT: 16.1.2.1.6

Indenizações: 12.2.2.1

Índios: 4.4.5.2.2 "b", 5.2.6.2.1

Indisciplina: 15.3.2.1.2 "b e c", 15.3.2.1.3 "i e i1"

Inflamáveis: 9.5.2, 9.5.2.1, 9.5.2.1.1, 9.5.2.1.2, 9.5.2.2, 12.2.1.2.1 "a2"

Insalubres: 9.5, 9.5.1

Insalubridade: 1.5.3.2, 1.5.3.4, 15.2.2.3.5 "e", 9.3, 9.5.1, 9.5.1.1, 9.5.1.2, 9.5.1.3, 9.5.2.1, 9.5.2.1.6, 9.5.2.4, 9.5.2.5, 10.1.4.9, 12.2.1.1.3 "a2, a3 e b", 12.2.1.2, 12.2.1.2.1 "a, a1 e a3", 15.2.1.2.2, 17.1.2.5.1 "c", 19.1, 19.6.2.2.4, 21.10.3 "d"

Instituições de beneficência: 5.2.2, 6.1

Instituições sem fins lucrativos: 3.1, 5.2.2, 6.1

Insubordinação: 10.1.4.1, 11.3.1.10, 15.3.1.6, 15.3.2.1.3 "i e i1"

Interesses:
– coletivos: 13.4.2.9, 19.6.1.2, 19.7.1, 19.7.2, 19.7.3, 20.3.2.4.1 "a e b", 20.3.5, 21.7.3 "c", 21.10.1,
– difusos: 19.7, 19.7.3
– individuais homogêneos: 19.7.1, 20.3.2.4.1 "a"

Interrupção contratual: 5.2.2.3.4 "o", 11.1, 11.3.2.5, 14.1, 14.2, 14.3, 14.4, 14.5.1, 14.5.2, 14.5.4, 14.5.5, 14.6, 14.6.4, 14.6.8, 14.6.9, 14.7, 14.7.3.1.2 "e e g", 17.1.2.5.2 "a2"

Intertemporalidade: 1.5.3.1, 10.1.3.2.1, 11.3.1.3.1 "b", 18.3.5.4

Intervalos:
  – anuais: 10.3.1.5
  – intrajornada: 1.5.3.1, 5.2.2.3.4 "l", 10.1.1.3.1, 10.1.1.4, 10.1.3.2.2, 10.1.3.2.3 "h e l", 10.2.2.3, 10.3.1, 10.3.1.1, 10.3.1.1.1 "a ao e", 10.3.1.1.2, 10.3.1.3.3, 12.2.1.1.5 "b2", 13.4.2.6, 13.4.2.8, 13.4.2.9, 19.6.2.2.4, 19.6.2.2.4
  – intersemanais: 10.3.1.3, 10.3.1.3.3
Irretroatividade: 1.5.3, 1.5.3.3, 15.3.3, 18.3.5.1
Isonomia:
  – de tratamento: 3.2.1.5.3, 5.2.2.3.4, 12.2.2.4.2, 15.3.3, 18.3.4
  – salarial: 12.5

J

Jogos de azar: 15.3.2.1.3 "l"

Jornada de atividade: 3.1, 3.2.1.5.1

Jornada de trabalho: 2.2.1.3, 3.1, 5.2.2.3.4 "l", 5.2.5.2.1 "c", 6.3.1.2, 6.6.1.2.2, 10.1, 10.1.1, 10.1.1.1, 10.1.1.2.1, 10.1.1.4, 10.1.2.2, 10.1.3.2.2, 10.1.3.2.3 "e, f, k e l", 10.1.4.4, 10.1.4.5, 10.1.4.6.1, 10.1.4.6.3, 10.1.5.1, 10.1.5.2, 10.3.1.1.1 "a e c", 12.2.1.1.3 "a4", 12.2.2.4.4, 12.3.3.1, 13.2.2.2.1, 13.4.2, 13.4.2.1, 13.4.3.4, 15.3.1.1.2, 16.1.2.2.2 "m", 17.1.2.5.2 "b e b2", 17.1.2.6, 17.2.2.4, 19.1, 19.6.2.2.4, 21.10.3 "d"

Jurisdição: 2.2.2.2.4 "b", 22.2.2, 22.2.2.3, 22.2.2.5

Jurisprudência: 1.4.2.1

Jurisprudência da crise: 1.8.2

Justa causa:
  – com justa causa: 1.4.2.4, 1.5.3.4, 2.2.3, 11.3.1.1, 14.5.7, 15.3.1.3.1 "b", 15.3.2.1.3 "b, e e n", 16.1.2.2.1 "a3", 16.1.2.2.2 "b e c", 16.2.2.12, 17.1.2.5.1 "a"
  – sem justa causa: 1.2.9.2.2, 4.4.8.3.4, 5.2.2.3.4, 5.2.2.3.4 "a e c", 9.2.2.2, 11.3.1.1, 12.2.2.1, 12.2.2.4.6, 14.5.7, 15.2.1.2.1, 15.2.1.2.4, 15.3.1.1.8, 15.3.1.1.1.10, 15.3.1.2.1, 15.3.1.2.2, 15.3.1.3.1 "a", 15.3.1.3.2, 15.3.1.4, 15.3.1.3, 15.3.1.3 "e e i3", 15.3.2.2.2, 15.5, 15.5.1, 15.5.2, 16.1.1.2, 16.1.1.3, 16.1.2.1.2, 16.1.2.1.3, 16.1.2.1.4, 16.1.2.1.5, 16.1.2.2.1 "a3 ao d", 16.1.2.2.1, "j e m", 16.2.2.9, 16.2.2.10, 17.1.2.5.1 "a", 17.1.2.6, 23.1.9, 23.1.9.2, 23.1.12

L

Lacunas: 1.4, 1.4.1, 1.4.2.1, 1.4.2.2, 15.3.1.1.2

Lei de greve: 23.1.8

Lei constitucional: 1.2.9.2.2

Lei do Estágio: 3.2.1.3, 3.2.1.4, 3.2.1.5.1, 3.2.1.5.6, 3.2.1.5.8, 3.2.1.6

Lei do local de prestação dos serviços (*lex loci executionis*): 1.5.2

Lei de Introdução às Normas do Direito Brasileiro: 1.5.3, 6.6.1.1, 15.4.6

Leis complementares: 1.2.9.2.2

Leis delegadas: 1.2.9.2.2

Leis ordinárias: 1.2.9.2.2

Legislação industrial ou operária: 1.2.1,

Liberdade sindical: 2.2.2.2.4 "b", 15.3.1.4, 19.1, 19.6, 19.6.1, 19.6.1.1, 19.6.1.2, 19.6.1.3, 19.6.1.4, 19.6.2.1.1, 19.6.2.2.2, 19.6.2.2.4, 20.1.1, 20.1.6, 20.1.7, 20.1.7.2, 20.2, 20.3.2.3.2 "b2.3", 20.3.3.2, 20.3.5, 20.4.1, 20.4.1.1, 21.8, 21.9, 21.10, 21.10.1, 21.10.2, 22.2.2.6, 23.1.6
  – princípio: 19.6.1
    – definição: 19.6.1.1
    – dimensões: 19.6.1.2
    – condutas antissindicais: 19.6.1.4

– o conteúdo da Convenção n. 87 da OIT: 19.6.1.3
Licença à gestante: 5.2.2.3.4 "o", 14.7, 14.7.3.1.2 "f", 16.1.2.2.2 "d", 17.1.2.5.2 "a2", 17.1.2.6.
Licença acidentária: 14.7.3.1.2
Licença-maternidade: 5.2.2.3.4 "o", 5.2.2.3.5 "c", 11.3.1.4, 12.2.1.1.3 "a2", 14.5, 14.6.6.2, 14.7, 14.7.2, 14.7.3.1.2 "a", 15.3.1.4, 16.1.2.2.2 "c e d", 17.1.2.5.1 "a", 17.1.2.5.2 "a ao a2 e a5", 17.1.2.6, 19.6.2.2.4
Licença para atuação:
 – em comissão: 14.6.6.4
 – em conselho: 14.6.6.5
Licença para disputa eleitoral: 14.6.6.3
Licença-paternidade: 5.2.2.3.4, 5.2.2.3.4 "o", 14.6.3.1, 14.6.6.1, 14.7, 14.7.3.1.2 "f", 17.1.2.5.2 "a1", 19.6.2.2.4
Licenças remuneradas: 11.3.1.5, 14.6, 14.6.6
Limbo previdenciário: 14.5.6.1
Limites à resilição patronal: 15.3.1.1.9
 – impostos pela estabilidade: 15.3.1.1.9 "b"
 – impostos pela suspensão contratual: 15.3.1.1.9 "a"
Lista suja do trabalho escravo: 1.7
Livros de registro de empregados: 7.4
Local de difícil acesso: 10.1.1.2.1, 10.1.1.2.2, 10.1.3.2.3 "h"
Locaute: 19.4, 23.2, 23.2.1, 23.2.2, 23.2.3
Ludismo: 23.1.5.4

M

Mãe social/crecheira: 5.2.4.2.2, 10.1.4.6, 10.1.4.6.2
Mandato sindical: 14.5, 14.5.3
Manutenção:
 – da condição mais benéfica: 2.2, 2.2.1.2, 6.4.2, 13.1
 – da posse de imóvel ocupado em função do trabalho: 14.7.3.2.2
 – de planos de saúde para empregado acidentado: 14.7.3.2.1
 – dos depósitos do FGTS: 14.7, 14.7.3.1.2
Manutenção de plano de saúde do ex-empregado: 15.6
Marítimos: 10.1.3.2.3 "e"
Mau procedimento: 6.3.1.3, 15.3.2.1.1 "d", 15.3.2.1.3 "c"
Mediação: 1.2.4, 2.2.2.2.3 "b", 4.4.8.8, 19.4, 21.1.2, 22.1, 22.1.1, 22.1.1.1, 22.1.1.2, 22.2.1.2
Medicina do trabalho: 1.2.4, 1.2.5, 1.2.8.8, 9.2, 9.2.1, 9.2.2, 9.3, 10.1.3.2.3 "f", 10.1.4.5, 10.1.5.1, 10.1.5.4, 10.3.1.1, 15.3.2.1.1 "a e i1", 15.3.2.1.4 "c", 17.1.2.1, 20.1.5
Médicos-residentes: 3.2.3
Menores: 5.2.2.3.4 "w", 5.2.6.2.2, 17.2.1.1, 17.2.1.2
Métodos de integração: 1.4.1
Métodos e locais de trabalho: 17.1.2, 17.1.2.1
Mineiros: 10.1.3.2.3 "f"
Mora:
 – contumaz: 15.3.2.1.4 "d2"
 – penalidades: 16.2.2.7
 – salarial: 15.3.2.1.4 "d2"
Morte: 15.3.2.2.1
 – do empregado: 15.3.2.2.1

– do empregador: 15.2.1.2.6, 15.3.2.2, 15.3.2.2.1
– do segurado: 15.5.6, 15.5.7

Movimento operário: 1.1.3, 1.2

Multa: 5.2.2.3.4 "x"
– administrativas: 7.3.3, 15.3.1.3.1 "c", 15.4.5.2.1
– decorrente do descumprimento de normas coletivas: 12.2.2.2.3
– moratória: 12.2.2.2.2, 15.4.5.2.2
– prevista: 12.2.2.2.1, 12.2.2.2.2

N

Não assunção dos riscos da atividade patronal: 4.2.3

Não eventualidade: 4.4, 4.4.3, 4.4.8.1, 4.4.8.6, 5.1, 5.2.2.3.1 "a"

Necessidade imperiosa: 10.1.4.1, 10.1.4.3, 15.3.2.1.3 "i2"

Negociação coletiva: 8.2.1.1.8, 21, 21.3, 21.8, 21.9, 21.10.3

Negociação habitual: 15.3.2.1.3 "d ao d2"

Negociação preliminar: 4.5.1

Negócio jurídico: 1.2.8.3, 1.2.9.2.2, 1.4.2.1, 3.2.1.3, 3.2.1.5.3, 3.2.1.7, 4.2.4, 4.2.6, 4.4, 4.4.2, 4.4.3, 4.4.5, 4.4.5.1, 4.4.5.2, 4.4.5.2.2, 4.4.5.2.2 "a e d", 4.4.5.2.3, 4.4.6, 4.4.6.1.1 "b e c", 4.4.6.1.2 "a", 4.4.6.2, 4.4.6.2.1, 4.4.6.2.2, 4.4.6.2.3, 4.4.8.4, 5.2.7.2, 6.6.2.2.3 "a2.2", 7.1, 8.2.1.1.3, 8.2.1.1.4, 8.2.3.1, 12.4.2, 14.1, 14.2, 15.2.1.1, 17.2.1.2.1, 17.2.1.2.3, 17.2.2.1, 18.3.1.2.1, 18.3.5.5, 18.4, 18.4.1.1.2, 19.6.2.2.2, 19.6.2.2.3, 19.6.2.2.4, 21.7, 21.7.1, 21.7.6, 21.10

Nome social: 17.4.3.3

Norma coletiva: 1.5.3.4, 9.5.2.3, 10.1.3.2.1, 10.1.5.2, 10.1.5.4, 10.2.2.1.2, 12.2.1.1.2 "b2", 12.2.1.1.3, 12.2.1.2.2, 12.2.2.2.3, 12.5.4.3, 13.1, 13.2.1, 13.4.4.6, 14.5.3, 18.3.1.2.2, 1.6.2.2.1, 1.6.2.2.4, 2.1.5, 2.3.2.3.2 "b1", 3.7.7, 3.7.10, 3.10.2

Nulidade: 2.2.1.2, 3.2.1.3, 4.4.5.2.2 "d", 4.4.6.2, 4.4.6.2.1, 5.2.7.2, 6.6.2.2.3 "a1", 8.2.1.1.3, 8.2.1.2.2, 10.1.3.2.1, 12.2.1.1.3 "a2", 13.2.1, 13.2.2.1, 13.4.1.1, 15.3.1.1.9 "a", 15.3.2.1.4 "d1", 15.3.3, 16.1.2.2.1 "a4", 16.1.2.2.2, 16.1.2.2.2 "j", 16.2.2.9, 17.1.1, 18.3.3, 18.3.5.5, 18.4, 19.6.2.2.3, 19.6.2.2.4, 20.3.2.3.1, 20.3.2.4.3 "c", 21.7.1
– situações de nulidade e efeitos da declaração: 4.4.6.2.3

O

Orientações Jurisprudenciais do TST:

OJ 2 da SDC do TST: 22.2.2.8

OJ 5 da SDC do TST: 21.8

OJ 7 da SDC do TST: 22.2.2.4

OJ 10 da SDC do TST: 23.1.12

OJ 16 da SDC do TST: 20.3.2.4.3 "c"

OJ 17 da SDC do TST: 20.1.6, 20.4.2

OJ 18 da SDC do TST: 12.2.1.1.5

OJ 24 da SDC do TST: 22.1.1.2

OJ 34 da SDC do TST: 21.7.6

OJ 37 da SDC do TST: 20.3.2.3.2 "a"

OJ 14 da SDI-1 do TST: 15.3.1.1.4

OJ 36 da SDI-1 do TST: 10.1.1.2.2

OJ 38 da SDI-1 do TST: 5.2.2.1

OJ 41 da SDI-1 do TST: 21.7.11
OJ 42 da SDI-1 do TST: 16.2.2.10
OJ 51 da SDI-1 do TST: 16.2.2.2 "l"
OJ 54 da SDI-1 do TST: 21.7.10
OJ 60, I, da SDI-1 do TST: 10.2.2.1.2
OJ 60, II, da SDI-1 do TST: 12.2.1.2.1 "a.3"
OJ 62 da SDI-1 do TST: 19.6.2.2.1
OJ 71 da SDI-2 do TST: 12.2.1.1.3 "a2"
OJ 76 da SDI-1 do TST: 18.3.1.2.2
OJ 83 da SDI-1 do TST: 18.3.2
OJ 92 da SDI-1 do TST: 6.4
OJ 113 da SDI-1 do TST: 12.2.1.2.1 "a.5"
OJ 125 da SDI- I do TST: 12.5.4.2
OJ 137 da SDI-1 do TST: 14.5.5
OJ 137 da SDI-2 do TST: 20.3.2.3.2 "b3.5"
OJ 142 da SDI-2 do TST: 20.3.2.3.2 "b3.3"
OJ 148 da SDI-1 do TST: 16.1.2.1.4
OJ 153 da SDI-2: 12.4.2
OJ 159 da SDI-1 do TST: 13.4.4.4
OJ 160 da SDI-1 do TST: 12.4.1.2
OJ 162 da SDI-1 do TST: 15.4.5.1 "a"
OJ 172 da SDI-1 do TST: 9.5.1.1
OJ 175 da SDI-1 do TST: 18.3.1.2.2
OJ 178 da SDI-1 do TST: 10.3.1.1.1 "c"
OJ 181 da SDI-1 do TST: 12.2.1.1.2 "b1"
OJ 191 da SDI-1 do TST: 6.6.2.2.3 "a.2.2
OJ 195 da SDI-1 do TST: 16.2.2.6
OJ 199 da SDI-1 do TST: 4.4.5.2.2 "c"
OJ 206 da SDI-1 do TST: 10.1.3.2.3 "h"
OJ 215 da SDI-1 do TST — CANCELADA: 12.2.2.4.7
OJ 232 da SDI-1 do TST: 16.2.2.6
OJ 235 da SDI-1 do TST: 12.2.1.1.2 "b1"
OJ 238 da SDI-1 do TST: 15.4.5.2.2
OJ 242 da SDI-1 do TST: 18.3.1.2.2
OJ 243 da SDI-1 do TST: 18.3.1.2.2
OJ 244 da SDI-1 do TST: 13.4.4.1
OJ 247 da SDI-1 do TST: 15.3.1.5
OJ 251 da SDI-1 do TST: 12.4.1.2.1
OJ 253 da SDI-1 do TST: 16.1.2.2.2 "f"
OJ 259 da SDI-1 do TST: 12.2.1.2.1 "a.4"
OJ 268 da SDI-1 do TST: 15.3.1.1.1.10
OJ 270 da SDI-1 do TST: 2.2.2.1, 15.4.4
OJ 271 da SDI-1 do TST: 1.5.3.4, 18.3.5.1
OJ 272 da SDI-1 do TST: 12.2.1.1.3 "a3"
OJ 273 da SDI-1 do TST: 1.4.2.2

OJ 275 da SDI-1 do TST: 10.1.3.2.2
OJ 277 da SDI-1 do TST: 22.2.2.9
OJ 278 da SDI-1 do TST: 9.5.1
OJ 296 da SDI-1 do TST: 12.5.3.1
OJ 297 da SDI-1 do TST: 12.5.3.1
OJ 301 da SDI-1 do TST: 16.2.2.6
OJ 302 da SDI-1 do TST: 16.2.2.8
OJ 308 da SDI-1 do TST.: 13.4.2
OJ 321 da SDI-1 do TST: 6.6.2.2.3 "a1"
OJ 322 da SDI-1 do TST: 21.7.7
OJ 323 da SDI-1 do TST: 10.1.5.1
OJ 324 da SDI-1 do TST: 9.5.2.1.3
OJ 325 da SDI-1 do TST: 12.4.1.1
OJ 339 da SDI-1 do TST: 5.2.1.1.3, 12.2.1.1.4
OJ 341 da SDI-1 do TST: 16.2.2.14, 18.3.2
OJ 344 da SDI-1 do TST: 16.2.2.14, 18.3.2
OJ 345 da SDI-1 do TST: 9.5.2, 9.5.2.1.6
OJ 346 da SDI-1 do TST: 19.6.2.2.1
OJ 347 da SDI-1 do TST: 9.5.2.1.3
OJ 355 da SDI-1 do TST: 1.4.2.2, 5.2.1.1.3, 10.3.1.2
OJ 356 da SDI-1 do TST: 15.3.1
OJ 358 da SDI-1 do TST: 10.1.3.2.1, 12.2.1.1.3 "a4"
OJ 360 da SDI-1 do TST: 10.1.3.2.2
OJ 362 da SDI-1 do TST: 15.3.3
OJ 361 da SDI-1 do TST: 15.2.1.2.1
OJ 364 da SDI-1 do TST: 16.1.2.2.1 "b"
OJ 365 da SDI-1 do TST: 16.1.2.2.2 "a", 20.3.2.3.2 "b3.3"
OJ 366 da SDI-1 do TST: 3.2.1.3
OJ 367 da SDI-1 do TST: 15.3.1.1.2 "i"
OJ 369 da SDI-1 do TST: 20.3.2.3.2 "b3.4"
OJ 370 da SDI-1 do TST: 16.2.2.14, 18.3.2
OJ 375 da SDI-1 do TST: 18.3.3
OJ 383 da SDI-1 do TST: 12.5.1
OJ 384 da SDI-1 do TST: 18.3.5.2
OJ 385 da SDI-1 do TST: 9.5.2.1.1
OJ 392 da SDI-1 do TST: 18.3.4
OJ 393 da SDI-1 do TST: 10.1.3.2.3 "h"
OJ 394 da SDI-1 do TST: 10.3.1.3.4
OJ 395 da SDI-1 do TST: 10.1.3.2.2
OJ 396 da SDI-1 do TST: 10.1.3.2.2
OJ 399 da SDI-1 do TST: 16.1.2.2.2
OJ 401 da SDI-1 do TST: 18.3.2
OJ 403 da SDI-1 do TST: 10.1.3.2.3 "k"
OJ 404 da SDI-1 do TST: 18.3.1.2.1
OJ 410 da SDI-1 do TST: 5.2.2.3.4 "l" e "m", 10.3.1.3.3

OJ 413 da SDI-1 do TST: 13.4.4.6
OJ 411 da SDI-1 do TST: 6.4
OJ 417 da SDI-1 do TST: 18.3.5.1
OJT 39 da SDI-1 do TST: 16.1.1.3
Onerosidade: 4.2, 4.2.2, 4.2.4, 4.2.6, 4.4.3, 4.4.8, 44.8.6, 5.1, 5.2.2.3.1 "a"
Operadores cinematográficos: 10.1.3.2.3 "d"
Organismos sindicais e parassindicais: 20.3
Organização Internacional do Trabalho (OIT): 1.2.1, 1.2.3.6, 1.2.9.2.2, 1.6.1
 – a Convenção n. 158 da OIT: 15.3.1.4
 – atividade produtiva: 1.6.1.2
 – estrutura: 1.6.1.1
 – procedimentos de submissão e de posterior ratificação ou denúncia das normas internacionais do trabalho: 1.6.1.3
Organização sindical:
 – modelos sindicais: 20.2
   – modelo de pluralidade sindical: 20.2.2
   – modelo de unicidade sindical: 20.2.1
 – noções gerais: 20.1
   – a ideia de categoria: 20.1.1
   – categoria econômica: 20.1.3
   – categoria profissional: 20.1.4
   – categoria profissional diferenciada: 20.1.5
   – enquadramento sindical: 20.1.7
     – do limite à liberdade de escolher a entidade sindical: 20.1.7.2
     – do limite à liberdade de fundar a entidade sindical: 20.1.7.1
       – da gênese sindical derivada: 20.1.7.1.2
       – da gênese sindical originária: 20.1.7.1.1
   – fatos geradores do associativismo natural: 20.1.2
   – membros da categoria e sócios do sindicato: 20.1.6
 – organismos sindicais e parassindicais: 20.3
   – associação profissional: 20.3.1
   – associação sindical de grau inferior: sindicatos: 20.3.2
     – definição e natureza jurídica: 20.3.2.1
     – denominação: 20.3.2.2
     – estrutura: 20.3.2.3
       – órgão de deliberação: 20.3.2.3.1
       – órgão de direção ou representação: 20.3.2.3.2
         – administração do sindicato: 20.3.2.3.2 "a"
         – atuação e garantias dos dirigentes sindicais: 20.3.2.3.2 "b"
     – funções e prerrogativas: 20.3.2.4
       – função assistencial: 20.3.2.4.3
         – assistência judiciária: 20.3.2.4.3 "b"
         – assistência nas cessações contratuais: 20.3.2.4.3 "c"
         – emissão e entrega de CTPS: 20.3.2.4.3 "a"
       – função negocial: 20.3.2.4.2
       – função política: 20.3.2.4.4
       – função representativa: 20.3.2.4.1
         – representação processual: 20.3.2.4.1 "a"
         – substituição processual: 20.3.2.4.1 "b"
   – associações sindicais de grau superior: 20.3.3
     – confederações: 20.3.3.2
     – federações: 20.3.3.1
   – centrais sindicais: 20.3.4

– comissão de representantes dos empregados: 20.3.5
– suporte financeiro das entidades sindicais: 20.4
  – contribuição assistencial: 20.4.3
  – contribuição associativa ou mensalidade sindical: 20.4.4
  – contribuição confederativa: 20.4.2
  – contribuição sindical: 20.4.1
    – aplicação: 20.4.1.3
    – repartição: 20.4.1.2
    – sistemática de exigência e de recolhimento: 20.4.1.1
  – quadro sinótico do suporte financeiro das entidades sindicais: 20.4.5
Órgão de deliberação: 20.3.2.3, 20.3.2.3.1, 20.3.2.3.2 "b2"
Órgão de direção ou representação: 20.3.2.3, 20.3.2.3.2
Órgãos de segurança e saúde do trabalhador nas empresas: 9.2
Overruling: 6.6.2.2.3, "a2"

P

Pacto federativo: 10.3.1.3.2
Pagamento:
  – alterações: 13.4.4, 13.4.6
  – da inexigibilidade como sobrejornada: 10.1.4.4
  – das férias e do abono pecuniário: 11.3.1.13
  – das parcelas decorrentes da cessação do contrato: 15.4
  – especificidades: 12.3, 12.3.1, 12.3.2, 12.3.3
  – formas: 12.2.1.1.5
    – salário *in especie* ou em efetivo: 12.2.1.1.5 "a"
    – salário *in natura* ou em utilidades: 12.2.1.1.5 "b"
  – salário-enfermidade: 14.6.5
Paralisação coletiva do trabalho:
  – greve: 23.1
    – características: 23.1.5
      – coletivismo: 23.1.5.1
      – conceituação: 23.1.5.3
      – expansionismo: 23.1.5.7
      – pacifismo: 23.1.5.4
      – preanunciação: 23.1.5.6
      – provisoriedade: 23.1.5.5
      – trabalhismo: 23.1.5.2
    – definição: 23.1.3
    – direitos garantidos aos grevistas e aos não grevistas: 23.1.8
    – disciplina legal: 23.1.4
    – efeitos decorrentes da greve: 23.1.9:
      – proibição de contratação de trabalhadores substitutos: 23.1.9.3
      – suspensão do contrato de emprego: 23.1.9.1
      – vedação às despedidas sem justa causa: 23.1.9.2
    – greve em serviços essenciais: 23.1.10
    – greve no serviço público civil: 23.1.11
    – notificação da paralisação coletiva: 23.1.7
    – referenciais históricos brasileiros: 23.1.2
    – referenciais históricos mundiais: 23.1.1
    – sujeitos: 23.1.6
    – uso e abuso do direito de greve: 23.1.12
  – locaute: 23.2

– características: 23.2.1
– efeitos decorrentes: 23.2.3
– sujeitos: 23.2.2

Parcelas:
– de natureza não remuneratória: 12.2.2
– de natureza não empregatícia conexas ao contrato de emprego: 12.2.3
– de natureza remuneratória: 12.2.1
– decorrentes da cessação do contrato: 15.4
– não salariais por força de lei: 12.2.2.4
– do seguro-desemprego: 15.5.3
– trabalhistas: 12.3
– salariais para empregado menor: 12.3.3.5

Parcerias: 4.4.8.9.1

Participação na gestão da empresa: 5.2.2.3.5 "a", 12.2.2.4.2

Participação nos lucros e resultados (PLR): 5.2.2.3.5 "a", 12.2.2.4.2

Patamar temporal máximo: 15.3.1.1.2 "a"

Pedido de demissão: 8.2.1.1.4 "e", 16.1.2.2.5, 16.2.2.12, 20.3.2.4.3 "c"

Pejotização: 3.3.1, 4.4.6.1.2 "a"

Periculosidade: 1.5.3.1, 5.2.2.3.5 "e", 9.5.1, 9.5.1.2, 9.5.2, 9.5.2.1, 9.5.2.1.1, 9.5.2.1.3, 9.5.2.1.4, 9.5.2.1.5, 9.5.2.1.6, 9.5.2.1.7, 9.5.2.2, 9.5.2.3, 9.5.2.4, 9.5.2.5, 10.1.4.9, 12.2.1.2.1 "a, a2 e a3"

Período(s):
– aquisitivo: 5.2.2.3.4 "n", 11.3.1.2, 11.3.1.3.1 "a e b", 11.3.1.5, 11.3.1.11, 11.3.1.12.1, 11.3.2.5, 12.2.1.1.2 "a", 15.5.3, 18.2, 18.3.3, 18.4.1.1.1
– concessivo: 11.3.1.2, 11.3.1.8, 11.3.1.14
– de afastamento por acidente de trabalho: 14.7.3.1.1, 14.7.3.1.2 "f", 14.7.3.1.3, 15.3.1.1.2 "h"
– de descanso(s): 10.1.3.2.3 "l", 10.1.4.6.3, 10.3, 11.1, 11.3.1.8, 14.6.1, 17.1.2.2
– de espera: 5.2.2.3.5 "f", 14.5.6, 14.6.5
– de expectativa: 12.2.3.1
– de graça: 5.2.2.3.4 "o", 14.7.2, 17.1.2.5.2 "a1"
– de suspensão: 12.2.2.4.6, 14.3, 14.5.2, 14.5.7, 14.6.9, 15.3.1.19 "a", 16.1.2.1.6
– do aviso prévio: 14.6.3.4, 15.3.1.1, 15.3.1.1.8, 16.1.2.2.6 "b"
– gestacional: 17.1.2.5, 17.1.2.5.1, 17.1.2.5.1 "b"
– pós-gestacional: 17.1.2.5.2
– pré-eleitoral: 16.1.2.2.2 "j"

Personalidade jurídica: 1.2.8.4, 6.2.1, 6.4.3.2, 6.4.3.4, 6.6.1, 6.6.1.1, 6.6.1.2.1, 6.6.2.1, 6.6.2.2.6, 16.1.2.2.1 "b", 19.6.1.3, 23.1.1

Pessoa transgênero: 17.4

Pessoalidade: 4.2.1, 4.2.4, 4.4, 4.4.3, 4.4.8.1, 4.4.8.6, 5.1, 5.2.2.3.1 "a", 6.6.2.2.3 "a1 e a2", 14.1, 15.5.7

Pessoas com deficiência: 17.3

Pisos salariais: 12.2.1.1.3

Plano:
– eficácia: 4.4.5.2.3
– existência: 4.4.5.2.1
– validade: 4.4.5.2.2

Plano de saúde: 14.7.3.2.2, 15.6

Poder diretivo patronal: 6.3, 6.3.3
– disciplinar: 6.3.1.3, 6.3.2
– de fiscalização: 6.3.1.2
– de organização: 6.3.1.1

Política salarial: 12.4.1.1, 21.7.9
Prazos para pagamento das parcelas decorrentes de cessação do vínculo: 15.4.5.1
Pré-contratação de horas extraordinárias: 10.1.4.7
Prêmios: 12.2.1.2.1 "c", 12.2.2.4.10
Prescrição e a decadência no direito do trabalho:
– a decadência no direito do trabalho: 18.4
  – espécies de decadência: 18.4.1
    – quanto à fonte criadora: 18.4.1.1
      – decadência contratual: 18.4.1.1.2
      – decadência legal: 18.4.1.1.1
    – quanto ao tempo de vigência:
      – decadência definitiva: 18.4.1.2.1
      – decadência temporária: 18.4.1.2.2
– a prescrição e a decadência: definição e distinção: 18.2
– a prescrição no direito do trabalho: 18.3
  – causas impeditivas da prescrição: 18.3.3
  – causas interruptivas da prescrição: 18.3.4
  – espécies de prescrição: 18.3.1
    – quanto à extensão dos efeitos: 18.3.1.2
      – prescrição extintiva: 18.3.1.2.3
      – prescrição parcial: 18.3.1.2.1
      – prescrição total: 18.3.1.2.2
    – quanto à natureza dos efeitos: 18.3.1.1
      – prescrição aquisitiva: 18.3.1.1.1
      – prescrição liberatória: 18.3.1.1.2
  – o marco inicial da contagem da prescrição: 18.3.2
  – situações específicas: 18.3.5
    – a prescrição aplicável aos avulsos: 18.3.5.2
    – a prescrição aplicável aos domésticos: 18.3.5.3
    – a prescrição aplicável aos rurícolas: 18.3.5.1
    – a prescrição intercorrente trabalhista: 18.3.5.4
    – pretensões trabalhistas insuscetíveis de prescrição ou de decadência: 18.3.5.5
– o tempo e os seus efeitos sobre a pacificação social: 18.1
Principiologia do direito do trabalho:
– distinções entre princípio e regra: 2.1
– princípios em espécie: 2.2
  – princípio da proteção: 2.2.1
    – regra da aplicação da fonte jurídica mais favorável: 2.2.1.1
      – conceito e extensão do princípio: 2.2.1.1.1
        – método da acumulação ou atomística: 2.2.1.1.1
        – método do conglobamento ou incindibilidade: 2.2.1.1.1
      – constitucionalização da regra da fonte mais favorável: 2.2.1.1.2
    – regra da manutenção da condição mais benéfica: 2.2.1.2
    – regra da avaliação *in dubio pro operario*: 2.2.1.3
  – princípio da indisponibilidade de direitos: 2.2.2
    – conflitos de interesses e fórmulas de solução: 2.2.2.2
      – conflito, impasse e solução: 2.2.2.2.1
      – soluções por via autônoma: 2.2.2.2.2
      – soluções por via paraeterônoma: 2.2.2.2.3
        – conciliação: 2.2.2.2.3 "a"
          – comissão de conciliação prévia: 2.2.2.2.3 "a1"
          – tentativas judiciais de aproximação dos litigantes: 2.2.2.2.3 "a2"
        – mediação: 2.2.2.2.3 "b"
      – soluções por via heterônoma: 2.2.2.2.4

– arbitragem: 2.2.2.2.4 "a"
– jurisdição: 2.2.2.2.4 "b"
– renúncia e transação: 2.2.2.1
– princípio da continuidade da relação de emprego: 2.2.3
– princípio da primazia da realidade: 2.2.4
– princípio da razoabilidade: 2.2.5
– princípio da boa-fé e da confiança: 2.2.6
– proposta patronal de afastamento incentivado: 2.2.6

Princípios: 1.4.2.4, 2.2
– da aplicação da fonte jurídica mais favorável: 2.2.1.1
– da avaliação *in dubio pro operario*: 2.2.1.3
– da boa-fé e da confiança: 2.2.6
– da continuidade da relação de emprego: 2.2.3
– da indisponibilidade de direitos: 2.2.2
– da manutenção da condição mais benéfica: 2.2.1.2
– da primazia da realidade: 2.2.4
– da razoabilidade: 2.2.5

Princípios decorrentes da atividade sindical:
– da adequação setorial negociada: 19.6.2.24
– da boa-fé objetiva e da confiança: 19.6.2.1.5
– da criatividade normativa: 19.6.2.2.1
– da democracia sindical interna: 19.6.2.1.2
– da equivalência contratual dos sujeitos coletivos: 19.6.2.1.4
– da intervenção mínima na autonomia da vontade coletiva: 19.6.2.2.2
– da interveniência sindical obrigatória: 19.6.2.1.3
– da liberdade sindical: 19.6.1
– da presunção de legitimação dos atos negociais da entidade sindical operária: 19.6.2.2.3
– da pureza ou da proibição de formação de sindicatos mistos: 19.6.2.1.1

Prisão do empregado: 14.5.7, 15.3.1.1.9 "b", *in fine*

Prisão civil: 14.5.7, *in fine*

Profissionais liberais: 3.2.1.4, 3.2.1.7, 5.2.2, 6.1, 12.1, 20.1.2, 20.2.2, 20.4.1.1, 20.4.1.2

Programa de Alimentação do Trabalhador — PAT: 12.2.2.4.4

Programa de Integração Social — PIS: 12.2.2.4.5

Programa Empresa Cidadã: 5.2.2.3.4 "o", 14.6.6.2, 17.1.2.5.2

Programa Nacional de Prestação de Serviço Civil Voluntário: 3.2.2.4

Projeção do aviso prévio: 15.3.1.1.1.10, 16.2.2.10

Promoção: 13.4.1.2

Prontidão: 10.1.1.3.1, 10.1.1.3.3

Prorrogação da jornada: 17.2.2.4

Prostituição: 4.4.5.2.2, "c"

Proteção à maternidade: 1.2, 1.4.2.1, 9.5.1.1, 16.1.2.2.2 "d", 17.1.2.5, 17.1.2.5.1 "c", 17.1.2.5.2 "a2 e a3", 17.1.2.6, 19.6.2.2.4, 21.10

Proteção ao trabalho feminino e infantojuvenil:
– o trabalho da mulher e suas peculiaridades: 17.1
– âmbito de proteção contratual: 17.1.2
– amparo à maternidade afetiva e à situação de amamentação: 17.1.2.6
– amparo à maternidade biológica e à situação de amamentação: 17.1.2.5
– período gestacional: 17.1.2.5.1
– consultas médicas: 17.1.2.5.1 "b"
– estabilidade: 17.1.2.5.1 "a"
– rompimento contratual: 17.1.2.5.1 "d"
– transferência de função: 17.1.2.5.1 "c"

    – período pós-gestacional: 17.1.2.5.2
       – amamentação: 17.1.2.5.2 "b"
       – licença-maternidade e salário-maternidade: 17.1.2.5.2 "a"
    – limite de uso da força muscular: 17.1.2.3
    – métodos e locais de trabalho: 17.1.2.1
    – períodos diferenciados de descanso: 17.1.2.2
    – vedação às revistas íntimas: 17.1.2.4
   – âmbito de proteção pré-contratual: 17.1.1
– o trabalho infantojuvenil e suas peculiaridades: 17.2
   – definição e classificação da contratação para trabalho infantojuvenil: 17.2.1
    – menores exercentes de atividade em sentido estrito: 17.2.1.1
    – menores exercentes de trabalho: 17.2.1.2
       – contratos anuláveis por relativa incapacidade etária: 17.2.1.2.2
       – contratos de emprego de natureza especial (aprendizagem): 17.2.1.2.3
       – contratos de emprego de natureza ordinária: 17.2.1.2.4
       – contratos nulos por absoluta incapacidade etária: 17.2.1.2.1
   – especificidades contratuais: 17.2.2
    – quanto à dimensão da jornada: 17.2.2.4
    – quanto à formalização da contratação: 17.2.2.1
    – quanto à formalização da terminação do contrato: 17.2.2.7
    – quanto à prescrição incidente: 17.2.2.8
    – quanto à quitação dos salários: 17.2.2.6
    – quanto ao horário de trabalho: 17.2.2.3
    – quanto ao local de trabalho: 17.2.2.2
    – quanto ao uso da força muscular: 17.2.2.5

Proteção do salário: 5.2.2.3.4 "j", 12.4
Proteção do trabalho da mulher: 17.2.2.5
Prova da duração do trabalho: 5.2.2.3.4 "l"
Puerpério: 17.1.2.5.2, "c"

Q

Quadro de carreira: 12.5.2, 12.5.3.1, 12.5.4, 12.5.4.1, 12.5.4.2, 12.5.4.3, 16.1.2.2.3
Quebra de caixa: 12.2.1.2.1 "e"
Quitação anual: 15.4.7
Quorum para celebração: 21.7.4

R

Radioatividade/radiação: 9.5.2, 9.5.2.1, 9.5.2.1.6, 9.5.2.5, 12.2.1.2.1 "a2",
Readaptação: 13.4.1.5, 15.2.1.2.2
Rebaixamento: 12.2.1.3.4, 13.4.1.3
Reembolso:
   – babá: 12.2.2.4.9
   – creche: 12.2.2.4.8
Reenquadramento: 12.5.4, 12.5.4.1, 12.5.4.2, 12.5.4.3
Regime de compensação de horários e institutos correlatos: 5.2.2.3.4 "l"
Registro de ponto com variações mínimas: 10.1.4.4
Registro de ponto por exceção à jornada regular de trabalho: 10.1.1.1
Regulamento empresarial: 2.2.1.2, 5.2.1.1.3, 19.6.2.2.4, 21.10.3 "d"
Regulamento interno de trabalho (RIT): 1.2.3.7, 1.2.9.2.2

Reintegração do empregado: 14.5.7, 15.3.1.1.9 "a", 16.1.2.2.1 "a4", 16.1.2.2.2, 20.3.2.3.2 "b3.3"

Relação de emprego e contrato de emprego: 4.1
- contrato de emprego: 4.4
  - caracterização: 4.4.3
  - classificação: 4.4.4
  - defeitos e invalidade do contrato de emprego: 4.4.6
    - defeitos: 4.4.6.1
      - vícios de consentimento: 4.4.6.1.1
        - coação: 4.4.6.1.1 "c"
        - dolo: 4.4.6.1.1 "b"
        - erro: 4.4.6.1.1 "a"
        - estado de perigo: 4.4.6.1.1 "e"
        - lesão: 4.4.6.1.1 "d"
      - vícios sociais: 4.4.6.1.2
        - fraude contra credores: 4.4.6.1.2 "b"
        - simulação: 4.4.6.1.2 "a"
    - invalidação: 4.4.6.2
      - nulidade e anulabilidade: particularidades no âmbito do direito do trabalho: 4.4.6.2.1
      - situações de anulabilidade e efeitos de declaração: 4.4.6.2.2
      - situações de nulidade e efeitos da declaração: 4.4.6.2.3
  - definição: 4.4.2
  - denominação: 4.4.1
  - distinção entre contrato de emprego e alguns contratos afins: 4.4.8
    - contrato de agência: 4.4.8.6
    - contrato de comissão: 4.4.8.5
    - contrato de corretagem: 4.4.8.8
    - contrato de distribuição: 4.4.8.7
    - contrato de empreitada: 4.4.8.4
    - contrato de estágio: 4.4.8.1
    - contrato de prestação de serviço previsto no Código Civil: 4.4.8.3
      - quanto à retributividade: 4.4.8.3.1
      - quanto às fórmulas de indenização por dissolução de contrato por tempo determinado: 4.4.8.3.4
      - quanto ao mecanismo de concessão de aviso prévio: 4.4.8.3.3
      - quanto ao tempo máximo de duração do ajuste: 4.4.8.3.2
    - contrato de prestação de serviço voluntário: 4.4.8.2
    - contrato de sociedade: 4.4.8.9
      - cooperativa de trabalho: 4.4.8.9.2
        - direitos mínimos dos sócios das cooperativas de trabalho: 4.4.8.9.2 "b"
        - espécies de cooperativa de trabalho: 4.4.8.9.2 "a"
        - funcionamento das cooperativas de trabalho: 4.4.8.9.2 "c"
      - parcerias: 4.4.8.9.1
  - modalidades contratuais de emprego: 4.4.7
    - quanto ao ajuste: 4.4.7.1
      - contrato de emprego expresso: 4.4.7.1.2
      - contrato de emprego tácito: 4.4.7.1.1
    - quanto ao modo de execução dos serviços: 4.4.7.3
      - contrato de emprego por equipe: 4.4.7.3.2
      - contrato de emprego singular: 4.4.7.3.1
    - quanto ao tempo de duração: 4.4.7.2
      - contrato de emprego por tempo determinado: 4.4.7.2.2
      - contrato de emprego por tempo indeterminado: 4.4.7.2.1
  - morfologia e elementos do negócio jurídico de emprego: 4.4.5
    - elementos essenciais, naturais e acidentais: 4.4.5.1
    - tricotomia existência-validade-eficácia: 4.4.5.2

- plano da eficácia: 4.4.5.2.3
- plano da existência: 4.4.5.2.1
- plano da validade: 4.4.5.2.2
    - agente emissor da vontade dotado de capacidade: 4.4.5.2.2 "b"
    - declaração da vontade: 4.4.5.2.2 "a"
    - forma prescrita ou não defesa em lei: 4.4.5.2.2 "d"
    - objeto lícito, possível, determinado ou determinável: 4.4.5.2.2 "c"
- fases da formação do vínculo contratual de emprego e suas consequências jurídicas: 4.5
    - negociação preliminar e contrato preliminar: 4.5.1
    - o *iter* de formação da vontade definitiva de contratar: 4.5.2
- pluralidade e acumulação de empregos nas esferas privada e estatal: 4.3
- relação de emprego e seus elementos caracterizadores: 4.2
    - cumulação necessária de todos os elementos: 4.2.6
    - duração não eventual ou contínua: 4.2.4
    - não assunção dos riscos da atividade patronal: 4.2.3
    - onerosidade: 4.2.2
    - pessoalidade: 4.2.1
    - subordinação: 4.2.5
        - subordinação clássica e parassubordinação: 4.2.5.1
        - subordinação direta e subordinação indireta: 4.2.5.2

Remuneração: 5.2.2.3.4 "g, h, i, l, m", 10.1.4.2, 10.3.1.5, 11.3.1.11

Renúncia à estabilidade e homologação: 16.1.2.2.5

Renúncia e transação no direito do trabalho: 2.2.2.1

Repouso semanal remunerado: 4.4.8.9.2 "b", 5.2.2.3.1 "a", 5.2.2.3.4 "l e m", 9.5.1.3, 9.5.2.4, 10.1.3.2.3 "h", 10.3.1.3.1, 10.3.1.3.4, 10.3.1.4, 10.3.1.5, 11.3.1.3.1 "a", 11.3.1.6, 12.2.1.1.2 "b1", 12.2.1.2.1 "a3", 12.2.1.2.2 "b2", 12.2.1.3.1, 14.6.1, 19.6.2.2.4

Rescisão do contrato de trabalho: 2.2.2.1, 5.2.2.3.4 "l", 10.1.6, 12.2.2.2.2, 12.3.3.5, 14.5.1, 15.2.1.2.3, 15.3.1, 15.3.1.1.9 "a", 15.3.2.1.4 "c, d2 e f", 15.4.2, 15.4.4, 15.5.2, 16.1.2.1.2, 17.2.2.7, 19.6.2.2.4

Resilição:
- cláusula assecuratória do direito recíproco: 15.3.1.2.3
- dissolução por: 15.3.1
- em contratos por tempo determinado: 15.3.1.2
- em contratos por tempo indeterminado: 4.4.7.2.1, 15.3.1.1
- extinção da empresa: 15.3.1.1.1.11
- indenização compensatória: 16.2.2.10
- limites à patronal: 15.3.1.1.9

Resolução contratual: 8.2.1.1.4 "e", 10.1.4.6.3, 15.3.2.1.1 "e", 15.3.2.1.2, 15.3.2.1.3, 15.3.2.1.3 "g, il e m", 15.3.2.1.4, 15.3.2.1.4 "c, d, d2, f", 16.2.2.11, 23.2.3

Responsabilidade civil das agências especializadas na indicação de domésticas: 5.2.2.3.3

Responsabilidade do sócio retirante: 6.4.3.5

Responsabilidade solidária: 3.2.1.4, 6.4, 6.6.1, 6.6.1.1, 6.6.1.2, 6.6.1.2.2, 6.6.2.2.3 "a2 e b", 6.6.2.2.6

Retribuição do trabalho: 12
- considerações introdutórias: 12.1
- especificidades do pagamento das parcelas oriundas do trabalho: 12.3
    - formalidades de pagamento das parcelas salariais: 12.3.3
        - meios de pagamento dos salários: 12.3.3.1
        - não complessividade no pagamento: 12.3.3.4
        - pagamento de parcelas salariais para emprego menor: 12.3.3.5
        - prova do pagamento dos salários: 12.3.3.2
        - tempo e local do pagamento: 12.3.3.3
    - pagamento de parcelas salariais em moeda estrangeira: 12.3.2
    - periodicidade de pagamento de parcelas salariais: 12.3.1

– fórmulas de proteção do salário: 12.4
　– proteção contra abusos do empregador: 12.4.1
　　– intangibilidade salarial: 12.4.1.2
　　　– a prática do *truck system*: 12.4.1.2.2
　　　– danos provocados pelos empregados: situações de culpa e de dolo: 12.4.1.2.1
　　– irredutibilidade salarial: 12.4.1.1
　– proteção contra os credores do empregado: 12.4.2
　– proteção contra os credores do empregador: 12.4.3
– isonomia salarial: 12.5
　– determinação supletiva do salário: 12.5.2
　– enquadramento salarial: 12.5.4
　　– desvio funcional sem quadro de carreira. Possibilidade: 12.5.4.3
　　– espécies: 12.5.4.1
　　– reenquadramento por desvio funcional de servidor público celetista ou de empregado público. Impossibilidade: 12.5.4.2
　– equiparação salarial: 12.5.3
　　– requisitos: 12.5.3.1
　　– salário por substituição: 12.5.3.2
　– equivalência salarial: 12.5.1
– parcelas oriundas do trabalho: 12.2
　– parcelas de natureza não remuneratória: 12.2.2
　　– indenizações: 12.2.2.1
　　– parcelas não salariais por força de lei: 12.2.2.4
　　　– abono do Programa de Integração Social (PIS): 12.2.2.4.5
　　　– abono pecuniário de férias: 12.2.2.4.3
　　　– abonos posteriores à Lei n. 13.467: 12.2.2.4.11
　　　– ajuda compensatória mensal: 12.2.2.4.6
　　　– parcela *in natura* recebida de acordo com o Programa de Alimentação do Trabalhador (PAT): 12.2.2.4.4
　　　– parcela recebida a título de vale-transporte: 12.2.2.4.7
　　　– participação nos lucros ou resultados: 12.2.2.4.2
　　　– prêmios posteriores à Lei n. 13.467: 12.2.2.4.10
　　　– reembolso-babá: 12.2.2.4.9
　　　– reembolso-creche: 12.2.2.4.8
　　　– salário-família: 12.2.2.4.1
　　– penalidades: 12.2.2.2
　　　– multa decorrente do descumprimento de normas coletivas: 12.2.2.2.3
　　　– multa prevista no art. 467 da CLT
　　　– multa prevista no § 8º do art. 477 da CLT: 12.2.2.2.2
　　– ressarcimentos: 12.2.2.3
　　　– ajuda de custo: 12.2.2.3.1
　　　– diárias para viagem: 12.2.2.3.4
　　　– verba de quilometragem: 12.2.2.3.3
　　　– verba de representação: 12.2.2.3.2
　– parcelas de natureza não empregatícia conexas ao contrato de emprego: 12.2.3
　　– direito de arena depois da Lei n. 12.395/2011: 12.2.3.2
　　– direito de uso de imagem: 12.2.3.3
　　– *stock option*: 12.2.3.1
　– parcelas de natureza remuneratória: 12.2.1
　　– complementos salariais: 12.2.1.2
　　　– complementos salariais impróprios: 12.2.1.2.2
　　　　– abono salarial anterior à Lei n. 13.467: 12.2.1.2.2 "a"
　　　　– adicional por tempo de serviço: 12.2.1.2.2 "b"
　　　　– gratificação natalina ou décimo terceiro salário: 12.2.1.2.2 "d"
　　　　– gratificações de função incorporadas: 12.2.1.2.2 "c"
　　　– complementos salariais próprios: 12.2.1.2.1

- adicionais: 12.2.1.2.1 "a"
  - adicional de horas extraordinárias: 12.2.1.2.1 "a3"
  - adicional de horas noturnas: 12.2.1.2.1 "a4"
  - adicional de insalubridade: 12.2.1.2.1 "a1"
  - adicional de periculosidade: 12.2.1.2.1 "a2"
  - adicional de transferência: 12.2.1.2.1 "a5"
- comissões e percentagens: 12.2.1.2.1 "d"
- gratificações: 12.2.1.2.1 "b"
  - gratificação de balanço: 12.2.1.2.1 "b2"
  - gratificação pelo exercício de função de confiança: 12.2.1.2.1 "b1"
- luvas: 12.2.1.2.1 "f"
- prêmios anteriores à Lei n. 13.467: 12.2.1.2.1 "c"
- quebra de caixa: 12.2.1.2.1 "e"
- salário-base: 12.2.1.1
  - definição: 12.2.1.1.1
  - formas de pagamento: 12.2.1.1.5
    - salário *in especie* ou salário em efetivo: 12.2.1.1.5 "a"
    - salário *in natura* ou salário em utilidades: 12.2.1.1.5 "b"
      - bens insuscetíveis de servir como utilidades salariais: 12.2.1.1.5 "b3"
      - definição de utilidades salariais: 12.2.1.1.5 "b1"
      - *fringe benefits*: 12.2.1.1.5 "b5"
      - percentual máximo do salário em utilidades: 12.2.1.1.5 "b2"
      - utilidades não salariais: 12.2.1.1.2 "b4"
  - modalidades de aferição: 12.2.1.1.2
    - unidade de produção: 12.2.1.1.2 "b"
      - cláusula *stare del credere*: 12.2.1.1.2 "b3"
      - conceito de comissionista puro e de comissionista impuro (ou misto): 12.2.1.1.2 "b1"
      - garantia do padrão salarial mínimo: 12.2.1.1.2 "b2"
    - unidade de tarefa: 12.2.1.1.2 "c"
    - unidade de tempo: 12.2.1.1.2 "a"
  - pisos salariais: 12.2.1.1.3
    - salário mínimo contratual coletivo ou piso salarial: 12.2.1.1.3 "d"
    - salário mínimo contratual individual ou salário contratual: 12.2.1.1.3 "e"
    - salário mínimo legal (estadual) específico ou piso salarial proporcional à extensão e à complexidade do trabalho: 12.2.1.1.3 "c"
    - salário mínimo legal (federal) específico ou salário profissional: 12.2.1.1.3 "b"
    - salário mínimo legal geral: 12.2.1.1.3 "a"
      - a dimensão ética do salário mínimo: 12.2.1.1.3 "a1"
      - a dimensão proporcional do salário mínimo: 12.2.1.1.3 "a4"
      - a utilização do salário mínimo como indexador: 12.2.1.1.3 "a2"
      - a verificação do respeito à dimensão salarial mínima: 12.2.1.1.3 "a3"
  - teto salarial: 12.2.1.1.4
- suplementos salariais: 12.2.1.3
  - bicho externo: 12.2.1.3.4
  - direito de arena antes da Lei n. 12.395/2011: 12.2.1.3.3
  - gorjetas: 12.2.1.3.1
  - gueltas: 12.2.1.3.2

Reversão: 13.4.1.4

Revistas íntimas: 6.3.1.2, 15.3.2.1.3 "i1", 17.1.2.4

Revolução
- industrial: 1.1.3
- operária: 1.1.3

Rigor excessivo: 15.3.2.1.4 "b"

Rurícola: 1.5.3.4, 5.2.2, 5.2.2.1, 18.3.5.1

S

Sabotagem: 23.1.5.4

Safra: 4.4.5.2.3, 8.2, 8.2.1.1, 8.2.1.1.5, 8.2.1.1.6, 8.2.1.1.6 "a e b", 8.2.3.5, 15.3.1.2.1, 15.3.1.2.3

Salário:
  – alteração: 13.4.4
  – definição: 10.1.2.4, 12.2.1.1.1
  – décimo terceiro: 5.2.2.3.4 "h", 9.5.1.3, 9.5.2.4, 10.1.4.8, 12.2.1.2.2 "d"
  – determinação supletiva: 12.5, 12.5.2
  – enfermidade: 5.2.2.3.5 "f", 9.4.2, 14.5.6, 14.6.5
  – família: 2.2.1.1.2, 5.2.2.3.4 "k", 12.1, 12.2.2.4.1, 19.6.2.2.4
  – fórmulas de proteção: 12.4
  – gozo de férias: 5.2.2.3.4 "n"
  – *in especie*: 12.2.1.1.5 "a"
  – *in natura*: 12.2.1.1.5 "b"
  – licença à gestante: 5.2.2.3.4 "o", 17.1.2.5.2 "a"
  – maternidade: 1.2.8.7, 2.2.1.1.2, 5.2.2.3.4 "o", 9.5.1.1, 11.3.1.4, 12.5.3.2, 14.6.6.2, 14.7.2, 14.7.3.1.2 "a", 16.1.2.2.2 "c e d", 17.1.2.5.1 "a", 17.1.2.5.2 "a ao a5", 17.1.2.6
  – mínimo: 12.2.1.1.3

Saque-aniversário: 16.2.2.16

Segredo da empresa — violação: 15.3.1.1.9 "a", 15.3.1.3.1 "b", 15.3.2.1.1 "e", 15.3.2.1.3 "h"

Segurança e saúde no trabalho: 9
  – atividades insalubres e atividades perigosas: 9.5
    – atividades ou operações insalubres: 9.5.1
      – adicional e base de cálculo: 9.5.1.2
      – atenuação e eliminação da insalubridade: 9.5.1.1
      – sistema de integração e de reflexão: 9.5.1.3
    – atividades ou operações perigosas: 9.5.2
      – adicional e base de cálculo: 9.5.2.3
      – características da exposição: 9.5.2.2
      – causas geradoras: 9.5.2.1
        – atividade de bombeiro civil: 9.5.2.1.7
        – energia elétrica: 9.5.2.1.3
        – explosivos: 9.5.2.1.2
        – inflamáveis: 9.5.2.1.1
        – radioatividade/radiação ionizante: 9.5.2.1.6
        – roubos ou outras espécies de violência física nas atividades profissionais de segurança pessoal ou patrimonial: 9.5.2.1.4
        – trabalho em motocicleta: 9.5.2.1.5
      – cumulatividade dos adicionais de insalubridade e periculosidade: 9.5.2.5
      – sistema de integração e de reflexão: 9.5.2.4
  – atividades penosas e a falta de referencial legislativo: 9.6
  – considerações introdutórias: 9.1
  – equipamentos de proteção individual: 9.3
  – exames e atestados médicos: 9.4
    – atestados médicos: 9.4.2
    – exames médicos: 9.4.1
    – exames preventivos de câncer: 14.6.3.1
  – órgãos de segurança e saúde do trabalhador nas empresas: 9.2
    – Comissão Interna de Prevenção de Acidentes e de Assédio: 9.2.2
      – atribuições e funcionamento: 9.2.2.3
      – constituição, processo eleitoral e organização: 9.2.2.2
      – objetivo: 9.2.2.1
    – serviços especializados em engenharia de segurança e em Medicina do trabalho: 9.2.1

Seguro-desemprego: 3.2.1.9, 5.2.2.3.4 "c", 15.5
Serviço militar obrigatório: 3.1, 12.2.1.1.3 "a", 14.5.1, 14.6.3.1, 14.7.1, 16.2.2.6, 17.1
Serviço público: 3.2.1.7, 5.2.1.14, 12.2.1.1.4, 12.5.3.1, 16.1.2.2.1 "b", 17.1.2.5.2 "a2", 18.3.3, 23.1.11
Serviço voluntário: 3.1, 3.2, 3.2.2, 3.2.2.1, 3.2.2.2, 3.2.2.3, 4.2.2, 4.2.6, 4.4.8.2, 17.2.1.1
Servidores públicos: 5.2.1.1.1, 5.2.1.1.2, 5.2.1.1.2 "a e b", 16.1.2.2.1 "b", 21.8
Sindicato: 19.6.2.1.1, 20.1.6, 20.3.2, 20.3.2.3.2 "a"
Sistema de concessão de intervalos intrajornada: 5.2.2.3.4 "l"
Sobreaviso: 10.1.1.3.2, 10.1.1.3.3, 12.2.1.2.1 "a2"
Stock option: 12.2, 12.2.3, 12.2.3.1
Subcontratação: 6.6.2.2.3 "a"
Subordinação: 4.2.5, 4.2.5.1, 4.2.5.2, 15.3.2.1.3 "i"
Sucessão empresarial: 6.4
– de empregadores: 6.4.2
– de sócios: 6.4.3
Súmulas do STF:

Súmula 194 do STF: 9.5.1
Súmula 195 do STF: 8.2.2, 8.2.1.1.6 "a"
Súmula 202 do STF: 12.5.3.1
Súmula 209 do STF: 12.2.1.2.1 "c"
Súmula 213 do STF: 10.2.4
Súmula 225 do STF: 7.3.5
Súmula 230 do STF: 18.3.2
Súmula 313 do STF: 10.2.4
Súmula 327 do STF: 18.3.5.4
Súmula 406 do STF: 16.1.2.2.1 "a3"
Súmula 419 do STF: 10.3.1.3.2
Súmula 460 do STF: 9.5.1
Súmula 490 do STF: 12.2.1.1.3 "a2"
Súmula 645 do STF: 10.3.1.3.2
Súmula 675 do STF: 10.1.3.2.2
Súmula 676 do STF: 9.2.2.2
Súmula 677 do STF: 20.1.7.1.1
Súmulas do STJ:

Súmula 106 do STJ: 18.3.1.2.3, 18.3.4
Súmula 278 do STJ: 18.3.2
Súmulas do TST:

Súmula 6 do TST: 12.5.3.1, 18.3.1.2.2
Súmula 7 do TST: 11.3.1.8
Súmula 10 do TST: 11.3.1.1, 15.3.1.1.8, 16.1.2.1.5
Súmula 12 do TST: 7.3.5
Súmula 13 do TST: 15.3.2.1.4 "d2"
Súmula 14 do TST: 15.3.2.1.5

Súmula 15 do TST: 9.4.2
Súmula 17 do TST: 9.5.1.2
Súmula 18 do TST: 15.4.2
Súmula 26 do TST — CANCELADA: 16.1.2.2.1 "a2"
Súmula 27 do TST: 12.2.1.1.2 "b1"
Súmula 28 do TST: 16.1.2.2.1 "a4"
Súmula 29 do TST: 13.2.2.2.3
Súmula 32 do TST: 1.4.2.1, 15.3.2.1.3 "j"
Súmula 37 do TST: 6.3.3,
Súmula 47 do TST: 9.5.1
Súmula 48 do TST: 15.4.2
Súmula 51 do TST: 1.2.9.2.2, 1.2.9.4, 2.2.1.2, 2.2.2.1, 13.1
Súmula 54 do TST: 16.1.1.3
Súmula 60 do TST: 10.2.3, 12.2.1.2.1 "a4",
Súmula 61 do TST: 10.1.4.6.2
Súmula 63 do TST: 16.2.2.6
Súmula 73 do TST: 15.3.1.1.6
Súmula 76 do TST: 13.4.2.5
Súmula 77 do TST: 1.2.9.2.2
Súmula 80 do TST: 9.5.1.1
Súmula 81 do TST: 11.3.1.8
Súmula 85, I e II, do TST: 10.1.5.2
Súmula 90 do TST: 10.1.1.2.1, 10.1.1.2.2
Súmula 91 do TST: 12.3.3.4
Súmula 93 do TST: 6.6.1.2.2
Súmula 96 do TST: 10.1.3.2.3 "e"
Súmula 98 do TST: 16.1.2.2.1 "a1"
Súmula 101 do TST: 12.2.2.3.4
Súmula 102, V, do TST: 1.2.9.4
Súmula 110 do TST: 1.4.2.2
Súmula 112 do TST: 10.1.3.2.2
Súmula 113 do TST: 10.1.2.4
Súmula 114 do TST: 18.3.5.4
Súmula 118 do TST: 10.3.1.1.1 "a"
Súmula 124 do TST: 10.1.2.4
Súmula 125 do TST: 16.1.2.1.2
Súmula 129 do TST: 6.6.1.2.2
Súmula 132 do TST: 9.5.2.4, 12.2.1.2.1 "a2"
Súmula 139 do TST: 9.5.1.3
Súmula 143 do TST: 12.2.1.1.3, 12.2.1.1.3 "b"
Súmula 146 do TST: 1.4.2.1, 10.1.1.3.2, 10.3.1.5, 14.6.3.5
Súmula 149 do TST: 12.2.1.1.2 "c", 12.2.1.1.3
Súmula 156 do TST: 18.3.2
Súmula 159 do TST: 12.5.3.2
Súmula 173 do TST: 15.3.1.1.1.11

Súmula 182 do TST: 15.3.1.1.1.10
Súmula 189 do TST: 23.1.1.2
Súmula 190 do TST: 22.2.2.3
Súmula 191 do TST: 1.5.3.1, 9.5.2.3
Súmula 199 do TST: 10.1.4.7, 18.3.1.2.2
Súmula 202 do TST: 12.2.1.2.2 "b"
Súmula 205 do TST — CANCELADA: 6.6.1.2.1
Súmula 206 do TST: 16.2.2.13, 18.3
Súmula 207 do TST: 1.5.2
Súmula 212 do TST: 2.2.3, 10.1.3.2.2
Súmula 222 do TST: 20.3.1
Súmula 225 do TST: 10.3.1.3.4, 12.2.1.2.2 "b"
Súmula 226 do TST: 12.2.1.2.2 "b"
Súmula 228 do TST: 9.5.1.2
Súmula 229 do TST: 1.4.2.2
Súmula 230 do TST: 15.3.1.1.8
Súmula 241 do TST: 12.2.1.1.5 "b4"
Súmula 242 do TST: 15.3.1.1.1.10
Súmula 243 do TST: 2.2.2.1
Súmula 244 do TST: 8.2.1.1.4 "d", 16.1.2.2.2 "c", 16.1.2.2.6 "a"
Súmula 247 do TST: 12.2.1.1.5 "b4", 12.2.1.2.1 "e"
Súmula 248 do TST: 1.5.3.4, 9.5.1
Súmula 253 do TST: 12.2.1.2.1 "b2"
Súmula 256 do TST: 6.6.2.2.3 "a2"
Súmula 261 do TST: 11.3.1.5
Súmula 362 do TST: 16.2.2.13
Súmula 265 do TST: 12.2.1.2.1 "a4", 13.4.3.2
Súmula 268 do TST: 18.3.4
Súmula 269 do TST: 5.2.5.2, 5.2.5.2.3
Súmula 275 do TST: 18.3.1.2.2
Súmula 277 do TST: 21.7.11
Súmula 282 do TST: 14.5.6
Súmula 286 do TST: 22.2.2.9
Súmula 287 do TST: 5.2.5.2.1 "c"
Súmula 289 do TST: 9.3, 9.5.1.1
Súmula 291 do TST: 10.1.4.9, 13.4.2.5
Súmula 294 do TST: 13.5, 18.3.1.2.2
Súmula 293 do TST: 9.5.1
Súmula 305 do TST: 16.2.2.6
Súmula 307 do TST: 1.5.3.3
Súmula 308 do TST: 18.3.1.2.2, 18.3.1.2.3,
Súmula 310 do TST: 20.3.2.4.1 "b"
Súmula 318 do TST: 12.2.2.3.4
Súmula 327 do TST: 16.2.2.14
Súmula 330 do TST: 15.4.4

Súmula 331 do TST: 6.6.2.2.1 "a", 6.6.2.2.3 "a1", 6.6.2.2.3 "a2", 6.6.2.2.5, 6.6.2.2.6, 8.2.1.2.5
Súmula 338, III, do TST: 5.2.2.3.4 "l"
Súmula 339 do TST: 9.2.2.2, 16.1.2.2.2 "b"
Súmula 340 do TST: 12.2.1.1.2 "b1"
Súmula 342 do TST: 12.4.1.2
Súmula 346 do TST: 1.4.2.2, 10.3.1.1.2
Súmula 348 do TST: 15.3.1.1.8, 16.1.2.2.6 "b"
Súmula 350 do TST: 18.3.2
Súmula 354 do TST: 10.3.1.3.4, 12.2.1.2.1 "a3"
Súmula 358 do TST: 12.2.1.1.3 "b"
Súmula 359 do TST: 20.3.2.4.1 "b", 18.3.4
Súmula 360 do TST: 10.1.3.2.2
Súmula 361 do TST: 9.5.2.2
Súmula 362 do TST: 18.3
Súmula 363 do TST: 3.2.1.3, 4.4.5.2.2 "d", 15.3.3
Súmula 364 do TST: 9.5.2.2
Súmula 366 do TST: 10.1.4.4
Súmula 367 do TST: 12.2.1.1.5 "b2 e b3"
Súmula 369 do TST: 15.3.1.1.1.1, 16.1.2.2.2 "a", 20.3.2.3.2 "b3.2", 20.1.5
Súmula 370 do TST: 10.1.3.2.3 "i e j"
Súmula 371 do TST: 14.4
Súmula 372, I, do TST: 12.2.1.2.2 "c', 13.4.1.4, 16.1.2.2.1 "a5"
Súmula 374 do TST: 20.1.5
Súmula 376 do TST: 10.1.4.1
Súmula 377 do TST: 5.2.2.3.1 "b"
Súmula 378 do TST: 14.4, 16.1.2.2.2 "e", 16.1.2.2.6 "a"
Súmula 379 do TST: 16.1.2.2.2 "a", 20.3.2.3.2 "b3.5"
Súmula 380 do TST: 15.3.1.1.1.1
Súmula 381 do TST: 12.3.1
Súmula 382 do TST: 15.2.1.2.5, 18.3.2
Súmula 384 do TST: 21.7.10
Súmula 386 do TST: 4.4.5.2.2 "c"
Súmula 388 do TST: 15.4.5.2.2
Súmula 390, I, do TST: 5.2.1.1.3, 16.1.2.2.1 "b"
Súmula 391 do TST: 10.1.5.1, 13.2.2.2.3, 13.4.3.4
Súmula 396 do TST: 1.4.2.3, 16.1.2.2.1 "a4", 16.1.2.2.2, 18.4.1.2.1
Súmula 423 do TST: 10.1.3.2.2
Súmula 429 do TST: 10.1.1.2.2
Súmula 437 do TST: 10.3.1.1.1 "d", 19.6.2.2.4
Súmula 440 do TST: 14.7.3.2.1
Súmula 441 do TST: 15.3.1.1.2 "c"
Súmula 443 do TST: 15.3.1.3.1 "c"
Súmula 447 do TST: 9.5.2.1.1
Súmula 449 do TST: 10.1.4.4
Súmula 450 do TST: 11.3.1.8

Súmula 451 do TST: 12.2.2.4.2
Súmula 453 do TST: 9.5.1
Súmula 455 do TST: 12.5.3.1
Súmula 460 do TST: 12.2.2.4.7
Súmula 461 do TST: 16.2.2.6
Súmula 462 do TST: 15.4.5.2.2
Súmula vinculante n. 4: 9.5.1.2, 12.2.1.1.3, 12.2.1.1.3 "a2"
Súmula vinculante n. 6: 3.1, 12.2.1.1.3, 12.2.1.1.3 "a"
Súmula vinculante n. 23: 23.1.1.2
Súmula vinculante n. 40: 20.1.6; 20.4.2
Suporte financeiro das entidades sindicais:
Suspensão contratual: 14.4, 14.5, 14.8, 15.3.1.1.9 "a"
Suspensão disciplinar: 14.5.5, 14.6.8
Suspensão do contrato de emprego: 20.4, 20.4.5
Suspensão e interrupção contratuais: 14
– considerações introdutórias: 14.1
– definição e distinção: 14.2
– efeitos jurídicos: 14.3
– situações de interrupção contratual com previsão no texto legal: 14.6
  – afastamento do empregado por motivo de segurança nacional (até noventa dias): 14.6.9
  – ausências legais: 14.6.3
    – situação correspondente às ausências no período do aviso prévio trabalhado: 14.6.3.4
    – situação de dispensa do horário de trabalho pelo tempo necessário para a realização de consultas médicas e exames complementares: 14.6.3.3
    – situação prevista no art. 98 da Lei n. 9.504/97 (que estabelece normas para as eleições): 14.6.3.5
    – situações previstas no art. 320 da CLT: 14.6.3.2
    – situações previstas no art. 473 da CLT: 14.6.3.1
  – faltas abonadas: 14.6.4
  – férias: 14.6.2
  – incapacidade laboral no período correspondente ao pagamento de salário-enfermidade: 14.6.5
  – licenças remuneradas: 14.6.6
    – extensão da licença-maternidade, nos moldes do programa Empresa Cidadã, sem assunção de salário-maternidade pela previdência social: 14.6.6.2
    – licença para atuação em comissão de conciliação prévia: 14.6.6.4
    – licença para atuação em conselho curador do FGTS: 14.6.6.5
    – licença para disputa eleitoral: 14.6.6.3
    – licença-paternidade: 14.6.6.1
  – paralisações promovidas pelo empregador: 14.6.7
  – repousos semanais remunerados e feriados: 14.6.1
  – suspensão disciplinar anulada: 14.6.8
– situações de suspensão contratual com previsão no texto legal: 14.5
  – afastamento do empregado por motivo de segurança nacional (depois de transcorridos noventa dias): 14.5.2
  – afastamento motivado por doença ou por incapacidade permanente previdenciária depois de transcorrido o período de espera: 14.5.6
    – o limbo previdenciário: 14.5.6.1
    – precariedade da aposentadoria por incapacidade permanente: 14.5.6.2
    – recidivas: 14.6.5
    – situação jurídica do segurado incapacitado que não cumpriu a carência e que não se inseriu nas hipóteses de isenção legal: 14.5.6.1

- encargo público não constituído como interrupção contratual: 14.5.1
- greve: 14.5.4
- mandato sindical: 14.5.3
- participação em curso ou programa de qualificação profissional: 14.5.8
- períodos de "suspensão preventiva para responder a inquérito administrativo" ou de "prisão preventiva quando o empregado for impronunciado ou absolvido": 14.5.7
- preservação da integridade física e psicológica da mulher em situação de violência doméstica e familiar: 14.5.9
- suspensão disciplinar e suspensão para responder inquérito: 14.5.5
- situações *sui generis* com previsão no texto legal: 14.7
  - afastamento motivado por doença ou invalidez acidentária (atualmente incapacidade temporária ou permanente): 14.7.3
    - efeitos contratuais mantidos por entendimento jurisprudencial em favor dos trabalhadores que sofrem acidente do trabalho: 14.7.3.2
      - manutenção da posse de imóvel ocupado em função do trabalho: 14.7.3.2.2
      - manutenção de planos de saúde: 14.7.3.2.1
    - efeitos contratuais mantidos por força de lei em favor dos trabalhadores que sofrem acidente do trabalho: 14.7.3.1
      - cômputo do período de afastamento por acidente do trabalho para fins de indenização e estabilidade: 14.7.3.1.1
      - desconsideração do período de afastamento por acidente do trabalho para a contagem de férias até o limite de seis meses: 14.7.3.1.3
      - manutenção dos depósitos do FGTS para os trabalhadores em licença acidentária: 14.7.3.1.2
        - a base de cálculo dos recolhimentos do FGTS durante o período da "licença por acidente do trabalho": 14.7.3.1.2 "f"
        - a extensão da expressão "licença por acidente do trabalho": 14.7.3.1.2 "a"
        - a indefinição da situação do aposentado por incapacidade permanente e a indeterminação da data de seu possível retorno às atividades laborais: 14.7.3.1.2 "b"
        - a inevidência de efeitos jurídicos produzida por um jubilamento compulsório sobre a "licença por acidente do trabalho": 14.7.3.1.2 "g"
        - a natureza jurídica dos recolhimentos do FGTS durante a "licença por acidente do trabalho": 14.7.3.1.2 "e"
        - a possibilidade de levantamento do FGTS por conta da aposentadoria por incapacidade permanente: 14.7.3.1.2 "c"
        - o argumento *a maiori, ad minus*: 14.7.3.1.2 "d"
  - licença-maternidade com assunção de salário-maternidade pela previdência social: 14.7.2
  - serviço militar obrigatório: 14.7.1
- suspensão dos contratos por tempo determinado: 14.4
- suspensão e interrupção contratuais pelo exercício da autonomia privada: 14.8

Suspensão preventiva: 11.3.1.4, 14.5, 14.5.7

T

Taxonomia jurídica: 1.2.5
Teletrabalhador: 5.2.4.2.1
Teletrabalho: 5.2.4.2.1, 10.1.4.6, 10.1.4.6.1, 21.10.3 "d"
Tempo à disposição do empregador: 10.1.1.2, 10.1.1.2.1, 10.1.1.2.2, 10.3.1.1.1 "b", 12.3.3.3
Tempo de duração dos contratos de emprego: 8
- contratação por tempo determinado: 8.2
- contrato para a prestação de trabalho intermitente: 8.1.2
- duração máxima e prorrogação dos contratos por tempo determinado: 8.2.2
- espécies: 8.2.1
  - contratação por tempo determinado por via direta: 8.2.1.1

– contratação de atleta profissional: 8.2.1.1.7
– contratação de serviço especializado ou transitório: 8.2.1.1.1
– contratação em interinidade: 8.2.1.1.5
– contratação para acréscimo de empregados mediante negociação coletiva (Lei n. 9.601/98): 8.2.1.1.8
– contratação para aprendizagem: 8.2.1.1.4
  – cessação do contrato: 8.2.1.1.4 "e"
  – convolação do contrato: os aprendizes podem ser tornados contratados por tempo indeterminado: 8.2.1.1.4 "d"
  – direitos mínimos: 8.2.1.1.4 "c"
  – obrigatoriedade de contratação de aprendizes: 8.2.1.1.4 "b"
  – requisito de validade: 8.2.1.1.4 "a"
– contratação para atividade empresarial transitória: 8.2.1.1.2
– contratação para evento específico: safra e obra certa: 8.2.1.1.6
  – contratação por obra certa (Lei n. 2.959/56): 8.2.1.1.6 "a"
  – contratação por safra (Lei n. 5.889/73): 8.2.1.1.6 "b"
– contratação por experiência: 8.2.1.1.3
– contratação por tempo determinado por via indireta: trabalho temporário: 8.2.1.2
  – definição: 8.2.1.2.1
  – distinções entre a contratação de trabalhador temporário e a contratação de serviços terceirizados: 8.2.1.2.5
  – forma: 8.2.1.2.3
  – sujeitos: 8.2.1.2.2
  – tempo: 8.2.1.2.4
– transformação de contratos por tempo determinado em contratos por tempo indeterminado: 8.2.3
  – a contratação fora das hipóteses previstas em lei: 8.2.3.1
  – continuidade executiva: 8.2.3.3
  – estipulação por prazo maior do que o limite legal: 8.2.3.2
  – presunção legal de fraude: 8.2.3.5
  – prorrogação contratual fora das hipóteses previstas em lei: 8.2.3.4
– contratação por tempo indeterminado: 8.1

Teoria da aparência: 3.2.1.7

Teoria da desconsideração da personalidade jurídica: 6.4.3.3

Teoria da incorporação: 1.5.3.1

Teoria das antinomias: 2.1

Termo de rescisão: 15.4.2, 15.4.4, 15.5.2

Terceirização: 6.6.2.2, 6.6.2.2.1 "b", 13.4.5.2

Terminação do contrato: 2.2.1.3, 8.2.1.1.4 "e", 14.4, 15.3.1.1.1.1, 15.4.5, 15.4.5.2.2, 17.2.2.7, 18.3.1.2.3, 18.3.3, 18.3.5.5

Teto salarial: 12.2.1.1.4

Tomador de serviços: 3.3.3, 4.2, 6.6.2.2.3 "a1", 6.6.2.2.4, 6.6.2.2.5, 10.1.2.2, 13.4, 13.4.5, 15.4.5.2.2, 18.3.3, 21.10

Toyotismo: 4.2.5.1, 6.6.2.2, 8.2.1.2

Trabalhador avulso: 3.3.3, 12.2.2.4.1, 18.3.5.2

Trabalhador reabilitado: 13.4.1.5, 16.1.2.2.2 "k", 16.1.2.2.6 "a"

Trabalho
 – autônomo: 1.2.2, 1.5.1, 1.5.3.2, 2.2.3, 3.2.1.5.9, 3.3.1, 4.2.5, 7.3.6
 – avulso: 3.3.3, 16.2.2.9
 – degradante: 1.7

– diurno: 10.2.1, 10.2.4
– doméstico em viagens: 5.2.2.3.4 "l"
– duração: 10.1.1.1, 10.1.2, 10.1.3
– em motocicleta: 9.5.2.1.5, 12.2.1.2.1 "a2"
– escravo: 1.7
– eventual: 3.3.2, 15.3.2.1.4 "a1"
– forçado: 1.7, 3.1, 15.5, 15.5.1, 15.5.2
– horário de: 10.1.1.1, 10.1.2.3, 10.1.4, 10.1.4.5, 10.1.4.6.1, 10.1.5, 14.6.3.3, 17.2.2.3
– indecente: 1.7
– infantojuvenil: 17.2, 17.2.1, 17.2.2
– intermitente: 1.5.3.2, 8.1.2, 9.5.2.1.3, 12.2.1.1.2 "a", 21.10.3 "d"
– jornada: 10.1.1.1, 16.1.2.2.2 "m"
– noturno: 5.2.2.3.4 "i e w", 10.2.1, 10.2.2, 10.2.2.1, 10.2.2.2
– proibido: 4.4.5.2.2 "c"
– temporário: 8.2.1.2
Transferência de função: 17.1.2.5.1, 17.1.2.5.1 "c"
Transgênero: 17.4
Transportador autônomo de cargas: 4.4.8.10, 6.6.2.2.3 "a2"
Tricotomia existência-validade-eficácia: 4.4.5.2, 5.2.7.2
Turno: 10.2.2.3, 13.4.3, 13.4.3.1, 13.4.3.2, 13.4.3.3, 13.4.3.4
Turno de revezamento: 10.1.3.2.2, 10.2.4, 13.4.3, 13.4.3.3, 13.4.3.4,

U

Ultima ratio: 6.3.1.3
Ultratividade: 21.7.7, 21.7.11
Unicidade sindical: 1.2.8.2, 20.1.7.1, 20.1.7.2, 20.2.1, 20.3.2.1
Unidade sindical: 20.2.1
Uniformes: 2.2.5, 4.4.8.9.2, 5.2.2.3.4 "l", 6.3.1.1, 6.6.2.2.3 "a2.3", 21.10
Usos e costumes: 1.4.2.5, 1.2.9, 1.2.9.1, 1.2.9.2, 1.2.9.2.1, 1.2.9.2.2, 1.4.1, 1.4.2, 1.4.2.5

V

Vacinação: 14.6.3.6, III, 15.3.1.3.1,"c"
Vale-cultura: 12.2.1.1.5, "b4"
Vale-transporte: 2.2.5, 3.2.1.5.2, 8.2.1.1.4 "c", 10.1.1.2.2, 12.2.2.4.7, 15.3.2.1.1 "b", 15.3.2.1.3 "a"
Valor social: 1.1.2, 1.2.3.2, 1.2.8.1, 3.1, 8.2.1.1.4 "b", 14.5.6.1
Vedação às revistas íntimas: 17.1.2.4
Venire contra factum proprio: 1.4.2.4, 4.4.5.2.2 "c"
Verba de representação: 12.2.2.3, 12.2.2.3.2
Verba de quilometragem: 12.2.2.3, 12.2.2.3.3
Vício de consentimento: 4.4.6, 4.4.6.1.1
Vício social: 4.4.6, 4.4.6.1.2
Vínculo contratual: 4.5, 5.2.2.3.5 "b", 9.1, 10.1.3.2.3 "l", 14.2, 14.3, 15.1, 15.3.1.1.1.11, 16.1.2.2.6 "a", 17.1.2.5.1, 18.3.1.2.3
Vínculo de atributividade: 4.1, 17.2.1.2.1, 19.6.2
Violação de segredo da empresa: 15.3.1.1.9 "a", 15.3.2.1.1 "e", 15.3.2.1.3 "h"